W0040556

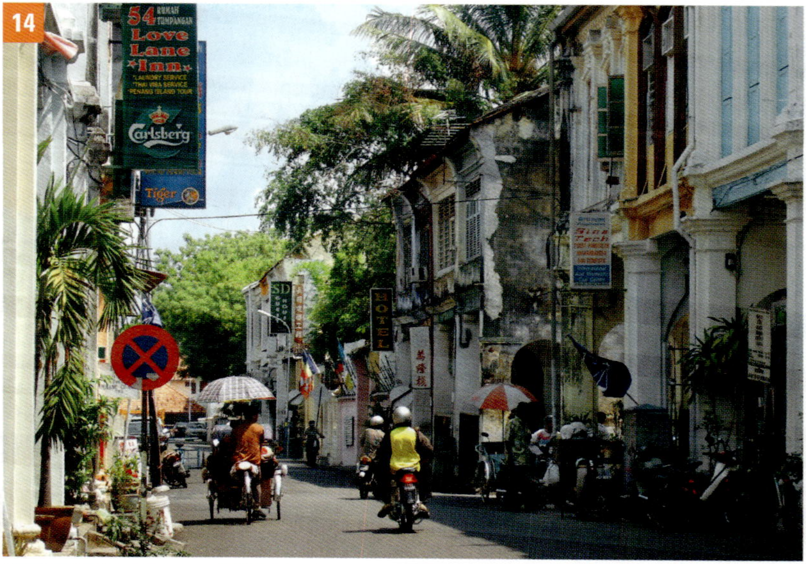

© RENATE LOOSE

© RENATE LOOSE

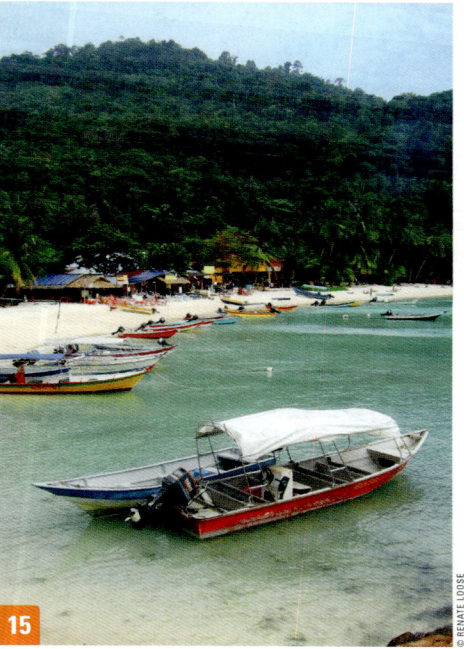

14 GEORGE TOWN (PENANG) Britische Kolonialherren, chinesische Kaufleute und Einwanderer aus Indien prägten das Zentrum von George Town, das man zu Fuß oder per Fahrradrikscha erkundet. S. 747

15 PULAU PERHENTIAN Inseltage in Malaysia: Die vorgelagerten Korallenriffe und das glasklare Wasser sind ideal zum Tauchen und Schnorcheln. S. 783

Inhalt

Highlights 2
Reiseziele und Routen 23
Klima und Reisezeit 33
Reisekosten 36

Traveltipps von A bis Z 37

Anreise 38
Botschaften und Konsulate 40
Einkaufen 42
Essen und Trinken 43
Fair reisen 50
Feste und Feiertage 52
Frauen unterwegs 53
Geld 54
Gepäck und Ausrüstung 56
Gesundheit 58
Informationen 61
Internet und E-Mail 61
Kinder 62
Maße und Elektrizität 64
Medien 64
Nationalparks und Reservate 65
Öffnungszeiten 66
Post 66
Reisende mit Behinderungen 67
Schwule und Lesben 67
Sicherheit 68
Sport und Aktivitäten 69
Sprachkurse 73
Telefon 74
Toiletten 77
Transport 77

Übernachtung 85
Verhaltenstipps 89
Versicherungen 92
Visa 94
Zeit und Kalender 95
Zoll 96

Land und Leute 97

Geografie 98
Flora und Fauna 99
Umwelt 103
Bevölkerung 105
Geschichte 107
Regierung und Politik 114
Wirtschaft 116
Religionen 119
Kunst und Kultur 124

Bangkok 131

Königspalast und Wat Phra Kaeo 133
Wat Pho 136
Museum of Siam 137

Nationalmuseum 137
Weitere Gebäude rings um den
   Sanam Luang 138
Banglampoo 139
Dusit 141
Thonburi 143
Rings um den Golden Mount 146
Chinatown 148
Sathorn und Silom 150
Siam und Pratunam 152
Sukhumvit 154
Im Norden 155

Die Umgebung von Bangkok 227

Richtung Westen 229
Sam Phran 229
Damnoen Saduak 229
Samut Songkhram (Mae Klong) 230
Amphawa 230
Ratchaburi 232
Die Umgebung von Ratchaburi 234
Nakhon Pathom 236
Kanchanaburi 239
Die Umgebung von Kanchanaburi 248
Von Kanchanaburi nach Nam Tok 249
Nam Tok 251
Hellfire Pass 253
Von Kanchanaburi zum
   Erawan National Park 253
Erawan National Park 253
Suphanburi 254
Richtung Norden 255
Wat Phailom 255
Bang Sai 255
Bang Pa In 256
Ayutthaya 257

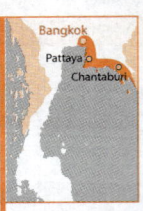

Die Ostküste 269

Samut Prakan 271
Chonburi 273
Si Racha 273
Pattaya 274
Die Umgebung von Pattaya 285
Rayong 285
Ko Samet 286
Von Rayong nach Chantaburi 290
Chantaburi 291
Die Umgebung von Chantaburi 294
Von Chantaburi nach Trat 295
Trat 296
Die Umgebung von Trat 300
Ko Chang 301
Ko Wai 322
Ko Mak 323
Ko Rayang und Ko Kham 326
Ko Kood 327
Weitere Inseln des Archipels 331

Die nördliche Golfküste 333

Phetchaburi und Umgebung 334
Kaeng Krachan National Park 339
Cha-Am 340
Hua Hin 344
Die Umgebung von Hua Hin 354
Khao Sam Roi Yot National Park 357

Kui Buri National Park.....................358
Prachuap Khiri Khan und Umgebung...359
Ban Krut....................................364
Bang Saphan...............................368
Die Umgebung von Bang Saphan....371
Chumphon..................................373
Die Umgebung von Chumphon.........377
Mu Ko Chumphon National Park......378

Die Inseln im Golf.............. 379

Ko Tao......................................385
Ban Mae Hat und Ao Mae Hat..........386
Hat Sai Ri...................................390
Ao Jansom...................................394
Hat Sai Nuan und
    angrenzende kleine Buchten.........394
Ao June Juea...............................395
Ao Chalok Ban Kao.......................395
Ao Thian Og (Shark Bay)................397
Ao Sai Daeng...............................397
Ao Leuk.....................................397
Ao Lad......................................398
Ao Lang Khaai.............................398
Ao Tanote...................................398
Ao Laem Thian.............................400
Ao Hin Wong...............................400
Ao Mamuang (Mango Bay)...............400
Ko Nang Yuan..............................400
Ko Pha Ngan...............................401
Thong Sala und Ao Bang Charu.........409
Ao Nai Wok.................................414
Hat Plaaylam...............................414
Hat Wok Tum und Hat Hin Kong........415
Ban Sri Thanu, Hat Sri Thanu und
    Hat Laem Niad..........................415
Hat Chao Pao..............................416
Hat Son.....................................418

Hat Yao (West).............................418
Hat Salad...................................420
Ao Mae Hat.................................423
Ban Chaloklum.............................424
Hat Khom...................................426
Hat Khuat (Bottle Beach)................426
Ao Thong Nai Pan.........................428
Than Sadet.................................431
Hat Namtok, Hat Yang, Hat Yao (East)...432
Hat Yuan, Hat Thien und
    Hat Wai Nam...........................432
Hat Rin......................................434
Ao Hin Lor, Ban Kai und Ban Tai.........439
Ko Samui..................................443
Nathon......................................445
Hat Mae Nam...............................452
Hat Bo Phut und Fisherman's Village....457
Big Buddha.................................459
Ao Hat Thong...............................461
Hat Choeng Mon...........................461
Hat Chaweng...............................463
Ao Thong Ta Khien........................472
Ao Lamai....................................472
Die Südküste...............................479
Die Westküste..............................482
Ang Thong Marine National Park......484

Die südliche Golfküste..... 485

Chaiya......................................486
Surat Thani und Umgebung..............488
Khanom und Sichon.......................493
Nakhon Si Thammarat....................497
Khao Luang National Park...............501
Phattalung..................................502
Die Umgebung von Phattalung.........504
Songkhla....................................505
Hat Yai......................................508

Die nördliche Andamanenküste 513

Ranong 514
Die Umgebung von Ranong 519
Ko Chang 520
Ko Phayam 525
Laem Son National Park 532
Ko Surin National Park 533
Khura Buri 534
Ko Thung Nang Dam 535
Sri Phang Nga National Park 535
Mu Ko Ra – Ko Phra Thong
    National Park 535
Takua Pa 536
Khao Sok National Park 537
Ko Kho Khao 545
Khao Lak 545
Hat Nang Thong 547
Hat Bang Niang 550
Die Strände im Norden 554
Die Strände im Süden 556
Ko Similan National Park 557

Phuket 559

Phuket-Stadt (Phuket Town) 563
Die Strände 576
Panwa-Halbinsel 576
Chalong und Umgebung 577
Rawai 579
Nai Harn und Umgebung 580

Hat Kata (Kata Noi, Kata Yai,
    Kata-Karon) 583
Hat Karon 588
Hat Patong 590
Kamala 597
Hat Surin und Hat Pansea 600
Ao Bang Tao 602
Hat Layan 604
Hat Nai Thon 604
Hat Nai Yang 605
Hat Mai Khao 608
Jenseits der Strände 609
Khao Phra Taeo Wildlife Park/
    Gibbon Rehabilitation Project 609
Thalang 610
Tha Rua 611
Die Inseln vor Phuket 611
Ko Naka Noi und Ko Naka Yai 611
Ko Lone 611
Ko Hay (Coral Island) 612
Ko Racha Yai und Ko Racha Noi 612

Die Bucht von Phang Nga, Krabi und Ko Phi Phi 615

Die Bucht von Phang Nga 616
Ausflüge in die Bucht 616
Phang Nga-Stadt 619
Krabi und Umgebung 622
Krabi-Stadt 622
Ausflüge in die Umgebung von Krabi .. 628
Rai Leh 633
Ao Ton Sai 639
Ao Nang 642
Hat Noppharat Thara 646
Die Strände nördlich von Krabi 649
Inseln bei Krabi 650
Ko Yao Noi 650
Ko Yao Yai 655
Ko Jum und Ko Pu 657
Ko Phi Phi 662
Rings um Ko Phi Phi Don 671

Die südliche Andamanenküste 673

Ko Lanta und seine Strände 674
Ko Lanta (Yai) 674
Die Inseln südlich von Ko Lanta 694
Ko Hai 695
Ko Muk 697
Ko Kradan 700
Ko Rok 702
Ko Libong 702
Ko Lao Liang 704
Ko Sukorn 704
Ko Petra National Park 707
Ko Bulon Leh 707
Tarutao National Park 709
Ko Lipe 711
Auf dem Festland: von Trang bis Satun 717
Trang 718
Umgebung von Trang 722
Strände bei Trang 722
Pakbara 724
Satun 725

Nord-Malaysia 729

Westliches Grenzgebiet 730
Pulau Langkawi 731
Kuah 736
Teluk Baru, Pantai Cenang und Pantai Tengah 738
Telaga Harbour und Teluk Burau 742
Telaga Tujuh 743
Datai 743
Nordöstlich von Pantai Cenang 744
Fährhäfen für Pulau Langkawi auf dem Festland 745
Penang 746
George Town 747
Der Norden der Insel 770
Von Butterworth an die Ostküste 775
Die Ostküste 775
Östliches Grenzgebiet 775
Kota Bharu 776
Pulau Perhentian 783

Anhang 793

Sprachführer 794
Glossar 801
Reisemedizin zum Nachschlagen 804
Bücher und Filme 810
Index 820
Danksagung 832
Bildnachweis 834
Impressum 835
Kartenverzeichnis 836

Reiseatlas 837

Themen

Der Gummibaum (Hevea brasiliensis)	99	Goldwaschen am Flussufer	372
Elefanten	101	Laut und bunt: Tempelfeste	405
Shrimp-Farmen	102	Öko-Safaris auf traurigen Dickhäutern	407
Unruhen im Süden	106	Detox und Retox	410
Die wichtigsten Könige Thailands	110	Kokosnuss einmal anders	414
Preise und Löhne	117	Der Wasserfall, den nicht nur Könige besuchen	432
Reis	118		
Buddhismus und Tourismus	121	Abenteuer in den Wipfeln	442
Kunstepochen in Thailand	125	Wo die Büffel kämpfen	444
Mudra – Handhaltungen Buddhas	127	Von Kokosnüssen und Affen	450
Die Geschichte des Smaragd-Buddhas	135	Die versteinerten Großeltern	474
Khaosan Road	140	Die Stadt der Wettbewerbe	502
Jim Thompson	152	Von Vogelschwärmen und Lotusfeldern	504
Patpong und Co.	193	Die Karstfelsen	538
Es ist nicht alles Gold, was glänzt!	207	Eine der größten Blüten der Welt	540
Ein wahrhaft königliches Schattentheater	235	Big Buddha	584
Die Death Railway	238	Die Karststeinwelt zwischen Phang Nga und Krabi	618
Tigertempel (Luangta Bua Yanna-sampanno Forest Monastery)	250	Das Böse wird aufs Meer geschickt	674
Die Königsstadt von Siam	257	Die Kühe der Meere	703
Panoramastraße am Meer	291	Von Gefangenen und Piraten	711
Unterwegs auf Pilgerpfaden	295	Aufstand in Thailands Südprovinzen	727
Ein bedeutendes Fliegengewicht	351	Prinzessin Mahsuri	744
Soldaten und Limonenbäume	358	Unesco-Weltkulturerbe	747

Mehr Inhalt im Internet: der LOOSE TRAVEL CLUB mit eXTras im Buch

Der LOOSE TRAVEL CLUB geht Hand in Hand mit den orangenen Travel Handbüchern.

eXTras [0000]

Nummern in diesem Buch verweisen auf Extras im LOOSE TRAVEL CLUB von Loose-Autoren für Loose-Reisende: Weitere Infos zu Reisezielen, aktuelle Tipps, Fotos und mehr, was nicht im Buch stehen kann.

Einfach ausprobieren:
- www.stefan-loose.de aufrufen.
- Nummer aus dem Buch bei eXTra [   ] eingeben.
- Los geht's! - Mehr Hinweise zur Benutzung siehe eXTra [3558].
- Und wer sich (kostenlos) registriert, kann mitmachen und eigene Bewertungen schreiben.

Reiseziele und Routen

Reiseziele

Was macht Thailand seit Jahrzehnten zum beliebtesten Reiseziel in ganz Südostasien – für Abenteuerlustige ebenso wie für Urlauber aller Altersgruppen? Es hat die Magie, in einer großen Vielfalt alles in sich zu vereinen, was Erholung, Exotik und Abenteuer verspricht. Wahrscheinlich wirken Bilder vom türkisblauen Meer mit bunten Korallenriffen und strahlendem Sonnenschein an grauen, kalten Wintertagen besonders einladend. Badeorte an kilometerlangen Stränden mit komfortablen Spa-Resorts sowie kleine Buchten mit naturnahen, einfachen Bungalowanlagen versprechen Erholung pur für jedes Budget. Zudem fasziniert eine fremde Kultur mit goldglänzenden buddhistischen Tempelanlagen, frisch zubereiteten, geschmackvollen Thai-Gerichten und vielfältigem Kunsthandwerk. Shopping wird großgeschrieben, und viele kehren aus Thailand mit einem Extra-Koffer zurück.

Die Bandbreite an Aktivitäten lässt kaum Wünsche offen. Aussichtspunkte, Höhlen und

Die besten Aktivitäten

Tauchen und Schnorcheln: Selbst Anfänger können sich am mannigfaltigen Leben der wunderschönen Unterwasserwelt erfreuen und werden begeistert von einer Schnorcheltour zurückkehren. Ko Surin (S. 533) und einige Tauchgebiete im Ang Thong National Park (S. 484) sind für ihren Fischreichtum berühmt, Ko Tao (S. 385) lockt Tauchanfänger mit günstigen Konditionen, während Ko Lanta (S. 674) und Ko Lipe (S. 711) derzeit die schönsten Rahmenbedingungen an der Andamanenküste bieten.

Tauchbasen gibt es am Golf von Thailand in Chumphon, auf Ko Pha Ngan, Ko Samui und Ko Tao, in Pattaya, Trang und auf der großen Ko Chang und Ko Mak. In der Andamanensee auf Phuket, Ko Phayam, Ko Hai, Ko Muk, Ko Lanta, Ko Phi Phi und Ko Lipe sowie in Khao Lak, Ranong, Krabi und Umgebung; zudem in Malaysia auf Langkawi und Pulau Perhentian. Dafür sollte mindestens ein zusätzlicher Tag oder ein eigener Urlaub eingeplant werden.

Klettern: An den Karstfelsen bei Krabi bieten sich die besten Möglichkeiten. Die atemberaubenden Felsen sind für Anfänger wie Fortgeschrittene geeignet, vor allem am Ao Ton Sai (S. 639). Man sollte sich mindestens einen Tag Zeit nehmen.

Kochkurse: Rezepte sind das beste Souvenir, mit dem man sich und alle Freunde lange erfreuen kann, und sie brauchen nicht einmal Platz im Gepäck. Dafür mindestens einen zusätzlichen Tag in Bangkok oder Kanchanaburi einplanen.

Shoppen: In klimatisierten Konsumpalästen ebenso wie auf lebhaften Märkten macht es Spaß, in entspannter Atmosphäre das vielfältige, preisgünstige Angebot zu begutachten. Der Wochenendmarkt Suan Chatuchak in Bangkok (S. 155) ist der größte des Landes.

Weitere Informationen im Kapitel „Sport und Aktivitäten" (S. 69) und im regionalen Teil.

© VÖLKER KLINKMÜLLER

Hin Daeng und **Hin Muang**: Die Unterwasserfelsen in der Andamanensee sind das Revier vieler Großfische. Tauchtouren starten im Winter von Phuket, Ko Phi Phi, Ko Lanta und Ko Hai. S. 563, S. 662, S. 674 und S. 695
Ko Tao: Das beste Ziel für Anfänger hat die höchste Konzentration an Tauchschulen und leicht zugängliche Riffe. Saison ist von Februar bis Oktober. S. 385
Ko Tarutao: Im Marine National Park nahe der malaysischen Grenze sind die Inseln rings um Ko Lipe seltener besucht, aber von November bis April gute Ziele. S. 710
Ko Similan und **Ko Surin**: Die Inselgruppe in der Andamanensee zählte lange zu den besten Tauchrevieren der Welt. Die Korallengärten in 10–40 m Tiefe wurden allerdings von der Korallenbleiche hart getroffen und regenerieren sich erst langsam wieder. Zu erreichen ab Khao Lak und Phuket. S. 557 und S. 533
Pulau Perhentian: Rund um die beiden der malaysischen Ostküste vorgelagerten Inseln finden sich zahlreiche, auch für Anfänger interessante Tauchspots. Die Saison geht von April bis September. S. 783

Wasserfälle in Wäldern und Nationalparks sind attraktive Ziele für Wanderer, Fahrrad- und Motorradfahrer. Tauchen macht süchtig, und das vielfältige Angebot der Veranstalter stellt Anfänger wie Profis zufrieden. Mangrovenwälder und Lagunen können mit Kajaks erkundet werden. Wer den Adrenalinkick sucht, gleitet an Stahlseile gekettet über Täler oder springt beim Bungee-Jumping in die Tiefe. Wer hingegen Ruhe sucht, kann sich zum Meditieren in ein Kloster zurückziehen. In Schulen werden Yoga und Reiki, Thai-Küche, Thai-Massage und Thai-Boxen unterrichtet.

Viele kommen Jahr für Jahr wieder, um sich am vertrauten Strand zu bräunen, oder sind sogar nach Thailand ausgewandert. Wer mobil ist, entdeckt zwischen der quirligen Hauptstadt Bangkok und der malaiischen Inselwelt im Süden immer neue, überaus lohnende Ziele.

Ein Thailand-Atlas listet in seinem Index fast 400 Wasserfälle, 150 Höhlen und 200 Naturschutzgebiete im gesamten Land, ganz abgesehen von unzähligen Inseln, Stränden, Tempeln und anderen Attraktionen. Wir können hier nur die interessantesten beschreiben. Es gibt also auch jenseits dieses Buches viel zu entdecken. Einiges davon findet sich in den **eXTras**, die unter 💻 www. stefan-loose.de und der entsprechenden Nummer **[0000]** auf Handy, Tablet oder Laptop abgerufen werden können.

Urlaubsinseln und -strände

Ich will auf die Insel! Aber welche? Es gibt große und kleine, an der Andamanen- und Golfküste, zudem kilometerlange Strände auf beiden Seiten der Halbinsel und Richtung Kambodscha mit einsamen Resorts unter Kokospalmen und quirligen Badeorten. Ein Blick auf die Klimatabelle erleichtert die Wahl, auch wenn das Wetter nicht mehr so vorhersehbar ist wie früher. In den Wintermonaten von November bis April sind die klimatischen Voraussetzungen an der Ostküste am besten, ab Dezember auch an der Andamanenküste. Im Sommer sollte man hingegen sein Augenmerk lieber auf Ziele an der Golfküste lenken. Da Sonne, Strand und Meer erfahrungsgemäß die Trägheit fördern, wird kaum jemand auf die Idee kommen, jeden Tag eine andere Insel oder einen anderen Strand aufzusuchen. Der ideale Strand sollte demnach alles haben, was das Herz begehrt – aber auch nicht mehr. Was die einen als einen vergnüglichen Bestandteil ihres Urlaubs empfinden, bezeichnen andere als Rummel. Den einen ist der Strand zu abgelegen, den anderen zu touristisch – Gott sei Dank, denn würden wir alle das gleiche Ziel haben, wäre es schnell überfüllt.

An erster Stelle der Urlaubsziele stehen die beiden Inseln **Phuket** (S. 563) und **Ko Samui** (S. 443), die durch ihre Flughäfen für Mittelklasse- wie Jetset-Touristen schnell zu erreichen sind. Viele Anlagen sind Erlebniswelten für anspruchsvolle Urlauber, Wellness wird hier großgeschrieben. Bars und Restaurants jeglicher Ausrichtung lassen auch nach Sonnenuntergang keine Langeweile aufkommen.

Ganz im Osten auf der dschungelbedeckten Insel **Ko Chang** (S. 301) sowie auf den kleineren Nachbarinseln **Ko Mak** (S. 323) und **Ko Kood** (S. 327) gibt es alles, von Luxusresorts für die einheimische High Society über große Familienhotels und kleine Anlagen für Individualisten bis zu einfachen Bambushütten an abgelegenen

Stränden für junge Leute. **Pattaya** (S. 274), eine große Stadt an der Ostküste, ist für sein reges Nachtleben berühmt, aber auch ein beliebter Überwinterungsort von Langzeiturlaubern. Südlich von Bangkok in **Hua Hin** (S. 344) und **Cha-Am** (S. 340) verbringen zudem viele Nord- und Mitteleuropäer den Winter. Einige Resorts beeindrucken mit kaum zu überbietendem Luxus – schließlich ist Hua Hin der bevorzugte Badeort der Königsfamilie.

An der Andamanenküste ist in **Khao Lak** (S. 545) nach dem Tsunami 2004 alles neu und etwas größer geworden. Was blieb ist die Ausrichtung auf Gäste, die Ruhe suchen. Weiße Sandstrände umrahmt von steil aufragenden Kalkfelsen machen **Krabi** (S. 622) zu einem beliebten Fotomotiv und Urlaubsziel. Die Insel **Ko Lanta** zieht hauptsächlich Familien mit kleinen Kindern an (S. 674). Auf den Inseln ganz im Süden der Andamanensee **Ko Kradan** (S. 700), **Ko Hai** (S. 695), **Ko Libong** (S. 702) und **Ko Sukon** (S. 704) geht es beschaulicher zu.

Backpacker strömen nicht nur zur Full Moon Party nach **Ko Pha Ngan** (S. 401). An den gut erschlossenen Stränden machen auch Familien Urlaub. Jene, die Yoga lernen wollen, zieht es ebenfalls vermehrt nach Pha Ngan. Nicht erst seit dem Film *The Beach* steht **Ko Phi Phi** (S. 662) bei jugendlichen Backpackern auf der Beliebtheitsskala ganz oben. Der Bauboom nach dem Tsunami hat das Zentrum dieser wunderschönen Insel als Shopping- und Partymeile wiederauferstehen lassen.

Tauchen ist auch bei Backpackern beliebt, und wer davon nicht genug haben kann, zieht am besten gleich nach **Ko Tao** (S. 385), das mit leicht erreichbaren Korallenriffen lockt.

Auch weniger bekannte Inseln sind mittlerweile von der Travellerszene entdeckt worden: An der Andamanenküste z. B. **Ko Lipe** (S. 711), das sich in kurzer Zeit sehr stark entwickelt hat, und **Ko Muk** (S. 697), das Travellerreiseziel des Jahres 2013. **Ko Phayam** (S. 525) ist bereits seit einigen Jahren eine beliebte Destination. **Ko Bulon Lae** (S. 707), das „andere" **Ko Chang** (Provinz Ranong, S. 520) und **Ko Jum** (S. 657) sind populär, aber nicht überfüllt.

Andere kleinere Urlaubsziele werden vorwiegend von Einheimischen besucht. Auf der von

Dusit-Museen und **Museum of Siam** in Bangkok: Gleich mehrere Museen sind nötig, um die reiche Geschichte und Kultur Thailands gebührend zu würdigen. S. 141 und S. 137
Historical Study Center und **Historical Hall** in Ayutthaya: Auf anschauliche Art werden Aspekte des untergegangenen Königreichs dargestellt. S. 257
Schattenspielmuseum in Nakhon Si Thammarat: Die im Aussterben begriffene Kunst wird hier seit Generationen gepflegt. S. 498
Weitere interessante Museen: Tempelmuseum mit Nang Yai Schattenspielfiguren nahe Ratchaburi (S. 235), Hellfire Pass Memorial Museum bei Kanchanaburi (S. 253), Tempelmuseum im Wat Khao Sukim bei Chantaburi (S. 294), Nationalmuseum in Nakhon Si Thammarat (S. 498), Folklore-Museum in Songkhla (S. 506).

Bangkok am schnellsten erreichbaren Insel **Ko Samet** (S. 286) und an den Stränden östlich von **Rayong** (S. 285) sowie zwischen **Prachuap Khiri Khan** (S. 359) und **Chumphon** (S. 373) und zwischen **Surat Thani** (S. 488) und **Phattalung** (S. 502) sind die Bungalows vor allem an Wochenenden und Feiertagen belegt. Generell gilt: Je weiter man sich von den Flughäfen entfernt und je langwieriger die Anreise ist, umso ruhiger ist das Strandleben.

Im nördlichen Malaysia sind es besonders **Pulau Langkawi** (S. 731) und **Pulau Perhentian** (S. 783), die Sonnenanbeter anziehen.

Einen Abstrich gilt es allerdings bei allen Zielen zu machen: Nahezu alle Badeorte sind erst in den vergangenen Jahrzehnten entstanden. Hier leben überwiegend Saisonarbeiter und Zugereiste. Wer einen Eindruck von der Thai-Kultur bekommen möchte, muss die Inselträgheit überwinden und sich auf den Weg ins Landesinnere machen

Kulturelle Highlights

Allein die Megacity **Bangkok** (S. 132) ist eine eigene Reise wert – um auszugehen, zu shoppen und einige der schönsten Tempel Asiens zu besuchen. Der prächtige Königstempel Wat Phra Kaeo wetteifert mit glitzernden Shoppingmalls und lebendigen Märkten, mit stimmungsvollen Gassen, pulsierenden Vierteln, mit dem breiten Chao Phraya und den schmalen Klongs um die Gunst der Besucher.

Wem die Millionenmetropole zu voll ist, der kann die Umgebung erkunden: die Schwimmenden Märkte von **Damnoen Saduak** (S. 229) und **Amphawa** (S. 230), eine der größten Chedis des Landes in **Nakhon Pathom** (S. 236) oder **Kanchanaburi** (S. 239), durch das die „Eisenbahn des Todes" fährt. Wer sich für Kultur und Geschichte begeistern kann, wird an den Monumenten und Ruinen der einstigen Königsstadt **Ayutthaya**

(S. 257) seine Freude haben, die zum Unesco-Weltkulturerbe gehört.

Das tropische Klima hat vielen kulturellen Highlights in Süd-Thailand zugesetzt. So sind nur noch wenige Reste der über tausend Jahre alten Srivijaya-Kultur in **Chaiya** (S. 486) erhalten. Wer sich für diese Kultur interessiert, wird am ehesten im Nationalmuseum in Bangkok fündig.

In Nord-Malaysia werden Interessierte vor allem von der multikulturellen Metropole **George Town** (S. 747) begeistert sein.

Dschungel und Elefanten

Auf Elefanten durch dichten Dschungel reiten – ist das nur ein Traum oder ein Bild, das man irgendwo gesehen und mit Thailand in Verbindung gebracht hat? Wie sieht es in der Realität aus?

Dschungel im Sinne von dichtem, tropischem Regenwald gibt es nur noch vereinzelt im Hinterland der malaiischen Halbinsel südlich von Chumphon und, dank hoher Niederschläge, im äußersten Zipfel der Ostküste nahe der kambodschanischen Grenze. Ansonsten dominieren Laub abwerfende Monsunwälder. Sie haben sich an die Trockenzeit angepasst, die wir als ideale Reisezeit in unseren Wintermonaten schätzen. Viele Bäume verlieren in der heißen Trockenzeit ihr Laub. Dann sind die kühlen Bambushaine, die viele Wasserfälle umgeben, ein idealer Platz. Die Wasserfälle selbst zeigen sich in dieser Jahreszeit nicht von ihrer besten Seite – sie sind naturgemäß während der Regenzeit am schönsten.

Die schönsten Tempel

Phetchaburi: Eine Stadt voller vielgestaltiger, gut erhaltener Tempelanlagen. S. 334
Wat Phra Kaeo in Bangkok: Der Königstempel ist an Prunk nicht zu überbieten. S. 133
Wat Mahathat in Nakhon Si Thammarat: Die schönste Klosteranlage des Südens. S. 498
Weitere beeindruckende größere und kleinere Tempel sind im ganzen Land zu finden.

Die schönsten Feste

Landesweit – zum Mitmachen

Chinesisches Neujahr: Mit akrobatischen Drachen- und Löwentänzern durch die Straßen ziehen, am besten in Phuket-Stadt. S. 563
Loi Krathong: Beim Lichterfest lässt man kleine Boote mit Kerzen und Blumen auf Flüssen und Seen schwimmen, am besten in Ayutthaya. S. 257
Makha Bucha und **Visakha Bucha**: An diesen buddhistischen Feiertagen kann man sich einer Lichterprozession in einem der Tempel anschließen, am besten in Bangkok.
Silvester: Zu Feuerwerk und Böller steigen große, weiße Papierlampions langsam in den Himmel.

Regional – zum Zuschauen

Pattaya International Music Festival: Drei Tage lang Gratis-Konzerte auf vielen Bühnen der Stadt. S. 282
Vegetarierfest in Phuket: Gläubige durchbohren in Trance ihren Körper mit Haken und Speeren. S. 571
Phon Lak Phra Festival in Phattalung: Am Ende der Fastenzeit werden Buddhastatuen zu Wasser und Land von Wat zu Wat getragen. S. 502

Thailand ist die Heimat der **Elefanten**, die auch in der Kultur des Landes als göttliche Wesen und Symbol der Monarchie einen hohen Stellenwert genießen. Dennoch ist es nur noch mit viel Glück möglich, sie in freier Wildbahn zu sehen – am ehesten im **Kui Buri National Park** (S. 358). Tausende von Arbeitselefanten, die seit Jahrhunderten von Spezialisten trainiert werden, waren bis zu Beginn der 1980er-Jahre in den Holzfällercamps tätig. Nach dem Holzeinschlagverbot arbeitslos geworden, finden sie nun ein Auskommen in **Elefantencamps**. Wer einen Ausflug inklusive Elefantenreiten bucht, wird gemeinsam mit vielen anderen eine kurze Runde um das Camp drehen. Die Tiere werden nicht immer artgerecht gehalten. Im **Elephant's World** in der Nähe von Kanchanaburi (S. 244) kümmert man sich um kranke und vernachlässigte Tiere.

Die beeindruckendsten Naturattraktionen

© VOLKER KLINKMÜLLER

Höhlen

Hongs in der Bucht von Phang Nga: Mit dem Kajak lassen sich die Passagen und das erodierte Innere der pittoresken Kegelkarst-Inseln erkunden. S. 616

Khao Luang in Phetchaburi: Die schönste der buddhistischen Höhlen und Grotten wird mittags wunderbar ausgeleuchtet. S. 334

Weitere Ziele für Höhlen-Fans: Chumphon (S. 373), Kanchanaburi (S. 239), Krabi (S. 622), Phang Nga (S. 618), Ko Phi Phi (S. 662), Ratchaburi (S. 232) und der Rajjaprabha-Damm (S. 542).

Nationalparks

Erawan National Park: Das äußerst beliebte Ausflugsziel bei Kanchanaburi lässt sich gut mit dem Besuch anderer Attraktionen verbinden. Nach einer Wanderung durch den dichten Wald erfrischt ein Bad im Wasserfall. S. 253

Khao Sok National Park: Zwischen Takua Pa und Surat Thani kann man Touren durch den tropischen Dschungel mit Guide oder auf eigene Faust unternehmen und ganz in der Nähe wohnen, auf dem Khao Sok-Fluss paddeln und sich im Longtail Boat über einen Stausee schippern lassen. S. 537

Kaeng Krachan National Park: Die Erkundung des größten Nationalparks des Landes gestaltet sich noch recht abenteuerlich. S. 339

Weitere interessante Nationalparks: Ang Thong Marine National Park (S. 484), Khao Sam Roi Yot (S. 357), Kui Buri (S. 358) und Tarutao National Park (S. 709).

Wasserfälle

Erawan im gleichnamigen Nationalpark bei Kanchanaburi: Dieser Wasserfall ist von Bambuswäldern umgeben und ein schönes Badeziel. S. 253

Weitere Ziele für Wasserfall-Fans: Chantaburi (S. 291), Ko Chang (S. 301), Ko Kood (S. 327), Ko Samui (S. 443).

Die schönsten **Nationalparks und Naturlandschaften** sind selten mit öffentlichen Verkehrsmitteln zu erreichen. Wer sich kein Fahrzeug mieten möchte, kann einige Ziele im Rahmen organisierter Touren auch in kleinen Gruppen besuchen. In den meisten Nationalparks wurden Gebiete in der Umgebung des Headquarters für Besucher erschlossen. Auf markierten Wegen kann man auf eigene Faust wandern oder mit einem Guide losziehen. Weitere Informationen auf S. 65 und unter 🖵 www.dnp.go.th/index_eng.asp.

Reiserouten

Drei Monate – ein Visum plus Verlängerung – reichen nicht aus, um alles in Thailand zu sehen, selbst wenn man täglich unterwegs ist. Auch nach Jahren intensiver Reisen entdecken wir jedes Mal wieder Neues und Interessantes. Bei diesem vielseitigen Angebot fällt es schwer, eine Auswahl zu treffen, wenn die Reise nur kurz ist. Viele wollen zudem einige Tage abhängen oder eins der Nachbarländer besuchen, und so bleibt nur wenig Zeit für eine Reise durch das Land.

Am Anfang und Ende

Mit Jetlag und nach einem im Winter extremen Klimawechsel kann eine quirlige, pulsierende Metropole wie Bangkok schnell überfordern. Auch einem anstrengenden Kulturprogramm oder langen Rundfahrten können viele zu Beginn ihrer Reise kaum etwas abgewinnen. Vieles spricht deshalb dafür, sich erst einmal für einige Tage am **Strand** zu erholen, denn nach einer Eingewöhnungsphase fällt es leichter, das Land zu entdecken. Die Infrastruktur der Badeorte, die in den vergangenen drei Jahrzehnten an den schönsten Stränden entstanden sind, ist auf Touristen eingestellt. Hier gibt es westliche wie einheimische Restaurants, die meisten Menschen sprechen Englisch, und nach den ersten Ausflügen vom Strand ist man bereit, zunehmend größere Kreise zu ziehen. Wer nicht vorgebucht hat, wird bald, durch die Vielfalt des Angebots verführt, zum Inselhüpfer und wechselt den Urlaubsort. Schließlich hat jeder Strand seinen eigenen Charakter.

Die letzten Tage eignen sich hervorragend für einen Einkaufsbummel in **Bangkok**, dessen Highlight der Besuch des Suan Chatuchak Weekend Markets am Samstag oder Sonntag ist. Zudem steht dann der Königspalast mit dem Wat Phra Kaeo auf dem Programm, denn wer diese kulturellen Höhepunkte zu Beginn seiner Thailand-Reise ansteuert, wird vielleicht anderen Tempeln des Landes, die kaum weniger schön sind, nicht mehr so viel abgewinnen können. Also besser erst am Ende der Reise auf Kulturtrip durch Bangkok gehen und den Abschied genussvoll mit einem Cocktail in einer der schicken Bars oder auf der lebhaften Khaosan Road feiern!

Die Zeit für eine Erkundungstour zwischen dem Erholungsurlaub und dem letzten Einkaufstrip kann je nach Interesse kurz oder auch etwas länger sein. Wer Land und Leute kennenlernen möchte, sollte frühzeitig aus den Urlaubswelten aufbrechen, denn Einheimische sind dort in der Minderheit.

Backpacker unterwegs

■ 1 bis 2 Wochen

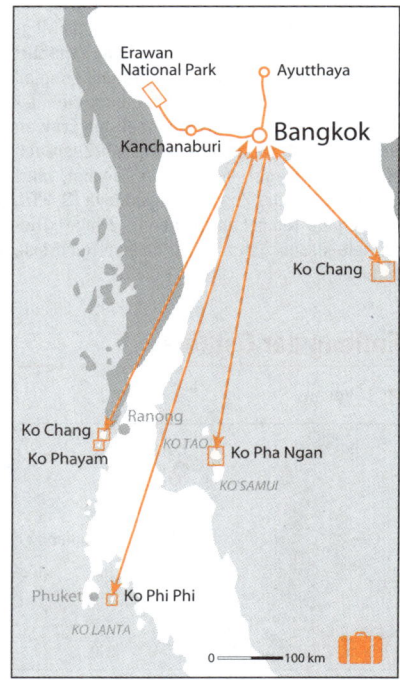

Nach einem Badeurlaub auf einer Insel im **Golf von Thailand** im Sommer oder einem Strand an der **Andamanensee** im Winter, geht es nach

Die besten Essensmärkte

Floating Market in Amphawa – ein kulinarischer schwimmender Markt am Wochenende mit vielen lokalen Spezialitäten. S. 230

Gourmet-Etage im Siam Paragon in Bangkok – in ihrer Vielfalt kaum zu überbieten. S. 153

Nachtmarkt in Krabi-Stadt – frischer Fisch und andere Köstlichkeiten der Thai-Küche in authentischer Atmosphäre. S. 622

Bangkok (S. 131) in die Khaosan Road, dem Dreh- und Angelpunkt aller Backpacker – ob mit Rucksack oder Rollkoffer unterwegs in Thailand. Es herrscht eine geschäftige Atmosphäre. Man genießt es, zu sehen und gesehen zu werden.

Wenn nur noch ein paar Tage Zeit sind, hat man von Bangkok aus drei Optionen: Viele Möglichkeiten für Ausflüge bietet **Kanchanaburi** (S. 239), wo man mit dem Fahrrad und Longtail Boat das Umland erkunden kann oder eine der vielen Tagestouren bucht, wobei der **Erawan National Park** (S. 253) den größten Zuspruch erfährt (2–4 Tage). Wer wenig Zeit hat, fährt mit dem Bus oder Zug nach **Ayutthaya** (S. 257), um sich die Tempel anzusehen (1–2 Tage). Diese Ziele lassen sich zu einer kleinen Rundreise verbinden.

Entlang der Ostküste

■ 1 Woche

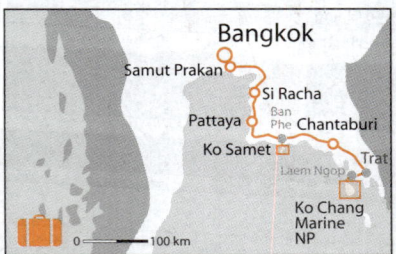

An der Ostküste liegen die schönsten Badestrände auf **Ko Samet** (S. 286) und den Inseln des **Ko Chang Marine National Parks** (S. 301). Bei der Anreise lohnt sich eine Übernachtung in

der Edelstein-Metropole **Chantaburi** (S. 291), die mit einer interessanten Vergangenheit und einem bedeutenden Pilgerziel aufwartet.

Wer auf Abwechslung und Nachtleben steht, legt eine durchtanzte Nacht in **Pattaya** (S. 274) ein und fährt dann weiter zu den beiden Großzoos von **Si Racha** (S. 273) oder in den Vorort der Metropole **Samut Prakan** (S. 271), wo das Freilichtmuseum Ancient City lockt. Von hier aus lassen sich Bangkok oder der Flughafen in gut einer Stunde erreichen.

Phang Nga-Bucht und Inseln im Süden

■ ab 5 Tagen

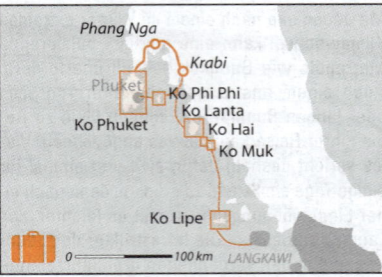

Die landschaftlich reizvollste Tour durch die Karstlandschaft im Süden führt von **Phuket** (S. 563) über **Phang Nga** (S. 616) mit einem halbtägigen Abstecher durch die Mangroven zum James-Bond-Felsen nach **Krabi** (S. 622), von wo aus am nächsten Tag viele Strände, Inseln und Höhlen erkundet werden und Kletterer die Felswände erklimmen können.

Bequem ist ein Mietwagen oder Motorrad, aber auch mit dem Fahrrad besteht die Möglichkeit, auf Nebenstraßen zu fahren, interessante Zwischenstopps einzulegen und auf einer anderen Route oder sogar mit dem Boot zurückzukehren.

Bei einer Rundfahrt mit öffentlichen Verkehrsmitteln ist es möglich, auf der Rückreise nach Phuket die Fähren zu benutzen und einen Zwischenstopp auf **Ko Phi Phi** (S. 662) einzulegen. Wer nicht vorhat, bis tief in die Nacht Partys zu feiern, lässt sich besser mit dem Longtail Boat von den überentwickelten Hauptstränden zu einem kleinen, ruhigeren Strand im Norden der Insel bringen.

Bei 2–3 Tagen mehr Zeit kann man weiter in den Süden vordringen und von Krabi aus **Ko Lanta** (S. 674) mit in die Rundreise einbauen. Von dort geht es nach Lust und Laune in 3–4 weiteren Tagen mit einem Schnellboot noch weiter in den Süden über **Ko Hai** (S. 695) und **Ko Muk** (S. 697) nach **Ko Lipe** im Tarutao Marine National Park (S. 709) nahe der Grenze zu Malaysia und darüber hinaus nach **Langkawi** (S. 731).

Zwischen Golf und Andamanensee

■ ab 2 Wochen

Die schmalste Stelle Thailands liegt südlich von Prachuap Khiri Khan, aber die schmalste Stelle der Halbinsel, der Isthmus von Kra, ist weiter im Süden bei **Chumphon** (S. 373), dem Fährhafen nach **Ko Tao** (S. 385), **Ko Samui** (S. 443) und **Ko Pha Ngan** (S. 401). Auf dem H4 fahren Busse von Chumphon an die Westküste in die vom

Zinnboom geprägte Provinzstadt **Ranong** (S. 514) an der Grenze zu Myanmar. Mit einem eigenen Fahrzeug ist die schmale Landstraße H4139 eine wesentlich interessantere Alternative.

Zwischen Ranong und dem Urlaubsort **Khao Lak** (S. 545) weiter südlich verlocken Fähren und Charterboote in kleinen Häfen entlang der Strecke Taucher und Backpacker zu ein- oder mehrtägigen Inseltouren nach **Ko Chang** (S. 520), **Ko Phayam** (S. 525) oder zu den **Surin-** (S. 533) und **Similan-Inseln** (S. 561). Zudem sind nette Abstecher ins Hinterland möglich, so in den herrlichen Dschungel des **Khao Sok National Parks** (S. 537) und zum **Rajjaprabha-Damm** (S. 542). Von dort kann man zurück zur Golfküste nach **Surat Thani** (S. 488) fahren und auf die großen Badeinseln **Ko Samui** (S. 443) oder **Ko Pha Ngan** (S. 401) übersetzen.

Wer möchte, kann anschließend ein Boot zum beliebten Tauchziel **Ko Tao** (S. 385) nehmen und von dort nach Chumphon aufs Festland zurückkehren.

Entlang der Golfküste

■ 1 Woche

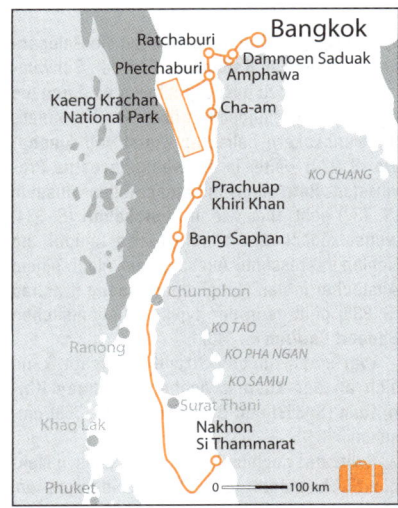

© VOLKER KLINKMÜLLER

Überlandbusse fahren alle Städte des Landes an. Wer sich Backpackerbussen anvertraut, die bequemes Reisen von Guesthouse zu Guesthouse versprechen, sollte vorher die Warnungen lesen (S. 81 und S. 413) oder lieber gleich in den großen Bus oder Zug einsteigen.

Die **Eisenbahn** verkehrt sternförmig von Bangkok aus bis Butterworth (Penang) in Malaysia.

Es ist einfacher, als mancher denkt, eine Rundfahrt mit dem **Auto** zu unternehmen. Bei einigen Autovermietern ist es möglich, den Wagen auch in einem anderen Zielort abzugeben (dann auf *one way rental* achten!). Hat man sich an den Linksverkehr gewöhnt, stellt das Verkehrschaos der Hauptstadt das größte Hindernis dar. Dem entkommt, wer am internationalen Airport Suvarnabhumi startet und auf der Ring Road in einem großen Bogen um Bangkok herum fährt.

Auch mit dem **Motorrad** oder **Fahrrad** kann man dem Land näher kommen. Auf den meisten Inseln und an Badestränden werden Zweiräder vermietet. Einige Inseln eignen sich wegen schlechter Straßen und steiler Berge nicht zum Radfahren. Für längere Touren bringt man besser ein eigenes Rad mit. Ausflüge werden ab Bangkok, Kanchanaburi, Phuket und Khao Lak organisiert.

Billigfluggesellschaften machen es möglich, an eine Reise durch Thailand einen Abstecher nach Kambodscha, Vietnam, Laos, Malaysia oder Myanmar anzuhängen. Auch zu diesen Ländern gibt es Stefan Loose Travel Handbücher.

Wer in Bangkok früh aufbricht, hat die Gelegenheit, in **Damnoen Saduak** (S. 229) den Schwimmenden Markt zu besuchen, bevor es durch die idyllische Flusslandschaft über den besonders bei Bangkokern beliebten Markt von **Amphawa** (S. 230) weiter in die wenig besuchte Provinzstadt **Ratchaburi** mit einem tollen Museum (S. 232) geht. Hier wie in **Phetchaburi** (S. 334) weiter südlich sind buddhistische Tempel und Höhlen interessante Ausflugsziele. Nach einem Abstecher in den Nationalpark **Kaeng Krachan** (S. 339) geht es in den typisch thailändischen Badeort **Cha-Am** (S. 340).

Wer einen ruhigen Strand bevorzugt, kann sich an der Küste zwischen **Prachuap Khiri Khan** (S. 359) und **Bang Saphan** (S. 368) umsehen.

Sollte das noch nicht reichen, gibt es in **Nakhon Si Thammarat** (S. 497) noch einen großen, alten Tempel zu bestaunen.

Abseits der Touristenzentren

Genug von Touristenbussen, Sehnsucht nach Am-Ende-der-Welt-Atmosphäre? Kein Problem: Überall gibt es Reiseziele, in denen es garantiert keine anderen Touristen gibt. Am besten erreicht man sie mit einem eigenen Fahrzeug und folgt den blauen Hinweisschildern zu touristischen Sehenswürdigkeiten, die in diesem Buch nicht beschrieben sind. Auch das GPS hat sich als hilfreich erwiesen, einige schöne Nebenstrecken zu entdecken.

Die lokale Kultur und Lebensart erschließt sich vor allem in den Dörfern und Provinzstädten. Hier sind Farang, wie die Besucher aus dem Westen genannt werden, eine Seltenheit und werden manchmal sogar neugierig bestaunt. Wer nichts dagegen hat, auf den einen oder anderen Touristen zu treffen, findet in diesem Buch viele weitere Anregungen.

Klima und Reisezeit

Klima

Niemand plant einen Badeurlaub an der Nordseeküste im Dezember, doch viele vergessen, dass auch in Thailand Regen- und Trockenzeiten berücksichtigt werden sollten, obwohl es in den letzten Jahren auch zu außergewöhnlichen Regenfällen und Hitzewellen kam. Über das Wetter informieren u. a. das Informationsministerium unter 🖳 www.tmd.go.th/en.

Die **Temperaturen** schwanken an der Küste im Verlauf des Tages meist zwischen 24 °C und 32 °C. Je näher am Äquator ist, desto geringer werden die Temperaturschwankungen. Besonders die Küsten haben ihre eigenen Windsysteme und **Regenzeiten**. Normalerweise treten von Juli bis Oktober auch mehrere Regentage hintereinander auf. Dann kann an einem Tag mehr Regen fallen als in mehreren trüben europäischen Monaten. **Winde** bringen Regen, wenn sie vom Meer her wehen – kommen sie vom Festland, sind sie hingegen trocken. Von Mai bis Oktober liegt Thailand im Einflussbereich des Südwestmonsuns, der dem Land zu dieser Zeit hohe Niederschläge beschert. Von November bis Februar bringt der Nordostmonsun der Ostküste ab Prachuap Khiri Khan Regen. Hierdurch kommt es zu **drei Jahreszeiten**, die regional verschieden ausgeprägt sind:

Kühle Jahreszeit (November bis Februar)

Am „kältesten" ist es im Dezember und Januar. In diesen Monaten schwankt die Temperatur in Bangkok zwischen 20 °C am Morgen und 30 °C am Nachmittag. Im Süden gibt es geringere Schwankungen. An der Westküste klingt im November die Regenzeit aus, sodass Urlauber von Dezember bis April mit viel Sonnenschein rechnen können. An der Golfküste südlich von Chumphon (Ko Samui, Ko Pha Ngan, Ko Tao) bringt zum Ende des Jahres der Nordostmonsun viel Regen.

Heiße Jahreszeit (März bis Mai)

Die Temperaturen steigen ab Februar ständig an. Weitere Unannehmlichkeiten bescheren eine Wasserknappheit, die sich vor allem in Bangkok bemerkbar macht. Mittagstemperaturen von bis zu 40 °C im Schatten sind im Landesinneren keine Seltenheit. Angenehmer ist nur der Aufenthalt an der Küste, wo in den Badeorten Hochkonjunktur herrscht. Aber auch hier wird es sehr heiß.

Regenzeit (Mai bis Oktober)

Der einsetzende Südwestmonsun bringt vom Indischen Ozean Niederschläge, vor allem für die Andamanenküste. Sie nehmen bis zum September/Oktober kontinuierlich zu. Dennoch kann es im Mai bereits zu Überschwemmungen kommen. Für einen Badeurlaub eignet sich der Golf von Thailand, während es an der Andamanenküste oft heftig regnet und viele Inseln wegen der starken Winde nicht mehr angefahren werden. Im September und Oktober fallen fast überall hohe Niederschläge. Wann die Regenzeit beginnt und wie lange sie dauert, ist schwer vorhersehbar. Es kann selbst Mitte November noch stark reg-

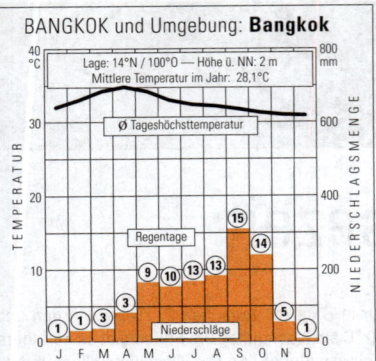

BANGKOK und Umgebung: **Bangkok**

Lage: 14°N / 100°O — Höhe ü. NN: 2 m
Mittlere Temperatur im Jahr: 28,1°C

Ø Tageshöchsttemperatur

Regentage

Niederschläge

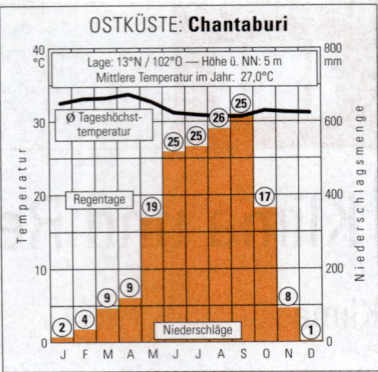

OSTKÜSTE: **Chantaburi**

Lage: 13°N / 102°O — Höhe ü. NN: 5 m
Mittlere Temperatur im Jahr: 27,0°C

Ø Tageshöchst-
temperatur

Regentage

Niederschläge

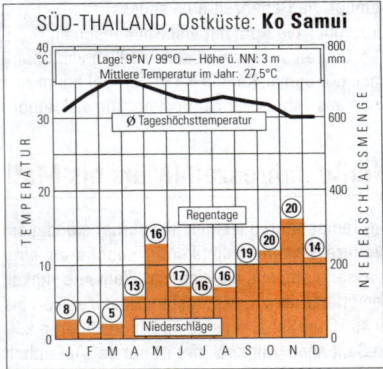

SÜD-THAILAND, Ostküste: **Ko Samui**

Lage: 9°N / 99°O — Höhe ü. NN: 3 m
Mittlere Temperatur im Jahr: 27,5°C

Ø Tageshöchsttemperatur

Regentage

Niederschläge

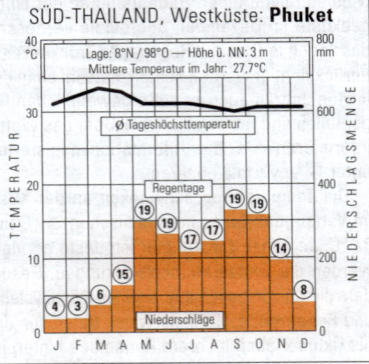

SÜD-THAILAND, Westküste: **Phuket**

Lage: 8°N / 98°O — Höhe ü. NN: 3 m
Mittlere Temperatur im Jahr: 27,7°C

Ø Tageshöchsttemperatur

Regentage

Niederschläge

nen, deshalb sind unsere Angaben durchschnittliche Werte.

In Folge der Erderwärmung scheint sich auch der Monsun zu verschieben. In den letzten Jahren kam und endete er teils später.

Reisezeit

Die ideale Reisezeit ist die **Trockenzeit** (Dezember bis März). An der Golf- und Ostküste regnet es im November und Dezember noch häufig. Am sichersten ist es, die Reise einen Monat nach dem Ende der Regenzeit zu beginnen.

Wichtig für die Planung der Reise sind auch die **Schulferien**. Während der europäischen Sommer- und Weihnachtsferien, wenn auch die internationalen Schulen in Thailand Ferien machen, herrscht Hochsaison. Die thailändischen Universitätsferien (Mitte März–Ende Mai und kürzer im Oktober/November) und Schulferien variieren (meist zwei Monate zwischen März und Mai sowie drei Wochen im Oktober). Während dieser Zeit sind viele Strände an der Küste und Nationalparks gut besucht.

Vor allem an **Feiertagen** wie dem Chinesischen Neujahr, dem Thai-Neujahr, in der Zeit zwischen Weihnachten und dem 1. Januar und den Brückentagen bis zum nächsten Wochenende sind die Zimmer in Badeorten und Erholungsgebieten häufig sogar überbucht. Die Preise steigen besonders an Weihnachten und zu Silvester. Viele Bus-, Flug- und Zugtickets sind ausverkauft, viele Hotels belegt und die Naturattraktionen überlaufen.

Hoffentlich wird endlich die Hütte frei.

© VOLKER KLINKMÜLLER

Reisekosten

Es ist natürlich viel einfacher, mit gut gefüllter Reisekasse unterwegs zu sein, aber auch mit schmalem Budget kann man viel unternehmen, denn das Angebot an Unterkünften, Restaurants, Transportmitteln, Sport- und Einkaufsmöglichkeiten ist breit gefächert. Manch einer genießt es, zwischen Bambushütte und 5-Sterne-Resort zu pendeln, mit dem lokalen Bus zu fahren und sich trotzdem für einen Ausflug ein Taxi zu gönnen, die Nudelsuppe am Straßenstand ebenso zu genießen wie den Hummer am Strand und bei einem Tauchkurs nicht rechnen zu müssen. Andere wollen so lange wie möglich mit ihrem Geld reisen und haben kein Problem damit, in Schlafsälen zu übernachten und auf den Märkten zu essen, mit nicht klimatisierten Bussen zu fahren und teure Touristenzentren zu meiden.

Was kostet wie viel?	
Trinkwasser (1 l)	10–25 Baht
Softdrink (0,3 l)	10–30 Baht
Bier (0,6 l)	40–160 Baht
Nudelsuppe	20–50 Baht
Fried Rice	40–80 Baht
Curry-Gericht	60–150 Baht
Benzin (1 l)	38–45 Baht
Taxifahrt (in Bangkok)	ab 35 Baht
Mietwagen pro Tag	1000–2200 Baht
Eintritt Nationalpark	meist 200 Baht
Eintritt Nationalmuseum	meist 100 Baht
Zimmer Gästehaus	ab 250 Baht
Zimmer Mittelklassehotel	800–2000 Baht
Bungalow am Strand	
Einfach	ab 300 Baht
Mittelklasse	1000–3000 Baht

Das allgemeine **Preisniveau** ist in Bangkok, Phuket, Ko Samui, auf den Inseln der Andamanensee und in einigen Touristenzentren wesentlich höher als in der Provinz. Billiger als in den Urlaubszentren lebt es sich in vielen Provinzstädten. Dort und an abgelegenen Stränden auf dem Festland kann man bei anspruchsloser Lebensführung mit 500 Baht am Tag auskommen, wenn das Zimmer geteilt wird. Darin sind allerdings Souvenirs, Touren, Mieten von Motorrädern oder Autos und Schlemmereien in Edelrestaurants sowie Alkoholika nicht enthalten.

Wenn der Urlaub etwas komfortabler sein soll, braucht man mindestens das Doppelte. In diesem Budget sind etwas bequemere Unterkünfte und Essen in Restaurants enthalten. Wer regelmäßig ein Bier oder einen Cocktail trinkt, fein essen geht oder luxoriösere Hotels genießen will, braucht noch viele Baht mehr. Da ein Zimmer für eine Person fast überall genauso viel kostet wie für zwei, reist man zu zweit billiger. Unterkünfte im 4- und 5-Sterne-Bereich sind meist günstiger über Reiseveranstalter oder online buchbar.

Lokale öffentliche **Verkehrsmittel** sind außerhalb der Urlaubsorte immer noch recht günstig. Auf Langstrecken zahlt man bei Bussen wie auch der Eisenbahn für zusätzliche Bequemlichkeit (Klimaanlage, Liegesitze, Essen) etwa das Doppelte. Viele Backpacker-Busse sind zwar billig, aber weder sonderlich bequem noch sicher.

Bei **Eintrittsgeldern**, vor allem für Nationalparks, aber auch in **Thai-Restaurants** gibt es manchmal erhebliche Unterschiede zwischen dem, was Ausländern und Einheimischen in Rechnung gestellt wird. Thai-Speisekarten sind oft umfangreicher als die englischen, auf denen dann nur die teuren Gerichte übersetzt sind.

Traveltipps von A bis Z

Anreise S. 38

Botschaften und Konsulate S. 40

Einkaufen S. 42

Essen und Trinken S. 43

Fair reisen S. 50

Feste und Feiertage S. 52

Frauen unterwegs S. 53

Geld S. 54

Gepäck und Ausrüstung S. 56

Gesundheit S. 58

Informationen S. 61

Internet und E-Mail S. 61

Kinder S. 62

Maße und Elektrizität S. 64

Medien S. 64

Nationalparks und Reservate S. 65

Öffnungszeiten S. 66

Post S. 66

Reisende mit Behinderungen S. 67

Schwule und Lesben S. 67

Sicherheit S. 68

Sport und Aktivitäten S. 69

Sprachkurse S. 73

Telefon S. 74

Toiletten S. 77

Transport S. 77

Übernachtung S. 85

Verhaltenstipps S. 89

Versicherungen S. 92

Visa S. 94

Zeit und Kalender S. 95

Zoll S. 96

Anreise

Flüge aus Europa

Wer zum gewünschten Zeitpunkt möglichst billig fliegen will, sollte früh buchen. Die Preise ändern sich ständig – und dank der Benzinpreiserhöhungen, der damit verbundenen Zuschläge und der Luftverkehrsabgabe von 45 € bei Langstreckenflügen aus Deutschland leider meist nach oben. Zudem lasten die Airlines ihre Maschinen möglichst voll aus, sodass freie Plätze kurz vor dem Abflugtag kaum noch zu bekommen sind.

Zur Zeit der Recherche flogen für 550–900 € (Hin- und Rückflug) europäische und asiatische Gesellschaften von Frankfurt, Düsseldorf, Hamburg, Berlin, Leipzig, München und Wien nach Bangkok oder Kuala Lumpur. Informationen zur Flugsicherheit dieser Airlines finden sich unter 🖥 www.aerosecure.de.

Inlandflüge können bei Thai Airways und Malaysia Airlines als Anschlussflüge mitgebucht werden. Nicht zu empfehlen sind die „Open date tickets", da Flüge von und nach Thailand oder Malaysia oft Monate im Voraus ausgebucht sind und für ein Thailand-Visum ein bestätigter Rückflug verlangt wird.

Thai Airways, 🖥 www.thaiairways.com, 60313 Frankfurt, Zeil 127
✆ 069-9287 4444, 📠 9287 4222
Bangkok Airways, 🖥 www.bangkokair.com, 60311 Frankfurt, Bethmannstr. 58
✆ 069-1337 7565-6
Malaysia Airlines, 🖥 www.malaysia airlines.com
60329 Frankfurt, Wilhelm-Leuschner-Str. 78
✆ 069-1387 1910, 📠 1387 1960

Weitere internationale Airlines, die Thailand oder Malaysia anfliegen, siehe **eXTra [2590]**. Über gute Sitzplätze und weitere Details im Flieger informiert 🖥 www.seatguru.com.

Auf dem Landweg

Seit Dezember 2008 wird bei der Einreise auf dem Landweg nach Thailand an allen Grenzübergängen nur noch eine Aufenthaltserlaubnis von 15 Tagen erteilt.

Wer länger bleiben will, benötigt ein Visum, das bei einer konsularischen Vertretung Thailands im Ausland beantragt werden muss, S. 94. Aktuelles zur Visasituation siehe **eXTra [2670]**.

Aus / nach Malaysia

Grenzüberschreitende Züge fahren zwischen Bangkok und Butterworth, dem Fährhafen für Penang. Zudem schwärmt täglich eine Flotte von Minibussen aus den großen Städten und Tourismuszentren in Changlun/Sadao über die Grenze und lädt ihre Passagiere in Hat Yai um. Aus Sicherheitsgründen sind ihnen jedoch die großen Busse vorzuziehen, die vor allem zwischen Hat Yai und allen großen Städten der Malaiischen Halbinsel verkehren. Kaum genutzt werden die abgelegenen Grenzübergänge im Landesinneren.

Aufgrund der politischen Unruhen in den grenznahen Provinzen Yala, Narathiwat und Pattani fahren nur noch wenige Touristen über Tak Bai oder Sungai Golok nach Kota Bharu an der Ostküste. Eine weitere Alternative sind Boote, die zwischen Satun und Kuah auf Pulau Langkawi verkehren.

Bei der Einreise nach Malaysia wird eine dreimonatige Aufenthaltserlaubnis erteilt.

Online buchen

In Online-Reisebüros kann man mit Kreditkarte fast alles buchen, was man zum Reisen braucht: Pauschal- wie Lastminute-Reisen, Kreuzfahrten, Flüge, Zimmer, Mietwagen und Veranstaltungstickets. Wer nicht nur über eine Hotline kommunizieren möchte, geht in ein Reisebüro mit Ansprechpartner. Flexible suchen auf Internetseiten von Veranstaltern, Hotels oder Airlines nach Lastminute-Angeboten oder Sondertarifen.

Eine lohnenswerte Anlaufstelle für Flug-, Hotel- und Mietwagenbuchungen sind die großen **Vergleichsportale**, die Angebote verschiedener Seiten und Veranstalter miteinander vergleichen und das günstigste herausfiltern.

🖳 **www.agoda.com**
Mehrsprachige Buchungsmaschine mit Prämienpunktsystem.

🖳 **www.asiatravel.com**
Buchungsmaschine mit Schwerpunkt und Büros in Asien. Bezahlt wird im Hotel.

🖳 **www.billig-flieger-vergleich.de**
Die aktuell günstigsten Flüge sind hier gelistet.

🖳 **www.booking.com**
Hotelbuchungsseite, bei der der Zimmerpreis immer als Endpreis inkl. aller Steuern und Gebühren angegeben wird. So gibt es keine bösen Überraschungen.

🖳 **www.kayak.com**
Vergleichsportal für weltweite Reiseangebote im Netz.

🖳 **www.ebookers.de**
Ableger eines britisch-amerikanischen Reiseportals und FTI Touristik.

🖳 **www.expedia.de**
Großes, bereits 1999 gegründetes Online-Reiseportal.

🖳 **www.hostelbookers.com**
🖳 **www.hostelworld.com**
Hostels und preiswerte Unterkünfte mit englischsprachigen Bewertungen von Reisenden sowie Buchungsmöglichkeiten. Außerdem Podcasts zum Runterladen, Reiseinformationen und mehr.

🖳 **www.hotelopia.de**
Hotelbuchungsagentur der TUI mit 24-Stunden-Hotline.

🖳 **www.lastminute.de**
Angebote für Kurzentschlossene von fast allen Reiseanbietern.

🖳 **www.latestays.com**
Lastminute-Hotelzimmer von Asia Web Direct.

🖳 **www.opodo.de**
Hier bieten verschiedene europäische Fluggesellschaften günstig ihre Tickets an.

🖳 **www.skyscanner.de**
Großes Flugpreisvergleichsportal. Hier kann man mit der Option „flexible Kriterien – ganzer Monat" nach den günstigsten Flügen innerhalb eines Monats suchen und einiges an Geld sparen.

🖳 **www.swoodoo.de**
Großes, umfangreiches Vergleichsportal.

🖳 **www.travelchannel.de**
Eines der ersten Reiseportale von Otto Freizeit und Touristik.

Tipps für die ersten Schritte im Land

- Überall, wo sich Neuankömmlinge konzentrieren, in der Ankunftshalle am Airport oder Bahnhof (S. 221) oder am Königspalast (S. 133), sind Schlepper, Hostessen und selbst ernannte Guides nicht fern, die ein schnelles Geschäft wittern und überhöhte Preise verlangen.
- Deshalb: Keinem hilfsbereiten Taxi-/Tuk Tuk-Fahrer/Guide/Traveller glauben, der einem bei einer billigen Stadtrundfahrt für 20 Baht überzeugen will, dass man beim Edelstein-/Seidenhändler/Schneider einen günstigen Großeinkauf machen kann. Ein gut klingendes Angebot ist wahrscheinlich zu gut, um wahr zu sein (S. 42).
- Shoppingtouren auf das Ende der Reise verlegen, wenn man das Preisniveau kennt. Zudem spart man sich damit unnötige Schlepperei.
- Wer sich für die ersten Tage ein Hotel bucht, hat weniger Stress bei der Ankunft.
- Wer Thai-Essen nicht gewohnt ist, kann die ersten Tage „nicht scharf" *(mai pet)* bestellen und sich langsam steigern.
- Gepäck keinem Fremden anvertrauen, auch nicht dem Security-Personal am Airport.
- Wertsachen gehören vor allem bei Busfahrten nur ins Handgepäck, besser jedoch in den unter der Kleidung getragenen Geldgürtel.
- Insgesamt sind Thailand und Malaysia sehr sichere Länder, auf die man sich während der Reise beruhigt einlassen kann.

🖳 **www.tripadvisor.de**
Die deutschsprachige Website der größten internationalen Reiseplattform ist ein Tochterunternehmen von Expedia, 🖳 www.expedia.de. Sie bietet die umfangreichste Hotelauswahl, einen Beliebtheitsindex, ein Forum sowie Bewertungen von Reisenden und deren Fotos.

🖳 **www.weg.de**
Angebote von fast allen Reiseanbietern. Weitere Adressen in den regionalen Kapiteln dieses Buches.

Botschaften und Konsulate

Thailändische Botschaften und Konsulate

... in Europa

Botschaft in Deutschland:
12163 Berlin, Lepsiusstr. 64–66
☎ 030-7948 10, ✆ 7948 251
🖳 www.thaiembassy.de
🕐 Mo–Fr 9–12.30 Uhr
Generalkonsulat:
60596 Frankfurt, Kennedyallee 109
☎ 069-6986 8205, ✆ 6986 8228
🖳 www.thaigeneralkonsulat.de
🕐 Mo–Fr 9–13 Uhr
Visa können nur persönlich beantragt werden.
Honorargeneralkonsulate:
01067 Dresden, Friedrichstr. 29
☎ 0351-498 6261, ✆ 498 6214
🖳 www.thaikonsulatdresden.de
45131 Essen, Rüttenscheider Str. 199
☎ 0201-9597 9334, ✆ 9597 9445
🖳 www.thai-konsulat-nrw.de
🕐 Mo–Fr 9–12, Fr 14–17 Uhr
20099 Hamburg, An der Alster 85
☎ 040-2483 9118, ✆ 2483 9206
🖳 www.thaikonsulathamburg.de
🕐 Mo–Fr 9–12 Uhr
80639 München, Prinzenstr. 13
☎ 089-168 9788, ✆ 1307 1381
🖳 www.thaikonsulatmuenchen.de
🕐 Mo–Fr 9–12 Uhr
Honorarkonsulat:
70499 Stuttgart, Pforzheimer Str. 381
☎ 0711-226 4844, ✆ 226 4856
🖳 www.thaikonsulat.de
🕐 Mo, Mi, Fr 12–14 Uhr

Botschaft in Österreich:
1180 Wien, Cottagegasse 48
☎ 01-478 3335, ✆ 478 2907
🖳 www.thaiembassy.at
🕐 Mo–Fr 9–12 Uhr
Honorarkonsulate:
5020 Salzburg, Koch-Sternfeld-Gasse 7
☎ 0662-840 0200, ✆ 840 0201
🖳 www.thaiconsulate-salzburg.at
🕐 Mo–Fr 9–12 Uhr
6850 Dornbirn, Rieggasse 44
☎ und ✆ 05572-256 146
🕐 Mo–Fr 9–12 Uhr

Botschaft in der Schweiz:
3097 Bern-Liebefeld, Kirchstr. 56
☎ 031-970 3414-5, ✆ 970 30 37
🖳 www.thaiembassybern.org
🕐 Mo–Fr 9–11.30 Uhr
Generalkonsulate:
8001 Zürich, Löwenstr. 42
☎ 043-344 7000, ✆ 344 7001
🖳 www.thai-consulate.ch
🕐 Mo–Fr 9.30–11.30 Uhr
1211 Genf 12, Cours des Bastions
☎ 022-311 0723, ✆ 345 1208
🖳 www.thaiconsulate.ch
🕐 Mo–Fr 9.15–11.45 Uhr
4010 Basel, Aeschenvorstadt 71
☎ 061-206 4565, ✆ 206 4546
🖳 www.thai-consulatebasel.ch
🕐 Mo–Do 9–11.30 Uhr

... in Asien

Botschaft in Indonesien:
74 Jl. Dr. Ide Anak Agung Gde Agung 3.3, Lot 8.8, Kuningan, Jakarta
☎ 021-2932 8190-4, ✆ 2932 8199
🖳 www.thaiembassy.org/jakarta/en

Botschaft in Kambodscha:
196 Preah Norodom Boulevard, Phnom Penh
☎ 023-726 306-8, ✆ 726 303
🕐 Mo–Fr 8.30–11 Uhr
🖳 www.thaiembassy.org/phnompenh

Botschaft in Laos:
Bourichane Rd., Vientiane
☎ 021-214 581-3, ✆ 214 580
🕐 Mo–Fr 8.30–12 Uhr
🖳 www.vientiane.thaiembassy.org/vientiane/en
Konsulat:
Tha He Rd., Savannakhet
☎ 041-212 373, ✆ 212 370
🕐 Mo–Fr 9–11 Uhr

Botschaft in Malaysia:
Kuala Lumpur, 206 Jl. Ampang
📞 03-2148 8222, 📠 2148 6527
🕐 Mo–Fr 9.30–13 Uhr
🖥 www.thaiembassy.org/kualalumpur
Konsulate:
Penang, 1 Jl. Tungku Abdul Rahman,
Ecke Jl. Ayer Rajah
📞 04-226 8029
🕐 Mo–Fr 9–12 Uhr
Kota Bharu, 4426 Jl. Tok Guru
📞 09-744 5266
🕐 So–Do 9–12 Uhr

Botschaft in Myanmar (Birma):
Yangon (Rangoon), 94 Pyay Rd. Dagon Township
📞 01-226 721, 📠 221 713
🕐 Mo–Fr 9–11.30 Uhr
🖥 www.thaiembassy.org/yangon/en

Botschaft in Singapore:
370 Orchard Rd.
📞 6737 2158, 📠 6732 0778
🕐 Mo–Fr 9.15–11.30 Uhr
🖥 www.thaiembassy.sg

Botschaft in Vietnam:
Hanoi, 63–65 Hoang Dieu St.
📞 04-3823 5092-4, 📠 3823 5088
🖥 www.thaiembassy.org/hanoi
Konsulat:
Ho Chi Minh City, 77 Tran Quoc Thao St.,
District 3
📞 08-932 7637-8, 📠 932 6002

Botschaften und Konsulate in Thailand

Deutsche Botschaft:
Bangkok 10120, 9 Sathon Tai Rd.; U-Bahnhof
Lumphini
📞 02-287 9000, 📠 287 6232
🖥 www.bangkok.diplo.de
Notfallnummer (meist nur zu den Dienstzeiten
erreichbar) 📞 01-845 6224
🕐 Mo–Fr 8.30–11.30 Uhr, Visaanträge bis
10.30 Uhr

Deutsche Konsulate in Phuket S. 572 und
Pattaya.
Wer sich länger in Thailand aufhält, kann sich
unter 🖥 www.service.diplo.de/registrierungav
registrieren lassen.

Botschaft von Österreich:
Bangkok 10120, 14 Soi Nantha-Mozart, off Soi 1,
Sathorn Tai Rd.
📞 02-105 6710, 📠 303 6058
🖥 www.bmeia.gv.at/botschaft/bangkok
🕐 Mo–Fr 9–12 Uhr
Honorarkonsulate in Phuket S. 572 und
Pattaya.

Botschaft der Schweiz:
Bangkok 10330, 35 North Wireless Rd.
📞 02-674 6900, 📠 674 6902
🖥 www.eda.admin.ch/bangkok
🕐 Mo–Fr 9–11.30 Uhr

Botschaft von Kambodscha:
Bangkok 10310, 518/4 Pracha Uthit Rd. (Soi
Ramkamhaeng 39)
📞 02-957 5851–2, ✉ camemb.tha@mfa.gov.kh
🕐 Mo–Fr 9–12 Uhr

Botschaft von Myanmar (Birma):
Bangkok 10500, 132 Sathorn Nua Rd.
📞 02-233 7250, 📠 236 6898
✉ mebkk@asianet.co.th
🕐 Mo–Fr 9–12 Uhr

Malaysische Botschaften und Konsulate

Botschaft in Deutschland:
10785 Berlin, Klingelhöferstr. 6
📞 030-885 7490, 📠 8857 4950
(Konsularabteilung), 🖥 www.kln.gov.my/web/
deu_berlin/home
🕐 Mo–Fr 9–12.30 Uhr (mit Terminabsprache)
Generalkonsulat:
60327 Frankfurt, Kastor Etage 17–18,
Platz der Einheit 1
📞 069-870 0370, 📠 8700 37241
✉ malfrankfurt@kln.gov.my

Botschaft in Österreich:
1210 Wien, Florido Tower, Floridsdorfer
Hauptstr. 1-7
☎ 01-505 1042, 🖷 505 7942
✉ embassy@embassymalaysia.at
🕐 Mo–Fr 9–17 Uhr

Botschaft in der Schweiz:
3005 Bern, Jungfraustr. 1
☎ 031-350 4700, 🖷 350 4702
🖵 www.kln.gov.my/web/che_berne/home
🕐 Mo–Fr 9–17 Uhr
Generalkonsulat:
Permanent Mission to the UN, 1219 Chatelaine,
Genève, Avenue de Pailly 10
☎ 022-795 0101, 🖷 796 8078
🖵 www.mfa.gov.sg/geneva
🕐 Mo–Fr 8.30–13 und 14–17 Uhr

Einkaufen

Nicht viele Länder der Welt können mit Thailand als Einkaufsparadies konkurrieren. Da ist vor allem Bangkok mit der größten Konzentration schicker **Einkaufspaläste**, eine kühle, von Toparchitekten und -designern gestaltete Welt aus Granit, Marmor, Messing und Edelstahl mit viel Glas, das auch weniger Wohlhabenden einen Blick in die Welt internationaler Modedesigner ermöglicht. Die Spitzenpositionen nehmen derzeit das Siam Paragon, der neue Terminal 21 und das wieder eröffnete Central World Centara ein. Auch Pattaya, Phuket und Hua Hin haben nachgezogen.

Selbst am Rand von Provinzstädten können Heimwehkranke in **Hypermärkten** wie Tesco Lotus oder Big C eine begrenzte Auswahl an Käse und Wurst von ausgewanderten deutschen Metzgern, Wein, Oliven und andere bekannte Köstlichkeiten bekommen. In Touristenzentren haben sich einige Geschäfte auf Ausländer eingestellt und führen ein breites Angebot an Importwaren – allerdings auch zu entsprechenden Preisen. Das eine oder andere Schnäppchen lässt sich in **Factory Outlets** machen, auf die große Schilder an einigen stark befahrenen Highways hinweisen.

Vorsicht vor Schleppern!

In Bangkok lassen sich selbst achtsame Touristen von cleveren Schleppern zum **Kauf von Edelsteinen** überreden. Auf Ausflügen werden z. B. Juweliergeschäfte mit Super-Sonderangeboten besucht. Auf anderem Wege versuchen es seriös wirkende, hilfsbereite Thais und sogar Farang. Sie sprechen Touristen auf dem Weg zu einer Sehenswürdigkeit an und geben vor, dass diese ausgerechnet heute geschlossen sei. Als Alternative bieten sie eine Tour an, bei der man nach einer Weile wieder in einem Laden endet. Es stimmt *nicht*, dass die Edelsteine in Deutschland zu vielfach höheren Preisen wieder verkauft werden können! In Wirklichkeit kauft man für weit überhöhte Preise **minderwertige Edelsteine**, für die sich in Europa kein Juwelier interessiert.

Misstrauen ist angebracht bei gesprächigen Tuk Tuk- und Taxifahrern, die einen günstigen Fahrpreis akzeptieren und unterwegs noch schnell an einem Juweliergeschäft, Seidenladen oder Schneider anhalten wollen. Sie versuchen meist nur eine Provision oder einen Benzingutschein abzugreifen.

Unter 🖵 www.oocities.org/thaigemscamgroup bemüht sich eine Selbsthilfegruppe um Aufklärung und Hilfe von Opfern. Mehr siehe eXTra [5775].

Diverse andere Betrugsmaschen werden unter 🖵 www.wikitravel.org/en/Bangkok#Scams erläutert.

Weitaus interessanter ist ein Bummel über die **Straßen-**, **Wochen- und Nachtmärkte**, die in teils gigantischen Dimensionen an mehreren tausend Ständen eine unüberschaubare Fülle an lokalen Produkten präsentieren. Traditionelle Blumen-, Lebensmittel- und Textilmärkte haben selbst in den Hochhausschluchten von Bangkok überlebt. Einige sind bei Tag, andere nur in der Nacht oder an bestimmten Tagen aktiv. Auf allen Märkten können sich Händler wie Besucher an zahlreichen Garküchen mit frisch zubereiteten Snacks und preiswerten Thai-Gerichten stärken.

Dank des Tourismus locken **Souvenirmärkte** mit einem Überangebot an lokalen Produkten: Textilien aus Baumwolle und Seide, Silberschmuck und Edelsteine, alte und neue Holzschnitzereien, Möbel und Dekoratives für Haus und Garten, Porzellan, Benjarong- und Sawankhalok-Keramik, Leder- und Lackarbeiten, Porträts am Straßenrand in Minutenschnelle oder nach Fotovorlagen gemalt, Buddhas aller Stilrichtungen auf Leinwand und Holz, Statuen – geschnitzt, mit Einlegearbeiten dekoriert oder in Bronze gegossen – und trotz gerichtlicher Strafandrohungen weiterhin Kopien internationaler Markenwaren, Uhren und DVDs mit den neuesten Blockbustern und Fernsehserien.

Überaus lohnend sind der Suan Chatuchak Weekend Market und Asiatique in Bangkok, der Nachtmarkt in Hua Hin sowie der schwimmende Markt von Amphawa. Vor allem auf Souvenirmärkten wird gehandelt. Als guter Startpreis gilt etwa die Hälfte des eigentlichen Preises. Nicht gehandelt wird überall dort, wo Preisschilder den Festpreis nennen.

Auch in abgelegenen Orten werden originelle Mitbringsel hergestellt: Kuchen, getrocknete Früchte und andere Leckereien ebenso wie handgewebte Stoffe und sogar Schiffsmodelle. Von staatlicher Seite gefördert, haben sich die Dorfbewohner auf eine Produktpalette spezialisiert, die in Läden mit der Aufschrift **OTOP** (one tambon one product) vor allem an Touristenschwerpunkten und Raststätten entlang der Highways angeboten wird.

Was fehlt, sind deutschsprachige **Bücher**. Selbst englischsprachige Zeitschriften und Bücher sind außerhalb der Touristenzentren eine Rarität. Deshalb deckt man sich am besten in Bangkok, Pattaya oder Phuket Town ein. Gästehäuser und die umliegenden Secondhand-Buchläden sind zudem die einzige Möglichkeit, unterwegs eventuell noch einen aktuellen Loose-Reiseführer zu ergattern. Mehr darüber siehe **eXTra [2671]**.

Vom Kauf von **Antiquitäten** und **Produkten aus geschützten Tieren** ist abzuraten. Nur solange sich Käufer dafür finden, werden Kultstätten geplündert, seltene Tiere gejagt und alte Erbstücke verkauft. Der Handel mit Antiquitäten ist in Thailand verboten. Alle Stücke, für die keine Exportgenehmigungen vorliegen oder die unter das Washingtoner Artenschutzabkommen fallen, werden vom Zoll beschlagnahmt (S. 96). Beschlagnahmt werden auch **nachgemachte Markenwaren** und illegale DVDs. Gefälscht wird so ziemlich alles, was Profit verspricht. Viele Produkte sind von schlechter Qualität, was besonders bei Medikamenten gefährlich sein kann.

Die **Erstattung der 7 % Mehrwertsteuer** (VAT Refund for Tourists) lohnt nur bei Einkäufen ab 20 000 Baht, da Bearbeitungs- und Bankgebühren abgezogen werden. Zudem muss für Einkäufe in diesem Umfang bei der Einreise im Heimatland die Mehrwertsteuer nachentrichtet werden.

Essen und Trinken

Über Jahrhunderte hat sich die thailändische Landesküche unter asiatischen, indischen und europäischen Einflüssen entwickelt. Die Bandbreite der Gerichte reicht von sehr scharf bis mild; im Allgemeinen sind die Thai-Speisen kräftig gewürzt.

Da die meisten Thai-Frauen berufstätig sind, speist die ganze Familie in der Regel außer Haus. Während Thais tagsüber leichte Suppen und kleine Snacks zu sich nehmen, kommt die eigentliche Hauptmahlzeit, die aus mehreren Gängen besteht, erst nach Sonnenuntergang auf den Tisch. Selbst Nachtschwärmer bekommen in Bars einen scharfen Snack aus benachbarten Garküchen geliefert.

Wer Wert auf Hygiene legt, kann sich mit einem Blick in die Küche vergewissern, ob diese einen sauberen Eindruck macht. Eine „Clean Food – Good Taste"-Kampagne, deren Schilder hier und da zu sehen sind, hat vor einigen Jahren Restaurants ausgezeichnet, deren Küchen den Reinheitstest bestanden haben. Auch Einheimische kontrollieren die Rechnung, denn wer gut kocht, kann nicht unbedingt auch gut rechnen.

Wo essen?

Restaurants

Gourmet- und 5-Sterne-Hotel-Restaurants nehmen preislich die Spitzenplätze ein, wobei die

Preise stark variieren. In Touristen- wie Einkaufszentren und Großstädten bedienen Filialen internationaler Fastfoodketten sowie westliche Restaurants auch Bedürfnisse nach Burgern, Pizza, Steaks und Eisbein. Allerdings muss man für Importwaren europäische Preise zahlen. Zu typischen Travellerunterkünften gehören einfache Restaurants, in denen Frühstück, Travellerfood und Getränke angeboten werden. Alle diese Restaurants haben (teils bebilderte) Speisekarten auf Englisch. Separate englische Karten in chinesischen und Thai-Restaurants in der Provinz listen manchmal nur einige bei Ausländern beliebte Gerichte und haben ab und an sogar höhere Preise als die Thai-Karte.

Für ein typisches Thai-Essen sollte man in größerer Runde in ein Restaurant gehen und sich verschiedene Gerichte zusammenstellen lassen. Es ist üblich, dass alle Gerichte gleichzeitig und über den Tisch verteilt serviert werden und sich jeder nach Belieben bedient. Suppen zählen zum Hauptgericht und werden nicht vorher gegessen.

Ein Thai-Gericht mit Fleisch und Gemüse kostet in einem Standardrestaurant 70–120 Baht, Fisch und Seafood sind teurer. In Touristenorten und gehobenen Restaurants liegen die meisten Preise über 100 Baht. Der beliebte gebratene Reis mit Ei, Huhn, Schweinefleisch oder Krabben kostet in Travellerrestaurants 40–60 Baht, in einfachen Thai-Restaurants sogar noch weniger.

Essensstände und Food Center

An den preiswerten Essensständen an Straßen, großen Plätzen oder Märkten kaufen auch viele Berufstätige auf dem Heimweg ein. Häufig werden die Gerichte vor den Augen der hungrigen Käufer frisch zubereitet und kosten selten über 40 Baht. In der Nähe gibt es fast immer Sitzplätze. Alle großen Einkaufszentren beherbergen Food Courts, in denen über ganze Etagen Essensstände billige Menüs anbieten, die mit zuvor erworbenen Coupons oder Chipkarten bezahlt werden. Fertige Currys stehen in großen Töpfen in der Auslage, sodass man schnell seine Auswahl trifft. Ganz in der Nähe konkurrieren oft Restaurants und Cafés mit den Food Courts.

Coffeeshops

Wer hinter diesen Läden ein gemütliches Café mit leckerem Kuchen vermutet, wird enttäuscht. Der Coffeeshop ist ein großer klimatisierter Raum, der zugleich als Frühstücksraum, Restaurant und vor allem als Bar dient. Die dort herumsitzenden jungen Mädchen sind in den meisten Fällen auf der Suche nach Kundschaft.

Bäckereien und Cafés

Tatsächliche Kaffeespezialitäten gibt es an Kaffeetheken und in Filialen internationaler und einheimischer Ketten, die sich in Einkaufs- und Touristenvierteln etabliert haben. Geschmack und Qualität des in den Bergen Nord-Thailands angebauten Arabica-Kaffees kann mit importierten Kaffeesorten durchaus mithalten. Die in schicken Cafés angebotenen Kuchen und Torten nach französischen, amerikanischen und deutschen Rezepten sind oft von wesentlich besserer Qualität als die süßen Zuckerteilchen in traditionellen Thai-Bäckereien.

Trinkgeld

Während in Hotels und Restaurants der gehobenen Preisklasse in **Thailand** zum Rechnungsbetrag 10 % Bedienungsentgelt addiert werden, ist im Rechnungsbetrag in anderen Restaurants kein Trinkgeld enthalten. Hier ist es üblich, bei gutem Service einige Baht liegen zu lassen. In Garküchen und Travellerlokalen sind Trinkgelder nicht üblich.

Traditionell gibt man in **Malaysia** keine Trinkgelder. In Hotels und großen Restaurants ist es üblich, dass 10 % *service charge* und 5 % Steuer auf die Rechnung aufgeschlagen werden. Taxifahrern rundet man schon mal den Betrag auf, erwartet wird das jedoch nicht. Für besondere Dienstleistungen, z. B. Gepäcktragen oder Autowaschen, hingegen wird ein Trinkgeld erwartet.

Löffel, Gabel und Stäbchen

In der Regel wird in Thailand und Malaysia mit **Löffel** (rechts) und **Gabel** (links) gegessen. Mit Hilfe der Gabel werden, entsprechend unserem

Keine Speisekarte?

Fernab der Touristenansammlungen gibt es oft keine Speisekarte auf Englisch. Wenn die rohen Zutaten wie Fleisch, Fisch und Gemüse in einer Vitrine oder im Kühlschrank liegen, braucht man nur darauf zu deuten und das Wort für „gebraten" oder „gekocht" zu sagen (s. „Sprachführer" S. 794). Oder man bestellt einfach das, was auf einem der Nachbartische lecker aussieht.

Messer, die Speisen auf den Löffel geschoben. In ländlichen Regionen benutzt man hierfür die rechte Hand, da die linke als unrein gilt und das Essen nie berühren sollte.

Für Nudelsuppen werden **Stäbchen** *(chop sticks)* und ein kurzer Suppenlöffel gereicht, wobei mit den Stäbchen die Nudeln auf den Löffel geschoben werden. In chinesischen Restaurants werden auch die Reisgerichte mit Stäbchen gegessen. Touristen bekommen aber immer Gabel und Löffel gereicht.

Gewürze

Gewürzt werden die Speisen hauptsächlich mit Fischsoße und Glutamat (MSG). Zudem ist es vor allem bei Suppen üblich, nach dem Servieren nachzuwürzen. Hierfür stehen auf den Tischen in der Regel Behälter mit Zucker, zerstoßenen und getrockneten roten Chilis sowie Chilis in Essig und Fischsoße.

Gerichte

Currys *(gäng)*
Diese gibt es in verschiedenen Zubereitungsarten, Geschmacksrichtungen und Schärfegraden:
Garih – ein gelbes, mildes indisches Curry.
Khiau wahn – extrem scharfes, grünes Curry, das zusätzlich Shrimp-Paste *(blachan)* und viele Chilis enthält.
Massaman – die gelbe einheimische Variante mit Knoblauch, Ingwer, Zitronengras, Koriander, Kardamom, Muskatnuss, Muskatblüte, Zimt,

Nelken, Tamarinde, Limonen, Zucker, Kokosmilch, Kartoffeln und Chilis.
Phet – sehr scharfes rotes Curry *(gäng phet gai* = Hühnchencurry; *gäng ped* ist hingegen ein mildes Entengericht).
Panaeng – cremiges rotes Curry, das mit einer dicken Kokosmilchsoße zubereitet wird.

Fisch und Fleisch
Thailand ist für Fisch- und Seafood-Liebhaber ein wahres Paradies. Die Preise richten sich vor allem beim frischen Fisch nach dem Gewicht und liegen meist bei 40–60 Baht pro 100 g inklusive Zubereitung und Beilagen, können aber sehr stark variieren. Für edle Meeresgenüsse wie Hummer muss man tief in die Tasche greifen: Für etwa 10 cm lange Langusten zahlt man mindestens 50 Baht und für einen mittelgroßen Hummer 1000 Baht. Deshalb sollte man sich vor dem Essen nach dem Preis von teurem Seafood erkundigen.

Fleisch gehört neben Gemüse zu jeder kompletten Mahlzeit, sodass es Vegetarier äußerst schwer haben.

Nudeln
Nudelgerichte sind zu jeder Tageszeit ein beliebter Snack. Sie werden sowohl auf Frühstücksbuffets als auch an Straßenständen verkauft.
Bah mie – gelbliche Weizenmehlnudeln, die es in den verschiedensten Varianten gibt.
Gueh tiao (Kway Teow) – weiße, breite Reisnudeln, die gebraten und mit viel Soße oder in süßsauren Suppen mittags an Essensständen zubereitet werden.
Khanom chin – vor allem im Süden beliebtes Gericht, wobei verschiedene Beilagen wie Trockenfische, Gurken, Pickles, rohe und eingelegte Sojasprossen zum Verfeinern der Nudeln auf den Tisch gestellt werden. Extra bezahlen muss man nur ein gekochtes Ei *(khai)* als Beilage.
Phat thai – (gespr. *padd tai)* ein sehr beliebtes Gericht aus gebratenen Reisnudeln mit Tofu, Gemüse, Ei und Erdnüssen.

Reis
Grundnahrungsmittel der Thais ist Reis, **kao**. *Khin kao,* der allgemeine Begriff für „essen", lässt auf die Bedeutung von Reis in Thailand schließen.

Kao nieo – Klebreis *(sticky rice)* ist vor allem im Norden verbreitet und wird auch zu *som tam* (s. u. Salate) oder als Dessert, z. B. zu frischen Mangoscheiben, gegessen.

Kao phat – gebratener Reis (gespr. *kao pad*), das preiswerte Standardgericht vieler Traveller. Dieses Gericht gibt es z. B. als **kao phat gung** (mit Krabben), **kao phat gai** (mit Huhn) oder als *american fried rice* (mit gebratenem Ei).

Kao plao – gekochter, körniger Reis *(plain rice)* wird zu den meisten Gerichten gereicht.

Salate

Aus gesundheitlichen Erwägungen sollten Blattsalate nur dort gegessen werden, wo sie mit sauberem oder jodiertem Wasser gewaschen worden sind. In Thailand isst man fleischhaltige, scharfe Salate vor allem als Beilage zum Trinken, z. B.:

Nam tok – ein würziger Salat aus Fleischscheiben (zumeist Schwein oder Rind) und vielen frischen Kräutern, der mit gerösteten, zerstoßenen Reiskörnern bestreut wird.

Som tam – auch *papaya pok pok* genannt, die Nationalspeise im Nordosten: geraspelte grüne Papaya im Mörser zerstoßen mit salzigen, kleinen Krebsen oder Trockenfisch, Limone, Knoblauch, Fischsoße und vielen Chilis, bestreut mit Erdnüssen. Beliebte Beigabe zu Grillhähnchen.

Yam nüa – Salat aus Rindfleisch, verschiedenen Blattsalaten, Korianderblättern, Minze, Knoblauch, Chilis und einer sauren Soße. Er ist so scharf, dass keine Bakterien überleben können.

Snacks

Die kleinen Mahlzeiten variieren je nach Region. Für Anfänger geeignet sind Klebreis mit Mango sowie gefüllte süße oder salzige Kuchen. OTOP-Läden führen eine Vielfalt abgepackter lokaler Spezialitäten. An Straßenständen werden leckere Snacks zubereitet, z. B.:

Gluei tord – gebratene Bananen.

Kanom dschiäb – ausgebackene Teigtaschen mit Fleisch- oder Krabbenfüllung.

Suppen

Hot pot – auch *steamboat* oder *thai-sukiyaki* genannt. Am Tisch werden in einer kochenden Brü-

Vorsicht scharf!

Einige Speisen sind mit kleinen Chilis gewürzt. Achtung: Je kleiner die Chilis, desto schärfer sind sie. Wer nicht scharf essen will, deutet auf das Gericht und fragt: **pät mai?** (Ist's scharf?). Lautet die Antwort **mai pät** (nicht scharf), kann nicht viel passieren. Ist die Antwort **pät pät**, muss man mit einer sehr scharfen Mahlzeit rechnen.

Ein Klassiker zum Würzen ist **prik nam pla**, eine salzige Fischsoße mit Knoblauch, Limonensaft und vielen klein geschnittenen Chilis. Sie wird in Touristenhochburgen durch Ketchup ersetzt und ist nur auf Nachfrage zu erhalten.

he alle Zutaten gegart und mit Soßen verfeinert gegessen. Häufig zu finden in Einkaufszentren, aber auch auf Nachtmärkten, wo man für einen festen Betrag so viel essen kann, wie man will.

Kao tom – Reissuppe mit Fleischeinlage, die zum Frühstück gegessen wird, z. B. mit Hühnchen *(kao tom gai)*.

Tom kha – würzige Thai-Suppe mit kha, einer Ingwerart, Zitronengras, Zitronenblättern, Chilis und anderen Zutaten und mit Kokosmilch verfeinert. Beliebt als *tom kha gai* (mit Hühnchen).

Tom yam – eine ähnliche saure Thai-Suppe mit Tamarinde, aber ohne Kokosmilch, die sauerscharf gewürzt ist. Beliebt als *tom yam gung* (mit Krabben).

Vegetarisch

Vegetarier haben es nicht leicht, da zu den meisten Gerichten Fleisch oder Seafood gereicht wird. Nur an buddhistischen Feiertagen verzichten manche Thais auf ihre geliebten Proteine. Vor allem in Touristenzentren wächst aber die Zahl an vegetarischen Restaurants *(rahn ahahn mangsawirat)*. Traditionelle vegetarische Restaurants in der Nähe buddhistischer Tempel haben oft abends und am 15. jedes Monats geschlossen.

Früchte

Thailand und Malaysia sind ein Paradies für Liebhaber exotischer Früchte. Manche sind saisonal, andere das ganze Jahr über zu bekommen.

Die malaiische Küche – einige Spezialitäten

Ais Kacang (Eis, Bohnen): eine beliebte, bunte Nachspeise. Gelee-Würfel aus Agar-Agar in verschiedenen Farben, süße rote Bohnen und Mais werden auf geraspeltem Eis angerichtet und mit cremiger Kokosmilch übergossen.

Ikan Panggang (oder *Bakar*): über einem Feuer aus Holzkohlen gegrillter Fisch, der nicht immer ausgenommen ist.

Kari: Currys mit dicker, scharfer Soße (meist mit Kokosmilch zubereitet).

Mie Goreng: eine Abwechslung zu gebratenem Reis stellen gebratene Nudeln dar, die bevorzugt mit grünem Blattgemüse und Austernsoße gemischt serviert werden.

Nasi Goreng (Reis, gebraten): das wohl bekannteste Gericht. Weißer, gekochter Reis *(Nasi Putih)* wird zusammen mit Chilis, verschiedenen Gemüsen *(Sayur-Sayuran)* und manchmal Fleisch oder Krabben *(Udang)* gebraten. Nasi Goreng, das Standardgericht aller Traveller, bekommt man in verschiedensten Varianten an Essensständen und in Restaurants.

Nasi Lemak oder **Nasi Dagang** (Reis, fettig): weißer, in Kokosmilch gekochter Reis mit verschiedenen Beilagen, meist gekochte Eier, kleine Trockenfische *(Ikan Bilis)*, Gurken *(Mentimun)* und Erdnüsse *(Kacang Tanah)* mit etwas Fleisch (Huhn oder *Rendang)* und Gemüse.

Rendang: malaiisches Gulasch. Rindfleischwürfel werden in einer dicken, sehr würzigen Soße gekocht. Das Fleisch kann zäh sein.

Rojak: kalter Gemüsesalat. Ananas, Gurken und *Sengkuang* (eine braune, knollige Wurzel) werden mit einer sauer-scharfen Soße aus Chilis, Shrimp-Paste, Tamarinde und Palmzucker angemacht. Voraussetzung ist eine hygienisch einwandfreie Küche.

Sate: malaiisches Schaschlik. Kleine Fleischwürfel werden in Gewürze eingelegt und anschließend über dem Holzkohlengrill gebraten. Dazu gibt es eine würzige Erdnusssoße, die weit mehr sättigt als die paar Gramm Fleisch, zudem Gurken- und Klebreiswürfel. Die Spieße, die man normalerweise im 10er-Bündel kauft, sind an Straßenständen recht günstig. Verwendet wird Fleisch *(Daging)* vom Rind *(Lembu)* oder Huhn *(Ayam)*, seltener von der Ziege *(Kambing)*. Von den Moslems verabscheut, von den Chinesen geliebt: Fleisch vom Schwein *(Babi)*.

Sayur Goreng: ist, wie die chinesische Cap Cai-Variante, gebratenes Gemüse. Soll es etwas anderes als das übliche grüne Blattgemüse sein, bestellt man speziell eine oder mehrere Gemüsesorten: Bohnen *(Kacang)*, Erbsen *(Kacang Hijau)*, Sojabohnen *(Kacang Soya)*, Kohl *(Kubis)*, Blumenkohl *(Kubis Bunga)*, Kartoffeln *(Kentang)*, Okras *(Bendi)*, Spinat *(Bayam)* oder Karotten *(Lobak Merah)*.

Telur: Eier von Hühnern, Enten oder Wachteln werden sowohl hart gekocht *(Telur Masak)* als auch gebraten *(Telur Goreng)* serviert.

A-ngun – Weintrauben, die vor allem in der Nähe des Khao Yai National Park wachsen. Saison von April bis September.

Chom-phu pa – Rosenapfel, knapp 5 cm große, glockenförmige, säuerliche Frucht mit grünlicher bis roter Schale und luftiger Konsistenz. Saison von April bis Juni.

Durian – Zibetfrucht, Stachelfrucht oder Stinkfrucht genannt, gilt als Königin der Früchte und ist entsprechend teuer. Die grüne, stachlige Frucht mit einem penetranten Geruch wird am liebsten gleich am Verkaufsstand verzehrt und hat in Hotels und anderen öffentlichen Einrichtungen Hausverbot. Sie ist nur Mutigen zu empfehlen! Saison von April bis August.

Durian-khaek – Corossol oder Stachelannone, ähnlich einer kleinen Durian, aber mit angenehm duftendem, säuerlich cremigem Fruchtfleisch mit kleinen schwarzen Kernen.

Farang – Guave, die als „Fremde" bezeichnete grüne, apfelähnliche Frucht wird auch unreif mit Salz und Zucker genossen.

Gluei – Bananen, von denen es viele Sorten gibt, werden an Straßenständen gegrillt und gebacken, getrocknet und in Honig eingelegt oder als Chips verkauft.

Kulinarisches Wörterbuch

hungrig	hiju	หิว
durstig sein	hiju nam	หิว น้ำ
essen	gin / tahn	กิน / ทาน
essen gehen	pai tahn ahahn	ไปทานอาหาร
Ich mag ...	pom / tschan tschoob	ผม / ฉันชอบ
kein Fleisch	mai sai nua	ไม่ใส่เนื้อ
kein Seafood	mai gin ahahn thale	ไม่กินอาหารทะเล
Dasselbe noch einmal	ao ik	เอาอีก
Das Essen schmeckt gut!	ahahn a-roi	อาหารอร่อย
Die Rechnung, bitte!	tschek bin khrap	เช็คบิล
Ei	khai	ไข่
Eis	nam käng	น้ำแข็ง
Entenfleisch	ped	เป็ด
Fisch	plah	ปลา
Fischküchlein	tord man plah	ทอดมันปลา
Garnele, Krabben	gung	กุ้ง
gebraten	tord	ทอด
gebratener Reis	kao phat	ข้าวผัด
gegrillt	yang	ย่าง
gekocht	tom	ต้ม
gelbe Nudeln	bah mie	บะหมี่
Gemüse	phak	ผัก
getoastet	ping	ปิ้ง
heiß	rohn	ร้อน
Hühnerfleisch	gai	ไก่
Hummer	gung gam gram	กุ้งก้ามกราม
Kaffee	gafä	กาแฟ
kalt	jen	เย็น
Krebse	puh	ปู
Omelett	khai dschiao	ไข่เจียว
Pfannengemüse	phat phak	ผัดผัก
Reis	kao	ข้าว
Restaurant	rahn ahahn	ร้านอาหาร
Rindfleisch	nüa	เนื้อ
scharf	pät	เผ็ด
Schweinefleisch	muh	หมู
süß	wahn	หวาน
süßsauer	prio-wahn	เปรี้ยวหวาน
Tee	tschah	ชา
Tintenfisch	plahmük	ปลาหมึก
trinken	dühm	ดื่ม
vegetarisch	mangsawirat	มังสาวิรัต
vegetarische Kost	ahahn jä	อาหารเจ
vegetarisches Restaurant	rahn ahahn mangsawirat	ร้านอาหารมังสาวิรัต
Wasser	nam	น้ำ
weiße Nudeln	göi tiao	ก๋วยเตี๋ยว
weißer Reis	kao plao	ข้าวเปล่า

Kha-nun – Jackbaumfrucht, eine riesige, grünlich gelbe Frucht mit runden Stacheln, die 30–90 cm lang und bis zu 40 kg schwer werden kann. Die festen, gelben, herausgelösten Fruchtsegmente werden in der Saison von Januar bis Mai auf Straßenmärkten verkauft.

Lamut – Sapodilla, die kleine, ovale, bräunliche Frucht schmeckt ähnlich einer reifen Birne und etwas süßsauer. Saison von Juli bis September.

Lam-yai – Longan, unter einer dünnen, braunen Schale verbirgt sich weißes, saftiges Fruchtfleisch, das etwas säuerlich schmeckt. Saison ist von Juni bis August im Norden.

Lin-chi – Litschipflaumen (Lychee) mit rötlicher, dünner, fester Schale wachsen in den Bergen im hohen Norden. Saison von April bis Juni.

Long-gong – Lansi (Duku, ähnlich: Langsat); Rispen mit kugeligen, gelblich braunen Früchten von ca. 3 cm Durchmesser. Unter einer dünnen, festen Haut liegt die weiße, säuerliche Frucht.

Ma-fuang – Sternfrucht (Karambole), eine ovale, saftig-säuerliche Frucht mit wachsähnlicher, gelblich grüner Schale, die geschnitten die Form eines Sterns hat.

Makham-wan – süße Tamarinde, große, bohnenförmige Frucht mit rötlich braunem, klebrigem Fruchtfleisch. Saison von Dezember bis Februar im Nordosten.

Malakor – Papaya, die ovale, orange-grüne, bis zu 40 cm lange Frucht schmeckt besonders gut mit Limonensaft beträufelt zum Frühstück.

Mamuang – Mango, wird in Thailand unreif mit dem säuerlichen, festen Fruchtfleisch zu einer scharfen Soße oder im reifen Zustand gegessen. Saison ist von März bis Juni.

Mangkut – Mangostanenfrucht, unter einer violetten, dicken, stark abfärbenden Schale liegen die weißen, etwas säuerlichen Segmente. Saison von Mai bis Oktober im Süden.

Maprao – Kokosnuss, gibt es vor allem an der Küste.

Ngoh – Rambutan (Zwillingspflaume), rote, tennisballgroße Frucht von haarigem Aussehen. Das weiße, konsistente Fruchtfleisch umgibt einen großen Kern. Saison ist von März bis September.

Noi-na – Zimtapfel, aus Südamerika stammende Frucht mit breiig-süßem Fruchtfleisch.

Phutsa – Jujube, kleine, runde und süße Frucht. Saison von August bis Februar im Osten.

Sapparot – Ananas, die beliebte Frucht gibt es in Restaurants wie an Straßenständen. Saison von April bis Juli und im Dezember/Januar rings um Hua Hin.

Som – Orangen, von denen es an die hundert Sorten gibt, die teils wie Orangen, teils wie Mandarinen schmecken. Sie werden gern frisch gepresst und auf Eis gekühlt verkauft. Saison ist zwischen September und November.

Som-o – Pomelos, die größte der vielfältigen Zitrusfrüchte mit gelbem oder rötlichem Fruchtfleisch. Saison ist von Anfang August bis November.

Tenglai – Honigmelonen, sind ebenso wie Wassermelonen *(tengmo)* erfrischend und deshalb als Dessert beliebt.

Getränke

Wasser und Säfte

Überall wird eine große Auswahl an kalten alkoholfreien Getränken angeboten. Beliebt und recht günstig sind die international bekannten Softdrinks. Zudem gibt es Trinkwasser und Säfte. In Backpackerzentren sind frisch gepresste Fruchtsäfte auch ohne Eis zu bekommen, manchmal sogar in exotischen Varianten mit Ingwer oder Zitronengras.

Generell gilt: Vorsicht mit Wasser. Auf keinen Fall sollte das Leitungswasser getrunken werden. In Flaschen abgefülltes **Trinkwasser** ist überall erhältlich (darauf achten, dass die Sicherheitsverschlüsse intakt sind). **Eis**, das überall zu kalten Getränken gereicht wird, ist meist hygienisch sauber – im Zweifel besser ohne bestellen. Speiseeis sollte in Gebieten mit unregelmäßiger Stromversorgung gemieden werden, da bei angeschmolzenem Eis Salmonellengefahr besteht.

Nam manau – Zitronen- oder Limonensaft, manchmal auch Limonade.

Nam maprao – die erfrischende, klare Milch junger Kokosnüsse, schmeckt gut gekühlt am besten.

Nam som – Orangensaft, wird ebenso wie Zitronensaft manchmal mit Salz gewürzt, was zwar dem Körper guttut, doch vielen europäischen Gaumen nicht schmeckt. Wer die Säfte

Offiziell darf in Geschäften Alkohol jeglicher Art nur von 11–14 und 17–24 Uhr verkauft werden. Die meisten Supermärkte, wie z. B. 7-Eleven oder Family Mart, halten sich strikt an die gesetzlichen Vorgaben, sodass man um 00:01 Uhr kein Bier mehr kaufen kann.

pur möchte, bestellt *mai glüa* (ohne Salz). Frisch gepresster Saft einheimischer Orangen wird öfter in kleinen Plastikflaschen auf Eis gekühlt angeboten.

Kaffee

Café-Ketten wie Doi Tung, Wawee und Doi Chaang mit Arabica-Kaffee aus den Bergen haben die Kaffeekultur Thailands erfrischend belebt und für die Verbreitung italienischer Kaffeemaschinen gesorgt.
Gafä – wird traditionell mit süßer Kondensmilch und Pulverkaffee angerührt und hat keine Ähnlichkeit mit unserem Kaffee.
Gafä dam ron – Kaffee ohne Milch.
Gafä yen – Kaffee mit Eis.
Oh liang – süßer Eiskaffee mit Eiswürfel.

Tee

Tschah, Tee, besteht zumeist aus einem Teebeutel, getaucht in mehr oder weniger heißes Wasser. In westlich orientierten Cafés sind auch exotische Kräutertees auf dem Vormarsch.
Tschah ron – heißer schwarzer Tee, mit Milch und Zucker.
Tschah dam – Tee mit Zucker ohne Milch.
Tschah dam yen – Eistee mit Zucker (manchmal aus der Dose).
Tschah manau – Tee mit Zitrone *(manau = Zitrone)*.
Nam tschah – dünner grüner Tee, wird in chinesischen Lokalen kostenlos zum Essen gereicht.

Alkoholische Getränke

Weitverbreitet sind **Singha**- und **Heineken-Bier**, Lagerbiere mit 5–6 % Alkoholgehalt und die preiswerteren Lagerbiere **Chang** und **Leo** mit 6,4 % Alkohol. Manchmal gibt es auch **Erdinger** oder **Paulaner Weißbier** und zunehmend eine akzeptable Auswahl an einheimischen und importierten **Weinen**.

Die thailändische Alkoholdroge Nummer eins ist **(Thai-)Whiskey**, der wie akzeptabler Weinbrand schmeckt und zu allen Gelegenheiten aufgetischt wird. Wir empfehlen, ihn mit Sodawasser oder Cola zu verdünnen.

Fair reisen

Reisen wirkt sich auf die Umwelt und die besuchten Menschen aus. Das fängt beim Flug an und hört bei der Nutzung lokaler Ressourcen auf. Touristen verbrauchen durchschnittlich mehr Strom und produzieren mehr CO_2 und Müll als die Einheimischen. Viele Lebensmittel, die wir zu Hause verzehren, müssen aufwendig und umweltschädlich importiert werden. Auch werden Beschäftigte im Tourismus oft schlecht bezahlt, arbeiten mehr als acht Stunden täglich und erhalten meist keine Sozialleistungen. Natürlich hat der Tourismus auch gute Seiten. Er hat vielen Menschen einen Weg aus der Armut gezeigt, ihnen ermöglicht, einen Beruf zu ergreifen, sich weiterzubilden. Er stimuliert lokale Investitionen, verbindet Kulturen und trägt zur Gleichberechtigung der Geschlechter bei. Außerdem hat er vielerorts Naturräume geschützt, die ohne Touristen dem Kommerz zum Opfer gefallen wären.

Als bewusst reisender Tourist kann man heute vieles bewirken. Wer wissen möchte, wie er umweltfreundlich und sozial verantwortlich reisen kann, findet neben den Tipps hier im Buch unter folgenden Adressen zahlreiche Anregungen:

Forum anders reisen, Wippertstr. 2, 79100 Freiburg, ☏ 0761-40126990, 🖥 www.forumandersreisen.de. Im Forum anders reisen haben sich über 100 kleine und mittlere Reiseveranstalter zusammengeschlossen. Sie streben eine nachhaltige Tourismusform an, die laut eigenen Angaben „langfristig ökologisch tragbar, wirtschaftlich machbar sowie ethisch und sozial gerecht für ortsansässige Gemeinschaften sein soll".

Studienkreis für Tourismus und Entwicklung e. V., Bahnhofstr. 8, 82229 Seefeld-Hechendorf, ☏ 08152-999010, 🖥 www.studienkreis.org. Der

Verein beschäftigt sich mit entwicklungsbezogener Informations- und Bildungsarbeit im Tourismus.

Traverdo, 🖥 www.traverdo.de. Internetplattform, die touristische Projekte präsentiert, welche auf kreative Weise Bildung und Einkommen für lokale Gemeinschaften gewährleisten und zum Erhalt ihrer Umwelt beitragen. Eine Suchmaschine ermöglicht die Eingrenzung nach Ländern, Reisekategorien oder Reiseterminen.

Tourism Watch, 🖥 www.tourism-watch.de. Auf der Website sind Hintergrundberichte zu den Themen Tourismuspolitik, Umwelt, Menschenrechte und Wirtschaft in Englisch und Deutsch verfügbar. Darüber hinaus findet man dort Links, Literaturkritiken, aktuelle Veranstaltungshinweise und Publikationen.

Tipps für umweltbewusstes und sozial verträgliches Reisen

Beim Umweltschutz ist jeder Einzelne gefordert, mit gutem Beispiel voranzugehen und die goldene Regel anzuwenden: Alle Plätze so zu verlassen, wie man sie selbst gerne vorfinden würde.

Umweltbewusst reisen

- Den durch die **An- und Abreise** verursachten CO_2-Ausstoß mit Hilfe des Kompensationsprogramms einer nachweislich korrekt agierenden Klimaagentur (z. B. 🖥 www.atmosfair.org oder 🖥 www.myclimate.ch) neutralisieren.
- Inlandflüge vermeiden und stattdessen andere **Verkehrsmittel** wie Bus und Zug nutzen.
- **Klimaanlagen** vermeiden und in jedem Fall Licht und AC ausstellen, wenn man das Zimmer verlässt.
- Keine **Souvenirs** aus bedrohten Pflanzen oder Tieren kaufen! Das Washingtoner Artenschutzabkommen verbietet deren Import nach Europa.
- **Hotels, Fluggesellschaften, Reiseveranstalter** etc. nach ihren Umweltschutzmaßnahmen fragen und auswählen.
- **Pfandflaschen** kaufen und auf Dosen verzichten. Softdrinks nicht in kleine Plastiktüten umfüllen lassen!

 Fair und grün – gewusst wo

Einrichtungen, die sich durch besonders umweltfreundliches oder sozial verträgliches Verhalten auszeichnen, sind in diesem Buch mit einem Baum gekennzeichnet. Sie verwenden zum Beispiel Solarenergie, nutzen Trockentoiletten, um Kompost herzustellen, zahlen faire Löhne, investieren ihre Gewinne in soziale Projekte, propagieren einen nachhaltigen Tourismus oder stellen Besuchern Informationen für umweltverträgliches Verhalten bereit.

- Statt mit **Batterien** mit aufladbaren Akkus reisen, und wenn Batterien sich nicht vermeiden lassen, diese mit nach Hause nehmen – in Thailand werden sie garantiert nicht vernünftig entsorgt.
- **Toilettenpapier** und andere Hygieneartikel nicht in die Toilette, sondern in die daneben stehenden Eimer werfen!
- Beim Einkauf die Ware nicht in Tüten packen lassen: „Mai sai tung" *(nicht in der Tüte)* ist in einigen Regionen auch schon in Thailand als typisch deutsch hoch angesehen und hat zu einem Umdenken geführt.
- In vielen Gebieten Thailands ist **Wasser** knappes Gut. Daher bitte sparsam damit umgehen.

Sozial verantwortlich reisen

- Auf **respektvollen Umgang** mit der Bevölkerung und den Angestellten der Tourismusbetriebe achten und ggf. auch Mitreisende oder den Touristenführer darauf hinweisen.
- Den persönlichen Wohlstand nicht zur Schau stellen. **Bettelnden Kindern** kein Geld geben. Wirksamer ist es, einer lokalen Kinderorganisation Geld zu spenden.
- Kleinen lokalen Hotels, Restaurants, Reiseveranstaltern, Guides etc. gegenüber großen nationalen und internationalen Ketten den Vorzug geben – das erhöht die Chance, zu **lokalen Einkommen** beizutragen.
- **Kunsthandwerk** soweit möglich direkt beim Produzenten bzw. Kleinunternehmer (wie dem Strandverkäufer) kaufen und große Zwischenhändler umgehen.

- Landwirtschaftlichen Produkten aus der Umgebung den Vorzug vor importierten Waren geben.
- Auf **fair gehandelte und biologisch erzeugte Waren** zurückgreifen.

Trekking

- Plastikmüll vermeiden, organischen **Müll** vergraben, nicht organischen Müll mit in die nächste Stadt nehmen sowie Flora und Fauna ungestört lassen. Ehrgeizige Reisende sammeln den herumliegenden Müll auf einer Trekkingroute auf.
- Beim Buchen eines Treks möglichst darauf achten, dass die **Agentur** ihren Mitarbeitern (Guides, Trägern, Köchen) gesetzliche Arbeitnehmeransprüche wie Mindestlohn, Ausrüstung, Verpflegung garantiert.
- Beim Buchen eines Treks in ländlichen Gebieten nachfragen, ob die **lokale Bevölkerung** von dem Besuch profitiert. Darauf achten, dass für getane Arbeit ein gerechter Lohn bezahlt wird.

Feste und Feiertage

Thailand

Während der Reiseplanung lohnt es, einen Blick in den Kalender zu werfen, denn für einige der großen Feste sollte man schon einen Umweg oder einen extra Tag in Kauf nehmen. Im Internet sind die wichtigsten Feste auf 🖥 www.tourismthailand.org/See-and-Do/Events-and-Festivals gelistet. Eine gute Website zu Festen in Thailand ist auch 🖥 www.asien-feste.de.

Es gibt viele regionale Feste in Dörfern und Tempeln, die über mehrere Tage Tausende von Menschen anlocken können. Gelbe buddhistische Fahnen am Straßenrand weisen oft auf ein **Tempelfest** in der Nähe hin. Neben religiösen Veranstaltungen und Umzügen werden auf einem **Jahrmarkt** lokale Spezialitäten und allerlei Unterhaltsames geboten. Manchmal finden sogar Schönheits- und sportliche Wettbewerbe statt. Auf **lokalen Messen** *(fairs)* werden Produkte aus der Provinz präsentiert; Erntefes-te und andere lokale Ereignisse sind immer ein guter Anlass für ein **Volksfest**. **Musik-, Film-, Verkaufsfestivals** und **Sportwettbewerbe** werden in Urlaubsgebieten veranstaltet, um den Tourismus zu fördern.

Alle **Feste buddhistischen Ursprungs** richten sich nach dem religiösen Kalender, der sich am Mondzyklus orientiert. Deshalb kann der Termin innerhalb von 29 Tagen variieren. Andere Feste fallen meist auf ein Wochenende. Die genauen Termine gibt es in jedem Tourist Office oder im Internet.

Staatliche Feiertage orientieren sich am gregorianischen westlichen Kalender. Wie in England ist der Montag frei *(bank holiday)*, wenn der gesetzliche Feiertag auf ein Wochenende fällt. Auch freitags ist kaum jemand anzutreffen, wenn an den vorangegangenen Tagen gefeiert wurde. Dadurch gibt es viele lange Wochenenden, die die Thais für Ausflüge nutzen.

Vollmondtage siehe **eXTra [2672]**.

Januar / Februar

1.1. – **Westliches Neujahr**: Es wird ausgiebig bis zum folgenden Wochenende gefeiert.

Neumondtag zwischen 21.1. und 19.2. – **Chinesisches Neujahr**: Das dreitägige chinesische Neujahrsfest findet vor allem im Familienkreis statt, wird aber auch für Ausflüge genutzt. Näheres siehe **eXTra [2673]**.

März / April

Vollmondtag im März – **Makha Bucha**: Lichterprozessionen um die Tempel erinnern an Buddhas Predigt vor 1250 Zuhörern. Mönche und Gläubige umrunden am Abend mit Blumen und Kerzen in gefalteten Händen dreimal eine Stupa oder ein anderes Gebäude. Besonders sehenswert im Marmortempel Wat Benchamabophit in Bangkok.

6.4. – **Chakri-Tag**: Inthronisation des ersten Chakri-Königs und Begründers der Königsstadt Bangkok, Feier im Wat Phra Kaeo.

13.–15.4. – **Thai-Neujahr**: Bekannt als songkran oder Wasserfest. In der heißesten Zeit des Jahres bespritzen sich die Menschen auf den Straßen mit Wasser – manchmal mit Pumpguns, was nicht immer eine willkommene Erfrischung ist. Meiden sollte man Bangkok, wo man schon mal mit einer Dusche dreckigen Klong-Wassers rechnen muss. Buddhafiguren werden gebadet, und älteren Familienmitgliedern erweist man durch zeremonielle Handwaschungen und Geschenke Hochachtung. Vom 6.–17.4. sind Ferien, und das ganze Land ist unterwegs.

Mai

5.5. – Krönungstag: Langes Wochenende aus Anlass der Krönung des heutigen Königs Bhumipol (Rama IX.) am 5.5.1950.

Vollmondtag im Mai – Visakha Bucha: Heiligstes buddhistisches Fest zur Feier der Geburt und Erleuchtung Buddhas und seines endgültigen Eintritts ins Nirvana. Abendliche Lichterprozessionen im Tempel, zentrale Feiern im Wat Phra Kaeo.

Mitte Mai – Königliche Zeremonie des Pflügens: Zeremonie brahmanischen Ursprungs, bei der ein Stellvertreter des Königs bei einer symbolischen Aussaat auf dem Sanam Luang in Bangkok um eine gute Ernte bittet. Zahlreiche Bauern aus dem ganzen Land reisen dafür in die Hauptstadt und versuchen ein Reiskorn zu ergattern, das der eigenen Saat untergemischt eine gute Ernte gewährleisten soll.

Juli / August

Vollmondtag im Juli – Asanha Bucha (Khao Phansa): Zur Erinnerung an die erste Predigt Buddhas in der Öffentlichkeit finden Prozessionen mit Blumen und Kerzen im Tempel statt. Am Tag nach Asanha Bucha beginnt die dreimonatige Fastenzeit Khao Phansa. Bis zum Ende der Regenzeit dürfen Mönche das Kloster nachts nicht verlassen. Traditionell lassen sich junge Männer während dieser Zeit für einige Wochen ordinieren.

12.8. – Geburtstag der Königin: Langes Wochenende zum Muttertag und Geburtstag der Königin, die seit 1950 First Lady in Thailand ist.

Oktober

Vollmondtag im Oktober – Thot Kathin (Ok Phansa): Nach dem Ende der Fastenzeit reisen die Thais in ihre Heimattempel, um den Mönchen neue Roben und Opfergaben zu überbringen.

23.10. – Chulalongkorn-Tag: Am langen Wochenende wird der Todestag von König Chulalongkorn (Rama V.) gefeiert, der das Land westlichen Einflüssen öffnete.

November / Dezember

Vollmondtag im November – Loi Krathong: Lichterfest am Ende der Regenzeit. Kleine Boote, die traditionell aus Bananenstrünken gefertigt sind, werden mit Kerzen, Räucherstäbchen und Blumen geschmückt und auf eine Reise über Flüsse, Seen und Klongs geschickt – eine Opfergabe an die Göttin des Wassers.

5.12. – Geburtstag des Königs: Paraden und Feiern in Bangkok sowie auf dem Land.

10.12. – Verfassungstag: Langes Wochenende.

31.12. – Silvester: Langes Wochenende.

Malaysia

1. Januar – Neujahr

Neumondtag zwischen 21. Januar und 19. Februar – Chinesisches Neujahr

Januar / Februar – Ma'al Hijrah (Awal Muharam), islamisches Neujahrsfest

April / Mai – Mohammeds Geburtstag

1. Mai – Internationaler Tag der Arbeit

Vollmondtag im Mai – Wesak, größter buddhistischer Feiertag

2. Juni – Geburtstag des Königs

Juli / August – Beginn des Ramadan

31. August – Nationalfeiertag

August / September – Hari Raya Puasa, Ende des Ramadan

Ende Oktober / Anfang November – Deepavali, hinduistisches Lichterfest

25. Dezember – Weihnachten

Dezember / Januar – Hari Raya Haji

Frauen unterwegs

Thailand

Auf den ersten Blick scheint es, dass die Wirtschaft in Thailand von Frauen in Schwung gehalten wird. Sie dominieren den Dienstleistungsbereich und arbeiten selbst auf Baustellen. Die Entscheidungsträger in Politik und Wirtschaft sind allerdings Männer. Während in Mitteleuropa nur etwa jede zweite Frau berufstätig ist, liegt die **Frauenerwerbstätigenquote** in Thailand bei 86 % und ist damit Weltspitze. Garküchen, Ganztagsschulen und andere Dienstleistungen erleichtern berufstätigen Müttern das Leben. Abends gehen auch einheimische Frauen in Gruppen aus. Allein reisende Frauen können sich in diesem Umfeld unkompliziert bewegen.

Eine Touristin kann schnell Bekanntschaft mit **einheimischen Frauen** machen. Hierbei ist vor allem ein leichtes gegenseitiges Berühren am Arm üblich. Allerdings lassen sich einheimische Frauen solche Berührungen von fremden Männern nicht gefallen. Frauen, die sich durch Rauchen und Trinken „unfraulich" verhalten, werden in Städten und Touristenzentren toleriert. Traditionelles Handeln und Denken tritt hier in den Hintergrund. Trotzdem kommt für die meisten Thai-Frauen ein freizügiges Baden im Bikini am Strand nicht infrage.

Auf dem Land sind die Ansichten wesentlich konventioneller. Frauen erregen Aufsehen, wenn sie mit lockeren Umgangsformen und allzu luftiger Kleidung nicht dem gängigen Bild von Ehefrau oder Mutter entsprechen. Auch in Tempeln und Klöstern sind sie noch lange nicht gleichberechtigt. Nonnen werden in einigen Klöstern zwar akzeptiert, haben aber längst nicht den Status der Mönche. Der Zutritt zum heiligen Bereich (Bot) einiger buddhistischer Tempelanlagen ist ihnen teils sogar verboten. Zudem dürfen Frauen keine buddhistischen Mönche berühren.

Malaysia

In den meisten Regionen Malaysia können Frauen allein relativ problemlos umherreisen. Allerdings gibt es einige **Einschränkungen**. So ist Frauen der Zutritt zu vielen Moscheen untersagt oder begrenzt. Andere Situationen sind generell gefährlich – vom kostenlosen Übernachten in Wohnungen selbst ernannter Guides bis zu nächtlichen Spaziergängen an einsamen Stränden oder durch unbelebte Stadtviertel.

Während die überwiegend chinesischen Städte unproblematisch zu bereisen sind, gibt es an der von Malaien bewohnten Ostküste einige Schwierigkeiten. Moslemische Frauen lassen sich körperliche Berührungen von fremden Männern nicht gefallen. Deshalb wirken freizügige westliche Frauen wie ein Magnet auf die jungen Männer, die den richtigen Umgang mit fremden Frauen nicht gelernt haben. Der tabuisierte Umgang mit der Sexualität treibt tatsächlich extreme Blüten.

Kontakte zu **einheimischen Frauen** sind auf dem Land rar, denn viele leben ausschließlich in ihren Familienverbänden. Andere haben nicht den Mut, Europäerinnen anzusprechen, denn ihre Allgemeinbildung und damit auch die Fremdsprachenkenntnisse lassen zu wünschen übrig.

Kontakte zu männlichen Reisenden sind auch nicht immer unkompliziert. Besonders allein reisende Frauen werden oft belästigt. Wer das vermeiden möchte, tut sich eventuell mit einer Freundin zusammen, mit der frau auch das Zimmer teilen kann. Einheimische Frauen reisen in Gruppen – eine gute Idee, denn dann ist frau sicherer vor den Nachstellungen eines Guides im Dschungel, eines Fischers an einem einsamen Strand oder den Zugriffen lüsterner Männer im dichten Gedränge großer Feste oder überfüllter Verkehrsmittel. Problematische Situationen lassen sich durch ein selbstsicheres Auftreten und schlagfertige Worte oft schnell entkrampfen.

Geld

In ganz Thailand ist das einzige Zahlungsmittel der Baht, in Malaysia der Ringgit. Bargeld gibt es an jedem funktionierenden Geldautomaten, auch

Wechselkurse			
1 €	= 41 Baht	10 Baht	= 0,24 €
1 sFr	= 33 Baht	10 Baht	= 0,30 sFr
1 US$	= 30 Baht	10 Baht	= 0,32 US$
1 (EUR)	= 4 RM	1 RM	= 0,24 €
1 sFr	= 3 RM	1 RM	= 0,30 sFr
1 US$	= 3 RM	1 RM	= 0,31 US$

Aktuelle Wechselkurse unter 🖳 www.oanda.com/lang/de/currency/converter.

Augen auf beim Kreditkartenkauf

Die Kreditkarte sollte beim Bezahlen nicht aus den Augen gelassen und in keinem Fall in Safes verwahrt werden, die für andere zugänglich sind. Schon viele Reisende mussten zu Hause bei dem Blick auf die Kontoauszüge feststellen, dass während ihrer Abwesenheit ohne ihr Wissen eingekauft wurde.

Auch in Thailand werden vor allem in öffentlichen Internetcafés Computer angezapft, um Daten von Transaktionen mit Kreditkarten zu erhalten. Wer sein Kreditkartenkonto im Blick hat, kann innerhalb einer begrenzten Zeit eine falsche Abbuchung reklamieren.

am Flugplatz. US$ und Euro können in Wechselstuben und Banken umgetauscht werden. Wegen zahlreicher im Umlauf befindlicher Fälschungen werden US$100-Noten oft nicht akzeptiert, ebenso beschädigte Scheine. Wer die Landgrenze zu Myanmar überschreitet, sollte für die Visagebühren neue, unbeschädigte Dollarnoten dabeihaben. Empfehlenswert ist es, etwas Bargeld, die Bank- und Kreditkarte mitzunehmen.

Währungen

Die Währungseinheit in **Thailand** ist der Baht mit 100 Satang. In Umlauf sind Banknoten zu 1000, 500, 100, 50 und 20 Baht sowie Münzen zu 10, 5, 2 (selten) und 1 Baht, die seit Ende 2009 durch neue Münzen ersetzt werden. Ebenfalls selten geworden sind 50- und 25-Satang-Münzen.

In **Malaysia** ist die Währungseinheit der malaysische Ringgit (RM) mit 100 sen (¢). In Umlauf sind Banknoten zu 5, 10, 20, 50, 100, 500 und 1000 RM sowie Münzen zu 1, 5, 10, 20, 50 sen und 1 RM (alte 1 RM-Scheine gibt es kaum noch).

Banken

Banken in **Thailand** sind an hohen Schildern mit den jeweiligen Logos erkennbar. Sie öffnen Montag bis Freitag außer feiertags von 8.30–15.30 Uhr. In Touristenzentren haben Wechselstuben (currency exchange service) täglich bis spät abends geöffnet. Notfalls wechseln Hotels zu schlechten Kursen. Geldautomaten (ATM) sind weitverbreitet.

Bei der Einreise nach Malaysia beachten: In Kelantan und Terengganu (Ostküste), Kedah und Perlis (Westküste) sind die Banken am Donnerstag nur von 9.30–11.30 Uhr geöffnet und am Freitag geschlossen, am Samstag und Sonntag dagegen geöffnet. Ansonsten öffnen Banken in Malaysia Montag bis Freitag 9.30–16 und Samstag 9.15–12 Uhr.

Bank- und Kreditkarten

Einige Bankkarten mit Maestro- bzw. Cirrus-Symbol können zum Geldabheben an Automaten verwendet werden, andere nicht, wie die V-Pay-Card. Auch der Maximalbetrag und die Gebühren pro Transaktion sind von Bank zu Bank verschieden. Deshalb ist es erforderlich, vor der Abreise bei seiner Bank nachzufragen und eventuell eine Kartensperre aufheben zu lassen. Die Abhebung mit der Postbank Sparcard ist zehnmal jährlich an Visa/Plus-Automaten kostenlos möglich, mit der Visa-Card der DKB Bank beliebig oft, 🖳 www.dkb.de. Umgerechnet wird zum Briefkurs. Die Thai-Bank schlägt bei ausländischen Geld- und Kreditkarten 150 Baht auf. Als Maximalbetrag gelten 20 000 Baht, in Malaysia 1500 RM. Bei einigen Automaten ist er geringer. Wer von Automaten vor einer geöffneten Bank abhebt, kann bei einem Problem gleich reklamieren.

Vorsicht! In Thailand geben die Automaten zuerst das Geld und zuletzt die Karte, die man keinesfalls vergessen sollte.

Mit Kreditkarten kann man im oberen Preissegment bargeldlos bezahlen oder Bargeld abheben. Auszahlungs- und Akzeptanzstellen sowie Geldautomaten sind in Thailand weitverbreitet und auf den Webseiten der Anbieter zu finden.

Nicht selten verlangen Geschäfte entgegen den Vertragsvereinbarungen die **Verkäufergebühr** (3–5 %) vom Kunden. In diesem Fall sollte man sich diesen Betrag auf der Rechnung extra ausweisen lassen und diesen später beim Kreditkartenunternehmen zurückfordern.

Verlust oder Diebstahl von Kreditkarten sind sofort zu melden, um Missbrauch zu verhindern. Bei Mietwagen oder Flügen, die mit der Karte bezahlt wurden, ist in der Regel eine Unfallversicherung enthalten, bei einigen Karten sogar eine Mietwagen-Vollkaskoversicherung.

Informationen und Notrufnummern

Sperrung von Geld- und Kreditkarten über die zentrale Servicenummer ☎ +49-116 116, 🖥 www.sperr-notruf.de.
American Express, ☎ +49-69-9797 2000 (auch bei Verlust für Ersatzkarten zuständig), 🖥 www.americanexpress.com/germany.
Maestro Card, ☎ +49-69-740 987, 🖥 www.maestrokarte.de. Karte sperren: ☎ +49-1805 021 021.
MasterCard, ☎ +49-69-7933 19 10, 🖥 www.mastercard.com/de. Karte sperren: ☎ 001-636 722 7111 (international gebührenfreies R-Gespräch).
Visa, 🖥 www.visa.de. Karte sperren: ☎ 001-800 11 535 0660 (international gebührenfreies R-Gespräch). Standorte der Geldautomaten unter 🖥 www.visa.via.infonow.net/locator/global.
Western Union, ☎ +32-2639 7107, 🖥 www.westernunion.com. Wird in Deutschland von allen Zweigstellen der Postbank angeboten.

Reiseschecks

Eine aussterbende Spezies sind Reiseschecks (Travellers Cheques), die gegen 1 % Provision bei Banken erhältlich sind. **Euro-Reiseschecks** werden bei allen Banken in Thailand und Malaysia gewechselt. Der Wechselkurs für Schecks ist dort zwar günstiger als für Bargeld, dafür wird aber eine Provision pro Scheck verlangt. Deshalb sind weniger Schecks mit einem höheren Wert zu empfehlen. Manche Banken wechseln nicht mehr als 300–500 €.

Bei Verlust oder Diebstahl werden die Schecks im nächsten Vertragsbüro ersetzt. Hierfür ist es wichtig, dass für den Nachweis die Kaufabrechnung und die eigentlichen Schecks getrennt voneinander aufbewahrt werden. Außerdem hilft eine Auflistung aller bisher eingelösten Schecks, da diese natürlich nicht ersetzt werden.

Gepäck und Ausrüstung

Der Rollkoffer hat den ideologischen Graben zwischen Rucksack und Koffer geschlossen, und so reist jeder mit dem Gepäck, das er mag. Letztendlich hängt es weitgehend von den Transportmitteln und Zielen ab, ob sich das eine oder andere als bequemer erweist.

Die folgende Liste kann als Hilfe beim Packen dienen, ist aber keineswegs vollständig und kann nach individuellen Bedürfnissen ergänzt werden. Die mit * gekennzeichneten Gegenstände sind unterwegs preiswerter zu erwerben.

Kleidung

Ein Wickelrock (malaiisch: *sarong*, Thai: *phasin*) eignet sich höchstens als Strandkleidung. In einer schicken Bar, auf einem Fest, bei einem formellen Essen, dem Besuch im Königspalast und in anderen königlichen Gebäuden oder Tempeln sollte man sich dem Umfeld entsprechend kleiden, S. 90. Bei der Auswahl der Kleidung empfiehlt sich eine Kombination aus bequem und gut aussehend. Thais bewerten die Menschen weitaus mehr als in Europa nach ihrem Äußeren, und ein ungepflegtes Auftreten stößt auf Ablehnung.

Wäsche wird in Touristenzentren innerhalb von Stunden an fast jeder Ecke für wenig Geld gewaschen und gebügelt. Die Kosten für den *laundry service* in Gästehäusern und Hotels stehen in direkter Relation zum Zimmerpreis.

Technik

Kaum jemand möchte unterwegs auf sein **Handy** oder **Smartphone** verzichten: Tipps S. 74 und S. 83.. Aktuelle Modelle ersetzen zudem **MP3-Player**, **Organizer**, **Kamera** und das **GPS**. Vor allem Letzteres ist auf Reisen in unbekannte Gebiete unglaublich hilfreich. Dank günstiger Gebühren

Kleidung

- [ ] **Badekleidung*** (für Frauen außerhalb der Touristenzentren einteiliger Badeanzug)
- [ ] **Badelatschen*** (wegen Pilzgefahr beim Duschen!)
- [ ] **Hemden*** oder **Blusen***
- [ ] **Hosen*** bzw. **Röcke** (die leicht sind und bequem sitzen sollten)
- [ ] **Jacke** (für An- und Abreise, Nächte in den Bergen und AC-Busse)
- [ ] **Kurze Hosen*** (bei Männern mind. bis zur Hälfte des Oberschenkels, bei Frauen bis zum Knie, Shorts nur am Strand)
- [ ] **Pullover**
- [ ] **Sandalen** (in die man leicht hinein- und herausschlüpfen kann)
- [ ] **Schuhe** (für Trekkingtouren reichen Turnschuhe meist aus)
- [ ] **Socken*** (dichte, nicht allzu kurze Socken als Moskitoschutz für den Abend)
- [ ] **T-Shirts*** / **Polo-Shirts*** (mit Ärmeln)
- [ ] **Unterwäsche***

Hygiene und Pflege

- [ ] **Feuchttücher*** (zur Hygiene für unterwegs)
- [ ] **Kosmetika** / Hautpflegemittel
- [ ] **Nagelschere*** und Nagelfeile (nicht ins Handgepäck)
- [ ] **Nähzeug** (Zwirn, Nähseide, Nadeln, Sicherheitsnadeln)
- [ ] **Papiertaschentücher**
- [ ] **Plastiktüten*** (für schmutzige Wäsche und als Nässeschutz)
- [ ] **Rasierer*** (für abgelegene Gebiete einen Nassrasierer)
- [ ] **Shampoo** / Haarpflegemittel
- [ ] **Tampons** (Nachschub bei 7-Eleven oder in Supermärkten)
- [ ] **Toilettenpapier*** (auf öffentlichen Toiletten oft nicht vorhanden)
- [ ] **Zahnbürste*** / **Zahnpasta***

Sonstiges

- [ ] **Notizbuch*** / **Stifte***
- [ ] **Regenschirm*** (keine Gummijacke wegen Wärmestau!)
- [ ] **Reiseapotheke** (S. 59)
- [ ] **Reiseführer, Landkarten**
- [ ] **Reiselektüre**
- [ ] **Reisewecker** (falls kein Handy)
- [ ] **Sonnenschutz**: Hut, Brille* (in unzerbrechlicher Box), Sonnencreme*
- [ ] **Taschenlampe***
- [ ] **Taschenmesser** (nicht ins Handgepäck)

Dokumente

- [ ] **Flugunterlagen**
- [ ] **Führerschein** (gültiger internationaler)
- [ ] **Geld** (Bargeld, Bankkarte, Kreditkarte)
- [ ] **Impfpass**
- [ ] **Reisepass** (evtl. internationaler Studentenausweis, Personalausweis)

Wer in einfachen Unterkünften wohnen wird, braucht zudem

- [ ] **Handtücher*** (die schnell trocknen)
- [ ] **Klebeband*** (fürs Packen, zum Dämpfen zu stark eingestellter Klimaanlagen und zum Verschließen von Löchern im Moskitonetz)
- [ ] **Kordel*** (als Wäscheleine oder zum Aufspannen des Moskitonetzes)
- [ ] **Moskitonetz***
- [ ] **Nägel*** (zum Befestigen des Moskitonetzes)
- [ ] **Plastikbürste*** (zum Reinigen von Wäsche und Schuhen)
- [ ] **Schlafsack** (Seiden- bzw. Leinenschlafsack oder zwei dünne Tücher, da es in billigen Hotels keine Decken gibt und Laken nicht häufig gewechselt werden)
- [ ] **Seife*** oder Waschlotion
- [ ] **Vorhängeschloss*** (und kleine Schlösser* fürs Gepäck)
- [ ] **Waschmittel** (in der Tube)

und zahlreicher kostenloser Hotspots (in Thailand und Malaysia: WiFi) sind Surfen im Internet, Abrufen von Mails und die Speicherung digitaler Fotos einfach und preiswert. Mehr und mehr Reisende wollen auch unterwegs nicht auf ihren **Laptop**, ihr **Netbook** oder **Tablet** verzichten. Alle

Alle **wichtigen Reisedokumente** zu Hause abfotografieren oder scannen und an die eigene E-Mail-Adresse schicken, evtl. auch Geheimzahlen, Telefonnummern, Reisescheck-nummern, Medikamentennamen, Blutgruppe usw. So können diese im Notfall unterwegs abgerufen werden. Zudem sollten nach der Einreise Fotos vom Visum und Einreisestempel gemacht werden, um bei Diebstahl seine Aufenthaltsberechtigung nachweisen zu können. Auch Fotos von aufgegebenen Gepäck-stücken können bei Verlust des Fluggepäcks eine große Hilfe sein.

technischen Geräte benötigen Energie und daher **Akkus** sowie den unvermeidlichen Kabelsalat. Gängige Flachstecker passen in thailändische Steckdosen, sodass man in diesem Fall zumindest auf den **Adapter** verzichten kann. Für Steckdosen in Malaysia sind hingegen Adapter erforderlich, da weder europäische Schukostecker noch normale zweipolige Stecker in die dreipoligen Messerstecker nach britischem Vorbild passen.

Wertsachen

Geld, Pässe, Kreditkarten und Tickets lassen sich am besten in einem breiten, unauffälligen Hüftgurt nah am Körper aufbewahren. Sämtliche Papiere sind zusätzlich durch eine Plastikhülle zu schützen, da Schweiß zerstörerisch wirken kann. Taschen mit Kameras, Laptop und anderer Elektronik sollten möglichst nicht schon von außen auf den teuren Inhalt schließen lassen, also aus festem Material bestehen, gut verschließbar sein und Platz für weiteres Handgepäck bieten.

Gesundheit

Die gesundheitlichen Risiken sind in Thailand und Malaysia relativ gering. Wer ungeschältes Obst sowie nicht ausreichend gekochte bzw. gebratene Gerichte meidet und sich vor Mückenstichen schützt, braucht keine Angst vor Krankheiten zu haben. Näheres im Abschnitt „Reisemedizin zum Nachschlagen" im Anhang, S. 814.

Auf jeden Fall sollte vor der Reise überprüft werden, ob der Schutz gegen Tetanus, Diphtherie und Kinderlähmung (Polio) noch besteht. Viele Reisemediziner raten außerdem zu **Impfungen** gegen Hepatitis A und Typhus.

Ob noch weitere Impfungen nötig sind, etwa gegen Tollwut oder Hepatitis B, hängt von den besuchten Regionen, der Reiseart und -dauer und dem Gesundheitszustand des Reisenden ab.

Über notwendige Impfungen und die Art der Malariaprophylaxe sollte man sich unbedingt sechs bis acht Wochen vor Reiseantritt von einem Reisemediziner beraten lassen. Sämtliche Impfungen müssen mit Ort, Datum und Unterschrift des Arztes in einen **Internationalen Impfpass** eingetragen werden.

Tropenmedizinische Institute
Deutschland
Berlin Spandauer Damm 130, Haus 10, 14050
☎ 030-301 166
Dresden Friedrichstr. 39, 01067
☎ 0351-480 3805
Düsseldorf Moorenstr. 5, 40225
☎ 0211-811 7031
Göttingen Werner-von-Siemens-Str. 8–10, 37077
☎ 0551-307 500
Hamburg Bernhard-Nocht-Str. 74, 20359
☎ 040-428 180
Heidelberg Im Neuenheimer Feld 324, 69120
☎ 06221-562 2999
Leipzig Delitzscher Str. 141, 04129
☎ 0341-909 2619
München Leopoldstr. 5, 80802
☎ 089-2180 13500
Rostock Ernst-Heydemann-Str. 6, 18057
☎ 0381-494 7511
Tübingen Wilhelmstr. 27, 72074
☎ 07071-298 2365
Ulm Robert-Koch-Str. 8, 89081
☎ 0731-5002 4421
Würzburg Salvatorstr. 7, 97074
☎ 0931-791 2821

Von allen regelmäßig benötigten Medikamenten sollte man einen ausreichenden Vorrat mitnehmen.
Nicht zu empfehlen sind Zäpfchen oder andere hitzeempfindliche Medikamente.

Basisausstattung
- [ ] Verbandzeug
- [ ] Fieberthermometer
- [ ] Ohrstöpsel
- [ ] Sonnenschutz mit UVA- und UVB-Filter
- [ ] Beipackzettel

Erkrankungen der Haut
- [ ] Desinfektionsmittel (Betaisodona-Lösung, Kodan-Tinktur)
- [ ] Nebacetin-Salbe RP (bei infizierten oder infektionsgefährdeten Wunden)
- [ ] Soventol-Gel, Azaron-Stift, Fenistil-Tropfen oder -Gel, Teldane-Tabletten (bei Juckreiz nach Insektenstichen oder allergischen Erkrankungen)
- [ ] Soventol Hydrocortison-Creme, Ebenol-Creme (bei starkem Juckreiz oder stärkerer Entzündung)
- [ ] Bepanthen (Wund- & Heilsalbe)
- [ ] Fungizid ratio, Canesten (bei Pilzinfektionen)
- [ ] Berberil, Visine Yxin (Augentropfen bei Bindehautentzündungen)

Magen- und Darmerkrankungen
- [ ] Imodium akut oder in Thailand erhältlich: Lomotil (gegen Durchfall)
- [ ] Elotrans (zur Rückführung von Mineralien; Kinder: Oralpädon-Pulver)
- [ ] Dulcolax-Dragees, Laxoberal-Tropfen (gegen Verstopfung)

Malaria
- [ ] ggf. Lariam* oder Malarone* als Standby-Therapie
- [ ] Mückenschutz (für Kinder: Zanzarin)

Reisekrankheit
- [ ] Superpep-Kaugummis, Vomex

Schmerzen und Fieber
- [ ] Benuron, Dolormin (keine acetylsalicylsäurehaltigen Medikamente)
- [ ] Buscopan (bei starken, krampfartigen Schmerzen)
- [ ] Aspirin-Granulate oder GeloMyrtol Forte (bei Erkältung)
- [ ] Antibiotika* gegen bakterielle Infektionen (in Absprache mit dem Arzt)

Bitte bei den Medikamenten Gegenanzeigen und Wechselwirkungen beachten und sich vom Arzt oder Apotheker beraten lassen.

* rezeptpflichtig in Deutschland

Österreich
Wien Lenaugasse 19, 1080
☎ 01-4026 8610

Schweiz
Basel Socinstr. 57, 4051
☎ 061-284 8111. Persönliche Beratung unter
☎ 0900-575 131 (2,69 sFr./Min.)

Gesundheitstipps für die Reise

Essen
Am besten hält man sich an die alte Tropenregel: kochen, braten, schälen – oder lassen. Denn ein Großteil der Infektionen wird durch unsauberes Essen übertragen. Wer kein ungeschältes Obst und keine rohen oder halb garen Speisen isst, hat seiner Gesundheit schon einen großen Dienst erwiesen. Keine aufgewärmten oder warm gehaltenen Speisen (wie oft an Essensständen angeboten) essen. Am häufigsten holen sich Touristen einen Durchfall bei Buffets. Wichtig ist auch die persönliche Hygiene, denn viele Krankheitserreger trägt man mit den eigenen Fingern zum Mund.

Wer unter **Durchfall** leidet, muss sich erst einmal Ruhe gönnen und den Flüssigkeits- und Salzverlust mit angereichertem Wasser ausgleichen. Abgepackte Elektrolyt-Lösungen gibt es in jeder Apotheke, eine Alternative sind isotonische, elektrolythaltige Sportgetränke. Erkrankte

Reisemedizin im Internet

Wer sich vor dem Besuch beim Reisemediziner über die Gesundheitsrisiken kundig machen möchte, findet auf den diesen Websites Infos:

Auswärtiges Amt
🖥 www.auswaertiges-amt.de

Centrum für Reisemedizin
🖥 www.crm.de

Dt. Ges. für Reise- und Touristik-Medizin
🖥 www.drtm-online.de

Deutsche Gesellschaft für Tropenmedizin
🖥 www.dtg.org

Die Reisemedizin
🖥 www.die-reisemedizin.de

Fit for Travel
🖥 www.fit-for-travel.de

Reisemedizinische Beratung Freiburg
🖥 www.tropenmedizin.de

Robert-Koch-Institut
🖥 www.rki.de

Tropeninstitut Hamburg
🖥 www.gesundes-reisen.de

sollten auf Gemüse und Obst verzichten und fette Speisen meiden. Mit viel Reis (gesalzen), ausreichend Wasser und ein wenig Medizin sind die meisten Durchfälle in den Griff zu kriegen. Spätestens nach drei bis fünf Tagen ohne Besserung sollten Erkrankte aber einen Arzt aufsuchen. Extrem dünner, weißlicher Stuhl deutet auf eine Cholera-Infektion hin, die unverzüglich behandelt werden muss.

Klima

Sonne und Hitze machen Reisenden oft als Erstes zu schaffen. Wer aus Europa ins tropische Asien reist, hat nicht selten eine Temperaturdifferenz von 20 °C und mehr zu verkraften. Deswegen ausreichend trinken, denn der Körper schwitzt gerade in den ersten Tagen sehr. Als Faustregel gilt: **3 l Flüssigkeit** pro Tag.

Wie überall in den Tropen ist die Sonnenstrahlung eine Gefahr. Je nach Typ braucht die Haut bis zu fünf Tage, um den Eigenschutz aufzubauen. **Sonnencreme mit hohem Lichtschutzfaktor** (15 und höher) und ein Basecap bieten zusätzlich Schutz.

Auch **Erkältungen** kommen häufiger vor, als man denkt, denn in der kühlen Jahreszeit wird es nach Sonnenuntergang schnell frisch. Dann hilft ein dünner Pullover – in den Bergen ein dicker. Auch die Schwankungen zwischen tropischen Außentemperaturen und AC-gekühlten Büros, Transportmitteln und Hotelzimmern haben schon viele Schnupfen verursacht. Nachts die Klimaanlage oder den Ventilator ausstellen!

Medizinische Versorgung

Dank eines gut entwickelten Gesundheitswesens erreicht man in Thailand und Malaysia im Notfall von fast allen Orten aus schnell ein **Krankenhaus**. Bei ernsthaften Erkrankungen oder anstehenden Operationen sollte man ein internationales privates Krankenhaus mit Englisch sprechendem Personal in Bangkok, Phuket oder Penang aufsuchen. Allerdings trägt der Patient die Kosten selbst und muss deshalb vor der Aufnahme die Kreditkarte zücken.

Staatliche Krankenhäuser sind zwar sauber und gut ausgestattet, ihr Standard entspricht jedoch oft nicht den europäischen Erwartungen. Abgesehen von einer geringen Aufnahmegebühr ist die Behandlung dafür kostenfrei. Medikamente müssen selbst bezahlt werden.

Medizintourismus

Immer mehr Touristen lassen in Thailand Eingriffe vornehmen. Die großen internationalen Krankenhäuser gehören vom medizinischen Standard her zur Weltklasse. Vor allem die Plastische Chirurgie und Zahnmedizin erfreuen sich großer Beliebtheit, da die Behandlungen (für Füllungen, Kronen, Brücken, Implantate oder Bleichen) im europäischen Vergleich sehr preiswert sind. Das gilt ebenso für das Lasern von Augen oder Anfertigen von Brillen. Auch Angebote der traditionellen chinesischen und indischen Medizin wie Akupunktur und Ayurveda werden zunehmend von Reisenden in Anspruch genommen. Weitere Informationen in einem umfangreichen englischen Prospekt des Fremdenverkehrsamts in Frankfurt.

Gesundheitszentren (Health Centers) oder Erste-Hilfe-Stationen, die es in vielen Dörfern gibt, beschäftigen meist nur Krankenschwestern.

In absoluten Notfällen hilft die Botschaft weiter. Krankenhäuser sind im regionalen Teil des Buchs bei den entsprechenden Touristenorten unter „Medizinische Hilfe" aufgeführt.

Informationen

Fremdenverkehrsämter und Websites liefern diverse Informationen. Die Hotline der Touristenauskunft ist landesweit unter ☎ 1672 erreichbar. Achtung: Gewisse Reisebüros in Thailand mit Namen T.A.T. haben nichts mit dem staatlichen Fremdenverkehrsamt TAT zu tun!

Fremdenverkehrsämter

Thailändisches Fremdenverkehrsbüro (TAT)
Deutschland und Österreich:
Bethmannstr. 58, 60311 Frankfurt
☎ 069-138 1390, ☏ 1381 3950
✉ info@thailandtourismus.de
🖥 www.tourismthailand.org
🖥 www.thailandtourismus.de (allgemeine Infos)
🖥 www.tatnews.org (News Room)

Schweiz:
Zähringerstr. 16, 3012 Bern
☎ 031-300 3088, ☏ 300 3077
✉ info@tourismthailand.ch
🖥 www.tourismthailand.ch

Malaysisches Fremdenverkehrsbüro
60311 Frankfurt, Weißfrauenstr. 12–16
☎ 069-460 9234 20, ☏ 460 9234 99
🖥 www.tourismmalaysia.de

Informationen im Netz

Wer sich über die aktuelle Lage informieren will, kann auf den **Websites der Außenministerien** nachschlagen:

🖥 www.auswaertiges-amt.de
🖥 www.eda.admin.ch
🖥 www.bmaa.gv.at

oder informiert sich in den lokalen **englischsprachigen Medien**:
🖥 www.nationmultimedia.com
🖥 www.bangkokpost.com
🖥 www.thestar.com.my
🖥 www.malaysiakini.com

oder stellt Fragen ins **Forum**:
🖥 www.stefan-loose.de
🖥 www.thailandqa.com

Allgemeine Infos auf Deutsch (d) und Englisch (e)
Thailand
🖥 www.amazing-thailand.com (e)
🖥 www.baanthai.com (d)
🖥 www.khaosanroad.com (e)
🖥 www.passplanet.com/thailand (e)
🖥 www.schoenes-thailand.de (d)
🖥 www.siam.de (d)
🖥 www.siam-info.de (d)
🖥 www.thailandforvisitors.com (e)
🖥 www.thailand-interaktiv.de (d)
🖥 www.thaiminator.de (d)
🖥 www.thaipage.ch (d)
🖥 www.thaivisa.com (e)
🖥 www.travelfish.org (e)

Malaysia
🖥 www.malaysiadirectory.com (e)
🖥 www.allmalaysia.info (e)
🖥 www.emmes.net (d + e)
🖥 www.malaysiasite.nl (e)
🖥 www.expat.com.my (e)

Weitere Adressen in den Regionalenkapiteln.

Internet und E-Mail

Günstige **Internetcafés** und Gästehäuser mit Internetanschluss sind weitverbreitet. Die Preise liegen in größeren Orten bei 1–2 Baht pro Minute. Auf Inseln, die kein Festnetz besitzen, kann man über Mobiltelefone ins Internet, was etwas mehr kostet und normalerweise langsamer vonstattengeht.

Nicht alle Computer sind gut gewartet, frei von Viren und ermöglichen einen schnellen Zugang. **WLAN-Hotspots** (in Thailand und Malaysia: WiFi) werden von zahlreichen Gästehäusern, Hotels, Restaurants, Cafés und sogar in Beach Bars und Tankstellen als Service kostenfrei angeboten. Teure Hotels verlangen oft eine Gebühr.

Kinder

Thailand und Malaysia eignen sich für einen Urlaub mit Kindern jeglichen Alters – egal ob die Kleinen noch im Wagen liegen oder Größere ihre Umgebung selbstständig erkunden, ob es die Eltern zu kulturellen Orten, an die Strände oder in die Berge zieht. Fast überall wird sich eine Familie wohlfühlen, denn Kinder sind beliebt und immer dabei. Sie krabbeln durch Läden und Restaurants, werden von Eltern, Großeltern, Geschwistern und Freunden herumgetragen – die sich auch ausländischer Kinder gerne annehmen.

Kinder genießen vor allem die **Natur**. Es gibt Strände und Märkte, Blumen, leckere Früchte, Muscheln in allen Farben und Größen und Tiere. Besonders für die Älteren ist ein Besuch in den **Werkstätten** interessant, wo sie den Handwerkern und Künstlern bei der Arbeit zusehen können. Natürlich gibt es auch **Zoos** und **Vergnügungsparks**, vor allem in Bangkok und Pattaya. Und immer wieder finden im ganzen Land **Tempelfeste** statt, auf denen Karussells zum Mitfahren einladen.

Wegwerfwindeln gibt es fast überall, einheimische Kinder allerdings tragen selten Windeln. Es ist selbst im Restaurant kein Problem, wenn sich eine kleine Pfütze auf dem Boden bildet (diese wird schnell mit einem Lächeln weggewischt), und eingenässte Kleidung trocknet schnell oder kann durch mitgenommene Wechselkleidung ersetzt werden.

Sehr wichtig ist die **Einbeziehung der Kinder** bei der Reiseplanung und beim Kofferpacken. Am Familientisch kann man prima Bilder von Thailand und Malaysia betrachten und gemeinsam überlegen, was man sich anschauen möchte.

Anreise

Die Wahl der **Fluggesellschaft** entscheidet, wie entspannt die reisende Familie ankommt. Für die ganz Kleinen (*infants* bis etwa 10 kg) empfiehlt sich das schwebende Kinderbettchen. Der dazugehörende Platz bietet auch den Erwachsenen mehr Beinfreiheit. Kindermenüs werden als Erste ausgegeben. Wechselkleidung, Windeln und Babynahrung gehören ins Handgepäck. Die Behälter für Babynahrung dürfen auch entgegen den sonstigen Sicherheitsbestimmungen größer als 100 ml sein.

Bewährt haben sich aufstellbare Rückentragen oder ein Maxi Cosi. Da Kinder unter zwei Jahren zwar 10–20 % eines regulären Tickets zahlen, ihnen aber kein eigener Sitzplatz zusteht, bleibt den Eltern nur die Hoffnung, dass der Flug nicht ausgebucht ist. Kinder zwischen zwei und

---

Nicht vergessen!

- **Babynahrung**
- **Fläschchen** für Säuglinge
- **Fotos** von Daheimgebliebenen gegen Heimweh
- **Impfpass**
- **Kleidung** – möglichst strapazierfähige leichte Sachen
- **Kopfbedeckung**
- **Kuscheltier** (muss gehütet werden wie ein Augapfel, denn ein verloren gegangener Liebling kann allen den Rest der Reise verderben – reiseerprobte Kinder beugen vor, indem sie nur das zweitliebste Kuscheltier mitnehmen)
- **MP3-Player** mit der Lieblingsmusik und Hörspielen
- **Reisepass** (Kinder jeden Alters brauchen einen Reisepass)
- **Sonnencreme** mit hohem Lichtschutzfaktor
- **SOS-Anhänger** mit allen wichtigen Daten
- **Spiele** und **Bücher**

zwölf Jahren zahlen für einen Platz etwas mehr als die Hälfte des Flugpreises.

Die etwa elfstündige Anreise mit dem Flugzeug, die **Zeitverschiebung** und die Klimaveränderung sind in den ersten Tagen etwas beschwerlich, doch bei ruhiger Herangehensweise gut zu meistern. Es ist empfehlenswert, sich nach der Ankunft ein ruhiges Zimmer zu nehmen und die ersten Tage keine großen Anstrengungen zu planen. Es ist aufregend genug, die nähere Umgebung zu erkunden, das fremde Essen zu probieren und die Menschen kennenzulernen.

Gesundheitliche Risiken

Gerade in den ersten Tagen haben viele Kinder Probleme mit der **Hitze** und der feuchten Luft und neigen zu Hautausschlag, der sich in Form von roten Pusteln über den ganzen Körper ausbreitet. Wickelkinder haben besonders im Windelbereich damit zu kämpfen. Dagegen hilft der Talcum-Baby-Puder „New Born", den es in jeder Apotheke und vielen Supermärkten gibt. Der Puder hilft auch gegen vermehrtes Schwitzen. Gegen Durst sollte in der Nacht viel zu trinken bereitstehen und in der Zeit des Jetlag vielleicht der eine oder andere Snack.

Keiner braucht sich vor Schmutz, **Krankheiten** und der fremden Sprache zu ängstigen! Kinder haben meist gute Abwehrkräfte, finden leicht Anschluss und regeln vieles nonverbal. Sie sehen schnell ein, dass sie sich öfter als zu Hause die Hände waschen müssen und weder Leitungswasser trinken noch ungeschältes Obst essen dürfen. Vor der Reise sollte jedes Kind gründlich untersucht werden und spätestens einen Monat vor der Abreise geimpft sein (einschließlich aller Kinderkrankheiten). Wenn sich das Kind verletzt, müssen jede offene Wunde und jeder Kratzer desinfiziert werden. Dafür eignet sich am besten alkoholfreies, farbloses Desinfektionsspray, das nicht brennt, wie Octenisept (aus der heimischen Apotheke, denn in Thailand und Malaysia sind die Mittel eingefärbt, was eine Beurteilung der Wundheilung erschwert).

Gegen **Mücken** empfiehlt sich für Babys oder empfindliche Kleinkinder die in deutschen Apotheken erhältliche Bio-Lotion Zanzarin (etwa 7 €). Für die ganze Familie und Kinder ab zwei Jahren hat sich Autan Family bewährt. Empfehlenswert ist ein Moskitonetz, vor allem in den Strandbungalows. Meist sind diese vorhanden, wenn nicht, kann man sie günstig erstehen. Sollte doch mal eine Mücke zugestochen haben oder auch eine Prellung schmerzen, empfehlen erfahrene Thai-Mütter kühlenden Kräuterbalsam aus der Apotheke.

Reisen in Thailand

Das Reisen in Thailand ist einfach und gut organisiert. Kinder, die keinen eigenen Sitzplatz beanspruchen, unter vier Jahre alt sowie unter 1 m groß sind (Zug), reisen in **Bussen**, **Booten** und **Bahnen** generell umsonst. Zwischen vier und zwölf Jahren bzw. bei einer Größe bis 1,50 m zahlen sie den halben Preis. Dieser Preis beinhaltet, wenn man darauf besteht, einen Sitzplatz. In Zügen ohne Sitzplatzausgabe findet sich meist ein Platz für die Kleinen.

Sobald aber ein Backpackerbus gebucht wird oder man in Zügen mit Sitzplatzausgabe reist, ist es ratsam, dem Kind einen eigenen Platz zu bezahlen.

Sinnvoll ist es, im Reisegepäck immer etwas Spielzeug bereitzuhalten, auch ein MP3-Player mit Geschichten und Liedern hat sich auf längeren Strecken als Zeitvertreib bewährt. Auf jeder noch so kurzen Strecke sollten sich im Handgepäck immer etwas zu trinken, zu essen und ein Set Wechselgarderobe befinden.

Übernachtung und Essen

Viele Unterkünfte haben Familienzimmer, in denen eine vierköpfige Familie gut schlafen kann. Zudem gibt es Doppelbungalows oder nebeneinander liegende Hotelzimmer mit Verbindungstür, die sich für Familien mit älteren Kindern eignen. Auf Inseln werden größere Bungalows mit Terrasse, Küche, Badezimmer und ein bis zwei Zimmern vermietet („House for rent", z. B. auf Ko Samui und Ko Pha Ngan).

Keine Probleme gibt es normalerweise mit dem Essen. Besonders in chinesischen Restaurants finden Kinder viel Leckeres auf der Karte. Hingegen sind einige Thai-Gerichte scharf, werden jedoch auf Nachfrage mild gewürzt. Kindgerecht sind das vegetarische **Nudelgericht** *pad thai* oder eine milde Reissuppe mit Huhn. In touristisch erschlossenen Orten werden in fast allen Restaurants Burger, Pommes und Spaghetti zubereitet. Wenn das Kind noch zu klein zum Mitessen ist, findet sich meist ein Angestellter, ein Gast oder gleich eine ganze Gruppe, die sich des Babys annimmt und es unterhält, solange die Eltern essen. Als Mahlzeit für die ganz Kleinen kann man – außer in abgelegenen Orten – Fertig-Babymilch und **Babynahrung** kaufen. Es ist ratsam, die Packungsangaben sorgfältig zu lesen, denn vielfach wird genmanipulierter Mais beigegeben. Besser eignet sich natürlich auf Reisen Muttermilch. Lecker und nahrhaft sind Babybananen, die sich leicht zerdrücken lassen. Äpfel, Birnen, Karotten und Kartoffeln sind oft gespritzt, sodass sie auf jeden Fall geschält werden sollten. *Sticky rice (khao niau)* ist besonders beliebt und unterwegs gut zu essen. Viel Spaß macht ein Picknick, vor allem wenn man vorher alles gemeinsam auf dem Markt besorgt hat.

Als **Getränk** eignet sich frisches kühles Wasser. Für Abwechslung sorgen eine große Auswahl an 0,2-l-Tetra-Packungen oder kleine Flaschen mit Tee, Milch, Kakao, Saft oder Joghurt. Meist sind die Getränke sehr süß, doch vermehrt werden Tees, Sojagetränke und Säfte ohne Zuckerzusatz angeboten. Generell sollte man Nahrungsmittel in Plastikdosen aufbewahren, denn nur so sind sie vor Ameisen und anderen Kleinstlebewesen sicher.

Maße und Elektrizität

1923 wurde in **Thailand** das **metrische System** eingeführt. Die Länge wird demnach überall in Metern und Kilometern angegeben, als Raummaß ist Liter gebräuchlich. Allein bei der Fläche stößt man auf eine ungewohnte Einheit, den Rai (1 Rai = 1600 m^2). Nach der Unabhängigkeit wurde auch in **Malaysia** das metrische System eingeführt.

Die **Stromversorgung** in Thailand und Malaysia ist zuverlässig und basiert auf 220/240 V Wechselstrom und 50 Hz. Spannungsschwankungen treten kaum auf, sodass man Laptop, Handy, Kamera und andere elektronische Geräte ohne Probleme anschließen kann.

Auf einigen Inseln und in abgelegenen Resorts wird der Strom von Generatoren erzeugt, die teils nur stundenweise in Betrieb sind.

Medien

Der Fernseher gehört zu fast jedem Haushalt. Trotz einer hohen Alphabetisierungsquote von über 90 % der Bevölkerung ist das Lesen von Zeitungen nicht so verbreitet wie das von Comics.

Fernsehen

Der Fernseher läuft immer und überall, sogar in vielen Restaurants. Auch in preiswerten Hotels gehört zur Standardausstattung ein kleiner Apparat – selbst wenn der Empfang schlecht und die Programmauswahl begrenzt ist. Die staatlichen und kommerziellen kostenlosen **Thai-Sender** sind teils auch über Internet zu empfangen, 🖥 www.aseaniptv.com/thaitv oder 🖥 www.watch.squidtv.net/asia/thailand.html. Zum Programm gehören japanische Zeichentrickfilme, chinesische Serien, Talk- und Spielshows sowie billig produzierte Soaps, die das Alltagsleben thematisieren. Ausländische Filme und Serien werden in Thai synchronisiert. NBT sendet vor allem Nachrichten aus Politik und Wirtschaft sowie Dokumentationen.

Im regionalen Teil dieses Buches sind Fernseher nur in dem Fall erwähnt, wenn zur Zeit der Recherche auch englischsprachiges **Kabel-TV** zu empfangen war. Angeboten werden u. a. Nachrichten von BBC, CNN, Aljazeera und Fox, Musik von True Music, Channel [V], MTV oder Majung TV, Filme von HBO, Cinemaxx, Star Movies oder True Film, Dokumentationen von National Geographic und Discovery und natürlich Sport.

Auch anderssprachige Sender sind vertreten, darunter die Deutsche Welle, Kasten S. 65.

In deutscher Sprache erscheinen wöchentlich bzw. monatlich:
Der Farang (30 Baht, manchmal gratis), ⌨ www.der-farang.com
Pattaya Blatt (25 Baht), ⌨ www.pattayablatt.com
Thai Zeit (100 Baht), ⌨ www.thaizeit.de
Tip – Zeitung für Thailand (gratis), ⌨ www.thailand-tip.de
Und auf Englisch:
Pattaya Mail (25 Baht), ⌨ www.pattayamail.com
Phuket Gazette, ⌨ www.phuketgazette.net

Deutsche Welle
Die Deutsche Welle strahlt ihr 24-stündiges Fernsehprogramm **DW TV** in Deutsch und Englisch aus. Einige Hotels speisen das Programm in das hoteleigene Netz ein. Alle ein bis zwei Stunden wird ein halbstündiges Nachrichtenjournal ausgestrahlt. Daneben laufen Beiträge mit deutschlandbezogenen Themen. Ein Livestream des TV-Programms und weitere Infos unter ⌨ www.dw.de.

Allerdings ist die Auswahl meist auf einige wenige Sender begrenzt.

Presse

Thailand
Der überwiegende Teil aller Presseorgane in Thailand erscheint im Großraum Bangkok. Die renommierten englischsprachigen Tageszeitungen, **The Nation**, ⌨ www.nationmultimedia.com, und **Bangkok Post**, ⌨ www.bangkokpost.com (30 Baht, die dicke Sonntagsausgabe 40 Baht), zeichnen sich durch eine kritische Berichterstattung aus. Zur Leserschaft gehören neben den zahlreichen in Thailand lebenden Ausländern vor allem Angehörige der westlich gebildeten Mittel- und Oberschicht.

Die größten thaisprachigen Tageszeitungen mit Boulevardcharakter sind **Thai Rath** und **Daily News**, mit viel Werbung und bunten Fotos.

Malaysia
Da in **Malaysia** mit der Einführung von Bahasa Malaysia als allgemeiner Unterrichtssprache das Potenzial der Leser, die Malaiisch in Wort und Schrift beherrschen, gewachsen ist, wird mittlerweile die Hälfte der Gesamtauflage aller Tageszeitungen in Bahasa Malaysia geschrieben. Es folgen mit 35 % die englischen, mit 16 % die chinesischen und mit 1 % die tamilischen Ausgaben. **Utusan Malaysia** ist die Nummer eins. Die zweithöchste Auflage unter den in Bahasa Malaysia erscheinenden Tageszeitungen nimmt **Berita Harian** ein.

Die wichtigsten englischsprachigen Tageszeitungen sind die **New Straits Times** und **The Star. The Sun** erreicht eine geringere Auflage. Alle drei Zeitungen publizieren auch eine Sonntagsausgabe.

Nationalparks und Reservate

Die letzten Reste der Wälder Thailands bedecken knapp 16 % der Landesfläche und werden in National und Forest Parks, Wildschutz- und Nichtjagdgebieten geschützt. Wasserfälle, Höhlen, Aussichtspunkte und andere Picknickplätze in den Wäldern sind vor allem an Wochenenden und Feiertagen beliebte Ausflugsziele. Während der Woche kann man die Ruhe genießen. Man sollte vor allem im Norden keine tropischen Dschungelgebiete erwarten, S. 999.

Das Zentrum der **Nationalparks** bildet das Headquarter mit der Verwaltung und das Information Center mit einer Ausstellung über Sehenswürdigkeiten und Besonderheiten im Park, ⏱ 8.30–16.30 Uhr. Allerdings ist das meiste Informationsmaterial nur in Thai vorhanden, und auch Englisch sprechende Ranger sind selten anzutreffen. Das trifft selbst auf die Guides zu, die Ausflüge und Touren zur Tierbeobachtung leiten.

Ausländer zahlen in den meisten National-parks 200 Baht **Eintritt**, Einheimische 40 Baht und Kinder die Hälfte. In den sieben beliebtesten Parks liegt der Eintritt doppelt so hoch, während er sich in weniger attraktiven Parks auf 100 Baht halbiert und in wenigen abgelegenen Parks kostenlos ist. Man kann mit dem Ticket an einem Tag mehrere Parks besuchen, wobei der Preis für den teuersten zu zahlen ist. Manchmal ist vor 7 und nach 17 Uhr keiner mehr zum Abkassieren da.

Für die **Übernachtung** können in der Hälfte der Parks größere und kleinere Bungalows sowie Zelte vor Ort gebucht werden. Reservierungen im Internet unter 🖥 www.dnp.go.th/parkreserve/reservation.asp?lg=2 sind bis zu 60 Tage im Voraus möglich. Allerdings ist der Zimmerpreis innerhalb von zwei Tagen bei der Krung Thai Bank einzuzahlen. Die Zimmer sind meist spartanisch, aber geräumig und kosten 600–2000 Baht. In den teuren Bungalows können bis zu zehn Personen übernachten. Der Besitz von alkoholischen Getränken ist in Nationalparks verboten.

Eine Übersicht über die aktuellen Eintrittspreise sowie Beschreibungen von 148 Parks (auf Englisch) unter 🖥 www.dnp.go.th/park reserve/entrance_fee.asp?lg=2.

Öffnungszeiten

Geschäfte sind in Thailand und Malaysia in der Regel von 8–21 Uhr geöffnet, Kaufhäuser erst ab 10 Uhr, die großen Hypermärkte haben bis 22 oder 23 Uhr geöffnet. Sonntags öffnen manche Läden etwas später. Auf den meisten Märkten herrscht schon vor Sonnenaufgang Hochbetrieb.

Ämter und Behörden öffnen in **Thailand** Montag bis Freitag von 8.30–12 Uhr und 13–16.30 Uhr, wobei die Mittagspause variieren kann. Auch kurz vor Büroschluss ist gegebenenfalls keiner mehr ansprechbar. In **Malaysia** sind sie Montag bis Donnerstag von 8–12.45 und 14–16.15 Uhr geöffnet, Freitag von 8–12.15 und 14.45–16.15 Uhr (die Mittagspause wird wegen der Gebetszeiten verlängert) und Samstag von 8–12.45 Uhr.

Öffnungszeiten von **Banken** S. 55.

Post

Nach unseren Erfahrungen ist die Post zwischen Thailand oder Malaysia und Europa recht zuverlässig.

Briefe, Karten und Dokumente

Urlaubsgrüße auf **Postkarten** erreichen den Empfänger per Luftpost in fünf bis sieben Tagen. Wichtige Post sollte man per **Einschreiben** *(registered mail)* oder mit **EMS** (Express Mail Service) versenden.

Auch bei Briefen, die schnell ankommen sollen, lohnt sich der EMS-Service im Hauptpostamt großer Städte; die nur mit „Express" versandte Post wird dagegen erst im Ankunftsland bevorzugt behandelt.

Päckchen, Pakete, Fracht

Thailand ist ein wahres Einkaufsparadies – es dauert also nicht lange, bis Rucksäcke und Koffer aus allen Nähten platzen und die Freigepäckgrenze beim Heimflug überschritten ist.

Viele große Postämter bieten einen **Packservice** an: Am Schalter werden Kartons unterschiedlicher Größe für 5–35 Baht angeboten, in denen hilfsbereite Postbeamte gegen eine kleine

Portogebühren

Von Thailand bzw. Malaysia nach Europa		
Postkarte (Luftpost)	15 Baht	50 sen
Brief bis 20 g (Luftpost)	24 Baht	2 RM
EMS bis 250 g	950 Baht	87,50 RM
bis 500 g	1100 Baht	87,50 RM
bis 1 kg	1300 Baht	112,50 RM

EMS-Gebühren innerhalb Thailands	
bis 20 g	32 Baht
bis 100 g	37 Baht
bis 250 g	42 Baht
bis 500 g	52 Baht

Paketgebühren aus Thailand nach Deutschland (in Baht)

	Land-/ Seeweg	SAL	Luftpost	EMS (Paket)	DHL Express
Dauer	8–12 Wochen	3–4 Wochen	1–2 Wochen	3–5 Tage	3–5 Tage
1 kg	850	900	1100	1340	2113
2 kg	970	1180	1450	1820	3749
5 kg	1330	2020	2500	3100	7120
10 kg	1930	3420	4250	5000	10 882
20 kg	3130	6220	7750	8800	14 028

Die Paketgebühren nach Österreich und in die Schweiz sind zum Teil etwas niedriger.

Gebühr alles fachmännisch verpacken. Die Zollerklärung müssen die Reisenden selbst ausfüllen.

Was Zeit hat, kann auf dem Land- bzw. Seeweg gemächlich nach Hause fahren.

Soll die Fracht möglichst schnell und sicher nach Europa gelangen, ist der **Kurierdienst** EMS der Post oder DHL empfehlenswert.

Beim Kauf von großen Gegenständen übernimmt das Geschäft häufig den Versand nach Europa (immer auf einer exakten Quittung bestehen) oder man beauftragt selbst eine **Spedition**. Die Speditionskosten setzen sich aus Seefracht (bis zum jeweiligen Hafen) und Landfracht (Hafen bis Heimatort) zusammen, wobei Letzteres häufig ein Vielfaches der Seefracht beträgt.

Eine übergewichtige Kiste kann auch bei der **Luftfracht** als unbegleitetes Gepäckstück *(unaccompanied baggage)* aufgegeben werden. In diesem Fall schickt sie die Fluggesellschaft, bei der man das Ticket gebucht hat, mit der nächsten unausgebuchten Maschine nach. Die Fracht muss mindestens 4 Tage vor Abflug aufgegeben werden. Zuverlässig sind beispielsweise TNT Express, 🖳 www.tnt.com, oder Schenker, 🖳 www.schenker.co.th.

Reisende mit Behinderungen

Nur wenige Einrichtungen sind explizit auf behinderte Gäste eingestellt. Selbst die Toiletten der Flughäfen sind nicht behindertengerecht. Trotzdem sind Rollstuhlfahrer mit und ohne Be-

gleitung in Thailand unterwegs. Reisen organisiert u. a. RollOn Travel, 🖳 www.rollontravel.de.

Bundesverband Selbsthilfe Körperbehinderte – Reiseservice
Altkrautheimer Str. 20, 74238 Krautheim
📞 06294-42810, 📠 428 179,
🖳 www.reisen-ohne-barrieren.eu
Vermittelt Reiseassistenten, organisiert Reisen und hilft mit Ratschlägen.

Mobility International Schweiz
Amthausquai 21, 4600 Olten
📞 062-212 6740, 📠 212 6739,
🖳 www.mis-ch.ch
Informationen und Empfehlungen, Reiseführer für Behinderte, Touren und Austauschprogramme.

NatKo
Fleher Str. 317a, 40223 Düsseldorf
📞 0211-336 8001, 📠 336 8760, 🖳 www.natko.de
Die Nationale Koordinationsstelle Tourismus für Alle unterstützt barrierefreies Reisen.

SATH, Society for the Advancement of Travelers with Handicaps
347 5th Ave, Suite 605, New York, NY 10016, USA
📞 212-447 7284, 🖳 www.sath.org
Gemeinnützige Organisation, die seit 1976 aktiv die Interessen behinderter Reisender verfolgt. Online-Reisemagazin.

Schwule und Lesben

Thailand
Thais sind Homosexuellen gegenüber, ob männlich oder weiblich, sehr tolerant. Vor allem

Schwule sind aus Servicebetrieben wie Hotels, Gaststätten und Bars nicht mehr wegzudenken. Die thailändischen Transvestiten, die sogenannten **Katoeys**, sind im Prostitutionsgewerbe wegen ihrer Gewaltbereitschaft und vieler krimineller Delikte berüchtigt.

Malaysia

Wie in den meisten islamischen Staaten wird in Malaysia ein Mann für den sexuellen Akt (aber nicht für das Schwulsein an sich) vor Gericht gestellt. Das Thema Homosexualität wird tabuisiert. Sich zu seiner gleichgeschlechtlichen Neigung offen zu bekennen, kommt einer gesellschaftlichen Ächtung gleich. Frauen oder Männer, die in Malaysia Händchen haltend durch die Straßen bummeln, sind keineswegs lesbisch oder schwul – ganz im Gegenteil.

Sicherheit

Thailand und Malaysia gelten allgemein als sichere Reiseländer. Im Verhältnis zur großen Zahl an Touristen gibt es nur wenige Überfälle auf Ausländer, die jedoch umso publikumswirksamer in der Presse dargestellt werden. Wer trotz politischer Unruhen in die südlichen Provinzen Thailands Pattani, Yala und Narathiwat reisen will, sollte sich gut über die momentane Sicherheitslage informieren, z. B. beim Auswärtigen Amt, 🖳 www.auswaertiges-amt.de.

Einbruch und Diebstahl

Insbesondere in Schlafsälen und Gästehäusern kann es hin und wieder zu Diebstählen kommen, nicht selten auch durch Mitreisende. Manchmal wird das Gepäck von unehrlichen Mitarbeitern durchwühlt oder Geld aus dem Safe gestohlen. Außerhalb der Hotels ist die Gefahr von Diebstählen an Orten mit vielen Touristen am größten: in überfüllten Bussen und auf Schiffen, an Stränden und nicht zuletzt in Travellerzentren.

Gepäck sollte nie unbeaufsichtigt sein, was in der Praxis für Alleinreisende kaum möglich ist. Dann ist die **Gepäckaufbewahrung** an Bahnhöfen eine billige und sichere Möglichkeit (was leider nicht für den Hauptbahnhof in Bangkok gilt). Auch im Reisebüro, bei dem man sein Ticket erworben hat, kann man in der Regel großes Gepäck bis zur Abfahrt verwahren. Tipp: Gepäck mit kleinen Vorhängeschlössern und einem leichten Fahrradschloss zusätzlich absichern. Gegenüber Reisebekanntschaften ist eine gesunde Skepsis angebracht.

Beim Reisen gehören **Wertsachen** ausschließlich ins Handgepäck. Handtaschen und Portemonnaies sind nur für Kleingeld geeignet, Scheine sind in Hosentaschen oder in doppelt gesicherten Brusttaschen sicherer aufgehoben. Unsicher sind dagegen dicke Bauch- oder Nierentaschen. Daypacks können leicht aus Fahrrad- und Mopedkörben gestohlen werden, auch während der Fahrt, was zu Unfällen führt. Abzuraten ist ebenso vom offensichtlichen Tragen wertvollen Schmucks oder vom Prahlen mit großen Geldbeträgen.

Tricks und Betrügereien

Zu den häufigsten Fällen gehören Betrügereien mit **Kreditkarten**, deren Informationen in falsche Hände geraten sind. Auch mit doppelten

Abbuchungen in Restaurants und Geschäften werden Touristen über den Tisch gezogen, S. 42.

Andere Tricks werden vor allem in Bangkok angewandt: Touristen sollen mit scheinbar einmalig günstigen Angeboten von **Edelsteinen** zum „Geschäft ihres Lebens" verführt werden (S. 207) oder mit der Begründung, eine Sehenswürdigkeit sei geschlossen, zum Besuch eines Verkaufsraums o. Ä. verführt werden. Man sollte misstrauisch sein, wenn man von Unbekannten in ein Gespräch verwickelt wird, in dem es hauptsächlich um finanzielle Verhältnisse geht.

Taxifahrer, die überzogene Preise fordern, lässt man entweder gleich stehen oder versucht mit ihnen zu handeln. Manchmal behaupten die Fahrer, kein Wechselgeld zu haben, was nicht immer den Tatsachen entspricht. Mit passendem Kleingeld beugt man dem leicht vor. Eine größere Rechnung im Restaurant kontrollieren auch Einheimische oft nach.

Am Busbahnhof wartende Fahrer geben oft vor, dass das gewünschte Hotel oder Gästehaus geschlossen/belegt/abgebrannt ... sei und sie ein viel besseres kennen würden. Sicher ist, dass sie von diesem eine bessere Provision erhalten.

Sport und Aktivitäten

Wer sich aktiv betätigen möchte, findet in Thailand und Malaysia zahlreiche Gelegenheiten dazu. An der Küste ist Wassersport aller Art möglich, und Berge und Nationalparks im Hinterland bieten sich für Trekkingtouren an. Auch mit dem Fahrrad oder Motorrad lassen sich auf Nebenstraßen reizvolle Gegenden erkunden. Mehr zu Fahrrädern und Motorrädern S. 84.

Doch damit sind die Möglichkeiten noch lange nicht erschöpft. Schwindelfreie können auf Ko Phi Phi oder in Krabi klettern oder sich westlich von Pattaya beim Flight of the Gibbon angeseilt durch die Wipfelregion des Waldes bewegen.

Bootstouren

In den meisten Badeorten werden Bootsauflüge in die nähere Umgebung organisiert. Manche

sind mit einem Sightseeing-Programm, andere mit Aktivitäten wie Fischen und Schnorcheln verbunden, und Baden kann man allemal. Wer Gleichgesinnte findet, kann sich auch ein Boot chartern und das Programm selbst bestimmen. Richtig romantisch wird es bei Sonnenuntergang (sunset cruises). Die Inselwelten der Andamansee und im Golf von Thailand eignen sich gut für Segeltörns. Mehr zu Bootsfahrten S. 81.

Kochen

Kochschulen schießen wie Pilze aus dem Boden. Nach Bangkok und Kanchanaburi gibt es sie nun in fast allen Touristenzentren. Sie wetteifern um die Gunst der Kunden mit der Anzahl der Gerichte und den Extras, wie Besuch auf einem Markt, Currypasten oder Getränke aus Thai-Kräutern zubereiten, Kochen am eigenen Herd, Gerichte nach Wunsch, persönliche Kurse beim Chefkoch ... Anfängern macht ein lustiger Kurs, bei dem sie in einem Wok ein Thai-Omelette selbst zubereiten, mehr Spaß als ein professioneller Kurs im Gemüseschnitzen. Es ist gut, vor dem Buchen die Kochlehrer, die Küche und die maximale Anzahl an Teilnehmern zu kennen. Weitere Infos und Empfehlungen finden sich in den regionalen Kapiteln dieses Buches.

Meditieren

Wer tiefer in das Wesen der buddhistischen Religion eindringen will, kann Meditationskurse in Klöstern besuchen, die speziell auf die Vorkenntnisse und Bedürfnisse von Westlern eingehen. Kurse von unterschiedlicher Dauer werden von vielen Wats in Bangkok angeboten, vom Wat Khao Tham auf Ko Pha Ngan und vom Wat Suan Moke bei Chaiya (s. Meditationsklöster S. 122 im Kapitel „Land und Leute").

Muay Thai, Tai Chi und Yoga

Die ganze Nation fiebert vor dem Fernseher mit, wenn die Champions im Thai-Boxen (Muay

Sicheres Tauchen

Die gewählte Tauchschule sollte einer international anerkannten Tauchorganisation wie PADI, SSI, NAUI oder CMAS angeschlossen sein. Am besten verlässt man sich auf sein Gefühl und lässt sich nicht von zu viel Glitzer beeindrucken. Wichtig ist die Frage nach Erster Hilfe und Notfallsauerstoff-Ausrüstung sowie Zugang zu einer Rekompressionskammer.

Anfänger

Bei der Auswahl der Tauchschule sollte man sich die Kursstruktur genau erklären lassen. Ein Open Water Diver-Kurs sollte etwa vier Tage dauern, damit auch der theoretische Teil der Ausbildung richtig durchgeführt wird (z. B. Video anschauen, Vortrag des Tauchlehrers, Ankreuztest und späteres wiederholtes Durchgehen der Prüfungsfragen. Jeder Tauchschüler sollte sein eigenes Kurs-Manual mit Tauchtabelle bekommen und auch behalten! Das leihweise Überlassen eines Lehrbuchs ist nicht mehr erlaubt. Wenn möglich, die Ausbildung in Deutsch machen. Die Teilnehmerzahl im Kurs sollte klein sein: Drei bis vier Schüler pro Tauchlehrer sind okay.

Zu klären ist, was in den Kurskosten enthalten ist: z. B. Leihgebühr für die Ausrüstung, Zertifizierungsgebühr oder Zusatzgebühren für Bootstauchgänge.

Bei einigen Organisationen (z. B. PADI) besteht die Möglichkeit einer Überweisung *(referral)* für den Fall, dass man den Kurs wegen Krankheit oder Schlechtwetter an der gewählten Tauchschule nicht beenden kann. Dann hat man ein Jahr Zeit, um den Kurs irgendwo anders zu beenden. Es empfiehlt sich auch, sich die Zertifizierungskarte des Tauchlehrers zeigen zu lassen, um zu prüfen, ob er überhaupt berechtigt ist, Tauchkurse durchzuführen. Schließlich sollte die Tauchschule eine Versicherung für Tauchschüler abgeschlossen haben.

Ausgebildete Taucher

Im Tauchshop umschauen: In welchem Zustand befindet sich die Leihausrüstung, wie wird sie aufbewahrt, gibt es Gelegenheit, die eigene Tauchausrüstung zu waschen und sicher zum Trocknen aufzubewahren?

Wichtige Fragen zu den Tauchgängen sind: Wie viele Taucher pro Tauchguide (nicht mehr als vier wäre gut)? Länge der Tauchgänge und Länge der Oberflächenpausen (mindestens eine Stunde – besser mehr)? Was ist im Preis des Tauchausflugs inbegriffen (Ausrüstungsmiete, Essen/Snacks, Softdrinks, Wasser usw.)?

Von Michael Wendling

Thai) gegeneinander antreten. Auch andere Kampfsportarten sind beliebt, sodass 2009 erstmalig die Asian Martial Arts Games in Thailand stattfanden.

Muay Thai wird in großen Stadien ebenso wie auf Volksfesten ausgetragen. Dabei wird nicht nur mit den Fäusten, sondern auch anderen Körperteilen zugeschlagen. Bei einer Live-Vorstellung ist das Publikum mindestens ebenso interessant wie der Kampf selbst, denn es wird heftig gewettet. Schulen, in denen Muay Thai unterrichtet wird, gibt es unter anderem in Bangkok. Auch die besten Kämpfe werden in den beiden großen Stadien der Hauptstadt ausgetragen.

Menschen aller Altersklassen praktizieren in den Parks morgens **Tai Chi**. Lernen und praktizieren kann man Tai Chi auf Ko Pha Ngan und Ko Samui. Auf Pha Ngan gibt es zudem gute **Yoga**-Retreats, wo man vom einfachen Anfängerkurs bis hin zur dreimonatigen Ausbildung Yoga lernen kann.

Paddeln und Rafting

Einige Veranstalter organisieren Kajak- und Raftingtouren. Von Phuket oder Krabi aus erkundet man mit Seekanus Mangrovenküsten, Tunnel

Unangenehme Begegnungen

Gefahren lauern überall – im Straßenverkehr wie im Dschungel. Allerdings wird man einem Tiger kaum in freier Wildbahn begegnen. Alle Tiere hören Menschen schon von Weitem und verschwinden. Unangenehm können nur die kleineren Bewohner des tropischen Regenwaldes werden.

Blutegel

Sind recht harmlose, aber aggressive Tierchen, die im Dschungel vor allem während der Regenzeit auf Warmblüter warten und auch Menschen nicht verschmähen. Meist kriechen sie in Stiefel oder Schuhe, aber auch die Beine hinauf, saugen sich an der Haut fest und nehmen Blut auf. Dabei wird ein Enzym abgegeben, das die Blutgerinnung für eine Zeit stoppt. Erst wenn sie sich vollgesaugt haben, fallen sie ab. Vorbeugende Maßnahme: *leech socks* (dichte Stulpen, die keine Egel eindringen lassen; werden von Veranstaltern gestellt). Auch ein schnelleres Marschtempo reduziert das Risiko. Solange die Blutegel sich noch nicht festgesaugt haben, kann man sie wegschnipsen. Ansonsten sollten sie durch die Berührung mit ätherischen Ölen abgelöst und die blutenden Einstiche gut desinfiziert werden.

Giftschlangen

Beißen nur selten Menschen. Trotzdem gilt es, die Augen offenzuhalten. Tritt man zufällig auf eine Schlange, fühlt sie sich angegriffen und wird zubeißen. Handelt es sich um eine Giftschlange, hängt die Menge des abgegebenen Giftes davon ab, wann sie zuletzt zugebissen hat. Im schlimmsten Fall hilft vielleicht noch eine rasche Serumbehandlung im nächsten Krankenhaus. Dafür ist es allerdings wichtig, die Schlangenart zu kennen. Also sollte man, wenn möglich, versuchen, sie zu fotografieren.

Wespen und Hornissen

Unterschätzt wird die Gefahr, die von Insekten wie Wespen und Hornissen ausgeht. Ihre Nester hängen an Bäumen oder Baumstümpfen und gleichen graubraunen Tonklumpen. Wer an ein Nest gestoßen ist, sollte so schnell wie möglich verschwinden, denn die Tiere greifen sofort an.

Skorpione, Tausendfüßler und Quallen

Gefährlich, aber nicht tödlich sind Bisse von Skorpionen oder Tausendfüßlern und die Berührung von Quallen. Allerdings ist es an der Andamanenküste vereinzelt zu tödlichen Begegnungen mit Quallen gekommen.

und Lagunen der Karstfelsen in der Andamanensee.

Takraw

Die Mannschaftssportart mit dem Rattanball ist in Thailand sehr beliebt. Meist nehmen vier bis acht Spieler teil, die, ähnlich wie beim Volleyball, den Ball dreimal mit den Füßen berühren dürfen, bevor er über das Netz auf die andere Seite des Spielfelds getreten wird. Einen Punkt gibt es, sobald der Ball den Boden der gegnerischen Spielhälfte berührt oder außerhalb des Spielfelds landet. Echte Könner beeindrucken mit kraftvollen Sprüngen und Schüssen.

Bei der entspannteren, traditionellen Alternative wird versucht, den Ball im Kreis hochzuhalten. Hier punkten besonders Filigrantechniker mit Hackentricks und akrobatischen Einlagen. Ausländer dürfen gern mitmachen, aber allein das Zuschauen ist sehr unterhaltsam.

Tauchen und Schnorcheln

Freunde der Unterwasserwelt kommen in Thailand und an der Ostküste Malaysias auf ihre

Kosten. Ob Tauchen oder Schnorcheln – ein fremdes Universum voller bunter Fische, Korallen, Nacktschnecken und Seepferdchen erwartet jeden, der einen Blick unter die Wasseroberfläche wagt. Allen Tauchgebieten gemein sind angenehme **Wassertemperaturen** um die 27 °C und Sichtweiten von durchschnittlich 10–15 m, zum Teil sogar bis zu 25 m. Ein Highlight ist die Begegnung mit einem bis zu 10 m langen Walhai, dem größten Fisch der Welt, der sich überwiegend von Plankton ernährt. Aber auch Haie, Rochen, Mantas, Muränen und Meeresschildkröten sowie die bunten Korallenfische und -gärten hinterlassen bleibende Eindrücke.

Viele Riffe liegen in Küstennähe und sind auch für Schnorchler interessant. Gute **Schnorchelgebiete** gibt es vor fast allen Touristeninseln und in den meisten Tauchgebieten.

Manche **Tauchgebiete** sind ganzjährig offen, in anderen schließen die Basen während der Regenzeit für ein paar Monate im Jahr. 2011 wurden 18 populäre Tauchgebiete gesperrt. Mittlerweile sind einige wieder geöffnet, aber es muss immer damit gerechnet werden, dass sie temporär geschlossen werden, um das ökologische Gleichgewicht zu wahren. Nähere Informationen dazu in den Regionalkapiteln.

Auch unter Wasser lauern **Gefahren**: Zunehmend breiten sich Quallen aus, deren Berührung ebenso wie die mit Feuerkorallen Hautreizungen verursacht und in Einzelfällen sogar tödlich enden kann. Rochen und Steinfische mit giftigen Stacheln sind nur schwer im sandigen Boden zu erkennen. Wenn sie sich attackiert fühlen, wehren sie sich, und das kann sehr schmerzhaft werden.

he, Sandalen, Sonnen- und Regenschutz, Mückenmittel, Toilettenartikel und Medikamente, Pflaster und Verbandzeug, Toilettenpapier, Taschenlampe, Wasserflasche, Kleingeld, Kopie des Reisepasses (Original im Safe des Hotels lassen), in der kühlen Jahreszeit, wenn es nachts in den Bergen kalt wird, einen Schlafsack oder Decken. Wertsachen sollte man nicht mitnehmen bzw. gut darauf aufpassen.

Wassersport

Thailand und Malaysia haben zwar eine lange Küste und viele Inseln, doch kann man nicht überall gefahrlos baden. Manche Gewässer in der Nähe von Industriezentren und Städten sind stark verschmutzt, und an vielen Strandabschnitten herrschen gefährliche Strömungen. Dennoch gibt es sie, die Bilderbuchstrände, zumeist auf den Inseln. Schwimmen ist nur dort zu empfehlen, wo es erschlossene Strände gibt.

Hotels der mittleren bis oberen Preisklasse und Resorts an der Küste locken mit wahren Pool-Landschaften. Sogar einige Gästehäuser und Bungalowanlagen besitzen ein Schwimmbad. Manchmal steht es (gegen Eintritt) auch Gästen von außerhalb offen.

In den großen Strandresorts können sich Anfänger wie Fortgeschrittene auf Surfbrettern oder Wasserskiern austoben. Auch Jetskis und Wakeboards werden an Stränden vermietet. Badeurlauber sollten bei der Wahl des Hotels darauf achten, denn an den Hauptstränden ist aufgrund der vielen Wassersportler Schwimmen nur in abgegrenzten Gebieten möglich.

Trekking

Einige Nationalparks kann man auf gut markierten Pfaden auf eigene Faust erwandern, so den Khao Sok National Park nördlich von Phuket oder den Kaeng Krachan National Park bei Phetchaburi.

Alle **Veranstalter und Guides** müssen bei der Tourismusbehörde registriert sein.

Die **Ausrüstung** für mehrtägige Treks sollte umfassen: Kleidung zum Wechseln, feste Schu-

Wellness

Thailand nennt sich selbst „The Wellness Capital of Asia", und wer möchte sich nicht im Urlaub mal so richtig verwöhnen lassen? Vor allem die 5-Sterne-Hotels tragen diesem Bedürfnis Rechnung und offerieren in luxuriösem Ambiente ihrer Spas Massagen und kosmetische Behandlungen.

Wer sich von bezaubernd klingenden Wellnesspaketen eines Luxus-Spas zu einem Erholungstag für Körper und Seele verführen lässt, sollte vorher einen Blick auf die Preisliste werfen. In einigen Spas kann das Halbtagsprogramm mit einer Rechnung enden, die höher ist als der Übernachtungspreis. Aber auch mit schmalem Geldbeutel muss man nicht auf eine Massage verzichten. Bei jedem Friseur erhält man eine erfrischende Kopfmassage und am Strand wie in vielen Massagesalons eine erholsame Fußreflexzonenmassage. Zudem werden für Frauen wie Männer Ganzkörpermassagen zu günstigen Preisen angeboten, die nichts mit sexuellen Liebesdiensten zu tun haben.

Allerdings ist Vorsicht geboten: In vielen Massagesalons arbeiten nur angelernte Kräfte. Da vor allem in Hinblick auf das Ambiente die Ansprüche sehr unterschiedlich sind, können wir nur schwer Empfehlungen geben. Fast 800 Spas, Massage-, Gesundheits- und Schönheitssalons sind vom thailändischen Gesundheitsministerium zertifiziert worden. Weitere Details finden sich auf 🖥 www.thaitherapist.com, thaispaassociation.com und im **eXTra [2763]**.

Sprachkurse

Phuht thai nitnoi – ich spreche ein wenig Thai. Ein Grundwortschatz – vor allem die Zahlen – vermittelt zumindest dem Taxifahrer, dass man sich etwas auskennt. Wer viel unterwegs ist, wird allerdings schon bald feststellen, dass ein im Süden gelerntes Wort in Bangkok nicht unbedingt verstanden wird.

Thai lernen

In vielen Touristenzentren werden Thai-Sprachkurse angeboten. Wer einen längeren Kurs belegen möchte, informiert sich vorher bei:

American University Alumni Association (AUA)
21. Stock, Chumchuri Square Office Tower, Rama IV Rd., Bangkok, 📞 02-657 6414, ext. 1301, 🖥 www.auathai.com. Intensivkurse auch in vielen anderen Städten des Landes.

Berlitz
5. Stock, 323 United Centre Bldg., Silom Rd., Bangkok, 📞 02-231 1222, 🖥 www.berlitz.co.th. Weitere Filialen in Bangkok im Times Square Sukhumvit und im Siam Paragon.

Nisa Thai Language School
32/14-16 Yen-Arkart Rd., Sathorn, Bangkok, 📞 02-671 3359-60, 🖥 www.nisathailanguageschool.com. Eine weitere Niederlassung im 9. Stock des Emporium Tower, Sukhumvit Soi 24.

Eine individuellere Variante sind persönliche Sprachkurse, wie sie vielfach angeboten werden. Empfehlenswert ist z. B.:

Learning Thai with Mod
Bangkok, 📞 083-789 0361, 🖥 www.facebook.com/learnthaiwithmod. Bei der freundlichen, hilfsbereiten Mod und ihrem Team kann man über Skype-Konferenz oder persönlich individuelle Kurse für 800 Baht pro Stunde nehmen. Alle Lehrer sprechen fließend Englisch und klares Thai, sodass auch Anfänger schnell die Betonungen heraushören können. Termine sollten mind. 1 Woche im Voraus vereinbart werden. Auf ihrem Youtube-Kanal 🖥 www.youtube.com/user/LearnThaiwithMod vermitteln lebhafte Videos wichtige Aspekte der thailändischen Sprache – mit viel Spaß gewürzt.

Ein **Crashkurs im Internet** vermittelt neben Grundlagen auch die wichtigsten Worte:
🖥 www.clickthai.de/_LEXIKON/lex.html (Online-Wörterbuch Deutsch–Thai und umgekehrt)
🖥 www.learningthai.com (kostenlose Thai-Kurse und viele weitere Infos)
🖥 www.thaitrainer111.de (Trainingskurs zum Runterladen)

Ein kleines Wörterbuch findet man im Anhang dieses Buches, S. 794.

Thai gehört zur eigenständigen Sprachfamilie der Tai-Kadai-Sprachen und ist wie Chinesisch eine einsilbige Tonsprache. In diesem gänzlich fremden Sprachmodell liegt die größte Schwierigkeit. Die Wortbedeutung richtet sich nach der Tonhöhe. In der Thai-Hochsprache existieren fünf **Tonhöhen**: steigend, fallend, hoch, mittel und niedrig. Darüber hinaus unterscheidet man in Nord-Thai (Lanna) sieben verschiedene Tonhöhen. In Zentral-Thailand ist die Sprache von vielen Khmer- und Pali-Worten geprägt. Im Süden werden malaiische Dialekte gesprochen.

Eine zusätzliche Hürde beim Thai-Lernen stellt die schwungvolle **Thai-Schrift** dar. Sie wird seit dem 13. Jh. benutzt und basiert auf einer von den Khmer übermittelten Variante der südindischen Devanagari-Schrift.

Telefon

Die Telefonnetze in Thailand und Malaysia sind zuverlässig, auch wenn es hin und wieder zu Überlastungen kommt. Die Preise sind für europäische Verhältnisse sehr günstig.

Festnetz

Thailand

Da mittlerweile fast jeder Thai ein Handy besitzt, gibt es immer weniger öffentliche Fernsprecher. Von diesen kosten Gespräche ab 5 Baht. Von den roten Telefonzellen kann man ausschließlich Ortsgespräche führen, von den blauen auch nationale Gespräche. Die grünen Kartentelefonzellen stehen für Inlandsgespräche bereit, die gelben für Auslandsgespräche. Da die Telefonzellen häufig kaputt sind, lohnt der Kauf einer **Telefonkarte** nicht. Bei einigen **Münztelefonen** muss, wenn sich der Gesprächspartner meldet, ein Knopf gedrückt werden, um das Gespräch freizuschalten. Bei Fernsprechämtern, Telefonkarten und der Thaicard wird mit dem **internationalen Selbstwähldienst** im Block zu 6 Sekunden für ca. 5 Baht abgerechnet. Wer vom **Hotelzimmer** aus telefo-

niert, muss diesen Luxus teuer bezahlen, Handys sind deutlich günstiger.

Malaysia

Sofern noch vorhanden, können von öffentlichen Fernsprechern für 10 sen **Ortsgespräche** geführt werden. Auch **internationale Gespräche** sind von den meisten öffentlichen Telefonen mit der üblichen internationalen Vorwahl möglich (Ländervorwahl mit + oder 00, also z. B. +49 oder 0049). IDD-calls werden im Block zu 6 Sekunden abgerechnet. In Malaysia kostet ein Gespräch nach Deutschland 1 RM pro Minute und in die Schweiz und Österreich 2,40 RM pro Minute.

Telefonkarten im Wert von 20–100 RM (bzw. 10–50 S$) sind am Zeitungskiosk, in kleinen Geschäften, bei einigen Money Changern sowie bei der Post erhältlich. Mit ihnen können Auslands- und Inlandstelefonate an öffentlichen Telefonen, an Handys oder Privattelefonen geführt werden.

Mobilfunk

Thailand

In jedem 7-Eleven und an zahllosen Handyverkaufsständen können Prepaid-SIM-Karten der verschiedenen thailändischen Mobilfunkgesellschaften gekauft werden. Aufgrund ihrer Verbreitung sind die 1-2-Call-Karte der größten Gesellschaft **AIS**, 🖥 www.ais.co.th/12call/en, und die Happy-Card der staatlichen Gesellschaft **DTAC**, 🖥 www.dtac.co.th/en, am empfehlenswertesten. Die allgemeine Netzabdeckung ist aus eigener Erfahrung bei AIS besonders in entfernten Regionen und auf Inseln etwas besser. DTAC hingegen hat z. B. im Norden bei der Abdeckung mit dem schnelleren UMTS-Netz zurzeit die Nase vorn. Die SIM-Karten kosten 50–100 Baht mit jeweils einem kleinen Guthaben. Den aktuellen **Guthabenstand** erfährt man bei AIS mit der Tastenkombination *121#, bei DTAC *101*9#.

Inlandsgespräche sind mit diesen Karten sehr günstig (1–2 Baht pro Min., 2 Baht pro SMS). Es gibt Sonderangebote für bestimmte Zielgruppen, noch günstigere Preise für festgelegte Nummern oder gewisse Tageszeiten und

Wichtige Telefonnummern / Vorwahlen

Notruf (Polizei, nicht überall in der Provinz)	191
Notruf (Feuerwehr, nicht überall in der Provinz)	199
Tourist Service Line (nicht überall in der Provinz)	1672
Touristenpolizei	1155
Auskunft national	183
Auskunft international	100
Internationaler Selbstwähldienst	001

Vorwahl

Deutschland	00149
Indonesien	00162
Malaysia	00160
Niederlande	00131
Österreich	00143
Schweiz	00141
Thailand von D, A, CH	0066
+ Ortsvorwahl ohne 0,	
z. B. Bangkok:	0066-2

weitere interessante Angebote, die auch für Touristen sehr hilfreich sein können (s. u.).

Wer sein Mobiltelefon mit seiner deutschen SIM-Karte betreiben möchte, sei gewarnt: Die **Roaming-Tarife** sind um ein Vielfaches höher als die Tarife einheimischer Anbieter. Zudem fallen auch bei eingehenden Anrufen aus Europa sehr hohe Gebühren für den Handybesitzer an (1,50– 2 € pro Min.).

Gespräche in die Heimat

Um günstig **nach Deutschland, Österreich oder in die Schweiz** zu telefonieren, sollte bei 1-2-Call die 00500, bei Happy die 007, 008 oder 009 vor der eigentlichen Telefonnummer gewählt werden (z. B. 00500-49-30-12345678). So kann man aus Thailand für 7–9 Baht pro Minute ins deutsche Fest- und Mobilfunknetz telefonieren und im Vergleich zu horrenden Roaming-Gebühren viel Geld sparen. Die günstigste Vorwahl ist mit 7 Baht pro Minute bei AIS die 00500, bei DTAC die 009. Der weltweite SMS-Versand schlägt jeweils mit 5 Baht pro SMS zu Buche.

Noch einmal deutlich günstiger sind internationale Gespräche mit der Prepaidkarte des Anbieters **True Move**, ⌨ www.truemove.com/en, dessen Netzabdeckung aber deutlich größere Lücken aufweist. Mit der Vorwahl 00600 kann man bereits ab einem Minutenpreis von unglaublichen 1,5 Baht das deutsche Festnetz anrufen, Handynummern kosten 6 Baht.

Am günstigsten ist es, wenn man sich von den Daheimgebliebenen (vorausgesetzt sie besitzen noch einen Telekom-Telefonanschluss) per Call-by-Call zurückrufen lässt. Hier kann man zurzeit ab 1,3 Cent pro Minute thailändische Mobiltelefone anrufen. Die aktuellen Preise erfährt man unter ⌨ www.teltarif.de oder ⌨ www.billigertelefonieren.de.

Datentarife

Höchst sinnvoll für alle Smartphone-Nutzer sind **Datenpakete**. Nach der Buchung über die Kundenservice-Hotline, die bei 1-2-Call, ✆ 1175, ebenso wie bei Happy, ✆ 1678, mit erstaunlich guten Englischkenntnissen überrascht, kann man aus verschiedenen Paketen wählen. Bei 1-2-Call gibt es 1 GB pro Monat für 350 Baht oder 20 Stunden für günstige 100 Baht. Ohne Buchung eines Pakets kostet eine Minute im Datenmodus 1 Baht. So ist ein Internetzugang günstiger und entspannter als in Internetcafés. Die erforderlichen Einstellungen werden nach der Buchung übermittelt. So kann jedes moderne Handy auf das Internet zugreifen oder als Modem genutzt werden. Das verbleibende Guthaben der Datenpakete kann man durch Wählen der Tastenkombinationen *139*3# (1-2-Call) oder *101*4*9# (Happy) erfahren.

Achtung: AIS sendet UMTS nur auf der 900-MHz-Frequenz, während DTAC und True Move nur auf 850 Mhz funken, deshalb ist es wichtig, sich im Voraus zu informieren, welche Frequenzen vom eigenen Telefon unterstützt werden. Einige Samsung-Telefone können z. B. nur auf UMTS im AIS-Netz zurückgreifen.

Die Geschwindigkeit der Datenverbindung fluktuiert je nach Netzausbau sehr stark, reicht aber allemal, um E-Mails abzurufen. In Ballungszentren wie Bangkok werden Übertragungsraten erreicht, die mit dem HSDPA-Standard (3.5G) bei teils über 400 kB pro Sekunde liegen.

In weniger dicht besiedelten Regionen steht allerdings nur EDGE, d. h. Geschwindigkeiten von ca. 20 kB pro Sekunde, zur Verfügung. Die Netzabdeckung mit UMTS-, HSDPA- und dem neuen, noch schnelleren LTE-Standard soll in den nächsten zwei Jahren bei allen Netzbetreibern stark ausgebaut werden.

Zusatzservices

Ein interessantes Happy-Card-Angebot besteht in der Bereitstellung eines **Englisch-Thai-Dolmetschers**, der rund um die Uhr unter der Tastenkombination *1021 erreicht werden kann. Bei möglichen Verständigungsproblemen kann dieser angerufen werden, um nach kurzer Erläuterung des Problems auf Englisch dieses dem nur thaisprachigen Gegenüber in der Landessprache zu erklären. Damit lassen sich zahlreiche komplizierte Situationen entspannen.

Weiterhin bietet Happy die Möglichkeit, durch die Tastenkombination *110*9# einen **Kleinkredit** von 30 Baht zu erhalten, was in Notsituationen nützlich sein kann, um kurz in die Heimat zu telefonieren oder Bekannte in Thailand zu erreichen, selbst wenn die Karte eigentlich kein Guthaben mehr aufweist. Die 30 Baht werden dann beim nächsten Aufladen mit dem Aufladungsbetrag und einer Gebühr von 2 Baht verrechnet.

Malaysia

Handys sind in Malaysia ein selbstverständlicher Bestandteil des Alltags. Mit Ausnahme der dünn besiedelten ländlichen Regionen ist die Netzabdeckung der zwei größten Anbieter nahezu überall hervorragend, für Datenverbindungen ist das Netz von Maxis zuverlässiger und schneller. Auch mit dem eigenen Handy kann man in Malaysia problemlos telefonieren. Alle modernen Mobiltelefone sind dafür geeignet.

Am besten kauft man sich eine **Prepaid-SIM-Karte** von Hotlink (Maxis), ✆ 1-300-820 120, 🖥 www.hotlink.com.my, oder Xpax (Celcom), ✆ 1-300-111 000, 🖥 www.xpax.com.my, für ca. 10 RM in einem der vielen Telefon-Shops. Das Installieren und Anmelden ist eine kostenlose Service-Leistung. Innerhalb von Malaysia kostet eine Minute je nach Prepaid-Tarif 12–40 sen. Top-Up-Karten zum Auffüllen des Kontos bekommt man überall.

Wer sein Mobiltelefon mit eigener Nummer mitnehmen möchte, muss beachten, dass generell außereuropäische **Roaming-Tarife** um ein Mehrfaches teurer als einheimische Anbieter sind. Zudem fallen auch bei eingehenden Anrufen aus Europa sehr hohe Gebühren für den Handy-Besitzer an.

Gespräche in die Heimat

Nutzt man die günstigen Sondervorwahlen 132 bei Hotlink oder 131 bei Celcom, kann man schon ab 14 sen pro Minute (ca. 3,5 Cent) Festnetz- und ab 80 sen pro Minute (ca. 20 Cent) Mobilfunkanschlüsse in Deutschland erreichen. Nach Österreich kostet es 0,18/0,96 RM, in die Schweiz 0,16/1,16 RM und nach Thailand 0,08/0,14 RM. SMS kosten 20 sen.

Durch die interessanten Tarife der konkurrierenden Telefongesellschaften in Deutschland gibt es für Anrufe aus der Heimat zumindest für Telekom-Kunden preiswerte Alternativen. Da die Tarife ständig wechseln, informiert man sich z. B. über 🖥 www.teltarif.de oder 🖥 www.billiger-telefonieren.de über den derzeit günstigsten Anbieter. 2013 konnte man schon ab 1,85 Cent pro Minute ein Handy in Malaysia anrufen. Für Kunden anderer Netzbetreiber bietet sich der Service von Unicall, 🖥 www.unicall.de, an. Über die Verbindungsnummer ✆ 0180-333 1222 können für zurzeit 9 Cent pro Minute Gespräche nach Malaysia geführt werden.

Datentarife

Auch Internetverbindungen können über ein Handy in Malaysia hergestellt werden. Allerdings sind die Basistarife im Vergleich zu den Nachbarländern hoch. So muss man mit 1 sen pro KB, d. h. ca. 2 € pro MB rechnen. Alternativ gibt es aber auch zahlreiche zeit- und volumenbasierte Pakete, die das Surfen deutlich günstiger machen. Mit einer Hotlink-Karte sind alle Pakete problemlos über das unter der Tastenkombination *100# abrufbare Menü buchbar, z. B. 1 Tag/100 MB für 2 RM, 1 Woche/100 MB für 8 RM, 1 Woche/250 MB für 12 RM oder 1 Monat/3 GB für 68 RM. Zudem werden auch spezielle Guthabenkarten (Hot Ticket) für die Datennutzung verkauft, u. a. 1 Woche/1,5 GB für 20 RM. Mehr Infos dazu unter 🖥 www.hotlink.com.my.

Toiletten

Ein WC *(hong nahm)* findet sich fast überall in Thailand oder Malaysia, vor allem in Tankstellen, Busbahnhöfen, Kaufhäusern und an Piers. In der Nähe von Restaurants und Essensständen teilen sich oft mehrere Läden eine Toilette. Diese sind überwiegend sauber und meist kostenlos oder kosten in Busbahnhöfen und Restaurants nur wenige Baht.

Für edle öffentliche Toiletten mit Warmwasser, Seife und Musikbeschallung werden auch schon mal 5 Baht oder mehr verlangt.

Die meisten Toiletten entsprechen westlichem Standard. Es gibt aber auch Hocktoiletten und Schöpfkellen statt Wasserspülung sowie WC-Duschen; dafür fehlen häufig Toilettenpapier und Seife. Das Papier sollte nicht in die Toilette geworfen werden, sondern gehört in den dafür vorgesehenen Eimer.

Transport

Flüge

Thailand

Der im Südosten von Bangkok gelegene Suvarnabhumi Airport (BKK), ⌨ www.suvarnabhumiairport.com, ist eines der wichtigsten Luftfahrtsdrehkreuze in Südostasien. Die großen thailändischen Billigairlines fliegen aber ab dem alten Don Mueang Airport (DMK) nördlich der Stadt. Weitere internationale Flüge landen in Chiang Mai und Phuket. Anschlussflüge im Land können bei der nationalen Fluggesellschaft Thai Airways und privaten Anbietern mit Kreditkarte günstig im Internet gebucht werden. Im Flugpreis ist die **Flughafensteuer** *(airport tax)* inbegriffen.

AirAsia (FD), ⌨ www.airasia.com. Die größte Billigfluggesellschaft verbindet Bangkok (DMK) mit Chiang Mai, Chiang Rai, Nakhon Phanom, Udon Thani und Ubon Ratchathani sowie Phuket, Krabi, Surat Thani, Trang, Nakhon Si Thammarat, Hat Yai und Narathiwat. Internationale Flüge gehen nach Saigon, Hanoi, Phnom Penh, Mandalay, Yangon (Rangoon), Kolkata, Chennai, Hong Kong, Macao, Shenzhen, Guangzhou, Wuhan, Chongqing, Medan, Penang, Singapore, Kuala Lumpur, Jakarta, Surabaya und Bali. Aufzugebendes Gepäck, Essen und Getränke während des Flugs sowie Platzreservierungen kosten extra.

Bangkok Airways (PG), ⌨ www.bangkokair. com. Die selbst ernannte Boutique-Airline fliegt von Bangkok (BKK) (*und Chiang Mai) nach Sukhothai, Lampang, Chiang Mai, Ko Samui*, Phuket, Krabi und Trat sowie nach Siem Reap, Phnom Penh, Luang Prabang, Vientiane, Yangon (Rangoon), Kuala Lumpur, Singapore*, Malé, Mumbai und Dhaka. Von Samui geht es zudem nach Phuket, Pattaya, Krabi, Kuala Lumpur, Singapore und Hong Kong. Bangkok Airways bietet in Kooperation mit Lao Airlines einen „Discovery Airpass" an, bei dem man drei bis sechs Coupons für die meisten Inlandflüge zu je US$88 und für die meisten Auslandflüge zu je US$120 kaufen kann. Diese sind zwei Monate gültig.

Happy Air (HPY), ⌨ www.happyair.co.th. Bei Redaktionsschluss flog die unzuverlässige Airline mit ihrer einzigen Maschine 5x wöchentl. von Bangkok (BKK) nach Ranong.

Nok Air (DD), ⌨ www.nokair.com. Die Billigfluggesellschaft von Thai Airways verkehrt von Bangkok (DMK) nach Buriram, Chiang Mai, Chiang Rai, Chumphon, Hat Yai, Loei, Mae Sot, Nakhon Phanom, Nakhon Si Thammarat, Nan, Phitsanulok, Phrae, Phuket, Ranong, Roi Et, Sakon Nakhon, Surat Thani, Trang, Ubon Ratchathani und Udon Thani. Von Chiang Mai werden von **Nok Mini** (früher SGA-Air) Hat Yai und von Anfang Dezember bis Ende April auch Mae Hong Son, Udon Thani und Mae Sot angeflogen. Das Maximalgewicht beim aufzugebenden Gepäck beträgt je nach Buchungskategorie 15–30 kg.

Orient Thai Airlines (OX), ⌨ www.flyorient thai.com/en. Die kleine Airline fliegt von Bangkok (DMK) nach Chiang Mai und Phuket. Es gibt feste Sitzplätze, während des Fluges kostenlos Essen und Getränke und 20 kg Freigepäck.

Solar Air (SRB), ⌨ www.solarair.co.th. Die unzuverlässige Airline fliegt ab Bangkok (DMK) mit kleinen 19-sitzigen Maschinen nach Chumphon. Ein Snack und Getränke sind im Preis inbegriffen, Gepäck bis 5 kg ist inkl., jedes weitere Kilo kostet 70 Baht.

Thai Airways (TG), 🖥 www.thaiair.de, thai airways.com. Bei internationalen Anschlussflügen empfiehlt es sich, auch den Zubringer mit Thai Airways zu buchen, da dann das Gepäck durchgecheckt werden kann und Umbuchungen bei Verspätungen unproblematischer sind. Die renommierte Airline fliegt ab Bangkok (BKK) nach Chiang Mai, Chiang Rai, Hat Yai, Khon Kaen, Ko Samui, Krabi, Phuket, Surat Thani, Ubon Ratchathani und Udon Thani.

Malaysia

Wichtigster internationaler **Flughafen** Malaysias ist der 1998 eröffnete Kuala Lumpur International Airport, kurz **KLIA** (KUL), 🖥 www.klia.com. my, in Sepang, 70 km südlich von Kuala Lumpur. Er hat den alten Flughafen in Subang (SZB) abgelöst, der nur noch von Berjaya Air und Firefly angeflogen wird. Auch AirAsia hat einen eigenen LCC-Terminal nahe KLIA. Umsteiger sollten etwa eine Stunde für den Transfer einrechnen.

AirAsia (AK), 🖥 www.airasia.com. Die Billig-Airline verbindet Kuala Lumpur, Penang, Kota Bharu, Langkawi und andere Orte mit vielen Reisezielen in Malaysia und in ganz Asien. Flüge mit AirAsia kann man im Internet, in eigenen AirAsia-Büros oder in Reisebüros buchen. Viele Inlandflüge werden zu merklich günstigeren Preisen als bei MAS angeboten.

Firefly (FY), 🖥 www.fireflyz.com.my. Die Tochtergesellschaft der MAS operiert als Billig-Airline ab Subang, Johor Bharu, Singapore und Penang und fliegt an die Ostküste, nach Langkawi, Phuket, Ko Samui und Orte in Sumatra.

Malaysia Airlines (MH), 🖥 www.malaysia airlines.com. Die größte Airline fliegt innerhalb des Landes mit der Boeing 737, diese wird auch auf internationalen Flügen eingesetzt, zudem mit dem Airbus A330 und A380 sowie der Boeing 747 und 777.

Eisenbahn

Thailand

Ein zuverlässiges, sicheres Verkehrsmittel ist die Eisenbahn der **State Railway of Thailand (SRT)**. Das einspurige Streckennetz verläuft sternförmig von Bangkok aus in Richtung Nor-

---

Zuschläge

- AC 2./3. Klasse 60–110 Baht je nach Zug, mit Essen + 80 Baht
- AC 2. Klasse Schlafwagen 130–170 Baht
- Special Express 170–190 Baht
- Express 150 Baht
- Rapid 20–110 Baht je nach Entfernung und Zug
- Bett im Schlafwagen 2. Klasse 100–150 Baht oben / 150–240 Baht unten
- Bett im Schlafwagen 1. Klasse 300 Baht oben / 500 Baht unten

Weitere Infos:
🖥 www.railway.co.th/home/srt/passenger/fee.asp?lenguage=Eng

---

den, Nordosten, Osten, Süden und Westen. Die Züge sind bequem, aber langsamer als Busse. Sie unterscheiden sich in Komfort und Geschwindigkeit.

Aktuelle englischsprachige **Fahrpläne** werden kostenfrei an Bahnhofsschaltern ausgegeben. Die meisten Bummelzüge (ORD.) sind darin nicht aufgeführt. Fahrpläne aller Züge finden sich auf der Website der State Railway of Thailand, 🖥 www.railway.co.th. Zu beachten gilt, dass die Züge Richtung Westen ab der Station Thon Buri verkehren. Der Hauptbahnhof von Bangkok, Hua Lamphong, ist erreichbar unter 📞 02-220 4334. Weitere Infos unter 🖥 www. amazing-thailand.com/SRT.html und 🖥 www. seat61.com/Thailand.

Fahrkarten

Mit dem Computerreservierungssystem kann man an größeren Bahnhöfen bis zu 60 Tage im Voraus Tickets kaufen, was sich vor allem für Nachtzüge empfiehlt. Bei Stornierungen wird bis zu fünf Tage vor dem gebuchten Abfahrtstermin der halbe Fahrpreis erstattet, danach 20 %. Wer das Ticket am Bahnhof kauft, hat seinen gewünschten Platz sicher und muss sich nicht auf ein möglicherweise windiges Reisebüro verlassen. Im Internet kann man seit Januar 2013 offiziell keine Tickets mehr buchen. Unter 🖥 www. thairailticket.com können gegen einen Aufpreis dennoch einige Strecken gebucht werden. Hier gehen Angestellte direkt zum Bahnhof, um die gewünschten Tickets zu besorgen.

Im Zug

In klimatisierten Großraumwaggons der Sprinter und Express Diesel Railcars lassen sich die bequemen Sitze wie im Flugzeug zurückstellen. In nichtklimatisierten Zügen sind die Sitze manchmal etwas durchgesessen. Die Holzbänke in der 3. Klasse werden auf längeren Strecken zunehmend durch plastikbezogene, gepolsterte Bänke ersetzt. In den Wagen sind ausreichend Toiletten, Waschbecken und in einigen sogar eine Dusche vorhanden.

Mittags und abends werden im Abteil Fertiggerichte serviert, die kein kulinarisches Erlebnis versprechen. Zwischen den Hauptmahlzeiten verkaufen das Zugpersonal und fliegende Händler Getränke und Snacks. Preiswerter und unterhaltsamer ist es, im Speisewagen zu essen, den es allerdings nicht in allen Zügen gibt. Zudem kann man sich bei einem längeren Zwischenaufenthalt an Bahnhöfen mit einem Snack eindecken. Die Preise für Essen variieren je nach Zugklasse und sind im Rapid am günstigsten.

Schlafwagen

In der **1. Klasse** der klimatisierten Expresszüge bieten Zwei-Personen-Abteile die größte Privatsphäre. Außer den übereinander angeordneten Betten, von denen das obere tagsüber abgeklappt wird, gibt es einen kleinen Tisch und ein Waschbecken mit Spiegel sowie Bettwäsche. In der klimatisierten **2. Klasse** sind die Betten durch Vorhänge abgeteilt. Hier wird ebenfalls am Abend frische Bettwäsche verteilt. Nur gute Schläfer sollten sich ein Bett in der **nichtklimatisierten 2. Klasse** buchen, denn sie ist sehr laut. Sprinterzüge haben keine Schlafwagen. Nachts kann man das **Gepäck** mit einem Fahrradschloss anschließen und das Handgepäck mit Wertsachen nah am Körper verstauen.

Zugkategorien

Special Express Diesel Railcar (SP EXP DRC, Sprinter): Der schnellste und teuerste Zug mit bequemen Sitzplätzen.

Special Express (SP EXP): Haben klimatisierte und nichtklimatisierte Abteile der 1. und 2.

Klasse sowie Schlafwagen. Der Internationale Express fährt bis Butterworth (Penang).

Express (EXP): Abteile der Schnellzüge haben Sitze in der 2. und 3. Klasse sowie Schlafwagen. Klimatisiert sind nur Teile der 2. Klasse.

Rapid (RAP): In den recht betagten Eilzügen mit Waggons der 2. und 3. Klasse gibt es in der teils nichtklimatisierten 2. Klasse auch Schlafwagen.

Ordinary (ORD): Bummelzüge mit 3.-Klasse-Waggons, die immer anderen Zügen Platz machen müssen, sodass Verspätungen häufig sind.

Diesel Railcars (DRC): Langsame Züge mit Holzbänken verkehren über Kanchanaburi nach Nam Tok und nach Aranyaprathet, dem Grenzübergang nach Kambodscha.

Eastern & Oriental Express: Wer bereit ist, für die 2000 km lange Fahrt von Bangkok nach Singapore mind. 1930 € auszugeben, kann den nostalgischen Eastern & Oriental Express buchen. Er verkehrt ein bis dreimal monatlich. Informationen und Buchungen unter 🖥 www.orient-express.com/web/eoe/eastern_and_oriental_express.jsp.

Malaysia

Die wichtigsten Strecken sind die **Nord-Süd-Hauptlinie** zwischen Singapore, Kuala Lumpur, Butterworth und Thailand sowie die Verbindung durch das **Landesinnere** von Tumpat über Kuala Krai, Kuala Lipis nach Gemas und Kuala Lumpur.

Auf der offiziellen Website der **Kereta Api Tana Melayu**, 🖥 www.ktmb.com.my, der malaysischen Eisenbahnen, sind Fahrpläne und -preise abzurufen. Es können Buchungen bis zu einem Monat vor Reiseantritt vorgenommen und mit Kreditkarte bezahlt werden, die per E-Mail und Buchungsnummer bestätigt werden. Weitere Auskunft in Malaysia unter ✆ 03-2267 1200.

Busse

Thailand

Man hat die Wahl zwischen unterschiedlichen Buskategorien der staatlichen Gesellschaft Borisat Khon Song (kurz: Baw Kaw Saw oder englisch The Transport Company, 🖥 www.

transport.co.th, nur Thai) und privater Subunternehmer.

Billige lokale Busse empfehlen sich nur für Kurzstrecken, da sie unbequem sind und überall anhalten. Klimatisierte Busse mit weniger Sitzplätzen sind auf langen Strecken bequemer.

An **Busbahnhöfen** werden an einer verwirrenden Anzahl von Schaltern Bustickets zu verschiedenen Zielen verkauft, die nur auf Thai angeschrieben sind. Oft hilft ein Englisch sprechender Angestellter an der Information. Ansonsten kann man einfach fragen und wird dann an jemanden weitergeleitet, der Englisch spricht. Wer die Fahrtziele in Thai selbst entziffern will, kann die Ortsnamen in Thai im Anhang nachschlagen, S. 799. Vom Busbahnhof findet sich immer eine Möglichkeit, auch mitten in der Nacht, mit einem lokalen Bus, Taxi, Songthaew, Tuk Tuk oder Motorradtaxi ans Ziel zu kommen. An Bushaltestellen in Touristenzentren sind allerdings häufig Fahrer anzutreffen, die Gäste zu Unterkünften fahren, die ihnen eine Provision zahlen.

Für AC-Busse erhält man Tickets ab drei Tage vor Abfahrt in den Büros und an den Busbahnhöfen. Wer Thai lesen kann, kann sie bei einigen Unternehmen auch online buchen. In lokalen Bussen wird nach dem Einsteigen abkassiert. Die **Preise** sind staatlich festgelegt. Sie können sich jederzeit wieder ändern, sodass sie von den im Buch angegebenen, aufgerundeten Preisen abweichen können.

AC-Busse

Teils doppelstöckige klimatisierte Busse verkehren auf längeren Strecken zu festen Zeiten. Sie starten von staatlichen Busbahnhöfen oder Büros privater Busunternehmen. Wegen der Klimaanlage kann es nachts sehr kalt werden. In teureren Bussen werden Decken ausgeteilt.

Die billigeren orangefarbenen **2.-Klasse-AC-Busse** mit 48–60 engeren Sitzen haben keine Toilette und sind langsamer, da sie überall halten. **1.-Klasse-AC-Busse** mit Toilette und etwa 40 Sitzen holen Passagiere manchmal sogar vom Hotel ab. Für Getränke, kleinere Mahlzeiten sowie Unterhaltung mit DVDs ist während einer Fahrt ab 200 km Länge gesorgt.

Die **VIP-Busse** mit 24–40 Sitzplätzen bieten Toiletten und mehr Beinfreiheit. Sie legen unterwegs eine Essenspause ein, wobei das Essen im Preis inbegriffen ist. Auf Langstrecken haben sie zwei Fahrer, die sich abwechseln. Es lohnt sich, auf den Zusatz **VIP-32** (vier Sitzplätze pro Reihe) oder **VIP-24** (drei Sitzplätze pro Reihe) zu achten. Vor allem Letztere sind sehr bequem. Sie eignen sich gut für Nachtfahrten, denn die Sitze lassen sich so weit wie im Flugzeug zurückstellen. Einige haben sogar einen in den Sitz eingebauten Bildschirm.

Minibusse

Zwischen zahlreichen Städten verkehren private 16-sitzige AC-Minibusse, auch Minivan oder Microvan genannt. Sie sammeln Passagiere vor Unterkünften und ihren Buchungsbüros oder an verkehrsgünstig gelegenen Kreuzungen auf. Die Tickets sind etwas teurer als für AC-Busse. Ist der Bus voll, wird abgefahren. Staatliche Kleinbusse mit festen Abfahrtzeiten verkehren auf einigen Bergstrecken.

Non-AC-Busse

Nichtklimatisierte lokale Busse fahren nahezu jede Stadt des Landes an. Sie werden immer häufiger durch AC-Busse der 2. Klasse ersetzt und sind mit ihrem engen Sitzabstand ein Gräuel. Wer Gepäck hat, muss sich dafür oft einen zweiten Sitzplatz kaufen oder etwas draufzahlen. Die Busse starten zu festen Zeiten an den Busbahnhöfen. In der Provinz fahren sie ab dem späten Nachmittag nur noch selten.

Sammeltaxis

In einigen Städten Süd-Thailands sind Sammeltaxis eine gute Alternative zum Bus. Sobald sechs Passagiere zum selben Ziel wollen, starten die alten Benz-Limousinen, die für unterschiedliche Richtungen verschiedene Startplätze haben. Sie sind etwa 50 % teurer als die weitaus langsameren Busse.

Malaysia

In Malaysia fahren vormittags mehr Busse als nachmittags. Mit Nahverkehrsbussen lässt sich jedes Dorf erreichen, sofern es eine Straße gibt. Da sie überall halten, um Passagiere aufzunehmen oder abzusetzen, kann eine Fahrt von 30 km durchaus eine Stunde und länger dauern. Ti-

Aufgepasst bei Backpacker-Bussen

Zahlreiche Backpacker- und private VIP-Busse bedienen die Rennstrecken zwischen den beliebtesten Zielen. Viele operieren ganz oder zumindest am Rande der Legalität. Einige haben keine Transportgenehmigung, sondern werden von den Passagieren „gechartert", die nicht immer versichert sind. Im Norden kommt es häufig zu Unfällen durch riskantes Fahren und im Süden zu Diebstählen von Wertsachen aus aufgegebenem Gepäck. Die Busse über Surat Thani auf die Inseln haben oft „Verspätung". Einige Traveller fühlten sich bei diesen Touren abgezockt, da ihnen z. B. am Zielort eine Unterkunft oder eine Tour aufgedrängt wurde oder sie stundenlang auf den Anschlussbus warten mussten. Andere fanden es sehr bequem, abgeholt zu werden und sich damit die Fahrt zum Busbahnhof zu ersparen sowie das auf Touristen abgestellte Videoprogramm statt der ansonsten üblichen Horrorstreifen zu genießen. In einigen Hotels werden überteuerte Tickets für private VIP-Busse verkauft, die den Mehrpreis nicht lohnen. Wer sichergehen will, fährt mit dem großen Bus und kauft das Ticket am Busbahnhof.

ckets sind am Automaten im Bus erhältlich. Minibusse fahren zumeist ohne festen Fahrplan ab, sondern dann, wenn sie voll sind. Fernbusse sind wesentlich schneller und zuverlässiger. Zwischen den großen Städten West-Malaysias verkehren klimatisierte Expressbusse zahlreicher privater Gesellschaften und der staatlichen Transnasional, 🖥 www.transnasional. com.my, zum Einheitspreis. Nur die bequemeren Business-Busse, auch Luxus- oder VIP-Busse genannt, mit weniger Sitzplätzen sind teurer. Tickets werden an Schaltern der Busgesellschaften am Busbahnhof verkauft.

Sammeltaxis

In Malaysia dürfen Überlandtaxis (Kereta Sewa) laut Gesetz vier Personen befördern. Die Fahrpreise liegen bei voll besetzten Taxis leicht über denen einer 2.-Klasse-Bahnfahrt. Bei langen Strecken oder abgelegenen Zielen muss man oft einen Teil der Rückfahrt bezahlen. Das Gleiche gilt auch für Fahrten am Nachmittag.

Boote

Selbst Bangkok lässt sich auf der „Mutter der Flüsse", dem Menam Chao Phraya, recht geruhsam durchqueren. Neben den beliebten **Expressbooten** und **Personenfähren**, die einen Teil des öffentlichen Nahverkehrs in Bangkok ersetzen, verkehren **Klongboote**, **Charterboote** jeg-

licher Größe und abends sogar große **Restaurantboote**. Schön ist eine Bootsfahrt in Thonburi, wo noch einige dem Wasser zugewandte Holzhäuser und Tempel die Ufer säumen. Für Touristen ist die Bootstour nach Ayutthaya und Bang Pa In lohnenswert.

Regelmäßig verkehren vom Festland Boote auf vorgelagerte Inseln sowie zwischen einigen Inseln. Hunderte von Passagieren fahren täglich mit großen oder kleineren **Ausflugsschiffen** von Phuket, Krabi oder Ko Phi Phi zu sehenswerten Plätzen in der Andamenensee, vor allem zu den Felsen und Inseln der Bucht von Phang Nga. **Autofähren** verkehren zwischen dem Festland und Ko Samui, Ko Pha Ngan, Ko Tao und Ko Chang (Trat). Sie sind sicher und zuverlässig, es kann aber in Stoßzeiten zu langen Wartezeiten kommen. **Personenfähren** transportieren Passagiere regelmäßig von Krabi bis Ko Phi Phi, im Ko Chang-Archipel und in der Phang Nga Bay. Langsame **Nachtboote**, von Travellern „schwimmende Jugendherberge" genannt, verkehren von Surat Thani nach Ko Samui, Ko Pha Ngan und Ko Tao. Nach Ko Tao geht es auch mit einer komfortableren **Nachtfähre**.

Expressboote fahren zwischen Krabi-Stadt, Ko Lanta und Ko Phi Phi und von Chumphon und Surat Thani auf die Inseln im Golf. Im Golf sind zudem moderne Katamarane im Einsatz, die auch für Tagestouren genutzt werden. Zu den kleineren Inseln der Andamenensee, wie Ko Muk und Ko Hai, oder in den Tarutao Nationalpark, fahren **Speed Boats**. Die Verbindung besteht allerdings nur in den Wintermonaten, ansonsten schlagen die Wellen hier zu hoch.

Einige Ausflugsboote sind umgebaute **Fischkutter**, die auch von Tauchbasen genutzt werden. Weniger bequem, laut und dem Spritzwasser ungeschützt ausgesetzt, reist man mit dem **Longtail-Boot**. Es wird von einem Motor angetrieben, dessen Schraube weit nach hinten über das 5–10 m lange, offene Boot hinausragt. Bei schönem Wetter ist es ein Vergnügen, mit ihnen auf den Klongs und dem Chao Phraya in Bangkok, auf vielen Flüssen, Stauseen und zwischen den zahlreichen Inseln zu fahren. Bei schlechtem Wetter sollte man hingegen unbedingt auf sichere, größere Boote ausweichen oder an Land bleiben. Immer wieder berichten Medien von Schiffsunfällen. Auch Motorschäden und Wassereinbrüche auf hoher See sind kein Vergnügen.

Touren mit Kajaks, Kanus und Flößen auf S. 70.

Mietwagen

Thailand

Thailand ist verkehrstechnisch gut erschlossen. Der Großraum Bangkok wird von mautpflichtigen Stadtautobahnen durchzogen. Die wichtigsten Fernstraßen nach Norden (Chiang Mai, Mae Sai), Nordosten (Nong Khai), Osten (Trat) sowie in den Süden sind fast durchgängig vier- bis sechsspurig ausgebaut. Dank des ausgezeichneten Straßennetzes lässt sich Thailand hervorragend mit einem Mietwagen erkunden. Die Straßen sind meist auch auf Englisch ausgeschildert. Einige Mietwagen werden sogar mit Navigationsgerät angeboten. Einzig der Linksverkehr ist anfangs gewöhnungsbedürftig.

Zum Mieten von Autos benötigt man den internationalen Führerschein und eine Kreditkarte. Die **Preise** in der Mittelklasse liegen bei 1200–2200 Baht pro Tag, ab sieben Tagen Mietdauer bei 1000–2000 Baht, Sonderangebote auch darunter. Preiswerte lokale Autovermieter verlangen 900–1500 Baht. In Touristenzentren werden Jeeps ab 1000 Baht, Pick-ups und Songthaew für Kleingruppen bis zehn Personen ab 800 Baht vermietet. Bei längerer Mietdauer ist der Preis

verhandelbar. Als Sicherheit wird von der Kreditkarte ein Blankobeleg hinterlegt, was bei renommierten Firmen kein Problem ist.

Avis, ⌨ www.avisthailand.com, Hertz, ⌨ www.hertzthailand.com, und Budget, ⌨ www.budget.co.th, bieten eine Einwegmiete *(one way rental service)* zwischen ihren Stationen an, ab einer Mindestmietdauer oft ohne Aufpreis.

Zu empfehlen ist eine **Probefahrt**. Schäden am Fahrzeug sollten vor dem Losfahren im Beisein des Vermieters protokolliert und evtl. fotografiert werden.

Der Preis für **Normalbenzin** schwankte in den vergangenen Jahren an großen Tankstellen zwischen 30 und 45 Baht pro Liter. Kleine Tankstellen, die das Benzin aus Fässern pumpen, verlangen etwas mehr.

Es ist nicht ratsam, seine ersten Erfahrungen in Bangkok zu machen. Außer dem obligatorischen **Linksverkehr** werden die weiteren **Verkehrsregeln** nicht sehr ernst genommen. Auf dem Land haben große Fahrzeuge wie Busse und Lastwagen immer Vorfahrt. Der Seitenstreifen dient als Spur für langsame Verkehrsteilnehmer und zum Ausweichen bei entgegenkommenden überholenden Fahrzeugen. Die Geschwindigkeitsbegrenzung auf den Highways liegt bei 90 km/h, auf Autobahnen bei 120 km/h. Wenn Verkehrspolizisten behaupten, das Radar hätte eine überhöhte Geschwindigkeit gemessen, sollte man die geforderte Strafe zahlen. Thais, die sich bei einem **Verkehrsvergehen** von der Polizei erwischen lassen, kommen in der Regel mit 100–400 Baht davon – normalerweise ohne Quittung.

Eine **Haftpflichtversicherung** ist gesetzlich vorgeschrieben. Darüber hinaus kann eine Vollkaskoversicherung mit geringer Selbstkostenbeteiligung abgeschlossen werden.

Unfallverursacher müssen bei Personenschäden den Betroffenen je nach Schwere der Verletzungen Entschädigungen von 10 000–200 000 Baht zahlen. Da Farangs meist mehr Geld als die anderen Beteiligten haben, wird erwartet, dass sie für kleinere Schäden aufkommen. Einen Rechtsbeistand empfiehlt ggf. die Deutsche Botschaft.

Die **Straßenkarte** am Ende dieses Buches reicht meist aus. Wer vor allem abseits der

Smartphones und Navigationsgeräte lassen sich in Thailand gut von Autofahrern wie Fußgängern einsetzen. Selbst Taxifahrer kann man mit Ortskenntnissen beeindrucken, und sie werden garantiert keinen Umweg fahren. Fast alle modernen Handys haben bereits ein eingebautes GPS, andere können durch einen externen Empfänger nachgerüstet werden.

Die kostenlosen und komplett auf dem Gerät speicherbaren Karten für zahlreiche modernere **Nokia-Handys**, 🖥 www.here.com, sind mit wenigen Ausnahmen im Grenzgebiet und in Bergregionen sehr exakt und hilfreich. Wer kein Nokia-Handy besitzt, kann, sofern eine Internetverbindung verfügbar ist, mit **Google Maps**, 🖥 www.google.com/intl/de_ALL/mobile/maps, navigieren. Mit der Android-Version von Google Maps können zudem ausgewählte Kartenausschnitte mit der Funktion „Offline bereitstellen" im Voraus heruntergeladen werden, sodass keine aktive Datenverbindung mehr notwendig ist.

Wer ein **TomTom-Navi** sein Eigen nennt, kann bei vielen Modellen für knapp 30 € das Kartenmaterial Thailand oder für alle Modelle für 50 € ganz Südostasien herunterladen, 🖥 www.tomtom.com. Bei einem **Garmin-Navi** kann nur das sehr teure Kartenmaterial für ganz Südostasien gekauft werden, 🖥 www.garmin.com/de/maps/strassenkarten. Falk, Becker und Navigon bieten kein entsprechendes Kartenmaterial.

Highways fahren möchte, besorgt sich den zweisprachigen Atlas *Thailand Deluxe Atlas* von thinknet mit zahlreichen Stadtplänen und Karten im Maßstab 1 : 550 000 oder ein GPS.

Malaysia

Leider kann man bisher nicht mit einem Mietwagen die Grenze nach Malaysia überqueren. **West-Malaysia** lässt sich gut mit dem eigenen Fahrzeug erkunden. Renommierte Firmen vermieten Autos in allen größeren Städten. Viele Firmen besitzen an den Flughäfen Langkawi, Penang und Kota Bharu einen Schalter und gegebenenfalls einen Zubringerdienst. Zudem besteht die Möglichkeit, das Auto am Ort A zu mieten und am Ort B abzugeben *(one way rental)*. Kleinere Firmen verlangen eine Rückgabe am selben Ort, sind allerdings dafür oft etwas billiger.

In Malaysia genügt für Deutsche, Österreicher und Schweizer der nationale Führerschein. Es empfiehlt sich für täglich 10–12 RM eine **Zusatzversicherung** *(collision damage waiver)* abzuschließen, um die Eigenbeteiligung in Höhe von 2000 RM bei Schäden am Mietwagen aufzuheben.

Fahrer und Beifahrer, die sich nicht anschnallen, müssen unter Umständen mit hohen Strafen von 200 RM Geldstrafe oder bis zu sechs Wochen Haft rechnen.

Motorräder

Thailand

An jedem vierten Verkehrsunfall ist ein Motorrad beteiligt, und oft trifft es auch Farangs. Allein in Pattaya endet während der Hochsaison fast jeden Tag ein Motorradunfall tödlich, was vor allem auf das Fahren ohne Helm, Alkoholgenuss und mangelnde Verkehrssicherheit vieler Fahrzeuge und Fahrer zurückzuführen ist.

In nahezu allen Touristenhochburgen gibt es Motorräder preiswert zu mieten. Die kleine Honda Dream ist für Tagesausflüge zu empfehlen, aber keinesfalls für lange Touren, zu zweit oder mit Gepäck.

Obwohl die Einheimischen oft mit schlechtem Beispiel vorangehen, ist **Helm tragen Pflicht**, denn das Fehlen eines Sturzhelms ist riskant (Hirnblutungen, Schädelbruch) und bei Kontrollen mit 500 Baht Geldstrafe teuer. Wer öfter mit dem Motorrad unterwegs ist, sollte seinen eigenen Helm im Gepäck haben, da die geliehenen häufig nicht passen.

Auf **Handschuhe und Brille** verzichten viele Fahrer ebenso wie auf **feste Kleidung**. Wer in Shorts und Gummisandalen fährt, holt sich aber selbst bei leichten Stürzen schwere Hautabschürfungen. Anfänger sollten langsam fahren und Bergstrecken meiden. Auch Inselstra-

- Helm und feste Schuhe, Jeans und möglichst Jacke tragen.
- Auf unübersichtlichen Strecken niemals über 40 km/h schnell fahren.
- Linksverkehr immer beachten.
- Wer in Gruppen fährt und sich absprechen will: am Straßenrand, einer Einbuchtung, einer Abzweigung und nicht auf der Straße stehen bleiben.
- Nie unter Alkoholeinfluss oder gar Drogen am Verkehr teilnehmen.
- Anfänger sollten in Thailand nicht das Mopedfahren erlernen wollen.
- Immer auf die Straße achten! Vielfach tauchen unvermittelt Hindernisse auf: Löcher oder Sand, Kokosnüsse, Hunde, Warane oder Schlangen.

ßen haben starke Steigungen. Überall kann ein unerwartetes Hindernis auftauchen oder der Straßenbelag wechseln. Ein besonders gefährlicher Schmierfilm bildet sich bei einsetzendem Regen. Deshalb sollte man auf keinen Fall versuchen, noch schnell nach Hause zu fahren. Sicherer ist die Fahrt immer mit eingeschaltetem Scheinwerfer. Auf keinen Fall Rucksäcke im Korb transportieren, da es neuerdings zum gefährlichen Sport geworden ist, diese während der Fahrt zu klauen.

Bei der Motorradmiete wird verlangt, den internationalen Führerschein vorzuzeigen und den Reisepass zu hinterlegen. In Ko Samui ist hiervon abzuraten, weil viele Verleiher schon beim kleinsten Kratzer den Pass nicht mehr herausrücken (also besser nur den Personalausweis abgeben). Die **Haftpflichtversicherung** deckt Personenschäden bis 50 000 Baht ab, jedoch keine Sachschäden! **Achtung:** Wer selbst verletzt wird und keinen Motorradführerschein hat, muss damit rechnen, dass die Reisekrankenversicherung für die Behandlungskosten nicht aufkommt!

Malaysia

In ländlichen Regionen **Malaysias** sind kleine Motorräder ideale Transportmittel, um gemütlich das Land und seine Menschen kennenzuler-

nen. Zu beachten ist die Helmpflicht für Motorradfahrer auch auf kleinen Maschinen.

Fahrräder

Auf dem Land benutzen nur die ärmeren Thais das Rad als Fortbewegungsmittel. Wer es sich leisten kann, legt sich ein Motorrad oder Auto zu. Touristen auf Fahrrädern werden dementsprechend geringschätzig betrachtet und auch schon mal von einem heranbrausenden Lkw rücksichtslos von der Straße gedrängt.

In Bangkok und anderen Großstädten hingegen erlebt das Fahrrad eine Renaissance unter der jungen, wohlbetuchten Mittelschicht, die sich qualitativ hochwertige Fahrräder leisten kann.

Auf wenig befahrenen Nebenstrecken sind sehr schöne Fahrradtouren möglich. In Tourismuszentren können Fahrräder gemietet werden. Nicht alle sind verkehrssicher und komfortabel. Gute Vermieter von Rädern und Mountainbikes sind im regionalen Teil dieses Buches gelistet. Für längere Touren bringt man am besten sein eigenes Rad mit. Airlines haben für die Beförderung unterschiedliche Tarife. Es wird am besten in einen Karton verpackt (eine Rolle Klebeband im Handgepäck hilft, es nach einer Kontrolle am Flughafen wieder zu verpacken).

Unattraktive Strecken in Städten, auf unvermeidlichen Highways oder an einem nicht enden wollenden steilen Berg legt man samt Rad am besten in einem Songthaew zurück. Fahrräder werden auch von einigen lokalen Bussen und Zügen befördert.

Optimale Bedingungen herrschen während der kühlen Jahreszeit (November bis Februar) am Morgen und späten Nachmittag abseits der Hauptstraßen. Empfehlenswert sind **Touren auf eigene Faust** auf den Landstraßen entlang der Flüsse und Kanäle in der zentralen Tiefebene. Die historischen Städte Ayutthaya, Sukhothai, Si Satchanalai und Kamphaeng Phet können mit gemieteten Rädern erkundet werden. Auch rings um Kanchanaburi, Amphawa, Rachaburi sowie südlich von Prachuap Khiri Khan macht Radeln Spaß.

Geführte Touren werden in Sukhothai, Phuket und sogar in Bangkok durchgeführt.

Weitere Fahrradinfos 🖳 www.radfahren.mynetcologne.de/rad_thai.htm und hermann niedermeyr.de.

Nahverkehr

Eine große Bandbreite kostengünstiger Nahverkehrsmittel erleichtert die Fortbewegung in Städten wie auf dem Land. Nach Sonnenuntergang dünnt der Verkehr aus. Manchmal muss man dann ein Fahrzeug chartern.

Motorradtaxi

Die Fahrer von Motorradtaxis sind an farbigen Westen mit Rückennummer zu erkennen. Sie bringen auf dem Sozius ein bis zwei Fahrgäste zu beliebigen Zielen. Der Fahrpreis ist niedrig, muss aber vorher geklärt werden. Eine Besonderheit in Prachuap Khiri Khan und in Kanchanaburi sind Samlor Gai-Na, Motorradtaxis mit Beiwagen, auf denen eine ganze Familie Platz hat. Wer keinen Helm hat, ist hier ungeschützt, denn für die Passagiere haben die Fahrer selten Helme dabei.

Samlor

Die dreirädrigen Fahrradrikschas mit überdachter Sitzbank für zwei Personen verschwinden zunehmend aus dem Stadtbild. Sie fahren nur kurze Wege und sind meist teurer als Tuk Tuks und Motorradtaxis. Samlor Krueng werden von einem Motorrad angetrieben. Es gibt zudem Samlor vielfältiger Art, die zu Lastentransportern umgebaut worden sind.

Songthaew

Songthaew (gespr. *song-täo*) sind Sammeltaxis, die auch Baht-Bus oder Sielor genannt werden. Die Passagiere sitzen auf zwei sich gegenüber liegenden Sitzbänken auf der überdachten, hinten offenen Ladefläche eines Pick-ups. Kleine Songthaew/Tuk-Tuk-Kreuzungen und große umgebaute Lkw sind v. a. in der Provinz im Einsatz.

Einige verkehren in Städten auf festen Routen zum Einheitstarif und teils sogar bis vor die Tür. Andere fahren ebenso wie lokale Busse ins Umland oder zu Stränden. Sie haben selten feste Haltestellen und nehmen überall Passagiere mit. Manchmal kurven sie lange auf der Suche nach Fahrgästen durch die Stadt. Wenn man Zeit hat, kann man auf diesem Weg viel kennenlernen.

Sobald das gewünschte Ziel von der Route abweicht, muss man das Fahrzeug chartern; das ist wesentlich teurer als der sonst übliche Fahrpreis von meist 10–30 Baht. In diesem Fall zuvor mit dem Fahrer den Preis vereinbaren, der von vielen Faktoren abhängt. Auch für Ausflüge können Kleingruppen ein Songthaew mieten.

Stadtbus

Die nummerierten Busse fahren auf festen Routen für 5–20 Baht. In Bangkok sind sie meist klimatisiert (10–23 Baht). Minibusse, Microbusse oder Microvans bedienen ländliche Regionen und nachts in Bangkok auch einige Busstrecken.

Taxi

Fast alle Taxis sind klimatisiert. In Bangkok sind sie mit Taxameter ausgestattet, auf Ko Samui, Phuket und in anderen Touristenorten eher selten. Die Fahrer sind manchmal nur schwer dazu zu bewegen, den Taxameter auch einzuschalten, und verlangen vor allem vor teuren Hotels und nachts in Vergnügungsvierteln völlig überzogene Preise. Taxifahrer sprechen in der Regel kein Englisch und erhalten kein Trinkgeld – außer für besondere Gefälligkeiten.

Tuk Tuk

Dreirädrige Motorroller (Vespa) mit überdachter Sitzbank verkehren in Städten wie Bangkok oder Trang. In Phuket sind sie durch einen umweltfreundlichen Viertakter für vier Personen abgelöst worden. Den Fahrpreis muss man vorher aushandeln.

Übernachtung

Die Bandbreite an Unterkünften ist extrem groß und reicht von einfachen Absteigen bis zu luxuriösen Erlebniswelten der Boutiqueresorts, Designerhotels und Wellnessoasen. In allen Travellerzentren – in Städten wie auf Inseln – finden Backpacker, die aufs Geld achten müssen, und

Preiskategorien

Wir haben die Unterkünfte in acht Kategorien unterteilt. Die Preise gelten für Doppelzimmer (*double room*) mit Du/WC und AC:

❶	bis 300 Baht	bis 30 RM
❷	bis 600 Baht	bis 60 RM
❸	bis 900 Baht	bis 100 RM
❹	bis 1200 Baht	bis 150 RM
❺	bis 2400 Baht	bis 220 RM
❻	bis 3600 Baht	bis 300 RM
❼	bis 4800 Baht	bis 400 RM
❽	über 4800 Baht	über 400 RM

In den gehobenen Kategorien werden 10 % Steuern (*government tax*) und 7 % Servicegebühr (*service charge*) aufgeschlagen.

Langzeitreisende preisgünstige, einfache Zimmer vor. Seit Jahren geht aber der Trend zu bequemeren, etwas teureren und einladender gestalteten Gästehäusern mit sauberen Zimmern, die durchaus Hotelstandard aufweisen und eine eigene Dusche und Klimaanlage haben.

Preise

Die Preise richten sich nach der Art des Zimmers und nicht nach der Anzahl der Personen. Sie schwanken stark und sind abhängig von der Region und Saison sowie der Art der Buchung, wobei Internetbuchungen, sofern möglich, oft erhebliche Preisnachlässe gewähren.

Billigreisenden wird in **Gästehäusern** ein besseres Preis-Leistungs-Verhältnis geboten als in Hotels. Ein Zimmer mit Gemeinschaftsdusche ist bereits ab 200 Baht zu bekommen, während bessere Zimmer in Boutique-Gästehäusern bis zu 1000 Baht kosten können. **Schlafsäle** mit Stockbetten, die preiswerte Alternative für Einzelreisende, sind selten und kosten mindestens 100 Baht.

Der Preis für einfache **Bambushütten** am Strand beginnt bei 250 Baht. Feste **Bungalows** mit guten Matratzen sind wesentlich teurer, der Preis kann sich in der Hochsaison verdoppeln. Mit Ventilator sind sie wesentlich preiswerter

als mit Klimaanlage und in den hinteren Reihen günstiger als am Meer.

In Hotels der **unteren Preisklasse** in der Provinz schläft man bereits ab 300 Baht in einem sauberen Doppelzimmer mit Dusche und Ventilator; Einzelzimmer sind – falls vorhanden – etwas billiger und Zimmer mit AC etwas teurer. Einige Hotels sind nur in Thai-Schrift gekennzeichnet und werden auch stundenweise vermietet. Abseits der Touristenpfade findet man zu diesen oft lauten Unterkünften kaum eine Alternative. Wer relativ ungestört schlafen will, besorgt sich am besten ein Zimmer im Obergeschoss und nach hinten raus.

Zimmer in der **mittleren Preisklasse** sind im Norden günstiger als an der Küste und ab 900 Baht zu haben.

In **Luxushotels** von internationalem Standard, die es in allen Touristenorten gibt, sind Zimmer erheblich teurer. Allerdings lassen sich viele bei Veranstaltern oder im Internet zu Schnäppchenpreisen buchen.

Zimmer reservieren

Im Grunde gibt es immer irgendwo ein freies Zimmer. Problematisch wird es in Touristenorten an Feiertagen, vor allem zur Weihnachtszeit und zum westlichen, chinesischen und thailändischen Neujahr (*songkran*). Auch während der europäischen Sommer- und Weihnachtsferien sind beliebte Gästehäuser und Hotels oft ausgebucht. Während der Universitätsferien (Mitte März bis Juni) und Schulferien (Mitte Mai bis Mitte Juli) sind oft Jugendgruppen in den Nationalparks und entlang der Küste unterwegs.

Während der **Hochsaison** lohnt es, über Reisebüros, -veranstalter oder im Internet Zimmer zu buchen. Günstigere Preise erhält man für Gästehäuser wie Hotels im Internet oder über Veranstalter. Üblich ist die Angabe der Kreditkartennummer oder eine Anzahlung, die den gewünschten Aufenthalt sichert, was vor allem für Reisen während der Hochsaison sinnvoll sein kann.

Wer nicht vorgebucht hat und sichergehen will, sollte am Vormittag im entsprechenden Hotel anrufen und ein Zimmer reservieren. Wer oh-

Jede Erfahrung zählt

Da wir nicht in allen Betten geschlafen haben können, freuen wir uns über Rückmeldungen auf unserer Website im Travel Club unter 🖳 www.stefan-loose.de.

ne Vorbuchung an der Rezeption erscheint, kann nach einem Rabatt fragen und erhält dann vor allem in der Nebensaison ab Mitte April häufig einen *discount*.

Ausstattung

Billigzimmer und Holzhütten sind karg ausgestattet, aber normalerweise relativ sauber. Neben einer mehr oder weniger durchgelegenen dünnen Matratze auf einem Bett, einem Bettlaken und Kopfkissen beschränkt sich die Ausstattung auf einen Tisch- oder Deckenventilator. Manchmal ist auch ein Moskitonetz vorhanden. Sofern es Bettdecken gibt, sind diese nicht bezogen.

Duschen und Toiletten werden in Billigunterkünften gemeinschaftlich genutzt. Es ist ratsam, sich diese vor dem Einchecken anzusehen. Wenn es auf einer Etage für viele Zimmer nur zwei Duschen und keine separaten Toiletten gibt, kann man sich morgens auf lange Wartezeiten einstellen. Auch an die Sauberkeit und Größe der Duschen hat jeder durchaus andere Ansprüche.

Selbst in der einfachen Preisklasse gibt es viele Zimmer mit eigenem Bad: kleine Nasszellen mit einfachen Duschen neben der Toilette und einem Wasserabfluss im Boden. Außerhalb der Strände gehört ein launischer Durchlauferhitzer zur Standardausrüstung. In teureren Zimmern fließt Warmwasser auch aus dem Hahn des Waschbeckens, und die Duschen sind abgetrennt, sodass das restliche Badezimmer trocken bleibt. Wer ein Bad nehmen will, sollte die obere Preisklasse buchen. In der Mittelklasse dienen Badewannen meist nur zum Duschen.

Die Zeiten romantischer Petroleumlampen sind vorbei, und **Elektrizität** ist selbst auf abgelegenen Inseln vorhanden, zumindest zu der Zeit, wenn der Generator läuft. Dieser, und damit

auch die Klimaanlage, wird oft erst bei Sonnenuntergang angeworfen, sodass sich tagsüber Zimmer, die der Sonne ausgesetzt sind, fast unerträglich aufheizen.

Preiswerte Zimmer haben selbst in Mittelklassehotels manchmal keine **Fenster**. In einigen Gästehäusern sind sie durch Sperrholzwände voneinander abgetrennt. Dadurch können sie ebenso wie Reihenbungalows sehr **hellhörig** sein. Wer seine Ruhe haben möchte, bucht besser einen Einzelbungalow oder ein etwas teureres Zimmer mit dicken Türen, das nicht direkt am Aufzug oder Treppenaufgang liegt.

Einige Gästehäuser und Bungalows sind ausgesprochen geschmackvoll und landestypisch eingerichtet. Andere Zimmer sind zwar klein, aber funktional. Viele Gästehäuser verfügen über **Aufenthaltsräume** (Dachterrassen, Cafés, Innenhöfe, Gärten) und einige sogar über einen Pool. In neueren Backpackerunterkünften gehören Satelliten-TV, DVD-Player, Internet und WLAN in den Gemeinschaftsräumen zur Standardausstattung.

Das vorhandene Angebot an **Fernsehgeräten** repräsentiert unabhängig vom Zimmerpreis die Produktpalette der vergangenen 20 Jahre. Manchmal gibt es noch die Ein-Kanal-Programme mit Namen „Schneegestöber", aber auch Satelliten-TV mit englisch- und deutschsprachigen Kanälen.

Service

In Billigunterkünften erfolgt die **Zimmerreinigung** erst nach dem Auszug der Gäste. Wer länger bleibt und frische Bettwäsche (sofern vorhanden) oder eine Zimmerreinigung wünscht, sollte dies auf nette Art dem Management gegenüber zum Ausdruck bringen. Handtücher und Bettwäsche werden in Billigunterkünften nur kalt gewaschen und sehen deshalb nicht immer frisch und sauber aus. Je teurer die Zimmer, umso dicker, weißer und zahlreicher sind die Handtücher. **Wäsche** von Gästen wird fast überall im Laufe eines Tages gewaschen. Der Preis dafür steigt mit dem Zimmerpreis.

In Hotels sorgt ein **Zimmerservice** oft rund um die Uhr für Essen und Getränke. Manchmal ist der Kühlschrank gut bestückt. Auch **Wasserkocher**, mit denen man sich Kaffee und Tee selbst zubereiten kann, erfreuen sich zunehmender Beliebtheit. In vielen angegliederten Restaurants wird morgens ein **Frühstück** angeboten. Das Angebot orientiert sich an den Essensgewohnheiten der Mehrheit der Gäste. Sind diese Einheimische, gibt es eine Reissuppe, gebratene Nudeln oder Reis und ähnliche Gerichte sowie für Ausländer Toast, süße Marmelade und eventuell ein amerikanisches Frühstück mit Spiegelei, Würstchen und Bacon. In Hotels und Gästehäusern, die auf westliche Ausländer ausgerichtet sind, ist das Angebot vielfältiger und umfasst auch frisches Obst, Saft, Pancakes und manchmal sogar Käse und Wurst.

Auch Gästehäusern und Bungalowanlagen sind Cafés oder Gemeinschaftsräume angegliedert, in denen es Getränke und ein Frühstück gibt, das manchmal im Preis inbegriffen ist. Auch ein Wäscheservice, Abholservice, Fahrzeugverleih oder Ausflüge gehören oft zum Angebot.

Sicherheit und Unannehmlichkeiten

Auch die Sicherheit spielt bei der Auswahl der Unterkunft eine Rolle. Manche Strandhütte ist leicht durch das Fenster oder eine unzureichend gesicherte Türe zugänglich. Leser mussten sogar feststellen, dass sie mit ihrem Schlüssel auch andere Zimmertüren öffnen konnten. Manchmal stören ungewohnte **Geräusche** aus Fallrohren oder benachbarten Bars und Restaurants die Nachtruhe. Noch unangenehmer sind **Gerüche** von unzulänglich entsorgten Abwässern.

Unerwünschte Mitbewohner

Ameisen
Kleine, unangenehme Zimmergenossen sind Ameisen, die in unglaublichen Mengen auftauchen, wenn sie irgendetwas Essbares vorfinden. Deshalb möglichst keine Lebensmittel mit

aufs Zimmer nehmen, oder sie luftdicht in Dosen verschließen – im Zweifelsfall mit Klebeband abdichten.

Bettwanzen
Zu einer wahren Seuche haben sich in vielen Travellerunterkünften Bettwanzen entwickelt. Obwohl sich die meisten Besitzer um Sauberkeit bemühen, nisten sie in vielen Billigunterkünften. Besonders betroffen sind fensterlose Schlafsäle und Billigzimmer.

Die 1–7 mm großen, rotbraunen, nachtaktiven Insekten leben versteckt in Bettritzen, schmalen Spalten und Hohlräumen in Bettgestellen und zwischen den Matratzen, in Spalten der Bettkästen, unter Polstern und Gardinenvorrichtungen. Nach dem 5–10 Minuten dauernden Stich wandern die Tiere in ihre Verstecke zurück. Der beim Stich abgegebene Speichel enthält Juckreiz auslösende Stoffe. Dieser Juckreiz kann 7–10 Tage andauern. Es entstehen häufig Quaddeln. Nach gegenwärtigem Wissensstand übertragen Bettwanzen keine Krankheitserreger. Dennoch sollte man beim Einchecken Matratzen und Bettgestelle gründlich untersuchen und Bettwanzen sofort an der Rezeption melden. Ist man von Wanzen überfallen worden und entdeckt am Morgen kleine Blutspuren im Bett oder Quaddeln auf der Haut, sollte man gründlich duschen und das Gepäck mindestens intensiv mit einem Insektenspray behandeln, um die Tiere nicht weiterzuverbreiten. Bei intensivem Kontakt ist es sinnvoll, alle Klamotten entlang der inneren Nähte – dem beliebtesten Eiablageplatz – auf die kleinen Eier zu überprüfen. Haben sie es sich einmal im Rucksack bequem gemacht, wird es sehr schwer, sie wieder loszuwerden.

Kakerlaken
Sie kommen in den besten Häusern vor. Man kann wochenlang in billigen Hotels wohnen, ohne eines dieser Tierchen gesehen zu haben, und während der ersten Nacht in einem besseren Hotel huschen sie plötzlich durchs Badezimmer und verschwinden im nächsten Abfluss. Ist ihre Population übermächtig, dann hilft nur Sprühen. Da sie normalerweise Abstand halten, kann man sie auch ignorieren. Ein Moskitonetz hält ebenfalls Kakerlaken fern.

Moskitos

Gefährliche Zimmergenossen sind Moskitos (S. 806). Befinden sie sich in einem Zimmer, dann sollte dieses am Nachmittag gut mit einem Insektenspray ausgesprüht und vor dem Schlafengehen gründlich (ohne Licht!) gelüftet werden. In nichtklimatisierten Räumen ist ein Moskitonetz unbedingt erforderlich. Manchmal haben Vormieter Nägel zum Aufhängen hinterlassen. Zum Aufbauen des Netzes Zeit nehmen, und es regelmäßig auf Löcher kontrollieren.

Verhaltenstipps

Thailand

Natürlich kann man im Urlaub einfach am Strand liegen und Einheimische nur am Rande als Taxifahrer, Kellner, Verkäufer, Hotelpersonal oder „Betreuerinnen" älterer Herren wahrnehmen. Aber die bleibenden Eindrücke, die unser Leben bereichern und unseren Horizont erweitern, sind meist Begegnungen mit Menschen.

In Urlaubszentren und Großstädten sind viele **Traditionen** von westlichen Einflüssen überlagert worden, während sie auf dem Lande noch gelebt werden. Von Touristen wird nicht erwartet, dass sie alle religiösen Sitten der Einheimischen praktizieren und sich wie Thais verhalten. Aber schon das Bemühen und das Interesse, die Sitten und Gebräuche des Gastlandes zu kennen und zu respektieren, werden überaus freundlich aufgenommen und honoriert.

Betteln

Mit Ausnahme von körperbehinderten und alten Menschen sollte man Bettlern, vor allem Kindern, nichts geben. Die Bitte um Spenden in Tempeln oder der morgendliche Rundgang der Mönche, um Gaben der Gläubigen einzusammeln, hat nichts mit Betteln zu tun. Diese freiwillige Gabe ermöglicht es Gläubigen, einen Verdienst für ihr nächstes Leben zu erwerben.

Hilfreicher ist es, Projekte durch Spenden zu unterstützen, z. B. terre des hommes, 🖥 www.tdh.de/was-wir-tun/projekte/suedost asien/thailand.html. Das Kinderhilfswerk unterstützt interessante Projekte (z. B. Straßenkinder,- Schul- und Flüchtlingsprojekte) in verschiedenen Landesteilen. SOS-Kinderdörfer, 🖥 www.sos-kinderdoerfer.de/Wo-wir-helfen/Asien/Thailand/Pages/default.aspx, gibt es in Bangkok, Chiang Rai, Hat Yai, Phuket und Nong Khai.

Drogen

Marihuana, Haschisch, Kokain, Heroin und Methamphetamine wie Yaba sind illegal und dennoch in einigen Gebieten ohne größere Probleme zu beschaffen. Nicht selten werden sie Ausländern geradezu aufgedrängt – vor allem von Dealern, die die Polizei anheuert, um Erfolge bei der Drogenbekämpfung vorzuweisen.

Leider bewirkt die ausgelassene Urlaubsstimmung bei vielen Reisenden ein naives Verhältnis zu Drogen. Wer sich mit Rauschmitteln erwischen lässt, muss mit einer hohen Geld- oder gar einer Gefängnisstrafe rechnen und wird ausgewiesen. Bei schweren Drogendelikten droht sogar die Todesstrafe.

Nach Full Moon Partys auf Ko Pha Ngan war schon so mancher Tourist gezwungen, sich durch finanzielle Zuwendungen einen entsprechenden Polizeibericht und durch eine hohe Kaution seine Freilassung aus dem Gefängnis zu erkaufen.

Handeln

Vor allem auf Touristenmärkten ist Handeln ein Teil des Einkaufs. Keiner sollte sich dabei betrogen fühlen, sondern sich der Aufforderung, ins Gespräch zu kommen und die Kunst des Handelns zu erlernen, stellen. Gerade in Thailand gehört immer auch eine gesunde Prise Humor zum erfolgreichen Handeln dazu.

Es ist ratsam, kein übermäßiges Interesse am zu erstehenden Produkt zu zeigen und mit den Einkäufen zu warten, bis man sich akklimatisiert und einen Überblick über die Preisspannen verschafft hat. Nach dem ersten Preis des Händlers, der nicht völlig überzogen sein sollte, nennt man seinen Preis, der unter dem liegen sollte, den man wirklich bereit ist zu bezahlen. Es liegt nun ganz an der jeweiligen Situation, wie weit der Verhandlungsspielraum genutzt wird und wo man sich einigt, aber es gehört zum guten

Das Streben nach Harmonie ist Grundlage des Gesellschaftssystems. Konflikte bleiben unausgesprochen, stattdessen versucht man eine ähnliche Situation in Zukunft zu vermeiden. Wer Auseinandersetzungen in der Öffentlichkeit austrägt, gilt als rüde und verliert sein Gesicht. Das gilt auch für Touristen, die ihren Ärger zeigen oder ihre Gastgeber kritisieren.

Wer um etwas bittet, wird selten eine Absage bekommen, selbst wenn es nicht möglich ist, der Bitte zu entsprechen. Statt „nein" sagt man aus Höflichkeit lieber „vielleicht" und zeigt durch zögerndes Verhalten seine Ablehnung. Auch die Frage nach dem Weg wird eher falsch als gar nicht beantwortet, was zu einer Odyssee oder völliger Ratlosigkeit führen kann. Ein Lächeln hilft, manche problematische oder unsichere Situation zu überstehen, ebenso wie die häufig verwandte Formel *mai pen rai* – was so viel heißt wie: „Das macht nichts!"

Ton, dass man nach einer Einigung auch kauft. Sollten die Verhandlungen ins Stocken geraten, lohnt es sich manchmal auch, mit einer überzogenen Geste davonzulaufen. Oft wird man zurückgerufen und erhält das Produkt doch zum gewünschten Preis.

Beim Kauf größerer Mengen kann man auch in Geschäften mit Preisnachlässen rechnen. Nicht üblich ist Handeln in Kaufhäusern, Hotels, Restaurants, öffentlichen Verkehrsmitteln und auf Märkten mit ausgewiesenen Festpreisen. Den Preis eines Essens vorher herunterzuhandeln, wäre sehr unklug, da es dadurch viel schlechter werden kann. Wer nicht weiß, ob es möglich ist zu handeln, fragt einfach, ob er einen Discount bekommt.

Individuum und Gemeinschaft

Man existiert in Thailand nicht als Individuum, sondern als Teil der Familie und Dorfgemeinschaft, was in vielen Thai-Farang-Beziehungen eine Hauptursache von Konflikten ist. Der Familienverband bietet Sicherheit und Geborgenheit. Wer sich der Gemeinschaft entzieht, verliert jede soziale Anerkennung. Kinder werden angehalten, das Alter zu ehren. Ebenso wie die Eltern genießen auch Lehrer, religiöse und politische Oberhäupter, oft auch Vorgesetzte in Betrieben unumstößliche Autorität. Der König als religiöses und repräsentatives Oberhaupt des Landes wird hoch verehrt, S. 114.

Der Bau von Tempeln und die Vorbereitung der großen Feste ist, wie die Wahrnehmung anderer übergeordneter Interessen, Aufgabe der Gemeinschaft. Das Familienleben hat im Gegensatz zur westlichen Gesellschaft keinen Platz für individuelle Bedürfnisse, Absonderung und Ruhe. Ehen werden nicht selten als Versorgungsgemeinschaft angesehen, was einige Ausländer, die einheimische Frauen heiraten, oft schmerzhaft erfahren müssen.

Kleidung

Angemessene Kleidung spielt im ganzen Land eine sehr bedeutende Rolle – das gilt vor allem für den Besuch von religiösen Stätten und allen Gebäuden des Königshauses. Unangebracht sind offene Sandalen, besonders Flipflops, ärmellose T-Shirts, kniefreie Röcke und Hosen sowie manchmal sogar Daypacks (Tagesrucksäcke). Bei chinesischen Festen (außer bei Begräbnissen) wird keine weiße, blaue oder schwarze Kleidung getragen. Vor dem Betreten eines Hauses oder eines buddhistischen Tempels zieht man die Schuhe aus.

Königshaus

Der seit fast 70 Jahren regierende König von Thailand, Bhumipol Adulyadej, wird wie ein Gott verehrt (s. Kapitel „Land und Leute" S. 114). Ihm, seiner Familie und seinen Symbolen gebührt äußerster Respekt. Die ausgeprägte Verehrung des Königs kommt im Abspielen der Königshymne um 8 und 18 Uhr zum Ausdruck. Ob im Kino oder an öffentlichen Plätzen – die Nation steht still, wenn aus Lautsprechern die Königshymne erklingt.

Seit 1908 gibt es im Thai-Strafgesetzbuch den Tatbestand der Majestätsbeleidigung *(lèse majesté)*. Die Höchststrafe liegt bei 15 Jahren. Unbedarfte Ausländer können schon mal in die Gesetzesfalle tappen, denn als Majestätsbeleidigung gilt bereits, eine Münze oder Banknote mit dem Fuß zu berühren – tragen beide doch das Porträt des Königs. Sogar Ausländer standen bereits wegen unziemlicher Aussagen über das Königshaus vor Gericht.

Körpersprache

Für Buddhisten ist der **Kopf** (im Gegensatz zum Fuß) ein heiliger Körperteil. Deshalb sollte man nie einem erwachsenen Thai an den Kopf fassen, ihm die Füße entgegenstrecken, die Füße aufs Armaturenbrett im Bus legen oder Gepäckstücke ins Gepäcknetz über die Köpfe der Mitreisenden wuchten, ohne sie vorher zu fragen.

Den **Fuß** als unedelstes Körperteil sollte man niemals einem anderen Menschen oder gar einer Buddhastatue entgegenstrecken. Da die **linke Hand** als unrein gilt, nutzt man in Thailand die rechte Hand zum Essen, zum Geben und um etwas in Empfang zu nehmen.

Müssen Einheimische **durch Gruppen hindurchgehen**, beugen sie leicht den Oberkörper nach vorn und halten den rechten Arm schräg nach unten gestreckt, als ob sie die Verbindung zwischen den Menschen durchschneiden wollen.

Wenn Thais jemanden **heranwinken**, wird das von Europäern oft falsch ausgelegt, da das Winken mit der abgewinkelten Hand unserer „Hau ab"-Geste ähnelt.

Es gilt als Zeichen der Freundschaft, wenn Männer oder Frauen Hand in Hand durch die Straßen bummeln. **Körperkontakte** zwischen Männern und Frauen in der Öffentlichkeit sind in traditionellen Gesellschaften hingegen tabu, trotz der scheinbaren Freizügigkeit in den Touristenzentren. Nach überlieferten Verhaltensmustern gilt es als äußerst unschicklich, Gefühle zwischen Mann und Frau in der Öffentlichkeit zu zeigen.

Korruption

Thailand liegt im Korruptionsindex zusammen mit Ländern wie Marokko und Swaziland auf Platz 88 von insgesamt 176 Ländern. Eltern zahlen für die Aufnahme ihrer Kinder an Schulen und in Jobs, Firmen für Aufträge. Zahlungen bei kleineren Verkehrsverstößen ohne Quittung werden als Bonus für die Polizei betrachtet, die ebenso wie Lehrer, Zöllner und andere schlecht bezahlte Staatsangestellte auf zusätzliche Einnahmen angewiesen ist. Umfragen zufolge akzeptiert die Hälfte der Bevölkerung korruptes Verhalten. Auch Touristen sind den lokalen Machtverhältnissen ausgeliefert. Bei Streitigkeiten mit korrupten Gegnern sollte man versuchen, die Situation unbeschadet zu überstehen. Im Idealfall wendet man sich im Nachhinein an die Touristenpolizei.

Lärm

Lärmgeplagten Europäern ist es unverständlich, dass Thais auch noch so großen Lärm nicht als unangenehm empfinden. Schon um 5 Uhr morgens dröhnen die Dorflautsprecher und senden bis 7 Uhr Nachrichten und Musik. Bei Festen und Feierlichkeiten wird das gesamte Dorf bis tief in die Nacht beschallt, ohne dass sich jemand darüber beschwert. Im Gegenteil: Ruhe und Dunkelheit gelten als unheimlich und werden vermieden. Viele glauben, dass Lärm böse Geister vertreibe – je lauter umso wirkungsvoller.

Rauchen

Das Rauchverbot in Restaurants wurde auch auf Pubs, Kneipen und Bars ausgeweitet. Zuwiderhandlungen werden mit einem Bußgeld von 2000 Baht geahndet. Rauchen ist nur noch in begrenzten Bereichen gestattet. Sogar auf Märkten und in öffentlichen Einrichtungen darf nicht geraucht werden. Raucher sollten sich deshalb aufmerksam umschauen, bevor sie sich einen Glimmstengel anzünden.

Religion

Die Religion spielt im täglichen Leben eine bedeutende Rolle, mehr dazu S. 119. Mönche unterliegen strengen Klosterregeln, dürfen ab mittags keine feste Nahrung zu sich nehmen und keine Frauen berühren. Manches, was in Tempeln passiert, ist nur schwer mit der eigentlichen buddhistischen Lehre zu erklären. So sind auf dem Tempelgelände auch Amulettverkäufer und Wahrsager anzutreffen. Tempelbesucher sollten keinesfalls vor betenden Gläubigen herumlaufen, sich über ihre Köpfe erheben oder gar religiöse Statuen oder Anlagen erklimmen. Fotografieren kann man während religiöser Zeremonien, wenn es auch die Einheimischen tun oder man die Erlaubnis dazu erhalten hat.

Wai

Thais begrüßen sich in der Regel nicht mit Handschlag, sondern mit dem sogenannten *wai*, bei dem die eigenen Handinnenflächen gegeneinander gelegt werden. Diese Geste stellt nicht nur eine Begrüßung dar, sondern auch ein Zeichen des Respekts, das zuerst dem höhergestellten Menschen dargeboten wird. Ausländer können darauf mit einem Kopfnicken reagieren oder zumindest darauf achten, dass sie kein falsches *wai* benutzen und bestimmte Regeln beachten: gefaltete Hände vor der Stirn und gebeugter Kopf bei Mönchen, bei Älteren auf Nasenhöhe, bei niedrigergestellten Personen (Kinder, Hausangestellte, Kellner usw.) vor der Brust und bei Höhergestellten die Hände vor dem Mund.

Malaysia

Malaysia ist ein Vielvölkerstaat, in dem Malaien, Chinesen, Inder und andere Völker mit unterschiedlichen Traditionen um ein Zusammenleben bemüht sind. Toleranz ist erforderlich, wenn Moslems, Hindus, Buddhisten und Christen Tür an Tür miteinander leben.

Alle Lebensbereiche der **malaiischen Bevölkerung** werden vom Islam geprägt. Die strengen islamischen Regeln erfordern es, dass Frauen sich in der Öffentlichkeit verhüllen, sodass nur Gesicht, Hände und Füße zu sehen sind. Ausschließlich der Genuss von Lebensmitteln, die unter islamischen Riten zubereitet wurden, also *halal* sind, ist erlaubt. Der Verzehr von Alkohol und Schweinefleisch ist verboten, ebenso das Glücksspiel. In einem malaiischen Restaurant nach einem Bier oder einem *sate babi* (Schweinefleischspieß) zu fragen, wird daher nur ungläubiges Erstaunen hervorrufen. Ebenso ist die Berührung mit dem Speichel oder den Exkrementen von Hunden tabu, daher gibt es in moslemischen Dörfern kaum Hunde.

Es ist äußerst unhöflich, vor den betenden Gläubigen in der Moschee herumzulaufen oder sich über ihre Köpfe zu erheben. Viele Moscheen sind Frauen nicht zugänglich. Der Kopf gilt als heilig und sollte nie, auch nicht in freundschaftlicher Geste, berührt werden. Wie in Thailand gilt auch in Malaysia die Rechte-Hand-Regel.

Der **chinesische** Taoismus ist sehr mit der Verehrung der Ahnen verwoben. Man betritt einen Tempel durch die rechte Tür und verlässt ihn durch die linke. Wer in eine chinesische Familie eingeladen wird, sollte sich möglichst nicht in Blau, Schwarz oder Weiß kleiden, denn diese Farben sind an besondere Anlässe gebunden. **Geschenke** sind beim ersten Besuch nicht üblich. Als Geschenk für gute Freunde sind Lebensmittel – möglichst paarweise – am besten geeignet. Das gemeinsame Essen spielt eine große Rolle und wird ausgiebig genossen. Einen „Anstandsrest" auf dem Teller zu lassen, gilt traditionell erzogenen Chinesen als Verschwendung, die auf den Platten verbliebenen Reste mit nach Hause zu nehmen, hingegen als normal. Die materielle Not, die die Chinesen einst zum Verlassen ihres Heimatlandes zwang, zeigt noch ihre Auswirkungen.

Versicherungen

Auslandsreise-Krankenversicherung

Der Abschluss einer Auslandsreise-Krankenversicherung ist in jedem Fall zu empfehlen. Insbesondere bei Krankenhausaufenthalten kann schnell eine erhebliche Summe zusammenkommen. Bei schwerer Erkrankung wird der Betroffene in die Heimat geflogen, wenn er plausibel darlegen kann, dass am Urlaubsort keine ausreichende Versorgung gewährleistet ist. Dabei ist der Passus „wenn medizinisch notwendig" im Kleingedruckten zu beachten, denn gerade medizinische Notwendigkeit ist selten leicht zu beweisen. Einschränkungen gibt es zudem bei Zahnbehandlungen (nur Notfallbehandlung) und chronischen Krankheiten.

Im Krankheitsfall müssen die Rechnungen für die Behandlung vorher beglichen werden. Wenn nach der Rückkehr die Belege bei der Versicherung eingereicht worden sind, werden die Kosten erstattet. Manche internationale Krankenhäuser können bei ernsten Erkrankungen und teuren Behandlungen direkt mit der Versicherung abrechnen.

Auslandskrankenversicherungen für Reisen von bis zu sechs Wochen Dauer werden ab 6 € p. P. angeboten, wer länger verreist, zahlt je nach Versicherer zwischen 50 Cent und 2,50 € pro Tag. Zudem gibt es Versicherungen für die ganze Familie ab 19 €. Solche für Reisende über 60 Jahre sind oft deutlich teurer. Anbieter sind u. a. ADAC, Barmenia, Central, Debeka, DKV, Hanse-Merkur, HUK-Coburg, International Service Assekuranz (bis zu 18 Monaten, Extra Versicherungen für Sportler), TAS Assekuranz, Signal Iduna, Universa und Victoria. Bei einigen Kreditkarten sind Auslandskrankenversicherungen enthalten.

Reisegepäckversicherung

Viele Versicherungen sichern auch Gepäckverlust ab, die Bedingungen sind aber immer sehr eng gefasst. Die Stiftung Warentest rät von einer Gepäckversicherung ab, da sich die Versicherer meist auf die Unachtsamkeit des Reisenden berufen und nicht zahlen. Für wertvolle Sachen wie eine Fotoausrüstung kann eine Fotoversicherung abgeschlossen werden, die zwar relativ teuer ist, aber die Geräte gegen sämtliche Risiken versichert. Die Kamera darf

---

€ **Spar-Tipp für längere Reisen**

Wer einen ausgedehnten Auslandsaufenthalt plant, sollte sich bei seiner Krankenkasse über die Möglichkeiten einer **Anwartschaftsversicherung** informieren. Sie erlaubt es, die Kranken- und Pflegeversicherung für den Reisezeitraum ruhen zu lassen, dann nur noch einen stark reduzierten Beitrag zu zahlen – und garantiert nach der Rückkehr die Wiederaufnahme zu gleichen Konditionen. Gerade Selbstständige können so schnell mehr als 1000 € sparen.

---

wegen möglicher Motorradräuber nur am Körper befestigt getragen werden.

Im Schadensfall muss der Verlust sofort bei der Polizei gemeldet werden. Eine **Checkliste**, auf der alle Gegenstände und ihr Wert eingetragen sind, und Fotos der Gepäckstücke sind dabei hilfreich.

Ansonsten sollte alles, was nicht ausreichend versichert ist, im Handgepäck transportiert werden. Eine Reisegepäckversicherung mit einer Deckung von rund 2000 € kostet für 17 Tage ca. 35 €, ein Jahresvertrag 70–100 €.

Reiserücktrittskostenversicherung

Bei Pauschalreisen ist die Rücktrittskostenversicherung meistens im Preis eingeschlossen (nachfragen). Sie muss in der Regel 30 Tage vor Reiseantritt abgeschlossen werden. Die Stornokosten werden beim Tod eines Familienmitglieds oder Reisepartners und im Krankheitsfall übernommen, wenn die Reiseunfähigkeit ärztlich nachgewiesen werden kann. Die Kosten der Versicherung liegen bei 29–58 € pro 1000 € Reisepreis.

Versicherungspakete

Diese Rundum-Pakete sind auf fünf bis acht Wochen begrenzt und beinhalten neben der Reisekrankenversicherung eine Gepäck-, Reiserücktrittskosten- und Reisenotruf- bzw. Rat&Tat-Versicherung. Letztere bietet eine Notrufnummer zur Soforthilfe während der Reise. Außerdem werden Krankenhauskosten sofort von der Versicherung beglichen und bei ernsthaften Erkrankungen der Rücktransport übernommen.

Wenn der Versicherte nicht transportfähig ist und länger als zehn Tage im Krankenhaus bleiben muss, darf auf Kosten der Versicherung eine nahestehende Person einfliegen. Auch beim Verlust der Reisekasse kann man über den Notruf einen Vorschuss erhalten.

Versicherungspakete lassen sich über das Reisebüro zu Hause abschließen, wobei sich die Kosten nach Dauer und Wert der Reise richten.

Bei längeren Reisen sind nur Einzelversicherungen möglich. Ein optimaler Versicherungsschutz wird dann teuer. Deshalb sollten in diesem Fall die Leistungen verschiedener Unternehmen verglichen und nur das, was man wirklich braucht, versichert werden.

Bei häufigen Auslandsreisen können Versicherungen auch für ein ganzes Jahr mit automatischer Verlängerung abgeschlossen werden.

📖 **www.test.de/thema/reiseversicherung**
Die Stiftung Warentest nimmt Versicherungen unter die Lupe.
📖 **www.dooyoo.de/reiseversicherung**
Dieses Portal sammelt Erfahrungsberichte zu Reiseversicherungen.

Visa

Thailand

Da sich die Visabedingungen in den vergangenen Jahren häufig geändert haben, sollte man sich vor der Abreise noch einmal über die aktuelle Situation informieren, siehe eXTra [2670].

Aufenthalt zwischen 15 und 60 Tagen
Das Thai-Visum **Visa on Arrival** erhalten deutsche, österreichische und Schweizer Touristen bei der Ankunft am Flughafen kostenfrei für einen Aufenthalt von maximal 30 Tagen. Voraussetzungen sind ein mindestens sechs Monate gültiger Reisepass und der Nachweis einer bestätigten Flugbuchung für die Weiter- oder Rückreise. Kinder benötigen einen eigenen EU-Reisepass, da der Kinderausweis nicht anerkannt wird. In der Regel wird die Aufenthaltsgenehmigung bei der Einreise problemlos in den Pass gestempelt (Stempeldatum kontrollieren!). Hinzu kommt die ausgefüllte Departure Card, die in der Regel in den Pass festgetackert wird und

bei der Ausreise vorgelegt werden muss. Wer auf dem See- oder Landweg einreist, bekommt nur 15 Tage.

Für längere Aufenthalte benötigt man ein **Touristenvisum**, das vor der Anreise bei einer diplomatischen Vertretung im Ausland beantragt werden muss. Für Reisen bis zu 60 Tage kostet es 30 €. Es kann einmalig um 30 Tage verlängert werden (s. u.). Die Einreise muss innerhalb von 90 Tagen erfolgen.

Langzeitaufenthalte
Mit Thailändern verheiratete Ehepartner und Rentner können das **Non-Immigrant-Visum „O"** und Geschäftsreisende das **Non-Immigrant-Visum „B"** beantragen. Diese gelten entweder für eine einmalige Einreise von 90 Tagen (55 €) oder für mehrere Einreisen innerhalb von 365 Tagen, jeweils für maximal 90 Tage (130 €). Die Konsulate verlangen unterschiedliche Belege. Es gibt auch ein Jahresvisum für Ausländer über 50 Jahre, für das man regelmäßige Einkünfte und 800 000 Baht auf dem Konto vorweisen muss (130 €).

Mehrfache Aus- und Einreise
Mit einem **Double-Entry-Visum** kann man in die Nachbarländer reisen und problemlos nach Thailand zurückkehren. Für zwei bzw. drei Einreisen kostet es 60 bzw. 90 €, wobei die Aufent-

Das Visum nicht überziehen!

Wird die Aufenthaltsgenehmigung oder das Visum wenige Tage überzogen, ist bei Ausreise für den zweiten überzogenen Tag eine Geldstrafe von 1000 Baht in einheimischer Währung fällig (für jeden weiteren Tag 500 Baht). Vor der Abreise muss ein Grenzbeamter mehrere Formulare ausfüllen, daher rechtzeitig am Immigrationsschalter erscheinen. Das Überziehen des Visums wird nicht als Bagatelle angesehen. Wer mit abgelaufenem Visum im Land ertappt wird, wird festgenommen und nach einer Gerichtsverhandlung ausgewiesen. Wer seine Strafe nicht bezahlen kann, muss ins Gefängnis.

haltsdauer von 60 Tagen pro Reise und 180 Tagen pro Jahr nicht überschritten werden darf.

Wer von Bangkok in ein Nachbarland fliegen möchte, kann mit einem gültigen Touristenvisum in der Abflughalle oder zuvor bei der Immigration ein **Re-Entry-Permit** für 1200/4000 Baht für eine einmalige/mehrfache Ausreise beantragen, das aber das 60-Tage-Touristenvisum nicht verlängert. Ansonsten verfällt ein normales Touristenvisum bei der Ausreise und muss neu beantragt werden.

Das 15-tägige **Visa on Arrival** wird derzeit an der Grenze maximal viermal hintereinander ausgestellt. Nach 60 Tagen muss man mindestens 90 Tage im Ausland verbracht haben, bevor wieder eines genehmigt wird.

Papierkram

Das erforderliche Antragsformular kann man auf den Webseiten der Botschaft, 🖥 www.thai embassy.de (deutsch), 🖥 www.mfa.go.th/main/en/home (englisch), und des Konsulats, 🖥 www.thaikonsulat.de, herunterladen oder sich vom Konsulat zuschicken lassen (Adressen S. 40). Für die Beantragung werden ein Passbild, bei einigen Botschaften auch zwei, der Reisepass (bei Einreise noch mindestens sechs Monate gültig), die Visagebühr in bar oder die Kopie der Überweisung, ein mit 3,50 € frankierter Rückumschlag sowie eine Reisebestätigung oder eine Bestätigung des gebuchten und bezahlten Rückflugs benötigt. Manchmal muss man mindestens US$500 Vermögen nachweisen. Eine Beantragung per Post ist nur noch bei den Honorarkonsulaten, nicht aber der Botschaft in Berlin möglich.

Visaverlängerung

In Thailand kann das 60-Tage-Touristenvisum bei dem Immigration Office einmalig für 1900 Baht um 30 Tage verlängert werden. Auch die Aufenthaltserlaubnis von 15 bzw. 30 Tagen kann einmalig für 1900 Baht um sieben Tage verlängert werden.

Immigration Office

2. Stock, Government Complex, Bldg. B, Chaeng Watthana Soi 7, im Norden von Bangkok,

📞 02-141 9889, Call Center: 📞 1178, 🖥 www.bangkok.immigration.go.th/en. Für Langzeitaufenthalte zuständig ist das Office in der 507 Soi Suanphlu, Sathon Tai Rd., Bangkok 10120, 📞 02-287 1983.

Malaysia

Für die Einreise nach Malaysia benötigt man einen Pass, der noch mindestens sechs Monate nach Einreisedatum gültig sein muss. Bei der Einreise wird Deutschen, Schweizern und Österreichern ein **Visit Pass** ausgestellt, der zum 90-tägigen visafreien Aufenthalt berechtigt.

Zeit und Kalender

Zeitverschiebung

Die Zeitverschiebung zur Mitteleuropäischen Zeit (MEZ) beträgt in Thailand sechs Stunden, zur Sommerzeit fünf Stunden, in Malaysia jeweils eine Stunde mehr.

Kalender

Thailand

Die Thais kennen drei Kalender: den westlichen, den buddhistisch-thailändischen und den chinesischen.

Demnach feiern sie auch dreimal im Jahr ausführlich Neujahr – am 1. Januar das Geschäftsneujahr, am 13. April *songkran* (Thai-Neujahr) und am Neumondtag im Januar oder Februar das Chinesische Neujahrsfest. Im täglichen Leben wird der **westliche Kalender** verwendet, dessen Zählung mit der Geburt Buddhas im Jahr 543 v. Chr. beginnt. Das Jahr 2014 ist das Jahr 2557 nach Buddha, 2015 entspricht 2558 und 2016 demnach 2559.

Der traditionelle **thailändisch-buddhistische Kalender** richtet sich nach dem Mondzyklus. Entsprechend wird alle vier bis fünf Jahre ein Monat eingeschoben.

Uhrenvergleich			
MEZ	**Sommer-zeit**	**Thailand**	**Malaysia**
17	18	23	24
20	21	2	3
23	24	5	6
2	3	8	9
5	6	11	12
8	9	14	15
11	12	17	18
14	15	20	21

Im **chinesischen Kalender** wird das Jahr im Rhythmus von zwölf Jahren nach einem Tier benannt, das mit bestimmten Eigenheiten assoziiert wird. Details zu den chinesischen Tierkreiszeichen zugeordneten Tempeln siehe **eXTra [8694]**.

Malaysia

Im Vielvölkerstaat Malaysia benutzt man im Alltagsleben den westlichen Kalender, an dem sich staatliche Feiertage, Geburtstage und offizielle Veranstaltungen orientieren.

Hingegen werden moslemische Feste wie der Ramadan nach dem **islamischen Kalender** festgelegt. Dieser beginnt mit der Flucht Mohammeds aus Mekka am 16. Juli 622 n. Chr. Da diesem Kalendersystem der Mondzyklus zugrunde liegt, besteht jedes Jahr aus zwölf Mond-Monaten mit 29 oder 30 Tagen und ist mit 354 oder 355 Tagen normalerweise zehn bis elf Tage kürzer als das Sonnenjahr.

Ein neues Jahr beginnt mit dem Erscheinen des 13. neuen Mondes.

2014 beginnt der **Ramadan**, der neunte Fastenmonat, am 28. Juni und endet mit dem Hari-Raya-Fest am 27. Juli; 2015 dauert der Ramadan vom 18. Juni bis 17. Juli.

Zoll

Thailand

Zollfrei sind in Thailand neben den üblichen Gegenständen des täglichen Bedarfs 200 Zigaretten bzw. 250 g Tabak, 1 l Wein oder 1 l Spirituosen, ein Fotoapparat und eine Videokamera. Sämtliche anderen Dinge müssen bei der Einreise deklariert und verzollt werden.

Verboten sind die Einfuhr von Waffen, Pornos, Drogen sowie die Ausfuhr von Buddhastatuen und echten Antiquitäten. Der Handel mit Antiquitäten ist in Thailand verboten.

Ausländische Währung muss ab einer Höhe von US$20 000 bei Ein- und Ausreise deklariert werden. Die Einfuhr thailändischer Währung muss nicht deklariert werden, während eine Ausfuhr von über 50 000 Baht p. P. meldepflichtig ist. Wer nach Malaysia, Myanmar, Laos, Kambodscha oder Vietnam ausreist, kann bis zu 500 000 Baht mitnehmen. Bei der Einreise mit dem Flugzeug nach Deutschland dürfen Waren im Wert von bis zu 430 € p. P. mitgebracht werden, aber natürlich keine gefälschten Markenwaren oder Produkte geschützter Tier- oder Pflanzenarten.

Wer sich teure Einkäufe ins Heimatland schicken lässt, muss diese versteuern, wodurch sich manches Schnäppchen nicht mehr lohnt. Weiteres zum zollfreien Einkauf S. 42.

Malaysia

Zollfrei sind in Malaysia 200 Zigaretten, 1 l alkoholische Getränke, Lebensmittel bis zu einem Wert von 75 RM und andere Geschenke bis zu 200 RM. Teurere Geschenke müssen verzollt werden. Normalerweise müssen 50 % des Neuwerts (Kaufbeleg hilfreich) gegen Quittung als Pfand hinterlegt werden, bei der Ausreise mit dem Objekt bekommt man das Geld zurück. In **Malaysia** müssen alle Bargeldbeträge inkl. Reiseschecks von mehr als 10 000 RM deklariert werden.

© RENATE LOOSE

Land und Leute

Geografie S. 98
Flora und Fauna S. 99
Umwelt S. 103
Bevölkerung S. 105
Geschichte S. 107
Regierung und Politik S. 114
Wirtschaft S. 116
Religionen S. 119
Kunst und Kultur S. 124

Geografie

LAND UND LEUTE

Fläche: 513 115 km²

Nord-Süd-Ausdehnung: über 1800 km

Ost-West-Ausdehnung: 800 km

Größte Städte: Großraum Bangkok (14,6 Mio.), Udon Thani (316 000), Chonburi/Pattaya (220 000), Korat (Nakhon Ratchasima) (166 000)

Längste Flüsse: Menam Chao Phraya (370 km) ab dem Zusammenfluss von Ping (569 km) und Yom in Nakhon Sawan, Teile des Mekong (4350 km) und Salween (2815 km)

Höchster Berg: Doi Inthanon (2565 m)

Beim Anflug auf Bangkok erblickte man einst ein Mosaik aus Reisfeldern, durchzogen von Kanälen und Flüssen, an deren Ufern die Dörfer wie Perlen an einer Schnur lagen. Die Ebene ist mittlerweile mit Reihenhaussiedlungen für die neue Mittelschicht und riesigen Fabrikhallen bebaut. Rings um Bangkok, vor allem im Norden und Südosten, hat sich der weitaus größte Teil der verarbeitenden Industrie Thailands angesiedelt. Bei einer Reise in den Norden oder Süden zeigt sich das Land von seiner eher ländlichen Seite.

Thailand, mit 513 115 km² um 43 % größer als Deutschland, liegt südlich des nördlichen Wendekreises, zwischen 6° und 20° nördlicher Breite und 97° und 106° östlicher Länge. Vom Norden bis in den südlichen „Rüssel" des sogenannten Elefantenkopfes beträgt die Entfernung über 1800 km. Das entspricht der Entfernung Kopenhagen–Rom. Von Westen nach Osten sind es 800 km, fast so weit wie von Paris nach Berlin. Hingegen ist das Land an seiner schmalsten Stelle bei Prachuap Khiri Khan nur 15 km breit. Vom weit verzweigten Flussnetz sind nur 10 000 km schiffbar. Durch Wasserkraft wird mehr als ein Drittel des Energiebedarfs gedeckt.

Die Zentralregion

Die weite, ebene Landschaft ist vom Menam Chao Phraya, dem mit 370 km größten Fluss des Landes, seinen Nebenflüssen und dem weiten Delta geprägt. Der Menam („Mutter des Wassers" bzw. „Flusses") Chao Phraya (hoher Adelstitel) windet sich durch ein Tiefland, das weniger als 80 m über dem Meeresspiegel liegt. Sand, Kies und andere verwitterte Materialien wurden von den Wassermassen im Laufe der Jahrmillionen in der Ebene Schicht für Schicht abgelagert. Jedes Jahr werden weitere Mengen an Sedimentgestein und fruchtbaren Mineralstoffen aus den Bergen in Richtung Meer transportiert. Mit dem Einsetzen der Regenzeit steigen die Wassermassen der Flüsse bis auf das Hundertfache an und überfluten weite Landstriche.

Viele Staudämme haben die Flüsse im Oberlauf gebändigt. Doch noch immer stehen monatelang weite Gebiete des Kernlandes unter Wasser. Diese fruchtbare angeschwemmte Ebene, die – sofern nicht bebaut – intensiv für den Reisanbau genutzt wird, geht in ihren Randbereichen in eine hügelige Landschaft über, die zum Teil aus älteren Gesteinsablagerungen besteht.

Die Südregion

Thailand besitzt eine über 2600 km lange Küste, überwiegend am Golf von Thailand und zu einem geringeren Teil an der Andamanensee. Im Südosten erstrecken sich die Ausläufer der Bilauktaung-Bergkette bis zum Meer. In der frühen Erdneuzeit (Tertiär) lagerte sich hier Sandstein ab, der später von Vulkangestein überlagert wurde.

Auf der Malaiischen Halbinsel im Süden trennen staffelförmig versetzte Bergketten (Tenasserim-, Phuket-, Nakhon- und Kalakiri-Kette) die West- und Ostküste. Während an der Westküste schroffe Karstfelsen steil ins Meer abfallen und Inselgruppen aus bizarren Kalkformationen (Bucht von Phang Nga) bilden, läuft das Gebirge im Osten in eine weite Küstenebene aus.

Die Küste am relativ seichten Golf von Thailand verändert sich laufend durch Erosion auf der einen und Sedimentablagerungen auf der anderen Seite.

Flora und Fauna

Pflanzenarten: etwa 12 000
Waldfläche: 144 024 km^2
Naturschutzgebiete: 16 % der Landesfläche
Tierarten: etwa 1100
Bedrohte Arten: Nashorn, Kouprey (Wildbüffel), Elefant, Tiger, Banteng (Wildrind), wilder Wasserbüffel und diverse endemische Fledermausarten

Elefanten und Teakwälder, die beiden typischsten Vertreter der thailändischen Fauna und Flora, werden die meisten Besucher des Landes kaum noch in ihrem natürlichen Umfeld sehen können. Das Bild des Landes prägen stattdessen Felder, Gärten und domestizierte Tiere.

Wälder

Während im Süden immergrüne Wälder einen Teil des Landes bedecken, muss sich die Pflanzenwelt weiter im Norden an eine zunehmende Trockenperiode und stärkere Temperaturschwankungen anpassen. In den Bergen, wo Temperaturen bis in die Nähe des Gefrierpunktes absinken, findet man eine entsprechend angepasste Pflanzenwelt.

Immergrüne Regenwälder

Immergrüne Regenwälder, von denen etwa 3 % Primärwälder sind, bedecken einige Landesteile südlich von Chumphon. In bis zu 70 m Höhe erstreckt sich das dichte Blätterdach ihrer höchsten Bäume. Im Dämmerlicht zwischen breiten Brettwurzeln und Lianen wachsen verschiedene Büsche und Sträucher, die eine hohe Luftfeuchtigkeit benötigen, aber mit wenig Licht auskommen. In Bodennähe wird das Grün nur selten von farbigen Blumen unterbrochen. Viele Orchideenarten sind Epiphyten und leben wie Schmarotzerpflanzen auf anderen Pflanzen in den oberen Stockwerken des Waldes. Wird der Wald abgeholzt, entwickelt sich ein Sekundärwald, der weitaus weniger Artenfülle aufweist und aus niedrigen Bäumen, Büschen und Lianen esteht.

Der Gummibaum *(Hevea brasiliensis)*

Er war ursprünglich am Amazonas beheimatet und hatte den Kautschukbaronen der brasilianischen Urwaldstadt Manaus einen beispiellosen Boom beschert. Um das Monopol zu schützen, war die Ausfuhr der wild wachsenden Pflanze bei Todesstrafe verboten. Dennoch kamen 70 000 Samen 1876 auf dunklem Wege nach London, wo sie im Kew Garden Früchte trugen, die den Grundstein von Malaysias Kautschukindustrie bildeten. Henry Nicholas Ridley, Leiter der Forstverwaltung des Straits Settlements und des Botanischen Gartens in Singapur, führte viele Experimente durch, entwickelte eine neue Zapfmethode und propagierte den Plantagenanbau des Gummibaums unter den britischen Pflanzern. 1896 entstanden die ersten Kautschukplantagen, und schon bald hatte der billigere Malaya-Kautschuk den brasilianischen vom Weltmarkt verdrängt.
Vor allem Dunlops Erfindung des pneumatischen Fahrradreifens und die Einführung der Fließbandproduktion in der Automobilindustrie durch Henry Ford ließen den Bedarf an Naturkautschuk in die Höhe schnellen, sodass in Gebieten mit entsprechenden Klima- und Bodenverhältnissen immer mehr Plantagen entstanden. Thailand, Indonesien und Malaysia sind heute die größten Produzenten von Naturgummi.
Ein Gummibaum muss fünf bis sechs Jahre alt sein, um zum ersten Mal angezapft werden zu können. Dabei wird mit einem besonderen Messer ein spiralförmig nach unten laufender Schnitt in die Baumrinde geritzt. In einer Schale wird der milchige Kautschuksaft aufgefangen und später vom Zapfer in einen Sammelbehälter gegossen. Unter Zusatz von Chemikalien wird der frisch gezapfte Latex zu dünnen Fladen verarbeitet, anschließend mit einer Handmangel zu Fußabstreifern ähnelnden Lappen ausgewalzt, getrocknet und in größeren Betrieben verarbeitet.

Monsunwälder

Ausgeprägte Trockenzeiten bestimmen den Pflanzenwuchs in den meisten Landesteilen. Vergleichbar unserem Herbst werfen die Bäume in der regenarmen Zeit ihre Blätter ab. Im Januar leuchten die Blätter erst in herbstlichen Farben. Bis zum Einsetzen der Regenzeit im Mai sind viele Bäume dann unbelaubt, andere blühen in kräftigen Farben. Mit dem Einsetzen der Regenzeit entwickelt sich dann wieder eine üppige Belaubung. Büsche und andere Pflanzen werfen ihre Blätter nicht ab, da diese durch eine Verdunstung behindernde Schicht vor dem Austrocknen geschützt sind.

In trockenen Monsunwäldern überwiegen die *Dipterocarpaceen,* lichte Bäume mit immergrünen, ledrigen Blättern, deren Blüten und Harz einen aromatischen Duft verbreiten. Ein typischer Vertreter der Laub abwerfenden Wälder ist der Teakbaum *(Tectona grandis).* Sein hartes, haltbares Edelholz wird bereits seit Jahrhunderten geschätzt und in vielen Plantagen kultiviert. Er ist auf wasserdurchlässigen Böden in Bergwäldern bis zu 900 m Höhe von Indien bis Thailand beheimatet und gedeiht am besten bei einer mittleren Jahrestemperatur von 24–27 °C sowie einer jährlichen Niederschlagsmenge um 1500 mm.

Mangrovenwälder

An flachen Küsten im Süden und Osten bilden Mangrovenwälder einen schwer zu durchdringenden, schmalen Saum. Die bis zu 20 m hohen Wälder haben sich an das Leben im Salzwasser angepasst. Die Bäume finden mit Stelzwurzeln Halt im Schlick und Schlamm der Gezeitenzone. Häufig bilden sich vor den Mangroven Sandbänke im Meer, wodurch die Sümpfe verlanden. Wo Mangroven abgeholzt wurden, wachsen Nipapalmen *(Nypa fruticans),* deren Palmwedel zum Dachdecken und für Matten verwendet werden und aus deren Früchten eine Art Bier für den Eigenbedarf gebraut wird. Innerhalb eines halben Jahrhunderts ist die Hälfte aller Mangrovenwälder Thailands zu Holzkohle verarbeitet oder für Bauprojekte abgeholzt worden. Zunehmend belastet die Anlage von Shrimp- und Fischfarmen das Ökosystem der Küste. Das Gleichgewicht wird nachhaltig gestört, und der Ufersaum ist schutzlos der Meeresbrandung ausgesetzt.

Tiere

Im Übergangsbereich zwischen dem kontinentalen Hochland im Norden und der tropischen Malaiischen Halbinsel verfügt das Land über eine besonders artenreiche Fauna. Obwohl seit 1961 zum Schutz der Tiere immer mehr Wälder unter Naturschutz gestellt werden, sind 37 Säugetierarten von der Ausrottung bedroht, vor allem Großtiere. Tapir, Nashorn, Leopard und Tiger sind nur noch in kleineren Populationen vorhanden, und man bekommt sie in den seltensten Fällen zu Gesicht.

Neben der Jagd und dem illegalen Tierfang wurde durch das Abholzen der Wälder der Lebensraum der Tiere stark eingeengt. Auch die Meeresfauna ist durch die gnadenlose Überfischung und Wasserverschmutzung massiv gefährdet.

Säugetiere

Die Monsunwälder sind der Lebensraum der Hirsche, des **Sambar** *(Cervus unicolor),* eines dunkelbraunen, verhältnismäßig großen Tiers, und des **Schweinshirsches** *(Axis porcinus).* Immer seltener sind in den letzten Jahren das Wildrind **Banteng** *(Bos javanicus)* und **Gibbons** zu sehen. Häufig hört und sieht man dagegen **Makaken.** Junge, männliche Tiere einer rotbraunen Makakenart mit kurzem Schwanz werden in den Dörfern (z. B. auf Ko Samui) bei der Kokosnussernte eingesetzt.

Im immergrünen Regenwald sind relativ häufig sogenannte Gleiter (fliegende Säugetiere) zu sehen. Der größte unter ihnen, das **Riesenflughörnchen,** erreicht ausgestreckt eine Länge von knapp 1 m, wobei der Rumpf etwa 50 cm lang ist. Daneben gibt es **Flattermakis** *(flying lemur),* die zur Familie der Halbaffen gehören und etwa die Größe einer Hauskatze erreichen.

In vielen dunklen Höhlen leben Schwärme von bis zu mehreren Millionen **Fledermäusen,** die abends fast gleichzeitig aufbrechen, um auf Insektenfang zu gehen oder sich an reifen Früchten gütlich zu tun – ein spektakuläres Naturschauspiel. Die Hummelfledermaus *(Craseonycteris thonglongyai),* die erst 1973 entdeckt wurde, gilt als das kleinste Säugetier der Welt: Sie wiegt nur 1,5–2 g.

Amphibien und Reptilien

Thailands Gewässer sind die Heimat zahlloser Fische und Frösche, Schildkröten und Krokodile. Das bis zu 10 m lange **Leistenkrokodil** ist ebenso wie das kleine **Siamesische Krokodil** zumeist nur in Krokodilfarmen zu sehen.

Unter den mehr als 100 **Schlangenarten** Thailands gibt es 16 giftige, aber nur solche, deren Biss tödlich sein kann: Königskobra *(Naja hannah)*, Kobra *(Naja naja)*, Russel's Viper *(Vipera russelli)*, Gestreifte Krait *(Bungarus fasciatus)*, Malaiische Viper *(Ancistrodon rhodostoma)* und Grüne Pit Viper *(Trimeresurus popeorum)* sowie einige Arten von Seeschlangen. Während die Kobra beim Biss ein Nervengift überträgt, wirkt das Gift der Vipern auf Blut und Blutgefäße.

Auch die längste Schlange Asiens, der **Netzpython**, kommt in Thailand vor. Pythons können bis zu 10 m lang und 140 kg schwer werden. Sie umschlingen und erdrücken ihre Beute, die aus kleineren Säugetieren, Affen oder Vögeln besteht. Ungefährlich sind dagegen Geckos, kleine Eidechsen, die mit Vorliebe abends an der Zimmerdecke rings um die Lampe Insekten auflauern.

Zu den exotischen Reptilienarten gehören **Flugdrachen** *(flying lizard)* und Flugfrösche. Sie haben eine enorme Gleitfähigkeit entwickelt, die es ihnen erlaubt, sich im Blätterdach des Dschungels schnell fortzubewegen.

Weitere Wassertiere

Schlammspringer, etwa 15 cm lange Knochenfische, leben in Mangroven im Wasser wie auf dem Land. Dann atmen sie durch die Haut und benutzen ihre Brustflossen, die wie Arme ausgebildet sind, um sich durch den Schlamm zu bewegen.

In den Gewässern treffen Taucher mit viel Glück den **Walhai** an. Der größte Fisch der Erde wird bis zu 18 m lang und über 10 t schwer und ernährt sich hauptsächlich von Plankton. Zwischen den Inseln vor Trang leben noch wenige **Seekühe**, auch Dugong genannt. Die Säugetiere können bis zu 4 m lang und 400 kg schwer werden.

Insekten

Unübersehbar ist die Vielfalt an Insekten – Grillen, Grashüpfer und Gottesanbeterinnen gibt es ebenso wie die weniger angenehmen oder sogar gefährlichen Ameisen, Anopheles-Mücken, Wespen, Hornissen, Hundertfüßler und Tausendfüßler. Allein von den **Schmetterlingen** kommen in Thailand 500 verschiedene Arten in allen Größen und Farben vor. Beeindruckend ist der bis zu 5 cm lange **Nashornkäfer**. Unter der Vielzahl an Käfern leben auch winzige mit Ameisen zusammen in ihren Nestern und gehen mit ihnen eine Symbiose ein. Die **Riesenameise** wird über 2,5 cm lang. Die **Rote Baumameise** baut Nester aus Blättern oder Blattstü-

---

Elefanten

Selbst der von den Thais seit Jahrhunderten verehrte und wegen seiner Kraft geschätzte Elefant ist gefährdet. Man nimmt an, dass wilde Elefanten, sofern man sie nicht stärker schützt, in 30–40 Jahren ausgerottet sein werden. In ganz Thailand leben laut WWF etwa 1200–1500 wilde Elefanten, überwiegend im Tenasserim-Gebirge entlang der Grenze zu Myanmar. Zudem werden etwa 4000 gezähmte Elefanten gehalten (1955 waren es noch über 13 000). Mit dem 1989 ausgesprochenen Verbot, Bäume für kommerzielle Zwecke zu fällen, wurden viele Elefanten in Thailand regelrecht arbeitslos. Einige sind jetzt in Shows im Einsatz und unterhalten die Touristen.

Ein ausgewachsenes, kräftiges Tier von 16–40 Jahren hebt mit den Stoßzähnen bis zu 400 kg und zieht bis zu 1,5 t. Die Stoßzähne des asiatischen Elefanten sind zwar kleiner als die des afrikanischen, dennoch wird ein Paar der bis zu 80 cm langen und 24 cm starken Zähne für 50 000 Baht und mehr verkauft. Seit dem weltweiten Verbot des Elfenbeinhandels ist der Markt weitgehend zusammengebrochen. Ein ausgewachsener Arbeitselefant, der ein 6-jähriges Training hinter sich hat, wird mit 400 000 Baht gehandelt.

Verschiedene Organisationen in Thailand engagieren sich für Elefanten, z. B.:
Friends of the Asian Elephant, 💻 www.eleaid.com. Weitere Infos S. 27.

---

cken, die sie durch ein fadenähnliches Sekret zusammenfügt. Wenn man durch Zufall an eines ihrer Nester stößt, reagiert diese Ameisenart äußerst aggressiv.

Vögel

In Thailand wurden über 1000 Vogelarten gezählt, Zugvögel eingeschlossen. An den flachen Binnenseen Süd-Thailands kann man viele asiatische Wasservögel beobachten. Auch auf wenig besiedelten Inseln oder an Dschungelflüssen und vor allem in den Bergen kommen Vogelfreunde auf ihre Kosten. Vögel, die sich in den oberen Baumkronen aufhalten, sind am ehesten frühmorgens in der Nähe Früchte tragender Bäume zu beobachten. Schon von Weitem ist das laut klatschende Fluggeräusch der **Nashornvögel** zu hören, deren Flügel Spannweiten bis zu 3 m erreichen.

An den Flussläufen huschen die grünblau schillernden **Eisvögel** auf ihrer Jagd nach Insekten und kleinen Fischen entlang, während die weißen **Reiher** auf dem Rücken der Wasserbüffel und in den Reisfeldern ihre Nahrung suchen. Zu ihnen gesellen sich Pelikane, Ibisse, Kraniche und Klaffschnabel-Störche aus dem kalten Sibirien, die in der zentralen Tiefebene überwintern. Vogelparadiese sind vor allem die Feuchtgebiete, die mit über 25 000 km² knapp 5 % der Landesfläche bedecken.

Landschaften

Die abwechslungsreichen Landschaften Thailands überraschen mit vielen Naturschönheiten: zerklüfteten Kalksteinfelsen, magischen Tropfsteinhöhlen und herrlichen Wasserfällen.

Kalksteinfelsen

Ebenso wie in Süd-China, Vietnam und Malaysia ragen auch in Thailand, vor allem in der Bucht von Phang Nga und rings um Krabi, steile, bizarre Felsen aus der Ebene auf. Diese **Turmkarstfelsen** konnten sich nur unter den klimatischen Bedingungen der tropischen und subtropischen Gebiete dort entwickeln, wo große Kalkschichten durch das Absinken des Meeresspiegels freigelegt wurden. Während der erdgeschicht-

Shrimp-Farmen

Nach China ist Thailand der weltweit größte Produzent und größte Exporteur von Shrimps. Seit 1985 wurden Tausende von Hektar Mangrovenwälder und Reisfelder an der Küste und im Hinterland zu Fisch- und Shrimp-Farmen umgewandelt. Sogar vor Nationalparks machte man nicht Halt. Das verzehnfachte zwar das Einkommen der ehemaligen Reisbauern, führte aber auch zu erheblichen Umweltproblemen. Die Abwässer waren durch Düngemittel, Pestizide und Antibiotika belastet und vergifteten das Umland. Der Schlamm aus den Teichen entpuppte sich als hochgradig verseuchter Sondermüll. Häufigen Infektionen der Monokulturen begegneten die Farmer mit massenhaftem Einsatz von Antibiotika, bis Ende der 1990er-Jahre Verbraucherorganisationen in westlichen Ländern mehrfach einen Importstopp der hoch belasteten Shrimps bewirkten.

lich folgenden kälteren Periode verwitterte das Gestein durch heftige Niederschläge und wurde durch die Lösung von Gesteinen (Korrosion) ausgespült. Den extremen Umweltbedingungen an den steilen Felswänden haben sich einige außergewöhnliche Pflanzen angepasst.

Höhlen und Hongs

Im angenagten Kalkgestein bildeten sich Tunnel und Höhlen, in denen durchsickerndes kalk- und mineralienhaltiges Wasser Tropfen für Tropfen Stalagmiten aufgebaut hat und Stalaktiten von den Decken gewachsen sind. In großen Höhlen haben Wasserläufe weite Höhlenkammern und Passagen geschaffen. Stürzen die Decken größerer Kammern ein, bilden sich abgeschlossene Gärten oder, sofern die Böden unter der Meeresoberfläche liegen, von Felsen umrahmte Lagunen, sogenannte **Hongs** (Thai für „Räume"). Viele Grotten und Höhlen werden als **Meditationshöhlen** oder Tempel genutzt.

Wasserfälle

Vor allem in der heißen Jahreszeit zieht es die Menschen ans Wasser. Neben dem Meer und den Seen sind auch hunderte rauschender

Wasserfälle in schattigen Bergwäldern beliebte Ausflugsziele. Einige sind erst nach langem Fußmarsch zu erreichen, andere liegen nahe der Straße und sind umgeben von Essenständen und Picknickplätzen. Besonders beliebt sind die Badeplätze mit „Naturdusche", denn das Wasser aus den Bergen ist kühl und völlig klar. Nur bei wenigen Fällen stürzt das Wasser in einem schmalen Band hohe Felswände hinab oder rieselt in breiten Tropfenschleiern über das bemooste Gestein. Meist bildet es treppenartige **Kaskaden**. Einige Flüsse haben in ihrem Oberlauf je nach Gefälle eine ganze Serie von Stromschnellen, Katarakten und kaskadenförmigen Wasserfällen ausgebildet. Manchmal bilden sich durch krustenförmige mineralische Ablagerungen **Sinterterrassen**. Während und nach der Regenzeit stürzen wahre Fluten die Berge hinab, die oft Sand und Holz mit sich führen. Dann ist es kaum vorstellbar, dass einige Flüsse am Ende der Trockenzeit zu einem schmalen Rinnsal verkümmern oder sogar ganz austrocknen.

Küsten

Überaus vielgestaltig ist die 2600 km lange Küste entlang der Andamanensee und im Golf von Thailand sowie auf hunderten von Inseln. Die Gezeitenzonen und Mangroven sind ein faszinierender Lebensraum vieler Pflanzen und Tiere. Dazwischen erstrecken sich in kleineren und größeren Buchten die bei Touristen beliebten Strände. Einige sind von Kokospalmen, andere von Kasuarinen *(Casuarina equisetifolia)* gesäumt. Der Sand kann alle Farben aufweisen, von blendend weiß bis schwarz, wobei er in Thailand meist gelblich weiß und von unterschiedlicher Körnung ist. Für die geometrischen Muster aus kleinen Kügelchen sind winzige Winkerkrabben *(sand-bubbler crabs, Scopimera sp.)* verantwortlich. Aber auch andere Krebse, Muscheln, Garnelen und Seesterne bevölkern die Gezeitenzone. Viele Strände fallen leicht zum Meer hin ab und eignen sich bei Ebbe eher für lange Spaziergänge als zum Schwimmen. An einigen steil abfallenden Stränden besteht die Gefahr von Unterströmungen, vor allem an der Andamanenküste im ehemaligen Zinnabbaugebiet.

Korallenriffe

In klaren tropischen Gewässern bilden sich in bis zu 50 m Tiefe Korallenriffe mit einer großen Artenvielfalt. Das komplexe Ökosystem ist der Lebensraum vieler bunter Rifffische, Langusten, Krebse, Seeanemonen, Seesterne und Korallen. Die Grundlage dieser Riffe bilden winzige Steinkorallen-Polypen, die zu den ältesten Lebewesen der Erde gehören. Sie setzen sich an festem Untergrund fest und scheiden Calciumcarbonat aus. Zahllose dieser winzigen Tiere haben im Laufe von Millionen Jahren gewaltige Riffe aufgebaut, die in mannigfaltigen Formen wahre Unterwassergärten bilden. Während das abgestorbene Skelett von weißer Farbe ist, nimmt das lebende verschiedene Farben an.

Viele Riffe sind in den vergangenen Jahrzehnten durch Fischer und Sportler ebenso wie durch die Erwärmung der Meere und den Tsunami zerstört worden. An Wracks lässt sich erkennen, dass sich Korallen relativ schnell regenerieren. Beim Tauchen und Schnorcheln sollte man in diesem empfindlichen Ökosystem dennoch ganz besondere Vorsicht walten lassen.

Umwelt

Seit Beginn der 1960er-Jahre weitete sich die landwirtschaftliche Anbaufläche Thailands von knapp 8 Mio. auf über 20 Mio. ha aus. Gleichzeitig nahm die Waldfläche von nahezu 30 Mio. auf rund 15 Mio. ha ab. Das unkontrollierte Abholzen hatte stärkere Überschwemmungen und Temperaturschwankungen zur Folge. Bei Erdrutschen im Süden des Landes starben 1988 über 700 Menschen. Dieses Ereignis war der Anlass für ein königliches Dekret, das 1989 den kommerziellen Holzeinschlag stoppte. Seither wird Holz mehr als zuvor aus Laos und Myanmar – legal wie illegal – importiert.

Da natürliche Wasserspeicher fehlen, tritt in der Trockenzeit immer früher im Jahr Wassermangel ein. Die Stauseen leeren sich zudem durch höheren Bedarf und künstliche Bewässerung immer schneller, sodass die Bevölkerung gezwungen ist, verstärkt Grundwasser anzuzapfen. Während der Regenzeit kommt es an abgeholzten Hängen zu Bodenverlust durch Erosion. Überschwemmungen und lange Dürreperioden sind das Ergebnis, denn die weit verbreiteten Lampenputzergräser *(Pennisetum)*, Wildkräuter und Nutzpflanzen können weitaus weniger Wasser speichern als der Wald. Von den größten Überschwemmungen seit Menschengedenken waren 2011 im Monsun vor allem die Chao Phraya-Ebene und Bangkok betroffen.

Mit zunehmender Industrialisierung und steigendem Lebensstandard nehmen die Umweltprobleme dramatisch zu. Nach Jahren gedankenloser Müllbeseitigung stehen aber mittlerweile auch in kleinen Orten Mülleimer vor dem Haus, und die illegale Müllentsorgung wird zumindest in den Städten mit hohen Strafen belegt. In vielen Nationalparks sind Wegwerfflaschen verboten. Dennoch sind Bahndämme, einige Strandabschnitte, Wanderwege und Picknickplätze noch voller Müll.

Aus Wohnhäusern, Fabriken und Hotels werden weiterhin bedenkenlos Abfälle ungeklärt in Flüsse und ins Meer gekippt. Bei vielen Hoteliers und Restaurantbesitzern liegt das Umweltbewusstsein im Argen. Nur wenige entsorgen ihre Abwässer ökologisch unbedenklich in Kläranlagen. Wer seiner Nase folgt, wird feststellen, dass ungeklärte Abwässer in Lagunen und Flüsse geleitet werden, von wo sie sich an den Stränden verteilen. In Bangkok haben sich viele Klongs (Kanäle) zu Kloaken entwickelt. Besonders die Lebensmittel-, petrochemische, Leder- und Papierindustrie belasten die Gewässer. Der unkontrollierte Einsatz von Pestiziden und Düngemitteln nach dem Prinzip „Viel hilft viel" fördert diese Entwicklung. Hinzu kommt die Belastung mit Schwermetallen, vor allem im relativ flachen Golf von Thailand. Organische Abfallstoffe brauchen den Sauerstoff des Wassers auf: Der Fluss kippt um, und die Fische verenden im faulig stinkenden Wasser.

In Netzwerken organisiert sich der Widerstand gegen Staudämme, die Sprengung von Stromschnellen und industrielle Großprojekte. Beispiele sind im Internet nachzulesen, siehe Foundation for Ecological Recovery, 🖳 www.terraper.org und Mekong Info, 🖳 www.mekonginfo.org.

Die Regierung hat mit entsprechenden Gesetzen eine Basis für besseren Umweltschutz geschaffen. Es mangelt jedoch noch vielfach an der Umsetzung und nicht alle Maßnahmen sind erfolgreich. So wurden 16 % der Landesfläche unter Naturschutz gestellt, aber nicht alle Nationalparks verdienen diesen Namen. Unter der Patronage des Königs versucht man mit Hilfe von Aufforstungsprogrammen den Landverlust durch Erosion und die Ausbreitung von Ödland zu stoppen. Auch die Regierung unterstützt forstwirtschaftliche Projekte. Die Monokulturen, vor allem die Eukalyptusplantagen in Trockengebieten, die anfangs bevorzugt wurden, zogen jedoch neue Probleme nach sich.

Den Bergvölkern, die traditionell Brandrodung betreiben, versucht man in zahlreichen landwirtschaftlichen Projekten moderne Anbaumethoden nahezubringen und durch die Zucht ertragreicher Pflanzen bessere Einkommensmöglichkeiten zu erschließen. Anfangs verfolgte die Regierung dabei vor allem das Ziel, den Mohnanbau für die Opiumproduktion zu bekämpfen. Die unzugängliche Bergwelt wurde durch Straßen erschlossen und damit der Abtransport der Ernte in die Täler ermöglicht. *Cash crops* wie Gemüse und Blumen erzielten jedoch keinen vergleichbaren Gewinn wie Rohopium. Mittlerweile wird eine große Bandbreite an landwirtschaftlichen Produkten angebaut, von Kräutern und Salaten bis zu Pfirsichen und Avocados. Besonders der Arabica-Kaffee hat erfolgreich den lokalen Markt erobert und wird mittlerweile sogar exportiert. Allerdings wird immer noch Brandrodung betrieben. Während der *burning season* im März/April verdunkelt sich immer noch der Himmel in Nord- und Zentral-Thailand und viele Menschen müssen mit Atem-

 Öko-Tipp

Einrichtungen, die sich durch ein besonderes Umweltengagement auszeichnen, sind in diesem Buch mit dem Baum gekennzeichnet. Sie verwenden zum Beispiel Solarenergie, verzichten auf Klimaanlagen, Fernseher oder Kühlschränke, sind auf harmonische und verträgliche Weise in die Natur integriert, stellen Umweltinformationen für die Touristen bereit etc.

beschwerden in den Krankenhäusern behandelt werden.

Bevölkerung

Einwohner: 67,5 Mio.
Bevölkerungswachstum: 0,543 %
Lebenserwartung: 71 Jahre (Männer), 76 Jahre (Frauen)
Säuglingssterblichkeit: 15,9 auf 1000 Lebendgeburten
Alphabetisierungsrate: 92,6 %
Stadtbevölkerung: 34 %

In Thailand leben etwa 67,5 Mio. Menschen. Waren 1970 noch 16,5 % der Bevölkerung jünger als 5 Jahre, sind es mittlerweile weniger als 9 %. Die durchschnittliche Lebenserwartung liegt in Thailand bei 74 Jahren (1960: 52 Jahre, in Westeuropa heute etwa 80 Jahre).

Vor allem im ländlichen Raum lebt etwa ein Drittel der Bevölkerung unter dem Existenzminimum, im gesamten Land sind es ca. 8 %. Entgegen der populären staatlichen Familienplanungspolitik sind die Bergvölker noch immer traditionellem Denken verhaftet. Viele Kinder steigern das Ansehen und sind die einzige Alterssicherung. Dagegen praktizieren die meisten Thai-Familien auch auf dem Land Geburtenplanung. So hat Thailand mittlerweile eine sehr niedrige, mit europäischen Ländern vergleichbare Geburtenrate.

Noch leben 66 % der Bevölkerung auf dem Land, doch ist die Verstädterung nicht zu übersehen. Die Bevölkerung der Region Bangkok hat sich während der letzten 20 Jahre mehr als verdoppelt und beträgt je nach Schätzungen 12–15 Mio. Menschen. Die Stadt wirkt wie ein Magnet auf die junge, arbeitslose Landbevölkerung, aber auch auf illegale Ausländer, deren Zahl sich schätzungsweise auf über 4 Mio. beläuft. Die Träume von einem besseren Leben enden nicht selten in Fabriken mit menschenunwürdigen Arbeitsbedingungen oder in der Prostitution.

Die Bevölkerungsdichte der städtischen Region Bangkok liegt bei 5300 Einwohnern pro Quadratkilometer, was über dem Wert entsprechender europäischer Großstädte liegt (Berlin 4000 Einwohner pro Quadratkilometer, London 5200). Anders als die meisten Einwohner westeuropäischer Großstädte leben in Bangkok viele Menschen in ein- bis zweistöckigen Häusern – ähnlich wie in den Kleinstädten. Neben der Hauptstadt Bangkok gibt es keine weiteren Millionenstädte. Die nächstgrößeren Ballungsräume liegen um Chiang Mai, Korat, Chonburi, Udon Thani und Hat Yai.

Thais

85 % der Bewohner Thailands sprechen eine Thai-Sprache, sodass das Land relativ homogen ist. Über Jahrhunderte wanderten Thai-Völker aus Süd-China in Richtung Süden. Während die „großen Thai", die heutigen Shan, ins östliche Birma (Myanmar) zogen, ließen sich die „kleinen Thai" im Gebiet des heutigen Nord-Thailand nieder. Andere Thai-Völker siedeln in Laos und im Nordosten Indiens.

Ein Drittel der Bevölkerung lebt in der zentralen Ebene des Chao Phraya und in Bangkok und spricht Siamesisch (Zentral-Thai), die heutige Staatssprache, die an allen Schulen unterrichtet wird. Ein weiteres Drittel lebt im Nordosten des Landes (Isaan) und spricht Laotisch. Im Norden, dem alten Königreich Lanna, wird von etwa 19 % der Gesamtbevölkerung Nord-Thai (Lanna) gesprochen, und 14 % im südlichen Landesteil sprechen Süd-Thai. Diese Sprachenvielfalt erleichtert Reisenden nicht gerade das Thai-Lernen.

Von den alten Hochkulturen der Mon und Khmer übernahm man die Grundzüge für eine eigene Schrift. Aus dem ceylonesischen Raum brachten Mönche den Theravada-Buddhismus, und aus China kamen Handwerker und Künstler ins Land. Da die Thais niemals kolonisiert wurden, haben sie ihre eigene kulturelle Identität bis heute weitgehend bewahrt.

Noch immer werden die Könige von Sukhothai oder Ayutthaya fast gottähnlich verehrt. Obwohl Thailand 1932 in eine konstitutionelle Monarchie umgewandelt wurde, kommt dem verehrten König nach wie vor eine große Bedeutung zu. Ebenso wie die prunkvollen Tempel das Bild der Städte und Dörfer bestimmen, prägt der Buddhismus das gesellschaftliche Leben der Thais. Neben buddhistischen Traditionen haben zahllose Riten und Bräuche hinduistischen oder animistischen Ursprungs einen festen Platz im Leben der Menschen.

Ethnische Minderheiten

Vor allem in den südlichen und nördlichen Provinzen leben ethnische Minderheiten. Die Südprovinzen an der Grenze zu Malaysia (Pattani, Yala, Narathiwat, Songhkla und Satun) werden von **islamischen Malaien** bewohnt, die dort bis zu 80 % der Bevölkerung ausmachen. Aber auch in den anderen südlichen Provinzen bis hinauf nach Ranong stellen Moslems eine beachtliche Minderheit dar, allein 30 % in der Provinz Phuket.

In den Nordprovinzen leben als weitere ethnische Minderheit des Landes etwa 800 000 Angehörige der **Bergvölker**. Ihre Zahl nimmt zu, da einerseits die Lebenserwartung steigt und andererseits viele Menschen über die Grenze aus Myanmar nach Thailand kommen. Die sieben größten Völker sind die sinotibetischen Karen, Hmong, Yao, Lahu, Lisu und Akha sowie die zur Mon-Khmer-Gruppe gehörenden Lawa.

Außerdem leben in Thailand mindestens 1,5 Mio. **illegale Immigranten** aus Myanmar, Laos, Kambodscha und Vietnam, weitere 1 Mio. gehören zur Kategorie der legalen, registrierten Immigranten. Während seit Mitte der 1970er-Jahre vor allem billige Arbeitskräfte aus Myanmar in den Süden des Landes strömen, haben sich viele Vietnamesen im Osten und Nordosten niedergelassen. Sie sind nicht sehr angesehen und oft die Ersten, die während einer Wirtschaftskrise ihren Job verlieren und ausgewiesen werden.

Eine andere, wirtschaftlich allerdings einflussreiche Minderheit sind die ca. 9 Mio. **Thai-Chinesen**. Obwohl die wirtschaftlichen Beziehungen zwischen Thailand und China bis ins 13. und 14. Jh. zurückreichen, sind die meisten erst

Unruhen im Süden

In Bangkok hat man nicht vergessen, dass über Jahrzehnte kommunistische und separatistische Guerilla (neben ganz gewöhnlichen Banditen) den Süden mit Überfällen, Entführungen und Morden terrorisiert haben. Leekpai (Premierminister Thailands 1992–2000), der aus Trang stammt und mit der Situation im Süden vertraut ist, hatte während seiner Regierungszeit wichtige und mutige Schritte in allen politischen Bereichen unternommen oder zumindest in die Wege geleitet, um die politische, kulturelle und wirtschaftliche Situation der malaiischen Minderheit zu verbessern. Hingegen war in der ersten Amtszeit seines Nachfolgers Thaksin (2001–2005) die Situation in den südlichen Provinzen von Untätigkeit, Thai-Chauvinismus und militärischen Lösungsversuchen geprägt. Man verhängte in den Provinzen Yala, Narathiwat und Pattani das Kriegsrecht, verlagerte starke Militärverbände in den Süden und regierte mit harter Hand. Diese Politik bewirkte nur eine weitere Radikalisierung der Separatisten. In den Südprovinzen sind Bombenanschläge, Überfälle auf Polizei- oder Militärposten und Mordanschläge auf buddhistische Thais fast schon an der Tagesordnung. Auch nach Thaksins Sturz und der Machtergreifung der Militärs im September 2006 war, trotz diverser Deeskalationsversuche der Regierung, die Spirale der Gewalt nicht aufzuhalten. Wie es scheint, bestehen auch Verbindungen zur radikal-islamistischen Terrororganisation Jemaah Islamiyah. Auch die Regierung unter Premier Abhisit musste 2011 zugeben, dass die Gewalt im Süden ein immer größeres Problem darstellt und seit 2004 etwa 5500 Menschen ums Leben gekommen sind.
Weitere Informationen über die Entstehung und den Verlauf der Unruhen im Süden unter 🖳 www.en.wikipedia.org/wiki/South_Thailand_insurgency. Aktuelle Berichte über die Situation in den Südprovinzen findet man täglich in den beiden englischsprachigen Tageszeitungen *The Nation* und *Bangkok Post*.

in jüngerer Zeit eingewandert. Zwischen dem beginnenden 19. Jh. und 1950 flüchteten etwa 4 Mio. Chinesen aus ihrer krisengeschüttelten Heimat nach Thailand, wo ihre Arbeitskraft geschätzt wurde und sie in Handel und Wirtschaft zu Wohlstand gelangten. Eine Untersuchung der Thammasat-Universität stellte fest, dass 63 der 100 größten Industriebetriebe Thailands von chinesischstämmigen Thais kontrolliert werden. Zudem sind 23 der 25 einflussreichsten Männer der Wirtschaft Thai-Chinesen.

Moslemische Minderheit

Seit dem 13. Jh., als die Herrscher Sukhothais die malaiischen Sultanate im Süden der Halbinsel zu Vasallenstaaten erklärten, war diese Region zwar unter der formalen Oberhoheit Siams, aber praktisch blieb sie sich selbst überlassen. Mit der Ausbreitung des Islam im indonesischen Raum wurde auch die malaiische Bevölkerung der Halbinsel bis hinauf nach Chumphon islamisiert.

1909 mussten unter britischem Druck die Sultanate Kedah, Perlis, Kelantan und Terengganu abgetreten werden. In den verbleibenden malaiischen Gebieten Süd-Thailands, dem Sultanat Pattani, begann eine radikale Assimilierungspolitik, die von Unverständnis, Vorurteilen und kulturellem Chauvinismus gekennzeichnet war und die bis zum heutigen Tag die Beziehungen zwischen dem Staatsvolk der Thais und den Thai-Moslems, wie sie von Bangkok euphemistisch genannt werden, bestimmt.

Von den über 4 Mio. Moslems des Landes leben drei Viertel im Süden, vor allem in den Provinzen Yala, Narathiwat, Pattani und Satun. Immer wieder gibt es Auseinandersetzungen um eine regionale Autonomie zwischen ihnen und den von Bangkok eingesetzten Verwaltungsbeamten.

Europäer

Schon seit Jahrhunderten haben Weiße (Farang) das Land bereist. In der Königsstadt Ayutthaya lebten Europäer, Chinesen und Japaner im 17. und 18. Jh. in eigenen Stadtvierteln. Europäische Missionare, Händler, Politiker und Ingenieure dienten den siamesischen Königen als Berater und Geschäftspartner. Die Könige Rama IV. und V. waren westlichen Einflüssen gegenüber aufgeschlossen. Da Thailand niemals unter Kolonialherrschaft geriet, waren Europäer nur mehr oder minder willkommene Gäste in Thailand. Es ist daher nicht erstaunlich, dass auch Touristen in traditionell strukturierten Gebieten als Gäste betrachtet werden, während in den Urlaubsgebieten das kommerzielle Interesse überwiegt.

Geschichte

Im Gegensatz zu allen anderen Staaten Südostasiens kam Thailand nie direkt unter koloniale Herrschaft. Zwischen den Einflussgebieten Großbritanniens (Britisch-Indien und Birma im Westen, Malaya im Süden) und der französischen Kolonie Indochina (Laos, Kambodscha und Vietnam im Osten) gelegen, musste Thailand einer vorsichtigen Balancepolitik zwischen den Großmächten folgen und im 19. und angehenden 20. Jh. große Gebiete abtreten. 1896 garantierten beide rivalisierenden Großmächte die immerwährende Neutralität des zentralen Teils Siams – wie die damalige offizielle Staatsbezeichnung Thailands lautete –, ohne dabei zu vergessen, sich gegenseitig wirtschaftliche und strategische Einfluss- und Interessensphären zuzuschanzen. Militärisch aber wurde das Land nie unterworfen.

Bis zum 13. Jh.: Frühgeschichte

Archäologische Keramik- und Waffenfunde in Ban Chiang und in der Nähe von Kanchanaburi weisen eine **Besiedlung** des Landes vor über 7000 Jahren nach. Neueren Funden in Grotten bei Krabi zufolge lebten bereits vor 43 000 Jahren Jäger und Sammler im Süden Thailands. Auch die **Mlabri**, „Geister der Gelben Blätter", genannten ehemaligen Nomaden, die in den Wäldern bei Nan leben, siedelten bereits lange vor der Einwanderung der Thais in den Bergen im Norden (S. 810, Bücher).

Die Herkunft der Thais ist wissenschaftlich umstritten. Im 8.–11. Jh. wanderten sie aus dem heutigen Süd-China in ein Gebiet, das sich von Assam im äußersten Westen bis nach Vietnam erstreckt. Dort kamen sie in Kontakt mit hinduisierten Bevölkerungsgruppen wie den Mon und Khmer. Vom 10.–13. Jh. erstreckte sich im Süden das Khmer-Reich von Angkor (Kambodscha) bis weit in das heutige Thai-Staatsgebiet hinein. In Chiang Saen und Chiang Rai, aber auch in Nord-Birma (Shan-Staat) und Yunnan entstanden unter lokalen Fürsten die ersten Thai-Reiche. Im 13. Jh. standen einige als Vasallen der Mongolen auf der richtigen Seite und gewannen nach der Eroberung von Birma und dem Champa-Reich in Vietnam an Einfluss.

13. / 14. Jh.: Unter der Herrschaft von Sukhothai

Die Khmer im Mekong-Delta und heutigen Kambodscha sowie die Mon in Zentral-Thailand und Niederbirma hatten mächtige Hindu-Reiche und hoch entwickelte Kulturen geschaffen. Ihr Einfluss ging jedoch im 13. Jh. stark zurück. In diesem Machtvakuum besiegte der Lanna-**König Mengrai** den geschwächten Mon-Staat Haripunchai (Lamphun) und gründete 1296 die Stadt Chiang Mai. Bereits Mitte des 13. Jhs. waren die Khmer aus der zentralen Ebene verdrängt worden, wo 1249 Sukhothai als erste Thai-Hauptstadt entstanden war. Beide Thai-Fürstentümer waren von der Kultur der Mon und Khmer beeinflusst. Sie übernahmen deren Schrift und den Theravada-Buddhismus aus Ceylon, in den viele Elemente des Hinduismus und alten animistischen Glaubens integriert wurden. Sukhothai gelangte Ende des 13. Jhs. unter **König Ramkhamhaeng** zu kultureller Blüte. Er verband die Fähigkeit einer effizienten Herrschaft mit militärischer Stärke und trat gleichzeitig als Befürworter des Buddhismus und der Künste auf. Heute wird er in der offiziösen Geschichtsschreibung als „Vater Thailands" betrachtet.

Mitte 14.–Mitte 18. Jh.: Unter der Herrschaft von Ayutthaya

Der Nachfolgestaat Sukhothais war das um 1350 entstandene Königreich Ayutthaya im Zentrum der fruchtbaren Chao Phraya-Ebene. Zu Beginn des 15. Jhs. wurde Sukhothai unterworfen und das Khmer-Reich besiegt bzw. zum Vasallen degradiert. Gegen die nördlichen Kleinstaaten Lanna und Luang Prabang führten die Truppen von **König Trailok** zahlreiche Kriege. Um die militärische Position gegenüber dem nördlichen Nachbarn zu verbessern, wurde vorübergehend die Hauptstadt nach Phitsanulok verlegt. **Chiang Mai**, die Hauptstadt von Lanna, konnte jedoch nicht unterworfen werden. Seit 1558 war sie in wechselnder Ausprägung mit dem Königreich Birma verbündet bzw. 200 Jahre lang ein Vasall Birmas, des Erzrivalen des Ayutthaya-Reichs. Erst Ende des 18. Jhs. gelang die Eroberung von Chiang Mai und die Errichtung eines siamesischen Protektorats im Norden.

Waren die Sukhothai-Könige noch volksverbunden, so wurden jetzt am Hof Zeremonien eingeführt, die dem Herrscher göttliche Eigenschaften zusprachen. Damit war die absolute Monarchie geboren. Am weitesten gingen die Veränderungen in der Administration. Mitglieder der Königsfamilie, die bisher eigene Ländereien verwalteten, wurden durch ernannte Adlige ersetzt. In einer hierarchischen Rangordnung wurden die gesellschaftlichen Funktionen jedes Mitglieds des Königshauses und des Adels festgelegt. An der Spitze stand der König. Die Masse der Bauern waren entweder Freie oder Sklaven. Freie *(phrai)* durften Land bis zu einer Größe von 25 rai (1 rai = 1600 m²) bestellen. Das Abgabenrecht teilte jedem Bürger Ayutthayas eine „soziale Wertigkeit" *(sakdi na)* zu, die über Landbesitz definiert war. Auch die Strafen im Falle einer Verurteilung richteten sich nach diesem System.

1569 wurde Ayutthaya von seinem stärksten Rivalen, dem benachbarten Königreich **Birma**, besiegt und ein neuer König ernannt, der die Oberhoheit Birmas anerkannte. 15 Jahre war Ayutthaya ein Vasall Birmas, bis es **Prinz Naresuan** in fünf Kriegszügen zwischen 1584 und 1592 gelang, die birmanische Herrschaft abzuschütteln. Mit den meisten anderen asiatischen Staaten unterhielt Ayutthaya intensive **Handelsbeziehungen**. Schiffe segelten nach Malakka, Indien, China und Java. Besondere Beziehungen bestanden mit China, das als „älterer Bruder" angesehen wurde.

Bedeutsam waren auch die Kontakte Ayutthayas mit europäischen Großmächten. Portugal hatte im Jahr 1511 das Sultanat Malakka erobert. Portugiesische Händler, Missionare und Diplomaten kamen auch nach Ayutthaya und portugiesische Söldner dienten im Heer. Im 17. Jh. trafen Holländer und Engländer ein, die Handelsstützpunkte nahe der Hauptstadt und in den Häfen des Südens einrichteten. 1664 erzwang Holland unter der Androhung militärischer Gewalt den Abschluss eines Vertrags, der ihm in wichtigen Bereichen des Außenhandels ein Monopol einräumte. Um den holländischen Einfluss zu begrenzen, nahmen die Ayutthaya-Könige von 1665–90 diplomatische Kontakte zu Frankreich auf. 1687 traf eine französische Gesandtschaft mit mehr als 600 gut ausgerüsteten Soldaten ein. König Narai geriet durch den Einfluss des griechischen Abenteurers Konstantin Phaulkon mehr und mehr unter europäischen Einfluss. 1688 mündete der Widerstand des Thai-Adels und der königlichen Familie in einer Palastrevolte. Phaulkon wurde geköpft und die Beziehungen mit den westlichen Großmächten neu geordnet.

Mitte 18.–Mitte 19. Jh.: Beginn der Chakri-Dynastie

Nachdem Ayutthaya 1767 von Birma völlig niedergebrannt und dem Erdboden gleichgemacht worden war, versank das Land im Chaos. Wie bei damaligen Kriegen üblich, wurden qualifizierte Handwerker, die überlebenden Mitglieder der Königsfamilie und weitere 106 000 Bewohner nach Birma verschleppt. Einige Provinzen und Vasallenstaaten erklärten sich nach der Invasion Birmas für unabhängig. Der Provinzgouverneur **Taksin** versuchte mit einigen verbliebenen Soldaten das Land erneut zu einen.

Er wurde 1768 in der neuen Hauptstadt Thonburi zum König ausgerufen. In den folgenden 14 Jahren gelang es ihm in zahlreichen Kriegen, das Land wieder zusammenzufügen. Wichtigster Heerführer wurde **General Chakri**, der Taksin entmachtete und sich zum **König Rama I.** krönen ließ, dem ersten König der noch heute herrschenden Dynastie.

Die Chakri-Könige verfolgten bis zur Mitte des 19. Jhs. eine Politik der Restauration: Der vergangene Glanz Ayutthayas sollte wiederhergestellt werden. Für die neuen Tempel und Paläste in Bangkok verwendete man sogar Ziegelsteine aus den Ruinen der alten Hauptstadt. Veränderungen sozialer und wirtschaftlicher Natur waren unumgänglich, als sich die Handelsbeziehungen zu China ausweiteten und die europäischen Großmächte neues Interesse an Ostasien zeigten. Chinesische Einwanderer, meist Händler oder Unternehmer, siedelten sich vor allem in Bangkok an. Mitte des 19. Jhs. waren mehr als die Hälfte der 400 000 Einwohner der Stadt Chinesen.

Mitte 19.–Anfang 20. Jh.: Reformen unter Mongkut und Chulalongkorn

König Mongkut (Rama IV.) wird als Erneuerer und Reformer des Reiches angesehen. Zu jener Zeit war Birma nach drei Kriegen vollständig Britisch-Indien einverleibt worden – für Siam eine traumatische Erfahrung. Entsprechend zielte die Außenpolitik darauf ab, den Einfluss der westlichen Großmächte im Gleichgewicht zu halten. England, den Vereinigten Staaten, Frankreich und anderen Ländern wurden Handelsprivilegien eingeräumt und Territorien abgetreten.

Französische Kanonenboote auf dem Menam Chao Phraya ließen Mongkuts Sohn **Chulalongkorn** keine andere Möglichkeit, als Konzessionen an Frankreich und Großbritannien zu machen. Alle laotischen Vasallenstaaten und große Gebiete in Kambodscha fielen an Frankreich. 1909 wurden die nordmalaiischen Sultanate Perlis, Kedah, Terengganu und Kelantan an das britische Kolonialreich abgetreten. Nur das

Die wichtigsten Könige Thailands	
1239–1311	Mengrai (Lanna)
1275–1317	Ramkhamhaeng
1350–1369	U-Thong
1388–1395	Ramesuan
1590–1605	Naresuan
1630–1656	Prasat Thong
1657–1688	Narai
1767–1782	Taksin
1782–1809	Rama I. (General Chakri)
1809–1824	Rama II. (Phra Phutthalaetla Naphalai)
1824–1851	Rama III. (Phra Nangklao)
1851–1868	Rama IV. (Mongkut)
1868–1910	Rama V. (Chulalongkorn)
1910–1925	Rama VI. (Vichiravudh)
1925–1935	Rama VII. (Prajadhipok)
1935–1946	Rama VIII. (Anand Mahidol)
seit 1946	Rama IX. (Bhumipol)

malaiische Sultanat Pattani wurde Siam zugesprochen.

Diese Beschwichtigungspolitik nach außen wurde ergänzt durch ein innenpolitisches **Reformprogramm**. Doch die Durchsetzung stieß auf großen Widerstand, da die Reformen Privilegien des Adels und der Königsfamilie beschnitten. Unter Chulalongkorn wurde ein Dekret erlassen, dass niemand mehr als Sklave geboren werden könne, was die Abschaffung der Sklaverei einleitete. Die Verwaltung wurde zentralisiert und nach europäischem Vorbild mit Ministerien an der Spitze umgestaltet. Steuergesetze lösten die hierarchische Abgabenordnung ab. Im Rahmen der Umgestaltung des Bildungssystems entstanden Universitäten nach westlichem Vorbild. Der König beschäftigte in der Verwaltung Briten, Belgier und Italiener. Deutsche projektierten bis zum Beginn des Ersten Weltkriegs die Eisenbahnlinie nach Norden, Briten die nach Süden. Damit wurde die Infrastruktur erheblich verbessert.

Zweck aller Reformen war es, Siam im Inneren zu stärken, um der westlichen Herausforderung standzuhalten sowie die Macht des Königs zu zentralisieren und zu sichern. Chulalongkorn veränderte die althergebrachte Gesellschafts-

ordnung, hielt aber gleichzeitig an bestimmten Traditionen fest und gilt deswegen als Begründer des modernen Siam.

Die 1930er- und 40er-Jahre: Konstitutionelle Monarchie

1932 wurde Siam, wie die offizielle Staatsbezeichnung bis dahin lautete, durch einen unblutigen **Staatsstreich** in eine konstitutionelle Monarchie umgewandelt. Westlich ausgebildete Intellektuelle und große Teile des Bürgertums waren mit der Herrschaft König Prajadhipoks unzufrieden, da er, im Gegensatz zu seinem Großvater Chulalongkorn, kaum Interesse an der Erneuerung des Landes zeigte und sich Vettern- und Misswirtschaft ausbreitete. **Pridi Phanomyong**, ein in Frankreich ausgebildeter Rechtsanwalt, war der politische Kopf der radikaldemokratischen Bewegung, die, zusammen mit den eher konservativen Militärs, den Coup durchführte. **Pibul Songgram**, Führer des konservativen Flügels, stieg bald zum stärksten Mann der Nation auf, die nun Thailand hieß.

1940 war das Land Alliierter der Achsenmächte Nazi-Deutschland, Japan und Italien. Mit japanischer Unterstützung annektierte Thailand Teile von Birma, Laos, Kambodscha und Malaya. 1944 wurde Pibul Songgram gestürzt, und Thailand verbündete sich mit seinen ehemaligen Gegnern. Pridi Phanomyong, während des Krieges Führer der antijapanischen Bewegung Freies Thailand, arbeitete mit seinen Freunden eine neue Verfassung aus. Er wurde 1947 durch einen Militärputsch unter der Führung von Songgram gestürzt und ging ins Exil. Später wurde er Sprecher der Bewegung Freies Thailand, zuerst in der Volksrepublik China, dann in Frankreich.

Die 1950er- und 60er-Jahre: Diktatur

Unter der Führung Songgrams entwickelte sich das Land streng antikommunistisch und wurde Mitglied in der Seato (South East Asia Treaty Organization), dem asiatischen Gegenstück zur Nato. 1957 stürzten Militärs unter **Marschall Sarit** die Einmann-Diktatur. Sarit, eine umstrittene Figur der neueren Geschichte, war beim Volk beliebt, während viele Landeskenner ihn als korrupten Diktator einstufen. Feldmarschall **Thanom Kittikachorn** wurde neuer Premier und führte Thailand noch enger in die Arme der USA.

Während des Vietnamkrieges war das Land von einem Netz von US-Militärstützpunkten überzogen. Von Udon Thani, Ubon Ratchathani oder U-Tapao aus wurden viele verheerende B52-Bombereinsätze in Vietnam und Laos geflogen. Nach den Wahlen von 1969 kam es zur Bildung eines Parlaments, doch die Macht lag weiterhin in den Händen von Kittikachorn und seinen Generälen.

Die 1970er-Jahre: Demokratische Erneuerung

Die fortwährenden Auseinandersetzungen zwischen Parlament und Militär führten im November 1971 zur Auflösung der Nationalversammlung, Aufhebung der Verfassung und Erklärung des Kriegsrechts. Fast zwei Jahre lang lag die Macht in den Händen von korrupten Armee- und Polizeioffizieren.

Im Oktober 1973 protestierten Hunderttausende gegen die Verhaftung oppositioneller Studentenführer. 71 Menschen wurden erschossen und mehrere Hundert verletzt; erbitterte Straßenkämpfe folgten. Das Ende der Militärclique war gekommen, als Kittikachorn, Prapas und Narong ins Ausland flohen. **König Bhumipol** verkündete die Auflösung des Militärregimes; er setzte den Rektor der Thammasat-Universität, **Sanya Dharmasakti**, als neuen Premier ein, was man als Sieg der Studentenbewegung verstand. Sanya hatte die undankbare Aufgabe, das dem Ruin zustrebende Land zu regieren. Streiks, Kriminalität, Inflation und die sich zuspitzenden Auseinandersetzungen mit kommunistischen Guerillas im Norden und Nordosten sowie die militante Bewegung der

moslemischen Minderheit im Süden waren nur einige Probleme.

In der folgenden Zeit wechselten sich die Parteien mit der Bildung von Regierungen ab, bis das Militär im Oktober 1976, gleich nachdem es an der Thammasat-Universität in Bangkok ein Massaker verübt hatte, die Macht wieder an sich riss. Offiziell starben bei dem Angriff auf die demonstrierenden Studenten 45 Menschen, inoffizielle Schätzungen sprechen von 100–200 Opfern. Ab 1977 war **General Kriangsak** Premier. Er unterschied sich von seinen Vorgängern durch eine Reformpolitik und eine realistische Ausgleichspolitik.

Die 1980er-Jahre: Wirtschaftsboom

Im Frühjahr 1980 wurde Kriangsak gestürzt. Das Parlament bestimmte **General Prem Tinsulanond** zu seinem Nachfolger, der das Land mit einer demokratisch legitimierten Mehrparteienkoalition regierte. Thailand wurde wieder streng antikommunistisch. Die Auseinandersetzungen an der Grenze zu Kambodscha waren Anlass für verstärkte Waffenlieferungen und gemeinsame Manöver mit den USA. Viele innenpolitische Reformen verliefen im Sande. Die moslemische Separatistenbewegung im Süden verlor 1987 durch die Kapitulation von 650 Guerillas an Einfluss.

1988 ging die Chart Thai-Partei aus den allgemeinen Parlamentswahlen als Sieger hervor. Ihr Vorsitzender, **Chatichai Choonhavan**, führte als Ministerpräsident eine Sieben-Parteien-Koalition an. Daneben behielt die Armee großen Einfluss. Durch populäre Anordnungen (z. B. Amnestie für politische Gefangene, Erhöhung der Gehälter der Staatsangestellten und des Reispreises für die Bauern) und ein wirtschaftlichen Boom konnte die Regierung die anfängliche Skepsis in der Bevölkerung überwinden. Doch schon bald kam es durch steigende Verbraucherpreise, die ungleiche Einkommensentwicklung, Bodenspekulation und Korruption zu Spannungen, die vor allem im Militär zu Unmutsäußerungen führten.

Die 1990er-Jahre: Politisierung der Massen

Es überraschte nicht, als im Februar 1991 die Armee in einem unblutigen Putsch Chatichai Choonhavan absetzte. Ein **National Peace Keeping Council (NPKC)** übernahm die Macht und beauftragte Zivilisten unter der Leitung von Premierminister **Anand Panyarachun** mit der Ausarbeitung einer neuen Verfassung. Ein Jahr später fanden Wahlen statt, bei denen die den Militärs nahestehenden Parteien vor allem im ländlichen Raum die Mehrheit der Stimmen erhielten oder kauften. Als im Mai der Anführer des Putsches, **General Suchinda Kraprayoon**, der nicht dem Parlament angehörte, zum Ministerpräsidenten ernannt wurde, gingen die Massen auf die Straße. Die Demonstrationen gipfelten in gewalttätigen Auseinandersetzungen mit zahlreichen Toten und der Verhaftung des charismatischen Leiters der Palang Dharma-Partei, **Chamlong Srimuang**, sowie 4000 seiner Anhänger. Der König intervenierte, die Gefangenen kamen frei, und General Suchinda („Big Su") musste zurücktreten.

Unter dem Druck der Straße kam es im September 1992 zu Neuwahlen, aus denen eine Fünf-Parteien-Koalition unter dem demokratischen Premierminister **Chuan Leekpai** hervorging. Die Palang Dharma-Partei verlor im Lauf des Jahres 1994 durch innerparteilichen Streit an Ansehen. Die Mai-Unruhen von 1992 hatten jedoch das demokratische Bewusstsein gestärkt. Außerparlamentarische Gruppen setzten die Politiker unter Druck, die Reformen fortzuführen und vor allem die Lebensbedingungen auf dem Land zu verbessern. Aufgrund von Korruptionsvorwürfen zerbrach die Fünf-Parteien-Koalition im Mai 1995. Chuan Leekpai verlor die Neuwahlen, bei denen viel über Stimmenkäufe in ländlichen Regionen gemunkelt wurde. Der Führer der Chart Thai-Partei, **Banharn Silpa-Archa**, wurde zum 21. Premierminister Thailands ernannt. Aber auch diese Sieben-Parteien-Koalition ging schnell in die Brüche, sodass Ende 1996 wieder Neuwahlen anstanden. Aus ihnen ging **Chavalit Yongchaiyudh**, ein ehemaliger General, als Sieger hervor. Die überwältigen-de Mehrheit der Wähler in Bangkok stimmte jedoch für die Opposition. Die wankelmütige Palang Dharma-Partei wurde nahezu aufgerieben.

Zu dieser Zeit kündigte sich mit dem Verfall der Immobilienpreise und dem Zusammenbruch einiger Grundstücksgesellschaften die erste Wirtschaftskrise an. Der Rücktritt zweier Finanzminister, ein rapider Währungsverfall und der Vertrauensverlust beim IWF wie bei der Bevölkerung zwangen Chavalit, Ende 1997 sein Amt niederzulegen. In dieser schwierigen Situation beauftragte König Bhumipol den demokratischen Ex-Ministerpräsidenten **Chuan Leekpai**, eine neue Koalition zu bilden, die mit einer dünnen Mehrheit wichtige Reformen durchsetzen musste.

2001–2007: Aufstieg und Fall der Thaksin-Regierung

Unter diesen Bedingungen fand **Thaksin Shinawatra** von der neu gegründeten Partei **Thai Rak Thai** („Thais lieben Thais") mit seinen großzügigen finanziellen Versprechungen und offener Polemik gegen westliche Ausländer und Minderheiten Gehör. Er gewann im Januar 2001 mit einer überwältigenden Mehrheit die Wahlen. Thaksin bildete eine Drei-Parteien-Koalition, um mit einer Zweidrittel-Mehrheit Gesetze schnell verabschieden zu können, und berief in sein Kabinett viele alte Gesichter aus gescheiterten Regierungen.

Bei der Wahl im Februar 2005 gelang es Thaksin erneut, die Regierung zu bilden – diesmal sogar mit absoluter Mehrheit. Allerdings verstärkte sich nach den Wahlen hauptsächlich in der städtischen Bevölkerung der Widerstand gegen die zunehmend autokratisch und diktatorisch herrschende Thaksin-Regierung. Die Einschränkung der Pressefreiheit, die persönliche Bereicherung des Thaksin-Clans und der selbstherrliche Regierungsstil waren Anlässe für Demonstrationen. Nach monatelangen Protesten kam es im April 2006 zu Neuwahlen, die alle wichtigen Oppositionsparteien boykottierten. In vielen Wahlkreisen wurden nicht genügend Stimmen abgegeben, sodass trotz des Wahlsiegs der Thai Rak Thai-Partei deren Abgeordnete als nicht gewählt galten. Der Oberste Gerichtshof erklärte die Wahlen im Mai für ungültig und legte einen neuen Wahltermin im Oktober 2006 fest.

Thaksins Fall begann mit dem Verkauf seines Telekomkonzerns Shin Corp., der beim Aufbau der Mobilfunknetze von staatlichen Zuschüssen profitiert hatte. Die staatliche Singapurer Temasek Holdings Ltd. hatte für fast US$2 Mrd. knapp 50 % der Firma gekauft, wofür der Thaksin-Clan, dank entsprechend geänderter Gesetze, keine Steuern zahlen musste. Das nahm ein Großteil der Mittelschicht nicht hin. Als am 19. September 2006 das Militär unter **General Sonthi Boonyaratkalin** putschte, wurden die Einheiten in Bangkok freundlich begrüßt. Aller Wahrscheinlichkeit nach hat auch der Kronrat unter Vorsitz des früheren Ministerpräsidenten Prem den Umsturz geduldet. Der König bestätigte Sonthi in einer Rede als Vorsitzenden des neuen „Rates für demokratische Reformen unter der konstitutionellen Monarchie", löste das Parlament, die Regierung und das Verfassungsgericht auf, setzte die Verfassung außer Kraft und inhaftierte die noch im Land verbliebenen Mitglieder des gestürzten Kabinetts. Es wurde ein allgemeines Versammlungs- und Demonstrationsverbot eingeführt, Gruppenreisen aus den Provinzen nach Bangkok wurden nicht mehr genehmigt und Medien zensiert. Einen Monat später setzte Sonthi eine zivile Regierung ein. Thaksin befindet sich (mit einer kleinen Ausnahme 2008) seit dem Putsch im Ausland. Seine Thai Rak Thai-Partei wurde per Gerichtsbeschluss im Mai 2007 aufgelöst.

Seit 2007: Unruhen und aktuelle Entwicklungen

Nach den Wahlen 2007 bildete die Nachfolgepartei der Thai Rak Thai, die People Power-Partei (PPP) unter **Samak Sundaravej**, eine neue Regierung. Thaksin nahm weiterhin aus dem Ausland beträchtlichen Einfluss. Ein Großteil der Bangkoker Elite und der Bevölkerung Süd-Thailands wollte das Wahlergebnis nicht akzeptieren und gründete die **PAD (People's Alliance for Democracy)**. Die gelbe Farbe ihrer Hemden symbolisiert das Königshaus. Mit stiller Duldung eines Teils der Polizei und des Militärs behinderte die PAD die Regierungsarbeit. Sie besetzten Ministerien und das Government House, dann die Flughäfen von Phuket, Krabi und Had Yai. Gewerkschaftsmitglieder blockierten die Bahnverbindungen. Am 1. September 2008 verhängte die Samak-Regierung den Ausnahmezustand über Bangkok. Am 9. September verfügte das Verfassungsgericht aus vorgeschobenen Gründen die Absetzung von Samak. Da die Partei weiterhin eine Mehrheit im Parlament besaß, wurde der Schwager Thaksins, **Somchai Wongsawat**, zum neuen Premier gewählt. Unverändert gingen die Proteste der „Gelben" weiter und erreichten mit der Besetzung der beiden internationalen Flughäfen Bangkoks einen neuen Höhepunkt. Hunderttausende Touristen konnten das Land nicht verlassen. Polizei und Militär wurden nicht aktiv. Das Verfassungsgericht entschied die Auflösung der PPP wegen Wahlbetrugs, Somchai trat zurück, und am 15. Dezember 2008 wurde der Vorsitzende der Demokraten, **Abhisit**, auch mit einem Teil der Stimmen der PPP-Abgeordneten zum neuen Premier gewählt. Unter der Abhisit-Regierung wurde die Pressefreiheit weiterhin eingeschränkt. Die Zensur von regierungskritischen Webseiten war weitverbreitet und die Zahl der politischen Gefangenen erreichte neue Spitzenwerte, die sogar die des autoritär geführten Nachbarlandes Myanmar überstiegen.

Eine „rote" Opposition formierte sich bereits während dieser Zeit aus Thaksin-Anhängern und überzeugten Demokraten, die die Macht der Bangkoker Elite und der mit ihr verbündeten Militärs sowie von Teilen des Königshofs beenden wollten. Im Frühjahr 2010 besetzten sie wochenlang mehrere Straßenzüge in der Innenstadt von Bangkok und forderten Neuwahlen. Die Auseinandersetzungen erreichten ihren Höhepunkt, als regierungstreue Armeeeinheiten mit Scharfschützen ein Blutbad anrichteten. 91 Menschen starben und etwa 2000 wurden verletzt. Auch im Norden und Nordosten kam es zu Unruhen, und erst im Dezember 2010 wurde der Ausnahmezustand in vielen Provinzen aufgehoben. Im tief gespaltenen Land ließ Abhisit im Juli 2011 Neuwahlen durchführen, die **Yingluck Shinawatra**, die jüngste Schwester von Thaksin, mit absoluter Mehrheit gewann. Seitdem regiert Thaksin Shinawatra, dem die Rückkehr nach Thailand aufgrund eines Haftbefehls verwehrt ist, über das Internet. Über Skype finden Videokonferenzen mit dem Kabinett und führenden Beamten statt und über zahlreiche soziale Medien wird der Kontakt gehalten. Minister senden Regierungsdokumente zur Vorlage an Thaksin. Eine Verfassungsänderung, die eine Amnestie für den im Exil lebenden Thaksin beinhalten würde, konnte jedoch bisher nicht mit der erforderlichen Zwei-Drittel-Mehrheit im Parlament verabschiedet werden.

Regierung und Politik

Staatsform: konstitutionelle Monarchie
Provinzen: 5 Regionen mit 77 Changwats (Provinzen)
Hauptstadt: Bangkok
Premierministerin: Yingluck Shinawatra
König: Rama IX. (Bhumipol Adulyadej)

Verfassung

Nach der Revolution von 1932 wurde die erste Verfassung des Landes in Kraft gesetzt. Danach liegt die oberste Gewalt in der Hand des Volkes. Der Monarch, die Nationalversammlung, der Staatsrat und die Gerichte üben die Staatsgewalt im Namen des Volkes aus. War damit die Souveränität des Volkes gegeben, so wurden außerdem die Gleichheit vor dem Gesetz wie auch die allgemeinen Grundfreiheiten westlicher Verfassungen garantiert. Seit 1932 sind viele neue Verfassungen erstellt worden, die alle diese Grundsätze beibehielten. Unter massivem Druck der Öffentlichkeit und des Militärs billigte das Parlament im September 1997 eine neue Verfassung. Sie sollte das politische Leben reformieren, Machtmissbrauch des Staates verhindern und die Korruption in Politik und Verwaltung eindämmen.

Nach dem Putsch im September 2006 wurde auch diese Verfassung wieder außer Kraft gesetzt und 2007 eine neue verabschiedet – die 18. seit 1932!

Königsfamilie

Obwohl die Revolution von 1932 das Ende der absoluten Monarchie bedeutete, verehrt die Bevölkerung die Königsfamilie und sieht in ihr ein die Nation einendes Element. Der König ist Staatsoberhaupt, Oberbefehlshaber der Streitkräfte und religiöses Oberhaupt zugleich. Die uneingeschränkte Verehrung der königlichen Familie ist für Europäer kaum nachvollziehbar. Das Portrait von **König Bhumipol** (Rama IX.) und Königin Sirikit findet sich in jedem Haus, in jedem Laden, in den Büros der Staatsangestellten ebenso wie in Restaurants. Der König steht über dem politischen Tagesgeschehen.

König Bhumipol allein hat seit seinem Amtsantritt 1946 insgesamt 20 Militärputsche und gewaltsame Regierungswechsel erlebt. Das Königshaus wirkte in all den Wirren immer als stabilisierende Kraft. Entsprechend prunkvoll werden Thronjubiläen und Geburtstage von Mitgliedern der Königsfamilie gefeiert.

König Bhumipol und Königin Sirikit haben einen Sohn, **Kronprinz Maha Vajrakingkorn**, und drei Töchter, die Prinzessinnen Chulabhorn, Sirindhorn und Ubol Ratana.

Vor allem **Prinzessin Sirindhorn**, die bei der Bevölkerung große Beliebtheit genießt, unterstützt unermüdlich die Arbeit ihres Vaters, wofür sie den neuen Titel Maha Chakri erhielt. Zudem wurde 1974 zum ersten Mal in der Geschichte des Landes die Thronfolge so geändert, dass unter bestimmten Bedingungen auch königliche Töchter die Nachfolge übernehmen können.

Die Königsfamilie gibt sich volksverbunden und besucht selbst abgelegene Provinzen. In vielen vom Königshaus initiierten, finanzierten und unterstützten Projekten werden vor allem in der Land- und Forstwirtschaft neue Maßstäbe gesetzt. Die Verehrung des Königs erfordert ein respektvolles Verhalten, auch von Ausländern, Näheres siehe im Kapitel „Traveltipps von A bis Z" S. 90.

Innenpolitik

Der größte Teil der thailändischen Bevölkerung lebt auf dem Land, allerdings drängen immer mehr Menschen in die Städte. Seit den 1990er-Jahren siedeln sich zunehmend Arbeitskräfte vom Land dauerhaft im Großraum Bangkok und den angrenzenden Industriezentren an, die während des wirtschaftlichen Aufschwungs entstanden sind. In vielen Dörfern des Nordostens und den nichttouristischen Gebieten des Südens, wo die Armut landesweit am größten ist, haben sich die Lebensbedingungen ebenfalls geändert. Insbesondere im Nordosten vergreisen einerseits die Dörfer, andererseits sieht man auch hier immer mehr Motorräder statt Rikschas und „Eiserne Wasserbüffel" statt der lebendigen Variante.

Um der **Abwanderung** entgegenzuwirken, sind rings um einige Provinzhauptstädte wie Korat oder Khon Kaen neue Fabrikanlagen vor allem der Lebensmittel verarbeitenden Industrie entstanden, die das Arbeitskräftepotenzial des Nordostens nutzen. Im Süden hat die Umorientierung auf den Tourismus zumindest einigen Regionen einen beachtlichen Wohlstand, aber auch Probleme beschert.

Mitte der 1980er-Jahre kam es durch den Preisverfall bei traditionellen Agrarprodukten zu Einkommensverlusten in der Landwirtschaft. Das führte zu Unruhen. Als dann noch die Lebensmittelpreise stiegen und große Staudammprojekte die Existenz ganzer Dörfer bedrohten, kam es 1993/94 zu massiven Protestaktionen. Seither wehrt sich die ländliche Bevölkerung gegen Ungerechtigkeiten bei der Landreform ebenso wie beim Bau von Staudämmen, wenn sie fruchtbares Ackerland gegen minderwertige Böden eintauschen sollen.

Während die Auseinandersetzungen um die neue Verfassung 1997 noch breite Bevölkerungsschichten mobilisierten, kam unter Premier Thaksin die basisdemokratische Bewegung fast zum Erliegen. Thaksin führte auch den

Kampf um die Moral des Landes mit harten Bandagen. So starben 2001/02 während des zehnmonatigen Kriegszugs gegen die Drogenmafia über 2000 Menschen; ausländische Regierungen und Menschenrechtsorganisationen protestierten.

Nach jahrelangen Bemühungen zeigte in den 1990er-Jahren die staatlich propagierte **Familienplanung** mit öffentlichen Verteilungsstellen von Kondomen und massiver Aufklärung Erfolge und kann anderen asiatischen Ländern als Vorbild dienen. Das Bevölkerungswachstum von zuvor über 3 % ist mittlerweile auf 0,543 % gesunken. Aufklärungskampagnen und Maßnahmen gegen Aids (Meldepflicht, Verpflichtung der Prostituierten zum Gebrauch von Kondomen) sind im Vergleich zu anderen Ländern Asiens vorbildlich.

Außenpolitik

In der Außenpolitik war Thailand seit dem Ende des Zweiten Weltkriegs bis in die 1970er-Jahre auf streng antikommunistischem Kurs und mit den USA militärisch verbündet. So kämpften Thai-Soldaten in Korea und Vietnam. Unter Ministerpräsident **Kriangsak** begann eine vorsichtige Annäherung an die Nachbarn im Osten: Vietnam, Laos und Kambodscha. Damit wurde dem traditionellen Ziel der thailändischen Außenpolitik Rechnung getragen, die eigene Unabhängigkeit durch realpolitische Beziehungen zu den drei Großmächten Sowjetunion, China und USA zu bewahren.

Thailand ist Mitglied in der Bewegung der Blockfreien Staaten und im südostasiatischen Staatenverband Asean. Das Auseinanderfallen des Ostblocks erleichterte in den 1990er-Jahren den Ausbau der Wirtschaftsbeziehungen zu den ehemals sozialistischen Nachbarstaaten. 1994 konnte die erste Mekong-Brücke zwischen Thailand und Laos eröffnet werden; heute gibt es bereits vier Brücken. 2009 wurde die Eisenbahnlinie Bangkok–Nong Khai über die Freundschaftsbrücke bis nach Laos verlängert. Zudem wurden die Beziehungen zu China ausgebaut.

Wirtschaft

BIP pro Kopf (PPP): 10 000 US$
Wachstum: 5,5 %
Inflation: 3 %
Beschäftigungsstruktur nach Sektoren:
Agrarsektor: 38 %
Industriesektor: 14 %
Dienstleistungssektor: 48 %
Exporte: 226,2 Mrd. US$
Importe: 213,7 Mrd. US$

Thailand ist kein Entwicklungsland und in vielerlei Hinsicht moderner als das alte Europa. Das wird jedem Besucher bei der Ankunft am Flughafen Bangkok deutlich vor Augen geführt. Bei der Fahrt in die Stadt gleitet man auf mehrspurigen Highways vorbei an riesigen, modernen Fabrikhallen und Vorortsiedlungen des Großraums Bangkok. Dank der zunehmenden **Industrialisierung** ist der Wohlstand stark gestiegen. Vor allem Mitte der 1980er- bis 90er-Jahre waren jährlich fast zweistellige Zuwachsraten zu verzeichnen. Die Wirtschaft ist eng an den Export gekoppelt, der 60 % des Bruttoinlandsprodukts ausmacht. Der Tourismus ist der wichtigste Devisenbringer; das macht das Land enorm von der globalen Wirtschaft abhängig. Die aktuelle Weltwirtschaftskrise, die innenpolitischen Unruhen und die Flughafenschließung Ende 2008 haben das Land arg in Mitleidenschaft gezogen. Doch die Thais sind erprobt im Krisenmanagement, die letzte Krise liegt erst rund fünfzehn Jahre zurück.

Damals, 1997/98 während der großen **asiatischen Wirtschaftskrise**, wurde vielen Menschen die Bedeutung der internationalen finanziellen Verflechtungen deutlich. Die hohe Auslandsverschuldung, strikte Auflagen des IWF und zahlreiche Pleiten machten sich im Alltag vieler Thais bemerkbar. Die Auslöser für die Wirtschaftskrise waren bereits 1996 zu erkennen, als einige Immobiliengesellschaften aufgrund fallender Preise und unverkäuflicher Bauprojekte Konkurs anmelden mussten. Durch ausstehende fällige Kredite und die Flucht von ausländischem Kapital kam es zu finanziellen Engpässen bei Banken und Finanzierungsgesellschaften. Kreditzinsen und die Auslandsverschuldung stiegen so rapide an, wie die Börsenkurse fielen. Im August 1997 musste der IWF mit Kreditzusagen in Höhe von US$17,2 Mrd. eingreifen. 2002 kam die Wirtschaft wieder in Schwung und erreichte schnell imposante Zuwachsraten. In den Folgejahren stieg das Bruttoinlandsprodukt jährlich um 6–7 %. Selbst 2008 wuchs die Wirtschaft noch um 2,5 %, 2009 fiel das BIP um 2,3 %, und 2010 wurde wiederum ein Wachstum von 7,8 % erreicht.

In der **Landwirtschaft** sind noch 38 % der Bevölkerung tätig. 14 % arbeiten in der Industrie, die aber 39 % Anteil am Bruttoinlandsprodukt hat, während in der Landwirtschaft nur 8,6 % des Bruttoinlandsprodukts erwirtschaftet werden. Die Zahl kommerzieller Tierzuchtbetriebe ist im letzten Jahrzehnt enorm gestiegen, dennoch heißt Landwirtschaft in Thailand hauptsächlich Reisanbau. Noch bis in die 1950er-Jahre wurde in erster Linie Nassreis angebaut, das Hauptnahrungsmittel. Um die rasch anwachsende Bevölkerung zu ernähren, kultivierten die Bauern seit Ende des Zweiten Weltkriegs auch Berghänge und schlechte Böden. Hier pflanzten sie neue Kulturpflanzen mit geringeren Ansprüchen an die Bodenqualität wie Zuckerrohr, Mais, Cassava, Tapioka und Kenaf. In der Umgebung der Städte und in den Bergen im Norden stieg die Produktion von Obst und Gemüse. Im Süden erstrecken sich heute riesige Ananas-, Palmöl- und Gummibaumplantagen. Mittlerweile ist Thailand der weltgrößte Kautschukproduzent.

Zwischen 1985 und 1994 verdoppelte sich das durchschnittliche **Einkommen** der Thais auf 2321 Baht pro Haushalt im Monat. Heute liegt es im Durchschnitt bei 20 000 Baht im Monat, wobei die Preissteigerungen der vergangenen Jahre und erheblichen regionalen Unterschiede zu berücksichtigen sind. Dank der 1992–94 eingeleiteten Maßnahmen der Regierung, den Wohlstand aus dem Zentrum aufs Land zu verteilen, halbierte sich der Anteil der unter der Armutsgrenze lebenden Menschen. Dennoch gibt es vor allem auf dem Land Menschen, die sich nicht ausreichend ernähren können.

Noch konzentrieren sich über die Hälfte der industriellen Produktionsstätten im Großraum

Bangkok. Die **bedeutendsten Industriezweige** stellen die Auto-, Computer- und Halbleiterindustrie, die arbeitsintensive Textilindustrie sowie die Verarbeitung von Nahrungsmitteln und anderer agrarischer Erzeugnisse dar. So erreichte Thailand innerhalb weniger Jahre die Weltspitze als Exporteur von Schalentieren. Relativ neu ist die Zement- und Automobilindustrie, die hauptsächlich im Ausland gefertigte Teile montiert.

Die zunehmende Industrialisierung lässt den **Energiebedarf** des Landes ansteigen. Nur ein Viertel des Bedarfs kann das Land aus eigenen Öl- und Gasvorkommen im Golf von Thailand und im Indischen Ozean decken. Der Vertrag mit dem Regime in Myanmar über die Lieferung von Gas aus den Vorkommen bei Yetagun stieß bei Menschenrechtlern und Umweltschützern auf Kritik. Durch eine 700 km lange Pipeline, davon 346 km in Thailand, die über das Tenasserim-Gebirge und Kanchanaburi nach Ratchaburi verlegt wurde, wird Thailand mit Gas aus dem Nachbarland versorgt.

Preise und Löhne

Der staatlich festgelegte Mindestlohn beträgt seit 2013 in allen Provinzen und Bangkok 300 Baht pro Tag. Insgesamt sind die Einkommen in der Hauptstadt allerdings immer noch wesentlich höher als in den Provinzen. Laut der Tageszeitung *Bangkok Post* zahlt man hier im Durchschnitt neunmal so viel Lohn wie im Nordosten, wo viele Bauern gerade einmal 50 Baht am Tag verdienen.

Die Mindestlöhne gelten nur für gewerbliche Arbeitnehmer und werden von der Industrie häufig unterlaufen. Vor allem Frauen und Kinder erhalten oft Hungerlöhne. Zum Vergleich: Pro Tag gibt ein Durchschnittstourist fast 4000 Baht aus.

Trotz steigender Konsumgüterpreise sind aus Angst vor Arbeitslosigkeit Forderungen nach Lohnerhöhungen nur selten zu vernehmen. Stattdessen vertrauen die Thais aufs Glück – was der Lotteriegesellschaft stattliche Gewinne beschert und den Staatshaushalt erheblich aufbessert.

Exporte spielen für die thailändische Wirtschaft eine große Rolle, wobei ein Wandel von Rohstoffen und Nahrungsmitteln zu Fertigwaren und Industrieprodukten festzustellen ist. Bis Mitte der 1990er-Jahre kam der überwiegende Teil aller Exporte aus dem agrarischen Bereich, seither produziert der industrielle Sektor die Mehrheit aller ausgeführten Güter. Reis, bis 1986 auf Platz eins, ist mittlerweile weit zurückgefallen und von Autos, Computerteilen (mit dem stärksten Wachstum), Textilien, Kosmetik, Edelsteinen, integrierten Schaltkreisen, Schuhen, Elektroartikeln, Medikamenten, Obst und Garnelen überrundet worden. **Importiert** werden vor allem elektronische Bauteile, Fahrzeugzubehör, Maschinen, Chemikalien, Stahl und Öl.

Tourismus

Mit 22,3 Mio. Touristen, 681 000 davon aus Deutschland, sind 2012 wieder mehr Besucher nach Thailand gekommen als in den vorangegangenen Jahren. Etwa die Hälfte war nicht zum ersten Mal hier. Die Mehrheit reist auf eigene Faust, daher bleibt der größte Teil der Einnahmen von ca. 25 Mrd. € im Land. Das bringt Devisen. Schätzungen gehen davon aus, dass fast 1 Mio. Menschen in Thailand direkt oder indirekt vom Tourismus leben.

Der internationale Tourismus begann während des Vietnamkriegs, als viele US-Soldaten ihren R&R-Urlaub *(rest and recuperation)* in Thailand verbrachten. Nach ihrem Abzug füllten sich die Betten mit bildungshungrigen Gruppenreisenden, die kurze Zeit mit viel Geld unterwegs waren, aber auch mit abenteuerlustigen Globetrottern mit weniger Geld und mehr Zeit. Erst später ermöglichten günstige Charterflüge auch einen Badeurlaub in Thailand, vor allem im Winter. Neben dem tropisch-warmen Klima war dafür vor allem das gute Preis-Leistungs-Verhältnis ausschlaggebend. Viele Urlauber, oft Rentner, überwintern mittlerweile hier. Andere haben sich ganz in Thailand niedergelassen. Dabei sind Besucher aus westeuropäischen Ländern in der Minderheit. Die Mehrheit der Touristen kam in den vergangenen Jahren vor allem

Der Reisanbau bildete schon in der Frühzeit die Nahrungsgrundlage der Thai-Gesellschaft. Im Laufe der Jahrhunderte wurden die Flussniederungen kultiviert, denn sie erhielten durch die alljährlich über die Ufer tretenden Flüsse stetig neue Nährstoffe.

Mitte des 19. Jhs. begann das damalige Siam Reis zu exportieren, was zu einer Umstrukturierung der Landwirtschaft führte, die bis dahin nur auf Selbstversorgung ausgerichtet war. Anbau, Transport und Verarbeitung von Reis bestimmte das wirtschaftliche Geschehen der 1920er- und 30er-Jahre. Der Handel ließ in Bangkok einige Reisbarone chinesischer Herkunft zu Wohlstand gelangen.

Obwohl sich das Land rasch zu einem der größten Reisexporteure der Welt entwickelte, behielt man die überlieferten landwirtschaftlichen Anbaumethoden bei. Investitionen in die Intensivierung der Landwirtschaft hielten sich in Grenzen, sodass die Hektarerträge gleich blieben oder gar sanken und die Anbauflächen ausgedehnt werden mussten. Vor allem im Nordosten, wo das Land durch fehlende Niederschläge zunehmend versteppte, gingen die Erträge zurück. Bauern, die diese Entwicklung durch den Einsatz von Düngemitteln und Pestiziden aufzuhalten versuchten, verschuldeten sich zunehmend. Die sich verschärfenden Probleme wurden besonders von der *Thai Rice Foundation under Royal Patronage* erkannt und es wurden Lösungsmodelle erarbeitet.

aus China und Russland, aber auch aus Indien, Japan und Südkorea..

Im Kampf um den Touristen-Dollar hat Thailand den anderen Mitbewerbern im asiatischen Raum den Rang abgelaufen. Die Einnahmen aus dem Tourismus, die 6,5 % der gesamtwirtschaftlichen Leistung ausmachen, unterliegen jedoch starken Schwankungen. Einerseits profitiert das Land vom weltweiten Reiseboom, der Öffnung der östlichen Nachbarländer Laos, Kambodscha und Vietnam sowie seinem guten Image als beliebtestes Reiseziel in Südostasien. Andererseits war es immer wieder unvorhersehbaren Rückschlägen ausgesetzt, ausgelöst etwa durch den Irak-Krieg, politische Unruhen in den moslemischen Südprovinzen und in Bangkok, durch SARS und Vogelgrippe, die Energiekrise und natürlich den Tsunami.

Ziel der thailändischen **Tourismuspolitik** ist es, die Infrastruktur in Touristenzentren zu verbessern und neue Gebiete, vor allem an der Küste und auf den vorgelagerten Inseln, mit einem hochwertigen touristischen Angebot auszustatten. Man möchte das Land als Reiseziel vermarkten, das sicher, bequem und umweltbewusst ist und einen Luxusurlaub auf hohem Niveau ermöglicht. So sollen spendierfreudige Besucher angelockt werden, die in Resorts und Spas mehr Geld ausgeben und längere Zeit bleiben. Allerdings ist gerade diese Zielgruppe die erste, die während einer Wirtschaftskrise ausbleibt, während Backpacker weiterhin das Land bereisen.

Umweltkriterien spielen bei der Auswahl des Reiseziels eine immer größere Rolle. Daher verabschiedete der Innenminister bereits 1989 eine strenge Regelung für die Errichtung von Gebäuden an den Stränden. So dürfen Neubauten, die bis zu 75 m vom Strand entfernt liegen, offiziell nur noch 6 m hoch sein. Bis zu 200 m vom Strand entfernt beträgt die maximale Höhe 12 m, also niedriger als die Kokospalmen. Von der Lücke, die zwischen Gesetz und Realität klafft, kann sich jeder Tourist vor Ort selbst überzeugen.

Thailand ist die Drehscheibe für Touristen, die auch Laos, Kambodscha, Vietnam, Süd-China, Myanmar oder Malaysia besuchen wollen. Es gilt allerdings noch, dem schlechten Image zu begegnen, das durch Schlagzeilen über Kinderprostitution, Kriminalität oder Aids im Ausland entstanden ist. Schließlich kann Thailand auf ein großes Plus verweisen: Dank der ausreichenden Kapazitäten bietet es Hotels und touristische Dienstleistungen zu einem äußerst guten Preis-Leistungs-Verhältnis an – auch wenn für anspruchsvolle Reisende der Service in manchen Bereichen zu wünschen übrig lässt, weil es an qualifizierten Arbeitskräften mangelt.

Religionen

Buddhisten: 94,6 %
Moslems: 4,6 %
Christen: 0,7 %
Sonstige: 0,1 %

Buddhismus

Thailand gehört neben Myanmar, Sri Lanka, Kambodscha und Laos zu den buddhistischen Ländern der Theravada-Richtung, die der ursprünglichen, manchmal abwertend „kleines Fahrzeug" genannten Lehre zugehören. Während der Mahayana-Buddhismus (das „große Fahrzeug") der nördlichen Länder China, Japan, Korea und Vietnam viele Wege zur Erlösung akzeptiert, orientieren sich die Lehren des Theravada-Buddhismus streng an den überlieferten Pali-Schriften. In Thailand bekennen sich knapp 95 % der Bevölkerung zum Buddhismus, darunter eine konfuzianistisch-chinesische Minderheit. Vor allem im Süden konzentriert sich die moslemische Minderheit, während Christen und Animisten überwiegend bei den Bergvölkern im Norden zu finden sind. Obwohl in Thailand die Freiheit der Religionsausübung garantiert wird, ist der Buddhismus eine Art Staatsreligion.

Buddha

Um 563 vor unserer Zeitrechnung wurde in Lumbini, heute Süd-Nepal, am Fuße des Himalayas ein Prinz geboren – **Siddhartha Gautama**. Seine Mutter Mahamaya, die sieben Tage nach der Geburt starb, hatte während ihrer Schwangerschaft einen Traum, dass ein silberweißer Elefant seitlich in ihren Körper eingedrungen war. Hindu-Priester interpretierten dies als Hinweis auf die Geburt eines großen Herrschers oder Buddhas. Sein Vater, König Shuddhodana, erzog ihn zu seinem Nachfolger und umgab ihn mit allem Luxus.

Im Alter von 16 Jahren heiratete er seine Cousine, eine hübsche Prinzessin, die einen Sohn bekam. Dennoch blieb ihm das menschliche Leid nicht verborgen. Die Legende berichtet, dass er nach dem Anblick eines alten, eines kranken und eines toten Mannes an seinem 29. Geburtstag beschloss, den irdischen Genüssen zu entsagen und als Bettelmönch durch Nord-Indien zu ziehen. Nach sechs Jahren der Besinnung und Selbstkasteiung erlangte er in einer Vollmondnacht 528 v. Chr. während einer Meditation unter einem Bodhi-Baum *(Ficus religiosa)* im heutigen Bodh Gaya die **Erleuchtung**, das Erwachen *(bodhi)*. Er begann, im Hirschpark Isipatana nahe Varanasi den ersten fünf Jüngern seine Erkenntnis von den Vier Edlen Wahrheiten darzulegen: vom Leiden *(dhukha)*, seiner Ursache *(samudaya)*, der Aufhebung des Leidens *(nirodha)* und dem Weg dorthin über den Achtfältigen Pfad *(ashtangika-marga)*.

Die Legende berichtet, dass Buddha 500 Lebenszyklen benötigte, um als Shakyamuni Buddha das Nirvana, die letzte Realität, zu erreichen. Diese Lehre von der Wahrheit *(dharma)* gab Buddha, der Erleuchtete, an seine Mönchsgemeinde *(sangha)* weiter, was im Buddhismus als die Drei Kostbarkeiten bezeichnet wird. Er verbreitete zusammen mit seinen Jüngern in vielen Städten des Ganges-Tales seine Erkenntnis, bis er im Alter von 80 Jahren starb.

Die Lehre

Die Überwindung des menschlichen Leidens erreicht man weder durch Selbstkasteiung noch durch ein ausschweifendes Leben, sondern auf dem „Mittleren Weg". Da sich die Welt in ständiger Veränderung befindet, kann nichts von Dauer sein. Entsprechend gibt es keine unveränderlichen Dinge – aus Altem entspringt ständig etwas Neues, das durch das Vorangegangene bedingt ist. Die menschliche Wirklichkeit beginnt schon mit der Geburt als ein schmerzhaftes Dasein, und Leiden bestimmt das weitere Leben bis zum Tod. Mit dem Tod ergibt sich die Möglichkeit der Wiedergeburt, die einen neuen Leidenszyklus einleitet. Nur die Erkenntnis vom Ursprung des Leidens und den Möglichkeiten seiner Veränderung erlaubt es dem Menschen, sich aus diesem Daseinskreislauf *(samsara)* zu befreien.

Der Ursprung allen Leidens liegt in der Begierde nach weltlichen Genüssen und der Unzulänglichkeit, Egoismus und Stolz, die Schwächen seines eigenen Egos, zu beherrschen. Wer ausschließlich nach weltlichen Genüssen strebt, wird die zerstörerischen Kräfte von Hass, Gier, Begehren und Verblendung erfahren. Menschen sind ein Produkt ihrer Umwelt. Da sie durch individuelle Erfahrungen und Handlungen geprägt sind, sollten sie die Entwicklung der eigenen Persönlichkeit nicht dem Zufall überlassen, sondern selbst in die Hand nehmen. Das Ziel des geistigen Reifeprozesses liegt im Nirvana, in dem man sich von allen Voreingenommenheiten befreit hat. Mit der Loslösung von weltlichen Genüssen und egoistischen Bedürfnissen und dem Bemühen, geduldig, liebevoll, wohltätig, mitfühlend und gütig zu sein, wird man zufrieden und erreicht einen emotional positiven Zustand. Damit ist jeder Mensch in der Lage, zu einem höheren Wissen über den Zustand der Welt zu gelangen und sein Karma zu verbessern.

Dem Ziel nähert man sich durch ständiges Einüben der acht Regeln vom **Edlen Achtfältigen Pfad:**

Rechte Erkenntnis – indem man seine geistigen Fähigkeiten nutzt, um die wahren Probleme der menschlichen Existenz zu verstehen.

Rechtes Denken – ohne Hass, Zorn, Begierde, Grausamkeit und Stolz.

Rechte Rede – bei der man Lügen und eitle Selbstdarstellung meidet.

Rechte Tat – Mönche unterliegen strengeren Verhaltensregeln als Laien, die nicht töten, lügen und stehlen sowie Drogen und sexuelle Ausschweifungen meiden sollten.

Rechter Lebenserwerb – man soll sein Geld verdienen, ohne dabei anderen Menschen zu schaden.

Rechte Anstrengung – um mit seinem Willen und seiner Selbstbeherrschung eine unheilvolle geistige Verfassung zu überwinden.

Rechte Achtsamkeit – um durch Vertiefung und Meditation Selbsterkenntnis zu erlangen.

Rechte Konzentration – damit man lernt, sich in Gedanken zu vertiefen ohne abzuschweifen.

Nur so nähert man sich dem Nirvana, dem vollendeten Zustand der Ruhe und des Glücks im Leersein jenseits der erfahrbaren räumlichen wie zeitlichen Realität.

Buddhismus in Thailand

256 Jahre nach Buddhas Tod nahm der über den indischen Kontinent herrschende, mächtige Kaiser **Ashoka** die Lehre an. Er sorgte für ihre Verbreitung weit über Indien hinaus. Die mündlich überlieferten Regeln wurden erst 400 Jahre nach Buddhas Tod schriftlich auf Palmblätter in der Pali-Schrift festgehalten. Diese Aufzeichnungen sind als Tripitaka („Dreikorb") bekannt, da sie in drei Körben aufbewahrt wurden. Bereits während der ersten 300 Jahre nach Verkündung der Lehre spaltete sich der Buddhismus in die sogenannten 18 Schulen. Als Überlieferer der alten Schule gilt der **Theravada-Buddhismus**.

Buddhistische Mönche verbreiteten ihre Lehre des Theravada-Buddhismus bei den Mon, deren Reiche sich von Süd-Birma bis in die Gegend von Nakhon Pathom erstreckten. Im 8. Jh. entstand in Lamphun das buddhistische Mon-Königreich Haripunchai, weitere große Zentren befanden sich in Thaton und Pegu. Der Mahayana-Buddhismus dominierte das Khmer-Reich, nachdem der Hinduismus aufgegeben worden war.

In Thailand erlangte der Buddhismus erst Bedeutung unter **König Ramkhamhaeng** im 13. Jh. Der König ließ Mönche aus Ceylon (Sri Lanka) kommen, um die reine buddhistische Lehre der Theravada-Richtung zu verbreiten. Während der folgenden Jahrhunderte waren die Könige bedeutende Förderer des Buddhismus, und noch heute bestehen enge Verbindungen zwischen dem Staat und der Sangha, der Mönchsgemeinde. Der thailändische König ernennt das religiöse Oberhaupt des Landes, wobei der Patriarch allerdings zuvor von Vertretern der beiden buddhistischen Sekten des Landes, Mahanikaya und Dhammayuttika-Nikaya, gewählt wird. Auch bei den großen religiösen Festen kommt dem König eine wichtige Rolle zu.

In der modernen großstädtischen Gesellschaft spielt Religion eine immer geringere Rolle. Wenige Jugendliche lassen sich ordinieren. Man schätzt die philosophische Komponente des Buddhismus, die Meditation als geistige Erneuerung, die den Alltagsstress bewältigen hilft, und charismatische Mönche für ihre geistige Macht. In der schnelllebigen Gesellschaft bleibt nur noch wenig Zeit für Tempelbesuche, man verlässt sich lieber auf religiöse Amulette, die neben Buddha oder berühmten Mönchen auch König Chulalongkorn – den westlich orientierten Reformer – oder andere starke historische Persönlichkeiten darstellen. Die Verbesserung des Karmas tritt dabei häufig hinter der Aufstockung des Bankkontos zurück.

Geisterglaube

Neben der streng an den Pali-Schriften orientierten Lehre wurden vom Volksglauben Geister, Einflüsse aus der Mythologie, Erzählungen und Legenden aus vorbuddhistischer Zeit übernommen, was besonders in der religiösen Kunst und Literatur zum Ausdruck kommt. Geister mit unterschiedlichen Namen und Unheil verbreitende Seelen von Verstorbenen tauchen in nahezu jeder Seifenoper im Fernsehen auf. Neben jedem Haus wird für die Schutzgeister ein kleines „Geisterhäuschen" errichtet (S. 127). Selbst in buddhistischen Tempeln haben Amulettverkäufer und Handleser ihren festen Platz. Zu Amuletten s. eXTra [2693].

Klosterleben

Die Gemeinschaft der Mönche, **Sangha**, stellt die Verkörperung der reinen Lehre dar. Zumindest für ein paar Monate nehmen viele Männer, einschließlich des Königs, und sogar Frauen freiwillig das entbehrungsreiche, strenge Klosterleben auf sich. Mit Beginn der Regenzeit bereiten sich die jungen Männer, die im Idealfall das 20. Lebensjahr vollendet haben, auf das Klosterleben vor. Für sie ist die mit der Ordination beginnende dreimonatige Zeit als Mönch der symbolische Übergang in die Welt der Erwachsenen. In 40 000 Tempeln leben über 240 000 Mönche und 100 000 Novizen (junge, noch nicht volljährige Mönche) und unterwerfen sich den 227 strengen buddhistischen Regeln. Sie verzichten unter anderem auf jedes Eigentum, dürfen weder Menschen noch Tiere verletzen, nicht in bequemen Betten schlafen, singen oder tanzen, kein Parfüm benutzen und müssen ein striktes Zölibat befolgen. Kurz nach Sonnenaufgang ziehen die in safrangelben Roben gekleideten Mönche durch die Straßen, um Opfergaben von den Gläubigen – meist in Form von Lebensmitteln – entgegenzunehmen. Mit ih-

ren Spenden erwerben sich die Geber Verdienste für ihr zukünftiges Leben, sodass sie sich ehrfürchtig und wortlos bei den Mönchen für die erwiesene Gunst bedanken. Ihre Mahlzeiten dürfen Mönche nur vormittags einnehmen. Schließlich sollen sie sich von allen irdischen Verlockungen lösen; so durften sie ursprünglich nicht einmal mit einer Frau sprechen.

Meditationsklöster

Folgende Klöster nehmen auch Ausländer auf. Alle besitzen ein Vipassana-Meditationszentrum mit Unterweisungen auch auf Englisch. Die Unterkünfte, Klosterregeln und Meditationskurse sind sehr unterschiedlich und vor Ort oder über das Internet zu erfragen.

Bangkok

Phra Sanghachai Internationales Meditationszentrum in Taling Chan nahe Southern Bus Terminal, hier unterrichten die österreichische Nonne Acharn Mae Chee Brigitte Schrottenbacher und der hoch verehrte Abt Phra Acharn Phet. Einwöchige Retreats beginnen außer in der Trockenzeit immer am Ersten des Monats. Weitere Informationen 🖳 www.meditationthailand.com.
Wat Mahathat in der Buddhistischen Universität am Sanam Luang, Section 5.
Weitere Empfehlungen im Kapitel „Bangkok", S. 132.

Süd-Thailand

Wat Suan Moke bei Chaiya, in der Tradition von Ajahn Buddhadasa, 🖳 www.suanmokkh.org.
Wat Khao Tham in Ban Tai auf Ko Pha Ngan, ein internationales Meditationszentrum unter der Leitung von Rosemary und Steve Weissman, 🖳 www.watkowtahm.org.
Detaillierte Infos: 🖳 www.retreat-infos.de, 🖳 www.buddhanet.net oder 🖳 www.hdamm.de/buddha/mdtctr01.htm.

Dorfklöster stellen auch eine Alternative zum öffentlichen Schulsystem dar. Viele Bauernsöhne werden Novizen, um neben der 4–6-jährigen Grundschulzeit eine weiterführende Bildung zu erhalten. Gerade im 20. Jh. ist es zu einer zunehmenden Verschulung des Mönchsordens gekommen. Die Sangha unterhält in Bangkok zwei buddhistische Universitäten, wo auch weltliche Studienkurse angeboten werden, so weit sie mit dem Leben der Mönche in irgendeinem Zusammenhang stehen. Auf diese Weise macht man zum Beispiel die Mönche mit den sozialen Problemen auf dem Land vertraut. Ist ein Haus fertig gestellt oder wird ein Geschäft eröffnet, lädt man eine Gruppe von Mönchen ein, die durch ihre Anwesenheit und Gebete Glück bringen sollen.

Mit der Ordination zum Mönch wird jeder Thai gleich welcher Herkunft zu einer respektierten Persönlichkeit, und es entspricht selbst der Würde des Königs, einem Bauernsohn als Mönch Respekt zu bezeugen. Das beruht auf der Tatsache, dass der Mönch nicht als Individuum, sondern als Vertreter des buddhistischen Ideals angesehen wird. Um ihre individuellen Züge zu verbergen, halten Mönche bei bestimmten Ritualen fächerartige Schirme vor ihr Gesicht.

Das Klosterleben steht Frauen nur eingeschränkt offen. Buddhistische Nonnen gehören weder einem Orden an noch können sie Rechte und Privilegien beanspruchen. Während es im ursprünglichen Buddhismus dafür keinerlei Rechtfertigung gibt, ist zu späteren Zeiten versucht worden, die Lehre entsprechend zu interpretieren.

Islam

Der Islam ist die Lehre des Propheten Mohammed, wie sie im 7. Jh. christlicher Zeitrechnung in Arabien verkündet wurde. Mohammed wird als der letzte einer Reihe von Propheten verstanden (Adam, Moses, Noah, Jesus usw.). Im Jahr 622 n. Chr. musste er von Mecca nach Medina fliehen. Mit diesem Jahr beginnt die islamische Zeitrechnung.

Grundlage ist der Glaube an Allah als den alleinigen Gott. Allah ist Schöpfer, Erhalter und Erneuerer aller Dinge. Der Wille Allahs, dem sich der Mensch zu unterwerfen hat, ist im heiligen Buch, dem **Koran**, ausgedrückt. Er wird als Wort Gottes betrachtet, das Mohammed durch den Engel Gabriel verkündet wurde.

Unterteilt in 114 Suren beschreibt der erste Teil des Korans die ethische und geistige Lehre sowie das Jüngste Gericht; die restlichen Suren befassen sich mit der Soziallehre und den politisch-moralischen Prinzipien, durch die sich die Gemeinschaft der Gläubigen definiert. Von Beginn an hatte der Islam eine soziale Komponente, die sich in der Gleichheit und Brüderschaft der Gläubigen manifestierte. So gibt es im idealen islamischen Staat keinen Widerspruch zwischen weltlicher und religiöser Macht, zwischen gesellschaftlichem Sein und religiösem Bewusstsein. Dieser duale Charakter – religiös und sozial – war allen damals bestehenden Religionen überlegen. Christen und Juden wurden, da auch sie Heilige Bücher besaßen, toleriert, die „Ungläubigen" aber mussten im Heiligen Krieg *(jihad)* zum wahren Glauben gebracht werden.

Erstaunlich ist die Ausbreitung des Islam in den ersten Jahrhunderten nach Mohammeds Tod. Ein großer Teil des damals bekannten Erdballs von Spanien bis Indien und Zentralasien wurde für den Islam erobert. Arabische, persische und indische Händler brachten den Glauben auch in die hinduistischen und buddhistischen Großreiche Südostasiens.

Die **Fünf Grundpfeiler des Islam** wurden schon kurz nach dem Tod des Propheten aufgestellt, um die Wesensmerkmale des Glaubens darzulegen:

Glaubensbekenntnis *(taschahhud)* – „Es gibt keinen Gott außer Allah, und Mohammed ist sein Prophet". Dieses Bekenntnis, worauf sich die Zugehörigkeit zur Gemeinschaft gründet, muss mindestens einmal im Leben aufgesagt werden – laut und fehlerfrei, und der Gehalt muss vom Geist und vom Herzen vollständig verstanden werden.

Gebet – Obwohl der Koran nur drei tägliche Gebete nennt, werden im Zweiten Grundpfeiler der Lehre fünf Gebete vorgeschrieben. Der Muezzin ruft die Gläubigen zum Gebet in der Moschee. Vor jedem Gebet müssen die Hände, das Gesicht und die Füße gewaschen werden. Der Imam steht vor den Gläubigen, nach Mekka gewandt, und rezitiert Suren aus dem Koran. Zwei Mal müssen die Gläubigen auf die Knie fallen und „Gott ist groß" *(Allahu akbar)* ausrufen. Der

reinen Lehre nach müssen diese fünf täglichen Gebete ausgeführt werden, obwohl sich heute selbst überzeugte Moslems nicht daran halten. Einen besonderen Stellenwert besitzen die Freitagsgebete.

Zakat – Der Koran schreibt eine jährliche Abgabe oder Steuer vor. Sie ist in der Heiligen Schrift exakt festgelegt: Getreide und Früchte werden mit 10 %, wenn das Land künstlich bewässert wird mit 5 % belastet. Auf Bargeld und Edelmetalle werden 2,5 % Zakat erhoben. In den meisten islamischen Ländern wird diese Abgabe, die nach dem Koran in erster Linie für die Armen verwendet werden soll, auf freiwilliger Basis geleistet.

Fasten – Im neunten Monat des islamischen Kalenders (Ramadan) ist ein tägliches Fasten von Sonnenauf- bis Sonnenuntergang vorgeschrieben. Während des Tages darf nicht gegessen, getrunken oder geraucht werden.

Hadsch – Mindestens einmal in seinem Leben sollte ein Moslem die Pilgerfahrt nach Mekka unternehmen, „vorausgesetzt, dass man es sich leisten kann" und dass die zurückgebliebene Familie in der Abwesenheit des Pilgers versorgt ist. Höhepunkt einer jeden Pilgerreise ist der Besuch der Kaaba, eines viereckigen, aus dem Stein der Berge Mekkas erbauten Gebäudes inmitten der Großen Moschee. Nach uraltem Brauch wird das Heiligtum mit schwarzen Brokatstoffen umhüllt. In der östlichen Ecke der Kaaba steht der berühmte schwarze Stein, den die Pilger berühren und küssen. Ähnlich wie in anderen islamischen Ländern wird auch in Malaysia die Hadsch, die nach dem islamischen Kalender im letzten Monat des Jahres stattfinden muss, von offiziellen Institutionen unterstützt.

Traditionen und Tabus der Malaien

Obwohl die Malaien vor mehreren hundert Jahren islamisiert wurden, haben sich alte Traditionen und Tabus aus animistischer und hinduistischer Vorzeit erhalten. Übernatürliche Wesen, Geister, Feen und Gespenster spielen in vielen

Lebenssituationen der malaiischen Dorfbevölkerung eine wichtige Rolle und werden nicht als Widerspruch zum monotheistischen Islam begriffen. **Geister** sind allgegenwärtig, hausen in Tieren, Pflanzen, Bäumen und auf Bergen. Aber auch im Kopf eines Menschen versammeln sich die Schutzgeister, die nicht erzürnt werden dürfen. Jeder Malaie ist daher verärgert, wenn man seinen Kopf oder sein Haar berührt, denn das schreckt die Geister auf. Das Konzept der gegenseitigen Achtung ist auf alte animistische Traditionen zurückzuführen. Ein Malaie wird seinen Nachbarn nie verachten, denn dadurch würde er sich den Zorn der nachbarlichen Hausgeister zuziehen, die ihrem Herrn zu dienen haben. Auch viele Krankheiten versteht man als das Werk böser Geister. Um sie zu heilen, wird der *Dukun*, eine Art traditioneller Medizinmann, gerufen. Ernstere Krankheiten behandelt der *Pawang* oder *Bomoh*. In Zeremonien, die sich über Tage hinziehen können, versucht er, die bösen Geister, die den Patienten befallen haben, auszutreiben.

Unter Tabus versteht man Aktionen oder Verhaltensweisen, die den Mitgliedern einer Gesellschaft oder gesellschaftlichen Gruppen verboten sind. Um nur zwei Beispiele aus der unendlichen Liste gesellschaftlicher Tabus zu nennen: Babys dürfen nachts nicht an einem Stück Zuckerrohr kauen, denn damit saugen sie das Blut aus ihren Müttern, die daraufhin sterben müssen. Oder: Wer ein *Ketupat* (Reis in Kokosnuss- oder Palmblättern gewickelt) isst, darf das Päckchen nicht achtlos aufreißen, denn sonst verläuft er sich achtlos später. Wichtig zu beachten sind die Tabus bei Begräbnissen, die in allen Bevölkerungsgruppen Malaysias anzutreffen sind. Malaien müssen schlicht und unauffällig gekleidet sein, Inder dürfen nur weiße Kleidung tragen, Chinesen nur schwarze oder blaue.

Viele Tabus werden noch heute strikt eingehalten, andere eher vernachlässigt oder sind in Vergessenheit geraten. Ausländischen Gästen wird jeder Malaie mit Nachsicht begegnen, wenn sie sich „falsch" verhalten oder ein Tabu nicht berücksichtigen, trotzdem sollte man die Konventionen seiner Gastgeber unbedingt respektieren.

Kunst und Kultur
Kunstepochen

Die traditionelle Kunst und Kultur Thailands ist vom Buddhismus geprägt. Daneben haben animistische und hinduistische Überlieferungen aus früherer Zeit ebenso die Entwicklung der Künstler beeinflusst wie die alten chinesischen und indischen Kulturreiche. Künstler waren in erster Linie für die Ausschmückung der Tempel zuständig. Entsprechend bestehen die Sammlungen der Museen aus religiösen Gegenständen. Vieles ist im Laufe der Geschichte dem alles zersetzenden tropischen Klima, Bränden oder Kriegen zum Opfer gefallen, vor allem Holzschnitzereien, Textilien und Holzgebäude. Steinerne Tempel und aus Metall gefertigte Buddhafiguren haben die Zeit überdauert.

Daneben wurden stets alte Bauwerke und Skulpturen neu bearbeitet und dem Zeitgeschmack angepasst oder verblichene Wandmalereien übermalt. Nicht selten wurden mehrere Chedis übereinander errichtet, denn mit der Produktion von Neuem erwarb man sich einen größeren Verdienst als mit dem Restaurieren verfallener Werke. Dennoch zeugen zahlreiche Skulpturen und Tempelruinen von dem ästhetischen Empfinden der Menschen vergangener Jahrhunderte und beeindrucken die Betrachter durch ihre hohe künstlerische Qualität und Ausdruckskraft.

Vor der Gründung des Thai-Reiches

Früheste **steinzeitliche Funde,** die bis zu eine Million Jahre alt sind, wurden in der Provinz Kanchanaburi gemacht. Nahe dem Dorf Ban Chiang im Nordosten Thailands entdeckte man bis zu 7000 Jahre alte Tonscherben, Waffen, Schmuck und andere Hinterlassenschaften einer der ältesten Siedlungen Südostasiens. Bereits vor 4500 Jahren, früher als in China und Indien, stellte man hier Werkzeuge und Waffen aus Bronze her.

Im ersten Jahrtausend unserer Zeitrechnung hatten sich kulturell hoch stehende Reiche entwickelt. Der Süden Thailands stand im 8. Jh. unter dem Einfluss des **Srivijaya-Reiches** von Palembang (Süd-Sumatra), eines der ers-

Kunstepochen in Thailand

1.–6. Jh.	Indische Einflüsse
6.–11. Jh.	Dvaravati / Mon
8.–13. Jh.	Srivijaya (Süden)
8.–14. Jh.	Lopburi / Khmer
	(8.–10. Jh. früh; 11.–13. Jh. mittel;
	13.–14. Jh. spät)
13.–15. Jh.	Sukhothai
	(13.–14. Jh. früh, 14.–15. Jh. spät)
?–14. Jh.	Haripunchai (Norden)
?–13. Jh.	Lanna (Norden)
14.–15. Jh.	U Thong
14.–18. Jh.	Ayutthaya
18.–20. Jh.	Bangkok / Ratanakosin

ten buddhistischen Reiche, dessen Kunst besonders von indischen Einflüssen geprägt war. Bereits früher hatten sich in Zentral-Thailand (Nakhon Pathom, Lopburi, U Thong), im Irrawaddy-Delta und Tenasserim-Gebirge zahlreiche Mon-Fürstentümer zu einem lockeren Verband im **Dvaravati-Reich** zusammengeschlossen. Die Skulpturen und Bauwerke aus jener Zeit sind durch eine klare Linienführung sowie symmetrische, stark stilisierte Muster gekennzeichnet. Die Buddhastatuen, überwiegend in stehender Haltung, wirken recht massiv und breitflächig. Typisch sind die spiralförmigen, großen Locken sowie die zusammenlaufenden, wellenförmig geschwungenen Augenbrauen.

Die erstarkenden **Khmer** in Kambodscha begannen im 9. Jh. ihren Machtbereich zu festigen und nach Westen hin auszudehnen. Sie verdrängten die Mon und beherrschten die Flussebene des Menam Chao Phraya, bis sie im 13. Jh. von den Thais zurückgedrängt wurden. In Phimai, Lopburi, Sukhothai und an anderen Orten sind Zeugnisse der vom Mahayana-Buddhismus beeinflussten Khmer-Architektur erhalten geblieben, die als **Lopburi-Stil** bezeichnet wird. Typisch sind reich dekorierte, phallusförmige Tempeltürme, die Prangs, die auf einem rechteckigen Unterbau aufsitzen und in deren Nischen Buddhafiguren stehen. Türstürze und Fenster sind mit figürlichen Darstellungen reich dekoriert. Die Buddhabildnisse aus jener Epoche weisen, ebenso wie die Bildnisse ande-

rer Gottheiten, stark individuelle Züge auf. Häufig tragen sie Hals- und Armketten sowie einen kegelförmigen Kopfschmuck, dessen Abschluss am Haaransatz parallel zu den fast geraden Augenbrauen verläuft. Die wulstigen, großen Lippen und flachen, breiten Nasen geben dem rechteckig geformten Gesicht einen strengen Ausdruck.

Parallel dazu entwickelte sich im nördlichen **Lanna-Reich** ein eigener Kunststil. Bereits vor der Gründung von Sukhothai hatten die Thais in Nord-Thailand unter dem Einfluss der benachbarten Birmanen und des Mon-Reiches Haripunchai einen indisch anmutenden Stil entwickelt.

Sukhothai-Periode

Mit der Gründung von Sukhothai 1249 durch den Thai-König Ramkhamhaeng war die Grundlage für die Entwicklung einer eigenen Thai-Kultur geschaffen. Typisch für die Tempelarchitektur der Sukhothai-Zeit ist der Lotosknospen-Turm. Die Buddhaskulpturen vollziehen einen deutlichen Wandel, wobei der Khmer-Stil fast völlig umgekehrt wird. Die Gesichter erhalten einen weiblichen, verklärten Gesichtsausdruck. Die spiralförmigen Haarlocken türmen sich über dem ovalen Gesicht in Form eines Stupa und enden in einer stilisierten Flamme. Über einer langen, spitzen Nase vereinigen sich die hochgeschwungenen Augenbrauen, die Lider sind halb geschlossen, während die Mundwinkel leicht nach oben gezogen sind. Die harmonisch fließenden Linien zwischen Kopf und Körper werden durch die langen, nach außen geformten Ohrläppchen unterstützt.

U-Thong- und Ayutthaya-Periode

Nach dem Zerfall von Sukhothai übernahm von Mitte des 14. bis Mitte des 18. Jhs. das Königreich Ayutthaya im zentralen und südlichen Thailand auch in der Kunst die führende Rolle. In der frühen Autthaya-Periode bis zum 15. Jh., auch U-Thong-Periode genannt, nahm man Elemente der Khmer- und Sukhothai-Stils wieder auf, die aber mit dem Erstarken der Großmacht in den Hintergrund traten. Deutlich wirkte sich der Einfluss des Königshofs auf die buddhistische Kunst in einem prunkvollen Stil aus. Zudem griff man europäische Einflüsse auf. Tempel wurden mit überdimensionalen Wandmalereien ausgestattet. Ornamente, Gold und Edelsteine schmückten die Buddhaskulpturen, die im 18. Jh. sogar in kopierte Königsgewänder gekleidet wurden. Sie veränderten ihren Ausdruck von der religiösen Entrücktheit der Sukhothai-Periode zu einer majestätischen, erhabenen Distanz. Allerdings wurden Kunstwerke vielfach bereits in großen Mengen hergestellt und verloren an künstlerischer Ausdruckskraft.

Bangkok-Periode

Nach der Zerstörung von Ayutthaya durch die Birmanen 1767 wurden nicht nur viele Kunstwerke und Schätze, sondern auch Handwerker und Künstler nach Birma verschleppt, die dem Land zu einer erneuten Blüte verhalfen. Die Chakri-Dynastie in Siam begann damit, der neuen Hauptstadt Bangkok die Pracht der zerstörten Königsstadt zu verleihen. 1785 begann man mit dem Bau des Königstempels, **Wat Phra Kaeo**. Chinesische und europäische Einflüsse werden seit der Mitte des 19. Jhs. aufgenommen und wie selbstverständlich integriert. Ein gutes Beispiel dafür ist der Königspalast von Bangkok – ein Bauwerk in neoklassizistischer Bauweise mit einem gestaffelten Dach im typischen **Ratanakosin-Stil**, dem Bangkok-Stil der vergangenen beiden Jahrhunderte.

Buddhistische Tempel

Für die Ausstattung der Tempel und Klöster sind die Thais bereit, finanzielle Opfer zu bringen. Schließlich hat eine Tempelanlage traditionell verschiedene Funktionen zu erfüllen: Sie dient den Gläubigen als Ort für Meditationen, religiöse Zeremonien, Feierlichkeiten und Gebete, den Mönchen als Wohnbereich und Bibliothek, der Dorfbevölkerung als Versammlungsort, Wanderern als Ruhestätte und Übernachtungsmöglichkeit. Die Anlage steht Frauen und Männern, Gläubigen wie Ungläubigen offen, sofern sie die religiöse Stätte respektieren.

Entsprechend der vielfältigen Funktion besteht normalerweise eine Tempelanlage, in Thailand Wat genannt, aus mehreren Gebäuden, die von einer Mauer umschlossen sind: Schon

von weitem erkennt man einen Tempel an dem glockenförmigen, spitz zulaufenden Turm, dem **Chedi** (Thailand) – je nach Region und Kulturepoche auch Pagode (Myanmar), Dagoba (Sri Lanka), Stupa (Indien, Nepal) oder Prang (Khmer) genannt. Er geht auf hinduistische Ursprünge zurück und beherbergt häufig eine Reliquie Buddhas. Man umschreitet ihn immer im Uhrzeigersinn. Manche Tempeltürme sind begehbar, wobei Frauen in bestimmten Bereichen oft nicht zugelassen sind.

Das religiöse Zentrum bildet die Gebetshalle **Bot**. Der weite Innenraum ist mit vielen, kleineren Skulpturen dekoriert, und die Wände schmücken häufig Wandmalereien oder Ornamente. Im Mittelpunkt dieses heiligen Bezirkes steht eine große Buddhastatue. Im Bot werden religiöse Zeremonien abgehalten. Die Gläubigen sitzen dabei auf dem Boden, die Füße weisen respektvoll nach hinten. In Nord-Thailand gilt ein Bot manchmal als so heilig, dass er von Frauen nicht betreten werden darf. Daneben gibt es eine oder mehrere Seitenkapellen, **Viharn**, in denen sich Mönche versammeln und die Gläubigen beten, sowie ein kleines Bibliotheksgebäude, **Ho Trai** genannt, das zum Schutz häufig auf einem hohen Unterbau steht, und **Sala**, offene Pavillons, die Tempelbesuchern einen schattigen Rastplatz und Schutz vor Regen bieten. Ein offenes Gebäude, in dem verehrungswürdige Reliquien, wie etwa ein Fußabdruck Buddhas, aufbewahrt werden, bezeichnet man als **Mondhop**. Der Klosterbezirk, in dem die Mönche leben, ist von diesen Gebäuden abgetrennt oder grenzt an sie an.

Während man in Myanmar bereits die Schuhe auszieht, wenn man eine Tempelanlage betritt, wird das in Thailand erst notwendig, wenn man in ein Tempelgebäude geht.

Buddhastatuen

Jahrhundertelang wurden Buddhastatuen in Stein gemeißelt, aus Holz geschnitzt, aus Ziegelstein gefertigt und mit Gips überzogen, aus Bronze, Kupfer oder Gold gegossen. Daneben wurden auch hinduistische Götter und animistische Geister in Plastiken und Reliefs dargestellt, blieben jedoch zweitrangig. Obwohl sich die künstlerischen Stilrichtungen und technischen Möglichkeiten im Laufe der Jahrhunderte gewandelt haben, ist die Darstellung von Buddha, dem Erleuchteten, an strengen Prinzipien aus der überlieferten indischen Kunst orientiert. Mit den Buddhabildnissen will man, entsprechend der Theravada-Lehre, nicht die Person darstellen, sondern an die Lehre erinnern. Von besonderer Bedeutung ist hierbei **Asana**, die Körperhaltung, und **Mudra**, die Handhaltung, als Ausdruck bestimmter Ereignisse und Lebenssituationen Buddhas. Traditionell werden vier Körperhaltungen dargestellt: sitzend, liegend, stehend und schreitend, wobei die erste am weitesten verbreitet ist und in verschiedenen Variationen vorkommt.

Mythologische Figuren

In einigen Plastiken wird der meditierende Buddha auf einer siebenköpfigen Schlange sitzend dargestellt, die ihn mit ihren fächerartig angereihten Köpfen vor einem Unwetter schützt. Die buddhistische Lehre erscheint häufig im Gewand der hinduistischen Mythologie.

Nagas, Diener Buddhas, sind halbgöttliche Schlangenwesen, die eine Zwischenwelt bewohnen, ein prächtiges, unterirdisches Königreich. Sie können sich mit ihren magischen Kräften in Menschen verwandeln und mit ihnen Kinder zeugen, die stark und mächtig werden. Schlangen, manchmal auch Krokodile (das Naga-Symbol der Mon), schmücken Treppenaufgänge und Tempeldächer.

Manchmal werden sie in den Klauen ihres erbitterten Erbfeindes, des **Garuda**, abgebildet. Die in Südostasien und Indien verbreitete Darstellung des Königs der Vögel hat die Flügel, Klauen und den Kopf eines Raubvogels, aber den Körper eines Menschen. Er ist das Reittier des Gottes Vishnu und daher auch das königliche Wappentier, denn die thailändischen Könige gelten als Inkarnation Vishnus auf Erden. Entsprechend findet man den Garuda auf Geldscheinen und im thailändischen Wappen.

Ein weiteres königliches Tier ist **Erawan**, der dreiköpfige Elefant, Reittier von Gott Indra und gleichzeitig der hinduistische Gott der Künste und Wissenschaft. Am siamesischen Hof wurden weiße Elefanten als Symbole der königlichen Macht gehalten. Auch der jetzige König

Mudra – Handhaltungen Buddhas

Die symbolischen Handhaltungen haben unterschiedliche Bedeutungen.
Dhyana: Der in Meditation versunkene Buddha. Im Schoß ineinander verschränkte Hände mit nach oben weisenden Handflächen.
Abhaya: Der furchtlose, Segen und Schutz spendende Buddha. Die rechte in Schulterhöhe erhobene offene Hand mit der nach außen gekehrten Handfläche.
Bhumisparsa: Der die Erdgöttin als Zeugin anrufende Buddha. Die offene herabhängende Hand bei nach innen gekehrter Handfläche.
Vara: Der Segen gewährende, barmherzige Buddha. Die gleiche Handhaltung wie bei Bhumisparsa mit nach außen gekehrter Handfläche.
Vitarka: Die erklärende, argumentierende Handhaltung. Die Handfläche zeigt nach außen, die Finger sind leicht gebeugt, wobei Daumen und Zeigefinger sich berühren und einen Kreis bilden.
Dharmachakra: Buddha dreht das Rad der Lehre, des endlosen kosmischen Zyklus, womit an seine erste Predigt im Hirschpark von Isipatana erinnert wird. Beide Hände sind in ähnlicher Haltung wie bei Vitarka vor der Brust mit nach innen gekehrten Handflächen ineinander verschränkt.

besitzt elf weiße Elefanten, die sich überwiegend in Lampang aufhalten. Aus Teakholz geschnitzte Elefanten werden an Schreinen und in Tempeln als Opfergaben dargebracht.

Weitere mythologische Figuren dienen als Tempelwächter, so die **Yakshas**, riesige Figuren mit grimmigen Gesichtern, **Kinnaras und Kinnaris**, himmlische Vogelmenschen, oder **Singhas**, die zähnefletschenden Löwen, die vor allem in Nord-Thailand die Tempeleingänge bewachen.

Geisterhäuschen

Außerhalb der Tempelbezirke huldigt die thailändische Bevölkerung Schutzgeistern. So besitzt jede Stadt einen eigenen Tempel, den **Lak Muang**, in dem der Schutzgeist des Ortes ver-

Gartenzwerge Thai-Style in Ayutthaya

ehrt wird. Jedes Haus hat sein eigenes **San Phra Pum** oder **Chao Thi**, ein Geisterhäuschen, in dem der Hausgeist wohnen kann. Es wird nach bestimmten Riten errichtet. So darf es beispielsweise niemals im Schatten des zu beschützenden Hauses stehen. Auf einem kleinen Vorbau werden regelmäßig Opfergaben niedergelegt. Je nach Wohlstand und Schutzbedürfnis der Hausbesitzer kann das Geisterhäuschen beachtliche Formen annehmen. Zudem werden für die Ahnen kleine Tempel erbaut. Vor allem in chinesischen Wohnhäusern, Hotels und Restaurants darf ein **Ahnenschrein** nicht fehlen.

Kunsthandwerk

Viele künstlerische Fähigkeiten wurden von Generation zu Generation weitergegeben. Während alte Lackarbeiten, Seidenstoffe oder Seladonporzellan kaum erhalten sind, hat sich die Methode ihrer Fertigung in einer ungebrochenen Tradition bis heute bewahrt. Von den Einheimischen werden diese handgefertigten Einzelstücke keineswegs ausschließlich als Souvenirs

gekauft, sondern sie finden noch immer bei Festen und im Alltag Verwendung. Die meisten Formen des Kunsthandwerks, die ursprünglich nicht in Süd-Thailand verbreitet waren, wurden von der Tourismusindustrie dorthin importiert. In einigen Touristenzentren können Besucher die Handwerker bei ihrer Arbeit beobachten.

Seidenweberei

Vor allem in den ärmeren ländlichen Regionen des Nordens und Nordostens weben die Frauen in den Dörfern auf einfachen Handwebstühlen Seidenstoffe, die für besondere Festgewänder oder als Geschenke der Ehrerbietung gedacht sind. Die Seidenraupen werden mit Blättern von Maulbeerbäumen gefüttert, bis sie sich in Kokons einspinnen. Nachdem die Reisernte eingebracht ist, beginnt die Zeit des Webens, und in einigen Dörfern ist dann noch immer das monotone Schlagen der Webstühle zu hören. Die Frauen sitzen im Schatten ihrer Häuser und spinnen die feinen Seidenfäden, die anschließend bunt eingefärbt werden. Jim Thompson, ein Amerikaner (S. 152), begann mit der industriellen Seidenproduktion und ihrer weltweiten Vermarktung.

Naturfarben werden nur noch selten benutzt: das Blau der Indigo-Pflanze, Rot aus dem Sekret eines Insektes und Gelb aus einer Wurzel. Besonders kostbar ist die thailändische **Mut-Mee-Seide**, deren Muster entstehen, indem man die Fäden spannt, abbindet und mehrfach einfärbt, bevor sie gewoben werden.

Holzschnitzereien

Schon vor Jahrhunderten wurden die Fassaden und das Innere der Tempel und Wohnhäuser mit plastischen Holzschnitzereien verziert. Besonders schöne Arbeiten findet man an den Giebeln, Türen und Fenstern der Tempel. Monatelang arbeiten Frauen und Männer aus einzelnen Holzstämmen tiefe Reliefs heraus, unter ihren Händen entstehen dreidimensionale Bilder, die von Buddhas Leben oder alten Heldenepen berichten. Für wertvolle Dekorationen, wie die berühmten Elefanten, und für Möbel wird das harte Teakholz verwendet, das einige Jahre ablagern muss, bevor es bearbeitet werden kann.

Tanz, Theater und Musik

Tanz und Theater

Die Heldenepen Ramayana (in Thailand **Ramakien**) und **Mahabharata** liefern den Stoff für zahllose klassische Tanz- und Theateraufführungen. Dem thailändischen Maskentanz der Götter und Dämonen, **Khon,** liegt das Ramakien zu Grunde. Bei den regelmäßig stattfindenden Aufführungen zeigen die farbenprächtig kostümierten und maskierten Tänzer nur einzelne Episoden aus dem großen Heldenepos. Es ist eine dramatische Liebesgeschichte zwischen dem tapferen Prinzen Rama, seiner anmutigen Frau Sita und dem ewigen Kampf gegen den heimtückischen Widersacher Ravana. Besonders beim Khon sind Theater, Tanz und Musik auf das Engste miteinander verbunden, denn die klassischen Vorlagen erfordern ein gutes Zusammenspiel von Orchester, schwarz maskierten Tänzern und Rezitatoren.

Während der Maskentanz in früheren Zeiten nur am Königshof aufgeführt wurde, unterhielt man mit weniger stilisierten, humorvollen und lebensnahen **Lakon-Nok**-Aufführungen im

Freien bei Dorf- und Tempelfesten das Volk. Aus dem Lakon Nok entwickelte sich im 18. Jh. der **Lakon Nai**, ein höfisches Tanztheater, das von den Frauen des Königs in graziösen, anmutigen Bewegungen getanzt wurde. Sie wurden von Orchestern, Sängern und Rezitatoren begleitet, die in getragener Form romantische Epen vortrugen. Das beliebteste Motiv war das von Rama II. geschaffene, 20 000 Verse umfassende Epos *Inao.*

Die älteste Form des Tanztheaters, **Lakon Jatri**, stammt aus dem Süden Thailands und wurde ursprünglich nur von Männern getanzt. Beliebtestes Motiv ist die Geschichte der liebreizenden Vogelprinzessin Manohra, in die sich Prinz Suton verliebt, und der sie mit Hilfe des Schlangenkönigs an den Hof des Königs Atityawong entführt.

Traditionelle Musik

Schon immer gab es vielfältige Anlässe, um Menschen mit Musik und Tanz zu unterhalten – zu religiösen Feierlichkeiten gehört eine musikalische Umrahmung ebenso wie zu Staatszeremonien, Dorf- und Familienfesten. Die ersten bekannten Musikinstrumente aus frühester Zeit sind Bronze-Gongs, die sowohl in Thailand als auch in Indonesien und Vietnam ausgegraben wurden. Bronze-Gongs gehören neben Trommeln, Becken, Oboe, Bambusflöte und Bambusxylofon zu den wichtigsten Musikinstrumenten in Thailand.

Man unterscheidet drei Orchestertypen: Am Königshof wird bei Zeremonien und Theateraufführungen das **Pi Phat** gespielt, das aus Gongs, Xylofonen, Metallofonen und Oboe oder Flöte besteht. In Süd-Thailand kann man es heute häufig bei Tempelfesten hören und sehen. Im **Mahori-Orchester**, das Solo- und Chorgesänge begleitet, kommen Laute, Zither und andere Saiteninstrumente hinzu. Das **Kruang Sai** hingegen, das ländliche Orchester, verwendet ausschließlich Saiten- und Blasinstrumente.

Populäre Musik

Da fast jeder Haushalt Fernseher und Radio besitzt, sind die erfolgreichen Songs aus den Charts im ganzen Land bekannt. Noch in den 1980er-Jahren war die Pop-Musik stark von den ländlichen Wurzeln und der Musik des Nordostens bestimmt: Die landesweit berühmteste Band **Carabao** griff 1985 mit ihrem Lied „Made in Thailand" die Situation der Jugendlichen vom Land auf, die, mit den Werten der Großstadt konfrontiert, auf der Suche nach ihrer eigenen Identität sind.

Seitdem wandelte sich das Bild. Mittlerweile bringen viele Texte das Lebensgefühl der jungen, modernen Generation zum Ausdruck. Die neuen einheimischen Stars liefern der Jugend Identifikationsmöglichkeiten und eine Projektionsfläche für ihre Träume. Die meisten Lieder handeln vom individuellen, urbanen Lebens-

stil und Problemen, die sich kaum noch von denen anderer Heranwachsender im Westen unterscheiden. Besonders erfolgreiche Bands finden sich im einheimischen Hip-Hop, der von bilingualen Gruppen wie **Thaitanium** oder Southside dominiert wird, und im modernen Gitarren-Rock von Bands wie **Clash**, **Slot Machine**, **Endorphine** oder **Bodyslam**. In den letzten Jahren kam es auch zu der einen oder anderen generationsübergreifenden Zusammenarbeit, etwa zwischen Thaitanium und dem Leadsänger von Carabao für das Lied „sud kob fah".

Für eine kleine Auswahl an modernen Musikvideos s. eXTra [6673].

© RENATE LOOSE

Bangkok

Bangkok  1 HIGHLIGHT

Stefan Loose Traveltipps

Wat Phra Kaeo und Dusit-Museen Im Königspalast und in den Dusit-Museen warten die größten Schätze des Landes. S. 133

Museum of Siam Das attraktive Museum präsentiert zeitgemäß die Hintergründe der thailändischen Identität. S. 137

Chinatown Schmale Gassen voller Menschen und Verkaufsstände. S. 148

Siam Paragon Ein gigantisches Einkaufszentrum und das größte Aquarium Südostasiens. S. 153

Suan Chatuchak Weekend Market Der größte Markt Thailands: ein idealer Ort, um außergewöhnliche Souvenirs zu erstehen. S. 155

Essen an Straßenständen Ein Kaleidoskop der einheimischen Küche. S. 182

Skybars Kühle Cocktails bei Sonnenuntergang über dem Häusermeer der Millionenstadt. S. 195

RCA und Sukhumvit Soi 11 In den größten Clubs der Stadt mit den Thais tanzen und feiern. S. 196

Krung Thep Mahanakhon, die „Stadt der Engel", ist das unumstrittene politische, wirtschaftliche, religiöse und kulturelle Zentrum Thailands. Über Bangkok werden 90 % des Außenhandels abgewickelt, hier wird die Hälfte des Bruttoinlandsproduktes erwirtschaftet und hier konzentrieren sich religiöse Stätten, Industrie und Administration. Die Hoffnungen vieler Thais auf ein besseres Leben sind mit dieser Stadt verknüpft – kein Wunder, dass die erst 220 Jahre alte Metropole mittlerweile über 8 Mio. Einwohner zählt, der Großraum Bangkok sogar über 14,6 Mio. Jeder achte Thai lebt hier.

Viele ausländische Besucher fühlen sich von den gewaltigen Dimensionen und der Lebendigkeit der Stadt überfordert. Manche empfinden sie absurderweise als langweilig, was oft daran liegt, dass sie sich zu lange in dem für Bangkok untypischen Traveller-Ghetto der Khaosan Road aufhalten. Tatsächlich gibt es kaum eine spannendere, aber auch lebenswertere Metropole in Südostasien: In kaum einer anderen Stadt treten die Gegensätze, die sich im Spannungsfeld zwischen einer traditionellen asiatischen und modernen westlichen Gesellschaft aufbauen, deutlicher hervor. Dicht beieinander liegen Armut und Reichtum, Hektik und Ruhe, Glanz und Elend. In den Straßen pulsiert das Leben: Mitten im Verkehrsgewimmel wird gekauft und verkauft, Bürgersteige werden zu Märkten, Menschenmassen strömen zu den Bussen und in die Geschäfte, während in den schmalen Gassen nebenan Kinder spielen. Nur noch gedämpft dringt der Verkehrslärm in die von Mauern umgrenzten Tempelanlagen, deren prunkvolle Bauten im Schatten weit ausladender Bäume Oasen der Ruhe sind – sofern ihre Freiflächen nicht als Parkplätze vermietet werden. Nirgendwo sonst sprechen so viele Thais Englisch, erhält man so viele Informationen über die Geschichte und Kultur der Nation. Über 400 Tempel, viele Märkte und internationale Restaurants gibt es in der Stadt. Und auch nach Sonnenuntergang wird sich niemand langweilen, denn die Clubs, Musikkneipen, Kinos, Kunstgalerien und Biergärten haben Weltstadtniveau.

Der Schlüssel zu einem gelungenen Bangkok-Aufenthalt liegt in einer offenen Einstellung, der Bereitschaft, die ausgetretenen Touristenpfade zu verlassen und sich auf das thailändische Stadtleben einzulassen, und, ganz wichtig, der richtigen Wahl der Wohngegend, denn die Hauptstadt Thailands scheint endlos. Es gibt zahlreiche weit auseinanderliegende Zentren, die im Berufsverkehr nur mit langen Fahrten zu erreichen sind. Dazwischen wälzt sich ein Strom von Autos, Taxis, qualmenden Bussen, knatternden Tuk Tuks und Motorrädern durch die Stadt und verleiht der Luft ihr typisches „Aroma". Nur die Hochbahn BTS, die U-Bahn MRT und die Expressboote auf dem Fluss Manam Chao Phraya, der sich durch die Stadt schlängelt, ermöglichen auch während der Rushhour ein zufriedenstellendes Reisetempo.

Orientierung

Bangkok hat sich entlang der vier- bis sechsspurigen, stark befahrenen **Ausfallstraßen** weit ins Umland hinaus ausgedehnt. Die wichtigsten Verkehrsadern, u. a. der Menam Chao Phraya, die Eisenbahn und zwei Expressways, verlaufen in Nord-Süd-Richtung. Im Zentrum werden diese Trassen von breiten, in West-Ost-Richtung verlaufenden Straßen und Expressways gekreuzt. Zwischen Bangkok und der Schwesterstadt Thonburi im Westen stellt der breite Menam Chao Phraya eine natürliche Barriere dar. Die sieben Brücken sind während der Rushhour ständig verstopft.

Von den Hauptstraßen zweigt ein unüberschaubares Netz von schmalen Gassen ab, die **Sois**. Sie sind meist nach der Hauptstraße, von der sie abgehen, benannt und durchnummeriert. Von den Sois abgehende kleinere Gassen werden wiederum mit Yaek bezeichnet, was so viel

Der erste Tag in Bangkok

- Gemächlich ankommen, an einem Essenstand, in einem Tempel oder einem Restaurant in der Khaosan Road Platz nehmen und das Treiben beobachten.
- Sich vom Expressboot (S. 218) oder von einem Aussichtspunkt (S. 154) aus einen Überblick über die Stadt verschaffen.
- Den Besuch des Wat Phra Kaeo, Wat Pho und Einkäufe auf später verschieben.

wie Kreuzung bedeutet. Bei Adressen wie 236/1-5 Sukhumvit Soi 29 sorgen neben der Nummer der Soi (29) zudem Blocknummern (236) und Hausnummern (1-5) für Verwirrung.

Im Westen der Innenstadt am Fluss liegt das Travellerviertel **Banglampoo**, an das südlich das historische Zentrum um den großen, ovalen Platz **Sanam Luang** angrenzt. Hier liegen der Königspalast, einige der wichtigsten Tempel des Landes und das sehr empfehlenswerte, moderne Museum of Siam. Etwas weiter nördlich finden sich die ruhige **Sam Sen**-Gegend, das Regierungs- und Verwaltungszentrum **Thewet** sowie die Palastanlagen von **Dusit**. Westlich des Flusses liegt **Thonburi**, das teilweise noch dörflichen Charme versprüht. Weiter im Süden hat sich entlang der Charoen Krung Road die größte **Chinatown** Südostasiens ausgebreitet. Eine Flussbiegung weiter erheben sich in **Sathorn** und **Silom** die chromverkleideten Hochhäuser des modernen Bangkok, das Herz der thailändischen Wirtschaft, aber auch die Vergnügungsmeile Patpong. Weiter nordöstlich, im Zentrum der Stadt, locken im Haupteinkaufsviertel **Siam** schmucke Shopping-Center und Kinos und in **Pratunam** der landesweit größte Umschlagplatz für Textilien. Östlich davon beginnt die über 400 km lange **Sukhumvit Road**, die auf den ersten 3 km ein Touristenzentrum ist, im weiteren Verlauf zur beliebten Ausländerwohngegend wird und einige der besten Restaurants und Nachtclubs des Landes beheimatet. Daneben gibt es zahlreiche weitere Stadtviertel, die ihren ganz eigenen Charakter haben.

Bangkok ist eine unübersichtliche Stadt, in der die meisten Ziele nicht zu Fuß erreichbar sind. Gerade deshalb sollte man sich bereits vor der Ankunft Gedanken machen, was man sehen möchte. Möglicherweise lohnt es sich auch, einmal innerhalb der Stadt umzuziehen, um mehr als eine Gegend kennenzulernen.

Königspalast und Wat Phra Kaeo

Wer für Bangkok nicht viel Zeit hat, wird direkt zum Sanam Luang fahren, dem kulturellen Zentrum der Stadt. Der Bereich südlich des Platzes bis zum Fluss beherbergt auf 218 400 m² die Bauten des Königspalastes und des Königstempels Wat Phra Kaeo, die von hohen, weißen Mauern umgeben sind. Eine ungeheure märchenhafte Pracht erwartet den Besucher dort. Schon allein deswegen gilt das Palastgelände für jeden Thailand-Reisenden als Muss, denn etwas Vergleichbares gibt es im ganzen Land nicht noch einmal.

Als 1782 der Königspalast nach Bangkok verlegt wurde, wählte man dafür das am höchsten gelegene Gebiet, da es vor Überschwemmungen sicher war. Die hier siedelnden chinesischen Händler mussten in die heutige Chinatown ausweichen. Der Palast wurde mehrfach erweitert und mit Bauten in verschiedenen Stilrichtungen ergänzt. Nur sein nördlicher Bereich und das königliche Wat Phra Kaeo können besichtigt werden. Während offizieller Staatsempfänge bleibt der gesamte von einer hohen Mauer umgebene Palast geschlossen.

Das bewachte Eingangstor befindet sich am südlichen Ende des Sanam Luang. Einfach mit dem Expressboot am Chang Pier aussteigen. ⏲ 8.30–15.30 Uhr, Eintritt 500 Baht inkl. Informationsbroschüre in Deutsch oder Englisch sowie Eintritt innerhalb einer Woche zum Dusit-Palast mit dem Vimanmek Mansion (S. 141, dorthin mit Bus 70), zum Textilmuseum, Tempelmuseum sowie zu den Königlichen Kroninsignien, Münzsammlungen und Dekorationen, ✆ 02-623 5500, Ext. 3100, 🖥 www.palaces.thai.net/day/index_gp.htm. Ein informativer, auch in

Entspannen in Bangkok

■ Im nächstgelegenen Tempel (außer dem Wat Phra Kaeo)
■ Auf einem Spaziergang durch die Parkanlagen der Dusit-Museen, den Lumphini Park, Queen's Park (Benjasari Park) in der Sukhumvit Rd. oder den Chatuchak Park im Norden der Stadt
■ Auf einer Fahrt mit dem Expressboot bis zur Endhaltestelle und zurück
■ Im Kino
■ Bei einer Massage

Sicherheit in Bangkok

Keine Sorge, Bangkok ist nicht unsicherer als westliche Großstädte, solange man seinen gesunden Menschenverstand einsetzt und nicht zu leichtgläubig ist. Da seit Jahren viele Touristen auf folgende Tricks hereinfallen und dabei große Mengen Geld verlieren, möchten wir eindringlich darauf hinweisen.

Gewarnt sei vor jeglicher Art von **Schleppern**. Touristen werden von freundlichen Tuk-Tuk- oder Taxifahrern, gepflegt gekleideten älteren Herren, angeblichen Angestellten des Hotels, „offiziellen Touristenberatern", gut Englisch oder Deutsch sprechenden Studenten oder sogar anderen Ausländern angesprochen. Die übliche Masche ist die Bemerkung: „Die Sehenswürdigkeit/das Geschäft/der Club ist heute geschlossen, aber ich kenne einen tollen anderen Tempel/Laden/Pub". Besonders am Königspalast sind die Schlepper gut organisiert. Wer sich dem Eingang von der Rückseite nähert, wird ziemlich sicher angesprochen.

Rund um die Khao San Rd. sind einige zwielichtige Gestalten auf der Suche nach leichtgläubigen Touristen unterwegs. Sie bieten sich als hilfsbereite **„Retter in der Not"** an, wollen ihre Kunden aber nur um die Reisekasse erleichtern.

Laien sollten ausdrücklich auf den **Kauf von Edelsteinen** (S. 207) oder großen Mengen an Seide verzichten.

Günstig heißt nicht unbedingt gut, und das gilt besonders bei Backpackerbussen. Es sollten nie die **billigsten Busse** gebucht werden, da die Preise so niedrig liegen, dass ein profitabler Betrieb unmöglich ist und das Geld auf andere Art hereingeholt wird. Es wurden Gepäckstücke und sogar zwischen den Füßen verstaute Rucksäcke durchsucht und Wertgegenstände gestohlen. In den schlimmsten Fällen wurden Leute sogar betäubt, die dann ohne Geld und Gepäck auf einer Wiese aufwachten.

Als angebliche TAT-Reisebüros ködern **selbsternannte „Touristeninformationen"** Kunden mit der falschen Behauptung, Lizenzunternehmen des staatlichen Fremdenverkehrsamtes zu sein. Besonders vor dem Königspalast und am Bahnhof sprechen sie Ausländer an, um überteuerte Reisen und Visa zu verkaufen. Mit der Begründung, Züge seien ausgebucht, verkaufen Reisebüros vor allem in und um den Hauptbahnhof überteuerte Bustickets. Zudem kam es hier schon zu Betrügereien mit Kreditkarten. Vorsicht vor **Taschendieben** auf dem Suan Chatuchak Weekend Market.

Bei Problemen wenden sich Touristen am besten an die **Tourist Police** (S. 215).

---

deutscher Sprache erhältlicher Audioguide kostet 200 Baht, bei der Ausleihe muss ein Pass hinterlegt werden. Die Wachen am Eingang verbieten Besuchern in kurzen oder sehr weiten Hosen, Miniröcken, Leggings, schulterfreier Kleidung, nach hinten offenen Sandalen u. Ä. (manchmal) den Zutritt bzw. verpassen ihnen gegen Hinterlegung einer Leihgebühr angemessene Kleidung. Die Bedeckung der Schultern mit einem Tuch reicht nicht aus, Dreiviertel-Hosen und hinten geschlossene Sandalen hingegen schon.

Im ersten Gebäudekomplex hinter der Kasse sind die **Königlichen Kroninsignien, Münzsammlungen und Dekorationen** untergebracht – juwelenbesetzte Orden, Fahnen, Münzen vom 11. Jh. bis heute und Wappen. Unter anderem interessant sind die prächtigen Gewänder aus Gold und Edelsteinen für den Jade-Buddha, die zum Beginn der Regenzeit, der heißen und der kalten Jahreszeit gewechselt werden, und die königliche Wiege. ⊕ Mo–Fr 8.30–16 Uhr, Führung auf Englisch um 10 Uhr.

Wat Phra Kaeo

Durch Eingangstore, die von riesigen Dämonen, den Yaks, bewacht werden, gelangt man in den Tempelbezirk. Er ist von einem überdachten **Wandelgang** umgeben, der mit besonders schönen **Wandmalereien** geschmückt ist. Sie stellen auf 178 Bildern Szenen aus dem thailändischen Ramayana-Epos, dem Ramakien, dar. Die in Thai durchnummerierte Bildgeschichte beginnt hinter dem Phra Viharn Yod.

Im Zentrum der Anlage erhebt sich der über und über dekorierte **Bot des Smaragd-Buddhas**, der – anders als Name und Farbe vermuten lassen – nicht aus Smaragd, sondern aus Nephrit, einer Jadeart, besteht. Ordner sorgen dafür, dass man die Schuhe vor dem Eingang abstellt und sich im Inneren des Bot (Fotografieren verboten!) auf den kühlen Boden setzt, wobei die Füße nach hinten zeigen sollten.

Die Wandmalereien, die den gesamten Innenraum bedecken, stellen das Leben Buddhas dar. Auf einem mehrstufigen Altar, dem Busabok, thront die mit einem goldenen Gewand bekleidete, 66 cm hohe Buddhastatue. Sie gilt als Beschützerin des Landes und der Dynastie und ist schon mehrfach umgezogen (s. Kasten). Die Statue wird entsprechend der Jahreszeit (Sommer, Regenzeit und Winter) gekleidet. Der Wechsel des goldenen Gewandes wird mit einer prunkvollen Zeremonie unter königlicher Beteiligung gefeiert, zumeist im März, Juli und November.

Gegenüber dem Haupteingang zum Bot stehen auf einer hohen Marmorplattform verschiedene Gebäude. Goldene Kinaras, mythische Wesen (halb Vogel, halb Mensch), bewachen das von zwei vergoldeten Chedis umgebene **Königliche Pantheon**, dessen mehrfach gestaffeltes Dach von einem Prang gekrönt wird. Daneben ragt die Bibliothek für die Heiligen Schriften (Triptaka) mit pyramidenförmigem Dach empor.

Der große goldene **Chedi** hinter der Bibliothek enthält eine Reliquie Buddhas. Das steinerne **Modell des Tempels von Angkor Wat** nördlich der Bibliothek entstand zur Zeit von König Mongkut, als Kambodscha ein Vasallenstaat Siams war. Dahinter, auf der unteren Ebene, steht die mit glasierten Tonblumen verzierte Gebetshalle **Phra Viharn Yod**. In der **Hor Phra Naga**, im Nordwesten, wird die Asche der verstorbenen Angehörigen der Chakri-Dynastie aufbewahrt. Das Gebäude **Hor Phra Monthian Dharma** in der nordöstlichen Ecke der Anlage diente zur Aufbewahrung heiliger Schriften.

Die Palastbauten

Zum Königspalast gelangt man durch das südwestliche Tor hinter dem Bot. Das erste Ge-

Die Geschichte des Smaragd-Buddhas

Um den Smaragd-Buddha, oft Jade-Buddha genannt, ranken sich zahlreiche Legenden. Man vermutet, dass er aus Indien stammt. 1434 schlug ein Blitz in den Chedi eines Tempels in Chiang Rai ein. Dabei kam unter einer Hülle aus Gips die grüne Figur zum Vorschein. Da Chiang Rai damals von Chiang Mai aus regiert wurde, wollte man die Statue dem König übergeben. Doch der Elefant, der die Statue in die Hauptstadt bringen sollte, lief nach Lampang. Als sich dies mehrfach wiederholte, beließ man den Smaragd-Buddha 32 Jahre lang dort. Erst 1468 wurde er nach Chiang Mai gebracht und in der östlichen Nische des Chedi Luang aufgestellt. 1551 nahm ihn der befreundete König von Laos mit nach Luang Prabang, und als die Hauptstadt unter dem Druck der angreifenden birmanischen Truppen nach Vientiane verlegt wurde, transportierte man die Buddhastatue dorthin. 1778 brachten die Thais den Buddha als Kriegsbeute nach Thonburi und sechs Jahre später an ihren jetzigen Platz im Wat Phra Kaeo.

bäude im Thai-Stil, die **Amarindra Winitchai-Thronhalle**, ließ Rama I. 1785 als Gerichtshalle erbauen. Später wurde sie für Krönungsfeierlichkeiten und Empfänge genutzt. In der Halle steht ein Thron mit dem neunstufigen weißen Schirm des Herrschers sowie ein Thron mit einem mehrfach gestaffelten Dach, in dem bei religiösen Zeremonien Buddhastatuen ausgestellt werden. Die reich dekorierten Throne wurden bereits von König Rama I. genutzt.

Am großen Platz erhebt sich der 1882 unter König Chulalongkorn errichtete **Chakri Maha Prasat-Palast**, dessen Fassade im Renaissancestil so gar nicht zu den siamesischen Spitzdächern und Türmen passt. Die großen Empfangshallen im 1. Stock und die zentralen Räume, in denen die Urnen der letzten Könige verwahrt werden, sind ebenso wie alle anderen Räume nicht zugänglich.

Der kleine, graziöse **Umkleidepavillon** nebenan gilt als typisches Beispiel thailändischer Architektur. Dahinter steht der von Rama I. als

© MISCHA LOOSE

Der Königspalast raubt Besuchern mit seiner filigranen Architektur den Atem.

Krönungshalle geplante **Dusit Maha Prasat-Palast**, der seit seinem Tod nur noch für Totenfeiern genutzt wird.

Im westlichen Bereich wird im **Tempelmuseum** eine interessante Ausstellung über die Restaurierungsarbeiten Anfang der 1980er-Jahre gezeigt. Im 1. Stock sind steinerne Buddhastatuen aus Java und andere Votivgaben, ein großer, gelackter Wandschirm und der Manangasila-Thron zu sehen.

Wat Pho

Südlich vom Königspalast gelangt man über die Sanam Chai Road zum Wat Pho oder Wat Phra Chetuphon Vimolmangklaram, dem Tempel mit dem liegenden Buddha, einem der wichtigsten Tempel und älteste Universität des Landes. Bereits 1789 begann unter Rama I. der Bau dieses Klosters auf dem Areal eines Wats, das aus dem 16. Jh. stammen soll. Rama III. ließ die Anlage renovieren und für die schreibunkundige Bevölkerung das Allgemeinwissen jener Zeit an den Tempelwänden bildhaft darstellen.

In den weitläufigen östlichen Tempelbezirk mit Bot geht es durch den Eingang in der Chetuphon Road. Die meisten Touristen, die nur den Viharn mit dem ruhenden Buddha sehen wollen, nehmen den nordwestlichen Eingang in der Thai Wang Road. Bei einem Besuch nach 17 Uhr, wenn der Viharn mit dem ruhenden Buddha geschlossen ist, sind nur noch wenige Touristen in der Anlage. ⏰ 8–12 und 13–21 Uhr, ✆ 02-225 9595, 🖥 www.watpho.com/en/home/index.php.

Der Viharn mit dem **ruhenden Buddha**, Eintritt 100 Baht, nimmt den nordwestlichen Bezirk ein. Die vergoldete, 46 m lange, liegende Statue symbolisiert Buddha bei seinem Eingang ins Nirvana. An den Fußsohlen stellen 108 Tafeln aus Perlmutt-Einlegearbeiten die Tugenden eines wahrhaften Buddhisten dar.

Südlich des Viharn, hinter dem chinesischen Pavillon, grenzt die Bibliothek an einen Teich mit einem kleinen Aussichtsberg. Östlich davon umschließt ein Wandelgang mit Buddhastatuen die vier großen, mit farbigen Kacheln bedeckten **Chedis** in Grün, Orange, Gelb und Blau. Durch zwei von Tempelwächtern bewachte Tore erreicht man den westlichen Tempelbezirk.

Gleich dahinter stehen zwei kleine Pavillons. Die Innenwände des nördlichen Gebäudes sind mit medizinischen Motiven bemalt. Während der Regentschaft von Rama III. wurde im Wat Pho eine Universität und Medizinschule gegründet, in der vor über 150 Jahren die ersten Studenten unterrichtet wurden. 24 steinerne Figuren im Hof zeigen Positionen der von indischen Gelehrten verbreiteten Massageart. Zudem wurde auf 1360 Marmorreliefs der geistliche und weltliche Wissensstand festgehalten.

In den Galerien, die an den Kardinalpunkten von vier **Viharn** unterbrochen werden, sind etwa 400 Buddhafiguren aus unterschiedlichen Epochen hinter schützendem Glas untergebracht. Die Eingänge zum zentralen **Bot** werden von Bronzelöwen bewacht. Die 152 Marmorreliefs auf dem Sockel und die mit Intarsienarbeiten verzierten Eingangstore stellen Episoden aus dem *Ramayana* dar. Szenen aus dem Leben Buddhas zieren die Innenwände.

Das südlich der Chetuphon Road an die Sakralbauten angrenzende Kloster ist mit über 300 Mönchen das größte von Bangkok.

Im ruhigen östlichen Teil des Tempelgeländes stehen zwei klimatisierte Massagehäuser, in denen man für 260 Baht pro 30 Min. oder 420 Baht pro Stunde eine exzellente, fachkundige Massage erhält. Auch wenn es etwas nach Massenabfertigung aussieht, zählt die **Massage** zu den besten in Bangkok. Die traditionsreiche **Massageschule**, 392/25-28 Soi Pen Phat 1, liegt außerhalb der Tempelanlage in der kurzen Soi südlich vom Wat Pho ab Maharaj Rd. in Richtung Fluss. Die meisten Ausländer belegen den empfehlenswerten fünftägigen Grundkurs zum Erlernen der thailändischen Massage für 9500 Baht. Es gibt weitere Ableger in Chaengwattana (Nonthaburi), in Salaya westlich von Bangkok und Chiang Mai. ⏰ 8–17 Uhr, ✆ 02-221 2974, 🖳 www.watpomassage.com.

Museum of Siam

Das Museum of Siam im ehemaligen Gebäude des Handelsministeriums südlich vom Wat Pho verfolgt einen weitaus moderneren Ansatz als das verstaubte Nationalmuseum. Der historische

und kulturelle Werdegang Thailands und seiner Einwohner wird mit zahlreichen aufwendigen Medieninstallationen und viel Humor dargestellt.

Ein einführender Film stellt sieben Charaktere vor, die Besucher durch die 16 chronologisch angeordneten Galerien führen. Zunächst werden einige Kulturmerkmale vorgestellt, die als „typisch Thai" gelten. Danach beginnt der historische Teil, der die frühen internationalen Handelsbeziehungen, die buddhistische Lehre, die Ayutthaya-Periode und die Gründung Bangkoks als neue Hauptstadt erläutert. Im Anschluss wird in vier Galerien der traditionelle dörfliche Lebensstil mit den Entwicklungen der Moderne kontrastiert. Beliebte Fotomotive sind der bunte Nachbau eines Diners aus den 1960er-Jahren und ein alter Sportwagen.

Im Laufe des überaus empfehlenswerten Rundgangs erfahren Besucher viel Spannendes und Wissenswertes über die thailändische Geschichte und Kultur, sodass sich eine Stippvisite gut als Einstieg in das Land, aber auch zur Vertiefung bereits vorhandenen Wissens anbietet. Neben der empfehlenswerten Dauerausstellung finden Wechselausstellungen zu Lifestyle-Themen statt.

⏰ Di–So 10–18 Uhr, Eintritt 300 Baht, ab 5 Pers. 150 Baht, Eintritt frei nach 16 Uhr, an Feiertagen und für alle unter 15 und über 60 Jahre, ✆ 02-225 2777, 🖳 www.museumsiam.com.

Nationalmuseum

Das größte Museum Thailands möchte einen Überblick über die Geschichte des Landes vermitteln. Allerdings präsentiert es seine Schätze seit Jahrzehnten unverändert und völlig unattraktiv. Man muss schon ein Kunstliebhaber sein, um den Rundgang durch die teils muffigen, schlecht klimatisierten Hallen mit den lieblos präsentierten Sammlungen zu genießen.

Die **Buddhaisawan-Kapelle** rechts vom Eingang wurde für eine der am meisten verehrten Buddhastatuen, Phra Buddha Singh, errichtet. Die über 200 Jahre alten restaurierten Wandmalereien stellen 28 Szenen aus Buddhas Leben dar. Die ehemalige **Audienzhalle** links von der Kapelle vermittelt einen chronologischen Überblick über die Thai-Geschichte. Zwischen Dioramen und Informationstafeln lohnt es, nach den Goldschätzen aus Ayutthaya Ausschau zu halten. Im nahe gelegenen sogenannten **Roten Haus** lebten mehrere Prinzessinnen und Konkubinen.

Der zentrale Bau des Museums war das **Palastgebäude** des Zweiten Königs, der eine Art Stellvertreterfunktion hatte. Es beherbergt dekorative Kunst aus der jüngeren Bangkok-Periode, prunkvoll dekorierte Sänften und Elefantensättel *(Howdah)* ebenso wie Khon-Masken, Puppen und Spiele, Silber, Porzellan, Sawankhalok-Keramik, Musikinstrumente und Textilien.

Der alte Bereich wird von zwei Museumsgebäuden aus den 1970er-Jahren umrahmt. Der Rundgang beginnt links vom Eingang. Die prähistorische Sammlung enthält u. a. ein neolithisches Grab, und schöne Ban Chiang-Keramik. Zudem umfasst dieser Bereich Lopburi- und Khmer-Kunst aus dem 10.–13. Jh., frühe Hindu-Skulpturen, Dvaravati-/Mon-Kunst, javanische Hindu-Steinskulpturen aus dem 7.–11. Jh., darunter ein schöner Ganesha (der Elefantengott), sowie hinduistische und buddhistische Kunst des Srivijaya-Reiches aus dem 13. Jh.

Im nördlichen Gebäude sind u. a. Skulpturen, Keramiken und Textilien der Bangkok-Periode untergebracht. Im 1. Stock gelangt man zu Kunstobjekten aus Chiang Saen, Chiang Mai, Sukhothai und Ayutthaya. Auf dem Weg zum Ausgang lohnt ein Blick in Halle 17, wo prunkvolle Sänften und Trauerkutschen für Verbrennungsfeierlichkeiten stehen.

⏱ Mi–So außer feiertags 9–16 Uhr, Eintritt 200 Baht, ✆ 02-224 1333, 🖥 www.nationalmuseums.finearts.go.th/thaimuseum_eng/bangkok/main.htm. Fotografieren ist verboten. Mi und Do um 9.30 Uhr findet eine deutschsprachige 90-minütige Führung zur Kunst und Kultur Thailands statt, 🖥 www.museumvolunteersbkk.net/html/germanpage.html.

Weitere Gebäude rings um den Sanam Luang

Auf dem ovalen Phra Mane-Platz vor dem Königspalast, bekannt als Sanam Luang („Königswiese"), finden in der Trockenzeit **Drachenwettkämpfe** und an großen Feiertagen zentrale Veranstaltungen statt. Auch bei politischen Kundgebungen dient der Platz als Versammlungsort.

Nationaltheater und Nationalgalerie

Im **Nationaltheater** werden klassische Tänze, aber auch populäre Khon-Dramen aufgeführt. Programminformationen Mo–Fr 8.30–16.30 Uhr, ✆ 02-224 1342. Von November bis Mai finden Sa und So ab 16.30 Uhr auch im Garten des Nationalmuseums Aufführungen statt, Eintritt 50–200 Baht.

Die **Nationalgalerie** (National Gallery of Art), 4 Chao Fa Road, beherbergt in der größten Kunstsammlung des Landes Werke moderner sowie traditioneller Künstler und das nationale Filmarchiv. Die ständige Ausstellung vermittelt auf zwei Stockwerken einen guten Einblick in die Entwicklung der darstellenden Künste und der religiösen und höfischen Malerei. Daneben liegt ein Raum für Sonderausstellungen. ⏱ Mi–So 9–16 Uhr, Eintritt 200 Baht, ✆ 02-282 2639.

Thammasat-Universität

Die Thammasat-Universität, ✆ 02-613 3333, 🖥 www.tu.ac.th/eng, eine der größten Universitäten der Stadt und eine der renommiertesten Bildungseinrichtungen des Landes, wurde 1976 als Zentrum des politischen Widerstands von Polizei und Militär mit Waffengewalt gestürmt. In regionalen Fachbereichen für den Norden und Nordosten wird u. a. die Kultur dieser Regionen (z. B. die Musik auf traditionellen Instrumenten) gepflegt. Die meisten Studenten werden auf dem neuen Campus weit außerhalb, nahe dem alten Don Mueang Airport in Rangsit, unterrichtet.

Silpakorn-Universität

In den alten Gebäuden der Silpakorn-Universität neben dem Palast wird u. a. Kunst unterrichtet und ausgestellt. Besuchern zugänglich sind das **Art Centre Silpakorn University**, ⏱ Mo–Fr 9–19, Sa 9–16 Uhr, ✆ 02-221 3841, 🖥 www.art-centre.su.ac.th (nur in Thai), sowie die **Art Gallery** in der Faculty of Painting, ⏱ Di–So 9–16.30 Uhr, die **Gallery of Art and Design** in der Faculty of Decorative Arts, und die **Phraphromphijit Gallery** in der Faculty of Architecture, beide ⏱ Mo–Sa 10–18 Uhr.

Wat Mahathat

In der schmalen Seitenstraße hinter der Nationalbibliothek, gegenüber der Universität, liegt im Wat Mahathat die buddhistische **Mahachulalongkorn University**, 🖥 www.mcu.ac.th/En/index.php. An dieser Stelle stand bereits vor der Gründung Bangkoks ein Tempel, der unter Rama I. zu einem der wichtigsten religiösen Zentren umgestaltet wurde. Das Wat, eines der größten des Landes, ist das Zentrum für Studien religiöser Überlieferungen. Es beherbergt in seinem abgegrenzten Klosterbereich 300–400 Mönche. Im Wandelgang, der das Heiligtum umgrenzt, stehen zahlreiche Buddhastatuen. In die dahinter liegenden Wände sind die Urnen Verstorbener eingelassen. 🕐 9–17 Uhr, ✆ 02-223 6878, 🖥 www.mahathatde.com (nur in Thai).

Im ausgeschilderten **Meditationszentrum** (Section 5), ✆ 02-623 5881, Ext. 1, 🖥 www.mcu.ac.th/IBMC, im südwestlichen Tempelbereich beginnen um 5, 8.30, 13 und 18 Uhr kostenlose zwei- bis dreieinhalbstündige Vippasana-Meditationen. Für Anfänger eignet sich die Meditation um 13 Uhr mit einer kurzen englischsprachigen Einführung. Von 20–21 Uhr kann man zudem an religiösen Unterweisungen auf Englisch teilnehmen. Im Mahachula Building, Zimmer 106, finden an jedem 2. und 4. Sa im Monat von 15–17 Uhr kostenlose buddhistische Unterweisungen auf Englisch statt. An der Rezeption gibt es Informationen über Meditationszentren und -kurse.

In den Läden in der Phra Chan Road und in einem überdachten Markt in der Maharaj Road hinter dem Tempel werden an zahlreichen Ständen eines **Amulettmarktes** Heilkräuter, Schutz- und Glücksamulette, Aphrodisiaka, religiöse Statuen sowie Beigaben für religiöse Zeremonien verkauft (Handeln nicht üblich). Mehr zu Amuletten s. **eXTra [2693]**.

Lak Muang-Schrein

Nordöstlich vom Wat Phra Kaeo, jenseits des Verteidigungsministeriums (mit Kanonen im Garten), wurde am 21.4.1782 um 6.54 Uhr, dem astronomisch berechneten „Geburtstermin" der neuen Königsstadt, der Grundstein Bangkoks gesetzt. Er markiert nicht nur das Zentrum des Landes, von dem aus alle Entfernungen gemessen werden, sondern ist auch Sitz des Schutzgeistes der Stadt. Den phallusförmigen, aus Holz geschnitzten Grund„stein" schützt ein neues Gebäude mit einem Prang. 🕐 6.30–18.30 Uhr, ✆ 02-222 0272.

Besucher bekleben Repliken des Grundsteins mit Goldplättchen, umwickeln sie mit bunten Tüchern und stellen Kerzen und Blumen auf. Zu Ehren des Schutzgottes werden Opfergaben dargebracht und zum Dank für erfüllte Wünsche auf einer kleinen Bühne **traditionelle Tänze** aufgeführt. Besonders Lotteriespieler und kinderlose Paare bitten um das große Glück, dem zudem mit der Freilassung von Vögeln und Schildkröten, die auf der Straße verkauft werden, nachgeholfen werden kann.

Banglampoo

Wer genug von Kultur und Tempeln hat, kann die Chakraphong Road hinauflaufen und im traditionellen Einkaufsbezirk Banglampoo stöbern gehen. In seinem Zentrum hat sich die Khaosan Road zum größten und bekanntesten Travellertreffpunkt Südostasiens entwickelt. Mehr Infos zu Übernachtung, Restaurants, Unterhaltung und Einkaufen ab S. 155, Karte S. 166/167.

Wat Bowonniwet

In diesem Tempel gründete Kronprinz Mongkut 1827 das Zentrum der Dhammayuti-Sekte, die strengen Regeln folgt. Der Kronprinz lebte 14 Jahre hier, bevor er 1851 König wurde. Auch Rama VI. und Rama VII. sowie der heutige König verbrachten vor ihrer Krönung einige Zeit als Mönche in diesem Kloster. Im Tempel befindet sich das Studienzentrum für Heilkräuter sowie die Pali-Schule, die Mahamonkut Buddhist University. Tempel 🕐 8–17 Uhr, 🖥 www.watbowon.org.

Im **Bot** steht eine 4 m hohe bronzene Buddhafigur aus der Sukhothai-Periode. Die Wandmalereien berichten von den Verfehlungen der Menschen und ihrer zunehmend besser werdenden Lebensführung unter dem Einfluss des Buddhismus. Es ist interessant, dass hier die europäischen Einflüsse positiv dargestellt werden – westliche Gebäude, Pferderennen, Schiffe mit

© MISCHA LOOSE

Zu Beginn des Films *The Beach* (2000) streift Richard alias Leonardo DiCaprio durch die quirlige Khaosan Road. Zwar wird man das Guesthouse aus dem Film vergeblich suchen, denn es handelt sich um das On On Hotel in Phuket Town, aber die vollgepackten Verkaufsstände, Schneidereien, Straßencafés und exotisch gekleideten Traveller aus dem Film findet man hier durchaus. Während sich früher in dieser Gegend nur selten Urlauber sehen ließen und die internationale Backpacker-Szene unter sich blieb, ist die Khaosan Road mittlerweile zu einer etablierten Sehenswürdigkeit avanciert.

Bis in die späten 1970er-Jahre unterschied sich die belebte Gegend mit ihren vielen Stoff- und Silbergeschäften durch nichts von anderen Altstadtstraßen. Dann eröffneten die ersten beiden Gästehäuser in den schmalen Seitengassen, die die steigende Nachfrage schnell nicht mehr decken konnten, sodass sich Traveller in den oberen Zimmern der Ladenhäuser einmieteten. Es folgten zahllose Hostels, Musik- und Buchläden, Reisebüros, Restaurants, Schmuckgeschäfte und andere Läden, die sich auf die Bedürfnisse der Traveller eingestellt haben. So bekommt man hier nicht nur T-Shirts und Souvenirs, sondern auch nachgemachte Ausweise jeglicher Couleur, mehr oder weniger permanente Tattoos, Geldgürtel, günstige kleine Lautsprecher, CDs oder Kopfhörer. Illegale Drogengeschäfte sind unter den aufmerksamen Blicken der Polizei, deren Zentrale mitten im Geschehen liegt, weit weniger offensichtlich als früher.

Hunderte von Gästehäusern füllen sich Abend für Abend mit Neuankömmlingen. Ab 17 Uhr wird die Khaosan Road für den Durchgangsverkehr gesperrt und zur Flaniermeile. Dann kommen auch Einheimische, um die bunte Travellerwelt zu bestaunen und in den zahlreichen Bars einen Drink einzunehmen. Zudem lockt das einst verrufene Backpackerquartier mit immer schickeren Restaurants und Unterkünften. Ebenso gut besucht sind die Gassen rings um das Wat Chai Chana Songkhram. Hinter der Tempelmauer gibt es Essensstände und in einem umgebauten VW-Bus werden Cocktails gemischt.

Wo sonst kann man in den frühen Morgenstunden Mönche beobachten, die Almosen sammeln, während eine westliche Familie beim Frühstück sitzt und am Nachbartisch noch das letzte Bier getrunken wird? Weitere Infos unter 🖥 www.khaosanroad.com.

Missionaren, ja sogar Kirchgänger in westlicher Kleidung. ⏰ 8–8.40 Uhr.

Phra Sumen Fort

An der Einmündung des Klong Banglampoo in den Menam Chao Phraya stehen Reste der Stadtmauer und das achteckige **Phra Sumen Fort**. Rama I. ließ die neue Stadt mit einer Mauer, 14 Forts und Kanonen befestigen. Bis auf zwei Festungen wurden die Mauern unter Rama V. geschleift und an ihrer Stelle Straßen angelegt. Rings um die Bastion lädt ein kleiner **Park** mit Bänken, Sitzterrassen und dem kleinen **Santichaiprakarn-Pavillon** zum Ausruhen ein. Über die Uferpromenade gelangt man zur Phra Pinklao-Brücke.

Wat Indraviharn

Nördlich von Banglampoo steht das Wat Indraviharn – Eingang über die Wisut Kasat Road oder von der Samsen Road über Soi 10 Trok Wat In. Durch diese schmale Gasse gelangt man nach etwa 100 m auf einen kleinen Platz mit einem restaurierten Tempel, der von einer 32 m hohen, stehenden Buddhastatue überragt wird. Die großen Füße, auf denen Gläubige Blumen niederlegen, sind ein beliebtes Fotomotiv. ⏰ 8.30–17 Uhr.

Dusit

König Chulalongkorn (Rama V.) und sein Vater, König Mongkut, waren die ersten Herrscher, die europäischen Einflüssen offen gegenüberstanden. Nach einer Europareise ließ sich Chulalongkorn von westlichen Architekten Straßen, Brücken und Paläste errichten. Als Verlängerung der Ratchdamnoen Klang Road in nordöstlicher Richtung entstand so die **Ratchdamnoen Nok Road**, eine breite Prachtstraße, die der König 1904 jeden Nachmittag mit einem der ersten Automobile Südostasiens entlangtuckerte. Hier finden am Nationalfeiertag und zum Geburtstag des Königs große Paraden statt. Der Boulevard endet am **Denkmal von König Rama V**. Noch heute lebt die Königsfamilie im weitläufigen, von einer Mauer umgrenzten **Chitralada-Palast**, der nicht besichtigt werden kann.

Die **Dusit-Museen**, zu denen das Vimanmek Mansion, die Ananta Samakhom-Thronhalle und 15 weitere historische Gebäude gehören, liegen inmitten einer weitläufigen, gepflegten Parkanlage. Sie vermitteln einen guten Überblick über die Zeit der Herrschaft der Bangkok-Könige und lohnen einen mehrstündigen Besuch. ⏰ außer feiertags 9–16 Uhr, letzter Einlass 15.15 Uhr. Eintritt 120 Baht. Die Eintrittskarte zum Königspalast berechtigt zum Besuch der Dusit-Museen und bleibt eine Woche lang gültig, ✆ 02-628 6300. Mehrere Selbstbedienungsrestaurants sorgen für das leibliche Wohl. Eine Karte des Parks gibt es auch auf Deutsch. Eingänge gegenüber dem westlichen Zoo-Eingang und von der Ratchawithi Road. Karte S. 156/157.

Nördlich der Kreuzung mit der Wisut Kasat Road finden im **Rajadamnern-Stadion** Thai-Boxkämpfe statt (S. 199).

Vimanmek Mansion

Das größte Teakholzhaus der Welt ist das Highlight des Dusit-Komplexes. König Rama V. residierte 1901–06 in dem luftigen, vierstöckigen Teakholzpalast, der ursprünglich auf Ko Si Chang vor der Stadt Si Racha in der Provinz Chonburi stand. Er wurde in den 1930er-Jahren nur kurzzeitig von einer der Nebenfrauen des Königs bewohnt und als Museum wieder hergerichtet.

Bei einem Rundgang durch einige der 81 im originalen Stil eingerichteten Zimmer und Galerien erhalten Besucher einen guten Eindruck von den Lebensverhältnissen am königlichen Hof. Historische Fotos von der langen Europareise des Königs, Möbel, Porzellan und Kristall aus Europa und China sowie die erste westliche Schreibmaschine und Badewanne des Landes zeugen von der weltoffenen Haltung des Monarchen. Das kleine Gästehaus hinter dem Palast wurde ganz aus Teakholz errichtet. Abgesehen vom Fußboden wurden dabei keine Nägel verwendet.

Die lohnenden Innenräume können im Rahmen einer Führung besichtigt werden. Englische Touren beginnen zwischen 9.45 und 15.15 Uhr jede halbe Stunde und dauern 90 Minuten. Die Kleiderordnung wird hier oft strenger gehandhabt als im Königspalast: Die Schultern müssen bedeckt sein, und Frauen sollten einen langen Rock oder eine Hose und geschlossene Schuhe tragen! Taschen und Kameras müssen in Schließfächern verstaut werden. Traditionelle Tanzvorführungen finden um 10.30 und 14 Uhr statt. ⏱ 9.30–15.15 Uhr, Eintritt S. 133.

Ananta Samakhom-Thronhalle

Im Auftrag von König Chulalongkorn (Rama V.) entwarfen italienische Architekten 1907 einen opulenten Kuppelbau aus glänzendem italienischem Marmor im neovenezianischem Renaissancestil als Thronhalle. Die vom berühmten Künstler Galileo Chini geschaffenen Deckengemälde im Inneren des Doms stellen die historischen Ereignisse während der ersten sechs Generationen der Chakri Dynastie dar. König Rama V. wird auf einem Wandbild wie ein Heiliger von seinen Untertanen verehrt, während auf einem anderen Gemälde Repräsentanten aller Weltreligionen dem König Mongkut (Rama IV.) ehrfürchtig Respekt zollen.

Als 1932 die absolute Monarchie abgeschafft wurde, zog das Parlament in das Gebäude ein. Mittlerweile ist ein neues Parlamentsgebäude errichtet worden, und die ehemalige Thronhalle dient repräsentativen Zwecken. So fanden hier Ende 1996 die prächtigen Feierlichkeiten zum 60. Thronjubiläum von König Bhumipol statt. Das Original-Gedeck des Banketts kann noch heute bewundert werden.

In einem Großteil der Hallen wird die beeindruckende **Sammlung der Support Foundation** von Königin Sirikit präsentiert. Die besten Handwerker des Landes schufen in aufwendiger Handarbeit über 20 prachtvolle Werke zu Ehren des Königshauses. Überall blitzt und blinkt es golden und silbern. Die verspielte Detailfülle der Objekte offenbart sich erst bei genauerem Hinsehen: So beeindruckt der Busabok Mala, eine Insignie der Königswürde, aus Holz, Gold, Silber, Emaille, Nielloarbeiten und Damaszener mit eingearbeiteten grünen Schildkäferflügeln, bunten Lackarbeiten und perfekt geschnitzten Wächterfiguren. Goldene oder mit Diamanten besetzte Howdahs – Sänften, die Könige früher auf den Rücken von Elefanten in die Schlacht beförderten – demonstrieren die Vielfalt des thailändischen Kunsthandwerks. Auch aufwendi-

ge Nachbildungen von Sänften und königlichen Barken, sowie dreidimensional wirkende Schnitzereien und Stickereien bezeugen die außerordentliche Fingerfertigkeit der Künstler. Einige Räume sind buddhistischen Zeremonien vorbehalten und können nicht besichtigt werden.

Die Räumlichkeiten können mit einem Audioguide erkundet werden. Frauen in Hosen und Männer in kurzen Hosen bekommen gegen 50 Baht einen Wickelrock, kein Einlass mit schulterfreien Shirts. ⏱ Di–So 10–18 Uhr, letzter Einlass um 17 Uhr, separater Eintritt 150 Baht, Studenten 75 Baht, die Eintrittskarte zum Königspalast berechtigt auch zum Besuch der Thronhalle und ist eine Woche lang gültig, ☎ 02-283 9411, 🖥 www.artsofthekingdom.com/en.

Weitere Museen des Komplexes

Textil- und Muschelmuseum (HRH Princess Orathai Thep Kanya Residential Hall): Die qualitativ hochwertigen, größtenteils weit über 100 Jahre alten Textilien stammen aus königlichem Besitz. Das breite Spektrum umfasst Mut-Mee-Seidenstoffe aus dem Nordosten und Kambodscha, Songket-Stoffe von der Malaiischen Halbinsel, die mit Gold- und Silberfäden durchwirkt sind, farbenfrohe indische Stoffe sowie feine Stempelbatiken. Fotos von überwiegend weiblichen Mitgliedern des Hofes in traditioneller Kleidung schmücken die Wände. Ausführliche Beschreibungen (auch in englischer Sprache) machen diese Ausstellung zu einem Muss für Textilfans. Im Nachbargebäude, das durch einen Übergang zu erreichen ist, sind in Vitrinen und Glastischen Muscheln aus aller Welt ausgestellt – sehr dekorativ, aber ohne Erläuterungen. In einem Gebäude nahe dem Eingang können schöne einheimische Textilien bestaunt werden.

Royal Elephant National Museum: Das kleine Museum befindet sich in zwei ehemaligen, unter Rama V. und Rama VII. errichteten Ställen für die königlichen weißen Elefanten. Die Tiere sind nun unter besseren Bedingungen in Lampang, Sakhon Nakhon und Hua Hin untergebracht. Fotos, Modelle, Elfenbeinschnitzereien, Ganesha-Statuen und andere Gegenstände belegen, dass Elefanten nicht nur als Wappentier Thailands eine große Bedeutung beigemessen wird. Separater Eintritt 5 Baht, ☎ 02-282 3336.

Abhisek Dusit Thronhalle: In der 1903 erbauten Halle im morischen Stil sind kunsthandwerkliche Produkte der königlichen Support-Stiftung ausgestellt, darunter Mut-Mee-Seide, Niello-Waren und fein geflochtene Körbe, die in Königsprojekten entstanden sind.

Suan Bua Residenz: Es lohnt sich, zwischen vielen Geschenken, historischen Fotos, Bootsmodellen und Buddhastatuen nach dem Stammbaum von Chulalongkorn Ausschau zu halten.

Fotogalerie (HRH Princess Bussaban Bua-Phan Residential Hall und **HRH Princess Arun-Wadi Residential Hall):** In den beiden Häusern sind Fotos zu sehen, die der König geschossen hat. Interessant sind einige Privatfotos, die den leidenschaftlichen Hobbyfotografen als Familienmenschen zeigen, aber auch Bilder von seinen Reisen durch das Land, die aus seiner Perspektive einen ganz neuen Blick vermitteln. Weitere Fotos vom König ergänzen die Ausstellung.

Gemäldegalerie (Suan Kularb Residential Hall): Hier hängen Ölgemälde, gemalt von König Bhumipol.

Old Clock Museum (HRH Princess Puang Soi Sa-Ang Residential Hall): In der ehemaligen Residenz von König Chulalongkorn, die später von Offizieren bewohnt wurde, sind Standuhren und andere königliche Souvenirs aus Europa und Amerika sowie Präsente ausgestellt.

Krom Luang Vorased Thasuda-Residenz: Sie beherbergt eine prähistorische Ausstellung, darunter ausgezeichnet erhaltene Ban-Chiang-Keramik aus dem Besitz der Prinzessin Maha Chakri Sirindhorn.

Suan Farang Kangsai-Residenz: Wenig interessant ist die Sammlung von Porträts und Ausrüstungsgegenständen hochrangiger Offiziere.

Suan Hong-Residenz: Das zweistöckige Holzhaus wurde 1902–10 von der Königin Savang Vadhana bewohnt und enthält Fotos von offiziellen königlichen Zeremonien und vom Kronprinzen Maha Vajiralongkorn.

Tam Nak Ho (Newlyweds Residential Hall): Ausstellung persönlicher Gegenstände der Frau von Rama VII. und Keramik und Töpferwaren, die im Golf von Thailand gefunden wurden.

Royal Carriage Buildings: Hier hat eine Sammlung königlicher Kutschen Platz gefunden.

Suan Si Rue Du Residenz: Ausstellung von Gegenständen aus der persönlichen Sammlung von König Bhumipol.

Wat Benchamabophit (Marmortempel)

Südöstlich des Museumsbereichs steht in einem hübschen Park Wat Benchamabophit, allgemein als Marmortempel bekannt, da er unter König Chulalongkorn weitgehend aus weißem, italienischem Carrara-Marmor auf dem Gelände eines alten Tempels erbaut wurde. Der Haupteingang zum Bot, der von zwei weißen Marmorlöwen bewacht wird, ist nur an Festtagen geöffnet. Ansonsten gelangt man durch einen Seiteneingang in den Innenraum mit einer großen Buddhastatue. Der mit Marmorplatten gepflasterte Innenhof ist von einer Galerie umgeben, in der 52 lebensgroße Buddhastatuen stehen, die zu den schönsten des Landes zählen. Besonders interessant ist eine seltene, 2,2 m hohe Statue eines gehenden Buddhas aus der Sukhothai-Periode. ⏱ 9–18 Uhr, Eintritt 20 Baht, ✆ 02-282 7413.

Dusit-Zoo

Ein Besuch des 1938 eröffneten Zoos lohnt sich allein schon zum Auftanken. Obwohl er nicht gerade mit großen Sensationen aufwartet, bummeln am späten Nachmittag viele junge Thais durch die Parkanlage und genießen einen der entspannteren Gärten der Stadt. Der Zoo ist Heimat von über 1600 Tieren, darunter weiße Tiger und kleine Pandas. In einem alten Bunker gibt es eine kleine Ausstellung zum Zweiten Weltkrieg zu begutachten. Im Restaurant am See werden zu akzeptablen Preisen Thai-Gerichte serviert. An Wochenenden ist der Zoo mit thailändischen Familien überfüllt. ⏱ 9–18 Uhr, Eintritt 100 Baht, Kinder 50 Baht, ✆ 02-281 2000, 🖥 www.zoothailand.org.

Thonburi

Die Schwesterstadt westlich des Flusses wurde 1767 nach der Zerstörung von Ayutthaya die erste Zufluchtsstätte der zersprengten Armee unter König Taksin bis Rama I. 1782 nach Bangkok übersiedelte. Seither konzentriert sich nicht nur das politische Leben, sondern auch Handel und Industrie am östlichen Flussufer. Auch wenn heute die beiden Millionenstädte zu einem dicht besiedelten Großraum mit gemeinsamer Verwaltung zusammengewachsen sind, scheint die Verstädterung in Thonburi noch nicht so weit fortgeschritten wie in Bangkok. Der Verkehr auf den **Klongs**, den kleinen Verbindungskanälen, hat im Zuge des Straßenausbaus deutlich abgenommen. Mehr über die Klongs s. eXTra [2692].

Nationalmuseum der königlichen Barken

Am Klong Bangkok Noi sind vor der Arun Amarin-Brücke in der Nähe des Rod Fai Piers in einer Bootshalle am Nordufer die **königlichen Barken** untergebracht. Die 51 Boote sind kunstvoll mit Holzschnitzereien und Lackarbeiten verziert und werden sehr selten in einer spektakulären Prozession zu Wasser gelassen, zuletzt im November 2012.

Im Museum können vier der prunkvollsten Boote besichtigt werden. Aus einem einzigen Teakbaum ist die 46 m lange, graziöse königliche Barke *Suphannahong* gearbeitet, deren Bug der kampfbereit aufgerichtete Kopf des Hamsa (eines mythischen Vogels und Transportmittels des Gottes Brahma) ziert und die in einem hoch aufgerichteten Schwanz endet. Die zweite, *Narai Song Suban*, die 1996 zum goldenen Thronjubiläum von König Bhumiphol erbaut wurde, schmückt Vishnu auf seinem Reittier Garuda. Die dritte ist die 45 m lange *Ananta Nagaraj* mit einem siebenfachen Schlangenkopf, dem Symbol des Wassers. In ihr befand sich während der letzten Prozessionen eine heilige Buddhastatue. Das vierte und älteste Boot, *Anekajati Bhujonga*, stammt aus der Zeit von König Rama V. und ist mit filigranen Nagaschlangen verziert. Die großen Boote werden von zahlreichen kleineren Barken eskortiert, die mit Hanumanfiguren, grimmigen Wächtern, Tigerköpfen, gehörnten Drachen und anderen mythischen Wesen geschmückt sind. Einige transportieren das Orchester, andere sind mit Kanonen bestückt. ⊕ 9–17 Uhr, Eintritt 100 Baht, Fotoerlaubnis 100 Baht, Videoerlaubnis 200 Baht, ✆ 02-424 0004.

Zu den königlichen Barken gelangt man auf zwei Wegen: zum einen über einen schmalen Weg nach der Brücke hinter dem Bahnhof in Thonburi (leicht zu übersehender Wegweiser), zum anderen vom Wat Dusitaram hinter der Phra Pinklao-Brücke aus. Beide sind mit Hinweisschildern markiert. Von der Endstation des AC-Busses 503 ist es nicht weit zu den königlichen Barken *(Royal Barges)*. An der Brücke hält auch der Non-AC-Bus 19 ab Sanam Luang.

Gerichtsmedizinisches Institut

Vom Phra Chan Pier erreicht man per Fähre den **alten Bahnhof** von Thonburi an der Mündung des Klong Bangkok Noi in den Menam Chao Phraya. Das **Siriraj Hospital** südlich des Bahnhofs war vor über 100 Jahren das erste westliche Krankenhaus des Landes und ist seit einigen Jahren der Wohnsitz des Königs.

In den Räumen des **Siriraj Medical Museums** wurden Tausende makabere Ausstellungsstücke zusammengetragen – eigentlich nur etwas für hartgesottene Erwachsene, aber die Thais kommen auch gerne mit ihren Kleinsten hierher. Im Gerichtsmedizinischen Institut im 2. Stock des Adulayadejvikrom Buildings sind Skelette, konservierte Organe und Körper von Mördern und deren Opfern – einschließlich der Mordwerkzeuge – zur Besichtigung freigegeben, zudem konservierte Giftschlangen, Insekten und eine kleine Ausstellung über die Identifikation der Tsunami-Toten. Das modernisierte, klimatisierte Ellis Pathological Museum umfasst 4000 Präparate von Kranken und Föten sowie alte Laboreinrichtungen. Alle Beschreibungen sind nur in Thai, ein Audioguide (100 Baht, 200 Baht Kaution) sorgt für Abhilfe. Im Parasitology Museum sind tropische Parasiten und Tiere zu sehen, die für den Menschen gefährlich werden können, darunter einige drastische Darstellungen. Angestaubt ist die Ausstellung zur Entwicklung der thailändischen Medizin im Ouay Ketusingh Museum. ⊕ Mo–Sa 8.30–16 Uhr, Eintritt 40 Baht, Kinder und Studenten frei, ✆ 02-419 6363, ⌨ www.si.mahidol.ac.th/museums/en/index.htm.

Kostenlos ist der Besuch des Congdon Anatomical Museums weiter südlich im 3. Stock des Anatomy Buildings, wo über 1000 verstaubte Präparate, missgebildete Föten, in Streifen geschnittene oder auf einzelne Aspekte reduzierte menschliche Körper, Organe und Skelette zu begutachten sind. Die altertümliche prähistorische Sammlung im Erdgeschoss ist weniger interessant.

Wat Arun

Jeden Morgen lässt die aufgehende Sonne die mit chinesischem Porzellan bedeckten Prangs in vielen verschiedenen Farben erstrahlen, daher wird der bereits in der Ayutthaya-Periode erbaute Wat Arun auch Tempel der Morgenröte genannt. Die verschieden hohen Türme symbolisieren das buddhistische Universum, in der Mitte der heilige Berg Meru, den die Weltmeere umgeben. Innerhalb der Tempelmauern stehen steinerne Figuren – u. a. ein europäischer Kapitän –, die als Schiffsballast aus China nach Thailand gelangten. Immer steilere Treppen führen den höchsten Prang (67 m) hinauf. Die oberen Plattformen sind für Touristen nicht zugänglich.

Auch der Bot lohnt einen Besuch. Ist der Zugang vom Tempel aus geschlossen, gelangt man über einen weiteren Eingang von der Gasse nördlich des Tempels in den Hof. Der Wandelgang ist mit bunten Blumenmotiven bemalt, und auch das Innere des Bot ist mit Wandmalereien bedeckt. Rings um den Tempel lauern Souvenirhändler auf Touristen. ⏲ 8–17 Uhr, Eintritt 50 Baht, ✆ 02-891 2185, 🖥 www.watarun.net. Vom Tha Thien Pier setzen Fähren zum Wat Arun über.

Das südliche Thonburi

Das riesige, von einem chinesischen Händler 1825 erbaute **Wat Kanlayanimit** steht 500 m südlich vom Wat Arun, am Ende der Soi Wat Kanlaya, zu erreichen über die Israphap und Thetsaban Sai 1 Road. Von Bangkok fahren einige Fähren ab Rachini Pier hierher – vom selben Pier verkehren auch Fähren zur Santa Cruz-Kirche. Im Glockenturm im Hof hängt die größte Bronzeglocke Thailands. Weit beeindruckender ist die riesige, in einer seltenen Haltung sitzende Buddhafigur im höchsten Viharn der Stadt. Die verblichenen Wandgemälde weisen chinesische Einflüsse auf. Nur wenige Touristen kommen hierher. ⏲ 6–18 Uhr.

800 m weiter südlich (zurück zur Thetsaban Sai 1 Road und nach links in die Soi Kudi Jeen) erreicht man die **Santa Cruz-Kirche** (Wat Kudee Jeen) inmitten des ehemaligen portugiesischen Viertels, des ersten europäischen Geschäftszentrums, von dem heute kaum noch etwas zu sehen ist. Seit dem 16. Jh. lebten portugiesische Diplomaten, Händler und Missionare im Land. Nach der Zerstörung von Ayutthaya ließen sie sich hier nieder und errichteten eine kleine Kirche, die 1913 durch das heutige Bauwerk ersetzt wurde. ⏲ 5–19 Uhr, Gottesdienste um 6 und 19 Uhr, ✆ 02-472 0153.

In der Umgebung gibt es noch einige Läden, die das leckere Gebäck *Khanom Farang Kudi Jeen* nach traditionellem portugiesischem Rezept mit Apfel, Sharon oder Melone zubereiten.

Am gegenüberliegenden (Bangkok-)Ufer erstrecken sich die Hallen des Lebensmittel- und Blumengroßmarktes **Pak Klong Talat** (S. 206), in denen vor Sonnenaufgang am meisten los ist.

Klong Bang Luang

Entlang des Klongs, der südlich vom Wat Arun nach Westen abzweigt, bauten sich bereits vor gut 200 Jahren Regierungsangestellte ihre Prachthäuser. Heute noch verläuft das Leben inmitten der hölzernen Pfahlbauten weitaus beschaulicher als wenige Kilometer östlich. Direkt am Klong gründete der bekannte Bangkoker Maler Chumphon Akhpantanond 2009 in einem alten Holzhaus eine Künstlerkolonie. Das **Khlong Bang Luang Artist's House** (Baan Sinlapin), Wat Kuhasawan Soi 28, möchte sowohl Treffpunkt und Werkstatt als auch Refugium traditioneller Künste und Einstiegspunkt für Interessierte sein. Während im oberen Stock meist wechselnde Ausstellungen zeitgenössischer einheimischer Künstler Platz finden, steht im Erdgeschoss auch junge Kunst zum Verkauf und ein Café lädt zu einer Verschnaufpause ein. Neben individuell gestalteten T-Shirts und Postkarten können Besucher gegen eine Spende auch Masken bemalen. Zudem treten Puppenspieler auf (S. 201). ⏲ 9–17 Uhr, ✆ 02-868 5279, 081-258 9260, 🖥 www.klongbangluang.com (nur auf Thai). Anreise mit dem Taxi ab BTS Wongwian Yai (als Ziel Wat Kuhasawan angeben), mit Klongbooten oder Bus 57, 509 und 542 bis Charan Sanitwong Soi 3.

Rings um den Golden Mount

Ratchdamnoen Road

Zu Beginn dieses Jahrhunderts wurden die Ratchdamnoen Klang und die Verlängerung Ratchdamnoen Nok Road angelegt. Gemeinsam bilden sie einen prunkvollen, breiten Boulevard vom Sanam Luang (S. 133) zur Ananta Samakhom-Thronhalle (S. 142), der von Regierungs- und Verwaltungsgebäuden gesäumt ist. An der Ecke Tanao Road erinnert das **14. Oktober 1973 Memorial** mit Fotos und Zeitungsausschnitten an die blutigen Auseinandersetzungen an jenem Tag (S. 111). Inmitten eines Kreisverkehrs erhebt sich das **Demokratie-Denkmal**, das an den Staatsstreich 1932 und das Ende der absoluten Monarchie erinnert. Wer die Reliefs aus der Nähe bewundern möchte, muss es erst durch den dichten Verkehr schaffen, was nahezu unmöglich ist.

Einstmals umgrenzte eine **Stadtmauer** entlang des Klong Banglampoo und des Klong Ong Ang das Stadtgebiet. Ein Teil davon ist an der Brücke restauriert worden. Vom dahinter liegenden Phanfa Pier legen Boote ab, die in die östlichen Vororte fahren.

Die von Queen Sirikit geförderte **The Queen's Gallery**, 101 Ratchdamnoen Klang Road, stellt in ihren hellen, klimatisierten Räumen moderne Gemälde und Skulpturen zeitgenössischer einheimischer Künstler aus. Ihr sind ein kleiner Shop und ein Café angeschlossen. ⏲ außer Mi 10–19 Uhr, Eintritt 30 Baht, ✆ 02-281 5360-1, 🖥 www.queengallery.org (nur in Thai).

Rattanakosin Exhibition Hall

Die Ausstellungshallen am Prachtboulevard widmen sich auf drei Stockwerken der seit 1782 regierenden Chakri-Dynastie. Das moderne, kreativ und abwechslungsreich gestaltete Museum erlaubt einen Überblick über die siamesische Kultur, Geschichte, Kunst und Tradition der letzten 230 Jahre. Es kann nur im Rahmen einer zweistündigen thaisprachigen Führung erkundet werden, aber keine Sorge: Mitarbeiter halten auch englischsprachige Audioguides bereit. Leider sind die Führungen für Interessierte etwas zu schnell konzipiert.

Nach der einleitenden Zeitleiste im Erdgeschoss geht es im 1. Stock zunächst auf die Spuren der ersten Einwohner und ihrer traditionellen Lebensweisen zurück in die Gründungszeit Bangkoks. Es folgen Räume mit multimedial unterstützten Darstellungen von königlichen Zeremonien, der Palast- und Tempelarchitektur sowie der Entwicklung der thailändischen Alltagskultur. Die drei großen Ausstellungsräume im 2. Stock präsentieren ein Modell des Königspalastes inkl. interaktivem Besuch der sonst unzugänglichen Bereiche, einen Einstieg in die verschiedenen einheimischen darstellenden Künste und Portraits der Könige der Chakri-Dynastie. Ganz oben lockt eine Aussichtsplattform mit Café und schönem Blick auf den Loha Prasat. Im Erdgeschoss ist Platz für Wanderausstellungen, Souvenirläden und weitere Cafés und im Zwischengeschoss für eine Bibliothek.

⏲ Di–Fr 11–20, Sa und So ab 10 Uhr, Einlass bis 18 Uhr, Eintritt 200 Baht, Schüler, Studenten (mit Ausweis) und Senioren über 60 Jahre Eintritt frei, Führungen starten alle 20 Min., Audioguide gegen Abgabe des Passes oder 1000 Baht Kaution, ✆ 02-621 0044, 🖥 www.nitasrattana kosin.com.

Loha Prasat und Wat Ratchanaddaram

An der Mahachai Road wurde ein kleiner Park mit einer **Gedenkstätte für König Rama III.** und einem Pavillon errichtet. Dahinter steht der für eine Nichte Ramas III. erbaute **Wat Ratchanaddaram**. Im angrenzenden Astrologiezentrum lassen sich Besucher aus der Hand lesen. Das Highlight bildet der 36 m hohe, eigentümliche Metallpalast **Loha Prasat**, der an indische Tempelbauten erinnert und der einzige seiner Art in Thailand ist. 37 kleine Türmchen, die die 37 buddhistischen Tugenden der Erleuchtung darstellen, sind auf sieben Ebenen pyramidenförmig angeordnet. Manchmal ist es möglich, über die zentrale Wendeltreppe zur obersten Plattform hinaufzusteigen. ⏲ 9–17 Uhr, der Viharn ist nur gegen 16 Uhr zum Gebet geöffnet.

Südlich des Klongs steht ein weiterer großer, aber einfacher Tempel, der 1836 gegründete **Wat Theptidaram**. Der Bot und die Prangs sind mit Mosaiken geschmückt und weisen einen unverkennbaren chinesischen Einfluss auf. Im Hof stehen Figuren, die als Schiffsballast aus

China hierherkamen. Inmitten der Mönchsquartiere kann das Wohnhaus des thailändischen Dichters **Sunthon Phu** besichtigt werden. Es ist weitaus angenehmer, die ruhige Gasse zwischen den Mönchsquartieren hindurch nach Süden zu laufen als die belebte Mahachai Road entlang der Stadtmauer. ☉ 8–17 Uhr.

Golden Mount

Den Zusammenfluss der drei Klongs überragt der 79 m hohe, von 1782–1800 künstlich aufgeschüttete **Golden Mount** mit dem goldglänzenden Chedi von **Wat Saket**. Der Chedi enthält eine Reliquie Buddhas, die hoch verehrt wird, vor allem während des Tempelfestes im November. Nach dem Aufstieg über 318 Stufen bietet sich die luftige und ruhige obere Plattform des Chedi mit einer tollen Aussicht über die Altstadt bis zu den Hochhäusern des modernen Zentrums für eine Verschnaufpause vom Trubel und Straßenlärm an. Zum Golden Mount gelangt man am besten durch den westlichen Eingang an der südlichen Borphat Road, östlich des Klongs Ong Ang, sowie an der Chakraphadipong Road durch eine schmale Palmenallee zwischen einer kleinen Schule und dem Wat Saket. ☉ 7–17.30 Uhr, 🖥 www.watsraket.com (nur in Thai), Eintritt gegen Spende.

Wat Suthat und Umgebung

Folgt man der Borpat Road Richtung Süden, kommt man zum **Ban Batt-Viertel**, in dem traditionelle Mönchsschalen *(batt)* hergestellt werden. Schilder weisen den Weg zu den Produktionsstätten. Die Almosenschalen werden aus acht Metallen zusammengefügt, die den edlen achtfachen Pfad des Buddhismus symbolisieren. Heute ist das Handwerk vom Aussterben bedroht, und die Handwerker leben hauptsächlich vom Verkauf der Schalen an Touristen. Mehr Infos unter 🖥 www.banbatt.com.

Anschließend geht es auf der Bamrung Muang Road Richtung Westen. In mehreren Geschäften wird eine faszinierende Sammlung von vergoldeten Buddhastatuen, Almosenschalen und anderem Tempelzubehör verkauft. In einem Kreisverkehr auf der verkehrsreichen Straße steht die restaurierte, etwa 25 m hohe **Riesenschaukel** *(giant swing)*. Bei einem hinduistisch-

brahmanischen Fest wurden hier lebensgefährliche Schaukelwettkämpfe ausgetragen, bis sie unter Rama VII. 1933 verboten wurden.

Südlich der Schaukel erhebt sich der über 200 Jahre alte **Wat Suthat**, der nach dem Schutzgott Bangkoks benannte „Palast von Indra". Seine schönen **Wandmalereien** gehören zu den bedeutendsten Zeugnissen thailändischer Kunst. Bronzepferde, Pagoden und steinerne Figuren im chinesischen Stil umgeben den großen Viharn, auf dessen wunderschönen, mit Schnitzereien verzierten Teakholztüren Themen aus dem Ramakien dargestellt sind. Die Innenwände sind bemalt mit Szenen aus dem Leben der legendären 28 Buddhas, während die Motive auf den acht Säulen der hinduistisch-buddhistischen Kosmologie entnommen sind. Im Zentrum des Raumes steht die 8 m hohe **Buddhastatue Sri Sakkayamuni** aus der Sukhothai-Periode. Den Viharn umgrenzt ein Wandelgang mit 156 Buddhastatuen. Auch der Bot, weiter südlich, beeindruckt durch seine Größe und hübsche Wandmalereien. König Rama VIII., dessen Bronzestatue im Vorhof steht, wurde im Tempel beigesetzt. Ihm zu Ehren findet alljährlich am 9. Juni eine königliche Zeremonie statt. ☉ 9–21 Uhr, Eintritt 20 Baht.

Östlich vom Tempel auf dem Mittelstreifen der Unakan Road steht der kleine **Hinduschrein Vishnu Mandir** unter Schatten spendenden Bäumen, die mit Glöckchen behängt sind. Der Gottheit Vishnu opfern Gläubige Teller mit Gaben und Blumenkränze. Zudem steht nordwestlich von Wat Suthat etwas versteckt in der Dinso Road der brahmanische **Bot Phram**. Zu den mit gelben Blumenkränzen geschmückten Schreinen der Gottheiten Vishnu vor dem Tempel, Shiva, der schwarzen Statue im Tempel, Ganesha (Elefantengott) und Skanda (Kriegsgott, kleiner Schrein links vom Eingang) kommen Thai-Brahmanen, um zu beten. Sie sind für die Durchführung von überlieferten brahmanischen Riten am Königshof zuständig.

Wat Ratchabophit

Einen Abstecher zum hübschen, 1869 erbauten Wat Ratchabophit am Ostufer des Klong Lod sollte man sich nicht entgehen lassen. Er wird von einem 43 m hohen, mit goldfarbenen Keramikkacheln bedeckten Chedi überragt. Die Eingangstore sind mit geschnitzten Soldaten unterschiedlicher Einheiten verziert. Im Inneren liegen die Gräber von Rama V. sowie Rama VII. und seiner Ehefrau. In der südöstlichen Ecke des Tempelareals befindet sich das Grab der Ehefrau Ramas V. und im Tempelbereich an der Atsadang Road, der meist nur von der Straße aus zu besichtigen ist, die Gräber der königlichen Familie, die zum Teil gotischen Kirchen nachempfunden sind. ⏰ 8–17 Uhr, 🖥 www. ratchabophit.blogspot.com.

Westlich des Tempels, jenseits der Fußgängerbrücke über den Klong, steht ein **Schwein-Denkmal**. Das vergoldete Tier wurde zur Erinnerung an die im Jahr des Schweins geborene Ehefrau Ramas V. errichtet.

Chinatown

Etwa 6 Mio. Chinesen leben zum großen Teil schon seit vielen Generationen in Thailand und haben sich weitaus stärker als in anderen Ländern in die Thai-Gesellschaft integriert. Nachdem die ersten chinesischen Siedler unter Rama I. aus dem Palastbezirk hierher umgesiedelt worden waren, entwickelte sich rund um die **Yaowarat Road** eine der größten Chinatowns der Welt.

Die Parallelstraße **Charoen Krung Road** (auch New Road) vom Wat Pho Richtung Osten wurde als erste Straße der Stadt unter Rama IV. (1851–68) entlang eines ehemaligen Elefantenpfades gebaut. Zu dieser Zeit wurde in Bangkok noch alles auf dem Wasser transportiert. Europäische Händler, die ihre Lagerhallen am Fluss hatten, forderten vom König eine Straße, um einen besseren Warentransport zu gewährleisten. Daher ist sie für Bangkok so untypisch geschwungen und kurvenreich, was ihr auch den Beinamen Thanon Mangkon (Drachenstraße) einbrachte. Der Kopf des Drachen soll im China Gate sitzen, der Bauch rund um die Kreuzung Mangkon und Yaowarat Road und der Schwanz am Klong Ong Ang enden. Die Chinatown reicht aber auch gute 500 m weiter nach Süden. Dieser als **Talat Noi** bekannte Stadtteil ist ähnlich dicht mit schmalen traditionellen Ladenhäusern besiedelt.

Ein Besuch der Chinatown ist während der großen chinesischen Feste (Fest der hungrigen Geister im 7. Monat des chinesischen Kalenders, Mondkuchenfest Mitte des 8. Monats) und der Neujahrsfeierlichkeiten besonders interessant. Dann wandelt sich die Yaowarat Road zu einer riesigen Festmeile mit Verkaufs- und Essensständen, Küchenchefs zeigen ihre Künste, und es finden Umzüge mit Löwentänzen, chinesische Opernaufführungen und andere kulturelle Veranstaltungen statt. Weitere Infos unter 🖥 www.bangkok.com/chinatown.

Little India und Old Siam Plaza

Entlang der Pahurat Road und in den schmalen Gängen zwischen den alten Holzhäusern sind viele Inder zuhause. So werden auf dem **Pahurat-Markt** günstig indische Textilien, von Saris bis zu Brokatstoffen für Tempeltänzer, Schmuck, Bollywood-Filme und vieles mehr angeboten. Dazwischen servieren renommierte Restaurants ebenso wie einfache Essensstände authentische indische Currys und Snacks. Die Gegend ist zudem das Verkaufszentrum für traditionelle Hochzeitskleider.

Die Wohn- und Geschäftshäuser hinter dem Markt überragt die goldene Kuppel des 1933 gegründeten, ältesten **Sikh-Tempels** Gurdwara Siri Guru Singh Sabha, des zweitgrößten außerhalb Indiens. Besucher, die sich in dem modernen, sehr sauberen, kühl wirkenden Gebäude umsehen wollen und um Erlaubnis fragen, sind willkommen und bekommen das erforderliche Kopftuch ausgeliehen. Hungrige gleich welcher Religion erhalten zudem immer eine warme Mahlzeit. Die Gebetshallen liegen im vierten Stock. ⏰ 10–18 Uhr.

Im Block, der von der Charoen Krung Road, Pahurat, Tripet und Burapha Road umgrenzt wird, wurde der ehemalige Ming Muang-Markt zum **Old Siam Plaza** umgebaut, einem hübschen fünfstöckigen Einkaufszentrum (S. 204).

Chinesische Märkte und Tempel

Von der Pahurat Road Richtung Osten gelangt man in die 1 km lange und nur 4–5 m breite **Sampeng Lane** (Soi Wanit 1), durch die sich Lastkarren, Motorräder und Einkäufer drängen. In dem einstigen verruchten Hafenviertel voller Opiumhöhlen, Spielsalons und Bordellen quellen die kleinen offenen Läden über mit preiswerten Artikeln. Da die Häuser dicht zusammenstehen und zum Teil durch ein hohes Dach vor der Sonne abgeschirmt sind, ist es hier selbst mittags relativ kühl, aber dafür umso enger und geschäftiger. Auch mitten in der Nacht ist immer etwas los.

In den parallel verlaufenden Hauptstraßen **Yaowarat** und **Charoen Krung Road**, wo sich ein Geschäft ans nächste reiht, bauen fliegende Händler auf den schmalen Bürgersteigen ihre Stände auf. Exotisch muten Mung Ming-Stände an, an denen auf offener Straße mit feinen Fäden weibliche Gesichtshaare entfernt werden, eine alte chinesische Tradition. Welch ein Kontrast zu den dahinter liegenden, mit Gold und Jade vollgepackten Schmuckläden und den großzügigen, klimatisierten Verkaufsräumen für aphrodisische Antilopengeweihe und wertvolle Schwalbennester! Exotische Düfte weisen den Weg zu traditionellen chinesischen Apotheken. Auf den Bürgersteigen östlich vom großen **Wat Chaichana Songkhram** werden Uhren, Taschenrechner und Batterien feilgeboten.

Erholsamer ist ein Spaziergang durch die parallel zum Fluss verlaufende **Songwat Road**, vorbei an kleinen Tempeln und den mit Reis, Nelken, Pfeffer und anderen Produkten vollgestopften alten Lagerhäusern der Großhändler. Von Frachtkähnen werden die Waren auf Lkw verladen. Am **Ratchawongse Pier** legen die Expressboote an.

Auf dem chinesischen Markt in der **Soi Issaraphap** werden exotische Zutaten für die chinesische Küche verkauft, von denen Hühnerfüße und Seegurken noch die harmloseren zu sein scheinen.

Ein besonders schöner chinesischer Mahayana-Tempel, der **Leng Noi Yee** (Thai-Name: Wat Mangkon Kamalawat), steht an der Charoen Krung Road zwischen Mangkon und Phlapphla Chai Road. Durch ein hohes, prächtiges Tor betritt man einen ausgedehnten Hof, der von der 1871 erbauten Tempelanlage begrenzt wird. Hinter dem aufwendig dekorierten Haupttempel liegen mehrere kleinere Räume, in denen Wahrsager und Heilkräuterverkäufer ihren Geschäften nachgehen. ◷ 8–18 Uhr.

Die chinesische Gemeinde hat zu Ehren von König Bhumipol am südlichen Ende der Yaowarat Road ein gigantisches **China Gate**, ein Eingangstor zur Chinatown, errichtet. Die Jade-Statuen sind ein Geschenk der chinesischen Regierung.

Wat Traimit und Chinatown Heritage Center

Der massiv goldene Buddha im **Wat Traimit**, Charoen Krung, Ecke Traimitr Road, ist mit einem Gewicht von etwa 5,5 t der schwerste goldene Buddha und das vom Sachwert her wertvollste religiöse Objekt der Welt. Seit 2008 kann die 3 m hohe Statue im oberen Stock des neuen dreistöckigen **Phra Maha Mondhop** bestaunt werden. Der aus dem 14. Jh. stammende Buddha wurde erst 1955 durch Zufall entdeckt: Als ein vermeintlicher „Stuck"-Buddha aus einer Tempelruine in diesen neuen Tempel gebracht werden sollte, fiel er zu Boden, und unter den Rissen kam die versteckte Goldstatue zum Vorschein.

Im 1. Stock des prachtvollen Gebäudes ist das empfehlenswerte **Chinatown Heritage Center** untergebracht, dessen sechs Räume einen guten Einblick in die Geschichte, Kultur und Gegenwart der chinesischen Bevölkerung Bangkoks ermöglichen. Die Ausstellung punktet mit anschaulichen Erklärungen (auch auf Englisch), Schaubildern, Modellen und multimedialen Installationen. Beim Gang durch den Nachbau einer chinesischen Dschunke und über einen Markt aus der Zeit Rama III. werden die Gründe für die Auswanderung aus China und die Lebensbedingungen der ersten Migranten klarer. Anschließend gilt es, die Beziehungen zwischen Siam und China und die Chinatown Bangkoks zu erforschen. Leider laufen in manchen Ausstellungsräumen viele Soundeffekte gleichzeitig, sodass sich die Geschichten übertönen – was mit Blick auf das hektisch laute Treiben draußen vielleicht gar nicht so unrealistisch ist.

Das Stockwerk darüber zeichnet in der **Phra Buddha Maha Suwanna Patimakorn-Ausstellung** die bewegte Geschichte des goldenen Buddhas nach.

◷ 8–17 Uhr, Ausstellungen Mo geschlossen, Eintritt 40 Baht, ✆ 02-623 1227, 🖥 www.wattraimitr-withayaram.com.

Hua Lamphong

Im Osten endet die Chinatown am Hauptbahnhof der Stadt, Hua Lamphong (S. 222), der ab 1910 nach dem Vorbild des Frankfurter Hauptbahnhofs errichtet wurde. Dabei wurden sogar viele Baumaterialien aus Deutschland importiert. Die Decke ist allerdings aus thailändischem Teakholz gefertigt. Ein Hauch von Luxus breitet sich aus, wenn vom linken Gleis der Eastern & Oriental Express abfährt, dessen Passagiere in einem separaten Wartesaal abgefertigt werden.

Sathorn und Silom

Über die Charoen Krung Road gelangt man weiter Richtung Süden in das älteste Banken- und Geschäftsviertel. Hier siedelten bereits unter Rama IV. vermehrt europäische Händler und Geschäftsleute, die auch chinesisch- und indischstämmige Angestellte mitbrachten, sodass eine multiethnische und -religiöse Mischung entstand. Wer sich nicht dem Lärm und den Abgasschwaden des dichten Verkehrs aussetzen möchte, kann mit dem Expressboot bis zum Sathorn Pier fahren.

Entlang des Chao Phraya

200 m südlich des Marine Department Piers (N4) erheben sich die Türme der neogotischen **Rosenkranzkirche**, auch Kalwar Church genannt. Bereits kurz nach der Zerstörung von Ayutthaya errichteten Portugiesen hier eine katholische Kirche. Das heutige Gebäude mit Bleiglasfenstern stammt von 1898. ⏰ 6–21 Uhr, 🖥 www.rosary.catholic.or.th (nur in Thai).

Kaum zu übersehen sind das beliebte Einkaufszentrum **River City** direkt südlich (S. 204), in dem zahllose Souvenirs und auf alt getrimmte „Antiquitäten" angeboten werden, und das angrenzende Royal Orchid Sheraton Hotel. Inmitten dieser modernen Bauten wirkt die **Portugiesische Botschaft** südlich des Si Phraya Piers wie ein Relikt aus der Vergangenheit. Vom Fluss her nicht zugänglich ist das große ehemalige **Hauptpostamt**, das zurzeit entkernt wird und zu einem Postmuseum umgebaut werden soll. König Rama V., dessen Denkmal vor dem Hauptgebäude steht, führte 1883 das Postsystem und wenig später auch das Telefon in Thailand ein.

Das weiter südlich gelegene **Mandarin Oriental Hotel** zählt zu den Hotellegenden Asiens und hat nach wie vor seinen Platz unter den Weltbesten. Wer einen Blick in den alten Flügel (Garden Wing) werfen möchte, sollte sich ordentlich anziehen und den Nebeneingang über die Einkaufspassage oder durch den Garten benutzen, denn die Portiers wimmeln Nichtgäste ab. Im Hotel ist fast alles noch so wie zu der Zeit, als Joseph Conrad, Somerset Maugham oder Noel Coward hier abstiegen. Bei einem Drink auf der Terrasse hat man einen herrlichen Blick auf den Sonnenuntergang über dem Fluss.

Vorbei am kolonialen Gebäude der **East Asiatic Company**, das zur Jahrhundertwende von einem dänischen Geschäftsmann errichtet wurde, gelangt man zu einem Platz mit den Schulgebäuden des Assumption College und einer der größten Kirchen der Stadt, der katholischen **Assumption Cathedral** (Mariä-Himmelfahrt-Kathedrale) im englischen Kolonialstil. Durch bunte Bleiglasfenster wird das in Ockertönen gehaltene Innere der Kirche erleuchtet. Der Altar ist aus französischem Marmor. Sonntags um 10 Uhr findet ein englischsprachiger Gottesdienst statt.

Asiatique The Riverfront

Nach der Schließung des Suan Lum Night Bazaar Ende 2010 entstanden in den ehemaligen Docks und Lagerhallen der East Asiatic Company am Menam Chao Phraya ein großer, ansprechend gestalteter Nachtmarkt – eine gelungene, teils etwas kitschige Kombination aus Markt und Mall, aus Essen, Shoppen und Entertainment, Vergangenheit und Gegenwart. Die koloniale Architektur der ersten internationalen Hafens in Thailand bildet eine schöne Kulisse für einen wahlweise entspannten oder ereignisreichen Abend. Die Gänge zwischen den über 1500 kleinen Geschäften sind breit angelegt und übersichtlich strukturiert.

Insgesamt zehn nummerierte Lagerhallen wurden in vier verschiedene Bereiche gegliedert: Am Fluss liegen im **Waterfront District** teurere Restaurants und Weinbars, die mit der angenehmen Lage ein zahlungskräftiges Publikum anlocken. Dahinter beheimatet eine ehemalige Sägemühle den **Factory District** mit über 500 Modeboutiquen und Klamottenläden. Das breitgefächerte Angebot reicht von edlen einheimischen Labels über kreativ gestaltete T-Shirts bis zu günstigen, nicht ganz echten Fußballtrikots. Rund um den zentral gelegenen Uhrturm konzentrieren sich im **Town Square District** ein großer Biergarten und kleinere, günstigere Restaurants. Die vier großen Lagerhallen des **Charoenkrung District** dahinter beherbergen nicht nur über 1000 kleine Geschäfte mit einem interessanten, vielseitigen Angebot von Souvenirs über Möbel und Kunsthandwerk, Schmuck, Kosmetik und Lederwaren, sondern auch das Calypso Cabaret (S. 199) und eine Palette von Banken und Franchise-Restaurants. Das altbekannte Joe Louis-Puppentheater wird hier ebenfalls ein neues Zuhause finden. Bis dahin kann man um 19.30 und 20.30 Uhr im gleichnamigen Restaurant 15-minütige Darbietungen bestaunen.

€ Eine günstige, leckere Alternative zu den Restaurants innerhalb des Asiatique sind die **Essenstände** östlich der Charoen Krung Road. Besonders die freundliche Dame am Stand mit Isaan-Küche (zu erkennen an den für den Som Tam-Salat benötigten jungen Papayas in der Auslage) bereitet sehr guten, authentischen Larb-Salat zu.

Adresse: 2194 Charoen Krung Rd., 🖥 www.asiatiquethailand.com, ⏲ 17–24 Uhr. Vom Sathon (Central) Pier an der BTS-Station Saphan Thaksin verkehrt von 17–24 Uhr alle 15 Min. ein kostenloses Shuttleboot.

Rund um die Silom Road

Ein Heiligtum ganz besonderer Art ist der **Sri Mariamman-Tempel**, ein Hindutempel der Shakti-Sekte, der 1879 von südindischen Tamilen an der Silom Road erbaut wurde. Neben der Urmutter Uma Devi, Krishna, Kali, Rasmi, Khandakumara, einem Shiva-Lingam, Ganesh und anderen hinduistischen Gottheiten tut auch Buddha seinen Platz. Thais beten hier für Liebe und Fruchtbarkeit. Während des größten Hindufestes Thaipusam Ende Januar/Anfang Februar und beim zehntägigen Navratri Festival Ende September/Anfang Oktober steht der Tempel im Mittelpunkt des Geschehens. Gäste sind gern gesehen. ⏲ Mo–Do 6–20, Fr bis 21, Sa und So bis 20.30 Uhr, Fotografieren verboten, ✆ 02-238

4007, 🖥 www.srimahamariammantemple bangkok.com.

Gegenüber in der Soi 20 erhebt sich hinter der Markthalle die **Masjid Mirasuddeen**, eine der rund 170 Moscheen der Stadt im orientalischen Baustil. ⏲ 6–20 Uhr, ✆ 02-238 4007.

Am südlichen Ende der Convent Road steht der strahlend weiße Bau der Anfang des 20. Jhs. errichteten **Christ Church** mit einer über 100 Jahre alten britischen Orgel. Die schönen Bleiglasfenster stammen aus der ersten, 1864 am Chao Phraya erbauten anglikanischen Kirche. ⏲ So 7–14 Uhr, 🖥 www.thaiangelican.org.

Ein Liebesbeweis ganz besonderer Art findet sich an der Surawongse Road, Ecke Soi 18: In einem kleinen Garten steht der elegante, neoklassizistische Bau der **Neilson Hays Library** mit einer guten Bibliothek und regelmäßigen Kunstausstellungen. Der weiße Bau wurde in den 1920er-Jahren von einem wohlhabenden Briten zu Ehren seiner an Cholera verstorbenen Frau erbaut und vom selben Architekten gestaltet, der bereits die pompösen Bauten der Ananta Samakhom-Thronhalle und des Hua Lamphong-Bahnhofs geleitet hatte. Im Garten ist ein kleines, nettes Café, zudem finden regelmäßig Bücher-Flohmärkte statt. ⏲ Di–So 9.30–17 Uhr, 🖥 www.neilsonhayslibrary.com.

Am östlichen Ende der Silom Road liegt eine der berühmt-berüchtigten Amüsiermeilen Bangkoks, die **Soi Patpong**. Auf den ersten Blick wirkt sie mit ihrem touristischen Straßenmarkt ab 17 Uhr fast wie eine Flaniermeile. Die Go-go-Bars im Erdgeschoss werden sogar von Reisegruppen angesteuert (S. 193). Zudem konzentrieren sich hier einige große Einkaufszentren und Geschäfte.

Lumphini Park

Am Ende der Silom Road erstreckt sich der erste öffentliche Park Thailands, der Lumphini Park (Suan Lum). Vor dem Haupteingang steht das **Denkmal von König Rama VI**. Im Schatten der Bäume halten Angestellte aus den benachbarten Büros ihr Mittagsschläfchen, am frühen Morgen praktiziert man hier Yoga, Schattenboxen und Tai Chi oder joggt, und zum Sonnenuntergang halten sich große Gruppen von Hausfrauen mit einem lauten Aerobicprogramm fit.

Während Kinder auf den Spielplätzen und über den Rasen toben, zieht es Erwachsene auf den Fitness-Parcours und die Basketball-, Fußball- oder Takraw-Plätze. An den Kanälen kann man große Warane bestaunen, die sich in der Sonne aufwärmen. Im Winter (Dezember–Februar) finden jeden Sonntagabend ab 17.30 Uhr klassische Konzerte statt. Weitere Informationen unter 🖳 www.bangkoksymphony.org. Tretboote können gemietet werden. Nach Einbruch der Dunkelheit sind hier viele zwielichtige Gestalten unterwegs, sodass es besser ist, den Park dann zu meiden. Von der nordöstlichen Ecke führt ein Fußgänger-Hochweg mit Spielplätzen über einen Slum hinweg in die Sukumvit-Gegend. ⏲ 5–19 Uhr.

Etwas weiter südöstlich sind im großen **Lumphini-Stadion** Thai-Boxkämpfe zu sehen (S. 199). Die MRT-Station Lumphini befindet sich in unmittelbarer Nähe.

Schlangenfarm

Das **Königin Saovabha Memorial Institute** an der Rama IV, Ecke Henri Dunant Road, beherbergt die älteste Schlangenfarm des Landes. Das Institut wurde 1923 unter französischer Mithilfe gegründet, um die damals wütenden Tollwutepidemien zu bekämpfen. Im Außenbereich werden Lebensräume einheimischer Schlangen vorgestellt. Pythons, Wasserschlangen und Kobras können in Glaskästen bewundert werden. Im Innenbereich des Serpentariums sind weitere 35 Schlangenarten ausgestellt. Im 1. Stock des Si Maseng-Gebäudes wird südostasiatischen Schlangen Gift entnommen, um daraus Serum zu gewinnen. Im 2. Stock ist eine kleine Ausstellung über die Verhaltensweisen und Gifte der Schlangen aufgebaut. Vorführung der Giftentnahme um 11 Uhr, eine informative Show mit Vortrag Mo–Fr um 14.30 Uhr. ⏲ Mo–Fr 8.30–16.30, Sa, So und feiertags 9.30–13 Uhr, Eintritt 200 Baht, Kinder 50 Baht, ✆ 02-252 0161-4, 🖳 www.saovabha.com/en.

Siam und Pratunam

Gläserne, chromglitzernde Einkaufspaläste, Hotel- und Bürokomplexe haben sich östlich des alten Stadtkerns ausgebreitet. Zwischen **Siam Square** und **Siam Paragon** liegt über der Rama I Road der quirlige Umsteigebahnhof der Hochbahn BTS, die sich vor dem Erawan-Schrein verzweigt. Zwischen der Siam und Chit Lom Station kann man über die verkehrsreiche Straße auf dem **Skywalk** flanieren, eine Fußgängerzone mit Zugang zu den Einkaufszentren und der BTS. Abends findet ein Markt statt, auf dem Kleidung und Accessoires verkauft werden.

Jim Thompson-Haus

Das Areal des hübschen, bei Touristen aus aller Welt beliebten Komplexes liegt eingequetscht zwischen modernen Allerweltsfassaden versteckt am Ende der Soi Kasemsan 2 direkt am Klong. In seinem ehemaligen Wohnhaus, das aus sechs originalgetreu errichteten, traditionellen, teilweise über 200 Jahre alten Teakhäusern besteht, hat Jim Thompson südostasiatische Kunstschätze zusammengetragen. Die kleineren Häuser, teils ehemalige Reisspeicher, enthalten u. a. chinesisches Porzellan und Gemälde aus der Ayutthaya-Periode. Die wahren Schätze verbergen sich im Haupthaus, das im Rahmen einer ausgezeichneten Führung zugänglich ist. Im Eingangsbereich wird zudem gezeigt, wie die berühmte Seide gesponnen wird. ⏲ 9–17 Uhr, die englischsprachigen halbstündigen Führungen beginnen etwa alle 20 Minuten, Eintritt 100 Baht, Studenten bis 25 Jahre mit Ausweis 50 Baht,

Jim Thompson

Kurz vor dem Ende des Zweiten Weltkriegs setzte der amerikanische Geheimdienst den ehemaligen Architekten Jim Thompson als Verbindungsmann zur „Bewegung der freien Thai" ein. Thompson blieb nach dem Krieg in Bangkok, managte das Oriental Hotel und gründete 1948 die Thai Silk Company. Damit erweckte er die vom Aussterben bedrohte Seidenweberei in Thailand zu neuem Leben. In den 1950er-Jahren ließ er alte Teakhäuser nach Bangkok bringen und zum Wohnhaus umbauen. Ostern 1967 verschwand der 61-Jährige spurlos im Dschungel der Cameron Highlands in Malaysia.

02-216 7368, 🖳 www.jimthompsonhouse. com. Ein deutschsprachiges Buch über das Haus ist (sofern vorrätig) für 250 Baht an der Kasse erhältlich. Im Inneren der Häuser darf nicht fotografiert werden. Angeschlossen ist ein gutes, recht hochpreisiges Restaurant. Zugang ab Rama I Road, BTS National Stadium, kostenloser Shuttleservice zur Hauptstraße.

Siam Paragon

Im 500 000 m² großen, exklusiven Einkaufszentrum befinden sich neben zahlreichen edlen Boutiquen der größte Buchladen Thailands (S. 207), 14 Kinos (S. 199), ein IMAX-Kino, ein großes Theater, eine Bowlingbahn und ein Vergnügungspark, in dem Kinder Berufe ausprobieren können (S. 210), sowie ein Messe- und Veranstaltungszentrum. Einen Besuch lohnt die Gourmet-Etage im Erdgeschoss (S. 188), in deren Restaurants und Food Center westliche und östliche Delikatessen teils vor den Augen der Kunden frisch zubereitet werden. ⏰ 10–22 Uhr, Restaurants bis 23 Uhr, 🖳 www.siam paragon.co.th.

Siam Ocean World

Eine besondere Attraktion für Jung und Alt ist das im Untergeschoss des Siam Paragon untergebrachte Aquarium der Superlative. Auf 10 000 m² Fläche leben über 400 verschiedene Arten und 30 000 Tiere, darunter Haie und Pinguine, in insgesamt 2,8 Mio. Litern Wasser. Besucher können die aufwendig gestaltete Unterwasserwelt durch gläserne Tunnel erkunden. Im größten Becken mit einem Korallenriff, Mantas und zahlreichen Tigerhaien können Abenteuerlustige tauchen, oder man betrachtet die Großfische von oben aus dem Glasbodenboot. Neben den Becken für Salzwasserfische sind die größten Krebse der Welt, eine Sammlung von Quallen sowie Seepferdchen und eine Regenwaldzone mit Süßwasserfischen, Fischottern und Wasserratten zu bestaunen. Alles ist auch auf Englisch beschriftet. ⏰ 10–21 Uhr, letzter Einlass 20 Uhr, Eintritt 900 Baht, Kinder 700 Baht; Eintritt inkl. Fahrt im Glasbodenboot, Fisch-Spa, Popcorn und Getränk 1100 Baht, Kinder 900 Baht; Audioguide und Tauchgänge kosten extra, 02-687 2000, 🖳 www.siamoceanworld.com.

Madame Tussaud's Bangkok

Im 6. Stock des Siam Discovery Centers sind auf 3000 m² in zehn nach Kategorien sortierten Räumen 90 Figuren aus Film, Musik, Fernsehen, Politik, Wissenschaft und Sport versammelt. Darunter finden sich neben zahlreichen einheimischen Berühmtheiten auch internationale Stars wie Brad Pitt, Angelina Jolie, Leonardo DiCaprio und George Clooney, Michael Jackson, Justin Bieber, Madonna und Beyoncé, aber auch Barack und Michelle Obama, Gandhi, Aung San Suu Kyi, Albert Einstein und der Dalai Lama. ⏰ 10–21 Uhr, Eintritt 800 Baht, Kinder 600 Baht, bei Onlinebuchung 20 % Rabatt, 02-658 0060, 🖳 www.madametussauds.com/bangkok/en.

Erawan-Schrein

An der Ecke Ratchadamri Road steht vor dem Grand Hyatt Erawan Hotel, umrahmt von massigen BTS-Trassen, der kleine Erawan-Schrein (Thao Maha Brahma). Er ist einer von vielen Haustempeln der Stadt und erfreut sich seit seinem Bau 1956 größter Beliebtheit. Damals war es während der Bauarbeiten für das Erawan Hotel zu einer Reihe von Unglücken gekommen. Arbeiter stürzten in den Tod und ein Schiff, das für das Hotel bestimmten Marmor transportierte, sank auf hoher See. Die Arbeiter sahen darin das Werk böser Geister und weigerten sich weiterzubauen, bis schließlich ein Astrologe feststellte, dass der Grundstein für das Hotel an einem ungünstigen Tag gelegt worden war. Er schlug den Bau eines Schreins vor, und tatsächlich kam es danach zu keinen weiteren Zwischenfällen. 2006 zerstörte ein geistig verwirrter Thai-Moslem die Brahma-Statue mit einem Hammer und wurde daraufhin von zwei aufgebrachten Passanten erschlagen.

Gott Brahma ist besonders nach Geschäftsschluss das Ziel vieler Verehrer. Sie opfern Räucherstäbchen, Früchte und Kerzen, behängen die Statue mit Blumenkränzen und erbitten den Segen der Götter, oder sie engagieren Tänzerinnen, die begleitet von traditioneller Musik klassische Tänze vorführen. Ist ein Wunsch in Erfüllung gegangen, opfert man Teakholz-Elefanten. Besonders lebhaft geht es am 9. November, dem Jahrestag der Einweihung, zu.

Die besten Aussichtspunkte

1. Baiyoke II Tower (S. 154)
2. The Dome at lebua, State Tower (S. 187)
3. Golden Mount (S. 147)
4. Vertigo Grill & Moon Bar, Banyan Tree Bangkok (S. 195)
5. Red Sky Bar auf dem Dach des Centara Central World (S. 198)
6. Eine Fahrt mit der BTS (S. 216)

Mehr zur modernen Architektur in Bangkok s. eXTra [2694].

Pratunam

Im quirligen Stadtviertel Pratunam rings um das Amari Watergate Hotel und Indra Regent Hotel wird ein Großteil des Textilhandels in Südostasien abgewickelt. Entlang der Bürgersteige, in den Einkaufszentren, überdachten Markthallen und schmalen Sois drängen sich die Verkaufsstände. Auch im Untergeschoss des Baiyoke II Tower stapeln sich bunte T-Shirts, Jeans, Tücher und Kleider (mehr Infos S. 206).

Der **Baiyoke II Tower** ist mit 304 m Gebäudehöhe plus weiteren 24 Antennen-Metern das höchste Gebäude des Landes und das höchste Hotel Südostasiens. Für das 85-stöckige Hochhaus mussten die Pfeiler 65 m tief in die Erde gerammt werden. Jeden Tag fahren etwa 1000 Besucher zur Aussichtsplattform im 84. Stock hinauf. Bei guten Wetterverhältnissen liegt einem Bangkok zu Füßen – im Westen breitet sich die von Tempeltürmen überragte Altstadt (bestes Licht vormittags) aus, und im Osten und Süden sieht man die modernen Hochhäuser der Geschäftsviertel (bestes Licht nachmittags). Ein Gewirr von Straßen und Expressways durchzieht das Häusermeer, und die breiten Ausfallstraßen verlieren sich Richtung Norden am Horizont. ⏰ 10.30–22.30 Uhr, Sa und So ab 10 Uhr, Eintritt 400 Baht inkl. eines Drinks an der Bar mit Blick über die Hochhäuser der Stadt; ab 22.30 Uhr Tickets im 19. Stock, dann ist lediglich der Besuch der Skybar möglich, ✆ 02-656 3000, 🖥 www.baiyokesky.baiyokehotel.com. Wer ein Buffet in einem der Restaurants auf den beiden oberen Etagen genießen möchte, zahlt mittags 840 Baht und abends 1000 Baht inkl. Aufzugfahrt,

im chinesischen Restaurant im 79. Stock kostet das Buffet ganztags 1380 Baht p. P.

Suan Pakkad-Palast

Der **Suan Pakkad-Palast** in der Sri Ayutthaya Road enthält die private Kunstsammlung einer Prinzessin. Einige Ausstellungsstücke sind in fünf traditionellen Thai-Häusern untergebracht, die 1952 aus Chiang Mai hierher transportiert wurden. Zudem gibt es einen Lackpavillon aus der Ayutthaya-Periode, dessen Innenwände mit Szenen aus dem Ramakien-Epos und Buddhas Leben geschmückt sind (Fotografierverbot). Die angrenzende **Marsi Gallery** präsentiert wechselnde Archäologie- und Kunstausstellungen. Zudem gibt es einen schönen subtropischen Garten. ⏰ 9–16 Uhr, Eintritt 100 Baht, ✆ 02-245 4934, 🖥 www.suanpakkad.com.

Sukhumvit

Nach Osten geht die Ploenchit Road in die Sukhumvit Road über, eine 400 km lange Straße, die erst an der kambodschanischen Grenze bei Trat endet. Die BTS gleitet hier über den dichten Straßenverkehr hinweg. Hinter den Einkaufszentren liegen in Seitenstraßen, den durchnummerierten Sois, kleine Geschäfte, Hotels und Restaurants. In dieses Gewirr schlagen die ausgebaute, von modernen Hochhäusern gesäumte **Soi Asoke** (Soi 21), und weiter östlich die **Soi Thong Lo** (Soi 55) und die **Soi Ekkamai** (Soi 63) breite Schneisen.

Die westliche Sukhumvit ist rund um die BTS-Station Nana ein bekanntes Vergnügungsviertel mit einem turbulenten, abwechslungsreichen Nachtleben. Zwischen Soi 1 und 5 findet sich eine Vielzahl von Geschäften, Bars und Restaurants, die sich an eine arabische und afrikanische Kundschaft richten. In der Umgebung der Nana Plaza auf der Soi 4 arbeiten viele leichte Mädchen für eine ältere Klientel. Die Atmosphäre ist hier nicht besonders angenehm. In der belebten Soi 11 liegen einige der angesagtesten Clubs und Bars der Stadt. Östlich der Soi Asoke wird es zunehmend edler und wohlhabender, bis an der Soi Thong Lo das Lieblingswohngebiet der thailändischen Oberschicht erreicht ist. Hier konzentrieren sich neben vielen japanischen und koreanischen Restaurants hervorragende Gaststätten und Essenstände. Nirgendwo sonst in Thailand sieht man so viele teure Autos und nirgendwo sonst feiert man so dekadent wie in den Clubs rund um die Thong Lo Soi 10.

Kamthieng House

Wie eine ruhige Oase zwischen den Zweckbauten aus Glas und Beton wirkt der subtropische Garten der Siam Society, 131 Soi Asoke (BTS Asok und MRT Sukhumvit, Exit 1). Hier steht ein 1848 erbautes, exzellent erhaltenes Teakhaus aus dem Norden, das Kamthieng House, das 1963 von einem Professor der Siam Society nach Bangkok gebracht wurde, um als ethnologisches Museum zu dienen. Die Sammlung vermittelt in zeitgemäßem, multimedialem Stil einen guten Einblick in den Alltag und traditionellen Geisterglauben der Menschen im nördlichen Lanna des späten 19. Jhs. Während des Rundgangs durch die fünf Bereiche erklingt traditionelle Musik, Filme zeigen Tänze, die Zubereitung von Hausmannskost und das Leben im Dorf. Auch für Kinder interessant. Im Vorgarten befindet sich zudem ein Café. ☉ Di–Sa 9–17 Uhr, außer feiertags, Eintritt 100 Baht, ✆ 02-661 6470-7, 🖥 www.siam-society.org.

Queen's Park

Inmitten des Großstadtgetümmels lädt der **Queen's Park**, auch Benjasiri Park, zwischen Soi 22 und 24, mit seinen Seen, Schatten spendenden Bäumen und modernen Skulpturen zu einer Pause ein. Kinder vergnügen sich auf der Rollerskatebahn oder dem Basketballplatz. Gegen 18 Uhr finden hier jeden Tag gemeinschaftliche Aerobic-Kurse statt. ☉ 5–20 Uhr. Im Süden grenzt an den Park das Gebäude der **World Fellowship of Buddhists** (S. 200) und im Osten das luxuriöse Einkaufszentrum **Emporium**.

Im Norden

Suan Chatuchak Weekend Market

Mit der BTS und MRT kommen am Wochenende Zehntausende von Touristen in diese ansonsten wenig besuchte Gegend der Stadt und erliegen einem Kaufrausch, der seinesgleichen sucht. Bereits am Freitagnachmittag, aber vor allem am Samstag und Sonntag drängen sich täglich 200 000 Besucher auf dem quirligen Wochenendmarkt am Suan Chatuchak, der oft auch Jatujak oder JJ Market genannt wird. Zusätzlich findet am Mittwoch und Donnerstag im hinteren Bereich ein Pflanzenmarkt und am Freitag ein Klamottengroßmarkt statt. Wer sich auf dem 35 ha großen, L-förmigen Platz mit über 10 000 Ständen zurechtfinden möchte, orientiert sich anhand der Karte, die es beim Tourist Office (Sektion 27) nahe dem Eingang 1 und an vielen Verkaufsständen gibt.

Der Markt ist zur besseren Orientierung in 27 Sektionen (S1–S27) aufgeteilt. Durch die Eingänge gelangt man zunächst auf den Platz, der von Ständen mit Büchern und Amuletten (S1), Pflanzen, Blumen, Gartenutensilien (S3, 4), dekorativen Haushaltsgegenständen (S1, 3, 4, 7, 8), Schmuck und Textilien (S5, 6) umrahmt wird. Der zentrale Bereich scheint von Textilien und Taschen (S2–6, 18–26), Vögeln, Fischen (donnerstags Zierfischmarkt), Hunden und anderen Tieren (S8, 9, 11, 13) überzuquellen. Lädt dieser Teil des Marktes mehr zum Schauen und Fotografieren ein, so fällt es im südwestlichen Bereich nicht schwer, Geld auszugeben. Kunstgewerbe aus allen Landesteilen stapelt sich neben Stickereien aus Myanmar, Sarongs aus Indonesien, Lackarbeiten, Holzschnitzereien, Keramik und T-Shirts mit ausgefallenen Motiven (S22–25) sowie Antiquitäten (S26). Sperrige Möbel oder schwere Keramik (S17, 19) können vor Ort an Speditionen übergeben werden. Zudem kann man sich an zahllosen Essenständen (v. a. S17, 19) stärken. Geldautomaten (S27) sichern den Nachschub an Barem. Auch die Tourist Police (S27) betreibt Sa und So von 9–17 Uhr einen Stand. Wer sich nicht gleich für etwas entscheiden kann, wird Schwierigkeiten haben, den entsprechenden Stand wiederzufinden.

Eingang 1 ist an der Kamphaeng Phet 2 Rd., nahe der MRT Kamphaeng Phet, Eingang 2 im Norden an der Kamphaeng Phet 3 Road und Eingang 3 an der Bushaltestelle und nahe der BTS Mo Chit an der Paholyothin Road. Anreise mit der BTS oder MRT, ab Banglampoo mit Bus 3,

Bangkok Übersicht

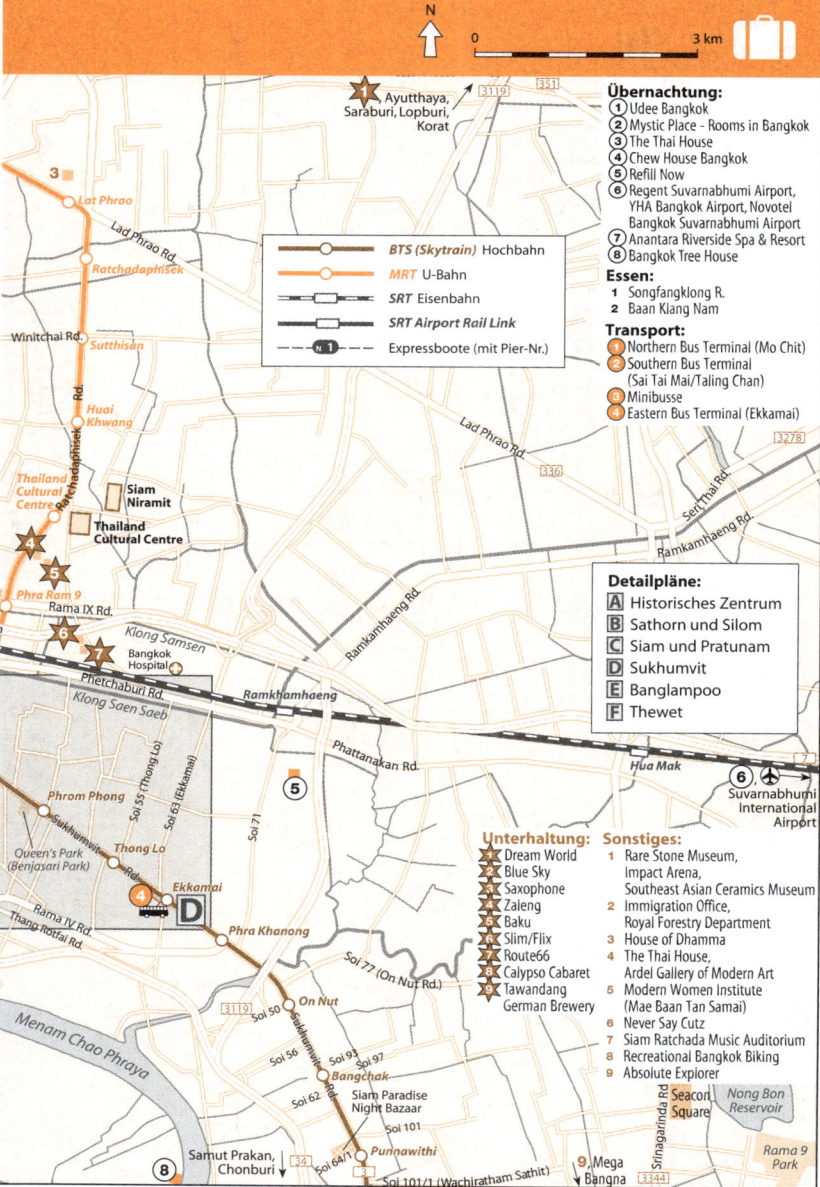

N

0   3 km

Ayutthaya,
Saraburi, Lopburi,
Korat

Übernachtung:
1. Udee Bangkok
2. Mystic Place - Rooms in Bangkok
3. The Thai House
4. Chew House Bangkok
5. Refill Now
6. Regent Suvarnabhumi Airport,
   YHA Bangkok Airport, Novotel
   Bangkok Suvarnabhumi Airport
7. Anantara Riverside Spa & Resort
8. Bangkok Tree House

Essen:
1. Songfangklong R.
2. Baan Klang Nam

Transport:
1. Northern Bus Terminal (Mo Chit)
2. Southern Bus Terminal
   (Sai Tai Mai/Taling Chan)
3. Minibusse
4. Eastern Bus Terminal (Ekkamai)

BTS (Skytrain) Hochbahn
MRT U-Bahn
SRT Eisenbahn
SRT Airport Rail Link
Expressboote (mit Pier-Nr.)

Detailpläne:
A. Historisches Zentrum
B. Sathorn und Silom
C. Siam und Pratunam
D. Sukhumvit
E. Banglampoo
F. Thewet

Lat Phrao
Lad Phrao Rd.
Ratchadaphisek
Winitchai Rd.
Sutthisan
Huai Khwang
Thailand Cultural Centre
Siam Niramit
Thailand Cultural Centre
Phra Ram 9
Rama IX Rd.
Klong Samsen
Bangkok Hospital
Phetchaburi Rd.
Klong Saen Saeb
Ramkhamhaeng
Phrom Phong
Soi 55 (Thong Lo)
Soi 63 (Ekkamai)
Soi 71
Phattanakan Rd.
Hua Mak
Suvarnabhumi International Airport
Queen's Park (Benjasiri Park)
Thong Lo
Ekkamai
Phra Khanong
Rama IV Rd.
Thang Hotfai Rd.
Soi 77 (On Nut Rd.)
On Nut
Menam Chao Phraya
Soi 50
Soi 56
Soi 93
Soi 97
Soi 62
Bangchak
Siam Paradise Night Bazaar
Soi 101
Punnawithi
Samut Prakan, Chonburi
Soi 64/1
Soi 101/1 (Wachiratham Sathit)
Mega Bangna
Srinagarinda Rd.
Seacon Square
Nong Bon Reservoir
Rama 9 Park
Lad Phrao Rd.
Ramkhamhaeng Rd.
Seri Thai Rd.

Unterhaltung:
- Dream World
- Blue Sky
- Saxophone
- Zaleng
- Baku
- Slim/Flix
- Route66
- Calypso Cabaret
- Tawandang German Brewery

Sonstiges:
1. Rare Stone Museum,
   Impact Arena,
   Southeast Asian Ceramics Museum
2. Immigration Office,
   Royal Forestry Department
3. House of Dhamma
4. The Thai House,
   Ardel Gallery of Modern Art
5. Modern Women Institute
   (Mae Baan Tan Samai)
6. Never Say Cutz
7. Siam Ratchada Music Auditorium
8. Recreational Bangkok Biking
9. Absolute Explorer

BANGKOK

Königl. Barken

Klong Bangkok Noi — KLONGBOOTE

Thonburi (Bangkok Noi)

Thonburi Railway Pier

Bangkok Tourism Division

Phrapinklao-Br.

Phra Arthit Rd.

Phra Sumen Rd.

Klong

Wat Chana Songkhram

Chao Fa Rd.

Krai Rd.

Tani Rd.

Wat Bowonniwet

Chakraphong Rd.

Khaosan Rd.

Tanao Rd.

Nationaltheater

Nationalgalerie

s. Detailplan [E]

Ratchdamnoen Klang R

Siriraj Medical Museum

Siriraj Hospital

N11

Arun Amarin Rd.

Nationalmuseum

Phra Chan Pier

Thammasat-Universität

Ratchini Rd.

Na Phathat Rd.

Sakhey Rd.

14. Okt. 1973 Memorial

Prannock Rd.

Wang Lang (Pranok) Pier

N10

Amulettmarkt Phra Chan Rd.

10 Wat Mahathat

Sanam Luang

Ratchdamnoen Nai Rd.

Atsadang Rd.

Ratchini Rd.

Bunsiri Rd.

Buranasat Rd.

Tanao Rd.

11 Wat Mahan

Mahanop Rd.

Saeng Suksa Rd.

3
12
12

Maharaj Pier

Silpakorn-Universität

Na Phra Lan Rd.

Lak Muang-Schrein

Lak Muang Rd.

Phraeng Nara Rd.

Trok Nawa

Bot Phram

Wat Rakhang Kositharam

N9

Tha Chang Pier

4

EINGANG

Wat Phra Kaeo

Sanam Chai Rd.

Ratchini Rd.

Klong

Bamrung Muang Rd.

Wat Suthat

Übernachtung:
9 Old Bangkok Inn
10 Baan Dinso@Ratchadamnoen
11 Baan Dinso
12 Ibrik Resort by the River
13 Niras Bankoc Hostel
14 Shanghai Mansion Bangkok
15 @Hua Lamphong
16 SK House Maha Nakhon
17 Your Place Gh.
18 Loy La Long Hotel

Verteidigungsministerium

Schwein-Denkmal

Wat Ratchapradit

Ratchabophit Rd.

Atsadang Rd.

Wat Ratchabophit

Königspalast

Sararom Park

EXPRESSBOOTE

Maharaj Rd.

Thai Wang Rd.

Sanam Chai Rd.

Charoen Krung Rd.

13

Tha Thien Pier

N8

Wat Pho

Phra Phitak Rd.

Old Siam Plaza

Pahurat Markt

Essen:
3 Supatra River House
4 Essensstände
5 Thip Samai
6 Arun Residence by the River
7 Sweet Chinese Noodle
8 Yong's Curry
9 Lek-Rat Seafood
10 Lim Lhao Ngow Noodle
11 Easae Coffee
12 The Canton House
13 Kuan U Chicken Rice
14 Wan Fah

Chetuphon Rd.

Massageschule

6

Wat Arun

Wang Doem Rd.

Maharaj Rd.

Museum of Siam

Ban Mo Rd.

T Phet Rd.

Little India

14

Pahurat Rd.

Unterhaltung:
Brown Sugar

Sonstiges:
10 International Buddhist Meditation Center, House of Dhamma
11 May Kaidee's Oasis
12 ClubArts Gallery
13 Sala Chalermkrung Royal Theatre
14 Poh Chang Gallery and Art School
15 DOB Hualamphong Gallery

Arun Amarin Rd.

Rachini Pier

Chakraphet Rd.

Wat Ratchaburana

N7

Pak Klong Talat

Saphan Phut Rd.

Saphan Phut Pier

Memorial Bridge Pier

Wat Kanlayanimit

Santa Cruz-Kirche

Memorial-Br.

Phra Pokklao-Br.

N6

Isaraphap Rd.

Thetsaban Sai 1 Rd.

Wat Prayun Wong Sawat

Prachathipok Rd.

Phaya Mai Rd.

The Princess Mother Memorial Park

ROYAL THAI ARMY HQ.

Rajadamnern-Stadion

Wat Sommanat

Tourist Authority of Thailand

Wisut Kasat Rd.

Ratchdamnoen Nok Rd.

Phitsanulok Rd.

Luk Luang Rd.

Krung Kasem Rd.

Saphan Khao Fruit Market

Mission Hospital

Prachathipathai Rd.

Bangkampaa

Prachanakorn Rd.

Nakhon Sawan Rd.

Phra Sumen Rd.

Dinso Rd.

Phra Sumen Rd.

9 The Queen's Gallery

Lan Luang Rd.

Pannyokok Rd.

Demokratie-Denkmal

Rattanakosin Exhibition Hall

Gedenkstätte für Rama III.

Bo Bae Tower

Chakraphadipong Rd.

Damrong Rak Rd.

11   10

Dinso Rd.

Loha Prasat

Wat Ratchanaddaram

Stadtmauer

Klong Mahanak

Rathaus

Wat Theptidaram

Wat Saket

Trok Nak Bamrung

Soi Samran Rat

5

Golden Mount

Trok Rong Luang Dek

Anthanak Rd.

▷ s. Detailplan C

Riesen-schaukel

13

Bamrung Muang Rd.

Nakharat Rd.

Vishnu Mandir-Schrein

Mahachai Rd.

Borphat Rd.

Worachak Rd.

Soi Ban Bat

Soi Sian Mili

Soi Thewi Worayat

Yukol 2 Rd.

Soi Anusorn 2

Hua Chiew General Hospital

Soi Yotsa

Romaneenart Park

Correction Museum

Klong Ong Ang

Luang Rd.

Dismark

Rama I Rd.

Thanon Sinphong Rd.

Thakan Rd.

Klong Wat Piren Rd.

Chao Kamrop Rd.

Luang Rd.

Nakhon Kasem

Yommarat Sukhum Rd.

Phap Phla Chai

Mangkon Rd.

Mitraphan Rd.

Krung Kasem Rd.

Rong Muang Rd.

Liap Khlong Phadung Kasem

7

Wat Chaichana Songkhram

Chakrawat Rd.

Yaowarat Rd.

Charoen Krung Rd.

Leng Noei Yi

Yislpsong Rd.

Santiphap Rd.

RC Sikh-Tempel Rd.

Chak Phet Rd.

Chinatown

Sampeng Lane (Soi Wanit 1)

Ratchawongse Rd.

8

Phaeng Nam Rd.

Maitri Chit Rd.

HUA LAMPHONG

Wat Chakrawat

Mahachai Rd.

Mangkon Rd.

9   14

Phat Sai Rd.

Charoen Krung Rd.

Chinatown Heritage Center

Wat Traimit

11

10

12

O Sathohon Rd.

Anuwong Rd.

Soi Issaraphap

13

Old Market

Kuan Yin-Schrein

Hua Lamphong

15   16

14

Ratchawongse Pier

Yaowaphanit Rd.

Songwat Rd.

Songsawat Rd.

Traimitr Rd.

Khao Lam Rd.

Maha Phruaran Rd.

15

17

Menam Chao Phraya

EXPRESSBOOTE

N.5

China Gate

N.4

Wat Pathum Khongka

18

▽ s. Detailplan B

Bangkok B Sathorn und Silom

◁ s. Detailplan A

△ s. Detailplan C

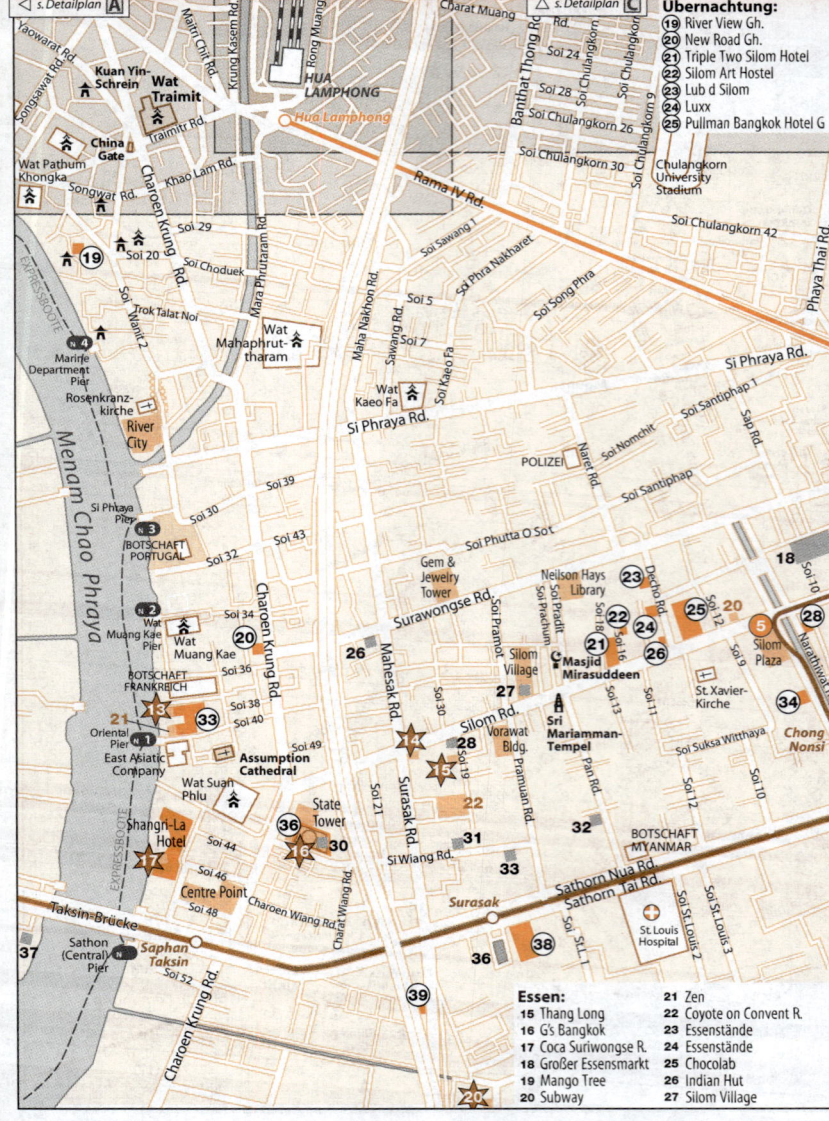

Übernachtung:
19 River View Gh.
20 New Road Gh.
21 Triple Two Silom Hotel
22 Silom Art Hostel
23 Lub d Silom
24 Luxx
25 Pullman Bangkok Hotel G

Essen:
15 Thang Long
16 G's Bangkok
17 Coca Suriwongse R.
18 Großer Essensmarkt
19 Mango Tree
20 Subway
21 Zen
22 Coyote on Convent R.
23 Essensstände
24 Essensstände
25 Chocolab
26 Indian Hut
27 Silom Village

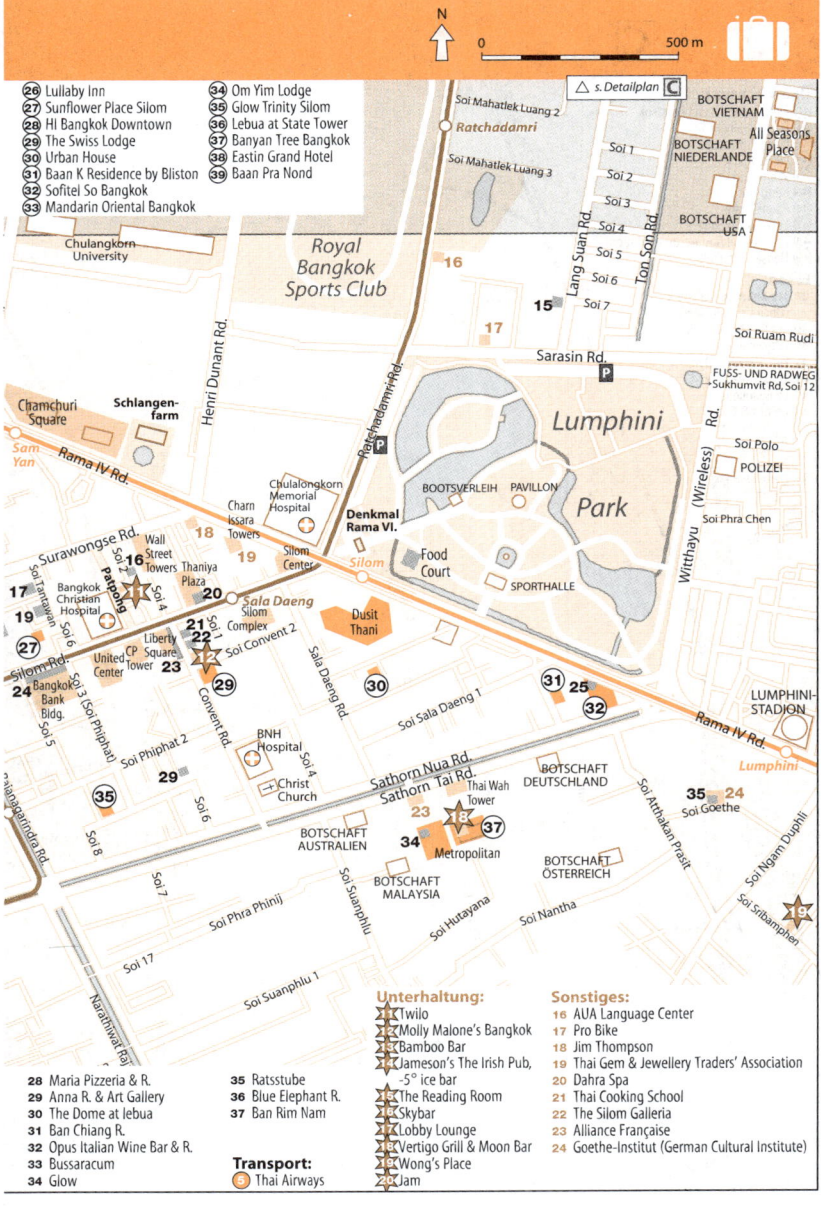

26 Lullaby Inn
27 Sunflower Place Silom
28 HI Bangkok Downtown
29 The Swiss Lodge
30 Urban House
31 Baan K Residence by Bliston
32 Sofitel So Bangkok
33 Mandarin Oriental Bangkok

34 Om Yim Lodge
35 Glow Trinity Silom
36 Lebua at State Tower
37 Banyan Tree Bangkok
38 Eastin Grand Hotel
39 Baan Pra Nond

BANGKOK

Unterhaltung:
Twilo
Molly Malone's Bangkok
Bamboo Bar
Jameson's The Irish Pub,
-5° ice bar
The Reading Room
Skybar
Lobby Lounge
Vertigo Grill & Moon Bar
Wong's Place
Jam

Sonstiges:
16 AUA Language Center
17 Pro Bike
18 Jim Thompson
19 Thai Gem & Jewellery Traders' Association
20 Dahra Spa
21 Thai Cooking School
22 The Silom Galleria
23 Alliance Française
24 Goethe-Institut (German Cultural Institute)

28 Maria Pizzeria & R.
29 Anna R. & Art Gallery
30 The Dome at lebua
31 Ban Chiang R.
32 Opus Italian Wine Bar & R.
33 Bussaracum
34 Glow

35 Ratsstube
36 Blue Elephant R.
37 Ban Rim Nam

Transport:
Thai Airways

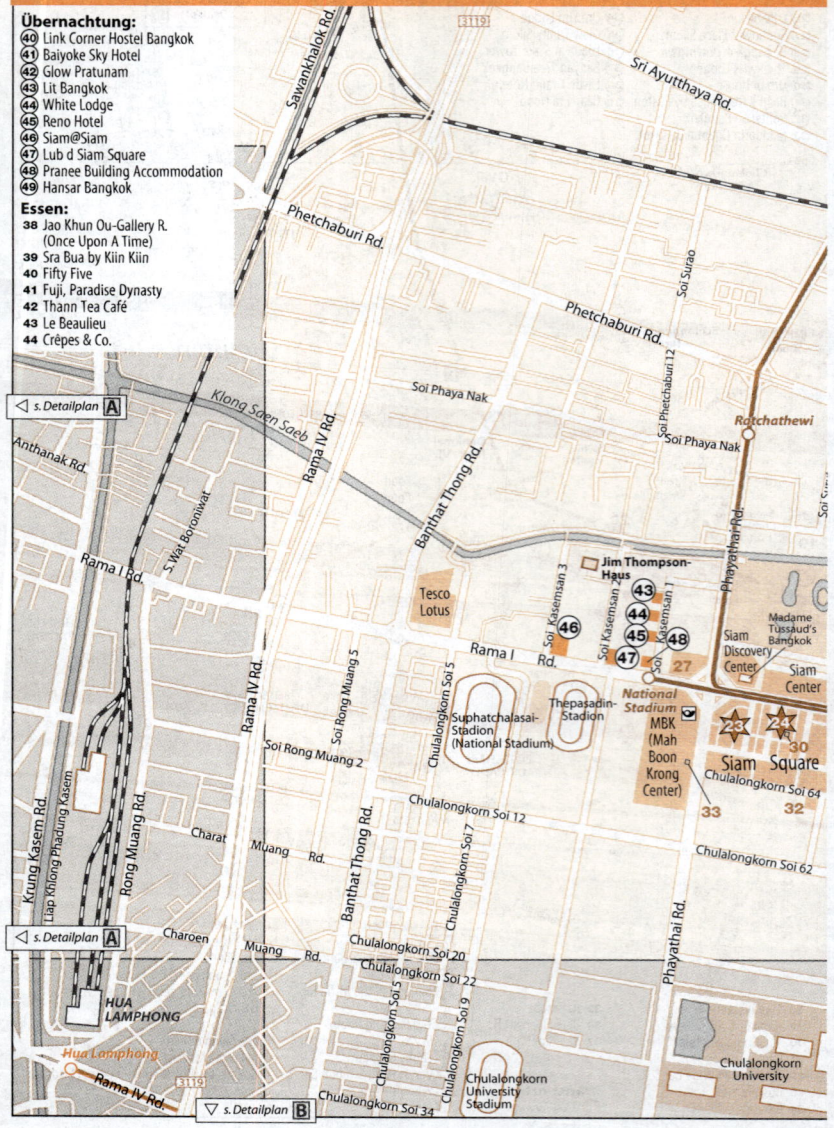

Übernachtung:
- ④ Link Corner Hostel Bangkok
- ④ Baiyoke Sky Hotel
- ④ Glow Pratunam
- ④ Lit Bangkok
- ④ White Lodge
- ④ Reno Hotel
- ④ Siam@Siam
- ④ Lub d Siam Square
- ④ Pranee Building Accommodation
- ④ Hansar Bangkok

Essen:
- 38 Jao Khun Ou-Gallery R.
  (Once Upon A Time)
- 39 Sra Bua by Kiin Kiin
- 40 Fifty Five
- 41 Fuji, Paradise Dynasty
- 42 Thann Tea Café
- 43 Le Beaulieu
- 44 Crêpes & Co.

◁ s.Detailplan A

Anthanak Rd.

Sawankhalok Rd.

3119

Sri Ayutthaya Rd.

Phetchaburi Rd.

Phetchaburi Rd.

Soi Surao

Soi Phetchaburi 12

Soi Phaya Nak

Ratchathewi

Soi Phaya Nak

Klong Saen Saeb

Rama IV Rd.

Rama I Rd.

S. Wat Boronwat

Tesco Lotus

Banthat Thong Rd.

Jim Thompson-Haus

Soi Kasemsan 3

Soi Kasemsan 2

Soi Kasemsan 1

④

④
④
④

④

National Stadium

Madame Tussaud's Bangkok

Siam Discovery Center

Siam Center

Rama I Rd.

27

Krung Kasem Rd.

Liap Khlong Phadung Kasem

Rong Muang Rd.

Soi Rong Muang 5

Soi Rong Muang 2

Chulalongkorn Soi 5

Suphatchalasai-Stadion (National Stadium)

Thepasadin-Stadion

MBK (Mah Boon Krong Center)

23

30

Siam Square

Chulalongkorn Soi 64

Charat

Muang Rd.

Banthat Thong Rd.

Chulalongkorn Soi 12

Chulalongkorn Soi 7

33

32

Charoen

Muang Rd.

Chulalongkorn Soi 20

Chulalongkorn Soi 22

Chulalongkorn Soi 5

Chulalongkorn Soi 9

Phayathai Rd.

Chulalongkorn Soi 62

Chulalongkorn University

HUA LAMPHONG

◁ s.Detailplan A

Hua Lamphong

Rama IV Rd.

3119

Chulalongkorn Soi 34

Chulalongkorn University Stadium

▽ s.Detailplan B

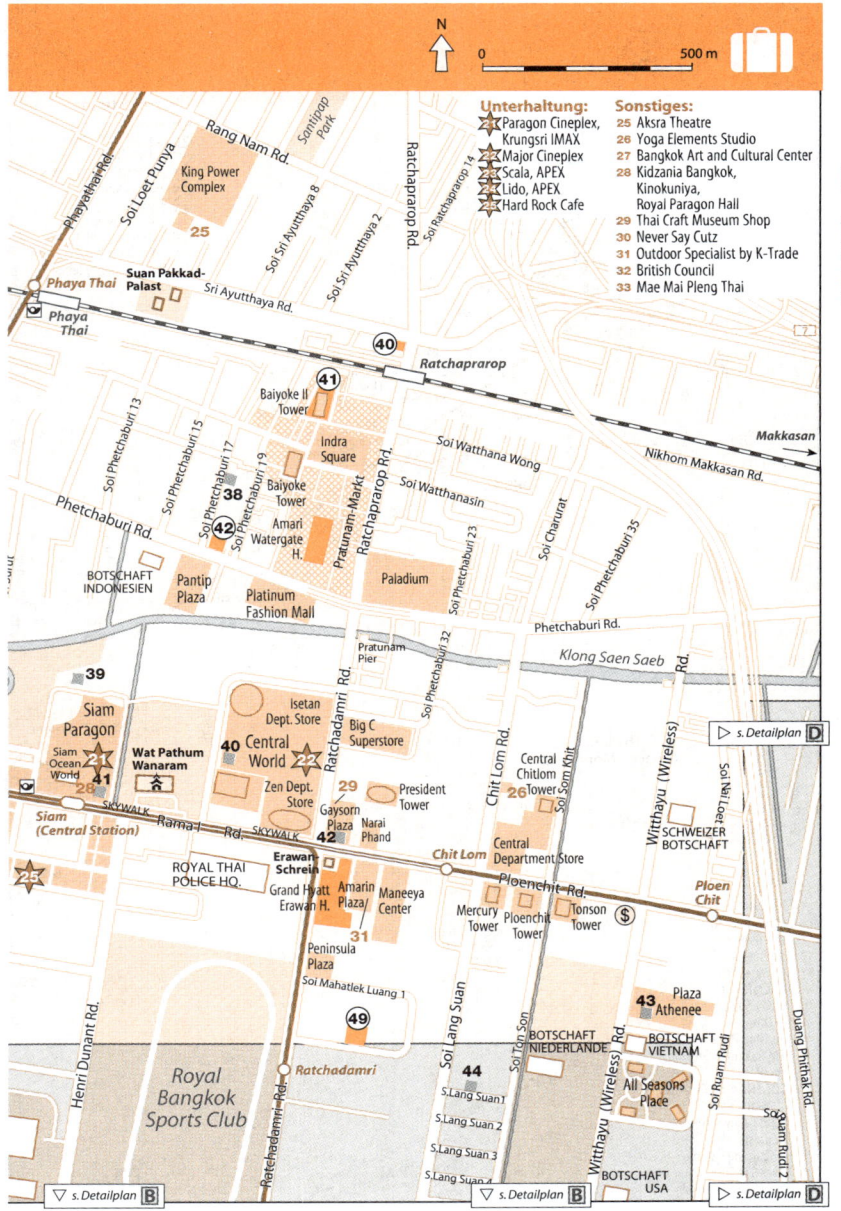

Unterhaltung:
☆ Paragon Cineplex,
☆ Krungsri IMAX
☆ Major Cineplex
☆ Scala, APEX
☆ Lido, APEX
☆ Hard Rock Cafe

Sonstiges:
25 Aksra Theatre
26 Yoga Elements Studio
27 Bangkok Art and Cultural Center
28 Kidzania Bangkok,
   Kinokuniya,
   Royal Paragon Hall
29 Thai Craft Museum Shop
30 Never Say Cutz
31 Outdoor Specialist by K-Trade
32 British Council
33 Mae Mai Pleng Thai

N   0   500 m

King Power Complex
25
Suan Pakkad-Palast
Phaya Thai
Phaya Thai
Rang Nam Rd.
Soi Sri Ayutthaya 8
Soi Sri Ayutthaya 2
Sri Ayutthaya Rd.
Ratchaprarop 14
Ratchaprarop Rd.

40
Ratchaprarop
41
Baiyoke II Tower
Indra Square
Soi Watthana Wong
Makkasan →
Nikhom Makkasan Rd.

Soi Phetchaburi 13
Soi Phetchaburi 15
Soi Phetchaburi 17
Soi Phetchaburi 19
38
Baiyoke Tower
Soi Watthanasin
Phetchaburi Rd.
42
Amari Watergate H.
Pratunam-Markt
Ratchaprarop Rd.
Soi Phetchaburi 23
Soi Charurat
Soi Phetchaburi 35

BOTSCHAFT INDONESIEN
Pantip Plaza
Platinum Fashion Mall
Paladium
Soi Phetchaburi 32
Phetchaburi Rd.

Pratunam Pier
Klong Saen Saeb Rd.
s. Detailplan **D**

39
Siam Paragon
Siam Ocean World
28 41
Wat Pathum Wanaram
SKYWALK
Siam (Central Station)
Isetan Dept. Store
Big C Superstore
40 Central World
29 President Tower
Zen Dept. Store
Gaysorn Plaza
Narai Phand
42
Chit Lom Rd.
Central Chitlom Tower
26 Som Khit
Soi Som Khit
Central Department Store
Witthayu (Wireless)
Soi Nai Loet
SCHWEIZER BOTSCHAFT

25
Rama 1 Rd.
ROYAL THAI POLICE HQ.
Erawan-Schrein
Grand Hyatt Erawan H.
Amarin Plaza/ Maneeya Center
Chit Lom
Ploenchit Rd.
Mercury Tower
Ploenchit Tower
Tonson Tower
($)
Ploen Chit

Peninsula Plaza
31
Soi Mahatlek Luang 1
49

Henri Dunant Rd.
Royal Bangkok Sports Club
Ratchadamri Rd.
Ratchadamri
Soi Lang Suan
Soi Ton Son
BOTSCHAFT NIEDERLANDE
43 Plaza Athenee
BOTSCHAFT VIETNAM
BOTSCHAFT
All Seasons Place
Witthayu (Wireless) Rd.
Duang Phitak Rd.
s. Detailplan **D**

44
S.Lang Suan1
S.Lang Suan 2
S.Lang Suan 3
S.Lang Suan 4
BOTSCHAFT USA
Soi Ruam Rudi
Soi Ruam Rudi 2

s. Detailplan **B**
s. Detailplan **B**

Übernachtung:
50 Oasis Inn
51 Le Fenix Sukhumvit
52 Federal Hotel
53 Salil Hotel Sukhumvit Soi 11
54 Legacy Express
55 Maxim's Inn
56 Suk 11 Hostel
57 Dream Hotel BKK
58 Four Points by Sheraton
59 The Eugenia by lebua

Bumrungrad
International
Hospital

S 31

Soi 1

Soi 3 (Nana Nua)

50

54

46
Nana
Square

Soi 5

Soi 7

Nai Lert
Bldg.

(Saeng Chan)

26 45

51

52

53

47

55

56

48

49

28

29

30

31

57

58

Villa
Market

Soi 9 (Ruam Chai)

Soi 11 (Chai Yot)

Soi 13

Sukhumvit Rd.

Nana
Plaza

Land-
mark
Plaza

Nana

s. Detailplan C

Soi 6

Soi 2

Soi 4 (Nana Tai)

62

63

Soi Ulit

Soi 8 (Prida)

Chuvit
Garden

Sukhumvit
Plaza

Times
Square

Soi 10

Soi 12

34

Sheraton

56

55

57

58

Asok

Soi 14

64

36

54

61

60

Robinson
Dept. Store

Kamthieng
House

Terminal
21

Soi Cowboy
Sukhumvit

Soi 19 (Wattana)

Soi 21 (Asoke)

Soi 23 (Prasanmit)

50

52

53

51

33

Soi Phrom Chit

59

59
38 39
65

Sukhumvit Rd.

Soi 16 (Sam Mitr)

Soi 18 (Phichit)

Soi 25

Soi 27

Soi 29 (Sawatdi)

Soi 31 (Daeng Udom)

Soi 33 (Daeng Udom)

Soi 35 (Charoen Niwet)

Exchange
Tower

35 40

66

62

60

61

Soi 20 (Sai Nam Phueng)

Soi 22 (Nam Thip)

Villa
Market

42

Soi Sanam Khli

Duang Phithak Rd.

Soi Phluk Chit 1

**Thailand
Tobacco Monopoly**

*Raja
Lake*

Benjakitti Park

Soi Yasoisanmitr

Soi Methi Niwet

Queen's Park
(Benjasiri
Park)

44

43
Emporium

Phrom
Phong

Soi 24 (Kasem)

Soi 26 (Ari)

64

66

67

New-Ratchadaphisek Rd.

Queen Sirikit
National
Convention
Centre

Queen Sirikit
National
Convention
Centre

S. Rong Ngan Yasup

Soi Sanchao

*Khlong
Toei*

Rama IV

Rama IV Rd.

Sunthon Kosa Rd.

Khlong-Toey-Markt

Soi 2

Soi 3

47

Soi Ar

Sonstiges:
34 M Theatre
35 Zudrangma HQ
   Records Store
36 Asia Books
37 Sop Moei Arts
38 ThaiCraft Fair
39 Divana Spa
40 Bei Otto
41 The Third Place Bangkok
42 UFM Baking & Cooking
   School
43 TCDC (Thailand Creative
   & Design Center)
44 World Fellowship of
   Buddhists
45 Iyengar Yoga Studio
46 Never Say Cutz
47 Flow House Bangkok

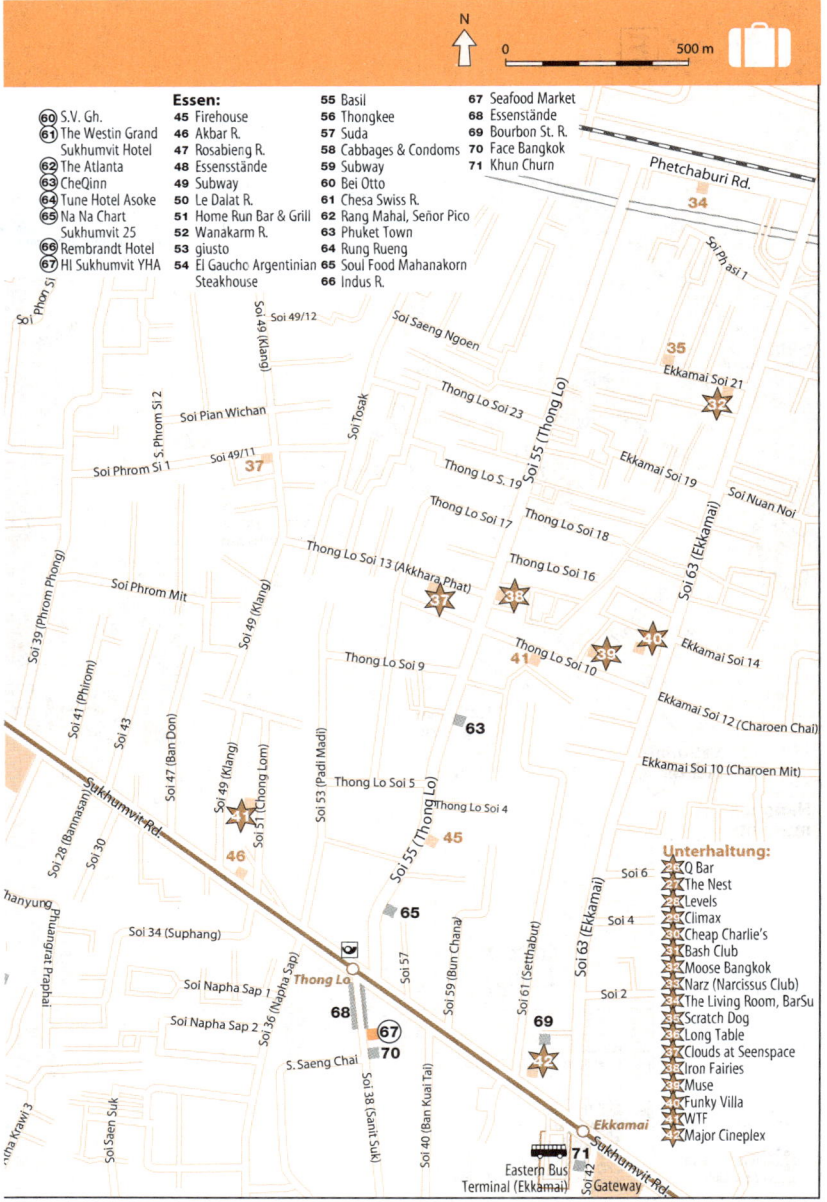

N
0   500 m

60 S.V. Gh.
61 The Westin Grand
   Sukhumvit Hotel
62 The Atlanta
63 CheQinn
64 Tune Hotel Asoke
65 Na Na Chart
   Sukhumvit 25
66 Rembrandt Hotel
67 HI Sukhumvit YHA

Essen:
45 Firehouse
46 Akbar R.
47 Rosabieng R.
48 Essensstände
49 Subway
50 Le Dalat R.
51 Home Run Bar & Grill
52 Wanakarm R.
53 giusto
54 El Gaucho Argentinian
   Steakhouse

55 Basil
56 Thongkee
57 Suda
58 Cabbages & Condoms
59 Subway
60 Bei Otto
61 Chesa Swiss R.
62 Rang Mahal, Señor Pico
63 Phuket Town
64 Rung Rueng
65 Soul Food Mahanakorn
66 Indus R.

67 Seafood Market
68 Essenstände
69 Bourbon St. R.
70 Face Bangkok
71 Khun Churn

Phetchaburi Rd.

34

Soi Phrasi 1

35

Ekkamai Soi 21

Soi Phrom Si

Soi 49 (Klang)   Soi 49/12

Soi Saeng Ngoen

Thong Lo Soi 23

Soi 55 (Thong Lo)

S. Phrom Si 2

Soi Pian Wichan

Soi Tosak

Soi 49/11

Soi Phrom Si 1

37

Thong Lo S. 19

Ekkamai Soi 19

Soi Nuan Noi

Thong Lo Soi 17

Thong Lo Soi 18

Soi 63 (Ekkamai)

Soi Phrom Mit

Soi 39 (Phrom Phong)

Soi 49 (Klang)

Thong Lo Soi 13 (Akkhara Phat)

Thong Lo Soi 16

37   38

Thong Lo Soi 9

Thong Lo Soi 10

41   39   40

Ekkamai Soi 14

Ekkamai Soi 12 (Charoen Chai)

63

Soi 41 (Phirom)

Soi 43

Soi 47 (Ban Don)

Soi 49 (Klang)

Soi 51 (Chong Lom)

Soi 53 (Padi Madi)

Thong Lo Soi 5

Soi 55 (Thong Lo)

Thong Lo Soi 4

Ekkamai Soi 10 (Charoen Mit)

Sukhumvit Rd.

Soi 28 (Bamrasan)

Soi 30

Phuangrat Praphai

'hanyung

45

Unterhaltung:
Q Bar
The Nest
Levels
Climax
Cheap Charlie's
Bash Club
Moose Bangkok
Narz (Narcissus Club)
The Living Room, BarSu
Scratch Dog
Long Table
Clouds at Seenspace
Iron Fairies
Muse
Funky Villa
WTF
Major Cineplex

Soi 6

Soi 4

Soi 63 (Ekkamai)

Soi 61 (Setthabut)

Soi 2

65

Soi 34 (Suphang)

Soi 57

Soi 59 (Bun Chana)

Thong Lo

Soi 36 (Napha Sap)

Soi Napha Sap 1

Soi Napha Sap 2

68

67

70

69

S. Saeng Chai

Soi 38 (Sanit Suk)

Soi 40 (Ban Kuai Tai)

Soi-Saen Suk

tha Krawi 3

Eastern Bus
Terminal (Ekkamai)

71

Ekkamai

Sukhumvit Rd.

Soi 42

Gateway

Thewet Pier N15

Santichai Prakarn-Pavillion

Phra Sumen Fort

Sol Lamphu

Wat Sungvejvisayaram
68

72

73

Phra Sumen Rd.

Menam Chao Phraya

EXPRESSBOOTE

Phra Athit Pier
N12 Phrapinklao-Br.
N13

Phra Arthit Rd.
74
69
75
6 71
76 72 73
77 74
76 78 75
77 geöffnet bis 18 Uhr
78

Sol Chana Songkhram

Riverside Walkway

Trok Rongmai

70

Phrapinklao-Brücke

Bangkok Tourism Division

Chao Fa Rd.

Rachini Rd.

Soi Rongmai

Sol Rambuttri

82

Sol Rambuttri

National-galerie

50

National-theater

National-museum

Thammasat-Universität

Sanam Luang

Wat Chana Songkhram

Sol Rambuttri

79

Chakraphong Rd.

79
80
80 81
81
POLIZEI
83
84
86

Khaosan Rd.

48 85
49
50
87
87
88
91

90

Trok Mayom

POLIZEI-POSTEN

Ratchdamnoen Nai Rd.

Rachini Rd.

Atsadang Rd.

Trok Sake

Buranasat Rd.

▽ s. Detailplan A

▽ s. Detailplan A

Unterhaltung:
- Phra Athit River Lounge
- Molly Bar
- 999 West
- Gulliver's Tavern
- GaZebo Club
- The Club
- Silk Bar
- Roof Bar & R.
- Brick Bar, Mulligans Irish Bar
- Phra Nakorn Bar & Gallery

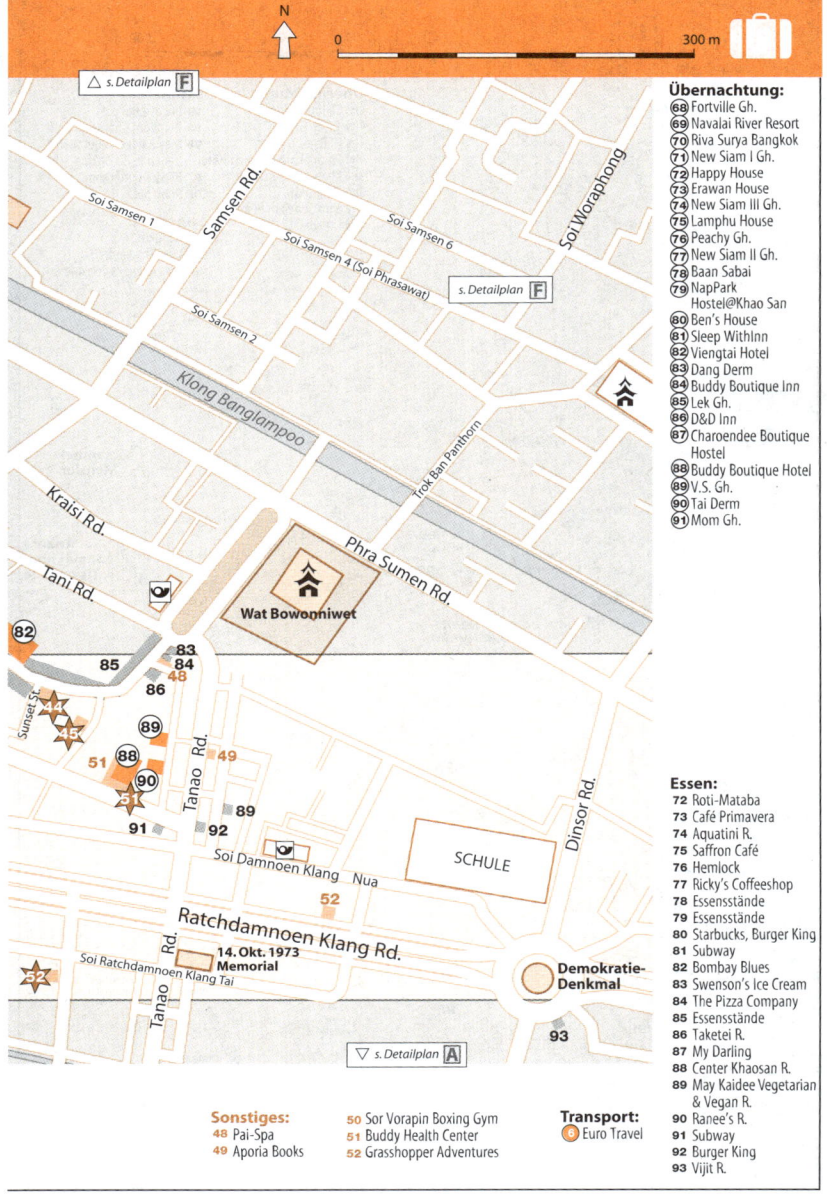

N

0   300 m

s. Detailplan Fs. Detailplan F

s. Detailplan F

BANGKOKBANGKOK

Übernachtung:
68 Fortville Gh.
69 Navalai River Resort
70 Riva Surya Bangkok
71 New Siam I Gh.
72 Happy House
73 Erawan House
74 New Siam III Gh.
75 Lamphu House
76 Peachy Gh.
77 New Siam II Gh.
78 Baan Sabai
79 NapPark
   Hostel@Khao San
80 Ben's House
81 Sleep WithInn
82 Viengtai Hotel
83 Dang Derm
84 Buddy Boutique Inn
85 Lek Gh.
86 D&D Inn
87 Charoendee Boutique
   Hostel
88 Buddy Boutique Hotel
89 V.S. Gh.
90 Tai Derm
91 Mom Gh.

Soi Samsen 1
Samsen Rd.
Soi Samsen 6
Soi Samsen 4 (Soi Phrasawat)
Soi Samsen 2
Soi Woraphong

Klong Banglampoo

Trok Ban Panthorn

Kraisi Rd.

Tani Rd.

Phra Sumen Rd.

Wat Bowonniwet

Sunset St.

82

85   83
          84
86   48

44
45
51   89
88
90   49
51
91   92   89
Tanao Rd.

Soi Damnoen Klang Nua

52

Ratchdamnoen Klang Rd.

Soi Ratchdamnoen Klang Tai

14. Okt. 1973
Memorial

Tanao Rd.

52

Dinsor Rd.

SCHULE

**Demokratie-
Denkmal**

93

△ s. Detailplan A

Essen:
72 Roti-Mataba
73 Café Primavera
74 Aquatini R.
75 Saffron Café
76 Hemlock
77 Ricky's Coffeeshop
78 Essensstände
79 Essensstände
80 Starbucks, Burger King
81 Subway
82 Bombay Blues
83 Swenson's Ice Cream
84 The Pizza Company
85 Essensstände
86 Taketei R.
87 My Darling
88 Center Khaosan R.
89 May Kaidee Vegetarian
   & Vegan R.
90 Ranee's R.
91 Subway
92 Burger King
93 Vijit R.

Sonstiges:
48 Pai-Spa
49 Aporia Books

50 Sor Vorapin Boxing Gym
51 Buddy Health Center
52 Grasshopper Adventures

Transport:
6 Euro Travel

www.stefan-loose.de/thailandwww.stefan-loose.de/thailand   BANGKOK | Banglampoo   **167**

Bangkok F Thewet

N
0   500 m

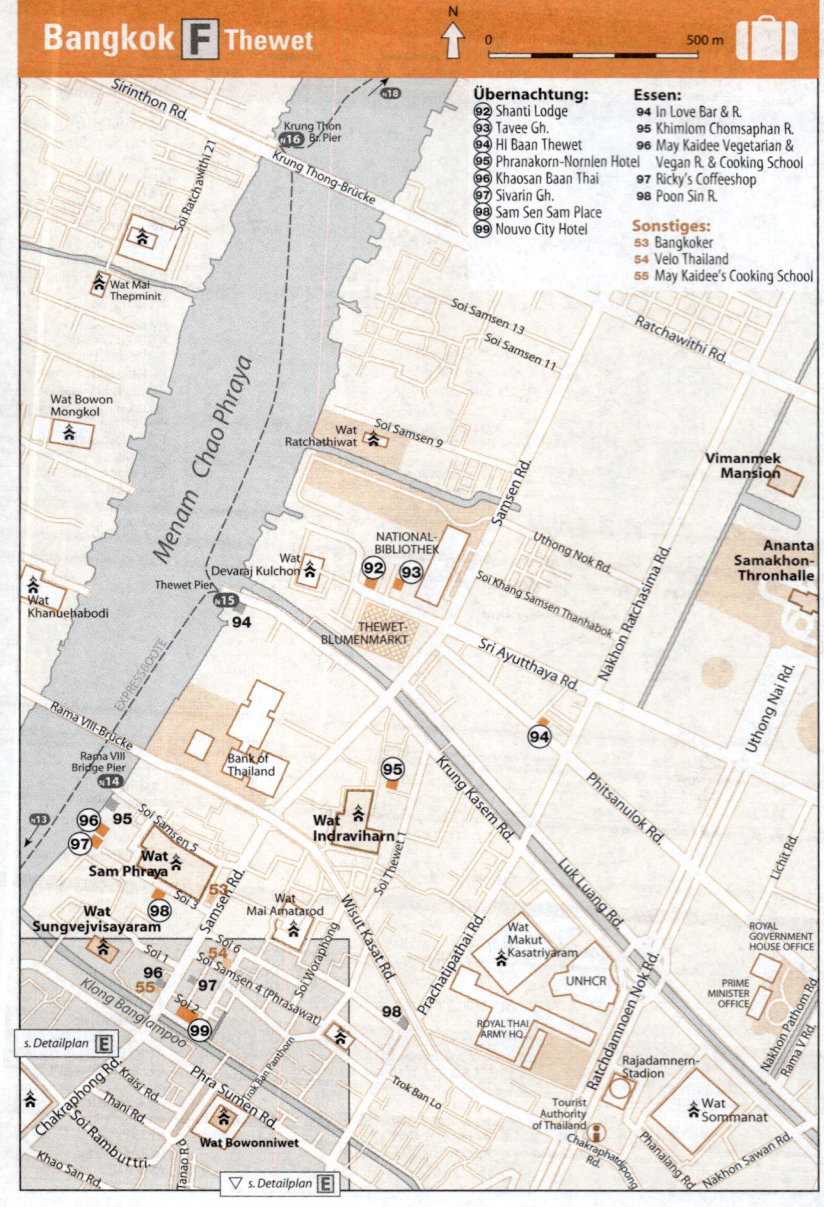

Übernachtung:
92 Shanti Lodge
93 Tavee Gh.
94 Hi Baan Thewet
95 Phranakorn-Nornlen Hotel
96 Khaosan Baan Thai
97 Sivarin Gh.
98 Sam Sen Sam Place
99 Nouvo City Hotel

Essen:
94 In Love Bar & R.
95 Khimlom Chomsaphan R.
96 May Kaidee Vegetarian &
    Vegan R. & Cooking School
97 Ricky's Coffeeshop
98 Poon Sin R.

Sonstiges:
53 Bangkoker
54 Velo Thailand
55 May Kaidee's Cooking School

Sirinthon Rd.

Soi Ratchawithi 21

Krung Thon
Br. Pier

Krung Thong-Brücke

Wat Mai
Thepminit

Wat Bowon
Mongkol

Soi Samsen 13
Soi Samsen 11

Ratchawithi Rd.

Wat
Ratchathiwat

Soi Samsen 9

Samsen Rd.

Vimanmek
Mansion

Menam Chao Phraya

Devaraj Kulchon

Wat
Kulchon

NATIONAL-
BIBLIOTHEK

92 93

Uthong Nok Rd.

Soi Khang Samsen Thanhabok

Ananta
Samakhon-
Thronhalle

Thewet Pier

Wat
Khanuehabodi

94

THEWET-
BLUMENMARKT

Sri Ayutthaya Rd.

Nakhon Ratchasima Rd.

Uthong Nai Rd.

EXPRESSROUTE

Rama VIII-Brücke

Rama VIII
Bridge Pier

14

Bank of
Thailand

95

94

Krung Kasem Rd.

Phitsanulok Rd.

Luk Luang Rd.

Lichit Rd.

13

96 95
97

Soi Samsen 5

Wat
Sam Phraya

53

Wat
Indraviharn

Soi Thewet

Wat
Mai Amatarod

Soi Woraphong

Wisut Kasat Rd.

ROYAL
GOVERNMENT
HOUSE OFFICE

Wat
Sungvejvisayaram

98

Soi 3

Wat
Makut
Kasatriyaram

UNHCR

PRIME
MINISTER
OFFICE

Prachatipathai Rd.

Ratchadamnoen Nok Rd.

Nakhon Pathom Rd.

Rama V Rd.

Klong Banglamphoo

96
55

Soi 1

Soi 6

Soi Samsen 4 (Phrasawati)

97

Soi 2

99

98

ROYAL THAI
ARMY HQ.

Rajadamnern-
Stadion

s. Detailplan E

Chakraphong Rd.

Kraisi Rd.

Thani Rd.

Phra Sumen Rd.

Trok Ban Pahton

Wat Bowonniwet

Trok Ban Lo

Tourist
Authority
of Thailand

Chakraphatdiphong
Rd.

Phanaiang Rd.

Nakhon Sawan Rd.

Wat
Sommanat

Khao San Rd.

Soi Rambuttri

Tanao Rd.

▽ s. Detailplan E

☎ 02-272 4440-1, 🖥 www.jatujakguide.com,
🕑 6–18 Uhr.

Nach dem Einkaufen bietet sich der angrenzende, 1980 eröffnete **Chatuchak Park** mit dem kleinen Botanischen Garten, **Queen Sirikit Park**, für eine Rast an. Die Grünfläche ist mit 280 ha die größte der Stadt. 🕑 5–20 Uhr.

Children's Discovery Museum

Das Children's Discovery Museum, 810 Kamphaeng Phet Rd. 4, gegenüber dem Chatuchak-Markt wurde während der letzten Recherche renoviert. Bisher konnten hier Kinder die Bereiche Natur und Umwelt, Wissen und Technik, Kultur und Gesellschaft sowie Körper erkunden und dabei vieles anfassen und ausprobieren. 🖥 www.rama9art.org/artisan/childsite_data/childmuseum/index.html.

Ko Kret Ban und Bang Bua Thong

Nördlich der Stadt wurde vor über 200 Jahren eine Flussschleife des Menam Chao Phraya durch den Bau eines Kanals begradigt. Auf der kleinen Flussinsel **Ko Kret Ban**, die dadurch entstand, siedelten sich Mon an. Sie nutzten die feine Tonerde für die Produktion von Wasserkrügen und anderen Töpferwaren. Getöpfert wird hier noch immer, allerdings kommt der Ton mittlerweile aus anderen Gegenden. Wegen ihrer ländlichen Atmosphäre, die sie sich bis heute bewahrt hat, ist die autofreie Insel ein beliebtes Ausflugsziel. Nahe dem Pier steht der größte Tempel der Insel, **Wat Paramai Yikawat**, der Schauplatz für einen hübschen Markt ist. Das kleine **Töpfereimuseum** in einem Holzhaus 150 m weiter westlich ist nur auf Thai ausgeschildert. 🕑 bis gegen 15 Uhr. Expressboote fahren bis Pakkret (Pier N33). Vom Pier am Wat Sanam Nuea, südlich der Anlegestelle der Expressbote, setzen Fähren auf die Insel über.

Kuan-Im-Palast (Chao Mae Kuan Im)

Dieser fantastische chinesische Tempel mit einer zwölfstöckigen Pagode wurde für über 500 Mio. Baht zu Ehren der Göttin der Barmherzigkeit errichtet. Er ist mit zahllosen farbigen Buddhastatuen geschmückt, von denen eine sogar das Dach ziert. Daneben finden sich Schreine im chinesischen und thailändischen Stil, hohe, mit bunten Schnitzereien verzierte Säulen, Verbrennungsöfen, Ruhepavillons, ein Souvenirladen und mehr. 🕑 7–21 Uhr. Von der Endstation der BTS Mo Chit oder der MRT mit dem Taxi Richtung Norden, nach 1,5 km rechts in die Lad Phrao Road abbiegen, nach 4,5 km links in die Soi 53 und nach weiteren 2 km links in die Soi Suk San 7.

Rare Stone Museum

Das **Rare Stone Museum**, 29/2 Moo 1 Rangsit, Pathum Thani Road, im Norden der Stadt, stellt über 10 000 seltene und besondere Steine und Mineralien aus, von denen einzelne tonnenschwer sind. Das angeschlossene **Ashtray Museum** zeigt ausgefallene Aschenbecher. 🕑 10–17 Uhr, Eintritt 40 Baht, ☎ 02-245 6397.

Southeast Asian Creamics Museum

In dem teils unterirdisch angelegten Bau auf dem Campus der Bangkok University im Norden der Stadt wartet ein Highlight für Keramikfreunde. Im Southeast Asian Ceramics Museum, 9/1 Moo 5, Phaholyothin Rd., beleuchten zahlreiche Meisterwerke aus ganz Südostasien die Entwicklung dieser Kunst. Die meisten Exponate stammen aus dem Sukhothai und Lanna des 14.–16. Jhs., aber auch gut erhaltene Tonkrüge aus der prähistorischen Ban Chiang-Periode und zahlreiche Khmer-Keramiken sind ausgestellt. 🕑 Di–So 9–16 Uhr, ☎ 02-902 0299 Ext. 2890, 🖥 www.museum.bu.ac.th/index_eng.html. Von der Endstation der BTS Mo Chit mit dem Taxi oder Bus 510 am alten Flughafen Don Mueang vorbei bis zur Bangkok University.

ÜBERNACHTUNG

Bei der Wahl der Bleibe sollte in erster Linie die Lage entscheiden, denn jedes Viertel hat seine eigene Atmosphäre. Zudem ist man bei den großen Entfernungen und dem zähen, zur Rushhour nah am Kollaps stehenden Verkehr lange unterwegs. In den günstigen Unterkünften kostet die Gepäckaufbewahrung in der Regel 20–30 Baht pro Tag und eine Dusche bis zu 100 Baht. Mittelklasse- und Luxushotels können günstiger über das Internet oder über Reisebüros gebucht werden. Insgesamt gibt es schätzungsweise

37 000 Hotelzimmer in Bangkok, sodass jeder etwas Passendes findet.
Weitere Übernachtungstipps s. **eXTra [2806]**.

Banglampoo

Karte „Banglampoo" S. 166/167
Rings um die Khaosan Rd. konzentrieren sich günstige Gästehäuser und ein breites Angebot an Restaurants, Reisebüros und anderen Versorgungseinrichtungen. Die Angebote für Backpacker sind überwältigend und die Hauptsehenswürdigkeiten leicht zu Fuß zu erreichen. In den letzten Jahren entstanden immer mehr teurere, komfortablere Unterkünfte. In den Gassen rings um das Wat Chai Chana Songkhram ist es etwas weniger turbulent als in der Khaosan Rd. Der Durchgang durch das Wat wird um 18 Uhr geschlossen.
Expressboote auf dem Menam Chao Phraya sind eine Alternative zu den verstopften Straßen. Der Weg Richtung Ekkamai (Eastern) Bus Terminal erfordert viel Geduld. Travellerbusse fahren zum Airport und zu anderen Zielen in Thailand, ein Taxi zum Flughafen kostet ca. 350 Baht.
Weitere Infos unter 🖥 www.khaosanroad.com.

Untere Preisklasse

Baan Sabai ⑦⑧, 12 Soi Rongmai, ✆ 02-629 1599, ✉ baansabai@hotmail.com. Guesthouse mit 83 ziemlich kleinen, aber günstigen und sauberen Zimmern mit sehr niedrigen Türen und Decken, teils auch mit AC. Zimmer mit einstelligen Nummern sind nicht für Körpergrößen über 1,85 m geeignet. Die teureren haben Du/WC, sonst saubere Gemeinschaftsduschen. Liegt in direkter Nähe zu einer Kaserne, daher kann es in manchen Zimmern frühmorgens etwas lauter werden. Hübscher Innenhof mit Sitzgelegenheiten. ❶–❷

Ben's House ⑧⓪, 74 Soi Rambuttri, ✆ 02-281 2476. Der kleine, nette Familienbetrieb unterscheidet sich vom gewöhnlichen Einerlei der Unterkünfte in der direkten Umgebung, denn alle 6 Zimmer sind 2-stöckig und in verschiedenen Farben eingerichtet. Unten Du/WC und Kühlschrank, oben das Bett mit sehr harter Matratze und TV. WLAN. ❸

Charoendee Boutique Hostel ⑧⑦, 189 Khaosan Rd., ✆ 02-629 1980, ✉ charoendeehotel@gmail.com. Die inflationäre Entstehung von Boutiquehotels macht auch vor der Khaosan Rd. nicht Halt. Die zurückversetzt gelegenen, schmucklosen und recht hellhörigen Zimmer kommen ohne jegliche kreative Einrichtung daher und beinhalten nichts, was die Bezeichnung „Boutique" rechtfertigen würde. Günstigere Zimmer mit Ventilator und Gemeinschaftsduschen. Dürftiges Frühstück und WLAN inkl. ❷

Happy House ⑦②, 46 Soi Chana Songkhram, ✆ 02-280 3301, 🖥 www.happyhouseguesthouse.com. In dem sauberen, relativ ruhigen Hostel gibt es 110 hübsch eingerichtete, gefliste Zimmer mit guten Matratzen, AC und Du/WC, einige mit sehr kleinem Balkon, über den man das Bad erreicht. Die günstigsten Zimmer mit Innenfenster sind etwas dunkel, die teureren auch mit LCD-TV. Restaurant im Erdgeschoss. Freundliches Personal. WLAN. ❷–❸

Lamphu House ⑦⑤, 75-77 Soi Rambuttri, ✆ 02-629 5861-2, 🖥 www.lamphuhouse.com. Versteckt in einer Gasse gelegenes, freundliches, bei Rucksackreisenden beliebtes Guesthouse mit ruhiger, entspannter Atmosphäre. Saubere, mit Bambusmöbeln eingerichtete Zimmer mit guten, harten Matratzen, die günstigeren mit Innenfenstern, Ventilator und Gemeinschaftsdusche, die teureren mit AC, Du/WC und Balkon. Einzelzimmer ab 230 Baht. WLAN im Lobbybereich. Unbedingt reservieren. ❷–❸

Lek Gh. ⑧⑤, 125–127 Khaosan Rd., ✆ 02-281 8441. Der Familienbetrieb in lauter Lage zwischen Silk Bar und The Club bietet sehr günstige, einfache und hellhörige, aber saubere Ventilatorzimmer mit sehr harten Matratzen, einem klapprigen Tisch, einer Wäscheleine und einfacher Gemeinschaftsdusche. Manche Zimmer mit Balkon mit Blick auf den Trubel der Khaosan Rd. Nettes, hilfsbereites Personal. ❶

Mom Gh. ⑨①, 98 Khaosan Rd., ✆ 02-629 0669, ✉ mom_guesthouse@yahoo.com. Einfache, kleine, aber saubere Zimmer mit Gemeinschaftsdusche, harten Matratzen und Ventilator oder AC. Viele Zimmer ohne

Außenfenster, was allerdings bei der Beschallung mit lauter Thai-Musik im Restaurant vor dem Guesthouse von Vorteil ist. Freundliche Angestellte. **❶ – ❷**

New Siam I Gh. ⑦, 21 Soi Chana Songkhram, ✆ 02-282 4554, 💻 www.newsiam.net. Das alteingesessene, beliebte Guesthouse bietet 94 saubere, teils kleine und sehr dunkle Zimmer auf 3 Stockwerken mit Ventilator und Gemeinschaftsdusche oder AC, TV und Du/WC. In den Zimmern ohne AC kann es sehr stickig werden. Einzelzimmer gibt es ab 280 Baht. Im Erdgeschoss ein Restaurant mit gutem Essen, ⏰ ab 6 Uhr, und ein Reisebüro (S. 215). Der Pool des New Siam II kann gegen eine Gebühr von 90 Baht p. P. mitbenutzt werden. WLAN 30 Baht pro Tag. **❷ – ❸**

New Siam II Gh. ⑦, 50 Trok Rongmai, ✆ 02-282 2795, 💻 www.newsiam.net. Geschäftiges Kleinhotel mit Aufzug und sauberen, funktional gestalteten Zimmern mit gefliesten Böden. Ältere Einrichtung mit harten, schmalen Matratzen, AC, TV, Safe, Kühlschrank, sehr kleinem Balkon und Du/WC. Pool (⏰ 9–21 Uhr) und viele Verbotsschilder vorm Haus. Restaurant mit großen Sandwiches. WLAN 30 Baht pro Tag. **❸**

New Siam III Gh. ⑦, 7 Soi Rambuttri, ✆ 02-629 4844, 💻 www.newsiam.net. Weitere Filiale der New Siam-Kette mit 40 sauberen Zimmern mit guten Matratzen, neuer AC, TV und teils auch Balkon. Der Pool des New Siam II kann gegen eine Gebühr von 90 Baht p. P. mitbenutzt werden. WLAN 30 Baht pro Tag. **❸**

Peachy Gh. ⑦, 10 Phra Arthit Rd., ✆ 02-281 6471. Das alteingesessene Guesthouse bietet ältere, einfache, aber sehr preisgünstige Zimmer mit Ventilator oder AC und TV. Die billigsten, schäbigen Einzelzimmer gibt es bereits ab 120 Baht. Im Innenhof liegt die bei thailändischen Studenten beliebte Moonshine Bar, sodass es bis 2 Uhr lauter werden kann. **❶ – ❷**

Tai Derm ⑨⓪, 138 Khao San Rd., ✆ 02-629 2252, 💻 www.facebook.com/TaiDerm. Mit etwas historischem Flair eingerichtetes Holzhaus mit einem kleinen Restaurant im schönen Vorhof und vielen Katzen. 9 saubere, sehr kleine Zimmer mit Gemeinschaftsdusche und ohne

Schnickschnack. Einzelzimmer ab 300 Baht. WLAN. **❷ – ❸**

V.S. Gh. ⑧⑨, 136 Tanao Rd., ✆ 02-281 2078. Das einfache, kleine Guesthouse versprüht noch den Charme der 1980er-Jahre, denn ungefähr so hat man damals in Bangkok übernachtet. Kleine, einfache Zimmer mit Ventilator, weichen Matratzen und einfachen sanitären Anlagen. Schlafsaalbett für 120 Baht. Gemeinschaftsraum im 1. Stock des alten Holzhauses. Familiäre Atmosphäre. **❶**

Mittlere Preisklasse

Buddy Boutique Inn ⑧④, 66 Chakraphong Rd., ✆ 02-629 1177, 💻 www.buddyboutiqueinn. com. Etwas zurückversetztes, mitten im Trubel gelegenes, neues Hotel mit 23 etwas knapp bemessenen Zimmern im angesagten Boutiquestil mit unverputzten Betonwänden, moderner, minimalistischer Einrichtung, LCD-TV und Safe, viele ohne Fenster. Ziemlich desinteressiertes Personal. Pool und Fitnesscenter der Buddy Lodge können mitgenutzt werden. WLAN. **❺**

D&D Inn ⑧⑥, 68-70 Khaosan Rd., ✆ 02-629 0526-8, 💻 www.khaosanby.com. Mitten im Trubel der Khaosan, aber etwas zurückversetzt von der Straße gelegenes, großes, lautes, bei jungen Australiern beliebtes Hotel in einer labyrinthartigen Anlage. Etwas abgewohnte Mittelklasse-Zimmer mit AC, TV und teils schön gestalteter Du/WC, viele davon um den Innenhof. Die modernen Superior-Zimmer sind ansprechend, aber klein. Auf dem Dach Pool und Bar. **❸ – ❹**

Dang Derm ⑧③, 1 Khaosan Rd., ✆ 02-629 2040-48, 💻 www.khaosanby.com. Gut strukturiertes Mittelklassehotel mit ansprechenden, geräumigen, wenn auch etwas abgewohnten Zimmern mit zentraler AC, TV, DVD-Player und Matratzen auf Podesten. Fenster oder Balkon verbergen sich hinter einer Schiebetür. Auf dem Dach ein ansprechend gestalteter Poolbereich und eine kleine Bar. Frühstück und WLAN inkl. **❹**

🧳 **Erawan House** ⑦③, 17/1-2 Soi Chana Songkhram, ✆ 02-629 2121, 💻 www. erawanhousebangkok.com. Ruhiges Guesthouse im modernen Stil mit etwas kleinen, sauberen und einladenden Zimmern mit bequemen Matratzen, AC, Du/WC und TV. Nette Sitzecken im Treppen- und Flurbereich. Die Zimmer im Erdgeschoss sind teils ziemlich dunkel, oben dagegen angenehm hell. WLAN. ❹

Fortville Gh. ⑥⑧, 9 Phra Sumen Rd., ☏ 02-282 3932-3, 🖥 www.fortvilleguesthouse.com. Der moderne Backpacker zieht mit seinem minimalistischen Design mit Betonwänden und offenem Aufzug vor allem junge asiatische Gäste an. Die 29 kleinen Zimmer mit guten, harten Matratzen auf niedrigen Betten, AC, LCD-TV und Du/WC bleiben leider nicht vom Straßenlärm verschont. Freundliches Personal und netter Dachgarten. WLAN. ❸–❹

🔖 **NapPark Hostel@Khao San** ⑦⑨, 5 Tani Rd., ☏ 02-282 2324, 🖥 www.nappark.com. Das neuere Hostel bietet nur Schlafsaalbetten für 480–750 Baht, bei Onlinebuchung ab 300 Baht. Neben einem kommunikativen, gemütlichen Gemeinschaftsbereich im Thai-Stil mit Liegeflächen gibt es moderne, blitzsaubere, weiße Dorms in verschiedenen Größen, einige nur für Frauen. Die teuersten verfügen über kleine TV/DVD-Player-Kombinationen, kosten aber mehr als viele andere Zimmer in Banglampoo. Die Schlüssel sind in bunten Armbändern untergebrachte Chips. Sehr hilfsbereites Personal. WLAN und DVD-Verleih inkl.

Sleep Withinn ㉛, 76 Soi Rambuttri, ☏ 02-280 3070, 🖥 www.sleepwithinn.com. Relativ neues Hostel mit 60 kleinen, mit Gemälden geschmückten Zimmern mit guten Matratzen, AC, TV, DVD-Player, Safe, Kühlschrank und verglaster Du/WC. Die teureren sind etwas geräumiger, die günstigsten nur mit Innenfenster und sehr kleiner Du/WC. Kleiner, netter Pool auf dem Dach. WLAN 100 Baht für 10 Std. ❹–❺

Viengtai Hotel ㉜, 42 Soi Rambuttri, ☏ 02-280 5434-45, 🖥 www.viengtai.co.th. Das 3-Sterne-Hotel ist seit fast 60 Jahren eine Institution in Banglampoo. 200 saubere, gepflegte Zimmer mit dem Komfort der oberen Mittelklasse, aber auch etwas Patina, älterer Einrichtung, teils Teppichboden. Einfacher Pool im Innenhof im 3. Stock. Einer der freundlichen

Pagen arbeitet hier seit über 20 Jahren und freut sich, seine Sprachkenntnisse anzuwenden. Reservierung empfehlenswert. WLAN und Frühstücksbuffet inkl. ❺

Obere Preisklasse

Buddy Boutique Hotel ⑧⑧, 265 Khaosan Rd., ☏ 02-629 4477, 🖥 www.buddylodge.com. Großes, etwas überteuertes, aber dennoch empfehlenswertes Hotel in der Einkaufspassage im nordöstlichen Teil der Khaosan Rd. Der Service ist etwas chaotisch, die Zimmer sind gemütlich mit viel Holz und warmen Farben gestaltet und mit guten Matratzen, LCD-TV, Kühlschrank und sehr kleinen Du/WC ausgestattet. Die nett im alten Stil eingerichteten Deluxe-Zimmer haben schöne, riesige Balkone, teils Himmelbetten und Badewanne. Attraktiver Pool auf dem Dach, Spa im Haus. Fitnesscenter mit dicht an dicht gedrängten Geräten und WLAN. Frühstück nur bei teureren Zimmern inkl., sonst 150 Baht p. P. ❺–❻

Navalai River Resort ⑥⑨, 45/1 Phra Arthit Rd., ☏ 02-280 9955, 🖥 www.navalai.com. Am Fluss gelegenes, schickes Hotel mit 74 sauberen, komfortablen, mit Holz und schönen Details eingerichteten Zimmern mit Balkon, TV, DVD-Player und Safe. Jedes Zimmer ist geschmackvoll, teils sogar kunstvoll nach einem der 4 Themenbereiche gestaltet. Elegantes Restaurant und schöner Dachgarten mit Pool. WLAN und Frühstück inkl. ❻–❽

Riva Surya Bangkok ⑦⓪, 23 Phra Arthit Rd., ☏ 02-633 5000, 🖥 www.rivasuryabangkok.com. Seit Herbst 2012 gibt es auch in der Travellerhochburg direkt am Chao Phraya eine luxuriöse 4-Sterne-Anlage. Sie beherbergt 68 modern unterkühlt in Grau mit Chromhighlights eingerichtete Zimmer mit allem Komfort, wie einer iPod-Dockingstation und schön gestalteten Bädern, die teureren mit Flussblick. Fitnessraum ohne Aussicht, Lounge am Wasser und Pool. WLAN und Frühstück inkl. ❼–❽

Sam Sen

Karte „Thewet" S. 168
In der Gegend nördlich des Klong Banglampoo, zu Fuß 15 Min. von der Khaosan Rd. entfernt, geht es beschaulicher und ruhiger zu. Die

Hotelangestellten sind meist freundlicher und hilfsbereiter als im Herzen von Banglampoo.

🧳 **Khaosan Baan Thai** ⑯, 11/1 Soi Samsen 3, 📞 02-628 5559, 🖥 www.khaosan baanthai.com. Sehr nettes, hinter dem Sivarin Gh. in einem frisch renovierten, alten Haus gelegenes Hostel mit 10 ansehnlich eingerichteten Zimmern mit AC, Matratzen auf dem Boden und Gemeinschaftsbädern. Die Wände sind teils mit sehr schönen Zeichnungen versehen. Sehr freundliche, familiäre Atmosphäre. Frühstück und WLAN inkl. ❷–❸

Nouvo City Hotel ⑲, 100 Soi Samsen 2, 📞 02-282 7500, 🖥 www.nouvocityhotel.com. Neues, direkt an das alte New World City Hotel angebundenes 4-Sterne-Hotel mit Pool auf dem Dach, Fitnessraum und 110 hellen, modernen Zimmern mit LCD-TV, Wasserkocher, Sitzgelegenheiten und verglaster Du/WC mit Blick ins Zimmer. Die Einrichtung macht keinen hochwertigen Eindruck, auch der Service könnte professioneller sein. Frühstück und WLAN inkl. ❻–❼

Sam Sen Sam Place ⑱, 48 Soi Samsen 3, 📞 02-628 7067, 🖥 www.samsensam.com. In einem türkisfarben gestrichenen Teakhaus mit schönem Vorgarten gibt es unspektakuläre Zimmer in verschiedenen Ausstattungen und bunten Farben. Entspannte Atmosphäre, ideal für Ruhesuchende. Der Service ist nicht besonders freundlich. ❷–❺

🧳 **Sivarin Gh.** ⑰, 11/1 Soi Samsen 3, 📞 02-628 5659, 🖥 www.sivaringuesthouse.com. Die sauberen, einfachen Zimmer sind zweckmäßig eingerichtet, im oberen Stockwerk luftig und mit Blick auf die Rama VIII.-Brücke. Schlafsaalbetten für 390 Baht. Alle mit AC und Gemeinschaftsbädern. Sehr hilfsbereites, freundliches Personal und entspannte Atmosphäre. Frühstück und WLAN inkl. ❷–❸

Thewet

Karte „Thewet" S. 168
Weiter nördlich, zwischen Banglampoo und Ratchawithi Rd., wohnt man in einer ruhigen Wohngegend nahe dem Fluss mit Lokalkolorit und vielen Moskitos. Neben einigen Gästehäusern mit alternativer Atmosphäre locken farbenprächtige Märkte. Der Sanam Luang ist mit Bussen und Expressbooten gut zu erreichen, die Anfahrt zu den Busbahnhöfen ist mühsamer.

HI Baan Thewet ⑭, 25/2 Phitsanulok Rd., 📞 02-282 0361. In dem gepflegten, sicheren und sauberen Boutique-Hostel gibt es komfortable, schön gestaltete, aber kleine Zimmer mit harten Matratzen, AC und LCD-TV. Nach vorne ziemlich laut. 10 % Ermäßigung mit Jugendherbergsausweis. Im Eingangsbereich eine kleine Bibliothek. Freundliches Management. WLAN und Frühstück inkl. ❸

🧳 **Phranakorn-Nornlen Hotel** ⑮, 46 Thewet Soi 1, 📞 02-628 8188-90, 🖥 www.phranakorn-nornlen.com. Eine familienfreundliche Oase der Ruhe mitten in der Stadt ist dieses sehr lebendig und farbenfroh gestaltete Hotel mit einem ruhigen Innenhof voller Pflanzen und Reliquien vergangener Tage. Hier sollte man sich einen der exzellenten, frisch zubereiteten Smoothies schmecken lassen. Die 31 Zimmer sind mit handgemalten Motiven verziert und individuell eingerichtet, auch mit AC und CD-Player. Von einigen bietet sich ein Blick auf die riesige Buddhastatue des Wat Indraviharn. Die kreative Gestaltung zieht sich durch die gesamte Anlage. Gemüse- und Kräutergarten sowie Bar auf dem Dach. Sehr nettes, hilfsbereites Personal. WLAN und Frühstück inkl. ❺

Shanti Lodge ⑫, 37 Soi 16, Sri Ayutthaya Rd., 📞 02-281 2497, 🖥 www.shantilodge.com. In der gepflegten Anlage mit kleinem Garten werden neben 36 sauberen, stilvoll und kreativ eingerichteten Zimmern mit Ventilator oder AC auch Schlafsaalbetten für 200 Baht, mit AC 250 Baht, angeboten. Gutes, vegetarisches, glutamatfreies Essen im gemütlichen Aufenthaltsraum und Restaurant im Erdgeschoss. ❷–❸

Tavee Gh. ⑬, 83 Soi 14, Sri Ayutthaya Rd., 📞 02-280 1447. Blitzsaubere, aber hellhörige Zimmer mit guten Betten und Gemeinschafts-Du/WC, teils mit AC, in einem geräumigen Teakhaus mit ursprünglicher Travelleratmosphäre. Einladendes Restaurant und angenehmer Aufenthaltsraum sowie nettes Personal. ❷–❹

Am Ufer des Menam Chao Phraya

Hier liegen einige der teuersten Hotels der Stadt, aber auch kleinere, schön gestaltete Boutiqueunterkünfte.

Anantara Riverside Spa & Resort ⑦, 257/1–3 Charoen Nakhorn Rd., ℡ 02-476 0022, 🖥 www.bangkok-riverside.anantara.com, Karte S. 156/157. 5-Sterne-Luxus am Fluss in einer großzügigen Gartenanlage mit Pool unter Palmen und 407 Zimmern. Abends Thai-Tanzshow zum Buffet mit sehr gutem Essen. Alle 30 Min. kostenloser Shuttle zur BTS Saphan Taksin und zum Asiatique-Nachtmarkt. Auf der Webseite Sonderpreise. ❻–❽

Ibrik Resort by the River ⑫, 256 Soi Wat Rakhang, nahe dem Patravadi Theatre, Eingang in einer schmalen Gasse, ℡ 02-848 9220, 🖥 www.ibrikresort.com, Karte S. 158/159. Schön gelegenes, winziges Boutiquehotel mit 3 Zimmern mit TV, Telefon, Himmelbett, Open-Air-Dusche und Terrasse am Fluss. Für das Gebotene überteuert. WLAN und Frühstück inkl. ❼

Loy La Long Hotel ⑱, 1620/2 Songwat Rd., im Wat Pathum Khongka, ℡ 02-639 1390, 🖥 www.loylalong.com, Karte S. 158/159. Das liebevoll gestaltete Teakhaus beherbergt 6 stil- und fantasievoll in verschiedenen Farben eingerichtete, sehr komfortable Zimmer mit AC, TV, DVD-Player, Wasserkocher und Du/WC sowie einen 4-Bett-Schlafsaal. Das absolute Highlight ist der romantische Ausblick auf den Fluss. Die tollen Gemeinschaftsbereiche mit Sitzkissen und großer Terrasse, das gute Essen und der freundliche Service runden das Angebot ab. Nicht günstig, aber jeden Baht wert. Frühstück, WLAN und DVD-Verleih inkl. ❻–❼

River View Gh. ⑲, 768 Soi Panuangsri, Songwat Rd., ℡ 02-234 2078, 🖥 www.riverviewbkk.com, Karte S. 160/161. Das empfehlenswerte Guesthouse bietet 45 Zimmer in vielen Preisklassen. Die frisch renovierten Räume punkten mit Betonboden, dicken Matratzen, Kühlschrank und TV, die teuersten mit Flussblick vom kleinen Balkon, die günstigsten nur mit Ventilator und Gemeinschaftsdusche. Schlafsaalbetten für 250 Baht. Gemütliches Dachrestaurant mit gutem Essen und schönem Ausblick. ⏱ 7–22 Uhr. ❷–❺

Mandarin Oriental Bangkok ㉝, 48 Oriental Ave., ℡ 02-659 9000, 🖥 www.mandarinoriental.com/bangkok, Karte S. 160/161. Das Luxus-Hotel zählt zu den besten der Welt und ist das teuerste der Stadt. Aufmerksamer, elitärer Service, Gartenterrasse mit 2 Pools und Blick auf den Fluss. Zimmer im River Wing mit Flussblick, sehr teure Zimmer im historischen Garden Wing im Kolonialstil. Seafood-Restaurant Lord Jim's mit großem Aquarium. Shuttleboot zum Einkaufszentrum River City. ❽

Rings um den Golden Mount

Karte „Historisches Zentrum" S. 158/159 Südlich der Ratchdamnoen Klang Rd., wenige Hundert Meter von der Khaosan Rd. entfernt, finden sich gemütliche Unterkünfte, die mit ihrem weniger kommerziellen Charakter punkten.

Baan Dinso, 113 Trok Sin, Dinso Rd., ℡ 02-622 0560-3, 🖥 www.baandinso.com. In einer Gasse mit friedlicher, dörflicher Atmosphäre werden im ansehnlichen, creme-farbenen Teakhaus klassisch im Kolonialstil eingerichtete, sehr saubere Zimmer mit dekorativen Details, großem LCD-TV und DVD-Player vermietet, die teureren mit Du/WC. Sehr freundliches, hilfsbereites Personal und nette Atmosphäre. Frühstück, WLAN und DVD-Verleih inkl. ❺–❻

Baan Dinso@Ratchadamnoen, 78/3 Ratchadamnoen Klang Rd., ℡ 02-621 2808, 🖥 www.baandinso.com. Das 2012 eröffnete Haus mit 27 Zimmern liegt direkt am Democracy Monument. Alle sauberen Räume mit bequemen Betten, Wasserkocher, LCD-TV und moderner Du/WC, die günstigsten sind leider etwas klein. Sehr freundliche, nette Atmosphäre. Einzelzimmer ab 900 Baht. WLAN, Inhalt der Minibar, Tee, Kaffee und Frühstück inkl. ❺–❻

Niras Bankoc Hostel, 204-206 Mahachai Rd., ℡ 02-221 4442, 🖥 www.nirasbankoc.com. Zwischen geschäftigen Essensständen und Läden gelegenes Hostel in einem schönen, über 100 Jahre alten Holzhaus, das Tradition und Moderne verbindet. Während man im netten, kleinen Café im Erdgeschoss guten Kaffee schlürft und im Internet surft, wohnt man in den oberen Stockwerken in schön eingerichteten, teils dunklen Zimmern mit komfortablen Matratzen und bunt verzierten Bädern. Schlafsaalbetten für 400 Baht. Bei den teureren Zimmern TV, DVD-Player und Frühstück inkl. Freundlicher, langsamer Service. ❹–❺

Old Bangkok Inn, 609 Phra Sumen Rd., ☎ 02-629 1787, 🖵 www.oldbangkokinn. com. Wer eine luxuriöse Zeitreise unternehmen möchte, ist in den 2 aufwendig restaurierten Ladenhäusern genau richtig. Die 10 opulent eingerichteten Zimmer bestechen mit edlen, dunklen Teakholz-Möbeln und seidenen Bettbezügen, aber auch modernen Annehmlichkeiten wie einem PC und TV mit DVD-Player, teils sind sie sogar 2-stöckig. Die Matratzen sind etwas schmal. Die Suiten bieten zudem Open-Air-Badewannen. Sehr ruhige Atmosphäre. Frühstück und Internet inkl. ❻–❽

Chinatown und Hua Lamphong

Karte „Historisches Zentrum" S. 158/159
Neben den günstigen Unterkünften rings um den Hauptbahnhof Hua Lamphong gibt es gute chinesische Mittelklassehotels in der Yaowarat Rd. Die lebendigen Märkte und die Nähe zum Hauptbahnhof, der MRT und dem Fluss Menam Chao Phraya sind Gründe, hier zu wohnen,

@Hua Lamphong ⑮, 326/1 Rama IV Rd., ☎ 02-639 1925, 🖵 www.athualamphong. hostel.com. In dem dezent modern gestalteten und gepflegten Hostel ist es trotz Bahnhofsnähe ruhig. Die sauberen Zimmer sind mit TV, AC, Kühlschrank und Du/WC komfortabel ausgestattet. Schlafsaalbetten für 350–400 Baht und Gemeinschaftsraum mit großem LCD-TV. Sehr hilfsbereites, kompetentes Personal und freundliche Atmosphäre. WLAN im Lobbybereich. ❹

Shanghai Mansion Bangkok ⑭, 479-481 Yaowarat Rd., ☎ 02-2221 2121, 🖵 www. shanghaimansion.com. Boutiquehotel mit 76 sauberen Zimmern und Suiten ohne Außenfenster, die im etwas schrillen traditionellchinesischen Stil eingerichtet und mit moderner Technik ausgestattet sind. Die teureren Zimmer mit Himmelbett sind wesentlich geräumiger. Frühstück, Inhalt der Minibar, DVDs an der Rezeption und WLAN inkl. ❺–❼

SK House Maha Nakhon ⑯, 326/23-25 Rama IV Rd., ☎ 02-639 1338, 🖵 www.skmahanakhon. com. Das chinesische Mittelklassehotel bietet 18 geräumige, etwas muffige Zimmer mit LCD-TV an, die teils mit Himmelbetten und Antiquitäten verschönert wurden. Leider etwas laut gelegen. WLAN. ❸–❹

Your Place Gh. ⑰, 336/17 Soi Chalong Krung, Rama IV Rd., ☎ 02-639 8034, 🖵 www.yourplace guesthouse.com. Das alte Guesthouse versprüht noch ursprüngliche Travelleratmosphäre. Die hellhörigen, einfachen, aber preisgünstigen Zimmer mit Holzboden und steinharten Matratzen sind teils mit AC, TV und sehr kleiner Du/WC ausgestattet. Viele Mücken und ein grüner Dachgarten runden das Angebot ab. ❷–❸

Sathorn und Silom

Karte „Sathorn und Silom" S. 160/161
Viele der Mittelklassehotels in der unteren Silom und Surawongse Rd. werden von asiatischen Geschäftsleuten und Reisegruppen bevorzugt. In der Gegend um Patpong haben einige auf Backpacker ausgerichtete Unterkünfte geöffnet. Die Hotels entlang der Sathorn Tai Rd. zählen zu den luxuriösesten der Stadt.

Untere Preisklasse

HI Bangkok Downtown ㉘, 395/4 Silom Rd., ☎ 084-066 4141, ✉ hostelthailand@yahoo.com. In einem schmalen Haus befinden sich kleine, recht saubere und dezent im Thai-Stil eingerichtete Zimmer mit schmalen Betten. Auch teurere Zimmer mit TV und Kühlschrank. Schlafsaalbetten ab 235 Baht. Gemeinschaftsduschen. Einfaches Frühstück und WLAN inkl. ❸–❹

New Road Gh. ⑳, 1216/1 Charoen Krung Rd., zwischen Soi 34 und 36, ☎ 02-630 6994-8, 🖵 www.newroadguesthouse.com. In dem 3-stöckigen, zurückversetzten Haus gibt es Zimmer in verschiedenen Kategorien. Die günstigsten sind einfach, dunkel und klein mit Ventilator. Die teureren mit Fenster, AC, TV, Kühlschrank und nachträglich eingebauter Du/WC sind etwas einladender. Schlafsaalbetten 160–250 Baht. Hilfreiches, freundliches

Personal und nette Atmosphäre. WLAN. Frühstück 160 Baht. **①** – **⑤**

Om Yim Lodge ㉞, 72-74 Narathiwat Rajanagarindra Rd., ✆ 02-635 0169, 💻 www.omyimgroup.com. Das Kleinhotel ist von außen an den vielen Pflanzen zu erkennen und bietet 13 mit Holz eingerichtete, unspektakuläre, recht günstige Zimmer mit AC, TV, Wasserkocher und Du/WC. Die Zimmer nach hinten sind ruhiger. WLAN. Frühstück 70 Baht p. P. **③** – **⑤**

Mittlere Preisklasse

Baan K Residence by Bliston ㉛, 12/1 Soi Sala Daeng 1, ✆ 02-633 9911, 💻 www.baankresidence.com. Das Apartmenthaus vermietet 28 moderne, komfortable Zimmer auch für kürzere Zeiträume. Neben dem großen LCD-TV gehören ein Surroundsound-System und eine funktionsfähige Küche zur Standardausstattung. Die riesigen, 80 m² großen Executive-Zimmer lohnen die minimale Mehrausgabe. Sehr freundliches, hilfsbereites Personal. Fitnesscenter, WLAN und Frühstück inkl. **⑤**

Glow Trinity Silom ㉟, 150 Silom Soi 3 ✆ 02-231 5050, 💻 www.zinchospitality.com/glowbyzinc/silom. Empfehlenswertes, modernes Hotel mit sehr gutem Preis-Leistungs-Verhältnis. Die strukturiert und stylish gestalteten, komfortablen Zimmer sind mit iPod-Dock, einem großen LCD-TV, DVD-Player und Du/WC ausgestattet. Der große Pool des Trinity Condominums und das Fitnesscenter können mitgenutzt werden. Guter, aufmerksamer Service. WLAN und DVD-Verleih inkl. **⑤** – **⑥**

Lub d Silom ㉓, 4 Decho Rd., ✆ 02-634 7999, 💻 www.silom.lubd.com. In dem beliebten, modernen, interessant mit viel Beton und Stahl gestalteten Hostel gibt es schicke, saubere und komfortable Schlafsäle und kleine Zimmer, teils mit Waschbecken im Zimmer, TV und Du/WC. Schlafsaalbetten 380-400 Baht. Geschäftiger, lebendiger Eingangsbereich mit entspannter Atmosphäre. Gemeinschaftsraum mit riesigem TV. Internet in der Lobby und WLAN kostenlos. Kompetentes, freundliches Personal, das täglich wechselnde, interessante Aktivitäten organisiert (Fr Club Crawl, Mo Kochkurs für 250 Baht usw). Onlinebuchung empfehlenswert. **④** – **⑤**

Lullaby Inn ㉖, 18-22 Decho Rd., ✆ 02-635 5984-5, 💻 www.lullabysilom.com. Das gute, kleine Hotel bietet 18 gepflegte Zimmer mit LCD-TV, Wasserkocher, Safe, Kühlschrank und komfortablen Matratzen. Die günstigsten ohne Fenster, daher etwas muffig. Freundlicher Service. Frühstück und WLAN inkl. **⑤** – **⑥**

Luxx ㉔, 6/11 Decho Rd., ✆ 02-635 8800, 💻 www.staywithluxx.com. Im kleinen, modernen, 5-stöckigen Boutiquehotel gibt es 13 unterschiedlich große, renovierungsbedürftige Zimmer, die interessant im minimalistischen japanischen Stil gestaltet und mit LCD-TV und DVD-Player sowie bequemen, breiten Betten ausgestattet sind. Im Bad erfreuen hölzerne Badewannen und Tropendusche. Freundlicher, wenn auch etwas inkompetenter Service. DVD-Verleih und WLAN inkl. **⑤** – **⑥**

Silom Art Hostel ㉒, 198/19-22 Silom Soi 14, ✆ 02-635 8070-2, 💻 www.silomarthostel.com. Im 2012 eröffneten Hostel ließ man sich vom erfolgreichen Konzept der Lub d-Häuser inspirieren. Hier treffen unverputzte Betonwände auf bunte Kunstwerke und kreative Elemente, wie etwa einen mit alten Jeans bezogenen Sessel. Die 14 Zimmer sind sauber und modern-minimalistisch eingerichtet. Schlafsaalbetten 380–450 Baht. WLAN. **④**

Sunflower Place Silom ㉗, 39/17-19 Soi Anuman-Rajdhon, ✆ 02-235 9080, 💻 www.sunflowerplace.com. Versteckt in einer unscheinbaren, überdachten, etwas zwielichtigen, von der Silom Soi 6 abgehenden Gasse – und damit schwer zu finden – liegen 20 sehr saubere, dunkle, in verschiedenen Farben gestrichene Zimmer mit Kühlschrank, Safe und TV. Resolute, hilfsbereite Besitzerin. WLAN. **④**

Urban House ㉚, 35/13 Soi Yommarat, Saladaeng Rd., ✆ 081-492 7778, 💻 www.urbanh.com. Das kleine, ruhig am Ende einer Gasse gelegene Haus ist besonders bei asiatischen Reisenden beliebt und beherbergt 7 schlicht eingerichtete, aber sehr saubere Zimmer mit AC, TV und Kühlschrank. Der Economy-Room ist winzig. Freundliches Personal. WLAN und kleines Frühstück inkl. **③** – **⑤**

Obere Preisklasse

Baan Pra Nond ㊴, 18/1 Charoen Rat Rd., ☎ 02-212 2242, 🖥 www.baanpranond.com. Das Bed & Breakfast von Tasma und Jason hebt sich mit seinem traditionellen Charme angenehm von den großen, anonymen Hotels der Umgebung ab. In einem schönen, 70 Jahre alten, gelb gestrichenen Haus liegen 9 gepflegte, im kolonialen Stil gehaltene und mit kleinen Details verschönerte, aber leicht überteuerte Zimmer. Trotz der Nähe zum Highway halten die Doppelfenster den Lärm ab. Kleiner Pool und sehr freundliche Leute. Das Frühstück wechselt täglich, ist aber immer lecker. WLAN. ❻–❽

Banyan Tree Bangkok ㊲, 21/100 Sathorn Tai Rd., ☎ 02-679 1200, 🖥 www.banyantree.com/en/bangkok. Modernes Luxushotel mit komfortablen Suiten mit etwas älterer Einrichtung in einem schmalen 64-stöckigen Hochhaus. Im 60. Stock liegen das noble chinesische Bai Yun Restaurant und die romantische Vertigo Bar (S. 195) mit toller Aussicht. Über mehrere Stockwerke erstreckt sich eines der größten Wellnesscenter der Stadt. 1 Tag WLAN kostet 321 Baht. ❽

Eastin Grand Hotel ㊳, 33/1 Sathorn Tai Rd., ☎ 02-210 8100, 🖥 www.eastingrandsathorn.com. 2012 eröffnetes 5-Sterne-Hotel mit Zugang zur BTS Surasak und 390 auf 33 Stockwerken verteilten, modern eingerichteten Zimmern mit toller Aussicht. Schöner Infinity-Pool im 14. Stock. Gutes Frühstücksbuffet und WLAN inkl. ❻–❽

Lebua at State Tower ㊴, 1055 Silom Rd., ☎ 02-624 9999, 🖥 www.lebua.com/en/lebua-at-state-tower. Die geräumigen Suiten im 21.–25. und 51.–59. Stock punkten mit einer traumhaften Aussicht über Bangkok, sind aber nicht mehr auf dem neusten Stand der Technik. Schöner Pool, Sauna und Fitnesscenter. In den obersten Stockwerken liegt der auch aus dem Film *Hangover II* bekannte Dome at State Tower (S. 187) mit der Skybar (S. 195) und Restaurants. Große Preisunterschiede zwischen Haupt- und Nebensaison. WLAN und Frühstück inkl. ❽

Pullman Bangkok Hotel G ㉕, 188 Silom Rd., ☎ 02-238 1991, 🖥 www.pullmanbangkokhotelg.com. Die stylish-minimalistisch gestaltete Lobby verrät bereits, dass es sich hier um ein ultra-modernes Lifestyle-Hotel handelt. Das gläserne Hochhaus beherbergt 469 Zimmer, die ganz in Weiß erstrahlen und mit iPod-Dock, großem LCD-TV und verglaster Minibar auch höchsten Ansprüchen gerecht werden. Freundlicher Service, überdachter Pool und hervorragendes Frühstücksbuffet. WLAN. ❼–❽

🏨 **Sofitel So Bangkok** ㉜, 2 Sathorn Nua Rd., ☎ 02-624 0000, 🖥 www.sofitel-so-bangkok.com. Durchgestyltes Luxushotel mit 238 von 4 einheimischen Designern kreativ entsprechend der Elemente Holz, Wasser, Erde und Metall entworfenen Zimmern. Die Wasser-Zimmer haben im Raum integrierte Badewannen mit beeindruckendem Blick auf den Lumphini-Park. Nicht nur die Inneneinrichtung mit Apple Mini ist auf dem neusten Stand der Technik, auch die opulenten Restaurants im Feuer-Stil, die Dachterrasse, die Schokoladenmanufaktur (S. 187) und der Poolbereich überzeugen mit bis ins kleinste Detail ausgefeiltem Design. Tolle Buffets. Der Inhalt der Minibar und WLAN inkl. ❽

The Swiss Lodge ㉙, 3 Convent Rd., ☎ 02-233 5345, 🖥 www.swisslodge.com. Bereits 1992 eröffnetes, geschmackvoll eingerichtetes Hotel der oberen Mittelklasse. Empfehlenswerte, bunt gestrichene Zimmer mit riesigen, komfortablen Betten, LCD-TV und stimmigen Details, z. B. Büchern und praktischen Schreibwaren. Kleiner Pool, freundliches Personal. WLAN und Frühstück inkl. ❺–❻

Triple Two Silom Hotel ㉑, 222 Silom Rd., ☎ 02-627 2222, 🖥 www.tripletwosilom.com. Teures Boutiquehotel mit 75 elegant gestalteten, gemütlichen, sehr sauberen und großen Zimmern mit leichten Abnutzungserscheinungen, LCD-TV, DVD-Player, Sofa, Safe, Wasserkocher und großen Marmorbädern mit separater Wanne und Dusche. Frühstück, WLAN und DVD-Verleih inkl. Der Pool des benachbarten Narai Hotels kann mitgenutzt werden. Sehr zuvorkommender Service. ❼

Siam und Pratunam

Karte „Siam und Pratunam" S. 162/163
In diesem Gebiet gibt es einige günstige Kleinhotels etwas abseits vom Trubel und dennoch absolut verkehrsgünstig an der BTS

und in der Nähe sehr guter Einkaufsmöglichkeiten.

Untere Preisklasse
Link Corner Hostel Bangkok ⑩, Ratchaprarop,
✆ 02-640 0550, 081-900 5026, 💻 www.
facebook.com/linkcornerhostelbangkok. Das
2011 eröffnete Hostel liegt in direkter Nähe zur
Airport Link-Station Ratchaprarop und ist eine
gute Alternative für Leute, die in Pratunam
shoppen und schnell zum Flughafen möchten.
Alle einfachen Zimmer haben Fenster, dicke
Matratzen und Gemeinschafts-Du/WC. Zudem
8 Schlafsäle, teils nur für Frauen, für 350 Baht.
Nicht besonders attraktiv, aber zweckmäßig.
WLAN. ❸
Pranee Building Accommodation, ⑱ 931/12
Soi Kasemsan 1, Ecke Rama I Rd., ✆ 02-216
3181, ✉ praneebuilding@hotmail.com.
Einfache, nicht besonders einladende, preis-
günstige, zur Hauptstraße hin laute Zimmer,
teils mit AC. Unfreundlicher, desinteressierter
Besitzer, der alte Motorräder sammelt. ❷
White Lodge ⑭, 36/8 Soi Kasemsan 1,
✆ 02-216 8867. 40 kleine, einfache, ältere
Zimmer mit AC und durchgelegenen oder sehr
harten Matratzen, teils mit TV. Die Zimmer im
Erdgeschoss können wegen der angrenzenden
Waschküche laut sein. Freundlicher, wenn auch
etwas resoluter Service, sehr gutes Preis-
Leistungs-Verhältnis. Wäscheservice, WLAN
inkl. ❷–❸

Mittlere Preisklasse
📖 **Lub d Siam Square** ㊼, 925/9 Rama I Rd.,
✆ 02-612 4999, 💻 www.siam.lubd.com.
Bereits von außen erwartet Reisende eine
ultramoderne, schicke, aber dennoch
einladende Backpacker-Unterkunft. Neben
komfortablen Betten im AC-gekühlten
4-Pers.-Schlafsaal für 550–600 Baht (auch
nur für Frauen) und blitzblanken Gemeinschaftsbädern gibt es sehr cool mit viel Stein in
Orange und Rot gestaltete Zimmer, teils
mit TV und Du/WC. Ein geselliges Kino-
Zimmer, ein Waschraum und WLAN
komplettieren das Angebot. Sehr freundliches,
kompetentes Personal und Aktivitäten wie
im Lub d Silom. ❺

Reno Hotel ㊺, 40 Soi Kasemsan 1, ✆ 02-
215 0026-7, 💻 www.renohotel.co.th. Im Mittelklassehotel täuscht der erste Eindruck der
modernen Lobby, denn die relativ großen,
gefliesten Zimmer mit teils durchgelegenen
Matratzen und Du/WC sind deutlich betagter
und überteuert. Die teureren haben auch TV,
Kühlschrank, Safe und neue Betten. Im
Hinterhof Pool und Parkplatz. Recht wortkarges,
unfreundliches Personal. Dürftiges Frühstück
inkl., WLAN 50 Baht pro Std. ❺

Obere Preisklasse
Baiyoke Sky Hotel ㊶, im Baiyoke II Tower,
222 Soi Ratchaprarop 3, ✆ 02-656 3000,
💻 baiyokesky.baiyokehotel.com. 658 großzügige Zimmer mit älterer Einrichtung im 22.–
74. Stock des höchsten Gebäudes der Stadt.
Man zahlt hier eher für die atemberaubende
Aussicht als für den Komfort. Die Preise steigen
mit der Geschosszahl. Frühstücksbuffet im
Baiyoke Sky Restaurant im 78. Stock inkl.,
WLAN 400 Baht pro Tag. ❻–❽
Glow Pratunam ㊷, 919 Phetchaburi Rd., ✆ 02-
257 3999, 💻 www.zinchospitality.com/glow
byzinc/pratunam. Neues, von außen kitschig-
modern gestaltetes 3-Sterne-Hotel mit Pool und
169 komfortablen Zimmern mit zweck- und
zeitgemäßer beige-grauer Einrichtung, iPod-
Dock und LCD-TV. WLAN. Frühstück 300 Baht.
❻–❼
Hansar Bangkok ㊾, 3 Soi Mahatlek Luang 2,
✆ 02-209 1234, 💻 www.hansarbangkok.com.
In einem riesigen Apartmentkomplex sind
94 geräumige und edel gestaltete Zimmer
untergebracht. Neben einem riesigen LCD-TV
mit DVD-Player bieten sie eine eigene Waschmaschine, praktische Schreibwaren, separate
Dusche und Badewanne sowie teils begrünte
Wände, die angenehm kühlen. Empfehlenswert.
Frühstück, WLAN und Inhalt der Minibar
inkl. ❽
Lit Bangkok ㊸, 36/1 Soi Kasemsan 1, ✆ 02-
612 3456, 💻 www.litbangkok.com. Frisches,
interessant gestaltetes Lifestyle-Hotel mit
abgerundeten Kanten, Marmorlobby und
79 eleganten, in kühlen Chromfarben
gestalteten Zimmern mit TV, DVD-Player,
separater Dusche und Wanne, die teils im

Zimmer steht. Zudem kleiner Überlaufpool, Fitnessraum und Spa. WLAN und DVD-Verleih inkl., ohne Früstück 550 Baht günstiger. ❼

Siam@Siam ㊻, 865 Rama I Rd., ✆ 02-217 3000, 💻 www.siamatsiam.com. Schickes Designerhotel mit 203 individuell, in kräftigen Farben und mit viel dunklem Holz und Stein künstlerisch gestalteten, modernen Zimmern mit allen technischen Raffinessen und schönen Bädern. Wunderschön gestaltete Rooftop-Bar, elegantes Restaurant mit Pub sowie Lobby-Bar und hoteleigner Nachtclub. Pool mit Unterwassermusik, Spa, Fitnesscenter und über das gesamte Gebäude verteilte Kunstwerke. Sehr freundliches Personal. Frühstück und WLAN inkl. ❼–❽

Sukhumvit

Karte „Sukhumvit" S. 164/165

In dieser Gegend sind viele Europäer zu Hause – Touristen wie Geschäftsleute. Entsprechend groß ist die Auswahl an Hotels der mittleren und gehobenen Kategorien, dagegen gibt es kaum empfehlenswerte Zimmer in den unteren Preisklassen. Internationale Restaurants und vielfältige Einkaufsmöglichkeiten erleichtern das Geldausgeben. Während der Hauptverkehrszeit wird die Sukhumvit Rd. zu einem kilometerlangen Parkplatz, über den man mit der BTS problemlos hinweggleitet. Über den Expressway ist die Verkehrsanbindung zum Flugplatz Suvarnabhumi recht gut, und auch der Ekkamai (Eastern) Bus Terminal liegt vor der Tür.

Untere Preisklasse

HI Sukhumvit YHA ㊼, 23 Sukhumvit Soi 38, BTS Thong Lo, Exit 4, ✆ 02-391 9338, 💻 www.hisukhumvit.com. In einem schönen Haus in einer ruhigen Gasse einen Steinwurf von der angesagten Thong Lo entfernt gibt es kleine, saubere Zimmer mit sehr harten Matratzen, Steinboden und neuer AC, teils mit Gemeinschaftsdusche. Betten im 8-Personen-Schlafsaal mit Vorhängen für 330 Baht. Hilfsbereites Personal, gemütlicher Dachgarten und entspannte Atmosphäre. Waschmaschine, Gepäckaufbewahrung, einfaches Frühstück und WLAN inkl. ❸–❹

Maxim's Inn ㊺, 131/21-23 Sukhumvit Soi 7/1, BTS Nana, ✆ 02-252 9911-2, 💻 www.maximinn.com. Am Ende einer Soi voller zwielichtiger Bars liegt das Haus mit 34 renovierten Zimmern mit neuen LCD-TVs und guten Matratzen. Wer unbedingt im oberen Abschnitt der Sukhumvit wohnen möchte, findet hier günstige Zimmer. WLAN. ❸–❺

Suk 11 Hostel ㊻, 1/33 Sukhumvit Soi 11, BTS Nana, ✆ 02-253 5927, 💻 www.suk11.com. Nur mit kleinen Schildern versehen, aber am Restaurant und Souvenirshop im Holzhaus zu erkennen. Das freundliche Gästehaus ist die beste Wahl für Budgetreisende in der Sukhumvit Rd. Es ist in zwei restaurierten Holzhäusern im ländlichen Thai-Stil untergebracht und punktet mit einer angenehmen Atmosphäre. Saubere, zweckmäßig eingerichtete Zimmer mit guten Matratzen, alter AC, teurere mit Du/WC. Einzelzimmer ab 535 Baht. Hübsch gestalteter Innenhof, Dachterrasse und Aufenthaltsräume. Zahllose Gäste haben sich an den Wänden verewigt. WLAN. ❸–❹

S.V. Gh. ㊿, 35-36 Sukhumvit Soi 19, BTS Asok, ✆ 02-253 3556-7. Der Familienbetrieb bietet einfache, saubere Zimmer mit AC, teils auch Du/WC, TV und Kühlschrank. Recht wortkarges Personal, aber sehr gutes Preis-Leistungs-Verhältnis für die Gegend. WLAN 50 Baht pro Tag. ❷–❸

The Atlanta (62), 78 Sukhumvit Soi 2, am Ende der Soi, BTS Ploen Chit, ✆ 02-252 6069, 💻 www.theatlantahotelbangkok.com. Das 1952 eröffnete Hotel mit schönem Garten und Pool versprüht immer noch den Charme der 1950er-Jahre. Auch die Zimmer vermitteln diesen Eindruck, sind aber gut instand gehalten und sauber, die Bäder wurden bei der letzten Recherche gerade renoviert. Nicht zuletzt wegen der günstigen Zimmerpreise und der Intoleranz gegenüber Sextouristen wird das Hotel von Familien und alleinreisenden Frauen geschätzt. WLAN in der Lobby. ❸–❹

Mittlere Preisklasse

CheQinn (63), 21/10 Sukhumvit Soi 4, BTS Nana, ✆ 02-656 7925, 💻 www.cheqinn.com. Das moderne, 2012 eröffnete Hostel liegt in einer

Seitengasse der zwielichtigen Soi Nana. Alle 7 Zimmer sind sauber und minimalistisch mit bequemen Matratzen, AC, LCD-TV, Fenster und Du/WC ausgestattet, allerdings recht teuer. Zudem elegant gestaltete Schlafsäle mit Betonwänden, Waschbecken und Betten mit eigenem Leselicht und großem Schließfach für 350 Baht. Keine Gäste von außerhalb erlaubt. WLAN. **❹–❺**

Federal Hotel ⑤②, 27 Sukhumvit Soi 11, BTS Nana, ☎ 02-253 0175, ⌨ www.federalbangkok. com. Altes, ruhig und etwas abseits der Hauptstraße gelegenes Hotel mit Pool und hellen, geräumigen, sauberen und gepflegten Zimmern mit guten Matratzen, TV, Kühlschrank und Bad, teils mit Verbindungstüren, die günstigsten ohne Fenster. Gutes Preis-Leistungs-Verhältnis. WLAN und Frühstück inkl. **❹–❺**

🧳 **Le Fenix Sukhumvit** ⑤①, 33/33 Sukhumvit Soi 11, BTS Nana, ☎ 02-305 4000, ⌨ www.lefenix-sukhumvit.com. Schickes Designhotel mit edlem Indoor-Pool und 147 eleganten Zimmern mit bequemen Matratzen, großem weißem LCD-TV und moderner, etwas kleiner Du/WC. Hotelgäste haben in der gegenüberliegenden Q Bar kostenlosen Eintritt. Wer sich abends nicht auf die Tanzflächen der Clubs begeben will, kann sich in der hoteleigenen Tapasbar Flow oder im entspannten Dachgarten The Nest (S. 195) auf die Nacht einstimmen. Freundliches Personal. WLAN. **❺–❻**

Legacy Express ⑤④, 29 Sukhumvit Rd., Ecke Soi 1, BTS Ploen Chit, ☎ 02-655 7474, ⌨ www. legacyexpressbangkok.com. Mittelklassehotel mit modernen, farbenfroh gestalteten Zimmern mit großem LCD-TV, Wasserkocher und Kühlschrank. Frühstück, WLAN und Internetzugang in der Lobby inkl. **❺–❻**

Na Na Chart Sukhumvit 25 ⑥⑤, 2 Sukhumvit Soi 25, BTS Asok, ☎ 02-259 6908, 090-008 6701, ⌨ www.thailandhostel.com. In etwas sterilem Ambiente einfache, saubere, geflieste, aber überteuerte Zimmer mit bunten Akzenten, harten Matratzen, neuer AC, TV und Kühlschrank. Es ist billiger, für 200 Baht eine HI-Karte zu kaufen; dann bezahlt man 300–400 Baht weniger pro Nacht. Schlafsaalbetten ab 400 Baht. Freundliches Personal. Frühstück und WLAN im Eingangsbereich inkl. **❺**

Oasis Inn, 230/8 Sukhumvit Soi 1/1, BTS Ploen Chit, ☎ 02-655 5181, ⌨ www.oasisbangkok. com. Beiderseits einer Seitengasse nahe dem Bumrungrad Hospital liegen 24 geräumige, saubere und gepflegte Zimmer mit großem LCD-TV, Kühlschrank, Du/WC mit verglaster Duschkabine und teils großen Balkonen. Leider wird nebenan groß gebaut. Gemeinschaftsküche im Erdgeschoss. Freundliches Personal. WLAN und Frühstück inkl. **❺**

Salil Hotel Sukhumvit Soi 11 ⑤③, 21/4 Sukhumvit Soi 11, BTS Nana, ☎ 02-651 3830-3, ⌨ www. salilhotel.com. Zentral gelegenes, im Herbst 2012 eröffnetes Hotel mit 72 relativ kleinen, gut ausgestatteten und farbenfrohen Zimmern mit bequemen, harten Matratzen, LCD-TV, DVD-Player, Tropendusche und leicht kitschiger floraler Deko mit englischem Touch. Die 12 teureren, deutlich größeren Zimmern mit Bad. WLAN. **❺–❻**

Tune Hotel Asoke ⑥④, 7 Sukhumvit Soi 14, BTS Asok, ⌨ www.tunehotels.com. Etwas zurückversetzter Hotelblock, der das von Billigairlines geprägte Konzept auf seine 130 Hotelzimmer überträgt: Die beengten Räume sind mit bequemen Betten und starken Duschen ausgestattet, alles Weitere kostet extra, 24 Std. AC 230 Baht, WLAN 80 Baht und die Nutzung des LCD-TV 120 Baht. Teils sehr günstige Internetangebote, sonst **❹–❺**

Obere Preisklasse

Dream Hotel BKK ⑤⑦, 10 Sukhumvit Soi 15, BTS Asok, ☎ 02-254 8500, ⌨ www.dreambkk.com. In 2 benachbarten Gebäuden des modernen Hotels in schickem Design finden sich 145 schöne, elegante und zugleich gemütliche Zimmer mit blauer Beleuchtung, weichen, bequemen Matratzen, riesigen LCD-TVs, DVD-Player und jeglichem Komfort. Kleiner Pool auf dem Dach. Langsamer Service. Jeden Di Tango-Abend, jeden 3. Fr im Monat Salsa. WLAN, DVD-Verleih und Frühstück inkl. **❻**

Four Points by Sheraton ⑤⑧, 4 Sukhumvit Soi 15, BTS Asok, ☎ 02-309 3000, ⌨ www.starwood hotels.com/fourpoints. Das schicke 4-Sterne-Hotel punktet mit einem guten Preis-Leistungs-Verhältnis, freundlichem Service und dem schönen Überlauf-Pool im 8. Stock. Die

268 modernen, geräumigen und komfortablen Zimmer sind mit LCD-TV mit Internetzugang und HDMI-Port sowie separater Dusche und Badewanne ausgestattet. ❻–❼

Rembrandt Hotel ⑥⑥, 19 Sukhumvit Soi 18, BTS Asok, ☎ 02-261 7100, 🖥 www.rembrandtbkk. com. 4-Sterne-Hotel mit über 400 gepflegten, gemütlich eingerichteten Zimmern auf 26 Stockwerken. Pool im 4. Stock. Das indische Restaurant Rang Mahal im 26. Stock gilt als das beste Thailands. Reichhaltiges Frühstücks-buffet und WLAN inkl. ❼–❽

The Eugenia by lebua ⑤⑨, 267 Sukhumvit Soi 31, ☎ 02-259 9011-9, 🖥 www.theeugenia.com. Eine Zeitreise ins 19. Jh.: luxuriöses Boutique-hotel mit Pool und 12 Suiten, die im Stil des neokolonialen Hauses stimmungsvoll und authentisch mit vielen Antiquitäten eingerichtet sind. Die Badewannen aus Kupfer und Aluminium sind handgefertigt. Hochklassiges Café und Restaurant. Der Service ist perfekt, sogar an Babysitter wurde gedacht. WLAN, Frühstück und Telefon inkl. ❽

The Westin Grand Sukhumvit Hotel ⑥①, 259 Sukhumvit Rd., zwischen Soi 17 und 19, BTS Asok, ☎ 02-207 8000, 🖥 www.westin.com/bangkok. Großes, exklusives 5-Sterne-Hotel an der Sukhumvit mit einem kleinen Pool im 8. Stock. komfortable, großzügig geschnittene, schön eingerichtete Zimmer mit allem erdenklichen Luxus und separater Dusche und Wanne. Effizienter, freundlicher Service. WLAN 530 Baht pro Tag! ❽

In der Nähe des Flughafens Suvarnabhumi

Karte „Bangkok Übersicht" S. 156/157
Reisende, die in Bangkok einen Stopover einlegen, können in der Umgebung des internationalen Flughafens übernachten.

Novotel Bangkok Suvarnabhumi Airport ⑥, 10 Min. zu Fuß vom Terminal, ☎ 02-131 1111, 🖥 www.novotel.com. Riesiger 4-Sterne-Hotelbau mit 612 luxuriösen Zimmern mit allen Annehmlichkeiten. Pool inkl. 24-Std.-Shuttleservice vom Gate 4 Level 2 oder zu Fuß vom Terminal über einen 300 m langen Tunnel erreichbar. ❼–❽

Regent Suvarnabhumi Airport ⑥, 30/1 Latkra-bang Soi 22, ☎ 02-346 4400, 🖥 www.regent

suvarnabhumi.com. 144 komfortable, geräumige Mittelklasse-Zimmer mit LCD-TV und Kühl-schrank. Wenig Fluglärm. WLAN und Airport-Abholung inkl. ❹–❺

YHA Bangkok Airport ⑥, 58/203 Kingkaew Soi 58, ☎ 085-990 9661. 18 saubere Zimmer in Flug-hafennähe, teurere mit TV und Kühlschrank, günstige mit Gemeinschafts-Du/WC. Schlaf-saalbetten ab 270 Baht. Kompetentes Personal. WLAN und Frühstück inkl. ❷–❸

In den Außenbezirken

Karte „Bangkok Übersicht" S. 156/157

🏕 **Bangkok Tree House** ⑧, 60 Moo 1, Petchcha Hueng Rd., Bang Namphueng, BTS Bang Na, 🖥 www.bangkoktreehouse.com. Die Insel Bang Krachao ist Bangkoks grüne Lunge und frei von Autos. Hier wurde inmitten von Mangroven und Palmen ein Boutiquehotel mit 12 Zimmern gebaut. Man wacht morgens in komfortablen, hellen, aus Bambus und recycelten Metallen konstruierten Bungalows auf und kann auf einem Fahrrad die Insel erkunden. Es besteht sogar die Möglichkeit, unter freiem Himmel oder auf dem Fluss (!) zu schlafen. Auf Nachhaltigkeit wird Wert gelegt: Im Restaurant werden Bio-Lebensmittel verarbeitet, die Mehrheit der Angestellten stammt von der Insel, es werden keine Pestizide oder Chlor eingesetzt und ein Teil der Gewinne fließt zurück in lokale Projekte. Eiscreme, Fahrräder, Handy, WLAN und Frühstück inkl. ❼–❽

🏨 **Chew House Bangkok** ④, 68/1 Phahol-yothin Soi 6, BTS Ari, ☎ 02-619 1164, 083-432 1116, 🖥 www.chewhouse.com. Sehr ruhig in einer Wohngegend in zwei benach-barten Holzhäusern gelegenes, entspanntes Hostel. Die 10 kleinen, einfachen, sehr sauberen Zimmer mit AC, TV und DVD-Player sind nett gestaltet, die teureren etwas geräumiger. Sehr freundliche, hilfsbereite Angestellte. WLAN, Fahrradverleih, Sauna, Waschmaschinen-nutzung und einfaches Frühstück inkl. ❸–❹

Mystic Place – Rooms in Bangkok ②, 224 Pradipat Rd., BTS Saphan Khwai, ☎ 02-270 3344, 🖥 www.mysticplacebkk.com. Einladendes Designerhotel mit kreativem Konzept: Jedes Zimmer wurde von einem anderen Künstler gestaltet, dabei reicht die Bandbreite von schrill, kitschig und bunt bis zu schlicht und elegant. Alle 34 Zimmer sind zwar schon etwas älter und nicht blitzsauber, aber geräumig und mit TV, DVD-Player und Kühlschrank ausgestattet. Mit Spa und Kunstgalerie. Sehr freundliches Personal. Frühstück, DVD-Verleih mit großer Auswahl und WLAN inkl. ❺

Refill Now ⑤, 191 Soi Pridi Bhanom Yong 42, Yak 5, Sukhumvit Soi 71, ✆ 02-713 2044-5, 🖥 www.refillnow.co.th. In einem netten Garten mit Pool befindet sich der mit viel Glas edel gestaltete Block mit sauberen, hellen und individuellen Zimmern. Schlafsaalbetten ab 325 Baht. Im Erdgeschoss liegt die schicke, in Weiß gehaltene Bar und das Restaurant. Abholservice von der Airport Rail Link Station Ramkamhaeng für 40 Baht p. P. Freundliches Personal. Online-Buchung empfehlenswert. ❺

The Thai House ③, 32/4 Moo 8, Tambol Bang Muang, Bang Yai, Nonthaburi, 22 km außerhalb der Stadt im Westen, ✆ 02-903 9611, 🖥 www.thaihouse.co.th. In einem wunderschönen, traditionellen Teakhaus bei einer liebenswerten Familie liegen hübsche Zimmer im Thai-Stil mit Gemeinschafts-Du/WC. Das Haus am Klong ist von Bangkok aus sowohl mit dem Boot (ca. 1 1/2 Std.) als auch mit dem AC-Bus 516 zu erreichen. Letzterer fährt alle 15 Min. ab Sanam Luang bis Bang Buatong und ist schneller; hinter dem Mitsubishi-Gebäude und der Brücke aussteigen und 10 Min. laufen oder ein Motorradtaxi für 10 Baht nehmen. Die herzliche Gastgeberin Peep führt in die Geheimnisse der traditionellen Thai-Küche ein (S. 209). Der ideale Ort, um das Leben auf dem Land kennenzulernen. Frühstück inkl. ❺

Udee Bangkok ①, 49 Pradiphat Soi 19, südlich vom Chatuchak Market, BTS Saphan Khwai, ✆ 02-279 2595, 🖥 www.udeebangkok.com. Sehr hübsch gestaltetes, familiäres, aber dennoch modernes Guesthouse in einer ruhigen Gegend mit kleinem Dachgarten, kleiner Gemeinschaftsküche und offenem, luftigem Fernsehraum. 10 einfache, sehr saubere, in Grün gehaltene Zimmer mit guten Matratzen und modernen Bädern. Auch 4- und 3-Bett-Schlafsaal ab 300 Baht p. P. Freundlicher Besitzer. WLAN und Frühstück inkl. ❸–❹

 Straßenküchen

Bangkok ist bekannt für exzellente Garküchen. Daher verwundert es nicht, dass sich auf Schritt und Tritt Gelegenheit bietet, authentische Snacks und Gerichte für wenig Geld zu probieren. Diese werden an portablen Straßenständen, auf Märkten oder oft auch in den Foodcourts von Supermärkten frisch zubereitet. Da häufig niemand Englisch spricht, schaut man am besten in die Töpfe oder bestellt, was am Nachbartisch lecker duftet. Die beliebtesten Gerichte für Einsteiger sind Klebreis mit Mango oder etwas deftiger gegrillte Hähnchenspieße sowie Nudelsuppen in allen Variationen. Es lohnt sich, über den eigenen kulinarischen Tellerrand zu schauen, denn viele der geschmacklichen Abenteuer erweisen sich als wahre Gaumenfreuden. Wenn an einem geschäftigen Essenstand fast alle das gleiche Gericht essen, sollte man dieses ebenfalls probieren, auch wenn es möglicherweise exotisch anmutet. Die thailändische Küche zählt nicht umsonst zu den variationsreichsten und besten der Welt!

Besonders empfehlenswert sind die Essenstände in der **Soi Thong Lo** (Sukhumvit Soi 55) (S. 154), in der **Convent Rd.** in Silom und in der **Soi Rambuttri** in Banglampoo.

ESSEN

Aus kulinarischer Sicht ist Bangkok ein wahrhaft kosmopolitisches Paradies. Neben den asiatischen Küchen von Japan bis zum Vorderen Orient gibt es deutsche, französische, italienische, spanische und auch amerikanische Restaurants, die oft mit den besten Restaurants ihrer Ursprungsländer mithalten können – und sie manchmal sogar übertreffen. Und das alles zu deutlich niedrigeren Preisen!

Essen zu gehen kostet kein Vermögen, denn die meisten Einheimischen tun dies sehr häufig. An Straßenständen gibt es schon ab 20 Baht eine kräftige Suppe, in normalen Restaurants bekommt man ab 100 Baht ein leckeres Thai-Gericht. Westliche Küche oder ein Essen in den hochklassigen Gourmetrestaurants sind wesentlich kostspieliger.

In AC-Restaurants darf generell nicht geraucht werden.
Weitere Restauranttipps s. **eXTra [2808]**.

Banglampoo und Thewet
Karten „Banglampoo" S. 166/167 und „Thewet" S. 168
Den Travellerbedürfnissen tragen mehrere Fastfood-Restaurants in und um die Khaosan Rd. Rechnung. Angenehme, kreativ gestaltete Restaurants, Bars und Galerien, die v. a. von einheimischen Studenten besucht werden, haben sich in kleinen Geschäftshäusern um das Phra Sumen Fort und in der Phra Arthit Rd. niedergelassen. Viele haben nur abends geöffnet. Garküchen konzentrieren sich in der Soi Rambuttri, wobei man eher neben einem anderen Deutschen als einem Thai speisen wird. Nach dem Besuch des Königspalasts kann man sich an die ruhig unter Bäumen gelegenen Garküchen am Chang Pier setzen. Hier gibt es leckeren Saft und gutes, preiswertes Essen.

Bombay Blues, Soi Rambuttri, nahe der Nationalgalerie, ✆ 085-859 1515. Orientalisch eingerichtetes Restaurant, in dem man auf Kissen sitzend leckeres Chicken Tandoori oder andere indische Spezialitäten kosten und danach eine Shisha (ab 300 Baht) rauchen kann. Hauptgerichte 100–200 Baht. ⏱ 18–2 Uhr.

Café Primavera, 56 Phra Sumen Rd., ✆ 02-281 4718. 2-stöckiges italienisches Restaurant unter österreichischer Leitung mit freundlichem Service, das zu Jazzmusik Pizza und eine gute Auswahl an Nudelgerichten sowie italienisches Eis und leckeren Apfelstrudel serviert. Pizzen um 300 Baht, Pastagerichte etwas günstiger. Das schmackhafte Graubrot aus eigener Produktion wird auch am Stück verkauft. ⏱ 8–23 Uhr.

Center Khaosan Rest., im Zentrum der Khaosan Rd., 🖥 www.thekhaosarncenter.co.cc. Eignet sich bestens, um sich inmitten des Trubels auszuruhen und bei einem kühlen Bier das Treiben zu beobachten. Das Essen ist allerdings mäßig. ⏱ 24 Std.

Hemlock, 56 Phra Arthit Rd., ✆ 02-282 7507. Hier gibt es fast 200 sehr leckere, z. T. traditionelle Thai-Gerichte zu

günstigen Preisen in gepflegter Atmosphäre. Darunter finden sich wahre Geschmacksabenteuer wie *Miang Kam*, eine klassische Vorspeise, bei der verschiedene Zutaten in Blätter gewickelt werden. Hauptgerichte 80–120 Baht. Ebenfalls im Angebot sind Weine und eine große Auswahl an Tees. Freundlicher Service und entspannte Musik. ⏱ Mo–Sa 16–23.30 Uhr.

May Kaidee Vegetarian & Vegan Rest., 33 Samsen Rd. nördlich des Klong Banglampoo und 59 Tanao Rd., ✆ 02-281 7699, 🖥 www.maykaidee.com/restaurants. Seit 1988 gibt es hier preiswerte, gesunde, glutamatfreie, vegetarische Kost sowie Sandwiches und andere Snacks. Der schwarze Klebreis ist besonders empfehlenswert. Bebilderte Speisekarte. In der Hauptfiliale jeden Sa abends ausgiebiges Buffet für 150 Baht p. P. mit traditionellen Tänzen. ⏱ 8.30–22.30 Uhr.

My Darling, 106/5 Soi Rambuttri, ✆ 02-282 0566. Riesige, kitschig mit Buddhastatuen und Bambuswänden gestaltete Resto-Bar mit breitgefächerter Speisekarte. Thai-Gerichte ab 100 Baht. ⏱ 24 Std.

Poon Sin Rest., 460 Wisut Kasat Rd., ✆ 02-282 2728. Einfaches, etwas steriles Restaurant, das berühmt für die leckeren chinesischen gerösteten Enten- und Schweinefleischgerichte ist, die traditionell kalt serviert werden, aber auch aufgewärmt zu bekommen sind.

Ranee's Rest., 77 Trokmayom Chakraphong, ℡ 085-065 6388. Seit über 20 Jahren werden in einem ruhig gelegenen, teils überdachten Innenhof preisgünstige hausgemachte Nudeln mit leckeren Soßen, Pizza und Thai-Gerichte ohne Glutamat zubereitet, auch Vegetarisches sowie knusprige Baguettes aus der eigenen Bäckerei. Freundliche Besitzerin. ⏲ 8–24 Uhr.

Ricky's Coffeeshop, Phra Arthit Rd., ℡ 02-629 0509. Unter dem New Merry V. Gh. liegt das beliebte, im chinesischen Kolonialstil gestaltete Café mit sehr gutem Kaffee und leckeren Baguettes, Sandwiches und mexikanischen Gerichten. Hier gibt es das beste Frühstück in Banglampoo. Sehr freundliche Atmosphäre. Filiale nördlich der Soi Samsen 2. ⏲ 7.30–22 Uhr.

Roti-Mataba, 136 Phra Arthit Rd., ℡ 02-282 2119. Eine Institution, die seit 1943 Roti, leckeres, leicht süßliches indisches Fladenbrot, anbietet, das wie in Malaysia schmeckt und dort zum Frühstück gegessen wird, am besten mit Hühnchen-Curry. Äußerst preiswert. ⏲ 7–22 Uhr, s. eXTra [2709].

Saffron Café, Phra Arthit Rd. Kleines, entspanntes Café mit leckeren westlichen Kuchen (v. a. die Schwarzwälder Kirschtorte und der Heidelbeerkäsekuchen) und gutem Kaffee. Große Auswahl an Tees und Thai-Gerichten ab 80 Baht. ⏲ 8–21 Uhr.

Starbucks ist mit einer Filiale in der Chakraphong Rd. in die Gegend vorgedrungen.

Taketei Rest., Soi Rambuttri, ℡ 02-629 0173, 🖥 www.taketei.com. Helles japanisches Restaurant mit Gerichten von guter Qualität zu vernünftigen Preisen. Für 449 Baht gibt es ein Buffet mit mehr als 120 verschiedenen Gerichten aus dem Land der aufgehenden Sonne. ⏲ 11.30–14 und 17.30–23.30 Uhr.

Vijit Rest., 77/2 Ratchdamnoen Klang Rd., am Demokratie-Denkmal, ℡ 02- 282 0958. Mutigen sei dieses Restaurant empfohlen. Groß, beliebt, laut, mit Thai-Livemusik und bebilderter Karte mit vielen Gerichten von 80–250 Baht. Alles authentisch scharf!

Am Ufer des Menam Chao Phraya

Aquatini Rest., 45/1 Phra Arthit Rd., ℡ 02-280 9955, Karte S. 166/167. Am Fluss gelegenes Restaurant, in dem an Holztischen unter freiem Himmel thailändische Gerichte ab 150 Baht serviert werden. Seafood ist deutlich teurer und der Service nicht besonders freundlich. ⏲ 18.30–23.30 Uhr.

Arun Residence by the River, am Ende der Soi Chetuphon südlich vom Wat Pho direkt am Fluss, ℡ 02-221 9158, 🖥 www.arunresidence. com, Karte S. 158/159. Gegenüber dem Wat Arun mit traumhaftem Blick auf das erleuchtete Wat am Abend. Ein idealer Ort für einen romantischen Abend bei leckerem Essen. Hauptgerichte 150–400 Baht. ⏲ 11–22 Uhr.

Baan Klang Nam, ca. 4 km südlich von Silom, 288 Soi 14 Rama III Rd., ℡ 02-292 0175, 🖥 www.baanklangnam.net, Karte S. 156/157. Bei Bangkokern beliebtes Seafood-Restaurant mit tollen Krebs- und Fischgerichten. In romantischer Lage in einem schönen, mit Schindeln verkleideten Holzhaus oder auf der Uferterrasse kann man ein exzellentes Dinner genießen. Um 500 Baht p. P. Auf alle Fälle reservieren. ⏲ 11–22.30 Uhr.

Ban Rim Nam, auf der Thonburi-Seite direkt am Fluss, 723 Charoen Nakhon Rd., ℡ 02-860 4500, Karte S. 160/161. Die Auswahl an Thai-Gerichten ist so groß, dass die Speisekarte dick wie ein Kochbuch ist. ⏲ 10.30–24 Uhr.

In Love Bar & Rest., 2/1 Krung Kasem Rd., direkt am Thewet Pier, ℡ 02-281 2900, Karte S. 168. Mit Blick auf den Fluss und die Rama VIII.-Brücke isst man hier gute Thai-Gerichte. Spezialität des Hauses ist der scharfe Pomelo-Salat mit Hühnchen. ⏲ 11–1 Uhr.

Khimlom Chomsaphan Rest., 11/6 Soi Samsen 3, am Fluss hinter Wat Samphraya, ℡ 02-628 8382-3, 🖥 www.khinlomchomsaphan.com, Karte S. 168. Großes, beliebtes Open-Air-Restaurant mit Lotusteich und einer breit gefächerten Auswahl an Seafoodgerichten. Trotz englischer Karte kommen noch wenige Touristen. Bäckerei mit leckeren Kuchen. ⏲ 11–2 Uhr.

Songfangklong Rest., 17/55 Sukhaprachasan 2 Rd., Fährhaltestelle Pakkret (Nr. N33), Nonthaburi, ℡ 081-270 9911, 🖥 www. songfangklong.com, Karte S. 156/157. In dem am Fluss gelegenen, klassisch im Kolonialstil mit dunklen Holztischen gestalteten Restaurant gibt es auch eine Flussterrasse, auf der glutamatfreie Thai-Gerichte genossen werden können. Abends Livemusik. Hauptgerichte 100–240 Baht. ⏱ 11–1 Uhr.

Supatra River House, 266 Soi Wat Rakhang, Arun Amarin Rd., ✆ 02-411 0305, 🖥 www.supatrariverhouse.net, Karte S. 158/159. In dem stilvoll restaurierten Thai-Haus mit Garten und Bühne kann elegant am Fluss diniert werden. Leider liegt der Bootsanleger direkt neben dem Restaurant. Sa ab 19.30 Uhr klassische Tänze und Theaterstücke. Hauptgerichte ab 250 Baht, Seafood deutlich teurer. Hauseigene Fähre ab dem Maharaj Pier. ⏱ 11–14 und 17.30–23 Uhr, letzte Bestellung 21.30 Uhr.

Restaurantboote

Die Boote starten in der Regel abends zwischen 18 und 20.30 Uhr ab River City Pier.

Chao Phraya Princess, ✆ 02-437 9667, 🖥 www.thaicruise.com.

Loy Nava, ✆ 02-437 4932, 🖥 www.loynava.com. Für 1750 Baht gibt es neben einem leckeren Buffet traditionelle Tänze und klassische Thai-Musik. Das Boot ist etwas kleiner als viele andere und daher persönlicher. Abfahrt um 18 und 20.10 Uhr.

Manohra, ✆ 02-476 0770, 🖥 www.manohracruises.com. Die umgebaute Reisbarke, auf der von 19.30–22 Uhr Dinner Cruises ab 1600 Baht angeboten werden, fährt ab dem Anantara Riverside Spa & Resort. Zusteigen am Taksin und Oriental Pier möglich.

River Side Cruise, ✆ 02-497 1588, 🖥 www.cruise-thailand.com/River_Side. Für bis zu 800 Gäste gibt es Abendbuffets für 1250 Baht, dazu eine Thai-Musik-Show.

Wan Fah, ✆ 0802-856 132, 🖥 www.cruise-thailand.com/Wan_Fah_Dinner_Cruise. Menü auf einer umgebauten Reisbarke für 1300 Baht inkl. Thai-Tänze. Getränke und der Hoteltransfer kosten extra. Restaurant am Ratchawongse Pier.

Chinatown und Golden Mount

Karte „Historisches Zentrum" S. 158/159
Entlang der Yaowarat Rd. reiht sich ein chinesisches Restaurant an das nächste. Viele

verkaufen fragwürdige Spezialitäten wie Haifischflossen- und Schwalbennestsuppe, aber auch andere Köstlichkeiten aus dem Reich der Mitte.

Easae Coffee, an der Ecke Phat Sai Rd. und Phadung Dao Rd., Schild nur in Thai, ✆ 02-221 0549. Seit 1927 kann man in dem einfachen historischen Coffeeshop bei bitterem Taeochew-Kaffee das Straßenleben beobachten, während an den Nachbartischen wie eh und je über die neuste politische Entwicklung diskutiert wird. Der Eistee *cha yen* und die Trinkmarmelade sind lecker. ⏱ 5.30–21 Uhr.

Kuan U Chicken Rice, im Talad Kao (Old Market) in der Soi Issaraphap am Guan U-Schrein, Thai-Schild, ✆ 081-855 9354. Wer den Laden gefunden hat, wird mit dem besten Chicken Rice der Stadt belohnt. Die chinesische Spezialität aus gegrilltem Hühnchen und Reis, der in Hühnerbrühe gekocht wird, ist eine wahre Gaumenfreude. ⏱ 6–13 Uhr.

Lek-Rat Seafood, an der Ecke Yaowarat Rd. und Phadung Dao Rd., ✆ 081-637 5039. Restaurant mit leckeren, preisgünstigen Seafoodgerichten wie gegrillten Muscheln. ⏱ 18–3 Uhr.

Lim Lhao Ngow Noodle, Songsawat Rd. Die Nudeln mit Fischbällchen für 20–25 Baht sind seit Jahrzehnten ein Begriff. Außen knusprig und innen luftig, ein wahrer Genuss. ⏱ 19–23 Uhr.

Sweet Chinese Noodle, Pee Ra Ga Market, an der Ecke Yaowarat Rd. und Chakkawat Rd., ✆ 086-086 4166. Für 30 Baht gibt es die Spezialität aus feinen Reisnudeln, serviert mit Trockenfrüchten und scharfem geriebenem Ingwer. ⏱ 9.30–16 Uhr.

The Canton House, 530 Yaowarat Rd., neben dem Chinatown Hotel, ✆ 02-221 3335. Großes, einfach eingerichtetes und lautes Dim Sum-Restaurant. ⏱ 11–22 Uhr.

Thip Samai, 313 Mahachai Rd., zwischen Golden Mount und Riesenschaukel, nur Thai-Beschilderung. Zu erkennen an vollen Tischen und dem roten Schild mit einer 313 unten rechts, ✆ 02-221 6280. Hier wird in einfachem Neonröhrenambiente bis früh morgens die beste Pad Thai serviert. Frisch im Wok auf Holzkohlen zubereitet, lecker und günstig ist eine Portion die perfekte Stärkung, für die man auch zu später Stunde noch gerne ansteht. Der Orangensaft ist hervorragend. ⏰ 17–3 Uhr.

Yong's Curry, Yaowarat Rd., zwischen Yaowarat Soi 6 und Plaeng Nam Rd., ✆ 02-221 9908. Das süße Curry mit Schweinefleisch im indischen Stil ist stadtbekannt, aber auch die anderen wohlduftenden Varianten mit Wels, Hühnchen oder Fleischbällchen erfreuen sich großer Beliebtheit. ⏰ 16–2 Uhr.

Sathorn und Silom

Karte „Sathorn und Silom" S. 160/161
In der Silom Rd. dürfte es kein Problem sein, ein Restaurant zu finden. Viele sind auf die flanierenden Touristen eingestellt und entsprechend teuer. Rings um die Patpong Rd. konzentrieren sich nicht nur Go-go-Bars und Nachtclubs, sondern auch gute Restaurants. In teuren, stilvollen Thai-Restaurants werden beim Dinner klassische Thai-Tänze vorgeführt.

€ In zahlreichen Nebenstraßen finden sich **Essensstände**, z. B. östlich der Moschee, zwischen dem Silom und Anuman Raichon Rd., neben dem Bangkok Bank Building und am Beginn der Soi Convent mit sehr guten Nudelgerichten, Suppen, gegrilltem Fisch, Meeresfrüchten u. a.

Asiatisch

Coca Suriwongse Rest., Soi Tantawan, Surawongse Rd., BTS Sala Daeng, ✆ 02-236 9323, 🖥 www.coca.com. Das beliebte Restaurant ist eine Institution und betreibt mittlerweile weitere Ableger in der Stadt. In der edel anmutenden Zentrale gibt es „Steamboat" und andere ausgefallene chinesische Gerichte (Entenfüße, Taube, usw.). Hauptgerichte ab 100 Baht. ⏰ ab 18 Uhr.

Indian Hut, 311/2-5 Surawongse Rd., gegenüber dem Manohra Hotel, ✆ 02-635 7876. Wie die weißen Tischdecken und das edle Ambiente signalisieren, ist dies kein Billig-Inder, doch das preisgekrönte Restaurant lohnt die Mehrausgabe. Auf der Karte stehen auch ausgefallene Gerichte wie die der Jain-Religion, die strengen Essensregeln unterliegen. Abends fast immer voll. ⏰ 11–22.30 Uhr.

Thang Long, 82/5 Soi Lang Suan, BTS Ratchadamri, ✆ 02-251 3504. Nördlich vom Lumphini Park liegt das elegante vietnamesische Restaurant im modern-minimalistischen Stil mit gutem Essen und angenehmer Lounge-Musik. Hauptgerichte ab 200 Baht. ⏰ 11–14 und 17–23 Uhr.

📖 **Zen**, Convent Rd., BTS Sala Daeng, ✆ 02-266 7150-1. Schickes, modern designtes japanisches Restaurant mit vernünftigen Preisen, das leckere Sushi-Variationen anbietet. Weitere Filialen u. a. im 3. Stock des MBK-Center, im 4. Stock des Siam Center und im 2. Stock des CRC Tower im All Seasons Place. ⏰ 10–22 Uhr.

Europäisch

G's Bangkok, Patpong Soi 2, ✆ 02-632 9513, 🖥 www.gsbangkok.com. Im Trubel von Patpong betreibt Guido seit dem Sommer 2012 das einfach eingerichtete deutsche Restaurant. Auf der Karte steht Hausmannskost wie Würstchen, leckere Schnitzel, Bouletten und eine große Auswahl an deutschen Bieren (170 Baht), zudem Thai-Gerichte. ⏰ 16–1 Uhr.

Maria Pizzeria & Rest., 907 Silom Rd., BTS Surasak, ✆ 02-234 0440, 🖥 www.mariapizzeria. com. Modern gestaltete Pizzeria mit großer Fensterfront und einem breiten Angebot an Pizza und Pasta für 150–300 Baht, Thai-Küche um 100 Baht. WLAN inkl. ⏰ 8–22.30 Uhr.

📖 **Opus Italian Wine Bar & Rest.**, 64 Pan Rd., BTS Surasak, ✆ 02-637 9899, 🖥 www.wbopus.com. Fantastisches italienisches Restaurant mit einer exzellenten Weinauswahl und geschmackvoller Einrichtung. Der Besitzer Alex führt Gäste gern in den Weinkeller, um ihnen den perfekten Tropfen vorzuschlagen. Die hausgemachte Pasta und Nachspeisen sind besser als bei fast allen Italienern daheim. Sehr hohe Preise und entspannter Dresscode, aber jedes Gericht ist ein wahrer Gaumenschmaus. Perfekter Service. ⏰ 18–24 Uhr.

Ratsstube, im Goethe-Institut, 18/1 Soi Goethe, ✆ 02-679 7274, 🖥 www.ratsstubebangkok. com. Das nett eingerichtete, etablierte Restaurant hält ein breites Angebot an europäischen und einheimischen Gerichten bereit. ⏰ Mo–Fr 11–14 und 17.30–22, Sa und So 11–22 Uhr.

International

Chocolab, im Erdgeschoss des Sofitel So Bangkok, 2 Sathorn Nua Rd., MRT Lumphini, ☎ 02-397 4386, 🖥 www.sofitel-so-bangkok. com/en/chocolab.html. Hier werden Schlecker-mäuler nicht widerstehen können: Mit viel Fantasie gestaltete, blankpolierte, einsehbare Manufaktur. Auf der Karte stehen alle möglichen Schokoladen-Spezialitäten: Kuchen, Skulpturen, Gebäck, Fondue, Tafeln oder Pralinen, für die nur exklusive französische Schokolade verwendet wird. Von 16–17.30 Uhr kann man für unter 900 Baht so viel essen, wie der Magen verkraftet. ⏰ 7–20 Uhr.

Coyote on Convent Rest., 1/2 Convent Rd., BTS Sala Daeng, ☎ 02-631 2325, 🖥 www. coyoteonconvent.com. Schickes mexikanisches Restaurant mit moderner Atmosphäre und sehr gut ausgestatteter Bar, die leckere Margaritas zubereitet. Zudem stehen über 100 importierte Soßen zur Auswahl. Hauptgerichte ab 400 Baht. ⏰ ab 11 Uhr.

Buffets in Hotels

Viele der großen Hotel-Restaurants veranstalten Aktionswochen mit Brunch-, Lunch- und Dinner-Buffets, die in den Tageszeitungen und Magazinen angekündigt werden. Auch wenn sie nicht gerade billig sind, lohnen sie sich aufgrund der schier endlosen Mengen an exquisiten Speisen. In den großen Hotelgärten oder auf den Hotelterrassen werden außerdem stilvolle Dinner mit Barbecue veranstaltet. Wann kann man schon mal zu Hause bei einem lauen Lüftchen am Pool unter Palmen tafeln? Mit entsprechendem Outfit und der Bereitschaft, gern etwas mehr zu zahlen, wird solch ein Abend zu einem unvergesslichen Erlebnis.
Zwei gute Beispiele sind die Buffets auf der Flussterrasse des **Mandarin Oriental Hotels** (S. 194) und der Sunday Brunch im **Anantara Riverside Spa & Resort** (S. 174).

Glow, im 2. Stock des Metropolitan Hotels, 27 Sathorn Tai Rd., ☎ 02-625 3366, 🖥 www.comohotels.com/metropolitan bangkok/dining/glow. Das edle, minimalistisch gestaltete Restaurant zaubert aus hochwertigen Produkten aus ökologischem Anbau von den Königsprojekten im Norden kreative, schmackhafte Gerichte. Der Clou ist der Gesundheitsdrink aus Weizengras, das im Restaurant wächst. ⏰ 6–21 Uhr.

The Dome at lebua, State Tower, 42 Silom Rd., BTS Surasak, 🖥 www.lebua.com/the-dome. Der Luxuskomplex in den oberen Stockwerken des State Tower besteht aus der spektakulären Skybar (S. 195), der gediegenen Whiskey- und Zigarren-Bar Distil, dem sehr hochpreisigen, renommierten Open-Air-Restaurant Sirocco mit mediterraner Küche im 63. Stock, dem asiatischen Breeze, der Lounge Ocean 52 sowie dem hochklassigen Italiener Mezzaluna im 65. Stock. Zum Essen ist eine Reservierung erforderlich. ⏰ 18–1 Uhr.

Thai

Anna Rest. & Art Gallery, 27 Soi Phiphat, Sathorn Soi 6, BTS Chong Nonsi, ☎ 02-237 2788-9, 🖥 www.theannarestaurant.com. In dem restaurierten, grün-weiß gestrichenen Holzhaus im Kolonialstil werden vernünftige, größtenteils einheimische Gerichte serviert. Auf der Karte sind die von den Köchen empfohlenen Speisen mit Sternen markiert. Hauptgerichte ab 150 Baht. ⏰ 11–22 Uhr.

Ban Chiang Rest., 14 Si Wang Rd., BTS Surasak, ☎ 02-236 7045. In einem schönen, alten Thai-Haus kann man in freundlicher Atmosphäre im Freien oder im AC-gekühlten Innenraum gut essen. Bei Expats beliebt. Gerichte um 150 Baht. Empfehlenswertes Entencurry.

Blue Elephant Rest., 233 Sathorn Tai Rd., BTS Surasak, ☎ 02-673 9353-8, 🖥 www. blueelephant.com. Edles Thai-Restaurant in einem schönen, geschmackvoll eingerichteten Haus im Kolonialstil mit viel Atmosphäre. Mehrfach ausgezeichnete, königliche Küche. Aufmerksamer Service. Vorspeisen ab 260 Baht, Hauptgerichte um 500 Baht. Auch Kochschule (S. 209). ⏰ 11.30–14.30 und 18.30– 22.30 Uhr.

Gourmetparadies

Die ungebrochene Leidenschaft der Thais fürs Essen kommt im Untergeschoss des **Siam Paragon** in einer Vielfalt zum Ausdruck, die ihresgleichen sucht. Die großen internationalen Franchises sind ebenso vertreten wie lokale Nudelküchen. Im lupenrein sauberen Edelstahl-Ambiente wird an Essensständen gekocht und gebraten. Zudem umwerben Delis und Restaurants mit asiatischen wie europäischen Küchen die Kunden. Die leckeren Kuchen von Lenôtre aus Paris kann man sogar auf einer Terrasse genießen. An Verkaufsständen werden Kekse gebacken und Thai-Süßigkeiten zubereitet. Im großen Gourmetsupermarkt und speziell in der Weinabteilung entdeckt man so manche ausgefallene Spezialität. Sogar Gewürze werden in einem Laden optisch ansprechend präsentiert.

Bussaracum, 1 Si Wiang Rd., BTS Surasak, ✆ 02-630 2216-8, 🖥 www.bussaracum.com. Ein erstklassiges Thai-Restaurant, vornehm und teuer und ebenfalls in einem alten Haus im Kolonialstil untergebracht. ⏱ 11–14 und 17.30–22.30 Uhr.

Mango Tree, 37 Soi Tantawan, Surawongse Rd., BTS Sala Daeng, ✆ 02-634 3911, 🖥 www.coca.com/mangotree. Das hübsch gestaltete Restaurant befindet sich in einem alten Thai-Haus aus der Zeit von Rama VI. und verdankt seinen Namen dem Mangobaum im Innenhof. Die einladende Terrasse ist zum Abendessen bei Touristen beliebt. Leckere Gerichte ab 200 Baht. Freundlicher Service. ⏱ 11.30–23.30 Uhr.

Silom Village, 286 Silom Rd., BTS Surasak, ✆ 02-233 9447, 🖥 www.silomvillage.co.th. Gute Auswahl an leckeren Speisen und professioneller Service. Abends ab 19.30 Uhr werden im Garten kostenlos etwa 1 Std. lang klassische Thai-Tänze mit Musik vorgeführt. Die meisten Gerichte kosten 150–300 Baht. Danach treten die Tänzer im Restaurant **Ruen Thep** im 1. Stock für Gruppen auf, Dinner ab 19 Uhr, Show von 20.30–21.30 Uhr. ⏱ 10–22 Uhr.

Siam und Pratunam

Karte „Siam und Pratunam" S. 162/163
Internationale Ketten sind am Siam Square und in den riesigen Einkaufszentren vertreten. Steakhäuser, japanische, vietnamesische, chinesische und italienische Restaurants finden sich entlang der Rama I Rd. und in den Konsumtempeln.

Crêpes & Co., 59/4 Langsuan Soi 1, BTS Ratchadamri, ✆ 02-652 0208, 🖥 www.crepes.co.th. In einem alten Holzhaus gelegenes, kinderfreundliches und dennoch ruhiges Gartenrestaurant mit Bistro-Ambiente und einem vielseitigen Angebot an leckeren Crêpes (herzhafte um 250 Baht, süße ab 100 Baht) und anderen mediterranen Spezialitäten. Auch eine gute Weinauswahl. ⏱ 9–23, So ab 8 Uhr.

Fifty Five, im 55. Stock des Centara Grand at Central World, BTS Chit Lom, ✆ 02-100 1234-11, 🖥 www.centarahotelsresorts.com/cgcw/restaurant.asp. In exklusiver Atmosphäre und gediegenem Ambiente genießt man über den Dächern der Stadt leckere internationale Küche mit entsprechender Weinauswahl zu gehobenen Preisen. ⏱ 11.30–14.30 und 18.30–23.30 Uhr.

Fuji, über 40 Filialen in den großen Einkaufszentren der Stadt, 🖥 www.fuji.co.th. Eine beliebte japanische Restaurant-Kette mit preisgünstigen, leckeren Sushi- und Sashimi-Menüs und anderen Gerichten aus dem Land der aufgehenden Sonne. ⏱ bis 22 Uhr.

Le Beaulieu, Erdgeschoss des Athenee Office Tower, 63 Witthayu (Wireless) Rd., BTS Ploen Chit, ✆ 02-168 8220-3, 🖥 www.le-beaulieu.com. Im hochklassigen und kostspieligen Bistro-Restaurant kann man essen wie Gott in Frankreich. Die in der halboffenen Küche zubereiteten klassisch-französischen Gerichte schmecken vorzüglich. Tolle Weinauswahl, Hauptgerichte um 1000 Baht. ⏱ Di–So 11.30–15 und 18.30–23 Uhr.

📖 **Once Upon A Time Rest. (Jao Khun Ou-Gallery)**, 32 Soi Petchaburi 17, in der Soi gegenüber dem Pantip Plaza, BTS Ratchathewi, ✆ 02-252 8629, 🖥 www.onceuponatimeinthailand.com. Gutes, in 3 hübsch gestalteten alten Häusern untergebrachtes Thai-Restaurant mit dunklen Holzmöbeln und historischen Fotos.

Man kann in AC-gekühlten Räumen ebenso wie im tropischen Garten und auf der Terrasse auf niedrigen Kissen sitzend ein fantastisches Dinner genießen. Hauptgerichte ab 200 Baht. ⏲ 11–23 Uhr.

Paradise Dynasty, im Food Passage im 4. Stock des Siam Paragon, BTS Siam, ☎ 02-129 4411, 🖥 www.paradisegroup.com.sg. Das kantonesische Restaurant wirkt mit seinen giftgrünen Stühlen, kleinen Tischen und Pagodenskeletten wie ein edler Foodcourt, das Essen ist allerdings deutlich teurer. Hervorzuheben sind die hausgemachten Nudeln und die in 8 Geschmacksrichtungen erhältlichen *xiao long bao* (mit Brühe gefüllten Teigtaschen, ab 145 Baht). ⏲ 11–22 Uhr.

Sra Bua by Kiin Kiin, im Siam Kempinski Hotel Bangkok, 991/9 Rama I Rd., BTS Siam, ☎ 02-162 9000, 🖥 www.kempinskibangkok.com. Exklusives Restaurant unter der Leitung eines der beiden mit Michelin-Sternen ausgezeichneten Thai-Köche weltweit. Die moderne Küche mit Überraschungseffekten macht das Essen zu einem echten Erlebnis. Die visuell, kulinarisch und preislich auf allerhöchstem Niveau angesiedelten Gerichte werden in geschmackvoll gestaltetem Ambiente serviert, in dem kleine „Reisfelder" Akzente setzen. Dinner-Menü ab 1800 Baht. ⏲ 12–15 Uhr und 18–23 Uhr.

Thann Tea Café, im 1. Stock der Gaysorn Plaza, BTS Chit Lom, ☎ 02-656 1061. Teehaus, Restaurant und Florist unter einem Dach. Von der Decke hängen aus recyceltem Papier geschnittene Blätter, die eine interessante Stimmung schaffen. In dieselbe ökologische Kerbe schlägt das leckere, glutamatfreie Essen aus Ost und West auf der breit gefächerten Speisekarte. ⏲ 10–21 Uhr.

Sukhumvit

Karte „Sukhumvit" S. 164/165
Viele Cafés und internationale Restaurants haben sich auf Ausländer eingestellt. Ein Abendessen kann 80, aber auch 1800 Baht kosten. Dafür gibt es neben schickem Ambiente auch hervorragende Speisen. In den europäischen Restaurants wird zumeist bekannte Kost serviert, wobei das Preis-Leistungs-

Verhältnis nach westlichen Maßstäben stimmt. Die Gegend eignet sich zudem für eine Reise durch die Küchen der Nachbarländer. Am preiswertesten sind die Straßenküchen und Essenmärkte in großen Einkaufszentren, z. B. im **Robinson Department Store** zwischen Sukhumvit Soi 19 und 21, BTS Asok, und im **Emporium** am Queen's Park (Benjasari Park), BTS Phrom Phong. In der **Sukhumvit Soi 7** locken überdachte Essenstände mit frischem Seafood und bebilderten Speisekarten v. a. Touristen an.

€ Fast schon legendär sind die **Essenstände** in der **Sukhumvit Soi 38** direkt an der BTS Thong Lo, wo nicht nur Anwohner, sondern auch Models, Manager und Soapstars speisen. Einige Stände, wie der Pad Thai-Verkäufer am Anfang der Soi, wurden sogar ausgezeichnet. Empfehlenswert ist der Khao Tom Pla-Stand, der letzte Stand auf der rechten Seite von der Sukhumvit Rd. aus. Die Tom Yum mit Fisch schmeckt hier seit 30 Jahren exzellent. ⏲ nur abends.

Amerikanisch

Bourbon St. Rest., Sukhumvit Soi 63, BTS Ekkamai, ☎ 02-381 6801, 🖥 www.bourbonstbkk.com. In Südstaaten-Atmosphäre mit entsprechender Musik gibt es leckere und sättigende Cajun-Küche mittlerer Preisklasse. Jeden Di abends ein mexikanisches All-you-can-eat-Buffet. WLAN. ⏲ 7–1 Uhr.

El Gaucho Argentinian Steakhouse, 8/1-7 Sukhumvit Soi 19, BTS Asok, ☎ 02-255 2864, 🖥 www.elgaucho.asia/thailand. Im großen, 2-stöckigen Steakhouse mit rustikalem, edlem Ambiente treffen sich Expats zum Abendessen. Im unteren Stockwerk können an der frischen Luft oder oben AC-gekühlt leckere, hochpreisige importierte Steaks verschlungen werden. Aufgrund von Exportgesetzen steht kein argentinisches Fleisch auf der Karte. Teure Steaks ab 900 Baht, auch hausgemachte Chorizo und lange (Rot-)Weinliste. ⏲ 16–24 Uhr.

Firehouse, 3/26 Sukhumvit Soi 11, BTS Nana, ☎ 02-651 3643, 🖥 www.firehousethailand.com. Wer Appetit auf gute Burger hat, ist in diesem Lokal mit einfallsreichem Feuerwehr-Ambiente richtig. Der saftige, leckere Premium Burger für

190 Baht mit 180 g Freilandfleisch, frischen Zutaten und selbstgemachten Soßen ist zu empfehlen. Happy Hour von 16.30–20.30 Uhr. ⏰ 11.30–3 Uhr.

Home Run Bar & Grill, 253/2 Sukhumvit Soi 31, BTS Asok, ☎ 02-258 6250, 🖥 www.homerun bangkok.com. Die Sport-Bar bietet modernes Ambiente mit Billardtisch und großen TVs im Erdgeschoss, während das rustikale, mit Baseballkarten dekorierte und bequemen Lederstühlen eingerichtete Restaurant im 1. Stock herzhafte Burger und Steaks serviert. Hauptgerichte ab 300 Baht, Bier ab 120 Baht. ⏰ Mo–Fr 11.30–13.30 und 16.30–1, Sa 11.30–1, So 8–23 Uhr.

Señor Pico, im Rembrandt Hotel, 19 Sukhumvit Soi 18, BTS Asok, ☎ 02-261 7100, 🖥 www. rembrandtbkk.com/dining/senor-pico. Einer der besten Mexikaner Bangkoks. Selbst Mitglieder des Königshauses waren schon zu Gast. Exzellente, hochpreisige Gerichte und gute Tequilaauswahl. Abends Livemusik aus Mittelamerika. Reservierung empfehlenswert. ⏰ 17–1 Uhr.

Asiatisch

Akbar Rest., 1/4 Sukhumvit Soi 3, BTS Nana, ☎ 02-255 6935, 🖥 www.akbarthailand.com. Älteres, seit 1978 bestehendes Restaurant mit authentischen pakistanischen und indischen Gerichten und Shishas. Fleischgerichte kosten 200–300 Baht. ⏰ 10.30–1 Uhr.

Face Bangkok, 29 Sukhumvit Soi 38, BTS Thong Lo, ☎ 02-713 6048, 🖥 www.facebars.com. In dem wunderschön in verschiedenen asiatischen Stilrichtungen gestalteten Komplex bieten sich viele exklusive Möglichkeiten für ein unvergessliches, exquisites Abendessen in edlem Ambiente: das Thai-Restaurant **Lan Na Thai**, ⏰ 12–14.30 und 18–23 Uhr, Gerichte ab 300 Baht, das indisch-afghanische **Hazara**, ⏰ 18–23 Uhr, die Sushi-Bar **Misaki**, ⏰ 18–23 Uhr, und die mit Anklängen an die Seidenstraße eingerichtete **Face Bar** mit edlen klassischen Cocktails, ⏰ So–Do 17–1, Fr und Sa 17–2 Uhr. Die Portionen sind überall recht klein.

Indus Rest., 71 Sukhumvit Soi 26, BTS Phrom Phong, ☎ 02-258 4900, 🖥 www.indusbangkok. com. Edles Restaurant, das traditionelle Zubereitungsarten vom indischen Subkontinent

mit Einflüssen aus Bali, Marokko und Thailand vereint. Schmackhafte Gerichte, gediegenes, schönes Ambiente, aufmerksamer Service und großer Außenbereich. Gerichte ab 250 Baht. Abendveranstaltungen mit DJ und Konzerten. ⏰ 11.30–14.30 und 18–24 Uhr.

Le Dalat Rest., Sukhumvit Soi 23, BTS Asok, ☎ 02-664 0670. Das geschmackvoll eingerichtete, von einem schönen tropischen Garten umgebene traditionelle Holzhaus wurde von Hanoi nach Bangkok transportiert. Das tolle Ambiente lässt das kostspielige Essen zu einem Vergnügen werden. Nur die eigenartigen Toiletten wirken befremdlich. Hauptgerichte ab 200 Baht. Empfehlenswert sind die Rippchen in Zitronengras. ⏰ 11–23 Uhr.

Rang Mahal, im 26. Stock des Rembrandt Hotels, 19 Sukhumvit Soi 18, BTS Asok, ☎ 02-261 7100, 🖥 www.rembrandtbkk.com/ dining/rang-mahal. Das Rang Mahal ist als bestes indisches Restaurant des Königreichs bekannt und bietet eine fantastische Speisekarte mit hervorragend zusammengestellten Menüs zu gehobenen Preisen. Die prachtvollen Räumlichkeiten mit toller Aussicht und die Livemusik machen das Essen zu einem Erlebnis. Reservierung empfehlenswert. ⏰ 11.30–14.30 und 18.30–23 Uhr.

Seafood Market, 89 Sukhumvit Soi 24, etwa 1 km südlich der Sukhumvit, BTS Phrom Phong, ☎ 02-261 2071-4, 🖥 www.seafood.co.th. Nachdem die Zutaten, v. a. frischer Fisch und anderes Seafood, aber auch Gemüse und Getränke, in einer Art Supermarkt eingekauft und bezahlt sind, werden sie nach individuellen Wünschen in einer riesigen, von außen einsehbaren Küche zubereitet. ⏰ ab 11 Uhr.

Thongkee, an der Abzweigung der Soi 14 von der Sukhumvit Rd., BTS Asok, ☎ 02-229 4420. In dem alteingesessenen China-Restaurant werden von 10–14 Uhr für 159 Baht leckere Dim Sum, chinesische Teigtaschen, frisch zubereitet. Das restliche Essen ist eher mäßig. Hauptgerichte ab 120 Baht. ⏰ 9.30–23 Uhr.

Europäisch

Bei Otto, 1 Sukhumvit Soi 20, BTS Asok, ☎ 02-260 0869, 🖥 www.beiotto.com. Seit 1984 eine Institution in Bangkok gegen das kulinarische Heimweh. Neben dem urig eingerichteten Restaurant mit deutschen Gerichten und thailändischer Bedienung im Dirndl gibt es die Schwarzwaldstube, eine großzügige Gaststätte mit Tischen und Bänken im Freien sowie Bier vom Fass, und einen Laden, der Brot und Wurst aus eigener Herstellung sowie andere deutsche Spezialitäten verkauft. Hauptgerichte ab 250 Baht. ⊕ 11–23.15 Uhr, Café ab 8 Uhr.

Chesa Swiss Rest., 5 Sukhumvit Soi 20, BTS Asok, ✆ 02-261 6650, 🖥 www.chesa-swiss. com. In der Küche dieses Restaurants kocht der ehemalige Küchenchef des Rembrandt Hotels, Thomas Nowak, köstliche Schweizer Küche. Günstige Tagesmenüs, aber auch Raclette und anderes. Hauptspeisen ab 500 Baht. ⊕ 11–23 Uhr.

giusto, 16 Sukhumvit Soi 23, BTS Asok, ✆ 02-664 4420, 🖥 www.giustobangkok.com. Gutes, elegantes und hochpreisiges italienisches Restaurant mit einsehbarer Küche und formeller Atmosphäre. Gerichte ab 300 Baht. ⊕ 11.30–14 und 17.30–23 Uhr.

Thai

Basil, im Sheraton Grande Sukhumvit, 250 Sukhumvit Rd., BTS Asok, ✆ 02-649 8366, 🖥 www.basilbangkok.com/en. Das exzellente Restaurant ist eine Alternative für einen gepflegten Abend und serviert sehr leckere einheimische Küche zu hohen Preisen. Empfehlenswert sind Fischgerichte und Mango Sticky Rice als Dessert. Äußerst aufmerksamer Service. ⊕ 18–22.30, Mo–Fr auch 12–14.30 Uhr.

Cabbages & Condoms, 10 Sukhumvit Soi 12, BTS Asok, ✆ 02-229 4611, 🖥 www.cabbage sandcondoms.com. Mit viel Humor hat Meechai Virayaidya seit den 1970er-Jahren Methoden zur Geburtenkontrolle im ganzen Land populär gemacht. Sein Restaurant besteht aus einem schönen, wenn auch etwas kitschigen dschungelartigen Biergarten und einem schlichteren Innenbereich. Die einheimischen Gerichte kosten ab 100 Baht. Dem Namen entsprechend werden an der Kasse statt Bonbons Kondome ausgegeben. Freundlicher Service. ⊕ 11–23 Uhr.

Phuket Town, 160/8 Sukhumvit Soi 55 (Thong Lo), Ecke Thong Lo Soi 6, BTS Thong Lo, ✆ 02-714 9402. Kleines südthailändisches Restaurant in einem gelb gestrichenen Ladenhaus. Die zentrale Wand wird von einem Gemälde einer Straße in Phuket Town geschmückt. Gute Speisen zu moderaten Preisen. Empfehlenswert sind Reisnudeln mit gedämpftem Krebs für 130 Baht. ⊕ 10.30–22 Uhr.

Rosabieng Rest., 3 Sukhumvit Soi 11, ✆ 02-253 5868-9, BTS Nana. In dem alten Haus mit schönem Vorgarten gibt es eine riesige Auswahl an leckeren thailändischen Gerichten. Hauptgerichte kosten um 200 Baht. Der Service könnte freundlicher sein. ⊕ 11–23 Uhr.

€ **Rung Rueng**, 10/1-2 Sukhumvit Soi 26, BTS Phrom Phong, ✆ 02-258 6744. Beim kleinen Familienbetrieb gibt es nur ein Gericht, die 40–50 Baht teure Nudelsuppe mit Schweinefleisch, Hühnchen oder Fisch. Sie ist so lecker, dass der Laden regelmäßig proppenvoll ist. Leute, die keine Innereien wollen, sollten bei der Tochter bestellen, die Englisch spricht. ⊕ Mo–Fr 8.30–16.30 Uhr. Ein paar Meter weiter Richtung Sukhumvit Rd. liegt die unscheinbare, ebenfalls empfehlenswerte Garküche Somtam Soi 26, die günstige Isaan-Spezialitäten verkauft. ⊕ 6–16 Uhr.

🏨 **Soul Food Mahanakorn**, 56/10 Sukhumvit Soi 55 (Thong Lo), BTS Thong Lo, ✆ 02-714 7708, 🖥 www.soulfoodmahanakorn.com. Angesagtes Restaurant in einem restaurierten Ladenhaus unter der Leitung eines US-amerikanischen Autors der Feinschmeckerküche. Das Lokal hat sich der Zubereitung einheimischer Gerichte mit Fleisch und Fisch vom Markt und Bio-Gemüse verschrieben. Köstliches *laab* mit Entenfleisch. Ausgefallene, starke Cocktailkreationen zu moderaten Preisen. Sehr freundlicher Service. Hauptgerichte um 200 Baht. ⊕ 17.30–23, Sa und So bis 24 Uhr.

€ **Suda**, 6 Sukhumvit Soi 14, BTS Asok, ✆ 02-229 4664. Im familiären thai-chinesischen Restaurant servieren seit Jahrzehnten die gleichen Damen große Portionen leckerer Gerichte zu günstigen Preisen wie die in Pandanblättern gegarten Hühnchen. Fast immer voll mit Touristen. ⏰ 11–23, So ab 16 Uhr.

🏨 **Wanakarm Restaurant**, 98 Sukhumvit Soi 23, ✆ 02-258 4241. Die angestaubte Inneneinrichtung aus pinken Plastiktischdecken, Plastikblumen und schweren Teakstühlen zählt zu den hässlichsten in der Sukhumvit. Das Essen ist dafür umso leckerer und kommt in großen Portionen zu annehmbaren Preisen. Zu empfehlen sind die Vorspeisen *miang kham* sowie der frittierte Wasserspinat und das leckere Panaeng-Curry. Viele japanische Gäste. ⏰ 11–24 Uhr.

Vegetarisch
Khun Churn, im Erdgeschoss des Bangkok Mediplex Building, Sukhumvit Soi 42, BTS Ekkamai, ✆ 02-713 6599. Vegetarisches Restaurant mit modernem Ambiente, das authentische Gerichte mit Bio-Produkten aus Zentral-, Nord- und Nordostthailand auftischt. Alle Soßen sind hausgemacht. Hauptgerichte 100–150 Baht. ⏰ 10–20.30 Uhr.

NACHTLEBEN

Thailands Hauptstadt bietet ein vielfältiges Nachtleben für jeden Geschmack. Neben den schummrigen Tanzbars mit und ohne Gogo-Tänzerinnen und Massagesalons findet sich eine große Auswahl an Kneipen, Veranstaltungsorten mit Livemusik, Bars, Biergärten, Kinos, Clubs und Discotheken, die einen Vergleich mit Europa nicht zu scheuen brauchen. Jedes Stadtviertel hat seinen eigenen Charakter. So verbringt man den Abend in Banglampoo in den Restaurants bei aktuellen Filmen, surft im Internet und beobachtet das Treiben. Hingegen zieht die Umgebung der Silom Rd. Nachtschwärmer magisch an, während viele Besucher der Sukhumvit Rd. die sehr guten Einkaufsmöglichkeiten bis zum späten Abend nutzen oder sich in exklusiven Clubs vergnügen.

Bars und Pubs
„Bar" ist ein weitläufiger Begriff in einer Stadt, die für ihr Nachtleben berühmt und berüchtigt ist. Sowohl urige britisch beeinflusste Etablissements als auch moderne Sports Bars

nach amerikanischem Vorbild und exklusive, glitzernde Hotelbars gehören in diese Kategorie. Mittlerweile gibt es einige kleinere Bars, die sich eher an mitteleuropäischen Vorbildern orientieren.
Weitere Tipps zu Bars und Pubs s. **eXTra [2808]**.

🏨 € **Cheap Charlie's**, Seitengasse der Sukhumvit Soi 11, BTS Nana, ✆ 02-253 4648, Karte S. 164/165. Die kleine, skurril-fantasievoll gestaltete Freiluftbar ist seit 1982 eine Institution im Bangkoker Nachtleben der Expats und mit sehr günstigen Drinks der optimale Ausgangspunkt für eine Nacht in der Suk 11. Neuerdings gibt es sogar eine Toilette. Dahinter ist auch **The Alchemist** einen Besuch wert. ⏰ Mo–Sa 17–24 Uhr.
Clouds at Seenspace, 251/1 Thong Lo Soi 13, BTS Thong Lo, ✆ 02-185 2365, 🖥 www.facebook.com/cloudslounge, Karte S. 164/165. Hier gilt das Motto sehen und gesehen werden. Rund um den über 80 Jahre alten Baum im Zentrum der Bar wirken Spiegel, Glas und die offene Küche mit Angestellten in weißen Overalls wie Vorboten aus der Zukunft. Hier kann man die einheimische Oberschicht aus nächster Nähe beobachten. Cocktails um 300 Baht, Minipizzen ab 60 Baht. Nebenan die angesagten Bars Brew und Fat'r Gutz.
Gulliver's Tavern, 2/2 Khaosan Rd., gegenüber der Polizei, ✆ 02-629 1988, 🖥 www.gulliverbangkok.com, Karte S. 166/167. Kommerzielle, große, modern dekorierte Kneipe mit LCD-TVs für Sportübertragungen, die rund um eine viereckige Bar aufgebaut ist. Serviert wird westliches und einheimisches Essen, Hauptgerichte ab 130 Baht. Im hinteren Bereich auch Kicker und Billardtische. WLAN. Eine weitere Filiale in der Sukhumvit Soi 5. ⏰ 10–2 Uhr.

🏨 **Iron Fairies**, 394 Sukhumvit Soi 55 (Thong Lo), BTS Thong Lo, ✆ 02-714 8875, 🖥 www.theironfairies.com, Karte S. 164/165. Die mit viel Metall gestaltete Bar dient tagsüber als Fabrik für Stahlfiguren und ist wohl die bizarrste der Stadt. Zu späterer Stunde gibt es neben guten Cocktails und einer breiten Weinauswahl auch herzhafte, leckere Burger und einen Magier, der von Tisch zu Tisch wandert. Alles erinnert an die düsteren

Patpong und Co.

Ein Patpong-Besuch gehört mittlerweile zum Programm der meisten Reisegruppen. Da hier abends einer der größten Touristenmärkte aufgebaut wird, ist die Gasse nicht mehr nur für Männer attraktiv. Die verspiegelten, dunklen Go-go-Bars mit bis zu 100 Tänzerinnen sind von Ständen mit T-Shirts, Seidentüchern und -krawatten, DVDs, Designertaschen und -sonnenbrillen in den Hintergrund gedrängt worden. Nicht zu ignorieren sind die Schlepper, die versuchen Touristen zu Sex-Shows in die oberen Stockwerke zu locken. Dort werden Gäste übers Ohr gehauen und mit saftigen Getränkerechnungen konfrontiert, v. a. die Transvestitenszene ist bekannt dafür. Die Touristenpolizei rät, im Falle einer zu hohen Rechnung auf einer Quittung zu bestehen und sie anschließend zu benachrichtigen. Die Gegend um die Patpong hat auch akzeptable Restaurants und Pubs.

Die **Soi Cowboy** parallel zur Sukhumvit Rd., zwischen Soi 21 und 23, BTS Asok, ist voll gepackt mit bunten Go-go-Bars und etwas weniger touristisch als die Patpong.

Auch im riesigen **Nana Plaza**, einem der größten Sexkomplexe der Welt in der Sukhumvit Soi 4, konzentrieren sich Bars, die aber alle Vorurteile zu bestätigen scheinen, die gegen dieses Gewerbe bestehen.

Beschreibungen in den Romanen von Charles Dickens, allerdings ist die Klientel hier deutlich wohlhabender. 🕒 18–2 Uhr.

Jameson's The Irish Pub, 981 Silom Rd., direkt neben dem Holiday Inn, BTS Surasak, 📞 02-266 7703, 🖥 www.jamesons-bangkok.com, Karte S. 160/161. Etwas moderner anmutendes Pub im britischen Stil mit Live-Sportübertragungen auf Großbild-TVs. In der Nähe die **-5° ice bar**, in der man seinen thailändischen Freunden (warm eingepackt) die winterlichen Temperaturen der Heimat näherbringen kann. Hauptgerichte um 300 Baht. 🕒 bis 1 Uhr.

Lobby Lounge, Shangri-La Hotel, 89 Soi Wat Suan Plu, BTS Saphan Thaksin, 📞 02-236 7777, Karte S. 160/161. Der ideale Platz für einen gediegenen Drink zum Sonnenuntergang mit wunderbarem Blick auf den Menam Chao Phraya. 🕒 8–24 Uhr.

Molly Malone's Bangkok, 1/5-6 Convent Rd., BTS Sala Daeng, 📞 02-266 7160, 🖥 www.mollymalonesbangkok.com, Karte S. 160/161. Das authentische irische Pub ist ein kommunikationsfreundlicher Treffpunkt der Expats und Fußballbegeisterten, die typisches Pub-Food für rund 300 Baht bekommen. Happy Hour 16–19 Uhr, WLAN. 🕒 9–1 Uhr.

Mulligans Irish Bar, 265 Khaosan Rd., 📞 02-629-4477, 🖥 www.mulligansthailand.com, Karte S. 166/167. Auch in der Khaosan Rd.

findet sich ein rustikales irisches Pub. Britisches Essen, Live-Sport auf LCD-TVs und Happy Hour von 15–20 und 2–4 Uhr. 🕒 24 Std.

Phra Arthit River Lounge, 23 Phra Arthit Rd., 📞 085-256 6908, Karte S. 166/167. Lounge am Pier mit bequemen Liegekissen und Cocktails für 130–160 Baht sowie Thai-Gerichten ab 120 Baht. 🕒 14–1 Uhr.

Phra Nakorn Bar & Gallery, 58/2 Soi Damnoen Klang Rd., in der 1. Gasse westlich der Tanao Rd., 📞 02-622 0282, Karte S. 166/167. Nette, mit Postern der 1950er- und 60er-Jahre dekorierte Bar, die bei Künstlern und Studenten beliebt ist. Im 2. Stock monatlich wechselnde Ausstellungen, im 3. Stock Billard und Darts, zudem Indie- und 1980er-Jahre-Musik sowie eine gute Aussicht auf den Golden Mount vom Dach. Überwiegend Einheimische erfreuen sich an den günstigen Preisen und der reichhaltigen Essensauswahl. 🕒 18–1 Uhr.

Silk Bar, 129-131 Khaosan Rd., 📞 02-281 9981, 🖥 www.silkbars.com, Karte S. 166/167. Elegante Bar, in der regelmäßig DJs auflegen. Live-Sportübertragungen auf großen Bildschirmen. 🕒 bis 2 Uhr.

Wong's Place, 27/3 Soi Sribamphen, Rama 4 Rd., MRT Lumphini, 📞 081-901 0235, Karte S. 160/161. Kleine Kneipe mit freundlicher, informeller Atmosphäre, die bis in die frühen Morgenstunden geöffnet ist. Der richtige Ort,

Informativ sind das *Guru Magazine*, die Freitagsbeilage der *Bangkok Post*, das ebenfalls wöchentlich erscheinende *BK-Magazine*, 🖥 www.bk.asia-city.com, das kostenlos in Cafés, Buchläden und einigen Hotels ausliegt, und das monatlich erscheinende, 100 Baht teure *Bangkok 101*, 🖥 www.bangkok101.com. Aktuelle Infos über Konzerte, sportliche Veranstaltungen und mehr finden sich auch unter 🖥 www.thaiticketmajor.com.

um nach 2 Uhr in geselliger Runde zu sitzen. 🕐 bis frühmorgens.
WTF, 7 Sukhumvit Soi 51, BTS Thong Lo, ✆ 02-662 6246, 🖥 www.wtfbangkok.com, Karte S. 164/165. Interessante, europäisch anmutende Mischung aus alternativ eingerichtetem Café und moderner Kunstgalerie in einem restaurierten Ladenhaus. Die Wände im Erdgeschoss zieren thailändische Schallplattencover und Filmplakate aus den 1960er-Jahren und bunte portugiesische Fliesen, während die Galerie ganz in Weiß gehalten ist. Tolle Cocktails, das Essen ist okay. 🕐 Di–So 18–1 Uhr, Galerie 15–22 Uhr.

Bars und Pubs mit Livemusik
In Bangkok gibt es eine Reihe von Pubs, in denen nicht nur getrunken, sondern auch gute Musik gespielt wird. Da meist kein Eintritt verlangt wird, sind die Getränkepreise etwas höher als in Kneipen.

999 West, 108/5-6 Khaosan Rd., ✆ 081-930 3379, Karte S. 166/167. In der nicht unbedingt gemütlichen Kneipe treten von 22–1 Uhr Livebands auf, die einen breit gefächerten Musikgeschmack bedienen. Auf der Speisekarte findet sich typisches Pub-Food vom Grill für um 200 Baht. 🕐 16–2 Uhr.
Bamboo Bar, Mandarin Oriental Hotel, 48 Oriental Avenue, ✆ 02-659 9000, Karte S. 160/161. Das Image eines der besten Hotels der Welt pflegt man mit sehr hohen Preisen. In der über 50 Jahre alten Bar fühlt man sich bei guter Jazz-Livemusik wie in einem tropischen Film Noir. 🕐 11–1 Uhr, Fr und Sa bis 2 Uhr.

Brick Bar, 265 Khaosan Rd., ✆ 02-629 4477, 🖥 www.brickbarkhaosan.com, Karte S. 166/167. Die dunkle, mit roten Ziegelwänden versehene Bar im hinteren Teil des Buddy Boutique Hotel ist eine der bekanntesten Reggae-Bars Bangkoks und an den meisten Abenden brechend voll mit jungen Leuten. Ab 20 Uhr guter Live-Reggae und -Ska in entspannter Atmosphäre. 🕐 19–1.30 Uhr.

Brown Sugar, 469 Phra Sumen Rd., ✆ 085-226 5880, 🖥 www.brownsugar bangkok.com, Karte S. 158/159. Der Klassiker ist umgezogen, überzeugt aber nach wie vor mit sehr guten Jazz- und Rhythm & Blues-Livebands von Weltformat. Die einladende, gemütliche Musikkneipe punktet vor allem bei den täglichen Livesessions ab 20 Uhr mit einer mitreißenden Atmosphäre. 🕐 So–Do 17–1 Uhr, Fr und Sa bis 2 Uhr.
Hard Rock Cafe, 424/3-6 Siam Square Soi 11, BTS Siam, ✆ 02-254 0830-1, 🖥 www.hardrock cafe.com, Karte S. 162/163. Die Filiale der weltweit bekannten Kette bietet auf 3 Stockwerken allerlei Musik-Memorabilien. Ab 22 Uhr treten professionelle Livebands auf, meist Pop- und Rockmusik. Teure Gerichte und Snacks. 🕐 12–1 Uhr.
Molly Bar, 108 Soi Rambuttri, ✆ 02-629 4074, Karte S. 166/167. Während man draußen auf niedrigen Holzstühlen Cocktails schlürfen kann, ist im Innenbereich der großen Bar Platz für Livebands und zahllose Whiskey-Flaschen. Am Wochenende wird es thai-typisch feucht-fröhlich und voll.
Moose Bangkok, 24 Ekkamai Soi 21, BTS Thong Lo, ✆ 02-108 9550, 🖥 www.facebook.com/MooseBangkok, Karte S. 164/165. Im angesagten Retrodesign mit dem Inventar des darunterliegenden Möbelgeschäfts eingerichtete Bar mit netter Atmosphäre, gutem thailändischen Essen und japanischem Bier. Auch ein Außenbereich mit Tischen und regelmäßig Livemusik (Brit-, Rock- und Elektropop). Happy Hour von 17–20 Uhr. 🕐 17–1 Uhr.
Roof Bar & Rest., 183-185 Khaosan Rd., ✆ 02-629 2301, Karte S. 166/167. Beliebte, oft

Die schönsten Freiluftbars der Stadt

Es gibt nur wenig, was so beeindruckt wie der Genuss eines Drinks auf einem Hochhaus in entspannter, gepflegter Atmosphäre bei Sonnenuntergang mit fantastischem Ausblick über die sich bis zum Horizont erstreckende Metropole. Immer mehr Skybars ermöglichen solch ein unvergessliches Erlebnis und bieten die Möglichkeit zu einem romantischen Dinner unter freiem Himmel.

Blue Sky, im 24. Stock des Centara Grand at Central Plaza Ladprao, 1695 Phaholyothin Rd., MRT Phahon Yothin, ℡ 02-541 1234, Karte S. 156/157. Geschmackvoll mit dunklem Holz und roten Tischen gestaltet, punktet die außerhalb in Lat Phrao gelegene Skybar nicht nur mit gemütlich gepolsterten Sesseln, sondern auch mit einer unverbauten Sicht auf die Skyline und den Chatuchak Park. Gute Cocktails ab 250 Baht und herzhafte Hauptgerichte ab 700 Baht. Gute Weinauswahl. ⏰ 18–2 Uhr.

Long Table, im 25. Stock des Column Tower, 48 Sukhumvit Soi 16, BTS Asok, ℡ 02-302 2557-9, 🖥 www.longtablebangkok.com, Karte S. 164/165. Innovativ gestaltetes und ausgeleuchtetes Lounge-Restaurant mit einem wunderschönen Blick über die Sukhumvit Rd. Der lange, namensgebende Tisch bietet Platz für 70 Pers., dazu weitere Sitzmöglichkeiten drinnen und ein toller, verglaster Außenbereich. Ein Treffpunkt der Schönen und Mächtigen. Gutes, sehr hochpreisiges Thai-Essen und Cocktails. Dresscode: sportlich-elegant. ⏰ 17–2 Uhr.

The Nest, im 9. Stock des Le Fenix Sukhumvit, 33/33 Sukhumvit Soi 11, BTS Nana, ℡ 02-305 4000, 🖥 www.thenestbangkok.com, Karte S. 164/165. Modern, bunt und einladend mit viel Grün gestaltete, weniger elitäre Lounge mit entspannter Atmosphäre. Die ausfahrbare Marquise sorgt dafür, dass Besucher auch bei Regen die beeindruckende Aussicht auf die Hochhäuser genießen können. Zu späterer Stunde legt ein DJ auf und es wird häufig zu Latin-Musik getanzt. Breit gefächertes Getränkeangebot zu moderateren Preisen. ⏰ 18–2, Sa und So bis 3 Uhr.

Skybar, im 63. Stock des The Dome at lebua, State Tower, 42 Silom Rd., BTS Surasak, ℡ 02-624 9555, 🖥 www.lebua.com/sky-bar, Karte S. 160/161. Äußerst elegante Freiluftbar im 63. Stock – eine der höchsten der Welt, mit einem spektakulären Ausblick auf die Stadt und den Fluss. Sie ist einer der besten Plätze zum Entspannen bei Sonnenuntergang und Lounge-Musik. Cocktails um 500 Baht. Dresscode: sportlich-elegant. ⏰ 18–1 Uhr.

Vertigo Grill & Moon Bar, im 61. Stock des Banyan Tree Bangkok, 21/100 Sathorn Tai Rd., MRT Lumphini, ℡ 02-679 1200, 🖥 www.banyantree.com/en/bangkok/dining/vertigo_and_moon_bar, Karte S. 160/161. Die edle Freiluftbar mit wunderschönem Blick auf das Panorama der Metropole und den Chao Phraya liegt im 61. Stockwerk des spektakulär schmalen Hochhauses. Perfekt für ein romantisches Dinner zu zweit. Zu gediegener Jazz-, Lounge- und House-Musik unter dem Sternenhimmel werden gute, hochpreisige Cocktails und teures gegrilltes Seafood serviert. 2 Seatings (18–20 und 20.30–22 Uhr). Dresscode: sportlich-elegant. ⏰ 17–1 Uhr.

brechend volle Open-Air-Bar, von der man einen guten Überblick über das hektische Treiben in der Khaosan Rd. gewinnt. Jeden Abend Livemusik in lockerer Atmosphäre. ⏰ bis 1 Uhr.

🔖 **Saxophone**, 3/8 Phayathai Rd., BTS Victory Monument, ℡ 02-246 5472, 🖥 www.saxophonepub.com, Karte S. 156/157. Ein Klassiker, den es bereits seit 1987 gibt. In dem dunklen, gemütlich mit viel Holz und Ziegeln eingerichteten Pub mit guter Atmo-

sphäre und einer großen Bar treten einige der besten Jazz-, Rock-, Blues- und Reggaemusiker der Stadt auf. Livemusik Mo und Di ab 21, Mi–So ab 19.30 Uhr. ⏰ bis 1.30 Uhr.

Tawandang German Brewery, 462/61 Rama III Rd., ℡ 02-678 1114-6, 🖥 www.tawandang.com, Karte S. 156/157. Trotz der 1600 Sitzplätze kann das Brauhaus am Wochenende nach 21 Uhr so voll werden, dass sich draußen eine Schlange bildet. Gute Livemusik sowie leckere einheimische und deutsche Gerichte ziehen ein überwiegend thailändisches Publikum an. ⏲ 17–1 Uhr.

The Living Room, im Sheraton Grande, 250 Sukhumvit Rd., gegenüber Soi 19, BTS Asok, ☎ 02-649 8353, 🖳 www.thelivingroomat bangkok.com/en, Karte S. 164/165. Die elegante Bar im 1. Stock ist mit gemütlichen Ledersesseln und Sofas eingerichtet, bietet eine große Auswahl an alkoholischen Getränken und Zigarren und ist seit Jahren eine der besten Adressen für Freunde des gepflegten Jazz. ⏲ 9–24 Uhr.

Clubs und Discos

Ein riesiges Angebot an gut besuchten Discos und Clubs lädt zum Trinken und Tanzen ein. Viele Clubs können locker mit ihren europäischen Kollegen mithalten. Der dominierende Einrichtungsstil ist kühl, modern und minimalistisch und die Musik zumeist elektronisch oder Hip-Hop- und RnB-lastig. Die fünf Hotspots, in denen sich die meisten Clubs befinden, sind:

Royal City Avenue, kurz RCA, eine gewundene Straße zwischen Rama IX und Phetchaburi Rd. im Osten der Innenstadt. Hier liegen die beliebtesten Clubs der unter 30-Jährigen aus der oberen Mittelschicht. Es sind auch einige Ausländer unterwegs. Besonders Fr und Sa wird es brechend voll. Die Getränkepreise sind weitgehend moderat. Den Namen Royal City Avenue kennen nur wenige Taxifahrer, es ist besser, RCA als Ziel anzugeben.

Ratchada, die Sois der Ratchadapisek Rd., etwas weiter nördlich in der Nähe der MRT-Station Thailand Cultural Centre. Hier sind fast ausschließlich junge Thai-Studenten unterwegs und die Getränke sind günstiger als anderswo. Es gibt einige kleinere Clubs mit Liveauftritten bekannter thailändischer Künstler, aber auch große Läden, in denen ausgiebig gefeiert wird.

Sukhumvit: In dieser Gegend konzentrieren sich die edelsten Clubs. Besonders in der Sukhumvit Soi 11 rund um die BTS Asok finden sich Clubs mit langen Öffnungszeiten und/oder elitärem, teils älterem Publikum. Die Preise liegen über denen in der RCA.

Thong Lo/Ekkamai, im östlichen Bereich der Sukhumvit Road gibt es zahlreiche exklusive

Etablissements, die besonders bei der jungen einheimischen Oberschicht beliebt sind. In den Seitenstraßen zwischen Thong Lo (Sukhumvit Soi 55) und Ekkamai (Sukhumvit Soi 63) reihen sich zahlreiche Clubs, Restaurants und Bars aneinander. Das Preisniveau liegt über dem in der RCA.

Banglampoo: In der Khaosan Rd. konzentrieren sich einige Clubs, die ausländische Traveller ansprechen. Auch Thais kommen am Wochenende zum Feiern hierher. Die Preise sind moderat. Weitere Tipps zu Clubs und Discos s. **eXTra [2808]**.

Baku, Ratchadapisek Rd. Soi 4 (Ratchada Soi 4), MRT Phra Ram 9, ☎ 02-248 2563, Karte S. 156/157. In dem kleinen Club wird regelmäßig gute Thai-Livemusik dargeboten, auch bekannte Künstler treten auf. Freundliche Bedienungen und günstige Preise. Fast nur Einheimische. ⏲ 19–2 Uhr.

BarSu, im Sheraton Grande, 250 Sukhumvit Rd., BTS Asok, ☎ 02-649 8358, 🖳 www.barsu bangkok.com, Karte S. 164/165. Modern minimalistisch gestaltete Hoteltanzbar, die sich an ein etwas älteres und gediegeneres Publikum richtet. Teure Getränke. ⏲ 18–2 Uhr.

Bash Club, 37 Sukhumvit Soi 11, BTS Nana, 🖳 www.bashbangkok.com, Karte S. 164/165. Großer, futuristisch mit viel Spiegeln, lila Lichtern und Gold gestalteter Nachtclub, der zu späterer Stunde einen Querschnitt des Bangkoker Nachtlebens anzieht, das mag gut oder schlecht sein, spannend ist es allemal. Im großen Raum läuft elektronische Musik, während im 3. Stock Hip-Hop-Beats erschallen. Tolles Sound- und Lightsystem. Eintritt 300 Baht inkl. 1 Drink, Flaschen gibt es ab 3000 Baht. ⏲ ab 24 Uhr.

Climax, Sukhumvit Soi 11, BTS Nana, ☎ 086-039 6333, 🖳 www.climaxsukhumvit11.com. Nicht besonders attraktiv gestalteter Club, der zu später Stunde ein bunt gemischtes Publikum anzieht. Viele leichte Mädchen und betrunkene Feierwütige. ⏲ bis frühmorgens.

Funky Villa, Thong Lo Soi 10, Sukhuvit Soi 55 (Thong Lo), BTS Thong Lo, ☎ 02-711 6970-1, 🖳 www.facebook.com/funkyvillabkk, Karte S. 164/165. Im edel mit dunklem Holz gestalteten

Party in Bangkok

Es gibt einige Besonderheiten, die es zu beachten gilt, wenn man ausgeht: Um nicht vor verschlossenen Türen zu stehen, sollte stets eine Kopie des Reisepasses oder der Personalausweis mitgeführt werden. Türsteher achten teils strikt darauf, dass keine unter 20-Jährigen Einlass erhalten, besonders wenn ein Club berstend voll ist. Die **Einlasskriterien** werden jedoch meist locker gehandhabt. Fast immer reicht es, gepflegt zu wirken und stylish angezogen zu sein; Flip-Flops und Shorts meiden.

In der Regel öffnen Clubs ihre Pforten am frühen Abend und schließen um 3 Uhr. Wenige haben länger geöffnet – ein Privileg, das sie sich mit Zahlungen an die Polizei erkaufen und das sich in den Eintritts- und erhöhten Getränkepreisen niederschlägt. Die **Stimmung** ist freundlich, gelöst, ungezwungen und entspannt. Der hohe Stellenwert von *sanuk* (Spaß) in der thailändischen Kultur macht sich auch beim Ausgehen bemerkbar.

Es gibt normalerweise keinen großen, zentralen **Dancefloor**, sondern Stehtische und Hocker, an denen Besuchergruppen ihre Drinks nehmen und wo sie auch tanzen. Zu späterer Stunde werden die Hocker zur Seite gestellt, sodass sich mehr Platz zum Tanzen bietet. Parallel zur Musik laufen entsprechende Videos auf riesigen LCD-TVs, was manchmal dazu führt, dass ganze Choreografien nachgetanzt werden.

Der mit Abstand beliebteste Drink ist **Whisky Cola**. Normalerweise bestellt man sich eine 1-Liter-Flasche Johnnie Walker Red oder Black Label sowie Cola, Soda und Eis dazu. Eine Flasche Red Label kostet je nach Preisklasse des Clubs 900–3000 Baht, die Mixer noch einmal 300–900 Baht. Die Getränke werden am Tisch von den Bedienungen gemixt. Praktisch ist das Angebot, seine halb volle Flasche Alkohol kostenlos im Club lagern zu lassen und sie innerhalb von einem Monat beim nächsten Besuch weiter trinken zu können. In manchen Clubs kann für ungefähr 300 Baht eine Shisha am Tisch geraucht werden.

Besonders in den Läden der Ratchada und Patpong ist es normal, dass auf Herrentoiletten **Massagen** angeboten werden. So kann es schon mal dazu kommen, dass während des Wasserlassens von hinten zwei Hände beginnen, den Rücken zu massieren und den Hals zu knacken. Wenn man dies nicht möchte, sollte man es mit einem *mei au* („Ich will das nicht") ablehnen. Ansonsten sind mindestens 20 Baht, meist mehr, dafür zu zahlen.

Bei einer **Bestellung** ab 1000 Baht ist es üblich, mind. 80 Baht **Trinkgeld** zu geben, denn die Bedienungen sind auf Trinkgelder angewiesen. Bei der Bezahlung ist es ratsam, sich die Nummer des jeweiligen Kellners zu merken, um eine Basis für etwaige Reklamationen zu haben. In der Regel tragen alle Kellner einen Button mit einer ein- bis dreistelligen Nummer.

Club läuft in einem Raum wie üblich Hip-Hop, während der andere von Thai-Livemusik beschallt wird. Das Publikum besteht aus jungen, gutbetuchten Thais, auch einige Stars mischen sich unter die Menge. Recht hohe Getränkepreise. ⏱ bis 2 Uhr.

GaZebo Club, 44 Chakraphong Rd., ✆ 02-629 0705, 🖥 www.gazebobkk.com, Karte S. 166/167. Im marokkanisch-nordafrikanischen Stil eingerichteter Club mit Bar und eigener Shisha-Lounge in den oberen Stockwerken eines Gebäudes am westlichen Ende der Khaosan Rd. Besonders zu späterer Stunde

eine Anlaufstelle für das unermüdliche Partyvolk. 300 Baht Eintritt. ⏱ bis 7 Uhr.

Levels, 6. Stock des Aloft Hotel, 35 Sukhumvit Soi 11, BTS Nana, ✆ 082-308 3246, 🖥 www.levelsclub.com, Karte S. 164/165. Großer, opulenter und recht teurer Club mit hohen Decken und einem gigantischen Kronleuchter im Hauptraum. Die Stimmung ist ausgelassen und zieht viele Westler, aber auch leichte Mädchen an. Regelmäßige Showeinlagen und Themenparties. ⏱ 21–3 Uhr.

Muse, 159/8 Thong Lo Soi 10, Sukhuvit Soi 55 (Thong Lo), BTS Thong Lo, ✆ 02-715 0998,

🖥 www.musebkk.com, Karte S. 164/165. Netter, in direkter Nachbarschaft der Funky Villa gelegener Club mit edlem Ambiente und einer schönen Dachterrasse, auf der neben Cocktails auch leckere Gerichte serviert werden. In den unteren Räumlichkeiten tanzt die junge Oberschicht zu wummernden Bässen und guter einheimischer Livemusik. ⏰ 18–2 Uhr.

Narz (Narcissus Club), 112 Sukhumvit Soi 23, BTS Asok, 🖥 www.narzclubbangkok.net, Karte S. 164/165. Einer der ältesten und größten Nachtclubs der Stadt ist zu späterer Stunde, wenn viele der anderen Clubs schließen, eine gute Anlaufstelle. Im großen, opulent gestalteten Raum mit rundem DJ-Pult und viel Platz zum Tanzen läuft Hip-Hop und Dance, im kleineren Raum Techno. Eintritt frei, außer bei Sonderveranstaltungen. Recht hohe Getränkepreise und verraucht. ⏰ 22–6 Uhr.

Q Bar, 34 Sukhumvit Soi 11, BTS Nana, ✆ 02-252 3274, 🖥 www.qbarbangkok.com, Karte S. 164/165. Edler, kleiner und dunkler Club im futuristischen Design, in dem auch berühmte internationale DJs elektronische Musik auflegen und sich die kreative Schickeria der Stadt trifft. An der Bar gibt es über 70 verschiedene Wodkasorten. Eintritt 500–700 Baht inkl. 2 Getränke, teure Drinks. ⏰ 20–1 Uhr.

Route66, RCA, ✆ 02-203 0407, 🖥 www.route66club.com, Karte S. 156/167. In dem riesigen Club in schickem Design mit 3 Dancefloors wird jeden Abend Hip-Hop, thailändische Popmusik und Techno gespielt. Junges, fröhliches Publikum und moderate Getränkepreise. Mittlerweile kommen ziemlich viele Ausländer hierher. Am Wochenende wird es unter den Laserstrahlen brechend voll. Ausländer zahlen 300 Baht Eintritt; darin enthalten sind Getränkegutscheine im selben Wert. ⏰ 20–3 Uhr.

Scratch Dog, Windsor Suites Hotel, Sukhumvit Soi 20, BTS Asok, ✆ 02-663 4447, Karte S. 164/165. Im Untergeschoss liegt dieser bei Einheimischen beliebte, komplett in Weiß gehaltene Club, der Dance und Hip-Hop spielt. Wer noch nicht genug gefeiert hat, kann hier bis in die frühen Morgenstunden bleiben. Voll wird es ab 3 Uhr. Eintritt 400 Baht inkl. 2 Getränke, beim

Kauf einer Flasche für ca. 2000 Baht ist der Eintritt für 4–5 Pers. inkl. ⏰ bis 6 Uhr.

Slim/Flix, RCA, ✆ 081-645 1188, Karte S. 156/157. Großer, edel gestalteter Club neben dem Route66. Im beliebten Slim läuft Hip-Hop und RnB, im benachbarten Flix Elektro und House. Da es Sa brechend voll wird, sollte man nach Möglichkeit gegen 21.30 Uhr da sein, um noch einen freien Tisch zu ergattern. Ausländer zahlen 400 Baht Eintritt; darin enthalten sind 2 Freigetränke, beim Kauf einer Flasche ist der Eintritt für bis zu 5 Pers. inkl. ⏰ 20–3 Uhr.

The Club, 123 Khaosan Rd., ✆ 02-629 1010, 🖥 www.theclubkhaosan.com, Karte S. 166/167. Kühler und etwas sterier Club im Herzen der Khaosan Rd., in dem House, Techno und Trance aufgelegt wird. Großer Lounge-Bereich. ⏰ ab 22 Uhr.

Twilo, Patpong 1, Karte S. 160/161. Eine der wenigen Alternativen zu den Stripbars in Patpong. Auf der Bühne vor dem kleinen Dancefloor tritt jeden Abend eine Liveband auf, die neue Hip-Hop-, RnB- und Rock-Hits zum Besten gibt und das Publikum zum Tanzen animiert. Viele Bargirls und teure Getränke. ⏰ bis 3 Uhr.

Zaleng, Ratchadapisek Rd. Soi 4 (Ratchada Soi 4), MRT Phra Ram 9, ✆ 02-248 5404, Karte S. 156/157. Großer, bei jungen Einheimischen beliebter Club mit riesigen LCD-TVs, auf denen Musikvideos laufen. Die Getränke sind so günstig, dass es viele übertreiben. ⏰ 19–2 Uhr.

UNTERHALTUNG

Kinos

Auf dem Programm stehen amerikanische, chinesische und koreanische Filme sowie einheimische Produktionen. Die großen Kinos im Zentrum und in den Einkaufszentren zeigen fast ausschließlich **englischsprachige Filme**, die teils untertitelt werden. In der Regel starten Filme parallel zu den Terminen in den USA und laufen nur für 1–2 Wochen. Vor dem Film ertönt die Königshymne, dann wird erwartet, dass alle Zuschauer als Zeichen des Respekts aufstehen. Das aktuelle Programm ist unter 🖥 www.movieseer.com abzurufen und wird jeden Tag in der *Bangkok Post* und *Nation* abgedruckt.

Generell sind Kinos AC-gekühlt, sodass ein leichter Pullover nicht schaden kann. Die Eintrittspreise liegen bei 100–300 Baht, für Luxussäle wird ein Vielfaches verlangt. Neuere **deutsche Filme** zeigt das Goethe-Institut jeden letzten Do im Monat in den eigenen Räumen und im Bangkok Art and Culture Centre (BACC), S. 201. Von Dez–Feb zudem jeden Di ab 19.30 Uhr Freiluftkino im Garten vor dem Institut. Eintritt frei.
APEX, am Siam Square, BTS Siam, 🖥 www. apexsiam-square.com, Karte S. 162/163. Zu ihnen gehören das Lido und Scala, Kinos, die nicht nur Blockbuster, sondern manchmal auch interessante Arthouse-Filme ins Programm aufnehmen.
Major Cineplex, z. B. im Central World oder in der Sukhumvit Rd. Nähe BTS Ekkamai, ✆ 02-511 5555, 🖥 www.majorcineplex.com, Karte S. 162/163. Wartet mit modernen Sälen und komfortablen Sitzen auf. Die großen Säle der Gold Class bieten ein einmalig luxuriöses Kinoerlebnis. Hier kann man es sich in paarweise aufgestellten Liegesitzen mit Decken bequem machen und sogar einen Drink oder Snack ordern, der am Platz serviert wird.
Paragon Cineplex, im 5. und 6. Stock des Siam Paragon, Karte S. 162/163. Dem Multiplexkino mit 14 Sälen ist auch das riesige **Krungsri IMAX**, 🖥 www.imaxthai.com/index_en.html, angeschlossen, das sich sowohl bild- als auch tontechnisch auf dem neusten Stand der Technik befindet und das größte des Landes ist.

Thai-Boxen

Thai-Boxen ist ein thailändisches Männer-vergnügen. Auf den Tribünen nahe dem Ring ist am meisten los. Ausländer müssen in der Regel im Touristenflügel Platz nehmen, wo sie angeblich vor möglichen Schlägereien sicher sind, die Sicht auf den Ring und die Wetten abschließenden Thai aber nicht gut ist.
Lumphini-Stadion, östlich des Lumphini Parks, MRT Lumphini, ✆ 02-251 4303, 🖥 www. muaythailumpini.com, Karte S. 160/161. Kämpfe finden Di und Fr um 18.30 und Sa um 16 und 20.15 Uhr statt, Eintritt 2000–3000 Baht im

Touristenflügel. AC-Loge im 3. Stock. Die besten Kämpfer treten gegen 21 Uhr an.
 MBK Fight Night, BTS National Stadium. Eine kostenlose Alternative sind die Kämpfe, die jeden Mi ab 18 Uhr vor dem Mah Boon Krong Center ausgetragen werden. Auch hier geht es ordentlich zur Sache.
Rajadamnern-Stadion, Ratchdamnoen Nok Rd., ✆ 02-281 4205, 🖥 www.rajadamnern.com, Karte S. 158/159. Kämpfe Mo, Mi und Do 18.30, So 17 und 20.30 Uhr, Eintritt 1000–2000 Baht.

Travestieshows

Calypso Cabaret, im Asiatique The Riverfront, Warehouse 3, 2194 Charoen Krung Rd., 🖥 www.calypsocabaret.com, Karten an der Theaterkasse oder Reservierungen unter ✆ 02-688 1415-7, Karte S. 156/157. Das 350 Besucher fassende Theater ist kleiner und weniger spektakulär als die Bühnen in Pattaya. Bei einer Travestierevue der gehobenen Klasse treten u. a. verblüffende Kopien berühmter Stars auf. Shows um 20.15 und 21.45 Uhr. Eintritt 900–1200 Baht inkl. 1 Drink oder 1500–2000 Baht inkl. Abendessen. Bei Buchung über Reisebüros ist der Transport inkl.

KUNST UND KULTUR

Alternative Kultureinrichtungen

18Monkeys Dance Theatre, 🖥 www. 18monkeysdancetheatre.com. Eine der bekanntesten modernen thailändischen Tanztruppen verbindet in ihren Stücken aus dem Khon-Maskentanz adaptierte Bewegungen mit modernen Elementen, Stücken und Videoprojektionen. Unter der Leitung von Jitti Chompee wurden schon Thomas Manns *Der Tod in Venedig* und Georges Bizets *Carmen* adaptiert. Auftritte in wechselnden modernen Locations.
B-Floor, 🖥 www.bfloortheatre.com. Die unabhängige einheimische Theatertruppe hat mit ihren höchst politischen und experimentellen Stücken über Themen wie die Thronfolgeproblematik oder die Unruhen im Süden des Landes für viel Aufsehen gesorgt. Infos auf der Webseite.
Jam, 41 Charoen Rat Soi 1, BTS Surasak Exit 2, ✆ 02-673 9009, 89-889 8059, 🖥 www.facebook.

com/jamcafebkk. Eine spannende Kreuzung aus
Café, Bar, Restaurant, Club und Galerie wurde
von zwei jungen, kreativen Thais erschaffen. In
entspannter, internationaler Atmosphäre finden
abwechslungsreiche Veranstaltungen wie
Barbecues, Partys, Flohmärkte,
Filmvorführungen (Kultfilme jeden Mi um 20 Uhr)
und Vernissagen statt. ⊙ Di–So 12–23.45 Uhr.
The Reading Room, 4. Stock, 2 Silom Soi 19,
✆ 02-635 3674, 💻 www.readingroombkk.org.
Neben einer Bibliothek mit über 1000 Kunst-
büchern aus aller Welt werden in den
kleinen Räumen regelmäßig Lesungen,
alternative Filmvorführungen und Debatten
veranstaltet. Das Programm findet sich auf
der Webseite.

Buddhistische Meditation

Informationen über buddhistische Zentren in
Thailand sowie aktuelle Infos über Retreats und
Unterweisungen bekommt man bei:
World Fellowship of Buddhists, 616 Sukhumvit
Soi 24, ✆ 02-661 1284-7, 💻 www.wfbhq.org,
Karte S. 164/165. Informationsveranstaltungen
über den Buddhismus, Einführungen in die
Meditation und erste eigene Meditation jeden
1. So im Monat von 13–16 Uhr.
International Buddhist Meditation Center,
House of Dhamma, Wat Mahathat, ✆ 02-
222 6011, 623 6326, 💻 www.mcu.ac.th/IBMC,
Karte S. 158/159. Das Meditationszentrum
offeriert neben Vipassana-Meditationen auch
Seminare zum Buddhismus in Englisch. Im
selben Tempel werden in der Section 5
(den blauen Schildern folgen) Vipassana-
Meditationen und Unterweisungen angeboten
(S. 139), Retreats sind möglich.
House of Dhamma, 26/9 Soi 15, Lat Phrao,
✆ 02-511 0439, 💻 www.houseofdhamma.com,
Karte S. 158/159. Auch hier werden verschie-
dene Meditationskurse und Unterweisungen
angeboten.
Mehr über buddhistische Meditationen S. 122.

Konzert- und Veranstaltungshallen

Karten für nahezu alle Veranstaltungen können
über **Thai Ticket Major**, ✆ 02-262 3456,
💻 www.thaiticketmajor.com, bestellt werden.
Aksra Theatre, s. Tanz und Theater.

Bangkok Art and Cultural Center,
s. Kunstausstellungen.
Impact Arena, im Norden von Bangkok, BTS Mo
Chit, 💻 www.impact.co.th. Hier finden viele
große Musikkonzerte, aber auch Messen,
Ausstellungen und Festivals statt.
Royal Paragon Hall, im 5. Stock des Siam
Paragon, Rama I Rd., BTS Siam, 💻 www.
royalparagonhall.com, Karte S. 162/163.
In 3 großen Sälen finden Konzerte und andere
kulturelle Veranstaltungen statt.
Siam Ratchada Music Auditorium, Fortune
Tower, 1 Ratchadaphisek Rd., MRT Phra Ram 9,
✆ 02-245 7717. In regelmäßigen Abständen
werden hier klassische Konzerte gespielt.
Eintritt 500 Baht.
Thailand Cultural Centre, s. „Tanz und Theater".

Kulturinstitute

Goethe-Institut (German Cultural Institute),
18/1 Soi Goethe, Sathorn Tai Rd., MRT Lumphini,
✆ 02-287 0942-4, 💻 www.goethe.de/bangkok,
Karte S. 160/161. Das deutsche Kulturzentrum
beherbergt eine **Bibliothek**, ⊙ Di–Fr 9.30–18,
Sa 8.30–17 und So 8–13 Uhr, Mo geschlossen,
mit deutschsprachigen Büchern, aktuellen
Zeitungen und diversen Magazinen, DVDs
und CDs, außerdem ein Restaurant (S. 186),
eine Cafeteria und die Clubräume der Thai-
Deutschen Gesellschaft. Hier finden regelmäßig
kulturelle Veranstaltungen statt, u. a. Filmvorführungen (S. 199). In einer 6x jährlich
veröffentlichten Broschüre werden alle gelistet.
⊙ Mo–Do 8–16.30, Fr 8–14 Uhr, Sa und So
geschlossen.
Alliance Française, 29 Sathorn Tai Rd., MRT
Lumphini, ✆ 02-670 4200, 💻 www.afthailande.
org/en, Karte S. 160/161, ⊙ Mo–Fr 8–18.30, Sa
8.30–17, So 8.30–12.30 Uhr.
British Council, 254 Chulalongkorn Soi 64,
hinterer Siam Square, BTS Siam, ✆ 02-657
5678, 💻 www.britishcouncil.org/thailand,
Karte S. 162/163, ⊙ 8.30–19 Uhr.

Kunstausstellungen

Wechselnde Ausstellungen finden in den
Kulturinstituten, im Nationalmuseum und in der
Nationalgalerie statt. Gute Anregungen zu
aktuellen Ausstellungen unter 💻 www.

facebook.com/bangkokartmap bzw. auf der monatlich erscheinenden *Bangkok Art Map*, die vielerorts ausliegt. Informationen über die Galerien unter 🖥 www.rama9art.org/artisan/galleries.

Ardel Gallery of Modern Art, 99/45 Belle Ville, Moo 18, Borommarachonnanee Rd., 📞 02-422 2092, 🖥 www.ardelgallery.com, Karte S. 156/157. Die Kunstgalerie bietet in ihren modernen Räumen einheimischen Künstlern Platz für ihre Werke und veranstaltet Workshops für Kinder. ⏱ Di–Sa 10.30–19, So bis 17.30 Uhr.

Art Centre Silpakorn University, S. 138.

Bangkok Art and Cultural Center, 939 Rama 1 Rd., BTS National Stadium, 📞 02-214 6630-8, 🖥 www.en.bacc.or.th, Karte S. 162/163. Das riesige moderne Kunstzentrum soll den Dialog zwischen Subkulturen und etablierten Stilrichtungen fördern und bietet auf 11 Stockwerken viel Platz für kostenlose Ausstellungen (7.–9. Stock), Veranstaltungen und Konferenzen, aber auch für Restaurants, Läden und eine große Kunstbibliothek. Regelmäßige Opernaufführungen. Im Oktober findet jährlich die National Exhibition of Art und Ende Nov/Anfang Dez das Bangkok Art Festival statt. ⏱ Di–So 10.30–21 Uhr.

ClubArts Gallery, 258 Arun Amarin Soi 18, 📞 02-866 2143, 🖥 www.clubartsgallery.com. Die kleine Galerie zeigt alle 2–3 Monate wechselnde Kunstausstellungen und bietet zudem ein freundlich geleitetes Café. ⏱ außer Mo 10.30–23 Uhr.

DOB Hualamphong Gallery im DOB Building, Rama IV Rd., Karte S. 158/159. ⏱ außer Mo 10.30–19 Uhr.

M Theater, s. „Tanz und Theater".

Marsi Gallery, S. 154.

Nationalgalerie, S. 138.

Poh Chang Gallery and Art School, 86 Tripet Rd., 📞 02-623 8790-9, 🖥 www.rama9art.org/gallery/pohchang, Karte S. 158/159. Die große Kunstschule in der Nähe des Pahurat-Marktes verfügt über eine empfehlenswerte Kunstgalerie. Hier werden v. a. Werke von Studenten und thailändischen Künstlern ausgestellt.

TCDC (Thailand Creative & Design Center), 6. Stock des The Emporium, 662 Sukhumvit Soi 24, BTS Phrom Phong, 📞 02-664 8448, Ext. 213-4, 🖥 www.tcdc.or.th, Karte S. 164/165. Im Emporium-Einkaufszentrum gelegenes Kunst- und Designzentrum mit wechselnden, interessanten Ausstellungen. ⏱ Di–So 10.30–21 Uhr.

The Queen's Gallery, S. 158/159.

The Silom Galleria, 919/1 Silom Soi 19, BTS Surasak, 📞 02-630 0944-50, Karte S. 160/161. Das auf Kunstobjekte spezialisierte Einkaufszentrum wirkt als solches nicht besonders einladend, beherbergt aber einige sehenswerte Galerien, die zeitgenössische thailändische Kunst ausstellen und verkaufen, z. B. die **Thavibu Gallery**, 🖥 www.thavibu.com, die **Gossip Gallery** im 3. Stock oder die **Number One Gallery** im Untergeschoss. ⏱ 10–20 Uhr.

The Third Place Bangkok, Thong Lo Soi 10, 🖥 www.thirdplacebangkok.com, Karte S. 164/165.

Tanz und Theater

Karten für nahezu alle Veranstaltungen können über **Thai Ticket Major**, 📞 02-262 3456, 🖥 www.thaiticketmajor.com, bestellt werden.

Aksra Theatre, im King Power Complex, 8/1 Rangnam Rd., BTS Victory Monument, 📞 02-677 8888, 🖥 www.kingpower.com (in Englisch) oder 🖥 www.aksratheatre.com (in Thai), Karte S. 162/163. Im 600 Sitze fassenden Theatersaal werden 75-minütige kabarettartige thailändische Puppenvorführungen *(Hoon Lakorn Lek)* mit viel Tanz und Gesang veranstaltet. Jede Puppe wird von 2–3 Menschen bewegt. Shows tgl. um 12.30 und 18.30 Uhr für 560 Baht inkl. Mittag- oder Abendessen.

€ **Khlong Bang Luang Artist's House** (Baan Sinlapin), 📞 02-868 5279, 🖥 www.klongbangluang.com. In der Künstlerkolonie (S. 145) führt jeden Tag außer Mi um 14 Uhr die maskierte Truppe von Kam Nai mit ihren Puppen mit Humor gewürzte Szenen aus dem Ramakien-Epos auf. Eine seltene Gelegenheit, die traditionelle Kunstform des *Hoon Lakorn Lek* in kleiner, aber feiner und informeller Gesellschaft zu erleben. Eintritt gegen Spende (mind. 50 Baht sind angebracht).

M Theatre, 2884/2 New Petchaburi Rd., 📞 02-715 3547-9, 🖥 www.mtheatrebangkok.

com (nur in Thai), BTS Thong Lo, Karte S. 164/165. Privates, modernes Theater in einem mit viel Glas gestalteten Neubau. Hier finden Theater-, Opern- und Puppenspielaufführungen statt. Auch Kunstausstellungen. Im Erdgeschoss ein Starbucks.

Nationaltheater, Na Phratat Rd., am Sanam Luang, ☎ 02-224 1342, Karte S. 166/167. Hier werden moderne Stücke und die bei Touristen beliebten klassischen Shows gezeigt.

Sala Chalermkrung Royal Theatre, Old Siam Plaza, 66 Charoen Krung Rd., ☎ 02-222 0434-5, 🖥 www.salachalermkrung.com (nur in Thai), Karte S. 158/159. Das Gebäude beherbergte in den 1930er-Jahren das größte und modernste Kino des Landes. Es war das erste AC-gekühlte Lichtspielhaus Asiens und bietet 2000 Gästen Platz. Do und Fr (manchmal auch an anderen Tagen) um 19.30 Uhr werden in dem pompösen Bau beeindruckende Khon-Maskentanzaufführungen gezeigt. Eintritt 1000–1200 Baht. Im obersten Stockwerk zudem eine kleine Ausstellung über die Geschichte des Gebäudes.

Siam Niramit, Ratchada Theatre, 19 Tiam Ruammit Rd., MRT Thailand Cultural Centre, Exit 1, von dort 18–19.45 Uhr kostenloser Shuttleservice, ☎ 02-649 9222, 🖥 www.siamniramit.com, Karte S. 156/157. Im pompösen, 2000 Zuschauer fassenden Theater bieten über 150 Darsteller auf einer 65 m breiten Bühne ein höchst unterhaltsames Spektakel dar. In 3 Akten werden sehr aufwendig die Geschichte Thailands, seine Mythologie und Feste thematisiert: Teilweise tummeln sich bis zu 80 Pers. auf der Bühne. Elefanten und andere Tiere sowie atemberaubende Bühnenbilder und spektakuläre Spezialeffekte werden in die Show integriert. Beginn um 20 Uhr, Eintritt 1500–2000 Baht. Hinter dem Theater liegt ein schön angelegtes Museumsdorf, das Touristen einheimische Baustile und Kulturen vorstellt. Das Buffet-Dinner für 350 Baht Aufpreis ist nur eingeschränkt zu empfehlen. ⏲ 18–22 Uhr.

Thailand Cultural Centre, Ratchadaphisek Rd., MRT Thailand Cultural Centre, 1 km von der MRT-Station entfernt, ☎ 02-247 0028, 🖥 www.culture.go.th (nur in Thai), Karte S. 156/157. Das Kulturzentrum umfasst ein Theater mit 2000 Plätzen, eine Freilichtbühne für 1000 Zuschauer, eine Bücherei und ein Sprachlabor. Hier finden fast jede Woche Konzerte mit klassischer europäischer Musik statt.

In manchen Restaurants werden klassische Thai-Tänze zu einem festen Menü aufgeführt.

€ Kostenlos sind die Vorführungen am Lak Muang-Schrein am Sanam Luang (S. 139) sowie am Erawan-Schrein an der Ratchadamri, Ecke Ploenchit Rd. (S. 153).

Bangkok ist das Einkaufsparadies Südostasiens: Egal ob Textilien, Kunsthandwerk, Accessoires, Bücher, Technik oder Kosmetika, man bekommt hier alles zu meist deutlich günstigeren Preisen als in der Heimat.

Die großen Einkaufszentren konzentrieren sich in der Siam Gegend entlang der **Rama I** und **Ploenchit Rd.**, aber auch in der **Sukhumvit** und **Silom Rd.** Nahezu alle großen internationalen Marken sind hier mit eigenen Boutiquen vertreten. Gerade im **Siam Square** und auf dem **Suan Chatuchak Weekend Market** findet man viele ausgefallene Geschäfte mit interessanten, kreativen Produkten.

Die großen Touristenmärkte mit einem breiten Angebot an Souvenirs, nachgemachten Markenprodukten und Accessoires befinden sich in der **Khaosan Rd.**, entlang der unteren **Sukhumvit Rd.**, und abends auf dem Nachtmarkt in der **Patpong**. Die Straßenhändler in der Patpong und Khaosan verlangen oft hoffnungslos überhöhte Preise, die mit etwas Geschick deutlich gedrückt werden können. Die meisten Preise auf dem Pratunam-Markt und außerhalb der Touristenhochburgen sind realistischer, daher wird hier deutlich weniger gehandelt.

Shoppingcenter

Siam

Karte S. 162/162

Amarin Plaza, Ploenchit Rd., 🖥 www.amarinplaza.com. Beherbergt auf 5 Stockwerken viele Edelboutiquen, Möbel- und Seidengeschäfte und Kunsthandwerk. Im 3. Stock liegt der Sogo Department Store und im

2. Stock der Outdoor Unlimited-Bereich mit vielen Ausrüstungsläden. ⊕ 9–21 Uhr.

Central Department Store, Ploenchit Rd., ⌨ www.central.co.th. Das älteste Kaufhaus Bangkoks. Weitere Filialen u. a. im Silom Plaza und in der unteren Silom Rd. ⊕ 10–22 Uhr.

Central World, Ratchadamri, Ecke Rama I Rd., BTS Chit Lom, ⌨ www.centralworld.co.th/en. Das 7-stöckige Shoppingcenter ist das drittgrößte Einkaufszentrum in Südostasien. Es befriedigt v. a. die Bedürfnisse der wohlhabenden Schicht und beherbergt neben unzähligen Läden internationaler Labels auch den Zen Department Store und ein großes Multiplexkino. ⊕ 10–21 Uhr.

Gaysorn Plaza, BTS Chit Lom, ⌨ www.gaysorn.com. In dem großzügig mit Marmor verkleideten Gebäude finden sich über 100 Edelboutiquen internationaler Designer. Im 3. Stock gibt es auch interessante Geschäfte mit teurem Kunsthandwerk. ⊕ 10–20 Uhr.

🧳 **MBK (Mah Boon Krong Center)**, Rama I Rd., Ecke Phayathai Rd., BTS National Stadium, ⌨ www.mbk-center.co.th/en. Der riesige Block beherbergt eine schier unendliche Zahl kleiner Geschäfte, die nach Stockwerken geordnet eine breite Palette an Waren zu günstigen Preisen anbieten. Klamottenläden finden sich im 1., 2., 3. und 6., Technik, besonders Handys, im 4. und Möbel im 5. Stockwerk. Außerdem gibt es den Tokyu Department Store und eine Vielzahl an Restaurants, ein Postamt im 2. Stock und den SF Cinema City Multiplex im Obergeschoss. Jeden Mi von 18–21 Uhr kostenlose Muay Thai-Kämpfe (S. 69). ⊕ 10–22 Uhr.

Narai Phand, BTS Chit Lom, ⌨ www.naraiphand.com. Geräumiges Handicraft Center mit einer großen Auswahl (S. 207). ⊕ 10–20 Uhr.

Peninsula Plaza, Ratchdamri Rd., BTS Ratchadamri. Das neben dem Four Seasons Hotel gelegene Gebäude im französischen Kolonialstil beherbergt viele Luxusboutiquen. Hier gibt es ein Swarovski-Geschäft, die Galeries Lafayette und Gucci-, Louis Vuitton- und Versace-Filialen. Auch eine Filiale von Asia Books befindet sich im Haus. ⊕ 10–21 Uhr.

Siam Center, BTS Siam, ⌨ www.siamcenter.co.th. Als es 1973 gebaut wurde, gehörte es zu den ersten großen Einkaufszentren des Landes, und seit seiner Renovierung 2012 ist es auch wieder zeitgemäß. Der Fokus liegt auf Boutiquen für Markenkleidung und Sportartikel, die eine junge Klientel anlocken. Im 4. Stock sind Restaurants angesiedelt. ⊕ 9–21 Uhr.

Siam Discovery Center, BTS Siam, ⌨ www.siamdiscovery.co.th. Der Komplex ist direkt mit dem Siam Center verbunden. Jedes Stockwerk hat einen anderen Schwerpunkt. Im 4. Stock befindet sich eine Filiale von Asia Books, zudem ein großes Multiplex-Kino. ⊕ 10–22 Uhr.

🧳 **Siam Paragon**, BTS Siam, ⌨ www.siamparagon.co.th. Das schickste Shoppingcenter ist aufgrund seiner Architektur und einmaligen Läden an sich schon eine Sehenswürdigkeit (S. 153). Die 500 000 m² große Geschäftsfläche bietet Ausgefallenes wie ein riesiges Aquarium im 2. Untergeschoss (S. 153), Kunstgalerien sowie Kinokuniya, den größten Buchladen des Landes (S. 207). Im Erdgeschoss ein ausgedehnter Food Court (S. 189), auf der oberen Etage außerdem ein riesiges Multiplex-Kino mit angeschlossenem Imax (S. 199). ⊕ 10–22 Uhr.

Siam Square, BTS Siam. Hier geht die junge, stilbewusste Mittel- und Oberschicht einkaufen. Entsprechend besteht das Angebot aus vielen kleinen Geschäften mit Modeschmuck, Taschen und anderen Accessoires sowie relativ hochpreisigen, ausgefallenen Textilien und Schuhen.

Pratunam
Karte S. 162/163

Der **Pratunam-Markt** und die angrenzenden Einkaufszentren bilden das Herz des südostasiatischen Textilhandels. Hier werden sowohl günstige Produkte minderer Qualität als auch gefälschte und originale, qualitativ hochwertige Markenprodukte in großen Mengen feilgeboten. Auswahl und Ausmaß der Verkaufsfläche sind überwältigend. Manche Händler verkaufen nur in großen Mengen an die geschäftig umher eilenden Großhändler aus Indien, Afrika und Europa. Die meisten sind aber auch bereit, Einzelteile zu veräußern.

Indra Square, Ratchaprarop Rd., Airport-Link Ratchaprarop. Im Zentrum von Pratunam beherbergt das Einkaufszentrum Taschen- und

Accessoiregeschäfte, aber auch Modeläden und Fastfood-Restaurants. ⏰ 10–20 Uhr.

Pantip Plaza, Phetchaburi Rd., 10 Min. zu Fuß von der BTS Ratchathewi, 🖥 www.pantipplaza.com. Gigantischer Einkaufskomplex für Computerfans. Hier werden Hardware sowie legale und kopierte Software verkauft. An Computern kann überprüft werden, ob die Software fehlerfrei funktioniert. Auch Digitalkameras, DVDs, Handys und andere Technik können erstanden werden. Allerdings sind die Preisunterschiede zu Europa deutlich geringer als bei Textilien, Souvenirs und Accessoires. ⏰ 10–20.30 Uhr.

Platinum Fashion Mall, Phetchaburi Rd., 🖥 www.platinumfashionmall.com. Mit über 2000 Modegeschäften richtet sich diese riesige Mall v. a. an eine mode- und preisbewusste weibliche Zielgruppe: wenig Markenprodukte, dafür viele kreative Designs und sehr günstige Preise, im obersten Stockwerk ein guter Food Court. ⏰ 10–22 Uhr.

Sukhumvit
Karte S. 164/165

Emporium, Sukhumvit Rd., BTS Phrom Phong, 🖥 www.emporiumthailand.com. Elegantes, hochpreisiges, 7-stöckiges Einkaufszentrum mit Designerboutiquen, einem Kinokuniya-Buchladen im 3. Stock und einer Food Hall im 5. Stock. ⏰ 10–22 Uhr.

Gateway, Sukhumvit Rd., BTS Ekkamai. Die moderne, 2012 eröffnete Mall widmet sich komplett dem Thema Japan: japanische Restaurants en masse, Mode und alles andere aus dem Land der aufgehenden Sonne findet hier seinen Platz. Im oberen Stockwerk zudem ein Spielplatz für die Kleinen. ⏰ 10–22 Uhr.

Sukhumvit Plaza, Sukhumvit Rd., nahe Soi 12, BTS Asok. Das Einkaufszentrum hat sich voll und ganz seiner koreanischen Kundschaft verschrieben. Der beste Ort für authentisches koreanisches Essen.

Terminal 21, Sukhumvit Rd., BTS Asok. Das neue Einkaufszentrum ist direkt mit der BTS Asok verbunden und überzeugt sowohl mit seinem riesigen Angebot an kleinen, aber feinen Bekleidungsgeschäften als auch mit einem kreativen Konzept. In der wie ein Flug-hafen aufgemachten Mall wird Einkaufen zum Erlebnis, denn jedes Stockwerk wurde in einem anderen Stil entsprechend verschiedenen Städten gestaltet. So gibt es etwa ein London- oder ein Istanbul-Stockwerk. Zudem ein großes Kino und Restaurants. ⏰ 10–22 Uhr.

Times Square, Sukhumvit Rd., zwischen Soi 12 und 14, BTS Asok. Beherbergt zahlreiche Boutiquen, ein kleines Postamt, Restaurants sowie eine Filiale von Asia Books.

Villa Market, Sukhumvit Soi 11, 🖥 www.villamarket.com. Toller Supermarkt mit Importprodukten. Wurst, Käse, Räucherlachs und Graubrot finden sich hier genauso wie ausgefallenere Biere und Weine. Weitere Filialen u. a. in der Soi 33 und 49, in Silom, Thong Lo Soi 15 und im Phloenchit Center. ⏰ 24 Std.

Sathorn und Silom
Karte S. 160/161

River City am Menam Chao Phraya, neben dem Royal Orchid Sheraton Hotel, 🖥 www.rivercity.co.th. Rings um eine weite Halle, in der offene Stände Kunsthandwerk anbieten, reihen sich kleine Läden, u. a. viele „Antiquitäten"- und Seidengeschäfte. In manchen Läden ist die Qualität der angebotenen Waren so hoch, dass man sich wie in einem Museum fühlt. Kostenloses Shuttleboot zur BTS Saphan Thaksin. ⏰ Antiquitätengeschäfte 10–18 Uhr, Boutiquen bis 20 Uhr.

Silom Complex, BTS Sala Daeng, 🖥 www.silomcomplex.net/index-en.php. Der frisch renovierte Einkaufskomplex vereint die üblichen Geschäfte unter einem Dach. Zudem viele Restaurants und ein Central Department Store. ⏰ 10–21 Uhr.

Thaniya Plaza, BTS Sala Daeng, 🖥 www.thaniyaplaza.com. Kleiner Komplex mit vielen Golfgeschäften, mehreren Kunsthand-werksläden, Asia Books und einem Kaffeehaus. Viel japanische Kundschaft. ⏰ 10–22 Uhr.

Chinatown
Karte S. 158/159

Old Siam Plaza, 66 Charoen Krung Rd. Eine restaurierte Markthalle, die noch etwas historisches Flair ausstrahlt, was sie v. a. ihren überglasten Höfen, den im traditionellen Design

Man kann ganze Tage in den gigantischen Konsumpalästen der Hauptstadt Thailands verbringen.

gefliesten Böden und dem sparsamen Einsatz von Klimaanlagen verdankt. Viele Geschäfte mit Textilien, Porzellan und Schmuck sind rings um die Innenhöfe angeordnet. Eine Augenweide ist der Food Market. ⏱ 9–18.30 Uhr.

Außerhalb
Karte S. 162/163 und S. 156/157
King Power Complex, Rangnam Rd., BTS Victory Monument, 🖥 www.kingpower.com. Der moderne Glaskuppelbau ist das Highlight des Duty-free-Komplexes. Am Eingang werden Besucher mit einer Shoppingcard ausgerüstet, die erst am Ende abgerechnet wird – gefährlich für Leute, die gerne viel einkaufen. Das Angebot umfasst die üblichen Souvenirs und Duty-free-Artikel, aber auch einheimisches Kunsthandwerk. Hier ist auch das Aksra Theatre (S. 201). ⏱ 10–21 Uhr.
Weitere Einkaufspaläste liegen an den Ausfallstraßen, z. B. der riesige **Seacon Square**,

🖥 www.seaconsquare.com, oder das gigantische **Mega Bangna**, 🖥 www.mega-bangna.com/en, inkl. Ikea östlich des Zentrums. Die **Central Plaza Pinklao**, Borommaratchachonnani Rd., 🖥 www.central.co.th, liegt im Westen.

Märkte
In der Millionenstadt Bangkok haben einige Märkte mit ländlichem Charakter überlebt. Sie verkaufen frisches Obst und Gemüse, Fisch und Fleisch, zudem Textilien und Drogerieartikel, aber auch Pflanzen und Souvenirs für Touristen. Schwimmende Märkte gibt es nur noch außerhalb der Metropole.
Amulettmarkt, nördlich des Wat Mahathat, Karte S. 158/159. Schutz- und Glücksamulette und religiöse buddhistische und hinduistische Statuen sowie Abbildungen der Könige werden hier verkauft. Handeln nicht üblich.

Khlong Toey-Markt, Rama IV Rd., MRT Khlong Toei, Karte S. 164/165. Der größte Frischmarkt der Stadt versorgt die Metropole täglich mit Lebensmitteln. Überwältigend sind nicht nur seine gigantischen Dimensionen, sondern auch das Warenangebot. Hier gibt es von Aalen über Frösche und Insekten bis Zitronengras alles, was in der einheimischen Küche Verwendung findet. Die Frischfleischabteilung ist nichts für Zartbesaitete, denn die Hühner werden vor den Augen der Kundschaft geschlachtet und Schweinehälften seziert. Es verirren sich nur sehr wenige Touristen hierher. ⏲ 6–2 Uhr.

Or Tor Kor, Kamphaeng Phet Rd., MRT Kamphaeng Phet, Karte S. 156/157. Der sehenswerte, sehr saubere Lebensmittelmarkt wird von Wohlhabenden als zuverlässige Quelle für qualitativ hochwertige Frischware geschätzt. An 600 Verkaufsständen, die die breiten Gänge säumen, bekommt man eine riesige Auswahl an Obst, Gemüse, Meeresfrüchten und leckeren, frisch zubereiteten Gerichten und Desserts aus allen Landesteilen. Dabei ist nichts in Styropor verpackt. ⏲ 6–18 Uhr.

Pahurat-Markt, südlich der Pahurat Rd., Karte S. 158/159. Der überdachte Markt, auf dem v. a. Textilien angeboten werden, weist einen deutlich spürbaren indischen Einfluss auf. Hier findet man alles, von Saris bis zu Brokatstoffen für Tempeltänzer, Schmuck, Betelnüsse, Kurzwaren, Schreibwaren u. a. Feilschende Touristen sind nicht gern gesehen. ⏲ 9–18 Uhr.

Pak Klong Talat, Chakraphet Rd., nahe der Memorial-Brücke, Karte S. 158/159. In der großen Halle am Fluss findet täglich ein sehens- und riechenswerter, bunter Blumengroßmarkt statt, der größte des Landes. Hier kaufen frühmorgens Großhändler ihre Waren. ⏲ 2–18 Uhr.

Pratunam-Markt, entlang der Ratchaprarop Rd. sowie im und um den Baiyoke II Tower, Karte S. 162/163. Es gibt unzählige Stände, die Textilien, aber auch Souvenirs zu unschlagbar günstigen Preisen verkaufen. Nichts für Leute mit Platzangst. Die Verkäufer lassen mit sich handeln (S. 203).

Sampeng Lane, von der Pahurat Rd. über den Klong Richtung Südosten und in den Seitengassen, Karte S. 158/159. In den schmalen Gassen werden in zahllosen offenen Geschäften vor allem Billigprodukte angeboten (S. 148). ⏲ 6–3 Uhr.

Saphan Khao Fruit Market, Luk Luang Soi 7, Bus Nr. 2, 59, 60, 79 und 511, Karte S. 158/159. Die gigantische Auswahl ist überwältigend. Hier decken sich kleine Händler wie 5-Sterne-Hotels mit frischem, exotischem Obst ein. ⏲ 6–18 Uhr.

Suan Chatuchak Weekend Market, BTS Mo Chit, MRT Kamphaeng Phet, Karte S. 156/157. Das absolute Shopping-Highlight Bangkoks: An über 15 000 Ständen gibt es originelle Textilien, Souvenirs und Kunsthandwerk aus allen Landesteilen, Schmuck, Porzellan, Haushaltswaren, Lebensmittel, Tiere, Musik, Bücher, Elektroartikel, Pflanzen usw. (S. 155).

Thewet-Blumenmarkt, am nördlichen Ende der Luk Luang Rd., an der Mündung des Klong Phadung Krung Kasem, Karte S. 168. Hier werden Blumen und Pflanzen verkauft. Auf der anderen Seite des Klong erstreckt sich ein Obst- und Gemüsemarkt, der sich in die Samsen Rd. fortsetzt. Auch Textilien und Essenstände.

Nachtmärkte

Neben dem bekannten touristischen Nachtmarkt in der **Patpong** in Silom (S. 193) und den Verkaufsständen, die die untere Sukhumvit Rd. säumen, ist besonders der Nachtmarkt **Asiatique The Riverfront** am Chao Phraya (S. 150) einen Besuch wert.

Antiquitäten

Der Handel mit echten Antiquitäten ist in Thailand verboten. Deshalb lebt eine ganze Branche von der Produktion täuschend echter „Antiquitäten". Bester Anlaufpunkt ist die **River City** (S. 204).
Weitere Informationen erteilt das **Fine Arts Department** unter ✆ 02-225 2652.

Bücher und Landkarten

Aporia Books, 131 Tanao Rd., ✆ 02-609 2552, Karte S. 166/167. Der kleine Laden in Banglampoo überrascht mit einer guten Auswahl an Reiseführern, Kunstbänden und Romanen in englischer Sprache. Im 1. Stock außerdem gebrauchte deutschsprachige Bücher. ⏲ 10–20 Uhr.

Asia Books, 221 Sukhumvit Rd., 🖥 www.asiabooks.com, BTS Asok, Karte S. 164/165. Buchladen mit guter Auswahl. Außer dem Mutterhaus zwischen Soi 15 und 17 insgesamt 26 weitere Filialen u. a. im Landmark Plaza, Central World, Siam Discovery Center und anderen Einkaufszentren. ⏲ bis 20 Uhr, im Central World bis 21 Uhr.

Bei Otto, Sukhumvit Soi 20, BTS Asok, Karte S. 164/165. Kleiner Zeitungsladen mit aktuellen deutschsprachigen Magazinen und Zeitungen.

📖 **Kinokuniya**, 🖥 www.kinokuniya.com. Hier findet man fast alles! Die große japanische Kette hat 3 gut sortierte Filialen, die größte im 3. Stock des Siam Paragon, BTS Siam, 🖥 www.siamparagon.co.th, Karte S. 162/163, mit vielen Reiseführern und Büchern zu Thailand und Südostasien sowie zu anderen Sachgebieten in englischer Sprache. Filialen im Isetan Department Store, 6. Stock, Central World, BTS Chit Lom, und im Emporium Shopping Complex, 3. Stock, 622 Sukhumvit Rd., BTS Phrom Phong.

White Lotus, 🖥 www.thailine.com/lotus. Hat sich auf die Lieferung von Büchern über Thailand und Südostasien in Englisch und Deutsch spezialisiert.

Edelsteine

Bangkok ist das weltweite Zentrum für die Aufarbeitung minderwertiger und die Herstellung synthetischer Steine. Relativ gering ist das Angebot an einheimischen Saphiren und Rubinen, das meiste wird importiert. Die Verarbeitung der Steine wird kostenlos in einigen Gem Cutting Factories demonstriert. Potenzielle Käufer sollten bedenken, dass zurzeit auf dem Weltmarkt eine Saphirschwemme herrscht, die angebotene Ware zumeist nur von minderer Qualität ist und man fast jeden Stein

künstlich herstellen kann. Der Verkauf von Ramsch ist schließlich nicht verboten. Wer kein Experte ist, lässt besser die Finger von lukrativ erscheinenden Geschäften. Ansonsten sollten Schmuckstücke immer mit einer Echtheitsbescheinigung versehen sein, mit der Angabe von Größe, Gewicht und Preis sowie einer Rückgabegarantie (innerhalb von 30 Tagen ohne Einschränkungen) und einer Quittung.

Thai Gem & Jewellery Traders' Association, 942/152 Chan Issara Tower, Rama IV Rd., ✆ 02-630 1390-7, 🖥 www.thaigemjewelry.or.th, Karte S. 160/161. Die Vereinigung schätzt gegen eine Gebühr den Wert von Schmuckstücken und Edelsteinen. ⏲ Mo–Fr.

Kunsthandwerk

Narai Phand, nahe BTS Chit Lom, 🖥 www.naraiphand.com, Karte S. 162/163. Der staatliche Verkaufsraum hält ein großes Angebot bereit. Ein Souvenirmarkt für alle, die nicht gern an den Straßenmärkten handeln. Leider gibt es auch fragwürdige Krokodillederprodukte. ⏲ 10–20 Uhr.

Sop Moei Arts, 8 Raum 104, Sukhumvit Soi 49, ✆ 02-714 7269, 🖥 www.sopmoeiarts.com, Karte S. 164/165. Die gemeinnützige Sop Moei

BANGKOK

Foundation vertreibt qualitativ hochwertige Erzeugnisse der Karen und trägt damit zum Erhalt des traditionellen Kunsthandwerks bei. ⊙ So–Fr 9.30–18 Uhr.

Suan Chatuchak Weekend Market, hier gibt es fast alles (S. 155).

🌳 **ThaiCraft Fair**, 🖥 www.thaicraft.org, Karte S. 164/165. Der ThaiCraft-Verband veranstaltet seit 1992 wöchentlich Märkte in Bangkok, bei denen über 80 Kunsthandwerkergruppen aus allen Landesteilen ihre Produkte verkaufen. Das Geschäftsmodell mit fairen Fixpreisen für qualitativ hochwertige Erzeugnisse kommt besonders kleinen Produzenten zugute. Momentan findet der Markt unregelmäßig am Sa von 10–15 Uhr im 3. Stock des Jasmine Executive Suites Hotels in der Sukhumvit Soi 23, BTS Asok, statt.

Thai Craft Museum Shop, im 2. und 3. Stock des Gaysorn Plaza, Karte S. 162/163. Das Geschäft offeriert in ansprechender Umgebung hübsches, hochpreisiges Kunsthandwerk aus dem ganzen Land. ⊙ 10–21 Uhr.

Musik

Mae Mai Pleng Thai, Erdgeschoss des MBK, BTS National Stadium. Hier werden schön aufbereitete CDs klassischer Thai-Vinyls der 1950er–70er-Jahre verkauft. Eine CD kostet 170 Baht, ein dekoratives Set mit 6 CDs 980 Baht.

Zudrangma HQ Records Store, 2/F Baan Ekkamai, 77 Soi Chamchan, Ekkamai Soi 21/Thong Lo Soi 20, BTS Ekkamai, ☎ 088-891 1314, 🖥 www. zudrangmarecords.com, Karte S. 164/165. Der enthusiastische Vinyl-Sammler Maft Sai betreibt diese Schatztruhe für Freunde der schwarzen Scheiben mit Thai-Raritäten aus vergangenen Epochen. Er veranstaltet auch die Paradise-Bangkok Party-Reihe, die traditionelle Thai-Musik aus den 1950ern, 60ern und 70ern mit Soul, Funk und Reggae vermischt. ⊙ ab 14 Uhr.

Schmuck

Modischen Silberschmuck in großer Auswahl zu günstigen Preisen gibt es in Banglampoo in der östlichen Trokmayom Chakraphong Rd., der Gasse südlich der Khaosan Rd. Eine Vielzahl an weiteren, größeren Läden ist in der Tanao Rd. um die Ecke, angesiedelt.

Schneider

Schneider nähen Hemden, Kleider und Anzüge nach Vorlage (Katalogbilder reichen aus, die eigene Lieblingshose ist aber besser). Sie sprechen alle Englisch, wenn nicht sogar Deutsch. Selbst wenn die Kleidung innerhalb von 24 Std. fertig sein könnte, lohnt es sich, 3 Tage und mehrere Anproben zu investieren, Details genau abzusprechen, nicht auf superbillige Sonderangebote einzugehen und Änderungen zu verlangen. Handeln ist angebracht. Je nach verarbeitetem Material variieren die Kosten. Als Anhaltspunkt könnten folgende Preise dienen: 3-teiliger Nadelstreifenanzug inkl. maßgeschneidertem Hemd oder Hosenanzug plus Rock und Bluse je nach Material und Verarbeitung für 6000–15 000 Baht. Adressen und mehr s. **eXTra [2696]**.

Seide

Seide wird in vielen Geschäften in verschiedenen Qualitäten und Farben angeboten – als Kissen, Krawatten, Kleider usw. oder am laufenden Yard (1 Yard = 91,44 cm) in einer Breite von meist 1 m. Preiswerte Seide gibt es auf dem Suan Chatuchak Weekend Market. Allerdings wird viel Kunstseide oder eine Mischung mit hohem Kunstfaseranteil als angeblich echte Seide angeboten.

Jim Thompson, 9 Surawongse Rd., nahe Rama IV Rd., BTS Sala Daeng, MRT Silom, ☎ 02-632 8100, 🖥 www.jimthompson.com, Karte S. 160/161. Dies ist das führende Geschäft für qualitativ hochwertige Seidenprodukte. ⊙ 9–21 Uhr. Filialen u. a. im Jim Thompson House, im Central World Plaza, im Emporium und im Siam Paragon. Günstiger sind die Factory Outlet-Niederlassungen neben der Hauptfiliale und in der 153 Sukhumvit Soi 93, beide ⊙ 9–18 Uhr.

Textilien

Kleidung gibt es auf vielen Straßenmärkten wie in der Sukhumvit Rd., in Patpong und Banglampoo. Großhändler kaufen auf dem Pratunam-Markt und in den umliegenden Einkaufszentren (S. 202 und 203), wo die Auswahl an qualitativ hochwertigen Textilien am größten und die Preise am niedrigsten sind. Zudem sind über 1300 Geschäfte im Bo Bae Tower (s. Karte S. 158/159) eine gute Quelle für günstige Massenware.

Bangkoker, 113 Samsen Rd., ✆ 02-628 9722, 🖳 www.bkker.com, Karte S. 168. Der freundliche Bangkoker Designer und seine Mutter verkaufen kreativ bedruckte Shirts.

Outdoor Specialist by K-Trade, Outdoor Unlimited Zone, 2. Stock, Amarin Plaza, BTS Chit Lom, ✆ 081-634 6350, 🖳 www.k-trade-international.com, Karte S. 162/163. Hier gibt es eine große Auswahl an Trekkingausrüstung und Klamotten renommierter deutscher Hersteller wie Deuter oder Ortlieb. In direkter Nachbarschaft zudem viele weitere Ausrüstungsläden. 🕐 11–19 Uhr.

Kochkurse

Was gibt es Schöneres, als nach der Rückkehr aus Thailand Freunde zu einem selbst gekochten Thai-Essen einzuladen? Wer die vorzügliche Küche auch zu Hause selbst zubereiten möchte, dem bieten Hotels, Restaurants und andere Organisationen Kochkurse an. Sie sind allerdings oftmals teurer als in Kanchanaburi oder Chiang Mai. Alle Preise gelten p. P.

Amita Thai Cooking School, 162/17 Soi Wutthakat 14, Thonburi, ✆ 02-466 8966, 🖳 www.amitathaicooking.com. Nach der morgendlichen Abholung vom Hotel geht es mit dem Boot nach Thonburi in die wunderschöne Villa von Tam, wo 4 Gerichte zubereitet werden. Erst gilt es die passenden Zutaten im Kräutergarten zu sammeln, dann gibt es eine Demonstration und schließlich wird individuell gekocht. Das unterhaltsame und spaßige Halbtagsprogramm kostet 3000 Baht. Max. 10 Teilnehmer.

Blue Elephant, 233 Sathorn Tai Rd., BTS Surasak, ✆ 02-673 9353-4, 🖳 www.blueelephant.com, Karte S. 160/161. Bei den professionell geführten 4-stündigen Morgenkursen für 3300 Baht inkl. Besuch des Bang Rak-Marktes oder den 3 1/2-stündigen Nachmittagskursen für 3000 Baht kann man dem Koch nicht nur zu-, sondern dank der hinter ihm installierten Kamera auch über die Schulter schauen. In blitzblanker, moderner Umgebung werden 4 verschiedene Gerichte gekocht. Maximal 20 Teilnehmer.

Helping Hands Thai Cooking School, Abholung um 8.30 Uhr von Emporium Suites, BTS Phrom Phong, ✆ 084-901 8717, 🖳 www.cookingwithpoo.com. Die halbtägigen, 1200 Baht teuren Kochkurse der lustigen und rüstigen Poo werden mitten im Slum von Khlong Toei abgehalten. Neben einem aufschlussreichen Besuch des riesigen Marktes (S. 206) lernen Teilnehmer das Kochen von 4 Gerichten und viel über den Alltag der hier lebenden Menschen und der gemeinnützigen Arbeit der Helping Hands Foundation, einer von Anwohnern ins Leben gerufenen Selbsthilfeorganisation. Max. 10 Teilnehmer. Es wird auch von den Anwohnern hergestellter Schmuck verkauft.

May Kaidee's Cooking School, 33 Samsen Rd., gegenüber Soi Samsen 2, und im Oasis, Mahanop Rd., ✆ 02-281 7699, 089-137 3173, 🖳 www.maykaidee.com/cooking-school, Karte S. 168 und S. 166/167. May und ihre Kollegen veranstalten seit über 25 Jahren mit viel Spaß und Humor gewürzte vegetarische Kochkurse von 9–13 und 13–16 Uhr für 1200 Baht, bei denen die Zubereitung von 8 Gerichten gelehrt wird. Die beliebten morgendlichen Kurse beinhalten auch einen Marktbesuch und eine Anleitung zur Zubereitung von Chillipaste. Kurse für Fortgeschrittene und Obstschnitzereien für 1500 Baht, 2-Stunden-Programme um 11, 13 und 17 Uhr für 600 Baht und jeden Do ab 19 Uhr eine Single Cooking Party für kontaktfreudige, einsame angehende Köche. Die Kurse im modernisierten und klimatisierten Oasis-Holzhaus in der Tanao Rd. kosten 2000 Baht.

The Thai House, ✆ 02-997 5161, 🖳 www.thaihouse.co.th, außerhalb des Zentrums, Karte S. 156/157. Eintägiger Kochkurs inkl. Unterkunft (S. 182), Transport, Vollverpflegung und Marktbesuch 5500 Baht, ohne Übernachtung 3800 Baht, auch mehrtägige Kurse. Die Chefin Peep bringt ihren Schülern auf liebenswerte und informelle Art die Geheimnisse der traditionellen Küche nahe.

Gut sind auch die teuren Kurse der **Thai Cooking School** im Mandarin Oriental Hotel, ✆ 02-659 9000, Karte S. 160/161, die 9-tägigen Kurse im **Modern Women Institute (Mae Baan Tan Samai)**, nahe dem Samsen-Bahnhof, ✆ 02-279 2831, Karte S. 156/157, und in der **UFM Baking & Cooking School**, Sukhumvit Soi 33/1, ✆ 02-259 0620, Karte S. 164/165.

Surfen

Flow House Bangkok, A-Square Plaza, Sukhumvit Soi 26, ✆ 02-108 5210, 🖥 www.flowhousebangkok.com, Karte S. 164/165. Auch mitten in der thailändischen Hauptstadt kann man dank einer Wellenmaschine Surfen und Bodyboarden. Eine Stunde kostet stolze 750 Baht, Vorbuchung erforderlich. Weniger Sportliche können mit Blick auf die Welle einen Drink und leckeres Essen genießen. Die Burger sollen ziemlich gut sein. ⏰ Mo–Fr 10–24, Sa und So ab 8 Uhr.

Thai-Boxen

Buddy Health Center, 265 Khaosan Rd., ✆ 02-629 4477, 🖥 www.buddylodge.com. Muay Thai-Kurse für 500 Baht pro Std.

Sor Vorapin Boxing Gym, 13 Trok Kasap, am Ende der Soi südlich vom Wat Chai Chana Songkhram, gegenüber der Khaosan Rd., 🖥 www.thaiboxings.com, Karte S. 166/167. Wer selbst Thai-Boxen erlernen möchte, kann sich zu Übungsstunden von 7.30–9.30 und 15–17 Uhr anmelden. Die Schule ist auf Ausländer und Anfänger eingestellt und verlangt 500 Baht pro Trainingseinheit, 7 Einheiten kosten 2500 Baht. Weitere Trainingscamps außerhalb in Taling Chan.

Vergnügungsparks

Dream World, ✆ 02-533 1152, nördlich des Don Mueang Airport an der Nakhon Nayok Rd., dem H305, zwischen den H1 und Outer Ring Road, Stadtbus 538 ab Victory Monument. Ein besonderes Highlight für die Jüngsten ist der große Vergnügungspark. Er vereint riesige Wasserrutschen, Achterbahnen, Autoscooter und vieles mehr. Sogar ein Bereich mit künstlich hergestelltem Schnee ist vorhanden. Eintritt inkl. Transfer und Mittag-

essen 1000 Baht. ⏰ 10–17 Uhr, feiertags bis 19 Uhr.

Kidzania Bangkok, 5. Stock des Siam Paragon, ✆ 02-683 1888, 🖥 www.bangkok.kidzania.com/en. In der detailverliebt gestalteten Miniaturstadt können Kinder bis 14 Jahre ihre Traumberufe ausprobieren und dabei etwas lernen: Ob Pilot, Sushikoch, Feuerwehrmann, Zahnarzt oder Zeitungsreporter, bei über 80 wählbaren Berufen ist die Auswahl enorm. Alles wirkt recht realistisch, nur kleiner. Eintritt Kinder 650 Baht, Erwachsene 400 Baht. ⏰ Mo–Fr 10–17, Sa und So 10–15 und 16–21 Uhr.

TOUREN

Individuelle Touren

BKK Tours, 17/92 Soi Ramkhamhaeng 43/1, ✆ 085-135 9292, 🖥 www.bkktours.com. Unter der Leitung des freundlichen Holländers Michiel und seiner Frau Photjaman werden eine Fülle von persönlich geführten, informativen Touren durch die Stadt und die Umgebung angeboten. Stadtführungen kosten bei mind. 4 Teilnehmern 1100–2700 Baht p. P. inkl. Essen und Trinken, Transport und Eintritt.

Green Mango, 296 Soi Indramara 45, Ratchadapisek Soi 17, 🖥 www.greenmango.net. Die professionell geführten, deutschsprachigen Stadtspaziergänge zeigen Bangkoks weniger bekannte Seiten. Neben der Ratanakosin-Tour durch die Altstadt und Chinatown und längeren Stadtführungen werden Routen auf individuelle Bedürfnisse zugeschnitten. Die Touren für 36–55 € und max. 8 Pers. können online gebucht und bezahlt werden.

Bustouren

Bei Tagesfahrten mit dem Bus erhält man nur einen flüchtigen Eindruck, denn die Fahrt selbst dauert recht lange, sodass wenig Zeit für Besichtigungen bleibt. Zudem hält der Fahrer auf dem Rückweg meist vor einer Orchideenfarm, einem Juwelier oder einer „Fabrik", um mit der Provision sein Gehalt aufzubessern. Von den preiswerten Touren der Reisebüros in der Khaosan Rd. sollte man nicht zu viel erwarten. Preisbeispiele: Amphawa und Talad Rom Hoob, Halbtagestour 500 Baht, Damnoen Saduak Floating Market, Halbtagestour 350 Baht,

Kanchanaburi, Tagestouren je nach Aktivitäten 650–2300 Baht.

Bootstouren

Einen Überblick über fast alle Touren mit Buchungsmöglichkeit findet man unter ⌨ www.thairivercruise.com.

Chao Phraya Express Boat Service, 78/24–29 Maharaj Rd., ✆ 02-623 6001, ⌨ chaophrayaexpressboat.com. Das Ausflugsboot fährt So um 8 Uhr vom Maharaj Pier und um 8.30 Uhr vom Sathorn Pier bis gegen 17 Uhr für 550 Baht p. P. zu 9 berühmten Tempeln. Frühmorgens zwischen 6.30 und 8 Uhr beginnen Tagestouren mit Luxusschiffen, u. a. **River Sun Cruise** (ab River City), ⌨ www.riversuncruise.co.th, und **River King Cruise**, ✆ 081-918 9533, ⌨ www.thairivercruise.com, nach Ayutthaya, wobei der Transfer ab/nach Bang Pa In mit dem Bus erfolgt. Die Bootsfahrt ist als Hin- oder Rückfahrt buchbar. Rückkehr gegen 15.30 Uhr. Im Preis von 1500–2000 Baht ist in der Regel ein Buffet auf dem Schiff enthalten.

Mekhala, ✆ 02-651 9101. Eine luxuriöse Alternative ist die Fahrt nach Ayutthaya auf einer umgebauten Reisbarke der Mekhala-Flotte für max. 42 Passagiere inkl. einer Übernachtung auf dem Schiff und Essen ab 11 920 Baht. Weitere Möglichkeiten für Flusstouren bieten die Restaurant- und großen Ausflugsboote, die meist auf dem Menam Chao Phraya flussaufwärts fahren (S. 185 und 218).

Radtouren

Empfehlenswert sind geführte Radtouren, die Bangkok von einer „grüneren" Seite zeigen und auch aufs Land führen. Allerdings überfordern die Verkehrsdichte und die Flut an Eindrücken viele Teilnehmer.

Absolute Explorer, ✆ 087-077 9696, ⌨ www.absoluteexplorer.com. Ab 10 Uhr interessante 5–8-stündige Tagestouren in der ländlichen Umgebung, inkl. Abholung und Transport 1200–1500 Baht p. P. bei max. 6 Teilnehmern.

Boom Bike Tours, ✆ 086-086 3105, ⌨ www.boombiketours.com. Neuerer Anbieter mit Touren in und um Bangkok für 1400–1800 Baht.

Co van Kessel Bangkok Tours, ✆ 02-639 7351, ⌨ www.covankessel.com/en/homeEN.php. Der holländische Gründer war vor fast 30 Jahren der Erste, der Fahrradtouren in unberührte Ecken der Stadt ausarbeitete. Die 3-Std.-Tour durch Chinatown und Thonburi kostet 950 Baht, eine 5-Std.-Tour für 1500 Baht beinhaltet zudem den Transfer mit einem Longtail-Boot in die grünen Refugien der Vorstadt, und eine 3-Std.-Nachttour ist für 950 Baht zu haben. Zudem Bootstouren und Wanderungen. Treffpunkt ist das Grand China Princess Hotel, 215 Yaowarat Rd.

Grasshopper Adventures, 57 Ratchadamnoen Klang Rd., ✆ 02-280 0832, ⌨ www.grasshopperadventures.com, Karte S. 166/167. International aktiver Anbieter, der neben sehr interessanten und informativen Stadttouren auch längere durch Thailand und die Nachbarländer anbietet. Professionell geführte 4-stündige Stadttouren für 1000 Baht p. P., Touren in die Umgebung ab 1600 Baht p. P. Die Guides sprechen sehr gutes Englisch. Auch Kinderräder und Nachttouren.

Recreational Bangkok Biking, ✆ 02-285 3955, ⌨ www.bangkokbiking.com. Entspannte Halbtagestouren in Bangkok ab 1250 Baht.

SpiceRoads, ✆ 02-712 5305, ⌨ www.spiceroads.com. Der professionelle Veranstalter bietet interessante, ausgefallene Radtouren in Asien an, darunter eine Vielzahl von Touren in und um Bangkok ab 2 Pers.

Velo Thailand, 88 Soi Samsen 2, ✆ 089-201 7782, ⌨ www.velothailand.com, Karte S. 168. Organisiert für max. 12 Pers. Touren durch Bangkok und Thonburi. Halbtagestouren kosten 1300 Baht, Tagestouren ab 1600 Baht. Außerdem für 1100 Baht eine Nachttour. Die ordentlichen Fahrräder werden auch vermietet (50 Baht pro Std. bzw. 300 Baht pro Tag). Weitere Tipps zu Radtouren s. **eXTra [2688]**.

Autovermietungen

Es ist kein Vergnügen, einen Wagen durch Bangkok zu steuern. Neben der großen Verkehrsdichte und dem ungewohnten Linksverkehr fordert ein verwirrendes System von Einbahnstraßen und Busspuren die

Aufmerksamkeit des Fahrers. Wer das Verkehrschaos umgehen will, kann ein Auto am Suvarnabhumi Airport mieten und von dort auf der Ring Road weiterfahren. Sonn- und Feiertage sind gut zum Fahren, da v. a. vormittags wenig los ist.

Expressways in Bangkok kosten pro Abschnitt 25–60 Baht Gebühren.

Informationen über Mietwagen S. 82.

Avis, 2/12–13 Witthayu (Wireless) Rd., ☎ 02-251 2011, 🖥 www.avisthailand.com, ⏰ 8–18 Uhr. Weitere Filialen an den Flughäfen, ⏰ 24 Std., sowie in Chiang Mai, Chiang Rai, Hat Yai, Hua Hin, Khon Kaen, Ko Samui, Krabi, Pattaya, Phitsanulok, Phuket, Surat Thani, Udon Thani, Ubon Ratchathani, Nakhon Si Thammarat und Trang.

Budget, 19/23 Royal City Avenue, Building A, New Phetchaburi Rd., ☎ 02-203 9294-5, 🖥 www.budget.co.th. Weitere Filialen an den Flughäfen, in Bowin, Chiang Mai, Chiang Rai, Hat Yai, Hua Hin, Khon Kaen, Korat, Ko Samui, Krabi, Pattaya, Phitsanulok, Phuket, Surat Thani, Ubon Ratchathani und Udon Thani.

Hertz, 72/8–9 Sathorn Nua Rd., ☎ 02-266 4362, 🖥 www.hertzthailand.com, ⏰ 7–19 Uhr. Weitere Filialen am Suvarnabhumi Airport, ⏰ 24 Std., Don Mueang Airport, ⏰ 8–21 Uhr, in Chiang Mai, Chiang Rai, Ko Samui, Krabi, Pattaya, Phang Nga, Phuket, Rayong und Udon Thani.

National Car Rental, 727 Srinakarin Rd., ☎ 02-722 8487, 🖥 www.nationalcar.com, ⏰ 8–17.30 Uhr. Weitere Filialen an den Flughäfen, ⏰ 8–20 Uhr, in Chiang Mai, Chiang Rai, Ko Samui, Krabi, Pattaya und Phuket.

Botschaften

Adressen und Öffnungszeiten ausländischer Botschaften S. 41.

Christliche deutschsprachige Kirchen

Evangelische Gemeinde, ☎ 02-391 3631, 081-815 9140, 🖥 www.die-bruecke.net.
Katholische Gemeinde, ☎ 02-381 1334, 081-158 9812, 🖥 www.gemeinde-bangkok.com. Katholische Gottesdienste jeden So um 10.30 Uhr in der Kapelle des St. Louis-Krankenhauses, Sathorn Tai Rd., BTS Surasak.

Fahrräder

Selbst auf „Radwegen" wie dem vom Lumphini Park zur Sukhumvit Soi 12 mit seinen Treppen und Steigungen ist Radfahren kein Vergnügen. Wer die Stadt auf eigene Faust per Rad erkunden möchte, bekommt bei der **Bangkok Tourism Division**, 17/1 Phra Arthit Rd., Karte S. 166/167, den Prospekt *Bangkok's 10 Biking Routes* mit interessanten Routenvorschlägen inkl. Kartenmaterial, Beschreibungen und weiteren wichtigen Infos.

Pro Bike, 237/2 Sarasin Rd., ☎ 02-253 3384, 🖥 www.probike.co.th, Karte S. 160/161. Einer der größten Fahrradläden Südostasiens mit einer riesigen Auswahl an neuen Rädern (viele Mountainbikes der Marke TREK), Ersatzteilen und einer Werkstatt. ⏰ Mo–Fr 10–19, Sa 8.30–19 und So 8.30–17 Uhr.

Informationen für Biker S. 84. Zu Radwegen s. **eXTra [2697]**.

Feste und Festivals

Staatliche Feiertage und religiöse Feste werden in Bangkok besonders prunkvoll begangen: Zum Geburtstag der Königin oder des Königs finden Paraden und Umzüge in den geschmückten Straßen statt. Bei großen Festen werden sogar die königlichen Barken zu Wasser gelassen. Das **chinesische Neujahrsfest** ist Anlass zu 3-tägigen Feierlichkeiten in der Chinatown. **Visakha Bucha**, das größte buddhistische Fest, wird im Wat Phra Kaeo und auf dem Sanam Luang begangen. Bereits ab 8 Uhr ziehen 30–40 liebevoll dekorierte Wagen mit Statuen, die Szenen aus dem Leben Buddhas darstellen, durch die Ratchdamnoen Rd. zum Königspalast. **Drachenwettkämpfe** finden während der kühlen Jahreszeit von Mitte Februar bis Ende März auf dem Sanam Luang statt.

Zur **Pflugzeremonie** auf dem Sanam Luang Mitte Mai strömen Bauern aus dem ganzen Land nach Bangkok.

Während der **Songkran**-Feiern werden in Bangkoks Straßen wahre Wasserschlachten ausgetragen, wobei Touristen ein beliebtes Ziel darstellen. Wer nicht ständig bis auf die Haut nass werden und mit schmierigem Wasser übergossen werden möchte, sollte die Stadt in diesen Tagen meiden. Zudem führen zahlreiche Absperrungen zu einem Verkehrschaos. In der Chinatown hingegen ist es dann ruhig.

Fitnesscenter und Yogazentren
Buddy Health Center, im 3. Stock des Buddy Boutique Hotels, 265 Khaosan Rd., ✆ 02-629 4477, Karte S. 166/167. Jeder kann für 200 Baht einen Tag im gut ausgestatteten Fitnessstudio des Hotels verbringen. ⏰ 9–24 Uhr.
Iyengar Yoga Studio, 3. Stock, 55th Plaza Bldg., 90 Sukhumvit Soi 55 (Thong Lo), BTS Thong Lo, ✆ 02-714 9924, 🖥 www.iyengar-yoga-bangkok. com, Karte S. 164/165. 1 Std. für 500 Baht.
Yoga Elements Studio, 23. Stock, Vanissa Bldg., Soi Chitlom, BTS Chit Lom, ✆ 02-655 5671, 🖥 www.yogaelements.com, Karte S. 162/163. Hier wird Vinyasa- und Ashtanga-Yoga gelehrt. 1 Std. für 520 Baht.

Friseure
Never Say Cutz, 927 Sukhumvit Rd., zwischen Soi 49 und 51, BTS Thong Lo, ✆ 02-662 6781, Karte S. 162/163, Siam Square im Komplex des Lido, BTS Siam, ✆ 085-199 9555, Karte S. 162/163, und in direkter Nähe zur BTS Ari, ✆ 02-619 5240, Karte S. 164/165, 🖥 www.facebook.com/Neversaycutz. In den beliebten Friseursalons und Hip-Hop-Treffpunkten fühlt man sich fast wie in einem Barbershop in Harlem. In geselliger Atmosphäre gibt es neben regulären, professionell durchgeführten Haarschnitten inkl. Rasur für 350 Baht auch aufwendige Bilder, Muster und Symbole, die in die Haare der Kundschaft rasiert werden. Zudem Mützen und kreative T-Shirts thailändischer Hip-Hop-Marken, am Siam Square sogar in einem eigenen Verkaufsraum. ⏰ 10–21 Uhr.

Immigration
Immigration Office, 2. Stock, Government Complex, Bldg. B, Chaeng Watthana Soi 7, im Norden der Stadt, am besten mit dem Taxi ab BTS Mo Chit, ✆ 02-141 9889, Call Center: ✆ 1178, 🖥 www.bangkok.immigration.go.th/

en, Karte S. 156/157. Früh ankommen, da sonst lange Wartezeiten drohen. ⏰ Mo–Fr 8.30–12 und 13–16.30 Uhr. Die Filiale in Sathorn, Soi Suanphlu, ✆ 02-287 1983, ist nur für in Thailand lebende Ausländer zuständig. ⏰ Mo–Sa 8.30–12 und Mo–Fr 13–16.30 Uhr.

Informationen
Bangkok Tourism Division, 17/1 Phra Arthit Rd., ✆ 02-225 7612-4, 🖥 www. bangkoktourist.com, Karte S. 166/167. Von den hilfreichen Mitarbeitern erhält man Antworten auf alle Fragen rund um die thailändische Hauptstadt und gute Straßen-, Bus- und Klongkarten. Hier gibt es einen kostenlosen, allerdings etwas unübersichtlichen Stadtplan auf Deutsch, auf dem Buslinien verzeichnet sind. ⏰ Mo–Fr 8–19, Sa und So 9–17 Uhr.
Tourist Authority of Thailand Service Center (TAT), nahe dem Demokratie-Denkmal, 4 Ratchdamnoen Nok Rd., ✆ 02-283 1556, 🖥 www.tourismthailand.org, Karte S. 158/159. Am Informationsschalter gibt es einen Stadtplan und mehr oder weniger aktuelle Publikationen zu Thailand. Die Angestellten sind nicht besonders hilfreich. ⏰ 8.30–16.30 Uhr.
Die Zentrale befindet sich in der 1600 New Phetchaburi Rd., ✆ 02-250 5500, ⏰ Mo–Fr 8.30–16.30 Uhr.
Auch im Untergeschoss des Airports, gegenüber der Polizeistation am westlichen Ende der Khaosan Rd., vor dem Ambassador Hotel, Sukhumvit Soi 11, und am Chatuchak Weekend Market, ⏰ Sa und So 9–17 Uhr, verteilen TAT-Filialen Infomaterial und Stadtpläne.
Tourist Service Line, touristische Informationen und Hilfe in Englisch, ✆ 1672, ⏰ 8–20 Uhr. Im Internet: 🖥 www.bangkok.com, 🖥 www.bk.asia-city.com, 🖥 www. bangkok101.com.

Internet
Eine Vielzahl von Restaurants, Bars und Hotels hat kostenlose WLAN-Zonen. Internetcafés in den Gästehäusern in Banglampoo bieten ab 20 Baht pro Std. die günstigste Möglichkeit zu surfen. In anderen Stadtvierteln gibt es eben-

falls zahlreiche Anbieter, die aber etwa doppelt so teuer sind.

Massagen und Spas

Traditionelle Thai-Massage wird in der Umgebung des **Wat Pho** geboten. Hier finden zudem Massagekurse statt (S. 137). Auch in der **Khaosan Rd.** und ihren Seitengassen bieten Masseure ihre (teils unprofessionellen) Dienste an. 1 Std. kostet normalerweise 150–300 Baht. Einige Massagesalons dienen mehr sexuellen Vergnügungen mit (möglicherweise) weniger gesunden Nachwirkungen.

Dahra Spa, Silom Rd. 154/8–9, BTS Chong Nonsi, ✆ 02-235 4811, 🖥 www.dahra-spa.com, Karte S. 160/161. Schönes Spa mit breit gefächertem Angebot zum Wohlfühlen und Genießen. 1 Std. Thai-Massage für 500 Baht. ⏲ 10–23 Uhr.

Divana Spa, 7 Sukhumvit Soi 25, BTS Asok, ✆ 02-661 6784, 🖥 www.divanaspa.com, Karte S. 164/165. Das Spa mit empfehlenswerten Massagen und Behandlungen wirkt wie eine kleine grüne Oase inmitten der Sukhumvit-Gegend. 100 Min. Thai-Massage kosten 1150 Baht. ⏲ 11–23 Uhr.

Pai-Spa, 156 Soi Rambuttri, ✆ 02-629 5155, 🖥 www.pai-spa.com, Karte S. 166/167. Elegantes Spa mitten in Banglampoo, das eine Vielzahl an Massagen, Behandlungen und Schönheitsmasken anbietet. 1 Std. traditionelle Thai-Massage kostet 350 Baht, 2 Std. 600 Baht, Gesichtsbehandlungen gibt es ab 700 Baht pro Std. ⏲ 10–23 Uhr.

Medizinische Hilfe

Bangkok besitzt eine sehr hohe Dichte an professionell geführten Krankenhäusern, die westlichen Standards entsprechen. Englischsprachiges Personal ist immer vor Ort. Die Kosten für Behandlungen und Medikamente sind moderat und die Wartezeiten wesentlich kürzer als in Deutschland. In allen Krankenhäusern praktizieren auch **Zahnärzte**, die mit ihren Patienten sanft umgehen. Die Behandlung muss direkt im Anschluss bezahlt werden, daher sollte immer genügend Bargeld oder eine Kreditkarte mitgeführt werden. Ansonsten kann der Pass als Pfand einbehalten werden!

Bangkok Christian Hospital, 124 Silom Rd., BTS Sala Daeng, ✆ 02-625 9000, 🖥 www. bangkokchristianhospital.org (nur in Thai), Karte S. 160/161. Ein großes Krankenhaus, in dem einige Ärzte auch Deutsch sprechen.

Bangkok Hospital, 2 Soi Soonvijai 7, nahe New Phetchburi Rd. Soi 47, ✆ 02-310 3000, Notruf ✆ 1719, 🖥 www.bangkokhospital.com, Karte S. 156/157. In dem großen Krankenhaus arbeiten viele Spezialisten, und es gibt eine neue Zahnklinik.

BNH Hospital, 9/1 Convent Rd., BTS Sala Daeng, ✆ 02-686 2700, 🖥 www.bnhhospital. com, Karte S. 160/161. Dieses Krankenhaus ist schon etwas älter, bietet aber zuverlässigen, freundlichen Service.

Bumrungrad International Hospital, 33 Sukhumvit Soi 3, BTS Ploen Chit, ✆ 02-667 1000, 🖥 www.bumrungrad.com, Karte S. 165/165, kurzfristige Terminvereinbarung unter -1555. In Thailands größtem, luxuriösestem und modernstem Krankenhaus werden jährlich etwa 700 000 Ausländer behandelt. Einige der 700 Ärzte sprechen auch Deutsch. Die Preise liegen deutlich über denen anderer Krankenhäuser.

Hua Chiew General Hospital, 665 Bamrungmuang Rd., Pom Prab, BTS National Stadium, ✆ 02-223 1351, 🖥 www. huachiewhospital.com (nur in Thai), Karte S. 158/159. Das Krankenhaus ist bekannt für seine alternativen asiatischen Behandlungsmethoden.

Mission Hospital, 430 Phitsanulok Rd., BTS Phaya Thai, ✆ 02-282 1100, 🖥 www. mission-hospital.org, Karte S. 158/159. Ein gut organisiertes und zuverlässiges, von Missionaren geleitetes Krankenhaus.

St. Louis Hospital, 215 Sathorn Tai Rd., BTS Surasak, ✆ 02-210 9999, 🖥 www.saintlouis. or.th, Karte S. 160/161. Großes, modernes, katholisches Krankenhaus.

Nationalparks

Royal Forestry Department, 61 Paholyothin Rd., außerhalb Richtung Don Mueang Airport, ✆ 02-561 4292-3, 🖥 www.forest.go.th. Hier ist auch die **National Parks Division** untergebracht, ✆ 02-561 0777, 🖥 www.dnp.

go.th/index_eng.asp, die Informationen über die Parks erteilt und Reservierungen für Übernachtungen vornimmt.

Post und Speditionen

Postfilialen befinden sich in Banglampoo am großen Platz nördlich der Tani Rd. und in der Soi Damnoen Klang Nua, am Hauptbahnhof links vom Haupteingang, versteckt im östlichen Siam Center am Parkhaus, im MBK Center, 2. Stock, an der BTS Phaya Thai, in der Sukhumvit Rd. nahe Soi 4, in der Soi 23 und an der BTS Thong Lo, ⊕ Mo–Fr 8.30–17.30, Sa 9–12 Uhr. Außerdem gibt es folgende Kurierdienste: **DHL**, ✆ 02-345 5000, 🖥 www.dhl.co.th/en.html. **TNT**, ✆ 02-257 6000, 🖥 www.tnt.com.

Rauchen

Verstöße gegen das Rauchverbot werden mit einem Bußgeld von 2000 Baht geahndet. Es gilt für alle geschlossenen Restaurants, Wartehallen, Geschäfte und Einkaufszentren, öffentlichen Verkehrsmittel, Tempel, Aufzüge, öffentlichen Toiletten und Fähranlegestellen und (mit wenigen Ausnahmen) auch für alle öffentlichen Gebäude, Banken und Flughäfen.

Reisebüros

Unzählige Reisebüros bieten v. a. in der Khaosan-, Silom- und Sukhumvit-Gegend Touristen ihre Dienste an. Einige sind seriös und professionell geführt, andere versuchen einem schlechte Touren und billige Tickets zu überhöhten Preisen anzudrehen. Es gibt auch schwarze Schafe, die Anzahlungen kassieren, das Büro schließen und dann unter anderem Namen wieder eröffnen. Prinzipiell sind größere, etablierte Büros und solche, in denen Mitarbeiter nicht darauf drängen, gleich die komplette Thailand-Reise zu buchen, vertrauenswürdiger.

Euro Travel, im New Siam I Gh., 21 Soi Chana Songkhram, ✆ 02-627 2544, ✉ eurotravel2011 @hotmail.com. Das kleine Reisebüro in Banglampoo bietet nicht die günstigsten Preise, aber die nette Frau versucht Leuten nicht mehr aufzuschwatzen, als sie wollen, oder sie zu einer Entscheidung zu zwingen.

Schwule und Lesben

In der Stadt gibt es einige schwulenfreundliche Clubs, Bars, Restaurants und Unterkünfte. Das Zentrum der Szene bilden die Silom Soi 2 und 4 in direkter Umgebung der Patpong. **Utopia**, ✆ 02-238 3227, 🖥 www.utopia-asia. com/thaibang.htm. Die Organisation erteilt Informationen über Thailand für Schwule und Lesben.

Anjaree Group, die lesbische Organisation ist zu erreichen unter ✆ 086-677-9009, 🖥 www. utopia-asia.com/womthai.htm, zudem gibt es die Internet-Plattform 🖥 www.lesla.com (nur in Thai).

Touristenpolizei

Tourist Police, Hotline ✆ 1155, 🖥 www. thai-touristpolice.org, Zentrale im 23. Stock des TPI Tower, 26/56 Chan Tat Mai Rd., ✆ 02-678 6800, Karte S. 156/157. Außenstellen in der Rama IV Rd., Ecke Ratchadamri Rd., am Lumphini Park, ✆ 02-253 9560, und neben dem Tourist Office nahe dem Demokratie-Denkmal.

Visa

Visa für viele Nachbarländer sind in Bangkok preiswerter und schneller zu bekommen als in Europa. Sie können über Reisebüros organisiert werden. Für die meisten Visaanträge sind 2 Passfotos erforderlich. Mit einer Agentur kostet die Ausstellung für:

China (30-Tage-Visum) 2900 Baht in 1 Tag, 2500 Baht in 2 Tagen oder 1650 Baht in 4 Tagen. Die Beantragung ist kompliziert, Kopien der Flug- und Hotelbuchungen sind notwendig.

Indien (6-Monats-Visum) 3700 Baht in 6 Tagen. Schweizer erhalten nur 1-Monat-Visa.

Indonesien (30-Tage-Visum) 2200 Baht in 3 Tagen.

Kambodscha (30-Tage-Visum) 1250 Baht in 1 Tag oder 1150 Baht in 2 Tagen. Ein Visa-on-Arrival kostet US$25 an der Grenze oder den internationalen Flughäfen.

Laos (30-Tage-Visum) 1950 Baht in 1 Tag oder 1750 Baht in 2 Tagen. Für Österreicher und Schweizer 200 Baht mehr.

Myanmar (28-Tage-Visum) 2300 Baht in 1 Tag, 1900 Baht in 2 Tagen oder 1700 Baht in 3 Tagen. Wer die Bewerbung persönlich einreichen möchte (gleicher Tag 1260 Baht, 1 Tag 1000 Baht, 2 Tage 800 Baht) sollte bereits um 8 Uhr bei der Botschaft (Pan Rd., BTS Surasak) sein. **Nepal** (60-Tage-Visum) 2200 Baht in 2 Tagen. **Philippinen** (30-Tage-Visum) 2200 Baht in 3 Tagen. **Vietnam** (30-Tage-Visum) 2400 Baht in 1 Tag, 2200 Baht in 2 Tagen oder 2000 Baht in 3 Tagen.

Wäschereien

Wäsche wird in nahezu allen Unterkünften innerhalb von 24 Std. kalt gewaschen. In den Wäschereien der Hostels wird sie nur selten gebügelt. Der Preis beginnt bei 25 Baht pro Kilo und steht in direktem Verhältnis zum Zimmerpreis.

NAHVERKEHR

Das Verkehrschaos während der Rushhour (6–9 und 16–20 Uhr) wird jedem, der einmal Bangkok besucht hat, bekannt sein. Wenn möglich, sollte in diesem Zeitraum jeder Transport mit Taxi, Bus oder Auto vermieden werden. Motorradtaxis schlängeln sich dann zwischen den stehenden Autos hindurch. Die Fähren, BTS- und MRT-Bahnen fahren hingegen immer mit einer vernünftigen Reisegeschwindigkeit.

BTS (Skytrain)

Die Hochbahn BTS (Bangkok Mass Transit System), ✆ 02-617 6000, 🖥 www.bts.co.th, ist schnell, sauber und recht zuverlässig. Sie wird jeden Tag von über 600 000 Pendlern genutzt. Beide Linien kreuzen sich am Umsteigebahnhof Siam (Central Station), Umsteigemöglichkeit in die MRT gibt es in Mo Chit/Chatuchak Park, Asok/Sukhumvit und Sala Daeng/Silom. Die **Silom Line** führt in 11 Stationen vom National Stadium über die Rama I Rd., Ratchadamri Rd., obere Silom Rd. und untere Sathorn Rd. über Saphan Taksin (Taksin-Brücke) nach Thonburi. Die **Sukhumvit Line** führt in 22 Stationen von der Endstation Mo Chit am Weekend Market über die Paholyothin Rd., am Victory Monument vorbei, über Phayathai Rd., Ploenchit, Sukhumvit Rd., On Nut und 5 km weiter Richtung Südosten bis Bearing. Die Verlängerung der Silom Line um weitere 2 Stationen bis nach Bang Wa in Thonburi soll Ende 2013 abgeschlossen sein. Die Sukhumvit Line soll bis 2017 um über 10 km bis nach Samut Prakan verlängert werden.

Tickets gibt es am Automaten. Sie kosten je nach Anzahl der Stopps 15–55 Baht, der One-Day Pass für 1 Tag 130 Baht, der 30-Tage-Pass (Rabbit Card) mit 15/25/40/50 Fahrten 375/575/840/1000 Baht. Hinzu kommen noch 50 Baht Gebühr für die Kartenausstellung. Züge fahren von 6–24 Uhr, Ansagen in den klimatisierten Wagen erfolgen in Thai und in Englisch.

Einen Überblick über die Lage der BTS-Stationen bietet die Karte „Bangkok Übersicht" S. 156/157.

MRT (U-Bahn)

Neben der BTS wurde 2004 die MRT (Mass Rapid Transit), 🖥 www.bangkokmetro.co.th, ein eigenständiges U-Bahn-System eingeweiht, das täglich 240 000 Pendler nutzen. Die Züge verkehren von 6–24 Uhr im 2–10-Minutentakt. Umsteigemöglichkeit in die BTS bestehen an den Stationen Silom (Exit 2 und Fußweg), Sukhumvit (direkt) und Mo Chit (Exit 4 und Fußweg).

Die 27 km lange Strecke der **Blue Line**, die in 18 Stationen vom Hauptbahnhof Hua Lamphong nach Norden über die Ratchadaphisek Rd. bis Bang Sue führt, soll bis 2015 nach Nordwesten und Südwesten verlängert werden, sodass sie kreisförmig bis auf die andere Seite des Flusses führt. Zudem soll bis 2015 die **Pink Line** von Bang Yai im Nordwesten der Innenstadt über die Altstadt (Dusit, Sam Sen und Banglampoo) bis nach Rat Burana im Südwesten führen. **Einzelfahrscheine** kosten je nach Entfernung 16–40 Baht, alternativ gibt es aufladbare Stored Value Cards und Zeitkarten. Die Geschichte des U-Bahn-Baus wird auf Infotafeln in der Passage der Station Hua Lamphong, Exit 2 zum Bahnhof, auch mit englischen Beschriftungen dargestellt. Einen Überblick über die Lage der MRT-Stationen bietet die Karte „Bangkok Übersicht" S. 156/157.

BRT (Expresslinie für Busse)

Das BRT-System (Bus Rapid Transit), 🖥 www.transitbangkok.com/brt.html, teilt Bussen eine eigene Fahrspur zu. Die erste und einzige Linie führt von der BTS Chong Nonsi in Sathorn alle 5–10 Min. über 12 Stationen nach Ratchaphruek in Thonburi, wo sie demnächst Anschluss an die BTS haben wird. Sie folgt nach den ersten 4 km dem Verlauf der Rama III Rd. Fahrscheine kosten 12–20 Baht.

Stadtbusse

Stadtbusse sind je nach Komfort und Ausstattung unterschiedlich teuer und zunehmend mit Automaten ausgestattet. Es ist sinnvoll, das Fahrgeld passend bereitzuhalten. Die Busse verkehren in der Regel von 5–23 Uhr. Infos unter 🖥 www.bmta. co.th/en.

Fahrpreise für Stadtbusse: Non-AC-Busse 6,50–8,50 Baht; AC-Busse 10–23 Baht. Einen **Stadtplan** mit allen Buslinien, den *Bangkok Bus Guide,* erhält man für 99 Baht in den Villa Markets, in Buchhandlungen und einigen Gästehäusern.

📖 Karten und eine gute Übersicht über die einzelnen Linien findet man unter 🖥 www.transitbangkok.com/bangkok_buses. html.

Da die Zielorte nur in Thai auf den Stadtbussen stehen, orientieren sich Touristen am besten an den Nummern. Dabei ist darauf zu achten, dass man nicht in die falsche Richtung fährt. Im Zweifelsfall lieber den Busfahrer beim Einsteigen fragen.

Non-AC-Stadtbusse sind rot oder weiß. Stadtbusse mit rotem Schild weichen von der normalen Route ab. Die wichtigsten Non-AC-Busse (+ bedeutet, Busse verkehren rund um die Uhr):

2: Ekkamai (Eastern) Bus Terminal – Ratchdamnoen Klang Rd. +

3: Banglampoo (Phra Arthit Rd.) – Suan Chatuchak (Weekend Market) – Mo Chit (Northern Bus) Terminal (bis 24 Uhr)

25: Samut Prakan – Sukhumvit Rd. – Hua Lamphong – Sanam Luang +

30: Nonthaburi – Banglampoo – Sanam Luang (bis 22 Uhr)

40: Ekkamai (Eastern) Bus Terminal – Hua Lamphong – Itsaraphap Rd. (bis 22 Uhr)

47: Rama IV Rd. – Königspalast – Hua Lamphong – Silom/Patpong

53: Hua Lamphong – Phra Arthit Rd. (Nähe Khaosan Rd.)

AC-Stadtbusse sind blau-weiß, weiß-grün-rot, weiß-grün-blau oder orange gehalten und haben geschlossene Türen und Fenster. Die wichtigsten AC-Busse:

501: Minburi – Ekkamai (Eastern) Bus Terminal – Hua Lamphong – Chinatown (bis 22.30 Uhr)

503: Rangsit – nahe Suan Chatuchak (Weekend Market) – Victory Monument – Banglampoo – Nationalmuseum (bis 21 Uhr)

507: Rama IV Rd. – Hua Lamphong – Sanam Luang (bis 24 Uhr)

508: Samut Prakan – Ekkamai (Eastern) Bus Terminal – Siam – Chinatown – Sanam Luang (bis 20.30 Uhr)

511: Samut Prakan – Sukhumvit Rd. – Banglampoo – Southern Bus Terminal +

539: Victory Monument – Southern Bus Terminal – Om Yai (bis 22 Uhr)

556: Southern Bus Terminal – Makkasan Terminal (bis 19 Uhr)

Taxis

Durch Bangkok fahren 90 000 Taxis auf der Suche nach Fahrgästen. Sie sind mit **Taxameter** ausgestattet. Man sollte darauf bestehen, dass das Taxameter eingeschaltet wird, oder ein anderes Taxi nehmen. Manchmal wird kurz vor Ende der Fahrt oder beim Gepäckausladen das Taxameter ausgeschaltet und ein überhöhter Preis verlangt. Für derartige Fälle Kleingeld passend bereithalten. Da viele Autos mit Gas fahren, ist der Kofferraum oft zu klein für großes Gepäck.

Die Einschaltgebühr beträgt seit 1992 35 Baht einschließlich des ersten Kilometers, jeder folgende Kilometer kostet bis zu 12 km 5 Baht, danach je nach Streckenlänge bis zu 8,50 Baht, zudem werden bei Stau (Geschwindigkeit unter 6 km/h) 1,50 Baht pro Minute fällig. Am besten während der Rushhour gar nicht erst losfahren.

Vom Airport ist ein Aufschlag von 50 Baht zu zahlen. Die Gebühren für die Benutzung der Expressways, pro Strecke 45–70 Baht, sind von den Passagieren zu bezahlen. Wenn ein Fahrer das Fahrziel nicht versteht, hilft eine Straßenkarte mit thailändischer Beschriftung, die Visitenkarte des Hotels oder eine Telefonnummer, bei der der Fahrer anrufen kann.

Radio Taxis können rund um die Uhr unter ☎ 1681 und ☎ 02-880 0888 für zusätzliche 20 Baht telefonisch bestellt werden.

Beschwerden über Taxis unter Angabe des Datums, der Uhrzeit und der Registrierungsnummer unter ☎ 1661.

Motorradtaxis

Die Fahrer, an den farbigen Westen mit Nummern zu erkennen, warten an den Abzweigungen der Sois. Sie legen in mafiaähnlichen Strukturen die Preise für die Strecken in ihrem „Revier" fest. Daher variieren die Kosten für kurze Strecken sehr stark (10–50 Baht). Auf Hauptstraßen und für längere Strecken sind Motorradtaxis nicht zu empfehlen, da eine Fahrt recht gefährlich ist. Motorradtaxis dürfen nur eine Person befördern. Theoretisch besteht Helmpflicht.

Es ist geplant, auch Motorradtaxis mit Taxameter auszustatten.

Tuk Tuks

Die offenen Motorroller mit Sitzbank verlangen mind. 30 Baht für eine Fahrt, sind damit meist teurer als Taxis und im dichten Verkehr ein Gesundheitsrisiko. Viele Fahrer sind nicht mehr bereit, Touristen zu einem fairen Preis zu befördern, oder versuchen mit falschen Behauptungen ihre Passagiere zu „Einkaufstouren" zu überreden, um Provision zu kassieren. So schließen Touren für 20 Baht unter Garantie den Besuch von Geschäften mit ein. Auch an Betrügereien mit Edelsteinen (S. 207) sind Tuk-Tuk-Fahrer beteiligt. Sprechen die Fahrer kein Englisch, sollte man sich vergewissern, dass sie das Fahrtziel verstanden haben.

Personenfähren

Mit den relativ hohen Booten mit Dach kann man von zahlreichen Piers aus zwischen 8 und 18 Uhr für einen kleinen Betrag den Menam Chao Phraya überqueren. Die meisten Passagiere stehen.

Expressboote

Chao Phraya Express Boat Service, ☎ 02-445 8888, 🖥 www.chaophraya expressboat.com/en. Die langen Boote mit vielen Sitzplätzen verkehren auf dem Menam Chao Phraya über eine Länge von 21 km zwischen Pakkred (Norden, Pier N33) und Ratburana (Süden, Pier S4) zwischen 6 und 20 Uhr.

An 34 Piers (N30–S3) halten die **Boote ohne Flaggen**, die Mo–Fr zur Rushhour (6–8 und 15–17.30 Uhr) im Einsatz sind und alle 15–20 Min. fahren.

Die **Expressboote mit orangefarbenen Flaggen**, die tgl. von 6–19 Uhr alle 5–20 Min. verkehren, halten nur an den 18 wichtigsten Piers. **Boote mit grünen Flaggen** fahren vom Sathorn Pier zur Rushhour flussaufwärts hinaus bis Pakkret (N33) und die mit **gelben Flaggen** in den Süden bis Ratburana (S4). Eine Karte findet sich unter 🖥 www.chaophrayaexpressboat.com/en/services/map-print.asp.

Fahrpreis je nach Bootsflagge und Entfernung 10–32 Baht. Tickets aufheben, da sie an manchen Piers bei der Ankunft kontrolliert werden.

Chao Phraya Tourist Boat, ☎ 02-617 7340, pendelt halbstündlich von 9.30–16 Uhr zwischen Sathon Pier (Central) und Phra Arthit Pier (N13) mit Zwischenstopps an den touristisch interessanten Stationen Oriental Pier (N1), Si Phraya Pier (N3), Ratchawongse Pier (N5), Tha Tien Pier (N8), Maharaj Pier und Wang Lang Pier (N10). Die Fahrt kostet 40 Baht, ist etwas komfortabler und man benötigt ca. 30 Min. Die englischsprachigen Erläuterungen sind fehlerhaft und unverständlich. Das Tourist-Tagesticket für 150 Baht p. P. für unbegrenzte Fahrten lohnt in der Regel nicht. An den Piers informieren Schautafeln über die Boote.

Linienboote auf den Klongs

Rua hang yao – schmale Boote mit Sitzplätzen für etwa 15 Pers., die von einem Außenborder an einer langen Stange angetrieben werden – verkehren immer seltener auf den Klongs. Sie werden v. a. von Pendlern genutzt, um in die Vororte zu gelangen. Bei Ausflugsfahrten lohnt es sich, erst nach 9 Uhr loszufahren, wenn die Rushhour vorüber ist. Vor Spritzwasser schützt eine Plane oder ein Schirm.

Die Boote nach **Thonburi** fahren in Bangkok von separaten Anlegestellen neben den Expressboot-Stopps ab, wenn sie voll sind. Während der Fahrt setzen die Boote die Passagiere einzeln an privaten Bootsstegen ab, auf die diese zuvor gewiesen haben. Der Fahrpreis variiert je nach Boot, Tageszeit und Entfernung. Da die Boote von Pendlern genutzt werden, verkehren sie vermehrt morgens stadteinwärts und spät nachmittags stadtauswärts.

Ab **Tha Chang Pier (N9)** auf dem Klong Bangkok Noi und dem Klong Bangkok Yai fahren Boote ab 16 Uhr je nach Bedarf mit Pendlern nach Bang Kruay oder weiter ins ländliche Bang Yai.

Ab **Tha Thien Pier (N8)** v. a. während der Rushhour für Pendler auf dem Klong Mon.

Ab **Pibul 1 Pier (N25)** auf dem Klong Om, während der Rushhour bis Bang Yai.

Innerhalb **Bangkoks** verkehren Boote vom **Phanfa Pier** an der Ratchdamnoen Rd. am Golden Mount auf dem **Klong Saen Saeb** in die östlichen Vororte und halten z. B. am Jim Thompson House, an der Phayathai Rd. nördlich vom Siam Square, der Ratchadamri Rd. am Pratunam-Markt, der Chitlom und Witthayu Rd. und in der Sukhumvit Rd. Soi 3 und 23. Mit teils glitschigen Stegen, Gedränge und wegen des dreckigen Spritzwassers seitlich hoch gezogenen Planen ist zu rechnen.

Ein Shuttleboot fährt von 10–16 Uhr vom Phra Arthit Pier zu den **Königlichen Barken** für 50 Baht einfach.

An der Endstation der Linienboote auf den Klongs können kleine Taxiboote für bis zu 5 Pers. gechartert werden.

Charterboote

Klongboote, in denen 6–10 Pers. Platz haben, werden ab 400 Baht pro Std., Expressboote deutlich teurer, an verschiedenen Piers vermietet, u. a. an der Phra Pinklao-Brücke (Bangkok-Seite), Tha Chang (N9, hinter dem Nationalmuseum), Tha Thien (N8, hinter Wat Pho), River City Pier (teure Charterboote), Oriental Pier (N1, viele Touristen und Schlepper) und Sathorn (Central Pier). Oft versuchen die Bootsfahrer, Touristen während der Tour zu Restaurantbesuchen, Einkaufstouren und anderen Fahrtpausen zu überreden.

TRANSPORT

Backpackerbusse

Warnung: Die billigsten Angebote sollte man auf jeden Fall meiden (S. 134). Uns erreichten zudem Leserbriefe, die sich über Diebstähle und unsichere Fahrzeuge bei den Billiganbietern **nach Kambodscha** beklagten. Auf der thailändischen Seite werden meist recht komfortable Busse eingesetzt, in Kambodscha aber deutlich schlechtere Minibusse mit unerfahrenen Fahrern. Viele kommen erst abends an, sodass man gezwungen ist, im Hostel des Busunternehmens zu übernachten. Eine Alternative besteht darin, nur bis Aranyaprathet zu fahren und die Weiterfahrt von dort selbst zu organisieren.

Reisebüros verkaufen Tickets für Busse zu Touristenzielen. In der Regel werden die hier gelisteten Verbindungen mit großen, komfortablen VIP-Bussen durchgeführt. Folgende Preise können als Anhaltspunkt dienen. Sie variieren je nach Saison und Nachfrage.

Innerhalb Thailands

KANCHANABURI, um 9 und 14 Uhr für 400–450 Baht in 2 1/2 Std.

KO CHANG, um 8 Uhr für 400–600 Baht in 7 Std. inkl. Bootstransfer.

KO LANTA (via Krabi), um 18 Uhr für 900 Baht in 16 Std.

KO SAMET, um 8 Uhr für 400–600 Baht in 4–5 Std. inkl. Bootstransfer.

KO SAMUI, um 18 Uhr mit dem Nachtbus für 800 Baht in 14 Std.

KO PHA NGAN, um 18 Uhr für 750 Baht in 18 Std. (via SURAT THANI) oder um 19.30 Uhr für 900 Baht in 16 Std.

KO PHI PHI (via KRABI), um 18 Uhr für 850 Baht in 20 Std.

KO TAO, um 5 und 20 Uhr für 1100 Baht in 9 1/2–12 Std.

KRABI, um 18 Uhr für 700 Baht in 16 Std.

PATTAYA, um 8 Uhr für 400 Baht in 3 Std.

PHUKET, um 18 Uhr für 800 Baht in 16 Std.

In die Nachbarländer

Busse in die südlichen Nachbarländer sind aufgrund der teils langen Fahrzeiten und vergleichsweise günstigen Flugpreise nicht empfehlenswert, es sei denn, der Weg ist das Ziel.

KUALA LUMPUR, für 1800 Baht mit 4x Umsteigen in über 24 Std.

PENANG (BUTTERWORTH), für 1500 Baht in mind. 20 Std.

SIEM REAP (Angkor, Kambodscha), um 7 Uhr ab Khaosan Rd. über Aranyaprathet. Mit dem Taxi ab der Grenze für 850–900 Baht in 9 Std. oder mit dem Minibus für 650–700 Baht in 12–15 Std.

Minibusse

Vom Victory Monument nördlich des Stadtzentrums (BTS Victory Monument, vom Northern Bus Terminal Bus 77) verkehrt eine Vielzahl von Minibussen in verschiedene Orte in der Umgebung. Sie fahren nicht zu festen Zeiten, sondern dann ab, wenn der letzte Platz besetzt ist. In der Regel dauert das selten länger als eine halbe Stunde. Minibusse sind nicht günstiger als die großen Busse, aber schneller.

Preisbeispiele: AMPHAWA 80 Baht, AYUTTHAYA 60 Baht, HUA HIN 180 Baht, KANCHANABURI 110–120 Baht, PATTAYA 100 Baht, PHETCHABURI 100 Baht, RAYONG 160–200 Baht, SUVARNABHUMI 20 Baht, TRAT 300 Baht.

Busse

Mit einigen Ausnahmen fahren die Unternehmen von 3 großen Busbahnhöfen ab. Der Northern Bus Terminal (Mo Chit) ist der mit Abstand betriebsamste. Man sollte bereits 30 Min. vor Abfahrt dort sein, da

Busse, die voll sind, manchmal auch früher losfahren.

Gelistet sind hier die AC-Busse 1. und 2. Klasse sowie ggf. bequeme VIP-Busse der staatlichen **Transport Co. Ltd.**, ✆ 1490, 🖥 www.home.transport.co.th/en.html.

🛈 **Reservierungen** sind über Thai Ticket Major möglich, ✆ 02-262 3456, „9" drücken für Englisch, 🖥 www.thaiticketmajor.com/bus/index_eng.php. Man erhält für die gewünschte Verbindung eine Reservierungsnummer, mit der man bei jedem 7Eleven bezahlen kann. Gegen die Quittung werden dann am Thai Ticket Major-Schalter am Busbahnhof die Tickets ausgehändigt. Die Preise sind dieselben wie beim Direktkauf. Die Busse privater Gesellschaften fahren zu gleichen Preisen und werden aus Platzgründen hier nicht gelistet. Langsame lokale Busse mit Ventilator sind nur zu nahe gelegenen Zielen zu empfehlen.

Richtung Norden und Nordosten

Northern Bus Terminal (Mo Chit), Kamphaengphet 2 Rd., westlich der Straße zum Don Mueang Airport, ✆ 02-936 2841-8 (für Norden), 02-936 2853-6 (für Nordosten), „1" drücken für Englisch, BTS Mo Chit (Exit 4), MRT Kamphaeng Phet. Der Stadtbus 3 fährt von der Phra Arthit Rd. in Banglampoo nach Mo Chit, Bus 77 vom Victory Monument aus. Weitere Busse zum Terminal S. 217. Die Stadtbusse fahren etwa 200 m südlich vom Terminal ab. Der Weg führt durch ein unüberschaubares Marktgewirr, daher ist es am besten, nach „local bus" zu fragen. Am Busbahnhof gibt es Restaurants, einen Informationsschalter und eine Gepäckaufbewahrung.

ARANYAPRATHET (Grenze Kambodscha), 269 km, um 5, 6 und 9.30 Uhr für 228 Baht in 4 Std.

AYUTTHAYA, 75 km, alle 20–30 Min. von 5–20.30 Uhr für 65 Baht in 1 1/2 Std. Die Minibusse ab Victory Monument sind schneller.

BANG PA IN, alle 30 Min. von 6–18 Uhr für 50 Baht in 1 1/2 Std.

KANCHANABURI, 149 km, um 6.30, 11, 14.30 und 17.10 Uhr für 110–140 Baht in 3 Std. und mit Minibussen ab Victory Monument.

Richtung Ostküste
Eastern Bus Terminal (Ekkamai), Sukhumvit Rd., gegenüber Soi 63 (Ekkamai), ✆ 02-391 3301, 02-392 9227. Gepäckaufbewahrung 35 Baht pro Gepäckstück und Tag, ⏱ 6–18 Uhr. BTS Ekkamai oder Anreise mit Stadtbussen, S. 217.
Einige Busse an die Ostküste halten auch am Public Transport Centre am Flughafen.
CHANTABURI, 229–249 km, stdl. von 5–24 Uhr für 210 Baht in 4–5 Std. Ab Northern Bus Terminal (Mo Chit) um 6.30, 12, 14 und 17 Uhr für 220 Baht in 4 Std.
LAEM NGOP (Fähre nach Ko Chang), 331 km, um 7.30 und 9.30 Uhr für 250 Baht in 5–6 Std.
PATTAYA, 141 km, alle 40 Min. von 5–23 Uhr für 90–140 Baht in 2 1/2 Std. Weitere AC-Busse ab Public Transport Centre am Airport, Northern Bus Terminal (Mo Chit) und mit Minibussen ab Victory Monument (S. 220).
RAYONG (Fährhafen für Ko Samet), 194 km, um 6, 12, 13, 15, 17 und 20 Uhr für 170–280 Baht in 3 Std. Ab Northern Bus Terminal (Mo Chit) um 6 und 12 Uhr für 180 Baht in 3 Std. und mit Minibussen ab Victory Monument (S. 220).
TRAT, 327 km, 12x tgl. von 4–24 Uhr für 230–310 Baht in 5–6 Std. Ab Northern Bus Terminal (Mo Chit) um 7.30, 11 und 22 Uhr für 280 Baht in 4 Std. und mit Minibussen ab Victory Monument (S. 220).

Richtung Süden und Westen
Southern Bus Terminal (Sai Tai Mai/Taling Chan), Phutthamonthon Soi 1 am H338 in der Nähe der Outer Ring Road, ✆ 02-894 6122, „5" drücken für Englisch. Im AC-gekühlten, flughafenähnlichen Terminalgebäude befinden sich Geschäfte und Restaurants. Anreise mit dem Stadtbus S. 217.
CHUMPHON, 468 km, um 21 Uhr für 380 Baht in 8 Std.
DAMNOEN SADUAK, 96 km, alle 40 Min. von 6–21 Uhr für 70–100 Baht in 2 Std.
HAT YAI, 954–1020 km, um 6.30, 16.30, 17.30 und 19.30 Uhr für 590–750 Baht; VIP um 18, 19 und 20 Uhr für 1170–1240 Baht in 13–14 Std.
HUA HIN, 201 km, alle 40 Min. von 4–22.20 Uhr für 170 Baht in 3 Std. und mit Minibussen ab Victory Monument (S. 220).

KANCHANABURI, 129 km, alle 20 Min. von 5–22.30 Uhr für 80–100 Baht in 2–2 1/2 Std., mit Minibussen ab Victory Monument (S. 220) und Bussen ab Northern Bus Terminal (Mo Chit, S. 217).
KHAO LAK, 828 km, mit den Bussen nach Phang Nga. VIP für 1020 Baht um 19.30 Uhr in 12 Std.
KO PHA NGAN, 740 km, um 19.30 Uhr für 590 Baht; VIP um 19.50 Uhr für 910 Baht in 13 Std.
KO SAMUI, 735/745 km, über Surat Thani oder direkt um 7, 19, 19.30 und 20 Uhr für 460–590 Baht; VIP um 6.45, 7.30, 18.40, 19, 19.15, 19.30, 20.20 und 20.30 Uhr für 920 Baht in 10 1/2–12 Std.
KRABI, 817/847 km, um 18 und 20 Uhr für 650–670 Baht; VIP 19.30 Uhr für 1000 Baht in 12 Std.
PHANG NGA, 783 km, um 19.30 Uhr für 500 Baht; VIP um 20 Uhr für 960 Baht in 12 Std.
PHUKET, 867/891 km, um 6, 6.20, 7.30, 9.30, 13, 17.30, 18, 18.30 und 20 Uhr für 530–680 Baht; VIP um 7.30, 17.30, 18.30 und 20 Uhr für 1060 Baht in 12–13 Std.
RANONG, 583 km, um 20.30 Uhr für 510 Baht; VIP um 20 Uhr für 730 Baht in 9 Std.
SURAT THANI, 668 km, um 7, 18 und 19.30 Uhr für 430–550 Baht; VIP um 7, 19 und 20.30 Uhr für 790–930 Baht in 10 Std.

Eisenbahn

Von **Hua Lamphong**, dem überschaubaren Hauptbahnhof (S. 222), fahren die meisten Züge Richtung Norden, Nordosten, Osten und Süden. Verbindungen mit der MRT sowie mit Stadtbussen (S. 217). Am Informationsschalter vor der Bahnhofshalle sind Fahrpläne erhältlich. Fahrplanauskunft rund um die Uhr unter ✆ 02-220 4334, 🖳 www.railway.co.th. Die englischsprachigen Anzeigetafeln in der Haupthalle erleichtern die Orientierung. Ein Food Court im Erdgeschoss und mehrere Restaurants im 1. Stock sorgen für das leibliche Wohl. Am besten lässt sich das Treiben vom Balkon im 1. Stock beobachten. Weiterhin gibt es einen Schalter der Tourist Police, Geldautomaten, eine Gepäckaufbewahrung im 1. Stock, ⏱ 4–24 Uhr, pro Gepäckstück und Tag 70 Baht, und ein Postamt, ⏱ 7–19 Uhr. Kalte Duschen können in der Bahnhofshalle neben

dem Reservierungsbüro gegen Gebühr genutzt werden. Die Fahrpläne auf S. 817–819 können sich kurzfristig ändern.
Züge Richtung Kanchanaburi und Nam Tok sowie langsame Züge in den Süden verkehren ab der **Thonburi Railway Station (Bangkok Noi)**. Frühzeitig da sein, denn hier können Tickets nur am Abfahrtstag gekauft werden.

Tickets

Tickets erhält man bis zu 60 Tage vor der Abreise im **Advance Booking Office** im Hauptbahnhof Hua Lamphong, ✆ 02-223 3762, 224 7788, 220 4268, ⊘ 8.30–16 Uhr, danach sind Buchungen an den Schaltern möglich. Schalter 2 ist für Ausländer reserviert. Kreditkarten werden akzeptiert. Tickets gibt es auch in jedem anderen thailändischen Bahnhof mit Reservierungssystem. Für zurückgegebene Tickets werden 50 % und ab dem 5. Tag vor dem Reisetermin 20 % des Fahrpreises erstattet, Umbuchungen kosten 100 Baht. Wer vorhat, viele Langstrecken mit der Bahn zurückzulegen, kann sich den Thailand Rail Pass besorgen. Am Fahrkartenschalter werden beim Kauf einer Fahrt nach Surat Thani auf Wunsch Kombitickets nach Ko Samui verkauft. Dabei landet man aber auf einem absolut nicht empfehlenswerten Songserm-Schiff, was deutlich längere Transport- und Wartezeiten zur Folge hat.

Verbindungen

Fahrpreis in der 1. Klasse Schlafwagen oben (unten +200 Baht)/2. Klasse Sitzplatz Ventilator (AC +60–110 Baht, Bett +100–240 Baht)/3. Klasse Ventilator (AC, falls vorhanden, +60–100 Baht):
ARANYAPRATHET, 255 km (nur 2./3. Kl.), 111/48 Baht.
AYUTTHAYA, 71 km (nur 2./3. Kl.), 65/45 Baht.
CHUMPHON, 485 km, 994/340/232 Baht in 6 1/2–9 Std.
HAT YAI, 945 km, 1394/455/259 Baht in 13 1/2–17 1/2 Std.
HUA HIN, 229 km, 822/152/94 Baht in 3–4 1/2 Std.
KANCHANABURI, 133 km (nur 3. Kl., ab Thonburi), 100 Baht.
NAKHON SI THAMMARAT, 832 km, 1272/418/243 Baht in 15–16 Std.

NAM TOK, 211 km (nur 3. Kl., ab Thonburi), 100 Baht in 4 1/2–5 Std.
PADANG BESAR, 990 km, 1427/550/346 Baht in 17 Std.
PATTAYA, 155 km (nur 3. Kl.), 31 Baht in 3 1/2 Std.
PHETCHABURI, 166 km (nur 2./3. Kl.), 128/84 Baht in 2 1/2–3 1/2 Std.
PRACHUAP KHIRI KHAN, 318 km, 872/245/168 Baht in 4–6 Std.
SUNGAI GOLOK, 1159 km, 1553/527/290 Baht in 20–22 Std.
SURAT THANI, 651 km, 1139/398/257 Baht in 8 1/2–12 Std.

Da alle Züge Richtung Süden auch in Nakhon Pathom halten, kann man dort umsteigen, ohne nach Bangkok fahren zu müssen. Nach KO SAMUI und KO PHA NGAN bis Surat Thani. Hier warten am Bahnhof auch Anschlussbusse nach KRABI. Nach KO TAO bis Chumphon.
Der Luxuszug **Eastern & Oriental Express** verkehrt 1–3x monatlich zwischen Singapore, Hua Hin, Kanchanaburi (River Kwai) und Bangkok. Informationen in Bangkok ✆ 02-216 8661, in Deutschland unter ✆ 0221-338 0300, ⊑ www.orient-express.com/web/eoe/eastern_and_oriental_express.jsp. Er kostet von Bangkok nach Singapore mind. 1930 €.

Flüge

Flughäfen

Vom riesigen **Suvarnabhumi Airport** östlich der Stadt fliegen alle großen Fluggesellschaften, während der ältere Don Mueang Airport, ⊑ www.donmuangairportonline.com, im Norden der Stadt von Billigairlines genutzt wird. Bei Flugbuchungen mit Umsteigen ist darauf zu achten, dass die Flieger vom gleichen Flughafen starten oder man entsprechend mehr Umsteigezeit einplant. Die Fahrt von Suvarnabhumi zum Don Mueang dauert mit dem Taxi mind. 1 Std., günstiger ist Bus 555.
Der **Suvarnabhumi Airport** (gespr.: Su-wanna-puhm, Abkürzung BKK), allgemeine Auskunft ✆ 1722, 02-132 1888, ⊑ www.suvarnabhumi airport.com, liegt 32 km außerhalb des Zentrums, östlich der Outer Ring Rd. zwischen

Buraphawithi Expressway (H34 nach Chonburi) und dem Motorway H7 in der Provinz Samut Prakan. Um den architektonisch interessanten, mit Shops und Restaurants vollgepackten mehrstöckigen Terminal von 444 m Länge und 111 m Breite zu durchqueren, braucht man Zeit. Lange Schlangen bilden sich während der belebten Stunden vor den Immigration-Schaltern und am internationalen Transfer Counter. Das WLAN-Netz hinter der Immigration kann für 1 Std. kostenlos genutzt werden. Eine Aussichtsplattform gibt es auf Level 7, Restaurants auf Level 6, Airline-Büros auf Level 5, die Abflughalle mit zahllosen Restaurants, Duty Free-Shops, dem Fundbüro und einem Postamt liegt auf Level 4. Geschäfte, Airline Lounges, eine Krankenstation und noch mehr Restaurants auf Level 3, die Ankunftshalle, Shops, ein weiteres Postamt, Geldautomaten, eine Polizeistation, weitere Airline Lounges und eine Krankenstation auf Level 2. Auf Level 1 finden sich eine TAT-Information, Kranken-station, Bushaltestellen und Taxis, die Station des Airport Rail Link und eine preiswerte, bei den Flughafenangestellten beliebte Kantine im Untergeschoss auf Level 0. Eine Gepäck-aufbewahrung liegt auf Level 2 und 4. Ein Gepäckstück kostet 100 Baht, ⏰ 24 Std. Geld spart man, wenn Übergepäck vor Gate 8, ✆ 02-134 2090, als unbegleitetes Gepäck eingecheckt wird. Wer Großeinkäufe getätigt hat (mind. 5000 Baht und 2000 Baht pro Rechnung), kann sich in der Abflughalle gegen eine Gebühr von 100 Baht die Mehrwertsteuer zurückerstatten lassen, muss aber größere Einkäufe bei der Ankunft in Europa wieder verzollen.

Weiterreise vom Suvarnabhumi Airport
Zur Rushhour oder als Einzelreisender lohnt es sich, vom Suvarnabhumi Airport auf den neuen **Airport Rail Link**, ✆ 1690, 🖥 www.srtet.co.th/ en oder 🖥 www.bangkokairporttrain.com, zurückzugreifen, der auf einer 28,6 km langen Strecke mit einer Geschwindigkeit von bis zu 160 km/h tgl. von 6–24 Uhr verkehrt:
Der **Expresszug** (SA Express Line) fährt vom Airport stdl. von 6.30–23.30 Uhr non-stop in 24 Min. bis zur BTS-Station Phaya Thai

(Sukhumvit Line) und stdl. von 6.25–23.25 Uhr non-stop in 20 Min. zum Makkasan Terminal in Laufentfernung zur MRT-Station Petchaburi. Die zweite Variante ist für Reisende, die in der Sukhumvit Rd. wohnen, attraktiv. Eine Fahrt kostet 90 Baht einfach oder 150 Baht hin und zurück.
Eine Alternative ist die etwas langsamere **SA City Line**, die an 8 Stationen hält und alle 15–20 Min. in 28 Min. für 45 Baht zur BTS-Station Phaya Thai (Sukhumvit Line) verkehrt. Von dort geht es mit der BTS nach Silom oder Saphan Taksin (Fähren nach Banglampoo) weiter.
Das teuerste Transportangebot sind private Limousinen, die ein Vielfaches des Taxipreises kosten. Man kann sie getrost ignorieren.
Ab Level 1 fahren **Taxis** mit Taxameter. Sie verlangen ab dem Airport 50 Baht Zuschlag und selbstverständlich die Bezahlung der Expressway-Maut. Auf diesem Weg kostet es ungefähr 350–450 Baht, um in die Stadt zu gelangen, allerdings kann es zur Rushhour morgens und spät nachmittags sehr langwierig werden.
Der Betrieb der **Airport Express Busse** wurde bis auf Weiteres eingestellt.
Busse verkehren vom Public Transport Centre ca, 15 Min vom Terminal (kostenloser Shuttle von Level 2 und 4 vor Gate 3, 6 und 9). Nach Bangkok fahren für 35 Baht u. a. Bus 551 zur BTS Victory Monument in knapp 1 Std. (Halte-stelle im Nordosten des Platzes), Bus 552 zur BTS Punnawithi und Bus 555 zum alten Flughafen Don Mueang.
Zudem verkehrt Bus 825 nach Nong Khai um 21 Uhr für 500 Baht in 9 Std. sowie nach UDON THANI um 20.40 Uhr für 460 Baht in 9 Std., Bus 389 nach Pattaya stdl. von 7–22 Uhr für 140 Baht in 2 Std. und Bus 392 nach TRAT. Auch einige Busse von Mo Chit (Northern Bus Terminal) zur Ostküste halten hier.

Weiterreise vom Don Mueang Airport
Der Bus 59 von der etwas versteckten Haltestelle hinter einem Parkplatz ist die günstigste Möglichkeit, um in 1–1 1/2 Std. bis zur Khaosan Rd. zu kommen. Zur Rushhour ist

© MISCHA LOOSE

Bangkoks Straßennetz ist auf 1,2 Mio Fahrzeuge ausgelegt, allerdings sorgen mehr als 6 mal so viele tagtäglich für ein gigantisches Verkehrschaos.

die Verbindung definitiv nicht zu empfehlen. Dann bleibt nur ein Taxi.

Transport zum Suvarnabhumi Airport
Der Airport Rail Link (S. 223) ist eine gute Möglichkeit, die Staus während der Rushhour zu umgehen. Ein Taxi aus der Innenstadt kostet zum Airport etwa 300–400 Baht. Es empfiehlt sich, auch außerhalb der Rushhour 1–1 1/2 Std. für die Anfahrt einzukalkulieren. Wer mit dem Bus von der Ostküste kommt, kann in Bang Phili aussteigen und ein Taxi nehmen.

Inlandsflüge
Air Asia, 🖳 www.airasia.com, fliegt ab Don Mueang nach CHIANG MAI 7x tgl., CHIANG RAI 2x tgl., HAT YAI 7x tgl., KRABI 4x tgl., NAKHON PHANOM 1x tgl., NAKHON SI THAMMARAT 3x tgl., NARATHIWAT 1x tgl., PHUKET 12x tgl., SURAT THANI 3x tgl., TRANG 2–3x tgl., UBON RATCHATHANI 2x tgl. und UDON THANI 3x tgl. Inlandsflüge kosten bei rechtzeitiger Buchung 1000–3000 Baht.
Bangkok Airways, 🖳 www.bangkokair.com, fliegt ab Suvarnabhumi nach CHIANG MAI 6x tgl. ab 1800 Baht, KO SAMUI über 20x tgl. (dennoch oft voll) ab 3300 Baht, KRABI 2–3x tgl. ab 2000 Baht, LAMPANG 2x tgl. ab 2400 Baht, PHUKET 7x tgl. ab 2300 Baht, SUKHOTHAI 2x tgl. ab 2300 Baht und TRAT 3x tgl. ab 2600 Baht.
Nok Air, 🖳 www.nokair.com, fliegt ab Don Mueang nach BURIRAM 3x wöchentl., CHIANG MAI 5x tgl., CHIANG RAI 3–4x tgl., CHUMPHON 2x tgl., HAT YAI 7x tgl., LOEI 1x tgl., MAE SOT 4x tgl., NAKHON PHANOM 1x tgl., NAKHON SI THAMMARAT 5x tgl., NAN 3x tgl., PHITSANULOK 4x tgl., PHRAE 4x wöchentl., PHUKET 3x tgl., RANONG 1x tgl., ROI ET 2x tgl., SAKON NAKHON 1x tgl., SURAT THANI 4x tgl., TRANG 2x tgl., UBON RATCHATHANI 4x tgl. und UDON THANI 5x tgl. Flüge kosten bei rechtzeitiger Buchung 1000–2000 Baht.
Orient Thai Airlines, 🖳 www.flyorientthai.com/en, fliegt ab Don Mueang nach CHIANG MAI 2x tgl. und PHUKET 2x tgl. Flüge kosten bei rechtzeitiger Buchung 1200–1500 Baht.
Thai Airways, 🖳 www.thaiairways.com, fliegt ab Suvarnabhumi nach CHIANG MAI 9x tgl., CHIANG RAI 3x tgl., HAT YAI 4x tgl., KHON KAEN

Besucher mit einem gültigen, aber noch nicht abgelaufenen Visum erhalten am Schalter „Re-Entry-Permit" eine Wiedereinreise-Genehmigung, die allerdings die Visumsdauer nicht verlängert. Für eine Wiedereinreise sind 1200 Baht, für mehrere 4000 Baht zu zahlen, zudem ist der Boardingpass des internationalen Fluges vorzulegen.

BANGKOK

4x tgl., KO SAMUI 2x tgl., KRABI 3x tgl., PHUKET 10–11x tgl., SURAT THANI 2x tgl., UBON 2x tgl. und UDON 3x tgl. Die Preise sind deutlich höher als bei den Billig-Airlines.

Internationale Flüge
Australien/Neuseeland: Thai Airways fliegt nach AUCKLAND, BRISBANE, MELBOURNE, PERTH und SYDNEY, Jetstar, 🖳 www.jetstar.com, 6x wöchentl. nach MELBOURNE und mit Zwischenstopp in Singapore nach AUCKLAND und DARWIN, Air Asia fliegt mit Zwischenstopp in Kuala Lumpur nach GOLD COAST, MELBOURNE, PERTH und SYDNEY.
China: Air Asia fliegt nach GUANGZHOU (Kanton), HONG KONG, MACAO und SHENZHEN, weitere Ziele via Kuala Lumpur; Thai Airways nach CHENGDU, GUANGZHOU (Kanton), HONG KONG, KUNMING, PEKING, SHANGHAI und XIAMEN.
Kambodscha: Air Asia fliegt 2x tgl. nach PHNOM PENH, Bangkok Airways 4x tgl. nach PHNOM PENH und 5x tgl. nach SIEM REAP, Thai Airways 2x tgl. nach PHNOM PENH.
Laos: Bangkok Airways fliegt 2x tgl. nach LUANG PRABANG und 1x tgl. nach VIENTIANE, Nok Air 3x tgl. nach VIENTIANE, Thai Airways 2x tgl. nach VIENTIANE und Lao Airlines, 🖳 www.laoairlines.com, nach LUANG PRABANG, PAKXE, SAVANNAKHET und VIENTIANE.
Indien: Air Asia fliegt nach CHENNAI und KOLKATA, weitere Ziele via Kuala Lumpur; Bangkok Airways fliegt nach MUMBAI, Thai Airways nach BANGALORE, CHENNAI, DELHI, GAYA, HYDERABAD, KOLKATA, MUMBAI und VARANASI; Jet Airways,

🖥 www.jetairways.com, nach DELHI, KOLKATA und MUMBAI.

Indonesien: Air Asia fliegt 1x tgl. nach BALI, 2x tgl. nach JAKARTA, 1x tgl. nach MEDAN und SURABAYA, Thai Airways nach 1x tgl. nach BALI und JAKARTA.

Malaysia/Singapore: Air Asia fliegt 9x tgl. nach KUALA LUMPUR, 1x tgl. nach PENANG und 5x tgl. nach SINGAPORE, Bangkok Airways 4x tgl. nach KUALA LUMPUR, Nok Air 2x tgl. nach PENANG, Thai Airways 2–3x tgl. nach KUALA LUMPUR, 1x tgl. nach PENANG und 4–5x tgl. nach SINGAPORE. Jetstar fliegt 4x tgl., Scoot, 🖥 www.flyscoot.com, 1x tgl. und Tiger Airways, 🖥 www.tigerairways.com, 6x tgl. nach SINGAPORE.

Myanmar (Birma): Air Asia fliegt 1x tgl. nach MANDALAY und 3x tgl. nach YANGON, Bangkok Airways 4x wöchentl. nach MANDALAY und 3x tgl. nach YANGON, Thai Airways 3x tgl. nach YANGON.

Philippinen: Thai Airways fliegt 1–2x tgl. nach MANILA, wesentlich günstiger ist Cebu Pacific Air, 🖥 www.cebupacificair.com, nach MANILA 1–2x tgl., CEBU 2x wöchentl. und CLARK 2x wöchentl.

Vietnam: Air Asia fliegt 1x tgl. nach HANOI und 2–3x tgl. nach HO-CHI-MINH-STADT (Saigon), Thai Airways 2x tgl. nach HANOI und HO-CHI-MINH-STADT (Saigon).

Deutschland: Thai Airways fliegt 1–2x tgl. nach FRANKFURT und 1x tgl. nach MÜNCHEN.

Schweiz: Thai Airways fliegt 1x tgl. nach ZÜRICH.

Fluggesellschaften in Bangkok:

Air Asia, ☎ 02-515 9999, 🖥 www.airasia.com, 6 Sales Offices in Bangkok, u. a. in der Tanao Rd. in Banglampoo.

Air Berlin, 17. Stock Vorawat Bldg., 849 Silom Rd., ☎ 02-236 9779, 🖥 www.airberlin.com.

Austrian Airlines, 18. Stock Wall Street Tower, 33/90 Surawong Rd., ☎ 02-267 0873-5, 🖥 www.austrian.com.

Bangkok Airways, 99 Moo 14, Wiphawadi Rangsit Rd., ☎ 02-270 6699, 🖥 www.bangkokair.com.

Emirates, 2. Stock Bangkok Bank Bldg., 54 Sukhumvit Soi 21 (Soi Asoke), ☎ 02-664 1040, 🖥 www.emirates.com.

Etihad, 11. Stock Tonson Tower, 900 Ploenchit Rd., ☎ 02-253 0099, 🖥 www.etihadairways.com.

Gulf Air, 20. Stock Vorawat Bldg., 849 Silom Rd., ☎ 02-635 1417, 🖥 www.gulfair.com.

Lufthansa, 16. Stock Q-House Asoke Bldg., 66 Sukhumvit Soi 21 (Soi Asoke), ☎ 02-267 1202-4, 🖥 www.lufthansa.de.

Nok Air, 17. Stock 183 Rajanakarn Bldg., Sathon Tai Rd., ☎ 1318, 🖥 www.nokair.com.

Orient Thai Airline, 18 Ratchadapisek Road, ☎ 1126, 02-229 4100-1, 🖥 www.flyorientthai.com.

Qatar Airways, 2. Stock, Unit 212, Exchange Tower, 388 Sukhumvit Rd., ☎ 02-259 2701-5, 🖥 www.qatarairways.com.

Thai Airways, 89 Wiphawadi Rangsit Rd., ☎ 02-356 1111, 🖥 www.thaiairways.de.

Turkish Airlines, 3. Stock C.P. Tower, 313 Silom Rd., ☎ 02-535 2621, 🖥 www.turkishairlines.com.

Weitere internationale Gesellschaften s. eXTra [2590].

Bangkok

Die Umgebung von Bangkok

Stefan Loose Traveltipps

Damnoen Saduak und Amphawa Schwimmende Märkte voller faszinierender Bilder und ungewöhnlicher Snacks. S. 229

Ratchaburi Ein schier endloses Band ausschwärmender Fledermäuse am Abendhimmel. S. 232

Kanchanaburi Die Eisenbahn des Todes über die geschichtsträchtige Brücke am Kwai. S. 239

Elephant's World Ein Refugium für alte und vernachlässigte Elefanten. S. 244

2 **Erawan National Park** Wasserfälle im Dschungel, die zu einem Bad einladen. S. 253

Bang Pa In Der abwechslungsreiche, weitläufige königliche Sommerpalast. S. 256

3 **Ayutthaya** Die großartigen Tempelanlagen der früheren Königsstadt. S. 257

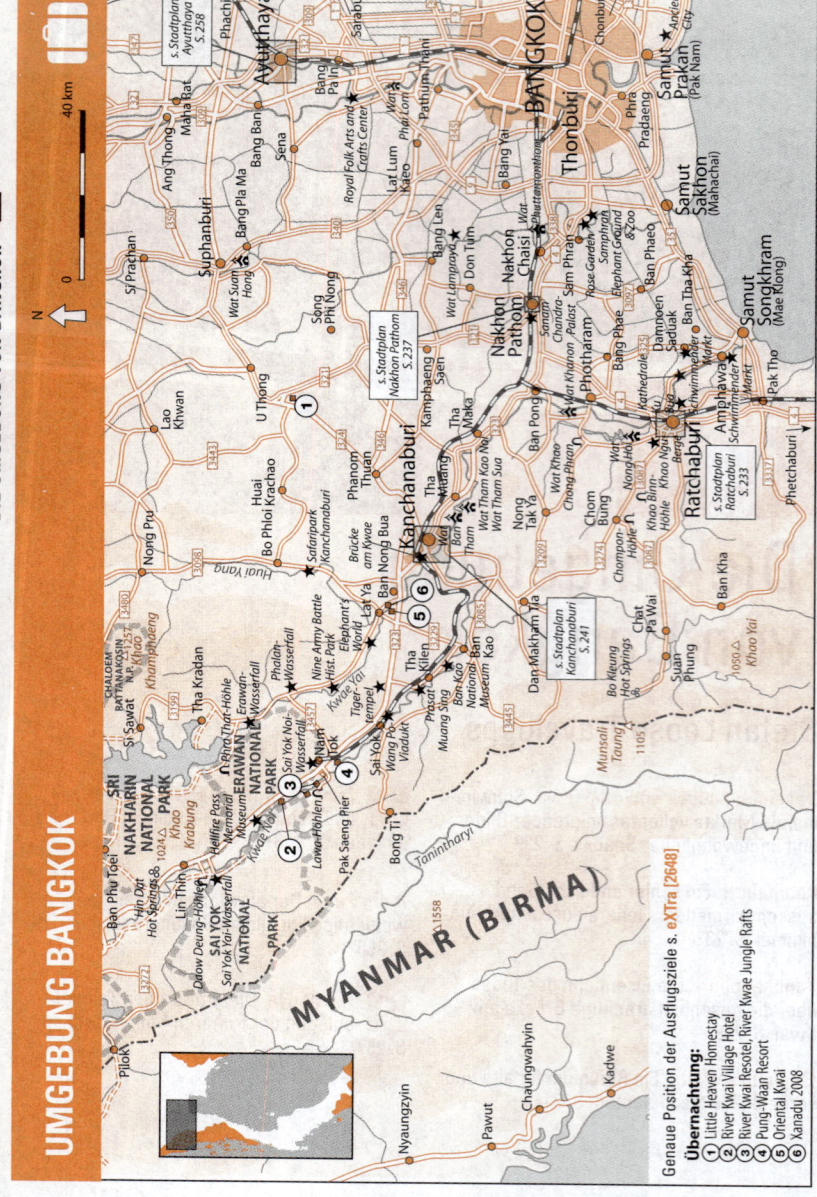

N

0   40 km

Genaue Position der Ausflugsziele s. eXtra [2648]

Übernachtung:
① Little Heaven Homestay
② River Kwai Village Hotel
③ River Kwai Resotel, River Kwae Jungle Rafts
④ Pung-Waan Resort
⑤ Oriental Kwai
⑥ Xanadu 2008

Einige der in diesem Kapitel beschriebenen Ziele eignen sich für einen Tagesausflug. Da es aber dauern kann, aus Bangkok heraus oder wieder hinein zu kommen, lohnt es sich, Übernachtungen außerhalb der Stadt, vor allem in Kanchanaburi oder Ayutthaya, einzuplanen. An Wochenenden und Feiertagen schwärmen viele Großstädter auf der Suche nach Grün und frischer Luft aus, sodass dann das Verkehrschaos auch das Umland erreicht und viele gute Hotels ausgebucht sind.

Richtung Westen

Eine schöne Tour führt am Morgen zum schwimmenden Markt von Damnoen Saduak, von wo es weiter nach Nakhon Pathom und Kanchanaburi geht. Hier lohnt eine Übernachtung. Reisebüros in Bangkok bieten entsprechende Tagestouren an. Alternativ kann man nach dem morgendlichen Besuch des schwimmenden Marktes die Umgebung erkunden oder nach Amphawa und Ratchaburi weiterfahren, Höhlen besichtigen und abends den Flug der Fledermäuse beobachten.

Das von Klongs durchzogene Hinterland birgt einige reizvolle Ziele. Der sogenannte „Garten Thailands" versorgt die städtische Bevölkerung mit frischem Obst und Gemüse. Entlang der Klongs erstrecken sich wahrhaft idyllische Plätze, die in starkem Kontrast zu den dicht bebauten Ausfallstraßen, weiten Salinenfeldern rings um Samut Songkhram und gigantischen Fabriken der Lebensmittelindustrie stehen.

Sam Phran

Jenseits der Außenbezirke von Bangkok erstreckt sich südlich vom H338 das riesige Parkgelände des **Wat Phuttamonthon**. Das größte buddhistische Zentrum des Landes beherbergt Repliken von Bauwerken, die für den Buddhismus von Bedeutung sind, ein kleines Museum, eine Sammlung von Pali-Schriften, Meditationshallen sowie im Zentrum einen 15,8 m hohen Bronzebuddha. Am Wat Phuttamonthon halten

alle **Busse** von BANGKOK nach Nakhon Pathom. Weitere Tipps s. **eXTra [2602]**.

Damnoen Saduak

Der **schwimmende Markt** (Talat Nam) im ansonsten uninteressanten Damnoen Saduak, 97 km westlich von Bangkok, ist ein Touristenmagnet. Den ganzen Tag werden Reisegruppen durch die Kanäle und über die Brücken des teils überdachten Marktes geschleust. Von der großen **Brücke** und den Fußwegen aus lässt sich das Treiben beobachten. Durch Souvenir-, Essens- und Kaffeestände, Geldautomaten sowie die Ladenzeilen beiderseits des Kanals hat der Markt seine einst ländliche Atmosphäre eingebüßt. Vorteilhaft ist hingegen die Regelung, dass im Bereich des Marktes nur Boote ohne Motor fahren dürfen. Es sind überwiegend Touristen, die Obst und Gemüse, Snacks und Souvenirs kaufen. Die beste Zeit, den Markt zu besuchen und eine auf dem Boot zubereitete Nudelsuppe zu essen, ist zwischen 7 und 9 Uhr.

Einstündige Bootstouren von verschiedenen Anlegestellen kosten 300 Baht p. P., mit dem Longtail-Boot 400 Baht. Sobald man vom geschäftigen Markt in einen Seitenkanal abbiegt, findet man sich in ruhigen Gegenden mit hübschen Holzhäusern wieder und kann die liebenswürdige Seite des Landes kennenlernen.

Weitere schwimmende Märkte in der Umgebung finden in Amphawa (s. u.) und **Ban Tha Kha** sechs Mal monatlich (abhängig von den Gezeiten, und damit vom Mondkalender) an zwei aufeinanderfolgenden Tagen von 6–12 Uhr statt. Nur einmal monatlich sind viele Boote auf dem kleinen, gut organisierten Markt unterwegs. Trotz der ersten Souvenirstände ist die Atmosphäre authentisch.

TRANSPORT

Selbstfahrer
Wer mit eigenem Fahrzeug unterwegs ist, kann den gut ausgeschilderten, 18 km langen Weg von Samut Songkhram aus über den H325 nicht verfehlen. Vom Busterminal zum 1,8 km entfernten schwimmenden Markt fahren **gelbe Songthaew**.

Busse

Man nimmt den Bus Richtung Ratchaburi bis zur Bang Phae-Kreuzung, von wo Songthaew ständig zum Markt fahren.
BANGKOK, Southern Bus Terminal, AC-Bus 78 bis 18 Uhr alle 40 Min. für 70–100 Baht in 2 Std., zurück bis gegen 21 Uhr. Von Reisebüros werden Touren ab 350 Baht angeboten.
KANCHANABURI, via Bang Phae (Bus 78 oder Songthaew für 30 Baht in 20 Min. ab Markt), weiter mit gelbem Bus 461, alle 15 Min. für 40 Baht in 90 Min.
NAKHON PATHOM, AC-Bus 78 ab 6 Uhr alle 30 Min. für 30–50 Baht in 1 Std.
RATCHABURI, mit dem gelben Lokalbus in gut 1 Std. für 50 Baht, oder über Bang Phae.

Samut Songkhram (Mae Klong)

Ebenso wie in **Samut Sakhon** (Mahachai), fast schon ein Vorort von Bangkok, lohnt in Samut Songkhram ein Zwischenstopp am großen Fischmarkt mit einigen Seafood-Restaurants. Zwischen KM 49 und KM 56 erstrecken sich zwischen dem mehrspurigen H35 und der Küste **Salinenfelder**, auf denen Meersalz gewonnen wird.

Bekannt ist Samut Songkhram für den **Mae Klong Railway Market**, einen in einer schmalen Gasse direkt an und auf den Bahngleisen stattfindenden Markt. Wenn die Eisenbahn einfährt, werden die Marktstände eiligst zur Seite geräumt, die Markisen zurückgezogen, und der Zug gleitet zentimetergenau über Gemüse, Obst und Gewürze hinweg und an den wartenden Händlern vorbei – ein besonders fotogenes Erlebnis. Die Züge fahren tgl. gegen 8.30, 11.10, 14.30 und 17.40 Uhr in Samut Songkhram ein.

In der Nähe von Samut Sakhon offeriert die **Siam Winery**, ☏ 034-845 334-40, 🖥 www.siamwinery.com, ein Weingut mit schwimmenden Weingärten, zweistündige Touren, bei denen Besucher mehr über die Produktion erfahren, den Weinkeller besichtigen und verschiedene Weine probieren können. ⊕ Mo–Sa 10 und 14 Uhr, Eintritt 500 Baht.

Busse und Songthaew

Zahlreiche Busse von Bangkok in den Süden (Phetchaburi, Hua Hin …) halten an der Bushaltestelle in Samut Songkhram (Mae Klong) nahe dem Markt.
Nach AMPHAWA, 6 km, BANG NOK KWAEK, 11 km, und Ratchaburi Songthaew und Minibusse für 10–20 Baht.
BANGKOK (Southern Bus Terminal), lokale Busse alle 30 Min. bis 17.30 Uhr für 50 Baht in 2 Std., von Bangkok bis 21 Uhr. Minibusse vom/zum Victory Monument bis 20 Uhr für 70 Baht.
RATCHABURI, Bus 415 und 471 alle 20 Min. für 40 Baht in 1 Std.

Eisenbahn

Von THONBURI (nahe Wongwian Yai-Kreisverkehr) verkehrt etwa stdl. bis zum Nachmittag eine Schmalspurbahn in 1 Std. nach SAMUT SAKHON (Mahachai) für 10 Baht, wo eine Fähre den Fluss überquert. Vom kleinen Ban Laem-Kopfbahnhof auf der anderen Seite (rechts laufen) fährt um 7.30, 10.10, 13.30 und 16.40 Uhr ein Triebwagen in 1 Std. für 10 Baht weiter nach Samut Songkhram (Mae Klong), zurück Abfahrten um 6.20, 9, 11.30 und 15.30 Uhr.

Amphawa

Durch die Obstgärten Thailands geht es mit einem eigenen Fahrzeug am **Mae Klong** entlang von Samut Songkhram nach Amphawa. Die Wasserwege sind gesäumt von Mango- und Zitrusbäumen, Kokospalmen und Bananenstauden. Der Agrotourismus lockt vor allem Städter hierher, die das üppige Grün genießen, in Homestays übernachten und beispielsweise im **Suan Saeng Tawan** in **Bang Phrom**, 29/2 Moo 3, ☏ 034-711 711, frisch geerntete Pomelos kosten.

Die Kleinstadt **Amphawa** wurde als Geburtsort von König Rama II. auf Initiative des Königshofes hin touristisch entwickelt. Überwiegend Einheimische besuchen den ihm gewidmeten Tempel und den **Rama II. Memorial Park**, wo seine Mutter noch auf dem Grundstück des heutigen Wat Amphawa Chetiyaram wohnte, als er schon König war. Das kleine **Museum** zeigt in

Wochenendziel der jungen Bangkok-Szene

Der **Schwimmende Markt** nahe dem Wat Amphawa Chetiyaram hat sich mit seinem bunten kulinarischen und Shopping-Angebot zu einem überaus beliebten Wochenend-Ausflugsziel der jungen Bangkok-Szene entwickelt. Fr von 15–22 Uhr, Sa, So und feiertags von 12–22 Uhr erwacht das ruhige Örtchen zum Leben. Auf dem Klong Amphawa sind dann Hunderte von Restaurant- und Ausflugsbooten unterwegs. Entlang der Uferwege drängen sich die überwiegend aus der Hauptstadt angereisten Besucher und lassen sich vom Angebot der schicken Lädchen im Retro-Stil, Kunstgalerien, Restaurants, Cafés, Pubs und Homestays locken. Kleinere Heimatmuseen mit alten Fotos, Haushaltsgegenständen und Werkzeugen ermöglichen einen Einblick in das ländliche Amphawa.

Jenseits der Straße in einem von Kanälen durchzogenen Park laden im Schatten von Kokospalmen kleine *klae* (Bambus-Plattformen) und *salas* (Pavillons) zu einer Ruhepause ein. Obstbäume sind mit englischsprachigen Infotafeln versehen. Zwischen kleinen Läden gibt es sogar ein historisches Postamt mit hübschen Sondermarken.

vier traditionellen Teakhäusern Gegenstände, eine Küche und Wohnräume aus der Epoche des Dichterkönigs. Der Park ⊙ 8.30–17 Uhr, Eintritt 20 Baht, Museum ⊙ Mi–So 9–16 Uhr. Interessant ist ein Besuch während des großen Volksfestes im Februar. Mittlerweile haben sich in dem während der Woche überaus geruhsamen Ort auch einige Künstler niedergelassen.

In **Bang Nok Kwaek**, 5 km nördlich von Amphawa, überrascht die große katholische **Marien-Kathedrale** im neogotischen Stil. Sie wurde 1890 von französischen Missionaren am ältesten Bischofssitz von Siam anstelle einer ehemaligen Holzkirche erbaut und besitzt noch die originalen, aus Frankreich importierten Bleiglasfenster. 100 m südlich der Kirche überspannt eine neue Brücke den Mae Klong.

Mit Fahrrädern und Booten kann man die Gärten erkunden und beobachten, wie vormittags Palmzucker geerntet und eingekocht wird, z. B. am H325 zwischen KM 30 und 34. Südlich der Kathedrale erreicht man auf einer schmalen Landstraße Richtung Osten nach 4,5 km **Damnoen Saduak**. Die Straße verläuft in vielen Kurven durch kleine Dörfer und eine wunderschöne, von Kanälen durchzogene Gartenlandschaft mit Kokospalmen, Bananenstauden, Mango- und anderen Obstbäumen.

ÜBERNACHTUNG

Homestays in Privathäusern nahe dem Floating Market in Amphawa und in den umgrenzenden Dörfern verlangen meist um 1000 Baht Voll-

pension p. P. Es wird nur wenig Englisch gesprochen.

Ruan Sabai, am nordöstlichen Klong Amphawa, ✆ 034-725 871, 086-344 7418. In einem Holzhaus einfache Zimmer auf 2 Stockwerken. Sitzkissen am Wasser, Halbpension möglich. ➍

Suan Nork Hideaway, 10 Min. zu Fuß nördlich von Amphawa am KM 0, zwischen Straße und Fluss, ✆ 081-655 6246. Hinter dem ehemaligen Restaurant werden von Khun Vatana, die Englisch spricht, im 1. Stock 3 nett eingerichtete Zimmer mit Dusche vermietet. Zudem dahinter in Flussnähe 2 kleine Häuser mit kleiner Küche, Außendusche und kleiner Terrasse. Essen auf Wunsch. ➍–➎

Thanicha Healthy Resort, 261 Rim Klong, am Kanal, ✆ 034-725 511, 089-104 5444, ⌨ www.thanicha.com. Umgebautes Holzhaus am Kanal mit 25 kleinen Zimmern im Thai-Stil mit TV und Kühlschrank. Sitzkissen am Kanal. Während der Woche ist es nicht nur billiger, sondern auch ruhiger. Fahrradvermietung, einfaches Thai-Frühstück inkl. WLAN. ➍–➎

Weitere Übernachtungsangebote s. **eXTra [2607]**.

ESSEN

Am Wochenende überwältigt das Angebot an den **Essensständen** und **Bootsrestaurants**. Man hat die einmalige Chance, Snacks und regionale Spezialitäten zu probieren, die ansonsten selten angeboten werden

Lecker gefüllte Blätter *(miang kam)*

Die frischen Blätter werden mit gerösteten Kokosflocken, Erdnüssen, Zwiebeln, Chilis, Ingwer und Knoblauch gefüllt, gefaltet und als Häppchen gegessen.

Amphawa Ha-Hae, ✆ 034-725 584, 081-440 9734. Mit dunklem Holz und alten Lampen, Uhren und anderem Trödel eingerichtetes Pub in einem Holzhaus am Kanal mit guter Bar. ⏲ 11–23 Uhr.

Pornsawan, am Nordufer des Kanals nahe dem District Office östlich der kleinen Brücke gelegenes Restaurant mit einer großen Auswahl, vor allem an Seafood, und einer englischen Karte.

SONSTIGES
Bootstouren
Boote können von den Resorts und an den Piers in Amphawa und den anderen Orten gechartert werden. Auf die abendlichen Speedboot-Touren für 300 Baht p. P. zu den Glühwürmchen am **Klong Kone** sollte man verzichten, da Anwohner wie Mangroven unter den lauten Booten und hohen Wellen leiden.

Einkaufen
Das Ufer des Klong Amphawa, wo der Floating Market stattfindet, ist gesäumt von kleinen Galerien und interessanten Souvenirgeschäften, darunter einige mit hervorragenden Postkarten, Sandalen, Taschen, kreativ bedruckten T-Shirts und handgemachtem Schmuck. Die allermeisten sind allerdings nur am Wochenende geöffnet.

Fahrradverleih
An der Abzweigung der Nebenstraße nach Amphawa werden in einem kleinen Büro Fahrräder vermietet.
Cycling Thailand, ✆ 02-990 0274, 🖥 www.cyclingthailand.com. Der Veranstalter bietet geführte Tagestouren auf ruhigen Nebenstraßen an. Bei 2 Pers. 3500 Baht, ab 3 Pers. 3000 und ab 6 Pers. 2600 Baht inkl. Transport ab Bangkok, Mittagessen und allen Eintrittspreisen.

TRANSPORT
Empfehlenswert ist ein **eigenes Fahrzeug**. Dann zweigt man vom H325 südlich von Amphawa auf den H6006 ab und fährt ganz gemächlich am Ostufer entlang Richtung Norden bis Ratchaburi.
Nach SAMUT SONGKHRAM, 6 km, und in andere Orte der Umgebung mit **Songthaew** und **Minibussen** für 10–20 Baht. **Tuk Tuk** 100 Baht.
BANGKOK, ab Amphawa-Tempel zum Victory Monument Minibusse, ✆ 084-111 6630, 087-667 2391, bis 19 Uhr für 80 Baht.

Ratchaburi

Westlich von Bangkok, in der fruchtbaren Mündungsebene des 520 km langen Mae Klong, liegt die idyllische Provinzhauptstadt Ratchaburi mit 50 000 Einwohnern. Sie hat einen netten Markt, eine kleine Chinatown und historisch Interessierten einiges zu bieten. Archäologen stoßen immer wieder auf Zeugnisse der tausend Jahre alten Dvaravati-Kultur.

Im **Wat Mahathat** (Wat Na Phratat), das im 10. Jh. gegründet und mehrfach überbaut wurde, sind hinter den alten Mauern Ausgrabungsarbeiten im Gang. In der Gebetshalle sitzen Rücken an Rücken zwei große Buddhastatuen, von denen Gläubige Schutz von allen Seiten erbitten. Daneben erheben sich umgeben von einem Wandelgang mit zahlreichen Stein-Buddhas aus verschiedenen Epochen vier mit Stuckornamenten verzierte Prangs. Im höchsten Prang sind in einer Nische am Ende einer steilen Treppe alte Wandmalereien hinter Scherengittern im dunklen Raum leider kaum zu erkennen (Fotoverbot). Die Nonnen im Kloster betreiben ein Hundeasyl. Von der verfallenen einstigen Handelsstadt **Ku Bua**, 8 km südlich, sind nur noch Fundamente innerhalb eines Wallgrabens zu bestaunen, s. **eXTra [2612]**.

Die interessantesten Funde befinden sich im **Nationalmuseum**, ✆ 032-321 513, in den Räumen der ehemaligen Präfektur-Verwaltung. Sie sind gut ausgeleuchtet, mit informativen englischen Texten, Fotos und Karten von den Fundstätten versehen. Bemerkenswert sind die Fun-

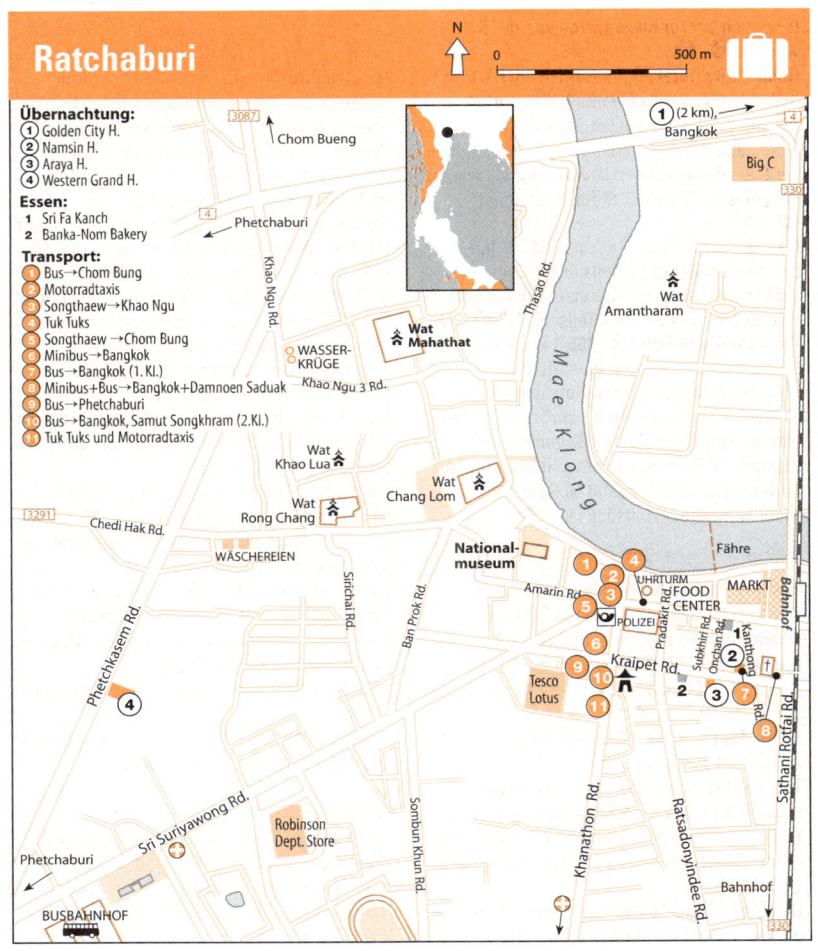

Ratchaburi

N
0   500 m

Übernachtung:
① Golden City H.
② Namsin H.
③ Araya H.
④ Western Grand H.

Essen:
1 Sri Fa Kanch
2 Banka-Nom Bakery

Transport:
① Bus→Chom Bung
② Motorradtaxis
③ Songthaew→Khao Ngu
④ Tuk Tuks
⑤ Songthaew →Chom Bung
⑥ Minibus→Bangkok
⑦ Bus→Bangkok (1. Kl.)
⑧ Minibus+Bus→Bangkok+Damnoen Saduak
⑨ Bus→Phetchaburi
⑩ Bus→Bangkok, Samut Songkhram (2.Kl.)
⑪ Tuk Tuks und Motorradtaxis

Chom Bueng

Phetchaburi

Khao Ngu Rd.

WASSER-
KRÜGE

Khao Ngu 3 Rd.

**Wat
Mahathat**

Thasao Rd.

Wat
Amantharam

M a e   K l o n g

① (2 km),
Bangkok

Big C

Fähre

Wat
Khao Lua

Wat
Chang Lom

Wat
Rong Chang

Chedi Hak Rd.

WÄSCHEREIEN

Sririchai Rd.

Ban Prok Rd.

**National-
museum**

Amarin Rd.

Pradaiik Rd.

UHRTURM

POLIZEI

FOOD
CENTER

MARKT

Bahnhof

Kraipet Rd.

Subhhiri Rd.

Ondan Rd.

Kantbong
Rd.

Tesco
Lotus

Phetchakasem Rd.

④

Sri Suriyawong Rd.

Robinson
Dept. Store

Sombun Khun Rd.

Khanathon Rd.

Ratsadonyindee Rd.

Sathani Rotfai Rd.

Phetchaburi

BUSBAHNHOF

Bahnhof

DIE UMGEBUNG VON BANGKOK

de aus der Dvaravati- und Khmer-Periode. Die historische Sammlung ergänzt eine Ausstellung über ethnische Minoritäten, die während der letzten Jahrhunderte hier angesiedelt wurden – von Chinesen bis zu Mon und Karen aus Myanmar, Lao Song und Lao Vieng aus Laos oder Yuan aus dem Norden. ⏱ Mi–So außer feiertags 9–16 Uhr, Eintritt 100 Baht, Thais 20 Baht.

Bekannt ist Ratchaburi für die riesigen irdenen **Wasserkrüge** mit Drachenmotiven. Sie wer-

den noch heute in Handarbeit in etwa 50 Manufakturen hergestellt, z. B. am H4 Richtung Süden, am H3087 Richtung Chom Bung sowie neben dem Westin Grand Hotel.

ÜBERNACHTUNG

Araya Hotel ③, 187/1-12 Kraipet Rd.,
☎ 032-337 781-2. 6-stöckiges, einfaches chinesisches Stadthotel mit Aufzug. Gut gelüftete, einfache Zimmer mit Steinböden,

teils auch älterer Klimaanlage und nur Kaltwasser. ❶–❷

Golden City Hotel ①, außerhalb am H4, 2 km
östlich der Abzweigung des H3087, ✆ 032-
317 140-2, 🖳 www.goldencity-hotel.com. Der
9-stöckige Block mit 216 Zimmern und 3 Suiten
wird von Reisegruppen bevorzugt und lockt mit
dem einzigen Pool der Stadt. Restaurant.
❹–❺

Namsin Hotel ②, 2-16 Kraipet Rd., ✆ 032-337
551. Die Zimmer des Hotels in der Chinatown
sind sauber, aber die Matratzen könnten mal
wieder erneuert werden. Teils mit AC. ❶–❷

Western Grand Hotel ④, 105/1 Petchkasem Rd.,
✆ 032-337 777, 🖳 www.westerngrandhotel.
com. 5-stöckiges Businesshotel mit
75 komfortablen Standard-, größeren Deluxe-
Zimmern und bezahlbaren Suiten mit Kühlschrank, LCD-TV und Jacuzzi. Restaurant und
Kaffee-Ecke. WLAN kostet 50 Baht pro Std.
Amerikanisches Frühstück inkl. ❹

ESSEN

In der Chinatown werden an zahlreichen
Straßenständen und in kleinen Restaurants
lokale Gerichte zubereitet und verkauft.

Banka-Nom, 187/27–28 Kraipet Rd., ✆ 032-
322 923. Die Bäckerei mit der größten Auswahl
der Stadt. ⊕ 7–20.30 Uhr.

Sri Fa Kanch, Amarin Rd. Kleine Bäckerei mit
süßen und salzigen Kuchen. ⊕ 7–19.30 Uhr.

Tesco Lotus, im riesigen Supermarkt gibt es
einen Food Court, eine Filiale von Hotpot und
KFC sowie das **MK Restaurant** mit Wassertopf,
rot geröstetem Enten- und Schweinefleisch.
⊕ 9–24 Uhr.

Das große **Food Center** neben dem Uhrturm
wurde modernisiert und beherbergt eine
Vielzahl kleiner Essensstände.

NAHVERKEHR UND TOUREN

Rikschas gibt es fast nur noch in der
Chinatown.

Motorradtaxis verkehren in der Stadt ab
20 Baht.

Songthaew kosten je nach Tour ca. 200 Baht
pro Std.

Tuk Tuks kosten in der Stadt 30 Baht, zu Zielen
in der Nähe siehe dort.

TRANSPORT

Busse

Der neue **Busbahnhof** im Süden der Stadt
mitten im Großmarkt wird kaum genutzt.
Stattdessen halten die Busse weiterhin im
Zentrum. Die Abfahrtsstellen sind auf dem
Ortsplan verzeichnet.

BANGKOK, Bus 76 von verschiedenen
Haltestellen in der Altstadt entlang der Kraipet
Rd. 2.-Kl.-AC-Busse bis 18 Uhr alle 30 Min. für
80 Baht. 1.-Kl.-AC-Busse bis 20.30 Uhr für
90 Baht ab dem Büro neben dem Namsin Hotel
in 1 1/2 Std. Minibusse vom Busbahnhof und
vom Zentrum zur Phrapinklao-Brücke in
Thonburi (nahe Banglampoo) für 100 Baht.

CHOM BUNG, lokaler Bus 8161 und große
Songthaew für 30 Baht in 40 Min. zur Chompon-
Höhle (+ 2 km zu Fuß) oder der Zufahrt zur Khao
Binn-Höhle (+ 1,7 km zu Fuß).

DAMNOEN SADUAK, gelber lokaler Bus für
50 Baht in gut 1 Std., Songthaew für 30 Baht
oder über Bang Phae. Man kann sich direkt am
Markt absetzen lassen.

KANCHANABURI, Bus 461 laufend bis 18 Uhr
für 50 Baht in 2 Std. ab dem Busbahnhof.

NAKHON PATHOM, mit allen Bussen Richtung
Bangkok für 40 Baht in 45 Min.

PHETCHABURI, Bus 73 alle 20 Min. für 40 Baht
in 1 Std.

SAMUT SONGKHRAM (MAE KLONG), Bus 415
und 471 alle 20 Min. für 40 Baht in 1 Std.

Eisenbahn

Fahrplan S. 817–818. Der Bahnhof liegt 1 km
südlich der Innenstadt. Hier halten alle Züge
zwischen Bangkok und dem Süden. An der
Haltestelle bei der Brücke stoppen zudem
lokale Züge.

Die Umgebung von Ratchaburi

Bizarre Kalkfelsen, beeindruckende Höhlen,
Tempel und eine Ausgrabungsstätte sind am
besten mit einem gecharterten Songthaew, Tuk
Tuk oder Taxi zu erreichen. Eine Tagestour kostet etwa 1000 Baht. Wer vor der Kang Khao-Höhle das Ausschwirren der Fledermäuse sehen
will, sollte frühzeitig aufbrechen. Touren mit lo-

kalen Bussen sind wegen der langen Wartezeiten und Fußwege nicht zu empfehlen.

Khao Ngu-Berge und -Höhlen

Der idyllische **Steingarten** Ruesikhao Ngu in den Khao Ngu-Bergen („Schlangen-Bergen") mit seinen Seen und Pavillons ist beispielhaft für die gelungene Rekultivierung eines großen Steinbruchs. Den östlichen Zugang markiert ein riesiger Buddha vor einer Felswand. Zu erreichen von der Stadt aus auf dem H3087 7 km Richtung Westen und dann 1 km Richtung Nordosten auf dem H3089. Songthaew (letzter zurück um 18.30 Uhr) für 20 Baht, Tuk Tuk 200 Baht hin und zurück.

Auf schmalen, kurvenreichen Straßen gelangt man zu den vier buddhistischen **Khao Ngu-Höhlen**: **Fa Tho** mit einem liegenden Buddha im indischen Stil aus dem 7. Jh., **Chin** mit zwei restaurierten Buddhaskulpturen aus der Dvaravati-Zeit, **Cham** mit Buddhastatuen in unterschiedlichen Positionen, darunter dem ältesten Liegenden Buddha, und zur Eremitenhöhle **Tham Russi**, die aber meist geschlossen ist. Wer beim Eintreten die Schuhe stehen lässt, bietet den zahlreichen, räuberischen Affen ein gefundenes Spielzeug. Viele Pilger reisen hierher, um die zentrale Figur, ein sitzender Buddha als Basrelief, zu sehen. Dieser stammt aus der Dvaravati-Periode (10. Jh.), weist Einflüsse aus dem indischen Gupta-Reich (5. Jh.) auf und wird hoch verehrt.

Wat Nong Hoi

Beeindruckend ist die Aussicht über die Ebene und die sie umgebenden Berge von den beiden nahe beieinander gelegenen Bergkegeln, auf denen der große, neue chinesisch-buddhistische Tempel liegt. Auf dem südlichen Berg erhebt sich ein 16 m hoher, weißer sitzender Bodhisattva Avalokitesvara, während auf dem nördlichen unterhalb der Tempelgebäude ein goldener Happy Buddha Glück verspricht. In diesem Tempel werden das Vegetarier-Fest im Oktober und das chinesische Neujahrsfest groß gefeiert. Die Tempel liegen 12 km nördlich der Stadt östlich vom H3089. ⏲ 7–17 Uhr.

Khao Binn-Höhle

Die Höhle am „Fliegenden Berg" in einem gepflegten Park mit Souvenir- und Essensständen ist über eine 1,7 km lange Zufahrtstraße beim KM 20 des H3087 zu erreichen, ⏲ 9–17 Uhr, Eintritt 10 Baht. Der Bus Richtung Chom Bung hält an der Abzweigung an der Hauptstraße. Tuk Tuk 400 Baht.

In der 8000 m² großen Höhle sind auf einem 300 m langen Pfad acht Kammern zugänglich. Die Stalaktiten, eleganten Säulen und Tropfsteinwasserfälle sind farbig ausgeleuchtet. Die schönste Formation in der vierten Kammer ähnelt einem gewaltigen Adler. Am Ende des abgesicherten Weges wartet eine feuchtheiße Grotte mit kleinen Teichen und heiligem Wasser.

Ein wahrhaft königliches Schattentheater

Alte, hohe Laubbäume umgeben die weitläufige Klosteranlage des Wat Khanon, 📞 032-233 386, deren schöne, alte Teakhäuser eine besondere Atmosphäre vermitteln. Der alte Tempel beherbergt ein einmaliges **Museum** mit wunderschönen, großen Nang Yai-Schattenspielfiguren für das Ramayana-Epos, das in dieser Form ausschließlich am königlichen Hof gespielt werden durfte. Die über 150 Jahre alte Sammlung umfasste ursprünglich 313 aus Büffelleder ausgestanzte Figuren. In großen Schaukästen werden die Prächtigsten ausgeleuchtet und beschrieben. Außerdem informiert ein Faltblatt über die Tradition des Schattenspiels. Manchmal wird demonstriert, wie die Figuren aus Büffelleder hergestellt werden. Der Abt des Klosters, 📞 032-233 386, 081-753 1230, informiert über Aufführungen, die meist Sa von 10–11 Uhr stattfinden. Zur Musik eines großen traditionellen Orchesters und den vorgetragenen sowie gesungenen Texten bewegen Tänzer die großen Figuren. ⏲ 8–17 Uhr, Eintritt frei, Spende erbeten.
Anfahrt von Photharam auf dem H3080, über den Fluss und hinter der Brücke rechts auf einer schmalen Landstraße 2,5 km bis zum Tempel, Tuk Tuk 600 Baht. Alternativ über Photharam, Bus ab Bangkok oder Ratchaburi, und weiter mit dem Motorradtaxi.

Chompon-Höhle

2 km westlich von Chom Bung liegt hinter dem Teacher College in einem Arboretum die Höhle Tham Chompon. Der Bus 8161 fährt nur bis Chom Bung, Tuk Tuk 500 Baht. ⏲ 9–16.30 Uhr, Eintritt 10 Baht.

Zwischen schattigen großen Bäumen, kleinen Bonsai-Bäumchen, Bougainvilleen und Teichen laden Essensstände zu einem Imbiss ein. Die bettelnden, Respekt einflößenden Affen sollten nicht gefüttert werden. Über eine Treppe erreicht man durch einen schmalen Eingang die 240 m lange Haupthalle mit vielen hübschen Stalaktiten und Stalagmiten. Durch das Loch des abschließenden Doms fällt malerisch das Tageslicht. Ein ruhender Buddha und der Heilige Phra Phutta Siyat sind die am meisten verehrten Statuen.

Wat Khao Chong Phran und die Fledermaushöhle

Jeden Abend, sobald die Sonne untergeht, bietet sich über dem **Wat Khao Chong Phran** ein sehenswertes Naturschauspiel. Aus der **Kang Khao-Höhle** quillt ein scheinbar endloses, dunkles Band heraus, das über den dunklen Abendhimmel gleitet. Von den flatternden Punkten geht ein hohes Zirpen aus. Es sind etwa 4 Mio. kleiner Faltlippen-Fledermäuse *(Tadarida plicata)*, die sich unter den Augen Hunderter Zuschauer auf den Weg zu den Obstbäumen im „Garten Thailands" weiter im Süden machen. In der Höhe kreisende Raubvögel nutzen die ersten Minuten für einen Festschmaus. Nach etwa 20 Minuten wird das Band zunehmend dünner. Noch vor dem Morgengrauen kehren die Flattertiere wieder in die Höhle zurück.

Die Fledermaushöhle liegt 24 km nordwestlich von Ratchaburi am H3089 Richtung Bang Phae hinter der Abzweigung des H3357. Sie ist mit dem Tuk Tuk oder Songthaew ab 600 Baht zu erreichen. Vor dem Beginn des Schauspiels zwischen 17 und 18 Uhr (bei dunklem Himmel eher früher) postieren sich die Touristen auf dem großen Parkplatz mit dem Fledermausdenkmal neben dem Tempel. Essensstände sorgen für das leibliche Wohl.

Weitere Ausflugsziele s. eXTra [2612] und [2613].

Nakhon Pathom

Vor über 2000 Jahren zogen Mönche aus dem buddhistischen Ceylon nach Osten. Sie errichteten einen buddhistischen Tempel wahrscheinlich an der Stelle, wo heute der über 127 m hohe **Phra Pathom Chedi** steht. Wegen der beeindruckenden Konstruktion der frühen Bauten nimmt man an, dass hier das erste buddhistische Zentrum auf thailändischem Boden begründet wurde. Unter der heutigen Pagode befindet sich ein 39 m hoher Chedi aus dem 4. Jh. im Mon-Stil, der im 11. Jh. mit einem Khmer-Prang und vor über hundert Jahren mit dem heutigen Chedi überbaut wurde. Er gilt als eines der höchsten buddhistischen Bauwerke der Welt. Eintritt zum Chedi mit dem **Tempelmuseum** (Eingang im Norden) 40 Baht. Mehr zum Chedi s. eXTra [2616]. Im November, nach dem Loi Krathong-Fest, findet rings um die Pagode ein zehntägiges, großes **Tempelfest** statt.

Im angeschlossenen **Nationalmuseum** sind einige Funde von 1934 durchgeführten Ausgrabungsarbeiten im Tempelbezirk ausgestellt. Die Ausstellungsstücke aus der Dvaravati-Periode geben einen Einblick in den Alltag der Menschen vor über tausend Jahren, ihre Religion, Kunst und Architektur. An der Kasse ist ein guter zweisprachiger Katalog erhältlich. ⏲ Mi–So 9–16 Uhr, Eintritt 100 Baht.

Sanam Chandra-Palast

Rama VI. hielt sich oft in Nakhon Pathom auf, um dem Training seiner hier stationierten paramilitärischen Einheit beizuwohnen. Er ließ sich 2 km westlich der Pagode 1902–11 den kleinen Sanam Chandra-Palast erbauen. Dieser liegt in einem gepflegten Park mit Pavillons, Teichen und kleinen Brücken sowie dem Denkmal seines Lieblingshundes Yalae und des Elefantengottes Ganesha aus dem hinduistischen Pantheon. Die Anlage wurde 2003 restauriert und der Öffentlichkeit zugänglich gemacht.

In der **Chaleemongkolasana-Residenz**, einem zweistöckigen Gebäude, das wie ein zu klein geratenes Märchenschloss wirkt und vor dem das Denkmal des Hundes steht, ist ein Museum mit Fotografien und persönlichen Gegenständen aus dem Besitz König Ramas VI. untergebracht. Ebenfalls besichtigt werden können die **Bhimarn**

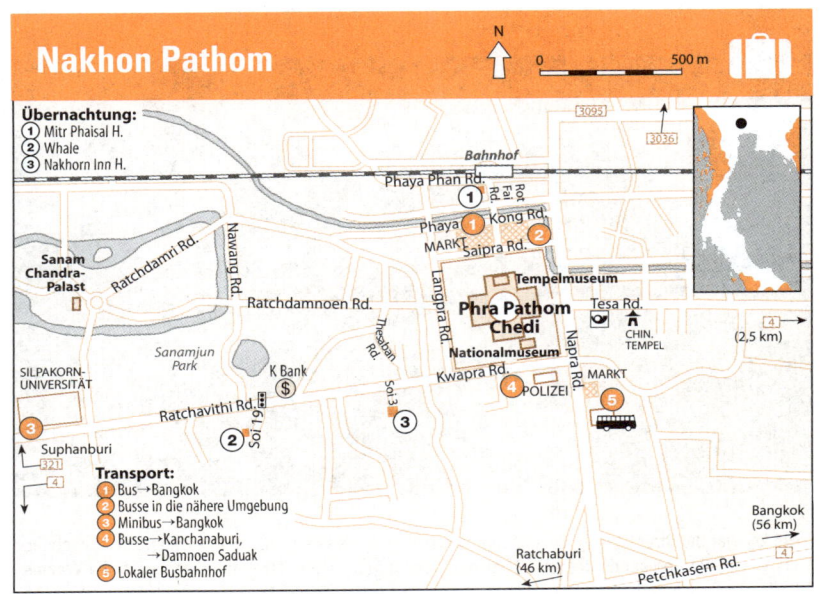

Prathom-Residenz im westlichen Kolonialstil mit den einstigen Privatgemächern des Königs sowie die **Samakkeemukamartaya-Halle**, die für Theatervorstellungen und Empfänge genutzt wurde. ⏱ 9–16 Uhr, ✆ 034-244 236-7. Eintritt in den Park frei, in die Museen 50 Baht. Es gilt die Kleiderordnung wie im Königspalast in Bangkok (S. 133). In einer Kantine werden einfache Thai-Gerichte und Getränke verkauft.

ÜBERNACHTUNG

Mitr Phaisal Hotel ①, am Bahnhof, 120/30 Phaya Phan Rd., ✆ 034-342 422, ✉ mitpaisal@hotmail.com. Hellhörige Zimmer, teils mit AC, in einem älteren Hotelblock mit Aufzug und einer museumsreifen Telefonanlage. Einziger Vorteil ist die Nähe zum Bahnhof. ❷
Nakhorn Inn Hotel ③, 55 Soi 3, Ratchavithi Rd., ✆ 034-251 152-4. Nahe der Pagode am Ende der Sackgasse zurückversetzter gelegener Hotelblock mit Aufzug und 70 nicht mehr ganz neuen Zimmern mit Kühlschrank. Er grenzt hinten an eine Schule an, daher sind die Zimmer vorn ruhiger. ❹–❺

Whale ②, 151/79 Soi 19, Ratchavithi Rd., ✆ 034-253 855-8, 🖥 www.whale.co.th. Das größte Hotel des Ortes liegt ca. 1 km westlich der Pagode etwas abseits der Hauptstraße, ist aber von dort leicht zu sehen. Mit dem Bus kommend an der Ampel aussteigen. Gute, geräumige Zimmer mit Teppichboden, TV und AC. Nightclub, am Wochenende Disco. Das chinesische Restaurant lässt zu wünschen übrig. Frühstück und WLAN in der Lobby inkl. ❸–❺

ESSEN

Auf dem tollen **Markt** zwischen Bahnhof und Chedi gibt es leckeren *kao larm*, Klebreis, der mit Kokos und Palmzucker gesüßt in Bambus gebacken wird. Vor allem abends laden viele Essensstände zum Schlemmen ein.

TRANSPORT

Busse
Busse fahren auf dem Weg zu den außerhalb gelegenen Busbahnhöfen durchs Zentrum und

Die Death Railway

© RENATE LOOSE

415 km war die Strecke lang, die die Japaner während des Krieges zur Sicherung des Nachschubs als Verbindung zwischen dem thailändischen und birmanischen Eisenbahnnetz durch die Wildnis treiben ließen. Innerhalb von 17 Monaten, von Juni 1942 bis Oktober 1943, hatten 200 000 asiatische Zwangsarbeiter und 62 000 Kriegsgefangene unter großen Opfern die Trasse durch den Dschungel, die noch immer lakonisch Death Railway genannt wird, fertiggestellt. Zwangsarbeiter aus Thailand, Birma, China, Indonesien und Malaysia sowie alliierte Kriegsgefangene lebten und arbeiteten unter unmenschlichen Bedingungen im Dschungel. Allein von den Kriegsgefangenen starben über 12 000 durch Unfälle, Unterernährung und Krankheiten, bei den Zwangsarbeitern gab es sogar über 80 000 Opfer zu beklagen.
Weitere Infos s. eXTra [2619].

lassen Touristen an der Pagode ein- oder aussteigen. Überlandbusse halten südlich des Zentrums am Highway, lokale Busse, z. B. nach Damnoen Saduak, an der Bushaltestelle im Süden der Stadt oder rings um die Pagode. Ortsunkundige sollten sich bei Einheimischen nach den Bushaltestellen im Zentrum erkundigen, da diese nicht ausgewiesen sind. Das beste und günstigste Transportmittel innerhalb der Stadt sind Motorradtaxis. BANGKOK, 56 km, AC-Busse bis 21 Uhr alle 15–20 Min. für 30–50 Baht, zurück bis gegen 23.20 Uhr, in 1 1/2 Std. Minibusse ab der Straße vor der Silpakorn-Universität nach Bangkok (Phra-pinklao-Brücke nahe Banglampoo) für 60 Baht.

Ab der Polizeistation südlich des Chedi nach DAMNOEN SADUAK, AC-Bus 78 ab 6.30 Uhr alle 30 Min. für 30–50 Baht in 1 Std. KANCHANABURI, AC-Bus 81 aus Bangkok kommend alle 20 Min. für 50 Baht in 2 Std. RATCHABURI, Bus 76 für 40 Baht in 45 Min.

Eisenbahn

Fahrplan S. 817–818. Der **Bahnhof** liegt 500 m nördlich des Chedi. Nach BANGKOK fahren ein Dutzend Züge in 1–2 Std., die wegen der Zuschläge überwiegend teurer sind als Busse. Günstig der Ordinary 262 um 17.16 Uhr für 14 Baht in der 3. Klasse. Zwischen THONBURI und KANCHANABURI kosten alle Züge trotz 3. Kl. für Touristen 100 Baht.

Kanchanaburi

Nicht nur die weltberühmte Brücke am Kwai, die Vorlage zu Pierre Boulles Roman und dem gleichnamigen Film, zieht einheimische wie ausländische Touristen in diese Provinzhauptstadt (40 000 Einwohner), die häufig Mueang Kan oder Kanburi genannt wird. Familien japanischer und alliierter Kriegsveteranen kommen wegen der Kriegsmuseen, Soldatenfriedhöfe und anderer Spuren, die der Zweite Weltkrieg hinterlassen hat. Thailändische Familien flüchten am Wochenende aus der Metropole, um in den Resorts aufzutanken. Traveller finden hier preiswerte Gästehäuser und Restaurants sowie vielfältige Möglichkeiten für Touren und Aktivitäten.

Rings um den Busbahnhof liegt das planmäßig angelegte Geschäftszentrum. Es wird von der vierspurigen Fernstraße vom alten, chinesisch geprägten, quirligen Kern getrennt. Am Fluss konzentrieren sich die Touristen, südlich der neuen Brücke frequentieren asiatische Reisegruppen die schwimmenden Karaoke-Restaurants, während sich die Farangs in Gästehäusern entlang der Straße zur Eisenbahnbrücke wohlfühlen. Die Sehenswürdigkeiten liegen weit verstreut zwischen Hauptstraße und Fluss.

Die berühmte **Brücke am Kwae**, besser bekannt als „River Kwai Bridge" bzw. „Brücke am Kwai", liegt 4 km nordwestlich des Busbahnhofs. Über sie pendelt eine Touristenbahn. Zudem wird sie von Zügen überquert, die durch das Tal des Kwae Noi bis zur heutigen Endstation Nam Tok fahren. Sie machen durch lautes Pfeifen auf sich aufmerksam, sodass sich Passanten rechtzeitig in Sicherheit bringen können. Die schlichte Stahlträgerkonstruktion sieht ganz und gar nicht so aus wie im Film und Roman beschrieben. Dennoch wird sie von zahllosen Touristen fotografiert. Auf dem von Souvenirständen umgebenen Platz vor der Brücke stehen neben einer Informationstafel eine alte Draisine und zwei historische Lokomotiven.

Von dem privaten **World War II Museum** südlich der Brücke, ✆ 034-512 596, sollte man keine historische Aufarbeitung der Kriegsereignisse erwarten. Neben prähistorischen Faustkeilen und einer Galerie der Helden Thailands haben auch die des Zweiten Weltkriegs, von Stalin bis Einstein, ihren Platz – kurzum: bizarr und voller Fehler! ⏱ 8–18.30 Uhr, Eintritt 40 Baht.

Wesentlich kleiner, aber angenehmer ist das JEATH-**Kriegsmuseum** (JEATH = die in den Krieg verwickelten Länder: Japan, England, Australien, Amerika, Thailand und Holland) im Wat Chai Chumphon am Mae Klong-Fluss, das Ende der 1970er-Jahre in der rekonstruierten Baracke eines Kriegsgefangenenlagers eingerichtet wurde. Anhand von Fundstücken, Fotos und anderen Dokumenten vermittelt es einen Eindruck vom Leben der Gefangenen und der asiatischen Zwangsarbeiter, die 1942/43 am Bau der Eisenbahnlinie beteiligt waren. ⏱ 8–18 Uhr, 30 Baht Eintritt geht als Spende an ein Krankenhaus und eine Schule, Fotografierverbot.

Ein Teil der Toten wurde auf den beiden **Soldatenfriedhöfen** *(war cemetery)* beigesetzt. Der größte, ⏱ 8.30–18 Uhr, auf dem 6982 Soldaten begraben sind, befindet sich etwa 300 m südlich vom Bahnhof. An ihn grenzt ein chinesischer Friedhof. Der zweite, auf dem 1740 vornehmlich britische Soldaten begraben sind, liegt 2 km südlich der Stadt in **Khao Pun**, am Westufer des Kwae Noi. Wer an einer guten Aufarbeitung der Geschichte interessiert ist, sollte unbedingt zum Museum am Hellfire Pass fahren (S. 253).

Im **Thailand Burma Railway Centre**, ✆ 034-512 721, 🖥 www.tbrconline.com, einem informativen Museum, wird der Bau der Death Railway und der Kriegsverlauf in Asien in Details und durch Videofilme dargestellt. Im Erdgeschoss werden Besuchern die mühsamen Bauarbeiten und das Lagerleben vor Augen geführt. Die Ausstellungen im Obergeschoss widmen sich den Angriffen der Alliierten, der Zerstörung der Brücke und der nach Kriegsende erfolgten Repatriierung der Kriegsgefangenen. Das Highlight ist ein 9 m langes, detailliertes Modell der Bahnstrecke. ⏱ 9–17 Uhr, Eintritt 100 Baht.

ÜBERNACHTUNG

Kanchanaburi bietet eine vielfältige Auswahl preiswerter Gästehäuser. Die meisten vermieten Fahrräder und Motorräder und bieten einen Wäscheservice sowie kleine Restaurants. Samlor-Fahrer erhalten eine Provision für neue Gäste und fahren bevorzugt die Gästehäuser an, die ihnen das meiste Geld zahlen.

Die Lage am Fluss mit Blick aufs Wasser ist beruhigend, wären da nicht die lauten Touristenboote. Vor allem an Wochenenden ziehen zudem Discoboote ihre Kreise. In den Unterkünften sollte man prüfen, ob das Wasser im Bad nicht aus dem Fluss gepumpt wird. Der in Ufernähe von Wasserhyazinthen bedeckte Fluss bietet abschnittsweise einen wunderschönen Anblick. In einigen Buchten wird allerdings der Unrat angespült.

Untere Preisklasse

Apple's Retreat & Gh. ②, 153/4 Moo 4 Thamakham, ✆ 034-512 017, 081-948 4646, 🖥 applesguesthouse.com. Moderne Bungalowanlage jenseits der Straßenbrücke in ländlicher Umgebung. 16 saubere Zimmer mit AC, guten Matratzen auf Massivholzpodesten und Du/WC in einem 2-stöckigen Reihenhaus mit Blick über die Felder und Bergwelt. Jenseits der Straße am Flussufer befindet sich ein nettes Restaurant mit Flussblick. Empfehlenswerte Kochkurse, Fahrradverleih, Internet und Touren. WLAN. ❸

Chitanun Gh. ⑩, 47/3 Mae Nam Kwae Rd., ✆ 034-624 785, 🖥 www.chitanungroup.com. Eine rüstige alte Dame vermietet in der großen, von der Straße zurückversetzten Anlage 39 einfach gestaltete, recht kleine, aber sehr saubere Zimmer mit bequemen Matratzen in soliden 4-Zimmer-Bungalows mit größerer Terrasse sowie Reihenhäusern, teils mit AC. Auch Familienzimmer. Schöner, gepflegter Garten. Restaurant an der Straße. ❶–❷

Jolly Frog Backpacker's ⑧, 28 Soi China, Mae Nam Kwae Rd., ✆ 034-514 579. Beliebte und sehr günstige Backpacker-Unterkunft mit 55 einfachen, hellhörigen Zimmern, teils mit AC und kleiner Du/WC. Die billigsten auf Rafts, andere in 2-stöckigen Reihenhäusern in einem Garten. Auch Familien- und EZ mit Gemeinschafts-Du/WC. Liegewiese mit Liegestühlen und Hängematten, hübscher Flussblick und Badeplattform. Günstige Tagestouren. Restaurant. Desinteressierter Service, aber kommunikative Atmosphäre. WLAN. ❶

Luxury Hotel ⑬, 284/1 Saengchuto Rd., ✆ 034-511 168. Kleines Hotel in einem etwas von der Straße zurückversetzten Neubau mit 39 sauberen und recht geräumigen, aber unattraktiv eingerichteten Zimmern, teils mit AC und TV. Die günstigsten mit sehr harten Matratzen. Vernünftiges Preis-Leistungs-Verhältnis. Frühstück für 110 Baht, WLAN 45 Baht pro Std. ❷–❸

Nirvana Gh. ⑪, Chaokhunnen Rd., 200 m vom Bahnhof, ✆ 080-021 2547. Hinter dem Restaurant liegen 14 einfache, ebenerdige Zimmer mit kleiner Terrasse L-förmig um einen kleinen Garten, teils auch mit AC. WLAN. ❷

Pong Phen (P. P.) Gh. ④, 5 Soi Bangladesh, ✆ 034-512 981, 085-293 7683, 🖥 www. pongphen.com. Hoch über dem Fluss gelegene, L-förmig angeordnete Reihenhäuser mit kleinen, hellhörigen, aber sauberen Zimmern mit Terrasse. Zudem ein 3-stöckiges Haus mit sehr großen Zimmern mit TV für 2–3 Pers. und AC-Bungalows. Zum Fluss hin ein Garten mit vielen Orchideen, eine Terrasse mit Tischen, kleiner Pool mit vielen Liegestühlen. Nettes Restaurant mit Bar. WLAN. ❷–❺

Rainbow Lodge ⑫, 48/5 Rong Heeb Oil Rd., ✆ 081-763 0116. 9 in unterschiedlichen Farben gestrichene, kleine, saubere, heiße und stickige Häuser, teils mit AC, 3 teure VIP-Zimmer mit großen Fenstern und eigener Terrasse am Fluss. Für das Gebotene überteuert. Kochkurse. Abholservice vom Busbahnhof. Internet am PC und WLAN. ❶–❹

Sam's House ③, 14/2 Moo 1, Mae Nam Kwae Rd., ✆ 034-515 956, 🖥 www.samsguesthouse. com. Umgeben von einem Wassergarten im überwachsenen Flussarm stehen in der verlassen wirkenden Anlage eng gebaute Holzhäuser auf Stelzen mit AC und TV. Zudem düstere Zimmer im L-förmigen Reihenhaus nahe dem Restaurant und gegenüber große A-Frames, auch Familienzimmer. ❷–❸

Sugar Cane Gh. ⑥, 22 Soi Pakistan, Mae Nam Kwae Rd., ✆ 034-624 520, 🖥 www.sugarcane guesthouse.com. Anlage mit einfachen, älteren Holzbungalows, die billigen mit kalten Duschen und durchgelegenen Matratzen, sowie 4 Rafts mit schönem Ausblick, großen, sehr hellhörigen Zimmern mit alten Matratzen, alter AC, Sonnenterrasse und alter Einrichtung. Gutes Essen im Restaurant (🕐 7–22 Uhr) mit Blick auf den Fluss. WLAN. ❸–❹

Kanchanaburi

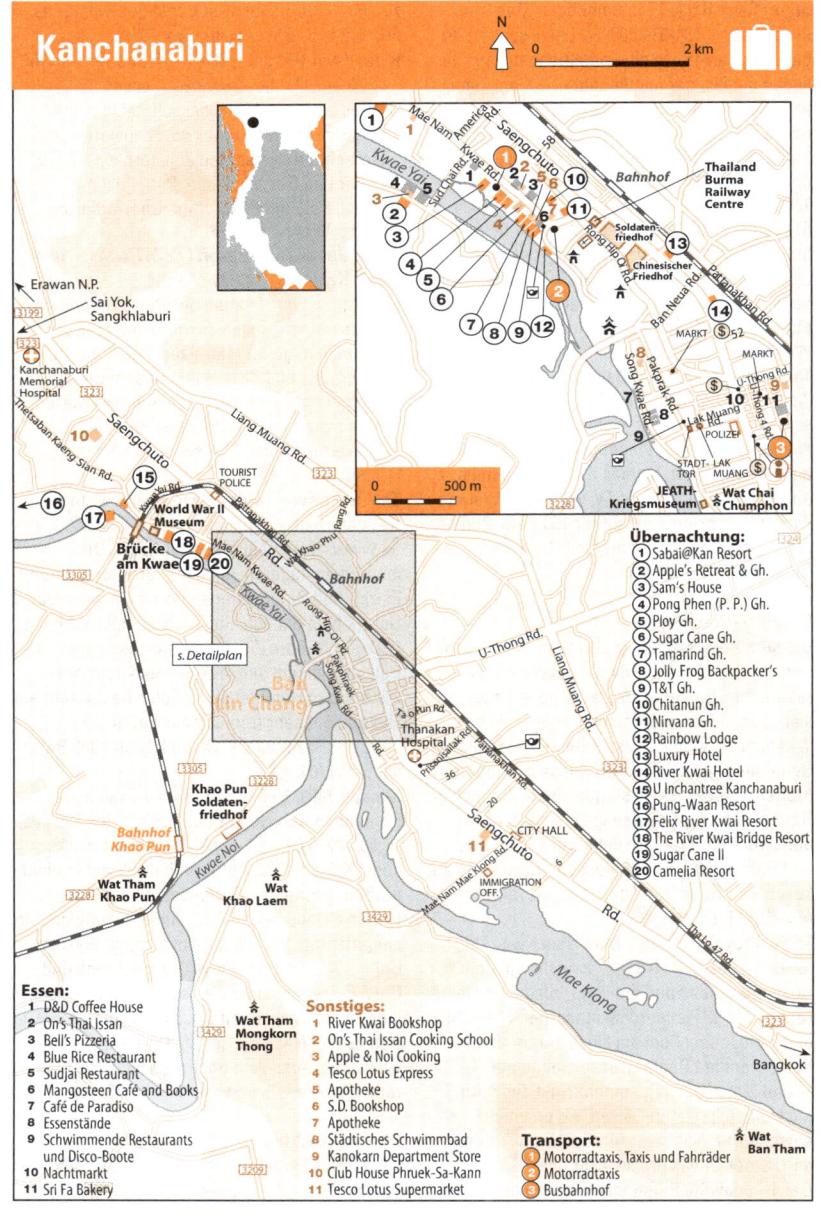

N
0   2 km

Erawan N.P.
Sai Yok,
Sangkhlaburi

Kanchanaburi
Memorial
Hospital

Liang Muang Rd

Saengchuto

TOURIST
POLICE

World War II
Museum

Brücke
am Kwae

Thetsaban Kaeng Sian Rd.

Bahnhof

s. Detailplan

Ban
Lin Chang

U-Thong Rd.

Liang Muang Rd

Khao Pun
Soldaten-
friedhof

Bahnhof
Khao Pun

Wat Tham
Khao Pun

Wat
Khao Laem

Thanakan
Hospital

Saengchuto

CITY HALL

IMMIGRATION
OFF.

Mae Klong

Bangkok

Wat
Ban Tham

Wat Tham
Mongkorn
Thong

Mae Nam American
Saengchuto

Kwae Yoi

Sud Chai Rd

Bahnhof

Thailand
Burma
Railway
Centre

Soldaten-
friedhof

Chinesischer
Friedhof

Ban Neua Rd

MARKT   52

MARKT

U-Thong Rd.

Song Kwae Rd.

Lak Muang
Rd

POLIZEI

STADT-
TOR

LAK
MUANG

JEATH-
Kriegsmuseum

Wat Chai
Chumphon

0   500 m

Übernachtung:
1 Sabai@Kan Resort
2 Apple's Retreat & Gh.
3 Sam's House
4 Pong Phen (P. P.) Gh.
5 Ploy Gh.
6 Sugar Cane Gh.
7 Tamarind Gh.
8 Jolly Frog Backpacker's
9 T&T Gh.
10 Chitanun Gh.
11 Nirvana Gh.
12 Rainbow Lodge
13 Luxury Hotel
14 River Kwai Hotel
15 U Inchantree Kanchanaburi
16 Pung-Waan Resort
17 Felix River Kwai Resort
18 The River Kwai Bridge Resort
19 Sugar Cane II
20 Camelia Resort

Essen:
1 D&D Coffee House
2 On's Thai Issan
3 Bell's Pizzeria
4 Blue Rice Restaurant
5 Sudjai Restaurant
6 Mangosteen Café and Books
7 Café de Paradiso
8 Essenstände
9 Schwimmende Restaurants
und Disco-Boote
10 Nachtmarkt
11 Sri Fa Bakery

Sonstiges:
1 River Kwai Bookshop
2 On's Thai Issan Cooking School
3 Apple & Noi Cooking
4 Tesco Lotus Express
5 Apotheke
6 S.D. Bookshop
7 Apotheke
8 Städtisches Schwimmbad
9 Kanokarn Department Store
10 Club House Phruek-Sa-Kann
11 Tesco Lotus Supermarket

Transport:
1 Motorradtaxis, Taxis und Fahrräder
2 Motorradtaxis
3 Busbahnhof

Sugar Cane II ⑲, 7 Soi Cambodia, Mae Nam Kwae Rd., ☎ 034-514 988, 🖥 www.sugarcane guesthouse.com. In einem Reihenhaus am Fluss liegen die Zimmer mit Ventilator. Zudem Zimmer mit AC in steinernen Bungalows, die leider etwas dicht aneinander stehen und auf dem Raft. Restaurant am Fluss mit schönem Ausblick und Traveller-Food. ❶–❷

T&T Gh. ⑨, 1/14 Mae Nam Kwae Rd., ☎ 034-514 846, 081-856 2400. Das 2-stöckige Reihen-haus beherbergt 12 einfache, aber saubere Zimmer mit Fliesenboden, Du/WC und TV, teils auch AC. 4 weitere, sehr einfache Zimmer auf einem Raft. Garten und Flussterrasse. WLAN. ❶–❷

Tamarind Gh. ⑦, 29/1 Mae Nam Kwae Rd., ☎ 034-518 790, 089-837 7256. Auf einem schmalen Grundstück am Fluss werden in einem 2-stöckigen ruhigen, sauberen Reihen-haus 15 gepflegte Zimmer, unten mit Ventilator, oben hellere mit AC und TV, vermietet. Weitere Zimmer auf einem Raft, EZ für 150 Baht. Zudem recht große, billige Zimmer mit Gemeinschafts-Du/WC. WLAN. ❷–❸

Mittlere Preisklasse

Camelia Resort ⑳, 9 Soi Cambodia, Mae Nam Kwae Rd., ☎ 034-624 884, 🖥 www.camelia resort.com. Das größere, recht neue Resort sieht von außen ansprechender aus, als es in Wirklichkeit ist und passt nicht in die ländliche Umgebung. Oberhalb einer Wiese mit nettem, großem Pool am Fluss stehen sieben 3-stöckige Häuser in Billigbauweise mit jeweils 6 etwas abgewohnten Zimmern mit karger Einrichtung und Balkon. Restaurant, dessen Speisekarte mit koscheren Gerichten auf Gäste aus Israel abzielt. WLAN. ❸–❹

🏠 **Ploy Gh.** ⑤, 79/2 Mae Nam Kwae Rd., ☎ 082-475 3443, 🖥 www.ploygh.com. Geschmackvolle und familienfreundliche kleine Anlage mit 23 Zimmern im modernen Thai-Stil und modischem Pool am Fluss. Hinter dem Restaurant mit Dachterrasse stehen ein 1- und 2-stöckiges Reihenhaus mit Zimmern mit kleinen, privaten Gärten, AC und nicht einsehbarer Warmwasserdusche im Freien, im 1. Stock etwas preiswerter ohne Garten. Das freundliche Personal ist manchmal schwer

zu finden. Übers Internet günstiger. Einfaches Frühstück und WLAN inkl. ❸–❹

River Kwai Hotel ⑭, 284/15-16 Saengchuto Rd., ☎ 034-510 111, 🖥 www.riverkwai.co.th. Großes 3-Sterne-Mittelklassehotel in einem alten, unattraktiven Block mit renovierten, teils ansprechend gestalteten Zimmern mit AC, TV, Minibar und Du/WC. Disco, Pub, Pool mit Jacuzzi, Spa und Restaurant. Überforderter Service. WLAN. ❹–❺

🏠 **Sabai@Kan Resort** ①, 317/4 Mae Nam Kwae Rd., ☎ 034-625 544, 🖥 www.sabaiatkan.com. Empfehlenswerte Unterkunft mit 23 schönen, hellen Zimmern mit großer Fensterfront, guten Matratzen, AC, Safe, TV, Kühlschrank und Sitzkissen auf dem Boden, im Erdgeschoss mit Veranda. Schöner Garten mit kleinem Pool. Freundliches Personal. Reservierung empfehlenswert. WLAN und Frühstück inkl. ❺

The River Kwai Bridge Resort ⑱, 8 Vietnam Rd., unterhalb der Brücke, ☎ 034-514 522, 🖥 www.riverkwaibridgeresort.com. Die modern gestalteten Zimmer in großen, soliden Einzel- und Doppelbungalows sind mit dunklen Holzmöbeln hübsch eingerichtet, teils auch mit LCD-TV. Weitere Zimmer mit Terrasse oder Balkon in einem einstöckigen und neueren 2-stöckigen Hotelgebäude. Edles Restaurant am Fluss. Nicht sehr freundlicher Service. Pool nahe der Rezeption. Frühstück kostet 300 Baht mehr, WLAN. ❺

Xanadu 2008, 19/5 Moo 1, 9 km westlich vom Bahnhof in Ban Nong Bua nördlich des Flusses, ☎ 080-0213 346, 🖥 www.xanaduresort2008.com. Karte S. 228. Außerhalb der Stadt in einer großen, gepflegten Gartenanlage am Fluss stehen 4 Doppel- und 2 geräumige, zweckmäßig eingerichtete Einzelbungalows mit gefliestem Boden, AC, TV, DVD-Player, Kühlschrank und Du/WC. Der Pool und die Terrasse am Wasser laden zum Entspannen ein. Die Gastgeber Dennis und Nee sind sehr hilfsbereit, die Atmo-sphäre ist persönlich und freundlich. Restau-rant. DVD-Verleih und WLAN inkl. ❹–❺

Obere Preisklasse

Felix River Kwai Resort ⑰, 9/1 Moo 3, Thamakham Rd., ☎ 034-551 000,

🖳 www.felixriverkwai.co.th. In Sichtweite der Brücke am jenseitigen Flussufer gelegenes, in die Jahre gekommenes Hotel aus den 1980er-Jahren mit 255 großen, teils muffigen und nicht besonders sauberen Zimmern. Restaurants und 2 Pools. **❻–❽**

📖 **Oriental Kwai**, 194/5 Moo 1, Ladya, 📞 034-588 168, 🖳 www.orientalkwai. com, Karte S. 228. In diesem Resort stimmt jedes Detail: Klein, schick und in idyllischer Lage am Fluss nördlich der Stadt lädt es zum Entspannen ein. Evelien und ihr Mann Djo kümmern sich aufmerksam um ihre Gäste und sorgen mit ihren 3 kleinen Töchtern für eine familiäre Atmosphäre. 12 helle, großzügige Bungalows mit geräumigen Bädern, Kühlschrank, Fön, Wasserkocher, TV und DVD-Player sowie Pool mit Liegen, Schirmen und Schatten spendenden Bäumen. Im Restaurant über dem Fluss leckere westliche und Thai-Gerichte, tolle Speisekarte und entspannte Musik. Terrasse am Flussufer mit Thai-Sitzkissen. Zudem Bücher-, DVD-, Fahrrad- und Motorrad-Verleih, viele Infos über Kanchanaburi, Vorschläge für Rad- und andere Touren, Transport in die Stadt mit dem Taxi, Boot oder Pick-up-Service. Frühstück, Kaffee, Tee und WLAN inkl. **❺–❻**

Pung-Waan Resort ⑯, 72/1 Moo 2,Thamakham Rd., 📞 034-625 270-5. Resort 2 km nördlich der Brücke in einem weitläufigen Park östlich des Flusses mit 111 großzügigen Zimmern mit allem Komfort, aber bereits älterer Einrichtung. Landschaftspool, Sauna und Spa. Schwesterresort am Kwae Noi bei Nam Tok. Frühstück und WLAN inkl. **❺–❻**

U Inchantree Kanchanaburi ⑮, 443 Mae Nam Kwae Rd., 200 m westlich der Brücke, 📞 034-521 584, 🖳 www.ukanchanaburi.com. Moderne, boutiqueartige Unterkunft mit 24 in einem 2-stöckigen, U-förmigen Bau untergebrachten und komfortabel ausgestatteten, aber beengten und überteuerten Zimmern mit bequemen Matratzen, allen Annehmlichkeiten und sehr kleinen Du/WC. Die 2 teuren Suiten mit separatem Wohnzimmer sind deutlich geräumiger. Flussblick gibt es leider nur von der Gartenanlage mit schönem Pool, Liegen und Bar. Frühstück und WLAN inkl. **❻–❽**

ESSEN

Im Umkreis der Gästehäuser konzentrieren sich **Essensstände** und kleine Restaurants, die ein preiswertes Angebot bereithalten – auf Sauberkeit achten! Am preiswertesten sind die Nudelläden südlich und westlich des Busbahnhofs. Abends werden zudem entlang der südlichen Uferstraße Essensstände aufgebaut. Vor allem Thais essen hier. Ein **Nachtmarkt** findet abends gegenüber vom Soldatenfriedhof im Stadtzentrum statt. 🕐 außer Mi 19–22 Uhr.

In **schwimmenden Restaurants** im Zentrum und beiderseits der Brücke tafeln abends die Reisegruppen und genießen bei Sonnenuntergang die tolle Atmosphäre. Die Meinungen über die Qualität der Küchen sind geteilt. Vielen Gästehäusern sind kleine **Backpacker-Restaurant** angegliedert, in denen es Frühstück und die üblichen Standardgerichte gibt.

Bell's Pizzeria, 24/5 Mae Nam Kwae Rd., gegenüber Ploy's Gh., 📞 081-010 6614, 🖳 www.bellspizzeria.com. Kleines Restaurant unter Schweizer Leitung mit leckeren Pizzas um 200 Baht und einer großen Auswahl an Pasta um 100 Baht. Auch Erdinger, Kickertisch und WLAN. 🕐 ab 17 Uhr.

Blue Rice Restaurant, gegenüber Apple's Retreat, 🖳 applesguesthouse.com. In dem luftigen, ruhig gelegenen Gartenrestaurant mit tollem Flussblick servieren Apple und Noi ordentliche Portionen sehr schmackhafter einheimischer und europäischer Gerichte, auch ein großes vegetarisches Angebot. Freundlicher Service.

Café de Paradiso, Song Kwae Rd., am Fluss nahe dem Zusammenfluss des Kwae Yai und Noi. Kleines Café mit einer Auswahl an gutem Kaffee und Tee. Auch Torten, Gebäck und Toast-Sandwiches. Man kann an kleinen Tischen auf der Terrasse an der Straße sitzen. Mittags bevorzugen Gäste die klimatisierten Nebenräume. WLAN. 🕐 8.30–20.30 Uhr.

D&D Coffee House, Mae Nam Kwae Rd. Nette Café-Bar, in der man herrlichen Espresso, Cappuccino und dergleichen bekommt und schön frühstücken kann. Abends wird es zu einer Bar mit Snacks. Motorradvermietung. WLAN.

Mangosteen Café and Books, 13 Mae Nam Kwae Rd., ✆ 081-793 5814, 🖵 www.mangosteencafe.net. Nett eingerichtetes, kleines Café-Restaurant mit entspannter Musik, Sofaecke und Büchern. Bebilderte, informative Karte mit Thai- und westlichen Gerichten, die nicht nur gut aussehen, sondern auch schmecken. ⏰ 8.30–21 Uhr. Jeden 1. und 3. Mo im Monat geschl.

On's Thai Issan, 36 Mae Nam Kwae Rd., ✆ 087-364 2264, 🖵 onsthaiissan.com. Die kleine, rüstige und lustige On betreibt das einfache, aber sehr gute vegetarische Thai-Restaurant mit überaus günstigen Gerichten. Fleischesser werden erstaunt feststellen, wie lecker Tofu und Co. sein können. Auch gute Kochkurse (S. 245). ⏰ 10–22 Uhr.

Sri Fa Bakery, nahe dem Busbahnhof. Die große, gute und günstige Bäckerei verkauft sogar richtig knusprige Baguettes und Croissants. ⏰ 7.30–20 Uhr.

Sudjai Restaurant, Moo 4, Thamakham Rd. In dem Thai-Gartenrestaurant hinter der schmalen Straßenbrücke vor Apple's Retreat wird gutes Essen serviert. Zumeist Einheimische kommen v. a. am Wochenende hierher.

UNTERHALTUNG

Bars

Auf der unteren Mae Nam Kwae Rd. wird mit dem Spruch geworben: „Get drunk for 10 Baht". Auch wenn es etwas teurer wird, trifft es doch den Kern der Bierbar-Szene. Viele Pubs und Bars werden von pensionierten Briten und deren thailändischen Freundinnen geführt. Sie werden auch von Prostituierten genutzt, ebenso wie einige angrenzende Gästehäuser.

Disco-Boote

Die Partyboote sind mit Karaoke ausgestattet und v. a. bei Japanern und Koreanern beliebt. Sie verkehren bis 24 Uhr meist auf dem Kwae Noi, zu späterer Stunde auch weiter den Fluss hinab, wo sie ungestört lärmen können. Wegen der hohen Diesel-Kosten sind sie mit einem Charterpreis ab 2000 Baht recht teuer.

EINKAUFEN

Auf dem **Nachtmarkt** gegenüber vom Soldatenfriedhof werden auch Kleidung und Kunsthandwerk verkauft. ⏰ außer Mi 19–22 Uhr.

FN Factory Outlet, an der Straße nach Bangkok, etwa 16 km außerhalb, 🖵 www.fnoutlet.com. Große Auswahl an Kleidung, Schuhen, auch Adidas, Taschen und Haushaltstextilien, allerdings teils gar nicht so günstig.

Kanokarn Department Store, 3-stöckiges, einfaches Kaufhaus nahe dem Busbahnhof. ⏰ 9–21 Uhr.

Tesco Lotus Supermarket, 2,1 km südlich vom Tourist Office. Zudem ein kleiner Tesco Lotus Express auf der Mae Nam Kwae Rd. ⏰ 9–23 Uhr.

S.D. Bookshop und **River Kwai Bookshop**, beide auf der Mae Nam Kwae Rd. Große Auswahl an gebrauchten Büchern. Rückkauf für 50 %, auch Internet. Secondhand-Bücher kaufen und tauschen zudem das **Mangosteen Café and Books** sowie einige Bars.

AKTIVITÄTEN

Begegnungen mit Elefanten

Der Elefant ist nicht nur Thailands Wappentier, sondern auch eine der größten Touristenattraktionen des Landes. Entlang der Touristen-Rennstrecke von Kanchanaburi nach Nam Tok offerieren mehrere Camps Ausritte auf Elefanten. Busladungen von Touristen werden auf die teils völlig überarbeiteten Dickhäuter verfrachtet, um eine Runde zu drehen und sich gegenseitig zu fotografieren. Wer diesen tierquälerischen Zirkus ablehnt, hat eine Alternative:

Elephant's World, 32 km nordwestlich, von der Straße zum Erawan National Park am Nitchiko Resort & Country Club abbiegen und an der Schranke 4,6 km nach rechts, ✆ 034-514 800, 086-335 5332, 🖵 www.elephantsworld.org, weitere Infos unter 🖵 www.facebook.com/elephants world und 🖵 tourismlog.wordpress.com/2009/06/15/der-elefantendoktor. In diesem 2008 vom obersten Tierarzt der Region, Vet. Samart Prasitthiphon, gegründeten und von der Holländerin Agnes geleiteten Camp leben alte, behinderte und kranke Tiere. Es werden keine

Ausritte veranstaltet, aber man kann die Tiere füttern und gegen 15 Uhr mit ihnen baden und sie waschen. Touristen können das Camp von 10–16 Uhr besuchen. Tagesbesucher zahlen 2000 Baht inkl. Transport ab Kanchanaburi und Mittagessen, Kinder 1600 Baht. Zudem auch 2-Tage-Programme mit Übernachtung in recht einfachen Cottages am Fluss für 4500 Baht, Kinder 4000 Baht, oder 3 Tage mit einer Übernachtung im Camp sowie einer weiteren im Wald auf der Suche nach wilden Elefanten und anderen Dschungelbewohnern für 7000 Baht, Kinder 6400 Baht. Wer mit den einfachen Lebensbedingungen und der Hitze klarkommt, kann als Freiwilliger hier arbeiten: Futter ernten, bei der Zubereitung des Essens oder der Pflege der Tiere helfen.

Kanutouren

Folgende Veranstalter organisieren Tagestouren auf dem Kwae Yai und Kwae Noi in Stadtnähe inkl. Ausrüstung, Boote, Mittagessen, Guides und Transfer für 350 Baht p. P. (1 1/2 Std.) bzw. 450 Baht (3 Std.) ab Nongbua Bridge.

River Kwai Canoe Travel Services, 11 Mae Nam Kwae Rd., ☎ 034-512 346, 087-001 9137, ✉ riverkwaicanoe@yahoo.com. Tagestouren inkl. Besuch eines Elefantencamps oder Nationalparks ab 1300 Baht. Individuelle und mehrtägige Touren ab 2 Pers. ab 3600 Baht.

Safarine, 120/5 Moo 4, Nong Bua-Sayok Rd., ☎ 086-049 1662, 🖥 www.safarine.com. Tagestour ab 1750 Baht. ⏰ 8–17 Uhr.

Kochkurse

Apple & Noi Cooking, gegenüber Apple's Retreat, 🖥 applesguesthouse.com. Wer mehr über Apple und Nois Kochkünste erfahren möchte, kann an einem eintägigen **Kochkurs** teilnehmen. Vergnügliche englischsprachige Tageskurse von 9.30–15 Uhr für 1550 Baht, bei denen alle gemeinsam über den Markt streifen, 4 Gerichte kochen und essen. Anmeldung im Guesthouse.

On's Thai Issan Cooking School, 36 Mae Nam Kwae Rd., ☎ 087-364 2264, 🖥 onsthaiissan. com. Bei den mit viel Spaß gewürzten Kochkursen können sich die Teilnehmer

für 3 Gerichte aus der Speisekarte entscheiden, die dann gemeinsam gekocht und gegessen werden. Die informell gestalteten 2-stündigen Kurse starten nach Voranmeldung tgl. von 10–18 Uhr und kosten 600 Baht.

Safaripark

Safaripark Kanchanaburi, am KM 21 Richtung Bo Phloi, ☎ 034-678 225, 🖥 www.safaripark-kan.com/eng. Der 200 ha große Park lockt u. a. mit Giraffen, Kamelen, Tigern, Straußen, Zebras und Papageien viele einheimische Besucher an und lohnt für Selbstfahrer einen Abstecher. Im Botanischen Garten können Schmetterlinge bewundert werden. Man kann sich mit einem Bus herumfahren lassen. ⏰ 9–17 Uhr, Eintritt 450 Baht, Kinder 250 Baht. Anreise ab Kanchanaburi mit dem Shuttlebus 2x tgl. ab der Brücke am Kwae oder mit Bus 325 für 40 Baht.

Schwimmen

Auch Nichtgäste können im **Felix River Kwai Hotel** für 500 Baht oder im **River Kwai Hotel** für 100 Baht p. P. den Pool benutzen.
Städtisches Schwimmbad an der Flusspromenade, Eintritt 50 Baht. An Wochenenden manchmal nur für Gruppen geöffnet.

TOUREN

Etwa 20 Veranstalter unterbieten sich mit preiswerten Tagestouren zur Brücke, den Höhlen, dem Erawan Nationalpark und in die nähere Umgebung. Zudem werden Bahn- und Bootsausflüge, Trekkingtouren mit Elefantenreiten und Bambus-Rafting-Trips angeboten, teils alles an einem Tag, sodass zwischen den Fahrten kaum Zeit bleibt, die schöne Natur zu erleben. Nur selten werden weiter entfernte Ziele wie Tham Than Lot oder Sangkhlaburi angeboten. Einfache Tagestouren gibt es ab 700 Baht, 2-Tage-Touren mit Elefanten und Rafting kosten mind. 2300 Baht.

A.S. Mixed Travel, ☎ 034-512 017, 🖥 applesguesthouse.com. Tagestouren mit guter Betreuung.

Good Times Travel, 63/1 Mae Nam Kwae Rd., ☎ 034-624 441, 081-913 7758, 🖥 www.good-times-travel.com. Freundliches, zuverlässiges und gut englisch sprechendes Personal. Radtouren für 750 Baht p. P.

KTC (Kanchanaburi Travel Center), 99–101 Mae Nam Kwae Rd., ✆ 034-512 542, 086-396 7349, 🖥 www.tourkanchanaburi.com. Weiterer günstiger Anbieter.

📖 **Mellow Trek**, 128/4 Moo 8, Kaeng Sian, ✆ 084-727 1959, 084-191 2509, 🖥 www. mellowtrek.com. Der Norweger Steffen Trulsen und sein einheimischer Kollege Uzi haben sich auf individuell angepasste Touren spezialisiert. Steffen spricht auch Deutsch. Die höheren Preise sind durchaus gerechtfertigt: Hier wird mit Engagement und Begeisterung gearbeitet. **R.S.P. Jumbo Travel Center**, 3/13 Chaokhunnen Rd., ✆ 034-514 906, 512 280, 🖥 www.jumbo riverkwai.com. Bis zu 3-tägige Trekkingtour mit Elefantenritt, Bootsfahrt, Rafting, Schwimmen, Jeepfahrten, Besuch einer Höhle und von Wasserfällen. Auch Fahrradtouren.
Toi's Tours, 57 Mae Nam Kwae Rd., ✆ 034-514 209, 081-856 5523. Touren in Englisch und auf Anfrage auch Französisch.

Bootstouren

Am JEATH-Museum und an der Eisenbahnbrücke werden Boote für eine Stadtrundfahrt auf dem Kwae Noi, dem Kwae Yai und flussabwärts auf dem Mae Klong angeboten. Eine Fahrt vom JEATH-Museum zur Brücke kostet 250–300 Baht, bis Wat Tham Khao Pun 500–600 Baht, eine 2-stündige Tour ab der Brücke zur Höhle, dem Friedhof und Museum ab 800 Baht pro Boot.

SONSTIGES

Die Uferstraße in der Nähe der Gästehäuser säumen Bars, Wäschereien, Internetcafés, Motorrad- und Fahrradvermietungen, Büros der Tourveranstalter und Massage-Angebote.

Apotheken

Nahe Jolly Frog. Die hilfreiche Chefin berät auch bei kleinen medizinischen Problemen.

Autovermietungen

Teils nicht ausreichend versicherte Autos werden in der Nähe der Gästehäuser ab 1000 Baht pro Tag angeboten.

Fahrradverleih

Sie werden von und in der Nähe von Gästehäusern für 40–50 Baht pro Tag vermietet. Gute Räder, wie im Oriental Kwai Resort, kosten bis 150 Baht. Radtouren veranstaltet u. a. Good Times Travel (s. Touren).

Feste

Ende Nov/Anfang Dez findet das 10-tägige **River Kwai Bridge Festival** statt. Höhepunkt ist die bombastische Sound-and-Light-Show über die Geschichte der Brücke, die trotz der vielen Darsteller, Knalleffekte und dem imposanten Feuerwerk wenig fasziniert. Tickets über 🖥 www.thaiticketmajor.com. Zu dieser Zeit fährt sogar der legendäre Eastern & Orient Express nach Kanchanaburi.

Immigration

Immigration, 100/22 Mae Klong Rd., in Pak Praek, ✆ 034-564 265, 034-564 279, 🖥 www. immigration.go.th. Das Office liegt 3,5 km Richtung Bangkok. An der City Hall (bis dorthin mit dem Stadtbus) geht es 800 m nach rechts. Die Visumverlängerung geht schnell. 🕐 Mo–Fr 8.30–16.30 Uhr.

Informationen

Tourist Office, 14 Saengchuto Rd., ✆ 034-511 200, 512 500, ✉ tatkan@tat.or.th. Hilfsbereite Mitarbeiter verteilen einen guten Stadt- und Umgebungsplan, Hotel- und Transportlisten. 🕐 8.30–16.30 Uhr.
🖥 www.kanchanaburi-info.com/de von Edgar König informiert über Sehenswertes in der Stadt und die angrenzenden Provinzen. Ebenso die englischsprachigen Webseiten 🖥 www.kanchanaburiguide.com und 🖥 www.visitkanchanaburi.com.

Internet

Internetcafés verlangen 20–30 Baht pro Std.

Massagen

Mehrere Läden in der Mae Nam Kwae Rd. verlangen 120–150 Baht pro Behandlungsstunde, eine Ölmassage kostet 180–200 Baht.

Suan Nanachaat, 12 km außerhalb in Ban Nong Bua, vom H323 am KM 5 Richtung Norden, ☎ 034-633 356, 081-699 9052, 🖥 www.suan-nanachaat.com. In ländlich-grüner Umgebung liegt eine wahre Oase der Entspannung. Die freundliche Helen leitet ein Spa für Tagesgäste in einem geschmackvoll eingerichteten Thai-Haus. In dieser tollen Atmosphäre sind Behandlungen etwas teurer, aber ihr Geld wert. 90-minütige Thai- oder Fuß-Massage 500 Baht, auch Tagespakete mit einer Vielzahl an Behandlungen. Es werden vor allem lokale Produkte verwendet. Abholung inkl. ⊕ Do–Di 10–20 Uhr.

Medizinische Hilfe

Kanchanaburi Memorial Hospital, am H323 im Norden der Stadt, ☎ 034-624 184-93. Privatkrankenhaus mit englisch sprechenden Ärzten. Es ist bereits vorgekommen, dass die Behandlung von Notfällen abgelehnt wurde, weil die Bezahlung nicht geregelt war.
Thanakan Hospital, an der Straße nach Bangkok, ☎ 034-622 366-75. Besser, sauberer und großzügiger als das Memorial Hospital, aber mit weniger Spezialisten.

Motorradverleih

Kleinere Maschinen für 200 (Manual)–330 Baht (Automatik) in Gästehäusern und der Mae Nam Kwae Rd.

Polizei

Tourist Police, Saengchuto Rd., nahe Isuzu Building, ☎ 034-512 795. ⊕ rund um die Uhr.

Post

Hauptpostamt 1 km südlich vom Tourist Office.

NAHVERKEHR

Fahrradrikschas

Fahrer von Fahrrad-Rikschas (Samlor) und Motorradtaxis bekommen von den Gäste-häusern 50–100 Baht Provision pro Gast. Dennoch verlangen Samlor-Fahrer für kurze Strecken mind. 50 Baht. Längere Strecken besser mit dem Tuk Tuk oder Songthaew fahren.

Motorradtaxis

Die Motorräder mit Beiwagen kosten 10–20 Baht pro km, eine Fahrt im Stadtgebiet ab 30 Baht, vom Tourist Office zur Brücke 50 Baht, zum Immigration Office und zurück 80 Baht.

Songthaew und Minibusse

Innerhalb des Stadtgebietes kostet eine kurze Strecke mind. 50 Baht, die Fahrt zur Brücke 100 Baht, Wat Tham Khao Pun oder Wat Tham Mongkorn Thong 300–350 Baht. Eine Klein-gruppe kann mit einem Songthaew für 100 Baht zur Brücke fahren. Chartern für Ausflüge 1700 Baht pro Tag, von 9–17 Uhr 1500 Baht.

Stadtbusse

Entlang der Hauptstraße verkehren von 6–19 Uhr alle 15 Min. orangefarbene Songthaew für 10 Baht, die an festen Haltestellen stoppen, z. B. gegenüber der Einmündung der U-Thong Rd. Linie 2 fährt an der Brücke vorbei. Zu den Gästehäusern bis zum Friedhof mitfahren und dann laufen.

Tuk Tuk

Einige Tuk Tuks stehen am Nordende des Busbahnhofs. Die Fahrt zu den meisten Gästehäusern kostet 50 Baht, zur Brücke 100 Baht. Charter 200 Baht pro Std.

TRANSPORT

Busse

Aktuelle Abfahrtszeiten hängen am Eingang aus. Busse Richtung Suphanburi stoppen an der U-Thong Rd., Busse nach Norden und Nord-westen am Friedhof.
AYUTTHAYA, lokaler Bus 411 bis SUPHANBURI stdl. bis 18 Uhr für 50 Baht in 2 Std. Von dort weiter mit Minibussen.
BANGKOK, zum Southern Bus Terminal (Sai Tai Mai/Taling Chan), 129 km, alle 20 Min. von 6–20 Uhr für 80–100 Baht in 2–2 1/2 Std., zurück bis 22.30 Uhr. Zum Northern Bus Terminal (Mo Chit), 149 km, Bus 9918 um 12, 14 und 17 Uhr für 110–140 Baht in 3 Std. Diese Busse fahren über KAMPHAENG SAEN nördlich von Nakhon Pathom. Zurück bis 17.10 Uhr.

DAMNOEN SADUAK (Floating Market), über BANG PHAE, Bus 461 alle 15 Min. für 50 Baht und weiter mit Bus 78.
NAKHON PATHOM, 70 km, alle Busse Richtung Southern Bus Terminal (Bangkok) für 50 Baht in 2 Std.
RATCHABURI, 100 km, Bus 461 von 5.10–18.20 Uhr etwa alle 15 Min. für 50 Baht in 2 1/2 Std. Von dort bestehen Verbindungen weiter nach Süden.
RAYONG (für Ko Chang), via PATTAYA (4–5 Std.) mit Bus 315 um 8 und 17 Uhr für 380 Baht in 6 Std.

In die Umgebung:
BO PHLOI, 50 km, Bus 325 etwa alle 30 Min. von 6.30–18.30 Uhr in 1 Std. für 40 Baht.
CHALOEM RATTANAKOSIN NATIONAL PARK, etwa 100 km, Bus 325 nach Bo Phloi für 70 Baht in 2 Std. Man wird an der Hauptstraße rausgelassen und nimmt ein Songthaew zum Nationalpark.
ERAWAN NATIONAL PARK, 65 km, Bus 8170 um 8, 9.15, 10.30, 11.40, 13.10, 14.20, 15.20, 16.20 und 17.40 Uhr für 50 Baht in 1 1/2 Std. Zurück bis 16 Uhr.

Eine Fahrt mit der Eisenbahn des Todes

Beliebt ist die gemächliche Fahrt mit dem Zug nach Nam Tok, die für Touristen unabhängig von der Strecke 100 Baht kostet. Billiger ist nur der Abschnitt Nam Tok–Tha Kilen–Nam Tok für 50 Baht. An den Vormittagszug werden zwei klimatisierte Touristenwaggons angehängt, in denen weitere 200 Baht für Snacks, Getränke und einen garantierten Sitzplatz gezahlt werden müssen. Der interessanteste Teil der Fahrt über das Wang Po-Viadukt vor Nam Tok dauert nur wenige Minuten, die restliche Zeit geht es durch eine eher eintönige Landschaft. In der Hochsaison sind die Züge manchmal so überfüllt, dass man nichts sieht. Ein kleines, buntes Bähnchen mit offenen Wagen fährt Mo–Fr von 8–10, 11.30–14 und 15–16 Uhr, Sa und So nicht am Nachmittag, für 20 Baht für Touristen über die Brücke. Infos ✆ 02-620 699-700 oder am Bahnhof, ✆ 034-511 285.

Minibusse

Nicht alle Minibusse sind lizenziert. Sie sind zeitlich nicht immer zuverlässig, daher sollte man bei knappen Verbindungen besser die großen Busse nehmen.
AYUTTHAYA, Backpackerbus ohne Lizenz um 13.30 Uhr für 400 Baht.
BANGKOK, offizielle Minibusse ab Busbahnhof zum Victory Monument alle 30 Min. von 7.30–19.30 Uhr für 110–120 Baht, zum Northern Bus Terminal (Mo Chit) jede Std. für 120 Baht, Khaosan Rd. für 110 Baht mit Minibussen, die von Tür zu Tür fahren und auf dem Rückweg zudem am Royal Hotel, Sanam Luang, Ecke Ratchadamnoen Rd., halten. Zum Flughafen (Suvarnabhumi) mit den Minibussen bis Victory Monument und weiter mit der BTS und dem Airport-Link oder mit Bussen ohne Lizenz alle 2 Std. von 8–18 Uhr für 500 Baht.
THONG PHA PHUM, 147 km, mit Bussen Richtung Sangkhlaburi für 120 Baht in 3 Std.

Eisenbahn

Fahrplan S. 817–818. Richtung Süden steigt man am besten in NAKHON PATHOM um. Plätze im Schlafwagen Richtung Süden frühzeitig reservieren, ✆ 034-511 285, ⏱ 6–18 Uhr.

Die Umgebung von Kanchanaburi

Mit Fahrrädern sind diese Touren machbar, aber wegen der Hitze anstrengend. Die Strecke auf dem H3228 nördlich des Kwae Noi: Kanchanaburi–Khao Pun (Friedhof)–Wat Tham Khao Pun–Stone Garden und zurück beträgt ca. 22 km, die Tour zwischen Kwae Noi und Mae Klong: Kanchanaburi–Wat Tham Mongkorn Thong–Wat Ban Tham–Kao Noi–Tham Sua–Kanchanaburi ist ca. 38 km lang. Frauen sollten zur Sicherheit nicht allein fahren. Während der Zuckerrohrernte im Dezember/Januar können Lkw vor allem Radfahrern gefährlich werden.

Wat Tham Khao Pun

Die Tempelanlage liegt auf einem Berg am KM 55,8 des wenig befahrenen H3228 etwa 4 km südwestlich von Kanchanaburi hinter dem Friedhof. In einigen der sechs Kammern der **Khao Pun-Höhle** versammeln sich ein Kaleidoskop von brahmanischen, chinesischen und buddhistischen Gottheiten sowie viele Tiere. Vom Hügel schaut ein riesiger Buddha auf den Fluss herab. Man erreicht ihn, wenn man gegenüber vom Höhleneingang am chinesischen Pavillon vorbei eine Anhöhe hinaufgeht. Songthaew oder Motorräder mit Beiwagen kosten ab Kanchanaburi 200–300 Baht.

Wat Tham Mongkorn Thong

Diese Tempelanlage liegt 9 km außerhalb der Stadt an einem Kalkfelsen. 3,4 km südlich des Tourist Office zweigt man vom H323 Richtung Bangkok hinter der Klinik nach rechts ab und überquert nach 1 km den Fluss. Weiter geradeaus liegt nach 2 km 500 m links der kleine, ruhige Höhlentempel **Khao Laem**. Der Nase nach taucht hinter einer Schule das Eingangstor zum **Wat Tham Mongkorn Thong** auf. 700 m hinter diesem Tor erhebt sich die Tempelanlage zum Teil auf einem Berg. In einem überdachten Pool am Fuß des Berges zeigt eine Nachfolgerin der verstorbenen *floating nun* gegen eine Spende ihre Fähigkeit, meditierend auf dem Wasser zu schweben. Eine steile Treppe führt zum Höhlentempel hinauf. Gegen eine weitere Spende für die Beleuchtung kann man durch die teils enge, niedrige Höhlenpassage klettern. Zurück zum Kloster geht es auf dem einfacheren Weg durch einen Bambushain. Minibus ab Kanchanaburi 250–350 Baht.

Wat Ban Tham

Vor der großen Brücke zweigt eine schmale, teils von Schlaglöchern übersäte Straße Richtung Südosten ab und führt 5,5 km parallel zum Fluss an Steinbrüchen, chinesischen Friedhöfen und Tempeln vorbei.

Bemerkenswert ist der Höhlentempel Wat Ban Tham nach 5,8 km. Nach 115 Stufen ist der Eingang durch das 3 m hohe Maul eines riesigen Drachen erreicht, der sich den Berg hinabzuschlängeln scheint. Nach weiteren 40 Stufen durch seinen „Körper" erstreckt sich eine halb offene, natürlich erleuchtete Haupthöhle mit einer großen Buddhastatue und der Statue einer

Frau, die als wundertätig angesehen wird. Körbe voller Spielzeug und Kleidung sollen sie gnädig stimmen. Steigt man die Wendeltreppe am Eingang weiter hinauf, gelangt man zu einer hübschen Tropfsteinhöhle und nach einer halbstündigen Wanderung zum Gipfel.

Wat Tham Kao Noi und Wat Tham Sua

Nach weiteren 2 km auf der Uferstraße überquert man einen Kanal und erblickt bereits in der Ferne die roten und goldenen, mehrfach gestaffelten Tempeldächer des Bot im Thai-Stil. Eine überdimensionale Buddhafigur blickt auf das Land hinab. Es geht 2 km bis zu einem schmalen Zufahrtsweg, der nach 500 m am großen Parkplatz am Fuß der beiden Tempel **Wat Tham Kao Noi** und **Wat Tham Sua** endet. Alternative Anreise: Vom H323 Richtung Bangkok in Tha Muang am KM 115,5 rechts abbiegen und hinter einer Brücke nach 1,3 km rechts über den Damm und nach weiteren 3 km nochmals nach rechts weitere 2,5 km auf einer Landstraße zum Tempel. Songthaew ab Kanchanaburi 300–400 Baht.

Die beiden Tempel auf zwei Hügeln sind nur separat zugänglich. Vom Fuß des Berges führt eine steile Treppe über 158 Stufen zum Thai-Tempel hinauf, oder man kann für 15 Baht die kleine Seilbahn in Betrieb setzen lassen. Von oben eröffnet sich ein fantastischer Ausblick über die Reisfelder und Flusslandschaft. Neben dem Bot und gigantischen Buddha erhebt sich ein riesiger, brauner Chedi. Der südliche taoistische Tempel ist ganz im chinesischen Stil gehalten. Löwen bewachen das mit chinesischen Schriftzeichen verzierte Eingangstor, dahinter begrüßt ein lächelnder Buddha die Besucher. Treppenaufgänge führen durch die Anlage hinauf zur runden, siebenstöckigen Pagode, deren Innenwände mit Hunderten von Votivtafeln bedeckt sind.

Von Kanchanaburi nach Nam Tok

Mit einem eigenen Fahrzeug bieten sich verschiedene Möglichkeiten für interessante Abstecher vom breit ausgebauten H323. Am KM 2 hinter der Brücke geht es links zum H3305 hinab. Hier liegen Resorts, die vor allem von Thai-Familien bewohnt werden.

Ban Kao

Auf dem H3229, 18 km von Kanchanaburi am KM 0 des H323 nach links, erreicht man nach insgesamt 34 km Ban Kao. Etwas schöner, aber länger ist die Strecke über den H3228 vorbei an Wat Tham Khao Pun und an Dan Makham Tia. Auf diese biegt man vom H323 bereits hinter der Bahnlinie links auf den H3228 ab. Die 1 km lange Abzweigung zum **Ban Kao National Museum** am Fluss ist ausgeschildert. Ein holländischer Archäologe hatte als Kriegsgefangener einige bedeutsame Funde gemacht. Ausgrabungen förderten menschliche Skelette, Tonscherben und andere Gegenstände zutage, die beweisen, dass dieses Gebiet schon vor über 4000 Jahren besiedelt war. Das Museum zeigt 44 menschliche Skelette, Waffen, Werkzeuge, Schmuck, Kera-

miken und viele Grabbeigaben sowie Fundorte, die u. a. den Jägern und Sammlern der steinzeitlichen Hoabinhian-Kultur (1000–400 v. Chr.) als Wohnung dienten. ⏰ Mi–So 9–16.30 Uhr, Eintritt 50 Baht.

Muang Sing

6,5 km weiter am Fluss entlang Richtung Nordwesten zweigt 500 m hinter dem Bahnhof Tha Kilen der Weg zu den verwitterten **Khmer-Ruinen** der „Löwenstadt" Muang Sing ab. In einer Flussschleife ließ im 13. Jh. ein Nachfahre des Khmer-Königs Yayavaraman VII. zu Ehren seines Vaters in dieser rechteckigen Befestigungsanlage eine bedeutende Bodhisattva-Statue aufstellen. Der Wassergraben und die 880 m langen Befestigungsmauern sind noch zu erkennen. Mit riesigen Steinen gepflasterte Wege führen durch vier hohe Eingangstore zum zentralen Prang aus Lateritgestein. Bei Ausgrabungsarbeiten wurden Buddha- und

Tigertempel (Luangta Bua Yannasampanno Forest Monastery)

Seit Bilder des Abtes Phra Acharn Phoosit Khanthidaro und seiner Mönche mit ihren Tigern in der internationalen Presse zu sehen waren, ist der Tempel, ☎ 034-531 557, 🖥 www.tigertemple.org, der ursprünglich gar keiner war, ein beliebtes Ausflugsziel geworden. Vom H323, 40 km nordwestlich von Kanchanaburi, weist am KM 21 rechts ein Schild (nur aus Richtung Kanchanaburi kommend zu sehen!) auf die 1,5 km lange Zufahrtsstraße hin.

Das Feedback ist extrem widersprüchlich und reicht von totaler Begeisterung bis zu absoluter Ablehnung. **Wir raten von einem Besuch ab.** Die überwiegend nachtaktiven Tiere werden zwischen 12 und 15.15 Uhr in eine Schlucht geführt. Zeitweise werden einige Tiger von der Leine befreit und toben im Wasser herum.

Der Kommerzialisierung sind keine Grenzen gesetzt: Neben den 600 Baht „Spende", die jeder Besucher zahlen muss – im Preis inbegriffen sind einfache Fotos – können bis zu 100 Besucher persönliche Fotos mit den meist schlafenden Tieren machen, wofür 1000 Baht exta zu zahlen sind. Zudem ist es in begrenzter Zahl möglich, für 1000 Baht exta 3x tgl. mit den jungen Tigern zu spielen oder 4x tgl. Babys zu füttern. Max. 15 Pers. dürfen für 5000 Baht exta (!!!) die Tiere morgens ab 7.30 Uhr füttern und baden, und 20 Pers. abends für 500 Baht exta 40 Min. mit in den Canyon zu den großen Tieren kommen. Wer will, kann zudem noch spenden. Bei all diesen Einnahmequellen verwundern die gigantischen Ausbaupläne und zahlreichen anderen Aktivitäten, wie ein eigener Radiosender, nicht. Besucher müssen eine Haftungsausschlusserklärung unterschreiben, sodass sie bei einem Unfall keine Ansprüche an den Veranstalter geltend machen können, und Kleidung in dezenten Farben (kein Orange und Rot) tragen oder ein teures T-Shirt kaufen. Wer möchte, kann hier sogar meditieren. ⏰ 12–15.15 Uhr. Bitte zuvor lesen: 🖥 tourismlog.wordpress.com/2009/06/13/freie-wildbahn-im-tempel. Ein Minibusse oder Tuk Tuk ab Kanchanaburi kostet für die einfache Strecke etwa 250 Baht und 500–600 Baht hin und zurück. Veranstalter bieten Ausflüge für 100–130 Baht an sowie Kombi-Touren in Verbindung mit dem Sai Yok National Park.

Bodhisattva-Skulpturen, Keramiken und andere Kunstwerke freigelegt, von denen Kopien im kleinen Museum stehen. Schilder weisen den Weg zur prähistorischen Ausgrabungsstätte am Flussufer, einem Begräbnisplatz mit freigelegten Skeletten. ⏰ 8–16.30 Uhr, Eintritt zur gepflegten, unspektakulären Anlage 100 Baht, Thais 20 Baht, Autos 50 Baht, Motorräder 20 Baht, Fahrräder 10 Baht. Von der Bahnstation Ban Tha Kilen sind es 1,4 km zu Fuß bis zum Eingang.

Wang Po-Viadukt (Tham Krasae)

Kurz vor Nam Tok führt die „Death Railway" auf einer zum Teil abenteuerlichen Strecke von 500 m zwischen steilen Felsen und dem Fluss entlang. Höhepunkt der Eisenbahnfahrt ist die Überquerung des Wang Po-Viadukts (auch Wampo), einer 200 m langen Holzbrücke, die sich eng an die steilen Felswände schmiegt und über die die Bahn im Schritttempo fährt. Kaum vorstellbar, unter welchen unsäglichen Anstrengungen dieser Streckenabschnitt einst erbaut wurde. Wer am Viadukt an der Bahnstation Tham Krasae aussteigt, kann über die Holzbrücke laufen und die tolle Aussicht genießen, die sich vor allem von der kleinen **Krasae-Höhle** in der Felswand bietet, in der ein großer Buddha steht. In den Restaurants kann man sich bis zur Ankunft des nächsten Zuges stärken. Mit dem eigenen Fahrzeug geht es von Sai Yok über die Brücke und dann nach links.

Nam Tok

Die Endstation der Eisenbahnlinie, 77 Bahn- und 58 Straßenkilometer von Kanchanaburi, hat als Versorgungszentrum der Dorfbewohner im Hinterland an Bedeutung eingebüßt. Der verschlafene Ort erwacht nur zum Leben, wenn der Touristenzug einfährt und Guides, Händler, Busse, Taxis und Elefanten mit ihren Mahouts zum Bahnhof strömen.

Von Nam Tok führt ein beliebter Ausflug zum **Sai Yok Noi-Wasserfall**. Man läuft die Gleise entlang, vorbei an einer **alten Lokomotive**, die von den Japanern im Zweiten Weltkrieg für Truppentransporte in Thailand gebaut und bis 1976 im Passagierverkehr genutzt wurde. Am

H323 geht es von der Polizeistation 800 m Richtung Norden. Der am Wochenende gut besuchte Wasserfall am eingefassten Pool (Baden verboten!) ist nur während der Regenzeit (Juni–Okt) wirklich schön. Wer der Ausschilderung zur „Water Source" folgt, kommt nach 900 m zu einer **Quelle** an einem Felsen, aus dem kristallklares Wasser sprudelt. In den von hohen Bäumen, Picknickplätzen und einem Getränkestand umgebenen Strudellöchern kann man herumwaten und sich abkühlen. Oberhalb der Quelle am Headquarter des Erawan-Nationalparks beginnt ein 1350 m langer Nature Trail durch ein kleines Tal zur großen **Badan Cave** (auch Wang Ba Dahl). Parkranger kassieren am Beginn des Fußpfads manchmal 50 Baht Eintritt und führen Besucher mit einer starken Lampe durch die Höhle. Es sind feste Schuhe mit gutem Profil und schmutzresistente Kleidung angeraten.

Am **Pak Saeng Pier** werden Boote für eine zweistündige Tour zu den größten Tropfsteinhöhlen in dieser Gegend, den **Lawa-Höhlen**, vermietet (s. u.), die auch über die Straße zu erreichen sind. Der Weg über den 16 km langen H6037 jenseits des Flusses ist ausgeschildert. Es geht beim Pak Saeng Pier über eine Brücke und nach 1,5 km nach rechts. Eintritt wegen der Lage der Höhlen im Sai Yok National Park 200 Baht. Lohnend vor allem am frühen Morgen, wenn noch keine Reisegruppen unterwegs sind. Vom Pier sind es 200 m bis zur Treppe, auf der es 140 Stufen hinauf zur 485 m langen Höhle geht.

ÜBERNACHTUNG

In Nam Tok am H323

Sai Yok Noi Blue Mountain Resort, 3/2 Moo 3, Tha Sao, ☎ 034-565 123. Die zurückversetzte Anlage hält nicht, was der Name suggeriert. Zimmer mit AC, eine sehr einfache und günstige Bambushütte sowie recht dunkle Bungalows mit Betonboden, AC und Kühlschrank. WLAN.

Nahe dem Fluss

Ban Farang, 4 Moo 3, Tha Sao, 500 m unterhalb der Hauptstraße am Ortsausgang von Nam Tok, ☎ 089-886 9955. Neben dem pompösen, 2-stöckigen Privathaus eines Paares aus den USA und Thailand werden in einem Neben-

gebäude 5 im westlichen Stil eingerichtete Zimmer mit großem Kühlschrank und TV vermietet, auch Familienzimmer. Der großzügige Pool, umgeben von gefliesten Höfen, kitschigen Schwänen und anderen Statuen, kann von 11–20 Uhr für 50 Baht, Kinder 30 Baht, auch von Gästen von außerhalb genutzt werden. ❹
Boutique Raft Resort, 103 Moo 3, ✆ 034-634 191, 086-309 4200, 🖥 www.boutiqueraft-riverkwai.com. Am Fluss nahe dem Pak Saeng Pier werden in freundlicher Atmosphäre im Haupthaus 2 luxuriöse Suiten und auf Rafts 9 Zimmer mit Holzinterieur, Kühlschrank und netter Terrasse vermietet. Rund um einen großen Baum gibt es einige schattige Sitzgelegenheiten. Gediegene Einrichtung, recht harte Matratzen. Frühstück und WLAN im Lobbybereich inkl. ❺–❻

Außerhalb (von Süd nach Nord)
Karte S. 228, genaue Position s. **eXTra [2648]**.
Pung-Waan Resort ④, 72/1 Moo 2, südlich vom Pak Saeng Pier, ✆ 034-625 270-3, 634 295, Karte S. 228. Ein schöner Platz für Motorisierte, die Komfort suchen. In einem weitläufigen, üppig-grünen Park stehen hübsche Holz-Cottages, Häuser mit verschiedenen Zimmern und schwimmende Häuser auf dem Fluss für bis zu 6 Pers. Alle Zimmer mit AC, Kühlschrank, TV und Du/WC. Vom Restaurant mit Terrasse bietet sich ein schöner Ausblick auf den Fluss. Großer Pool mit Liegen. Diverse Aktivitäten wie Rafting, Elefantenreiten, Radfahren und v. a. Vogelbeobachtung. Frühstück und WLAN im Lobbybereich inkl. ❻
River Kwai Village Hotel ②, 69 km nördlich von Kanchanaburi, Zufahrt am KM 54, ✆ 089-918 4562-3, 083-242 1120-5, 🖥 www.riverkwaivillagehotel.com. Touren ab Bangkok, Buchungen unter ✆ 02-251 7828. Komfortables, älteres Resort für westliche Reisegruppen mit 193 klimatisierten, großen Zimmern im 3-stöckigen Haupthaus mit Balkon, in Bungalows am Fluss und auf Rafts. Auch Einzelreisende sind willkommen. Restaurant, Pool, sehr übeteuerte heiße Quellen. ❻–❼

River Kwai Resotel ③, kurz vor den Lawa-Höhlen am Hang, ✆ 081-809 0623, Buchung in Bangkok ✆ 02-642 5497, 🖥 www.riverkwairesotel.com. Anlage mit geräumigen Einzel- und Doppel-Bungalows mit AC, TV, Du und separatem WC sowie hübschem Pool und Restaurant mit abgemilderten, aber leckeren Thai-Gerichten. Gäste werden kostenlos von einem eigenen Pier 5 Min. nördlich vom Resort abgeholt. Boots- und Kanutouren zum Schwesterresort River Kwae Jungle Rafts. Der 20 km lange Mountainbike-Rundkurs eignet sich nur für geübte Geländefahrer. Frühstück inkl. ❺–❼
River Kwae Jungle Rafts ③, gleiche Besitzer wie das Resotel, 10 Min. von dort. Buchungen nur in Bangkok, ✆ 02-642 5497, 🖥 www.riverkwaijunglerafts.com. Sehr ruhig gelegene Rafts auf dem Fluss hinter den Lawa-Höhlen mit 100 sauberen, kleinen und einfachen Zimmern mit harten Matratzen, Petroleumlampen und ohne Elektrizität, dafür aber mit romantischer, naturnaher Atmosphäre. Restaurant. ❹–❺

ESSEN UND SONSTIGES

Gegenüber vom Bahnhof in Nam Tok sorgen günstige offene Restaurants für das leibliche Wohl der Touristen. Viele einheimische Gäste. Auch am Pier gibt es einige Restaurants, wo Reisegruppen essen (müssen). Ansonsten ist die Auswahl außerhalb der Resorts sehr begrenzt.
Krung Thai Bank in Nam Tok am Highway mit Geldautomat.

TRANSPORT

Der **Bus** 8203 nach Kanchanaburi für 40 Baht hält jede halbe Stunde bis 17 Uhr an der Polizeistation an der Hauptstraße und vor dem Sai Yok Noi-Wasserfall.
Nach KANCHANABURI brauchen die **Züge** 2 Std. Die Fahrt kostet für Touristen 100 Baht, im Touristenwaggon 300 Baht. Abfahrt um 5.20, 12.55 und 15.30 Uhr.
Boote fahren ab Pak Saeng Pier, 2 km südwestlich vom Bahnhof, am KM 44,5, zu den Resorts am Fluss und zu den LAWA-HÖHLEN für 900–1000 Baht pro Boot für bis zu 6 Pers. hin und zurück. **Songthaew** zur Lawa-Höhle kosten 1200 Baht.

Hellfire Pass

Aufgrund einer Initiative ehemaliger australischer Kriegsgefangener wurde Mitte der 1980er-Jahre der Grundstein für diese Gedenkstätte gelegt. Sie befindet sich am KM 64,8, westlich des H323 an der ehemaligen Bahnstrecke. Songthaew ab Kanchanaburi bis hierher für 1300–1400 Baht. Das **Hellfire Pass Memorial Museum** lohnt die Fahrt. Die Ausstellung vermittelt anhand von Fotos, Skizzen, Funden und englischen Beschreibungen die Geschichte der Zwangsarbeiter. Berichte Überlebender und historische Aufnahmen sind in einem 7-minütigen Video zusammengefasst. Ein Modell veranschaulicht den Verlauf der Schneise. An dieser Stelle mussten etwa 1000 Kriegsgefangene unter großem Zeitdruck selbst nachts eine 10 m tiefe Schneise in einen Hügel schlagen, was etwa 400 Menschen das Leben kostete. ⏰ 9–16 Uhr, Spende. Ein informativer englischsprachiger Audioguide ist gegen eine Kaution von 200 Baht und der Hinterlegung des Passes erhältlich.

Vom 4,5 km langen Rundweg sind seit 2010 nur noch 2,5 km begehbar, da der westliche Streckenabschnitt in militärischem Sperrgebiet liegt. Der Weg führt durch Bambuswälder mit schönen Ausblicken u. a. zur 500 m entfernten Schneise **Konyu Cutting**. Der Fußweg führt weiter zu anderen Schneisen, Bombenkratern, ehemaligen Camps und temporären Brücken. Wer auf dem Schotterbett in etwa 90 Min. bis Hintok laufen will, sollte für den Rückweg ein Fahrzeug an der Hintok Road organisieren.

3 km südlich vom Hellfire Pass Memorial Museum liegt das nur in Thai beschilderte **Off-Road Restaurant**, zu erkennen am weißen Dach und dem weißen Schild mit rotem Oval, in dessen Mitte eine Kaffeetasse steht. Das Biergartenrestaurant serviert leckere, günstige Gerichte.

Von Kanchanaburi zum Erawan National Park

Beliebt ist der Ausflug zum Erawan National Park, 64 km nordwestlich von Kanchanaburi. Da der H3199 nur wenig befahren ist, eignet er sich auch gut für eine Motorradtour. Am KM 4 passiert man den **Chon Kai Mountain** mit einem kleinen Tempel. Vorbei an Resorts für Thai-Familien und dekorativen, bizarren Steinen, die als Gartenschmuck verkauft werden, gelangt man am KM 24 zum **Nine Army Battle Historic Park**. Hier wird der Sieg der siamesischen Truppen über den Erzfeind Birma gefeiert.

Weiter auf dem H3199 geht es hinter dem Thatungna-Staudamm (KM 26) am Ostufer des Stausees entlang durch eine zunehmend bewaldete Berglandschaft. Der kleine **Phalan-Wasserfall** ist über eine 3 km lange Abzweigung am KM 47 zu erreichen.

Empfehlenswert ist das Elefantencamp **Elephant's World** des Tierarztes Dr. Samart Prasitphon am H3457, 📞 034-514 800, 086-335 5332, 🖥 www.elephantsworld.org. Näheres S. 244.

2 HIGHLIGHT

Erawan National Park

Der attraktive, bereits 1975 gegründete, 550 km² große Nationalpark erstreckt sich entlang eines schmalen, bewaldeten Tals beiderseits eines Nebenflusses des Kwae Yai. Er bildet eine Reihe von sieben sehr schönen **Wasserfällen** mit Sinterterrassen, an denen man weit hinauflaufen kann.

Der weitere Weg über den Markt mit vielen Essensständen und den Parkeingang zum Headquarter ist gut ausgeschildert. Danach geht es nur zu Fuß 720 m zum Beginn des Wasserfalls. Lebensmittel dürfen nur bis zur ersten Stufe mitgenommen werden, wo sich auch Toiletten und Umkleidekabinen befinden.

Der Morgen ist die beste Zeit, um ganz hinaufzuklettern und dann langsam hinabzuwandern. Am Wochenende wird es sehr voll. Ab 15 Uhr sind die Wasserfälle oberhalb der zweiten Stufe und ab 17 Uhr auch die unteren geschlossen. ⏰ Parkeingang 8–16.30 Uhr, Eintritt 200 Baht, Auto 50 Baht.

Im Headquarter werden Schlauchboote für 100 Baht pro Std. vermietet.

Herrliche Badeplätze

Am schönsten sind die zweite, dritte und fünfte Stufe des Wasserfalls. Die dritte Stufe ist ein herrlicher Badeplatz. Nach einem 1 1/2-stündigen, schweißtreibenden Aufstieg bis zur siebten Stufe, die nur Trittfesten zu empfehlen ist, kehren alle Wanderer um. Es ist nicht möglich, weiter hinaufzuklettern. Zwei interessante Naturlehrpfade verlaufen beiderseits des Wasserfalls vom Campingplatz und Parkplatz zur zweiten Stufe: der erste durch immergrünen Monsunwald und der zweite durch Bambushaine. Weitere Touren von bis zu 4 km Länge sind nur in Begleitung von Rangern nach Voranmeldung unter ☎ 034-574 222 möglich.

Die **Phra That-Höhle** ist vom Park über eine 11 km lange Schotterstraße nur mit einem eigenen Fahrzeug oder einem gecharterten Bus zu erreichen. Man braucht eine starke Taschenlampe und etwas Vorsicht, um die Gänge in der Höhle zu erkunden.

ÜBERNACHTUNG UND ESSEN

Empfehlenswert sind die **Bungalows** im Erawan National Park. So kann man den Park abends und morgens vor dem Eintreffen der Besuchermassen genießen. Wer tagsüber andere Nationalparks besucht hat und nachmittags zum Übernachten hier eintrifft, braucht nur einmal Eintritt zu zahlen. Im Park gibt es Bungalows unterschiedlicher Größe ab 2 Pers., teils mit AC. Zelte für 90–225 Baht je nach Größe. Matten, Kissen und Decken kosten extra. Buchungen über die National Park Division in Bangkok, ☎ 02-562 0760, evtl. auch direkt unter ☎ 034-574 222, 🖥 www.dnp.go.th. Das Restaurant mit guter Thai-Küche hat von 7–20 Uhr geöffnet. ❸–❻

Erawan Resort, 140 Moo, 4,5 km vor dem Park, ☎ 034-574 098, 081-838 7360. In einem Dorf am Hang gelegene, kleine Bungalows mit Du/WC, teils auch AC. Nebenan ein Restaurant. ❻

TRANSPORT

Durch die Verbindungsstraße zwischen dem H323 und H3199 ist es möglich, vom Erawan National Park direkt nach NAM TOK zu fahren.

Nach KANCHANABURI, 65 km, Bus 8170 alle 60–90 Min. für 60 Baht in 1 1/2 Std. vom Markt im Dorf vor dem Erawan National Park. Manche Busse, u. a. der letzte um 16 Uhr, fahren vom Parkplatz vor dem Parkeingang ab. Songthaew kosten ab Kanchanaburi 1500–1700 Baht.

Suphanburi

Wer auf dem Weg zwischen Kanchanaburi und Ayutthaya hier einen Zwischenstopp einlegt, kann sich etwa 2 km westlich vom Busbahnhof im **Chalerm Phatara Rachini Park** erholen. Zwischen den in Tierformen getrimmten Büschen, Springbrunnen und einem künstlichen Wasserfall erhebt sich der 123 m hohe **Banharn Tower**, von dem sich eine gute Aussicht bietet. ⏰ Di–Fr 10–19, Sa und So 10–20.30 Uhr, Eintritt 30 Baht, ab 18 Uhr 40 Baht.

In einem schönen chinesischen Park liegt eine sehenswerte Anlage mit einem farbenprächtigen Schrein, einem Aussichtsturm und dem **Chinesischen Museum** in einem überdimensionalen Drachen. Es präsentiert in 20 Räumen mit Modellen und moderner Technik die Geschichte der chinesischen Dynastien und Legenden. Ausländer zahlen 499 Baht Eintritt, wofür es eine Audiotour in englischer Sprache gibt.

Am H340 Richtung Norden sind im beeindruckenden **Nationalmuseum**, ☎ 035-535 330, im modernen **Western Art and Cultural Centre** Exponate aus der langen Geschichte und von verschiedenen Bevölkerungsgruppen dieser Region zu sehen. ⏰ Mi–So 9–16 Uhr, Eintritt 100 Baht.

ÜBERNACHTUNG

Country Hotel, in Bang Pla Ma, südlich der Stadt, vom H340 nach Westen abbiegen und am Wat Suan Hong vorbeifahren. 500 m entfernt von der Kreuzung am Golfplatz und der Tankstelle liegt die nur in Thai beschriftete, unscheinbare Anlage. Doppelbungalows mit Autostellplätzen liegen zurückversetzt in einem Garten und sind von viel Grün umgeben. Saubere, gepflegte Zimmer mit kleiner Veranda und TV. Der Besitzer spricht gut englisch. Im

Little Heaven Homestay , 41/1 Moo 6, Srayaisom Rd., ☎ 081-622 6750, 🖥 www.homestaythailand.de, Karte S. 228, **eXTra [2975]**. Von Kanchanaburi auf dem H324 Richtung Suphanburi 15 km südlich von U Thong rechts abbiegen. Durch Reisfelder und ein Dorf gelangt man hinter dem Tempel zum familienfreundlichen Homestay von Anna und Klaus Stark in einem in dieser Umgebung ungewöhnlichen Neubau neben dem alten Haus ihrer Familie. Gäste wohnen in einem der 4 Zimmer mit Du/WC und werden mit einheimischen sowie deutschen Gerichten bewirtet. Zum Frühstück gibt es selbst gebackenes Brot, Obst und Gemüse aus dem Garten. Man kann auf der Dachterrasse in Hängematten die Zeit vergessen und bei Radtouren die ländliche Umgebung genießen. Zudem schöne ein- und mehrtägige Ausflüge, die von Klaus organisiert werden. Vollpension 800 Baht p. P., im EZ 950 Baht, im Schlafsaal 600 Baht. Voranmeldung erforderlich. WLAN ab 3 Nächten inkl.

hübschen, offenen Restaurant mit Blick auf den Teich werden günstige, gute Gerichte serviert, auch Zimmerservice. Frühstück inkl. ❸

TRANSPORT

AYUTTHAYA, gelber lokaler Bus 703 für 50 Baht in 1 1/2 Std.
BANGKOK (Southern Bus Terminal), Busse alle 20 Min. bis 18 Uhr für 80 Baht in 2 1/2 Std.
KANCHANABURI, lokaler Bus 411 für 50 Baht in 1 1/2 Std.

Richtung Norden

Vier- bis achtspurige Highways durchqueren nördlich der Metropole die fruchtbare Ebene des Menam Chao Phraya und seiner Nebenflüsse, die „Reiskammer" des Landes. Bis weit über Ayutthaya hinaus sind viele ehemalige Reisfelder mit Industrieanlagen und neuen Wohngebieten bebaut worden. In den verbliebenen ländlichen Regionen durchziehen Dämme

und baumgesäumte Kanäle die Ebene. Hier finden zahlreiche Wasservögel reichlich Nahrung, darunter Pelikane und Ibisse, zu denen sich im Oktober Kraniche, Störche und andere Zugvögel zum Überwintern gesellen.

Vom 10. bis 13. Jh. wanderte das Volk der Thai von Norden in dieses Gebiet, das bereits von den Mon und Khmer besiedelt war. Vor allem für Kulturinteressierte lohnt sich ein Besuch der Ruinenstadt Ayutthaya. Wer selber fährt, kann auf schmalen Straßen entlang der Kanäle und Flüsse zahllose Dörfer inmitten endloser Reisfelder erkunden.

Wat Phailom

Die Attraktion dieses Klosters in ländlicher Umgebung am Ostufer des Menam Chao Phraya in der Nähe von Phatum Thani ist eine riesige **Klaffschnabel-Storchkolonie**, die in einem zum Tempel gehörigen Wald lebt. Im November/Dezember kommen bis zu 25 000 Störche aus dem Brahmaputra- und Gangesdelta hierher, um zu brüten. Am späten Nachmittag kehren sie von der Futtersuche zu ihren Nistplätzen zurück. Mit sechs bis acht Wochen sind die Jungtiere flugfähig und es geht wieder zurück. Zu den Vögeln haben sich einige tausend **Flughunde** gesellt, die nach Sonnenuntergang in großen Schwärmen auf Nahrungssuche gehen.

TRANSPORT

Ab BANGKOK werden Touren angeboten, oder man chartert ein Taxi. Mit öffentlichen Verkehrsmitteln dauert die Fahrt sehr lange und ist nicht zu empfehlen.
Von der Outer Ring Road H9 nimmt man die Ausfahrt kurz vor der Menam-Brücke und fährt auf dem H3309 parallel zum Fluss 6,3 km Richtung Süden. 1 km hinter dem Dorf Suan Ma Muang zweigt am KM 28,7 eine 500 m lange Stichstraße zum Tempel ab.

Bang Sai

Das 1976 unter der Schirmherrschaft der Königin gegründete Ausbildungszentrum in einer weitläufigen Parklandschaft bei Bang Sai will selten gewordenes **Kunsthandwerk** retten. Junge Leute aus ländlichen Regionen werden in Handwerkskünsten unterrichtet, deren traditionelle Formen sie entsprechend den Bedürfnissen des modernen Marktes weiter entwickeln. ⏲ Di–Fr 8–17, Sa und So bis 19 Uhr. ☎ 035-367 054-9, 🖥 www.sacict.net/en.

Im zentralen **Handicrafts Training Center** werden Di–So von 9–14.30 Uhr in 20 unterschiedlichen Fachrichtungen Glas- und Flechtarbeiten, Möbel, Seidenstoffe und Textilien gefertigt. Die besten Produkte werden in den Chitralada Handicraft Shops (z. B. am Airport) verkauft.

Zur Anlage gehören u. a. der **Bananengarten** mit 300 verschiedenen Sorten, der **Vogelpark**, ⏲ 9–17 Uhr, 20 Baht, ein **Süßwasseraquarium** mit riesigen Welsen, ⏲ Di–Fr 10–16.30, Sa, So und feiertags 10–18 Uhr, eine Bootsanlegestelle, ein Restaurant und Souvenirshops. Was wie ein großer Tempel aussieht, entpuppt sich als Einkaufszentrum.

TRANSPORT

Motorisierte nehmen auf der Outer Ring Road H9 die Abfahrt kurz vor der Menam-Brücke, ca. 14 km westlich vom großen Autobahnkreuz mit dem H1 und fahren auf dem ausgeschilderten H3309 parallel zum Fluss 5,4 km Richtung Norden. Busse von BANGKOK nach BANG PA IN fahren etwa alle 30 Min. am Eingang vorbei.

Bang Pa In

Im 17. Jh. wurde dieser Sommerpalast der Könige von Ayutthaya neben einer Insel im Menam Chao Phraya erbaut. Er geriet in Vergessenheit, als Bangkok Königsstadt wurde. Erst König Mongkut nutzte ihn wieder und ließ ihn erweitern, wobei verschiedene Baustile aus China, Europa und Siam kombiniert wurden. Im Zweiten Weltkrieg erfuhr der Palast eine dritte Blüte, als sich die Königsfamilie hierher zurückzog.

Für den Rundgang durch die gepflegte Gartenlandschaft sollte man sich mindestens anderthalb Stunden Zeit lassen. Rechts am Flussufer steht ein kleiner Schrein in Form eines Khmer-Prangs, der **Ho Hem Monthian Thewat**. Er enthält eine Statue von König Prasat Thong von Ayutthaya, des „Königs des Goldenen Palastes". Am gegenüberliegenden Ufer steht der **Saphakhan Ratchprayun-Palast** aus dem Jahr 1879, der eine textlastige Ausstellung über die Geschichte des Palastes und seiner Bewohner enthält. ⏲ 8.30–15.30 Uhr.

Der hölzerne, dem Umkleidepavillon im Königspalast von Bangkok nachempfundene Wasserpavillon **Aisawan Thiphya-art** aus dem Jahr 1876 steht inmitten eines Teiches. Er ist besonders fotogen in der Nachmittagssonne, wenn sich seine Umrisse im Wasser spiegeln. Die neoklassische Thronhalle **Warophat Phiman**, links vom Pavillon, dient königlichen Zeremonien und ist nur in angemessener Kleidung zugänglich. Eine überdachte Brücke führt zum **Thewarat Khanlai**, dem Tor zum Inneren Palast.

Am interessantesten ist in der Gartenanlage des Inneren Palastes das 1889 von Chinesen gestiftete zweistöckige Gebäude **Wehat Chamrun** im opulenten Stil chinesischer Herrscherresidenzen. Die **Uthayan Phumisathian Residential Hall** mit ihren Jugendstilelementen ist ein Nachbau des 1938 abgebrannten Originals und dient heute als königliche Residenz und Audienzhalle.

Auf einer kleinen Insel bietet sich vom Aussichtsturm **Ho Withun Thatsana** ein schöner Blick über die Gartenanlage. **Gedenksteine** neben einem Pavillon erinnern an Königin Sunanda Kumariratanas (1860–1880), die erste Frau von Chulalongkorn und Tochter von Mongkut, sowie an deren Tochter. Sie ertranken auf dem Weg von Bangkok in die Sommerresidenz in einem gekenterten Boot vor den Augen ihrer Begleiter, denen es verboten war, sie zu berühren.

⏲ 8–16.30 Uhr, letzter Einlass 15.45 Uhr, Eintritt 100 Baht inkl. Broschüre, ☎ 035-261 548, 261 044. Im Palastbereich herrscht eine strikte Kleiderordnung: Frauen müssen Schultern und Knie bedecken. Bei Männern sind kurze Hosen unangebracht. Angemessenes Outfit wird gegen eine Kaution von 200 Baht ausgeliehen. Mit kleinen Golfbuggys können Besucher für 400 Baht pro Stunde über das Gelände fahren.

Hinter dem Parkplatz verkehrt eine einfache Seilbahn auf die **Flussinsel**. Hier stehen ein

Wat im Stil einer europäischen Kirche und die Mönchsquartiere im neoklassizistischen Stil.

Viele Tagestouren ab Bangkok schließen neben Ayutthaya auch Bang Pa In ein.

Busse und Songthaew
AYUTTHAYA per Songthaew über die Straße oder den Highway bis gegen 18 Uhr für 30–40 Baht in 1 Std.
BANGKOK, Northern Bus Terminal (Mo Chit), alle 30 Min. von 6–18 Uhr für 50 Baht in 1 1/2 Std.

Eisenbahn
In der 2. Kl. ab BANGKOK 16x von 4.20–19.05 Uhr für 58 Baht, ab AYUTTHAYA 16x von 5.12–19.05 Uhr für 23 Baht in 10–15 Min. Zuschläge S. 78.
Vom Bahnhof führt eine schmale Straße 1,7 km südlich zum Palast, Tuk Tuk 30 Baht.

Boote
Am schönsten ist die Fahrt nach Bang Pa In mit einem Ausflugsboot ab Ayutthaya oder Bangkok (S. 211).

Ayutthaya

Die historische Stadt Ayutthaya (gesprochen: Ayut-tha-ja), mit vollem Namen **Phra Nakhon Si Ayutthaya**, seit 1991 Unesco-Weltkulturerbe, erstreckt sich über ein weites Areal, dessen Zentrum durch den Zusammenfluss der Flüsse Chao Phraya, Pa Sak und Lopburi umgrenzt wird. Die Ruinen wurden ausgegraben und vielerorts rekonstruiert. Die neue, 83 000 Einwohner zählende Stadt Ayutthaya östlich der Ruinen ist hingegen nicht sonderlich attraktiv.

Ayutthaya Historical Study Center
Vor einer Rundfahrt durch die historische Stadt sei ein Besuch im **Ayutthaya Historical Study**

417 Jahre lang war Ayutthaya Königsstadt des siamesischen Reiches, bis sie 1767 von birmanischen Truppen zerstört wurde. In der sicheren Hafenstadt, 80 km vom Meer entfernt, regierten 33 Könige. Unter König Narai stand das Reich im 17. Jh. auf dem Höhepunkt seiner Macht. Die absoluten Monarchen hatten die Bevölkerung durch Eroberungskriege und die Aufnahme von Flüchtlingen stark vermehrt und errichteten eine prunkvolle Stadt, die es als „Venedig des Ostens" mit allen europäischen Metropolen ihrer Zeit aufnehmen konnte und später als Vorbild für das junge Bangkok diente. 375 Tempel, 29 Festungen und 94 Tore zählte man auf einem riesigen Areal, dessen Ausmaße sich heute nur noch erahnen lassen. Ein umfangreicher Beamtenapparat, geschützt von einer einflussreichen Militärmacht, verwaltete die im Reich eingetriebenen Steuern und den internationalen Handel. Schiffe aus aller Welt segelten den Menam Chao Phraya hinauf, und 40 verschiedene Nationalitäten, darunter Franzosen, Portugiesen, Holländer, Malaien, Perser, Chinesen und Japaner, siedelten in eigenen Stadtvierteln. Die Pracht bei Hofe und die Ausstattung der Heiligtümer waren legendär – was davon heute noch zu sehen ist, sind nur kümmerliche Überreste.

Center empfohlen. Es dient dem Studium der Ayutthaya-Periode und beherbergt ein lohnendes Museum sowie eine Bibliothek. Im Museum wird mit Hilfe von Modellen, teils schlecht beleuchteten Schautafeln und Dioramen die Vergangenheit lebendig. Vier Themenschwerpunkte zeigen Ayutthaya als Hauptstadt, als Handelszentrum, als zentralistischen Staat sowie das traditionelle Dorfleben. ⏰ 8.30–16.30 Uhr, 100 Baht, Studenten 50 Baht, ☎ 035-245 123.

National Museum und Historical Hall
Das traditionell gestaltete **Chao Sam Phraya National Museum** ist in mehreren Gebäuden in einem kleinen Park untergebracht; der Eingang befindet sich in der Rotchana Road. Im Erdgeschoss werden Funde aus verschiede-

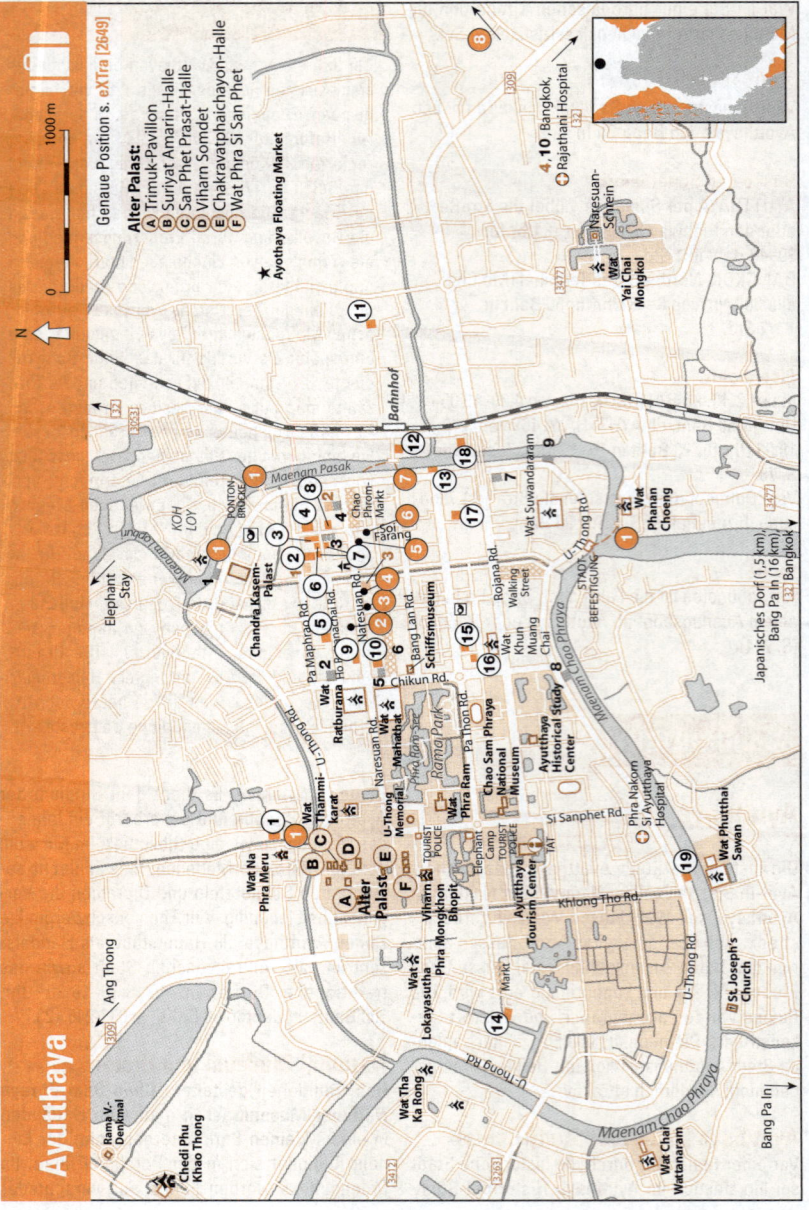

Ayutthaya

Alter Palast:
Genaue Position s. eXtra [2649]
A Trimuk-Pavillon
B Suriyat Amarin-Halle
C San Phet Prasat-Halle
D Viharn Somdet
E Chakravatphaichayon-Halle
F Wat Phra Si San Phet

★ Ayothaya Floating Market

1000 m

N

KOH LOY

Maenam Pasak

Chandra Kasem-Palast

PONTON-BRÜCKE

Maenam Lopburi

Elephant Stay

Ang Thong

Rama V.-Denkmal

Chedi Phu Khao Thong

Wat Na Phra Meru

Wat Tha Ka Rong

Wat Chai Wattanaram

Bang Pa In

Wat Lokayasutha

Alter Palast

A B C D E F

Wat Thammi-karat

Wat Ratburana

Wat Mahathat

U-Thong Memorial

TOURIST POLICE

Viharn Phra Mongkhon Bhopit

Elephant Camp TOURIST POLICE

Ayutthaya Tourism Center

TAT

Rama Park

Chao Sam Phraya National Museum

Ayutthaya Historical Study Center

Phra Nakhon Si Ayutthaya Hospital

Si Sanphet Rd.

Pa Maphrao Rd.

Khlong Thong Rd.

Naresuan Rd.

Chikun Rd.

Bang Lan Rd.

Chao Phrom-Markt

Soi Farang

Schiffsmuseum

Rojana Rd.

Walking Street

Wat Khun Muang Chai

Wat Suwandararam

Maenam Chao Phraya

U-Thong Rd.

Wat Phanan Choeng

STADT-BEFESTIGUNG

Japanisches Dorf (1,5 km)
Bang Pa In (16 km)
Bangkok

Naresuan-Schrein

Wat Yai Chai Mongkol

Bangkok, Rajathani Hospital

Wat Phutthai Sawan

St. Joseph's Church

Bahnhof

1 2 3 4 5 6 7 8 9 10 11 12 13 14 15 16 17 18 19

nen Epochen gezeigt, die in den 1950er-Jahren ausgegraben wurden. Beeindruckend sind die Goldschätze aus dem Wat Ratburana und Wat Mahathat im 1. Stock, darunter goldene Amulette, Statuen, Schmuck und ein königliches Schwert. Im zweiten Gebäude sind Funde aus verschiedenen Regionen und Epochen zu sehen. In den Thai-Häusern werden Alltagskunst und Gebrauchsgegenstände ausgestellt. ⏲ Mi–So außer feiertags 9–16 Uhr, Eintritt 150 Baht, ✆ 035-241 587.

Etwas südwestlich liegt der große Neubau des **Ayutthaya Tourism Centre**, der eine Touristeninformation, eine Galerie mit Werken einheimischer Künstler (⏲ 8–16 Uhr) und ein Museum, die **Historical Hall of Ayutthaya**, vereint. Letzteres befindet sich im Obergeschoss und stellt auf ansprechenden, aber etwas unsystematisch angeordneten und ausgeleuchteten Tafeln und mittels Modellen die Geschichte und Alltagskultur des historischen Ayutthaya dar. Zudem werden Details zu einzelnen Sehenswürdigkeiten und den ausländischen Vierteln der Königsstadt im 18. Jh. vermittelt. ⏲ 8.30–16.30 Uhr, Eintritt frei.

Rings um den Rama Park

Der Rama Park mit seinem See, über den sich steile Brücken spannen, bildet einen schönen Hintergrund für die umliegenden Tempel. Südwestlich erhebt sich der hohe Prang des **Wat Phra Ram**, das 1369 unter dem zweiten König Ramesuan als Begräbnisstätte für dessen Vater U-Thong, den Gründer von Ayutthaya, erbaut

wurde. Die Mauerreste zieren noch Fragmente von Buddhastatuen. ⏲ 8–18 Uhr, Eintritt 50 Baht.

Östlich des Parks erstreckt sich die weitläufige Anlage von **Wat Mahathat**, einem 1374 gegründeten und mehrfach erweiterten Tempel. Aus der frühen Zeit sind Grundmauern erhalten. Die Ruine des zentralen Prangs, der 44 m hoch war, lässt seine ursprüngliche Größe nur noch erahnen. Die Umgrenzung zieren zahlreiche kopflose, ursprünglich dreiteilige Buddhafiguren. Im südöstlichen Bereich findet man einen von einem Feigenbaum umwachsenen Buddhakopf, ein beliebtes Fotomotiv. ⏲ 8.30–18.30 Uhr, Eintritt 50 Baht.

Gegenüber überragt ein stark restaurierter Prang die große Halle des **Wat Ratburana** (auch Ratchaburana). 1424 ließ der 7. König von Ayutthaya diesen Tempel als Begräbnisstätte für seine beiden älteren Brüder bauen. Es lohnt, die steilen Treppen zu erklimmen. Oben sind Fotos der bei der Plünderung von Ayutthaya durch die Birmanen geraubten Kroninsignien und Goldbuddhas sowie anderer Goldschätze zu sehen, die in den Krypten unter dem Prang entdeckt und im Obergeschoss des Museums ausgestellt sind. Durch einen schmalen Gang geht es hinab in die Grabkammer, wo noch die originalen Wandgemälde zu erkennen sind. ⏲ 8–17 Uhr, Eintritt 50 Baht.

Die am **Wat Thammikarat**, östlich des Palastes, erhaltenen Löwenskulpturen deuten darauf hin, dass der Tempel in der frühen Ayutthaya-Periode entstanden ist. ⏲ 8–17 Uhr.

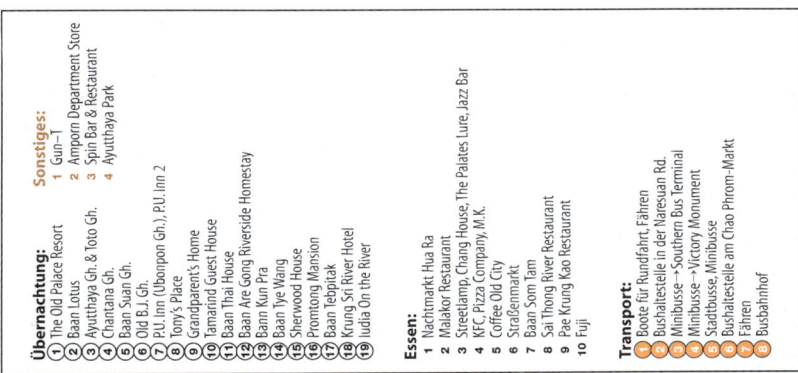

Übernachtung:
1 The Old Palace Resort
2 Baan Lotus
3 Ayutthaya Gh. & Toto Gh.
4 Chantana Gh.
5 Baan Suan Gh.
6 Old B.J. Gh.
7 P.U. Inn (Ubonpon Gh.), P.U. Inn 2
8 Tony's Place
9 Grandparent's Home
10 Tamarind Guest House
11 Baan Thai House
12 Baan Are Gong Riverside Homestay
13 Baan Kun Pra
14 Baan Tye Wang
15 Sherwood House
16 Promtong Mansion
17 Baan Tebpitak
18 Krung Sri River Hotel
19 Iudia On the River

Sonstiges:
1 Gun–T
2 Amporn Department Store
3 Spin Bar & Restaurant
4 Ayutthaya Park

Essen:
1 Nachtmarkt Hua Ra
2 Malakor Restaurant
3 Streetlamp, Chang House, The Palates Lure, Jazz Bar
4 KFC, Pizza Company, M.K.
5 Coffee Old City
6 Straßenmarkt
7 Baan Som Tam
8 Sai Thong River Restaurant
9 Pae Krung Kao Restaurant
10 Fuji

Transport:
1 Boote für Rundfahrt, Fähren
2 Bushaltestelle in der Naresuan Rd.
3 Minibusse→Southern Bus Terminal
4 Minibusse→Victory Monument
5 Stadtbusse, Minibusse
6 Bushaltestelle am Chao Phrom-Markt
7 Fähren
8 Busbahnhof

Täglich von 19–21 Uhr werden Wat Phra Si San Phet, Wat Mahathat, Wat Ratburana, Wat Phra Ram und Wat Chaiwattanaram beleuchtet. Wer für Sonnenaufgangsbilder nicht früh aufstehen mag, kann dann das ein oder andere schöne Nachtfoto schießen – allerdings nur von draußen, denn die Anlagen schließen spätestens um 18.30 Uhr.

Einen anderen Blick in die Geschichte erlaubt das private **Schiffsmuseum** östlich vom Park. Aufwendig gestaltete Modelle mittelalterlicher Königsbarken und anderer traditioneller Schiffe sind in einem stilvollen Thai-Haus untergebracht. ⏱ 8–17 Uhr, Spende erwartet, ✆ 035-241 195.

Palastbereich

Nordwestlich des **U-Thong Memorial** mit einer Statue des ersten Königs von Ayutthaya sind auf einem weitläufigen, baumbestandenen Gelände die Mauerreste seines ehemaligen Palastes zu besichtigen. Er war 1350 erbaut worden, wurde aber bereits 100 Jahre später vom 8. König aufgegeben, als dieser seine Residenz weiter nach Norden verlegte. Die zweistöckige **Suriyat Amarin-Halle** nutzte König Narai zur Beobachtung der Prozession königlicher Barken auf dem Fluss. Die angrenzende **San Phet Prasat-Halle**, von der nur die Fundamente erhalten sind, wurde 1448 als Empfangsgebäude erbaut. Unter dem 24. König von Ayutthaya entstanden Anfang des 17. Jhs. die Zeremonienhalle **Viharn Somdet** und die **Chakravatphaichayon-Halle** am östlichen Ende des Palastes, von der aus der König Paraden abnahm. Der offene, hölzerne **Trimuk-Pavillon** westlich der San Phet Prasat-Halle wurde erst 1907 unter König Chulalongkorn errichtet.

Im Süden erstreckt sich die prunkvolle Tempelanlage des **Wat Phra Si San Phet**, mit deren Bau 1448 begonnen wurde. Sie wurde mehrfach erweitert, bis die birmanischen Eroberer sie 1767 niederbrannten. Der 16 m hohe vergoldete Bronzebuddha Phra Sri San Phet, der im Viharn stand, wurde dabei zerstört. Die vielen halb verfallenen Tempeltürme werden von drei großen, restaurierten Chedis dominiert, die die Asche verstorbener Könige und eine Reliquie Buddhas enthalten. Rechts davon ragen die Säulen des früheren Viharn in den Himmel. ⏱ 6–18 Uhr, Eintritt 50 Baht.

Der Innenraum des rekonstruierten **Viharn Phra Mongkhon Bhopit** wird von einem der größten Bronzebuddhas Thailands ausgefüllt, der 12,45 m hohen Rekonstruktion einer Statue aus dem 15. Jh. Der Viharn wurde 1956 originalgetreu nachgebaut, die Figur 1991/92 anlässlich des 60. Geburtstags der Königin vergoldet. ⏱ 8.30–16.30 Uhr, Eintritt frei. Am Wochenende ist hier viel los. Um den Tempel herum warten Souvenir- und Getränkehändler auf Kunden.

Im Westen und Südwesten

Etwas versteckt liegt **Wat Lokayasutha**. Hier blieb neben den Resten eines Prangs und eines großen Tempels eine der größten liegenden Buddhafiguren aus Stuck erhalten, die 1954 restauriert wurde und unter freiem Himmel ruht.

Ein schwimmender Markt (Thai: *Talad Nam*) findet vormittags am westlichen Ufer, nördlich der Biegung des Menam Chao Phraya, am recht kitschigen **Wat Tha Ka Rong** statt

Im Süden erhebt sich das um 1690 als Residenz erbaute **Wat Chai Wattanaram**, eine große Anlage im Khmer-Stil mit einem zentralen Prang, der von einem Kreuzgang mit acht kleineren Prangs umgeben ist. In ihnen stehen große Buddhas aus Ziegel und Stuck, deren Holzgerüs-

Eine **Sammelkarte** für die sechs Haupttempel kostet 220 Baht. Bei einer **Bootstour** legen die Boote an 3–6 Tempeln für eine kurze Besichtigung an. Am besten gegen 16 Uhr abfahren, da dann die Lichtverhältnisse gut und die Tempel noch offen sind. An den Palastruinen und am Wat Mahathat werden englischsprachige **Audio Guides** für 150 Baht pro Tag vermietet (Ausgabe bis 16 Uhr). Eine Broschüre zeigt eine Karte der 21 erläuterten Sehenswürdigkeiten.

Im Wat Mahathat, Ayutthaya

te noch zu erkennen sind. Auch einige bemalte Deckenpaneele sind gut erhalten. ⏰ 9–17 Uhr, Eintritt 50 Baht.

König Narai stellte im 17. Jh. Land und Geld für den Bau einer Kirche im damaligen französischen Viertel zur Verfügung. Die 1695 erbaute und 1838 rekonstruierte **St. Joseph's Church** steht am südlichen Flussufer. Im hübsch anzuschauenden Kirchenschiff sind die Särge zweier französischer Missionare aus dem 17. Jh. zu sehen. Es finden regelmäßig Gottesdienste statt, und tagsüber schließen die Kirchendiener interessierten Besuchern auf. ⏰ 8–18 Uhr, 🖥 www.ysyuta.com.

Wat Phutthai Sawan ist schon von Weitem an seinem hohen Prang zu erkennen. Hier soll die erste Siedlung König U-Thongs vor der Gründung Ayutthayas gelegen haben. Am Parkplatz fällt neben den Statuen diverser Könige die rege Bautätigkeit ins Auge. Östlich liegt ein altes Gebäude mit Innenhof, dessen Wandelgang goldene Buddhas beherbergt. Östlich bietet ein liegender Buddha in einem verfallenen Viharn ein schönes Fotomotiv.

Chandra Kasem-Palast und Wat Senatsanaram

Im Nordosten der Insel befindet sich der rekonstruierte Palast des Kronprinzen Naresuan aus dem Jahre 1577. Den zerstörten Palast ließ König Mongkut im 19. Jh. neu erbauen, um zeitweise hinter den hohen Mauern zu leben. Den großen Platz umgeben mehrere Gebäude: Das erste links vom Eingang, der **Chantura Mukh-Pavillon**, enthält das kleine **Chandra Kasem-Nationalmuseum**, u. a. mit Keramiken, Buddhafiguren und Holzschnitzereien aus dem Besitz von König Mongkut.

Im dahinter liegenden **Piman Rajaja-Pavillon**, der ehemaligen königlichen Residenz, sind weitere Buddhastatuen und andere Gegenstände ausgestellt. Den **Pisai Salak-Turm** hinter der Residenz ließ sich Mongkut für seine astronomischen Studien erbauen. ⏰ Mi–So außer feiertags 9–16 Uhr, Eintritt 100 Baht, ℡ 035-251 586.

Im Südosten

An der Einmündung des Klong in den Menam Chao Phraya, etwas weiter westlich, wurden 1959 Teile der bereits unter U-Thong errichteten alten **Stadtbefestigung** rekonstruiert. Die Ziegel der ursprünglichen Anlage waren auf Frachtkähne verladen und beim Aufbau der neuen Hauptstadt Bangkok verwendet worden.

Am anderen Flussufer erstreckt sich das weitläufige **Wat Phanan Choeng**, das einst als Exerzierplatz diente. Möglicherweise gab es den Tempel bereits vor der Gründung von Ayutthaya, denn die 20 m hohe Buddhastatue Phra Chao Phananchoeng (Luang Po To) im hinteren hohen Viharn soll bereits 1325 gefertigt worden sein. Sie gilt als Beschützerin der Seeleute und wird vor allem von Chinesen verehrt.

Hinter dem Gebäude werden in einem großen Tempel im chinesischen Stil sowie im **Chao Mae Soi Dok Mak-Schrein** verschiedene Schutzgottheiten mit Blumen, Seide, Kerzen und Geld günstig gestimmt. Absurderweise verehren gerade Singles und werdende Eltern den Schrein der chinesischen Prinzessin Soi Dok Mak, die der Legende nach aus Zorn über mangelnden Respekt ihres Bräutigams, des Königs von Ayutthaya, Selbstmord beging! ⊕ 8–17 Uhr, Eintritt 20 Baht.

Wat Yai Chai Mongkol liegt außerhalb des historischen Stadtkerns. Der Tempel in seiner heutigen Form mit einem 62 m hohen Chedi, den zahlreichen Buddhastatuen und der gepflegten Gartenanlage wurde unter Naresuan zur Erinnerung an den historischen Sieg über seinen birmanischen Widersacher Phra Maha Uparacha umgestaltet. Naresuan hatte den birmanischen Herrscher 1592 bei Nong Sarai (Provinz Saraburi) in einem Zweikampf auf dem Rücken eines Kriegselefanten eigenhändig besiegt. Ihm zu Ehren wurde neben dem Tempel jenseits des liegenden Buddhas ein über Betonbrücken zugänglicher Park angelegt. In dessen Zentrum erhebt sich ein großer gläserner Schrein mit einer von Hähnen und Kunstblumen umgebenen, überlebensgroßen Statue des Herrschers. ⊕ 8–17 Uhr, Eintritt 20 Baht.

Weiter außerhalb

Nördlich des Klong Sabua diente das **Wat Na Phra Meru** (auch: Wat Na Phramane) den Birmanen als Basislager und wurde daher nicht zerstört. Der mit Holzschnitzereien geschmückte, imposante Bot enthält einen 6 m hohen, vergoldeten Bronzebuddha, der im Stil eines Ayutthaya-Herrschers gekleidet ist. Das Innere des daneben liegenden kleinen Viharn mit verblichenen Wandmalereien wird von einem Buddha im Dvaravati-Stil dominiert. Die eindrucksvollen Skulpturen und die prunkvolle Ayutthaya-Architektur lohnen einen Besuch. ⊕ 8–18 Uhr, Eintritt 20 Baht.

2,5 km nordwestlich der Stadt liegt südlich vom H309 der 80 m hohe **Chedi Phu Khao Thong**. Als die Birmanen Ayutthaya 1569 erstmals eingenommen hatten, errichteten sie diesen Tempel zur Erinnerung an ihren Sieg auf einer bereits 1387 erbauten Anlage. 15 Jahre später wurden sie wieder vertrieben, und der Chedi erhielt ein neues Äußeres im Thai-Stil. Aus Anlass des 2500-jährigen Bestehens des Buddhismus wurde 1956 eine 2,5 kg schwere Goldkugel auf der Spitze der Pagode angebracht. Vor dem Chedi befinden sich ein **Monument** zu Ehren von König Naresuan und eine große Parkanlage.

Hunderte von **Klaffschnabel-Störchen** bevölkern im Winter die Palmen in der Nähe des **Wat Kuti Lai** am H309, hinter der Kreuzung mit dem H347.

Östlich der Stadt in Nähe zum Bahnhof liegt der **Ayothaya Floating Market** mit Schlangenshows, Elefantenreiten, Nippes- und T-Shirt-Läden sowie einem schwimmenden Essensmarkt; eine künstliche Touristenattraktion, der westliche Besucher nicht viel abgewinnen können. ⊕ 8–21 Uhr.

Südlich von Wat Phanan Choeng befand sich das **Japanische Dorf** mit etwa 1500 Einwohnern, vor allem japanischen Christen, die ab dem 17. Jh. in ihrer Heimat verfolgt wurden. Ein Video informiert über die Bedeutung des Handelszentrums Ayutthaya und eine kleine Ausstellung über die Beziehungen zum Land der aufgehenden Sonne. Am Fluss wurde ein kleiner japanischer Garten angelegt. ⊕ 8–16 Uhr, Eintritt 50 Baht. Anreise mit den Songthaew nach Bang Pa In.

Untere Preisklasse

Ayutthaya Gh. & Toto Gh. ③, 12/34 Naresuan Rd., ✆ 035-232 658, 081-823 1283, ✉ blues_taxi@hotmail.co.th. Eines der ältesten Gästehäuser, das zusammen mit dem Nachbarhaus in die Hände der nächsten Generation übergegangen ist. 30 saubere Zimmer, zur Straße hin laut. Ältere mit Ventilator und Gemeinschaftsdusche, andere muffig mit teils offenem Bad und AC. Fahrrad- und Motorradvermietung. Internet und WLAN inkl. ❶–❷

Baan Are Gong Riverside Homestay ⑫, Kramang Rd., ✆ 035-235 593, 087-107 0745, ✉ siriporntan@yahoo.com.sg. Eines der kleinen, einfachen Gästehäuser in den Gassen zwischen Bahnhof und Fähre. 2-stöckiger Neubau mit 15 renovierten, sauberen Zimmern mit guten Matratzen, ein paar dekorativen Details, nach oben offener Du/WC, teils Kühlschrank und LCD-TV, oben mit Gemeinschafts-Du/WC. Auch günstige EZ. Frühstück erhältlich, Internet und WLAN inkl. Gepäckaufbewahrung und Duschen für 30 Baht inkl. Handtuch. ❶–❷

Baan Lotus ②, 20 Pa Maphrao Rd., ✆ 035-251 988. Restauriertes, hellhöriges Thai-Holzhaus mit sauberen, gut gelüfteten Zimmern mit harten Matratzen sowie spärlicher Einrichtung, teils mit AC. Nebenan in einem 3-stöckigen Neubau Zimmer mit kleiner Terrasse. Großer, etwas vernachlässigter Garten mit Palmen und Lotosteich. Die rüstige Vermieterin im fortgeschrittenen Alter verleiht dem Laden etwas Charme. Touren und Radverleih. WLAN inkl. ❶–❷

Baan Suan Gh. ⑤, 23/1 Jakrapard Rd., ✆ 089-797 6397, 🖥 www.baansuanguesthouse.com. In einem älteren 2-stöckigen Haus liegen 10 einfach eingerichtete, helle, saubere Zimmer mit Moskitonetz und Gemeinschaftsdusche, teils auch AC, dazu 3 hübsche, etwas abgewohnte Bungalows im Garten mit weichen Federkernmatratzen, AC und Du/WC, die nicht immer funktionieren. Internet inkl., Frühstücken möglich, Massagen 200 Baht pro Std. Der hilfsbereite Besitzer Khun Sumet spricht sehr gutes Englisch. An der Straße davor hat bis Mitternacht eine kleine Bar mit lauter Musik geöffnet. ❶–❷

Chantana Gh. ④, 12/22 Naresuan Rd., ✆ 035-323 200, 089-885 0257, ✉ chantanahouse@yahoo.com. 2-stöckiger Neubau für ruhebedürftige Traveller. Kleine, saubere Zimmer, 2 mit Ventilator und Du/WC, 10 mit AC und Warmwasser und dicken Federkernmatratzen. Einige mit Fenstern zum Gang, andere mit Balkon. In den Zimmern hinten rechts stört der Lärm einer Wasserpumpe. Große, überdachte Terrasse im 1. Stock. ❷–❸

Grandparent's Home ⑨, 19/40 Naresuan Rd., ✆ 083-558 5829, 087-496 2009. Die freundliche Großfamilie vermietet in vier 2-stöckigen, eng stehenden Neubaublocks je 10 schmucklose Zimmer mit AC, TV, Kühlschrank und gefliesten Böden. Rezeption ◷ bis 21.30 Uhr. Frühstücken im Vorhof möglich, WLAN inkl. ❷

Old B.J. Gh., ⑥ 16/7 Naresuan Rd., ✆ 035-251 526, in der Seitengasse links des Ayutthaya Gh. 8 sehr einfache Zimmer mit Gemeinschaftsdusche, Zimmer mit Ventilator und Du/WC, 1 AC-Zimmer mit Dusche. Wäscherei. ❶

P.U. Inn ⑦ (Ubonpon Gh.), 20/1 Moo 4, ✆ 035-251 213, 089-240 8461, 🖥 www.puguesthouse.com. Von der engagierten Ubonpon individuell gestaltetes Gästehaus mit 20 sauberen Zimmern in unterschiedlichen Farben, teils mit AC und LCD-TV. Kleines Restaurant mit TV, thailändischer und japanischer Küche und gutem Frühstück. Sitzplätze auf einer überdachten Terrasse im 1. Stock und im kleinen Hof darunter. Schließfächer, Fahrrad- und Motorradvermietung, Wäscheservice, Touren, Internet-PC für 1 Baht pro Min. WLAN und Gepäckaufbewahrung inkl. ❷

P.U. Inn 2 ⑦, schräg gegenüber dem P.U. Inn, ✆ 035-251 213, 089-240 8461, 🖥 www.puguesthouse.com. In einem 3-stöckigen Neubau 26 gute, geräumige Mittelklasse-Zimmer mit AC, soliden Matratzen, großem LCD-TV und Kühlschrank. 7 Zimmer mit kleinem Balkon und Sicht auf den Teich im Westen. Ein Pool war zuletzt im Bau. ❸

Sherwood House ⑮, 21/25 Pa Thon Rd., ✆ 086-666 0813, 🖥 www.sherwoodhousemm.com. Kleines Stadthaus, das von 3 netten

Frauen geleitet wird und 3 saubere, freundlich eingerichtete Zimmer mit AC, 2 nach hinten mit Ventilator und Gemeinschafts-Du/WC, bietet. Zudem ein Familienzimmer im Privathaus. Kleines Restaurant mit mäßigem Essen und Bar. Pool, in dem von 9–19 Uhr auch Gäste von außerhalb für 50 Baht schwimmen können. Motorrad- und Fahrradvermietung. Internet und WLAN inkl. ❷

Tamarind Guest House ⑩, hinter dem Ruean Rojjana Restaurant, ✆ 081-655 7937, 089-010 0196, ✉ tamarindthai2012@gmail.com. Zentral gelegen und preisgünstig ist dieses von der Straße zurückversetzte, kleine Gh. mit Parkplatz unter Leitung von Goy und Ning, die gutes Englisch spricht. In netter Atmosphäre 6 AC-Zimmer mit guten Matratzen, teils Open-Air-Du/WC und kräftigen Farben, auch ein Familienzimmer mit durch Vorhang abgetrenntem WC. Tee, Kaffee, WLAN und Fahrräder inkl. ❷

Tony's Place ⑧, 12/18 Naresuan Rd., ✆ 035-252 578, 080-994 5409. 🖥 www.tonyplace-ayutthaya.com. In einem geräumigen, mit einigen Antiquitäten eingerichteten Teakhaus mit Charme werden 32 Zimmer mit LCD-TV, Ventilator oder AC sowie teils eigener Du/WC vermietet, die teureren, sehr geräumigen auch mit Hochbett, Balkon und Kühlschrank. Ein gutes Preis-Leistungs-Verhältnis bieten die Zimmer für 500 Baht. Die billigsten Zimmer liegen im Altbau gegenüber und sind wenig einladend, haben jedoch gute Matratzen. Gut besuchtes Restaurant mit Traveller- und vegetarischen Gerichten. Sitzgelegenheiten und Hängematten im teils offenen Hof und auf der Terrasse im 1. Stock. Kleiner Pool zum Abkühlen. Irgendwo wird immer an- und umgebaut. ❶–❹

Mittlere Preisklasse

Baan Tebpitak ⑰, 15/19 Soi 3 Pathon Rd., ✆ 089-849 9817, 083-478 3114, 🖥 www.baantebpitak.com. Neueres, 2-stöckiges Guesthouse in ruhiger Lage unter Leitung von Lino und Rita vom unweit gelegenen Promtong Mansion. 11 geräumige, saubere Zimmer mit komfortabler, rustikaler Ausstattung und informativen Büchern über Ayutthaya. Offener Aufenthaltsbereich mit Aquarien, außerdem ein

Pool mit Liegen, viele Infos und eine kleine Snack-Karte für Hungrige. Fahrrad- und Motorradverleih. Frühstück und WLAN inkl. ❺

Baan Tye Wang ⑭, 223/18 Pratu Chai, ✆ 035-323 001, 🖥 www.baantyewang.com. Abseits, in einer ruhigen Wohngegend am Fluss vermietet die nette Thai-Familie hinter einem schönen, traditionellen Teakhaus mit offenem Erdgeschoss in einem Neubau 7 hübsche, modern eingerichtete Zimmer mit kühlem Steinboden, großer Fensterfront, LCD-TV, Wasserkocher, Open-Air-Tropendusche und stilvollem Mobiliar mit antiquarischem Touch. Frühstück, Fahrräder und WLAN inkl. ❺

Bann Kun Pra ⑬, 48 Moo 3 U-Thong Rd., ✆ 035-241 978, 🖥 www.bannkunpra.com. Ein Komplex aus fast 100 Jahre alten, gepflegten Thai-Häusern am Fluss, der im traditionellen Stil restauriert wurde. 4 teurere Zimmer mit Flussblick, alten Fotos, Schaumstoffmatratzen und teils großer eigener Terrasse. 6 preiswertere Zimmer nach hinten, alle mit Ventilator und 4 Gemeinschafts-Du/WC. Schlafsaal mit 4 Matratzen auf dem Holzboden und praktisch keiner Einrichtung für 250 Baht p. P. Nichts für Geräuschempfindliche. Der Eingang schließt um 23 Uhr. Großes Restaurant mit Flussterrasse und Blick auf einen Tempel, Thai-Gerichte mit westlichem Touch, abends jedoch sehr unprofessionelle Bedienung, ⏰ 11.30–21 Uhr. WLAN und für die teuren Zimmer auch Frühstück inkl. ❷–❹

Krung Sri River Hotel ⑱, 27/2 Moo 11, Rojana Rd., ✆ 035-244 333, 🖥 www.krungsririver.com. Angenehmes, bei Reisegruppen beliebtes Hotel westlich der Brücke am Fluss. 204 komfortable Zimmer und Suiten mit Marmorbad. Im beliebten Restaurant Suan Rim Nam mit Flussterrasse und vorwiegend westlicher Livemusik leckere einheimische und italienische Gerichte zu gehobenen Preisen. Fitnessraum und Pool. WLAN und großes Frühstücksbuffet inkl. ❺

Promtong Mansion ⑯, 23 Soi 19, Pathon Rd., ✆ 035-242 459, 089-165 6297, 🖥 www.promtong.com. Das ruhig und zentral gelegene Guesthouse wird von Lino aus der Schweiz, seiner Frau sowie deren Schwester geführt, die in England bzw. der Schweiz gelebt haben und wissen, was ihre Gäste brauchen. In einem 4-stöckigen Neubau 15 sehr saubere, nett eingerichtete, große Zimmer mit guten Matratzen, LCD-TV, Kühlschrank, Wasserkocher mit Tee und Kaffee, Du/WC und separatem Raum mit Waschbecken. Auch Familienzimmer. Wäscheservice, viel Infomaterial über Ayutthaya, Organisation von Touren und Transport. Fahrräder 50 Baht pro Tag. WLAN, Internet und Frühstück inkl., zudem Nutzung des Pools im Baan Tebpitak. ❹–❺

The Old Palace Resort ①, 1/35 Moo 5, Tavasukree Rd., ☎ 088-693 0111, 🖥 www.theoldpalaceresort.com. Die von der gut englisch sprechenden Gift und ihrer Mutter Jane geleitete, ruhige Anlage liegt 300 m nördlich vom alten Palast hinter Wat Na Phra Meru. Auf einem großen Grundstück mit Parkplatz stehen Einzel- und Doppel-AC-Bungalows sowie ein großer Neubau. Insgesamt 22 stets saubere und schlichte Zimmer für bis zu 3 Pers. mit Kühlschrank, TV, großer Fensterfront und Terrasse, teurere mit 2 Betten. Wäscheservice, Fahrrad- und Motorradverleih. Frühstück inkl. Auf Wunsch wird auch ein Thai-Abendessen zubereitet. ❹

Obere Preisklasse

Baan Thai House ⑪, 199/19 Moo 4, Pailing, ☎ 035-245 555, 080-437 4555, 🖥 www.baanthaihouse.com. Nur 600 m vom Bahnhof in ländlicher, sehr ruhiger Umgebung stehen in einem gepflegten Garten 12 bei europäischen Gästen beliebte Bungalows, besonders schön die Thai-Häuser auf Stelzen am Teich. Die sehr sauberen Zimmer und Bäder sind relativ klein, aber gut ausgestattet mit Holzmöbeln und Teakböden, Wasserkocher, LCD-TV, Kühlschrank, Terrasse oder Balkon und separatem WC, teils mit Außendusche. Auch 2 Zimmer mit größeren Bädern im Haupthaus. Viele Sitzgelegenheiten, Pool, Spa und Restaurant. Günstige Preise in der Nebensaison. Fahrräder, WLAN und Frühstück inkl. ❺–❻

Iudia On the River ⑲, 11–12 Moo 4, U-Thong Rd., im Südwesten nahe dem Krankenhaus, ☎ 035-323 208, 086-080 1888, 🖥 www.iudia.com. Freundliches Boutique-B&B am Fluss in einem 2-stöckigen, architektonisch interessant gestalteten Neubau, in dem modernes Design und Antiquitäten gut miteinander harmonieren. 13 mit wertvollen Möbeln ausgestattete Zimmer mit Du oder Bad/WC, DVD-Player, LCD-TV und Kühlschrank; die 4 günstigeren mit Fenstern zum schattigen Innenhof, die teuren mit eigener Terrasse am hübschen, aber schattenlosen Pool mit Blick über den Fluss auf den Tempel. Auch ein EZ. Nettes Café an der Straße. WLAN und Frühstück inkl. ❻–❼

ESSEN

Essenstände

Tagsüber

Essenstände findet man vor dem **Bahnhof** und dem **Amporn Department Store**. In diesem älteren Einkaufszentrum und seiner Umgebung haben sich Filialen von Fastfood-Ketten wie KFC, Pizza Company und M.K eingemietet. Im **Rama Park** laden Essenstände und offene Restaurants mittags zu einer Pause ein. Die Preise sind moderat und die Atmosphäre inmitten von Blumen und Palmen, hinter denen die Tempeltürme hervorschauen, ist nett.

Abends

In Ayutthaya sollte man sich den abendlichen Bummel über den kleinen **Nachtmarkt Hua Ra** am Fluss gegenüber dem Chandra Kasem-Palast oder den abendlichen **Straßenmarkt** östlich vom Rama Park direkt südlich vom hohen Sendemast nicht entgehen lassen. An etwa 30 Ständen wird von 17–22 Uhr gekocht und gebraten, das Essen an Tischen serviert oder zum Mitnehmen verpackt. Sa und So findet abends die **Walking Street** mit Verkaufs- und Essenständen am Klong Nai Kai zwischen Rojana Rd. und U-Thong Rd. statt.

Restaurants

Auf Backpacker eingestellt sind die Restaurants in den Gästehäusern und die offenen Straßen-restaurants in der Naresuan Rd. (von Nord nach Süd) **Streetlamp**, **Chang House**, **The Palates Lure** und **Jazz Bar**.

 Baan Som Tam, an der Ecke südlich der Brücke. Das beliebte, abends betriebsame Restaurant mit

Holzmöbeln und offenen Fenstern bereitet leckere, authentische Thai-Küche nach Isarn-Art zu, darunter der namensgebende Papaya-Salat. Die beste Adresse für günstiges Thai-Food und zügige Bedienung. ⏰ 10–14 und 16–22 Uhr, Sa und So durchgehend.

Coffee Old City, Chikun Rd. gegenüber dem Wat Mahathat, ✆ 089-889 9092. In entspannter Atmosphäre serviert dieses kleine Restaurant mit freundlicher Bedienung Thai-Food, aber auch Croissants, kleine Frühstück-Sets und guten Eistee. ⏰ Di–So 8–18 Uhr.

Fuji, Ayutthaya Park im Eingangsbereich zum Tesco Lotus, Endstation des Stadtbusses. Filiale der guten, günstigen japanischen Kette, die auch bei Einheimischen beliebt ist. Im Einkaufszentrum zudem diverse Fastfood-Restaurants.

Malakor Restaurant, nordöstlich vom Wat Ratburana. In einem kleinen Holz- und Bambushaus mit Terrasse und einigen Sitzkissen werden Thai- und europäische Gerichte serviert. Manchmal längere Warte-zeiten. Alle Speisen auf Wunsch mit Tofu statt Fleisch. Nebenan tagsüber Essenstände.

Pae Krung Kao Restaurant, südlich der Brücke. Klimatisiertes Restaurant mit in schwer verständlichem Englisch formulierter Speise-karte. Schöner ist es, draußen auf der Terrasse oder im schwimmenden Restaurant zu sitzen.

Sai Thong River Restaurant, 45 Moo 1, U-Thong Rd., ✆ 035-241 449, 087-121 3936, 🖥 auf Facebook. Die englische Speisekarte des großen Restaurants listet eine gute Auswahl teils ungewöhnlicher Thai- und Isarn-Gerichte von 120–150 Baht, z. B. sehr gutes Homok. Wechselhafter Service. Auch Tische im Freien am Fluss. Von hier legt bei mind. 10 Gästen ein Restaurantboot für 800 Baht pro Std. ab. Einige Leser fanden das Essen enttäuschend. ⏰ 10.30–22 Uhr.

EINKAUFEN

Auf dem **Chao Phrom-Markt** werden Lebensmittel und Haushaltswaren verkauft. Der **Amporn Department Store**, ein altes Warenhaus gegenüber dem Markt, erhielt durch ein riesiges Einkaufszentrum östlich der Stadt an der Umgehungsstraße Konkurrenz:

Ayutthaya Park, am H32, südlich der Abzweigung des H309, dorthin mit dem Stadtbus ab Chao Phrom-Markt, ✆ 035-213 828-9, 🖥 www.ayutt hayapark.com. Die Mall beherbergt einen Robin-son Department Store, einen Tesco Lotus, eine große Elektronikabteilung, Mode- und Kosmetik-geschäfte, ein Kino und viele Restaurants.

UNTERHALTUNG

Cafés und Bars in der Naresuan Rd. in der Umgebung der Gästehäuser haben sich auf das westliche Publikum eingestellt. Bei Livemusik, Klängen aus der Konserve oder Sport-übertragungen schlürft man in lockerer Atmosphäre einen Cocktail oder guten Kaffee.

Gun–T, 22 Pa Maphrao Rd., neben dem Baan Lotus, ✆ 089-227 9913. Abendliche Open-Air-Bar mit freundlichem, englischsprachigem Personal. Frische Shakes und Cocktails werden stilvoll in einem kleinen Urwald serviert.

Spin Bar & Restaurant, 1/1 Moo 1, Naresuan Rd., an der Abfahrtstelle der Minibusse zum Victory Monument in Bangkok. Kleine, knallbunt angestrichene Bar mit Cocktails, Thai-Gerichten und Chill-out-Musik.

AKTIVITÄTEN UND TOUREN

Unterkünfte organisieren morgendliche und abendliche **Rundfahrten** ohne Guide zu den Ruinen und Tempeln im weitläufigen Ayutthaya. Hierfür wird meist ein Tuk Tuk oder Songthaew für 200–250 Baht pro Std. gechartert und eine Route vereinbart. Für eins der wenigen Taxis sind 400 Baht pro Std. zu veranschlagen.

Bootstouren

Der Vorteil von Bootstouren liegt auf der Hand: Sie eröffnen einen Blick auf das Leben am und auf dem Fluss. Kleine Boote für bis zu 6 Pers. sind entspannter als die großen, lauten Long-tails und können für 400 Baht pro Std. gechar-tert werden. 2-stündige **Rundfahrten** ab den Anlegestellen südlich der Ponton-Brücke, hinter dem Wat Phanan Choeng und hinter dem Hua Ra-Nachtmarkt von verschiedenen Anbietern und Reisebüros für 250–300 Baht p. P., in Gäste-häusern ab 200 Baht ohne Eintrittsgelder. Die meisten halten am Wat Phanan Choeng, Wat Phutthai Sawan und Wat Chai Wattanaram.

Nach **Bang Pa In** mit Halt am Wat Niwet Thammapravat für 1500 Baht bei max. 3 Pers., Rückfahrt mit der Eisenbahn.

Elefantenreiten

Elephant Camp, ℘ 035-211 001, im östlichen Bereich des Rama Parks. Elefanten mit kostümierten Mahouts stehen bereit, um am laufenden Band Touristen in 30 Min. für 500 Baht p. P. zum alten Palast und Wat Phra Ram zu bringen – romantisch vielleicht, aber keineswegs artgerecht.
Elephant Stay, 2 km nördlich am Lopburi-Fluss, ℘ 080-668 7727, 🖳 www.elephantstay.com. Innerhalb der Umzäunung aus Teak-pfosten wurden königliche Elefanten gezähmt. Heute leben hier die Mahouts in schäbigen Quartieren zusammen mit 30–40 Elefanten, die gefüttert und geritten werden können. Besucher können über mehrere Tage einen Elefanten pflegen und reiten – leider in weder natürlicher noch schöner Umgebung. 3 Tage inkl. Verpflegung für 12 000–15 000 Baht. ⊕ 9–17 Uhr.

Fahrradverleih

Im Zentrum der Ruinenstadt lässt es sich auf den breiten Straßen gut radeln. Meiden sollte man die U-Thong Rd. und den H309, denn dort ist der Verkehr chaotisch und dicht. Fahrräder gibt es in den Gästehäusern und bei der Touristenpolizei für 30–50 Baht.

Schwimmen

Der Pool im **Sherwood House** kann von Tagesgästen für 50 Baht genutzt werden, ist jedoch nicht immer sauber. ⊕ 9–20 Uhr.

SONSTIGES

Feste und Feiertage

Ayutthaya – World Heritage Site Celebrations (Dez), Markt und Veranstaltungen, darunter eine Light & Sound Show über die Geschichte der Stadt. Während der Festtage kostenloser Eintritt zu allen Tempeln.
Am **chinesischen Neujahrstag** findet am Wat Phanan Choeng im Süden der Stadt ein großer Jahrmarkt statt.

Loi Krathong (Nov) wird besonders prächtig im und um den Rama Park begangen.
Songkran (13. April) wird mit einem Umzug in der Nähe des Wat Mahathat gefeiert.

Informationen

TAT-Tourist Office, im Ayutthaya Tourism Centre, ℘ 035-246 076-7, ✉ tatyutya@tat.co.th. Gute Infos von einer engagierten, ortskundigen Mitarbeiterin. ⊕ 8.30–16.30 Uhr.
Im 150 m nördlich befindlichen Office dagegen wenig Hilfsbereitschaft.
Eine gute Website ist 🖳 ayutthaya-info.com.

Medizinische Hilfe

Phra Nakorn Si Ayutthaya Hospital, Neubau im Süden in der U-Thong Rd., ℘ 035-231 888, 241 728, 🖳 www.ayhosp.go.th.
Rajathani Hospital, Rojana Rd., östlich des Zentrums nahe dem H32, ℘ 035-355 555-61.

Motorradverleih

Sie sind für 200–300 Baht pro Tag gegen-über vom Bahnhof und in einigen Gäste-häusern zu mieten (s. Übernachtung), zudem bei **Good Luck**, 12/38 Soi 2 Naresuan Rd., ℘ 081-934 7001, 089-925 1902, ⊕ 8–19 Uhr.

Tourist Police

Am Wat Phra Si San Phet, Zentrale neben dem kleinen Tourist Information Center, ℘ 1155. Einige Polizisten sind auch mit dem Fahrrad unterwegs.

NAHVERKEHR

Tuk Tuk und Songthaew

Innerhalb des Stadtgebietes kostet eine Kurzstrecke mit dem Tuk Tuk ab 50 Baht, mit dem Songthaew ab 70 Baht, vom Busbahnhof oder Ayutthaya Park in die Stadt ab 150 Baht. Stundenweise zu chartern für 200 Baht. Nach Sonnenuntergang sind fast keine Tuk Tuks mehr unterwegs.

Stadtbusse

Der Stadtbus ist ein weißer Minibus mit grünem Streifen und pendelt für 10 Baht zwischen dem großen Einkaufszentrum Ayutthaya Park, dem

Busbahnhof und dem Zentrum und hält am Chao Phrom-Markt.

Fähren
Vom Bahnhof kann man mit 2 Fähren für 4 Baht in die Stadt übersetzen. Zudem verkehren Fähren über den Fluss zum Wat Phanan Choeng.

Busse
Expressbusse halten am **Busbahnhof** am Highway, an der Einmündung der Soi Talat Grand, ca. 4 km östlich der Stadt, ☎ 035-335 413. Plätze für die Weiterfahrt sollten in 1.-Kl.-AC- und VIP-Bussen einen Tag im Voraus zwischen 9.30 und 17 Uhr gebucht werden, da die Busse aus Bangkok nicht in Ayutthaya halten, wenn sie voll sind. Vom Busbahnhof aus fahren Songthaew etwa alle 15 Min. für 7 Baht ins Zentrum.

Bushaltestelle in der Naresuan Rd.:
Nach BANGKOK, 75 km, Mo Chit (Northern Bus) Terminal, alle 20–30 Min. von 5–17 Uhr für 65 Baht. Busse nach 8 Uhr fahren auch die Strecke über den Don Mueang Airport (43 Baht).
KANCHANABURI, mit dem Minibus bis Suphanburi und von dort stdl. bis 18 Uhr mit dem Bus für 50 Baht oder zum Southern Bus Terminal in Bangkok und von dort weiter mit dem Bus (S. 221).

Bushaltestelle am Chao Phrom-Markt:
BANG PA IN, Songthaew für 30–40 Baht bis 18 Uhr auf der Landstraße H3057, die 16 km am Fluss entlangführt, in 30 Min. Ein Tuk Tuk kostet 800 Baht hin und zurück. Der Zug ist die bessere Alternative.

Minibusse
Nach BANGKOK von der Bushaltestelle in der Naresuan Rd. nahe dem Kanal oder von der Bushaltestelle am Chao Phrom-Markt zum Victory Monument bis 18.30 Uhr für 60 Baht in 1 Std. Von der Haltestelle etwas weiter westlich zum Southern Bus Terminal für 70 Baht in 1 1/2 Std. Die Minibusse fahren ab, sobald sie voll sind, und werden vor allem von Pendlern genutzt. Wer viel Gepäck hat, muss für 2 Plätze zahlen.
Backpackerbusse, ☎ 089-661 6179, fahren von den Gästehäusern nach BANGKOK (Khaosan Rd.) bei mind. 3 Pers. von 6–17 Uhr für 200 Baht in 1 1/2 Std.
KANCHANABURI, Minibus um 9 Uhr für 400 Baht in 2 1/2 Std.

Eisenbahn
Vom **Bahnhof**, ☎ 035-241 521, mit Gepäckaufbewahrung (10 Baht) fahren Songthaew und Tuk Tuks in die Stadt. Fahrplan S. 817–819, Zuschläge je nach Zug, S. 78.
BANGKOK fast stdl. für 35/15 Baht in der 2./3. Kl. über BANG PA IN (2. Kl. 6 Baht, Rapid 23–86 Baht) und DON MUEANG AIRPORT (2. Kl. ab 24 Baht).

Boote
Von BANGKOK bieten verschiedene Gesellschaften Tagestouren mit dem Boot nach Bang Pa In und weiter mit dem Bus nach Ayutthaya an (S. 211).

DIE UMGEBUNG VON BANGKOK

© VÖLKER KLINKMÜLLER

Die Ostküste

Stefan Loose Traveltipps

Samut Prakan Die Ancient City fasziniert als Kaleidoskop von ganz Thailand. S. 271

Pattaya Eintauchen ins schillernde Nacht-leben des größten asiatischen SeebadS. 274

Ko Samet Ideales Ziel für die ersten oder letzten Badefreuden des UrlaubS. 286

4 Chantaburi Unterwegs auf verborge-nen Pilgerpfaden. S. 291

Phlio National Park Wo man vor Fischen kaum noch Wasser sieht. S. 295

Ko Chang Auf Neulandsuche an der Ost-küste der Elefanteninsel. S. 301

Ko Rayang Paradiesische Robinson-Gefühle auf einer Trauminsel. S. 326

5 Ko Kood Hier gibt es noch jungfräuli-che Inselidylle zu entdecken. S. 327

Bang Yai
Don Muang Airport
Nong Chok
Bang Nam Priaw
Khok Pip
Wang Talu
Phon
Lam Prachinburi
Taling Chan
Minburi
Lat Krabang
Khlong Khuan
Ratchasan
Phanom Sarakham
Nong Bua
Khao Duan
Nong Hin
Bangkok
Suvarnabhumi Airport
Chachoengsao
Bangkhla
Sai Yoi
Bang Na
Bang Na
Chonburi Expressway
Bang Pho
Sanam Cha Khet
Kha Pa Ngam
Samut Prakan
Bang Phli
Bang Bo
Bang Pakong
Plaeng Yao
Thung Yai Chi
Pom Phra Chunlachomkiao
Ancient City
Crocodile Farm & Zoo
Phan Thong
Phanat Nikhom
Khlong Si Yot
Khao Takrup
Wang Nam Yen

Ao Krung Thep
Chonburi
Ang Sila
Ko Chan
Chum Num Prok Fa
KHAO YAI NATIONAL PARK
Bang Saen
Ban Bung
Nong Samet
Khao Yai △ 777
Bang Phra Dam
Bo Thong
Lum Borai
Si Racha
Hup Bon
Tha Cham
Nong Yai
KO SI CHANG
Map Yang
Pluak Daeng
Bung Sam Ngam
Thung Yai Khong
Laem Chabang
Bang Lamung
Khlong Prasae
KHAO CHAMAO NATIONAL PARK
s. Detailplan Pattaya S. 276
Pattaya
Dan Wai Dam
Wang Chang
Wongse
Khao Chamao △ 1028
Nam Khun
KO PHAI
Jomtien
Ban Sai Rang
Tan Pong
KO LARN
Ban Chang
Ban Map Tha Put
Ban Khai
Na Yai Am
Wat Khao Sukim
Klaeng
Nong Khla
KO KHRAM
Sattahip
Rayong
Ban Phe
Ban Pak Nam
Tha Mai
PORT
Takuan Beach
Phak Klong
Tew Son
Wang Kaeo
Khung Wiman
Laem Sadet
KO SAMAESAN
KO SAMET
MUN-INSELN
Hat Chao Lao
Laem Sing
KO CHUANG
s. Detailplan Ko Samet S. 289
Buraphachollathit Road
KO NOM SAO
KO CHULA
Noen Wong Fort, National Maritime Museum

U-TAPAO AIRPORT

Golf von Thailand

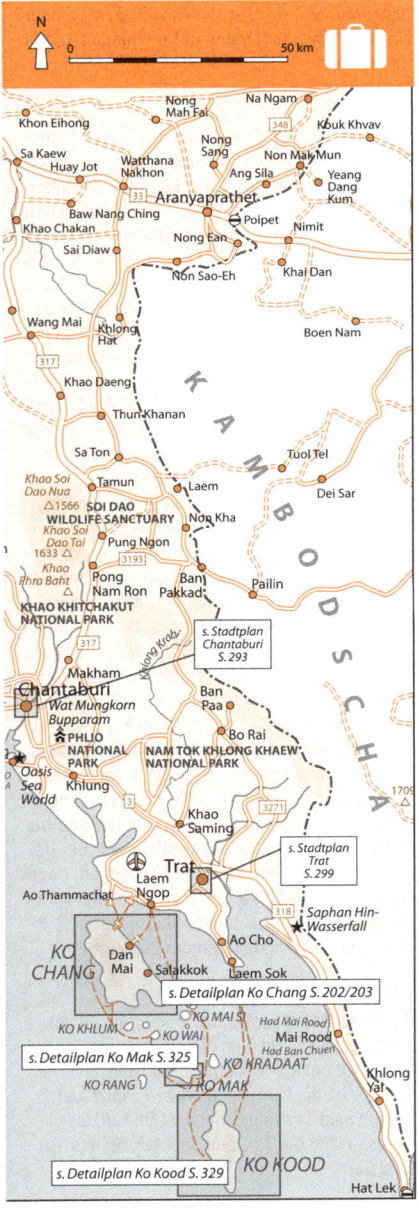

Aus Bangkok in Richtung Südosten fahrend, scheint die Hauptstadt kein Ende zu nehmen. Zwischen der kleinen Provinz Samut Prakan und dem Seebad Pattaya gehen die Küstenstädte Bang Pakong, Chonburi, Bang Saen und Si Racha mit dem geschäftigen Tiefseehafen Laem Chabang fast nahtlos ineinander über. Als kürzeste Verbindung aus dem Zentrum bietet sich der Bang Na–Chonburi Expressway an, der auch als H3 oder H34 ausgewiesen und als kreuzungsfreie Hochstraße angelegt worden ist. Die schnellste Anbindung ist der M7 oder Bangkok-Chonburi-Motorway. Über ihn ist auch der Suvarnabhumi Airport angebunden, rund 30 km von der Metropole entfernt und östlich der Outer Ring Road gelegen. Der M7 verläuft durch das dünn besiedelte Hinterland, vorbei an gigantischen Industrieparks. Hinter der großen Brücke, zwischen KM 49 und 50, wird er beidseitig von einem Rastplatz mit Restaurants und Läden gesäumt.

Wer den alten H3 (Sukhumvit Road) nach Chonburi benutzt, gelangt zunächst zur Provinzhauptstadt Samut Prakan (Pak Nam), die mit überraschend spektakulären Sehenswürdigkeiten aufwarten kann.

Samut Prakan

An der Flussmündung hatten sich lange vor den Thais bereits die Mon niedergelassen. Inmitten der geschäftigen Straßen und Wohnsiedlungen sind die Reste einer bedeutenden Befestigungsanlage kaum noch zu erkennen, die dem Ort einst seinen Namen „Bollwerk der Küste" gab. Um 1600 lag Samut Prakan noch direkt am Meer und war von großer strategischer Bedeutung. Von diesem Landstrich aus ließen die Könige in Ayutthaya seit dem frühen 17. Jh. den Schiffsverkehr auf dem Menam Chao Phraya kontrollieren. 1767 wurde die Stadt von den Birmanen zerstört.

Als Bangkok neue Hauptstadt wurde, ließen die Chakri-Könige die Flussmündung durch mehrere Forts befestigen. Durch die Öffnung des Landes und die Transportmittel der Neuzeit wurden die Anlagen aber überflüssig und verfielen.

Erawan-Museum

Im Ort hat Khun Lek Viriyapant, der sich um die thailändische Kultur verdient gemacht und auch Muang Boran bzw. die Ancient City (Kasten s. u.) gegründet hat, das gigantische Erawan-Museum, ☏ 02-371 3135-6, ⌨ www.erawan-museum.com, erbauen lassen. Es wird von der 29 m hohen und 250 t schweren Statue des dreiköpfigen Elefanten **Airavata** gekrönt – dem mythologischen Reittier des hinduistischen Gottes Indra. Auch das Innere des ungewöhnlichen, aus oxidiertem Kupfer bestehenden Bauwerks ist aufwendig mit mythologischen Figuren ausgeschmückt und voller Symbolik. Aus dem Untergeschoss bzw. der Unterwelt (Möbel) geht es durch die menschliche Welt (Antiquitäten aus aller Welt) und den Elefantenkörper (Buddhastatuen) auf eine Aussichtsplattform. Das Innere ist jedoch nur im Rahmen einer Führung zugänglich. ⌚ 8–17 Uhr, Eintritt 150 Baht, Kinder 50 Baht. Ein Besuch der Außenanlagen kostet nur 50 Baht.

Crocodile Farm & Zoo

Wer von Samut Prakan weiter nach Süden fährt, kann am KM 28 nach rechts zur größten Krokodilfarm der Welt, 555 Moo, 7 Taiban Road, ☏ 02-703 5144-8, ⌨ www.worldcrocodile.com, abbiegen. 1950 gegründet, sollen sich auf dem 300 ha großen Gelände an die 100 000 Reptilien tummeln, wovon zuweilen auch strenger Geruch zeugt. Ohnehin dürfte sich der Besuch für viele mit einer Glaubens- und Gewissensfrage verbinden. Denn eigentlich werden die 21 einheimischen und importierten Arten wegen ihres Leders gezüchtet. Doch auch lebendig bringen sie eine Menge Geld, wie die etwa 1000 Besucher pro Tag beweisen. Neben Krokodilen – darunter mit 6 m Länge und fast 1200 kg Gewicht das weltweit größte in Gefangenschaft – werden auf dem weitläufigen Areal auch weiße Tiger, Flusspferde, Elefanten, Kamele oder Pythons gehalten und gezüchtet. In einem **Dinosaurier-Museum** sind Skelette und lebensgroße Modelle zu besichtigen. Wer Handtaschen, Gürtel oder Schuhe aus Krokodilleder kauft, erhält ein Cites-Zertifikat, dass diese aus einem Zuchtbetrieb stammen. Die Einfuhr derartiger Produkte in die EU ist dennoch genehmigungspflichtig, ⌨ www.zoll.de (Stichwort „Artenschutz"). Im Restaurant kann man sich unkompliziert an Krokodilfleisch versuchen. Es gibt Fütterungen und bis 16 Uhr fast stündlich **Krokodilshows**, bei denen Dompteure mit den Reptilien ringen, doch auch die Darbietungen mit Elefanten oder Affen mögen Europäer nur bedingt begeistern. ⌚ 8–18 Uhr, Eintritt 300 Baht, Kinder 200 Baht.

Ancient City (Muang Boran)

Rund 7 km südlich der Krokodilfarm liegt die spektakuläre Ancient City („Alte Stadt"), auch Ancient Siam oder Muang Boran genannt. Hier erstreckt sich Thailand als Miniaturausgabe, und das sogar in den Umrissen des Königreichs – mit 300 ha das wohl größte **Freilichtmuseum** der Welt. Auf dem 1972 eröffneten Gelände, das bestens per Fahrrad zu erkunden ist, finden sich 116 fotogene, geografisch korrekt zugeordnete Modelle in einem Drittel der Originalgröße, sodass sich die Attraktionen des Landes hier quasi im Eilverfahren besichtigen lassen. Sie sind mit englischen Erläuterungen versehen und repräsentieren berühmte oder typische Gebäude verschiedener Baustile sowie Szenen aus der Literatur. Das wunderschöne, keineswegs überlaufene Areal ist gespickt mit Anpflanzungen aller Art, kleinen Wasserfällen und Seen. ☏ 02-709 1644-8, 02-371 3135-6, ⌨ www.ancientcity.com, ⌚ 9–18 Uhr, Eintritt 350 Baht, Kinder 150 Baht, Fahrrad oder Rundfahrtticket je 50 Baht, englischsprachiger Führer für 2 Std. 1500 Baht (Vorbuchung empfehlenswert). Es gibt ein informatives Buch in Englisch für 300 Baht.

TRANSPORT

Der **Busbahnhof** liegt etwas außerhalb an der alten Sukhumvit Rd. Von hier starten viele Busse mit und ohne AC für 10–30 Baht nach BANGKOK, die Fahrt kann bis zu 2 Std. dauern. Die nächste Skytrain-Station ist On Nut; als Tagesausflug per Taxi aus Bangkok bereits ab 1200 Baht.

Chonburi

Dieser boomende, rund 80 km von Bangkok an der Küste liegende Industrieort kann mit keinen größeren Attraktionen aufwarten. Die 250 000 Einwohner zählende Provinzhauptstadt ist stets mit dichtem Verkehr belegt. Im Zentrum erhebt sich das von König Taksin erbaute **Wat Yai Intraram**. Sein Denkmal findet sich am Eingang, im Inneren des Tempels sind Wandmalereien zu sehen. Vor den Toren startet alljährlich im Oktober das spektakuläre Büffelrennen, bei dem geschickte Reiter auf bemalten Wasserbüffeln eine 150 m lange Spurtstrecke zurücklegen.

Im Süden von Chonburi (Cholburi) liegen die größten Austernkolonien des Landes, denn hier bietet das ruhige Meer ideale Voraussetzungen zur Muschelzucht. Ein Beispiel ist der traditionelle Fischerort **Ang Sila**, zu dem vom H3 beim KM 100 der H3134 hinunterführt. Das frische Seafood-Angebot in den Restaurants und an den Essensständen am Meer lockt einheimische Ausflügler zuweilen in Scharen an. Meeresfrüchte aus küstennahen Gewässern sind allerdings aufgrund der chemischen Industrie oft mit Schwermetallen und Giften belastet.

Einen Einblick in typisch thailändisches Strandvergnügen bietet das zwischen Chonburi und Si Racha liegende Seebad **Bang Saen**, s. **eXTra [2735]**.

Si Racha

Diese rund 120 km südöstlich von Bangkok liegende Handelsstadt hat sich im Sog ihres Tiefseehafens und Industriezentrums **Laem Chabang** zu einem modernen Versorgungszentrum mit drei großen Krankenhäusern, Einkaufszentren, Banken und Apartmenthäusern entwickelt. Zu den landesweit größten Hafenanlagen gehören eine Werft sowie ein Container- und Kreuzfahrtterminal, drumherum haben sich petrochemische Industriebetriebe angesiedelt. Gespeist werden sie u. a. von den Erdgasvorkommen im Golf. Auch wenn die Fischerromantik von einst im wuseligen Si Racha (Si Ratcha oder Sri Racha) mit der Lupe gesucht werden muss,

Wilde Tiere als Familienattraktion

In der Umgebung von Si Racha bieten sich gleich zwei Gehege mit Wildtieren als Familienattraktion an: 18 km östlich des H3 erstreckt sich am südwestlichen Hang des gleichnamigen Bergs der **Khao Kheow (Khiew) Open Zoo**, ☎ 038-318 444, 🖥 www.kkopenzoo.com. 1974 als Ableger des Dusit-Zoos von Bangkok gegründet, gilt er mit seinen 8 km² als größter Zoo Asiens, was aber nicht für die Anzahl seiner Bewohner gilt. Hier tummeln sich 8000 Tiere bzw. 300 Arten aus allen Kontinenten, wie Bisons, Hirsche, Antilopen, Tapire, Affen, Bären, weiße Tiger (aus Memphis/ USA), Nebelparder, Flusspferde und Wasserbüffel. Spektakulär ist die zweitgrößte Voliere Asiens, in der etwa 6800 exotische Vögel – darunter auch seltene Riesenstörche und sogar einige *Gurney's Pittas* – leben. Zwei Drittel des weitläufigen, international anerkannten Zoos dienen der Zucht von heimischen Wildtieren und sind nicht zugänglich. Das übrige Gelände können Besucher mit Fahrrädern oder einem Shuttlebus erkunden. ◷ 8–18 Uhr, Eintritt 300 Baht, Kinder 50 Baht. Es gibt bis zu fünf Tiershows pro Tag, einen Streichelzoo, Elefantentrekking und eine Nachtsafari (3,5 km, 18–20.30 Uhr, 400 Baht, Kinder 200 Baht). Außerdem im Angebot sind die sportiv-spannenden Dschungelabenteuer **Flight of the Gibbon**, ☎ 089-970 5511, 089-833 5560, 🖥 www.treetopasia.com, mit einem 3 km langen Parcours und 26 Plattformen, für 3299 Baht. Der 1997 eröffnete, 100 ha große **Si Racha Tiger Zoo** wird als private Forschungs- und Aufzuchtstation betrieben, erntet aber auch immer wieder Kritik von Medien und Tierschützern. Hier gibt es 450 Bengalische Tiger und 3000 Krokodile zu bestaunen, aber auch Kamele, Kängurus, Strauße und allerlei Tiervorführungen, auch von weiblichen Dompteuren – was selten genug ist. Im Restaurant kann man sich an sehr exotischen Speisen versuchen. Zu erreichen ist der Zoo über den H3241, der vom H3 am KM 21 bzw. dem M7 am KM 20 nach Norden abzweigt. ☎ 038-296 556-8, 🖥 www.tigerzoo.com. ◷ 8–18 Uhr, Eintritt 450 Baht, Kinder 250 Baht.

wird hier die angeblich landesweit beste Fischsauce produziert.

Auf einer Abzweigung vom H3, ausgeschildert mit dem Samitivej Hospital und Ko Si Chang, geht es hinab zur Küste. Vom **Ko Loy Park** kann man über einen langen, mit Autos befahrbaren Steg zur Felseninsel **Ko Loy** (Koh Loi) gelangen. Einst diente sie Mönchen als Refugium zur Meditation, heute erheben sich hier das **Wat Sri Maharaja** und ein kleiner, chinesischer Tempel. Umrahmt von allerlei Souvenir- und Essensständen, eröffnet sich ein weiter Blick auf Bang Saen, Si Racha und die hügelige Insel Ko Si Chang. Das Bangkok am nächsten gelegene Eiland im Golf von Thailand wird von einer illustren Armada unterschiedlichster Wasserfahrzeuge umlagert.

Ein Besuch auf der vorgelagerten Insel **Ko Si Chang**, 🖥 www.koh-sichang.com, empfiehlt sich vorwiegend für Neulandsucher, die schon viele thailändische Inseln besucht haben, s. **eXTra [6050]**.

Ob nach BANGKOK oder in Richtung Süden nach PATTAYA und RAYONG: Alle **Busse** steuern die an der Sukhumvit Rd. ausgeschilderten Haltestellen an, können ggf. aber auch direkt an der Straße gestoppt werden. Der Terminal für AC-Busse liegt an der Abzweigung, die vom Highway an die Küste hinunterführt. Tickets zu den nächsten größeren Städten kosten 50–80 Baht.

Pattaya

Entlang einer herrlich geschwungenen Halbmond-Bucht und der angrenzenden Strände erstreckt sich das an **Sensationen** und **Superlativen** reiche Pattaya. Die internationale Schlemmer-, Shopping-, Strand-, Spaß- und Sportmetropole lockt jährlich fast 10 Mio. einheimische und ausländische Touristen an. Sie gilt als größtes Urlauberzentrum des Landes, die am meisten boomende Stadt Südostasiens und inoffiziell sogar auch schon als zweitgrößte Metropole des Königreichs. Immer mehr Deutsche, Österreicher und Schweizer (auch Ehepaare) kehren alljährlich zum Überwintern in das Seebad zurück, wie es nicht zuletzt auch die RTL II-Serie *Villa Germania – Forever Young* plastisch vor Augen geführt hat. Trotzdem scheiden sich an diesem quirligen Reiseziel, das sich ob der vergleichsweise moderaten Wetter- und Wellenlage in der Regenzeit sowie der vielfältigen Freizeitmöglichkeiten als ideale **Ganzjahres-Destination** anbietet, die Geister: Aufgrund notorischer, medienwirksamer und teilweise sicher auch berechtigter Verunglimpfung als Sex- und Schmuddel-Paradies oder Verbrecherfluchtburg wird Pattaya von vielen Thailand-Touristen gemieden.

Denn hinsichtlich der Horizontale kann Pattaya nach wie vor alle Vorurteile bestätigen: Wenn das südliche Ende der **Beach Road**, „Walking Street", „Strip" oder auch „Goldene Meile" genannt, von 19–2 Uhr zur Fußgängerzone wird, stürzen sich Männer aller Altersgruppen mit jungen Mädchen (oder feschen Liebesdienern aus dem Schwulenbezirk „Boyz-Town") in das Nachtleben und lassen das Seebad als Mischung aus Vergnügungshochburg, Jahrmarkt und Panoptikum erscheinen. Bereits am Nachmittag beginnen sich die zahlreichen Freiluft-Barcenter, die das **Image** der Stadt geprägt haben, mit Leben zu füllen. Trotz häufiger Klagen über das Sexgeschäft, wilde Müllkippen, angeschwemmten Dreck, Fäkaliengeruch, Fallgruben auf Gehwegen, aggressive Anmache von (Moped-)Taxifahrern, über die drastisch wachsende Straßenkriminalität und die erschreckend rasante **Erosion** des Strands (entlang der Beach Road hat er sich von einst 96 000 m² und einer Breite von 36 m auf nur noch 5 m reduziert) können sich die zahlreichen Unterkünfte recht guter Auslastung erfreuen – was nicht zuletzt der Invasion russischer Urlauberscharen zu verdanken ist.

Das Image mag strittig bleiben, der **Boom** ist es nicht – gebaut wird allerorts, was die Betonmischer hergeben … In rasanter Weise verdichtet sich der Küstenort mit Resorts – nun auch von den renommiertesten Hotelketten der Welt. Gleichzeitig wächst eine neue Generation von Apartment-Wolkenkratzern heran, die bis zu 50 Stockwerke hoch in den Himmel ragen und teilweise mit skurriler wie auch avantgardistischer **Architektur** bestechen. Ringsherum schießen immer mehr Einkaufszentren, Geschäfte, Restaurants und Vergnügungsbetriebe aus dem Bo-

Heim für Hilflose

Auf Spenden und freiwilligen Helfern basiert das von der katholischen Kirche geführte **Pattaya Orphanage**, 384 Moo 6, Sukhumvit Rd., ☎ 038-423 468, 🖥 www.thepattayaorphanage. org. Das Waisenhaus war bereits in den 1970er-Jahren von dem amerikanischen Priester Raymond Allyn Brennan (Father Ray) gegründet worden, um unerwünschten Nachwuchs aus dem Sex-Gewerbe und Kinder mit Behinderungen aufzunehmen – wie es auch die 2003 abgesplitterte **Father Ray Foundation**, 440 Moo 9, Sukhumvit Rd., ☎ 038-716 628, 🖥 www.fr-ray.org, zu tun pflegt.

den, während sich die Stadt immer weiter ins Hinterland ausdehnt.

Unmengen von Geld fließen auch in die **Infrastruktur** und Verschönerung des Stadtbilds. Doch die beiden Großkläranlagen konnten die Wasserqualität kaum verbessern und die vielen neuen Straßen dem stetig steigenden Verkehrsfluss kaum gerecht werden. Anfang 2013 haben die Stadtväter nicht einmal davor zurückgeschreckt, einen Teil der Strandpromenade für eine Verbreiterung der Beach Road auf drei Spuren zu opfern. Bis 2021 sollen sogar noch an die 15 Mrd. Baht in die Erneuerung und Erweiterung der Infrastruktur gesteckt werden.

Geschichte

Begonnen hatte die Geschichte des Seebads einst in den 1960er-Jahren als „Rest and Recreation Center" der Amerikaner, die vom Flughafen U-Tapao mit ihren B-52-Bombern zu Kampfeinsätzen nach Vietnam starteten. Aus dieser Urzeit zeugt noch immer das erste und lange Zeit einzige Luxushotel der Stadt – die an der Beach, Ecke Central Road liegende, ehemalige Nipa- und heutige Nova-Lodge. Auch in den entlegenen Sois des nördlichen Stadtteils **Naklua** haben einige architektonische Zeitzeugen überlebt. Hier stehen v. a. alte Holzhäuser, um die es noch erheblich ruhiger zugeht, oder auch einige Grundstücke, die als kleine Dschungeloasen überlebt haben und zuweilen sogar noch mit herrlichen Baumriesen bestückt sind.

Orientierung

Am 1 km langen **Wongamat Beach** mit seinen vielen kleinen Seafood-Restaurants und wenigen Scootern, aber leider auch einer seit Jahren in Trümmern liegenden Strandpromenade tummeln sich besonders gern deutschsprachige Urlauber. Südlich des Zentrums lädt der rund 6 km lange **Jomtien Beach** (auch Chomtien) zum (Sonnen-)Bad oder Windsurfen ein. Doch im Endeffekt können hier genauso wenig Südseeträume aufkeimen wie am schmalen **Stadtstrand**. Bei Insidern beliebt sind der **Dongtan Beach** und seine benachbarten Badebuchten am Pratamnak Hill.

Am Südende der Stadt führt eine Serpentinenstrecke auf den Berg **Phratamnak**, von der eine rund um den Berg führende Panoramastraßen abzweigt. Am Westhang des Hügels erstreckt sich der bei Joggern beliebte **Rama IX Memorial Park**. Von einem Tempel auf der Spitze eröffnet sich ein eindrucksvoller Blick auf das einstige Fischerdorf Pattaya, dessen Name sich mit „Südwestwind" übersetzen lässt. Vom **Wat Phra Yai** auf dem benachbarten Hügel blickt ein riesiger sitzender Buddha auf das Treiben von Pattaya hinab.

Wichtigste Sehenswürdigkeiten

Den besten Ausblick auf die Stadt bietet der 240 m hohe **Pattaya Park Tower**, ☎ 038-364 110-20, 🖥 www.pattayapark.com, mit seinen drei Drehrestaurants in der 52. bis 54. Etage, ⏰ 9–19 Uhr, alle Aktivitäten 10–18.30 Uhr. Für 200 Baht (bzw. 600 Baht inkl. des Buffets von 11–15 Uhr oder 17–22 Uhr) geht es mit dem Lift nach oben und dann für jeweils 400 Baht über Seilzüge mit dem Sky Shuttle (8 Pers.), dem Speedshuttle (2 Pers.) oder dem Tower Jump (allein am Flaschenzug) wieder nach unten.

Zur Anlage gehören ein **Vergnügungspark** und ein **Spaßbad** mit einem Strömungsbecken und atemberaubenden Rutschen, ⏰ 9–18 Uhr, Eintritt 100 Baht.

Bizarr geht es im amerikanischen Museum **Ripley's Believe it or not** im Royal Garden Plaza zu, ☎ 038-710 294-8, 🖥 www.ripleysthailand. com, ⏰ 11–23 Uhr. 1994 eröffnet, hatte es den großen Reigen an neuen Sehenswürdigkeiten eingeläutet und erste Erfolge im angestrebten Imagewandel des Urlaubsorts erzielt. Hier lo-

Pattaya

N

0   2 km

Si Racha (30 km),
Chonburi (70 km),
Bangkok (150 km)

s. Detailplan
Pattaya Zentrum
S. 278

Übernachtung:
1. Crystal Palace
2. Birds & Bees
3. Rabbit Resort
4. Eurostar Hotel
5. Berliner Eck

Essen:
1. Bali Hai Sunset
2. Sugar Hut

Unterhaltung:
1. Lima Lima
2. Mixx Disco
3. Colosseum Show Pattaya
4. Shenanigans

Sonstiges:
1. The Million Years Stone Park & Crocodile Farm
2. Medienhaus
3. Bottle Museum
4. Mini Siam
5. Tuxedo Magic Theatre
6. Gems Gallery
7. Father Ray Foundation
8. Pattaya Orphanage
9. Tony's Gym
10. Royal Varuna Yacht Club
11. German Dental
12. Pattaya Park Entertainment
13. Outlet Mall
14. Tesco Lotus I
15. Mermaids Dive-Center
16. Immigration
17. Floating Market
18. Blue Lagoon Watersport Club
19. Ocean Marina Yacht Club
20. Mimosa The City of Love
21. Cartoon Network Amazone
22. Nong Nooch Tropical Garden
23. Ramayana Water Park

Transport:
1. Bus-Terminal Rong Ruang Coach→Bangkok
   Yellow Bus→Mukdahan, Ko Samui
2. Bell Travel Service zum Airport
3. Busstation 407→Nordosten
4. Bus-Terminal Nakhonchai Air→Nordosten, Norden
5. Busstation Jomtien

DIE OSTKÜSTE

Sanctuary
of Truth

Wongmat Beach

Soi Naklua 12

Soi Naklua 16

Wat Po   Rd.

Soi Naklua 18

Soi Naklua 20

North   Rd.

Naklua

Soi Naklua 13

Pattaya

Swang fa Rd.

Chaiyaporn Vithi Rd.

Sukhumvit Rd.

MARKT

Bangkok
Pattaya
Hospital

Third Rd.

Big C
Extra

Central Rd.

Phanat Chang Rd.

Bahnhof

Phonprapimit Rd.

Soi Nemplabwan

Beach Rd.

Second Rd.

Third Rd.

Soi Arun o Thai

South Pattaya Rd.

Soi 1

Sukhumvit Rd.

Bali Hai
Pier

1

Sheraton
Royal Cliff

Phratamnak
Hill

Walking Street

Bali Hai
Plaza

Soi 14

9

10

Soi 4

Soi 5

Soi 6

TAT

Wat
Phra
Yai

Pratumnak Rd.

Pratamnak Rd.

Rama IX
Memorial Park

2

Pattaya
Tower

12

3

4

Jomtien Beach Rd.

15

5

16

Thep Prasit Rd.

Soi Thep Prasit

Soi 8

Soi 9

Soi 5

Soi 17

3

4 5

Jomtien

MARKT   13
14

Soi Khao Talo

Bahnhof

Sattahip (40 km)
Rayong (70 km)

17,18,19,
20,21,
22,23

Soi Nong kabok

cken 250 unterhaltsame Kuriositäten, faszinierende optische Täuschungen und eine rot lackierte DC 3 aus Zeiten des Vietnamkriegs. Dazu gehören die angrenzenden Erlebniswelten **Moving Theater** (4-D-Filme mit Spezialeffekten), **Infinity Maze** (bizarre Spiegelwelten), **The Vault** (Laser-Spiel), **Haunted Adventure** (Gruselkabinett), das **Louis Tussaud's** (Wachsfigurenkabinett) und **Scream in the Dark** (Horror-Haus). Alle sieben Attraktionen gibt es für 1500 Baht, Kinder 780 Baht.

Das an der North Pattaya Road liegende Tuxedo Magic Theatre, ☎ 038-488 880, 🖥 www.tuxedo-magic.com, hingegen bietet mit täglich drei bis vier Vorstellungen für 500 Baht, Kinder 225 Baht, einen Magier von Weltklasse. Als neueste Attraktion der Stadt fungiert die Colosseum Show Pattaya in der Thepprasit Road, ☎ 038-906 530-33, 🖥 www.colosseumshowpattaya.com – als verblüffender Nachbau des römischen Originals und größtes Travestietheater Asiens.

In der Umgebung der Stadt locken spektakuläre Freizeitparks wie der **Nong Nooch Tropical Garden**, 🖥 www.nongnoochtropicalgarden.com, oder **The Million Years Stone Park & Crocodile Farm**, 🖥 www.thaistonepark.org, mit beachtlichen Präsentationen von Flora und Fauna. Der mit allerlei traditionellen Pfahlbauten an der Sukhumvit Road erschaffene **Floating Market**, ☎ 038-706 340, 🖥 www.pattayafloatingmarket.com, Eintritt 200 Baht, ist zwar pures Disneyland, aber ebenso beliebt wie das erst Anfang 2013 eröffnete **Mimosa – The City of Love**, ☎ 038-237 318-9, 🖥 www.mimosa-pattaya.com, wo man für 50 Baht durch den Nachbau einer mittelalterlichen, mitteleuropäischen Kleinstadt streifen kann. Als nächstes Megaprojekt soll das **Cartoon Network Amazone** eröffnen – ein gigantisches, bisher noch einzigartiges Vergnügungsbad – wie auch der **Ramayana Water Park**, den russische Investoren für US$45 Mio. auf 160 000 m² entstehen lassen wollen.

Schon jetzt atemberaubend sind die Möglichkeiten zum Schlemmen und Shopping – z. B. im ultramodern-gediegenen **Central Festival Pattaya Beach Center**, 🖥 www.centralfestival.co.th, das mit 200 000 m² sowie über 370 Geschäften und Restaurants aufwarten kann. Verfeinert hat

sich nicht zuletzt auch Pattayas Nachtleben: Viele neue Szenetreffs, Livemusik-Pubs und Discos (Kasten S. 281) haben mehr Vielfalt und Niveau generiert, sodass auch immer mehr einheimische Popstars, internationale Star-DJs und junge Urlauberscharen ihren Weg in diese Stadt finden.

ÜBERNACHTUNG

Derzeit gibt es in Pattaya rund 500 Hotels mit etwa 60 000 registrierten Zimmern. Die starke Konkurrenz, aber auch der große Trend zum Wohnen in Apartments drücken so sehr auf die Preise, dass komfortable Unterkünfte bereits ab 600 Baht pro Tag zu haben sind (Monatsmieten ab 5000 Baht). Besonders praktikabel ist die Übernachtung im nördlichen, angenehmen Stadtteil Naklua.

Im Norden (Pattaya Naklua)

Centara Grand Mirage Beach Resort ⑥, 277-8 Moo 5, Naklua Rd., Soi 16, ☎ 038-301 234, 🖥 www.centarahotelsresorts.com. Zählt als imposantes, 2-flügeliges Strandresort zu den faszinierendsten Unterkünften der Stadt. 555 schöne Zimmer und Suiten, 8 Restaurants sowie „Lost World"-Themenpark, Wasserpark und viele andere Attraktionen. ❽

Pattaya Zentrum

N 0 _____ 1000 m

Übernachtung:
6 Centara Grand Mirage Beach Resort
7 Tassanee Garden
8 Thai Garden Resort
9 The Cottage
10 Imperial Residence
11 Apex Hotel
12 Nature View Hotel

Essen:
3 Anton
4 Bon Cafe
5 Pizza Big
6 Bei Gerhard
7 Khow Tom Pla Koh See Chang
8 Mantra
9 P.I.C. Kitchen
10 Casa Pascal
11 Cherry's

Unterhaltung:
1 Windmill Plaza
2 Moon River Pub
3 Noir Pattaya Club
4 Differ Pub
5 Green Tree Pub
6 Jazz Pit Pub
7 Ping Club
8 Tamnanchon Pub
9 Plüag Mai
10 Hard Rock Café
11 We are the world
12 Hopf Brew House
13 Green Bottle Pub
14 Candyshop
15 The Pier
16 Lucifer Disco
17 Marine Disco
18 iBar & Insomnia Club
19 The Blues Factory

Sonstiges:
23 Mermaid's Dive Center 02
24 Best Supermarket
25 Tesco Lotus II
26 World Gems Collection
27 Central Festival Center (Big C)
28 Big C Extra (ehem. Carrefour)
29 Central Festival Pattaya Beach
30 Mike Shopping Mall
31 The Avenue
32 Tukcom Center
33 Friendship Supermarkt

Transport:
5 Malibu Travel
6 Thai Airways
7 Sawasdee All Thai/Airbus 777
8 DV Rent-A-Car
9 Bangkok Airways
10 Busstation Sri Mong Kon →Nordosten

Naklua

Soi Naklua 16/2 Rd.
Photisan Rd.
Soi Naklua 18
Naklua Rd.
Soi Naklua 27
Tesco Lotus II
Soi Naklua 20
CITY HALL
Soi Naklua 22
North Rd.
Soi Naklua 24
Dusit
Amari Orchid
City Hall
Third Rd.
Central Festival Center (Big C)
Soi 1
Soi 2
Soi 3
Second Rd.
Soi 4
Soi 5
Beach Rd.
Soi Yodsak
Soi 6
Soi Sairoong
TOURIST POLICE
City Beach
Soi 16
Big C Extra
Central Rd.
Soi 7
POLIZEI
Soi 8
Soi 9
Central Festival Pattaya Beach
Soi Bokao
Third Rd.
Soi 10
Beach Rd.
Soi 11
Second Rd.
Soi 12
The Avenue
Soi 13
Soi Post Office
Royal Garden Plaza
Soi Bokao
Soi Bokao 15
Phra Tamnak South Rd.
MARKT
Soi 15
Soi 16
Soi 16
SIKH-TEMPEL

Crystal Palace ①, 284/68 Moo 5, Naklua Rd., 📞 038-413 535-39, 🖥 www.crystalpalace pattaya.com. Sehr beliebt und inzwischen auf 5 Bauten mit insgesamt 390 angenehmen Komfortzimmern angewachsen. 2 Pools, eines davon auf dem Dach mit Panoramablick. ❹–❺

€ **Tassanee Garden** ⑦, 570/282 Moo 5, Naklua Rd., Soi 27, 📞 038-370 448, 📧 tassanee-2545@hotmail.com. 7-stöckiges Haus mit Laubengängen und 60 angenehmen Zimmern (die besten und größten an den Ecken – teilweise sogar mit 2 Balkons und Meeresblick). ❷–❸

🏨 **Thai Garden Resort** ⑧, 179/168 Moo 5, North Rd., 📞 038-370 614-8, 🖥 www. thaigarden.com. Lange etabliertes Familienhotel in idealer Lage. 227 geräumige Zimmer und Apartments mit einem 63 m langen, lagunenartigen Pool in einer weitläufigen Gartenanlage. Der holländische Direktor René Pisters und sein allgegenwärtiger Deputy Danilo Becker sorgen für maximale Wohlfühlatmosphäre. Nutzung von moderner Umwelttechnik aus Deutschland bzw. von Sonnenkollektoren oder Abwärme-Rückgewinnung sowie allerlei Charity-Engagement. ❻–❼

🧳 **The Cottage** ⑨, 78/36 Second Rd., 📞 038-425 650, 🖥 www.thecottage pattaya.com. Beliebtes Bungalowresort mit vielen Stammgästen in idealer Lage. 88 günstige Zimmer, die meisten in Bungalows und die besten in 2 neuen Flügelbauten. 2 Pools. Leider wurde diese lange einzigartige, anachronistische Dschungel-Oase 2011 fast all ihrer faszinierenden Urwaldriesen beraubt und hat entsprechend an Charme verloren. ❹

In der Mitte (Pattaya Klang)

€ **Apex Hotel** ⑪, 216/1 Moo 10, Second Rd., nahe Soi 11, 📞 038-428 281-2, 🖥 www.apexhotelpattaya.com. Beliebtes, preiswertes Hotel im Herzen der Stadt. 109 Zimmer, teilweise etwas abgewohnt. 2x tgl. üppige Buffets. ❷–❸

🧳 **Imperial Residence** ⑩, 310/1 Soi 10, Beach Rd., 📞 038-710 383, 🖥 www. imperialresident.com. Direkt an der Beach Road bzw. am Stadtstrand gelegen – als 5-stöckiges Hotel mit 25 gepflegten Holzbodenzimmern,

etliche davon mit Balkon und Meeresblick. WLAN. ❹–❺

Nature View Hotel ⑫, 420/136 Moo 09, Soi Buakhao, 📞 038-489 595-7, 🖥 www. natureviewpattaya.com. Neu seit 2011 als pieksauberes, professionell geführtes Hotel mit 95 angenehmen Komfortzimmern, davon 75 mit Balkon, sowie Pool und WLAN. ❹

Im Süden (Pattaya Tai und Jomtien Beach)

€ **Berliner Eck** ⑤, Jomtien Beach Rd., Soi 3, 📞 081-296 3360, 🖥 www.berlinereck pattaya.com. 19 absolut saubere Zimmer in 2 günstigen Preisklassen, davon 16 mit Balkon (besonders schön sind Nr. 4 und Nr. 5). Einladende, halb offene Lobby mit Restaurant, (Sansi)Bar und Biergarten. Begegnung mit Landsleuten nicht ausgeschlossen, Gesellligkeit und WLAN garantiert. ❸

🏨 **Birds & Bees** ②, am Asia Beach, 📞 038-250 056, 🖥 www.cabbagesand condoms.co.th. Ruhiges Hotel mit 54 Zimmern zu gehobenen Preisen, idyllischem Restaurant und tropischem Garten an einer herrlichen Bucht. Die von dem früheren Minister Meechai Viravaidya (Spitzname: Mr. Condom) ursprünglich unter dem Namen „Cabbages & Condoms" gegründete Anlage ist umweltfreundlich konzipiert, die Gewinne fließen teilweise in Hilfsprojekte. ❻–❽

Eurostar Hotel ④, Jomtien Beach Rd., 152 Soi 1, 📞 038-233 333, 🖥 www.eurostarhotel.com. 66 Komfortzimmer mit gutem Preis-Leistungs-Verhältnis, Pool in der 3. Etage und schönem Restaurant in Strandnähe. ❹–❺. Etwas günstiger sind die 32 Zimmer im gleichnamigen, benachbarten Altbau, 📞 038-233 331, der ebenfalls über einen Pool sowie WLAN verfügt. ❹

Rabbit Resort ③, Dongtan Beach, Jomtien, 📞 038-251 730-2, 🖥 www.rabbitresort.com. Wirkt in Pattaya wie aus einer anderen Welt … Einzigartiges, tropisch begrüntes Resort im Stil eines Thai-Dorfs mit 49 perfekt dekorierten Villen und Suiten, sympathisch geführt von Mr. Paisan und Ehefrau Deb(orah). Am Strand lockt das charmante Restaurant **The Grill**. ❽ Weitere **Unterkünfte** inkl. Luxusanlagen als etablierte Strandhotels, neue Designer- oder stilvolle Boutique-Resorts, s. **eXTra [2844]**.

ESSEN

Das vielfältige Angebot der über tausend Restaurants ist faszinierend. Chinesisch, indisch oder japanisch kann man hier ebenso essen wie französisch, italienisch, arabisch, mexikanisch und v. a.: deutsch! Und das in gediegenen Gourmettempeln, typischen Filialen internationaler Fastfood-Ketten, den weitläufigen Food Courts der Einkaufszentren, beliebten Aussteigerkneipen mit heimatlicher Hausmannskost oder an einfachen Straßengrills und Garküchen, wie sie nicht zuletzt auch die zahlreichen Nachtmärkte der Stadt bieten.

Bali Hai Sunset, 378/90 Pratamnak Rd. bzw. an der Panoramastraße vom Bali Hai auf den Berg, ☎ 080-095 2526, 090-768 3642. Als Geheimtipp die stadtweit beste und romantischste Gelegenheit, Mahlzeiten direkt am Meer zu genießen. Exzellente Küche, professionell gebrutzelte Steaks und meist auch Seafood-BBQ. ◷ 15–24 Uhr.

Bei Gerhard, Naklua Rd., Soi 31, ☎ 038-421 589. Das wohl erfolgreichste Farang-Restaurant. Da häufig voll, empfiehlt sich der antizyklische

Schlemmerfreuden ohne Ende …

Ein üppiges, günstiges Mittags- (7–13.30 Uhr, 150 Baht) und Abendbuffet (18–22 Uhr, 250 Baht) bietet z. B. das **Apex** (s. o.), wesentlich mehr Ambiente gibt es beim nicht weit entfernt lockenden BBQ-Frühstücks- und Mittags-Buffet des **Casa Pascal**, 485/4 Moo 10, Second Rd. (8–14 Uhr, 200 Baht), 🖥 www.casa-pascal. com. Besonderer Beliebtheit erfreut sich das allabendliche, reichhaltige Buffet (18–23 Uhr, 195 Baht, Saison 280 Baht) im **Anton**, 668/30–33 Moo 5, Naklua Rd., ☎ 038-371 315. Das beste Preis-Leistungs-Verhältnis bietet das sagenhafte Mittwochs-Buffet (18–22.30 Uhr, 350 Baht) im Restaurant **Cherry's**, 394/122 Moo 9, Third Rd., ☎ 038-052 430, 🖥 www.cherrys-restaurant-pattaya.com. Als Highend-Buffet empfiehlt sich – allein schon wegen der facettenreichen Meeresspezialitäten und des paradiesischen Dessert-Buffets – der garantiert unvergessliche Sonntagsbrunch im **Mantra** (s. u., 11–15 Uhr, ca. 1600 Baht).

Besuch. Beste deutsche (jeden Sa Eintopf), schwäbische und thailändische Küche. Große Portionen zu angemessenen Preisen. ◷ Mo–Sa 8.30–23 Uhr.

Bon Cafe, Naklua Rd., Soi 21, ☎ 038-421 048, 🖥 www.boncafe.co.th. Trotz des eher nüchternen Ambientes enorm beliebt – u. a. für den besten Kaffee der Stadt, natürlich auch zum Mitnehmen. ◷ 9–19, So ab 10 Uhr.

€ **Khow Tom Pla Koh See Chang**, North Rd., Ecke Third Rd., ☎ 089-884 9582. Einfach, halb offen und szenig direkt an einer belebten Verkehrskreuzung liegend, ist hier die stadtweit besten Gelegenheiten, gute und supergünstige Thai-Küche zu genießen. ◷ 16.30–1 Uhr.

Mantra, Moo 5, Beach Rd., ☎ 038-429 591, 🖥 www.mantra-pattaya.com. Edelstes und originellstes Erlebnis- und Lifestyle-Restaurant der Stadt. Hier verbindet sich eine überaus kreative internationale Speisekarte (7 unterschiedliche Küchen) mit exzellentem Service und Ambiente.

P.I.C. Kitchen, Soi 5, ☎ 038-428 374, 🖥 www.pic-kitchen.com. Überaus stilvoll und romantisch mit viel Thai-Architektur, Teakholz und Tropengrün. Gutes Essen zu gehobenen Preisen – wie auch im wunderschönen Ableger **Sugar Hut**, 391/18 Thappraya Rd bzw. am Pratamnak Hill, ☎ 038-251 686, 🖥 www.sugar-hut.com. ◷ 11–14, 17–24 Uhr bzw. ◷ 6.30–23 Uhr.

Pizza Big, 668/9 Moo 5, Naklua Rd., ☎ 038-427 314. Der urige Italiener Roberto und seine Thai-Familie locken mit den besten, knusprigsten und größten Pizzas der Stadt – wie der leckeren Quattro Formaggio mit scharfer Salami – in ihr schlauchförmiges Restaurant. ◷ 12–24 Uhr.

Weitere empfehlenswerte **Restaurants** sowie Gastronomiebetriebe, die mit exzessiven Schlemmerfreuden in Form von **preisgünstigen**, **opulenten Buffets** locken, s. eXTra [2862].

UNTERHALTUNG

Typisch für Pattaya sind – neben den Travestieshows – die zahllosen, halb offenen Bierbar-Center, wo käufliche Mädchen auf Kundschaft warten. Auch wer sich hier nur umschauen oder unterhalten möchte, wird freundlich

Party machen in Pattaya

Alle Szene-Tanzschuppen liegen im Bereich der Walking Street, in den meisten jedoch geht es erst nach Mitternacht richtig ab – und das selbstverständlich an jedem Tag der Woche … Wer es halbwegs gelassen angehen möchte, streift zunächst durch den **Candyshop** – eine halb offene, aber dennoch klimatisierte und stets von mitreißenden Liveband-Rhythmen durchwaberte Semi-Disco. Eine ähnlich konstruktive Grundstimmung herrscht im nahe gelegenen Eingangsbereich zum **Lucifer's**, in dessen Tiefen sich ein als Tropfsteinhöhle gestalteter Tanzschuppen mit coolen Hip-Hop-Beats verbirgt. Ähnlich populär und schon seit mindestens drei Jahrzehnten etabliert, lockt die **Marine Disco**, wo in düsterem Ambiente zu Trance und Techno geravet wird.

Als angesagter, ultimativer Szene-Treff fungieren zu weiter vorgerückter Stunde die **iBar** und der darüber liegende **Club Insomnia**, 🖥 www.clubinsomniagroup.com. Erst richtig voll wird es hier ab 2 Uhr – inkl. knisternder Erotik, gelten diese beiden Schuppen doch als Magnet für die auf(sehener) regendsten Schönheiten der Nacht … Ähnlich konzipiert und von den Nachtschwärmern fast schon akzeptiert ist das neue **The Pier**, 🖥 www.thepierpattaya.com. Hier erstreckt sich das Vergnügen mit urbanem Weltstadtflair, lasziven Coyote-Tänzerinnen und der stadtweit besten Light- und Lasershow sogar gleich über drei Stockwerke.

Am südlichen Ende der Walking Street hat sich mit der Bali Hai Plaza – besonders gern vom russischen Jetset gestürmt – sogar ein ganzes Diskotheken-Zentrum etabliert. Die mit dem „Rouge Club" und dem „Crystal Palace" lockende **Mixx Discotheque**, 🖥 www.mixx-discotheque.com, lässt ihre Besucher z. B. zu den Techno-Beats und Hip-Hop-Sounds von DJ Domination (USA) oder Eddie Pay (D) zappeln. Nur wenige Treppenstufen entfernt vibriert das ebenfalls mit zwei Disco-Sälen bestückte, noble **Lima Lima**, 🖥 www.facebook.com/limalimaclub. Zu den schönsten Nachtclubs der Stadt zählend, bringt es seine Gäste mit internationalen Top-DJs und spacigen „Roboter-Acts" in Wallung.

Erst wenn in den anderen Tanztempeln der Stadt allmählich abgeregelt wird, öffnen sich die Pforten des **Casino Club**, 🖥 www.casinoclubpattaya.com, in der Soi Diamond. Hier können die Szenegänger sogar noch bis in die späten Morgenstunden feiern …

behandelt. Einen vergleichsweise harmlosen Einstieg in das Nachtleben der Stadt bieten z. B. ein Bummel durch die Beachroad-Sois 7 und 8 sowie auch durch die Walking Street, die spätestens zu vorgerückter Stunde als Hauptschlagader des Nachtlebens fungiert. Etliche Bierbars bieten eine Dauer-Dröhnung von Live-Bands. In den gediegeneren, klimatisierten Etablissements wird die Musik mit überraschend reichhaltigen Speisekarten garniert.

Green Bottle Pub, Second Rd., ☏ 038-429 675. Seit 1988, mit gediegenem, gut durchgekühltem Ambiente. Ab 20 Uhr Musik von bis zu 3 verschiedenen Bands. ⏱ 11–1 Uhr.

Green Tree Pub, Beach Rd., ☏ 038-414 353-5, 🖥 www.pattayagreentree.net. Ab 20 Uhr bunte Mischung aus Thai-Songs, Jazz und Rock in einem romantischen, bunt beleuchteten Garten mit Bühne, Meeresblick und Grill. ⏱ 8–2 Uhr.

Hard Rock Café, Beach Rd., ☏ 038-428 755-9, 🖥 www.hardrockhotels.net. Heiße Rhythmen ab 21 Uhr bei leider etwas teuren Getränken. ⏱ 9–1.30 Uhr.

Hopf Brew House, Beach Rd., Ecke Soi Yamato, ☏ 038-710 650. Seit 1997 als erste Mikrobrauerei Pattayas mit süffigem Bier und exzellenter Küche. Tgl. außer So musiziert ab 20.45 Uhr eine Band und zuweilen auch der beliebte italienische Tenor Enzo Masetti. ⏱ 14–1 Uhr.

Jazz Pit Pub, im Restaurant P.I.C. Kitchen, s. o. Renommierter und einziger Jazz-Club von Pattaya – mit Jam-Sessionis von Jazz-Musikern aus aller Welt. ⏱ Do–Mo 20–24 Uhr.

Moon River Pub, am Thai Garden Resort, s. o. Philippinische Bands spielen Countrymusik, internationale Hits und Evergreens. Stilechtes Westernambiente und Fassbier. ⏱ 18–2 Uhr.

Noir Pattaya Club, Third Rd. Hier zelebriert die lokale und aus Bangkok angereiste Thai-High-Society ihr Nachtleben – wie auch in den nahen Nachtschuppen **Ping Club** und **Tamnanchon Pub** sowie weiteren, chilligen Etablissements an dieser Hauptschlagader. Ähnliches gilt für den beim Central Festival Center liegenden, extrem angesagten **Differ Pub**, ✆ 038-362 467, 🖥 www.differ-pub.com. 🕐 jeweils ca. 21–3 Uhr.

Pluag Mai, Third Rd., ✆ 038-416 902, 🖥 www.pluagmaipattaya.com. Das einstige Kum Punn fasziniert auch nach Umzug und Umbenennung als Thai-Rock-Pub mit urigem Carabao-Ambiente, deftiger Kost und stets bester Stimmung. 🕐 21–3 Uhr.

Shenanigans, 414/21 Moo 12, Thappraya Rd., bzw. im Jomtien Complex Condo, ✆ 038-303 490, 🖥 www.shenanigansthailand.com. Stilechtes, irisches Pub mit Dunkelbieren, entsprechend typischer Speisekarte und Live-Übertragung aller internationalen Sportevents. 🕐 8.30–1 Uhr.

🏛 **The Blues Factory**, Beach Rd., Soi Lucky Star, 🖥 www.thebluesfactorypattaya.com. Bietet beste Unterhaltung für Blues-, Oldie- und Rockmusikfans – allein schon durch die Auftritte von Thailands Rocklegende und Gitarrenkönig Lam Morrison. 🕐 ab 20.30 Uhr.

We are the World, Beach Rd., Ecke Soi 8, in der Passage. Etwas skurril, aber stets gut besucht als halb offene Bierbar mit Livemusik – und das sogar schon zum Sonnenuntergang. 🕐 ab 15 Uhr.

Windmill Plaza, Naklua Rd., gegenüber Einmündung Soi 18/1, 🖥 www.windmillresortpattaya.com. In der Hochsaison tgl. ab 19 Uhr Stimmungs- und Livemusik für deutschsprachige Freunde des Schlagers und Schunkelns. Mehr über die weltberühmten **Travestieshows** von Pattaya sowie den Besuch der modernen, teilweise bis 3 Uhr früh betriebenen **Kinos**, s. eXTra [2847].

SONSTIGES

Feste

Zu den wichtigsten, offiziell organisierten Festen zählen der **Pattaya Marathon** im Juli und das **Pattaya International Music Festival** Mitte März sowie neuerdings auch das **Pattaya**

Paradies für Wassersportler

Trotz oft getrübter Meeresfluten und nervtötender Jetskis gilt Pattaya neben Phuket als größtes Wassersportzentrum Thailands. Internationale Wettbewerbe und ideale Bedingungen zum Windsurfen, Parasailing oder Wasserskifahren gibt es am Jomtien Beach, wo allenfalls von November bis Januar mit stärkeren Winden und höheren Wellen zu rechnen ist. Laser, Hobie Cats oder Optimists werden schon für 500–1000 Baht pro Std. angeboten. Weitaus professioneller geht es im etwas entlegenen **Blue Lagoon Water Sports Club**, ✆ 085-134 9588 (Mike), 🖥 www.bluelagoonpattaya.com, www.clubloongchat.com, zu. Hier kann man sich u. a. – sogar auf Deutsch – von Thailands charismatischer Surflegende **Amara Wichithong** unterrichten lassen, die schon rund 30 Jahre im Geschäft ist, ✆ 081-862 9958, 🖥 www.watersportspattaya.com. Segelfans sollten versuchen, mal für einen Drink beim legendären, 1957 gegründeten **Royal Varuna Yacht Club**, ✆ 038-250 116, 🖥 www.varuna.org, vorbeizuschauen. Alternativ bietet sich der 10 km südlich der Stadt liegende, gediegene **Ocean Marina Yacht Club**, ✆ 038-237 427, 🖥 www.oceanmarinayachtclub.com, an. Segelboote lassen sich dort u. a. bei **Gulf Charters Thailand**, ✆ 038-237 752, 🖥 www.yachtcharterthailand.com, chartern. Von den zahlreichen Tauchbasen hat sich u. a. das **Mermaids Dive Center**, ✆ 038-303 333, 🖥 www.taucheninthailand.com, mit Stützpunkten in Jomtien und am Wong Amart Beach bewährt.

Informationen über alle anderen, in Pattaya mit großer Vielfalt vertretenen Sportarten wie Boxen, Reiten oder Bungy-Jumping, s. eXTra [2924].

International Firework Festival. Songkran fällt hier, anders als im Rest des Landes, auf den 18. und 19. April.

Immigration

Jomtien Beach Rd., Soi 5, ✆ 038-252 750-1. Die Reisebüros organisieren für rund 2000 Baht komfortable Visa Runs nach Kambodscha.

Informationen

Infos und Pläne gibt es in etlichen kostenlosen Publikationen – sowie auf unzähligen Websites wie der genialen 🖥 www.pattaya.net. Mit gezielten Fragen kann man sich rund um die Uhr unter der Hotline 📞 1337 des **Pattaya City Call Center** versuchen. Das **TAT Office** der Region 3 versteckt sich abgelegen am Rama IX Memorial Park, 609 Moo 10, Pratamnak Rd., 📞 038-428 750, ✉ tatchon@tat.or.th, 🕐 Mo–Fr 8.30–16.30 Uhr.

Medizinische Hilfe

Die medizinische Versorgung ist exzellent. **Bangkok Pattaya Hospital**, Sukhumvit Rd., 📞 038-427 777, Notfall: 📞 038-259 911, 🖥 www.bangkokpattayahospital.com. Moderne Klinik mit 400 Betten, über 100 Vollzeitärzten, allen Fachrichtungen und 24-stündigem Übersetzungsdienst. Langzeiturlauber bevorzugen das gute, preiswerte **Samitivej**, 📞 038-320 300, 🖥 www.samitivejhospitals.com, im nahen Si Racha.
Dr. Olivier Meyer, 20/29 Moo 10, Soi Hotel Day-Night, 📞 038-723 600, Notfall-Nr. 📞 086-827 6922, 🖥 www.dr-olivier-clinic.com. Deutschsprachige Praxis eines Schweizers.

Mietfahrzeuge

Als Alternative zu den internationalen Verleihern empfehlen sich die rundum versicherten Limousinen von **DV Rent-A-Car**, 📞 038-371 482, 🖥 www.pattayacarrent-dv.com, 🕐 9–17.30 Uhr. Tagesrate meist 1300–1500 Baht inkl. Bring- und Abholservice, eine Woche ca. 8500 Baht. Mopeds und Automatik-Roller lassen sich an allen Ecken und Enden für ca. 200 Baht pro Tag mieten, besonders gepflegt und mit Zusatzversicherung bei dem Deutschen **Torti**, Naklua Rd., Soi 33, 📞 084-722 8773, ✉ torsten.pattaya@gmail.com.

Polizei

Hauptwache an der Beach Rd., Ecke Soi 9, 📞 038-420 802-5, **Notruf** 📞 191. **Tourist Police** an der Second Rd., nahe Soi 6, 📞 038-429 371, **Notruf** 📞 1155. Bei Problemen sollen die 15 westlichen **Volonteers** der Touristenpolizei helfen.

Wellness und Gesundheit

Pattaya hat sich zum preisgünstigen Zentrum für chiropraktische Behandlungen, Schönheitsoperationen und Zahnpflege/-ersatz oder die Anfertigung von Brillen spezialisiert. Das Angebot an Wellness aller Art – auch jenseits des Rotlichtmilieus – ist überwältigend und mit den großen Schaufenstern der unzähligen Massagegeläden und etlichen Fish-Spas sogar stadtbildprägend.
German Dental, 162-197 Moo 10, Thappraya Rd., Soi 9, 📞 038-251 289, ✉ gdental@loxinfo.co.th. Etabliert seit 1991 als beliebtester und bester Anlaufpunkt für Gebiss-Sanierung und Zahnersatz. Michael Schlatter und sein Profi-Team bieten deutschen Standard zu exotisch günstigen Preisen.
Mehr praktische Tipps zu **Medizin** und Gesundheit sowie Streifzügen durch schillernde **Einkaufspaläste** und lebendige Märkte oder für engagierte **Reise-Agenturen**, s. **eXTra [2864]**.

NAHVERKEHR

Das Rückgrat des Nahverkehrs bilden mehr als 500 **Baht-Busse**, die in ihrer Masse oft die

Man spricht Deutsch

Da Pattaya besonders bei deutschsprachigen (Langzeit-)Urlaubern, Aussteigern und Rentnern beliebt ist, reicht das Angebot heimatsprachlicher Dienstleistungen von Zahnbehandlungen und Brillenanfertigungen über Schneider und Videotheken bis zu Anwaltskanzleien und ganzen Wohnanlagen. So hat sich die Stadt auch zum Zentrum deutschsprachiger Thailand-Medien entwickelt, wie z. B. die Wochenzeitung **Pattaya Blatt**, 🖥 www.pattayablatt.com, und das Monats-Magazin **Hallo**, 🖥 www.hallomagazin.com, beweisen. Das **Medienhaus** indes gibt alle 2 Wochen das beliebte, nun schon 20 Jahre existierende Magazin **Der Farang**, 🖥 www.der-farang.com, heraus und betreibt die Internet-Plattform **Thai Page**, 🖥 www.thaipage-online.com. Einige interessante, in diesen Blättern veröffentlichte **Lesestücke** über Urlaub und Leben in Thailand, s. **eXTra [2674]**, Kategorie „Sonstiges".

Straßen verstopfen. Die dunkelblauen, offenen Sammeltaxis kosten 10–20 Baht auf fester Route entlang der Hauptstraßen oder bis zu 200 Baht, wenn sie im Stadtgebiet gechartert werden. **Motorrad-Taxis** kosten 30–100 Baht. Vom Bali Hai Pier starten viele **Boote** nach **Ko Larn**. Die offizielle Fähre verkehrt zwischen 7 und 18.30 Uhr ca. alle 1–2 Std. und kostet seit ewigen Zeiten nur 20 Baht.

TRANSPORT

Es gibt immer mehr Anbieter, während sich die Abfahrtsorte und -zeiten häufig ändern. Fest steht, dass man von Pattaya aus inzwischen – ob mit Komfort- oder Minibussen – bequem, schnell und preiswert überall hingelangen kann.

Busse

BANGKOK, mit **Rung Ruang Coach**, North Rd., ☏ 038-429 877, zum Eastern Busterminal (Ekamai) von 4.30–23 Uhr für 124 Baht und zum Northern Bus Terminal (Morchit) von 4.30–21 Uhr für 133 Baht, je nach Andrang alle 20–40 Min. in gut 2 Std. Zum Southern Bus-terminal (Sai Tai) von 6–18 Uhr fast stdl. für 124 Baht.
CHIANG MAI, mit **Nakhonchai Air**, Sukhumvit Rd., Richtung Rayong, Terminal kurz hinter der Einmündung Central Rd., ☏ 038-427 841, 02-936 0009 (Hotline), 4x tgl. für 560 und 720 Baht sowie um 16.30, 18.05, 19.15, 19.25 und 19.55 Uhr als VIP für 785 Baht, über Phitsanulok, Uttaradit und Lampang.
CHIANG RAI, mit Nakhonchai Air (s. o.) um 15, 17.50 und 18.10 Uhr als VIP für 890 Baht.
KORAT, mit **Sri Mong Kon**, 245/82-83 Third Rd., ☏ 038-424 085, 089-280 2255, als unscheinbare Townhouse-Busstation, aber schicke, komfor-table Doppeldecker, um 12 und 14 Uhr sowie um 7.15, 10 und 19.40 Uhr als VIP für 350 Baht.
KO SAMUI, mit **Yellow Bus**, Station Rung Ruang Coach (s. o.), ☏ 038-371 388, 086-332 0377, 🖥 www.iloveyellowbus.com, tgl. ab 18 Uhr über HUA HIN mit knallgelben Luxusbussen, die 24 Standard- (700 Baht) und 6 Luxussitze (1025 Baht) bieten. Weitere Hauptroute nach MUKDAHAN.
NAN, mit Nakhonchai Air (s. o.), um 17.55 und 19.40 Uhr als VIP für 745 Baht in 11–12 Std.

NONG KHAI, mit **407**, Petronas-Tankstelle, Sukhumvit Rd. Richtung Bangkok, mit spartanischem Abfahrtsort kurz hinter der Einmündung der Central Rd., ☏ 038-421 535, 8x tgl. für 360–500 Baht sowie 4x als VIP für 400–790 Baht.
PHUKET, mit **Sawasdee All Thai/Airbus 777**, ☏ 082-398 1777, 🖥 www.phuket-pattaya.com. Luxusbusse mit 36 Sitzen für 920 Baht und 6 Sitzen für 1230 Baht in 14 Std.
RAYONG, vor Station von Nakhonchai Air (s. o.), mit tgl. 35 Bussen für 60–80 Baht.
UBON RATCHATHANI, mit Sri Mong Kon, (s. o.), 10x tgl. für 390 Baht, als VIP 590 Baht über Korat, Buriram, Surin und Sisaket.

Minibusse

BANGKOK, es gibt immer mehr Minibus-Verbindungen von Pattaya zur Khao Sarn Rd., zum Victory Monument oder dem Don Mueang Airport (aktuellen Stand in der Unterkunft erfragen).
BAN PHE bzw. Fährhafen für KO SAMET, inkl. Abholung vom Hotel mit Minibussen von Malibu Travel, 158/4 Moo 5, Soi 16/3, Naklua Rd., ☏ 038-370 259, 🖥 www.malibu-travel.com, ⏱ 7–23 Uhr. Transfers tgl. um 8 und 12 Uhr für 220 Baht plus Fähre für 70 Baht, Tagestouren inkl. Nationalpark-Gebühren und Mittagessen 1080 Baht (zudem sind ca. 15 Inselhotels buchbar).
LAEM NGOP bzw. Fährhafen für KO CHANG, mit Minibussen von Malibu Travel (s. o.) tgl. ab um

Flughafen-Transfers

Zum/vom Suvarnabhumi Airport geht es von 7–21 Uhr stdl. für 134 Baht am billigsten mit **389 Airport Pattaya Bus**, 🖥 www.airport pattayabus.com, weitaus bequemer bzw. inkl. Abholung von der Unterkunft mit **Bell Travel Service**, ☏ 038-370 055-6, um 6, 9, 11, 13, 15, 17 und 19 Uhr für 250 Baht in knapp 2 Std. Charter-Taxis kosten 1000–1300 Baht, zurückfahrende Taxameter-Taxis ca. 900 Baht. Als sympathisch, zuverlässig und preiswert für Transfers aller Art (auch bis nach Ko Chang oder Korat) hat sich Mr. Suwit Sura, ☏ 087-018 1734, bewährt.

DIE OSTKÜSTE

Tagesausflüge mit Charterbooten bzw. umgebauten Fischkuttern zu den vorgelagerten Inseln gibt es meist inkl. deftiger Verpflegung an Bord. Es werden Stopps zum Baden, Schnorcheln oder Angeln eingelegt. Für eine Tagesrate von 5000 Baht legt z. B. der gut Englisch sprechende, in der Nähe des Amari Orchid Resorts am Strand stationierte **Captain Peak**, ℡ 081-982 8716, nach Ko Larn, Ko Pai und/oder Ko Sak ab. Weitere Schiffstouren sind in diversen Restaurants/Bars buchbar, wie bei **Anton** (s. o.) für 1100 Baht.

8 und 10.30 Uhr über Ban Phe für 480 Baht plus Fähre 90 Baht sowie 120 bzw. 220 Baht für den Transfer zum Hotel auf der Insel.

Fähren
Vom Bali Hai Pier zur vorgelagerten Insel Ko Larn – tgl. bis zu 7x nach Ban Naban und 4x zum Twaen Beach für jeweils nur 30 Baht.

Die Umgebung von Pattaya

Die vorgelagerten Badeinseln, ein Meeresaquarium, eine Show von Weltklasse oder die zahlreichen Erlebnisparks mit ihren Naturwundern, Skulpturen und Heiligtümern: Pattayas Umgebung ist nur so gespickt mit familienfreundlichen **Attraktionen**. Mehr s. eXTra [2867].

Rayong

Der direkte Weg von Bangkok bzw. Pattaya zur Provinzhauptstadt Rayong führt über die alte Sukhumvit Road (H3). An der Strecke liegen der Marinestützpunkt **Sattahip** und der im Vietnamkrieg von den Amerikanern angelegte Militärflughafen **U-Tapao**, der heute teilweise zivil genutzt wird (mehr zur Geschichte, Bedeutung und möglichen Zukunft des Objekts, s. eXTra [2869]). Wesentlich schneller ist der Weg über den mehrspurigen H36. Im Umfeld der Stadt lassen sich emissionsreiche Anlagen der Petroche-

mie erspähen bzw. das Industriegebiet **Map Ta Phut**, wo sich seit den 1990er-Jahren auch etliche westliche Konzerne wie BASF, General Motors oder Toyota angesiedelt haben.

Erstmals in den Annalen erwähnt wurde Rayong, als König Taksin nach dem Fall von Ayutthaya hier im späten 18. Jh. mit 5000 Getreuen Station machte und die thailändische Flotte neu aufbaute, um damit nach Chantaburi weiterzuziehen. Wesentlich bekannter ist die Provinz jedoch für die ausgedehnten Strände ihrer rund 100 km langen Küste sowie die populäre, über den Fährhafen **Ban Phe** erreichbare Badeinsel **Ko Samet**. (Von den beiden möglichen Schreibweisen für Insel wird an der gesamten Ostküste Thailands im offiziellen Sprachgebrauch fast ausschließlich die Version „Koh" verwendet, doch wurde in diesem Buch auf den Terminus „Ko" vereinheitlicht).

Ursprüngliche Natur findet sich in dieser Provinz nur noch selten. Als einziges Rückzugsgebiet der Flora und Fauna fungiert der rund 70 km östlich von Rayong liegende **Khao Chamao/Khao Wong National Park** (200 Baht). Dort gibt es trotz der geringen Größe von nur 84 km² bis zu 1028 m hohe Kalksteinberge, fast 80 Tropfsteinhöhlen, 53 Vogelarten und einige wild lebende Elefanten. Der Wasserfall **Nam Tok Khao Chamao** erstreckt sich mit acht Stufen über insgesamt 3 km und ist leicht zu erkunden. In den unteren Felsbecken tummelt sich eine spezielle Karpfenart. Als reizvollster Wasserfall des Naturschutzgebiets gilt der **Nam Tok Klong Pla Gang**.

ÜBERNACHTUNG UND ESSEN
Die lange Küste der Provinz Rayong wird von etlichen großen Hotelanlagen flankiert, in denen meist einheimische Gäste dominieren. **Christie's**, in Ban Phe direkt gegenüber dem Hauptpier und einer 7-Eleven-Filiale, ℡ 038-651 976, 🖥 www.christiesbanphe.com. Für alle, die auf dem Weg nach/von Ko Samet stranden: kleines Gh. in idealer Lage – mit lauschigem Bar-Restaurant und einer attraktiven Speisekarte, die auch viele westliche Speisen umfasst. ⏲ 7–23 Uhr. ❹
German Bierhaus, 96/19 Soi 6 Ratbamrung Rd., ℡ 087-483 5835, 🖥 www.bms-food.com. Restaurant und Deli Store. Ilka Zindler und ihr

deutsches Team sorgen für leckeren Schweinebraten, Steaks, Spaghetti, Pizza und jede
Menge selbst produzierte Wurstwaren.
🕐 16.30–23 Uhr.

Direkt am Strand
Bandara On Sea Rayong, 42 km östlich
von Rayong, ☎ 038-648 549, 🖳 www.
bandararayong.com. Das ehemalige Baansiri
präsentiert sich als angenehmes Boutique-
Resort mit familiärer Atmosphäre. 44 Zimmer an
einem herrlichen, weitläufigen Sandstrand. ❺
Novotel Rim Pae Resort, 40 km östlich von
Rayong, ☎ 033-010 100, 038-648 008-12,
🖳 www.novotel.com/1130. Klassisches, bei
Ausländern beliebtes Hotel einer renommierten
Unternehmenskette. 2–4 Stockwerke mit fast
200 Zimmern und 3 Pools an einem langen
Sandstrand. ❻
Rayong Resort Beach & Spa Hotel, 30 km
östlich von Rayong, ☎ 038-651 000-6,
🖳 www.rayongresort.com. Seit 1986,
landschaftlich reizvoll, aber mit nur wenig
Sandstrand auf einer Landzunge. 162 mind.
25 m² große Zimmer. Maximaler Komfort
und trotz der Größe reichlich Wohlfühlatmosphäre. ❻

TRANSPORT

Alle Transfers zu Land oder Wasser sind
besonders einfach bei der Agentur **Tarua Phe**,
☎ 038-896 155-6, 089-931 5553 (Khun Bee,
spricht gut Englisch) erhältlich, die in
einem unübersehbaren Kiosk am Hauptpier
Suphan Nuan Thip das **Tourist Information
Center** betreibt, 🕐 6–18.30 Uhr.

Busse und Taxis
BANGKOK, vom Busbahnhof in Rayong,
Phetkasem Rd. im Süden der Stadt, fahren tags-
über stdl. günstige AC-Busse für 190 Baht ab.
Von Ban Phe geht es am bequemsten tgl. von
6–18 Uhr jede Std. mit Minibussen für 200 Baht
nach Bangkok zum Victory Monument sowie um
10 und 13.30 Uhr zur Khaosan Rd. für 250 Baht,
Taxis kosten 2500 Baht.
Zum SUVARNABHUMI AIRPORT um 10, 13.30
und 17 Uhr per Minibus für 500 Baht oder mit
Charter-Taxis für 2500 Baht in 2 1/2 Std.

PATTAYA, die häufigste und bequemste
Anbindung erfolgt mit den Minibussen von
Malibu Travel für 220 Baht (s. Pattaya S. 284);
Charter-Taxi 1000–1200 Baht.

Zu den Inseln
BAN PHE/KO SAMET, zum 20 km östlich von
Rayong liegenden Hafen verkehren Sammeltaxis für 25 Baht, als Charter für 500 Baht.
Das Inselhopping zwischen Ko Samet und
Ko Chang ist mit Minibussen zwischen den
entsprechenden Festlandsanlegern möglich:
LAEM NGOP/KO CHANG, ab Ban Phe um
9.30 und 12 Uhr in 2 1/2 Std. für 260 Baht
(plus 90 Baht Fähre) oder mit Charter-Taxi für
2200–2500 Baht.

Fähren nach Ko Samet
Wer sich nicht von Schleppern aufhalten lassen
möchte, sollte die **Tickets** direkt beim Tourist
Information Center am Hauptpier besorgen.
Die **Fähren** verkehren von 8–18 Uhr zwischen
BAN PHE und dem Inselanleger Ban Na Dan auf
KO SAMET, an dem stets etliche Sammeltaxis
lauern, für 50 Baht in 30–40 Min. Die Schiffe
werden von konkurrierenden Unternehmen
betrieben und fahren oft, aber unregelmäßig ab,
da sie erst möglichst „voll" werden müssen.
Eine feste Linie bedient für 70 Baht um 9.30 und
13.30 Uhr den Ao Wongm Duan an der Ostküste
von Ko Samet, zurück geht es um 12 und 16 Uhr.
Schnellboote kosten 250–350 Baht p. P., als
Charter mit bis zu 10 Pers. je nach Anlaufpunkt
1600–3000 Baht, und lassen sich am Hauptpier
in Ban Phe chartern. Die besseren Hotels
der Insel verfügen über einen eigenen Shuttle-
service.

Ko Samet

Es war einst Thailands Nationaldichter Sunthorn
Phu, der Ko Samet (Samed) im ganzen Land
bekannt gemacht hat. In seinem Anfang des
19. Jhs. verfassten berühmten Epos *Phra Apai-
mani* rettet sich ein verwunschener Prinz vor einer liebeskranken Riesin auf diese Insel, wo er
sie mit einer Zauberflöte besänftigen und besie-
gen kann …

Auch heute noch kann man sich auf dem Eiland an der östlichen Golfküste gewaltig betören lassen – v. a. von herrlichen Badestränden mit viel tropischem Grün und dem angeblich weißesten Sand des Königreichs, meist glasklaren Meeresfluten, ganzjährigen Wassertemperaturen um die 30 °C sowie sogar während der Monsunzeit verblüffend wenig Niederschlag. Doch auch aufgrund seiner Nähe zu Bangkok und zum Suvarnabhumi Airport lockt das T-förmige, 13 km² große Ko Samet als ideales Ziel, um die ersten Badefreuden des Thailand-Urlaubs zu genießen oder die letzten Sonnenstrahlen vor dem Rückflug einzufangen.

Das rund 200 km von der Hauptstadt entfernte Strand- und Sonnenparadies ist die größte Insel des **Khao Laem Ya Samet Marine National Park**. Die meisten Boote legen am Pier des einzigen Inselorts **Ban Na Dan** an, der von imposanten Baumriesen beschattet wird. Von hier sind es nur knapp 10 Min. Fußmarsch zum **Hat Sai Kaew** an der Ostküste – dem populärsten der insgesamt 14 Inselstrände. Auch im Norden liegen einige Sandbuchten, während die gesamte Westküste – bis auf den schönen **Ao Phrao** – aus schroffen Klippen besteht. Die fast 7 km lange, zwischen 200 m und 2 km breite Ko Samet weist keine Wasserfälle auf und wirkt mit ihrer Gestrüppvegetation extrem trocken. Den heutigen Namen verdankt die einst Ko Kaew Phitsadan (Magic Crystal Island) genannte Insel den allgegenwärtigen, anspruchslosen Cajeput-Bäumen (Thai: *Samet*).

Als ehemaliges Ziel für Traveller verwöhnt Ko Samet heute mit einem breiten Angebot an **Unterkünften**, die aber vergleichsweise teuer sind. Das gilt leider besonders für die schönen, von einem Schweizer gemanagten Resorts der **Samed Resorts Group**, die die Entwicklung der Insel mit sechs Luxusherbergen bzw. mit avantgardistischer Architektur und exklusivem Boutique-Flair vorangetrieben hat. Unter der Woche gibt es fast überall – erst recht außerhalb der Hochsaison – Nachlässe von 30–50 %. Es empfiehlt sich auch wegen des Andrangs aus Bangkok, die Insel nicht unbedingt an Wochenenden oder Feiertagen zu besuchen.

Der Zutritt zur Ostküste kostet 200 Baht, die zuweilen aber verblüffend nachlässig kassiert werden. Bei einem Tagestrip mit mehreren Personen kann es sich lohnen, ein eigenes Speedboat zu chartern, um Zeit zu sparen oder vor der Rückfahrt noch – auf Bodenkissen, mit den Füßen im Sand, Sternenhimmel und Meeresrauschen – die abendlichen **BBQ-Buffets** am Strand zu genießen.

Als immer wieder malträtierter Nationalpark hat Ko Samet bereits etliche Negativ-Schlagzeilen produziert – zuletzt mit dem neuen, 100 m langen **Fähranleger**, der für 170 Mio. Baht als imposantes Ankunfts-Terminal in das Meer geklotzt worden ist. Der Hintergrundexkurs „Im Schatten der Schönheit" gibt Aufschluss über die **ökologischen Probleme** von Ko Samet, s. **eXTra [2872]**.

Die Strände

Die gesamte Ostküste der Insel besteht aus feinsandigen Badebuchten, die von malerischen Felsvorsprüngen eingerahmt und durch einen Fußpfad verbunden sind, der teilweise parallel zur unbefestigten Straße verläuft.

Der Hauptstrand **Hat Sai Kaeo** (oder Kaew bzw. Diamond Beach) ist mit seinem schneeweißen Puderzucker-Sand einer der schönsten Strände. Von westlichen Besuchern wird er zuweilen verschmäht, weil die zahlreichen Wochenend-Touristen für eine entsprechend dichte Infrastruktur aus Hotels, Restaurants, Geschäften und Liegestühlen sorgen. Doch verstecken sich die meisten Bauten im tropischen Grün, während sich das Strandleben über rund 1 km verteilt. Wer weniger trubelig wohnen möchte, kann sich in den südlich benachbarten, sehr viel kleineren, seichten Sandbuchten **Ao Phai** (Bamboo Bay) oder **Ao Pudsa** einquartieren.

Eine einsame Alternative zum Hauptstrand bietet der mit seinen Findlingen reizvolle, fast 1 km lange **Ao Thian Beach** (Saengtien oder Candlelight Beach), wo die dichte Bebauung ebenfalls alles bietet, was der Inselgast begehrt. Die Geheimtipp-Bucht des **Ao Nuan Beach** indes lässt gewiss jedes Traveller-Herz höherschlagen. Sie ist so klein, dass sie auf vielen Landkarten gar nicht erst eingezeichnet ist – und lockt mit einsamer Naturidylle. Das exklusivste Strandleben der Insel bieten – jeweils nur von einem einzigen Resort flankiert – der stille

Ao Wai Beach und der an der schmalsten Stelle der Insel im tiefen Süden liegende, paradiesische **Ao Kiew Beach**. Mit gleich zwei 5-Sterne-Hotels gilt der 250 m lange **Ao Phrao Beach** (Coconut Bay oder Paradise Beach) als Ziel für Luxusurlauber. Als einziger Strand der Westküste erfreut er mit schönem Sand, stattlichen Mangrovenbäumen und spektakulären Sonnenuntergängen.

ÜBERNACHTUNG

Das Zimmerangebot hat sich mit mehr als 80 Unterkünften vervielfacht und veredelt. Einen umfassenden Überblick vermitteln die Internetportale 🖥 www.kohsamed.net oder www.koh-samet.org.

Ao Nuan Resort ⑦, Ao Nuan Beach, 📞 081-781 4875. Naturnahes Hideaway mitten im Dschungelgrün. 8 einfache Zimmer mit Veranda, Ventilator, Gemeinschaftsbad und idyllischem Restaurantpavillon sowie 2 teurere Zimmer mit AC und Innenbad. ❸–❹

Ao Phrao Resort ①, Ao Phrao Beach, 📞 038-644 100-3, 🖥 www.samedresorts.com. Idyllische Anlage mit behaglichen, hübschen bzw. 52 geschmackvollen Zimmern am tropisch grünen Hang. Beschauliches Terrassen-Restaurant am Meer. ❻

Grand View Resort ④, Hat Sai Kaew, 📞 038-644 220, 🖥 www.grandviewgroup resort.com. Bestens platzierte, aufgelockerte Anlage mit viel Grün. 54 geschmackvoll eingerichtete Zimmer, davon 11 als tolle Beachfront-Bungalows im Thai-Stil. ❻

Moss Man House ②, Ban Na Dan, an der Zufahrt zum Hat Sai Kaew Beach, 📞 038-644 017. 22 saubere, gut ausgestattete Zimmer, im Obergeschoss sogar mit Balkon und Blick ins Grüne. Gutes Preis-Leistungs-Verhältnis, nur 2 Min. Fußweg zum Hauptstrand. ❹

Paradee Resort ⑧, Ao Kiew Beach, 📞 038-644 288, 084-654 9794, 🖥 www.samedresorts. com. Diese abgelegene Unterkunft dürfte zu den landesweit schönsten Hotels zählen und bietet ultimativen Inselgenuss. Das Resort verfügt über 40 behagliche, ab 100 m² große Luxusvillen (15 000–30 000 Baht, Suite-Villa 80 000 Baht), fast alle mit eigenem Pool. Die

stilvolle Architektur der Anlage fasziniert genauso wie ihre tropische Eingrünung und der herrliche Meeresblick. ❽

Sai Kaew Beach Resort ③, Hat Sai Kaew, 📞 038-644 195-7, 🖥 www.samedresorts.com. Größte, bekannteste und luxuriöseste, aber auch teuerste Anlage am Hauptstrand. 158 Komfortzimmer in 7 Kategorien, 3 Pools, 2 Restaurants sowie 1 Bar und 1 Bäckerei. ❽

Samed Villa Resort ⑤, Ao Phai, 📞 038-644 094, 🖥 www.samedvilla.com. Lange etabliert, professionell und beliebt. Der aus der Schweiz stammende Tourismus-Pionier Josef Ottiger bzw. seine Frau bieten 60 Komfortzimmer in Bungalows mit netter Gartenanlage. Speedboat-Service, gutes Tourangebot und exzellentes Restaurant. ❺–❻

Tubtim Resort ⑥, Ao Pudsa Beach, 📞 038-644 025-9, 🖥 www.tubtimresort.com. 100 Zimmer, davon rund ein Drittel mit Ventilator für 600–1000 Baht. Empfiehlt sich aufgrund seiner relaxten Atmosphäre und der teilweise recht schattigen, schönen Holzbungalows. Gutes Preis-Leistungs-Verhältnis, Restaurant direkt am Sandstrand. ❸–❺

ESSEN

Die größten Schlemmerfreuden bestehen natürlich aus fangfrischem Fisch und Meeresfrüchten. Beides wird reichlich bei den allabendlichen BBQ-Buffets der Strandrestaurants am Hat Sai Kaew geboten, der auch wichtigster Anlaufpunkt für Nachtschwärmer ist. Zudem lockt immer mehr Gourmet-Gastronomie in Restaurants mit moderner Architektur. Erheblich preiswerter essen kann man in den kleinen Restaurants an der Hauptstraße von **Ban Na Dan**, wo auch eine einladende Kneipenszene erblüht ist.

Baywatch Bar, Ao Wong Duan, 📞 081-826 8734, 081-654 1096. Dieser von dem netten Holländer Robert geführte, beliebte Ausländerspot lockt als szenige Kombination aus Restaurant, Bar und Strandclub mit guten Pizzas, Steaks und Salaten sowie süffigen Cocktail-Buckets, nützlichen Infos und allerlei Serviceleistungen. 🕐 rund um die Uhr.

Buzz, Ao Phrao, 📞 038-644 104-7, 🖥 www. samedresorts.com. Zum Le Vimarn Cottages &

Spa gehörend, besticht dieses schicke Restaurant mit seiner Loungebar durch eine inselweit einzigartige, avantgardistische Architektur und besondere Genüsse, wie den Signature-Cocktail, in einem gediegenen Umfeld. ◷ 11–22.30 Uhr.

Jep's Restaurant, Ao Hin Khok, ✆ 038-644 112-3. Unter hohen Bäumen steht uriges Holzmobiliar. Umfangreiche Speisekarte mit preiswerten Thai-Gerichten und internationalen Köstlichkeiten wie Tsatsiki, Mousaka, Enchiladas oder Chili con carne für 100–150 Baht. Bier vom Fass. ◷ 7–24 Uhr.

Kid & Food und **Ploy Talay Bar & Pub**, Hat Sai Kaew Beach, ✆ 038-644 087 bzw. 038-644 212-3. In diesen benachbarten Strandrestaurants beginnt die Vorbereitung auf das Strand-Buffet bereits gegen 15 Uhr mit dem Ausbreiten von Bastmatten und gemütlichen Bodenkissen. Es locken jede Menge Seafood und leckere Grillspieße sowie von 21.30–2 Uhr Barbetrieb mit Livemusik (tgl. außer Mi). ◷ 6–24 Uhr.

Red Ginger, Ban Na Dan, an der Hauptstraße, ✆ 084-383 4917. Lauschig, familiär und farbenfroh geht es in dem kleinen, originellen Restaurant des freakigen Kanadiers Roger Lefebvre zu. Es gibt allerlei exotische Speisen wie Lammcurry, Gazpacho, Schokoladen-Fondue oder Ziegenkäsesalat und von Khun Nood als Dame des Hauses kreierte Fashion. ◷ 17–22 Uhr.

Samed Villa, Ao Pai, ✆ 038-644 094. Gute, deftige Küche mit großen Portionen – darunter auch leckere Schweizer Hausmannskost wie Zürcher Geschnetzeltes mit Pilzrahmsauce und Rösti. ◷ 6–22 Uhr.

The Zea, Hat Sai Kaew, ✆ 038-644 195-200, 🖳 www.samedresorts.com. Gehobene Gastronomie mit avantgardistischer Architektur – gelegen im Sai Kaew Beach Resort, wie auch die empfehlenswerte **The Mango Café & Bakery**, ◷ 8–22 Uhr, und die schicke **Z-Bar**. ◷ 1–23 Uhr.

Der Exkurs „Feuershows und Freakstimmung" gibt Anregungen für sternenbeschienene Streifzüge durch das **Nachtleben** von Ko Samet, s. **eXTra [2874]**.

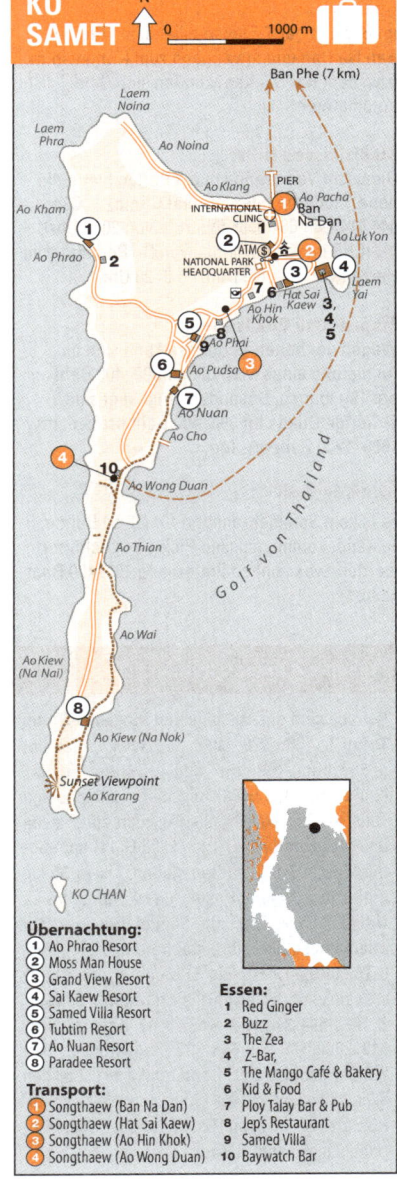

KO SAMET

N   0   1000 m

Ban Phe (7 km)

Laem Noina
Laem Phra
Ao Noina
Laem Klang
PIER
Ao Pacha
INTERNATIONAL CLINIC
Ban Na Dan
Ao Kham
Ao Lok Yon
① 1
Ao Phrao ② 2
ATM
NATIONAL PARK HEADQUARTER
③
Laem Yai
⑦ ⑥ ① Hat Sai Kaew
3,
④
5
⑤ Ao Hin Khok
3,
⑧
4
⑥ Ao Phai
5
⑥ Ao Pudsa ③
⑦ Ao Nuan
Ao Cho
④ ⑩ Ao Wong Duan
Ao Thian
Golf von Thailand
Ao Wai
Ao Kiew (Na Nai)
⑧
Ao Kiew (Na Nok)
Sunset Viewpoint
Ao Karang

KO CHAN

Übernachtung:
① Ao Phrao Resort
② Moss Man House
③ Grand View Resort
④ Sai Kaew Resort
⑤ Samed Villa Resort
⑥ Tubtim Resort
⑦ Ao Nuan Resort
⑧ Paradee Resort

Essen:
1 Red Ginger
2 Buzz
3 The Zea
4 Z-Bar,
5 The Mango Café & Bakery
6 Kid & Food
7 Ploy Talay Bar & Pub
8 Jep's Restaurant
9 Samed Villa
10 Baywatch Bar

Transport:
① Songthaew (Ban Na Dan)
② Songthaew (Hat Sai Kaew)
③ Songthaew (Ao Hin Khok)
④ Songthaew (Ao Wong Duan)

DIE OSTKÜSTE

Geld

Im Bereich der 7-Eleven-Filialen am Pier in Ban Na Dan und am Zugang zum Nationalpark bzw. dem Hat Sai Kaew finden sich Geldautomaten.

Medizinische Hilfe

Die beste Versorgung und 3 Betten bietet die neue, moderne **International Clinic**, ✆ 038-644 414, 086-094 0566 (Notrufe von 20–8 Uhr), ✉ ICKS.info@gmail.com, von Dr. Roontham im Herzen von Ban Na Dan. ⏱ 8–20 Uhr.

Moped- und Quadverleih

Wegen der hohen Taxipreise kann sich die Anmietung eines Mopeds für 300–400 Baht pro Tag lohnen. Besonders angesagt sind 4-rädrige Quads für 300–400 Baht pro Std. bzw. 1000–1200 Baht pro Tag.

Falls kein Sammeltransport für 20–50 Baht p. P. zustandekommt, müssen Pick-ups gechartert werden, was je nach Entfernung 100–400 Baht kostet.

Sieben auf einen Streich

Reizvoll sind die Ausflüge von **Sinsamut Group Tour**, ✆ 089-939 5849, 🖥 www.sinsamutgroup.com. Neben den „Sunset Trips" (2 1/2 Std., 400 Baht) und einer „Four Island Tour" (5 Std., 600 Baht) wird auch ein „Seven Island Adventure" (7 Std., 1200 Baht) angeboten, das in 7 Std. zu den sieben, bis zu 30 km entfernten Nachbarinseln des Khao Laem Ya National Parks führt. Die **Samed Villa** lockt mit ebenfalls schon lange etablierten Trips (mind. 6 Teilnehmer). Für die Erkundung der Unterwasserwelt empfiehlt sich **Jimmy's Tour**, ✆ 038-644 340 (Büro, ⏱ 8–17 Uhr), ✆ 086-512 2020, 📠 038-644 339. Tagestouren (mit 2 Tauchgängen, 3500 Baht) führen meist zu den Weichkorallen von Ko Chan, den Weihnachts-Röhrenwürmern von Hin Sapan oder dem Doppelfelsen Alhambra Rock.

Die Weiterreise vom Fährhafen Ban Phe erfolgt meist mit Minibussen nach Bangkok oder weiter in Richtung Osten nach Laem Ngop/Ko Chang, S. 286, Transport, Rayong.

Von Rayong nach Chantaburi

Östlich von Rayong und entlang des in Ban Phe beginnenden, direkt an der Küste verlaufenden H3145 finden sich etliche Hotels und Bungalowresorts an schönen Stränden, die bisher kaum von westlichen Touristen besucht werden. Der bekannteste Strand der Region ist der **Wang Kaeo**, von dem Ausflugsboote zu den vorgelagerten **Mun-Inseln** verkehren. Am **Laem Mae Phim** kann man fangfrischen Fisch und Meeresfrüchte genießen.

Der weitere Küstenverlauf in der Provinz Chantaburi wird durch tiefe Meeresarme geprägt. Die weitläufigen Flussmündungen, Mangrovenwälder und Garnelenfarmen ziehen die Badequalität der Strände oft in Mitleidenschaft. Doch wer lieber mal unter Thais als europäischen Urlaubern verweilen möchte, kann sich hier wohlfühlen und z. B. Radtouren unternehmen (Kasten S. 294 und S. 292). Mögen die Strände unter der Woche noch so einsam erscheinen, können sie sich am Wochenende umso mehr füllen.

Noch bevor die H3 die Provinzhauptstadt Chantaburi erreicht, zweigt am KM 305 der H3399 in Richtung Süden zur Küste ab, die nach etlichen Kurven und rund 24 km erreicht wird. Die zum Distrikt Tha Mai gehörenden, 30–40 km von Chantaburi entfernten Strände sind die längsten und bedeutendsten der Region. Neben dem nördlichsten **Khung Wiman** und dem von Kasuarinen beschatteten **Laem Sadet** begeistert v. a. der von Palmen flankierte **Chao Lao Beach**, an dem in den letzten Jahren allerlei Strandresorts entstanden sind.

Im Hinterland verläuft über Holzstege der 1,5 km lange **Ao Koong Krabane Nature Trail**, ⏱ 8–17 Uhr, der als Lehrpfad einen interessanten Einblick in das reichhaltige Ökosystem der Mangroven vermittelt. Eintritt frei, Vermietung von Kajaks.

Panoramastraße am Meer

Das Beach-Hopping an der Ostküste des Golfs ist erheblich einfacher geworden – seit die neue, 111 km lange **Buraphacholathit Road** und ihre neuen, imposanten Brückenbauten alle wichtigen Badeziele zwischen Rayong und Chantaburi direkt miteinander verbinden. Denn so muss man zwischen dem Sukhumvit Highway und den Stränden oder Resorts an der Küste nicht mehr ständig die rund 20 km langen Stichstraßen hinunter- und hinauffahren. Die neue Panoramastraße beginnt mit einer Abzweigung des H3161 hinter Rayong, besitzt sogar zwei markierte Fahrspuren für Radfahrer und endet in Laem Sing.

ÜBERNACHTUNG

Die schönsten und professionellsten Resorts sind in den letzten Jahren am Chao Lao Beach entstanden, wo man unter der Woche bis zu 40 % Ermäßigung erhält. Alle Unterkünfte verfügen über Restaurants mit guter Thai-Küche.
Baan Imm Sook, Chao Lao Beach, ☏ 089-232 7555, 🖥 www.baanimmsook.com. Neues, originelles Boutique-Resort im Bali-Stil – mit 17 preiswerten Zimmern als etwas kleine Standard Cottages und Traditional Thai Houses. ❹
Blues River Resort, Chao Lao Beach, ☏ 039-433 141, 🖥 www.bluesriverresort.com. Neues Boutique-Resort in extravaganter Architektur. Mr. Tu bietet 24 Zimmer in 6 Gebäuden. ❻
Boom Boom Hotel & Resort, Chao Lao Beach, ☏ 039-433 355, 🖥 www.boomboomresort.com. Rund 300 m vom Strand als originelles, verspieltes Märchenland mit einer Windmühle, wo keines der 20 Zimmer dem anderen gleicht. ❹–❺
🏠 **Chivaree (Shivaree) Resort**, Chao Lao Beach, ☏ 039-433 175-7, 🖥 www.chivareehotelandresort.com. Die wohl schönste und stilvollste Unterkunft der Provinz. Fast nur aus betagtem Recycling-Holz bestehend, verwöhnt dieses Boutique-Resort mit 32 geschmackvoll kreierten Bungalowzimmern, eines davon sogar im Rumpf eines aufgebockten Boots. Lauschige Bar am Strand. ❺

🏠 **Faa Sai Resort & Spa**, Khung Wiman Beach, ☏ 039-417 404, 🖥 www.faasai.com. Rund 300 m vom Strand, aber schön im Grünen. Versteht sich als Ökoresort und familienfreundlich. 14 unterschiedliche Zimmer, Pool und exzellente Küche. Die neuseeländische Besitzerin Bronwen Laopha engagiert sich in sozialen und ökologischen Projekten. ❹–❺
Rattanapura Beach Resort, Laem Sadet Beach, ☏ 039-433 100, 🖥 www.rattanapura.com. Großzügige Anlage mit hübschen Zierkanälen. 24 behagliche, 32–37 m² große Bungalows mit schönen Terrassen, 9 davon direkt am Strand. ❺
€ **Tonwa Resort**, Chao Lao Beach, ☏ 081-177 3940, ✉ tonwa_a@hotmail.com. Liegt zwar an der Straße, zählt aber mit Preisen von 500–800 Baht zu den günstigsten Optionen. 8 Zimmer in hübschen Reihenbungalows mit blauen Dächern und Terrassen. ❸–❹

🔳 4 HIGHLIGHT

Chantaburi

Das charmante, von Einheimischen gern als „Chan" abgekürzte Chantaburi führt zwischen Pattaya und Ko Chang ein touristisches Schattendasein. Ganz zu Unrecht. 260 km von Bangkok entfernt, erstrahlt die Provinzhauptstadt im Osten Thailands im Glanz und Glimmer ihres Edelsteinhandels. Wie z. B. im **Chantaburi Gem & Jewelry Center**, 🖥 www.chanthaburigemscenter.com, wo an glitzernden Verkaufstresen Saphire und Rubine aus ganz Südostasien umgeschlagen werden, 🕗 8–19 Uhr. Obwohl die Minen der Umgebung bis auf zwei längst geplündert sind, kann sich die Stadt als Edelsteinmetropole Thailands immer noch behaupten. Zudem bietet der 140 000 Einwohner zählende, wohlhabende und saubere Ort eine facettenreiche Historie.

Davon zeugen die chinesischen Tempel, die Gassen mit beschaulichen Holzbauten und die landesweit größte **Kathedrale** (den Schlüssel gibt es ggf. im Pfarrhaus). Um 1909 errichtet, erinnert ihre Architektur an Notre-Dame von Paris und daran, dass Chantaburi als einzige Provinz Thailands zwölf Jahre lang Teil des französischen Kolonialreichs war. Zum 100-jährigen Jubiläum hat das gotische Bauwerk sogar seine Turmspitzen zurückerhalten. Im Zweiten Weltkrieg waren diese von der katholischen Gemeinde aus Angst vor Bombardierungen abgebaut worden.

Die heute in Chantaburi zahlreich lebenden, ethnischen Vietnamesen hatten ihre Heimat im 19. Jh. aufgrund religiöser Verfolgung verlassen und sich u. a. an der **Tha Sing Road** niedergelassen, die heute den Kern der Altstadt markiert. Weitere Einwanderungswellen aus Vietnam folgten in den 1920er- und 40er-Jahren sowie nach dem Sieg der Kommunisten 1975. Ebenfalls parallel zum Fluss pulsiert die **Sri Chan Road**, auch „Gem Street" genannt und Hauptschlagader der zahlreichen Edelsteingeschäfte, die sich besonders am Wochenende füllen. Vielerorts kann man beim Sortieren oder Schleifen der Steine zusehen, s. auch **eXTra [5164]**.

Wer das Zentrum von Chantaburi mit einem eigenen Fahrzeug ansteuern will, sollte sich auf ein rasant befahrenes System aus Einbahnstraßen gefasst machen. Erholung von der geschäftigen Innenstadt verspricht der weitläufige **Thaksin Park** – und v. a. die ländliche Umgebung, die sich vortrefflich mit beschaulichen Fahrradtouren erkunden lässt.

ÜBERNACHTUNG

In Chantaburi gibt es zwar nur ein einziges Guesthouse, doch bieten die Hotels für relativ wenig Geld erfreulich viel Komfort.

Gems Club ⑤, 68 Sri Chan Rd., ☎ 039-311 599, ⌨ gems.0fees.net. In ultimativer Innenstadtlage, die Rezeption liegt in einem Gems-Center. 44 saubere Komfortzimmer (Besichtigung meist nur per Foto möglich) mit kühlem Ambiente, davon 8 mit Balkon und einige als günstige Suiten. ❷

Kasemsarn Hotel ④, 98/1 Benjamarachuthid Rd., ☎ 039-312 340, ⌨ www.hotelkasemsarn.com. Verwöhnt seine Gäste mit viel Wohlfühlatmosphäre, Boutique-Elementen

und einem exzellenten Restaurant. Die 60 Komfortzimmer mit Dauer-Discount-Raten ab 900 Baht liegen an einem offenen Innenhof und werden von freundlichem Personal gemanagt. ❹

K.P. Grand Hotel ⑦, 35/200-201 Trirat Rd., ☎ 039-323 201-5, ⌨ www.kpgrand.com. Seit 1996 bestes Hotel und höchster Bau der Stadt. 202 erstaunlich günstige Luxuszimmer in einem Turmbau mit funkelndem Foyer und Restaurant im 18. Stock. Nebenan liegt das Gem & Jewellery Center. ❹

Maneechan Resort ②, 110 Sukhumvit Rd., ☎ 039-343 777, ⌨ www.maneechan.com. Rund 1,5 km vom Zentrum entfernt. Modernes, angenehmes Hotel mit 70 Komfortzimmern, einer weitläufigen Gartenanlage und dem besten Fitnessclub der Region. ❺

New Travel Lodge ①, 14/5 Raksakchamoon Rd., ☎ 039-301 888-92. 130 meist etwas kleine, aber nett eingerichtete Komfortzimmer und ein riesiger Pool. ❹–❺

€ The River Gh. ⑥, 3/5-8 Sri Chan Rd., ☎ 039-328 211, ✉ theriver-chant@hotmail.com. Mehrstöckiger Bau am Fluss und direkt an der Brücke zum Edelsteinmarkt. Einziges Gh. und billigste Unterkunft der Stadt, aber entsprechend spartanisch. 25 zumeist kleine, saubere Zimmer ab 190 Baht, davon 15 mit AC (am besten ist Nr. 403). ❶–❷

ESSEN

Gerühmt wird Chantaburi für seine Variationen an Reis-Nudel-Gerichten und frisches, günstiges Obst. Am Markt im Zentrum liegen etliche Essensstände, die teilweise bis spät in den Abend geöffnet haben. Die meisten Restaurants finden sich entlang der Maharat Rd., Vergnügungsstätten vorwiegend an der Tha Chalaep Rd., die am Thaksin Park entlangführt.

Chanthorn Phochana, 102/5-8 Benjamarachuthid Rd., ☎ 039-302 350. Hier kann man sich nicht nur an Chantaburis traditioneller Kräutersuppe *Bai Cha Moung* (100 Baht) laben, sondern auch an sagenhaften 50 Jahren Tradition und einer denkbar familiären Atmosphäre. Seit 2013 gibt es einen Ableger am Fluss, ☎ 039-327 179. ⏰ beide 9–21.30 Uhr.

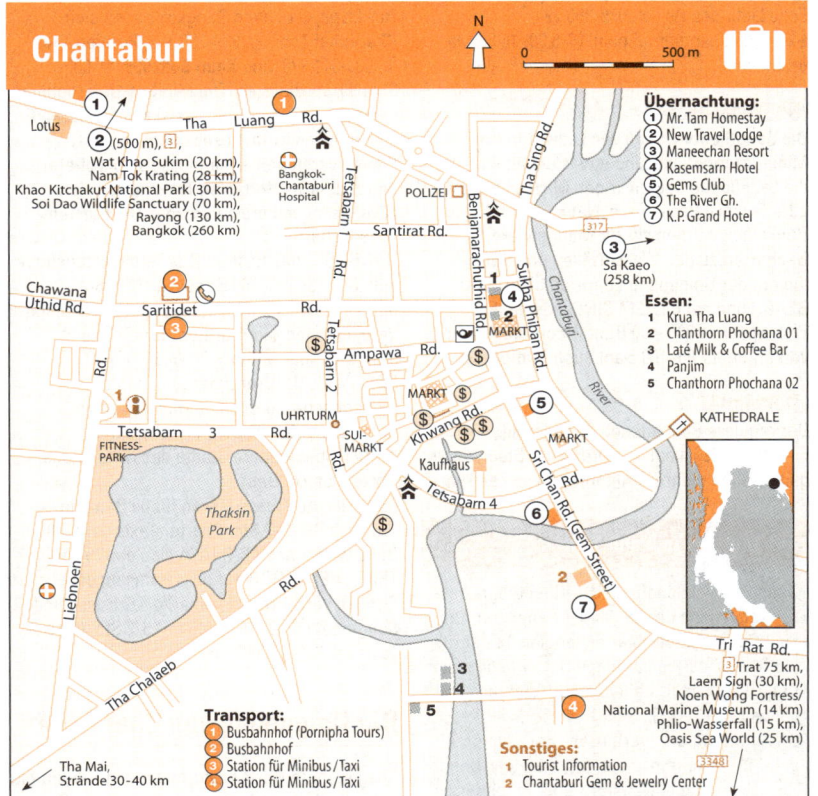

Übernachtung:
1. Mr. Tam Homestay
2. New Travel Lodge
3. Maneechan Resort
4. Kasemsarn Hotel
5. Gems Club
6. The River Gh.
7. K.P. Grand Hotel

Lotus

Tha   Luang   Rd.

(500 m), 3,
Wat Khao Sukim (20 km),
Nam Tok Krating (28 km),
Khao Kitchakut National Park (30 km),
Soi Dao Wildlife Sanctuary (70 km),
Rayong (130 km),
Bangkok (260 km)

Bangkok-
Chantaburi
Hospital

POLIZEI

Santirat Rd.

Tha Sing Rd.

Sa Kaeo
(258 km)

Essen:
1. Krua Tha Luang
2. Chanthorn Phochana 01
3. Latè Milk & Coffee Bar
4. Panjim
5. Chanthorn Phochana 02

Chawana
Uthid Rd.

Saritidet   Rd.

Ampawa   Rd.

MARKT

KATHEDRALE

Tetsabarn 3   Rd.

UHRTURM

SU-
MARKT

MARKT

Khwang Rd.

Kaufhaus

Tetsabarn 4

MARKT

FITNESS-
PARK

Thaksin
Park

Sri Chan Rd. (Gem Street)

Tri   Rat   Rd.

3 Trat 75 km,
Laem Sigh (30 km),
Noen Wong Fortress/
National Marine Museum (14 km),
Phlio-Wasserfall (15 km),
Oasis Sea World (25 km)

Tha Chalaeb

Transport:
1. Busbahnhof (Por015 Tours)
2. Busbahnhof
3. Station für Minibus/Taxi
4. Station für Minibus/Taxi

Tha Mai,
Strände 30–40 km

Sonstiges:
1. Tourist Information
2. Chantaburi Gem & Jewelry Center

Krua Tha Luang, ☎ 039-312 340. Bistro-Restaurant im Kasemsarn Hotel. Kreative Küche und schickes Mobiliar vereinen sich zu einem angenehmen Ambiente. Empfehlenswert sind die Lasagne für 180 Baht, die gebratenen Rippchen mit Käse für 240 Baht und das Thai-Ragout *(paneng)* vom Strauß für 300 Baht. ⏰ 6.45–21 Uhr.

Latè Milk & Coffee Bar, 88/1 Maharat Rd., ☎ 081-377 0208. Angesagtes Café-Restaurant mit den üblichen Preisen für gute Kaffeespezialitäten, Käsekuchen und Eisbecher. ⏰ 8.30–21.30 Uhr.

€   **Panjim**, 88 Maharat Rd., ☎ 039-332 270. Beliebtes Restaurant mit vietnamesischen und thailändischen Speisen, die meist unter 100 Baht kosten. Biergarten mit gemüt-

lichem Holzmobiliar unter hohen Bäumen am Flussufer. ⏰ 12–22.30 Uhr.

Wo das **Nachtleben** von Chantaburi tobt s. **eXTra [2923]**.

Feste

Beim **Edelsteinfestival** Anfang Dezember gibt es Shows und Wettbewerbe rund um die Preziosen, im Mai wird ein einwöchiges **Erntedankfest** für den fruchtbaren Obstanbau zelebriert.

Informationen

Allerlei Broschüren und engagierte Beratung sind im örtlichen **Touristenbüro**, 39 Tetsabarn 3,

Ecke Liebnoen Rd., ✆ 039-350 224, 🖥 en.tat-chanthaburi.com, ⏱ 8.30–16.30 Uhr, erhältlich.

NAHVERKEHR

Die **Songthaew** wirken wie Lastwagen im Miniaturformat und sind etwas unbequem. Auf die Ladefläche der mickrigen Mazdas passen gerade mal 4 Passagiere. Nach Einbruch der Dunkelheit werden sie zur Mangelware. Gechartert zu den Wasserfällen und Heiligtümern der Umgebung oder zum CHAO LAO BEACH und nach LAEM SING, kosten diese Pick-up-Taxis 300–400 Baht. Nach Laem Sing verkehren für 80–100 Baht auch **Minibusse**.

TRANSPORT

Der reguläre Busbahnhof, Saritidet Rd., ✆ 039-311 299, liegt im Norden der Stadt, doch gibt es auch mehrere Abfahrsorte im Zentrum.

Auf Tour mit Tom und Tam

Kaum ein Ausländer dürfte Chantaburi besser kennen als der 45-jährige Schweizer **Thomas Ruprecht**, der hier schon seit 18 Jahren als Tourismus-Pionier fungiert. Über seine am Chao Lao Beach beheimatete Agentur „Travel und Fun" (TAF), ✆ 081-940 6885, 🖥 www.travelandfun.ch, vermittelt der sympathische **Mr. Tom** Infos aller Art, günstige Hotel-Reservierungen, Transfers und Tagestouren (2500–3000 Baht) sowie spannende Koch- und Töpferkurse bei Einheimischen. Auf erlebnisreiche Fahrrad-Touren spezialisiert hat sich der freundliche Tanongsak Sangwong, ✆ 081-912 8109, ✉ guidetam@yahoo.com. Als studierter Agronom bietet der 58-jährige **Mr. Tam** zehn Marken-Mountainbikes sowie individuell an die Wünsche und Konstitution seiner Gäste angepasste Radtouren (1500 Baht p. P., 2 Pers. 2000 Baht), die sogar bis nach Angkor Wat/Siem Reap in Kambodscha führen können. In seinem Homestay-Guesthouse bietet er 4 Komfortzimmer zu 1500 Baht und einen Pool, ringsherum einen überaus passioniert betriebenen, ökologischen Gemüseanbau, aus dem sich auch das leckere Frühstück speist.

Auf Transporte nach Bangkok haben sich **Cherdchai Tour**, ✆ 039-350 357, **Pornipa Tour**, ✆ 039-311 278, und **Khun Som 999**, ✆ 039-311 299, spezialisiert. Die Minibus-Unternehmen versuchen sich stets im Preiskampf, während sich ihre Fahrer nicht selten als Formel-1-Piloten verstehen. Linienbusse sind sicherer und zudem komfortabler. Taxis lassen sich zuverlässig und preiswert über TAF (Kasten S. 294) chartern.

BANGKOK, zum Eastern Bus Terminal tagsüber jede Std. für 190–200 Baht in 3 1/2–4 Std., nachts teilweise noch stdl. Es gibt auch einige Verbindungen zum Northern Bus Terminal in 3 1/2 Std. Charter-Taxis 2800–3500 Baht.

BAN PAKKAD (Grenzübergang nach Kambodscha, 80 km), mit Minibussen und Songthaew für 200 Baht in 1–1 1/2 Std.

KORAT, über weitere Städte des Nordostens, 11x tgl. für 270 Baht.

RAYONG, AC-Busse fahren für 80 Baht die 110 km in 1 1/2–2 Std. Charter-Taxis ca. 1700 Baht, weiter nach PATTAYA sind es 175 km.

TRAT/LAEM NGOP, auf der 70 km langen Strecke verkehren regelmäßig AC-Busse und Songthaew für 70–90 Baht in 1 1/2 Std. Charter-Taxis ca. 800–1000 Baht.

Die Umgebung von Chantaburi

Ausgedehnte Gärten und Plantagen prägen die regenreiche und besonders fruchtbare Region in der Umgebung von Chantaburi. Ob Durian, Rambutan, Langsat, Longans, Orangen, Ananas oder Mangosteen – irgendeine Obstart hat immer gerade Erntezeit. Der beliebteste Abstecher ins Landesinnere führt von der „Stadt des Mondes" über den H3322 zu dem 20 km nördlich liegenden, imposanten **Wat Khao Sukim**. 1966 errichtet, erstreckt sich die mit einer Standseilbahn aufwartende Anlage über 1320 ha. Im 4-stöckigen Klostergebäude bzw. in den zahlreichen Museums- und Versammlungshallen finden sich Antiquitäten, imposante Möbelstücke, Unmengen Bodenvasen, ausgestopfte Tiere und verblüffend lebensechte Wachsnachbildungen angesehener Mönche. Auf dem Areal ist mit dem Bau des gigantischen Heiligtums **Burapha Thitha**

Wiriya Pracha Samakkee begonnen worden – einer jeweils 99 m langen, breiten und hohen Pagode mit vielen Türmen, die aber wohl erst in einigen Jahrzehnten vollendet sein dürfte.

Ebenso über den H3322 lässt sich nach 28 km auch der gut ausgeschilderte **Nam Tok Krating** erreichen. Als der schönste von insgesamt drei Wasserfällen liegt er im nur 58 km² kleinen, 1977 gegründeten **Khitchakut National Park**, ⊙ 6–18 Uhr, Eintritt 200 Baht, Übernachtungsmöglichkeiten in 7 Bungalows oder Zelten, Reservierung S. 66, ❶–❸. Der Fall lässt sich über einen steilen, rund 1 km langen Fußpfad erkunden, der am Parkplatz beginnt und durch dichten Dschungel zu den 13 Kaskaden und etlichen Wasserbecken führt. Fall Nr. 8 rauscht über 50 m und vier Stufen in einen seichten Pool – ein paradiesisches Badevergnügen mit Talblick. Unter Ausländern weitestgehend unbekannt ist das in den Bergen des Nationalparks liegende Heiligtum **Khao Phra Baht** (Kasten S. 295).

Im Norden schließt sich das über den H317 erreichbare, 70 km von Chantaburi liegende **Khao Soi Dao Wildlife Sanctuary** an. Hier locken die mit bis zu 1675 m höchsten Berge Ostthailands, eine intakte Fauna mit wilden Elefanten, ein 16-stufiger Wasserfall und an der Peripherie der **Pong Nam Ron Canal**, wo man im Dezember und Januar 12 km lange Wildwasserfahrten unternehmen kann, mit Stufe 1 und 2 geeignet für Anfänger, ✆ 039-317 024, (Auskunft und Buchung über Mr. Tom, Kasten S. 294).

Als Geheimtipp gelten bisher noch die Strände der Provinz (S. 287). Rund 25 km südöstlich von Chantaburi erstreckt sich die **Oasis Sea World**, ✆ 039-499 222, 🖥 www.swimwith dolphinsthailand.com, www.thaioasisseaworld. com. Der schlichte und unter Tierschützern sicherlich auch umstrittene, aber erstaunlich beliebte Freizeitpark bietet täglich fünf Delphin-Shows (Eintritt 300 Baht, Kinder 200 Baht) und viermal täglich das Schwimmen mit Delphinen (2500 Baht).

Eine historische bzw. neue Sehenswürdigkeit sind die Überbleibsel des **Noen Wong Forts**, wo 2009 das **National Maritime Museum**, ✆ 039-391 431, mit zahlreichen Schiffsmodellen und Fundstücken der Unterwasser-Archäologie eröffnet hat, ⊙ Mi–So 9–16 Uhr.

Von Chantaburi nach Trat

Am H3 nach Trat liegt 12 km südöstlich von Chantaburi das **Wat Mungkorn Bupparam** (Leng Hua Yi). Mit seinen Schnörkeleien und bunten Mosaiken ist es leicht als chinesischer Tempel zu identifizieren. 2 km weiter zweigt nach links ein breiter Zubringer zum **Nam Tok Phlio** (Pliu) ab, Eintritt 200 Baht. Es ist der bekannteste und meistbesuchte der vier Wasserfälle, die im 135 km² weiten, 1975 deklarierten **Phlio National Park** rauschen. Ständig von den Besuchern mit bohnenartigem Gemüse gefüttert, konzentrieren sich in den Wasserbecken Fische der Spezies *Pla Pluang* (Soro-Brook-Karpfen) manchmal in derartigen Massen, dass kaum noch etwas von den glasklaren Fluten zu erspähen bleibt. Ein 1,2 km langer **Nature Trail** beschert herrli-

DIE OSTKÜSTE

Unterwegs auf Pilgerpfaden

Ein stimmungsvolles Erlebnis verspricht der Besuch des Heiligtums **Khao Phra Baht**, das sich im Khitchakut National Park verbirgt. Bei der **Pilgerstätte** handelt es sich um **bizarre Felsformationen** wie beim Goldenen Felsen von Kyaikthiyo, und auch die buddhistischen Rituale erinnern an jene Wallfahrtsstätte in Myanmar – mit dem Unterschied, dass der exponierte **Rundling** im Mittelpunkt des Heiligtums von Chantaburi sehr viel größer, nur im untersten Bereich vergoldet und von einem Fußabdruck Buddhas benachbart ist. Der erste Teil der ab Hauptquartier insgesamt 16,5 km langen Strecke wird mit Pick-ups bewältigt (4 Abschnitte à 50 Baht), die mit den Pilgerscharen auf einer steilen, kurvenreichen Lehmstraße durch den Bergwald hinaufröcheln. Dann führt ein schattiger, von **Verkaufsständen** und **Andachtsstätten** flankierter, allerlei Meriten bescherender Pilgerpfad durch den Dschungel bis auf fast 1100 m. Von den Gläubigen üppig mit Blüten bestreut, erstrahlt er über einige Passagen in sattem Gelb. Die Pilgertour ist nur von Januar bis März möglich, die genauen Daten wechseln von Jahr zu Jahr, Krating-Tempel ✆ 039-452 056, oder Nationalpark-Büro ✆ 039-452 074.

che Impressionen vom Dschungel. Als kulturhistorisches Fotomotiv bieten sich eine Stupa und ein Chedi an, die aus der Epoche von König Rama V. stammen.

Weiter dem H3 folgend, wird beim KM 347 die Abzweigung nach **Laem Sing**, erreicht (umfassende Infos auf 🖳 www.laemsing.com). Der Name (Singha: „Löwenkap") resultiert aus der Form dieser Landzunge, die wie ein zum Meer schauender, liegender Löwe erscheint. Hier, rund 30 km südlich von Chantaburi, finden sich noch Überreste ehemaliger Bollwerke aus der Zeit König Ramas III., mit denen feindliche Angriffe vom Meer abgewehrt werden sollten. Das ehemalige Offiziersheim „Tuk Daeng" (Rotes Haus, Eintritt frei) stammt ebenso aus der französischen Besatzungszeit (1893–1905) wie das „Khuk Khi Gai", dessen Name sich wörtlich mit „Hühnerkacke-Gefängnis" übersetzen lässt: Die Invasoren hatten das mittelalterlich anmutende, 7 m hohe Ziegelbauwerk mit Hühnerkäfigen gekrönt, aus denen die Hinterlassenschaften des Federviehs auf die Insassen herabrieseln sollten, um sie zu demütigen. Jede Menge frische Luft hingegen bieten Ausflüge zu den in Sichtweite vorgelagerten Inseln **Ko Chula** und **Ko Nom Sao** (Ko Lom Chao).

In die Zukunft gerichtet indes ist der blau geziegelte Neubau eines internationalen Fährterminals. Es markiert nicht nur den Endpunkt der **Buraphachollathit Road** (Kasten S. 291), sondern auch Laem Sings neue Bedeutung als Tor zu den Nachbarländern: Von hier aus sollen nach dem für 2015 geplanten, engeren Zusammenschluss der Asean-Länder täglich Hochgeschwindigkeitsfähren nach Sihanoukville in Kambodscha ablegen sowie nach Can Tho in Vietnam.

Trat

Als östlichste Provinz Thailands genießt auch Trat (Trad) einen legendären Ruf für den ertragreichen Anbau von Früchten. Die gleichnamige, 25 000 Einwohner zählende Hauptstadt erstreckt sich 315 km von Bangkok und 75 km von Chantaburi entfernt. Sie verdankt ihre Geschäftigkeit v. a. dem 90 km entfernten Grenzübergang **Hat Lek**, der nach **Koh Kong** in Kambodscha

führt. Auch als Tor zum Ko Chang-Archipel, zu dem es immer mehr Fährverbindungen aus dem nahe gelegenen **Laem Ngop** gibt, gewinnt Trat an Bedeutung. In den 1970er- und 1980er-Jahren hingegen war die Provinz in aller Welt für riesige Flüchtlingslager bekannt. Hier suchten Kambodschaner und Vietnamesen Zuflucht vor den im Nachbarland wütenden Roten Khmer.

Auf dem Weg zu den Inseln in Trat zu stranden, kann durchaus reizvoll sein. Zum einen gibt es hier enorm günstige Möglichkeiten zum Übernachten und Schlemmen, zum anderen bietet die Altstadt mit ihren kleinen (Teakholz-)Häusern ein beschauliches Flair, das andernorts längst verloren gegangen ist. Außerdem steuern Ausflugstouren in die Umgebung idyllische Ziele jenseits der Touristenrouten an.

Interessant ist ein Bummel durch den Frischfischbereich der großen Markthalle, die auch mit etlichen Essensständen aufwartet. Schräg gegenüber kann man im **Wat Chai Mongkol** malerische alte Chedis besichtigen und ein Museum besuchen. Das 2 km westlich vom Zentrum liegende, 350 Jahre alte **Wat Plai Khlong** (Wat Bupharam) verfügt sogar noch über einige Holzbauten aus der Ayutthaya-Zeit. Der Wihan soll der älteste des Landes sein. Im chinesischen Schrein **Laek Muang** wird den Stadtgeistern gehuldigt. Eine neue Brücke am Südrand der Altstadt ermöglicht einen guten Blick auf das Leben am Fluss.

Aus hässlichem Beton und neueren Datums ist auch der 2 km lange **River Walkway** entlang dem Flussufer, der sich zum Spaziergang oder Joggen anbietet. In den Monaten der Regenzeit sollte man keinesfalls das Schauspiel der **Glühwürmchen** *(fire flies)* in den Mangroven versäumen.

ÜBERNACHTUNG

In der Stadt gibt es überraschend viele günstige Guesthouses. Sie liegen dicht beieinander, fast alle in Holzhäusern und wirken erheblich einladender als die Stadthotels. Achtung: Viele Tuk-Tuk-Fahrer fungieren als hartnäckige Schlepper – wer sich nicht wehrt, wird ins Pop Gh. gekarrt.

Baanrimnam Resort ⑥, 88/1-3 Ban Lang Donjuan Rd., ☎ 039-524 494, 🖳 www. baanrimnam.com. Als einziges Resort am Ort

Gelbes Öl als Wundermittel

Als nützliches Mitbringsel aus Trat empfiehlt sich ein überall erhältliches gelbes Kräuteröl, das seit Generationen nach dem geheimen Rezept einer Apothekerfamilie hergestellt wird. Es soll gegen allerlei Beschwerden helfen – wie Arthritis, Rheuma und Hautprobleme, kann aber auch gegen Kopfschmerzen, Übelkeit, Erkältungen, die Stiche von Mücken oder die Bisse von Sandflöhen eingesetzt werden. Das ätherische **Somthawin (Ang Ki)** oder „Yellow Oil", 🖥 www.somthawinyellowoil.com, soll aus einem Baum gewonnen werden, der angeblich nur in dieser Region wächst.

und herrlich am Flussufer gelegen mit entsprechenden Sitzmöglichkeiten. Einige der 15 gepflegten Komfortzimmer haben Panorama-Fenster. Freundliches Personal, WLAN. ❹

€ **Ban Jaidee Gh.** ①, 67-69 Chaimongkol Rd., ✆ 039-520 678, 083-589 0839, ✉ maneesita@hotmail.com. 9 einfache, aber saubere und angenehme Zimmer mit Warmwasser-Gemeinschaftsbad in einem mit Kleinodien, Kunst und alten Möbeln dekorierten Holzhaus. Idyllische Atmosphäre, WLAN. ❶

Orchid Gh. ②, 92 Lak Mueang Rd., ✆ 039-530 474, ✉ orchidguesthouse@gmail.com. 5 ansprechende Zimmern unterschiedlichen Standards, nette Atmosphäre. Im 50 m entfernten, lauschigen Restaurant gibt es u. a. Cocktails für 120 Baht. ❶–❸

Pop Bungalows & Gh. ③, 1/1 Thana Charoen Rd., ✆ 039-512 392, 🖥 www.trat-popguest house.com. Lange etablierter Traveller-Treff mit insgesamt 5 Ablegern und 50 Zimmern, 12 davon in einem Gebäude am Fluss. Professionell geführt mit etlichen Serviceleistungen und WLAN. Die agile Mrs. Sunny lässt nichts unversucht, ihr Monopol weiter auszubauen. ❶–❸

🏛 **Residang (Residence)** ⑤, 87/1 Thana Charoen Rd., ✆/☏ 039-530 103, 🖥 www.trat-guesthouse.com. Als einziges Gh. am Ort besteht das 4-stöckige, ruhig gelegene,

nicht aus Holz und ist entsprechend kühler. 9 ansprechende Komfortzimmer mit mehreren Fenstern, Kabel-TV und Minibar, davon einige mit AC und Balkon. Herbergsvater Herbert schwört auf seine *Doppelboxspring*-Matratzen mit Kautschukauflage, seine thailändische Frau Can verwöhnt die Gäste mit Filterkaffee und einem originellen, vielfältigen Frühstück. ❶–❷

Rimklong Boutiquehotel ④, 194 Lak Mueang Rd., ✆ 039-523 388, 081-861 7181 (Besitzer Mr. Tooh), ✉ soirimklong@hotmail.co.th. Nach einer Erweiterung mit 9 Komfortzimmern, von denen die im Erdgeschoss direkt von der Straße aus zugänglich sind. Modern, durchgestylt und gefliest, aber teilweise fensterlos. Kleiner Coffee-Shop im Foyer, WLAN. ❸–❹

ESSEN

Der **Nachtmarkt** gegenüber dem Trat Hotel besteht ausschließlich aus Essensständen. Doch wer die Probe aufs Exempel macht, könnte enttäuscht werden (oder Ratten sichten). ⏱ ab 18–22 Uhr.

🏛 **Cool Corner**, 55 Thana Charoen Rd., ✆ 086-156 4129. Klein, aber fein – als beliebter als beliebter, von der Künstlerin Morn geführter Traveller-Treff - mit ganz eigenem Stil wie z. B. originellen Speisekarten aus CD-Hüllen. Guter Kaffee, Mixgetränke, Fruchtsalat und Müsli – alles dekorativ serviert. ⏱ 7–22 Uhr.

Cozy Corner, Thana Charoen Rd., ✆ 039-512 548. Gehört der gleichen Familie wie das beliebte Nature Beach Resort am Lonely Beach auf Ko Chang. Günstige und gute Speisen. ⏱ 17–24 Uhr.

€ **Goaj Tiau Phu**, 15 Soi Sukhumvit, ✆ 039-511 972. Etabliert seit 30 Jahren, urtypisch, einfach und gut – v. a. natürlich die Krabben-Nudelsuppen, nach denen das Restaurant benannt ist. Alle Gerichte 30–40 Baht. ⏱ 8–15 Uhr.

Pier 112, 132/1 Thana Charoen Rd., gegenüber Residang Gh., ✆ 039-525 577. Beschauliches Restaurant mit Biergartencharakter und origineller Dekoration. Bei Partys kann es laut werden. ⏱ 8–21 Uhr.

SONSTIGES

Bücher

Tratosphere Bookshop, im Ban Jaidee Gh. Der Franzose Serge (ver)kauft und tauscht jede Menge Bücher. ⏲ 8–21 Uhr.

Informationen

Nützliche Infos finden sich im Internet auf 🖥 tratmap.com.

Massagen

Thai Spa Burapa Training Center, 140 Thana Charoen Rd., Soi Rimklong Bangpra, ✆ 081-251 9148, 🖥 www.thaispaburapa.com. Schon ab 150 Baht pro Std., zu empfehlen sind die 2-Std.-Thaimassage für 250–300 Baht. ⏲ 8.30–21 Uhr. Als Alternative bietet sich die örtliche Blindenmassage an (Ausbildung im Wat Pho).

Medizinische Hilfe

Bangkok-Trat Hospital, Sukhumvit Rd., 400 m nördlich des Zentrums, ✆ 039-532 735, 🖥 www.bangkoktrathospital.com. Professionellste Versorgung in der Region. ⏲ 24 Std. **Dental Clinic**, 1/5-6 Vivittana Rd., ✆ 039-524 007. Dr. Wirapong und seine 3 Kollegen übernehmen auch preisgünstige, komplette Gebisssanierungen. ⏲ 9–20 Uhr.

NAHVERKEHR

Fahrten mit **Songthaew** innerhalb der Stadt kosten meist nicht mehr als 20, als Charter bis zu 100 Baht. Die **Sammeltaxis** zu den 3 Piers bei LAEM NGOP fahren meist vom Markt-Bereich ab: Zum KROM LUANG PIER (Boote nach Ko Mak und Ko Wai), 16 km, für 60 Baht p. P., als Charter 200 Baht. Zum CENTER POINT, 20 km, für 50 Baht, als Charter ab 150 Baht. Nach AO THAMMACHAT, 32 km, für 60 Baht, als Charter 300–400 Baht. Zum 24 km südlich von Trat liegenden LAEM SOK PIER (Boote nach Ko Kood) geht es mit Charter-Taxis für 300 Baht.

TRANSPORT

Busse

Der **neue Busterminal**, ✆ 039-252 222, 532 627, liegt 2 km außerhalb des Zentrums an der Sukhumvit Rd. (Sammeltaxis 20 Baht, Charter 60 Baht).

BANGKOK, viele Busse fahren auch vom Zentrum ab (z. B. von den Büros der Unternehmen **Cherdchai**, ✆ 039-511 062, oder **T.T.T.**, ✆ 039-525 222). Mit den stdl. Abfahrtszeiten 7–18 Uhr sowie 23 und 23.30 Uhr steuern sie das Eastern Bus Terminal (315 km, 250 Baht, 4 1/2 Std.) an sowie um 8.30 und 14.30 Uhr das Northern Bus Terminal (390 km, 5 Std.), wobei auf dieser Strecke am Suvarnabhumi Airport gehalten wird.
CHANTABURI, die Busse erreichen den 75 km entfernten Ort in 1 1/2 Std. Einige Verbindungen führen auch bis nach CHONBURI (220 km). KORAT, es gibt tgl. um 4.30 und 10 Uhr für 450 Baht Verbindungen in den Isarn. PATTAYA, um 5.30, 9.30, 12 und 15 Uhr, rund 250 km für 160 Baht.

Minibusse

BANGKOK, tgl. zwischen 6 und 19 Uhr stdl. für 300 Baht zum Victory Monument und Northern Bus Terminal, ✆ 087-833 7965.
BAN HAT LEK (kambodschanische Grenze, 95 km), tgl. 6–18 Uhr stdl. über KHLONG YAI (75 km, auf dem Rückweg meist mit Umsteigen) für 120 Baht, 60–90 Min. Abfahrt von der Busstation, sobald die Fahrzeuge voll sind.

Fähren

Einige Fähranbieter holen ihre Gäste aus den Unterkünften in Trat ab, für die Anreise mit Sammeltaxis zu den Piers s. Nahverkehr s. links, für den Transfer zwischen den Inseln s. unten.

Nach Ko Chang

Von AO THAMMACHAT mit großen **Fähren** für Passagiere und Fahrzeuge, ✆ 039-518 588-9. Auf Ko Chang landen die Schiffe je nach Wellengang nach 40–50 Min. in Ao Sapparot, wo die meisten Inseltaxis warten. Abfahrt ist in der Hochsaison von 7–19 Uhr alle 30 Min., sonst ggf. nur stdl. Tickets 80 Baht p. P. (Return-Tickets 120 Baht), Autos 120 Baht. Bei den Fähren von **Center Point**, ✆ 039-538 196, stdl. 6–19 Uhr, die vorwiegend von Reisenden aus Trat genutzt werden, ergeben sich z. T. längere Wartezeiten. Tickets kosten 70 Baht (Return-Tickets 100 Baht), Autos 150 Baht.

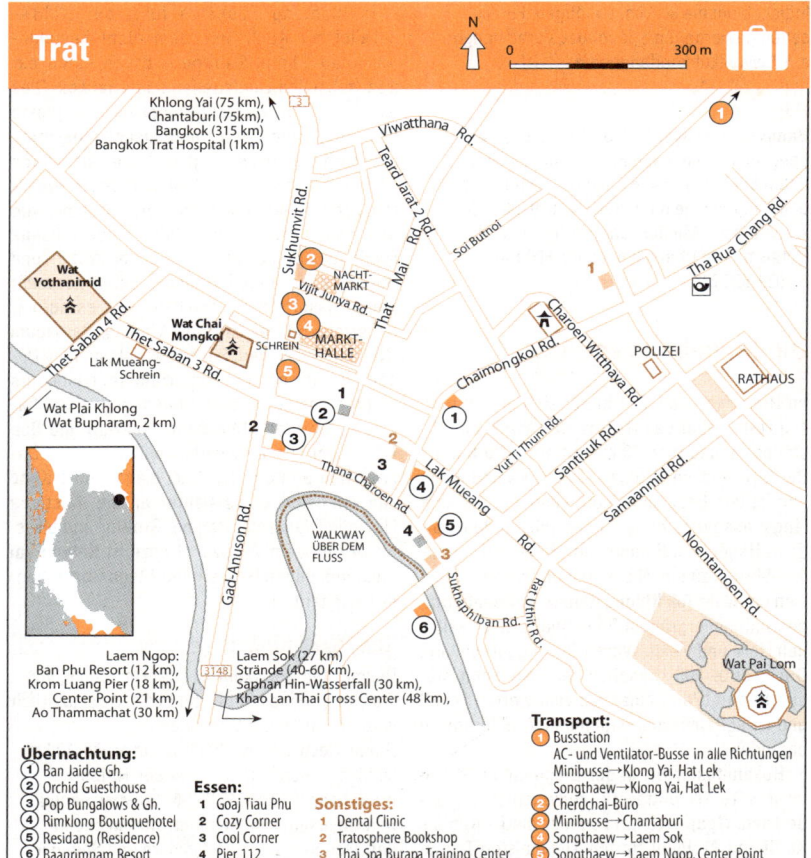

Trat

N

0   300 m

DIE OSTKÜSTE

Klong Yai (75 km),
Chantaburi (75km),
Bangkok (315 km)
Bangkok Trat Hospital (1km)

Viwatthana Rd.

Teard Jarat 2 Rd.

Sol Butnoi

Tha Rua Chang Rd.

Sukhumvit Rd.

That Mai Rd.

Vijlit Junya Rd.

NACHT-
MARKT

Charoen Witthaya Rd.

POLIZEI

Wat
Yothanimid

Wat Chai
Mongkol

Chaimongkol Rd.

RATHAUS

Thet Saban 4 Rd.

Thet Saban 3 Rd.

SCHREIN

MARKT-
HALLE

Lak Mueang-
Schrein

Yut Ti Thum Rd.

Santisuk Rd.

Samaanmid Rd.

Wat Plai Khlong
(Wat Bupharam, 2 km)

Thana Charoen Rd.

Lak Mueang

Gad-Anuson Rd.

WALKWAY
ÜBER DEM
FLUSS

Rat Uthit Rd.

Noentamoen Rd.

Sukhaphiban Rd.

Wat Pai Lom

Laem Ngop:
Ban Phu Resort (12 km),
Krom Luang Pier (18 km),
Center Point (21 km),
Ao Thammachat (30 km)

Laem Sok (27 km),
Strände (40-60 km),
Saphan Hin-Wasserfall (30 km),
Khao Lan Thai Cross Center (48 km),

Transport:
① Busstation
    AC- und Ventilator-Busse in alle Richtungen
    Minibusse→Klong Yai, Hat Lek
    Songthaew→Klong Yai, Hat Lek
② Cherdchai-Büro
③ Minibusse→Chantaburi
④ Songthaew→Laem Sok
⑤ Songthaew→Laem Ngop, Center Point

Übernachtung:
① Ban Jaidee Gh.
② Orchid Guesthouse
③ Pop Bungalows & Gh.
④ Rimklong Boutiquehotel
⑤ Residang (Residence)
⑥ Baanrimnam Resort

Essen:
1 Goaj Tiau Phu
2 Cozy Corner
3 Cool Corner
4 Pier 112

Sonstiges:
1 Dental Clinic
2 Tratosphere Bookshop
3 Thai Spa Burapa Training Center

Nach Ko Mak und Ko Wai

Vom KROM LUANG PIER (alter Laem Ngop Pier,
wo früher die Fischerboot-Fähren nach Ko
Chang abgelegt haben) geht es tgl., aber in
der Regenzeit seltener, mit **Panan Speedboat**
um 12.30 und 16 Uhr (1 Std., 450 Baht) zum
Pier des Koh Mak Resort, **Leelavadee
Speedboats**, ✆ 090-506 0020, 🖥 www.
kohmakboat.com, fährt um 10.30 und 14.30 Uhr
(1 Std., 450 Baht) zum Makathanee Resort.
Ein Slowboat gibt es am Di, Do und Sa (3 Std.,
250 Baht).

Nach Ko Kood

Aus LAEM SOK startet um 12.30 Uhr **Koh Kood
Princess** (früher Ninmangkorn), ✆ 086-
126 7860, 🖥 www.kohkoodprincess.com, mit
einem komfortablen Fährboot für bis zu
300 Passagiere. Die 82 km lange Passage kostet
– sogar inkl. Transfers von/nach Trat – 350 Baht
(Return-Ticket 600 Baht) und dauert an die
2 Std. Zur gleichen Zeit und zum gleichen Preis
starten die mit ca. 80 Min. erheblich schnelleren
Zigarren-Boote von **Koh Kut Express**, ✆ 090-
506 0020, 🖥 www.kokutexpress.in.th, die

lediglich um die 80 Min. benötigen. Für sie selten gewordenen Speedboat-Verbindungen s. 🖥 www.kohkoodboat.com.

Flüge
Bangkok Airways, ✆ 039-525 767-8, 🖥 www.bangkokair.com, nach BANGKOK vom Flughafen bei Trat, je nach Saison 2–4x tgl., 50 Min., einfacher Flug je nach Saison 2000–3000 Baht. Transfers mit Minibus und Fähre zu/von den Hotels auf Ko Chang kosten ca. 500 Baht, ✆ 039-525 776.

Die Umgebung von Trat

Im Hinterland von Trat bietet sich in Richtung Nordosten über den H3 bzw. den H3159 ein Abstecher in das rund 70 km entfernte **Bo Rai** an. Der Ort liegt im Grenzgebiet zu Kambodscha und ist von Edelsteinminen umgeben. Sie sind längst ausgebeutet, doch das scheint dem dortigen Handel mit Rubinen und Saphiren keinerlei Abbruch zu tun. Nicht weit entfernt erstreckt sich der **Nam Tok Khlong Khaew National Park**, der von immergrünem Regenwald, einer seltenen Flora und vielen Wasserfällen geprägt wird. Der größte Fall rauscht über insgesamt sieben Stufen (Panoramablick vom vierten Level) und ist auf einer mehrstündigen Wanderung zu erkunden.

Bekanntester Ort in der Umgebung von Trat ist das 18 km westlich gelegende **Laem Ngop** – zumal von hier die Fähren ins Ko Chang-Archipel starten. Die meisten Touristen jedoch kommen mit diesem Hafenort nicht mehr direkt in Berührung, da sie die Überfahrt vom 15 km entfernten Ao Thammachat antreten. Wer jedoch vom Krom Luang Pier – dem einstigen Hauptanleger für Ko Chang – übersetzt, sollte das **Naval Battle Monument** besuchen. Das mit der Optik eines Kriegsschiffs gestaltete Museum erinnert an die große Seeschlacht mit den Franzosen vom 5. bis zum 17. Januar 1941, bei der drei thailändische Marineeinheiten versenkt wurden. Der Hintergrundexkurs „Wie eine Niederlage als Sieg gefeiert wird" befasst sich mit der Bedeutung der **Seeschlacht bei Ko Chang**, s. **eXTra [2876]**.

In Richtung Südosten führt der H318 – parallel zur Küste und dem dicht bewaldeten Khao Bantal-Gebirge – durch einen extrem schmalen Landstreifen nach **Hat Lek**. Dies ist nach Aranyaprathet/Poipet der wichtigste Grenzübergang nach Kambodscha. Die erste zgrößere Sehenswürdigkeit findet sich nach 30 km mit dem Wasserfall **Saphan Hin**. Im weiteren Verlauf bieten sich mehrere einsame, von Kasuarinen, Pinien oder Palmen bewachsene Festlandsstrände für beschauliche Natur- und Badeerlebnisse an. Zusammen mit immer mehr neuen Resorts ausgeschildert sind es aufeinanderfolgend der Lan Sai, Meaow, Sai Ngam (Ngoen), Sai Ngoen, Sai Kaew, Tubtim, Ploy Daeng und der nach 60 km erreichte, besonders empfehlenswerte **Ban Chuen** sowie Rachakaruw, Mairood, (Mai Root, Mai Rut) und Son Ngam, um nur die wichtigsten zu nennen. Dazwischen erinnert das 1992 eingeweihte **Khao Lan Thai Red Cross Center** an die einstigen Flüchtlingslager der Region. Größter und urigster Ort auf dem Weg zur Grenze ist **Khlong Yai** – ein aus engen Gassen und Stegen bestehendes Fischerdorf.

ÜBERNACHTUNG

Die meisten Unterkünfte in der Umgebung von Trat versprechen Ruhe und Idylle, was natürlich verstärkt unter der Woche gilt.

Banpu Resort & Spa, bei Ban Laem Hin, 12 km südöstlich von Trat und über den H3155 erreichbar, ✆ 039-542 355-6, 🖥 www.banpuresortandspa.com. Romantische Anlage in den Mangroven mit 57 Zimmern und Suiten in hölzernen Stelzenbauten. Das Resort, dessen Name „Dorf der Krabben" bedeutet, hat einen stilvollen Ableger am White Sand Beach auf Ko Chang. ⑤

Auf dem Weg nach/von Hat Lek (H318)

Centara Chaan Talay Resort & Villas, 32 km von Trat, ✆ 039-521 561-70, 🖥 www.centarahotelsresorts.com. Neues luxuriöses und stilsicheres Resort an einem paradiesischen Strand. 44 Suiten und Villen mit mind. 62 m² und allem Komfort. Ab ⑦

Chanchon Resort, am Ban Chuen Beach, 60 km von Trat, ✆ 081-344 1437, 🖥 www.chanchon

resort.com. Schöne Bungalowanlage mit 40 Zimmern und angenehmem Strand-restaurant. ❸

Haad Mook Kaew Resort, am Hat Sai Kaew, 47 km von Trat, ☏ 039-501 077, 🖥 www.haadmookkaew.com. Einsames Strandresort mit 33 behaglichen Zimmern aus Natur-materialien und hübscher Gartenanlage. ❹

Mairood Resort, in Ban Mairood, 56 km von Trat, ☏ 081-758 1392. Der sympathische Thai-Amerikaner Ching bietet 13 ganz unterschiedlich entworfene Zimmer in einem tropischen Garten mit Pool. Die Gäste dürfen viel Abgeschiedenheit, Idylle und eine besondere Atmosphäre erwarten. ❹–❺

Ko Chang

Kaum zu glauben, dass die mit 155 km² zweit-größte Insel Thailands erst Mitte der 1990er-Jahre auf die touristische Landkarte gelangte, nachdem sie lange militärisches Sperrgebiet war. Zu verdanken hatte Ko Chang den verlän-gerten Dornröschenschlaf der Nähe zum krisen-geschüttelten Kambodscha sowie den im Archi-pel umherstreunenden Rebellen, Schmugglern und Piraten.

Obwohl die „Insel der Elefanten" durch ihre rasante touristische Entwicklung inzwischen ge-waltig auf Trab gekommen ist, gilt sie noch im-mer als Naturparadies. Denn schon 1982 waren 80 % sowie die meisten der etwa 50 umliegen-den Eilande zum **Ko Chang Marine National Park** erklärt worden. Schließlich ist das 34 km lange und bis zu 12 km breite Ko Chang geseg-net mit schönen Sandstränden, geheimnisvol-len Mangrovenlagunen, hohen Bergen und rau-schenden Wasserfällen. Der **Regenwald** zählt zu den besterhaltenen Südostasiens und beher-bergt mit 29 Säugetierarten, 74 Vogelarten und 42 verschiedenen Reptilienarten eine erfreulich reichhaltige, exotische Tierwelt.

Immer mehr namhafte Hotelketten investie-ren in 5-Sterne-Resorts mit Pools und Wellness-oasen, während die einst inseltypische Bam-bushütten- und Hängematten-Romantik auf dem Rückzug ist. Selbst in den einfachen Unterkünf-

In der Nebensaison

Das von Bangkok schnell zu erreichende Ko Chang-Archipel präsentiert sich mit all seinen verlockenden, ganz unterschiedlichen Inseln als ideale Alternative zu den oft überlaufenen Inseln des Südens. Wer es in der Nebensaison bereisen möchte, kann zwar mehr Ruhe, Ein-samkeit und günstigere Preise erwarten, sollte sich aber – zumindest jenseits der Haupt-insel – auf **Einschränkungen** gefasst machen. Die Boote fahren seltener, einige Resorts, Geschäfte oder Tauchbasen haben geschlos-sen, während Strand und Meer wegen des **Strömungswechsels** weniger sauber wirken. Zudem ertrinken – gerade am sicher wirken-den, flachen White Sand Beach, aber auch am Klong Prao und am Lonely Beach – jedes Jahr mehrere Badende, die die tückische **Unter-strömung** *(rip current)* völlig unterschätzen und abgetrieben werden.

ten wird ständig am weiteren Ausbau gewer-kelt, während die Ringstraße an den wichtigsten Stränden von immer mehr Restaurants, Bars, Supermärkten, Souvenirshops oder Maßschnei-dern gesäumt wird, von Optikern, Service-agenturen, Internetcafés und Massageläden. Auch das Angebot von Aktivitäten hat sich ver-vielfältigt – bis hin zu Kletterein in Baumwip-feln, Trekkingrouten mit Inseldurchquerung oder dem fünfstündigen Aufstieg hinauf bis zum **Khao Salak Phet** – dem mit 744 m höchsten der insel-weit 299 Berge.

Der jüngste Boom Ko Changs basiert nicht zuletzt auf den Ansturm russischer Urlauber. Den ersten gab es 1996, als die Insel an das Festlandstromnetz angebunden wurde, weite-re mit den seit 1998 verkehrenden Autofähren oder dem 2003 eröffneten Küstenflughafen von Trat. Wenn das letzte Teilstück der Ringstraße im Süden tatsächlich noch gebaut werden soll-te, dürfte das einen weiteren Quantensprung bedeuten.

Da mag es ein wenig trösten, dass auf die-ser Insel wegen extremer Steigungen und enger Kurven auch künftig keinerlei große Reisebusse werden verkehren können …

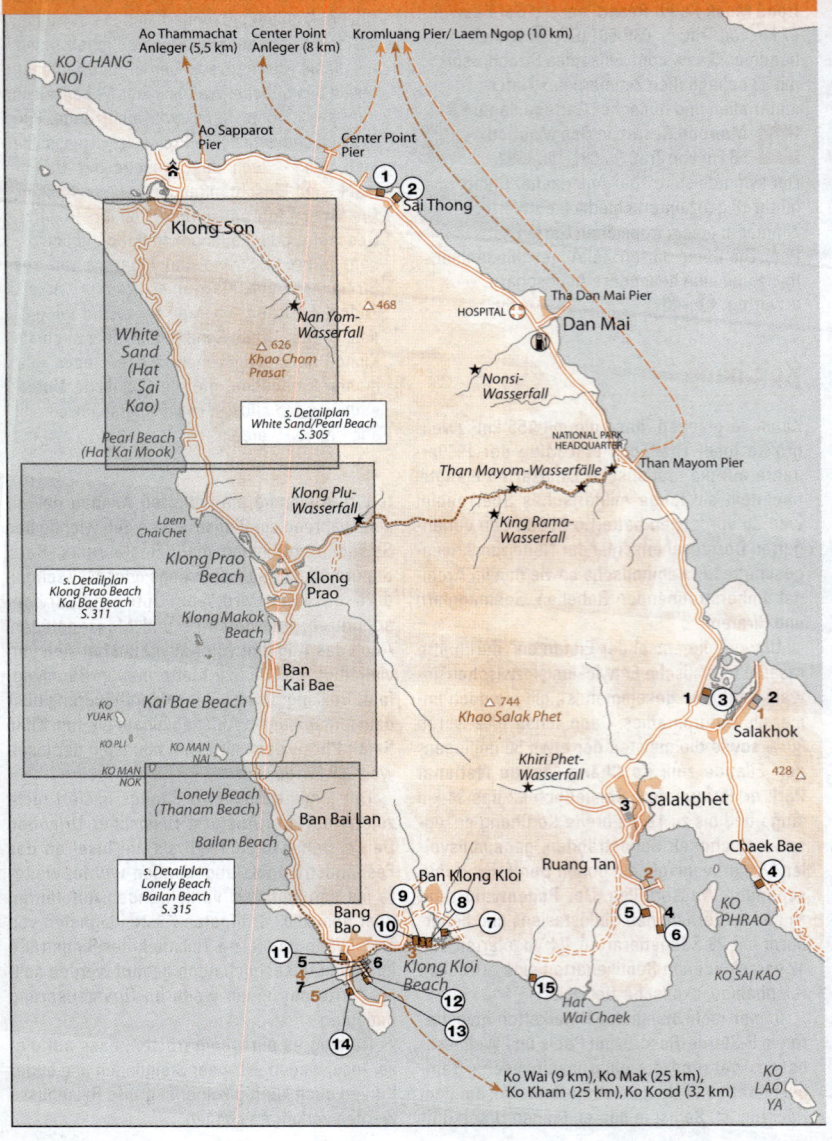

KO CHANG NOI

Ao Thammachat Anleger (5,5 km)

Center Point Anleger (8 km)

Kromluang Pier/ Laem Ngop (10 km)

Ao Sapparot Pier

Center Point Pier

① ② Sai Thong

Klong Son

Tha Dan Mai Pier

HOSPITAL

Dan Mai

Nan Yom-Wasserfall

△ 468

Nonsi-Wasserfall

White Sand (Hat Sai Kao)

△ 626 Khao Chom Prasat

NATIONAL PARK HEADQUARTER

Pearl Beach (Hat Kai Mook)

s. Detailplan White Sand/Pearl Beach S. 305

Than Mayom-Wasserfälle

Than Mayom Pier

Klong Plu-Wasserfall

Laem Chai Chet

King Rama-Wasserfall

Klong Prao Beach

Klong Prao

s. Detailplan Klong Prao Beach Kai Bae Beach S. 311

Klong Makok Beach

Ban Kai Bae

KO YUAK

Kai Bae Beach

△ 744 Khao Salak Phet

① ③ ② Salakhok

KO PLI

KO MAN NAI

Khiri Phet-Wasserfall

428 △

KO MAN NOK

Lonely Beach (Thanam Beach)

Ban Bai Lan

③ Salakphet

Bailan Beach

Ruang Tan

Chaek Bae

④ KO PHRAO

s. Detailplan Lonely Beach Bailan Beach S. 315

Ban Klong Kloi

⑨ ⑧

② ⑤ ④ ⑥

Bang Bao

⑩ ⑦

KO SAI KAO

⑪ ⑤ ⑥

Klong Kloi Beach

⑮

⑦ ⑤

⑫

Hat Wai Chaek

⑭

⑬

Ko Wai (9 km), Ko Mak (25 km), Ko Kham (25 km), Ko Kood (32 km)

KO LAO YA

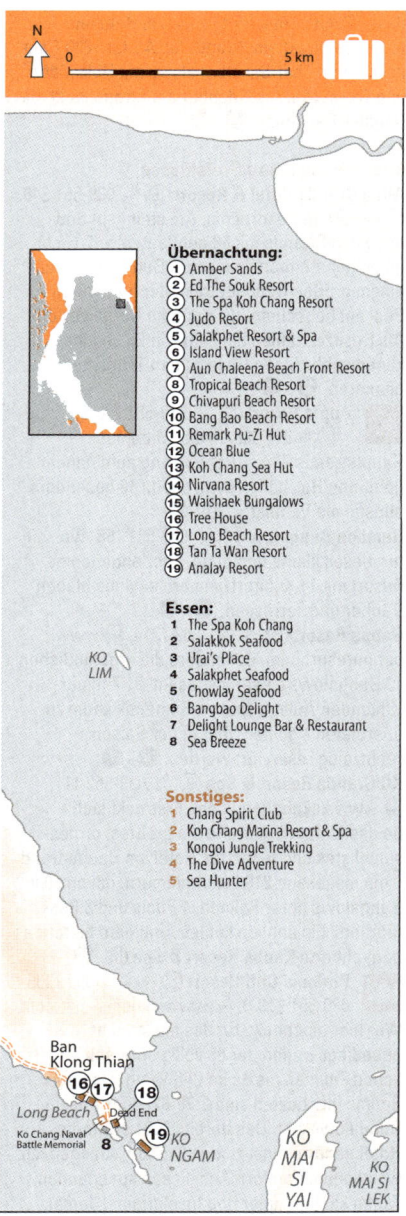

N
0   5 km

Übernachtung:
1 Amber Sands
2 Ed The Souk Resort
3 The Spa Koh Chang Resort
4 Judo Resort
5 Salakphet Resort & Spa
6 Island View Resort
7 Aun Chaleena Beach Front Resort
8 Tropical Beach Resort
9 Chivapuri Beach Resort
10 Bang Bao Beach Resort
11 Remark Pu-Zi Hut
12 Ocean Blue
13 Koh Chang Sea Hut
14 Nirvana Resort
15 Waishaek Bungalows
16 Tree House
17 Long Beach Resort
18 Tan Ta Wan Resort
19 Analay Resort

Essen:
1 The Spa Koh Chang
2 Salakkok Seafood
3 Urai's Place
4 Salakphet Seafood
5 Chowlay Seafood
6 Bangbao Delight
7 Delight Lounge Bar & Restaurant
8 Sea Breeze

Sonstiges:
1 Chang Spirit Club
2 Koh Chang Marina Resort & Spa
3 Kongoi Jungle Trekking
4 The Dive Adventure
5 Sea Hunter

KO
LIM

Ban
Klong Thian
16 17 18
Long Beach   Dead End
Ko Chang Naval   8   19   KO
Battle Memorial   NGAM

KO
MAI
SI
YAI

KO
MAI SI
LEK

White Sand Beach (Hat Sai Kao)

Dies ist der erste Strand, der sich vom Fähranleger **Ao Sapparot** und über das inselweit größte Dorf **Klong Son** nach rund 7 km an der Westküste erreichen lässt. An diesem „Sunset Strip" begann einst der Tourismus auf Ko Chang. Kein Wunder, dass der White Sand Beach als Inselzentrum gilt – und stets die rasanteste Entwicklung zu verzeichnen hat; inkl. entsprechender, teilweise unübersehbarer Umweltprobleme. Hier gibt es eine bunte Mischung aus Inselgästen und auch Unterkünften, die in den verschiedensten Baustilen entstanden sind. Bei Flut kann der flach ins Meer führende, 2,5 km lange Sandstrand ziemlich schmal werden. Bei Ebbe verwandelt er sich in eine malerische Naturpromenade, auf der sich vielfältiges Urlaubsleben abspielt: Man kann mit Blick auf die tropisch bewaldete Bergkulisse des Hinterlands bzw. den 626 m hohen, zuckerhutförmigen **Khao Chom Prasat 2** flanieren, sich im weiß schimmernden Sand sonnen, im Schatten von Baumriesen massieren lassen, mit Kokosnüssen jonglieren oder Volleyball spielen – in Erwartung eines spektakulären Sonnenuntergangs und Schlemmerfreuden in den romantischen Freiluftrestaurants.

Wesentlich einsamer geht es am schönen Nordende des Strands zu: Es ist durch Felsvorsprünge abgetrennt, an denen bunte Hippieresorts kleben (Kasten, S. 306: Hippiehütten an Felswänden). Wer diese passiert oder es von der Ringstraße über die extrem steile Stichstraße hier hinunter geschafft hat, findet sich in einem herrlichen Badeparadies wieder! Selbst bei hohem Wasserstand verbleibt ein breiter Sandstrand mit meist glasklaren Meeresfluten.

ÜBERNACHTUNG

Die Anzahl der Unterkünfte hat sich vervielfacht, doch einfache und preiswerte Zimmer direkt am Strand sind immer schwieriger zu finden.
Karte S. 305

Untere Preisklasse

€ **Koh Chang Hut Hotel** 18, ☏ 039-551 160, 💻 www.kohchanghut.com. Stein- und stufenreiches Resort am Berghang, aber direkt am Meer. Sagenhaftes Preis-Leistungs-Verhältnis mit 28 Komfortzimmern ab 450 Baht

Wohin zum Sonnenuntergang?

Die Qual der Wahl hat, wer auf Ko Chang den besten Ort zum Sonnenuntergang sucht … Ein stimmungsvoller Spaziergang am **White Sand Beach** bietet sich dafür ebenso an wie das Hocken im Sand des Lonely Beach, wo stets stimmungsvoller Sunset-Sound aus dem **Nature Resort** dringt … Bestechend ist der Ausblick vom **View Point** am Kai Bae Beach. Wer noch höher hinaus und vielleicht auch an einem Sundowner schlürfen möchte, sollte die ebenfalls direkt an der Ringstraße liegende, 80 m hohe **Lighthouse** des Sea View Resorts erklimmen (auf der obersten Plattform gibt es einen Restaurant-Service mit üppiger Speisekarte, Heineken-Fassbier für 90 Baht oder Cocktails um die 210 Baht, ⏰ 11–21.30 Uhr). Ebenso nachhaltige Impressionen lassen sich im Restaurant (leckere Thai-Küche, Cola 25 Baht, großes Bier 120 Baht, Cocktails meist 180 Baht, ⏰ 11–23 Uhr) von **Porn's Bungalow** einfangen: Gänzlich aus Naturmaterialien errichtet, erstreckt es sich mit mehreren lauschigen Panorama-Plattformen fimreif bis in die Baumwipfel hinauf, wo sich zwischen den Blättern hindurch die drei vorgelagerten Inseln erspähen lassen.

und mit AC ab 650 Baht. Es empfehlen sich besonders Nr. 5, 7, 8, 11 (!), 17 sowie 19 A und B. WLAN. ❷–❹

Sang Aroon Bungalow ⑪, ✆ 081-795 2655, 🖥 www.sangaroonbungalow.net. 20 Zimmer in netter Anlage mit Holzbungalows, davon einige erheblich günstiger mit Ventilator. Die teuersten sind Nr. 201, 202 und 203 und direkt am Strand. ❹–❺

Sangtawan Resort ⑨, ✆ 039-551 475, ✉ sangtawanresort@hotmail.com. Beliebte, etwas enge Bungalowanlage am Meer, wo der schönere, nördlicheTeil des Strands beginnt. 25 Zimmer, freundliches Personal und beliebtes Strand-Restaurant. ❺

🧳 **Tantawan Resort** ⑩, ✆/✇ 039-551 178, ✉ tantawan_kohchang@hotmail.com. Zählt zu den besten Optionen, da günstig, gepflegt und hübsch bepflanzt. 17 Zimmer,

davon 8 mit Ventilator für nur 800 Baht und teilweise direkt am Strand. Als AC für 1800 Baht in schönen Thai-Stil-Bungalows mit Holzböden und Terrassen. Als Nachbar am Strand lockt die Reggae-Bar **Tapas**. ❹–❺

Mittlere und obere Preisklasse

Alina Grande Hotel & Resort ⑯, ✆ 039-551 348, 🖥 www.alinaresort.com. Am steinigen Südende des Strands mit 68 gepflegten, z. T. recht günstigen Komfortzimmern in Bungalows und einem großen Gebäudetrakt, der über einen Pool mit hübschem Blick auf die Berge verfügt. Als Besitzer zählen die Lehrerin Ek und ihr kanadischer Mann Dave zu den Tourismuspionieren. ❹–❺

€ **Apple Resort** ⑬, ✆ 039-551 228-9, ✇ 039-551 288. In der Mitte des Hauptstrands – mit 31 etwas eng aufeinander gebauten Holzbungalows, davon 10 besonders günstig mit Ventilator. ❸–❺

Bamboo Bungalow ⑫, ✆ 039-551 158. Typisch für dieses kleine und enge, aber angenehme Resort mit 11 Komfortzimmern sind die blauen Dächer und Terrassen. ❹–❺

Banpu Resort ⑮, ✆ 081-863 7314, 🖥 www. banpuresort.com. Besonders die urgemütlichen 13 Bungalows dieser insgesamt 31 Zimmer zählenden Anlage sind an Romantik kaum zu überbieten – sollten aber in der Saison rechtzeitig reserviert werden. ❻–❼

KC Grande Resort & Spa ⑧, ✆ 039-552 111, 🖥 www.kckohchang.com. Erstreckt sich – beidseits der Ringstraße als größtes, professionellstes und teuerstes Hotel am Hauptstrand – mit insgesamt 219 Luxuszimmern, davon 60 in Bungalows unter Palmen, 4 Pools und 3 Restaurants. Ein ähnlich kühles Ambiente bietet das benachbarte **Kacha Resort & Spa** ⑭. ❽

🧳 **Ploama Cliff Resort** ⑰, ✆ 081-863 1305, 039-551 119-0, 🖥 www.plaloma-cliff.com. Wer hier eincheckt, tut das meist nicht unbedingt wegen der 85 völlig unterschiedlichen Zimmer, die es im Cliff Wing, als Pool Rooms (die besten sind C 70-82) oder Seaside Bungalows gibt. Das bereits 1991 eröffnete Hotel gehörte einst zu den 3 ersten Anlagen mit westlichem Komfort. Aus diesen spannenden Tagen kann Inhaber und Inseloriginal James

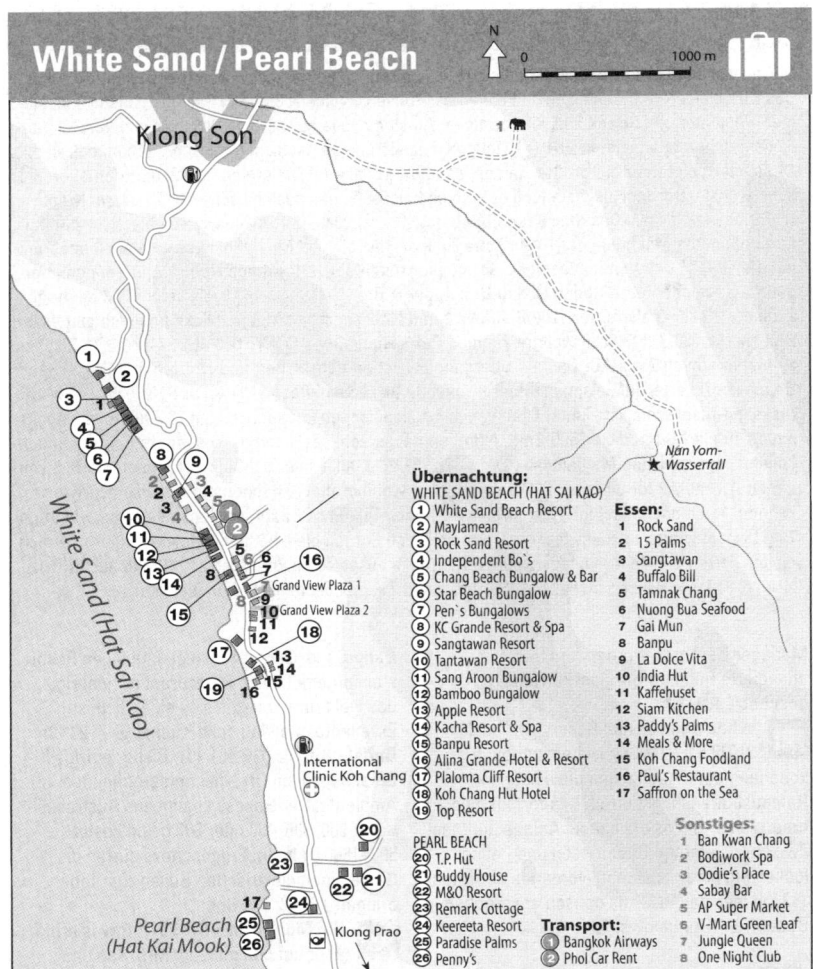

White Sand / Pearl Beach

N ↑ 0 _____ 1000 m

Klong Son

Nan Yom-
Wasserfall ★

White Sand (Hat Sai Kao)

Grand View Plaza 1
Grand View Plaza 2

International
Clinic Koh Chang

Pearl Beach
(Hat Kai Mook)

Klong Prao

Übernachtung:

WHITE SAND BEACH (HAT SAI KAO)
① White Sand Beach Resort
② Maylamean
③ Rock Sand Resort
④ Independent Bo´s
⑤ Chang Beach Bungalow & Bar
⑥ Star Beach Bungalow
⑦ Pen´s Bungalows
⑧ KC Grande Resort & Spa
⑨ Sangtawan Resort
⑩ Tantawan Resort
⑪ Sang Aroon Bungalow
⑫ Bamboo Bungalow
⑬ Apple Resort
⑭ Kacha Resort & Spa
⑮ Banpu Resort
⑯ Alina Grande Hotel & Resort
⑰ Pialoma Cliff Resort
⑱ Koh Chang Hut Hotel
⑲ Top Resort

PEARL BEACH
⑳ T.P. Hut
㉑ Buddy House
㉒ M&O Resort
㉓ Remark Cottage
㉔ Keereeta Resort
㉕ Paradise Palms
㉖ Penny's

Essen:
1 Rock Sand
2 15 Palms
3 Sangtawan
4 Buffalo Bill
5 Tamnak Chang
6 Nuong Bua Seafood
7 Gai Mun
8 Banpu
9 La Dolce Vita
10 India Hut
11 Kaffehuset
12 Siam Kitchen
13 Paddy's Palms
14 Meals & More
15 Koh Chang Foodland
16 Paul's Restaurant
17 Saffron on the Sea

Sonstiges:
1 Ban Kwan Chang
2 Bodiwork Spa
3 Oodie's Place
4 Sabay Bar
5 AP Super Market
6 V-Mart Green Leaf
7 Jungle Queen
8 One Night Club

Transport:
① Bangkok Airways
② Phoi Car Rent

Brunner in unverwechselbarer Manier erzählen
… Besser als der 58-jährige Schweizer dürfte
sich auf Ko Chang ohnehin niemand auskennen.
Das Resort mit Palmenwiese liegt am felsigen
Südende des White Sand Beach und verfügt
über ein einladendes Bambusrestaurant (die
besten Rösti Ko Changs) am Meer, ◔ 12–24 Uhr
(Nov-April). ④–⑥

Top Resort ⑲, ✆ 039-551 364-5, 🖥 www.
topresort-kohchang.com. Sehr gepflegte
Anlage auf dem 26 m hohen Berg am südlichen
Ende der Bucht. 28 komfortable Zimmer und
Apartments ab 1300 Baht, einige davon direkt in
die Klippen gebaut oder bis zu 84 m² groß. Der
sympathische Berliner Besitzer Michael Weber
(Micha) und sein gern zur Gitarre greifender

€ Hippiehütten an Felswänden

Die mit viel buntem Zierrat abenteuerlich an Felsen klebenden Bungalowresorts erscheinen als illustres Überbleibsel der Pionierzeit und bieten bei Preisen von meist 300–800 Baht die günstigsten Zimmer (Ventilator) am Strand inkl. einzigartigem Ambiente, alle auf Karte S. 305. Das von der Schottin Fiona geführte **Independent Bo's** ④, (Telefon-Angabe unerwünscht, mind. 3 Übernachtungen), ist mit 24 Zimmern nicht nur die größte Anlage, sondern mit allerlei Malereien und Skulpturen auch die schillerndste: Bei der Ausgestaltung durften einheimische und ausländische Künstler ihrer Kreativität freien Lauf lassen. Das **Star Beach Bungalow** ⑥, ☎ 084-345 1079, des sympathischen, 28-jährigen Holländers Mitchel bietet 10 einfache Zimmer (fast alle mit Meeresblick) sowie ein Restaurant mit günstiger Küche und lauschigen Sitzmöglichkeiten als verlockende Option zum Sonnenuntergang. Das benachbarte **Chang Beach Bungalow & Bar** ⑤, ☎ 089-169 3336, lockt mit 8 einfachen Zimmern, davon 3 als AC für 1200 Baht (Nr. 1 und Nr. 2 sogar mit Meeresblick), nebenan gibt es im **Ban Na**, ☎ 090-771 5853, 6 weitere Zimmer. **Pen's Bungalows** ⑦, ☎ 086-151 3744, hat 13 Zimmer zu bieten, davon 2 als AC. Das als Übergang zwischen dem Süden und Norden des White Sand Beach konzipierte, auf Felsen im Meer thronende **Rock Sand Resort** ③, ☎ 084-781 0550, 🖳 www.rocksand-resort.com, ist – unter Leitung eines holländischen Ehepaares – mit 25 Zimmern bestückt, davon 10 als AC für 2000–2500 Baht. Nördlich davon schließt sich das besonders bei Deutschen beliebte, spartanische **Maylamean** ②, ☎ 082-257 6271, an. Es verfügt über 12 Zimmer mit Bad, von denen A1 und A2 für 600 bzw. 800 Baht mit dem wohl strandweit schönsten Ausblick verwöhnen können. Auch das lauschige Restaurant, wo Khun Malai ihre Gäste mit Cocktails zu sagenhaften 79–119 Baht verwöhnt sowie leckerem Schnitzel und Cordon bleu, hängt auf einer Plattform herrlich an den Felsen. Bei dem vom tagelangen Dauerregen ausgelösten Erdrutsch am 11. Oktober 2010 verloren die Hippie-Resorts insgesamt 16 Zimmer und 2 kambodschanische Angestellte.

Manager Bernhard werden für ihre engagierte Rundum-Sorglos-Betreuung geschätzt. ⑤–⑥

 White Sand Beach Resort ①, ☎ 086-310 5553, 🖳 www.whitesandbeach kohchang.com. Auch wenn die einstigen Bambushütten längst durch Komfortbungalows ersetzt sind, ist das die älteste Anlage der Insel. Zwischen betagten Baumriesen und Palmen locken am paradiesischen Nordende der Bucht 113 Zimmer, davon 32 als optisch ansprechende Beachfront-Bungalows. ⑤

ESSEN

Der White Sand Beach erweist sich als abendliche Freiluft-Schlemmermeile, auf der natürlich besonders fangfrischer Fisch und Meeresfrüchte munden. Fast jede Unterkunft bietet eine eigene Bewirtung, während sich die Gastronomie an der Ringstraße vervielfältigt – auch in Form von Fastfood-Filialen wie Chester's oder eines Nachtmarkts mit allerlei verlockenden Essensständen.

Banpu, s. o. Gehört zum gleichnamigen Resort – als urgemütliches Restaurant mit viel Holz, das viel teurer wirkt, als es eigentlich ist. Exzellente, thailändische Küche. ⏰ 7–22 Uhr.
Buffalo Bill, ☎ 039-551 451. Bisher einziges Steakhouse am Ort – mit entsprechendem Ambiente. Der Genuss kommt aus Australien, wiegt 200, 300, 450 oder 600 g und kostet 500–1800 Baht. Im Erdgeschoss dürfen die Gäste einen elektrischen Bullen zum Toben bringen. ⏰ 7–23.30 Uhr.

€ **Gai Mun**, ☎ 086-816 2872. Etwas profan, aber gut und günstig: Mrs. Sao und Mr. Boy bieten allerlei Isarn-Spezialitäten wie *Som Tam* oder ganze Grillhühnchen für 190 Baht. ⏰ 10–22 Uhr.
India Hut, ☎ 081-441 3234. Auf der Speisekarte von Mr. Sam stehen kulinarische Köstlichkeiten aus Indien, natürlich besonders viele Currys sowie Tandoori Chicken. ⏰ 11–22 Uhr.
Kaffehuset, ☎ 085-070 1107. Halb offen und klein, beschaulich und beliebt. Serviert werden heiße und kalte Kaffeespezialitäten, haus-

gemachter Kuchen oder diverse Eis-Kreationen. ⏲ 7–23 Uhr.

Koh Chang Foodland, ☎ 039-551 547, 🖥 www.kohchang-foodland.com. tgl. ofenfrische Brötchen, leckeres Graubrot und kalte Theke, aber auch saure Gurken, Brathering und Kieler Sprotten in Dosen. Weine aus aller Welt (auch Äbbelwoi), mehr als 10 Sorten deutsches Bier wie Flensburger Pilsener, Fürstenberg, Erdinger oder Weihenstephan sowie 25 verschiedene Obst- und Kräuter-Schnäpse. Alles auch per Online-Bestellung und Lieferservice erhältlich. ⏲ 7–21 Uhr.

La Dolce Vita, Grand View Plaza I, ☎ 089-683 5057, 🖥 www.restaurant kochchang.com. Angesichts der inselweit zahlreichen (Pseudo-)Italiener muss die Suche nach einer guten Pizzeria nicht zum Lotteriespiel geraten … Das freundliche Mailänder Paar Juiseppe (Beppe) und Soly tischt für 220–300 Baht die besten Pizzas am Ort auf, wie die leckere „Fo(u)r Cheese" – mit einem genialen Vier-Käse-Mix aus Mozzarella, Parmesan, Pecorino und Gorgonzola. Neuerdings werden auch Filetsteaks, Carpaccio und Gnocchi serviert. ⏲ 11.30–22.30 Uhr.

Meals & More, ☎ 039-551 467, 087-929 5199, ✉ carwie@web.de. Im Geschäftsblock am Ende des White Sand Beach als beliebter Treffpunkt. Der Besitzer Carsten Wiegand und seine Frau Lek bieten deutsche Hausmannskost in Form von erfreulich großen Portionen sowie die inselweit beste Möglichkeit, Bundesliga-Spiele oder Formel 1 live zu sehen. ⏲ 8.30–22 Uhr.

Nuong Bua Seafood, ☎ 081-864 4737, 🖥 www.nongbuarestaurant.com. Einfaches und populäres, aber nicht ganz billiges Restaurant mit allerlei Thai- und Seafood-Gerichten. Betrieben von der gleichen Familie wie die 200 m entfernte Siam Kitchen. ⏲ 7–22 Uhr.

Paddy's Palms, ☎ 039-619 085, 🖥 www. paddyspalmspub.com. Beliebter, irischer Pub mit tiefgrüner Fassade. 5 Sorten Fassbier für 75–115 Baht (klein) bzw. 115–220 Baht (groß) pro Glas – darunter Guinness, Kilkenny und Stowford-Cider. 3 Großbildschirme für die Liveübertragung von Fußballspielen und

Formel 1. ⏲ 7–0.30 Uhr. Mit dem **15 Palms**, ☎ 039-551 095, 🖥 www.15palms.com, gibt es einen ebenso stilechten, angesagten Ableger am Strand. ⏲ 8–1 Uhr.

Paul's Restaurant, im Top Resort (S. 305). Höchstgelegenes Restaurant von Ko Chang. Unter Leitung von Paul Spiegel werden das inselweit beste Frühstück und auch sonst eine ausgezeichnete Küche serviert – stets mit tollem Ausblick. ⏲ 7–12 und 17–22 Uhr.

Rock Sand, thront auf einem Felsen im Wasser und empfiehlt sich deshalb auf perfekte Weise für Mahlzeiten mit Meeresblick und romantische Sunset-Drinks. ⏲ 7–23 Uhr.

Sangtawan, unter den immer zahlreicher werdenden Sandstrand-Restaurants die beste und romantischste Option. Allabendlich ab 17 Uhr preisgünstiges BBQ unter stattlichen Baumkronen, von 19–22 Uhr Livemusik. ⏲ 7–22 Uhr.

Siam Kitchen, ☎ 089-608 1740. Hier kann man eigentlich nichts falsch machen: Das günstige Angebot an Thai- und Spaghetti-Gerichten wird mithilfe von eindrucksvollen Fotos und Plastik-Imitationen präsentiert. ⏲ 7–22 Uhr.

Tamnak Chang, ☎ 081-863 2576. Ideal für den späten Appetit – mit gutem Preis-Leistungs-Verhältnis. Riesige, bebilderte Speisekarte sowie 36 Cocktails zu 120–200 Baht. ⏲ 12–24 Uhr.

The Bavarian, am Top Resort (S. 305), ☎ 086-325 0001, 🖥 www.thebavarian-kochchang.com. Neu seit Oktober 2013 – als einladendes, 100 m² großes Wohnzimmer-Restaurant mit Biergarten und einem Höchstmaß an bayerischem Ambiente. Entsprechend authentische Küche und deutsche Biere, teilweise sogar frisch vom Fass. ⏲ Di–So 12–23 Uhr.

Pearl Beach (Hat Kai Mook)

Ein guter Beweis dafür, dass auf Ko Chang jeder Strand einen ganz eigenen Charakter hat. Der nicht weit vom Hauptstrand entfernte, 1 km lange Pearl Beach konnte seine Beschaulichkeit bewahren, weil seine Natur von Felsen und Steinen statt verlockenden Sandmassen geprägt wird.

Im Rhythmus der Nacht

Da es zu vorgerückter Stunde kaum Taxis gibt, sollte man sich v. a. in Laufnähe zur Unterkunft vergnügen ... Bedeutendster Meilenstein des Nachtlebens ist – neben den **Partys** am Lonely Beach und den zahlreichen **Freiluftbars** an der Ringstraße – der populäre Strand-Club **Sabay Bar**, ✆ 039-551 098, ⏰ 18–2 Uhr. Ebenfalls am White Sand Beach lockt mit gutem Essen und ab 22 Uhr mit Livemusik das lange etablierte **Oodie's Place**, ✆ 081-853 1271, ⏰ 16-1 Uhr, sowie das noch junge **Grand View Plaza I** – mit allmonatlichen Auftritten einheimischer Pop-stars, einer mitreißenden, philippinischen Band im **Jungle Queen**, ✆ 090-770 6096, ⏰ Di–So 20–1 Uhr, oder der angesagten pechschwar-zen und von Lasern durchfluteten Techno-Disco **One Night Club**, ⏰ 22–4 Uhr, Eintritt 100 Baht inkl. Freigetränk, Happy Hour 22–1 Uhr. Mehr Infos zum Nachtleben auf Ko Chang auf 🖥 www.kohchangsun.com/koh-chang-nightlife oder über **eXTra [2878]**.

ÜBERNACHTUNG UND ESSEN

Karte S. 305
Obwohl – oder besser: weil – es keinen Sandstrand gibt, finden sich hier überraschend schöne Bungalowanlagen. Wer sich darin einquartiert, sollte ein Moped mieten. Das beste und beliebteste Restaurant der Region findet sich im Resort **Saffron on the Sea**, ✆ 039-551 253, ⏰ 7–22.30 Uhr.
Buddy House ㉑, Stichstraße/Bergseite, ✆ 081-297 4043. Familiäre Atmosphäre mit 12 Zimmern, davon 7 mit AC (Nr. 8 und 9 haben Terrassen). Mr. Pook spricht Englisch. WLAN. ❷ und ❹

€ **M&O Resort** ㉒, Stichstraße/Bergseite, ✆ 081-854 8371, 🖥 www.mokohchang. com. Hinter dem profanen Namen verbirgt sich ein originell angelegtes, günstiges Resort. 16 schöne Zimmer mit viel Holz, besonders verlockend ist das Treehouse für 1500 Baht. ❸–❹

Paradise Palms ㉕, ✆ 089-094 6023, 🖥 www.paradisepalmsresort.net. Klein, aber fein. Der lustig-lockere Engländer Matt bietet 3 abgelegene, ruhige Komfortbungalows in einem schattigen Garten am Naturstrand. WLAN. ❹–❺

Penny's ㉖, ✆ 039-551 122, 🖥 www.penny-thailand.com. Beliebte Anlage unter professioneller Leitung eines Oberbayern. Mit relaxter Atmosphäre und lauschigen Sitzecken direkt am Naturstrand mit Felsen, schöner Pool im Herzen der Anlage. Es gibt 28 Komfortzimmer. ❹–❺

🧳 **Remark Cottage** ㉓, ✆ 039-551 261, 🖥 www.remarkcottage.com. Empfehlenswert, da zweifellos eines der inselweit schönsten Resorts. Behagliche Anlage mit 15 Bungalows aus Naturmaterialien in einem herrlichen Tropengarten, aber natürlich auch Mücken ... Idyllisch durchgestylt bis zum Dschungel-Pool. ❺

€ **T.P. Hut** ⑳, Stichstraße/Bergseite, ✆ 087-072 3736, 🖥 www.tphut.com. Der nette Schweizer Harry und seine Frau Nat bieten 11 ruhig gelegene, piekssaubere Zimmer ab 300 Baht, davon 8 als AC. WLAN und Miet-Mopeds für 200 Baht. ❷–❸

🧳 **Keereeta Resort** ㉔, ✆ 039-551 304-5, 🖥 www.keereetakohchang.com. Obwohl dieses Boutique-Resort 200 m vom Strand bzw. direkt an der Ringstraße liegt, präsentiert es sich als einzigartige Oase der Romantik, Ruhe und Nostalgie. Die stilvoll eingerichteten, überraschend günstigen 18 Zimmer gruppieren sich um einen lauschigen Innenhof mit Pool und Salas. ❺

Klong Prao Beach

Mit fast 6 km ist er nicht nur der längste, son-dern für viele auch der reizvollste Strand Ko Changs. Eine felsige Landzunge, zwei maleri-sche Lagunen und ein dichter Palmenbestand lassen den ganz flach in das Meer führenden Klong Prao Beach (bis auf die zunehmende Ero-sion am Nordende) als gute Laune der Natur erscheinen. Im nördlichen Bereich **Chai Chet** (Chae Chet) und im Süden Klong Makok ge-nannt, sind hier die meisten namhaften Luxus-resorts Ko Changs aus dem Sand gewachsen. Das jedoch scheint etwas im Gegensatz zu den leidig-lästigen Sandfliegen zu stehen, die hier besonders gern ihr Unwesen treiben und den Strandgenuss nachhaltig beeinträchtigen können. Das Hinterland erstreckt sich flach und bis zu einer Breite von 2 km, sodass hier noch viel Platz für Entwicklung und auch schon ein kleiner, privater Grasbahn-Flugplatz angelegt worden ist. In den Bergen verbirgt sich der **Nam Tok Klong Plu**, 200 Baht. Er ist über einen Dschungelpfad in rund 20 Min. zu erreichen und der wohl eindrucksvollste Wasserfall der Insel. Mit seinen 22 m Höhe füllt er sogar in der Trockenzeit eine große und mehrere kleine Felsbadewannen.

ÜBERNACHTUNG

Zwischen den Luxusherbergen für Pauschalurlauber wie dem **Amari Emerald Cove**, **Tropicana**, **Koh Chang Resort**, **Koh Chang Paradise**, **Ramayana**, **Barali** oder **The Dewa** finden sich durchaus attraktive Resorts für Individualreisende sowie sogar noch 2 Resorts mit Bambushütten-Nostalgie. Viele Unterkünfte sind nur über die Pistenzufahrt des Panviman Resorts erreichbar, die im Bereich Chai Chet sind offensichtlich besonders bei Russen beliebt. Karte S. 311

Untere Preisklasse

Country Bungalows ⑭, ✆ 080-0153 078, 086-109 7903, ✉ Alex_tour@windowslive.com. Klein, aber fein – und in idyllischer Ruhe an einer kleinen Lagune. Mr. Alex bietet 8 Bungalows mit Terrassen bzw. 10 günstige Zimmer, 4 davon mit AC. ❷–❸
K.P. Huts ⑬, ✆ 084-077 5995, ✆ 039-557 190. Weitläufige Anlage mit vielen Palmen und schilfgedeckten Bambusbungalows, die an die Pionierzeit der Insel erinnern. 33 Zimmer, einige ohne eigenes Bad, andere mit AC – und 7 in illustren Baumhäusern direkt am Strand. ❷–❸

€ **Tiger Hut** ⑫, ✆ 084-109 9660. Nostalgie mit 36 preiswerten, profanen bzw. braun getünchten Schilfdachbungalows, davon 6 mit Gemeinschaftsbad – und ein gutes Drittel direkt am herrlichen Strand, wo auch eine bestens platzierte Restaurant-Plattform lockt. ❶–❷

Mittlere und obere Preisklasse

Aana Resort ⑧, ✆ 039-551 537-9, 🖳 www.aanaresort.com. Herrliches Boutique-Resort am

Klong. 29 Zimmer in extravaganten Luxusvillen und 42 in einem Seitentrakt sowie 2 Pools. ab ❻
Chai Chet Resort ②, ✆ 039-551 070-2, 🖳 www.chaichetkohchang.com. Verteilt sich als weitläufige, professionell gemanagte Anlage mit insgesamt 119 Zimmern und tollen Ausblicken auf dem gleichnamigen Felsvorsprung am Nordende der Bucht, am dort einmündenden, mit den hier liegenden Schiffen beschaulichen Klong sowie auch am Sandstrand. ❺–❻
Coconut Beach Resort ③, ✆ 039-551 273, 🖳 www.coconut-kohchang.com. Am Nordende der Bucht mit indischer Schnörkel-Architektur. 95 Zimmer, davon 21 in einem Neubau, und 2 Pools. Romantische Möglichkeit zum Abendessen am Strand. ❹–❻
Flora I Talay ④, ✆ 039-551 747, 🖳 www.florakohchang.com. Seit Ende 2012 in eigenwilliger Architektur aus lehmfarbenen, schilfbedeckten Bauten. 20 Zimmer und tolle

Lauschig an der Lagune

An der Klong Prao-Lagune finden sich gleich mehrere Unterkünfte als idyllische Mischung zwischen Boutique und Homestay. Quasi als Bestandteil des Restaurants Phu Talay hat das stil- und stimmungsvolle **Baan Talay** ⑦, ✆ 081-863 9213, ✉ phutalay@gmail.com, seine Pforten geöffnet – mit 8 günstigen AC-Zimmern, dekorativen Flügeltüren und Antiquitäten. ❹ Nicht weit entfernt bietet das **Möleys Gh.** ⑥, ✆ 088-648 8901, 🖳 www.moleysresort kohchang.com, 4 ganz unterschiedliche Zimmer (Nr. 3 als Riverfront) und ein lauschiges Restaurant mit Wagenrad-Garnituren. ❸–❹. Am gegenüberliegenden Ufer sticht v. a. das **Keereeta Lagoon** ⑨, ✆ 039-696 501, 🖳 www.keereetalagoon.com, ins Auge – eine Art Designerresort mit 5 Zimmern und einem illustren Interieur aus Weiß und Farbenfroh. ❻–❼ Im benachbarten **Baan Rim Nam** ⑩, ✆ 087-005 8575, bietet der Brite Ian – Betreiber einer ultimativen Insider-Homepage über Ko Chang – 5 ebenfalls malerisch gelegene, aber eher einfache Zimmer. ❸–❹

Plattform-Liegen an einem wunderschönen Strandabschnitt. Gleiche Besitzer wie beim Nature Beach Resort. ❹–❺

Klong Prao Resort ⑤, ☎ 039-551 115-6, 🖥 www.klongpraoresort.com. In der Mitte des Strands und mit 126 Zimmern in die Lagune gebaut. Lang etabliertes Resort mit allem, was dazugehört. ❺–❻

Magic Resort ⑮, ☎ 039-557 074, 🖥 www.magickohchang.com. Ganz am Südende mit Stelzenrestaurant im Meer und Blick über die Bucht: 50 Bungalows in einem eigenwilligen Mischstil verteilen sich in einer weitläufigen Gartenanlage. ❺

🏛 **Panviman Resort** ⑪, ☎ 039-551 290-6, 🖥 www.panviman.com. Teuer, aber professionell und eine der inselweit stilvollsten Anlagen mit 50 gediegenen Zimmern in tempelartigen Pavillons für 10 500 und 12 500 Baht (im Internet oder als Walk-in oft schon ab 3500 Baht), umrahmt von einem herrlichen Tropengarten und 3 paradiesisch angelegten Lagunen-Pools. ❽

Thai Garden Hill Resort ①, Ringstraße/Bergseite, ☎ 039-551 573-4, 🖥 www.kohchangthaigardenhill.com. Schöne Anlage mit 46 Zimmern in 2-stöckigen, ansprechenden Thai-Stil-Bungalows mit Balkon. Einladender Pool. ❹

ESSEN

Von besonderem Reiz sind die Seafood-Restaurants am Klong, zu denen man von der Hauptstraße über die Soi Vorvan gelangt.
Baanta (Orchid), Ringstraße, ☎ 086-608 6686. Rustikal, günstig und luftig – mit tropischer Eingrünung durch Kletterpflanzen und Hänge-Orchideen. Zum Essen munden Fassbier zu 100 Baht oder Cocktails für 120 Baht. Geführt von dem netten Mr. Deaw, dessen Familie das Panvimarn Resort gehört. ⏰ 11–24 Uhr.
Cheap Thrills, Ringstraße, ☎ 084-914 0137, 🖥 www.cheapthrillskohchang.com. Der Italiener Andrea und seine Thai-Freundin Nicha backen Brot und brutzeln Fusionsküche. Nette Wandgemälde und in der Saison ab 19 Uhr Livemusik. 5 billige Ventilator-Zimmer. ⏰ 8–1 Uhr.
💶 **Crust Bakery**, Ringstraße, ☎ 089-221 9006, 🖥 www.crustbakery-kohchang.com. Gegenüber dem Tempel bietet Barry

Panzer ein preiswertes Schlaraffenland aus Backwaren aller Art. ⏰ 6–18 Uhr.
Iyara Seafood, Klong Prao-Lagune, ☎ 039-551 353. Lange etabliertes, professionelles Seafood-Restaurant mit Souvenir-Boutique – in einem Holzbau idyllisch am Wasser gelegen. ⏰ 10–22 Uhr.
M & D, Ringstraße, ☎ 081-905 7699. Restaurant mit Bar. Kreative Küche mit Hühnchen-Gerichten, Mongolian-BBQ und Frühstücks-Joghurt. ⏰ 11–23 Uhr.

🏛 **Phu Talay Seafood**, Klong Prao-Lagune, ☎ 039-551 300. In diesem weiß-blauen Restaurant, das aus einem ehemaligen Fischerhaus mit Terrasse zur Lagune besteht, lässt es sich besonders romantisch und authentisch speisen. Besitzer Mr. Seri und seine Angestellten sind überaus freundlich, die meisten Speisen mit 100–200 Baht moderat bepreist. ⏰ 10–22 Uhr.

Kai Bae Beach (Hat Kai Bae)

Mit dichtem Dschungel, überhängenden Palmen, stattlichen Laubbäumen und den malerisch vorgelagerten Inseln Ko Yuak, Ko Pli, Ko Man Nok und Ko Man Nai gilt der Kai Bae Beach als naturbelassenster Strand Ko Changs. Fast 2,5 km lang, gliedert er sich in drei Ab-

---

Bambus-Restaurants als Baywatch

Auf einigen hundert Sand-Metern zwischen dem Flora I Talay und dem Klong Prao Resort präsentiert sich die Insel noch mit viel ursprünglichem Grün und vergleichsweise einsam. Lediglich 2 urige Bambus-Restaurants finden sich hier unter imposanten Bäumen. In dem von Reggae-Rhythmen berieselten **Lay Lay Tong**, ☎ 085-280 7680, ⏰ 8–23 oder auch mal 2 Uhr, brutzelt Mr. Ball um die 160 leckere Thai-Gerichte für nur 80–100 Baht, während Cocktails mit 120–150 Baht zu Buche schlagen. Gleich nebenan liegt das **Palm Beach**, ☎ 084-946 3563, ⏰ 8–24 Uhr, von Mrs. Pranee, die sich ebenfalls auf das Verwöhnen von Badegästen versteht. Ein weiteres, letztes Stück Naturstrand findet sich zwischen dem Panvimarn Resort und der Lagunen-Mündung.

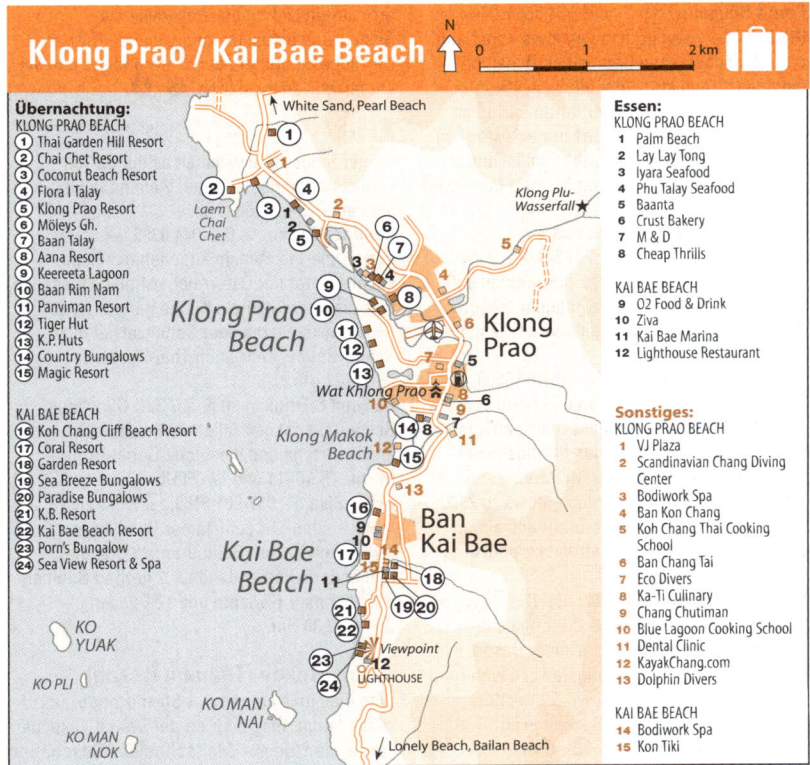

Klong Prao / Kai Bae Beach

N
0   1   2 km

Übernachtung:
KLONG PRAO BEACH
1 Thai Garden Hill Resort
2 Chai Chet Resort
3 Coconut Beach Resort
4 Flora I Talay
5 Klong Prao Resort
6 Möleys Gh.
7 Baan Talay
8 Aana Resort
9 Keereeta Lagoon
10 Baan Rim Nam
11 Panviman Resort
12 Tiger Hut
13 K.P. Huts
14 Country Bungalows
15 Magic Resort

KAI BAE BEACH
16 Koh Chang Cliff Beach Resort
17 Coral Resort
18 Garden Resort
19 Sea Breeze Bungalows
20 Paradise Bungalows
21 K.B. Resort
22 Kai Bae Beach Resort
23 Porn's Bungalow
24 Sea View Resort & Spa

White Sand, Pearl Beach

Laem Chai Chet

Klong Prao Beach

Klong Plu-Wasserfall ★

Klong Prao

Wat Khlong Prao

Klong Makok Beach

Kai Bae Beach

Ban Kai Bae

KO YUAK

KO PLI

KO MAN NAI

KO MAN NOK

Viewpoint
LIGHTHOUSE

Lonely Beach, Bailan Beach

Essen:
KLONG PRAO BEACH
1 Palm Beach
2 Lay Lay Tong
3 Iyara Seafood
4 Phu Talay Seafood
5 Baanta
6 Crust Bakery
7 M & D
8 Cheap Thrills

KAI BAE BEACH
9 O2 Food & Drink
10 Ziva
11 Kai Bae Marina
12 Lighthouse Restaurant

Sonstiges:
KLONG PRAO BEACH
1 VJ Plaza
2 Scandinavian Chang Diving Center
3 Bodiwork Spa
4 Ban Kon Chang
5 Koh Chang Thai Cooking School
6 Ban Chang Tai
7 Eco Divers
8 Ka-Ti Culinary
9 Chang Chutiman
10 Blue Lagoon Cooking School
11 Dental Clinic
12 KayakChang.com
13 Dolphin Divers

KAI BAE BEACH
14 Bodiwork Spa
15 Kon Tiki

schnitte. Während der Flut allerdings bleibt an vielen Stellen kaum noch Sandstrand übrig, und bei Ebbe zieht sich das Meer bis zu 200 m weit zurück. Für unbeschwerte Badefreuden eignet er sich eigentlich nur im südlichen Abschnitt – zwischen dem Pier (Kai Bae Hut) und dem Siam View Resort. Im Bereich der Ringstraße floriert buntes Geschäftsleben, das bei abendlicher Beleuchtung große Wirkung entfaltet. In der Saison kommt es hier sogar zu Staus, weil der Verkehr durch die verengte Hauptschlagader pulsieren muss. Wohl nicht zuletzt deshalb kann sich die neue, in einem Bogen zur Ringstraße angelegte, von Bars, Boutiquen und Beauty Salons angelegte Fußgängerzone einer gewissen Beliebtheit erfreuen. Am südlichen Ende der

Bucht geht es zum schönsten Aussichtspunkt der Westküste und zum neuen Lighthouse (Kasten S. 304).

ÜBERNACHTUNG

Untere Preisklasse

Paradise Bungalows (20), ✆ 039-557 311, 💻 www.paradisebungalows.net. Die gepflegte Anlage schmiegt sich mit 10 ockerfarbenen Bungalows bzw. 20 Zimmern, davon 12 als AC, an einen Hügel. ❸
Auf der anderen Straßenseite bietet das abgespaltete **Sea Breeze Bungalows** (19), ✆ 039-557 151-2, 💻 www.seabreeze bungalows.com, 9 weitere, preiswerte Wohlfühlzimmer mit AC. ❹

Porn's Bungalow ㉓, ☎ 084-784 5665, 080-613 9266, 🖥 www.pornsbungalows-kochang. com. Zwischen alten Bäumen am Meer mit einfachen Ventilator-Bungalows aus Natur-materialien, davon 11 im vorderen und 15 im hinteren Teil der Anlage. Das urige Restaurant mit seinen zahlreichen Plattformen ist das als Bauwerk wohl schönste von ganz Ko Chang. ❸

Mittlere und obere Preisklasse

Coral Resort ⑰, ☎ 039-557 136-9, 🖥 www. kohchangcoralresort.com. Eindrucksvoll auf einer schmalen Landzunge gelegen. 38 gute Zimmer in originellen Bungalows sowie ein Pool mit Panoramablick. ❺

Garden Resort ⑱, ☎ 086-145 9500, 🖥 www.gardenresortkohchang.com. Ein gutes Beispiel dafür, dass man sich auch in einer Unterkunft jenseits des Strands wohl-fühlen kann. Der Holländer Mr. Mause lockt mit 20 wohnlichen Komfortbungalows zu 2500 und 2750 Baht, einem Restaurant und einem schicken, dunkelblauen Salzwasserpool in einem üppigen Garten. ❺

K.B. Resort ㉑, ☎ 039-557 125, 🖥 www. kbresort.com. Schon der originelle Hotelprospekt verspricht ein super Resort. Empfehlenswert mit 30 Bungalows, davon rund die Hälfte mit Ventilator, sowie 20 Komfort-zimmer und eine schicke Rezeption im modernen Neubau-Flügel. ❹–❺

Kai Bae Beach Resort ㉒, ☎ 039-557 132, 🖥 www.kohchangkaibaebeach.com. 35 Holz- und Steinbungalows mit oder ohne AC als architektonisches Sammelsurium, teilweise mit Fensterfronten. ❹–❺

Koh Chang Cliff Beach Resort ⑯, ☎ 039-557 034-5, 🖥 www.kohchangcliffbeach.com. Schön, aber nicht gerade billig. 60 Zimmer verteilen sich über einen Felshang, in der schönen Gartenanlage und am Strand mit Inselblick und Kajakverleih. ❼–❽

Sea View Resort & Spa ㉔, ☎ 039-552 888, 🖥 www.seaviewkohchang.com. Lange etabliert und mit einem imposanten Haupttrakt, ständigen Erweiterungsbauten sowie neuer-dings auch einer vollautomatischen Stand-seilbahn und einem 4-geschossigen, aus Stahlträgern, Treppen und Plattformen

errichteten Lighthouse (teilweise als Restaurant) eines der innovativsten Hotels. Herrliche Einbettung durch Berghänge und die vorgelagerten Inselchen. ❼–❽

ESSEN

An der Ringstraße wimmelt es nur so von verlockenden Restaurants. Viele haben ein allabendliches Grillbuffet.

Kai Bae Marina, ☎ 097-044 0385, 🖥 www. kaibae-marina.com. In angenehmer Atmo-sphäre bietet der Österreicher Roland fast alles, was die internationale Küche hergibt – wie z. B. Steaks, Pizzas oder Schnitzel mit Pilz-Sahne-Sauce, aber auch Thai-Kost. ⏰ 12–22 Uhr.

O2 Food & Drink, ☎ 039-557 321. Günstiges Restaurant mit gemütlichem Holzmobiliar. Thailändische und westliche Gerichte, gute Musik. ⏰ 10–14 und 17–24 Uhr.

Ziva, ☎ 087-801 6159, 🖥 www.ziva restaurant.com. In der Oase ihres idyllischen Garten-Restaurants bietet die Mailänderin Fernanda unter 2 großen Bäumen u. a. 26 Pasta-Gerichte und 12 Desserts. ⏰ 17–22.30 Uhr.

Lonely Beach (Thanam Beach)

Wer diesen 1 km langen Strand noch aus Ur-zeiten kennt, mag sich an der ersten Luxusher-berge, den neuen Maßschneider-Geschäften oder Döner-Ständen im szenigen Palmenwald-Quartier stören – und auch das legendäre Tree House gibt es längst nicht mehr. Trotzdem hat sich hier ein faszinierendes, internationa-les Travellerflair erhalten – durchsetzt von den billigsten Unterkünften der Insel, originellen, günstigen Restaurants, angesagten, luftigen Nachtclubs oder verblüffend geschäftigen Tat-oo-Studios. All dies an dem von Geröll und Man-groven geprägten Küstenabschnitt, aber nicht unbedingt am ersten Kilometer, wo sich der Lo-nely Beach mit gelbem Sand präsentiert. Im Hin-terland verläuft die Ringstraße steil und kurven-reich durch die herrlich sprießende Natur.

Wer nur mal als Besucher vorbeischauen möchte, sollte nach Sonnenuntergang durch das Palmenwald-Quartier streifen oder eine der Strandpartys besuchen, mit denen sich die aus-

DIE OSTKÜSTE

richtenden Resorts und Restaurants täglich abwechseln.

ÜBERNACHTUNG

Neben neuen Luxusresorts finden sich hier nach wie vor etliche Unterkünfte für 200–300 Baht. Sie liegen direkt am Strand, im Palmenwald-Quartier oder beidseits der Ringstraße.

Untere Preisklasse

Café del Sunshine ⑥, ✆ 085-677 3993. In dem stilvoll und behaglich eingerichteten Holzhaus eines einheimischen Ehepaars gibt es nicht nur günstige Küche und gute Infos, ⏱ 7–23 Uhr, sondern auch 9 preiswerte Zimmer. ❶

 **Magic Garden** ⑪, ✆ 083-756 8827, 🖥 www.magicgardenresort.com. Diese urige Anlage empfiehlt sich allein schon wegen ihres Hip(pie)-Restaurants mit mehreren gemütlichen Plattformen, stets gut aufgelegtem Sound und WLAN. Zudem bietet der 39-jährige Holländer Matt 18 preiswerte Zimmer mit Ventilatoren, teilweise als 2-stöckige Bambushütten. ❶–❷

Siam Hut ②, ✆ 086-609 7772, 🖥 www.siamhutkohchang.com. Locker geführte, etwas abgewirtschaftet wirkende Backpacker-Absteige. 100 Zimmer, davon 10 mit AC. Holzterrasse am Meer, ab 18 Uhr allabendliches BBQ. ❶–❷

€ **Ting Tong Bungalows** ⑤, ✆ 081-949 7442. Lauschige Anlage mit 7 einfachen, aber leider nicht immer ganz sauberen Bungalows um einen kleinen Innenhof mit Teich sowie 20 Zimmern mit Fenstern, Ventilator und Gemeinschaftsbad für sagenhafte 200 Baht. ❶

Mittlere Preisklasse

Golden Homestay ⑩, ✆ 084-787 9061, 🖂 goldenhomestay@hotmail.com. Der Franzose Roland bietet 6 behagliche, gut ausgestattete AC-Bungalows mit schönen Bädern. Das Restaurant hat er inzwischen mit Sitzsäcken bestückt und bis in einen Banyan-Baum ausgedehnt. ❸

Lamyai Bungalows ⑧, ✆ 080-619 0703, 🖥 www.lamyaibungalow.com. Idyllische, farbenfrohe Anlage mit 10 Zimmern, davon 2 mit

AC, als gelbe Bungalows mit blauen Dächern und roten Geländern. ❷–❸

Lonely Beach Resort ⑨, ✆ 081-279 5120, 🖥 www.lonelybeach.net. Der Däne Tammes bietet 17 AC-Bungalows in Parallelreihe sowie eine Holz-Plattform mit Bodenkissen. ❸

Seaflower Resort ③, ✆ 081-782 4524. Mrs. Goy bietet 40 schnuckelige, günstige Bungalows mit kleinen Terrassen, davon 24 mit AC, 13 mit Meeresblick und 11 mit Dachterrassen. ❷–❸

Sunset Hut ④, ✆ 089-245 4626. Scheint als Ersatz für das verlustige Treehouse zu fungieren. 26 AC-Bungalows. Angesagtes, hölzernes Terrassen-Restaurant mit Bodenkissen am Meer. ❸

Obere Preisklasse

Nature Beach Resort ①, ✆ 039-558 025, 081-803 8933, 🖂 nature_kohchang@hotmail.com. Mit 57 freakigen Bambushütten unter Palmen, davon die mit AC leider wesentlich teurer, besonders beliebt bei Travellern, die Partystimmung lieben. Aus der hoteleigenen Nature Bar, ⏱ 17–2 Uhr, drängen verstärkt heiße Rhythmen, angesagt ist auch das schöne Strandrestaurant, ⏱ 7.30–22 Uhr. Vermietung von Kajaks für 80 Baht pro Std. ❷ und ❺

Warapura Resort ⑦, ✆ 039-558 123, 🖥 www.warapuraresort.com. Seit 2008 als Luxus-Resort im ultimativen Travellerbereich. 21 ungewöhnliche, großzügig verglaste Bungalows unter einem einsamen Urwaldriesen. Pool und romantische Salas am Meer. ❺–❻

ESSEN

Im szenigen Palmenwald-Viertel verbergen sich allerlei angesagte Nightlife-Spots. Viele bieten eine Happy Hour oder haben rund um die Uhr geöffnet.

 **Himmel Cocktail Bar**, ✆ 082-752 6591. Mit Holzplattform, Sitzkissen und Schischas zum Abhängen, zuweilen auch Livemusik und Disco. Himmel-Drinks 130 Baht, Buckets 200–250 Baht. Neuerdings auch 20 Ventilatoren-Zimmer zu 250 Baht. ⏱ 7–2 Uhr.

Om Bar, ✆ 081-001 5812. Etabliert seit 2000 und – heute geführt von der Holländerin Nicci – noch immer angesagt. Uriger Holzbau mit

2 Etagen und origineller Toilette, sattem DJ-Sound und Samstags-Partys. ⊙ 24 Std.
Stone Free, ✆ 089-229 5946. Der Name ist Programm: In diesem urgemütlichen Restaurant ist (fast) alles aus Treibholz. Wunderschön zum Sitzen, meist auch Livemusik. ⊙ 8–1 Uhr.
The Sunflower, ✆ 084-021 5333, 🖥 www.the-sunflower.com. Zu diesem beliebten Restaurant gehören auch 10 Bungalows und ein Minimarkt. Abends laufen Filme. WLAN. ⊙ 7–22 Uhr.

🏠 **Ting Tong Bar**, S. 313. Absolut angesagt – auch in der Nebensaison, denn Mr. Kachan weiß, was Traveller lieben. Szeniges Restaurant mit Bar, Internetplätzen und günstigen Zimmern. Thai-Gerichte und Cocktail-Buckets. ⊙ 24 Std., Livemusik 19–23 Uhr.

Bailan Beach

Der sich südlich anschließende Strand wurde früher nur als Verlängerung des Lonely Beach betrachtet. Mittlerweile hat er sich durch seine Baumhausresorts an bewaldeten Hängen ein eigenes Profil zugelegt. Auch die Küste ist eher etwas für Romantiker als für Badefreaks, da sie hier von Steinen und Mangroven geprägt wird und das Schwimmen sogar bei Flut schwierig ist. Im Hinterland des Bailan Beach (Bai Lan Beach) windet sich die Ringstraße einmal mehr mit steilen Serpentinen durch den Dschungel.

ÜBERNACHTUNG UND ESSEN

Wer Abgeschiedenheit, Ruhe und Natur sucht, wird es hier gut aushalten. Neuester Gastronomie-Spot ist seit Ende 2012 das **Lisca Beach**, ✆ 090-913 8732, am sandigen Südende der Bucht, wo der Italiener Silvio für 300–380 Baht 35 cm große Pizzas aus dem Ofen zaubert.

🏠 **Bailan Bay Resort** ⑫, ✆ 039-558 022-4, 🖥 bailanbeach-kochang.com. Am Nordende in einem Dschungelhang. 20 wohnliche Bungalows aus Naturmaterialien, davon 10 mit AC (neu und am schönsten sind Nr. 1, 2 und 3). Restaurant mit Meeresblick und guter Küche. ❷ – ❸
Bailan Beach Resort ⑭, ✆ 039-558 173, 🖥 www.bailanbeach-kochang.com. 30 Bungalows in einer Reihe direkt am Strand sowie 14 Zimmer in einem Neubau, alles mit AC.

Hängematten und ein schöner Pool sorgen für eine relaxte Atmosphäre. ❹ – ❺
Orchid Resort & Spa ⑮, ✆ 039-558 137, ✉ info@kohchangorchid.com. Angenehme Anlage mit 20 AC-Bungalows aus Naturmaterialien in 7 Kategorien. Einladende Terrassen und Pool. ❹ – ❻

🏠 **The Mangrove** ⑬, ✆ 081-949 7888, ✉ the-mangrove@mail.com. Im üppigen Dschungel zwischen Ringstraße und Meer verbergen sich 10 rustikale Bungalows aus Naturmaterialien, doch auch das magisch lockende Holzterrassen-Restaurant macht dieses Resort zu den inselweit stilechtesten Unterkünften. Besitzerin ist Mrs. Ying – Tochter des Herausgebers von Thailands größter Tageszeitung *Thai Rath*. ❹

Bang Bao

Das im Südwesten liegende Stelzendorf fungiert als Haupthafen der Insel (Parkplatz: 40 Baht). Fast 30 km vom nördlichen Fähranleger Ao Sapparot entfernt, wird der Hafen von einem schicken, weißen Leuchtturm geziert. Von hier starten die meisten Fähren zu den umliegenden Inseln und fast alle Ausflugstouren. Wer sich an früher erinnert, dürfte Bang Bao heute kaum wiedererkennen: Am Eingang grüßt ein profaner 7-Eleven, während die einstmals beschauliche Siedlung mit einem wuchtigen Betonpier in die Länge und mit teilweise arg klotzigen Homestay/Guesthouse-Unterkünften, etlichen Seafood-Restaurants (spannende Aquarien und Wasserbecken), Kneipen, Tauchschulbasen und Souvenirläden in die Breite gegangen ist. Bei Ebbe läuft die halbkreisförmige Bucht, die sich aufgrund ihrer Beschaffenheit aus Stein und Schlamm nur mancherorts zum Baden anbietet, teilweise trocken.

ÜBERNACHTUNG

Der Übergang zwischen Homestay-Unterkünften und Guesthouses ist fließend, Karte S. 302/303.

🏠 **Koh Chang Sea Hut** ⑬, ✆ 081-285 0570, 🖥 www.kohchang-seahut.com. Diese 7 (von einst 14) romantischen, blauen Pfahlbau-Bungalows zählen mit ihren Terrassen zu den faszinierendsten Übernachtungsmöglichkeiten

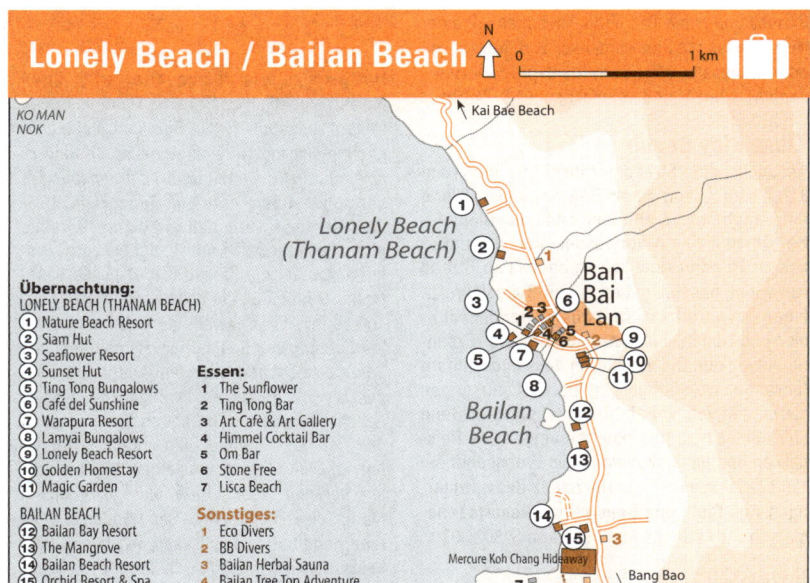

Lonely Beach / Bailan Beach

N

0   1 km

KO MAN NOK

Kai Bae Beach

Lonely Beach (Thanam Beach)

Ban Bai Lan

Bailan Beach

Mercure Koh Chang Hideaway

Bang Bao

Übernachtung:

LONELY BEACH (THANAM BEACH)
1. Nature Beach Resort
2. Siam Hut
3. Seaflower Resort
4. Sunset Hut
5. Ting Tong Bungalows
6. Café del Sunshine
7. Warapura Resort
8. Lamyai Bungalows
9. Lonely Beach Resort
10. Golden Homestay
11. Magic Garden

BAILAN BEACH
12. Bailan Bay Resort
13. The Mangrove
14. Bailan Beach Resort
15. Orchid Resort & Spa

Essen:
1. The Sunflower
2. Ting Tong Bar
3. Art Café & Art Gallery
4. Himmel Cocktail Bar
5. Om Bar
6. Stone Free
7. Lisca Beach

Sonstiges:
1. Eco Divers
2. BB Divers
3. Bailan Herbal Sauna
4. Bailan Tree Top Adventure

DIE OSTKÜSTE

---

auf Ko Chang. Sie thronen über dem Meer, sodass sich die Gäste direkt ins Meer gleiten lassen können. Ebenso viel kosten die 5 Zimmer im Haupthaus, das aus einer imposanten, einzigartigen Holzkonstruktion mit riesiger, üppig bepflanzter Terrasse besteht. **5**

Nirvana Resort ⑭, ✆ 039-558 061-3, 🖥 www.nirvanakohchang.com. Auf einer Landzunge und somit an 2 Buchten gelegen. Macht dem vielversprechenden Namen alle Ehre. 15 Zimmer und 11 wesentlich teurere Bungalows, Restaurant mit Panoramablick auf Bang Bao und 2 Pools – umrahmt von einer grandiosen Vegetation und Landschaft. **5**–**7**

Ocean Blue ⑫, ✆ 081-848 4123, 🖥 www.oceanbluethailand.com. Hölzernes Reihenhaus auf Pfählen. Mrs. Joke bietet 8 kleine, aber wohnliche Zimmer, davon 5 als AC, und eine große Gemeinschaftsterrasse mit schönem Panoramablick auf die Schiffe am Anleger. **2** und **4**

Remark Pu-Zi Hut ⑪, ✆ 081-926 7714, 🖥 www.remarkpuzi.com. Originelles Schilfhüttenresort auf einer Palmenwiese am Ortsrand von Bang

Bao, aber nicht so schön wie das Resort am Pearl Beach. 20 Bungalows mit Ventilator. **2**

ESSEN

Das gastronomische Angebot wird vorwiegend von Seafood-Restaurants und zeitgemäßen Café-Restaurants bestimmt, Karte S. 302/303.

Bangbao Delight, ✆ 039-558 074, 🖥 www.bangbaodelight.com. Beliebtes, ganztägiges Frühstück. Guter Kaffee, großes Tee-Angebot, frisch gepresste Säfte und Leckereien (wie die Schokokugeln) aus eigener Bäckerei. 🕐 6–19 Uhr.

Chowlay Seafood, ✆ 039-558 118. Populärer Marktführer unter den Seafood-Restaurants in Bang Bao und wie auch alle anderen als Pfahlbauterrasse mit viel Holz über dem Meer und von einer gewissen Romantik. Frische Fische und Meeresfürchte, professionell und lecker zubereitet. Seit 2012 sogar mit einem Sushi-Ableger. 🕐 9.30–22 Uhr.

🧳 **Delight Lounge Bar & Restaurant**, ✆ 086-843 8417. Seit Ende 2012 als erster und einziger Grieche der Ostküste. Kostas aus

Rhodos und seine Thai-Frau Am bieten auf einer Holzterrasse mit Panoramablick z. B. Mixed Grill oder Moussaka, aber auch frisch produzierten Joghurt, Tzatziki und Schafskäse. ⏰ 8–24 Uhr.

Klong Kloy Beach

Am südlichsten Strand der Insel bzw. dem rund 3 km östlich von Bang Bao liegenden Klong Kloy (auch Kroy, Koi) Beach endet die Ringstraße. Obwohl das Meerwasser hier aus natürlichen Gründen reichlich trübe an den Strand schwappt, hat sich mit etwa fünf Bungalow-Anlagen sowie urigen Strandbars, Sonnenschirmen und Liegen eine ganz neue Urlauber-Szenerie entwickelt. Die von hier in das Landesinnere führende, weitläufige Lagune darf nur gegen ein Entgelt von 50 Baht erkundet werden. Denn hier dümpeln zu Unterkünften umgebaute Reisbarken und ein siebenstöckiges Wohnschiff mit 125 Luxuskabinen – als Herzstück des einzigartigen **Aun Chaleena Beach Front Resorts** (ehemals Grand Lagoona Resort), Karte S. 302/303.

ÜBERNACHTUNG

Karte S. 302/303.
Das 2010 als Boutique-Resort mit einem schönen Pool eröffnete, teure **Chivapuri Beach Resort** ⑨, ☎ 081-366 8883, 🖥 www.chivapuri resort.com, hat eine Menge Konkurrenz bekommen.
Bang Bao Beach Resort ⑩, ☎ 085-287 3963. Einfach, aber nicht ohne Reiz. 10 Zimmer, davon 7 mit AC, in einer hübschen Reihe aus Holzbungalows mit türkisfarbenen Dächern. ❹
Tropical Beach Resort ⑧, ☎ 039-558 204, 🖥 www.kohchang-tropicalbeach.com. Abgelegenes, ruhiges Boutique-Resort aus 27 Rundbungalows mit Strohdächern und gefälligem Zement-Wasch-Design im Schatten eines Waldes. Imposante Restaurant-Konstruktion, Miet-Mopeds 200 Baht. ❺

Die Ostküste

Im Gegensatz zur Westküste ist dieser Inselteil bisher noch von Touristenmassen verschont geblieben. Grund sind v. a. die Steinstrände und Mangrovenwälder, aber sicher auch die nicht vollendete Ringstraße. So verbirgt sich im Osten noch erfreulich unverbrauchte Natur, Einsamkeit

Die Ringstraße – Reiz und Risiko

Die gern zitierte „Ringstraße" trägt ihren Namen eigentlich zu Unrecht. Denn im Süden fehlen zwischen Bang Bao und Salakphet noch immer einige Kilometer, um den Ring zu schließen! Der Grund dafür liegt angeblich in der schwierigen, bergigen **Topografie**, Insider allerdings vermuten als wahre Ursache eher die Interessen von Landbesitzern. Bisher verbindet die Ringstraße u. a. wichtigen Strände der Westküste, die entlang der Trasse ihre Lage jeweils durch eine enorme **Verdichtung** von Geschäften, Restaurants und Service-Angeboten verraten. Andernorts wiederum reicht der dichte Dschungel noch bis an den Asphalt heran. Die hohen Taxipreise auf der Insel lassen auch viele ungeübte Touristen auf Miet-Mopeds umsteigen. Mit den steilen, kurvigen Abschnitten, wie sie zwischen Klong Son und dem White Sand Beach oder im Hinterland des Lonely Beach an alpine **Spitzkehren** erinnern, sind sie jedoch oft überfordert und verlieren schnell die Kontrolle über ihr Fahrzeug. Was durchaus auch für die Einheimischen gilt – wie sich an der vergleichsweise häufigen Begegnung mit Unfallstellen, Verletzten und Wracks ablesen lässt …

und Idylle. Das trifft auch auf die wenig besuchten und meist nur zur Regenzeit eindrucksvollen Wasserfälle **Nang Yom**, **Klong Nonsi**, **Klong Nung** und **Kheeri Pet** zu. Lediglich der von der Küste mit 5 Min. Fußmarsch erreichbare **Than Mayom**, 200 Baht, genießt größere Popularität. Je höher man hinaufsteigt, desto interessanter werden die Stufen, wie die des King Rama-Wasserfalls. Von hier könn(t)en erfahrene Trekker versuchen, sich als Tagesmarsch bis zum **Klong Plu-Wasserfall** an der Westküste durchzuschlagen. Das aber allenfalls zu dritt oder organisiert (S. 321), damit im Fall von Verletzungen oder Schlangenbissen eine Chance auf Rettung besteht.

Von den Fähranlegern kommend, liegen zunächst die beiden kleinen Siedlungen **Sai Thong** und **Dan Mai** am Straßenrand, bevor nach 20 km **Salakhok** (Salakkok) als eines der inselweit vier größten Dörfer erreicht wird. Mit rustikalen Stegen und Stelzenbauten markiert es den Zugang zu einer Lagune, die sich durch einen der intaktesten Mangrovenwälder Thailands schlängelt. Salakhok scheint der inselweit einzige Ort zu sein, an dem sich seit vielen Jahren rein gar nichts verändert hat – und versteht sich wohl auch als eine Art Freilichtmuseum. Statt Supermärkte, Souvenirshops oder Szenecafés findet man hier Ursprünglichkeit und Fischerromantik.

Besucher können im stillen, örtlichen Restaurant einkehren, mit Kajaks (100–200 Baht pro Std.) in die bizarre Welt der Mangroven vordringen oder sogar Dinner-Kreuzfahrten unternehmen (Kasten S. 319). Wer dieses ausgeklügelte Ökosystem auf weniger schaukelige Weise erkunden will, kann das über einen nicht weit entfernen, rund 1,5 km langen, aufgestelzten Beton-Trail tun. Der Ringstraße weiter nach Süden folgend, landet man nach 4 km in **Salakphet** (Ruang Tan), wo sich einige als Pfahlbauten über dem Meer schwebende Resorts, Homestays und Seafood-Restaurants finden sowie auch drei Marinas. Denn von hier starten die meisten **Segeltouren** durch den Archipel.

Wer sich nach Salakhok auf die östliche Abzweigung der Ringstraße begibt, gelangt nach 25 km nach **Chaek Bae** (Chek Bae, Jek Bae) und damit zu einer Handvoll abgelegener Bungalowanlagen. Von hier führt – z. T. nur als zerfurchte Schotterpiste, aber immer wieder mit sagenhaften Ausblicken – eine 7 km lange, steile und mitten durch tiefen Dschungel geschlagene Piste zum **Long Beach** im Südostzipfel der Insel. Auf rund 400 m flach in das Meer führend, präsentiert er sich als für westliche Besucher wichtigster Anlaufpunkt der Ostküste. Dennoch ist den kleinen Anlagen, die sich hier bisher versucht haben, keinerlei Erfolg beschieden gewesen … Sogar das legendäre, einst vom Lonely Beach zum Long Beach umgesiedelte **Tree House** befand sich mit seinen 45 Bambushütten zum Zeitpunkt der Recherche nur noch im Notbetrieb bzw. fortgeschrittenen Verfall.

Das dürfte v. a. in der Tatsache wurzeln, dass die Strecke hierhin sogar in der Trockenzeit teilweise schwierig zu befahren ist. Sie endet nicht weit vom Long Beach am sog. **Dead End** bzw. dem spartanischen Bambus-Restaurant **Sea**

Breeze (Verleih von Kajaks!) sowie einem herrlichen Blick auf **Ko Ngam**. Die mit einer palmenbewachsenen Sandbank verbundene, an die Silhouette von Ko Phi Phi erinnernde Doppelinsel ist in Privatbesitz und umfasst mit dem **Analay Resort**, 🖥 www.analaykohngam.com, Karte S. 302/303, eine etwas verlassen und verwunschen wirkendes Anlage, deren 20 Bungalows, einige davon sogar zweistöckig und in verblüffend origineller Architektur, meist nur von Tourgruppen aus Bangkok besucht werden. Leider fällt der Blick in diesem entlegenen Zipfel Ko Changs oft auf das hier mit massiven Stelzenbungalows mitten in die herrliche Natur gestampfte **Tan Ta Wan Resort**.

Etwas unwürdig wirkt auch das ziemlich verwahrloste **Ko Chang Naval Battle Memorial**, das an die große Seeschlacht vom Januar 1941 erinnert (s. Umgebung Trat, **eXTra [2876]**). Die Franzosen hatten hier drei thailändische Kriegsschiffe versenkt, die allerdings keine Taucherziele darstellen: Zwar liegen die Wracks der Torpedoboote *HTMS Chonburi* und *HTMS Songkhla* nur etwa 200 m vor der Inselküste, doch beträgt die Sichtweite in dieser schlammigen Gegend meist nur wenige Zentimeter.

ÜBERNACHTUNG

Die wenigen Unterkünfte der Ostküste verteilen sich noch einsam in der weiten Landschaft und werden meist nur am Wochenende frequentiert. An Werktagen sind sie oft erheblich günstiger. Transfers zum Long Beach müssen meist individuell arrangiert werden. Karte S. 302/303

Amber Sands ①, nahe Center Point Anleger, ☎ 039-586 177, 🖥 www.ambersandsbeach resort.com. Sehr ruhiges, gepflegtes Boutique-Resort eines Ehepaars aus Südafrika. Es liegt in einer bunt sprießenden Gartenanlage, die aber eher zum Relaxen als zum Badevergnügen lockt. 8 stilvolle Chalets mit einem Pool. ❺–❻

€ **Ed The Souk Resort** ②, ☎ 081-553 3194, 🖥 www.thesoukkohchang.com. Liegt wie das benachbarte Amber Sands an einem Streifen überraschend rötlichen Sandstrands – als relaxtes, günstiges Boutique-Resort aus 7 weißen, schilfgedeckten Rundbungalows, 3 davon als AC. ❷ und ❹

Ko Changs letztes Geheimnis ...

... besteht in einem Strand, der – weit abgelegen von der Ringstraße und bisher nur über das Meer zu erreichen – mitten an der Südküste liegt. Seit Kurzem jedoch lässt sich der einsame **Wai Chaek Beach** über eine schmale Dschungelpiste auch mit Mopeds oder Pick-ups erreichen (ab Salakphet ca. 20 Min.). Denn dem Besitzer der Ting Tong Bar (s. Lonely Beach, S. 314) ist es gelungen, hier unter dem Namen Waishaek Bungalows die ersten fünf Hütten an einen Hang zu setzen, die in der Saison tgl. um 12.30 Uhr für 300 Baht angefahren werden.

Island View Resort ⑥, Salakphet, ✆ 085-963 5130, 🖥 www.islandview resort-kohchang.com. Unter Leitung von Dieter Düsterdiek und besonders beliebt bei Seglern. Denn von den 9 Zimmern am Ende eines 100 m langen Privatpiers können die Gäste direkt an Bord ihrer Jachten oder Kajaks gehen. An einem Hügel indes liegen einige Wohlfühl-Apartments mit Pool. ❹

Judo Resort ④, bei Chaek Bae, ✆ 089-925 4122. Ganz anders als es der Name vermuten lässt: verschlafene Hideaway-Unterkunft an einem Steinstrand – mit 16 Zimmern, die 3 günstigsten mit Ventilator, Pool und einem langem, romantischem Holzpier. ❷ und ❹

Salakphet Resort & Spa ⑤, Salakphet, ✆ 039-553 099-100, 🖥 www.kohchang salakphet.com. Eindrucksvolles, weitläufiges Boutique-Resort aus Naturmaterialien, das auf Pfählen komplett über dem Meer thront. 22 behagliche, teilweise sehr großzügig verglaste Zimmer. ❺–❼

The Spa Koh Chang Resort ③, bei Salakhok, ✆ 039-552 730, 🖥 www. thespakohchang.com. Schönstes Resort der Ostküste, das rundum Idylle, Ruhe und Gesundheit verspricht. 26 Zimmer in naturnahen Holzbauten – umrahmt von einer herrlichen Gartenanlage mit Pool. Umfassendes Umwelt- und Sozialkonzept. ❺–❻

Long Beach

Long Beach Resort ⑰, ✆ 087-979 4572. Der freundliche, gut Englisch sprechende Mr. Joe bietet 5 einfache Bungalows sowie eine Restaurant-Terrasse mit bestechendem Meeresblick. Ein neuer 2-stöckiger Hotelflügel soll 12 Komfortzimmer bieten, erscheint aber als ewiger Rohbau. ❶

Tan Ta Wan Resort ⑱, ✆ 085-699 5444 (Mr. Wake). Ist zwar eine Bausünde und meist verwaist, aber trotzdem nicht ohne Reiz ... 21 behagliche Komfortzimmer mit Boutique-Charakter, AC und teilweise Balkons – die meisten als massive Stelzenbungalows mit einem Glasboden-Fenster über dem Meer (am schönsten ist Nr. 11). Generatoren-Strom von 18–24 Uhr. Wer mehr als 2 Nächte bucht, wird gratis von der Fähre abgeholt. Bisher fast nur Pauschaltour-Touristen. ❺

Tree House ⑯, zum Zeitpunkt der Recherche fast nur noch als Ausflugs-Spot bzw. mit wenigen Hütten und einem Behelfs-Restaurant in Betrieb, was sich aber auch schnell wieder ändern könnte. ❶

ESSEN

Allein schon die hier aufgeführten Restaurants sind einen Tagesausflug an die Ostküste wert, Karte S. 302/303.

Salakkok Seafood, Salakhok, ✆ 087-132 2962. Bisher die einzige Möglichkeit, in diesem Dorf einzukehren. Hier sollte man sich als seltene Leckerei eine Portion Stachelschnecken *Hoi Nahm* für 150 Baht schmecken lassen, die die Fischer extrem mühsam aus ihren Netzen pulen müssen, oder eine Dinnerkreuzfahrt durch die Mangroven unternehmen (Kasten, S. 319). ⏰ 8–20 Uhr.

Salakphet Seafood, Salakphet, s. o. Lockt im Salakphet Resort & Spa als größtes und wohl auch bestes Seafood-Restaurant der Insel. Am Wochenende füllt es sich meist mit Bangkok-Urlaubern. Wer hier bereits mittags einkehrt, kann schrägen Karaoke-Klängen entgehen und beizeiten an die Westküste zurückkehren. ⏰ 8–21 Uhr.

The Spa Koh Chang, Salakhok, s. o. Als romantisches Terrassenrestaurant lockt es mit hervorragenden, sensationell kreativen

Speisen wie der „Rainbow Vegetable Terrine" (180 Baht), die als bunter Rundkuchen aus Körnern und Kräutern serviert wird. ⏱ 7–21.30 Uhr. **Urai's Place**, Salakphet, ✆ 087-138 3176. Wer gedacht hat, dass es an der Ostküste keine Nürnberger, Gulaschsuppe, Schnitzel oder Bratkartoffeln gibt, irrt sich. Ulli aus Halle an der Saale serviert all das in seinem schummrigen Restaurant. ⏱ 8–20 Uhr.

AKTIVITÄTEN UND TOUREN

Die Möglichkeiten haben sich vervielfacht, oft wird ein kostenloser Transfer-Service angeboten.

Angeln
Sea Hunter Tour, ✆ 039-558 101, 🖥 www. seahuntertour.com, bietet Tages- (9–16 Uhr) und Nachttouren (18–23.30 Uhr) für 1500 Baht mit 4 verschiedenen Booten.

Elefantenritte
Ban Kwan Chang, ✆ 081-919 3995, bei Klong Son. Besitzt einen guten Ruf und wird von der Asian Elephant Foundation unterstützt. 1 Std. liegt bei 500 Baht, 2 Std. kosten meist 900 Baht und umfassen ein vergnügliches Flussbad.
Außerdem bewährt hat sich mit 13 Elefanten an der Zufahrt zum Klong Plu-Wasserfall **Ban Kon Chang**, ✆ 081-940 9420. Weitere „Soft Adventures" mit Dickhäutern organisieren

---

Schlemmen im Mangrovenwald

Als romantischer Geheimtipp locken die in Salakhok von der dörflichen Kooperative **Chang Spirit Club**, ✆ 087-748 9497, inszenierten Dinnerkreuzfahrten durch die bizarre Welt der Mangroven. Zwischen 17.30 und 19 Uhr kann man sich von einem Gondoliere für 1200 Baht (p. P., ab 4 Pers. inkl. Gratis-Transfers) beschaulich und bei Mondschein durch die schimmernden Naturkanäle rudern lassen und dabei ein leckeres Menü mit Weißwein genießen. Zuweilen ist hier sogar eine riesige, absolut perfekte 3-D-Karte von Ko Chang erhältlich.

Ban Chang Thai, ✆ 039-551 474, 🖥 www. banchangthaikohchang.com, oder **Chang Chutiman**, ✆ 08-939 6676, ✉ changchutiman@ yahoo.com. ⏱ meist 8–17 Uhr.

Kajaktouren
Führender Anbieter ist **KayakChang.com**, im Amari Emerald Cove, ✆ 087-673 1923, 🖥 www.kayakchang.com. 12 km lange Tagestouren mit professioneller Führung kosten 2200 Baht und führen zu insgesamt 5 Inseln, mehrtägige Trips beginnen bei 14 500 Baht. Eine große Auswahl am Miet-Kajaks gibt es z. B. im **Kai Bae Hut**, ✆ 039-557 128, sowie an der Ostküste beim **Chang Spirit Club** (Kasten, S. 319) in Salakhok oder an der Kajakstation in Salakphet, ✆ 086-817 6800. Pro Std. meist 100 Baht, pro Tag 500 Baht.

Klettern
Nervenkitzel in Baumwipfelhöhe bietet auf 2 Parcours mit atemberaubenden Hängebrücken, Tarzanschaukeln und Klettermöglichkeiten der **Tree Top Adventure Park** am Bailan Beach, ✆ 084-310 7600, 🖥 www. treetopadventurepark.com, halber Tag 950 Baht, ⏱ 9–17 Uhr.

Kochschulen
In der **Koh Chang Thai Cooking School**, an der Zufahrt zum Klong Plu-Wasserfall, ✆ 081-286 6740, 🖥 www.kohchangthaicooking.com, lehrt Mrs. Nam in Kursen von 9–13 und 15–19 Uhr, (tgl. außer So) für 1200 Baht die Zubereitung von 6 Thai-Gerichten. Ebenfalls professionelle Kochkurse bieten die **Ka-Ti Culinary**, ✆ 081-903 0408, 🖥 kati-culinary.com, oder das **Blue Lagoon Resort**, ✆ 081-940 0649, 🖥 www.bluelagoon bungalows-restaurant.com.

Massagen
Im Palmenschatten am Strand kosten Massagen 200–300 Baht. In der urigen **Herbal Sauna** am Bailan Beach, ✆ 086-252 4744, ⏱ ab 15 Uhr, kosten Haarpflege 50–80 Baht, Sauna 200 Baht und Massagen 350 Baht. Wesentlich teurer, gediegener und absolut professionell geht es in den Niederlassungen von **Bodiwork**

Auf Kreuzfahrt im Archipel

Wer sich auf eine Tagestour durch den Archipel begibt, gewinnt mehr Gefühl für die Ausdehnung und Schönheit dieser Meeresregion. Dazu locken umfunktionierte Fischerboote von etwa zehn Anbietern, mit denen sich mehrere Inseln und schöne Stunden erleben lassen. Die **Sattra**, ✆ 087-617 0340, legt bereits für 600 Baht ab. Mit **Mr. Khai Tour**, ✆ 081-782 1710, kostet es bei bis zu 15 oder 35 Teilnehmern an Bord um die 900 Baht, auf der 22 m langen **Kon Tiki**, ✆ 084-863 8205, sind für 1000 Baht Party-Trips (18–24 Uhr) oder für 1500 Baht sogar Gourmet-Trips möglich.

Die weitesten Runden mit dem größtmöglichen Komfort dreht von November bis April die schnittige **Thai Fun**, ✆ 081-003 4800, 🖥 www.thaifun-kohchang.com, für 1390 Baht inkl. Verpflegung und Schnorchelausrüstung. Die Ein- und Ausschiffung erfolgen idealerweise direkt am Strand, während der Schiffsname Programm ist: Die knuffige Kreuzfahrtchefin Nok Noi und ihre routinierte, stets gelaunte und clubähnlich agierende Crew führen ihre auf bequemem Flechtmobiliar oder Liegestühlen entspannenden Passagiere über die einstigen Routen von Schmugglern und Seeräubern. Obwohl die ehemalige, mit einer 420-PS-Maschine ausgestatteten Ko Samet-Fähre pro Tour gut 230 l Diesel verdichtet und das Schiff bis zu 100 Personen an Bord nehmen darf, gehen der deutsche Besitzer Peter und seine Frau Nok bereits ab acht Passagieren auf Kreuzfahrt. In Sicht kommen dabei insgesamt 15 Inseln – darunter Ko Yuak, Ko Khlum, Ko Rung, Ko Kra, Ko Tilang, Ko Phie, Ko Mak, Ko Kham, Ko Badeng, Ko Lao Ya oder Ko Wai. Meist hängt es von den aktuellen Wetter- und Wellenbedingungen ab, wo zum Baden, Schnorcheln oder Angeln gestoppt wird. Zu den Höhepunkten zählen ein asiatisch-italienisches Mittagsbuffet sowie die Audienz bei einer quirligen Affenhorde, die sich zum Sonnenuntergang ans Meer wagt.

Eine **Kreuzfahrt mit der Thai Fun** präsentiert sich beim Inselhopping im Archipel als ideale Alternative zu den teuren und oft unbequemen Speedboat-Transfers, da die Passagiere auf Ko Mak oder Ko Wai aussteigen und einige Tage später – ohne Aufpreis! – einfach wieder an Bord kommen können … Zudem entfallen auf Ko Chang die lästigen Taxi-Transfers nach/von Bang Bao.

Spa zu – an den Stränden White Sand (im KC Grande Resort & Spa), ✆ 039-555 1399, Klong Prao (an der Ringstraße als neuer Hauptsitz), ✆ 039-551 615, und Kai Bae, ✆ 039-557 222.

Segeln

Die Basis für Segelsport liegt in der Bucht von Salakphet, wo Schulung und Charter u. a. vom **Island View Resort** (S. 318) angeboten werden. Jollen, Hobies oder Katamarane gibt es ab 1500 Baht pro Tag, organisierte Tagestörns kosten 1000 Baht p. P. (bei max. 12 Teilnehmern). Alternative Angebote im nahe gelegenen **Koh Chang Marina Resort & Spa**, ✆ 081-782 6040, oder bei **Gulf Charters Thailand**, 081-813 8023 (s. Pattaya S. 282). **Sea Adventures**, ✆ 084-728 6387 bietet Tagestouren mit einem schnittigen 13 m langen Katamaran.

Tauchen und Schnorcheln

Es gibt rund ein Dutzend Tauchbasen, die meisten unterhalten einen Stützpunkt am Pier von Bang Bao. Ganztägige Schnorcheltouren kosten 600–1200 Baht, 2 Tauchgänge 2500–3000 Baht und 3 oder 4-tägige Open-Water-Kurse ab 14 000 Baht an. Als Unterwasser-Spots locken u. a. die artenreichen Korallenfelsen Hin Look Baht und Hin Sam Sao, als künstliches Riff bzw. Sensation für Wracktaucher das 2012 versenkte 100 m lange Landungsschiff *HTMS Chang 712*, s. **eXTra [8903]**.

Einen professionellen Ruf haben die **Eco Divers**, ✆ 039-557 296, 🖥 www.ecodivers-kohchang.com, das **Scandinavian Chang Diving Center**, ✆ 039-696 530, 🖥 www.changdiving.com, oder die **Dolphin Divers**, ✆ 039-557 030, 🖥 www.scubadivingkohchang.com, sowie **The Dive Adventure**, ✆ 039-558 134, www.diveadventurekohchang.com, oder die **BB Divers**, ✆ 086-129 2305, 🖳 www.bbdivers.com.

Trekkingtouren

Erlebnisreiche Tagestouren bietet der sympathische, drahtige Mr. Rath von **Kongoi Jungle**, ✆ 089-763 0832, 080-773 7009, ✉ kohchang_trekking@yahoo.com. Für 900–1300 Baht führt er passioniert über Dschungelpfade durch dichten Urwald, zu rauschenden Wasserfällen und atemberaubenden Aussichtspunkten auf den Bergen. Zu gleichen Preisen und ebenfalls freakig angehaucht, lockt Mr. Tan(it) von **Tan Trekking**, ✆ 089-832 2531, in die Wildnis, der in Australien Film- und TV-Produktion studiert hat. Als weitere Alternative bietet sich für Tagesgagen von 1200 Baht Mr. Toon von **Jungle Fever**, ✆ 081-588 3324, 🖳 www.junglefever.in.th, an.

SONSTIGES

Einkaufen

Auf Ko Chang gibt es bereits 9 Filialen von **7-Eleven** und 4 etwas günstiger bepreiste von **Lotus Express**, die jeweils 24 Std. geöffnet haben. Wesentlich größer und attraktiver ist der neue **AP Super Market**, ✆ 039-696 999, der sogar über 2 Etagen und eine Rolltreppe sowie im Erdgeschoss über eine Pharmazie und ein modernes Eiscafé-Restaurant verfügt, ⊕ 9–23 Uhr. Ebenfalls am White Sand Beach findet sich der **V-Mart Green Leaf** und als Ableger das **VJ-Plaza** am Klong Prao Beach. ⊕ beide 8–0.30 Uhr.

Geld

Die Zahl der Geldautomaten auf der Insel wächst, Bankfilialen finden sich vermehrt am White Sand und Klong Prao Beach. Wer die Nachbarinseln bereisen möchte, sollte sich ausreichend mit Bargeld versorgen.

Informationen

Die Insel wird mit nützlichen, kostenlosen Broschüren und Inselkarten überschwemmt, die vielerorts ausliegen, s. 🖳 www.whitesandsthailand.com oder 🖳 www.koh-chang.com. Das Top Resort produziert ein eigenes Infomagazin auf Deutsch. Zudem empfehlen sich die Internetportale 🖳 www.kohchangvr.de, 🖳 www.kohchang2.com, 🖳 kohchangers.com, 🖳 www.welove-kohchang.com, 🖳 kohchangsun.com, oder 🖳 www.koh-chang-islands.com. Interessante und gewitzte Insiderinfos für Traveller gibt der Brite Ian auf 🖳 iamkohchang.com.

Medizinische Hilfe

Die **International Clinic Koh Chang** der renommierten Bangkok-Gruppe liegt an der Ringstraße südlich vom White Sand Beach, ✆ 039-551 555. Die am Klong Prao Beach liegende **Koh Chang Dental Clinic**, ✆ 039-557 235, wird von einem guten, englischsprachigen Zahnarzt betrieben.

Mietfahrzeuge

Mopeds kosten 200–250 Baht pro Tag, sind vielerorts zu mieten und empfehlen sich v. a. bei entlegenen Resorts als Unterkunft (Unfallgefahr, Kasten S. 316). **Autos** werden meist als Suzuki Carrebeans, kleine Toyotas oder auch Pick-ups für 1300–1500 Baht angeboten. **Fahrräde**r gibt es nur selten, doch Mr. Harald, Stützpunkt am Klong Prao Beach, ✆ 085-917 6479, hat für 150 Baht pro Tag gepflegte **Mountainbikes** mit 24 Gängen zu bieten.

NAHVERKEHR

Auf der Insel verkehren **Pick-ups** von 7–20 Uhr als Sammeltaxis. Für die Hauptroute von den Anlegern zum White Sand Beach werden 50–60 Baht p. P. berechnet, bis zum Lonely Beach 80–100 Baht (40 Min.) und nach Bang Bao am Ende der Strecke 150 Baht. Charter-Fahrten sind weniger beliebt, da je nach Ziel mit 200–600 Baht ziemlich teuer, was besonders in der Dunkelheit gilt.

TRANSPORT

Busse

Sämtliche (Mini)Bus-Transfers können in den Hotels oder etlichen kleinen Reisebüros des Ko Chang-Archipels gebucht werden. Günstig und bequem ist der **Bus Nr**. **999**. Er startet gegen 10.30 und 14 Uhr von den Festlandsanlegern Center Point und Ao Thammachat, um

für 280 Baht den Suvarnabhumi Airport und anschließend den Eastern Bus Terminal Ekamai anzusteuern.
Für Busverbindungen ab Trat S. 298, „Transport".

Minibusse

An allen 3 Festlandsanlegern von LAEM NGOP warten Minibusse, die für 300–350 Baht nach BANGKOK fahren. Wer seinen Platz im Voraus bucht, kann sich um 7.30, 11 oder 14 Uhr von der Unterkunft auf Ko Chang abholen lassen, um dann nach dem Übersetzen gegen 13 Uhr auf dem Festland zu starten: Nach Bangkok oder zum Suvarnabhumi Airport 700–800 Baht, nach BAN PHE (Ko Samet, 180 km) inkl. Überfahrt zur Insel 500 Baht oder nach PATTAYA (250 km) 500 Baht.
Minibusse über ARANYAPRATET nach SIEM REAP (Fahrzeugwechsel an der Grenze) kosten 400 Baht, über KOH KONG nach PHNOM PENH oder SIHANOUKVILLE 1200 Baht. Auf professionelle Transfers aller Art und günstige Trips nach Kambodscha spezialisiert hat sich **Kaittipol Tour**, ✆ 081-781 6816 (Mrs. Cat), 083-807 5623 (Mrs. Soom), 🖷 039-597 645, ✉ kaittipol@gmail.com, am Krom Luang Pier, 🕐 8–20 Uhr.

Taxis

Nach BANGKOK 3500 Baht, nach PATTAYA um die 3000 Baht und nach BAN PHE (Ko Samet) 2800 Baht (bei Abholung vom Hotel auf Ko Chang und inkl. Fährkosten jeweils 1000 Baht mehr).

Flüge

Bangkok Airways hat ein Inselbüro am White Sand Beach, an der Ringstraße, ✆ 039-551 654-5, 🖷 551 656. 🕐 8–12 und 13–17.30 Uhr. Infos S. 298, Trat, Transport.

Ko Wai

Diese 6 km südöstlich von Ko Chang liegende Insel verfügt über mehrere Hügel sowie eine Vegetation aus Bananenstauden, Mango-Bäumen und Kokospalmen. Hauptattraktion sind die kleinen Strände, von denen einige wahrhaft paradiesisch wirken. Zwischen 10 und 16 Uhr wird die Idylle verstärkt durch Tagesausflügler gestört. Die Korallengärten beginnen meist schon in unmittelbarer Strandnähe, doch leider sind weite Flächen abgestorben. An den Koh Wai Paradise Bungalows gibt es einen Weg von der Nord- zur Südseite, der etwa 15 Min. in Anspruch nimmt. Verglichen mit den Nachbarinseln erscheinen Standard und Komfort der Unterkünfte überraschend niedrig. Fähranbindung S. 298 und S. 299.

ÜBERNACHTUNG UND ESSEN

Von Juni–September sind 5 der insgesamt 6 Anlagen, deren Bungalows teilweise nicht einmal über Ventilatoren verfügen, geschl. **Ao Yai Ma (Grandmother)**, ✆ 081-841 3011. Abgelegenes Hideaway auf dem hügeligen, östlichsten Inselpunkt mit 6 einfachen Bungalows mit Ventilatoren, Elektrizität von 18–22.30 Uhr. Viel Ruhe, beschauliches Restaurant auf einer Bergkuppe. ❶–❷
Good Feeling Bungalows, ✆ 081-850 3410. Direkt am Hauptpier liegende, ursprünglich einzige Anlage der Insel mit 12 spartanischen Bungalows, davon einige mit Elektrizität von 18–23 Uhr.
Koh Wai Beach Resort, ✆ 081-306 4053, 🖳 www.kohwaibeachresort.com. Auf der „Rückseite" bietet der welt- und wortgewandte Mr. Pan(uwat) den meisten Luxus der Insel – mit 35 Zimmern in 4 Bungalow-Kategorien. Strom gibt es von 15–9 Uhr. ❺–❼
Koh Wai Pakarang (Coral) Resort, ✆ 084-113 8946, 🖳 www.kohwaipakarang.com. Professionellstes Resort und als einziges ganzjährig geöffnet. 28 Zimmer, bei Bedarf mit AC, in 7 Kategorien, bei den Holz- und Zementbauten mit 24-stündiger Elektrizität. Neues, schönes Pier-Restaurant im Meer. Vom Strand aus kann man direkt im Riff schnorcheln gehen. ❷–❺
Koh Wai Paradise Bungalows, ✆ 081-762 2548, ✉ kohwaiparadise@hotmail.com. Dicht am Hauptpier, wo sich die meisten Tagestouristen tummeln. Einfach, aber beliebt. 30 Zimmer als Stelzenbungalows ohne Strom bzw. ohne Ventilator oder AC, aber mit Gemeinschaftsbad. Restaurant mit kleinem Laden. ❶

Ko Mak

Rotbraune Lavaformationen, rauschende Palmenwälder, bunt-belebte Korallenriffe, zwei fotogene Nachbarinseln und herrliche Sonnenuntergänge: Wer auf dem 25 km südöstlich von Ko Chang liegenden, mit seichten Buchten, wunderschönen Naturstränden und einer sagenhaften Ruhe gesegneten Ko Mak (Ko Maak) anlandet, hat das Gefühl, auf eine geheimnisvolle Schatzinsel gelangt zu sein. Das kleeblattförmige, 16 km² kleine Eiland ist das drittgrößte des Archipels und vulkanischen Ursprungs.

Die etwa 1000 Bewohner leben nicht in einem Dorf, sondern verteilt über die Insel. Es gibt keine Hektik, kaum Kommerz und nur wenige, oft etwas abenteuerlich anmutende Insel-Fahrzeuge. Vor rund hundert Jahren war Ko Mak – wie auch die benachbarten Eilande Ko Kham und Ko Rayang – als Geschenk von König Rama V. an die Familien Suttitanakul, Wongsiri, Taveteekul, Chantasutra und Suksathit übertragen worden. Dass diese Clans noch heute die Geschicke bestimmen, bezeugt nicht zuletzt die kürzliche Benennung der wichtigsten Inselstraßen. Mehr Aufschluss vermittelt das in einem 80 Jahre alten Holzhaus untergebrachte **Museum**, ⏰ 10.30–17 Uhr.

Obwohl sich allein der **Ao Kratueng Beach** (Ao Kathueng) als Hauptstrand über eine Länge von 5 km erstreckt, gilt die mit Kautschuk- und Kokospalmenplantagen überzogene „Insel der Betelnüsse" nicht unbedingt als klassisches Badeziel. Dass Ko Mak in den Reiseführern gern für sein leidiges Sandfliegenproblem, den angeschwemmten Müll oder das hohe Preisniveau gerügt wird, scheint die touristische Entwicklung nicht weiter zu beeinträchtigen: Inzwischen gibt es schon über 30, meist geschmackvoll ausstaffierte Resorts, immer mehr Restaurants sowie zwei Tauchbasen. Ihre Betreiber sprechen überraschend oft Deutsch. Angezogen fühlen sich besonders Familienurlauber.

Als weitere Pluspunkte Ko Maks gelten, dass die Insel bisher kaum von Russen besucht wird, als Paradies für Fahrradfahrer gilt und zum Hauptzielort des alljährlichen Musik-Festivals **Thai Break**, 🖥 thaibreak.net, gekürt worden ist.

In der Regenzeit bleiben Ko Chang, Ko Mak und Ko Kood über die Fähren vom/zum Festland (S. 299) angebunden, während der Hochsaison eröffnen sich – jenseits der Tageskreuzfahrten (S. 326) – durch zusätzlich verkehrende Slow- und Speedboats vielfältige Möglichkeiten zum Inselhopping.

VON KO CHANG (Bang Bao) geht es mit den Schnellbooten von **Bang Bao Boat**, 📞 087-054 4300, um 9.30 und 12 Uhr nach Ko Wai (20 Min., 400 Baht), Ko Kham (40 Min., 550 Baht), Ko Mak (40 Min., 550 Baht), Ko Rayang (45 Min., 550 Baht) und Ko Kood (90 Min., 950 Baht). Das Slowboat startet um 9 Uhr und kostet je nach Ziel 300 oder 400 Baht, bis nach Ko Kood 600 Baht.

VON KO MAK (Koh Mak Resort) geht es mit den Schnellbooten von **Bang Bao Boat** (s. o.) per Schnellboot um 10 und 13 Uhr über Ko Wai (20 Min., 300 Baht), nach Ko Chang (45 Min., 550 Baht), mit dem Slowboat um 12 Uhr über Ko Wai (200 Baht, 1 Std.) nach Ko Chang (2 Std., 400 Baht). Die Schnellboote nach Ko Kood (40 Min., 400 Baht) fahren um 10.30 und 13 Uhr ab. Zudem werden die Strecken von **Kai Bae Boat**, 📞 090-506 0020, 🖥 www.kohchangboat.com, abgedeckt.

VON KO KOOD erfolgt die Abholung mit den Schnellbooten meist über den Seeweg direkt aus den Resorts. Wer bereits über andere Inseln nach Ko Kood angereist ist, sollte nicht mit Speedboats dorthin zurückkehren, sondern mit **Koh Kood Princess** (s. Trat, Transport) preiswert und bequem nach Laem Sok gelangen, um dann von dort auf dem Festland weiterzureisen.

Charterboote für privates Inselhopping kosten je nach Entfernung um die 1500–5000 (Slowboats) bzw. 3000–12 000 Baht, s. 🖥 www.kohkoodboat.com.

Inzwischen haben die meisten Anlagen das ganze Jahr über geöffnet – ausreichend Elektrizität liefert das inseleigene Kraftwerk, das pro Std. allerdings 80–120 l Diesel verdichtet.

Untere Preisklasse

€ **Ao Pong Resort** ⑬, Ao Pong, nur 500 m vom Ao Nid Pier, ☏ 090-780 7867 (Michal), 080-640 4633 (Riam), 🖥 www.aopong. com. Abgelegen an der Ostküste bzw. der Sonnenaufgangsseite von Ko Mak bzw. in einer schönen Bucht mit Felsenstrand. Das polnisch-thailändische Besitzerpaar bietet 7 günstige Bungalows, davon 3 als AC, mit Terrasse und Meeresblick. Gute Küche. ❷–❸

€ **Island Hut Resort** ⑩, Ao Kao, ☏ 083-139 5537. Urwüchsig, spartanisch und billig – als klassische Travellerunterkunft in bester Strandlage. 20 Zimmer mit Ventilator und Innenbad, die etwas teureren direkt am Strand. ❶–❷

Kham Nature Resort ⑦, Ao Kratueng, ☏ 081-303 1229. Viel Platz, wenig Flair. Lebt vorwiegend von der genialen Strandlage, dem schönen Blick auf Ko Rayang und dem liebenswerten Manager Khun Lor. 18 Zimmer, davon 10 mit AC und teilweise schon für 1200 Baht. ❸–❺

Monkey Island Resort ⑨, Ao Kratueng, ☏ 089-501 6030, 🖥 www.monkeyislandkohmak. com. Beliebtes Resort aus einfachen Bali-Hütten – gerühmt für fulminante Samstag-Partys. 40 Zimmer, davon 28 mit Ventilator, und die billigsten mit Gemeinschaftsbad. Manager Mr. Nou, die von Gästen hinterlassenen Gemälde und 2 aufgesägte VW-Bullis sorgen für besonderes Flair. ❷ und ❹–❺

🧳 **Suchanaree Resort** ①, ☏ 083-605 2413. Nur einen Steinwurf vom Koh Mak-Resort, aber mit Geheimtipp-Charakter. 10 rote Holzbungalows mit Ventilatoren und Terrassen in einer herrlichen, tropischen Gartenanlage mit schönem Sandstrand. ❷

Mittlere und obere Preisklasse

🧳 **Ao Kao Resort** ⑫, Ao Kao, ☏ 083-152 6564, 🖥 www.aokaoresort.com. An einem malerischen Strandabschnitt als eine der beiden ältesten Anlagen (Gründer Khun Somchai hat mehrere Jahre in Deutschland studiert und zählt zu den Patriarchen Ko Maks). Gut geführt mit 23 AC-Bungalows (am schönsten sind Lanna Nr. 1–6, die Sunset-Villen Nr. 1, 2 und 3 oder die Talae Dao). Schönes Restaurant mit Liege-Möglichkeiten und Romantik-Sala am Meer sowie eine neue Bar mit großem Schachbrett-Feld. ❺

Bamboo Hideaway Resort ⑥, Ao Pai, ☏ 039-501 085, 🖥 www.bamboohideaway.com. Abgelegenes Boutique-Resort mit 8 AC-Zimmern und Pool. Die italienischen Besitzer Massimo und Francesca stehen zum Wohl ihrer Gäste gern in der Küche. ❺–❻

🧳 **Good Time Resort** ⑤, zwischen Ao Suanyai und Ao Kratueng, ☏ 039-501 000, 088-887 1607, 🖥 www. goodtime-resort.com. In reizvoller Hügellage bzw. einer weitläufigen tropischen Garten-anlage sowie nur wenige Gehminuten von den schönen Stränden. Individuell gestaltete Teakholzvillen und moderne Apartments mit maximaler Privatsphäre, Ruhe und Entspannung. Perfekte Betreuung durch Besitzer Mr. Yodying, seine deutsche Frau Kerstin und ihr Team. ab ❺

Koh Mak Coco Cape ④, Ao Suanyai, ☏ 039-501 003, 🖥 www.kohmakcococape.com. Gestaltet von 2 Architekten-Brüdern in herrlicher, landschaftlicher Lage an der Nord-westküste. Empfehlenswert als romantischstes und kreativstes Resort mit 39 ganz unterschied-lichen Bungalows, davon 16 mit Ventilator und 9 mit Gemeinschaftsbad. ❹–❽

Koh Mak Resort ②, Ao Suanyai, ☏ 039-501 013, 🖥 www.kohmakresort.com. Als älteste Anlage im Nordwesten mit einem der insgesamt 3 Inselpiers und dem besten Badestrand Ko Maks. 22 Komfortzimmer mit Pool, Surfshop und Kajak-Verleih. ❺–❻

Makathanee Resort ⑧, Ao Kratueng, ☏ 087-600 0374, 🖥 www.makathanee.com. Gilt als einzige Bausünde von Ko Mak, der Besitzer als eine einflussreiche Person. 31 teilweise ziemlich teure Komfortzimmer sowie als günstigste Option 10 üppig verglaste Beachfront-Bungalows. ❻–❽

Palm Beach Resort ⑪, Ao Kao, ☏ 084-659 7437, 🖥 www.palm-beach-resort.com. Von den Sachsen Lutz und Peter bestens geführt und gepflegt, zählt diese Anlage zu den inselweit schönsten. 8 Wohlfühlbungalows mit origineller Architektur und Dachterrassen sowie ein schnuckeliger Pool. ❺–❻

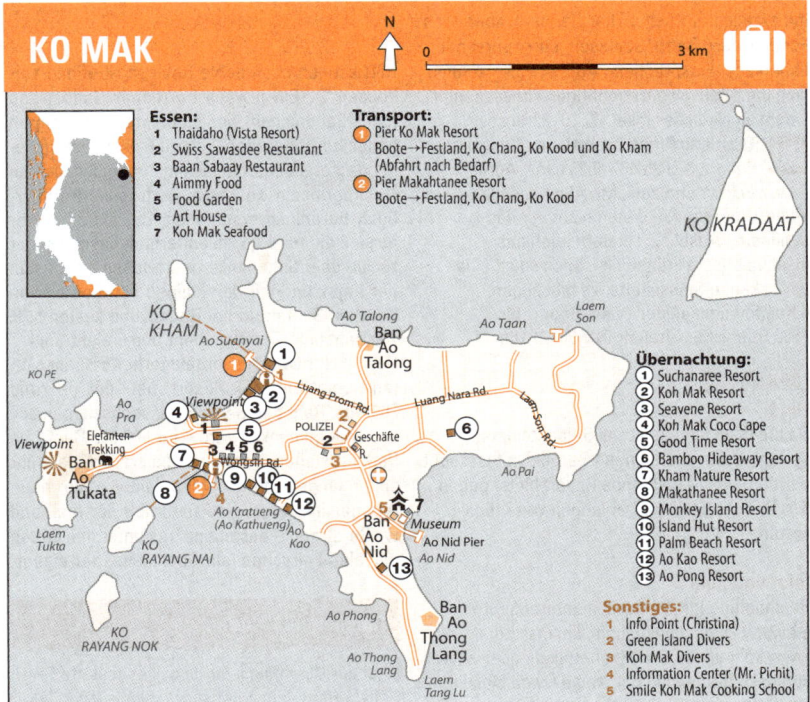

KO MAK

N ↑ 0   3 km

Essen:
1 Thaidaho (Vista Resort)
2 Swiss Sawasdee Restaurant
3 Baan Sabaay Restaurant
4 Aimmy Food
5 Food Garden
6 Art House
7 Koh Mak Seafood

Transport:
① Pier Ko Mak Resort
Boote→Festland, Ko Chang, Ko Kood und Ko Kham
(Abfahrt nach Bedarf)
② Pier Makahtanee Resort
Boote→Festland, Ko Chang, Ko Kood

Übernachtung:
① Suchanaree Resort
② Koh Mak Resort
③ Seavene Resort
④ Koh Mak Coco Cape
⑤ Good Time Resort
⑥ Bamboo Hideaway Resort
⑦ Kham Nature Resort
⑧ Makathanee Resort
⑨ Monkey Island Resort
⑩ Island Hut Resort
⑪ Palm Beach Resort
⑫ Ao Kao Resort
⑬ Ao Pong Resort

Sonstiges:
1 Info Point (Christina)
2 Green Island Divers
3 Koh Mak Divers
4 Information Center (Mr. Pichit)
5 Smile Koh Mak Cooking School

DIE OSTKÜSTE

Seavene Resort ③, Ao Suanyai, ✆ 085-641 6566, 🖥 www.seavenekohmak.com. Ab Ende 2013 im Rahmen einer Erbteilung bzw. Abspaltung der 22 modernen Chalets vom Koh Mak Resort geplant, 8 weitere sollen noch dazukommen. ❻

ESSEN

Die meisten Restaurants liegen an der Wongsiri Rd. bzw. im rückwärtigen Bereich des Ao Kratueng.

Aimmy Seafood, ✆ 087-136 8085. Empfehlenswert – mit guter Erreichbarkeit, urgemütlichem, bunten Holzmobiliar und den meisten Gerichten bis 90 Baht. ⏲ 9–23 Uhr.

Art House, ✆ 089-965 2872. Kultverdächtig – mit guten Partys, Live-Bands und Cocktails sowie angesagten Happy Hours. Inhaber Khun Jae hat viele Maler als Freunde. ⏲ ab 12 Uhr.

Baan Sabaay, ✆ 090-830 2815. Beliebtes Restaurant mit Bar und Ambiente. Leckeres Cordon Bleu mit Rösti (320 Baht), üppige Banana Splits (120 Baht) und gut geschüttelte Cocktails (180 Baht). Der nette Schweizer René hilft gern mal bei PC-Problemen. ⏲ 6–1 Uhr.

Food Garden, ✆ 081-791 1042. Als schöner, weitläufiger Garten, in dem man mit den Füßen im Sand und ab 19.30 Uhr Livemusik im Ohr günstig speisen und trinken kann. ⏲ 8–23 Uhr.

Koh Mak Seafood, Ao Nid, ✆ 089-833 4474. Nicht unbedingt heimelig, aber jedes Gericht mit Fisch oder Meeresfrüchten ein kulinarischer Volltreffer. Gratis-Transfers. ⏲ 10.30–21 Uhr.

Swiss Sawasdee, Ao Khao, ✆ 089-965 5873 (Markus), 086-026 6202 (Bunyang), 🖥 www.swiss-sawasdee.ch. Schön luftig im Grünen –

mit exzellenter Küche. Thai-Gerichte, aber auch Fondues (950 Baht), Goulasch, Currywurst oder Leberkäse. Entsprechend Appetit holen können sich die Gäste im dazugehörigen Fitnesscenter – dem einzigen der Insel. ⏱ 10–22 Uhr.

📖 **Thaidaho (Vista Resort)**, am Good Time Resort, ☎ 085-136 4529 (Nov–April), 🖥 www.thaidaho.com. Mr. Allen aus Idaho und seine Thai-Frau Kat bieten nicht nur den schönsten Ausblick, sondern auch das inselweit beste Frühstück – auch sonst eine verlockende Speisekarte. Es gibt sogar 4 Komfortzimmer, der „Vista Room" für 1500 Baht ist ein Traum. ⏱ 7.30–21 Uhr.

SONSTIGES

Geld
Da die Insel über keinerlei Geldautomaten verfügt, sollte ausreichend Bargeld mitgebracht werden. Das Makathanee Resort bietet gegen 5 % Gebühr Cash-Auszahlungen von Kreditkarten.

Informationen
Reichhaltige Infos gibt es im Internet auf 🖥 www.kohmakguide.com, kohmak.com, www.kohmak.de, www.koh-mak.de oder www.kohmakinformation.com. Keine Frage bleibt von der Österreicherin Christina unbeantwortet, die schon seit 14 Jahren den **Info Point**, ☎ 085-665 3794, ⏱ 9–20 Uhr, im Koh Mak Resort betreibt. Ähnlich profunde Auskunft wird in dem am Makathanee Resort liegenden **Information Center** von Mr. Pichet, ☎ 081-870 6287, erteilt. ⏱ jeweils ca. 8–20 Uhr.

Kochschule
Wer sich bei Khun Leng in der **Smile Koh Mak Cooking School** , ☎ 081-901 9972, 🖥 www. smilekohmak.com, thailändische Kochkunst (4 Std. für 1200 Baht) aneignet, erlernt vielleicht auch das Lächeln.

NAHVERKEHR

Taxifahrten (je nach Strecke 50–100 Baht, abends etwas teurer) per Pick-up bietet **Ling Taxi**, ☎ 090-415 7893.
Für die Möglichkeiten der An-, Ab- und Weiterreise per Boot S. 298 und 299.

Ko Rayang und Ko Kham

Hier können noch echte Robinson-Gefühle aufkeimen … Ein jeweils herrlicher Sandstrand (ohne Sandfliegen), von dichtem Dschungelgrün bedeckte Höhenzüge, bizarre Felsen und umliegende Korallengärten lassen die beiden kleinen Nachbarinseln Ko Maks als tropische Bilderbuch-Paradiese erscheinen. Bei extremer Ebbe sind die rund 1,5 km entfernten Eilande sogar zu Fuß über Sandbänke zu erreichen, ansonsten per Kajak und mit den kleinen Fährbooten von Ko Mak. Sie fahren bei Bedarf und kosten p. P. 200 Baht (inkl. Zutrittsgebühr und Freigetränk).

Das im Nordwesten vorgelagerte **Ko Kham** (Abfahrt vom Koh Mak Resort) hat 2008 für rund 200 Mio. Baht den Besitzer gewechselt, nun soll es – wie gemunkelt wird – für 600 000 Baht zum Verkauf stehen. Von dem Luxusresort, das hier schon lange eröffnen sollte, fällt v. a. der neue Anleger ins Auge. Und natürlich der gleißend weiße Strand – bestehend aus unter den Füßen gewaltig knirschendem Quarzsand, der eigent-

Tauchen und Touren

Mit der Übernahme durch das engagierte Taucherpaar Ralf und Christine sind die lange etablierten, ehemaligen „Paradise Divers" in deutscher Hand verblieben und nennen sich jetzt **Green Island Divers**, ☎ 084-866 1050, 084-868 6263, 🖥 www.greenislanddivers-kohmak. com. Tagestouren mit 2 Tauchgängen kosten 2400 Baht, Wracktauchen an der HTMS Chang (S. 317) 3500 Baht. Die **Koh Mak Divers**, ☎ 083- 297 7724, 🖥 www.kohmakdivers.com, indes bestehen aus einer sympathischen britisch-holländischen Familie.

Vielerorts lassen sich **Fahrräder** mieten, aber natürlich auch **Mopeds** (80 Baht pro Std., 300 Baht pro Tag). Fast jedes Resort verfügt über eine eigene Inselkarte, von der Website 🖥 www.dasta.or.th lässt sich die Broschüre *Bike Trial Guide – Ko Mak Low Carbon Island* herunterladen. 2-stündige Erkundungstouren mit dem Pick-up von **Mr. Nine**, ☎ 089-752 5292, oder **Mrs. Rueng**, ☎ 089-833 4474, kosten 1000 Baht.

lich zur Produktion von Glasflaschen gedacht gewesen und für horrendes Geld aus Rayong herbeigeschafft worden ist.

Das im Südwesten vorgelagerte **Ko Rayang Nok** (Abfahrt vom Kham Nature Resort) befindet sich ebenfalls in Privatbesitz. Die Form der 12 000 m kleinen Insel erinnert an einen liegenden Elefanten, und die gibt es hier tatsächlich, aber unter Wasser: 2012 wurden im Rahmen des Projekts „Art for Ocean" neun lebensgroße Zement-Elefanten versenkt, die in 10 m Tiefe als künstliche Riffe und Taucherattraktion fungieren sollen. Nach der etwa zehnminütigen, an der Schwesterinsel **Ko Rayang Nai** vorbeiführenden Überfahrt von Ko Mak, landet man an einem paradiesisch schönen Strand. Auch sonst herrscht hier pure Idylle – zumal die nur wenigen Besucher stets eine harmonische Gemeinschaft bilden (Achtung: Tagesgäste nur von 10–16 Uhr willkommen).

Auf beiden Inseln gibt es jeweils nur eine einzige Unterkunft, was auch so bleiben dürfte. **Ko Kham Resort**. Diese einstige Anlage aus Naturmaterialien soll durch ein 200 Mio. Baht teures Resort mit 24 exklusiven Poolvillen ersetzt werden, doch damit geht es nicht so recht voran. **Rayang Phurin Resort**, ☎ 081-703 2657 (Mr. Jeap), ☎ 086-399 3880 (Mrs. Nan), 🖥 www.rayangphurinresort.com, www.rayang-island.com. Seit 2006 und beschaulich, aber nicht gerade billig. 9 einfache Ventilatoren-Zimmer in 12 weiß getünchten Holzbungalows der Kategorien Beachside und Hillside. Elektrizität meist nur von 18–23 Uhr, zuweilen auch Wasserprobleme. Im Restaurant bedient – natürlich – das sympathische Manager-Pärchen. ❹–❺

Ko Kood

Wie aus dem Bilderbuch entsprungen scheint Ko Kood. Dass die mit 130 km² viertgrößte Insel Thailands bisher noch mit so viel Ursprünglichkeit überraschen kann, verdankt sie ihrer exponierten Lage bzw. der Nähe zu Kambodscha, aber nicht zuletzt auch ihren Bewohnern, die bisher ganz gut ohne Touristenmassen ausgekommen sind und – das Schicksal von Ko Chang direkt vor Augen – fast alle gegen eine rasche Entwicklung sind.

Der Reiz von Ko Kood (Ko Kut) wurzelt v. a. in der bisher fast unversehrten Kulisse. Die etwa ein Dutzend Strände erstrecken sich – wie auch der zum Hauptstrand avancierte, 700 m lange **Ao Klong Chao** – entlang der Westküste. Meist halbmondförmig geschwungen, weitgehend ursprünglich begrünt und malerisch von Lagunen gesäumt, führen sie flach in das glasklare Meerwasser. Im Inneren der von Bergen und Dschungel durchzogenen Insel faszinieren die Wasserfälle **Klong Chao**, **Klong Yai-Kee** und **Khao Din Daeng**, deren große Felsenbecken zu paradiesischem Badevergnügen locken. Mancherorts ragen sogar imposante Urwaldriesen mit Avatar-Ambiente empor, die hier **Makka Trees** genannt werden. Die etwa 2000 Bewohner leben in den Pfahlbaudörfern **Ao Salad** (Ankunft der Fähren vom Festland) und **Klong Mat** sowie **Ao Yai** im Südosten, das glattweg als Kulisse für einen Piratenstreifen dienen könnte. Bisher gibt es erst 100 Pick-ups auf Ko Kood und kaum mehr als 50 km betonierte Piste. All das gepaart mit einer Infrastruktur, die ohne klimatisierte Supermärkte und jegliche Bankenfilialen auskommt, ohne Sonnenstuhlverleiher und Taxis sowie auch ohne nennenswerte Kriminalität.

Mit besonderer Authentizität bzw. erhöhtem Wohlfühl-Charakter präsentieren sich auch die meisten der etwa 50, oft nur wenige Zimmer bietenden Unterkünfte: In den Strandresorts verleiten weitläufige Palmenwiesen schon beim Einchecken dazu, umgehend wie dauerhaft die Schuhe abzustreifen, in den heimeligen Homestay-Resorts sind es behagliche Böden aus Edelholz ... Das Preisniveau liegt im Vergleich zu anderen Inseln jedoch höher. Davon zeugt nicht zuletzt auch das 2009 an der Nordwestküste eröffnete, extravagante **Soneva Kiri Resort**, das u. a. mit Übernachtungspreisen ab ca. 60 000 Baht, einem eigenen Flugplatz und vielen anderen Superlativen aufwarten kann – was immerhin schon Angelina Jolie mitsamt Brad

Pit und sämtlichen Kindern angelockt hat oder auch Jennifer Lopez und David Beckham, der sich hier sogar eingekauft haben soll. Übrigens ist auch die populäre Kino-Komödie *Türkisch für Anfänger* hier gedreht worden.

Was die von Ko Kood beglückten Besucher jedoch spätestens beim Verlassen der Insel bedrücken dürfte, ist die Gewissheit, dass dieses Paradies in der erlebten Weise schon bald verloren sein wird. Denn die Entwicklung des Eilands schreitet gnadenlos voran, was v. a. mit dem Verlust von Natur und Ursprünglichkeit bezahlt werden muss. Dass lässt sich zuallererst am üppigen Bau neuer Straßen ablesen, doch ist sogar eine Stromversorgung vom Festland im Gespräch sowie leider auch eine Anbindung mit Autofähren oder gar ein (weiterer) inseleigener Flughafen.

DIE OSTKÜSTE

Der mit Abstand beliebteste Spot zum Genuss des Sonnenuntergangs ist der **Ao Klong Chao** (Spitzname: Tinkerbell Beach), schön einsam bleibt es meist am **Ao Klong Hin**, z. B. im Bereich des Cham's House. Als Alternative bietet sich eine Visite in dem spektakulär auf einer Landzunge liegenden **Captain Hook Resort** (2), ☎ 081-826 1188, 🖥 www.captainhookresort.com, an. Wer dort etwas verkonsumiert, kann sich mit dem Hotelboot kostenlos vom Pier an der Klong Yai Kee-Lagune abholen lassen, als Alternative bieten sich die Kajaks (100 Baht pro Std.) des Bann Makok Resorts an.

ÜBERNACHTUNG

Die meisten Unterkünfte bleiben in der Nebensaison geöffnet. Homepages, E-Mail-Adressen und Englischkenntnisse sind bisher noch die Ausnahme, doch lassen sich fast alle Resorts, Hotels, Guesthouses über 🖥 www. destinationkohkood.com buchen. Wer sich vorwiegend als Fußgänger fortbewegen möchte, sollte sich am Hauptstrand bzw. in den Resorts am Klong Chao einquartieren.

Untere Preisklasse

€ **Cozy House** (7), Ao Klong Chao, ☎ 089-094 3650, 🖥 www.kohkoodcozy.com. An der Lagune als beliebte Traveller-Unterkunft mit internationalem Flair. Der stets freundliche und hilfsbereite Lung Noi bietet mit Preisen ab 250 Baht die billigsten Zimmer der Insel, aber auch günstige Bungalows – und ein verlockendes, abendliches BBQ. ❶–❷

🧳 **Dusita Resort** (12), Ao Ngam Kho, ☎ 081-945 9920, 🖥 www.dusitakohkood.net. In einem weitläufigen, schattigen Palmengarten verteilen sich 13 angenehme Bungalowzimmer mit Ventilator. Schöner Strandabschnitt mit interessanten Felsformationen und einladendem Holzpier. ❹

Garden View Resort (9), Ao Klong Chao, ☎ 087-908 3593. Direkt an der Straße, aber in unmittelbarer Strandnähe. 8 einfache, günstige

Zimmer, davon 2 mit AC. Empfehlenswertes Restaurant. ❷

Happy Days Gh. (11), Ao Ngam Kho, ☎ 087-144 5945, 🖥 www.kohkood-happydays.com. Fungiert vorwiegend als Stützpunkt der Paradise Divers und Unterkunft für Taucher. 10 einfache, saubere Zimmer in einem 2-stöckigen Gebäude. Das Restaurant fungiert als Geheimtipp-Börse, ist aber nur sporadisch in Betrieb. ❷–❸

€ **Ngamkho Resort** (13), Ao Ngam Kho, ☎ 084-653 4644, 🖥 www.kohkood-ngamkho.com. Am südlichen Ende der Bucht als angenehme, relaxte Traveller-Unterkunft. Onkel Jo✉ bietet (zumindest noch bis zum angestrebten Verkauf) 13 günstige, luftige Bungalows mit Ventilator, davon 4 neuere und einige mit Gemeinschaftsbad. ❷–❸

Mittlere und obere Preisklasse

Cham's House (17), Ao Klong Hin, ☎ 081-651 4744, 🖥 www.chamshouse.com. Wunderschönes Boutique-Resort an einem entsprechend passenden Strand. 53 stilsichere Zimmer und Villen ab 6000 Baht. ❽

🏨 **Hindard Resort** (14), Ao Ngam Kho, ☎ 039-521 359, 081-762 9519, ✉ rungdech@hotmail.com. Herrlich auf Hügeln am Meer mit tropischer Eingrünung. Es gibt 20 wohnliche Zimmer und den schönsten Meeresblick von den Bungalows Nr. 6 und 7. ❹–❺

KO KOOD

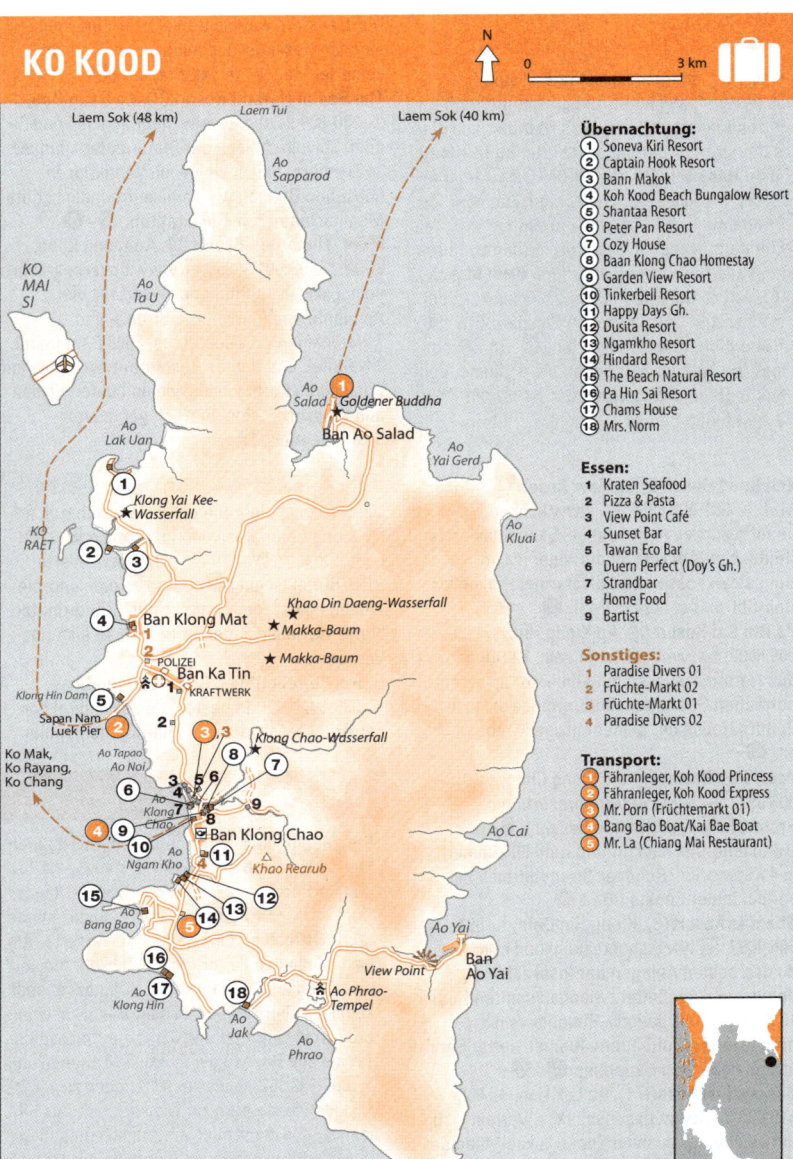

N
0   3 km

Laem Sok (48 km)
Laem Tui
Laem Sok (40 km)

Ao Sapparod

KO MAI SI

Ao Ta U

Ao Salad
Goldener Buddha
Ban Ao Salad

Ao Yai Gerd

Ao Lak Uan

Klong Yai Kee-Wasserfall

KO RAET

Ao Kluai

Khao Din Daeng-Wasserfall
Ban Klong Mat
Makka-Baum

POLIZEI
Ban Ka Tin
KRAFTWERK

Klong Hin Dam
Sapan Nam Luek Pier

Klong Chao-Wasserfall

Ko Mak, Ko Rayang, Ko Chang

Ao Tapao
Ao Noi
Ao Klong Chao

Ban Klong Chao
Ao Ngam Kho
Khao Rearub

Ao Cai

Bang Bao

Ao Yai

View Point
Ban Ao Yai

Ao Klong Hin
Ao Jak
Ao Phrao

Ao Phrao-Tempel

Laem Thian

Übernachtung:
1. Soneva Kiri Resort
2. Captain Hook Resort
3. Bann Makok
4. Koh Kood Beach Bungalow Resort
5. Shantaa Resort
6. Peter Pan Resort
7. Cozy House
8. Baan Klong Chao Homestay
9. Garden View Resort
10. Tinkerbell Resort
11. Happy Days Gh.
12. Dusita Resort
13. Ngamkho Resort
14. Hindard Resort
15. The Beach Natural Resort
16. Pa Hin Sai Resort
17. Chams House
18. Mrs. Norm

Essen:
1. Kraten Seafood
2. Pizza & Pasta
3. View Point Café
4. Sunset Bar
5. Tawan Eco Bar
6. Duern Perfect (Doy's Gh.)
7. Strandbar
8. Home Food
9. Bartist

Sonstiges:
1. Paradise Divers 01
2. Früchte-Markt 02
3. Früchte-Markt 01
4. Paradise Divers 02

Transport:
1. Fähranleger, Koh Kood Princess
2. Fähranleger, Koh Kood Express
3. Mr. Porn (Früchtemarkt 01)
4. Bang Bao Boat/Kai Bae Boat
5. Mr. La (Chiang Mai Restaurant)

Lauschig an Lagunen

Einige der stil- und stimmungsvollsten Resorts liegen als Pfahlbauten an Lagunen bzw. mitten in den Mangroven – wie das im Hinterland des Hauptstrands perfekt platzierte **Baan Klong Chao Homestay** ⑧, ☎ 087-075 0942. Mrs. Pan bietet 9 preiswerte, lauschige Zimmer und Bungalows. ❸–❹ mit exzellenter Küche. Ebenfalls komplett aus Holz errichtet, fasziniert das einsame und entlegene **Bann Makok** , ③ ☎ 081-643 9488, 🖥 www.bannmakok.com, mit 8 rustikal-romantischen Zimmern (Nr. 1, 6, 7 und 8 direkt am Fluss). ❺–❻ Ein Höchstmaß an Authentizität bieten die 6 Zimmer von Kokos-Bäuerin **Mrs. Norm** ⑱, ☎ 089-608 8938, am Ao Klong Hin. ❷

Koh Kood Beach Bungalow Resort ④, Klong Mat, ☎ 081-908 8966, 🖥 www.kohkood beachresort.com. Beliebt bei Skandinaviern und Deutschen. Auf Hügeln am Meer mit 16 Bungalows, davon 8 aus Naturmaterialien im Bali-Stil, und schönem Pool. ❺
Pa Hin Sai Resort ⑯, Ao Klong Hin, ☎ 089-099 5093, 🖥 www.pahinsai.com. 12 Bungalows aus Naturmaterialien mit Ventilator an einem herrlichen Strandabschnitt, wo das exklusive Cham's House der bisher einzige Nachbar ist. ❹
Peter Pan Resort ⑥, Ao Klong Chao, ☎ 080-608 5522, 🖥 www.peterpanresort.com. Professionell geführt und beliebt – mit ungewöhnlicher Architektur und rund 50 Zimmern in 4 Kategorien. Schöner Strandbereich mit verlockender Cocktail-Bar. ❽
Shantaa Resort ⑤, Klong Hin Dam, ☎ 081-566 0607, 🖥 www.shantaakohkood.com. Zu den besten Anlagen der Insel zählend, behutsam eingebettet zwischen sanften Hügeln. 15 behagliche Boutique-Bungalows mit originellen Freiluftbädern. Kleiner, netter Sandstrand nahe dem Hauptpier. ❼–❽
Soneva Kiri Resort ①, Ao Lak Uan, ☎ 039-619 800, 🖥 www.sixsenses.com. Verteilt sich mit etlichen exklusiven Super-Luxus-Villen der Kategorien Hill, Cliff und Beach für bis zu 400 000 Baht über eine riesige Fläche von 64 ha.

Die Transfers von/bis Bangkok erfolgen mit eigenen Cessnas, und auch sonst herrscht keinerlei Mangel an Extravaganz. ❽
The Beach Natural Resort ⑮, Ao Bang Bao, ☎ 086-009 9420, 🖥 www.thebeachkohkood. com. Stilvolle Anlage aus Naturmaterialien mit 34 Zimmern, davon einige mit Ventilator, in hübschen Bungalows. Familienfreundlich, gute Möglichkeiten zum Kajakfahren. ❺–❼
Tinkerbell Resort ⑩, Ao Klong Chao, ☎ 086-017 0055 🖥 www.tinkerbellresort. com. Exklusives Boutique-Resort mit viel Ambiente und Romantik. 8 Strand- und 7 2-stöckige Poolvillen für ca. 7500 Baht (mind. 2 Nächte). Exzellentes Restaurant sowie ein mit originellem Korbmobiliar, vielen bunten Kissen und Wasserfall-Pool herrlich gestalteter Strandbereich. ❽

Die Gastronomieszene entwickelt sich v. a. am Ao Klong Chao. Das vom Cozy House (S. 328) mehrmals pro Woche ab 18 Uhr inszenierte BBQ-Buffet ist ein Muss, weil es eine enorme Vielfalt (sogar Rindersteaks und Kräuterbutter) bietet sowie ein sagenhaftes Preis-Leistungs-Verhältnis.
Duern Perfect (Doy`s Gh.), Ao Klong Chao, ☎ 086-842 4834. In bester Lage bzw. direkt an der Brücke. Mit leckerer Thai-Küche populär

Ko Kood bei Nacht

Die Möglichkeit zu nächtlichen Streifzügen hält sich in engen Grenzen – alle Spots liegen im Bereich des Ao Klong Chao. Urlauber zieht es v. a. an die einladende, leider etwas teure **Strandbar** des Peter Pan Resorts. Als beste Anlaufstelle für Party-Publikum fungiert die mitten in den Mangroven liegende, abends kaum zu überhörende **Sunset Bar**. Nur einen Steinwurf entfernt lockt der urige Holzbau der **Tawan Eco Bar**, wo der freakige Mr. Jong(kon), ☎ 087-833 9627, mit seinen Freunden zu vorgerückter Stunde gern zur Gitarre greift. Als ultimativer und meist auch am längsten geöffneter Insidertreff gilt das weit hinten an der Lagune liegende **Bartist** von Mr. U.

bei Ausländern und meist schon zur Mittagszeit gut besucht, was nach dem geplanten Pächterwechsel auch so bleiben dürfte. ⏰ 8–22 Uhr.

€ **Home Food**, Ao Klong Chao, ☎ 086-823 4010. An der Zufahrt zum Baan Klong Chao Homestay, das ihrer Mutter gehört, bieten Khun Goy und ihr ebenfalls freundlicher Mann Chiap deftige Isarn- und Seafood-Gerichte zu kleinen Preisen. ⏰ 8–22 Uhr.

Kraten Seafood, im Inselinneren, ☎ 089-936 9422. Vom Volksmund gern als „Mukata Restaurant" bezeichnet und zu den besten, günstigsten und am längsten geöffneten Spots zählend, empfiehlt sich hier v. a. das Hot-Pot-Gericht Mukata für bis zu 4 Pers. (250 Baht). ⏰ 8–22.00 Uhr.

Pizza & Pasta, im Inselinneren, ☎ 083-297 2860, 🖥 www.pizzanpasta.info. Der nette Italiener Alessandro (Alex) und seine Thai-Frau Keau hatten früher ein Restaurant auf Phuket. Gute italienische Küche und Knusper-Pizzas – bei Bedarf auch mit Lieferservice. ⏰ 11–21.30 Uhr.

View Point Café, Ao Klong Chao, ☎ 087-886 5330. Früher auf dem Berg, nun direkt zwischen Hauptstraße und Lagune im Mangrovenhain: Der Australier Dick und seine Frau servieren Kaffee- und Kuchenspezialitäten, hausgemachten Joghurt, Frühlingsrollen und alkoholfreie Cocktails. ⏰ 8–19 Uhr.

Geld

Ko Kood verfügt über keinerlei Geldautomaten oder offiziellen Geldwechsel, sodass ausreichend Bargeld mitzubringen ist. Manche Unterkünfte bieten Cash-Auszahlungen von Kreditkarten.

Informationen

Gute Infos zu den Unterkünften sowie zur Geschichte der Insel, den Attraktionen, Aktivitäten, Stränden und Unterkünften bieten z. B. 🖥 www.kokood.com und 🖥 www. destinationkohkood.com.

NAHVERKEHR

Transfers vom/zum Fährschiff oder Schnellboot bzw. ab/zur Unterkunft sind im Ticketpreis eingeschlossen. Mr. Nong, ☎ 085-699 9781,

Als Betreiber des Happy Days Gh. und der Tauchbasis **Paradise Divers**, ☎ 087-144 5945, 🖥 www.thailandtauchen.com, kennt sich der knuffige Exil-Münchner Michael in der Unterwasserwelt von Ko Kood ebenso gut aus wie mit den Geheimnissen im Inselinneren. Schon seit 2004 auf der Insel lebend, bietet er für ca. 1000 Baht p. P. spannende Trekkingtouren an, Tauchausflüge mit 2 Durchgängen kosten 3000 Baht, 3–4 Tage Open Water-Kurs 14 500 Baht. Bisher ist die Insel noch verblüffend frei von **Fahrrädern**, sodass man sich für Erkundungstouren mit einem der vielerorts angebotenen **Miet-Mopeds** (250–300 Baht pro Tag) versorgt. **Mr. Porn**, ☎ 082-203 9639, nimmt für Tagestouren mit seinem schönen blauen Pick-up 1500–2000 Baht, ggf. kann man auch auf **Mr. La**, ☎ 087-616 4216, vom Chiang Mai Restaurant zurückgreifen.

betreibt mit seinen weißen Pick-ups die ersten lizensierten **Charter-Taxis** auf der Insel. Kürzere Fahrten liegen bei 300–500 Baht.
Für die Möglichkeiten der An-, Ab- und Weiterreise per Boot S. 298 und 299.

Weitere Inseln des Archipels

Jede der insgesamt 52 Inseln im Meeresnationalpark von Ko Chang hat ihren eigenen Charakter. Die meisten sind unbewohnt, andere wiederum in Privatbesitz mit einem abgeschiedenen Bungalowresort bebaut und nur im Rahmen von Pauschaltouren zu besuchen. Unter westlichen Besuchern bisher kaum bekannte Eilande sind z. B. **Ko Phrao Nai** und das ebenfalls vor der Küste der Hauptinsel geschützt in der Bucht von Salakphet liegende **Ko Phrao Nok**, das mit einer kleinen Bungalowanlage bebaut ist. Auch die flache, als „Papierinsel" bezeichnete **Ko Kradaat**, benannt nach den dort wachsenden Bäumen, verfügt über ein Inselresort – und Süßwasservorkommen. Sie wird von einer speziellen Hirschart bevölkert, die hier zur Zeit von König Rama V. angesiedelt worden ist und der Insel

Grenzübergänge nach Kambodscha

Alle Übergänge ⊕ 7–20 Uhr, Visa on Arrival (S. 94).

Grenzübergang Ban Hat Lek – Cham Yeam

Von Trat führt der H318 bis Ban Hat Lek an die kambodschanische Grenze. Hier kostet das 30-Tage-Visum für Ausländer theoretisch US$20 – verlangt werden jedoch unverschämte 1000 Baht oder sogar mehr. Man kann sich auf eine Diskussion einlassen und/oder den Vorfall melden, doch das kostet mit Sicherheit Zeit und Nerven. Anschließend geht es – vorbei an Spielcasinos – per Mopedtaxi (60–80 Baht) oder Taxi (als Charter 200–300 Baht) 12 km u. a. über eine gebührenpflichtige Brücke nach Koh Kong, 🖥 www.kohkongisland.net und 🖥 www.koh-kong-cambodia.com. Der Name bezeichnet die Provinz, ihre Hauptstadt und die vorgelagerte Insel. Als gute Infobörse fungieren das Restaurant Otto's, ✆ 00855-12-924 249, oder das von dem agilen Nhim Sopat geführte **Paddy's Bamboo Gh.**, ✆ 00855-1553 3223, 🖥 www.paddysbamboo.fr.

Grenzübergang Ban Pakkad (Chantaburi) – Pailin (Psah Prum)

Von Chantaburi geht es auf dem H317 nach Norden bis Pong Nam Ron und von dort über den H3193 bzw. dem Schild „Thai Cambodian Market" folgend zur Grenze nach Kambodscha. Die Visagebühr beträgt US$20 oder zuweilen auch hier 1000–1200 Baht. Im Niemandsland finden sich mehrere Spielcasinos und Hotels. Mit Moped- und Sammeltaxis für 80–150 Baht oder Charter-Taxis für 300–400 Baht kann man die 20 km nach Pailin bewältigen. Aus Kambodscha sollte man nicht nach 16 Uhr ankommen, da es auf thailändischer Seite keine Unterkünfte gibt.

Wichtiger Hinweis:

Wer sich das Kambodscha-Visum vorab über 🖥 www.mfaic.gov.kh/evisa besorgt, kann eine Menge Zeit, Nerven und auch Geld sparen.

---

den Spitznamen „Deer Island" beschert hat. Die v. a. im Rahmen von Tauchexkursionen angelaufene, aus acht Eilanden bestehende Inselgruppe von **Ko Rang** ragt mit ihren Felsen steil aus dem Meer und ist für die Ernte von Schwalbennestern bekannt. Unter der Wasseroberfläche locken ausgedehnte Korallengärten. Von besonderem Reiz ist **Ko Lao Ya**, das an seiner Ostküste mit einem 200 m langen Sandstrand gesegnet ist, während die beiden unmittelbar vorgelagerten Inselchen **Ko Lao Ya Klang** und **Ko Lao Ya Nok** schöne Korallenriffe aufweisen.

© A. MARKAND

Die nördliche Golfküste

Stefan Loose Traveltipps

Phetchaburi Entdeckungstouren abseits der Touristenpfade. S. 334

Cha-Am und Hua Hin Strandurlaub nach Art der thailändischen Oberschicht und des Königshauses. S. 340 und S. 344

Khao Sam Roi Yot National Park Streifzüge durch das Naturschutzgebiet unweit von Pranburi mit seinen Höhlen, dem Meer und einer reichen Vogelwelt. S. 357

Prachuap Khiri Khan Toller Ausblick vom Gipfel des Spiegelberges über wunderschöne Buchten und die schmalste Stelle Thailands hinweg bis nach Myanmar. S. 359

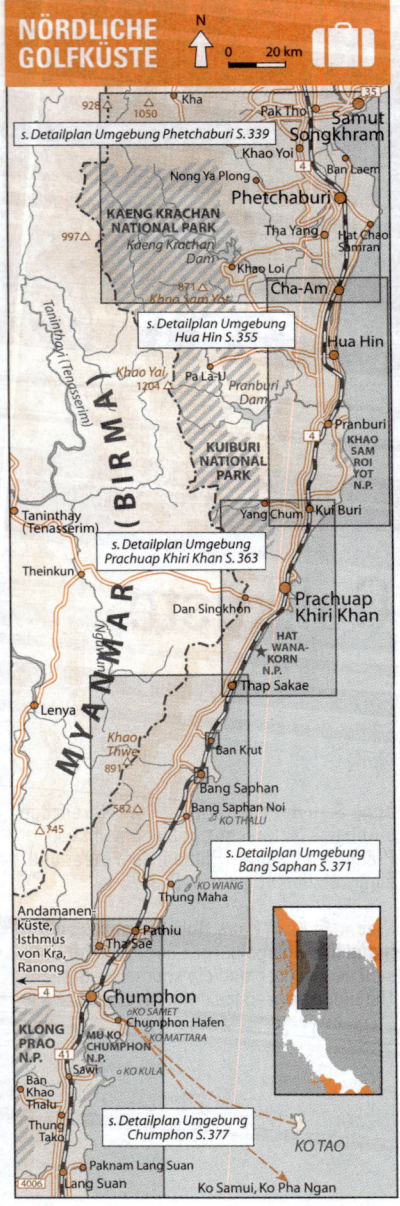

NÖRDLICHE GOLFKÜSTE

N

0   20 km

s. Detailplan Umgebung Phetchaburi S. 339

s. Detailplan Umgebung Hua Hin S. 355

s. Detailplan Umgebung Prachuap Khiri Khan S. 363

s. Detailplan Umgebung Bang Saphan S. 371

s. Detailplan Umgebung Chumphon S. 377

Der schmale Landstrich zwischen Bangkok und Chumphon wird vor allem von einheimischen Touristen viel besucht. Im 19. Jh. erkannten die Mitglieder des Königshauses die Schönheit der hiesigen Strände und ließen Seebäder erbauen. In Hua Hin steht noch heute der königliche Bahnhof aus den 1920er-Jahren, als der Tourismus begann.

Das Gebiet kann mit dem Bus oder dem Zug bereist werden. Beide Strecken führen nahe am Meer entlang. An den Bahnhöfen der Provinzhauptstädte stehen Taxis mit ortskundigen Fahrern, die gerne weiterhelfen. Zahlreiche lokale Verkehrsmittel ermöglichen, die Gegend auf eigene Faust abseits aller Touristenpfade zu entdecken. Für kleinere Ausflüge empfiehlt sich ein Fahrrad oder Moped.

Wen es im Urlaub nach westlichem Komfort gelüstet, der ist in Hua Hin richtig. Ruhesuchende zieht es nach Ban Krut oder Bang Saphan. Auch Chumphon bietet einige schöne Strände, die nicht überlaufen sind. Von hier aus hat man die Wahl, in Richtung Ranong an der Westküste zu fahren, weiter an der Golfküste entlang zu reisen oder auf eine der Inseln im Golf (Ko Samui, Ko Phangan und Ko Tao) überzusetzen.

Phetchaburi und Umgebung

Die kleine Stadt **Phetchaburi** [4073] mit ihren rund 40 000 Einwohnern blickt auf eine lange Geschichte zurück und ist daher besonders für Kulturinteressierte ein lohnendes Ziel. Über 30 Tempelanlagen, die bis in die Zeit der Khmer-Herrschaft im 11. Jh. zurückreichen, gilt es zu entdecken. Zugleich erlebt der Reisende hier das ursprüngliche Thailand: Gemächlich fließt der Fluss Phetchaburi durch die Stadt, begrenzt von alten Holzhäusern. Neben Mopeds und Autos fahren in Phetchaburi noch Rikschas – und dies nicht nur für Touristen.

Meist wird die Stadt Phetchaburi genannt, manche sagen auch Petchburi, Phetburi oder Bhetchaburi. Sie liegt etwa 135 km südlich von Bangkok und dient den Herrschern Thailands seit Ende des 19. Jhs. als Ferien- und Rückzugsort. So entstanden hier Paläste und zahlreiche Wats. Dass die Stadt bereits während der Khmer-Herr-

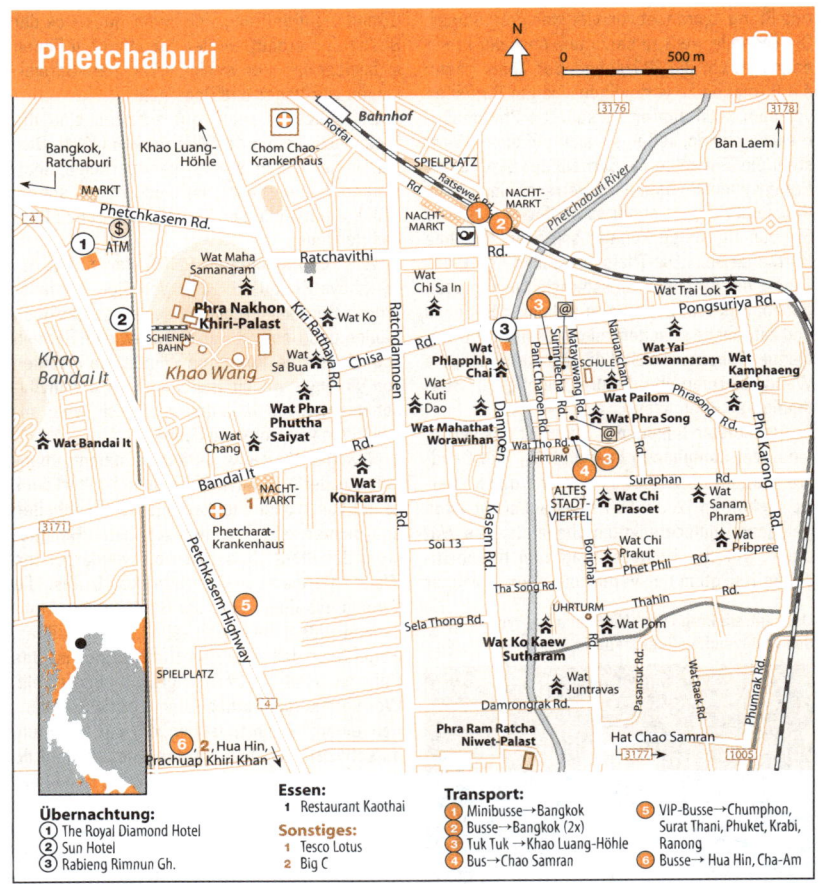

Phetchaburi

N
0   500 m

Bangkok, Ratchaburi
Khao Luang-Höhle
Chom Chao-Krankenhaus
Rottoi
Bahnhof
SPIELPLATZ
NACHT-MARKT
Ban Laem

MARKT
Phetchkasem Rd.
Ratsewek Rd.
Rd.
NACHT-MARKT
Phetchaburi River

① ATM
Wat Maha Samanaram
Ratchavithi
Wat Chi Sa In
Wat Trai Lok
Pongsuriya Rd.

②
Phra Nakhon Khiri-Palast
Kiri Ratthaya Rd.
Wat Ko
Ratchdamnoen Rd.
Chisa Rd.
Wat Phlapphla Chai
Suringchai Rd.
Panit Charoen Rd.
SCHULE
Marawang Rd.
Navaandam
Wat Yai Suwannaram
Wat Kamphaeng Laeng

Khao Bandai It
SCHIENEN-BAHN
Khao Wang
Wat Sa Bua
Wat Kuti Dao
Wat Pailom
Phrasong Rd.
Pho Karong

Wat Bandai It
Wat Phra Phuttha Saiyat
Wat Phra Dao
Wat Mahathat Worawihan
Dammen Rd.
Wat Phra Song
Wat Tho Rd.
UHRTURM

Wat Chang
Bandai It Rd.
NACHT-MARKT
Wat Konkaram
Kasem Rd.
Suraphan Rd.
ALTES STADT-VIERTEL
④ **③**
Wat Chi Prasoet
Wat Sanam Phram

3171
Phetcharat-Krankenhaus
Phetchkasem Highway
Soi 13
Boriphat
Wat Chi Prakut
Phet Phli Rd.
Wat Pribpree

Tha Song Rd.
Thahin Rd.

SPIELPLATZ
Sela Thong Rd.
UHRTURM
Wat Ko Kaew Sutharam
Wat Pom
Pasansuk Rd.
Wat Raek Rd.
Phumrat Rd.

⑤
Wat Juntravas
Damrongrak Rd.

⑥ **2** , Hua Hin, Prachuap Khiri Khan
Phra Ram Ratcha Niwet-Palast
Hat Chao Samran

Übernachtung:
① The Royal Diamond Hotel
② Sun Hotel
③ Rabieng Rimnun Gh.

Essen:
1 Restaurant Kaothai

Sonstiges:
1 Tesco Lotus
2 Big C

Transport:
① Minibusse→Bangkok
② Busse→Bangkok (2x)
③ Tuk Tuk →Khao Luang-Höhle
④ Bus→Chao Samran
⑤ VIP-Busse→Chumphon, Surat Thani, Phuket, Krabi, Ranong
⑥ Busse→ Hua Hin, Cha-Am

schaft bedeutend war, belegen die aus dieser Zeit erhaltenen Bauten. Noch heute wird in Phetchaburi die Kunst des Tempelbaus, vor allem die Ausarbeitung der Ornamentik, gelehrt.

In der Umgebung lockt der Strand **Hat Chao Samran**, dessen rauer Charme zwar nicht mit den Traumstränden weiter im Süden konkurrieren kann, der aber vor allem bei den Einheimischen sehr beliebt ist.

Auch die ländliche Umgebung ist interessant: Auf den Salzfarmen mühen sich junge Männer mit den ursprünglich aus Vietnam stammenden Tragestangen ab und sammeln das Salz in großen Haufen zum Transport. Ochsen grasen am Wegesrand, sie gehören den Bauern, die in Pfahlbauten wohnen (auch diese lassen, wie die Tempel der Stadt, in ihrer Bauweise die Einflüsse der Khmer erkennen).

Wats

Mitten in der Stadt steht **Wat Mahathat Worawihan** [4682], das weithin sichtbare Wahrzeichen von Phetchaburi. Etwa 50 m hoch und glänzend weiß getüncht, erhebt sich der zentrale Prang, umrandet von vier kleineren Stupas. Die Legende weiß zu berichten, dass der Prang entstand, um die Herrschaft der Thais gegen die Birmanen zu verteidigen. Als die Birmanen vor über 1000 Jahren versuchten Phetchaburi einzunehmen, ließen sie sich auf einen Wettstreit ein: Sie sollten außerhalb der Stadt einen Prang bauen, Phetchaburis Herrscher innerhalb. Wessen Prang als erster so hoch war, dass der Gegner ihn sehen konnte, sollte der legitime Herrscher sein. Die Thais gewannen den Wettkampf, die Birmanen mussten sich geschlagen geben. Das Wat beherbergt Reliquien Buddhas und zahlreiche Arbeiten zeitgenössischer Ornamentik. Sehenswert sind die Stuckarbeiten, die Wandmalereien und die drei wichtigsten Buddhafiguren Phetchaburis.

Als ältester Tempel der Stadt gilt das verfallene **Wat Kamphaeng Laeng** [4683]. Die Sandsteinbauten datieren aus der Zeit der Khmer-Herrschaft im 12. Jh. Es ist das am südlichsten gelegene Khmer-Heiligtum Thailands. Das Wat diente vor der Umgestaltung zum buddhistischen Heiligtum der Verehrung brahmanischer

Der zentrale Prang von Wat Mahathat Worawihan, das Wahrzeichen Phetchaburis

© A. MARKAND

Götter. Die drei Prang sind in der Bauweise der Bayon-Zeit erbaut, an den Steinmauern finden sich leider nur noch wenige erkennbare Darstellungen von Nagas und Dämonen.

Schöner und recht gut erhalten sind die Steinmetzarbeiten des **Wat Pailom** [4684]. Dieser kleine Tempel ist zwar sehr verfallen, doch sind noch einige Alltagsszenen in Stein gut erkennbar und auch der Garuda wacht noch über das Heiligtum.

Wat Yai Suwannaram [4685] stammt aus der Ayutthaya-Periode (17. Jh.). Vor allem der fensterlose Bot beeindruckt mit seinen achteckigen Säulen und riesigen Holztüren. Wandmalereien schmücken die Türen und Wände; sie erzählen von Hindugöttern, die Buddha ehren, und mythischen Fabelwesen. Zudem zeigen sie Naturabbildungen von Flora und Fauna.

Das **Wat Ko Kaew Sutharam** stammt ebenfalls aus der Ayutthaya-Periode und gehört dank seiner kunstvollen Stuckarbeiten, die Gottheiten und Blumen zeigen, zu den schönsten Heiligtümern der Stadt. Zu sehen sind wunderschöne Wandmalereien aus der Mitte des 18. Jhs., die Szenen aus dem Alltag der Stadt zeigen. Motive sind zudem die ersten zehn Leben Buddhas. Gegenüber der zentralen Buddhafigur ist das Universum mit den 27 Sterngruppen dargestellt. Wer vormittags hierher kommt, hat gute Chancen, einen Mönch zu treffen, der das Heiligtum aufschließt. Der Eingang des Tempels liegt an der Panit Charoen Street (Soi Wat Ko Keo I) gegenüber dem südlichen Uhrturm.

Im **Wat Phra Song** ist aktuelle Holzschnitzkunst zu sehen. Dargestellt sind u. a. Szenen des Ramakien. Erzählt wird die Rettung Sitas aus den Fängen ihres Entführers Tosakan durch Rama und den Affengeneral Hanuman.

Das **Wat Chi Prasoet** beeindruckt durch aktuelle Stuckarbeiten hiesiger Künstler.

Wat Phra Phuttha Saiyat [4686] (auch Wihara Phranon) befindet sich am Fuße des Khao Wang und beherbergt Thailands viertgrößten liegenden Buddha, der sage und schreibe 34 m lang ist.

Phra Nakhon Khiri-Palast

Auf einem der drei kleinen, bis etwa 95 m Höhe aufsteigenden Hügel des Khao Wang unweit der Stadt steht der von König Mongkut (Rama IV.)

1859 erbaute Sommerpalast **Phra Nakhon Khiri** [4690]. Der Komplex ist eine Verbindung aus westlichen und asiatischen Stilen. Er umfasst neben dem Herrscherhaus, der Thronhalle, dem Theater, einem Wat und den Tierställen auch ein Observatorium. Der Herrscher, dessen Hobby die Sternenkunde war, blickte hier aus dem gläsernen Kuppeldach ins All. Die Menschen der Umgebung nutzten das Gebäude als Leuchtturm, denn der Lichtschein zeigte ihnen den sicheren Weg in die Ao Ban Laem. Heute können Besucher von der Kuppel aus die Umgebung betrachten. Im **Phra Nakhon Khiri-Nationalmuseum** kann man den königlichen Haushalt bestaunen. Der Einfluss westlicher Stilrichtungen (einiges mag von Rama V. stammen, der hier ebenfalls wohnte und ein Freund Kaiser Wilhelms war) ist unübersehbar. Obwohl Rama VI. den Berg in Khao Mahasawan ("Großes Paradies") umbenannte, blieb im Volk der Name Khao Wang erhalten. Der gesamte Komplex wurde zum **National Historical Park** erklärt. Im Februar wird hier ein großes Fest gefeiert und das Areal in Musik und Licht getaucht.

Man erreicht den Palast mit der Schienenbahn oder zu Fuß. Wer marschieren will, muss sich mit den Affen herumschlagen und sollte sein Geld sichern. Auch mitgebrachtes Essen wird von den frechen Tieren gerne geklaut. Unterwegs kann man überall Futter kaufen, um die hungrigen Mäuler zu stopfen. Der etwa halbstündige Spaziergang ist sehr schön und beginnt an der Ratchavithi Road; Nagas weisen den Weg. Eintritt 150 Baht, Kinder frei. Seilbahn Kinder ab 90 cm 15 Baht, Erwachsene 40 Baht, die Bahn fährt von 8.30–16.30 Uhr. ⏰ Museum 9–16 Uhr.

Grotten und Höhlen

Etwa 3 km nördlich von Phetchaburi liegt die Tropfsteinhöhle **Khao Luang** [4695] im gleichnamigen Berg, mit faszinierenden Stalagmiten und Stalaktiten, zahlreichen antiken Buddhafiguren, Chedis und einem 6 m langen liegenden Buddha. In der großen Haupthalle und zwischen den Tropfsteinen oder in Nischen und Höhlen versteckt, kommen die heiligen Relikte im Schein der durch die Decke strahlenden Sonne gut zur Geltung. Durch die Öffnungen im Dach strömt auch frische Luft herein. Die Szenerie be-

Leben wie Kaiser Wilhelm

© M. MARKAND

Im Süden Phetchaburis befindet sich der Palast **Phra Ram Ratcha Niwet**, im Volksmund Ban Puen Palace – *Puen* heißt übersetzt Kanone (diese schmücken den Eingang), s. auch **eXTra** [4693]. Ganz im Stil Kaiser Wilhelms wurde er ab 1910 unter der Leitung des deutschen Architekten Karl Sigfried Dohring (1879–1941) im Auftrag von Rama V. erbaut. Der König plante hier die Regenzeit zu verbringen, verstarb jedoch vor Fertigstellung. Erst 1916 unter Rama VI. wurde der Palast vollendet. Er diente ab 1918 als Unterkunft für Staatsgäste. Seit der Renovierung 1987 erstrahlt das Gebäude in altem Glanz. Zu sehen ist ein Mix aus Jugendstil, Art nouveau und Barock. Es erinnert eher an ein altes deutsches Schloss als an einen thailändischen Palast. ⏰ 8–16 Uhr, Eintritt 100 Baht.

eindruckt besonders zwischen 11 und 14 Uhr. ⏰ 9–16 Uhr, am Wochenende und an Feiertagen bis 17 Uhr. Führer 100 Baht. Motorradtaxi 100–150 Baht, Taxi 200–300 Baht.

Auch die drei Höhlen auf dem Berg **Khao Bandai It**, knapp 3 km westlich von Phetchaburi, sind einen Besuch wert. Ein neuer Buddha blickt erhaben vom Hang hinab. Auf halber Höhe des 120 m hohen Hügels stößt man auf ein Labyrinth aus Tropfsteinhöhlen, die einst der Meditation dienten. Die etwa 30 m lange Höhle **Tham Pathun** beherbergt über 40 Buddhafiguren. Die Höhle **Tham Russi** (Höhle der Weisen) diente Einsiedlern als Ort der Meditation. Ihr Eingang liegt neben dem **Wat Khao Bandai It**

DIE NÖRDLICHE GOLFKÜSTE

[4696]. Dieser Tempel wurde von einem wohlhabenden Bürger Phetchaburis in der Ayutthaya-Ära erbaut. Bewundernswert ist der schön gestaltete Garuda. Die Legende weiß zu berichten, dass der Mann den Chedi für sich errichtete, den Bot für seine Frau und den Viharn für seine Nebenfrau. Der Chedi beugt sich leicht Richtung Viharn, was in romantischer Lesart die wahren Gefühle des Mannes offenbart. Taxi 200–300 Baht.

Hat Chao Samran

Etwa 15 km von Phetchaburi entfernt erstreckt sich über viele Kilometer der weitläufige, von Kasuarinen bestandene **Chao Samran-Strand** **[4644]** – beliebt bei einheimischen Touristen. Am zentralen Sammelpunkt finden sich Restaurants und Supermärkte. Am Wochenende sind die Unterkünfte meist ausgebucht. Abfahrt der blauen Songthaews am innerstädtischen Uhrturm an der Wat Tho Street. Letzte Rückfahrt um 15 Uhr.

ÜBERNACHTUNG

Dato Farm, ☎ 087-116 4504, 🖥 www.datofarm.com, **[4641].** Das Homestay liegt in dem kleinen Dorf Ban Krong, etwa 8 km nördlich von Phetchaburi an einem kleinen Fluss. Es gibt 3 Zimmer in einem Teakhaus. Sehr schön ist das obere Zimmer mit Holzwand, Ventilator und Bad im Erdgeschoss. Die beiden unteren Räume haben Steinwände, sind mit AC ausgestattet und haben ein eigenes Badezimmer. Geführt wird die Unterkunft von Thomas Krey, der von Haus aus Deutsch spricht, aber seit Jahren in Thailand lebt. Dank seinen Informationen bekommen Gäste einen umfassenden Eindruck vom einfachen Leben in einem Dorf. Wer mag, kann kochen lernen, mit dem Fahrrad (stehen zur Ausleihe bereit) die Gegend erkunden oder Bootstouren unternehmen. Besonders schön sind die abendlichen Glühwürmchentouren, aber auch die Ausflüge zu den Salzfeldern und dem Mangrovenwald lohnen. AC und Ventilator. ❸

Rabieng Rimnun Guesthouse ③, 1 Shee Sra Inn Rd., ☎ 032-425 707, **[4637].** Traditionelles Holzhaus mit sehr einfachen kleinen Zimmern, z. T. ohne Bad. Mittlerweile verwohnt, und da auch der Verkehr auf den Straßen zunimmt, ist es oft laut. Immer noch eine gute Adresse für alle, die einen Ausflug in die Umgebung unternehmen wollen. Hier bekommt man viele Tipps und gute Tourangebote. Beliebtes Restaurant am Fluss. ❶–❷

Sun Hotel ②, 3/33 Soi Phetkasem 1 (gegenüber der Schienenbahn), ☎ 032-400 000, **[4075].** Sehr große Zimmer mit AC und TV. Einige haben einen Balkon und bieten einen tollen Blick auf Khao Wang. Das Restaurant befindet sich in der Lobby. Inkl. Frühstück. Nachteil der oberen Geschosse: Es gibt keinen Aufzug. ❸–❹

The Royal Diamond Hotel ①, 555 Petchkasem Rd., ☎ 032-411 061, 🖥 www.royaldiamondhotel.com. Recht kleine Zimmer im großen Hotelkomplex. Doppelbett, Extrabett für Kinder 350 Baht. Etwas verwohnt und mit Teppichboden. TV und Minibar. Aufzug. ❸–❺

ESSEN

Bekannt ist die Region für besonders leckere Süßigkeiten, die aus Kokosmilch, Palmzucker und Gänseeiern hergestellt werden. Im alten Stadtviertel finden sich einige Geschäfte, die diese Köstlichkeiten seit Generationen verkaufen. Erhältlich sind sie auch auf dem Markt, der morgens von 3–9 Uhr zwischen der Chomklao-Brücke/Yai-Brücke und der Charoen Rd. stattfindet. Nachmittags gibt es einen Markt in der Phanit Rd. Auf beiden Märkten finden sich auch kleine **Stände** mit Suppengerichten, viel Obst und frischem Gemüse.

€ **Rabieng Rimnun Guesthouse**, s. Übernachtung. Das beliebte Restaurant besticht vor allem durch seine Lage am Fluss. Englische Speisekarte. Vegetarier können sich auf eine vielfältige Auswahl freuen. Günstig und gut.
Restaurant Kaothai, liegt zwar weniger idyllisch an der großen Straße, doch das Essen in diesem einfachen Haus ist schmackhaft, die Preise sind niedrig und die Besitzer sehr freundlich.
Am innerstädtischen Uhrturm findet man zudem viele günstige Stände, an denen z. B. Som Tam für 20 Baht angeboten wird.

TRANSPORT

Busse

BANGKOK, ab dem AC-Busbahnhof gegenüber der Post am Nachtmarkt in ca. 2 Std. Von 5–

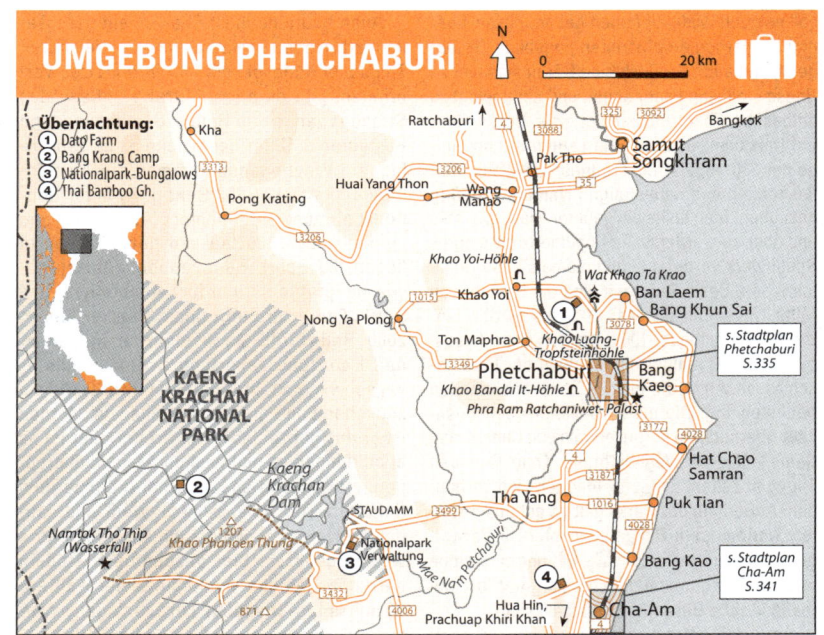

UMGEBUNG PHETCHABURI

N
0   20 km

Übernachtung:
1 Dato Farm
2 Bang Krang Camp
3 Nationalpark-Bungalows
4 Thai Bamboo Gh.

Kha
Ratchaburi
Bangkok
Samut Songkhram
Pak Tho
Pong Krating
Huai Yang Thon
Wang Manao
Khao Yoi-Höhle
Wat Khao Ta Krao
Khao Yoi
Ban Laem
Bang Khun Sai
Nong Ya Plong
Ton Maphrao
Khao Luang-Tropfsteinhöhle
s. Stadtplan Phetchaburi S. 335
Phetchaburi
Khao Bandai It-Höhle
Bang Kaeo
Phra Ram Ratchaniwet-Palast

KAENG KRACHAN NATIONAL PARK

Kaeng Krachan Dam
STAUDAMM
Hat Chao Samran
Tha Yang
Puk Tian
Namtok Tho Thip (Wasserfall)
Khao Phanoen Thung
Nationalpark Verwaltung
Bang Kao
s. Stadtplan Cha-Am S. 341
871 △
Hua Hin, Prachuap Khiri Khan
Cha-Am

DIE NÖRDLICHE GOLFKÜSTE

---

20 Uhr Minibusse etwa jede halbe Stunde zum Southern Busterminal. Von der Endhaltestelle an der Pin Klao Rd. ist es nicht weit zur Khaosan Rd. Wer in die Innenstadt von Bangkok oder zum Flughafen möchte, fährt mit den Minibussen zum Victory Monument. Dort weiter mit dem Skytrain. Abfahrt an der Rot Fai St. 200 m vom AC-Busbahnhof.

CHA-AM, HUA HIN, ab der Haltestelle nahe dem Big C (Petchkasem Highway) zwischen 8–18 Uhr häufig Minibusse, mehrmals tgl. auch Busse mit und ohne AC, in etwa 1 Std.
CHUMPHON, SURAT THANI, PHUKET, KRABI, RANONG, VIP-, und 1.-Kl.-Busse ab der Bushaltestelle 300 m südlich vom Petcharat-Krankenhaus am Petchkasem Highway. Tickets müssen im Voraus gebucht werden (spätestens 3–4 Std. vor Abfahrt der Busse in Bangkok). Abfahrt aller Busse abends zwischen 20 und 23 Uhr.

Eisenbahn
Nachtzüge s. Fahrplan S. 817/818.

BANGKOK, tagsüber Bummelzüge um 7.16, 12.55 und 15.10 Uhr in etwa 4 Std. Zu teuer ist der Special Express um 16.44 Uhr für 390 Baht (ebenfalls 4 Std).
CHA-AM, HUA HIN, mit den Nahverkehrszügen um 10.30, 12.34, 16.45, 19.08 und 21.38 Uhr in etwa 45 Min. bzw. 1 1/4 Std.
CHUMPHON, Special Express um 10.43 Uhr für 380 Baht in 4 Std., günstiger um 10.30 Uhr in 7 Std.
SURAT THANI, um 10.43 Uhr für 510 Baht in 6 Std. und 16.07 Uhr für 370 Baht in 7 Std.

Kaeng Krachan National Park

Der mit etwa 2915 km² größte Nationalpark Thailands ist noch weitgehend unerforscht. Im Juni 1982 wurde das Gebiet zur Schutzzone erklärt. Der Park erstreckt sich bis an die birmanische Grenze. Die bergige und nur schwer zugängliche Region ist Heimat vieler Großtiere: Hier soll es noch wilde Elefanten geben, einige Tiger und Leoparden durchstreifen angeblich die Gegend, und auch Großwild und Bären sind hier zu Hause – allesamt sehr scheu und nicht leicht zu entdecken. Eher trifft man auf einer Trekkingtour auf Makaken, Gibbons und Languren und einige der 300 Vogelarten. Freunde von Wasserfällen können die neunstufigen **Namtok Tho Thip** besuchen. Man sollte ein geübter Wanderer sein und über eine ordentliche Kondition sowie gutes Schuhwerk verfügen – und niemals ohne Guide losziehen. Beste **Reisezeit** sind die Monate von Mitte November bis Mai. ⏱ 7 bis 18 Uhr, Eintritt 200 Baht, Kinder 100 Baht. Von Mitte August bis in den November hinein bleibt der Park geschlossen. Ab 15 Uhr gilt das Ticket auch für den nächsten Tag. Die meist thailändischen Besucher übernachten normalerweise im **Bang Krang Camp** auf dem Weg Richtung Khao Phanoen Thung in Zelten. Einfache Toiletten sind vorhanden. Außerhalb des Parks gibt es gut ausgestattete **Nationalpark-Bungalows** unter NP-Verwaltung. 🖥 www.dnp.go.th, ❹–❻, und zahlreiche weitere Anlagen von günstig bis teuer (die auf thailändische Besucher eingestellt sind).

Am einfachsten besucht man den Nationalpark im Rahmen einer Tour. Ein Pick-up mit Fahrer kostet etwa 2000 Baht pro Fahrzeug (ohne Eintritt). Eine **Hauptroute** durch den Park, die von den meisten Besuchern genutzt wird, ist ausgebaut und für Autos zugelassen. Mopedfahren ist nicht erlaubt. Infos für Selbstfahrer unter **eXTra [5639]**.

Cha-Am

Cha-Am [5443] ist neben Hua Hin der wohl bekannteste und älteste Badeort Thailands. Schon 1921 wurde der Strand von wohlhabenden adeligen Thais erschlossen. Die Mangroven mussten weichen und auch die Bären, die einst hier lebten, sind verschwunden. Hua Hin war den Ruhe suchenden Herrschaften zu sehr vom Königshaus dominiert, weshalb sie kurzerhand hierher auswichen, eine Straße bauen ließen und am insgesamt fast 7 km langen Strand zahlreiche private Villen errichteten.

Auch heute noch ist Cha-Am ein geruhsamer Ort. Neben Privathäusern der reicheren Thais aus Bangkok, die hier ihre Freizeit verbringen, gibt es an der Straße entlang des Strandes zahlreiche Hotels, Gästehäuser und Restaurants. Unter der Woche ist es sehr ruhig, am Wochenende kommen die Ausflügler. Es gibt Liegen (30 Baht p. P.) unter Sonnenschirmen; aufgepumpte Autoreifen und Luftmatratzen, um faul auf dem Wasser zu liegen (30 Baht), Bananenboot-Fahrten sowie Reitpferde sorgen für „Abenteuer", und Jetski-Fahrer brettern übers Wasser (Jetski 2000 Baht/Std.). Dank einer ausgewiesenen Badezone kann man trotzdem gefahrlos schwimmen. Im Winter ist der Strand am südlichen Ende meist abgetragen, im Norden ist er das ganze Jahr über breiter. Hier ist es auch ruhiger; es gibt weniger Liegestuhlgruppen, stattdessen spenden hohe Kasuarinen Schatten. Der Sand ist fein, weiß und sauber. Im Norden befindet sich ein Fischerdorf, wo morgens am Pier geschäftiges Treiben herrscht. Dahinter beginnen weitere Strände mit internationalen Luxusanlagen. Weiter südlich, zwischen Cha-Am und Hua Hin, reihen sich weitere Fünf-Sterne-Hotels am Strand auf.

Das kleine, sehenswerte **Wat Neran Chararama** steht am Nordende der Stadt gegenüber der Statue König Naresuns. Zahlreiche Stupas und eine Buddhafigur mit sechs Armen, die sich Augen und Ohren bedeckt, befinden sich im Garten. Innen wird ein Mönch verehrt.

Phra Ratchaniwet Maruekkhathaiyawan, die königliche Sommerresidenz Ramas V. (S. 345), die sich auf dem Weg Richtung Hua Hin befindet, lohnt einen Besuch. Der Komplex, der auch als **Mrigadayavan-Palast** bekannt ist, besteht aus mehreren pastellfarbenen Teakholz-Gebäuden. Gerne wäre man hier König oder Königin und würde sich, nachdem man einen der zwei luftigen Gänge zum Strand entlang spaziert ist, in den kleinen Badehäuschen umziehen und anschließend in die Fluten stürzen. Oftmals spielen Musiker auf, und dank der offenen Bauweise ist ihr Konzert während des ganzen Rundgangs zu hören.

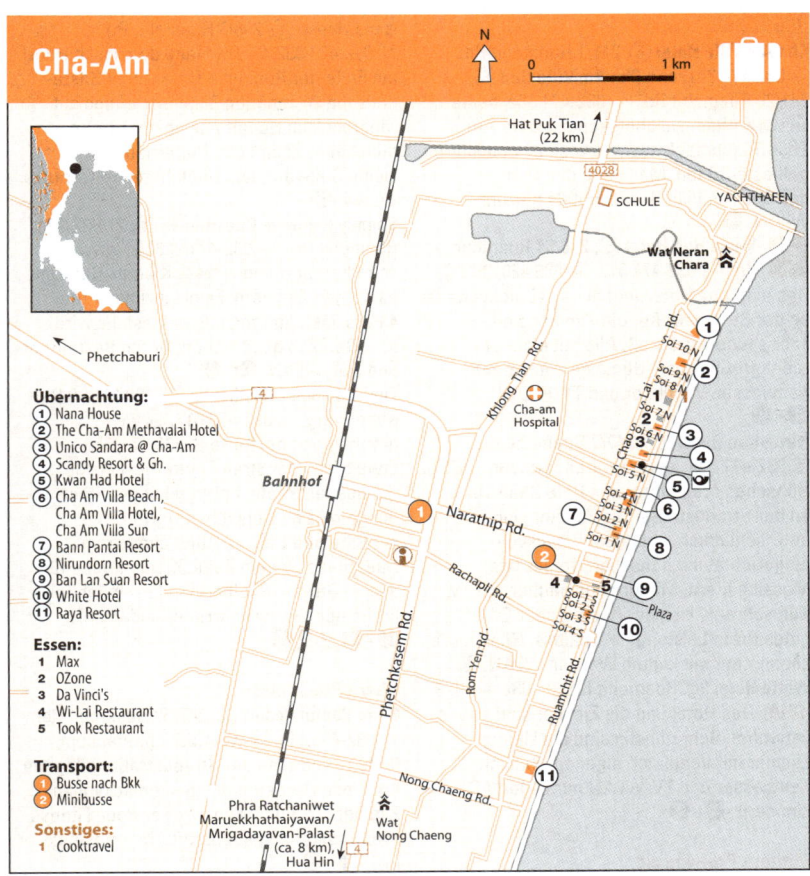

Cha-Am

N
0 — 1 km

Hat Puk Tian
(22 km)

4028
SCHULE   YACHTHAFEN

Wat Neran
Chara

Phetchaburi

Übernachtung:
① Nana House
② The Cha-Am Methavalai Hotel
③ Unico Sandara @ Cha-Am
④ Scandy Resort & Gh.
⑤ Kwan Had Hotel
⑥ Cha Am Villa Beach,
   Cha Am Villa Hotel,
   Cha Am Villa Sun
⑦ Bann Pantai Resort
⑧ Nirundorn Resort
⑨ Ban Lan Suan Resort
⑩ White Hotel
⑪ Raya Resort

Essen:
1 Max
2 OZone
3 Da Vinci's
4 Wi-Lai Restaurant
5 Took Restaurant

Transport:
① Busse nach Bkk
② Minibusse

Sonstiges:
1 Cooktravel

Khlong Tian Rd.
Cha-am Hospital

Bahnhof

Narathip Rd.

Rachapli Rd.

Phetchkasem Rd.

Rom Yen Rd.

Ruamchit Rd.

Plaza

Nong Chaeng Rd.

Phra Ratchaniwet
Maruekkhathaiyawan/
Mrigadayavan-Palast
(ca. 8 km),
Hua Hin

Wat
Nong Chaeng

Soi 10 N
Soi 9 N
Soi 8 N
Soi 7 N
Soi 6 N
Soi 5 N
Soi 4 N
Soi 3 N
Soi 2 N
Soi 1 N

Soi 1 S
Soi 2 S
Soi 3 S
Soi 4 S

DIE NÖRDLICHE GOLFKÜSTE

Mit dem eigenen Fahrzeug oder Taxi folgt man von Norden kommend kurz vor dem Sheraton der Ausschilderung „Siridorn International Environmental Park". Die Zufahrtsstraße verläuft durch ein Militärübungsgelände. Die Wachen am Eingang verlangen bei Anreise mit dem Fahrzeug einen Ausweis zur Hinterlegung. Von hier sind es noch einmal etwa 1,5 km. Das weitläufige Parkgelände kann auch mit dem Fahrrad erkundet werden. Räder werden am Parkplatz für 20 Baht vermietet. Ordentliche Kleidung ist angebracht: Keine ärmellosen T-Shirts oder kurzen Röcke bzw. Hosen. Es werden Sarongs bereitgehalten. ⊙ 8.30–16, Sa und So bis 17 Uhr, Mi geschl.; Eintritt in den Palast und Park 100 Baht. Mit dem Mopedtaxi von Cha-Am und zurück 500 Baht.

ÜBERNACHTUNG

Entlang der Ruamchit Rd. und rund um die Plaza werden einfache Zimmer ab 500 Baht vermietet. Zimmer in besseren Hotels kosten 600–1000 Baht. Am Wochenende wird es voll und teuer, denn dann kommen Ausflügler aus Bangkok.

Untere Preisklasse

Cha Am Villa Hotel ⑥, 241/1 Ruamchit Rd., ☎ 032-471 241, und **Cha Am Villa Sun** ⑥, 241/20 Ruamchit Rd., ☎ 032-471 382, beide 🖥 www.chaamvillahotel.com, [5817]. Auf Thai-Geschmack ausgerichtet, es dominieren gefliese Böden. Man kann den Pool des Cha Am Villa Beach Hotels nutzen. WLAN. ❸

€ **Kwan Had Hotel** ⑤, 246/64 Ruamchit Rd., ☎ 032-471 312, ✆ 433 420, [5789]. Das einfache Hotel liegt etwas zurückversetzt an der Strandstraße. Die Zimmer sind sehr sauber und groß. Alle mit eigenem, recht großem Bad. Günstige Zimmer mit Kaltwasser, Ventilator und TV. WLAN. ❷–❸

Nirundorn Resort ⑧, 247/7 Ruamchit Rd., ☎ 032-471 038, 🖥 www.nirundorn.com, [5793]. Hübsches cremefarbenes Holz-Stein-Haus an der Strandstraße. Die Zimmer sind alle unterschiedlich, aber geschmackvoll eingerichtet mit hübschen Details wie Mosaikbädern. Modern und sauber, mit TV, Kühlschrank, kleinem Austritt oder Erker, gutes Preis-Leistungs-Verhältnis. Günstigere Zimmer nur mit kaltem Wasser. WLAN. ❸

White Hotel ⑩, Ruamchit Rd., ☎ 032-471 118, [5818]. Das Hotel und die Zimmer sind etwas verwohnt. Sehr günstig sind die kleinen Zimmer mit Ventilator, eigenem Bad mit Kaltwasser und TV. WLAN nur in den AC-Zimmern. ❷–❸

Mittlere Preisklasse

Ban Lan Suan Resort ⑨, 261/2 Ruamchit Rd., ☎ 032-433 171, 🖥 www.banlansuan.com, [7940]. Kleine Anlage in der Hauptstraße mit attraktiven Zimmern in schönen Gebäuden, die in einem langgestreckten Garten in tropischem Grün liegen. WLAN, TV und DVD. Werktags günstiger. ❺

Cha Am Villa Beach ⑥, 241/2 Ruamchit Rd., ☎ 032-471 595, 🖥 www.chaamvillahotel.com, [7941]. Schöne Zimmer in verschiedenen 2- und 3-stöckigen Gebäuden mit TV, Minibar. Zimmer mit Blick auf den kleinen Pool oder das Meer. Frühstück inkl. Unter der Woche günstiger. WLAN. ❹

Nana House ①, 208/3 Ruamchit Rd. ☎ 032-433 632, [5792]. Nahe dem Fischerdorf am Ende der Ruamchit Rd. Kleines Gästehaus mit 25 schönen Zimmern, einige mit Meerblick im Haupthaus an der Straße, günstigere Zimmer im Hinterhaus. Die kleine Suite auf dem Dach hat eine Terrasse. WLAN. ❺

Scandy Resort & Guesthouse ④, 274/32-33 Ruamchit Rd., ☎ 032-471 926, 🖥 www.scandy-resort.com, [7942]. Kleines Haus mit einfachen Zimmern. Familienzimmer für 4 Pers. inkl. American Breakfast. Es wird u. a. Deutsch gesprochen. Unten Restaurant und Bar. WLAN. ❸–❹

Thai Bamboo Guesthouse ④, 100 Moo 9 Ban Khao Pong, ☎ 032-470 617, 🖥 www.thai-bamboo.de, Karte S. 339, [7943]. Etwa 5 km vom Strand entfernt. 4 große gut ausgestattete, holzverkleidete Steinbungalows im tropischen Garten, alle mit Safe und Balkon. Auch Zimmer im Haupthaus. Zudem Zelte. Kleine Küche für alle im Garten. Poolbereich für Kinder. Inkl. Frühstück. Gratis Fahrräder und WLAN. ❹–❺, Zelt ❷

Obere Preisklasse

Bann Pantai Resort ⑦, 247/58 Ruamchit Rd., ☎ 032-433 111, 🖥 www.bannpantai.com, [5782]. Zentral an der Strandstraße gelegene luxuriöse Herberge mit geschmackvollen Zimmern, z. T. in Villen. Großer Pool. Fitnessraum, kostenpflichtiges WLAN. Frühstück inkl. ❻–❽

The Cha-Am Methavalai Hotel ②, 220 Ruamchit Rd., ☎ 032-433 250, 🖥 www.methavalai.com, [5791]. Großes Hotel mit modern ausgestatteten Zimmern, Balkone mit Meerblick. Poollandschaft mit separatem Kinderbecken und Liegestühle am Strand. Preisnachlass an Werktagen. ❼–❽

Raya Resort ⑪, 264/2 Ruamchit Rd., ☎ 032-472 641, 🖥 www.rayaresortchaam.com, [5810]. Etwa 1 km außerhalb gelegene große Gartenanlage mit 16 doppelstöckigen Bungalows und 4 Villen, die in elegantem Luxus eingerichtet sind. Alle Zimmer mit getrenntem Wohn- und Schlafzimmer.

Fahrradverleih, Internet, Pool, gutes Restaurant. ❽

Unico Sandara @ Cha-Am ③, 241/4 Ruamchit Rd., ✆ 032-470 777, 🖥 www.unicosandara hotel.com, [5816]. Stilvolles Hotel in orange-farbenem und dunklem Holz. Schicke Zimmer in den gleichen Farbtönen, teils mit Meerblick oder direktem Pool-Zugang. Pool auf der 6. Etage zur Meerseite. Das benachbarte Restaurant hat eine große offene Front und ist in minimalistischem Dekor gehalten. Kids-Corner, Computerspielecke für ältere Kids und Fitnessraum mit persönlichem Trainer. WLAN. ❻–❽

In Cha-Am gibt es viele internationale Restaurants und Kneipen mit einem viel-fältigen Angebot entlang der Ruamchit Rd. Am Wochenende locken zudem einige Essenstände. Viele Gästehäuser haben ein Restaurant, das Thai- und westliche Gerichte serviert. Da das nahe Fischerdorf täglich für Nachschub an frischen Meeresfrüchten sorgt, gibt es viel Seafood. Die besten Fisch-lokale befinden sich nahe dem Pier. Fische und Schalentiere können dort in Bassins ausgesucht werden. Wer gerne am Strand speist, kann sein Essen in den Liegestuhl-kolonien bestellen. Bars gruppieren sich rund um die Plaza.

Da Vinci's, 247 Ruamchit Rd. Gemütlich eingerichteter Italiener. Pasta und Pizza um 200 Baht. ⏱ bis 23 Uhr.

Wi-Lai Restaurant, Plaza, gemütliches Restaurant mit hübschem Garten; serviert neben Thai-Gerichten auch Pasta und deutsche Küche wie Bratwurst, Schnitzel und Schweinebraten.

Took Restaurant, Plaza, Ecke Ruamchit Rd. Gute und günstige thailändische Garküche. Bei Einheimischen und Expats sehr beliebt. Gerichte zwischen 30 und 100 Baht.

Im **OZone** und **Max** an der Strandstraße (zwischen Soi 6 und 8 North) wird tgl. von 21–24 Uhr ruhige Livemusik gespielt. Am Platz vor dem Golden Beach Cha-Am-Hotel befinden sich mehrere Kneipen in englischer, skandinavischer

und deutscher Hand. Die abendliche Unterhaltung richtet sich hauptsächlich an die etwas älteren Urlauber.

Fahrrad- und Mopedverleih

Auf dem Drahtesel lässt sich geruhsam die Strandstraße und die nahe Umgebung erkunden. Ein Rad kostet 100 Baht am Tag. Spaß für die Familie bietet eine Ausfahrt mit dem Tandem oder dem 3er- und 4er-Rad (ab 200 Baht/Tag). Mopeds können für 300 Baht pro Tag ausgeliehen werden. Verleih entlang der Strandstraße.

Medizinische Hilfe

Cha-Am Hospital, Khlong Tian Rd., ✆ 032-471 007. Ambulanz ✆ 1669.

Touren

Wem die Strandaktivitäten in Cha-Am nicht reichen, der kann bei Anbietern in der Strandstraße unter diversen Touren wählen. Ausflüge nach Hua Hin, Phetchaburi, zum Sam Roi-Nationalpark und Pala U-Wasserfall werden genauso angeboten wie Rafting, Fischen oder Kayaking.
Eine Anlaufstelle in der Strandstraße ist **Cooktravel**, ✆ 032-433 461, 081-7634560. 🖥 www.cooktravelchaam.com.

Wer mit dem Bus aus Bangkok oder Hua Hin kommt, wird an der Narathip Rd., Ecke Petchkasem Rd., nahe dem Bahnhof ab-gesetzt. Von hier sind es etwa 900 m zum Strand (Mopedtaxi 40–50 Baht).

Busse

Busse und Minibusse fahren am Highway 4 (Phetchkasem Rd.) ab.
BANGKOK, tgl. zum Southern Busterminal, von 3.30–21.30 Uhr alle 2 Std. für 155 Baht in etwa 3 Std., zudem halbstdl. von 5–19.30 Uhr zum Victory Monument für 160 Baht in 2 1/2 Std. Minibusse nach Bangkok fahren auch vom Soi-Busbahnhof an der Plaza ab. Zum Victory Monument halbstdl. von 7–18 Uhr und zum Southern Busterminal stdl.

DIE NÖRDLICHE GOLFKÜSTE

von 7–18 Uhr für jeweils 160 Baht. Tickets gibt's direkt an der Plaza.

HUA HIN, alle 10 Min. verschiedene Busse für 35–50 Baht in 20 Min.

PHETCHABURI, halbstdl. von 7–19 Uhr für 50–80 Baht in 45 Min.

PRACHUAP KHIRIKHAN, stdl. von 7–22 Uhr für 120 Baht in 3 Std. Hier besteht Anschluss nach CHUMPHON.

Taxis

Taxis nach HUA HIN (400 Baht), PHETCHABURI (bis 1000 Baht) und BANGKOK (2500 Baht) vom Soi-Busbahnhof und der Strandstraße.

Eisenbahn

Nachtzüge s. Fahrplan S. 817/818.

BANGKOK, um 4.53 und 14.33 Uhr für 90 oder 143 Baht in 4 1/2 Std.

CHUMPHON, um 11.18 und 19.44 Uhr für 103 oder 173 Baht in 5 1/2 Std.

HUA HIN, um 11.18, 13.11, 17.21, 19.40 und 22.26 Uhr für 26 Baht in 30 Min.

PHETCHABURI, um 4.35, 6.33, 12.13, und 14.33 Uhr für 28 oder 38 Baht in 30–45 Min.

SURAT THANI, um 19.44 Uhr für 187 oder 289 Baht in 7 1/2 Std.

THONBURI, um 1.59 und 12.13 Uhr für 38, 88 oder 137 Baht in 4 Std.

Hua Hin

Hua Hin [4776] ist ein mondänes Touristenziel mit allen Annehmlichkeiten. Große Hotels dominieren das Strandleben. Die Stadt

lässt sich bequem erkunden und ist ein lohnender Shopping-Stopp vor der Abreise für all jene, die dem Trubel von Bangkok entfliehen wollen. Wer gerne auf dem Rücken eines kleinen Pferdes am Strand entlangreitet oder sich einfach nur faul am Hotelpool ausruhen möchte, ist hier gut aufgehoben.

Zahlreiche Touren in die Umgebung bieten sich an, sodass ein Urlaub sowohl für Individual- als auch für Pauschaltouristen zahlreiche Erlebnisse bietet.

Bereits seit den frühen 1920er-Jahren reisen Angehörige des Königshauses in dieses Seebad, und bis heute nutzt Bangkoks Oberschicht Hua Hin als Wochenendziel.

Strand

Der kilometerlange Strand von Hua Hin ist bei Ebbe über 100 m breit. Der Hauptstrand besteht aus weichem, weißem Sand und ist dank wöchentlicher Reinigung überwiegend sauber. Er wird von Felsen gesäumt, die gern als Sitzplatz für ein Erinnerungsfoto genutzt werden. Im Süden stehen kleine Tempel auf der sich hier zuspitzenden Landzunge, im Norden befindet sich ein kleiner chinesischer Tempel in den Felsen. Sowohl nördlich als auch südlich schließen sich weitere Strände an. Das Wasser ist flach und bei Ebbe müssen bis zur Schwimmtiefe einige Meter zurückgelegt werden.

Im Norden des Strandes befinden sich zahlreiche Imbiss- und Massagestände, Sonnenschirme und Liegen. Einige Liegestuhl-

Die beiden Seebäder liegen knapp 190 km von Bangkok entfernt und dienen seit den 1910er-Jahren reichen Familien und dem Königshaus als Badeorte. Rama V. ließ im 19. Jh. nahe dem später erschlossenen Cha-Am und dem Fischerdorf Hua Hin den Sommerpalast **Phra Ratchaniwet Maruekkhathaiyawan** erbauen. Später bezog Rama VI. den Sommerpalast und baute ihn aus. In den 1970er-Jahren wurde der Palast in **Mrigadayavan Palace**, „Palast der Liebe und der Hoffnung", umbenannt. Heute existieren beide Namen gleichberechtigt nebeneinander.

Der Bruder von Rama VI. und spätere Thronfolger Rama VII. gab 1927 die etwa 2 km nördlich des Hafens gelegene Sommerresidenz **Klai Kangwon** („Palast fern aller Sorgen") in Auftrag. Lange Zeit besuchte auch der amtierende König Bhumipol den Palast, um sich von seinen Amtsgeschäften zu erholen. Wenn kein königlicher Besuch im Palast residiert, wird der Park ab 17 Uhr für Besucher geöffnet.

Richtig populär wurde Hua Hin, als in den 1920er-Jahren die Eisenbahnlinie fertiggestellt wurde, die von Bangkok nach Singapore führte. Der Bahnhof Hua Hin entstand; einer der ersten Bahnhöfe und der schönste des Landes. Heute hält hier (meist So gegen 16 Uhr aus Bangkok kommend) der **Eastern Oriental Express**. Dieser Luxuszug mit kolonialem Ambiente pendelt seit 1993 ein- bis viermal monatlich zwischen Bangkok und Singapore, Fahrplan s. 🖥 www.orient-express.com. Doch auch wer mit einem lokalen Zug fährt, kann hier zu- oder aussteigen. Für königliche Besuche reserviert ist der Königspavillon, der rechter Hand des Hauptgebäudes steht.

Direkt nach Fertigstellung der Bahnlinie erbaute Prinz Purachatra in seiner Funktion als Eisenbahndirektor das **Railway Hotel** (heute geführt unter dem Namen: Hotel Sofitel Centara Grand Resort). Vor seiner Renovierung diente es als Filmkulisse und gab sich im Film *The Killing Fields* als Hotel Le Phnom Penh aus. Ganz im angesagten viktorianischen Stil der Zeit erbaut, orientierte sich der Königssspross an Europa und ließ es sich nicht nehmen, neben einer Tennisanlage auch den ersten Golfplatz Thailands zu erbauen. Erdacht und realisiert wurde der Platz vom britischen Eisenbahningenieur A. O. Robins. Noch heute schwingen begeisterte Golfer auf dem **Royal Hua Hin-Golfplatz** ihren Schläger und lassen sich bequem über das Grün chauffieren. Rama VII., so heißt es, habe gerade Golf gespielt, als er im Sommer 1932 von der Abschaffung der absoluten Monarchie und damit seiner Entmachtung erfuhr.

gruppen bieten eine nahezu vollständige Überdachung und belegen ganze Strandabschnitte – beliebt bei Thai-Touristen, die hier entspannen können, ohne sich der Sonne aussetzen zu müssen.

Im Sommer stören oft Quallen das Badevergnügen, aber da die hier urlaubenden Thais ohnehin nicht gerne schwimmen, stört sie das nicht. Westliche Touristen nutzen dann den Hotelpool. Statt Palmen säumen Steinhäuser und hohe Hotelbauten den Strand, daneben gibt es einige hölzerne Fischrestaurants auf Stelzen sowie Gästehäuser. Etwas weniger Stadtstrand-Feeling bieten die nahe gelegenen Strände Pranburi und Takiap.

Stadt und Hafen

Die Stadt ist Heimat für etwa 60 000 Menschen. Es gibt zahlreiche Geschäfte, darunter Schneider, Schmuckhändler, Souvenirverkäufer und Anbieter von Kunsthandwerk. Nördlich des Hilton Hotels befindet sich die **Altstadt**, das Zentrum von Hua Hin. Hier stehen noch die traditionellen, niedrigen hölzernen Thai-Häuser. Wer in eine der kleinen Nebenstraßen abbiegt, taucht ein in das ursprüngliche Leben Hua Hins.

Einen Blick von oben auf die Stadt erlaubt der 160 m hohe **Khao Hin Lek Fai**, der knapp 2 km westlich des Zentrums liegt. Es gibt zwei offizielle und mehrere nicht ausgeschilderte Aussichtspunkte mit Blick auf Hua Hin und

3 (2 km) **9**
Damrongrat Rd. **10**
Cha-Am,
Klai Klangwon-Palast

4

Petchkasem
68
Naebkhehat Rd.
53
Chomsin Rd.
Nai Damri Rd.
Dechanuchit Rd.

Pala-U-
Wasserfall

Damnoen Kasem Rd.

Bahnhof **s. Detailplan**

*Royal
Golf
Course*

80 **17** San Paulo Hospital

5 **6**
88

67
69 **18**
Hua Hin
Market
Village **19**

Bangkok-Hospital
94

75
75/1
6 **7**
11
8
96
20
100 79
102 **21** 7
83 7

108 85

22
12
13 Hyatt Regency

14

23

Banyan
Golf Club

*Khao
Krilas*
POLIZEI
Wat
Khao
Krilas
Prachuap Khiri Khan 4

Wat
Khao
Lad
24
Khao Takiap

*Golf von
Thailand*

Detailplan

53
Naebkhehat
Petchkasem Rd.

0 100 m

1

1 Chomsin Rd.
2
3
5 **4** **1** **6**
Naretdamri Rd.
Seafood-
Restaurants
2
3
POLIZEI **7**
Stasong Rd.
Chat
Chai-
Markt Dechanuchit **4**
NACHTMARKT Rd. **8**
9
2 Hua Hin Poonsuk Rd.
Night Plaza **10**
Sai Salakam Rd.
Naretdamri Rd.
Soi Bintabat
3 **11** Soi Bintabat
UHR-
TURM Wat
Hua
Hin **4**
Amnuay Sin **12** City Beach
Resort Kanchanomal
Shopping Mall **6** **13** Hilton Resort & Spa
Hua Hin
Kamnoadvithi Rd. **7** Hua Hin-Bazaar **16**
POLIZEI Pferde
Kasem **8**
Rd. TOURIST
14 POLICE
Damnoen **15** **20**
Pone S. Kanernomban
Kingpetch- Red Cross
Denkmal Institute Hotel Sofitel Centara
Bahnhof Grand Resort
(Ehem. Railway Hotel)

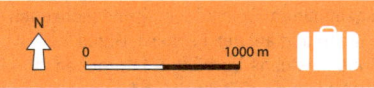

Übernachtung:
1. The Fat Cat Gh. & Pianobar
2. Chaleiarn Hotel Hua Hin
3. Araya Residence
4. Top Marks Hotel
5. Tong-Mee House
6. Pattana Gh.
7. Friends House
8. Fulay Gh.
9. Hua Hin Paradise Gh.
10. Sand Inn
11. My Place Hua Hin Hotel
12. Cha Ba Chalet
13. MP Gh.
14. Baan Oum-O.R.
15. Baan Somboon
16. Hotel Sofitel Centara Grand Resort & Villa
17. Citin Loft
18. Veranda Lodge
19. Baan Bayan
20. Prinz Garden Villa
21. Sailom Hotel
22. Chiva Som Resort
23. Baan Kang Mung
24. Boat Lodge

Essen:
1. Heaven's Kitchen
2. Brasserie de Paris
3. Cool Breeze
4. Maharaja
5. All Inn Hua Hin
6. Heidi's Gartenrestaurant
7. La Villa
8. Hagi Japanese Restaurant
9. Coco 51
10. The Living Room
11. Beach Café und Restaurant
12. Lost Café
13. Sasi Dinner Theater
14. Papa John

Sonstiges:
1. Thai Boxing Garden
2. Megabooks
3. Thai Massage by the Blind
4. Rashnee Thai Silk Village
5. Grand Night Market
6. Grand Sport-Stadion
7. KBA (2x)
8. Thai Cooking Course

Transport:
1. Minibusse→Victory Monument, Bangkok
2. Songthaew→Takiap und
   orange Busse→Suan Son und Pranburi
3. AC-Busse nach Bangkok und Minibusse
4. Lomprayah
5. Budget
6. Sombat Tour-Busbahnhof
   (Chiang Mai, Korat, Chumphon)

das Umland. Liebespaare kommen zum Sonnenuntergang hierher, aber wegen des Ausblicks lohnt auch ein Besuch zum Sonnenaufgang gegen 5 Uhr. In dem kleinen Park kann man gemütlich picknicken.

Der **Hafen** befindet sich im Norden Hua Hins. Hier lässt sich noch lokales Fischerleben beobachten, wenn morgens der Fang ausgeladen und direkt am Pier oder in der nahe gelegenen Markthalle verkauft wird.

Khao Thakiap und Khao Krilas

Am südlichen Ende des Strandes, etwa 8 km vom Zentrum entfernt, liegt der **Khao Takiap**, der von vielen auch „Chopstick Mountain" oder „Monkey Hill" genannt wird. Letzterer Name trägt der Tatsache Rechnung, dass hier viele Affen zu Hause sind, die leider nicht jeden Besucher herzlich empfangen. Die 20 m hohe, golden glänzende Buddhafigur am Fuße des nördlichen Kliffs gehört zur Tempelanlage **Wat Khao Lad**. Vom oberhalb gelegenen Wat, das man über knapp 130 Stufen auch vom Strand aus erreicht, hat man einen fantastischen Panoramablick. Überall finden sich hier kleine Tempelschreine und Buddhafiguren. Anfahrt mit dem lokalen grünen Pick-up, der den ganzen Tag zwischen Hua Hin und Khao Takiap verkehrt (10 Baht), mit dem eigenen Moped oder zu Fuß am Strand entlang. Dominiert wird dieser Strandabschnitt von mehreren hohen Gebäuden mit Eigentumswohnungen, die höchstens am Wochenende bewohnt werden.

Wer ein weiteres Wat besuchen will, kann das sehenswerte **Wat Khao Krilas** auf dem gleichnamigen Berg im Süden der Stadt ansteuern. Mit dem Motorrad oder Taxi ist es in etwa zehn Minuten erreicht.

ÜBERNACHTUNG

In Hua Hin gibt es nur wenige günstige Unterkünfte: Die Nachfrage danach ist gering. Einige der billigen Häuser dienen als Stundenhotels und sind daher für Traveller keine gute Wahl. Gästehäuser und kleine Hotels der mittleren Preisklasse sind hingegen zahlreich vorhanden, oftmals mit gutem Preis-Leistungs-Verhältnis. Wer sich

Luxus leisten kann, findet in Hua Hin auf jeden Fall schöne Unterkünfte. Es gibt renovierte Ferienhäuser aus den 1920er-Jahren ebenso wie große Hotels mit jeglichem Komfort. Außerdem können Häuser gemietet werden – allerdings nur monatsweise. Das Tourist Office am Clocktower gibt gerne Auskunft. Fast alle Hotels und Gästehäuser haben WLAN, einige wenige nur an der Rezeption.

Untere Preisklasse

Cha Ba Chalet ⑫, 1/18 Sasong Rd., ☎ 032-521 181, 🖥 www.chabachalet.com, [5828]. Kleines Hotel in Bahnhofsnähe. Einfache, geräumige Zimmer mit TV und Kühlschrank. Familienzimmer. Viel Licht dank großer Fenster. Gutes Preis-Leistungs-Verhältnis, inkl. Frühstück. ❸–❹

Friends House ⑦, 79 Naebkhehat Rd., ☎ 085-678 0849, ✉ poo_g333@yahoo.com, [8164]. 6 saubere, helle Zimmer in freundlichem Gelb. Alle mit AC und eigenem Bad. Die günstigen ohne Kühlschrank. Nette Eigentümer. ❷

€ **Pattana Gh.** ⑥, 52 Naresdamri Rd., ☎ 032-513 393, ✉ huahinpattana@gmail.com, [5848]. Schön, einfach und günstig im alten Teakhaus. Zimmer im Erdgeschoss mit Dusche, die im 1. Stock ohne Bad. Alle mit Ventilator und Moskitonetz. Ruhe im wundervoll dekorierten Garten mit Bar. Kein WLAN. ❷

The Fat Cat Guesthouse & Pianobar ①, 8/3 Naresdamri Rd., ☎ 086-2062 455, 🖥 www.thefatcathuahin.com, [5832]. Orangefarbenes Hotel am Pier. Zimmer vorne mit Balkon und Meerblick. Im Hinterhaus günstige Zimmer mit Ventilator und Kaltwasser, sonst AC, TV und Kühlschrank. Weitere Zimmer in einem Gebäude in einer ruhigen Seitenstraße. Von 20–22 Uhr spielt der dänische Eigentümer Jazzmusik in der hauseigenen Bar. ❷–❹

Tong-Mee House ⑤, 1 Soi Raumpown, ☎ 032-530 725, ✉ tongmeehuahin@hotmail.com, [5947]. Kleine AC-Zimmer mit Balkon, Holzmöbeln, TV, Safe und Kühlschrank. Familiäre Atmosphäre durch die immer gut gelaunte Eigentümerin. Gemütliche Sitzmöglichkeiten drinnen und auf der Terrasse. Gutes Preis-Leistungs-Verhältnis. Internet an der Rezeption 30 Baht/Std. ❷

Top Marks Hotel ④, 100/4-6 Poolsuk Rd., ☎ 032-530 404, 🖥 www.topmarkshotelhuahin.com, [5948]. Gefliese große Zimmer mit TV, Safe, Minibar. Zudem Zimmer mit Ventilator und Gemeinschaftsbad. Fitnessgeräte. Unten große Kneipe mit Flachbildschirm und Billard. ❷–❸

Mittlere Preisklasse

Araya Residence ③, 15/1 Chomsin Rd., ☎ 032-531 130, 🖥 www.araya-residence.com, [5822]. Boutiquehotel mit gehobener Ausstattung. TV, Minibar, Safe, inkl. Frühstück. Fahrräder gratis. Bei längeren Aufenthalten Rabatt. ❹–❺

Chalelarn Hotel Hua Hin ②, 53/1 Nahbkaehat Rd., ☎ 032-512 233, 🖥 www.chalelarnhuahin.com, [5823]. Kleines Hotel mit großen Zimmern, einige Schritte vom Pier entfernt. Safe, TV, Kühlschrank, Balkon. Kostenlos Internet im Foyer. ❹–❺

Baan Oum-O.R. ⑭, Soi Kasemsomban, Damnoen Kasem Rd., ☎ 081-944 9390, ✉ baan_oum-or@hotmail.com, [5825]. Kleines familiäres Eckhotel. Der Empfangsbereich ist modern weiß gehalten, die Zimmer sind großzügig. Schön ist das Balkonzimmer. ❹

Baan Somboon ⑮, 13/4 Soi Kasemsomban, Damnoen Kasem Rd., ☎ 032-511 538, [7944]. Heimelige Atmosphäre in familiärem Haus. Schöner kleiner Garten. Zimmer mit Ventilator oder AC, TV und Kühlschrank, inkl. Frühstück. ❸–❹

Fulay Guesthouse ⑧, 110/1 Naresdamri Rd., ☎ 032-513 145, 🖥 www.fulayhuahin.net, [5442]. Altes Holzhaus auf Stelzen über dem Strand. Schöne Seeterrasse und Pavillon. WLAN am Empfang. Ventilator und Warmwasser, billiger mit Kaltwasser. Die AC-Zimmer liegen näher am Meer. Oft ausgebucht. ❹–❺

Hua Hin Paradise Guesthouse ⑨, 45/8-9 Dechanuchit Rd., ☎ 032-530 114, [5837]. 200 m vom Strand entfernt. 13 Zimmer auf 2 Etagen; ausgefallene Dekoration, Minibar und Wasserkocher. Kaffee und Tee kostenlos. Schöner Gemeinschaftsbalkon zur Straße. **④**

MP Guesthouse ⑬, 6/5 Soi Khanjanomai, ✆ 032-511 344, **[5846]**. Kleines Gästehaus mit familiärer Atmosphäre in kleiner geschäftiger Soi. Zimmer mit TV und Kühlschrank, sauber und einfach möbliert. Gemeinschaftsbalkon zur Soi. **③ – ④**

My Place Hua Hin Hotel ⑪, 17 Soi Hua Hin, 74 Amnuaysin Rd., ✆ 032-514 111, ⌨ www.myplacehuahin.com, **[5441]**. Boutiquehotel mit 24 geschmackvoll ausgestatteten Zimmern. TV, Safe, Balkon. Inkl. Frühstück. Kleiner Pool auf dem Dach. Oft Sonderangebote. **④ – ⑦**

Sand Inn ⑩, 38/1-4 Poolsuk Rd., ✆ 032-532 060, ⌨ www.sandinn-huahin.com, **[5885]**. Schlicht, aber geschmackvoll im Boutiquestil möblierte Zimmer, z. T. in Richtung der geschäftigen Straße, andere mit Balkon und Blick auf Pool und Garten. Kneipe im Erdgeschoss. **④**

Obere Preisklasse

Baan Bayan ⑲, 119 Petchkasem Rd., ✆ 032-533 5404, ⌨ www.baanbayan.com, **[7945]**. Boutiquehotel in renoviertem Thai-Haus von ca. 1920. Direkt am Strand, wenige Minuten südlich des Zentrums. Pool mit Meerblick. Hochzeitsarrangements. Sonderangebote im Internet. **⑦ – ⑧**

Baan Kang Mung ㉓, 122 Moo Baan Takiab Nongkae, ✆ 032-536 727, ⌨ www.baankang mung.com, **[5824]**. Kleines familiäres Bed & Breakfast-Hotel. Die luftigen, weißen Zimmer mit großen Betten und Moskitonetz liegen direkt am Meer und verbreiten mediterranes Flair. Inkl. Frühstück. **⑤ – ⑦**

Chiva Som Resort ㉒, 73/4 Petchkasem Rd., ✆ 032-536 536, ⌨ www.chivasom.com, **[5829]**. Luxuriöse Anlage am Strand, etwa 3 km südlich des Zentrums. Massage und Aroma-therapie, Yoga und andere fernöstliche Heilmethoden (auch besonders zubereitete Speisen) sind Teil des Übernachtungspreises. Pool mit Meerblick. Keine Kinder unter 16 Jahren. **⑧**

Citin Loft ⑰, 120/22 Soi Huahin, 78 Petch-kasem Rd., ✆ 032-533 778, ⌨ www.citin

lofthuahin.com, **[5830]**. 50 schön gestaltete, gefliete Zimmer mit Balkon. Kleiner Pool auf dem Dach. Rabatte bei Buchung über die Webseite. **⑤**

Dusit Thani Hua Hin ④, 1349 Petchkasem Rd., ✆ 032-520 009, ⌨ www.dusit.com, Karte S. 355, **[7946]**. 10 km nördlich von Hua Hin. Beeindruckt mit großer Pool-Anlage. Die Zimmer lassen keine Wünsche offen. 5 Restaurants und Bar (abends Livemusik). Wassersport, Tennis, Squash, Fitnesscenter, Spa (9–20 Uhr). **⑦ – ⑧**

Prinz Garden Villa ⑳, 8/30 Soi Hua Hin 98, ✆ 032-511 720, ⌨ www.prinz-garden-villa.de, **[5883]**. Große Zimmer und Apartments, inkl. Frühstücksbuffet. Schöner Pool im Garten unter Mango-Bäumen und Palmen. Rollstuhl-gerecht. **⑤ – ⑦**

Veranda Lodge ⑱, 113 Hua Hin Soi 67, ✆ 032-533 678, ⌨ www.verandalodge.com, **[5949]**. Schönes schickes Hotel am Strand mit geschmackvoll gestalteten Zimmern und Villen in einem verwilderter Garten. Veranstaltet Hochzeits- und private Strandpartys. Pool. Inkl. Frühstück. **⑥ – ⑦**

Hotel Sofitel Centara Grand Resort & Villa ⑯, 1 Damnoen Kasem Rd., ✆ 032-512 021, ⌨ www.sofitel.com, **[5888]**. Luxushotel, einst unter den Namen Railway Hotel in den 1920er-Jahren das erste Hotel am Platz. Die in viktorianischen Stil erbauten renovierten Villen und der Hotelkomplex strahlen eine gediegene, geschichtsträchtige Atmosphäre aus. Es gibt 5 Restaurants und eine riesige Pool-Landschaft, natürlich auch Fitnesscenter und Spa. Feudaler geht's nicht in Hua Hin. Wem es hier zu teuer ist, der sollte es sich nicht nehmen lassen, im Museumscafé in kolonialer Atmosphäre einen Tee oder Kaffee zu schlürfen. **⑧**

ESSEN

Viele Restaurants befinden sich in der Altstadt in der Naresdamri Rd., hinter dem Hilton und rund um die Soi Kanchanomai. Hier liegt auch die Ausgehmeile mit zahlreichen Kneipen.

Asiatische Küche

Wer unverfälschte Thai-Küche liebt, isst an einem der vielen kleinen Essenstände am Abend in den Sois und an den Kreuzungen. Hier werden überwiegend Suppen angeboten. Leckere Wok-Gerichte bekommt man z. B. in der Naebkhehat Rd. am 7-Eleven schräg gegenüber dem Pananchai Hotel. Da die wenigsten westlichen Reisenden hier essen, ist das Gebotene noch sehr authentisch. Am besten zeigt man einfach auf etwas und probiert.

Auf dem **Nachtmarkt** gibt es zahlreiche Stände mit Fisch; aber auch schon T-Bone-Steak vom Grill. Viele Besucher freut es, dass sich die meisten Stände und Lokale hier mittlerweile am Geschmack der westlichen Reisenden orientieren und die Gerichte auf deren leicht brennbare Zungen abschmecken. Der **Grand Night Market** ist noch weniger touristisch, sodass man hier die Gerichte auch als Europäer nach Landesart zubereitet bekommt, was u. a. bedeutet, dass an Chilis nicht gespart wird. Auf dem **Chat Chai-Markt** gibt es morgens Reissuppe (meist nur bis 8 Uhr). Tagsüber günstiges Seafood oder andere Thai-Gerichte.

Hagi Japanese Restaurant, Naresdamri Rd., Ecke Damnoen Kasem Rd. Gehört zum Komplex des Sofitel Hotels. Serviert stilecht nicht nur Sushi, sondern auch andere japanische Köstlichkeiten. Nicht für den kleinen Geldbeutel. ⏱ 17–23 Uhr.

Lost Café, 123/33 Soi Nong Kae, ☏ 032-511 624, 🖥 www.lost-cafe.com. Liebevoll gestaltetes 2-stöckiges Restaurant, das auch an einen einsamen Strand passen würde. Überwiegend thailändische Küche, aber auch Pizza und Pasta (130–200 Baht). Snacks an der Bar, Wein und belgisches Bier. ⏱ 9–23 Uhr.

Maharaja, 25 Naresdamri Rd., gute nordindische Küche in schöner Lage. ⏱ 11–23 Uhr.

🛍 In den Restaurants, die auf Stelzen im Süden des Strandes thronen, kann man gut und lecker Fisch und andere Meeresfrüchte essen. Die Ware ist meist sehr frisch.

Angesichts der exquisiten Lage sind die Preise für das Essen trotz der etwas heruntergekommenen Atmosphäre in den Restaurants recht hoch. Gerichte zwischen 150 und 500 Baht. ⏱ 11–22 Uhr.

Westliche Küche

Von Pizza über Steaks in allen Variationen bis hin zum guten französischen Drei-Gänge-Menü wird alles kredenzt, was der Magen begehrt. Die Preise sind etwas höher als in Thai-Restaurants. Viele Lokale befinden sich in der Poonsuk Rd. oder der Naresdamri Rd. Am Strand, meist einige Minuten vom Zentrum entfernt, laden gediegene Restaurants zum Dinner für gehobene Ansprüche.

All Inn Hua Hin, Srasong Rd. Täglich wird hier frisches Brot gebacken, das man zum Frühstück mit leckerer Wurst oder Schinken verspeisen kann. Zudem weitere Gerichte aus der europäischen Küche. ⏱ 8.30–22.30 Uhr.

Beach Café and Restaurant, Soi Hua Hin 75/1, ☏ 032-512 254, direkt neben den Kite-Schulen. Hier kann man sich vom Kitesurfen erholen oder den Sportlern zusehen und dabei entspannt etwas essen. ⏱ 10–22 Uhr.

Brasserie de Paris, 3 Naresdamri Rd., ☏ 032-530 637. Restaurant mit Meerblick und schönem Ambiente. Französische Küche, viel Seafood, gehobene Preise. ⏱ 11–22 Uhr.

Coco 51, Westende der Soi 51, ☏ 032-515 597. Gediegene „Casual Cuisine" mit Blick aufs Hilton und die Skyline der Stadt. Am Strand gelegen, tgl. Live-Jazz zum Dinner, Sa Swing-Jazz. ⏱ 11–23 Uhr.

Cool Breeze, 62 Naresdamri Rd., ☏ 032-531 062, 🖥 www.coolbreezecafebar.com. Das Restaurant befindet sich in der Altstadt in einem renovierten antiken Holzhaus. Kleiner Gartenbereich. Sehr gute Tapas, frische Sangria und eine gute Weinauswahl. Happy Hour von 10.30–19 Uhr, 3 Tapas zum Preis von 2. ⏱ 10.30–23 Uhr.

Heaven's Kitchen, 21 Soi Hua Hin 55 Chomsin Rd., ☏ 032-513 805. Gemütliches Restaurant mit Korbmöbeln. Sehr leckere Pizza, Pasta, Burger und Schnitzel, auch viele Thai-Gerichte. ⏱ 11–23 Uhr.

Heidi's Gartenrestaurant, 2/1 Poonsuk Rd., 📞 032-532 367, 🖥 www.heidis-garten restaurant.com. Käsefondue oder Gerichte vom Schwein, Huhn und Rind. Auch Thai-Küche. Zudem Chang-Bier vom Fass und Weißbier aus der Flasche. Kinderteller. Gruppen sollten reservieren. ⏱ 11–24 Uhr.

La Villa, Poonsuk Rd., 📞 032-513 435. Gute italienische Küche. Tgl. frische Pasta, gute Weinauswahl. Gehobene Preise. ⏱ 12–14 und 18–22.30 Uhr.

Papa John, 154 Takiab Rd., 📞 032-655 072. Nahe Khao Tapiab. Unter deutscher Leitung, vor allem bei Finnen beliebt. Steaks aus Neuseeland, Fisch aus Thailand und Wein aus Italien und Südafrika. ⏱ 12.30–23.30 Uhr.

📖 **Sasi Dinner Theater**, 83/159 Nhongkae Rd., Reservierungen über Reisebüros oder unter 📞 032-512 488 oder 081-880 4004, 🖥 www.sasitheatre.com. Zum großen Dinner wird eine gelungene Show geboten. Gezeigt werden ein Ausschnitt aus dem Ramakien und die Kunst des Schwertkampfs. Das Ensemble besteht aus jungen talentierten Künstlern. Showbeginn 19 Uhr, 750 Baht. Das Restaurant liegt etwa 10 Min. südlich des Zentrums.

The Living Room, 3 Damrongrat Rd., Hua Hin Soi 51, 📞 032-530 487, 🖥 www.livingroom huahin.com. Hochpreisige Thai- und europäische Küche in gehobenem Ambiente direkt am Strand. Gutes Seafood. Livemusik am Wochenende. ⏱ 11–23 Uhr.

AKTIVITÄTEN

Thaiboxen

Grand Sport-Stadion, Petchkasem Rd., vor dem Grand Hotel, 📞 090-438 0961, 🖥 www.muaythaihuahin.com. Kämpfe am Mi und Fr ab 21 Uhr. Kurse in Thai-Boxen und Aikido. Fitnesscenter ⏱ 6–18 Uhr.

Thai Boxing Garden, hinter dem Tempel in der Soi Kanjanomai (von der Poonsuk abgehend). Kämpfe Do und Sa 21 Uhr. Karten zwischen 500 und 600 Baht.

Einkaufen

Der **Nachtmarkt**, der allabendlich ab 17 Uhr in der Innenstadt ab Kreuzung Petchkasem/

Ein bedeutendes Fliegengewicht

Ein Denkmal ehrt einen starken Sohn der Stadt: **Pone Kingpetch** (auch Man Seedok-buab genannt), der am 16. April 1960 erstmalig einen Weltmeistertitel im Boxsport nach Thailand brachte. In Bangkok gewann er gegen den Argentinier Pascual Perez. Drei Mal bewies er seine Stärke im Fliegengewicht. Der im Februar 1935 geborene Sportler starb mit 47 Jahren. Die Einwohner Hua Hins sind noch heute stolz auf ihn. Lange Jahre stand das Denkmal nahe dem Hilton Hotel, heute befindet es sich an der Damnoen Kasem Rd.

Dechanuchit Rd. über zwei Blocks hinweg seine Buden öffnet, ist bis Mitternacht eine wahre Fundgrube. Ein weiterer Nachtmarkt, der **Grand Night Market**, befindet sich gegenüber dem Grand Hotel. Hier gibt es nahezu alles, von Kleidung über Pflanzen bis zu Hunden und anderen Tieren. Auch im **Hua Hin Bazaar** lässt es sich herrlich stöbern. Neben zahlreichen kleineren Geschäften im Zentrum besitzt Hua Hin auch eine Shopping Mall, das **Hua Hin Market Village**, Satukarn Square, gegenüber dem Hua Hin-Tempel. Auch drei große **Outlets** zwischen Cha-Am und Hua Hin und die zahlreichen Schneider und Uhrenläden sind ein Eldorado für Schnäppchenjäger, die Markenartikel schätzen. Oft sind sie hier echt – aber nicht immer.

📖 Das **Rashnee Thai Silk Village**, 18/1 Naebkeharst Rd., 📞 032-531 155, [8166], ist eine gute Geschäftsidee des Schneiders Mike & Co Tailors und wirklich sehenswert. Ohne Kaufzwang oder gar Eintritt wird dem Besucher in einem kleinen, schön gestalteten offenen Holzunterstand gezeigt, wie Seide hergestellt wird: von der Raupe bis zum Stoff. Freundlich und unaufdringlich wird das Ausgestellte erklärt. Entweder läuft man etwa 1 km vom Uhrturm oder lässt sich kostenlos abholen. Mike & Co Tailors haben insgesamt fünf Geschäfte in Hua Hin. ⏱ 9–21 Uhr. Neben dem Geschäft befindet sich vom gleichen Betreiber ein hübsches thailändisches Restaurant. Gerichte um 200 Baht, Menüs zwischen 590 und 890 Baht. ☉ 11–22 Uhr.

Golf

Hua Hin bietet Freunden des Golfsports paradiesische Bedingungen. Es gibt 9 Golfplätze in unmittelbarer Umgebung. Die Preise sind gemessen am Standard günstig. Einige Plätze bieten zudem gute Unterkünfte. Neben dem ersten Golfplatz Thailands, dem seit den 1920er-Jahren bespielten **Royal Hua Hin**, 🖥 www.golfhuahin.com, gibt es beispielsweise den **Banyan Golf Club**, 🖥 www.banyanthailand. com/golf, der 2008 seine Pforten öffnete. Inkl. Ausrüstung und Caddy kostet eine Runde je nach Platz zwischen 2250 und 3600 Baht.

Kochkurse

Thai Cooking Course, 19/95 Petchkasem Rd., ✆ 081-572 3805, 🖥 www.thai-cookingcourse. com. Mind. 4, max. 10 Schüler lernen hier von einem (auch in Sachen Unterricht für Ausländer) erfahrenen Koch die Kunstgriffe der Thai-Küche. Beginn 9 Uhr, nach dem Marktbesuch wird zubereitet und anschließend gemeinsam gegessen. Ende gegen 15 Uhr. Freier Transport vom und zum Hotel. 1500 Baht p. P.

Massagen

Thai Massage by the Blind, Mr. Pong, ✆ 081-005 0327, Soi 37, Phetskasem Rd., ca. 3 km nördlich des Zentrums, nahe Golden Place, verlangt 200 Baht/Std.

Wassersport

KBA, ✆ 081-591 4593, 🖥 www.kiteboarding asia.com. Eines der 7 Kiteboard-Zentren der KBA-Schule. Gutes Equipment, gute Ausbildung. Privatstunden für maximal 2 Personen. Bietet Tageskurse oder Kurse bis zu 3 Tagen, zwischen 4000 und 11 000 Baht.

SONSTIGES

Autovermietungen

Autos, die man auch an anderen Orten zurückgeben kann, hat **Avis**, ✆ 032-547 523, 🖥 www.avisthailand.com. Günstiger sind die Jeeps der lokalen Anbieter. Autos mit Navigationsgerät vermietet **Budget**, ✆ 032-514 220, 🖥 www.budget.co.th, ganz im Süden, hinter dem Grand Night Market.

Bücher

Megabooks, Naresdamri Rd., offeriert eine Auswahl an Büchern und Karten und führt auch Zeitschriften und Zeitungen aus Europa. Deutschsprachige gebrauchte Schmöker sind ebenfalls erhältlich (200–500 Baht). ☉ 8.30–20 Uhr.

Fahrrad- und Mopedverleih

Die meisten Gästehäuser vermieten ab 70 Baht pro Tag ein Fahrrad, für 200 Baht ein Moped.

Feste

Beliebt ist das **Jazzfestival**, das seit 2001 jedes Jahr Mitte Juni stattfindet und 2–3 Tage dauert. Auf bis zu 3 Bühnen wird gekonnt musiziert, Eintritt frei.
Ein besonderes Erlebnis ist das alljährliche **Königliche Elefanten-Poloturnier** auf dem Gelände des Anantara Resorts. Eintritt frei. Dabei wird Geld für das National Elephant Institute im nordthailändischen Lampang gesammelt. Polospieler aus aller Welt messen hier auf dem Rücken der Elefanten ihr Können. Die Elefanten freut besonders das vor dem Rennen aufgebaute Buffet aus Früchten.

Informationen

Es gibt 2 Büros des **Tourist Office**. Das meistbesuchte und sehr informative Büro befindet sich am Uhrturm, ✆ 032-512 798, ☉ Mo–Fr 8.30–20, Sa, So und an Feiertagen 9–17 Uhr. Das zweite Office liegt in der Damnoen Kasem Rd., Ecke Petchkasem Rd., ✆ 032-511 047 ☉ Mo–Fr 8–16.30 Uhr. Zudem gibt es in der Stadt werbefinanzierte Pocketguides mit aktuellen Veranstaltungshinweisen.

Medizinische Hilfe

Bangkok Hospital Hua Hin, 888 Petchkasem Rd., ✆ 032-616 800, ✆ Notruf: 1719,

🖳 www.bangkokhospital.com/huahin. Gute internationale Klinik.
Red Cross Institute, Erste-Hilfe-Station.
✆ 032-511 024. Neben der Touristeninformation in der Damnoen Kasem Rd.
San Paulo Hospital, 222 Petchkasem Rd., ✆ 032-532 576-80, 🖳 www.sanpaulo.co.th.
Ambulanz, ✆ 1669.

Polizei

Tourist Police, nahe dem Sofitel, ✆ 032-515 995, oder Notrufnummer 1155.
Polizeistation (Diebstahlmeldung usw.), Damnoen Kasem Rd., ✆ 032-511 027.

NAHVERKEHR

Songthaew verkehren von 6 bis 21 Uhr. Alle grün-gelben fahren nur innerhalb der Stadt für 20 Baht. Zum Khao Takiap fahren Songthaew ab der Srasong Rd. für 20 Baht bei genügend Fahrgästen.
Taxis mit Taxameter verlangen für Kurzstrecken 50–100 Baht. Ein Taxi für den ganzen Tag kostet etwa 800 Baht, in der Hauptsaison 1000 Baht.

TRANSPORT

Busse

BANGKOK, ab dem Busbahnhof in der Srasong Rd. AC-Busse und Minibusse zum Southern Busterminal um 3, 8, 10, 12, 14, 16 und 21 Uhr für 175 Baht in 3 1/2 Std. Minibusse ab dem Busbahnhof in der Srasong Rd. fahren halbstdl. zwischen 4.30 und 19 Uhr für 180 Baht zum Victory Monument und stdl. zwischen 4 und 19.30 Uhr für 180 Baht zum Southern Busterminal. Die Überlandbusse aus Bangkok, die nach 18 Uhr Hua Hin passieren, stoppen am Uhrturm. Wer mit Hilfe eines Reisebüros einen Platz buchen konnte, kann dann hier zusteigen. Minibusse ab der Petchkasem Rd. fahren halbstdl. zwischen 4 und 19 Uhr für 180 Baht zum Victory Monument. Die Minibusse benötigen bis Bangkok etwa 2 1/2 Std.
CHA-AM, alle Busse und Minibusse halten auf Wunsch in Cha-Am, 30 Baht in 30 Min.
CHIANG MAI, mit dem VIP-Bus um 8, 17 und 18 Uhr ab dem Sombat Tour Terminal,

✆ 032-514 387, etwa 3 km südlich des Zentrums, Petchkasem Rd., Höhe Soi 96/98, für 851 Baht in 12 Std.
CHUMPHON, ab dem Sombat Tour-Busbahnhof um 8, 9, 10, 11, 12 und 12.30 Uhr für 180 Baht in 4 Std. (fährt von der gegenüberliegenden Straßenseite ab; frühzeitig dort sein, da der Bus aus Bangkok kommt).
CHUMPHON und zu den Fähren nach KO TAO, KO PHA NGAN und KO SAMUI, mit Lomprayah um 8.30 und um 23.45 Uhr, Abfahrt ab Uhrturm. Buchungen unter ✆ 032-533 739 (für Lomprayah) oder im Reisebüro. Ko Tao 1000 Baht (Ankunft 14.45/8.45 Uhr), Ko Pha Ngan 1300 Baht (16.30/10.45 Uhr), Ko Samui 1400 Baht (16.40/11.20 Uhr).
KORAT, ab Sombat Tour-Busbahnhof, ✆ 032-514 477, um 6.30, 8.30, 10 und 21 Uhr für 401 Baht in 7 Std.
PATTAYA, Minibusse ab Srasong Rd. Zwischen 8 und 16 Uhr alle 2 Std. für 400 Baht in 5 Std.
PRANBURI, mit den orangefarbenen Bussen, Abfahrt in der Srasong Rd., etwa alle 20 Min. für 30 Baht in etwa 30 Min.
PRACHUAP KHIRI KHAN, ab dem Sombat Tour-Busbahnhof mit dem Bus Richtung Chumphon um 9, 10, 11, 12 und 12.30 Uhr für 90 Baht in 1 1/2 Std. (fährt von der gegenüberliegenden Straßenseite ab; frühzeitig dort sein, da der Bus aus Bangkok kommt).
HAT SAM ROI YOT, mit den orangefarbenen Bussen nach Pranburi und von dort noch 40 km mit dem Taxi (400 Baht).

Taxis

BANGKOK, je nach Tageszeit und aktuellem Spritpreis für rund 1800 Baht.
CHA-AM, tagsüber für etwa 400 Baht.
KHAO SAM ROI YOT, für 1500 Baht hin und zurück als Tagesausflug, einfache Fahrt 800 Baht. Fahrtdauer pro Strecke 1 1/2 Std.

Eisenbahn

Nachtzüge s. Fahrplan S. 817/818. Es ist ratsam, die Fernstrecken frühzeitig zu buchen. Für Bummelzüge und Fahrten von kurzer Dauer gibt es Tickets kurz vor Abfahrt am Bahnhof.

BANGKOK, um 14.10 und 16.01 Uhr in 4 1/2 bzw. 3 3/4 Std. Alle Züge ab 44 bis 382 Baht.
BUTTERWORTH (Malaysia), um 18.45 Uhr für 1045/1105 Baht in 17 1/2 Std., mit Halt in PADANG PESAR (14 1/2 Std.).
CHA-AM, um 6.10, 11.40 und 14.10 Uhr für 26 Baht in 20–30 Min.
CHUMPHON, um 11.11 Uhr in 2 1/2 Std. oder 17.10 Uhr mit dem Bummelzug in 4 Std. Letzterer in der 3. Kl. 163 Baht, sonst 393 Baht.
KO SAMUI und KO PHA NGAN, mit den Nachtzügen, welche die morgens ablegenden Boote ab Surat Thani erreichen (siehe Fahrplan S. 817/818).
PHETCHABURI, um 6.10, 11.40, 14.10 und 16.01 Uhr für 50 Baht in 1 Std.
SUNGAI GOLOK (Grenze Malaysia), um 17.10 und 19.08 Uhr für 800 Baht in 16 Std. Alle Züge erreichen die Grenze vormittags.
SURAT THANI, per Tageszug Richtung Chumphon um 11.11 Uhr für 460 Baht in 5 1/2 Std.

Die Umgebung von Hua Hin

Von Hua Hin werden Touren nach Cha-Am und zu den zwei nahe gelegenen Nationalparks **Kaeng Krachan** und **Khao Sam Roi Yot** angeboten. Daneben sind Touren zu den Affen auf der nach ihnen benannten Insel **Ko Lam** (Monkey Island) möglich und zu den in der Nähe lebenden **Delphinen**, die sich noch vor der Küste des Hat Sam Roi Yot (S. 356) tummeln.

Hat Suan Son und Khao Tao

Hinter Khao Takiap schließt sich der **Hat Takiap** an. Das Hua Hin Watersports Centre vermietet Bananenboote, Scooter und Allradfahrzeuge. Mehr Ruhe als am Jetski-Strand findet man direkt anschließend am etwa 8 km langen **Hat Suan Son**. Dieser Strand endet am Fuße des Khao Tao und wird von Pinien gesäumt. Am Wochenende tummeln sich hier viele urlaubende Thais. Der Strand gehört zum **Suan Son Pradipat** (Sea Pine Tree Garden), einem Erholungspark des Militärs. Der Zutritt ist kostenlos. Am Ende des Strandes befindet sich ein Fischerdorf.

Hier erhebt sich der kleine **Khao Tao**, der Schildkrötenberg, an dem eine große goldene Schildkröte verehrt wird. Der Berg thront etwa 13 km von Hua Hin entfernt an der Küste; oben steht eine große, weithin sichtbare goldene Buddhafigur. Hier findet man zahlreiche Tempel und kleine Höhlen mit weiteren Buddhafiguren. An den nahe gelegenen Stränden **Hat Sai Noi** und **Hat Sai Yai** gibt es Restaurants.

Anfahrt: Mit dem Bus alle 20 Min. für 20 Baht ab Dechanuchit/Srasong Rd. Zum Khao Tao am einfachsten mit dem Taxi (für etwa 800 Baht hin und zurück) oder Moped bzw. Auto in 20 Min. (Highway 4 nach Süden, kurz vor Erreichen des Berges links abbiegen).

ÜBERNACHTUNG

Boat Lodge ⑤, Hat Takiap, 84/12 Moobaan, ✆ 032-537 223, 🖳 www.boatlodgeresort.com, Karte S. 355. Eine extravagante Unterkunft, die schöne Zimmer mit Safe, TV, Minibar und Wasserkocher in unkonventionell gestalteten Häusern und im Leuchtturm bietet. Es gibt einen Pool, und zum Strand sind es nur ein paar Meter. ❻

Pranburi

Der bekannteste Ort der Gegend um Pranburi ist der **Pranburi Forest Park**. Hier kann man auf einem Steg zwischen natürlich gewachsenen Mangroven spazieren. Das Gebiet liegt am Pranburi-Fluss, der sich vom Kaeng Krachan National Park bis zur Golfküste über 130 km seinen Weg bahnt. Hier leben zahlreiche Vögel. Vom Wasser aus lässt sich das Gebiet besonders entspannt genießen. Touren werden von Mermaid Cruises, 🖳 www.huahincruises.com, angeboten.

Anfahrt: Nach Pranburi kommt man den ganzen Tag über mit den öffentlichen orangefarbenen Bussen, die ständig an der Kreuzung Dechanuchid Road und Srasong Road vor dem 7-Eleven losfahren. Die Fahrzeit bis zur Hauptstraße von Pranburi beträgt eine halbe Stunde (30 Baht). Einfacher geht es mit dem Moped in einer Dreiviertelstunde. Von Pranburi bis zum Strand sind es ca. 10 km.

Das etwa 25 km von Hua Hin entfernte **Fischerdorf Pak Nam Pran** ermöglicht einen Einblick in das Leben der einfachen Menschen. Nur wenige Kilometer weiter hat sich am Strand eine Hotelszene entwickelt. Hier gibt es Luxushotelanlagen und schöne Boutiquehotels, die pauschal gebucht sogar erschwinglich sind. Einziger Wermutstropfen: Die Resorts liegen hinter einer kleinen Straße und nicht direkt am Strand.

Evason Six Senses & Hideaway ⑥, Hat Pak Nam Pran, ☎ 032-618 200, 🖥 www. sixsenses.com/Six-Senses-Hideaway-Hua-Hin, [5993]. Ansprechendes Hotel und Pool-Villen, dazu großer Pool für alle. Abwechslungsreiches Frühstück, oft bei dezenter klassischer Livemusik. Gute Anwendungen in schön gestaltetem Spa. In der Saison oft Yogakurse. Kinderbetreuung möglich. Das Konzept der Hotelanlage basiert trotz allem Luxus auf der sparsamen Nutzung natürlicher Ressourcen. Bei Flut gibt es keinen Sandstrand; Zugang zum Meer über ein paar Stufen. ⑦–⑧

Sirinat Bajini Mangrove Ecosystem Learning Center

Die kleine Ausstellung, etwa 15 km vom Zentrum Hua Hins entfernt, informiert mit Infotafeln im Parkzentrum über den Mangrovenwald. Dieser ist das Ergebnis einer gelungenen Aufforstung ehemaliger Shrimps-Farmfelder und unterstreicht die Bedeutung derartiger Landschaften. Zahlreiche einst vertriebene Tiere sind hier wieder heimisch geworden, einige davon sind auf dem halbstündigen Rundgang durch den Mangrovenwald zu sehen. Wer kein Thai spricht, muss ohne Führer auskommen. ☎ 032-632 255, ⏰ 8.30–16.30 Uhr, Eintritt frei (die Ausstellung wird von der PTT, einem Mineralölkonzern, unterhalten).

Anfahrt: Mit dem Fahrrad, Moped oder Auto über den Highway 4 Richtung Pak Nam Pran; der Weg ist gut beschildert. Die Straße führt nach Überquerung der Eisenbahnschienen durch Ananasfelder und ist angenehm zu befahren.

Pala U-Wasserfall und Huay Mongkul-Tempel

Der viel besuchte Pala-U-Wasserfall wird vom Krachan National Park verwaltet und befindet sich etwa 60 km westlich von Hua Hin. Oft wird

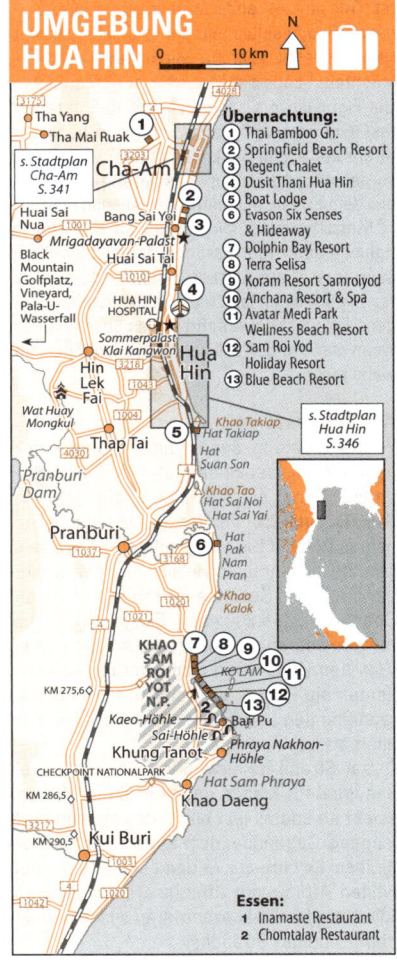

er in einer Tagestour angesteuert. Über 15 Stufen sprudelt der Fall, der das ganze Jahr über Wasser führt. Besonders morgens zwischen 7 und 10 Uhr sieht man viele Schmetterlinge. ⏰ bis 16 Uhr, Eintritt 200 Baht.

Auf dem Weg zum Wasserfall sitzt knapp 16 km von Hua Hin entfernt im **Huay Mongkul-Tempel** die größte **Luang Phor Tuad-Statue** Thailands. Die Figur wurde von Königin Sirikit gestiftet. Der meditierende Mönch aus Südthailand gilt als Boddhisattva (ein Heiliger, der das Nirvana erreicht hat, aber aus Mitleid für die nicht erleuchteten Lebewesen weiter auf Erden weilt). Die Figur ist aus schwarzem Metall gefertigt, fast 1 m breit und etwas über 1 m hoch und thront auf einem Sockel im Freien. Viele Thais, vornehmlich Landsleute des verehrten Mönchs aus dem Süden, machen einen Ausflug hierher.

Meist wird der Wasserfall ab Hua Hin im Rahmen einer Tour besucht. Dann ist ein Stopp beim Tempel auf Anfrage möglich und bei Touren mit mitreisenden Thais obligatorisch. Auf eigene Faust ist die Anfahrt etwas beschwerlich; wenn man nur den Fall sehen will, lohnt der Aufwand nicht.

Hat Sam Roi Yot

Weiter Richtung Süden, hinter Khao Kalok, liegen 7 km fast unbebauter weißer Sandstrand. Daran schließt sich südlich der Hat Sam Roi Yot [5950] an. Der Strand hat den Beinamen Dolphin Bay (Delphinbucht). Etwa zehn Monate im Jahr tummeln sich die Meeressäuger in diesem Gebiet; am besten sind sie auf Bootsausflügen zu sehen. Einige wurden bei ruhiger See auch vom Strand aus gesichtet. Was den Urlauber in Begeisterung versetzt, deuten die Fischer als Zeichen für einen herannahenden Sturm und sind daher eher alarmiert als hoch erfreut.

Der Strand ist etwa 5 km lang, sehr breit und ideal für Kinder, denn er fällt im Wasser seicht ab und es gibt nur selten starken Wellengang. Gegenüber dem Strand liegt die kleine Insel Ko Lam, die wegen der hier lebenden wilden Affen auch Affeninsel genannt wird. Alle Unterkünfte konzentrieren sich am südlichen Ende des Strandes.

Von hier sind es mit dem Moped etwa 3 km zum Fischerdorf Bang Pu und dem Sam Roi Yot National Park (S. 357). Viele Besucher ziehen eine Übernachtung an diesem ruhigen Strand den Unterkünften im Nationalpark vor. Es gibt ein paar nicht ganz so günstige Unterkünfte – alle mit Restaurant –, einen Minimarkt und einen Geldautomaten. Von der Dolphin Bay aus kann man wunderbar zur Erkundung in den benachbarten Park aufbrechen. Einige Anla-

gen und Straßenstände vermieten Mopeds (300 Baht/Tag), Kajaks (100 Baht/Std.), Fahrräder (100 Baht/Tag) und organisieren auch Taxifahrten. Bootsausflüge zur vorgelagerten Insel werden am Strand angeboten (800 Baht).

ÜBERNACHTUNG

Eine kleine Teerstraße verläuft zwischen den Anlagen und dem Strand. Karte S. 355
Anchana Resort & Spa ⑩, 228 Moo 4, ☏ 032-559 366, 🖥 www.anchana.com, [5952]. Luxuriöse Zimmer mit Baldachinbetten und Balkon. Spa-Anwendungen. Jacuzzi und Pool. ❼–❽
Avatar Medi Park Wellness Beach Resort ⑪, 212 Moo 4, ☏ 032-559 312, [5953]. 7 Zimmer im Reihenhaus mit Poolblick und kleiner Veranda. WLAN. ❺
Blue Beach Resort ⑬, 185 Moo 5, ☏ 032-559 314, 🖥 www.bluebeachresort.net, [5954]. 100 m von der Strandstraße. Kleine gemütliche Steinbungalows mit Terrasse unter Palmen. Inkl. Frühstück, WLAN, Kajak. ❹
Dolphin Bay Resort ⑦, 227 Moo 4, ☏ 032-559 333, 🖥 www.dolphinbayresort.com, [5955]. Bungalows und Zimmer im 2-geschossigen Reihenhaus. Großer Poolbereich mit Rutschen. Zimmer für 2–8 Pers. mit Küchenzeile, die großen Bungalows mit eigenem Pool. Kinderspielplatz. Hier machen viele Familien mit Kindern Urlaub. ❺–❽
Koram Resort Samroiyod ⑨, 230 Moo 4, ☏ 032-559 233, [5956]. Schöne Zimmer im Reihenhaus oder Bungalow. Inkl. Frühstück. WLAN. Moped-, Fahrrad-, und Autovermietung. Am Wochenende kleine Strandpartys. ❹–❺
Sam Roi Yod Holiday Resort ⑫, 181 Moo 4, ☏ 032-559 364, 🖥 www.samroiyodresort.com, [5957]. Bungalows mit AC, TV und Kühlschrank auf einer großen Rasenfläche am Meer. Inkl. Frühstück und WLAN im Restaurant. ❺
Terra Selisa ⑧, 223 Moo 4, ☏ 032-559 359, ✉ terraselisa.com, [5958]. Mediterran anmutende Doppelbungalows aus Stein in einem Garten. Innen einfache Ausstattung. Pool. Inkl. Frühstück und WLAN. ❺

Alle Hotels haben ein Restaurant.
Chomtalay Restaurant, 181 Moo 4.
Thailändische Küche ohne Geschmacksverstärker wird hier in einem gemütlichen großen Holzpavillon serviert. ⏲ 10–20 Uhr.
Inamaste Restaurant, 300 Moo 4. Unter einem Vordach wird auf kleinen Holztischen indische und thailändische Küche serviert. ⏲ 10–22 Uhr.

Von BANGKOK erreicht man den Hat Sam Roi Yot am einfachsten mit einem Minibus vom Victory Monument stdl. ab 4 bis 19 Uhr für 300 Baht.
Wer hier wieder weg möchte, muss sich ein Taxi nach PRANBURI oder KUI BURI (400–600 Baht) leisten und vom Highway 4 einen vorbeikommenden Bus in die gewünschte Richtung anhalten.

Khao Sam Roi Yot National Park

Der **Khao Sam Roi Yot National Park** [5409] war bei seiner Eröffnung 1966 der erste in Thailand, der auch Küsten- und Meeresgebiete schützte. Er befindet sich südlich von Pranburi und nimmt eine Fläche von etwa 100 km² ein. Die Übersetzung des Namens Sam Roi Yot lautet „Berg mit 300 Gipfeln", und diesem Namen wird das Gebiet gerecht. Zahllose kleine Karstberge durchziehen die flache, baumbestandene Ebene. Manche ragen bis knapp über 600 m empor. In den Felsen verstecken sich Höhlen, die besucht werden können.

Lange Zeit wurde – trotz Schutzprogramm – mit der Zulassung von Shrimpsfarmen (und der damit einhergehenden Rodung der Mangrovenwälder) die Ökologie des Gebietes eher verletzt als geschützt. Noch heute gibt es zahlreiche dieser Farmen, doch man beginnt inzwischen mit einer Wiederaufforstung.

Die Hauptattraktion für Besucher bilden die **Vögel**, die sich in dem großen Feuchtgebiet besonders wohlfühlen. Viele davon sind Zugvögel,

sodass man vor allem im Winter zahlreiche gefiederte Besucher beobachten kann. Vogelkundler kommen besonders von November bis Januar auf ihre Kosten.

Die beste **Reisezeit** ist von November bis März. Ab August bis Ende Oktober regnet es. Ab April steigen die Temperaturen oft so hoch, dass kaum jemand mehr die steilen Wege erklimmen mag.

Der Park kann auf einer Straße durchquert werden. Von hier aus sind alle interessanten Ziele gut ausgeschildert und über Stichstraßen zugänglich.

Einen guten Überblick über den Park verschafft man sich vom nordwestlich des Hauptquartiers gelegenen **Aussichtspunkt Khao Daeng**. Nach nur 400 m Asphaltstraße beginnt der etwa 30-minütige Aufstieg, der mit der Aussicht auf die faszinierende Karstlandschaft und die Küste aus 160 m Höhe belohnt wird. Diese Tour sollte man nur mit gutem Schuhwerk und bei trockenem Wetter unternehmen. Zurück an der Abzweigung Richtung Hauptquartier, lohnt ein Besuch des **Wat Khao Daeng**, das in die felsige Landschaft hineingebaut wurde. Vom nahe gelegenen Dorf (Richtung Nordosten) lässt sich auch eine Bootsfahrt auf dem **Klong Khao Daeng** organisieren. Ein Boot fasst maximal zehn Personen und kostet etwa 250 Baht p. P. und Stunde. Die Tour dauert zwei bis drei Stunden und führt rund 3,5 km den Fluss hinab, was zum Sonnenuntergang besonders schön ist. Möglich ist bei ruhiger See auch die Fahrt von Bucht zu Bucht.

Besonders sehenswert sind die Höhlen Phraya Nakhon (S. 358) und **Tham Kaeo**. Beide liegen nahe dem Dorf **Ban Pu**. Wie Diamanten glitzern in der Kaeo-Höhle die Gesteine, was der Ablagerung von Mineralien zu verdanken ist. Die etwa zweistündige Tour durch die Höhle wird mit einem der Führer, die vor der Höhle auf Kunden warten, unternommen. Eine Taschenlampe und gutes Schuhwerk sind hilfreich.

Wer noch nicht genug Höhlen gesehen hat, kann anschließend noch zur **Tham Sai** aufsteigen. Der Aufstieg beginnt am Fischerdorf **Khung Thanot** und dauert etwa 20 Minuten. Am besten vertraut man sich auch hier einen fachkundigen Führer an.

Der Park hat auch zwei nennenswerte Strände zu bieten. Ganz nah am Hauptquartier befindet sich **Hat Sam Prayah**, gefolgt vom **Hat Laem Sala** (S. 358).

Den Eintritt von 200 Baht pro Tag zahlen Besucher am Checkpoint. ⏰ ca. 7–19 Uhr.

Phraya-Nakhon-Höhle

Die meistbesuchte Höhle des Parks ist für Thais eine Art Pilgerstätte, denn Rama V. schaute hier einst vorbei. Neben den beeindruckenden Stalagmiten und Stalaktiten übt der in der Höhle aufgebaute Pavillon, der 1890 zu Ehren Ramas V. erbaut wurde, die größte Faszination auf Besucher aus. Der kleine Tempel **Phra Thinang Khuha Kharuehat** mit seinen vier Giebeln ist heute Symbol für die Region Prachuap Khiri Khan. Die Legende berichtet, dass bereits Rama IV. die Höhle besuchte.

Der beste Zeitpunkt für einen Besuch des Pavillons ist von 10.30–11.30 Uhr, wenn das Licht durch die Öffnung über dem Tempel hineinfällt und ihn in glänzendes Licht taucht. Vor Urzeiten ist hier das Dach der Höhle eingestürzt.

Die Höhle erreicht man in einem etwa halbstündigen Aufstieg vom Hat Laem Sala aus. Von Bang Pu dauert der Weg zur Höhle etwa 45–60 Minuten.

Hat Laem Sala

Dieser schöne Strand wird fast gänzlich von Kalkfelsen umrahmt und ist von Schatten spendenden Kasuarinen bestanden. Es gibt ein Restaurant und Bungalows sowie öffentliche Waschräume. Boote zum Strand für maximal zehn Personen kann man in Bang Pu mieten. Ansonsten ist der Strand in etwa 25 Minuten zu Fuß zu erreichen.

Im **Hauptquartier** im Süden des Parks gibt es eine Parkskizze und einige Informationen. Wer über Nacht bleiben will, schläft normalerweise für 150–225 Baht im Zelt. Zudem werden einige Bungalows für 1200–1500 Baht vermietet, jeweils für 6–7 Pers.

Die Bungalows am **Hat Laem Sala** kosten 1600–2200 Baht für 6–9 Pers. Am **Hat Sam Phraya** nahe dem Dorf Khung Tanot kann man für

50 Baht sein eigenes Zelt aufstellen. Vorsicht: Dreiste Affen haben den einen oder anderen Gast hier um sein Essen oder andere Gegenstände erleichtert. Restaurant ⏰ 7–19 Uhr. Mehr Infos unter **eXTra [5411]** oder 📞 032-821 568, ✉ reserve@dnp.go.th. Alternativ kann man am Hat Sam Roi Yot wohnen, dort zahlt man keine Nationalparkgebühr (S. 356).

Busse, Taxis und Mopeds

Ab HUA HIN mit dem orangefarbenen Songthaew nach PRANBURI. Von hier am besten mit dem Taxi für 300 Baht zum Park. Taxi ab Hua Hin ab 500 Baht, für den ganzen Tag ab 1200 Baht. Mit dem Moped (ca. 60 km ab Hua Hin) etwa 1 1/2 Std.

Touren

Agenturen in Hua Hin organisieren Tagesausflüge in den Park für etwa 1500 Baht inkl. Transfer, Essen, Eintritt und Bootsfahrt.

Kui Buri National Park

Der knapp 1000 km² große Kui Buri National Park beginnt nahe der Stadt Kui Buri und reicht bis an die Grenze zu Myanmar. Der Park hat eine ganz besondere Attraktion: **wild lebende Elefanten** in einer recht hohen Population, die auf etwa

Soldaten und Limonenbäume

Die **Ao Manao** (Limonenbucht) wird von der Armee verwaltet – ein Umstand, der sicherlich auf die Tatsache zurückzuführen ist, dass an diesem Strand am 8. Januar 1941 (zeitgleich mit der Bombardierung Pearl Harbours) die Japaner anlandeten, um von hier aus ihre Invasion Südostasiens zu starten. Wer mit dem Moped anreist, sollte beim Passieren der Kontrollstelle auf jeden Fall einen Helm tragen. Reisende wissen zu berichten, dass die Soldaten vielfach auf die strikte Einhaltung der Gesetze pochen.

100 Tiere geschätzt wird. Neben schönen Wasserfällen und viel Natur sind es vor allem die imposanten Dickhäuter, die einen Besuch lohnen. Auf Safaritouren kann man sie beim Trinken an den Seen beobachten.

Im Park leben außerdem noch Tapire, Affen, Bären und Wildschweine. Wer diese Tiere nicht sieht, kann sich vielleicht mit den zahlreichen bunten Schmetterlingen trösten. Die Wasserfälle plätschern und bilden Pools, die sich herrlich für ein Bad und manchmal sogar zum Schwimmen eignen.

Die beste **Reisezeit** ist von November bis Mai. Auch im Juni und Juli kann es schön sein, den Rest des Jahres regnet es dagegen viel. Selten fallen die Temperaturen unter 25 °C, und in den warmen Monaten wird es nicht heißer als 30 °C. Eintritt in den Park 200 Baht.

ÜBERNACHTUNG UND ESSEN

Am Hauptquartier stehen **Bungalows** für 6 Pers. zur Verfügung, die mit Ventilator, Warmwasser und Handtuch ausgestattet sind (6 Pers. 1800 Baht, weitere Personen je 100 Baht, jedoch ohne weitere Betten). Zudem kann man für wenige Baht auf dem **Zeltplatz** sein Quartier aufschlagen. Auch Mietzelte für 300 Baht. Verpflegung muss jeder selbst mitbringen. Informationen unter ☎ 032-646 292 oder ✉ kui_np@hotmail.com. Am Hauptquartier befindet sich ein kleines Besucherzentrum mit Schautafeln und sanitären Anlagen.

TRANSPORT

Autos und Taxis
Die Fahrt geht auf der Petchkasem Rd. (Highway 4) Richtung Süden. Etwa 3 km vor der Stadt Kui Buri nach Westen auf die Straße 3217 abbiegen, ab hier ist der Park ausgeschildert. Nach etwa 35 km ist das Hauptquartier erreicht. Ab KUI BURI kostet ein Motorradtaxi 200 Baht.

Touren
Einige Agenturen in Hua Hin haben bereits Ausflüge mit dem Geländewagen im Programm. Eine Tour dauert etwa 3 Std. und kostet inkl. Eintritt um die 1000 Baht.

Prachuap Khiri Khan und Umgebung

Einst ein Fischerdorf, heute eine kleine Provinzhauptstadt mit etwa 28 000 Einwohnern: Ein Besuch in **Prachuap Khiri Khan** [5412] verspricht einen geruhsamen und entspannten Aufenthalt. Dank vieler interessanter Ausflugsziele gibt es gute Gründe, ein paar Tage in dieser angenehmen Stadt zu verweilen. Die Prachuap-Bucht wird von Felsen umrahmt, Fischerboote liegen vor Anker – ein malerischer Anblick. Die ausgebaute Strandpromenade lädt zum Flanieren ein und zahllose Restaurants verführen zum Meeresfrüchte-Schlemmen. Mitten in der Stadt steht die größte Stadtsäule Thailands, der **Lak Muang**. Ganz im Stil der Lopburi-Periode gestaltet, ist dieses Wahrzeichen wirklich gelungen. Gerade abends, wenn das Bauwerk angestrahlt wird, herrscht hier eine tolle Atmosphäre.

Die nahe gelegenen **Strände** locken mit weißem Sand. Das Angebot richtet sich an thailändische Tagestouristen, aber auch immer mehr Westler entdecken die feinen Sandstrände. Es gibt viele Sonnenliegen und -schirme sowie Essenstände und Duschen. Wer mag, kann sich gegen eine geringe Gebühr einen aufgepumpten Autoreifenschlauch ausleihen. **Ao Manao**, die Limonenbucht, hat auf 3 km gelb-weißen Sand zu bieten. Das seichte Wasser eignet sich perfekt für kleinere Kinder. Ao Manao ist durch eine Strandstraße mit dem Prachuap-Strand verbunden. Am **Waghor-Strand** kann man zudem den sehenswerten **Science Park** besuchen, ein Museum, das sich u. a. König Mongkuts Leidenschaft für die Sternenkunde annimmt (S. 360). Es war dieser Strand, den der König einst als jenen Ort erkannte, an dem am 18. August 1868 die von ihm prophezeite Sonnenfinsternis am besten zu sehen sein sollte. Flugs ließ er für seine Gäste (Wissenschaftler, befreundete Staatslenker und Finanziers) eine eigene kleine Stadt bauen – mit Bootsanleger, Wohnhäusern und allem Komfort. Eine Woche nach dem Treffen wurde alles wieder abgerissen. Ein „Andenken" blieb Mongkut: Es heißt, er habe sich bei diesem wissenschaftlichen Ausflug mit Malaria infiziert, an der er kurze Zeit später verstarb.

Unübersehbar ist der Kalksteinfelsen, der sich über dem Prachuap-Strand erhebt und den Namen **Khao Chong Krajok** [5415] trägt, was so viel wie Spiegelberg bedeutet. Grund für diese Namensgebung ist eine Kalksteinbrücke auf der Klippe, die den Himmel zu spiegeln scheint. Sportliche Reisende können die 400 Stufen bis zum **Wat Thammaikaram** hinaufsteigen. Hier gibt es einen Fußabdruck Buddhas zu sehen und einen Bhodi-Baum aus Indien, den Rama IX. am 12. Juli 1958 pflanzen ließ. Wer hierher kommt, wird mit einem tollen Ausblick über die Gegend belohnt: Von oben sehen die drei Buchten Ao Noi, Ao Prachuap und Ao Manao aus, als seien sie mit einem Zirkel gezeichnet. An dieser Stelle ist Thailand gerade einmal 12 km breit, und so kann man zudem die Wälder Myanmars erblicken. Den Weg erschweren diebische Affen. Sie sind auch verantwortlich für den etwas heruntergekommenen Zustand des Außengeländes: Ziegel und mehr fielen dem äffischen Spieltrieb zum Opfer. Der kleine Tempelraum mit dem Fußabdruck Buddhas ist daher verriegelt, kann aber von Menschenhand geöffnet werden.

Ausflüge

Einen sehr schönen Tag verspricht ein Ausflug Richtung Süden zum **King Mongkut Memorial Park**. Ein besonderes Erlebnis ist bereits die Zufahrt, wenn man „einfach so" an den Wachen des Militärgeländes (der Basis der Royal Thai Airforce) vorbeifährt und an Start- und Landebahn vorbeibraust. Das sogenannte **Wing 5** [5419] (zwischen 21 und 5 Uhr geschl.) dient als Eingang. Hier stehen alte **Flugzeuge**, was vor allem kleine (aber auch größere) Jungs faszinieren wird. Im Park erinnert ein **Denkmal** an die Gefallenen des 8. Dezember 1941, als japanische Truppen hier an Land gingen. Dank einer Karte findet man von hier aus den Weg zum **Dusky Langur Conservation Center** am Fuße des **Khao Lom Muak**, wo eine kleine, in ein paar Holzständen untergebrachte Horde Südlicher Brillenlanguren war

tet, die sich auch füttern lässt. Rechter Hand geht es zum Viewpoint und weiter zum **Ao Manao**, wo ein Sonnenbad lockt. Den Ausflug kann man mit dem Moped, aber auch mit dem Fahrrad unternehmen (Letztere können am Nachtmarkt an der Bahnlinie für 100 Baht pro 24 Std. ausgeliehen werden).

Etwas weiter entfernt, etwa 12 km von Prachuap Richtung Süden am WaghorStrand, befindet sich der **Waghor Marine Science Park**, ☎ 032-661 098, [5414], der auch zum Memorial Park gehört und dem königlichen Technikfreak Rama V. gewidmet ist. Hier sollen die Grundlagen der Astronomie, aber auch der Aerodynamik und anderer Wissenschaften und Techniken erläutert werden. Auch Themen aus Fauna und Flora sind vertreten. Viel besucht ist das Aquarium. Die Anreise ist auf eigene Faust entlang der Küstenstraßen Richtung Süden möglich. ⏰ 8.30–16.30 Uhr, Eintritt 50 Baht.

Auf der Straße, die um den Khao Chong Krajok herumführt, stößt man nach etwa 16 km auf das kleine Dorf **Ban Ao Noi** und den gleichnamigen Strand. Vom Ortsstempel Wat Phra That Khoa führt ein Weg über fast 300 Stufen hinauf in die Kalksteinberge zur Höhle **Tham Khao Khan Kradai**, die einen 16 m langen liegenden Buddha beherbergt. Vor dem Aufstieg kann man die Mönche bitten, das Licht in der Höhle einzuschalten.

Wer den kleinen Markt an dem seit Jahrhunderten genutzten kleinen Grenzübergang zwischen Myanmar und Thailand in **Dan Singkhon** besuchen will, muss etwa 25 km Richtung Westen radeln oder sich fahren lassen. Westler dürfen hier nicht passieren, können aber die Waren des kleinen Grenzverkehrs erwerben, u. a. auch Schmuck und Edelsteine sowie Gebrauchsgüter aus Myanmar.

ÜBERNACHTUNG

In der Stadt

Hadthong Hotel ⑧, 21 Susuek Rd., ☎ 032601 050, 🖥 www.hadthong.com, [7985]. Schöne Zimmer, verteilt auf 6 Stockwerke. Pool. Billige Zimmer ohne Fenster in den unteren Stockwerken und im Keller, teurere mit Balkon (Sicht auf die Bucht). WLAN. ❷–❺

€ **Maggies Homestay** ⑥, 5 Soi
Tampramuk 4, ✆ 087-597 9720,
✉ maggies.homestay@gmail.com, [7981].
Der Traveller-Treffpunkt in Prachuap. Nicht
nur wegen der teils großen, individuell mit
alten Möbeln eingerichteten Zimmer, sondern
auch, um im Garten Reiseerfahrungen
auszutauschen. Ein Familienzimmer. Zimmer
mit Ventilator und AC, mit und ohne eigenes
Bad. Küchenmitbenutzung, WLAN. ❶–❷

Prachuap Beach Hotel ⑨, 123 Susuek Rd.,
✆ 032-601 288, 🖥 www.prachuapbeach.com,
[7986]. Saubere, gut möblierte kleine Zimmer
mit tollem Blick aus vielen Fenstern über die
Bucht. Etwas günstiger wohnt es sich in den
unteren Stockwerken. WLAN. ❹

Suksant Hotel ⑤, 11 Susuek Rd., ✆ 032-611
145, 🖥 www.suksanthotel.com, [7982]. An der
Strandstraße gelegener 4-stöckiger Hotelkas-
ten. Einfach möblierte Zimmer mit Ventilator
oder AC. Toller Blick aufs Meer. WLAN. ❸–❹

Sun Beach Guesthouse ⑪, 160 Chaitalae Rd.,
✆ 032-604 770, 🖥 www.sunbeach-guest
house.com, [7987]. Zimmer in nettem, gelb
getünchtem Haus rund um einen Pool. Geschmackvolle Zimmer mediterran gestaltet.
Veranden mit und ohne Meerblick. WLAN. ❷

Tang Bed Hotel ⑩, 133/7 Maharach Rd.,
✆ 032-611 377, [7983]. Etwas abseits, westlich
der Bahnlinie gelegenes kleines Hotel mit
einfach möblierten Zimmern (AC/Ventilator),
teils mit Balkon, Kühlschrank, TV. Gutes
Preis-Leistungs-Verhältnis. Die etwas
günstigeren Zimmer mit Fenster zum Gang.
Mopedverleih. WLAN. ❷–❸

Yuttichai ④, 115 Klonckiat Rd., ✆ 032-611 055,
[7984]. Großes, offen gestaltetes Haus,
teils aus Holz, mit sauberen, recht kleinen
Zimmern an befahrener Straße oder
größeren Zimmern zur Seite raus; alle mit TV
und einer Bibel sowie z. T. eigenem Bad.
Beliebt bei Travellern mit schmalem Budget.
WLAN. Ventilator und Kaltwasser. ❶–❷

Am Strand
Ao Manao
Am nördlichen Abschnitt der Ao Manao steht
ein Hotel, in dessen Umgebung sich etwas
touristische Infrastruktur entwickelt hat. Statt

Prachuap Khiri Khan
N
0   300 m

Suan Son
Beach

Khao
Chong Krajok
(Spiegelberg)

① 4 Hua Hin
324

**Wat
Thammaikaram**

**Lak Muang
(Stadtsäule)**

Maharat

Satri   Kanchang Rd.

1016

Thetsaban Bamrung Rd.
2   NACHTMARKT

Bahnhof

Kong Kiat Rd.

Nongkham Rd.   ④   POLIZEI

⑥   Sarachip

⑤
⑦
⑧

Maitri Ngam Rd.

MARKT   3

⑨   Sarachip

⑩

Phitakchai Rd.

Sukchai Rd.

Chumphon, 4   Khao Lak Rd.

**Wat
Khao Lak**   ⑪

Klong Wan Beach (8km),   Airport,
Marine Science Park   Khao Lom Muak,
Ao Manao

1041   3176

Suan
Saranrom
Park   PIER

Chaitale

Susuek

DIE NÖRDLICHE GOLFKÜSTE

Übernachtung:
① Happy Inn Resthouse
② Bangnangrom Gh.
③ Golden Beach Hotel
④ Yuttichai
⑤ Suksant Hotel
⑥ Maggie's Homestay
⑦ Ring's Bed and Breakfast
⑧ Hadthong Hotel
⑨ Prachuap Beach Hotel
⑩ Tang Bed Hotel
⑪ Sun Beach Gh.

Essen:
1 Ra Khun Ying Café
2 Small World Bar
3 Ma Prow Restaurant
4 Demer Restaurant
5 Ciao Pizza Italian Food

Transport:
① AC-Busse nach Bangkok
② Minibusse nach Chumphon
③ Minibusse nach Bangkok

sich unter den Kasuarinen einen Schatten- platz zu suchen, bevorzugen die hier urlau- benden Thais einen Liegestuhl in einem ihrer Sonnenschirmparadiese (10 Baht p. P.). Auf der Straße befinden sich mehrere Food Cen- ter, sodass man sich die Zeit mit einem Snack versüßen oder verschärfen kann. Je weiter südlich man geht, umso verlassener wirkt der Strand. Karte S. 363

Hotel Sawadee Karn ⑭, ✆ 032-661 088, 🖵 www.aomanao.com, [7990]. Das Publikum stammt nahezu ausschließlich aus Thailand. Suiten und Zimmer mit Teppichboden. Schöner Pool am Strand. WLAN. ❹ – ❻

Hat Suan Son

Der Strand beginnt etwa 1,5 km nördlich des Stadtzentrums und ist ca. 2,5 km lang. In der Woche ist hier fast nie was los, am Wochen- ende hingegen alles ausgebucht.

Bangnangrom Guesthouse ②, ✆ 032-604 841, 🖵 www.bangnangrom.9nha.com (auf Thai), [7992]. Hell möblierte Zimmer im kleinen weißen Stadthaus. TV und Kühlschrank. Restaurant mit Blick aufs Meer. WLAN. ❸

Happy Inn Resthouse ①, ✆ 032-602 082, [7994]. 13 kleine weiße Betonhäuschen in Reihe am Fluss. Minifernseher und sparta- nische Einrichtung. Hocktoiletten. Ventilator oder AC. Schöner Blick auf den Fluss von der letzten Hütte (Ventilator) am Fluss. ❷

Hat Aow Noi

Der schöne Sandstrand gehört zu dem kleinen Fischerdorf Aow Noi und liegt etwa 6 km nördlich von Prachuap. Hier gibt es nur 2 Hotels. Am Ende der Straße liegt eine sehenswerte Tempelanlage.

Aow Noi Beach Resort ⑬, ✆ 089-260 6055, [7995]. Auf einem großen, etwas unauf- geräumten Gelände in ruhiger Lage stehen einfach möblierte Bungalows am Strand (Ventilator) und im Garten (AC). Auch ein Familienzimmer. ❸ – ❹

Aow Noi Seaview ⑫, ✆ 089-615 9012, [7996]. Gut möblierte, große Zimmer im 2-geschos- sigen Strandhotel. Beliebt sind die Zimmer mit Blick auf die Bucht. Ventilator und AC. ❸ – ❹

Hat Klong Wan

Etwa 5 km südlich vom Zentrum Prachuaps liegt das kleine beschauliche Dorf Klong Wan. Hinter dem Fischerdorf beginnt der Hat Klong Wan- Strand. Während der nördliche Teil mit wenigen Unterkünften bebaut ist, die alle am kaum vorhandenen Sandstrand liegen, erstreckt sich südlich unberührter Sandstrand.

Araya Resort ⑯, ✆ 032-661 252, arayaresort. com, [7997]. Im gepflegten Garten stehen 1- und 2-stöckige Holz-Reihenhäuser, AC- Zimmer mit Blick auf den Strand. Zudem gibt es Hütten für Familien. Rabatt für jeden, der länger als eine Woche bleibt. WLAN. ❹ – ❺

Baan Forty ⑰, ✆ 032-661 437, 🖵 www. baanfortyresort.com, [7999]. Gute Zimmer mit heller Möblierung, Kühlschrank und Thai-TV im Reihenhaus. Daneben gibt es auch 6 helle Bungalows, die mit Kochecke ausgestattet sind, und ein Haus für bis zu 9 Pers. ❹ – ❺

Tana Cabana ⑱, ✆ 032-661 789, 🖵 www.tana- cabana.com, [8000]. 12 neue Bungalows in 2 Reihen. Ansprechende Einrichtung mit Rattanmöbeln. Kleiner Pool mit Meerblick. ❺

Vienna House ⑮, 333/1 Klongwanmuangmai, ✆ 032-661 499, 🖵 www.viennahousethai. com, [8001]. 200 m landeinwärts gelegenes Haus mit 9 Zimmern, von einem öster- reichisch-thailändischen Ehepaar geleitet. Familiäre Atmosphäre mit vielen deutsch- sprachigen Urlaubern. Große, hell möblierte Zimmer. Vermietet Mopeds. Rabatte ab 7 Übernachtungen. WLAN. ❹

ESSEN UND UNTERHALTUNG

In Prachuap kann man sich neben Fisch auch ausgefalleneres Meeresgetier zubereiten lassen. Restaurants und Foodstalls sind zahlreich vorhanden, und so sollte die Frische der Auslagen über die Lokalwahl entscheiden. Eine gute Auswahl gibt es an der Uferstraße, in der Sarachip Rd. und entlang der Strände. Auch am Bahnhof sind empfehlenswerte Essensstände angesiedelt. Frisches Obst und anderes Essen gibt es auf dem **Nachtmarkt**.

Ring's Bed and Breakfast, Chaitale Rd. Gemütliches Frühstückscafé mit schweren Holztischen an der Strandstraße. Schöner Ausblick auf die Bucht. Schweizer

Wurstgerichte und Sandwiches. Außerdem leckeres Eis. ⊕ 8–17 Uhr. Vermietet auch 2 Zimmer, Ventilator oder AC. ❷–❸

Ma Prow Restaurant, Chaitale Rd. Seit 1998 in Prachuap und berühmt für seine Fish & Chips. Es gibt aber auch eine kleine Auswahl an Thai-Gerichten, Spaghetti und Sandwiches. Gemütliches Ambiente mit Holzstühlen und Blick aufs Meer. Gerichte zwischen 100 und 300 Baht. Nebenan das ähnliche **Demer Restaurant**. ⊕ beide 11–22 Uhr.

Ra Khun Ying Café, Suan Son Beach. Hier wird in einem kleinen Café in der Strandstraße vorzüglicher Kaffee serviert. Wer keinen Koffeinschock bekommen will, sollte dem Caffè Latte den Vorzug vor Brazil oder Blue Mountain geben. Gutes Frühstück für 45 Baht. ⊕ 6.30–17 Uhr.

Small World Bar, 120 Phitakchat Rd. Die einzige Bar im Ort; hier treffen sich Einheimische und Urlauber. Der Name ist Programm: eine winzige Theke und 5 Tische auf der Straße. Dazu wird jeden Abend Livemusik gespielt. Neben den beiden E-Gitarristen greifen auch andere Musiker und Gäste zu den Instrumenten. Der Wirt organisiert auch Ausflüge in die Umgebung. ⊕ 20–2 Uhr.

Ciao Pizza Italian Food, 264 Susuek Rd. Kleines Restaurant mit überdachtem Garten im Hinterhof, das Pizza, Pasta, Sandwiches und Salate serviert. Freundliche Betreiberin. ⊕ 10–14 und 16–22 Uhr.

Fahrrad- und Mopedverleih

Das Städtchen ist gut zu Fuß zu erkunden. Man kann sich aber auch ein Fahrrad mieten oder mit dem Moped herumfahren. Viele Hotels und Gästehäuser vermieten Mopeds (200–300 Baht), einige auch Fahrräder (60–100 Baht).

Informationen

Prachuap hat ein kleines **Tourist Information Service Center** nahe dem Spiegelberg, ✆ 032-611 491, das informative Auskünfte erteilt. Das freundliche Personal kann beim Buchen eines ortskundigen Führers helfen.

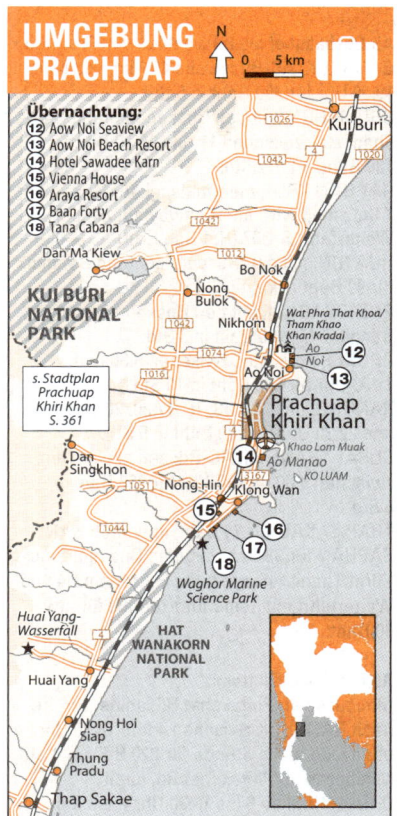

UMGEBUNG PRACHUAP

N — 0 — 5 km

Übernachtung:
⑫ Aow Noi Seaview
⑬ Aow Noi Beach Resort
⑭ Hotel Sawadee Karn
⑮ Vienna House
⑯ Araya Resort
⑰ Baan Forty
⑱ Tana Cabana

Kui Buri
Dan Ma Kiew
Bo Nok
KUI BURI NATIONAL PARK
Nong Bulok
Nikhom
Wat Phra That Khoa/ Tham Khao Khan Kradai
Ao Noi
s. Stadtplan Prachuap Khiri Khan S. 361
Ao Noi
⑫
⑬
Prachuap Khiri Khan
Dan Singkhon
Khao Lom Muak
Ao Manao
KO LUAM
⑭
Nong Hin
Klong Wan
⑮
⑯
⑰
⑱
Waghor Marine Science Park
Huai Yang-Wasserfall
HAT WANAKORN NATIONAL PARK
Huai Yang
Nong Hoi Siap
Thung Pradu
Thap Sakae

DIE NÖRDLICHE GOLFKÜSTE

⊕ 8.30–16.30 Uhr, Mittagspause von 12–13 Uhr.

Kitesurfen

Im März, April und Mai zieht es die Kiter nach Prachuap Khiri Kahn. Kontakt unter 💻 www.kitethailand.com/prachuap-kitesurfing.php.

Es gibt verschiedene innerstädtische Bushaltestellen, und das System ist nicht leicht zu durchschauen. Selbst wer theoretisch weiß, wo ein Bus abfährt, erkennt die Haltestellen nicht zwangsläufig. Bei konkreten Fragen kann das Tourist Office weiterhelfen.

Busse

Ab **Busbahnhof am H4** westlich von Prachuap:
BANGKOK, AC-Busse alle 40 Min. von 6 bis
19.30 Uhr für 200 Baht in 5 Std.
CHUMPHON, mit den Bussen Richtung Surat
Thani stdl. zwischen 11 und 19.30 Uhr für
180 Baht in 2 1/2 Std.
HAT BAN KRUT, mehrmals tgl. für 80 Baht in
1 Std.; man wird am Highway abgesetzt.
Weiterfahrt S. 367 (Hat Ban Krut).
HUA HIN, mit den Bussen Richtung Bangkok
für 90 Baht in knapp 2 Std.
PHETCHABURI, mit den Bussen Richtung
Bangkok für 150 Baht in 3 Std.
PHUKET, etwa stdl. zwischen 9.30 und
11.30 Uhr für 529 Baht in 10 Std.
RANONG, um 9.30, 13, 15, 17.30, 20.30, 21.30
und 22.30 Uhr für 200 Baht in 5 Std.
SURAT THANI, mit AC-Bussen alle 30 Min.
zwischen 8.30 und 17 Uhr für 250 Baht in
6 Std.
THAP SAKAE, für 24 Baht, und nach BANG
SAPHAN für 33 Baht mit dem Bus Richtung
Surat Thani. Ansage beim Fahrer am H4 und
Weiterfahrt mit dem Motorradtaxi für etwa
60 Baht.

Ab Prachuap Zentrum:

Minibusse ab Phitakchat Rd. an der Kirche
nach BANGKOK zwischen 4 und 18.30 Uhr
etwa jede halbe Stunde für 220 Baht in 4 Std.
Minibusse ab Phitakchat Rd. nach
CHUMPHON ab 6 bis 18.30 Uhr etwa stdl.
für 180 Baht in 2 1/2 Std.

Eisenbahn

Nachtzüge vgl. Fahrplan „Züge Richtung
Süden", S. 817/818.
BANGKOK, Bummelzug bis Thonburi um
10 Uhr für 60 Baht in 6 Std., mit Halt in
HUA HIN (1 1/2 Std.), CHA-AM (2 Std.) und
PHETCHABURI (3 Std.). Schneller geht es mit
dem Zug um 14.59 Uhr für 425 Baht in 4 Std.
BAN KRUT, um 13.25 Uhr für 13 Baht in
45 Min.
CHUMPHON, Bummelzug um 13.25 Uhr für
35 Baht in 3 Std, um 12.28 Uhr in 2 Std.
SURAT THANI, um 12.28 Uhr für 250 Baht in
4 1/2 Std.

Ban Krut

Die schöne Bucht von **Ban Krut** [6062]
erstreckt sich nördlich von Bang Saphan
(S. 368) auf einer Länge von fast 15 km. Der
Sand des einladenden Strandes ist fein und
schimmert rosa-beige, und so haben sich hier
zahlreiche Resorts und Anlagen angesiedelt.
Im Winter ist der von Palmen und Kasuarinen
gesäumte Strand schmal, im Sommer wesentlich breiter.

Auf ca. 2–3 km verteilt sich eine Art kleines Strandzentrum mit Bungalowanlagen, Restaurants und wenigen kleinen Läden. Die ruhige und beschauliche Atmosphäre zieht u. a.
zahlreiche deutsche Rentner an. Am südlichen
Ende des touristischen Zentrums biegt die Straße landeinwärts ab und führt zum ca. 2 km entfernten Fischerdorf Ban Krut, wo auch der
Bahnhof liegt.

Am Nordende der Bucht befinden sich auf
dem Berg **Khao Thong Chai** das gleichnamige
Wat. Es erinnert mit seinen vielen Chedis, die
golden in der Sonne glänzen, beinahe an ein
kleines Märchenschloss. Eine Straße führt
bis zum großen Buddha, der am Berg thront
und aufs Meer hinausblickt. Die letzten Meter
zum Tempel läuft man über flache Stufen hinauf. Der Tempel ist in jedem Fall einen Besuch
wert; er ist modern und sauber, mit viel Gold
und Malereien und einem mit Blattgold über-
häuften verehrten Mönch. Besonders wohl-
tuend fürs Gemüt ist allerdings der Blick von
hier auf die geschwungene Bucht von Ban
Krut und die Berge des benachbarten Myanmar. Es wird erwartet, dass Gäste sich angemessen kleiden und eine Spende ab 20 Baht
entrichten.

ÜBERNACHTUNG

Am Hat Ban Krut südlich des Tempelberges
stehen keine Bungalows direkt am Strand.
Alle Anlagen befinden sich auf der landeinwärts
gelegenen Seite der gut geteerten Uferstraße.
Nur am Wochenende wird es hier voll.
Viele Thais reisen teils von weit her an,
um den Samstag bei Karaoke am Strand
zu verbringen. Die Unterkünfte sind dann
teurer.

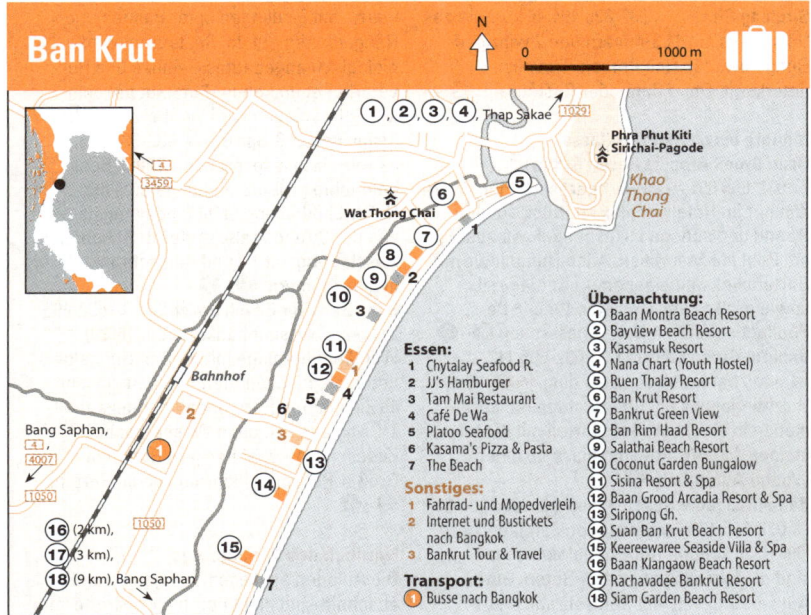

Ban Krut

N ↑   0   1000 m

① ② ③ ④ Thap Sakae [1029]

**Phra Phut Kiti
Sirichai-Pagode**

⑥   ⑤

Wat Thong Chai ⑦

**Khao
Thong
Chai**

⑧
⑨ ②
⑩ ③
⑪
⑫ ①
⑬

Essen:
1 Chytalay Seafood R.
2 JJ's Hamburger
3 Tam Mai Restaurant
4 Café De Wa
5 Platoo Seafood
6 Kasama's Pizza & Pasta
7 The Beach

Sonstiges:
1 Fahrrad- und Mopedverleih
2 Internet und Bustickets
   nach Bangkok
3 Bankrut Tour & Travel

Transport:
① Busse nach Bangkok

Übernachtung:
① Baan Montra Beach Resort
② Bayview Beach Resort
③ Kasamsuk Resort
④ Nana Chart (Youth Hostel)
⑤ Ruen Thalay Resort
⑥ Ban Krut Resort
⑦ Bankrut Green View
⑧ Ban Rim Haad Resort
⑨ Salathai Beach Resort
⑩ Coconut Garden Bungalow
⑪ Sisina Resort & Spa
⑫ Baan Grood Arcadia Resort & Spa
⑬ Siripong Gh.
⑭ Suan Ban Krut Beach Resort
⑮ Keereewaree Seaside Vilia & Spa
⑯ Baan Klangaow Beach Resort
⑰ Rachavadee Bankrut Resort
⑱ Siam Garden Beach Resort

Bahnhof

Bang Saphan,
[4], [4007]

[1050]

⑯ (2 km),
⑰ (3 km),
⑱ (9 km), Bang Saphan

⑭
⑮

Südlich des Tempelbergs
Untere Preisklasse
Ban Rim Haad Resort ⑧, ✆ 032-695 205,
🖳 www.banrimhaad.com, [6072]. Mehrere
Bungalows in gepflegter Anlage, vorne AC,
hinten im weitläufigen Garten unter Kokos-
palmen mit Ventilator. Große Zimmer mit
Kühlschrank, TV, Moskitonetz. Terrasse mit
Tisch und Sitzgelegenheiten. Restaurant mit
Blick aufs Meer. Am Wochenende steht auf
dem Vorplatz eine Karaoke-Anlage. Pool.
WLAN im Restaurant. ❷–❹

🧳 **Coconut Garden Bungalow** ⑩, 176/5
Moo 3, ✆ 032-695 397, 081-9161 722,
[6077]. Etwa 300 m vom Strand, am Ende
eines piniengesäumten Waldweges, liegen
verschiedene Bungalows mit Ventilator und
AC. Das verwunschene Gelände und liebevoll
dekorierte offene Haupthaus laden zum
Verweilen ein. Erhebliche Rabatte ab der
2. Übernachtung. Familienbungalows
vorhanden. WLAN im Restaurant. ❷–❹

Ruen Thalay Resort ⑤, ✆ 032-695 192,
🖳 www.ruenthalayresort.com, [6085]. Die
einzige Bungalowanlage mit direktem Zugang
zum Strand an dessen nördlichem Ende.
Großer sandiger Garten mit 15 Bungalows.
AC, Kühlschrank, TV und WLAN. Kostenloser
Kaffee. Schön sind die Bungalows direkt am
Strand, der gereinigt wird. ❷–❸
Salathai Beach Resort ⑨, ✆ 032-695 181,
🖳 www.salathaibeachresort.com, [6086].
Kleine Bungalows mit TV für 2 Pers. und
große mit 3 Betten, TV und Kühlschrank
für 6 Pers. Etwas kitschige Einrichtung.
Frühstück inkl.; WLAN im Restaurant.
❷–❹
Siam Garden Beach Resort ⑱, ✆ 081-458
7877, ✉ siamgarden@hotmail.com, [6086].
Etwa 10 km außerhalb; sehr einsam gelegen.
Bungalows mit Ventilator oder AC parallel
zum Strand. Nicht besonders gepflegt, aber
günstig. Familienbungalows mit 2 Räumen für
6 Pers. (2400 Baht). Bootsausflüge. ❷–❸

Siripong Gh. ⑬, ✆ 032-695 464, [6087]. Kleines Gästehaus mit 11 Zimmern und 2 winzigen Bungalows für eine Person. Travellerunterkunft. Ohne Café oder Restaurant. ❷

Mittlere bis obere Preisklasse

Baan Grood Arcadia Resort & Spa ⑫, ✆ 032-695 095, 🖥 www.bgaresort.com, [6067]. Zimmer im Hotelkomplex mit Blick auf den Strand und schöne Luxusbungalows aus Holz am Pool mit Meerblick. Auch Bungalows mit Gartenblick und eigenem Außenjacuzzi sowie große Familiensuiten für 6–8 Pers. Poollandschaft mit Bar. Fitnessraum. ❹–❽

Bankrut Green View ⑦, ✆ 032-695 112, 🖥 www.bankrutgreenview.com, [6069]. Die Holzbungalows mit überdachter Terrasse stehen in einem großen Garten mit Kieselsteinen. WLAN. Preisnachlass ab einer Woche Aufenthalt. ❹

Baan Klangaow Beach Resort ⑯, 300 Moo 3, ✆ 032-695 123, 🖥 www.baanklangaow.net, [6071]. 29 schöne Holzbungalows. Innen sind die fast 80 Zimmer aus Beton. Gute Ausstattung, alle mit Kühlschrank und TV. Internetzugang (7–12 Uhr), Fahrräder gratis. 2 lange Pools. Spa. An den Feiertagen und am Wochenende steigen die Preise. WLAN und Frühstück inkl. ❺–❽

Ban Krut Resort ⑥, 212 Moo 2, ✆ 032-695 076, 🖥 www.bankrutresort.com, [7174]. Haupthaus im hinteren Bereich, rund um den Pool stehen geräumige Holzbungalows mit Terrasse. Inkl. Frühstück, Fahrräder und WLAN. ❹

Keereewaree Seaside Villa & Spa ⑮, ✆ 032-695 511, 🖥 www.keereewaree.com, [6080]. Im Tempelstil gehaltenes Haupthaus, im hinteren Teil Gartenvillas mit großer Fensterfront. Luxuriöse Einrichtung mit Waschbecken im Zimmer, WC und Außendusche hinter einer Schiebetür. Pool. ❹–❻

🌳 **Rachavadee Bankrut Resort** ⑰, 98/1 Moo 7, ✆ 032-695 155, 🖥 www.rachavadee.com, [6084]. Einsam 4 km außerhalb im südlichen Teil gelegenes Resort. Architektonisch ausgefallen gestaltetes luftiges Restaurant. 20 elegant eingerichtete Bungalows mit halb offenen Bädern. Pool. Der saubere Strandbereich

wartet mit Findlingen unter Palmen und Hängematten auf. Im Restaurant wird biologisch angebautes Gemüse und Reis verarbeitet und ohne Glutamat gekocht. Mit Solaranlagen wird Licht erzeugt. ❺

Sisina Resort & Spa ⑪, ✆ 032-695 355, 🖥 www.sisina-resort.com, [6088]. Rosa getünchte große Steinbungalows mit Holzfußboden eng beieinander, einige Meter von der Strandstraße entfernt. Gehobene Ausstattung mit TV und Kühlschrank. WLAN in den Zimmern. ❹–❺

Suan Ban Krut Beach Resort ⑭, ✆ 032-695 217, 🖥 www.suanbankrut.com, [6089]. Weitläufige Anlage mit großen Bungalows unterschiedlichen Standards. Insgesamt 48 Zimmer mit Holzboden oder gekachelt. TV, Minibar, z. T. auch Wasserkocher. Zudem kleinere, günstigere Bungalows. Großer Pool mit Kinderbecken im Garten. ❹–❺

Nördlich des Tempelbergs

Die Anlagen an diesem ruhigen Strandabschnitt sind nicht durch eine Straße vom Meer getrennt. Sie liegen ca. 5 km von Bankrut Tour & Travel entfernt.

Baan Montra Beach Resort ①, 333/1 Moo 3, Thongchai, ✆ 032-695 294, 🖥 www.baanmontrabeachresort.com, [6068]. Ansprechendes Resort mit 18 individuell gestalteten Bungalows im marokkanischen Stil. 4 verschiedene Kategorien, alle mit Dusche/WC und TV, z. T. mit zusätzlicher offener Dusche. Restaurant mit Terrasse direkt am Meer. Pool, WLAN. Frühstück und Fahrrad inkl. ❺–❻

Bayview Beach Resort ②, ✆ 032-695 566, 🖥 www.bayviewbeachresort.com, [6075]. Kleine Häuser am Strand, am Pool oder im Garten, alle mit TV und Kühlschrank. Schnorcheltouren zur nahen Insel Ko Thalu. Mopedverleih (250 Baht). Inkl. Fahrräder und Frühstück. ❺–❼

Kasamsuk Resort ③, ✆ 032-695 030, 🖥 www.kasemsukresort.com, [6079]. Gefliese Zimmer im Haupthaus oder hübsche muscheldekorierte Holzbungalows in gepflegter grüner Anlage. Liegestühle am Strand. ❸–❹

Nana Chart (Youth Hostel) ④, ✆ 032-695 525, 🖥 www.thailandbeach.com, [6081]. Hotelgebäude und Bungalows mit offenem Bad (AC oder Ventilator). Kleiner Pool. Frühstück und WLAN inkl. ❹–❺

ESSEN

Die meisten Gäste essen in ihren Anlagen. Es gibt aber dennoch einige kleine Restaurants mit Thai-Küche und Meerblick. Zudem befindet sich an der Straße Richtung Bahnhof ein recht guter **Nudelsuppenshop**. ⏲ ab 9 Uhr, bis die Nudeln aufgegessen sind (ca. 14 Uhr).
Café De Wa, modernes Café mit Kaffeehausstühlen, Barhockern und Sofas, zudem Dachterrassenplätze. Eis aus der Truhe. Das Café gehört zum Baan Grood Arcadia Resort. ⏲ 7–21 Uhr.
Chytalay Seafood Restaurant, unter Palmen und direkt am Strand. Fisch und andere Leckereien aus der thailändischen Küche. Gerichte ab 40 Baht. ⏲ 10–20 Uhr.
JJ's Hamburger, an der Strandstraße. Hier gibt es Hamburger für alle, die ohne den westlichen Klassiker nicht auskommen. Gehört zum Salathai Resort und ist auch Treffpunkt für ein Bier am Abend. Hamburger 75 Baht. ⏲ 7–21 Uhr.
Kasama's Pizza & Pasta, ein paar Meter vom Strand Richtung Bahnhof, ✆ 032-695 555. Pizza und Nudeln – auch zum Bestellen mit Lieferservice. ⏲ 9–22 Uhr.
Platoo Seafood, an der Strandstraße, großes überdachtes Restaurant mit Meerestieren in allen Varianten. ⏲ 10–21 Uhr.
Tam Mai Restaurant, großes, gut besuchtes, halb offenes Seafood-Restaurant an der Strandstraße. Günstige Thai-Gerichte ab 40 Baht. Leckeres Eis. ⏲ 10–23 Uhr.
The Beach, ✆ 032-695 467. In dieser mit Naturmaterialien gedeckten Beachbar gibt es Thai- und westliche Küche. Gerichte zwischen 100 und 250 Baht. ⏲ 10–22 Uhr.

INFORMATIONEN

Im **Bankrut Tour & Travel**, ✆ 081-736 3086, 🖥 www.bankrut.co.th, erhält man gute Informationen. Der junge Besitzer, Mr. Jason, ist ausgesprochen freundlich und vermittelt u. a. Hotelzimmer. Er hält auch einen Übersichtsplan von Ban Krut bereit. Im Angebot sind Touren in die Umgebung, z. B. Schnorcheltouren zur Insel Nam Thalu oder nach Prachuap Khiri Khan und zum Grenzmarkt nahe Myanmar. Es gibt auch Verbindungen bis zu den Samui-Inseln, die hier gebucht werden können. Internet 40 Baht/Std., wer mit einem eigenen Laptop kommt, surft kostenfrei. ⏲ 7–21 Uhr.

NAHVERKEHR

Die Bucht und die Umgebung eignen sich gut zum Fahrradfahren, da die Straßen gut geteert sind und das Gelände flach ist. Es wird recht einsam, sobald man das Strandzentrum hinter sich gelassen hat und in südliche Richtung die Bucht entlangfährt.
Motorradroller kosten zwischen 150–300 Baht pro Tag, je nachdem ob mit oder ohne Gangschaltung. **Fahrräder** gibt es für rund 100 Baht in fast allen Anlagen zu mieten, teils auch kostenlos zu nutzen. Auch Bankrut Tour & Travel vermietet fahrbare Untersätze.
Taxifahrer kann man persönlich anrufen. Empfehlungen: Lek, ✆ 086-165 3881, und Loong Lek, ✆ 081-795 0062.
Motorradtaxis verlangen ins Dorf Ban Krut 20–80 Baht (nachts bis 100 Baht), ca. 10–14 km. Zum Bahnhof Ban Krut 20–50 Baht p. P. (nachts 60 Baht), ca. 5–10 km; nach Suan Luang 300 Baht einfach, hin und zurück 600 Baht.

TRANSPORT

Busse
Nahezu alle Fernbusse müssen am Highway, ca. 9 km vom Strand entfernt, selbst angehalten werden. Anfahrt per Motorradtaxi für 100–150 Baht p. P.
BANGKOK, die wenigen Busse, die im Dorf halten, fahren zum Southern Terminal. Abfahrt 10, 14 und 23 Uhr für 310 Baht in 5 1/2 Std. Vom Highway aus fahren Busse nach Bangkok zudem um 6.30, 8, 9, 11.30, 12.30, 16.30, und 20 Uhr.
CHUMPHON, Minibus um 7.45 Uhr ab Hotel in 2 Std. für 400 Baht nur mit Reservierung (im Tour und Travel Büro).

DIE NÖRDLICHE GOLFKÜSTE

HAT SUAN LUANG, der Minibus nach Chumphon hält auf Wunsch am Hat Suan Luang (Bang Saphan), die Fahrt kostet 400 Baht (da Sitzplatzreservierung nur bis Chumphon möglich).

PRACHUAP KHIRI KHAN, über den Tag verteilt fahren ab Highway etwa 10 Minibusse für 150 Baht in 1 Std. Sie müssen ebenfalls selbst angehalten werden; wenn kein Platz frei ist, halten die Minibusse nicht. Am besten im Tour & Travel Office reservieren.

Eisenbahn

Die Zugverbindung nach Ban Krut ist eine angenehmere Reisevariante als der Bus.

BANGKOK, mit dem schnellen Tageszug um 14.20 oder um 21.50 Uhr für 177 bis 450 Baht in 5 Std. Nach Thonburi mit dem Bummelzug um 9 Uhr für 60 Baht in 7 Std.

CHUMPHON, per Schnellzug um 13.07 Uhr ab 337 Baht in 1 1/2 Std. und per Bummelzug um 14.34 Uhr für 23 Baht in 2 Std. Weitere Züge um 22.29, 00.24 und 00.53 Uhr für 183/83/53 Baht. (1./2./3. Klasse) in 2 Std.

HUA HIN, mit allen Zügen Richtung Bangkok und Thonburi, um 9 Uhr für 31 Baht in 1 1/2–3 Std. Schneller geht's mit dem Zug um 14.20 Uhr für 350 Baht in 1 1/2 Std.

LANG SUAN, mit den Tageszügen Richtung CHUMPHON ab 60 Baht in ca. 3 Std.

PHETCHABURI um 9 Uhr für 41 Baht in 4 Std. und schneller um 14.15 Uhr für 375 Baht in 2 1/2 Std.

SUNGAI GOLOK (Grenze Malaysia), um 19.28 Uhr für 401 Baht in der 2. Klasse in 15 Std.

SURAT THANI, um 13.07 Uhr für 399 Baht in 3 1/2 Std.

Bang Saphan

Die kleine Stadt **Bang Saphan** [6101] (eigentlich Bang Saphan Yai oder „Groß-Bang Saphan") ist ein wenig auf der Strecke geblieben. Verlassene oder kaum benutzte Industrieanlagen zeugen von besseren Zeiten. Auch der Tourismus ist hier mehr oder weniger zum Erliegen gekommen; es gibt nur wenige Unterkünfte, in die es neben Rucksackreisenden

vor allem allein reisende, etwas ältere Herren aus Europa, die hier überwintern, zieht. In der Stadt gibt es ein Wat, einen kleinen Lebensmittelmarkt, einige Banken und Geldautomaten, mehrere 7-Eleven und einige kleine Geschäfte. Sonst ist hier nichts los. Hinter dem Fischerhafen befindet sich die kleine angenehme Bucht **Bo Thon Lang**. Hier kann man in einem Ausflugslokal etwas essen, ansonsten lädt der Strand zum Schwimmen und Relaxen ein.

Ein lohnendes Ausflugsziel im Süden ist die zum **Wat Tam Ma Rong** gehörende **Höhle**. Am Eingang befindet sich ein eher unscheinbarer Buddha in einem kleinen Holzhäuschen. Die Höhle selbst besteht aus mehreren recht großen Kammern, an deren Decke zahlreiche Fledermäuse buchstäblich abhängen. An den Wänden stehen aufgereiht etwa 50 cm große Buddhafiguren. An einigen Stellen reichen Tropfsteine, die wie riesige Wasserfälle aussehen, bis zum Boden und bilden faszinierende Säulen. Hinten links in der ersten Kammer liegt eine etwa 4 m lange, gut ausgeleuchtete Buddhastatue, die durch das tropfende Wasser an einigen Stellen rötlich schimmert. Das Licht in der Höhle wird für die Besucher bereits am Eingang des Wat angeknipst, nachdem man einen Energiekosten-Obolus von 20 Baht p. P. entrichtet hat. Spannender ist es mit der eigenen Taschenlampe.

Anfahrt: Gegenüber dem Yamaha-Shop (neben dem Markt) beginnt die Straße in Richtung Süden. Bereits 1 km nach Verlassen der Ortschaft biegt man rechts ab Richtung Wat (der Beschilderung folgen). Nach nochmals ca. 1 km ist das Wat erreicht. Weiter zur Höhle geht es mit dem Moped über eine steil bergauf führende kleine Straße. Zu Fuß ist es ein schöner, wenn auch schweißtreibender, etwa viertelstündiger Fußweg entlang eines Bambuswaldes.

ÜBERNACHTUNG

Statt des wenig sehenswerten Dorfstrands von Bang Saphan Yai sollten Reisende den etwa 5 km südlich gelegenen **Hat Suan Luang** aufsuchen. Hier gibt es einfache Unterkünfte. Der recht schöne Strand ist etwas verwildert, aber meist sauber und ohne viel Treibgut.

Bangsaphan Beach Resort (11), ✆ 032-817 124, 🖥 www.bangsaphanbeach.com, [6113]. 10 Bungalows in Reihe, weiß getüncht oder mit Holz verkleidet. Schön ist der Blick auf die Rasenfläche und die Palmen. Frühstück inkl. WLAN im Restaurant. ❹–❺

Coco Beachfront Bangsaphan (4), ✆ 087-404 2704, [8167]. 4 schicke, weiße Steinhäuschen mit Dachterrasse und schöner Einrichtung, gleich hinter der Coco Bar in einem kleinen Garten mit Wiese. WLAN. ❹

Coral Hotel (6), ✆ 032-817 121, 🖥 www. coral-hotel.com, [6116]. Sehr schön in thailändischer Tempelbauweise gestaltetes Haupthaus, Bungalows und ein 2-stöckiger Zimmerkomplex. Alle Annehmlichkeiten eines Luxushotels vorhanden: großer Pool, Jacuzzi, Fitnessraum, Sauna. Ein Boxring vor dem Pool, in dem allabendlich trainiert wird. Das Hotel ist fast ausschließlich von Franzosen bewohnt. ❻–❽

Dang Bungalow (1), ✆ 089-207 8917, [6117]. 4 kleine gefliste, saubere Steinbungalows mit Ventilator am Strand und im schönen, verwachsenen Garten. ❷

Lola Bungalow (7), ✆ 032-817 120, ✉ lola_bungalow@hotmail.com, [6119]. 14 einfache, kleine, bunte Holzhütten oder Steinhäuser mit Ventilator oder AC, z. T. Kühlschrank, in einem Palmengarten. Familiäre Atmosphäre. Oft ausgebucht. ❷

Palm Gardens Resort (9), ✆ 084-441 3633, 🖥 www.bspalmgardens.com, [6120]. 100 m vom Strand: 4 große neue Steinbungalows rund um den Pool. Unter englischer Leitung, sehr familiär. WLAN. ❹

Ploy Bungalows (3), ✆ 032-817 119, [6121]. 5 recht neue Bungalows mit Ventilator oder AC, z. T. mit Kühlschrank und Warmwasser. 2 stehen direkt am Strand mit Meerblick, die anderen dahinter. Gefliest und sehr sauber mit kleiner Terrasse. 2 weitere große ältere Bungalows, ebenfalls am Strand, von derselben Familie, oft ausgebucht. ❷–❸

Roy-Ta-Wan (5), ✆ 087-6708 943, [6122]. 5 winzige gelbe Hütten mit Ventilator und eigenem Bad, Waschbecken im Freien. Der Besitzer hält Kampfhähne, weshalb man

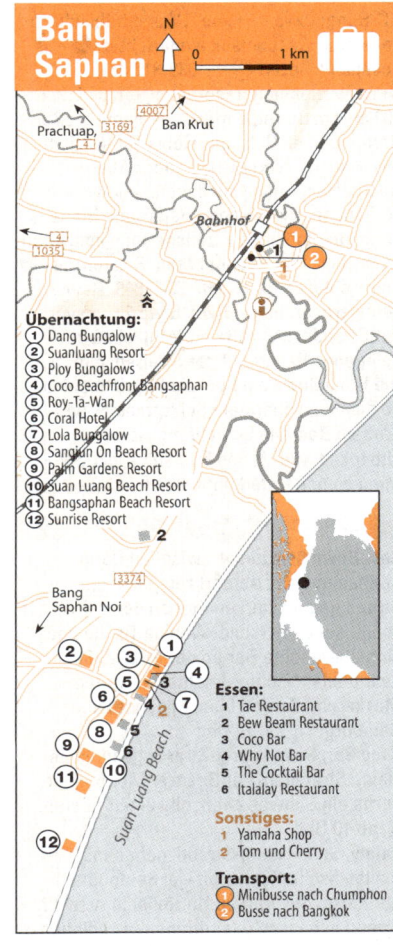

Bang Saphan

N 0 — 1 km

Übernachtung:
1 Dang Bungalow
2 Suanluang Resort
3 Ploy Bungalows
4 Coco Beachfront Bangsaphan
5 Roy-Ta-Wan
6 Coral Hotel
7 Lola Bungalow
8 Sangiun On Beach Resort
9 Palm Gardens Resort
10 Suan Luang Beach Resort
11 Bangsaphan Beach Resort
12 Sunrise Resort

Essen:
1 Tae Restaurant
2 Bew Beam Restaurant
3 Coco Bar
4 Why Not Bar
5 The Cocktail Bar
6 Italalay Restaurant

Sonstiges:
1 Yamaha Shop
2 Tom und Cherry

Transport:
1 Minibusse nach Chumphon
2 Busse nach Bangkok

möglicherweise früh geweckt wird. Kleines Restaurant direkt am Strand. ❷

Sangiun On Beach Resort (8), ✆ 032-817 167, [6123]. Etwas zurückgesetzt stehen 3 gemütliche große Holzbungalows mit Ventilator, außerdem direkt am Strand ein Steinhaus mit 2 sauberen, gefliesten AC-Zimmern. WLAN. ❸–❹

Suan Luang Beach Resort (10), ✆ 086-170 3784, ✉ Ounsuanluang@gmail.com [6124]. Große

AC-Bungalows in Reihe, TV und Kühlschrank, nach Thai-Geschmack eingerichtet. ❸–❹
Suanluang Resort ②, ✆ 032-817 031, 🖥 www.suanluangresort.com, **[6125]**. Etwa 500 m vom Strand entfernt. In einem großen Garten gibt es Holzbungalows mit Ventilator inkl. Bad mit Warmwasser oder AC-Bungalows. Auch Familienbungalows vorhanden. Hier werden Räder und Mopeds vermietet und neben Transportmöglichkeiten auch viele Touren angeboten. Restaurant. ❹
Sunrise Resort ⑫, ✆ 087-7047 809, 🖥 www.sunriseresort.in.th, **[6126]**. Etwa 2,5 km von der Strandstichstraße entfernt, einsam gelegenes Resort auf der Straßenseite. Die Bungalows am Pool sind groß mit einem Vorzimmer, separatem Schlafzimmer und großem Bad. Die Einrichtung ist etwas altbacken. WLAN und Frühstück inkl. ❺
Mehr zu den Unterkünften siehe **eXTra [6112]**.

Mehr zu den Unterkünften siehe **eXTra [6112]**.

ESSEN

Bew Beam Restaurant, zwischen Bang Saphan und der Abfahrt zum Suan Luang-Strand gelegen, erkennbar an der Schweizer Fahne auf dem Schild. Wenige Tische und eine überdachte Bar an der Straße. Sehr gute thailändische Gerichte, außerdem Makkaroni, Cordon bleu, Spaghetti und Hamburger. ⏰ 9–22 Uhr.
Coco Bar, Suan Luang-Strand, gemütliche kleine Strandbar, der Besitzer Montry hält gerne ein Schwätzchen mit seinen Gästen. ⏰ ab 10 Uhr.
Italaly, Suan Luang-Strand, gehobene thailändische Küche mit viel Seafood auf der Karte. Auf weißen Holzmöbeln wird am Strand gegessen oder drinnen in gediegener Ausstattung. Gerichte 100–120 Baht. ⏰ 12–22 Uhr
Roy-Ta-Wan, am Suan Luang-Strand, neben der Why Not Bar. Mit zusammengewürfelten Tischen und Stühlen. Der Treffpunkt zum Frühstück, aber auch gute thailändische Gerichte und Kuchen. Immer wird zusätzlich frisches Obst und Wasser gereicht. Gerichte 20–100 Baht. ⏰ 8–17 Uhr.
Tae Restaurant, im Ort Bang Saphan in Bahnhofsnähe. Unter irisch-thailändischer Leitung. Thailändische Küche, die von Einheimischen genauso wie von den hier lebenden Ausländern geschätzt wird. Rustikale Holztische im Restaurant und einige draußen mit Überdachung. Vermietet auch Motorräder. ⏰ ab 17 Uhr.
The Cocktail Bar, gegenüber dem Coral Hotel, serviert Snacks und Cocktails direkt am Strand. Happy Hour von 15–19 Uhr. ⏰ ab 12 Uhr.
Why Not Bar, direkt am Strand. Die Füße im Sand, den Blick aufs Meer, genießt man hier gute günstige Thai-Küche. Abends leckere Cocktails an der Bar mit TV-Unterhaltung oder direkt am Strand. Leckeres mildes indisches Curry. ⏰ 10–23 Uhr.

SONSTIGES

Tourist Information, an der Straße nach Bang Saphan Noi, ✆ 032-691 828. Hier erhält man Übersichtskarten, Tourinformationen und Hotelempfehlungen. Im **Yamaha Shop & Tourist Information Center**, ✆ 032-691 059, kann man nicht nur Mopeds für 200–250 Baht am Tag mieten, sondern erhält auch gute Informationen.
Das deutsch-thailändische Paar **Tom und Cherry**, ✆ 081-2942 738, wohnt in der Hauptsaison direkt vor Lola Bungalow. Das sehr nette Paar lebt seit 20 Jahren hier und gibt gerne Informationen und Hilfe jeglicher Art.

TRANSPORT

Bang Saphan ist nur unzureichend an das Busnetz angebunden. Wer zu- oder aussteigen will, tut dies am H4. Von hier geht es mit einem eigenen Mietmoped oder dem Mopedtaxi weiter zum Strand. Einfacher reist man mit dem Tageszug an und ab, denn der hält am Bahnhof in Bang Saphan, von wo es näher zum Strand ist. Von Bang Saphan zum Hat Suan Luang Beach kostet die Fahrt etwa 80 Baht. Vom H4 zum Strand etwa 200 Baht.

Busse

AC-Busse nach BANGKOK ab Bang Saphan, Nähe Bahnhof, um 6, 7.45, 8.30, 9.30, 11, 12, 13.30, 16, 19.30 und 23 Uhr für 302 Baht in etwa 5 Std.

DIE NÖRDLICHE GOLFKÜSTE

Minibusse nach CHUMPHON um 8.30 Uhr ab Bang Saphan halten auch am Abzweig zum Suan Luang-Strand; für 130 Baht in 2 Std.

Eisenbahn
Nach BANGKOK um 14.07 Uhr für 450 Baht in 5 Std. oder um 21.28 Uhr für 270/179 Baht (1./2.Kl.).
Nach CHUMPHON um 13.20 Uhr für 393 Baht in 1 Std. oder mit dem Bummelzug um 15 Uhr für 20 Baht in 2 Std.

Die Umgebung von Bang Saphan

Rund um Bang Saphan gibt es einige interessante Strände, darunter den beliebten **Ban Krut** (S. 364) und den wenig besuchten und für manchen gerade daher attraktiven **Hat Suan Luang**. Weiter Richtung Süden, nahe der Stadt Bang Saphan Noi (Klein-Bang Saphan), befindet sich zudem der schöne **Hat Bang Burd**, an dem die einzigen Sanddünen von ganz Thailand zu finden sind. Südseeträume unter Palmen verspricht ein Besuch der kleinen Insel **Ko Thalu**.

Neben Kokosnüssen werden in dieser Gegend vorwiegend Kautschuk-Bäume, Ölpalmen, Tapioka und auch Bananen angebaut. Die Plantagen wurden angelegt, nachdem ein Taifun 1989 die einst hier vorherrschenden Kokosnussplantagen hinweggefegt hatte.

Ko Thalu
Vor der Küste Bang Saphans liegt die kleine Insel Ko Thalu. Hier kann man schön schnorcheln und es gibt im Osten auch ein Gebiet, das sich zum Tauchen eignet. Heute steht die Insel im Zeichen des nachhaltigen Tourismus, und dem Eigner des Resorts liegt der Erhalt des Eilands am Herzen. Tickets und Touren vermitteln der Yamaha-Shop oder das Ko Thalu Resort (s. Übernachtung; Buchungen auch per Internet). Das Speedboot *Ko Thalu Express* benötigt für die Überfahrt zur Insel zehn Minuten.

Wer weder schnell fahren noch auf der Insel übernachten will, kann sich auch nur zu einer Tagestour hierher bringen lassen. Buchungen

UMGEBUNG BANG SAPHAN

bei **Suchat Boat Tour**, ☎ 032-699 455, auf halbem Weg zum Hat Bang Burd, die auch Schnorchel- und Tauchausrüstung verleihen.

Tom und Cherry, s. Bang Saphan, vermitteln auch Fischer, die Gäste nach Ko Thalu bringen.

Hat Bang Burd
Etwa 15 km südlich von Bang Saphan Yai befindet sich nahe Bang Saphan Noi der etwa 10 km lange, schöne Sandstrand **Hat Bang Burd** [6107]. Pinien säumen die weitgehend unbebaute Bucht, in deren südlichem Bereich sich die Sanddünen befinden. Ihre Entstehung verdanken sie dem Wind – besonders dem Taifun von

DIE NÖRDLICHE GOLFKÜSTE

Goldwaschen am Flussufer

Wer sich als Goldwäscher versuchen will, kann sich auf einem Tagesausflug die **Goldfelder** von Bang Saphan ansehen. Hier wird wie eh und je in reiner Handarbeit Gold gewaschen, das zu Blattgold verarbeitet wird. Die Anfahrt führt über die N4, wo in der Nähe des KM 397 ein Weg in Richtung Berge abzweigt. Den richtigen zu finden ist eine Sache des Herumfragens: Gold heißt auf Thai *thong* oder *thong-kham*. Nach 4 km ist ein Fluss erreicht, an dessen Ufern das Gold gewaschen wird. Ein Schild am anderen Ufer jenseits der Brücke berichtet (auf Thai) von den Goldfunden. Feldwege am Flussufer führen zu den einzelnen Waschstellen. Reisende, die sich mit dem Moped hierher durchgeschlagen haben und sich von den Arbeitern gegen ein Trinkgeld in die Kunst des Goldwaschens einweisen ließen, konnten ihren eigenen (mikroskopisch kleinen) Goldschatz mitnehmen und berichten, es sei besonders für die Kinder ein Riesenspaß gewesen.

1989. Im kleinen Dorf Bang Burd gehen Fischer ihrem traditionellen Lebensstil nach.

Einige wenige Resorts am nördlichen, recht steinigen und nicht ganz sauberen Strand bieten Unterkunft für überwiegend einheimische Gäste.

Anreise am besten mit dem Moped oder dem Auto bzw. Taxi. Am H4 biegt man bei KM 425 nach links Richtung Meer ab.

ÜBERNACHTUNG

Bang Saphan Noi

Touristen verirren sich nur selten hierhin. 100 m vom Strand gibt es das **Baan Somluck**, 101 Moo 3, ☎ 032-699 344, 🖥 www.somluck. de.vu, **[6105]**. In einem tropischen Garten stehen 11 Bungalows mit Ventilator rund um einen kleinen Pool. Der freundliche deutsche Besitzer Günther und seine Frau Somluk kümmern sich liebevoll um die hauptsächlich deutschen Urlauber. Gute thailändische Küche und viele deutsche Klassiker stehen auf der Speisekarte. Mopedverleih und kostenloser Transport vom Bahnhof. ❹

Ko Thalu

Wer möchte, kann sich von den oben genannten Touranbietern eine Übernachtung in einer **Fischerhütte** bei einer Familie organisieren lassen. In diesem Fall das Essen und Trinken (für die gesamte Familie) nicht vergessen!

Oder man wohnt im **Koh Talu Island Resort**, ☎ 032-442 636, 🖥 www.taluisland.com, an der Westküste. Unterschiedliche Unterkünfte mit Zimmern für 2–4 Pers., von der luxuriösen Villa im Thai-Stil mit gediegenem Holzinterieur bis zum Reihenhauszimmer im gefliesten Steinhaus. Als Komplett-Tour (Programm s. Website) mit 1–3 Übernachtungen buchbar (auch längere Touren möglich). Trekking, Kajaks, Segeltörns, Tauch- und Schnorcheltouren. 2 Tage inkl. Essen und einer Übernachtung 4000 Baht, 3 Tage etwa 9000 Baht, je nach gewünschtem Komfort auch teurer. ❼–❽

Bang Burd

Bangburd Resort, ☎ 086-0757 521, 🖥 www.bangburd.9nha.com, **[6130]**. Anlage mit schönem Garten und Pool. Empfangen wird der Gast vom plastikbestuhlten Restaurant an der Straße. Dahinter liegen der große Garten und die um den Pool gruppierten Bungalows. Recht klein, aber sauber. Einfache Einrichtung, aufgehübscht mit etwas Dekor. ❺

Ban Sai Thong Beach Resort, ☎ 081-858 3350, 🖥 www.bansaithong.com, **[6131]**. Etwa 1 km vom Bang Burd-Strand entfernt gelegenes Resort mit eigenem Strand. Gut in Schuss gehaltene Zimmer in Bungalows und im Langhaus; große Badezimmer. Im Restaurant in Form eines Schiffes gute einheimische Küche. Pool. Gäste können die Küche benutzen. ❹–❺

Boonchu Bangburd Resort, ☎ 032-817 246, 🖥 www.bangburd.net, **[6132]**. Lang gezogenes Reihenhaus mit einfachen funktionalen Zimmern mit Kühlschrank. 2-geschossiges Haus im Bau. Inkl. Thai-Frühstück. ❹

Krua Khanthong, ☎ 089-808 8611. Hinter dem Restaurant werden 2 einfach möblierte Zimmer mit Bad vermietet. ❷

Chumphon

Chumphon [2655], die Hauptstadt der gleichnamigen Provinz, wird als das Tor des Südens bezeichnet: Von hier geht es über den Isthmus von Kra, die schmalste Stelle Thailands, an die Küste der Andamanensee oder weiter in den Süden hinab am Golf von Thailand entlang. Die Stadt liegt knapp über 500 km von Bangkok entfernt und hat 56 000 Einwohner.

Das Klima in Chumphon wird sowohl vom Nordost- als auch vom Südwestmonsun beeinflusst, sodass es hier teils ausgiebig regnet. Im August und September kam es daher schon mehrfach zu starken Überschwemmungen. Positiv wirkt sich dies auf die Fauna und den Anbau von Nutzpflanzen aus: Kaffee, andere Früchte und Palmen gedeihen prächtig. Da die Gegend noch nicht für den westlichen Massentourismus erschlossen ist, bieten sich für Traveller ungeahnte Möglichkeiten, die Gegend zu erkunden und an den meist nur am Wochenende von Thais besuchten Stränden, in Tempeln oder Höhlen eigene Abenteuer zu erleben. Wer mit dem Moped unterwegs ist, kann sich problemlos fortbewegen, andere können eine Tour mit dem Minibus buchen oder sich einer meist für Thais organisierten Fahrt anschließen. Letzteres verspricht multikulturellen Spaß.

Die einzige Attraktion der Stadt ist das **Nationalmuseum**. Es widmet sich der Darstellung der lokalen Kultur, u. a. dem Schattentheater. Zudem bietet es Miniaturdarstellungen vom ursprünglichen Dorfleben in Chumphon. ⏲ Mi–So 9–16 Uhr, Eintritt 100 Baht.

Ausflüge in die Umgebung

Wichtigstes Ausflugsziel sind die Strände und vorgelagerten Inseln des **Mu Ko Chumphon National Park** (S. 378). Sehenswert ist auch die Höhle **Tham Rab Ro**, die etwa 21 km nordwestlich von Chumphon liegt. Im Berg hinter dem Tempel Thep Charoen sind zahlreiche Höhlen zu finden, die miteinander verbunden sind und im Schein einer mitgebrachten Taschenlampe erkundet werden können. Zu sehen gibt es Tropfsteine und Buddhafiguren. Im Tempel selbst wartet ein mumifizierter Mönch auf Besucher, und auch die uralten Schildkröten, die am Fuße des Felsens leben, beeindrucken den Besucher. Es heißt, einige seien bereits über 100 Jahre alt. Die Anlage befindet sich etwa 4 km westlich des H4, von dem man am KM 490 abbiegt. Eintritt 100 Baht.

Das schöne **Wat Tham Khwan Muang**, auch als Marmortempel bekannt, liegt knapp 50 km südlich von Chumphon auf einem Hügel. Von hier hat man einen herrlichen Blick auf die Umgebung.

Chumpon Gardens Hotel ⑨, 66/1 Tha Tapao Rd., ☎ 077-506 888, [6483]. Mittelklassehotel mit Standardzimmern und einigen Suiten auf 3 Etagen. Die Räume sind mit Kabel-TV, AC und Kühlschrank ausgestattet. WLAN. ❸, Suiten ❺

Chumphon Palace Hotel ⑩, 328/15 Pracha Uthid Rd., ☎ 077-571 715, [6484]. Gut ausgestattete Zimmer im großen Hotel; viel Pink und ein bisschen Thai-Kitsch zu funktionalen Möbeln. WLAN. Parkplatz. ❷

Morakot Hotel ③, 118 Tawee Singkha Rd., ☎ 077-502 999, 🖥 www.morakothotel.com, [6489]. In Bahnhofsnähe, recht großes Hotel mit verschiedenen Zimmertypen von einfach bis nobel. Schön gestaltet und geräumig. Einige Bäder mit Wanne. Aufzug. ❷ – ❺

Nanaburi Hotel ⑤, unweit vom Nachtmarkt, ☎ 077-503 888, 🖥 www.nanaburihotel.com, [6490]. Großes, gepflegtes Hotel mit gut ausgestatteten Zimmern, u. a. mit Wasserkocher. Aufzug, Parkplatz; WLAN und Frühstück inkl. ❸, Suiten ❺

Salsa Hostel ①, 25/42 Krom Luang Rd., ☎ 077-505 005, 🖥 www.salsachumphon.com, [8463]. Modernes Haus mit Schlafsaalbetten (250 Baht) und DZ. Gemeinschaftsküche. Schließfächer (eigenes Schloss mitbringen). WLAN. Transport zum Flughafen 150 Baht. ❶

Santawee New Rest House ⑥, 4 Tha Taphao Rd., ☎ 077-502 147, [6491]. Bei einer Familie im Hinterhof. 4 saubere Zimmer (eines mit Bad), sonst Gemeinschaftsbad mit Warmwasser im kleinen Garten. Die Besitzer verarbeiten Kaffee und Tee. Günstige Boots- und Bustickets, Wäscheservice, Moped- und Fahrradverleih. ❶

DIE NÖRDLICHE GOLFKÜSTE

Suda Guesthouse, 8 Tha Taphao Rd., ✆ 077-504 366, [6486]. Einfache, saubere Zimmer im Steinhaus mit Ventilator oder AC. Saubere Gemeinschaftsduschen mit Warmwasser. Größere Familienzimmer mit Balkon, aber ohne Aussicht. Boots- und Bustickets, Touren, Auto- und Mopedverleih. Kein Restaurant. ❶–❷

Suriwong Chumphon Hotel, 125/30 Saladeng Rd., ✆ 077-511 203, [6485]. Gefliese, große, einfach möblierte Zimmer mit Ventilator oder AC, alle TV, Kühlschrank und Warmwasser. Parkplatz. ❷

ESSEN

Empfehlenswert sind die Essenstände auf den Märkten, u. a. in der Tha Taphao Rd., und auf dem **Nachtmarkt** in der Krom Luang Chumphon Rd. vor der Ocean Shopping Mall. Es gibt Muscheln im Omelette und sehr guten leckeren Fisch. Daneben wie üblich Klebreis und Hühnergegrilltes auf die Hand.

Fame Tour Gh., 188/20-21 Saladang Rd., ✆ 077-571 077, 🖥 www.chumphon-kohtao.com, [6487]. Zentral in Bahnhofsnähe lädt das gemütliche Travellercafé (mit Internet und Reisebüro) zur Rast. Beliebt: die Pizza und das frische Olivenbrot. Vermietet auch geräumige Zimmer mit Matratze oder Betten, alle mit Fenster und Ventilator. Gemeinschaftsbad mit Warmwasser. Einige etwas teurere Zimmer mit Bad. WLAN. ❶

Farang Bar Gh., 69/36 Tha Taphao Rd., ✆ 077-501 003, 🖥 www.farangbarchumphon.com, [2704]. Zentral gelegen und Anlaufstelle nahezu aller ankommenden Busse. Hier gibt es alles, was das Traveller-Herz begehrt: viele Informationen (Touren, Tickets, Auto- und Mopedverleih) und thai-westliche Küche. Gerichte 80–150 Baht. Es werden auch verwohnte Zimmer vermietet (mit AC oder Ventilator), WLAN. ❶–❷

Madame Aun, ✆ 077-571 199. Die freundliche Eigentümerin spricht zwar kein Englisch, serviert aber gute einheimische und ein wenig westliche Küche in einem mit Sofas bestückten, bunten Lokal nahe dem Paradorn Inn Hotel. 🕐 16–24 Uhr.

SONSTIGES

Virajsilp Hospital, 18/22 Panamin Manda Rd., ✆ 077-503 240.

NAHVERKEHR

In der Stadt bewegt man sich am besten zu Fuß. Mit dem **Motorradtaxi** innerhalb der Stadt 20 Baht, nach Sonnenuntergang etwa 30 Baht. Unbedeutend teurer, aber beschaulicher ist die Fahrt in einer Fahrradriksha.

Zum **Nachtbootpier** mit dem Songthaew laufend von 6–18 Uhr für 30 Baht; mit dem Mopedtaxi etwa 50 Baht, Taxi 200 Baht.

Nach **Hat Sai Ri**, Abfahrt nahe der Post von 6–16 Uhr für 50 Baht in 45 Min.; mit dem Mopedtaxi 150 Baht. Selbstfahrer folgen ab Chumphon der Phoramin Makkha Rd. stadtauswärts; nach etwa 15 km an der großen Abzweigung rechts abbiegen (ausgeschildert). Man passiert zuerst den Hat Paradorn und kommt anschließend zum Hat Sai Ri.

Zur **Tham Rab Ro-Höhle** mit den Minibussen Richtung Tha Sae, die hinter dem Frischwarenmarkt in einer Quergasse der Pracha Uthid Rd. abfahren, von 7–16 Uhr für 100 Baht.

Zum **Hat Thung Wua Laen** mit dem Taxi tagsüber für 300 Baht (abends 400, nachts 500 Baht). Ein Taxi ist die erste und meist einzige Option für die Rückfahrt vom Strand in die Stadt. Günstiger für die Anfahrt sind die Songthaew, die hinter dem Frischwarenmarkt nahe dem 7-Eleven in der Pracha Uthid Rd. abfahren. Zum Strand verkehren die gelben Songthaew für 35 Baht in 30 Min. von 6–18 Uhr; frühmorgens und nachmittags (wegen der Schulkinder) alle 20 Min., ansonsten seltener und wenn der Wagen voll ist. Die Fahrt geht entlang der Hauptstraße, auch hier kann zugestiegen werden. Dem Fahrer Bescheid geben, dass er die Runde am Strand machen soll. Sobald man die gewünschte Anlage erreicht, ans Dach klopfen. Motorradtaxis kosten etwa 120 Baht pro Fahrt. Selbstfahrer nehmen ab Chumphon die Straße nach Pathiu (3180); 16 km. Von Bangkok aus über den H4; am KM 476 nach links abbiegen und der Straße 19 km folgen.

TRANSPORT

Busse

In Chumphon operieren verschiedene Touranbieter, die oft eigene Abfahrtspunkte haben. Wer Tickets im Gästehaus bucht,

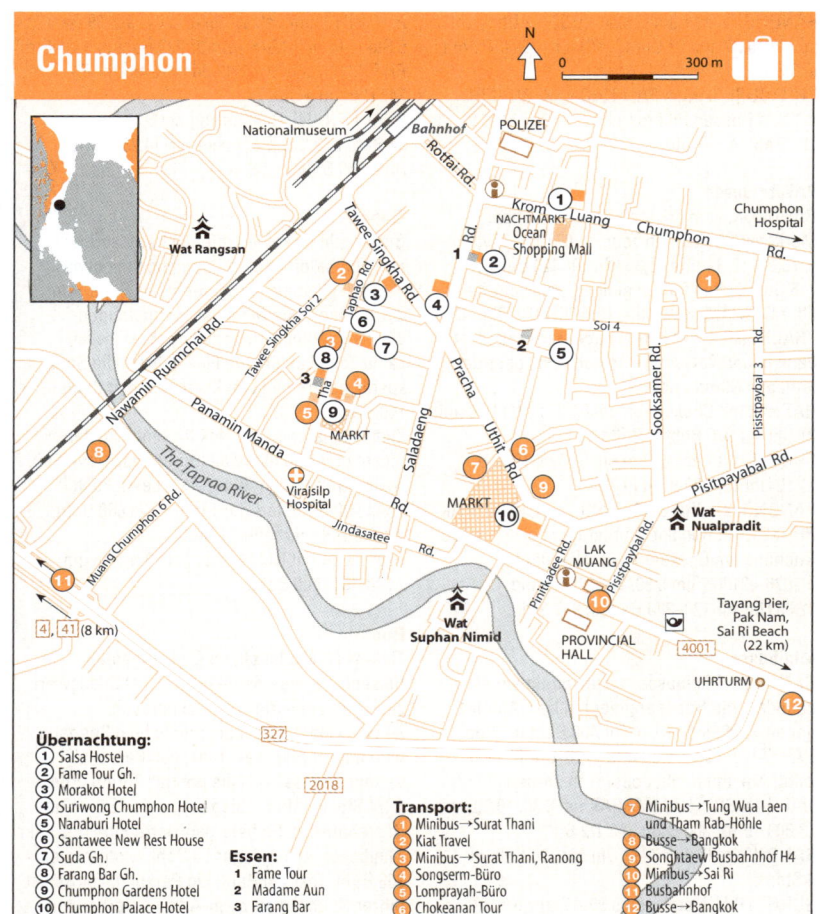

Chumphon

N
0   300 m

Nationalmuseum → | Bahnhof | POLIZEI
Rotfai Rd.
Wat Rangsan
Krom   ①   Luang   Chumphon   Chumphon Hospital
NACHTMARKT   Ocean Shopping Mall
Tawee Singkha Rd.   Taphao Rd.
②   ③   ④   ① Rd.   ②
⑥   ⑦   Soi 4   ⑤
③   ⑧   2   ⑤
Tawee Singkha Soi 2
Nawamin Ruamchai Rd.
Panamin Manda
Tha Taprao River
Muang Chumphon 6 Rd.
⑧
⑪
4, 41 (8 km)
3   Tha   ④
⑤   ⑨
MARKT
Saladaeng
Virajsilp Hospital
Jindasatee   Rd.
Rd.
Pracha
Uthit Rd.
MARKT
⑦   ⑩   ⑥   ⑨
Sooksamer Rd.
Pisitpayabal 3
Pisitpayabal Rd.
Wat Nualpradit
LAK MUANG
Pinittadee Rd.
Pisitpayabal Rd.
⑩
Wat Suphan Nimid
PROVINCIAL HALL
327
2018
Tayang Pier, Pak Nam, Sai Ri Beach (22 km)
4001
UHRTURM
⑫

Übernachtung:
① Salsa Hostel
② Fame Tour Gh.
③ Morakot Hotel
④ Suriwong Chumphon Hotel
⑤ Nanaburi Hotel
⑥ Santawee New Rest House
⑦ Suda Gh.
⑧ Farang Bar Gh.
⑨ Chumphon Gardens Hotel
⑩ Chumphon Palace Hotel

Essen:
1 Fame Tour
2 Madame Aun
3 Farang Bar

Transport:
① Minibus→Surat Thani
② Kiat Travel
③ Minibus→Surat Thani, Ranong
④ Songserm-Büro
⑤ Lomprayah-Büro
⑥ Chokeanan Tour
⑦ Minibus→Tung Wua Laen und Tham Rab-Höhle
⑧ Busse→Bangkok
⑨ Songthaew Busbahnhof H4
⑩ Minibus→Sai Ri
⑪ Busbahnhof
⑫ Busse→Bangkok

DIE NÖRDLICHE GOLFKÜSTE

wird zur Abfahrtstelle gebracht. Wer selbst organisiert reist, fährt von der Station am Highway ab.

Busbahnhof am Highway 4
Zum Busbahnhof am Highway mit Songthaew ab Markt für 50 Baht, Motorradtaxis ab 100 Baht.
BANGKOK, stdl. von 6.30–2 Uhr morgens, 270 Baht. Die 1. Kl.-Busse um 10, 11, 12 und

20.30 Uhr fahren für 347 Baht in 7 Std. und halten unterwegs nicht.
BANG SAPHAN (100 Baht), BAN KRUT (130 Baht), PRACHUAP KHIRI KHAN (160 Baht), mit den Bussen Richtung Bangkok in 3–4 Std.
HUA HIN, CHA-AM, mit den Bussen Richtung Bangkok für 230 Baht in 5 Std.
KRABI, um 14.30 Uhr für 270 Baht in 8 Std.
PHETCHABURI, mit den Bussen nach Bangkok für ca. 192 Baht in 5 1/2 Std.

RANONG, Busse um 6, 8.30, 10.30, 12 Uhr (1. Kl.) sowie 16.30 und 21 Uhr (2. Kl.) für 100–130 Baht in 3 Std.
KURABURI, TAKUA PA, KHAO LAK, PHUKET, mit den Bussen Richtung Ranong für 144–251 Baht in 5–7 Std.

Private Busse
BANGKOK, vom privaten Busbahnhof beim Markt mit Chokeanan Tour, ☎ 077-511 757, um 9, 10.30, 12, 14 und 21.30 Uhr für 420 Baht in 7–8 Std. Zudem fahren einige Gesellschaften über CHA-AM, HUA HIN, PHETCHABURI und PRACHUAP KHIRI KHAN nach Bangkok (Zustieg dann in der Nawamin Ruamchai Rd. oder der Panamin Manda Rd.).
HAT YAI, mit Chokeanan um 8.30, 9.30, 11.30 und 21 Uhr für 370 Baht in 7 Std.
PHUKET, mit Chokeanan um 5.30, 8, 10 und 11.15 Uhr für 320 Baht in 7 Std.
RANONG, KHURA BURI, TAKUA PA, KHAO LAK, PHUKET, mit Rungkit Tour (stoppt bei vorheriger Buchung am Chokeanan-Busbahnhof), ☎ 076-421805, um 5.50, 8.30, 10.30 und 12.30 Uhr für 120–320 Baht in 3–7 Std.

Minibusse
BANGKOK, Minibusse starten direkt am Pier, nachdem die Boote angelegt haben. Abfahrt gegen 13.30 und 17 Uhr für 400 Baht in 7 Std.
HAT YAI, um 8.30, 9.30 und 11.30 Uhr für 350 Baht, Ankunft nachts oder frühmorgens.
NAKHON SRI THAMMARAT, um 8.30, 10.30 und 13.30 Uhr für 300 Baht in 3 1/2 Std.
RANONG, stdl. von 7–17 Uhr für 120 Baht in 2 Std.
SURAT THANI, stdl. von 5.30–17 Uhr für 180 Baht in 2 1/2 Std.

Eisenbahn
Nachtzüge s. Fahrplan „Züge Richtung Süden", S. 817/818.
BANGKOK, mit den Booten von Ko Tao, Ko Phangan oder Ko Samui kann man theoretisch den Zug um 12.46 Uhr erreichen, 480 Baht in 7 Std. Wegen möglicher Verspätung Tickets erst kurz vor Abfahrt besorgen.
CHA-AM, mit den Zügen nach Phetchaburi für 40–190 Baht in etwa 3 1/2 Std.

HUA HIN, Bummelzug um 6.40 Uhr für 99 Baht in 5 Std. oder um 12.46 Uhr für 220 Baht in 4 1/4 Std.
PHETCHABURI, um 6.42 oder 12.46 Uhr für 245 Baht in 4 Std.
SURAT THANI, Bummelzug um 6.35 Uhr für 34 Baht in 3 Std. Schneller um 14.28 Uhr für rund 100 Baht in 2 Std.

Flüge
Bisher gibt es keinen öffentlichen Zubringer zum Flughafen. Wer in Chumphon mit dem Flieger ankommt, wird aber in der Regel von wartenden Taxis/Minibussen empfangen, die die Touranbieter schicken (Kiat Travel, Fame Tour, Lompraya). Eine Fahrt in die Stadt kostet, sofern nicht im Kombiticket enthalten, 150 Baht p. P.
Zum Flughafen bietet Nok Air einen kostenpflichtigen Abholservice (durch Kiat Travel) an. Taxis vom Strand (Thung Wua Laen) kosten etwa 500 Baht, aus der Stadt etwa 600 Baht, die Fahrt dauert etwa 1 Std.
BANGKOK mit Nok Air tgl. um 10 Uhr in gut 2 Std. für 1600 Baht.

Boote
Tickets zu den Inseln im Golf verkaufen Reisebüros und Gästehäuser. Empfehlenswert sind die Katamarane von Lomprayah, 🖥 www.lomprayah.com (bei hohem Seegang wird man schnell seekrank; das Personal verteilt professionell die nötigen Tüten). Busse 1 1/4 Std. vor dem Ablegen von den Büros und Gästehäusern. Selbstorganisierte Pick-ups oder Minibusse zum Anleger 50 Baht, Motorradtaxi 200 Baht, Taxi 400 Baht. Ein Parkplatz für Selbstfahrer ist am Lomprayah-Anleger vorhanden.
KO TAO, tgl. außer So mit der **Autofähre** um 23 Uhr, Ankunft morgens um 5 Uhr. **Nachtboote** starten gegen 23 Uhr und erreichen Ko Tao morgens gegen 6 Uhr, ab 250 Baht. Die Boote verkehren nicht bei hohem Seegang und kehren oftmals bei unerwartet hohen Wellen wieder um.
Lomprayah verkehrt um 7 und 13 Uhr über KO TAO (600 Baht, 1–2 Std.) und KO PHA NGAN (1000 Baht, 2–3 Std.) nach KO SAMUI (1100 Baht, 3–4 Std.); Kinder ab 4 Jahren halber Preis.

Songserm (S. 413) legt um 7 Uhr ab und erreicht die Inseln um 9.30, 12.30 und 13.30 Uhr. Nach KO TAO 500 Baht, KO PHA NGAN 750 Baht, KO SAMUI 900 Baht.

Die Umgebung von Chumphon

Einige Strände in der Umgebung von Chumphon ziehen neben thailändischen Wochenendurlaubern auch westliche Reisende an. Besonders beliebt ist **Hat Thung Wua Laen** [2656], etwa 16 km nördlich der Stadt. Ruhesuchende werden hier glücklich, denn außer ein paar Resorts und einigen wenigen Restaurants gibt es nichts. Der Strand erstreckt sich über knapp 2 km, und unter der Woche sind die eigenen Fußspuren oft die einzigen. Schwimmen ist das ganze Jahr über möglich. Transport siehe Chumphon.

Der **Hat Sai Ri** [2657], 20 km südlich von Chumphon, ist weniger schön, wird jedoch von einheimischen Ausflüglern geliebt, die am Wochenende zum guten Seafood-Essen vorbeikommen oder zu einem Schäferstündchen im 24-Std.-Hotel einchecken – nicht ohne vorher ihre patriotische Pflicht zu erfüllen und dem **Krom Luan Monument** einen Besuch abzustatten, das dem Gründer der thailändischen Seestreitkräfte gewidmet ist. Das hier liegende ausgemusterte Torpedoboot ist seit 1975 ein beliebtes Fotomotiv.

Die kleine Insel vor dem Südende des Strandes heißt **Ko Maphrao** und wird von einigen Vogelnestsammlern bewohnt, weswegen sie lange Zeit nicht zugänglich war. Heute kann man Boote mieten, um zu dem Strand zu gelangen, der so verlockend Richtung Festland leuchtet. 600 Baht, am Hat Sai Ri-Resort fragen.

Etwa 5 km nördlich von Hat Sai Ri liegt **Hat Paradonpab** [2677], wo sich Golfer und Ruhesuchende am wenig attraktiven Strand nicht stören.

Außer an den Wochenenden ist es an den Stränden sehr ruhig. Viele Anlagen besitzen ein angeschlossenes Restaurant, wo es meist gutes Seafood gibt, aber auch der westliche Hunger nach Pommes und Pizza bedient wird.

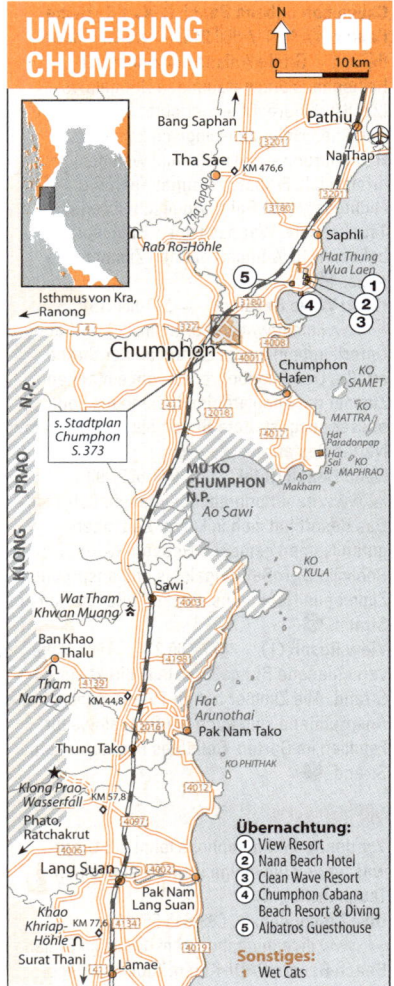

UMGEBUNG CHUMPHON

DIE NÖRDLICHE GOLFKÜSTE

Übernachtung:
1 View Resort
2 Nana Beach Hotel
3 Clean Wave Resort
4 Chumphon Cabana Beach Resort & Diving
5 Albatros Guesthouse

Sonstiges:
1 Wet Cats

Hat Thung Wua Laen
Albatros Guesthouse 5, ✆ 077-632 939, 🖥 www.albatrossguesthousechumphon.com, [8472]. Sauber und ansprechend gestaltetes Gästehaus, etwa 500 m vom Strand entfernt. AC und Ventilator, alle mit TV (Thaisender) und Kühlschrank. WLAN. ❶–❷

Chumphon Cabana Beach Resort & Diving Center ④, ☎ 077-560 245, 🖥 www.cabana.co.th, [3167]. Große Anlage mit Zimmern im Reihenhaus und geräumigen Bungalows (2 rollstuhlgerecht eingerichtet). Großer Pool. Bemühen sich um ökologisch korrekte Hotelführung – mal mehr, mal weniger erfolgreich. Frühstücksbuffet auch für Nichtgäste (200 Baht). Angeschlossene Tauchschule. Wer das Loose-Buch vorzeigt, bekommt 10 % Rabatt auf den Zimmerpreis. ❺

Clean Wave Resort ③, ☎ 077-560 151, 🖥 www.cleanwaveresort.com, [6481]. Saubere Unterkünfte in einem Garten an der Strandstraße. Das Angebot reicht vom einfachen Zimmer mit Ventilator im Reihenhaus über besser ausgestattete Suiten bis zum Bungalow. Nettes Restaurant. ❷–❺

Nana Beach Hotel ②, ☎ 077-622 999, 🖥 www.nanaburihotel.com/nanabeach, [8464]. Das Resort hat sich in kurzer Zeit einen guten Namen gemacht. Geboten werden Poolvillen, große Bungalows und ansprechende Zimmer im Haupthaus. Pool und Restaurant am Strand. ❺

View Resort ①, ☎ 077-560 214, [3169]. Viele verschiedene Bungalows, teils direkt am Strand. Alle Zimmer haben TV und Kühlschrank. Ansprechend sind auch die Bungalows für Familien im Garten. Beliebtes Restaurant am Strand. ❸

AKTIVITÄTEN

Vor der Küste Chumphons lohnt die Unterwasserwelt um einige kleine Inseln einen Tauchausflug.

Dive Chumphon, ☎ 089-645 5576, 🖥 www.divechumphon.com. Basis im Cabana Beach Resort. PADI-Kurse, Tauchausflüge, Leihausrüstung und mehr. Der deutsche Tauchlehrer Werner steht auf Wunsch für Tauchausflüge und Touren in den Nationalpark bereit und hat zudem viele Tipps für Reisen an den Thung Wua Laen. Er hilft auch bei Buchungen von Resorts und Bungalowanlagen.

Wet Cats, ☎ 082-515 1741, 🖥 www.diving-and-kitesurfing-thailand.com, im Norden des Strandes. Der englischsprachige Franzose Bertrand bietet Tauch- und Schnorcheltouren mit seinem eigenen kleinen Boot. Außerdem Kajaktouren, Wakeboarden und Angelausflüge. In den Wintermonaten Kurse im Kitesurfen.

Mu Ko Chumphon National Park

Berühmt ist der etwa 30 km von Chumphon bei Hat Sai Ri liegende 317 km² große Park vor allem für seine schönen Tauchgebiete. Über 40 Kalksteininseln locken Unterwasserfans. Die Touren ab Chumphon führen nach **Ko Ngam Yai** und **Ko Ngam Noi** mit Hart- und Weichkorallen und einigen größeren Fischen. Auch die Felsen **Hin Pae** und **Hin Lak Ngam** werden besucht. Hier taucht man auf maximal 22 m ab. Wer Glück hat, sieht einen Walhai oder eine Seeschildkröte. Auch **Ko Thalu** und **Ko Mattra** bieten gute Tauchmöglichkeiten. **Ko Thong Lang** eignet sich gut zum Schnorcheln, man kann am Strand liegen und mit Genehmigung der Parkverwaltung zelten. Die beste Reisezeit für Taucher ist Februar bis Oktober, die Sicht beträgt dann bis zu 20 m.

Am Pong Pang Mountain Viewpoint befindet sich die Parkverwaltung. Hier stehen **Nationalpark-Bungalows** für zwei Personen mit Ventilator oder AC, alle mit Warmwasser. Kontakt und Reservierungen unter ☎ 077-558 144 und 🖥 www.dnp.go.th, ❸–❹. Die Anreise ist am einfachsten im Rahmen einer Tour der Gästehäuser, über einen Reiseveranstalter oder mit dem Tauchboot. Eintritt 200 Baht.

Die Inseln im Golf

Stefan Loose Traveltipps

6 **Ko Tao** Schöne Tauchreviere im Golf und ein guter Spot für Tauchanfänger und Schnorchelfreunde. S. 385

7 **Ko Pha Ngan** Radtouren bei Sonnenuntergang entlang der Westküste, Wanderungen durch den Dschungel zu abgelegenen Stränden und Tanzvergnügen im Mondschein. S. 401

Ko Samui Der Hat Chaweng verführt zum Faulenzen, Einkaufen und Bummeln, das Fisherman's Village zum Dinieren – und am Hat Mae Nam laden einfache Hütten oder noble Anlagen ein, das ruhige Samui zu erleben. S. 443

Ang Thong Marine National Park Fantastische Naturschönheiten über und unter Wasser. S. 484

Im Südwesten des Golfs von Thailand liegen die etwa 80 Inseln des Ang Thong-Archipels, darunter die seit Jahren beliebten Reiseziele Ko Samui, Ko Pha Ngan und Ko Tao. 40 zumeist unbewohnte Inseln des Gebietes genießen als Nationalpark staatlichen Schutz und können auf Tagestrips oder auch von Übernachtungsgästen besucht werden. Hierhin zieht es vor allem Taucher. Bekannt und beliebt sind die Inseln im Golf bei eingefleischten Strandurlaubern, die an palmenbestandenen Stränden relaxen wollen. Aber auch Wassersportler kommen gerne hierher und nicht zuletzt unzählige junge Traveller, die monatlich zu Tausenden nach Pha Ngan pilgern, um eine der berühmten Mondscheinpartys am Strand oder im Dschungel zu feiern.

Man nimmt an, dass Samui (und wohl auch die Nachbarinsel Pha Ngan) bereits in der Don Son-Zeit besiedelt war. Belegt ist dies durch 1977 gefundene Bronzetrommeln, die auf die Zeit zwischen 1000 und 500 v. Chr. datiert werden. Woher diese Siedler kamen, ist noch nicht abschließend geklärt; Historiker vermuten jedoch, dass es muslimische Seenomaden aus dem malayischen Raum waren. Ko Tao wurde erst im späten 19. Jh. von Bewohnern Ko Pha Ngans besiedelt.

Die Inseln

Ko Samui, etwa 20 km vor der Küste gelegen, ist die größte Insel des Archipels und mit ihren 14 km Breite und 29 km Länge gleichzeitig die drittgrößte Thailands. Sie fehlt in kaum einem Katalog der großen Reiseveranstalter, und folglich tummeln sich hier viele Pauschalreisende. Das Angebot an Unterhaltung ist kurzweilig, wenn auch zumeist nicht eben hochwertig. Man kann gut einkaufen, und auch einige Restaurants sind einen Besuch wert. Viel thailändisches Flair ist allerdings an den Hauptstränden nicht mehr zu finden. Westliches reiht sich an Westliches, und meist wird es auch von Westlern betrieben. Abseits der Touristenpfade gibt es jedoch noch einiges zu entdecken, und wer einen Streifzug abseits von Strand- oder Poolliegen unternimmt, lernt die Herzlichkeit der verbliebenen Kokosnussbauern kennen. So ist Ko Samui eine gute Wahl für all jene, die es in eine Fremde zieht, die man nicht allzu sehr verspürt.

Die Schwesterinsel **Ko Pha Ngan** lockt ein anderes, gemischteres Publikum an. Sie bietet nahezu jede Unterkunftskategorie, und jeder Strand zieht seine ganz eigene Klientel an. Noch immer können hier viele Individualisten ihren ganz persönlichen Inseltraum ausleben. Beliebt ist Pha Ngan vor allem bei Partyfans, die hier zu allen möglichen Mondphasen am Strand oder im Dschungel die Nächte durchfeiern. Andere kommen hierher, um sich in einem der zahlreichen Yoga Retreats, dem Meditationswat Wat Khao Tahm oder einem Spa-Zentrum auf ihren Körper und Geist zu besinnen.

Taucher zieht es vor allem nach **Ko Tao**, wo sie noch weit mehr Tauchschulen vorfinden als auf den ebenfalls gut versorgten Inseln Ko Samui und Ko Pha Ngan. Vor der Küste der Schildkröteninsel treffen Taucher und Schnorchler leider nur noch selten auf Exemplare der putzigen Panzertiere, doch noch immer gelten die Riffe als die interessantesten des Archipels. Die Gegend eignet sich perfekt für Anfänger. Taucher, die jederzeit gute Sicht wünschen, sind an der Andamanenküste besser aufgehoben. Wer sich jedoch schulen will und kein Gutwettertaucher ist, findet hier wunderbare Plätze auf herrlichen Inseln.

Rund um die Inseln Ko Samui, Ko Pha Ngan und Ko Tao bieten die **Tauchschulen** i. d. R. einheitliche Touren an. Die Größe der Boote richtet sich dabei nach derjenigen der Tauchschu-

N

0   20 km

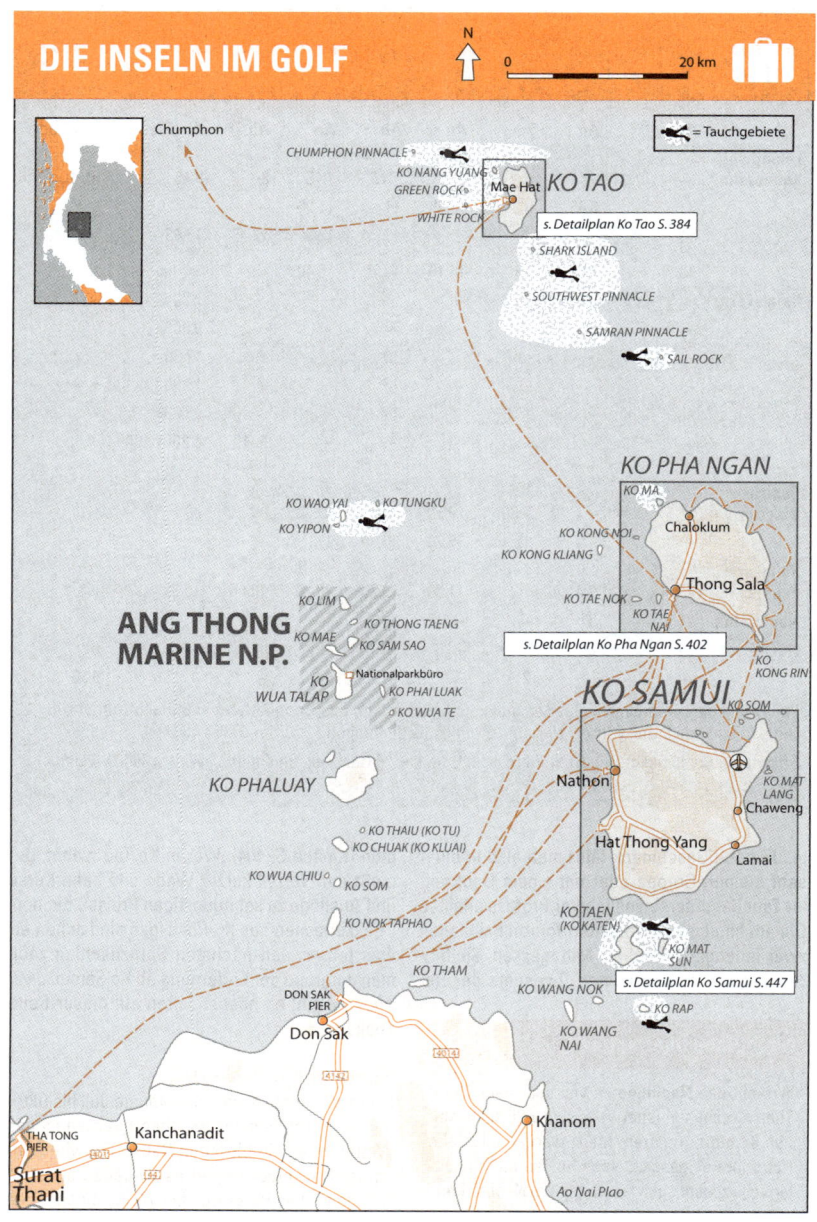

= Tauchgebiete

Chumphon

CHUMPHON PINNACLE

KO NANG YUANG
GREEN ROCK
Mae Hat   KO TAO
WHITE ROCK
s. Detailplan Ko Tao S. 384

SHARK ISLAND

SOUTHWEST PINNACLE

SAMRAN PINNACLE

SAIL ROCK

KO PHA NGAN

KO MA.

KO WAO YAI   KO TUNGKU
KO YIPON

KO KONG NOI   Chaloklum
KO KONG KLIANG

Thong Sala

KO TAE NOK
KO TAE
NAI
s. Detailplan Ko Pha Ngan S. 402

KO LIM
ANG THONG   KO THONG TAENG
MARINE N.P.   KO MAE   KO SAM SAO
KO   Nationalparkbüro
WUA TALAP   KO PHAI LUAK
KO WUA TE

KO
KONG RIN

KO SAMUI
KO SOM

KO MAT
LANG
Nathon   Chaweng

KO PHALUAY   Hat Thong Yang
Lamai

KO THAIU (KO TU)
KO CHUAK (KO KLUAI)
KO WUA CHIU   KO SOM

KO NOK TAPHAO   KO TAEN
(KO KATEN)
KO MAT
SUN
s. Detailplan Ko Samui S. 447

KO THAM   KO WANG NOK
DON SAK
PIER   KO RAP
Don Sak   KO WANG
NAI

Kanchanadit   Khanom

THA TONG
PIER
Surat
Thani   Ao Nai Plao

DIE INSELN IM GOLF

Schifffahrplan Inseln im Golf

Von Norden nach Süden

	Chumphon	Ko Tao		Ko Pha Ngan		Ko Samui		Surat Thani (Don Sak)	
	Ab	An	Ab	An	Ab	An	Ab	An (Pier)	An (Stadt)*
Lomprayah Katamaran	–	–	6	7	7.15	7.45	8	8.45	10.10
	7	8.45	9.30	10.45	11	11.20	–	–	–
	–	–	–	–	12	12.30	12.45	13,45	14,45
	13	14.45	15	16.10	16.20	16.40	–	–	
Rajah Ferry	–	–	–	5	–	–	–	7.30	–
				7				9.30	
				10				12.30	
				13				15.30	
				17				19.30	
	–	–	–	–	–	–	5–12 (stdl.)	6.30–13.30	
Seatran Discovery	–	–	9.30	10.50	11	11.30	–	–	–
	–	–	15	16.20	16.30	17	–	–	–
Songserm Express	7	9.45	10	11.30	12.30	13.30	13.40	15.30	16.30
Nachtfähre	21	5	–	–	–	–	–	–	–
Nachtboot	24	6	–	–	–	–	–	–	–
	–	–	21	–	–	–	–	–	5.30

Von Bangkok: Lomprayah bietet Kombitickets *(Joint Ticket)* Bus/Boot; Abfahrt in Bangkok um 21 Uhr (Ank. Chumphon 5 Uhr, Fähre 7 Uhr) und 6 Uhr (Ank. Chumphon 12.30 Uhr, Fähre 13 Uhr).

Songserm: Kombiticket Bus/Boot; Abfahrt in Bangkok 19 Uhr, Ank. Chumphon 2.30 Uhr, Fähre 7 Uhr.

* per Minibus

le. Je nach Geschmack fährt man also in einer sehr kleinen Gruppe oder mit einem Boot voller Taucher unterschiedlichster Professionalität. Die am häufigsten gebuchten Touren beinhalten zwei Tauchgänge und ein Mittagessen. Sie führen Taucher zu den besten Divespots der Region (Kasten S. 404). Wer in Ko Tao wohnt, genießt den Vorteil kurzer Wege und kann Kurse und Ausflüge zu sehr günstigen Preisen buchen.

Exkursionen aus Ko Pha Ngan sind schon etwas teurer; den höchsten Spritzuschlag zahlt man aufgrund der Entfernung ab Ko Samui. *Liveaboards* gibt es höchst selten auf dieser Seite Thailands.

Nächtliche Überfahrten

Wer mit den **Nachtbooten** von oder nach Surat Thani/Chumphon unterwegs sein will, sollte keinen Komfort erwarten. Meist werden enge alte Holzboote eingesetzt. Nach Ko Tao fahren mittlerweile zudem auch komfortablere **Nachtfähren**.

Klima und Reisezeiten

Eine gute Reisezeit sind die Monate Juli bis Oktober. In dieser kleinen Zwischenregenzeit ist das Wetter ideal: ein bisschen Regen und viel Sonne. Im November regnet es hingegen meist so viel, dass viele Reisende das Weite suchen. Erst

Schifffahrplan Inseln im Golf

Von Süden nach Norden

	Surat Thani (Don Sak)		Ko Samui		Ko Pha Ngan		Ko Tao		Chumphon
	Ab (Stadt)*	Ab (Stadt)*	An	Ab	An	Ab	An	Ab	An
Lomprayah Katamaran	–	–	–	8	8.20	8.30	9.45	10.15	11.45
	9	10.10	11	11.15	11.45	13	14.15	14.45	16.30
	–	–	–	12.30	12.50	13	14.45	–	–
Rajah Ferry	–	7	–	–	9.30	–	–	–	–
	–	10	–	–	12.30	–	–	–	–
	–	13	–	–	15.30	–	–	–	–
	–	16	–	–	18.30	–	–	–	–
	–	18	–	–	20.30	–	–	–	–
	–	5–12 (stdl.)	–	–	6.30–13.30	–	–	–	–
Seatran Discovery	–	–	–	8	8.20	8.30	10	–	–
	–	–	–	13.30	13.50	14	15.30	–	–
Songserm Express	8	9	10.30	11	12	12.30	14	14.30	17.30
Nachtfähre	–	–	–	–	–	–	–	23	5
Nachtboot	23	–	–	–	–	–	7	–	–

Nach Bangkok: Lomprayah bietet Kombitickets *(Joint Ticket)* Bus/Boot; Abfahrt in Chumphon um 13 Uhr (Ank. Bangkok 20.30 Uhr) und 17 Uhr (Ank. Bangkok 0.30 Uhr).

Songserm: Kombiticket Bus/Boot; Abfahrt in Chumphon 21 Uhr, Ank. Bangkok 5 Uhr.

* per Minibus

im Dezember wird es allmählich wieder voller. In der nun folgenden Regenzeit ist **Hauptsaison**: Von Mitte Dezember bis Ende März ist auf den Inseln viel los, wobei die Saison auf Ko Samui länger als auf Ko Pha Ngan und Ko Tao dauert, wo es im Februar bereits wieder etwas ruhiger wird. Weniger Betrieb herrscht in den dann folgenden sehr warmen Monaten April/Mai. In dieser Zeit ist es zumindest für Familien mit Kindern nicht sehr ratsam, auf die Inseln im Golf zu fahren, da spätestens ab 10 Uhr morgens jegliche Aktivitäten der großen Hitze zum Opfer fallen.

Die **Temperatur** schwankt innerhalb der Hauptreisezeiten zwischen 23 und 32 °C. In der heißesten Zeit im Mai kann es auch mal gefühlte 40 °C heiß werden. Wenn die Luft steht und die Sonne unerbittlich vom Himmel brennt, hilft nur noch der Rückzug in die Schatten.

Wer nur für einen kurzen Badeurlaub anreist, sollte nach Möglichkeit um Neumond herum kommen. Dann sorgt die hohe Flut an den seichten Stränden zur Mittagszeit für viel Badespaß. Bei **Vollmond** ist der Strand tagsüber weit weniger malerisch und das Meer hat sich weit zurückgezogen, sodass man oft kilometerweit hinauslaufen muss. Wenn abends das Wasser wieder etwas aufläuft, kann man aber auch dann an den meisten Stränden baden und schwimmen.

Transport

Folgende Fährgesellschaften verkehren zu und zwischen den Inseln im Golf:

Lomprayah, ☏ 077-456 176, ⌨ www.lomprayah. com. Schnelle Katamarane, die bei hohem Seegang besonders auf der Strecke

KO TAO

Nang Yuan Pinnacle

Laem Namtok

Ao Mamuang (Mango Bay)

LEUCHTTURM ☐

Laem Krachom Fai

KO NANG YUAN

Green Rock

②

North East Bay

③

Chumphon Pinnacle

③

Japanese Garden

Gluay Thoen (Lobster Bay)

①

Twins

△ 379

△ 210

White Rock

③

④

Hin Wong Pinnacle

⑤

Chumphon

s. Detailplan Mae Hat/Sai Ri S. 393

⑥

Ao Hin Wong

Hat Sai Ri

Paradise Junction

Ban Hat Sai Ri

△ 310

Ao Mao

Laem Thian Pinnacle

Ao Laem Thian

Ao Mae Hat

Ban Mae Hat

△ 313

② ⑦

⑧

⑨

⑩ ⑪

Ao Tanote

Ao Jansom

⑭

⑮

Ao Lang Khaai

⑫

Ban Chalok

⑬

Ao Lad

Hat Sai Nuan

⑯

⑰

Ban Kao

⑱ ⑲

Laem Je Ta Kang

⑳

Ao June Juea

㉓ ㉔

㉕

㉖

38 39

Ao Leuk

㉗

①

③

㉘

⑤

37

㉑ ㉒

2

Ao Chalok Ban Kao

㉚ ㉛

36

Ao Hin Ngam

㉜

Ao Sai Daeng

㉝

Ao Thian Og

35

KO KONG SAI DAENG (SHARK ISLAND)

㉞

Freedom Beach

㉙

Mountain View Point John Suwan

Hin Taa Toh

Ko Pha Ngan
Surat Thani
Bo Phut (Ko Samui)

Southwest Pinnacle

Sailrock

= Schnorchelgebiete

Übernachtung:

AO MAMUANG (MANGO BAY)
① Ao Muong Resort

KO NANG YUAN
② Nang Yuan Dive Resort

HAT SAI RI
③ Dusit Buncha Resort
④ Sairee View Resort

AO HIN WONG
⑤ View Rock Resort
⑥ Hin Wong Resort

AO TANOTE
⑦ Family Dive Resort
⑧ Montalay Resort
⑨ Diamond Resort
⑩ Poseidon Resort
⑪ Mountain Reef

AO LANG KHAAI/AO LAD
⑫ Yang Villas and Bungalows
⑬ Moondance Magic View

AO JANSOM
⑭ Jansom Bay Bungalows
⑮ Charm Churee Villa

HAT SAI NUAN
⑯ Sai Thong Resort
⑰ Siam Cookie
⑱ Tao Thong Villa

AO JUNE JUEA
⑲ Sunset Bungalows
⑳ P. D. Resort

AO CHALOK BAN KAO
㉑ Viewpoint Resort
㉒ Taraporn Resort
㉓ Sunshine Resort
㉔ Buddha View Dive Resort
㉕ J.P. Resort
㉖ Bhora Bhora Resort
㉗ Koh Tao Tropicana Resort
㉘ Ko Tao Resort
㉙ TAATOH Resort
& Freedom Beach Bungalows

AO THIAN OG (SHARK BAY)
㉚ The Haad Tien Resort
㉛ Rocky Resort
㉜ Jamahkiri Spa & Resort
㉝ New Heaven
㉞ OK 2 Bungalow

AO SAI DAENG
㉟ Coral View Resort
㊱ New Heaven Huts

AO LEUK
㊲ Aow Leuk II
㊳ Aow Leuk Bungalows
㊴ Aow Leuk Grand Hill

Essen:

AO CHALOK BAN KAO
1 Fishy Burger Island
2 Babaloo Strand Bar
3 Koppee Bakery

AO TANOTE
2 Calypso Diving
3 Black Tip Diving

Sonstiges:

HAT SAI RI
1 Walskelett

AO CHALOK BAN KAO
4 Chalok Clinic
5 New Heaven Dive School

Ko Tao

Die nur ca. 21 km² große „Schildkröteninsel" Ko Tao erhielt ihren Namen in einer Zeit, als in dem kristallklaren Wasser noch viele Wasserschildkröten lebten. Leider hat der zunehmende Boots- und Touristenverkehr die Schildkröten in andere Gefilde vertrieben. Einst besuchten die Insel nur vorüberziehende Fischer. In der Zeit von 1933–47 waren auf Ko Tao politische Gefangene interniert. Nach 1947 wurden Familien aus Ko Samui und Ko Pha Ngan hier sesshaft. In den 1980er-Jahren entdeckten die ersten Traveller die Insel. Je mehr Reisende es auf die Insel verschlug, umso besser, schneller und sicherer wurden die Boote, die Ko Tao vom Festland aus ansteuerten. Ihre Tauchgründe machten Ko Tao schließlich weltberühmt; immer mehr touristische Infrastruktur entstand, und die einstigen Fischer leben heute ausschließlich vom Tourismus. Nirgendwo sonst in Thailand machen so viele junge Leute ihre ersten Taucherfahrungen. Aber auch Nichttaucher schätzen die Insel mit ihren weißen Sandstränden, malerischen felsigen Buchten und den guten Schnorchelgründen, die unmittelbar vom Strand aus erreichbar sind.

Die Insel ist hügelig mit z. T. steilen Hängen zwischen 210 m und 380 m Höhe, die mit Primärdschungel bewachsen sind. Wer über etwas Kondition verfügt, kann die Insel zu Fuß oder mit dem Mountainbike auf einsamen Straßen erkunden. Einige „Viewpoints" bieten tolle Aussichten. Die Hauptreisezeiten sind Dezember bis März sowie Juli und August. In dieser Zeit kann es auf der Insel sehr voll werden: Spontan eine Unterkunft finden, ist dann schwer. Aber auch rund um den Vollmond ist Ko Tao ein beliebtes Ziel – dann suchen viele Reisende die hiesigen Tauchgründe auf und verbinden dieses Vergnügen mit einem Ausflug zur Vollmondparty auf Ko Pha Ngan (S. 407).

Der stetig steigende Besucherstrom schafft mehr und mehr ökologische Probleme – auch unter Wasser. Ein Exkurs hierzu s. eXTra [8852].

Chumphon–Ko Tao ziemlich stark schaukeln – nichts für schwache Mägen.
Rajah Ferry, ☏ 077-372 800, 🖥 www.rajaferryport.com. Die behäbigen, z. T. recht alten Autofähren verbinden Ko Samui und Ko Pha Ngan mit Don Sak.
Seatran, ☏ 077-456 907, 🖥 www.seatrandiscovery.com. Betreibt neben Fähren auch eine schicke Jacht für Ausflüge von Ko Samui in den Nationalpark.
Songserm, ☏ 077-456 274. Die meisten Boote sind weniger empfehlenswert, die Flotte wird jedoch gerade erneuert.

DIE INSELN IM GOLF

Straßenverhältnisse

Selbst für geübte Mopedfahrer sind die Straßenverhältnisse auf Ko Tao eine Herausforderung. Das gilt besonders für viele Strecken im Inselinneren und an der Ostküste. Zwar wurden einige besonders steile Teilstücke inzwischen asphaltiert, doch die Wege zu den östlichen Buchten sind generell steil, ausgewaschen und mit Sand bedeckt. Regelmäßig kommt es hier zu Unfällen, sodass die vielen Erste-Hilfe-Stationen einiges zu tun haben.

Die Strände und Buchten von Ko Tao

Der beliebteste Strand ist der lange **Hat Sai Ri** im Westen der Insel, dessen Kokospalmen sich bilderbuchartig im Wind wiegen. Hier haben sich die meisten Anlagen, Restaurants und Bars angesiedelt. Nur wenig beschaulicher geht es in **Mae Hat** zu. Hier kommen die Boote an, dann herrscht geschäftiges Treiben am Pier. **Ao Chalok Ban Kao** ist die drittgrößte Bucht; der schmale Sandstreifen ist mit Tauchunterkünften, Restaurants und Bars inzwischen fast zugebaut. Schöne Buchten mit pittoresken Felsen gibt es zwischen **Ao Mae Hat** und dem südlichen Ende der Insel: Hier liegen **Ao Jansom**, **Hat Sai Nuan** und **Ao June Juea**, jeweils mit wenigen Anlagen an den Hängen.

Die Ostküste empfiehlt sich für alle, die Ruhe suchen: **Ao Tanote**, **Ao Leuk** oder **Ao Thian Og** sind kleine Buchten mit weißen Sandstränden. Ganz abgeschieden präsentieren sich z. B. **Ao Hin Wong** und **Ao Lang Khaai**. Hier findet man einfachste Holzhütten zwischen den Felsen, davor liegen meist winzige Sandflecken.

Ban Mae Hat und Ao Mae Hat

In Ban Mae Hat legen alle Boote an. In dem kleinen, tagsüber quirligen Ort finden sich Banken, Geldautomaten, Tauchbasen, Geschäfte, Supermärkte, Restaurants und zahlreiche Reisebüros.

Der winzige Strand zwischen den Piers lädt nicht unbedingt zum Schwimmen ein, die Strandabschnitte nördlich und südlich der Piers sind hingegen schöner.

ÜBERNACHTUNG

Über den Geschäften in der Verlängerungsstraße des Seatran Pier werden Zimmer vermietet, häufig an Langzeiturlauber. Beispiele sind die Gästehäuser **Blue Wave House**, **Nemo** oder **Rico & Samy**. Überall ähnliche Preise: 400–600 Baht für ein Zimmer mit Ventilator, 800–1000 Baht für eins mit AC, oft auch mit WLAN. Schöner wohnt es sich allerdings in Meeresnähe.
Karte S. 393

Untere und mittlere Preisklasse

Ananda Villa ㉑, ☎ 077-456 478, 🖥 www.anandavilla.com, [3059]. 2-stöckiges Hotel mit großen, hellen, gefliesten Zimmern, alle mit Balkon. Gegenüber am Hang einige Holzbungalows, von außen hübsch, innen wirkt die Einrichtung etwas zusammengewürfelt. Ventilator oder AC. WLAN. ❸–❺
Crystal Dive Resort ⑳, ☎ 077-456 106, 🖥 www.crystaldive.com, [3061]. Große Tauchbasis, die ihre Zimmer vorrangig an Taucher vermietet (mit Rabatt: einfache Hütte mit Ventilator 200 Baht, mit AC 500 Baht). Mehrstöckiger Hotelbau; am Hang Holzbungalows im Thai-Stil; Pool in Strandnähe, hier auch Übungen für Tauchanfänger. ❷–❺
Kallapangha Resort ㉖, ☎ 087-268 6985, ✉ chokkallapangha@hotmail.com, [3062]. Verwinkelte, lila Bungalows mit unterschiedlicher Außenfassade. Einfache, aber gemütliche Ausstattung, Ventilator und Terrasse. Am Strand die bunte Karma Beachbar mit Liegestühlen im Sand. WLAN im Restaurant. ❷–❺
Ko Tao Beachside Resort ㉗, ☎ 077-456 565, 🖥 www.kohtaobeachsideresort.com, [3063]. Am südlichen Ende von Ao Mae Hat. Einfach eingerichtete Holzbungalows am Hang oder am Strand. Ventilator oder AC. Im Restaurant und in den vorderen Bungalows WLAN. ❸–❻
Koh Tao Royal Resort ㉘, ☎ 077-456 156, ✉ kohtaoroyalresort@hotmail.com, [3064]. Holzbungalows im Thai-Stil in hübsch angelegtem Garten, alle mit großzügiger Terrasse. Auch Familienbungalows. Teils Badewanne auf der uneinsehbaren Terrasse, sonst mit großem Bad. Ventilator oder AC, WLAN. ❸–❽

DIE INSELN IM GOLF

Obere Preisklasse

Koh Tao Montra Resort & Spa ⑲, ✆ 077-457 057, 🖥 www.kohtaomontra.com, [3065]. Zimmer in 2-stöckigen Gebäuden am Strand, großer Pool. Edle Einrichtung mit viel Holz, Bäder mit Badewanne. Alle Zimmer mit Balkon. Direkt am Strand große Strandvillas. WLAN. ❻–❽

Sensi Paradise Resort ㉙, ✆ 077-456 244, 🖥 www.sensiparadise.com, [3066]. Großzügige Anlage am Südende der Bucht. Am Strand, am Hang oder über rund geschliffenen Felsen komfortabel ausgestattete Holzbungalows im Thai-Stil, alle mit großer Terrasse. Familienbungalows. Große Poollandschaft. WLAN. ❻–❽

The Sea Lodge ㉒, ✆ 077-456 111, [6492]. Zimmer, teils mit AC, für bis zu 4 Pers. im 1. Obergeschoss über der Tauchschule. TV, Kühlschrank, tgl. Zimmerservice. 10 % Rabatt für im Haus gebuchte Tauchgänge. WLAN. ❺–❻

ESSEN UND UNTERHALTUNG

Buddy Restaurant, ✆ 077-456 714. Große, offene Terrasse am Meer, um den Sonnenuntergang samt Brise zu genießen und dazu exzellent zubereiteten frischen Fisch zu verspeisen. ⏰ 8–23 Uhr.

Café del Sol, Steakhaus und Pizzeria mit französischer und italienischer Küche mitten in Mae Hat. WLAN. ⏰ 8–22 Uhr.

Dolce Vita, viel gelobte italienische Küche in mediterranem Ambiente mit weiß verputzten Wänden. Auswahl an Flaschenweinen. ⏰ 14–22 Uhr.

Mae Haad Seafood, ✆ 077-456 160. Einfaches Restaurant mit guter thailändischer Küche. Sympathischer Familienbetrieb. Halb überdachte Terrasse mit Meerblick. ⏰ 8–22 Uhr.

Pranee's Kitchen, Pizza, Snacks und eine große Auswahl an Thai-Gerichten zu fairen Preisen. Abends ab 18 Uhr Filme. ⏰ 7–22 Uhr.

Safty Stop Pub, unter südafrikanischer Leitung, ideal für ein gemütliches Bier am Abend. Große Auswahl an Burgern und Snacks für europäische Gaumen. WLAN. Manchmal Livemusik.

Whitening, hübsch minimalistisch in Weiß gehaltene Bar. Selbst die kahlen Bäume sind weiß lackiert. Auf der Terrasse kann man in edler Atmosphäre seinen Sundowner schlürfen.

Die Thai-Küche (neben westlichen Gerichten) stellt auch den anspruchsvollen Gourmet zufrieden, preislich gehoben. Angenehme Loungemusik. ⏰ 16–24 Uhr.

Zest Coffee House, für Frühaufsteher die erste Adresse. Frühstücksauswahl mit selbst gebackenem Brot und Kuchen. Gute Baguettes und Croissants, sehr guter Kaffee. ⏰ 6–18 Uhr.

AKTIVITÄTEN

Tauchen

Crystal Dive, ✆ 077-456 107, 🖥 www.crystaldive.com. Sehr großes, beliebtes PADI 5-Star IDC Center in Mae Hat. Über 15 Tauchlehrer verschiedenster Nationalitäten. Eigener Pool direkt am Strand von Mae Hat.

Divepoint, ✆ 077-456 231, 🖥 www.divepoint-kohtao.com. Der Österreicher Walter Nemetzek leitet diese große Tauchbasis. Zweite Tauchbasis ist die *M.V. Dive Point*, ein 27-m-Boot mit 3 Decks, auf dem bis zu 40 Taucher Platz finden. PADI, CMAS oder SSI, auch Nacht-, Strömungs- und Wracktauchen. Unterwasserkameras und Video zur Ausleihe. Frühaufsteher starten um 6.45 Uhr, Frühstück an Bord.

Tipps für die Moped-Miete

Wer ein Moped ausleiht und beschädigt, muss für den Schaden aufkommen. Das kann ein ganz schönes Loch in die Urlaubskasse reißen. Man sollte zudem das Moped bei der Ausleihe gemeinsam mit dem Vermieter auf Beschädigungen checken und die Ergebnisse schriftlich festhalten. Wer einen Unfall hatte (was auf Ko Tao ziemlich oft vorkommt, Kasten S. 386) und dann so tut, als sei er es nicht gewesen, muss damit rechnen, dass die Vermieter ziemlich empfindlich und nicht gerade freundlich reagieren. In vielen Fällen „bedanken" sich die betroffenen Touristen dann mit einem negativen Posting auf einer sozialen Plattform – und so dreht sich die Negativspirale weiter ... Also besser bei der Ausleihe vorbeugen und dabei durchaus penibel sein. Zudem: vorsichtig fahren und Helm aufsetzen!

In Thailand ist Ko Tao die erste Adresse für Tauchschüler. Fast nirgendwo auf der Welt kann man so günstig in die Unterwasserwelt hinabgleiten und Zertifikate bis hin zum Divemaster erwerben. 25 Tauchgebiete liegen rund um die Insel verstreut. Im klaren Wasser tummeln sich die unterschiedlichsten Fischarten, darunter auch Walhaie und an manchen Orten sogar noch Schildkröten. Doch heute sind die Tiere, die der Insel einst ihren Namen gaben, nur noch vereinzelt anzutreffen. Die Tauchtiefen von 5–28 m eignen sich hervorragend, um erste Erfahrungen zu sammeln. Auch **Schnorchler** kommen auf Ko Tao auf ihre Kosten: entweder direkt vor der eigenen Bungalowtür oder auf einer Tour rund um die Insel – mit dem Longtail-Boot ab 550 Baht inkl. Mittagessen und Schnorchelausrüstung. Gestoppt wird an fünf besonders schönen Schnorchelplätzen oder auf Zuruf. Buchbar ist diese Tour in den Unterkünften oder Reisebüros.

Die Tauchgebiete von Ko Tao

Getaucht wird fast das ganze Jahr über, außer zum Höhepunkt der Regenzeit im November und Anfang Dezember. Eindrucksvoll sind die Walhaie, die überwiegend von April bis Juli zu sehen sind.

Ko Nang Yuan

Die über eine Sandbank mit Ko Tao verbundene Insel eignet sich nicht nur für Taucher, sondern auch für Schnorchler. Zwischen den vielen kleinen Granitfelsen, deren Unterwasserwelt bereits in einer Tiefe von 2 m beginnt, gibt es viele kleinere Meeresbewohner zu sehen und zahlreiche Durchgänge zu betauchen. Nahebei liegen White Rock, die Twins und Green Rock. Hier wimmelt es jeweils von Fischen und Anemonen. **Green Rock** lockt mit korallenbewachsenen Höhlen und Vorsprüngen; hier leben Koffer- und Skorpionfische, Seeschlangen und Riffbarsche, daneben auch Drückerfische, die angriffslustig ihr Brutrevier verteidigen. Auch am **White Rock** sind diese aggressiven und nicht ganz ungefährlichen Fische (engl. *Triggerfish*) zu Hause, die manchem Taucher schon ein Loch in den Anzug gebissen haben. Wer aufpasst, kann rechtzeitig Reißaus nehmen. Auch Schildkröten sollen hier noch vorbeipaddeln. Mit einer Tauchtiefe von 5–22 m ist der White Rock ein geeigneter Tauchplatz für Anfänger. Auf etwa 10 m Tiefe liegt ein weites Korallenband mit vielen Hart- und Weichkorallen, bevölkert von Drückerfischen, Wimpelfischen, Rochen, Fledermausfischen, Muränen, Clownfischen und auch Schildkröten. White Rock ist außerdem bekannt für gute Nachttauchgänge, bei denen nachtaktive Bewohner des Meeres wie Oktopoden, Krabben oder jagende Barrakudas beobachtet werden können. Die Sichtweite beträgt 12–15 m. Die **Twins** sind mit einer Wassertiefe von 4–

Weitere Aktivitäten

BT Watersports, ✆ 089-589 4253. Bietet bei ruhiger See alles an, was hinter einem Motorboot hergezogen werden kann: **Wasserski**, **Wakeboard** sowie alle möglichen aufblasbaren Vehikel wie Ringe, Bananen oder Ähnliches für 1000–3500 Baht (3 Pers.). Das Motorboot kann auch gechartert werden (18 000 Baht pro Tag, 1/2 Tag 10 000 Baht, bis zu 6 Pers.). Es gibt weitere Anbieter mit ähnlichem Programm.
Viele Bungalowanlagen am Strand vermieten **Kajaks**, ca. 100–150 Baht pro Std., 500 Baht pro Tag.

Mountainbikes werden von mehreren Unterkünften vermietet. Die steilen Pisten sind sowohl zu Fuß als auch mit dem Rad recht anstrengend, unbedingt genügend Trinkwasser mitnehmen! Wer nicht allein losziehen will, kann sich auch einer Gruppe anschließen: **Goodtime Adventures**, ✆ 087-275 3604, 🖥 www.gtadventures.com.

SONSTIGES

Geld

In Mae Hat einige Banken, ⏰ Mo–Fr 9–16.30 Uhr, die BKK Bank auch Sa/So. Mehrere Geldautomaten an der Strandstraße.

18 m ebenfalls ideal für Anfänger. Vier Felsen, bewachsen mit Weich- und Hartkorallen, zwischen denen sich farbenprächtige Clownfische, Muränen, Zackenbarsche, Kaiser- und Kugelfische tummeln. Ein beliebtes Ziel für Nachttauchgänge.

Ao Leuk und Shark Island
Die glasklare Bucht ist ideal für Tauchanfänger, die durchschnittliche Tauchtiefe beträgt etwa 8 m. Neben Korallen am südlichen Ende können Barsche, Barrakudas, Kaiserfische oder Prachtlippfische beobachtet werden. Am Shark Island sind immer wieder junge Riffhaie zu sehen.

Hin Wong Pinnacle
Im Nordosten von Ko Tao, Tauchtiefe 8–30 m. Auf dem Plateau wachsen verschiedenste Korallen. Hier leben Barsche, Wimpelfische, Papageienfische und Anemonenfische; in der Nähe sind auch Riffhaie und Rochen zu sehen.

Southwest Pinnacle
Eine Felsspitze, die mit Anemonen bedeckt ist, Tauchtiefe 7–36 m, Sichtweiten 10–40 m. Auch hier trifft man gelegentlich auf Walhaie. Gigantische Fächerkorallen bedecken im tieferen Wasser den Fels. Weitere Tauchspots in der Umgebung s. „Tauchplätze im Golf", S. 404.

Die Wahl der Tauchschule und die Kosten
Über 50 gut ausgerüstete Tauchbasen mit den internationalen Standards SSI, PADI, BSAC und CMAS/TDA sind mittlerweile auf Ko Tao angesiedelt, die Preise nahezu identisch. Viele Unterkünfte halten Zimmer für Taucher frei. Oft wohnt man bei Belegung eines Tauchkurses in dieser Zeit kostenlos, bei Tagestauchfahrten wird ein Rabatt auf den ansonsten üblichen Zimmerpreis gewährt.
Tauchkurse: Der Open Water Diver kostet ca. 9000 Baht; für den Advanced Diver werden rund 8000 Baht fällig, für den Rescue Diver 10 000 Baht. Ein Tauchgang ist ab 1000 Baht inkl. Ausrüstung zu haben, ab sechs Tauchgängen gibt es meist Rabatt.
Die Website 🖵 www.taucher.net kann bei der Auswahl des richtigen Ziels helfen: Hier finden sich Community-Bewertungen über Tauchschulen weltweit.

Bitte unbedingt lesen: Traveltipps von A bis Z, „Sicheres Tauchen", S. 70.

Weitere Tauchspots in der Umgebung s. „Tauchplätze im Golf", S. 404.

Mopedverleih
Mopeds in vielen Unterkünften, Reisebüros und Bike-For-Rent-Shops, 200 Baht/Tag.
Lederhosenbikes, 🖵 http://kohtaomotorbikes. com, auch Geländemaschinen und Quads. Der deutsche Automechaniker Bernd hält seine Maschinen gut in Schuss.

Polizei
Zwischen Mae Hat und Sai Ri, ✆ 077-456 631.

Post
In Mae Hat, ✆ 077-456 869. ⏲ Mo–Fr 9–17, Sa 9–12 Uhr.

NAHVERKEHR
Pick-ups und **Motorradtaxis** stehen in Mae Hat. Die Preise sollten vorher ausgehandelt werden. Sie variieren je nach Fahrer, Uhrzeit (nachts werden erhebliche Aufschläge verlangt) und Fahrtziel, abhängig von den Straßenverhältnissen. Anhaltspunkte: Von Mae Hat nach Sai Ri oder Chalok Ban Kao 50–100 Baht, schwieriger zu erreichende Ziele wie Ao Leuk, Tanote oder Hin Wong etwa 250 Baht, jeweils p. P. für einen Pick-up bei 4 Insassen. Longtail-Boote dienen als **Boottaxis** und sind in Mae Hat und Hat Sai Ri zu chartern. Als Anhaltspunkte einige Ziele (Preise für 2 Pers.):

Medizinische Hilfe auf Ko Tao

In Mae Hat gibt es das **Koh Tao Health Center**, ✆ 456 490, ⏱ 8–16.30 Uhr, und das **Thai Inter Hospital**, ✆ 077-456 661, ⏱ 8–20 Uhr, 24 Std. Notdienst.

Erste-Hilfe-Stationen und Health Center, jeweils von Krankenschwestern geleitet, besitzen die drei Hauptorte Mae Hat, Sai Ri und Chalok Ban Kao. Hier werden nur kleinere Wehwehchen wie die regelmäßig vorkommenden Hautabschürfungen bei Mopedunfällen behandelt.

Bei **Tauchunfällen** steht die nächstgelegene Dekompressionskammer mit ausgebildeten Tauchärzten auf Ko Samui zur Verfügung: **SSS Koh Samui Recompression Chamber**, ✆ 077-427 427. Eine Behandlung ist sehr teuer, über eine Tauchversicherung sollte mit der gewählten Tauchschule vorab gesprochen werden. Am besten schließt man bereits zu Hause eine Krankenversicherung ab, die dieses sportliche Risiko offiziell mitversichert.

KO NANG YUAN 300 Baht, MANGO BAY 800 Baht, FREEDOM BEACH 400 Baht, SHARK BAY 600 Baht, AO TANOTE 1000 Baht. Eine Schnorcheltour um die Insel ist ab 2400 Baht zu haben.

TRANSPORT

Viele Schlepper warten bei Ankunft der Boote auf Kunden. Die Besitzer der Gästehäuser in den abgelegeneren Buchten holen bei vorheriger Anmeldung ihre Gäste kostenlos mit Pick-ups am Pier ab und bringen sie zu den gewünschten Abfahrtzeiten zurück. Schifffahrtpläne S. 382.

BANGKOK (mit Boot und Bus), für 900–1100 Baht. Wer vormittags ein Boot nimmt, kann mit Lomprayah (Solar Air) ab Chumphon nach Bangkok (Don Muang) fliegen für ca. 3250 Baht inkl. Boottransfer.

CHUMPHON, für 450–650 Baht in 3–6 Std.
HUA HIN, mit Kombitickets Boot/Bus um 10.15, 14.30, 14.45 und 16 Uhr für 1100 Baht in ca. 7 Std.
KO PHA NGAN, für 400–450 Baht in ca. 1–2 Std. Zur Vollmondparty fährt Lomprayah um 17.30 Uhr

für 550 Baht in 1 Std., inkl. Transfer nach Hat Rin. Zurück um 6.30 Uhr. Abholung in Hat Rin, Boot um 8.30 Uhr, hin und zurück für 1000 Baht.
KO SAMUI (Mae Nam), mit Lomprayah und Seatran über Ko Pha Ngan für 600–650 Baht in knapp 2 Std. Mit Songserm (nach Nathon) für 500 Baht in 3 Std.
SURAT THANI (Don Sak), in 4–6 1/2 Std. für 750–900 Baht.
Weitere Ziele werden von verschiedenen Gesellschaften mit Kombitickets bedient; z. B. von Lomprayah. Nach HAT YAI um 9.30 Uhr (Ankunft 19.30 Uhr) für 1000 Baht, KHAO SOK um 10.15 Uhr (Ankunft 17.20 Uhr) für 1150 Baht, KO LANTA um 10.15 (Ankunft 19 Uhr) für 1450 Baht, KO PHI PHI um 10.15 (Ankunft 23 Uhr) für 1500 Baht, KRABI um 9.30 Uhr (Ankunft 17.30 Uhr) für 900 Baht, NAKHON SRI THAMMARAT um 9.30 Uhr (Ankunft 15.15 Uhr) für 850 Baht und PHUKET um 9.30 Uhr (Ankunft 18.30 Uhr) und 10.15 Uhr (Ankunft 19 Uhr) für 1000 bzw. 1300 Baht.

Hat Sai Ri

Der bekannteste Strand der Insel ist Hat Sai Ri. Bei Flut ist der etwa 2 km lange Strand sehr schmal, doch immer noch malerisch – mit seinen pittoresken Felsen, den sich ins Meer neigenden Kokospalmen und dem weichen, weißen Sand. Da der Strand sehr langsam abfällt, muss man zum Schwimmen ein Stück hinauswaten. Das **Sai Ri-Riff** mit einigen interessanten Korallen liegt 100 m vor dem Ufer und eignet sich wunderbar zum Schnorcheln.

Die kleine gepflasterte Straße parallel zum Strand hat sich zur Ausgehmeile entwickelt, hier findet sich eine riesige Auswahl an Restaurants, Bars und Diskotheken neben Unterkünften, Tauchbasen, Geschäften, Reisebüros und Touranbietern, leider auch entsprechend viel Mopedverkehr. Im Norden hinter dem Dorfkern wird es ruhiger.

Am 18. Juni 1899 besuchte König Rama V. (1868–1910) die Insel und hinterließ sein Monogramm an einem großen Felsen an der **Ao Jor Por Ror**, dem südlichen Ende von Hat Sai Ri. Dieser Ort wird von den Einheimischen sehr verehrt und sollte mit Respekt behandelt werden.

Hat Sai Ri hat Unterkünfte in allen Preisklassen und für alle Geschmäcker zu bieten. Es gibt einfache Bungalows direkt am Strand, aber auch gediegene Zimmer mit AC, TV und Safe. Die meisten Bungalows liegen hinter der Strandstraße. Karte S. 393.

Untere und mittlere Preisklasse

AC Resort ⑯, ✆ 077-456 197, 🖳 www.ackoh tao.com, [3406]. Im mit Bäumen bestandenen Hanggelände von der Strandstraße durch eine in Beton ausgekleidete Höhle mit kleinem Wasserlauf abgetrennt. Unten am Pool geräumige Doppelbungalows, vielfach mit bunten Glasfenstern und TV. Dahinter einfache Holzbungalows mit Ventilator. Am Strand das große, weithin sichtbare 2-stöckige Restaurant mit beliebter AC-Bar. ❹–❼

AC Two Resort ⑰, ✆ 077-456 195, ✉ yaac2@ hotmail.com, [3410]. Direkt am Strand das Restaurant, auf der anderen Seite der Straße im Grünen versteckte, recht große Hütten mit Ventilator. Einige Steinhäuser mit AC, Kühlschrank und TV. ❷–❺

Ban's Diving Resort ⑭, ✆ 077-456 466, 🖳 www. bansdivingresort.com, [3411]. Große Hotelgebäude, die sich den Hang hinaufziehen. Ansprechend mit Wasserläufen, Teichen und tropischer Vegetation gestaltet. Teils gute Zimmer, teils recht verwohnt – je nachdem, wie viel Geld man auszugeben bereit ist. 2 Pools, wo auch die Anfängerkurse der Tauchschüler stattfinden. Auch in Zimmern mit Ventilator TV. ❷–❼

Bow Thong Resort ②, ✆ 077-456 351, 🖳 www.bowthongresort.com, [3413]. Gepflegte Anlage mit unterschiedlichen Bungalowtypen: einfache Holzhütten, moderne weiße 2-stöckige Bungalows mit Terrassen und gute Holzbungalows mit AC, TV und Safe, einige direkt am Strand. Dort auch das Restaurant. ❸–❼

In Touch Bungalow ⑱, ✆ 077-456 514, 🖳 www.intouchresort.com, [3402]. Hinter der Strandpromenade ganz im Süden. Unter Bäumen und Sträuchern versteckte einfache Holzbungalows sowie bunte ansprechende Steinbungalows. Viele mit Ventilator. Während der Recherche entstand ein großes Haus mit moderner Ausstattung. Am Strand gemütliches Restaurant mit von Lesern gelobter Küche. ❷–❺

O Chai 2 ⑤, ✆ 087-898 2271, [6240]. Familienbetrieb mit einfachen Holzbungalows und ein paar Steinhäuschen im großen Garten im Norden der Bucht. Hinten etwas älter und günstiger, vorne direkt am Strand besser in Schuss und eine gute Wahl. Alle mit Ventilator. Kein Restaurant. ❷–❹

Sairee Cottage ⑨, ✆ 077-456 374, 🖳 www. saireecottagediving.com, [3417]. Nette Hütten mit Ventilator jenseits der Strandpromenade. Groß und imposant wirken die Thai-Häuser mit AC und TV, einige davon direkt am Strand. ❷–❺

Sairee View Resort ⑤, ✆ 077-456 649, [3405]. Oberhalb am Hang gelegen (Karte S. 384/385). Wer Ruhe sucht und wenige Ansprüche stellt, wird sich hier wohlfühlen. Einige weiße Holzbungalows mit Ventilator unter Palmen. Einfache Ausstattung. Alle mit Warmwasser. Attraktion ist ein etwa 10 m langes Walskelett. ❷–❸

S.B. Cabana ⑫, ✆ 077-456 005, [6311]. Holzhütten älteren Datums, recht gut gepflegt. Einige Hütten direkt am Strand. Zudem Steinhäuser. Familienbetrieb – oft findet sich keiner, der Englisch spricht. ❷–❹

S.B. Cabana 2 ⑩, ✆ 087-896 9917, [3419]. Holz- und Steinbungalows mit Ventilator in Reihen versetzt hinter der Strandstraße. Einfach, aber ordentlich. ❸–❹

Seashell Resort ⑧, ✆ 077-456 299, 🖳 www. seashell-resort.com, [6243]. Schönes Resort mit ansprechenden Bungalows; einfache mit Ventilator oder bessere mit AC und TV. Schöner großer Pool. Schüler der Tauchschule Seashell Divers, 🖳 www.seashelldiverskohtao.com, erhalten 20 % Rabatt bzw. kostenlose Zimmer der einfachsten Kategorie. ❹–❻

Obere Preisklasse

Blue Wind Resort ⑥, ✆ 077-456 116, ✉ bluewindwadear@hotmail.com, [3412]. Unterschiedlichste Hütten auf dem schattigen Grundstück, das sich ins Landesinnere erstreckt, teils aus Stein, teils aus Holz. Viele mit langen Fenstern oder aufklappbaren Türen. Moskitonetze. Ventilator und AC. Restaurant am

Strand auf 2 Ebenen, viele Sitzkissen. Bäckerei (Croissants, Kuchen). **⑤ – ⑦**

Dusit Buncha Resort ③, ✆ 077-456 730, 🖥 www.dusitbunchakohtao.com, [3424]. Am Nordende von Hat Sai Ri, Karte S. 384/385. Vom Restaurant wunderschöner Blick auf Ko Nang Yuan. Großzügige Holzbungalows am Hang oder auf Steinen am Meer. Große Fensterflächen, Badewannen mit Whirlpool, teils im Freien. TV, Kühlschrank, Pool. Kein Strand. Aufmerksame deutsche Leitung. 70 % des Energiebedarfs der Anlage wird mit Solarenergie gedeckt. **⑥ – ⑧**

Ko Tao Coral Grand Resort ④, ✆ 077-456 431, 🖥 www.kohtaocoral.com, [6241]. Schöne Bungalows in ansprechender Anlage. Einige für Familien mit 2 Eingängen. Alle AC. Hinten einfache kostenlose Unterkünfte für Tauchschüler im Reihenhaus. Pool. Tauchschule Coral Grand Divers, 🖥 www.coralgranddivers.com. **④ – ⑧**

Koh Tao Cabana ①, ✆ 077-456 504, 🖥 www.kohtaocabana.com, [3425]. Schon das 3-teilige Haupthaus ist beeindruckend: 2 Rundhäuser und ein begehbarer Aussichtsturm. Große Gartenfläche mit Palmen, die in einer Liegewiese am Strand mündet. Im Garten selbst runde, weiß getünchte Villen, innen ausgefallen mit Beton gestaltet. Auf den Klippen großzügige Holzbungalows mit Palmdächern, gemütlich möbliert. Steine z. T. in den Bungalow integriert. Außergewöhnlich raffinierte Innen- und Außenbäder. TV und DVD, Minibar, Nichtrauchervillen. Kinderspielgeräte. Am Strand das noble Restaurant **Rim Lay**. **⑥ – ⑧**

Narakaan Boutiquehotel ⑮, ✆ 077-456 644, 🖥 www.narakaanhotels.com, [6242]. Modernes, kleines, 2-stöckiges Hotel direkt am Strand. Große Zimmer ansprechend möbliert. Am besten sind die mit Terrasse direkt über dem Strand. TV, Minibar, tgl. Roomservice. **⑤ – ⑧**

Sairee Hut Dive Resort ⑦, ✆ 077-456 000, 🖥 www.saireehutresort.com, [3418]. Moderne, gut ausgestattete Zimmer in 2-stöckigen Häusern, die sich rückwärtig des Strandes erstrecken, sowie Bungalows und einfache Zimmer im Reihenhaus. Pool. Restaurant am Strand. **⑤ – ⑦**

Die Restaurants am Hat Sai Ri offerieren eine große Bandbreite an Küchen. Im Angebot sind thailändische, französische, italienische, mexikanische und indische Gerichte. Am Strand und der Strandstraße bieten die Resorts BBQ mit Fisch, Fleischspießen und Folienkartoffeln an. Garküchen und einfache Restaurants finden sich im „Dorf" nahe der Paradise Junction.

Choppers, sehr beliebtes und lautes Restaurant auf 2 Etagen mit 2 Bars. Sportübertragungen auf Großfernsehern, Poolbillard. Tgl. wechselnde Angebote, z. B. Thai-Gerichte zum halben Preis oder lange Happy Hour. Mehrmals wöchentl. Livemusik. WLAN. ⏱ 9 Uhr bis spät.

Coffee Boat, authentische thailändische Küche, günstig mit Gerichten ab 60 Baht, dafür kein stylisches Ambiente.

Farango, vorne kann man dem Pizzabäcker bei der Arbeit zuschauen. Holzofenpizza, hausgemachte Pasta und italienischer Nachtisch.

Fishbowl, Restaurant von Ban's Diving Resort mit leckerem gegrilltem Fisch. Die Beachbar ist der angesagte Treffpunkt, um sich in drangvoller Enge bei lauter Musik näherzukommen.

Krua Thai, thailändische Küche mit leckeren Currys und als Nachtisch Klebreis mit Mango.

Maya Beach Club, einer der coolsten Plätze für einen Drink zum Sonnenuntergang. Gute DJs aus aller Welt; in der Saison gelegentlich Party-Events.

Noori Indian, direkt am Strand indische Küche genießen. Pool-Table.

The Fizz, angesagte Bar mit Restaurant am Strand. Gemütliche Sitzkissen. Tgl. DJs.

Klettern

Goodtime Adventures, ✆ 087-275 3604, 🖥 www.gtadventures.com. Klettern, Abseilung, Cliff Jumping, Bouldern, Wandern und Mountainbiking. Die steilen Hügel im Inselinnern und die großen Klippen am Meer bieten ideale Möglichkeiten für Kletterer. Auch Anfänger können erste Versuche unternehmen.

Mae Hat / Sai Ri

N ↑   0   500 m

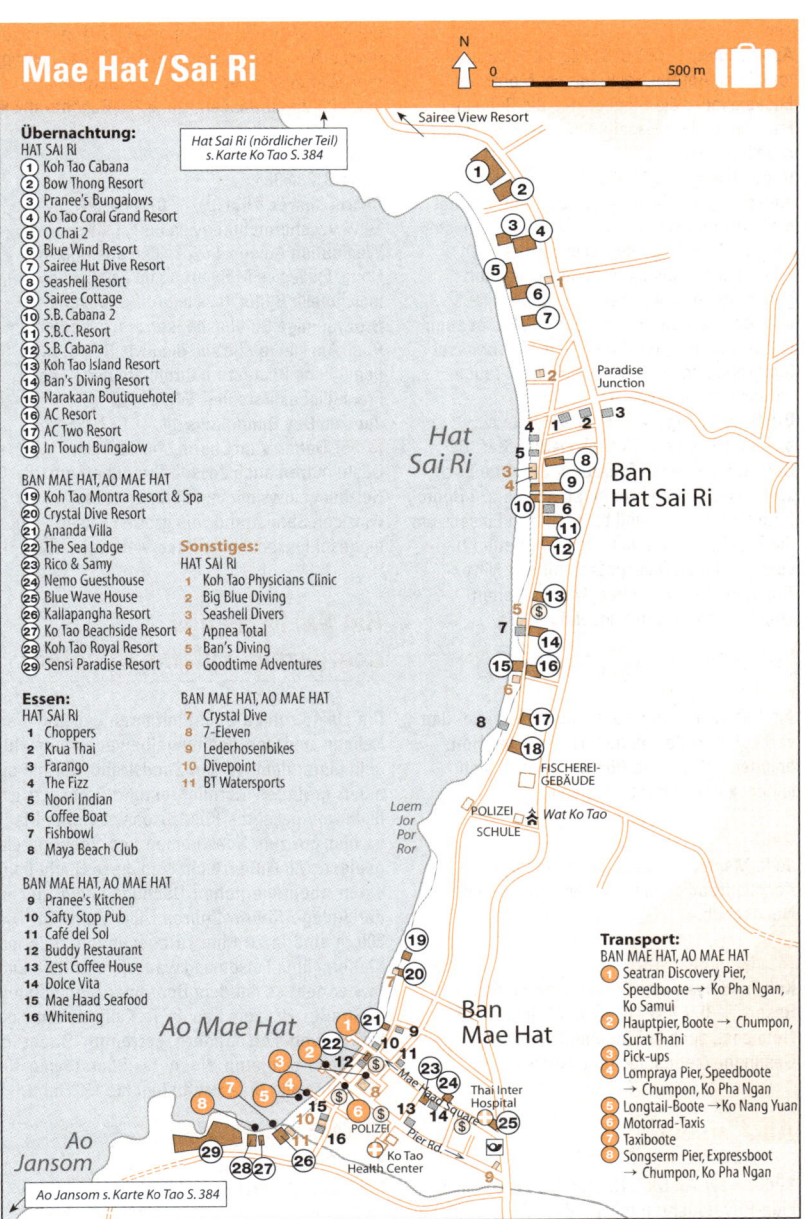

Übernachtung:

HAT SAI RI
1. Koh Tao Cabana
2. Bow Thong Resort
3. Pranee's Bungalows
4. Ko Tao Coral Grand Resort
5. O Chai 2
6. Blue Wind Resort
7. Sairee Hut Dive Resort
8. Seashell Resort
9. Sairee Cottage
10. S.B. Cabana 2
11. S.B.C. Resort
12. S.B. Cabana
13. Koh Tao Island Resort
14. Ban's Diving Resort
15. Narakaan Boutiquehotel
16. AC Resort
17. AC Two Resort
18. In Touch Bungalow

BAN MAE HAT, AO MAE HAT
19. Koh Tao Montra Resort & Spa
20. Crystal Dive Resort
21. Ananda Villa
22. The Sea Lodge
23. Rico & Samy
24. Nemo Guesthouse
25. Blue Wave House
26. Kallapangha Resort
27. Ko Tao Beachside Resort
28. Koh Tao Royal Resort
29. Sensi Paradise Resort

Essen:

HAT SAI RI
1. Choppers
2. Krua Thai
3. Farango
4. The Fizz
5. Noori Indian
6. Coffee Boat
7. Fishbowl
8. Maya Beach Club

BAN MAE HAT, AO MAE HAT
9. Pranee's Kitchen
10. Safty Stop Pub
11. Café del Sol
12. Buddy Restaurant
13. Zest Coffee House
14. Dolce Vita
15. Mae Haad Seafood
16. Whitening

Sonstiges:

HAT SAI RI
1. Koh Tao Physicians Clinic
2. Big Blue Diving
3. Seashell Divers
4. Apnea Total
5. Ban's Diving
6. Goodtime Adventures

BAN MAE HAT, AO MAE HAT
7. Crystal Dive
8. 7-Eleven
9. Lederhosenbikes
10. Divepoint
11. BT Watersports

Transport:

BAN MAE HAT, AO MAE HAT
1. Seatran Discovery Pier, Speedboote → Ko Pha Ngan, Ko Samui
2. Hauptpier, Boote → Chumpon, Surat Thani
3. Pick-ups
4. Lompraya Pier, Speedboote → Chumpon, Ko Pha Ngan
5. Longtail-Boote → Ko Nang Yuan
6. Motorrad-Taxis
7. Taxiboote
8. Songserm Pier, Expressboot → Chumpon, Ko Pha Ngan

Hat Sai Ri (nördlicher Teil) s. Karte Ko Tao S. 384

Sairee View Resort

Paradise Junction

Hat Sai Ri

Ban Hat Sai Ri

FISCHEREI-GEBÄUDE

Laem Jor Por Ror

POLIZEI   Wat Ko Tao
SCHULE

Ao Mae Hat

Ban Mae Hat

Mae Haad Square
Pier Rd.
POLIZEI
Thai Inter Hospital
Ko Tao Health Center

Ao Jansom

Ao Jansom s. Karte Ko Tao S. 384

DIE INSELN IM GOLF

Tauchen

Apnea Total, ☎ 081-956 5720, 🖥 www.apnea-total.com. Am Hat Sai Ri hat bei Monica und Eusebio jeder die Möglichkeit, die Ruhe des Freediving ohne Flaschen, nur mit der eigenen Atemluft, zu erleben.

Ban's Diving, ☎ 077-456 061, 🖥 www.bansdiving.de. PADI 5-Star IDC Center. In der großen Tauchschule sprechen die Divemaster über 15 Sprachen. Die Basis verfügt über 2 Tauchboote, um mit Anfängern und Fortgeschrittenen die jeweils geeigneten Tauchgebiete anzufahren. Eigener Pool. Bietet auch Nitrox-Tauchen, Nachttauchen, Unterwasserfotografie und andere Spezialkurse. Tauchsafaris und *Liveaboards*.

Big Blue Diving, ☎ 077-456 415, 🖥 www.bigbluediving.com. Großes PADI 5-Star IDC Center. Kurse nach PADI oder SSI. 2 deutschsprachige Tauchlehrer im Stammteam. 3 Boote für bis zu 50 Pers. sind beständig im Einsatz, um die Tauchschüler und Fortgeschrittenen zu verschiedenen Divespots zu fahren. Nitrox-Tauchen, Wracktauchen, Nachttauchen, Frühstückstrips und Sunset-Tauchen.

SONSTIGES

Bücher

Am Hat Sai Ri gibt es 3 Buchläden, die an- und verkaufen. Zudem findet man in vielen Hotelanlagen gebrauchte Bücher, die man sich leihen, kaufen oder tauschen kann.

Geld

Jede Menge Geldautomaten versorgen Konsumfreudige mit frischem finanziellen Nachschub.

Medizinische Hilfe

Koh Tao Physicians Clinic, nahe Blue Wind Resort, ☎ 077-456 712. ⏲ 8–20 Uhr, 24 Std. Notdienst, auch bei Tauchunfällen. Gesundheitsattest für Tauchkurse.

Ao Jansom

Südlich der Ao Mae Hat locken zwei kleine, ruhige Privatbuchten mit weißem Sand zwischen hohen, runden Felsen, an denen sich hervorragend schnorcheln lässt (Schwimmflossen verboten). Wer nicht Gast einer der beiden Resorts ist, muss für die Strandbenutzung 200 Baht bezahlen.

ÜBERNACHTUNG

Karte S. 384/385

Charm Churee Villa ⑮, ☎ 077-456 394, 🖥 www.charmchureevilla.com, [3396]. Weitläufige Anlage. Luxusvillen aus Holz im Hang. Exklusive Möblierung im asiatischen Stil, individuelle Bäder, teils mit Außendusche. Großräumige Bambushäuser, z. T. mit eigenem Pool. Am kleinen Strand die Elvis Bar, das gemütliche Restaurant thront auf den Klippen. Freundliches Personal. WLAN. ❽

Jansom Bay Bungalows ⑭, ☎ 077-456 883, [3395]. Gehört zum Charm Churee Villa. Gäste nutzen auch dessen Strandbereich. Holzbungalows mit Ventilator an einem winzigen Sandstrand, von großen Felsen eingeschlossen. Keine Reservierungen. ❹

Hat Sai Nuan und angrenzende kleine Buchten

Die kleine ruhige Bucht mit ihren vielen hohen Palmen und den dschungelbewachsenen Hügeln hinter dem weißen Sandstrand, der mit einigen gröberen Korallenresten durchsetzt ist, bildet ein beliebtes Postkartenmotiv. Das Meer ist hier gut zum Schwimmen und Schnorcheln geeignet. Zu Fuß erreicht man diese Bucht über einen abenteuerlichen Dschungelweg, der in der Anlage Charm Churee Villa abzweigt. Die 800 m sind in 20 Min. zu bewältigen, teils mit Kletterei über Felsen und wackelige Bretter. Einfacher geht es mit dem Boot oder Moped (steile Straße). Bis zum Kap Je Ta Kang ziehen sich kleine, von Felsbändern getrennte Buchten. Die Resorts bieten einen Taxibootservice für 100 Baht nach Mae Hat an (nachts 150 Baht).

ÜBERNACHTUNG

Karte S. 384/385

Sai Thong Resort ⑯, ☎ 077-456 868, 🖥 www.saithongresort.info, [3438]. Schöne dunkle

Holzbungalows auf Stelzen am malerischen Strand oder am Hang, Ventilator und Warmwasser. Das Resort nimmt die gesamte Bucht Sai Nuan ein. Im Restaurant wenig Auswahl, leicht überhöhte Preise. Freundlicher Service und herrliche Aussicht von den niedrigen Tischen und Sitzkissen. Vermietet Schnorchelausrüstung und Kajaks. ❸–❺

Siam Cookie ⑰, ✆ 077-457 122, [3439]. Unterschiedlich große, ältere Holzbungalows in einfacher Bauweise, teils am Strand, teils am Hang als Doppelbungalows. Ventilator. ❸–❻

Tao Thong Villa ⑱, ✆ 077-456 078, [3440]. Der etwas beschwerliche Trampelpfad am Wasser entlang führt zum Kap Je Ta Kang. Stelzenhütten am Hang oder direkt am Wasser, meist aus dunklem Holz. Ventilator und AC. Schwimmen und Schnorcheln an 2 recht kleinen Stränden auf beiden Seiten des Kaps. Großes familiäres Restaurant über dem Wasser. ❷–❺

Ao June Juea

Abgeschieden im Südwesten liegt der kleine weiße Strand mit Korallenresten unter Palmen, immer wieder durchbrochen von großen runden Felsen. Für Ruhesuchende ein idealer Rückzugsort, der am besten mit dem Boot oder Pick-up zu erreichen ist.

ÜBERNACHTUNG
Karte S. 384/385

P.D. Resort ⑳, ✆ 077-457 028, [6496]. Am Hang großzügige Bungalows mit Ventilator, Warmwasser und Kühlschrank. Große Terrassen, schön in Holz gehalten mit grünen Applikationen. Große, ansprechende Bäder mit Naturmaterialien. Sehr gemütlich. Vom Restaurant aus führt eine Treppe zum winzigen Strand. WLAN. ❷–❺

Sunset Bungalows ⑲, ✆ 077-456 761, [3447]. Am Hang teils auf hohen Stelzen 17 einfache Holzbungalows mit Ventilator, einige wenige direkt am Strand. Sehr steiles Gelände. Entspannte Atmosphäre im kleinen gemütlichen Strandrestaurant. WLAN. ❷–❺

Ao Chalok Ban Kao

Der drittgrößte Strand der Insel liegt an der Südküste mit Blick auf Ko Pha Ngan und Ko Samui. Hier ist es zwar viel ruhiger als am Hat Sai Ri, dennoch ist die Auswahl an Unterkünften groß. Zudem gibt einen 7-Eleven, zwei Geldautomaten und eine Bank. Die Bucht bietet viele herrliche Aussichtsmöglichkeiten, die östliche Felsformation **Hin Taa Toh** soll einen sitzenden Buddha verkörpern. Am ehesten erkennt man dies vom gegenüberliegenden Strand oder vom Boot aus.

Der Strand von Ao Chalok Ban Kao schrumpft von Jahr zu Jahr, bei hohem Wasserstand zeigt sich nur noch ein schmaler Streifen weißen Sandes. Rund um das Buddha View Resort ist alles sehr eng bebaut, die meisten Urlauber weichen zum Sonnenbaden auf die Holzplateaus aus. In der Bucht herrscht tagsüber ein reger Verkehr von Tauch- und Longtail-Booten, worunter die Wasserqualität leidet.

ÜBERNACHTUNG
Karte S. 384/385

Bhora Bhora Resort (Rasta Home) ㉖, ✆ 089-871 2665, [6497]. Jenseits der Straße am Hang: nett gestaltete, innen und außen teilweise bunt bemalte Holzhütten und Steinhäuschen oberhalb einer freakigen Bar. Zimmer mit Ventilator oder AC (dann mit TV, DVD, Kühlschrank). Bäder teils mit bunten Flaschenböden oder im Bambuslook. Terrassen mit Blick auf die Bucht. Keine Reservierungen übers Telefon – viele Tauchschulen vermitteln aber Zimmer. WLAN. ❸–❺

Buddha View Dive Resort ㉔, ✆ 077-456 074, 🖥 www.buddhaview-diving.com, [3452]. Sehr beliebte, große Tauchschule. Gut eingerichtete Zimmer im 2-stöckigen Haus in grauem Putz, moderne Möbel. Ventilator oder AC, alle mit Warmwasser. Geringe Nachlässe für Taucher. Kleiner Pool hinter der Tauchschule. Abends BBQ am Strand. ❸–❺

J.P. Resort ㉕, ✆ 077-456 099, 🖥 www.jpresort. asia, [6498]. Großes Resort mit 55 Zimmern. Jenseits der Straße in den Hang gebaute Steinbungalows mit Fliesenböden und tollem Blick. An der Straße drei 2-stöckige Gebäude mit Zimmern sowie wenige Bungalows am

Strand. Ventilator und AC. Strandrestaurant mit BBQ und Beachbar. Im Restaurant WLAN. **❸–❺**

Ko Tao Resort ㉘, ℡ 077-456 133, 🖥 www.kotaoresort.com, **[5654]**. Gepflegte Luxusanlage. Verschiedene Preiskategorien, je nach Strandnähe. Die einfacheren Bungalows am Hang jenseits der Straße, die größeren mit Wohnzimmer oder 2 Doppelbetten, TV, Kühlschrank in Strandnähe. Pool und kleiner Fitnessbereich. Ein weiterer Ableger der Anlage auf dem Berg. Kostenloser Transport zwischen den Resorts und 4x tgl. nach Mae Hat. Nebenan die Tauchbasis Samui Diving. Inkl. Frühstück. WLAN. **❺–❽**

Koh Tao Tropicana Resort ㉗, ℡ 077-456 167, 🖥 www.koh-tao-tropicana-resort.com, **[3448]**. In einer weitläufigen Gartenanlage in 2 Reihen ordentliche Steinbungalows mit gefliesten Böden und wenigen, aber gemütlichen Möbeln. Im hinteren Teil 2- und 3-stöckige Gebäude mit teils gut ausgestatteten Zimmern. Ventilator oder AC. **❷–❺**

Sunshine Resort ㉓, ℡ 085-476 7191, 🖥 www.kohtaosunshinebeachresort.com, **[3449]**. Bambus- und Holzhütten, günstigere Zimmer in 2-stöckigen Gebäuden, zwischen Bäumen und Sträuchern in einer gepflegten Gartenanlage hinter dem Restaurant. Ventilator und AC. Wird nach Drucklegung dieses Buches renoviert und könnte dann teurer werden; bisher **❷–❺**

Taraporn Resort ㉒, ℡ 081-968 2565, **[3451]**. Westlich vor der Bucht (dem Holzsteg um das Kap herum folgen). Am Strand unter Bäumen schöne Holzhütten, alle mit Ventilator und Hängematte auf der Terrasse. Man erreicht das Restaurant über einen kleinen Betonsteg. Zum Strand sind es 2 Min. Weißer Sand, der von großen runden Felsen durchbrochen ist. Ruhig und abgeschieden. **❸–❹**

🌳 **Viewpoint Resort** ㉑, ℡ 077-456 444, 🖥 www.kohtaoviewpoint.com, **[5655]**. 15 Min. Fußweg westlich der Bucht Chalok Ban Kao. Auf den Klippen hinter vielen Sträuchern, Bäumen und Bambuszäunen versteckte, luxuriöse Bungalows mit halb offenen Bädern. Großzügige Poolvillen. Die günstigeren Bungalows liegen oberhalb. Das Resort ist mit vielen Naturmaterialien gestaltet; Naturschutz wird ernst

genommen: Abwasseraufbereitung, Kompostierung, Solarenergie. WLAN im Restaurant. **❹–❽**

Am Freedom Beach
Karte S. 384/385

📖 **TAATOH Resort & Freedom Beach Bungalows** ㉙, ℡ 077-456 596, **[8799]**. In einer abgeschiedenen Bucht mit glasklarem Wasser einfache Holz- und Steinhütten mit Ventilator am Hang und bessere Steinhäuser mit AC über den Klippen. Ein Steg führt um die Felsen herum zu einer weiteren Bucht – ein toller Platz zum Chillen. Etwa 10 Min. zu Fuß zur Chalok Ban Kao. WLAN. **❸–❻**

ESSEN UND UNTERHALTUNG

Babaloo Strand Bar, idyllisch und abgeschieden am Strand des Taraporn Resorts. Gelegentliche Strandpartys.

Fishy Burger Island, im Hinterland an der Zufahrtsstraße zum Strand. Hier gibt es nicht nur fischige Burger und andere westliche Küche, sondern auch überraschend gute Thai-Gerichte zu absolut angemessenen Preisen. WLAN. Rund um die Uhr geöffnet.

Koppee Bakery, Frühstück ab 7.30 Uhr. Tolle Sandwiches und warme getoastete Bagels, außerdem Waffeln, Kuchen, Croissants. Die kleine Terrasse an der Straße ist immer besetzt. WLAN.

SONSTIGES

Geld
In Chalok Ban Kao gibt es 2 Geldautomaten und die **Bangkok Bank**, die auch Reiseschecks tauscht.

Medizinische Hilfe
Chalok Clinic, ℡ 077-456 922, 🕐 8–22 Uhr. Hilft auch bei Tauchunfällen.

Tauchen
🌳 **New Heaven Dive School**, ℡ 077-457 045, 🖥 www.newheavendiveschool.com. PADI- und SSI-Kurse, hat Ökoprojekte wie die Einführung einheimischer Kinder in die Unterwasserwelt ins Leben gerufen und ist Mitinitiator regelmäßiger Säuberungsaktionen der Riffe und Strände. Positiv fällt auch die praktizierte Mülltrennung auf. Wer will, kann

sich hier in einem 3-tägigen bzw. 2-wöchigen Kurs darin schulen lassen, wie man die Unterwasserwelt schützt. Auf der Terrasse der New Heaven Dive School finden zudem tgl. von 11–13 und 17–19 Uhr **Yoga-Kurse** für 200 Baht statt. Anmeldung erforderlich.

Ao Thian Og (Shark Bay)

Ein Bilderbuchstrand mit weißem Sand und türkisfarbenem Wasser, vor dessen bewaldeten Hängen sich die Palmen wiegen. Schnorchler können an dieser Bucht auch Riffhaie beobachten, morgens an der Ostseite, nachmittags besser an der Westseite.

ÜBERNACHTUNG

Karte S. 384/385
Jamahkiri Spa & Resort ㉜, ✆ 077-456 400, 🖥 www.jamahkiri.com, [5653]. Luxusresort mit elegant eingerichteten weißen Palmdach-Bungalows am Hang. Das neue 5-stöckige Hauptgebäude nimmt eine Seite der Bucht ein. Kein Strandzugang, nur eine kleine Plattform mit aufgeschüttetem Sand sowie eine große Holzliegefläche am Wasser. Grandioser Felsenpool mit Blick über die Bucht. Spa-Bereich, auch für Tagesgäste. WLAN (Lobby, Restaurant, Pool). ❽
New Heaven ㉝, ✆ 077-456 462, [5652]. Gepflegte, edle dunkle Bungalows unter vielen schattigen Bäumen am Hang, Ventilator und AC. Gemütliches Restaurant mit Sitzkissen, toller Blick auf Shark Island und die Bucht. Kleiner Privatstrand zwischen den Felsen mit exzellenten Schnorchelbedingungen. WLAN im Restaurant. ❺–❼
OK 2 Bungalow ㉞, ✆ 077-456 506, [8801]. Einfache kleine Holzbungalows mit Ventilator auf Stelzen in den Felsen, alle mit tollem Blick von den Terrassen. Sauber, ordentliche Bäder. Die unteren Bungalows liegen direkt am Wasser. Kein Strand. ❹
Rocky Resort ㉛, ✆ 077-456 035, ✉ rockyresort thailand@gmail.com, [3459]. An der östlichen Hangseite auf den Klippen ältere, einfache Hütten direkt am Wasser, manche als Holz-Reihenbungalows, andere aus Stein und in Reihen angeordnet. Alle mit Ventilator. ❷–❹

The Haad Tien Resort ㉚, ✆ 077-456 580, 🖥 www.haadtien.com, [3460]. Die Anlage nimmt den zentralen Strandabschnitt ein. Hochwertige, große Holzbungalows mit AC, 3-seitigen Fensterflächen, Palmdach. Die Bungalows stehen im gepflegten großen Garten und direkt am Strand. Weiter hinten gelbe Steinbungalows mit Ventilator oder AC, alle malerisch unter Palmen angeordnet. Die Beachbar am Strand verleiht Schnorchelausrüstung. WLAN. ❻–❽

Ao Sai Daeng

Zwei Resorts und eine Tauchschule haben sich an diesem idyllischen weißen Sandstrand mit türkisfarbenem Wasser angesiedelt. Dahinter erheben sich steile Hügel.

ÜBERNACHTUNG

Karte S. 384/385
Coral View Resort ㉟, ✆ 077-456 058, 🖥 www. coralview.net, [5650]. Anlage mit 26 Zimmern mit Ventilator im 2-stöckigen Haupthaus. Mit Doppel- und Einzelbett. Außerdem 6 Steinbungalows. Einfache Holzhütten mit Moskitonetzen am Hang zwischen Palmen, wenige Meter vom Strand. 2-stöckiges Restaurant mit Meerblick, am Fuße die kleine Beachbar Woody's. Tauchbasis Coral View Divers. Transport nach Mae Hat 4x tgl. hin und zurück (100 Baht). WLAN im Restaurant, Kajakverleih. ❸–❺
📦 **New Heaven Huts** ㊱, ✆ 077-457 042, 🖥 www.newheavenkohtao.com, [3463]. Einfache, stimmungsvolle Bungalows aus Holz oder Stein in unterschiedlicher Bauweise; direkt am Strand oder etwas zurückversetzt am Hang unter Bäumen. Ein Familienbungalow. Alle mit Ventilator. Es lohnt, sich mehrere Hütten anzusehen. Gemütliches Restaurant mit WLAN. Freundliche Leute, relaxte Atmosphäre. ❹–❼

Ao Leuk

Ein schöner, breiter Strand mit weißen feinen Sand und kristallklarem Wasser, aus dem bei Ebbe einige Steine ragen. Hier kann man sehr gut schwimmen und rund um die Felsen schnorcheln. Die Bucht ist mit dem Moped, Jeep oder Taxiboot zu erreichen. Zu Fuß ist der 3 km lange Weg nach Mae Hat in 40 Min. zu bewältigen.

ÜBERNACHTUNG

Karte S. 384/385

Aow Leuk II ㊲, ✆ 081-077 9574, 💻 www.aowleuk2.com, [5222]. Unter professioneller, liebevoller Leitung von Da und Zua. An der südlichen Hangseite 6 hübsche, individuelle Holzbungalows mit Ventilator. Preis je nach Aussicht, die meist grandios ist. Innen Holzböden, grob verputzte Wände, außergewöhnliche Möbel. Bäder, halb offen zum Meer. Hübsche Details, viel Schmuck und schöne Farben auch im Restaurant über den Klippen. WLAN. Reservierung ratsam. ❹–❺

Aow Leuk Bungalows ㊳, ✆ 077-456 692, [3475]. Vorne große weiße Steinbungalows, hinten alte gemütliche Mattenbungalows. Ventilator oder AC und Warmwasser. Das Restaurant ist kahl und ungemütlich. ❷–❺

Aow Leuk Grand Hill ㊴, ✆ 084-847 5576, [3053]. Hinter dem Restaurant ein paar schöne Steinbungalows am Hang mit Ventilator und Warmwasser. Gute Aussicht auf Ao Leuk. Ein großer Familienbungalow aus Holz mit Doppel- und Einzelbett. ❹–❺

Ao Lad

An dieser Bucht fallen die Felsen steil ins Meer ab. In das Kliff klammert sich ein einzelnes Resort mit toller Aussicht; ein steiler Pfad führt zu einer Plattform über dem Wasser hinunter.

ÜBERNACHTUNG

Karte S. 384/385

Moondance Magic View ⑬, ✆ 089-909 0083, 084-690 3617, 💻 www.moondancemagicview.com, [8831]. 14 schlichte, stimmungsvolle, individuell gestaltete Bambusbungalows in einer Märchenlandschaft aus Felsen, Bäumen und Sträuchern. In ihrer Einfachheit sicher nicht jedermanns Geschmack, aber für viele gewiss ein „Hideaway" der besonderen Art. ❺

Ao Lang Khaai

Diese kleine und ruhige Bucht bietet nur einen winzigen Strand, an dem zu manchen Zeiten Plastikmüll angespült wird – den dann niemand wegräumt. Die Bucht ist am besten per Pick-up oder bei vorsichtiger Fahrweise mit dem Moped zu erreichen.

ÜBERNACHTUNG

Karte S. 384/385

Yang Villas and Bungalows ⑫, ✆ 077-456 264, [5645]. Einfache Holzbungalows zum Meer hin, Matratze auf einem Podest, sauberes Bad. Dahinter große moderne Steinbungalows mit Panoramafenstern und großzügiger Veranda. Ventilator. Schöne helle Bäder. Am Meer kleine Sandterrasse oberhalb der Steine. WLAN im Restaurant. ❷–❸

Ao Tanote

Eine paradiesische Bucht mit geschwungenem weißen Sandstrand, dahinter Palmen und die bewaldeten Hänge. In der Mitte des Strandes liegen ein paar Felsbrocken, über die man klettern kann. Zum Schwimmen eignet sich die Bucht weniger gut, da Korallenreste den Meeresboden bis zum Ufer bedecken. Dafür sind die Schnorchelmöglichkeiten vom Strand aus grandios. An der Nordseite lassen sich große Fische wie Barrakudas, Snapper und junge Riffhaie beobachten.

Mit dem Moped sind die 4,5 km vom Pier aus nur mit Mühe zu bewältigen, meist muss der Sozius die Steilhänge hinauf- bzw. hinunterlaufen. Einfacher geht es mit den Taxibooten oder Pick-ups. Vom Black Tip Resort aus fährt fast stündlich ein Wagen von und nach Mae Hat (100 Baht p. P.), auf Wunsch auch bis Hat Sai Ri (150 Baht).

ÜBERNACHTUNG

Karte S. 384/385

Diamond Resort ⑨, ✆ 077-456 591, [3498]. Bungalows mit vielen tiefen Fenstern und großen Terrassen, auch größere Familienbungalows in einer baumbestandenen Anlage. Haupthaus mit nicht wirklich gemütlichem

Geruhsame Einsamkeit an der Ostküste Ko Taos

Restaurant direkt am Strand gelegen.
③ – ④

Family Dive Resort ⑦, ✆ 077-456 757, 🖥 www.familydiveresortkohtao.com, [3499]. Hübsche Steinbungalows (Ventilator oder AC) in Weiß mit grünen Dächern am Hang unter vielen blühenden Bäumen. Die Anlage nimmt fast den kompletten nördlichen Hang ein. Wer ganz oben wohnt, genießt die fantastische Sicht. Arbeitet mit der nebenan gelegenen deutschen Tauchschule Calypso zusammen. **③ – ⑥**

Montalay Resort ⑧, ✆ 077-456 488, 🖥 www.montalayresort-kohtao.com, [8841]. Aus Holz und Stein errichtete Hütten am Hang hinter dem futuristischen Haupthaus. Viele Doppelbungalows mit Gemeinschaftsbad; auch Familienbungalows mit Doppel- und Einzelbett, AC oder Ventilator. Vor dem erhöht liegenden Restaurant der einzige Pool dieser Bucht, schöner Meerblick. Schicke Zimmer in 2 neuen Häusern weiter oben am Hang. **⑤ – ⑧**

Mountain Reef ⑪, ✆ 077-456 699, [3500]. Am Ende der Bucht. Einfache, betagte Holzbungalows und etwas neuere in Stein, alle mit Ventilator. Zudem 2 riesige Familienzimmer mit

großem Bad und toller Aussicht. Abends oft BBQ am Strand. **② – ⑤**

Poseidon Resort ⑩, ✆ 077-456 734, ✉ poseidonkohtao@hotmail.com, [5643]. Wunderschön begrünte, blumenreiche Anlage am Hang. Individuell gestaltete Hütten aus Holz oder Stein mit Ventilator, meist hinter Pflanzen. Ein ausgefallenes Resort mit relaxter Atmosphäre. Kajakverleih. **② – ④**

TAUCHEN

Black Tip Diving, ✆ 077-456 488, 🖥 www.blacktipdiving.com. PADI Gold Palm IDC-Resort unter langjähriger einheimischer Leitung von Dam. Hier können Kinder ab 8 Jahren erste Schritte in die Unterwasserwelt unternehmen. Eigener Pool. Black Tip Diving unterstützt die Initiative, einheimischen Kindern das Schwimmen und Tauchen beizubringen, um ihnen die Schönheit der Unterwasserwelt nahezubringen und sie für deren Schutz zu begeistern.

Calypso Diving, ✆ 077-456 745, 084-841 5166, 🖥 www.diving-calypso.de, [8849]. Kleine familiäre Tauchschule unter professioneller deutscher Leitung. Tauchkurse nur in kleinen Gruppen (bis 6 Pers.), individuelle Wünsche werden nach Möglichkeit gern berücksichtigt. In der Ao Tanote kann direkt vom Strand aus getaucht werden, oder Dennis fährt mit dem Tauchboot, das für max. 15 Taucher ausgerüstet ist, an die Ostküste abseits der Massenströme. PADI- und CMAS-Kurse.

Ao Laem Thian

Zwischen Tanote und Hin Wong liegt dieses Kap mit einem kleinen Strand, dessen eine Seite durch Felstürme geschützt ist. Das Meer zeigt sich außerhalb der Bucht recht bewegt, doch die Schnorchelbedingungen in der Bucht sind gut. Zum Sonnenaufgang und -untergang kann man hier Riffhaie beobachten. Die 6 km von Mae Hat aus sind am besten mit dem Jeep oder aber per Boot zu meistern, es gibt einen etwas schwierig zu begehenden Trampelpfad oberhalb der Steine zur Ao Tanote. Die einzige Anlage hier, die **Laem Thian Bungalows**, [3503], war zum Zeitpunkt der Recherche Anfang 2013 nicht in Betrieb.

Ao Hin Wong

Im Nordosten der Insel liegt diese felsige Bucht, die mit Jeep oder Boot zu erreichen ist. Zu Fuß führt der Weg bis Hat Sai Ri in 30 Min. über steile Pfade. Mit dem Moped geht es schneller – aber Vorsicht. An dem winzigen Zipfel Sandstrand wird Treibgut angeschwemmt, das nicht immer entsorgt wird. Die vielen Felsen bieten fantastische Schnorchelmöglichkeiten. Zu beobachten sind viele große Fische wie Barsche und Snapper. Ein paar Meter weiter hat sich ein kleiner Strand gebildet, an dem (manchmal) eine Art Bar in Betrieb ist.

Karte S. 384/385
Hin Wong Resort ⑥, ✆ 077-456 006, [8850]. Hinter dem gemütlichen, familiären Restaurant und dem winzigen Fleckchen Strand einfache

Holzbungalows mit Ventilator. Am kleinen Strand nebenan die skurrile Mols Bar, die zum Familienbetrieb gehört und immer dann geöffnet ist, wenn Gäste den Barkeeper aus der Hängematte werfen. ❷
View Rock Resort ⑤, ✆ 077-456 548, ✉ viewrock@hotmail.com, [3506]. Ein paar hundert Meter nördlich der eigentlichen Bucht liegen am Hang solide Steinbungalows mit Ventilator und AC. Großartiger Meerblick. Ohne Strand, dafür große Sonnenterrasse aus Holz über dem Wasser. Tauchbasis Scuba View. ❷ – ❹

Ao Mamuang (Mango Bay)

Die kleine malerische Bucht besteht aus einem schmalen Streifen weißen Sandes, am Ufer liegen große runde Gesteinsbrocken. Hier ist man nur morgens und abends allein, denn tagsüber tummeln sich zahlreiche Tauchboote in der Bucht, und die Longtail-Boote der Schnorchelausflügler liegen im Sand vertäut. Die Bucht ist einer der attraktivsten Tauchgründe Ko Taos. Ganz im Norden gelegen, ist sie mit dem Auto oder besser noch mit dem Taxiboot zu erreichen.

Karte S. 384/385
Ao Muong Resort ①, ✆ 077-457 027, 🖥 www.aomuongresortkohtao.com, [3509]. Oberhalb des Strandes liegt das moderne Haupthaus mit Zimmern, die Balkone sind zur Seeseite ausgerichtet. Am Hang unter Palmen Holzbungalows, freundlich eingerichtet mit weißen Bädern. Das Restaurant liegt erhöht mit Blick in die Bucht, dazwischen eine Holzplattform mit Sonnenliegen. Kostenloser Bootstransfer nach Mae Hat. 24 Std. Strom. 2x tgl. freier Transport von und nach Mae Hat. ❺ – ❻

Ko Nang Yuan

Die drei Inseln bilden ein beliebtes Postkartenmotiv. Sie sind durch einen blendend weißen, 50 m langen Sandstrand verbunden, rechts und links das türkisfarbene Wasser. Bei Flut wird der Sand überspült. Malerisch ragen große runde Felsbrocken vor der mittleren Insel aus dem Wasser, auf Holzstegen gelangt man zu den Bungalows des einzigen Resorts. Stufen führen zum Aussichtspunkt auf der Südinsel, von hier hat man den besten Blick auf die Umgebung.

An der mittleren Insel liegt das beliebte Schnorchelgebiet **Japanese Garden**, wo die meisten Korallen ihre Farbenpracht bereits verloren haben. Auch die Fische haben sich in ruhigere Gefilde zurückgezogen. Etwas mehr sieht man am nördlich gelegenen **Green Rock** (S. 388/389). Am Strand finden Sonnenanbeter perfekt aufgereihte Liegestühle und Schatten spendende Schirme.

Für viele Reisende ist Nang Yuan der Inbegriff eines Inselparadieses, andere fühlen sich im Trubel der vielen Ausflügler nicht sehr wohl. Das große Restaurant auf der mittleren Insel ist teuer und auf die Verpflegung der Tagesausflügler ausgerichtet. Diese kommen in Scharen: Hunderte Taucher oder Schnorchler reisen mit Schnellbooten von Ko Samui und Ko Pha Ngan an oder nutzen inseleigene, knatternde Longtail-Boote. Erst am späten Nachmittag kehrt Ruhe ein.

Die Insel ist als Schutzgebiet ausgewiesen, Tagestouristen zahlen 100 Baht Eintritt. Plastikflaschen sind auf der Insel verboten, zu viele Traveller haben in der Vergangenheit ihren Müll dort hinterlassen.

ÜBERNACHTUNG

Karte S. 384
Nang Yuan Dive Resort ②, ✆ 077-456 088, 🖳 www.nangyuan.com. Auf den 3 Inseln verteilen sich über 60 Bungalows unterschiedlichen Komforts, von der einfachen Holzhütte bis zur gut ausgestatteten Familiensuite mit Wohnzimmer, TV, Kühlschrank und AC. Fantastischer Blick von den luxuriöseren Bungalows auf den höheren nördlichen und südlichen Inseln, dafür anstrengender Aufstieg. Auf der mittleren kleineren Insel wohnt man direkt am Meer in Nähe des Restaurants. Angegliederte Tauchbasis mit Tagestouren, Tauchkurse von Open Water bis Divemaster. Taucher erhalten Rabatte auf die Zimmerpreise. ❺–❽

TRANSPORT

Mit dem **Taxiboot**, individuell von MAE HAT oder HAT SAI RI für 350 Baht hin und zurück. Speedboote der Tauchschulen und die großen Boote von Lomprayah oder Seatran fahren Nang Yuan an, meist als **Tagesausflug** ab KO SAMUI oder KO PHA NGAN. Die regulären Boote der Strecke Chumphon–Ko Samui halten hier, sofern Tagestouristen an Bord sind, dann können auch Übernachtungsgäste direkt hier aussteigen. Anderenfalls fährt man weiter nach Ko Tao und setzt mit dem Longtail-Boot über.

7 HIGHLIGHT

Ko Pha Ngan

Etwa 40 km südöstlich von Ko Tao und 17 km nördlich von Ko Samui liegt Ko Pha Ngan, Thailands fünftgrößte Insel. *Ngan* bedeutet Sandbank, und da eine solche sich wie ein schützendes Band an der gesamten Küste von Hat Rin im Süden bis nach Chalokluk im Norden entlangzieht, wurde das 19 km lange und 12 km breite Eiland kurzerhand „Insel, vor der Sandbänke liegen" getauft. Nach offiziellen Statistiken zählt Ko Pha Ngan heute etwa 12 000 Einwohner. Sehr wahrscheinlich siedelten bereits in der Bronzezeit von 1000 bis 500 v. Chr. Menschen auf der Insel. Legenden berichten, dass vor über 600 Jahren hier Seenomaden lebten. Später ankerten Piraten in Hat Salad, und im Sand von Ao Kai sollen Zinnarbeiter gezeltet haben. Auch am Laem Son-See nahe Ban Sri Thanu wurde dieses Metall abgebaut. Die letzten Einwanderer vor Ankunft der Touristen in den 1980er-Jahren waren die Chinesen, die hier vor 200 Jahren Fuß fassten und heute aus Pha Ngan nicht mehr wegzudenken sind. Im Dorf **Ban Chalokluk**, dem größten Fischerort, begegnet man zudem vielen Zugezogenen aus dem Isarn und Myanmar.

Ein Großteil der Insel ist als **Nationalpark** geschützt. Etwa 75 % des 167 m² großen Eilands sind noch von Regenwald bedeckt, dessen Flora und Fauna weitgehend sich selbst überlassen

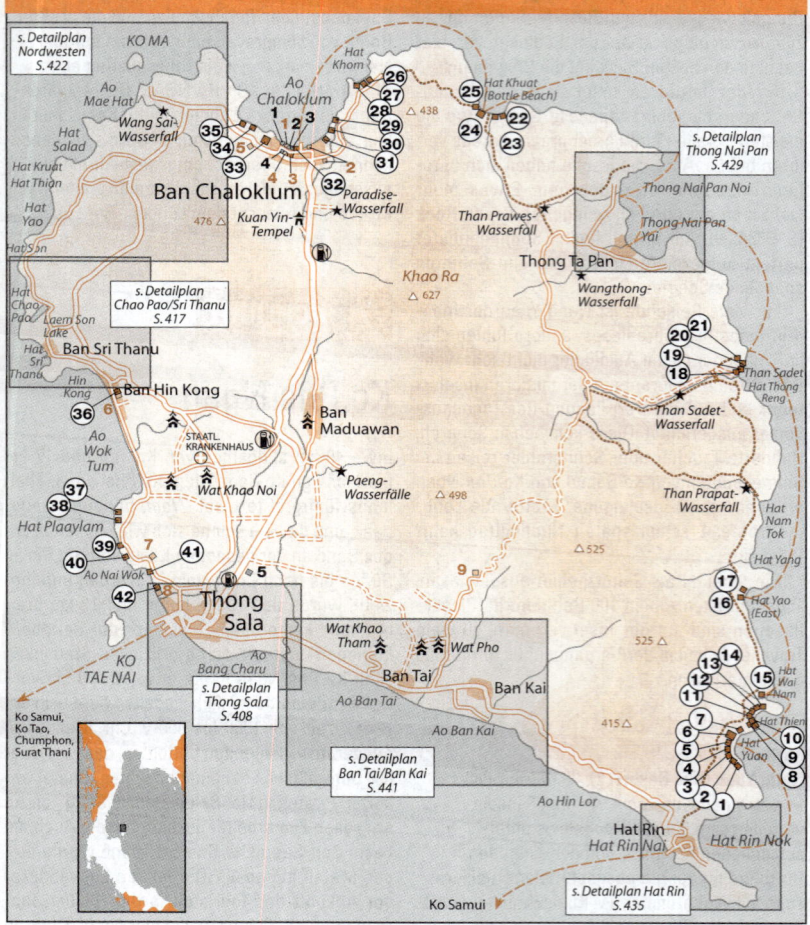

bleibt. Im Norden wurde leider viel Wald gerodet, um Platz für einen Flughafen zu schaffen, der wohl aber nun doch nicht gebaut wird. Doch immer noch finden Schlangen und Riesenwarane genug Lebensraum. Bis auf 627 m erhebt sich der höchste Berg **Khao Ra**, den man erwandern kann. Einige Wege führen zu wenig besuchten Stränden, die ansonsten noch immer nur per Boot erreichbar sind. Auf hohen Besuch kann **Than Sadet** verweisen: 1889 betrat Rama V. hier erstmals die Insel, es folgten viele weitere Aufenthalte. Auch der amtierende König Bhumibol war in den frühen Jahren seiner Amtszeit einmal hier. Es heißt, der hiesige Wasserfall besitze spi-

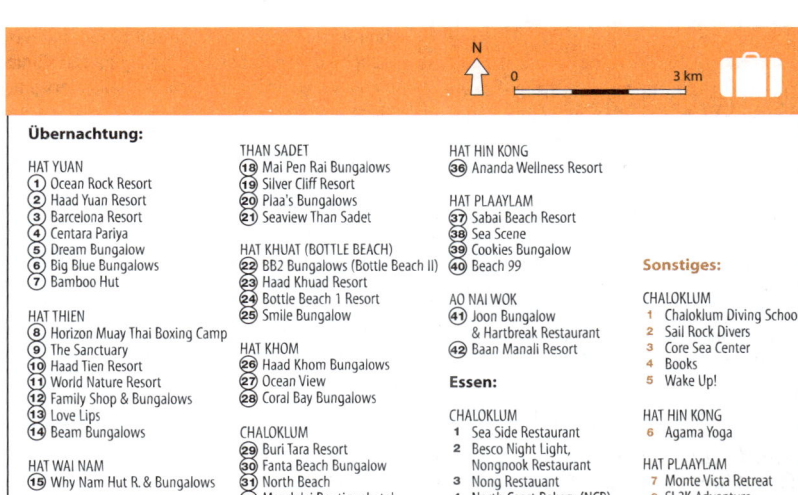

Übernachtung:

HAT YUAN
① Ocean Rock Resort
② Haad Yuan Resort
③ Barcelona Resort
④ Centara Pariya
⑤ Dream Bungalow
⑥ Big Blue Bungalows
⑦ Bamboo Hut

HAT THIEN
⑧ Horizon Muay Thai Boxing Camp
⑨ The Sanctuary
⑩ Haad Tien Resort
⑪ World Nature Resort
⑫ Family Shop & Bungalows
⑬ Love Lips
⑭ Beam Bungalows

HAT WAI NAM
⑮ Why Nam Hut R. & Bungalows

HAT YAO EAST
⑯ Ploy Beach
⑰ Haad Yao Cabana

THAN SADET
⑱ Mai Pen Rai Bungalows
⑲ Silver Cliff Resort
⑳ Plaa's Bungalows
㉑ Seaview Than Sadet

HAT KHUAT (BOTTLE BEACH)
㉒ BB2 Bungalows (Bottle Beach II)
㉓ Haad Khuad Resort
㉔ Bottle Beach 1 Resort
㉕ Smile Bungalow

HAT KHOM
㉖ Haad Khom Bungalows
㉗ Ocean View
㉘ Coral Bay Bungalows

CHALOKLUM
㉙ Buri Tara Resort
㉚ Fanta Beach Bungalow
㉛ North Beach
㉜ Mandalai Boutiquehotel
㉝ Malibu Beach Bungalows
㉞ Chaloklum Bay Resort
㉟ Wattana Resort

HAT HIN KONG
㊱ Ananda Wellness Resort

HAT PLAAYLAM
㊲ Sabai Beach Resort
㊳ Sea Scene
㊴ Cookies Bungalow
㊵ Beach 99

AO NAI WOK
㊶ Joon Bungalow
  & Hartbreak Restaurant
㊷ Baan Manali Resort

Essen:

CHALOKLUM
1 Sea Side Restaurant
2 Besco Night Light,
  Nongnook Restaurant
3 Nong Restauant
4 North Coast Bakery (NCB)

INLAND
5 Homemade Icecream

Sonstiges:

CHALOKLUM
1 Chaloklum Diving School
2 Sail Rock Divers
3 Core Sea Center
4 Books
5 Wake Up!

HAT HIN KONG
6 Agama Yoga

HAT PLAAYLAM
7 Monte Vista Retreat
8 SL2K Adventure

INLAND
9 Just for Fun

---

rituell wertvolles Wasser und sei der von Königen meistbesuchte in ganz Thailand.

Die erschlossenen Gebiete entfalten ihren jeweils eigenen Reiz: Auf der breiten Hauptstraße in den Norden geht die Fahrt durch Palmenhaine, und an der Westküste erlebt man entlang der Strandstraße wunderschöne Sonnenuntergänge. Die Hauptstadt **Thong Sala** wächst beständig; Boutiquen entstehen, internationale Küche ist längst eine Selbstverständlichkeit. Das Straßennetz der Insel wird stetig ausgebaut, und wer mag, kann die Insel mit dem Jeep oder Moped erkunden. Inzwischen gibt es auch Verkehrsampeln, die ihren Dienst jedoch noch lernen müssen. Offiziell besteht jetzt auch Helmpflicht.

Anreise

Die meisten Fähren steuern einen der drei Piers in der kleinen Hauptstadt Thong Sala an. Von Ko Samui aus kann man aber auch direkt nach Hat Rin und in der Saison auch bis Thong Nai Pan fahren.

Von und nach **Bangkok** reist man per Bus, mit dem Nachtzug oder im Flugzeug (ab Surat Thani, bzw. teurer direkt ab Ko Samui). Die meisten Traveller buchen ein Kombiticket von Bangkok über **Surat Thani** oder **Chumphon**. Eine gute Wahl sind die Katamarane von Lomprayah.

Weitere Infos zur Anreise s. Thong Sala, Transport (S. 412).

Die Strände

Seit Mitte der 1980er-Jahre wird Pha Ngan mehr und mehr von Ausländern besucht, und die fast 30 Strände sind meist gut erschlossen. Schnell erreichbar ist die **Südküste** mit den palmengesäumten Sandstränden **Hat Ban Tai** und **Ao Ban Kai**. Bei hohem Wasserstand wähnt sich hier so mancher in der Südsee, bei niedrigem hingegen werden Erinnerungen an Nordseeurlaube wach: Watt, wohin das Auge blickt. Ausgedehnte Strandwanderungen bis ans Ende der Insel, wo der für seine Vollmondpartys bekannte Strand **Hat Rin** lockt, machen zu jeder Jahreszeit Spaß. An der Südspitze um Hat Rin herrscht viel Trubel: Bungalowanlagen für Backpacker und komfortablere Unterkünfte reihen sich dicht an dicht aneinander. Es gibt zahllose Restaurants, die für jeden Geschmack das Passende bieten. Etwas ruhiger ist es am **Hat Sarikantang**, der durch ei-

Die Tauchreviere des Ang Thong Marine National Parks und rund um Ko Tao können das ganze Jahr über betaucht werden, sofern die Wetterverhältnisse es gestatten (s. Klima und Reisezeiten, S. 33 – die ideale Reisezeit ist von März bis Oktober). Als beste Tauchplätze gelten Chumphon Pinnacle, Sail Rock und Ko Nang Yuang. Die Gegend eignet sich sowohl für Anfänger als auch für Fortgeschrittene.

Bester Tauchspot der Gegend ist der **Chumphon Pinnacle**, der etwa 10 km nordöstlich von Ko Tao liegt und wegen oftmals starker Strömung nur von erfahrenen Tauchern betaucht werden sollte. Vier Granitfelsen beginnen in einer Wassertiefe von 16 m; sie sind mit farbenfrohen Anemonen bewachsen, dazwischen tummeln sich Clownfische, Krebse und Garnelen. Zackenbarsche, Barrakudas, Thunfische, Riffhaie und bis zu 8 m große Walhaie können ebenfalls hier bestaunt werden, Letztere vor allem von Februar bis April. Tauchtiefe max. 35 m, die Sichtweite beträgt max. 30 m.

Ein weiteres spannendes Ziel ist der **Sail Rock**, im Südosten von Ko Tao Richtung Ko Pha Ngan. Die Tauchtiefe rund um den großen Felsen beträgt etwa 40 m. Das Highlight ist der Kamin, dessen Eingang auf 18 m liegt. Dieser Tunnel hat zwei Ausstiege. Während jener auf 10 m eher klein ist, bietet der auf 5 m einen größeren Spielraum. Riff- und Walhaie sind hier anzutreffen. Ansonsten bestimmen große Fischschwärme das Bild, der Spot gilt als fischreichste Tauchstelle des Golfes.

Viele Tauchgebiete befinden sich rund um Ko Tao. Mehr dazu S. 388/389 und auf der Karte S. 381.

nen Berg von Hat Rin getrennt ist. Wer sich noch weiter vorwagt und durch den Dschungel trekkt oder ein Longtail-Boot nimmt, erreicht Strände fernab des Massentourismus.

Eine gute Gelegenheit zum Schwimmen und Schnorcheln bieten die kleinen Buchten im Nordwesten der Insel. Insbesondere **Ao Mae Hat** mitsamt der vorgelagerten **Insel Ko Ma** begeistert viele Reisende so sehr, dass sie jedes

Jahr wiederkommen. Auch **Hat Salad** und das östlich von Ban Chalokum gelegene **Hat Khom** haben viele Anhänger, darunter besonders junge Familien.

Im Osten liegen **Than Sadet** und die Doppelbucht **Thong Nai Pan**. Einst Refugium von Backpackern, die die Einfachheit lieben, bietet die schöne Bucht heute auch mittelpreisige und teurere Unterkünfte. Lange war der Strand nur schwer zu erreichen, das hat sich mit dem Ausbau der Straße geändert. Zudem reisen viele Urlauber direkt von Ko Samui aus an. Auch der kleine Than Sadet wird wohl bald vollständig an die Straße angeschlossen sein.

Tempel

Etwa 600 Jahre ist es her, dass Mönche sich auf Ko Pha Ngan niederließen und **Wat Khao Noi** [8574] erbauten. Der 12 m hohe Stupa des Wats erhebt sich rechter Hand auf „dem kleinen Berg". Er wurde frisch getüncht und strahlt nun in hellem Weiß. Auch der links neben dem Stupa befindliche alte Gebetsraum ist jüngst renoviert worden. Verehrt wird noch heute Luang Poh Pet als Gründer des Klosters. Die goldene Mönchsstatue neben dem Stupa ist sein Abbild, und auch der verehrte steinerne Fußabdruck stammt von ihm.

Etwa 5–10 Min. von der Hauptstraße in Ban Tai liegt auf dem Berg **Wat Khao Tahm** [2754]. Das Wat wird als eines der wenigen Thailands von einer Nonne geleitet. Neben einem Fußabdruck Buddhas wird hier auch der größte liegende Buddha der Insel verehrt. Viel besucht und bekannt ist der Tempel vor allem wegen seiner Meditationskurse (S. 442).

Der **Chinesische Kuan Yin-Tempel** im Nordwesten bietet von der oberen Gebetshalle einen schönen Ausblick, und dank des recht großen lachenden Buddhas hat man nach einem Besuch meist gute Laune. Die Legende berichtet, dass eine chinesische Dame aus Bangkok von Buddhas Auftrag träumte, auf diesem Hügel eine Pagode zu errichten. 1990 begann sie mit der Sammlung von Spendengeldern und 1992 mit dem Bau der Anlage. Kurz vor der Auffahrt zum Hügel, der von Thong Sala zum chinesischen Tempel führt, stehen rechter Hand hinter einer kleinen Brücke zwei kleine **Schreine**, die eine

Laut und bunt: Tempelfeste

Die Tempel der Insel sind besonders an Tempelfesten einen Besuch wert. Diese dauern meist fünf Tage, der größte Andrang herrscht am ersten Tag. Neben buddhistischen Zeremonien sind es vor allem die Schausteller (Tanz, Puppentheater, Kino, Karussells, Hüpfburgen), die die Menge begeistern. Tempelfeste sind meist laut und bunt, und es gilt sich zu amüsieren und mit Freunden zu feiern. Ab dem frühen Abend gibt es gute traditionelle Thai-Küche. Dann füllen sich die vielen Marktstände mit Kunden, die sich neu einkleiden, ein neues Messer erwerben oder deren Kinder glücklich mit dem neuesten Plastikspielzeug davonsausen.

Für alle ersichtlich gekennzeichnet sind die Feste mit Fahnen entlang der Straße vor dem Eingang des Tempelgeländes. Zudem sind sie nicht zu überhören, da laute Musik die ganze Nacht über die Gäste zu unterhalten weiß. Ausländische Besucher sind willkommen, und niemand sollte sich scheuen, an diesem Schauspiel teilzunehmen.

Vielzahl von Phalli enthalten. Diese Schreine mit ihren Fruchtbarkeitssymbolen sind Pilgerstätte für all jene, die sich Kinder wünschen. Respekt zollt man auch, wenn man beim Vorbeifahren die Hupe ertönen lässt.

Wasserfälle

Der **Than Sadet-Wasserfall** gehört zu den wichtigsten Sehenswürdigkeiten der Insel. Der Pfad dorthin ist recht schwierig zu begehen, sodass man tunlichst mit Jeep oder Taxi anreisen sollte. Hier sind die Inschriften Ramas V. von 1889, Ramas VII. von 1926 und auch von König Bhumibol aus dem Jahr 1962 zu finden. Der Fluss überwindet drei Stufen und bildet Frischwasserpools, bis er am Strand ins Meer mündet. Man kann über eine Länge von 3 km daran entlangwandern und immer wieder ein Bad nehmen. Der Fall selbst ist von Anfang Oktober bis zum 23. Dezember geschlossen.

Über die etwa 4 km lange Straße von Thong Sala Richtung **Paeng Waterfall Forest Park** erreicht man nach 200 m den **Paeng Noi-** und wenige Schritte weiter den **Paeng Yai-Wasserfall**. Während Letzterer meist länger Wasser in seinem mit schwarzen Steinen durchsetzten Bett führt, stürzt sich der kleinere aus höherer Tiefe hinab, ist aber in der Trockenzeit nicht mal ein Rinnsal. Vorteil: Jetzt kann man auf den Steinen entlangwandern. Nach 500 m Fußweg auf einem steilen, von Wurzeln stabilisierten Pfad ist ein Aussichtspunkt erreicht. Weitere klei-

Der kleine Wat Khao Noi erstrahlt in neuem Glanz.

Resort, Boutiquehotel oder Bambushütte?

Noch gibt es günstige Hütten für wenige Euros direkt am Strand, für viele einst der Aussteigertraum. Doch die Nachfrage nach diesen Anlagen wird immer geringer, und jeder Anlagenbesitzer, der es sich leisten kann, rüstet auf. Mal ersetzen robuste Holzhütten alten Plattenbestand, mal werden Pool und Highclass-Zimmer errichtet. Inzwischen gibt es die ersten Boutiquehotels, die auch gehobenen Ansprüchen gerecht werden.

Etwa 400 Bungalowanlagen mit etwa 5000 Zimmern stehen auf der Insel bereit. Das Preisniveau ist moderat. Kurz vor der monatlichen Vollmondparty ziehen die Preise an, und es wird von Tag zu Tag schwieriger, eine nette, bezahlbare Unterkunft zu finden. In der Hauptsaison (s. Klima und Reisezeiten, S. 33) gilt dies nicht nur für Hat Rin, sondern für alle Strände der Insel. An Neumond ist es besonders in der Nebensaison absolut ruhig.

ne Trampelpfade führen durch dichten Dschungel. Mit dem Moped gelangen Fußfaule bequem zum **Wang Sai-Wasserfall**. Ein Fußmarsch ab Ao Mae Hat dauert etwa 15 Min. Nach heftigen Regenfällen sind die zahlreichen Pools ein tolles Ziel.

Alle Wasserfälle lohnen den Besuch zumeist in den Monaten zwischen November und Januar.

Trekking

Die als Fußwege auf den Landkarten markierten Wege sind in der Praxis schwer zu finden, und es empfiehlt sich dringend, das Innere der Insel mit einem Führer zu erkunden. Zu finden sind diese am **Paeng Waterfall Forest Park**. Mit einem sachkundigen Begleiter lassen sich sehr spannende, ungefährliche und informative Treks auf den **Khao Ra**, den höchsten Berg der Insel, unternehmen. Sie dauern etwa 2 Std. Eine schöne, ebenso lange Tour führt von Chaloklum zunächst nach Hat Khom und dann weiter auf einem kleinen, schmalen Weg über den Berg zum **Hat Khuat (Bottle Beach)**. Auch der Trek von Hat Rin nach **Hat Yuan** und **Hat Thien** ist in 2 Std. zu bewältigen. Wer den ersten, recht steilen und anstrengenden Aufstieg gemeistert hat, folgt dem grünen Punkt bis zu den Stränden. Abenteuerlustige können zu Fuß eine mehrtägige **Inselumrundung** unternehmen. Das schwierige Gelände entlang der Ostküste kann die Tour ungewollt verlängern. Auch hier ist ein sachkundiger Begleiter erforderlich, der etwa 500 Baht

für seine Hilfe bekommt. Gutes Schuhwerk und Trekking-Erfahrung sind Voraussetzung.

Ausflüge aufs Meer und rund um Pha Ngan

Lohnend ist ein Tagesausflug zum **Ang Thong Marine National Park**. Ausflüge nach **Ko Tao** und **Ko Nang Yuang** starten um 9 Uhr, Rückkehr ist um 16 Uhr. Im Preis ab 1800 Baht (Kinder zahlen etwa weniger) sind Essen, Getränke, Eintritt und Schnorchelausrüstung enthalten.

Reizvoll sind Ausflüge mit dem **Longtail-Boot** an die Strände. Einst konnte man die Strände von Ko Pha Ngan nur auf diese Art erreichen,

Die schönsten Schnorchelreviere

Über 20 lokale Tauchreviere mit etwa 10 km intakten Korallenriffen sind zu entdecken. Ko Pha Ngans Küste bietet im Norden und Westen die schönsten Schnorchelgebiete am **Hat Khom**, **Hat Salad**, **Hat Yao**, **Hat Chao Phao** und vor **Ko Ma**. Man kann diese Strände entweder per Fahrrad, Moped oder Auto auf eigene Faust anfahren oder im Rahmen einer organisierten Tour besuchen.

Schnorchler und Taucher sollten **niemals auf Korallen treten** und diese nur im Notfall berühren. Intakte Tiere sterben bereits bei der leichtesten Berührung ab – und tote, deren Skelette noch stehen, sind so scharfkantig, dass man sich schnell den Fuß aufschneidet.

doch seit es fast überallhin Straßen gibt, wird dieses Verkehrsmittel immer öfter aus Spaß denn aus Notwendigkeit gewählt. Mittlerweile sind standardisierte Touren im Angebot, viele ab Hat Rin; Preis ab etwa 1300 Baht p. P. Hier werden zu immer gleichen Zeiten mit vollen Booten die immer gleichen Strände angefahren, darunter Ao Mae Hat und Hat Thong Nai Pan, aber auch Hat Yuan und Hat Thien. Wer es individueller mag, chartert ein Boot und erkundet die Insel auf eigene Faust. Longtail-Boote gibt es in Chaloklum, Hat Khom, Hat Rin, Baan Tai sowie weiteren Stränden und Piers. Auch mit dem Kajak lässt sich die Küste gut erkunden.

Kajak, Windsurfen, Kite- und Wakeboarden

In Chaloklum kann man sich in der Kunst des **Wakeboarding** versuchen. Am Plaaylam-Strand gibt es kleine **Segelboote** und **Katamarane** zur Ausleihe. Auch **Surfbretter** werden hier verliehen, und Anfänger können mithilfe von Kursen den Spaß des Windsurfens für sich entdecken. Am Thong Sala-Strand und in Baan Tai gibt es **Kiteboarding-Schulen**, die bei genügend Wind täglich (zumindest in der Saison) Einführungskurse an den besten Stränden ausrichten. Für Erfahrene steht Leihausrüstung bereit. Im Winter und bei starken Winden beliebt ist bei geübten Kitern das Kap vor dem Malibu Beach Resort nahe Chaloklum. **Kajaks** sind an vielen Stränden im Angebot. Lohnend ist u. a. ein Ausflug vom Thong Sala-Strand oder dem Ao

---

Öko-Safaris auf traurigen Dickhäutern

Seit vielen Jahren werden auf Ko Samui und Ko Pha Ngan Elefantentreks inkl. anschließender Safaritour mit dem Jeep angeboten, die bisweilen mit dem Etikett „Ecotour" daherkommen. Mit nachhaltigem oder gar Öko-Tourismus hat dies aber nichts zu tun. Die Elefanten, die hier fernab ihres natürlichen Lebensraumes als Touristenattraktion ihr Leben fristen, sind zu bemitleiden. Zum Glück sehen immer mehr Reisende davon ab, diesen Tourismuszweig zu unterstützen.

Nai Wok zur kleinen Insel **Tae Nai**, die nach etwa 15–30 Min. Paddelarbeit erreicht ist. Alternativ kann man die Strände von **Wok Tum** bis nach **Hat Salad**, manchmal auch bis **Ko Ma**, anfahren. Auch in der Gegend um **Thong Nai Pan** und **Hat Khruat** kajaken viele Urlauber. Von Hat Rin aus sind Fahrten zu den Stränden **Hat Thien** und **Hat Yuan** möglich. Bei allen Ausflügen sollte man genügend Zeit einplanen und Trinkwasser sowie Sonnenschutz mitnehmen. Vorsicht vor starker Strömung und kräftigem Wind – in diesem Fall lieber auf Ausflüge verzichten. Kajaks sind manchmal kostenlos erhältlich, meist berechnen die Verleiher pro Std. 150 Baht.

Partys

Allmonatlich findet auf Ko Pha Ngan der bekannteste Rave Südostasiens statt: Die **Vollmondparty** [2757] lockt Tausende vor allem junge Menschen auf die Insel. Bereits eine Woche vor diesem Ereignis tanzen Trance-Fans im Dschungel auf dem **Half Moon Festival**. Drei Tage vor Vollmond startet in der Pirates Bar an der Westküste am Chayo Phao die **Moonset Party**. Eine Woche nach Vollmond findet erneut ein **Half Moon Festival** in Ban Tai statt (Näheres unter 🖳 www.halfmoon festival.com). Und damit auch der letzte wichtige Mondtag nicht unbeachtet vorübergeht, gibt es schließlich die **Black Moon Party**, die ebenfalls in Ban Tai gefeiert wird. Auch die **Shiva Moon-** und die **Dschungel-Party** orientieren sich am Mondzyklus – oder zumindest an der Vollmondparty. Beide Partys finden regelmäßig in der Hauptsaison statt. Die Musik ist meist Progressive Sound, daneben Underground Trance und Techno. Relativ neu ist die **Sramanora Wasserfall-Party** im Hinterland von Ban Kai, die zweimal monatlich stattfindet. Gespielt wird Tech-House und Minimal Techno. Neben den festen Partys, die meist auch in der Nebensaison stattfinden, gibt es in der Hauptsaison weitere Veranstaltungen an verschiedenen Stränden, im Dschungel oder etwa am Paradise Waterfall. Flyer und Plakate kündigen den Spaß an. Immer mehr Partys kosten Eintritt (Vollmondparty 100 Baht, Wasserfallpartys und Black Moon 300 Baht, das Half Moon Festival kostet 500 Baht Eintritt). Meist ist ein Freigetränk im Eintrittspreis inbegriffen.

Thong Sala

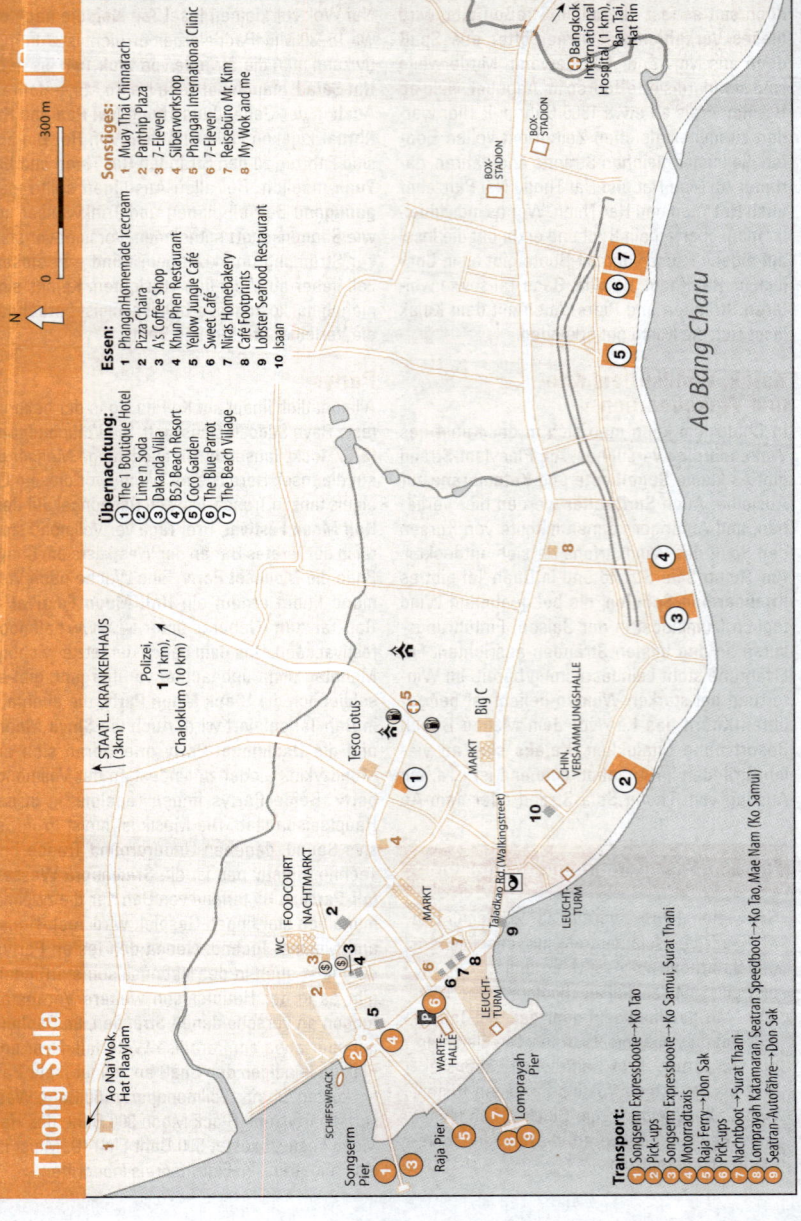

Übernachtung:
1. The 1 Boutique Hotel
2. Lime n Soda
3. Dakanda Villa
4. BS2 Beach Resort
5. Coco Garden
6. The Blue Parrot
7. The Beach Village

Essen:
1. PhanganHomemade Icecream
2. Pizza Chaira
3. A's Coffee Shop
4. Khun Phen Restaurant
5. Yellow Jungle Café
6. Sweet Café
7. Niras Homebakery
8. Café Footprints
9. Lobster Seafood Restaurant
10. Isaan

Sonstiges:
1. Muay Thai Chinnarach
2. Panthip Plaza
3. 7-Eleven
4. Silberworkshop
5. Phangan International Clinic
6. 7-Eleven
7. Reisebüro Mr. Kim
8. My Wok and me

Transport:
1. Songserm Expressboote →Ko Tao
2. Pick-ups
3. Songserm Expressboote →Ko Samui, Surat Thani
4. Motorradtaxis
5. Raja Ferry →Don Sak
6. Pick-ups
7. Nachtboot →Surat Thani
8. Lomprayah Katamaran, Seatran Speedboot →Ko Tao, Mae Nam (Ko Samui)
9. Seatran-Autofähre →Don Sak

STAATL. KRANKENHAUS (3km)

Polizei, 1 (1 km), Chalokum (10 km)

Ao Nai Wok, Hat Plaaylam

Tesco Lotus

Big C

MARKT

CHIN. VERSAMMLUNGSHALLE

Ao Bang Charu

Bangkok International Hospital (1 km), Ban Tai, Hat Rin

BOX-STADION

WC

FOODCOURT

NACHTMARKT

MARKT

Taladkao Rd. (Walkingstreet)

LEUCHT-TURM

LEUCHT-TURM

WARTE-HALLE

SCHIFFSWRACK

Songserm Pier

Raja Pier

Lomprayah Pier

300 m

N

Thong Sala und Ao Bang Charu

In Thong Sala [5545] legen fast alle Fähren und Expressboote an, und der „internationale" Hafen lässt erahnen, welch hochfliegende Träume die Verwaltung des einstigen Fischerdorfes hegt. Zahlreiche Geschäfte mit Kleidung und den gebatikten, in Ko Pha Ngan gefertigten Hängematten, moderne Boutiquen mit allerlei Geschmackvollem und alteingesessene Dorfläden locken ein stöberfreudiges Publikum an. Daneben gibt es Reisebüros, Internetshops, Supermärkte, Apotheken und all jene Geschäfte, die eine Kleinstadt ausmachen. Einige große Banken haben in Thong Sala Zweigstellen eröffnet, und auch die Post ist hier zu finden. Neben ein paar wenigen Hotels lockt vor allem die Vielzahl guter Restaurants mit einheimischer und internationaler Küche. Wer authentische Thai-Küche genießen will (die an den Stränden mittlerweile rar ist), findet auf dem Markt gute und günstige Angebote. In und um Thong Sala finden regelmäßig Boxkämpfe statt, die von Werbeautos angekündigt werden.

Jeden Samstag von 16–22 Uhr wird ein großer Teil der Taladkao Road zur Walkingstreet; allerlei Händler und Köche bieten ihre Ware feil. Neben Kleidung gibt es vor allem sehr authentische Thai-Küche zum Mitnehmen.

Der flache, etwa 1 km lange Stadtstrand **Ao Bang Charu** [5547] im Süden bietet einige Unterkünfte für jene, die in Stadtnähe, aber abseits des Trubels übernachten möchten. Von Dezember bis April ist hier Schwimmen möglich, ansonsten herrscht oft Wattstimmung. Je nach Wetterlage ist der Strand mit Muscheln oder Strandgut durchsetzt. Sonnenbadende Partytouristen findet man wenig, vielmehr eignet sich dieser erste Abschnitt der Westküste perfekt zum Flanieren, da sich die Strände Ban Tai und Ban Kai nahtlos anschließen und man bei Ebbe bis nach Hat Rin laufen kann. Abends gibt es wunderschöne Sonnenuntergänge zu sehen.

ÜBERNACHTUNG

Karte S. 408
Wer morgens mit dem Boot abfahren will oder spätabends ankommt, kann in der Stadt oder dem nahe gelegenen Strand Ao Bang Charu Quartier beziehen (dieser geht fließend in Hat Ban Tai über, Unterkünfte dort S. 403). Die ersten Resorts am Meer liegen nur einen kurzen Fußweg abseits der Hauptstraße.

B52 Beach Resort ④, ☎ 086-344 2626, 077-377 927, 🖥 www.b52beachresort. com, [8586]. Sehr modernes, ansprechendes Resort mit Stil. Große Zimmer. Die Bungalows im balinesischen Stil machen Urlaubsträume wahr. Großer Pool mit Meerblick. Inkl. Frühstück. WLAN. ❺–❼

Dakanda Villa Beach Resort ③, ☎ 077-238 966, 🖥 www.dakandaresort.com, [8588]. Große Villen am Strand und am Pool, dahinter etwas kleinere (immer noch sehr geräumige) Zimmer in Gartenbungalows und weitere in Haus. Gut ausgestattet. Inkl. Frühstück. WLAN. ❹–❼

Lime n Soda ②, ☎ 077-239 520, 🖥 www.lime sodathailand.com, [8589]. Große Anlage mit Pool. Steinbungalows mit Ventilator oder AC. 2012 renoviert und ansprechend mit Bambusmöbeln ausgestattet. Striktes Verbot, eigene Getränke mit ins Resort zu nehmen. Bei jungen Partyfreunden beliebt. ❷–❺

The 1 Boutique Hotel ①, ☎ 077-377 304, [8593]. In der kleinen Hauptstadt gelegenes Stadthaus mit modernen, gut ausgestatteten Zimmern. Im Untergeschoss gibt es ein kleines Café. In der Nebensaison deutlich billiger. WLAN. ❺

The Beach Village ⑦, ☎ 077-238 855, 🖥 www. beachvillagethailand.com, [8590]. Zielpublikum ist junges Partyvolk. Großer Pool am Strand, zahlreiche Bungalows mit AC oder Ventilator. Auch Mehrbettzimmer. Veranstaltet Partys, u. a. Rhythm & Sands, 🖥 www.rhythmand sands.com. WLAN. An Vollmond 4 Tage Mindestaufenthalt. ❷–❹

The Blue Parrot ⑥, ☎ 077 238 777, 🖥 www. theblueparrotphangan.com, [8591]. Kleine Anlage mit schicken, einfach gestalteten Reihenhauszimmern. AC oder Ventilator. Pizza von einem deutschen Koch, westliche Leitung. Auch 3-Bett-Zimmer. 4 Tage Mindestaufenthalt an Vollmond. ❷–❹

ESSEN
Thai

Wer authentische Thai-Küche schätzt, ist in Thong Sala richtig. Frühmorgens vor 8 Uhr gibt es auf der Straße typisches Thai-Frühstück wie Reissuppe und Fettgebackenes. Einen Besuch wert ist ab den Mittagsstunden der **Essensmarkt** neben dem zentralen 7-Eleven. Schon ab etwa 5 Uhr beginnen die Betreiber mit dem Aufbau ihrer Stände. Es gibt frischen Fisch und Shakes, Gebratenes vom Huhn und zahlreiche scharfe Currys, ebenso gutes Isarn-Essen (Papaya- und Bambussalat). Kleine Thai-Lokale findet man zudem an der chinesischen Geschäftstraße auf dem Weg zum Ao Bang Charu.

Coco Garden ⑤, ✆ 077-377 721, 💻 www.cocogardens.com, [8594]. Schön gelegenes Restaurant des gleichnamigen Resorts am Ende des Ao Bang Charu. Leckere Thai- und westliche Gerichte und kühlendes Eis. Die gebotenen Bungalows sind sauber, die meisten eher zweite Wahl. An Vollmond sind die Preise nicht höher als sonst. ❸–❹

Isaan, nahe der chinesischen Versammlungshalle. Empfehlenswerte Küche aus dem Nordosten Thailands. Die Köchin versteht es, für westliche Gaumen etwas weniger scharf zu würzen.

Khun Phen Restaurant, alteingesessenes Restaurant, zentral gelegen. Immer gut besucht. Das Preis-Leistungs-Verhältnis stimmt. ◷ 8–21 Uhr.

Lobster Seafood, mit Blick aufs Meer. In der Saison Fisch in reichlicher Auswahl zu moderaten Preisen. Für die Unbekehrbaren gibt es auch Burger oder Pommes. ◷ **9–22 Uhr.**

Panthip Foodcourt, am Nachtmarkt. Bereits ab morgens gibt es hier leckere Shakes, Suppen, gegrilltes Huhn und mehr aus der Thai-Küche. Und wer es mag, bekommt auch Burger und Pizzastücke. Günstig, viele Tische. WLAN.

Internationales und Cafés

A's Coffee Shop, gute Kokosnuss-Shakes und frische Tees. Pizza, Knoblauchbaguette und Currywurst. Zum Frühstück gibt es „Strammen Max". Gute Thai-Küche. WLAN. Vermietet auch Zimmer. ❹ ◷ Mo–Sa 10–21 Uhr.

Café Footprints, am Hafen, ✆ 090-174 5072. Wer den typischen Burger leid ist, findet hier gesunde Abwechslung. Gemüse aus lokalem Anbau und teils sogar in Bioqualität. Dem Ganzen haftet ein Hauch Esoterik an, aber wer auf Spirulina schwört, kann sich hier genüsslich verjüngen. Kochkurse. ◷ 10–19 Uhr, Sa und So auch länger.

Niras Homebakery, in Hafennähe. Baguette und hausgemachte Erdnussbutter. ◷ 7–19 Uhr.

Pizza Chaira, unweit vom Nachtmarkt in der Ladenpassage. Gute Pizza und Pasta, Wein und italienischer Kaffee. WLAN. Alles auch zum Mitnehmen.

Sweet Café, mit Hafenblick. Kleine Auswahl an Broten und Gebäck. Frisch gebrühter Kaffee von der Kölnerin Irene. ◷ 7–19 Uhr.

Yellow Jungle Café, in Hafennähe. Gute Auswahl an westlichen Snacks. Der Laden ist meist voll, bevor die Boote abfahren. Tagsüber loben hier viele die zahlreichen Teesorten und die recht gute Küche, abends ist eher Barbetrieb. WLAN. ◷ ab 8 Uhr bis abends.

Detox und Retox

Pha Ngan ist die Insel für Yogafreunde und solche, die es werden wollen. Neben dem für seine Meditationskurse bekannten **Wat Khao Tahm** gibt es zahlreiche **Meditationszentren** und **Yoga-Retreats**. Diese richten sich mit Detox- und Retox-Programmen (also Entgiftungen von Leib und Seele) nicht nur an Partygestresste, sondern vor allem an jene, die eine Abkehr vom alltäglichen Leben suchen. Orte der inneren Einkehr gibt es nahe Thong Sala, in Hin Kong, in Ban Tai oder auch am Hat Thien und an einigen kleinen Stränden.

AKTIVITÄTEN

Boxen

Muay Thai Chinnarach, ✆ 086-953 8253, 💻 www.muaythaichinnarach.com. Großer Boxring an der Straße zum Ao Nai Wok. Vermittelt auch Zimmer in den angrenzenden Resorts. Trainingszeiten mehrfach tgl. von Mo–Sa. WLAN.

Handwerkskunst

Silberworkshop, ✆ 086-096 1580, 💻 www.workshopsilverkohphangan.com. In 1- bis 3-tägigen Kursen kann man die Kunst des

Silberschmiedens erlernen. Wer mag, wertet seine Schmuckstücke mit Strandfunden wie Muscheln oder Steinen auf und entwirft so ganz eigene Kreationen. Abholung bei telefonischer Anmeldung, auch Rücktransport. Ab 1500 Baht. Voranmeldung erbeten.

Kochkurse

My Wok and me, ✆ 087-893 3804, 🖵 www. mywokandme.com. Kochkurse von Profis. Mit dem Fahrrad geht es auf den Markt. Nach dem Einkauf werden 3 Gerichte gekocht. 2 Kurse am Tag: 9 und 14 Uhr, jeweils 4 Std. für 1200 Baht p. P. Von den Stränden der Umgebung (bis nach Chaloklum) wird man kostenlos abgeholt.

Autovermietungen, Moped- und Fahrradverleih

Große Allradfahrzeuge werden direkt am Pier vermietet. Restaurantbesitzer, Reisebüros oder Internetshops verleihen Jeeps und Mopeds. Die kleinen 4WD Suzuki Caribbean-Jeeps kosten am Tag 600–800 Baht, größere Pick-ups sind ab 1200 Baht zu haben, jeweils zzgl. Versicherung. Eine 100 ccm Automatik kostet etwa 150–200 Baht, 125 ccm 250 Baht am Tag. Je nach Nachfrage und Mietdauer ist der Preis verhandelbar. Größere 125-ccm-Geländemaschinen gibt es ab 350 Baht pro Tag. Es besteht Helmpflicht, die auch kontrolliert wird (300 Baht Strafe pro nicht behelmter Person). Nicht am Strand fahren, das schadet den Maschinen, und man muss mit saftigen Geldstrafen rechnen. Fahrräder werden ebenfalls vermietet. Sie kosten 80–250 Baht (ohne Lampen und Helm, die man selbst mitbringen muss).

Einkaufen

An der Hauptstraße nahe dem Hafen gibt es in Gemischtwarenläden Spielwaren, Batterien und Souvenirs. Nette kleine Läden finden sich im Zentrum und an der Hafenstraße. Hier reihen sich traditionelle und touristische Geschäfte aneinander. Schöne Souvenirs und Kleidung.

Geld

Banken mit Wechselschaltern, 🕑 Mo–Fr 8.30–15.30 Uhr. Zahlreiche Geldautomaten.

Reizvoll und sportlich ist eine Fahrt mit dem **Fahrrad**. Wer keine Lust hat, die schweißtreibenden steilen Hügel (etwa zwischen Sri Thanu, Hat Yao und Chaloklum oder im Süden nach Hat Rin) zu erklimmen, kann gemütlich an der Strandstraße im Westen entlangradeln. Nachdem hinter Thong Sala ein Hügel überwunden ist, geht es mehr oder weniger ohne Steigungen von Wok Tum bis Sri Thanu am Meer entlang. Ab hier kann man über die Straße im Landesinneren nach Thong Sala zurückkehren. Ebenfalls hügellos ist die Straße in Ban Tai und Ban Kai. Allerdings ist sie stark befahren und bietet keinen Blick aufs Meer. Mit einem **Mountainbike** kann man wunderbare Seitenabstecher ins Inland auf den zahlreichen ungeteerten Straßen unternehmen und das ursprüngliche Leben der Inselbewohner kennenlernen.

Wer mit dem Rad unterwegs ist, sollte immer genügend Wasser mitführen und niemals vergessen, sich vor der Sonne zu schützen: Neben Muskelkater auch noch einen ausgewachsenen Sonnenbrand ertragen zu müssen, ist wirklich keine Freude.

Informationen und Karten

Informationen bieten das kostenlose Heft *Pha Ngan Info* und die zugehörige Karte. Beide liegen in nahezu allen Resorts aus.

Internet

Im Internetshop i.d.R. 1 Baht pro Min. Besonders günstig sind die Tarife bei **Pha Ngan Batik** (30 Baht/Std.). Viele Lokale und Resorts haben (meist gratis) WLAN.

Medizinische Hilfe

Das **staatliche Krankenhaus**, ✆ 077-377 034, liegt 3 km nördlich von Thong Sala (s. Wok Tum, S. 415), zu erreichen über die Inlandsstraße vor dem Tesco Lotus oder die Westküste; Fahrtzeit ca. 10 Min. Hier finden vor allem Opfer von Motorradunfällen Hilfe. Es gibt ein Röntgengerät, ansonsten aber ist die Klinik schlecht ausgestattet.

Phangan International Clinic, Thong Sala, ✆ 077-239 508. Kleine Klinik für die Erstversorgung, bei ernsten Fällen Verlegung nach Ko Samui.

Bangkok-Samui-Hospital, ✆ 077-239 599, etwa 2 km außerhalb Thong Salas in Ban Tai (s. auch dort). Notarztwagen.

Bei ernsten Erkrankungen wird man in eines der internationalen Krankenhäuser auf Ko Samui überwiesen. Ein gemeinnütziger **Rettungsservice**, ✆ 077-377 500, bietet einen 24-Std.-Notfalldienst. Spenden erbeten. Neben dem Krankentransport nach Mopedunfällen hilft der Dienst bei der Benachrichtigung der Angehörigen und bietet Unterstützung bei allen Formalitäten.

Bei **Tauchunfällen** steht in Ko Samui eine Dekompressionskammer bereit. Alle Tauchschulen können diese belegen und kümmern sich im Fall der Fälle um die Überstellung.

Polizei

Ko Pha Ngan hat keine eigene Tourist Police, sodass geschädigte Touristen auf die Hilfe der örtlichen Polizei angewiesen sind. Das **Polizeirevier**, ✆ 077-377 114, Notruf 191, befindet sich etwa 5 Min. mit dem Moped außerhalb Thong Salas auf der gut ausgebauten Straße Richtung Chaloklum. Meist ist ein englischsprachiger Polizist vor Ort, und man kann sich einen Bericht für die heimische Versicherung ausstellen lassen. Wer nicht weiterkommt, kann 24 Std. lang einen Übersetzer in Anspruch nehmen, ✆ 083-106 7978. Bevor man eine Anzeige aufgibt, lohnt die Nachfrage nach den anfallenden Gebühren. Dann kann man entscheiden, ob das Prozedere lohnt. Möglich ist auch der telefonische Kontakt zur Tourist Police auf Ko Samui.

Vor und während der Vollmondpartys sind Polizisten aus anderen Städten auf der Insel unterwegs. Drogenmissbrauch und Helmpflicht werden mittels Straßensperren kontrolliert. Jeder, der unter Alkohol- oder Drogeneinfluss erwischt wird, muss mit harten Strafen rechnen.

Post

In Thong Sala ✆ 077-377 118, ⏱ Mo–Fr 8.30–12 und 13–16, Sa 9–12 Uhr. Man kann sich auch Post hierher schicken lassen, die **PLZ** lautet 84280.

Reisebüros

Alle Reisebüros vermitteln Boots-, Eisenbahn- und Flugtickets. Viele Büros vor allem nahe des Piers nehmen Gepäck in Verwahrung.

Mr. Kim, ✆ 077-377 274, hinter der Marktstraße. Mr. Kim ist gut informiert und sehr zuverlässig. Bei Fragen zum Transport weiß er immer einen gute Rat und hat gute Preise. Wenn er vor einer Reisevariante warnt, sollte man seinem Rat folgen.

NAHVERKEHR

Vor dem Pier warten **Songthaew**. Schlepper empfangen neue Besucher direkt am Pier und sammeln Passagiere ein. Sobald genügend Mitfahrer gefunden sind, starten die Fahrzeuge. Wer zurückbleibt, muss mit einem Charterpreis ab 300 Baht bis zu 1000 Baht (nachts) rechnen. Etwa 200 Baht in den Westen und Norden; nach Hat Rin (ab 100 Baht) und für Kurzstrecken wie zum Hat Plaaylam ab 50 Baht. Thong Nai Pan und Than Sadet 250 Baht. **Mopedtaxis** warten neben dem Songserm Pier und am Lomprayah/Seatran Pier. Eine Fahrt kostet etwa so viel wie im Taxi.

TRANSPORT

Busse

BANGKOK, eine gute Wahl sind die **Government-Busse** (um die 1000 Baht), die gemeinsam mit der Raja-Autofähre die Insel mit Bangkok verbinden. Vorteil: Das Gepäck wird in Pha Ngan direkt in den Bus geladen. Tickets im Reisebüro oder in Ban Tai, Government Bus, ✆ 077 238 507.

Kombitickets verbinden den Bootstransfer (Lomprayah, Seatran oder Songserm) mit einem **Bus der privaten Gesellschaften**. Start frühmorgens und mittags, Ankunft in Bangkok abends gegen 21 Uhr bzw. morgens gegen 5 Uhr, Preis 900–1300 Baht.

Eisenbahn

BANGKOK, Fährtickets mit Songserm oder Raja Ferry sind auch in Verbindung mit einem

Die meisten Reisenden kaufen ein Kombiticket *(Joint Ticket)*, in dem Bus- und Bootstransfer enthalten sind. Sie reisen oft mit den Schnellbooten der Gesellschaft Songserm. Obwohl die Gesellschaft derzeit ihre Flotte erneuert, ist Vorsicht geboten: Die Fähren werden vor allem zu Vollmondzeiten restlos überladen. Es empfiehlt sich, auf die Kombitickets von Raja Ferry ab Don Sak oder die Anreise über Chumphon mit Lomprayah und Seatran auszuweichen. Wer ein besonderes Schnäppchen zu machen hofft und in Bangkok ein Billigticket ersteht (diese gibt es ab 350 Baht (!)), muss sich darüber im Klaren sein, dass diese Gesellschaften ihr Geld mit etwas anderem als Transport verdienen. Die Busse halten meist in der Nacht ohne vorherige Ankündigung, wobei alle Passagiere aus dem Bus gebeten werden und dieser an einen anderen Ort „zum Tanken" fährt. Wer schlaftrunken Gepäck an Bord vergisst, findet bei seiner Rückkehr garantiert keine Wertsachen mehr vor. Auch während der Fahrt ist schon Reisenden unbemerkt Geld geklaut worden, auch aus der vermeintlich sicheren Bauchtasche.

Zugticket erhältlich. Von Surat Thani fahren Nachtzüge, die man am besten einige Tage vorher bucht. Wer gemächlicher reisen will, kann ein frühes Boot nehmen und sich entweder in Chumphon oder in Surat Thani in den Bummelzug setzen.
PATTHALUNG, NAKHON SI THAMMARAT, SONGHLA (und andere Orte in Süd-Thailand), auch hier nimmt man am besten ein frühes Boot und steigt in Surat Thani (oder Chumphon) in den Zug.

Boote

Fahrpläne S. 382.
CHUMPHON, für 750–1000 Baht in 3 1/2–4 1/2 Std.
KO NANG YUAN, mit Lomprayah auf dem Weg nach Ko Tao. Als Tagestrip um 8.30 Uhr, Rückkehr 16–17 Uhr, inkl. Kajaks und Schnorchelausrüstung für 2100 Baht.

KO SAMUI, i.d.R. ab Thong Sala (nur die *Hat Rin Queen* legt vom namensgebenden Strand um 9.30, 11.40, 14.30 und 17.30 Uhr ab; 200 Baht, 50 Min.). Angesteuert werden **Nathon** und **Mae Nam** von Lomprayah: Nathon für 400 Baht (inkl. Zubringerbus zum Strand der Wahl) in 30 Min. und Mae Nam in 20 Min. für 300 Baht. **Bang Rak (Big Buddha)** mit Seatran für 300 Baht (inkl. Minibus zum Strand) in 30 Min.; **Nathon** für 200 Baht (mit Zubringer zum Strand der Wahl 250 Baht).
KO TAO, ab 450 Baht in 1 1/2–2 Std. An Vollmond fährt Lomprayah auch um 8 Uhr (inkl. Transport von Hat Rin zum Pier in Thong Sala um 7 Uhr).
SURAT THANI (Weitertransport per Minibus vom Pier Don Sak bis zum Flughafen oder Bahnhof in 1 Std.) in 4 1/2 Std. für ca. 700 Baht. Möglich ist auch die Fahrt mit dem **Nachtboot** um 22 Uhr (siehe zum Thema Nachtboot S. 382). Bei Ankunft in Surat Thani wird man morgens um 4 Uhr gnadenlos von Bord komplimentiert. Tickets für einen der Liegeplätze gibt es am Abfahrtstag ab dem späten Nachmittag am Pier. Eine gute Wahl sind auch die **Autofähren** nach Don Sak mit Raja Ferry oder Seatran.
Weitere Ziele mit Kombitickets u. a. von Lomprayah, z. B. um 7.15 Uhr nach HAT YAI (Ankunft 15 Uhr, 800 Baht), KO LANTA (Ankunft 15.30 Uhr, 1150 Baht), KO PHI PHI (Ankunft 16.30 Uhr, 1150 Baht) oder PHUKET (Ankunft 16 Uhr, 1000 Baht). HUA HIN, mit Boot nach Chumphon und Anschlussbus in 8–10 Std. für 1100–1300 Baht.
Die Verfügbarkeit ist saisonabhängig. Bei zu wenig Mitfahrern wird man in lokale Busse verfrachtet. Weniger frustrierend ist die Anreise mit dem (Nacht-)Boot zum Busbahnhof Surat Thani, wo man sich auf eigenen Faust einen Bus zur Weiterfahrt sucht.

Flüge

Ko Samuis privaten Flughafen nutzen auch viele Pha Ngan-Urlauber. Die Weiterreise auf die Insel dauert weitere 30 Min. bis 2 Std. – vorausgesetzt, der Flieger landet vor 17 Uhr. Das letzte reguläre Boot startet um 18.30 Uhr von Bo Phut nach Hat Rin. Wer sparen will, fliegt mit AirAsia oder One-Two-Go zum staatlichen Flughafen in Surat Thani. Von hier dauert die Weiterfahrt

DIE INSELN IM GOLF

Kokosnuss einmal anders

Überall auf der Insel gibt es Kokosnüsse, aber nur an einem einzigen Ort wird daraus leckeres Eis hergestellt: nahe der Straße von Thong Sala nach Chaloklum (auf Höhe der Schule) bei **Phangan Homemade Icecream**, ℡ 077-238 681 (Karte S. 441). Seit Jahrzehnten hergestellt und besonders berühmt und beliebt ist das hauseigene Kokosnusseis aus der frisch geernteten Nuss. Neben Klassikern wie Vanille und Schokolade können Entdecker Kreationen aus Kürbis, Tarot und grünem Tee probieren. Kugel 30 Baht, im Töpfchen 35 Baht, Pakete zum Mitnehmen 120/200 Baht. Das kleine Restaurant ist einen Abstecher wert, denn das Eis schmeckt wirklich gut. Es gibt auch Frühstück und eine Auswahl an Thai-Gerichten. Während der Recherche stand das Traditionshaus zum Verkauf – wir hoffen aber, dass es dieses leckere Eis noch lange geben wird. ⏲ 8–22 Uhr.

4–5 Std. und kostet mit Taxi und Boot 350–500 Baht.
Eine weitere Option bietet Lompraya mit Air Solar, 🖥 www.solarair.co.th. Wer das Boot um 8.30 Uhr nach Chumphon nimmt, kann hier um 14 Uhr weiterfliegen und ist bereits um 15.15 Uhr in Bangkok.
Es gibt Gerüchte, dass Ko Pha Ngan bald einen Flughafen bekommen soll. Nachdem die Arbeiten nahe Than Sadet im Frühjahr 2013 eingestellt wurden, heißt es, der Flughafen werde nahe Ban Tai gebaut. Bis regelmäßig Flüge angeboten werden, wird noch etwas Zeit vergehen.

Ao Nai Wok

Der etwa 1 km lange Strandabschnitt der **Ao Nai Wok** [2817] befindet sich nur einige Fußminuten westlich von Thong Sala. Grandiose Sonnenuntergänge sind bei entsprechendem Wetter garantiert. Der Strand eignet sich bei Flut zum Baden. Der Vorteil der Unterkünfte liegt in ihrer Nähe zur Stadt bei gleichzeitiger Abgeschiedenheit in einer Bucht.

Karte S. 402/403
Baan Manali Resort ㊷, ℡ 077-377 917, 🖂 baan.manali@gmail.com, [6245]. 11 schöne, geschmackvoll möblierte Bungalows, locker im schattigen gepflegten Garten verteilt, alle mit Meerblick. Im Preis enthalten ist ein Frühstück, wahlweise westlich oder asiatisch. WLAN. Westliche Leitung. ❺
Joon Bungalow & Heart Break Restaurant ㊶, ℡ 087-881 0988 (Anna), 🖂 joonbungalow hotmail.com, [8575]. Kleine angemalte Bungalows mit Ventilator aus alten Tagen. Vorne ein großer Bungalow mit 2 Betten und AC. ❹, sonst ❶–❷

Meditation

Monte Vista Retreat Centre, ℡ 077-238 951, 🖥 www.montevistathailand.com. Oberhalb der Straße mit fantastischer Aussicht. Fastenkuren, Krisenbewältigung, Massagen und Anwendungen gegen Stress, für die Schönheit und einen besseren Energiefluss. Angeboten wird u. a. ein einmonatiges Programm zur Änderung der Lebensführung. Deutsch-amerikanische Leitung.

Wassersport

SL2K Adventure, ℡ 083 390 3125, 🖂 sl2k@ymail.com, oder über das Baan Manali Resort (s. o.). Katamarane für Könner ab 700 Baht pro Std. zur Ausleihe. Zudem Kurse und Aktivprogramme (Tauchen, Trekken usw.) auf der Insel. Westliche Leitung.

Hat Plaaylam

Der erste längere Strand im Westen von Thong Sala ist der **Hat Plaaylam** [2818]. Er wird überragt vom Hin Nok-Hügel. Hier stehen Bars und auch Resorts mit wunderschönem Blick auf den Ang Thong Marine National Park und die untergehende Sonne.

Aufgesucht wird dieser Küstenabschnitt überwiegend von Reisenden, die die Einfachheit schätzen. Nur wenige Resorts bieten gehobenen Standard. Das Thai-Essen in den meist als Familienbetrieb geführten Anlagen ist günstig und auf den Geschmack der Traveller abgestimmt. Das Meer eignet sich an diesem Strand gut für Wassersport jeder Art. Etwa 80–100 m vor der Küste kann man am vorgelagerten Riff die Unterwasserwelt erkunden. Wer nicht zu den Fußfaulen gehört, erreicht Thong Sala in etwa 30 Min.

Karte S. 402/403

Beach 99 ㊵, ✆ 077-377 518, [8577]. Vorne am Strand und am Hang unter Bäumen stehen individuelle Matten-Holzbungalows mit Ventilator und großen Balkonen. Einige sind größer und bieten 2 breite Betten. Gute Wahl für Backpacker, die es einfach und gemütlich lieben. ❷

Cookies Bungalow ㊴, ✆ 077-377 499, ✉ cookies_bungalow@hotmail.com, [8578]. Beliebte Anlage mit zahlreichen Holz- und Mattenbungalows (Ventilator, AC) am Strand und am Hang. Nettes Restaurant mit empfehlenswerter Küche. Verleih von Surfbrettern, Segelbooten und Katamaranen. Etwas in die Jahre gekommen. ❷ – ❺

Sabai Beach Resort ㊲, ✆ 077-238 895, 🖥 www.sabai-beach.com, [8579]. Ansprechende Bungalows aus Holz und Stein in einem großen Garten. Die Einrichtung ist geschmackvoll: Ventilator, Sitzkissen, Liegen. Von den großen Balkonen blickt man vielfach direkt auf den davor liegenden Strand. Familienzimmer. WLAN. ❺ – ❻

Sea Scene ㊳, ✆ 077-377 516, 🖥 www.seascene.com, [8580]. Weiße Steinbungalows in einem gepflegten Garten. Ansprechend einfach mit Ventilator oder AC (TV, teils Kühlschrank). Davor locken Liegestühle am weißen Sandstrand, teils schattig dank einiger Bäume. Kajakverleih. ❸ – ❺

Cookies (s.o. Übernachtung) bietet eine Auswahl an Surfbrettern zur Ausleihe. Hier kann man auch einen Anfängerkurs absolvieren. Zudem gibt es hier kleine Segelboote und Katamarane. **Sea Scene** vermietet Kajaks.

Hat Wok Tum und Hat Hin Kong

Die Mündung eines Baches trennt die beiden weiten, flachen Küstenabschnitte **Wok Tum** und **Hin Kong**. Statt Strand gibt es hier eine ruhige Wattlandschaft, die an einigen Stellen noch von Mangroven bewachsen ist. Ein Besuch lohnt insbesondere am Abend bei untergehender Sonne: zur einen Seite das plätschernde Meer, zur anderen sich im Wind wiegende Kokospalmen. Bei Ebbe kann man die Thais beim Ausgraben von Muscheln beobachten.

Die hier entlangführende Strecke ist nahezu hügellos und eignet sich gut für Touren mit dem Fahrrad. Wer die Strandstraße entlangfährt, kommt an einigen kleinen Bars und Restaurants vorbei. Vor allem zum Sonnenuntergang kann man hier eine herrliche Rast einlegen.

An diesem Teil der Küste gibt es nur wenige, für das Gebotene teure Resorts. Viele „Houses for rent" laden hingegen zum Verweilen ein. Yogis übernachten gut im **Ananda Wellness Resort**, ✆ 081-397 6280, 🖥 www.ananda resort.com, und buchen Kurse bei **Agama Yoga**, 16/3 Moo 6, Hin Kong, ✆ 089-233 0217, 🖥 www.agamayoga.com.

Ban Sri Thanu, Hat Sri Thanu und Hat Laem Niad

Der Hafen von **Ban Sri Thanu** [2819] am südlichen Ende des Strandes wird von den Fischer- und Tauchbooten vor allem bei drohendem Sturm angesteuert. Auch das Meer vor **Sri Thanu** ist dann von miteinander vertäuten Fischerbooten bevölkert. Das Dorf selbst hat sich in den letzten Jahren zu einem beliebten Ziel für Tagesausflügler entwickelt, nicht zuletzt wegen seiner Restaurantszene. Wem es nach italienischen Gerichten oder Steak gelüstet, ist hier richtig. Auch einige Restaurants mit Thai-Küche, die sich rund um den strandnahen, recht großen **Laem Son-See** gruppieren, sind empfehlenswert. Neben Palmen bestimmen vor allem Kasuarinen das Erscheinungsbild dieser Gegend. Den Nadelbäumen verdankt der Laem Son seinen Namen. Hier findet man Abkühlung, wenn einem das Meer zu warm ist. Die an den Kasu-arinen befestigten Seile laden zum Tarzanspie-len ein. Fischen ist hier nicht erlaubt. Nur gu-te Schwimmer sollten sich weit hinauswagen; das quer über den See gespannte Seil ist kei-ne Sicherheitsleine. Der Zugang zum See be-findet sich auf der Zufahrtsstraße zu beiden Bungalowanlagen von Laem Son.

Vom Hat Sri Thanu blickt man auf den Marine Park. Im Süden begrenzt ein Hügel die Bucht, im Norden liegt der schmale, nahezu unerschlos-sene **Hat Laem Niad**, wo sich lediglich ein ein-faches Resort und ein Raum von **Agama Yoga** befinden. Der Strand wird begrenzt durch ei-ne Felszunge, über die man bei Ebbe bequem zum Hat Chao Pao hinüberlaufen kann. Im Fels liegt die Pirates Bar, wo zweimal monatlich die Moonset Party gefeiert wird (S. 407, Partys).

ÜBERNACHTUNG

Karte S. 417

Golden Rock ⑨, ☎ 077-349 262, [6247]. Kleine, einfache, bereits in die Jahre gekommene Bambusmattenhütten am Ende des Laem Niad-Strandes am Strand und im Bananenhain. Ventilator, Hängematte, einfache Betten. Neue einfache nette Holzhäuser sind im Bau. Ausgelassene Stimmung, viele bleiben mehrere Monate und bilden eine freundliche Gemeinschaft junger Aussteiger auf Zeit. Fast immer ausgebucht, daher sollte man vorher anrufen oder Zeit mitbringen und immer wieder kommen, bis etwas frei ist. ❶

Laem Son 1 Bungalows ⑫, ☎ 077-349 031, [6248]. Viele Bungalows mit Ventilator in 2 Reihen an einem schönen langen Strand-abschnitt. Viel Sonne, auch auf den Balkonen. Einfachste Ausstattung und seit Jahren bewohnt. Die blauen Hütten am Meer sind etwas besser in Schuss. Direkt daneben befindet sich **Laem Son 2** ⑪ [8661] mit wenigen Holzhütten. Auch etwas älter, aber dennoch eine Alternative für Reisende ohne große Ansprüche. ❷–❸

Loyfa Natural Resort ⑮, ☎ 077-377 319, 🖥 www.loyfanaturalresort.com, [6249]. Zahl-reiche neue ansprechende Bungalows mit guter Ausstattung und großen Balkonen im Hang mit Meerblick, TV, DVD, Minibar, WLAN.

Darunter am kleinen Strand ein paar ältere Bungalowmodelle. Schöner Pool und Restau-rant am Strand. Zum Sri Thanu-Strand zu Fuß etwa 10 Min. ❺–❻

Seaview Rainbow ⑬, ☎ 077-349 084, [6250]. Alteingesessene Anlage mit gepflegten Holz-bungalows mit Ventilator. Die Zimmer vorne sind etwas größer. Volleyball auf der großen Sandfläche zwischen den Bungalows. ❷–❸

The Beach ⑭, [6251]. Schöner Strandabschnitt. Kleine, meist weißgetünchte Holzbungalows im Schatten unter Kasuarinen. Teils mit 2 großen Betten. Vorne 4 AC-Häuser mit Küche (2000 Baht). Gute Preise für alle, die länger bleiben. ❷–❸

Zen Bungalows ⑩, ☎ 089-648 0684, ✉ zenbungalow@hotmail.com, [6252]. Schöne Holzbungalows, teils direkt am Strand, und 2 Steinbungalows mit Küchenzeile hinten im Garten. Die Anlage liegt wunderschön an der Landzunge zwischen Hat Laem Niad und Hat Sri Thanu. Viele bleiben lange, sodass man vorher anrufen sollte, ob etwas frei ist. ❷–❸

ESSEN

Das Dorf hinter dem Strand wächst beständig, und so nimmt auch die Zahl kleiner und größerer einfacher Thai-Restaurants mit der üblichen Travellerküche wie Pad Thai und Sandwiches stetig zu. Die Restaurants sind günstig. Wer Pizza und Pasta liebt, geht zu **Fellini**, ☎ 077-349 020, 🖥 www.ristorantefellini. net. Im Shophouse vor der Abzweigung zur Ao Mae Hat. Bekannt für gute Pizza und Pasta, auch außer Haus. Italienischer Kaffee. WLAN. ⏰ 10–23 Uhr.

Hat Chao Pao

Zwischen Hat Son und Ban Sri Thanu liegt der weißsandige, ruhige Ao Chao Pao [2820], dessen Unterkünfte jedes Anspruchsniveau befriedigen. Das Meer eignet sich bei Flut in den Wintermo-naten zum Schwimmen. Ansonsten kann man im seichten Wasser relaxen, den Blick auf den Ho-rizont genießen oder vor dem Riff schnorcheln. Mit Kajaks lassen sich kleine Ausflüge nach Hat Son und Hat Yao oder an die Pirate Cove vorbei

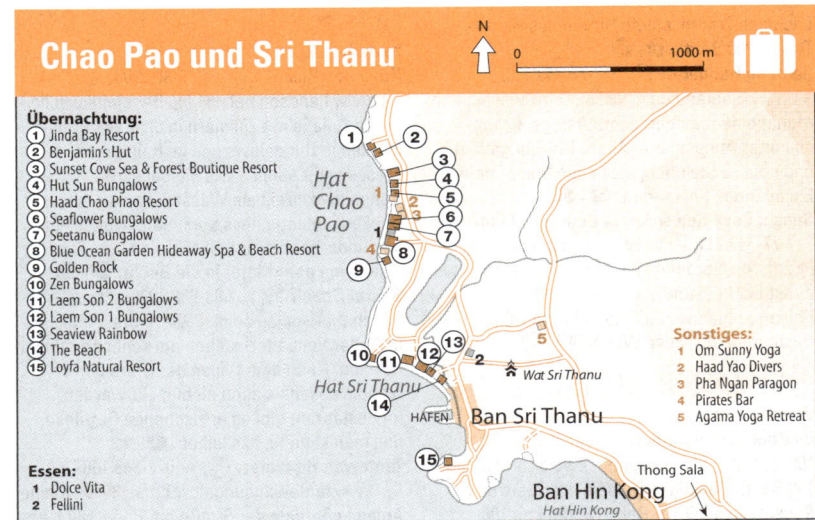

Übernachtung:
1. Jinda Bay Resort
2. Benjamin's Hut
3. Sunset Cove Sea & Forest Boutique Resort
4. Hut Sun Bungalows
5. Haad Chao Phao Resort
6. Seaflower Bungalows
7. Seetanu Bungalow
8. Blue Ocean Garden Hideaway Spa & Beach Resort
9. Golden Rock
10. Zen Bungalows
11. Laem Son 2 Bungalows
12. Laem Son 1 Bungalows
13. Seaview Rainbow
14. The Beach
15. Loyfa Natural Resort

Hat Chao Pao

Hat Sri Thanu

Wat Sri Thanu

HAFEN   **Ban Sri Thanu**

Sonstiges:
1. Om Sunny Yoga
2. Haad Yao Divers
3. Pha Ngan Paragon
4. Pirates Bar
5. Agama Yoga Retreat

Essen:
1. Dolce Vita
2. Fellini

Thong Sala

Ban Hin Kong
Hat Hin Kong

DIE INSELN IM GOLF

---

bis zum Hat Sri Thanu unternehmen. Hinter dem Strand führt die Straße nach Hat Yao mit Geldautomat und kleinen Läden.

Drei Tage vor und nach Vollmond wird in der Pirates Bar die Moonset Party gefeiert (s. auch S. 407, Partys). Dann kann es bis in die Nacht hinein lauter werden. Vor allem die günstigen Anlagen sind um diese Zeit oft ausgebucht.

Auf dem Hügel im Norden zwischen Hat Chao Pao und Hat Son gibt es einige Anlagen, deren Bungalows einen herrlichen Blick aufs Meer bieten. Wenn das Meer sich zurückzieht, kann man über Steine bis an den Strand laufen; steht das Wasser jedoch hoch, bleibt der Zugang verwehrt.

Der Strand ist vor allem im Winter einen Besuch wert, im Sommer ist er oft voller Strandgut und weniger gepflegt.

ÜBERNACHTUNG

Benjamin's Hut ②, ☏ 077-349 286, ✉ BKBenjamnihut992@gmail.com, [8581]. Kleine lang gestreckte Anlage mit modernen Steinbungalows, die vis-à-vis gebaut, tiefe Einblicke durch die Glasfronten des gegenüberliegenden Bungalows ermöglichen. Ventilator oder AC, teils TV. Restaurant am Strand. WLAN. ②–④

Blue Ocean Garden Hideaway Spa & Beach Resort ⑧, ☏ 087086 2697, 🖥 www.blueoceangarden.com, [4023]. Gepflegte Anlage am südlichen Strandende. Steinbungalows um eine weite Rasenfläche. Die meisten mit Safe, einige mit TV, Kühlschrank. Spa. Liegen unter Palmen. Während der Moonsetparty kann es lauter werden. WLAN. Inkl. Frühstück. Empfehlenswertes Restaurant **Dolce Vita** direkt am Strand. Italienische und Thai-Küche. Recht große Weinauswahl. Faire Preise. ⏰ 8–22 Uhr. ④–⑤

Hut Sun Bungalows ④, ☏ 077-349 097, ✉ hutsunbungalows@hotmail.com, [8582]. Holzbungalows mit AC und TV oder Ventilator in unterschiedlicher Größe und Qualität. Die Zimmer unter dem Restaurant sind nicht empfehlenswert. ②–④

Jinda Bay Resort ①, ☏ 077 349 061, ✉ jinda bay99@hotmail.com, [8583]. Am Norden des Strandes gelegene Anlage mit Holzbungalows im Hang und 2 Bambushäuschen am Strand. Alle mit Ventilator und Warmwasser. ③

Seaflower Bungalows ⑥, ☏ 077-349 090, 🖥 www.seaflowerbungalows.com, [8584]. Gut ausgestattete große moderne Steinbungalows im tollen Garten, TV und AC. Hinten einige robuste Holzbungalows mit Ventilator und noch 2 windschiefe Hütten aus Hippie-Tagen (200 Baht). ❷–❻

Seatanu Bungalow ⑦, ✆ 077-349 113, 🖥 www.seetanu.com, [8585]. Dank westlichem Management aufgefrischte Anlage mit entspannter Atmosphäre. Ältere Holzbungalows und neuere Steinbungalows am Meer (mit AC). Einladendes Restaurant. ❷–❺

Sunset Cove Sea & Forest Boutique Resort ③, ✆ 077-349 211, 🖥 www.thaisunsetcove.com, [4024]. Am Nordende des Strandes. Bungalows direkt am Pool und günstigere Zimmer in Reihenbungalows dahinter, alle mit AC und TV. Restaurant am Meer. WLAN. ❺–❼

AKTIVITÄTEN

Wassersport

Im **Blue Ocean Garden** werden Kajaks für 100 Baht pro Std. verliehen (Zweisitzer kosten 150 Baht). Günstiger paddeln die Gäste des **Sunset Cove** (50/100 Baht, Nichtgäste 100/180 Baht).

Haad Yao Divers, Tauchbasis an der Straße. Weitere Infos s. Hat Yao West, Tauchen (S. 420).

Wellness

Om Sunny Yoga, auf der Plattform des einstigen Restaurants des Haad Chao Phao Resorts, ✆ 085-662 8430, ✉ omsunnyyoga@gmail.com. Die einfachen, hinten liegenden Hütten des Resorts wurden während der Recherche nur sporadisch bewohnt. ❶

Pha Ngan Paragon, an der Straße, ✆ 084-728 6064. Bietet das volle Spa-Programm in angenehmer Atmosphäre: Bodymaske, Maniküre und Pediküre sowie traditionelle Massage, außerdem Sauna, Pool (nur dessen Nutzung 100 Baht), Fitnessraum und Whirlpool. Vermietet werden auch große Zimmer mit ausgewählter Einrichtung. ❺–❽

Hat Son

Weicher Sand und ein paar schattige Plätze machen den Reiz des Hat Son [3127] aus, an dem es sehr beschaulich zugeht. Das Wasser ist seicht, was besonders Familien entgegenkommt, und bei Ebbe kann man herrlich faulenzen.

ÜBERNACHTUNG

Karte S. 422

Haad Son Resort ㉞, ✆ 077-349 103, 🖥 www.haadson.net, [3129]. Geschmackvolle große Anlage mit Zimmern in diversen Preisklassen in Bungalows und im Reihenhaus. Dieses steht ebenso wie die besseren Bungalows direkt am Wasser. Zimmer mit Deckenventilator, teils auch Safe. Netter Pool mit Kinderbecken und Blick aufs Meer. Zum Strand ein paar Meter in die Bucht. ❹–❺

Secret Beach ㉟, ✆ 083-638 7030, ✉ secret beach.thai@gmail.com, [8600]. 3 Steinhäuser (AC oder Ventilator) stehen am schönen ruhigen Hat Son. Nach dem Willen der Betreiberin Claudia sollen es auch nicht mehr werden. Im Restaurant gibt es erfrischende Getränke, und man kann Kajaks leihen. ❸–❹

Tantawan Bungalow ㉝, ✆ 077-349 108, 🖥 www.tantawanbungalow.com, [8598]. Kleine Anlage oberhalb der Straße am Hang. Mit Liebe zum Detail gestaltete Zimmer in Holzbungalows. Ein Steinhaus mit AC. Schöner großer Pool. Balkone teils mit riesigen Hängematten und Meerblick. Im Restaurant Thai- und französische Küche, auch Eiscreme. ❸

Hat Yao (West)

Der herrlich weiche Sandstrand von **Hat Yao** [2821] lockt zu jeder Jahreszeit zahlreiche überwiegend junge Reisende an. Wer schon früher einmal hier war, wird vieles nicht mehr wiedererkennen. Die etablierten Anlagen sind weitgehend verschwunden oder haben sich einem veränderten Publikum angepasst, das für etwas mehr Sauberkeit, AC oder auch TV im Zimmer gern ein paar Euros mehr ausgibt. Steinbungalows, einige äußerst platzsparend als Reihenbungalows gestaltet, locken AC-Fans, denen der Meerblick weniger wichtig ist. Daneben gibt es ordentliche Bungalows mit Ventilator am Hang und auch noch einige an der Strandfront. Nostalgiker finden sogar noch Anlagen aus uralten Zeiten, die aber nur für Hartgesottene empfehlenswert sind und weit abseits des Strandlebens liegen.

Die Attraktion ist der Sand von Hat Yao. Je weiter die Flut zurückgeht, desto mehr glat-

DIE INSELN IM GOLF

te weiche Körner in funkelndem Weiß kommen zum Vorschein, sodass sich der etwa 600 m lange, seichte Strand sehr gut zum Flanieren oder sportlichen Schaujoggen eignet. Der feine Sand federt perfekt nach. Nach der winterlichen Regenzeit kann Korallenschrott vom vorgelagerten Riff den Spaß etwas verderben. Wer schnorcheln will, kann sich in jeder Anlage eine Ausrüstung leihen und wenige Meter vom Strand entfernt Fische und Korallen bestaunen.

Tagsüber gibt es nur wenig Schatten, und das Leben spielt sich an den Bungalows, im Wasser oder an den Pools ab. In den Strandbars läuft laute Musik, meist Reggae und viel Easy Listening. Abends wird in den Bars die Musik weiter aufgedreht, die Tische werden im Sand platziert und eine bunte Beleuchtung installiert. Es gibt BBQ und Bier, Cocktails und mit etwas Glück auch einen tollen Sonnenuntergang.

Die Zufahrtstraße nach Hat Yao ist sowohl von Sri Thanu als auch von Hat Salad aus gut ausgebaut. Sie wird von immer mehr Supermärkten, Bars und Restaurants, Reisebüros und Internetcafés gesäumt.

ÜBERNACHTUNG

Oberhalb der Straße finden sich die günstigeren Unterkünfte. Dann ist der Weg zum Strand allerdings recht weit. Die Bucht wird im Norden vom **Haad Yao Bay View Resort** [3118]. dominiert – ein Komplex, der immer mehr einer Bettenburg ähnelt. Die anderen Anlagen sind gekonnter gebaut. Wenn wenig los ist, geben die besseren Resorts große Rabatte auf die Walk-in-Preise.
Karte S. 422

Untere Preisklasse
Easy Life Bungalows ㉙, ✆ 087-279 6001, [3117]. Einfache günstige Holzbungalows oberhalb der Hauptstraße. Zimmer mit und ohne AC. Teils toller Blick auf die Bucht. Teils Moskitonetze. ❷, mit AC ❹
Ibiza Bungalows ㉗, ✆ 081-968 4727, [3119]. An der großzügigen Rasenfläche im rückwärtigen Bereich des zentralen Strandabschnitts stehen geräumige Holzbungalows mit Ventilator, etwas weiter hinten mit AC. Zahlreiche recht eng stehende AC-Steinhäuser

befinden sich rechter Hand des Restaurants – darunter auch 3 Familienhäuser mit 2 Betten. Geldautomat im Restaurant. WLAN. Nur Walk-in, ggf. telefonische Voranmeldung am Tag zuvor. ❸ – ❹

€ **J.B. Hut Bungalows** ㉘, ✆ 077-349 154, 🖳 www.jbhutphangan.com, [3120]. Günstige Holz- und Steinbungalows rechts der Hauptstraße am Hang. Von den Balkonen oft toller Blick aufs Meer. 3 große Steinhäuser mit AC und Kühlschrank. Moskitonetze in den Holzbungalows. Alle Zimmer haben Warmwasser. Rezeption an der Straße. WLAN. ❷ – ❸

See Through Boutique Resort ㉖, ✆ 077-349 315, 🖳 www.haadyao.net, [3195]. Langes 2-geschossiges Reihenhaus, das sich vom Strand rückwärtig erstreckt, in unverputztem Betonbauchic. Innen sind die Zimmer in warmen Tönen gestrichen und nett möbliert, TV und Safe. Die unteren Zimmer haben direkten Zugang zum langen Pool. Hinter der Straße einige Bungalows. ❹
Shiralea Backpacker Resort ⑳, im Hinterland, ✆ 077-349 217, 080-719 9256, 🖳 www.shiralea. com, [8602]. In einem gepflegten sattgrünen Garten mit Pool liegen ansprechende Holzbungalows. Kleine Bungalows mit Ventilator, die größeren mit Blick auf den Pool haben AC und 2 große Betten (max. für 4 Pers.). Alle Zimmer mit Warmwasser. WLAN. ❷ – ❹

Mittlere und obere Preisklasse
Baan Haad Yao Villas ㉚, ✆ 077-349 160, 🖳 www.baan-haad-yao-villas.info, [3112]. Geschmackvolle Anlage zwischen Straße und Strand. Ansprechend geräumige und geschmackvoll eingerichtete Holzbungalows rund um den Pool. Offenes Bad mit Badewanne. Das zum Resort gehörende Seaside Gh. ist weniger stilvoll möbliert. ❸ – ❺

High Life Haad Yao ㉜, ✆ 077-349 114, 🖳 www.haadyaohighlife.com, [3111]. Holz- und Steinbungalows mit unterschiedlichster Ausstattung am südlichen Hang, die besseren mit TV/DVD im von schwarzen Felsen durchsetzten Garten oder am Fels mit Blick auf die Bucht. Pool an der Kante des Berges. Tolle Sicht auch aus dem Restaurant. Eine

Steintreppe führt an den Strand, bei Flut
überspült. ❹–❻.
Long Bay Resort ㉒, ☎ 077-349 057, 💻 www.
long-bay.com, [8601]. Weitläufige, etwas
angejahrte Anlage mit Steinbungalows, einige
direkt am Strand oder am großen tiefen Pool.
Meist TV und Kühlschrank, einige mit Safe.
Frühstück inkl. An Vollmond 5 Tage
Mindestaufenthalt. WLAN. ❺–❼.
Sandy Bay Bungalows ㉛, ☎ 077-349 119,
💻 www.sandybaybungalows.com, [6253]. Eine
der ersten Anlagen der Bucht. Bungalows am
Strand und in Reihen dahinter bis hoch in den
Hang über einen weiten Abschnitt bis ans Ende
der Bucht – meist recht eng gebaut. Alle
Preislagen, AC oder Ventilator. Schöner Pool
am Strand. WLAN. ❸–❺.

ESSEN UND UNTERHALTUNG

Die meisten Restaurants stellen zum
Sonnenuntergang Tische in den Sand,
sofern die Flut dies zulässt. Zentral stechen
die Beachbars des **See Through**, von
Haad Yao Bungalow [6254], die **Lucky Bar**
des **Haad Yao Resorts** [6255] und von
Haad Yao Villa [6256] ins Auge. Hier spielt
den ganzen Tag Musik, und auch nachts ist
es recht laut. Wer hier übernachten will,
findet mehr Infos unter den eXTras.
Alle diese Bars/Restaurants bieten morgens
Frühstück und abends BBQ, Thai- und
westliche Küche. Ganz im Süden steht der
Eagle Pub & Restaurant, ein Betonbau mit
lauter Musik.

AKTIVITÄTEN

Einige **Tauchschulen** unterhalten hier
eine Basis. Alteingesessen sind die
Haad Yao Divers, ☎ 084 841 2102, 💻 www.
haadyaodivers.com. Kurse in kleinen Gruppen,
auch auf Deutsch. Angeboten werden
Unterwasserfotografie und Kinderkurse
(ab 8 Jahre), Tauchkurse für Anfänger und
Fortgeschrittene sowie Halbtagsausflüge und
Ausbildung bis zum Instructor.
Neben dem Long Bay Resort liegt eine
Basis der empfehlenswerten Tauchschule
Chalokum Diving. Mehr Infos s. Chaloklum,
Tauchen (S. 425).

Hat Salad

Seinen Namen „Piratenbucht" verdankt **Hat Salad** [2822] seiner Geschichte, da sich in die einst
unzugängliche Bucht Piraten zurückzogen, um
ihre Boote zu flicken und auf besseres Wetter zu
warten. Mit ihren gestutzten Schnurrbärten, den
glänzenden oder verwuschelten langen schwarzen Haaren, deren Ansatz unter einem gekno-
teten Tuch verschwindet, sowie den gestählten
und tief gebräunten Körpern lassen die heutigen um Gäste bemühten jungen Männer erahnen, wie sie einst aussahen, die Bewohner der
Bucht.

Heute zieht Hat Salad zahlreiche Reisende an; vor allem Familien kommen gerne hierher. Der Strand besteht aus ganz weichem weißen Sand, der an manchen Stellen mit einigen
Muscheln oder Steinen durchsetzt ist. Bei Ebbe
kommt mehr Gestein zum Vorschein, denn vor
der Bucht liegt ein Riff. Bei Flut spült das Wasser bis an die gemauerten Festungen der meisten Anlagen heran. Zarte Gemüter sollten bei
Sturm daher einen Bungalow bevorzugen, der
nicht direkt am Strand liegt.

Im Winter und bei hoher Flut lädt das Meer
zum Schwimmen ein, ansonsten kann man eher
im seichten Wasser dümpeln, sich bräunen und
die Seele baumeln lassen. Abends gibt es BBQ
am Strand, und Massagen verhelfen gestress-
ten Urlaubern zur Entspannung. Die Resorts
versprechen einen angenehmen Aufenthalt: Es
gibt einfache Hütten und Resorts mit gehobener Ausstattung und Pool – und alles direkt am
Meer. In einigen Anlagen kann man Angelaus-
rüstungen, Kajaks oder Segelboote mieten.

Die Supermärkte bieten neben Alltagsgegenständen auch Badesachen, Spielzeug, Andenken und Mitbringsel, Internetzugang und Mopedverleih an.

An der Straße lässt sich zu jeder Tageszeit
ein Taxi zu beliebigen Zielen finden. Zur Vollmondparty kann man den Service seiner Unterkunft in Anspruch nehmen; einige Resorts bieten auch zu Halfmoon und Darkmoon, Shiva
Moon und sonstigen Monden Shuttletaxis an.
Vom Cookies Salad Resort aus lässt sich der Hat
Kruat über eine steile Betonstraße sehr leicht zu
Fuß erreichen.

Karte S. 422

Untere Preisklasse

Oberhalb der Straße gibt es einige günstige Unterkünfte in einfachsten Hütten, die jedoch nicht regelmäßig in Betrieb sind.

Coral Beach Bungalow ⑬, ✆ 077-349 210, [3201]. Einfache, aber beliebte Anlage mit 6 gepflegten Holzbungalows am Strand. Das Restaurant am Meer versperrt den meisten die Sicht, doch wer Glück hat, ergattert eine der verbliebenen 3 Hütten mit Meerblick. Hänge-matten und Moskitonetze. Oft belegt – vorher anrufen lohnt. ❷

Double Duke Seafood & Bungalows ⑮, ✆ 081-311 1435, 🖳 www.doubledukebungalow.com, [3202]. Einige einfache Holzbungalows, teils mit Mattenwänden, und 5 größere Bungalows aus Beton mit 2 Betten, AC und sehr großen Veranden. Letztere sind leider etwas verwohnt. Alle mit Hängematte. Relativ teuer für das Gebotene, aber die freundlichen Leute und die gute Stimmung machen dies meist wett. Die Anlage ist oft ausgebucht. ❸–❹

🛄 **My Way Bungalows** ⑪, ✆ 077-349 267, 084-848 5643, ✉ mywaybungalows@yahoo.com, [8606]. Auf einem großen Gelände stehen am Rand einfache gepflegte Bungalows aus Stein, Holz und Matte. Meist Ventilator, nur vorne im Steinhaus AC. Einige haben Warm-wasser. Geleitet von der Deutschen Bettina. WLAN. ❷–❸

Mittlere und obere Preisklasse

Asia Bungalows ⑫, ✆ 086-951 0626, ✉ asiabungalows@hotmail.com, [8607]. Ansprechende Bungalows direkt am Ufer auf einer Rasen-fläche (erhöht gelegen dank einer Kaimauer). Aus den vorderen bietet sich ein fantastischer Blick aufs Meer direkt vom Bett aus. Kein Restaurant. Freundliche Leute. ❺

Cookies Salad Resort ⑯, ✆ 077-349 125, 🖳 www.cookies-phangan.com, [3200]. Angenehme Anlage, deren Charme sich u. a. aus dem etwas zusammengewürfelten Erscheinungsbild ergibt. Ansprechende Bungalows am Hang und an den Felsen direkt

am Meer. Dort gibt es auch einen kleinen Pool. Blick über die Bucht aus dem Restaurant. Kajak-, Katamaran- und Segelbootverleih (150/400/600 Baht pro Std.). Steiler Anfahrtsweg über Hat Thian. Rezeption im Restaurant. ❺–❻

🛄 **Green Papaya Resort** ⑨, ✆ 077-374 230, 🖳 www.greenpapayaresort.com, [3126]. 20 Zimmer, einige in Bungalows am langen Pool, ein paar wenige im 2-geschossigen Haus weiter hinten. Geräumig und geschmackvoll ausgestattet. Großer lang gestreckter Pool. Gepflegte ruhige Gartenanlage. Vor dem Hotel ist auch bei Flut fast immer Sand. Spa-Bereich und Liegen an der Kaimauer. Bar am Meer. Frühstück inkl., Safe in der Lobby. ❺–❽

Salad Beach Resort ⑩, ✆ 077-349 149, 🖳 www.phangan-saladbeachresort.com, [8608]. In der großen Anlage gibt es geräumige Zimmer in Bungalows oder im Haupthaus. Alle mit Safe. Liegen am großen Pool und ein Spa laden zur Entspannung. Kajakverleih. Schöner Strandabschnitt. Frühstück inkl. ❺

Salad Hut ⑭, ✆ 077-349 246, 🖳 www.saladhut.com, [3203]. Kleine, beliebte Anlage in gediegenem dunklen Holz mit kleinem Pool am Strand. Hinter dem Pool liegen die Zimmer in geräumigen Reihenbungalows, erreichbar über einen Holzsteg. Die Veranden bieten dank dichtem Grün Privatsphäre. Große Familien-zimmer. 2 Zimmer direkt vorne am Meer. Reservierung nur per Internet. Restaurant mit WLAN. ❺

Die meisten Gäste essen in ihrem oder einem der anderen Resorts. Empfehlenswert allein schon wegen der tollen Aussicht ist das **Cookies**.
In der kleinen Ladenstraße auf dem Zufahrts-weg zum My Way gibt es zudem einfache Thai-Küche im **Thaikitchen Restaurant**. Wer italienisch essen will, kann dies im **Jay Jay**, direkt an der Zufahrtstraße, tun.

🛄 **Peppercorn**, ✆ 087-896 4363, 🖳 www.restaurantpeppercorn.com. Oben am Hügel nahe der Zufahrt zum Hat Kruat zwischen Hat Salat und Hat Yao. Beliebtes Steakhaus. Für Vegetarier herzhafte Salate und gute

DIE INSELN IM GOLF

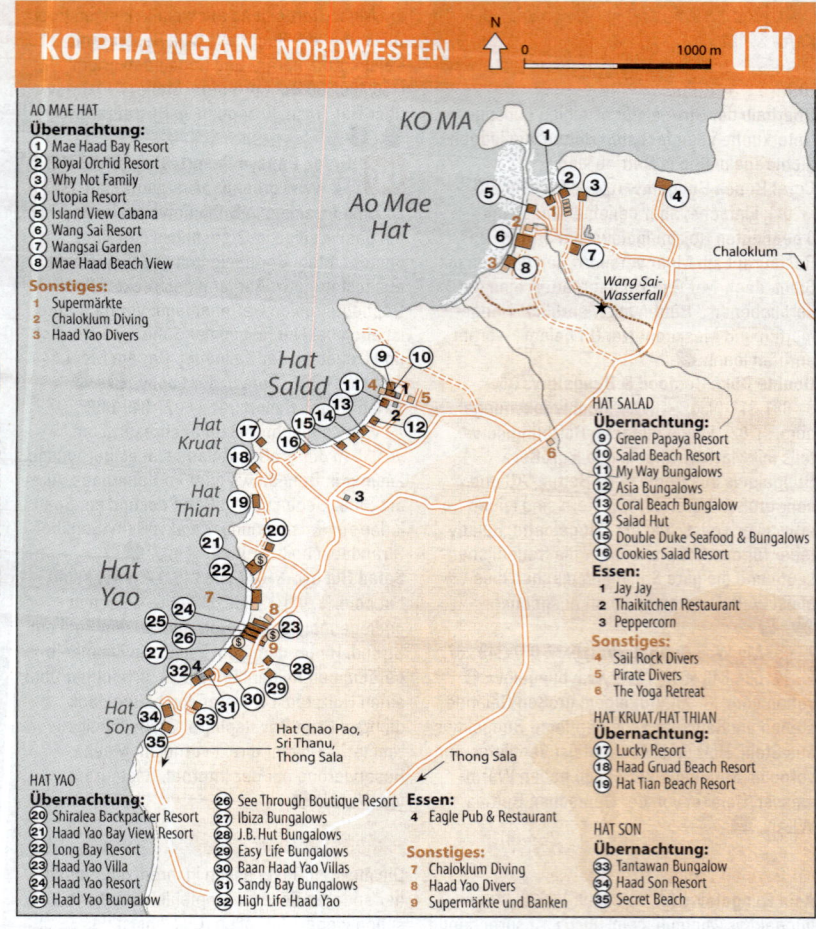

AO MAE HAT

Übernachtung:
1 Mae Haad Bay Resort
2 Royal Orchid Resort
3 Why Not Family
4 Utopia Resort
5 Island View Cabana
6 Wang Sai Resort
7 Wangsai Garden
8 Mae Haad Beach View

Sonstiges:
1 Supermärkte
2 Chaloklum Diving
3 Haad Yao Divers

KO MA

Ao Mae Hat

Chaloklum

Wang Sai-Wasserfall

Hat Salad

Hat Kruat

Hat Thian

Hat Yao

Hat Son

Hat Chao Pao,
Sri Thanu,
Thong Sala

Thong Sala

HAT SALAD

Übernachtung:
9 Green Papaya Resort
10 Salad Beach Resort
11 My Way Bungalows
12 Asia Bungalows
13 Coral Beach Bungalow
14 Salad Hut
15 Double Duke Seafood & Bungalows
16 Cookies Salad Resort

Essen:
1 Jay Jay
2 Thaikitchen Restaurant
3 Peppercorn

Sonstiges:
4 Sail Rock Divers
5 Pirate Divers
6 The Yoga Retreat

HAT KRUAT/HAT THIAN

Übernachtung:
17 Lucky Resort
18 Haad Gruad Beach Resort
19 Hat Tian Beach Resort

HAT SON

Übernachtung:
33 Tantawan Bungalow
34 Haad Son Resort
35 Secret Beach

HAT YAO

Übernachtung:
20 Shiralea Backpacker Resort
21 Haad Yao Bay View Resort
22 Long Bay Resort
23 Haad Yao Villa
24 Haad Yao Resort
25 Haad Yao Bungalow
26 See Through Boutique Resort
27 Ibiza Bungalows
28 J.B. Hut Bungalows
29 Easy Life Bungalows
30 Baan Haad Yao Villas
31 Sandy Bay Bungalows
32 High Life Haad Yao

Essen:
4 Eagle Pub & Restaurant

Sonstiges:
7 Chaloklum Diving
8 Haad Yao Divers
9 Supermärkte und Banken

---

vegetarische Küche. Fantastischer Blick auf den Marine Park. ⊕ tgl. außer So 14–23 Uhr.

AKTIVITÄTEN

Tauchen
Pirate Divers, ☎ 081-077 4470, 🖥 www.piratediversthailand.com. Direkt an der Zufahrtsstraße zum Hat Salad befindet sich die Basis dieser Tauchschule, die hier in der Bucht der Piraten einen guten Platz gefunden hat. Angeboten werden Tagestrips und Kurse.

Sail Rock Divers, ☎ 077-374 321, 🖥 www.sailrockdiversresort.com. Basis am Hat Salad. Tauchschule mit Speedbooten und Trainingspool (in Chaloklum). Vermietet werden auch Zimmer, ☎ 077-374 321. Karte s. oben (Chaloklum).

Yoga
The Yoga Retreat, ☎ 077-374310, 087-273 9812, 🖥 www.yogaretreat-kohphangan.com. Kleines Retreat an der Straße oberhalb von Hat Salad.

Die kleinen Buchten **Hat Kruat** [6257] und **Hat Thian (West)** [6333] liegen zwischen den gut erschlossenen Stränden Hat Yao und Hat Salad. Hier geht es beschaulich zu. Der Strand am **Hat Kruat** eignet sich meist nicht zum Schwimmen, doch am vorgelagerten Riff kann man gut schnorcheln. Zu Fuß gelangt man von hier einfach über Cookies Bungalow zum Hat Salad oder bei Ebbe über das Kap aus vielen Korallen und dicken Steinen zum **Hat Thian**. Neben dem einzigen hier ansässigen Resort, dem **Haad Thian Resort Resort** [6336], beginnt der Strandabschnitt mit schönem weißen Sand. Hier kann man sonnenbaden, schwimmen und über einen Fußweg bis nach Hat Yao wandern.

Am Hat Kruat (Karte S. 422) wohnt man im **Haad Gruad Beach Resort** , ✆ 077-349 242, [6258]. Die große Anlage bietet etwas ältere AC-Steinhäuser und Bungalows (mit Ventilator, teils mit Warmwasser). In 2 neuen 2-geschossigen Häusern gibt es große, gut ausgestattete Zimmer mit TV und AC. Infinity-Pool, Internet, Billard. Direkt am Strand. ❷–❻ Empfehlenswert, wenn auch ohne Strand, ist das **Lucky Resort** , ✆ 077-349 007, 🖥 www.luckyresort.com, [6259]. Schöne Anlage in einem großzügigen Garten voller tropischer Blüten am Hang. Einfache, gut erhaltene Matten- und Holzhütten, teils direkt am recht großen Pool oder am Meer gelegen. Es gibt 3 Betonbungalows der besonderen Art: als Baumstumpf oder (direkt am Meer) als riesiger Findling gestaltet. Zudem Steinhäuser mit AC. Restaurant mit Meerblick. Kein Strand. WLAN. ❷–❹

Selbstfahrer aufgepasst: Nach der noch asphaltierten Abfahrt zum Hat Kruat wird der Weg kurz vor der Zufahrt zum Cookies (siehe Hat Salad) schlechter. Bis zum Lucky Resort ist die Straße meist noch recht gut befahrbar, danach wird sie schwieriger zu meistern.

Angeboten werden Yoga, Detox und Kochkurse. Es gibt auch Zimmer, wenn man einen Kurs (Package) belegt. Mi, Fr und So von 14–19 Uhr Sauna für jedermann für 50 Baht. Restaurant, in dem jeden Fr ein indisches Buffet kredenzt wird (150 Baht) – auch für alle Nicht-Yogis ein Genuss.

Ao Mae Hat

Im Nordwesten der Insel erstreckt sich die 500 m breite Bucht Mae Hat [2823]. Gleich daneben und durch eine Sandbank mit der Bucht verbunden, befindet sich die kleine bewaldete Insel **Ko Ma**. Hier stehen ein paar Bungalows, die aber derzeit nicht bewirtschaftet werden. Der seichte Sandstrand der Ao Mae Hat bietet dank zahlreicher Bäume viel Schatten und zieht daher zahlreiche Familien an.

Gute Schnorchelbedingungen locken nicht nur Stammpublikum, sondern auch Tagesausflügler immer wieder hierher. Das Schnorcheln lohnt sich besonders im Westen von Ko Ma. Seitdem die Bucht zum Marine National Park erklärt wurde, ist kommerzielles Fischen und Harpunieren verboten.

Bei hohem Wasserstand kann man an einem kleinen Abschnitt der Bucht schwimmen, doch Vorsicht: Der Strand ist größtenteils von Korallen und Muscheln durchsetzt. Es empfiehlt sich daher, stattdessen durch den kleinen Kanal in der Strandmitte, den auch die Taucher nutzen, ins Meer hinauszuschwimmen. Bei starker Strömung und hohem Wellengang sollte man allerdings aus Sicherheitsgründen davon absehen.

Im Hinterland der Bucht liegt der **Wang Sai-Wasserfall**, der während der Trockenzeit schwer auszumachen ist und eigentlich nur nach der Regenzeit einen Besuch lohnt. Dann lässt es sich in den Wasserbecken herrlich baden.

ÜBERNACHTUNG

Karte S. 422

Untere Preisklasse

Mae Haad Beach View ⑧, ✆ 080-044 4539, [6260]. Hinter dem Klong stehen recht dicht beieinander in 2 Reihen Steinbungalows mit Mattenverkleidung und Blick aufs Meer. Dahinter im Hang weitere Mattenhütten. 2 Zimmer mit einem großen und einem kleinen Bett. Alle mit Ventilator und Warmwasser.

Tauchbasis von Haad Yao Divers (selten besetzt). ❷ – ❸

Royal Orchid Resort ② , ☏ 077-374 207, [6261]. Diese Anlage bietet einen tollen Blick auf Ko Ma. Die Holzbungalows, z. T. mit 2 Betten, stehen parallel zum Meer (AC) oder weg vom Strand in 2 Reihen (Ventilator). Die Einrichtung ist nicht unbedingt geschmackvoll und könnte mal erneuert werden. Schöner Garten mit runden Felsen am Strand. Restaurant mit Tischen am Meer. ❷ – ❹

Why Not Family ③ , ☏ 089-648 2141, 🖥 www.whynotphangan.com, [6262]. Oben im Hang mit teils sehr schönem Blick aufs Meer stehen einfache, saubere, recht geräumige Holzbungalows mit Ventilator. Gemütliches Restaurant. Wer selbst fährt, ist gut beraten, im ersten Gang am Hügel anzufahren. Kostenloser Abholservice vom Pier. WLAN. ❷

Mittlere und obere Preisklasse

Island View Cabana ⑤ , ☏ 077-374 172, [3204]. Holzbungalows am Strand in 2 Reihen mit AC. Dahinter und am weniger schönen Strandabschnitt rechts vom Restaurant in 2. Reihe verwohnte ältere Hütten mit Ventilator. Der Strandabschnitt des Resorts ist einer der besten: weißer Sand bis ins Meer, man kann herrlich im Wasser liegen und bei Flut schwimmen. Bäume spenden Schatten. Restaurant am Meer. ❸ – ❺

Mae Had Bay Resort ① , ☏ 077-374 330, 077-374328, 🖥 www.maehaadbayresort.com, [8609]. Große Anlage mit Villen und Zimmern in 2 Hotelkomplexen. Die Zimmer sind geschmackvoll und durchdacht eingerichtet. Große Bäder, Regenduschen. Riesiger Pool. Inkl. Frühstück. Bisher kein schöner Strand. ❻ – ❽

Utopia Resort ④ , ☏ 077-374 093, 🖥 www.phanganutopiaresort.com, [3194]. Geschmackvolle Holz- und Steinbungalows mit TV auf dem Berg über Ko Ma. Pool und Restaurant mit Aussicht aufs Meer. Schöne offene Badezimmer, einige mit Badewanne oder Whirlpool. Anfahrt über eine sehr steile schmale Betonpiste. WLAN im Restaurant. ❹ – ❼

Wang Sai Resort ⑥ , ☏ 077-374 238, ✉ wangsaikohma@live.com, [3205]. Direkt am Strand 8 Steinbungalows mit AC unter Palmen.

Massive Steinhäuser jeder Größe mit Holzverzierungen am Klong und im Hang mit tollem Blick aufs Meer. Die Einrichtung ist leider wenig ansprechend: viele Fliesen, wenig Flair. Basis von Chaloklum Diving. Großes Restaurant, nette Betreiber. WLAN im Restaurant. ❸ – ❺

Wangsai Garden ⑦ , [8664], im Hinterland gelegene einfache und günstige Anlage mit Holzbungalows am Hang und ebenerdig. Ohne Moskitonetze, aber mit Tisch und Stuhl. Recht große Veranden. Das Restaurant ist derzeit außer Betrieb. ❷

Ban Chaloklum

Das kleine Dorf **Chaloklum** [2824] liegt mitten in einer palmengesäumten Bucht mit Sandstrand im Norden der Insel. Mit seinen vielen nicht touristischen Geschäften ist Chaloklum einer der wenigen Orte der Insel, die sich ihre Ursprünglichkeit teilweise bewahren konnten. Im Hafen liegen zahlreiche Fischerboote und ein paar Tauchboote vor Anker. Lange Jahre war Chaloklum für seine Squidproduktion bekannt und berüchtigt: In der Nacht leuchtete eine Armada von Booten hell auf dem Meer, tagsüber verströmte der in der Sonne trocknende Tintenfisch einen nicht bei allen Besuchern wohlgelittenen Geruch. Heute ist das Meer fast leer gefischt, und so findet man nur noch in Piernähe einige Tintenfische auf Trockengestellen. Geblieben sind viele der Birmanen, die auf den Booten als billige Arbeitskräfte eingesetzt wurden. Heute schuften sie im Straßenbau. Die Birmaninnen erkennt man an dem für dieses Volk typischen Schutz gegen Sonne und Hautprobleme: die Tanaka-Paste, die kreisrund auf die Wangen aufgetragen wird.

Rechts des Hafens fahren die Longtail-Boote direkt vom Strand zum Hat Khuat. Hier befinden sich auch die günstigen Unterkünfte. Linker Hand des Dorfes lädt der pittoreske **Malibu Beach**, ein kleines mit Kasuarinen bestandenes Kap mit hellweißem Sand, zum Relaxen ein. Das Meer eignet sich meist eher zum Dümpeln denn zum Schwimmen. Und der Sand ist leider auch bei Sandfliegen sehr beliebt.

Wem der Lesestoff ausgeht, der kann sich im **Books**, zentral im Dorf gelegen, mit neuer Lektüre eindecken. Hier gibt es viele deutsche Bücher.

ÜBERNACHTUNG

Karte S. 402/403

Chaloklum Bay Resort ③④, ✆ 077-7737 4147, 🖥 www.chaloklumbay.com, [3124]. Große Bungalows und Häuser mit 1–3 Betten, einige mit TV und Kühlschrank. Pool mit Meerblick (Besucher 150 Baht). Kajakverleih. Viele russische Gäste. ❺–❼

Fanta Beach Bungalow ③⓪, am östlichen Ende der Hat Chaloklum, ✆ 077-374 132, ✉ fantaphangan@yahoo.com, [8610]. Gut ausgestattete AC-Steinbungalows am hellen Sandstrand. Ältere und wesentlich einfachere Holzhütten (Ventilator) liegen etwas nach hinten versetzt. Besonders viel Platz bietet ein Haus mit 2 Zimmern. WLAN im Restaurant. ❷–❹

Malibu Beach Bungalows ③③, ✆ 077-374 057, 🖥 www.malibubeachbungalows.com, [3190]. In Matten gekleidete Rundbungalows aus Stein und weiß getünchte Häuschen mit TV um den Pool. Dahinter einfache ältere Holzbungalows mit Ventilator und Moskitonetz. Idyllisch gelegenes Restaurant vorne am Kap. Inkl. Frühstück. Schöner Pool. ❹–❺

Mandalai Boutiquehotel ③②, ✆ 077-374 316, 🖥 www.mandalaihotel.com, [3191]. Schön gestaltetes kleines Hotel mit Minipool und Spa. Geschmackvolle Ausstattung mit Safe. Von den vorderen Zimmern fantastische Sicht auf das Treiben am Hafen. Sonnenterrasse mit Liegen. Oft günstige Sonderangebote. ❼

North Beach ③①, ✆ 077-374 258, [8611]. 9 einfache Holzbungalows mit Ventilator direkt am Strand. Teils offene, also bei Regen nasse Bäder. Beliebt und oft voll – auch das Restaurant. ❷

Wattana Resort ③⑤, ✆ 077-374 022, 🖥 www.wattana-resort-phangan.info, [5550]. Holzbungalows in 3 Reihen am Meer, alle AC. Im Garten weitere Holzbungalows, einige wenige mit Ventilator. Familienbungalows. Die Anlage wird von Steinen geschützt. Bei Ebbe auch Sandstrand. ❸–❺

ESSEN

In Chaloklum findet man noch **traditionelle Thai-Küche** an Straßenständen und in kleinen Restaurants. Die frittierten Bananen und anderen Leckereien sind unbedingt einen Versuch wert. Vor allem am frühen Morgen (etwa bis 7 Uhr) gibt es viele Leckereien an der Straße neben Chaloklum Diving. **Früchtestände** stehen an der hinteren Durchgangsstraße. Einige Restaurants bieten gute Fischgerichte. Es lohnt sich, die Fische vorher anzusehen, um sicherzustellen, dass sie auch frisch sind.

Cucina Italiana (Besco Night Light), neben Chaloklum Diving, [5234]. Einer der besten Italiener der Insel, zumindest die Pizzas und die hausgemachte Pasta bekommen beste Noten nicht nur vom italienischen Publikum. Do und So ab 19 Uhr frische Pizza für 200 Baht. Dann herrscht viel Betrieb (Reservierung empfohlen). 🕑 Di–So ab 17.30 Uhr.

Nong Restaurant, nahe dem Pier. Leckere traditionelle Thai-Küche in einfachem Restaurant. Einige Plätze mir Meerblick.

Nongnook Restaurant, 50 m von Chaloklum Diving entfernt. Gekocht wird in der zur Straße offenen Küche, gegessen im gegenüber-liegenden Restaurant mit Blick aufs Meer. 🕑 10–23 Uhr.

North Coast Bakery (NCB), Chaloklum, ✆ 089-591 9412, [8456]. Als Taucher war Jörg viele Jahre lang ein Liebhaber der Insel. Doch es fehlte ihm das heimische Brötchen … Heute backt er in seiner eigenen Bäckerei gutes und leckeres Vollkorn- und Weißbrot, auf Anfrage auch Kuchen und mit Glück dienstags ab 12 Uhr leckere Brezeln. Und für alle, die glutenfreies Brot suchen, wird Reismehl lecker in Form gebracht. 🕑 8–20 Uhr.

Sea Side Restaurant, am Ende der Strand-straße. Gute Küche, Sitzmöglichkeiten auch auf dem Boden.

AKTIVITÄTEN

Tauchen

Chaloklum Diving School, ✆ 077-374 025, 🖥 www.tauchenkohphangan.com, [8454]. Empfehlenswerte, erfahrene Tauch-schule. Seit über 20 Jahren leben Michael und Nick auf Ko Pha Ngan, wo sie vor mehr als

DIE INSELN IM GOLF

15 Jahren ihre Tauchschule eröffneten. Michael spricht deutsch, sein Partner Nick englisch. Geboten werden Kurse in kleinen Gruppen (max. 4 Teilnehmer). Mit dem zum Tauchboot umgerüsteten Fischerboot geht es auf Tauchausflüge, Nacht- und Strandtauchgänge in der Bucht Mae Hat. Nick hat fast immer eine Unterwasserkamera dabei, und die geschossenen Fotos sind eine tolle Erinnerung. Günstiges Leihequipment für Schnorchler.

🏠 **Core Sea**, ☎ 087-273 9663, 🖥 www. coresea.com, [8663]. Engagiertes Projekt eines Meeresbiologen, der Taucher für den Schutz der Unterwasserwelt sensibilisieren möchte. Bereits an einem Tag lässt sich hier viel Spannendes lernen. Wer Zeit mitbringt, kann auch einen Kurs belegen, der bis zu einem Monat dauert.

Wakeboarden

Wake Up!, ☎ 087-283 6755, 🖥 www. wakeupwakeboarding.com. Der Brite Jamie bietet Spaß auf dem Wakeboard. Geboarded wird am Strand von Chaloklum. Auch für Anfänger geeignet.

Hat Khom

Nördöstlich von Chaloklum versteckt sich der kleine, weißsandige **Hat Khom** [5551], der von ein paar großen schwarzen Steinen durchsetzt ist. Kokosnusspalmen und Kasuarinen vervollständigen das Idyll. Und da der Strand mit nur vier günstigen Bungalowanlagen bebaut ist, findet man hier Ruhe. Hat Khom gilt dank herrlicher Unterwasserwelt als einer der besten Strände der Insel und lädt ganzjährig zum Schnorcheln ein. Etwa 50 m vor dem Strand befindet sich das Riff. Meist ist das Wasser bis hin zu den Korallenbänken ganz seicht. Von April bis Oktober kann man in der Bucht zumeist schwimmen, ohne vor das Riff wandern zu müssen.

Von Hat Khom erreicht man in einem etwa 2 1/2-stündigen Marsch den Hat Khuat (Bottle Beach). Markiert ist der Weg mit Flaschen. Gutes Schuhwerk ist erforderlich, außerdem unbedingt an genügend Trinkwasser denken!

Zum Strand selbst führt eine Asphaltstraße (vorbei am Buri Tara Resort, [5548]). Das erste Resort, Coral Bay, ist ans Stromnetz angeschlossen. Die anderen Anlagen werden mit Generatorstrom ab 18 Uhr bis zur Morgendämmerung betrieben. Die Generatoren liegen oberhalb im Hang und stören nicht.

ÜBERNACHTUNG

Karte S. 402/403
Coral Bay Bungalows ㉘, ☎ 077-374 245, ✉ coralbay.phangan@gmail.com, [5552]. Älteste und größte Anlage des Strandes. 30 Bungalows, von 4 einfachen Holzhütten mit Gemeinschaftsbad bis hin zum gut ausgestatteten Natursteinhaus in einem schönen Garten am Hang mit 2 großen Betten. Blick auf Chaloklum und Hat Khom. Reservierung am liebsten langfristig oder per Telefon am Tag zuvor. WLAN im Restaurant. ❷–❸

Haad Khom Bungalows ㉖, ☎ 077-374 246, 081-187 4795, ✉ haadkhom@hotmail.com, [6323]. Größere und kleinere Holzbungalows mit Ventilator in einem üppigen Wäldchen, das bis an den mit kleinen Felsen durchsetzten Strand reicht. Restaurant vorne am Meer mit Bar. Die alten Bungalows für 300 Baht sind verwohnt, die neueren für den doppelten Preis einladender. Alle Bungalows mit schmalem Doppelbett. ❷

Ocean View ㉗, ☎ 086 344 3787, ✉ oceanview99@hotmail.com, [6325]. Schöne, individuell gestaltete, große Holz- und Steinbungalows im Hang und am Strand. Vorne am Meer stehen Schatten spendende Kasuarinen und Palmen. Neben gut ausgestatteten neuen großen Häusern (eines auch für 4 Pers.) gibt es auch noch einfache Zimmer im Holzreihenhaus am Meer mit Gemeinschaftsbad. Rundes gemütliches Strandrestaurant. ❷–❹

Hat Khuat (Bottle Beach)

An der felsigen Nordostküste liegt die abgelegene und idyllische, etwa 500 m lange Sandbucht Hat Khuat [3197]. Wenn sich im Frühjahr (Feb–Mai) das Wasser an den meisten Stränden Ko

Pha Ngans zurückzieht, hat man hier noch gute Chancen auf herrlichen Strand- und Badeurlaub. Das vorwiegend junge Publikum spielt Volleyball, liegt in der Sonne, joggt, übt sich in Yoga oder wandert zum etwa 40 Min. entfernt gelegenen Aussichtspunkt (der Aufstieg befindet sich hinter dem BB2, dort bitte noch mal nachfragen, man wird dann zum richtigen Pfad geleitet). Auch Kinder kommen hier voll auf ihre Kosten: dank herrlich weichem, gelbem Sand, einfach zu erreichenden Schnorchelgebieten und einem Meer, das die Badenden oft mit kleinen Wellen beglückt.

Es gibt vier Anlagen, die für jeden Geschmack und Geldbeutel die passende Unterkunft bieten. Die Preise sind angemessen, teils auch noch sehr günstig. Teuer ist allerdings die Verpflegung. In der Saison ist Hat Khuat fest in der Hand von Langzeiturlaubern – man sollte also vorher anfragen, ob Bungalows frei sind. Von Oktober bis Dezember sind die Wellen meist so hoch, dass nur wenige Gäste kommen, sodass einige Anlagen schließen.

ÜBERNACHTUNG
Karte S. 402/403

BB2 Bungalows ㉒, ✆ 077-445 156, [4353]. Am Westende der Bucht einfache Mattenhütten aus alten Tagen in 2 Reihen parallel zum Strand. Im Fels 3 bessere Holzbungalows mit 2 großen Betten. Alle mit Ventilator und Moskitonetz. Am Klong ein paar Minihütten ohne Badezimmer auf freier Rasenfläche. Strom nur nachts. Ticketservice und Transport zur Vollmondparty (500 Baht). Volleyball. ❶–❷

Bottle Beach 1 Resort ㉔, ✆ 077-445 151, 🖥 www.bottlebeach1resort.com, [4339]. Parallel zum Strand 6 stabile, recht große Holzbungalows mit Ventilator. Zudem ältere Steinbungalows und Holzhütten, teils auf Wunsch mit AC. Neuere große Stein- und Holzhäuser mit gehobenerer Ausstattung (TV, wahlweise mit AC). Einige für 3 Pers. Moskitonetze. Im Garten Pool mit Kinderbecken (viel Chlor). Massage am Strand. ❸–❺

Haad Khuad Resort ㉓, ✆ 077-445 153, [4347]. Zentral am Strand. Schattig gelegenes, 2-geschossiges Reihenhaus mit gehobener Ausstattung: TV, Warmwasser, Minibar, Regale,

Bett und Tisch, Balkon, auf Wunsch AC. Daneben 4 eng beieinanderstehende Holzbungalows mit 2 Etagen. Oben schräge Decken und kleine Veranda im Giebeldach. 2 separate Schlafzimmer (familiengeeignet). Ventilator und Moskitonetz. Volleyball, Kajakverleih (2-Sitzer 100 Baht pro Std., 3-Sitzer 120 Baht pro Std.). Minimarkt. ❹–❺

Smile Bungalows ㉕, ✆ 081-9563133, ✉ smilebeach@hotmail.com, [4349]. Im gepflegt begrünten Hang am östlichen Ende der Bucht Mattenbungalows mit stabilen Dächern. Kleine Bungalows mit einem Bett und etwas größere mit 2 großen Betten, schönen Bädern und Panoramafenstern. Teils 2-geschossig mit steilen Stufen. Moskitonetze. Angenehme Atmosphäre. Schönes Restaurant. Strom im Zimmer ab dem frühen Abend bis in die Morgenstunden. Kajakverleih. ❷–❹

ESSEN

Die Verpflegung am Strand ist relativ teuer, es gibt nur einen kleinen Supermarkt mit ein paar Keksen, Snacks, Getränken und Waschmittel. Viele Langzeitreisende kaufen bei der Anreise in Chalokum große Wasserkanister, um ein bisschen Geld zu sparen. Auch kleine Snacks und frisches Lieblingsobst bringen sich viele für die ersten Tage mit. Alle Anlagen haben ein Restaurant. Recht günstige Küche mit breiter Auswahl hat das sehr große, etwas unpersönliche **Haad Khuad Resort**. Hier lockt den einen und stört den anderen die allabendliche Fernsehvorführung (über das Programm stimmen die Besucher vorher ab) ab 19.30 Uhr. Manchmal gibt es davor und danach Livemusik. Gemütlich und nett, immer gut besucht, aber etwas teurer ist das Restaurant von **Smile Bungalows**. Im **BB2** gibt es auch israelische Küche. Abends sitzt man schön unter freiem Himmel am Strand. Manchmal veranstaltet eine Anlage BBQ, der frische Fisch ist dann fast immer einen Besuch und den Preis (um die 250–350 Baht) wert.

SONSTIGES

Wer sein Handy mitgebracht hat, legt am Bottle Beach eine Kommunikationspause ein. Nur selten ist ein Netzwerk zu erreichen. Internet ist nur mit sehr niedrigen Datenraten verfügbar.

TRANSPORT

Die Bucht erreicht man per Longtail-Boot ab CHALOKLUM. Reguläre **Boote** der Anlagen starten um 9.30 Uhr, in der Saison zudem um 10, 13 und 17 Uhr ab 100 Baht (bei wenigen Gästen entsprechend mehr). Zurück fahren Boote um 10 Uhr, manchmal auch weitere um 11, 14 und 18 Uhr. Am besten erkundigt man sich am Vortag nach den geplanten Fahrten. Mit wenig Gepäck kann man auch zu Fuß in 2–2 1/2 Std. über die Berge durch den Dschungel trekken. Festes Schuhwerk erforderlich, auch Wasser sollte man nicht vergessen.
Nach THONG NAI PAN, THAN SADET und HAT RIN kann man ein Longtail-Boot chartern. Bei mehreren Personen kostet die Fahrt nach Hat Rin 400 Baht p. P. oder etwa 1500 Baht pro Boot. Eine schlechte Straße führt zum Thon Nai Pan, doch wird diese nur genutzt, wenn hohe Wellen Bootstransporte verhindern. Zu Fuß anstrengend und wenig spannend, mit dem Moped oder Mini-Jeep nicht passierbar. Nur richtige Offroader kommen hier durch.

Ao Thong Nai Pan

Palmengesäumt und an den Enden unterbrochen von kleinen schwarzen Felsformationen, mit strahlend weißem, weichen Sand und türkisfarbenem Wasser: So präsentiert sich Thong Nai Pan [2825], für viele der schönste Strand Pha Ngans. Ein steiler Hügel trennt ihn in einen großen und einen kleinen Teilstrand: **Thong Nai Pan Yai** und **Thong Nai Pan Noi**.

Die Atmosphäre an den beiden Stränden ist sehr unterschiedlich. Während am Thong Nai Pan Noi die Anlagen immer luxuriöser wurden und immer mehr Pauschalreisende bzw. selbst buchende Flashbacker aus Samui hier anreisen, ist am Thong Nai Pan Yai noch etwas mehr Einfachheit und Spontanität angesagt. Die Anlagen hier sind kleiner und einige sogar noch recht günstig. Das Publikum ist gemischt, und es gibt bislang nur selten Sonnenstuhlkolonien, die

mittlerweile besonders den südlichen Bereich des Thong Nai Pan Noi zustellen.

Ab Oktober und bis in den Dezember hinein ist es oft windig und regnerisch, viele Anlagen sind dann aufgrund zu geringer Nachfrage geschlossen. An beiden Teilstränden werden öfter Quallen gesichtet.

Thong Nai Pan Yai

Das Dorf **Ban Thong Nai Pan** befindet sich direkt hinter dem großen (Yai-) Strand. Die Bars haben meist ganzjährig geöffnet, kleine Läden machen in der Nebensaison die Schotten dicht. Es gibt Reisebüros, Geldautomaten, eine Wechselstube und kleine Supermärkte. Briefmarken führt der Supermarkt kurz vor den Bamboo Bungalows, der auch als Post fungiert. Am Strand bietet der Starlight Supermarkt eine kleine Auswahl an Waren des alltäglichen Bedarfs.

Die große Bucht ist fast 900 m lang und wird an den Enden von Felsen gesäumt. Einige große Bäume spenden Schatten. Zu allen Jahreszeiten kann man hier schwimmen.

ÜBERNACHTUNG

Baan Panburi Village ⑪, ✆ 077-238 599, 🖳 www.baanpanburivillage.com, [3210]. Im Süden der Bucht gelegene kleine Anlage mit einfachen Bungalows. Die kleineren sind ansprechend einfach und sauber, die größeren könnten geschmackvoller möbliert sein, bieten aber etwas mehr Komfort, u. a. AC, WLAN. ❷–❺
Bamboo Bungalow ⑦, ✆ 077-445 121, [8612]. Kleine Bungalowanlage nicht direkt am Strand. Bäume bilden einen schattigen Durchgang, rechts und links daneben kleine und größere saubere einfache Holzbungalows. In der Nebensaison sehr ruhig, dann ist auch die Bar geschl. Viele Gäste kommen seit Jahren hierher. ❸

Candle Hut Resort ⑥, ✆ 077-445 119, 🖳 www.candlehutresort.com, [6265]. Im großzügig angelegten Garten im Norden der Bucht Luxusbungalows mit allem Komfort um einen Pool. Offene Bäder. Rechts und links daneben ansprechend große Holzhäuser mit AC oder Ventilator, teils mit 2 Doppelbetten. Sehr geschmackvoll ausgestattet in guter Lage und für alle mit Blick aufs Meer. ❺–❻

DIE INSELN IM GOLF

Thong Nai Pan

N
0   300 m

Übernachtung:
1. Santhiya Resort & Spa
2. Thongtapan Resort
3. Anantara Rasananda
4. Buri Rasa Village
5. Panviman Resort
6. Candle Hut Resort
7. Bamboo Bungalow
8. Central Cottage
9. Star Light Resort
10. Dolphin Resort
11. Baan Panburi Village
12. Longtail Beach Resort

Essen:
1. Chantara
2. Baan Tapanoi
3. The Beach Club
4. Handsome Sandwiches
5. Rasta Baby Restaurant & Bar
6. Ayutthaya Noodlesoup
7. Luna, Lounge Bar & Restaurant
8. The End Beach Bar and Restaurant
9. Su's Espresso Bakery
10. Chai-Ya Bar & Restaurant
11. Game Bar
12. Flip Flop Pharmacy

Sonstiges:
1. Ayurvana Spa
2. Tropical Dive Club
3. Tipi

DIE INSELN IM GOLF

Wasserfälle, Thong Sala

Thong Nai Pan Noi

Thong Nai Pan Yai

Central Cottage ⑧, ☎ 077-445 128, 🖥 www.
centralcottage.net, [3208]. Große eng bebaute
Anlage mit Bungalows und Zimmern im
Reihenhaus am Pool, teils mit einfacher, teils
mit gediegener Ausstattung. Ventilator und AC.
Kajakverleih, Billard, Kicker. Restaurant unter
dichtem Blätterdach am Strand. WLAN. ❷–❺
Dolphin Resort ⑩, ✉ kimgiet@hotmail.com,
[6263]. Geschmackvolle Anlage mit Holz-
bungalows, Ventilator und AC. Restaurant und
Café vorne am Strand in angenehm zurück-
gezogener Atmosphäre. Viele kleine Details
runden den Charme der Anlage ab. Ruhig.
Vorne am Strand in der Saison beliebtes
Restaurant. ❸–❹
Longtail Beach Resort ⑫, ☎ 077-
445 018, 🖥 www.longtailbeachresort.
com, [3207]. Schöne Anlage am südlichen
Ende der Bucht. Gute, liebevoll dekorierte
Bungalows, meist aus Holz und mit Ventilator.

Teils mit Steinfußboden und daher immer
angenehm temperiert. Fenster und Türen mit
Moskitogittern. Freundliches Management.
WLAN. ❷–❹

ESSEN UND UNTERHALTUNG

Chai-Ya Bar & Restaurant, Nudelsuppen,
Papaya-Salat, Burger und Sandwiches.
🕐 ab 11 Uhr bis spät.
Flip Flop Pharmacy, am Strand. Hier gibt es
Pizza und andere Leckereien, die Herz und
Bauch des Reisenden erfreuen.
Game Bar, an der Straße Höhe Bamboo Bunga-
low. Neben einigen Gerichten vor allem Warm-
up für die Vollmondparty. Ganzjährig geöffnet.
Su's Espresso Bakery, kleine Bäckerei im
Dorf mit wenigen Tischen. Deutsche Küche,
Bananenkuchen, Kaffee, Joghurt, Eiscreme,
Pizza und Pasta. 🕐 8–21 Uhr, in der Neben-
saison geschl.

The End Beach Bar and Restaurant, ☎ 077-445 119, [8623], im Norden der Bucht unter schattigen Bäumen gelegene Lounge-Bar mit angenehmen Sitzgelegenheiten und Minipool zur Abkühlung. Gute Küche, aus allen Teilen der Welt inspiriert. Beliebt sind auch die zahlreichen Cocktails (Happy Hour 15–19 Uhr). ⏱ 10 Uhr bis spät.

Thong Nai Pan Noi

Der kleine Thong Nai Pan ist etwa 700 m lang und bei Ebbe am nördlichen Ende fast 15 m breit. Weißer Sand überall. Ganzjährig lockt das Meer zum Schwimmen, im Sommer muss man allerdings immer weiter hineingehen, um genug Tiefe zu erreichen. Vorne lässt es sich jedoch herrlich dümpeln. Die Brandung ist hier manchmal etwas rauer, und die Wellen sind etwas höher als nebenan. Hinter dem Strand finden sich auf der Zufahrtsstraße Restaurants, Reisebüros, Supermärkte, Geldautomaten, Massagesalons und das interessante Schmuckgeschäft **Tipi**. Das Erscheinungsbild hat sich mit der Eröffnung des Buri Rasa Village stark verändert: Auf wenig Platz wohnen nun viele Menschen, die sich in der Sonne „braten lassen". Es bleibt abzuwarten, welche Ansprüche dieses Publikum stellt und welche Veränderungen dies auch im Hinterland nach sich ziehen wird. Viele Geschäfte haben im Oktober und November geschlossen.

Anantara Rasananda ③, ☎ 077-239 555, 🖥 www.rasananda.com, [3188]. Luxusanlage, die weite Teile des zentralen Strandabschnitts belegt. Bungalows mit Pool am Strand, dahinter Zimmer in 2-stöckigen Häuschen. Großer Pool. Oft gute Promotion, sonst weit über ❽.

Buri Rasa Village ④, ☎ 077-445 211, 🖥 www.burirasa.com, [8614]. Hotelkomplex für Flashbacker mit dem Hang zum Luxus. Vorne am Strand zahlreiche Liegestühle. Die Zimmer sind groß, die Ausstattung ist ansprechend. Kleiner Pool. WLAN. ❽

Panviman Resort ⑤ ③, ☎ 077-445 101, 🖥 www.panviman.com, [3186]. Exklusive Anlage mit Bungalows und Hotelzimmern am Hang im Süden der Bucht. Wunderschöner tropischer Garten. Pool auf mehreren Ebenen.

Frühstücksrestaurant am Hang, abendliches Dinner im Strandrestaurant. Kajaks, Mountainbikes. Viele Liegen am Strand und recht eng neben Buri Rasa Village. ❽

Santhiya Resort & Spa ①, ☎ 077-428 999, 🖥 www.santhiya.com, [3189]. Geschmackvolles Resort mit Teakhäusern im klassisch-modernen Thai-Stil an einem eigenen Privatstrand. Alle Bungalows auf den Hügeln nördlich des Strandes mit tollem Blick auf die Bucht, exzellentes Restaurant. Riesiger Pool mit Wasserfall. ❽

Thongtapan Resort ②, ☎ 077-445 067, 🖥 www.thongtapan.com, [6269]. Steinerne Hütten, innen mit Holz verkleidet, und Holzhäuser, locker gruppiert im Garten und am Hang zwischen schwarzen Granitfelsen im Norden der Bucht. Große Bungalows für Familien. Schöne, wenn auch meist einfache Innenausstattung. Hinten im Hang Holzbungalows mit Ventilator. WLAN. ❹–❻

An der Straße hinter Buri Rasa Village befinden sich zahlreiche einfache Thai-Restaurants mit meist recht guter Traveller-Küche.

Ayutthaya Noodlesoup, kleines Restaurant an der Straße mit einfacher, traditioneller Thai-Küche.

Baan Tapanoi, schönes Restaurant am Strand ganz im Norden der Bucht. Abends BBQ, auch tagsüber gute Küche. Angenehm schattig unter Bäumen gelegen.

Chantara, ☎ 077-428 999, 🖥 www.santhiya.com. Restaurant des Santhiya Resorts. Leckere Salate, Steaks und Fisch. Di und Sa 20.30–22.30 Uhr Aufführung klassischer Thai-Tänze. Gehobenes Preisniveau. ⏱ 8–22 Uhr.

Handsome Sandwiches, Foodstall mit Ham- und Cheeseburgern, frisch gebraten im Wok. ⏱ 10 Uhr bis spät.

Luna, Lounge Bar & Restaurant, an der Straßenecke zum Panviman und Star Huts, ☎ 083-136 8130. Elegante Bar und Restaurant mit Fusionküche in gehobener Atmosphäre. In der Nebensaison geschl.

Rasta Baby Restaurant & Bar, an der Straße etwas oberhalb der Kurve. Küche für Westler in

Rasta-Ambiente. Schnitzel, Pizza, Pasta und Asiatisches.

The Beach Club, zwischen Buri Rasa Village und dem Anantara gelegene angesagte Beachbar und Restaurant. Gehobene Preise.

AKTIVITÄTEN

Tauchen

Tropical Dive Club, ☎ 077-445 081, 🖥 www. tropicaldiveclub.com, [8616]. Unter deutscher Leitung (Gerd) und oft mit deutscher Staff. Tauchtrips ab 12 Uhr. PADI und SSI. Ein Schnellboot kann für Fahrten von und nach Ko Samui gechartert werden. Basis in einem kleinen niedlichen Holzhaus beim Thongtapan Resort.

Wellness

Ayurvana Spa, ☎ 077-238 333, 🖥 www. santhiya.com. Massagen und Wohlfühlprogramm im luxuriösen Spa. Nicht ganz billig. Immer mal wieder Sonderangebote.

TRANSPORT

Auf der Straße geht man von Strand zu Strand etwa 20 Min. Mit dem **Moped** ist diese Tour trotz einem stetigen Ausbau der Straße noch immer nicht ganz ungefährlich. Bei Regen wird der breite Weg matschig und rutschig; man sollte das Mopedfahren beherrschen.

THONG SALA, die **Taxis** aus der Stadt Richtung Strand starten am Pier (250 Baht). Manche Anlagen holen Besucher ab. Ab Thong Nai Pan Taxis um 10 und 14 Uhr, manchmal auch um 16 Uhr für 250 Baht in 25 Min.

THAN SADET, HAT THIEN, HAT RIN, in der Hauptsaison um 9 Uhr für 150 Baht, weiter nach MAE NAM (Ko Samui) für 350 Baht.

An Vollmond fahren **Taxiboote** für 200–250 Baht, bei hohem Wellengang Taxis über Land für den gleichen Preis.

Than Sadet

Weißer feiner Sand lockt am kleinen malerischen Strand von Than Sadet [2834]. Grüne Hügel umrahmen die etwa 500 m lange Bucht, rechter Hand laden dicke Gesteinsbrocken zu

einem Sprung ins türkis schimmernde Nass. Die Berge im Hinterland mit ihren Wasserfällen und deren zahlreichen Pools verlocken Wanderfreunde zu Entdeckungsstreifzügen. In der Trockenzeit kann man auf den großen Steinen entlang der sachte plätschernden Sadet-Fälle herrlich picknicken. Am südlichen Strandende mündet dieser Wasserfall ins Meer. Ein kleiner Holzsteg führt zu den Felsen, die die Bucht säumen und auf denen ein paar Bungalows thronen.

Weder Bars noch laute Musik stören hier die Ruhesuchenden, denn Than Sadet ist noch nicht ans Stromnetz angeschlossen. Man kann dem Klang der Wellen oder dem Rauschen der Palmen lauschen. Lediglich die hier ankernden Ausflugsboote durchbrechen tagsüber die Stille.

ÜBERNACHTUNG

Karte S. 402/403

Es gibt nur wenige Anlagen. Einige Hütten sind in den Hang hineingebaut, und nur wenige befinden sich direkt am Strand. Die Bungalows sind günstig, geräumig und haben weder Warmwasser noch AC. Viele eignen sich aufgrund 2-geschossiger Bauweise und großer Betten auch für Familien. Gegessen wird in den Anlagen.

Mai Pen Rai Bungalows ⑱, ☎ 081-894 5076, 🖥 www.thansadet.com, [6272]. Geräumige Holzbungalows rechts am Strand und beidseitig am Hang, manche malerisch auf Steinen oder versteckt hinter dichtem Blätterdach. Bad aus Natursteinen. Moskitonetze. Einige Bungalows mit Aussichtsterrasse. Rezeption und Restaurant an der Mündung des Than Sadet. Mit großen Bungalows auf unschönen Betonfundamenten versperrt die Anlage seit 2011 den Weg nach Hat Thong Reng. ❷–❹

Plaa's Bungalows ⑳, ☎ 077-445 049, [6273]. Kleine und größere, teils 2-stöckige Holzbungalows oben im nördlichen Hang, manche mit gläsernen Panoramafenstern. Moskitonetz und Ventilator. Strom von 19–24 Uhr. Rezeption und Restaurant oben auf dem Hügel erreicht man durch eine Felsspalte am Wasser. ❷–❹

Seaview Than Sadet ㉑, ☎ 080-696 5304, 🖥 www.seaview.thansadet.com, [5278].

Der Wasserfall, den nicht nur Könige besuchen

Than Sadet bedeutet so viel wie „der Platz, den Könige besuchen", und mit diesem Namen huldigen und danken die Inselbewohner ihrem geliebten ehemaligen Monarchen Chulalongkorn, Rama V., seine zahlreichen Besuche auf der Insel. 1889 kam er erstmals hierher, und es folgten zahlreiche weitere Aufenthalte. Inschriften bezeugen sein Interesse an der Insel. Drei weitere Könige (Rama VI., VII. und XI.) taten es ihm später nach. Sie alle entnahmen dem Fall Wasser, das sie für Zeremonien nutzten.

Etwas abseits des Strandes, jedoch mit freiem Blick aufs Meer, steht der königliche Pavillon, in seiner jetzigen Gestalt erst in jüngster Zeit erbaut und noch nicht von einem König besucht. Der Platz selbst wurde jedoch schon von Rama V. (1901), Rama VII. (1926 und 1928) und Rama IV. (dem bis heute regierenden Bhumipol, 1962) aufgesucht. Der hier verehrte Stein mit Inschriften legt davon Zeugnis ab.

Wer der Straße Richtung Ban Tai folgt, erreicht nach etwa 2 km linker Hand eine Statue Ramas V. Ein Pfad führt zum kleinen Waldkloster Thong Nang, dessen Schrein sich auf einem großen schwarzen Stein befindet. Dahinter führen Stufen hinab zum Wasserfall. Eine Inschrift von Rama V. verrät, dass hier bereits im 18. Jh. Felder bewirtschaftet wurden.

Diese nette kleine Anlage legt oben am steilen Hang. Die Bungalows sind einfach und sind vor allem wegen ihrer Aussicht beliebt. Vom Restaurant kann man den Blick auch als Gast genießen. ❷–❸
Silver Cliff Resort ⑲, ☎ 077-445 087, [6274]. Zahlreiche Bungalows unterschiedlicher Bauart am nördlichen Hang. Teils gefliest und aus Stein, teils älteren Datums und aus Holz. Große Veranden, toller Blick auf die Bucht. ❷–❹

TRANSPORT

Der Strand befindet sich etwa 3 km von THONG NAI PAN entfernt und ist von BAN TAI aus über die gleiche Straße erreichbar. Der Abzweig ist am Roundabout ausgeschildert. Die Straße wird ausgebaut, doch bis sie fertig ist, ist die Zufahrt nicht für Fahranfänger geeignet. **Songthaew** oder **Longtail-Boote** ab 250 Baht.

Tgl. außer in der Nebensaison (Nov–Dez) fährt ein Boot von THONG NAI PAN kommend gegen 9.15 Uhr in Than Sadet ab in Richtung HAT THIEN und HAT RIN und weiter zum MAE NAM auf KO SAMUI. Tickets innerhalb von Ko Pha Ngan 150 Baht, nach Ko Samui 350 Baht. In die Gegenrichtung nach THONG NAI PAN Abfahrt gegen 13.30 Uhr.

Hat Namtok, Hat Yang, Hat Yao (East)

Südlich von Than Sadet erstrecken sich die wohl abgelegensten Strände der Insel. Zunächst erreicht man den kleinen **Hat Namtok**, an den man unter Palmen entspannen kann. Von hier aus führt ein Weg zum Than Prapat-Wasserfall, der nach der Regenzeit von November bis Januar ein eindrucksvolles Naturschauspiel bietet. Es folgt der **Hat Yang**, der im Süden von einem Kap begrenzt wird, hinter dem sich der zu Spaziergängen einladende Sandstrand **Hat Yao** befindet. Unterkunft bieten hier nur **Haad Yao Cabana** ⑱ und **Ploy Beach** ⑯, Karte S. 402/403, jeweils mit einfachen, preiswerten Bungalows ohne größeren Komfort. ❶–❷ Es kann durchaus sein, dass sie mangels Betrieb geschlossen sind. Am besten ist Hat Yao East zu Fuß von Hat Rin über einen Dschungelweg bzw. mit dem Longtail-Boot zu erreichen.

Hat Yuan, Hat Thien und Hat Wai Nam

An der Südostspitze der Insel liegen drei weitere Strände, die lange nur von Langzeiturlaubern frequentiert wurden. Seit dem Bau einer Straße von Hat Rin erhöht sich hier jedoch mit steigendem Komfort auch die Zahl der Kurzzeitbesucher.

Hat Wai Nam ist der kleinste und nördlichste der drei Strände; eine einzige Anlage bietet Unterkunft. Ein Hügel weiter liegt der **Hat Thien**. Zum Schwimmen ist er aufgrund des Korallenschrotts am Ufer kaum geeignet, nur ein kleiner Abschnitt im Süden wurde von den scharfkantigen Brocken gereinigt – als Ankerplatz für die Longtail-Boote. Hat Thien ist eine Enklave der Yoga-Freunde und Anhänger sonstiger New-Age-Lehren – hier wird therapiert, diskutiert und meditiert. Es gibt so gut wie keine Bungalows am Strand; dafür umso mehr im Hinterland – zum großen Teil schön eingebettet in die Landschaft. Auch Häuser für Langzeit-Yogis wurden errichtet. Die Ruhe an diesem Strand wird nur freitagnachts von einer Party gestört. **Hat Yuan** [3181], der südlichste Strand der Ostküste, liegt schon in der Nachbarschaft von Hat Rin. Neben einigen älteren Anlagen mit Old Skool Reggae-Feeling gibt es inzwischen auch mittelpreisige Unterkünfte für alle, denen es am Hat Rin zu voll ist und die dennoch in der Nähe des Trubels bleiben wollen, sowie eine komfortable Anlage mit Pool.

Alle drei Strände sind über steile Fußpfade miteinander verbunden, besser jedoch mit dem Longtail-Boot erreichbar.

Hat Wai Nam

Karte S. 402/403

Why Nam Hut Restaurant & Bungalows ⑮, ✆ 081-370 2667. Einzige Anlage am kleinen Strand, daher sehr familiär. Einfache, aber geräumige Bungalows verteilen sich über den Hang. Grober Sand und steiniger Meeresboden, Schwimmen ist dennoch möglich. Auf einer kleinen Plattform in den Felsen wird Yoga praktiziert. Es wird erwartet, dass Gäste im Restaurant essen; wer fasten oder sich selbst versorgen möchte (beides in dieser Gegend nicht unüblich), ist nicht gern gesehen. ❸–❹

Hat Thien

Karte S. 402/403

Wellness und Meer

Fernab von allem Trubel wird hier am Hat Thien Yoga gelehrt. Und auch andere Anwendungen fallen hier nicht so schwer wie andernorts, wo stets Ablenkung lockt. Besonders empfehlenswert ist das **The Sanctuary** ⑨, Hat Thien, ✆ 081-271 3614, 🖥 www.thesanctuarythailand.com. Karte S. 402/403. Das gepflegte Wellness-Resort wurde bereits 1992 gegründet und ist bis heute beliebt. Diverse Zimmer von einfachen, relativ günstigen Räumen bis hin zur Luxusbleibe. Viel Holz und im traditionellen Stil erbaut. Internationales Restaurant und Bibliothek mit über 1000 New-Age-Titeln. Detox-Programme zur Entgiftung des Körpers über 1, 3 oder 7 Tage. Yoga-Kurse für Anfänger und Fortgeschrittene, 250 Baht pro Tag. Ausbildung zum Yoga-Lehrer möglich. Auch Hochzeiten werden hier veranstaltet. Infos unter 🖥 www.pranayogacollege.com. ❸–❽

Unmittelbar angrenzend 3 weitere Anlagen, die viel von Yoga-Freunden belegt werden (Karte S. 402/403): Das **World Nature Resort** ⑪, ✆ 089-530 8827, **Love Lips** ⑬, ✆ 089-873 2257, und **Family Shop & Bungalows** ⑫, alle mit einfachen Bungalows im Hinterland, z. T. mit Gemeinschaftsbad. Wer erst mal die Lage im Sanctuary sondieren möchte, wohnt hier preiswerter. Auch als alternative Unterkunft für Besucher des Horizon Boxing Camp geeignet. Alle ❷–❸

Beam Bungalows ⑭, ✆ 086-943 9294. 40 recht gut in Schuss gehaltene Bungalows im hügeligen Hinterland im nördlichen Bereich des Strandes. Kein direkter Strandzugang. ❷–❹

Haad Tien Resort ⑩, ✆ 080-647 4862. Der freundlichen Besitzerin gehört sehr viel Land an diesem Strand. Neben 4 kleinen Bungalows am südlichen Strandabschnitt und 3 kleinen, gelben Steinhäuschen etwas weiter nördlich (fast immer an Langzeitgäste vermietet) noch mehrere Bungalows im Hinterland. Das Restaurant ist eher ungemütlich, doch hier zu essen ist Teil des Deals. ❷–❸

Horizon Muay Thai Boxing Camp ⑧, ✆ 077-238 374, 🖥 www.horizonmuaythai.com. Auf den

Klippen, die den Hat Thien im Süden begrenzen. Gut ausgestattetes Fitnesscenter (Gewichte etc.) und eigener Boxring. Wer hier trainieren will, kann in einer der simplen Bambus-bungalows mit z. T. toller Aussicht preiswert wohnen. ❷–❸

Hat Yuan

Karte S. 402/403
Bamboo Hut ⑦, ✆ 087-888 8592. Schöne Bungalows aus Naturmaterialien auf den Klippen am Nordende des Hat Yuan; alles eingebettet in eine schöne Gartenanlage. Einladendes Restaurant mit viel gelobter Küche und toller Aussicht. ❷–❸
Barcelona Resort ③, ✆ 085-787 2339. Große Anlage am Strand; wie der Name vermuten lässt, wohnen hier viele Spanier. 35 einfache, aber helle Holzbungalows mit Glasfenstern zu 2 Seiten und weißem Innenanstrich. ❷–❹
Big Blue Bungalows ⑥, ✆ 086-470 2625. Beliebte Anlage mit soliden Holzbungalows, die weiter oben gelegenen mit schönem Strandblick. Auch 2 Familienhäuser hinter großen Steinen direkt am Strand. ❶–❹
Centara Pariya ④, ✆ 081-737 3883, 🖥 www.pariyahaadyuan.com, [3183]. Luxuriöse Anlage mit achteckigen Steinbungalows im Thai-Bauhaus-Boutique-Stil mitten am Strand. Pool, Massage-Pavillons, Spa-Bereich. Wurde zur Zeit der Recherche gerade renoviert und wird bei Erscheinen des Buches sicher in neuem Glanz erstrahlen. ❻–❽
Dream Bungalow ⑤, auf einem schmalen Streifen zwischen Centara Pariya und Big Blue hinter dem Tattoo-Shop liegen etwas oberhalb einfache, nette Holzbungalows mit Außendusche. Freundlicher Rastamann. ❷
Haad Yuan Resort ②, ✆ 087-268 6069, ✉ tonga@gmx.at. Eine Handvoll netter Bambusbungalows am Hang. Schöne, dichte Gartenanlage, z. T. tolle Aussicht. Gemütliches Restaurant mit wenigen Tischen. Freundliche Leute. Unter thai-österreichischer Leitung. ❷
Ocean Rock Resort ①, ✆ 089-044 3942, ✉ p.kak_oceanrock@hotmail.com. Einfache Holz-Bambus-Bungalows auf den Felsen am Südende des Strandes. Nur über Stege zu erreichen. Gelangweiltes Personal, fantastische Aussicht. ❷

Hat Rin

Das südliche Inselkap **Hat Rin** [2755] ist Schauplatz der wohl bekanntesten Party Thailands. Hier findet allmonatlich die Vollmondparty statt. Die drei hiesigen Strände sind eng miteinander verbunden, haben jedoch alle ein eigenes Flair. Das einstige Fischerdorf Hat Rin zwischen den beiden Stränden Sunrise und Sunset gleicht heute einer Kleinstadt, mit Banken, Boutiquen, Supermärkten, Schneidern und Hotels neben Restaurants, Bars, Tattoo-Shops, Reisebüros und Mopedverleihstationen. Immer mehr kleine Schmuck- und Modeläden, die Importiertes aus aller Herren Länder oder auch lokal hergestellte Waren offerieren, öffnen ihre Pforten. Stöbern lohnt sich immer; das Angebot ist hier vielfältiger als in Thong Sala, wenngleich bei etwas höherem Preisniveau.

Die Strände

Der zentrale Strand im Südosten der Halbinsel, der **Hat Rin Nok**, der auch **Hat Rin East** oder **Sunrise Beach** genannt wird, ist der schönste. Hier wird allmonatlich an Vollmond gefeiert, und der Strand verwandelt sich in eine riesige Partyzone. Tipps und weitere Infos zur Vollmondparty s. **eXTra** [2757] (die bedeutendsten Partyspots finden sich auf der Karte S. 425, Sonstiges) und 🖥 www.fullmoonpartykohphangan.com. Der Strand ist 800 m lang, auch bei Flut noch breit genug und besitzt malerisch weißen Sand. Bei rauerem Wetter brechen sich die Wellen. Für Schwimmer wurde ein Bereich abgesperrt, sodass die Longtail-Boote niemanden stören. Umgeben wird die Bucht von steilen Felsen. Allabendlich werden Tische im Sand aufgestellt, und die Bars wissen ihre Gäste zu unterhalten.

Auf der Westseite, genau gegenüber von Hat Rin Nok, befindet sich **Hat Rin Nai**, auch als **Sunset Beach** oder **Hat Rin West** bekannt. Oft sorgt angeschwemmtes Treibgut für eine etwas abgeschwächte Idylle. Der Strand gleicht vor allem in den Monaten Juli bis November bei Ebbe einer Wattlandschaft, und man kann nur bei hoher Flut schwimmen. Das Publikum ist hier nicht unbedingt auf Party aus, sondern sucht eher geruhsames Strandleben mit Sonnenuntergangsstimmung, ohne auf die nahe gelegenen Ver-

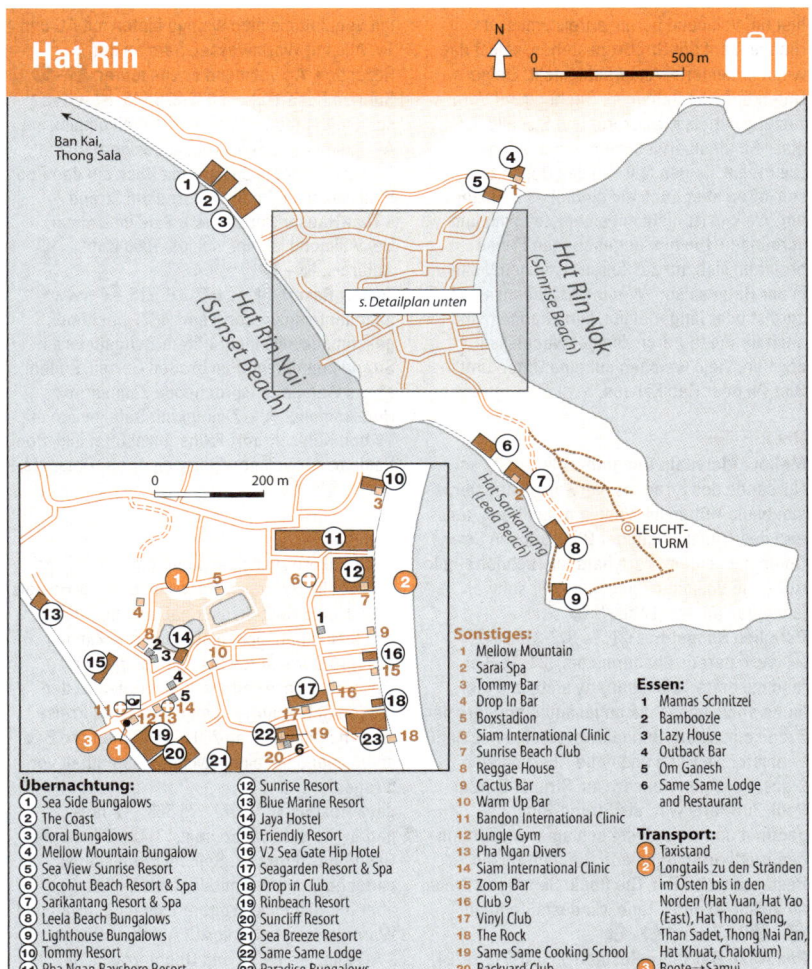

Hat Rin

N
0 — 500 m

Ban Kai, Thong Sala

Hat Rin Nai (Sunset Beach)

Hat Rin Nok (Sunrise Beach)

s. Detailplan unten

Hat Sarikantang (Leela Beach)

LEUCHT-TURM

0 — 200 m

DIE INSELN IM GOLF

Sonstiges:
1 Mellow Mountain
2 Sarai Spa
3 Tommy Bar
4 Drop In Bar
5 Boxstadion
6 Siam International Clinic
7 Sunrise Beach Club
8 Reggae House
9 Cactus Bar
10 Warm Up Bar
11 Bandon International Clinic
12 Jungle Gym
13 Pha Ngan Divers
14 Siam International Clinic
15 Zoom Bar
16 Club 9
17 Vinyl Club
18 The Rock
19 Same Same Cooking School
20 Backyard Club

Essen:
1 Mamas Schnitzel
2 Bamboozle
3 Lazy House
4 Outback Bar
5 Om Ganesh
6 Same Same Lodge and Restaurant

Transport:
1 Taxistand
2 Longtails zu den Stränden im Osten bis in den Norden (Hat Yuan, Hat Yao (East), Hat Thong Reng, Than Sadet, Thong Nai Pan, Hat Khuat, Chaloklum)
3 Boote → Samui

Übernachtung:
1 Sea Side Bungalows
2 The Coast
3 Coral Bungalows
4 Mellow Mountain Bungalow
5 Sea View Sunrise Resort
6 Cocohut Beach Resort & Spa
7 Sarikantang Resort & Spa
8 Leela Beach Bungalows
9 Lighthouse Bungalows
10 Tommy Resort
11 Pha Ngan Bayshore Resort
12 Sunrise Resort
13 Blue Marine Resort
14 Jaya Hostel
15 Friendly Resort
16 V2 Sea Gate Hip Hotel
17 Seagarden Resort & Spa
18 Drop in Club
19 Rinbeach Resort
20 Suncliff Resort
21 Sea Breeze Resort
22 Same Same Lodge
23 Paradise Bungalows

pflegungs- und Einkaufsmöglichkeiten Hat Rins verzichten zu müssen. Zentral liegt der Hafen, an dem die *Hat Rin Queen* an- und ablegt.

Ruhig und idyllisch liegt im Süden der Westküste der palmengesäumte **Hat Sarikantang**, der auch unter dem Namen **Hat Leela** [3132] bekannt ist. Wenn sich im Frühjahr das Wasser zurückzieht, kann man hier nur noch dümpeln.

Herrlich schwimmen lässt es sich im Winter. Im Norden führt ein Holzsteg zum kleinen Tempel des Sea Breeze Resorts.

ÜBERNACHTUNG

Hat Rin verfügt über derart zahlreiche Unterkünfte, dass man meinen könnte, eine Vorbuchung sei überflüssig. Das täuscht. Wer hier um Vollmond herum anreist, muss damit rechnen, auf der Straße zu stehen, selbst dann, wenn er keinerlei Ansprüche stellt. Einige Unterkünfte bestehen bei Buchung auf Vorauszahlung mittels Kreditkarte und fast alle auf einer Mindestverweildauer von 5–7 Tagen. Die Preise steigen teils um das Doppelte, schließen aber auch ein einfaches Frühstück ein. Walk-in ist nicht mit einem Zeitminimum verbunden. Die hier angegebenen Preise beziehen sich auf die Zeiten zwischen Vollmond in der Hauptsaison. Wer in der Nebensaison anreist oder länger bleibt, kann handeln und auch für die teureren Zimmer Nachlässe erzielen. Viele weichen auf eine Unterkunft in Ban Tai oder Ban Kai aus.

Hat Rin Nok

Mellow Mountain Bungalow ④, [3152], am Nordende des Strandes. Verwinkelt angelegte alte blaue Hütten mit Ventilator am Hang, teils fern des Trubels. Schöner Blick auf den Strand. Unten hauseigene Partybars für Technofreunde. Außer an Vollmond findet man nur schwer jemanden an der „Lobby". ❸

Paradise Bungalows ㉓, ✆ 077-375 244, 🖥 www.paradisehaadrin.com, [3157]. Hier fand die erste Vollmondparty statt, und hier legen an Vollmond die angesagtesten Stars der Szene auf. Ältere Bungalows, wenige noch mit Ventilator, im Hang und neue AC-Zimmer in 2-geschossigen Häusern am Strand. Großer Pool. Zur Party wird die Strand-Rutsche geöffnet und viele Gäste schlagen unsanft auf den bretthalten Sand auf. Auf dem Felsen Restaurant und Bar **The Rock**. Sehr hohe Preise an Vollmond und 5 Tage Mindestaufenthalt. ❷–❹ Vollmond ❺–❻

Pha Ngan Bayshore Resort ⑪, ✆ 077-375 224, 🖥 www.phanganbayshore.com, [3158]. Mit Blick auf den großen Pool am Strand gut ausgestattete Zimmer mit AC und TV in 2- und 3-geschossigen Häusern. Zudem moderne Bungalows, teils mit Meerblick. Hinten weitere Bungalows. WLAN. ❺–❻

Seaview Sunrise Resort ⑤, ✆ 077-375 160, 🖥 www.seaviewsunrise.com, [6275]. Recht geräumige Holzbungalows im verwilderten Garten und direkt vorne am Strand. Die meisten mit Ventilator, einige wenige hinten mit AC und TV. Alle mit Warmwasser. Safe an der Rezeption. An Vollmond etwas teurer. ❷–❺

Sunrise Resort ⑫, ✆ 077-375 145, 🖥 www.sunrisephangan.com, [6276]. Hotelkomplex mit AC-Zimmern, zudem 2-geschossige Häuser. Teils mit TV. Viele Zimmer mit Blick auf den Pool. Kinderbecken, Poolbar. Vorne am Strand 4 Thai-Häuser (für 3 Pers.). Safe im Zimmer. Bei Vollmond ist hier viel los, 1000 Baht Aufpreis. ❹–❽

Tommy Resort ⑩, ✆ 077-375 215, 🖥 www.phangantommyresort.com, [6277]. Schöne geschmackvoll eingerichtete Bungalows am Strand und dahinter im großen Garten. Zudem etwas weniger ansprechende Zimmer im Hotelkomplex. Alle Zimmer mit Safe, einige mit TV und Kühlschrank. Frühstücksbuffet inkl. Pool, Poolbar. Zur Vollmondparty einer der Hotspots, [2757]. ❺–❽

In der Stadt

Im Stadtkern zwischen beiden Stränden, vor allem beim Hafen, eröffnen immer mehr Hostels. Viele kleine Gästehäuser haben umgerüstet und bieten nun nicht mehr einfache Zimmer, sondern Dormbetten in engen einfachen Zimmern. Ganze Ladenzeilen wurden zu derartigen Schlafburgen umgerüstet. Die Preise sind i.d.R. ähnlich: ab 250 bis 600 Baht pro Bett an Vollmond bei einem Mindestaufenthalt von 5 Tagen.

Jaya Hostel ⑭, ✆ 077-375 583, ✉ Jaya_hadrin_hostel@yahoo.com, [3148]. Günstiges Gästehaus direkt am See. Im Erdgeschoss einfache Zimmer, 2 mit Ventilator, ohne Bad, aber mit Seeblick. Weitere Zimmer mit Bad und Warmwasser, teils mit AC. Auf der 1. Etage 3 AC-Zimmer mit TV und Dachterrasse mit Seeblick. An Vollmond verdoppeln sich die Preise. In einer Ladenzeile nahebei Dormbettzimmer mit bis zu 10 Betten, insgesamt stehen über 100 Betten zur Verfügung. ❶–❹

Seagarden Resort & Spa ⑰, ✆ 077-375 281, 🖥 www.seagarden-resort.com, [6278]. Hinter der Straße mit direktem Zugang zum Strand (Sunrise) schöne und geräumige Holzbungalows mit Platz für 2–4 Pers. Zudem weitere AC-Zimmer, alle mit TV, im Hotelkomplex. Auch einige kleinere Bungalows nur mit Ventilator. Wer über Vollmond vorbucht, muss 7 Tage bleiben (etwa doppelter Preis). Walk-in jederzeit, wenn was frei ist. **②–⑤**

V2 Sea Gate Hip Hotel ⑯, ✆ 081-979 1315, [8631]. Modernes Haus auf dem Weg zum Sunrise Beach. Große Zimmer mit AC, einige billigere mit Ventilator, noch günstiger ohne eigenes Badezimmer. Gutes Preis-Leistungs-Verhältnis – an Vollmond jedoch extrem teuer. **②–⑦**

Hat Rin Nai

An diesem Strand sind 2 Resorts vor allem wegen ihrer Poolpartys bekannt bzw. berüchtigt. Regelmäßig gefeiert wird in den **Coral Bungalows** ③, ✆ 077-375 023, 🖥 www.coralhaadrin.com, [3142]. Der **Drop In Club** ⑱, ✆ 077-375 444, 🖥 www.dropinclubresortspa.com, [3143], lebt derzeit mehr von seinem Ruf als der Schaumpartymeister, denn von der Qualität seines Angebotes. Die Zimmer sind in beiden Anlagen eher 2. bzw. 3. Wahl.

Blue Marine Resort ⑬, ✆ 077-375 079, 🖥 www.bluemarinephangan.com, [3140]. Große, gefliese Steinbungalows mit Panoramafenstern parallel zum Meer, alle mit Strandblick. Im Garten hinter der Straße weitere Bungalows und große Zimmer in Doppelhäusern mit Meerblick weiter oben im Hang. Teuer an Vollmond und 5 Tage Mindestaufenthalt. **③–④**

Friendly Resort ⑮, ✆ 077-375 167, 🖥 www.friendlyresort-spa.com, [3144]. Recht große Steinbungalows und Zimmer in 2-geschossigen Reihenhäusern am Hafen. Einfache Ausstattung, alle AC, einige auch TV. Pool am Meer. **③–④**

Rinbeach Resort ⑲, ✆ 077-375 112, 🖥 www.rinbeachresort.com, [3174]. Bungalows, die meisten mit AC, TV, Minibar und Safe. Einige wenige Bungalows mit Ventilator im Garten. Als Boote gestaltete Luxuszimmer direkt am Wasser. Pool in tropischer Gartenanlage mit Meerblick. Kinderrutsche (9–19 Uhr, 200 Baht für Besucher). An Vollmond 7 Tage Mindestaufenthalt. **③–⑧**

🧳 **Sea Breeze Resort** ㉑, ✆ 077-375 362, 🖥 www.seabreezekohphangan.com, [5586]. An der Straße nach Hat Sarikantang.

Eine schöne Party kann feiern, wer folgende Regeln beherzigt:

■ Immer mit dem Taxi oder zu Fuß die Party besuchen. Wer nicht in Hat Rin übernachtet, kann einer der Taxiservices der Anlagen nutzen. Den ganzen Abend hindurch stehen Taxis für Heimkehrer bereit.

■ Schuhe tragen, da am Strand kaputte Flaschen herumliegen.

■ Abstand von Drogen halten: Pillen, Pilze und Dope sind streng untersagt. Buckets (Trinkeimer mit einem Gemisch aus Alkohol und Softdrinks) sind nicht zu unterschätzen. Das gilt auch und insbesondere für Lachgas: Wer hier zu tief seine Nase hineinsteckt, fällt schnell um und findet sich entweder abgelegt am Straßenrand oder in einer der zahllosen Kliniken in Hat Rin wieder.

■ Keine Taschen mit Geld und Wertsachen mitnehmen: Sie werden oft geklaut, aber noch öfter vergessen.

■ Den Pass im Safe des Resorts lassen und nur eine Kopie mitnehmen.

■ Geldreserven wegschließen, Bargeld in Höhe von etwa 3000 Baht mitnehmen.

Große einfache Bungalows im Garten mit Ventilator. Bessere AC-Bungalows am Hang mit tollem Blick auf Hat Rin und die untergehende Sonne. Gehobene, gepflegte Ausstattung im großen Hotelkomplex (nur diese Zimmer kann man vorbuchen). Schöner schattiger Pool. Ein Steg führt von Hat Sarikantang den Berg hinauf zu dem kleinen sehenswerten Tempel (auch wer hier nicht wohnt, kann hier vorbeikommen). **②–⑦**

Sea Side Bungalows ①, ✆ 087-266 7567, [6280]. Ruhige Anlage mit einfachen Holzbungalows im tropischen Garten, mit AC oder Ventilator. Teils einfach, teils besser ausgestattet. Keine Vollmondpreise. Veranstaltet eine Moonsetparty mit Trance-Musik am Strand. Schönes Restaurant am Meer. **②–④**

Suncliff Resort ⑳, ✆ 077-375 134, ✉ suncliff@hotmail.com, [6279]. Verschiedenste Bungalows aller Altersklassen am Hang, mit Ventilator und

AC, teils mit Kühlschrank. Viele mit tollem Blick auf die Bucht. Kleiner Pool und Restaurant mit Meerblick am Hang. Hohe Rabatte für alle, die länger bleiben (besonders günstig die Monatsmieten). **②**-**⑤**

The Coast ②, ✆ 077-951 567, 💻 www.thecoastphangan.com, **[8641]**. Modern in Beton und etwas orangefarbenen Farbtupfen gestylte Anlage. Große Zimmer mit viel Komfort, aber ohne Schnickschnack. Am Strand schickes Restaurant, Poolbar und großer schwarz gefließter Infinity-Pool. **❼**

Hat Sarikantang

Nur 3 Anlagen liegen direkt am Strand. Über einen Steg erreicht man eine weitere Unterkunft im Fels.

Cocohut Beach Resort & Spa ⑥, ✆ 077-375 368, 💻 www.cocohut.com, **[3136]**. Große Anlage im Norden der Bucht. Geschmackvolle Zimmer in 2-stöckigen Häusern, davor einige Pool-Villen am Meer. Einige günstige schöne Holzbungalows, etwas eingebaut, aber gut ausgestattet. Großer Pool mit Meerblick, der tagsüber mit Beats beschallt wird. Ruhiger ist es im empfehlenswerten Spa mit Kräutersauna. Volleyball. Oft Sonderangebote. Viele junge Leute. **⑤**-**⑧**

Leela Beach Bungalows ⑧, ✆ 077-375 094, **[3137]**. Am südlichen langen Strandabschnitt stehen direkt am Meer aufgehübschte alte Hütten aus Travellertagen. Einige so windschief, dass man fast vom Bett purzelt. Andere recht nett gemacht, aber trotzdem etwas teuer für das Gebotene. Dazwischen etwas lieblose Steinbungalows mit Fliesenboden und AC. Kleines Häuschen mit recht großen Zimmern, die sich auch für anspruchslose Familien eignen. Toller Strand. Wer länger als eine Nacht bleibt, bekommt Rabatt. Gehört dem Eigentümer des Cocohut, der auch Buchungen per Mail entgegennimmt. **❶**-**❸**

Lighthouse Bungalows ⑨, ✆ 077-376 5075, 💻 www.lighthousebungalows.com, **[3135]**. In die Felsen am Hang gebaute Anlage mit Holz- und Steinbungalows, Letztere mit AC. Restaurant vorne am Meer, Glasfenster schützen die Gäste bei rauer See vor der spritzenden Gischt. WLAN im Restaurant. **❷**-**⑤**

Sarikantang Resort & Spa ⑦, ✆ 077-375 055, 💻 www.sarikantang.com, **[3134]**. Große Anlage mit Steinbungalows im Hang (AC und TV) bis hin zu Luxus-Strandvillen mit allem Komfort. Modernes 2-geschossiges Haus, teils mit direktem Zugang zu einem Pool. Ein weiterer kleiner Pool am Strand. Alle Zimmer mit Safe. Empfehlenswertes **Sarai Spa** am Strand. **⑤**-**⑧**

ESSEN

Neben den Restaurants der Resorts und Anlagen besitzt Hat Rin scheinbar unendliche Verpflegungsmöglichkeiten. Es gibt einfache Foodstalls mit Milchshakes, Nudelsuppen und Crêpes, zudem Gegrilltes und viele westliche Gerichte. Neben Restaurants mit sehr unterschiedlicher Atmosphäre bestimmen Fastfood-Läden, in denen Takeaway-Menüs zum Standard zählen, die Szenerie. Da viele Israelis nach Hat Rin reisen, gibt es auch Falafel.

Bamboozle, ✆ 085-471 4211. Mexikanisches, daneben Thai- und westliche Fusionküche. Werben mit „Organic Salads". Innen- und Außenbereich. 🕐 10–22 Uhr.

Lazy House, gepflegte Atmosphäre, Lamm, Grillplatten und andere Fleischgerichte nach griechischer Art zubereitet. Auch Vegetarisches. 🕐 recht früh am Morgen bis abends.

Mamas Schnitzel, zahllose Schnitzelvariationen, auch Burger und Baguettes. 🕐 24 Std.

Om Ganesh, ✆ 077-375 123. Seit 1997 beliebtes indisches Restaurant direkt am Pier. Wer in Hat Rin wohnt, kann sich das Essen auch in die Anlage bringen lassen. Gewürzt wird nach Wunsch – mal scharf, mal mild. 🕐 9–23.30 Uhr.

Outback Bar, ✆ 077-375 126. Hier lümmeln sich die Gäste auf Sofas und anderen bequemen Sitzgelegenheiten und essen Fish 'n' Chips, Steak und Lamm. Frisch gezapftes Bier. WLAN und Laptop zur Ausleihe. Sportveranstaltungen auf großen Monitoren. 🕐 10–2 Uhr.

Same Same Lodge and Restaurant, beliebtes Restaurant mit Billard, Großbildfernseher, WLAN und vielen jungen Gästen. Hier gibt es auch Zimmer mit Ventilator oder AC. **❸**-**❹** 🕐 8.30–1 Uhr.

Aktivitäten

Jungle Gym, ☎ 077-375 115, 🖥 www.
junglegym.co.th. Gewichte, Crosstrainer,
Laufbänder und andere moderne Geräte.
Kurse im Thai-Boxen vom Exchampion.
Yoga und Pilates. Sauna. ⏰ Mo–Sa 9.30–20,
So 16–20 Uhr.

Pha Ngan Divers, ☎ 077-375 117, 🖥 www.
phangandivers.com. Diese seit 1990 etablierte
Tauchschule blickt auf eine lange Tradition am
Hat Rin zurück. Guter Shop, alle Touren und
Kurse nach PADI und SSI. Nitrox-Tauchen
möglich.

Medizinische Hilfe

Im Stadtkern und direkt hinter Hat Rin Nok
befinden sich zahlreiche kleine Kliniken zur
Erstversorgung, die fast alle Reisekranken-
versicherungen akzeptieren. Es spricht für sich,
dass hier so viele Kliniken gebraucht werden.
Bandon International Clinic, ☎ 077-375 471.
24-Std.-Dienst unweit vom Pier und am
Partystrand. Erste Hilfe. Bei ernsteren Notfällen
Transport nach Ko Samui. Röntgengerät.
Siam International Clinic, ☎ 077-375 521,
hat 2 Versorgungstationen.

THONG SALA, mit dem Taxi für 100/150 Baht.
An Vollmond fahren die **Taxis** die ganze Nacht
von und nach Thong Sala, sobald genügend
Passagiere zusammenkommen. Umstieg in
Thong Sala zu den Stränden weiter im Norden.
Mit dem **Moped** ist die Strecke nach Thong Sala
dann zu meistern, wenn man mind. eine 125-er
fährt, kleinere Motoren versagen an den
Steilhängen oft den Dienst. Die Straße ist
geteert, Anfänger sollten sich dennoch fahren
lassen. Um Vollmond ist von Mopedfahrten
Abstand zu nehmen.
Zu den angrenzenden Stränden HAT YUAN,
HAT THIEN, HAT YAO (EAST) bis hin zum THAN
SADET, THONG NAI PAN und CHALOKLUM
fahren **Taxiboote**, die man sowohl am Hat Rin
Nok als auch am Hat Rin Nai Pier mieten kann.
Max. 4 Pers. auf einem Longtail-Boot. Eine
Tagestour mit Hin- und Rückfahrt kostet pro
Boot etwa 1500 Baht. Nach Than Sadet und

Thong Nai Pan werden etwa 3000 Baht für die
einfache Fahrt fällig, nach Chaloklum etwas
mehr. Außerdem ein Boot aus Ko Samui bis zum
Thong Nai Pan (s. u.).

Vom Hat Rin Nai Pier fährt die **Hat Rin Queen**,
☎ 077-375 114, tgl. um 9.30, 11.40, 14.30 und
17.30 Uhr in 1 Std. nach KO SAMUI. In der
Saison legt zudem um 9.30 Uhr ein Schnellboot
nach Mae Nam (Ko Samui) ab, das gegen
13 Uhr zurück in Richtung Thong Nai Pan fährt
(aktuelle Zeiten bitte im Reisebüro erfragen,
meist verkehrt dieses Boot nur in der Hauptsaison). Kosten: 350 Baht nach Ko Samui,
150 Baht zu den Stränden Ko Pha Ngans bis
einschließlich Thong Nai Pan.

Ao Hin Lor, Ban Kai und Ban Tai

Diese drei Strände mit einer Gesamtlänge von
etwa 10 km liegen an der Küste zwischen Hat
Rin und Thong Sala. Sehenswert sind die spektakulären Sonnenuntergänge von Mai bis Juni.
Der Sand ist grobkörnig und je nach Wetterlage
mit Treibgut oder Korallenresten bedeckt. Baden
ist bei Flut und zunehmendem Mond fast überall
möglich, bei Ebbe im abnehmenden Mond sieht
es hier aus wie am Wattstrand in der Nordsee.
Das gilt vor allem in den Monaten Juli bis November. Gut sichtbar am Horizont liegt Ko Samui.

Schwarze Granitfelsen säumen den Strand
von Hin Lor und grenzen ihn gegen die langen
Strandabschnitte von Ban Kai und Ban Tai ab.
Dieser lange Strandabschnitt wird anfänglich
noch von wenigen Steinen durchsetzt, unterbrochen lediglich von drei Klongs, die bei Flut so
tief sind, dass auch Fußgänger die Straßenbrü-
cken benutzen müssen.

Im Hinterland befinden sich viele Kokosnussplantagen, wo man den Einheimischen bei einer
ihrer traditionellsten Tätigkeiten zusehen kann.

Geschätzt wird dieses Gebiet auch von Party-
fans, denn hier finden sowohl am Strand (**Black
Moon, Day Party**) als auch im Dschungel (**Half
Moon, Shiva Moon, Dschungelparty, Sramanoo-
ra Waterfall Party**) einige beliebte Events statt.
Und wer nicht in Hat Rin wohnen und trotzdem

zur Vollmondparty gehen möchte, kann diese bei Ebbe in etwa einer Stunde zu Fuß erreichen.

Im Ort **Ban Tai**, in dem noch einige alte Häuser zu sehen sind, gibt es eine Tankstelle, einen Geldautomaten, Märkte, eine Sanitätsstation sowie mehrere Restaurants, Internetcafés, einen Mopedverleih und einen interessanten Laden mit Artefakten aus Asien, daneben Kleidung und Bilder.

Sehenswert ist **Wat Khao Tahm** im Hinterland auf dem Berg (S. 404). In zehntägigen Meditationskursen (s. u., Aktivitäten) kann man meditieren lernen. In Ban Tai zweigt die Straße nach Thong Na Pan und Than Sadet ab. Nach wenigen Metern steht rechter Hand der **größte Baum** Ko Pha Ngans mit einem Umfang von etwa 14 m. Man erkennt diesen Riesen von Weitem bereits an den bunten Bändern, die ihn als heiligen Baum markieren.

ÜBERNACHTUNG

In Ban Tai und Ban Kai entstehen immer mehr Backpackerhostels, die vor allem zu Vollmond rappelvoll sind. Die Preise ziehen dann kräftig an. Auch andere Anlage haben hier Vollmondpreise, doch einige wenige verzichten darauf. Karte S. 441.

Untere Preisklasse

Hard Road Villa ① , Ban Tai, ☎ 082-530 3440 (Jeremie), ☎ 088-656 2631 (Dylon), 🖳 www.hardroadkophangan.com, [8618]. Eines der bei Partyfreaks beliebten Hostels mit über 120 Betten in Schlafsälen im Haus an der Straße. Mit Glück ergattert man ein Zimmer nahe des Strandes in einem der Bungalows am Pool. An Vollmond Mindestaufenthalt von 5 Tagen und doppelte Bettpreise. Sauber. WLAN. ❷

€ **Phangan River Sand Resort** ⑦ , Ban Tai, ☎ 081-476 0165, [8617]. Zwischen Strand und Straße stehen zahlreiche 2012 erbaute Hütten aus Bambus und Kokosnuss. Geschmackvoll, einfach und günstig. Die kleinen Bungalows bieten ein Bett, die größere Variante 2 Betten. Moskitonetze. Familienbetrieb (seit Jahren bekannt ist das Schwesterresort auf Ko Lanta). ❶–❷, Vollmond ❸–❹

Mittlere Preisklasse

Dew Shore ⑥ , Ban Tai, ☎ 077-238 128, 🖳 www.dewshore.com, [4026]. Schön gestaltete Holz- und Steinbungalows am großen Pool (Jacuzzi), teilweise mit Meerblick. Geschmackvolle Einrichtung, TV. Teils mit 2 Betten und Balkonen mit Sitzkissen. Bei Flut kein Strand. Pool (Tagesgäste 200 Baht) von 9–21 Uhr geöffnet. Familienbetrieb. Inkl. Frühstück. WLAN. Preisnachlass für alle, die etwas länger bleiben. ❹–❻

First Villa ② , Ban Tai, ☎ 077-377 225, 🖳 www.firstvillaphangan.com, [4025]. Gut ausgestattete Zimmer in Bungalows und über dem Restaurant. Alle mit TV, Wanne und Safe. Teils etwas in die Jahre gekommen, aber sauber und gepflegt. Kleiner Pool mit Meerblick, erhöht an der mit Sand aufgeschütteten Balustrade. ❸–❺

Lee's Garden Resort ⑫ , Ban Kai, ☎ 077-238 150, 085-346 1992, [8619]. Der Garten ist Programm: An einer großen Rasenfläche stehen einfache einladende Holzbungalows. Alle mit großen Betten, heimeligen Balkonen, innen mit Regalen und Moskitonetz. Vorne auch Zimmer für 3–4 Pers. Toll gelegenes Restaurant am Meer. ❸–❹

Mac's Bay Resort ⑨ , ☎ 077-238 443, [5590]. Seit Jahrzehnten bewohnte weiße kleine Steinhäuser mit Ventilator direkt am Meer. Dahinter neuere Holzbungalows und Zimmer im 2-geschossigen Hotelkomplex mit AC, TV und Safe. Pool mit Meerblick. Breiter Strandabschnitt mit weiß glänzendem Sand. Allmonatlich findet hier die **Black Moon Party** (facebook.com blackmoon culture) statt. Dann wird der Strand zur Tanzfläche, und wer hier übernachtet, sollte in Feierlaune sein. An allen anderen Tagen viel Ruhe. ❸–❺

Milky Bay ⑤ , Ban Tai, ☎ 077-238 566, 🖳 www.milkybaythailand.com, [3122]. Geschmackvoll gestaltete Bungalows unter Schatten spendendem Bambus. Liegen auf der Balustrade am Meer und schöner Pool. Gutes Essen in gehobenem Ambiente. Musikalisch begleitete Massage, Sauna. WLAN. ❹–❻

Munchies Resort ⑬ , Ban Kai, ☎ 087-623 5603, [8620]. Einfache Bambushütten mit Ventilator am Strand und nach hinten versetzt im Schatten unter Palmen und Bäumen. Teils mit 2 Doppel-

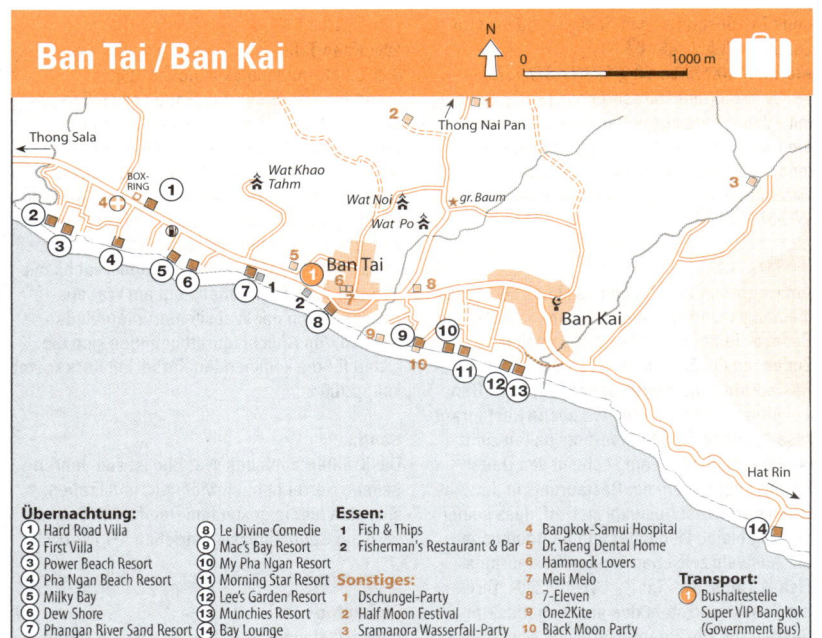

Thong Sala

Thong Nai Pan

Wat Khao Tahm

Wat Noi

Wat Po

gr. Baum

Ban Tai

Ban Kai

Hat Rin

Übernachtung:
1 Hard Road Villa
2 First Villa
3 Power Beach Resort
4 Pha Ngan Beach Resort
5 Milky Bay
6 Dew Shore
7 Phangan River Sand Resort

8 Le Divine Comedie
9 Mac's Bay Resort
10 My Pha Ngan Resort
11 Morning Star Resort
12 Lee's Garden Resort
13 Munchies Resort
14 Bay Lounge

Essen:
1 Fish & Thips
2 Fisherman's Restaurant & Bar

Sonstiges:
1 Dschungel-Party
2 Half Moon Festival
3 Sramanora Wasserfall-Party

4 Bangkok-Samui Hospital
5 Dr. Taeng Dental Home
6 Hammock Lovers
7 Meli Melo
8 7-Eleven
9 One2Kite
10 Black Moon Party

Transport:
1 Bushaltestelle
Super VIP Bangkok
(Government Bus)

betten für 4 Pers. Viele junge Leute; man muss es mögen. Partys am Strand. WLAN. ③–④
My Pha Ngan Resort ⑩, Ban Kai, ✆ 077-377 302, ✉ polsinb@yahoo.com, [8621]. Saubere einfache AC-Holzbungalows in tropisch grünem Garten unter Palmen und anderen wundersamen Gewächsen. An Vollmond (4 Tage Mindestaufenthalt) unwesentlich teurer und oft lange vorher ausgebucht. ③, Vollmond ④
Pha Ngan Beach Resort ④, ✆ 077-238 809, 🖥 www.phanganbeachresort.com, [4029]. Geschmackvolle Holzbungalows senkrecht in Reihen in gepflegter Gartenanlage. Einige AC-Bungalows mit TV parallel zum Strand. WLAN im Restaurant und den angrenzenden Bungalows. Kostenloses Vollmond-BBQ für Gäste. Volleyball. ③–⑥
Power Beach Resort ③, ✆ 077-238 937, 🖥 www.powerbeachresort.com, [6281]. Große Anlage mit Steinhäusern in hübscher Bambusverpackung, vorne mit AC, hinten mit Ventilator. Zudem Mattenhütten mit Ventilator

und TV und davor steinerne Luxusbungalows mit Kühlschrank und TV. Viele junge Leute. 2 Pools. Um Vollmond 3 Tage Mindestaufenthalt und teurer. Rabatte für alle, die länger bleiben. ③–⑤

Obere Preisklasse
Bay Lounge ⑭, Ao Hin Lor, ✆ 077-377 892, 🖥 www.baylounge.com, [8643]. Geschmackvolle, mal mit viel Bambus, mal modern mit gekonnt geformtem Beton ausgestattete Bungalows. Moderne stylische Bar am Meer. Vorsicht: sehr steile Anfahrt. Kleiner Pool. ⑤–⑥
Le Divine Comedie ⑧, Ban Tai, ✆ 080-885 8789, ✉ ledivinecomedie@gmail.com, 🖥 www. ledivinecomedie.com, [8644]. Individuelle Zimmer in Reihenhäusern mit Kühlschrank, TV, schönen Bädern und Safe. Balkone, z. T. Dachterrasse. Einige Zimmer mit Verbindungstür. Pool am Meer. Yogakurse (engl. und franz.). An Vollmond recht teuer, aber

ohne Mindestaufenthalt. Inkl. Frühstück. Franz. Leitung. WLAN. **6**–**8**

Morning Star Resort ⑪, ✆ 077-377 757, 🖥 www.morningstaresort.com, [3192]. Schöne mit TV und Safe ausgestattete Holzbungalows am Pool, die sich vom Meer Richtung Landesinnere erstrecken. Kleinere und größere Gebäude und 1 Bungalow mit 2 Doppelbetten. WLAN. **5**–**7**

ESSEN

Am Hafen von Ban Tai gibt es kleine Foodstalls, die den ganzen Tag über gebratenes Huhn, Papaya-Salat und Trockenfisch anbieten. Zudem an der Straße bis nach Ban Kai einige Restaurants und Nudelsuppenstände. In Ban Kai öffnen und schließen westliche Restaurant rasant, einige Thai-Restaurants halten sich länger – doch nur wenig scheint von Dauer. Es gibt aber neben den Restaurants in den Anlagen derart viel Auswahl im Dorf, dass keiner hungrig bleibt. Liebhaber von Seafood haben die Auswahl zwischen 2 guten Restaurants.

Fish & Thips, Ban Tai, ✆ 087-893 3804. Direkt am Sandstrand steht ein palmengedeckte Restaurant. Die Eigentümerin von My Wok and me, eine seit Jahren bekannte Köchin der Insel, betreibt dieses Restaurant seit Ende 2012. Gute Fischgerichte und dazu ein Glas Wein zum Sonnenuntergang. ⏱ 13–23 Uhr.

Fisherman's Restaurant & Bar, Ban Tai, ✆ 084-454 7240. Nahe dem Pier gelegen, wird hier in atmosphärischer Umgebung fangfrischer Fisch gekonnt zubereitet. Die Betreiber, eine hier seit Generationen ansässige Fischerfamilie, verstehen ihr Handwerk. Eine Auswahl an Wein rundet das Angebot ab. ⏱ ab 13 Uhr bis spät. Jeden Monat haben die Angestellten 2 Tage frei, diese Tage sind variabel.

AKTIVITÄTEN

Kitesurfen

One2Kite, ✆ 089-692 6812, 🖥 www.one2kite. com. 1- bis 3-tägige Kurse sowie Kites zur Ausleihe für Könner. Auch in der Nebensaison geöffnet. Wer einen Kurs bucht, wird von seinem Resort abgeholt und dorthin zurückgebracht. Transport von hier aus an die besten Kitestellen je nach Windlage.

Meditation

Wat Khao Tahm, 🖥 www.watkowtahm.org, [2754]. Internationales buddhistisches Meditationszentrum. Seit Ende der 1980er-Jahre 10-tägige Retreats (amerikanisch-australisches Lehrerehepaar Weismann). Gelehrt wird Vipassana-Meditation. Es wird weder geredet noch geschrieben oder gelesen. Es gilt, sich aufs Laufen, Sitzen und Stehen zu konzentrieren. Reden ist während der Kurszeit nur an 3 Abenden erlaubt (Privatgespräche mit den Lehrern). Ein Infoheft liegt am Wat aus oder kann von der Website heruntergeladen werden. Am Anschlagbrett befinden sich die Listen für die kommenden Kurse. Ein Kurs kostet knapp 100 €.

Sauna

Die Kräutersauna des Wat Pho ist seit Jahren beliebt. Getrennt nach Männern und Frauen sitzt man hier in gesundem Dampf. Die Sauna wird auf Spendenbasis betrieben. ⏱ 13–18 Uhr.

SONSTIGES

Einkaufen

In dem kleinen Dorf haben sich einige Läden etabliert, die u. a. Kleidung oder Buddhafiguren anbieten.

Hammock Lovers, in einem alten Holzhaus werden zahlreiche bunte schöne gewebte Hängematten verkauft. Sehr gemütlich. Diese Hängematten unterscheiden sich von den in Pha Ngan üblichen bunten Stoffbahnen (Letztere sind jedoch auch sehr bequem und ein wunderbares Andenken an die Reise).

Abenteuer in den Wipfeln

Wer sich schon immer durch die Wipfel des Urwaldes schwingen wollte, der kann auf Ko Pha Ngan Tarzan spielen. Unter dem Motto **Just for Fun** locken auf dem Weg zum Thong Nai Pan acht Seilbahnen. Hier schwingt man sich sicher lustig von Baum zu Baum. Nichts für Menschen mit Höhenangst und Kinder unter 1,40 m. Die Anfahrt mit dem Moped ist relativ einfach, nur auf den letzten Metern wird es recht steil. ⏱ 10–18 Uhr.

Meli Melo, ✆ 087-277 5738, ✉ mauidomi@
yahoo.fr. Ausgewählt schöne Stücke zu
angemessenen Preisen. Die Französin Domi lebt
seit 20 Jahren in Thailand und trägt auf ihren
Reisen eine wahre Fundgrube schöner Wohn-
accessoirs zusammen. Von überall bringt sie
schöne Stücke für ihren Laden mit. Auf Wunsch
übernimmt sie auch die Verschickung der
Ware (sofern diese nicht größer als 1,20 m oder
schwerer als 30 kg sind).

Medizinische Hilfe
Bangkok-Samui Hospital, rechter Hand an der
Hauptstraße kurz vor dem Pha Ngan Beach
Resort. 24-Std.-Notfallpraxis. Notruf (Kranken-
wagen) ✆ 077-239 599. Wer hier nicht
behandelt werden kann, wird nach Ko Samui
überführt.
Dr. Taeng Dental Home, ✆ 077-238 820.
Zahnärztin mit gutem Ruf. Spritzen ohne
Schmerzen und freundlichste Behandlung.
Günstige Preise. ⏰ Mo–Fr 17–20, Sa,
So 9–17 Uhr.

TRANSPORT
Mit dem **Songthaew** ab THONG SALA für
50 Baht. Wer zu den Stränden im Osten und
Norden möchte (bzw. von dort kommt), muss in
Thong Sala in ein anderes Taxi umsteigen.

Ko Samui

Ko Samui [2764] ist eine der Inseln, die Stefan
Loose in den 1970er-Jahren noch mit dem Fischerboot ansteuerte, um zu Fuß die Strände zu
erkunden und seinen persönlichen Traumstrand
zu entdecken. Wo es keine freie Hütte mehr gab,
wurde flugs eine neue für den Gast errichtet. Ein
einfaches Dach aus Bambus über dem Kopf, eine geflochtene Matte als Bett und eine Kerze
daneben reichten den jungen Weltenbummlern
damals aus.

Heutige Besucher schätzen den Komfort,
den Ko Samui mittlerweile zu bieten hat. Man
reist mit dem Flugzeug, der Autofähre oder
dem Schnellboot an und wohnt in stilvollen AC-
Unterkünften. Auf der etablierten Ferieninsel warten rund 550 Bungalow- und Hotelanlagen mit etwa 20 000 Zimmern auf Gäste. Dank
guter Infrastruktur, der Vielzahl hochwertiger
Unterkünfte und des breiten Unterhaltungs- und
Freizeitangebots kommen zahlreiche Pauschalreisende.

Die alten Traditionen werden bei vielen der
etwa 40 000 Einheimischen noch immer hochge-
halten, und zahlreiche Familienclans geben ihre
Berufe als Kokosnussbauer oder Fischer an die
nächste Generation weiter. Nicht alle Bewohner
sind im Tourismus tätig. Wer ein authentischeres
Alltagsleben erleben möchte, wird fündig, sobald er sich etwas abseits der großen Straßen
auf eigene Faust auf den Weg macht. Auch die
Hauptstadt Nathon hat noch etwas Ursprüngli-
ches, und in der Nebensaison sind sogar noch
einsame Strände zu finden.

Lohnend sind allemal die zahlreichen Sandstrände, die sich auf insgesamt 26 km erstrecken. Während ein Viertel der Insel überwiegend aus Flachland mit Kokospalmenkulturen
besteht, wird das mit dichtem Wald bedeckte Hochland im Inneren kaum landwirtschaft-
lich genutzt. Die äußeren Hänge sind vielfach
mit Nutzbäumen wie Durian, Rambutan, Langsat und Mangosteen oder Kautschuk bepflanzt.
Doch auch hierher verschlägt es immer mehr
Besucher, welche die immer zahlreicheren Pri-
vatferienhäuser in modernsten Wohnsiedlungen
bevölkern.

Die Strände
Die beiden gut besuchten Hauptstrände Chaweng und Lamai an der Ostküste bestechen
mit ihrem weißen Sand, sauberen Wasser und
ihren Palmen. Das Meer eignet sich an beiden
Stränden bestens zum Schwimmen. Am **Hat
Chaweng** [2828] ist es voller und lauter, hier tobt
das Nachtleben. Nach Chaweng kommen viele
Pauschaltouristen und Partyfreunde, denen allerdings manchmal der nötige Respekt für die
Sitten des Gastlandes fehlt. Am **Hat Lamai** [2829]
urlaubt ein individuelleres und zurückhaltende-
res Publikum, entsprechend ist es hier ruhiger.
Der **Hat Mae Nam** [2765] ist ebenfalls sehr beliebt bei Ruhesuchenden und gehört für uns zu
den schönsten Stränden der Insel. Er eignet sich
perfekt für einen Familienurlaub.

Tempel

Das Kennzeichen Ko Samuis ist der große goldglänzende Buddha, den Flugreisende bereits beim Landeanflug sehen. Für Thais ist die **Big Buddha**-Statue im **Wat Phra Yai** auf der kleinen Insel Ko Fan die Wallfahrtstätte Samuis schlechthin. Zwei Dämme verbinden die Insel mit dem Festland. Die vergoldete, 12 m hohe Statue ist besonders abends ein beliebtes Fotomotiv. Während nationaler Feste wie Loy Kratong und Songkran (S. 52) drängen sich auf dem Tempelgelände die Garküchen und Souvenirstände, und es wird ausgiebig gefeiert.

Lohnend ist auch ein Abstecher zum unweit gelegenen Tempel **Wat Plai Laem**, der in beeindruckender Weise zeigt, wie lebendig das Kunsthandwerk des Tempelbaus bis heute ist. Die Tradition, in der dieses Gebäude Anfang des 21. Jhs. erbaut wurde, ist Jahrhunderte alt. Über drei Jahre arbeitete der Künstler Jarit Phumdonming an den bunten und kunsthandwerklich wertvollen Wandgemälden, die u. a. den Werdegang Buddhas zeigen. Daneben kann man im künstlich angelegten See Fische füttern.

Wat Khunaram gehört zweifellos zu den bedeutendsten Sehenswürdigkeiten der Insel. Zu besichtigen ist hier ein mumifizierter Mönch, der einst als Luong Por Daeng bekannt und verehrt wurde. Der Mönch starb vor knapp 30 Jahren und meditiert seither in einem Glaskasten. Der Tempel befindet sich nahe dem Fischerdorf **Hua Thanon** an der Straße gegenüber der Einfahrt zum **Namuang-Wasserfall**. Auch im **Wat Kiri Wongkaram** beim Dorf **Taling Ngam** im Westen der Insel kann ein mumifizierter Mönch bestaunt werden. Zwei große Elefantenstatuen markieren den Eingang zur von Kokospalmen umsäumten alten Tempelanlage.

Ein weißer Jade-Buddha wird im **Wat Samret** nahe dem Dorf Hua Thanon verehrt. In der geheimnisvollen Halle der Buddhas sind zahlreiche Buddhastatuen aufgestellt. Da im Laufe der Zeit viele der Figuren gestohlen wurden, ist die Tür heute meist verschlossen, wird jedoch auf Anfrage geöffnet.

Wasserfälle und Aussichtspunkte

Am bekanntesten ist der **Namuang-Wasserfall**, bei dem es sich eigentlich um zwei Fälle

handelt. Der zweite Wasserfall stürzt fast 80 m in die Tiefe, während der erste mit etwas über 18 m wesentlich beschaulicher ist. Urlaubende Thais bevölkern ihn am Wochenende, und auch in den Ferien ist hier viel los. Beide Wasserfälle befinden sich im Süden der Insel, und ein Besuch lässt sich gut mit einem Ausflug zum **Wat Khunaram** verbinden. Eine gut ausgebaute Straße führt direkt zu einem Pool des ersten Falls, in dem man sich erfrischen kann. Während dieser Fall gut erschlossen ist, nötigt der zweite dem Besucher mehr Anstrengung ab. Die vormals gute Straße verwandelt sich alsbald in eine ungeteerte Schlammstraße. Auf dieser ist nach etwa 10-minütigem Spaziergang der Fuß des zweiten Falls erreicht. Wer hinaufsteigen will, sollte über Klettererfahrung verfügen, denn der Weg ist rutschig. An beiden Fällen helfen Elefanten beim Aufstieg.

Im Westen Ko Samuis nahe dem Dorf Lipa Yai befindet sich der **Hin Lat-Wasserfall**, ein weiterer schöner Platz zum Baden. Auf einem etwa 3 km langen schmalen Dschungelpfad gelangt man an einen großen Pool am Fuße des Wasserfalls, wo man schwimmen oder sich unter das herabstürzende Wasser stellen kann. Unterwegs passiert man einen kleinen Getränkestand (nur in der Saison). Hinter der kleinen Brücke können Kletterkundige noch 500 m höher steigen.

Weitere Wasserfälle befinden sich nahe dem **Lipa Noi-Aussichtspunkt**. Ein Besuch auf den zahlreichen Aussichtspunkten im Inland, die auf den Routen vom Norden der Insel hinüber in den Osten liegen, lohnt für Wanderfreunde. In der Regenzeit sollte man sich vorher erkundigen, ob Rutschgefahr besteht, und in jedem Fall an die schnell hereinbrechende Dunkelheit denken: Lange Wege sollten früh begonnen und mit sachkundiger Führung unternommen werden. Immer genügend Wasser mitnehmen! Weniger Unternehmenslustige, die sich nicht so weit von der Strandstraße entfernen möchten, können z. B. am Hat Lamai im Osten einen Ausflug auf einen der nahen Berge mit ihren ausgeschilderten Aussichtspunkten unternehmen.

Sport, Spa und Spaß

Das Freizeitangebot auf Ko Samui ist vielseitig und umfasst auch sportliche Aktivitäten wie Surfen, Kajaktouren oder Schwimmen. Zahlreiche Tauchschulen bieten Kurse und Tauchausflüge an. Die Tauchbasen befinden sich zumeist an den Stränden. Als Ziele werden Riffe im Nationalpark und rund um Ko Tao angesteuert. Aufgrund längerer Anfahrtswege und des zahlungskräftigeren Publikums ist das Preisniveau auf Ko Samui etwas höher als auf den anderen Inseln im Golf. Jene, die den besonderen Kick suchen, können sich am Hat Chaweng an Seilen durch den Urwald schwingen, dem Bungy-Jumping frönen oder Scooter fahren. Entspannender sind Massagen und Spa-Behandlungen, die eine Stunde, aber auch den ganzen Tag dauern können.

Die hiesigen zoologischen Einrichtungen wie Schlangenfarm oder Tigerzoo werden bei Tierfreunden auf wenig Begeisterung stoßen. Wer im März auf Ko Samui ist, kann den **Butterfly Garden**, ☎ 077 424 020, besuchen. In der schönen Anlage sind dann allerlei bunte Schmetterlinge zu sehen, in den anderen Monaten hingegen nur aufgespießte tote Exemplare. ⏰ 8.30–17.30 Uhr, Eintritt 200 Baht. Ähnliches Angebot zu gleichen Preisen und Öffnungszeiten im **Butterfly Park**, hier gibt es zusätzlich noch Insekten zu bestaunen.

Essen gehen

Auf Ko Samui kann man herrlich schlemmen. Es gibt sehr gute Fischlokale, und auch gehobene Etablissements aller Nationalitäten sind hier zu finden. Es lohnt sich, abends einmal an einen anderen Strand zu fahren, um gediegen zu speisen. Empfehlenswert für ihre Auswahl an guten Restaurants sind vor allem Fisherman's Village (Hat Bo Phut) und Hat Chaweng. Gewählt

Safaris auf Ko Samui

An allen Stränden werden nahezu identische Touren angeboten, auch wenn sie jeweils unterschiedliche Namen tragen, geringfügig andere Abfahrtszeiten haben und je nach Buchungsort auch unterschiedlich viel kosten. Geboten wird überall das Gleiche: Großmutter- und Großvaterfelsen am Lamai, Elefantentrekking, Schwimmen im Wasserfall, Krokodil- oder Affenshow, mumifizierter Mönch, Buddhagarten mit seinen steinernen Figuren und Latexgewinnung auf Gummiplantagen. Zudem besucht man Aussichtspunkte und geht zum Sonnenuntergang zu Big Buddha. Einige Touranbieter besuchen Thai-Boxer, organisieren Ochsenkarrenritte oder kurze Kanu-Fahrten. Dazwischen gibt es Essen, Wasser und Früchte, die im Preis inbegriffen sind. Abfahrt gegen 9 Uhr; Halbtagestouren enden um 15 Uhr, Ganztagestouren um 17.30 Uhr. Ab 1350 Baht (Kinder von 5–12 Jahren ab 950 Baht) bis 2000 Baht.

werden kann zwischen teurer Küche in gediegenem Ambiente und authentischer, empfehlenswerter Küche im einfachen Lokal. Wer mit dem Moped oder Auto unterwegs ist, sollte die Chance nutzen und an einem der Lokale Halt machen, die sich an exquisiter Stelle an einem Aussichtspunkt niedergelassen haben und allein wegen des Ausblicks aufs weite Meer einen Besuch lohnen.

Nathon

Der Hauptort der Insel ist eine kleine geschäftige Stadt und einer der größeren Orte der Insel [2826]. Er hat sich viel von seinem ursprünglichen Charme erhalten: Alte Holzhäuser dienen als Wohn- und Lagerstätte, es gibt zahlreiche authentische Thai-Restaurants, und nicht alle der Verkaufsangebote richten sich an Reisende oder ausländische Residenten.

Doch natürlich fehlen auch hier nicht Geschäfte mit Kleidung, Büchern, Malereien oder den hübsch geschnitzten Seifeblumen. Ein Einkaufsbummel gestaltet sich in Nathon gemüt-

Auto- und Mopedverleih

Autos kosten 800–2000 Baht pro Tag (inkl. Versicherung). Billig sind die kleinen Suzukis, teurer Pick-ups und am teuersten Pkws und Minibusse. Bei längerer Mietdauer wird Rabatt gewährt. Mopeds gibt es ab 200–300 Baht pro Tag. Oft muss der Pass als Sicherheit hinterlegt werden. Sicherheitsgurte im Auto sind Pflicht, ebenso Helme bei Mopeds. Bei Verstoß drohen Geldstrafen (s. „Vorsichtsmaßnahmen auf einen Blick", S. 84). Theoretisch benötigt man einen Internationalen Führerschein, dieser wird allerdings meist weder bei der Ausleihe noch bei Kontrollen verlangt.

Medizinische Hilfe

Auf der Insel gibt es einige große Privatkliniken. Hier ist bei kleineren Untersuchungen direkt nach der Behandlung zu bezahlen. Die ausgestellten Formulare reichen i.d.R. für eine Erstattung durch die Reisekrankenkasse. Bei längeren stationären Behandlungen rechnet das Krankenhaus direkt mit der Reisekrankenversicherung ab. Die Krankenhäuser befinden sich an den Stränden; das staatliche Hospital in Nathon (S. 450) ist allenfalls mittellosen Nichtversicherten zu empfehlen.
Zwischen Nathon und Chaweng befindet sich das Bandon International Hospital. Am Hat Chaweng gibt es das empfehlenswerte Krankenhaus Bangkok Samui Hospital, das Samui International Hospital und das Thai International Hospital.

Polizei

Die Zentrale der Tourist Police befindet sich 2 km südlich des Ortszentrums von Nathon, ☎ 077-421 281. Chaweng ☎ 077-414 567. Notruf ☎ 1699 (Tourist Police) oder 191 (Polizei). Auch die regulären Polizeireviere können im Notfall kontaktiert werden, doch spricht hier nicht unbedingt jeder Englisch: Nathon ☎ 077-421 095, Chaweng ☎ 077-422 067, Lamai ☎ 077-424 068, Mae Nam ☎ 077-425 070, Bo Phut ☎ 077-425 071, Taling Ngam ☎ 077-423 009.

Touristenauskunft

Die einheitliche Nummer, ☎ 1672, gilt für Thailand, der Anrufer landet in Bangkok, wo englischsprachige Mitarbeiter weiterhelfen.

---

lich bis beschaulich, denn die Zahl der Läden ist überschaubar. Der Markt bietet eine gute Möglichkeit, frisches Obst zu erstehen, und wer von Thailand nur Ko Samui kennenlernt, kann hier die Atmosphäre eines typischen Thai-Marktes erschnuppern.

An den drei Piers in Nathon legen die Seatran-Autofähre, die nicht empfehlenswerten Expressboote um das Songserm und das Nachtboot an. Bunt bemalte, mit den Routen beschriftete Songthaew, Taxi- und Mopedfahrer begrüßen die Ankommenden und bringen sie an die Strände.

ÜBERNACHTUNG

Chytalay Palace Hotel ③, Chinvithi Rd., nahe dem Pier, ☎ 077-421 079, [7749]. In die Jahre gekommenes Hotel mit abgetretenem roten Teppich. Ordentliche Zimmer mit Warmwasser und Ventilator oder AC. Ein paar neue Zimmer, nur bedingt besser, aber teurer und mit TV. Einige Zimmer mit kleinem Balkon und Blick auf den Hafen. WLAN. ❷–❹

Damrong Town Hotel ①, Pakdi Rd., ☎ 077-420 359, [7745]. Großes Hotel am Stadtrand. Einfache, geräumige AC-Zimmer. Badewanne. ❸

Grand Sea View Resotel ⑥, 175/4 Moo 3, Preeda Rd., ☎ 077-421 481, 🖥 www. grandseaviewbeachresotel.com, [7746]. Bestes Hotel in der Stadt: 4-geschossig und mit kleinem Pool in Strandlage. Alle Zimmer mit AC, TV und Minibar, die schönsten mit Meerblick. Frühstück inkl. Stühle und Liegen am bei Ebbe wenig

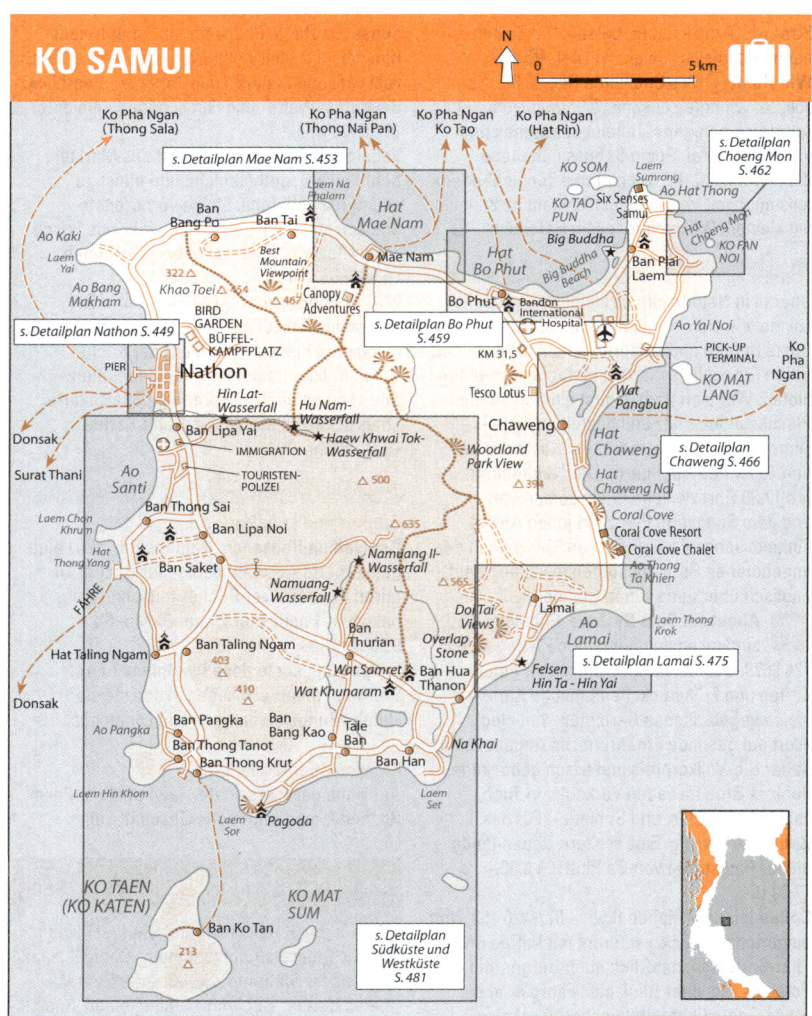

Ko Pha Ngan (Thong Sala)
Ko Pha Ngan (Thong Nai Pan)
Ko Pha Ngan Ko Tao
Ko Pha Ngan (Hat Rin)
s. Detailplan Choeng Mon S. 462
s. Detailplan Mae Nam S. 453
KO SOM
Laem Sumrong
KO TAO PUN Six Senses Samui
Ao Hat Thong
Laem Na Phalam
Ban Bang Po
Ban Tai
Hat Mae Nam
Mae Nam
Big Buddha
Hat Choeng Mon
KO FAN NOI
Ban Plai Laem
Ao Kaki
Laem Yai
Ao Bang Makham
Best Mountain Viewpoint
322 △
Khao Toei △ 634
△ 467
Canopy Adventures
Hat Bo Phut
Bo Phut
Big Buddha Beach
Bandon International Hospital
Ao Yai Noi
s. Detailplan Nathon S. 449
BIRD GARDEN
BÜFFEL-KAMPFPLATZ
s. Detailplan Bo Phut S. 459
KM 31,5
PICK-UP TERMINAL
Ko Pha Ngan
PIER
Nathon
Hin Lat-Wasserfall
Hu Nam-Wasserfall
Tesco Lotus
Wat Pangbua
KO MAT LANG
Donsak
Ban Lipa Yai
Haew Khwai Tok-Wasserfall
Chaweng
Hat Chaweng
s. Detailplan Chaweng S. 466
Surat Thani
Ao Santi
IMMIGRATION
TOURISTEN-POLIZEI
Woodland Park View
△ 500
△ 394
Hat Chaweng Noi
Laem Chon Khrum
Ban Thong Sai
Ban Lipa Noi
△ 635
Hat Thong Yang
Ban Saket
Namuang II-Wasserfall
△ 565
Coral Cove
Coral Cove Resort
Coral Cove Chalet
Ao Thong Ta Khien
Namuang-Wasserfall
Don Tai Views
Lamai
Ao Lamai
Laem Thong Krok
Hat Taling Ngam
Ban Taling Ngam
403 △
410 △
Ban Thurian
Overlap Stone
Wat Samret
Ban Hua Thanon
Felsen Hin Ta - Hin Yai
s. Detailplan Lamai S. 475
Donsak
Wat Khunaram
Ao Pangka
Ban Pangka
Ban Thong Tanot
Ban Thong Krut
Ban Bang Kao
Tale Ban
Na Khai
Ban Han
Laem Set
Laem Hin Khom
Laem Sor
Pagoda
KO TAEN (KO KATEN)
KO MAT SUM
213 △
Ban Ko Tan
s. Detailplan Südküste und Westküste S. 481

FÄHRE

---

attraktiven Strand. WLAN. Internet in der Lobby.
3 – **4**

Jinta City Hotel ⑤, Chonvithi Rd., ✆ 077-420 630, 🖥 www.jintasamui.com, **[7747]**. Um einen kleinen Pool verschiedene 1- oder 2-geschossige Apartmenthäuser mit einfach eingerichteten Zimmern, alle mit AC,

Minibar und TV. WLAN. Inkl. Frühstück.
2 – **3**

Nathon Residence ②, Tawirat Rd., ✆ 077-236 058, **[7748]**. Mitten im Zentrum nahe dem chinesischen Tempel. Schön möblierte Zimmer mit Tisch, AC, TV, Minibar und wahlweise Warmwasser, die nach vorne zur

Straße z. T. mit kleinem Balkon. Die Zimmer nach hinten sind ruhiger. WLAN. ❷ – ❸
Win Hotel ④, 366 Chonvitee Rd., ☎ 077-421 500, ✉ winhotelkohsamui@hotmail.com, [7750]. Am Hafen gelegenes, alteingesessenes und einfaches Hotel. Gut in Schuss gehaltene Zimmer mit AC, TV, Minibar und Teppichboden, teils auch mit Verbindungstür. Manche Zimmer mit kleinem Balkon und tollem Hafenblick. ❷

ESSEN

Überall in Nathon gibt es kleine und größere Lokale, die sich vornehmlich an einheimische Gäste richten und entsprechend authentisches Essen (Vorsicht: scharf) in einfacher Umgebung bieten. Wer sich traut, nimmt einfach auf den Plastikstühlen Platz und bestellt (meist per Fingerzeig auf die vorbereitete Kost oder auf den Teller des Nachbarn). Der Nachtmarkt (ab 17.30 Uhr) zwischen dem Lomprayah- und dem Songserm Pier zieht jeden Abend Einheimische wie Touristen an. Die Namen der angebotenen Gerichte stehen meist auch auf Englisch über den kleinen Ständen.

About Art Café By June, Chonvithi Rd., zur Linken des Songserm Pier, ☎ 089-724 9673. Gemütliches Café mit sehr gutem Kaffee und Frühstück. Reichhaltige Karte mit vielen vegetarischen Gerichten. June legt Wert auf gesunde Ernährung, im Angebot sind daher Bio-Vollkornreis und frisch gebackenes dunkles Brot. Im Laden Verkauf von Tuch, Taschen, Geschirr und Schmuck. Für das Gebotene günstig. Eine weitere Dependance an der Ringstraße von Bo Phut. ⏰ 8.30–17.30 Uhr.

Coffee Island, Amphoe Rd., ☎ 077-420 153. Nett eingerichtetes Eckrestaurant mit Kaffee und Thai-Gerichten, natürlich auch Burger und Pommes. Schöner Blick aufs Fährpier und Meer. Gegenüber vergleichbaren Lokalen der Stadt leicht gehobenes Preisniveau. Vermieten auch Zimmer (mit Ventilator und Gemeinschaftsbad oder AC und eigenem Badezimmer). WLAN. ❶ – ❷ ⏰ 6.30–24 Uhr.

Ruang Thong Bakery, Thawirat Pakdi Rd., Ecke Watana Rd. Leckerer Kaffee und viele Gerichte, zudem frisches Brot und Gebäck. Bebilderte Speisekarte. ⏰ 6–18 Uhr.

Sunset Seafood, Chonvithi Rd. Unter freiem Himmel oder überdacht frisch gebratener Fisch vom Grill und andere Thai-Gerichte. Meerblick. Bei gutem Wetter und Flut schönes Ambiente. ⏰ 10–23 Uhr.

Vegetarian Restaurant, unweit des Marktes. Sehr leckere, authentische und günstige vegetarische Küche. Einige vorbereitete Speisen stehen in den Auslagen bereit. Frisch zubereitet wird auch eine köstliche Suppe. ⏰ Mo–Sa 7–16 Uhr.

Will Wait Restaurant, Thawirat Pakdi Rd. Zentral im Einkaufsbereich der Touristen gelegenes Restaurant mit offener Küche. Dahinter Leuchttafeln mit den gebotenen Speisen und englischsprachige Speisekarte. Thais schätzen die Suppe. Guter Kaffee. ⏰ 6–18 Uhr.

EINKAUFEN

Bücher und Landkarten

Der **Nathon Bookshop**, Amphoe Rd., führt eine gut sortierte Auswahl deutscher Bücher zu fairen Preisen. Wer Bücher tauschen will, bekommt 1 neues für 2 alte. ⏰ Mo–Sa 9.30–19 Uhr.

Einige gute, **kostenlose Inselpläne** (durch Werbung finanziert) liegen in den meisten Hotels, Bungalowanlagen und Läden aus.

Kleidung und Souvenirs

Auf Höhe der Piers an der Tawirat, Ecke Pakdi Rd. findet man zahlreiche Geschäfte mit

Ich weiß, wo ich wohne!

Wer in der Hauptsaison auf die Insel kommt, dem sei geraten vorzubuchen. Das gilt ganz besonders während der europäischen Weihnachtsferien. Buchungen über einen Anbieter sind meist sicher. Wer per Telefon oder über die Website des Resorts bucht, wird bei Ankunft nicht immer ein reserviertes Zimmer vorfinden. In der Zeit vom 20.12. bis 10.1. verlangen die meisten Anlagen einen Aufschlag von ca. 25 % nebst Buchung eines teuren Weihnachts- bzw. Silvestermenüs. Angebote unter eXTra [2770].

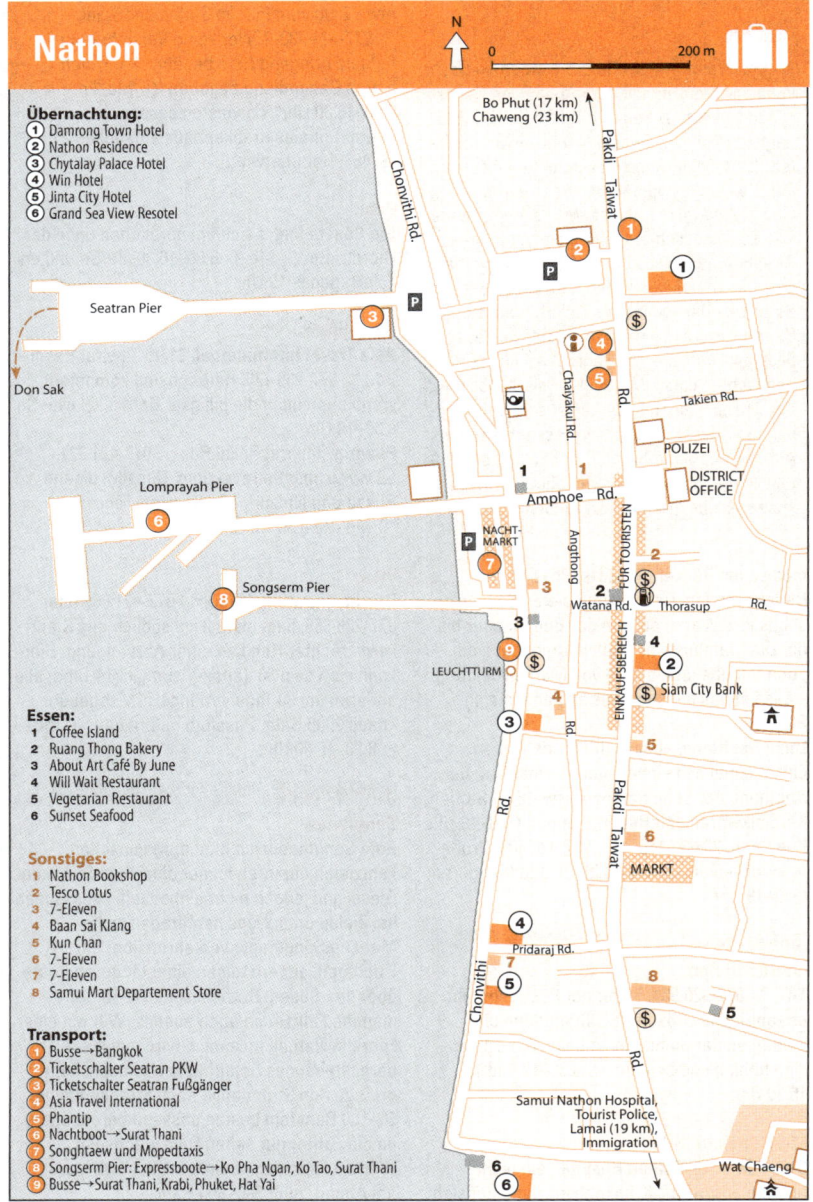

Nathon

N
0   200 m

Übernachtung:
1. Damrong Town Hotel
2. Nathon Residence
3. Chytalay Palace Hotel
4. Win Hotel
5. Jinta City Hotel
6. Grand Sea View Resotel

Bo Phut (17 km)
Chaweng (23 km)

Chonvithi Rd.

Pakdi Taiwat

Seatran Pier

Chaiyakul Rd.

Takien Rd.

Don Sak

Lomprayah Pier

POLIZEI

DISTRICT OFFICE

Amphoe Rd.

Angthong

Rd.

EINKAUFSBEREICH FÜR TOURISTEN

NACHT-MARKT

Songserm Pier

Watana Rd.

Thorasup Rd.

LEUCHTTURM

Siam City Bank

Essen:
1. Coffee Island
2. Ruang Thong Bakery
3. About Art Café By June
4. Will Wait Restaurant
5. Vegetarian Restaurant
6. Sunset Seafood

Pakdi Taiwat

Sonstiges:
1. Nathon Bookshop
2. Tesco Lotus
3. 7-Eleven
4. Baan Sai Klang
5. Kun Chan
6. 7-Eleven
7. 7-Eleven
8. Samui Mart Departement Store

MARKT

Pridaraj Rd.

Chonvithi Rd.

Rd.

Transport:
1. Busse→Bangkok
2. Ticketschalter Seatran PKW
3. Ticketschalter Seatran Fußgänger
4. Asia Travel International
5. Phantip
6. Nachtboot→Surat Thani
7. Songthaew und Mopedtaxis
8. Songserm Pier: Expressboote→Ko Pha Ngan, Ko Tao, Surat Thani
9. Busse→Surat Thani, Krabi, Phuket, Hat Yai

Samui Nathon Hospital,
Tourist Police,
Lamai (19 km),
Immigration

Wat Chaeng

Von Kokosnüssen und Affen

Ko Pha Ngan und Ko Samui werden vielfach in einem Atemzug mit dem Anbau von Kokosnüssen genannt; Samui trägt sogar den Beinamen „Kokosnussinsel". Das bewirtschaftete Land beider Inseln besteht hauptsächlich aus Kokosnussplantagen. Wer sich mit dem Fahrrad ins Inland begibt, wird schnell Berge von Kokosnüssen erspähen, die von fleißigen Arbeiterinnen gespalten und geschält werden. Lastwagenweise werden die Früchte nach Bangkok oder an andere Zielorte verfrachtet. Geerntet werden die reifen Früchte von ausgebildeten Affen, die man sehr oft bei ihrer Arbeit beobachten kann. Wer sich für die Ausbildung der flinken, jedoch leider meist sehr unfreundlichen tierischen Helfer interessiert, kann die Affenschule nahe Surat Thani besuchen. Von den leider noch immer angebotenen Affenshows ist aus Artenschutzgründen abzuraten.

modischen Röcken, T-Shirts, Hosen und Badeklamotten. Dazwischen bieten Souvenirshops ihre Waren an, von der Buddhafigur bis hin zum Bambuswindspiel. Im Angebot sind auch Schuhe und Imitate von Markenkleidung – alles etwas günstiger als an den meisten Stränden.
Baan Sai Klang, abseits der touristischen Einkaufsmeile in einem alten Holzhaus an der Angthong Rd. Sehr schöne Auswahl an Stoffen, Keramikwaren und Buddhafiguren. ⏰ 9–19 Uhr.
Kun Chan, 201/3 Moo 1, ☎ 077-420 409. Große Auswahl kunstvoll gearbeiteter Buddhafiguren. ⏰ 9–19 Uhr.

SONSTIGES

Informationen

TAT, ☎ 077-420 504, hinter der Post. Hier gibt es zahlreiche Broschüren, Stadtpläne und Zeitungen der Samui Community. Die Damen sind höflich und bemüht. ⏰ 8.30–12 und 13–16.30 Uhr.

Medizinische Hilfe

Das staatliche **Nathon Hospital**, ein nicht empfehlenswertes Krankenhaus, befindet sich etwa 2 km vom Pier im Süden der Stadt, ☎ 077-421 230-2. Wer keine Versicherung hat und dringend Hilfe benötigt, kann sich hier in Behandlung begeben (⏰ Mo–Fr 8.30–16.30 Uhr), ansonsten besser ein internationales Krankenhaus aufsuchen (S. 463, Hat Chaweng).

Post

Die Post befindet sich am nördlichen Ende der Uferstraße. ⏰ Mo–Fr 8.30–16.30, Sa/So und an Feiertagen 9–12 Uhr.

Reisebüros

Asia Travel International, 11/15 Tawirat Pakdi Rd., ☎ 077-236 120. Hilfreich und kompetent, wenn auch nicht die billigste Option. ⏰ Mo–Sa 8.30–18 Uhr.
Phantip, Tawirat Pakdi Rd., ☎ 077-421 221, 🖥 www.phantiptravel.com. Günstig; eigene Busse und Nutzung der Seatran-Fähre. ⏰ Mo–Sa 8.30–18 Uhr.

Visa

Das **Immigration Office**, ☎ 077-421 069 oder 077-236 665, liegt etwa 2 km südlich des Stadtkerns rechter Hand an einer Abzweigung. Hier kann man sein 30-Tages-Visum um 14 Tage, alle anderen um 30 Tage verlängern. Visagebühr knapp 2000 Baht. Passfoto mitbringen. ⏰ Mo–Fr 8.30–16.30 Uhr.

NAHVERKEHR

Songthaew

Rote Songthaew mit bunt aufgepinselten Fahrzielen befahren immer dieselben Strecken. Diese sind jedoch nicht einheitlich, sodass man bei Zielen unterwegs nachfragen sollte. Manche Songthaew verkehren über den Flughafen, andere folgen einer längeren Route über den Süden. Betriebszeiten 6–18 Uhr, manche Fahrzeuge auch abends. Wer mit einer Fähre in Nathon ankommt, wird meist ein bereitstehendes Songthaew vorfinden. Fahrpreis zu den Stränden je nach Streckenlänge 50–100 Baht (am besten passend bereithalten, da die Fahrer nur selten Geld wechseln). Wer ein Fahrzeug für sich allein nutzt, etwa am Abend, zahlt 500–800 Baht.

Taxis und Mopedtaxis

Auf der Ringstraße verkehren zahlreiche Taxis. Auch Resorts und Anlagen bestellen Taxis. Man sollte auf das Einschalten des Taxameters bestehen, doch garantiert dies nicht unbedingt einen besseren Preis. Nachts lassen sich die Fahrer selten auf Taxameter ein und verlangen Höchstpreise. Zu den Stränden tagsüber 300–700 Baht. Mopedtaxis warten am Hafen. Zum Busbahnhof und zur Immigration 50 Baht, zu den Stränden 100–300 Baht.

Busse

BANGKOK, ab Busbahnhof, ☎ 077-421.125. VIP-Busse um 7.30, 15.30, 16.30 und 17.30 Uhr für 1066 Baht inkl. Fähre in 12–14 Std. AC-Busse 2. Kl. fahren zu den gleichen Zeiten, zusätzlich noch um 13.30 Uhr für 608 Baht inkl. Fähre. VIP-24-Bus privater Gesellschaften um 7.30, 15.30, 16.30 und 17.30 Uhr für 1450 Baht.
HAT YAI, AC-Bus um 7.30 und 9.30 Uhr ab 480 Baht in 7 Std.
KO LANTA, AC-Bus und Fähre um 7.30 und 8 Uhr für 950 Baht in 8 Std.
KO PHI PHI, AC-Bus und Fähre um 7.30, 8 und 9 Uhr für 950 Baht in 7 Std.
KRABI, AC-Bus und Seatran-Fähre um 7.30 Uhr ab 350 Baht in 6 Std.
PHUKET, AC-Bus um 7.30 und 9.30 Uhr ab 450 Baht in 7–8 Std.
SURAT THANI, AC-Bus ab Nathon um 7.30, 9.30, 13.30 Uhr ab 250 Baht inkl. Fähre.

Boote

Schifffahrpläne S. 382.
KO PHA NGAN, für 200–300 Baht in 30 Min.
KO TAO, über Ko Pha Ngan, für ca. 500–650 Baht in 3 Std.
SURAT THANI, besonders vormittags viele Fähren nach Don Sak für ca. 250–400 Baht in 1 1/2 Std. Zubringerbus nach Surat Thani 240 Baht (Fahrzeit ca. 1 Std.). Pkw inkl. Fahrer 470 Baht. Am Wochenende und in den thailändischen Ferienzeiten ist die wartende Autoschlange meist lang. Fußgänger können hingegen direkt an Bord gehen.
Zum Flughafen oder Bahnhof Surat Thani in 2 1/2 Std. für 600/500 Baht. Lomprayah-Busse

Die meisten Reisenden kommen mit dem Boot, oft mit einem Joint Ticket, welches Bus- bzw. Bahn- und Bootsfahrt in einem Kombipaket verbindet. Aus Bangkok kommend, fährt man dabei über Nacht. Die Boote nach Ko Samui verkehren ab Ban Don in Surat Thani, ab Tha Thong (etwa 8 km östlich) und ab Don Sak (fast 70 km östlich). Zu allen Fähren gibt es Zubringerbusse, die auch Reisende ohne Kombiticket noch bei Ankunft buchen können.

Ankunftsorte auf Ko Samui sind neben der Hauptstadt **Nathon** diverse Strände. Die Raja-Autofähre steuert **Lipa Noi** an. Der Highspeed-Katamaran von Lomprayah landet am **Hat Mae Nam**. Seatran bringt seine Gäste zum **Bang Rak Pier** nahe Big Buddha. Von hier bietet die *Had Rin Queen* tgl. mehrmals eine Verbindung zum Partystrand von Ko Pha Ngan, und stdl. verkehrende Express-Charterboote verbinden Ko Samui mit Ban Tai, ebenfalls auf Ko Pha Ngan. Abfahrtszeiten nach Ko Samui s. Chumphon (S. 376) und Surat Thani (S. 493), Weiterfahrt an die jeweiligen Strände s. Nahverkehr.

fahren von Don Sak zudem nach Krabi, Ko Lanta, Phuket, Hat Yai, Khao Sok und Ko Phi Phi. **Nachtboot** um 21 Uhr zum Ban Don Pier direkt in der Stadt. Ankunft 4 Uhr morgens, 150 Baht.

Flüge

Ko Samui hat einen wunderschönen Flughafen. Wer aus der Ferne anreist und hier zum ersten Mal thailändischen Boden betritt, gewinnt mit Sicherheit einen positiven ersten Eindruck. Der Flugplatz befindet sich in Privatbesitz, daher gibt es nur relativ teure Flüge. Wer vorgebucht hat, wird oft abgeholt (manchmal gegen Gebühr). Minibusse warten auf Kunden, und auch private Airport-Taxis fahren zu den Stränden (300–800 Baht). Normale, etwas günstigere Taxis stehen etwa 300 m vom Terminal entfernt an der Hauptstraße. Mietwagen bei Budget, ☎ 077-961 502.
Bangkok Airways, Flughafen ☎ 077-428 500, Reservierung auch in Bangkok, ☎ 02-265 5678, 🖳 www.bangkokair.com. Onlinebucher wissen:

Wer früh bucht, hat die Chance auf günstige Webpromotion. Die gelisteten Preise sind nur als Orientierung zu verstehen. Soweit nicht anders angegeben, werden die Flüge von Bangkok Airways angeboten.

Fly Firefly, Samui Flughafen ☎ 077-601 400, 🖥 www.fireflyz.com.my.

Thai Airways, Reservierung in Bangkok, ☎ 02-356 1111, 🖥 www.thaiair.com.

BANGKOK, 20x tgl. von 6–22 Uhr für etwa 5000 Baht in 95 Min. Thai Airways fliegt 2x tgl. um 9.30 und 17.05 Uhr für 6000 Baht.

CHIANG MAI (über Bangkok), tgl. um 10.15 Uhr für 8000 Baht in 3 1/2 Std.

KRABI, tgl. um 12.20 Uhr für 3000 Baht in 55 Min.

PATTAYA, tgl. um 11.10 Uhr für 4500 Baht in 95 Min.

PHUKET, tgl. um 8.15, 11, 12.40, 15 und 18.10 Uhr für 3000 Baht in 1 Std.

HONG KONG, tgl. um 11.35 und 17.25 Uhr für 20 000 Baht in 3 1/4 Std.

KUALA LUMPUR, tgl. um 17.55 Uhr für 10 000 Baht in 1 1/2 Std. Fly Firefly fliegt in der Hauptsaison tgl. um 14.55 Uhr für 80 €.

SINGAPORE, tgl. um 16.30 Uhr für 11 000 Baht in 1 3/4 Std.

Hat Mae Nam

Die weit geschwungene Bucht **Hat Mae Nam** [2765] ist etwa 4 km lang und mit schattigen Kokospalmen bewachsen. Einige Besucher kommen über die Ringstraße, andere landen direkt mit dem Boot am Strand an. Ban Mae Nam wird jeden Donnerstag zur Walkway: Straßenhändler und Foodstalls locken mit ihren Waren, und am Tempel spielen oft Live-Bands. Der Sand ist an den beiden Buchtenden grobkörnig und goldgelb, auf Höhe des Dorfes Ban Mae Nam am zentralen Abschnitt lockt feiner Sand. Hier stehen junge Kokospalmen und spenden Schatten. Während am zentralen Strandabschnitt einiges los ist, herrscht an den Enden des Strandes viel Ruhe. Das Meer wird überall schnell tief, und man kann das ganze Jahr über schwimmen.

Hat Mae Nam bietet Übernachtungsmöglichkeiten jeglicher Art: Von der einfachen Holzhütte über gut ausgestattete, bezahlbare Bungalows

mit AC bis hin zur Luxusherberge findet an diesem sauberen Strand jeder ein passendes Angebot. Viele Anlagen sind auf Sand gebaut, der Strand davor ist eher schmal.

Am **Wat Phra Lam** sieht man viele Thais relaxen. Wer den Tempel besuchen will, sollte sich angemessen kleiden. Ein Besuch bei Buddha im Bikini ist absolut tabu.

Am Strand finden sich über 30 Unterkünfte (viele davon im Club unter [2766]). Einfache Hütten aus alten Tagen sind schon ab 350 Baht zu haben, für stabile Reihenbungalows mit AC muss man um die 1500 Baht kalkulieren. Bei den ebenfalls vorhandenen Luxusanlagen mit allem Komfort ist der Preis nach oben offen. Hinter dem Dorf Richtung Osten schützen Betonmauern die Anlagen vor der anrollenden Flut. Hier werden zu manchen Jahreszeiten Korallenreste angeschwemmt, sodass man zum Baden an einen anderen Strandabschnitt ausweichen sollte.

Untere Preisklasse

Anong Villa ⑧, ☎ 077-247 256, [3072]. Einfache Holzbungalows mit Ventilator und Steinbungalows mit AC am Strand und hinter dem Restaurant. Einige hübsche Holzbungalows auf Stelzen im Tempelstil. Familienbetrieb. WLAN. ❷–❺

Lolita Bungalows ⑬, ☎ 077-425 134, ✉ lolitakohsamui@yahoo.com [3078]. In Dorfnähe am zentralen Strandabschnitt. Lang gestreckte Anlage mit eng beieinander stehenden Steinhäusern mit AC und Kühlschrank. Dahinter ebenso geräumige, schöne Holzbungalows, teils mit AC, teils mit Ventilator. 8 VIP-Bungalows mit TV und höherwertiger Ausstattung: 6 davon direkt am Strand und 2 im Garten. Hübsche Einrichtung mit Rattanmöbeln. Am Strand Schatten unter Palmen. WLAN. ❸–❻

Mae Nam Cheer ⑱, ☎ 077-248 262, ✉ naenamcheer@hotmail.com, [8674]. Die 8 Hütten stehen direkt am Strand. 5 Holzbungalows mit Ventilator, hübsch mit Steinen verziert. 3 große Stein-AC-Bungalows. Hinter den Bungalows verläuft der Fluss. Bei

DIE INSELN IM GOLF

Mae Nam

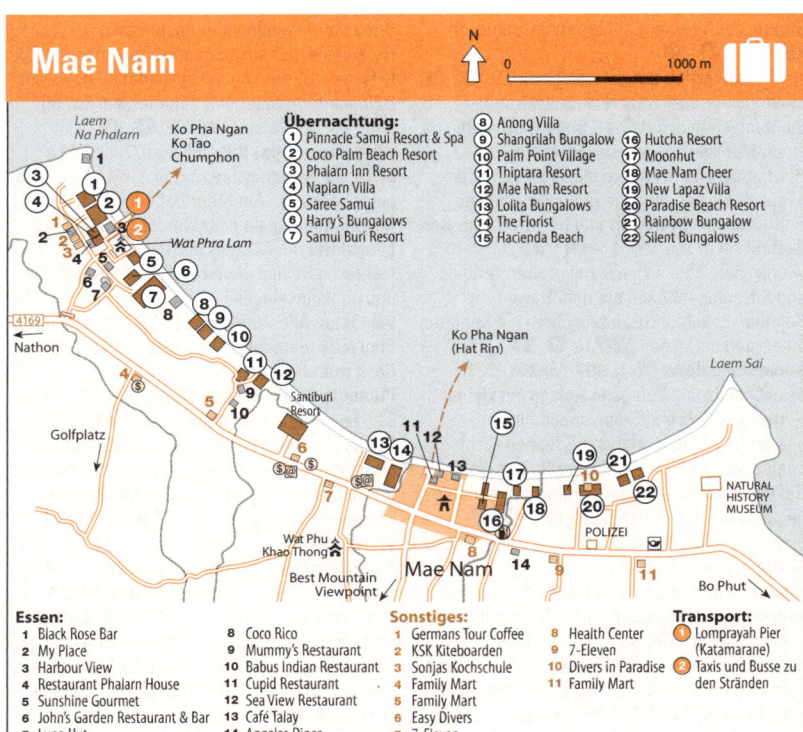

N

0   1000 m

Übernachtung:
1. Pinnacle Samui Resort & Spa
2. Coco Palm Beach Resort
3. Phalarn Inn Resort
4. Naplarn Villa
5. Saree Samui
6. Harry's Bungalows
7. Samui Buri Resort
8. Anong Villa
9. Shangrilah Bungalow
10. Palm Point Village
11. Thiptara Resort
12. Mae Nam Resort
13. Lolita Bungalows
14. The Florist
15. Hacienda Beach
16. Hutcha Resort
17. Moonhut
18. Mae Nam Cheer
19. New Lapaz Villa
20. Paradise Beach Resort
21. Rainbow Bungalow
22. Silent Bungalows

Laem Na Phalarn
Ko Pha Ngan
Ko Tao
Chumphon

Wat Phra Lam

4169

Nathon

Golfplatz

Santiburi Resort

Ko Pha Ngan (Hat Rin)

Laem Sai

NATURAL HISTORY MUSEUM

POLIZEI

Wat Phu Khao Thong

Mae Nam

Best Mountain Viewpoint

Bo Phut

DIE INSELN IM GOLF

Essen:
1. Black Rose Bar
2. My Place
3. Harbour View
4. Restaurant Phalarn House
5. Sunshine Gourmet
6. John's Garden Restaurant & Bar
7. Luna Hut
8. Coco Rico
9. Mummy's Restaurant
10. Babus Indian Restaurant
11. Cupid Restaurant
12. Sea View Restaurant
13. Café Talay
14. Angelas Diner

Sonstiges:
1. Germans Tour Coffee
2. KSK Kiteboarden
3. Sonjas Kochschule
4. Family Mart
5. Family Mart
6. Easy Divers
7. 7-Eleven
8. Health Center
9. 7-Eleven
10. Divers in Paradise
11. Family Mart

Transport:
1. Lomprayah Pier (Katamarane)
2. Taxis und Busse zu den Stränden

Flut bekommt man auf einem Spaziergang Richtung Osten nasse Füße. ❷–❸

Moonhut ⑰, ✆ 077-425 247, 🖥 www. moonhutsamui.com, [3084]. Vorne am Strand schöne AC-Bungalows im Halbkreis, weiter hinten im schattigen Sandgarten Stein-bungalows mit etwas Holz und Ventilator. Junge Palmen am Strand und Schatten spendende Salas. Beliebt. Strandbar und Restaurant mit kostenpflichtigem WLAN. Kajaks. ❷–❺

Naplarn Villa ④, ✆ 077-247 047, [3080]. Im Westen, etwas im Hinterland in einem Cashew-garten gelegen. 8 kleine, einfache Bungalows mit Ventilator und 5 große Bungalows, Letztere mit Doppel- und Einzelbett, TV und AC. Große Räume, wenig Ausstattung. Im Restaurant WLAN. ❸–❹

Palm Point Village ⑩, ✆ 077-247 372, [3090]. Vom schönen Strandabschnitt Richtung Hinterland 2 Reihen attraktive große Stein-bungalows mit AC oder Ventilator. Hinten günstige Holzbungalows. Steiler Strand, Schatten spendende Palmen. ❸–❹

Phalarn Inn Resort ③, gegenüber Lomprayah Anleger ✆ 077-247 111, 🖥 www.phalarninn. com, [3089]. Kleine Anlage unter schattigen Palmen mit kleinem Pool. Einfachste kleine Bungalows mit Ventilator oder neue helle Steinbungalows mit AC und TV. Familienbungalows. WLAN. ❷–❺

Rainbow Bungalow ㉑, ✆ 077-425 425, [6478]. Reihenbungalows mit Ventilator (einige mit Warmwasser) und AC, vom Strand Richtung Landesinnere. Etwas unaufgeräumte Anlage. Im Restaurant WLAN. Bei Flut gibt es keinen

Strand, das Wasser geht bis an die schützende Kaimauer. **②−④**

Shangrilah Bungalow ⑨, ✆ 077-425 189, [3081]. Vom Strand in rückwärtige Richtung stehen in Reihe 3 Bungalowtypen: empfehlenswerte, gut ausgestattete Holzbungalows mit AC im manikürten Garten, daneben kleine, einfache und sehr günstige Holzhütten mit Ventilator und hinter dem großen Restaurant große Steinhäuser mit 2 Zimmern (wenig Flair, aber TV), alle mit großer Veranda und Sitzgelegenheiten auf dem Balkon. Schöner, beliebter Strandabschnitt mit Schatten unter jungen Palmen. WLAN. **③−⑥**

Silent Bungalows ㉒, ✆ 077-602 406, [3083]. Direkt am Strand gelegene Anlage mit kleinen Hütten aus Holz und Stein mit Ventilator und große AC-Bungalows in 3 Reihen dicht aneinander. Schöner, einsamer Strandabschnitt. Bei Flut sind keine langen Strandspaziergänge gegen Westen und Osten möglich. **②−④**

Mittlere Preisklasse

Hacienda Beach ⑮, ✆ 077-427 036, 🖥 www.samui-haciendabeach.com, [3074]. Am östlichen Ende des Dorfstrandes. 14 Steinbungalows, 2 davon mit Meerblick, die anderen Richtung Hinterland. Große Betten, in manche Zimmer passt ein **EXTra**bett (500 Baht). TV und Kühlschrank, teils auch Safe. Franz. Leitung. WLAN. Frühstück inkl. **⑤−⑥**

Harry's Bungalows ⑥, ✆ 077-447 097, 🖥 www.harryssamui.com, [3044]. Weitläufig verteilte, geräumige Steinbungalows mit AC, TV, Safe und Minibar, im sandigen Naturgarten. Schattiger Pool mit Kinderbecken. Familienbungalows. WLAN. **④−⑤**

Hutcha Resort ⑯, ✆ 077-425 555, 🖥 www.hutcharesort.com, [3045]. Große, moderne Anlage mit Steinhäusern im Boutique-Stil. Neben AC-Zimmern mit TV und Minibar auch günstigere Zimmer mit Ventilator. Schöne Bäder. Großer, attraktiver Pool mit Schatten. Strandzugang neben dem Fluss. WLAN. Viele Deutsche aller Altersstufen. Frühstück inkl. **⑤−⑥**

Mae Nam Resort ⑫, ✆ 077-247 286, 🖥 www.maenamresort.com, [3073]. Eng bebauter tropischer Garten, dessen Pflanzen die Bungalows voneinander abschirmen. Geräumige, gut ausgestattete Bungalows, teils mit 2 Betten. Auch Familienbungalows mit 2 Zimmern. Autoverleih. Schatten am Strand unter jungen Palmen. WLAN. **⑤−⑥**

New Lapaz Villa ⑲, ✆ 077-425 296, 🖥 www.newlapaz.com, [3085]. Oberhalb einer Kaimauer. Am Meer befinden sich das Restaurant und ein paar wenige Strandbungalows mit AC, teils mit TV. Hinten in mehreren Reihen weitere AC-Steinbungalows und günstige stabile Holzbungalows mit Ventilator. Alle Warmwasser. Spa und kleiner Pool mit Meerblick. WLAN. Bei Flut kein Sandstrand. **②−⑥**

Pinnacle Samui Resort & Spa ①, ✆ 077-427 308, 🖥 www.pinnaclehotels.com, [8675]. Hotelkomplex und Bungalows gehobener Ausstattung. Spa. Kleiner, angenehmer Pool mit Strandblick, Kinderbecken und viel Schatten. Massives Kinderklettergerät. Inkl. Frühstück. WLAN. **⑥**

The Florist ⑭, ✆ 077-425 671, 🖥 www.floristresort.com, [3087]. Schöne Anlage am Dorfstrand mit 2-geschossigen Reihenhäusern, die sich um 2 kleine Pools gruppieren. Hübsche Einrichtung, TV, Minibar und meist Moskitonetz. Abends BBQ am Strand. WLAN. Inkl. kleinem Frühstück. **⑤**

Thiptara Resort ⑪, ✆ 077-425 351, 🖥 www.thiptararesort.com, [3092]. Hinter dem Mae Nam Resort. Grün getünchte kleine Steinhäuser mit AC, Kühlschrank und TV um einen kleinen Pool herum. Gelungen sind die Badezimmer. WLAN im Zimmer. Ab 7 Tagen 10 % Rabatt. **④**

Obere Preisklasse

Coco Palm Beach Resort ②, ✆ 077-247 288, 🖥 www.cocopalmbeachresort.com [3040]. Resort mit großen Bungalows diverser Preisklassen am Strand und im tropischen Garten. Geschmackvolle Einrichtung. Einige Pool-Villen. Pool mit Kinderbecken. Spa, Restaurant. Inkl. Frühstück. WLAN. **⑥−⑧**

Paradise Beach Resort ⑳, ✆ 077-247 228, 🖥 www.samuiparadisebeach.com, [3054]. Große Anlage mit geräumigen Bungalows und Zimmern in 2-geschossigen Reihenhäusern im tropischen Garten. TV, Minibar. 2 Pools,

Kinderbereich, Baby-Pool. Fahrräder, Fitness-raum. Tauchschule, Kajaks, Windsurfen und Katamarane. Shuttle nach Chaweng. WLAN. Kein Sandstrand bei Flut. **⑥ – ⑧**

Samui Buri Resort ⑦, ℡ 077-447 275, 🖥 www.samuiburi.com, [3093]. Sehr geräumige Zimmer im Hotel und in Pool-Villas, alle mit Badewanne, TV, Kühlschrank, Wasserkocher. Von den Zimmern im Erdgeschoss gelangt man in ein Schwimmbecken. Großer Pool am Strand. Kinderbecken. Kids-Club und Fitnessraum. **⑦ – ⑧**

Saree Samui ⑤, ℡ 077-247 666, 🖥 www.sareesamui.com, [3088]. Exquisite Anlage mit ummauerten großzügigen Bungalows. Viel Privatsphäre im halb offenen Wohnbereich, Schlafraum, halb offenes Bad, Wanne im eigenen Garten. Zudem noch exquisiter in den Pool-Villas mit Pool im Garten. Schöner Infinity-Pool für alle am Strand. WLAN. **⑦ – ⑧**

ESSEN

Die meisten Resorts haben ein Restaurant. Zudem gibt es viele einfache Lokale, die Thai- und westliche Gerichte anbieten, meist etwas im Hinterland gelegen. Den ganzen Tag über flanieren zudem Händler mit aufgeschnittener Ananas oder anderen Leckereien am Strand entlang. Abends werden Tische in den Sand gestellt, und viele Anlagen, vor allem im zentralen Strandabschnitt, bieten BBQ.

Angelas Diner, an der Hauptstraße hinter dem Dorf Richtung Bo Phut. Seit Jahren beliebt wegen seiner leckeren Backwaren. AC-Raum, außerdem einige Tische an der Straße im überdachten Bereich. ⏲ 7.30–16 Uhr.

Babus Indian Restaurant, ℡ 084-877 6034. Einfaches, überdachtes Restaurant mit Roti, Naan und Samosas. Curry-Sets ab 200 Baht, Lammcurry 260 Baht. WLAN. ⏲ 10–23 Uhr.

Black Rose Bar, im Westen der Bucht vor dem Felsen. Abends stehen hier kleine Tische im Sand, ab Sonnenuntergang Musik. ⏲ 13–1.30 Uhr.

Café Talay, rechts vom Pier. Schönes Holzhaus mit Korbsesseln im überdachten Haus oder draußen an Bambustischen im Sand. Abends leckeres BBQ. Happy Hour 16–19 Uhr. ⏲ 10–22 Uhr.

Coco Rico, am westlichen Strand. Aus Schwemmholz gebasteltes Restaurant mit einigen Tischen direkt am Strand. Sehr guter frischer Fisch direkt vom Grill, Currys sowie Reis- und Nudelgerichte. ⏲ 11–23 Uhr.

Cupid Restaurant, vor der Wartesala der Speedboote. Einfaches, überdachtes und freundliches Lokal mit vielen Gerichten aus der Thai-Küche. Leser loben die Fischgerichte und Milchshakes. ⏲ 9–22 Uhr.

Harbour View, großes Restaurant am Lomprayah Pier, in dem man vor Abfahrt der Boote trotz vollem Haus noch zügig etwas zu essen bekommt. Zudem Shakes und Kaffee. ⏲ 6–17 Uhr.

John's Garden Restaurant & Bar, ℡ 089-972 9369, 🖥 www.johnsgardensamui.com. Gemütliches Gartenrestaurant hinter dem Tempel an der Zufahrtsstraße. Thai-Küche, Steaks und Seafood. ⏲ 13–23 Uhr, So Ruhetag.

Luna Hut, ℡ 081-891 6204, gegenüber von Harry's Bungalow am See. Thai- und westliche Gerichte im überdachten Restaurant. Wein. Ruhig und angenehm. Moderate Preise. Teils lange Wartezeiten. ⏲ 11–22.30 Uhr.

Mummy's Restaurant, ℡ 077-427 699. Hinter dem Mae Nam Resort. Leser loben die gute Thai-Küche in diesem einfachen Restaurant. Vermietet auch Steinbungalows direkt gegen-über. ⏲ 10–22 Uhr.

My Place, gegenüber Phalarn Inn. Gemütlicher Garten mit Bambusmöbeln und überdachter Veranda mit Kunst an den Wänden. Sehr beliebtes Restaurant mit BBQ-Fisch, Wok- und europäischen Gerichten. Weine. ⏲ 17–23 Uhr.

Restaurant Phalarn House, ℡ 086-954 9752. Thai-Küche und Europäisches. Seafood und Steaks vom Grill. WLAN. ⏲ 9–22 Uhr.

Sea View Restaurant, am Anlegeplatz der Speedboote im Dorf. Viele Stühle und Tische am Strand, Plätze auch im Schatten des über-dachten Restaurants. Viel Westliches, ein paar Thai-Gerichte. ⏲ 10–22 Uhr.

Sunshine Gourmet, ℡ 081-970 1520, hinter dem Tempel. Abends leckeres BBQ, tagsüber Thai-Küche. Zudem italienischer Kaffee und deutsche Bratwurst. Offenes, nett her-gerichtetes einfaches Restaurant, moderate Preise. ⏲ 11.30–22 Uhr.

AKTIVITÄTEN

Kiteboarden

KSK, ☎ 086-267 1169, 🖥 www.kohsamui
kiteboarding.com. Büro an der Straße hinter
dem Tempel. Max. 2 Schüler pro Kurs. Es wird
Deutsch gesprochen. Kurzeinführungen, die in
3 1/2 Std. den Thrill erleben lassen (4200 Baht);
ein ganzer Kurs dauert 13 Std. (14500 Baht).
🕐 18–20 Uhr.

Tauchen

Tauchtrips mit 2 Tauchgängen ab etwa
4000 Baht. Die meisten Tauchschulen arbeiten
zusammen. Abholung ist um 7 Uhr am Resort,
Rückkehr gegen 16 Uhr.
Divers in Paradise, ☎ 077-247 408, 🖥 www.
diversinparadise.net, im Paradise Beach Resort.
Deutsche Tauchschule. Kurse für Anfänger und
Fortgeschrittene, Bubblemaker für Kinder ab
8 Jahren (2 Std., 2400 Baht), Unterwasserfotografie. PADI-Ausbildung. Probestunde im
Pool.
Easy Divers, ☎ 077-425 397, 🖥 www.
samuieasydivers.com. Die agile Managerin
Pawarisa ist unter ☎ 084-689 1900 mobil
erreichbar. Tauchtrips mit dem Speedboot.
Das Büro gehört zu Lomprayah, 🖥 www.
lomprayah.com, und organisiert deren Tauch-
angebote. 🕐 9–20 Uhr.

SONSTIGES

Einkaufen

In Mae Nam gibt es nur wenige Geschäfte,
ein paar Schneider hier und da. Am Highway
stehen ein Family Mart und ein 7-Eleven,
die 24 Std. geöffnet sind. Dinge des alltäglichen
Bedarfs gibt es zudem in den vielen
kleinen Kramläden an den Zufahrtsstraßen
zum Strand.

Medizinische Hilfe

Health Center, Behandlung gegen eine
angemessene Spende.

NAHVERKEHR

Songthaew befahren in regelmäßigen
Abständen die Hauptstraße. Private Taxis
haben Festpreise, je nach Strand zwischen
200 und 600 Baht.

Hier wird Deutsch gesprochen

In deutscher Sprache durchgeführt, lassen
sich die Geheimnisse der Thai-Küche für viele
Besucher leichter entschlüsseln. Geboten werden Kurse in Deutsch von **Sonjas Kochschule**,
☎ 089-725 5610, 🖥 www.thaicookingclass-
samui.com, [3105]. Hinter dem Phalarn Inn an
der Zufahrtstraße betreibt Sonja eine kleine
Kochschule mit eigenem Kräutergarten. Max.
2–4 Schüler pro Kurs. Vegetarische Gerichte
auf Anfrage, auch private Kurse möglich.
3 Kurse tgl., 10–14, 13–17 und 17–21 Uhr. Aus
über 20 Gerichten können Kochbegeisterte ihr
Menü zusammenstellen. Morgens ein Schnup-
per-Kochkurs mit 3 Gerichten, nachtmittags,
z. T. mit einem Marktbesuch verbunden, werden 12 Gerichte erklärt, 5 gemeinsam gekocht
und gegessen. Ab 1900 Baht.
Touren in deutscher Sprache über die Insel
bietet **Germans Tour Coffee**, ☎ 087-268 3822,
[8685]. Marko Dietrich betreibt dieses kleine
Café und bietet Touren mit deutschsprachiger Begleitung auch abseits der üblichen touristischen Routen. Ab 2 Pers., Tagestour ab
1200 Baht p. P. (Mittagessen in einem einheimischen Markt, nicht im Preis enthalten).

Transport vom Lomprayah Pier zu den Stränden
mit Lomprayah Minibussen für 150–200 Baht.

TRANSPORT

Ab Lomprayah Pier (Phalarn Pier):
BANGKOK und HUA HIN, mit den Booten nach
Chumphon und weiter mit dem Bus. Um 8
und 12.30 Uhr, Hua Hin in 9 Std., Bangkok in
12 1/2 Std., jeweils 1400 Baht.
CHUMPHON, um 8 und 12.30 Uhr, 1100 Baht in
knapp 4 Std.
KO PHA NGAN (Thong Sala), um 8 und 12.30 Uhr
für 300 Baht in 30 Min.
KO TAO, um 8 und 12.30 Uhr für 600 Baht in
1 3/4 Std.
Ab der Wartesala in Baan Mae Nam:
HAT RIN, HAT THIEN, HAT YAO (EAST), THAN
SADET und THONG NAI PAN, tgl. in der Saison
(Dez–Sep) um 12 Uhr für 350 Baht. Nur bei
ruhiger See.

Hat Bo Phut und Fisherman's Village

Im Norden der Insel, etwa 15 km hinter Nathon, erstreckt sich in einem großen Bogen diese 2,5 km lange Bucht. Der Strand ist recht schmal, fällt schnell steil ab und bietet groben gelben Sand. Hier kann man das ganze Jahr über schwimmen und windsurfen. Die meisten Anlagen am Bo Phut gehören zur mittleren bis oberen Preiskategorie. Bo Phut lockt vor allem Ruhesuchende. Nur hin und wieder düst ein Jetski vorbei. Flanierer kommen im **Fisherman's Village** auf ihre Kosten. In den alten Ladenhäusern am Meer wurden zahlreiche gute Restaurants und einige nette Boutiquen eröffnet, die Publikum von der ganzen Insel anziehen. Vor allem abends lockt hier leckeres BBQ in idyllischer Atmosphäre. Jeden Freitag wird die schmale Straße ab 17.30 Uhr zum Walkway – dann wird es ohne Autos noch beschaulicher. Von der Ringstraße gelangt man durch ein großes Tor in die alte Stadt hinein.

ÜBERNACHTUNG

Untere Preisklasse

Cactus Bungalows ⑥, ✆ 077-245 565, 🖥 www.cactus-bungalow.com, [6284]. Geschmackvoll in Naturfarben und mit vielen Naturmaterialien gestaltete Bungalows (AC, Ventilator) im mit Kakteen und Bambus angelegten Garten und am Strand. Schöne Bäder. In den AC-Zimmern Safe und TV. Gemütliches Restaurant. Billard. Keine Moskitonetze. WLAN. ❷–❺

Chalee Villa ①, ✆ 077-430 226, [6285]. Ganz im Osten der Bucht, hinter dem Klong. 4 Holzbungalows direkt am Strand. Es folgt das Restaurant am Strand und dahinter kleine und große Bungalows. Insgesamt 13 Hütten mit Ventilator, ein Bungalow mit AC. ❷–❺

Cocooning ⑰, ✆ 085-781 4107, ✉ cocooning.samui@hotmail.com, [6287]. Frisch gestrichen unter neuer engl. Leitung: kleines Stadthaus mit schönen, recht engen Zimmern. Nett möbliert, Balkon, Safe, DVD-Player und TV. Minipool. WLAN. ❹–❺

Free House Bungalow ⑤, ✆ 077-427 516, 🖥 www.freehousesamui.com, [6288]. Auf einem kleinen schmalen Grundstück liegen schöne, in dunklem Holz gestaltete Bungalows mit Ventilator und großen Moskitonetzen. Einige mit Verbindungstüren. Weiter vorne Steinhäuser mit AC, TV und Safe. Nettes Restaurant am Strand. WLAN. ❸–❺

Kunthai Gh. ⑮, ✆ 077-245 118, [8676]. In einer kleinen Seitenstraße gelegen. 2-stöckiges Haus mit sauberen gefliesten Zimmern. Ventilator oder AC, TV und Kühlschrank. Familienzimmer. ❷–❸

Mittlere Preisklasse

Eden Bungalows ⑭, im Fisherman's Village, ✆ 077-427 645, 🖥 www.edenbungalows.com, [6289]. Im tropischen Garten mit kleinem Pool eine Oase der Ruhe. Schöne Zimmer im kleinen Reihenhaus mit AC und TV oder in Bungalows. Alle mit Safe. WLAN. ❺

Lawana Resort ⑦, ✆ 077-425 631, 🖥 www.lawanaresort.com, [6290]. Große Anlage mit dicht an dicht in Reihen stehenden orangegetünchten Bungalows. Innen ist die Ausstattung geschmackvoll bunt. TV, AC, einige mit Badewanne und Safe. Vorne am Strand Pool und Restaurant. Mit und ohne Frühstück. ❻–❽

L'Hacienda ⑯, ✆ 077-245 943, 🖥 www.samui-hacienda.com, [7660]. 2 Stadthäuser im Westen der Bucht. Geschmackvolle Zimmer mit Blick auf die Straße oder aufs Meer. TV und Safe. Pool auf dem Dach. ❺–❻

Sandy Resort ③, ✆ 077-425 353, 🖥 www.sandysamui.com, [6291]. Stylische Rezeption. Diverse Bungalows (vorne rechts groß mit AC und TV, weiter hinten mit Ventilator, alle Warmwasser) stehen recht dicht beieinander. Gute Zimmer im 2-geschossigen Haus. 2 Pools. Liegen am Strand. ❺

The Lodge ⑬, ✆ 077-425 337, 🖥 www.lodgesamui.com, [7661]. Beliebtes, schönes Stadthaus mit Zimmern in gehobener Ausstattung. Alle mit Meerblick und sehr sauber. Liegen am Strand. Oft ausgebucht. ❻

World Resort ④, ✆ 077-425 355, 🖥 www.samuiworldresort.com, [6292]. Spaß und Erholung für die ganze Familie. Ansprechende, meist geräumige AC-Zimmer in Bungalows und Villen oder im 2-geschossigen Hotelbau, teils mit einem großen und 2 kleinen Betten. TV, Minibar, Pool mit Kinderbecken. Kajakvermietung. Abends klassischer Thai-Tanz im Restaurant am Strand. **❺ – ❽**

Obere Preisklasse

Die besten Preise gibt es in dieser Kategorie i.d.R. pauschal gebucht oder im Internet. Den zentralen Strandabschnitt nehmen die großen Spa-Anlagen **Boputh Resort & Spa** ⑨, **Bandara Resort & Spa** ⑩ und **Anantara Resort & Spa** ⑪ ein. Günstige Buchungslinks siehe [3217].

Hansar Samui ⑫, ✆ 077-245 511, 🖥 www.hansarsamui.com, [6293]. Großes 3-geschossiges Haus in U-Form um einen riesigen Pool direkt am Fisherman's Village. Gute Ausstattung mit TV, Safe, WLAN, teils Badewanne. **❽**

Peace Resort ⑧, ✆ 077-425 357, 🖥 www. peaceresort.com, [6294]. Große AC-Bungalows aus Holz und Stein am Meer und Garten. Gute geschmackvolle Ausstattung. Pool mit Kinderbecken am Strand. Nahebei kleiner Spielplatz und Fitnessparcours für die Großen. Spa, Schneider, WLAN-Zone, Kinderspielzimmer, kleine Bücherei. Inkl. Frühstück. **❽**

🧳 **Zazen Boutique Resort & Spa** ②, ✆ 077-425 085, 🖥 www.samuizazen. com, [6295]. Im Osten der Bucht liegt diese harmonisch gestaltete Anlage. Geschmackvolle Bungalows und Villen, die keine Wünsche offenlassen. Frühstück inkl. Vor Blicken geschützter Pool mit Kinderbecken und Jacuzzi. Restaurant am Strand. Kajaks. Liegen am bei Flut recht schmalen Strand. **❽**

ESSEN

An der Strandstraße des Fisherman's Village reihen sich gute Restaurants aneinander, oft von Franzosen, Belgiern oder Engländern geführt. Hier eine kleine Auswahl. Es lohnt sich, sich treiben zu lassen und einfach in das Lokal einzukehren, das einen am ehesten anspricht. Die Preise sind meist relativ hoch.

Billabong Surf Club, ✆ 077-430 144. Thai-Küche und Australisches in großen Portionen, dazu leckeren Wein oder eiskaltes Bier. WLAN.

Vielfach Livemusik. Schöne Theke mit Meerblick. Sportübertragungen. ⏱ 10–2 Uhr.

Fifty Six, Thai- und Western-Fusionküche. Kleine, aber gute Auswahl und modernes Ambiente. Mi Thai-Tanz. Speisekarte auch auf Deutsch. ⏱ 11–23 Uhr.

Happy Elephant Restaurant On the Beach, ✆ 077-245 347. Seit 1995 bekannt für gutes Seafood. Großes Restaurant direkt am Meer. ⏱ 11–23 Uhr.

Karma Sutra, ✆ 077-425 198. Gegenüber des Piers: in 2 Holzhäuser auf 2 Ebenen. Schöne Holzmöbel mit pink-, lilafarbenen und grünen Accessoires dekoriert. Frühstücks-und Eiskarte. Daneben viel Französisches und Thailändisches. ⏱ 7–23 Uhr.

Kohinoor, schmackhafte indische Küche. Auch Thai-Gerichte. ⏱ 12–24 Uhr.

My Friend Restaurant, ✆ 077-425 187. Bekannt und beliebt für gute Thai-Küche und hervorragendes Seafood. ⏱ 11–22 Uhr.

Ristorante Baia, neben italienischer Küche auch gutes Seafood mit Blick auf den Hafen. ⏱ 11–23 Uhr.

Starfish & Coffee, gemütlich in Rot gehaltenes Restaurant mit breit gefächerter Speisekarte. Abends Seafood-BBQ. Meerblick. Sitzplätze auf dem Boden, an kleinen niedrigen oder normal hohen Tischen. ⏱ 10–22 Uhr.

The Frog and Gecko Pub, ✆ 077-425 248. Oft Livemusik englischer Musiker oder Übertragung von Sportereignissen, dazu spielt man Billard oder genießt Thai-Küche. Auch englische Gerichte. ⏱ 12 Uhr bis spät am Abend.

The Pier, stylisch minimalistisches Ambiente in Grautönen direkt am Pier mit Meerblick. Thai-Küche, Set-Menüs für 2 Pers. ab 1000 Baht. ⏱ 11–22 Uhr.

Villa Bianca, ✆ 077-245 941. Italienisches mit Blick aufs Meer. Gehobene Qualität und Preise. ⏱ 11–22 Uhr.

SONSTIGES

Medizinische Hilfe

Bandon International Hospital, 123/1 Moo 1, Bo Phut, ✆ 077-245 236, Notfall: 077-245 239, 🖥 www.bandonhospital.com. An der Hauptstraße, etwa auf halber Strecke zwischen Bo Phut und Chaweng. Kleinere Unfälle werden im

Bo Phut/Big Buddha

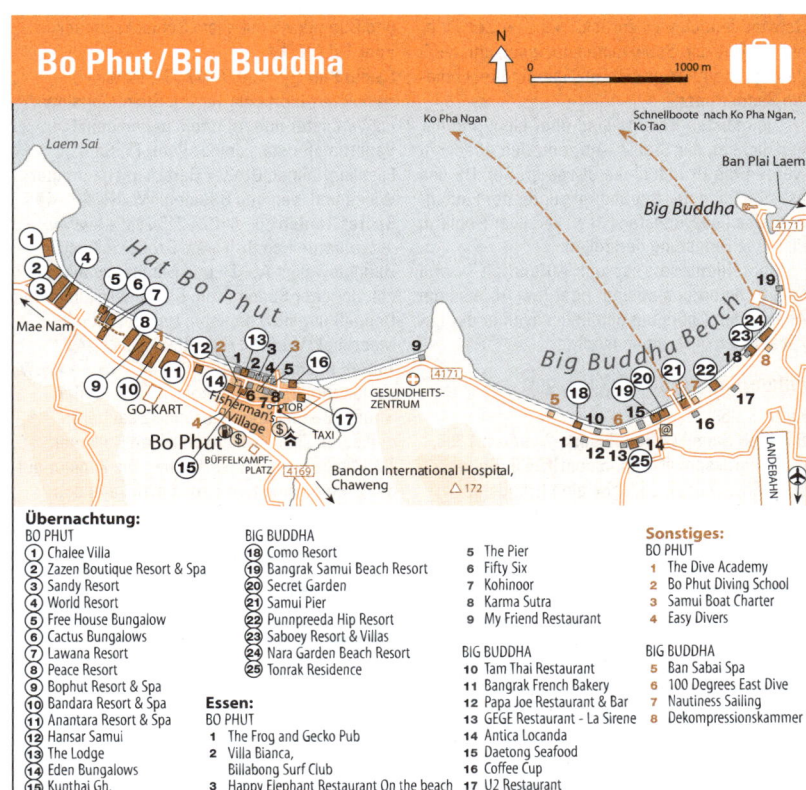

Übernachtung:

BO PHUT
1. Chalee Villa
2. Zazen Boutique Resort & Spa
3. Sandy Resort
4. World Resort
5. Free House Bungalow
6. Cactus Bungalows
7. Lawana Resort
8. Peace Resort
9. Bophut Resort & Spa
10. Bandara Resort & Spa
11. Anantara Resort & Spa
12. Hansar Samui
13. The Lodge
14. Eden Bungalows
15. Kunthai Gh.
16. L´Hacienda
17. Cocooning

BIG BUDDHA
18. Como Resort
19. Bangrak Samui Beach Resort
20. Secret Garden
21. Samui Pier
22. Punnpreeda Hip Resort
23. Saboey Resort & Villas
24. Nara Garden Beach Resort
25. Tonrak Residence

Essen:

BO PHUT
1. The Frog and Gecko Pub
2. Villa Bianca,
   Billabong Surf Club
3. Happy Elephant Restaurant On the beach
4. Starfish & Coffee,
   Ristorante Baia
5. The Pier
6. Fifty Six
7. Kohinoor
8. Karma Sutra
9. My Friend Restaurant

BIG BUDDHA
10. Tam Thai Restaurant
11. Bangrak French Bakery
12. Papa Joe Restaurant & Bar
13. GEGE Restaurant - La Sirene
14. Antica Locanda
15. Daetong Seafood
16. Coffee Cup
17. U2 Restaurant
18. Quo Vadis Bar & Restaurant
19. BBC Restaurant

Sonstiges:

BO PHUT
1. The Dive Academy
2. Bo Phut Diving School
3. Samui Boat Charter
4. Easy Divers

BIG BUDDHA
5. Ban Sabai Spa
6. 100 Degrees East Dive
7. Nautiness Sailing
8. Dekompressionskammer

DIE INSELN IM GOLF

Gesundheitszentrum auf dem Weg nach Bo Phut versorgt.

Tauchen

Bo Phut Diving School, ☎ 077-425 496, 🖥 www.bophutdiving.com. Alteingesessene Tauchschule mit 2 eigenen Tauchbooten.
Easy Divers, ☎ 077-245 026, 🖥 www.easy divers-thailand.com. Renommierte und in ganz Thailand operierende Tauchschule. Neben den üblichen Kursen auch Unterwasserfotografie.
The Dive Academy, ☎ 077-427 339, 🖥 www. thediveacademysamui. Im Bandara Resort. Tauchschule mit PADI-Programm.

Big Buddha

Etwa 19 km von Nathon entfernt liegt im Nordosten der Insel diese rund 2 km große Bucht, die auch unter den Namen Hat Bang Rak und Hat Phra Yai bekannt ist. Über der Bucht wacht die Hauptsehenswürdigkeit der Insel, **Big Buddha**, und auch zum sehenswerten **Wat Plai Laem** (S. 444) ist es nicht weit.

Wenn zur europäischen Sommerzeit der Westwind weht, verspricht der schöne Strand mit seinem grau-weißen Sand und dem leicht abfallenden Ufer ungetrübte Badefreuden. Im europäischen Winter zieht sich das Meer bei

Ostwind jedoch weit zurück. In dieser Zeit ist er nur bei Flut zum Schwimmen geeignet, und auch dann präsentiert er sich nur mit einem schmalen Sandstreifen.

Die meisten Resorts sind eher klein und liegen dicht an der Straße. Am zentralen Abschnitt werden die Grundstücke etwas größer. Da das östliche Ende der Bucht direkt unter der Einflugschneise des Flughafens liegt, kann der Fluglärm hier eine Belastung darstellen.

Empfehlenswert ist ein Aufenthalt, wenn man frühmorgens abfliegt oder (bei Abreise am Abend) den Abflugtag gemütlich in einer der Luxusanlagen verbringen möchte.

ÜBERNACHTUNG

Karte S. 459

Bangrak Samui Beach Resort, ✆ 077-484 595, ✉ bangraksamui@yahoo.com [6505]. Steinbungalows auf einem schmalen Grundstück in 2 Reihen. AC, TV und Minibar. Die teureren sind hübsch gestaltet. WLAN. Frühstück inkl. ❹–❺

Como Resort ⑱, ✆ 077-425 210, 🖥 www.kohsamuibeachresort.com, [6506]. Kleine Hütten mit Ventilator oder AC und etwas größere AC-Bungalows, alle Warmwasser, inmitten einer kleinen Gartenanlage mit Minipool. Hängematten am Strand unter Palmen. Größere Bungalows mit 2 Zimmern für Familien. WLAN. ❺

Nara Garden Beach Resort ㉔, ✆ 077-425 364, 🖥 www.naragarden.com, [6508]. Zimmer in Reihenhäusern und 2-stöckiges Hotel mit gemütlichen AC-Zimmern in schöner Gartenanlage. Schattiger kleiner Pool. Einladendes Restaurant am Strand. ❺–❻

Punnpreeda Hip Resort ㉒, ✆ 077-246 222, 🖥 www.punnpreeda.com, [6509]. Luxuriöse Anlage mit elegant gestalteten Zimmern im Haupthaus, teils mit Jacuzzi auf der großen Dachterrasse. Zudem großzügige Villen hinter unverputzten Mauern im Garten, Panoramafenster mit Blick aufs Meer, schöner Pool mit Kinderbecken. WLAN. ❺–❻

Saboey Resort & Villas ㉓, ✆ 077-430 450, 🖥 www.saboey.com, [6510]. Hinter einer hohen Mauer, die die Privatsphäre des betuchten Publikums schützt, warten luxuriöse Zimmer

und Bungalows mit allem Schnickschnack. Pool. WLAN. ❽

Samui Pier ㉑, ✆ 077-417 337, 🖥 www.samuipierresort.com, [6511]. Steinbungalows mit Ventilator und AC direkt neben dem Pier. Panoramafenster, kleiner Pool. TV, Safe. Familienzimmer. Großer Garten mit gepflegter Wiese und wenigen Bäumen. WLAN. ❹–❼

Secret Garden ⑳, ✆ 077-245 255, 🖥 www.secretgarden.co.th, [6512]. Große geflieste Bungalows mit AC, TV und Minibar zum Meer hin. Schöner Sandgarten. Günstigere Zimmer im Doppelbungalow dahinter. Restaurant mit Meerblick. WLAN. Frühstück inkl. ❸–❻

Tonrak Residence ㉕, ✆ 077-447 790, 🖥 www.samuitonrakresidence.com, [6507]. An der Straße, 2-stöckiges Haus mit 12 sauberen, gefliesten Zimmern und winzigen Balkonen. AC, TV, Minibar und Wasserkocher. Die Zimmer auf der 2. Etage sind teurer, und man kann das Meer sehen. WLAN. ❷–❸

ESSEN

Antica Locanda, gute italienische Küche. Leckere Pizza und Pasta. ⏱ Di–So 17–24 Uhr.

Bangrak French Bakery, verkauft Croissants und franz. Weißbrot. Daneben gibt es Sandwiches, Frühstück und Pizza. ⏱ 7–14 Uhr.

BBC Restaurant, ✆ 077-425 089, 🖥 www.bbcrestaurant.com. Frische Meeresfrüchte, gekocht oder als BBQ, daneben eine große Auswahl an Thai-Gerichten und westlich Angehauchtem. Australisches Rind und neuseeländisches Lamm. Blick aufs Meer. WLAN. ⏱ 11 Uhr bis spät.

Coffee Cup, gegenüber vom Samui Pier Resort, ✆ 081-970 7607. Serviert Mocca, Espresso und Caffè Latte, dazu gibt's Frühstück. Thai-Küche und einige westliche Gerichte. ⏱ 8–18 Uhr.

Daetong Seafood, ✆ 090-489 9789, 🖥 www.daetongseafood.com. Frischer Fisch in der Auslage. Sehr gekonnt zubereitet und in ansprechendem Ambiente serviert. Der Service ist freundlich, schnell und spricht gut englisch. ⏱ 10–22 Uhr.

GEGE Restaurant – La Sirene, ✆ 081-797 3499, 🖥 www.lasirenebophut.com. Einfache französische Küche, auch traditionelle Wurst-

und Käsespezialitäten. Einige Thai-Gerichte, Weine. ⏱ 9–22.30 Uhr.

Papa Joe Restaurant und Bar, ☎ 089-709 7136. Schweizer Gerichte wie Spätzli mit Schweinsmedaillons. Auch Thai-Küche. Flaschenweine. ⏱ 12–24 Uhr.

Quo Vadis Bar & Restaurant, stilvolles Essen mit Meerblick im Lokal des Saboey Resorts. Mediterrane Küche mit asiatischem Einschlag. Auch Ausgefallenes, wie mit Pfefferkaramell gefüllte Litschis oder marokkanische Tajin und Süßspeisen. Gerichte 180–600 Baht. ⏱ 18–23 Uhr.

Tam Thai Restaurant, etwas erhöht an der Straße. Neben Thai-Küche auch westliche Gerichte. Freundliches Personal. WLAN. ⏱ 11–23 Uhr.

U2 Restaurant, Thai-Küche für Travellerbudgets mit Klassikern wie Massaman Curry und Fried Rice sowie Westliches, darunter Pizza, Burger, BBQ. ⏱ 13–23 Uhr.

AKTIVITÄTEN

Tauchen

Die Dekompressionskammer Ko Samuis befindet sich hier an Big Buddha. Notfalltelefon ☎ 081-081 9555. ⏱ Mo, Mi 9–17, Di, Do, Fr 9–13 Uhr; Sa, So geschl.
100 Degrees East Dive, ☎ 077-245 936, 🖥 www.100degreeseast.com. Die PADI-Award-Gewinner bieten Touren nach Ko Tao, zum Marine Park und Sailrock an. ⏱ 7–19 Uhr.

Wellness

Ban Sabai Spa, ☎ 077-245 175, 🖥 www.ban-sabai.com. Bietet hochklassige Massagen. Sauna mit duftenden Kräutern (ohne Anwendung 650 Baht). Auch mehrtägige Programme, z. B. Entgiftungskuren. Abholung vom Hotel. Vermieten zudem 6 Zimmer in idyllischer Gartenanlage am Strand. ❻

NAHVERKEHR

Bei Ankunft mit der Seatran-Fähre fahren Minibusse für 100 Baht zu allen Stränden.

TRANSPORT

Ab Big Buddha fahren die Speedboote von Seatran Discovery, ☎ 077-246 084, 🖥 www.

seatrandiscovery.com, und die langsame *Had Rin Queen*. Seatran fährt vom Bangrak Pier im Osten, die *Had Rin Queen* vom westlichen Pier. KO PHA NGAN (Thong Sala), mit Seatran Discovery um 8 und 13.30 Uhr für 280 Baht in 30 Min. Tickets inkl. Zubringerbus vom Hotel 400 Baht. Zur **Vollmondparty** per Speedboot von 17–24 Uhr, Rückfahrt 24–7 Uhr.
Die *Had Rin Queen* fährt um 10.30, 13, 16 und 18.30 Uhr für 200 Baht in 45 Min. zum gleichnamigen Pier.
KO TAO, mit dem Seatran-Boot über Ko Pha Ngan um 8 und 13.30 Uhr für 600 Baht in 2 Std.

Ao Hat Thong

Ganz im Nordosten, etwa 2,5 km von Big Buddha und 24 km von Nathon entfernt, hat man von zwei kleinen Buchten eine wunderschöne Sicht in Richtung Ko Pha Ngan. Zum Baden ist der Strand nur bei hohem Wasser oder an den weniger korallendurchsetzten Abschnitten geeignet. Schnorchler kommen bei ruhiger See auf ihre Kosten.

Vorsicht: Von September bis November bläst stürmischer Wind mit hohen Wellen in die Bucht. Es gibt einige hochpreisige Anlagen, darunter das empfehlenswerte **Six Senses Samui**, 🖥 www.sixsenses.com/SixSensesSamui, [7751]. 66 fantastisch auf einem Hügel gelegene Villen, allerdings ohne direkten Strandzugang, ❽.

Hat Choeng Mon

Kokospalmen und Kasuarinen säumen diese kleine Bucht mit feinem, weichen Sand, etwa 4 km nördlich von Hat Chaweng. Insgesamt geht es recht ruhig zu. Der Strand steht voller Liegen, einige in drei Reihen vor den Resorts. Auch ein paar Boote liegen im Meer, und manchmal stören Jetski die Idylle. Der mittlere Teil der Bucht eignet sich das ganze Jahr über zum Baden, besonders für die kleinen Badegäste.

Bei Ebbe kann man zur vorgelagerten Insel Ko Fan Noi herüberwaten. Auf der Haupt- und Zufahrtsstraße gibt es Supermärkte, Schneider, ein paar wenige Restaurants und Reisebüros.

Die günstigen Songthaew fahren hier seltener als an den Hauptstränden. Jene auf der
Route Mae Nam, Big Buddha, Chaweng, Nathon
verkehren i.d.R. über Choeng Mon, man sollte
jedoch nachfragen, bevor man zusteigt.

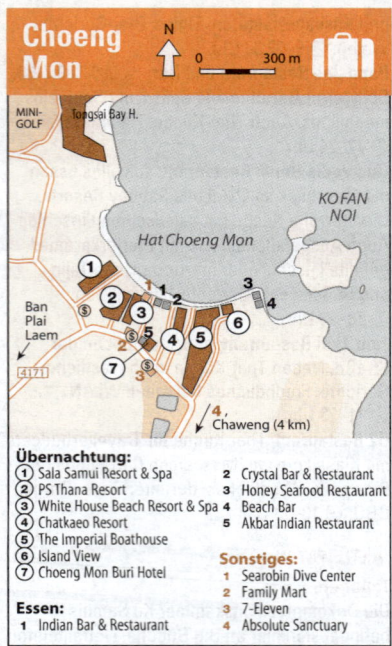

Übernachtung:
① Sala Samui Resort & Spa
② PS Thana Resort
③ White House Beach Resort & Spa
④ Chatkaeo Resort
⑤ The Imperial Boathouse
⑥ Island View
⑦ Choeng Mon Buri Hotel

Essen:
1 Indian Bar & Restaurant

2 Crystal Bar & Restaurant
3 Honey Seafood Restaurant
4 Beach Bar
5 Akbar Indian Restaurant

Sonstiges:
1 Searobin Dive Center
2 Family Mart
3 7-Eleven
4 Absolute Sanctuary

Chatkaeo Resort ④, ✆ 077-425 109,
🖥 www.chatkaeosamui.com, [7752].
Kleiner Familienbetrieb. Weiße, mediterran
anmutende, geräumige 2-geschossige
Steinhäuser mit AC, TV, Kühlschrank und
Sonnenterrasse. Weiter strandwärts
Holzbungalows mit Ventilator und Warmwasser.
WLAN. Restaurant am Strand. ❸–❹
Choeng Mon Buri Hotel ⑦, 24/30 Moo 5,
T. Bophut, ✆ 077-448 007, [7753]. An der Straße
gelegenes kleines Hotel mit gut ausgestatteten
Zimmern. TV, Teppichboden, Kleiderschrank,
Minibar und AC. ❸
Island View ⑥, ✆ 077-245 031, 🖥 www.island
viewsamui.com, [7754]. Steinbungalows mit
Holzverkleidung und Zimmer im Reihenhaus.
Alle mit AC und TV, einige größer und teurer
und mit etwas schönerer Einrichtung.
Restaurant am Strand. WLAN. ❹–❺
PS Thana Resort ②, ✆ 077-425 160, 🖥 www.
psthanaresort.com, [7755]. Holz- und Stein-
bungalows, einige am Meer, andere im Garten.
Hinten ein 2-geschossiger Apartmentkomplex
vom Strand Richtung Hinterland. Die günstigen
Zimmer ohne Frühstück. ❸–❺

Sala Samui Resort & Spa ①, ✆ 077-245 888,
🖥 www.salasamui.com, [7756]. Nobles
Resort mit privaten Pool-Villen. 2 Pools,
ein überdachter kleiner Kinderpool. Bibliothek,
WLAN. Spa. Über die Website sind Sonder- und
Paketangebote erhältlich. ❽
The Imperial Boathouse ⑤, ✆ 077-425 041,
🖥 www.imperialhotels.com/boathouse,
[5592]. Große Anlage, hinten Zimmer in
3-geschossigen Apartmenthäusern, vorne
Bootshäuser mit Wohnzimmer und Bett auf
Podest. Alle Zimmer mit TV und Safe. Riesiger
Pool in Bootsform am Strand. Tauchschule,
Spa. ❼–❽
White House Beach Resort & Spa ③,
✆ 077-247 921, 🖥 www.samuithewhitehouse.
com, [7757]. Eingangstor im Bayon-Stil.
Große, gut ausgestattete Bungalows und
2-geschossige Doppelbungalows im tropischen,
gepflegten Garten auf einem schmalen Streifen
Land. Leicht kitschige Ausstattung. Kleiner Pool.
❻–❽

Honey Seafood Restaurant, am Kap gegenüber Ko Fan Noi. Restaurant in einem edlen überdachten Rundbau, gehobene Preise für gutes Seafood. ⏱ 10–22 Uhr.

Zentral liegen die beiden überdachten Strandrestaurants **Crystal Bar & Restaurant**, ⏱ 10–22 Uhr, und **Indian Bar & Restaurant** mit hübsch dekorierten bunten Tüchern, ⏱ 9–17 Uhr. Beide haben auch Liegestühle am Strand für die Gäste.

An der Straße lockt das kleine indische **Akbar Indian Restaurant**, ☎ 084-304 2665. Lieferservice bei telefonischer Bestellung. ⏱ 11–23 Uhr.

In der nett aus Schwemmholz dekorierten **Beach Bar** gibt es Getränke – mit und ohne Alkohol. Billardtisch. ⏱ 10–23 Uhr.

Tauchen

Searobin Dive Center, ☎ 077-961 911, 🖥 www.divesearobin.com. Tauchtrips ab 4600 Baht. Bubblemaker-Tauchgang für Kinder ab 8 Jahren. Auch Ausflüge in den Ang Thong Marine National Park und nach Ko Taen. Schnorcheltouren.

Yoga

Absolute Sanctuary, ☎ 077-601 190, 🖥 www.absolutesanctuary.com. In den Bergen gelegene, schön gestaltete Anlage, die sich dem Gleichgewicht von Körper und Geist widmet. 5-, 7- und 10-Tages-Kurse in Yoga. Mehrtägige Kurse beinhalten nicht nur Yoga, sondern auch eine Massage, Sauna und 3 vegetarische Mahlzeiten. Auch Nichtgäste können hier an den täglichen Kursen teilnehmen, die bisweilen sehr anstrengend sind. Auch Pilates, Entgiftungs-, mehrtägige Fitnessprogramme und Spa. ❽

Hat Chaweng

Hat Chaweng [2828] ist mit 6 km Länge Samuis größter und seit Jahrzehnten beliebtester Strand. Die Bucht präsentiert sich weit geschwungen, Kokosnusspalmen wiegen sich im Wind, der Sand ist angenehm weich, und das seichte Meer eignet sich ganzjährig zum Schwimmen. Kein Wunder, dass Hippies und andere Traveller bereits in den 1970er-Jahren diesen Strand für sich entdeckten.

Seither hat sich viel getan, es sind Bungalows, Resorts und Hotelkomplexe entstanden. Immer mehr Altanlagen rüsten auf oder machen ganz den neuen Resorts Platz, die nicht nur Komfort bieten, sondern oft auch mit Sinn für Ästhetik erbaut werden.

Langsam, aber stetig ändert sich das Publikum. Die feiernden Rucksackreisenden, die den Hippies folgten, haben den Pauschaltouristen Platz gemacht. Daneben kommen immer mehr betuchte Urlauber hierher, welche die angesagten, ultramodernen Resorts mit Spa und allem Komfort bevölkern.

Die meisten großen Anlagen befinden sich direkt am Strand. Dahinter verläuft die Strandstraße, an der sich zahllose Restaurants, Bars und Geschäfte mit allen erdenklichen Einkaufsmöglichkeiten angesiedelt haben. Hier eröffnen immer mehr kleine Hotels für Reisende mit schmalerem Budget.

Für viele Thailand-Reisende stellt dieses Gemisch aus Kommerz, Thai-Kitsch und Unterhaltung das ultimative Urlaubserlebnis dar. Während der Hauptsaison im Winter sind alle Anlagen oft über Wochen hinweg ausgebucht, und die Preise klettern in ungeahnte Höhen. Individualreisende sollten im Internet vorbuchen oder die Hilfe eines Reisebüros in Anspruch nehmen. Wer spontan eine Bleibe sucht, muss meist auf andere Strände ausweichen.

Chaweng unterteilt sich in mehrere Strandabschnitte: Ganz im Norden liegt die ruhige Ao Yai Noi. Es folgt Richtung Süden Hat Chaweng Yai, der durch ein Riff unterbrochen wird und sich wiederum in einen nördlichen und einen südlichen Bereich unterteilt. Am vollsten ist der zentrale Hat Chaweng.

Etwas beschaulicher ist es ganz im Süden, am Hat Chaweng Noi.

Hat Chaweng Yai

Der schöne und recht ruhige, 2 km lange flache Sandstrand lockt im Norden von Chaweng. Bei Ebbe wird er sehr breit. Sportbegeisterte spielen

Volleyball oder Frisbee, schwimmen mit Maske und Schnorchel ausgerüstet zum Riff oder unternehmen bei niedrigem Wasserstand eine Wanderung zur Insel Ko Mat Lang. Zum Baden lädt der Strand vor allem von November bis April ein, wenn der Wasserstand recht hoch ist. Ab Mai/Juni fällt dagegen der Wasserspiegel extrem ab. Im September sind nur noch die Flächen zwischen den Sandbänken mit Wasser gefüllt. Während die nördliche Hälfte dann oft verschmutzt ist, lassen die Besitzer der südlichen Anlagen den Strand reinigen. Hinter dem Strand findet man ein paar Supermärkte mit Geldautomat und Restaurants.

ÜBERNACHTUNG

Baan Haad Ngam Boutique Resort & Spa ②, ✆ 077-231 500, 🖳 www.baanhaadngam.com, [6514]. Ansprechende Anlage mit Bungalows vorne am Meer und Zimmern in einem 3-geschossigen Apartmenthaus (hinter der Straße). Sehr private Pool-Villen. Whirlpool, Balkon, DVD und TV, Wasserkocher. WLAN. ❼–❽

Matlang Resort ①, am Kap, ✆ 077-230 468, 🖂 matlang@loxinfo.co.th [6515]. Bei Flut schlägt das Wasser bis an die Balustrade, kein Sandstrand. Einfache Holz-Bambus-Bungalows mit Ventilator und bunt getünchte Zimmer in Reihenhäusern (AC, TV). Alle Zimmer mit Warmwasser, einige mit Meerblick. Im Restaurant am Meer WLAN. ❷–❺

Muang Kulaypan Hotel ④, ✆ 077-230 036, 🖳 www.kulaypan.com, [3244]. Am Strand dominieren der große Pool und der weitläufige Garten. Seitlich davon und hinten 2-geschossiges Haus mit Zen-inspiriertem Ambiente. Geschmackvolle Ausstattung, Safe, TV, Minibar, teils auch Balkon. Großes, exklusives Bad. Inkl. Frühstück. Einen Besuch wert ist das **Budsaba Restaurant** am Strand. Gute Küche, gehobene Preise. Nachmittags Kochkurse ab 1300 Baht. WLAN. ❼–❽

Tango Beach Resort ③, ✆ 077-422 470, 🖳 www.tangobeachsamui.com, [6516]. Kleine Anlage mit niedrigen Reihenhäusern, die sich vom Strand in den rückwärtigen Bereich erstrecken, im hinteren Bereich schöner Pool mit Kinderrutsche. Moderne individuelle

Einrichtung, TV, Minibar, Safe. Familienzimmer mit 2 Schlafzimmern. Stylisches Restaurant **Lazy Wave** am Strand. WLAN. ❻–❽

Zentraler Hat Chaweng

Diesem etwa 2,5 km langen Teil des Strandes verdankt Chaweng seine Popularität. Der weiße Sand ist genauso fein, wie es die Werbeprospekte daheim erhoffen lassen. Die sich im Wind wiegenden Palmen und das klare, blau und türkis schimmernde Meer können dem Besucher zu fast jeder Zeit den Atem verschlagen. In den Monaten um Weihnachten ist der Strand meist etwas weniger einladend, da der Wind das Wasser gegen die Küste treibt.

Dieser Strandabschnitt hat sich in den vergangenen Jahren voll und ganz auf jene Reisende eingestellt, die nicht mehr in günstigen Hütten am Strand, sondern in eleganteren, luxuriösen Anlagen mit Spa urlauben wollen. Einige der Anlagen zählen zu den teuersten und besten von Samui. Noch gibt es einige preisgünstigere Bungalowanlagen, doch finden Traveller, die mit schmalem Portemonnaie reisen, eher eine Bleibe im Hinterland oder in einer Pension an der lauten Hauptstraße.

Entlang des Strandes und an der dahinter verlaufenden Straße lockt ein breites Einkaufs- und Unterhaltungsangebot. Schneider, Kleiderboutiquen, Supermärkte, Bäckereien, Reisebüros, Fotoshops und Goldgeschäfte warten auf Kundschaft. Dank zahlreicher Strandrestaurants, einfacher und origineller Lokale sowie unzähliger Discos und Bars kommt hier jeder, der Trubel liebt, auf seine Kosten.

In den Morgenstunden herrscht sowohl am Strand als auch entlang der Straße gespenstische Ruhe. Das Nachtleben fordert seinen Tribut, die eigentlich typische Geschäftigkeit der Asiaten am Morgen fehlt hier vollständig. Mittags fahren die Autos bereits wieder dicht an dicht, überholt von Mopeds und durchsetzt von unzähligen Touristen. Am frühen Abend wird es erneut etwas ruhiger, alle machen sich fein für die Nacht. Dann erleuchten nicht nur die Restaurants die Straße, auch zahlreiche Ladyboys bringen Glitzer und Glamour auf die Flaniermeile und in den dahinter liegenden Barbezirk. Leicht bekleidete Mädchen kümmern sich um einsame

Herzen, und viele Vergnügungssüchtige sowie manch ein Zukurzgekommener genießen die ihnen zuteil werdende Aufmerksamkeit. Viele fallen erst weit nach Mitternacht betrunken und anderweitig zufriedengestellt in ihre Betten. Wer sich nicht sicher ist, ob er ein Mädchen oder einen Jungen vor sich hat, kann sich damit trösten, dass dies fast jedem so geht, der sich auf das Rotlichtgewerbe in Thailand einlässt.

ÜBERNACHTUNG

Untere Preisklasse

Colibri Gh. ㉓, Soi Colibri, ✆ 077-230 574, ✉ colibri@samart.co.th, [6517]. Große Betten, TV, Minibar, Tisch und Schrank. Die etwas teureren Zimmer haben Balkon. ❸

Green Hotel ㉑, ✆ 077-413 858, [8699]. Das Treppenhaus verströmt nicht gerade Gemütlichkeit, dafür sind die Zimmer sauber, gefliest und sehr groß. TV, Minibar. Strandzugang nebenan. WLAN. ❸

Lucky Mother Bungalows ⑧, ✆ 077-230 931, [3241]. Im Norden des zentralen Strandabschnitts. Zimmer in modernem Design aus Holz und Beton. Die Ventilator-Zimmer sind sehr spartanisch eingerichtet. Die AC-Zimmer bieten großen Flatscreen-TV und Kühlschrank. Im Restaurant am Strand WLAN. ❸–❺

P. Chaweng Gh. ㉒, Soi Colibri, ✆ 077-230 684, 🖳 www.pchaweng.com, [6520]. Ruhige, gut ausgestattete Zimmer, teils mit Holzfußboden, teils mit Kühlschrank und TV. 2 Familienzimmer. Sehr sauber. WLAN. ❸

Sea Side Bungalow ㉘, ✆ 077-422 364, [3228]. Einfache Bungalows der alten Schule direkt am Meer bis zur Straße. Links mit AC, rechts die letzte Hütte mit Ventilator. Toll ist der weite, leere Garten mit Wiese vor den Bungalows, der sich angenehm von der sonst so dichten Bebauung abhebt. ❷–❹

The Loft ㉕, ✆ 077-413 420, 🖳 www. theloftsamui.com, [6522]. An der Straße und ruhig dahinter nahe der Soi Colibri. Nett eingerichtete Zimmer mit Ventilator im Reihenhaus und schöne AC-Zimmer im 3-stöckigen Haupthaus mit Balkon, TV und Kühlschrank. WLAN. ❷–❺

The Wave ⑳, ✆ 077-230 803, 🖳 www. thewavesamui.com, [6523]. An der Straße. Seit Jahren beliebte, günstige Unterkunft. Zimmer mit AC oder Ventilator, alle mit TV, die günstigen ohne Bad. Etwas verwohnt, aber sauber, freundlicher Service. Bibliothek im gut besuchten Restaurant. Die Penthouse-Suite bietet eine große Dachterrasse. WLAN. ❷–❺

Mittlere Preisklasse

Ark Bar Garden Beach Resort ⑩, ✆ 077-961 333, 🖳 www.ark-bar.com, [6524]. Schmales Grundstück im Norden mit 2-geschossigen Hotelbauten. AC-Zimmer in schönen Farben, TV, Minibar. Viel Partyvolk. Laute Bar am Strand. Zum Zeitpunkt der Recherche wurde gegenüber ein 2. Haus gebaut. Kleiner Pool. WLAN. ❺–❻

Chaweng Budget Hotel ㉖, ✆ 077-422 703, 🖳 www.kohsamuibudgethotel.com, [6525]. Saubere Zimmer mit TV, Kühlschrank und AC. Auch große Familienzimmer. Gute Lage. Wahlweise mit Frühstück. Kostenpflichtiges WLAN. ❺

Chaweng Center Hotel ⑮, ✆ 077-413 747, ✉ chawengcenter@hotmail.com [6526]. An der Strandstraße über einer Ladenzeile, daneben direkter Strandzugang. Recht große, ansprechende Zimmer mit großen Betten auf einem Holzpodest, TV, Safe und Minibar. Die Zimmer mit Blick in den Garten sind nur unwesentlich teurer als jene zur Straße. ❺

Chaweng Garden Beach Resort ⑪, ✆ 077-960 394, 🖳 www.chawenggardensamui.com, [3239]. Ansprechende Zimmer in großer Mittelklasseanlage mit 2-stöckigem Hotelkomplex in schönem Garten mit Pool. Zudem Luxusvillen mit eigenem Pool. WLAN. ❺–❽

Chaweng Villa Beach Resort ⑥, ✆ 077-231 123, 🖳 www.chawengvillabeachresort. com, [6527]. Geräumige AC-Steinbungalows im großen Garten am nördlichen Strandabschnitt. Zimmer im Apartmenthaus oberhalb der Lobby für schmale Budgets. Pool am Strand und in der Anlage. Kostenpflichtiges WLAN. ❻

King's Garden Resort ⑲, ✆ 077-230 430, 🖳 www.kings-garden-resort.com, [6518]. Attraktive hellgrüne, zwischen vielen Pflanzen dicht gedrängte AC-Holzbungalows im Garten, rund um eine große Wiese und am Strand. TV und Minibar. Bei längerem Aufenthalt Rabatt. WLAN. Inkl. Frühstück. ❺–❻

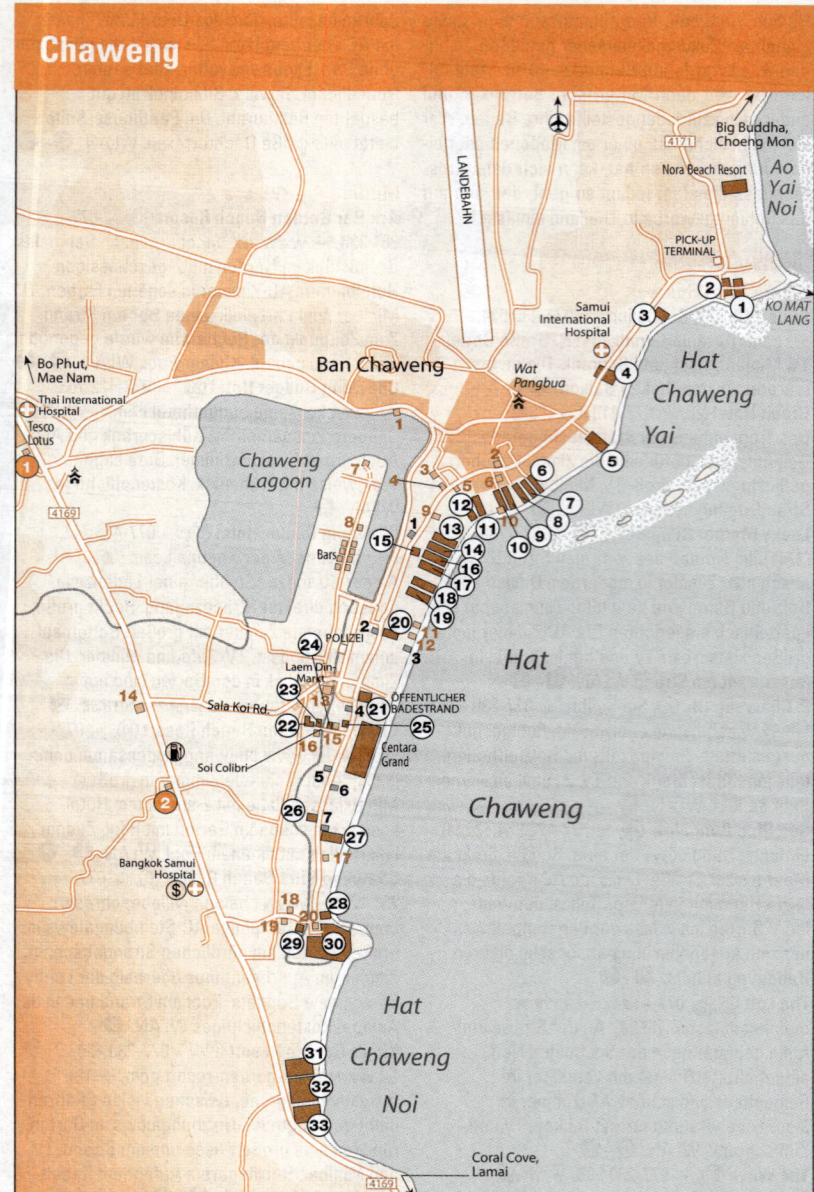

Big Buddha,
Choeng Mon

Nora Beach Resort

Ao
Yai
Noi

LANDEBAHN

PICK-UP
TERMINAL

2

1

KO MAT
LANG

Samui
International
Hospital

3

Bo Phut,
Mae Nam

Thai International
Hospital

4

Hat
Chaweng
Yai

Tesco
Lotus

1

Ban Chaweng

Wat
Pangbua

1

4169

Chaweng
Lagoon

5

3
4
5 6
12
13
11
14
16
17
18
19

6
8 7
9
10

Bars

8
9
15

Hat

2
20

POLIZEI

24

12

3

23

Laem Din-
Markt

Sala Koi Rd.

14

15

4 21

ÖFFENTLICHER
BADESTRAND

25

22

15

Soi Colibri

16

Centara
Grand

2

5

6

Chaweng

Bangkok Samui
Hospital

26

7

27

17

18

28

19

29

30

Hat

31

32

Chaweng

33

Noi

Coral Cove,
Lamai

4169

DIE INSELN IM GOLF

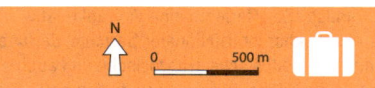

Übernachtung:
1. Matiang Resort
2. Baan Haad Ngam Boutique Resort & Spa
3. Tango Beach Resort
4. Muang Kulaypan Hotel
5. Dara Samui Beach Resort & Spa Villa
6. Chaweng Villa Beach Resort
7. Montien House
8. Lucky Mother Bungalows
9. The Suneast
10. Ark Bar Garden Beach Resort
11. Chaweng Garden Beach Resort
12. Baan Chaweng Beach Resort
13. Malibu Beach Resort
14. Chaweng Buri Resort
15. Chaweng Center Hotel
16. Long Beach Lodge
17. Baan Samui Resort
18. The Library
19. King's Garden Resort
20. The Wave
21. Green Hotel
22. P. Chaweng Gh.
23. Colibri Gh.
24. Queen Boutique Place
25. The Loft
26. Chaweng Budget Hotel
27. Poppies Samui Resort
28. Sea Side Bungalow
29. First House
30. First Bungalow Beach Resort
31. New Star Beach Resort
32. The Imperial Samui
33. Impiana Samui Resort & Spa

Essen:
1. Noori Indian & Thai Restaurant
2. Ninja Crêpes Restaurant
3. Eat Sense Restaurant
4. Zico's
5. Little Boat Seafood
6. Ruang Thong Bakery
7. Noori Indian Restaurant

Sonstiges:
1. Bar Ice
2. Bar Solo
3. Sound Club
4. Dusita Spa
5. Blue Stars Kayaking
6. Canopy Adventures
7. Bungy Jump
8. Reggae Pub
9. Bikram Yoga
10. Ark Bar
11. Monkey Bay
12. K C Beach Club
13. Chaweng Stadium
14. World Gym und Trinity Yoga
15. Sitca (Kochschule)
16. Noori Indian Cooking School
17. The Thai Thai Spa
18. Easy Divers
19. Calypso Diving
20. Dive Point Samui

Transport:
1. Bangkok Airways
2. Budget

Long Beach Lodge (16), ☎ 077-422 162, 🖥 www.longbeachsamui.com, [6528]. Schöne AC-Holzbungalows im großen Sandgarten und bis an den Strand. Alle Zimmer mit TV und Kühlschrank. Hinten im Haus kleinere Zimmer. ④–⑦

Malibu Beach Resort (13), ☎ 077-231 546, 🖥 www.malibukohsamui.com, [6529]. Geräumige Zimmer mit TV in 2-stöckigen Apartmenthäusern. Nett angelegter Garten. Näher am Strand schöne Bungalows mit offenem Bad. Am Strand kleiner Pool. Safe. WLAN. ⑥–⑦

Queen Boutique Place (24), Soi Colibri, ☎ 077-413 148, 🖥 www.queenboutiquehotel.com, [6530]. Ruhiges Boutiquehotel mit 16 verschieden gestalteten Zimmern, teils riesigen Betten und schöner Ausstattung. Flachbildschirm, Safe, Minibar, DVD-Player. Zentral gelegen, für den gebotenen Standard recht günstig. WLAN. ④–⑤

The Suneast (9), ☎ 077-422 115, 🖥 www.thesuneastbungalows.com, [3240]. Steinbungalows, am Strand und landeinwärts. Im Haus dahinter geräumige AC-Zimmer. Gepflegter Garten und Pool. Familienbetrieb. Durch einige Treppen vom Strand getrennt. Kajak- und Angelverleih. ⑤–⑥

Obere Preisklasse

Baan Chaweng Beach Resort (12), ☎ 077-422 403, 🖥 www.baanchawengbeachresort.com, [6531]. Zimmer in 2-stöckigen Reihenbungalows und Steinbungalows im wunderschön gepflegten Palmengarten. Einige Villen, teils am Meer. Schöner Pool am Strand. ⑦–⑧

Baan Samui Resort (17), ☎ 077-230 965, 🖥 www.see2sea.com, [6532]. Bunt gestrichene 1- und 2-stöckige Gebäude mit geschmackvoll und kreativ gestalteten Zimmern. Im Gemeinschaftsraum Billardtisch, Lese- und Spieleecke. Großer Pool und Spa. Inkl. Frühstück. ⑧

Chaweng Buri Resort (14), ☎ 077-422 465, 🖥 www.chawengburi.com, [6533]. Geschmackvolle Steinbungalows im Schatten spendenden Palmengarten. Inneneinrichtung aus Rattan. Restaurant am Strand und auf einer schattigen Terrasse, Babysitter auf Anfrage. Spa. ⑦–⑧

DIE INSELN IM GOLF

Dara Samui Beach Resort & Spa Villa ⑤,
📞 077-231 323, 🖥 www.darasamui.com, [6534].
Luxushotel mit hochwertig ausgestatteten
Zimmern im 3-geschossigen Haus. Suiten mit
teils offenem Badezimmer und eigener Küche.
Pool mit kleinem Wasserfall am Strand. Rundes,
verglastes Restaurant mit Meerblick. WLAN im
Zimmer. ❽
First Bungalow Beach Resort ㉚, 📞 077-230
414, 🖥 www.firstbungalowsamui.com, [6535].
Bungalows rund um den großen Pool, Zimmer
im Apartmenthaus und riesige Bungalows
am Strand Chaweng Noi. Traditionsreicher
Familienbetrieb; die ersten Hütten entstanden
hier in den 1970er-Jahren. Kinderpool, Spa.
WLAN. ❻–❽
First House ㉙, 📞 077-413 752, 🖥 www.samui
firsthouse.com, [6536]. Alle Zimmer liegen in
3-stöckigen Häusern um 2 Pools. 2 der neueren
Gebäude sind in Bootsform gestaltet. TV,
Minibar und Badewanne, die teureren Zimmer
mit Balkon zum Pool. ❺–❼
Montien House ⑦, 📞 077-422 169, 🖥 www.
montienhouse.com, [3242]. Schöne Steinbungalows in Reihenhäusern. Gepflegte Anlage.
Die Zimmer sind hell und ansprechend modern
eingerichtet, viel Holz. Großer Pool am Strand.
Villas mit separatem kleinen Garten und Pool.
Inkl. Frühstück. WLAN. ❻–❽
Poppies Samui Resort ㉗, 📞 077-422 419,
🖥 www.poppiessamui.com, [3235].
Hinter gut gepflegter Vegetation verstecken
sich Steinbungalows mit moderner Einrichtung,
Flachbildschirm, Safe. Inkl. Frühstück. Liegen
am Pool und am Strand. Beliebtes Strandrestaurant mit Fusionküche. Oft Livemusik.
Sa Thai-Tanz zum Dinner. WLAN. ❽
The Library ⑱, 📞 077-422 767, 🖥 www.
thelibrary.co.th, [6537]. Hochmodernes,
minimalistisches Resort. 2-stöckige Häuser mit
geräumigen, meisterhaft designten Suiten und
Studios mit hochwertiger Ausstattung. Gebadet
wird im rotgekachelten Pool. Bibliothek mit ausgewählter Literatur. Restaurant **The Page**. ❽

Thai-Snacks wie gegrillte Spießchen, Obst und
Mais gibt es unmittelbar am Strand von
fliegenden Händlern. Die Restaurants an der

Strandstraße offerieren eine Vielzahl relativ
authentischer internationaler Gerichte, darunter
indische, italienische, französische und auch
deutsche Küche. Auf der Karte finden sich
immer auch einige dem westlichen Gaumen
angepasste Thai-Speisen. Zahlreiche Lokale
legen allabendlich ihr Angebot an frischen
Meeresfrüchten aus. Viele Toplokale der
Insel befinden sich am Chaweng. Sie gehören
oftmals zu den großen Resorts, die repräsentative Strandrestaurants betreiben.
Mit weniger Ambiente, aber sehr günstig, isst
man in den **Foodstalls** rund um den Laem Din-
Markt. Zudem werden ab 18 Uhr Foodstalls in
der Walking St. aufgebaut.
Eat Sense Restaurant, 📞 077-414 242,
🖥 www.eatsensesamui.com, [3233]. Gehobene
Küche der Extraklasse direkt am Strand.
Elegantes Ambiente und vor allem abends
oft restlos ausgebucht, daher unbedingt
reservieren. Zumindest eine Meeresköstlichkeit
sollte man sich hier gönnen, sofern es die
Reisekasse zulässt. ⏱ 11–23 Uhr.
Little Boat Seafood, günstig und lecker: Thai-
Gerichte und Spaghetti-Auswahl. Beliebt und
immer gut besucht. ⏱11–23 Uhr.
Ninja Crêpes, [3238], großes, hell erleuchtetes
Restaurant. Einfache Ausstattung mit Plastik-
bestuhlung. Riesige, bebilderte Speisekarte mit
großer Auswahl an günstigen und leckeren
Gerichten. Prompte, freundliche Bedienung.
⏱ 11–23 Uhr.
Noori Indian & Thai Restaurant, 2 Restaurants
an der Strandstraße, 📞 077-413 108.
Authentische Küche einer Familie aus
Rajasthan. Viele vegetarische Gerichte, zudem
einige Thai-Speisen. Die Portionen sind
reichlich und günstig. Riesige Menüs (499 Baht
für 2 Pers.), Bestellung per Telefon möglich,
Lieferung am Chaweng kostenlos. Mr. Didi
betreibt auch die Noori Indian Cooking School
in Chaweng, s. u. ⏱ 11–22.30 Uhr.
Ruang Thong Bakery, gutes Frühstück, frisches
Brot und Gebäck. Bebilderte Speisekarte und
große Auswahl an Thai- und westlichen
Gerichten. Guter Kaffee. ⏱ 7–22.30 Uhr.
Zico's, 📞 077-230 500, 🖥 www.zicossamui.
com. Gehobenes BBQ-Restaurant mit
brasilianischer Küche, gutes BBQ. Zudem große

Bungalowanlage am Hat Chaweng

Auswahl an chilenischem und argentinischem Wein. Am Wochenende Tänzerinnen und Live-DJs mit House-Vibes. ⏰ 18–23 Uhr, Barbetrieb bis 1 Uhr.

UNTERHALTUNG

Zahlreiche Bars, Kneipen und Diskotheken laden am Chaweng zum Feiern ein. Am besten lässt man sich treiben und schaut, was einem zusagt. Die meisten Diskotheken schließen gegen 2 Uhr, manche Bar hat bis in die Morgenstunden geöffnet. Viele Bars mit Livemusik. Am Strand feiert man in der **Monkey Bay**. Im **K C Beach Club** gegenüber Ninja Crêpes Restaurant findet jeden Sa eine Beachparty statt: heiße Rhythmen am Pool und Strand. Eintritt frei. In der **Ark Bar** ist Mi und Fr Beachparty angesagt. Live-Saxophon-Spieler und DJs wechseln zwischen 16 und 2 Uhr. Im **Reggae Pub**, 📞 077-422 331, seit Jahrzehnten etabliert, rockt eine Live-Band. Es fehlt zwar die Musik, die der Name verspricht, aber das Ambiente stimmt: 5 Bars, Biergarten

und Freilichtkino. Die Bands „Diesel" und „Siam" spielen tgl. ab 22 Uhr im **Sound Club**. Dancefloor und wechselnde DJs im dazugehörigen Dance Club. In der **Bar Solo** an der Strandstraße ertönt Housemusik, und ab 21 Uhr spielen wechselnde Live-Bands. ⏰ 13–2 Uhr. Weniger heiß geht es in der **Bar Ice**, 📞 077-484 933, 🖥 www.baricesamui.com, zu: Zwischen -3 und -7 °C sitzt es sich im Eishaus deutlich kühler. Entsprechende Kleidung und Fellmütze werden gestellt. Die Wände sind aus Eis, und zwischen Eisskulpturen kann man sich an einem Drink erwärmen. Eintritt 395 Baht. Wem das zu kalt ist, der kann in der Bar oder im Biergarten Platz nehmen; hier ist der Eintritt frei. Voll wird es ab 22 Uhr. ⏰ 16–2 Uhr. Im **Chaweng Stadium** hat sich eine Black Moon Party etabliert. Die Daten werden per Flyer mitgeteilt.

AKTIVITÄTEN

Bungee-Jumping und Seilrutschen
Den Thrill des freien Falls verspricht **Bungy Jump**, 📞 077-414 252, 🖥 www.samuibungy.com.

Sprung aus 50 m Höhe für 1500 Baht. Auch Tandemsprünge mit einem erfahrenen Buddy. Wer sich anmeldet, wird vom Hotel abgeholt und erhält ein Gratisgetränk. Die Anlage besitzt einen großen Pool. ⏱ 10.30–19 Uhr.

Über den dichten Urwald schwebt man bei **Canopy Adventures**, ✆ 077-414 150, 🖥 www.canopyadventuresthailand.com. Die ca. 300 m langen Seilfahrten verbinden 7 Baumhäuser und sind für 1900 Baht zu haben. Im Preis inkl. sind die Abholung vom Hotel, Wasser, Früchte, ein Bad in einem Wasserfall und der Rücktransport. Tgl. um 10, 12 und 14 Uhr. Das Vergnügen dauert etwa 2–3 Std.

Kochkurse

Noori Indian Cooking School, in Chaweng, ✆ 086-740 7873, 🖥 www.nooriindiasamui.com, s. auch Essen. Bis zu 8 Pers. können vormittags oder nachmittags die Zubereitung diverser indischer Gerichte erlernen. Auf individuelle Wünsche wird gerne eingegangen. 1800 Baht pro 1/2 Tag.

Sitca (Samui Institute of Thai Culinary Art), Soi Colibri, ✆ 077-413 172, 🖥 www.sitca.net. Die Kunst der thailändischen Küche und die kleinen Geheimnisse der Zubereitung werden in dieser renommierten Schule vermittelt. Kurse Mo–Sa um 11 und 16 Uhr für 1950 Baht p. P. (inkl. Kochbuch), max. 10 Teilnehmer. Kurse im Foodcarving dauern 3 Std. oder 3 Tage (3000 bzw. 6500 Baht).

Massagen und Wellness

Massagen werden in Chaweng überall ab 200 Baht pro Std. angeboten.
Dusita Spa, ✆ 077-422 447. Massagen, Packungen und Ganzkörperanwendungen in arabischem Ambiente. WLAN. ⏱ 10–23 Uhr.
The Thai Thai Spa, ✆ 077-422 799. Bietet hochklassige Massagen, Kosmetik und Ganzkörperanwendungen inkl. Infrarotsauna. WLAN. ⏱ 10–22.30 Uhr.

Tauchen

Calypso Diving, ✆ 077-422 437, 🖥 www.calypso-diving.com. Deutsche Tauchschule am südlichen Ende der Bucht an der Zufahrtsstraße. Eigenes Boot und engagiertes Team. Bubblemaker-Kurse für Kinder.
Dive Point Samui, neben dem First House, ✆ 081-787 5472. Tauchschule unter deutscher Leitung. PADI-Kurse vom Open Water Diver bis zum Divemaster. Mit dem 27 m langen Boot geht's nach Ko Tao, zum Sail Rock und zum Marine Nationalpark.
Easy Divers, ✆ 077-413 373, 🖥 www.easydivers-thailand.com. Ebenfalls unter deutscher Leitung. Auf dem gesamten Archipel etablierte Schule mit 5 Basen auf Samui.

Weitere Wassersportarten

Neben Tauchern kommen vor allem Freunde des **Surfsports** auf ihre Kosten. Auch **Wasserski** ist im Angebot. Weniger sportlich, dafür aber spaßig ist die Fahrt auf dem Bananaboat, welches vor allem asiatische Gäste begeistert. Wer dem **Segeln** frönen will, findet Boote im Tradewinds, ✆ 077-230 602, 🖥 www.tradewinds-samui.com, am zentralen Chaweng. Das Resort bietet Segeltouren und Fahrten auf dem Katamaran (800 Baht pro Std., mit Anleitung 900 Baht). Bei ausreichend Nachfrage auch Katamaran-Safaris mit Übernachtungen. **Kanutouren** kann man am Strand oder mit **Blue Stars Kayaking**, ✆ 077-413 231, 🖥 www.bluestars.info, zu Höhlen der Inseln im Ang Thong Marine National Park (S. 484) unternehmen.

Yoga und Fitness

Bikram Yoga, an der Strandstraße, ✆ 077-960 511, 🖥 www.bikramyogakohsamui.com. Tgl. 2 Kurse, 9.30 und 18 Uhr (Sa, So 11 und 18 Uhr), 90 Min. für 600 Baht, 10er-Karte für 4000 Baht.
Trinity Yoga, am Highway, ✆ 087-081 8875, 🖥 www.samuiyoga.com. Neben World Gym, Mo–Sa 2 Kurse um 10 und 18 Uhr, 60 Min. für 450 Baht, 10er-Karte 3000 Baht.
Wer lieber Eisen bewegt, kann dies tgl. zwischen 9 und 21 Uhr im **World Gym** tun, Tageskarte 150 Baht, 10er-Karte 1000 Baht.

EINKAUFEN

Kleidung

Das Angebot reicht vom klassischen bunt bemalten Strandtuch, der bequemen

Fischerhose oder der gerade angesagten Strandmode bis hin zu Jeans und T-Shirts – entweder in dem von den Thais gerade bevorzugten Stil oder als Fälschung bekannter Marken. Wem das Angebot von der Stange nicht zusagt, der kann sich bei einem **Schneider** etwas anfertigen lassen. Diese Anzüge und Kleider sind günstig, und wer nicht an der Qualität des Stoffes spart, wird lange seine Freude daran haben. Da meist mehrere Anproben nötig sind, sollte man bei Auftragsvergabe abklären, wie viel Zeit der Schneider braucht.

Supermärkte

Kleinere Super- und Minimärkte befinden sich an der Straße hinter den Resorts, darunter viele 7-Eleven- und Family Mart-Filialen, die rund um die Uhr geöffnet sind. Der größte **Tesco Lotus** der Insel liegt an der Ringstraße. Hier gibt es Nahrungsmittel, Kleidung, Fahrräder, Handys, Computer und mehr. ⏲ 10–22 Uhr.

Autovermietungen und Mopedverleih

Internationaler Anbieter von Mietwagen ist **Budget**, ✆ 077-413 384, nahe des Makro-Marktes an der Hauptstraße. Eine gute Wahl, insbesondere bei einer Mietdauer über 5 Tage, denn dann sind innerhalb von Thailand kostenlose *one-way rentals* möglich. Günstiger für Touren nur auf Ko Samui sind Autos der lokalen Anbieter. Kleine Jeeps ab 800 Baht. Darauf achten, dass sich die Fahrzeuge in gutem Zustand befinden, es gibt erhebliche Qualitäts- und Sicherheitsunterschiede. Mopeds können fast überall ausgeliehen werden, ab 150 Baht für 24 Std.

Medizinische Hilfe

Bangkok Samui Hospital, Notfallambulanz ✆ 077-429 500, 🖥 www.samuihospital.com. Sehr empfehlenswert. Guter Ruf und hervorragende Ausstattung. Als Erstbesucher muss man meist etwa 50 € Anmeldegebühr zahlen.

Samui International Hospital, ✆ 077-230 781, 🖥 www.sih.co.th. Labor, Zahnarzt und Krankenwagen. ⏲ 24 Std.

Thai International Hospital, ✆ 077-245 720, 🖥 www.thaiinterhospital.com. Mit Dialyse-Station. ⏲ 24 Std.

Hat Chaweng Noi

Felsen trennen diesen Strandabschnitt vom zentralen Chaweng. Die Bucht ist etwa 1 km lang und hat weichen Sand, in der Mitte befinden sich kleine Felsformationen. Im Süden ragen Korallenbänke hervor. Baden kann man in den europäischen Sommermonaten; von November bis März stellt die hohe Brandung bisweilen eine Gefahr dar. Rote Flaggen warnen vor dem Gang in die Wellen. Den nördlichsten Teil der Bucht nehmen die Bungalows des First Bungalow Beach Resorts ein (s. oben, Zentraler Hat Chaweng), und am Strand reiht sich Liegestuhl an Liegestuhl.

Karte S. 466

Impiana Samui Resort & Spa ㉝, ✆ 077-448 994, 🖥 www.impiana.com, [6540]. Reihenhäuser am Hang mit Blick auf den kleinen Pool. Günstigere, etwas laute Zimmer im Reihenhaus weiter oben mit Blick auf die Straße. Shuttle-Service nach Chaweng. WLAN. ❻ – ❽

New Star Beach Resort ㉛, ✆ 077-422 407, 🖥 www.newstarresort.com, [6538]. Moderne Anlage mit Pool-Villen und riesigen Strandbungalows, weitere geräumige Bungalows und toll gestaltete Zimmer in 2-stöckigen Gebäuden am Hang. TV, Minibar und Badewanne. Großer Pool. Spa. ❽

The Imperial Samui ㉜, ✆ 077-422 020, 🖥 www.imperialhotels.com, [6539]. Riesige Anlage am Hang unter deutscher Leitung. Große Zimmer in 3-geschossigen Hotelkomplexen im mediterranen Stil. Alle Zimmer mit Meerblick. Unten großer, gekonnt in Steine integrierter Salzwasserpool, oben Süßwasserpool. Tauchschule, 2 Restaurants. WLAN. ❽

Die meisten **Songthaew** fahren über Hat Chaweng und können herangewunken werden. Eine Kurzstrecke kostet ab 20 Baht, oft aber bis zum nächsten Strand 100 Baht. **Taxis** stehen am Tesco Lotus. Sie können auch auf der

DIE INSELN IM GOLF

Ringstraße und der Strandstraße angehalten werden. Nachts explodieren die Preise, ansonsten oft ohne Taximeter zu festen Preisen zwischen 300 und 600 Baht je nach Ziel. Mopedtaxifahrer überall entlang der Strandstraße.

Ao Thong Ta Khien

Thong Ta Khien [7758], zwischen Chaweng und Lamai gelegen, ist eine malerische kleine Bucht mit herrlich pudrigem weißen Sand, umrahmt von Felsen und Palmenhängen. Der Strand ist schön breit, aber nicht besonders groß und macht in der Hauptsaison einen eher überfüllten Eindruck. Bei Ebbe kann man prima schnorcheln, aber nicht mehr sehr gut schwimmen.

ÜBERNACHTUNG UND ESSEN

Karte S. 475

Crystal Bay Resort ①, ✆ 077-448 480, 🖥 www.crystalbaykohsamui.com, [7760]. Am Hang am nördlichen Ende der Bucht. 27 AC-Zimmer im 2-stöckigen Haus direkt am Strand oder im Hang neben dem Restaurant. Kleiner Pool auf der 1. Etage mit schönem Blick auf die Bucht. Kostenlose Schnorchelausrüstung. WLAN. ④–❼

Samui Yacht Club ④, ✆ 077-422 225, 🖥 www.samuiyachtclub.com, [7761]. Großzügige Gartenanlage mit schönen Einzelbungalows. Restaurant und Bar am Strand. Der Poolbereich ist auch für Kinder eingerichtet (viel Spielzeug). ❻–❼

Silver Beach Resort ②, ✆ 077-448 542, ✉ silverbeach_@hotmail.com, [7762]. 33 Zimmer und Bungalows mit Ventilator oder AC, einige am Strand und angrenzenden Garten oder jenseits der Straße. Bevorzugte Anlage der jüngeren Ruhesuchenden. ❸–❺

Thongtakian Resort ③, ✆ 077-230 978, 🖥 www.thongtakian.com, [7763]. AC-Zimmer in 2-stöckigem Gebäude und Einzelbungalows mit Panoramafenstern und AC in toller Gartenanlage. Sehr gediegen, feine Möblierung mit TV. Pool. ④–❺

Gutes und teures, mediterran angehauchtes Essen mit herrlichem Blick auf die Bucht gibt es im **The Cliff Bar & Grill**, ✆ 077-414 266,

Nahe dem geschäftigen Hat Chaweng locken kleine, von Felsen begrenzte Buchten Reisende an, die mehr Einsamkeit suchen. Die Strände sind nicht erste Wahl, aber das stört die hier urlaubenden Gäste nicht (Karte S. 447).

Wenige Meter südlich von Chaweng lockt eine 500 m lange Sandbucht. Hier vermietet das **Coral Cove Resort**, ✆ 077-448 459, 🖥 www.coralcovesamui.com, ältere Steinbungalows einfacher Bauart mit Ventilator direkt am Strand, dahinter mit AC. Zudem besser ausgestattete Steinhäuser am Hang mit Panoramafenstern und TV, dort auch Pool. Günstiges Restaurant, Strandbar mit Tischen im Sand. WLAN in der Lobby. ❸–❻

Eine Bucht weiter liegt das **Coral Cove Chalet**, ✆ 077-448 500, 🖥 www.coralcovechalet.com. Geräumige Bungalows und Zimmer in Reihenhäusern, alle mit Meerblick. TV, Badewanne, Minibar. Großes und kleines Bett, auch Reihenhäuser mit Verbindungstür. Kleiner Pool. Der Strand ist nicht zum Schwimmen geeignet. Spa. WLAN. Frühstück inkl. ❻–❽

🖥 www.thecliffsamui.com, ⊕ 12–2, Küche bis 22 Uhr. Zwischen 12 und 19 Uhr stehen auch Tapas zur Auswahl. Reservierungen für die außen liegenden Tische nur für 18 und 20.30 Uhr. Fr und Sa legt ein DJ auf. Billiger ist es im **Big Rock Café & Restaurant** mit Thai- und westlichen Gerichten. ⊕ 10–22 Uhr.

Ao Lamai

Das Bild der sichelförmigen **Ao Lamai** [3375], einer 4 km langen Bucht, etwa 22 km von Nathon entfernt, wird von Hunderten Kokospalmen geprägt. Die sauberen Strandabschnitte wirken nicht überfüllt, und das Publikum ist gemischt. Etwa 90 Hotels und Bungalowsiedlungen bieten Obdach für Individualreisende und Pauschalurlauber. Am südlichen Strandende Lamais stehen die neben Big Buddha meistbesuchten Attraktionen Samuis: die Felsformationen **Hin Ta** und **Hin Yai**.

Die **östliche Bucht** glänzt mit weißem Sandstrand und einem vorgelagerten Korallenriff. Das Wasser ist seicht und bei Ebbe weniger als hüfttief. Aus dem Sandstrand erheben sich glatte Felsen. Am Hang liegen gepflegte Bungalowanlagen in Kokosplantagen und locken vor allem ruhesuchende Urlauber an. Vor dem 1 km langen **nördlichen Strand**, unweit der Straße, erhebt sich bis zur Höhe des Dorfes **Ban Lamai** ein Riff. Hier ragen bei Ebbe die Felsen aus dem Meer heraus. Bei den Unterkünften überwiegen kleine Anlagen in der mittleren Preisklasse, darunter so manche aus der alten Globetrotterzeit. Der Sand im nördlichen Abschnitt ist teilweise etwas grober. Auch der über 2 km lange **zentrale Strandabschnitt** wird am südlichen Ende von malerischen Felsen unterbrochen. Trotzdem eignet er sich bei Ebbe und Flut gut zum Baden. Das ändert sich dagegen im Winter, wenn die starke Brandung und der hohe Wasserstand den Strand schwinden lassen. Am **südlichen Ende** der Bucht ist das Wasser meist zu seicht zum Schwimmen, wird jedoch dann attraktiv, wenn starker Ostwind herrscht. Die ruhige Bucht hinter den Großelternfelsen nennt sich **Ao Nam Chuet**, wird aber oftmals allein aus Werbegründen von den Anlagen noch als Ao Lamai bezeichnet. Bei Flut ist der Strand nur etwa 2 m breit.

Vorsicht: Generell ist zu beachten, dass Lamai nicht von einem vorgelagerten Korallenriff geschützt ist – daher ist die Brandung immer etwas heftiger als an geschützten Stränden.

Die kleine Straße und einige abgehende Parallelstraßen unmittelbar um die runden kleinen Bars herum sind die **Amüsiermeile** Lamais. Hier gibt es Restaurants, Reisebüros, Internetshops, Klamottenläden und zahlreiche Girlie-Bars. Vom Bild ähneln diese Straßenzüge immer mehr der von Chaweng, aber insgesamt geht es hier noch etwas ruhiger zu. Direkt hinter der Brücke über den Klong Richtung Ringstraße und auf der anderen Seite ab „The Outback" wird es dann ruhiger. Jeden Sonntag von 15 bis 23 Uhr wird die Beach Road ab Ring Road bis zum Kanal als **Walkway** gesperrt. Dann kann man hier Kleidung und allerlei Mitbringsel kaufen, zudem gibt es viele Foodstalls.

Sehenswertes

Eine Reise in die Kulturgeschichte bietet die **Cultural Hall** in Ban Lamai auf dem Gelände des Dorfklosters Wat Lamai. Die Ausstellung zeigt von chinesischen Händlern mitgeführte Gegenstände aus dem 19. Jh., darunter Waffen, Teegeschirr, Instrumente und Uhren, aber auch alte landwirtschaftliche Geräte. Sehenswert sind die 2000 Jahre alten Bronzegongs. ⊕ Zur Zeit der Recherche geschlossen, Neueröffnung ungewiss.

ÜBERNACHTUNG

Viele der großen Hotels können (und sollten oft wegen des Preises) pauschal gebucht werden. Die Auswahl an mittelpreisigen Unterkünften mit Bungalows um die 1000–1500 Baht ist groß, und auch wer günstiger wohnen möchte, findet zahlreiche Plätze. Mit Ausnahme der wenigen Luxusresorts werden die Anlagen meist noch als Familienbetrieb geführt.

Untere Preisklasse

Beer's House ⑭, ℅ 077-231 088, 🖳 www.beerhousebungalow.com, [3377]. Verwunschene, dschungelgrüne Anlage. Holzbungalows mit Ventilator und Warmwasser in 2 Reihen parallel zum Strand. Große Bäder. Veranden mit Hängematte. Im hinteren Bereich am Fluss AC-Steinbungalows mit Kühlschrank und TV. WLAN. ❷–❹

Ibed ⑯, an der Strandstraße, ℅ 077-458 760, 🖳 www.ibedsamui.com, [6303]. In diesem modernen Haus gibt es 4 Dormitories der besonderen Art: Jeweils 8 Pers. schlafen in einem AC-Raum, in abgetrennten großen Doppelstockbetten. Jeder hat seinen eigenen Fernseher (mit Kopfhörer). Ein Dorm ist nur den Frauen vorbehalten. Zudem warten 8 DZ mit

Die versteinerten Großeltern

Hin Ta und **Hin Yai** [7659], zu Deutsch Groß-vater- und Großmutterfelsen, sind die wohl beliebtesten Postkartenmotive Samuis, von Strandbildern einmal abgesehen. Gut sicht-bar ist der Großvater, ein Stein wie ein per-fekt geformter Phallus. Meer, Regen und Wind haben die uralten Steine so geschliffen, dass sie wie genaue Abbildungen eines männlichen und eines weiblichen Geschlechtsteils aus-sehen, die brav nebeneinander stehen. Die Legende weiß zu berichten, dass die Steine an ein hier gestrandetes älteres Ehepaar erin-nern, welches vor Tausenden von Jahren vor der Küste Schiffbruch erlitt.

Stockbetten und TV. Saubere Gemeinschafts-bäder. Große Sonnenterrasse. WLAN. Es werden auch Kochkurse (ido Cooking School) angeboten. Bett im Dorm 500 Baht, DZ ❹
Magic Resort ㉑, ☎ 089-289 4291, [8697]. 2 Reihen Bungalows Richtung Strand. Rechts Holz-Mattenhütten der alten Machart mit Ventilator, links AC-Doppel-Steinbungalows. Viele Stammgäste. ❷–❹
Mira Mare ㉗, ☎ 077-424 262, 🖥 www. miramare-samui.com, [3386]. Am Strand Richtung Hinterland in Reihe hübsche, geräumige AC-Bungalows aus Holz und Stein mit Kühlschrank. Hinten Holzbungalows mit Ventilator. Netter Familienbetrieb. Safe in der Lobby. ❷–❺
€ **New Hut** ⑬, ☎ 077-230 437, 🖂 new hutlamai@yahoo.co.th, [6298]. Kleine, einladende Holzbungalows am Strand mit winzigem Bad in 2 Reihen. Zudem schöne A-frame-Hütten mit Matratzen auf dem Boden und sauberem Gemeinschaftsbad. Alle mit Ventilator und Moskitonetz. Gemütliches Strandrestaurant. ❷
Samui Harmony Resort ⑫, ☎ 077-458 120, 🖂 samuiharmony@hotmail.com, [6296]. Schöne Holzbungalows in 3 Reihen parallel zum Strand. Vorne mit AC und TV, hinten mit Ventilator (teils auch mit TV). 2 helle AC-Steinbungalows direkt am Strand. WLAN. ❸–❺

Sea Breeze Bungalow ⑱, ☎ 077-424 258, 🖥 www.samuitv.com/seabreeze, [6313]. Alteingesessene Anlage. 2 Reihen Bungalows und Zimmer am Strand. Hier ist für jeden etwas dabei. Einfache Zimmer mit Ventilator oder AC. Wahlweise auch mit Warmwasser oder TV und Minibar. Ein schöner Holzbungalow direkt am Strand. ❷–❺
Sunrise Bungalow ㉜, ☎ 077-424 433, 🖥 www.sunrisebungalow.com, [3379]. An den Großelternfelsen. Verschiedenste Bungalows in Holz oder Stein mit Ventilator oder AC. Schöner Ruhepunkt an den Felsen mit kleinem Strand. Restaurant mit Meerblick. Anheimelnde Atmosphäre, viele Stammgäste. ❷–❻

Mittlere Preisklasse

🏨 **Bay View Resort** ⑥, ☎ 077-458 778, 🖥 www.bayviewsamui.com, [6304]. Ein idealer Ort für Ruhebedürftige. Im Hang und im Garten AC-Steinbungalows (mit Safe) und kleine Holzbungalows mit Ventilator. Fast alle Zimmer haben wie das Restaurant Meerblick. Kleiner Pool und privater winziger Strandabschnitt. Die freundliche Besitzerin kümmert sich rührend um ihre Gäste. WLAN ❹–❼
Bill Resort ㉚, ☎ 077-418 870, 🖥 www.bill resortsamui.com, [3383]. Auf dem Berg und am Strand Holzbungalows, viele mit Blick auf den Strand. Großer, blickgeschützter Pool mit Kinderbecken inmitten von Grün. Steiler Aufgang zur Lobby und den oberen Bungalows. ❹–❽
Golden Sand Beach Resort ㉙, ☎ 077-424 301, 🖥 www.goldensand-resort.com, [6305]. Große Anlage mit modernen Zimmern in 2-stöckigen Häusern und Bungalows. TV, DVD, Minibar, Wasserkocher. Viele Zimmer mit Panoramafenster oder großen Schiebetüren. Inkl. Frühstück. Großer Pool, Jacuzzi und Kinderpool. ❺
Lamai Coconut Resort ㉒, ☎ 077-232 169, 🖥 www.lamaicoconutresort.com, [3384]. Hübsche große Holzbungalows in Reihe vom Strand Richtung Hinterland. Die Zimmer sind gefliest und mit dunklen Möbeln ausgestattet, alle mit TV. ❺–❻

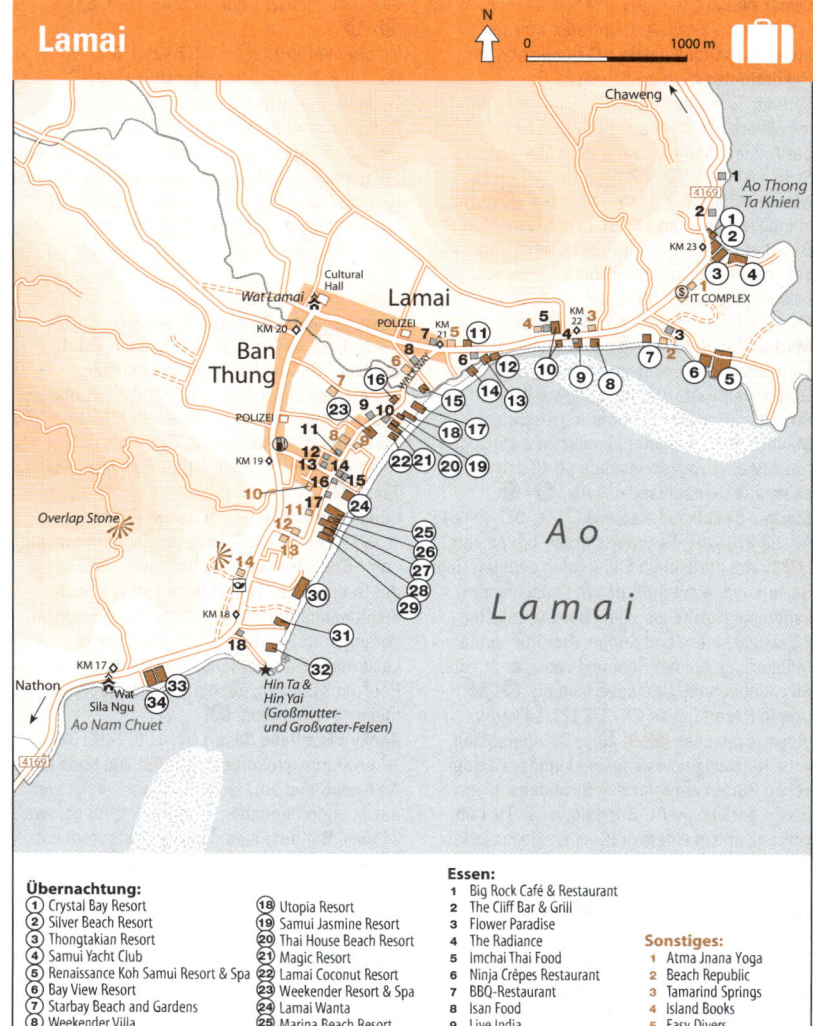

Lamai

N

0 — 1000 m

Chaweng ↑

Ao Thong Ta Khien

Cultural Hall

Wat Lamai

Lamai

KM 20

POLIZEI

Ban Thung

POLIZEI

KM 19

Overlap Stone

KM 18

KM 17

Nathon ↓

Wat Sila Ngu
Ao Nam Chuet

Hin Ta & Hin Yai (Großmutter- und Großvater-Felsen)

IT COMPLEX

KM 23

KM 22

KM 21

Ao Lamai

DIE INSELN IM GOLF

Übernachtung:
1. Crystal Bay Resort
2. Silver Beach Resort
3. Thongtakian Resort
4. Samui Yacht Club
5. Renaissance Koh Samui Resort & Spa
6. Bay View Resort
7. Starbay Beach and Gardens
8. Weekender Villa
9. The Spa Resort Hotel
10. The Buddy Oriental Samui Resort
11. Vanda House
12. Samui Harmony Resort
13. New Hut
14. Beer's House
15. New Leaf Detox Resort
16. Ibed
17. Pavilion Samui Boutique Resort
18. Utopia Resort
19. Samui Jasmine Resort
20. Thai House Beach Resort
21. Magic Resort
22. Lamai Coconut Resort
23. Weekender Resort & Spa
24. Lamai Wanta
25. Marina Beach Resort
26. Samui Sense Beach Resort
27. Mira Mare
28. Sea Breeze Bungalow
29. Golden Sand Beach Resort
30. Bill Resort
31. Rummana Boutique Resort
32. Sunrise Bungalow
33. Mango Village
34. Rocky's Boutique Resort

Essen:
1. Big Rock Café & Restaurant
2. The Cliff Bar & Grill
3. Flower Paradise
4. The Radiance
5. Imchai Thai Food
6. Ninja Crêpes Restaurant
7. BBQ-Restaurant
8. Isan Food
9. Live India
10. Harry's
11. Sala Thai
12. Big Wave, Mr. Phu's BBQ Fish
13. El Dorado
14. Lava Lounge
15. Kokila Bar und Restaurant
16. The Outback
17. Will Wait Bakery & Restaurant
18. Koh Kaew

Sonstiges:
1. Atma Jnana Yoga
2. Beach Republic
3. Tamarind Springs
4. Island Books
5. Easy Divers
6. Ultra Bodies Fitness-Gym
7. Coco Splash Waterpark
8. Bars, Boxring, Foodstalls
9. Fusion
10. Backstage Rockbar
11. Lamai Scuba Divers
12. Lamai Muay Thai Camp
13. Lamai Fitness Center
14. Mountain Bicycles

Lamai Wanta (24), 📞 077-424 550, 🖥 www.lamai wanta.com, [3390]. Am zentralen Strandabschnitt schöne weiße AC-Bungalows mit Panoramafenstern großzügig im Garten verteilt. TV, Kühlschrank, DVD. Kleiner Pool mit Meerblick. Zimmer im Haus im hinteren Teil der Anlage. Schicke Bar erhöht über dem Strand. WLAN. ❻–❼

Mango Village (33), 📞 081-482 5193, 🖥 www.mango-village.com, [3385]. In der Nam Chuet Bucht am Hang hübsche gelbe Steinbungalows am großen Pool oberhalb des kleinen, von Felsen umrahmten Strandes. Restaurant mit Thai- und italienischer Küche. ❻–❼

Marina Beach Resort (25), 📞 077-233 116, 🖥 www.marinabeachresort.com, [6541]. Große weiße AC-Steinbungalows, die sich vom Strand in rückwärtige Richtung erstrecken. TV, Minibar, Safe. Dahinter Zimmer im 2-stöckigen Haus. Viele Langzeitreisende ab 40 Jahre, vor allem aus Deutschland. WLAN. ❹–❺

Starbay Beach and Gardens (7), 📞 077-424 546, 📞 085-228 0281, 🖥 www.starbay-beach.com, [3388]. Am nördlichen Ende, ruhig gelegen. Tolle Gartenanlage mit großen, weit auseinanderliegenden Holzhäusern im Thai-Stil, teils mit 2 Schlafzimmern und Küche. Ansprechende Möblierung. Kleiner Pool und winziger privater Strandabschnitt. Deutsche Leitung. ❺–❻

Utopia Resort (18), 📞 077-233 113, 🖥 www.utopia-samui.net, [6299]. Über 30 unterschiedliche Holzbungalows eng beieinander im tropischen Garten am zentralen Strandabschnitt. Große geräumige AC-Bungalows mit TV, Kühlschrank und je einem großen, einige mit zusätzlichem kleinen Bett. Safe in der Lobby. Restaurant am Strand, auch deutsche Gerichte. ❹–❺

Vanda House (11), an der Ringstraße, 📞 077-418 277, 🖥 www.vandahouseresort.com, [6300]. Zurückversetzt und lärmgeschützt, schöne geräumige Zimmer im 3-stöckigen Gebäude. Familienzimmer. Alle mit AC, TV, Safe, WLAN. ❹–❺

Weekender Resort & Spa (23), 124/19 Moo Lamai Beach, 📞 077-424 429, 🖥 www.weekender-samui.com, [6306]. Schöne Zimmer in 2-geschossigen Gebäuden parallel zum Strand. Zudem Bungalows. Alle Zimmer mit AC, TV, einige mit Badewanne. Einige Bungalows mit eigenem Jacuzzi. Pool mit Meerblick. Spa. ❻–❽

Weekender Villa (8), 📞 077-424 116, [3389]. Ruhige Anlage im Osten der Bucht. 10 AC-Bungalows im Garten und am Strand. Die Bungalows im Garten sind sehr dunkel und von riesigen Bäumen überschattet. Die Ausstattung der günstigeren Bungalows ist dürftig. Restaurant mit Leseecke, Billardtisch. Kleiner Pool. Der Strand vor dem Resort wird bei Flut überspült. ❺

Obere Preisklasse

Pavilion Samui Boutique Resort (17), 📞 077-424 030, 🖥 www.pavilionsamui.com, [3391]. Exklusive Suiten und Villen aus feinsten Materialien in asiatischem Stil, alle mit Jacuzzi oder eigenem kleinen Pool. Großer Pool mit Meerblick. Das Restaurant **The Patio** gehört zu den besten der Insel. Strandbar. Mo Thai-Tanz. ❽

Renaissance Koh Samui Resort & Spa (5), 📞 077-429 300, 🖥 www.renaissancekohsamui.com, [6307]. Ruhige Lage am südlichen Ende der Bucht. Alten Thai-Häusern stilvoll nachempfundene Bungalows sowie AC-Zimmer auf der anderen Straßenseite im Haupthaus. Luxuriöses Flair. Verschiedene Restaurants. Pool mit 3 Ebenen, auch für Kinder geeignet. Kleiner Privatstrand. ❽

Rocky's Boutique Resort (34), 📞 077-233 020, 🖥 www.rockyresort.com, [8698]. Am Ende der Ao Nam Chuet am Hang. Luxusanlage mit weit auseinanderliegenden, großen Holzbungalows. 2 Pools, Bar auf einem Felsen, Restaurant mit Meerblick. 2 kleine Privatstrände. ❽

Rummana Boutique Resort (31), 📞 077-418 418, 🖥 www.rummanaresort.com, [7656]. Eng stehende Bungalows inmitten tropischer Vegetation mit Brunnen, Teichen und Wasserspielen. Luxuriöse Einrichtung mit TV, Wasserkocher, Safe und Badewanne im offen gestalteten Bad. Kleiner Pool mit Meerblick. Bei Flut nur sehr schmaler Strand. Spa. WLAN. ❽

Samui Jasmine Resort (19), 📞 077-232 446, 🖥 www.samuijasmineresort.com, [7657]. Geschmackvolle Anlage mit Zimmern im Hotelkomplex und Bungalows, deren dezente, stilvolle Einrichtung keine Wünsche offenlässt. Großer Pool mit Meerblick. ❽

Samui Sense Beach Resort ㉖, ☎ 077-424 441, 🖳 www.samuisense.com, [3392]. Wunderschöne, großzügige AC-Holzbungalows in tropischer Gartenanlage. Ruhiges Resort, aber nicht von exquisitem Luxus. Pool. ❼

Thai House Beach Resort ⑳, ☎ 077-232 451, 🖳 www.thaihousebeach-resort.com, [6308]. Komfortable Bungalows am Strand und im Garten. Günstigere Zimmer im Hotelkomplex. Schöner Pool mit Jacuzzi und Kinderbecken. ❽

The Buddy Oriental Samui Resort ⑩, ☎ 077-458 560, 🖳 www.buddysamui.com, [6309]. Eine eigene Welt für sich. Neben schönen Zimmern mit allem Komfort gibt es einen Schneider, einen irischen Pub, Massage, ein Coffee World, Mamas Burger und sogar einen Kindergarten. Ein Pool im Hotelbereich, ein großer Pool direkt über der Straße mit Strandblick auf den „Buddy Beach". Viele asiatische Gäste. ❽

ESSEN

Es gibt jede Menge Restaurants und Straßenküchen. An ausländischen Küchen dominiert eindeutig die Pizzeria. Viele Thai-Restaurants bieten neben typischer Thai-Küche (oftmals auf europäische Gaumen abgestimmt) Nudeln, Burger, Steaks und Pommes. Kleine Garküchen bieten Gegrilltes und Som Tam (Papaya-Salat). Neben den offenen runden Bars werden abends einige Stände aufgebaut. Hier gibt es Thai-Küche, Obst und Pancakes. Wem es nach Hamburger gelüstet, findet ein McDonald's mit Allerweltsburgern und Pommes. Viele Restaurants, vor allem hinter dem zentralen Strandabschnitt, locken mit frischem Fisch, Krabben und Muscheln.

BBQ-Restaurant, Ecke Beach Rd., Ring Rd. Hier kann man sich jeden Tag für wenig Geld am leckeren *all you can eat*-BBQ sattessen. ⏲ 17–1 Uhr.

Big Wave und **Mr. Phu's BBQ Fish**, beide Lokale bieten beste Auswahl an frischem Fisch, in dem einen sitzt man auf Plastikstühlen, Big Wave hat auf Holzstühle umgerüstet. Zur Abendzeit immer voll besetzt. Prompter und guter Service. ⏲ 17–23 Uhr.

El Dorado, Schwedisches und andere westliche Speisen, daneben Gerichte aus der Thai-Küche. Mi beliebter Grillabend. Billard. ⏲ 11–23 Uhr.

Flower Paradise, ☎ 077-418 059, 🖳 www.samuiroestiland.com. Für diejenigen, die im Urlaub auch mal Lust auf Schweizer Küche haben, eine feine Adresse. Vermieten auch einige orangefarbene Steinbungalows ohne direkten Strandzugang. ❹ ⏲ 11–22 Uhr.

Harry's, günstig, große Portionen und sehr lecker: Thai-Küche und große Frühstücksauswahl. Man sitzt auf einfachen Stühlen unter Neonlicht. Schnelle und freundliche Bedienung. ⏲ 7.30–22 Uhr.

Imchai Thai Food, neben Island Books an der Ringstraße. Einfaches Thai-Restaurant mit guter günstiger Thai-Küche. Große Portionen, sehr nette Leute. Nur Kaffee und Softdrinks. ⏲ 11–21.30 Uhr.

Isan Food, typisches Thai-Restaurant mit Gerichten aus dem Nordosten. Keine englische Karte, aber die Besitzerin spricht englisch. Es gibt das, was gerade frisch und vorrätig ist. Nur Softdrinks. ⏲ 12–21 Uhr.

Koh Kaew, an der Ringstraße Abzweigung zu den Großelternfelsen. Kleines Thai-Restaurant mit originaler Küche. Es gibt aber auch Burger und Pommes. ⏲ 10–22 Uhr.

Live India, ☎ 081-536 6727. Seit Jahren beliebter Inder an der Strandstraße. Günstige Set-Menüs für 2 Pers. ab 450 Baht. Lieferservice. ⏲ 11–23.30 Uhr.

€ **Ninja Crêpes Restaurant**, große Auswahl an Pancakes, daneben zahlreiche Thai-Gerichte. Günstig und lecker. Nachteil: Das Restaurant liegt an der recht befahrenen Ringstraße. Gegenüber im Garten werden bei

Ninjas Place, 160/11 Moo 4, ☎ 077-230 383, ✉ ninjasamui@yahoo.com, [8662], angenehme AC-Bungalows vermietet. Alle aus Stein, mit TV, Safe, Moskitonetz und WLAN. Pool. ❹ ⏲ 11–21 Uhr.

Sala Thai, thailändische Küche und europäische Gerichte. Nicht gerade die billigste Küche, aber seit Jahren beliebt. Gutes Seafood. ⏲ 11–23 Uhr.

Will Wait Bakery & Restaurant, gutes Frühstück und riesige Speisekarte: Thai, deutsch, international. WLAN-Zone. ⏲ 7.30–23 Uhr.

DIE INSELN IM GOLF

UNTERHALTUNG

An der Hauptstraße und den zwei Stich- und Nebenstraßen liegen die meisten Bars. Etwa die Hälfte der Bars entlang der abendlichen Flaniermeile hat weiblichen Überhang. Die Go-go-Bars konzentrieren sich an den Variety Bars, auch hinter dem McDonald's und in den Seitenstraßen der Hauptstraße gibt es zahlreiche Bars. Für alle Restaurants, Kneipen und Bars gilt die Polizeistunde um 2 Uhr.

Backstage Rockbar, begeistert seine Gäste mit Rockmusik. Kris aus Schweden sorgt seit Jahren für eine angenehme Atmosphäre.

Beach Republic, ℡ 077-458 100, 🖳 www. beachrepublic.com. Stylischer und teurer Club mit Restaurant und Pool an einem kleinen privaten Strandabschnitt. Hier kann man auch wohnen (Pool-Villen, Suiten, ❽). Wer sich hier nur sonnt, zahlt 1000 Baht am Tag (der Betrag wird jedoch mit dem Verzehr verrechnet). Jeden So Brunch von 11.30–15.30 Uhr – dazu legt ein DJ bis Sonnenuntergang auf. Mi asiatisches Buffet von 19–22 Uhr.

Fusion, Bar und Disco für Nachtschwärmer, gegenüber Variety Bars. ⏲ 21.30–2 Uhr.

Kokila Bar und Restaurant, kleine nette Bar mit Billard und Großbildschirm. Oft wird abends gemeinsam ein Film angeschaut. WLAN-Zone. ⏲ 14–24 Uhr.

Lava Lounge, Wohlfühl-Cocktailbar mit loungiger Musik in der Straße zum Strand. Gut besucht ab 22 Uhr von den hier arbeitenden Ausländern. ⏲ 16–2 Uhr.

The Outback, Treffpunkt für Jung und Alt, auf englisches Publikum ausgerichtet. Billard und Fußballübertragungen. ⏲ 8–2 Uhr.

AKTIVITÄTEN

Schwimmen

Coco Splash Waterpark & Restaurant, ℡ 081-082 6035, 🖳 www.samuiwaterpark.com. 2 Schwimmbäder mit Wasserrutschen, ideal für Kinder. Auch Kinderschwimmkurse im Angebot. Eintritt 450 Baht, Kinder zahlen je nach Größe weniger, Familienpass 1300 Baht. ⏲ 10.30–17.30 Uhr, Mo Ruhetag.

Tauchen

Easy Divers, ℡ 077-231 190, 🖳 www. easydivers-thailand.com. An der Ringstraße gibt es eine große Basis dieser Tauchschule. PADI-Tauchkurse sowie Tauchausflüge.

Lamai Scuba Divers, 128/70 Lamai Beach Rd., ℡ 077-458 302, 🖳 www.lamaiscubadivers.com. Tauchausflüge und Tauchkurse für Anfänger bis hin zum Divemaster. ⏲ 10–22 Uhr.

Thai-Boxen und Fitness

Thai-Boxkämpfe finden Sa abends im Boxring neben den runden offenen Bars statt. Neben Männern kämpfen hier auch Frauen. Wer selbst Boxen lernen will, geht meist ins **Lamai Muay Thai Camp,** ℡ 077-418 430, 🖳 www.lamai muaythaicamp.com. Für 250 Baht pro Tag kann zwischen 7 und 9 sowie 17 und 19 Uhr trainiert werden. Im Preis inkl. ist die Nutzung des gegenüberliegenden **Lamai Fitness Centers**. Auch Privatstunden möglich. Günstige Unterkünfte sind vorhanden ❷.

Im **Ultra Bodies Fitness-Gym** im Osten Lamais trainieren ab 8 Uhr morgens bis in den Abend die Muskeljungs auf Urlaub. 170 Baht, 10er-Karte 1300 Baht. Im Camp selbst gibt es ebenfalls ein paar Geräte.

Wellness

New Leaf Detox Resort, ℡ 077-960 520, 🖳 www.newleafdetoxresort.com, [3387]. 3- bis 28-tägige Fasten- und Entgiftungskuren. Direkt neben dem Fluss schöne, weit auseinanderstehende Holzhütten in einer grünen Gartenanlage. Ventilator oder AC, Kühlschrank, TV. Kleiner Pool. Nur für Detox-Gäste. ❸–❹

Tamarind Springs, ℡ 077-424 221, 🖳 www. tamarindsprings.com, [7764]. Kräutersauna in den Felsen und herrlich kühlender Pool. Gute Anwendungen. Noch tropischer ist das Wald-Spa mit Sauna im Fels und natürlichen Pools zur Abkühlung. Klassische Massagen. Saftbar und Restaurant. ⏲ 11–22 Uhr. Für Gäste, die nicht nur am Tag kommen, gibt es exklusive Villen (Mindestaufenthalt 3 Tage). ❼–❽

The Spa Resort Hotel, ℡ 077-230 855, 🖳 www. thesparesorts.net, [6310]. Wellness-Oase mit erholsamen Gesundheitstherapien (Yoga, Meditation und Massage), daneben auch begleitetes Fasten, Entschlackungen und Schulung in natürlicher gesunder Ernährung. Übernachtung in netten kleinen Bungalows um den Pool und teils mit Meerblick oder in Zimmern im Haupthaus möglich (aber kein Muss!). Alle mit AC und Safe. Preisgekröntes Restaurant **The Radiance**. ❹–❺

Yoga

Atma Jnana Yoga, ✆ 080-435 1563, 🖥 www. atmajnanayoga.com. Yoga und Balance Yoga mit Ball. 3 Kurse tgl. Morgens zwischen 9 und 11 Uhr, nachmittags ab 17 Uhr. Fr Ruhetag. Ab 400 Baht, 10er-Karte ab 2500 Baht.

SONSTIGES

Autovermietungen, Motorrad- und Fahrradverleih

Motorräder gibt es bei den meisten Resorts oder in den Reisebüros und Restaurants, ab 150 Baht. Mountainbikes (200 Baht pro Tag) zur Ausleihe findet man bei **Mountain Bicycles**, 127/77 Moo 3, ✆ 087-382 6178, 🖂 mountainbicycle@hotmail.com, kurz vor dem Lamai Post Office. Autos und Jeeps werden ebenfalls entlang der Straße und in vielen Resorts vermietet. Eine **Warnung für Selbstfahrer**: Die Strandstraße ist eine Einbahnstraße in Nord-Süd-Richtung, auch wenn sich viele nicht daran halten!

Bücher

Island Books, Kauf, Verkauf und Buchverleih. Englisch, deutsch, holländisch; diverse Genres. In entspannter Atmosphäre bekommt man hier auch einen Kaffee oder ein Bier. ⏰ 9–20 Uhr.

TRANSPORT

Mit dem **Songthaew** ab Nathon 60 Baht. Wer nach 18 Uhr mit dem Boot ankommt, muss meist ein Taxi nehmen. Songthaew fahren den ganzen Tag bis etwa 19 Uhr, mal Richtung Nathon, mal Richtung Chaweng. Wer zum Big Buddha (40 Baht) oder Fisherman's Village (30 Baht) will, steigt an der Abfahrt zur Beach Rd./Hat Chaweng (50 Baht) um.
Die meisten Reisebüros verkaufen Tickets für die Weiterfahrt; vielfach ist der Transport ab Hotel/Anlage enthalten.

Die Südküste

Das traditionelle moslemische Fischerdorf **Hua Thanon** mit einem kleinen Markt liegt an der Hauptstraße. Markenzeichen sind die alten zwei- bis dreigeschossigen Holzhäuser, die als Läden, Werkstätten und Wohnräume dienen. Die Öffnungen unter den Dächern und Geschossdecken sorgen für eine natürliche Ventilation und sind oft noch mit kunstvollen Schnitzereien verziert. Die großen Dächer und weit überdachten Veranden bieten Schutz gegen Sonne und Monsunregen. Es folgt etwas abseits gelegen der kleine Strand **Na Khai Cove**, der außer einigen guten Unterkünften keinerlei Attraktionen zu bieten hat. Jenseits des 135 m hohen Hügels **Khao Tale** erstreckt sich die flache **Ao Bang Kao** (17 km von Nathon), an deren Küste sich ein mehrere hundert Meter langes Riff entlangzieht. Der Strand ist wenig einladend, doch manch ein Schnorchler geht bei hohem Wasserstand ins Meer, um die bunte Korallenlandschaft zu erkunden.

An der schmalsten Stelle zwischen dem Meer und der Straße ruht das Dorf **Thong Krut**. Die Gegend ist verschlafen, der Strand dient Fischern als Ankerplatz. Von dieser flachen Sandbucht fahren mehrere Boote ins Katen-Archipel.

Etwa 15 km von Nathon verbirgt sich unter Palmen und schattigen Laubbäumen die **Ao Pangka**. Hier wohnen Fischer und Feriengäste, Letztere in der günstigen Bungalowanlage Emerald oder in den hier errichteten Privatvillen. Das Wasser erreicht auch bei Flut höchstens Brusttiefe und eignet sich zum Baden und Kajakfahren.

ÜBERNACHTUNG

Untere und mittlere Preisklasse

Emerald Cove Resort ⑨, Ao Phangka, ✆ 077-334 100, 🖂 wesinac@hotmail.com, [7767]. Günstigste Anlage der Bucht mit den unterschiedlichsten etwas in die Jahre gekommenen Bungalows mit AC oder Ventilator, direkt am schönen Strand. Manche mit Kühlschrank. Alle sauber, gefliest und recht gut ausgestattet. Ruhig und familiär. ❶–❸
Jinta Beach Bungalow ⑫, Hat Thong Tanot, ✆ 077-420 630, 🖥 www.jintasamui.com, [7768].

DIE INSELN IM GOLF

Die Boote ins Katen-Archipel starten von Thong Krut. Die Schnorchel- und Fischfangtouren für bis zu 8 Pers. dauern meist 4 bis 5 Std. Angesteuert werden oft die vorgelagerten Inseln.

Ko Katen (auch **Ko Taen**) liegt nur wenige Kilometer vor Ko Samui, ist etwa 7,5 km² groß und Heimat von etwa 70 Menschen. Das Besondere: Auf der Insel leben keine Hunde. Die Legende berichtet, dass die hier in großer Population vorkommenden Katzen die Hunde mit einem Fluch belegen, sodass diese sofort versterben, sobald sie die Insel betreten. Schnorchler kommen vor allem am Nordende und im Osten auf ihre Kosten. Es gibt einen Lotusteich, Mangrovenwälder und eine Fledermaushöhle.

Man kann fernab vom Touristenstrom direkt am Strand in 5 einfachen, mit je 2 Betten möblierten Ventilator-Bungalows von **Coral Beach Bungalows**, ✆ 086-278 2324, [8688], wohnen, ❹. Das zugehörige Restaurant ist um die Mittagszeit von Tagesausflüglern belegt. Bei Ebbe liegen viele abgestorbene Korallen am Strand. Teilnehmer an organisierten Touren übernachten meist im **Ban Ko Taen**, das Steinbungalows mit Ventilator bereithält, ❷.

Viele Ausflügler fahren weiter zur unbewohnten **Ko Mat Sum**. Hier kann man prima schwimmen; die weißen, teils mit Kies durchsetzten Strände sind mit zahlreichen Muscheln bedeckt. Vorsichtshalber sollte man Schuhe anziehen. Neben den Stränden ist es aber vor allem die intakte Unterwasserwelt dieser Inseln, die einen Besuch lohnt. Zumindest wenn die Strömung eine gute Sicht erlaubt, kann man hier wunderbar schnorcheln. Die Insel **Ko Rab** ist ebenfalls unbewohnt und lockt mit hellweißem Sandstrand.

Großzügig auf einem etwas kargen Gelände verteilte Bungalows mit Ventilator oder AC, Panoramafenster, TV, Warmwasser und Moskitonetz. Familiäre Atmosphäre, ruhig. Kleiner Pool. Internet. Der Strand vor der Anlage wird nicht gereinigt. Inkl. Frühstück. ❸–❺

Phangka Paradise Resort ⑧, ✆ 077-334 207, 🖥 www.phangkaparadiseresort.com, [7769]. Geräumige Steinbungalows mit Holzfußböden und schönen Möbeln. AC, TV, Minibar und Safe. Kleiner Pool. Großer Garten. WLAN. ❺–❻

Obere Preisklasse

Banburee Resort & Spa ⑬, Hat Laem Set, ✆ 077-429 600, 🖥 www.banbureeresort.com, [7770]. Großzügige Bungalows im Thai-Stil und ein 2-stöckiges Gebäude mit günstigeren Zimmern im großen Garten. Pool mit Jacuzzi am Strand. Wenig Schatten. Hochwertige Spa-Anwendungen. 2x tgl. Shuttle nach Lamai und Chaweng. Bei Flut nur ein kleiner Sandstreifen. WLAN. ❻–❼

Centara Coconut Beach Resort ⑪, Hat Thong Tanot, ✆ 077-334 069, 🖥 www.centarahotels resorts.com, [7772]. Zimmer in ruhiger Lage im Haus rechts und links an einem 20 m langen Pool. Richtung Strand großzügige Bungalows. Moderne Einrichtung. Ein Pool am Strand. Shuttle Bus nach Chaweng, Lamai und Nathon. Inkl. Fahrrad- und Kajakverleih. Fitnessraum. WLAN. ❼–❽

Centara Villas Samui ⑭, Hat Thien, ✆ 077-424 020, 🖥 www.centarahotelsresorts.com, [7771]. Große Anlage mit in den Hang gebauten Bungalows und Villen im Thai-Stil, teils mit eigenem Pool oder Jacuzzi auf der Terrasse. Pool am Strand und 2 weitere Pools im Hang. Tauchcenter. Schöner pudriger Privatstrand. ❽

Elements Boutique Resort & Spa ⑩, ✆ 077-914 678, 🖥 www.elements-koh-samui.com, [8690]. Kleine exquisite Anlage mit Zimmern im 2-stöckigen Gebäude. Frischwasserpool ohne Chlor oder andere Zusätze. Das Brauchwasser wird aufbereitet und zur Gartenbewässerung genutzt. Großer Fitnessraum, Sauna und Dampfbad. Inkl. Yogastunden am Morgen, Mountainbikes und Kajaks. Hervorragendes Restaurant. Mi Thai-Tanz, Fr BBQ. ❽

DIE INSELN IM GOLF

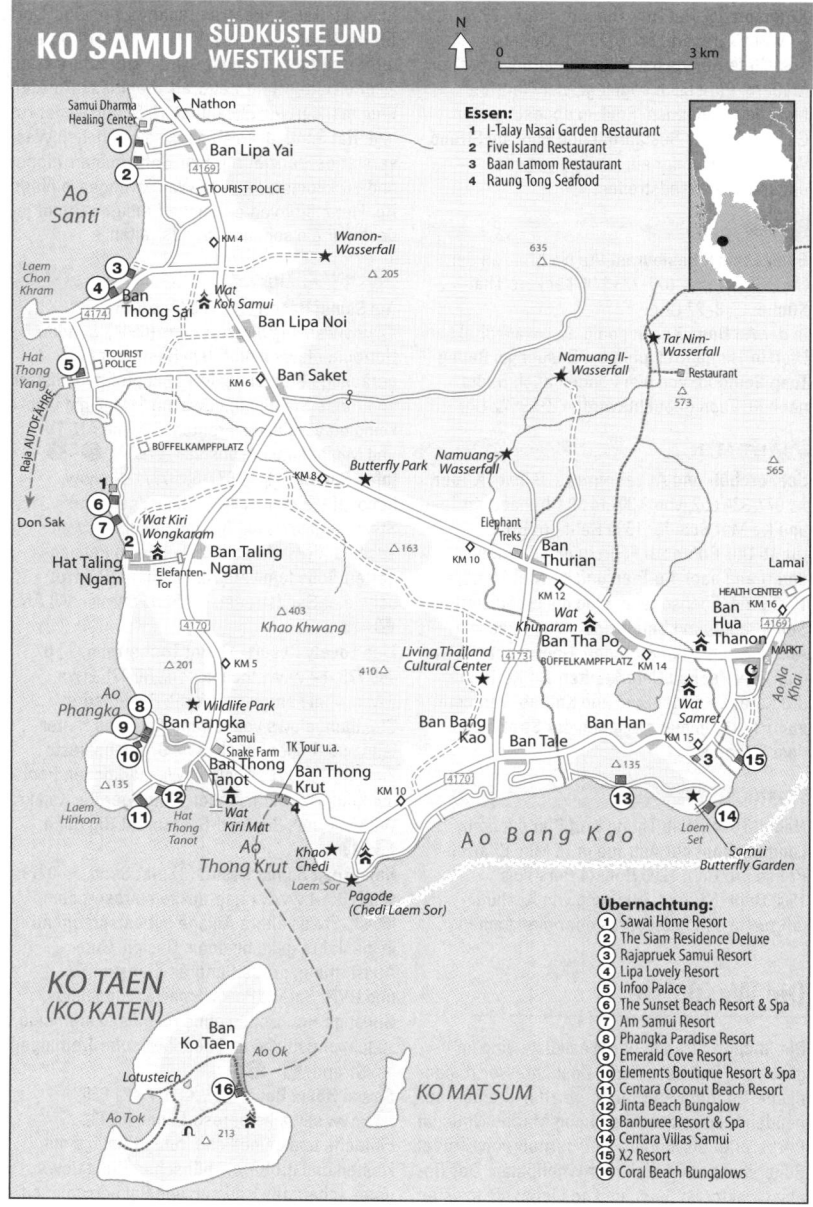

KO SAMUI SÜDKÜSTE UND WESTKÜSTE

N

0   3 km

Essen:
1 I-Talay Nasai Garden Restaurant
2 Five Island Restaurant
3 Baan Lamom Restaurant
4 Raung Tong Seafood

Samui Dharma Healing Center

Nathon

(1)
(2)

Ban Lipa Yai

4169

TOURIST POLICE

Ao Santi

KM 4

Wanon-Wasserfall

△ 205

635

(3)

Laem Chon Khram

(4)

Ban Thong Sai

Wat Koh Samui

Ban Lipa Noi

4174

Hat Thong Yang

(5)

TOURIST POLICE

Ban Saket

KM 6

Namuang II-Wasserfall

Tar Nim-Wasserfall

Restaurant

△ 573

Raja AUTOFÄHRE

↓ Don Sak

BÜFFELKAMPFPLATZ

Butterfly Park

KM 8

Namuang-Wasserfall

△ 565

1

(6)
(7)

2

Wat Kiri Wongkaram

Elephant Treks

Hat Taling Ngam

Elefanten-Tor

Ban Taling Ngam

△ 163

KM 10

Ban Thurian

KM 12

Lamai

HEALTH CENTER

Ban Hua Thanon

KM 16

4169

Ao Na Khai

MARKT

Wat Khuparam

Ban Tha Po

4173

BÜFFELKAMPFPLATZ

KM 14

4170

△ 403

Khao Khwang

Living Thailand Cultural Center

△ 201

KM 5

410 △

Ao Phangka

(8)

★ *Wildlife Park*

Ban Bang Kao

Ban Tale

Ban Han

Wat Samret

KM 15

(9)

Ban Pangka

Samui Snake Farm

TK Tour u.a.

(10)

Ban Thong Tanot

Ban Thong Krut

KM 10

4170

(3)

(15)

△ 135

(12)

4

△ 135

(13)

(14)

Laem Set

(11)

Laem Hinkom

Hat Thong Tanot

Wat Kiri Mat

Ao Thong Krut

Khao Chedi ★

Laem Sor

Ao Bang Kao

Samui Butterfly Garden

Pagode (Chedi Laem Sor)

KO TAEN (KO KATEN)

Ban Ko Taen

Ao Ok

Lotusteich

(16)

Ao Tok

△ 213

KO MAT SUM

Übernachtung:
(1) Sawai Home Resort
(2) The Siam Residence Deluxe
(3) Rajapruek Samui Resort
(4) Lipa Lovely Resort
(5) Infoo Palace
(6) The Sunset Beach Resort & Spa
(7) Am Samui Resort
(8) Phangka Paradise Resort
(9) Emerald Cove Resort
(10) Elements Boutique Resort & Spa
(11) Centara Coconut Beach Resort
(12) Jinta Beach Bungalow
(13) Banburee Resort & Spa
(14) Centara Villas Samui
(15) X2 Resort
(16) Coral Beach Bungalows

DIE INSELN IM GOLF

X2 Resort ⑮, Hat Hua Thanon, ☎ 077-233 033, 🖥 www.x2resorts.com, [7773]. Modern gestaltete Anlage mit Villen hinter unverputzten Mauern. Puristisch angelegt, viel Platz und fast alle mit eigenem Pool im abgeschirmten Garten. Großes Restaurant und Pool am Strand. WLAN. Bei Flut nur ein winziger, etwas ungepflegter Sandstreifen. ❽

Baan Lamom Restaurant, Ao Na Khai, an der Hauptstraße, ☎ 077-233 146. Leckere Thai-Küche. 🕐 8–22 Uhr.
In der **Ao Bang Kao** liegen gute Lokale direkt am Ufer. In Thong Krut lohnt ein Besuch im **Raung Tong Seafood**. Von hier können auch Boote nach Ko Taen gebucht werden. 🕐 9–22 Uhr.

Schnorchel- und Angeltouren z. B. mit **TK Tour**, ☎ 077-334 052, von 9.30–14.30 Uhr nach Ko Taen und Ko Mat Sum für 1500 Baht pro Boot. Um 15 Uhr Boote zur Fahrt in den Sonnen-untergang nach Ko Taen und Ko Mat Sum für 1500 Baht. Ebenso teuer sind die organisierten Schnorchel- und **Kajaktrips**. Alle Preise inkl. Abholung von den Stränden. Übernachten kann man in einfachen Unterkünften auf Ko Taen (Ko Katen), Ko Mat Sum und Ko Rab. Vermietet auch 3 AC-Zimmer zwischen der Straße und dem Strand ❺.

Nach KO TAEN ab Thong Krut Pier mit dem **Longtail-Boot** auf Anfrage in 15 Min. Charter-Preise pro Boot 1200 Baht (4 Pers.) bis 1500 Baht (6 Pers.). Buchung von Ausflugs-fahrten in den Reisebüros oder direkt am Pier.

Die Westküste

Die flachen Strände der Westküste sind im Ver-gleich zur Ostküste wenig besucht. Wer roman-tische Sonnenuntergänge vor der atembe-raubenden Kulisse des Ang Thong Marine National Parks erleben möchte und fernab vom Trubel Ruhe sucht, wird sich hier wohlfühlen. Der Ro-mantikfaktor ist hoch, und so bieten die meisten Resorts Hochzeitsarrangements an. Das Dorf **Taling Ngam** ist etwa 10 km von Nathon ent-fernt und besteht noch immer aus zahlreichen Fischerhütten und neueren Steinhäusern (den Weg markiert ein Elefantentor). Schön ist der ru-hige **Hat Santi**, der sich dank seines hohen Was-serstands ganzjährig zum Schwimmen eignet und zu kilometerlangen Wanderungen einlädt. Bei Flut bleibt von der sichelförmigen Bucht je-doch nur ein schmaler Sandstreifen.

Am Samui Resort ⑦, ☎ 077-235 165, 🖥 www.amsamuiresort.com, [6544]. Schöne Holzbungalows hinter dem Restaurant, geräumige Steinbungalows mit großen Fenstern und runde Steinbungalows am Strand mit fast komplett verglasten Fronten. Alle mit AC, TV und Minibar. Inkl. Frühstück. WLAN. ❺–❽
Infoo Palace ⑤, ☎ 077-485 777, 🖥 www. infoopalace.com, [6546]. Kleine, gefliste Steinbungalows mit AC und Ventilator, weit auseinanderstehend in 2 Reihen im Palmen-garten. Tolle familiäre Atmosphäre. Bei Flut schmaler Sandstreifen. Neben Fährpier. WLAN. ❷–❸
Lipa Lovely Resort ④, Hat Thong Yang, ☎ 077-485 775, 🖥 www.thelipa.com, [6547]. Etwa 5 Min. vom Fährpier entfernt. Recht teure Steinbungalows vom Strand Richtung Hinter-land und Reihenbungalows. Große gefliste Zimmer, TV, DVD, Minibar, Wasserkocher. Pool mit Kinderbereich. Kinder-Klettergeräte. Kajaks. WLAN. Gutes Seafood-Restaurant **Big John**. ❻–❽
Rajaprueck Samui Resort ③, Hat Santi, ☎ 077-485 780, 🖥 www.rajaprueksamuiresort.com, [6548]. Etwas ältere Anlage mit entsprechend in die Jahre gekommenem Design. Gute Ausstattung, große Panoramafenster. TV und DVD, Safe. 2 Pools. Familienbungalows. Günstige Hochzeiten ohne religiöse Zeremonie, zudem christliche und buddhistische Trauungen am Strand. ❺–❼
Sawai Home Resort ①, ☎ 077-421 635, 🖥 www.sawaihomeresort.com, [6543]. Einfache und gemütliche, ruhige Anlage mit kleinen und größeren, hübschen Bungalows unter schattigen Bäumen und Palmen gelegen.

© A. MARKAND

Longtailboote sind ein beliebtes und bewährtes Fortbewegungsmittel im Süden Thailands.

Einfache Holzmatten-Bungalows im hinteren Bereich mit Ventilator. Am Strand 2 Reihen Steinbungalows mit Ventilator oder AC, mit Kühlschrank und TV. WLAN. ❷–❸

The Siam Residence Deluxe ②, Hat Santi, ✆ 077-420 008, ⌨ www.siamresidence.com, [6550]. Schönes Resort mit 9 attraktiven, freistehenden Villen, alle mit Whirlpool und sehr viel Platz. Einrichtung im Thai-Stil, separates Schlafzimmer, Marmorbad, Ankleideraum mit Safe, TV, DVD-Player, Stereoanlage. Großer Pool. ❼–❽

The Sunset Beach Resort & Spa ⑥, ✆ 077-428 200, ⌨ www.thesunbeachresort.com, [6545]. Luxuriöse Zimmer in 2-stöckigen Gebäuden. Offene Bäder und Whirlpool direkt hinter dem Bett. Große Villen mit eigenem kleinen Garten und Pool. Sauna. Spa. Großer Pool. Kajak und Jetski am Strand. Fitnessraum im Hang gegenüber mit toller Aussicht. WLAN. ❽

I-Talay Nasai Garden Restaurant, ✆ 081-721 3683. Direkt am Strand wird im strohgedeckten, offenen Restaurant frisches Seafood und Thai-Küche serviert. Ebenso ein

paar westliche Gerichte. Gegessen wird an Bambustischen mit kleinem Dach unter Palmen. ⏰ 10–21 Uhr.

Touren
Das **Five Island Restaurant**, ✆ 081-537 5886 (für Ausflüge), ✆ 077-415 359 (Restaurant), ⌨ www.thefiveislands.com, [8696], bietet Ausflüge zu den 5 unbewohnten vorgelagerten Inseln. Angelandet wird nicht, da dies verboten ist (nur Vögel und Menschen, die die Vogelnester waghalsig aus den Felsen ernten, haben Zutritt). Der Ausflug beinhaltet Schnorchelausrüstung und ein Essen im Restaurant.

Wellness
Samui Dharma Healing Center, ✆ 077-234 170, ⌨ www.dharmahealingintl.com. Fastenprogramme zur Entschlackung und Entgiftung. Meditation, Yoga und vieles mehr. Aktuelle Programme auf der Website. Die 3- bis 21-tägigen Kurse finden in den **Soonthon Bungalows** statt, ✆ 077-485 680, [8693]. Übernachtet wird dort in einfachen, geräumigen Holzbungalows am Strand und unter Bäumen. ❸–❹

SURAT THANI (Don Sak), vom Lipa Noi Pier mit der Autofähre von Raja Ferry stdl. Zwischen 5 und 18 Uhr für 150 Baht in 1 1/2 Std., 240 Baht inkl. Transport zum Bahnhof oder Flughafen. BANGKOK, VIP-Busse um 7.30, 15.30, 16.30 und 17.30 Uhr. Infos unter ☎ 077-421 125 (Nathon). 1066 Baht inkl. Fähre. AC-Busse 2. Kl. gleiche Zeiten, zusätzlich 13.30 Uhr, 608 Baht inkl. Fähre.

Ang Thong Marine National Park

Der 40 Inseln umfassende Archipel befindet sich nordwestlich von Ko Samui und südwestlich von Ko Pha Ngan. Der Park ist ein Naturreservat, und ein Ausflug lohnt wegen der zahlreichen (nahezu) unberührten Unter- und Überwasserwelten. Man kann die Inseln mit dem Kajak erkunden, an den Küsten schnorcheln und tauchen oder im Landesinneren wandern. Es ist möglich, den Marine Park auf einem Tagesausflug zu besuchen; wer länger bleiben will, kann eine Übernachtung auf einem Tauchboot arrangieren oder in einer Anlage nächtigen.

Die meistbesuchten Inseln sind Wua Talap und **Ko Mae**. Letztere lockt mit dem grün schimmernden Thale Noi, dem Salzwassersee, der Blue Lagoon oder auch Emerald Lake genannt wird. Man erreicht dieses Naturwunder über einen schmalen Pfad. Schwimmen ist hier untersagt. Auf **Wua Talap** wartet der **Utthayan-Berg** auf Wanderer. Der freie Blick über die Inseln und das funkelnde Meer ist Lohn für alle Mühen des Aufstieges. Da man hier wohnen kann, gibt es auch ein Restaurant.

Auf der Insel Wua Talap kann man in den **Park-Bungalows** übernachten, wahlweise auch im **Zelt**. Arrangiert wird dies bei der Buchung der Tour. Persönliche Anfragen unter ☎ 025-620 760 (Bungalows) oder 077-286 588 (Zelt). Kajakverleih möglich. Die Rückkehr muss vorgebucht werden, ansonsten sitzt man ggf. unbefugt im Nationalpark fest. Die Anlage ist von Nov bis Heiligabend geschl. ❹

Ab Samui und Pha Ngan Tagestouren zu den Inseln Ko Mae und Wua Talap. Einige Leser schwärmen, andere beklagen sich über diese recht touristische Tour. **Phangan Cruise** bietet ein Ausflugspaket für 1600 Baht, Kinder 850 Baht, inkl. Schnochelausrüstung, Mittagessen und Nationalparkgebühr. Abfahrt von den Anlagen um 7.30, Rückkehr um 16.30 Uhr. Tagesausflüge auch mit **Lomprayah**, Mo, Mi, Fr von 9–16 Uhr für 1800 Baht (inkl. Essen, Getränke, Parkeintritt, Kajak- und Schnorchelausrüstung).

Eine Tour mit dem Kajak zu den Höhlen der Inseln Ko Wao und Ko Tungku organisiert **Blue Stars**, Chaweng, Samui, ☎ 077-413 231, 🖥 www.bluestars.info. In der Hochsaison ab Weihnachten bis in den August unter sachkundiger Führung. Tagestrip ab 2000 Baht, mit Übernachtung knapp 5000 Baht, Kinder zahlen etwa 40 % weniger. 10 % Rabatt bei Direktbuchungen. Anfahrt aus Samui mit dem Schnellboot.

Kajak- und Schnorcheltouren organisiert auch **Samui Island Tour**, ☎ 077-421 506, 🖥 www. samui-islandtour.com. Die Kajaktouren sind geführt und ermöglichen die Erkundung der Buchten rund um den Ang Thong National Marine Park. Schnorcheltouren kosten ab 1300 Baht (Kinder 700 Baht), Kajaktouren ab 1850 Baht (Kinder 1000 Baht). Auch der Anbieter **Sea Canoe**, ☎ 077-230 484, hat geführte Paddeltouren im National Marine Park im Angebot.

Die südliche Golfküste

Stefan Loose Traveltipps

Khanom und Sichon Lange und einsame Strände warten abseits der Touristenpfade und ziehen das ruhesuchende Publikum an. S. 493

Nakhon Si Thammarat Fernab der Touristenströme im religiösen Zentrum der Region stehen einige der ältesten Tempel des Südens. S. 497

Thale Noi-See Wenn die Seerosen blühen und Tausende Zugvögel kommen, begeistert der See Naturfreunde. S. 504

Songkhla In diese ruhige Stadt verirren sich nur selten Touristen. Der Stadtstrand bietet Entspannung, und die Meerjungfrau lächelt dazu. S. 505

Hat Yai Die geschäftige Großstadt ist das Sprungbrett nach Malaysia. S. 508

Die südliche Golfküste zählt zu den weniger besuchten Regionen Thailands. Das verdankt sie dem Fehlen herausragender Sehenswürdigkeiten und macht sie umso interessanter für Entdecker, die sich etwas abseits der ausgetretenen Pfade bewegen möchten. Auch Ruhesuchende kommen hier auf ihre Kosten.

Die beiden Hauptverkehrsknotenpunkte sind Surat Thani und Hat Yai. Beide Städte sind alles andere als beschaulich. Surat Thani lädt nicht gerade zu einem längeren Aufenthalt ein, doch in Hat Yai kann man durchaus einen interessanten (Einkaufs-)Tag verbringen und zudem gut essen.

Strandliebhaber können östlich von Surat Thani bei Khanom und Sichon auf die Suche nach ihrem ganz persönlichen Paradies gehen – wer sucht, findet hier noch wunderschöne, einsame Strandabschnitte. Im Hinterland laden Berge und Wasserfälle zu Erkundungstouren ein.

In Nakhon Si Thammarat werden Tempelfreunde glücklich: Hier stehen einige der bedeutendsten Anlagen des Südens. Die Stadt blickt auf eine lange Geschichte zurück, und es werden noch alte Traditionen gepflegt, die anderswo längst ausgestorben sind, wie z. B. die des Schattenspiels.

Ein Ziel für Naturliebhaber ist der Thale Noi-See, der sich über 80 km entlang der Küste erstreckt. Besonders Vogelfreunde kommen hier auf ihre Kosten und können von Phattalung aus zu spannenden Exkursionen aufbrechen.

Chaiya

Vom 8. bis ins 13. Jh. war das heutige Südthailand Teil eines mächtigen Imperiums, des Srivijaya-Reichs, das neben Südthailand auch Indonesien und Malaysia umfasste. Einige Forscher versteigen sich in die Behauptung, dass die kleine, unauffällige Stadt Chaiya, etwa 55 km nördlich von Surat Thani, einst Hauptstadt dieses Reichs gewesen sei – Begründung: Die Namen klängen ähnlich. Wahrscheinlicher ist jedoch, dass das Reich von Sumatra aus regiert wurde.

Immerhin wurden in Chaiya wertvolle Zeugnisse aus dieser Zeit gefunden. Im kleinen **Chaiya National Museum**, Raksanorakit Road, ☎ 077-431 066, sind Beispiele zu sehen. Die ältesten Exemplare gehen bis ins 6. Jh. zurück. Die meisten ausgestellten Stücke sind Nachbildungen; die Originale stehen in Bangkok im Nationalmuseum, ⏰ Mi–So 9–16 Uhr, Eintritt 30 Baht. Nahe dem Museum liegt das **Wat Phra Boromathat**, dessen ehemaligem Abt Phrakhru Sophonjetasikaram ein Großteil der Sammlung zu verdanken ist.

Das Zentrum von Chaiya besteht aus der Hauptstraße, die in Ost-West-Richtung verläuft, und den beiden, sie kreuzenden Parallelstraßen Chawananun Road und Vichitpukdee Road. Diese beiden Straßen sind gesäumt von niedrigen alten Holzhäusern mit kleinen Geschäften im Erdgeschoss.

So uninteressant Chaiya für die meisten Touristen ist, so bedeutend ist es für alle, die sich mit dem Buddhismus beschäftigen. Das **Wat Suan Moke** (Kurzform für: Wat Suan Mokkhaphalaram) zieht seit vielen Jahren Meditierende aus der ganzen Welt an. Der Abt Buddhadasa Bhikkhu (1906–93) übernahm das einfache Waldkloster im Jahre 1932 und entwickelte im Laufe der Zeit eine eigene, moderne Interpretation der klassischen Theravada-Lehre, die ihm zwar die Kritik des konservativen Klerus, aber auch viel Respekt bei den buddhistischen Laien des Landes und weltweite Beachtung einbrachte. Er diskutierte u. a. Aspekte der christlichen Lehre und anderer Religionen und machte damit vielen mit nicht buddhistischem Kanon Erzogenen den Einstieg in die Lehre des Erleuchteten leichter. Das Kloster wurde im Laufe der Jahre ausgebaut und präsentiert sich heute modern und mit viel Beton. Das große Gelände ermöglicht entspannende Spaziergänge, auch für Tagesbesucher. Das Rauschen der nahe gelegenen Schnellstraße nicht zu beachten, ist noch eine der leichteren Übungen während eines längeren Aufenthalts. Weitere Informationen unter 🖳 www.suanmokkh.org.

Udomlarp, 136/4 Mutapruke Rd., ☎ 077-431 123. An der Vichitpukdee Rd., Ecke Mutapruke Rd. ist ein Hinweisschild „Hotel" angebracht; von dort noch 40 m. Das einstöckige Holzhaus fällt zuerst ins Auge; dahinter liegt das neue 2-geschossige Gebäude. Alle sind hilfsbereit

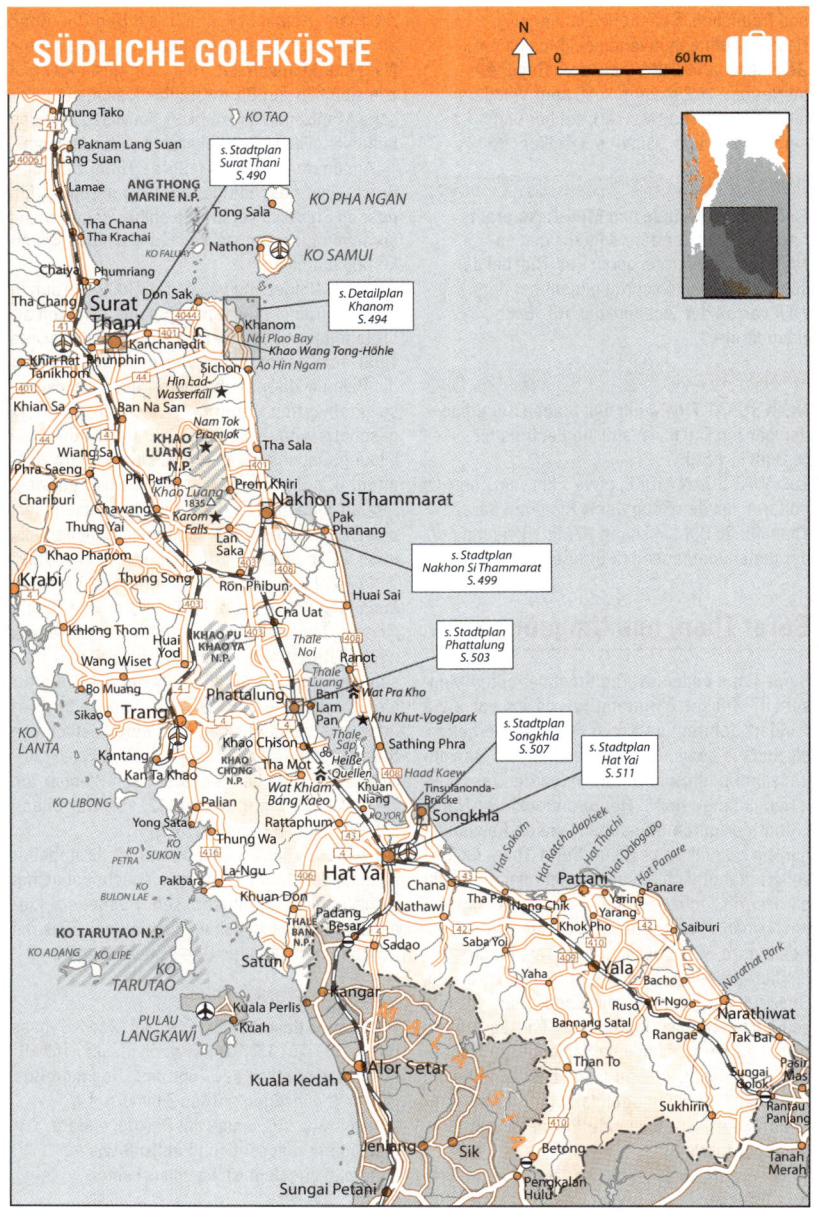

SÜDLICHE GOLFKÜSTE

N

0　　　　60 km

Thung Tako
Paknam Lang Suan
Lang Suan
Lamae
KO TAO
s. Stadtplan
Surat Thani
S. 490
ANG THONG
MARINE N.P.
Tong Sala
KO PHA NGAN
Tha Chana
Tha Krachai
KO FALUAY
Nathon
KO SAMUI
Chaiya
Phumriang
Don Sak
Tha Chang
Surat
Thani
Khanom
s. Detailplan
Khanom
S. 494
Kanchanadit
Nai Plao Bay
Khian Rat
Phunphin
Tanikhorn
Sichon
Khao Wang Tong-Höhle
Ao Hin Ngam
Hin Lad-
Wasserfall
Khian Sa
Ban Na San
Nam Tok
Promlok
Tha Sala
Wiang Sa
KHAO
LUANG
N.P.
Phi Pun
Khao Luang
1835 m
Phra Saeng
Prem Khiri
Charlburi
Chawang
Karom
Falls
Nakhon Si Thammarat
Pak
Phanang
Lan
Saka
Thung Yai
Khao Phanom
s. Stadtplan
Nakhon Si Thammarat
S. 499
Krabi
Thung Song
Rön Phibun
Huai Sai
Khlong Thom
Huai
Yod
KHAO PU
KHAO YA
N.P.
Thale
Noi
Cha Uat
s. Stadtplan
Phattalung
S. 503
Wang Wiset
Ranot
Bo Muang
Thale
Luang
Wat Pra Kho
Sikao
Trang
Phattalung
Ban
Lam
Pan
KO
LANTA
Khao Chison
Thale
Sap
Khu Khut-Vogelpark
s. Stadtplan
Songkhla
S. 507
Kantang
KHAO
CHONG
N.P.
Tha Môt
Heiße
Quellen
Sathing Phra
s. Stadtplan
Hat Yai
S. 511
Kan Ta Khao
KO LIBONG
Wat Khiam
Bang Kaeo
Khuan
Niang
Haad Kaew
Tinsulanonda-
Brücke
Palian
Yong Sata
KO
SUKON
Rattaphum
KO YOR
Songkhla
KO
PETRA
Thung Wa
Hat Sakom
Hat Ratchadaphisek
Hat Thachi
Pakbara
La-Ngu
Hat Yai
Chana
Pattani
Hat Panare
KO
BULON LAE
Khuan Don
Nathawi
Tha Pa
Nong Chik
Yaring
Hat Dalogapo
Panare
KO TARUTAO N.P.
Padang
Besar
THAI-
LAN
BAN
N.P.
Sadao
Saba Yoi
Khok Pho
Yarang
Saiburi
KO ADANG
KO LIPE
Satun
Yaha
Yala
Bacho
Narathiwat Park
PULAU
LANGKAWI
Kuala Perlis
Küah
Ruso
Yi-Ngo
Bannang Satal
Rangae
Tak Bai
Kuala Kedah
Alor Setar
Than To
Sungai
Golok
Pasir
Mas
Sukhirin
Rantau
Panjang
Jenjang
Sik
Betong
Tanah
Merah
Sungai Petani
Pengkalan
Hulu

und freundlich. 5 einfache Zimmer im Holzhaus ohne (notwendiges) Moskitonetz. Gemeinschafts-Du/WC auf dem Gang. ❶ Im Neubau 15 Zimmer mit AC oder Ventilator, eigene Bäder (Kaltwasser); sauber und geräumig. Einige Zimmer mit Balkon. ❷

Einige **Essensstände** und **Mini-Restaurants** finden sich im Zentrum. Mittags gibt es Nudelsuppe oder ein gutes Pad Thai bei der sehr netten Dame schräg gegenüber dem 7-Eleven an der Vichitpukdee Rd., Ecke Hauptstraße.

Nach SURAT THANI mit den **blauen Songthaew** den ganzen Tag mind. stdl. ab Zentrum für 50 Baht in 1 Std.
Zum WAT SUAN MOKE, etwa 7 km vom Zentrum entfernt, mit den Songthaew Richtung Surat Thani für 25 Baht in knapp 10 Min. (Eingang auf der gegenüberliegenden Straßenseite).

Surat Thani und Umgebung

Surat Thani bedeutet „Die Stadt der guten Menschen". Dieser Ehrentitel wurde ihr vor etwa hundert Jahren von König Rama VI. verliehen, als ihm die besondere Hinwendung der Bewohner zum Buddhismus deutlich wurde. Das ist allerdings lange her ... Heute entlockt der Name „Stadt der guten Menschen" vielen Reisenden nur ein gequältes Lächeln. Surat Thani ist Travellern hauptsächlich als Verkehrsknotenpunkt ein Begriff, und als solcher hat es keinen guten Namen. Zwangspausen im Wait-for-the-bus-Restaurant, VIP-Busse, die sich als Klapperkisten herausstellen, ausgeraubte Rucksäcke – die Geschichten nehmen kein Ende. Hier hilft nur, seine Wertsachen noch besser im Auge zu behalten als sonst, sämtliche Schlepper zu ignorieren und – leider – allen einheimischen „neuen Freunden", die man abends beim Bier kennenlernen kann, eine gesunde Portion Misstrauen entgegenzubringen.

Ein paar Meter abseits des ausgetretenen Traveller-Pfads beginnt das „richtige" Su-

rat Thani. Abends kann man die Ban Don Road am Tapi-Fluss entlangschlendern, wo sich ein **Nachtmarkt** ausbreitet. Thais und Ausländer lassen sich hier auf Plastikstühlen kleine, authentische Mahlzeiten schmecken. An vielen Ständen helfen englische Speisekarten bei der Auswahl.

Ansonsten vermittelt Surat Thani den Eindruck einer geschäftigen Provinzmetropole. Ein paar im Stadtbild verstreute chinesische Tempel sprechen für einen starken chinesischen Bevölkerungsanteil.

In der Umgebung von Surat Thani werden in Monkey Training Centern Affen aus Wildfang als Erntehelfer ausgebildet. Überall in Südthailand kann man beobachten, wie geschickt sie auf die Palmen klettern und die unreifen Kokosnüsse herabwerfen, deren zartes Fleisch besonders geschätzt wird. Ein halbes Jahr dauert die Ausbildung. Dabei müssen die Makaken (Schweinsaffen) u. a. lernen, bei ihrem Besitzer auf dem Moped mitzufahren. Das und noch mehr lernen sie z. B. an der **Affenschule** in Kanchanadit, etwa 15 km südöstlich von Surat Thani. Unter ✆ 077-227 351 kann man sich für Vorführungen anmelden (300 Baht p. P., 600 Baht für 4 Pers.). Anreise aus Surat über den H401 stadtauswärts nach Osten; nach 7 km rechts abbiegen (Beschilderung). Ein guter Motorradtaxi-Preis für die Strecke liegt bei 150 Baht. Eine weitere Affenschule befindet sich 20 km nordwestlich von Surat Thani bei Tha Chang, ✆ 077-268 088, Anreise aus Surat über den H417 nach Westen, am T-Stück rechts auf den H4112, vor Tha Chang links abbiegen (Beschilderung).

Vorsicht: Die Affen sind zwar als Erntehelfer ausgebildet, aber das macht sie nicht unbedingt zu freundlichen Zeitgenossen. Besonders Kinder sollten nicht zu nah an die kräftigen Tiere mit dem beeindruckenden Gebiss herangehen.

100 Islands Resort & Spa ④, 19/6 Moo 3 Bypass Rd., ✆ 077-201 150, 🖳 www.roikoh.com, **[6055]**. Etwa 2 km nördlich des Zentrums. Recht großes Hotel mit günstigen großen Zimmern. TV, Kühlschrank, AC, einige mit Balkon, andere mit Zugang zum schönen Pool, der wie ein Natursee angelegt ist. Familienzimmer. WLAN. ❸ – ❺

BJ Hotel ⑤, 17/1 Don Nok Rd., ☎ 077-217 410, 🖥 www.bjhotel.i8.com, [8596]. Hübsche große Zimmer mit modernem Anstrich in Grau. AC, TV, Kühlschrank. Einige Zimmer sind etwas dunkel mit kleinem Fenster. Im Erdgeschoss Café mit frischen Backwaren und gutem Kaffee. ❷–❸

Diamond Plaza Hotel ②, 83/27 Sri Wichai Rd., ☎ 077-205 333, 🖥 www.diamondplazahotels. com, [8597]. Etwa 1,5 km nordwestlich des Zentrums. Großes Mittelklasse-Business-Hotel. Schön möblierte Zimmer mit Teppichboden, TV und Minibar. Großer Außen-Pool auf der 3. Etage, Fitnesscenter. Restaurant im Erdgeschoss der imposanten Lobby. WLAN 100 Baht. ❺

My Place@Surat Hotel ①, 247/5 Namuang Rd., ☎ 077-272 288, 🖥 www. myplacesurat.com, [7366]. Budget-Designhotel in zentraler Lage. Schön eingerichtete farbenfrohe Zimmer. Für jeden Geldbeutel gibt es hier eine Schlafstatt: EZ mit Ventilator und Gemeinschaftsbad bis hin zu AC-Zimmern mit TV, DVD, Kühlschrank und Wasserkocher. Freundliches hilfsbereites Personal. ❶–❷

Tapee Hotel ③, 100 Chon Kasem Rd., ☎ 077-272 575, 🖥 www.tapeehotel.com [8595]. Himmelblauer Betonklotz mit großen AC-Zimmern, TV, einige mit Kühlschrank. Große Fenster, großes Bett. Die Einrichtung ist ordentlich, verdient aber keinen Design-Award. WLAN in der Lobby. Restaurant. Zimmerservice. ❷–❸

ESSEN

Wer die Gelegenheit hat, sollte sich eine Mahlzeit auf dem **Nachtmarkt** am Ufer des Flusses gönnen. Englische Speisekarten erleichtern die Auswahl zwischen den lokalen Spezialitäten. Die Preise liegen zwischen 40 und 100 Baht. Größer ist die Auswahl auf dem Nachtmarkt rund um die Tee Lek Rd. Einfach auf die entsprechenden Gerichte deuten.

Baan Satek, Witeetad Rd. Der Name ist Programm: In diesem kleinen „Steakhaus" gibt es Gutes vom Rind (Sirloin 350 Baht). Daneben Pizza, Salate, Thaifood (Curry um 60 Baht) und Frühstück (um 50 Baht). Kostenloses WLAN. ⏱ 10–21 Uhr.

Chabar Pub & Restaurant, Anusarn Rd., ☎ 077-281 417. Schickes Gartenrestaurant, Speisekarte auf Thai mit Gerichten von 80–150 Baht. Open-Air-Bar mit Shishas. Livemusik ab 20 Uhr. ⏱ 18–1, Küche bis 21 Uhr.

Coffee Zone, Ban Don, Ecke Ton Pho. An einem kleinen Kreisverkehr gegenüber von 2 chinesischen Tempeln gelegenes modernes Café mit Kaffee, Kuchen, Eis und Sandwiches. Klimatisierter Sitzbereich mit einigen Tischen zur Straße hin, im Obergeschoss bequeme bunte Sessel. ⏱ 10–22 Uhr.

Cool Club & Restaurant, Witeetad Rd., ☎ 081-894 9111. Cooler Lounge-Club mit weißen Sesseln, Barbereich und Glitzerkugel. Das Ambiente samt weiblicher Bedienung im knappen Dress hat seinen Preis. Speisekarte nur in Thai. ⏱ 20–24 Uhr.

Crossroads Restaurant, hinter der Brücke. Schickes, etwas teureres Restaurant mit Bar, Musik und umfangreicher Speisekarte; zum Essen genießt man einen schönen Blick auf den Tapi-Fluss. ⏱ 10–23 Uhr.

Sweet Kitchen Bakery & Restaurant, 100 Ban Don Rd., ☎ 077-210 108. Nettes Restaurant im 2-stöckigen Eckhaus gegenüber vom Nachtboot-Pier. Schöner als im poppig-grünen Erdgeschoss sitzt man im Obergeschoss mit Blick auf den Fluss. Umfassende Speisekarte (westliche und Thai-Küche), vernünftige Preise. Die scharfen Gerichte sind mit roter Schrift gekennzeichnet. WLAN. ⏱ 15–21.30 Uhr.

SONSTIGES

Immigration

Büro in der City Hall, Don Nok Rd., ☎ 077-273 217. ⏱ Mo–Fr 8.30–12 und 13–16 Uhr.

Informationen

Tourist Information Office, 5 Talad Mai Rd., ☎ 077-288 819, 🖥 www.tourismthailand.org/ suratthani. Freundliche Angestellte. Englischsprachige Broschüren mit Infos zur Provinz. Die etwas abseitige Lage lädt nicht gerade zu einem spontanen Besuch ein. ⏱ 8.30–16.30 Uhr.

Medizinische Hilfe

Surat Thani Hospital, 2 km nordwestlich des Zentrums, ☎ 077-284 700, hat einen guten Ruf.

DIE SÜDLICHE GOLFKÜSTE

Surat Thani

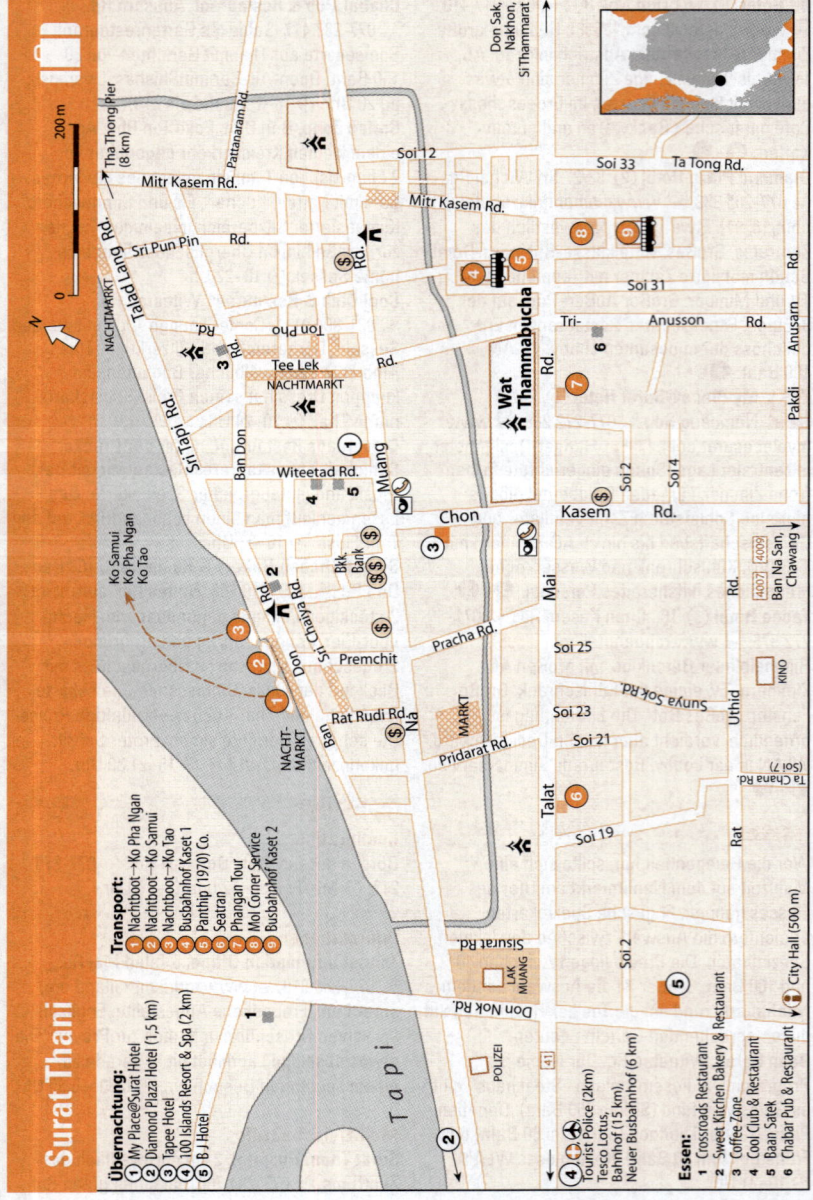

Übernachtung:
1. My Place@Surat Hotel
2. Diamond Plaza Hotel (1,5 km)
3. Tapee Hotel
4. 100 Islands Resort & Spa (2 km)
5. Panthip (1970) Co.
6. B J Hotel

Transport:
1. Nachtboot → Ko Pha Ngan
2. Nachtboot → Ko Samui
3. Nachtboot → Ko Tao
4. Busbahnhof Kaset 1
5. Panthip (1970) Co.
6. Seatran
7. Phangan Tour
8. Mol Corner Service
9. Busbahnhof Kaset 2

Essen:
1. Crossroads Restaurant
2. Sweet Kitchen Bakery & Restaurant
3. Coffee Zone
4. Cool Club & Restaurant
5. Baan Satek
6. Chabar Pub & Restaurant

Tourist Police (2km)
Tesco Lotus,
Bahnhof (15 km),
Neuer Busbahnhof (6 km)

City Hall (500 m)

Ko Samui
Ko Pha Ngan
Ko Tao

Wat Thammabucha

Don Sak, Nakhon, Si Thammarat

Tha Thong Pier (8 km)

Polizei

Tourist Police, Bypass Rd., ✆ 077-405 575, ✆ Hotline 1155.

Reisebüros

An der Talat Mai liegen einige Reisebüros. Bewährt hat sich **Panthip (1970) Co.**, s. Transport.

NAHVERKEHR

Der innerstädtische Nahverkehr wird von **Tuk Tuks** übernommen. Auf die Preislisten, die innen hängen, ist allerdings nicht immer Verlass. Eine Fahrt vom Zentrum zur Tourist Information, etwa 2 km die Talat Mai entlang, kostet 20–50 Baht p. P.

Zum rund 15 km entfernten **Bahnhof Phun Phin** mit dem orangefarbenen **Bus** (Ziele stehen an der Frontscheibe) bis 18 Uhr, 15 Baht. Diese Busse halten außerdem am 4 km vom Zentrum entfernten Busbahnhof. Von hier kostet ein Sammeltaxi zum Bahnhof 150–200 Baht, Minibusse fahren zum Flughafen.

Der **Flughafen** liegt ca. 21 km vom Zentrum entfernt und ist in etwa 50 Minibusminuten (150 Baht) zu erreichen. Panthip fährt 4x tgl. vom Kaset 1 mit dem Minibus, Abfahrt 8.30, 10.30, 14 und 17 Uhr. Ab Flughafen in die Stadt: Im Terminal finden sich Busanbieter nach Surat Thani, Don Sak und anderen Zielen in der Umgebung. Zum Anleger Don Sak (Fähren auf die Inseln) 1 1/2 Std. einplanen.

TRANSPORT

Als Transport-Drehscheibe ist Surat Thani ziemlich unübersichtlich – das machen sich allerhand Schlepper zunutze, die verwirrt in der Hitze stehenden Travellern ihre Tickets anzudrehen versuchen.

Busse, Songthaew und Taxis

Tickets aus dem Reisebüro

Wer Hilfe sucht oder Stress vermeiden möchte, sollte sich ins klimatisierte Büro von Panthip (1970) Co., 293/6-8 Talat Mai, ✆ 077-272 230, 272 906, ⌨ www.phantip.co.th, ⏲ 7–18 Uhr, begeben: Es hat Tickets zu allen wichtigen Zielen (u. a. auch Busse zum Flughafen), ist zuverlässig und hat sich vielfach bewährt –

und für die Wartezeit gibt es sogar Internetzugänge und Getränke. Panthip vermittelt nicht nur Tickets, sondern betreibt auch eigene Busse:
KO PHA NGAN, um 8.30, 10.30, 12.30 14.30 und 16.30 Uhr für 350 Baht in 4 Std.
KO SAMUI, um 8.30, 9.30, 11.30, 12.30, 15 und 16 Uhr für 250 Baht in 3–3 1/2 Std.
Weitere Ziele sind KHAO SOK (200 Baht), KO PHI PHI (450 Baht), KRABI (180 Baht) und PHUKET (195 Baht), Abfahrt jeweils mehrmals tgl. bis spätestens 17 Uhr.
Anlaufstelle für Trips auf die Inseln im Golf ist auch **Phangan Tour**, 402/2 Talat Mai, ✆ 077-205 799. Auch die Fährgesellschaft **Seatran** hat ein Büro in der Talat Mai, ✆ 077-471 174.

Busbahnhöfe der Innenstadt (Kaset 1 und 2)

Die hier genannten Busse fahren, wenn nicht anders angegeben, am größeren Terminal Kaset 2 ab. Die Minibusse sind die etwas teurere, aber schnellere Alternative. Wenn zu wenige Fahrgäste da sind, stellen sie allerdings oft den Betrieb schon vor den hier angegebenen letzten Abfahrtszeiten ein. Wenn der Minibus nicht fährt, wird das bereits gekaufte Minibusticket 1:1 in ein Ticket für einen großen Bus (oft alte klapprige rote Busse ohne AC) umgetauscht bzw. ist für den großen Bus gültig. Hier mit Verhandlungen über die Preisdifferenz zu beginnen, ist nur etwas für Kämpfernaturen mit Sprachkenntnissen.

Die Minibuspreise können je nach Reisebüro um etwa 50 Baht schwanken.
Kompetent und hilfsbereit ist Frau Mol von **Mol Corner Service** am Busbahnhof Kaset 2, ✆ 077-212 065.
BANGKOK, Minibus um 11.30 und 15 Uhr in 7 Std. für 700 Baht.
CHUMPHON, von 8–17 Uhr stdl. in 3 Std. für 250 Baht. Große Busse nur ab dem neuen Busbahnhof (S. 492).
DON SAK PIER, von 7–17 Uhr in einer knappen Stunde für 150 Baht.
HAT YAI, von 6.30–16.30 Uhr stdl. mit Minibussen für 250 Baht in 4 1/2 Std.; von 8–15 Uhr mit dem großen AC-Bus (Nr. 490) für denselben Preis in 5–6 Std.
KHAO SOK, Minibusse von 7.30–16.30 Uhr in 3 Std. für 200 Baht.

DIE SÜDLICHE GOLFKÜSTE

KO LANTA, Minibusse von 7.30–15 Uhr in 4 Std. für 500 Baht.

KO PHI PHI, 8 und 13 Uhr mit dem Minibus und dem Boot in 4 Std. für 650 Baht.

KRABI, Minibusse stdl. von 7.30–16.30 Uhr ab 200 Baht in etwas über 2 Std., große Busse stdl. 6–17 Uhr für 180 Baht in fast 4 Std.

NAKHON SI THAMMARAT (über KHANOM und SICHON), von 7–17 Uhr ungefähr stdl. mit dem großen Bus für 150 Baht ab Kaset 1 in 2 Std.

PHUKET, Minibusse von 8–17 Uhr für 250 Baht in knapp 4 Std.; große Busse (Nr. 465) 6x tgl. zwischen 7.20 und 14 Uhr für 250 Baht; Letzterer fährt über KHAO SOK (120 Baht), TAKUA PA (150 Baht) und KHAO LAK (160 Baht).

RANONG, Minibusse von 7–15.30 Uhr für 200 Baht in knapp 4 Std.; große Busse (Nr. 469) um 8.30 und 14 Uhr für 200 Baht ab Kaset 1 in 4–5 Std.

TRANG, Minibusse von 7–15 Uhr für 200 Baht in 3 1/2 Std.

Richtung Malaysia:

KUALA LUMPUR, Minibus um 6.30 Uhr bis HAT YAI, von hier mit AC-Bussen für 800 Baht in 14 Std.

PENANG, Minibusse um 6.30, 8.30 und 11.30 Uhr bis HAT YAI, von hier mit AC-Bussen für 600 Baht in 7 Std.

SUNGAI GOLOK, Minibusse um 6.30 und 8.30 Uhr bis HAT YAI, von hier mit AC-Bussen für 500 Baht in 7 Std.

SINGAPORE, Minibus um 6.30 Uhr bis HAT YAI, von hier mit AC-Bussen für 1400 Baht in 24 Std.

Busse vom neuen Busbahnhof

Der „neue" **Busbahnhof Takub** (nun schon einige Jahre, aber der Name hat sich eingebürgert) liegt etwa 6 km westlich des Zentrums. Transport dorthin mit dem Motorradtaxi oder dem Songthaew für Touristen zwischen 150 und 200 Baht (Normalpreis: Motorrad 50 Baht, Songthaew 12 Baht). Von hier fahren den ganzen Tag über Busse gen Bangkok (über CHUMPHON und HUA HIN).

BANGKOK, ganztags insgesamt etwa 30 Busse, von morgens früh bis in die späten Abendstunden. Reisedauer ca. 8 Std., Tickets je nach Busklasse zwischen 500 und 850 Baht. Am

bequemsten sind die VIP-24-Busse, Abfahrt zwischen 19 und 21 Uhr.

CHUMPHON, mehrere Busse zwischen 8 und 13 Uhr, 220 Baht, 4 Std.

Transport von und zum Bahnhof

Der **Bahnhof Phunpin**, ✆ 077-311 213, liegt außerhalb von Surat Thani, etwa eine halbe Busstunde mit dem orangefarbenen Bus (an der Windschutzscheibe angeschrieben) ab Kaset 1 (knapp 20 Baht) zu erreichen.

Busse ab Bahnhof: Wer mit dem Nachtzug ankommt, wird meist gleich in einen Anschlussbus zu den Piers nach KO PHA NGAN, KO SAMUI, PHUKET oder KRABI gebracht; falls die Tour nicht durchgebucht wurde und noch ein Platz frei ist, kann man auch zusteigen (dann oft überhöhte Preise). Viele Busse, die am Kaset 2 in Surat gestartet sind (vgl. dort), kommen etwa 30 Min. später am Bahnhof vorbei. Tickets für alle Busse: wenn man aus dem Bahnhof kommt, schräg links gegenüber.

Songthaew ab Bahnhof: CHAIYA, mit dem blauen Songthaew vor dem Bahnhof Phunpin nahe dem 7-Eleven ganztags für 50 Baht in 1 Std.

WAT SUAN MOKE (7 km vor Chaiya), mit denselben Songthaew; dem Fahrer Bescheid sagen und sich vorher absetzen lassen.

Taxis ab Bahnhof: Wer schnell und bequem weiterkommen möchte, nimmt ein Taxi vom Bahnhof. Zum NACHTBOOTPIER BAN DON 150 Baht, DON SAK PIER 1200 Baht, WAT SUAN MOKE 600 Baht, KHAO LAK 2500 Baht, KHAO SOK 1500 Baht, KRABI 2200 Baht, RANONG 2800 Baht, HUA HIN 6000 Baht.

Eisenbahn

An- und Abreise zum/vom Bahnhof s. o. Von Surat Thani fahren Züge in den Norden bis nach Bangkok und in den Süden bis nach Butterworth. Die genauen Abfahrtszeiten und Haltestellen s. Fahrpläne S. 817/818.

CHAIYA, mit dem Bummelzug 446 um 13.25 Uhr in 30 Min.

PATTHALUNG, Nr. 41 um 8.05 Uhr (Ankunft 11.10 Uhr), Nr. 355 um 6.20 Uhr (Ankunft 10.34 Uhr).

Boote

KO PHA NGAN, mit den Autofähren **Raja** stdl. von 5.30–19 Uhr ab Don Sak in etwa 2 1/2 Std. für 320 Baht (inkl. Zubringerbus nach Don Sak, Fahrzeit 1 1/2 Std.); mögliche Streichungen in der Nebensaison. Mit dem **Nachtboot** ab Ban Don Pier um 22 Uhr (Ankunft 5 Uhr) für 300 Baht.
KO SAMUI, mit den Autofähren **Raja** stdl. von 5.30–19 Uhr oder **Seatran** stdl. Von 5.30–17.30 Uhr in etwa 1 1/2 Std. ab Don Sak für 240 bzw. 250 Baht (inkl. Zubringerbus nach Don Sak, Fahrzeit bis Don Sak 1 1/2 Std.). In der Nebensaison werden einige Fähren gestrichen (besonders Seatran). Alternativ mit dem **Nachtboot** ab Ban Don Pier um 22 Uhr (Ankunft 5 Uhr) für 250 Baht.
KO TAO, mit dem Nachtboot ab Ban Don Pier um 23 Uhr (Ankunft 7 Uhr) für 550 Baht.

Lomprayah fährt mit dem Katamaran ab Don Sak nach Ko Samui (Nathon), Ko Pha Ngan und Ko Tao um 10.10 Uhr für 350/450 bzw. 600 Baht in 45 Min., 95 Min. bzw. 4 Std. Nach Ko Samui und Ko Pha Ngan zudem um 16 Uhr. Transfer von Surat Thani nach Don Sak ca. 1 1/2 Std. vorher zzgl. je 100 Baht.
Von den **Songserm-Expressbooten**, die vormittags zu den 3 Golfinseln starten, raten wir besonders in der Hochsaison (überfüllte Boote) und bei schlechtem Wetter (Sicherheit) ab. Achtung: Die billigen Joint-Tickets, die in Bangkok in der Khaosan Rd. verkauft werden, beinhalten (neben den berüchtigten Bussen) meist diese oft noch altersschwachen Express-boote (es gibt einige neue Boote in der Flotte, daher kann diese Warnung mittlerweile hinfällig geworden sein).

Flüge

An- und Abreisetipps Flughafen s. unter Nahverkehr.
BANGKOK, Don Muang Flughafen: **Air Asia**, ☎ 077-441 196, 🖥 www.airasia.com, 3x tgl., und **Nok Air**, ☎ 077-441 275, 🖥 www.nokair. com, 4x tgl. ab 1300 Baht pro Strecke.
Suvarnabhumi Flughafen: **Thai Smile Airways**, ☎ 077-441 136, 🖥 www.thaismileair.com, 2 Flüge, mittags und früher Abend, ab 2500 Baht.
KUALA LUMPUR, 1x tgl. mit **Air Asia**, ab 1500 Baht.

Khanom und Sichon

Rund 80 km östlich von Surat Thani in Richtung Nakhon Si Thammarat liegen die beiden kleinen Städte Khanom und Sichon. Dazwischen erstre-cken sich auf etwa 30 km Länge schöne und oft noch recht einsame Strandabschnitte. Die Region zieht inzwischen einige Individualreisende an. Doch insgesamt sind es erst wenige west-liche Reisende, die man hier trifft, im Winter vor allem Finnen und Schweden, ansonsten ist das Publikum gemischt. Vor allem am Wochenende sind die Strände Ziel vieler thailändischer Fami-lien und Gruppen von jungen Leuten. Dann gibt es nur wenige freie Betten – an Ferienwochen-enden oder an entsprechenden Feiertagen ist alles ausgebucht.

Die Region ist für ein recht großes Vorkom-men an **rosa Delphinen** berühmt. Diese kann man auf Ausflügen (am besten am frühen Mor-gen und bei ruhiger See) beobachten.

Strände und Berge bei Khanom

Südlich von Khanom erstrecken sich drei Strän-de [6992]. Flach ins Meer abfallend ist der 7 km lange **Hat Na Dan**. Er wird im südlichen Bereich auch als Hat Nai Pet bezeichnet. Noch weiter im Süden, hinter einem Felsenhügel, liegt die als schönster Strand bekannte **Hat Nai Plao**. Fei-ner weicher Sand bestimmt das Bild, im Wasser wird es steiniger. Am Ende der Bucht führt eine 2 km lange Straße zur schönen **Ao Thong Yhee**, die sich in zwei Abschnitte gliedert. Felsen tei-len den ersten, nördlichen Strand in mehrere Bereiche, wo Entdecker, die sich von der Straße einen Weg zu den Buchten bahnen, ganz unter sich sind (eine Unterkunft vorhanden, Kasten S. 496). Während der Woche ist es hier ausgespro-chen idyllisch, am Wochenende aber bevölkern oft Hunderte Thais den Strand.

Das bergige Hinterland lockt Mopedfahrer. Über die Region erhebt sich der 814 m hohe **Khao Phra**, von dessen östlichen Hängen einige Wasserfälle herabstürzen. Die zweithöchste Er-hebung ist der **Khao Dat Fa** (732 m).

Beliebt sind Ausflüge zu nahe gelegenen Höh-len (am bekanntesten ist die **Khao Wang Thong-Höhle**), deren Besuch meist bei Ausflügen zu den rosafarbenen Delphinen inbegriffen ist.

Khanom und Umgebung

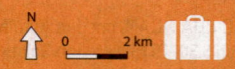

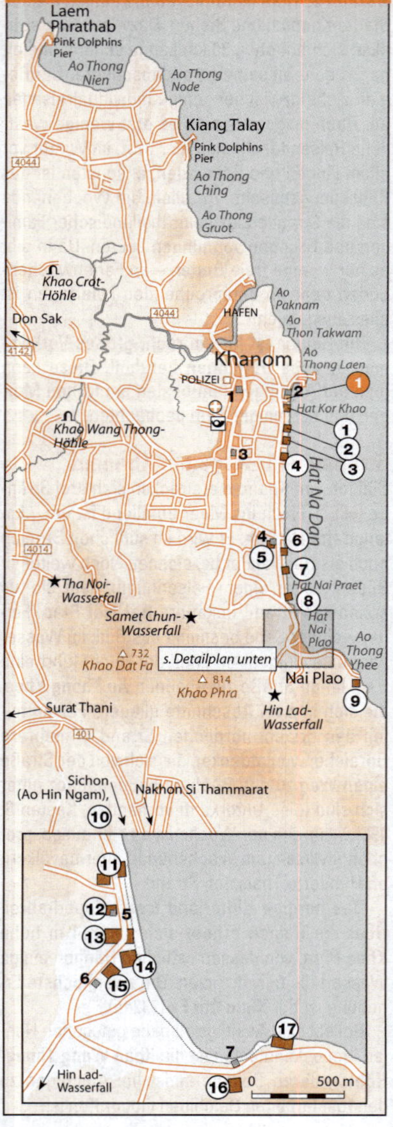

N
0   2 km

Übernachtung:
1. Alongkot Resort
2. Royal Orchid House
3. Talkoo Beach Resort
4. Golden Beach Hotel
5. Cava Aava Resort & Spa
6. Baanchaylay Resort
7. CC Beach Resort
8. Sand Terrace Resort
9. Thong Yee Camping
10. Baan Hinngam Bed & Breakfast, Issara Beach Resort, Prasarnsook Resort, Sichon Cabana (KruaPoy Beach Resort & Windsurf Club)
11. Khanom Hill Resort
12. White Beach Service
13. Supar Royal Beach Resort
14. Nai Plao Bay Resort
15. Suchada Villa
16. Khanom Maroc
17. Racha Kiri Resort & Spa

Essen:
1. Reun Sabiang Restaurant
2. Khun Lee's Restaurant
3. Khanom Espresso
4. Calto Restaurant
5. White Beach Service
6. Dolphin Restaurant
7. Thong Yhee Seafood

Transport:
1. Khanom Fishing & Tour

Strand von Sichon

Die kleine **Ao Hin Ngam** [8534] ist vor allem in den Wintermonaten ein Ziel für Surfer und Wellenreiter. In den Sommermonaten zieht sich das Meer weit zurück, und Schnorchler erfreuen sich an der Unterwasserwelt. Am Wochenende sausen vergnügte Thais mit Bananenbooten über die Wellen, die Strände und Restaurants sind dann gut belegt. In der Woche ist es sehr ruhig.

ÜBERNACHTUNG

Die meisten Ferienanlagen richten sich weniger an westliches als an einheimisches Publikum. Daher spricht das Personal wenig Englisch. Nach Vollmond wird jeden Monat die Ample Moon Party am Strand (beim Golden Beach Hotel [8572]) gefeiert. An diesen Wochenenden ist oft alles lange im Voraus ausgebucht.

Hat Na Dan (bei Khanom)

Dieser lange, weiße Sandstrand ist noch wenig bebaut. Neben Resorts gibt es vor allem Häuser für Langzeitreisende, die hier überwintern. **Alongkot Resort** ①, ☎ 075-529119, [8525]. Geräumige Steinbungalows in begrünter Anlage. Alle Bungalows liegen an asphaltierten Wegen und haben einen Autoparkplatz. Die Einrichtung

ist geschmackvoll – bei 2 Betten wird es etwas eng. Restaurant und Strandbar mit gemütlichen Tischen direkt über dem Strand. Pool. **5**
Baanchaylay Resort ⑥, ✆ 081-970 2465, 081-719 5818, 🖥 www.baanchaylayresortkhanom. com, [8526]. Etwas kleine, aber schöne und saubere Holzbungalows in einer Reihe nach hinten versetzt am Strand. WLAN. Restaurant am Meer. Wer mag, kann auch ein Zelt mit Matratze mieten. **2 – 3**
Cava Aava Resort & Spa ⑤, ✆ 075-75 300 310, 🖥 www.aavaresort.com, [8528]. Auf westliche Touristen eingestelltes Luxus-Spa-Resort. Vorne am Strand liegt ein kleiner Pool, einige Bungalows haben direkten Zugang. Innen sind die Zimmer mit dunklen Möbeln geschmackvoll möbliert. WLAN. Oft Yoga-Kurse. Gutes hoch-preisiges Restaurant. **8**
CC Beach Resort ⑦, ✆ 075-300 211, 084-864 6506, 🖥 www.ccbeachbarthai.com, [8529]. Diese Anlage ist vor allem wegen der anspre-chenden Bar am Strand beliebt. Die Zimmer in den Steinhäusern sind recht eng, und man blickt vom Balkon auf die AC des Vorhauses. Innen sind die Räume ansprechend einge-richtet. TV mit internationalen Programmen. WLAN. **5**
Royal Orchid House ②, ✆ 081-995 4613 (Pui), 🖥 www.royalorchidhouse.com, [8530]. Exklusive kleine Anlage mit 2 „medium sized" Bungalows und 2 großen Poolvillen. Schöne Einrichtung und viel Privatsphäre für Ruhe- und Luxussuchende. **5 – 7**
Talkoo Beach Resort ③, ✆ 075-528 667, 081-456 8656, [8532]. Über 50 ansprechend möblierte Steinbungalows mit Kühlschrank, Wasserko-cher, schönen Bädern samt Regendusche und Holzwaschbecken. Je näher am Strand, desto teurer. Auf der anderen Straßenseite stehen identische Bungalows, diese sind wesentlich günstiger (hier gibt es auch Zimmer mit 2 Bet-ten). Restaurant mit Strandblick. Pool am Meer. Die teuren Zimmer inkl. Frühstück. **3 – 5**

Hat Nai Plao (bei Khanom)
Dieser Sandstrand ist der beliebteste der Region, naturbelassen und mit schönem, feinkörnigem, weißem Sand. Es gibt Unterkünfte direkt am Strand und im Hinterland.

Khanom Hill Resort ⑪, ✆ 075-300 222, 081-9563101, 🖥 www.khanom.info, [8516]. Gepflegte Bungalows am Hang, teils mit tollem Blick aufs Meer. Mit Liebe zum Detail eingerichtet. Das gilt auch für die großen Bungalows auf der anderen Straßenseite. Hier stören die vorbeibrausenden Autos und Mopeds. Kleine Minipools. Restaurant und Lobby am Meer. WLAN. **5 – 6**
Khanom Maroc ⑯, ✆ 075-300 323, 089-683 3111, 🖥 www.khanommaroc.com, [8517]. An der Straße im Hinterland des Nai Plao steht ein buntes Haus im marokkanisch anmutenden Stil. Geschmackvoll eingerichtete Zimmer. Zum Strand etwa 15 Min. WLAN. **3 – 4**
Nai Plao Bay Resort ⑭, ✆ 075-300 250, [8520]. Im großen Garten am zentralen Strandabschnitt über 40 Bungalows aus Stein und Holz. Recht verwohnt und vorwiegend von Thais besucht. Die Bungalows in der 1. Reihe lohnen einen Blick. **3 – 5**
Racha Kiri Resort & Spa ⑰, ✆ 075-300 245, 🖥 www.rachakiri.com, [8521]. Im Süden der Bucht. Ansprechende Anlage mit gekonnt gestalteter Außenanlage und großen Zimmern. Oft mit Badewanne. TV, DVD, Minibar, Bücherei, Sauna, Jacuzzi, Spa. Großer Pool mit Kinder-becken. Shuttle-Service zum Strand, da kein eigener Sandstrand. WLAN. **8**
Suchada Villa ⑮, ✆ 05-300 213, 🖥 www. suchadavilla.com, [8522]. 10 Bungalows mit kleiner Veranda eng beieinander auf einem schmalen Grundstück an der Straße. Jeder Bungalow ist in einer anderen Farbe gestaltet. Freundliche Leute. Kleine Veranden. Fahrrad-verleih (100 Baht). **3**
Supar Royal Beach Resort ⑬, ✆ 075-300 300, 🖥 www.suparroyal.com, [8523]. An der Straße steht der 6-stöckige Hotelkomplex, am Meer in 2 Reihen einige Bungalows. Alle 100 Zimmer sind groß, sauber, haben Badewanne, Balkon und Meerblick. Etwas in die Jahre gekommen. Kleiner Pool. WLAN. **4 – 6**

Ao Hin Ngam (bei Sichon)
In dieser kleinen Bucht gibt es nur wenige Unterkünfte. Der schöne, sichelförmige weiße Strand befindet sich direkt hinter der Fluss-mündung bei Sichon. Gegessen wird in den Anlagen oder den 3 großen, mit Plastikstühlen

Einen Ausflug wert ist die kleine Bucht Thong Yhee, die über eine schmale, teils stark ansteigende Straße zu erreichen ist (ein Ausbau dieser Straße bis Sichon ist geplant). Palmen wiegen sich im Wind, schwarze Felsen ragen malerisch aus dem Meer, und die Wellen branden an den Strand. Etwas zu essen und zu trinken bekommen Tagesausflügler bei **Thong Yee Camping** ⑨, ☎ 075–470 334, [8533]. Hier gibt es zudem 3 Bungalows mit AC und Mehrbettunterkünfte. Auch Zelten ist möglich. Nette Betreiber. Man kann sich abholen lassen. Am Wochenende kommt man als Westler selten unter, denn dann kommen oft an die hundert Thais und bevölkern die gesamte Bucht. ❸–❹

ausgestatteten Restaurants, die Meeresfrüchte und Thai-Küche anbieten.

Baan Hinngam Bed & Breakfast ⑩, ☎ 075-536 399, 🖥 www.baanhinngam.anavilla.com, [8537]. Ansprechendes Resort, nicht direkt am Strand. Farbenfrohe und thematisch gestaltete Zimmer am Pool. Zudem einfachste Bambushütten mit Gemeinschaftsbädern. ❷–❺

Issara Beach Resort ⑩, ☎ 075-536 536, 🖥 www.issarabeach.anavilla.com, [8536]. Große, noch vielfach unbebaute Rasenfläche mit einigen Reihenbungalows mit schöner Ausstattung. Am Wochenende kleiner Supermarkt und Restaurant. ❹–❺

Prasarnsook Resort ⑩, ☎ 075-536 299, 🖥 www.prasarnsookresort.com, [8538]. Große, geräumige, gut ausgestattete Bungalows, 2 davon mit Meerblick. Restaurant am Meer.

Sichon Cabana (auch Krua Poy Beach Resort & Windsurf Club) ⑩, ☎ 075-536 055, 089-866 4946, 🖥 www.sichoncabana.com, [8539]. Zahlreiche unterschiedliche Zimmer für jeden Geldbeutel. Einfachst ausgestattet bis hin zu riesigen Luxuszimmern. Großes Restaurant am Meer. Verleih von Surfbrettern. Manager Palm spricht sehr gut Englisch. WLAN. ❷–❻

ESSEN

Bei den meisten Unterkünften ist im Übernachtungspreis ein Frühstück inkl. – zumindest bei den höherpreisigen Zimmern. Wer kein Frühstück will, bekommt meist etwa 200 Baht Rabatt.

Khanom

In **Ban Khanom** findet man So und Mi auf dem **Wochenmarkt** leckere Spezialitäten in den Garküchen.

Calto Restaurant, im Cava Aava Resort. Direkt am Meer, gehobene Küche zu gehobenen Preisen. Eine gute Adresse für alle, die den Gaumen verwöhnen möchten. Mi ist Tapas-Tag, Fr BBQ. Abholservice ☎ 075 300 3001. ⏲ bis 22 Uhr.

Dolphin Restaurant, das hauseigene Restaurant des Suchada Resorts und direkt neben der Anlage liegend. Günstige und gute thailändische Küche. Es gibt auch ein paar westliche Fastfood-Snacks (wie Sandwiches und Pommes) und Steaks (Letztere nicht wirklich gut).

Khanom Espresso, in Khanom, ☎ 081-686 295. Kleines Café an der Hauptstraße. AC-gekühlt, genießt man hier leckeren, frisch gebrühten, duftenden Kaffee. ⏲ 8–19.30 Uhr.

Khun Lee's Restaurant, an der Zufahrtsstraße zum Hat Na Dan, ☎ 081-477 7028. Großes Restaurant mit bebilderter Speisekarte, englisch sprechendes Personal. Auf westliche Besucher eingestellte Küche. Es gibt zudem Shakes und frisch gebrühten Kaffee. Vermietung von 5 AC-Zimmern, [8541]. WLAN. ⏲ 7.30–22 Uhr. ❷

Reun Sabiang Restaurant, nahe der TAT. Gepflegtes Ambiente. Englische Speisekarte und Eiskaffee. Es gibt auch Steaks und Spaghetti, aber die Thai-Küche ist, wie fast überall bei thailändischen Köchen, empfehlenswerter. ⏲ 11–22 Uhr.

Seafood gibt es am südlichen Strandabschnitt. Beliebt ist das **Thong Yhee Seafood**, ☎ 087-648 3009. Hier wird zu etwas gehobenen Preisen auch alles andere Typische aus der Thai-Küche geboten. Das Restaurant ist einfach, die Lage sehr schön oberhalb des Meeres im Süden der Bucht.

White Beach Service, ☎ 075-527 503, [8542]. Kleines Restaurant mit wenigen Tischen direkt an der Straße. Es werden auch 4 Zimmer in einem Reihenhaus und 3 kleine Bungalows vermietet. Die Besitzer sprechen kaum Englisch. ❸

Sichon

Im Dorf findet jeden Mo und Di ein kleiner **Nachtmarkt** und am Fr ein großer **Markt** statt. Ansonsten verköstigen sich die Strandbesucher in den Restaurants der Resorts oder den kleinen einfachen Küchen direkt am Strand. Immer wieder kommen am Wochenende auch mobile Garküchen vorbei, und es gibt Pancake, Som Tam und mehr für wenig Geld.

TOUREN

Beliebt sind die Touren zu den rosa Delphinen. Ein empfehlenswerter Anbieter ist **Khanom Fishing & Tour**, ☎ 075-326 573, 🖳 www. khanomtour.com. Das Office liegt an der Zufahrtsstraße zum Hat Na Dan. Meist werden die Touren mit dem Besuch der berühmten Buddhastatue Luang Por Tuad, einem wegen seiner Form als Pancake Rock bekannten Felsen und der kleinen Ko Nui vor Ko Samui kombiniert (1200 Baht p. P. bei mind. 6 Teilnehmern). Die Agentur bietet auch andere Ausflüge an, etwa zum Khaoi Sok und nach Nakhon Sri Thammarat. Wer die Delphine auf eigene Faust besuchen will, kann sich an den Pieren bei Kiang Talay oder bei Laem Phrathap ein Boot mieten (2 Std. etwa 1000 Baht/Boot).

TRANSPORT

Busse

BANGKOK, von Khanom um 17 Uhr für 900 Baht in 11 Std.

NA DAN BEACH und AO NAI PLAO, mit dem Motorradtaxi für 50 Baht in 5–10 Min.

NAKHON SI THAMMARAT, von Khanom mit dem Minibus zwischen 8 und 18 Uhr stdl. für 80 Baht in 1 Std. Von Sichon etwa alle 30 Min. für 60 Baht. Wer von Nakhon nach Sichon oder Khanom kommt, kann den Minibus-Fahrer bitten, direkt das Resort der Wahl anzusteuern. Das kostet meist etwa 100–150 Baht extra, erspart aber viel Reisestress.

SURAT THANI, stdl. Minibusse ab Khanom für 100 Baht in 60 Min. Ab Sichon etwa alle 30 Min. für 100 Baht.

Taxis

Ein Taxi zwischen den Stränden Sichon und Khanom kostet etwa 700 Baht. Es ist eine Straße an der Küste entlang im Bau – sobald diese fertig ist, werden die Taxipreise deutlich sinken.

In Nakhon kann man sich bei Khanom Fishing & Tour (s. Touren) ein Taxi bestellen. Wer von den Inseln nach Khanom will, kann von Don Sak aus vorher anrufen und sich abholen lassen.

DON SAK 600 Baht, zum Lomprayah-Pier 700 Baht.

NAKHON SI THAMMARAT FLUGHAFEN 1500 Baht.

PHUKET 5000 Baht.

SURAT THANI FLUGHAFEN 1700 Baht, BAHNHOF 1600 Baht.

Nakhon Si Thammarat

Die Provinzhauptstadt **Nakhon Si Thammarat** [8543] gehört zu den ältesten Städten Thailands. Die Stadt, von ihren 125 000 Bewohnern kurz „Nakhon Si" genannt, präsentiert sich als untouristisches, geschäftiges Zentrum der Region. Hauptschlagader ist die Ratchadamnoen Road, die von Surat Thani kommt und nach Songkhla weiterführt – die alte Ostküstenstraße, auf der es seit dem Ausbau des Highway 41 etwas ruhiger zugeht.

Nakhon Si Thammarat ist stolz auf seine Geschichte. Noch heute findet sich hier beispielsweise ein Museum, in dem die uralte Kunst des Schattenspiels (Kasten S. 502) an die junge Generation weitergegeben wird. Überbleibsel einer alten Befestigung aus dem Jahr 655 sind steinerne Zeugen der Vergangenheit. Lange Zeit war die Stadt ein wichtiges Zentrum des hinduistischen Srivijaya-Reichs, und die umliegenden Gebiete waren ihr tributpflichtig. Erst seit dem Aufstieg der Könige von Sukhothai 1292 gehört Nakhon Si zu Thailand (damals: Siam). Später zog sich das Meer immer weiter zurück, bis Nakhon Si nicht mehr direkt am Wasser lag. Dennoch blieb die Stadt eine wichtige Handelsmetropole, und sie wurde einer der Ausgangspunkte für die Verbreitung des Theravada-Buddhismus. Ein bedeutendes Monument dieser Religion ist **Wat Mahathat**, das mit seinen über tausend Jahren als eines der ältesten Wats Thailands gilt. Die heutige Ausdehnung verdankt

DIE SÜDLICHE GOLFKÜSTE

die Stadt u. a. den Königen Ramesuan (1407) und Narai (1677), die die alten Erdwälle erneuerten und sie teils mit Ziegelmauern befestigten.

Das Leben spielt sich im neuen Stadt- und Geschäftszentrum ab, das östlich vom Bahnhof zu finden ist. Hier gibt es auch die meisten Hotels und Restaurants. Westliche Reisende werden in der Stadt selten gesichtet, und so kann sich jeder Besucher der freundlichen Aufmerksamkeit der Einwohner sicher sein. Nicht alle, die ein Gespräch suchen, verstehen Englisch. Wer kein Thai spricht, ist dann auf andere Kommunikationswege angewiesen.

Wats und andere Heiligtümer

Historisch und architektonisch Interessierte können in Nakhon einen kurzweiligen Tag verleben. **Wat Mahathat** soll im 8. Jh. von König Si Thanna Sokarat errichtet worden sein. Den Tempel überragt der 77 m hohe **Phra Borommathat**, der zweitgrößte Chedi Thailands, mit einer goldenen Spitze. Es heißt, über 272 kg pures Gold seien hier verarbeitet. Der Chedi ist während der Sri Vijaya-Herrschaft entstanden und beherbergt eine Zahnreliquie Buddhas. Im Innern des Tempelbezirks befinden sich über hundert Buddhastatuen. Aus der Ayutthaya-Periode stammt der schöne Buddha, der im **Wihan Luang**, südlich des Chedi, von der Decke auf den Besucher hinunterblickt. Der Klosterschatz ist im **Tempelmuseum** ausgestellt. ⏰ Museum 8.30–16 Uhr (Mittagspause 12–13 Uhr), ⏰ Wat 8–16 Uhr.

Ein wichtiges religiöses Bauwerk ist auch die große **Moschee** in der Tha Chang Road. Mit ihren fünf Kuppeln und dem schlanken, von kleinen Balkonen gesäumten Minarett, gibt sie den hiesigen Thai-Moslems eine religiöse Heimat.

Südlich des Zentrums kann man neben Resten der Befestigungsanlagen auch einen Teil der alten **Stadtmauer** bestaunen. Die beiden hinduistischen Schreine **Ho Phra Isuan** (Shiva gewidmet) und **Ho Phra Narai** (Vishnu gewidmet) schmücken die Hauptstraße. Neben dem Ho Phra Isuan steht eine **Giant Swing**, eine Riesenschaukel, die früher für brahmanische Riten genutzt wurde. Ähnlich einer Schiffsschaukel schwangen sich hier die Männer in die Höhe – ein gefährliches Schauspiel.

Etwa 500 m weiter südlich hat vor dem Rathaus das moderne Gebäude **Ho Phra Sihing** seine Türen geöffnet. Hier wird die berühmte Buddhastatue **Phra Buddha Sihing** aufbewahrt, eine von drei Statuen, die angeblich das aus Sri Lanka stammende, etwa 1500 Jahre alte Original darstellen. Die beiden Konkurrenten um Originalität befinden sich im Buddhaisawan-Tempel auf dem Gelände des Nationalmuseums in Bangkok sowie im Wat Phra Sing in Chiang Mai. ⏰ Mo–Fr 9–16 Uhr.

Weiter im Süden der Stadt befindet sich das sehenswerte **Nationalmuseum**. Es zeigt Funde aus der Region und religiöse Kunstwerke. Beeindruckender Beleg für die frühe Besiedlung der Region ist die Bronzetrommel, die etwa 2500 Jahre alt ist. Porzellan, Keramik und Schattenspielfiguren verbinden Kunsthandwerk und Alltag. Die Ausstellung ist informativ und anschaulich gestaltet: Lebensgroße Figuren demonstrieren Sitten und Gebräuche. Viele landwirtschaftliche Geräte und Musikinstrumente gehören heute noch zum Alltag. Die meisten Erklärungen sind auch ins Englische übersetzt. ⏰ Mi–So 9–16 Uhr, geschl. an Feiertagen, Eintritt 150 Baht.

Schattenspielmuseum

Seit Generationen wird die Kunst des Schattenspiels in Thailand vom Vater an den Sohn weitergegeben, doch das Interesse an dieser Form der Unterhaltung schwindet zusehends – nicht nur, weil die Jugend an den alten Stoffen kaum noch Interesse hat, sondern auch weil Kino und Fernsehen die Sehgewohnheiten verändert haben. Der Künstler Suchat Sapsin aus Nakhon Si hat es sich zur Aufgabe gemacht, seine Kunst des Schattenspiels in die moderne Zeit zu überführen und die junge Generation dafür zu begeistern. Sein Museum im Suchat House, 110/18 Si Thammasok Rd., Soi 3, ☎ 075-346394, [8605], wurde 1996 von der TAT mit der Auszeichnung für besonders erwähnenswerte kulturelle und historische Stätten gewürdigt. In dem kleinen Schattenspielmuseum heißt der Meister, der liebevoll Onkel Suchat genannt wird, auch westliche Touristen willkommen. Heute ist der Meister gebrechlich – doch seine beiden Söhne, nebst Schwiegertochter, übernehmen seine Aufgaben.

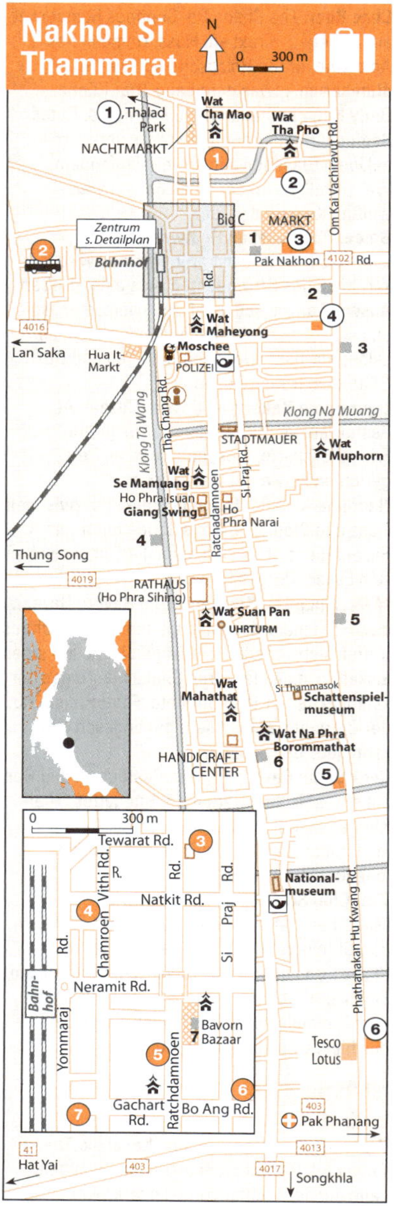

Im Obergeschoss des schönen Holzhauses sind verschiedene, bis zu 200 Jahre alte Schattenspielfiguren ausgestellt. Außerdem wird die Herstellung der Puppen erklärt und gezeigt. Auf Wunsch werden etwa 20-minütige Schattentheater-Vorführungen geboten (50 Baht p. P.). Verkauft werden auch VCDs mit aufgezeichneten Aufführungen. Zudem kann man Souvenirs erstehen (schöne T-Shirts und Figuren). ☉ 8–17 Uhr, zwischen 11 und 12 Uhr Mittagspause, Eintritt frei.

Thalad Park

Ganz im Norden der Stadt, direkt hinter dem Stadion gelegen, lohnt dieser schöne, großzügige Park mit einem See, einem Fitnessparcours, einem Zoo, einem Stadtmuseum und zahlreichen kleinen Lokalen den Besuch. Neben einem arg in die Jahre gekommenen Spielplatz erfreut Reisende mit Kindern vor allem der kleine **Zoo** (Eintritt frei), in dem u. a. Krokodile, Schildkröten, Affen und Tiger (leider nicht immer artgerecht) gehalten werden. Vor allem die Vögel (Nashornvogel, Adler, Eule) sind so sehr an Menschen gewöhnt, dass man sie von sehr nah beobachten kann. Es sind in erster Linie junge Familien mit Kindern und junge Verliebte, die hier eifrig in die Pedale treten und ihren Ausflug im Tretboot genießen.

Wenige Meter vom Zoo entfernt steht das ansprechende **Stadtmuseum** (Eintritt frei). Hier erfährt man auf anschauliche Weise vieles über die Stadt und ihre Geschichte.

Einige Restaurants rund um den See bieten Seafood und Isan-Essen, ☉ bis 19 Uhr. Anfahrt:

DIE SÜDLICHE GOLFKÜSTE

Mit dem Songthaew gelangt man bis zum Stadion, für ein paar Baht extra fährt der Fahrer Gäste bis in den Park.

ÜBERNACHTUNG

@24 Boutique Hotel ④, ☎ 075-340 910, 🖥 www.at24hotel.com, [8545]. Schickes beliebtes Haus in zentraler Lage. Farbenfroher Boutiqueschick zu fairen Preisen. Regendusche, Flatscreen, inkl. Frühstück. WLAN. Vorbuchen ist sinnvoll, denn das Haus ist besonders bei jungen internetaktiven Flashpackern aus aller Welt beliebt, die gerne vorbuchen. ❸–❹

English Cottage ④, gegenüber dem Thalad Park, ☎ 075-311 455, 🖥 www.cottage888.com, [8546]. Das etwas andere Hotel mit besonderer Lage im Grünen. 5 individuelle Zimmer in den Kategorien: Romantisch, Boutique-Style, Schick, Cottage oder Vintage. Große Zimmer, alle mit Küchenzeile. Schöne Bäder. ❹–❺

€ **Nakorn Garden Inn** ③, 1/4 Parknakorn Rd., ☎ 075-313 333, [8547]. Schönes Ambiente mit tropischem Flair. Die Eingangshalle ist offen gestaltet, dahinter liegt (mitten in der Stadt!) ein Garten, um den sich auf 3 Stockwerken die Zimmer gruppieren. Die Wände sind gemauert, die Zimmer gemütlich. Kühlschrank. ❸

Sirithani ⑤, 27/2 Pattanakarn-Kukwang Rd., ☎ 075-325 277, [8548]. Kleines Haus mit schönen Zimmern auf 2 Etagen. Günstig, und auch wenn nicht mehr ganz neu, eine gute Wahl für alle, die etwas Stil mögen. ❸

The Ligor City Hotel ②, 1488 Sri Prach Rd. ☎ 075-312 555, [8549]. Im Zentrum gelegenes, recht großes Boutiquehotel. Geschmackvoll eingerichtete geräumige Zimmer. ❺

The Twin Lotus Hotel ⑥, 97/8 Pattanakarn-Kukwang Rd., ☎ 075-323 777, 🖥 www.twinlotushotel.net, [8550]. Luxuriöses, ein wenig in die Jahre gekommenes Hotel mit 120 Zimmern. Großer Pool und gut ausgestattetes Fitnesscenter, Tischtennis. Restaurant. Angegliedert der Singha Pub sowie die Disco Fusion, beide mit Livemusik. Promotion im Internet. WLAN. ❹–❺

ESSEN UND UNTERHALTUNG

A&A Restaurant, Pak Nakhon Rd. Kühles, elegantes AC-Restaurant, auch Frühstück.

Chao Roer, Tha Chang Rd. Schönes Restaurant auf 2 Ebenen, direkt am Fluss. Gemütliches Ambiente, große Holztische und viel Grün drumherum. Etwas gehobene Thai-Küche.

Daily Hut, Phathanakan Hu Kwang Rd. Gutes Seafood, Hamburger und Steaks unter dreieckigem Glasdach mit darüber laufendem Wasserfall. Zu erkennen an der schwarzweißen Kuh vor der Tür.

Gotee, Phathanakan Hu Kwang Rd. In einer großen Halle mit grünem Dach wird koreanisches BBQ geboten: Aus einer großen Auswahl an Fleisch und Fisch nimmt man, so oft und so viel man will, und grillt oder kocht es selber am Tisch. Daneben Beilagen und Obst. 🕐 ab dem frühen Abend.

Ligor Home Bakery, im Bavorn Bazaar. AC-Restaurant im Stil der 50er-Jahre, große Frühstückskarte, Riesenauswahl an Reisgerichten sowie Kuchen und Eis.

Nachtmarkt in der Ratchdamnoen Rd. zwischen Fluss und Stadion. Essensstände auch zum Sitzen. Hier treffen sich auch die Einheimischen zum Essen. 🕐 tgl. ab 16 Uhr.

Nung Len Restaurant, im Bavorn Bazaar. In einem kleinen, bunt bemalten Holzhaus treffen sich vor allem die jungen Leute auf einen Eiskaffee, einen leckeren Shake oder eines der schmackhaften Thai-Gerichte. Faire Preise. P.J., der Betreiber, spricht sehr gut Englisch und kann gute Tipps geben. ❸

Rock 99, im Bavorn-Bazaar. Restaurant und Bar mit europäischen Gerichten, Baguettes, Thai-Küche und Cocktails. Oft Livemusik. Fr und manchmal auch Sa der Treffpunkt der hier lebenden Ausländer.

Thai Chai Steakhouse, nahe dem Wat Mahathat. Nettes kleines Restaurant mit frisch gebrühtem Kaffee, tollen frischen Frucht-Shakes und guter Thai-Küche zu fairen Preisen. Ein toller Platz zum Ausruhen vor oder nach dem Tempelbesuch. Einen Blick wert ist auch das hier zu besichtigende Holzhaus.

SONSTIGES

Einkaufen

Wer zwischen Moschee und Kanal die **Tha Chang Rd.** Richtung Süden entlangbummelt, kann auf der rechten Seite Lederartikel,

DIE SÜDLICHE GOLFKÜSTE

Schmuck und Kunsthandwerk erwerben. Zudem hat Nakhon einige Märkte zu bieten, darunter den großen, 3x wöchentl. stattfindenden **Hua It-Markt** in der Nähe des Busbahnhofs, wo abends hauptsächlich Kleidung und CDs verkauft werden. Auch auf dem Straßenmarkt in den schmalen Gassen gegenüber vom **Bahnhof** kann man bis spät abends einkaufen. Im südlichen Tempelbereich des Wat Mahathat bieten verschiedene Stände des **Handicraft Center** neben Snacks auch Souvenirs und Kunstgewerbe-Artikel der Region an, darunter Messing-, Bronze- und Silberarbeiten sowie Schattenspielfiguren und Korbwaren.

Informationen

Tourist Office, Tha Chang Rd., ☎ 075-346 515, ✉ tatnksri@tat.or.th. Die Mitarbeiter sprechen Englisch und sind sehr hilfsbereit. Die meisten Prospekte nur auf Thai. Wer plant, in den Khao Luang National Park zu reisen, kann nach einem TAT-Informationsheft fragen, das eine grobe Übersichtskarte der Gegend beinhaltet. ⏲ 8.30–16.30 Uhr.

NAHVERKEHR

Auf den beiden Hauptstraße fahren ständig **Songthaew** von Nord nach Süd und zurück. Pro Fahrt kosten sie 15 Baht. Die Querverbindung zwischen den Hauptstraßen wird hingegen selten bedient: Man muss entweder laufen oder sich auf ein Mopedtaxi schwingen. Teils lassen sich die Songthaew auch für diese Strecken mieten. **Motorradtaxis** innerhalb der Stadt ab 20 Baht einfache Strecke. Außerdem gibt es noch vereinzelt **Fahrrad-Rikschas**, vor allem vor dem Zoo, die ab 50 Baht in die Pedale treten.

TRANSPORT

Minibusse

Abfahrtsstellen der Minibusse siehe Karte. HAT YAI, von 5.30–18 Uhr alle 30 Min. für 120 Baht in 3 Std. KHANOM, von 7–17 Uhr alle 40 Min. für 85 Baht in 1 1/2 Std. KO SAMUI/KO PHA NGAN (Festland-Pier), von 7–17 Uhr jede Std. für 120–150 Baht in 3 1/2 Std. KRABI, von 8–16.30 Uhr jede Std. für 160 Baht in 2 1/2 Std.

PHUKET, von 6–16 Uhr jede Std. für 300 Baht in 4 1/2 Std. SICHON, von 6.30–16 Uhr alle 30 Min. für 60 Baht in 1 Std. SURAT THANI, von 6–17 Uhr jede halbe Std. für 130 Baht in 2 Std. TRANG, von 7.30–17 Uhr jede Std. für 120 Baht in 2 Std.

Busse

Der **Busbahnhof** liegt etwa 1 km westlich des Zentrums. BANGKOK, 8, 9, 17, 17.10 und 17.30 Uhr für 760–970 Baht in 11 Std. HAT YAI, 4.30–16 Uhr stdl. für 100–146 Baht in 4 Std. PHATTALUNG, 5.30–17 Uhr jede halbe Std. für 70–80 Baht in 3 Std. PHUKET (über KRABI), 6–10 Uhr sowie 13 und 16 Uhr für 315 Baht in 6 Std. SONGKLA, 5–15 Uhr stdl. für 100–125 Baht in 4 1/2 Std. SURAT THANI (über SICHON), 5–17 Uhr stdl. für 90–100 Baht in 3 Std.

Eisenbahn

Siehe Bahnfahrplan „Southern Line" S. 817.

Flüge

Der **Flughafen** liegt etwa 20 km nördlich des Zentrums. **Air Asia** fliegt 3x tgl., **Nok Air** bis zu 5x tgl. von und nach BANGKOK. Beide verlangen um die 2700 Baht.

Khao Luang National Park

Nur etwa 10 km nordwestlich der Stadt befindet sich der **Khao Luang National Park**. Dieser 570 km^2 große Nationalpark erstreckt sich um den 1835 m hohen Khao Luang. Wer einen Ausflug zwischen Januar und April macht, wird beeindruckende Wasserfälle inmitten eines tropischen Primärwalds bestaunen können: In dem grünen Monsunwald stürzen die **Karom-Wasserfälle** von den Felsen herab. Sieben der 19 Fälle erreicht man über einen Pfad. Der natürliche Pool am Fuße des 7. Wasserfalls lädt zum Bade. Im neunstufigen **Prom Lok-Wasser-fall** finden sich einladende Badebecken und für Mutige eine felsige Rutschbahn. Die Umgebung ist ein Paradies für Naturfreunde: Orchideen-Liebhaber kommen hier ebenso auf ihre Kosten wie Vogelbeobachter.

Als Übernachtungsmöglichkeiten stehen Nationalparkbungalows zur Verfügung, zudem kann man zelten ❸–❺. Es gibt ein Restaurant und Waschhäuser. Transport am einfachsten mit dem Mietwagen inkl. ortskundigem Fahrer. Allradantrieb ist Voraussetzung. In Nakhon Si Thammarat hat das Tourist Office in einem TAT-Informationsheft eine grobe Beschreibungskarte der Gegend veröffentlicht. Im Office kann man zudem Kontakt zu privaten Fahrern herstellen.

Trekkingtouren sollte man während der Regenzeit von Oktober bis Dezember meiden. Eintritt 200 Baht.

Phattalung

Die Stadt Phattalung [8551] ist nahezu 850 km von Bangkok entfernt und sowohl geografisch als auch geschichtlich an Songkhla und den Süden angebunden. Die etwa 42 000 Einwohner sehen selten ausländische Touristen – und lachen alle freundlich-schüchtern, wenn man ihnen auf der Straße begegnet. Nahezu alles ist ausschließlich auf Thai geschrieben, und so wird ein Besuch hier zu einem Erlebnis: Nichts ist für westliche Touristen gemacht, aber sie sind herzlich willkommen, am täglichen Leben teilzunehmen.

Phattalung ist bekannt für die Pflege der traditionellen Künste. Legenden berichten, dass hier die Ursprünge des Schattenspiels **Talung** und des **Nora-Tanzes** liegen. Nora ist eine Form des klassischen Thai-Tanzes, der von Indien beeinflusst wurde. Der Tanz wird in Phattalung College der Künste gelehrt, und so gibt es einige recht gute Gruppen, die ihre Fähigkeiten immer mal wieder auf Festivals und anderen Veranstaltungen präsentieren (s. Kasten).

In der Stadt selbst ist der Höhlentempel **Wat Kuha Sawan** zu besichtigen. Schon während der Sri Vijaya-Periode sollen diese Höhlen als Meditationsklöster gedient haben. Im hinteren Bereich der großen Tempelhöhle, die einen lie-

Die Stadt der Wettbewerbe

In Phattalung sind die wichtigsten Feste zugleich Wettbewerbe: Im April wird ein Schattenspiel-, im Juni ein Tanz- und im Oktober der **Trommel-Wettbewerb** ausgetragen. Dieser ist von besonderer Bedeutung und eng mit dem wichtigsten buddhistischen Fest der Region verbunden, der Feier zum Ende der buddhistischen Fastenzeit. Es wird im Oktober in allen Provinzen begangen, doch in Phattalung hat sich dazu eine besondere Tradition entwickelt. Zum **Phon Lak Phra Festival** werden Statuen Buddhas von Wat zu Wat getragen, mal auf dem Wasser, mal auf dem Land. Begleitet wird die Prozession von Trommlern, die, sobald sie beim Wat angekommen sind, mit den dort Feiernden in einen Wettbewerb um den besten Trommelrhythmus treten. Spaß ist garantiert. Zum Fest werden zudem jeden Oktober viele Händler erwartet, eine ganze Woche lang: Feiern angesagt, mit Tanz-, Trommel- und Gesangsshows, Bootsprozessionen und Volkstheater.

genden und zahlreiche sitzende Buddhafiguren beherbergt, gelangt man über Treppen ins Innere des Berges. Hier ist nichts zu sehen, nur das stetige Tropfen von Wasser durchbricht die Stille. Der Tempel selbst wurde in der Ayutthaya-Periode erbaut und später zum wichtigsten Heiligtum der Region gekürt. Am Eingang sind Inschriften mit Initialen diverser königlicher Besucher zu sehen. 2013 wurde das Wat renoviert. Vor dem Höhleneingang führen Stufen den Berg hinauf. Oben angelangt, eröffnet sich ein weiter Blick über die kleine Stadt Phattalung.

ÜBERNACHTUNG

Alle Hotels haben nur Thai-Sender im Programm, sodass der Fernseher letztlich nur ein Möbelstück ist.

City Park Hotel ③, Padung Tonya Rd., ☎ 074-613 516, [8553]. Gutes kleines Hotel mit großen Zimmern auf 2 Etagen. Schöne Bäder, moderne AC, kleine Balkone, Garten. WLAN. ❹

Holiday Hotel ④, Padung Tonya Rd., ☎ 074-612 555, [8555]. Nettes kleines Hotel mit etwas

Phattalung

Übernachtung:
1. Lampam Resort
2. Phattalung Thai Hotel
3. City Park Hotel
4. Holiday Hotel

Nakhon Si Thammarat, Hat Yai, Lam Pan, Trang,

Transport:
1. Pick-up
2. Songthaew→Thale Noi
3. Busse→Surat Thani
4. Busse und Minibusse→Hat Yai
5. Busse→Krabi, Phuket, Trang

Höhlenkloster Tham Malai Thale-Noi-Wasserschutzpark, Thale Sap, Wat Wang, Hat Sansuk Lam Pam (8 km),

Wat Nudon Phanwittaya

Essen:
1. Boom Steak
2. Nachtmarkt
3. Bannanon Coffee & Bakery
4. Garküchen

kitschig eingerichteten Zimmern. Die Besitzer sprechen so gut wie kein Englisch, sind aber sehr hilfsbereit und freundlich. ❸–❹
Lampam Resort ①, 88 Ramesuan Rd., ☎ 074-604 525, 🖥 www.lampamresort.com, [8554]. 60 Bungalows mit Ventilator oder AC direkt am Fluss. Moskitonetze. Viele mit Balkon zum Fluss. Es gibt auch große Zimmer für bis zu 6 Pers. Restaurant mit Seeblick und Seafood. ❷–❹
Phattalung Thai Hotel ②, 14/1-5 Disara Skarin Rd., ☎ 074-611 636, [8556]. Ältere Zimmer mit Ventilator oder AC. ❶–❷

ESSEN

Das Essen auf dem **Nachtmarkt**, der ab 17 Uhr am Bahnhof aufgebaut wird, ist gut und günstig.
Bannonan Coffee & Bakery, am Wat. Beliebtes, charmantes Café-Restaurant mit Kuchen und Thai-Küche. Leckerer Eiskaffee. Von jungen Leuten betrieben. Bisher gibt es die Karte nur in Thai. ⏰ 10–20 Uhr.
Boom Steak, gegenüber vom Bahnhof. Wer Steak, Burger, Wurst und Fritten liebt, ist hier richtig. Es gibt aber auch Thai-Küche in diesem

klimatisierten Restaurant mit dem Charme eines amerikanischen Fastfood-Ladens der 80er-Jahre. Freundliche Leute. ⏰ 9.30–21 Uhr.
Im Einkaufszentrum **Coliseum** an der Ramesuan Rd. sind **KFC**, **Svensens Eis** und ein **Donutladen** angesiedelt.

TRANSPORT

Busse

Der **Busbahnhof** von Phattalung liegt etwa 5 km außerhalb des Stadtzentrums.
BANGKOK (vom Busbahnhof), 4 Busse zwischen 8.45 und 10.20 Uhr, ab 16 Uhr nahezu alle 30 Min. bis 21.50 Uhr für 500–775 Baht. VIP-24-Busse um 9.45 Uhr und 7 weitere ab 17.30–20.40 Uhr für ca. 1000 Baht in 12–14 Std.
HAT YAI (ab Zentrum), Bus für 70 Baht oder Minibus für 80 Baht jeweils ab 5.30–18 Uhr jede halbe Std. in 1 1/2 Std.
KRABI, mit dem Bus Richtung Phuket für 170 Baht in 3 Std.
NAKHON SI THAMMARAT, zwischen 6 und 16 Uhr stdl. für 70 Baht in 3 Std.

PHUKET, ab der Ramesuan Rd. 6 Busse zwischen 9 und 14 Uhr, zudem um 19.10, 20.30 und 22.20 Uhr für 300 Baht in 6 Std.
SURAT THANI (ab Zentrum), 5x tgl. zwischen 9 und 16 Uhr für 90 Baht in 3 Std.
TRANG, mit dem Bus nach Phuket für 60 Baht in 1 1/2 Std.

Eisenbahn
HAT YAI, 6 Uhr (Ankunft 7.44 Uhr), 8.30 Uhr (10.14 Uhr), 10.38 Uhr (12.05 Uhr), 12.35 Uhr (14.36 Uhr) und 14.22 Uhr (16 Uhr) für 18 Baht.
NAKHON SI THAMMARAT, 6 Uhr (Ankunft 8.30 Uhr), 11.41 Uhr (13.55 Uhr) und 15.29 Uhr (17.35 Uhr), möglich nur in der 3. Klasse, 22 Baht.
SURAT THANI, 8.29 Uhr (Ankunft 13.13 Uhr) und 6 Uhr (17.50 Uhr) für 42 Baht.

Die Umgebung von Phattalung

Die Umgebung Phattalungs wird bestimmt von Kalksteinbergen, in denen sich zahlreiche Grotten befinden. Vor allem aber zieht der nahe gelegene **Thale Noi-Wasserschutzpark** Naturliebhaber in seinen Bann (Kasten S. 504). Zudem laden Handwerksdörfer ein, den Menschen bei der täglichen Arbeit zuzusehen.

Höhlenkloster Tham Malai
Etwa 2 km vom Stadtzentrum entfernt liegt das Höhlenkloster **Tham Malai**. Die beiden berühmtesten Gipfel der Umgebung, der Broken Chest und der Broken Head Mountain, begrenzen die Höhle. Der Legende zufolge sind die beiden Berge zwei versteinerte Frauen, die sich einst eifer-

Von Vogelschwärmen und Lotusfeldern

Der **Thale Noi-See** ist ein beeindruckendes Naturschutzgebiet mit einer Größe von insgesamt 450 km². Das Gebiet, das bereits seit 1975 unter Naturschutz steht, umfasst neben dem See vor allem auch Sumpfland, Grasland und Regenwaldgebiete. Der See selbst ist 5 km breit und 6 km lang und erreicht eine maximale Tiefe von 1,20 m.
Zahlreiche Vögel, knapp 190 Arten, sind in diesem Gebiet heimisch. Wenn in der Hauptsaison von Oktober bis März noch die Zugvögel hinzukommen, tummeln sich hier bis zu 50 000 Vögel – ein Naturschauspiel besonderer Art, denn dann blüht auch der pinkfarbene Lotus im See und lässt die Szenerie geradezu irreal kitschig erscheinen. Frühmorgens, wenn die Sonne aufgeht und das Leben auf dem See erwacht, geben die Vögel ein einzigartiges vielstimmiges Konzert.

Das Long Ruea-Lae Nok Thale Noi Festival
Seit 1998 wird alljährlich ab Mitte Februar bis Mitte März ein einmonatiges Festival veranstaltet, bei dem schöne Fahrten mit dem Longtail-Boot geboten und lokale Künste präsentiert werden. Zudem sind dann an den Verkaufsständen der nahe gelegenen Handwerksdörfer am See interessante Souvenirs zu erstehen.

Handwerker und Purpurhühner
Phattalung ist für seine Handwerksdörfer bekannt, die jeweils nur eine Kunstfertigkeit ausüben. Dazu zählt z. B. die Herstellung von Matten aus Schilfgras, das am See wächst. Die Purpurhühner bauen aus diesem Gras übrigens auf dem Thale Noi kleine „Plattformen", auf denen sie ihre Brut großziehen und herumwandern (was ein besonderes Schauspiel ist). Auf einem Bootsausflug legt man oft an kleinen Läden und Dörfern an und kann geflochtene Matten, Hüte oder Taschen erstehen.

Mit dem Longtail-Boot auf dem Thale Noi
Touristen können den See auf zweierlei Routen befahren, wobei sie immer auf die Genehmigung und den Service der Thale Noi-Parkverwaltung angewiesen sind. Ratsam ist der frühe Aufbruch. Eine Bootstour dauert 90 Min. und kostet rund 300 Baht p. P. Es ist zudem möglich, am See zu nächtigen; mehr Infos unter ✆ 074-685 230 oder im Restaurant Rim Nam. Hier können private Unterkünfte ab ca. 200 Baht vermittelt werden.

süchtig um einen Mann stritten. Man erreicht Tham Malai, indem man an den Bahngleisen entlang Richtung Norden läuft. Für eine Besichtigung der Höhle sind eine Taschenlampe und Mückenschutz ratsam.

Die Tempel der Umgebung

Auf dem H4047 erreicht man etwa 8 km vom Stadtkern entfernt den ältesten Tempel der Region: das **Wat Wang**, erbaut während der Herrschaft Ramas III. Beeindruckend sind die Malereien aus dem 18. Jh. mit Darstellungen von Buddhas Leben in der renovierten Kapelle.

Am bekanntesten ist **Wat Khiam Bang Kaeo**, das vor allem wegen seiner Geschichte interessant ist. Das Wat stammt aus der Ayutthaya-Periode. Es wurde im Stil des Phra Mahathat in Nakhon Si Thammarat (S. 497) erbaut. Auf dem Tempelgelände fanden sich zahlreiche alte Buddhadarstellungen und Ruinen, die darauf schließen lassen, dass die Stadt Phattalung, die in ihrer Geschichte mehrmals ihren Standort wechselte, einst hier gestanden haben könnte. Der Tempel befindet sich am H4081 am Kilometerstein 14.

Lam Pan und Thale Sap

Etwa 8 km von Phattalung in Richtung Osten liegt der **Songkhla-See**, der in seinem nördlichen Bereich auch Thale Sap heißt. Er gilt als der größte Süßwassersee Thailands und erstreckt sich über mehr als 1000 km². Vom Meer ist er durch eine schmale, fast 80 km lange Landzunge getrennt. Von Phattalung aus sind die interessanten nördlichen Teile des Sees, **Thale Luang** und **Thale Noi**, zu erreichen.

Am **Dorfstrand von Lam Pan** kann man leckeren Fisch essen. Die Imbissbuden locken vor allem am Wochenende auch zahlreiche Thai-Familien an. Unter der Woche ist es hier ruhig und beschaulich. An Wochenenden werden Bootsausflüge zur Vogelbeobachtung angeboten. Auch ein Bootstrip zu den Schwalbennester-Inseln **Ko Si** und **Ko Ha** mitten im See sind möglich. Songthaew nach Lam Pan starten ab Phattalung in der Parallelstraße südlich zum Bahnhof für 12 Baht.

Der **Thale Noi** (ganz im Norden, S. 504) liegt etwa 32 km nordöstlich von Phattalung-Stadt

und ist auf dem Highway 4048 zu erreichen. Busse starten ab der Posaart Road für 25 Baht, zurück geht es bis 17 Uhr.

Handwerksdörfer

Der Verarbeitung von Kokosnüssen hat sich die Bevölkerung des Dorfes **Ban Khok Wua** verschrieben. Das Dorf liegt etwa 6 km von Phattalung entfernt Richtung See und wird liebevoll „The Million Baht Coconut Shell Village" genannt. Von Küchenutensilien bis zu Schmuck und Dekorationsgegenständen gibt es wohl wenig, was sich nicht aus einer Kokosnuss herstellen ließe. Fast hundert Haushalte sind dem Ruf ihres Dorfoberhauptes gefolgt und haben sich auf die Verarbeitung der großen Nüsse spezialisiert. Wer Lust hat auf eine Kokosnusslampe, einen Eierlöffel oder ein Kokosnussweinglas, der sollte dieses Dorf aufsuchen oder auf einem der Feste nach Ständen seiner Bewohner Ausschau halten. Da viel in angrenzende Länder exportiert und in andere Regionen Thailands verkauft wird, stößt wahrscheinlich jeder einmal auf ein Kokosnussprodukt aus diesem Dorf.

Songkhla

Das hübsche Städtchen **Songkhla** [2830] steht etwas im Schatten der benachbarten Boomtown Hat Yai, die als Verkehrsknotenpunkt und Einkaufsparadies alle Aufmerksamkeit auf sich zieht – dabei ist Songkhla als Provinzhauptstadt eigentlich die „wichtigere" Stadt. Aber vielleicht sind die Bewohner von Songkhla auch ganz froh, dass ihnen der Lärm und die Hektik der großen Nachbarin erspart bleiben; zumindest kann man sich dieses Eindrucks nicht erwehren, wenn man Jung und Alt unter den Kasuarinen am kilometerlangen Stadtstrand sitzen sieht, ein milder Wind in den Bäumen rauscht und die Sonne malerisch im Meer versinkt.

Songkhla liegt auf einer Landzunge, die sich von Südosten nach Nordwesten in den Golf von Thailand erstreckt. Fast die gesamte östliche Seite dieser Landzunge säumt der wunderbare Samila-Strand, der sich über 9 km ausdehnt. Das Gewässer am westlichen Ufer, wo die Hafenanlagen und Piers liegen, ist der **Songkhla-**

See, Thailands größter Binnensee, der sich weit nach Norden erstreckt (S. 505). Bei Songkhla liegt die knapp 400 m breite Einfahrt, die diesen See mit dem Golf von Thailand verbindet.

Bei einem Rundgang lassen sich die wenigen Sehenswürdigkeiten der Stadt entdecken. Im Zentrum künden Reste von **Festungsmauern** aus dem 15. Jh. von einer langen, bedeutungsvollen Geschichte der Siedlung. Schräg gegenüber den Festungsmauern steht das kleine **Pathammaron-Museum**, das den berühmtesten Sohn der Stadt ehrt: **General Prem Tinsulanonda**, Premierminister von 1980 bis 1988. Das hübsche Holzhaus enthält einige Stücke aus Familienbesitz; eine Besichtigung dauert nur wenige Minuten, ⊙ 8.30–16 Uhr, Mo und feiertags geschl., Eintritt frei. Auf dem Gelände befindet sich auch eine kleine **Touristeninformation**. Kulturell und historisch Interessierte können sich im nahe gelegenen **Provinzmuseum** weiter in die Besonderheiten der Region vertiefen. Das Haus wurde 1878 als Privathaus errichtet und war später Sitz des Gouverneurs der Region, ⊙ Mi–So 9–16 Uhr, Eintritt 30 Baht.

Nördlich des Zentrums liegt auf einem kleinen Berg, dem **Khao Tang Kaon**, der **Chedi Luang**, ein jahrhundertealtes Heiligtum, das sein heutiges Erscheinungsbild König Mongkut verdankt, der 1856 Geld für die Restauration zur Verfügung stellte. 1996 stiftete der heutige König einige Buddha-Reliquien, die im Chedi untergebracht sind. Wer sich die knapp 200 Stufen Aufstieg ersparen will (Zugang von der nordöstlichen Seite), kann auch den neuen Lift benutzen; Betrieb von 8.30–18.30 Uhr, 30 Baht.

Eine Sehenswürdigkeit der besonderen Art ist die **Statue der Meerjungfrau**, die seit 1966 auf einem kleinen Felsen am Nordende des Hat Samila sitzt und zum Wahrzeichen der Stadt avanciert ist – kaum ein Thai-Besucher, der sich nicht mit ihr zusammen fotografieren ließe. Weitere Statuen und Skulpturen finden sich in loser Folge an der gesamten Ostseite der Landzunge.

Das **Katze und Ratte**-Ensemble etwas westlich der Meerjungfrau bezieht sich auf die beiden kleinen vorgelagerten Inseln, Ko Meo und Ko Nu, die fantasievolle Betrachter an eine Katze und ein Nagetier erinnern.

Die vielleicht bemerkenswerteste Skulptur von allen ist die dreiteilige **Naga-Schlange**. Ihr Schwanzende findet sich in der Chalatat Road etwa in Höhe des Golfplatzes. Der mittlere Teil mit dem Nabel ragt halbkreisförmig an der Laen Son On Road aus dem Boden empor; das Kopfende findet sich an der äußersten Spitze der Landzunge und speit dort in einem hohen Bogen Wasser in die schmale Einfahrt des großen Sees – Nagas gelten in der thailändischen Mythologie als Wächter von Einfahrten und Übergängen. Der Bau des Denkmals wurde im Jahre 2006 vom Bürgermeister Uthit Chuchoy angestoßen, der den Bürgern seiner Stadt durch die Anrufung dieses mächtigen Fabelwesens ewiges Wohlergehen (und sich vielleicht einen Platz in der Geschichte) sichern wollte. Eingeweiht wurde es 2007.

Aus der gleichen Zeit stammt das kleine **Aquarium**, 🖥 www.songkhlaaquarium.com, am Nordende der Landzunge. Von außen präsentiert es sich in moderner Architektur, innen gibt es neben einigen Schwärmen von Korallenfischen auch Haie, Rochen und große Barsche zu sehen. Zwei Tunnel und ein großes, 3 x 7 m messendes Panoramafenster ermöglichen gute Einblicke. ⊙ Di–Fr 9–16, Sa, So bis 17 Uhr, Eintritt 300 Baht, Kinder 200 Baht. Auf dem Gelände gibt es auch eine **Go-Cart-Bahn**, ⊙ 9–21 Uhr.

Über die lange **Tinsulanonda-Brücke** südlich des Zentrums ist die Insel **Ko Yor** erreichbar, die für ihre Baumwollstoffe bekannt ist. Im Norden der Insel steht das interessante **Folklore-Museum**, das zur dortigen Universität gehört. Die umfangreiche Sammlung zu Südthailand wird in mehreren Häusern präsentiert. ⊙ Mo–Fr 8.30–16.30 Uhr, Eintritt 100 Baht.

Die Unterkünfte in Songkhla sind bis auf ein paar höherpreisige Anlagen alle sehr einfach und preiswert. Überall wird man freundlich empfangen.
B.P. Samila Beach Hotel & Resort ①, 8 Ratchadamnoen Rd., 📞 074-440 222, [8557]. Schön an der Landzunge bei der Goldenen Meerjungfrau gelegene Bettenburg mit über 200 Zimmern. Auf jeden Fall ein Zimmer mit Meerblick nehmen. Pool und Fitnesscenter. Frühstück inkl. ❺

Chokdee Inn ②, 14/19 Vichainchom Rd., ☏ 074-312 275, [8558]. Versprüht mit seinem hellblauen Innenanstrich fast ein wenig mediterranes Flair. Die sauberen Zimmer werden auch zur monatlichen Miete angeboten. ②

Pavilion Songkhla Hotel ⑤, 17 Platha Rd., ☏ 074-441 850, 🖥 www.pavilionhotel.co.th, [8559]. Sehr gepflegte Herberge mitten in der Stadt. Die 180 Zimmer in 3 Kategorien sind einladend und komfortabel. Interieur mit leichten kolonialen Anklängen. WLAN. ⑤–⑥

Queen Hotel Songkhla ④, 20 Traibur Rd. Helle, saubere Zimmer in diesem Haus mit Aufzug; besonders empfehlenswert ist die größere „Suite" mit ihren Fenstern zu 2 Seiten. ②–③

Rajamangala Pavillion Beach Resort ⑥, 1 Ratchadamnoen Rd., Eingang an der Chalathat Rd., ☏ 074-487 222, 🖥 www.pavilionhotels. com, [3226]. Schicke Unterkunft, vom Hat Samila nur durch die Straße getrennt. Komfortabel ausgestattete Zimmer in mehreren Gebäuden, dazwischen Grünflächen. Kleiner Pool. Suiten mit Kochgelegenheiten. Beliebt bei höherrangigen Militärs, die die benachbarte Navy Base besuchen. ⑤–⑥

Songkhla Gh. ③, 15/30-39 Rongmuang Rd., ☏ 085-895 1573. Im Holzhaus an der Straße preiswerte, z. T. gemütliche Zimmer mit Ventilator für Nostalgiker. Im nahe gelegenen neueren Haus, das über eine Seitenstraße zu erreichen ist, AC-Zimmer mit riesigen Bädern und TV. Im Songkhla Guesthouse auch Mopedverleih (Halbautomatik, 200 Baht/Tag). ①–②

ESSEN

Einige gute **Essensstände** befinden sich in der Nähe des Subsin-Marktes und der Post. Dabei wechselt die Auswahl im Laufe des Tages; wen es beispielsweise nach einer guten Reissuppe gelüstet, der sollte morgens vor 9 Uhr da sein. **Seafood-Restaurants**, in denen es zumeist auch eine Auswahl Fleischgerichte gibt, reihen sich entlang der Strandstraße südlich der Goldenen Meerjungfrau, einige weitere westlich von dieser.

Im bis auf die Worte **Bakery & Coffee** nur auf Thai beschrifteten Restaurant neben der Pizza Company in der Pra Ta 32-34 gibt es neben Eis und Kuchen auch eine große Auswahl an

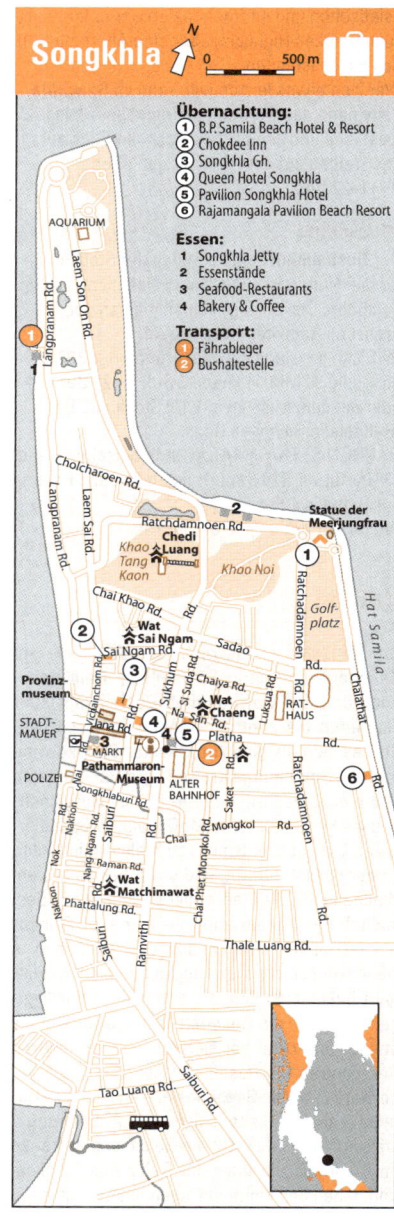

Songkhla

Übernachtung:
① B.P. Samila Beach Hotel & Resort
② Chokdee Inn
③ Songkhla Gh.
④ Queen Hotel Songkhla
⑤ Pavilion Songkhla Hotel
⑥ Rajamangala Pavilion Beach Resort

Essen:
1 Songkhla Jetty
2 Essenstände
3 Seafood-Restaurants
4 Bakery & Coffee

Transport:
① Fährableger
② Bushaltestelle

DIE SÜDLICHE GOLFKÜSTE

asiatischen und internationalen Gerichten. Kein kulinarisches Highlight, aber eine Alternative zu den Essensständen.

Wer sich etwas leisten will, kann im **Songkhla Jetty** nahe dem Fähranleger nicht ganz billige westliche und asiatische Küche mit Blick auf das Treiben auf dem Wasser genießen.
⊕ 11–22 Uhr.

TRANSPORT

Der **Busbahnhof** liegt im Süden der Stadt, doch für die Weiterreise muss man sich nicht hierher bemühen. Besser weg kommt man an der Kreuzung Ramvitee Rd./Jana Rd.

HAT YAI, ganztags mit dem grünen Bus 1871 etwa alle 30 Min. in knapp 2 Std. für 25 Baht oder mit dem Minivan in 1 1/2 Std. für 30 Baht (Haltestelle Ravmitee Rd.).

NAKHON SI THAMMARAT, stdl. zwischen 6 und 17 Uhr für ca. 120 Baht (Haltestelle Jana Rd. an der Bank) in 4 Std.

Weiter entfernte Ziele ab Hat Yai.

Hat Yai

Hat Yai [2831] ist das wichtigste Verkehrs- und Geschäftszentrum in Südthailand. Dem Besucher, der sich von Bahnhof, Busbahnhof oder Flughafen ins Zentrum bringen lässt, präsentiert es sich als eine Art Miniatur-Bangkok: mit breiten Umgehungsstraßen, großen Vororten und einem modernen Zentrum, das Hotelhochhäuser, Einkaufsmeilen, McDonalds & Co beherbergt. Die nächste Grenze zu Malaysia in Sadao ist nur 60 km entfernt, und so ist besonders am Wochenende die Stadt voller Besucher aus dem südlichen Nachbarland, die hier zum Einkaufen herkommen oder um sich das zu holen, was sie im konservativeren Heimatland nicht so einfach bekommen können: schnelle „Liebe" gegen Geld. Dieses Geschäft geht hier allerdings etwas verdeckter vor sich als in den ordinären Sex-Zentren für westliche Besucher: Statt Gogo-Bars und Vier-Gewinnt-Kneipen sind hier Hotelbars und Massagesalons die Anbahnungsstätten. Wären da nicht die vielen jungen Frauen im Minirock, die über die Gehsteige stöckeln und neben den kopftuchtragenden Musliminnen

besonders auffallen, würde der Besucher kaum etwas mitbekommen.

Für die meisten Reisenden aus dem Westen ist Hat Yai eine Durchgangsstation. Die Verkehrsverbindungen sind vielfältig; alle touristischen Ziele Südthailands werden bedient, ebenso Malaysia.

Wer in Hat Yai übernachtet, kann abends durch die Straßen des Zentrums bummeln: Zwischen den Niphat Uthit-Straßen 1-3 und der Sanehanusorn Road in Nord-Süd- sowie der Suphasarnrangsarn und Thammanoon Vithi Road in Ost-West-Richtung gibt es Restaurants verschiedener Küchen, Straßenstände, Marktgassen und Geschäfte.

Wer einen ganzen Tag hier verbringen muss oder will, kann etwas außerhalb das **Wat Hat Yai Nai** in der Petchkasem Road besuchen, dessen 35 m langer liegender Buddha zu den wichtigsten Heiligtümern der Region zählt. Zu einem Spaziergang lädt der **Hat Yai Municipal Park** an der Kanchanawit Road etwa 6 km nördlich des Zentrums ein. Hier steht eine große Statue der chinesischen Gnadengöttin Kuan Yin.

Zu den besonderen Spektakeln in dieser Gegend zählen **Büffelkämpfe** und **Tauben-Sing-Wettbewerbe**. Sie sind meist plakatiert; ansonsten kann das TAT-Büro weiterhelfen.

ÜBERNACHTUNG

Bei weit über 100 Hotels braucht man in Hat Yai keine Bettenknappheit zu befürchten; selbst an Feiertagen findet sich immer ein Zimmer (das chinesische Neujahr ausgenommen, denn dann ist meist lange im Voraus alles ausgebucht).

Was das Preis-Leistungs-Verhältnis angeht, so lohnt sich jeder mehr ausgegebene Baht – der Konkurrenzkampf ist hart, und kein Hotel kann es sich leisten, mit seinen Preisen weit über dem Durchschnitt zu liegen. Schon in der mittleren Preisklasse kann man mit livrierten Hotelpagen rechnen. Sollte das ausgewählte Hotel über Karaoke, Club oder Disco verfügen, empfiehlt es sich, ein Zimmer möglichst weit entfernt von der Geräuschkulisse zu nehmen – die Beschallung lässt manchmal die Wände wackeln! In den günstigen Unterkünften stehen oft auch Fernseher, aber ohne englisches Programm.

DIE SÜDLICHE GOLFKÜSTE

Untere Preisklasse

Birth Mansion ④, 60 Duang Chan Rd., ✆ 074-233 931, [8565]. Geräumige AC-Zimmer mit gutem Preis-Leistungs-Verhältnis. ❷

Center Mansion ⑧, 80 Prachathipat Rd., ✆ 074-351 430, [8564]. Zentral gelegene, einfache AC-Zimmer. Einige Zimmer für 3 bis zu 5 Pers. geeignet. ❷–❸

In Town ⑤, 70 Duang Chan Rd., ✆ 074-350 503, [8563]. Ordentliche Zimmer; die kleineren etwas beengt, die größeren z. T. mit Balkon. Die Rezeption ist rund um die Uhr besetzt. Es wird eine Kaution von 200 Baht verlangt. WLAN. ❷

€ **Ladda Gh.** ⑨, 13-15 Thammanoon Vithi Rd., ✆ 074-220 233, [8562]. Nahe dem Bahnhof gelegenes einfaches Gästehaus mit sauberen Zimmern, Ventilator oder AC. ❶–❷

Louise Gh. ⑩, 21-23 Thammanoon Vithi Rd., ✆ 074-220 966, [8561]. Einfache Zimmer mit AC oder Ventilator in Bahnhofsnähe. Freundliche Atmosphäre; mehr Traveller als in den anderen Häusern. ❷

Mittlere und obere Preisklasse

Centara Hotel ⑥, 1 Sanehanusorn Rd., ✆ 074-352 222, 🖥 www.centralhotelsresorts. com/csh, [8569]. Empfehlenswertes Haus mit 245 gepflegten Zimmern in verschiedenen Preisklassen, alle mit international üblicher Ausstattung. Mehrere Restaurants und Bars, Spa. ❹–❻

Color Hotel ⑪, 88 Chontara Rd., ✆ 074-354 288, ✉ thecolorhotel@yahoo.co.th, [8566]. Neues modernes Hotel mit schönen Zimmern etwas abseits des Trubels am Kanal. Internet in der Lobby. ❺

Lee Gardens Plaza Hotel ⑦, 29 Prachathipat Rd., ✆ 074-261 111, 🖥 www.leeplaza.com, [8567]. Das erstklassige Hotel mitten im Zentrum bietet sehr gut ausgestattete Zimmer mit teilweise tollem Ausblick auf die Skyline der Stadt. ❺–❼

Siam Center Hotel ②, 25-35 Niphat Uthit 2 Rd., ✆ 074-353 111, 🖥 www.siamcenterhotel.com, [8568]. 200 Zimmer im klassischen Hotelstil. Die oberen Zimmer bieten eine tolle Aussicht. Etwas in die Jahre gekommen. Safe und Mini-bar. WLAN in der Lobby. ❹

The Regency Hotel ③, 23 Prachathipat Rd., ✆ 074-353 333, 🖥 www.theregencyhatyai.com, [2833]. Hoch aufragendes Haus mit 28 Stock-werken in zentraler Lage. Beeindruckende Lobby; die insgesamt 436 Zimmer sind komplett ausgestattet; die etwas teureren mit schöner Aussicht, Badewanne, Haartrockner und Wasserkocher. ❹–❻

Wungnoy Hotel ①, 114/1 Sang Chan Rd., ✆ 074-353 441, [8570]. Relativ kleines Hotel mit 2 doppelstöckigen Häusern. Einfache bis sehr gut ausgestattete ansprechende Zimmer. ❹–❽

Im Zentrum von Hat Yai drängen sich dicht an dicht **chinesische Seafood-Restaurants** (teure Spezialitäten: Haifischflossen- und Vogelnestersuppe), **malaysisch-moslemische Restaurants** (lecker das Chicken-Biryani: Curry-Reis mit Huhn) und **thailändische Suppenküchen** (gute Nudelsuppen mit Einlage um 50 Baht). Immer einen Versuch wert sind auch die **Essensstände** auf den Nachtmärkten.

Hamid Restaurant, Prachathipat Rd., ✆ 074-243 008. Alteingesessenes Moslem-Restaurant (1967 eröffnet) mit umfassender Speisekarte. Größere Gruppen können an runden Tischen mit drehbarem Innenteil gemeinsam speisen. Die Thai-Gerichte sind weniger empfehlenswert als die malaysische Küche. Leicht gehobenes Preisniveau. Alle Gerichte in 2 Portionsgrößen erhältlich. ⏰ Mo–Fr 10–22, am Wochenende 7–22 Uhr.

Nudelsuppenrestaurant (ohne Namen), östl. Ecke Thammanoon Vithi/Sanehanusorn Rd. Einfache Nudelsuppen. 3 Köche bieten verschiedene Sorten, mal mit Blutklößchen, mal mit Fischbällchen, oder einfach nur mit magerem Fleisch.

Tara Seafood, westl. Ecke Thammanoon Vithi/ Sanehanusorn Rd. Bei asiatischen Besuchern aller angrenzenden Regionen sehr beliebt. Fisch und mehr aus der traditionellen Thai-Küche zu fairen Preisen.

Westliche Küche bieten die beiden englischen Bars/Restaurants in der Thammanoon Vithi Rd.: **Post Pub & Restaurant**, 82 Thammanoon Vithi Rd., ✆ 074-232 027, 🖥 www.potlaserdisc.co.cc.

Alteingesessenes Haus (seit 1982) mit einer umfangreichen Speisekarte, Guinness vom Fass und Livemusik ab 21 Uhr.
The Swan, 131 Thammanoon Vithi Rd., ✆ 074-354 310. Thaifood, Steaks und Sandwiches in typisch britischer Kneipen-atmosphäre mit Fußballfahnen und Großbildfernseher. ⏱ jeweils bis 1 Uhr nachts.
McDonalds und andere Fastfood-Ketten finden sich im Untergeschoss des Lee Gardens Plaza Hotel.

SONSTIGES

Einkaufen
Die Stadt ist ein Shoppingparadies für einen steten Strom von Wochenendbesuchern aus Malaysia. Besonders umfangreich ist die Auswahl auf dem **Night Bazaar** im Herzen der Stadt, wo es neben Textilien, Lebensmitteln und anderen Dingen des täglichen Bedarfs auch eine große Anzahl Amulette zu kaufen gibt – besonders beliebt bei den chinesischstämmigen Besuchern. Zwei große, klimatisierte **Einkaufszentren**, das Central in der Sanehanusorn Rd. und das Robinsons schräg gegenüber vom Bahnhof, runden das Angebot ab. Hier gibt es auch Digitalkameras und Computer (obere Stockwerke).

Geld
In einer Stadt, in der es hauptsächlich ums Kaufen geht, ist es bis zum nächsten Geldautomaten meist nicht weit. Im Zentrum außerdem genügend Banken mit Wechselschaltern; tgl. und ganztags geöffnet.

Informationen
TAT Tourist Office, 1/1 Niphat Uthit Rd., 3 Soi 2, ✆ 074-243 747, 🖥 www.songkhla tourism.org. Etwas abseits in einer Seitenstraße südlich des Zentrums gelegen. Die freundlichen Angestellten sprechen gut Englisch und können bei der Hotelsuche und Frage des Weitertransports helfen. ⏱ tgl. 8.30–16.30 Uhr.

Internet
Mittlerweile verfügen einige Hotels über WLAN, oft aber nur in der Lobby. Viele bieten aber zusätzlich kostenpflichtiges WLAN auch im

Zimmer. Mails checken kann man bequem während einer Massage, denn die zahlreichen Salons, etwa gegenüber des Central, bieten WLAN zur Fußmassage.

Medizinische Hilfe
Bangkok Hat Yai Hospital, Petchkasem Rd., ✆ 074-272 800. Internationales Krankenhaus der Kette Bangkok-Hospital, 🖥 www.bangkok hospital.com.
Songkhla Nakharin Hospital, Kanchanavanit Rd., ✆ 074-245 677.

Polizei
Tourist Police, 1/1 Niphat Uthit 3 Rd. Soi 2, südlich des Zentrums nahe dem TAT Office, Notruf ✆ 1155.

TOUREN

Im Zentrum befindet sich eine große Anzahl Reisebüros, die **Touren nach Malaysia** anbieten und fast ausschließlich von Malaysiern aufgesucht werden.
Am Bahnhof (schräg gegenüber links) haben einige auf internationale Traveller spezialisierte Reisebüros Touren zu allen größeren Zielen an der Golf- und Andamanenküste im Programm, z. B. die All-Inclusive-Tour nach **Ko Lipe** für 700 Baht. Weitere Ziele sind **Ko Samui** und **Ko Pha Ngan** (mehrmals tgl., 800 Baht), **Butterworth** (9.30, 12.30, 15.30 und 16.30 Uhr, 300 Baht), **Kuala Lumpur** (9, 10.30, 12 und 13 Uhr, 500 Baht) und **Singapore** (12 und 13.30 Uhr, 900 Baht). Weitere Infos u. a. unter 🖥 www.hatyaitour.com.

TRANSPORT

Die **Reisebüros gegenüber vom Busbahnhof** freuen sich immer, wenn sie ahnungslosen Reisenden Bustickets zu überteuerten Preisen andrehen können, die ganz einfach am Schalter im Busbahnhof selbst gekauft werden können.

Busse
Hat Yais **City Bus Terminal** liegt etwas südöstlich des Zentrums, der Transport aus der oder zur Innenstadt mit dem Mopedtaxi kostet 40–50 Baht. Den ganzen Tag über fahren Busse in alle Regionen des Südens bis hinauf nach

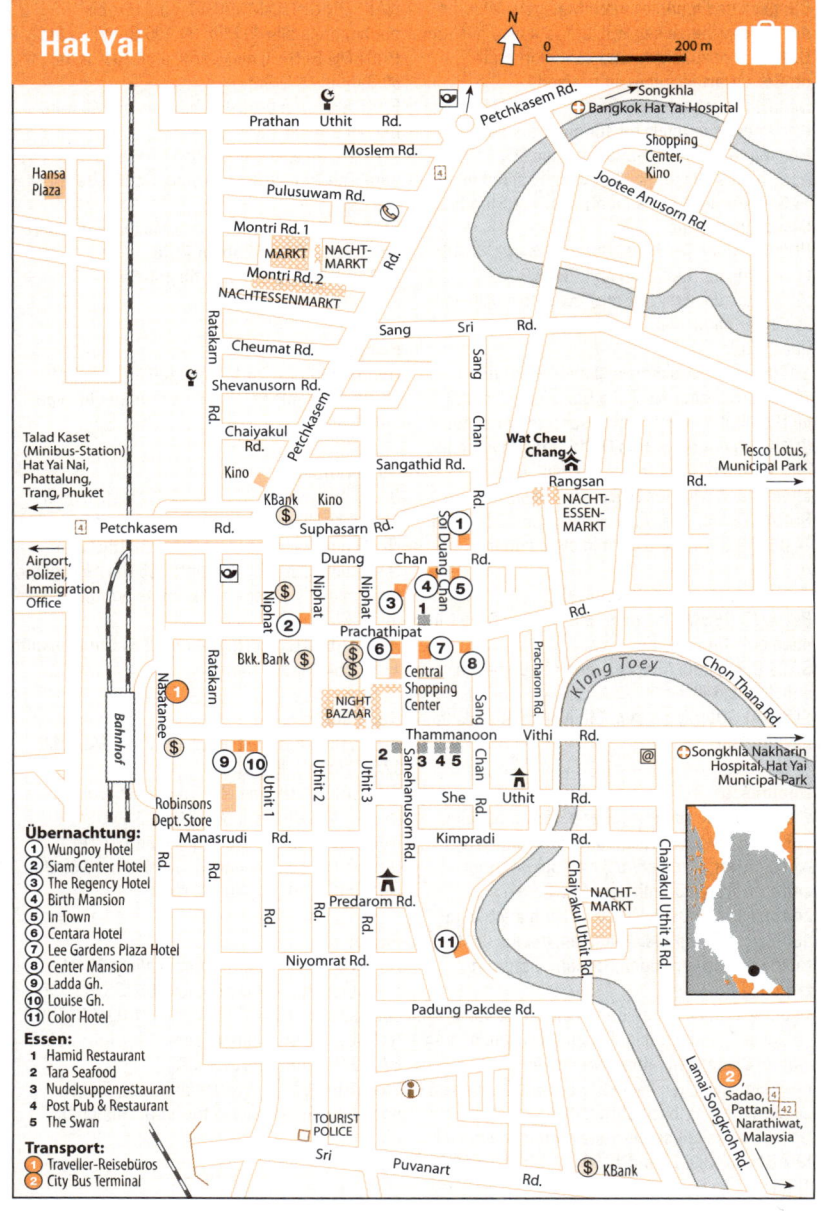

Hat Yai

N

0   200 m

Prathan   Uthit   Rd.

Petchkasem Rd.   Songkhla
Bangkok Hat Yai Hospital

Moslem Rd.

Shopping
Center,
Kino

Jootee Anusorn Rd.

Hansa
Plaza

Pulusuwam Rd.

Montri Rd. 1

MARKT   NACHT-
MARKT

Montri Rd. 2

NACHTESSENMARKT

Sang   Sri   Rd.

Ratakarn Rd.

Cheumat Rd.

Shevanusorn Rd.

Sang

Chan Rd.

Wat Cheu
Chang

Tesco Lotus,
Municipal Park

Chaiyakul
Rd.

Petchkasem Rd.

Kino

Sangathid Rd.

Rangsan
NACHT-
ESSEN-
MARKT

Rd.

Talad Kaset
(Minibus-Station)
Hat Yai Nai,
Phattalung,
Trang, Phuket

KBank   Kino
$

Petchkasem   Rd.

Suphasarn Rd.

1

Airport,
Polizei,
Immigration
Office

Duang   Chan   Soi Duang Chan   Rd.

Niphat   Niphat   Niphat   3   4   5

Niphat $ 2

Prachathipat   1

6   7   8

BKK. Bank $ $ $

Central
Shopping
Center

NIGHT
BAZAAR

Rd.

Pracharom Rd.

Sang

Klong Toey

Chon Thana Rd.

Ratakarn Rd.

Nasatanee Rd.

1

Bahnhof

$

9   10

Robinsons
Dept. Store

Uthit 1   Uthit 2   Uthit 3

Thammanoon   Vithi   Rd.

2   3 4 5

Sanehanusorn Rd.

She   Uthit   Rd.

Chan   @

Songkhla Nakharin
Hospital, Hat Yai
Municipal Park

Manasrudi   Rd.

Rd.

Kimpradi   Rd.

Chaiyakul Uthit Rd.

Chaiyakul Uthit 4 Rd.

Übernachtung:
1 Wungnoy Hotel
2 Siam Center Hotel
3 The Regency Hotel
4 Birth Mansion
5 In Town
6 Centara Hotel
7 Lee Gardens Plaza Hotel
8 Center Mansion
9 Ladda Gh.
10 Louise Gh.
11 Color Hotel

Predarom Rd.

Niyomrat Rd.

11

NACHT-
MARKT

Padung Pakdee Rd.

Essen:
1 Hamid Restaurant
2 Tara Seafood
3 Nudelsuppenrestaurant
4 Post Pub & Restaurant
5 The Swan

Transport:
1 Traveller-Reisebüros
2 City Bus Terminal

TOURIST
POLICE

Sri   Puvanart   Rd.

$ KBank

Lamai Songkroh Rd.

2   Sadao,
Pattani,
Narathiwat,
Malaysia

Bangkok und hinunter nach Malaysia. Wer mit dem Bus weiterreisen will, braucht also nur zum Busbahnhof zu fahren und kann dort ohne größere Wartezeiten weiterreisen.

BANGKOK, ist am bequemsten im VIP-24-Bus zu erreichen, mehrmals tgl. für mehr als 1000 Baht. Günstiger sind die 32-Sitzer um die 800 Baht, noch etwas billiger die 38-Sitzer. Fahrzeit mind. 13 Std.; die 38-Sitzer sind oft mehrere Stunden länger unterwegs.

PHUKET, über TRANG (2 Std., 100 Baht), KRABI (4 1/2 Std., ca. 170 Baht) und PHANG NGA (5 1/2 Std., um die 220 Baht), zwischen 6.30 und 20.30 Uhr mind. stdl. für rund 350 Baht in etwas über 7 Std.

SATUN, stdl. zwischen 6.30 und 19 Uhr für 70 Baht (Schalter Nr. 7 „im Glaskasten" mittig im Bahnhof; nur auf Thai beschriftet) in 2 Std.

SONGKHLA, grüner Bus Nr. 1871 (kann auch in der Stadt am Uhrturm angehalten werden), etwa alle 30 Min. für 20 Baht in knapp 2 Std.

SURAT THANI, mit dem roten Bus um 7.10, 9, 13, 14 und 15 Uhr für 260 Baht in etwas über 5 Std.

Grenzübergänge nach Malaysia

PEDANG BESAR, mit dem Minivan von 6–19 Uhr etwa stdl. für 50 Baht.

SADAO, mit dem Minivan von 6–18 Uhr etwa stdl. für 45 Baht.

SUNGAI GOLOK, mit dem Minivan mehrmals tgl. für 180 Baht.

Minibusse

Die Minibusse zu den weiter entfernten Zielen haben ihre eigene Busstation **Talad Kaset** westlich der Stadt, etwa 3 km vom Bahnhof entfernt. Transport mit dem Mopedtaxi ab Zentrum für 50 Baht. Wer will, kann auch eines der blauen Songthaew nehmen, die die beiden Busbahnhöfe verbinden; 12 Baht, Stadtrundfahrt inkl.

Wichtig: Minibusse heißen in dieser Gegend „Minivan", und nur mit diesem Wort kommt man weiter. Die letzten fahren, wenn nicht anders erwähnt, zwischen 16 und 17 Uhr ab, aber es ist sicherer, früher loszufahren, denn je nach Betrieb entfallen die letzten Fahrten schon mal.

KRABI, um 9.30, 12 und 15.30 Uhr für 250 Baht in 4 Std.

NAKHON SI THAMMARAT, ab 7 Uhr bis nachmittags alle 40 Min. für 100 Baht in 3 Std.

PADANG BESAR, mind. stdl. ab 8.30 Uhr für 60 Baht in 1 1/2 Std.

PAKBARA, von 8–18.45 Uhr etwa alle 40 Min. für 140 Baht in 2 Std.

PHUKET, ab 9.30 Uhr bis zu 5 Minivans, die abfahren, sobald sie voll sind, für 500 Baht in 5 Std.

SURAT THANI, ab 7.30 Uhr 5 Minivans, Abfahrt etwa stdl., für 300 Baht in 4 Std.

TRANG, ab 7.30 Uhr stdl. für 100 Baht in 2 1/2 Std.

Eisenbahn

Der Schalter für Vorbuchungen im Bahnhof (Advance Booking Office) ist geöffnet tgl. von 7–17 Uhr.

Nach Norden

BANGKOK, mit Nr. 172 um 15.39 Uhr (Ankunft 9.15 Uhr), Nr. 42 um 16.18 Uhr (Ankunft 5.55 Uhr), Nr. 38 um 17.39 Uhr (Ankunft 10.10 Uhr) und Nr. 36 um 18.30 Uhr (Ankunft 9.35 Uhr). Billigster Platz in der 3. Klasse 259 Baht, teuerster Platz in der 1. Klasse 1394 Baht.

PHATTALUNG, mit Nr. 464 um 16.55 Uhr (Ankunft 18.50 Uhr) für 300 Baht.

Nach Süden

BUTTERWORTH, mit Nr. 35 um 7 Uhr (Ankunft 12.55 Uhr) für 360 Baht.

SUNGAI GOLOK, mit Nr. 175 um 6.30 Uhr (Ankunft 10 Uhr), mit Nr. 171 um 6.45 Uhr (Ankunft 10.45 Uhr), mit Nr. 37 um 7.35 Uhr (Ankunft 11.20 Uhr) und mit Nr. 463 um 7.55 Uhr (Ankunft 12.10 Uhr) ab 100 Baht.

Flüge

Air Asia, 🖳 www.airasia.com, fliegt 5x tgl., z. T. auch öfter, von und nach BANGKOK, sowie nach CHIANG MAI und KUALA LUMPUR.
Nok Air, 🖳 www.nokair.com, fliegt tgl. nach BANGKOK und CHIANG MAI.
Thai Airways, 🖳 www.thaiair.com, fliegt nach BANGKOK, etwas teurer als die oben genannten.

Bangkok

Ranong

Die nördliche Andamanenküste

Stefan Loose Traveltipps

Ranong Entspannung findet man in den heißen Quellen oder im Spa. S. 514

8 **Ko Phayam** Hier fühlen sich Traveller wohl, die keinen Luxus brauchen und einfach nur die Natur genießen wollen. S. 525

Laem Son National Park Ein gemeinsames Picknick mit den urlaubenden Thais am Wochenende, während man in der Woche die Strände fast ganz für sich allein hat. S. 532

9 **Khao Sok National Park** Riesige Blumen, Höhlen und versunkene Dörfer warten auf Entdeckung. S. 537

Khao Lak Stundenlange Wanderungen von Strand zu Strand, ein erfrischendes Bad im Meer und dann den fantastischen Sonnenuntergang genießen. S. 545

10 **Ko Similan** Tauchen zu den Walhaien und Schildkröten inmitten einer wunderschönen Inselwelt. S. 557

Die nördliche Andamanenküste lockt mit schönen Stränden, kleinen Inseln, Ausflügen zu den Meeresbewohner und sehenswerten Nationalparks. Malerische Sonnenuntergänge sind an dieser Küste Thailands in den Saisonmonaten von November bis April nahezu garantiert.

Von Surat Thani aus passiert man auf der Fahrt Richtung Andamanensee den sehenswerten Khao Sok Nationalpark. Hier kann man in Bungalows oder in malerischen Baumhäusern im Dschungel wohnen. Ausgedehnte Treks in die Wälder und Höhlen der Karstfelsen lassen die Herzen von Naturfreunden höherschlagen.

Über den Isthmus von Kra gelangt man nach kurzer Fahrt von Chumphon aus an die Andamanensee und kann seine Reise mit einem entspannenden Bad in den heißen Quellen von Ranong beginnen. Ruhesuchende, die keinen Wert auf Luxus legen, entspannen auf der nahe gelegenen Insel Ko Phayam oder gehen noch einen Schritt weiter in die unberührte Natur auf Ko Chang. Wer zum Tauchen nach Thailand gereist ist, zieht weiter nach Khura Buri oder Khao Lak und besucht von hier aus die Tauchinseln Ko Surin und Ko Similan. Die Strände von Khao Lak selbst bieten viel Ruhe und Entspannung.

Die Gegend lässt sich problemlos mit dem Bus, dem eigenen Fahrzeug und im Rahmen organisierter Touren bereisen.

Ranong

Die kleine Provinzhauptstadt **Ranong** [5446] grenzt an das Nachbarland Myanmar und ist mit etwa 25 000 Einwohnern recht überschaubar. Vor rund 250 Jahren ließen sich hier Hokkien-Chinesen nieder, die die Zinnminen als einträgliche Geldquelle entdeckt hatten. Noch heute prägen ihre zweigeschossigen Handelshäuser das Stadtbild, und auch an chinesischen Feiertagen wird offensichtlich, dass die Bevölkerung noch mehrheitlich chinesischstämmig ist. Während des vor allem aus Phuket bekannten Vegetarian Festivals im Oktober verwandelt sich die Hauptstraße in eine Festmeile, Millionen von Böllern fliegen durch die Luft, und junge Männer demonstrieren ihre Unverwundbarkeit, indem sie sich Speere durch die Wange spießen (mehr zu

diesem Fest Kasten S. 571). Aufgrund der nahen Grenze zu Myanmar leben und arbeiten auch viele Birmanen (legal und illegal) in Ranong.

Das Zinnerz ist seit Langem ausgebeutet. Heute sorgen der Anbau von Kaffee und Cashewnüssen, Gummibäumen und anderen Nutzpflanzen für das wirtschaftliche Auskommen. Dank der heißen Quellen trägt auch der Tourismus etwas zum Lebensunterhalt der Bewohner bei. Doch der Touristenandrang in Ranong hält sich in Grenzen. Besucher kommen hierher, um **Kaw Thaung** (Victoria Point) in Myanmar zu besuchen (und sich ein neues Thailand-Visum zu besorgen) oder um auf die bei Ruhesuchenden beliebten Inseln **Ko Chang** und **Ko Phayam** zu fahren.

Wer in der Stadt bleibt, kann sich in den **heißen Quellen** entspannen und die nahe Umgebung erkunden. Einen Besuch wert ist **Wat Suwan Khiri Wihan**. Der Tempelkomplex entstand 1890 für Rama V. Sehenswert sind die Pagode im birmanischen Stil und die Marmorfigur Buddhas. Vor allem im Abendlicht lohnt ein Foto vom nachgebauten **Holzpalast von Rama IV.** [5448] in der Kamlungsap Road. Aber auch die entspannte Atmosphäre der Kleinstadt und ein Besuch auf dem Markt, in dem viele Waren aus Myanmar angeboten werden, laden zum Verweilen ein.

Spas und heiße Quellen

Bereits Rama V. besuchte 1890 Ranong wegen seiner drei 65 °C heißen Quellen und gab der hierher führenden Straße Chon Ra U („heißes Wasser") ihren Namen. Wer nicht nur seine Füße in die kostenlosen kleinen Pools der **Thermalquellen** [5450] tauchen möchte, findet einige interessante Spas mit entspannenden und heilenden Angeboten. Neben Massagen – von Thai-Style über Öl bis zur Aromatherapie – kann man saunieren und im Thermalquellwasser baden. Nahe den Quellen bieten dies das **Siam Hot Spa**, ☎ 077-813 551, 150 Baht für Pool und Sauna, und das **Jansom Hot Spa Ranong Hotel**, 300 Baht für 2 Std. Am Fluss nahe dem Nachtmarkt befindet sich das sehr gute Jao Ruen Spa, ☎ 077-812 524, 120 Baht für den Spa-Bereich. Alle Spas sind nach Geschlechtern getrennt. Das **Pornrang Hot Spring Resort**, ☎ 077-825 946, ❸–❹, liegt etwa 8 km von der Stadt entfernt an den gleichnamigen Quellen. Wer in

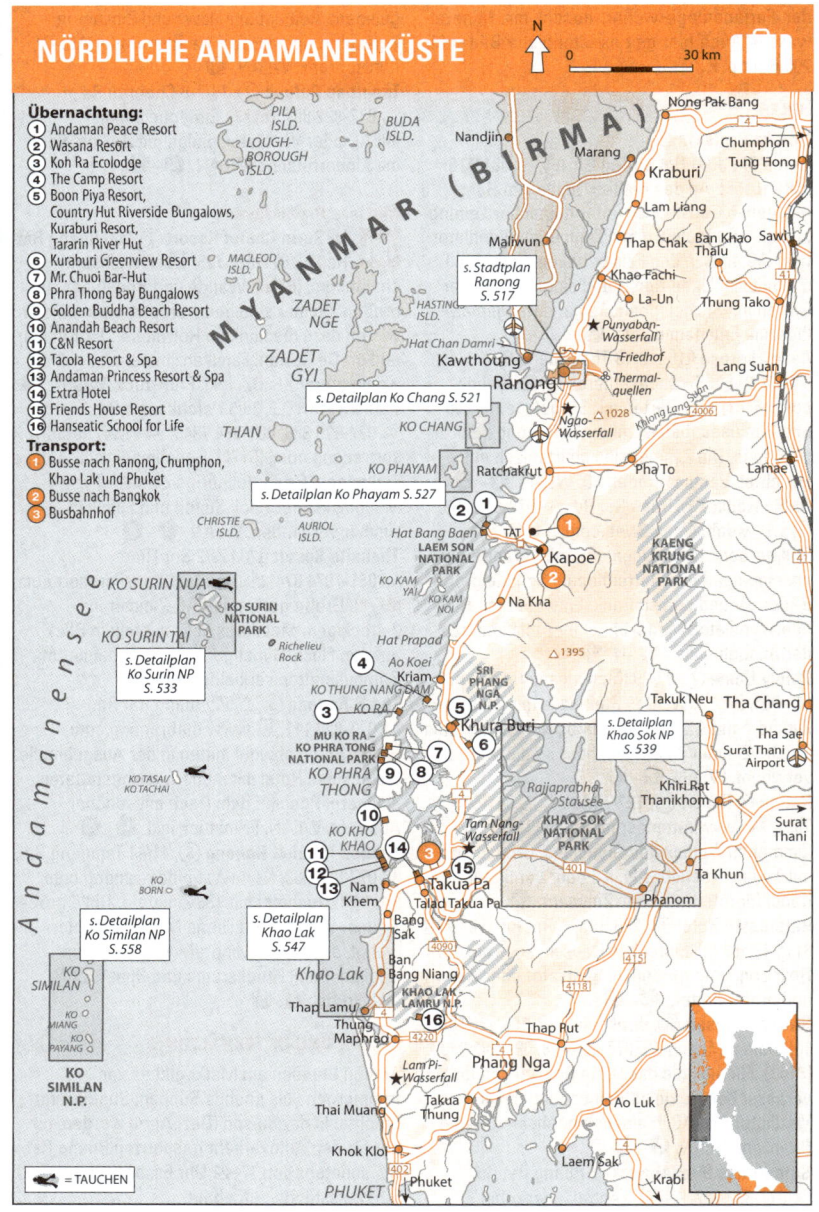

NÖRDLICHE ANDAMANENKÜSTE

N
0   30 km

Übernachtung:
1. Andaman Peace Resort
2. Wasana Resort
3. Koh Ra Ecolodge
4. The Camp Resort
5. Boon Piya Resort,
   Country Hut Riverside Bungalows,
   Kuraburi Resort,
   Tararin River Hut
6. Kuraburi Greenview Resort
7. Mr. Chuoi Bar-Hut
8. Phra Thong Bay Bungalows
9. Golden Buddha Beach Resort
10. Anandah Beach Resort
11. C&N Resort
12. Tacola Resort & Spa
13. Andaman Princess Resort & Spa
14. Extra Hotel
15. Friends House Resort
16. Hanseatic School for Life

Transport:
1. Busse nach Ranong, Chumphon,
   Khao Lak und Phuket
2. Busse nach Bangkok
3. Busbahnhof

= TAUCHEN

s. Stadtplan Ranong S. 517
s. Detailplan Ko Chang S. 521
s. Detailplan Ko Phayam S. 527
s. Detailplan Ko Surin NP S. 533
s. Detailplan Khao Sok NP S. 539
s. Detailplan Ko Similan NP S. 558
s. Detailplan Khao Lak S. 547

MYANMAR (BIRMA)

Nong Pak Bang
Nandjin
Marang
Chumphon
Tung Hong
Kraburi
Lam Liang
Maliwun
Thap Chak
Ban Khao Thalu
Sawi
Khao Fachi
La-Un
Thung Tako
Punyaban-Wasserfall
Friedhof
Lang Suan
Kawthoung
Thermalquellen
Ranong
Ngao-Wasserfall
△1028
KAENG KRUNG NATIONAL PARK
Lamae
Ratchakrut
Pha To
KO CHANG
KO PHAYAM
Hat Bang Baen
TAT
LAEM SON NATIONAL PARK
Kapoe
Na Kha
KO KAM YAI
KO KAM NOI
Hat Prapad
△1395
Ao Koei
Kriam
SRI PHANG NGA N.P.
Takuk Neu
Tha Chang
KO THUNG NANG DAM
KO RA
Khura Buri
Tha Sae
Surat Thani Airport
MU KO RA – KO PHRA THONG NATIONAL PARK
KO PHRA THONG
Rajjaprabha-Stausee
Khiri Rat Thanikhom
Surat Thani
KO KHO KHAO
Tam Nang-Wasserfall
KHAO SOK NATIONAL PARK
Ta Khun
Nam Khem
Talad Takua Pa
Takua Pa
Phanom
Bang Sak
Ban Bang Niang
Khao Lak
KHAO LAK-LAMRU N.P.
Thap Lamu
Thung Maphrao
Thap Rut
Lam Pi-Wasserfall
Phang Nga
Ao Luk
Takua Thung
Thai Muang
Khok Kloi
Laem Sak
Krabi
PHUKET
Phuket

Andamanensee
KO SURIN NUA
KO SURIN TAI
KO SURIN NATIONAL PARK
Richelieu Rock
KO TASAI/KO TACHAI
KO BORN
KO SIMILAN
KO MIANG
KO PAYANG
KO SIMILAN N.P.

PILA ISLD.
LOUGH-BOROUGH ISLD.
BUDA ISLD.
MACLEOD ISLD.
ZADET NGE
HASTING ISLD.
Hat Chan Damri
ZADET GYI
THAN
CHRISTIE ISLD.
AURIOL ISLD.

DIE NÖRDLICHE ANDAMANENKÜSTE

der Ferienanlage wohnt, duscht mit Mineralwasser. Auch hier gibt es öffentliche Bäder für 200 Baht p. P.

Untere Preisklasse

Apres Ski J&D Hot Spring Gh. ⑭, ☎ 081-416 9584, [6155]. An den heißen Quellen im Hang gelegene Guesthouse unter deutscher Leitung (Jens). 1 Bungalow und 4 Zimmer mit Ventilator oder AC, teils in den Fels gehauen. Individuell und mit viel Liebe zum Detail eingerichtet. Der Garten mit Sitzgelegenheiten und Hängematte lädt zum Entspannen ein. ❷

Casa Theresa ⑪, 119/18 Tha Muang Rd., ☎ 077-811 135, ✉ casatheresa2002@yahoo. com, [6161]. Der Garten mit Sitzgelegenheiten und Gemüseanbau ist mitten in Ranong nicht zu toppen. Die Zimmer sind spartanisch eingerichtet. Ventilator oder AC. WLAN. ❶–❷

Dahla House ③, Ruan Rat Rd., ☎ 077-812 959, 🖥 www.dahla.siam2web.com, [6162]. Rosafarbene Steinbungalows mit Veranda rund um eine gepflegte Gartenfläche. Schöne große Bäder, TV und Kühlschrank. Entweder mit AC oder Ventilator. Man wohnt hier ruhig inmitten der Ausgehmeile. WLAN. ❷

Palmy Home ⑦, 32/29 Kamlungsap Rd., ☎ 077-811 005, [6170]. Weißes Steinhaus mit gefliesten Zimmern mit AC oder Ventilator, Kühlschank und TV. Die Zimmer im Erdgeschoss sind etwas verwohnt. WLAN. ❶–❷

Rattana's Resort ⑬, 127/7 Moo 1, ☎ 081-606 7099, 🖥 www.rattanasresort.com, [6172]. 6 Zimmer im 2-stöckigen Steinhaus. Großzügig mit TV und Küchenzeile, AC oder Ventilator. Kabel für Internet in den Zimmern. ❷

Rattanasin Hotel ⑥, 226 Ruang Rat Rd., ☎ 077-811 242, [6173]. Einfaches Haus im Zentrum. Hellhörig, aber geräumig, Ventilator oder AC und große Betten. ❶–❷

Starcrab Resort ⑩, direkt am Pier, 180/136 Moo 1, Paknam Mueng, ☎ 077-825 568, 087-282 9882, [8163]. Für alle, die das letzte Boot zu den Inseln verpasst haben; kleine Reihenbungalows mit Ventilator und AC in einem Innenhof mit vielen Pflanzen. WLAN. ❶–❷

Suta House Bungalows ④, Ruang Rat Rd., ☎ 077-832 707, [6176]. Zentral, aber ruhig gelegene Reihenbungalows und Zimmer in 2-geschossigem Haus. Ventilator oder AC, TV, Kühlschrank. WLAN. ❷

Tanatnan Palace ②, 16/7-8 Chonrau Rd., ☎ 077-822 807, [6177]. Einfache Zimmer mit AC oder Ventilator, einige mit Balkon. Pool mit Kinderrutsche. WLAN. ❶–❷

Mittlere Preisklasse

🧳 **Le Sarin Chalet Resort** ①, 306 Ruang Rat Rd., ☎ 077-825 725, 🖥 www.lesarin chalet.com, [6168]. Wände und Böden der großen Zimmer sind gelb verputzt. Harmonisch wirken dazu die dunklen Holzmöbel. TV, Minibar und große Betten. Familienzimmer sind nur wenig teurer als DZ. Inkl. Frühstück. WLAN. ❹

Pathu Resort ⑮, 29/5 Petchkasem Rd., ☎ 077-825 336, 081-894 7343, 🖥 www.pathure sortranong.com, [6171]. Geschmackvolle Anlage in üppigem Grün. Hellhörige Zimmer. TV, Minibar, kleiner Pool. Suiten und Familienzimmer vorhanden. WLAN. ❸–❺

Thansila Resort ⑫, 129/2 Soi Thara, ☎ 081-7974 674, ✉ sawitp@thansilaresort.com, [6178]. Große geräumige AC-Zimmer in 2-stöckigem Steinhaus, teils mit tollem Blick auf den Fluss. Günstigere kleinere Zimmer mit Bambusmatten verkleidet. ❸–❹

The B Ranong ⑤, 295/2 Ruang Rat Rd., ☎ 077-823 111, 🖥 www.thebranong.com, [8381]. Ruhig obwohl mitten in der Ausgehmeile. 3-stöckiges Hotel mit modern ausgestatteten Zimmern. Pool auf dem Dach mit schöner Aussicht. WLAN. Frühstück inkl. ❹–❺

Tinidee Hotel @ Ranong ⑧, 41/44 Tamuang Rd., ☎ 077-826 003, 🖥 www.tinidee-ranong.com, [6179]. Luxushotel mit 138 Zimmern. Helle große Zimmer und cremefarbene Möbel. Wer hier wohnt, duscht mit Mineralwasser aus den Quellen. Pool, Fitnessraum und Spa. WLAN. Inkl. Frühstück. ❺

An den Ständen am Markt gibt es von frühmorgens bis abends Suppen, Snacks und Früchte. In der Saison (Dez–April) werden auf der für den Autoverkehr gesperrten Ruang Rat Rd. sonntags von 17–21 Uhr Essens- und Verkaufsstände aufgebaut.

DIE NÖRDLICHE ANDAMANENKÜSTE

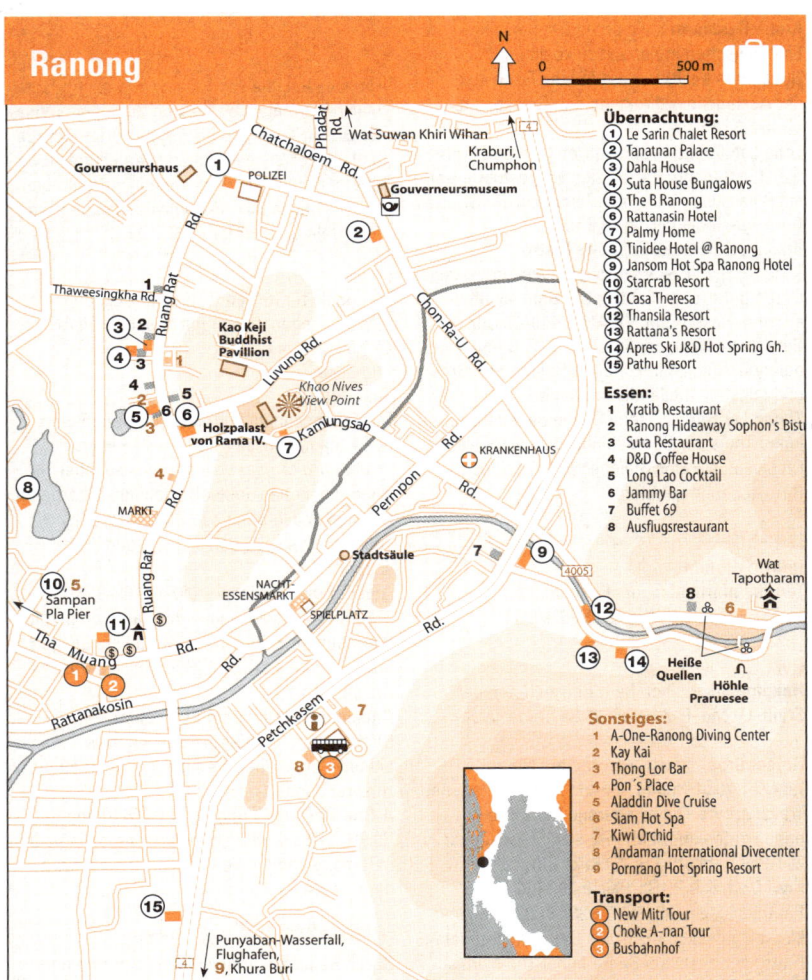

Ranong

N

0   500 m

Übernachtung:

1. Le Sarin Chalet Resort
2. Tanatnan Palace
3. Dahla House
4. Suta House Bungalows
5. The B Ranong
6. Rattanasin Hotel
7. Palmy Home
8. Tinidee Hotel @ Ranong
9. Jansom Hot Spa Ranong Hotel
10. Starcrab Resort
11. Casa Theresa
12. Thansila Resort
13. Rattana's Resort
14. Apres Ski J&D Hot Spring Gh.
15. Pathu Resort

Essen:

1. Kratib Restaurant
2. Ranong Hideaway Sophon's Bistro
3. Suta Restaurant
4. D&D Coffee House
5. Long Lao Cocktail
6. Jammy Bar
7. Buffet 69
8. Ausflugsrestaurant

Sonstiges:

1. A-One-Ranong Diving Center
2. Kay Kai
3. Thong Lor Bar
4. Pon´s Place
5. Aladdin Dive Cruise
6. Siam Hot Spa
7. Kiwi Orchid
8. Andaman International Divecenter
9. Pornrang Hot Spring Resort

Transport:

1. New Mitr Tour
2. Choke A-nan Tour
3. Busbahnhof

Gouverneurshaus POLIZEI

Chatchaloem Rd. Phadat Rd. → Wat Suwan Khiri Wihan

Kraburi, Chumphon

Gouverneursmuseum

Thaweesingkha Rd. Ruang Rat Rd.

Kao Keji Buddhist Pavillion

Luwung Rd. Chom-Ra-U Rd.

Khao Nives View Point

Holzpalast von Rama IV. Kamlungsab Rd.

KRANKENHAUS

MARKT Permpon Rd.

Stadtsäule

NACHT-ESSENSMARKT SPIELPLATZ

Sampan Pla Pier

Tha Muang Rd. Ruang Rat Rd.

Rattanakosin Rd. Petchkasem

Punyaban-Wasserfall, Flughafen, 9, Khura Buri

Wat Tapotharam

Heiße Quellen Höhle Praruesee

DIE NÖRDLICHE ANDAMANENKÜSTE

Neben den gelisteten Vorschlägen (eine Auswahl von Lokalen, sofern nicht anders angegeben in der Ruang Rat Rd.) finden sich am Fluss und bei den heißen Quellen gute Restaurants.
Buffet 69, am Highway, gegenüber dem Jansom Spa. Bei Thais beliebt, die den Mongolentopf (Moo Katar) genießen. Sehr große Beilagen-Auswahl. ⏲ 16–23 Uhr.

D&D Coffee, gemütliches Café mit kleinem Wasserfall. Frischer Kaffee, als kalter Shake oder warm, dazu ein wenig internationale Küche mit Spaghetti und Co. ebenso wie Thai-Gerichte. Große Eiskarte. ⏲ 8–21.30 Uhr.
Jammy Bar, viele Thai-Gerichte, zudem Steak und Filet (z. T. vom Krokodil, Hirsch oder Strauß). Oft Livemusik im Gartenrestaurant. ⏲ ab 18 Uhr.

Kratib Restaurant, ein prima Ort, um mit Einheimischen in Kontakt zu kommen. Besonders beliebt ist der frische Fisch aus der Auslage, der direkt auf den Grill kommt. ⏲ 16–23 Uhr.

Long Lao Cocktail, seit Jahren beliebter Treffpunkt in Ranong. Die winzige vollgestopfte Bar mit Billardtisch hat einige Tische an der Straße. Günstige Cocktails um 70 Baht.

Ranong Hideaway Sophon's Bistro, ☎ 077-832 730, 🖥 www.sophonshideaway.asia. Gute Küche, u. a. Pizza ab 200 Baht, im überdachten Restaurant. WLAN. ⏲ 10–23 Uhr.

Suta Restaurant, am Suta House & Bungalows gelegen. Hübsch dekoriertes Restaurant. Gute und günstige thailändische Küche.

Thong Lor Bar, stylische Bar, in der sich abends junge Thais der Oberschicht zum Feiern treffen. Oft Livemusik. Das Gleiche wird in den beiden Bars nebenan geboten.

SONSTIGES

Informationen

Tourist Information, am Busbahnhof, ☎ 077-812 788. ⏲ Mo–So 8.30 –16.30.

Post

Hauptpostamt, Chon Ra U Rd., im Osten der Stadt. ⏲ Mo–Fr 8.30–16.30, Sa, So 9–12 Uhr.

Reisebüros, Travellertreffs und Mopeds

Kay Kai, 293/6 Ruang Rat Rd., zentral gelegenes Travellercafé. Die hilfsbereite Miss Gae hat neben guten Informationen auch Mopeds für 200–250 Baht pro Tag. ⏲ 8–21 Uhr.

Kiwi Orchid & PL Gh., 96/19-20 Moo 1, Phetchakasem Rd., ☎ 077-832 812, ✉ jaikong kleaw@yahoo.co.th, [6166]. Das gelb getünchte Haus liegt direkt am Busterminal. Die quirlige Eigentümerin verkauft Bustickets, Tickets für Überfahrten zu den Inseln Ko Phayam und Ko Chang und Flugtickets. Außerdem nimmt sie Hotelreservierungen vor. Zudem verwohnte Zimmer. ➊–➋

Pon's Place, 92/1 Ruang Rat Rd., ☎ 081-597 4549, 🖥 www.ponplace-ranong. com. Mopeds, Bus- und Flugtickets, Touren und Informationen, auch etwas zu essen (leider oft eher mäßig lecker). Hier ist der

Treffpunkt für Reisende, um Informationen auszutauschen. Immer gut besucht. WLAN. ⏲ 7.30–21 Uhr.

Tauchen

Die Tauchschulen fahren zu den Tauchspots der Andamanensee (S. 533). Alle bieten *Liveaboard Cruises* von unterschiedlicher Dauer an, haben deutschsprachige Mitarbeiter, tauchen und lehren nach PADI. Aktuelle Trips und Preise finden sich auf den Webseiten.

Aladdin Dive Cruise, ☎ 087-278 6908, 087-274 7601, 🖥 www.aladdindivesafari.com. Am Pier nach Ko Phayam, auf der gleichnamigen Insel und auf Ko Chang (Hauptbasis). Gute Preise.

Andaman International Divecenter, am Busbahnhof, ☎ 089-814 1092, 🖥 www. aidcdive.com. Guter Service und Ausrüstung. Ansprechende *Liveaboards*.

A-One-Ranong Diving Center, 256 Ruang Rat Rd., ☎ 077-832 984, 🖥 www.a-one-diving.com. In Ranong und auf Ko Phayam. *Liveaboards*, nette Leute.

NAHVERKEHR

Durch Ranong fahren von 6–18 Uhr rote und blaue **Songthaew**. Die rote Nr. 2 verkehrt zwischen Markt (Ruang Rat Rd.) und den heißen Quellen. Die rote Nr. 3 verbindet die Stadt und den Hafen Sampan Pla. Die blaue Nr. 6 fährt am unteren Ende der Ruang Rat Rd. über die Kamlung Sap Rd. zum Busbahnhof. Einige grüne Songthaew fahren in die nähere Umgebung. Alle ab 15 Baht.

Eine Alternative sind **Motorradtaxis**, vom Zentrum zum Hafen für 50 Baht.

Busse

Busbahnhof in der Petchkasem Rd. nicht weit vom Zentrum. Die meisten Minibusse, die Ranong anfahren, halten hier und fahren Passagiere anschließend bis vor die Tür ihrer gewünschten Unterkunft.

BANGKOK, mit dem 2.-Kl.-AC-Bus um 7, 9, 10.30, 13.30, 15.30, 17.30 und 19.30 Uhr für 333 Baht in 9 Std. und bequemer mit dem VIP-24-Bus um 20 Uhr für 725 Baht. **Choke A-nan Tour**, ✆ 077-812 128, und **New Mitr Tour**, ✆ 077-811 140, betreiben VIP-Busse und haben ihr Büro in der Tha Muang Rd. Beide Anbieter haben einen VIP-Bus, der morgens (8 Uhr) und abends (20 Uhr) Ranong verlässt, im Angebot (ab 466 Baht).

HAT YAI, um 6, 10 und 20 Uhr für 420 Baht in 10 Std.

KRABI, um 7 und 10 Uhr für 210 Baht (Tickets im Bus) in 6 Std.

NAKHON SI THAMMARAT, um 7.30 Uhr für 320 Baht in etwa 8 Std.

PHUKET, 2.-Kl.-AC-Busse um 6.30, 8, 9.30, 10.30, 12.30, 14.30, 16 und 17.30 Uhr in 5 Std. für 260 Baht. Der Bus hält auch in KHURA BURI (110 Baht in etwa 2 Std.), KOK KLOI (in 2 1/2 Std. für 130 Baht), Takua Pa (s. u.) und KHAO LAK (180 Baht, in 4 Std.).

TAKUA PA, mit dem 1.-Kl.-AC-Bus Richtung Phuket für 160 Baht in etwa 3 Std.

Minibusse

CHUMPHON, 9x tgl. von 7–17 Uhr für 120 Baht in 2 Std.

SURAT THANI, 9x tgl. von 6–15 Uhr für 190 Baht in 4 Std.

Boote

Die Boote nach Ko Phayam und Ko Chang starten von einem kleinen Pier linker Hand der Sampan Pla Rd., kurz vor dem gleichnamigen Pier. Bei Niedrigwasser starten die Boote entweder vom Sampan Pla oder vom Frachtpier. Man wird mit einem Pick-up an die Abfahrtstelle transportiert.

KO CHANG, in der Saison Taxiboot um 9.30 und 12 Uhr für 150 Baht in 1 Std. Erste Ziele sind die Buchten im Norden, es folgen Ao Yai, Ao Ta Daeng und Ao Siad. Es ist auch möglich, sich von einem Longtail-Boot von der Ko Phayam-Fähre abholen zu lassen. Vor allem Anlagen am Ao Siad bieten diesen Service.

KO PHAYAM, um 9.30 und 14 Uhr für 150 Baht in 2 Std. (bei Ebbe 3 Std.). Mit dem Schnellboot in der Saison um 10, 12, 14.30 und 16.30 Uhr für 390 Baht in 45 Min.

Flüge

Happy Air, ✆ 077-832 222, 🖥 www.ranongair. com, fliegt mit einer kleinen Propeller-Maschine nach BANGKOK, und zwar Mo, Mi, Fr, Sa und So um 15.10 Uhr in 1 1/2 Std. für 1550 (Promotion im Internet)–3300 Baht. Flüge sind buchbar bei Pon's Place, Kay Kai oder im Kiwi Orchid Gh. Diese Flugroute wird leider ständig aktiviert und wieder eingestellt. **Taxi** zum Airport bei Pon's Place und Kay Kai (s. Reisebüros) für 200 Baht p. P.

Die Umgebung von Ranong

Ranong ist umgeben von einer üppigen, tropisch grünen Landschaft, denn dank einer fast achtmonatigen Regenzeit (Anfang Mai–Ende Dez) kann sich die Natur optimal entfalten. Die Berge sind unzugänglich und zu etwa 70 % mit dichtem Dschungel bewachsen. Bereits neben den heißen Quellen betritt man dichtes Grün, kann auf schmalen Pfaden durch den Dschungel wandern oder auf dem Rücken eines Elefanten die Umgebung erkunden (30 Min. für 300 Baht, Kinder 100 Baht). Nahebei befindet sich die kleine **Praruesee-Höhle**, in der der Affengott Hanuman verehrt wird. An der Straße nach Chumphon lohnt etwa 14 km vor Ranong ein Stopp am **Punyaban-Wasserfall**.

Zwischen Ranong und Chumphon, nahe der Stadt Kraburi, befindet sich der **Isthmus von Kra**, die mit 44 km schmalste Stelle der malaischen Halbinsel. Seit Jahrhunderten träumen Händler von einem Kanal durch den Isthmus, der den Weg ihrer Handelsschiffe abkürzen würde. Politisch ist ein solcher Plan kaum durchführbar, da ein Kanal den Süden von Thailands Zentrum abspalten würde. Man erreicht den Isthmus auf dem H4 etwa 66 km nordöstlich von Ranong. Hier gibt es einen Aussichtspunkt mit Blick auf Myanmar und den die Grenze bildenden Kra Buri-Fluss.

Ko Chang

Auf die Insel **Ko Chang** [2788], eine Oase der Ruhe ohne große touristische Infrastruktur, gelangt man nur mit dem Longtail-Boot. Auf diese kleine Insel verirren sich nur Reisende, die sehr naturverbunden sind und nicht einmal Wert auf einen Ventilator legen. Vergnügungsangebote gibt es keine, selbst der Strand ist nicht besonders erwähnenswert, zudem tummeln sich hier viele Sandfliegen, die einem das entspannte Sonnenbad schon mal verderben können. Das Baden „oben ohne" ist hier absolut tabu, und auch in die Restaurants sollte man nicht mit Bademontur hineinspazieren. Strom ist nur zwischen 18 und 22 Uhr vorhanden. Doch all das macht gerade den Reiz dieser Insel aus – Alltag reduziert auf das Notwendigste: essen und schlafen. Straßen sucht man auf Ko Chang vergebens, nur wenige Meter Betonstraße gibt es bisher und keine Mopeds zur Ausleihe. Man geht zu Fuß oder bleibt einfach wo man ist: in seiner Hängematte oder seinem Bungalow mit Blick aufs Meer.

Nur wenige Menschen leben auf Ko Chang. Etwa 30 Familien arbeiten im Tourismusbereich und vermieten Bungalows, kochen gute, günstige Thai-Gerichte oder unternehmen mit den Gästen Ausflüge. Andere gehen hauptberuflich fischen oder bewirtschaften Gummi- und Cashewplantagen.

Das Innere der Insel ist unzugänglicher Dschungel und Heimat vieler Vögel und Affen. Auch zahlreiche Schlangen leben hier noch. Wer den Kontakt zur ungezähmten Natur scheut, sollte Ko Chang nicht besuchen. Neulinge seien vorgewarnt: Die schönsten Bungalows sind meist die gesamte Saison von Dezember bis April von Dauergästen belegt. Die Bungalows stehen in Cashewhainen, unter Gummibäumen oder schattigen Kasuarinen, viele am Hang und derart in die Natur integriert, dass sie vom Strand aus nicht zu sehen sind. Alle sind einfach und bescheiden – aus Holz oder Matten, nur wenige aus Stein. Die meisten Bungalows haben keinen Ventilator, aber alle ein Moskitonetz. In sämtlichen Anlagen gibt es Thermos-Wasserkocher, mit denen man sich zu jeder Tageszeit seinen Kaffee oder Tee zubereiten kann. Über ihren Konsum führen die Gäste i. d. R. selber Buch.

Genug Geld mitbringen, auch kleine Scheine – es gibt nämlich keinen Geldautomaten.

Während in der Saison viele Anlagen ausgebucht sind, haben in der Regenzeit nur wenige Anlagen geöffnet. Angelegt wird dann am neuen Pier an der Ostseite der Insel. Ein Besuch ist in diesen Monaten nicht empfehlenswert.

Ao Yai und Ao Ta Daeng

Die etwa 3 km lange Bucht liegt zentral an der Westseite der Insel. Der südlichste Strandabschnitt nennt sich Ao Ta Daeng und ist über einen Pfad über den kleinen Hügel zu erreichen. In der Saison kann man hier herrlich, aber spartanisch wohnen und wunderschöne Sonnenuntergänge genießen. Der Strand ist bei Flut hellgelb und mittelfein, bei Ebbe wird er sehr breit. Der feuchte Sand ist oft mit schwarzem Zinnoxid durchsetzt, wunderschöne Muster zeichnen sich ab. In der Mitte des Strandes befindet sich das Wat der Insel, ein Neubau mit alten und neuen Buddhafiguren. Die Überreste des alten Piers ragen skelettartig aus dem Wasser. Je weiter man sich Richtung Koh Chang Resort bewegt, desto öfter wird der weite Strand mit Steinen und Felsen durchsetzt, nur bei Flut kann man schwimmen. Vorsicht: Oft gibt es lästige Sandfliegen.

ÜBERNACHTUNG

Andaman Hill Beach Resort ⑥, ✆ 087-887 5285, ✉ jepum1@hotmail.com, [6223]. 8 geflieste, helle Steinbungalows verteilen sich hinter dem Restaurant unter dichten Bäumen. Internet. ❶

Cashew Resort ⑨, ✆ 084-538 5385, [3349]. Die erste Anlage von Ko Chang ist noch heute eine der schönsten und gut organisiert. Die etwa 40 Bungalows aus rotem Backstein oder aus Holz verteilen sich weitläufig parallel zum zentralen Strandabschnitt unter Schatten spendenden Bäumen. Das ganze Jahr über geöffnet. ❶ – ❷

Chang Tong Bungalows ⑫, ✆ 080-526 8422, [3430]. Ein schöner Sandstrand lockt vor den robusten Holzhütten, die mit wenig Mobiliar auskommen. Zudem größere ältere Holzbungalows mit 2 großen Betten, die sich für Familien eignen. Dank der vielen deutschen Besucher der Insel gibt es Bratkartoffeln und Schnitzel. Das ganze Jahr über geöffnet. ❶ – ❷

DIE NÖRDLICHE ANDAMANENKÜSTE

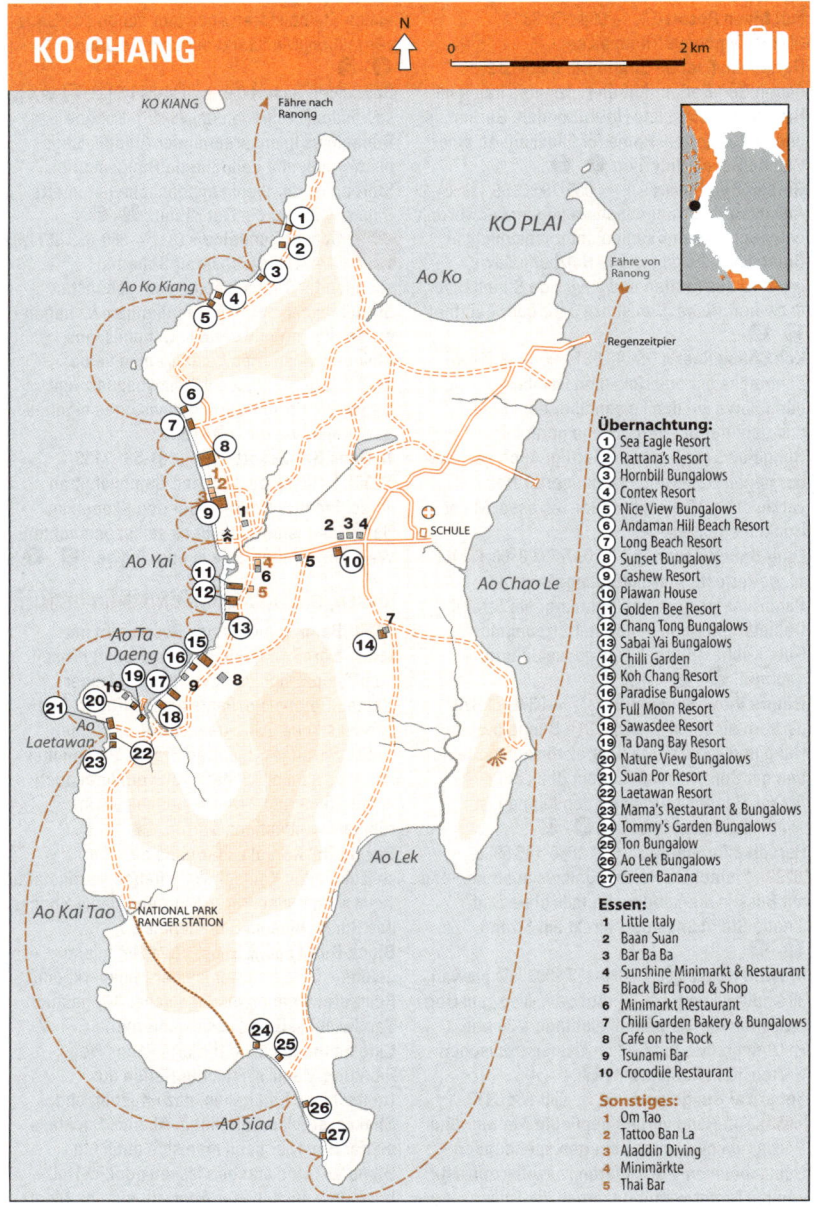

KO CHANG

N

0   2 km

KO KIANG

Fähre nach Ranong

Ao Ko Kiang

① ② ③ ④ ⑤ ⑥ ⑦ ⑧ ⑨

1

Ao Yai

⑪ ⑫

4
5

Ao Ta Daeng

⑮ ⑬

⑯

⑲ ⑰

10 9

⑳ ⑱ 8

㉑

Ao Laetawan

㉓ ㉒

Ao Kai Tao

NATIONAL PARK
RANGER STATION

KO PLAI

Ao Ko

Fähre von Ranong

Regenzeitpier

2 3 4

SCHULE

5   ⑩

Ao Chao Le

7

⑭

Ao Lek

Ao Siad

㉔
㉕

㉖

㉗

Übernachtung:
① Sea Eagle Resort
② Rattana's Resort
③ Hornbill Bungalows
④ Contex Resort
⑤ Nice View Bungalows
⑥ Andaman Hill Beach Resort
⑦ Long Beach Resort
⑧ Sunset Bungalows
⑨ Cashew Resort
⑩ Plawan House
⑪ Golden Bee Resort
⑫ Chang Tong Bungalows
⑬ Sabai Yai Bungalows
⑭ Chili Garden
⑮ Koh Chang Resort
⑯ Paradise Bungalows
⑰ Full Moon Resort
⑱ Sawasdee Resort
⑲ Ta Dang Bay Resort
⑳ Nature View Bungalows
㉑ Suan Por Resort
㉒ Laetawan Resort
㉓ Mama's Restaurant & Bungalows
㉔ Tommy's Garden Bungalows
㉕ Ton Bungalow
㉖ Ao Lek Bungalows
㉗ Green Banana

Essen:
1 Little Italy
2 Baan Suan
3 Bar Ba Ba
4 Sunshine Minimarkt & Restaurant
5 Black Bird Food & Shop
6 Minimarkt Restaurant
7 Chili Garden Bakery & Bungalows
8 Café on the Rock
9 Tsunami Bar
10 Crocodile Restaurant

Sonstiges:
1 Om Tao
2 Tattoo Ban La
3 Aladdin Diving
4 Minimärkte
5 Thai Bar

Full Moon Resort ⑰, ✆ 084-850 3809, ✉ familymoon99@hotmail.com, [5454]. Im Garten am flachen Strand Bungalows der neuen Generation. Außen Holzimitat, innen mit Rattan verkleidet und Holzfußboden. Geräumig und große Betten. Prima für Familien. Ab einer Woche Rabatt. Internet. ❶ – ❸

Golden Bee Resort ⑪, ✆ 085-795 3955, [3353]. Am schönen Strandabschnitt liegen weit verteilt unter schattigen Bäumen unterschiedlichste Bungalows. Es gibt kleine Holzbungalows, größere aus Matten und 2 winzige Steinhäuser in zweiter Reihe. Das ganze Jahr über geöffnet. ❶ – ❷

Koh Chang Resort ⑮, ✆ 081-896 1839, [5455]. Zahlreiche schöne Holz- und Bambusbungalows auf den Felsen über dem Meer und dahinter am Berg. Einige geräumigere Bungalows mit 2 großen Betten. Auch Vertreter der neuen Generation mit imitierter Holzverkleidung. Viele mit großer Terrasse. Meist Hocktoiletten. ❶ – ❸

Long Beach Resort ⑦, ✆ 087-283 0108, [3346]. 11 wetterfeste Holzimitatbungalows mit Panoramafenstern und Ventilator am Strand. Dahinter am Hang einfache Holzbungalows, Gute Küche. Internet. Das ganze Jahr über geöffnet. ❶ – ❷

Nature View Bungalows ⑳, ✆ 087-271 5700, ✉ kornelis@mail.com, [6231]. Bungalows im Hang und 3 Zimmer in doppelstöckigem Steinbau mit Balkon und schönem Blick auf die Ao Yai. Das Restaurant an den Klippen ist weithin sichtbar. Internet. ❶ – ❷

Paradise Bungalows ⑯, ✆ 080-145 5986, [6233]. Einfachste Holzbungalows auf dem Hang mit Blick in die Sandbucht, teils ohne Bad. 2 neue Steinbungalows direkt am Strand. ❶ – ❷

Plawan House ⑩, ✆ 090-113 9003, ✉ plawan 38@hotmail.com, [8162]. Auf dem Weg zum Dorf, zwischen den Kautschukplantagen. 2 neue Holzbungalows mit Bad im kleinen tropischen Garten. Kein Restaurant. ❶

Sabai Yai Bungalows ⑬, ✆ 080-884 3477, [5453]. Am Hang verteilt gepflegte Matten- und Holzbungalows unter Schatten spendenden Gummibäumen und anderen Nutzpflanzen. Nur wenige Meter weiter beginnen die Felsen, und

einige Steine stören auch hier schon das Badevergnügen. Minimarkt auf dem Gelände. ❶ – ❷

Sawasdee Resort ⑱, ✆ 084-846 5828, 🖥 www.sawasdeekohchang.com, [5456]. Schöne Bungalows in ansprechender Anlage. Liegeplattformen und geflochtene Hängematten. Störend ist der wenig ansehnliche betonierte Schutzwall, der die Flut zähmt. ❷ – ❸

€ **Sunset Bungalows** ⑧, ✆ 080-693 8577, [3347]. Herrlich unter Schatten spendenden Gummibäumen am schönsten Strandabschnitt. Die Mattenbungalows liegen weitläufig im Wald verteilt. Schönes, aus Steinen gemauertes Restaurant mit einer großen Bücherauswahl. Volleyballnetz und Liegen am Strand. 2 Bungalows ohne eigenes Bad. Kajak-Verleih. ❶ – ❷

Ta Dang Bay Resort ⑲, ✆ 081-691 7130, [6236]. Hellblau gestrichene Bambushütten verschiedener Größen über den Klippen im Hang. Im Restaurant gibt es selbst gemachten Wein aus Ananas, Guave oder Ingwer. ❶ – ❷

🛍 **Baan Suan**, kleines Restaurant mit 5 großen Tischen im Inneren der Insel. Vom Tempel sind es etwa 700 m auf einer kleinen Betonpiste. Fantastische Küche, Thai- und westliche Gerichten. Leckerer Kuchen. Große Portionen, niedrige Preise. Wer einmal hier war, kommt wieder. Wan vermietet auch einen Stein- und 2 Mattenbungalows im ruhigen, weitläufigen Garten. ❷

Bar Ba Ba, Karaoke-Bar nahe dem Dorf zwischen den Kautschukplantagen, veranstaltet 1x im Monat eine Party. Morgens kleine Snacks, wie Sticky-Rice im Bananenblatt.

Black Bird Food & Shop, etwas im Inland gelegen. Gut sortierter kleiner Minimarkt und Restaurant, neben thailändischer Küche auch Sandwiches. Gute Lassies. Internet.

Café on the Rock, im Hinterland am Weg Richtung Mama's. Frischer Kaffee aus Deutschland und Italien, dazu Kuchen und Shakes, serviert von Diana. Abends Cocktails an der Bar. Hier kann man sich auch ein Bamboo-Tatoo stechen lassen oder im Holzbungalow mit schöner Aussicht auf das Meer

DIE NÖRDLICHE ANDAMANENKÜSTE

wohnen. Der Strand ist über das nahe gelegene Koh Chang Resort zu erreichen. ❶

Chilli Garden Bakery & Bungalows, am Weg vom Village nach Ao Lek, ✆ 080-884 0994, ✉ chilli-garden@hotmail.com. Hier wird mit Pizza und Pasta aufgetrumpft, außerdem mit leckeren Kuchen. Die nette Besitzerin vermietet auch 3 großzügige Bungalows aus Holz mit schöner Glasfront hinter dem Restaurant im etwas verwilderten Garten. ❶–❷

 **Crocodile Restaurant & Crocodile Rock Bungalows**, ✆ 080-533 4138, ✉ tonn1970@yahoo.com, [5459]. Sehr schönes Restaurant des gleichnamigen Resorts mit tollem Ausblick, vor allem zum Frühstücken und nachmittäglichen Kaffee. Lecker ist der Espresso, dazu werden oft Brötchen und Marmelade gereicht. Vermieten auch 9 Bambusbungalows mit Blick auf die Bucht. ❶–❷

Little Italy, im Hinterland auf Höhe des alten Piers, ✆ 084-851 2760, [6229]. Pasta, Bruschetta und hausgemachtes Brot. Vermieten auch zwei 2-stöckige schöne Bungalows; großes ansprechendes Bad unten, Wohnraum mit großer Veranda oben. ❶

Minimarkt, hinter der Brücke am Tempel rechts. Obst, Batterien, Toilettenartikel und andere Kleinigkeiten. Dazu gehört ein **Restaurant** mit guter und günstiger Küche. Hier werden auch einige kleine Steinhäuser und einfache Holzbungalows vermietet (vornehmlich von Stammkunden belegt). ❶–❷

Sunshine Minimarkt und Restaurant, recht großer Minimarkt, in dem es Toilettenartikel, Süßes, Kleider, Obst und Gemüse zu erstehen gibt. Unter dem gleichen Dach bereitet die Besitzerin gute und günstige Thai-Gerichte zu. Internet.

Thai Bar, schöne runde Bar am Strand und aus Schwemmholz gebastelte Sitz- und Liegemöglichkeiten. Vermietet auch schöne Holzbungalows unter schattigen Kasuarinen. ❶

Tsunami Bar, [5457], nette Bar mit verschiedenen Sitzgelegenheiten inmitten vieler Pflanzen, etwas zurückversetzt am Strand. Vermietet ein Baumhaus. ❶

Tätowieren

Bei **Tattoo Ban La** neben dem Om Tao kann man sich mit maschinellen Nadeln stechen lassen, auf Wunsch auch mit Bambus. Rung hat eine überaus kreative Ader, erkennbar auch an seinem schönen, mit Naturmaterialien gestalteten Garten. Er verkauft außerdem Handarbeit aus Nordthailand und organisiert Bootsausflüge in die nähere Umgebung.

Tauchen

Aladdin Diving (Kontaktdaten S. 518) bei Cashew Bungalows. Gute, preiswerte *Liveaboards*, sofern genug Kunden zusammenkommen.

Yoga

Im **Om Tao** gibt es in der Saison empfehlenswerte Yoga-Stunden in ruhiger Atmosphäre unter schattigen Bäumen am Strand. Tgl. um 8.30 Uhr Hata Yoga. Außerdem wird Chi-Gong und Tai Chi Chuan angeboten. Je 1 1/2 Std. für 300 Baht.

Ao Laetawan

Die kleine, überschaubare, knapp 200 m lange Bucht erreicht man in etwa 5 Min. über den Hügel vom Ao Ta Daeng. Der Sand ist fein und weiß, am Meer schwarz durchsetzt. Lediglich vor Mama's Bungalows kann man nicht direkt ins Meer gehen.

Am Felsen entlang gelangt man nach wenigen Metern zu dem kleinen Weg zur einsamen Rangerstation, die man auf einem 1 1/2-stündigen Fußmarsch erreicht. Wanderfreaks sollten früh aufbrechen und genug Wasser mitnehmen, da es weder unterwegs noch am Ziel etwas zu kaufen gibt.

Laetawan Resort ㉒, ✆ 086-953 9453, ✉ laetawan@hotmail.com, [5460]. Robuste, einfache Matten-Stein- oder reine Steinbungalows am Hang. Ein sehr schön gelegener Steinbungalow direkt in den Felsen am Strand. Volleyballnetz. ❶–❷

Suan Por Resort ㉑, ✆ 089-586 2846, [5462]. Einfache Matten- und Bambusbungalows im sandigen Garten unter schattigen Laubbäumen.

Einige Holzbungalows direkt am Strand. Schöne Liegeplattform im Schatten. Kajak-Verleih. ❶ – ❷

Mama's Restaurant & Bungalows ㉓, ℡ 087-276 7784, ✉ mamas-bungalows@ hotmail.com, [5461]. Ist seit Jahren bei Travellern legendär. Das Lob gebührt der hier gebotenen Kochkunst, einer gelungenen Mischung von Thai- und Western-Rezepten. Vermietet werden zudem 14 Matten-, Holz- und Steinbungalows am Hang und am Strand. Mal groß, mal klein, mal aus Holzimitat, mal schön gemauert oder einfach aus Beton. Internet. ❶ – ❸

Ao Siad

Im Süden Ko Changs liegt diese recht große, etwa 1 km lange Bucht mit einem 600 m langen Strand und zwei kleinen Strandbuchten jeweils im Norden und Süden. Hierher kommt vor allem Stammpublikum auf der Suche nach absoluter Abgeschiedenheit. Anreise am einfachsten mit dem Phayam-Boot.

Bei Anmeldung wird man von einem Longtail-Boot abgeholt. Tommy vom Tommy's Garden Bungalows holt mit seinem Longtail-Boot auch Gäste vom Ao Yai-Strand oder Ko Phayam ab. Der Strand ist bei Ebbe sehr breit mit vielen dunklen, durch Zinnoxid gemusterten Abschnitten.

Ao Lek Bungalows ㉖, ℡ 087-926 4430. [6239]. 2 Holzbungalows direkt am Strand. Eine Reihe weiterer Holzbungalows und ein Steinbungalow am Hang unter Bäumen, viele mit Blick auf den Strand. ❶

Green Banana ㉗, ℡ 081-728 5147, [6228]. Auffällig mit Schwemmholz und anderem Treibgut dekorierte kleine Anlage mit 4 etwas windschiefen Holzbungalows ohne Bad und 4 weiteren mit Bad am Hang. Schöne gemauerte Gemeinschaftsdusche. ❶

Tommy's Garden Bungalows ㉔, ℡ 084-993 8545, [6237]. Im Norden der Bucht, vom Hauptstrand durch Felsen getrennt. Matten- und Bambusbungalows unter schattigen Bäumen am Hang, alle mit Meerblick. 2 Mattenbungalows und ein Holzbungalow am Strand. Hübsche Badezimmer mit Muschelornamenten. ❷

Ton Bungalow ㉕, ℡ 081-263 7058, [8473]. In einem Garten, nur wenige Schritte vom Strand. 3 kleine Bungalows im Schatten einiger Cashew-Bäume. Wer sich hier einquartiert, liebt es einfach. Die kleinen Hütten haben eine Matratze auf dem Boden, Moskitonetz und Bad. Das Wasser für die Toilette und die Dusche muss man selbst aus dem Brunnen holen. Es gibt keinen Strom. Sehr nette Besitzerin. ❶

Die Buchten im Norden

Die kleine **Ao Ko Kiang**, die dem Ao Yai nördlich nächstgelegene Bucht, ist rund 100 m breit, wovon etwa 25 m heller, feiner Sandstrand sind. Drumherum ist es felsig. Zwei Anlagen mit insgesamt 22 Bungalows sind zur Hauptreisezeit ein lohnendes Ziel für Ruhesuchende, die dennoch nicht auf WLAN verzichten möchten. Zwei weitere kleine Buchten folgen, in denen insgesamt drei Anlagen stehen und man sehr abgeschieden wohnt. Alle Buchten sind mit dem Boot oder zu Fuß vom Ao Yai (30–50 Min.) erreichbar. Erst geht es über eine Betonstraße bis zum Armeestützpunkt und dem Hubschrauberlandeplatz, dann auf einer ausgewalzten Schneise vorbei an Bananenstauden und durch Kautschukplantagen. Das Taxiboot nach Ranong liest Winkende gegen 8.30 und 14 Uhr an den Stränden auf.

Ao Ko Kiang

Contex Resort ④, ℡ 089-063 2001, ✉ contex@ hotmail.com, [5463]. 20 einfache Bungalows aus Stein, Holz und Matten am Meer und am Hang. Kostenpflichtiges WLAN. Restaurant mitten in der kleinen Bucht. Gutes Thai-Essen und Schnitzel mit Pommes. Rechts davon Sandstrand. Bei Flut gute Schnorchelbedingungen. ❶ – ❷

Nice View Bungalows ⑤, ℡ 081-930 6122, [3348]. Am steilen Hang 4 Holz- und ein Steinbungalow. Auch das ansprechende Restaurant thront weit oben. Schwimmen kann man am Sandstrand vor dem Context Resort oder bei Ebbe unterhalb des Restaurants. ❶

Die nördlichsten Buchten

Hornbill Bungalows ③, ℡ 077-870 240, [5473]. An dem recht großen Sandstrand, wo

Schlammspringer auf den Steinen dösen, stehen 9 Holzbungalows hinter Bäumen. Große Bungalows vorn, kleinere dahinter, ein doppelstöckiger am Hang. WLAN. ❶–❷
Rattana's Resort ②, ☏ 081-606 7099, ✉ rattana janta@hotmail.com, **[8161]**. 3 kleine Matten- und 2 geräumige Holzbungalows hoch oben am Hang neben dem Restaurant. ❶–❷
Sea Eagle Resort ①, ☏ 081-894 5665, **[5474]**. Schöner, goldgelber Sand lockt in dieser kleinen Bucht ganz im Norden. Ein moderner Stein-Holzimitat-Bungalow am Strand, die anderen noch einfacher aus Holz und versteckt unter dichtem Grün. Kajaks, Volleyball. Hängematten. ❶–❷

TRANSPORT

RANONG, gegen 8 und 13.30 Uhr starten die Taxiboote von Ao Ta Daeng, passieren ab 8.15 bzw. 13.45 Uhr Ao Yai und sind eine Viertelstunde später an den nördlichen Buchten. Mitfahrer stellen sich an den Strand vor ihren Bungalow und winken das Boot heran. Kosten 150 Baht. Wer am Ao Siad wohnt, wird mit dem Longtail-Boot zur Phayam-Fähre gebracht, die den südlichen Zipfel etwa 1 Std. nach Abfahrt von Ko Phayam erreicht. Fahrzeit etwa 1 1/2 Std. bis Ranong.
KO PHAYAM, im Jan und Feb fährt vom Koh Chang Resort ein Taxiboot zur Nachbarinsel, Mo–Fr um 10 Uhr für 150 Baht und um 16 Uhr wieder zurück. Ansonsten werden Charter-Boote für 1500 Baht angeboten.

8 HIGHLIGHT

Ko Phayam

Die 8 km lange und bis zu 5 km breite Insel Ko Phayam, etwa 30 km vom Festland entfernt, verspricht entspannten Strandurlaub unter Kokospalmen und Schatten spendenden Laubbäumen. Hier fühlen sich alle wohl, die die Natur lieben und auf Luxus verzichten wollen. Mittlerweile zieht es aber auch betuchtere Gäste auf die Insel, folglich sind bereits einige mittel- und hoch-

preisige Anlagen mit mehr Komfort zu finden. Überall riecht es nach Cashew-Nüssen, denn die Einheimischen, die nicht vom Tourismus leben, pflanzen vorwiegend diese Frucht an (mehr dazu im **eXTra [2791]**). Sowohl im Tourismusgeschäft als auch im Feldbau helfen birmanische Familien.
Für den Strandurlaub eignen sich die beiden Hauptstrände Ao Yai („Lange Bucht") und **Ao Khao Kwai** („Büffelbucht") mit weißem Sand, türkisblau funkelndem Meer und Sonnenuntergängen, die manch einem Besucher das Gefühl geben, im Werbeprospekt gelandet zu sein. Auch am Strand vor dem kleinen Dorf, an dem die Boote anlegen, und in weiteren kleinen Buchten gibt es Unterkünfte; hier kann man jedoch selten oder nie schwimmen. AC-Bungalows gibt es bisher nur wenige. Zu den Hauptstränden führen kleine einspurige Betonstraßen durch dichtes Grün. Mit Ausnahme der zentral gelegenen Anlagen am Ao Yai sind die Unterkünfte nur auf abenteuerlichen Sand- und Steinpisten zu erreichen.

Ko Phayam Village, Ao Mae Mai und Ao Hin Kao

Der erste Strand, den Besucher sehen, ist **Ao Mae Mai**. Hinter dem Pier gibt es entlang des Strandes einige kleine Geschäfte, Restaurants und Bungalows. Rechter Hand fällt der Bootsanleger des Tempels ins Auge. Am Pier der Passagierboote warten Mopedfahrer auf Ankommende.

ÜBERNACHTUNG

Chan Bungalows ㊲, nahe dem Tempel, ☏ 085-478 2807, **[6184]**. 2 einfache Mattenbungalows und 3 blaue Steinbungalows am Hang mit Blick aufs Meer. ❶–❷
P.P. Land Beach Resort ㊳, Ao Hin Khao, ☏ 081-678 4310, 🖥 www.ppland-heavenbeach. com, **[3921]**. Grüne Holzbungalows mit Meerblick durchs Panoramafenster. Mülltrennung. 24 Std. Solarstrom, Ventilator, Safe. WLAN. Kleiner Pool. ❸–❹
Sabai Sabai �35, ☏ 087-895 4653, **[6214]**. 8 Holzbungalows mit Bad parallel zum Strand, 2 günstige ohne eigenes Bad und 2 Zelte am Strand. Wer sein eigenes Zelt mitbringt, kann sich hier einen schönen Platz suchen (80 Baht).

Die Anlage mit viel Treibgut individuell mit Sinn fürs witzige Detail hergerichtet. Eigene Solarzellen. Leseecke. TV für Videoabende. Familiäre Atmosphäre. **❶–❷**

The Blue Sky Resort ㊱, 📞 087-922 2109, 🖥 www.theblueskyresort.com, [6221]. Luxusanlage etwa 500 m vom Anleger entfernt. Geschmackvolle runde AC-Bungalows sind über den Mangroven angelegt und über ein Stegsystem miteinander verbunden. Viele Fenster, Liegeflächen, TV, Minibar, Safe. Stilvolles Restaurant am Strand. WLAN. Inkl. Frühstück. Fahrräder, Kajaks und Quad. **❼–❽**

ESSEN

J & D Restaurant, nahe des Tempelpiers im Dorf. Neben Klassikern aus der Traveller-Thai-Küche auch Bratwurst und Brot. Jens und seine Frau Dick haben jede Menge Tipps.

Luk Tao Thaifood, gleich rechts am Hafen. Gute Thai-Küche, die auf einem Holzpodest über dem Meer serviert wird.

Multi Kulti Bakery, rechts vom Hafen. Leckere Pizza, Pasta und gutes Brot. Auch Sandwiches für unterwegs.

Oscars Bar und Restaurant, links vom Hafen. Ein seit Jahren beliebter Treffpunkt. Westliche und Thai-Küche, angesagte Bar am Abend. Die Speisekarte wird durch Tagesgerichte ergänzt.

P. Tao, am Hin Kao Strand. Hier gibt es jeden Tag frischen Fisch – je nachdem, was die Fischer gefangen haben. Bei P. Tao finden auch sporadisch Partys mit Livemusik und BBQ statt.

TRANSPORT

KO CHANG, wer von Ko Phayam direkt zur Nachbarinsel fahren will, kann im Jan und Feb Mo–Fr um 16 Uhr in 1 Std. für 150 Baht auf einem überdachten Longtail-Boot übersetzen. Wer am Ao Siad von Ko Chang vorbucht, wird von Longtail-Booten der gebuchten Anlage von den Booten nach oder von Ranong abgeholt. Charter kleiner Boote in der Nebensaison ab 500 Baht, aber nicht immer lassen die Wellen eine Anlandung an allen Stränden zu.

KO SURIN, Ausflüge mit dem Boot (max. 25 Pers.) bei Mr. Trip (s. o.). Eine 2-Tagetour mit Übernachtung im Zelt, Essen und Parkgebühr für 5000 Baht.

LAEM SON NATIONALPARK, mit einem gecharterten Boot um 2000 Baht in 1 Std. Buchbar über Nice Tours.

RANONG, mit der Fähre um 8.30 und 14 Uhr für 150 Baht in 2–3 Std., bei Ebbe zum Sapan Pla Pier, ansonsten zum Bootspier nahebei (S. 519). In der Saison (Nov–Mai) zudem Schnellboote um 9, 11.30 und 13 Uhr für 390 Baht in 45 Min.

Mr. Trip, 📞 077-870 222, bietet Charterfahrten zum Flughafenpier Tah Ton Son (Ranong) für 8000 Baht. Charter nach oder von Ranong 8000 Baht für max. 25 Pers.

Ao Yai

Die fast 3 km lange Bucht im Südwesten gilt den meisten als der schönste Strand von Ko Phayam. Er hat pudrig weißen Sand, ist sehr breit, und das Meer eignet sich auch bei Ebbe zum Baden und Schwimmen. Bei Flut entsteht ein Flusslauf bis weit ins Inselinnere, sodass man dann nicht zu den südlichsten Anlagen am Strand laufen kann. Im Schatten der Bäume locken Hängematten und Tische. Sportfans spielen Volleyball, paddeln im Kajak, reiten mit Boogieboards auf den Wellen – oder lassen sich dösend darauf bräunen. Die Anlagen liegen weit verstreut in Palmenhainen oder unter Cashew-Bäumen und sind vom Strand aus so gut wie nicht zu sehen. Die Bungalows sind fast alle aus Holz oder Matten, immer mit Moskitonetzen ausgestattet, einfach und meist sauber und gepflegt.

ÜBERNACHTUNG

Untere Preisklasse

Ao Yai Bungalows (Gilles & Phatchara) ㉗, 📞 083-389 8688, 🖥 www.aowyai.com, [3365]. Einfache, gut gebaute große und kleine Mattenbungalows, die in mehreren Reihen großzügig im Garten verteilt sind. Von der Anlage zum Strand geht es durch einen kleinen Wald aus Kasuarinen. Gäste aller Altersklassen. Sehr viel Stammpublikum. **❶–❸**

Baan Suan Kayoo Bungalows ⑮, 📞 085-655 4906, 🖥 www.gopayam.com, [5465]. 14 ursprüngliche Bambushütten am Strand hinter Grün und 11 größere Mattenbungalows im Garten. Schöner, ruhiger Platz am Ende der Bucht. Inkl. Schnorchelausrüstung. WLAN im Restaurant. **❶–❸**

KO PHAYAM

N
0   2 km

DIE NÖRDLICHE ANDAMANENKÜSTE

Übernachtung:
1. Kwang Peeb Eco Resort
2. Mountain Resort
3. Tangtong Bungalows,
   Baan Suan Kayoo Cottage 2,
   Starlight Bungalows,
   Banana Resort
4. Marina Resort
5. Jansom Bungalow
6. Baan Klong Kleng Resort
7. Heaven Beach Resort & Art
8. Mr. Gao Bungalow
9. Contact Bungalows
10. Smile Bungalow
11. Phayam Cottage Resort
12. Vijit Bungalows
13. Payam Cabanas
14. June Horizon Bungalow
15. Baan Suan Kayoo Bungalows
16. DJ Peace Bungalows
17. Lucky Resort
18. Hornbill Huts
19. Friends Bungalow
20. Phayam Lodge
21. King Paradise Resort
22. Smile Hut Resort
23. Bamboo Bungalows
24. Phayam Beach Resort
25. Joker Bar Bungalow & Restaurant
26. Phayam Coconut Beach Resort
27. Ao Yai Bungalows (Gilles & Phatchara)
28. Silver Sand
29. Tonson Bungalows
30. Lazy Hut
31. Long Beach Bungalows
32. Big Tree
33. Palmbeach Bungalows
34. Koh Payam Resort
35. Sabai Sabai
36. The Blue Sky Resort
37. Chan Bungalows
38. P.P. Land Beach Resort

Ao Kwang Peeb

Ao Khao Kwai (Buffalo Bay)

Ao Hin Kao

MORGAN VILLAGE

TEMPEL-PIER

Ao Mae Mai

POLIZEI

Ko Chang, Ranong

Laem Rung

Laem Hin

Ao Mook

Ao Yai (Long Beach)

KO KHAM

Laem Tab Aun

Ao Ko Kyn

Essen:
1. Hippie Bar
2. Pace Luce
3. P.Tao
4. J & D Restaurant
5. Multi Kulti Bakery
6. Oscars Bar und Restaurant
7. Luk Tao Thaifood
8. Tum Food
9. Chicken Mama
10. Forget me not
11. Rasta Baby Bar
12. Together Food Garden
13. Dream Cuisine Restaurant
14. Super8Bar
15. South Star Bar

Sonstiges:
1. Andaman International Dive Center
2. Phayam Divers
3. Thitirat House
4. Aladdin Dive Safari
5. Phayam Divers

= SCHNORCHELN

Big Tree ㉜, ☎ 087-893 7075, [3364]. Am Banyan-Baum am Ende der Bucht. Der Strand ist schon mit Steinen durchsetzt (von hier kann man direkt losschnorcheln). Das Resort hat Bungalows aus Holz und Stein auf Stelzen, teils am Strand, teils am Hang. ❶–❸
DJ Peace Bungalows ⑯, ☎ 084-308 7319, ✉ djpeace@hotmail.com, [3363]. Einfache, kleine ebenerdige Hütten in einer Reihe direkt am Strand. Etwas größere im hinteren Teil des Gartens unter hohen Bäumen, diese stehen auch nicht so dicht aneinander. Lockere Atmosphäre. ❶–❷
Joker Bar Bungalow & Restaurant ㉕, ☎ 089-723 1039, [6193]. Einfachste kleine Holzhütten im schattigen Garten. Nachtruhe gibt es erst nach Barschluss. ❶–❷

Fahrrad- und Mopedverleih

Auf Ko Phayam kann man herrlich Rad fahren. Sobald man sich abseits des geteerten Weges befindet, freut man sich über den (noch) guten Zustand der Mountainbikes. Viele Gästehäuser verleihen Fahrräder ab 100 Baht pro Tag. Man sollte sich eine Stirn- oder Fahrradlampe mitbringen (am besten auch einen Helm).

Mopeds sind ebenfalls in jeder Anlage und im Dorf zu mieten, 200–300 Baht pro Tag. Manche Anbieter bestehen auf einer Mindestmiete von 3 Tagen, andere verleihen die Mopeds auch stundenweise für 50 Baht. Helme gibt es kaum.

Die Fahrt auf den Pisten und Wegen ist zwar mit dem Fahrrad schweißtreibender, aber in jedem Fall spaßiger und sicherer als mit einem Moped.

Geld

Geldautomaten gibt es derzeit noch nicht. Einige Resorts (z. B. Hornbill Huts am Ao Yai und Nice Tour & Travel im Dorf) geben Geld auf Kreditkarte (Mastercard und Visa). Die Reiseagentur wechselt auch Reiseschecks. Der Kurs ist etwa 4 % schlechter als auf dem Festland. Das getauschte Geld sollte man gut nachzählen. Besser ist es allemal, ausreichend Bargeld mitzunehmen!

Massagen

Im **Thitirat House** an der Straße von der Ao Yai Richtung Hinterland bietet die quirlige Pi Oy sehr gute Thai- und Heilkräutermassagen, 1 Std. 300 Baht. Außerdem serviert sie frischen Filterkaffee und verkauft auch Cashew-Nüsse von der eigenen Plantage sowie Kunsthandwerk aus ganz Thailand.

Nahverkehr

Auf Ko Phayam gibt es keine Autos, nur Mopeds und Fahrräder. Die wenigen kleinen Traktoren dienen dem Waren- und Gepäcktransport. Ein Golfwagen kutschiert Gäste zum Phayam Cottage Resort, und ein Tuk Tuk kurvt für Smile Hut zum Ao Yai. Eine Fahrt mit dem Motorradtaxi kostet je nach Entfernung 20–100 Baht, zum Pier 50–100 Baht.

Lazy Hut ③⓪, ✆ 089-724 0386, ✉ topnks@gmail.com, [6202]. Einfache Bambushütten mit offenen Bädern und bessere Steinbungalows. Familiäre Atmosphäre. WLAN. ❷–❸

Lucky Resort ⑰, ✆ 081-272 5553, ✉ ongkarn_arm@hotmail.com, [8238]. Im ruhigen Garten hinter dem Restaurant stehen im Halbkreis angeordnet 8 große Steinbungalows mit offenen Bädern und großen Veranden unter schattigen Bäumen. WLAN im Restaurant. Bei längeren Aufenthalten Rabatt. ❷

Palmbeach Bungalows ③③, ✆ 087-419 7610, [6208]. Ganz im Süden, hoch am Hang. 11 ältere, aber gepflegte Bungalows, teils mit Bad und Matratze in einem Zimmer. 4 Bungalows am Meer. Kein Strand. Der Eigentümer spricht deutsch. Ganzjährig geöffnet. ❶–❷

Silver Sand ②⑧, ✆ 080-041 3349, [5475]. Schöne Bungalows auf hohen Stelzen, unten Stein und oben Holz, teils mit Baum durch die Terrasse. Meerblick. Inneneinrichtung mit Liebe zum Detail. Zudem kleine Steinbungalows. Nettes Restaurant mit Sitzgelegenheiten auf einer erhöhten Plattform. Buchausleihe. Liegestühle. ❷

Smile Hut Resort ②②, ✆ 081-943 7552, 🖥 www.smilehutthai.com, [3367]. Einfache, strohgedeckte Mattenbungalows eng beieinander. Manch einer duscht neben einem Cashew-Baum, der beim Bau der Hütte nicht gefällt wurde. In die Jahre gekommen, aber durchaus mit Charme. Internet. ❶–❷

Tonson Bungalows ②⑨, ✆ 081-259 9894, ✉ pichitk@hotmail.com, [8240]. 10 schöne Holzbungalows in 2 Reihen in gepflegtem

Reisebüros und Ausflüge

Nahezu jedes Resort hilft bei der Organisation von Ausflügen. Touren mit dem Longtail-Boot gehen u. a. zur kleinen Ko Kham. Mr. Trip, ℰ 077-870 222 (auch über die Unterkunft buchbar), bietet Schnorchel- und Angeltouren in einem großen Boot für 600–1000 Baht. Offizielles Reisebüro der Insel ist **Nice Tour & Travel**, ℰ 077-828 094, 089-651 5177, ⏱ 8–20 Uhr. Angeboten werden z. B. Schnorchelausflüge rund um Ko Phayam für 3000 Baht pro Boot (bis zu 6 Pers.).

Bootstickets für die Fähre nach Ranong oder das Longtail-Boot nach Ko Chang gibt es am Pier oder im Boot. Tickets für Überfahrten mit dem Schnellboot nach Ranong in der Saison besser einen Tag vorher kaufen (meist in den Bungalowanlagen erhältlich).

Reisezeit

Die Reisezeit beginnt im Oktober. Ab November wird es voller, dann kommen die ersten Langzeiturlauber, die die besten Hütten meist den gesamten Winter über belegen. Im Dezember sollte man auf jeden Fall vorbuchen. Das gilt auch für andere Feiertage, an denen vor allem Deutsche in Urlaub fahren, z. B. Ostern. Die Saison endet im Mai. In der Saison sind die meisten Anlagen Monate vorher bereits ausgebucht. Die großen Anlagen haben das ganze Jahr über geöffnet, die kleineren schließen in der Nebensaison.

Tauchen

Sowohl **Aladdin Dive Safari**, ℰ 087-278 6908, 087-274 7601, **Andaman International Dive Center**, ℰ 089-814 1092, 🖥 aidcdive.com, als auch **Phayam Divers**, neben der Phayam Lodge und ein Büro am Pier, ℰ 086-995 2598, haben hier in der Saison eine Basis. Ratsam ist eine Kontaktaufnahme übers Telefon oder das Internet, da die Basen, falls zu wenig los ist, geschlossen haben.

Unterhaltung

Gemessen an der Größe der Insel gibt es viele Bars – zumeist am Ao Yai gelegen, oft aus Treibgut gebaut und unter einem natürlichen Blätterdach. Leckere Cocktails und eisgekühltes Bier machen herrliche Sonnenuntergänge noch schöner. In der Hauptsaison finden sich dafür viele schöne Plätze.

Garten. Schnorchelausrüstung, Kajak und WLAN. Freundliche Besitzer. ❷

Mittlere und obere Preisklasse

Bamboo Bungalows ㉓, ℰ 077-820 012, 🖥 www.bamboo-bungalows.com, [5385]. Tropische Gartenanlage mit Schatten spendenden Bäumen. Die Zimmer in einfachen Mattenhütten bis hin zu den geschmackvollen Suiten sind immer gut belegt. WLAN in der Computerecke. Kajak-, Schnorchel- und Boogieboardverleih. Akzeptiert Visa. Strom 18–23 Uhr. ❷–❺

Friends Bungalow ⑲, ℰ 085-679 9568, ✉ phayamfriends@hotmail.com [4388]. In einem Garten unter schattigen Bäumen 8 große überdachte Zelte. Daneben gemauerte, oben offene Badezimmer. Auf Wunsch Extramatratze für Familien. Inkl. Frühstück im großen Strandrestaurant. 4 Holzbungalows. Zelte ❷, Bungalow ❹

Hornbill Huts ⑱, ℰ 082-417 6902, 🖥 www.kohphayamhornbillhut.com, [4389]. Bemalte Steinbungalows, schöne Holzbungalows sowie einfache Bambushütten. Weitläufig im Garten verteilt. In den Bambushütten bieten 2 große Betten auch anspruchslosen Familien Platz. Schöner Strandabschnitt. Hängematten, WLAN, Geld auf Kreditkarten, Fahrräder. ❷–❹

King Paradise Resort ㉑, ℰ 081-081 1717, ✉ kingparadisepayam@gmail.com, [8237]. Hier gibt es für jeden Geldbeutel das Passende: von einfachen Holzbungalows mit offenen Bädern bis zu großen Steinhäusern mit AC und Warmwasser im weitläufigen Sand-Garten. WLAN. ❷–❻

Sonne tanken auf Ko Phayam

Während der Reisende tagsüber in der Hängematte problemlos Energie tankt, ist dies für Kamera, Laptop und andere batteriebetriebene Geräte meist nur wenige Stunden möglich. Gesichert Strom gibt es zwischen 18 und 22 Uhr vom Generator. Viele Unterkünfte haben zudem Solaranlagen, die tagsüber Batterien aufladen, mit denen nachts das Bad beleuchtet werden kann. Sofern der Bungalow eine eigene Solarzelle besitzt, kann man den Öko-strom auch tagsüber anzapfen. Die Generatoren stehen meist an der Straße. Wer nahebei wohnt, kann erst wieder ab 22 Uhr ungestört den Lauten der Natur lauschen.

Long Beach Bungalows ㉛, ☏ 086-285 6064 [6188]. Schöne Holzbungalows hinter der kleinen Beach-Bar im schattigen Garten an der Zufahrtsstraße zum südlichen Aow Yai. ❷ – ❺
Phayam Beach Resort ㉔, ☏ 084-768 9595, ✉ jj-payam@hotmail.com, [3366]. 5 solide Steinhäuser mit viel Platz und 5 große Zelte auf einem erhöhten Stelzen-Podest hinter dem Restaurant unter Schatten spendenden Bäumen. Liegekissen und Tische am Strand. ❷ – ❹
Phayam Coconut Beach Resort ㉖, ☏ 083-389 6408, 🖥 www.koh-phayam.com, [5464]. Einfache Holz- und Mattenbungalows im hinteren Teil des Grundstücks und bessere, grün gestrichene Holz- und Steinhäuser auf dem Gelände. Riesiges Restaurant. WLAN. ❶ – ❹
Phayam Lodge ⑳, ☏ 086-995 2598, 🖥 www. phayamlodge.com, [8239]. Gepflegte Anlage mit AC-Steinbungalows und Häusern im etwas kahlen Garten. WLAN im Restaurant. Phayam-Divers nebenan. ❻ – ❼

ESSEN UND UNTERHALTUNG

Alle Anlagen haben ein eigenes Restaurant mit meist guter Küche. Außerdem bieten einige Restaurants am Strand und an der Zufahrtsstraße zu den Anlagen leckere Gerichte aus der Thai-Küche und auch einige westliche Leckereien an.
Chicken Mama, an der Zufahrtsstraße zum Aow Yai. Günstige Gerichte, wie Chicken-Baguette oder gegrilltes Hähnchen mit Sticky-Reis.

Dream Cuisine Restaurant, gute Thai-Küche und Sandwiches im hübsch dekorierten Restaurant direkt am Strand.
Forget me not, gemütliches Restaurant mit günstiger Thai-Küche an der Zufahrtsstraße.
Rasta Baby Bar, organisiert mehrmals wöchentlich Partys, dann gibt's hier auch leckeres BBQ zu Reggae-Musik, ebenso in der **South Star Bar**.
Super 8 Bar, bei guten Drinks und loungiger Musik lässt es sich schön den Sonnenuntergang genießen.
Together Food Garden Restaurant hinter dem Phayam Coconut Beach Resort. Hier gibt es ebenfalls sehr gute thailändische Gerichte um 70 Baht und leckere gefüllte Baguettes, die in einem runden Pavillon serviert werden.
Tum Food, serviert günstige Thai-Gerichte sowie Spaghetti und frischen italienischen Kaffee.

Ao Kwang Peeb

Die kleine Bucht ganz im Norden der Insel liegt ruhig und abgeschieden und ist nur über eine steile Sandpiste zu erreichen. Eine Anlage nimmt die gesamte – auch Monkey Bay genannte – Bucht ein. Das **Kwang Peeb Eco Resort** ①, ☏ 082-805 9318, 🖥 www.phayameco.com, [6201], hat 25 Bungalows geschickt in die Hanglandschaft integriert. Wahlweise einfache Mattenbungalows oder große Holzhütten mit vielen Fenstern, innen in Weiß gehalten und mit offenen Bädern. Kajak-Verleih. ❸ – ❺

Ao Khao Kwai

Umstritten ist, ob dieser Strand nicht der schönere ist. Zumindest für jene, die mehr Ruhe suchen und viel schnorcheln wollen. Es heißt, hier seien die Sonnenuntergänge besonders malerisch. Die „Büffelbucht" befindet sich im Nordwesten der Insel und wird durch einen Felsen in zwei Teile geteilt – bei Ebbe eine schöne Kletterpartie, ansonsten gelangt man nur über die Straße oberhalb in die andere Buchtseite. Der Vorteil: Es gibt viele Schnorchelmöglichkeiten. In wenigen Minuten kann man von nahezu jeder Anlage losschnorcheln.

Die vorgelagerten Inseln gehören bereits zu Myanmar.

Der Sand in der nördlichen Bucht ist recht grobkörnig, goldgelb und manchmal von Zinnoxid durchsetzt. Das Meer eignet sich bei Ebbe und Flut zum Baden. Der südliche Strandabschnitt weist extrem feinen, weißen Sand auf. Bei Ebbe muss man viele Meter wandern, um das Wasser zu erreichen und kann nicht schwimmen. Die wenigen AC-Steinbungalows befinden sich in der südlichen Bucht. Sie sind wenig reizvoll und bei den meisten Ko Phayam-Reisenden auch nicht beliebt.

Die Betonstraße endet im Norden hinter dem Mountain Resort. Sie wird von einer hügeligen Sandpiste abgelöst.

ÜBERNACHTUNG

Untere Preisklasse

Baan Suan Kayoo Cottage 2 ③, ✆ 085-655 4906, [6180]. 5 große Holzbungalows, verteilt auf einem etwas kargen Grundstück. Wenn es auf der Insel voll wird, werden hier auch Zelte aufgeschlagen. ❷

Banana Resort ③, ✆ 080-622 9477, ✉ miss banana2010@yahoo.co.th, [6181]. Mattenbungalows horizontal in Reihe zum Strand. Im hinteren Teil große cremefarbene Holzbungalows mit schönen weißen halb offenen Bädern. Aussichtsplattformen mit Strandblick. WLAN. ❷

Contact Bungalows ⑨, ✆ 085-781 2006, ✉ saowanee27@windowslive.com, [3357]. Anlage auf dem Hügel in der Strandmitte mit großen, einfachen Mattenbungalows, einige mit schöner Veranda. Dahinter kleine Bambushütten. Restaurant und kleine Plattformen mit Meerblick. Viel Privatsphäre. ❶ – ❷

Jansom Bungalow ⑤, ✆ 081-968 5720, ✉ jansom_kohpayam@hotmail.com, [5466]. 24 Bungalows mit großen Fenstern am Hang im nördlichen Abschnitt in 2 Reihen parallel zum Strand. Von außen etwas in die Jahre gekommen, innen schön gemacht mit neuen Bädern. Der Strand ist mit Felsen durchsetzt. ❷

June Horizon Bungalow ⑭, ✆ 080-145 9771, [6194]. Südlichste Anlage am Ao Khao Kwai, etwas abseits gelegen. Schöne große Holzbungalows mit Terrasse. Dahinter im weitläufigen Garten 4 bunte runde Steinbungalows mit viel Platz. Mülltrennung. ❷

Mountain Resort ②, ✆ 080-144 7208, [3359]. Gepflegter Palmenhain mit 5 weiß getünchten Steinhäusern. Schöner Strandabschnitt am nördlichen Ende der Bucht. Je nach Jahreszeit auf heiße Nächte einstellen, denn der Ventilator stoppt nach 24 Uhr. Freundliche Besitzer. ❷

Sai Thong Bungalows , ✆ 080-141 1231, ✉ saithong_ranongth@yahoo.com [5467]. Einfache Bungalows aus Holz und Matten im kleinen Garten mit viel Grün. 4 große schöne Steinbungalows. Schöner Strandabschnitt direkt neben den Felsen, wo man herrlich baden und schnorcheln kann. Kajaks, Hängematten, Schaukeln am Strand. ❶ – ❷

Smile Bungalow ⑩, ✆ 082-271 9246, [6215]. 7 Mattenbungalows in Reihe auf Stelzen unter Bäumen. An der südlichen Zufahrtsstraße zum Ao Khao Kwai, 500 m vom Strand. ❶

Starlight Bungalows ③, ✆ 089-922 5301, [6217]. 5 Mattenbungalows hinter dem Restaurant. Das Restaurant ist aus Schwemmholz gefertigt, auf dem Dach befindet sich eine große Sonnenterrasse mit Meerblick, eine weitere direkt über dem Strand. ❶ – ❷

Tangtong Bungalows ③, ✆ 084-839 6836, [6220]. 6 hübsch bemalte Mattenbungalows mit offenen Bädern im sandigen Garten, gleich neben der Hippie-Bar. ❶ – ❷

Mittlere und obere Preisklasse

Baan Klong Kleng Resort ⑥, ✆ 089-772 5090, ✉ contact@baanklongkleng.com [8236]. Auf dem schmalen Grundstück stehen großzügige, gut eingerichtete Holzbungalows unter schattigen Bäumen. WLAN im Restaurant. ❹ – ❺

Heaven Beach Resort & Art ⑦, ✆ 082-806 0413, 🖥 www.ppland-heavenbeach.com, [8235]. Kleines Resort mit 8 großen, schön möblierten Steinbungalows parallel zum Strand. Panoramafenster, Ventilator und Warmwasser. WLAN im Restaurant. ❺

Marina Resort ④, ✆ 081-891 9809, ✉ marina resortkp@gmail.com, [6203]. Große schöne Holzbungalows mit Spiegeltisch, Sofa und Toilettenvorraum auf einem weitläufigen Grundstück. Kleine, günstige Mattenbungalows in Reihe. Meerblick vom erhöhten Restaurant. ❶ – ❹

Mr. Gao Bungalow ⑧, ✆ 077-870 222, 🖥 www.mr-gao-phayam.com, [5476]. 11 gute

Holzbungalows im Garten und am Hang, 4 mit Strandblick. Offene Badezimmer. Liegestühle, Hängematten und Schaukeln. Schönes Restaurant. WLAN. Das ganze Jahr geöffnet. ❷ – ❹

Payam Cabanas ⑬, ☎ 086-023 1304, 🖥 www. payamcabana.com, [6209]. Ansprechende große Mattenbungalows mit hübschen abgemauerten Bädern mit Steineinlegearbeiten. Großes Moskitonetz. Ein 3-Bett-Zimmer. Liegen am Strand. Schneller Internetzugang. Mindestaufenthalt 3 Tage. ❸ – ❹

Phayam Cottage Resort ⑪, ☎ 085-222 1847, [6210]. Steinbungalows mit AC oder Ventilator rund um eine große Rasenfläche in kahl geschlagener Gartenanlage. Kinderspielplatz aus Metall in der prallen Sonne. Fitnessgeräte auf der Rasenfläche. Großer Pool mit Meerblick. 24 Std. Strom und WLAN. Rabatt ab einer Woche Aufenthalt. ❺ – ❼

Vijit Bungalows ⑫, ☎ 077-834 082, 🖥 www. kohpayam-vijit.com, [5468]. Gemütliche Holz- und Steinbungalows unterschiedlichster Größe und Form in naturbelassenem Garten. 3 große Familienzimmer mit 2 großen Betten, auch für Kleinkinder geeignet. Schönes Restaurant am Strand. Internet. Kajakverleih und Ausflüge mit dem Boot. Preisnachlass bei einer Woche Aufenthalt. ❷ – ❺

ESSEN UND UNTERHALTUNG

Alle Resorts bieten gute Küche – leider selten Fisch, aber viel aus der westlichen und der Thai-Küche. Zwischen Gold Key und Jamson Bungalows lockt an der Sandstraße der Italiener **Pace Luce** mit italienischen Snacks. ⏱ 10.30–17.30 Uhr.

Hippie Bar am nördlichen Ende des Ao Khao Kwai. Schon tagsüber ein schöner Platz zum Abhängen, doch abends zum Sonnenuntergang besonders lohnend.

Laem Son National Park

Das Schutzgebiet, das sich über 100 km entlang der Küste ausdehnt und eine Gesamtfläche von rund 300 km² umfasst, schließt neben zahlreichen weißen und grauen Sandstränden vor al-

Abseits der beliebten Strände

Wer nicht an den belebten Stränden wohnen will, findet an der Ostküste im **Koh Payam Resort** ㉞, ☎ 082-457 6662, 🖥 www.kohpayam resort.com, [6198] Unterkunft. Mattenbungalows mit halb offenem Bad und neuere große Holzimitat-Bungalows, auf Wunsch mit AC. Außerdem 12 neue Steinbungalows. Weitere Flächen werden gerodet. Mit dem Moped kann man bis auf den Hügel fahren, dann blickt man bereits auf die vorgelagerte Ko Kham und die schöne Ao Mook. Bei Ebbe kann man auf die Insel Ko Kham hinüberspazieren und dort schnorcheln. Starke Strömungen bei Flut. Bei längerem Aufenthalt Rabatt. WLAN. ❷ – ❺

lem Mangrovenwälder und etwa 20 nahe der Küste gelegene unbewohnte Inseln ein.

Das **Hauptquartier** des Nationalparks, ☎ 077-861 431, befindet sich 50 km von Ranong entfernt am feinsandigen, von Kasuarinen beschatteten **Hat Bang Baen**. Hierher kommen am Wochenende viele Thais zum Picknick. Der Strand ist weitläufig, und in den markierten Bereichen kann man gefahrlos schwimmen. An anderen Abschnitten gibt es dagegen gefährliche Strömungen. Etwas einsamer ist der von Kasuarinen bestandene **Hat Laem Son**, 4 km weiter nördlich. Hier sind viele Vögel zu sehen.

Die Parkangestellten organisieren Ausflüge zu den vorgelagerten Inseln. Eine 1 1/2-stündige Bootsfahrt führt nach **Ko Kam Yai** und **Ko Kam Noi** zum Tauchen und Schnorcheln oder Kajakfahren. **Ko Kangkao**, 40 Min. entfernt, lohnt zum Schnorcheln und Fischen.

⏱ Ende Nov–April, Eintritt 200 Baht.

ÜBERNACHTUNG UND ESSEN

Karte S. 515

Andaman Peace Resort ①, ☎ 077-820 239 [7964]. In einem großen Garten mit Wiese und Bäumen stehen günstige, ebenerdige Reihenbungalows mit Bad und Ventilator. Die besseren sind größer und mit TV und Kühlschrank ausgestattet. 2 Steinhäuser für Familien. Restaurant mit großen Tischen unter Kasuarinen und Blick aufs Meer. WLAN. ❷ – ❸

Wasana Resort ②, 36/9 Hat Bang Baen, am
Eingang des Nationalparks, ✆ 077-861 434,
[7965]. 8 Steinbungalows für 2–4 Pers. in
gepflegtem Garten, 300 m vom Strand. Gefliest
und sauber, teils mit AC. Kostenloser Fahrrad-
Verleih. WLAN. Die Eigentümerin spricht kein
Englisch. ②–③

TRANSPORT

Mit dem **eigenen Fahrzeug** sind es ab Ranong
auf dem H4 etwa 45 km zum ausgeschilderten
Parkeingang, am KM 657 nach rechts weitere
10 km zum Headquarter.
Zur und von der hier an der Abzweigung
liegenden **Bushaltestelle** fahren von der
Tourist Information Autos für 250 Baht. Wer
mit dem Bus anreist, sollte dem Fahrer und
Kontrolleur auf jeden Fall mitteilen, dass er
am Laem Son NP aussteigen möchte.
BANGKOK, der Bus um 19 Uhr startet von
Kapoe (Transport hierher wird von den
Resorts organisiert), in 10 Std. für 550 Baht.
CHUMPHON und RANONG, Busse ab
Highway um 10, 12.30, 16.30 und 18.30 Uhr für
250 bzw. 80 Baht in 3 Std. bzw. 1 Std.
KHAO LAK und PHUKET, Busse ab Highway
um 7, 9, 10.30, 11.30, 13.30, 15.30 und 17 Uhr
für 230 bzw. 380 Baht in 3 bzw. 6 Std.

Ko Surin National Park

Der 60 km vor der Küste gelegene 142 km² große
Nationalpark bietet tropischen Urwald, feinsandigen Strand, kristallklares Wasser und war bis
vor Kurzem bekannt für seine faszinierenden Korallenriffe. Doch 2010 strömte mit El Ninjo über
32° C heißes Wasser in die Andamanensee. Daraufhin starben viele Korallen ab, was allgemein
als Korallenbleiche bezeichnet wird. Die weißen
Skelette der vormals bunten Tiere bringen Taucher daher derzeit eher zum Trauern, denn zum
Freuen. Zwar wachsen kleine Korallen nach,
doch bis die Pracht wieder erstarkt ist, werden
einige Jahre vergehen. Noch immer tummeln
sich im Meer Schildkröten und Walhaie, und an
Land leben Vögel und Säugetiere, wie z. B. Le-
muren. Die größten Inseln des Parks, **Ko Surin
Nua** (Nord-Surin) und die kleinere **Ko Surin Tai**

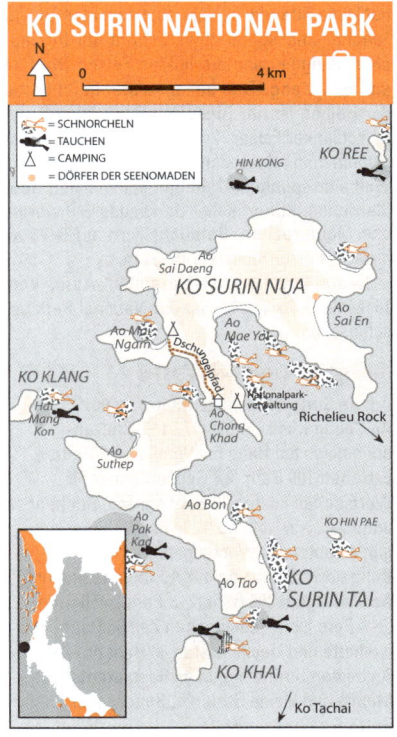

(Süd-Surin), haben wunderschöne Strände. Die
Strände **Ao Chong Khad** und **Ao Mai Ngam** auf
Nord-Surin sind über einen 2 km langen Wanderweg miteinander verbunden. Vom Ao Mai
Ngam aus kann man mit Kajaks (200 Baht pro
Std., 1000 Baht am Tag) von Strand zu Strand
paddeln. Longtail-Boote bringen Besucher zu allen zugänglichen Stränden, Inseln und Schnorchelplätzen (ab 250 Baht). Am **Ao Bon** auf Süd-
Surin wohnen Seenomaden, die bis heute nach
alter Tradition leben. Vor der kleinen **Ao Tao** gibt
es, wie der Name verspricht, Meeresschildkröten. Wie die anderen Tauchgebiete auch sind **Ao
Suthep** und **Ao Pak Kad** nur mit dem Tauch- bzw.
Longtail-Boot erreichbar.

Einen weiteren schönen Strand, **Hat Mang
Kon**, und beliebte Tauchgebiete besitzt **Ko Klang**
(auch Ko Pachumba). **Ko Khai** (auch Ko Torinla)

hat keine Strände, ist aber ein bekanntes Ziel für Taucher und Schnorchler. Explizit nur für Taucher geeignet sind die beiden Felsen **Hin Pae** und **Hin Kong**. Der bekannteste Tauchgrund der Region ist der **Richelieu Rock**, eine Gruppe schlanker Felsen. Zwischen Februar und April kann man relativ sicher mit bis zu 14 m langen Walhaien tauchen. Daneben schwimmen Seepferdchen, Kofferfische, Barracuda-Schwärme und Mantarochen. Getaucht wird auf 5–25 m, meist mit einer Sicht von 15–35 m.

Beste Reisezeit ist Dezember–April. Vom 16. Mai–15. November ist der National Park geschlossen.

ÜBERNACHTUNG UND ESSEN

Auf **Ko Surin**, Nationalparkbüro an der **Ao Chong Khad**, ☎ 076-472 145, Stelzenbungalows am Hang mit Ventilator, 2 Betten; Extrabett 100 Baht. **5** Schließfächer für Wertsachen kosten 30 Baht am Tag. Buchbar unter ⌨ www.dnp.go.th. In der Nebensaison gibt es unter der Woche gelegentlich freie Bungalows. Zelten an der **Ao Chong Khad** und **Ao Mai Ngam** 300 Baht (2–3 Pers.), 450 Baht (3–4 Pers.), mit dem eigenen Zelt 80 Baht. Isomatte und Decke kosten 80 Baht pro Tag. An beiden Stränden gibt es **Restaurants**, Set-Menüs und kleine Gerichte, Snacks und Getränke; Preise ab 60 Baht. Heißes Wasser kostenlos von 7.30–14 Uhr. ⊙ 7.30–20.30 Uhr.

TRANSPORT

Nach KHURA BURI mit dem **Schnellboot** um 13.30 Uhr für 1600 Baht, inkl. Transfer zum Busbahnhof. Komplettangebote (Tauchsafaris) kombinieren einen Besuch auf Ko Surin oft mit dem Ko Similan National Park.

Khura Buri

Die kleine Hafenstadt Khura Buri besteht mehr oder weniger nur aus einer Hauptstraße mit Geschäften, Geldautomat, einer Tankstelle mit Markt, Tauchbasis und zwei Internetshops. Die Busse halten und fahren etwa von der Ortsmitte ab. Vom Hafen geht es nach Ko Surin (S. 533).

ÜBERNACHTUNG UND ESSEN

Zwischen Bushaltestelle und Brücke liegen rechter Hand einfache Resorts und kleine Straßenrestaurants.
Karte S. 515
Boon Piya Resort ⑤, an der Hauptstraße, ☎ 076-491 464 [8245]. 20 neue, weiße, saubere AC-Bungalows mit Granitboden und TV, eng aneinander in einem Garten hinter der Ladenzeile. Beim Kauf eines Bootstickets gibt es freien Transfer zum Hafen. WLAN. **3**
Country Hut Riverside Bungalows ⑤, ☎ 086-272 0588 [8246], hinter der Brücke, wird von Tom and Am Tour vermittelt. 6 einfache Mattenbungalows mit Ventilator oder AC sowie 3 Zimmer. Kein Englisch. **1**–**2**
Kuraburi Greenview Resort ⑥, ☎ 076-401 400, ⌨ www.kuraburigreenviewresort.com [8247]. Rustikale Anlage mit 39 verschiedenen Bungalows und Pool am H4, 12 km südlich von Khura Buri an einem See. WLAN. **5**–**6**
Kuraburi Resort ⑤, ☎ 081-719 4775, ⌨ www.kuraburiresort.com, [8248]. Hübsche gelbe Bungalows mit Ventilator oder AC, schöne Terrasse, teils mit Flussblick, TV und Kühlschrank. Im Garten dahinter 4 günstige Bambusbungalows. **1**–**3**
Tararin River Hut ⑤, ☎ 076-491 789 [8244]. 6 einfache Holzbungalows am Fluss, mit Terrassen über dem Wasser. Einige bunt bemalt mit Waschbecken im Freien. 2 bessere Bungalows im Garten sowie 5 AC-Zimmer in gediegenerem Design. Vermittelt Bootstickets, Kochkurse. Familiäre Atmosphäre. **1**–**2**

TRANSPORT

Busse
Bei **Tom and Am Tour** an der Hauptstraße, ☎ 086-272 0588, hängen die aktuellen Busfahrpläne aus.
BANGKOK, um 11.45, 16.30 und 17.30 Uhr für 440–610 Baht; VIP-Bus um 18.15 Uhr für 707 Baht in 10–12 Std.
CHUMPHON, um 9, 11.45, 13.45, 15.30 und 17.30 Uhr für 210 Baht in 5–6 Std.
KHAO SOK, mit dem Bus nach Takua Pa und dort umsteigen.
KRABI, um 9.30 und 12.30 Uhr für 170 Baht in knapp 4 Std.

RANONG, 8x tgl. von 9–17 Uhr für 110 Baht in 3 Std. oder mit den Bussen Richtung Chumphon. TAKUA PA, um 8.30, 9.40, 11.30, 12.30, 14.30, 16.30, 18.30 und 19.30 Uhr für 80 Baht in 1 Std.

Boote

Boote nach KO SURIN legen am 9 km entfernten Hafen ab. Hier (am Ende der Straße) fährt auch ein Boot nach KO PHRA THONG ab. Selbstfahrer kommen vom H4, biegen am KM 721 ab und legen 6 km Richtung Khura Buri zurück. An der Kreuzung weitere 2 km der Ausschilderung folgen. Taxi 300 Baht, Motorradtaxi 100 Baht. Kauft man das Ticket bei einem Touranbieter, ist der Transport zum Hafen frei. Das Schnellboot nach KO SURIN fährt in der Hauptsaison um 8.30 Uhr für 1700 Baht in 70 Min., ein Big Boat um 9 Uhr für 1300 Baht in 2 1/2 Std., dieses fährt allerdings nur am Wochenende, zurück jeweils um 14 Uhr.

Nach KO PHRA THONG mit dem Charter-Longtail Boot. Mr. Bandet (✆ 089-972 1747) wartet unter einem kleinen Holz-Unterstand auf Kunden und verlangt 1500 Baht für eine einfache Fahrt zur Insel (1 Std.). Er spricht kein Englisch, kann aber über Tom and Am Tour kontaktiert werden.

Ko Thung Nang Dam

Diese kleine Insel, etwa 20 Min. Bootsfahrt von Khura Buri entfernt, wurde 2010 für den Ökotourismus erschlossen. Die Natur ist hier noch voll intakt, und alle Gäste werden angehalten, sich rücksichtsvoll zu benehmen. Dazu gehört auch, dass man seinen Müll wieder von der Insel mit aufs Festland nimmt. Gebucht werden können bisher Touren mit ein bis zwei Übernachtungen. Transport von Khura Buri, Khao Lak oder Phuket, ab 6600 Baht (inkl. Ausflug in den Surin NP).

ÜBERNACHTUNG

Karte S. 515

🏕 **The Camp Resort** ④, ✆ 076-491 923, 🖥 www.thungnangdamisland.com. Ansprechende große Zelte am Strand. Wer nicht pauschal wohnt zahlt pro Nacht 1500 Baht inkl. Essen. Das Resort ist von Nov–April geöffnet. ❺

Sri Phang Nga National Park

Zwischen Khura Buri und Takua Pa liegt im Hinterland der 246 km² große, lang gezogene Sri Phang Nga National Park mit imposanten Wasserfällen. Neben dem Headquarter stürzt das Wasser des **Khlong Tam Nang** 63 m tief in ein natürliches Schwimmbecken. Der **Khlong Ton Tonsai** ist eher ein über große Steine flach dahinplätschernder Bach.

Nashornvögel, Spechte und Greifvögel bevölkern den dichten Monsunwald, in dem noch einige Großtiere leben sollen. Vom Headquarter am Khlong Tam Nang führt ein etwa 2 km langer Lehrpfad durch den immergrünen Wald bis zu einem Aussichtspunkt. Bis auf die heiße Jahreszeit von Januar bis April ist es hier sehr regenreich.

ÜBERNACHTUNG

Im Park stehen 8 Bungalows für je 3 Pers. sowie Zelte, ✆ 076-411 136. Man kann auch sein eigenes Zelt auf dem Campingplatz aufstellen und die Aussicht auf die bewaldeten Hügel genießen. ④

TRANSPORT

Mit dem Taxi oder eigenem Auto am KM 756 vom H4 rechts abbiegen. Nach etwa 6 km endet die Straße am Headquarter, Eintritt 100 Baht.

Mu Ko Ra – Ko Phra Thong National Park

Der kleine Nationalpark vor der Küste zwischen Khura Buri und Takua Pa umfasst zwei ursprüngliche Inseln, die seit Mitte 2001 geschützt sind (Eintritt frei). Es heißt, dass auf der großen Insel Piraten einst eine goldene Buddhastatue versteckten, weshalb sie **Ko Phra Thong**, frei übersetzt: Goldene Buddha-Insel, genannt wird. Das abenteuerliche Eiland ist sehr flach und wird an der Westküste und im Norden von glasklarem, türkis-farbenem Wasser umspült. Savannenartige Landschaft und Dschungel bestimmen die Vegetation. Die Artenvielfalt ist beachtlich: Es gibt intakte Mangrovenwälder, seltene Orchideenarten und verschiedene Tiere:

Schmetterlinge und Affen leben an Land, und vor der Küste tummeln sich Meeresschildkröten. In drei Dörfern leben Thais und Moken (Seenomaden). Es werden organisierte Wanderungen, Vogelbeobachtung, Kajakfahrten übers Meer und durch die Mangroven, Tauchausflüge und Yogakurse angeboten.

Die kleine **Ko Ra** ist sehr bergig. Die von Dschungel bedeckten Klippen fallen steil ins Meer ab. Intakte Mangrovenwälder säumen die Küste, und Strände warten auf Besucher.

ÜBERNACHTUNG

Karte S. 515

Ko Phra Thong

Die Anlagen haben Generatoren-Strom, der nur abends von 18–23 Uhr angestellt wird. Die Bungalow-Preise sind für das Gebotene recht hoch. Alle haben ein eigenes Restaurant und sind nur in der Saison von Okt–April geöffnet. Wer will, kann am Strand von Ko Phra Thong sein Zelt aufschlagen.
Golden Buddha Beach Resort ⑨, ✆ 081-080 9849, 🖥 www.goldenbuddharesort.com, [8251]. 26 individuell, offen und luftig gestaltete Häuser aus Naturmaterialien, teils auf verschiedenen Ebenen, mit einladend großen Terrassen. Restaurant und Bar am Strand. Strom von 18–23 Uhr verfügbar. Auf Energiefresser wie TV oder Warmwasser wird bewusst verzichtet. Der Transport zur Insel und die dortigen Aktivitäten werden organisiert. Tauchbasis von Blue Guru Diving, 🖥 www.blue-guru.org. ⑥–⑧
Mr. Chuoi Bar-Hut ⑦, ✆ 084-855 9886, [8253]. Etwa 300 m vom Strand, im Hinterland. 15 gut durchlüftete Bungalows mit Palmblattdächern bis zum Boden, kleiner Terrasse und eigenem Bad. Auch größere Familienbungalows. ❷–❸
Phra Thong Bay Bungalows ⑧, ✆ 087-263 7049 [8252]. 5 einfache Bungalows aus Bambusmatten mit eigenen Bädern stehen im schattigen Garten. Hübsches, rundes Restaurant am Strand. Freundliche Betreiber. ❹

Ko Ra

Koh Ra Ecolodge ③, ✆ 089-867 5288, 🖥 www.kohraecolodge.com. Am Nordzipfel von Ko Ra liegt dieses Ökoresort mit

18 einfachen Holzbungalows mit Terrassen unter Bäumen. Strom von 18–23 Uhr. Restaurant am Strand, gemeinsames Abendessen (3 Mahlzeiten 500 Baht). Das Resort unterstützt Ökoprojekte, z. B. zum Erhalt der Korallenriffe, und Bildungsangebote für die lokale Bevölkerung. Transport zur Insel 250 Baht. PADI-Tauchbasis. ❹–❺

TRANSPORT

Der Transport zu beiden Inseln wird von den Resorts organisiert. Wer auf eigene Faust reist, findet Boote ab KHURA BURI für 1500 Baht nahe dem Ko Surin-Pier. Hier wartet jeden Morgen Mr. Bandet (s. Khura Buri/Transport). Den Transport von Ko Phra Thong übernehmen die Resorts bei vorheriger Anmeldung.

Takua Pa

Ein Aufenthalt in der Stadt und vor allem in der Umgebung verspricht Erlebnisse fernab touristischer „Hotspots". Während in Takua Pa, dem Verkehrsknotenpunkt für Busse, Kleinstadtleben auf dem Programm steht, kann man auf den angrenzenden, als Nationalparks ausgewiesenen Inseln Natur pur erleben.

Viele Reisende sehen nur den quirligen Busbahnhof mit dem angrenzenden Markt. Wer bleibt, erlebt eine ruhige Kleinstadt mit etwa 22 000 Einwohnern. Begründer der Stadt waren der Legende nach indische Hindus, die hier im 3. Jh. v. Chr. vor dem buddhistischen König Ashoka Zuflucht suchten. Archäologische Ausgrabungen bezeugen, dass Händler aus Griechenland, China, Persien und aus arabischen Ländern hier Handel trieben. Nachdem im 12. Jh. reiche Bleivorkommen entdeckt wurden, erhielt die damalige Stadt Takola ihren heutigen Namen: Takua („Blei") Pa („Wald"). Doch erst im 19. Jh., als mithilfe chinesischer Kulis der Abbau von Zinn vorangetrieben wurde, gelangte die Stadt zu Reichtum.

An der südlichen Kreuzung, 7 km von der Neustadt (Yan Yao), liegt links die alte Stadt (Talad Kao). Das einstige Geschäftszentrum weist sichtbar chinesischen Einfluss auf. Den Wohlstand schützte eine Mauer, zu deren Überresten ein Schild am Ortseingang weist.

DIE NÖRDLICHE ANDAMANENKÜSTE

Karte S. 515

Extra Hotel ⑭, 46 Sena Rat Rd., in der Neustadt, ☏ 076-421 026, [8257]. Vom Busbahnhof etwa 1 km Richtung Zentrum hinter der Tankstelle. 4-stöckiges Hotel mit 75 gefliesten, etwas verwohnten Zimmern mit Ventilator oder AC. Die hinteren sind gut möbliert, haben Balkon und TV. Disco/Bar im Erdgeschoss. ❷

Friends House Resort ⑮, 1 km vor der Brücke, ☏ 076-471 363, [8256]. Gepflegte, große Zimmer. Gute Ausstattung, mit Badewanne. WLAN. Auch Familienzimmer. ❸

Das Essen an den **Ständen am Busbahnhof** ist lecker, gut und preiswert. Ab dem späten Nachmittag werden auf dem **Nachtmarkt** an der südlichen Ampelkreuzung Gegrilltes, Currys, Obst und Süßes verkauft, ☉ 17–21.30 Uhr. Nahebei im modernen, sonniggelben **Restaurant** (ohne englischen Namen) mit Vogelnestern an der Decke und englischer Speisekarte: Frühstück, Steaks mit Pommes, Salat, Eis und einheimische Desserts.

Cookie & Cream, an der Hauptstraße vom Busbahnhof kurz vor der südlichen Ampelkreuzung. Guter Kaffee, Espresso oder Cappuccino und Sandwiches. ☉ 10–21 Uhr.

Rung Peung Healthy Juices & Cafe, an der Hauptstraße zwischen Busbahnhof und Tankstelle kurz hinter der Brücke. Schickes Café mit süßen Leckereien, wie Kuchen und Eiscreme, außerdem Shakes und Sandwiches. WLAN. ☉ 9–19 Uhr.

In Takua Pa gibt es zwei **Banken** mit Geldautomat. Weitere in der Altstadt und am Busbahnhof sowie neben der Tankstelle.

Der **Busbahnhof** befindet sich 1 km östlich der Neustadt am H4.

BANGKOK, um 11, 13, 17, 17.30 und 19 Uhr für 465–598 Baht in 12 Std. VIP-Bus 18.15 Uhr für 930 Baht.

CHUMPHON, mit Bangkok-Bussen (außer VIP) für 200 Baht in 5 Std.

KHAO LAK, mit Phuket-Bussen für 60 Baht in 45 Min.

KHAO SOK, mit Surat Thani-Bussen für 70 Baht in 1 Std.

KHURA BURI, mit Ranong-Bussen für 80 Baht in 45 Min.

KRABI (Nr. 435), um 10.30 und 13.30 Uhr für 140 Baht in 2 Std.

LAEM SON NP, mit dem Bus Richtung Ranong und Chumphon für 120 Baht (Fahrer Bescheid geben, dass man am Nationalpark aussteigen möchte) in 2 Std.

PHANG NGA, mit dem Krabi-Bus für 70 Baht in 1 Std.

PHUKET (Nr. 436), 12x tgl. von 4.30–17.30 Uhr für 110 Baht in 3 Std.

PHUKET (Nr. 465), 10x tgl. von 10.30–17.40 Uhr für 100 Baht in 3 Std.

RANONG (Nr. 435), 5x tgl. von 8–15.30 Uhr für 140 Baht in 3 Std.

SURAT THANI, 8x tgl. von 8–16.30 Uhr für 145 Baht in 3 Std.

9 HIGHLIGHT

Khao Sok National Park

Der 1980 gegründete Nationalpark zwischen der Andamanensee im Westen und dem Golf von Thailand im Osten bildet zusammen mit dem Khlong Saeng und Khlong Nakha National Park im Norden sowie dem Klong Phanom National Park im Süden und dem Sri Phang Nga National Park im Westen einen rund 4400 km² großen Naturpark. Zum größten Naturschutzgebiet in Thailands Süden steuert Khao Sok 739 km² bei. Auf zumeist 300–600 m Höhe verteilen sich Primärdschungel, Kalksteinformationen, Höhlen, Flüsse und Wasserfälle. Darüber erhebt sich mit dem 960 m höchste Berg, der Khao Mok. Die fantastischen Karstfelsen prägen die Landschaft.

Der Park kann das ganze Jahr über bereist werden. Vom 1. Juli–14. September sind allerdings die Wasserfälle Sip et Chan, Bang Laep Nam, Tong Kloi und die Höhlen Nam Thalu, Seroo und Khang Cow (Fledermaushöhle) geschlossen.

Heute leben im Khao Sok 48 Säugetierarten, darunter optimistischen Schätzungen zufolge auch Leoparden, Tiger, Bären und Elefanten.

Hinzu kommen über 300 Vogelarten, von denen man viele sieht und hört. Die wissenschaftliche Erfassung der Reptilien, Amphibien und Insekten hat gerade erst begonnen. Wer sich für Pflanzen interessiert, stößt auf seltene Exemplare wie die Rafflesia (Kasten S. 540). Auch die Langkow-Palme (*Kerriodoxa elegans*) mit einer grünen Ober- und silberweißen Unterseite ist nur im Khao Sok und auf Phuket zu finden.

Für Bewunderung sorgen auch die Erhabenheit der Karstfelsen, die Urwaldriesen mit ihren Stützwurzeln und der meterhohe Bambus. Makaken sind zu sehen, und der Ruf der Gibbons schallt durch den Wald. Chöre von Zikaden beginnen morgens und am späten Nachmittag einen Wettstreit, wer den schrillsten Ton hervorbringt. Neben Nashorn- und Eisvögeln, Schmetterlingen und Libellen leben hier Warane, Wildschweine, Otter, Eichhörnchen und Eidechsen. Wer sich mit einem Guide länger auf die Pirsch begibt und vom Touristenpfad entfernt, hat Chancen, auch größere Säugetiere zu erspähen.

Das **Wat Tham Phanturat** und die dahinter liegende **Höhle** befinden sich außerhalb des Nationalparks und sind ein leicht zu erreichendes Ausflugsziel. In der Höhle gibt es einen natürlichen Pool (Baden ist allerdings verboten). Am späten Nachmittag tauchen Horden von Makaken, die sich gerne füttern lassen, vor der Höhle auf. Neben dem Höhleneingang geht es über Stufen den Berg hinauf zu einem fantastischen Aussichtspunkt (Eintritt 20 Baht).

Zwei Wanderwege sind vom Nationalparkbüro ausgeschildert. Der erste, 7 km lange Wanderweg führt an mehreren Wasserfällen entlang zum **Ton Kloi-Wasserfall**. In der Monsunzeit lohnt nach 2,8 km ein Abstecher über den Fluss zum **Wing Hin-Wasserfall**. 3,3 km hinter den Stromschnellen des **Bang Hua Raed-Wasserfalls** gibt es einen Badeplatz namens Wang Yao. Auch der **Bang Leap Nam-Wasserfall**, bei KM 4,5, hat einen natürlichen Pool zu bieten. Am letzten Wasserfall, dem Ton Kloi-Wasserfall, sind oft Gibbons, Makaken, Nashornvögel und fliegende Eidechsen Gäste, wenn man sich im natürlichen Schwimmbecken abkühlt.

Die zweite, anspruchsvollere Route führt 4,5 km auf einem kleinen Pfad hinauf zum elfstufigen **Sip et Chan-Wasserfall**, in dessen Becken ebenfalls geschwommen werden kann. Der Anstieg ist anstrengend und kann dank sechs Flussüberquerungen in der Regenzeit eine nasse Angelegenheit werden. Dieser Weg ist recht verwahrlost, und nach Regenfällen gibt es viele lästige Blutegel. Unerfahrene Trekker sollten diesen Weg keinesfalls alleine gehen.

ÜBERNACHTUNG

Die meisten der zahlreichen Gästehäuser sind günstig und liegen vor dem Parkeingang. Aufgrund des feuchten Klimas werden viele Hütten nach und nach ersetzt, sodass sich oft verschiedene Materialien oder Stilrichtungen in einer Anlage finden. Wer außerhalb der heißen Jahreszeit reist, sollte sich für die Nacht etwas Warmes einpacken. Selbst Hütten mit Ventilator haben Warmwasser. Manchmal verirren sich Dschungelbewohner in die Hütten. Fast alle Zimmer haben daher ein Moskitonetz. Empfehlenswert ist eine Taschenlampe, wenn man abends noch auf spärlich beleuchteten Wegen unterwegs ist. Pick-ups warten an der Bushaltestelle.

Untere Preisklasse
Baan Khao Sok Resort ⑪, ☎ 081-958 0185, 🖳 www.khaosok-accommodation.com, [7774].

Die Karstfelsen

Um die Entstehung der Karstfelsen, für die der Khao Sok, die Pha Nga-Bucht und die gesamte Umgebung von Krabi berühmt sind, zu erklären, muss man etwa 345 Mio. Jahre zurückgehen. Einst gab es hier riesige Korallenriffe, die durch Erosion von Sedimentgestein bedeckt wurden. Etwa 280 Mio. Jahre später (vor rund 65 Mio. Jahren) – das Sediment war durch Druck zu hartem Fels geworden – schob sich die indische unter die asiatische Erdplatte. Die Berge wuchsen in die Höhe. Zeitgleich ging der Meeresspiegel zurück. Noch heute befinden sich die Berge in Erosion, durch den Monsunregen und die Auswaschungen des Meeres entstehen immer neue Höhlen bzw. verschwinden, wenn ihr Dach einbricht.

KHAO SOK NATIONAL PARK

N

0   500 m

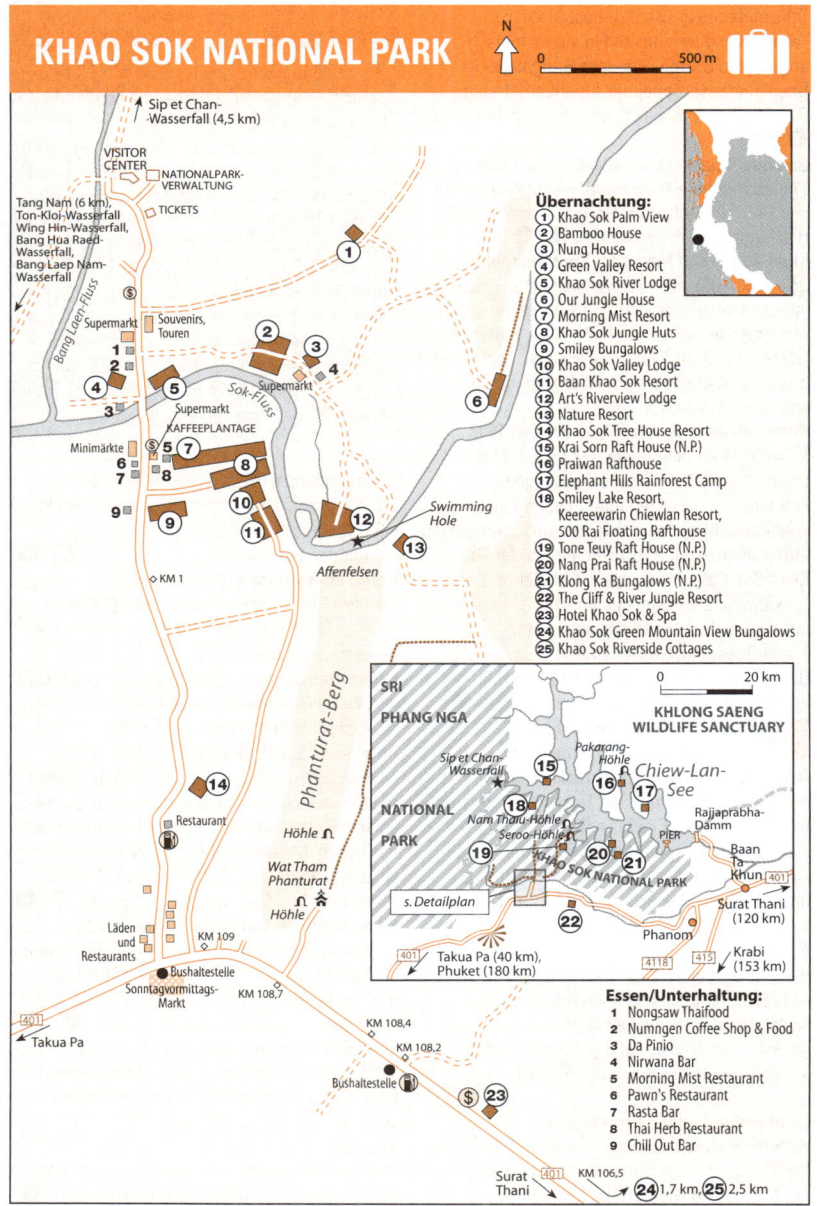

Sip et Chan-
Wasserfall (4,5 km)

VISITOR
CENTER
NATIONALPARK-
VERWALTUNG
Tang Nam (6 km),   TICKETS
Ton-Kloi-Wasserfall,
Wing Hin-Wasserfall,
Bang Hua Raed-
Wasserfall,
Bang Laep Nam-
Wasserfall

Supermarkt
Souvenirs,
Touren

Supermarkt
Sok-Fluss
Supermarkt
KAFFEEPLANTAGE

Minimärkte

Swimming
Hole

KM 1
Affenfelsen

Phanturat-Berg

Restaurant

Höhle
Wat Tham
Phanturat
Höhle

Läden
und
Restaurants   KM 109

Bushaltestelle
Sonntagvormittags-
Markt   KM 108,7

Takua Pa   KM 108,4

KM 108,2
Bushaltestelle

$ 23

Surat
Thani   KM 106,5

24 1,7 km 25 2,5 km

Übernachtung:

1. Khao Sok Palm View
2. Bamboo House
3. Nung House
4. Green Valley Resort
5. Khao Sok River Lodge
6. Our Jungle House
7. Morning Mist Resort
8. Khao Sok Jungle Huts
9. Smiley Bungalows
10. Khao Sok Valley Lodge
11. Baan Khao Sok Resort
12. Art's Riverview Lodge
13. Nature Resort
14. Khao Sok Tree House Resort
15. Krai Sorn Raft House (N.P.)
16. Praiwan Rafthouse
17. Elephant Hills Rainforest Camp
18. Smiley Lake Resort,
    Keereewarin Chiewlan Resort,
    500 Rai Floating Rafthouse
19. Tone Teuy Raft House (N.P.)
20. Nang Prai Raft House (N.P.)
21. Klong Ka Bungalows (N.P.)
22. The Cliff & River Jungle Resort
23. Hotel Khao Sok & Spa
24. Khao Sok Green Mountain View Bungalows
25. Khao Sok Riverside Cottages

SRI
PHANG NGA

0   20 km

KHLONG SAENG
WILDLIFE SANCTUARY

Sip et Chan-
Wasserfall

Pakarang-
Höhle

Chiew-Lan-
See

NATIONAL
PARK

Nam Talu-Höhle
Seroo-Höhle

Rajjaprabha-
Damm

PIER

Baan
Ta
Khun   401

KHAO SOK NATIONAL PARK

s. Detailplan

Surat Thani
(120 km)

Phanom

401 Takua Pa (40 km),
Phuket (180 km)   4118 415 Krabi
(153 km)

Essen/Unterhaltung:

1. Nongsaw Thaifood
2. Numngen Coffee Shop & Food
3. Da Pinio
4. Nirwana Bar
5. Morning Mist Restaurant
6. Pawn's Restaurant
7. Rasta Bar
8. Thai Herb Restaurant
9. Chill Out Bar

DIE NÖRDLICHE ANDAMANENKÜSTE

Teils einfache große Bambushütten mit Terrasse und Bambusbad in einem hübsch angelegten Garten. 3 neuere Bungalows im Baum mit ansprechender Inneneinrichtung. Gemütliches Restaurant mit Blick auf den Fluss. ❷–❹

Bamboo House ②, ✆ 081-787 7484, [3269]. 17 verschiedene Bungalows aus Matten, Stein und Holz auf Stelzen im Garten. Neuere, große Holzbungalows am Flussufer. ❶–❸

Khao Sok Green Mountain View Bungalows ㉔, ✆ 087-263 2481, 🖥 www.khaosok-green mountainview.com, [3272]. Abgelegene romantische Anlage am Fuße eines Kalksteinfelsens. Einfache Mattenbungalows , einige mit großen Außenbädern. Familiäre Atmosphäre und gutes Essen. ❷

Khao Sok Jungle Huts ⑧, ✆ 077-395 160, 🖥 www.khao-sok-junglehuts.com, [7775]. Unterschiedlichste Zimmer im Langhaus, ebenerdig, auf Stelzen oder in baumhausähnlichen Bungalows. Alle aus verschiedensten Materialien. 5 neue AC-Bungalows. ❶–❹

Khao Sok Palm View ①, ✆ 087-129 2662, ✉ kittinpon2507@gmail.com, [3276]. Anlage mit ansprechenden Holzbungalows in 2 verschiedenen Größen in einem üppigen Garten. Die neueren Steinbungalows haben weniger Charme. Familienanschluss. ❷–❸

€ **Khao Sok Valley Lodge** ⑩, ✆ 086-283 9933, ✉ khaosok@hotmail.com, [3271]. Auf Stelzen stehen 5 einfache Holzhütten, Bad mit Warmwasser. Von den Terrassen kann man frühmorgens den Eichhörnchen zusehen, wie sie durch den Dschungel toben. In der ruhigen Anlage fühlt man sich bei dem sehr rührigen und informativen Besitzer Bao bestens aufgehoben. ❷

Nung House ③, ✆ 077-395 147, 🖥 www. nunghouse.com, [3263]. Diese kleine nette Anlage hat Bungalows unterschiedlichster Ausstattung. Für Familien eignen sich die geräumigen Zimmer mit 2 großen Betten im 2-geschossigen Reihenhaus. ❷–❸

Mittlere und obere Preisklasse

Art's Riverview Lodge ⑫, ✆ 090-167 6818, [3270]. Attraktive Anlage aus Naturmaterialien mit 1- bis 2-stöckigen Holz/Steinbungalows,

größtenteils am Fluss. Schöne Terrassen. Warmwasser. Gemütliches Restaurant direkt am Badeplatz. Am Affenfelsen sieht man nachmittags oft die Klettermaxe turnen. ❸–❺

Green Valley Resort ④, ✆ 077-395 145, 🖥 www.khaosokgreenvalley.com, [7779]. In direkter Nachbarschaft 2 Reihen komfortable, gefliese, ebenerdige Steinbungalows mit hellem Bad und neue großzügige Bungalows in modernen Grautönen. Alle mit AC, TV und Kühlschrank. Inkl. Frühstück. ❹–❺

Hotel Khao Sok & Spa ㉓, ✆ 077-395 009, 🖥 www.khaosoknationalparkhotel.com, [8603]. 10 sehr großzügige Bungalows in toller Gartenanlage. Gemauerte Wände, getönte große Fensterflächen, Massive Holzbetten, Marmor- oder Natursteinbäder, AC, Kühlschrank, teils Safe. Tennisplatz und Pool. Spanische Leitung. ❺–❼

Khao Sok River Lodge ⑤, ✆ 089-725 2277, 🖥 www.khaosokriverlodge.com, [7780]. Grüne Stelzen-Steinbungalows direkt am Fluss mit großen Terrassen. Mit Ventilator oder AC, TV und Kühlschrank. Schönes Restaurant. ❹–❺

Khao Sok Riverside Cottages ㉕, ✆ 077-395 159, 🖥 www.khaosok.net, [3278]. Romantische, abseits gelegene Anlage im dichten Wald. Große, weit auseinander stehende Bungalows aus Holz, mit Palmdächern und Panoramafenstern. Teils über ein weites Netz von Stegen mit dem Restaurant verbunden. ❹

Khao Sok Tree House Resort ⑭, ☎ 077-395 169, 🖥 www.khaosok-treehouse.com, [3281]. Schöne, individuell gestaltete Baumhäuser, die über Stege und Treppen erreichbar sind. Große Terrassen. Die höchsten Bungalows befinden sich 9 m über dem Boden. Einige Zimmer wurden um Bäume gebaut. Einige AC-Bungalows. TV, DVD. ❹–❼

Morning Mist Resort ⑦, ☎ 089-971 8794, 🖥 www.khaosokmorningmistresort.com, [3273]. Große Anlage mit unterschiedlichen Bungalows: Doppelbungalows aus Bambus, 2-stöckige Holz/Steinbungalows oder steinerne Familienbungalows. Einige mit toller Aussicht auf die Berge. 6 AC-Bungalows. Kleiner Pool. Beliebtes Restaurant. ❸–❺

Nature Resort ⑬, ☎ 086-120 0588, 🖥 www.khaosoknatureresort.com, [7781]. 10 große, perfekt in den Wipfeln versteckte Baumhäuser mit Stämmen durch Zimmer oder Bad. Zudem ebenerdige Bungalows. Wer den kurzen Weg Richtung Nationalpark oder anderen Bungalowanlagen einschlägt, muss den Fluss durchwaten. ❹–❺

📖 **Our Jungle House** ⑥, ☎ 081-417 0546, 🖥 www.khaosokaccommodation.com, [3267]. 17 weitläufig verteilte Bungalows aus Naturmaterialien, die meisten auf hohen Stelzen am Fluss am Fuße eines Karstfelsens. Tolle großzügige, liebevoll dekorierte Familienbungalows mit Terrasse. ❹–❻

The Cliff and River Jungle Resort ㉒, ☎ 077-201 158, 🖥 www.thecliffandriver.com, [7782]. 11 km in Richtung Surat Thani; sehr malerisch am Fuße eines Kalksteinfelsens gelegen. Ruhige Anlage mit 59 Bungalows aus Naturmaterialien, schönen Bädern und großen Fensterflächen. Viele Familienbungalows. 2 Restaurants. Pool. ❺–❻

Auf dem Stausee Chiew Lan

Die schwimmenden Nationalpark-Bungalows mit kleinen zweckmäßigen Hütten liegen alle am und auf dem See oder einem kleinen Seitenarm und kosten 700 Baht p. P. inkl. 3 Mahlzeiten. Toiletten an Land. Jede Anlage verfügt über ein Restaurant. Die **Nationalpark-Bungalows** (**Nang Prai Raft House** ⑳ [8639], **Klong Ka Bungalows** ㉑ [8640], **Krai Sorn Raft**

House ⑮ [8642]) können im Visitor Center, ⏰ 8.30–16.30 Uhr, im Khao Sok Nationalpark gebucht werden. Auf dem See gibt es zudem mehrere private, luxuriösere Anlagen für den ruhebedürftigen Urlauber. Wer nicht mit einer Mehr-Tagestour unterwegs ist, muss den Transport zu den schwimmenden Bungalows selbst organisieren. Am Pier liegen Longtail-Boote, die Preise sind fest, je nach Entfernung der Anlage zwischen 1500 und 2000 Baht pro Boot (bis 10 Pers., Hin- und Rückfahrt). Bei einer Übernachtung in einer der Bungalowanlagen bleibt der Bootsführer dort, dann kostet die Hin- und Rückfahrt 1800–2500 Baht.

500 Rai Floating Rafthouse ⑱, ☎ 085-747 7474, 🖥 www.500rai.com, [8634]. Luxuriöse Holzbungalows mit großen Fenstern, Ventilator oder AC. Große Terrasse mit Seeblick. Bieten viele Aktivitäten. Doppelbungalows für Familien. Inkl. Kanu und Frühstück. Strom zwischen 17.30 und 9 Uhr. 7000 Baht für 4 Pers. ❽

Elephant Hills Rainforest Camp ⑰, ☎ 076-381 703, 🖥 www.elephant-hills.com, [8700]. Sehr schöne neue Zelte am Rande des Sees. Gute Küche. Solarzellen sorgen für Strom. Nur im Tourprogramm buchbar (siehe Webseite). ❽

Keereewarin Chiewlarn Resort ⑱, ☎ 077-461 111, 🖥 www.keereewarin.com, [8635]. Edle kleine Holzbungalows. Eine große Matratze ebenenerdig, weitere Schlafmöglichkeit auf einer erhöhten Ebene. Halb offene Bäder. Terrasse mit Seeblick. Aktivitäten vorbuchen, denn das Personal spricht kaum englisch. Inkl. Kanu und Frühstück. Hin- und Rücktransport nach Absprache. ❼

Praiwan Rafthouse ⑯, ☎ 081-901 4908, [8636]. Liegt am Ende eines See-Seitenarms. Von hier aus lässt sich die Pakarang-Höhle zu Fuß erwandern. Kleine liebevoll dekorierte Holzbungalows und einfachste Mattenbungalows. Gemeinschaftsbäder. Die Anlage wird auch für Yogakurse (6–11 Tage) genutzt, 🖥 www.jungleyoga.com. Das Personal spricht englisch. Preis p. P., inkl. 3 Mahlzeiten. ❸–❹

Smiley Lake Resort ⑱, ☎ 089-871 5744, 🖥 www.khaosok-smiley.com, [8637]. 11 kleine Holzbungalows mit einer großen Matratze und eigenem winzigen Bad. Wer bei Smiley

Im Jahre 1982 wurde das umstrittene Projekt des **Rajjaprabha-Damms** in Angriff genommen: Der Pasaeng-Fluss wurde gestaut, und Teile des Khao Sok-Gebiets wurden geflutet. Entstanden ist der 162 km² große **Chiew Lan-See**, für dessen Entstehung 900 Menschen aus fünf Dörfern umgesiedelt wurden – ihre Häuser liegen nun in 100 m Tiefe auf dem Grund des Sees. Aus dem Wasser ragen kleine Inseln aus Karstfelsen fast senkrecht empor, ebenso die Kronen alter, abgestorbener Bäume. Die Szenerie fasziniert vor allem in den Morgenstunden, wenn Nebel über dem Wasser liegt.

Die nahe dem See gelegene **Nam Thalu-Höhle** geriet 2007 in die Schlagzeilen, als hier sechs Urlauber und zwei Führer bei Flut den Tod fanden. Gefährlich ist der durch die Höhle fließende Fluss allerdings nur in der Regenzeit. Ansonsten begeistert Nam Thalu mit außergewöhnlichen Felsformationen und Stalaktiten. Ausflüge zum Stausee schließen in der Regel den Besuch der Höhle mit ein. Wer es individueller mag, kann andere Höhlen besuchen. Alle werden mit Booten angesteuert. Man läuft 30–40 Min. zu Fuß bergauf. Die **Diamanten-Höhle** (Seroo-Höhle) hat sehenswerte Tropfsteine. In der **Fledermaus-Höhle** (Khao Cow-Höhle) werden die namensgebenden Tiere vor allem in den Abendstunden aktiv. Die Seroo-Höhle hat vier Zugänge. Zur **Pakarang-Höhle** („Korallen-Höhle") sind es nur 5 Min. Fußweg. Verschiedene Räume mit Tropfsteinen gaben der Höhle ihren Namen. Einige Höhlen dienten zwischen 1975 und 1982 rebellierenden Studenten als Versteck, die als Kommunisten gebrandmarkt und verfolgt wurden. Mehr dazu im eXTra [2805].

Gästehäuser und Veranstalter bieten **Touren** mit und ohne Übernachtung an. Tagestouren ab 1500 Baht inkl. Mittagessen mit dem Minibus/Pick-up zu einem Markt, dann zum Rajjaprabha-Damm, Longtail-Fahrt auf dem See zu einem der Rafthäuser, zu Fuß weiter zur Höhle Nam Thalu. Zurück beim Rafthaus bleibt Zeit für einen Sprung in den See. Bei der 2-Tagetour ab 2500 Baht (inkl. Übernachtung in den schwimmenden Bungalows und Verpflegung) bleibt Zeit zum Schwimmen, für eine Kanutour und eine kurze Dschungelwanderung. Nach dem Abendessen geht es per Boot zur Nachtsafari. Am nächsten Morgen startet der Bootsausflug inkl. Höhlenbesuch. Wahlweise kann man auch in Zelten übernachten, dann entfällt wegen des Zeltaufbaus der Weg zum Aussichtspunkt, und der Preis reduziert sich auf 2000 Baht.

Immer mal wieder haben zudem **Tauchschulen** in Khao Lak Ausflüge an und in den See im Programm.

Mit **öffentlichen Verkehrsmitteln** ist die Anreise zum Damm beschwerlich. Mit dem Surat Thani-Bus geht es bis Ban Ta Khun und weiter mit dem Taxi bzw. Motorradtaxi für 150–200 Baht weiter zur Bootsanlegestelle. Da dort keine Taxis warten, sollte man einen Abholtermin vereinbaren. Bei den Verkaufsständen am Wasser kann für 1500–2500 Baht für bis zu 10 Pers. ein Longtail-Boot gechartert werden (s. Übernachtung auf dem Stausee). Die **Nationalparkgebühr** von 200 Baht p. P. und Tag wird am Steg fällig.

Bungalows im Khao Sok eine 2-Tagetour auf dem Stausee bucht, übernachtet i.d.R. hier. Kostenlos Kanuverleih. Preis p. P. inkl. 3 Mahlzeiten. ❹
Tone Teuy Raft House ⑲, [8638]. 25 winzige Mattenbungalows am Wasser. Hier übernachten die Teilnehmer einer Seetour. Toilette über einen Steg an Land. Die Bungalows eignen sich hervorragend als Ausgangsbasis für Treks. Gutes Essen. P. P. 700 Baht inkl. 3 Mahlzeiten.

Alle Resorts haben ein Restaurant, daneben gibt es ein paar Restaurants an der Zufahrtsstraße.

Da Pinio, in dem kleinen Restaurant am Fluss gibt es zwar eine große Speisekarte mit italienischen Gerichten, oft ist aber nur Pizza zu bekommen. Die ist dafür gut, ebenso wie der italienische Hauswein. ⏱ 17–21 Uhr.
Morning Mist Restaurant, gemütlich eingerichtet mit viel Holz und bunten Lichtern.

Die Karte bietet auch ein paar außergewöhnliche Speisen und Getränke. Unbedingt gebratenen Dschungelfarn probieren! Teils werden Zutaten aus dem eigenen Garten verwendet. ⏰ 7.15–20.45 Uhr.

Nongsaw Thaifood, authentische Hausmannskost. Einfach in die Töpfe schauen und aussuchen. Sehr günstig und meist sehr scharf. ⏰ 8–20.30 Uhr.

Numngen Coffee Shop & Food, kleines Café mit gemütlicher Terrasse zur Straße. Thailändische Küche und Sandwiches. ⏰ 8–20 Uhr.

Pawn's Restaurant, kleines unscheinbares Restaurant gegenüber dem Morning Mist Resort. Frische authentische Thai-Küche, wie ein Leser schrieb: „einfach perfekt". ⏰ 9–22 Uhr.

Thai Herb Restaurant, hübsch dekoriertes, halb offenes Restaurant mit thailändischer Küche, leckere Desserts. Tolle Obst- und Gemüse-Shakes. ⏰ 8.30–21.30 Uhr.

UNTERHALTUNG

Chill Out Bar, offene, kleine Bar mit Theke und einigen Sitzgelegenheiten im Garten. Alles ist mit schönen bunten Lichtern dekoriert. Die Musikauswahl reicht von Reggae bis House.

Nirwana Bar, auf Sitzmatten mit niedrigen Tischen im Garten, kann man rund um ein Lagerfeuer Gegrilltes essen. Abwechslungsreiche Musik, auch mitgebrachte Scheiben werden gespielt.

Rasta Bar, in der Hauptstraße gelegene, beliebte Bar auf der 1. Etage. Große Terrasse. Reggae-Musik.

AKTIVITÄTEN UND TOUREN

Bei den angegebenen Preisen für Aktivitäten im Nationalpark ist die Parkgebühr in Höhe von 200 Baht (das Ticket gilt 24 Std.) nicht berücksichtigt.

Wanderungen und Touren

Es ist ratsam, nur lizenzierte Führer anzuheuern und sich die Lizenz zeigen zu lassen. Neben den von Touranbietern und Gästehäusern vermittelten Führern kann man auch beim Headquarter des Nationalparks **Guides** für Wanderungen anheuern. Wer es individuell

mag, ist hier gut aufgehoben. Die Alternative: Bei den Anlagen nach privat organisierten Touren fragen. Diese sind zwar etwas teurer als Gruppentouren, aber wesentlich empfehlenswerter und können individuell gestaltet werden. Tipps für 2 Wanderrouten ohne Guide gibt es im Visitor Center. Die Wege sind gut ausgeschildert, wengleich schon ziemlich verwahrlost. An ausreichend Getränke denken! Gästehäuser bieten eine geführte **2-Tagetour** (Übernachtung im Zelt) zum Ton Kloi-Wasserfall inkl. Essen und Nachtsafari ab 2200 Baht. Geführte **Tagestouren** im Nationalpark kosten 700 Baht inkl. Mittagessen und Transport, Halbtagestouren 500 Baht.

Nachtaktive Dschungelbewohner sind bei 3-stündigen **Nachtsafaris** für 600 Baht aufzuspüren. Um einen Bewohner zu treffen, muss man nicht unbedingt weit in den Dschungel vordringen. Touren mit Kindern, die meist nahe dem Eingang stattfinden, ermöglichen erfahrungsgemäß tolle Begegnungen mit der Tierwelt.

Wanderungen zur **Rafflesia** dauern etwa 2 Std. und kosten 500 Baht. Ebenso lang dauern **Elefantenritte** zu einem Wasserfall für 800 Baht inkl. Transport zum Camp.

Wassersport

Tubing nennt sich der Spaß, bei dem man in aufgepumpten Autoschläuchen auf dem Fluss treibt, der Wasserstand ist jedoch meist nur zwischen Juli und Ende Okt hoch genug (350 Baht pro Std., Preis inkl. Transport zum Startpunkt und zurück zum Resort).

Außerdem sind **Touren in aufblasbaren Kanus oder Schlauchbooten** auf dem Sok-Fluss möglich. Das Boot wird an der Brücke zum Nationalpark gewassert oder ein paar Kilometer weiter flussabwärts. Beim Bang Hua Raet-Wasserfall gibt es starke Stromschnellen. Inkl. An- und Abreise 2 Std. für 700 Baht.

Der ideale **Badeplatz** ist das Swimming Hole, ein etwas breiterer und tieferer Flussabschnitt an der Art's Riverview Jungle Lodge. Am späten Nachmittag tummeln sich Affen bei den Felsen. Schwimmen kann man auch in den von Wasserfällen gebildeten natürlichen Pools im Nationalpark, z. B. am

DIE NÖRDLICHE ANDAMANENKÜSTE

Bang Liap Nam-, am Ton Kloi- oder am Sip et Chan-Wasserfall.

SONSTIGES

Geld

Geldautomat am Morning Mist Supermarkt (oft nicht in Betrieb). Nächster Geldautomat am Highway KM 108. Ein Shop kurz vor dem Eingang zum Nationalpark tauscht Reiseschecks und gibt Bargeld auf Kreditkarten.

Informationen

Das **Visitor Center** am Nationalparkeingang informiert über die Fauna, Flora und Geologie des Parks anhand anschaulicher Fotos und Grafiken auf Englisch und Thai sowie aus erster Hand von netten Angestellten. ◷ 8–16.30 Uhr, Eintritt in den Park für 24 Std. 200 Baht, Kinder ab 14 Jahren 100 Baht.

Internet

Internetcafés entlang der Hauptstraße. Alle Anlagen und viele Restaurants haben WLAN. Für die Anlagen auf dem See gilt: Es gibt weder Handy-Empfang noch WLAN.

Motorrad- und Fahrradverleih

Motorräder werden von vielen Unterkünften verliehen, zudem gibt es einen Shop nahe der

Lesetipp: Waterfalls & Gibbon Calls

Wer sich näher mit der Flora und Fauna im Khao Sok National Park beschäftigen möchte, dem sei das gelungene Buch *Waterfalls & Gibbon Calls – Exploring Khao Sok National Park* von Thom Henley ans Herz gelegt. Der Autor beschreibt darin nicht nur Geschichtliches und Wissenswertes über Tiere und Pflanzen. Vielmehr wendet er sich auch in spannenden Beiträgen den hier lebenden Menschen zu. Zeichnungen der „Fußabdrücke" ermöglichen auch Ungeübten, gefundene Tierspuren zuzuordnen. Eine Zusammenstellung aller im Park vorkommenden Säugetiere, Vögel, Reptilien und Amphibien mit englischen und lateinischen Namen findet sich im Anhang. Das Buch gibt es für 520 Baht in den Minimärkten.

Bushaltestelle (eine Automatik 300 Baht). Einige Gästehäuser verleihen Fahrräder, z. B. das Morning Mist Resort für 100 Baht/Tag.

Reisezeit

Im Park regnet es fast immer. Die Region gilt als die regenreichste Thailands. Die beste Reisezeit ist von Dez–April, dann regnet es zumindest nicht den ganzen Tag lang.

TRANSPORT

Die Verkehrsanbindung zum Park ist gut und allein die Anfahrt eine Reise wert. Der H401, der Takua Pa und Surat Thani verbindet, schlängelt sich durch die Hügel, und man wird immer wieder mit atemberaubenden Ausblicken belohnt. Die Busse halten an der Bushaltestelle am KM 109,1, von wo eine 2 km lange Straße bis zum Khao Sok National Park führt. Immer warten Gästehausbetreiber auf Kunden. Wer vorgebucht hat, wird abgeholt. Nutzt man nur den Taxiservice, kostet es 50 Baht.

Busse

BANGKOK, VIP-24-Bus um 19 Uhr für 1100 Baht in 11 Std.
KHAO LAK, mit dem Phuket-Bus für 120 Baht in 2 Std.
PHUKET, stdl. von 9–18 Uhr für 180 Baht in 3 1/2 Std.
SURAT THANI (Nr. 465), stdl. von 9–17.30 Uhr für 120 Baht in 2 1/2 Std. Hier Umstieg in Boote/ Busse zu den Inseln im Golf oder den Orten der Golfküste.
TAKUA PA, (Umstieg in Busse nach Krabi, Phang Nga, Ranong) mit den Phuket-Bussen für 60 Baht in 1 Std.

Minibusse

HAT YAI, um 8.30 Uhr für 650 Baht in 7 1/2 Std.
KO LANTA, um 8.30 Uhr für 700 Baht in 5 Std.
KO PHANGAN, um 9 Uhr für 650 Baht in 8 Std.
KO PHI PHI, um 8.30 Uhr für 750 Baht in 7 Std.
KO SAMUI, um 9 Uhr für 600 Baht in 7 Std.
KO TAO, um 15 Uhr für 870 Baht, Ankunft gegen 6 Uhr (Nachtboot)
KRABI, um 8.30 Uhr für 350 Baht in 2 1/2 Std.
SATUN, um 8.30 Uhr für 850 Baht in 8 1/2 Std.

SURAT THANI, stdl. 6.30–16 Uhr für 150 Baht
in 2 Std.
TRANG, um 8.30 Uhr für 750 Baht in 4 1/2 Std.

Ko Kho Khao

Vom kleinen Fischerort **Nam Khem** fahren Longtail-Boote zur vorgelagerten Insel Ko Kho Khao.
Im Süden der 15 km langen, flachen Insel liegt
das Dorf **Toong Tuek** und im Norden weitere
kleine Fischerdörfer. An der Westseite lockt ein
schöner, langer, feiner Sandstrand. Hier liegen
einige Resorts relativ weit auseinander. Die Insel ist ruhig und beschaulich. Angeboten werden Schnorchelausflüge nach **Ko Pathong**.

ÜBERNACHTUNG UND ESSEN

Karte S. 515
Anandah Beach Resort ⑩, ✆ 081-913 2112,
🖥 www.anandahbeachresort.com. Gepflegte,
weitläufige Anlage unter Bäumen. Die vorderen
Deluxe-Bungalows mit Meerblick. Pool. Der
Strand ist sehr breit. ❻
Andaman Princess Resort & Spa ⑬, ✆ 076-
592 222, 🖥 www.andamanprincessresort.com.
Große Luxusanlage mit 62 Zimmern sowie
20 Villen und Suiten im Thai-Stil. Riesiger Pool,
Fitnessraum, Tennisplatz. ❽
C&N Resort ⑪, ✆ 076-417 097, 🖥 www.
cnkhokhaobeachresort.com. 14 hübsche
Bungalows am Strand. Kleiner Pool und
Strandbar, die zum Sundowner lädt. Familiäre,
kleine Anlage. ❺
Tacola Resort & Spa ⑫, ✆ 076-417 041.
Luxuriöse Anlage in Weiß und dunklem Holz.
Zimmer und Bungalows mit Balkon oder
Terrasse, herrlich große Bäder mit Badewanne.
Großer Pool. Fitnessraum. ❻–❼
Alle Resorts haben ein Restaurant. Außerdem
gibt es ein Lokal direkt am Pier mit Blick auf
Nam Khem und 3 Restaurants auf den ersten
500 m hinter dem Pier, z. B. **Taco Time** mit thai-
ländischen, europäischen und mexikanischen
Gerichten, sowie die **Siam Bar**. Besonders
hübsch ist das **Papaya Thai Kitchen Restaurant**
auf dem Weg zum Andaman Princess Resort mit
Liegekissen auf 2 gemütlichen Plattformen über
dem Fluss. Wer mag, kann Fische füttern.

TRANSPORT

Nach Nam Khem mit dem **Taxi** von TAKUA PA
für 300 Baht, ab KHAO LAK für 600 Baht.
Mit dem **Bus** zwischen Takua Pa und Khao Lak
den Fahrer an der Abzweigung nach Nam Khem
halten lassen. Die folgenden 5 km kann man per
Anhalter zurücklegen. Vom Hafen fahren den
ganzen Tag **Longtail-Boote** in 10 Min. für 20
Baht (bei 3 Pers.) auf die Insel, Charter 70 Baht.

Khao Lak

Scheinbar endlose, goldgelbe Strände schmie-
gen sich an die Andamanensee. Dahinter liegen
Palmen- und Kautschukhaine. Sie werden im
Norden von Lagunen unterbrochen und im Süden durch Felsformationen begrenzt. Im Hinterland ragen die dschungelbewachsenen Hügel
des **Khao Lak Lamru National Parks** auf.

Das Gebiet rund um Khao Lak bietet vielfäl-
tige Erlebnisse, darunter Dschungeltreks in den
Park, oder einen entspannten Badeurlaub am
Strand. Einzelreisende kommen vor allem zum
Tauchen, denn Khao Lak ist eine gute Ausgangs-
basis für Tauchtrips zu den Similan Islands.
Deutsche und Skandinavier sind Stammgäste.
Die Ruhe an den Stränden genießen Paare je-
den Alters ebenso wie Familien. Es gibt weder
knatternde Longtail- noch Motorboote oder Jet-
skis. Auch laute Bars fehlen an den Stränden.
Nicht einmal im Meer von Liegestühlen und
Sonnenschirmen stört das Auge.

Ein richtiges Zentrum sucht man indes vergebens. Die meisten Resorts und auch die
damit verbundene touristische Infrastruktur von Restaurants, Souvenirläden, Schneidern, Massageshops, Tauchbasen, Banken
und Reisebüros befinden sich hinter dem Hat
Nang Thong entlang der Hauptstraße und
2 km weiter nördlich an der Zufahrtsstraße
zum Hat Ban Niang. Es gibt aber auch hier
nur wenige Bars und ein kaum nennenswer-
tes Nachtleben.

Vielen ist Khao Lak erst seit dem verheerenden Tsunami von 2004 ein Begriff: Fernseh-
bilder zeigten die Riesenwelle, die am Zweiten
Weihnachtsfeiertag auch viele deutsche Urlau-

DIE NÖRDLICHE ANDAMANENKÜSTE

Khao Lak

Übernachtung:
1. Haadson Resort
2. Le Meridien Khaolak Beach Resort & Spa
3. Ao Tong Beach Restaurant & Bungalow
4. The Sarojin Resort
5. Pakarang Villa
6. Palm Galleria Resort
7. Takolaburi Spa & Sport Resort
8. Apsaras Beach Resort & Spa
9. Lake View Bungalows
10. Khaolak Riverside Bungalow
11. Andamania Beach Resort
12. Khaolak Orchid Beach Resort
13. Nationalparkbungalows und Zeltplatz
14. Luckanawadee Boutique Beach Resort
15. The Briza Beach Resort
16. Emerald Beach Resort & Spa
17. Merlin Resort
18. Khao Lak Mountainview Bungalows
19. Pramote Bungalow
20. Poseidon Bungalows

Essen/Unterhaltung:
1. Muanlai Restaurant

Sonstiges:
1. 7-Eleven
2. Asia Safari Park

Transport:
1. Bushaltestelle
2. Busbahnhof
3. Songthaew

ber überrollte. Ein Mahnmal ist das **Polizeiboot**, das von der Welle über 1 km aufs Festland gespült wurde und nun an der Straße in Ban Bang Niang auf dem Trockenen liegt. Daneben befindet sich der **Tsunami Memorial Park**, zu dem am Jahrestag Angehörige der Opfer reisen. Interessant ist das wissenschaftlich gehaltene kleine **Tsunami-Museum** an der Hauptstraße von Bang Niang. Englischsprachige Erklärungen informieren über die Entstehung der Riesenwellen und ihre Auswirkungen. 🕐 9–19 Uhr, 100 Baht.

Die Strände von Khao Lak

Das Gebiet, das gemeinhin als Khao Lak bezeichnet wird, zieht sich auf vielen Kilometern an der Küste entlang und umfasst insgesamt sieben Strände. Überall können tolle Sonnenuntergänge beobachtet werden. Die zentralen Stränden Hat Nang Thong und Hat Bang

Niang sind besonders beliebt. Im Norden folgen Hat Khuk Khak, Laem Pakarang und Hat Pakweep. Im Süden schließen sich an den Hat Nang Thong der Sunset Beach und der Poseidon Beach an die zentralen Hauptstrände an.

Reisezeit

Viele Resorts sind ganzjährig geöffnet. In der Nebensaison von Mai bis November sind oft Preisnachlässe von bis zu 50 % möglich.

NAHVERKEHR

Songthaew können in Nang Thong in der Hauptstraße und in der Parallelstraße zum Strand gechartert werden. In Bang Niang stehen sie am Taxistand. Die Preise sind recht hoch. Betrag vor Abfahrt klären. Die 2 km lange Fahrt zwischen Bang Niang und Nang Thong kostet 150 Baht. Kommen mehr Leute zusammen, wird es günstiger. **Motorradtaxis** sind schwer zu finden; sie stehen vereinzelt in Bang Niang am Taxistand.

TRANSPORT

Busse

Entlang der Hauptstraße gibt es mehrere Bushaltestellen. Die Busse können aber überall in der Hauptstraße angehalten werden. Der offizielle **Busbahnhof** befindet sich zwischen Ban Bang Niang und Ban Khuk Khak. Wer mit dem Bus anreist, wird am Ende des Hat Nang Thong rausgelassen (also nicht am Busbahnhof), sofern er keinen anderen Ausstiegsort angibt.
BANGKOK, um 10 Uhr und von 16–20.30 Uhr stdl. für 850–1250 Baht in 12 Std. ab der Hauptstraße. Ab Busbahnhof um 16.30 Uhr. Busse der 2. Kl. 586 Baht. Um 16 und 17.30 Uhr VIP-24-Bus für 1250 Baht (Preise über einen Touranbieter, wer direkt zum Busbahnhof fährt, zahlt etwa 150 Baht weniger)
CHUMPHON, alle 2 Std. von 7.20–19.15 Uhr für 300 Baht in 5 1/2 Std.
HUA HIN, ab Busbahnhof um 17 Uhr für 980 Baht in 8 Std.
PHUKET, stdl. zwischen 5.30 und 20 Uhr für 120 Baht in 2 1/2 Std.
RANONG, mit Chumphon-Bussen für 180 Baht in 3 Std.

SURAT THANI (über Khao Sok in 2 Std. für 150 Baht), alle 2 Std. von 8.30–15.30 Uhr für 300 Baht in 4 Std.
TAKUA PA, stdl. von 7–16 Uhr für 60 Baht in 45 Min. Richtung Süden mit dem Phuket-Bus bis KHOK KLOI für 60 Baht in ca. 90 Min. Von dort Anschluss nach Krabi und Trang sowie zu weiteren Zielen.

Minibusse und Fähren

Viele Touristenziele können direkt mit dem Minibus (manchmal mit großem Bus) und dem dazugehörigen Bootsticket gebucht werden. Passagiere werden um 8 Uhr am Hotel abgeholt. Zu den angebotenen Zielen gehören Hat Yai, Ko Lanta, Ko Lipe, Ko Phi Phi, Ko Phang Ngan, Ko Samui, Ko Tao, Krabi, Pakbara, Satun und Trang – buchbar bei nahezu allen Tourveranstaltern. Die 22-stündige Fahrt nach KUALA LUMPUR für 1300 Baht, die 12-stündige nach PENANG für 950 Baht oder gar die 28-stündige nach SINGAPORE für 1700 Baht sind nicht ratsam. Man sollte lieber einen Zwischenstopp einplanen. In Hat Yai wartet man zwangsweise auf Passagiere aus anderen Richtungen. PHANG NGA, Minibus alle 2 Std. Zwischen 7 und 17 Uhr ab Tsunami Memorial Park für 200 Baht in 45 Min.

Überlandtaxis

Taxiunternehmen in Bang Niang und Nang Thong fahren nach KRABI für 2800 Baht, PHUKET für 2500 Baht und SURAT THANI für 3000 Baht.

Hat Nang Thong

Der schöne breite Hat Nang Thong ist durch einige Felsen unterteilt und eignet sich sowohl bei Ebbe als auch bei Flut hervorragend zum Schwimmen und Sonnenbaden. An der Strandzufahrt ist der Sand schwarz marmoriert, der Strand selbst ist aber weiß. Hier liegen die größeren Anlagen. Die Zufahrtsstraße ist wenig bebaut, während es in der Hauptstraße geschäftig zugeht. Dieses Stück wird auch **Khao Lak Zentrum** genannt. Hier finden sich eine Menge Restaurants unterschiedlicher kulinarischer Ausrichtung. Geschäfte mit Kleidung, Schuhen und Schmuck laden zum Einkaufsbummel ein.

Karte S. 551

Untere Preisklasse

Fasai House ⑮, ☎ 076-485 867, ✉ ve_fasai house@hotmail.co.th, **[7783]**. In einer ruhigen Nebenstraße 26 Zimmer mit Ventilator oder AC in 2 parallel zueinander stehenden 2-stöckigen Gebäuden. Die Zimmer sind sauber und einfach möbliert, mit Terrasse oder Balkon. Kleines Frühstücksrestaurant. ❷–❸

Khao Lak Seafood Family House ⑲, ☎ 076-485 318, 🖳 www.khaolakseafood.com, **[7785]**. In einer ruhigen Seitenstraße hinter dem gleichnamigen, gut besuchten Restaurant (🕐 8–22 Uhr). Geräumige Steinbungalows mit Ventilator, ansprechend eingerichtet, in einem schönen Garten. Die AC-Zimmer sind größer und befinden sich in einem 2-stöckigen Gebäude, alle mit großer Terrasse. Kostenpflichtiges WLAN. ❷–❸

Nom's Family Bungalow ⑳, ☎ 076-485 277, ✉ nomsfamily@hotmail.com, **[7786]**. In einem riesigen Palmen-Garten 10 unterschiedliche, saubere Bungalows aus Stein mit Ventilator und Terrasse. Einige mit Kühlschrank. Zudem hübsche, weitläufig verteilte einfache Bambus/ Holzbungalows, alle mit kaltem Wasser. ❷–❸

€ **Seaweed Budget Hostel** ㉔, ☎ 081-956 5654, 🖳 www.seaweedkhaolak.com, **[8468]**. Minimalistische Budget-Alternative in Khao Lak: Zimmer mit Betonpodest und Matratze. Alle mit Gemeinschaftsbad. Neu, sauber, einladend. In einer ruhigen Seitenstraße mit Garten. WLAN. Ein weiteres Haus, u. a. auch mit Bungalows, an der Hauptstraße. ❷

Srichada Motel ⑭, ☎ 076-485 370, 🖳 www. srichada-motel.com, **[7790]**. 2-stöckiges Gebäude in einer kleinen Seitengasse der Hauptstraße. 25 saubere Zimmer mit Ventilator oder AC, TV und Kühlschrank. Alle mit Warmwasser. Große Fenster mit Blick auf den Wald im Hinterland. WLAN. ❷–❹

Mittlere Preisklasse

Khao Lak Country Side Resort ㉓, ☎ 076-485 474, 🖳 www.thekhaolakcountrysideresort.

com, **[7792]**. Über 70 Zimmer rund um einen Pool im Garten in 2. Reihe zum Strand. 1- bis 2-stöckige Steinbungalows. Ruhige, gediegene Atmosphäre. ❻

Khao Lak Golden Place ㉕, ☎ 076-485 686, 🖳 www.khaolakgoldenplace.com, **[8469]**. 18 großzügige moderne AC-Zimmer mit hellen Fliesenböden und dunklen Möbeln. Wasserkocher. Hübsche kleine Bäder. Kleine Balkone mit Blick ins Grün. Liegt in 2. Reihe wenige Meter vom Strand. Inkl. Frühstück. WLAN. ❺

Khao Lak Green Beach Resort ⑰, ☎ 076-485 845, 🖳 www.khaolakgreenbeachresort.com, **[3293]**. Einfache, eng stehende AC-Stein-Mattenbungalows direkt am Strand (schön mit großen Fenstern) und im Garten. Schöne Bambusmöbel. Ältere Badezimmer. ❹–❺

Nang Thong Bay Resort ㉒, ☎ 076-485 088, 🖳 www.nangthong.com, **[7793]**. Gartenanlage direkt am Strand; hübsche Bungalows mit halb offenem Bad. Geeignet für Familien. Im hinteren Bereich Zimmer im 2-stöckigen Haus, ebenso jenseits der Straße. Pool mit Kinderbecken. WLAN. ❺–❻

Obere Preisklasse

Baan Khaolak Beach Resort ㉖, ☎ 076-485 123, 🖳 www.baankhaolak.com, **[7794]**. Große, komfortable Steinbungalows und Zimmer in 2-stöckigem Haus. Panoramafenster, TV, Minibar, teils Badewanne, Fitnessraum. Großer Pool mit Strandblick. WLAN. ❼–❽

Khaolak Bhandari Resort & Spa ⑱, ☎ 076-485 751, 🖳 www.khaolakbhandari.com, **[7795]**. In 2. Reihe nahe am Strand, tolle Thai-Style-Bungalows oder Zimmer in 2-stöckigen Gebäuden aus dunklem Holz. Geschmackvolle Anlage mit Pool und Seerosenteichen. 3 Restaurants. ❽

Khao Lak Laguna ㉗, ☎ 076-427 888, 🖳 www. khaolaklaguna.com, **[7796]**. Große, weitläufige, geschmackvolle Anlage, die sich von der Hauptstraße bis zum Strand erstreckt. Über 150 Zimmer und Bungalows, 2 Pools mit Meerblick, darüber ein großes Restaurant. Fitnessraum, WLAN. ❽

🧳 **Ocean Breeze Resort** ⑯, ☎ 076-485 314, 🖳 www.oceanbreezekhaolak.com, **[7787]**. Hübsche rote Steinbungalows stehen zwar recht eng beieinander, sind aber von viel Grün umgeben. Geschmackvolle moderne Einrichtung: helle Bodenfliesen und dunkle Möbel mit Thai-Flair, schöne Bäder mit offenem Duschbereich. Zudem Zimmer im 2-stöckigen Gebäude. Pool und Kinderbecken. Strandbar und Liegen. WLAN in der Lobby. Stylische Bar am Strand. **6** – **8**

The Leaf@Katathani (13), ✆ 076-485 255, 🖥 www.theleafkhaolak.com, [3295]. Villen und Zimmer in 2-stöckigem Gebäude im Garten rund um eine Poollandschaft mit Kinderbecken. Die Bungalows sind geräumig, gefliest, mit TV und großen Bädern. Die Anlage ist alteingesessen, wurde jedoch für die Saison 2013/2014 komplett renoviert. **6**

Gut und günstig isst man abends Thai-Gerichte und Pancakes an den beiden mobilen **Essensständen** neben Wetzone Diving. Die dahinter liegende Bar ist Treffpunkt für einen Drink. Direkt am Strand ist die Auswahl begrenzt: Nur das Nang Thong Bay Resort, Khao Lak Andaman Resort, Khao Lak Laguna sowie das Khao Lak Green Beach Resort haben ein Strandrestaurant. Alle anderen Lokale liegen an der Hauptstraße:

Bussaba Thai, stilvoll thailändische Gerichte speisen – mit Rattanmöbeln und Seidenschals auf den Tischen. Auswahl an Flaschenweinen. ⏲ 13–22 Uhr.

Kohinoor, für Anhänger der indischen Küche empfehlenswert, nicht ganz preiswert. Lieferservice. ⏲ 11–22 Uhr.

O'Rendezvous Restaurant, Treffpunkt vieler Taucher. Serviert traditionelles Thai-Food und wenige internationale Gerichte. Deutsche Speisekarte. Abends gute Stimmung zu Soul, Funk und elektronischer Musik. Hier wird Shisha geraucht. WLAN. ⏲ 14 Uhr–spät.

Ruen Mai Restaurant, gemütliche Biergartenatmosphäre dank dunkler Holztische und üppiger Pflanzen. Thai-Küche, Pizza und Steaks. Spezialität ist *Pla Nam Tok*, frittierter Fisch mit thail. Gewürzen. ⏲ 11–22 Uhr.

Sala Thai Restaurant, gemütliches, halb offenes Restaurant. Frischer Fisch und eine große Auswahl Thai-Gerichte. Gute Currys. ⏲ 17–23 Uhr.

Sand and Sea, draußen und im überdachten Restaurant Fisch und andere Köstlichkeiten aus der Thai-Küche. ⏲ 17–22.30 Uhr.

Somsri Restaurant, neben Nang Thong Supermarkt. Einfaches preiswertes und gutes Thai-Restaurant mit frischem Fisch in der Auslage. Prompte und freundliche Bedienung. ⏲ 15.30–22 Uhr.

Stemper Café, etwas erhöht zur Straße mit geschmackvoller Einrichtung. Unter deutscher Leitung. Tolle Frühstücksauswahl. Nachmittags Kuchen. Wenige thailändische Gerichte, dafür aber Wiener Schnitzel. WLAN. ⏲ 8.30–21 Uhr.

Fizz Bistro, Main Rd. Cocktails im kühlen rotweiß-schwarzen Look und dazu eine Kleinigkeit von der Speisekarte (Thai und International) genießen bei Lounge-Musik. ⏲ 14–24 Uhr.

Happy Snapper, Moo 7, Main Rd., ✆ 076-423 540. Bar mit Livemusik. Wenn hier Gigs stattfinden, ist der Laden gerammelt voll. ⏲ 8.30–1 Uhr.

Running Deer Bar, beim **Happy Lagoon**, ist oft am längsten geöffnet und fantasievoll gestaltet. ⏲ 14–2 Uhr.

Safty Stop, am Tiffy's Café. Kleine Bar und Treffpunkt der Taucher aus dem Sea Dragon Dive Center nebenan. ⏲ 17–24 Uhr.

Sakai Bar und **Monkey Bar**, in der kleinen Seitengasse haben sich mehrere Bars angesiedelt. Diese beiden kleinen Bars mit Theke und wenigen Tischen sind liebevoll im Rasta-Look dekoriert. Zu Charts aus den letzten 30 Jahren und Reggae-Musik gibt es Cocktails und Longdrinks. Sakai Bar mit WLAN. ⏲ 16–2 Uhr.

Tarzan Bar, Main Rd. Im 1. Obergeschoss mit schöner Terrasse, schnelle dezente Bedienung, gemütliche Atmosphäre. Rockig angehauchte Musik. WLAN. ⏲ 17–24 Uhr.

Einkaufen

Book Tree, am Ortseingang von Nang Thong, verkauft und kauft gebrauchte Bücher auch in deutscher Sprache. ⏲ 10–18 Uhr.

Nang Thong-Supermarkt, hat neben den üblichen Supermarkt-Waren auch westliche

DIE NÖRDLICHE ANDAMANENKÜSTE

Produkte wie Wurst, Käse, Brot und Wein.
🕐 7–22 Uhr.

Fahrräder, Motorräder, Autos

Tiffy's Café, ☎ 076-485 440, vermietet Mountainbikes für 200 Baht pro Tag, 🕐 8–23 Uhr.
Noi's Travel Center, ☎ 076-443 140.
Autovermietung, Wagen ab 1600 Baht, Noi vermietet auch Autos von Budget. 🕐 9–22 Uhr.
Die meisten Unterkünfte vermieten Motorräder für 250 Baht. Einige der größeren Resorts vermitteln Autos.

Massagen

Eine Adresse für Top-Massagen ist **Father & Son** [3292] nahe dem Laguna Resort. Der Deutsch sprechende Sohn und seine Mitarbeiterinnen bieten sehr empfehlenswerte Massagen, die individuell auf jeden Kunden abgestimmt werden. Voranmeldung ☎ 076-485 498, 081-956 0662. Thai-Massage 350 Baht pro Std. Im hinteren Bereich des Gartens werden auch neue, gut ausgestattete Bungalows vermietet. ❺

Medizinische Hilfe

Die Kliniken in Nang Thong sind kleine Privatpraxen. Alle liegen an der Hauptstraße.
Clinic Dr. Chusak, 98 Moo 6, Petchkasem Rd., ☎ 081-988 9702. 🕐 17.30–20.30 Uhr.
Dr. Seree, ☎ 076-485 149, 089-868 2034. Praktiziert im Krathom Resort. 🕐 16.30–21.30 Uhr.
Dr. Sumet Clinic, ☎ 076-485 727. 🕐 Mi–Do 10.30–16.30, Fr–So 13–20 Uhr, Notruf ☎ 086-946 7638.

Hat Bang Niang

Der feine, gelbe Sandstrand ist mit wenigen Muschel- oder Korallenresten durchsetzt. Er eignet sich bei Ebbe und Flut sehr gut zum Schwimmen. Vom Hat Bang Niang ausgehend, kann man in fast völliger Einsamkeit stundenlang Richtung Norden 14 km bis zum Pakweep-Strand laufen. Die beiden Lagunen können durchschwommen oder Boote zum Übersetzen herangewunken werden (20 Baht).

In der Hauptstraße von Ban Bang Niang gibt es einige Geschäfte und Unterkünfte. An der 800 m langen Zufahrtsstraße zum Strand reihen sich Restaurants, Schneider, Massageshops und Geschäfte aneinander.

Einen Besuch wert ist auch der kleine Nachtmarkt, der jeden Montag, Mittwoch und Samstag an der Hauptstraße stattfindet.

ÜBERNACHTUNG

Die meisten Hotels und Resorts befinden sich am Strand sowie in den 3 Gassen dahinter. In der Zufahrtsstraße werden über den Ladenzeilen günstige Zimmer vermietet.

Karte S. 551
Untere und mittlere Preisklasse

Amsterdam Resort , ☎ 081-857 5881 ⑦, 🖥 www.amsterdamresortkhaolak.com, [7797]. Ruhig gelegenes Haus mit Restaurant und Bar. 4 Zimmer im Erdgeschoss und 11 unterschiedlich große, einfach möblierte Holz/Steinbungalows im kleinen Garten mit Ventilator oder AC. Engagierter holländischer Betreiber, entspannte Atmosphäre. Fahrrad- und Motorradverleih. Gratis Taxi-Service zum Bus. WLAN. ❷ – ❹
Cousin Resort ⑤, ☎ 076-486 681, 🖥 www.cousinresort.com, [7800]. Ruhige Anlage mit über 20 Zimmern in Bungalows und im Reihenhaus. Einfache Ausstattung, aber mit viel Platz. Die Zimmer mit den hellgrünen Wänden haben weniger Charme als die hell gestrichenen Bungalows. Garten mit Pool und Jacuzzi. WLAN. ❹ – ❺
Jasmin Resort ⑧, ☎ 076-486 695, 🖥 www.jasminresort.com, [7801]. 18 großzügige und hübsch möblierte Bungalows mit TV, Kühlschrank, Minibar, Safe und großem Bad in einem schönen Garten. Unter deutscher Leitung. WLAN. ❺
Ladda Resort ⑥, ☎ 076-486 294, ✉ narissa rada@hotmail.com, [3301]. Stein- und Holzbungalows um einen kleinen Pool sowie Zimmer im 2-stöckigen Langhaus. Kinderbecken. Bei längerem Aufenthalt gibt's Rabatt. Inkl. Frühstück. WLAN. ❺
Sanuk Bungalows ④, ☎ 080-884 3158, 🖥 www.sanukresort.com, [7802]. 5 hübsche kleine Steinbungalows mit AC, einfach möbliert, aber mit Teeküche. Ruhig gelegen in einer urigen kleinen Gartenanlage. Kleiner Pool.

DIE NÖRDLICHE ANDAMANENKÜSTE

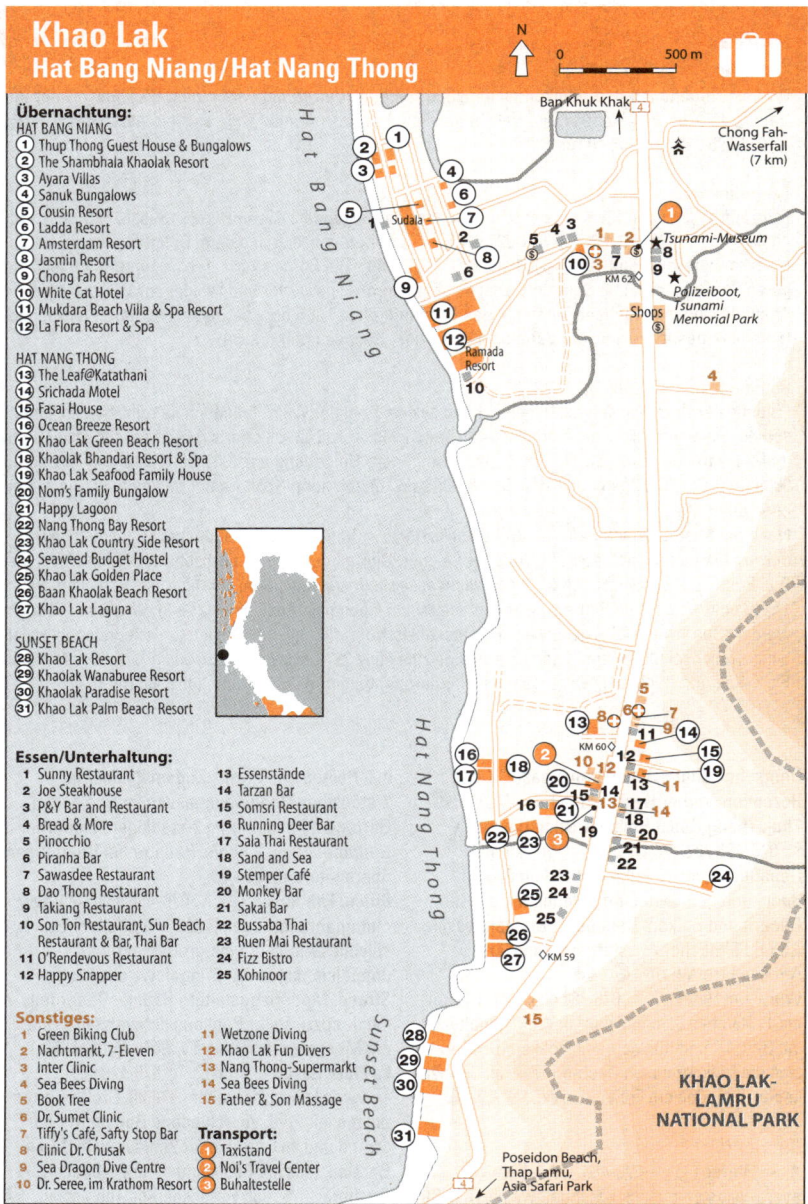

Khao Lak
Hat Bang Niang / Hat Nang Thong

N   0   500 m

Übernachtung:

HAT BANG NIANG
1. Thup Thong Guest House & Bungalows
2. The Shambhala Khaolak Resort
3. Ayara Villas
4. Sanuk Bungalows
5. Cousin Resort
6. Ladda Resort
7. Amsterdam Resort
8. Jasmin Resort
9. Chong Fah Resort
10. White Cat Hotel
11. Mukdara Beach Villa & Spa Resort
12. La Flora Resort & Spa

HAT NANG THONG
13. The Leaf@Katathani
14. Srichada Motel
15. Fasai House
16. Ocean Breeze Resort
17. Khao Lak Green Beach Resort
18. Khaolak Bhandari Resort & Spa
19. Khao Lak Seafood Family House
20. Nom's Family Bungalow
21. Happy Lagoon
22. Nang Thong Bay Resort
23. Khao Lak Country Side Resort
24. Seaweed Budget Hostel
25. Khao Lak Golden Place
26. Baan Khaolak Beach Resort
27. Khao Lak Laguna

SUNSET BEACH
28. Khao Lak Resort
29. Khaolak Wanaburee Resort
30. Khaolak Paradise Resort
31. Khao Lak Palm Beach Resort

Essen/Unterhaltung:
1. Sunny Restaurant
2. Joe Steakhouse
3. P&Y Bar and Restaurant
4. Bread & More
5. Pinocchio
6. Piranha Bar
7. Sawasdee Restaurant
8. Dao Thong Restaurant
9. Takiang Restaurant
10. Son Ton Restaurant, Sun Beach Restaurant & Bar, Thai Bar
11. O'Rendevous Restaurant
12. Happy Snapper
13. Essenstände
14. Tarzan Bar
15. Somsri Restaurant
16. Running Deer Bar
17. Sala Thai Restaurant
18. Sand and Sea
19. Stemper Café
20. Monkey Bar
21. Sakai Bar
22. Bussaba Thai
23. Ruen Mai Restaurant
24. Fizz Bistro
25. Kohinoor

Sonstiges:
1. Green Biking Club
2. Nachtmarkt, 7-Eleven
3. Inter Clinic
4. Sea Bees Diving
5. Book Tree
6. Dr. Sumet Clinic
7. Tiffy's Café, Safty Stop Bar
8. Clinic Dr. Chusak
9. Sea Dragon Dive Centre
10. Dr. Seree, im Krathom Resort
11. Wetzone Diving
12. Khao Lak Fun Divers
13. Nang Thong-Supermarkt
14. Sea Bees Diving
15. Father & Son Massage

Transport:
1. Taxistand
2. Noi's Travel Center
3. Buhaltestelle

Ban Khuk Khak

Chong Fah-Wasserfall (7 km)

Sudala

Tsunami-Museum

Polizeiboot, Tsunami Memorial Park

Shops

Ramada Resort

KM 62

KM 60

KM 59

Hat Bang Niang

Hat Nang Thong

Sunset Beach

KHAO LAK-LAMRU NATIONAL PARK

Poseidon Beach, Thap Lamu, Asia Safari Park

DIE NÖRDLICHE ANDAMANENKÜSTE

Aktivitäten in und um Khao Lak

Elefantenreiten

Wer die Gegend auf dem Rücken eines Elefanten erkunden, zudem auf einem Bambusfloß herumtreiben und unter einem Wasserfall baden möchte, der wende sich an den **Asia Safari Park**, ☎ 076-595 324. ◷ 8–16.30 Uhr.

Fahrradtouren

Fahrradfreaks finden Gleichgesinnte und Kenner der Gegend im **Green Biking Club**, 67/5 Moo 5, Petchakasem Rd., ☎ 076-486 430, 081-326 6164, ▭ www.greenbikingclub.com. Geboten werden Mountainbike-Tagesausflüge von 17–40 km (1850–2400 Baht). Die Routen verlaufen im Hinterland, teils auf guten Straßen, teils über Schotterwege. Es geht durch kleine Dörfer und Wälder zu Wasserfällen. Die Ausflüge sind ansprechend, doch auf das Elefantenreiten kann man getrost verzichten. Wer die Elefanten nur besucht, kann ihre Verpflegung mit einer Spende unterstützen.

Schnorcheln und Tauchen

Freunde der Unterwasserwelt haben in Khao Lak die Qual der Wahl. Tauchschule reiht sich an Tauchschule. Es geht meist zu den vorgelagerten Tauchplätzen, auf Tauchsafaris zu den Tauchplätzen Surin und Similan oder nach Ko Phi Phi. Trips in die nähere Umgebung um 2000 Baht. Längere Touren ab 2800 Baht pro Tag. Zu den meisten Tauchgebieten können auch Schnorchler mitkommen. Sie zahlen etwa die Hälfte.

Nahe bei Khao Lak befinden sich drei Wracks. In 18 m Tiefe liegt ein Zinnbagger (Bonsoong Wrack), dessen Erkundung sich auch für Anfänger eignet. Hier gibt es u. a. Feuerfische und Leopardenhaie. Das Premchai-Wrack ist noch wenig bewachsen, es liegt erst fünf Jahre vor der Küste nahe dem Hafen Thap Lamu. V. a. kleine Riffbewohner wie Seenadeln leben hier. Auch nachts kann das Wrack besucht werden. Das im Jahr 2010 gesunkene Frachtschiff ist nur für Fortgeschrittene und Tieftaucher geeignet. Einige Tauchschulen bieten 2-tägige Ausflüge zum etwa 28 °C warmen Stausee im Khao Sok National Park (Kasten S. 542) an (2 Tauchgänge inkl. Übernachtung und Verpflegung um 6500 Baht).

Deutsche Leitung. Viele Stammgäste. Keine Rezeption, vorher Bescheid geben. WLAN. ❺

Thup Thong Guest House & Bungalows ①, ☎ 076-486 722, [7803]. 3-stöckiges kleines Gebäude in der 1. Reihe hinter dem Strand. Ruhig gelegen. Zimmer mit Ventilator, großen Bädern und Balkon. Daneben 4 Bungalows mit AC und ähnlicher Ausstattung. Familiäre Atmosphäre. WLAN. ❸–❺

White Cat Hotel ⑩, ☎ 076-486 406, [8471]. Hotel mit 11 Räumen. Zimmer, ganz in Weiß gehalten, mit Bett, TV und Kühlschrank möbliert. Größer sind die Balkonzimmer. Dachterrasse mit Sonnenliegen. Inkl. kleinem Frühstück. WLAN. ❹–❺

Obere Preisklasse

Ayara Villas ③, ☎ 076-486 478, ▭ www.ayara-villas.com, [7804]. Bungalows im Thai-Stil in 2 Reihen am Strand. Zudem Zimmer in 2-stöckigen Doppelbungalows im tropischen Garten und dahinter im 2-stöckigen, modernen Hauptgebäude. 2 Pools. Rabatte bei Buchungen übers Internet. ❼–❽

Chong Fah Resort ⑨, ☎ 076-486 858, ▭ www.chongfahresort.com, [7805]. Futuristisches, stilvolles Ambiente mit großen ein- und doppelstöckigen AC-Bungalows direkt am Strand. Modern gestaltete Räume. Bäder teils mit Jacuzzi. Toller Pool aus schwarzem Granit mit Meerblick. Minibar, TV, Safe. WLAN. ❽

La Flora Resort & Spa ⑫, ☎ 076-428 000, ▭ www.lafloraresort.com, [7806]. Große Gartenanlage mit Pool. Verschiedene Bungalows am Strand und im Garten oder Zimmer im hinteren Bereich, teils mit Poolzugang. Kinderbecken, Bücherei, Internet, Fitnesscenter, Tennisplatz. ❽

Eine fast unübersehbare Anzahl von Tauchschulen mit ähnlichen Angeboten und Preisen hat sich in Khao Lak niedergelassen. Die folgende Auswahl von Tauchschulen beschränkt sich auf deutsche bzw. Schweizer Anbieter. Ausbildung nach PADI bis zum Divemaster.

Khao Lak Fun Divers, Ban Nang Thong, ☎ 076-485 685, 🖥 www.khao-lak-fun-divers.com. Familiäre Tauchschule. Für Safaris mietet sich die Schule bei anderen Tauchschulen ein.

Sea Bees Diving, Tauchschule zwischen Bang Niang und Nang Thong, ☎ 076-485 174, Büro in Nang Thong (🕑 11–14 und 16–22 Uhr), 🖥 www.sea-bees.com/de. Basis auch in Phuket.

Sea Dragon Dive Centre, Ban Nang Thong, ☎ 076-485 420, 🖥 www.seadragondivecenter.com. Einst die erste, heute die wahrscheinlich größte Tauchschule in Khao Lak. Basis mit Aufenthaltsbereich und Pool. Drei Boote für diverse Trips.

Wetzone Diving, ☎ 076-485 806, 🖥 www.wetzonedivers.com. Kostenloses Nitrox für geübte Taucher. Tauchsafaris dank Zusammenarbeit mit anderen Schulen. Tauchen auch im Stausee (Khao Sok). WLAN.

Tagesausflüge in die Umgebung

Angeboten werden Touren zum Khao Sok National Park, in die Phang Nga-Bucht mit einer Fahrt zum James Bond-Felsen oder eine Einkaufstour nach Phuket-Stadt. Beliebt sind **Tages-Schnorchel-Ausflüge** nach Ko Surin, Ko Similan und Ko Tachai oder nach Ko Phi Phi. Ab 3500 Baht inkl. Transport, Mittagessen, Schnorchelequipment, Nationalparkgebühr.

Die **3-Tempel-Tour** führt zu den wichtigsten Tempeln der Region: In der Kalksteinhöhle Dragon Cave stellen Mönche traditionelle Medizin her. Die Bang Rieng-Pagode vereint verschiedene Tempelstile, und im Suwanakuha-Tempel ruht ein liegender Buddha.

Unter den Wasserfällen der Region lohnt der **Chong Fah-Wasserfall** einen Besuch. Etwa 7 km östlich der Hauptstraße in Höhe Bang Niang passiert man die Schranke zum Nationalpark (🕑 8–16.30 Uhr. Eintritt 100 Baht), nach 1 km Fußweg ist das unterste Wasserbecken erreicht. Ein steiler Weg führt hinauf zu weiteren Frischwasserbecken. Nach 40 Min. Fahrt mit dem Taxi in Richtung Ranong erreicht man den schönen **Sri Phang Nga-Wasserfall** mit vielen Süßwasser-Fischen und mehreren Pools zum Baden.

Mukdara Beach Villa & Spa Resort ⑪, ☎ 076-429 999, 🖥 www.mukdarabeach.com, [7807]. Große Anlage mit unterschiedlichen Zimmern und Bungalows im Thai-Stil, die sich um eine fantastische Poollandschaft gruppieren. Fitnesscenter, Tennisplatz, Spa. ❽

The Shambhala Khaolak Resort ②, ☎ 076-486 600, 🖥 www.shambhalakhaolak.com, [8470]. Eng stehende Bungalows, mit vielen Pflanzen voneinander abgeschirmt. Alle Zimmer in gleicher Größe und Ausstattung: angenehm dezenter Thai-Stil. Pool mit Meerblick. Inkl. Frühstück unter Palmen am Meer. ❺–❽

ESSEN UND UNTERHALTUNG

Viele Restaurants reihen sich entlang der Zufahrtsstraße zum Strand auf. Insgesamt ist das Preisniveau recht hoch. Günstig lässt sich montags, mittwochs und samstags auf dem **Markt** neben dem 7-Eleven essen. Hier gibt es an vielen Ständen Fingerfood oder Thailändisches zum Mitnehmen.

Bread & More – German Bakery, an der Zufahrtsstraße zum Strand. Frühstück in allen Varianten, verschiedene Brotsorten, Sandwiches, Ciabatta, Wurstsalat, Schnitzel, Leberkäse und Kuchen, reichhaltige Portionen. 🕑 7.30–14.30 Uhr.

Dao Thong Restaurant, an der Hauptstraße. Schönes Ambiente im überdachten Restaurant. Gute abwechslungsreiche thailändische Küche. Empfehlenswert der Morning Glory Salat mit Seafood. Tolle Tellerdekoration aus geschnitztem Gemüse. Aufmerksamer Service. WLAN. 🕑 10–23 Uhr.

🌳 Urlauben und Gutes tun

Im Hinterland von Khao Lak liegt die **Hanseatic School for Life** (ehemals Beluga School for Life) , etwa 10 Min. von Khao Lak entfernt, 📞 085-473 3615, 🖥 www.hsfl.net, [2803], Karte S. 515. Das Hilfsprojekt betreibt eine Schule für Waisenkinder und finanziert dies durch ein touristisches Angebot. Schöne Rundbungalows (für 2 oder 4 Pers.). Großer Pool im Garten. Ökologischer Landbau und Mülltrennung. Preise p. P. Alle Einnahmen kommen der Schule zugute. ➑

Joe Steakhouse, nahe dem Strand im Hinterland gelegen. Der Besitzer Ludwig ist ein echtes Original. Er bereitet Steaks zu und alles was dazugehört. 🕐 außer Mo 18–24 Uhr.
P&Y Bar and Restaurant, kleine Speisekarte mit thailändischen Gerichten, je nach Tagesangebot auch international. Treffpunkt für ein Bier oder eine Runde Billard. Vermietet auch 3 Zimmer über dem Restaurant. 🕐 9–24 Uhr.
Pinocchio, an der Zufahrtsstraße zum Strand. Pasta und Pizza aus dem Holzofen. 🕐 16–23 Uhr, Küche bis 22.30 Uhr.
Piranha Bar, netter kleiner Treffpunkt an der Zufahrtsstraße für einen Drink nach dem Essen. 🕐 16 Uhr–spät.
Sawasdee Restaurant, unter einem palmgedeckten Thai-Dach, rustikal-edel eingerichtet. Serviert gute thailändische Küche, nicht ganz günstig. 🕐 12–22.30 Uhr.
Son Ton Restaurant, hier speist man direkt am Strand. Thai- und Westernküche, 🕐 9–21 Uhr.
Sun Beach Restaurant & Bar. Tische direkt am Strand. Thai- und europäische Küche, 🕐 9.30 Uhr–spät.
Sunny Restaurant, direkt oberhalb des Strand, u. a. frischer Fisch. 🕐 6.30–23 Uhr.
Takiang Restaurant, an der Hauptstraße neben dem Polizeiboot. Nicht nur das Essen ist toll, auch das Ambiente stimmt. Viele Antiquitäten und Fundstücke aus dem Norden Thailands, die leider nicht zum Verkauf stehen. 🕐 12–21.30 Uhr.
Thai Bar, gemütliche, aus Schwemmholz gebastelte Bar am Strand. Manchmal gibt es auch zu nächtlicher Stunde Live-Gigs. 🕐 11 Uhr bis spät.

SONSTIGES
Geld
Mehrere **Banken** mit Geldautomat an der Hauptstraße sowie an der Strandzufahrt. Die **Wechselstuben** an der Strandzufahrt öffnen meist nur für wenige Stunden am frühen Abend.

Kochkurse
Sawasdee Restaurant, 📞 081-445 0245. Kochschule gegenüber dem Restaurant: bietet tgl. zwischen 10 und 14 Uhr Kochkurse an. Aus 4 Menüs kann ausgewählt werden, eines davon wird gemeinsam gekocht und natürlich auch gegessen. (1850 Baht p. P.).

Medizinische Hilfe
Inter Clinic, an der Zufahrtsstraße, 📞 076-486 551, 087-628 3577. Wundbehandlung, Bluttest, EKG. 🕐 9–19 Uhr.

Die Strände im Norden

Das Dorf **Khuk Khak** liegt 4 km nördlich von Ban Bang Niang. Der weite goldgelbe Strand ist mit ein paar Muscheln durchsetzt und sehr sauber. Hier kann man kilometerlange Strandwanderungen unternehmen.

Folgt man der Hauptstraße hinter Ban Khuk Khak weitere 3 km in nördlicher Richtung, erreicht man das **Coral Cape** und den Abzweig zum Hat Pakweep. Zu Fuß kommt man am Strand auch vom Hat Khuk Khak hierher. Ausruhen kann man dann im Strandrestaurant oder dem Apsaras Resort. Der erst gelbe Strand des Coral Cape wird ab dem Apsaras Resort fein und weiß. An kleinen Wellen üben sich Surfer. Die Landzunge Coral Cape selbst bedecken Korallenreste, hier ist Baden nicht möglich.

Hat Pakweep (auch White Beach) liegt hinter dem Coral Cape. Der schöne, weiße, lange Sandstrand ist von einigen Muscheln und Korallenresten durchsetzt. Einige wenige Felsenbänder ragen ins Meer, bei Ebbe kann man Strandspaziergänge unternehmen. Das Meer eignet sich bei jedem Wasserstand zum Schwimmen.

Hat Khuk Khak
Karte S. 547

Andamania Beach Resort ⑪, ✆ 076-584 666, 🖵 www.andamania.com, [7812]. Schöne Gartenanlage am Strand mit einem 2- und einem 3-stöckigen Gebäude. 2 Doppel-bungalows mit eigenem einsehbaren Pool am Strand. Pool, Restaurant mit Strandblick. WLAN. ❻–❼

Khaolak Orchid Beach Resort ⑫, ✆ 076-486 141, 🖵 www.khaolakorchid.com, [7813]. Einsam gelegenes Resort am Hat Khuk Khak. Zwei 3-stöckige Gebäude mit ansprechenden Zimmern. Pool und Kinderbecken. Bücherei. Eine wenig befahrene Straße liegt zwischen Resort und Strand. Stdl. Shuttle nach Khao Lak. ❻–❽

Khaolak Riverside Bungalow ⑩, ✆ 076-410 924, 084-187 7580, 🖵 www.khaolak-riverside-bungalow.de, [7814]. 1 km von der Hauptstraße am See. 12 Steinbungalows Seeblick, kleine Küche, TV. Ein kleiner Bungalow mit Ventilator und Küchenzeile. Pool und Restaurant. Deutsche Leitung. WLAN. ❹–❺

Lake View Bungalows ⑨, ✆ 087-890 7307, 🖵 www.lakeviewbungalows.com, [7815]. Abseits des Strandes in einer Gartenanlage am See liegen 5 Bungalows mit AC, Safe und Außendusche. Ein Doppelbungalow. 2 schöne Räume zudem in einem Holzturm. Unter deutscher Leitung, familiäre Atmosphäre. Gute thailändische Küche. ❹–❻

Coral Cape – Laem Pakarang
Karte S. 547

Apsaras Beach Resort & Spa ⑧, ✆ 076-584 444, 🖵 www.apsarasresort.com, [7816]. Stilvolle, schicke Anlage – als einzige direkt am Strand. Modern gestaltet, einige Zimmer mit direktem Poolzugang. Großer Pool und Fitnesscenter. Eigenes Boot mit täglichen Fahrten zu den Similan Islands. WLAN. ❼–❽

Pakarang Villa ⑤, ✆ 076-487 096, 🖵 www.pakarangbungalows.com, [7817]. Liegt an der Zufahrtsstraße zum Strand. 20 nette Zimmer in Bungalows – wahlweise mit Ventilator oder AC – in einer Gartenanlage mit Pool mit Kinderbereich, etwa 1,5 km vom Strand entfernt. Restaurant. WLAN. ❷–❺

Palm Galleria Resort ⑥, ✆ 076-427 000, 🖵 www.khaolakpalmgalleria.com, [7818]. Ruhige, schicke Gartenanlage mit großem Pool, um den sich Wohngebäude mit 98 Zimmern gruppieren. Offene, moderne Architektur. Kein direkter Strandzugang (zum Strand 100 m). Shuttle-Service zum Hat Pakweep. ❼–❽

Takolaburi Cultural Spa & Sport Resort ⑦, ✆ 076-429 777, 🖵 www.khaolaktakolaburi.com, [7819]. Grandiose Anlage im Thai-Tempel-Ambiente mit Wasserläufen und großen Pools. Fitnessraum, Tennisplatz. Yoga-, Koch- und Malkurse, Kanufahrten, Ausritte, Fahrradverleih und Katamaransegeln. Strandzugang über die ruhige Straße. ❼–❽

Hat Pakweep
Karte S. 546

Ao Tong Beach Restaurant & Bungalow ③, ✆ 087-886 6486, 🖵 www.aotongbeach.com, [7820]. Mehrere große Steinbungalows mit Kühlschrank in einer Reihe direkt hinter dem am Strand liegenden Restaurant. ❺

Haadson Resort ①, ✆ 076-406 450, 🖵 www.haadsonresort.com, [7821]. In tropischem Ambiente an einer Lagune liegen 20 Zimmer in palmblattgedeckten doppelstöckigen Bungalows und 19 Villen mit Außenbad. Pool. Strand auf der anderen Seite der kaum befahrenen Straße. ❺–❼

Le Meridien Khaolak Beach Resort & Spa ②, ✆ 076-427 500, 🖵 www.lemeridien.com, [7822]. Große und weitläufige Anlage. 258 Zimmer und Villen rund um eine große Poollandschaft. Tennisplatz. Fahrradverleih. ❽

The Sarojin Resort ④, ✆ 076-427 900, 🖵 www.sarojin.com, [7823]. Ausgezeichnete, exquisite Luxusanlage mit 56 großen Villen im Garten rund um einen Pool. ❽

Alle Resorts haben ein Restaurant. Am **Hat Khuk Khak** finden sich entlang des Strandes in regelmäßigen Abständen kleine Bambushütten, die kalte Getränke und ein paar Gerichte anbieten. An der Abzweigung zwischen der kleinen Strandstraße und der Zufahrtsstraße zum **Coral Cape** gibt es einige Seafood-Restaurants.

Am **Hat Pakweep** lohnen das Ao Thong Restaurant und das Oawthong Restaurant einen Besuch ⏰ 9–21.30 Uhr.

Die Strände im Süden

Südlich des Hat Nang Thong erstreckt sich der kleine, etwas schmalere **Sunset Beach**. Er wird auf beiden Seiten von Felsen eingeschlossen. Abgesehen von einer einfachen Unterkunft gehören alle Resorts zur Luxusklasse und sind in den dicht bewachsenen Hang gebaut. Die Ausblicke aufs Meer und die dschungelbewachsenen Hügel sind wunderschön.

Der Poseidon Beach, auch Khao Lak Süd genannt, ist der südlichste Strand des Einzuggebietes von Khao Lak. Der schöne, gelb-weiße Sand ist mit ein paar Muscheln geschmückt und hin und wieder von Felsen durchsetzt. Hier ist es ausgesprochen ruhig.

Zum Hauptquartier des **Khao Lak-Lamru National Parks** führt die schön geschwungene Hauptstraße durch tropische Vegetation. Am oberen Pass liegt ein Polizeiposten, dahinter das Büro des Nationalparks. Ein Fußweg durch den Dschungel führt zum kleinen, von Felsen umrahmten **Hat Lek** (Sandy Beach), Teil des Khao Lak-Lamru National Parks. Süßwasser fließt in einer kleinen Lagune ins Meer, in dem schwarze Felsen stehen, von Wellen umspielt oder schäumend vor Gischt. Der Sand ist an vielen Stellen durch schwarzen Zinnstaub marmoriert. Der Eintritt in den Park beträgt 100 Baht. Wer im Restaurant (⏰ 8.30–20.30 Uhr) speist, zahlt keinen Eintritt.

ÜBERNACHTUNG

Sunset Beach
Karte S. 551
Am Strand des Nationalparks kann man am Hang in **Nationalparkbungalows** wohnen. Einfache Steinbungalows mit AC oder Ventilator und Bad. Anmeldung im Headquarter. ❸–❹
Khao Lak Palm Beach Resort ㉛, ✆ 076-429 200, 🖥 www.khaolakpalmbeach.com, **[7826]**. Rund um 2 Pools stehen 58 Thai-Style-Bungalows mit geräumigen Zimmern, halb offenen Bädern und Terrasse im gepflegten Garten. Spa. ❽

Khaolak Paradise Resort ㉚, ✆ 076-429 100, 🖥 www.khaolakparadise.com, **[7827]**. Am tropisch bewachsenen Hang und im Garten 38 mit Naturmaterialien verkleidete Bungalows. Zudem 4 luxuriöse Zimmer in 2-stöckigen Gebäuden, große Panoramafenster. Viel Grün gibt einem das Gefühl, im Dschungel zu wohnen. Pool mit Meerblick. WLAN. ❽
Khao Lak Resort ㉘, ✆ 076-428 111, 🖥 www.khaolakresort.com, **[7828]**. Weitläufige Anlage mit 2-stöckigen Häusern, deren Zimmer schon älteren Datums sind, sowie schönen, aus Naturmaterialien gefertigten Bungalows. Mehrere Pools. ❽
Khaolak Wanaburee Resort ㉙, ✆ 076-485 333, 🖥 www.wanaburee.com, **[7829]**. Über einen Holzsteg durch tropischen Regenwald erreicht man die Anlage rund um eine Lagune mit Bungalows im Garten und Zimmern in 2-stöckigen Gebäuden in moderner kühler Grau-Optik, teils private Jacuzzis. 2 kleine Pools. ❽

Poseidon Beach (Khao Lak Süd)
Karte S. 547
Emerald Beach Resort & Spa ⑯, ✆ 076-428 700, 🖥 www.khaolakemeraldresort.com, **[7830]**. 270 Zimmer in langen, 3-geschossigen Gebäuden und Villen im Thai-Stil. LCD-TV, Minibar und Wasserkocher. Großer Pool mit Meerblick und ein separates Kinderbecken mit Wasserrutsche. Toll für Familien. Animateure kümmern sich um die Kleinen im Kids-Club. ❽
Khaolak Mountainview Bungalows ⑱, ✆ 089-593 2495, **[7831]**. Abseits des Strandes, auf einem kleinen Hügel, ruhig gelegen, reihen sich 12 einfache, gemütliche Stein-/Holzbungalows mit AC oder Ventilator und großen Fenstern in einem Garten aneinander. ❹
Luckanawadee Boutique Beach Resort ⑭, ✆ 076-484 616, 🖥 www.luckanawadee.com, **[7832]**. Kleine Luxus-Anlage mit familiärem Charakter. Hervorragend eingerichtete, weiße Bungalows und Zimmer mit LCD-TV, Marmorbädern, teils mit Jacuzzi, großen Fensterflächen und viel Platz zum Wohlfühlen. Küche im Haupthaus zur freien Nutzung. Kleiner Pool. ❽
Merlin Resort ⑰, ✆ 076-428 300, 🖥 www.merlinphuket.com, **[7833]**. Große Anlage in weitläufigem Garten, mehrere Pools, die über

kleine Wasserfälle miteinander verbunden sind und zum Strand hin abfallen. Große Liegewiese. Geräumige Zimmer in 1- oder 2-stöckigen Gebäuden mit Balkon oder Terrasse. **8**

Poseidon Bungalows ⑳, ☎ 076-443 258, 🖥 www. similantour.com, **[7834]**. Einsam an der Flussmündung gelegen. 15 kleine Holz- und Steinbungalows mit Ventilator und Warmwasser, malerisch am Hang mit Meerblick und teils direktem Zugang zu kleinen Badeplätzen. Familiäre Atmosphäre. Schwedische Leitung. 9 größere Bungalows für Familien. 3-tägige Schnorcheltouren zu den Similans mit Übernachtung auf dem Boot. WLAN. **4**–**5**

Pramote Bungalow ⑲, ☎ 089-592 9660 **[7835]**. 14 unterschiedliche, schon etwas in die Jahre gekommene Holz- und Steinbungalows mit Ventilator. Zudem im Haus an der Straße 4 Zimmer mit AC. **2**–**3**

Wer Wert auf komfortable Unterkünfte legt, wird im Raum Khao Lak auf jeden Fall fündig.

© M. MARKAND

The Briza Beach Resort ⑮, ☎ 076-428 600, 🖥 www.brizakhaolak.com, **[7836]**. Um den Pool in einer Gartenanlage Zimmer in 2-stöckigen Gebäuden. Kinderpool. WLAN. **7**–**8**

ESSEN UND UNTERHALTUNG

Alle Resorts haben ein Restaurant. Am **Sunset Beach** liegen an der Hauptstraße das **Muanlai Restaurant**, ⏲ 11–23 Uhr mit fantastischer Sicht über die ganze Küste von Khao Lak sowie 2 weitere einfache Restaurants am National Park Headquarter.

Am Highway und an den Zufahrtsstraßen zum Poseidon Beach – vom Hat Lek kommend – gibt es mehrere **Restaurants mit Thai-Küche** und ein paar europäischen Gerichten. Zwischen Poseidon Bungalows und dem Merlin Resort befinden sich zudem 3 einfache **Strand-restaurants**.

NAHVERKEHR

Songthaew stehen am Poseidon Beach vor dem Emerald Beach Resort. Eine Fahrt nach Khao Lak Center kostet 150 Baht, bis zum Hat Nang Thong 200 Baht, Hat Bang Niang 300 Baht. Weitere Strecken z. B. bis Takua Pa für 900 Baht, Khao Sok 1200 Baht oder Phuket 1500 Baht.

10 HIGHLIGHT

Ko Similan National Park

Die Artenvielfalt der hier lebenden Meerestiere ist einzigartig in Thailand. Daher gehören die neun Inseln des Parks zu den Highlights des Landes. Der Ko Similan National Park ist Heimat u. a. von Riffhaien, Rochen und Schildkröten, und die Sicht ist meist sehr gut.

Auf **Ko Meang** (Insel Nr. 4) befindet sich das Hauptquartier. Der lange und der kleine Strand mit feinem Sand sind einen 20-minütigen Fußweg durch den Wald voneinander getrennt. Wer sich etwas ins Inselinnere wagt, bekommt meist neben Landkrabben auch die hübschen Nicobar-Tauben zu Gesicht. Sie sind die nächsten

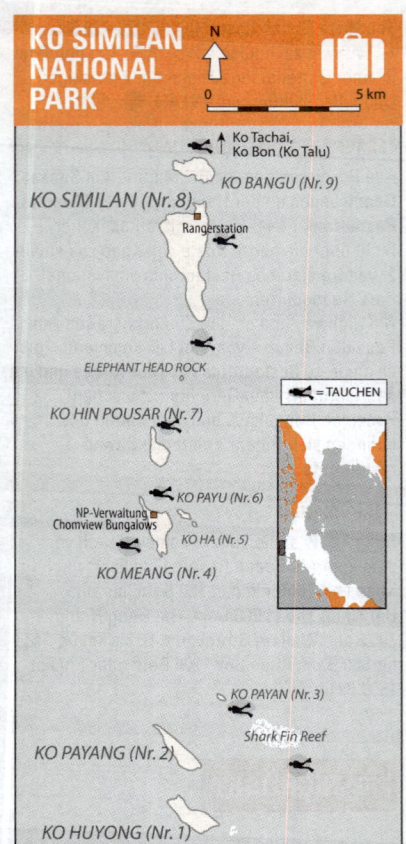

Die Mehrheit der Tauchboote stoppt an der **Ko Bon** (auch Ko Talu). Ein weißer, puderiger Strand lädt zur Rast ein, doch die meisten Besucher tauchen lieber mit den hier häufig vorkommenden Walhaien. Ein Tauchgang vor **Ko Bangu** (Nr. 9) gehört bei vielen *Liveaboards* zum Programm. Der Tauchplatz liegt in 10–35 m Tiefe vor einem schönen, unbewohnten Strand zwischen Felsen.

Der Strand von **Ko Huyong** (Nr. 1) ist den Meeresschildkröten vorbehalten, die hier ihre Eier ablegen. Nur für Taucher geeignet ist **Ko Hin Pousar** (Nr. 7). Der Felsen ähnelt einem Elefantenkopf und verbirgt Höhlen, durch die man hindurchschwimmen kann. Erfahrene Taucher sehen hier Mantarochen und Meeresschildkröten. Auch **Ko Payu** (Nr. 6) und die felsige Unterwasserwelt von **Ko Payan** (Nr. 3) und **Ko Ha** (Nr. 5), wo Garden Eels ihre Köpfe aus dem Sand recken, sind nur Tauchern zugänglich.
🕐 16.5.– 31.10. geschlossen. Eintritt 400 Baht.

Auf **Ko Similan** gibt es eine kleine Rangerstation mit Übernachtungsmöglichkeit. Auf **Ko Meang** (Insel Nr. 4) sind die von der Nationalparkverwaltung betriebenen **Chomview Bungalows**, ☎ 076-595 045, angesiedelt. Hier schläft man in Reihen-Bungalows mit Ventilator, die am Strand oder im Hang auf Stelzen stehen. Übernachtung auch im Zelt möglich. ❸–❺
Campen ist außerdem auf **Ko Tachai** am breiten, wunderschönen Strand mit eigenem Zelt möglich (80 Baht). Restaurant vorhanden.

Tagestrips aus der Umgebung mit dem **Schnellboot** für 2000–3000 Baht. *Liveaboards* (teils auch für Schnorchler) für 3 Nächte um 20 000 Baht. Bei längeren Touren wird zudem Ko Surin besucht, was entsprechend teurer ist. In beiden Nationalparks stehen Longtail-Boote für individuelle Touren bereit. Vom Thap Lamu Pier nahe KHAO LAK fahren private Schnellboote unter Nationalparkkontrolle um 8.30 Uhr in 1 1/2 Std. nach Surin, zurück um 15 Uhr für 2700 Baht. Zum Pier über die 5 km lange Zufahrtsstraße, die vom H4147 am KM 51 abzweigt.

Verwandten des ausgestorbenen Dodos. Man erkennt sie an ihren langen Halsfedern. Auf Thai heißen sie *Pu Kai*, da ihre Laute an kleine Hühnerküken erinnern. Im Kanal zwischen Ko Meang und Ko Payu (s. u.) kann man herrlich schnorcheln.

Eine kleine Bucht mit der Möglichkeit, an Land zu gehen, befindet sich im Westen von **Ko Similan** (Nr. 8), der größten Insel der Gruppe. Mit einem wunderschönen, breiten Strand lockt **Ko Tachai**. Boote für Schnorchelausflüge stehen bereit; recht häufig sind hier Mantas und Walhaie anzutreffen.

© VOLKER KLINKMÜLLER

Phuket

Stefan Loose Traveltipps

11 **Phuket-Stadt** In der Stadt laden die sino-portugiesische Architektur und zahlreiche Künstlerateliers zum Flanieren ein. S. 563

Hat Patong Auf den Essensmärkten wird köstliches Seafood angeboten. S. 590

Phuket FantaSea Ein Muss: die einzigartige Bühnenshow. S. 601

Ko Phuket [2653], die mit 543 km² größte Insel Thailands an der Andamanensee im Indischen Ozean, ist seit den 1980er-Jahren von der touristischen Landkarte Thailands nicht mehr wegzudenken. Kleine und größere Buchten mit weißen Sandstränden, schöne Tauchgründe und herrliche Segelreviere, Luxushotels und gute Restaurants machen Phuket (gesprochen: Pu-kett) zu einem überaus attraktiven Reiseziel. Wer teures Remmidemmi und Vergnügen sucht, kommt hier genauso auf seine Kosten wie der Urlauber, der einen ruhigeren Strand vorzieht. An fast jedem Strandabschnitt stehen mittlerweile komfortable Resorts und große Hotels internationalen Standards mit eleganten Empfangshallen, Pools, mehreren Restaurants und Bars, Einkaufsarka-

den und Unterhaltungsangeboten. Der malaiische Einfluss ist auf Phuket (abgeleitet von *bukit* – malaiisch „Hügel") deutlich spürbar – von etwa 300 000 offiziell registrierten Einwohnern sind ein Drittel Moslems. Buddhistische Thais und Chinesen dominieren dennoch das Bild.

Reisezeit

Das Wetter – sofern noch vorhersehbar – ist von Dezember bis März am besten. Im April und Mai kann es an windstillen Tagen heiß werden, nachts kühlt es jedoch immer ab. Im Mai/Juni setzen die zeitweise stürmischen Südwestwinde ein, die feuchte Luft und viele, zumeist kurze Regenschauer mit sich führen. Drei bis vier Tage mit Dauerregen kommen vor allem im September und Oktober vor. Auf sein Badevergnügen braucht auch im Monsun keiner zu verzichten – fast überall warten Hotelpools auf Gäste. Generell ist von November bis April mit etwa doppelt so hohen Preisen zu rechnen wie in der Nachsaison, wobei zwischen Weihnachten und Neujahr noch einmal kräftig aufgeschlagen wird. Viele Anlagen sind preiswerter über das Internet zu buchen. Links unter **eXTra [2782]**.

Aktivitäten
Mit dem Kanu in die Phang Nga-Bucht

Von Phuket aus starten zahlreiche Touren mit dem Kanu in die Bucht von Phang Nga. Einst war diese Tour sehr idyllisch, doch mittlerweile operieren zahllose Seekanus-Veranstalter mit insgesamt über 200 Kanus, sodass es zu bestimmten Zeiten in der Hochsaison fast wie auf den schwimmenden Märkten zugeht. Es empfiehlt sich daher, außerhalb der Hauptsaison zu fahren oder bei einem Veranstalter zu buchen, der eigene Wege beschreitet (s. Veranstaltertipps Phuket-Stadt S. 570/571, s. Kasten und unseren Tipp **eXTra [5485]**).

Die langen Strecken in die Bucht werden auf großen Booten zurückgelegt. Gepaddelt wird um malerische Inseln herum und durch Höhlen hindurch. Höhepunkte sind Fahrten in Hongs, natürlichen Lagunen, die von hohen, üppig bewachsenen Felswänden völlig umschlossen sind. Nur zu einem ganz bestimmten Zeitpunkt zwischen Ebbe und Flut kann man vorübergehend mit den Kanus durch enge Höhlen in diese unberührten

Tagesausflug in die Phang Nga-Bucht

Die meisten Reisenden unternehmen einen Tagesausflug durch die Inselwelt in der Bucht von Phang Nga (S. 616). Zahlreiche Boote fahren jeden Tag zur selben Zeit in einen kleinen Teil der Felsenlandschaft, meist zum sogenannten James Bond-Felsen **Ko Tapu**, der durch den Film *Der Mann mit dem goldenen Colt* berühmt wurde.

Ein unvergleichliches, aber relativ teures Erlebnis bieten Touren zu den Felsen der Phang Nga-Bucht mit Seekanus (S. 629). Ihr Ziel ist vor allem **Ko Hong** (S. 618), eine der zahlreichen bizarren Felseninseln weiter im Süden.

Das Betreten der James Bond-Insel und des Strands von Ko Hong kostet 200 Baht, andere Strände und Inseln dürfen kostenlos angesteuert werden. Bei der Buchung einer Tour sollte man darauf achten, dass der Nationalpark-Eintritt im Preis enthalten ist.

Man kann die Tour auch selbst organisieren, doch das ist aufwendig und meist teurer. Am ehesten bietet sich diese Option für Reisende mit eigenem Fahrzeug ab Phang Nga an. Wer dann dort am frühen Morgen startet, hat mit etwas Glück eine Insel fast für sich allein. Wer eine gebuchte Tour unternimmt, ist mit einer Nachmittagstour gut beraten, denn dann sind die meisten Touren bereits wieder auf dem Heimweg.

Naturwunder eindringen. Hier darf sich der Gast entspannen, da erfahrene Guides das Paddel übernehmen. In jedem aufblasbaren Kanu sitzen max. zwei Passagiere, die von einem Führer gepaddelt werden. Preis für einen Tagestrip mit Transfer und guter Verpflegung: ab 3000 Baht. Auf eigene Faust ohne erfahrenen Führer sind solche Kanutrips lebensgefährlich. Also nicht von Billiganbietern dazu verleiten lassen!

Beliebt sind die große **Ko Phanak** und die kleine **Ko Hong** nahe dem Festland nördlich von Ko Yao Noi.

Schnorcheln

Die faszinierende Unterwasserwelt mit Maske und Schnorchel zu entdecken, gehört zu den schönsten und preiswertesten Urlaubsaktivitäten. Phuket bietet gute Schnorchelgebiete für Anfänger und Fortgeschrittene, vor allem an der Westküste, die allerdings unter dem Bootsverkehr und dem Tsunami gelitten haben. Das mit 1,5 km Länge größte Korallenriff liegt vor dem **Hat Nai Yang**, ca. 1 km vor der Küste in 10–20 m Tiefe. Weitere Riffe zum Schnorcheln finden sich an der **Freedom und Emerald Bay**, vor den Felsen von **Laem Promthep**, vor **Laem Son** nördlich von Hat Surin, am nördlichen **Hat Kata** (vor Club Med) und westlich des **Hat Nai Harn** vor Ao Sane.

Bessere Bedingungen findet man vor den Inseln, zu denen Schnorchelausflüge angeboten werden: **Ko Kaeo** (3 km von Rawai vor der Südspitze von Phuket), **Coral Island** (vor Rawai), **Ko Mai Thon** (12 km im Südosten), **Ko Khai Nai** und **Ko Khai Nok** (im Osten vor Ko Siray, zwei Felseninseln mit schattenlosem Strand, Restaurant) und **Ko Racha** (S. 612).

Maske, Schnorchel und Flossen werden in manchen Unterkünften und in Tauchbasen für ca. 250 Baht pro Tag verliehen. Tauchschiffe nehmen häufig Schnorchler zum reduzierten Preis auf Tagestouren mit.

Tauchen

Tauchgänge von Land aus sind in Phuket nur zum Eingewöhnen oder blutigen Anfängern zu empfehlen. In kurzen Bootstouren erreichbare Plätze wie **Shark Point** (Felsen mit Korallen bis in 22 m Tiefe) und das angrenzende **Anemonenriff** (mit Seeanemonen und Weichkorallen) auf

halbem Weg nach Ko Phi Phi sowie **Ko Doc Mai** (steiler Felsen mit Weichkorallen) bieten eine große Vielfalt an Korallenfischen. Interessanter wird es an den vorgelagerten Inseln. Beliebt sind *Liveaboards*, bei denen man mehrere Tage an Bord verbringt und meist die **Similan Islands** und **Surin** besucht.

Im Durchschnitt kostet eine Tauchreise inkl. Übernachtung an Bord, Vollpension, Flaschen, Gewichten und allen Tauchgängen je nach Komfort und Leistungen 5000–12 000 Baht pro Tag. Allein auf Phuket gibt es über hundert Tauchbasen. Nur wenige verfügen über eigene Boote. Fast alle bieten dreitägige PADI-Kurse zum Open Water Diver für 9000–15 000 Baht an. In vielen Tauchschulen unterrichten auch deutschsprachige Tauchlehrer. Tagestörns zu Tauchrevieren wie dem Shark Point und Ko Racha mit zwei Tauchgängen sind je nach Ziel und Saison für 3000–4000 Baht (inkl. Fahrt, Softdrinks und Mittagessen) zu haben. Schnupperkurse *(Introductory Dive Courses)* unter Aufsicht eines Tauchlehrers kosten pro Tauchgang etwa 4000 Baht. Die Ausrüstung kann für ca. 600–800 Baht gelie-

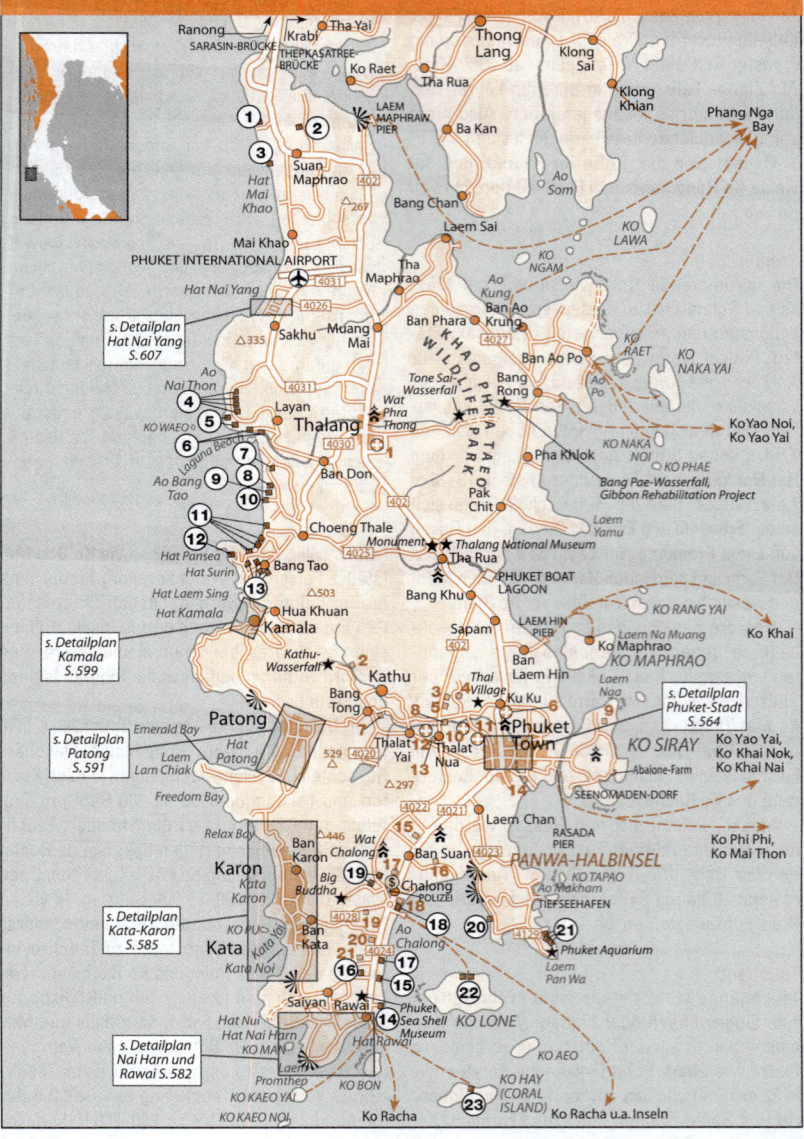

Ranong
SARASIN-BRÜCKE
Krabi
THEPKASATREE-BRÜCKE
Tha Yai
Ko Raet
Tha Rua
Thong Lang
Klong Sai
Klong Khian
Phang Nga Bay
① ②
LAEM MAPHRAW PIER
Ba Kan
③
Suan Maphrao
Hat Mai Khao
402
Bang Chan
Laem Sai
Ao Som
KO LAWA
KO NGAM
Mai Khao
PHUKET INTERNATIONAL AIRPORT
4031
4026
Tha Maphrao
Ao Kung
Ban Ao Krung
KO RAET
KO NAKA YAI
Hat Nai Yang
Muang Mai
Ban Phara
Bang Rong
Ao Po
△335
Sakhu
4027
Ban Ao Po
s. Detailplan Hat Nai Yang S.607
Ao Nai Thon
④
Tone Sai-Wasserfall
Wat Phra Thong
KHAO PHRA TAEO WILDLIFE PARK
Pha Khlok
Ko Yao Noi, Ko Yao Yai
⑤
KO WAEO
Layan
Thalang
4030
KO NAKA NOI
KO PHAE
⑥
4031
⑦
Laguna Beach
Ban Don
402
Bang Pae-Wasserfall, Gibbon Rehabilitation Project
⑨ ⑧
Ao Bang Tao
⑩
Pak Chit
Laem Yamu
⑪
⑫
Choeng Thale
Monument
4025
Thalang National Museum
Tha Rua
Hat Pansea
Hat Surin
Bang Tao
△503
PHUKET BOAT LAGOON
KO RANG YAI
Ko Khai
⑬
Hat Laem Sing
Hua Khuan
Bang Khu
LAEM HIN PIER
Laem Na Muang
Hat Kamala
Kamala
Sapam
KO MAPHRAO
s. Detailplan Kamala S.599
Kathu-Wasserfall
Kathu
Thai Village
Ban Laem Hin
Laem Nga
402
s. Detailplan Phuket-Stadt S.564
Patong
Bang Tong
⑧ ⑤
⑦
Phuket Town
KO SIRAY
Ko Yao Yai, Ko Khai Nok, Ko Khai Nai
s. Detailplan Patong S.591
Emerald Bay
Hat Patong
529
4020
Thalat Yai
⑪ ⑩
Thalat Nua
⑬
SEENOMADEN-DORF
Abalone-Farm
Laem Lam Chiak
△
△297
⑭
RASADA PIER
Freedom Bay
4022
4021
Laem Chan
PANWA-HALBINSEL
Ko Phi Phi, Ko Mai Thon
Relax Bay
△446
Wat Chalong
⑮
Ban Karon
Karon
Kata Karon
Big Buddha
⑲
Ban Suan
4023
KO TAPAO
Ao Makham
⑰
⑯
Chalong
POLIZEI
TIEFSEEHAFEN
s. Detailplan Kata-Karon S.585
KO PU
Ban Kata
4028
⑱
Ao Chalong
⑳
4125
㉑
Phuket Aquarium
Kata
Kata Noi
⑲
4024
⑱
⑰
Laem Pan Wa
⑯
⑮
Saiyan
Rawai
⑭
Phuket Sea Shell Museum
㉒
KO LONE
Hat Nui
Hat Nai Harn
KO MAN
Hat Rawai
KO AEO
s. Detailplan Nai Harn und Rawai S.582
Laem Promthep
KO KAEO YAI
KO BON
KO HAY (CORAL ISLAND)
㉓
Ko Racha u.a. Inseln
KO KAEO NOI
Ko Racha

Übernachtung:

HAT MAI KHAO:
① Marriott Vacation Club
② Phuket Camp Ground
③ Seaside Cottage

HAT NAI THON:
④ Naithon Beach Club & Villa,
  Naithon Beach Resort & R.,
  Naithon Beach House,
  Phuket Naithon Resort,
  Naithonburi Beach Resort,
  Macarona Restaurant & Gh.,
  The Angel of Naithon Resort

HAT LAYAN:
⑤ Trisara,
  Andaman White Beach Resort
⑥ Natural Bungalows

AO BANG TAO / LAGUNA BEACH:
⑦ Banyan Tree
⑧ Allamanda Laguna Phuket
⑨ Angsana
⑩ Dusit Thani Laguna Resort
⑪ Bangtao Beach Resort & Spa,
  Bangtao Beach Chalet,
  Sunwing Resort & Spa,
  Amora Beach Resort

HAT SURIN / HAT PANSEA:
⑫ The Surin Phuket
⑬ Surin Bay Inn,
  Benyada Lodge,
  Manathai,
  Twin Palms,
  Doubletree Resort,
  Surin Sweet Hotel,
  Tiw & Too Gh.,
  Surin Sunset Hotel,
  Pen Villa

AO CHALONG UND UMGEBUNG:
⑭ Evason Phuket
  & Six Senses Spa
⑮ Vijit Resort
⑯ The Mangosteen Resort & Spa
⑰ Friendship Beach
  Waterfront Resort
⑱ Ao Chalong Mansion
⑲ Youth Hostel Phuket,
  Shanti Lodge

PANWA-HALBINSEL:
⑳ Panwa Beach Resort
㉑ Cape Panwa Hotel,
  The Kantary Bay Hotel,
  Sri Panwa

KO LONE:
㉒ Baan Mai Cottage,
  Cruiser Island Resort

KO HAY:
㉓ Coral Island Resort

Sonstiges:
1 Thalang Hospital
2 Phuket Water Ski Cableways
3 Deutsches Konsulat
4 Butterfly Garden&Insect World
5 Tourist Police
6 Mission Hospital Phuket
7 Jungle Bungy Jump
8 Tesco-Lotus Supercenter
9 Phuket Thai Cooking School
10 Bangkok Hospital Phuket

11 Vachira Phuket Hospital
12 Phuket International Hospital
13 Central Festival
14 Immigration Office
15 Suwit Boxing Camp
16 Phuket Zoo
17 Siam Safari
18 Sea Bees
19 Green Man Pub
20 Phuket Riding Club
21 Sea King

am häufigsten angelaufenen Ankerplätze der Insel Phuket zählen der Jachthafen in der Ao Chalong und die Phuket Boat Lagoon. Über alle Ankerplätze informiert sehr detailliert 🖥 www.andamanseapilot.com.

Anfang Dezember findet die **King's Cup-Regatta** statt, zu der sich Jachten aus aller Welt in der Bucht von Nai Harn und vor Ko Phi Phi einfinden.

11 HIGHLIGHT

Phuket-Stadt (Phuket Town)

Die kleine Hauptstadt der Insel hat etwa 60 000 Einwohner. Seit einigen Jahren boomt Phuket; junge Künstler eröffnen Ateliers, kleine Jazzkneipen lassen ein Boheme-Gefühl aufkommen, wie es in Thailand einzigartig ist. Phuket-Stadt [2783] ist dabei, sich in eine attraktive kosmopolitische Stadt zu verwandeln. Besonders schön ist das historische Zentrum, welches mit seinen sinoportugiesischen Stadthäusern, zahlreichen chinesischen Tempeln und alten Villen eindrucksvoll an die einstige Pracht der Stadt erinnert.

Phuket-Stadt bietet gute Einkaufs- und Essensmöglichkeiten sowie beste Verkehrsanbindungen. Fast alle Strände sind per Motorrad oder Auto in weniger als einer Stunde zu erreichen. Viele Besucher kommen tagsüber mit den Inselbussen in die Stadt, um sich etwas Abwechslung vom gleichförmigen Strandleben zu verschaffen. Es lohnt sich, auch mal über Nacht zu bleiben, um das interessante Nachtleben zu genießen. Vor allem am Wochenende findet immer irgendwo eine Jazz-Session statt.

In der Altstadt

Zu Beginn des 20. Jhs. residierten die reichen Zinnbarone in schönen **Villen**, die nach sinoportugiesischen Vorbildern des 19. Jhs. in weitläufigen Parks errichtet wurden. Schöne Häuser findet man an der Krabi, Ecke Satun Road sowie etwas versteckt nördlich des Kreisverkehrs mit dem Suriyadet-Brunnen an der Yaowarat Road. Alle Villen befinden sich in Privatbesitz und können daher nicht besichtigt werden.

hen werden; Kamera, Tauchcomputer und Lampen kosten exta.

Tauchsaison ist in Phuket von Dezember bis Mitte Mai, Tauchtouren finden von Mitte Oktober bis Ende Mai statt. Adressen siehe Patong, Kata, Karon, Chalong, Bangtao, Nai Thon und Nai Yang.

Segeln

Die Inselwelt um Phuket hat sich zu einem weltweit beliebten Segelrevier entwickelt. Zu den

Phuket-Stadt

Bangkok
Phuket
Hospital,
1,2

Wachira Rd.

1

Rang Hill

Kaew Simb Rd.

Nakhon Rd.

POLIZEI

TOURIST
POLICE

3

Chumphon Rd.

Yaowarat Rd.

① , Phuket
International
Airport

[402]

Choengthit

Rd.

To Chae Rd.

PROVINCIAL
HALL

Thepkrasattri

Rd.

Damrong Rd.

4

DISTRICT
HALL

② Thung Ka Rd.

①

Mae Luan Rd.

Satun

SIKH-
TEMPEL

Thesa Rd.

Suthat Rd.

Narisorn Rd.

Patong

Noppakhun

2

Wat Mongkol
Nimit

4 ②

Luang Poh

Rd.

Krabi Rd.

Dibuk

Sun Uthit Rd.

6 Thai Hua-
Museum

Sanjao
Sam San

⑧ **4** ④
⑦ **5** ⑤

5

3

③

DRACHEN-
STATUE TAT

Philatelie-
Museum

BUS
TERMINAL

③

Wat Nua

OBST- U.
GEMÜSE-
MARKT

7

8 9

5 ⑥ **7**
⑫

Put Jaw

Jui Tui

Ranong

Rd.

Ting
Kwan
Tang

13 14 15

Suriyadet-
Brunnen

MARKT-
HALLE

⑧

6 Rd. **9** **16**

10 ⑩

10

⑨

Talang

6 Rd.

S. Roommani

⑨ **9**

10 **8**
11 ⑪

Phang Nga

⑦ **17**
Rasada Rd.

18

19

Thavorn
Hotel

20

Phang Nga Rd.

⑪

12

Methee
Cashew
Fabrik

Tilok Uthit 2

Bangkok

Rd.

Takua
Pa

Soi Phu Thon

21

Soi Thurmaso pa

Phuket

Montri

11

12

⑬

Soi 2

Soi 4

MARKT

22

Rama IX Park,
Zoo, Strände

[4021]

Bangkok Rd.

13

Phunpon

Phuket
Nachtmarkt

Soi 9

Soi 7

Soi Taling Chan

UHR-
TURM

⑭

23

Hok
Huang
Kong

Dulyamiah-
Moschee

⑮

⑰

⑯

24 Chana

Uthit 1

Ocean
Shopping
Mall

$

Charoen Rd.

Soi Wong Wong

Ong Sim Phai Rd.

Soi 3

Kra

Takua Thung Rd.

Bang Niaw

Sansuk 1

Sansuk 2 Rd.

Ton Pho Rd.

Ko Phai Rd.

Immigration Office ↓

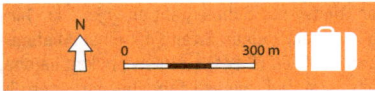

N

0   300 m

Übernachtung:

1. Phuket Merlin
2. Sino House Apartment Hotel
3. Baan Suwantawee
4. Phuket346
5. Rommanee@3 Gh.
6. Old Town Hostel
7. Talang Gh.
8. Fourty-Three Gh.
9. D's Corner Gh.
10. The Memory at On On Hotel
11. Royal Phuket City Hotel
12. Phuket Backpacker Hostel
13. Nana Chart Mansion
14. Metropole Hotel
15. The Old Phuket
16. Crystal Inn Hotel
17. Rome Place Hotel

Essen:

1. Phuket View Restaurant, Thung-Ka Café
2. Timber Hut Pub & Restaurant
3. Tiny Cafe & Bistro
4. O'Malleys Irish Pub & Restaurant
5. Raya Thai Cuisine
6. Rommanee Café 18
7. Rockin Angel
8. Kopitiam by Wilai Restaurant
9. China Inn Café & Restaurant
10. Aroon Restaurant
11. Lotus Restaurant
12. NC Bakery
13. Siam Bakery
14. Anfield
15. Siam Indigo
16. Salvatore's
17. Gallery Café
18. The Circle Café
19. Michael's Bar
20. Exil Café Bar
21. Tamachart Natural Restaurant
22. Kor-Tor-Mor
23. Garküchen
24. Laem Thong Seafood

Sonstiges:

1. John Gray's Sea Canoe, Sea Canoe Thailand
2. The Royal Spa
3. Sea Cave Canoe
4. Sukko Spa
5. Sengho Book Store
6. Ban Boran Textiles
7. South Wind Books
8. Aubergine
9. Job and Things
10. Radsada Handmade
11. The Books
12. Phuket Unique Home
13. Österreichisches Konsulat

Transport:

1. Busbahnhof 2
2. Bangkok Airways
3. Busbahnhof 1
4. Motorradtaxis
5. Thai Airways
6. Tuk Tuk
7. Pure Car Rent
8. Bus→Kata, Karon, Panwa, Chalong, Patong, Central, Marko und Big C
9. Bus→Rawai, Nai Harn, Kamala, Thalang

Die repräsentativen Fassaden der hübschen **Geschäftshäuser** in der Talang, Deebuk, Phang Nga und Krabi Road werden zunehmend liebevoll restauriert, die bunten Kacheln und Holzschnitzereien an den Eingangstoren erneuert. Boutiquen, Restaurants und Ateliers ziehen hier ein. Gelungen ist die Sanierung der winzigen **Soi Rommani** südlich des Thai-Tempels **Wat Mongkol Nimit**, in der nun kleine Cafés und Läden im chinesischen Stil historisches Flair verbreiten. Das **Thai Hua Museum**, 28 Krabi Rd. ✆ 076-211 224, 🖳 www.thaihuamuseum.com zeigt Sehenswertes aus der Geschichte der chinesischen Einwanderer. ⏱ 9–17 Uhr, Eintritt 200 Baht.

Ein lohnendes kleines Museum befindet sich zudem in der Lobby des **Thavorn Hotels**, 74 Rasada Road, ✆ 076-211 154. Alte Fotos dokumentieren die Geschichte des Hotels und der Insel, zudem findet sich hier eine bunte Sammlung von Blechspielzeug, Musikinstrumenten, Filmplakaten und Rechenmaschinen, das Modell einer Zinnmine und der erste Hotelsafe (die Hotelzimmer sind nicht empfehlenswert).

Zahlreiche chinesische Tempel zeugen vom Einfluss der Einwanderer. Der große taoistische **Bang Niaw-Tempel** in der unteren Phuket Road ist dem Gott der Vegetarier gewidmet. Durch das hohe Tempeltor gelangt man hinauf zu dem lang gestreckten Hauptgebäude mit sechs Altären, auf denen mehrere Gottheiten über den Opfergaben der Gläubigen thronen. In einem Raum stehen zwei Sänften, auf denen während der Prozession zum Vegetarierfest (Kasten S. 571) Götterfiguren durch die Straßen getragen werden. Im wesentlich kleineren **Hok Huang Kong** nahe dem Uhrturm bewachen Drachen und andere mythologische Figuren die Eingänge des recht fotogenen Tempels. Er ist von zahlreichen Garküchen umgeben, die vor allem tagsüber geöffnet sind. Der **Sanjao Sam San** in der Krabi Road wurde 1853 für den Schutzgott der Seeleute erbaut. Zentral gelegen und doch leicht zu übersehen ist der **Ting Kwan Tang** (Shrine of the Sirene Light) in der Pha Ngan Road. Der kleine taoistische Tempel wurde 1889 erbaut. Die Wandmalereien erzählen die Geschichte eines Volkshelden, und die chinesischen Gottheiten sollen für Gesundheit und Glück sorgen. Man

PHUKET

erreicht den Tempel durch einen kleinen Torbogen rechter Hand des Buchladens.

Außerhalb der Innenstadt

Das hundert Jahre alte imposante Gebäude der Provinzverwaltung, **Provincial Hall** *(Sala Klang)*, im Nordosten der Stadt stellte im Film *Killing Fields* die französische Botschaft in Phnom Penh dar. Nordwestlich davon steht das ebenso beeindruckende Gerichtsgebäude der Provinz (Provincial Court).

Vom **Rang Hill** im Nordwesten der Stadt, auf den eine 2 km lange Asphaltstraße führt, eröffnet sich eine gute Aussicht (Fotos am besten vor 10 Uhr). Auf dem Gipfel steht in einem gepflegten Park das Denkmal des ersten Gouverneurs von Phuket-Stadt, zudem befinden sich hier Picknickplätze, Restaurants und ein Fitness-Parcours.

Der **Rama IX-Park** an der Chao Fa Road (Richtung Rawai) mit Spazierwegen und einem Fitness-Parcours zwischen Seerosenteichen, Blumenbeeten und Bäumen lohnt einen Besuch. Das **Regional Mineral Resource Centre** schräg gegenüber beherbergt u. a. einen Park mit alten Dampfloks, Dinosaurierfiguren und ein kleines Museum, das auf Anfrage geöffnet wird.

Im **Thai Village** des **Phuket Cultural Centre**, ☎ 076-237 400, 🖥 www.phuketthaivillage.com, nördlich des Zentrums, gibt es Shows mit Volkstänzen, Thai-Boxen, traditionellen Zeremonien und anderen Bräuchen zu sehen (🕐 tgl. außer Mo um 11.30 und 17.30 Uhr, Eintritt 650 Baht). Im zugehörigen **Phuket Orchid Garden** blühen nahezu 45 000 Orchideen. Anfahrt: von Phuket-Stadt Richtung Flughafen, beim KM 2,4 nach links, weitere 1,4 km bis zum Thai Village.

5 km weiter westlich liegt **Phuket Butterfly Garden & Insect World**, ☎ 076-210 861, 🖥 www.phuketbutterfly.com. Im tropischen Garten schwirren Schmetterlinge; in viel zu kleinen Becken leben Fische, Echsen, Skorpione, Spinnen und andere Insekten. Angeschlossen ist auch ein Seidenmuseum. 🕐 tgl. 9–17 Uhr, Eintritt 300 Baht.

Ko Siray

Diese Halbinsel (auch Ko Sire) an der Ostküste ist über eine Straße, die wenig einladend durch vermüllte Mangroven führt, mit Phuket verbunden. Hinter der Schule geht es links 1 km hinab zu einem kleinen Strand mit einer **Abalone-Farm**, ☎ 076-252 944, 🖥 www.phuketabalone.com, dem Ziel chinesischer Reisegruppen. In den Becken reifen über 18 Monate die begehrten Meeresohren-Muscheln heran, die im dazugehörigen Restaurant einen wichtigen Bestandteil der recht ungewöhnlichen Speisekarte bilden. Zudem werden in einem kleinen Laden Abalonesoßen und andere Produkte (auch Kosmetik) verkauft, und es wird ein Film gezeigt.

Nach rechts gelangt man zum **Tempel** auf der höchsten Erhebung der Halbinsel. Hier ruht eine große Buddhastatue. Im Süden liegt ein touristisch vermarktetes **Dorf mit Seenomaden** (Chao Leh).

ÜBERNACHTUNG

Vor allem Backpacker haben Phuket-Stadt als Ort entdeckt, an dem man gut und günstig wohnen kann. Nur während des Vegetarierfestes im Oktober und des chinesischen Neujahrsfestes sind die meisten Hotels ausgebucht. Dann sollte man auf jeden Fall vorbuchen.

Untere Preisklasse

Crystal Inn ⑯, 2/1-10 Soi Surin Montri Rd., ☎ 076-256 789, 🖥 www.phuketcrystalinn.com, [8264]. Schön dekorierte, kleine Zimmer mit dezenter Hintergrund-Beleuchtung auf 3 Stockwerken. WLAN. ❸

D's Corner Gh. ⑨ , Talang Rd., ☎ 083-590 4828. 13 ruhige, saubere Zimmer mit Ventilator oder AC hinter einer Schneiderei im Zentrum der Stadt. WLAN. Oft ausgebucht, daher vorher anrufen. ❷–❸

Fourty-Three Gh. ⑧ , 43 Talang Rd., ☎ 076-258 127, 🖥 www.phuket43guesthouse.com, [5477]. Einfache, teils etwas verwohnte Zimmer. Einige mit Balkon, eines mit eigenem kleinen Steingarten. Die günstigsten nur mit Fenster zum Gang. Badezimmer außerhalb, aber alle mit Dusche im Zimmer. Inkl. einfachem Frühstück. WLAN. Beliebt und oft voll. ❶–❷

Nana Chart Mansion ⑬, 41/34 Montri Rd., ☎ 076-230 041, [8263]. Günstigste Zimmer mit Fenster zum Flur, Ventilator und Gemeinschaftsduschen. Zudem AC-Zimmer zu einem fairen Preis. WLAN kostenpflichtig. ❶–❷

PHUKET

Old Town Hostel ⑥, 42 Krabi Rd., ✆ 076-258 272, [8262]. Gehört zum Talang Gh. Gut besucht und beliebt. Einfache Zimmer in ehemaligem Geschäftshaus. Zimmer mit Ventilator oder AC, teils Fenster zum Flur, Gemeinschaftsdusche. Inkl. Frühstück. WLAN. ❷ – ❸

Rome Place Hotel ⑰, 23/8 Soi Hub-Ek Phuket Rd., ✆ 076-223 560, [8266]. 4-stöckiges Boutiquehotel in einer ruhigen Seitenstraße mit schönen hellen Zimmern und runden Balkonen. WLAN in der Lobby. ❸

Rommanee@3 Gh. ⑤, 3 Soi Rommani, ✆ 084-991 7029, [8260]. Hier wohnt man zusammen mit einer 5-köpfigen Familie in einem der 3 geräumigen Zimmer. Alle Bewohner teilen sich das Badezimmer. ❶ – ❷

Talang Gh. ⑦, 37 Talang Rd., ✆ 076-214 225, [5479]. Umgebautes chinesisches Geschäftshaus, saubere Zimmer, die billigen ohne Fenster. Schön sind die AC-Zimmer mit Terrasse im Obergeschoss. Kaffee, Tee und Toast inkl., freundliche Leute, Tour-Buchungen. WLAN. Oft voll, daher vorher anrufen. ❷

The Old Phuket ⑮, 284 Phuket Rd., ✆ 076-355 959 [8465]. Im hinteren Teil des schmalen Hauses 12 schöne Zimmer mit AC. Die günstigeren mit Fenster zum Gang. Nach hinten ruhig und mit Balkon. WLAN. ❸

Mittlere und obere Preisklasse

Baan Suwantawee ③, 1/10 Dibuk Rd., ✆ 076-212 879, 🖳 www.baansuwantawe.com, [5478]. 32 schöne geschmackvolle Zimmer auf 3 Stockwerken in zentraler Lage. Badewanne, Dusche, Kühlschrank, Wasserkocher, Mikrowelle und TV. Große Fenster, Balkone mit Blick auf den Pool. WLAN. ❺

Metropole Hotel ⑭, 1 Soi Surin, Montri Rd., ✆ 076-215 050, 🖳 www.metropolephuket.com, [8267]. Elegantes 18-stöckiges Hotel, 248 luxuriöse Zimmer, z. T. behindertengerecht. Viele Geschäftsleute, aufmerksamer Service. Pool mit Kinderbecken im 4. Stock. Frühstücksbuffet. Gute Mittagsbuffet für Gäste des Hauses. WLAN. Vor dem Hotel liegt der beliebte Club T-2, ⏲ bis 2 Uhr. ❻ – ❽

Phuket Backpacker Hostel ⑫, 167 Ranong Rd., ✆ 076-256 680, 🖳 www.phuketbackpacker.com, [5480]. Schlafsäle mit 4 und 10 Betten und

Ventilator, die durch Trennwände unterteilt sind, 300 bzw. 350 (AC) Baht p. P. Gemeinschaftsduschen. 7 Zimmer mit Ventilator, 5 mit AC. Angenehme Aufenthaltsräume mit großem Satelliten-TV, WLAN, Küche mit Selbstbedienung (Kaffee, Tee und Toast), Waschmaschine und Trockner. Kleiner Garten im Hinterhof, Gepäckaufbewahrung. Buchungen übers Internet empfehlenswert und günstiger. ❹

Phuket346 ④, 15 Soi Rommani, ✆ 076-258 108, 🖳 www.phuket346.com, [8265]. Boutiquegästehaus mit drei geschmackvoll gestalteten Zimmern in idyllischer Lage. Inkl. Frühstück. WLAN. ❹ – ❺

Phuket Merlin ①, 158/1 Yaowarat Rd., nördlich des Zentrums, ✆ 076-212 866, 🖳 www.merlinphuket.com, [8268]. 180 Komfortzimmer mit TV und Minibar. Restaurant, Blue Marina Disco (bis 2 Uhr geöffnet!), Bar, Pool, Sauna und Massage. Kostenloser Shuttle zum Schwesterhotel am Hat Patong. Auch in der Saison Ermäßigung. ❺

Royal Phuket City Hotel ⑪, 154 Phang Nga Rd., ✆ 076-233 333, 🖳 www.royalphuketcity.com, [8269]. Großes, gepflegtes 19-stöckiges Hotel. 250 Zimmer mit TV, Minibar, Safe, Internet. 2 Restaurants, Bäckerei, Pool, Fitnesscenter, Massage und Sauna. Shuttle zum Hat Laem Ka nördlich von Chalong (Duschen, Liegestühle, Restaurant). In der Nebensaison Rabatt. ❻ – ❽

Sino House Apartment Hotel ②, 1 Montree Rd., ✆ 076-232 494, 🖳 www.sinohousephuket.com, [8270]. Von der Straße zurückversetztes schönes Apartment-Hotel im modernen sino-portugiesischen Stil. Große, helle Zimmer, teils mit Küchenzeile. Ein kleines Frühstück wird im Zimmer serviert. Ideal für Langzeiturlauber, günstige Monatsmieten. Café und Spa. WLAN. ❺

The Memory at On On Hotel ⑩, 19 Phang Nga Rd., Tel. 076-363 777, 🖳 www.thememoryhotel.com, [2785]. Nachdem das Hotel als Drehort von The Beach weltberühmt wurde, ist es für Fans von Leonardo di Caprio ein beliebtes Ziel. Das 1929 erbaute Hotel eröffnete 2013 in neuen Glanz. Heute werden angenehme Zimmer in Doppelzimmern und in Schlafsälen geboten. Dormbett 450 Baht, ❸ – ❺

Wer traditionell mit einer schmackhaften Suppe in den Tag starten will, findet in der Stadt zahlreiche **Nudelsuppenläden** – einige schließen bereits gegen 10 Uhr, manche habe aber auch den ganzen Tag über geöffnet. Es lohnt sich, in einem der **lokalen Restaurants** etwas zu probieren, denn das Essen ist nicht nur authentisch, sondern auch günstig. Wenn es nicht schmeckt, kann man immer noch in eines der Restaurants mit europäischer Küche weiterziehen. Einige **Essensstände** mit authentischen Thai-Gerichten sind ab nachmittags bis in den frühen Abend auf dem **Obst- und Gemüsemarkt** gegenüber dem zentralen Markt zu finden. Hier kann man sich prima mit Obst eindecken. Neben dem Hok Huang Kong-Tempel in der Phuket Rd. werden an Garküchen die bei Thais beliebten Phuket-Nudelsuppen *Mee Thonpo* zubereitet.

Restaurants

Anfield, Yaowarat Rd. Im alten Handelshaus werden unter Fußballdekoration Frühstück (lokal, kleine Snacks), Mittag- und Abendküche (dann thai, aber auch Pommes) angeboten. Große Karte, auf Wunsch vieles auch vegetarisch. Günstig. ⏱ 7–14 und 17–24 Uhr.

Aroon Restaurant, Krabi Rd. Kleiner indischer Snackladen mit Roti, mal mit Curry, mal mit Ei.

Kopitiam by Wilai Restaurant, 18 Thalang Rd., ✆ 083-606 9776. Rustikales Restaurant im Zentrum mit guten Thai und Thai-Chinesischen Gerichten zu günstigen Preisen. ⏱ 9–22 Uhr.

Laem Thong Seafood, 31–39 Chana Charoen Rd., nahe Robinson Department Store. Traditionelles, großes chinesisches Restaurant, in dem neben Lobster und anderen teuren Delikatessen auch Spezialitäten wie gedünstete Ziege oder Gänsefüße auf der Karte stehen. ⏱ 11–14 und 17–21 Uhr.

Lotus Restaurant, 119 Pha Nga Rd., ✆ 076-217 811. Einfaches Restaurant mit riesiger englischer Speisekarte. Authentische Thai-Küche, auch einige westliche Gerichte wie Schweinesteak mit Zwiebeln (asiatischer Stil und so nicht in Deutschland zu bekommen). Sehr günstig. ⏱ Mo–Sa 9.30–21 Uhr.

Raya Thai Cuisine, 48/1 Debuk Rd., östlich vom Klong. Eine kleine Auswahl typischer Thai-Gerichte im luftig-kühlen Raum im Erdgeschoss und 1. Stock einer alten Villa. Man spürt noch etwas Atmosphäre aus der Zeit der Zinnbarone. Nicht gerade billig. ⏱ 10.30–22 Uhr.

Salvatore's, Rasada Rd., ✆ 076-225 958. Alteingesessener Italiener mit interessantem Angebot an original italienischen Speisen und guten Weinen. Nudelgerichte ab 300 Baht, Hauptgerichte bis 500 Baht. ⏱ tgl. 12–14.30 Uhr, So und Mo auch Dinner 18–23 Uhr.

Siam Indigo, 8 Phang Nga Rd., ✆ 076-256 697, 🖥 www.siamindigo.com. Altes chinesisches Haus, sehr geschmackvoll renoviert. In dem von einer Französin geführten kleinen Restaurant gibt es gutes Essen sowie Cocktails. Thai-chinesische Gerichte. ⏱ Mo–Sa 14–24 Uhr.

Tamachart Natural Restaurant, 62/5 Soi Phu Thon, ✆ 076-224 287, 🖥 www.naturalrestaurant-phuket.com. Uriges, mit vielen Pflanzen, Brunnen und Aquarien aus alten Fernsehern oder Computern bestücktes mehrstöckiges Holzhaus. Leckere Thai-Salate und riesige Auswahl in der bebilderten Speisekarte. Hauptgerichte ab 80 bis 250 Baht. ⏱ 10.30–23.30 Uhr.

Cafés

China Inn Café & Restaurant, 20 Thalang Rd., ✆ 081-979 8258, [5482]. Das schöne chinesische Geschäftshaus ist originalgetreu restauriert und mit Antiquitäten ausgestattet; vieles stammt aus Myanmar und ist recht günstig zu erstehen. Leckere Gerichte zu gehobenen Preisen. Tische im Innenhof im hübschen Garten. ⏱ Mo–Mi 11–18, Do–Sa 11–23 Uhr. Abendessen nur Fr und Sa, ansonsten Kaffee und Kleinigkeiten.

Exil Café Bar, Phuket Rd. Serviert Frühstück, europäische und thailändische Küche um 100 Baht. Unter thailändisch-deutscher Leitung. ⏱ ab 9 bis etwa 20 Uhr oder länger.

Gallery Café, 108/1 Rasada Rd. Kleines trendiges Café mit diversen Kaffeesorten und leckerem Kuchen, Sandwiches und Burgern. Gemütliche Sitzgelegenheiten im Hinterhof. Besonders einladend zum Frühstück oder nachmittäglichen Kaffee. ⏱ 8–20 Uhr.

NC Bakery, am Eingang zum Busbahnhof. Hier kann man bei Kaffee, Tee und Gebäck auf den Bus warten. ⏲ 7–16 Uhr.

Phuket View Restaurant, unterhalb des Gipfels auf dem Rang Hill, ✆ 076-216 865. Das Essen ist nicht gerade billig, dennoch sind die Bar und das darunter liegende Restaurant mit der offenen Terrasse wegen der schönen Aussicht bei Einheimischen wie Touristen beliebt. ⏲ 11–23.30 Uhr.

Rommanee Café 18, 16 Soi Rommani, ✆ 081-968 6154. Eines der netten Cafés in der Soi Rommani mit schönem Ambiente. Tagsüber Café, nachts Jazzkneipe. ⏲ ab 18 Uhr.

Siam Bakery, 13 Yaowarat Rd., ✆ 076-355 947. Die französische Bäckerei verkauft sehr leckere Kuchen und Desserts. Zusammen mit einem guten Kaffee kann man sie hier auch in einem AC-Raum verspeisen. Baguette, Croissants und andere Köstlichkeiten. ⏲ Mo–Sa 7.30–18 Uhr.

The Circle Café, am zentralen Kreisverkehr nahe dem Markt. Hier kann man auf einem Großbildschirm Fußballspiele sehen und das Treiben beobachten. Essen sollte man allerdings besser woanders. ⏲ 9–21 Uhr.

Thung-Ka Café, auf dem Khao Rang, ✆ 076-211 500. Von hier bietet sich eine schöne Aussicht. Das Essen ist allerdings teuer und nicht sehr gut. ⏲ 11–23 Uhr.

Tiny Café & Bistro, Thepkrasattri Rd. AC-gekühltes, modernes Café mit guter Kuchen- und Kaffee-Auswahl, ⏲ tgl. 7–21 Uhr. Gleich daneben das **Bistro** mit schicken schwarzen Tischen und Stühlen, serviert außer einigen Thai-Gerichten viel Westliches wie Lasagne und Pfeffersteak. ⏲ 11–14 und 17–22 Uhr.

Pubs und Livemusik

Fast täglich, zumindest aber am Wochenende, finden in den zahlreichen kleinen Bars und Kneipen Jazzkonzerte statt.

Kor-Tor-Mor, beliebtes großes Pub mit Livemusik am Nimith Circle, östlich des Zentrums.

Michael's Bar, Takua Pa Rd. Westliche Bar mit Pool-Billard, Internet und Sportübertragungen. WLAN. ⏲ 16–24 Uhr.

O'Malleys Irish Pub & Restaurant, 2/20–21 Montree Rd., ✆ 091-158 1045. In der AC-

gekühlten Bar wird abends Livemusik gespielt. Pool-Billard, Fußballübertragungen. WLAN. ⏲ 17–2 Uhr.

Rockin Angel, 55 Yaowarat Rd. Nette Bar mitten in der Altstadt. Abends Livesessions, Blues. ⏲ ab 19 Uhr.

Timber Hut Pub & Restaurant, 118/1 Yaowarat Rd., ✆ 076-211 839. Die Hausband spielt ab 22.30 Uhr überwiegend Rock und Reggae. ⏲ 18–2 Uhr.

Lohnend ist ein Bummel durch die neue **Markthalle**, in der neben Lebensmitteln auch Textilien und Haushaltswaren verkauft werden. Jeden Abend findet 3 km südlich des Zentrums an der Straße 4021 Richtung Rawai gegenüber Wat Naka ein **Nachtmarkt** statt. Auf dem großen, teils überdachten Markt kann man essen und Kleidung sowie diverse „Markenartikel" erstehen. Die Straßen des alten Stadtkerns von Phuket säumen viele kleine Läden, in denen chinesische und moslemische Händler Haushaltswaren, Textilien und Lebensmittel verkaufen. Immer mehr **Boutiquen** und **Kunstgalerien**, Antiquitätenläden, Juweliergeschäfte und Goldschmiedeläden öffnen in der Altstadt (vor allem in der Pha Nga Rd. und der Yaowarat Rd.) ihre Pforten.

An der südlichen Tilok Uthit 2 Rd. erstreckt sich ein weiterer kleiner **Markt**. Entlang der östlichen Straßenseite werden Haushaltsgegenstände, Trockenobst und andere Lebensmittel angeboten, gegenüber Keramiken, Steinmetzarbeiten, Möbel und Pflanzen. Ein Groß- und Nachtmarkt sowie 2 Einkaufszentren komplettieren das innerstädtische Einkaufsviertel. Das Angebot wird abgerundet von modernen Shopping Centern vor den Toren der Stadt.

Bücher

Sengho Book Store, 2/14–16 Montri Rd., nahe Deebuk Rd. Der 1925 gegründete, älteste Buchladen Thailands führt neben Schreibwaren auch Reiseführer, Paperbacks, Kochbücher und Magazine auf 2 Etagen.

South Wind Books, 3 Phang Nga Rd., ✆ 089-724 2136. Die größte Auswahl an Secondhand-

Büchern, viele auch in Deutsch. Rücknahme ausgelesener Bücher.

The Books, 53–55 Phuket Rd., ✆ 076-224 362. Zeitungen und Zeitschriften, Reiseführer, Bildbände und eine Auswahl englischer Paperbacks. Filiale in der Ocean Shopping Mall.

Einkaufszentren

In der **Ocean Shopping Mall** und ihrer Nachbarschaft mit zahlreichen Geschäften lässt es sich gut bummeln. Neben vielen kleinen Geschäften mit teils hohen Preisen gibt es auch einen Big One-Supermarkt und ein Food Center, das Black Canyon Coffee und das C.E. Paradise Multiplex Cinema.

Central Festival, 🖥 www.central.co.th, **Tesco Lotus Supercenter** sowie **Big C**, 🖥 www.bigc.co.th, sind gigantische Einkaufszentren nordwestlich der Stadt am H402, Vichit Songkhram Rd., nahe Chalerm Prakiet Rd. (Tuk Tuk 50 Baht, Stadtbus Nr. 1), ⏲ 9–24 Uhr.

Textilien und Kunsthandwerk

Aubergine, 114 Pha Nga Rd., ✆ 076-258 336. In dieser kleinen Boutique gibt es Kleidung und Schnickschnack, zudem einige Haushaltsgegenstände, wie etwa geschmackvolle Gläser. Viele Einzelstücke. ⏲ 8–18 Uhr.

Ban Boran Textiles, 51 Yaowarat Rd., 100 m vom Kreisel, ✆ 076-211 563. Ein kleiner Laden mit hübscher und selbst entworfener Kleidung (Jacken, Röcke, T-Shirts und Taschen) aus einheimischer Seide und Baumwolle. Gedeckte Farben. Zudem kleine Schmuckauswahl. ⏲ Mo–Sa 10.30–18.30 Uhr.

Job and Things, Pha Nga, Ecke Yaowarat Rd. Exquisite Stücke, etwa Kleidung, Schmuck und Taschen, finden sich in diesem kleinen Eckladen. ⏲ 10.30–18 Uhr.

Phuket Unique Home, 186 Phuket Rd., ✆ 076-121 093. Viele Kleinigkeiten vom Tablett über geschmackvolles Besteck bis hin zu Sitzkissen. Kleine Mitbringsel zu guten Preisen, daneben auch Tische und andere Einrichtungsgegenstände, um deren Verschiffung man sich selbst kümmern muss. ⏲ 9–18 Uhr.

Radsada Handmade, 29 Rasada Rd., ✆ 076-355 439. Auf antik getrimmte Buddhafiguren, daneben wirklich Altes aus China,

handgefertigte Produkte aus Kokosnuss oder Holzarbeiten, vor allem aber viele Stoffe. Auch Tische und Betten. Es lohnt sich zu stöbern. ⏲ 9–20 Uhr.

Fahrradtouren

Auf der Insel herrscht in der Saison allgemein so viel Verkehr, dass Radfahren kaum noch Spaß macht und ziemlich gefährlich ist, vor allem entlang der bergigen Westküste. Gut geeignet für Touren ist der Nordosten. Wer vom Festland her Phuket-Stadt ansteuert, kann den breiten Rad- und Motorradweg des 4-spurigen H402 befahren. Er wird allerdings auch von anderen langsamen Fahrzeugen und verwegenen Autofahrern zum Überholen genutzt. Zudem dient die Straße in Ortschaften als Parkplatz und für den Aufbau von Verkaufsständen. Andere Straßen haben vielfach keine Seitenstreifen – oder diese sind zugeparkt.

Action Holidays Phuket, 10/195 Jomthong Thani, 5/4 Kwang Rd., Phuket-Stadt, ✆ 076-263 575, 🖥 www.biketoursthailand.com. Offeriert halb- und eintägige Radtouren im Nordosten und Süden der Insel sowie mehrtägige Touren rings um die Phang Nga-Bucht.

Kanutouren

John Gray's Sea Canoe, 124 Soi 1, Yaowarat Rd., ✆ 076-254 505, 🖥 www.johngray-seacanoe.com, [5485]. Der Pionier unter den Kajakfahrern in der Bucht achtet bei seinen Touren auf die Natur,

© M. MARKAND

unterweist seine Gäste in Stille und Achtsamkeit und sammelt jedes Stück Plastik aus den hintersten Karstspalten. John hat die Bucht kennengelernt, als sie noch völlig unberührt war; er weiß viel über die Hongs und die Umgebung zu berichten. Die besten Touren starten nachmittags und enden erst bei Dunkelheit – besonders stimmungsvoll ist die Starlight-Tour. Wer länger unterwegs sein möchte, kann auch mehrere Tage mit dem Kajak die Bucht erkunden. Sehr empfehlenswert und in jedem Fall seinen Preis wert.

Sea Canoe Thailand, 367/4 Yaowarat Rd., ✆ 076-528 839, 🖥 www.seacanoe.net. Auch mehrtägige und nachmittägliche Touren mit Dinner.

Sea Cave Canoe, 2/2 Chumphon Rd., ✆ 076-210 434, 🖥 www.seacavecanoe.com. Täglich geht es mit deutschsprachigen Guides auf die Phi Phi-Tour und Di, Do und Sa in die Phang Nga-Bucht.

Kochkurse

Pat's Home Thai Cooking Classes, 26/4 Kwang Rd., ✆ 076-263 366, 🖥 www.phuket.com/thai-cooking/index.htm. Englischsprachige halbtägige Kochkurse und Unterricht im Gemüseschnitzen in Pats Privathaus am Stadtrand. ⏱ 9.30–13.30 Uhr.

Phuket Thai Cooking School, 39/4 Thepatan Rd. (Ko Siray), ✆ 076-252 354, 🖥 www.phuketthaicookery.com. Tgl. Kurse von 8–15 Uhr, Transfer von und zum Hotel. Kurse ab 2900 Baht. Mi, Do, Sa und So inkl. Schnitzen von Gemüsekunst.

Segeltouren

Die Besitzer einiger Jachten bieten Mitsegelgelegenheiten an (nicht an der Regatta). Treffpunkte sind: Chalong, Phuket Boating Association; Ao Chalong, Yacht Club; Phuket Boat Lagoon (bei Tha Rua). Wer noch nicht segeln kann, wendet sich am besten an: **Sunsail**, Phuket Boat Lagoon, 10 km nördlich von Phuket-Stadt, ✆ 076-239 057, 🖥 www.sunsail.de. In den Sommermonaten (Mai–Okt) werden 5-tägige Segelkurse für Anfänger bis Fortgeschrittene (mit Zertifikat – RYA – angeboten). Auch Bootcharter für erfahrene Segler.

June Hong Chian Lee, 🖥 www.thejunk.com. 5-tägige Tauchkreuzfahrten mit einer chinesischen Luxusdschunke, die bis zu 22 Pers. Platz bietet. Auch Tagesausflüge im Angebot.

Lazy Tours, 🖥 www.lazytours.com. Die *Dauw Talae 2*, eine 25 m lange Dschunke, segelt in der Saison wie ein Kreuzfahrtschiff für mehrere Tage durch die Bucht von Phang Nga nach Ao Nang (Krabi).

Phuket Sail Tours, 🖥 www.phuketsailtours.com. Segeltouren mit max. 10 Passagieren in der Phang Nga-Bucht mit und ohne Übernachtung.

SONSTIGES

Autovermietungen

Mietwagen sind ab 1300 Baht pro Tag, ohne Benzin, inkl. Versicherung, zu haben. Internationale Firmen verlangen mind. 1600–2000 Baht. Bei längerer Mietzeit werden Nachlässe eingeräumt. Alte Jeeps findet man

Viele Ausländer kommen nach Phuket, um sich hier behandeln oder verschönern zu lassen. Schließlich sind die erstaunlichen Resultate der plastischen Chirurgie und Zahnmedizin seit Jahrzehnten in Travestieshows zu bestaunen. Das Preis-Leistungs-Verhältnis stimmt vor allem in Bereichen, die nicht von der heimischen Krankenkasse abgedeckt werden. Auch Angebote traditioneller chinesischer und indischer Medizin wie Akupunktur und Ayurveda sind überall zu finden.

Bangkok Hospital Phuket, 2/1 Hongyok Uthit Rd., ℡ 076-254 425, Notruf ℡ 1719, 🖳 phukethospital. com. Auf internationale Patienten zugeschnitten, dementsprechend ist das Personal englisch-, teils auch deutschsprachig, mit 150 Betten für stationäre Patienten und ein Zentrum für Tauchmedizin.

Mission Hospital Phuket, 4/1 Thepkrasattri Rd., ℡ 076-237 220-6, Notruf ℡ 076-237 227, 🖳 mission hospitalphuket.com (nur Thai). Seit 1940 bietet dieses Krankenhaus der Adventisten eine medizinische Rundumbetreuung, auch Zahn- und Augenärzte.

Phuket International Hospital, 44 Chalerm Phra Kiat Rd., ℡ 076-249 400, Notruf ℡ 076-210 935, 🖳 phuketinternationalhospital.com/de. An der Umgehungsstraße; auf Ausländer ausgerichtetes Krankenhaus, auch eine große zahnmedizinische Abteilung und traditionelle asiatische Heilmethoden.

Thalang Hospital, 358 Moo 1, Thepkrasattri Rd., Thalang, ℡ 076-311 866, 🖳 thalanghospital.go.th (nur Thai). Großes Angebot im Bereich alternativer und traditioneller Heilmethoden.

Vachira Phuket Hospital, 353 Yaowarat Rd., ℡ 076-361 234, 🖳 vachiraphuket.go.th/www/ english. Spezialist für Unterwassermedizin mit Notfallschnellboot und Dekompressionskammer. Notfallnummer bei Tauchunfällen: ℡ 081-895 1075. Deutschsprachiger Arzt: Dr. Gerhard Melcher, ℡ 076-212 150.

an der Rasada Rd. und an den Uferstraßen der Strände, ab 1500 Baht. Darauf achten, dass die Autos von Billiganbietern in gutem Zustand sind (auf einer Probefahrt bestehen!). Alle Fahrzeuge sollten versichert sein, unbedingt auf die Höhe der Eigenbeteiligung achten!
Avis, ℡ 076-351 244, 🖳 www.avisthailand.com, sowie **Budget**, ℡ in ganz Thailand kostenlos 1800-283 438, 🖳 www.budget.co.th, jeweils am Flughafen, offerieren einen *one-way rental* in viele andere Touristenorte, wo sie Filialen besitzen.
Pure Car Rent, 75 Ratsada Rd., ℡ 076-211 002, 🖳 www.purecarrent.com, ⏱ 8–19 Uhr. Die alteingesessene Firma vermietet Autos und Motorräder. Außerdem hilft Mrs. An auch bei Buchungen von Bootstickets und Touren weiter.

Diplomatische Vertretungen
Deutsches Konsulat, Dirk Naumann, 100/425 Moo 3, Chalermprakiat Rd., ℡ 076-610 407, 🖳 www.deutscheskonsulatphuket.com. ⏱ Mo–Fr 9–13 Uhr.
Österreichisches Konsulat, c/o Anuphas Manorom Co. Ltd., 2 Moo 4, Wirut-Hongyok Rd.,

℡ 076-248 334, ✉ h.wanida@gmail.com. ⏱ Di, Do und Fr 10–12 Uhr.
Schweizer Konsulat, Patong Beach Hotel, 124 Taweewongse Rd., Tel. 076-295 455, ✉ phuket@honrep.ch. Mehr zu den Befugnissen dieser Vertretung unter [7738]

Informationen
Tourist Authority of Thailand (TAT), 191 Talang Rd., ℡ 076-211 036, 🖳 www.tourismthailand. org/Phuket. In dem großzügigen orangefarbenen Gebäude, ein Neubau im historischen Stil, gibt es Karten, Prospekte, Werbezeitschriften und weitere Informationen. ⏱ 8.30–16.30 Uhr.

Medizinische Hilfe
Notruf: ℡ 191. Auf der Ferieninsel sind modern ausgestattete Privatkrankenhäuser auf Patienten aus aller Welt ausgerichtet (s. oben).

Motorradverleih
Motorräder sind in Phuket ein sehr beliebtes, aber gefährliches Transportmittel. Wer ohne ausreichende schützende Kleidung fährt, geht

ein großes Risiko ein, und wer keinen Helm trägt, muss 400 Baht Strafe zahlen. Auch der Führerschein wird kontrolliert. Zweiräder werden in Phuket bei **Pure Car Rent** (s. Autovermietung) und an den Stränden in vielen Anlagen für 150–500 Baht vermietet. Eine Haftpflichtversicherung für Motorräder gibt es nicht. Für Schäden muss man selbst aufkommen.

Post
Hauptpost, Montri, Ecke Talang Rd., ✆ 076-211 010. ⏱ Mo–Fr 8.30–16.30, Sa, So und feiertags 9–12 Uhr.
In dem **Philatelie-Museum** vor der Post im kleinen, ehemaligen Postamt gibt es Sonderbriefmarken und -stempel.
PLZ: Chalong und Süden: 83 130; Patong: 83 150; Phuket-Stadt: 83 000.
Wer größere Dinge, etwa Möbel, versenden will, kann sich an **Big Move** wenden,
✆ 076-263 987, ⌨ www.bigmovephuket.com.

Spas
Sukko Spa, 5/10 Moo 3, Chaofa Rd., ✆ 076-263 222 ⌨ www.sukkospa.com. Luxus-Spa im Westen der Stadt. Neben Massagen auch kosmetische Behandlungen und traditionelle Anwendungen wie Bäder und Ölaufgüsse.
The Royal Spa, 367/63-64 Yaowarat Rd.,
✆ 076-236 663, ⌨ www.theroyalspa.com.
Filiale einer Spa-Kette mit Pool, Fitnesscenter und Sauna.

Tourist Police
Falls etwas passiert, wendet man sich zuerst an die **Tourist Police**, Yaowarat Rd., nördlich der Stadt, ✆ 076-355 015, 254 693, im Notfall ✆ 1155.

Visa
Immigration Office in der 482 Phuket Rd. kurz vor der Halbinsel, ✆ 076-212 108, ⌨ www.immigration.go.th. Visaverlängerung. ⏱ Mo–Fr 8.30–12 und 13–16.30 Uhr.
Visa Runs nach Myanmar über Ranong in den Reisebüros ab 1500 Baht. Das nächste Konsulat für die Beantragung eines neuen Thai-Visums ist Penang (Malaysia). Auch dorthin werden 2-tägige Touren organisiert.

Tuk Tuks
Innerhalb der Stadt kosten Tuk Tuks ab 200 Baht, in die Außenbezirke mehr. Nach Sonnenuntergang muss mit einem Aufschlag von 20–30 % gerechnet werden. Ungefähre Charterpreise:
AIRPORT, 32 km, 500 Baht;
BANG TAO, 34 km, 600 Baht;
CHALONG, 11 km, 400 Baht;
KAMALA, 26 km, 600 Baht;
KARON, 20 km, 500 Baht;
KATA, 17 km, 500 Baht;
NAI HARN, 18 km, 500 Baht;
NAI YANG, 30 km, 700 Baht;
PATONG, 15 km, 500 Baht;
RAWAI, 17 km, 500 Baht;
SURIN, 24 km, 600 Baht.

Motorradtaxis
In der Stadt ab 40 Baht; Preis vor der Abfahrt aushandeln. Die Fahrer tragen rote oder grüne Westen mit Nummern.

Microbusse
Innerhalb von Phuket-Stadt verkehren Linienbusse für 10 Baht auf 2 verschiedenen Routen: **Nr. 1** fährt vom Südosten über die Phuket Rd., am Kreisverkehr am Uhrturm vorbei und weiter durch die Phang Nga Rd. und Bangkok Rd. hinaus zum Lotus und Big C. Bus **Nr. 2** fährt von Norden über die Thepkrasatri Rd., die Phang Nga Rd., den Markt und weiter Richtung Süden auf der Chao Fa und Sakdidej Rd.

Inselbusse (Songthaew)
Songthaew fahren etwa alle 30 Min. und kosten ab der Haltestelle in der Nähe vom Markt/ab dem Bus Terminal:
BANG TAO, 30/40 Baht, 6.30–17.30 Uhr;
CHALONG, 30/40 Baht, 6–17.30 Uhr;
KAMALA, 40/50 Baht, 6.30–17.30 Uhr;
KARON, 30/40 Baht, 7.30–18 Uhr;
KATA, 30/40 Baht, 7.30–18 Uhr;
MAKHAM, 30/40 Baht, 7–15.30 Uhr (Aquarium);
NAI HARN, 40/50 Baht, 7–17 Uhr;
NAI YANG, 60/80 Baht, 7–12 Uhr
PANWA Halbinsel, 30 Baht, 8–15 Uhr;
PATONG, 25/35 Baht, 6–18 Uhr;

PHUKET

RAWAI, 30/40 Baht, 7–17 Uhr;
SURIN, 40/50 Baht, 6.30–16.30 Uhr.

Es gibt keine Busse, die von Strand zu Strand fahren, und das wird von den Tuk-Tuk-Fahrern laut Leserzuschriften oft gnadenlos ausgenutzt. Manchmal fährt der letzte Bus an wartenden Touristen vorbei, sodass man ein Tuk Tuk chartern muss. Dann sollte man Ruhe bewahren und sich nicht den Urlaub vermiesen lassen.

Taxis

Phuket Taxi Meter, ✆ 076-232 192. Haben einen guten Ruf, stehen aber nur in der Umgebung des Flughafens zum Heranwinken bereit. Bestellungen 20 Baht extra. Sofern kein Taxameter angestellt wird, verlangen die Taxifahrer Festpreise, die meist sehr hoch sind. Zum Flughafen muss man mit etwa 500 Baht rechnen, zu den Stränden liegen die Preise etwas höher als die der Tuk Tuks. Taxi- und Tuk-Tuk-Fahrer verlangen nach Sonnenuntergang einen Aufschlag und versuchen, Neuankömmlinge zu Hotels zu bringen, von denen sie eine Provision kassieren.

TRANSPORT

Busse

Bus Terminal 1, ✆ 076-211 977, im Osten der Stadt. Hier halten nur noch wenige Busse. Fast alle halten am neuen Bus Terminal, 2,5 km nördlich der Stadt. Zwischen den Terminals verkehren von 6–18 Uhr alle 20 Min. pinkfarbene große Songthaew für 10 Baht. Bei der Ankunft der Überlandbusse stehen Tuk Tuks zu den Stränden bereit. Die Fahrer erhalten von vielen Unterkünften eine Provision, sodass diese dann bevorzugt angefahren werden. Zudem fahren von hier tagsüber die Strandbusse.
BANGKOK, AC-Bus um 16.30, 17 und 17.30 Uhr für 680 Baht; 2.-Kl.-AC-Bus 9x tgl. von 6.30–20 Uhr für 529 Baht; VIP-24-Bus um 7.30, 16 und 19 Uhr für 1058 Baht. Dauer etwa 12–14 Std.
PHANG NGA, 2.-Kl.-AC-Bus um 16.30 Uhr für 100 Baht in 2 1/2 Std.
TAKUA PA via KHAO LAK, 2.-Kl.-AC-Bus 9x tgl. zwischen 6 und 18 Uhr für 100 Baht in 3 Std.

Bus Terminal 2, ✆ 076-373 193, nördlich der Stadt. Hier halten fast alle Überlandbusse.
BANGKOK, 1.-Kl.-AC-Bus um 6.30, 16.30, 17 und 17.30 Uhr für 680 Baht und 2.-Kl.-AC-Busse 12x tgl. von 7.30–21 Uhr für 529 Baht in 12–14 Std. VIP-Bus um 7.30, 16 und 19 Uhr für 1058 Baht in 12 Std.
CHUMPHON, 2.-Kl.-AC-Bus um 5.30, 8.10, 10.10, 11.50 und 14.10 Uhr für 350 Baht in 7 Std.
HAT YAI, AC-Bus, stdl. von 7.30–12.30 Uhr, zudem 19.30 und 21.30 Uhr für 376 Baht; VIP-24-Bus um 21.45 Uhr für 585 Baht in 6–7 Std.
KHAO SOK, mit dem Bus Richtung Surat Thani für 180 Baht in etwa 4 Std.
KO LANTA, Minibus 8x tgl. von 7.30–15.30 Uhr für 240 Baht in 4 Std.
KO PHA NGAN, AC-Bus um 9 Uhr für 550 Baht in 8 Std.
KO SAMUI, AC-Bus um 9 Uhr für 450 Baht in 7–8 Std.
KRABI, Minibus stdl. von 7.15–17.15 Uhr für 140 Baht in 3 Std. oder mit dem Bus Richtung Ko Lanta für 170 Baht.
NAKHON SI THAMMARAT, 1.-Kl.-AC-Bus 7x tgl. zwischen 6 und 16.20 Uhr für 325 Baht.
PHANG NGA, 1.-Kl.-AC-Bus 5x tgl. von 4.30–19 Uhr für 100 Baht in 1 1/2 Std.
RANONG, 2.-Kl.-AC-Bus um 6.50, 16.10 und 18.10 Uhr für 260 Baht in 5 Std.
SATUN, 1.-Kl.-AC-Bus um 8.15, 10.15, 12.15 und 20 Uhr für 380 Baht in 7 Std., ansonsten in Trang umsteigen oder über Hat Yai.
SUNGAI GOLOK, AC-Bus um 6, 8 und 20 Uhr für 605 Baht in 11 Std.
SURAT THANI, AC-Bus um 8, 10, 12, 14 und 16 Uhr für 195 Baht in 4 Std.
TRANG, 2.-Kl.-AC-Bus 12x tgl. von 6.40–20.50 Uhr für 206–265 Baht in 5 Std.

Minibusse

AC-Minibusse, die gern von Travellern genutzt werden, sind nicht immer zuverlässig und bequem. Zudem sind sie meist teurer als die Busse am Busbahnhof. Daneben verkehren auf den wichtigsten Routen auch große Privatbusse. Passagiere werden an Sammelpunkten oder von der Unterkunft in Patong, Kata-Karon und Phuket-Stadt abgeholt.
Minibus-Verbindungen nach:

HAT YAI, um 14 Uhr, 750 Baht, 7 Std.
KO LANTA, um 14.30 Uhr, 700 Baht inkl. Fähre,
6 Std.
KRABI, um 17 Uhr, 450 Baht, 2 1/2 Std.
PHANG NGA, um 15.30 Uhr, 400 Baht, 1 Std.
SATUN, um 17.30 Uhr, 800 Baht, 8 1/2 Std.
SUNGAI GOLOK, um 20 Uhr, 1100 Baht, 10 Std.
TRANG, um 14 Uhr, 700 Baht, 5 1/2 Std.

Nach Malaysia und Singapore
KUALA LUMPUR, um 4 Uhr, 1500 Baht, 19 Std.
PENANG, um 20.30 Uhr, 1250 Baht, 12 Std.
SINGAPORE, um 9 Uhr, 1800 Baht, 25 Std.

Boote
Boote starten am **Rasada Pier** im
Mündungsgebiet des Klong Tha Chin östlich von
Phuket-Stadt. Bei Buchungen von Tickets und
Touren über Reisebüros vor Ort ist der Hotel-
transfer im Preis inbegriffen, und das Kombi-
ticket ist sogar günstiger als direkt am Pier
(350 statt 600 Baht). Wer von Surin, Bang Tao,
Nai Harn oder Cape Panwa kommt, zahlt 200
Baht mehr, von Nai Yang und Nai Thorn sogar
700 Baht mehr. Ansonsten kosten Tuk Tuks ab
Phuket-Stadt 200 Baht. Taxis vom Pier fahren
für 500–700 Baht zu den Stränden.
Nach KO PHI PHI tgl. mehrere große Passagier-
boote, 1 1/2–2 Std. für 350–600 Baht einfach.
Eine Tour inkl. Hoteltransfer, Mittagessen,
Schnorchelausrüstung und Besuch der Maya
Bay kostet je nach Komfort 900–1500 Baht.
Diese Boote starten um 8.30 Uhr, Abholung vom
Hotel 7.30 Uhr.
Nach KRABI und zum HAT AO NANG über
KO PHI PHI und KO LANTA um 8.30, 11, 13.30
und 14.30 Uhr für 600–1200 Baht in 1 1/2 Std.

Flüge
Der **Phuket International Airport**, nach Bangkok
zweitgrößter Flughafen des Landes, liegt 31 km
nördlich von Phuket-Stadt, Information
📞 076-327 230-5. In der Ankunftshalle finden
sich Geldautomaten, Vertreter großer Hotels
mit aktuellen Broschüren, eine Gepäckaufbewahrung, eine kommerzielle Hotel-
vermittlung und die Touristenpolizei.
Minibusse nach Phuket-Stadt 150 Baht, Patong
180 Baht, Kata oder Karon 200 Baht.

Zudem fährt ein Airportbus, 🖳 www.airportbus
phuket.com, um 9, 11.45, 15 und 20 Uhr in 1 Std.
über Nai Yang und Talang nach Phuket-Stadt
bis zum Bus Terminal 1, je nach Entfernung für
15–95 Baht.
An einem **Schalter in der Ankunftshalle** werden
Coupons für Fahrten mit Taxis oder Minibussen
verkauft. Taxis kosten nach BANG TAO
700 Baht, CHALONG 800 Baht, KAMALA
750 Baht, KARON 900 Baht, KATA 900 Baht,
KHAO LAK 1800 Baht, KRABI 3000 Baht,
NAI HARN 900 Baht, PATONG 800 Baht,
PHANG NGA 1300 Baht, PHUKET-STADT
650 Baht, PHUKET PIER 700 Baht, RAWAI
900 Baht, SURIN 700 Baht.
Für Flüge am frühen Morgen sollte man sich ein
Taxi bestellen.
In der Ankunftshalle des Flughafengebäudes
gibt es mehrere Autovermietungen. **Budget**,
📞 076-327 744, 🖳 www.budget.co.th, vermietet
verschiedene Pkws und Jeeps.
Wer nach Takua Pa (für Khao Lak) oder Krabi
unterwegs ist, kann auch den Bus Richtung
Phuket-Stadt nehmen und an einer Haltestelle
der Überlandbusse an der Hauptstraße aussteigen. Auf der gegenüberliegenden Straßenseite
einen vorbeifahrenden Bus zum Zielort stoppen.
Mit dem Taxibus kostet die Fahrt nach Khao Lak
ab Flughafen 1500 Baht.

Inlandflüge
BANGKOK, mit Thai Airways, 8x tgl. ab 3500 Baht,
mit Bangkok Airways 6x tgl. ab 2900 Baht.
Günstiger sind Air Asia, Nok Air (4x tgl.) und
Orient Thai Airline (one two go) 2x tgl.
KO SAMUI, mit Bangkok Airways, 5x tgl. in
50 Min. ab 3100 Baht.
PATTAYA, mit Bangkok Airways, 2x tgl. ab
2800 Baht.

Internationale Flüge
KUALA LUMPUR, mehrmals tgl. mit Air Asia,
Thai und MAS.
SINGAPORE, mehrmals tgl. mit Thai, Jet, Silk Air
und Tiger Airways.
Zu weiteren Zielen über Bangkok.
DEUTSCHLAND, meist mit Zwischenstop in Bang-
kok, In der Saison Direktflüge u. a. ab Stuttgart,
Hannover, Frankfurt und aus Wien mit Condor.

PHUKET

Fluggesellschaften

Viele der Billigfluggesellschaften haben kein Büro in Phuket. Sie können übers Internet gebucht werden.

Air Asia, 🖳 www.airasia.com. Nur 15 kg Freigepäck.

Bangkok Airways, 158/2–3 Yaowarat Rd., ✆ 076-225 033, 🖳 www.bangkokair.com. Passagiere von Bangkok Airways bekommen nach dem Check-in gegenüber Gate 1 kostenlos einen Imbiss und Getränke. 2 Internetzugänge stehen zur Verfügung.

Jet, ✆ 02-267 5125, 🖳 www.jetstar.com.

Malaysia Airlines, in Phuket-Stadt, ✆ 076-216 675, 🖳 www.malaysiaairlines.com.

Nok Air, ✆ 1318, 🖳 www.nokair.co.th.

Orient Thai Airline (one two go), ✆ 1126, 🖳 www.flyorientthai.com.

Singapore Airlines und ihre Tochter **Silk Air**, Bypass Sq., Bypass Rd., gegenüber Tesco Lotus, ✆ 076-351 236, 🖳 www.silkair.com.

Thai Airways, 78 Ranong Rd. in Phuket-Stadt, ✆ 076-360 444, 🖳 www.thaiairways.com. ⏲ 8–16.30 Uhr.

Tiger Airways, 🖳 www.tigerairways.com.

Die Strände

Die Strände im Osten der Insel, Chalong und Rawai, sind sehr flach und zum Schwimmen nicht gut geeignet. Die attraktiven Sandstrände mit ihren Touristenenklaven liegen im Westen. Sie sind in mehreren Reihen mit Sonnenschirmen und Liegen vollgestellt. Mit dem eigenen Fahrzeug geht es vom Hat Nai Harn im Süden über Kata, Karon, Patong, Kamala, Surin und Bang Tao bis zum Hat Nai Yang, Busse verkehren nicht auf dieser Strecke.

Panwa-Halbinsel

Die hügelige Halbinsel erstreckt sich südlich von Phuket-Stadt und begrenzt im Norden die seichte Bucht Chalong. In der Nachbarschaft moslemischer Dörfer sind Luxusresorts entstanden, deren größtes Plus die wunderschöne Aussicht

über eine der landschaftlich schönsten Küsten der Insel ist. Das Meer ist zum Baden allerdings weniger geeignet. Hinter dem Dorf **Ao Makham** an der seichten **Ao Makham** führt vom H4129 eine 400 m lange Stichstraße links zum kleinen **Ko Tapao Pier**, von dem Boote in 10 Min. auf die kleine vorgelagerte Insel **Ko Tapao** übersetzen. Hinter dem Dorf und der großen Ölraffinerie geht es weiter auf dem H4129, vorbei am großen **Hafen** (Port of Phuket) an der seichten Ao Thang Khem.

Am **Phuket Aquarium**, 🖳 www.phuketaquarium.org, und **Marine Biological Research Center**, ✆ 076-391 041, endet nach insgesamt 10 km die Straße. Im ansprechenden Gebäude tummeln sich in Bassins Süß- und Salzwasserfische aus aller Welt. Der Schwerpunkt liegt auf der Unterwasserwelt der Andamanensee, die von einem Tunnel aus betrachtet werden kann. Hier schwimmt auch ein imposanter Manta. Hinter dem Aquarium gibt es ein Außengelände, welches ebenfalls lohnenswert ist. Man sollte mind. 2 Std. Zeit einplanen. ⏲ tgl. 8.30–16 Uhr. Eintritt 100 Baht, Kinder ab 100 cm Körpergröße 50 Baht.

Karte S. 562

Cape Panwa Hotel ㉑, 27 Moo 8, Sakdidej Rd., ✆ 076-391 123-5, 🖳 www.capepanwa.com, [8271]. Großes 4-Sterne-Luxushotel. Restaurants, Bars, Pool. Schöner kleiner Privatstrand, mit Zahnradbahn von den höher liegenden Gebäuden erreichbar. Frühstücksbuffet inkl. ❽

Panwa Beach Resort ⑳, 5/3 Moo 8, Ao Yon, ✆ 076-393 300, 🖳 www.marcopolohotels.com, [8274]. Komfortables 4-Sterne-Resort, 77 Zimmer und Suiten im modernen Thai-Stil in 2- und 3-stöckigen Häusern an der Westküste des Kaps. Großer Pool, Sauna, Fitnesscenter. ❽

Sri Panwa ㉑, 88 Moo 8, Sakdidej Rd., ✆ 076-371 000, 🖳 www.sripanwa.com, [8275]. Kleines, exklusives Luxusresort. Gute Fusionküche im edlen Restaurant Baba mit atemberaubendem Ausblick. ⏲ 11–16 und 17.30–24 Uhr. ❽

The Kantary Bay Hotel ㉑, 31/11 Moo 8, Sakdidej Rd., ✆ 076-391 514, 🖳 www.thebay-phuket.com, [8276]. Studios und 1- bis 2-Zimmer-Apartments mit Küchenzeile, teils mit Blick

PHUKET

Der größte Thai-Tempel der Insel

8 km südwestlich von Phuket-Stadt liegt 2,7 km vom großen Kreisverkehr entfernt am H4022 der bekannteste Thai-Tempel der Insel, **Wat Chalong**, dessen Viharn die verehrten Statuen der beiden Mönche Luang Pho Chaem und Luang Pho Chuaing enthält, die sich unter Rama V. große Verdienste erwarben: Während des Aufstandes der chinesischen Zinnminenarbeiter retteten sie durch heilende magische Kräfte (sagen die einen) bzw. natürliche Heilmethoden und geschickte Diplomatie (sagen die anderen) Verletzte auf beiden Seiten und trugen zur Beendigung des Aufstandes bei. Pilger entzünden hier gern Kracher, lassen sich wahrsagen oder erfragen Glückszahlen für die Lotterie. In einem neuen Viharn stehen Buddhastatuen in unterschiedlichen Haltungen. Viele Opfer des Tsunami wurden im Krematorium dieses Tempels eingeäschert. Ruhesuchende finden einen hübschen Platz im hinteren Bereich an einem Teich.

aufs Meer. Italienisches Restaurant. Shuttle zum Schwesterhotel Cape Panwa. ❻–❽

NAHVERKEHR

Die Fahrt mit **Inselbussen** (Songthaew) ab dem Markt in PHUKET-STADT kostet bis zum Aquarium 30–40 Baht, mit Tuk Tuks 300 Baht. Rückfahrt des Inselbusses in die Stadt bis max. 15 Uhr. Taxi zurück nach Phuket-Stadt 500 Baht. Tuks Tuks stehen leider für den Rückweg meist nicht zur Verfügung.

Chalong und Umgebung

Der Pier ist das Herz dieses gesichtslosen Ortes. Morgens, wenn Tagesausflügler und Taucher anreisen, herrscht bereits 11 km südlich von Phuket-Stadt am großen Kreisverkehr, wo die Stichstraße abzweigt, Verkehrschaos. Sobald sich die Boote in Richtung Inseln entfernen, kehrt wieder Ruhe ein. Dann sind es Jachtfreunde aus aller Welt und Langzeiturlauber aus dem Hinterland – darunter viele Deutsche –,

die in den kleinen Restaurants und Bars Gesellschaft suchen. Die seichte **Ao Chalong** wird von der vorgelagerten Insel **Ko Lone** geschützt und grenzt im Süden an die kleine Felsformation **Laem Ka** (16 km). Den 750 m langen Pier umgeben gesichtslose Neubaublocks mit Geschäften, Büros und Apartments. Die Strände beiderseits der Anlegestelle in der Ao Chalong sind zu schmutzig und seicht zum Schwimmen.

Am **Hat Mittrapab**, auch Friendship Beach genannt, weiter im Süden ist das Meer ebenfalls sehr seicht. Daher sind die Bungalowanlagen kaum ausgelastet.

Das **Phuket Sea Shell Museum**, gegenüber der Einfahrt zum The Evason Phuket Resort, ✆ 076-613 666, ist eine Privatsammlung in einem unübersehbaren, modernen Gebäude mit einem großen Souvenirshop. Die Sammlung der Brüder Patmakanthin umfasst über 2000 Muschelarten aus aller Welt, darunter viele einheimische Muscheln, Schneckenhäuser und Perlen in allen Größen. ⏱ 8.30–17.30 Uhr. Mit 200 Baht ist der Eintritt überhöht.

ÜBERNACHTUNG
Karte S. 562

Untere und mittlere Preisklasse
Nahe Wat Chalong gibt es preiswerte Unterkünfte vor allem für Langzeitgäste und 2 Billigunterkünfte. Die Busse von Phuket-Stadt nach Kata-Karon fahren daran vorbei. Songthaew ab Phuket-Stadt zum Wat Chalong 30 Baht.
Ao Chalong Mansion ⑱, ✆ 076-280 435, [8277]. An der Straße zum Pier über einer Bar. Recht große Zimmer, teils mit Balkon zur Hauptstraße. Gefliste Böden und ohne jegliche dekorativen Elemente, dafür unübertroffen günstig. ❶
Shanti Lodge ⑲, 1/2 Soi Ban Rae, Chaofa Nok Rd., ✆ 076-280 233, 🖥 www.shantilodge.com, [3675]. Vom Kreisverkehr 1,5 km Richtung Wat Chalong auf der linken Seite. Hübsch gestaltete, etwas hellhörige Zimmer mit Ventilator oder AC, teilweise mit Bad. Tolle Anlage mit freundlichem, gut Englisch sprechendem Management. Gutes Restaurant, das ohne Glutamat kocht. WLAN, viele Pflanzen, kleiner Pool, Massagen und Moped- und Autoverleih. ❸–❺

Youth Hostel Phuket ⑲, 73/11 Chaofa Rd., 1 km vor dem Wat Chalong, ✆ 076-281 325, 🖥 www.phukethostel.com, [3676]. In einem frei stehenden Haus saubere Zimmer, manche mit Balkon. Ventilator oder AC und Gemeinschaftsbad, auch Schlafsaalbetten für 180 Baht, Frühstück inkl. Weit abseits der Strände und jeglicher touristischer Infrastruktur. Mopedverleih. ❶–❷

Obere Preisklasse

Evason Phuket & Six Senses Spa ⑭, 100 Vichit Rd., ✆ 076-381 010, 🖥 www.sixsenses.com, [3677]. Auf dem felsigen Laem Ka erhebt sich das älteste internationale Hotel der Insel. Es wurde zur Zeit der Recherche renoviert und soll 2014 erneut eröffnet werden. ❻–❽

Friendship Beach Waterfront Resort ⑰, 27/1 Soi Mittrapap, ✆ 076-288 996, 🖥 www.friendshipbeach.com, [3686]. Unter Kokospalmen 30 Zimmer mit Küche. Weitläufiger Garten mit großem Pool, der auch von Restaurantgästen genutzt werden kann. Wellness- und Spa-Center. ❼–❽

The Mangosteen Resort & Aryuveda Spa ⑯, 99/4 Moo 7, Soi Mangosteen, ✆ 076-289 399, 🖥 www.mangosteen-phuket.com, [8278]. Exklusives Resort auf einem Hügel mit Blick über das Kap und die Inseln bis Phuket-Stadt. 40 in weitläufiger Gartenanlage locker verteilte Villen im modernen Thai-Stil. Salzwasserpool mit kleinen Wasserfällen. Gutes, aber teures Restaurant, Bar und Spa. ❽

The Vijitt Resort ⑮, 16/1 Vichit Rd., ✆ 076-363 600, 🖥 www.vijittresort.com. Ansprechende luxuriöse Anlage mit fast 100 Villen am Hang. Große, halb offene Bäder, durch die Glasfronten z. T. schöner Ausblick über die Bucht. Großer Pool und Spa. Fitnesscenter und Kids-Club. ❽

ESSEN UND UNTERHALTUNG

An der Zufahrtsstraße zum Pier reihen sich Bars und Restaurants aneinander.

Anchor Inn, 1/3 Moo 9, Vichit Rd., im gleichen Gebäude wie Sea Bees (s. „Tauchen"). Bei Tauchern beliebt. Thai-Gerichte ab 50 Baht sowie Europäisches ab 90 Baht, leckere frische Fruchtsäfte. Speisekarte auf Deutsch.

Friendship Beach Waterfront Resort, das Restaurant im Resort (s. „Übernachtung").

Internationale und Thai-Gerichte ohne Glutamat zu moderaten Preisen. Fr und So ab 18 Uhr Live-Jazz im Garten am Pool.

Kan Eang, direkt am Meer südlich vom Pier, ✆ 076-381 212, 🖥 www.kaneang-pier.com. Großes Seafood-Restaurant, man sitzt an weiß gedeckten Tischen in modern gestylter Umgebung, teils unter Kasuarinen, und blickt aufs Meer. Die Phuket-Spezialität ist für viele Einheimische *nahm prik kung siab*, gegrillte Shrimps in Chilipaste. ⏲ 7–23 Uhr.

La Canabe, vom Chalong-Kreisel 1 km Richtung Rawai auf der rechten Seite, ✆ 089-290 0484. Hier zaubert ein französischer Koch riesige Portionen für 350 Baht. Französische, italienische, spanische und Thai-Küche. ⏲ 17–23 Uhr.

The Green Man Pub, 82/15 Moo 4, Patak Rd., ✆ 076-281 445. Großes Pub im Tudor Revival-Stil auf der grünen Wiese, 1 km vom Kreisverkehr Richtung Kata. Vor allem So mittags zum Roast Lunch treffen sich hier die auf der Insel lebenden europäischen Familien. Di ist Salsa-Nacht, Fr und Sa wird abends Livemusik gespielt. Im Pub befindet sich auch das mediterrane Restaurant **Carte Blanche**, gehobenes Preisniveau. ⏲ 11–2 Uhr.

The Lighthouse, 45/33 Moo 9, ✆ 076-381 709, [6373]. Der Seglertreff unter dem Leuchtturm wurde in den 1980er-Jahren erbaut. Unter den vergilbten Fotos von Booten treffen sich Jachties und genießen den Ausblick aufs Meer. Die Küche ist amerikanisch angehaucht. Schwarzes Brett, auch Zimmervermietung. ❺ An der Hauptstraße nahe der Zufahrt zum Vijitt Resort gibt es einen großen **Nachtmarkt**, allerdings ohne Sitzgelegenheiten.

AKTIVITÄTEN UND TOUREN

Bootstouren

Mehrere Veranstalter bieten Tagestouren nach **Ko Racha** zum Schnorcheln oder Tauchen an. 1200–1500 Baht. Schnellboote nach Ko Racha um 9 Uhr, zurück 15 Uhr.
Selbst organisierte Tagestouren zur **Coral Island** mit dem Longtail-Boot 2000 Baht, Schnellboot um 9 Uhr für 6–8 Pers. 7000 Baht hin und zurück. Nach **Ko Lone** kostet das Schnellboot ca. 5000 Baht, ein Longtail-Boot etwa die Hälfte.

River Rover, ✆ 076-280 420, 🖥 www.river
rovers.com. Individuelle Bootstouren durch
die **Mangroven** mit max. 10 Passagieren für
17 750 Baht pro Boot (Tagestour) bzw. 1800 Baht
(Halbtags- und Sunset-Tour).

Reiten

Eine große Attraktion sind Ausritte auf
Elefanten durch Kautschukplantagen. Halb-
stündige Touren kosten etwa 1500 Baht
(Ganztags-Touren ca. 2950 Baht) und werden
bis kurz vor Sonnenuntergang durchgeführt.
Mittlerweile leben etwa 200 Elefanten auf der
Insel vom Tourismus, die meisten in den Camps.
Viele Unternehmen sind nicht registriert und
operieren illegal. Generell gilt: Die besten
Camps findet man im Norden Thailands.
Siam Safari Nature Tours, 45 Chao Fa Rd.,
Chalong, ✆ 076-280 116, 🖥 www.siamsafari.
com. 🕑 9–17 Uhr.
Ein Ausritt hoch zu Ross ist ebenfalls beliebt.
Phuket Riding Club, 95 Moo 4, Vichit Rd.,
westlich vom Chalong-Kreisverkehr, ✆ 076-
288 213, 🖥 www.phuketridingclub.com. Reit-
unterricht und Ausritte mit oder ohne Beglei-
tung. Die Reitwege führen durch Plantagen,
Wälder und bei Ebbe am Strand entlang.

Tauchen

Poseidon Diving, Basis im Evason Phuket
(S. 578) sobald das Resort wieder geöffnet ist.
Bis dahin Kontakt unter ✆ 081-891 3969,
🖥 www.poseidondiving.com. DieTauchschule
ist seit 1973 auf Phuket etabliert und wird vom
Deutschen Klaus Orlik geleitet.
Sea Bees, 1/3 Moo 9, Vichit Rd. am Chalong
Pier, ✆ 076-381 765, 🖥 www.sea-bees.com.
Unter deutscher Leitung, Ableger in Khao Lak,
Pak Meng und Phi Phi. Kurse und Liveaboards.
Sea King, 20/23 Moo 4, Soi Suksan, Vichit Rd.,
✆ 076-288 971, 🖥 www.seaking-diving.com.
Britische Tauchschule, auch Liveaboards
(mit Nitrox möglich).

Thai-Boxen

Wer Thai-Boxen erlernen will, wendet sich
an das **Suwit Boxing Camp**, 15 Moo 1, Chao
Fa Rd., ✆ 081-737 6072, 🖥 www.bestmuaythai.
com.

SONSTIGES
Ein **Geldautomat** nördlich vom Kreisverkehr und
an der Zufahrtsstraße am Pier am 7-Eleven.
Post 1 km südlich des Kreisverkehrs.

TRANSPORT
Die Inselbusse ab dem Markt in PHUKET-STADT
kosten bis CHALONG 40 Baht, weiter nach
RAWAI und KATA ebenfalls für 30 Baht.
Tuk Tuks und **Taxis** nach PHUKET-STADT
können für 600 Baht gechartert werden.

Rawai

Der Strand im Süden der Insel, 17 km von
Phuket-Stadt entfernt, ist die Seafood-Schlem-
mermeile der Einheimischen. Unter den Kasuarinen am Meer mit schönem Blick auf die Inseln wird frisch zubereitetes Seafood serviert,
das teils aus Restaurantküchen über die Straße getragen wird. Zwischen den Seafood-Restaurants siedeln immer mehr Bars an. Allerdings
ist der schmale Sandstrand häufig verschmutzt
und wirkt wenig einladend, das Meer fällt flach
ab und eignet sich auch wegen der vielen Boote nicht zum Schwimmen. Durch die Coral Island
ist die Bucht gut geschützt, sodass selbst während der Monsunzeit kaum Wellengang herrscht.

Dort, wo die Straße nach Westen abzweigt,
geht es geradeaus zum **Seenomaden-Dorf**, einer ärmlichen Siedlung, deren Bewohner sich
nicht gern von Touristen bestaunen lassen. Am
Ortsende wird am Strand fangfrischer Fisch zum
Verkauf angeboten.

Jenseits des Seenomaden-Dorfes und der
Kokosplantage erreicht man einen angenehmen,
schmalen **Strand** mit vereinzelten Felsgruppen.
Hier kann man auch bei Ebbe schwimmen und
sich unter schattigen Bäumen ausruhen.

ÜBERNACHTUNG
Rawai
Karte S. 582
An der Hauptstraße nördlich des Seenomaden-
Dorfes werden zahlreiche Zimmer über den
Ladenlokalen vermietet.
Phuket Sea Resort ⑨, 54/14 Moo 6, ✆ 076-
613 900, 🖥 www.phuketsearesort.net, [6397].

PHUKET

2 Reihen Zimmer entlang von 2 langen Pools. Manche auch als Bungalow freistehend. Alle Zimmer mit großer Fensterfront zum Pool. WLAN. Inkl. Frühstück. ❻

Rawai Beach Resort ⑩, 42 Moo 6, ☎ 076-613 727, 🖥 www.rawaibeachresort.com, [6398]. Zimmer in drei 2-stöckigen neuen Gebäuden, teils mit Balkon. Etwas von der Straße zurückversetzt. Viele Langzeiturlauber. ❺

Thai Palace Resort ⑧, 52/8 Moo 6, ☎ 076-288 042, [6399]. Zwei 2-stöckige Gebäude mit gut eingerichteten Zimmern, doppelstöckige Bungalows mit Schlafzimmer unter dem Dach sowie kleiner Küche; einfachere Bungalows. Alles rund um einen kleinen Pool mit Wasserfall. Hübsch mit viel Grün abgetrennt. ❺

In dem Ort **Saiyan** im Hinterland zwischen Rawai und Nai Harn werden Bungalows und Apartments an Langzeiturlauber überwiegend auf monatlicher Basis vermietet. Restaurants, Wäschereien und Läden haben sich auf diese Gäste eingestellt.

ESSEN

An zahlreichen Essensständen an der Strandstraße werden die scharfen nordost-thailändischen Salate *som tam* und andere Snacks zubereitet.

Baan Had Rawai Seafood, 57/5 Rawai Beach Rd., am südlichen Ende der Bucht, ☎ 076-383 838. Gutes, großes Seafood-Restaurant, teils überdacht und teils unter Bäumen direkt am Meer. Große, günstige Portionen. Aus Wasserbecken sucht man lebende Fische aus, die dann gegrillt serviert werden. Beliebt bei Einheimischen. ⏰ 11–23 Uhr.

Flintstone Bakery, Filiale der Bäckerei Richtung Phuket-Stadt. Brot, Brötchen und Kuchen sowie Pizza, Pasta, Steaks und Eis. ⏰ 7–18.30 Uhr.

Freedom Bar, an der Hauptstraße. So nachmittag manchmal Livemusik, außerdem Pool-Billard. Serviert Burger, Tapas und Thai-Küche. ⏰ ab 14 Uhr bis spät bzw. früh geöffnet.

Nikita's Café, kleine Bar unter Schatten spendenden Bäumen direkt am Meer. Ruhige Atmosphäre, bei Ausländern beliebt. Westliches Frühstück mit gutem Kaffee, Thai-Gerichte und große Auswahl alkoholischer Getränke. Mittleres Preisniveau. ⏰ ab 9 Uhr bis Mitternacht.

Norbu's Steakhouse, 148 Soi Wat Rawai, Moo 6, etwas versteckt nahe dem Tempel von Rawai, ☎ 081-367 5416. Geleitet von einem aus der Schweiz stammenden Tibeter. Hervorragende Küche. ⏰ 18–23 Uhr.

📖 **Salaloy Seafood**, eines der größten Restaurants in Rawai. Gutes, preiswertes Seafood und andere Thai-Gerichte, freundlicher Service, sehr beliebt bei Einheimischen und vor allem am Wochenende voll. ⏰ 10–22 Uhr.

SONSTIGES

Bootstouren

Am Strand können **Longtail-** und **Schnellboote** für Tagestouren gemietet werden. Longtail-Boote, nur bei ruhiger See zu empfehlen, kosten nach KO BON 1000 Baht oder KO KAEO YAI 1500 Baht, nach CORAL ISLAND 2000 Baht in 20–25 Min. Nach KO MAI THON, KO KHAI oder RACHA YAI sollte man wegen der Entfernung nur mit dem Schnellboot fahren (Kosten 5000–8000 Baht). Weitere Boote ab Chalong.

Geld

Geldautomat neben dem Minimarkt und um die Ecke am 7-Eleven.

TRANSPORT

Inselbusse zum Markt in PHUKET-STADT 40 Baht, bis CHALONG 20 Baht.

Taxis kosten nach PHUKET-STADT 500 Baht, zum Bus Terminal 600 Baht, KARON 500 Baht, PATONG 600 Baht, abends mehr. Taxi zum FLUGHAFEN 1500 Baht.

Nai Harn und Umgebung

Der herrliche Hat Nai Harn liegt in einer tiefen Bucht an der südlichen Westküste, 21 km von Phuket-Stadt entfernt. Der feine, weiße Sand ist umrahmt von felsigen, teilweise mit Kokos- und Palmyrapalmen bewachsenen Hügeln und einer befestigten, von Kasuarinen gesäumten Lagune; schöne Sonnenuntergänge. Während der Regenzeit von Mai bis November ist man jedoch voll dem Monsun ausgeliefert, dann kommt es zu starken Unterströmungen. Das freut Surfer, die in diesen Monaten gute Bedingungen vorfinden

(Surfbrett 1 Std. für 150 Baht). Das einstige Eldorado der Traveller ist jetzt Badestrand betuchterer Feriengäste aus dem Jachtclub und Urlauber aus den Ferienanlagen im Hinterland. Gästen, die Bars und Trubel nicht schätzen, bietet Nai Harn eine Alternative, und so wird es langsam auch hier voll. Das Hinterland überrascht mit reizvollen Plätzen und neuen Ferienhäusern, die zum Verkauf oder zur Vermietung stehen.

Richtung Kata

Zum kleinen **Hat Nui** geht es auf der schmalen, kurvenreichen Straße 4233 Richtung Kata und hinter Saiyan auf einer ausgeschilderten, steilen Lehmstraße. Die Strecke ist nur mit dem Auto zu meistern. Um die saubere Bucht mit Restaurant, Bar und Du/WC zu besuchen, müssen 250 Baht Eintritt gezahlt werden. Dafür erhält man einen Drink, eine Liege und einen Sonnenschirm. Essen und Getränke sind hier sehr teuer.

Einen knappen Kilometer weiter Richtung Kata eröffnet sich vom **Khao San Had View Point** ein schöner Ausblick auf die Buchten von Kata Noi, Kata Yai und Karon. Essens- und Getränkestände und WC.

Richtung Laem Promthep

Auf der schmalen, kurvenreichen Straße östlich der Lagune zu den Windrädern (die gewonnene Energie wird vom Hat Yanui und auch im Dorf genutzt) hinauf, bietet sich ab und an eine schöne Sicht auf Nai Harn. Nach 3 km geht es hinab zum kleinen **Hat Yanui**, einem von Felsen und abgestorbenen Korallen durchsetzten Sandstrand. Das seichte Wasser mit vielen Fischen eignet sich gut für erste Schnorcheltrips. Ein gutes Restaurant, Sonnenschirme und Liegen (150 Baht) tragen zur Beliebtheit des kleinen Strandes bei.

ÜBERNACHTUNG

Karte S. 582

Nördlich vom Hauptstrand

All Seasons Naiharn Phuket ⑥, 14/53 Moo 1, ☎ 076-289 333, 🖥 www.allseasons-asia.com, [7729]. Gut ausgestattete geschmackvolle Zimmer. 2 Pools, Spa und kleines Fitnesscenter. Gute Preise in der Nebensaison. ❻ – ❽

Ao Sane Bungalows ④, 11/2 Hat Nai Harn, am kleinen Strand mit grobem Sand, nach 1 km auf

Die wunderschönen Sonnenuntergänge auf dieser felsigen, regenarmen und mit Palmyrapalmen (Zuckerpalmen) bewachsenen Südspitze der Insel locken Abend für Abend Hunderte Schaulustige an. Eine Serpentinenstraße schlängelt sich vom Hat Rawai durch Kokoswälder zum Parkplatz unter dem Leuchtturm, der von Essen- und Souvenirständen gesäumt ist. An einem Denkmal neben dem Leuchtturm verehren Einheimische den Hindugott Brahma, dessen Namen das Kap trägt, und bringen ihm Elefantenstatuen als Opfergaben dar.

der Straße über den Hügel (herrliche Aussicht), ☎ 076-288 306, [3325]. Bungalows unterschiedlichen Alters. Günstig mit Ventilator und teurer mit AC. Traditioneller Familienbetrieb, sehr geruhsam. Offenes Ausflugsrestaurant. Das von Felsen durchsetzte Meer eignet sich zum Schnorcheln und Schwimmen. Kleine deutschsprachige Tauchbasis. Der Anfahrtsweg führt durch das Parkhaus des Jacht Clubs. ❷ – ❺

Baan Krating Phuket Resort ③, 11/3 Moo 1 Vichit Rd., ☎ 076-288 341, 🖥 www.baankrating.com, [6394]. Schön in die Natur integrierte Anlage am Hang mit altem Baumbestand. 65 Zimmer mit allem Komfort, u. a. Safe, TV und Minibar. Nettes Restaurant. Das Meer vor dem kleinen Strand eignet sich zum Schnorcheln, aber nicht zum Schwimmen. Pool am Hang mit Meerblick. Shuttle zum Hat Nai Harn. Frühstück inkl. Anfahrt durch das Parkhaus des Jachtclubs. ❼ – ❽

The Royal Phuket Yacht Club ⑤, ☎ 076-380 200, 🖥 www.theroyalphuketyachtclub.com, [6396]. Gepflegte Anlage der Luxusklasse, die sich in Stufen den Hang hinaufzieht. 110 Zimmer. Pool. Teure Restaurants. Spa mit Blick über die Bucht. WLAN. ❽

Hat Yanui

Die schmale Bucht liegt 1 km Luftlinie südlich von Hat Nai Harn; auf der Straße sind es 3 km. **Nai Ya Beach Bungalow** ⑦, 99 Moo 6, Vichit Rd., oberhalb vom Hat Yanui, ☎ 076-288 817,

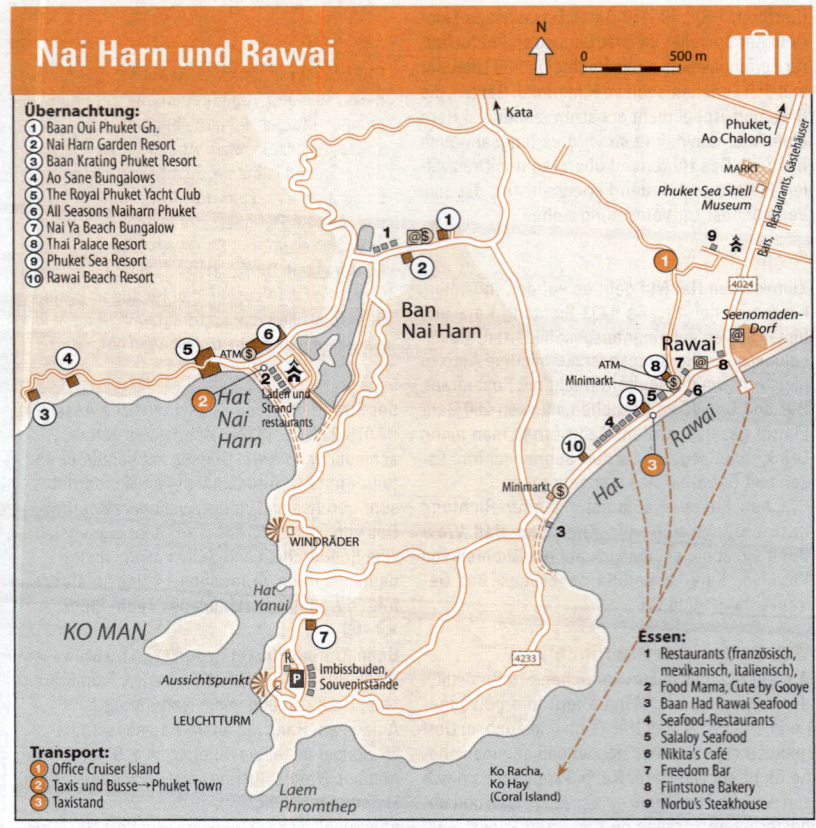

Nai Harn und Rawai

N

0   500 m

Übernachtung:
① Baan Oui Phuket Gh.
② Nai Harn Garden Resort
③ Baan Krating Phuket Resort
④ Ao Sane Bungalows
⑤ The Royal Phuket Yacht Club
⑥ All Seasons Naiharn Phuket
⑦ Nai Ya Beach Bungalow
⑧ Thai Palace Resort
⑨ Phuket Sea Resort
⑩ Rawai Beach Resort

Kata

Phuket,
Ao Chalong

MARKT

Phuket Sea Shell
Museum

4024

Seenomaden-
Dorf

Ban
Nai Harn

Rawai

ATM
Minimarkt

Laden und
Strand-
restaurants

Hat
Nai
Harn

Hat Rawai

Minimarkt

WINDRÄDER

Hat
Yanui

KO MAN

Aussichtspunkt

LEUCHTTURM

Imbissbuden,
Souvenirstände

Ko Racha,
Ko Hay
(Coral Island)

Laem
Phromthep

Essen:
1 Restaurants (französisch,
   mexikanisch, italienisch)
2 Food Mama, Cute by Gooye
3 Baan Had Rawai Seafood
4 Seafood-Restaurants
5 Salaloy Seafood
6 Nikita's Café
7 Freedom Bar
8 Flintstone Bakery
9 Norbu's Steakhouse

Transport:
① Office Cruiser Island
② Taxis und Busse → Phuket Town
③ Taxistand

PHUKET

[3329]. 20 ansprechende Bambusmatten-Bungalows mit Ventilator und Veranda, die größeren mit Kühlschrank, in einer weitläufigen Anlage am Hang unter Bäumen. Vom Restaurant (nur Frühstück) schöne Aussicht auf Hat Nai Harn. Mopedverleih. ⏰ Nov–April. ❹

Hinter der Lagune
Rund 10 Min. Fußweg vom Strand entfernt liegen:
Baan Oui Phuket Gh. ① , 14/95-96 Moo 1,
☎ 076-388 538, 🖥 www.baanoui.com, [6395].
Neues 3-stöckiges Haus an der Straße. Exzellent eingerichtete Zimmer mit hellen Fliesen und dunklem Holz und Balkon. WLAN. Daneben ein vegetarisch-veganisches Restaurant. ❸–❺

Nai Harn Garden Resort ② , 15/12 Moo 1, Vichit Rd., ☎ 076-288 319, 🖥 www.naiharngarden resort.com, [3319]. 200 m abseits der Straße, in einer weitläufigen, gepflegten Parklandschaft. Bungalows und Häuser mit 1–3 Schlafzimmern für Familien sowie Einzelbungalows mit AC, TV, Kühlschrank, Wasserkocher, Safe und Balkon. Pool, Bar und Restaurant, Spa, Mopedvermietung, deutschsprachiges Management. WLAN. ❺–❽

ESSEN
Kleine Restaurants im Kasuarinenwäldchen hinter dem Hauptstrand haben sich auf die Sonnenanbeter eingestellt. Das Essen

ist dem westlichen Gaumen angepasst.
🕐 9–22 Uhr.

Cute by Gooye, hat gesunde Fruchtshakes und Smoothies im Angebot sowie diverse Kaffeesorten, süße Waffeln und eine kleine Auswahl an Sandwiches, Salaten und Pizzas. 🕐 8–21 Uhr.

Food Mama, thailändische und europäische Gerichte, Pizza und Pasta sowie ein gutes Frühstück. 🕐 9.30–21.30 Uhr.

Geldautomat in Ban Nai Harn in der Vichit Rd.

Bis 17 Uhr fahren **Inselbusse** für 40 Baht nach PHUKET-STADT. **Tuk Tuks** nach PHUKET-STADT für 500 Baht, **Taxis** 600 Baht. Zum FLUGHAFEN 1000 Baht.

Hat Kata (Kata Noi, Kata Yai, Kata-Karon)

Der Hat Kata an der Westküste, 17 km von Phuket-Stadt, besteht aus zwei Buchten, der relativ schönen, sauberen **Kata Noi** und der angenehmen, vom Club Med dominierten **Kata Yai**, an deren südlichem Ende sich ein kleines Zentrum herausgebildet hat. Sie sind durch einen Felsvorsprung getrennt, von dem aus sich malerische Aussichten eröffnen. Das fischreiche Korallenriff am nördlichen Ende der weit ausladenden Kata Yai-Bucht, das Gebiet rings um die Felsen sowie das Gewässer vor der kleinen Insel **Ko Pu** eignen sich gut zum Schnorcheln und für erste Tauchversuche, allerdings ist die Sicht oft schlecht. Während der Regenzeit entstehen an Kata Noi aufgrund eines Steilabfalls des Meeresbodens sehr gefährliche Unterströmungen. Sicher ist es dagegen am Kata Yai, wo es zudem schöne Wellen gibt; bereits ab September eignet sich dieser Strand gut zum Wellenreiten.

Der Ferienclub nimmt mehr als die halbe Bucht von Kata Yai ein. Ein abgegrenzter Badebereich schützt Schwimmer vor Scootern und Booten. In der Saison sind bereits früh alle Liegen am Strand belegt (Leihgebühr in der Saison 100 Baht pro Tag, in der Nebensaison 50 Baht).

Beiderseits der Taina Road liegt das zweite Zentrum mit vielen Geschäften, Unterkünften, Bars, Restaurants, Reisebüros, Motorrad- und Jeep-Verleih sowie Tauchbasen. Reisende aller Altersklassen sind hier zu finden, überwiegend deutscher, skandinavischer oder russischer Herkunft. Mit Fertigstellung der Kläranlage hat sich die Wasserqualität verbessert, aber es gelangt immer noch viel ungeklärtes Wasser ins Meer.

Eine beliebte Attraktion in Kata-Karon ist der **Dino Park**, ✆ 076-330 625–7040, 🖥 www.dino park.com, eine mit steinernen Dinosauriern bestückte Minigolf-Anlage. Das nette Restaurant mit einer höhlenartigen Burger Bar und steinernen Sitzplätzen in einem künstlichen Tropengarten mit Wasserfall ist vor allem bei Familien beliebt. Eine Runde spielen kostet 240 Baht, Kinder 180 Baht, nur Besichtigung 120 Baht. 🕐 10–22, in der Saison bis 24 Uhr.

Wen am Hat Kata der Lärm der Boote und Scooter stört, der fühlt sich am **Kata Noi** wohl, der ebenfalls mit vielen Liegestühlen und Schirmen bestückt ist. Die Atmosphäre am Strand wird von Hotelgästen geprägt, die vielfach, trotz des Verbotes, „oben ohne" in der Sonne brutzeln. Am nördlichen Ende der Bucht führt eine lange Treppe auf die Landzunge hinauf, die Kata Noi vom Hauptstrand trennt.

Karte S. 585

Kata Noi

Die Bucht wird beherrscht vom riesigen Katathani Hotel. Außerhalb der Resorts gibt es nur wenige Restaurants und günstige Einkaufsmöglichkeiten.

Katanoi Club Hotel ㉝, 73 Moo 2, Kata Noi Rd., ✆ 076-284 025, 🖥 www.katanoiclub.com, [3657]. In 2-stöckigen Reihenhäusern kleine und größere AC-Zimmer in Strandnähe. Hinten einfache Zimmer in A-frame-Häusern mit Ventilator. WLAN. ❹–❺

Kata Noi Pavilion ㉛, 3/71 Patak Rd., ✆ 076-284 346, 🖥 www.katanoi-pavilion.com, [3658]. Im Zentrum der Bucht. Saubere größere und kleinere Zimmer mit TV und Minibar über der kleinen Bar. WLAN. ❺

PHUKET

Big Buddha

Vom Gipfel des **Naga Kerd Hill** im Süden der Insel blickt eine gewaltige Buddhastatue über das Land. Der 30 Mio. Baht teure Bau der 25 m breiten und 45 m hohen Statue mit dem Namen **Phra Buddha Ming Mongkhol Ake Naga Khiri** entstand Anfang dieses Jahrtausends. Auf dem Gelände steht auch ein aus 22 t Messing gegossener, über 12 m hoher Buddha, der auf einer Naga-Schlange sitzt. In dem Park, der beide Statuen umgibt, finden regelmäßig Veranstaltungen statt. Vom Kreisverkehr in Chalong geht es Richtung Wat Chalong und nach ca. 2 km auf einer Abzweigung links 6 km den Berg hinauf.

Katathani Hotel ㉜, 14 Kata Noi Rd., ☎ 076-330 124, 🖳 www.katathani.com, **[6409]**. Riesige Hotelanlage mit 479 Zimmern und Suiten, gut der Landschaft angepasst. 3 Pools, teils im Palmengarten am Strand. Spa. 6 Restaurants, Kochkurse und Tennisplätze. ❽

Kata Yai
Karte S. 585
Viele Unterkünfte konzentrieren sich am felsigen südlichen Ende des Strandes.
Kata Beach Resort ㉗, 1 Pakbang Rd., ☎ 076-330 530, 🖳 www.katagroup.com, **[6412]**. Eines der wenigen Hotels direkt am gut besuchten Strand. 262 Deluxe-Zimmer im modernen Thai-Stil mit Balkon, die teureren mit Meersicht. 3 Restaurants, 2 große Pools, aber nur wenige Liegen. Fitnesscenter. WLAN. ❽
Kata Poolside Resort ㉕, 36/38 Kata Rd., ☎ 076-333 177, 🖳 www.katapoolside.com, **[3589]**. Am Ende der Bar-Gasse Soi Sanuk; 3-stöckiger Neubaublock mit 72 im modernen Thai-Stil eingerichteten Zimmern mit Safe, Minibar und kleinem Balkon, im Erdgeschoss z. T. Blick auf eine Mauer, z. T. mit direktem Zugang zur Poollandschaft. Frühstück inkl. WLAN in der Lobby. ❼
Mom Tri's Villa Royale ㉘, 12 Kata Noi Rd., ☎ 076-333 568, 🖳 www.villaroyalephuket.com, **[6413]**. Luxuszimmer am belebten Stand und 6 exklusive Suiten im Thai-Stil im tropischen Garten über dem Meer, gepflegte Atmosphäre

zu entsprechenden Preisen. Im Gebäude außerdem ein hervorragendes Restaurant. WLAN. ❽
Orchidacea Resort ㉚, 210 Khoktanod Rd., ☎ 076-284 083, 🖳 www.orchidacearesort.com, **[6414]**. Terrassenförmig angelegtes Resort mit vielen Treppen an einem steilen Hang oberhalb der Straße nach Kata Noi und der Abzweigung zur Umgehungsstraße. Großzügige, komfortable Zimmer mit Balkon und Blick über die Bucht. Schöner Pool. Frühstück inkl. ❻–❽
P&T Kata House ㉙, 104/1 Khoktanod Rd., ☎ 067-284 203, **[6410]**. Einfaches Haus. 10 helle Zimmer mit Ventilator oder AC. WLAN. ❷–❸
Phuket Kata Resort ㉖, 30/9 Kata Rd., ☎ 076-330 581, 🖳 www.phuketkataresort.net, **[3588]**. 39 im modernen Thai-Stil eingerichtete Zimmer in Reihenhäusern rings um den großen, etwas schattenlosen Pool. Zimmer mit Innen- und Außendusche und kleiner Terrasse mit Poolblick (teils mit direktem Zugang ins Wasser). ❻–❽
Sawasdee Village ㉓, 38 Katekwan Rd., ☎ 076-330 979, 🖳 www.phuketsawasdee.com, **[6415]**. Romantische Bungalowanlage im Thai-Stil, die Häuser gruppieren sich um den von Skulpturen und Pflanzen umgebenen Pool. Nebenan das große, fantasievoll gestaltete Spa und das ausgezeichnete Restaurant Sawasdee, gehobenes Preisniveau. ❽
The Color Kata ㉔, Katekwan Rd., ☎ 076-330 979, 🖳 www.thecolorkata.com, **[3663]**. 22 moderne Zimmer mit indirekter Beleuchtung und verglaster Dusche im Raum. Alle mit Safe. WLAN. ❻

Zentrum von Kata
Karte S. 585
Im neuen Zentrum aus mehrstöckigen Stadthäusern haben zwischen Läden, Banken, Bars und Restaurants entlang der Taina Rd. (auch Moo 4, Patak Rd. genannt) einige Gästehäuser aufgemacht.
Diamond Cottage Resort & Spa ⑱, 6 Karon Rd., ☎ 076-286 447, 🖳 www.diamondcottage.com, **[2996]**. Anlage im modernen Thai-Design. 148 angenehm gestaltete Zimmer mit Balkon, außerdem 10 Villen. 2 große Pools und zusätzlicher Kinderpool, 2 Restaurants. WLAN im Zimmer. ❽

PHUKET

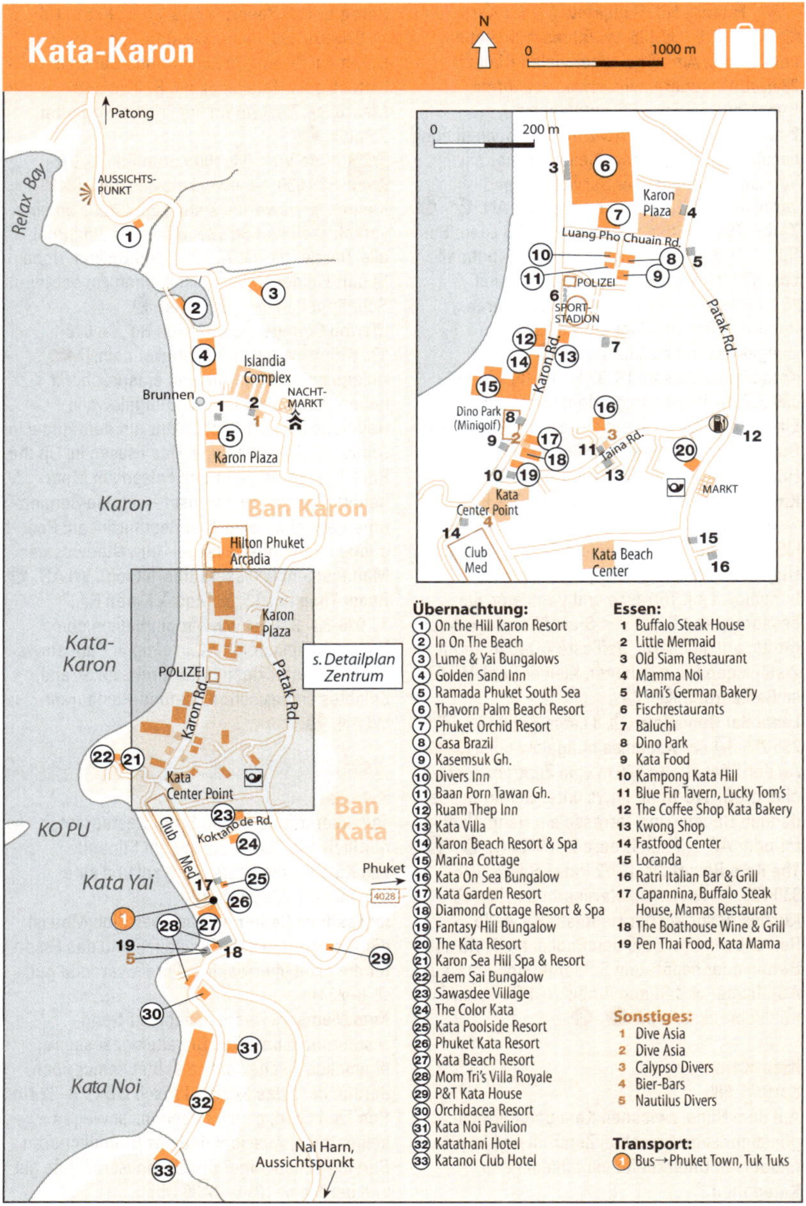

Kata-Karon

N

0 — 1000 m

Patong

Relax Bay

AUSSICHTS-PUNKT

①

③

②

④

Islandia Complex

Brunnen

NACHT-MARKT

⑤

Karon Plaza

Karon

Ban Karon

Hilton Phuket Arcadia

Karon Plaza

POLIZEI

s. Detailplan Zentrum

Kata-Karon

Patak Rd.

Karon Plaza

Kata Center Point

Ban Kata

㉒ ㉑

KO PU

㉓

Koktano de Rd.

㉔

Club Med

Kata Yai

⑰

㉕

㉖

Phuket

4028

①

㉘ ㉗

⑲

⑱

⑤

㉙

㉚

Kata Noi

㉛

㉜

㉝

Nai Harn, Aussichtspunkt

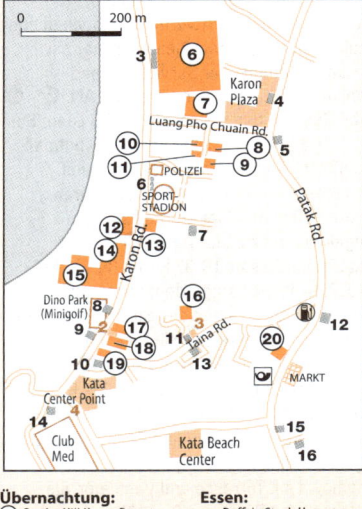

0 — 200 m

③

⑥

Karon Plaza

⑦

④

Luang Pho Chuain Rd.

⑩

⑧

⑤

⑪

POLIZEI

⑨

6

SPORT-STADION

⑦

⑫

⑬

Karon Rd.

⑭

⑮

⑯

Dino Park (Minigolf)

⑧

⑰

3 Laina Rd.

⑨

⑱

⑪

⑳

12

⑩

⑲

⑬

Kata Center Point

MARKT

⑭

Club Med

Kata Beach Center

⑮

16

Übernachtung:

① On the Hill Karon Resort
② In On The Beach
③ Lume & Yai Bungalows
④ Golden Sand Inn
⑤ Ramada Phuket South Sea
⑥ Thavorn Palm Beach Resort
⑦ Phuket Orchid Resort
⑧ Casa Brazil
⑨ Kasemsuk Gh.
⑩ Divers Inn
⑪ Baan Porn Tawan Gh.
⑫ Ruam Thep Inn
⑬ Kata Villa
⑭ Karon Beach Resort & Spa
⑮ Marina Cottage
⑯ Kata On Sea Bungalow
⑰ Kata Garden Resort
⑱ Diamond Cottage Resort & Spa
⑲ Fantasy Hill Bungalow
⑳ The Kata Resort
㉑ Karon Sea Hill Spa & Resort
㉒ Laem Sai Bungalow
㉓ Sawasdee Village
㉔ The Color Kata
㉕ Kata Poolside Resort
㉖ Phuket Kata Resort
㉗ Kata Beach Resort
㉘ Mom Tri's Villa Royale
㉙ P&T Kata House
㉚ Orchidacea Resort
㉛ Kata Noi Pavilion
㉜ Katathani Hotel
㉝ Katanoi Club Hotel

Essen:

1 Buffalo Steak House
2 Little Mermaid
3 Old Siam Restaurant
4 Mamma Noi
5 Mani's German Bakery
6 Fischrestaurants
7 Baluchi
8 Dino Park
9 Kata Food
10 Kampong Kata Hill
11 Blue Fin Tavern, Lucky Tom's
12 The Coffee Shop Kata Bakery
13 Kwong Shop
14 Fastfood Center
15 Locanda
16 Ratri Italian Bar & Grill
17 Capannina, Buffalo Steak House, Mamas Restaurant
18 The Boathouse Wine & Grill
19 Pen Thai Food, Kata Mama

Sonstiges:

1 Dive Asia
2 Dive Asia
3 Calypso Divers
4 Bier-Bars
5 Nautilus Divers

Transport:

① Bus→Phuket Town, Tuk Tuks

PHUKET

Fantasy Hill Bungalow ⑲, 8/1 Karon Rd., ✆ 076-330 106, ✉ fantasyhill@hotmail.com, [2995]. Am Hügel unter vielen Bäumen 28 große, saubere, teils etwas hellhörige Bungalows im Thai-Stil mit Ventilator, 2-stöckiges Haus mit AC-Zimmern (auch schöne Familienzimmer), zudem kleine Zimmer mit Ventilator, freundlicher Service. Mopedvermietung. Ältere Stammgäste. WLAN. ❷–❺

Karon Sea Hill Spa & Resort ㉑, 10/3 Laem Sai Rd., ✆ 076-284 487, ✉ karonseahill@hotmail.com, [7731]. Kleines Boutique-Resort mit 18 komfortablen Zimmern. TV, Kühlschrank, Panoramafenster. Pool. Durch Laem Sai Bungalows zu erreichen. ❻

Kata Garden Resort ⑰, 32 Karon Rd., ✆ 076-330 627, 🖥 www.katagardenphuket.com, [3570]. Eine der ersten Anlagen des Strandes. Schöne Bungalows unter großen Bäumen auf dem Hügel. Pool, WLAN. Frühstück inkl. ❻

Kata On Sea Bungalow ⑯, 96/6 Taina Rd., ✆ 076-330 594, ✉ kataonsea@hotmail.com, [3571]. Zwischen Palmen und Büschen auf dem Hügel stehen einfach eingerichtete Steinbungalows mit Terrasse und Ventilator, die besseren mit AC, z. T. mit Sicht über Kata. Auch große, gut möblierte, gefliese AC-Zimmer im 2-stöckigen Haus dahinter. Kleiner Pool. WLAN im Restaurant. ❷–❹

Laem Sai Bungalow ㉒, 8 Laem Sai Rd., ✆ 076-285 255, 🖥 www.laemsaibungalow.com, [3666]. An der Stichstraße 500 m vom Zentrum. Einfache, große AC-Bungalows unter Schatten spendenden Bäumen mit Terrasse am Hang, Ventilator oder AC, z. T. mit Meerblick. WLAN. ❸–❺

The Kata Resort ⑳, 197/2 Patak Rd., ✆ 076-330 730, 🖥 www.thekataresort.com, [6416]. Kleines Resort an der Hauptstraße, helle Reihenbungalows um den Pool mit teils riesigen Betten oder separatem Schlafbereich. Im Haus AC-Zimmer und Suiten für bis zu 4 Pers. mit TV, Kühlschrank. WLAN. ❺–❻

Kata-Karon
Karte S. 585

Auf dem Hügel zwischen Kata und Karon in günstiger Lage zwischen Zentrum und Strand findet man Unterkünfte verschiedenster Kategorien.

Karon Beach Resort & Spa ⑭, 51 Karon Rd., ✆ 076-330 006, 🖥 www.katagroup.com, [6418]. Direkt am Strand. 80 Zimmer und Suiten in 3-stöckigem Hotelblock mit Balkon und Meerblick; Restaurant mit Frühstücksbuffet, 2 Pools. ❽

€ **Kata Villa** ⑬, 100 Karon Rd., ✆ 076-333 030, 🖥 www.katavilla.com, [6419]. Kleines, preiswertes 2-stöckiges Haus an einer verkehrsreichen Straße mit Garten und Pool, alle Zimmer mit TV, Minibar und Balkon. Hohe Rabatte in der Nebensaison, dann ein echtes Schnäppchen und ❷, sonst ❺

Marina Cottage ⑮, 47 Karon Rd., ✆ 076-330 625, 🖥 www.marinaphuket.com, [6420]. Anlage mit viel Charme und entsprechend hohen Preisen. Große AC-Bungalows in traditioneller Thai-Architektur auf dem Hügel in tropischer Gartenanlage. Das Esssen im On the Rock Restaurant über den Felsen am Meer gehört zum besten der Insel – schöne Sonnenuntergänge! Im Sala Thai Restaurant am Pool abends traditionelle Tänze. Umweltbewusstes Management (Wasseraufbereitung). WLAN. ❽

Ruam Thep Inn ⑫, 53 Moo 4, Karon Rd., ✆ 076-330 281, 🖥 www.ruamthepinn.com, [6421]. 14 Zimmer mit AC in einigen Bungalows und dem 2-stöckigen Haus direkt am Strand, belebtes chinesisches Seafood-Restaurant. WLAN. ❺

ESSEN

Kata Yai

Tagsüber offerieren die Strandrestaurants nördlich des Club Med und am Südende von Kata Yai die beste Auswahl und eine angenehme Atmosphäre.

Im **Fastfood Center** nördlich des Club Med ist die Atmosphäre sehr freundlich und das Essen für die Insel überraschend preiswert und gut. ⏱ 8–22 Uhr.

Kata Mama, zu Recht beliebtes Strandrestaurant in Kata Yai. Die alteingesessene ehemalige Fischerfamilie achtet immer noch darauf, dass das Seafood frisch ist. ⏱ 8–22 Uhr.

Pen Thai Food, gleich nebenan, ist wegen seiner tollen Aussicht und des freundlicheren Service beliebt, aber das Essen ist nicht so gut wie bei Mama. ⏱ 8–22.30 Uhr.

PHUKET

In der Einkaufsstraße vor dem Kata Poolside haben sich kleine Cafés und Restaurants angesiedelt, darunter das **Capannina**, ein Italiener, und vorn an der Straße **Mama Restaurant**, das Seafood serviert.

The Boathouse Wine & Grill, 🖵 www. boathousephuket.com. Qualitativ hochwertige internationale Gerichte, die von einem Spitzenkoch zubereitet werden, dazu gute Weine. Ein Hummer- oder Lammgericht kostet bis zu 1000 Baht. ⏱ 7–22.30 Uhr.

Zentrum von Kata

Hungrige werden bei einem Bummel durch die Taina Rd. höchstwahrscheinlich zu jeder Tageszeit etwas Leckeres finden:

Im **Blue Fin Tavern** und dem benachbarten **Lucky Tom's** lassen die Taucher aus der Nachbarschaft bei guter Musik den Abend ausklingen. Man kann drinnen und draußen sitzen, gute Atmosphäre, freundlicher Service, akzeptables Essen. ⏱ 10–22 Uhr.

Dino Park, 🖵 www.dinopark.com. Das hervorragende Restaurant mit tollem Ambiente lohnt die Geldausgabe (S. 583). Gemischtes Seafood-BBQ 380 Baht. ⏱ 10–24 Uhr.

Kampong Kata Hill, 112/2 Patak Rd., ✆ 076-330 103. Schöne Anlage aus Holz in tropischem Garten auf dem Berg. Das Kampong wartet nicht nur mit einer umfangreichen Speisekarte auf (Seafood, einheimische und europäische Gerichte ab 200 Baht), sondern auch mit einer schönen Aussicht über Kata. Der Service lässt zu wünschen übrig. ⏱ 17–23 Uhr.

Kata Food, 23/7 Karon Rd., ✆ 076-284 467. Gut besuchtes, großes Restaurant mit viel Auswahl an Seafood und anderen Gerichten der Thai-Küche. Zudem Pizza, Pasta und Steaks. WLAN. ⏱ 12–24 Uhr.

Kwong Shop, 114/53 Taina Rd., ✆ 076-285 201. Lockt mit frischen Meeresfrüchten und anderen leckeren Thai-Gerichten mit chinesischem Einschlag. Einfache Ausstattung. ⏱ 9–24 Uhr.

Locanda, im Bougainvillea Terrace House, 86 Patak Rd., ✆ 076-330 087, 🖵 www.villea. com. Etwas außerhalb an der Hauptstraße. Stilvoll zubereitete, leckere europäische und einheimische Gerichte frisch vom Grill. Weinkeller. ⏱ 7–24 Uhr.

Ratri Italian Bar & Grill, Kata Hill, ✆ 076-333 538, 🖵 www.ratrijazztaurant.com. Großes, modernes Restaurant am Hang mit Ausblick auf die Bucht. Austernbar, Cocktail-lounge. Thai-Gerichte mit internationalem Touch um 300 Baht. Abholservice. ⏱ 17–1 Uhr.

The Coffee Shop Kata Bakery, 188 Patak Rd. Frühstück und leckeres Brot in verschiedenen Varianten, sowie Spaghetti, Pizza, Sandwiches und Kuchen. ⏱ 8–15.30 Uhr.

Die meisten Tauchschulen haben ihre Basen in Kata. Auf einigen Tagestouren werden auch Schnorchler mitgenommen. Schnorchelequipment kann man für etwa 150 Baht ausleihen.

Calypso Divers, 84 Taina Rd., Hat Kata, ✆ 076-330 869, 🖵 www.calypsophuket.com. Deutsche Tauchschule, Spezialist für *Liveaboards* mit verschiedenen Bootstypen nach Similan (4 Tage), Phi Phi (2 Tage inkl. Übernachtung) und Richilieu.

Dive Asia, 24 Karon Rd., ✆ 076-330 598, 🖵 www.diveasia.com. Deutsche professionelle Tauchschule und CDC Center, Tagestouren sowie 4- und 7-tägige *Liveaboard Cruises* mit eigenem Boot, auch Nitrox-Tauchen. Ein weiteres Büro an der Strandzufahrt beim Kata Beach Resort.

Nautilus Divers, 5/33 Kata Noi Rd., Hat Kata, ✆ 076-284 183, 🖵 www.nautilusphuket.com. Tauchschule unter schweizerischer Leitung (Mike). Tauchfahrten mit dem Schnellboot, Unterwasser-Scooter, Tauchgänge und Anfängerkurse am Hausriff vor der Tür.

Die Fahrer von Samlors und Tuk Tuks verlangen bereits für kurze Strecken an den Stränden unter 1 km mind. 200 Baht. **Tuk Tuks** nach PATONG 400 Baht (ab Kata Noi 500 Baht), PHUKET-STADT 600 Baht. **Taxis** vom und zum FLUGHAFEN 1200 Baht.

Inselbusse fahren von 6–16.30 Uhr für 30 Baht nach PHUKET-STADT, zurück bis 18 Uhr. Sie starten etwa alle 30–60 Min. am Kata Beach Resort und halten überall an der Strandstraße.

PHUKET

Hat Karon

An dem 3 km langen, breiten Sandstrand mit Dünen ist viel Platz zum Sonnenbaden, sodass die Liegen nicht ganz so dicht wie in Kata oder Patong stehen. Im Norden wird er von Felsen und einer vorgelagerten hübschen Lagune begrenzt. Hier führt die Straße über die Ao Karon Noi zum Hat Patong.

Beim Schwimmen ist vor allem während der Regenzeit Vorsicht geboten, da ein starker Rücksog herrscht. Am südlichen und nördlichen Rand der Bucht wurde der Islandia Complex mit Supermärkten, Apartments, preiswerten Unterkünften, Restaurants, Bars, Reisebüros und Einkaufspassagen aus dem Boden gestampft. Entlang des zentralen Strandabschnitts erstrecken sich eine Handvoll Luxushotels. Das Preisniveau der Restaurants ist etwas überhöht.

ÜBERNACHTUNG

Karte S. 585

Luang Pho Chuain Rd. (auch Moo 3, Patak Rd.)
Viele preiswerte Zimmer werden im Karon Plaza, wo sich auch viele Bars und Restaurants befinden, vermietet. Einige sind schmuddelig oder laut, daher vorher ansehen!
Baan Porn Tawan Gh. ⑪, 26 Moo 3, Soi Bangla, ✆ 085-850 8005, [3598]. 7 Zimmer und 3 weitere 2-Zimmer-Apartments in 3-stöckigem Gebäude mit Kühlschrank, Wasserkocher. Familiäre Atmosphäre. ❹
Casa Brazil ⑧, 9 Soi 1 Luang Pho Chuain Rd., ✆ 076-396 317, 🖳 www.phukethomestay.com, [3592]. Kleines, farbenfroh gestaltetes, freundliches B&B. Zimmer mit AC oder Ventilator, teils mit Balkon. Grüner Innenhof. Internet im Zimmer. ❹
Divers Inn ⑩, 127/34 Moo 3, Soi Bangla, ✆ 076-398 296, 🖳 www.diversinn.com, [6426]. 12 große Zimmer mit Minibar und Balkon. WLAN in der Lobby. ❹ – ❺
Kasemsuk Gh. ⑨, 28 Moo 3, Luang Pho Chuain Rd., ✆ 076-396 480, [3597]. Preiswerte AC-Zimmer mit Balkon, freundliche Inhaber. WLAN. ❹
Phuket Orchid Resort ⑦, 34 Luang Pho Chuain Rd., ✆ 076-396 519, 🖳 www.katagroup.com, [3591]. Die große Mittelklasse-Hotelanlage etwas abseits des Strandes beherrscht das

Ebenso wie ein Besuch der Travestieshow gehört ein Rundgang durch die Bierbars in der Soi Bangla zum Standardprogramm nahezu aller Urlauber. Etwas verunsichert über das „verruchte Treiben" und mit allen Vorurteilen über den Fleischmarkt im Kopf beginnt man in Kleingruppen den Rundgang durch das Gedränge – Ehepartner oder Freund(in) fest an der Hand. In gleichmäßigem Tempo geht es voran, mal nach links oder rechts auf die Bierbars blickend, die sich bei näherem Hinsehen als ziemlich harmlos erweisen. Eine Überzahl an Mädchen, meist in den Zwanzigern und durchaus normal gekleidet, umlagert gelangweilt oder auch hyperaktiv den Bartresen und unterhält die hängen gebliebenen Gäste mit harmlosen Spielchen wie Jenga oder „Vier gewinnt" oder hämmert Nägel in Baumstämme. Die Getränkepreise halten sich in Grenzen, ebenso die unzüchtigen Handlungen, die in der Öffentlichkeit selbst in diesen Kreisen verpönt sind. Auffällige Ausnahmen sind ausgerechnet die am hübschesten herausgeputzten „Mädchen", die ihre weiblichen Formen allerdings ausschließlich den Schönheitschirurgen verdanken.

In der unteren Bangla nahe dem Strand, wo die Bierbars einer Gasse fast ausschließlich von Transvestiten betrieben werden, sind schon mal nackte Brüste zu sehen. Im Allgemeinen geht es draußen recht sittsam zu. Wer allerdings eine Tür zu den angrenzenden Gebäuden öffnet, wird meist in eine Go-go-Bar blicken.

Straßenbild. 524 Zimmer und 40 komfortablere Zimmer mit Balkon in 4-stöckigen Reihenhäusern, z. T. stört Straßenlärm. 3 Pools. ❻ – ❽

Im Zentrum
Karte S. 585
Hier dominieren große Luxushotels.
Ramada Phuket South Sea ⑤, 204 Karon Rd., ✆ 076-370 888, 🖳 www.ramadaphuketsouth sea.com, [6431]. Etwa 100 Zimmer zu Luxuspreisen konzentrieren sich rings um den Pool des puristisch grau-weiß designten Resorts. ❽

Thavorn Palm Beach Resort ⑥, 128/10 Patak Rd., ℡ 076-396 090, 🖳 www.thavornpalmbeach. com, [3594]. Riesiger, 2- bis 4-stöckiger Hotelkomplex, 210 AC-Zimmer, 4 Restaurants; 5 Pools und Tennisplätze in großer Gartenanlage. Ableger des Thavorn Hotels in Phuket-Stadt. WLAN. ❽

Karon Nord
Karte S. 585
Von der Strandstraße zweigt am Kreisverkehr die Patak Rd. landeinwärts ab. In den Geschäfts- und Wohnhäusern des **Islandia Complex** befinden sich Bars, Restaurants und Reisebüros sowie im Obergeschoss preiswerte Unterkünfte ab 500 Baht, deren Namen und Besitzer häufig wechseln. Zudem preiswerte, einfache Hotelblocks.

Golden Sand Inn ④, 556 Patak Rd., ℡ 076-396 493, 🖳 www.phuket-goldensand.com, [6441]. Im Garten unter hohen Bäumen Reihenbungalows und freistehende Mattenbungalows mit AC, teure Hotelzimmer mit Minibar. Gutes, nicht überteuertes Restaurant, kleiner Pool, nahe am Strand. WLAN in der Lobby. ❺

In On The Beach ②, 395-397 Moo 1 Patak Rd., ℡ 076-398 220, 🖳 www.karon-inonthebeach. com, [6437]. Etwas abseits direkt zwischen Strand und Lagune gelegenes Hotel. Rund um den kleinen Pool 46 ansprechend möblierte Zimmer im 2-stöckigen schicken weißen Gebäude. WLAN. Familiäre Atmosphäre. ❻–❼

€ **Lume & Yai Bungalows** ③, 4 Soi Patak 24, ℡ 076-396 287, 082-2418 4022, ✉ tessacasey@hotmail.com [2983]. In einer ruhigen Nebenstraße hinter den Neubauten am Hang, Steinhäuser mit 20 großen Zimmern, z. T. mit Küche, Terrasse. Schöne Sicht auf Meer und Berge, viele deutsche Gäste. WLAN. ❹

On the Hill Karon Resort ①, 693 Patak Rd., am Hang über der Bucht, ℡ 076-286 469, 🖳 www. onthehillkaron.com, [3596]. Joe, der freundliche Manager, vermietet 12 saubere AC-Zimmer mit VCD, WLAN, Safe und Terrasse. Kleiner Pool. Fantastische Aussicht, Frühstück inkl. ❺

ESSEN UND UNTERHALTUNG

Entlang der Luang Pho Chuain Rd. haben sich einige Touristen-Restaurants etabliert, die überwiegend von Gästen des gegenüberliegenden großen Phuket Orchid Hotels besucht werden und auch mit etwas gehobenen Preisen und deutschsprachigen Speisekarten aufwarten.

Baluchi, im Horizon Hat Karon, hinter dem Stadion am Ende der Stichstraße gelegen, ℡ 076-284 555. Nordindisch-moslemisches Restaurant. Tandooris, zudem mexikanische und westliche Gerichte für 200–500 Baht. ⏰ 12–23.30 Uhr.

Mamma Noi, die früher in Kata war, ist mit ihrem Selbstbedienungsrestaurant ins Karon Plaza umgezogen. Das weiß gefliese Restaurant mit Neonlicht, Plastikstühlen, einem Tresen zum Bestellen und dem Kühlschrank, aus dem sich die Gäste selbst mit Getränken versorgen, ist nicht gerade gemütlich, aber wegen der Chefin und der relativ günstigen italienischen Gerichte beliebt. Auch Thai-Essen und Frühstück. ⏰ 7.30–22 Uhr.

Mani's German Bakery, 278 Patak Rd., ℡ 089-972 4989. Keine beeindruckenden Räumlichkeiten, aber die Brötchen sind absolut frisch, hervorragendes deutsches Frühstück mit Wurst und Käse sowie Kuchen, Würstchen und Leberkäs. ⏰ 7–12 Uhr, So geschl.

Old Siam Restaurant, 128/10 Moo 3, Patak Rd., an der Strandstraße. Hier kann man in traditioneller Thai-Atmosphäre klassisch speisen, mit Aussichtsterrasse. So abends klassische Thai-Tänze. Gehobenes Preisniveau. Gratistransport unter ℡ 076-396 090. ⏰ 12–15 und 18–23 Uhr.

Karon Nord
Buffalo Steak House, 35/19-22 Moo 1, Patak Rd., südlich vom Karon-Kreisverkehr, ℡ 076-333 013. Der schwedische Chef serviert ausgezeichnete neuseeländische oder australische Steaks und leckeren schwedischen Apfelkuchen. Man kann draußen sitzen und den Blick aufs Meer genießen. Bei Europäern trotz der hohen Preise sehr beliebt, freundlicher Service. Filiale in Kata-Karon, gegenüber dem Dino Park. ⏰ 9–24 Uhr.

Little Mermaid, gegenüber dem Islandia Complex. Unter dänischer Leitung wird überwiegend europäisch gekocht. ⏰ rund

um die Uhr, nur die Küche schließt zwischen 2 und 6.30 Uhr.
Im **Islandia Complex** konzentrieren sich zahlreiche relativ günstige Restaurants.

Einkaufen
Südlich vom Phuket Ocean Resort wird abends ein **Nachtmarkt** aufgebaut. Im **Karon Plaza** locken unzählige überdachte Verkaufsstände, überwiegend mit Textilien. ⏰ 9.30–23 Uhr.

Schneider
Für das Schneidern guter Kleidung sollte man 4–5 Tage Zeit mitbringen. Fertigungen innerhalb von 24 Std. taugen nichts.

Tauchen
Dive Asia, 121 Moo 4, gegenüber dem Islandia Complex, Patak Rd., Hat Kata, 📞 076-330 598, 🖥 www.diveasia.com. Filiale in Kata.

Offizielle Preise für gecharterte **Tuk Tuks**: PHUKET-STADT 500 Baht, PATONG 400 Baht, CHALONG 400 Baht, NAIHARN 500 Baht, SURIN 800 Baht. **Taxi** zum FLUGHAFEN 1000 Baht. **Inselbusse** nach PHUKET-STADT von 6–16.30 Uhr für 30 Baht.

Hat Patong

Über 3 km säumen mehrere Reihen von Sonnenschirmen und Liegen den feinen, hellen Sandstrand. Dahinter erstreckt sich eine Stadt für Touristen mit allem, was dazugehört: Shopping, Essen und – nicht zu vergessen – den nächtlichen Vergnügungen, die Patong [3690] weltberühmt gemacht haben. Hunderte von großen Hotels, schicken Resorts und einfachen Unterkünften für weniger Betuchte erstrecken sich entlang der beiden Parallelstraßen und bis weit hinein ins Hinterland. Das Angebot der Straßenstände, Supermärkte und des gewaltigen neuen Einkaufszentrums ist auf Urlauber aus aller Welt ausgerichtet, ebenso wie die Restaurants: Die unzähligen Bars und Pubs, die am frühen Abend auch noch Familien und (meist ältere) Ehepaare

zu Gast haben, werden später am Abend fast nur noch von alleinreisenden Männern frequentiert.

Der Strand lockt Urlauber aus der ganzen Welt an: Ehepaare, Familien und Senioren. Tagsüber vergnügt man sich beim Baden, Windsurfen oder Fallschirmsegeln, fährt mit dem Jeep oder Motorrad durchs Hinterland oder zum Tauchen und Schnorcheln auf die Inseln. Weniger Sportliche machen ein paar Schwimmzüge im ruhigen Wasser, legen sich in die Sonne, hängen an der Pool-Bar herum, lesen heimische Tageszeitungen und lassen sich massieren oder mani- und pediküren – ein Strand für ganz normalen Erholungsurlaub also – zumindest für jene, die sich unter diesen Massen von Menschen erholen können. Denn zuweilen scheint der Strand vor Menschen überzuquellen.

Am Abend drängen sich die Touristen auf den schmalen Gehsteigen. Pick-ups, Minibusse und Mopeds quälen sich durch die schmalen Straßen. Es wird eingekauft, gegessen und das neue Kleid zur Schau getragen; nicht immer zum Vorteil der stolzen Besitzer.

Obwohl auch am Patong Mülleimer Mangelware sind, ist der Strand sauber, denn er wird ständig gepflegt. Die Wasserqualität ist nicht immer die beste, das Meer wirkt zu bestimmten Jahreszeiten trüb, zu anderen kann es aber strahlend blau sein. Von einem Urlaubsort am Mittelmeer unterscheidet sich Patong äußerlich kaum. Allenfalls das Preisniveau liegt etwas niedriger.

Die Umgebung von Patong
Die hübschen Strände **Crystal Bay**, **Paradise Beach** und **Freedom Beach** im Südwesten von Patong werden oft mit Booten zum Schnorcheln oder Sonnenbaden angefahren. Am Paradise Beach gibt es Sonnenschirme, ein kleines Restaurant und einen Verleih von Schnorchelausrüstungen und Seekanus. Mit dem Auto oder Motorrad gelangt man auf teils steilen Straßen vorbei am gigantischen Merlin Beach Resort am Hat Tri Trang bis zum Emerald Beach. Von dort geht es auch auf einer ausgeschilderten unbefestigten Straße bis zum Paradise Beach. Zu Fuß kann man zur ersten Bucht auch bequem durch das Gelände des Coral Beach Hotels wandern.

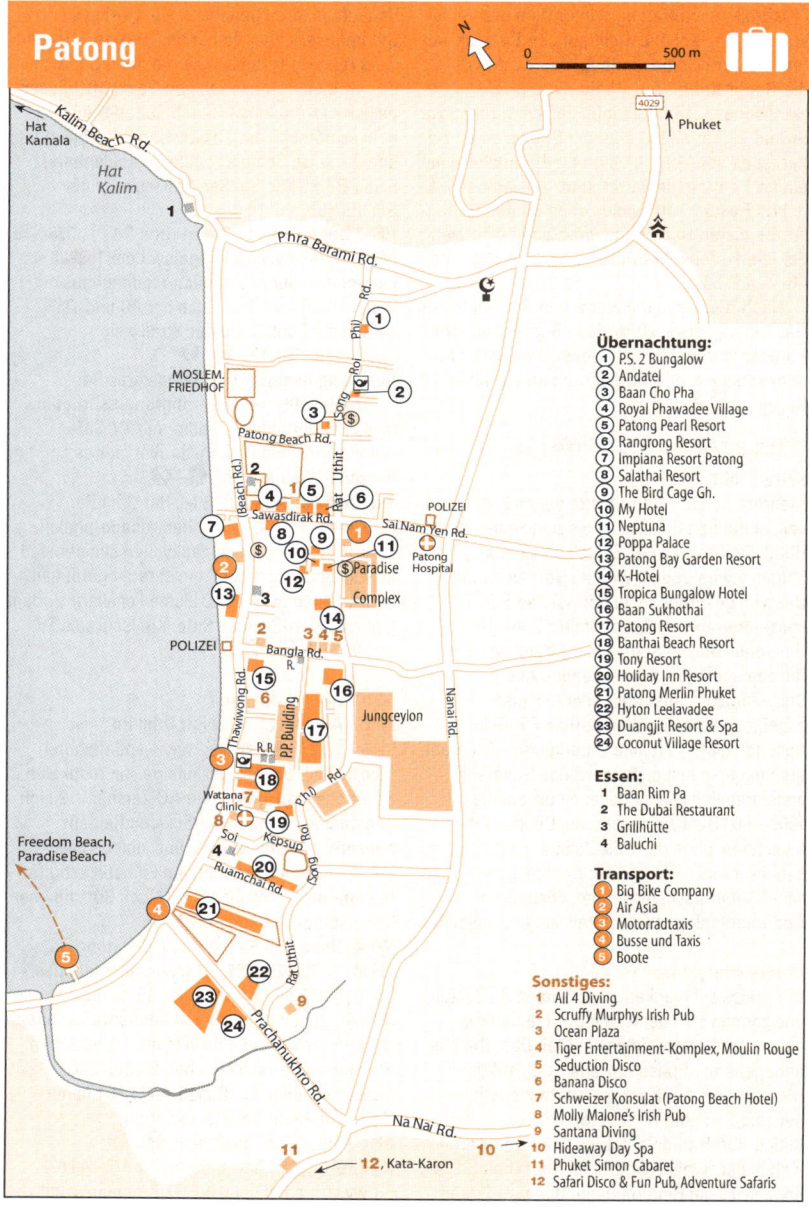

Patong

N

0   500 m

4029
↑ Phuket

Kalim Beach Rd.
← Hat Kamala

Hat Kalim

Phra Barami Rd.

Phu Rd.
Song Roi

MOSLEM. FRIEDHOF

Patong Beach Rd.

Beach Rd.

Sawasdirak Rd.

Rat Uthit

POLIZEI

Sai Nam Yen Rd.

Patong Hospital

Paradise Complex

Bangla R.

POLIZEI

Thawiwong Rd.

P.P. Building

Jungceylon

Nanai Rd.

R.R.

Wattana Clinic

Soi Kepsup

Phu Rd.

Song Roi

Ruamchai Rd.

Freedom Beach, Paradise Beach

Rat Uthit

Prachanukhro Rd.

Na Nai Rd.

← Kata-Karon

www.stefan-loose.de/thailand

PHUKET

Übernachtung:
1. P.S. 2 Bungalow
2. Andatel
3. Baan Cho Pha
4. Royal Phawadee Village
5. Patong Pearl Resort
6. Rangrong Resort
7. Impiana Resort Patong
8. Salathai Resort
9. The Bird Cage Gh.
10. My Hotel
11. Neptuna
12. Poppa Palace
13. Patong Bay Garden Resort
14. K-Hotel
15. Tropica Bungalow Hotel
16. Baan Sukhothai
17. Patong Resort
18. Banthai Beach Resort
19. Tony Resort
20. Holiday Inn Resort
21. Patong Merlin Phuket
22. Hyton Leelavadee
23. Duangjit Resort & Spa
24. Coconut Village Resort

Essen:
1. Baan Rim Pa
2. The Dubai Restaurant
3. Grillhütte
4. Baluchi

Transport:
1. Big Bike Company
2. Air Asia
3. Motorradtaxis
4. Busse und Taxis
5. Boote

Sonstiges:
1. All 4 Diving
2. Scruffy Murphys Irish Pub
3. Ocean Plaza
4. Tiger Entertainment-Komplex, Moulin Rouge
5. Seduction Disco
6. Banana Disco
7. Schweizer Konsulat (Patong Beach Hotel)
8. Molly Malone's Irish Pub
9. Santana Diving
10. Hideaway Day Spa
11. Phuket Simon Cabaret
12. Safari Disco & Fun Pub, Adventure Safaris

Nördlich von Patong, hinter dem ersten Felsen, der eine schöne Sicht auf den Badeort bietet, erstreckt sich entlang der Küstenstraße die Bucht **Kalim**. Der flache, von Muschel-bewachsenen, scharfkantigen Felsen durchsetzte Strand eignet sich nicht zum Schwimmen. Daher ist es von Vorteil, wenn die Unterkünfte mit einem Pool ausgestattet sind. Aussichtspunkte und Restaurants weiter oben an der Küstenstraße bieten zum Sonnenuntergang eine weniger überlaufene Alternative zum Laem Promthep (Kasten S. 581).

Nach dem Tsunami wurden in der Bucht vor Hat Patong etwa 20 % der oberflächennahen Korallen durch den hinausgeschwemmten Müll abgeschlagen oder abgebrochen, vor allem im Gezeitenbereich.

Karte S. 591

Mehrere hundert Unterkünfte bieten Zimmer an, vom einfachen Gästehaus bis zum First-Class-Hotel. Ein Großteil der Gäste kommt aus Skandinavien, zudem wird im Norden häufig Deutsch gesprochen. In der Soi San Sabai konzentrieren sich Angebote für britische Besucher, und im Süden sonnen sich viele Russen und andere Osteuropäer. Auch Chinesen, Koreaner und Inder kommen zunehmend als Urlauber hierher. Für Billigreisende gibt es wenige Unterkünfte – 900 Baht erscheinen günstig, dabei ist das Gebotene meist ziemlich mies. Besser ist es, um die 1000–1500 Baht zu investieren. Die doppelte Investition lohnt, denn die Zimmer sind dann sauberer und nicht ganz so trashig. Langzeiturlauber bevorzugen die günstigeren Apartmentanlagen und Hotels in der Na Nai Rd.

Untere Preisklasse

Die Preise schwanken stark je nach Auslastung und können sich bei wenig Betrieb nahezu halbieren (Nebensaison von Mai–Okt). Die hier angegebenen Preise beziehen sich auf die Hauptsaison. Auch wer im Internet bucht, bekommt oft gute Angebote.

Kleine Hotels und Gästehäuser konzentrieren sich in der zweiten Straße, der Rat Uthit Rd., die etwa 400 m im Hinterland parallel zum Strand

verläuft. In ihren Seitengassen werden in Stadthäusern über den Shops, Restaurants und Bars relativ günstig Zimmer vermietet, z. B. in den vergleichsweise ruhigen Geschäftshäusern östlich des Andaman Beach Suites-Hochhauses nördlich der Thawiwong Rd., rings um den Paradise Complex (viele Schwulenbars), in der Barstraße Soi San Sabai und in der Soi Kebsup.

P.S. 2 Bungalow ①, 23 Rat Uthit Rd., ℡ 076-342 207, 🖥 www.ps2bungalow.com, [6382]. Einfache, saubere Zimmer im Reihenhaus mit Ventilator. Gegenüber auch mit AC und TV. Garten mit Pool. Nahe der Straße ein Restaurant. WLAN. ❸–❺

Rangrong Resort ⑥, 21 Sawasdirak Rd., ℡ 076-341 608, 🖥 www.rangrongresort.com, [6383]. 11 geräumige Zimmer mit TV, Safe, Kühlschrank und Balkon. Sauber, nettes Personal. Kleiner Pool. ❹–❻

The Bird Cage Gh. ⑨, 6/1-3 Rat Uthit Rd., ℡ 076-293 195, 🖥 www.thebirdcage-phuket. com, [6384]. Die geschmackvollen Zimmer sind stilvoll eingerichtet und meist recht geräumig (teils mit genug Platz für kleine Familien). Zudem gibt es 3-Bett-Zimmer. Safe, Kühlschrank, TV und WLAN. ❹–❺

Mittlere Preisklasse

Andatel ②, 41/9 Rat Uthit Rd., ℡ 076-290 480, 🖥 www.andatelhotel. com, [6385]. Über 50 geräumige, mit rustikalen Holzmöbeln ausgestattete AC-Zimmer in 2 sich gegenüberliegenden 3-stöckigen Reihenhäusern. Kühlschrank, TV und kleiner Balkon. Inkl. kleinem ansprechenden Frühstücksbuffet. Restaurant und recht großer Pool. Günstig über Veranstalter zu buchen. ❺

Baan Cho Pa ③, 5/13 Hat Patong Rd., ℡ 076-290 402, 🖥 www.amantahouse. com, [7733]. Juwel unter den Gästehäusern. Alle AC-Zimmer und die mit Küchenzeilen ausgestatteten Apartments sind im chinesischen Stil und in unterschiedlichen Farben eingerichtet, einige mit Balkon. WLAN. Kleiner Garten im Hinterhof. Reservierung empfehlenswert, da oft voll. ❺–❻

K-Hotel ⑭, 180 Rat Uthit Rd., ℡ 076-340 832, 🖥 www.k-hotel.com, [6387]. Bungalows mit

PHUKET

viel deutschsprachigem Publikum. Pool mit grüner Liegewiese. Große Zimmer, große Betten, schönes geräumiges Bad. WLAN. Beliebtes Wiener Gartenrestaurant. **⑤–⑦**

MyHotel ⑩, 13 Rat Uthit Rd., ✆ 076-340 233, 🖥 www.myhotelphuket.com, **[7734]**. Geschmackvolle Zimmer im 3-stöckigen Reihenhauskomplex in einer Soi an der Rat Uthit. Alle Zimmer mit Balkon und Blick auf die kaum befahrene Soi. Safe im Zimmer, TV, WLAN, Kühlschrank und Minibar. Indoor-Swimmingpool. In der Hauptsaison sollte man vorbuchen. **⑤**

Neptuna ⑪, 176 Rat Uthit Rd., ✆ 076-340 8246, 🖥 www.phuket-neptuna.com, **[6388]**. 3-stöckiges Haus, viele Zimmer ohne Fenster, einige mit Balkon. Kleiner Pool mit Jacuzzi im Innenhof. Etwas karge, kühle Atmosphäre. TV und Kühlschrank. WLAN in der Lobby. **⑤**

Patong Pearl Resortel ⑤, 13 Sawasdirak Rd., ✆ 076-340 121, 🖥 www.patongpearl.com, **[8285]**. Helle, freundliche AC-Zimmer in 2 Hotelbauten auf schmalem Grundstück. Freundliches Personal. Relativ großer Pool mit einem kleinen Becken auch für die Kleinen. Gutes Restaurant. **⑤**

Tony Resort ⑲, 206/30 Rat Uthit Rd., ✆ 076-345 377, 🖥 www.tonyresorts.com, **[6389]**. 4-stöckiges großes Haus, zentral gelegen. In der Mitte liegt ein großer Pool. Alle Zimmer sind geräumig, haben eine Badewanne, einen Balkon und TV. Internet in der Lobby. Viele junge Leute. Ohne Frühstück knapp **⑤**

Obere Preisklasse

In dieser Kategorie finden sich vor allem typische Pauschalurlauberhotels, die z. T. günstig über Reisebüros gebucht werden können.

Baan Sukhothai ⑯, 70 Bangla Rd., ✆ 076-341 394, **[3699]**. Mitten im Zentrum auf einem großen Grundstück. Schöne, luxuriöse Bungalows im Thai-Stil sowie Zimmer im Haupthaus. Restaurants, Pool und Spa. **⑥–⑧**

Coconut Village Resort ㉔, 20 Prachanukhro Rd., ✆ 076-366 312, 🖥 www.coconutvillage resort.com, **[6386]**. 2-stöckiges Hotel, 80 nette AC-Zimmer mit Balkon, TV, Wasserkocher, teils mit Safe. Großer Pool mit kleiner Wasserrutsche.

Sauna. WLAN. Günstig übers Internet und Veranstalter. **⑦**

Duangjit Resort & Spa ㉓, 18 Prachanukhro Rd., etwas abseits vom Strand, ✆ 076-340 303, 🖥 www.duangjit.com, **[6391]**. Am Rande einer riesigen Gartenanlage stehen zahlreiche 2-geschossige Häuser mit über 300 geschmackvoll eingerichteten AC-Zimmern. Alles ist so weitläufig, dass man sich nicht in Patong wähnt, wo Platz ansonsten knapp bemessen ist. Dazu passt auch die riesige Poollandschaft. Kinder freuen sich auf Betreuung in den „Wunderpilzen" mit Sandkasten und Spielzimmern. **⑦–⑧**

Hyton Leelavadee ㉒, 3 Prachanukhro Rd., ✆ 076-292 091, 🖥 www.hytonleelavadee.com, **[8282]**. 2-stöckige Häuser und einige Bungalows mit komfortablen Zimmern in einer Gartenanlage rings um einen großen Pool. TV und Safe. Restaurant, Sauna, Fitnessraum. Frühstück inkl. **⑥–⑦**

Patong Merlin Phuket ㉑, 44 Thawiwong Rd., ✆ 076-340 037, 🖥 www.merlinphuket.com, **[6392]**. 400-Zimmer-Hotel im Zentrum mit 3 Pools in einem tropischen Garten, Restaurants und Café mit Tischen im Freien. Kleiner Kinderspielplatz. Ein weiterer großer Ableger, das **Merlin Beach Resort**, mit 415 Zimmer und 4 Restaurants steht am Hat Tri Trang südlich von Patong. **⑧**

Patong Resort ⑰, 208 Rat Uthit Rd., ✆ 076-340 551, 🖥 www.patongresorthotel.com, **[8283]**. Großes Hotel im Zentrum mit komfortablen Zimmern mit Balkon. Der 2-stöckige Garden Wing ist rings um den kleineren Pool gebaut. Daneben liegt der dazugehörige 8-stöckige Pavilion Wing mit großem Pool am kargen Gelände. **⑦–⑧**

Poppa Palace ⑫, 14-16 Rat Uthit Rd., ✆ 076-345 522, 🖥 www.poppapalace.com, **[8281]**. In einem 4-stöckigen Hotel in ruhiger Lage und dennoch zentral. 64 AC-Zimmer im Thai-Stil, TV, Internetzugang, Kühlschrank und Balkon. Frühstück inkl. **⑥–⑦**

Royal Phawadee Village ④, 3 Sawasdirak Rd., ✆ 076-344 622, 🖥 www.royal-phawadee-village.com, **[3698]**. Komfortable Zimmer und Bungalows im traditionellen Thai-Stil. Großer Pool inmitten der ansprechend gestalteten

PHUKET

Anlage. Gutes Restaurant. Inkl. Frühstück.
WLAN. ❼–❽

Salathai Resort ⑧, 10/4 Sawasdirak Rd.,
✆ 076-296 631, 🖥 www.phuketsalathai.com,
[8286]. In den 3-stöckigen Hotelgebäuden rund
um den recht großen Pool komfortable Zimmer
und Suiten mit thailändischem Touch, alle mit
Balkon oder Terrasse. Großes Restaurant vorne
an der Straße. Frühstück inkl. ❻–❽

🧳 **Tropica Bungalow Hotel** ⑮, 132 Thawiwong Rd., ✆ 076-340 204-5, 🖥 www.
tropica-bungalow.com, [6390]. Hinter dem
großen Restaurant Doppel- und Reihenbungalows im ruhigen tropischen Garten. Safe,
großes Bad, TV. Recht großer Pool. An der
Rezeption hängt ein Foto von den ersten Hütten
unter Palmen aus dem Jahr 1986 – als diese
Anlage noch in der ersten Reihe stand!
Frühstück inkl. Über Veranstalter günstiger. ❻

Luxus am Strand

Am Strand liegen nur noch Hotels der
gehobenen Preisklasse. Wer einen Bungalow
am Strand bucht und dafür extra viel zu
bezahlen bereit ist, muss bedenken, dass
tagsüber ein jeder Strandbesucher Einblick in
die Gemächer hat und Hunderte Liegestühle
den Blick aufs Meer verstellen. Mit der Idylle
von einst hat ein Bungalow am Strand hier
nichts mehr zu tun. Am besten bucht man diese
Hotels vorher im Reisebüro oder hält nach
Special Deals im Internet Ausschau.

Banthai Beach Resort ⑱, 94 Thawiwong Rd.,
✆ 076-340 850, 🖥 www.banthaiphuket.com,
[8287]. Große Anlage mit Zimmern und Suiten im
modernen Design (einige mit direktem Pool-
Zugang), umgeben von einer Plaza mit vielen
Läden und Ablegern internationaler Ketten.
Restaurant, Spa, Fitnesscenter und Sauna. ❽

Holiday Inn Resort ⑳, 52 Thawiwong Rd.,
✆ 076-370 200, 🖥 www.phuket.holiday-inn.
com, [6393]. 4-Sterne-Resort. Zimmer und
Suiten im Thai-Stil mit 3 Pools und dem Spa
The Aspara. ❽

Impiana Resort Patong ⑦, 41 Thawiwong Rd.,
✆ 076-340 138, 🖥 www.impiana.com, [8284].
Stilvolles, hochpreisiges Boutiquehotel im
modernen Thai-Design direkt am Strand.
70 mit dunklem Holz eingerichtete Zimmer

mit jeglichem Komfort und Balkon. Gutes
Restaurant mit Fusionküche. ❽

Patong Bay Garden Resort ⑬, 33/1 Thawiwong
Rd., ✆ 076-340 297, 🖥 www.patongbaygarden.
com, [8288]. Resort mit großem Garten und Pool
am Strand, 70 komfortable Zimmer im Thai-Stil,
teils mit Balkon, und für Familien geeignete
Suiten, teurere Zimmer direkt am Strand.
Italienisches Restaurant, Pool, Spa. ❽

ESSEN

Gästehäuser und einfache Hotels servieren das
übliche Ei-und-Toast-**Frühstück**, während
teurere Resorts ein mehr oder weniger üppiges
Buffet auftragen. Mittags verlassen nur wenige
Urlauber den Strand, und wer nicht von den
fliegenden Händlern mit Sandwiches, Obst und
gekühlten Getränken versorgt wird, sucht
höchstens eines der strandnahen Restaurants
oder Foodstalls für einen Imbiss auf.
Nach Sonnenuntergang scheinen alle Touristen
auf den Beinen, um ein Restaurant für den
Abend zu suchen. Viele lassen sich dabei von
den leckeren (aber teuren) Auslagen vor den
Seafood-Restaurants an der Thawiwong Rd.
anlocken. Viele kleine, einfache Restaurants
konzentrieren sich in der Soi Post Office (Soi
Permpongpatana).
Auf dem großen **Essensmarkt** in der Rat Uthit
Rd. stimmt die Atmosphäre – da stört es nur
wenige, dass (vor allem) beim Seafood kräftig
abgezockt wird. Günstiger und überschaubarer
ist der abendliche Essensmarkt etwas weiter
nördlich hinter der Einmündung der Patong
Beach Rd. Großes Angebot an frischem
Seafood, und auch der Service ist gut.
Restaurants sind so zahlreich vertreten, dass
es für jeden Geldbeutel und Geschmack das
passende Lokal gibt. Es finden sich Inder,
Japaner, Koreaner, Italiener, Pakistani und
einige Nationen mehr – natürlich auch
gehobene und einfache Thai-Küche. Viele sehr
gute Restaurants mit gehobener Küche findet
man in den teuren Resorts.

Baan Rim Pa, auf den Felsen des Ao Kalim,
✆ 076-340 789. Das seit Jahrzehnten beliebte
Restaurant ist geschmackvoll dekoriert und
bietet stilvolle Thai-Küche und eine gute
Weinauswahl. Das besondere Plus ist die

tolle Aussicht auf Hat Patong. Frühzeitige Reservierung vor allem in der Saison zu empfehlen. Gehobenes Preisniveau. Tgl. außer Mo Live-Jazz. ⏰ 12–23 Uhr.

Baluchi, 64/39 Soi Kebsup, im Horizon Beach Resort, ☎ 076-292 526. Hervorragendes nordindisch-moslemisches Restaurant. Ausgezeichnete Tandooris, zudem westliche Gerichte für 200–500 Baht. ⏰ 13–23.30 Uhr.

Grillhütte, 142/1 Thawiwong Rd., ☎ 076-341 456, 🖳 www.grillhuette.com. Wenn das Heimweh plagt, tröstet dieses seit 1983 bestehende deutsch-österreichische Restaurant unter Leitung von Ulrich Sterz. Bier vom Fass. Auch Zimmervermietung.

The Dubai Restaurant, 186/13 Thawiwong Rd., ☎ 076-340 254. Arabisches und Indisches sowie Thai-Gerichte und ein wenig Westliches werden in diesem Restaurant an der Strandstraße serviert. ⏰ 11–22 Uhr.

UNTERHALTUNG

Bier-, Video- oder Go-go-Kneipen, Discos und Bordelle: „Unterhaltung" gibt es mehr, als manch einer ertragen kann. Das Überangebot hat zu einem verschärften Wettbewerb geführt, der sich auf unangenehme Weise bemerkbar macht. Je nachdem wer und zu welcher Uhrzeit hier entlangläuft, wird bedrängt und angemacht – was nicht jeder angenehm findet.

Discos und Bars

Banana Disco, 94 Thawiwong Rd., ☎ 076-340 306. Die älteste Disco im Zentrum von Patong, in der es gegen Mitternacht richtig voll wird. An der Bar wird am frühen Abend oft Livemusik geboten, danach legt der DJ überwiegend House auf. Eintritt 200 Baht inkl. einem Drink. ⏰ 21–2 Uhr, das dazugehörige Pub öffnet bereits mittags.

Molly Malone's Irish Pub, Patong Shopping Center, 94/1 Thawiwong Rd., ☎ 076-292 771, 🖳 www.mollymalonesphuket.com. Ein echt irisches Pub ohne Anmache, ⏰ 10–2 Uhr.

Moulin Rouge, im Tiger Entertainment-Komplex, 🖳 www.facebook.com/pages/Hollywood-Patong-Discoteque/119167940407. Eine weitere beliebte Disco in der Soi Bangla. Hier treffen sich nach Mitternacht Touristen aus aller Welt.

Aufgelegt wird ein breites Spektrum von House, Hip-Hop und den üblichen Reggae-Urlaubshits. ⏰ 20–3 Uhr.

Safari Disco & Fun Pub, 28 Sirirat Rd. Auf einem Hügel an der Straße nach Karon. Der Traum eines Romantikers wurde wahr! Alles ist aus Naturmaterialien erbaut und mit vielen Pflanzen und originellen Tonfiguren dekoriert. Live-Bands von 22–2 Uhr. ⏰ 20–3 Uhr.

Scruffy Murphy's Irish Pub, 5 Bangla Rd., ☎ 076-292 590, 🖳 www.scruffymurphysphuket. com. Ab 11 Uhr ist dieses zweite irische Pub geöffnet. Obwohl es im Zentrum des Barviertels liegt, wird „Mann" hier in Ruhe gelassen. Wenn interessante Sportübertragungen laufen oder abends Livemusik spielt, kommt Stimmung auf. ⏰ 10–2 Uhr.

Seduction Disco, Soi Happy, Bangla Rd., 🖳 www.seductiondiscotheque.com. Die größte 2-stöckige Disco auf der Vergnügungsmeile, mit einem Super-Soundsystem. Mi zur Beach Party wird die Tanzfläche mit Sand gefüllt. Eintritt 250 Baht. ⏰ 21–4 Uhr.

Shows

Phuket Simon Cabaret, 8 Sirirat Rd., Reservierung unter ☎ 076-342 011-5, 🖳 www. phuketsimoncabaret.com. An der Straße Richtung Karon. Eine professionell gestaltete Travestie-Show, herrliche Bühnenbilder, gekonnte Dramaturgie, fantastische Licht- und Sound-Effekte. Vorstellungen um 18, 19.45 und 21.30 Uhr. Tickets 600 Baht, für Einheimische und in der Nebensaison günstiger.

AKTIVITÄTEN

Bootsfahrten

Longtail-Boote verkehren vom Pier am Südende der Bucht zum Freedom (hin und zurück für 1200 Baht) und Paradise Beach (1000 Baht). Es gibt auch Bootstouren in die Bucht von Phang Nga und auf die Nachbarinseln, ab 1500 Baht. Mehr zu den Zielen dieser Touren auf S. 629. Reisebüros bieten zudem Tagestouren nach Ko Phi Phi, inkl. Transport vom und zum Hotel, Mittagessen und Schnorchelequipment, Besuch der Viking Cave und der Maya Bay. Abfahrt gegen 8 Uhr, Rückkehr gegen 18 Uhr, um die 1500 Baht.

Tauchen

Die Tauchschulen am Patong arbeiten eng zusammen. Da täglich neue Kurse beginnen und nur selten 4 Pers. zusammenkommen, kann man hier mit etwas Glück in 3 Tagen allein betreut den Tauchschein machen. Touren werden immer in Kooperation aller Veranstalter gemacht – auch, um nicht unnötig viele Boote in die Tauchgebiete zu fahren.

All 4 Diving, 169/14 Sansabai Rd., ✆ 076-344 611, 🖵 www.all4diving.com. Hervorstechend ist die große Auswahl an Tauchausrüstungen im größten Shop der Insel. Der Manager spricht Deutsch. Günstige Last-Minute-Angebote für Kurzentschlossene machen einen *Liveaboard* erschwinglicher. ⏰ 9–22 Uhr.

Santana Diving, 273 Rat Uthit, 200 Pi Rd., ✆ 076-294 220, 🖵 www.santanaphuket.com (englisch und deutsch). Die Tauchschule kann auf über 30 Jahre Erfahrung verweisen. Deutsche Leitung. 2 Tauchboote. Tgl. Tauchkurse, zudem vielfach 3- bis 7-tägige *Liveaboards* nach Similan, Surin und zu den südlichen Inseln, Nitrox-Tauchen.

Eine privat betriebene **Dekompressionskammer** befindet sich in der 231/233 Rat Uthit Rd., 🖵 www.sssnetwork.com. Eine große Kammer besitzt das Vachira Phuket Hospital in Phuket-Stadt.

Wassersport

Windsurfen für 500 Baht/Std., **Parasailing** 1000 Baht, **Wasserski** 1000 Baht/10 Min., **Bananenboot** 500 Baht p. P., Tauchen (s. o.) und **Jet Skis** 1000 Baht/30 Min. Letztere sind offiziell verboten, da sie laut und gefährlich sind – besser meiden! Immer wieder gehen die Maschinen kaputt, und der Nutzer muss zahlen – eine bekannte Masche, die den Betreibern wahrscheinlich mehr Geld bringt als der Verleih der Fahrzeuge.

Autovermietungen

Am Strand und bei den Gästehäusern werden Jeeps unter 1000 Baht vermietet, die allerdings nicht ausreichend versichert und oft in schlechtem Zustand sind. Vermieter an der Thawiwong Rd. nehmen meist 1500 Baht pro Tag.

Einkaufen

Neben dem Jungceylon sind auch die anderen **Einkaufszentren** gut mit den Waren bestückt, die viele Urlauber suchen: Das Angebot reicht von Bademode über Sonnenbrillen bis zu Kosmetika, Spirituosen, westlichen Lebensmitteln, Postkarten, Zeitschriften und Medikamenten aller Art.

Je nach Saison und Nachfrage schwanken die Preise an den **Souvenirständen**, die sich in der Bangla Rd., der Thawiwong Rd. und vielen Nebenstraßen ausgebreitet haben. Vor allem von gerade eingetroffenen Weißhäutigen werden stark überhöhte Preise gefordert, sodass es lohnt, das Angebot zu vergleichen und zu handeln.

Geld

Zahlreiche Wechselstuben und Banken im Zentrum und an der Rat Uthit Rd. wechseln tgl. von 9.30–20 Uhr Geld und Travellers Cheques. Spätabends sind noch die Wechselschalter in der Bangla Rd. geöffnet. Außerdem zahlreiche Geldautomaten.

Medizinische Hilfe

Das **Patong Hospital**, ✆ 076-342 633, an der Sai Nam Yen Rd. hat eine gute ambulante Station

Shopping mit Show-Effekten

Das große Einkaufszentrum **Jungceylon**, Rat Uthit Rd., 🖵 www.jungceylon.com, ist für viele eine Sehenswürdigkeit. Wer durch den ersten Bereich des Komplexes hindurchgeht, gelangt auf einen freien Platz, auf dem eine 20 m lange chinesische Dschunke steht. Davor werden allabendlich im Brunnen um 19 und 21 Uhr Wasserspiele veranstaltet. Es folgt der Phuket Square mit dem Carrefour Hypermarkt, der eine große Auswahl westlicher und asiatischer Lebensmittel bietet. Zudem befinden sich hier der Robinson Department Store und 5 Kinos. Abends locken diverse Veranstaltungen auch viele Einheimische ins Center. Dahinter erstreckt sich die riesige Halle des **Banzaan Fresh Market**, wo Obst und Gemüse, Fleisch und Fisch verkauft werden.

PHUKET

und ist sehr erfahren in der Behandlung von Verletzungen durch Motorradunfälle. Bessere stationäre Behandlung erfährt man in den Krankenhäusern von Phuket.
Wattana Clinic, 78/8 Thawiwong Rd., ☎ 076-340 690, 🖥 www.wattanaclinic.com. Auch Deutsch sprechende Ärzte. ⏲ 9–19 Uhr.

Motorradverleih
In einem Jahr hat es auf der Insel über 1000 registrierte Motorradunfälle mit fast 200 Toten gegeben, also bitte vorsichtig und nur mit Helm fahren sowie den Führerschein mitnehmen. Über 100 Motorräder, darunter 250cc- und 1000cc-Maschinen (500 bzw. 1000 Baht pro Tag), vermietet **Big Bike Company** an der Thawiwong Rd., ☎ 076-345 100. 110cc-Maschinen kosten ca. 200 Baht pro Tag, 125cc-Maschinen 300 Baht. Allerdings schwanken die Preise je nach Nachfrage erheblich.

Parken
Wer mit dem eigenen Fahrzeug unterwegs ist, sollte unbedingt darauf achten, dass an geraden/ungeraden Tagen das Parkverbot von einer zur anderen Straßenseite wechselt, manchmal sogar mittags. Meist findet der Wechsel um 6 Uhr morgens statt.

Post
Ein großes Postamt in der Rat Uthit Rd., ⏲ 8.30–12 und 13–16.30, feiertags 9–12 Uhr. Eine kleine Niederlassung an der Thawiwong Rd. ⏲ 9–18.30 Uhr.

Spa
Hideaway Day Spa, 157 Soi Na Nai, ☎ 081–7500 0261, 🖥 www.phuket-hideaway.com. Eine Oase der Ruhe am Fuß der bewaldeten Hügel, abseits des Trubels. Das bereits 1987 gegründete erste Spa der Insel.

Straßennamen
Die Thawiwong Rd., die am Strand entlang verläuft, wird häufig auch Beach Rd. genannt. Die Parallelstraße Rat Uthit Rd. erhielt den Zusatz Song Roi Pee Rd., was 200-Jahr-Straße bedeutet. Nur selten wird sie allerdings Rat Uthit Song Roi Pee Rd. genannt. Man bevorzugt

die Abkürzung oder gar die englische Version 200 Year Rd.

Tourist Police
Thawiwong Rd. nördlich der Einmündung der Bangla Rd. ⏲ Mo–Fr 10–15.30 Uhr, Notruf ☎ 1155.

Pick-ups und **Tuk Tuks** im Ort verlangen in der Saison 200 Baht und mehr. **Motorradtaxis** ab 50 Baht.
Kaum ein Tuk-Tuk-Fahrer fährt noch zu den offiziell festgelegten Preisen. Verlangt wird oft das Doppelte und mehr. Offiziell kostet PHUKET-STADT 500 Baht, KARON 400 Baht, KATA 500 Baht, CHALONG 600 Baht und SURIN 600 Baht.
Busse nach PHUKET-STADT für 25 Baht (6–17 Uhr) starten an der Bushaltestelle vor dem Patong Merlin, nehmen aber auch während ihrer Fahrt durch die Thawiwong Rd. und Phra Barami Rd. Fahrgäste auf. Wer in den Bus aus Phuket-Stadt zusteigt, um zum Strand zu fahren, zahlt 10 Baht.
Taxi zum FLUGHAFEN 800 Baht.
Air Asia hat ein Büro in der Thawiwong Rd., nahe des La Flora Hotels. Hier gibt es Flüge, z. B. nach Bangkok, ohne den üblichen Reisebürozuschlag. Zudem kann man hier bis 48 Std. vor Abflug einen Air Asia-Flug gegen Gebühr umbuchen.

Kamala

Von Patong führt eine breit ausgebaute, steile Straße Richtung Norden und erreicht nach 5 km Kamala. Vorbei geht es am **Hat Nacha**, der bei hohem Wasserstand nur einen schmalen Sandstrand aufweist und dessen seichte, von Steinen durchsetzte Bucht, die zudem von einem langen Pier halbiert wird, bei Ebbe trocken liegt. Hier erstrecken sich den Hang hinauf Luxusbungalows des **Thavorn Beach Village & Spa**, 🖥 www.thavornbeachvillage.com, ⑥–⑦.

Am Südende der Bucht von Kamala zweigt links eine schmale Straße ab, die am steilen Hang des südlichen Kaps entlangführt, vorbei an mehreren neuen Condos, die in den Berg hineingebaut werden, und dem **Aquamarine Resort & Spa**, 🖥 www.aquamarineresort.com, [8290], ❽.

Weiter im Norden erstreckt sich in einer tiefen Bucht das Moslemdorf **Ban Kamala** – zwischen dem Strand und der Umgehungsstraße. Bevor am 26. Dezember 2004 die volle Wucht einer 10 m hohen Riesenwelle bis weit ins Hinterland hinein heftige Zerstörungen anrichtete, hatte bereits der Tourismus mit Läden, Restaurants und Liegestühlen am Dorfstrand Einzug gehalten. Seit dem Wiederaufbau bestimmen Kleinhotels, Souvenirläden und Touristenrestaurants das Bild des Ortszentrums. Ein von der Phuket Japanese Organization gespendetes **Tsunami-Denkmal** am Strandpark nahe dem Kamala Beach Resort fordert zum Gedenken und Gebet auf. Entlang der befestigten Promenade, die den Strand abgrenzt, bieten Schneider und Masseurinnen ihre Dienste an.

In Kamala urlauben vor allem Familien und Paare aus Deutschland und Russland, im Hinterland viele Langzeitreisende. Der Ort besitzt zudem die größte touristische Sehenswürdigkeit der Insel: **Phuket FantaSea** (Kasten S. 601).

Am nördlichen Ende der Bucht erstreckt sich abseits des Dorfes ein schöner Picknickplatz mit hohen Bäumen am Strand, wo man gefahrlos schwimmen kann. Die Straße verläuft an der Küste entlang weiter Richtung Norden an mehreren Apartmentanlagen vorbei nach Surin. Von einem Parkplatz am Kap (Parkgebühr von 9–19 Uhr fürs Moped 20 Baht, fürs Auto 40 Baht) geht es zu Fuß hinab zum hübschen, aber übervölkerten **Hat Laem Sing**.

In der Saison findet man am malerischen Strand Liegestühle mit Sonnenschirmen, Souvenirstände, Massageangebote, Essens- und Getränkestände. Das türkisblaue Wasser ist ruhig und gut zum Baden geeignet.

ÜBERNACHTUNG

In **Ban Kamala** sind nach dem Tsunami viele Resorts, Privatzimmer und Bungalows neu aufgebaut worden. Weitere Unterkünfte befinden sich an der nördlichen Verbindungsstraße zwischen Strand und Umgehungsstraße.

Untere und mittlere Preisklasse

Baan Natacha ⑫, 96/23 Moo 3, Hat Kamala, ✆ 076-385 603, ✉ bannatacha@hotmail.com, [3707]. Möblierte AC-Zimmer in einem überschaubaren Neubau am Meer, Minibar, DVD-Player. Bar im Erdgeschoss. Inkl. Frühstück. WLAN. ❺

Chez Sabina Gh. ⑦, ✆ 076-279 544, 🖥 www.chezsabina-guesthouse.com, [3726]. 11 hübsche Zimmer mit AC und Kühlschrank in einem Wohnhaus, auch Familienzimmer. Inkl. Frühstück. WLAN. ❹–❺

Ice Kamala Beach Hotel ⑧, 84/1 Moo 3, Rimhad Rd., ✆ 076-385 437, 🖥 www.icekamalabeachhotel.com. [3730]. 4-stöckiges Gebäude hinter der Ladenzeile. Großzügige möblierte Zimmer mit Balkon. Günstiger sind die beiden Zimmer im Haus an der Straße. WLAN. ❺–❻

Kamala Beach Inn ⑮, 73/115 Naga Rd., ✆ 076-385 280-3, 🖥 www.kamalabeachinnphuket.com, [3704]. An der Straße ins Dorf nahe dem Tempel stehen 2 lange, 2-stöckige Reihenhäuser, die Atmosphäre vermissen lassen. Alle Zimmer mit Kühlschrank, TV und AC. Kleiner Pool. ❺–❻

🏨 **Papa Crab Boutique Gh.** ⑭, 93/5 Moo 3, ✆ 076-385 315, 🖥 www.phuketpapacrab.com, [2989]. Sehr individuell und geschmackvoll gestaltetes Haus mit 10 Zimmern. Die Zimmer im Boutiquestil haben farbige Akzente und einen Sinnspruch auf der Wand, TV, Kühlschrank, Safe. WLAN im Zimmer. Kleine Galerie von Künstlern der Insel im Eingangsbereich. Unter thailändisch-deutscher Leitung von Koong und Charlie. ❺

Thai Kamala Village ⑪, 93 Moo 3, Rimhad Rd., ✆ 076-385 667, 🖥 www.thaikamalavillage.com, [3708]. Hübsches Kleinhotel im Thai-Stil direkt am Strand. Alle 17 AC-Zimmer mit TV, Balkon und Meerblick, Strandbar und Restaurant, das einheimische und mediterrane Gerichte serviert. WLAN. Frühstück inkl. ❺

€ **Twin Place** ⑬, 66/6 Moo 3, ✆ 089-875 0939, [6408]. Helle saubere Zimmer mit Ventilator oder AC, TV und Kühlschrank. WLAN. Freundlicher Service. Nur wenige Meter zum Strand. Moped- und Autoverleih. WLAN. ❸–❹

Obere Preisklasse

Kamala Dreams ⑩, 74/1 Moo 3, ✆ 076-279 131, 🖳 www.kamaladreams.net, [3709].
12 Apartments mit Küchenzeile, Kühlschrank und TV rings um einen kleinen Pool in einem 2-stöckigen Haus direkt am Strand. Unter holländisch-thailändischer Leitung. Seafood-Restaurant. Inkl. Frühstück. WLAN. ❼

Print Kamala Resort ⑨, 74/8 Moo 3, ✆ 076-385 396, 🖳 www.printkamalaresort.net, [3107].
77 komfortable, modern eingerichtete Zimmer mit Balkon und 20 Bungalows um einen Pool. Ansprechende Architektur, lockere Bebauung und hübsch angelegter Garten. Reservierung empfohlen. Restaurant mit lokalen und europäischen Spezialitäten. Fitnessbereich und Spa. Frühstück inkl. WLAN. ❻–❽

Sunprime Kamala Beach Hotel & Resort ⑥, 96/42-43 Moo 3, ✆ 076-279 580, 🖳 www.kamala beach.com, [6406]. Großes Hotel. 4-stöckige Blocks um 4 Pools mit direktem Strandzugang. 320 Zimmer mit AC und Balkon, mit Meerblick etwas teurer. 2 Restaurants, Wellness- und Fitnessbereich. ❼–❽

Nördlich von Ban Kamala

Am Badestrand unter Kasuarinen stehen 2-stöckige Häuser mit AC-Zimmern und Bungalows von ähnlichem Standard, die überwiegend nach dem Tsunami erbaut worden sind.

Baan Chaba ③, 95/3 Moo 3, ✆ 076-279 158, 🖳 www.baanchaba.com, [3733]. Bungalows im Thai-Stil und Ferienhäuser mit 2 Zimmern in einem kleinen gepflegten Garten ohne direkten Zugang zum Strand. Thailändisch-belgisches Management. WLAN. ❺

Grace Resort ②, 85/21 Moo 3, ✆ 076-385 839, 🖳 www.kamalagraceresort.com, [6404].
14 Zimmer in einem 2-stöckigen Gebäude mit Balkon. Am Weg zum Strand gelegen. WLAN. ❹–❺

Kamala Smile ④, 98/18 Moo 3, ✆ 089-677 4851, 🖳 www.smilerestaurant.org, [3732]. Anlage mit Reihen-Bungalows unterschiedlicher Ausstattung, teils mit Kühlschrank und Küche. Einfache Zimmer im hinteren Bereich. Restaurant und Bar am Strand. ❺–❻

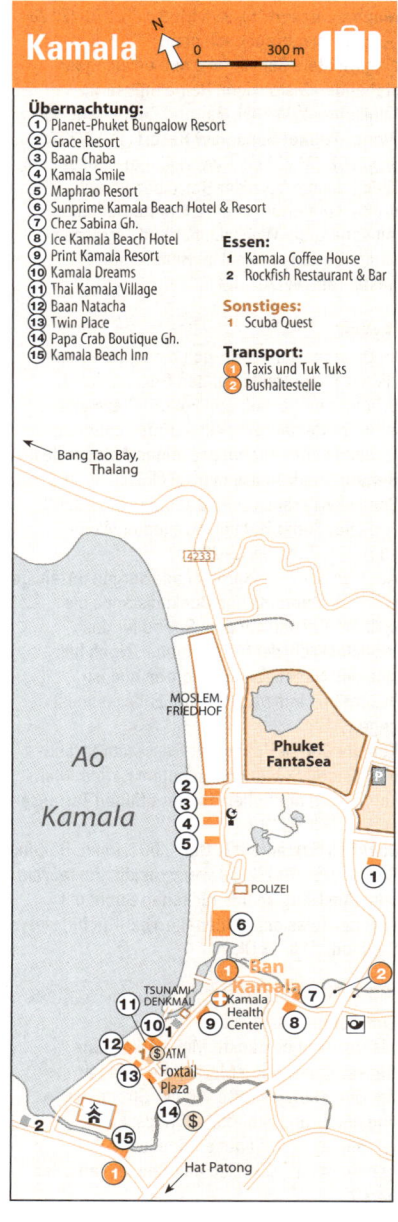

Kamala

Übernachtung:
① Planet-Phuket Bungalow Resort
② Grace Resort
③ Baan Chaba
④ Kamala Smile
⑤ Maphrao Resort
⑥ Sunprime Kamala Beach Hotel & Resort
⑦ Chez Sabina Gh.
⑧ Ice Kamala Beach Hotel
⑨ Print Kamala Resort
⑩ Kamala Dreams
⑪ Thai Kamala Village
⑫ Baan Natacha
⑬ Twin Place
⑭ Papa Crab Boutique Gh.
⑮ Kamala Beach Inn

Essen:
1 Kamala Coffee House
2 Rockfish Restaurant & Bar

Sonstiges:
1 Scuba Quest

Transport:
① Taxis und Tuk Tuks
② Bushaltestelle

Maphrao Resort ⑤, 95/6 Moo 3, ✆ 076-279 284, 🖥 www.maphraobeach.com, [3734]. Nett eingerichtete Zimmer in 2 nah beieinanderstehenden 2-stöckigen Reihenhäusern, Kühlschrank, WLAN, Bar und Restaurant. ❺

Planet-Phuket Bungalow Resort ①, 99/23 Moo 3, ✆ 081-894 3312, 🖥 www.planet-phuket.com, [3099]. Rainer Volz, der Betreiber, vermietet große, komfortabel eingerichtete Bungalows mit separatem Wohnzimmer und Terrasse in einem Garten mit Pool im Hinterland. Restaurant. WLAN. ❻

ESSEN

Im Ortszentrum haben sich eine ganze Reihe kleiner Restaurants auf den Geschmack der Urlauber eingestellt. Am **Foxtail Plaza** gibt es mehrere Restaurants mit europäischer und thailändischer Küche, u. a. einen Ableger des **Buffalo Steak House** mit viel Fleisch auf der Speisekarte (austral. Entrecôte für 700 Baht) und **Thai Sugar Hut** mit exzellenter Weinauswahl. ⏰ beide 13–23 Uhr.

Auch an der Strandpromenade sorgen unzählige kleine Restaurants und Cocktailstände bis spät mit Tischen auf dem Strand für das leibliche Wohl der Badeurlauber. Noch hält sich das Nachtleben in Grenzen und ist beschränkt auf wenige Bars. Ende ist meist gegen 2 Uhr.

Kamala Coffee House, mit Fluss- und Strandblick, bietet Frühstück mit gutem Kaffee. Man kann unten oder oben auf der offenen Terrasse sitzen. ⏰ 8–23 Uhr.

Rockfish Restaurant & Bar, 33/6 Kamala Beach Rd., ✆ 076-279 732, 🖥 www.rockfishrestaurant. com. Am Hang an der südlichen Bucht mit schöner Aussicht. Gehobene Thai-Küche, viel Seafood. ⏰ 8–23 Uhr.

SONSTIGES

Einkaufen

Mehrere gut bestückte Minimärkte, eine Bäckerei und einen Markt findet man an der Umgehungsstraße. An der Strandstraße und am Strand zahlreiche Shops. Ein reichhaltiges Angebot an Souvenirs der gehobenen Preisklasse hält **Phuket FantaSea** bereit.

Geld

Geldautomaten stehen vor den Kassen von **Phuket FantaSea**, an der Umgehungsstraße und an der Straße zum Strand neben dem Thai Kamala Village. Eine **Wechselstube** findet man neben dem Kamala Print Resort.

Tauchen

Scuba Quest, 121/7 Moo 3, ✆ 076-279 016, 🖥 www.scuba-quest-phuket.com. Deutsche Tauchschule, PADI- und CMAS-Kurse sowie Tagestouren, Nitrox-Tauchen.

Am Strand gibt es Bananenboote für 500 Baht pro Fahrt, Jet Skis 1500 Baht für 30 Min., Parasailing 1500 Baht für 15 Min.

Wäschereien

Im nördlichen Bereich des Dorfes betreiben Moslemfamilien Wäschereien. Einige sind am Fr geschl.

TRANSPORT

Tuk Tuks und **Taxis** kosten dasselbe. PHUKET-STADT 800 Baht, PATONG 400 Baht. **Inselbusse** nach PHUKET-STADT über Bang Tao und Hat Surin von 7–15 Uhr etwa stdl. für 40 Baht. Haltestelle ist an der Hauptstraße, Richtung Phuket werden an der Strandstraße Mitfahrer eingesammelt. Taxi zum FLUGHAFEN 800 Baht.

Hat Surin und Hat Pansea

König Bhumibol (Rama IX.) besuchte diesen Strand 1928, um den ersten Golfplatz Phukets zu beehren. Noch heute wird der Strand daher von thailändischen Besuchern besonders geschätzt.

Vom unteren Parkplatz geht es hinab zur Strandpromenade. Sie wird überwiegend von alten Bäumen überschattet und von Restaurants und Läden gesäumt. Ein Teil der Liegestühle, die in mehreren Reihen am Strand stehen, ist den Gästen der besseren Hotels vorbehalten. Der Strand ist sauber, eignet sich wegen der hohen Wellen und starken Unterströmungen während des Monsuns von Mai bis Oktober allerdings nicht zum Baden.

Durch die einförmige Bebauung des Hügels im Hinterland mit Villen der Ayara-Anlage hat die Bucht an Reiz eingebüßt. Die 115–210 m²

Der 35 ha große Themenpark, 📞 076-385 111-5, 🖥 www.phuket-fantasea.com, der 80 Mio. € verschlungen haben soll, erstreckt sich an der Umgehungsstraße von Kamala. Der gigantische Parkplatz lässt bereits seine Ausmaße erahnen. Solange es genügend Touristen gibt, die den teuren, aber lohnenden Eintritt zahlen, wird dort eine gewaltige Show geboten, die selbst Las Vegas in den Schatten stellt. Vor der Show geht es zum Einkaufsbummel durch das **Festival Village**, einen teuren Shoppingkomplex mit bunten, thematisch gestalteten Disneyland-Läden. Auf den Plätzen treten Artisten und Bands auf. Am Ende des „Dorfes" werden links in einem dem Königspalast nachempfundenen Gebäude, dem **Golden Kinnaree Restaurant** mit 4000 Sitzplätzen, von 18–20.30 Uhr leckere europäisch-asiatische Buffets aufgebaut. Nach dem Essen strömen die Besucher hinüber zum **Palace of the Elephants**, einem gewaltigen Gebäude im Khmer-Stil, dessen Fassade in wechselnden Farben angestrahlt wird. Sie zieren 999 steinern aussehende Elefanten, die z. T. beweglich sind. Hinter den Eingangstoren geht es durch tropische Ruinen in den modernen Theatersaal mit 3000 Sitzplätzen – der Kontrast könnte kaum größer sein. Um 21 Uhr beginnt das gewaltige Spektakel „Fantasy of a Kingdom" mit den Helden Rama, Hanuman und Prinz Kamala, über einem Dutzend Elefanten, Tauben, Wasserbüffeln und sogar einem Tiger. Moderne artistische Darbietungen (Bungee-Ballett) und Zauberkünstler wechseln mit traditionellem Schattenspiel (mit Lasertechnik modern verfremdet), Tänzen und Nachstellungen gigantischer Schlachten, die durch den Einsatz modernster Bühnentechnik fast real wirken. Die Texte in Thai und Englisch sind wie die Musik dem internationalen Publikum angepasst. Etwa 100 Personen stehen am Ende der anderthalbstündigen Show auf der Bühne, und weit mehr sind zudem im Hintergrund daran beteiligt. 🕐 17.30–23.30 Uhr, Eintritt zur lohnenden Show 1500 Baht, für Dinner und Show 1900 Baht.

großen Luxusvillen mit eigenem Garten und Pool kosten offiziell je nach Saison US$350–1000 pro Tag!

Weiter nördlich führt eine Nebenstraße nach links in Küstennähe aufs Kap, wo am schönen, völlig abgeschlossenen, 250 m langen **Hat Pansea** zwei Luxus-Hotelanlagen liegen. Landeinwärts geht es weiter Richtung Norden, wo schmale Wege zu Ferienanlagen an der südlichen Ao Bang Tao verlaufen.

Karte S. 562

In den Hotels wohnen viele skandinavische und russische Familien, und auch bei jungen Reisenden ist die Bucht beliebt. In Surin befinden sich Unterkünfte an der Straße zum Hat Pansea kurz hinter der Abzweigung.

Benyada Lodge ⑬, 106/52 Moo 3, Choeng Thalay, 📞 076-271 261-4, 🖥 www.benya dalodge-phuket.com, [3556]. 4-stöckiges, im modernen Thai-Design gestaltetes Boutiquehotel. Deluxe-Zimmer mit kleinem Balkon und Suiten. Inkl. Frühstück. WLAN. ❻–❽

Doubletree Resort ⑬, 106/27 Moo 3, Surin Beach Rd., 📞 076-303 300, 🖥 www.doubletree. hilton.com, [3736]. Große, familienfreundliche Anlage, die vor allem bei skandinavischen Familien beliebt ist. Großer Pool mit Wasserrutsche, 250 Zimmer mit TV, Balkon und Kochecke, viele Aktivitäten. WLAN. ❽

Manathai ⑬, 121 Moo 3, Choeng Talay, 📞 076-270 900, 🖥 www.manathai.com, [3555]. Warme Farben und viel Holz sorgen in diesem Design-Resort für eine entspannte Atmosphäre. Die 52 Zimmer sind auf 3 Stockwerken mit allem Komfort verteilt; Pool, Bar und ein elegantes Restaurant mit lokalen und westlichen Gerichten. ❽

Surin Bay Inn ⑬, 106/11 Moo 3, Choeng Talay, 📞 076-271 601, 🖥 www.surinbayinn.com, [3557]. 12 hübsche, geschmackvoll eingerichtete AC-Zimmer, einige mit großem Balkon und Blick aufs Meer, teurere große Zimmer mit riesigem Bett, Sitzecke und Badewanne. Restaurant und Bar im Erdgeschoss. WLAN. ❺–❻

Surin Sweet Hotel ⑬, 107/8 Moo 3, Choeng Talay, 📞 076-270 863, 🖥 www.surinsweethotel.

com, [3737]. 32 geräumige Zimmer mit großer Terrasse, WLAN im Zimmer. Zu dem italienischen Familienbetrieb gehört auch das hervorragende italienische Restaurant. Frühstücksbuffet inkl., abends Essen im Freien, Sa BBQ. Pool. ❺

Twin Palms ⑬, 106/46 Moo 3, Choeng Talay, ✆ 076-316 500, 🖥 www.twinpalms-phuket.com, [6402]. Minimalistisch-modern gestaltetes Luxushotel. 72 riesige Zimmer mit offenen Bädern, Stereo-anlage, hohen Fenstern und teils direktem Pool-Zugang. Spa, Bibliothek, Internet, Bar und das ausgezeichnete Restaurant Oriental Spoon. So 11–14.30 Uhr Brunch mit Seafood und Wein. ❽

Nördlich der Abzweigung an der Hauptstraße
Karte S. 562

Pen Villa ⑬, 9/1 Moo 3, Srisoontarn Rd., Choeng Talay, 15 Min. vom Strand, ✆ 076-621 652, 🖥 www.penvilla-phuket.com, [3553]. Geräumige Zimmer mit Kühlschrank in einem L-förmigen Neubau an einem großen Pool, freundlicher Service. WLAN. ❻

Surin Sunset Hotel ⑬, 13/18 Srisoontarn Rd., ✆ 076-270 594, [8301]. In Bonbonfarben gestrichener 4-stöckiger Bau oberhalb der Straße. 39 großzügige AC-Zimmer mit Balkon. ❺

The Surin Phuket ⑫,118 Moo 3, Choeng Talay, ✆ 076-621 580, 🖥 www.thesurinphuket.com, [3552]. An den Hang gebaute Bungalowanlage der Luxusklasse an einer kleinen Privatbucht; z. T. 200 Stufen bis zum Strand. 110 geräumige, mit Holzstegen und Treppen verbundene Bungalows im balinesischen Stil mit 1–2 Schlafräumen. Der Blick Richtung Meer wird teilweise durch Palmen und dichte Bäume abgeschirmt. Restaurants, Pool. Autovermietung. ❽

Tiw & Too Gh. ⑬, 13/13 Moo 3, Choeng Talay, ✆ 076-270 240, ✉ tiwsurinbeach@gmail.com, [3551]. 13 saubere Zimmer mit AC und Kühlschrank in einem neueren Haus. Am Strand stehen Liegen für die Gäste bereit. ❸–❺

ESSEN
Auf dem Parkplatz vor dem Strand sind tagsüber viele einfache Garküchen aufgebaut, die frisch zubereitete Sate-Spieße, Reisgerichte, Obst und kalte Getränke anbieten.

Die unzähligen Restaurants entlang des Strandes halten ein breit gefächertes Angebot bereit.

Catch Beachclub, Surin Beach Rd., Choeng Talay, [6401]. Hier sitzt man in Weiß und Türkis designter Umgebung, entsprechend hoch sind die Preise. Auswahl an frischem Seafood, Thai und westlichen Gerichten wie Pizza, Pasta und Steaks. Salat-Buffet. ⏰ 11.30–1 Uhr.

Mr. Tan, Surin Beach Rd., Choeng Talay. Kocht gute Thai-Gerichte sowie Pasta und Sandwiches. ⏰ 7–21 Uhr.

Pla Seafood + Beach, Surin Beach Rd., Choeng Talay, ✆ 081-085 0706. Frischer Fisch in nobler Umgebung. Die Preise sind der Umgebung entsprechend höher als an vielen anderen Stränden. Man sitzt unter schattigen Bäumen oder Sonnenschirmen unter dem Hang am befestigten Strand. ⏰ 8–21 Uhr.

Seafood-Restaurant, am südlichen Strandabschnitt. Bietet frisches Seafood aus den Tanks. ⏰ 9–21 Uhr.

Surin Sweet Hotel (S. 601) und **Twin Palms** (s. o.), qualitativ hochwertige und teure italienische Küche.

Twin Brothers, Surin Beach Rd., Choeng Talay, bereiten Pizza, Pasta und andere westliche Gerichte, aber auch Thailändisches zu. Mittlere Preisklasse. ⏰ 10.30–22.30 Uhr.

SONSTIGES
Geldautomat an der Abzweigung der Moo 3, Choeng Talay und an der Hauptstraße gegenüber der Stichstraße zur Pen Villa.

TRANSPORT
Tuk Tuks und Taxis nach PHUKET-STADT 600 Baht, Busse 40 Baht; PATONG 600 Baht; KARON 700 Baht. Taxi zum FLUGHAFEN 700 Baht.

Ao Bang Tao

Der Ort **Bang Tao**, 24 km von Phuket-Stadt entfernt, ist eine der größten Siedlungen im Hinterland der Westküste mit einer beachtlichen sunnitischen Gemeinde. Im Ortszentrum erhebt sich die größte **Moschee** von Phuket mit ihrer weißen Fassade im maurischen Stil, ihren Türmchen und Kuppeln. Doch auch buddhistische Tempel stehen in diesem geschäftigen Ort, dessen **Markt** einen Besuch lohnt.

Nördlich des Ortes zweigt eine Straße zur Ao Bang Tao ab. Ein 5 km langer **Strand** erstreckt sich an der Küste, in deren Hinterland früher Zinn gefördert wurde. In den ehemaligen Zinnminen wurden Szenen des Films *Killing Fields* gedreht. Der Großinvestor Thai Wah Resorts ließ für 5 Mrd. Baht die toten Zinnminen rekultivieren. Auf dem Areal entstand das **Laguna Phuket**, eine wunderschöne Parklandschaft mit den ersten Luxusresorts der Insel, einem 18-Loch-Golfplatz und vielen anderen touristischen Einrichtungen. Jedes Resort wurde an eine andere Hotelkette verpachtet. Gäste eines Hotels können die Dienstleistungen der anderen Hotels in Anspruch nehmen. Ist in einem Hotel etwas gratis, gilt das auch für die Gäste der anderen Anlagen. Die Bucht eignet sich hervorragend für Windsurfer. Über eine kostenlose Bootslinie sind das Outtrigger Resort, Dusit Laguna ⑩, das Angsana ⑨ und Allamanda Laguna Phuket ⑧ miteinander verbunden – auch für Nichtgäste lohnt sich eine Rundfahrt.

Nach dem Tsunami hat ein Immobilienboom das einst ruhige Hinterland bis hinauf nach Layang völlig verwandelt. Mehrere Großinvestoren haben luxuriöse Apartmentanlagen, Ferienhäuser und Pool-Villen im internationalen Ferienhausstil erbaut.

ÜBERNACHTUNG

Karte S. 562

In der Ao Bang Tao, Ban Ketray Rd., richtete der Tsunami bis weit ins Hinterland hinein schwere Zerstörungen an. Die meisten Anlagen sind wieder aufgebaut. Das Preisniveau ist gehoben, abends gibt es nicht viel Unterhaltung. Die Straße zum Laguna Phuket ist gesäumt von Werbeschildern, sodass man die Welt dahinter kaum noch erkennen kann. Viele der Resorts sind am günstigsten über Veranstalter buchbar.
Allamanda Laguna Phuket , 29 Moo 4, Srisoonthorn Rd., ✆ 076-362 700, 🖥 www. allamandaphuket.com, [2993]. 2- bis 3-stöckige, verwinkelte Reihenhäuser entlang der Lagune und der Straße, 300 m vom Strand, Studios und

Apartments mit 1 und 2 Schlafräumen und Küche. WLAN. ⑧
Amora Beach Resort ⑪, 322 Moo 2, Choeng Talay Rd., an der Gabelung der Straße zur Küste nach rechts, ✆ 076-314 236, 🖥 www.phuket. amorahotels.com, [2994]. 3-stöckiges Haus am Strand in einer weitläufigen, schattigen Gartenanlage. 255 Zimmer mit WLAN. 2 Restaurants, Strandgrill, 2 Pools, Kinderbecken, Sportangebote, Windsurfen und Kanuverleih. ⑧

🧳 **Bangtao Beach Chalet** ⑪, 73/3 Soi Awo Bangtao 2, ✆ 076-314 305, 🖥 www. bangtaochalet-phuket.com, [3740]. Ruhiges Boutique-Resort an der Zufahrtstraße. Im schmalen, gepflegten Garten mit kleinem Pool, Brunnen und vielen Orchideen stehen 10 hübsche Bungalows im balinesischen Stil etwas dicht nebeneinander in 2 gegenüberliegenden Reihen. Auch 2 Pool-Villen. WLAN. Freundliches moslemisches Management, entsprechend ist die Küche *halal*. Frühstück inkl. ⑦–⑧
Bangtao Beach Resort & Spa ⑪, 124/29 Moo 3, Choeng Talay Rd., ✆ 076-270 680, 🖥 www. bangtaobeach.com, [3739]. 243 große Zimmer und Villen. 2 große Pools in einer Gartenanlage mit direktem Strandzugang, 2 Restaurants, WLAN im Zimmer, Spa. ⑧
Banyan Tree ⑦, 33 Moo 4, Srisoontorn Rd., ✆ 076-372 400 🖥 www.lagunaphuket.com/ hotels/banyan, [3745]. Weitläufige, prachtvolle Anlage, 50–200 m vom Strand um eine Lagune gebaut. 108 luxuriöse Villen im Thai-Stil. 1994 eröffnete hier die erste moderne Schönheitsfarm des Landes mit innovativen Therapie- und Massageangeboten. ⑧
Dusit Thani Laguna Resort Hotel ⑩, 390 Srisoontorn Rd., ✆ 076-362 999, 🖥 www.dusit. com, [3743]. 3-stöckiger 5-Sterne-Luxus-Hotelkomplex mit 225 Zimmern. Vornehmes Interieur, friedliche Atmosphäre. An 2 Seiten von Lagunen abgegrenzt, an einem langen, feinen Sandstrand (viele Strandverkäufer). ⑧
Sunwing Resort & Spa ⑪, 22 Moo 2, Choeng Rd., ✆ 076-314 263, 🖥 www.sunwingphuket. com, [7735]. Mit hellen Holzmöbeln eingerichtete Zimmer mit viel Platz und Balkon. Etwas viel Beton umgibt den Pool, Restaurant am Strand. Viele Angebote für Kinder (sogar Babys haben einen eigenen Bereich). ⑧

ESSEN

Alle Hotels im Laguna verfügen über mehrere vorzügliche Restaurants, deren Preise dem luxuriösen Ambiente entsprechen. Einige einfache Restaurants servieren direkt am Strand zu weitaus niedrigeren Preisen hervorragendes Seafood. Die Speisekarten sind oft auf Deutsch und Englisch.

SONSTIGES

Autovermietungen
Jeeps werden bei den Strandrestaurants und an der Straße zu den Resorts ab ca. 1000 Baht pro Tag vermietet.

Einkaufen
An der Abzweigung der Straße zum Laguna gibt es einige Geschäfte, 2 Galerien, einen Optiker, 2 Minimärkte, ein italienisches Restaurant, einen Touranbieter und einen Schneider.

Geld
Bank mit Geldautomat u. a. in Bang Tao an der Hauptstraße gegenüber der Abzweigung zum Laguna. 2 **Geldautomaten** direkt an der Straße zum Laguna.

Reiten
Phuket International Horse Club, ✆ 076-324 199, 🖥 www.phuketdir.com/pktintlhorse club. Bietet Ausritte am Strand, durch die Lagunen und Kasuarinenhaine ab 800 Baht pro Std. 🕐 8–18.30 Uhr.

TRANSPORT

Für die Gäste der Resorts pendeln **Busse** (von 7–24 Uhr alle 10 Min.) und **Fähren** (von 7–21 Uhr alle 20 Min.) zwischen den Einrichtungen. Auch Nichtgäste dürfen hier kostenlos mitfahren. Nach PHUKET-STADT mit dem **Taxi** für 600 Baht, mit **Inselbussen** (halten an der Hauptstraße beim Tesco Lotus, bis 16 Uhr) für 30 Baht. Taxi zum FLUGHAFEN 600 Baht.

Hat Layan

Zwischen Bang Tao und dem Dorf Layan wird derzeit eine neue Feriensiedlung aus dem Bo-

den gestampft. Zwischen den Baustellen und Neubauten mit wohlklingenden Namen grasen die letzten Wasserbüffel. Am **Hat Layan** [8467], zu dem eine 1 km lange, ausgeschilderte Stichstraße führt, stehen Sonnenschirme und Liegen, auf denen sich die Hotelgäste der nahen Resorts bräunen. Ein Strandrestaurant mit guter Thai-Küche zu annehmbaren Preisen sorgt tagsüber für das leibliche Wohl. Nebenan befindet sich das Hauptbüro des **Hat Sirinath National Park**, das allerdings keine Informationen bereithält. Für den zum Park gehörenden Strand ist kein Eintritt zu zahlen.

Obwohl der Küstenabschnitt von der Mündung des **Klong Kala** bis nach Nai Thon mit Ausnahme weniger Siedlungsgebiete unter Naturschutz gestellt wurde, sind entlang der 8 km langen Asphaltstraße durch den schönen Wald Apartmentanlagen und Luxusresorts entstanden. Auf den letzten, kurvenreichen Kilometern hinab zum Hat Nai Thon zweigen links der schmalen Straße Wege zu Luxusanlagen in kleinen Buchten ab. Recht schön ist das **Andaman White Beach Resort** [3748] ⑤ am kleinen Nai Thon Noi, ❽. Richtig nobel wohnt man im **Trisara** [7736] ⑤ auf einer Klippe oberhalb des zu einem Privatstrand erklärten Hinkuay Beach, ❽. Bezahlbar sind die etwa 200 m vom Strand entfernten Bungalows des **Natural Bungalows** ⑥, Layan Soi 2, ✆ 086-277 3870, [8302], ❺. Karte S. 562.

Hat Nai Thon

Noch ist es am 900 m langen Sandstrand Hat Nai Thon [3746], 32 km von Phuket-Stadt entfernt, relativ ruhig. An dem schönen Badestrand sind die Wellen außerhalb des Monsuns nicht allzu hoch, sodass er sich gut zum Schwimmen eignet. Schnorchelmöglichkeiten bestehen am südlichen Ende des Strandes. Dieser Küstenabschnitt war kaum vom Tsunami betroffen. Die winzigen Felseninseln **Ko Waeo**, 15 Min. mit dem Boot ab Nai Thon, mit ihren Korallen und dem Wrack eines Zinnbaggers sind ein beliebtes Ziel von Tauchern, die vier bis zu 30 m tiefe Tauchgebiete erkunden können. Die fischreichen Riffe in bis zu 15 m Tiefe sind bei guter Sicht auch zum Schnorcheln geeignet.

Karte S. 562

Naithon Beach Club & Beach Villa (4), ✆ 076-205 407, ⌨ www.naithon.com, [3754]. Helmut Meyer und seine Frau vermieten 6 gepflegte, große Apartments in einem 2-stöckigen Haus mit Küche, 1–2 Schlafzimmer, Terrasse oder Balkon mit Meerblick, sowie Zimmer im Neubau. ❺–❼

Naithon Beach House (4), ✆ 081-994 9421, [3752]. Über einem kleinen Massage-Shop, 7 AC-Zimmer mit Balkon. Hell möbliert, große Fenster, Kühlschrank. Billige Zimmer im Keller. Familienzimmer. Frühstück im Restaurant am Strand. Nur in der Hauptsaison geöffnet. WLAN. ❹–❺

Naithon Beach Resort & Restaurant (4), ✆ 076-205 379, ⌨ www.phuket-naithon.com, [3753]. 14 kleine, eng stehende Holzbungalows mit kleiner Terrasse, auch Familienbungalows. Maipai Restaurant mit mittleren Preisen, ⏰ 7–22 Uhr. Winziger Pool mit Bar. In der Nebensaison Rabatt. Kostenpflichtiges WLAN. ❻

Naithonburi Beach Resort (4), ✆ 076-318 700, ⌨ www.naithonburi.com, [3749]. Gepflegte, im modernen Thai-Stil gestaltete 4-stöckige Anlage mit 340 eleganten Zimmern und Suiten. Balkon. WLAN. Restaurant mit einheimischer und westlicher Küche, nette Bar, großer Pool, Fitnesscenter, Frühstücksbuffet inkl. ❼–❽

Phuket Naithon Resort (4), ✆ 076-205 233, ⌨ www.phuketnaithonresort.com, [3751]. 32 Zimmer und Apartments in unterschiedlichen Häusern entlang der Strandstraße mit AC, zudem Deluxe-Zimmer mit Kühlschrank, Blick auf die Küste oder ins Hinterland. Restaurant mit Tischen am Strand, Thai-Gerichte 100–150 Baht, kleine Bar. Auto- und Mopedverleih. WLAN im Restaurant. ❹–❽

The Angel of Naithon Resort (4), ✆ 081-830 9628, ⌨ www.angelofnaithon.com, [6377]. Durch ein großes hölzernes Tor geht es in eine Gartenanlage mit 9 großen Holzbungalows und Terrasse rund um einen Pool. Auch große Familienbungalows. Inkl. Frühstück. ❼–❽

Macarona Restaurant & Gh., 23/24 Moo 4, Naithon Beach Rd., ✆ 084-628 3298.

Italienisch-deutsches Restaurant. Vermietet wird auch ein sauberes Zimmer mit Meerblick. WLAN. ❺

Tienseng Restaurant, 28/1 Moo 4, ✆ 086-952 7280. Das lustige und freundliche Personal serviert preiswerte, leckere Thai- und Seafood-Gerichte. WLAN. ⏰ 9–22 Uhr. Es werden auch Zimmer über dem Restaurant vermietet. ❹ Am südlichen Ende der Bucht lädt die **Madagascar Bar** zum Chillen am Strand ein. Gelegentlich Partys mit Livemusik. ⏰ 11–2 Uhr.

Einkaufen

Zwei **Minimärkte** befinden sich an der Strandstraße; der **Naithon Mart** bietet u. a. eine kleine Auswahl an Souvenirs.

Tauchen

Aqua Divers, 23/26 Moo 4 Beach Rd., neben dem Naithon Beach Resort, ✆ 076-205 049, ⌨ www.aqua-divers.de. Unter deutscher Leitung. PADI-Kurse, IDA/CMAS-Kurse für erfahrene Taucher, Kurztrips und Mehrtagestouren. Ganzjährig geöffnet, von Okt–April Tauchen im nahen „Hausriff" vor Ko Waeo.

Wäschereien

Wäscheservice im Dorf am nördlichen Ende des Strandes.

Öffentliche Verkehrsmittel fahren erst ab Nai Yang (Airportbus) bzw. Bang Tao (Inselbus). **Taxis** nach PHUKET-STADT 800 Baht, zum FLUGHAFEN 400 Baht, KATA-KARON 1100 Baht, PATONG 900 Baht.

Hat Nai Yang

Der schöne Badestrand Hat Nai Yang [2939] im Nordwesten, 32 km von Phuket-Stadt, ist nur 2 km vom Flughafen entfernt, aber trotzdem relativ ruhig. Obwohl tags wie nachts etliche Maschinen darüber hinwegfliegen, kann man meist recht gut schlafen. Zahlreiche Liegestühle zieren den sauberen öffentlichen Strand, an dem riesige Schatten spendende Kasuarinen stehen. Da

PHUKET

das Meer nicht tief ist und es keine tückischen Strömungen gibt, kann man hier wunderbar schwimmen, zum Schnorcheln allerdings ist Hat Nai Yang nicht geeignet. Während in den Schulferien in erster Linie Familien hier ihren Urlaub verbringen, prägen außerhalb dieser Zeiten langzeitweilende Senioren das Bild des Tourismus.

Nach Regenfällen spült der Bach am nördlichen Ende des Strandes eisenoxidhaltiges Wasser aus den Sümpfen im Hinterland in die Bucht, sodass das Wasser eine rötliche Farbe annimmt. Ein Teil der Bucht ist in den 90 km² großen **Had Sirinath Marine National Park** mit einbezogen worden, der einen schmalen Küstenstreifen und das Meer entlang der Nordwestküste umfasst. Als schutzwürdig gelten die Kasuarinenwälder und Mangroven ebenso wie das kleine Korallenriff ca. 1 km vor der Küste und ein 5 km langer Meeresstreifen (der allerdings kaum zu kontrollieren ist). Der Park wurde vor allem zum Schutz der Meeresschildkröten (Leder-, Bastard- und Echte Karettschildkröte) eingerichtet, die hier während der Trockenzeit im Dezember und Januar ihre Eier zum Ausbrüten in den Sand legen. Die Verschmutzung des Wassers, die Netze lokaler Fischer und der Trubel an den Stränden tragen allerdings weiterhin stark zur Dezimierung der Tiere bei. Sofern Schildkröten Eier ablegen, werden diese eingesammelt und in einer Aufzuchtstation unter Aufsicht gehegt, bis die Jungen schlüpfen. Mit einem großen Volksfest werden sie zum thailändischen Neujahrsfest am 13. April ins Meer entlassen. Das Hauptbüro hält keinerlei Informationen bereit, Eintritt bis 16.30 Uhr, 200 Baht, wenn man mit dem Auto kommt. Fußgänger zahlen keinen Eintritt.

Eine Abwechslung zum Strandleben bietet der **Nachtmarkt** an jedem Dienstag, Donnerstag und Samstag von 12–20 Uhr neben dem Tempel, auf dem vor allem Textilien und die verschiedensten Thai-Snacks und Speisen angeboten werden.

ÜBERNACHTUNG

Im Hinterland weisen Schilder auf Bungalows, Resorts, Hotels, Homestays oder Ferienhäuser hin. Bei vielen Homestays ist Familienanschluss garantiert. Ein eigenes Fahrzeug ist meistens erforderlich. Viele Resorts sind darauf eingestellt, dass Gäste nachts ein Taxi benötigen.

Untere Preisklasse

Naiyang Cottage ⑨, Moo 1, Sakhu, ✆ 087-620 4030, ✉ naiyangcottage@yahoo.com, [3757]. Direkt an der Straße, 9 Zimmer mit Ventilator oder AC, Kühlschrank. Der Besitzer, Nipon Jang-Jam, spricht gut Englisch. WLAN. ❹

Nai Yang House ③, 6/1 Moo 1, Sakhu, ✆ 076-327 488, ✉ naiyanghouse@hotmail.com, [3756]. An der Hauptstraße, 1,5 km vor dem Flughafen, gegenüber dem Tempel. Ordentliche Zimmer mit Ventilator oder AC im Reihenhaus, 3 AC-Bungalows, ländliche Geräuschkulisse, nachts relativ ruhig, aufmerksam geleitet von einer pensionierten Lehrerin und ihrem Mann. 20 Min. zu Fuß vom Strand. WLAN. ❸–❹

Ruanmai San Ngam Resort ①, 65 Moo 5, T. Sakhu, ✆ 087-629 4499, [8305]. 10 Bambusmattenbungalows etwas dicht beieinander, aber durch viel Grün abgeschirmt, direkt am Strand. Zudem etwas teure AC-Zimmer. WLAN. ❸–❺

Wonglee House ⑤, 65/ 47 Moo 5, T. Sakhu, ✆ 076-327 471, ✉ wonglee_bungalow@yahoo. com, [2941]. Im 1. Stock Zimmer mit Ventilator oder AC. Terrasse mit Sitzgelegenheiten. 8 Bungalows mit AC und TV sowie ein kleiner Pool. Taxi zum Airport 200 Baht. ❷–❹

Mittlere und obere Preisklasse

Airport Resort ②, 80/15 Moo 1, T. Sakhu, ✆ 076-327 697, 🖥 www.phuketairportresort. com, [2990]. Modern eingerichtetes Kleinhotel an der Zufahrtstraße zum Strand, 16 Zimmer mit Kühlschrank, TV, Safe und großer Fensterfront zur Terrasse hin. Kleiner Pool, Autovermietung. Kostenpflichtiges WLAN. Frühstück und Transport von und zum Flughafen inkl. ❺

Eco Gh. & Minimarkt ⑪, 66 Moo 5, Sakhu, ✆ 081-909 0501, 🖥 www.naiyang.com, [3759]. An der Straße zum Indigo Pearl, hinter dem 108 Shop und der Wäscherei im Garten. 6 große AC-Zimmer mit Kühlschrank und TV. Frühstück inkl. Auch ein Familienzimmer ❺. Die Eigentümerin spricht Englisch. Kleiner Pool. WLAN. ❺

Garden Cottage ④, 53/1 Moo 1, Sakhu, 15 Min. vom Strand, ✆ 076-327 293, 🖥 www.gardencottage.org, [3014]. 19 Bungalows mit Gründach an der Straße. Recht große, nett eingerichtete

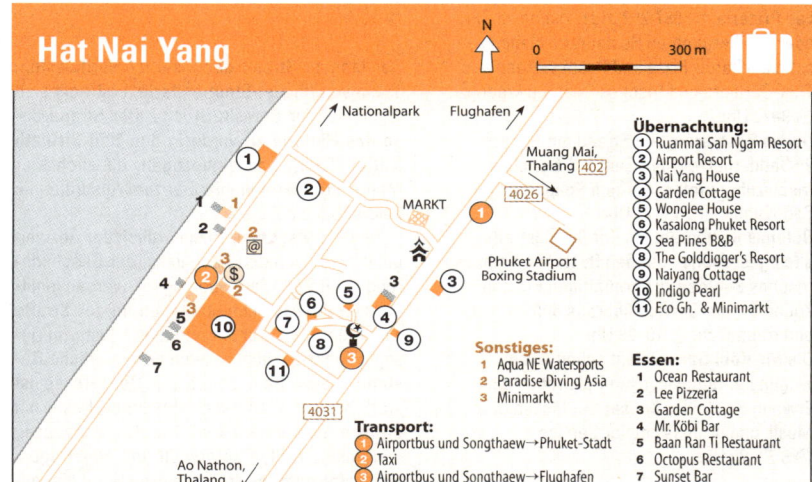

Hat Nai Yang

N
0   300 m

Nationalpark   Flughafen

Muang Mai,
Thalang 402

4026

MARKT

Phuket Airport
Boxing Stadium

Übernachtung:
1 Ruanmai San Ngam Resort
2 Airport Resort
3 Nai Yang House
4 Garden Cottage
5 Wonglee House
6 Kasalong Phuket Resort
7 Sea Pines B&B
8 The Golddigger's Resort
9 Naiyang Cottage
10 Indigo Pearl
11 Eco Gh. & Minimarkt

Sonstiges:
1 Aqua NE Watersports
2 Paradise Diving Asia
3 Minimarkt

Essen:
1 Ocean Restaurant
2 Lee Pizzeria
3 Garden Cottage
4 Mr. Köbi Bar
5 Baan Ran Ti Restaurant
6 Octopus Restaurant
7 Sunset Bar

Transport:
1 Airportbus und Songthaew→Phuket-Stadt
2 Taxi
3 Airportbus und Songthaew→Flughafen

Ao Nathon,
Thalang

4031

Häuser mit Ventilator oder AC in einem üppigen Garten. Auto- und Mopedverleih. Tan und ihr Schweizer Mann Chris sorgen für eine freundliche Atmosphäre, hervorragende einheimische und europäische Küche. Thai-Massage (400 Baht pro Std.). Reservierung empfohlen. ❹–❺

Indigo Pearl ⑩, ✆ 076-327 006, 🖳 www.indigo-pearl.com, [7737]. 226 komfortable Zimmer, Cottages und Suiten in postmodernem Design, das an die Zeit der Zinnminen erinnern soll. Holzböden aus alten Bahnschwellen, unverputzte Betonwände und minimal bearbeitete Holztüren. 3 Pools im weitläufigen Garten, Spa, Tennis, und Tauchschule. WLAN. ❽

Kasalong Phuket Resort ⑥, 9 Moo 5, Sakhu, ✆ 076-205 208, 🖳 www.kasalongphuket.com, [3755]. Offenheit und klare Linien bestimmen die Architektur dieses Boutique-Resorts im Hinterland. 16 modern gestaltete Komfortzimmer mit einer Kochecke, TV, Föhn, Safe und Balkon in den Häusern rings um einen großen Pool. Restaurant. Frühstück inkl. WLAN in der Lobby. ❻

Sea Pines B&B ⑦, Villa Liberg, 111 Moo 5, ✆ 081-814 4883, 🖳 www.villalibergphuket.com, [3760]. 12 hübsche, individuell gestaltete Zimmer im traditionellen Thai-Stil. 4 Zimmer im Reihenhaus am Pool mit getrennter Du/WC sowie einer Terrasse zum Pool hin. Im hinteren

Bereich 3 Thai-Häuser für Familien. Die kleine Anlage mit Holzstegen am Wasser entlang ist einladend und nur durch das hohe Holztor zugänglich. Die Managerin spricht gut Englisch. Preise inkl. Frühstück. WLAN. ❺

The Golddigger's Resort ⑧, 74/12 Surin Rd., Sakhu, ✆ 076-328 424, 🖳 www.golddigger-resort.com, [3758]. 2 saubere, gepflegte Reihenhäuser beiderseits eines Pools, 10 Min. vom Strand im Dorf in ruhiger Lage. Zudem Zimmer mit Küche, Wohn- und Schlafraum (mit Ventilator). Im Restaurant gibt es gute Steaks; Fahrrad- und Motorradvermietung, unter Schweizer und australischer Leitung. ❹–❺

ESSEN UND UNTERHALTUNG

An der Strandstraße liegen Garküchen, Restaurants, Souvenirstände, Bars, 2 Minimärkte und 2 Tauchbasen. Aufgrund der überwiegend älteren Gäste und Familien geht es hier geruhsam zu.

Baan Ran Ti Restaurant, an der Strandstraße. Hier werden schmackhaftes Seafood und andere Gerichte serviert. ⊕ 9–22 Uhr.

Garden Cottage, ✆ 076-327 293. Die einheimischen und europäischen Gerichte sind ein Gedicht. Tischreservierung in der Saison empfehlenswert. ⊕ 18.30–21 Uhr, So geschl.

Lee Pizzeria, ☎ 087-292 3181. Tische im Sand oder im überdachten Restaurant. Neben sehr schmackhafter Pizza und Pasta werden auch Thai-Gerichte und frisches Seafood kredenzt. ⊙ 9–22 Uhr.

Ocean Restaurant, am Strand mit Tischen im Sand. Hier werden Seafood-Gerichte frisch zubereitet; außerdem Spaghetti und Sandwiches. ⊙ 11–22 Uhr.

Octopus Restaurant, an der Strandstraße. Im alteingesessenen offenen Restaurant gibt es frisches Seafood zu vernünftigen Preisen. Zudem ist der Service überaus aufmerksam und freundlich. ⊙ 10–23 Uhr.

Die **Mr. Köbi Bar** verdient schon allein wegen der fantasievollen Dekoration eine Erwähnung. In der **Sunset Bar** locken gute Musik und professioneller Service. ⊙ 9.30–22 Uhr.

SONSTIGES

Jeeps und Mopeds
Vermietung an der Strandstraße: Autos ab 1000 Baht, Mopeds 300 Baht, jeweils pro Tag.

Tauchen
Aqua NE Watersports Phuket, an der Strandstraße, ☎ 089-873 3623, 🖥 www.aqua-one.net. Breites Angebot, von Tauchgängen am Hausriff bis zu Similan-Touren und Kursen, auch auf Deutsch.

Paradise Diving Asia, im Indigo Pearl, ☎ 076-328 278, 🖥 www.dive-paradise.com. Deutsche Tauchschule, freundlich und hilfsbereit. Kurse, auch mit Nitrox, Tagestouren nach Similan.

TRANSPORT

Taxis nach PHUKET-STADT 700 Baht, PATONG 1000 Baht, KATA 1100 Baht, FLUGHAFEN 200 Baht.

Der **Airportbus** fährt von der Bushaltestelle an der Hauptstraße (Abzweigung Golddigger's Resort). 5 Min. nach der Abfahrt am Flughafen kommt man zudem in 1 Std. für 95 Baht nach PHUKET-STADT. Diese Haltestelle liegt etwas weiter nördlich.

Am frühen Morgen (ca. 6.30 Uhr) fährt auch ein **Songthaew** nach PHUKET-STADT.

Hat Mai Khao

Der längste Strand der Insel im Nordwesten, 35 km von Phuket-Stadt entfernt, erstreckt sich bis hinauf zur Sarasin-Brücke. Der Strand ohne das Hinterland wurde in den **Had Sirinath National Park** mit einbezogen, da auch hier Meeresschildkröten ihre Eier zum Ausbrüten im heißen Sand ablegen.

Im Dorf **Mai Khao**, 1 km nördlich der Abzweigung zum Flughafen nach links (der Beschilderung nach Wat Mai Khao folgen), werden inmitten von Kokospalmenplantagen an der Straße zum Meer die berühmten Phuket Lobster in riesigen Tanks gezüchtet, denn der natürliche Bestand dieser heiß begehrten Delikatesse ist stark dezimiert. Die steil abfallende Küste mit grobem, gelbem Sand wird in der Monsunzeit von hohen Wellen unterspült und abgetragen. Nach einem Sturm, der auch allen Unrat hier anspült, sieht es aus wie auf einer Müllkippe. Auch in der Trockenzeit sollte man hier wegen der starken Unterströmungen nicht baden.

Ganz im Norden, wo die zur **Sarasin-Brücke** führende Fahrspur des H402 am **Hat Sai Keaw** entlang verläuft, besuchen Einheimische am späten Nachmittag die Strandrestaurants im Schatten der Kasuarinen, um bei Whisky und Snacks den Sonnenuntergang zu genießen. Neben der alten Sarasin-Brücke führt die neue **Thepkasatree-Brücke** über den **Klong Tha Nun** und verbindet die Insel Phuket mit dem Festland. Die Küste östlich der Brücke ist von Mangroven gesäumt (S. 609).

ÜBERNACHTUNG

Karte S. 562

Nördlich von Mai Khao liegen abseits aller Touristenzentren 2 kleine Anlagen unter Kokospalmen direkt an einem ruhigen Strandabschnitt. Wegen der starken Strömungen und hohen Wellen ist das Baden hier gefährlich. Die Anlagen in der Nähe einer Shrimpfarm sind nur von Ende Nov bis April geöffnet. In Suan Maphrao, 1,2 km südlich der Einfahrt zum Marriott Resort, am Schild „Wat Mai Khao" Richtung Süden abbiegen und nach 1 km auf der unbefestigten Straße (Schild: Maikhao Beach Bung.) 1,2 km zum Strand fahren.

PHUKET

Marriott Vacation Club ①, beschilderte
Abzweigung nahe KM 38, 230 Moo 3, Mai Khao,
☎ 076-338 000, 🖳 www. marriott.com, [8303].
Großes 5-Sterne-Luxushotel, über 265 Zimmer,
u. a. DVD, riesige Badewanne. Apartments mit
2 Schlafzimmern und Küche. 2 Pools, Tennisplätze, Fitnesscenter, Spa, Einkaufszentrum,
6 Restaurants und Bars – eine Welt für sich
mitten im Nationalpark etwas abseits der Küste.
WLAN. ❽
Phuket Camp Ground, ☎ 081-370 1579,
081-676 4318, 🖳 www.phuketcampground.com,
[8304]. Nach der Zerstörung durch den
Tsunami wurde der Campingplatz von einer
Privatinitiative weiter landeinwärts aufgebaut.
Zelt, Matratze, Kissen, Decke, Stuhl und
Sonnenschirm zur Ausleihe. Außerdem
5 neue Bungalows in ruhiger Lage, auf dem
großem Grundstück mit viel Wiese und 2 Fisch-
Teichen. Mr. Oh und seine Frau Tim schaffen
eine nette Atmosphäre, vor allem am Abend
beim Lagerfeuer. BBQ-Abende. Einfaches
Restaurant mit WLAN. Zelt 500–700 Baht für
2 Pers. Ein eigenes Zelt kostet 200 Baht.
Bungalows ❺
Seaside Cottage , ☎ 080-522 8392, [2947]. Direkt
am Strand unter schattigen Kasuarinen liegen
4 kleine Bambusmattenhütten, 4 Holzhütten (mit
Gemeinschaftsbad) und 3 schöne runde Steinhäuser mit Ventilator. Moskitonetze. Frühstück
inkl. WLAN. ❸–❺

Jenseits der Strände

Vor allem im Nordosten zeigt sich Phuket von einer völlig anderen Seite. Schmale Straßen winden sich durch Kautschukplantagen, Ananasfelder, kleine Thai- und moslemische Fischerdörfer.
Stichstraßen führen hinab zur Küste.
    Im Nordosten, in **Tha Maphrao** und in **Laem
Sai**, gibt es frisches Seafood (Mutige können
das scharfe südthailändische gelbe Curry *gaeng
leung* probieren). Leider sind die Dorfstrände
nicht sehr sauber. Große Teiche der Aquabetrie-
be prägen das Hinterland, wo sich das Andaman Marine Shrimp Research and Development
Centre befindet.

Die meisten Besucher kommen hierher, um
von den Piers mit den Booten in die Bucht oder
zu den nahe gelegenen Inseln aufzubrechen.
Von den Piers in **Ban Ao Po** und **Bang Rong** starten Ausflugsboote in die Bucht von Phang Nga
und einige Boote nach Ko Yao Yai und Ko Yao
Noi. Im moslemischen Fischerdorf **Ban Ao Krung**
kann man Boote für Touren auf die vorgelagerten Inseln mieten. Ein Boot für eine Tagestour,
das 6–10 Pers. Platz bietet, kostet ca. 3500 Baht.
    Von der Anlegestelle östlich von **Bang Rong**
starten die meisten Passagierboote nach
Ko Yao Noi und Ko Yao Yai. Mit dem Longtail-Boot für 120 Baht, mit dem Speed Boat
200 Baht, Abfahrt 9.40 und 10.30 Uhr, Rück-
fahrten stdl. (Busse nach Phuket-Stadt von 7–
16 Uhr für 80 Baht.)

Khao Phra Taeo Wildlife Park/ Gibbon Rehabilitation Project

In diesem letzten Rest tropischen Regenwaldes, 21 km nördlich von Phuket-Stadt, leben auf
2228 ha zahlreiche Affen, Vögel, Wildschweine
und sogar auch Malaienbären. An den Hängen
der Berge, deren höchster mit 450 m der **Khao
Phara** ist, entspringen mehrere Bäche, die in der
Regenzeit zu Wasserfällen anschwellen (Tone
Sai-Wasserfall im Westen und Bang Pae-Wasserfall im Osten).
    Eine einfache Tour führt vom **westlichen
Parkzugang** ein Stück am **Tone Sai-Wasserfall** entlang. Ein Pool lädt zu einem abküh-
lenden Bad ein. Längere Touren sollten nur
mit Guide unternommen werden. Wer über
die Wasserscheide zum zweiten Wasserfall wandern möchte, kann sich bei Siam Safari Nature Tours, 70/1 Chao Fa Rd., Chalong, ☎ 076-280 116, 🖳 www.siamsafari.com,
nach einer Trekkingtour erkundigen.
    Am **östlichen Parkzugang** beim Bang Pae-
Wasserfall liegt am Fuß der bewaldeten Berge eine Rehabilitationsstation für Gibbons. Die
1,5 km lange Abzweigung am Elefantencamp
führt zuerst durch eine Kautschukplantage. Das
Gibbon Rehabilitation Project, ☎ 076-260 492,
🖳 www.gibbonproject.org, wurde 1992 gegrün-

PHUKET

det und hilft die einst in Gefangenschaft gehaltenen Affen wieder in Freiheit lebensfähig zu machen. Junge Leute aus aller Welt arbeiten hier freiwillig und ohne Bezahlung. Für die Gibbonstation selbst ist kein Eintritt fällig, aber es wird eine Spende erwartet. Für einzelne Gibbons können Patenschaften übernommen werden. Achtung: Die Nationalparkgebühr von 200 Baht muss jeder zahlen, auch wenn er nur zu den Gibbons will. ⏱ 9–16 Uhr.

Der zehnminütige Weg weiter hinauf zum nicht gerade spektakulären **Bang Pae-Wasserfall** bietet einen schönen Vorgeschmack auf die Vegetation des Regenwaldes. Auf wenigen hundert Metern wachsen viele typische Dschungelpflanzen.

TRANSPORT

In Thalang zweigt man vom H402 nach Osten ab, folgt der Beschilderung 3 km zum Tone Sai-Wasserfall und hält sich an der Gabelung rechts. Zum Gibbon Project geht es am Kreisverkehr beim Denkmal der Heldinnen auf den H4027 und nach 9 km links Richtung Bang Rong. **Inselbusse** fahren von 8.30–16 Uhr ab Phuket-Stadt für 30 Baht nach Bang Rong, aber nicht zu den Parks, sodass man die letzten 1,5 km zum Gibbon Project laufen oder trampen muss.

An beiden Parkeingängen wird von 9–15 Uhr die Nationalparkgebühr von 200 Baht erhoben. Auf einem Ticket bestehen, vor allem wenn man am selben Tag auch den anderen Zugang zum Park nutzen möchte. Einige Reisebüros bieten die Fahrt im Rahmen einer Tour an.

Thalang

Der H402 führt durch Thalang, 20 km nördlich von Phuket-Stadt. Viele alte Häuser sind dem Ausbau der Straße zum Opfer gefallen, doch in den Nebenstraßen sind noch einige der alten Holzhäuser der ehemaligen Inselhauptstadt erhalten geblieben. Die Hauptstraße ist gesäumt von Banken, chinesischen Geschäften, Restaurants und einem großen Markt.

Wat Phra Thong, der große Tempel des Goldenen Buddhas, liegt im Norden des Ortes, 400 m östlich des H402. Um die große Buddhastatue mit ihrem recht ungewöhnlichen Ge-

Kleine Taxis stellen auf Phuket den Transport sicher.

© M. MARKAND

PHUKET

sichtsausdruck, die von der Brust aufwärts aus dem Tempelboden herausschaut, ranken sich zahlreiche Legenden. Ein Junge soll beim Hüten seines Wasserbüffels die fast vollständig vergrabene Buddhastatue entdeckt haben. Kurz darauf starben beide, und dasselbe Schicksal ereilte auch alle anderen, die später versucht haben sollen, sie weiter auszugraben. Die Statue, die aus reinem Gold bestehen soll, verblieb somit an der Fundstelle, und es wurde über ihr der Viharn errichtet. Viele Chinesen glauben, dass sie ursprünglich aus China stammt, und kommen vor allem während der chinesischen Neujahrsfeierlichkeiten hierher, um zu opfern und zu beten. Neben dem Tempel lohnt das Tempelmuseum einen Besuch. Es ist eine Art Heimatmuseum, vollgestopft mit Alltagsgegenständen und Devotionalien, die einen Einblick in das Leben früherer Bewohner gewähren.

Tha Rua

Hier im Zentrum der Insel, 12 km nördlich von Phuket-Stadt, steht der **Lak Muang** von Phuket und mitten im Kreisverkehr das 1966 für die Heldinnen Thao Thepkrasatri und Thao Sri Sunthorn erbaute **Denkmal**. Die Geschwister, die im Volksmund Chan und Muk genannt werden, konnten am 13.3.1785 angreifende birmanische Soldaten während der Abwesenheit ihrer eigenen Krieger mit Ausdauer und unter Aufbietung aller Kräfte in die Flucht schlagen.

Das **National Museum** Phukets, ℘ 076-311 426, befindet sich östlich des Denkmals. Dokumentiert wird u. a. die Frühgeschichte der Inseln, ihre Besiedlung, die Beziehungen zu den Nachbarreichen und die spätere Bedeutung des Zinnbergbaus. Auch den Moslems der Insel, den Thai und Seenomaden ist ein Raum gewidmet. ⊕ 8.30–16.30 Uhr, Eintritt 30 Baht.

Die Inseln vor Phuket

Mehrere kleine Inseln vor Phuket bieten Abwechslung – sei es im Rahmen eines Tagesausflugs oder eines längeren Aufenthalts.

Ko Naka Noi und Ko Naka Yai

Auf der kleineren der Schwesterinseln in der Bucht von Phang Nga ist die im Nordosten gelegene **Perlenfarm Naka Noi**, ℘ 076-212 901, täglich für Besucher geöffnet, ⊕ 9–15.30 Uhr. Zweimal täglich, wenn gegen Mittag die überwiegend asiatischen Reisegruppen eintreffen, wird die Perlenzucht in allen Einzelheiten demonstriert. Natürlich soll man auch Perlen und Muschelprodukte kaufen. Angeschlossen ist ein Seafood-Restaurant.

Auf der größeren Nachbarinsel **Naka Yai** gibt es Unterkünfte. Der Strand an der Westküste ist flach und nicht besonders ansprechend. An der Ostküste dagegen lockt ein schöner Strand von etwa 1 km Länge, davon 500 m feiner Sand.

The Naka Island Resort & Spa, ℘ 076-371 400, ⌨ www.starwoodhotels.com. Exklusives Boutiquehotel. Traumhafte Lage und traumhafte Villen. ❽
Tenta Nakhara Resort, ℘ 081-398 6515, ⌨ www.tentanakara.com. Das etwas andere Resort befindet sich im Norden der Insel. Unter palmblattgedeckten Hütten befinden sich Zelte. Große Betten, schöne Bäder. Ventilator mit Batterie. Große Veranden. Vor allem für Familien eine interessante Option, da bei den größeren Bungalows Extrazelte auf der Veranda aufgebaut werden können und so auch Familien mit 3 Kindern Platz finden. ❺–❼

Vom Ao Po Pier im Osten Phukets fahren **Longtail-Boote** in etwa 15 Min. für etwa 700 Baht pro Boot nach Ko Naka Yai. Auf Anfrage gibt es auch kostenpflichtigen Transport durch die Resorts. Es ist angeraten, auf die Flut zu warten, bevor die Fahrt losgeht.

Ko Lone

Ko Lone vor der seichten Ao Chalong ist eine der größten Inseln Phukets mit bis zu 260 m hohen Bergen. Auf drei Seiten ist sie von einer steilen Felsküste umgeben, nur im Nordosten erstreckt sich ein Strand. Hier liegt auch ein moslemisches Dorf, dessen Einwohner vom Fischen sowie dem Verkauf von Latex und Kopra leben.

ÜBERNACHTUNG UND TRANSPORT
Karte S. 564
Baan Mai Cottage ㉒, ✆ 076-352 022, 🖵 www.baanmai.com. 9 wunderschöne Bungalows im Garten und am Meer. Sehr ansprechendes Design, selbstverständlich mit AC, aber bewusst ohne TV. Besonderen Luxus bietet die Villa mit 3 Schlafzimmern und 2 Bädern. Hier gibt es TV und DVD-Anlage. Statt Klimaanlage kühlen hier stilechte Ventilatoren. Wunderschöner Pool. ❼–❽
Cruiser Island Resort ㉒, Office am Hat Rawai, 73/1 Moo 4, Soi Sermsuk, ✆ 076-383 210 (siehe Karte S. 562), 🖵 www.cruiserislandresort.com. Kontakt auf der Insel ✆ 086-471 4829. 24 AC-Bungalows am Strand, Minibar, Wasserkocher, TV und Safe. Pool und Restaurant. ❼–❽ Charterboote ab Chalong. Die Resorts haben eigene Boote.

Ko Hay (Coral Island)

Die Insel Ko Hay (auch Ko Hae) liegt etwa 6 km vor Rawai am Südzipfel von Phuket. Wegen ihrer einst schönen Korallen ist sie als Coral Island bekannt. Während der Saison stehen die Liegestühle in vier bis fünf Reihen am Strand der nördlichen Bucht, Strandrestaurants bereiten mittags Thai-Gerichte zu und servieren kalte Getränke. Tagsüber ankern Dutzende von Booten vor dem westlichen Teil des Sandstrandes, wo sich das Meer am besten zum Schwimmen eignet. Die Fische werden durch laute Boote, Fallschirmsegler und propellergetriebene Deltasegler vertrieben. Der östliche Strandabschnitt mit den Bungalows des Coral Island Resorts musste bereits mit Sandsäcken abgesichert werden. Ruhiger ist es am kleinen **Banana Beach**, der nach zehnminütigem Spaziergang Richtung Osten erreicht ist.

ÜBERNACHTUNG UND TRANSPORT
Karte S. 562
Coral Island Resort, ㉓ Büro: Chalong Zufahrt zum Pier, 48/11 Chao Fa Rd., ✆ 076-281 060,

✆ Resort auf der Insel 076-214 779, 🖵 www.coralislandresort.com. Bungalows mit meist recht großen Zimmern. Pool (hier finden auch Tauchkurse für Anfänger statt). Sehr gutes Restaurant. Hochzeitszeremonien. ❺–❽
Boot ab Ao Chalong um 9.30 Uhr in 45 Min., Tagestouren 750 Baht. Longtail- und Schnellboote ab Chalong und Rawai.

Ko Racha Yai und Ko Racha Noi

Die hügelige und felsige Insel **Ko Racha Yai** (auch Ko Raya oder Ko Raja) [6312] liegt 21 km südlich von Phuket. Dominiert wird die Insel vom riesigen Hotelkomplex The Racha. Doch trotz des großen Hotels ist das alte Ko Racha noch zu finden: beispielsweise auf den schattigen Fußpfaden und unbefestigten Fahrwegen durch die Palmenwälder. Feiner, weißer Sand bildet die zwei größten Strände Batok und Siam Bay im Nordwesten der Insel, wo die Ausflugsboote ankern und die meisten Tagesausflügler in bereitgestellten Liegestühlen unter Sonnenschirmen (150–200 Baht) den Tag verbringen. Von den Felsen hat man einen herrlichen Ausblick über die Küste. Das Wasser ist fast immer klar und an der **Ao Batok** zum Schwimmen geeignet, Schnorcheln kann man am Rand der Bucht. Die felsige Südküste hingegen eignet sich, vor allem bei hohem Wellengang, weniger zum Baden und Schorcheln.

In der **Siam Bay** erschweren vor allem bei Ebbe abgestorbene Korallen das Badevergnügen. Ansonsten ist der feine weiße Sandstrand mit noch wenigen Liegestühlen bestückt und ein gutes Rückzugsgebiet für Ruhesuchende. Gute Tauchmöglichkeiten gibt es vor der Ostküste der Insel auf 9–22 m Tiefe bei 10–18 m Sicht, allerdings wurden die Riffe vom Tsunami geschädigt. Viele Ausflugsboote und Tauchschulen fahren täglich zur Insel. Am Hauptstrand Ao Batok halten sich bis gegen 15.30 Uhr viele Ausflügler auf. Danach wird es auch hier ruhig. Manchmal sind Quallen eine Plage. Während der Monsunzeit (Mai–Okt) wird die Insel kaum besucht.

Die kleinere Schwesterinsel **Ko Racha Noi** liegt 8 km südwestlich und ist unbewohnt. Sie

PHUKET

N

0   500 m

Siam Bay

②   **①**

Ao Batok

Raya Divers

③

②   C

③   **4**

④

⑤   *Ter Bay*

POLIZEI

⑥

Raya Divers   *Konkare Bay*

PHUKET

Übernachtung:
① Rayaburi Resort
② Bungalow Raya Resort
③ The Racha
④ Raya Father Resort
⑤ Raya Garden
⑥ Ban Raya Resort & Spa

Essen:
1 Bamboo Bar, Paradise Beach Bar
2 Snacks, Minimarkt
3 Club del Mar
4 Pad Thai Restaurant

besitzt nur einen winzigen Sandstrand. Sehr gut tauchen kann man vor der Nordspitze in einer Tiefe von 9–28 m bei 15–25 m Sicht. Allerdings gibt es starke Strömungen, und während des Monsuns ist die Insel ungeschützt starken Winden ausgesetzt, sodass dann keine Boote fahren.

ÜBERNACHTUNG UND ESSEN

Die Preise sind durchweg ungefähr doppelt so hoch wie auf dem Festland und steigen noch um einiges in die Höhe bei größerem Andrang.

Ao Batok und Siam Bay

Bungalow Raya Resort ②, Ao Batok, W 081-676 5995, Buchungen unter ☎ 076-384 235, **[6320]**. Hütten auf den Felsen am linken Ende der Bucht. Die 20 Holzbungalows sind etwas in die Jahre gekommen. Sie bieten Ventilator, ein gefliestes Bad und große Betten; Moskitonetz auf Anfrage. Schöne Aussicht u. a. von Bungalow 6 und 7 am Weg zum Viewpoint. Strom von 18–6 Uhr. Großes Restaurant über der Bucht (viele Gruppen). Verleih von Schnorchelausrüstung. Frühstück 500 Baht extra. **❹–❺**

Rayaburi Resort ①, Siam Bay, ☎ 076-352 025, 🖥 www.rayaburiphuket.com, [6330]. Die vormals 3 Anlagen an diesem Strand gehören nun zu einem Resort. Bisher wurden die einfachen Holz- und Mattenhütten im Hang erhalten. Im westlichen hinteren Bereich der großen Gartenfläche stehen mehrere einfache Reihenzimmer mit Ventilator. Daneben luxuriöse doppelstöckige Bungalows, mit viel dunklem Holz möbliert, offenen Bädern zum Schlafzimmer, WC und Dusche getrennt. Weitere Bungalows mit direktem Zugang zu einem Pool. Inkl. Frühstück und Liegen am Strand. ❹–❼

The Racha ③, Ao Batok, ☎ 076-355 455, 🖥 www.theracha.com, [6332]. Große Anlage im modern-minimalistischen, vom Zen inspirierten Stil. 70 Villen, teils mit eigenem Pool. Restaurant mit dress code auch für Gäste von außerhalb, 2 Pools, Spa, Tauchbasis, Wassersport. ❽

Am südlichen Ende bietet neben The Racha der noble Club Del Mar [6322] bequeme Liegen oberhalb des Strandes und ein Restaurant mit frisch zubereiteten Snacks zu gehobenen Preisen.

In der **Bamboo Bar** [6316] und der Paradise Beach Bar [6317] gibt es eisgekühlte Getränke und ebensolche Cocktails.

Im Landesinneren

Raya Father Resort ④, ☎ 081-893 4430, [6326]. Kleine und größere Bungalows und Reihenzimmer mit Ventilator oder AC. Großes Restaurant. Internet. ❹–❺

Raya Garden ⑤, Buchungen über Racha Island Phuket, ☎ 076-383 136, [6328]. Hübsche Einzel- und Doppel-Bungalows in einem gepflegten, schattigen Garten. Weder Rezeption noch Restaurant. ❹

Bei der Wanderung durchs Inselinnere eignet sich das **Pad Thai Restaurant** [6324] unter hohen Kokospalmen für einen Zwischenstopp. Die Familie vermietet auch Boote und offeriert Ausflüge zum Fischen.

Konkare Bay

Auf der anderen Seite der Insel in der kleinen Bucht liegt ein Resort etwas abseits an einem winzigen Strand mit guten Schnorchel-

möglichkeiten. Es ist nach 20 Min. zu Fuß durch einen Palmenhain zu erreichen:

Ban Raya Resort & Spa ㉒, Buchungen unter ☎ 076-224 439, 🖥 www.banraya.com, [6318]. Unter Kokospalmen in Reihenhäusern Zimmer mit Kaltwasser, Ventilator oder AC sowie kleinen Terrassen. Zudem teure Häuser mit 4 Zimmern mit TV, 24 Std. Strom und Warmwasser. Offenes, relativ teures Restaurant. Internet, Minimarkt, Pool und Spa. Reitpferde im Stall. Tauchschule Raya Divers (s. „Tauchen") gleich nebenan. Abholservice ab Anlegestelle in der Ao Batok. ❻–❽

SONSTIGES

Duschen

Komfortable öffentliche Duschen und WCs neben The Racha, die kostenpflichtig, aber sehr sauber sind.

Geld

Genügend Geld mitbringen! Es gibt auf der Insel keine Geldautomaten, und Kreditkarten akzeptiert nur The Racha und Ban Raya Resort & Spa.

Tauchen

Raya Divers, 1/2 Moo 5, Rawai, ☎ 081-370 3376, 🖥 www.rayadivers.com. Die schwedische Tauchschule hat eine Basis neben The Racha und Ban Raya Resort & Spa. Angeboten werden Tauchtrips und Schnorcheltouren, ab 1200 bzw. 750 Baht. Günstige Tauchgänge vom Strand aus, zudem Kurse.

TRANSPORT

Von Okt–Mai fahren zahlreiche **Boote** ab Chalong gegen 9 Uhr in 30 Min. nach Ko Racha Yai, Rückfahrt zwischen 15 und 16 Uhr. Buchungen u. a. über Raya Princess, ☎ 076-256 394, 081-535 9883, oder Island Safari, 🖥 www.islandsafaritour.com. Im Pauschalpreis von ca. 1000–1500 Baht sind der Transfer vom Hotel, Getränke, Lunch und Schnorchelausrüstung enthalten. Nur Bootstransfer für den gleichen Preis.

Gäste des The Racha werden mit dem eigenen Boot abgeholt.

PHUKET

© M. MARKAND

Die Bucht von Phang Nga, Krabi und Ko Phi Phi

Stefan Loose Traveltipps

12 **Bucht von Phang Nga** Mit dem Kajak durch Höhlen und Lagunen mit bizarren Kalksteinfelsen. S. 616

Krabi Leckeres und günstiges Essen auf dem Nachtmarkt. S. 622

13 **Klettern** Die dramatischen Felsen am Rai Leh und an der Ao Ton Sai erklimmen. S. 637

Ko Jum Einsame Strände genießen, solange es noch geht. S. 657

Ko Phi Phi Partys auf einer der schönsten Inseln der Welt. S. 662

An Thailands Küsten zum Indischen Ozean liegen einige der schönsten Reiseziele des ganzen Landes. Die große Bucht von Phang Nga zwischen Phuket und dem Festland lockt mit traumhaften Inseln und Ausflugszielen.

Auch die Umgebung von Krabi und die weiter südlich gelegenen Orte sind allesamt eine Reise wert. Dramatische Kalksteinformationen, versteckte Buchten und Lagunen, Traumstrände mit kristallklarem Wasser – all das und mehr reicht manchem schon für eine Thailand-Reise.

Die gemütliche Provinzhauptstadt Krabi ist ein guter Ausgangspunkt, um die umliegenden Strände, Inseln und Sehenswürdigkeiten zu erkunden. Wer direkt am Strand wohnen möchte, zieht weiter nach Rai Leh, Ao Ton Sai – Letzteres ist besonders für Kletterfreunde interessant –, nach Ao Nang oder an den Hat Nopphrat Thara. Die Inseln Yao Noi und Ko Yao Yai sowie Ko Jum (Ko Pu) versprechen ruhige, erholsame Tage am Strand. Ganz anders Ko Phi Phi: Hier feiern junge Urlauber aus aller Welt ausgelassene Partys.

Die Bucht von Phang Nga

Kaum ein Besucher dieser Region verzichtet auf einen Besuch der Bucht. Selbst wer nicht auf eine der Inseln zieht, macht zumindest eine **Bootstour** in die Bucht von Phang Nga. Dort stehen weltberühmte Sehenswürdigkeiten – etwa der steil aufragende James-Bond-Felsen. An solchen Orten treffen in der Saison Hunderte von Reisenden zusammen, paddeln mit Kajaks durch die Höhlen oder bewundern vom Boot oder Strand aus die Umgebung. Touren dorthin starten nicht nur von Phang Nga-Stadt (S. 619), sondern auch von Phuket, Krabi-Stadt (S. 622) und von verschiedenen Stränden (z. B. Ao Nang).

Dass die Bucht von Phang Nga schon seit langer Zeit bewohnt ist, beweisen die Felsmalereien des **Khao Khian** („Mal-Berg"), die vor etwa 4000 Jahren entstanden.

Ausflüge in die Bucht

Viele Reisebüros in Phuket, Phang Nga-Stadt und Krabi-Stadt organisieren günstige Ausflüge zu den vorgelagerten kleineren Inseln und Korallenriffen. Ab Phuket fahren vorwiegend Tagesgäste nach **Ko Mai Thon** zum Sonnenbaden und Schnorcheln. Nach **Ko Rang Yai** vor der Ostküste Phukets geht es ab Laem Hin. Hier werden in der Phuket Pearl Farm Perlen gezüchtet. Zahlreiche Tagesausflügler zieht es hierher. Viele Veranstalter auf Phuket bieten Touren mit dem Kajak durch die Felsen (S. 629).

Klassische Ausflugstouren

Eine Bootstour durch die Bucht ab Phang Nga-Stadt beginnt beispielsweise am **Tha Dan-Pier** von Phang Nga-Stadt und führt von dort durch den **Klong Khao Thalu**, dessen Ufer mit Mangroven bewachsen sind, Richtung Meer. Dort geht es vorbei an vielen bizarr aussehenden Inseln, z. B. **Ko Khai** („Eier-Insel") oder **Ko Maa Chuu** („Insel des kleinen Hundes"). Auf **Ko Panyi** gibt es ein von Moslems bewohntes Dorf, dessen 200 Häuser auf Pfählen ins Meer gebaut wurden. Der Name der Insel („Flaggeninsel") rührt von einer Fahne her, die die Bewohner auf einem Felsvorsprung hissten, als sie vor etwa 200 Jahren aus Malaysia einwanderten. Lange lebten die Bewohner vom Fischfang; heute kommt der Tourismus als Einnahmequelle hinzu. Besucher werden meist in einem Restaurant mit einem standardisierten Mittagessen abgefüttert und fahren dann weiter, es sind jedoch auch Übernachtungen möglich.

Das Hauptziel vieler Bootstouren durch die Bucht von Phang Nga ist **Khao Phingan**, besser bekannt als **James Bond Island**, denn hier wurden einige Szenen für den 1974 erschienenen Hollywoodfilm *Der Mann mit dem goldenen Colt* gedreht. Vom Strand aus sieht man **Ko Tapu**, die „Nagel-Insel": ein schmaler, sich nach unten verjüngender Felsen, der sich senkrecht aus dem Wasser erhebt – der berühmte **James Bond-Felsen**; sicher die meistfotografierte Na-

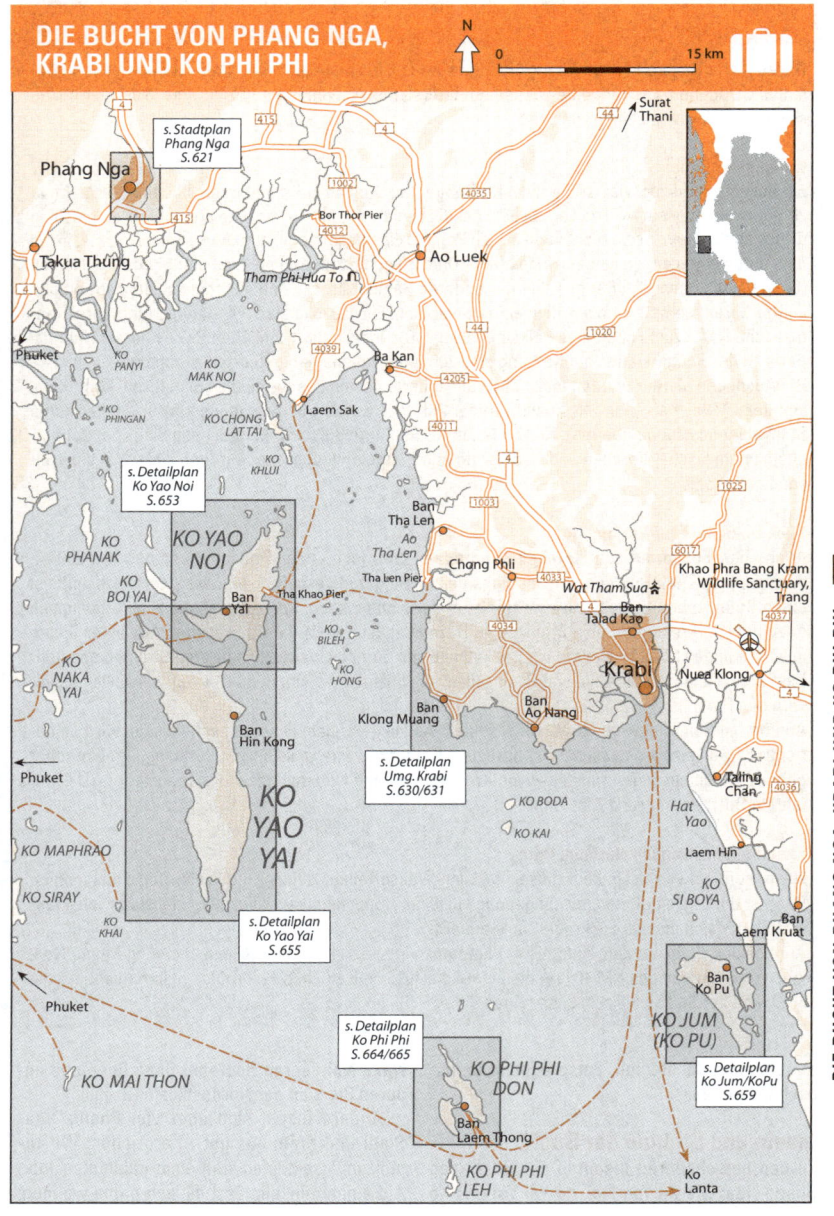

N

0   15 km

Surat Thani

s. Stadtplan
Phang Nga
S. 621

Phang Nga

Takua Thúng

Bor Thor Pier

Ao Luek

Tham Phi Hua To

Phuket

KO
PANYI

KO
MAK NOI

Ba Kan

KO
PHINGAN

KO CHONG
LAT TAI

Laem Sak

KO
KHLUI

s. Detailplan
Ko Yao Noi
S. 653

KO YAO
NOI

Ban
Tha Len

Ao
Tha Len

Tha Len Pier

Chong Phli

KO
PHANAK

KO
BOI YAI

Ban
Yai

Tha Khao Pier

Wat Tham Sua

Ban
Talad Kao

Khao Phra Bang Kram
Wildlife Sanctuary,
Trang

KO
BILEH

KO
HONG

Krabi

Nuea Klong

KO
NAKA
YAI

Ban
Hin Kong

Ban
Klong Muang

Ban
Ao Nang

Phuket

KO
YAO
YAI

s. Detailplan
Umg. Krabi
S. 630/631

Taling
Chan

KO MAPHRAO

KO BODA

KO KAI

Hat
Yao

Laem Hin

KO SIRAY

KO
KHAI

KO
SI BOYA

Phuket

Ban
Laem Kruat

Ban
Ko Pu

KO MAI THON

s. Detailplan
Ko Phi Phi
S. 664/665

KO PHI PHI
DON

KO JUM
(KO PU)

s. Detailplan
Ko Jum/KoPu
S. 659

Ban
Laem Thong

Ko
Lanta

KO PHI PHI
LEH

Die südliche Umgebung von Phang Nga über Ao Luk bis hinunter nach Krabi ist geprägt von höhlendurchzogenen, dschungelbewachsenen **Kalksteinmassiven** – ein großartiges Werk der Natur, sowohl zu Wasser als auch zu Lande.

Ko Hong-Archipel

Ein beliebtes Ausflugsziel ist die Insel **Ko Hong** (auch Ko Lao Li Pe) mit ihren Nachbarinseln. Etwa 20 Bootsminuten von Ao Tha Len (S. 650) bei Krabi entfernt, gilt sie als eine der schönsten Inseln in dieser an schönen Inseln nicht eben armen Region. Eine besondere Attraktion ist eine Lagune, in die man durch einen engen Eingang hineinfährt. Dieses versteckte „Zimmer" gab der Insel ihren Namen (*hong* heißt „Zimmer", „Raum"). Auf der anderen Seite erstreckt sich ein schöner Sandstrand und im Uferbereich erhebt sich ein 10 m hoher Sandstein. Ein 400 m langer Wanderweg führt durch fantastische Natur zum Fuße eines Kalksteinfelsens. Die Insel gehört zum Than Boke Khorani National Park; an der Rangerstation auf Ko Hong sind 200 Baht Nationalparkgebühren zu zahlen.

Bei Ausflügen hierher werden meist auch die anderen Inseln des Archipels angefahren: **Ko Pakbia**, von der TAT jetzt als „Paradiesinsel" vermarktet. Hier werden Schwalbennester für die berühmte Schwalbennestsuppe geerntet. **Ko Lao** (auch Ko Sa Ka) und **Ko Lao Riam** eignen sich zum Schnorcheln (viele Fische, Korallen und Seesterne) und Paddeln. Vogelfreunde freuen sich über die kreisenden Seeadler.

Than Boke Khorani National Park

Auch **Than Bokkarani** oder **Tarnboke Khoranee** (oder noch anders) geschrieben und von Einheimischen kurz **Than Bok** genannt, ist eines der Lieblingsziele von Thai-Touristen. Der Park umfasst einen Botanischen Garten und eine Höhle, in der sich eine Lagune befindet, die zum Schwimmen geeignet ist. Direkt nach dem Monsun, im Dezember, ist der Park am schönsten: Aus einer Spalte in einer Klippe strömt Wasser in ein Becken und von dort aus weiter in mehreren Strömen und über Kaskaden; kleine Wasserfälle und Pools laden zum Entspannen ein. Hunderte von Vogelarten bevölkern den Park.

Anfahrt mit Songthaew von Krabi bis fast nach Ao Luk (wer dem Fahrer Bescheid sagt, wird an der richtigen Stelle rausgelassen), von dort zu Fuß über die Straße 4039 zum Parkeingang. Einfacher geht es mit einem Tourveranstalter von Krabi oder Phang Nga aus (meist als Tagestour inkl. Kanufahrt in Bo Thoar für rund 1500 Baht).

Khao Phanom Bencha National Park

20 km nördlich von Krabi liegt dieser Park mit Wasserfällen, Höhlen und Wald. Der gleichnamige Berg ist der höchste Punkt der Umgebung (1350 m). Hauptsehenswürdigkeit ist der **Huay Toh-Wasserfall**, der sich in mehrere große Pools ergießt.

Anreise von Krabi mit dem Auto die 411 stadtauswärts, dann auf den H4 links Richtung Phang Nga, kurz vor Erreichen des KM 108 rechts ab auf die 1016, in Ban Thap Prik rechts halten (nicht auf die 3023) und der Straße bis zum Ende folgen.

turschönheit der Region. Entsprechend touristisch geht es zu.

Inseln und Strände der Bucht

Zu den bewohnbaren Inseln in der Bucht von Phang Nga, wie **Ko Yao Noi**, **Ko Yai Yai** und **Ko Naka Noi**, fahren Boote ab Bang Rong und anderen Piers an der Nordostküste (S. 609).

Andere Inseln sind eher von Phang Nga-Stadt und Krabi aus gut zu erreichen. Wir raten zum Inselhüpfen statt einer gebuchten Tour: Auf einigen Inseln lässt es sich prima wohnen, und wer von Phuket aus über eine Insel weiter nach Krabi zieht und dann weiter vom Strand seiner Wahl zur nächsten Insel, wird das Leben in der Phang Nga-Bucht abseits der organisierten „Massentourismusausflüge" erleben können. Immer wieder lassen sich dann durch Tagesausflüge die Eindrücke vertiefen. Empfehlenswert für alle, die es sich leisten können, sind Segeltörns, z. B. mit Lanta Sailing, 🖳 www.lantasailing.com, oder Thai Sailing, 🖳 www.thaisailing.com.

Vielen Inseln im Süden sind Korallenriffe vorgelagert, weshalb sie sich gut zum Schnorcheln und Tauchen eignen. Die Inseln in der seichten Bucht von Phang Nga können zwar nicht mit Riffen, aber mit steilen Kalkfelsen im zumeist spiegelglatten Wasser aufwarten.

Phang Nga-Stadt

Die ruhige Distrikthauptstadt Phang Nga selbst hat nicht viel zu bieten. Etwas Besonderes ist allerdings ihre Lage zwischen den dramatisch aufragenden Karstfelsen, für die die Region so bekannt ist. Die Bebauung erstreckt sich v. a. entlang der Hauptstraße Phetkasem Road. Das Stadtzentrum liegt im Norden. Hier befinden sich Markt, Busbahnhof und die meisten Unterkünfte. Touristen, die nach Phang Nga kommen, wohnen meist in dieser Gegend und unternehmen mit einem der Touranbieter, die sich um den Busbahnhof herum angesiedelt haben, einen Ausflug in die weltberühmte Bucht von Phang Nga (S. 616).

Wer in der Stadt ein wenig Zeit verbringen möchte, sollte die **Pung Chang-Höhle** aufsuchen, die zu den beeindruckendsten der Region zählt. Die Höhle liegt etwa 2 km südlich des Stadtzentrums hinter dem District Office am Fuß des Chang-Bergs. Innen finden sich schöne Stalagmiten und Stalaktiten sowie Kopien bekannter Buddhastatuen. Etwas weiter nach Süden, auf der anderen Straßenseite, lädt der **Phra Si Nakharin-Park** zum Bummel ein. Er ist benannt nach der Mutter König Bhumipols und um einige Kalksteinfelsen herum angelegt, in denen sich ebenfalls Höhlen befinden. Bekannt und ein beliebtes Ausflugsziel für die einheimische Be-

völkerung ist die bequem begehbare Russi-Höhle, die „Höhle des weisen Mannes". Die Statue eines Einsiedlers mit aufgetürmtem Haarzopf und Tigerfell erinnert daran, dass hier einst ein Mönch, möglicherweise aus Indien, Zuflucht fand.

Einige buddhistische Tempel liegen im Stadtgebiet, zentrumsnah **Wat Mongkon Sathawaat** und **Wat Phra Chumyothi**, unspektakuläre Alltagstempel, die immer für einen besinnlichen Moment gut sind, und etwas südlich Wat Thamtapan mit einer erschreckenden Darstellung der Qualen und Strafen, die einen sündigen Buddhisten in der Hölle erwarten.

In der näheren Umgebung, 13 km außerhalb an der Straße nach Phuket, liegt der **Tham Suwan Kuha-Höhlentempel.** Draußen verkaufen Händler Nüsse und Bananen – eine Gabe für die frechen Äffchen, die hier herumlungern. Das Eingangstor liegt am Fuße eines Kalksteinfelsens. Der Boden im Inneren ist geglättet; viele schöne Buddhastatuen in verschiedenen Posen fallen ins Auge. Eine Treppe führt ins Freie; von oben hat man einen tollen Ausblick auf die Landschaft. Für die Anreise fragt man am Markt nach einem Songthaew; der Fahrer hält an einer Kreuzung, von wo es noch etwa zehn Minuten Fußweg sind.

Die meisten Unterkünfte liegen an der viel befahrenen Hauptstraße und sind daher etwas laut – es empfehlen sich jeweils die Zimmer nach hinten heraus.

Baan Phangnga ①, 100/2 Petchkasem Rd., ✆ 076-413 276, 🖳 www.baanphangnga.com. Ansprechend farbig gestaltete AC-Zimmer, einige mit Holzfußboden. Auch Familienzimmer und Dormbetten. Die freundliche Betreiberin spricht gut Englisch. Restaurant. WLAN. ❸

Home Phang-Nga ④, Klangmueang Rd., w 081-958 5538, 🖳 www.phangnga-guesthouse.com. Modern gestaltetes, geschmackvolles kleines Guesthouse mit wenigen Zimmern am Fuße eines Karstfelsens. Inkl. Frühstück und WLAN. ❸–❺

Muang Thong Hotel ③, 128 Phetkasem Rd., ✆ 076-412 132, 089-289 2566, [7933]. Geräumige

Zimmer mit Ventilator oder AC; die Badezimmer werden z. T. über nicht bis zur Decke gemauerte Zwischenwände ins Zimmer entlüftet. Schön sind die beiden Zimmer mit Holzfußboden im 2. Stock. Im angeschlossenen Tourbüro bietet der gesprächige Mr. Hassim Touren in die Bucht von Phang Nga an. WLAN. ❷

Phang-nga Inn ⑤, 2/2 Soi Lohakit, w 076-411 963, ✉ Phang_ngainn999@htomail.com. Einladendes Guesthouse, ruhig in einer Seitenstraße gelegen. Unterschiedlichste Zimmer, mit und ohne Fenster, nicht alle mit eigenem Bad. Zudem Familienzimmer. Teils inkl. Frühstück. WLAN. ❷–❺

Thawesuk Hotel ②, 79 Phetkasem Rd., ✆ 076-412 100. Einfache, aber saubere Zimmer mit Ventilator und eigenem Bad; für den anspruchslosen Reisenden. ❶

ESSEN

In Phang Nga ist man auf die lokale Hausmannskost angewiesen, die an Straßenständen und in Restaurants im Stadtzentrum entlang der Petchkasem Rd. und um den Markt herum angeboten wird. Alle gelisteten Restaurants liegen in der Petchkasem Rd.

Baan Phangnga Restaurant and Bakery, ✆ 076-413 276. Im modern gestalteten Restaurant kann man aus einer kleinen Speisekarte Thailändisches oder Westliches wählen. Das Restaurant bietet auch eine ansprechende Auswahl an Frühstücksangeboten. ⏲ 7–24 Uhr.

Big C, Einkaufscenter mit den üblichen Ketten wie KFC, Black Canyon Coffee, Swensen's Eis und ein Sushi-Restaurant. ⏲ 8–22 Uhr.

Duang Restaurant, Einheimische empfehlen die Thai- und chinesischen Gerichte. Wer es nicht scharf mag, sollte dies sagen und *mai pet* bestellen. ⏲ 10–22.30 Uhr.

Mai Tai Restaurant, ✆ 076-440 044. Die englische Speisekarte offeriert überwiegend Thai-Gerichte, aber auch eine Auswahl an Steaks. Klimatisierter Raum. ⏲ 11–23 Uhr.

SONSTIGES

Informationen

TAT Office, 2/27 Thetsaban Rd., ✆ 076-481 900, 🖥 www.tourismthailand.org. Hält Broschüren und Stadtpläne bereit. Das Personal ist freundlich bemüht, aber völlig überfordert. ⏲ 8.30–16.30 Uhr.

Medizinische Versorgung

Krankenhaus, Petchkasem Rd., südlich des Stadtzentrums, ✆ 076-412 023. Bei ernsten Fällen empfehlen sich die internationalen Kliniken auf Phuket.

Touren

Verschiedene Touranbieter buhlen um die Gunst der Kunden und vermieten auch **Mopeds** (200 Baht pro Tag). Die meisten haben ihre Büros am Busbahnhof. Wer in eines hineinblickt, wird sofort in Beschlag genommen. Die Angebote ähneln sich: Eine **Halbtagstour**, morgens oder nachmittags, fährt die wichtigsten Highlights an (James Bond Island, Ko Panyi, Höhlen) in 4 Std. für etwa 500 Baht. Eine **Ganztagstour** mit mehr Zeit an den einzelnen Stationen und einem Besuch der Hong-Insel (S. 618) mit ihrer wunderschönen Lagune und ebensolchen Sandstränden kostet rund 800 Baht. Auch Touren mit **Übernachtung** im Moslem-Dorf auf Ko Panyi sind machbar (um 850 Baht). Der Nationalpark-Eintritt sollte bei allen Touren im Preis enthalten sein. Tages- und Mehrtagestouren zu den Similan-Inseln und nach Ko Surin sind ebenso im Angebot (Tagesausflug etwa 2800 Baht/Person). Anbieter sind z. B. **Mr. Kean Tour**, ✆ 076-430 619, 089-871 6092, und **Sayan Tour**, ✆ 076-430 348, beide am Busbahnhof. Außerdem **MT Tour** im Muang Thong Hotel, ✆ 076-412 132. Viele der Reiseagenturen vermieten auch Mopeds für 200 Baht am Tag.

TRANSPORT

BANGKOK, mit dem Government-Bus (1. Kl. AC) um 17 Uhr für 617 Baht; tgl. auch mit dem 2.-Kl.-AC-Bus um 17, 17.30 Uhr und 20.30 für 529 Baht. Am bequemsten ist der VIP-Bus um 17.30 Uhr für 960 Baht. Fahrzeit etwa 11 Std.

KHAO LAK, mit dem Bus für 80 Baht bis Takua Pa und dort umsteigen (50 Baht); oder (noch komplizierter) mit dem Phuket-Bus nach Khok Kloi (40 Baht), von dort nach Takua Pa und dann weiter nach Khao Lak. Am einfachsten mit dem

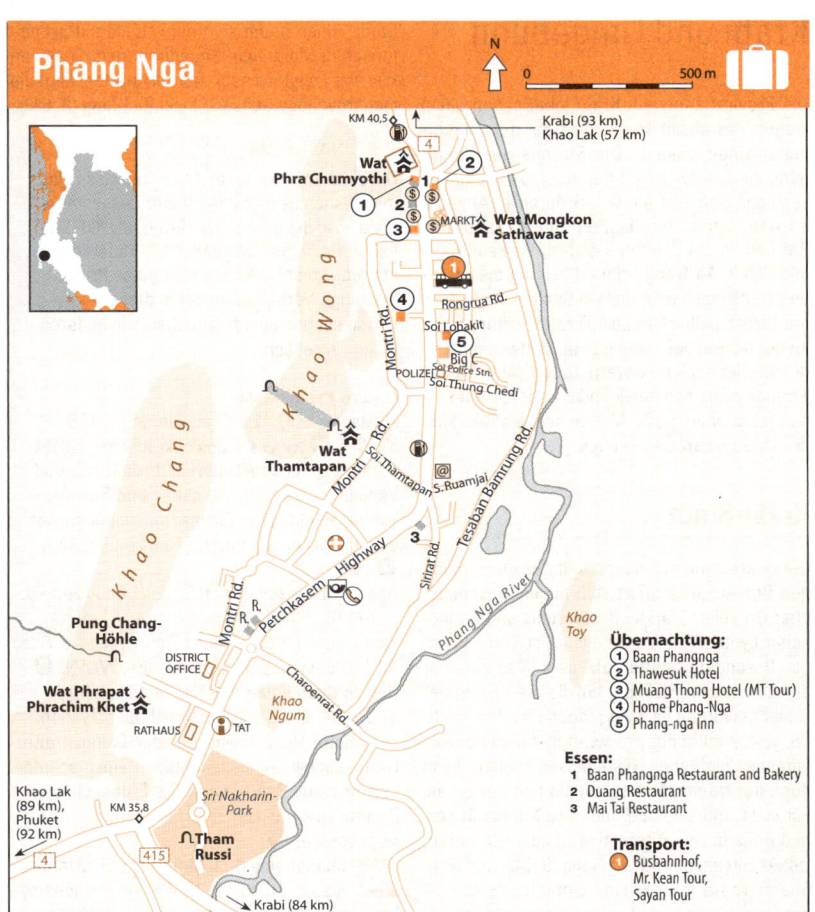

Phang Nga

N ↑ 0 — 500 m

KM 40,5 ◇ → Krabi (93 km)
Khao Lak (57 km)

Wat Phra Chumyothi

Krabi (93 km)
Khao Lak (57 km)

MARKT
Wat Mongkon Sathawaat

Rongrua Rd.
Soi Lobakit
Big C
POLIZEI Soi Police Stn.
Soi Thung Chedi

Khao Wong

Khao Chang

Wat Thamtapan
Montri Rd.
Soi Thamtapan S. Ruamjai
@
Tesaban Bamrung Rd.

Highway
Sirat Rd.
Phang Nga River
Khao Toy

Pung Chang-Höhle
Petchkasem
R.
R.

DISTRICT OFFICE
Wat Phrapat Phrachim Khet
RATHAUS
TAT

Charoenrat Rd.
Khao Ngum

Khao Lak (89 km), Phuket (92 km)
KM 35,8 ◇
Sri Nakharin-Park
Tham Russi
4 415
→ Krabi (84 km)

Übernachtung:
1 Baan Phangnga
2 Thawesuk Hotel
3 Muang Thong Hotel (MT Tour)
4 Home Phang-Nga
5 Phang-nga Inn

Essen:
1 Baan Phangnga Restaurant and Bakery
2 Duang Restaurant
3 Mai Tai Restaurant

Transport:
1 Busbahnhof, Mr. Kean Tour, Sayan Tour

DIE BUCHT VON PHANG NGA, KRABI UND KO PHI PHI

Minibus alle 2 Std. zwischen 7 bis 17 Uhr für 200 Baht in 1 Std.
KHAO SOK, mit dem Bus bis Takua Pa (80 Baht, 2 Std.) und dort umsteigen in den Bus nach Khao Sok (60 Baht, 1 Std.) oder mit dem Bus nach Phanom (100 Baht, 1 1/4 Std.), dort umsteigen nach Khao Sok (50 Baht, 45 Min.). Am einfachsten mit dem Minibus um 9 Uhr für 320 Baht in 1 1/2 Std.
KRABI, stdl. von 6.30–19 Uhr für 80 Baht (1. Kl. AC) bzw. 60 Baht (2. Kl. AC) in 1 1/2 Std.

PHUKET, stdl. von 8.30–19 Uhr für 90 Baht (1. Kl. AC) in 2 Std.; Minibusse von 6–19 Uhr alle 30 Min. für 110 Baht.
RANONG, um 10.30 und 13.30 Uhr für 160 Baht in 4 1/2 Std.
SURAT THANI, um 9.30, 11.30, 13.30, 15.30 und 17 Uhr für 150 Baht (1. Kl. AC) in 3 Std. Joint Tickets (inkl. Fähre) nach KO SAMUI und KO PHA NGAN um 10.30 Uhr für 420 bzw. 520 Baht.
TAKUA PA, Bus stdl. 7.30–17.30 Uhr für 80 Baht in 2 Std.

Krabi und Umgebung

Die Provinzhauptstadt **Krabi** lohnt schon allein wegen des köstlichen Essens auf dem Nachtmarkt einen Besuch. Die Strände der Umgebung sind in der Regel gut erschlossen, unterscheiden sich allerdings stark durch ihr Angebot an Aktivitäten, Unterkünften und Restaurants. **Rai Leh** ist ein beliebtes Ziel für Reisende aus aller Welt, **Ao Nang** erinnert fast an die Strände von Phuket – jedenfalls in Sachen Tourismus, der Strand selbst kann da nicht mithalten –, und an der **Ao Ton Sai** finden junge, kletterbegeisterte Traveller noch preiswerte Unterkünfte. Da alle Strände recht nah beieinander liegen, kann sich hier jeder ohne große Mühen sein eigenes kleines Urlaubsparadies suchen.

Krabi-Stadt

Die überschaubare Hauptstadt der gleichnamigen Provinz präsentiert sich als ein beschaulicher Ort voller Märkte, Restaurants und freundlicher Leute. Für viele Besucher ist Krabi, [4350] nur Durchgangsstation auf dem Weg zu einer der Inseln oder Strände, für die die Region berühmt geworden ist. Wer jedoch hier übernachtet, wohnt nicht nur preiswert in einem der einladenden einfachen Gästehäuser, sondern kann auch auf Nachtmärkten günstig und gut essen. Für viele sind eine oder mehrere Nächte in Krabi durchaus eine Alternative zu einer (teureren) Unterkunft am Strand: Ao Nang (S. 642) und Nopparat Thara (S. 646) sind einfach und schnell mit dem ständig verkehrenden Sammeltaxi zu erreichen, Rai Leh (S. 633) mit dem Longtail.

Zum südlich gelegenen **Hat Yao** [5472] zieht es nur wenige betuchte Reisende, während es auf die kleine Insel **Ko Si Boya** [7837] vor allem Langzeitreisende verschlägt.

Die Stadt Krabi erstreckt sich am nach ihr benannten Fluss; an der Uferpromenade mit Bänken und einem kleinen Park lassen sich ein paar Stunden vertrödeln.

Am anderen Flussufer befinden sich etwas nördlich die beiden Berggipfel des **Khao Kanab Nam** („Hundeohren-Berg"), des Symbols der Stadt. Innen findet sich eine Höhle mit prähistorischen Malereien. Gegenüber dem Chao Fah Pier, wo Longtails nach Rai Leh starten, liegt die mangrovenbewachsene Insel **Ko Klang** (S. 629).

Die Zimmer in der untersten Preisklasse sind fast ausnahmslos mit Ventilator ausgestattet. Viele, v. a. die ganz preiswerten (ab 200 Baht), haben Gemeinschaftsbäder. Die Unterkünfte in Krabi-Stadt bieten ein sehr gutes Preis-Leistungs-Verhältnis: in der mittleren Preisklasse sucht man Vergleichbares in anderen Orten vergeblich.

Untere Preisklasse

A. Mansion ⑥, 12/6 Chao Fah Rd., ☏ 075-630 511, 🖥 www.a-mansionkrabi.com, [7918]. Saubere, gepflegte Unterkunft mit 31 AC- und Ventilator-Zimmern, alle mit TV und Bad. AC-Zimmer mit Minibar. Zimmer mit einem großen und einem kleinen Bett für Familien. WLAN. ❷–❸

Andaman Legacy (Krabi) ⑩, 20/1 Chao Fah Rd. ☏ 075-623 534, ✉ andamanlegacy_krabi@yahoo.com, [7920]. Schöne Zimmer mit AC, Bad, TV und kleinem Balkon zur Straße. WLAN. ❷

Ban To Guesthouse ⑨, 22/1 Chao Fah Rd., ☏ 075-612 950, ✉ bantoguesthouse@yahoo.com. Rotes Haus in einer ruhigen Seitenstraße. Große Zimmer mit umlaufenden Gemeinschaftsbalkon. Neue Badezimmer. Die Erdgeschoss-Zimmer sind etwas muffig. Familiäre Atmosphäre. ❷

Chanchalay Guesthouse ⑦, 55 Uttarakit Rd., ☏ 075-620 952, 🖥 www.chanchalay-krabi.com, [4352]. Sehr beliebtes Guesthouse mit hübschen, hellblauen Zimmern mit Ventilator oder AC. Die günstigen mit Gemeinschaftsbad. Im Innenhof ein kleiner Garten. ❶–❸

Chao Fah Valley Bungalows ⑮, 50 Chao Fah Rd., ☏ 075-612 499, ✉ peng_2008@windowslive.com [7916]. In einem Garten abseits der Straße hübsche Bungalows mit Veranda. Ventilator oder AC (dann mit Kühlschrank). WLAN. ❷–❸

Good Dream Guesthouse ④, 83 Uttarakit Rd., ☏ 075-622 993, 🖥 www.gooddream.webs.com, [7905]. Verschiedene Zimmer, von kleinen

DIE BUCHT VON PHANG NGA, KRABI UND KO PHI PHI

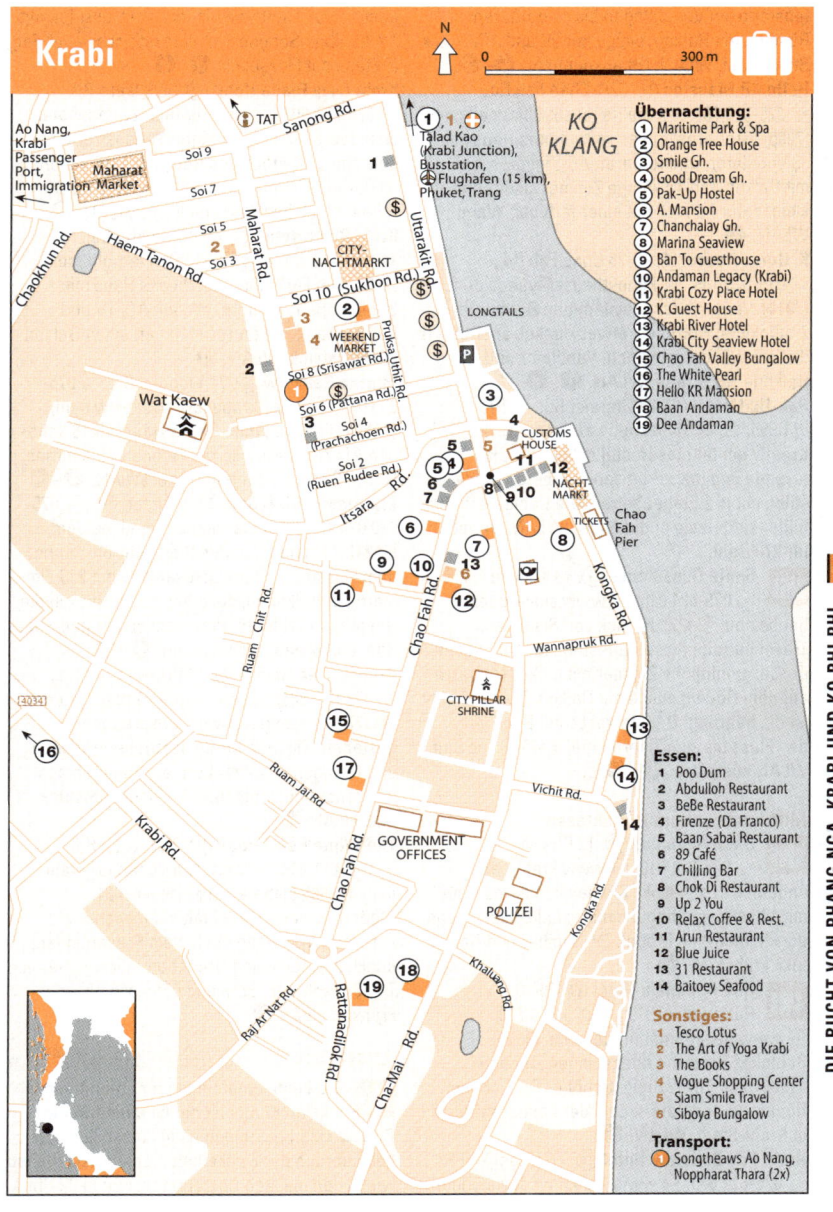

Krabi

N

0 — 300 m

KO KLANG

Ao Nang, Krabi Passenger Port, Immigration

Maharat Market

Sanong Rd.
Soi 9
Soi 7
Soi 5
Soi 3
Haem Tanon Rd.
Chaokhun Rd.
Maharat Rd.

Talad Kao (Krabi Junction), Busstation, Flughafen (15 km), Phuket, Trang

CITY-NACHTMARKT
Soi 10 (Sukhon Rd.)
WEEKEND MARKET
Soi 8 (Srisawat Rd.)
Soi 6 (Pattana Rd.)
Soi 4 (Prachachoen Rd.)
Soi 2 (Ruen Rudee Rd.)
Itsara Rd.
Uttarakit Rd.
Pruksa Uthit Rd.

Wat Kaew

LONGTAILS

CUSTOMS HOUSE

NACHT-MARKT

Chao Fah Pier

TICKETS

Ruam Chit Rd.

WANNApruk Rd.

CITY PILLAR SHRINE

Ruam Jai Rd.

Vichit Rd.

Chao Fah Rd.

Kongka Rd.

Krabi Rd.

GOVERNMENT OFFICES

POLIZEI

Khaluang Rd.

Raj Ar Nat Rd.

Rattanadilok Rd.

Cha-Mai Rd.

Übernachtung:
1. Maritime Park & Spa
2. Orange Tree House
3. Smile Gh.
4. Good Dream Gh.
5. Pak-Up Hostel
6. A. Mansion
7. Chanchalay Gh.
8. Marina Seaview
9. Ban To Guesthouse
10. Andaman Legacy (Krabi)
11. Krabi Cozy Place Hotel
12. K. Guest House
13. Krabi River Hotel
14. Krabi City Seaview Hotel
15. Chao Fah Valley Bungalow
16. The White Pearl
17. Helio KR Mansion
18. Baan Andaman
19. Dee Andaman

Essen:
1. Poo Dum
2. Abdulloh Restaurant
3. BeBe Restaurant
4. Firenze (Da Franco)
5. Baan Sabai Restaurant
6. 89 Café
7. Chilling Bar
8. Chok Di Restaurant
9. Up 2 You
10. Relax Coffee & Rest.
11. Arun Restaurant
12. Blue Juice
13. 31 Restaurant
14. Baitoey Seafood

Sonstiges:
1. Tesco Lotus
2. The Art of Yoga Krabi
3. The Books
4. Vogue Shopping Center
5. Siam Smile Travel
6. Siboya Bungalow

Transport:
1. Songthaews Ao Nang, Noppharat Thara (2x)

fensterlosen Verschlägen bis zu größeren Räumen mit Balkon, einige mit TV und AC. Gutes Restaurant. WLAN. Oft ausgebucht. ❶–❷

Hello KR Mansion ⑰, 52/1 Chao Fah Rd., ✆ 075-612 761, ✉ chaina_ans66@hotmail.com, [7906]. Größeres, etwas verwohntes Haus mit 33 Ventilator- und teureren AC-Zimmern, z. T. mit Balkon und TV. Einige Zimmer sind recht klein, dafür hübsch mit einer farbigen Wand. WLAN. ❷

K. Guest House ⑫, 15-25 Chao Fah Rd., ✆ 075-623 166, ✉ kguesthouse@yahoo.com, [7910]. Verschiedene, einladende Zimmer im 2-stöckigen Holzhaus, etwas dunkel, aber durch die Holzwände gemütlich. Ventilator und AC. Balkone zur Straße. WLAN. ❶–❷

Pak-Up Hostel ⑤, 87 Utarakit Rd., ✆ 075-611 955, ✉ info@pakuphostel.com, [7912]. Kreativ gestaltetes Hostel mit bunter Glasfassade und mehreren sehr sauberen Schlafsälen mit je 5 Etagenbetten. Die Gemeinschaftsbäder sind riesig und modern. WLAN. Dormbett für 270 Baht.

🧳 **Smile Guesthouse** ③, 13 Kongka Rd., ✆ 075-624 015, 🖥 www.smile-guesthouse.com, [6422]. Patrick von Siam Smile Travel betreibt dieses Guesthouse. Puristische, große, gemütliche Zimmer mit dicker Matratze auf dem Boden; einige mit Balkon. Das Highlight ist die begrünte Dachterrasse mit Blick über den Fluss bis zum Tigertempel. Kaffee, Tee und WLAN kostenlos. ❶–❷

Mittlere bis obere Preisklasse

🧳 **Baan Andaman** ⑱, 12 Cha Mai Rd., ✆ 075-624 018, 🖥 www.krabi-baanandaman.com, [8654]. Kleines familiäres Hotel mit 17 sehr schönen Zimmern: helle Fliesen und dunkle moderne Möbel, TV, Minibar und Balkon. Inkl. Frühstück. ❹

🧳 **Dee Andaman Hotel** ⑲, 45/19 Rattanadilok Rd., ✆ 075-620 779, 🖥 www.deeandamanhotel.com, [8655]. Schickes Hotel mit ebensolchen Zimmern. Modern und großzügig. Schöner Pool an der Rückseite des Hotels. Eine der besten Adressen in Krabi-Stadt. WLAN. ❺

Krabi City Seaview Hotel ⑭, 77/1 Kongkha Rd., ✆ 075-622 885, 🖥 www.krabicityseaviewhotel.

com, [7926]. Moderne Zimmer am Flussufer, mit TV, Minibar. Schöne Frühstücksterrasse auf der 3. Etage mit Flussblick. ❸–❹

Krabi Cozy Place Hotel ⑪, 67/9 Isara Rd., ✆ 075-630 603, 🖥 www.krabicozyplacehotel.com, [8656]. In einer ruhigen Seitenstraße gelegen: Neues 3-stöckiges Haus mit sehr schönen modernen Zimmern: helle Fliesen und dunkle Möbel. Pool. Inkl. Frühstück und WLAN. ❺

Krabi River Hotel ⑬, 73/1 Kongkha Rd., ✆ 075-612 321, 🖥 www.krabiriverhotel.com, [7927]. Am Flussufer liegt dieses Haus mit 20 hübschen Zimmern, alle mit AC, TV und Kühlschrank, die teureren haben einen Balkon mit Flussblick. WLAN. ❸

Marina Seaview ⑧, 72 Klongka Rd., ✆ 075-630 090, 🖥 www.krabimarinaseaview.com, [7917]. Direkt am Pier. Helles Haus mit 18 schönen AC-Zimmern. Alle mit TV und Kühlschrank. Große Gemeinschaftsbalkone. WLAN. ❸–❹

Maritime Park & Spa ①, 1 Tugfah Rd., ✆ 075-620 028, 🖥 www.maritimeparkandspa.com, [6423]. 2 km nördlich des Stadtzentrums nahe dem Flussufer. Ältere Luxusanlage mit 220 Zimmern mit Balkonen, die einen tollen Blick in die Umgebung eröffnen. Pool-Landschaft und See, Spa. Eine kleine Welt für sich. ❻–❽

Orange Tree House ②, 12 Pruksa Uthit Rd., ✆ 075-612 884, 🖥 www.krabiorangetree.com, [8657]. Mit wenig Aufwand ansprechend gestaltete Zimmer: farbig gestrichene Wände und Orangenbilder zaubern ein angenehmes modernes Ambiente. Inkl. kleinem Frühstück und WLAN. ❸

The White Pearl Hotel ⑯, 28/5 Krabi Rd., ✆ 075-611 619, 🖥 www.thewhitepearlkrabi.com, [8658], siehe auch Karte 630/631. Modernes neues Hotel mit ebensolchen Zimmern: großzügig mit hellem Fliesenboden, dunklen Möbeln und Granitbad. Alle Zimmer mit TV, Kühlschrank, Safe und Föhn. WLAN und Frühstück inkl. ❺

ESSEN

🧳 Die beste Empfehlung für Freunde der lokalen Küche ist der **Nachtmarkt am Pier**, wo man gut und günstig speist. Los geht's bei Einbruch der Dunkelheit; Schluss ist, ebenso wie in den meisten Restaurants, gegen 22 Uhr.

In der Saison gibt es außerdem am Wochenende (Fr–So, ab 17 Uhr) in der Stadt einen
beliebten **Weekend Market** (Walking Street)
mit vielen kleinen Ständen, die leckere
Spezialitäten in preiswerten kleinen Portionen
(z. B. *yam plaa dok foo*, knusprig gebratener
catfish mit Mangosalat) verkaufen.

Thai/Moslemisch

Abdulloh Restaurant, 77 Maharat Rd.
Schweinefleischfreies Restaurant mit leckeren
gebratenen Reisgerichten und einigen Currys;
Teller 40 Baht. ⏱ 8–15.30 Uhr.
Baitoey Seafood, Vichit Rd., ✆ 075-611 509. Bei
Einheimischen beliebtes Thai-Restaurant mit
Meeresfrüchten und mehr (z. B. Frosch) in
schöner Lage am Fluss. ⏱ 10–22 Uhr, Küche
16–22 Uhr.
BeBe Restaurant, Maharat Rd., Ecke Soi 4.
Thai-chinesisches Restaurant mit traditioneller
Küche. Gebratener Reis und Nudeln, Suppen und
BBQ. Viele Einheimische Gäste. ⏱ 7–21 Uhr.

Poo Dum Restaurant, Uttarakit Rd.
Großes Seafood-Restaurant: Frische
Meerestiere können von der Auslage gewählt
werden und kommen mit verschiedenen Soßen
zubereitet auf den Tisch. Daneben gibt es aber
auch Fleischiges auf der Speisekarte. Bei
Einheimischen sehr beliebt und immer gut
besucht. Prompter, Englisch sprechender
Service. ⏱ 17–23 Uhr.

International/Travellerfood

31 Restaurant, 13/4 Chao Fah Rd. Kleines,
preiswertes Restaurant mit einer guten Auswahl an Thai-Gerichten, die in verschiedenen
Größen bestellt werden können; dazu Spaghetti,
Pizza und indische Currys. ⏱ 8–21 Uhr.
89 Café, 10/1 Chao Fah Rd. Pad thai, Spaghetti
und andere Standards. Tolle Frühstücksauswahl. WLAN. ⏱ 6–1 Uhr.
Arun Restaurant, Chao Fah Rd., am Pier. West-
östliche Speisekarte; gemütliches Interieur im
alten Holzhaus mit elfenbeinfarben lackierten
Holzwänden. Günstige, aber kleine Portionen.
⏱ 7.30–22 Uhr.
Baan Sabai Restaurant, Uttarakit Rd., ✆ 075-
621 482. Vom Frühstück über Pizza und Burger
bis zum Thai-Food – hier gibt's alles, was das

Travellerherz begehrt. Kleine Bar direkt an
der Straße mit Cocktails, wo man sich oft noch
auf einen Drink zu House-Musik trifft. ⏱ 7.30–
24 Uhr.
Blue Juice, 1/1 Chao Fah Rd., am Pier, ✆ 086-
973 4412, ✉ bluejuicedivers@hotmail.com.
Travellertreff mit Bambusmöbeln und West-Ost-
Gerichten. Gutes Frühstück mit Vollkornbrot,
viele vegetarische Gerichte. Pool-Tisch. WLAN.
Organisiert auch Tauchtouren und vermietet ein
paar billige Zimmer. ⏱ 8.30–21.30 Uhr.
Chilling Bar, 12/3 Chao Fah Rd. Bar und Restaurant mit kleiner Auswahl an thailändischen,
chinesischen und westlichen Speisen (auch
Fingerfood). Theke zur Straßenseite. ⏱ 16 Uhr
bis spät.
Chok Di Restaurant, Chao Fah Rd., am Pier.
Thai, Burger, Pizza und Co. serviert das gut
besuchte Restaurant, das sehr zentral liegt.
WLAN. ⏱ 8–23 Uhr.
Firenze (Da Franco), 10 Kongkha Rd., ✆ 075-
621 453. Alteingesessener Italiener (seit 1990)
im mittleren Preissegment. Solide Küche, ein
bisschen Terrakotta-Ambiente und karierte
Tischdecken: fast wie zu Hause. Die Toilette im
1. Stock ist hingegen nicht gerade einladend.
⏱ 9–21.30 Uhr.
Relax Coffee & Restaurant, Chao Fah Rd., am
Pier. Preiswerte Thai-Küche und eine sehr
umfangreiche Kaffeekarte mit diversen Frappés
etc., die allerdings im Pappbecher serviert
werden. ⏱ Di–So 7.30–18 Uhr, die Küche
schließt um 17 Uhr.
Up2You, Chao Fah Rd., am Pier. Überwiegend
thailändische Gerichte auf der Speisekarte.
Billard. WLAN. ⏱ 9–1 Uhr.

SONSTIGES

Autovermietungen

Verschiedene Fahrzeuge (Toyota Vios und
Salura, Suzuki Sporty und Caribian) für 900–
1500 Baht am Tag werden von fast allen
Reisebüros vermittelt oder direkt am Flughafen,
Budget, ✆ 075-636 171. Mehr Infos unter
🖥 www.krabicarhire.com.

Bücher

The Books, 78-80 Maharat Rd. Englische Bücher, Karten und Sprachführer. ⏱ 8–21.30 Uhr.

Immigration

Immigration Office, 382 Moo 7, ✆ 075-611 097. Restriktive Auslegung der Vorschriften: Selbst auf Jahresvisa wird nur eine 7-tägige Verlängerung gewährt. ⏰ Mo–Fr 8.30–12 und 13–16.30 Uhr.

Informationen

TAT Office, Uttarakit Rd. ✆ 075-622 163, 🖥 www.tourismthailand.org/krabi. Hält Broschüren und Stadtpläne bereit. Das Personal ist freundlich bemüht, aber nicht unbedingt auf dem neusten Stand und ahnt wohl, dass die meisten Reisenden sich ohnehin in ihrem Guesthouse oder einem anderen Reisebüro beraten lassen. Tickets und Infos auch am Chao Fah Pier.

Kochkurse

Siam Cuisine, ✆ 075-66 2065, ✉ krabisiam cuisine@yahoo.com. Bietet bis zu 3-tägige Kurse an, Buchung über alle Reisebüros. Der Transfer zur außerhalb in Saithai gelegenen Schule ist inbegriffen. Die dreistündigen Tageskurse kosten 1200 Baht/Person.

Medizinische Hilfe

Das **Krankenhaus**, 325 Uttarakit Rd., ✆ 075-611 227, hat einen recht guten Ruf. Im Bau ist das internationale Krabi Nakharin Hospital – wann eröffnet werden soll, ist noch unklar. Einige **Apotheken** liegen im Stadtgebiet von Krabi, u. a. an der Itsara Rd. nahe dem Pier; hier wird auch kompetent (in Englisch) beraten.

Post

Uttarakit Rd., ✆ 075-61 1050, ⏰ Mo–Fr 8.30–16.30, Sa, So 9–12 Uhr.

Reisebüros

Eine große Anzahl Reisebüros, die sich als „Tourist Information" bezeichnen, kümmert sich um die Bedürfnisse durchreisender Touristen. Zudem ist an fast jedes Guesthouse ein Tour Office angeschlossen. Sie sind meist zuverlässig. Bei Patrick von **Siam Smile Travel**, 4 Kongkha Rd., ✆ 075-623 158, 081-894 9137, 🖥 www.siamsmiletravel.com, kann man sich auf Deutsch beraten lassen.

Aufenthalte auf Ko Si Boya (S. 622) vermittelt **Siboya Bungalows**, Chao Fah Rd., ✆ 075-618 026, 081-979 3344, 🖥 www.siboyabungalows. com, neben K. Guest House.

Yoga

The Art of Yoga Krabi, Maharat Rd, Soi 3, ✆ 084-848 0765, 🖥 www.theartofyogakrabi. com. 2–3 Yoga-Kurse tgl. außer Mo.

NAHVERKEHR

Nach Ao Nang und Hat Noppharat Thara mit den **weißen Songthaew** alle 15 Min. von 7–22 Uhr für 50 Baht (nach 18 Uhr für 60 Baht) in 30 Min.; Start am 7-Eleven-Shop Maharat Rd., Ecke Soi 8; unterwegs kann man zugestiegen werden, z. B. am Chok Di Restaurant, Uttarakit, Ecke Chao Fah Rd.

Vom Stadtzentrum zur Talad Kao Bus Station fährt ein **rotes Songthaew** für 20 Baht. Zum Flughafen mit dem **Airportbus** von Krabi-Stadt um 7, 8, 10.30, 12, 13, 15 und 18 Uhr für 90 Baht in ca. 30 Min., Abfahrt am Pak-Up Hostel (Chao Fah Rd., Ecke Cha-Mai Rd.) über Tesco Lotus und die Bus Station.

Blaue Songthaew fahren ab dem Vogue-Einkaufscenter für 50 Baht bis kurz vor den Flughafen, die Fahrtzeit kann bis zu 1 1/2 Std. betragen.

TRANSPORT

Minibusse und Kombitickets

Minibusse werden von vielen Travellern als bequeme Reisemöglichkeit genutzt. Praktisch ist der Abholservice. Die angegebenen Preise sind Richtwerte und können je nach Gästehaus um 50–100 Baht differieren. Bei den **Joint-Ticket-Touren** nach Ko Pha Ngan und Ko Samui lassen sich nie genaue Vorhersagen über Reiseverlauf und -dauer treffen. Oft wird man bequem durchgeschleust.

HAT YAI, Minibus stdl. 7–16 Uhr für 350 Baht in 4 Std.

KHAO LAK und KHAO SOK, Minibus um 7 und 11.30 Uhr für 350 bzw. 400 Baht in 3–4 Std.

KO HAI, KO MUK, KO KRADAN, mit dem Minibus um 10 Uhr bis Trang, dann mit dem Boot auf die Inseln, für ca. 1100 Baht in 4–5 Std.

KO LANTA, Minibus stdl. 8–17 Uhr für 250 Baht in 2 1/2 Std.

KO LIPE, Minibus bis Pakbara um 7 Uhr, dann weiter mit dem Boot, ab 900 Baht in 6 Std., oder um 10 Uhr mit dem Minibus bis Trang, weiter mit dem Boot über Ko Hai, Ko Kradan, Ko Muk bis Ko Lipe für 1800 Baht in 8 Std.

KO PHA NGAN, Bus und Fähre um 7, 11 und 12.30 in etwa 10 Std., oder mit AC-Bus und Nachtboot um 16.30 Uhr, Ankunft am nächsten Morgen um 6 Uhr, für 600 Baht. Am schnellsten mit Lomprayah: Bus und Katamaran (über Don Sak) um 7 und 13 Uhr für 700 Baht in 6 Std.

KO PHI PHI, mit dem Expressboot um 9, 10.30, 13 und 15 Uhr für 450 Baht in 1 1/2 Std.

KO SAMUI, Bus und Fähre um 7, 11 und 12.30 Uhr in etwa 10 Std. oder mit AC-Bus und Nachtboot um 16.30 Uhr, Ankunft am nächsten Morgen um 5 Uhr, für 550 Baht. Schneller mit Lomprayah: Bus und Katamaran um 7 und 13 Uhr für 600 Baht in 5 Std.

KO TAO, mit Lomprayah: Bus und Katamaran um 7 und 13 Uhr für 900 Baht in 7 Std.

KO YAO NOI und KO YAO YAI, mit dem Minibus um 11 Uhr zum Ao Nang und weiter mit dem Speedboot für 550/600 Baht in 1 Std.

PHANG NGA, Minibus um 11.30 Uhr für 350 Baht in 2 Std.

PHUKET-STADT und FLUGHAFEN, Minibus stdl. 8–18 Uhr für 400 Baht in 3 Std.

PHUKET-STRÄNDE (Patong, Kata und Karon), Minibus um 11.30 Uhr für 500 Baht in 3 1/2 –4 Std.

SATUN, im AC-Minibus um 7 und 11 Uhr für 550 Baht in 6 Std.

SUNGAI GOLOK, um 7 und 11 Uhr für 750 Baht in 8 Std.

SURAT THANI, Bus um 11.30 und 16.30 Uhr für 350 Baht in 3 Std.; Minibus stdl. 8–18 Uhr für 300 Baht.

TRANG, Minibus stdl. 7–16 Uhr (Richtung Hat Yai) für 350 Baht in 2 Std.

Nach Malaysia und Singapore

KUALA LUMPUR, Minibus und VIP-Bus (umsteigen in Hat Yai) um 7 und 11 Uhr für 1000 Baht in ca. 15 Std.

LANGKAWI, Minibus und Boot um 7 Uhr für 950 Baht, Ankunft 15 Uhr.

PENANG, Minibus um 7 und 11 Uhr für 800 Baht in 14 Std.

SINGAPORE, Minibus und VIP-Bus (umsteigen in Hat Yai) um 7 und 11 Uhr für 1400 Baht in ca. 24 Std.

Bequemer geht es mit dem Minibus bis **Hat Yai** und von dort mit dem Zug bis Kuala Lumpur oder Singapore.

Busse

Der **Busbahnhof (Talad Kao Bus Station),**

✆ 075-611 804, liegt etwa 6 km nördlich des Zentrums. Ein Songthaew nach Krabi-Stadt kostet 20 Baht, nach Ao Nang 60 Baht; Mopedtaxi nach Krabi-Stadt 50 Baht. Die besseren Busse sind oft ausgebucht, deshalb das Ticket einen Tag vorher besorgen. 2. Kl. AC geht immer, aber ohne Sitzplatzgarantie.

BANGKOK, im 1.-Kl.-Bus um 16 Uhr (660 Baht), AC-Bus um 8 Uhr (ca. 700 Baht), VIP-Bus um 17 und 17.30 Uhr (ca. 1000 Baht), 2.-Kl.-Bus um 16.20 Uhr für 460 Baht, VIP-24-Bus um 17 Uhr für 1200 Baht, in 12 Std. bis Southern Bus Terminal. Reservierungen unter ✆ 075-663 503.

HAT YAI, im 1.-Kl.-Bus stdl. 8–17 Uhr für 280 Baht in etwa 4 Std., im 2.-Kl.-Bus um 8, 9.40, 10.45 und 16.40 Uhr für 170 Baht in 4 Std. plus Pause.

PHANG NGA, stdl. ab 8 Uhr für 115 Baht (1. Kl. AC) bzw. 90 Baht (2. Kl. AC) in knapp 2 Std.

PHATTALUNG, Bus Richtung Hat Yai für ca. 120 Baht in 3 Std.

PHUKET, um 7.50 Uhr für 180 Baht. Zudem stdl. von 8–17 Uhr Minibusse für 400 Baht in knapp 2 Std.

RANONG, im 1.-Kl.-AC-Bus um 8.30 und 12.30 Uhr für 200 Baht in 6 1/2 Std.
SATUN über Hat Yai für 220 Baht in 5 1/2 Std.
SONGKHLA über Hat Yai für 240 Baht in 4 1/2 Std.
SUNGAI GOLOK über Hat Yai für 430 Baht in ca. 6 Std.
TRANG, mit den Bussen Richtung Hat Yai stdl. von 8–17 Uhr für 120 Baht in 2 Std.

Boote

Die Boote fahren in der Saison von Nov–April. In den Sommermonaten sind die Fahrzeiten eingeschränkt.
Ab **Chao Fah Pier** nach RAI LEH mit dem Longtail, sobald 6 bis 8 Pers. Zusammenkommen, für 150 Baht in 40 Min.
Ab **Krabi Passenger Port**, über die Tharua Rd. 3 km Richtung Westen (Songthaew ab/nach Krabi-Stadt 50 Baht, ab/nach Ao Nang 60 Baht):
KO JUM und KO LANTA, um 11.30 Uhr für 400 Baht in 1 1/2–2 1/2 Std. Von Mai–Mitte Okt wird die Fähre eingestellt. Gäste für Ko Jum werden unterwegs von Longtails aufgepickt.
KO PHI PHI, um 9, 10, 13 und 15 Uhr für 450 Baht in 1 1/2 Std., in der Nebensaison nur um 10 und 15 Uhr.
Taxis ab Passenger Pier kosten nach Krabi-Stadt 200 Baht, Ao Nang und Noppharat Thara 400 Baht, zum Flughafen 400 Baht, Ko Lanta Pier 2500 Baht, auf Wunsch auch bis nach Hat Yai oder Satun für 4500 Baht.

Eisenbahn

Krabi hat keinen Anschluss ans Eisenbahnnetz; der nächste Bahnhof liegt 2–3 Busstunden entfernt in **Phunpin** bei Surat Thani. In den Reisebüros werden 2 Paketangebote (Joint Tickets; Songserm hat sich hier ein Monopol gesichert) für Nachtzüge nach BANGKOK verkauft: Mit dem Bus um 12.30 Uhr und einem Anschlusszug um 16.47 Uhr (Ankunft 5.10 Uhr), oder 17.38 Uhr (Ankunft 5.55 Uhr) bzw. mit dem Bus um 17.30 Uhr und den Anschlusszügen um 20.41 Uhr (Ankunft 5.55 Uhr) oder den späten Zügen um 23.38 und 23.57 Uhr (Ankunft nach 10 Uhr). Längere Wartezeiten am Bahnhof müssen einkalkuliert werden. Die Preise liegen je nach Zug und Bett inkl. Bus bis Surat Thani zwischen 1000 und 1200 Baht; Kinder 120 Baht Rabatt.

Flüge

Der **Flughafen**, ☎ 075-691 940, liegt 15 km nördlich der Stadt am H4. Ein **Airportbus** verkehrt tagsüber zwischen Flughafen, Krabi-Stadt, Ao Nang und Nopphharat Thara. Zusteigen kostet je nach Strecke 100–150 Baht. Taxis nach Krabi-Stadt kosten ab Flughafen 400 Baht (in 30 Min.), nach Ao Nang 600 Baht (in 40 Min) und nach Klong Muang 900 Baht (in 45 Min.). Siehe auch Nahverkehr.
BANGKOK, mit Air Asia, ☎ 075-701 551, 🖥 www.airasia.com, oder Thai Airways, ☎ 075-701 592, 🖥 www.thaiair.com, jeweils 4x tgl.; Thai Airways/Thai Smile-Tickets ab 2000 Baht bei Promotion-Aktionen.
KO SAMUI, 3x wöchentl. (Di, Do, Sa) mit Bangkok Airways, 🖥 www.bangkokair.com.
KUALA LUMPUR, 4x wöchentl. (Mo, Mi, Fr, So) mit Air Asia, 🖥 www.airasia.com.
SINGAPORE, 3x wöchentl. mit Tiger Airways, 🖥 www.tigerairways.com.

Ausflüge in die Umgebung von Krabi

Die Gästehäuser und Hotels in Krabi und an den Stränden vermitteln eine große Zahl an Ausflügen, Touren und Aktivitäten, die auf eigene Faust schwieriger zu organisieren wären. So wird man am Hotel abgeholt und auch wieder zurückgebracht. Die folgende Auflistung soll nur einen Überblick vermitteln; viele der Angebote lassen sich auch kombinieren. Nicht vergessen sollte man Kopfbedeckung, Sonnencreme, Schwimmzeug, Handtuch und Kamera (wasserdicht verstaut). Bei vielen Angeboten ist eine Mindestanzahl von zwei bis vier Teilnehmern nötig. In der Saison muss man sich darum jedoch keine Gedanken machen.

Zum Khao Phanom Bencha und Than Boke Khorani National Park (S. 618) startet man ebenfalls gut ab Krabi, entweder mit einem der vielen Touranbieter oder einem eigenen Fahrzeug. Die in Krabi erhältliche *Map of Krabi* (ISBN 0-2411-1285) ist für Selbstfahrer sinnvoll, da auf ihr sämtliche Ziele auch in Thai beschriftet sind.

Bootstouren

Verschiedene Touren führen zu den Inseln, Buchten und Stränden in der **Bucht von Phang Nga** bis hinauf zum James-Bond-Felsen und zu den Inseln vor der Küste von Phuket. Fahrten in die Bucht führen meist auch zu abgelegenen Stränden und zu Höhlen; oft sind kleinere Kajaktouren inbegriffen.

Eine **Vier-Insel-Tour** beinhaltet einen Besuch am Hat Phra Nang mit seiner berühmten Höhle **Tham Phra Nang** (S. 633, Rai Leh), nach Ko Tup, die bei flachem Wasser über eine schmale, fotogene Sandbank mit einem vorgelagerten Inselchen verbunden ist, Ko Kai (Chicken Island), auf der ein emporragender Karstfelsen an einen hochgereckten Hühnerkopf erinnert, und Ko Poda mit seinen schönen Stränden und dramatischen Felsformationen.

Eine Fahrt zum **Ko Hong-Archipel** (S. 618) führt zu einer herrlichen Lagune auf der namengebenden Hauptinsel, die auch über eine schöne Sandbucht verfügt. Dazu gehören ein Stopp auf Ko Pakbia, wo ein Strand zum Schwimmen und Sonnenbaden einlädt, und ein Abstecher nach Ko Lading, einer Schwalbennestsammler-Insel, deren umgebende Korallenriffe sich gut zum Schnorcheln eignen.

Sehr beliebt sind Tagesausflüge nach **Ko Phi Phi** (S. 662). Dort eine (preiswerte) Unterkunft zu finden, ist besonders in der Hauptsaison um die Jahreswende nicht leicht. Eine Tour fährt in zügigem Tempo alle Sehenswürdigkeiten ab: Maya und Monkey Bay, Bamboo Islands und Phi Phi Don (S. 671).

Andere Touren steuern bis zu **sieben Inseln** an, darunter Ko Kai mit Sandverbindung zu Ko Tub, und kombinieren verschiedene der oben genannten Möglichkeiten; Schnellboote machen's möglich. Je nach Länge und Angebot reichen die Preise von 400–1800 Baht.

Ganz etwas anderes ist eine Fahrt nach **Ko Klang**. Mit kleinen, traditionellen Moslem-Siedlungen und dem hauptsächlich von Buddhisten bewohnten 250-Einwohner-Dörfchen Klong Prasong ist die Insel (22 km2, 12 000 Einwohner) eine andere Welt und dabei nur 15 Bootsminuten von Krabi entfernt. Eine Tour auf die ländliche Insel kann am Chao Fah Pier organisiert werden und führt durch mangrovengesäumte Kanä-le. Longtails kosten etwa 400 Baht pro Stunde. Angefahren werden Moslem-Dörfer, Höhlen und Fischfarmen.

Wer will, kann auch die Vogelzüchter besuchen: Ko Klang ist berühmt für die Aufzucht von kleinen Singvögeln (Nok Krong Hua Juk), die in Käfigen gehalten überall in der Region zu sehen sind. Sie sind z. T. sehr wertvoll und kosten bis zu 100 000 Baht. Nur die Männchen singen, die Weibchen werden freigelassen. Oft genug kehren sie freiwillig in ihre Käfige zurück – es geht wohl nichts über eine bekannte Umgebung und regelmäßige Mahlzeiten.

Dschungeltouren

Auf einer Dschungeltour wird meist der **Emerald Pool** (Sa Morakot; S. 632) besucht, ein kleiner See, zu dem ein Fußweg durch Kautschukplantagen führt. Die heißen Quellen sind ebenfalls ein Ziel, ebenso wie der Tigerhöhlen-Tempel **Wat Tham Sua** (S. 632). Eine andere Tour führt zu einigen **Wasserfällen**, die auch Pools zum Schwimmen haben. Oft ist hier Elefantenreiten mit inbegriffen. Zwischen 800 und 1400 Baht (je nach Gruppengröße bzw. mit/ohne Nationalparkgebühren).

Kajaktouren

Kajaktouren werden sowohl an einigen Inseln als auch an der Küste nördlich von Krabi im Mangrovenwald angeboten. Die Paddeltouren vom **Bor Thor Pier** führen zu mehreren Höhlen mit verwunschenen Stalagmiten und Stalaktiten, z. B. in die große **Tham Phi Hua To**, deren Wände mit prähistorischen Malereien geschmückt sind. Die wilde Landschaft um die Höhlen herum beleben einige Affenfamilien; wer Glück hat, kann sie in den Bäumen beobachten. Touren für 1200–1900 Baht.

Rafting und Quad-Touren

Mehrere Kilometer im **Tonepariwat-Naturschutzgebiet** einen wild schäumenden Fluss im Schlauchboot herunterpaddeln ist ein nasses Vergnügen für Abenteuerlustige. Es ist oft gekoppelt mit Quad-Fahrten über Stock und Stein, durch Plantagen und Flüsse. Den zwei- bis dreistündigen Fahrten geht jeweils eine kurze Einführung in die Bedienung des schweren, all-

Ban
Khao Klom

Hat
Tub
Kaek

Ban
Nong Thale

Elephant Trekking

Catfish Farm
& R.

Krabi Orchid Farm

Green Earth
Botanical Garden

Ban Klong
Muang

Hat Klong Muang

Klong Son

Ban
Thung

Essenstände

Thai Boxing

The Beach Plaza

Hat
Noppharat
Thara

KING
PALACE

s. Detailplan Noppharat Thara
S. 647

Ao Nang

Hat Pai Plong

Übernachtung:
1 Akanak Resort
2 Bananas Bungalows
3 Amari Vogue Resort
4 Anyavee Tub Kaek Beach Resort
5 Tub Kaek Sunset Beach Resort
6 Sofitel Phokeethra Golf & Spa Resort
7 The Krabi Sands Resort
8 The White Pearl
9 Beyond Resort Krabi
10 Klong Muang Inn Guesthouse
11 Nakamanda Resort & Spa
12 Sheraton Krabi Beach Resort
13 Pine Bungalows
14 P.A.N. Beach Bungalows
15 Long Beach Krabi Villas
16 Sand Beach Resort
17 Emerald Resort
18 J2B Resort
19 Krabi Tropical Beach Resort

Sonstiges:
1 Sea Kayak Krabi

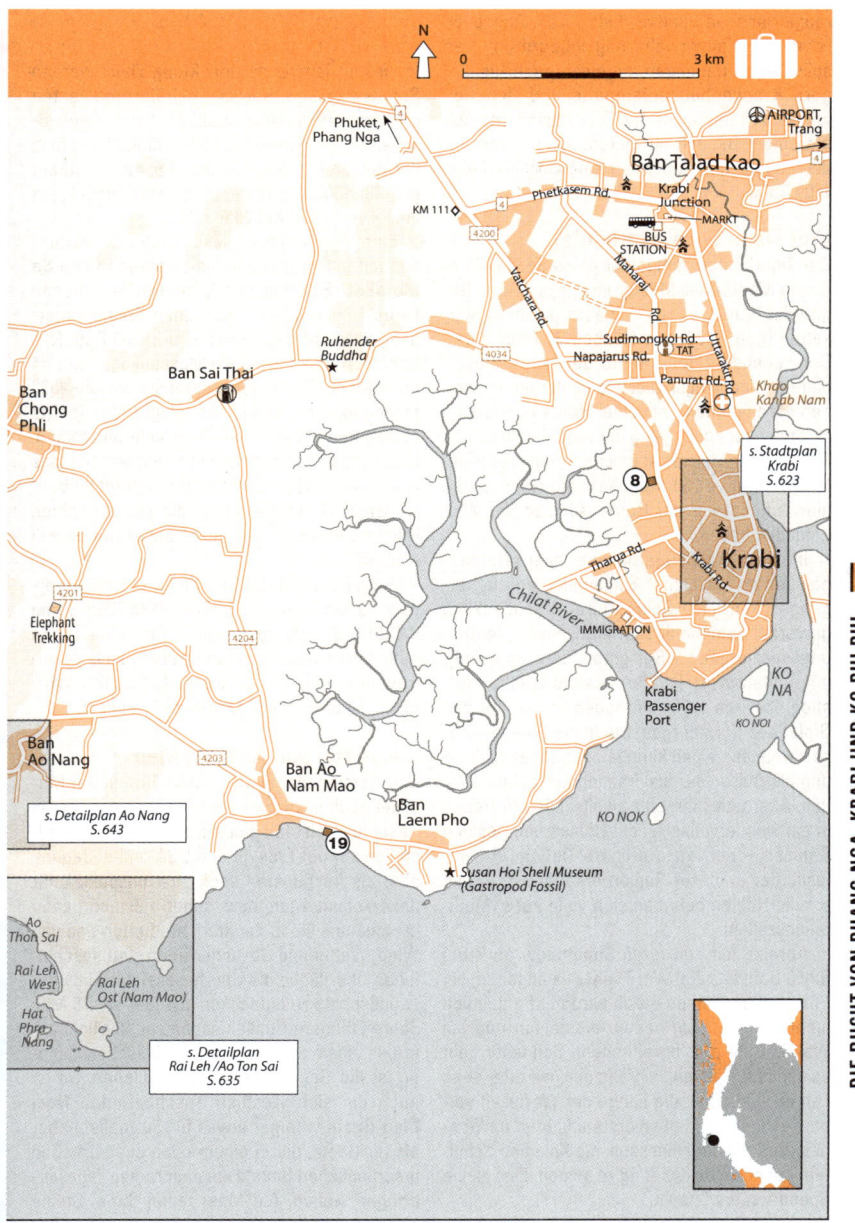

DIE BUCHT VON PHANG NGA, KRABI UND KO PHI PHI

radgetriebenen Spaßvehikels voran. Angeblich ist eine Unfallversicherung inbegriffen; man sollte sich erkundigen, ob diese auch für längere Krankenhausaufenthalte und Schäden am Gefährt ausreicht. Die Touren sind oft noch mit einem Besuch im Elefantencamp verbunden und auch mit Übernachtung möglich. 1200–2800 Baht.

Wat Tham Sua (Tigerhöhle)

Der Tigerhöhlen-Tempel ist eines der berühmtesten **Meditationsklöster** im ganzen Land. Gegründet wurde er von Achaarn Jamnien Silasettho (geb. 1928) aus Nakhon Si Thammarat. Der Legende zufolge lebte der junge Mönch hier mit einem Tiger zusammen, der ihn bei seinen Meditationen besuchte. Heute erinnert eine Steinfigur am Eingang der Haupthöhle an das Tier, und der Meister ist umgeben von einem Gefolge von etwa 250 Mönchen und Nonnen, die hier Zuflucht vor der Betriebsamkeit der Welt gefunden haben.

Im Inneren der Tigerhöhle erinnern Nahaufnahmen menschlicher Eingeweide an die Vergänglichkeit allen Seins. Derart nachdenklich geworden, empfiehlt sich ein kleiner „Verdauungsspaziergang": Bei guter Sicht unbedingt empfehlenswert ist der beschwerliche Aufstieg über die 1273 z. T. hohen Stufen auf den Gipfel des Karstberges. Die halbe Stunde stetiges Treppensteigen kann je nach Weltanschauung als Buße oder als Training betrachtet werden. Alternativ führt eine zweite, kürzere Treppe in ein wundervolles Tal mit Höhlen und riesigen Bäumen – der letzte primäre Tiefland-Regenwald, der in dieser Region erhalten ist. In und um die Höhlen befinden sich viele *kutis* (Meditationszellen).

Anreise mit den roten Songthaew ab Krabi für 50 Baht (als Ziel Wat Tham Sua angeben; bei Preisverhandlungen vorab wird häufig deutlich mehr verlangt. Am besten einsteigen und am Wat 50 Baht p. P. bereithalten). Schneller geht es mit dem eigenen Leihfahrzeug, mit oder ohne Fahrer (wenn mit: die Länge der Wartezeit vorher festlegen!). Selbstverständlich ist im Tempelbezirk auf angemessene, die Knie und Schultern bedeckende Kleidung zu achten. Eine kleine Spende ist erwünscht.

Wat Klong Thom Museum und Sa Morakot

In diesem Tempel im Dorf **Klong Thom** werden Steinwerkzeuge, Keramik mit Tierornamenten und Bronzeteile ausgestellt, die bei archäologischen Ausgrabungen und Höhlenforschungen in der Region entdeckt wurden. Ihr Alter wird auf ungefähr 5000 Jahre geschätzt. Der Tempel liegt am H4 zwischen KM 69 und 70.

Eine Besichtigung lässt sich gut verbinden mit einem Besuch des smaragdgrünen **Sa Morakot** (Emerald Pool), dessen leuchtende Farbe früh morgens und gegen Sonnenuntergang besonders gut wirkt. Eintritt 200 Bath NP-Gebühr. Anreise wie beim Museum über den H4 nach Klong Thom, dort allerdings auf die 4038 abbiegen, kurz darauf am Wegweiser rechts abbiegen und weiter der Beschilderung folgen. Unterwegs passiert man ein Hinweisschild, das zu einigen heißen Quellen führt (Eintritt 90 Baht NP-Gebühr). Am besten ist die Zeit am frühen Morgen, im Laufe des Vormittags kann es voll werden.

Eingebettet ist der natürliche Warmwasserpool Sa Morakot in das **Khao Phra Bang Kram Wildlife Sanctuary**, bekannt für seine vielen gefiederten Bewohner. Hier fühlen sich Vogelfreunde wohl. Touren bietet Krabi Bird Watching, 🖳 www.thailandbirdwatching.com.

Susan Hoi und Ao Nam Mao

Das Gastropoden-Fossil **Susan Hoi** ist ein Muschelfriedhof, der zwar weltweit gesehen etwas Besonderes ist (es gibt nur zwei weitere Fundstellen auf der Erde, in den USA und in Japan), aber als Ausflugsziel doch eher unspektakulär daherkommt. Man muss schon ziemlich genau hinschauen, um in der stark erodierten und von Wind, Wetter und Besucherfüßen glatt geschliffenen Oberfläche die Überbleibsel der Süßwassermuscheln zu entdecken, die hier vor 75 Mio. Jahren (andere Quellen sagen vor 40 Mio. Jahren) in einem Sumpf lebten. Ein bisschen sumpfig ist die Gegend bis heute geblieben: So ist auch die sich westlich anschließende **Nam Mao-Bucht** weniger etwas für Strandliebhaber als für Gäste, die in einem noch einigermaßen ursprünglichen Umfeld ein paar ruhige Tage verbringen wollen. Am Meer laden Sand, Steine und Schlamm nicht gerade zum Baden ein – eine regelmäßige Longtail-Verbindung ins 15 Bootsminuten entfernte Rai Leh kann darüber hinweg trösten.

Es gibt einige **Unterkünfte**, darunter das **Krabi Tropical Beach Resort** ⑲ Karte. S. 630/631, 194/13 Moo 5, ☎ 075-662 161, 🖥 www.krabitropicalbeach.com, unter thai-deutscher Leitung. Die 15 Zimmer in zweistöckigen Reihenhäuschen überblicken den kleinen Salzwasserpool und den Strand, außerdem gibt es günstigere Zimmer mit Sicht auf die Berge, zwei Familienapartments mit Kochmöglichkeit und direktem Poolzugang sowie ein thai-italienisches Restaurant. WLAN und Frühstück inkl. ❺–❼

Rai Leh

Die Halbinsel, auf der der schöne Strand Rai Leh West [2838] und der zum Wohnen ebenfalls viel besuchte Mangrovenstrand Rai Leh Ost liegen, ist durch hohe Kalksteinfelsen vom Festland abgetrennt – Longtails sind hier das Hauptverkehrsmittel und verbinden die Strände mit Krabi und Ao Nang. Auch Rai Leh selbst ist gekennzeichnet von steil aufragenden Kalksteinfelsen, ein Eldorado für Kletterer. Höhlen durchziehen die Felsen, z. T. sind sie begehbar, wie die „Diamanthöhle" **Tham Phra Nang Nai**, die innen mit fantastisch funkelnden, kristallbewachsenen Stalagtiten-Formationen beeindruckt, oder die berühmte „Prinzessinnenhöhle" **Tham Phra Nang** am Südende des Hat Phra Nang, wo ein **Phallus-Schrein** zu einer viel besuchten Sehenswürdigkeit geworden ist. Die darüberliegende Höhle zu erklettern, geschieht auf eigene Gefahr (Taschen- oder besser Kopflampe mitbringen).

Derselbe Karstfelsen, der die Phra Nang-Höhle birgt, kann auch bis zu einem **Aussichtspunkt** erklettert werden. Festes Schuhwerk und Trittsicherheit sind zu empfehlen, denn es geht steil bergauf; z. T. bieten Seile eine Steighilfe. Oben angekommen, können Mutige hinabsteigen zu einer verborgenen **Lagune** mitten im Fels. Das ist nicht ganz ungefährlich. Besonders am letzten Absatz machen viele kehrt, was sicher eine gute Idee ist, denn mit einem verstauch-

Reisezeit und Preisniveau

Die beste Reisezeit für einen Aufenthalt in Rai Leh ist die Hauptsaison von November bis April. Dann funkelt das Meer türkisblau und die Sonne scheint. Ab April/Mai regnet es öfter, doch mit Glück ist auch in der Nebensaison bis Oktober das Wetter noch recht gut. Die See ist allerdings in dieser Zeit meist rauer und das Wasser nicht mehr klar.

Insgesamt ist das Preisniveau gehoben, gerade die etwas günstigeren Unterkünfte (die immer seltener werden) sind für den gebotenen Standard zu teuer. Die meisten teureren und am besten pauschal gebuchten Anlagen sind ihren Preis wert. Wer günstig individuell wohnen möchte, muss mit wenig Komfort rechnen und dafür viel Geld bezahlen.

In der Hauptsaison kostet ein sehr einfacher Bungalow am Rai Leh Ost ab 800 Baht, am Rai Leh West gibt es nichts unter 2500 Baht. Günstiger ist es in der benachbarten Bucht Ao Ton Sai (S. 639). Hier gibt es in der Hauptsaison einfachste Bungalows ab 500 Baht.

In der Nebensaison sind viele Zimmer nur halb so teuer. Dann kosten einfache Bungalows am Rai Leh Ost etwa 400 Baht und AC-Bungalows mit TV in Anlagen mit Pool um 1000 Baht. Am Ao Ton Sai starten die einfachen Hütten nahe dem Strand bei 200 Baht.

ten Knöchel den Rückweg anzutreten, dürfte eine Tortur sein.

Hauptattraktion und eher ungefährlich sind sowieso die **Strände**, weniger der Rai Leh Ost mit seinen Mangroven als vielmehr der Rai Leh West mit einem breiten, flach ins Wasser abfallenden Sandstrand ohne Steine und Korallen. Und dann ist da natürlich der traumhafte **Hat Phra Nang**. Er ist allerdings von Tagesausflüglern überschwemmt und bietet keine Wohnmöglichkeiten, außer man kann es sich leisten, im Super-Luxus-Resort (ab 19 000 Baht) abzusteigen. Auch die **Ao Pai Plong**, auf dem Weg von Ao Nang zum Rai Leh gelegen, ist Luxusreisenden vorbehalten. Hier wohnt man im Centara Grand Beach Resort & Villas Krabi, ☎ 075-637 789, 🖥 www.centarahotelsresorts.com/ckbr, ❽.

Rai Leh Ost

Hier legen die Longtails aus Krabi-Stadt an, und bei schlechtem Wetter ist dies die einzige angefahrene Bucht. Rai Leh Ost hat an seinem südlichen Ende ein bisschen Sand; hier startet der Pfad zur Phra Nang-Höhle. Auf halbem Weg, an einer kleinen Sala (rechts), geht es links hinauf zum Aussichtspunkt und zur Lagune. Etwa die Hälfte des Rai Leh Ost ist von dichten hohen Mangroven bewachsen, deren Wurzeln sich bei Ebbe eindrucksvoll aus dem Watt erheben. Über die gesamte Bucht ist eine kleine Promenade entstanden. Vor allem am nördlichen Ende gibt es Minimärkte, Kleiderläden, Reisebüros, Restaurants und Bars. Baden ist am gesamten Rai Leh Ost nicht möglich.

Das Hinterland des Rai Leh wird immer mehr zugebaut. Hier führen einige Wege zum Ral Leh West und auch über den Berg zur Ao Ton Sai. In der Hochsaison lohnt ein Aufenthalt hier, wenn man sich eine Unterkunft am nahen Rai Leh West nicht leisten will oder kann, denn im Ost-Teil sind viele Anlagen noch bezahlbar.

Ein etwa fünf Minuten langer Fußweg führt nach Rai Leh West, wo ein herrlicher Sandstrand wartet, an dem man nicht nur in der Sonne liegen, sondern nahezu immer baden und schwimmen kann. Am Rande der Bucht kann man bei Ebbe über spitze Steine in zehn Minuten, über einen steilen Kletterweg in 20 Minuten und im Hinterland über die Berge in einer knappen halben Stunde zur Ao Ton Sai wandern.

Rai Leh West

An diesem Strand lockt wunderschöner weicher weißer Sand. Der Strand ist selbst bei Flut noch recht breit. Auch bei Ebbe kann man baden, wenngleich nicht immer schwimmen. In der Nebensaison ist es recht ruhig, nur wenige Sonnenhungrige liegen dann im Sand. Auch zur Hauptsaison ist es nicht zu voll. Beide Seiten des Strandes sind von noblen Anlagen belegt, der Strand ist jedoch für alle zugänglich. Schön liegt man vor dem Railei Beach Club im nördlichen Abschnitt der Bucht. Hier stehen am Rand sogar Mülleimer und man findet Schatten unter Kasuarinen und an den Felsen.

In der Hauptsaison stören Ausflugsboote etwas die Idylle, denn dann ankern sie in der südlichen Buchthälfte unzählige Longtails und Schnellboote.

Rai Leh Ost

Die wenigen verbliebenen einfachen Bungalows bieten nicht mehr als eine Matratze. Einige der mittelpreisigen Anlagen sind bereits in die Jahre gekommen und haben manchmal Schimmel in einigen Ecken. Doch hier ist das Preis-Leistungs-Verhältnis – zumindest in der Nebensaison – besser. Alle Anlagen, die am Hang liegen, sind über steile Treppen zu erreichen. Das Gepäck wird auf Schienenwagen heraufgezogen und meist bis an den Bungalow gebracht.

Bhu Nga Thani Resort & Spa ⑰, ☎ 075-819 451, 🖳 www.bhungathani.com, [3327]. Imposantes Resort mit gehobenem Ambiente. Schöne Zimmer in 3-geschossigen weißen Steinhäusern. Alle mit TV und Meerblick. Vorne aufgeschütteter Sand, daneben der Pool mit Wasserfall. Poolvillen, Spa, Restaurant. In der Nebensaison Rabatte; WLAN. ❽

Diamond Private Resort ⑭, ☎ 075-621 729, 🖳 www.diamondprivate-railay.com, [3334]. Weitläufige Anlage am Hang fast am Ende der Bucht. 8 Zimmer im 2-geschossigen Reihenhaus und 22 große AC-Bungalows mit Panoramafenstern und Blick auf den Pool, das Meer oder die umliegenden Berge. AC, TV, Minibar und Badewanne. Pool mit Meerblick von der Terrasse und Jacuzzi. Etwas in die Jahre gekommen. Inkl. Frühstück und WLAN. ❹–❻

Railay Bay Resort & Spa ⑲, ☎ 075-819 401, 🖳 www.krabi-railaybay.com, [3328]. Lang gezogene Anlage zwischen Rai Leh Ost und West. Teils Bungalows, teils Villen oder Zimmer im Hotelkomplex. 2 Pools, einer vorne am Strand, dort gibt's auch Liegen. Minimarkt und Geldautomat. Spa. Inkl. Frühstück und WLAN. Kajakverleih. ❻–❽

€ **Railay Cabana Garden Bungalows** ⑪, im Hinterland, ☎ 084-057 7167, [8728]. Im tropischen Grün eines Hochtals stehen 15 einfache Holzbungalows recht eng beieinander auf einem riesigen Gelände. Bescheidene Ausstattung, aber Moskitonetze. Angenehme

Rai Leh / Ao Ton Sai

N
0   500 m

Hat Pai Plong
Ao Nang

② ①

③

⑤ ⑧
⑩   ⑦
② ③
④   ⑥
⑨

④
②   ⑧
⑦   ⑩
⑥ ⑨ ⑪
⑤

Ao Ton Sai

LONGTAILS

Rai Leh West

⑪
⑫
⑳   ⑯ ④ ⑬ ⑭   ⑫   ⑮
Tham Phra Nang Nai
⑩   ⑬
17   Walking St.   15
12   ⑳   ⑭
⑳ ⑪   ⑯
⑳   ⑰
18   ⑩ ⑱   ⑲ ⑱

Hat Phra Nang

②③

Krabi

Rai Leh Ost (Nam Mao)

Phra Nang-Höhle (Princess Cave)   *Phra Nang-Lagune*

Übernachtung:

AO TON SAI
① Mountain View Resort
② Banyan Tree Resort
③ Andaman Nature Resort
④ Dream Valley Resort
⑤ Country Side Resort
⑥ Tiew Khao Bungalows
⑦ Saithong Resort
⑧ The Forest Resort
⑨ Tonsai Bay Resort
⑩ Viking Village

RAI LEH OST
⑪ Railay Cabana Garden Bungalows
⑫ Railay Phutawan Resort
⑬ Railay Viewpoint Resort
⑭ Diamond Private Resort
⑮ Railay Garden View Resort
⑯ Railay Princess Resort
⑰ Bhu Nga Thani Resort & Spa
⑱ Sunrise Tropical Resort
⑲ Railay Bay Resort & Spa

RAI LEH WEST
⑳ Railei Beach Club
㉑ Railay Village Resort & Spa
㉒ Sand Sea Resort
㉓ Rayavadee

Essen:

AO TON SAI
① Mr. Pancake
② Small World Bar
③ Pyramid Bar & Restaurant
④ Viking Bar
⑤ Mambo Restaurant
⑥ Chill Out Bar
⑦ Sunset-Pirat Bar
⑧ Family Restaurant, Mamas Chicken
⑨ Kruie Restaurant
⑩ Tonsai Bay Restaurant
⑪ Freedom Bar

RAI LEH OST
⑫ Lucky Restaurant & Last Bar
⑬ Rapala Restaurant & Bungalows
⑭ Viewpoint Restaurant
⑮ Joy Beach Bar
⑯ Yaya Bar

RAI LEH WEST
⑰ Flame Tree
⑱ Rayavadee Restaurant

Sonstiges:

AO TON SAI
① Base Camp Climbing
② Viking Climbers
③ The Rock Shop

RAI LEH OST
④ Railay Thai Cookery School
⑤ Buchladen
⑥ Real Rocks
⑦ Sea Cliffs
⑧ King Climbers
⑨ Tex Rock Climbing

RAI LEH WEST
⑩ Railay Divers
⑪ Hot Rock
⑫ Railay Dive Centre
⑬ Minimart

Atmosphäre. Zum Ao Ton Sai führt ein 20-minütiger steiler Fußweg, zum Rai Leh Ost etwa 5 Min. zu Fuß. ③

Railay Garden View Resort ⑮, ☎ 085-888 5143, 🖳 www.railaygardenview.com, [3332]. Holz-Bambus-Bungalows im gepflegten Garten am Hang, geschmackvolle Einrichtung

mit dem gewissen Extra: Tisch, Schrank, Sitzkissen, schön gestaltete Bäder. Alle Zimmer mit Ventilator und Doppelbetten, ein Bungalow mit Platz für kleine Familien. Große Veranden, teils mit Blick aufs Meer. Der Eingang findet sich hinter dem Lucky Restaurant, ein paar Stufen hinauf. Inkl. Frühstück. ⑤

Railay Phutawan Resort ⑫, ✆ 075-819 479, im Hinterland, 🖥 www.railayphutawanresort.com, [8726]. Robuste Holz-Matten-Bungalows mit Ventilator auf dem Hügel mit viel Grün. Zudem AC-Zimmer in einem Reihenhaus und in Bungalows aus Stein. Alle Zimmer mit Safe, einige mit TV und Wasserkocher. Vom Restaurant toller Blick auf die umliegenden Berge. ❹–❺

Railay Princess Resort & Spa ⑯, ✆ 075-819 401, 🖥 www.krabi-railayprincess.com, [3331]. 3-stöckige Häuser in einem schönen Garten und neue Gebäude bis zum Rai Leh West. Große Zimmer mit AC, TV und Minibar. Großer Pool mit angrenzendem Spa. Kleiner Teich im Garten, ruhig. Man kommt ganz schnell zu beiden Seiten des Rai Leh. Inkl. Frühstück. Im Restaurant WLAN. ❻–❼

Railay Viewpoint Resort ⑬, ✆ 075-819 428, 089-871 3372, 🖥 www.viewpointresort66.com, [8727]. Zimmer in 1- und 2-geschossigen Steinhäusern im Hang am Ende der Bucht, einige mit AC, Doppelbett und zusätzlichem Einzelbett, TV, Kühlschrank. Die preiswerteren Ventilator-Zimmer sind nicht empfehlenswert. Pool mit abgetrenntem Kinderbecken. Meer- bzw. Mangrovenblick nur aus dem Restaurant. Inkl. Frühstück. Geldautomat. ❹–❺

Sunrise Tropical Resort ⑱, ✆ 075-819 418, 🖥 www.sunrisetropical.com, [3333]. Schöne Anlage mit großen Zimmern in Bungalows und im 2-geschossigen Haus am Pool (abgetrenntes Kinderbecken). Netter Garten, viel Privatsphäre. Zimmer ohne Schnickschnack, aber stilvoll und mit Komfort: TV, Wasserkocher, Badewanne. Promotion in der Nebensaison. WLAN. ❻–❽

Rai Leh West

Die Anlagen haben alle keine Bungalows direkt am Strand. Blick aufs Meer bieten aber die Restaurants. Das Preisniveau ist an diesem Strand selbst in der Nebensaison noch extrem hoch.

Railei Beach Club ⑳, ✆ 086-685 9359, 🖥 www.raileibeachclub.com. Weitläufige, ab-geschottete Anlage mit großräumigen, gut aus-gestatteten Holzbungalows auf Stelzen in einem verwachsenen Garten. Die größeren Häuser haben eine eigene Küche. WLAN. ❻–❽

Railay Village Resort & Spa ㉑, ✆ 075-819 412, 🖥 www.railayvillagekrabi.com, [8729]. Große Anlage mit „Spa"- und „Pool"-Villen. Im Restaurant am Strand endet einer der Fußwege vom Oststrand zum Weststrand. Die Unterkünfte liegen im Hinterland. 49 Bungalows mit Privat-sphäre und 2 gegenüberliegende 2-geschossige Reihenhäuser. Schöner, gepflegter Garten. Kajakverleih. ❼–❽

Rayavadee ㉓, ✆ 075-620 740, 🖥 www. rayavadee.com, [8730]. Luxushotel, dessen Bungalows auf dem Gelände zwischen den Stränden Rai Leh West und Ost und Hat Phra Nang liegen. Hier wohnt, wer sich wahren Luxus leisten kann. ❽

Sand Sea Resort ㉒, ✆ 075-819 463, 🖥 www.krabisandsea.com, [8732]. Große Anlage mit 2 Pools. Zimmer in Bungalows oder 2-geschossigen Häusern. Restaurant am Strand (WLAN). Geschmackvolle Ausstattung, Safe. ❻–❽

ESSEN UND UNTERHALTUNG

Rai Leh Ost

Joy Beach Bar, direkt an den Mangroven. Brüht frischen Kaffee auf. Herrliche Sitzgelegenheiten auf Plattformen am Meer.

Lucky Restaurant & Last Bar, am Nordende, großes überdachtes, erhöht platziertes Restaurant. Thai- und westliche Küche.

Rapala Restaurant & Bungalows, ✆ 084-191 5320. Indische Küche in einem einfachen Restaurant mit Blick auf die Bucht. Recht günstig. Vermietet werden auch einfache Holz-Bungalows mit Matratzen auf dem Boden hinter dem Restaurant. ❸

Viewpoint Restaurant, gehört zum gleich-namigen Resort. Direkt am Mangrovenwald gelegen, etwas „gehobenes" Ambiente, recht hohes Preisniveau. Abends Barbecue mit frischem Fisch und teuren Seafood-Spießen.

Yaya Bar, im Hinterland gelegene kleine Bar für Kletterfreaks. Hier wird direkt nebenan geklettert und danach in der Bar relaxed. Nette Atmosphäre inmitten der aufragenden Felsen.

Rai Leh West

Hier muss man mit mäßiger Kost zu hohen Preisen rechnen. Im noblen **Restaurant** des

Klettern in Rai Leh und Ao Ton Sai

Die Karstfelsen mit ihren Höhlen und fantastischen Steilwänden bieten herrliche Touren für Kletterfans. Anfänger und Fortgeschrittene kommen voll auf ihre Kosten. Um die **300 Routen** können erklettert werden. Die Schwierigkeitsgrade reichen von 4 bis 9A. Einige **Kletterschulen** haben eigene Führer in Buchform (in Englisch) herausgebracht – empfehlenswert ist das Buch der King Climbers oder der Führer vom Basecamp (Neue Edition von Elke Schmitz 2012).

Es gibt in Rai Leh sowie in der Ao Ton Sai zahlreiche Kletterschulen, die sich vor allem an Anfänger wenden. Es lohnt, die Guides kennenzulernen und sich über die aktuellen Preise vor Ort kundig zu machen. Die meisten Schulen haben keine festen Telefonnummern, sodass man persönlich vorbeischauen muss (das gilt v. a. für jene in der Ao Ton Sai).

Die Schulen sind nahezu alle das ganze Jahr über geöffnet. Da die Regenzeit an diesen Stränden meist recht schwach ausfällt, kann man eigentlich zu jeder Jahreszeit klettern. Sollte es doch öfter zu Regenschauern kommen, wagt man sich eben nicht zu weit nach oben, sondern schult seine Fähigkeiten unten am Fels oder auf der Slackline.

Kosten und Kurse

Es gibt an allen Stränden Schulen, die Kurse für Anfänger und Fortgeschrittene bieten. Halbtagestouren für Anfänger kosten etwa 800 Baht, ebenso solche für Erfahrene, die nur einen Auffrischungskurs brauchen. Tagestrips ab 1500 Baht. Wer richtig klettern lernen will, bucht einen 3-Tage-Kurs (etwa 6000 Baht). Auch für Kinder (ab 5, z. T. ab 7 Jahren) gibt es an einigen Schulen Kurse. Erfahrene unternehmen längere Touren, bei denen Stopps eingelegt werden (Multi-Pitching). Und wer auf Nummer sicher gehen will, macht einen Rescue-Kurs, bei dem die schlimmsten Szenarien durchgespielt werden (Tageskurs für 3500 Baht). Ein privater Führer, der erfahrene Kletterer auf einer Tour begleitet, kostet 3000 Baht für einen halben Tag und 5000 Baht für den ganzen Tag. Etwas ganz Besonderes ist das sogenannte „Deep Water Soloing", bei dem man sich über tiefem Wasser an Überhängen versucht und dann ins Wasser springt. Die Unterwasserwelt wurde vorher erkundet, sodass man beim Herunterfallen nichts zu fürchten hat außer einem manchmal unsanften Auftreffen aufs Wasser – je nach Kletterhöhe mehr oder weniger schmerzhaft.

Klettern ist ein Extremsport

Wer hier klettert, bekommt einiges geboten. Nicht nur ist es ein tolles Erlebnis, eine solche Steilwand erklommen zu haben: Der Ausblick auf das Meer und die Umgebung ist einzigartig. Man darf jedoch nicht vergessen, dass Klettern ein Extremsport ist! Unfälle sind nicht auszuschließen, und man sollte unbedingt Vorsicht walten lassen.

Vor der Buchung einer Tour sollte man sich immer nach der Versicherung der Veranstalter erkundigen, sich über die Erste-Hilfe-Ausbildung der Führer schlaumachen und die Ausrüstung checken. Poröse Seile oder Ösen sind nicht sicher! Sollte man unterwegs das Gefühl haben, dass die Guides nicht 100 % konzentriert sind, ist der Kurs besser abzubrechen. Klettern ist ein Risiko, und wer hier vom Fels stürzt, muss mit dem Schnellboot oder dem Helikopter ins Krankenhaus gebracht werden. Wer vorher die Ausrüstung und den Guide checkt, sich am Fels umsichtig verhält und seine Grenzen kennt und akzeptiert, wird auf jeden Fall jede Menge Spaß haben, sicher das ein oder andere persönliche Abenteuer erleben und zudem eine wahnsinnige Aussicht genießen können.

Namen und Adressen der Schulen siehe bei den jeweiligen Stränden.

DIE BUCHT VON PHANG NGA, KRABI UND KO PHI PHI

Rayavadee ist es zwar noch teurer, aber dafür auch gut. Angenehm sitzt man auch im **Flame Tree** am Strand in den Shopping-Arkaden. Hier gibt es Thai- und westliche Küche, Eiscreme, Kaffee und Alkoholisches.

AKTIVITÄTEN

Klettern

Siehe auch Infos im Kasten S. 637.

Rai Leh Ost

King Climbers, am Railay Princess, ☎ 075-662 096, 🖥 www.railay.com. Bekannte und beliebte Schule mit gutem Ruf und viel Erfahrung. Alle Führer haben einen Erste-Hilfe-Kurs absolviert, es werden private Touren ebenso angeboten wie 1–3-tägige Kurse. Wer will, kann sich filmen und fotografieren lassen. Kinder ab 5 Jahren können hier lernen, und die Betreiber werben damit, auch 100-Jährige noch sicher in den Hang zu bringen.

N Joy Rock Climbing, neben dem Diamond Cave Resort, ☎ 081-609 8181. Kurse für Anfänger und Fortgeschrittene. Erfahrene Kletterer können sich ihrem Können entsprechende Routen zeigen lassen oder Multipitch-Kurse absolvieren.

Tex Rock Climbing, ☎ 081-891 1528, ✉ tex.rock@hotmail.com. Neben der Erste-Hilfe-Station. Erste Kletterschule Krabis, lehrt seit 1990. Neben den üblichen Angeboten wie Touren, Kursen und Ausrüstungsverleih kann man hier auch Instructor werden. Kids-Kurse (ab 5 Jahren). Die Betreiber sind immer dabei, wenn es gilt, neue Routen abzustecken und zu sichern. ⏱ 8–19 Uhr.

Real Rocks, ☎ 080-7181351, im Norden. Kurse und Touren für Anfänger und erfahrene Kletterer.

Rai Leh West

Hot Rock, in der Walking Street, ☎ 075-662 245, 🖥 www.railayadventure.com. Unter schwedisch-thailändischer Leitung. Lange etabliert, Kurse für Anfänger und Fortgeschrittene, Kinderkurse ab 7 Jahren.

Kochkurse

Railay Thai Cookery School, Rai Leh Ost, ☎ 084-096 4994. Von 8.30–13.30 Uhr und nachmittags von 14.30–19.30 Uhr. Die Kurse werden in einem kleinen offenen Haus angeboten. Jeder Teilnehmer hat seine eigene Kochstelle.

Tauchen

Railay Dive Centre, Rai Leh West, 🖥 www.railaydivecenter.com. Große Tauchbasis, etabliert seit 1992. Unterricht nach PADI. Viele Artikel zum Verkauf: von der Maske bis zum Wetsuit. Auch T-Shirts mit Tauchmotiven. In der Nebensaison oft zu.

Railay Divers, Basis in der Walking Street, Rai Leh West, ☎ 088-440 2853. Organisiert v. a. Ausflüge für Schnorchler.

SONSTIGES

Geld

Geldautomat neben der Rezeption des Viewpoint Resort sowie beim Minimarkt des Railay Bay Resort auf halber Strecke zwischen West- und Oststrand.

Medizinische Hilfe

Im Süden der Bucht neben dem Railay Bay Resort gibt es eine kleine **Erste-Hilfe-Station**. Kleinere Wunden können hier versorgt werden; man wird beraten und kann in der angeschlossenen Apotheke ein paar Medikamente kaufen. ⏱ 8.30–19 Uhr.

TRANSPORT

Rai Leh Ost

KRABI-STADT, den ganzen Tag über mit dem Longtail, bei mind. 6 Pers. 150 Baht p. P., Charter etwa 800 Baht.

AO TON SAI, Longtails fahren für 100 Baht ab 4–5 Pers. Zu Fuß dauert die Strecke etwa 30 Min., der Weg eignet sich nur für gute Wanderer (bzw. über die Felsen am Rai Leh West nur für geübte Kletterer), wenn Gepäck zu schleppen ist.

RAI LEH WEST, mit dem Longtail für 50 Baht ab 4 Pers. Zu Fuß dauert der Weg etwa 5 Min.

Rai Leh West

Es gibt Joint Tickets zu vielen Zielen Thailands, auch zur Golfküste. Diese können im Reisebüro gebucht werden.

AO NANG, Longtails ab 6 Pers. für 100 Baht pro Mitfahrer, Charter ab 600 Baht, in 20 Min. In der Nebensaison auch billiger. Ab 18 Uhr Minimum 5 Pers., 150 Baht.

AO TON SAI, mit dem Longtail, 50 Baht ab 5 Pers., ab 18 Uhr 80 Baht, in etwa 10 Min. Zu Fuß 30 Min. auf einer staubigen bzw. schlammigen Piste im Hinterland, kürzer über die Felsen (mit Gepäck beschwerlich).

KO PHI PHI, mit der Ao Nang Princess um 9.45 Uhr für 450 Baht in 1 3/4 Std.

PHUKET, mit der Ao Nang Princess um 15.15 Uhr für 700 Baht in 2 Std. Transfer nach PATONG, KATA KARON und PHUKET-STADT inkl., andere Strände und Flughafen 100–200 Baht.

KO LANTA, mit der Ao Nang Princess um 10.45 Uhr für 470 Baht in 2 Std.

Ao Ton Sai

Die kleine Bucht Ao Ton Sai, [2773], ist ein Eldorado für **Kletterfans** – und das gilt nicht nur für die hier lebenden Affen, die durch den dichten Wald turnen. Direkt neben den Hütten ragen die steilen Klippen empor, an denen man das Free-climben erlernen kann, die aber auch für erfahrene Kletterer viele spannende Routen bieten.

Die Bucht eignet sich bei Flut zum Schwimmen. Je weiter sich das Wasser jedoch zurückzieht, desto flacher wird es. Bei extremer Ebbe ist die gesamte Bucht leer und Korallenschrott kommt zum Vorschein.

Das Publikum ist sehr jung, feiert gerne und ist sportlich veranlagt. Kaum jemand liegt einfach nur am Strand. Für die meisten geht es am frühen Morgen nach dem Müsli direkt an den Fels.

Jeden Abend kommen die Kletterer mit ihren meterlangen Seilen bepackt müde zu ihren Bungalows, und den Unsportlichen wundert, wie man nach einem solchen Tag noch feiern kann. Doch die laute Musik und ausgelassene Stimmung zeigen: Dafür reicht die Energie. Aber statt sich sinnlos zu betrinken, wird hier viel über die Routen des kommenden Tages diskutiert und Neues aus der Welt des Boulderns, Belayings, Multipitchens und Deep Water Soloings ausgetauscht.

Von Generatoren und lauter Musik

Strom gibt es meist nur nachts, manche Anlagen bieten bei voller Auslastung in der Hauptsaison auch 20–24 Std. Strom am Tag. Da die Energie von Generatoren erzeugt wird, dröhnt und brummt es an allen Anlagen. Nahe dem Strand ist zudem immer mit lauter Musik zu rechnen, und auch an der Straße dahinter ist in vielen Bars – v. a. in der Hauptsaison – immer was los. Kletterer, die nach einem anstrengenden Tag an der Steilwand und einem ebensolchen Abend in der Strandbar todmüde ins Bett fallen, stört das aber nicht.

Einfachheit steht an diesem Strand vor Bequemlichkeit. Der Sport in der faszinierenden Natur der Karstfelsen und die lockere Atmosphäre sind die Attraktionen, die Stammgäste und Neulinge faszinieren.

ÜBERNACHTUNG

Einfache Hütten und Bungalows dominieren. Bungalows mit direktem Blick auf den Strand gibt es nicht. Vielmehr liegen die Unterkünfte im Hinterland und ziehen sich weit den Hang hinauf. Nahezu alle Bungalows haben einen Ventilator. Wer weiter den Berg hinaufzieht, findet einfachste Hütten für recht wenig Geld; in der Nebensaison bereits ab 100 Baht, in der Hauptsaison je nach Nachfrage ab 400 Baht. AC-Bungalows sind selten, in der Saison teuer, aber in der Nebensaison bezahlbar. Dann wohnt man hier für 1000 Baht. Die wenigsten Bungalows kann man buchen.

Untere Preisklasse

Andaman Nature Resort ③, ✆ 081-979 6050, [2777]. In 2 Reihen den Hang hinauf etwas geg beieinander stehende einfache, teils verwohnte Bambus-Holzbungalows mit gefliestem Bad. Auch Bungalows für 3 Pers. Restaurant. ❷–❸

Banyan Tree Resort ②, im Hinterland, nur Walk-In, keine Rezeption, [3309]. Obwohl derzeit etwas verwahrlost, sind viele der sich den Hang hinaufziehenden Holzbungalows eine günstige und gute Wahl. Ganz hinten stehen die Hütten auf extrem hohen Stelzen, und von den

Balkonen bietet sich ein toller Blick auf die Berge. Alle Zimmer mit Moskitonetz, große Betten. Strom von 18–6 Uhr. ❷–❸

Saithong Resort ⑦, ✆ 081-079 6583, ✉ sangdoo.ho@hotmail.com, **[8733]**. Weit oben am Berg auf dem Weg nach Rai Leh. Einfache Bambushütten in 2 Größen, mit Gemeinschaftsbad und ohne großen Komfort, aber von einigen Veranden hat man einen tollen Blick in den Dschungel. ❷

Tiew Khao Bungalows ⑥, ✆ 087-893 4136 **[8735]**. Am steilen Hang am Weg nach Rai Leh gelegene einfache, kleine und größere Mattenbungalows. Einige noch ohne eigenes Bad und sehr klein. ❶–❷

Viking Village ⑩, ✆ 081-970 4037, 084-266 0826. Einfachste kleine Mattenhütten mit Miniveranda am Nordende des Strandes für Kletterfreunde mit wenig Geld. Vorne ist es laut, denn in der Viking Bar wird fast immer gefeiert. ❸

Mittlere Preisklasse

Country Side Resort ⑤, ✆ 080-889 7055, 091-323 5947, **[2775]**. Am Fußweg Richtung Rai Leh auf hohen Stelzen gebaute, geräumige Holzbungalows (teils AC, meist Ventilator), große Fensterfront und schöne Veranden. Zelte in der Lobby ab 100 Baht. Restaurant mit Frühstücksbuffet, im Minimarkt Internet (2 Baht/Min.). WLAN. ❹–❺

Dream Valley Resort ④, ✆ 075-819 812, ⌨ www.dreamvalleyresortkrabi.com, **[3310]**. Im Hinterland gelegen. 2-geschossiger Neubau vorne am Pool, dahinter etwas ältere Steinbungalows, alle mit AC und TV (ohne TV-Nutzung günstiger). Weiter oben ein weiteres Haus mit AC-Zimmern. Viele Zimmer mit Doppel- und Einzelbett. In der Nebensaison nur nachts Strom. Inkl. Frühstück. Kann reserviert werden – ob die Buchung klappt, ist allerdings nicht 100 % sicher. ❺

Mountain View Resort ①, ✆ 089-4737422, **[3308]**. Etwas im Hinterland gelegene Anlage ohne Restaurant. Einfache Bungalows, gut in Schuss gehalten. ❹

The Forest Resort ⑧, ✆ 075-819 826, **[8736]**. Am Hang an der Straße nach Rai Leh. Unten neben dem Café Corner Zimmer im Reihenhaus. Dahinter am Hang große Bungalows aus Holzimitat, einige aus Echtholz. Teils mit einem Doppel- und einem Einzelbett. Auch Zelte für 100 Baht p. P. ❸–❹

Tonsai Bay Resort ⑨, ✆ 075-695 599, ⌨ www.tonsaibay.co.th, **[3307]**. Große Anlage ganz im Süden der Bucht mit AC-Einzel- und Doppelbungalows. 24 Std. Strom in der Saison. TV, Kühlschrank. In der Nebensaison eine gute Option. ❺–❻

Family Restaurant und Mamas Chicken, am Weg ins Hinterland. Gegrilltes Huhn, Klebreis, Papayasalat und anderes aus der Thaiküche. Frischer Bananenkuchen und Mango mit süßem Reis in Kokosmilch, zudem Müsli, Pommes und Burger. Zum Mitnehmen oder an kleinen Tischen zu verzehren.

Kruie Restaurant, an der Ecke zur Straße ins Hinterland, neben dem Tonsai Bay Resort. Offenes überdachtes Restaurant mit Holzstühlen. Vor allem morgens beliebt, dann gibt es Müsli und Früchte. Gute Thai-Küche. ⏱ 11–23 Uhr.

Mambo Restaurant, am Strand. Recht gute Küche und gut besucht. Jeden Tag gibt es ein besonderes Gericht günstiger.

Mr. Pancake, kleiner Pancake-Shop neben dem Andaman Nature Resort. Pancakes diverser Geschmacksrichtungen ab 40 Baht.

Pyramid Bar & Restaurant, auf einer erhöhten Plattform auf Kissen, davor an Tischen. Geboten wird frisch gebrühter Kaffee und morgens auch Ciabatta und Kürbiskernbrot. Shakes und Lassi. Thai-Küche, Thai-Kochkurse (ab 4 Teilnehmern) auf Anfrage. WLAN.

Tonsai Bay Restaurant, direkt am Fels und am Meer. Vor allem abends schön, wenn die Berge beleuchtet sind und die Feuertänzer ihr Können zeigen. Gute Küche, große Portionen, schneller Service. Kein Schweinefleisch. Thai-Küche und Pizza. Frühstückskarte. Frischer Kaffee aus der Maschine.

Die Bars am Strand sind sehr angesagt, doch ihre Zukunft war zur Zeit der Recherche ungewiss. Das Land gehört einer Investmentfirma aus Bangkok und es ist bisher unklar, was

DIE BUCHT VON PHANG NGA, KRABI UND KO PHI PHI

für Pläne sie hat (das betrifft auch die Zukunft von Viking Village und Mambo Bungalows & Restaurant).

Chill Out Bar, am Strand. Coole Reggaebar mit Liegeplattformen. Vermietet auch ein paar einfache kleine Mattenhütten. Frisch gebrühter Kaffee, Cocktails und Shakes.

Freedom Bar, gehört zum Tonsai Bay Resort. Liegt direkt neben den Kletterfelsen, die nachts wunderschön angestrahlt sind. Jeden Abend, auch in der Nebensaison, wird hier lange und laut gefeiert. Feuershows inklusive.

Small World Bar, in dieser schön gestalteten, überdachten Bar mit großem Außenbereich wird von morgens bis abends für jeden Geschmack etwas geboten. Leckerer Kaffee und frischer Kräutertee zum Frühstück, nachmittags ein erfrischender Shake und abends gute Cocktails und Bier. Dazu die an diesem Strand besonders populäre Feuershow. Billardtisch und Tischtennis.

Sunset-Pirat Bar, direkt am Strand. Kleine Bar mit großem Podest über dem Sandstrand und vielen Sitzkissen.

Viking Bar, direkt am Strand. Nicht gerade schön, aber immer viel Betrieb. Bar mit Tresen, Sitzgelegenheiten am Strand im Sand auf Matten. Billard.

KLETTERN

Siehe auch S. 637.

Base Camp Climbing, ☎ 081-149 9745, 🖥 www.basecamptonsai.com, [8737]. Große Kletterschule mit gutem Ruf an der Straße im Hinterland. Elke spricht Deutsch und organisiert die Touren, durchgeführt werden sie in englischer Sprache. Für Anfänger besonders geeignet sind die Halbtagskurse für 800 Baht, bei denen man viel lernt und oft der Faszination dieses Sports auf die Spur kommt. Zudem gut gemachte Kurse von bis zu 3 Tagen, die sich an den Standards des Deutschen Alpenvereins orientieren. Auch tolle Extratrips im Sonnenuntergang und „Deep Water Solo", eine abenteuerliche Kletterpartie mit anschließendem Sprung ins Wasser. Verleih und Verkauf von Equipment. ⏰ 8–17 und 19–21.30 Uhr. Warnung: Sollten am Strand Trips und Equipment im Namen der Schule verkauft oder vermietet werden, sollte man davon ⮝. nehmen. Immer direkt beim Base Camp vorbeigehen!

The Rock Shop, am Tonsai Bay Resort, 🖥 www. justclimbthailand.com. Kleine Kletterschule. Kurse für Anfänger und Fortgeschrittene. Touren. Ausrüstungsverleih.

Viking Climbers, vorn am Strand im Norden der Bucht. Klettertrips für Anfänger und Fortgeschrittene. Buchladen. In der Nebensaison oft zu.

SONSTIGES

Geld

Es gibt keinen Geldautomaten an diesem Strand. Wer Bargeld braucht, muss nach Rai Leh.

Internet

Direkt am Strand Internet vor dem **Tonsai Bay Resort**, sofern es Strom gibt. In der Saison etwa von 8–10 Uhr, in der Nebensaison seltener. WLAN haben immer mehr Restaurants.

Minimärkte

Es gibt eine Reihe Minimärkte am Strand und im Hinterland. Geöffnet ist meist von morgens 9 Uhr bis gegen 22 Uhr am Abend. Die Preise sind recht hoch, man zahlt etwa doppelt (manchmal 3x) so viel wie im Supermarkt in Krabi. Es lohnt also, sich schon dort mit den Lieblingsknabbereien einzudecken.

TRANSPORT

Alle **Boote** fahren auf Anfrage. Wenn wenig los ist, sind die Preise verhandelbar. Beste Abfahrtszeit zwischen 9 und 18 Uhr, danach wird es teurer.

AO NANG, mit dem Longtail ab 6 Pers. für etwa 100 Baht in 20 Min.

PHRA NANG, bei 7 Pers. 50 Baht p. P. In etwa 5 Min.

RAI LEH OST, mit dem Longtail für etwa 100 Baht bei 4–5 Pers., Zu Fuß läuft man etwa 30 Min. auf einer staubigen bzw. schlammigen Piste. Der Fußweg eignet sich nicht, wenn man Gepäck transportieren muss.

RAI LEH WEST, mit dem Longtail für 50 Baht ab 4 Pers.

KO PHI PHI und BAMBOO
Baht. Zum KO HONG-
rs. etwa 700 Baht p. P.
e Umgebung, z. B. 4-Islands

Ao Nang

Ao Nang [2839] liegt etwa 20 km von Krabi-Stadt entfernt und ist der meistentwickelte Strand der Region. Der lange Sandstreifen ist mit einer hohen Mauer versehen und zum Baden wenig geeignet – eher ein Parkplatz für Longtails. Nur im nördlichen Abschnitt, zu Füßen eines malerischen Kalksteinmassivs, drängen sich in der Hauptsaison die Gäste.

An der Strandpromenade liegen dicht an dicht Restaurants, Tauchshops und Touranbieter, die Trips auf die Inseln in der Bucht von Phang Nga (S. 616) anbieten – hier ist man voll auf Pauschaltouristen eingestellt, die in einer der größeren Anlagen wohnen. Neben gediegenem Luxus und Pauschalkomfort gibt es auch eine Reihe günstigerer Unterkünfte, hauptsächlich Zimmer in Gästehäusern in den Gassen hinter der Hauptstraße. Daneben etablieren sich einige neuere Boutiquehotels.

ÜBERNACHTUNG

Untere Preisklasse

Adams Bungalows ㉑, 25 Moo 2, ☎ 075-637 667, ✉ adambungalow@hotmail.com, [7860]. Bungalows im weitläufigen Garten hinter dem Restaurant. Es gibt ältere Holzbungalows mit Ventilator oder Steinhäuser mit AC, TV und Kühlschrank. Zudem Zimmer in Reihenhäusern. Recht ruhig und durchaus eine Alternative zu einem Guesthouse-Zimmer. ❷–❹

Amorn Mansion ⑮, 310 Moo 2, ☎ 075-637 695, ✉ amorn_manison@hotmail.com [7861]. Preiswertes Kleinhotel mit 21 sauberen AC-Zimmern mit Balkon, einige auch mit Ventilator. WLAN. ❸–❺

€ **Anawin Bungalows** ⑯, ☎ 075-637 664, ✉ anawinbungalow@gamil.com, [7863]. Am Ende einer ruhigen Seitenstraße gelegene AC-Steinbungalows mit Veranden und günstige Zimmer dazwischen mit Ventilator, in einem

kleinen hübschen Garten. Der marokkanische Besitzer Ismail spricht hervorragend Englisch und kümmert sich rührend um seine Gäste. Günstige Alternative in Ao Nang. Restaurant. WLAN. ❷–❹

J. Mansion ⑫, 302 Moo 2, ☎ 075-695 128, 🖳 www.jmansionaonang.com, [7864]. Sehr gepflegtes Guesthouse mit gut ausgestatteten Zimmern (bequeme Betten, TV, Kühlschrank, Safe). AC und Ventilator. WLAN. ❹

Jinda Guesthouse ⑪, 247/6 Moo 2, ☎ 075-637 524, [7865]. Einfaches kleines Guesthouse mit 14 schlichten Zimmern mit AC oder Ventilator, dazu 6 einfache Ventilator-Zimmer mit Gemeinschaftsbad. Nette Leute. WLAN. ❷–❹

€ **Popeye Guesthouse** ⑬, 28/1 Moo 2, ☎ 081-719 2992, ✉ popeyeaonang28@gmail.com, [8750]. Nahe der Strandstraße. Sauber und günstig. Familienanschluss. Safe. WLAN. ❶–❷

📖 **P.K. Mansion and Top View** ⑨, 247/12-15 Moo 2, ☎ 075-637 431, ✉ pkmansion@hotmail.com, [7866]. Empfehlenswertes Guesthouse in 3 Gebäuden. Einfache, aber gepflegte Zimmer im älteren Haupthaus. Im Erdgeschoss günstige Zimmer mit Ventilator (ohne Fenster). Modernes Design in den neueren Gebäuden. Zimmer dort mit TV, Kühlschrank und Balkon. Mal blickt man ins Grüne, mal aufs Meer oder auf die Karstfelsen. ❷–❺

Sea World Guesthouse ⑩, 247/10-11 Moo 2, ☎ 075-637 388, ✉ seaworld999@hotmail.com, [7867]. Guesthouse mit sauberen Zimmern, die billigeren im Erdgeschoss ohne Fenster etwas unwohnlich, die etwas besseren mit AC und Balkon (Meerblick), TV, Kühlschrank und Safe. WLAN. ❷–❺

Mittlere Preisklasse

Ao Nang Beach Resort ⑦, 142 Moo 2, ☎ 075-637 766, m stay@clubaonangbeach.com, [7869]. Mitten an der Strandstraße gelegene Anlage mit 26 sauberen, z. T. recht dunklen, aber geräumigen Zimmern mit Teppichboden, Kühlschrank, TV, Safe; empfehlenswert die Suiten mit Blick aufs Wasser. Kleiner Pool. WLAN. ❺–❻

Ao Nang President Hotel ⑳, 76/8-9 Moo 2, ☎ 075-695 563, 🖳 www.aonangpresident.com, [7870]. Keine Unterkunft für Präsidenten, aber

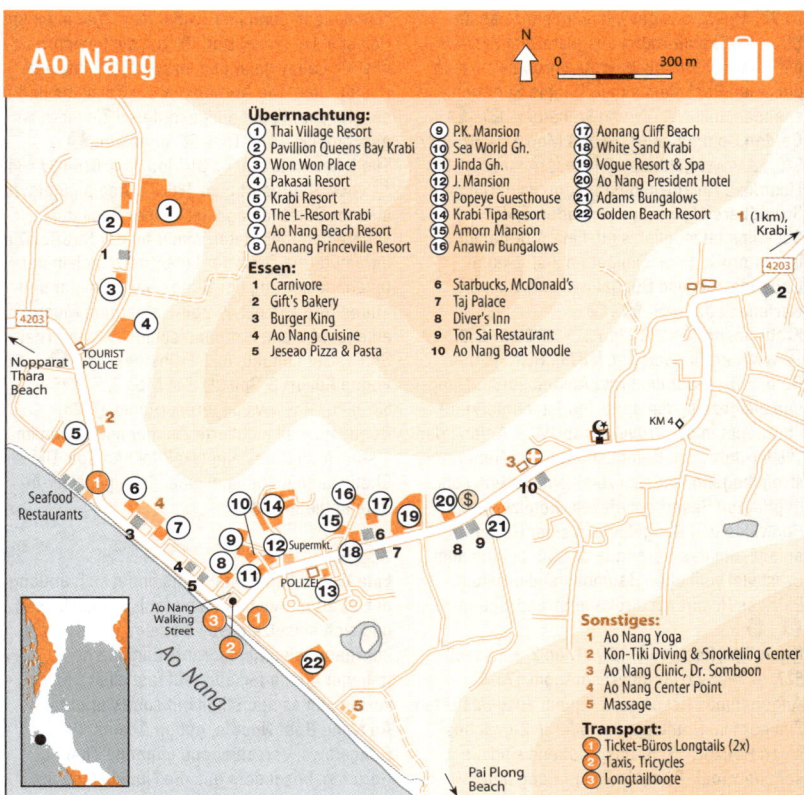

Ao Nang

N

0 ——— 300 m

Übernachtung:
1. Thai Village Resort
2. Pavillion Queens Bay Krabi
3. Won Won Place
4. Pakasai Resort
5. Krabi Resort
6. The L-Resort Krabi
7. Ao Nang Beach Resort
8. Aonang Princeville Resort
9. P.K. Mansion
10. Sea World Gh.
11. Jinda Gh.
12. J. Mansion
13. Popeye Guesthouse
14. Krabi Tipa Resort
15. Amorn Mansion
16. Anawin Bungalows
17. Aonang Cliff Beach
18. White Sand Krabi
19. Vogue Resort & Spa
20. Ao Nang President Hotel
21. Adams Bungalows
22. Golden Beach Resort

Essen:
1. Carnivore
2. Gift's Bakery
3. Burger King
4. Ao Nang Cuisine
5. Jeseao Pizza & Pasta
6. Starbucks, McDonald's
7. Taj Palace
8. Diver's Inn
9. Ton Sai Restaurant
10. Ao Nang Boat Noodle

4203

1 (1km),
Krabi

KM 4

TOURIST
POLICE

Nopparat
Thara
Beach

Seafood
Restaurants

Supermkt.

POLIZEI

Ao Nang
Walking
Street

Ao Nang

Pai Plong
Beach

Sonstiges:
1. Ao Nang Yoga
2. Kon-Tiki Diving & Snorkeling Center
3. Ao Nang Clinic, Dr. Somboon
4. Ao Nang Center Point
5. Massage

Transport:
1. Ticket-Büros Longtails (2x)
2. Taxis, Tricycles
3. Longtailboote

eine recht strandnahe Option mit ordentlichen Standardzimmern mit Balkon zur Straße bzw. Blick aufs Karstmassiv. Inkl. Frühstück. WLAN in der Lobby. 5

White Sand Krabi ⑱, 143 Moo 2, ✆ 075-695 345, 🖥 www.whitesandkrabiresort.com, [7871]. Modernes Boutiquehotel. 86 geschmackvoll möblierte Zimmer mit Balkon und großem Flachbild-TV. Stilvolles Interieur. Kleiner Pool auf dem Dach. Hinter dem Hotel werden 14 Bungalows vermietet, die aber nicht mit der Innenausstattung des Haupthauses konkurrieren können. 5–6

Won Won Place ③, 135/2 Moo 3, ✆ 075-638 094, ✉ wonwonplace@htomail.com [7872].

Große, saubere Zimmer mit TV, Safe und Kühlschrank. Am Klong Hang gelegen. Hat Noppharat Thara ist leicht zu Fuß zu erreichen. WLAN und Internetzugang in der Lobby. 3–5

Obere Preisklasse

Aonang Cliff Beach ⑰, 328 Moo 2, ✆ 075-62 6888, 🖥 www.aonangcliffbeach.com, [7876]. Sehr schickes Resort in moderner Thai-Bauhaus-Architektur. Die blitzsauberen, super ausgestatteten Zimmer lassen keine Wünsche offen. Toller Blick auf Karstfelsen und Meer. Frühstück inkl. 8

Aonang Princeville Resort ⑧, 164 Moo 2, ✆ 075-63 7971, 🖥 www.aonangprinceville.com,

[7877]. Hochklassiges Wohnen ganz nah am Strand: 32 komfortabel ausgestattete Zimmer mit asiatischen Stilelementen gruppieren sich um einen Pool, dem einige Bäume Schatten spenden. Inkl. WLAN und Frühstück. ⑥ – ⑧

Golden Beach Resort ㉒, 254 Moo 2, ☎ 075-637 870, 🖥 www.goldenbeach-resort.com, [7878]. Luxuriöse Anlage in bester Lage im nördlichen Strandbereich, wo Sonnenbaden und Schwimmen möglich sind. Eine Alternative ist der große Pool. Zimmer im 2-stöckigen Gebäude sowie in Bungalows und Villen im Garten mit Jacuzzi. ⑦ – ⑧

Krabi Resort ⑤, 232 Moo 2, ☎ 075-637 030, 🖥 www.krabiresort.net, [7879]. Historischer Boden: Dies war die erste Anlage am Ao Nang und gleichzeitig die erste Touristenunterkunft überhaupt in der Provinz Krabi. Was Anfang der 1980er-Jahre mit Bambushütten und Generatorstrom begann, hat sich zu einem großen, sehr gepflegten Resort entwickelt. Hotelzimmer, Poolvillen und Bungalows in einer Gartenanlage, die das Nordende der Bucht einnimmt. Es ist viel vom alten Baumbestand erhalten. Einziges Resort mit direktem Strandzugang. ⑥ – ⑧

Krabi Tipa Resort ⑭, 121/1 Moo 2, ☎ 075-637 527, 🖥 www.krabi-tiparesort.com, [7880]. Angenehmes Resort mit bequem ausgestatteten Zimmern im Hotelkomplex oder in 2-geschossigen Häusern. Sehr ansprechend sind die schönen Teak-Bungalows am Hang unter Bäumen. Großer Pool mit Extrabereich für Kinder. Kleiner Spielplatz. WLAN. ⑥ – ⑧

Pakasai Resort ④, 88 Moo 3, ☎ 075-63 7777, 🖥 www.pakasai.com, [7881]. Über 100 bestens ausgestattete Zimmer und ein zum Schwimmen geeigneter Infinity-Pool auf der 2. Etage in einer beliebten, gepflegten Anlage mit viel Grün. WLAN. ⑧

Pavilion Queens Bay Krabi ②, 56/3 Moo 3, ☎ 075-637 611, 🖥 www.pavilionhotels.com, [7882]. Hotelburg mit luxuriösen Zimmern zwischen 50 und 100 m2, geschmackvoll im Thai-Stil ausgestattet. Pool auf 3 Ebenen, Spa, Fitnessraum. ⑧

Thai Village Resort ①, 260 Moo 2, ☎ 075-637 710, 🖥 www.chadahotel.com, [7883]. Luxuriöse Anlage, in der alles stimmt, nur der

Name nicht; denn hier wohnt man eher in einem Palast als in einem Dorf. Durch die beeindruckende Lobby gelangt man zum Dorfplatz und Poolbereich. Die Architektur der Pavillons und der Häuser mit gut ausgestatteten Zimmern ist geschmackvoll im Thai-Stil gehalten. ⑦

The L Resort Krabi ⑥, 31 Moo 2, ☎ 075-637 484, 🖥 www.thelresort.com, [8665]. Steinbungalows in einer Gartenanlage mit kleiner Poollandschaft, daneben Hotelzimmer an der Straße. Die ultramoderne Optik der Lobby setzt sich in der Innenausstattung der Bungalows, Zimmer und Suiten fort, alle mit 40-Zoll-Flatscreen, Musikanlage, Minibar, Kaffeemaschine. WLAN. Thai-Schweizer Leitung. Inkl. Frühstück. ⑥ – ⑧

Vogue Resort & Spa ⑲, 244 Moo 2, ☎ 075-637 635, 🖥 www.vogueresort.com, [7886]. Bequeme, hell möblierte Zimmer mit Balkon im 4-stöckigen Hotelkomplex. Pool und Spa. Die Chefin kann manchmal eine günstige Walk-In-Rate anbieten. ⑥

Eine Vielzahl an Restaurants findet sich entlang der Straßen. Am besten einfach treiben lassen und sich hinsetzen, wo es einem gefällt. An internationalen Restaurants dominieren Italiener und Inder, aber auf fast allen Speisekarten gibt es auch thailändische Gerichte.

Ao Nang Boat Noodle, neben Adams Bungalows. Verschiedene einfache Thai-Gerichte, besonders gut: die Nudelsuppe mit kräftiger, dunkler Brühe und verschiedenen Einlagen zur Auswahl. ⏰ 11.30–22.30 Uhr.

Ao Nang Cuisine, in der Strandstraße. Das älteste Restaurant am Platz bietet u. a. leckere Seafood-Gerichte, z. B. gegrillte Shrimps in Tamarindensauce. ⏰ 9–23 Uhr, die Küche schließt eine halbe Stunde früher.

Carnivore, 127 Moo 3, ☎ 075-66 1061, 🖥 www.carnivore-thailand.com. Der definitive Platz für Steakliebhaber und andere Fleischesser. Lamm- und Rindfleisch aus Neuseeland und Australien. Der niederländische Chef zaubert auch gute Fischgerichte. ⏰ 11.30–22.30 Uhr.

Diver's Inn, 27/9 Moo 2, ☎ 075-63 7297, Reservierungen unter ☎ 089-587 3533, 🖥 www.krabi-divers-inn.com. Deutsche und internationale Küche nicht nur für Taucher. In

der Saison lockt die Dachterrasse. WLAN.
⏲ 11–23.30 Uhr.

Jeseao Pizza & Pasta, Beach Rd., ✆ 075-
69 5497. Italienische Nsudelgerichte mit hausgemachten Soßen und Pizza aus dem Holzofen.
⏲ 1123 Uhr.

Taj Palace, Sea of Love Plaza, ✆ 084-062 3265.
Klassische indische Küche zu erschwinglichen
Preisen. ⏲ 11–22 Uhr.

Ton Sai Restaurant, ✆ 081-089 8221. Beliebt
wegen seiner guten und günstigen Thai-Küche.
Gegessen wird unter schattigen Bäumen und in
überdachten Bambushüttchen. ⏲ 16–22 Uhr.
Das Nachtleben in Ao Nang konzentriert sich
überwiegend im Ao Nang Center Point, diverse
Bars konkurrieren dort um das nächtliche
Party-Volk.

Aktivitäten
Ao Nang Yoga, 71/2 Moo 2, ✆ 075-695 759,
🖥 www.aonangyoga.com. Verschiedene
Yoga-Klassen 3x tgl. außer So. Kurs für
350 Baht, Monatskarte 3500 Baht.
Kon-Tiki Diving & Snorkeling Center,
161/1 Moo 2, ✆ 075-637 826, 🖥 www.kontiki-
thailand.com. PADI-Tauchkurse und tägliche
Tauchgänge rund um Krabi. Schnorchel-
ausflüge, auch bei Nacht, kombiniert mit einem
Sunset-BBQ. Zudem Tauchgänge im See des
Khao Sok-Nationalparks (nur Advanced Open
Water Diver). ⏲ 8–22 Uhr.

Geld
Bis zum nächsten Geldautomaten sind es meist
nur ein paar Schritte. Größere Transaktionen
erledigt u. a. die **Siam Commercial** Bank an der
Straße nach Krabi. ⏲ Mo–Fr 9–17 Uhr.

Medizinische Hilfe
Ao Nang Clinic, Dr. Somboon, an der Straße
nach Krabi links kurz vor der Moschee,
✆ 075-695 301. Bei kleineren Unfällen und
Wehwehchen. ⏲ Mo–Fr 16–20 Uhr. Angeschlossen ist die **Ao Nang Smile Dental Clinic.**

Polizei
Tourist Police, an der Straße Richtung
Noppharat Thara, ✆ 075-637 208, Notruf 1155.

Wetter
Der pensionierte niederländische Me
Will Ottevanger betreibt bei Ao Nang ein
kleine **Wetterstation** und veröffentlicht sein
Vorhersagen auf 🖥 www.aonangweather.com.

Der **Shuttlebus** zum Flughafen von Krabi startet
am Daeng-Plaza in Noppharat Thara um 6, 7,
9.25, 11, 12, 14 und 17 Uhr, stoppt in Ao Nang
(beim Krabi Resort 10 Min. später, an der
östlichen Kreuzung ins Landesinnere 20 Min.
nach Abfahrt und vor McDonalds 30 Min. nach
Abfahrt), Krabi Town (Chao Fah Rd., Ecke Cha-
Mai Rd. 1 Std. nach Abfahrt), an der Haupt-
Bushaltestelle in Talad Keo und bei Tesco Lotus.
Der Bus erreicht den Flughafen in etwa
1 1/2 Std. und kostet 150 Baht.
Nach **Krabi-Stadt** mit den **weißen Songthaew**
von früh morgens bis 22 Uhr für 50 Baht (abends
60 Baht) oder mit dem klimatisierten Flughafen-
bus für 70 Baht.
Für Ausflüge in die Umgebung eignen sich **Taxis**
oder die preiswerteren **Tricycles** (Motorräder
mit überdachtem Beiwagen), die am Nordende
des Strandes starten:
Gastropoden-Fossil, für 400/800 Baht p. P.
(hin und zurück); Hat Klong Muang, 500 Baht;
Hat Noppharat Thara, Minimum 2 Pers.,
40 Baht p. P.; **Hat Tub Kaek**, 700 Baht.
Zu den lokalen **Märkten** in Ao Nang und
Klong Haeng für je 50 Baht; nach **Ao Nam Mao**
100 Baht.

Fähren und Schnellboote
KO PHI PHI, um 9.30 Uhr für 350 Baht in 2 Std.
KO LANTA, um 10.30 Uhr für 470 Baht in
gut 2 Std.
PHUKET, um 15 Uhr für 650 Baht in 3 Std.
Die Boote fahren oft auch am Pier am Nordende
des Hat Noppharat Thara ab. Als Ziel- bzw.
Abfahrtsort wird jedoch immer Ao Nang
angegeben. Preise inkl. Transport zum Pier.
KOH YAO YAI und KOH YAO NOI, tgl. ein
Schnellboot um 11 Uhr für 500 Baht. Manchmal
vom Ao Nang Beach, manchmal ab Noppharat
Thara. Die Ticket-Büros kümmern sich um den
Transport.

ologe

ote in die Umgebung
chaltern am Strand.
, 100 Baht p. P.
ur), 300 Baht p. P.
pro Boot (max. 6 Pers.).
800 Baht pro Boot
(max. 6 Pers.).
4-INSEL-TOUR, 2200 Baht (max. 8 Pers.).
Nationalparkgebühren (200 Baht) sind im
Ticketpreis nicht enthalten.

Taxis
DON SAK (Fähren nach Ko Samui und
Ko Pha Ngan), 4000 Baht.
HAT PAK MENG, 2500 Baht.
KHAO LAK und KHAO SOK, 3000 Baht.
KRABI-STADT, 500 Baht, FLUGHAFEN, 600 Baht.
PAKBARA, 4000 Baht.
PHANG NGA, 2200 Baht.
PHUKET-FLUGHAFEN, 2500 Baht, PHUKET-
STADT, 3000 Baht, PHUKET-STRÄNDE (Patong,
Kata, Karon, Kamala), 3500 Baht.
SATUN, 5500 Baht.
TRANG, 2800 Baht.

Hat Noppharat Thara

Wenige Hundert Meter nördlich des Ao Nang
schließt sich hinter einem kleinen Kap der rund
3 km lange Hat Noppharat Thara [2840] an. Er ist
deutlich weniger entwickelt als Ao Nang. Der
Strand fällt flach ins Meer ab und ist für Kinder geeignet, die sich auch über die vielen Muscheln und Korallenstückchen freuen. Bei starkem Wellengang gibt es allerdings auch hier
viele Brecher. Im Westen, kurz vor dem am
Klong zurückversetzten Hafen, befindet sich ein
lichter Kasuarinenwald – ein netter Platz fürs
Picknick. An den Wochenenden finden sich viele Einheimische ein, die genau deshalb hierher
kommen. Hier, nahe dem Noppharat Thara National Park Headquarter, gibt es außerdem einige beliebte Seafood-Restaurants und günstige
Essensstände.
   Im Hinterland steht die katholische **St. Agnes-
Kirche** in einer gelungenen Mischung aus römi-
scher Sakral- und Thai-Architektur. Die offene

Marienkapelle im Vorgarten ist typisch für asiatische Kirchen. Eine kleine Gemeinde von etwa
60–80 Mitgliedern wird bei der Sonntagsmesse
um 10 Uhr oft von Touristen verstärkt.

ÜBERNACHTUNG

Die Unterkünfte liegen alle jenseits der Straße,
viele sogar noch weiter landeinwärts. Wegen
des eingängigeren und bekannteren Namens
bezeichnen sich einige der hier liegenden
Unterkünfte als „am Ao Nang liegend".
Blue Ba You Bungalow ⑧, 79 Moo 3, ☎ 075-
637 558, ✉ bluebayou482@hotmail.com, [7888].
Ebenerdige Steinbungalows mit kleinen Veranden, z. T. mit Ventilator, Heißwasser und TV, AC
und Kühlschrank. Im Restaurant WLAN. ❸ – ❹
Cashew Nut Bungalow ⑤, 96 Moo 3,
☎ 075-637 560, 081-081 8095, [7889]. Einfache,
aber saubere Steinbungalows mit Ventilator
oder AC in einem schattigen, etwas
verwilderten Garten. Im Restaurant der
freundlichen Moslem-Familie wird kein
Alkohol ausgeschenkt. WLAN. ❸ – ❺
Jinnies Place ②, 100/1 Moo 3, ☎ 075-
661 398, 🖥 www.jinniesplace.com,
[7892]. Schöne, liebevoll eingerichtete Back-
steinhäuschen mit z. T. offenen Badezimmern
und einem großen Pool. Großräumige Familienzimmer im 2-stöckigen Haus. Inkl. Frühstück.
Hübscher Garten. WLAN. ❺ – ❻
Laughing Gecko ⑥, ☎ 075-66 1152, 081-
270 5028, 🖥 www.laughinggeckothailand.com,
[2842]. Bungalows aus alten Tagen. Fans dieses
Stils kommen immer wieder. Auch Familienzimmer. Man muss es mögen. ❷
Noppharat Resort ③, 97 Moo 3, ☎ 075-661 301,
🖥 www.noppharatresort.com, [7894].
21 Zimmer in Steinbungalows mit AC oder
Ventilator; Letztere sind ihren Preis nicht wert,
Erstere okay. Für Familien 2 Doppelbungalows
(Durchgangstür). Alkohol wird bei der Moslem-
Familie nicht ausgeschenkt; dafür liegt direkt
nebenan die ziemlich freakige Lazy Bar. Pool.
Inkl. Frühstück. ❹ – ❺
Red Ginger Chic Resort ⑩, 168 Moo 3,
☎ 075-637 999, 🖥 www.redgingerchicresort.
com, [7895]. Boutiquehotel an der Soi 8, direkt
hinter der Brücke am Ostende des Strandes.
68 bestens ausgestattete Zimmer und Suiten.

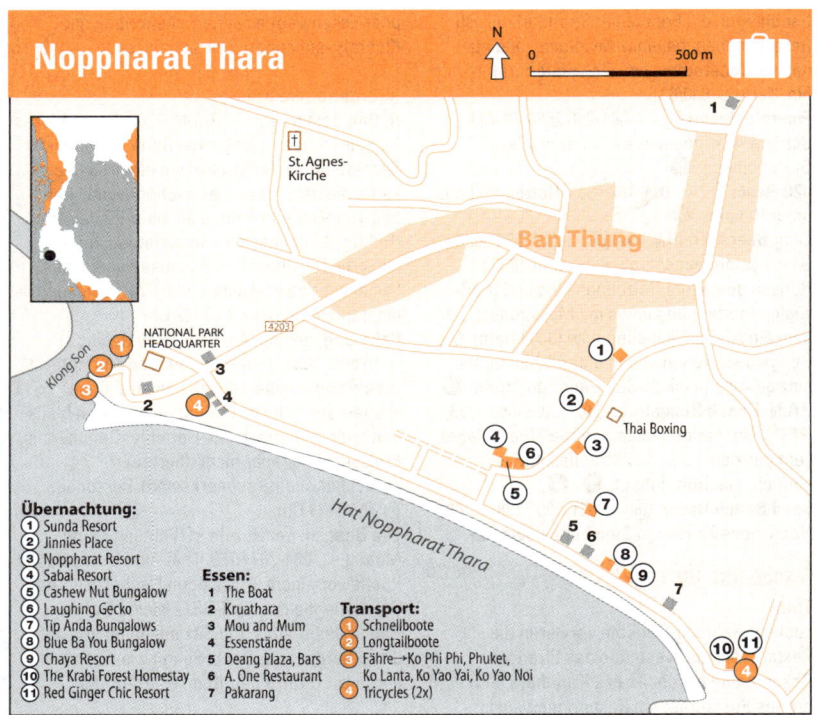

Noppharat Thara

N

0 — 500 m

St. Agnes-Kirche

Ban Thung

NATIONAL PARK HEADQUARTER

4203

Klong Son

Hat Noppharat Thara

Thai Boxing

Übernachtung:
1 Sunda Resort
2 Jinnies Place
3 Noppharat Resort
4 Sabai Resort
5 Cashew Nut Bungalow
6 Laughing Gecko
7 Tip Anda Bungalows
8 Blue Ba You Bungalow
9 Chaya Resort
10 The Krabi Forest Homestay
11 Red Ginger Chic Resort

Essen:
1 The Boat
2 Kruathara
3 Mou and Mum
4 Essenstände
5 Deang Plaza, Bars
6 A. One Restaurant
7 Pakarang

Transport:
1 Schnellboote
2 Longtailboote
3 Fähre→Ko Phi Phi, Phuket, Ko Lanta, Ko Yao Yai, Ko Yao Noi
4 Tricycles (2x)

Im Erdgeschoss einige mit direktem Poolzugang von der eigenen kleinen Veranda. 8
Sabai Resort 4, 79/2 Moo 3, ☏ 075-637 791, 🖥 www.sabairesort.com, [7896]. Ordentliche Steinbungalows, wahlweise mit AC oder Ventilator, ziemlich eng beieinander an gepflegten Wegen; Kühlschrank. Familienbungalows mit Küche. Restaurant mit Thai- und europäischen Gerichten. Pool. WLAN. 5 – 6

Sunda Resort 1, 19 Moo 3, ☏ 075-661 262, 🖥 www.sundaresort.com, [8667]. Schöne gelbe Steinbungalows in tropischer Vegetation. Zwei Pools liegen je an einem Ende der Anlage: mal von Bäumen beschattet, mal schattenlos für Sonnenanbeter. Alle Bungalows mit AC, TV, Safe, Kühlschrank, Wasserkocher. Große Bäder mit halb offener Dusche. Inkl. Frühstück und WLAN. 6

The Krabi Forest Homestay 9, ☏ 075-661 500, 🖥 www.krabiforesthome.com, [7893]. 40 unterschiedlichste Bungalows und Zimmer, alle mit AC, TV und Kühlschrank. Da alle den gleichen Preis haben, besser mehrere ansehen. Ansprechend mit Naturmaterialien dekoriert sind die Holzbungalows. Fast ausschließlich Twinbed-Zimmer. Auf dem Gelände Spa, Eiscafé und indisches Restaurant. Frühstück inkl. 4
Tip Anda Bungalows 7, 79/45 Moo 3, ☏ 075-638 265, 🖥 www.krabitipanda.com, [7897]. An einem begrünten Platz in einer Reihe: AC-Zimmer im Reihenhaus oder Zimmer in Holzbungalows mit Ventilator, alle mit Kühlschrank und TV. Inkl. Frühstück. 5

Jenseits des Klong Son-Flusses
Hier ist es fast schon ein wenig zu ruhig, und manchmal verdirbt eine Unmenge von

Sandfliegen die Freude am Strandurlaub. Die Resorts haben mit einer Ausnahme alle nur nachts Generatorstrom. Eine neue Straße führt hin. Karte S. 630/631.

Emerald Resort ⑰, ☎ 081-956 2566, [8668]. Schöne AC-Bungalows in einer großen Gartenanlage. ❻

J2B Resor ⑱, ☎ 084-182 4381. Holzbungalows unter Palmen. ❹

Long Beach Krabi Villas ⑮, ☎ 087-465 6680, 🖵 www.longbeachkrabivillas.com, [8669]. Hübsch gestaltete Holzbungalows und groß-zügige Mattenbungalows mit Moskitonetz. Zu-dem ein AC-Familienbungalow (3000 Baht). Die Bungalows stehen schön unter Bäumen. Die einzige Anlage mit 24 Std. Generatorstrom. ❸

P.A.N. Beach Bungalows ⑭, ☎ 089-866 4373, [8681]. Nur in der Saison geöffnet. Die Anlage liegt ganz am Ende des Strandes. Ruhig, einfach, aus Holz gebaut. ❸–❹

Sand Beach Resort ⑯, ☎ 081-820 7138, [8749]. Neue, helle Zimmer in Steinbungalows. ❹

Thai

Leckere Seafood-Gerichte servieren die Restaurants am Westende des Strandes. Bekannt und beliebt ist das **Kruathara**, ein recht großes Restaurant am Kasuarinenwald im Norden. Hier wählt man die Meerestiere lebend aus den Bassins. Zudem gibt es eine recht große Weinkarte. Die Preise sind moderat. ⏰ 11–22 Uhr. Das **Chaun Chim** nebenan hat ein ähnliches Angebot, ⏰ 10.30–20 Uhr.

Mou and Mum, nur wenige Schritte entfernt, ist ein kleines einfaches Restaurant mit günstiger Thai-Küche und leckeren Shakes, ⏰ 8.30–21.30 Uhr.

Kleinere Snacks wie frittierte Tintenfische und anderes Meeresgetier am Spieß bereiten die Moslem-Frauen an ihren **Essenständen** ein paar Schritte weiter die Strandstraße hinunter zu.

Die **Deang Plaza** in der Mitte des Strandes ist ein Karree voller **Bars** mit Namen wie „Kiss Me" und „Young Angel", selbst der kleine **Supermarkt** nennt sich „Young Girl Minimart". Dazwischen findet sich das übliche Angebot an Massagesalons und Tätowierstudios sowie ein paar Essenwagen mit gegrilltem Huhn mit Klebreis und anderen Kleinmahlzeiten.

Internationale Küche

A. One Restaurant, ☎ 075-63 7305. Etwas teures Restaurant (pad thai für 120 Baht) mit Open-Air-Sitzbereich an der Straße und einer Speise-karte, die neben den klassischen westlichen und Thai-Gerichten auch ein paar Kinderteller (Huhn mit Pommes etc.) anbietet. So ab 17 Uhr leckeres Röstfleisch, z. B. neuseeländisches Lamm oder australisches Rind. Vorbestellung empfohlen. WLAN. ⏰ 17–22 Uhr.

Pakarang, neben dem Sala Talay Resort, ☎ 075-81 0888. Thai- und Seafood-Gerichte in schicker, gepflegter Atmosphäre. Dazu zaubert der Schweizer Chef tolle Cordon bleus und andere europäische Gerichte. Gehobenes Preissegment, aber nicht überteuert. Zurückhaltendes, aufmerksames Personal. ⏰ 17.30–23 Uhr.

The Boat, an der Straße in Richtung Klong Muang, ☎ 084-307 8759. Thai- und französische Küche vor einem 2-stöckigen Fischerboot. Am Wochenende Seafood-BBQ. Kleine Bar im Bauch des Bootes und Sitzgelegenheiten auf dem überdachten Deck. Später am Abend wird gerne zur Gitarre gegriffen. ⏰ ab 18 Uhr.

Tricycles, Motorräder mit überdachtem Beiwagen, starten an beiden Enden des Strandes (max. 4 Pers.): AO NANG, für 40 Baht/p.P., Minimum 2 Pers., GASTROPODEN-FOSSIL, für 400/800 Baht (hin und zurück). HAT KLONG MUANG, für 400 Baht. HAT TUP KAEK, für 500 Baht. KRABI AIRPORT, für 600 Baht. KRABI TOWN, für 400 Baht. WAT THAM SUA, für 1200 Baht (hin und zurück).

Songthaew und Busse

AO NANG, Songthaew den ganzen Tag für 40 Baht; an der Straße kann man jederzeit zusteigen.
KRABI-FLUGHAFEN, der Shuttlebus startet am Daeng-Plaza um 6, 7, 9.25, 11, 12, 14 und 17 Uhr, stoppt in Ao Nang (beim Krabi Resort 10 Min. später, an der östlichen Kreuzung ins Landes-

innere 20 Min. nach Abfahrt und vor McDonalds 30 Min nach Abfahrt), Krabi Town (Chao Fah Rd./Cha-Mai Rd. 1 Std. nach Abfahrt), an der Haupt-Bushaltestelle in Talad Keo und bei Tesco Lotus. Der Bus erreicht den Flughafen in etwa 1 1/2 Std. für 150 Baht.

KRABI-STADT, mit den weißen Songthaew für 50 Baht, zum Busbahnhof nördlich von Krabi für 60 Baht.

Boote

AO TON SAI und RAI LEH, Longtails fahren am Ostende des Strandes für etwa 100 Baht bei 6–8 Pers. pro Boot.

KO PHI PHI, an der Mündung des Klong Son-Flusses liegt der Pier für die Fähre (S. 645, Ao Nang). Außerdem parken hier viele weitere Longtails und Schnellboote für die überall am Ao Nang angebotenen Charterfahrten.

Die Strände nördlich von Krabi

Hat Klong Muang nördlich von Ao Nang und Noppharat Thara hat sich in den letzten Jahren zu einer teuren Adresse für alle entwickelt, die in einem luxuriösen 5-Sterne-Resort dem Touristentrubel entkommen wollen. Schon die Königsfamilie mochte den von tropischer Vegetation umgebenen Strand und errichtete einen Sommerpalast auf einem Hügel an der Südspitze. Für weniger betuchte oder adelige Gäste gibt es einige günstigere Unterkünfte. Die Resorts liegen direkt am flachen, mit Steinen durchsetzten Strand, und da dieser nur über die Ferienanlagen zugänglich ist, fühlt man sich hier wie ein Eindringling. Zum Schwimmen ziehen die meisten Gäste den Pool vor.

Weiter nördlich liegt der lange, friedliche **Hat Tub Kaek** mit einigen weiteren Luxusanlagen.

Noch weiter Richtung Norden wird die friedliche Bucht **Ao Tha Len** von den meisten Besuchern nur als Ausflugsziel eines Tagestrips wahrgenommen, denn von hier starten viele **Kajaktouren** in die Mangroven. Es gibt keinen Strand, der Sonnenanbeter locken könnte, doch wer ein paar Tage in Abgeschiedenheit und Ruhe verbringen möchte, kann von einem der Resorts aus die Gegend erkunden.

Karte S. 630/631

Hat Klong Muang

Beyond Resort Krabi ⑨, ☎ 075-628 300, 🖥 www.katagroup.com, [8666]. Designter Hotelkomplex in dunklem Grau. Ebensolche Zimmer im mehrstöckigen Haus, alle mit Balkon zur Meerseite. Doppelstöckige Rund-Bungalows mit Bambusarbeiten. Schöner Pool am ruhigen Strand. ❽

Klong Muang Inn Guesthouse ⑩, 36/13 Moo 3, ☎ 089-971 9938, 🖥 www.klong-muang-inn.de, [7844]. Recht große Zimmer mit Kühlschrank, Safe und Balkon. Ein paar Fußminuten vom Strand. Restaurant mit deutscher Küche. WLAN. ❹–❺

Nakamanda Resort & Spa ⑪, 126 Moo 3, ☎ 075-628 200, 🖥 www.nakamanda.com, [7843]. Ansprechendes Luxus-Resort im japanisch-minimalistischen Stil. Toller Pool. Gutes Restaurant. Spa. Schmaler Strand neben der Anlage. WLAN. ❽

Pine Bungalow ⑬, ☎ 075-64 4332, 084-746 0992 (Ed), 🖥 www.pinebungalow.com, [7846]. Im südlichen Bereich am Strand mit vielen Bungalows verschiedener Preiskategorien mit AC und Ventilator. Für Ruhesuchende, die dann aber keinen der billigeren Bungalows an der Straße nehmen sollten. Vermittlung über die Reisebüros in Krabi, die auch den Transport organisieren. ❷–❺

Sheraton Krabi Beach Resort ⑫, ☎ 075-62 8000, 🖥 www.sheraton.com, [7847]. Schickes Luxusresort in 3-stöckiger Bauweise rund um eine weitläufige Grünanlage. Fitnesscenter, Tennisplatz, Spa, 2 Restaurants, Tauchcenter und 2 Pools am Strand runden das Angebot ab. ❽

Hat Tub Kaek

Amari Vogue Resort ③, 149 Moo 3, Nong Talay, ☎ **075-60 7777**, 🖥 www.amari.com/vogue, [7850]. 5-Sterne-Luxus im Lanna-Thai-Design; überschaubare Größe mit 57 Zimmern, großem Spa-Bereich, 2 Restaurants und mehreren Pools. WLAN. ❽

Anyavee Tub Kaek Beach Resort ④, 146 Moo 3, Nong Talay, ☎ **075-607 200**, 🖥 www.anyavee. com, [7851] Luxuriöse Anlage mit etwas

ardzimmern und tollen
Baht die Nacht. Spa.

a Golf & Spa Resort ⑥,
0, 🖥 www.sofitel.com,
lage der oberen
e der 276 Zimmer steht
großer Pool zur Verfügung. Kinderspielplatz. 9-Loch-Golfplatz nebenan. Schmaler,
unattraktiver Strandstreifen auf der
gegenüberliegenden Straßenseite. ❽
The Krabi Sands Resort ⑦,118 Moo 3,
📞 075-600 027, 🖥 www.krabisands.com, [7845].
Angenehme, ruhige 3-Sterne-Anlage mit
Garten- und Poolbereich. Überschaubare Größe
mit 26 Zimmern. WLAN in der Lobby. Inkl.
Frühstück. Kein direkter Strandzugang. ❼
Tup Kaek Sunset Beach Resort ⑤,109 Moo 3,
Nong Talay, 📞 075-628 600, 🖥 www.tupkaek
sunset.com, [7852]. Bungalows und Villen mit
direktem Strandzugang, etwas preiswerter als
die umliegenden 5-Sterne-Anlagen. Strand mit
schattenspendenden Bäumen. ❻–❽

Ao Tha Len

Akanak Resort ①,📞 075-700 235, [7856].
10 bequeme Bungalows im Chalet-Stil mit TV,
DVD (Sammlung an der Rezeption) und Kühlschrank; von den kleinen Veranden hat man
einen herrlichen Blick in die Natur. Kleiner Pool.
Fahrräder stehen zur Verfügung. Bei Voranmeldung gratis Abholung vom Flughafen Krabi. ❻

Bananas Bungalows ②, 54 Moo 2,
Tha Lane, 📞 086-947 2482, 🖥 www.
bananas-bungalows.com, [7858]. Familiäres
Resort ab vom Schuss. Eine Oase der Ruhe
inmitten der Natur. Einfache Mattenhütten mit
Ventilator und Gemeinschaftsbad, einige mit
eigenem, hübsch gestaltetem Bad. Zudem AC-
Steinbungalows mit Außendusche. 7 Schlaf-
plätze im Dorm (250 Baht). Der Deutsche Oli
kümmert sich um seine Gäste, organisiert
Ausflüge mit dem Longtailboot. Schwimmen bei
Flut von einem Steg aus möglich. ❶–❸

Gute **Kajaktouren** in die Bucht von Tha Len
organisiert **Sea Kayak Krabi**, neben dem
Akanak Resort, 📞 075-630 270, 🖥 www.

seakayak-krabi.com, für 800–2000 Baht. Vor
der Bucht liegt der Ko Hong-Archipel. Dorthin
fährt man auf den Touren durch die Bucht von
Phang Nga.
Am Ao Tha Len Pier starten und landen die
Longtailboote Richtung Ko Yao Noi.
Organisierte Fahrten am besten von Krabi aus.
Wer von den Inseln kommt und nach Krabi will,
erreicht sein Ziel für etwa 100 Baht in rund
30 Min. Fahrt mit dem **Songthaew**.

Inseln bei Krabi

Wer die Festlandstrände bei Krabi zu voll und zu
touristisch findet, sollte sich auf eine Fähre setzen und eine der nahe gelegenen Inseln besuchen. Robinsonaden sind hier zwar nicht mehr
möglich, doch ein Fleckchen für einige entspannte Tage lässt sich immer finden.

Ko Yao Noi

Das nördlich ihrer Schwesterinsel Ko Yao Yai
gelegene Ko Yao Noi [6341] ist das kleinere, aber
touristisch besser erschlossene Eiland. In mehreren Dörfern leben etwa 6000 Moslems vor allem vom Fischfang, der Landwirtschaft, von
Kautschuk- und Ölpalmpflanzungen. Der Tourismus ernährt einige Familien erst seit Mitte der
1990er-Jahre. Die Insel ist gut erschlossen, doch
Massentourismus gibt es zum Glück noch nicht.
Die Straßen sind (soweit für Touristen von Be-
lang) asphaltiert. Im größten Dorf **Ban Yai** im
Südwesten (auch Ban Ta Khai genannt) gibt es
ein paar Kleidungsgeschäfte, einen Markt, Supermärkte, kleine Restaurants, eine Apotheke
und eine Moschee. Auch zwei Banken mit Automaten, Polizei, Post und Krankenhaus sind hier
angesiedelt.
    Die Strände gehören zwar nicht zu den
schönsten der Region, doch zumindest der **Hat
Pasai** kann sich sehen lassen. Hier kann man
bei Flut schwimmen und bei Ebbe gemütlich im
flachen Wasser liegen und die bizarren Karstfelsen im Meer bestaunen. Auch der **Hat Klong
Jaak (Long Beach)** weiter nördlich ist recht

schön. Weitere verhältnismäßig kleine, schmale Buchten mit feinem, gelblichem Sand werden von Kokospalmen, Kasuarinen und Mangroven gesäumt – einige der großen Resorts haben sich wunderschöne Buchten gesucht, die aber nur Hausgästen zur Verfügung stehen. Bei Ebbe ist an keinem der Strände und Buchten Schwimmen möglich. Den Sonnenuntergang erlebt man am Hafen von **Baan Laem Sai**.

Am Pier des Fischerdorfes **Baan Tha Khao**, bieten kleine Läden das Lebensnotwendige. Von hier gehen die Boote nach Krabi (Tha Len Pier). Ein weiteres Fischerdorf ist **Ban Tha Tondo** an der Westküste, 4 km nördlich von Ban Yai. Die Häuser stehen auf Stelzen im Meer.

Beliebt ist Ko Yao Yai bei Kletterern, vor allem jenen, die Erfahrung mitbringen und selbstbestimmt in einer nicht überlaufenen Region auf Tour gehen wollen.

ÜBERNACHTUNG

Die Preise sind in der Hauptsaison für das Gebotene sehr happig, besonders im niedrigen Preissegment. In der Nebensaison stimmt das Preis-Leistungs-Verhältnis aber, dann gibt es oft hohe Rabatte – vor allem, wenn der Gast wenn etwas länger bleibt.

Untere Preisklasse

Baan Tha Khao Bungalow ④, Hat Tha Khao, ✆ 076-597 564, 🖥 www.kohyaobungalow.com, [6366]. In einer kleinen, ruhigen Bucht mit hübschem Sandstrand in einem wilden Garten am Wasser. Bungalows direkt am Strand, ein paar wenige dahinter. Große und kleine Zimmer, alle mit Ventilator. Restaurant, Fahrrad-, Motorrad- und Kajakverleih. Inkl. Frühstück. Der Strand eignet sich nur bedingt (und bei hoher Flut) zum Schwimmen. ④

Coconut Corner ⑫, Hat Pa Sai, ✆ 086-269 7920, 🖥 www.coconutcorner-kohyao.com, [6348]. 4 kleine Bambusbungalows, ein Doppelbungalow (mit einem Bad) in einem kleinen Garten an der Straße. Alle Bungalows sind einfach ausgestattet, Ventilator und Kaltwasser. Kleines Restaurant. Vor der Anlage kein schöner Strand. ❷–❸

Ko Yao Beach Bungalows ⑮, Hat Pa Sai, ✆ 076-454 213, 🖥 www.kohyaobeach.com,

[6353]. Kleinere und größere Bungalows mit Ventilator oder AC in einem Palmengarten. Die einfachen aus Matten, die größeren aus Holz und mit TV. Restaurant am Bach mit Thaiküche. Toller Strandabschnitt. ❸–④

Koh Yao Seaview ⑤, Hat Tha Khao, ✆ 087-474 0042, 🖥 www.kohyaoseaview-bungalow.com [8717]. Einige wenige Bungalows, aus Matten oder Holz, einer als Doppelbungalow. Alle mit Ventilator. AC in einem Steinhäuschen. Direkt am schönen Strand. Angenehme Atmosphäre. Gute Preise für alle, die in der Nebensaison kommen und/oder länger bleiben. ④

Namtok Bungalows ①, Hat Tha Khao, ✆ 080-142 8855, 🖥 www.namtokbungalow.com, [8718]. Seit vielen Jahren bei Travellern beliebt. Bungalows in einem Garten, einfach und älteren Datums (einige mit AC und Kühlschrank). Wasserkocher und Hängematten im Gemeinschaftsbereich, lockere Atmosphäre. ❸–④

Pasai Cottage ⑬, Hat Pa Sai, ✆ 076-454 235, ✉ pasaicottage@hotmail.com, [6362]. 10 einfache Bungalows mit Terrasse, Ventilator und Moskitonetz stehen in einer Reihe dicht beieinander hinter dem Restaurant, das an der Straße liegt. Backpacker-Food, Bierausschank. Vermietet Fahrräder (200 Baht/Tag). ④

Tabeak View Point ⑥, Hat Tha Khao, ✆ 076-597325, 🖥 www.kohyaotabeak.com, [8719]. 8 Bungalows in 2 Reihen am steilen Hang mit toller Aussicht und großen Balkonen. Darüber das Restaurant. Einfache Ausstattung, mit Warmwasser etwas teurer, alle mit Ventilator. ④

Tha Khao Bay View Bungalows & Restaurant ③, in der Straße zwischen Hat Klong Jaak und Baan Tha Khao, ✆ 076-582 714, 086-942 0812, ✉ thakhaobayview@hotmail.com, [6368]. Über einer seichten Bucht an einem steilen Hang gelegen; schöner Blick von den Balkonen. Verschieden große Bungalows, wahlweise mit Ventilator oder AC. 4 Doppelbungalows mit Gemeinschaftsbädern. Restaurant mit gutem Thai-Essen und toller Aussicht. Gastgeber ist die sehr freundliche Familie von Mr. Ling und seinem Bruder Mr. Sem. ❸–④

Mittlere bis obere Preisklasse

Holiday Resort ⑨, Hat Klong Jaak, ☎ 076-597 539-43, 🖳 www.holidayresort.co.th, [6351]. Die große Anlage lässt ein wenig Atmosphäre vermissen: 28 größere Bungalows mit 1 oder 2 Betten auf hohen Stelzen mit Ventilator oder AC, TV und Kühlschrank an der Straße unter Bäumen. Strand nur bei Ebbe. Großes, offenes Restaurant. Moped- und Kanuverleih. ❹–❺

Kohyao Chukit Resort ⑭, Hat Pa Sai, ☎ 076-454 232, 🖳 www.kohyaochukit.com, [6347]. Große, unpersönliche Anlage mit zahlreichen Bungalows in Reih und Glied. Innen aber geschmackvoll eingerichtet. Kleine Veranden und winziger Pool. Das Plus ist der Strandabschnitt. ❹–❺

Koyao Island Resort ⑧, zwischen Hat Kong Jaak und Hat Tha Khao, ☎ 076-597 474, 🖳 www.koyao.com, [6355]. In einer von Felsen umrahmten Bucht mit feinem Sandstrand stehen unter Kokospalmen sehr ansprechende Villen. Alle mit Meerblick. Große Doppelbetten, offenes Wohnzimmer. Restaurant mit gutem Thai- und mediterraner Küche. Aktivitäten (Kanu, Fahrräder, Katamaran, Windsurfing), Abholservice ab Flughafen. Spa mit Thai-Sauna. Am Strand Hängematten und Pool. ❽

Ko Yao Bay Pavilions ⑰, Hat Pa Sai, ☎ 076-597 441, 🖳 www.koyaobay.com, [6352]. Luxus pur! Die 3 zum Garten hin offenen, mit viel Liebe zum Detail gestalteten Villen im Thai-Stil tragen die Handschrift von George Cortez, dem Architekten des Koyao Island Resorts. Pool. Ausgezeichnetes Restaurant mit lokaler und mediterraner Küche. 2 Villen mit 2 Schlafzimmern für Familien etwas im Hinterland. ❽

Lam Sai Village Hotel ⑯, ☎ 087-891 7250, 🖳 www.lamsaivillagehotel.com, [6357]. Zimmer in 2-stöckigem Reihenhaus und in Bungalows nah an einem alten Fischerpier. 2 große Familienzimmer. Wahlweise AC oder Ventilator, alle mit TV. Garten und Pool. Auf dem gleichen Gelände neben dem Restaurant steht ein Thaiboxring. Das Plus ist der abendliche Sonnenuntergang. Schwimmen nur inmitten von Booten möglich. ❹–❺

📖 **Lom Lae Beach Resort** ⑱, Hat Pasai, ☎/🖳 076-597 486, 🖳 www.lomlae.com, [6358]. Von der Kanadierin Jade und ihrem

Mann Radt engagiert geleitet und unter deutscher Betreuung von Dagmar. Im weitläufigen, gepflegten Kokosnusspalmenhain zwischen dem schönen Strand und den Reisfeldern befinden sich 9 individuelle Teakholz-Bungalows mit Terrassen, davon 4 Familienbungalows, einer mit 3 Schlafzimmern. Kleiderschrank, Kühlschrank, Wasserkocher. Restaurant und Cocktailbar, leckere Thai- und westliche Gerichte. Buchausleihe, Tour-Angebote (Schnorcheln, Kajak, Klettern, Trekking, Kochkurse), Tauchbasis, WLAN. ❻

Sabai Corner ⑪, Hat Klong Jaak, ☎ 076-597 497, 🖳 www.sabaicornerbungalows.com, [6363]. Individuelle, mit Palmblättern gedeckte Hütten und Holzbungalows mit Terrassen, teilweise mit Blick aufs Meer und den Long Beach. Manche 2-stöckig mit 2 großen Betten als Familienbungalow. Im gemütlichen Restaurant und in der Cocktailbar über den Klippen am Meer gibt es Pasta, guten Kaffee und nach Voranmeldung traditionelles Thai-Dinner oder BBQ. WLAN. ❺

Suntisook Resort ②, nahe dem Tha Khao Pier, ☎ 076-597 589, 🖳 www.facebook.com/Suntisookresort, [6364]. 9 große Holz-Bungalows, Ventilator oder AC, TV mit Sofa davor, Kühlschrank, Veranda zum Garten. Geleitet von einer freundlichen Familie. ❹–❺

Fast alle Bungalowanlagen haben ein eigenes Restaurant. Im Ban Yai und auch in Ban Tha Khao (gegenüber dem Pier) gibt es leckeres lokales Frühstück in kleinen Restaurants. Geboten werden hier bis etwa 10 Uhr, wenn alle Töpfe leer sind, u. a. Reissuppe und gelber Reis mit Huhn. Leckeres lokales Essen gibt es zudem an Hat Pa Sai direkt am Meer; alles recht günstig und mit Blick auf die Karstfelsen.

Para Bar & Restaurant und Chabar liegen direkt nebeneinander im Hang im Norden des Hat Klong Jaak. Schwemmholzambiente und gute thailändische Küche. Ein guter Platz für ein abendliches Bier oder einen Cocktail. 🕐 ab 17 Uhr bis spät.

KO YAO NOI

N 0   1000 m

Übernachtung:
1. The Paradise Ko Yao
2. Nam Tok Bungalows
3. Suntisook Resort
4. Tha Khao Bay View Bungalows & Restaurant
5. Baan Tha Khao Bungalow
6. Koh Yao Seaview
7. Tabeak View Point
8. The Evason Six Senses at Yao Noi
9. Koyao Island Resort
10. Holiday Resort
11. Niramaya
12. Sabai Corner
13. Coconut Corner
14. Pasai Cottage
15. Kohyao Chukit Resort
16. Ko Yao Beach Bungalows
17. Lam Sai Village Hotel
18. Ko Yao Bay Pavilions
19. Lom Lae Beach Resort

Essen:
1. Lokales Frühstücksrestaurant
2. Thakhao Restaurant
3. La Luna
4. Je t'aime Restaurant
5. Rotee my friend
6. Para Bar & Restaurant, Chabar
7. Pyramid Bar & Restaurant
8. Pasai Seafood Restaurant

Sonstiges:
1. Tauchbasis
2. The Mountain Shop
3. Ko Yao Climbers
4. Island Yoga
5. 7 eleven
6. Minimarkt
7. Tauchbasis

★ Big Tree

★ Kletterfelsen

Tha Tondo
Ban Tha Tondo

Ban Tha Khao
Tha Khao Pier
KO NUI
Hat Tha Khao   Krabi
(Tha Len Pier)

Tha Sapan Yao

Ban Yai
Sukha Pier
Ko Yao Chaipat Hospital
POLIZEI

Hat Klong Jaak
(Long Beach)

Hat Pasai
Restaurants

Phuket, Ao Nang

Tha Manoh

Ban Laem Sai

Tha Klong Hia

KO YAO YAI   Tha Chong Lad

KO NOK

Je t'aime Restaurant, Ban Yai. Gute und teure Thai-Gerichte. Oft Themenabende, z. B. Sushi-Buffet. ☉ bis 23 Uhr, Küche bis 22 Uhr.
La Luna, im Norden oberhalb des Hat Klong Jaak an der Straße. Hübsches offenes Restaurant mit Garten. Italiener, der gute Pizza im Holzofen macht. ☉ ab 17 Uhr.
Pasai Seafood Restaurant, Hat Pasai. Zentral gelegen, aber an der Straße. BBQ und Thaiküche.

Pyramid Bar & Restaurant, zentral am Hat Klong Jaak. Westliche Küche und Thaigerichte für Touristen. Billardtisch. 🕐 ganztags.

Rotee my friend, Ban Yai. Leckere Crêpes mit Zucker oder süßer Kondensmilch, mit oder ohne Ei. Hier speist man mit den Dorfbewohnern und trinkt lokalen Tee.

Thakhao Restaurant, am Pier von Baan Tha Khao, 📞 076-597558. Gute und günstige Thaiküche, leckere Shakes. Schräg gegenüber in einer Wellblechbaracke ein gutes lokales **Frühstücksrestaurant** mit Reis- und Hühnergerichten.

AKTIVITÄTEN

Fahrrad- und Mopedtouren

Viele Resorts verleihen Mopeds und Fahrräder. Mopeds 250 Baht bzw. 350 Baht (Automatik). Fahrräder 300 Baht.

Es gibt keine extrem steilen Hügel, sodass Fahrradfahrer keine überdurchschnittliche Kondition mitbringen müssen. Besonders schön ist die Fahrt entlang der Mangroven zum Fischerdorf Ban Tha Tondo oder nach Ban Tha Khao entlang der Strände.

Klettern

Vor allem in Ban Tha Khao treffen sich die Kletterer. Hier gibt es eine Kletterbasis und man gelangt am schnellsten zum Kletterfelsen ganz im Norden der Insel. Sowohl Anfänger als auch Könner kommen auf ihre Kosten (bis 7b). Noch ist es hier weitaus weniger überlaufen als in Ao Ton Sai oder anderen Klettergebieten Thailands. **Ko Yao Climbers**, Ban Tha Khao, 📞 083-969 2023, 🖥 www.themountainshop.org. Es werden Touren, aber auch nur Ausrüstung und Transport vermietet und vermittelt. Auch für Kinder ist Equipment vorhanden. Zudem kann man ein Kletterbuch erwerben, in dem viele der auf Ko Yao Yai möglichen Kletterwände beschrieben werden (es gibt im Ganzen etwa 200 Routen). Eine Slackline ist im Garten des zugehörigen Mountain Shops gespannt.

Kochkurse

Tappee Thai Cookery Class, 📞 087-887 3161. Mina gibt Einblick in die authentische thailändische Küche, max. 4 Pers. Zwischen 10 und 13 Uhr oder von 15 bis 18 Uhr werden

5 Gerichte zusammen gekocht. Abholung von der Bungalowanlage und ein Rezeptbuch sind im Preis enthalten. Auch Kochkurse für Kinder.

Yoga

Island Yoga, Hat Tha Khao, 🖥 www.thailands yogaretreat.com. Ein kleines Paradies für eingeschworene Yogafreunde. Es gibt täglich Kurse morgens und abends, jeder kann jederzeit einsteigen, ob Anfänger oder Fortgeschrittener. Ein paar wenige kleine Hütten in Ulmars Nature Lodge direkt am Strand stehen Yogafreunden zur Verfügung und können inkl. Kurs gebucht werden. Aktuelle Preise siehe Website. ❸ – ❹

SONSTIGES

Geld

Zwei Banken mit Geldautomat gibt es in Ban Yai. Auch vor den 7-Eleven befindet sich einer. Ein weiterer gegenüber der Einfahrt zum Six Senses Evanson.

Medizinische Hilfe

Ko Yao Chaipat Hospital, Ban Yao, 📞 076-597 190. 24 Std. Notfallservice.

NAHVERKEHR

Boote

Longtails können für Ausflüge und Badetrips auf die benachbarten Felseninseln oder aufs Festland gechartert werden. Sie bieten bis zu 10 Pers. Platz und kosten z. B. ab Ban Tha Khao nach Ko Hong 700–3000 Baht; Tagestouren z. B. in die Bucht von Phang Nga 4000–4500 Baht, nach Ao Nang 4000–4500 Baht, Phuket 3000 Baht. Fast alle Unterkünfte organisieren Longtails. **Seekanus** kosten ca. 600 Baht pro Tag. Zum Kletterfelsen zahlt man 1800 Baht, wenn man das Boot individuell ohne Schule bucht.

Songthaew

Sie fahren von allen Passagierpiers für 70–100 Baht p. P. bzw. 250 Baht pro Std. zu den Stränden.

TRANSPORT

AO NANG, tgl. ein Boot ab **Tha Manoh Pier** um 15.30 Uhr für 400 Baht in 1 1/2 Std.

KO YAO YAI, tagsüber mit gechartertem Long-tailboot ab Tha Manoh Pier zum Chong Lad Pier für 50 Baht p. P. Zudem halten fast alle Longtailboote und Schnellboote nach Phuket auf Ko Yao Yai (Klong Hia Pier).
KRABI (Tha Len Pier) ab **Tha Khao Pier** mit dem Longtailboot um 7, 7.30 bzw. 8.30 (wechselt mit Schnellboot ab), 9.30, 11, 13 und 16 Uhr für 150 Baht in 1 1/2 Std. Mit dem Schnellboot um 7.30 oder 8.30 (Longtail und Schnellboot wechseln hier ab), 14 Uhr für 200 Baht in 45 Min. Weiter nach Krabi mit dem Bus.
PHANG NGA ab **Sukha Pier** um 7.30 Uhr für 180 Baht in 1 1/2 Std. (außer So).
PHUKET (Bang Rong Pier) in der Saison ab Manoh Pier über Ko Yao Yai Longtailboote um 7.15, 13.30, 15 und 16 Uhr für 120 Baht in 1 Std. Mit dem Schnellboot um 6.30, 7.30, 9, 10.10, 10.30, 12.30 (außer Fr), 14 und 16.40 für 200 Baht in 30 Min.

Ko Yao Yai

Die 40 km lange, von Touristenmassen bis-her verschonte Insel Ko Yao Yai [5486] liegt ne-ben ihrer etwas kleineren Schwesterinsel Ko Yao Noi in der Phang Nga-Bucht zwischen Phuket und Krabi und zahlreichen kleinen In-selchen. Unberührte, feine Sandstrände, Kau-tschukplantagen, Palmenhaine und dichter Dschungel prägen die hügelige Landschaft. Die 3000 moslemischen Einwohner begrüßen die wenigen Touristen überall mit einem freundli-chen Lächeln.

Motorradtaxis warten auf ankommende Pas-sagiere. Auf der wenig befahrenen Hauptstraße, die von Nord nach Süd die Insel durchquert, ist nicht viel los. Einige Essensküchen, hie und da ein Minimarkt und viele einfache Holzhäuser auf Stelzen säumen den Straßenrand.

Zu den schönsten Stränden der Insel, die meist von Kasuarinen beschattet werden, ge-hört die schmale weite **Ao Lo Pa Ret** an der Westküste. Hier lässt es sich herrlich schwim-men und der Sand ist weich und lädt zum Son-nenbad. Allerdings begannen während der Recherche Bauarbeiten am Strand, die das ge-ruhsame Treiben sicherlich stören werden. Un-

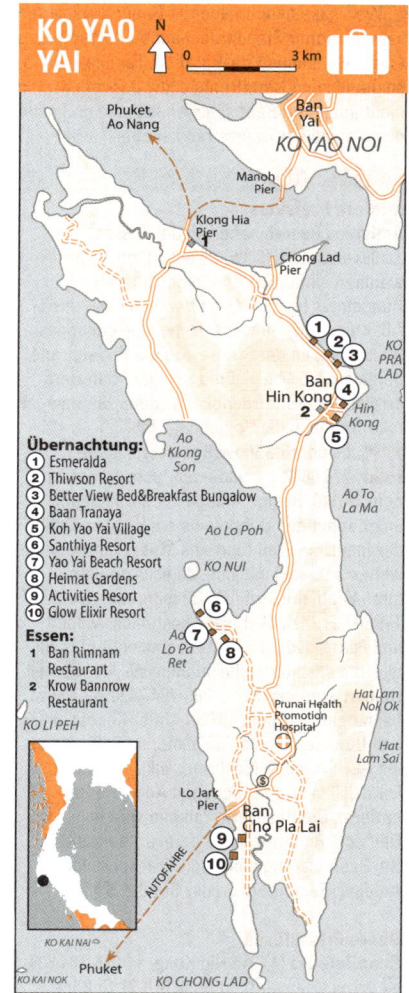

bebaut ist bisher die idyllische **Ao Klong Son** im Norden am Ende der Hauptstraße. Wie zu Urzei-ten teilen sich Schlammspringer und Krabben den noch unberührten Strand. Eine kurze Wan-derung durch den feinen weißen Sand führt zu ein paar Mangroven.

Weit auseinanderliegende Bungalowanlagen verschiedener Standards machen Ko Yao Yai zu einem Geheimtipp für Pärchen, Familien, Ruhesuchende und Naturfreunde, die aber am besten nicht auf jeden Baht schielen müssen und nicht den ultimativen Traumstrand suchen.

Mittlere Preisklasse

Activities Resort, nahe Loh Jak Piers ⑨, ℡ 081-893 8901, [8705]. Familienbetrieb mit wenigen einfachen, schön gestalteten Bungalows (derzeit 4) mit Ventilator, einer mit AC. Keine Moskitonetze. Gutes und günstiges Restaurant an der Straße. Kleiner Privatstrand, der in etwa 5 Min. Fußmarsch über den Berg erreicht ist. Sehr freundliche Leute. Bieten auch tolle Touren in die Umgebung. ❹

Esmeralda View Resort ①, ℡ 087-274 8832, ✉ yadamon_pond@hotmail.com, [8706]. Ruhige Anlage mit geräumigen, ansprechenden Bungalows am Hang im Osten der Insel. Ein Pfad führt ans Meer (schwimmen ist hier schlecht möglich, da es viele Steine gibt). Ventilator und AC, Kühlschrank. Alle mit TV, inkl. Frühstück. Kajaks kostenlos, Moped- und Fahrradverleih. Netter Familienbetrieb für alle, die absolute Ruhe suchen. WLAN. ❹–❺

Heimat Gardens ⑧, ℡ 085-794 7428, 🖥 www.heimatgardens.com, [8708]. Unter Kokospalmen und Bananenstauden 5 Zimmer im Reihenhaus mit AC, TV und Kühlschrank, inkl. Frühstück. Etwa 200 m von der schönen Ao Lo Pa Ret entfernt. Die Besitzerin Yamalia spricht Deutsch. Roomservice wird extra berechnet. Bei Reservierung meist inkl. Transport vom Anleger. Restaurant an der Straße. ❹

Obere Preisklasse

Baan Taranya ④, Ao Hin Kong, ℡ 076-494 509, 🖥 www.taranyaresort.com, [8709]. Schöne Anlage mit 5 großen Bungalows, einer Honeymoon-Suite mit Meerblick und 6 Zimmern in einem kleinen doppelgeschossigen Haus. Gute Ausstattung. Schöner Restaurantbereich im Mountain Restaurant im Garten; ⏲ 6.30–23 Uhr. Kleiner Pool, der sich zum Schwimmen eignet. Der Strand ist nicht gerade erste Wahl. ❺–❻

Better View Bed & Breakfast Bungalow ③, im Nordosten, ℡ 076-494 486, 🖥 www.betterviewkyy.com, [8710]. 5 große gelungene Bungalows mit Meerblick, alle mit großen Veranden, tollen Bädern (mit Jacuzzi) und großem Bett, TV, Minibar. 5 weitere Bungalows sollen Ende 2013 fertig sein. Recht großer, wenn auch sehr flacher Pool am Strand. Vor den Wellen schützt eine kleine Kaimauer. ❻

Glow Elixir Resort ⑩, Ao Bo Le, ℡ 087-808 3838, 🖥 www.elixirresort.com [8711]. Ansprechende Steinbungalows im weitläufigen, etwas schattenlosen Garten direkt am Strand. Pool, Restaurant, WLAN. Spa und Fitnessraum. Tauchschule. Baden ist nur bei Flut möglich, da der Strand mit Felsen durchsetzt ist. ❻–❽

Koh Yao Yai Village ⑤, Ao To La Ma, ℡ 076-584 500, 🖥 www.kohyaoyaivillage.com, [8712]. Riesige Anlage mit im Wald und in Strandnähe verteilten Bungalows. Geräumig bis riesig und schön ausgestattet. Vorne am Restaurant lockt ein Infinity-Pool mit Meerblick, ein weiterer Pool liegt etwas privater. Sonnenliegen am Sandstrand. Gelungenes kleines Dorf. ❽

Santhiya Resort Ko Yao Yai ⑥, Hat Lo Pa Ret, ℡ 076-592 888, 🖥 www.santhiya.com/kohyaoyai, [8713]. Geräumige ansprechende Bungalows versteckt im Hang. Am Strand lockt ein riesiger Pool mit Meerblick und künstlichem Wasserfall. Zudem Restaurantbereich und viele Liegen. ❽

Thiwson Resort ②, im Nordosten, südlich von Chong Lat, ℡ 081-956 7582, 🖥 www.thiwsonbeach.com, [8715]. Direkt am Strand, der mit einer Kaimauer gesichert ist, liegen in 3 Reihen hintereinander 12 schöne Holzbungalows mit tollem Blick auf die Inselwelt. Moskitonetz, einige Zimmer mit AC, andere mit Ventilator (letzte Reihe). Familienzimmer. Kajaktouren und Klettertrips werden organisiert. Dahinter verläuft leider ziemlich nah die Straße und die Schallschutzmauer schützt auf den billigen Plätzen nur mäßig. ❹–❻

Yao Yai Beach Resort ⑦, Hat Lo Pa Rat, ℡ 081-968 4641, 🖥 www.yaoyairesort.com, [8716]. Bungalows mit Meerblick, mit und ohne AC. Einfach eingerichtet und etwas verwohnt (in der Hauptsaison zu teuer). Das Plus ist der schöne Strandabschnitt. ❹–❻

Alle Bungalowanlagen haben Restaurants, Gerichte ab 100 Baht. Wem der Sinn nach typischen Thai-Gerichten steht, der kehrt in den einfachen Garküchen und kleinen Restaurants direkt an der Hauptstraße ein. Wo man typisch günstig und lokal isst, gibt es selten eine Speisekarte. Es entstehen derzeit immer mehr kleine Restaurants für Touristen, deren Küche und Preise sich aber in der Regel wenig von denen der Anlagen unterscheiden. An den beiden Stränden Ao Klong Son und Ao Lo Pa Ret gibt es kleine Snackbars, deren Angebot sich bisher eher an einheimische Strandbesucher richtet.

Ban Rimnam Restaurant, am Pier, ✆ 081-956 2146. Lädt auf einer Inselrundfahrt oder beim Warten auf ein Boot zu einer Rast ein. Das Restaurant liegt schön am alten Hafen (mit Blick auf den neuen Pier) und offeriert gute Thaiküche zu angemessenen Preisen in angenehmem Ambiente. Es gibt zudem Shakes und Kaffee, aber keinen Alkohol. ⏱ 9.30–22 Uhr.

Krow Baanrow Restaurant, Ban Hin Kong, ✆ 087-8875527. Nettes kleines Restaurant an der Straße mit gemütlichen Salas aus Bambus. Gute Thaiküche, Shakes.

Fahrrad- und Mopedtouren

Auf eigene Faust kann die Insel mit dem Fahrrad (250–500 Baht am Tag, Preise je nach Qualität der Räder und Ort der Ausleihe) oder dem Moped (250 Baht bzw. 350 Baht mit Automatik) erkundet werden.

Kajaktouren

Die meisten Anlagen bieten Kajaks, die meist kostenlos ausgeliehen werden können. Eine empfehlenswerte geführte Tour durch die Mangroven bucht man am besten im Activities Resort (s. Übernachtung): Die Fahrt dauert 1 1/2 Std. und kostet 300 Baht p. P.

Tauchen und Schnorcheln

Schnorchelausflüge zur vorgelagerten Insel Ko Kai Nok organisieren die Bungalowanlagen. Taucher finden sich bei den **Elexir Divers**, im gleichnamigen Resort im Süden der Insel,

✆ 087-897 0076, 🖥 www.elexirdivers.com. Die angesteuerten Tauchspots sind meist nur etwa 20–40 Min. entfernt. Wer zu den Similans will, kann auch einen *Liveaboard* über mehrere Tage buchen.

Geld

Es gibt keine Bank auf Koh Yao Yai, aber immerhin einen **Geldautomaten**. Er befindet sich an der Kreuzung Richtung Lo Jark Pier. Die teuren Anlagen akzeptieren Kreditkarten.

Medizinische Hilfe

Prunai Health Promotion Hospital, ✆ 076-582 500, 🖥 www.prunaihealth.com. 24 Std. Notfalldienst. Einfache Klinik, recht neu. Wer sich ernsthaft verletzt, sollte dennoch in ein internationales Krankenhaus nach Phuket fahren.

Taxis zum **Klong Hia Pier** (200–400 Baht) können in den Anlagen bestellt werden. Bei Ankunft warten Songthaew, die in etwa Dasselbe verlangen.

AO NANG mit dem Schnellboot vom Klong Hia Pier zum Thalen Pier (bei Ao Nang) um 15.25 Uhr für 500 Baht, mit dem Longtail um 7.20 Uhr für 120 Baht in etwa 30 Min.

KO YAO NOI mit dem Longtail oder dem Speedboot etwa stdl. von 8 bis 15 Uhr für 70/100 Baht, Charter-Longtail jederzeit für 100 Baht in etwa 5 Min.

PHUKET mit der Autofähre ab Loh Jark Pier zum Jian Warnitt Pier für 150 Baht um 8 und 15 Uhr (Fr nur um 8 Uhr). Von Phuket startet die Autofähre um 10 und 14 Uhr (Fr nur um 10 Uhr). Vom Klong Hia Pier nach Phuket (Bang Rong) etwa stdl. ab 7.30 Uhr für 120 Baht mit dem Longtail, Schnellboot ab 10.30 Uhr für 200 Baht. Fahrtdauer etwa 30 Min.

Ko Jum und Ko Pu

Wenn es in dieser touristischen Ecke Thailands mit seinen Highlights Krabi, Ko Phi Phi und Ko Lanta noch so etwas wie einen Geheimtipp gibt, dann ist es Ko Jum, [2778]. Die freundlichen Bewohner lebten von Kautschukproduktion und Fischfang, bis die ersten Touristen kamen und ein Zubrot brachten – für manche Traveller, die immer wieder kamen, ein kleines Paradies.

Der Mangel an einer geregelten Stromversorgung hat lange einen Boom verhindert – Generatoren wurden bei Sonnenuntergang angeworfen und um 23 Uhr wieder ausgestellt. Seit Frühjahr 2009 gibt es in vielen Orten Strom und im Laufe des Jahres 2013 sollen auch die letzten Anlagen im Süden und Norden ans Netz gehen. Die Straßen werden weiter ausgebaut, und wenn es nach den Plänen der Tourismusbehörde geht, soll Ko Jum „endlich richtig" für Reisende erschlossen werden. Bis Touristen in Scharen nach Ko Jum strömen, wird es aber sicherlich noch dauern, denn der Strand ist weniger paradiesisch und das Meer meist trüber als anderswo.

Das kleine Dorf **Ban Ko Jum** ist ein nettes Ausflugsziel. Hier gibt es einige kleine Restaurants, Boutiquen mit Tüchern, Röcken und T-Shirts, eine kleine Post, Supermärkte und ein Reisebüro inkl. Internetshop. Das Dorf **Ban Ko Pu** scheint den Lauf der Zeit verschlafen zu haben; noch wohnen hier viele direkt am Hafen in Stelzenhäusern, die einer anderen Epoche erwachsen sind. Daneben steht jedoch schon ein Steinhaus mit Supermarkt, der hier wie von einem anderen Stern wirkt, und auch die Betonstraße führt bereits durch die ärmliche Siedlung.

Die Strände

Ko Jum teilt sich in zwei Bereiche: Im Süden an der Westküste breiten sich lange Sandstrände aus, die zum Spazierengehen wie geschaffen sind (wer baden will, sollte je nach Strandabschnitt und Saison auf Steine und Seeigel achten). Der Sand ist weich und leicht gräulich, das Meer fällt bei Flut recht steil ab, bei Ebbe prägen Felsen das Bild. Ganz im Süden liegt der **Andaman Beach**, auch „langer Strand" genannt. Er erstreckt sich entlang der gesamten Südwestküste. Weiter nördlich folgt der **Golden Pearl Beach** und dann die malerische kleine Bucht **Ao Si**. Beliebt sind diese Strände vor allem bei Familien. Der Sand in der Ao Si ist hellgelb und

weich, nur wenige Felsen ragen aus dem Meer. Bei Ebbe kann man von hier einfach über eine Reihe schwarzer Felsen zum langen Südstrand gelangen.

Die Strände im Norden sind abgeschiedener. Man erreicht sie mit dem Longtail oder über die Straße. Hier heißt die Insel **Ko Pu** und die Landschaft ist bergiger und rauer, kleine Buchten dominieren das Bild. Die Straßen sind noch nicht fertig und noch muss man über staubige Pisten kurven. Ein recht langer, angenehmer Strand ist **Hat Luboa**. Hierher zieht es Althippies und junge Traveller, die in den Restaurants chillen. Der Weg zum **Hat Ting Ray** ist derzeit sehr schwer befahrbar und nur von geübten Mopedfahrern zu passieren. Wer hier wohnt, lebt sehr abgeschieden.

Schon bei der Anreise muss man sich entscheiden, in welchem Bereich man wohnen möchte, da man von den Fähren an zwei Stationen auf See von den Longtails der Anlagen abgeholt wird. Am Haltepunkt A warten die Boote zum Andaman und Golden Pearl Beach, an Station B jene zur Ao Si, Hat Ting Ray und Hat Luboa.

ÜBERNACHTUNG

Das Angebot an Unterkünften ist vielfältig: Von der einfachen Travellerhütte über das solide kleine Häuschen bis hin zum traumhaften Luxusbungalow mit Meerblick ist alles dabei. Hotelkomplexe gibt es nicht. Fast alle Anlagen sind nur in der Saison von Oktober bis April geöffnet.

Ko Jum – Andaman Beach und Golden Pearl Beach

Andaman Beach Resort ⑬, zentraler Andaman Beach, ☎ 089-724 1544, 081-476 3689, ✉ andaman_kohjum@yahoo.com [3999]. Große Anlage mit A-frame-Steinhäuschen, teils mit, teils ohne AC (Letzteres ist wenig empfehlenswert, da oft sehr warm und muffig). Familienzimmer. Beliebt ist das Restaurant für seine westliche Küche. 24 Std. Strom. WLAN im Restaurant. Mopedverleih. ❷ – ❹

Bamboo Bar ⑱, im Süden, ☎ 083-644 8689, [8740]. Neue einfache Bambushütten im

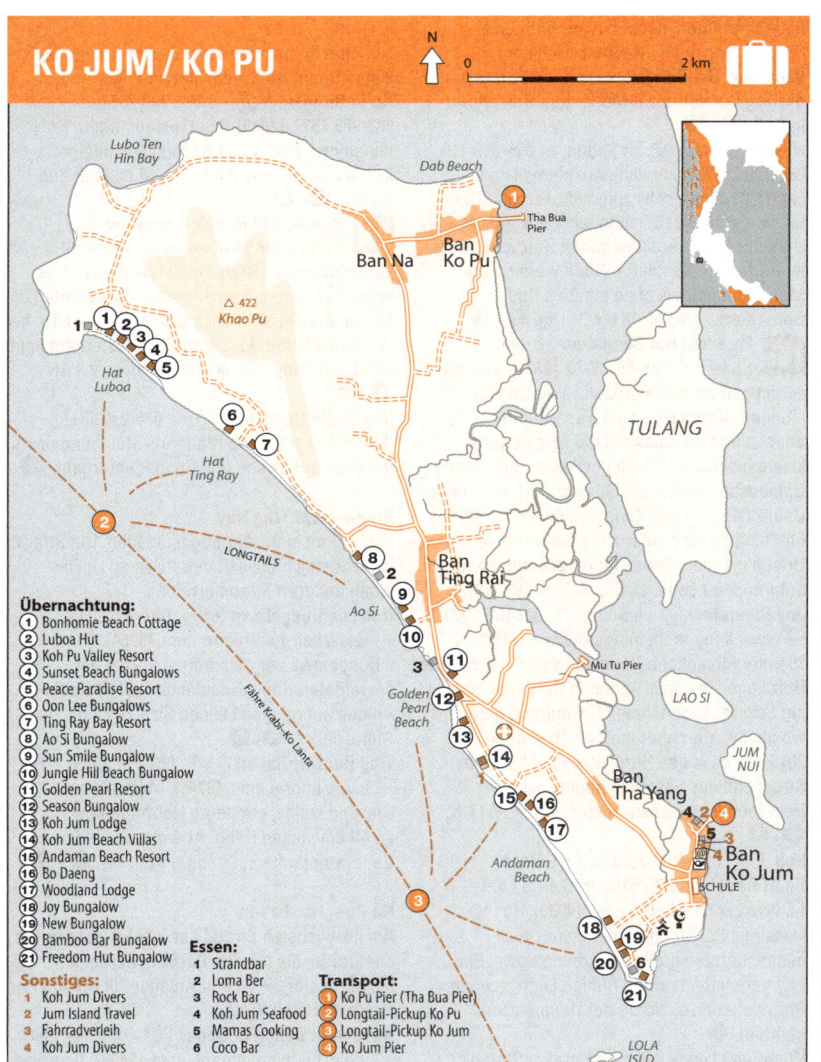

Übernachtung:
1. Bonhomie Beach Cottage
2. Luboa Hut
3. Koh Pu Valley Resort
4. Sunset Beach Bungalows
5. Peace Paradise Resort
6. Oon Lee Bungalows
7. Ting Ray Bay Resort
8. Ao Si Bungalow
9. Sun Smile Bungalow
10. Jungle Hill Beach Bungalow
11. Golden Pearl Resort
12. Season Bungalow
13. Koh Jum Lodge
14. Koh Jum Beach Villas
15. Andaman Beach Resort
16. Bo Daeng
17. Woodland Lodge
18. Joy Bungalow
19. New Bungalow
20. Bamboo Bar Bungalow
21. Freedom Hut Bungalow

Sonstiges:
1. Koh Jum Divers
2. Jum Island Travel
3. Fahrradverleih
4. Koh Jum Divers

Essen:
1. Strandbar
2. Loma Ber
3. Rock Bar
4. Koh Jum Seafood
5. Mamas Cooking
6. Coco Bar

Transport:
1. Ko Pu Pier (Tha Bua Pier)
2. Longtail-Pickup Ko Pu
3. Longtail-Pickup Ko Jum
4. Ko Jum Pier

schattigen Garten oder am Strand. Strom von 18 Uhr bis 23 Uhr. Einfach, nette Atmosphäre. Schöne Strandbar. ❶–❷
Bo Daeng ⑭, zentraler Strandabschnitt, [8741]. Verwohnte windschiefe Hütten, die schon

bessere Tage gesehen haben. Einige Gäste kommen trotzdem immer wieder. ❶–❷
Golden Pearl Resort ⑪, im Norden des Golden Pearl, ✆ 075-618 131, 089-221 1855, ✉ goldenpearlbeach.resort@gmail.com. [8742].

Einfache Hütten, mit und ohne Bad. Zwei Steinhäuschen mit Meerblick. Alle mit Ventilator. Die Bungalows liegen alle direkt an der Straße. Vorne am Meer neue Bungalows mit AC. ❶–❹

New Bungalow ⑰, im Süden, ☎ 075-618 116, 089-726 2652, ✉ nbkohjum@hotmail.com, **[4001]**. 2 romantische Baumhäuser am Strand (ohne eigenes Bad) mit tollem Blick aufs Meer. Dahinter liegen ansprechende Holzbungalows im Garten mit Ventilator. Noch weiter hinten Mattenbungalows ohne eigenes Bad. Generatorstrom von 18 bis 23 Uhr. ❶–❹

📖 **Freedom Hut Bungalow** ⑲, ganz im Süden, ☎ 085-655 3020, **[8471]**. Wunderschön gelegene Bungalows in einem weitläufigen Garten direkt am Kap. Strandatmosphäre mit Blick auf die vorgelagerte kleine Insel Lola. Große und kleine, gelungene Bambusbungalows am Strand, im Hang oder am Baum. Moped- und Kanuverleih. Ein Paradies für Familien mit Kindern, die hier zahlreich Urlaub machen. Etwas teurer als anderswo aufgrund der Lage. 24 Std. Strom. ❸–❺

Joy Bungalow ⑯, im Süden, ☎ 089-875 2221, 🖥 www.kohjum-joybungalow.com, **[4038]**. 30 unterschiedliche Bungalows und Häuser aus Holz liegen in einem schönen Garten oder direkt am Strand. Angenehmes Restaurant, gute westliche, aber eher mäßige Thaiküche. 2013 gab es in den Bungalows noch keinen Strom und der Gast ging nachts mit einer Petroleumlampe ausgerüstet zu Bett. WLAN. ❹–❻

Koh Jum Lodge ⑫, zentral am Golden Pearl Beach, ☎ 075-618 275, 099-211 621, 🖥 www.kohjumlodge.com, **[4039]**. Hochklassiges Resort mit 16 geschmackvoll ausgestatteten großen Holzbungalows, Pool und gutem Restaurant. Ruhige Lage, schöner Strandabschnitt. Nur in der Hauptsaison geöffnet. ❽

Woodland Lodge ⑮, am zentralen Strandabschnitt, ☎ 075-618 269, 081-893 5330, 🖥 www.woodland-koh-jum.com, **[6893]**. 14 Bungalows in einer schattigen, gepflegten Gartenanlage; Holzbungalows mit Ventilator und Steinbungalows mit AC. Große Bar und gepflegter Sitzbereich am Strand. ❹–❺

Ko Jum – Ao Si

Nur eine Reihe schwarzer Felsen trennt die kleine Bucht Ao Si vom langen Südstrand.

Ao Si Bungalow ⑧, ☎ 081-747 2664, 082-289 4527, **[4040]**. 8 gut ausgestattete Holzbungalows (teils auch für Familien geeignet) in steiler Hanglage mit tollem Blick über den Strand. ❷–❸

📖 **Jungle Hill Beach Bungalow** ⑩, ☎ 081-968 9457, 🖥 www.junglehill bungalow.com, **[4000]**. Gepflegte Bungalows in ruhiger Lage auf einer steilen, bewaldeten Klippe und am Strand. Familiäre Atmosphäre bei der freundlichen Ms. Tang. Das Restaurant liegt mittig am Hang. Familienbungalows. WLAN. ❸–❺

Sun Smile Bungalow ⑨, ☎ 086-280 4811, **[8745]**. Eng stehende Standard-Steinbungalows mit Blick auf Strand und Sonnenuntergang. ❸

Ko Pu – Hat Ting Ray

Hier wohnt man sehr abgeschieden. Die Straße ist sehr steil und es dauert, bis man zu Fuß einen anderen Strand erreicht.

Oon Lee Bungalows ⑥, ☎ 087-200 8053, 🖥 www.koh-jum-resort.com, **[3964]**. 9 Bungalows der gehobenen Klasse am bewaldeten Hang. Geschmackvoll gestaltete Anlage am ruhigen kleinen Strand. Familiäre Atmosphäre. ❸–❻

Ting Rai Bay Resort ⑦, ☎ 087-277 7379, 🖥 www.tingrai.com, **[8746]**. Mehr als ein Dutzend solide, gepflegte Holzbungalows an einem steilen Hang. Abends, wenn der Generator läuft, gibt's sogar Internet. ❷–❺

Ko Pu – Hat Luboa

Am nördlichsten Strand der Insel endete früher die Straße, die um den Pu-Berg herumgeht. Die letzten Meter bis zu den Anlagen führen noch heute über den Strand.

Bonhomie Beach Cottage ①, ☎ 081-844 9069, 🖥 www.bonhomiebeach.com, **[5498]**. 10 große, ordentliche Holzbungalows mit großen Fenstern, schönen Betten aus Bambus und Badezimmern aus Natursteinen; die hinteren preiswerter bei gleicher Ausstattung. Teils mit toller Sonnenterasse. Das ganze Jahr geöffnet. ❷–❹

Koh Pu Valley Resort ③, 📞 081-077 9560, [5495]. Alteingesessene Anlage mit preiswerten, etwas verwohnten, geräumigen Holz- und Steinbungalows am waldigen Hang. ❷–❹

Luboa Hut ②, 📞 081-388 9241, 959 4576, 🖥 www.luboahut.com, [5497]. Zahlreiche Bungalows, am Strand und ganz hinten solide und neuwertig, dazwischen einfache Mattenbungalows mit Bad. ❷–❹

Peace Paradise Resort ⑤, 📞 085-692 9269, 081-537 7710, ✉ peace.paradise.resort.kohpu@gmail.com, [8748]. Einfache Holzbungalows und einfachste Mattenhütten (ohne Bad) liegen am Hang in einer recht ungepflegten Gartenanlage am Südende des Strandes. Nette Leute. ❶–❸

Sunset Beach Bungalows ④, 📞 083-182 5142, [5496]. Die schönen Holzbungalows sind geräumig und haben alle eine Veranda und ein Bad aus Natursteinen. Einfachste Bambushütten vorne. Schöne Bar am Strand. ❶–❸

ESSEN

Gegessen wird meist in der eigenen Anlage oder auch mal beim Nachbarn. Wer einen Ausflug ins Dorf Ban Ko Jum macht, findet dort kleine Restaurants. Einige kleine **Strandbars** öffnen je nach Saison in der Nähe der Anlagen. Hier gibt es Liegestühle unter schattigen Bäumen, dazu Shakes und leckere Pancakes.

CoCo Bar, im Süden des Andaman Beach. Angesagte Bar für ein Bier zum Sonnenuntergang. Schöner Strandabschnitt. Bisher gibt es zudem ein paar Mattenhütten, doch es könnten mehr werden, wenn die Nachfrage steigt. ❷

Koh Jum Seafood, in Ban Ko Jum, direkt am Hafen, 📞 081-893 6380. Frischer Fisch, gegrillt oder in diversen Gerichten verarbeitet.

Loma Bar, am Ao Si. Strandbar mit Frühstück, Mittag- und Abendessen. Nettes Treibholzambiente. Abends oft Lagerfeuer.

Mamas Cooking, in Ban Ko Jum. Traditionelle Thaiküche von der netten rundlichen Mama. Ganz früh morgens decken sich hier die Fischer mit Huhn und Reis ein, bis alles alle ist. Danach wird auf Wunsch nach Karte gekocht.

Rock Bar, am Kap zwischen Golden Pearl und Ao Si. Nette kleine Bar mit Blick in den Sonnenuntergang.

Fahrrad- und Mopedverleih

Einige Anlagen vermieten Mopeds für rund 300 Baht am Tag (von morgens bis abends, wer länger bucht, bekommt Rabatt). Vorsicht: Im nördlichen Bereich (Ko Pu) muss, besonders an der Westküste, mit schwierigen Straßenverhältnissen gerechnet werden. Auf jeden Fall sollte man die Bremsen checken! Fahrräder werden in Ban Ko Jum für 200 Baht/Tag vermietet.

Geld

Es gibt auf Ko Jum bisher keinen Geldautomaten. Wer Geld benötigt, kann bei Jum Island Travel (s. Reisebüros) mit Visakarte Geld bekommen.

Internet

Immer mehr Anlagen haben WLAN, doch die Verbindung ist meist sehr langsam. **Jum Island Travel** bietet Internet.

Medizinische Hilfe

In Notfällen kann in Ban Ko Jum **Jum** erste Hilfe geleistet werden; ein kleines Krankenhaus an der Straße hinter dem Andaman Resort und Koh Jum Lodge ist im Bau. Sicherer ist jedoch eine zügige Abreise nach Krabi.

Reisebüros

Die Bootstickets nach Ko Lanta oder Krabi kann man in jeder Anlage buchen. Auch ein Ausflug zum Khao Pu (1000 Baht) wird nahezu überall angepriesen. Wer dennoch Informationen in einem Reisebüro sucht, wird in Ban Ko Jum fündig. Bei **Jum Island Travel** gibt es nicht nur Internet (3 Baht/Min.), es wird auch Geld auf Visa ausgezahlt (6 % Kommission).

Tauchen

Koh Jum Divers, Koh Jum Beach Villas am Golden Pearl Beach und in Ban Ko Jum, 📞 082-273 7603, 🖥 www.kohjum-divers.com. Schnorchel- und Tauchtrips, sofern es genug Teilnehmer gibt. Tauchkurse für alle zwischen 8 und 80 Jahren (teils im Pool).

DIE BUCHT VON PHANG NGA, KRABI UND KO PHI PHI

Die An- und Abreise geschieht meistens mit der täglichen **Fähre**, die Ko Lanta und Krabi verbindet – Longtails übernehmen den Transport zur jeweiligen Anlage. Es gibt 2 Treffpunkte auf See: Einer bedient die nördlichen Strände, einer die südlichen. Diese Verbindung besteht nur in der Saison von Nov–April.

KO LANTA, um 12 Uhr für 400 Baht in 1 Std.

KRABI, zwischen 8.30 und 9 Uhr für 400 Baht in 1 Std.

Von den Piers der beiden Siedlungen Ban Ko Pu und Ban Ko Jum an der Ostküste fahren von Touristen selten genutzte lokale Fähren ans Festland: Von Ban Ko Pu um 7.30, 8.30 und 13 Uhr für 50 Baht; von Ban Ko Jum um 7.30 und/oder 7.45 Uhr für denselben Preis. Zielhafen ist jeweils LAEM KRUAT, von dort geht es weiter mit dem Minibus nach NUEA KLONG am H4 (70 Baht); dort umsteigen nach KRABI.

Ko Phi Phi

Diese Insel könnte Südseeträume wecken – würde sie nicht so gnadenlos vermarktet werden und stellenweise so schlimm zugemüllt sein. Man stelle sich zwei Kalksteinmassive vor, wild zerklüftet, mit Dschungel und Kokospalmen bewachsen. Sie werden durch eine flache Landbrücke verbunden, die auf beiden Seiten eine halbrunde, schneeweiße Sandbucht formt. Die Sonne strahlt und das Meer schimmert in allen Blautönen. Doch leider ist diese Idylle fast völlig zugebaut: Auf der Landzunge reiht sich ein Verkaufsstand an den nächsten und Bungalowanlagen sowie Gästehäuser stehen dicht gedrängt. Zum Glück bietet **Phi Phi**, [2779], auch einige abgelegene ruhige Strände, die noch immer wenig besucht sind.

Ko Phi Phi (ausgesprochen: Pi Pi) war schon vor dem Kinoerfolg The Beach (S. 816), der 1999 hier gedreht wurde, proppenvoll. Doch danach explodierte die Zahl der Besucher geradezu. Viele Strandabschnitte verdreckten, das Wasser wurde knapp, das Grundwasser brackig und die Sickergruben liefen über. Schon lange vor dem verheerenden Tsunami, der auf der Insel 691 To-

desopfer und fast ebenso viele Vermisste forderte, war Ko Phi Phi kein Traumziel mehr. Heute gilt die Insel als Paradies für Partyfans: Strand, Meer und Beats. Seit einigen Jahren kommen jährlich wieder Hunderttausende Touristen hierher, v. a. junge Leute. Auch gibt es wieder viel zu viel Müll und alles wurde erneut total zugebaut. Eine Armada von Longtails und Motorbooten wartet am Strand auf Ausflügler, und nach dem Sunset Cocktail geht es an den Bars hoch her. Besonders beliebt: das Eimertrinken mit einer dröhnenden Mischung aus Thai-Whisky, einem internationalen Soft- und einem lokalen Energydrink (Lipovitan). In den Morgenstunden können Frühaufsteher noch die Ruhe genießen, bis sich am Horizont die Flotte mit den Tagesausflüglern ankündigt. Relativ ruhig ist es auch um Vollmond herum – dann fahren die Feierwütigen nach Ko Pha Ngan zur Full Moon Party.

Die Insel zieht nicht nur junge Partyfreaks, Beach Boys und ehemalige Hippies an, sondern auch Pauschaltouristen, die mit Rucksäcken und Rollkoffern von den Booten strömen. Am Pier zahlt jeder Neuankömmling pauschal 20 Baht, egal wie lange er bleibt.

Ko Phi Phi besteht eigentlich aus zwei Inseln: **Ko Phi Phi Don** (mit den Unterkünften) und der schroffen, unbewohnten **Ko Phi Phi Le** (mit schönen Ausflugszielen und Tauchgebieten). Ein Teil von Ko Phi Phi wurde 1983 in den 390 km² großen **Noppharat Thara–Ko Phi Phi Marine National Park** einbezogen, dessen Headquarter am Strand von Noppharat Thara (S. 646) bei Krabi stationiert ist. Die Korallenriffe haben aufgrund der starken Erwärmung des Wassers im Jahr 2010 sehr gelitten: Die großen, über 200 Jahre alten Korallen sind für immer verloren. Doch noch immer gehören die Tauchgebiete zu den schönsten der Welt (S. 671).

Aussichtspunkt

Wenn man einige Tage auf Ko Phi Phi verbringt, ist die Besteigung des **Viewpoint** (20 Min., Eintritt 20 Baht) ein absolutes Muss, denn nur aus der Vogelperspektive ist ein Überblick über die einmalige Form dieser wunderschönen Insel zu bekommen. Für Fotografen empfiehlt sich die Besteigung am Vormittag. Der breite, mit Betonstufen versehene Weg beginnt hinter dem Dorf.

Von dem Felsen reicht der Blick bis zum nördlichen Kap der Insel. Ein schmaler Fahrweg führt zu einem zweiten, kleineren Viewpoint oberhalb des Dorfes.

Ao Ton Sai, Ban Laem Trong, Ao Lo Dalam und Hat Hin Khom

Rings um das ehemalige moslemische Fischerdorf **Ban Laem Trong**, auf dem etwa 200 m breiten Streifen zwischen der einst malerischen südlichen Ao Ton Sai und der seichten Ao Lo Dalam (Back Bay), hat sich der ausgedehnte Touristenort mit guter Infrastruktur entwickelt. Die Wucht des Tsunamis traf v. a. den Südwesten von Ton Sai und den Nordosten von Lo Dalam, wo alles dem Erdboden gleichgemacht wurde. Nun stehen hier große Hotels und zahlreiche Geschäftshäuser. Nur rings um den Markt ist noch etwas von der alten Dorfatmosphäre zu spüren.

Die Bucht **Ao Ton Sai** ist aufgrund der zahlreichen Korallensteine im Westen und der Boote im Zentrum nicht zum Baden geeignet. Der **Hat Hin Khom** weiter südöstlich besteht aus rauen Felsen. Bei Ebbe zeigt sich hier jedoch ein Sandstrand. Im Wasser parken viele Boote, aber die Badegebiete sind abgetrennt und mit Bojen geschützt.

Am Ende des Strandes gelangt man über die Felsen am Ufer und später am Hang entlang in einer halben Stunde zu Fuß zum **Hat Yao** (Long Beach).

Die seichte **Ao Lo Dalam** auf der anderen Seite der Landbrücke sieht bei Flut wunderschön und friedlich aus. Sie wurde von der Gewalt der Riesenwelle am stärksten getroffen.

Im Dorf wurde mithilfe der dänischen Regierung die ehemalige Kläranlage in ein **Sumpfland-Biotop** (Wastewater Collection and Constructed Wetland System) umgewandelt. Im brackigen Wasser stehen Pflanzen, aber bei niedrigem Wasser stinkt es im Kanal und die gesamte Umgebung ist sehr vermüllt.

ÜBERNACHTUNG

In der Hauptsaison ist das **Preisniveau** recht hoch, etwa doppelt so hoch wie an weniger populären Reisezielen. In der Nebensaison halbieren sich meist die Preise. Einfachste Bungalows kosten ab 700 Baht aufwärts, bessere Zimmer ab 2000 Baht; nur wer im Dorf ein Dorm-Bett ergattert, kann für 300 Baht übernachten.

Direkt am Pier warten **Informationshäuschen** auf die Ankommenden, in denen die meisten Anlagen angepriesen werden. Preise und Ausstattung sind dort angeschlagen. Anhand der Bilder lässt sich recht gut eine Wahl treffen, wenn man noch unschlüssig ist. Gezahlt wird direkt hier, dann wird man mit dem Gepäck abgeholt.

Wer nicht die Katze im Sack kaufen, sondern sich erst ein Bild vom Bungalow oder Zimmer machen will, sollte **vor dem Einchecken** den Wasserdruck in den Leitungen testen. Außerdem sollte man wissen, wo die Abwässer versickern. Auch Unterkünfte in direkter Nachbarschaft zu Müllplätzen sollte man meiden. Den vielen Bars und Restaurants auszuweichen, wird schwierig – zumindest an der Ao Ton Sai, im Dorf und an der Ao Laem Dalam. Wer nicht in der Nähe des Dorfes bleibt, sollte zudem checken, wo der Generator steht. Check-out ist normalerweise um 11 Uhr.

Auf der Landbrücke drängen sich große Touristenresorts und einige Hotels mit Zimmern im modernen Thai-Design; kleine einfachste Gästehäuser finden sich ebenso wie Bungalowanlagen.

Ao Ton Sai

Cabana Hotel ⑪, grenzt an beide Strände, Eingang ganz im Osten hinter dem Krankenhaus, ☎ 075-601 170, 🖥 www.phiphi-cabana. com, [3254]. Riesige Anlage mit Blick aufs Meer

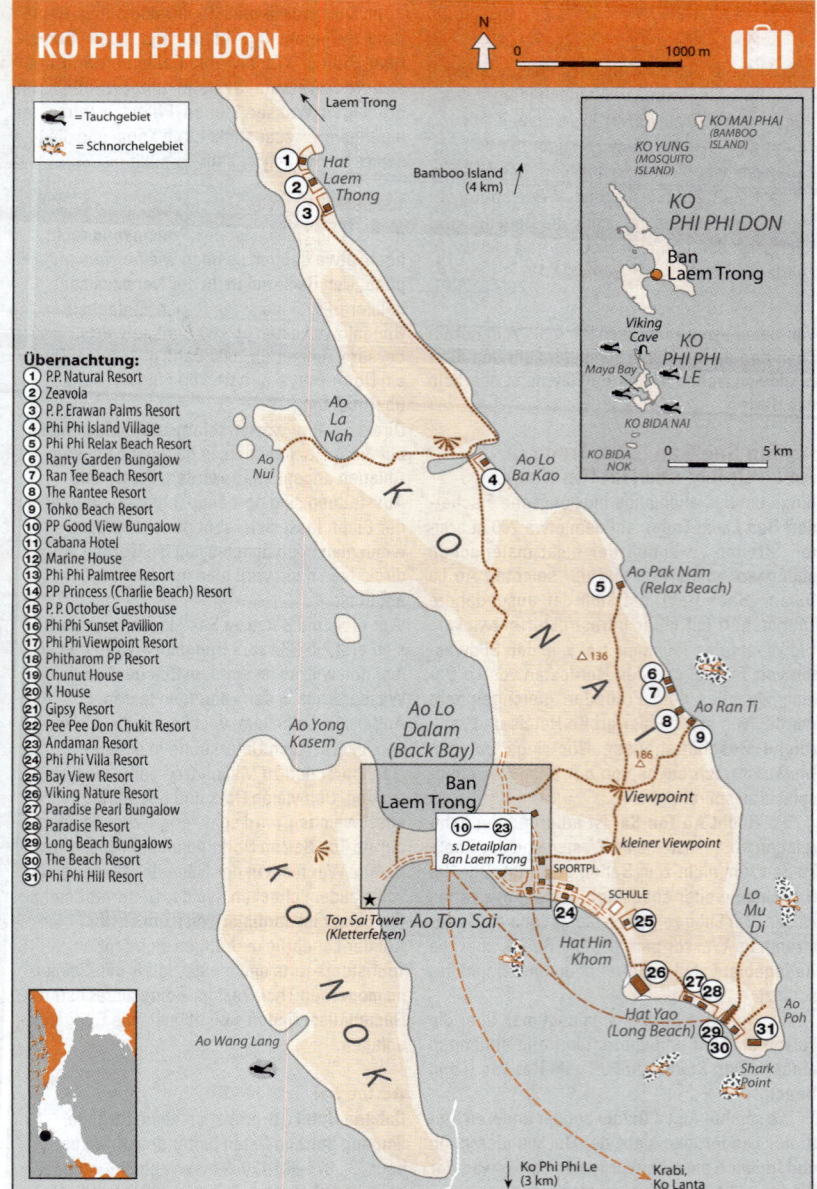

KO PHI PHI DON

N

0   1000 m

= Tauchgebiet

= Schnorchelgebiet

Laem Trong

Hat Laem Thong

Bamboo Island (4 km)

KO MAI PHAI (BAMBOO ISLAND)

KO YUNG (MOSQUITO ISLAND)

KO PHI PHI DON

Ban Laem Trong

Viking Cave

KO PHI PHI LE

Maya Bay

KO BIDA NAI

KO BIDA NOK

0   5 km

Übernachtung:
1. P.P. Natural Resort
2. Zeavola
3. P.P. Erawan Palms Resort
4. Phi Phi Island Village
5. Phi Phi Relax Beach Resort
6. Ranty Garden Bungalow
7. Ran Tee Beach Resort
8. The Rantee Resort
9. Tohko Beach Resort
10. PP Good View Bungalow
11. Cabana Hotel
12. Marine House
13. Phi Phi Palmtree Resort
14. PP Princess (Charlie Beach) Resort
15. P.P. October Guesthouse
16. Phi Phi Sunset Pavillion
17. Phi Phi Viewpoint Resort
18. Phitharom PP Resort
19. Chunut House
20. K House
21. Gipsy Resort
22. Pee Pee Don Chukit Resort
23. Andaman Resort
24. Phi Phi Villa Resort
25. Bay View Resort
26. Viking Nature Resort
27. Paradise Pearl Bungalow
28. Paradise Resort
29. Long Beach Bungalows
30. The Beach Resort
31. Phi Phi Hill Resort

Ao La Nah

Ao Nui

Ao Lo Ba Kao

K O N A

Ao Pak Nam (Relax Beach)

△ 136

Ao Ran Ti

△ 186

Ao Lo Dalam (Back Bay)

Ao Yong Kasem

Viewpoint

Ban Laem Trong

s. Detailplan Ban Laem Trong

kleiner Viewpoint

SPORTPL.

SCHULE

Lo Mu Di

K O   N O K

Ton Sai Tower (Kletterfelsen)

Ao Ton Sai

Hat Hin Khom

Hat Yao (Long Beach)

Ao Poh

Shark Point

Ao Wang Lang

Ko Phi Phi Le (3 km)

Krabi, Ko Lanta

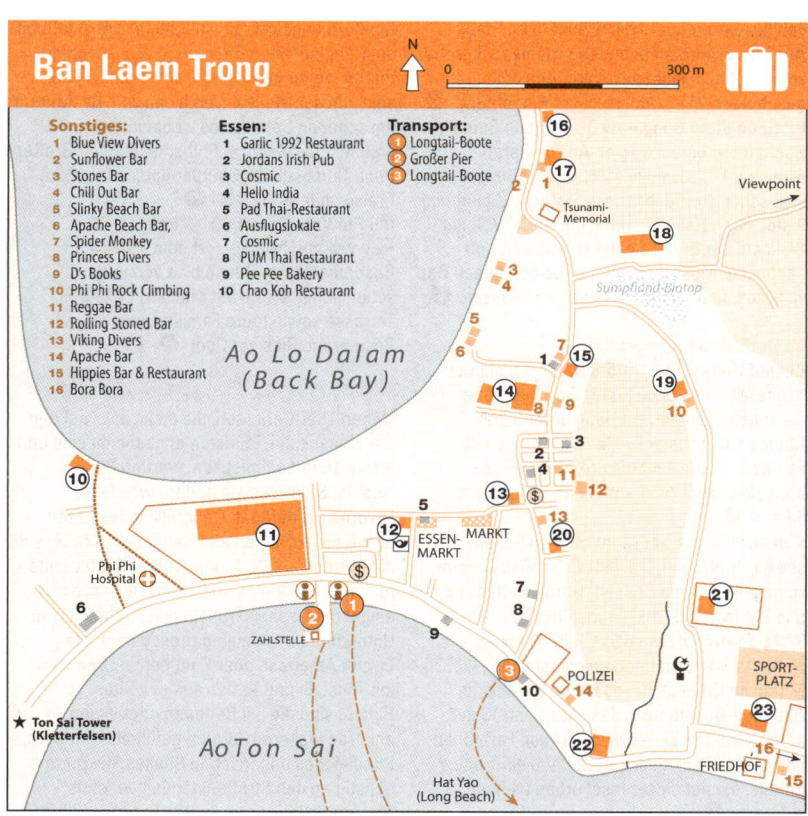

Ban Laem Trong

N 0 ———— 300 m

Sonstiges:
1 Blue View Divers
2 Sunflower Bar
3 Stones Bar
4 Chill Out Bar
5 Slinky Beach Bar
6 Apache Beach Bar,
7 Spider Monkey
8 Princess Divers
9 D's Books
10 Phi Phi Rock Climbing
11 Reggae Bar
12 Rolling Stoned Bar
13 Viking Divers
14 Apache Bar
15 Hippies Bar & Restaurant
16 Bora Bora

Essen:
1 Garlic 1992 Restaurant
2 Jordans Irish Pub
3 Cosmic
4 Hello India
5 Pad Thai-Restaurant
6 Ausflugslokale
7 Cosmic
8 PUM Thai Restaurant
9 Pee Pee Bakery
10 Chao Koh Restaurant

Transport:
1 Longtail-Boote
2 Großer Pier
3 Longtail-Boote

Viewpoint

Tsunami-Memorial

Sumpfland-Biotop

Ao Lo Dalam (Back Bay)

Phi Phi Hospital

ESSEN-MARKT   MARKT

ZAHLSTELLE

★ Ton Sai Tower (Kletterfelsen)

Ao Ton Sai

POLIZEI

SPORT-PLATZ

FRIEDHOF

Hat Yao (Long Beach)

und schönen Zimmern in 3-stöckigen Gebäuden. Pool. **8**

Pee Pee Don Chukit Resort (22), ℘ 075-623 949, phiphidonchukit.com, **[6805]**. Zahlreiche recht eng stehende Bungalows mit Ventilator oder AC. Die ersten beiden Reihen am Ufer haben Ventilator. Dahinter größere AC-Bungalows. Pool. Die Einrichtung ist auf thailändische Gäste zugeschnitten. Das Restaurant liegt erhöht auf Felsen und direkt am Wasser. **5 – 6**

Ao Lo Dalam

Phi Phi Sunset Pavillion (16), ganz am Ende der Bucht am Hang, ℘ 075-601 293, **[6808]**. Einfache Bambushütten mit Ventilator und Moskitonetzen

(ab 700 Baht). Kleiner Balkon. Je besser die Aussicht aufs Meer, desto teurer. Die Musik der Strandbars dröhnt recht laut bis hierher. **4**

Phi Phi Viewpoint Resort (17), ℘ 075-618 111, 🖳 www.phiphiviewpoint.com, **[6809]**. Große Anlage entlang der felsigen Küste den Hang hinauf. Große und kleinere Steinhäuser, teils TV und Kühlschrank. Oben am Hang zudem Zimmer in Reihenhäuschen und kleine Steinbungalows mit Ventilator. Pool mit Meerblick. Schließfächer für 20 Baht in der Lobby. Tauchschule Blue View Divers (S. 667). **5 – 7**

Phitharom PP Resort (18), ℘ 075-601 121, 🖳 www.phiphiresortphitharom.com, **[6810]**. Über Treppen gelangt man vom Restaurant und

von der Rezeption zu den Häusern am Hang. Auf 2 Stockwerken befinden sich bis zu 3 große, komfortable Zimmer mit Holzböden und geschmackvoller, hochwertiger Einrichtung. ❻
PP Good View Bungalow ⑩, ganz im Osten der Bucht (über einen Weg ab Ao Ton Sai zu erreichen), ✆ 084-625 4455, [6811]. Ruhiger idyllischer Strandabschnitt. Einfache Zimmer im 3-stöckigen Haus am Hang mit DVD-TV. Toller Blick auf die Bucht. Leider ist auch hier oft nachts die Musik aus einer nahe gelegenen Bar zu hören. In der Nebensaison geschlossen. ❺

Im Dorf (Ban Laem Trong)
Chunut House ⑲, ✆ 075-601 227, ✉ chunut house@hotmail.com, [6814]. Schöne große Bambusbungalows am Hang unter hohen Bäumen. Geschmackvolle Ausstattung mit Fantasie. Unten liegt ein großer Familienbungalow mit 2 Zimmern und Platz für bis zu 6 Pers. ❻

K House ⑳, in einer recht ruhigen Seitenstraße, ✆ 075-601 048, [6815]. Schöne Zimmer zu angemessenen Preisen. Große Betten. TV und Kühlschrank. Inkl. Frühstück. ❺

📖 **Marine House** ⑫, ✆ 087-714 5683, 🖥 www.marinehousephiphi.com, [2852]. Mitten im Ort liegt dieses kleine 2-stöckige Boutique-Guesthouse, das mit seinen 13 gut ausgestatteten Zimmern in warmen Farbtönen und dem hübsch gestalteten Patio ein Tipp ist für alle, die auf dieser Insel urban wohnen möchten. ❺

Phi Phi Palmtree Resort ⑬, ✆ 075-601 062, 🖥 www.pphotelgroup.com, [6816]. Hotel mitten im Zentrum mit gut ausgestatteten Zimmern in 3 Kategorien, alle mit TV und Minibar. Einige Zimmer mit direktem Poolzugang. ❺–❽

P. P. October Guesthouse ⑮, ✆ 075-601 308, 🖥 www.phiphioctober.com, [8017]. Zentral gelegenes Gästehaus mit geschmackvoll eingerichteten Zimmern, AC oder Ventilator. Safe. ❹–❺

Hat Hin Khom
In einigen Bungalows östlich vom Dorf kann es wegen der Bars nachts recht laut werden.
Bay View Resort ㉕, ✆ 075-601 127, 🖥 www. phiphibayview.com, [6819]. Grüne, saubere

Komfortbungalows in einheitlicher Ausstattung am Hang mit alten Bäumen. Wer die weniger teuren weiter oben bucht, sollte gut zu Fuß sein, um den steilen Weg hinab zum Restaurant am schönen Sandstrand zu bewältigen. Freundlicher Service, Frühstücksbuffet. Großer Pool, Tauchschule, Shuttlebootservice. Gute Preise im Internet. ❺–❽

Phi Phi Villa Resort ㉔, ✆ 075-601 100, 🖥 www.phiphivillaresort.com, [6820]. Geschmackvolle Bungalows von unterschiedlicher Größe mit Minibar, TV und Terrasse sowie teure Familienzimmer. Restaurant. Riesiger Pool. ❺–❽

Neben Thai-Gerichten, die meist sehr auf den Geschmack der Touristen abgestimmt sind und wenig scharf schmecken, werden Pizza, Nudeln, Steaks sowie andere westliche Favoriten zubereitet. Generell ist das Essen teurer als auf vielen anderen Inseln. Mäßig sind die Mittagsbuffets in den großen Restaurants für Tagesausflügler, und auch die im Preis eingeschlossenen Frühstücksangebote vieler Unterkünfte kann man getrost verschlafen. Es gibt American oder Continental Breakfast mit Toast, Ei und Kaffee aus der Tüte. Beliebt sind die mit Bananen oder vielen anderen leckeren Zutaten gefüllten Pancakes, Sandwiches und frischen Shakes, die recht günstig an den Straßenständen verkauft werden. Relativ teuer ist das Essen auf dem moslemischen **Essensmarkt**.

Chao Koh Restaurant, mit Bar und BBQ, ist v. a. wegen seiner Lage direkt am Meer und dem frischen Seafood beliebt, aber teuer. ⏱ 7–22.30 Uhr.

Cosmic, ein vielbesuchter Italiener; Pizza ab 130 Baht und Thai Food bereits ab 100 Baht. Aufgrund der großen Beliebtheit gibt es zwei recht große Restaurants im Dorfzentrum. ⏱ 8–22 Uhr.

Garlic 1992 Restaurant, preiswertes Lokal mit zwei dicht beieinander liegenden Restaurants. Freundlicher Service und leckere westliche und Thai-Gerichte. ⏱ 6.30–22.30 Uhr.

Hello India, Küche vom Subkontinent, z. B. Lammgerichte ab 220 Baht. Auch Dahl und andere Leckereien. Wie immer etwas teurer als die Thai-Küchen, aber dafür umso sättigender. ⏰ 9–22 Uhr.

🧳 **Pad Thai-Restaurant**, am Essensmarkt, ist ein Geheimtipp für Fans des gleichnamigen Nudelgerichtes. In dem kleinen, sehr beliebten Haus gibt es nur Pad Thai; mit Gemüse ab 70 Baht, mit Shrimps 100 Baht.

Pee Pee Bakery, angesagtes Frühstückslokal, neben Thai-Gerichten auch Espresso, Baguette und leckere Kuchen.

Am Dorfstrand befinden sich dicht an dicht zahlreiche Strandbars. Man sitzt auf Kissen am Sandstrand und bekommt meist eine Feuershow oder andere Darbietungen (wie etwa Seilspringen mit einem leuchtenden Seil) geboten. Laut dröhnt die Musik über den Strand, denn jeder will hier der Lauteste sein. Auch die großen Musikbars im Dorf sind abends gut besucht. Zum Sonnenuntergang sind sie noch romantische Plätzchen und bei Urlaubern aller Generationen beliebt. Später, bis etwa 1–3 Uhr (und manchmal auch länger, aber dann ohne laute Musik), vergnügt sich ein überwiegend junges Publikum in den Bars.

Die **Apache Bar** an der Strandstraße der Ao Ton Sai ist seit Jahren beliebt. Am Strand der Ao Dalam befindet sich die **Apache Beach Bar**, die mit wechselnden DJs zu angesagten Strandpartys lädt.

Bora Bora, im Westen der Ao Ton Sai, hat jeden Abend Programm. DJs heizen dem Publikum ein. Es gibt Feuershows, 2x monatlich riesige Partys und eine Vollmondparty.

Chill Out Bar, im Westen der Ao Lo Dalam, große Partys am Strand.

Hippies Bar & Restaurant, unter alten Bäumen am Strand, großes Restaurant und Matten auf dem Sand. Auf der Karte stehen Burger, Pizza, Pasta und Thai-Gerichte. Am Abend Tanz am Strand, zudem Veranstaltungen wie Half Moon Partys und Feuertänze.

Reggae Bar, im Dorf, lockt ab 22 Uhr mit Thai-Kickboxen.

Slinky Beach Bar, direkt neben der Apache Beach Bar an der Ao Dalam. Auch hier werden bei lauter Musik und Beleuchtung am Strand wilde Partys gefeiert.

Stones Bar, direkt neben der Chill Out Bar am Strand, im Westen der Ao Lo Dalam. Jede Menge Beachpartys. Auch tagsüber beliebt und 24 Std. geöffnet. Die Musik endet zwischen 1 und 3 Uhr nachts – meist unter lautem Protest der Besucher.

Sunflower Bar, ganz im Westen der Bucht (unterhalb des Phi Phi Viewpoint Resorts), ✉ sunflowerboathouse@hotmail.com, wirbt mit großen Partys, dabei ist hier längst nicht jeden Abend etwas los. Nettes Ambiente – nicht direkt am Strand, auf den Felsen mit Meerblick. WLAN. Auch Zimmervermietung in einem als Boot designten Haus mit TV. ❺

Klettern

Mehrere Veranstalter bieten in der Saison Tagestouren ab 1000 Baht, 3-tägige Kurse ab 5000 Baht und Multi-Pitch ab 3000 Baht an. Darauf achten, dass eine Versicherung inbegriffen ist!

Phi Phi Rock Climbing, neben Chunut, 📞 083-690 1386, ✉ ppclimbing@gmail.com. Kleine Kletterschule im Hinterland. Nette Leute.

Spider Monkey, 📞 087-267 8527, ✉ spider monkeyclimbing@gmail.com, nahe dem PP Princess Resort.

Kochkurse

Im **PUM Thai Restaurant**, 🖥 www.pumthai foodchain.com, einem überschaubaren, in Orange gehaltenen Thai-Restaurant mit offener Küche und begrenzter Karte werden Kochkurse von unterschiedlicher Art und Dauer veranstaltet. ⏰ Mo–Sa 11–23, So 13–22 Uhr.

Tauchen

Zahlreiche Tauchstationen auf Phi Phi bieten Tagesausflüge ab 2000 Baht inkl. 2 Tauchgängen an. Auch von Tauchbasen auf Phuket werden 1- bis 2-tägige Tauchausflüge nach Ko Phi Phi organisiert. PADI-Open-Water-Kurse ab 13 000 Baht.

🧳 **Blue View Divers**, Basis im Phi Phi Viewpoint Resort, 📞 075- 819 395, 🖥 www.blueviewdivers.com. Tgl. Anfänger-

kurse; nur in dieser Tauchschule beginnt das Training sicher im Pool. Touren mit dem Longtail starten am frühen Vormittag: Die Tauchspots werden dann besucht, wenn die anderen Tauchboote bereits wieder abreisen.
Princess Divers, neben der Rezeption des PP Princess, ℡ 075- 601 168, 🖥 www.princess divers.com. Verkauf von Flossen und Masken. Tauchbasis in der Saison auch auf Ko Mook.
Viking Divers, ℡ 081-719 3375, 🖥 www. vikingdiversthailand.com. Im Dorf befinden sich zwei Tauchbasen. Die Touren beginnen bereits um 7 Uhr, zurück sind die Taucher bereits gegen 12.30 Uhr. Vorteil: Die Tauchspots sind dann noch relativ unbevölkert.

TOUREN

Viele kleinere, teils unbewohnte Buchten wie die **Lo Mu Di** sind nette Ausflugsziele und über Fußwege oder nur mit dem Boot zu erreichen. Auch eine Wanderung zur **Ao Ran Ti** oder zur **Ao Lo Ba Kao** lohnt. Die Reisebüros organisieren **Ausflüge**, beispielsweise eine Bootsfahrt in die Maya-Bay (s. unten) inkl. Übernachtung im Zelt oder zur **Ao Yang Kasem**, die auch als Monkey Bay bekannt ist, da hier viele Affen leben.

SONSTIGES

Im Dorf gibt es **Geldautomaten** und einige **Wechselschalter**, zudem eine **Post**, **Supermärkte** und **Apotheken**. Zahlreiche

---

Klettern am Fels von Phi Phi

30 Kletterrouten gibt es am Felsen Ton Sai Tower im Westen der gleichnamigen Bucht. 20 Routen eignen sich auch für Anfänger (5–6a+). Ganz erfahrene Kletterer schaffen es bis auf den oberen Teil des riesigen Brockens. Auch am Hin Taak lockt der Fels den erfahrenen Kletterfreund. Diesen Spot erreicht man vom Tower aus mit dem Longtail in etwa 5 Min. für 500 Baht, mit dem Kajak dauert die Tour etwa 30 Min.; der Weg ist nur bei Flut befahrbar. Am sichersten ist es, immer mit einheimischen Kletterern in den Felsen zu klettern. Siehe auch Kasten S. 637.

---

kleine **Läden** offerieren ein breites Angebot an Textilien und Souvenirs (etwas teurer als in Bangkok).

Bücher

D's Books, gegenüber der Rezeption des PP Princess Resort. Im angeschlossenen Restaurant/Café kann man schön sitzen und dem Treiben zusehen; WLAN. Eine kleinere Niederlassung von D's Books gibt es unterhalb des Marktes. Direkt daneben hat ein Reisebüro ebenfalls Bücher (hauptsächlich auf Englisch).

Internet

Im Dorf und in den Unterkünften für meist 2 Baht pro Min. Immer mehr Unterkünfte und Restaurants haben WLAN. Oft preisen sie dies aber nicht extra an – nachfragen lohnt.

Medizinische Hilfe

Kleines **Krankenhaus**, ℡ 086-745 0557, an der östlichen Ao Ton Sai.

Polizei

Eine kleine Polizeiwache befindet sich nahe der Apache Bar (s. Unterhaltung) am Weg zum Hat Yao (Long Beach), ℡ 081-535 4615.

Wäschereien

In allen Bungalows und im Dorf wird Wäsche für 50–100 Baht pro Kilo gewaschen, aber meist nicht gebügelt.

TRANSPORT

Longtails

Vom Dorf zum HAT YAO (LONG BEACH) verkehren Boote für 100 Baht p. P., nach Sonnenuntergang 150 Baht oder Charter. Die Bootsleute verlangen dann bis zu 800 Baht für die 10-minütige Tour. Zur AO RAN TI 250 Baht p. P., AO NUI 800 Baht und AO LA NAH 1000 Baht pro Boot.
Zwischen Ton Sai und PAK NAM PIER verkehren Longtails um 11.30 und 16.30 Uhr, zurück um 8 und 13 Uhr.

Fähren

In der Nebensaison verringert sich die Anzahl der Fähren manchmal auf 1–2 pro Tag.

AO NANG (NOPPHARAT THARA), bis zu 4 Fähren zwischen 8.30 und 15.30 Uhr für 500–950 Baht in 1 1/2–2 Std.

KO LANTA, bis zu 4 Fähren zwischen 8.30 und 15.30 Uhr für 400–900 Baht in 3–4 Std.

KRABI-STADT, 4 Fähren zwischen 9 und 15.30 Uhr für 400 Baht in 1 1/2 Std.

PHUKET, in der Hochsaison mindestens 5 Fähren zwischen 7.30 und 14.30 Uhr für 400–580 Baht in 2 Std.

RAI LEH, um 15.30 Uhr für 450 Baht in 1 1/2 Std.

Hat Yao (Long Beach)

Der schöne Hat Yao (auf Englisch „Long Beach"), der vom Tsunami kaum betroffen war, reicht bis ans Kap Laem Poh. Der weiße, lange Sandstrand ist mit Steinen und Korallen durchsetzt. Er bietet eine tolle Sicht übers Meer nach Ko Phi Phi Le. Direkt vom relativ steil abfallenden Strand kann man zu den Schnorchelfelsen (z. B. Hin Pae, Shark Point) und zum leider etwas geschädigten Riff schwimmen, schnorcheln oder sogar tauchen. Auch bei Ebbe ist hier – im Gegensatz zu vielen anderen Stränden – das Wasser tief genug zum Schwimmen. Unangenehm voll ist es nur zur Mittagszeit, wenn die Boote mit Tagesausflüglern anlegen. Wer dem Nachtleben nicht viel abgewinnen kann und lieber abseits des Trubels wohnen möchte, ist hier richtig. Die hiesigen Restaurants schließen bereits um 22 Uhr.

Von Ban Laem Trong erreicht man Hat Yao zu Fuß in einer guten halben Stunde (zu später Stunde starke Taschenlampe mitnehmen) über einen Fußweg (dieser beginnt im Bay View Resort). Am Ende des Weges gibt es einen steilen Abstieg über Baumwurzeltreppen. Alternativ fahren ständig Longtails (bis etwa 22 Uhr) für 100 Baht p. P. (ab 2 Pers., nachts teurer).

ÜBERNACHTUNG UND ESSEN

Am Hat Yao gibt es alle Unterkunftsvarianten. Man kann ganz einfach in alten Mattenhütten schlafen, etwas bessere AC-Bungalows mieten oder sehr komfortabel in Luxussuiten das Strandleben genießen. Wer im Voraus bucht, wird meist vom Pier abgeholt (es sei denn, man nimmt die günstigsten Hütten).

Sofern nicht im eigenen Resort gegessen wird, empfiehlt sich ein Abstecher in das am Strandende gelegene Hilltop Restaurant. Hier gibt es Thai-Küche und leckere Shakes (40 Baht), auch zum Mitnehmen. Wer mag, sitzt hier in kleinen Salas vor der Sonne geschützt am Meer. Das Restaurant des Long Beach ist eher mäßig.

Long Beach Bungalows ㉙, ✆ 075-819 201, ✉ front.longbeach@gmail.com, [6824]. Unzählige dicht beieinander stehende Bungalows am Strand bis hoch an den Hang: von relativ angenehmen AC-Zimmern bis zur einfachsten Hütte. ❷ – ❻

Paradise Pearl Bungalow ㉗, am nördlichen Ende des Strandes, ✆ 075-601 246, 🖥 www.phiphiparadisepearl.com, [6825]. Einfache Zimmer mit Ventilator, außerdem viele AC-Bungalows mit unterschiedlicher Ausstattung; die besseren mit TV, Kühlschrank und Wasserkocher, als Doppel- oder Einzelbungalow gestaltet. Minimarkt. ❹ – ❼

Paradise Resort ㉘, ✆ 081-968 3982, 081-968 3989, 🖥 www.paradiseresort.co.th, [6826]. Große Anlage mit vielen unterschiedlichen Einzelbungalows für 2–4 Pers. Hübsche Zimmer mit TV und Kühlschrank, geschmackvoll eingerichtet. Am Strand bieten Bäume Schatten und Kinder haben viel Platz zum Toben. ❻

Phi Phi Hill Resort ㉚, ✆ 075-618 203, 🖥 www.phiphihill.com, [6827]. Zu dem Resort oberhalb des Strandes führen eine lange, steile Treppe und ein Lastenaufzug hinauf. 50 sehr geräumige, saubere Holzbungalows auf Stelzen mit Ventilator für 700 Baht (Sunrise) oder AC (Sunset), TV und Kühlschrank. Schöne Aussicht auf die Bucht von Ban Laem Trong und aufs Meer. Kajakverleih. ❹ – ❺

The Beach Resort ㉛, ✆ 075-819 206, 🖥 www.phiphithebeach.com, [6828]. Luxusbungalows am Hang. Schöne Innengestaltung, große Terrasse. Kleiner Pool am Strand. Dort gibt es bei gutem Wetter auch ein Restaurant im Sand. Die Strandbar mit Thai-Rasta-Feeling passt nicht ganz ins Bild – komplettiert aber auf ihre Art das Resort. Tauchschule: Blacktip Scuba, ✉ victoria sailing@gmail.com. ❽

Viking Nature Resort ㉖, ☎ 081-930 8866, 075-819 399, 🖥 www.vikingnatureresort. com, [6823]. Die weitläufige Anlage liegt am Hang zwischen der Ao Ton Sai und nahe dem Hat Yao. Alte Bäume beschatten das Gelände, das zwei kleine Privatbuchten einschließt. In der kleineren Bucht Richtung Hat Yao befindet sich das große sehr schöne Restaurant. Alles ist aus Naturmaterialien gebaut, es gibt keine AC und keinen Pool. Wer möchte, dass sein Zimmer und seine Handtücher täglich gereinigt werden, muss Bescheid sagen, denn hier wird der Schutz von Natur und Ressourcen großgeschrieben (und auch die Vermeidung von unnötiger Wäsche gehört dazu). Die Anlage bietet einfachste Bambusmattenhütten (Walk-in ab 700 Baht) mit sauberen Gemeinschafts-duschen und WC ebenso wie bessere Bungalows mit Bad. Sehr gediegene Zimmer kosten bis zu 6000 Baht. In der Saison ist eine Reservierung ratsam. ❹ – ❽

Ao Ran Ti

Die kleine, noch ruhige Ao Ran Ti erreicht man von Ban Laem Trong über den Viewpoint mit Ausblick (30 Min., 330 Stufen) und anschließend auf einem schlechten Trampelpfad, der bei Re-gen schwer begehbar ist, durch interessanten Dschungel (weitere 30 Min.). Der Weg endet am südlichen Strand, der vom Hauptstrand durch Felsen getrennt ist. Wer hierher wandert, kann sich in kleinen Restaurants stärken und bei Flut schnorcheln. Bei Ebbe sind Wanderungen ent-lang der Küste möglich, sofern man die Gezei-ten im Auge behält. Müde Wanderer bzw. Anrei-sende mit Gepäck können ein Longtail chartern.

ÜBERNACHTUNG

Ran Tee Beach Resort ⑦, ☎ 086-746 3297, 086-746 3961. Einfache Steinhäuser in Reihe mit Ventilator und Warmwasser. WLAN. ❺
Ranty Garden Bungalow ⑥, am nördlichen Ende der Bucht am Strand, ☎ 083-388 9415, ✉ rantygarden@yahoo.com. Solide Stein-häuser mit einfachster Ausstattung. Der Ventilator kühlt nachts mit Generatorstrom. ❺
The Rantee Resort ⑧, ☎ 089-725.4411, ✉ ranteeresort@yahoo.com. Vorne einfache ältere Mattenhütten und hinten große moderne

luxuriösere AC-Bungalows aus Natur-materialien mit großen Veranden. Einige Zimmer mit Ventilator haben TV. Inkl. Frühstück. ❺ – ❼
Tohko Beach Resort ⑨, Ao Toh Koh, Bucht südlich der Ao Ran Ti, ☎ 081-537 0528, 🖥 www.tohkobeachresort.com. Eine große Bandbreite unterschiedlicher Häuser, von einfachen ansprechenden Bambushütten am Hang über der Felsenküste bis zu komfortablen Bungalows mit kleinen Terrassen und 2 großen Betten für Familien. Generatorstrom von 18–6 Uhr. ❹ – ❻

Weitere Buchten im Norden

Die **Ao Lo Ba Kao** lockt mit einem 450 m langen, wunderschönen, aber flach abfallenden fei-nen Sandstrand und wird von Kokospalmen ge-säumt. Am südlichen Ende der Bucht lässt es sich gut zwischen Felsen und Korallen schnor-cheln. Zwischen den Personalunterkünften des einzigen Resorts beginnt ein Dschungelpfad. Rechts gelangt man nur bei Ebbe nach einer nicht empfehlenswerten, gefährlichen Kletter-tour an der Küste entlang bis Ban Laem Tong. Links geht es über eine Holzbrücke am Dorf vor-bei quer über die Insel zur Ao La Nah. Nach ei-ner halben Stunde (1,5 km) ist 300 m hinter der Abzweigung ein Abstecher rechts zu einem wei-teren Viewpoint mit Sicht auf die Ao La Nah, Ao Lo Ba Kao und Bamboo Islands möglich.

In der **Ao La Nah** türmt sich leider der Müll bis in die Kokosplantage hinein. Das Dorf der Seenomaden am äußeren Rand der Bucht ist z. T. über Felsen nur bei Ebbe zugänglich. Bei den ersten Hütten führt ein steiler Pfad über den Berg zur einsamen **Ao Nui** mit schneckenför-mi-gen Felsen, Korallen, Mördermuscheln und vie-len Fischen. Von hier geht es auch zur **Ao Lo Ba Kao**, deren einziges Resort nur mit dem Boot zu erreichen ist.

Am **Hat Laem Thong** am nördlichen Ende der Insel liegen drei Luxusresorts. Hier ist es zwar ruhig, man bekommt aber nichts von der beson-deren Schönheit der Insel mit, dafür kann man auch bei Ebbe im Meer schwimmen. Der Strand ist nur mit dem Boot zu erreichen.

In der **Ao Pak Nam** (Relax Bay) teilt sich ein Resort die Bucht mit Seenomaden, die in der Saison Hütten am Ende des Strandes bewohnen. Man erreicht die Bucht mit dem Boot oder vom Aussichtspunkt in einer Stunde zu Fuß. In der Nebensaison kommen nur ein paar Tagesausflügler hierher.

ÜBERNACHTUNG

Phi Phi Island Village ④, Ao Lo Ba Kao, ☏ 076-815 014, 🖥 www.ppisland.com. Einziges Resort des Strandes. Luxuriöses 4-Sterne-Resort am Strand. 84 ruhige Holzbungalows im Thai-Stil auf Pfählen in einem Palmenhain am Strand. Leserlob für guten Service. Pool, Bars, Spa, Kino, Dschungelwanderungen, Segeln, Windsurfen, Schnorcheln und Fischen. PADI-Tauchkurse auch auf Deutsch. ❽

Phi Phi Relax Beach Resort ⑤, Ao Pak Nam, ☏ 081-535 8853, 🖥 www.phiphirelaxresort. com. Recht große Anlage mit fast 50 ansprechenden Bungalows. Alle recht geräumig und mit Ventilator ausgestattet. Terrassen meist mit Blick aufs Meer. Familienzimmer. Generatorstrom von 18–4 Uhr. Am feinen Sandstrand eine Strandbar, Hängematten und Bänke. Restaurant mit Liegeflächen und Spielen, Touren. Bootstransfer. ❹–❽

P. P. Erawan Palms Resort ③, Hat Laem Trong, ☏ 075-627 500, 🖥 www.pperawanpalms.com. 21 große, mit viel Holz geschmackvoll eingerichtete Luxusbungalows mit AC und TV. Zudem Zimmer im 2-stöckigen Haupthaus. Großer Pool. ❼–❽

P. P. Natural Resort ①, Hat Laem Trong, ☏ 075-819 030, 🖥 www.phiphinatural.com. Große Anlage mit diversen Bungalowtypen und Zimmern im Haupthaus. Alle mit Safe, Kühlschrank, TV und Balkon. Restaurant, Pool und Bars. WLAN. ❻–❽

Zeavola ②, Hat Laem Trong, ☏ 075-627 000, 🖥 www.zeavola.com. Sehr luxuriöses Boutiqueresort mit 48 Bungalows unter Palmen. Süßwasserpool, Spa, Thai- und italienisches Restaurant. ❽

Rings um Ko Phi Phi Don

Eine lohnende Schnorchel- und Sightseeing-Fahrt um Ko Phi Phi Don mit dem Boot lässt sich auf eigene Faust organisieren (inkl. Schnor-

chelausrüstung, Mittagessen, Wasser, Früchte) oder bei einem der Reisebüros buchen. An der Ostseite der Insel gibt es Sandstrände mit mittelfeinem Sand – schön zum Baden. Phi Phi und die umliegenden Inseln gehören zum **Hat Noppharat Thara Mu Ko Phi Phi Marine National Park**. Auf Phi Phi selbst zahlt man nicht, doch für Ausflüge auf die umliegenden Inseln werden 200 Baht verlangt.

Die **Bamboo Islands** sind nicht nur gut zum Schnorcheln, sie haben auch einen feinen, weißen Strand mit Schatten spendenden Kasuarinen. Man kann sie leicht umwandern. Am Nordende der **Ko Nok-Halbinsel** wächst Seefarn an den tiefen Stellen vor den steilen Felsen. An der Westseite gibt es Tropfsteinfelsen, aber keine Strände und keine Bademöglichkeit.

Bootsfahrten zur schroffen, südlichen Schwesterinsel **Ko Phi Phi Le** (auch: Ko Phi Phi Lay) mit interessanten Felsformationen werden regelmäßig angeboten. Große Tourboote legen auch an der **Viking Cave** an. Hier werden pro Jahr etwa 200 kg Schwalbennester unter Lebensgefahr gesammelt, immer drei Monate Ernte – drei Monate Pause. Chinesen, Hauptabnehmer der Schwalbennester, bezahlen an die Konzessionäre für ein Kilo 40 000–50 000 Baht, weil sie an die potenzfördernde und lebensverlängernde Wirkung der Nester glauben.

Phi Phi Leh hat noch mehr zu bieten: Die **Ao Pi Leh** wirkt wie ein tief eingeschnittener Fjord, der Blick zurück ziert viele Postkarten. Vor dem Felsen in der südlichen **Ao Lo Sanah** kann man gut Gerätetauchen. Die liebliche **Maya Bay** wurde weltweit bekannt, als dort Anfang 1999 der Travellerroman The Beach (S. 816) von Alex Garland verfilmt wurde. Wer einen Strand wie im Film erwartet, wird enttäuscht sein. Vor allem nach heftigen Monsunstürmen im europäischen Sommer (Nebensaison auf Phi Phi) sammelt sich viel Unrat an. Wer mit einem gecharterten Longtail frühmorgens anreist, kann die Bucht bis gegen 10 Uhr noch für kurze Momente sehr idyllisch erleben. Es gibt auch Touren mit dem Boot und einer Übernachtungsmöglichkeit. Mehr Infos unter 🖥 www. mayabaycamping.com. Taucher steuern diese Bucht nur in der Hochsaison an, in der Nebensaison wird hingegen vor Ao Pi Leh getaucht.

Grund sind die unterschiedlichen Strömungen in den jeweiligen Jahreszeiten.

An den im Süden sichtbaren **Bida Islands** gehen die Einwohner von Ko Phi Phi auf Fischfang. In den steil aufragenden Felsen wurden dafür Bambusstangen bzw. Gerüste verankert, von denen sich die Fischer abseilen können.

Die manchmal zu sehenden Wasserschlangen sind zwar höchst giftig, greifen aber normalerweise keine Menschen an. An der Westseite der Insel gibt es eine Unterwasserhöhle, darin leben große Fische und vor der Höhle Haie.

Schnorcheln

Ko Phi Phi besitzt Schnorchelgebiete mit vielen Fischen, aber weitgehend zerstörten Korallen. Im Village und in einigen Unterkünften gibt es ordentliche Schnorchelausrüstungen zu mieten. Die Felsengruppe **Shark Point** (Hin Phae) vor dem Hat Yao (Long Beach) kann mit Flossen in zwei Stunden bequem umrundet werden. Neben vielen Rifffischen sind am westlichsten Zipfel manchmal harmlose Schwarzspitzenhaie zu sehen, v. a. frühmorgens. Am Abhang des flachen Wassers vor dem **Hat Hin Khom** leben in geringer Wassertiefe giftige, aber friedliche Seeschlangen und in 2 m Tiefe Muränen, die man nicht anfassen oder provozieren sollte. Vorsicht vor Booten, die ins Hafenbecken fahren!

Die Schnorchelreviere vor der Ostküste besucht man am besten bei Flut. Ein flaches Riff erstreckt sich vor **Lo Mu Di** und in der **Ao Ran Ti**, wo es viele Fische gibt. Manchmal angeln hier Seenomaden (Chao Leh). Auch südlich von den Bamboo Islands lohnt es sich zu schnorcheln.

Tauchen

Die Umgebung der Inseln bietet Tauchern gute Möglichkeiten, die bunte Unterwasserwelt der Korallengärten zu erkunden. Am besten eignen sich die Monate November bis Mai, wenn die Sicht zwischen 10 und 30 m beträgt. Die schönsten Tauchgebiete liegen vor **Ko Bida Nok** südlich von Ko Phi Phi Le (schöne Riffe in 18–30 m, Korallenfische, Seepferdchen, Tintenfische und Schildkröten) und vor **Ko Phi Phi Don** (mit Korallen bewachsene Steilwände). Diese Tauchgründe eignen sich hervorragend für Anfänger und Genusstaucher, die in der Saison in großen Gruppen die Riffe bevölkern.

Nur sehr erfahrene Höhlentaucher könnten sich bei ruhigem Wasser an den bizarr geformten **Unterwasserhöhlen** an den steil ins Meer abfallenden Kalkfelsen von Ko Phi Phi Le versuchen.

20 km Richtung Phuket liegt in 18–30 m Tiefe in einem Gebiet mit starker Strömung das riesige, 80 m lange **Wrack** der Fähre *King Cruiser I*, die 1997 auf das Riff lief und sank. Das Wrack ist bereits stark verfallen.

TOUREN UND TRANSPORT

Für eine Rundfahrt können am Pier in der Ao Ton Sai, am Hat Yao (Long Beach) oder am Hat Hin Khom **Longtails** gemietet werden. Sie kosten für 2–3 Std. 1000 Baht und für einen ganzen Tag 1800 Baht, für ein komfortables **Schnellboot** muss man etwa das Doppelte zahlen.

Schnorcheltouren und Inselrundfahrten mit Stopp in der Maya Bay werden von zahlreichen Resorts ab 2000 Baht pro Boot oder 500–700 Baht p. P. offeriert. Boote zu den Bamboo Islands verlangen 2000 Baht, nach Phi Phi Le 1200 Baht. Billige Schnorcheltouren stoppen nicht an den Stränden. Auch Tauchschulen nehmen Schnorchler mit.

© M. MARKAND

Die südliche Andamanenküste

Stefan Loose Traveltipps

Ko Lanta Familienurlaub pur am flachen Strand. S. 674

Ko Muk Lust auf eine Mutprobe? Dann sollte man in die faszinierende Smaragd-Höhle hineinschwimmen, bevor die Touristengruppen kommen. S. 697

Ko Kradan Kristallklares Wasser und bunte Fische laden zum Baden und Schorcheln ein. S. 700

Ko Bulon Leh Das kleine Inselchen im Nationalpark gehört zu den Lieblingsplätzen vieler Langzeit-Traveller. S. 707

Ko Lipe Die Trauminsel ganz im Süden ist touristisch voll erschlossen und steht bei vielen Thailand-Reisenden auf dem Programm. S. 711

Tarutao National Park Unberührte Natur in der wenig besuchten Inselwelt ganz im Süden des Landes. S. 709

Traumstrände mit weißem Sand und kristallklarem Meer – dass es an der südlichen Andamanenküste paradiesisch anmutende Inseln zu entdecken gibt, hat sich inzwischen herumgesprochen. So bietet das gut erschlossene **Ko Lanta** inzwischen alles, was Familien und solche, die Bequemlichkeit bevorzugen, wünschen. Zahlreiche Inseln und Strände befinden sich südlich von Ko Lanta vor und an der Küste der Trang-Provinz, darunter **Ko Lipe**, das einstige Aussteigerparadies. Einige Inseln gehören zum **Chao Mai National Park**, andere zum **Ko Lanta National Park** oder zum **Tarutao National Park**. Sie sind z. T. bewohnt, und es gibt Unterkünfte in allen Preisklassen.

Entspanntes Inselhopping zwischen **Ko Hai (Ko Ngai)**, **Ko Muk**, **Ko Kradan** und weiteren Inseln kann für Inselfreunde und Strandliebhaber durchaus einen mehrwöchigen Urlaub ausfüllen. Andere Eilande kann man zwar besuchen, aber vor Ort nur in Zelten nächtigen. Wieder andere sind Ziele für einen Tagesausflug oder ragen gerade mal so weit aus dem Wasser, dass man sie zwar sehen, aber nicht betreten kann. Dafür ist es hier unter Wasser spektakulär – ein Paradies für Schnorchler und Taucher. Eine wunderschöne, aber nicht billige Option, eine Reise von Insel zu Insel zu unternehmen, ist ein Segeltörn, wie er beispielsweise von Ko Lanta aus möglich ist.

Ko Lanta und seine Strände

Das Ko Lanta-Archipel besteht aus etwa 50 Inseln, von denen nur drei bewohnt sind. Fast 80 % dieses Gebietes sind als Nationalpark geschützt. Bekannt ist vor allem die namensgebende Insel Ko Lanta, [2853], die wiederum aus zwei Inseln besteht. Die nördliche nennt sich **Ko Lanta Noi**. Ihr Küstenstreifen ist mit vielen Mangroven bedeckt. Die südliche Insel, **Ko Lanta Yai**, ist gemeinhin das, was man unter „Ko Lanta" versteht. Diesen Namen bekam die Insel unter der Regentschaft Ramas V., also vor etwas mehr als hundert Jahren. Ko Lanta Yai ist 27 km lang und zwischen 4 und 10 km breit.

Das Böse wird aufs Meer geschickt

Während des Vollmondes im Juni und November feiern die Seenomaden die **Loy-Rua-Zeremonie**. Die Männer bauen einfache Boote und hölzerne Figuren, die sie selbst darstellen sollen. Im Boot werden Haare und Reis mit auf die Reise aufs Meer geschickt. Mit der Zeremonie entschuldigen die Fischer sich beim Meer für die Beute, die sie machen. Zudem glauben die Seenomaden, dass mit dem Boot auch das Böse seinen Wohnort verlässt und sie bis zur nächsten Zeremonie vor Unbill geschützt sind.

Ko Lanta (Yai)

Die ersten Siedler der Insel waren die Chao Leh, **Seenomaden**. Heute stellen sie nur noch 1 % der Bewohner. Ihnen folgten Händler, die einen Zwischenstopp auf ihrem Weg zwischen China und der arabischen Welt einlegten. Heute zählt Lanta 20 000 Einwohner; die eine Hälfte lebt auf Ko Lanta Yai, die andere auf den Inseln Ko Lanta Noi und Ko Hai. Ca. 95 % der **Bewohner** sind moslemischen Glaubens, nur etwa 4 % Buddhisten (von denen der überwiegende Teil chinesischer Abstammung ist). Die Nachfahren der Seenomaden leben heute hauptsächlich im Süden von Ko Lanta Yai in Sang Ga-U. Sie sind sesshaft geworden, pflegen aber z. T. noch ihre alten Traditionen. Die Menschen Ko Lantas leben traditionell vom Fischfang und bauen Gummi- und Cashewbäume an. Immer stärker sind sie heute von der Touristenindustrie abhängig.

Bei Ankunft in Ban Saladan muss jeder Tourist 10 Baht zahlen, wenn er die Insel betritt.

Die Strände

Viele Paare und Familien machen Urlaub auf Ko Lanta. Die Altersstruktur ist gemischt. Sonnenschirmparaden findet man an den Stränden von Ko Lanta noch nicht, auch Jetskis werden nicht vermietet.

Die Sandstrände an der **Westküste** sind fantastisch: kilometerlange Buchten, kristallklares Wasser und wunderbar weicher Sand an den touristisch gut erschlossenen, langen, flachen

Speedboot-Fahrplan

Von Phuket nach Langkawi:	Phuket	Ko Phi Phi	Ko Lanta	Ko Hai	Ko Muk	Ko Kradan	Ko Bulon Leh	Ko Lipe	Langkawi
Satun Pakbara /	9	10	10.30	–	–	–	–	–	–
Speed Boat Club*	–	–	11	11.30	12	12.15	13	14	–
	–	–	–	–	–	–	–	10	0.00
	–	–	–	–	–	–	–	16.30	6.30
Tigerline	8	9	10	11	12	11.30	14	15	18
Bundhaya*	–	–	10.30	11	11.30	11.30	–	13.30	–
	–	–	–	–	–	–	–	10.30	11.30
	–	–	–	–	–	–	–	16.30	17.30
	–	–	–	–	–	–	–	10.30 (Fähre)	13

Von Langkawi nach Phuket:	Langkawi	Ko Lipe	Ko Bulon Leh	Ko Kradan	Ko Muk	Ko Hai	Ko Lanta	Ko Phi Phi	Phuket
Satun Pakbara /	9.30	9	–	–	–	–	–	–	–
Speed Boat Club*	14.30	15.30	–	–	–	–	–	–	–
	–	9	10	11	11.15	11.30	12	13.30	14.30
	–	–	–	–	–	–	–	–	–
Tigerline	8	10.30	11.30	14	13.20	14	13	17	18
Bundhaya*	–	9	10	–	11	11.30	15	–	–
	9.30	10.30	–	–	–	–	12	–	–
	14.30	15.30	–	–	–	–	–	–	–
	13.30 (Fähre)	15	–	–	–	–	–	–	–

* **Satun Pakbara Speed Boat Club**, [web] www.tarutaolipeisland.com: Kein Fährbetrieb von 1. Mai–Ende Okt.

** **Tigerline**, [web] www.tigerlinetravel.com. Kein Fährbetrieb von Mitte April–Anfang Nov.

*** **Bundhaya**, [web] www.bundhayaspeedboat.com. Betrieb vom 20. Okt–15. Nov an geraden Tagen von Süd nach Nord und an ungeraden von Nord nach Süd; vom 16. Nov–31. März tgl. beide Richtungen; April–Okt Betrieb eingestellt.

Eventuelle Fahrplanänderungen werden auf den Webseiten der Fährunternehmen bekannt gegeben.

DIE SÜDLICHE ANDAMANENKÜSTE

Die Tauchgründe, die von Ko Lanta aus angesteuert werden, gehören mit zu den besten in der thailändischen Andamanensee. Die interessantesten Tauchgänge führen zu folgenden Revieren:

Ko Ha besteht aus einer Gruppe von fünf Inseln, bei Ebbe bildet sich eine Lagune mit kleinem Sandstrand. Mit einer Tiefe von 3–8 m ideal für Anfänger und Schnorchler. Skorpion-, Löwen- und Engelsfische können hier beobachtet werden.

Höhlentaucher haben auf **Ko Ha Yai** ihren Spaß. Hier locken zwei riesige Höhlen in einer Tiefe zwischen 10 und 14 m. In der Höhle kann man auftauchen und an der Höhlendecke Stalaktiten bestaunen. Bei Sonnenlicht sind einmalige Fotomotive möglich. Ein kleiner Strand lockt zusätzlich, und auch Schnorchler kommen hier auf ihre Kosten.

Für erfahrene Taucher sind die Riffe **Hin Daeng und Hin Muang** mit ihren rot und violett bewachsenen Korallen tolle Tauchgebiete bei 15–35 m Tauchtiefe. Barrakudas, Wahlhaie und Mantas sind fast immer zu sehen. **Hin Daeng** bedeutet übersetzt „Roter Felsen", und er verdankt diesen Namen den hier wachsenden roten Weichkorallen. Hin Daeng ragt gerade mal 3 m aus dem Wasser heraus. Meist hat man mindestens 15 m Sicht, manchmal sogar bis zu 40 m, sodass sich das Gebiet gut für die Unterwasserfotografie eignet. Angesteuert wird der Fels von geübten Tauchern, und manch eine Tauchsafari legt hier einen Stopp ein. **Hin Muang**, dessen Spitze 8 m unter (!) der Wasseroberfläche liegt, beeindruckt vor allem mit vielfältigem Korallenbewuchs und seiner steil abfallenden Südseite. Bis zu 60 m geht es hier in die Tiefe: eine der längsten Steilwände Thailands. Auch dieser Felsen verdankt seinen Namen, übersetzt „Violetter Felsen", den hier wachsenden Weichkorallen in eben dieser Farbe. Der Tauchplatz ist aufgrund der Tiefe nur etwas für Fortgeschrittene.

Zum **Wracktauchen** geht es zum *King Cruiser I*, einem 1997 gesunkenen Fährschiff. Das Wrack ist inzwischen allerdings ziemlich kollabiert und nicht mehr besonders spannend. Nebenan lockt ein interessantes **Anemonen-Riff**.

Ko Phi Phi und angrenzende Felsengruppe Shark Point und Anemonenriff mit bis zu 30 m Tauchtiefe. Ko Phi Phi lohnt sich auch für Schnorchler.

Ko Bida mit Hin Bida ist ein buntes Korallenriff mit Höhlen und Überhängen; hier werden verschiedenste Rifffische, Leopard- und Riffhaie gesichtet. In den Anemonen leben die lustigen Clownfische. Getaucht wird in 8–28 m Tiefe. Eignet sich für Anfänger und Fortgeschrittene.

Mehrtägige **Liveaboards** stehen bei manchen Tauchbasen ebenfalls auf dem Programm.

Tauchsaison ist von November bis April; von Mai bis Oktober sind die Wellen zu stark. Im Gegensatz zu anderen Orten der Andamanensee sind auf Ko Lanta weniger Taucher anzutreffen, und so sind auch Touren meist individueller als an besser erschlossenen Taucherinseln.

Was kostet die (Unterwasser-)Welt?

Alle seriösen Tauchschulen auf Ko Lanta bieten die Tauchgänge zu fast identischen Preisen an, die immer wieder durch neu gegründete Unternehmen mit Dumping-Preisen unterboten werden – was dann oft zum schnellen Untergang der neuen Anbieter führt. Einige **Richtwerte**: Tagesfahrten zu den Inseln Ko Ha, Ko Bida oder Ko Phi Phi schlagen bei zwei Tauchgängen mit etwa 4000 Baht zu Buche. Nach Hin Daeng und Hin Muang muss aufgrund der größeren Entfernung mit 4600–5600 Baht gerechnet werden. Die Preise beinhalten Transport, Verpflegung, Hin- und Rücktransport zum Hotel und teilweise die Ausrüstung. Ein 3- bis 4-tägiger Open Water-Kurs kostet 14 900 Baht, Advanced Open Water 13 500 Baht, Rescue Diver 11 000 Baht und Divemaster 36 000 Baht.

Schnorcheln

Schnorchelausflüge zu den schönsten Buchten der Inseln Ko Phi Phi Don und Ko Phi Phi Le werden auch von Reiseagenturen ab 1200 Baht angeboten. Viel gelobt wird der Ausflug nach Ko Rok (S. 702): mit dem Schnellboot in einer Stunde bis zu den Inseln Ko Rok Nok und Ko Rok Nai. Am schönen Strand des Nationalparks auf Ko Lanta gibt es Mittagessen. Ab 1600 Baht.

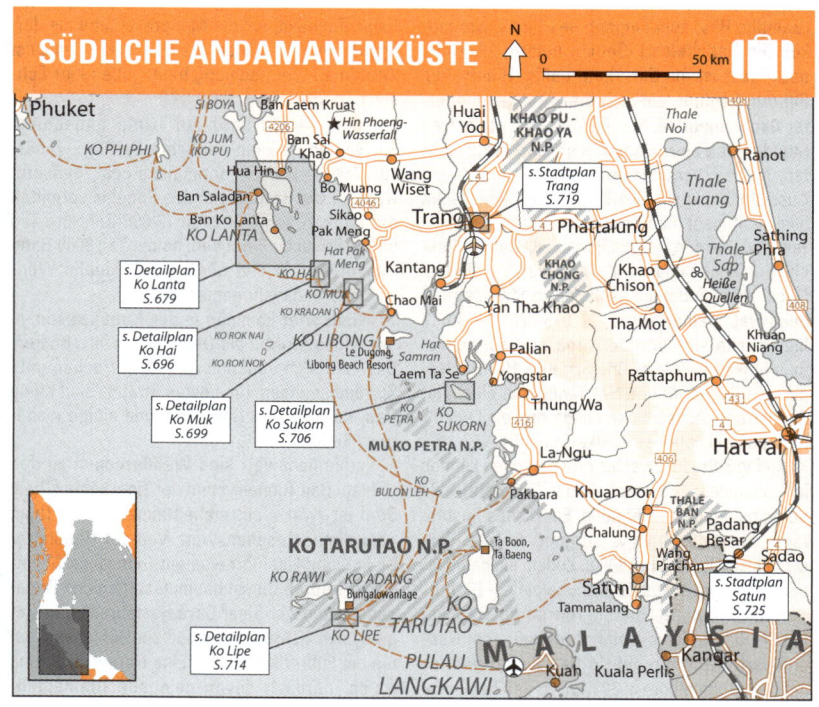

SÜDLICHE ANDAMANENKÜSTE

N ↑ 0 — 50 km

Phuket

SI BOYA · Ban Laem Kruat
KO PHI PHI · KO JUM (KO PU) · Ban Sai Khao · Hin Phoeng-Wasserfall · Huai Yod · KHAO PU - KHAO YA N.P. · Thale Noi
Hua Hin · Bo Muang · Wang Wiset · s. Stadtplan Trang S. 719 · Ranot
Ban Saladan · Sikao · Trang · Thale Luang
Ban Ko Lanta · KO LANTA · Pak Meng · Phattalung · Sathing Phra
s. Detailplan Ko Lanta S. 679 · Hat Pak Meng · Kantang · KHAO CHONG N.P. · Khao Chison · Thale Sap & Heiße Quellen
KO HA · Chao Mai · Yan Tha Khao · Tha Mot · Khuan Niang
s. Detailplan Ko Hai S. 696 · KO ROK NAI · KO MUK · KO KRADAN · KO LIBONG · Le Dugong · Libong Beach Resort · Hat Samran · Palian · Rattaphum
KO ROK NOK · Laem Ta Se · Yongstar · Thung Wa
s. Detailplan Ko Muk S. 699 · s. Detailplan Ko Sukorn S. 706 · KO PETRA · KO SUKORN · La-Ngu · Hat Yai
MU KO PETRA N.P. · KO BULON LEH · Pakbara · Khuan Don · THALE BAN N.P. · Padang Besar
KO TARUTAO N.P. · Ta Boon, Ta Baeng · Chalung · Wang Prachan · Sadao
KO RAWI · KO ADANG · Bungalowanlage · KO TARUTAO · Satun · Tammalang · s. Stadtplan Satun S. 725
s. Detailplan Ko Lipe S. 714 · KO LIPE · PULAU LANGKAWI · MALAYSIA · Kuah · Kuala Perlis · Kangar

DIE SÜDLICHE ANDAMANENKÜSTE

Stränden. Nach Hat Klong Dao folgen Hat Phra Ae (Long Beach) und anschließend Hat Klong Khong. Noch etwas weiter südlich liegen Hat Klong Nin und einige kleinere Buchten. Unterbrochen werden die Strände von Klippen.

Die **Ostküste** ist nicht zum Baden geeignet; hier ziehen sich weite Mangrovensümpfe durch die wattigen Ufer. Auf Ko Lanta gibt es dank des Nationalparks noch Urwald – spannend für Wander- und Höhlenfans.

Die **beste Reisezeit** ist von November bis April. Dann ist Hochsaison. Danach sucht die Regenzeit die Insel heim, die hier meist im Juli und August ihren Höhepunkt erreicht. Die Ostküste wird vom Monsun zu Beginn der Hauptreisezeit beregnet – doch dieser Regen ist weitaus weniger heftig.

Die **Unterkünfte** auf Ko Lanta sind vielfältig und reichen vom einfachsten Bambusbungalow bis zur luxuriösen 5-Sterne-Villa. Viele Hotelbesitzer holen ihre Gäste kostenlos vom Pier oder

von den anderen Stränden ab. Außerdem bietet so gut wie jede Unterkunft die gängigen Touren und Weitertransporte an. Die Preise für Unterkünfte schwanken erheblich je nach Saison und Auslastung. In der Nebensaison sind Rabatte von bis zu 50 % verhandelbar. Während des Monsuns sind nur einige der größeren Anlagen geöffnet. Bei den hochpreisigen Resorts ist in der Regel ein Frühstück inbegriffen.

Ko Lanta Marine National Park

Im Süden von Ka Lanta Yai befinden sich bis zu 500 m hohe Berge. Sie sind noch von ursprünglichem Regenwald bedeckt. Daher wurde der südliche Teil der Insel 1990 zum Nationalpark erklärt. Dieser umfasst noch 15 weitere kleinere vorgelagerte Inseln und hat eine Fläche von insgesamt 134 km².

Wer der westlichen Strandstraße Richtung Süden folgt, gelangt kurz hinter der Ao Mai Pai

www.stefan-loose.de/thailand

KO LANTA (YAI) **677**

(Bamboo Bay) zum Eingang des Parks (Schranke). Die Nationalpark-Gebühr beträgt 100 Baht, das Ticket ist ein Jahr lang gültig. Hinter dem Posten beginnt ein schöner, ausgeschilderter **Dschungelpfad**. Für die Tour sind etwa zwei Stunden Zeit einzuplanen. Highlights wie Flechten, Moose, verschiedene Baumarten und ein Aussichtspunkt sind markiert. Große Tiere leben hier nicht viele, dafür putzige Eichhörnchen, urzeitliche Warane, verschiedene i.d.R. ungefährliche Schlangen und mehr als hundert Vogelarten. Nach 300 m endet die asphaltierte Strandstraße beim Nationalpark-Büro, ✆ 075-660 711. Auch hier lassen sich Wanderwege erforschen; zudem locken zwei einsame Strände: Hat Hin Nagam (Steinstrand) und Hat Tanod, ein einsamer Sandstrand. Am südlichen Ende ragt ein Leuchtturm auf, ein schönes Postkartenmotiv.

Kleine **Zelte** für zwei bis drei Personen können im Nationalpark gemietet werden (300 Baht), eine Voranmeldung ist nicht nötig. Ein kleines Restaurant sichert die Grundversorgung. Es gibt Picknickplätze, Duschen und WC. Zudem ein paar Nationalparkbungalows. ⊕ Nationalpark 6–18 Uhr.

Reiseagenturen bieten **Touren** ab Ban Saladan (Pick-up vom Hotel, Bootstour zum Nationalpark mit Stopp auf Ko Ha). Zuerst geht es mit dem Schnellboot in 30 Min. zu den beeindruckenden Schnorchelmöglichkeiten der aus fünf Inseln bestehenden Ko Ha (Kasten, S. 676). Im Nationalpark gibt es ein Mittagessen am Strand mit anschließender Dschungelwanderung.

Aktivitäten

Auf Ko Lanta gibt es unzählige Möglichkeiten für Aktive: vom Kajakfahren über Wanderungen im Nationalpark, von Tauch- und Schnorchelausflügen bis hin zu Inseltouren und Elefantenritten.

Sportlich sind Touren mit dem **Kajak**, zu mieten bei einigen Hotels an den Stränden. Wer lieber eine Tour bucht, kann einen Tagesausflug rund um Ko Talang Beng und Ko Bubu (S. 694) unternehmen. Der Transport zu den Inseln erfolgt mit dem Longtail-Boot. Auf der idyllischen Insel Bubu gibt es Mittagessen, ein Bad im Meer und in der Sonne. Kosten: um die 1000 Baht. Die Tour ist auch für einen halben Tag ohne Ko Bubu möglich. Auf Talang Beng wird mit dem

Kajak abgelegt, um die Mangroven und die dortige Höhle zu erkunden. Die Höhlen dienten einst Piraten als Unterschlupf, heute leben hier Echsen und Affen.

Auch **Segeln** wird auf Lanta angeboten. Ein Segelboot kann bei **Lanta Sailing**, ✆ 081-101 7440, 🖥 www.lantasailing.com, gemietet werden. Die Grundlagen des Segelns vermittelt der Kapitän gerne; Kosten 12 000 Baht pro Tag für bis zu sechs Personen, halber Tag 8000 Baht. Sunset-Segeln und andere individuelle Wünsche werden wahr gemacht.

Windsurfer kommen in der Nebensaison, in den Monaten Mai bis Oktober, auf ihre Kosten. Besonders im Juni und August herrschen gute Surfbedingungen. Die besten Strände sind Klong Dao, Kaw Kwang, Relax Bay und einige weitere im Süden.

Empfehlenswert sind **Wanderungen** zu den Höhlen. Das Tunnelsystem der **Tigerhöhle** (Tham Sua) ist zwar nicht mehr Heimat wilder Tiger, aber dennoch sehenswert. Von der Hauptstraße in Klong Nin führt eine gut 1 km lange Schotterpiste durch Gummibaumplantagen und Bananenstauden zum Tiger Cave Restaurant. Von hier geht es in 40 Minuten zu Fuß zur Höhle, am besten mit Führer (300 Baht). Eine Herausforderung ist die nördlich davon gelegene **Diamantenhöhle** (Tham Khao Mai Kaeo). Wer als Selbstfahrer anreist, biegt kurz hinter der Moschee ab und stoppt am Parkplatz. Die Besitzer des Areals nehmen Gäste hier in Empfang und führen sie auf einem 1,5 km langen Pfad zur Höhle. Der Ausflug dauert zwei Stunden; je eine halbe Stunde An- und Abmarsch durch den Dschungel und eine Stunde zur Erkundung der Höhle. In der Höhle bestaunt man einige Räume mit fantastischen Stalaktiten und Stalagmiten und einen eiskalten Unterwasserpool. Enge Stellen zum Durchkrabbeln sind nur etwas für angstfreie Naturen. Für diesen Ausflug sind feste Schuhe nötig, da man etwas klettern muss. Auch die wackeligen Leitern sind in Badelatschen nicht sehr gut zu meistern. Der Führer nimmt 300 Baht p. P.

Viel gebucht werden auch die **Inseltouren.** Von verschiedenen Anbietern gibt es zu ähnlichen Preisen Touren inkl. Mittagessen und Hin- und Rückfahrt zum Hotel. Die **3 Island Tour** führt zu den paradiesischen Inseln Phi Phi

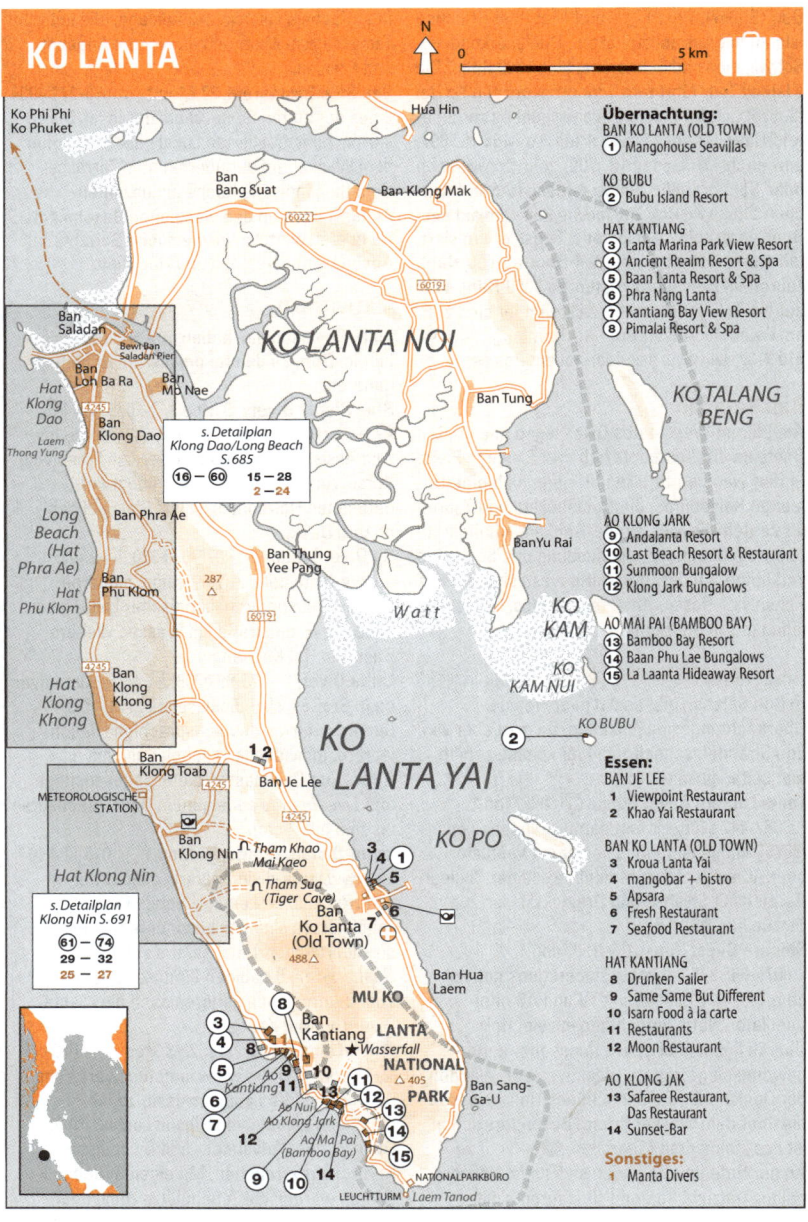

KO LANTA

N

0   5 km

Ko Phi Phi
Ko Phuket

Hua Hin

Ban
Bang Suat

Ban Klong Mak

4022

6019

KO LANTA NOI

Ban
Saladan

Bewfl Ban
Saladan Pier

Ban
Loh Ba Ra
Ban
Mo Nae

Hat
Klong
Dao

4245

Ban
Klong Dao

Ban Tung

**KO TALANG
BENG**

Laem
Thong Yung

Ban Phra Ae

s. Detailplan
Klong Dao/Long Beach
S. 685

16 – 60   15 – 28
      2 – 24

**Long
Beach
(Hat
Phra Ae)**

Ban
Thung
Yee Pang

BanYu Rai

Hat
Phu Klom

Ban
Phu Klom

287
△

60 9

Watt

**KO
KAM**

Hat
Klong
Khong

Ban
Klong
Khong

4245

**KO
KAM NUI**

Ban
Klong Toab

4245

KO BUBU

2

METEOROLOGISCHE
STATION

**KO
LANTA YAI**

1 2

Ban Je Lee

Ban
Klong Nin

4245

KO PO

Hat Klong Nin

∩ Tham Khao
Mai Kaeo

s. Detailplan
Klong Nin S. 691

81 – 74
29 – 32
25 – 27

∩ Tham Sua
(Tiger Cave)

3
4 1
5

6

Ban
Ko Lanta
(Old Town)

7

488 △

Ban Hua
Laem

8

Ban
Kantiang

3
4
8
5

9
11

**MU KO
LANTA
NATIONAL**

★ Wasserfall

△ 405

Ban Sang-
Ga-U

6
7

10
13

12

11
12
13
14
15

PARK

Ao
Kantiang

Ao Nui
Ao Klong Jark

9
10

14

Ao Mai Pai
(Bamboo Bay)

NATIONALPARKBÜRO

LEUCHTTURM   *Laem Tanod*

www.stefan-loose.de/thailand

KO LANTA (YAI)   **679**

Übernachtung:

BAN KO LANTA (OLD TOWN)
1 Mangohouse Seavillas

KO BUBU
2 Bubu Island Resort

HAT KANTIANG
3 Lanta Marina Park View Resort
4 Ancient Realm Resort & Spa
5 Baan Lanta Resort & Spa
6 Phra Nang Lanta
7 Kantiang Bay View Resort
8 Pimalai Resort & Spa

AO KLONG JARK
9 Andaianta Resort
10 Last Beach Resort & Restaurant
11 Sunmoon Bungalow
12 Klong Jark Bungalows

AO MAI PAI (BAMBOO BAY)
13 Bamboo Bay Resort
14 Baan Phu Lae Bungalows
15 La Laanta Hideaway Resort

Essen:
BAN JE LEE
1 Viewpoint Restaurant
2 Khao Yai Restaurant

BAN KO LANTA (OLD TOWN)
3 Kroua Lanta Yai
4 mangobar + bistro
5 Apsara
6 Fresh Restaurant
7 Seafood Restaurant

HAT KANTIANG
8 Drunken Sailer
9 Same Same But Different
10 Isarn Food à la carte
11 Restaurants
12 Moon Restaurant

AO KLONG JAK
13 Safaree Restaurant,
   Das Restaurant
14 Sunset-Bar

Sonstiges:
1 Manta Divers

DIE SÜDLICHE ANDAMANENKÜSTE

Don (S. 667), Phi Phi Le und Mai Phai (Bamboo Island) mit Aussichtspunkten, Höhlenerkundung, Schwimmen und Schnorcheln (ab 1300 Baht). Die **4 Island Tour** führt zum Schnorcheln nach Ko Hai (S. 676) und Ko Chueak. Weiter geht es zur Emerald Cave (Tham Morakot) auf Ko Muk (S. 697) und nach Ko Kradan (S. 700) zum Schwimmen oder Schnorcheln. Einige 4-Insel-Touren besuchen zudem Ko Rok. Die meiste Zeit wird auf dem Boot verbracht. Auf eigene Faust organisiert, fährt man mit dem Longtail-Boot ab 650 Baht, Touren im Reisebüro kosten ab 1300 Baht. Wer auf Ko Rok übernachten will, wendet sich z. B. an Freedom Adventure, Ao Kantiang, ☏ 084-910 9132, 🖥 www.freedom-adventures.net.

Ban Saladan

Am Pier im Westen des Ortes legen alle großen Boote an. Die Tourboote haben z. T. eigene Piers. In den wenigen Straßen drängen sich eine Unmenge Reisebüros, die Bootstickets und Touren verkaufen. Es gibt einige Banken, Minimärkte und viele Geschäfte, die Kleidung und Souvenirs verkaufen. An der Uferstraße westlich des Piers reihen sich Restaurants, Tauchshops, Klamottenläden etc. in Stelzenhäusern aneinander.

In Ban Saladan gibt es ein paar wenige Übernachtungsmöglichkeiten. Da man aber von den Stränden schnell zum Pier kommt, schläft hier selten jemand.
Lanta Lantern Guest House ⑰, 158 Moo 1, ☏ 082-442 8106, ✉ lantalantern@hotmail.com, [8875]. Einige einfache Zimmer mit Ventilator oder AC an der Uferpromenade; kleiner Chillout-Bereich mit Shishas und Dreieckskissen zur Straße hin. ❷–❸
Sincere Guest House ⑯, 150 Moo 1, ☏ 075-668 375, 🖥 www.sincereguesthouse.com, [8874]. 7 Zimmer mit TV und AC oder Ventilator. Nette Einrichtung mit viel Holz. Überall findet man etwas Kunst oder außergewöhnlich gestaltete Objekte an den Wänden, der Decke oder auf der schönen Holzterrasse, die über dem Wasser thront. Besonders schön ist das Zimmer mit Meerblick. ❸
An der Hafenstraße finden sich mehr als ein halbes Dutzend Seafood-Restaurants mit fangfrischem Fisch in der Auslage, alle mit Terrasse zum Meer und ähnlichem Angebot und Preisen.
Sea Side Restaurant, 87 Moo 1, ☏ 086-272 4938. Eines der ersten Restaurants der Insel. Man sitzt im bunt möblierten Lokal oder direkt über dem Wasser auf der überdachten Terrasse. Gute thailändische Küche mit dezenten Anpassungen an den westlichen Geschmack, recht preiswert. Einige westliche Gerichte. Abends gutes Seafood und Hot Stone.

Viele Tauchschulen haben ihre Haupt-Basis hier im Dorf. Zu den renommierten Anbietern gehören:
Blue Planet Divers, 3 Moo 1, ☏ 075-684 165, 🖥 www.blueplanetdivers.net. Alle Kurse bis zum Assistant Instructor, außerdem Freediving-Kurse. An Bord des zum Tauchboot aufgerüsteten Holzbootes ist viel Platz auf dem oberen Deck.
Go Dive, 6 Moo 1, ☏ 075-668 320, 🖥 www.godive-lanta.com. Zuverlässige, moderne Tauchschule unter thailändischer Leitung am Ende der Hauptstraße am Wasser. Weitere Basis am Hat Kantiang.
Lanta Diver, ☏ 075-68 4208, 🖥 www.lantadiver.com. Großes, skandinavisches PADI-IDC-Center, auch mit deutschsprachigen Tauchlehrern. Individuelle Tauchplanung mit max. 4 Pers. pro Divemaster. Bietet Tagesausflüge und *Liveaboards* auf eigenem Boot. Tauchkurse bis zum Instructor.
Lanta-Diving-Safaris, 93 Moo 1, ☏ 075-684 904, 🖥 www.lanta-diving-safaris.com. Unter österreichischer Leitung. Neben PADI-Tauchkursen sind das besondere Highlight die mehrtägigen Tauchsafaris auf der *Flying Seahorse* mit 8 Kabinen für max. 15 Taucher. Zum Unternehmen gehören auch die Manta Divers am Hat Kantiang.
Lanta Fun Divers, 22/3 Moo 1, ☏ 089-291 4311, 🖥 www.lantafundivers.com. Seit 1999 auf Ko Lanta ansässig, unter deutscher Leitung von Uli und Louise. PADI Open Water-, Advanced- und Divemaster-Kurse, Nitrox-Tauchen. Mit eigenen Schnellbooten werden die Tauchplätze zügig ange-

fahren. Nettes Team, persönliche Betreuung; keine Massenabfertigung.

Geld
Einige Geldautomaten; 3 Banken (darunter Siam Commercial, Bangkok Bank) wechseln Reiseschecks. ⊕ Mo–Fr 8.30–15.30 Uhr.

Medizinische Hilfe
Ein Arzt ist im **Health Center** von ⊕ 16.30–20.30 Uhr anwesend.

Moped- und Autovermietungen
Mopeds werden in den Unterkünften oder an der Straße ab 200 Baht pro Tag vermietet. Kleinwagen, Jeeps und Pick-ups können über Reisebüros und Hotels für 1200–2000 Baht pro Tag, je nach Modell, gemietet werden.

Polizei
Die **Polizeistation** liegt zwischen den beiden Piers in Ban Saladan, ☎ 075-668 192. Die **Tourist Police** erreicht man unter ☎ 1155.

Post
An der Straße zu den Stränden. ⊕ Mo–Fr 8.30–16.30, Sa 9–12 Uhr.

Von **Ban Saladan**, wo alle Personen- und Autofähren ankommen, führen 2 geteerte Straßen entlang der West- und Ostküste. Die **Songthaew** sind auf dieser Insel weiß und abends mit unübersehbar bunten Lämpchen über der Windschutzscheibe geschmückt. Sie fahren, sobald ein paar Passagiere an Bord sind, von Ban Saladan über Klong Dao, Hat Phra Ae (Long Beach), Klong Khong und Klong Nin, von dort zur Ostküste über Ban Lanta bis nach Ban Sang-Ga-U im Süden (und wieder zurück). Kurze Strecken ab 10 Baht; bis Long Beach 60 Baht, bis Ban Lanta 250 Baht. Auch bei längeren Fahrten sind die Preise fast so hoch wie bei den Tuk Tuks.
Tuk Tuks sind in Ko Lanta Motorräder mit überdachten Sidecars. Sie stehen in Ban Saladan an der Ortsausfahrt in Richtung der Strände und fahren auf der Hauptstraße stets hin und her.

Die Fahrt kostet pro Kilometer etwa 10 Baht. Von Ban Saladan zum Phra Ae (Long Beach) zahlt man 50–60 Baht (meist pro erwachsene Person), bis zum Hat Klong Nin 200 Baht. Preis vorher aushandeln. Abends sind weniger Tuk Tuks unterwegs, sie kosten dann etwas mehr. An vielen Stränden, zumal an den abgelegeneren im Süden, sind **Taxistände** zu finden; hier kann man direkt ein Tuk Tuk bestellen – dann werden in der Regel etwas höhere Preise verlangt.

Selbstfahrer
Zwischen Ban Hua Hin auf dem Festland (zwischen Krabi und Trang) und Ko Lanta Noi und Yai (Ban Saladan) fahren von 6–22 Uhr Autofähren. Zwischen Festland und Lanta Noi 20 Baht (mit Auto) oder 10 Baht (mit Moped). Zwischen Lanta Noi und Lanta Yai in 5 Min. für 60 Baht (mit Auto) oder 30 Baht (mit Moped).

Minibusse
Minibusse, auf Ko Lanta **Minivans** genannt, fahren zu vielen Zielen auf dem Festland (Preise inkl. Fähren und Pick-up vom Hotel/Resort).
KRABI, stdl. zwischen 6 und 15 Uhr in etwas über 2 Std. für 250–350 Baht.
TRANG, um 8, 9, 10 und 12 Uhr in 2 1/2 Std. für etwa 300 Baht.
WEITERE ZIELE steuert man am besten von Krabi (bzw. Trang) aus an (S. 626 und S. 720). In den Reiseagenturen auf Ko Lanta werden auch Joint Tickets zu allen größeren Reisezielen angeboten. Dies ist jedoch weder die bequemste noch die sicherste Möglichkeit, von A nach B zu gelangen). Los geht es gegen 8 Uhr (PHUKET, SURAT THANI, KO PHA NGAN, HAT YAI, PENANG). Um 13 Uhr fahren die Übernachtbusse nach BANGKOK.

Boote
AO NANG mit der *Ao Nang Princess* um 13.30 Uhr für 470 Baht in 2 Std. Stoppt auch in RAI LEH (1 3/4 Std., gleicher Preis) und fährt weiter nach PHUKET (Ankunft 17.15 Uhr, 900 Baht). Bei sehr viel Nachfrage fährt auch morgens gegen 8 Uhr ein Boot. Speedbootverbindungen zu den Inseln an der südlichen Andamanenküste s. Fahrplan S. 675.

DIE SÜDLICHE ANDAMANENKÜSTE

Nach KO BULON LEH 1600 Baht, nach KO HAI 650 Baht, nach KO KRADAN 1150 Baht, nach KO LIPE 1900 Baht, nach KO MUK 900 Baht.

Hat Kaw Kwang und Hat Klong Dao

Von Ban Saladan Richtung Süden schiebt sich nach 800 m eine kleine Landzunge in Form eines Büffelnackens (daher der Name Kaw Kwang, [3562]) ins Meer. Während die Nordseite bei Ebbe Wattlandschaft bietet, hat die Südseite einen schönen weißen Strand. Schnorchler finden am Ende der Landzunge eine Kolonie Weichkorallen. An den Kwa Kwang schließt sich direkt der Hat Klong Dao [2857] an, ein breiter, etwa 3 km langer weißer Sandstrand. Am südlichen Ende finden sich viele Steine und Muscheln im Sand; hier ankern noch die Longtail-Boote der Fischer. Das Meer im mittleren Strandabschnitt ist ideal zum Schwimmen und besonders bei **Familien** beliebt. Auch für kleine Kinder eignet sich dieser Badestrand, da erst nach ein paar Metern Schwimmtiefe erreicht wird. Hier machen viele skandinavische Familien Urlaub; im Ort Klong Dao selbst gibt es eine schwedische Schule. Der Strand ist mit mehreren Stichstraßen von der Hauptstraße aus zu erreichen, entlang derer sich Geschäfte, Restaurants und weitere Hotels angesiedelt haben.

ÜBERNACHTUNG

Hat Klong Dao
Untere und mittlere Preisklasse

Banana Garden Home ㉖, ☏ 081-634 8799, 🖥 www.bananagardenhome.com, [8751]. Hinter dem Restaurant stehen in 3 engen Reihen gemütliche große AC-Holzbungalows, selbst das Bad ist holzbelassen. Familienbungalows mit 2 großen Betten. Gutes Preis-Leistungs-Verhältnis. Nette Leute und sehr gutes Essen. ❹–❺

Chaba Lanta Bungalow ㉕, ☏ 075-684 118, [8752]. Individuell gestaltete Anlage mit vielen Skulpturen aus Beton. Vor allem kleine Dino-Fans sind begeistert. Auch die Bungalows sind ansprechend gestaltet. Am Strand das Restaurant Picasso. Ventilator und AC. ❸–❺

€ Hans Bungalows ㉑, ☏ 075-684 152, ✉ hanskohlanta@hotmail.com, [3001]. Eines der ersten beiden Resorts des Strandes.

2 Reihen einfache Bambus- und Holzhütten mit Ventilator unter Bäumen hinter dem Restaurant. Tgl. Zimmerservice. Von Nov–März geöffnet. Beliebtes Restaurant, abends oft BBQ, 🕐 12–22 Uhr. ❶–❷

Lanta Island Resort ㉗, ☏ 075-684 124, 🖥 www.lantaislandresort.com, [8753]. 60 weiße, etwas in die Jahre gekommene Steinbungalows unter hohen Bäumen. Viele Zimmer mit Kühlschrank, wenige mit TV. Familienbungalows mit 2 Schlafzimmern. Kleiner Pool und Jacuzzi. Das Restaurant bietet neben Thai- auch schweizerische Küche. WLAN (kostenpflichtig). ❹–❻

Mermaid Boutique House ㉘, ☏ 075-684 364, 🖥 www.lantamermaid.com, [8755]. An der Straße gelegenes Haus mit guten Zimmern nach vorne und hinten. Mit Meerblick teurer, aber auch lauter. TV, WLAN, Safe. Ab 3 Tagen 30 % Rabatt. ❺

Obere Preisklasse

Lanta Villa Resort ㉔, ☏ 075-684 129, 🖥 www.lantavillaresort.com, [8756]. Eines der beiden ersten Resorts am Strand. Buntgetünchte Steinbungalows mit AC recht eng in einem großen Garten. Pool. Viele Sitz- und Liegegelegenheiten im Schatten am Meer. Gute Atmosphäre und freundliche Leute. Inkl. Frühstück. ❺–❽

Maya Ko Lanta Resort ㉙, ☏ 075-684 267, 🖥 www.mayalanta.com, [8757]. Edle kleine Anlage direkt am Strand. 2-stöckige Gebäude mit modern eingerichteten Zimmern und allem Komfort. Pool und Restaurant mit Meerblick. ❽

Royal Lanta Resort & Spa ㉒, ☏ 075-684 361, 🖥 www.royallanta.com, [3559]. Vorne am Strand liegen der große Pool und das Restaurant. Hinten im Garten befinden sich die gut ausgestatteten, gelungenen Bungalows. Mit dem Nachbarn sollte man sich aber verstehen, denn die Balkone liegen vis-à-vis. Familienzimmer mit Stockbetten. Gutes, relativ günstiges Restaurant. ❼–❽

Southern Lanta Resort ㉓, ☏ 075-684 175, 🖥 www.southernlanta.com, [8758]. 90 Steinbungalows im Garten mit TV, Kühlschrank. Auch Familienbungalows. Großer Pool mit Rutsche und separatem Kinderpool im Garten

Richtung Strand. WLAN. Gute Option in der Nebensaison. ⑤–⑧

Twin Lotus Resort & Spa ⑳, ✆ 075-607 900, 🖥 www.twinlotusresort.com, [3560]. Modernes Resort im Norden des Strandes. Riesiges Restaurant, großer Infinity-Pool und sehr schöne Bungalows mit viel Privatsphäre. Es lohnt sich, nach Promotion zu gucken, denn manchmal purzeln die Preise sogar in der Hauptsaison. ⑧

Hat Kaw Kwang

Kaw Kwang Beach Resort ⑱, 16 Moo 1, ✆ 075-668 260, 🖥 www.lanta-kawkwangresort.com, [8759]. Unter Palmen liegen Bungalows und Zimmer im Haus mit AC, TV, Kühlschrank. Günstige Zimmer mit Ventilator im Haupthaus. Pool mit Blick auf den Strand, der bei Ebbe leider etwas schlickig ist. ❸–❼

Twin Bay Resort ⑲, ✆ 075-668 277, 🖥 www.twinbaylanta.com, [3565]. Restaurant und großer Pool mit Strandblick. Separater Kinderpool und Jacuzzi. Im Garten gut ausgestattete Bungalows. ❼–❽

ESSEN UND UNTERHALTUNG

Nang Sabai German Bakery, 265 Moo 1, ✆ 083-175 9670, [8761]. Im Ostfriesencafé von Ina und Ho(rs)t gibt es verschiedene Brote und ein gutes Dutzend Kaffeesorten. Roggenbrote, Baguettes und Ciabattas werden liebevoll und reichlich belegt. Es gibt sogar Leberwurstbrote. Zudem locken Käsekuchen, Blaubeerkuchen oder Nussecken. Viele Zutaten kommen direkt aus Deutschland. Bäckerin Ina hat viele Infos und Tipps für den Aufenthalt auf Ko Lanta parat. Sie ist meist bis etwa 12 Uhr im Laden. ⏰ 7–18 Uhr, in der Nebensaison etwas kürzer und Mo geschl.

Mehrere einfache **Restaurants am Südende des Strandes** bieten eine Auswahl an thailändischen und europäischen Gerichten. In einigen abends Barbetrieb.

Rund um die **Veed Vew Bar** haben sich im **Green Lanta Plaza** kleine Geschäfte angesiedelt mit Souvenirs, Strandartikeln, Massage und einem Supermarkt. In der großen Bar läuft Sport im TV.

SONSTIGES

Geld

Mehrere Geldautomaten an der Hauptstraße, u. a. an der Tankstelle/7-Eleven.

Kochkurse

 Time For Lime, ✆ 075-684 590, 🖥 www.timeforlime.net, [8762]. ⏰ 16.30–21 Uhr, außer Mo. Etabliert seit 2002: Gekocht werden 5 Gerichte. Das Menü ist für jeden Wochentag unterschiedlich: So ist für alle Geschmäcker etwas dabei. Ein „Zugucker" darf auch dabei sein. 1800 Baht. Vermietet werden auch 8 Bungalows [5515], zwischen denen einige herrenlose Tiere aus dem von der Kochschule unterstützten **Lanta Animal Welfare Center**, 🖥 www.lantaanimalwelfare.com, ihr Zuhause gefunden haben. ❹–❺

Wassersport

Ko Lanta Watersports, ✆ 080-039 7393, 🖥 www.kohlantawatersports.com. Ansprechpartner für alle, die windsurfen oder kiteboarden wollen. Auch Kajaktouren werden veranstaltet.
Surf Sport Paddle Sports, ✆ 075- 668 096, 🖥 www.lantapaddlesports.com. An der Hauptstraße. Paddeln und Surfen.

Yoga

The Retreat, ✆ 084-675 1094, 🖥 www.theretreatthailand.com. Zentral am Hat Klong Dao hinten neben Chaba Lanta Bungalows gelegen, bietet Annelie Ashtanga-Yoga und Meditation für Anfänger.

Hat Phra Ae (Long Beach)

Südlich von Hat Klong Dao, durch ein paar Klippen getrennt, befindet sich der weiße breite Hat Phra Ae, [2854]. Der etwa 4 km lange Strand ist an seinen beiden Enden mit einigen Anlagen bebaut; in der Mitte gibt es nur wenige vereinzelte Luxusresorts. Dazwischen, in den unbebauten Abschnitten, gibt es noch ursprüngliche Vegetation mit Palmen und Kasuarinen. Der Strand eignet sich bei Ebbe weniger für Kinder, da es hier schnell tief wird; für erwachsene Schwimmer ist er immer ideal.

Im Süden wird der Strand durch einen Klong getrennt, der bei hoher Flut nicht zu durchschrei-

DIE SÜDLICHE ANDAMANENKÜSTE

ten ist. Dahinter ist der Strand mit Muscheln, Steinen und Korallen durchsetzt. Große Korallenblöcke ragen bei Ebbe aus dem Wasser. Hier ist Schwimmen nur eingeschränkt möglich. An der Straße dahinter gibt es zahlreiche Geschäfte, zwei Geldautomaten, Bars und Restaurants.

Untere Preisklasse

Hinter den Bars am nördlichen Strandabschnitt und auch ganz im Süden nahe der Straße gibt es einige kleine Anlagen mit einfachsten Mattenhütten für wenig Geld. An der Straße im Norden und Süden etablieren sich immer mehr kleine Gästehäuser mit AC-Zimmern, TV und Kühlschrank. Das Preisniveau ist in der Hauptsaison für das Gebotene sehr hoch. In der Nebensaison wird es oft richtig günstig. Sofern wenig los ist, sind die Preise sehr variabel.
Andaman Sunflower Resort , ✆ 075-684 668. Im gepflegten Garten (nicht direkt am Strand), stehen angenehme Mattenbungalows. Teils groß, teils recht klein. Alle nur ein Bett und Ventilator, manche mit Warmwasser. Kleine und laute Kinder sind unerwünscht. ❷ – ❹
Lanta L. D. Beach (Sandy Beach Resort) ㊱, ✆ 075-684 548, [8764]. Vorne im weitläufigen Garten einfache, ältere, aber saubere Mattenbungalows. Dahinter Steinbungalows mit und ohne AC (dann auch TV). WLAN. In den Mattenhütten ist es in der Saison bis nachts laut, da die Pirates Bar direkt davor liegt. ❸ – ❹
Leaf House ㊴, ✆ 075-684 534, [5516].
6 doppelstöckige Bungalows aus dunklem Holz rund um einen kleinen Garten. Wenige Meter zum Strand. Während der Recherche störte aber das stinkende Abwasser der Nachbaranlage – es bleibt zu hoffen, dass hier Abhilfe geschaffen wird. WLAN. ❸ – ❹
Sanctuary ㊹, ✆ 081-891 3055, [8765]. Einfache, saubere, gepflegte, recht große Mattenbungalows mit Ventilator im Garten, senkrecht erhöht vor dem recht steinigen Strand. Einfache Einrichtung. Die Bäder sind nach oben offen und bepflanzt. Vorne am Meer befindet sich das Restaurant und eine kleine Bar. Yogakurse und tägliches Retreat. WLAN. ❹
Seapearl Lanta Cottage ㉛, ✆ 075-684 381, [6429]. Geräumige, einfache Mattenbungalows

mit großen Fenstern im Garten unter Kokospalmen, vertikal zum Strand in 2 gegenüberliegenden Reihen. Alle mit Ventilator und Schrank. Nicht mehr die neueste Ausstattung. Davor befindet sich das Thai Cat. ❸ – ❹
Somewhere Else ㉟, ✆ 075-684 719, 089-731 1312, [6430]. Alteingesessene Anlage, in der noch einige alte Mattenbungalows stehen; teilweise mit 2 Betten. Am Strand davor künden große Steinhäuser von der Moderne. Noch gibt es hier nur Ventilator. Großes Restaurant mit Thai-, westlicher und indischer Küche. ❷ – ❹

Mittlere Preisklasse

Lanta Castaway Resort ㊸, ✆ 075-684 851, 🖳 www.lantacastaway.com, [8766]. Im Garten 3 hübsche dunkle Holzbungalows mit Ventilator. Zudem gemütlich eingerichtete AC-Steinbungalows mit TV und Kühlschrank in verschiedenen Größen, teils als Doppelbungalow mit Verbindungstür. Steiniger Strand, viele Liegen auf erhöhter Plattform. ❹ – ❼
Lanta Marina Resort ㊷, ✆ 075-684 168, 🖳 www.lantamarina.com, [3566]. Am Strand und bis weit ins Hinterland stehen weitläufig im großen Garten schöne Bambus-Holz-Bungalows mit halbrunden, bis zum Boden reichenden Palmdächern. Betten, Ablagen, Tisch und Stühle aus Bambus, große Bäder. Hellhörig. Auf der Terrasse stehen schöne Holzmöbel, und jede Hütte hat eine Hängematte. Große Familienbungalows mit einem großen und 2 kleinen Betten. Zum Marina gehört auch das dahinter liegende **Angel Resort**. Hier stehen ähnliche Hütten in einem schattenlosen Garten, die etwas günstiger und kleiner sind. ❹ – ❺
Lanta Palm Beach ㊳, ✆ 075-684 716, 081-787 0483, 🖳 www.lantapalmbeachresort. com, [8767]. Steinhäuser nahe des Strandes. Mit AC in Ordnung, mit Ventilator eher nicht empfehlenswert. Gute Wahl für Familien sind die großen Bungalows mit 2 großen Betten, AC, Kühlschrank und TV. ❸ – ❺
Lanta Pearl Beach Resort ㊲, ✆ 075-684 204, 🖳 www.lantapearlbeach.com, [8768]. Unter hohen Bäumen in einem großen Waldgarten stehen einige Steinbungalows mit AC. Ganz hinten zudem größere Holzhütten mit Ventilator. Teils sind die Bäder hübsch bepflanzt.

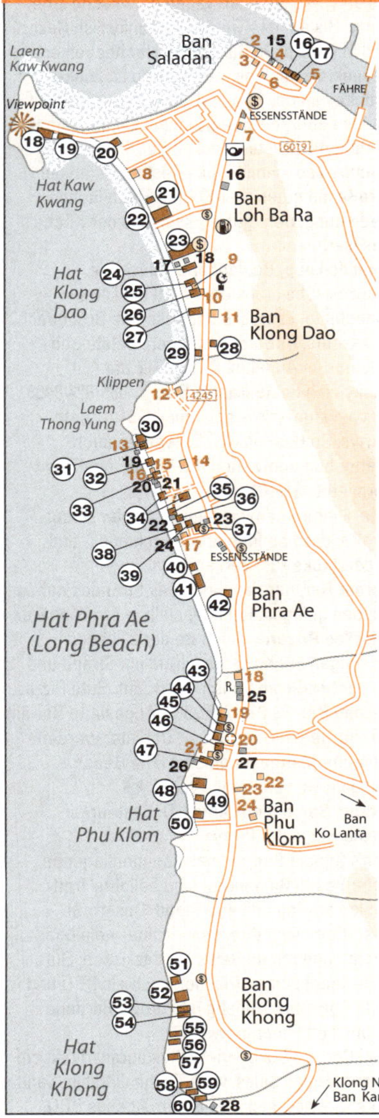

Übernachtung:

BAN SALADAN
16 Sincere Guest House
17 Lanta Lantern Guest House

HAT KAW KWANG
18 Kaw Kwang Beach Resort
19 Twin Bay Resort

HAT KLONG DAO
20 Twin Lotus Resort & Spa
21 Hans Bungalows
22 Royal Lanta Resort & Spa
23 Southern Lanta Resort
24 Lanta Villa Resort
25 Chaba Lanta Bungalow
26 Banana Garden Home
27 Lanta Island Resort
28 Mermaid Boutique House
29 Maya Ko Lanta Resort

HAT PHRA AE (LONG BEACH)
30 Sayang Beach Resort
31 Seapearl Lanta Cottage
32 Lanta Sand Resort & Spa
33 The Beach Bungalows
34 Funky Fish Resort
35 Somewhere Else
36 Lanta L.D. Beach (Sandy Beach Resort)
37 Lanta Pearl Beach Resort
38 Lanta Palm Beach
39 Leaf House
40 Nakara Long Beach Resort
41 Layana Resort & Spa
42 Papillon Resort
43 Lanta Castaway Resort
44 Sanctuary
45 Thai House Beach Resort
46 Andaman Sunflower Resort
47 Lanta Marina Resort

HAT BAN PHU KLOM
48 Relax Bay Resort
49 Andaman Bay Bungalows
50 Sea Culture House

HAT KLONG KHONG
51 CoCo
52 Lanta Darawadee,
   Green Garden Resort
53 Sea Sand Sun Bungalows
54 Where Else
55 Bee Bee Bungalows
56 Lanta Family Resort
57 Isara Lanta Bungalows
58 Fisherman's Cottage
59 Nice'n Easy House
60 New Ozone Resort

Essen:

BAN SALADAN
15 Sea Side R.

HAT KLONG DAO
16 Nang Sabai German Bakery
17 Veed Vew Bar
18 Green Lanta Plaza

HAT PHRA AE (LONG BEACH)
19 Thai Cat
20 Mr. Wee Pizzeria
21 Funky Fish Restaurant & Bar
22 Pirates Bar
23 iRie
24 San's Sunset Bar, Palm Beach R.
25 Country Lao
26 Korner Bar
27 Faim de Loup

HAT KLONG KHONG
28 Klappa Klum Bar

Sonstiges:

BAN SALADAN
2 Go Dive
3 Blue Planet Divers
4 Lanta-Diving-Safaris
5 Lanta Fun Divers
6 Lanta Diver
7 Health Center

HAT KLONG DAO
8 Ko Lanta Watersports
9 The Retreat
10 Apotheke
11 Surf Sport Paddle Sports
12 Time for Lime Cooking Course

HAT PHRA AE (LONG BEACH)
13 Dive & Relax
14 Funkey Monkey
15 Lanta Diver
16 O-Zone Bar
17 Palm Beach Divecenter
18 Dr. Saiarin Clinic
19 Dive & Relax
20 Siam International Clinic
21 Apotheke, 7-Eleven
22 Lanta Gym

HAT BAN PHU KLOM
23 Thai Boxing Stadium
24 Lanta Thai Cookery School

Laem Kaw Kwang
Ban Saladan
Viewpoint
FÄHRE
ESSENSSTÄNDE
Hat Kaw Kwang
Ban Loh Ba Ra
Hat Klong Dao
Ban Klong Dao
Klippen
Laem Thong Yung
ESSENSSTÄNDE
Ban Phra Ae
Hat Phra Ae (Long Beach)
R.
Hat Phu Klom
Ban Phu Klom
Ban Ko Lanta
Ban Klong Khong
Hat Klong Khong
Klong Nin, Ban Kantiang

DIE SÜDLICHE ANDAMANENKÜSTE

Ganzjährig geöffnet. 50 m bis zum Strand. Große Bar und Restaurant (hier WLAN). **④ – ⑤**

Papillon Resort ㊷, ☎ 075-684 429, 🖥 www.papillon-kohlanta.com, [8770]. Familiäre Anlage (westliche Betreiber) zwischen Straße und Strand. Unter Bäumen stehen 9 weiße Steinbungalows mit AC. Kleiner Pool. Teils Familienzimmer mit Stockbett für 2 Kinder. WLAN. **④ – ⑤**

Sayang Beach Resort ㉚, ☎ 075-684 156, 🖥 www.sayangbeachlanta.com, [6428]. Schöne, unterschiedlich gestaltete Bungalows in Holz oder Stein mit großen Terrassen in einem schönen Garten. Großzügig verteilt. Innen mit Holzböden und Naturmaterialien ansprechend gestaltet. Viele Zimmer mit TV, einige mit Wasserkocher. Tauchbasis Dive & Relax. **④ – ⑦**

Thai House Beach Resort ㊺, ☎ 075-684 289, 🖥 www.thaihousebeachresort.net, [5517]. Hinter dem großen beliebten, oberhalb des Strandes liegenden Moonwalkrestaurant (🕐 7–23 Uhr). 3 große Thaihouse-Bungalows mit AC, Kühlschrank und TV. Dahinter eine Reihe einfache Bambushütten mit Ventilator und Moskitonetz. Dazwischen Doppelsteinbungalows. Einfache Familienbungalows mit 3 großen Betten (400 Baht p. P.). Ganzjährig geöffnet, hohe Rabatte in der Nebensaison. Am Strand viele Steine. Motorrad- und Autoverleih. **④ – ⑤**

Obere Preisklasse

Lanta Sand Resort & Spa ㉜, ☎ 075- 684 633, 🖥 www.lantasand.com, [3569]. Schöne Luxusanlage mit Designelementen kambodschanischer Tempel. 2 Pools, Kinderspielplatz. Gelungenes Konzept. **⑧**

Layana Resort & Spa ㊶, ☎ 075-607 100, 🖥 www.layanaresort.com, [8771]. Luxusanlage mit 50 Thaistil-Villen, 6 davon am Meer. Große Liegeflächen rund um den grandiosen Pool, separater Spa-Bereich, Jacuzzi, Sauna, Fitnessraum. WLAN. **⑧**

Nakara Long Beach Resort ㊵, ☎ 075-684 198, 🖥 www.lantalongbeach.com, [3539]. Große, zentral gelegene Anlage mit geräumigen, ansprechend gestalteten Bungalows mit je 2 großen Betten. Großer Pool. Liegen am schönen Strandbereich. **⑧**

ESSEN UND UNTERHALTUNG

Die Bars des Strandes haben sich untereinander abgesprochen; reihum veranstalten sie an verschiedenen Tagen der Woche eine Party. Bis auf das Treiben im Funky Fish Resort und in der Opium Bar ist das Nachtleben eher unspektakulär. Eine große Disco ist **Funkey Monkey** an der Straße. Das Essen am Strand ist etwas hochpreisiger als in den kleinen, oftmals recht guten Restaurants an der Straße.

Country Lao, gemütliches Restaurant an der Straße mit guter Thai-Küche. Freundliche Bedienung. Sehr gutes Essen aus der Küche des Isarn.

Faim de Loup, Boulangerie-Patisserie. Französische Frühstückswahl mit Latte Macchiato, Espresso und frischem Brot oder Croissants. Außerdem Kuchen, Salate und Quiches im Angebot. 🕐 7.30–17 Uhr.

Funky Fish Restaurant & Bar, ☎ 085-824 8408, 🖥 www.funkyfish-lanta.com, [3016]. Viele Partys. So Beachparty. Es werden auch Mattenbungalows und AC-Steinbungalows vermietet. **③ – ④**

iRie, kleine Bar mit Livemusik an der Hauptstraße, dazu handgefertigte Schmuck- und Lederstücke zum Verkauf.

Korner Bar, ganz am Ende des Strandes auf den Klippen gelegen. Relaxte, chillige Atmosphäre.

Mr. Wee Pizzeria, die erste der 3 Niederlassungen auf Ko Lanta, direkt am Strand und an der Straße im Süden der Bucht. Gute Pizzas.

O-Zone Bar, ☎ 089-729 2383. Angesagte Bar am Strand. Jeden Do ist Party. Dahinter werden einfache Mattenbungalows (The Beach Bungalows) vermietet. WLAN. **②**

Pirates Bar, neben Lanta L.D. Restaurant. Kleine Bar, nette Partys.

San's Sunset Bar und das danebenliegende **Palm Beach Restaurant** sind beliebte Treffpunkte am Tag und am Abend. Das große Restaurant liegt direkt am Strand; viele überdachte und offene Salas mit Sitzkissen. Gute Thai-Küche, Pizza, frischer Fisch als BBQ und viele Cocktails. Günstig und große Portionen. Abends oft Feuershows.

Thai Cat, großes Open-Air-Restaurant direkt am Strand. Einige Salas, viele Tische direkt im Sand. Guter Service, leckeres Essen. Abends BBQ.

Tauchen

Dive & Relax, im Castaway und im Sayang Beach Resort, ☎ 084-842 2191, 🖥 www.diveandrelax.com. Kleine Tauchbasis, vermietet auch Schnorchelequipment.

Lanta Diver, 🖥 www.lantadiver.com, neben der O-Zone-Bar. Verleih eines Katamarans, von Paddelbooten. Zudem Tauchkurse und Tauchtouren.

Palm Beach Divecenter, ☎ 075-684 603, 🖥 www.palmbeachdivers.com. Diese große Tauchschule gehört zum gleichnamigen Resort und bietet Ausflüge ebenso wie Kurse bis zum Instructor.

Thai-Boxen und Fitness

Lanta Gym, ☎ 075-684 847, 🖥 www.lantagym.com. Wer will, kann sich hier mit Thaiboxen, an den Geräten des gut ausgestatteten Fitnesscenters oder im Yogakurs fit halten. ⏰ 8–20 Uhr.

Geld

Zahlreiche Geldautomaten befinden sich an der Hauptstraße.

Medizinische Hilfe

Dr. Salarin Clinic, an der Hauptstraße auf Höhe des Lanta Casuarina Resorts, ☎ 075-684 522. ⏰ Mo–Sa 15.30–21 Uhr.

Siam International Clinic, 242/8 Moo 2, ☎ 075-684 747, 📠 684 835, ✉ siamcliniclanta@hotmail.com. Diese kleine Arztpraxis akzeptiert alle Reiseversicherungen. Englischsprachiges Personal. Transport zu internationalen Krankenhäusern in Phuket oder Krabi.

Hat Phu Klom

Durch ein kleines Kap vom Long Beach getrennt liegt der einsame Sandstrand Hat Phu Klom [3540] mit nur wenigen Unterkünften. Der Strand ist relativ breit und der Sand weich – ein paar Steine befinden sich zwar nahe des Strandes, aber es lässt sich trotzdem gut schwimmen. Das vorgelagerte Korallenriff erfreut Schnorchler. Wer es noch ruhiger mag, kann zum Sonnen zu den südlicher gelegenen zwei unberührten Buchten weiterwandern.

Alle Bungalows haben ein Restaurant und meist auch eine kleine Bar. Nur bei vielen interessierten Gästen werden in der Hauptsaison Partys veranstaltet.

Andaman Bay Bungalows ㊾, ☎ 082-278 6744, [8772]. Etwas verwohnte große Holzbungalows. Einfache, oft selbst gezimmerte Einrichtung, teils durchgelegene Matratze. Ventilator, Moskitonetz. Daneben liegt am Strand die Jahbar Bar. Nette Leute. ❷

Relax Bay Resort ㊽, ☎ 075-684 194, 🖥 www.relaxbay.com, [8773]. Im Hang und am Strand zahlreiche geräumige individuell gestaltete Bungalows mit Ventilator oder AC. Pool, Strandbar, Restaurant. Tauchbasis Lanta Diver (S. 680). Etwas älteres Publikum. Sehr ruhig und gepflegt. ❺–❼

Sea Culture House ㊿, ☎ 075-667 042, [8774]. Einfache, recht gut erhaltene geräumige Mattenbungalows mit Bad hinter dem Restaurant. ❷

Lanta Thai Cookery School, ☎ 087-311 3252, 🖥 www.lantathaicookeryschool.com. In kleinen Gruppen werden aus einer Liste von 10 Gerichten 4 ausgewählt, unter Anleitung gekocht und natürlich gegessen. Jeder hat seinen eigenen Arbeitsbereich und Kocher. Morgenkurs 8.30–13, Nachmittagskurs 13.30–17.30 und abends 17.30–21.30 Uhr. Je Teilnehmer 1300 Baht tagsüber, 1500 abends.

Hat Klong Khong

An beiden Enden des etwa 3 km langen Hat Klong Khong [2855] ist der Sand von etwas gelblicher Farbe und mit einigen Steinen und Muscheln durchsetzt, um dann immer heller und feiner zu werden. Bei hoher Flut verschwindet ein Großteil der Sandflächen. Vorsicht ist beim Schwimmen geboten, da einzelne Korallenblöcke dann kaum zu erkennen sind. Bei Ebbe ragen sie aus dem Wasser. Für **Schnorchler** herrschen gute Bedingungen, und auch Muschelsammler freuen sich. Hier kommen viele junge **Rucksackreisende**, die sich oft selbst in der Hauptsaison noch spontan und ohne Vorbuchung eine Bleibe suchen. Es herrscht eine angenehm entspannte Atmosphäre, und kleine Bars locken mit abendlichem Sonnenuntergang-Panorama. Am Freitagabend ist in der Saison Party angesagt, dann schallen die Beats aus der Feeling Bar (Where Else Bungalows) weithin über den Strand.

ÜBERNACHTUNG UND ESSEN

Alle Unterkünfte haben ein Restaurant, und die meisten Gäste essen in ihrer Unterkunft. Zudem haben fast alle Resorts eine kleine Bar aus Treibholz am Strand. Hier gibt es zwischen 17 und 19 Uhr immer wieder eine Happy Hour zum Sonnenuntergang und auch mal eine Party. Wer richtig feiern will, ist ab sehr später Stunde in der **Klappa Klum Bar**, ganz im Süden der Bucht, gut aufgehoben. Hierher pilgern oft auch Partygäste anderer Strände. Thai-Küche bieten einige Essensstände an der Hauptstraße.

Untere Preisklasse

Bee Bee Bungalows ⑤⑤, zentraler Abschnitt, ☎ 081-537 9932, 090-704 6711, [3574]. Individuelle Travellerhütten, teils auf 2 Etagen mit kleinen Veranden, Hängematten und einem ganz eigenen Stil. Nur Ventilator und Moskitonetz. Einfache schöne Bäder. Teils ein großes und ein kleines Bett. Kleine Bar, in der auch mal Partys steigen. Entspannte freundliche Atmosphäre. WLAN. ❷–❸

Isara Lanta Bungalows ⑤⑦, zentraler Abschnitt, ☎ 082-192 1248, 🖳 www.isaralanta.com, [8775]. Vorne am Strand lädt ein nettes Restaurant zum BBQ. Dahinter im recht kargen Garten stehen Steinbungalows mit bunten Bildern geschmückt. Einfach und sauber, mit und ohne AC. ❷–❸

Where Else ⑤④, ☎ 075-667 173, 🖳 www.lanta-where-else.com, [4346]. Am Strand fällt sofort die große Bar ins Auge. Dahinter befinden sich die beliebten Bungalows aus Bambus und Matten im schattigen Garten. Die Einrichtung ist extrem einfach und schon etwas verwohnt. Doch keine Hütte gleicht der anderen. Ein Bungalow mit 2 großen Betten. Besonders günstig sind die kleinen Bambushüttchen. Viele Traveller fühlen sich in der lockeren Atmosphäre sehr wohl. In der Saison ist jeden Fr Party, und es wird laut! WLAN. ❷–❹

Mittlere Preisklasse

CoCo ⑤①, im Norden , ☎ 075-667 175, 🖳 www.cocolantaresort.com, [8776]. 25 kleine moderne Steinhäuser mit AC und TV, nach hinten versetzt in sich gegenüberliegenden Reihen. Dazwischen liegen ein ansprechender Pool und ein Grasplatz (mit Volleyballnetzen). Alle Zimmer haben ein recht schmales Doppelbett, einige zudem noch ein darüber liegendes Hochbett. Restaurant am Strand. Inkl. Frühstück. ❺

Fisherman's Cottage ⑤⑧, ☎ 081-476 1529, 🖳 www.fishermanscottage.biz, [3019]. 11 Steinbungalows in einem Garten. Die mit Fischnamen bezeichneten Bungalows haben Ventilator und sind alle unterschiedlich und außergewöhnlich gestaltet. Weiß verputzte Flächen oder Bambus, Matratzen auf Podesten, offene Bäder, hübsche Dekorationen, bemalte Wände. Weißes überdachtes Restaurant und kleine Bar. WLAN. Junges Publikum. ❹–❺

Lanta Darawadee und Green Garden Resort ⑤②, ☎ 075-667 059, ✉ kanyapak-mai@hotmail.com, [8778]. Im neuen großen Hotelkomplex gibt es gut ausgestattete Zimmer mit TV und AC. Davor ein großer Pool und eine trostlose Rasenfläche. Dazu gehört das ältere Green Garden Resort mit einfachen Steinhäusern, TV und AC (ein großes und ein kleines Bett) und ein paar wenige Mattenhütten mit Ventilator. ❸–❺

Lanta Family Resort ⑤⑥, ☎ 075-667 053, [8780]. Vorne große Steinhäuser mit AC und TV (auch für Familien), hinten einfache Bambushütten mit Ventilator. Am Meer sitzt man zum Sundowner in der Chocolate Bar. ❸–❺

New Ozone Resort ⑥⓪, im Süden der Bucht, ☎ 075-667 095, 🖳 www.newozonelanta.com, [8777]. Geräumige Holz-Stein-Bungalows in einem großen Garten, gute geschmackvolle Ausstattung mit viel Holz. Es gibt sogar in der günstigsten Bungalow-Variante Zimmer mit Meerblick. Alle mit AC, TV und WLAN. ❺–❻

Nice'n Easy House ⑤⑨, im südlichen Abschnitt, ☎ 075-667 105, 🖳 www.niceandeasylanta.com, [3575]. Schöne Teakholzbungalows mit ansprechender Ausstattung. Auch ein Familienbungalow mit 2 großen Betten. Kleiner Pool am Strand. Ruhiges Publikum, welches den Teenagerjahren entwachsen ist. ❺

Sea Sand Sun Bungalows ⑤③, ☎ 075-667 128, 🖳 www.seasandsunresort.com, [8866]. 2 Reihen kleine, hübsch eingerichtete Steinbungalows. Kleiner Pool. WLAN. ❺

SONSTIGES

Auf Höhe des New Ozone Resorts und des CoCo Resorts findet man **Geldautomaten**.

Hat Klong Nin

Hinter der Abzweigung zur Ostküste beginnt das Dorf Klong Nin mit einem tollen weißen Sandstrand, [2856]. Der Strand fällt lange flach ab, dann wird das Meer ideal zum **Schwimmen**. Im Hinterland erheben sich die grünen Riesen des Regenwaldes. Rucksackreisende mit wenig Budget wohnen hier ebenso wie jene, die sich Luxus leisten können.

An der Strandstraße gibt es einige Minimärkte und Restaurants. Am Strand ist relativ viel los; Richtung Norden, wo es steiniger ist, ist es ruhiger. Die Bars haben Liegen und Sonnenschirme, und auch die meisten Resorts und Gästehäuser bieten Liegen am Strand. Einige Strandverkäufer bieten relativ unaufdringlich ihre Ware feil.

Die Buchten weiter südlich locken alle, die etwas mehr Ruhe und Einsamkeit suchen. Der kleine Hat Nui ist nur wenige hundert Meter lang. Hier gibt es keine Unterkunft, aber einen kleinen Erfrischungsstand. Tolle **Schnorchelbedingungen** für Aktive und viel **Ruhe** für Strandlieger.

ÜBERNACHTUNG

Untere Preisklasse

Chalee Bar Ley's ⑥⑧, ☎ 08-7685 0080 und 084-846 7849 (Ya), ✉ lasse73061@hotmail.com, [3022]. Einfache Holzbungalows nahe am Strand: Alles ist schon etwas windschief und sieht aus wie ein Piratennest. Der Preis der einfachsten Hütten mit Bad ist günstig für diesen Strandabschnitt – aber eigentlich zu teuer fürs Gebotene. Das gilt besonders für das einzelne kahle AC-Zimmer im Steinhaus. ❷–❹

Lanta Nature House ⑦⓪, 89 Moo 6, ☎ 075-662 604, 🖳 www.lantanaturebeachresort.com, [8880]. Orangefarbenes 2-stöckiges Haus mit 8 großen Zimmern, AC und TV. Jeweils ein Doppel- und ein Einzelbett, TV, Kühlschrank, Balkon. WLAN im Bereich der Rezeption. ❹

Lanta River Sand Resort ⑥①, nördlich des Hauptstrandes, ☎ 075-662 660, 🖳 www. lantariversand.com. Für Ruhesuchende: Der davor liegende Strand, von Felsen durchsetzt, wirkt wie ein Privatstrand. Bambushütten und günstige Mattenhütten, alles mit lokalen Materialien gebaut und ohne AC. Das Restaurant liegt romantisch auf Klippen. Wenn es dort Shrimps gibt, dann kommen sie aus dem Meer und nicht von der Farm. Hühnerfleisch und Eier stammen von der Insel. ❷–❹

Round House ⑥②, ☎ 082-281 1448, [6434]. Im kleinen Garten stehen 4 schöne, mit Liebe zum Detail erbaute Bungalows mit Ventilator, zudem ein Steinbungalow mit Meerblick und AC. Nettes Restaurant mit Meerblick. ❹

Mittlere Preisklasse

Baan Pakgasri Hideaway ⑥⑦, ☎ 075-662 563, 🖳 www.baanpakgasri.com, [8881]. Auf einem kleinen Grundstück am Strand stehen eng beieinander in 2 Reihen einige schöne Bungalows aus Holz und Stein. Am schönsten sind die beiden direkt am Strand. ❺

Février Resort ⑥④, 213 Moo 6, ☎ 075-662 618, 081-990 3677, 🖳 www.lanta-fevrierresort.com, [8884]. 2 steinerne Doppelbungalows und 4 Holzbungalows mit AC, einer mit Ventilator – alle mit TV und hübsch eingerichtet. Jenseits der Straße, wenige Meter vom unbebauten Strand entfernt. Freundlicher Familienbetrieb. WLAN. Inkl. Frühstück für 2 Pers. Kostenlose Fahrräder. Verleih von Mopeds. Ganzjährig geöffnet. Im Jahr 2014 soll ein neues Haus mit 30 AC-Zimmern im hinteren Bereich des Grundstücks fertig sein. ❹–❺

Lanta Miami Bungalow ⑦①, 13 Moo 6, ☎ 075-662 559, 🖳 www.lantamiami.com, [8885]. Schöne Anlage mit Holz-Stein-Bungalows mit großen weißen Bädern, entweder mit Strandblick (dann mit AC und Badewanne) oder hinten im Garten (mit Ventilator). Großzügiges halb offenes Restaurant am Strand. Kleine Bar. Pool mit Meerblick. Ganzjährig geöffnet. ❹–❻

Lanta Nice Beach Resort ⑥⑤, 137 Moo 6, ☎ 075-662 662, 🖳 www.lantanicebeachresort. com, [8886]. 32 ansprechende Steinbungalows mit Fliesenböden in gepflegter Anlage am Strand, einige mit Meerblick. Auf der anderen

Straßenseite weitere Steinbungalows. Alle mit TV. Restaurant mit Thai- und indischer Küche am Strand, außerdem eine kleine Bar. Pool mit Meerblick. ⑤ – ⑥

White Rock Resort ⑥③, ✆ 075-662 721, 🖥 www. lantawhiterock.com, [6435]. Ansprechende Anlage an der Straße; es sind nur wenige Meter über die Straße zum unbebauten Strandabschnitt. In schattigem Grün stehen große Doppelbungalows aus Holz und Stein mit ansprechender Einrichtung. TV, Kühlschrank, Safe. Auch Familienbungalows. Thai-schwedische Leitung. Im hinteren Bereich ein recht großer, aber schattenloser Pool. WLAN. ⑤

Obere Preisklasse

Amantra Resort & Spa, 296 Moo 6, ✆ 075-662 691, 🖥 www.amantraresort.com, [6439]. Große Anlage mit geräumigen Bungalows, viele davon mit Sicht auf den Strand. Ein großes, ein kleines Bett, TV und Kühlschrank. Pool mit Meerblick. Freundliche Leute. ⑤ – ⑦

Andalay Boutique Resort ⑥⑥, 290 Moo 6, ✆ 075-662 699, 🖥 www.andalay-lanta.com, [8883]. Ansprechende Anlage mit Bungalows parallel zum Strand in einer gepflegten Anlage. Innen edel in Holz eingerichtet. Kleiner Pool und Liegen am Strand. Der Preis variiert je nach Nachfrage. In der Nebensaison geschlossen, wenn wenig los ist. ⑤ – ⑧

Peace Paradise Beach Resort ⑥⑨, 346 Moo 6, ✆ 075-662 777, 081-676 6162, 🖥 www.peace paradisebeach.com, [8887]. Überschaubare, 2012 eröffnete Anlage mit 17 modernen, gut ausgestatteten Zimmern, die sich z. T. um einen langen Pool gruppieren oder direkt zum Strand hin gelegen sind. Abends trifft man sich an der Bar. Schöner Strandabschnitt mit weichem Sand und ohne Steine. ⑥ – ⑦

Sri Lanta ⑦②, 111 Moo 6, ✆ 075-662 688, 🖥 www.srilanta.com, [8888]. Pool, Bar und Spa am Strand, dazu große Rasenfläche mit Liegen. Die stilvollen großen Thai-Style-Holzbungalows liegen auf der anderen Straßenseite am Hang. Großzügig bepflanzt. Viel Privatsphäre. Große überdachte Terrassen mit Blick ins Grüne. ⑦

The Narima ⑦③, etwas südlich des Strandes, auf dem Weg zum Hat Kantiang, ✆ 075-662 668, 🖥 www.narima.net, [6440]. Geräumige Bungalows aus Bambus mit Palmdach, AC und jeweils einem großen und einem kleinen Bett. Große Holzterrassen mit Holzmöbeln und Hängematte in einer gepflegten, aber naturbelassenen Anlage. Kleiner Strand mit Liegen. Pool, kleiner Kinderpool. Schwimmen zwischen den Felsen möglich. Tauchbasis. ⑤ – ⑧

ESSEN UND UNTERHALTUNG

Im Norden des Strandes, wo die Strandstraße beginnt, liegen zahlreiche Restaurants am Meer. Die Preise sind relativ hoch, egal, ob das Haus edel aussieht oder im alten Traveller-Stil gebaut ist. Die meisten Häuser haben Stühle und Liegen am Strand. Alle Anlagen verfügen auch über ein Restaurant – oft am Strand. Noch weiter nördlich an der Hauptstraße vor dem 7-Eleven bieten Köchinnen an vielen kleinen Straßenständen leckere einfache Thai-Küche.

Cook Kai Restaurant, großes Restaurant an der Strandstraße (ohne Meerblick). Thai- und westliche Küche (Burger, Pizza). Viel besucht, obgleich nicht wirklich günstig.

Horizon Bar & Restaurant, 45/3 Moo 6, ✆ 089-736 3485, 🖥 www.lantahorizon.com. Gemütliches großes Holzrestaurant mit Palmendach und Strandblick. Gute Auswahl an Thai-Gerichten, vieles extra für die schwedischen Gäste. Viele junge Leute. Gehobene Preise. Vermietet werden auch einige wenige Zimmer – direkt am Strand, direkt neben der Bar. ⑤

Otto Bar & Grill, 112 Moo 6, ✆ 075-662 741, ✉ otto_lanta@hotmail.com. Angesagte Bar am nördlichen Strandabschnitt. In der Saison oft Gast-DJs. Wer sowieso feiert, bis die Musik ausgeht, kann auch einen der Bungalows hier mieten. ③ – ⑤

Rasta Baby Bar, am Beginn der Strandstraße im Norden. Urige Rasta-Bar, in der des Öfteren die wohl bekannteste Reggaeband Thailands „Job 2 Do" spielt. Vermieten auch günstige Zimmer.

AKTIVITÄTEN

Kochkurse

Roi Thai Cooking School, ✆ 075-662 549, 🖥 www.myroithai.com. Zentral am Strand liegt diese renommierte Kochschule mit verschiedenen Kursen und zufriedenen Kunden.

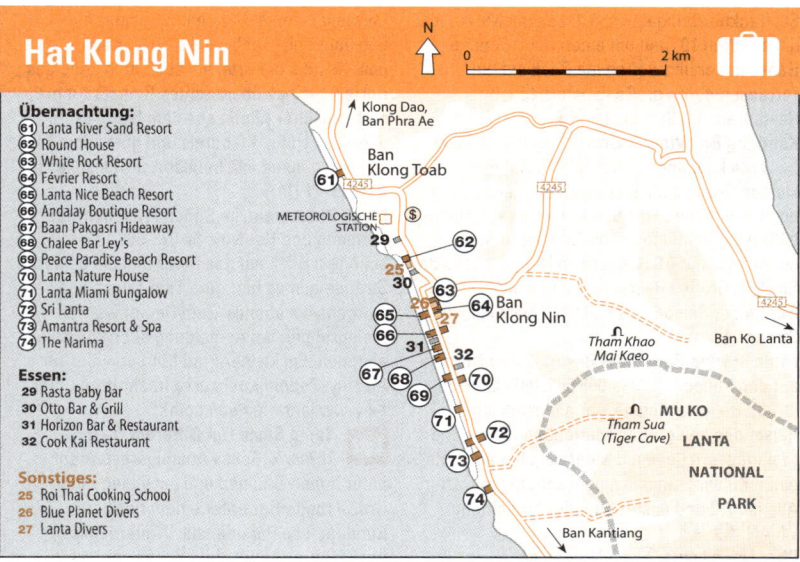

Hat Klong Nin

Übernachtung:
61 Lanta River Sand Resort
62 Round House
63 White Rock Resort
64 Février Resort
65 Lanta Nice Beach Resort
66 Andalay Boutique Resort
67 Baan Pakgasri Hideaway
68 Chalee Bar Ley's
69 Peace Paradise Beach Resort
70 Lanta Nature House
71 Lanta Miami Bungalow
72 Sri Lanta
73 Amantra Resort & Spa
74 The Narima

Essen:
29 Rasta Baby Bar
30 Otto Bar & Grill
31 Horizon Bar & Restaurant
32 Cook Kai Restaurant

Sonstiges:
25 Roi Thai Cooking School
26 Blue Planet Divers
27 Lanta Divers

Klong Dao, Ban Phra Ae
Ban Klong Toab
METEOROLOGISCHE STATION
Ban Klong Nin
Tham Khao Mai Kaeo
Ban Ko Lanta
MU KO
Tham Sua (Tiger Cave)
LANTA
NATIONAL PARK
Ban Kantiang

0   2 km

Ursprünglich war das Roi Thai nur ein Restaurant, das sich durch den Einsatz natürlicher Produkte ohne Geschmacksverstärker einen Namen gemacht hatte. Essen kann man hier immer noch sehr gut!

Tauchen

Blue Planet Divers, vor dem White Rock Resort, ℡ 085-472 3450, 🖥 www.blueplanetdivers.net. Kurse und Ausflüge. 🕑 7–17.30 Uhr.
Lanta Divers, gegenüber dem Lanta Nice Beach Resort, ℡ 075-668 057, 🖥 www.lantadiver.com. Kleine Basis der bekannten Tauchschule.

Hat Kantiang

Die schön anzusehende, etwa 1 km lange sichelförmige Bucht Hat Kantiang [5507] lockt mit hellem, feinem Sand. Im Hintergrund erheben sich die Berge des Nationalparks mit dichtem Grün. Der nördliche Bereich ist eng bebaut (was nicht immer sehr gelungen ist), es folgt eine freie Fläche, bis ein nobles Resort die gesamte zweite Hälfte des Strandes belegt. Ganz im Süden lockt ein schönes Ausflugsrestaurant. Das Meer ist hier bei Flut zum Schwimmen ge-

eignet, bei Ebbe stören oft Steine, sodass man nicht überall einfach in die Fluten springen kann. Leider gibt es kaum natürlichen Schatten, sodass in der Mittagshitze kein Zufluchtsort außerhalb der Anlagen oder Restaurants zu finden ist. Nur wenige Meter weiter die Straße hinauf (und dann auf kleinen Pfaden den Berg hinab), gelangt der Ruhesuchende zum **Hat Nuy**, einem kleinen unbebauten Strand. Hinter dem Strand befindet sich das sehr kleine Dorf Kantiang, hier gibt es einige Geldautomaten, Supermärkte, Reisebüros, Tauchschulen, Bekleidungsgeschäfte und Restaurants.

ÜBERNACHTUNG

Ancient Realm Resort & Spa ④, im Dorf, ℡ 087-998 1336, 🖥 www.ancientrealmresort.com, [8781]. Ruhige Anlage etwas abseits des Strandes. 7 unterschiedliche Zimmer im Reihenhaus an einem Garten. Ansprechende, abwechslungsreiche Einrichtung. Spa, kleiner Pool. Morgens weckt der Muezzin. ❺–❼
Baan Lanta Resort & Spa ⑤, im Norden der Bucht, ℡ 075-665 091, 🖥 www.baanlaanta.com, [5509]. In den Hang gebaute große Thai-

Stil-Teakholzbungalows, 5 davon mit Meerblick, die anderen 10 rund um einen Pool. Schöne Badezimmer und Betten mit Blick auf die Terrassen durch große Fensterflächen. Restaurant am Strand. ❻–❽

Kantiang Bay View Resort ⑦, ✆ 075-665 049, 🖥 www.kantiangbay.net, [8782]. Auf einem kleinen Grundstück stehen 20 Bungalows sehr eng beieinander. Es gibt noch ein paar Bambushütten mit Ventilator, sonst Zimmer in Steinbungalows mit AC (weitere im Hang jenseits der Straße). Großes Restaurant und die Why Not Bar (in der Saison ab 21.30 Uhr Livemusik) am Strand. ❸–❺

Lanta Marina Park View Resort ③, im Norden auf den Klippen, ✆ 075-665 063, 081-956 2935, [8783]. Beliebte Anlage, vor allem bei jungen Reisenden, mit großen Mattenbungalows und Steinhäusern (jene mit Meerblick haben auch einen Kühlschrank) in einem schattigen Garten. Alle mit AC und ansprechender Einrichtung. WLAN. ❺–❻

Phra Nang Lanta ⑥, im Norden der Bucht, ✆ 075-665 025, 🖥 www.vacationvillage.co.th, [8784]. In den 2 gelbgetünchten Häusern befinden sich 15 individuell gestaltete Zimmer. Terrasse oder Balkon. Einige Zimmer mit Verbindungstüren. Kleiner Pool direkt am Strand. Der Strand davor ist recht steinig, aber wenige Meter weiter südlich beginnt schöner Strand. WLAN. ❻–❼

Pimalai Resort & Spa ⑧, an der gesamten südlichen Bucht und am Hang darüber, ✆ 075-607 999, 🖥 www.pimalai.com, [8785]. Riesige Luxusanlage mit diversen Villen und Häusern. 4 Restaurants, 2 Bars, 2 Pools, Kinderpool, Spa, Fitnesscenter, Tauchbasis. Hier gibt's auch Liegen und Sonnenschirme am Strand oder gemütliche Liegeflächen in der Anlage unter schattigen Bäumen. ❽

ESSEN UND UNTERHALTUNG

Einfache Ausflugsrestaurants mit tollem Blick auf die Bucht befinden sich oberhalb der Bucht im Süden. Thai-Küche zu günstigen Preisen.

🏠 **Drunken Sailor**, im „Ortskern" nahe dem 7-Eleven. Thailändisches, Sandwiches und Burger zu fairen Preisen. Guter Kaffee und Espresso aus der importierten italienischen Kaffeemaschine. Hängematten bieten Entspannung. Buch- und DVD-Verleih.

Isarn Food à la carte, am südlichen Ende des Dorfes. Kleines überdachtes Restaurant mit authentischer Küche aus dem Isarn: Laab, gegrilltes Huhn, Klebereis und guter Som Tam. Gut und günstig, mit bebilderter Speisekarte. 🕐 8.30–21 Uhr.

Moon Restaurant, im Süden zwischen Hat Kantiang und Hat Nuy, ✆ 075-665 128. Mit schönem Blick auf das Meer und die beiden Strände gibt es hier gute Thai-Küche von morgens bis abends. Zum Dinner werden Kleingruppen bei Anmeldung auch kostenlos abgeholt. Ein kleiner Pfad führt von hier zur Ao Nuy. Zudem Kochkurse (mehr dazu unter 🖥 www.lanta-lamoon.com).

🏠 **Same Same But Different**, ✆ 081-787 8670. Tolles Ausflugsrestaurant unter hohen Bäumen und mit vielen Pflanzen. Große runde Bar unter einem riesigen Runddach im Pagodenstil. Weitere teils überdachte gemütliche Sitzgelegenheiten mit liebevollen Dekorationen. Gehobene Preise, da direkt am Strand gelegen. Stranddusche. Sonnenliegen.

AKTIVITÄTEN

Manta Divers, neben dem 7-Eleven im Dorf, ✆ 087-889 6802, 🖥 www.lanta-diving-safaris.com. Unter österreichischem Management von Peter Gattenberger werden hier Tauchausflüge und Kurse geboten.

Ao Klong Jark

Die sichelförmige ruhige Ao Klong Jark [5501] hat einen weißen, breiten Sandstrand, am südlichen Ende spenden Bäume etwas Schatten. Das klare Wasser ist ideal zum Schwimmen. Den Namen verdankt der Strand dem 3 km entfernt gelegenen **Wasserfall**. Unweit des Strandes, jenseits der Straße, liegt ein Elefantencamp, das Touren dorthin anbietet. Man kann aber auch auf eigenen Füßen die etwa einstündige Wanderung in den Dschungel am Flusslauf bis zum kleinen Wasserfall unternehmen. Zu sehen sind viele kleine Dschungelbewohner und eine große Anzahl Vögel. Am Fall selber wartet ein kühlender natürlicher Pool.

Andalanta Resort ⑨, ☎ 075-665 018, 🖥 www. andalanta.com, [5503]. Weitläufige Anlage unter Palmen mit unterschiedlichen Bungalows aus Holz oder Stein sowie Standardzimmern im 2-stöckigen Gebäude. Großer Pool mit Meerblick. Großzügiges, überdachtes Restaurant direkt am Strand. Kajakverleih. ❻

Klong Jark Bungalows ⑫, **89 Moo 5,** ☎ 075-665 016, [5504]. Versetzt und verstreut liegen einfache Mattenbungalows mit Ventilator, mehrere Steinbungalows mit AC (besonders schön die mit direktem Blick zum Strand) oder weit hinten Zimmer mit Balkon und Ventilator im 2-stöckigen weißen Gebäude. Die Atmosphäre ist familiär, das Restaurant gut und die „Take it easy"-Bar beliebt. Die angeschlossene Touristinformation organisiert Touren und Weitertransport. ❷–❹

Last Beach Resort & Restaurant ⑩, ☎ 089-532 8426, 🖥 www.lastbeachresort.com, [5505]. 2 große Bungalows aus Naturmaterialien, zudem ein weniger einladendes Steinhaus. Daneben ein hübsch mit Kokosnüssen dekoriertes Restaurant, Grillecke und Bar. ❹

Sunmoon Bungalow ⑪, ☎ 075-665 078, ✉ musasunmoon@hotmail.com, [5506]. Verschiedene Bungalows verstreut unter Bäumen in einer putzigen Gartenanlage, etwas abseits vom Strand. Matte, Stein, mit Ventilator oder AC. Die japanische Betreiberin spricht sehr gut Englisch und gibt der Anlage einen familiären Charakter. In der Nebensaison geschl. ❸–❹

Alle Unterkünfte haben ein Restaurant. Außerdem liegt am südlichen Ende des Strandes die kleine **Sunset-Bar**. Sie lädt mit Musik zu einem kalten Getränk ein (gemütliche Holzplattform mit Sitzkissen und kleinen Tischen; serviert werden Frühstück, Thai-Gerichte und Sandwiches).
Safaree Restaurant und das **Restaurant** (ohne Namen) an der Hauptstraße sind 2 weitere einfache, aber gemütliche Restaurants, die Thai-Gerichte anbieten.

Ao Mai Pai (Bamboo Bay)

Die Ao Mai Pai [3579] ist eine malerische kleine Bucht mit weißem Sandstrand – der letzte, be-

vor das Nationalpark-Gebiet beginnt. Im Hintergrund erhebt sich ein bewaldeter Hang. Im Wasser liegen einige größere Felsen, die bei Ebbe zu großen Teilen freiliegen und bei Flut schöne **Schnorchelmöglichkeiten** bieten. Am südlichen Ende der Bucht kann aber auch bei Ebbe geschwommen werden. Die Bucht ist **einsam**, nur mit drei Resorts bebaut.

🏠 **Baan Phu Lae Bungalows** ⑭, **109 Moo 5,** ☎ 075-665 100, 085-474 0265, 🖥 www. baanphulaeresort.com, [5499]. Die familiäre Anlage besteht aus einem guten Dutzend hübschen, gelb gestrichenen Bungalows mit Ventilator unter Bäumen am Strand. 2 Doppelbungalows aus Holz auf Stelzen etwas höher im Hang mit AC und großen Fenster mit Meerblick. Kochkurse. Freier Transport zur Anlage. ❺

Bamboo Bay Resort ⑬, ☎ 075-665 023, 🖥 www.bamboobay.net, [3581]. Alteingesessene Anlage mit vielen unterschiedlichen Bungalows, die am Hang liegend die Bucht überblicken, z. T. oberhalb der Straße, aus unterschiedlichen Materialien (Holz, Stein, Matte). Bungalow für bis zu 8 Pers. Ventilator und AC. Gemütliches Restaurant zwischen Bougainvilleen über den Klippen. Thai-dänische Leitung. ❹–❺

La Laanta Hideaway Resort ⑮, **188 Moo 5,** ☎ 075-665 066, 🖥 www.lalaanta.com, [5500]. Luxusanlage mit 20 Villen. Geschmackvoll in gelber Wischtechnik gestaltet. Palmendach von außen und dunkles Holz und bemalte Wände innen. Großzügig, mit Terrasse, TV, Kühlschrank. 2 Pools mit Jacuzzi, die Strandbar ist toll für einen Sundowner. ❻–❽

Ostküste

Das kleine Dorf **Ban Ko Lanta**, einst Hafenstadt an der Seidenstraße zwischen China und Indien, ist heute das Verwaltungszentrum der Insel. Hier bezog auch vor etwa hundert Jahren der erste Gouverneur der Insel sein Verwaltungsgebäude, ein Holzhaus im Thai-Stil, welches noch heute in der Altstadt zu finden ist. Dort prägen chinesische Handelshäuser noch immer das Bild. An der Hauptstraße gibt es Geschäfte, die Dinge des täglichen Bedarfs anbieten, und mehrere gute Fischrestaurants. Der Blick von den rückwärtigen Stelzenterrassen mit ihren Anlegepiers auf die vorgelagerten Inseln Ko Kam Nui, Ko Bubu und Ko Po lädt zum Träumen ein. Schwimmen ist hier nicht möglich. Das Wasser zieht sich bei Ebbe sehr weit zurück. Sonntags findet neben dem großen Pier ein sehenswerter **Markt** statt. Von Ban Ko Lanta geht es weiter bis zur Südspitze zum Seenomadendorf **Ban Sang-Ga-U.**

Im März wird das **Lanta-Festival** gefeiert. Hier demonstrieren die Ethnien, wie gut sie zusammenleben und welche eigenen Traditionen sie pflegen. Es wird getanzt, gutes Essen aufgefahren und auch die Tradition des Loy Rua (schwimmendes Boot) wird gezeigt (S. 674). Da die Ethnien sehr assimiliert zusammen leben, haben sie auch gemeinsame jüngere Traditionen gebildet. Dazu zählt der Rong-Ngeng-Tanz mitsamt seiner spezifischen Musik: eine Kombination aus westlichen, arabischen und chinesischen Einflüssen. Das Fest dauert drei Tage.

ÜBERNACHTUNG

Mangohouse Seavillas, ✆ 075-697 181, 🖵 www.mangohouses.com, [2999]. Das über hundert Jahre alte ehemalige chinesische Handelshaus ist eine erlesene Alternative, um abseits der Touristenstrände komfortabel zu wohnen. Das komplett renovierte Teakhaus ist ein Ort zum Wohlfühlen. Die 3 Zimmer mit großer Terrasse und Meerblick sind liebevoll restauriert. Schöne Bäder, z. T. Küche. Kunst an den Wänden, TV. Zustellbetten für Kinder vorhanden. Ventilator oder AC. **5**

ESSEN UND UNTERHALTUNG

Apsara, durch die Eingangshalle und die Küche geht es auf die kleine Terrasse dieses historischen Hauses. Wenige Tische, aber alle mit Meerblick. Das Ambiente ist einfach, die Gerichte relativ teuer. Zum Kochen wird vielfach Ketchup verwendet, wer dies nicht mag, sollte das kundtun.
Kroua Lanta Yai, **Fresh Restaurant** und **Seafood Restaurant**, alle mit großer überdachter Terrasse über dem Wasser und mit hübschen Pflanzen. Gute Auswahl an Gegrilltem, thailändischem und westlichem Essen. Ähnliche Preise.

Die schicke **mangobar+bistro** mit ihrem dunklen, stilvollen, kleinen Teakholzraum und der dezent beleuchteten Bar serviert westliches Essen wie Steaks und Burger, aber auch thailändische Küche und auf Wunsch sogar Hummer.
An der asphaltierten Querstraße zwischen Ban Ko Lanta an der Ost- und Klong Nin an der Westküste liegen das **Viewpoint Restaurant**, ein hübsches, im Thai-Stil gehaltenes Restaurant mit Feldstecher auf der Terrasse, und das **Khao Yai Restaurant**, ✆ 075-697 244, 🕐 8–21 Uhr. Beide bieten Thai-Gerichte, dazu einen tollen Blick über die Mangroven und die Inseln vor der Ostküste.

SONSTIGES

Medizinische Hilfe

Das **Krankenhaus** befindet sich kurz hinter Ban Ko Lanta (Old Town), ✆ 075-697 017 oder 075-697 100. 24-Std.-Notdienst.

Post

Auf der Straße zum Pier. 🕐 Mo–Fr 8.30–16.30, Sa 9–12 Uhr.

Ko Bubu

Die kleine bewaldete Insel kann in 15 Min. zu Fuß umrundet werden. Außer Strand und Meer (und einem Resort) findet sich hier nichts: Robinson-Leben pur. Nur die Tagesausflügler unterbrechen für wenige Stunden dieses Gefühl. Am Strand liegt das **Bubu Island Resort** ②, ✆ 075-618 066, mit 15 einfachen Mattenbungalows mit Ventilator, ❷–❸.

Anreise von Ban Ko Lanta (Old Town): Am Seafood Restaurant neben dem Pier ein Longtail-Boot mieten (Hin- und Rückfahrt 400 Baht für 1 Pers., 700 Baht für 2 Pers.).

Die Inseln südlich von Ko Lanta

Südlich von Ko Lanta bis hinunter an die Grenze zu Malaysia erstreckt sich eine faszinierende Inselwelt, in der schon so mancher sein kleines Paradies gefunden hat. Es locken weiße Sandstrände und kristallklares Wasser. Die Transporte zwischen den Inseln sind z. T recht teuer. Ob mit Longtail- oder Speedboot: Viele Routen wurde eigens für den Tourismus eingerichtet und berücksichtigen das von vornherein in ihrer Preisgestaltung. Auch bei den Unterkünften muss man sich besonders in der Hauptsaison auf z. T. recht happige Preise einstellen – und früh genug vorbuchen, denn die Zahl der Zimmer ist auf vielen der kleineren Inseln begrenzt.

Ko Hai

Unter dem Schutz des **Ko Lanta National Park** steht diese nur etwa 5 km² große Insel. Ko Hai, auch **Ko Ngai** [8803] genannt, ist von Dschungel überzogen und hat im Osten einen weißen, 3 km langen Sandstrand zu bieten. Bei Ebbe liegen im Norden viele Felsen über Wasser, und der Strand hier ist mit einigen Steinen durchsetzt. Schwimmen ist also nur bedingt möglich. Ein Dschungelpfad führt in etwa 30 Min. zur schönen, weißsandigen **Ao Ton Tong**, an der es ein Resort gibt. Das Meer davor eignet sich prima zum Tauchen, Schnorcheln und Schwimmen. Oberhalb der Bucht auf dem Berg haben die Parkranger eine Zweigstelle: Hier kann man auch zelten.

Wer am Oststrand wohnt, fährt mit dem Longtail-Boot zum wenige Meter entfernten Pier (vor dem Ko Ngai Resort). Hierher führt auch ein Trampelpfad (Vorsicht; teils ungesichert) oder bei Ebbe der Weg über die Felsen. **Hochsaison** ist zwischen Januar und April. Die Insel ist aber immer einen Besuch wert, schon im Dezember wird das Wetter besser, und bis in den Juli hinein ist es meist schön. Wer süßes Nichtstun in einer atemberaubenden Kulisse sucht, ist hier absolut richtig.

Alle Anlagen haben ein Restaurant; normalerweise ist ein Frühstück inkl.

Oststrand

CoCo Cottage Resort ③, ✆ 089-724 9225, 087-898 6522, Büro Trang 075-224 387, 🖥 www.coco-cottage.com, [8889]. In einer romanti-

schen Anlage, durch die ein Flüsschen führt, liegen 25 Bungalows aus Naturmaterialien wie Holz und Bambus; alle mit AC (aber ohne TV); meist große Terrassen. ❺–❽

Koh Hai Fantasy Resort & Spa ⑦, ✆ Büro Trang 075-215 923, Büro Bangkok 02-316 3577, 🖥 www.kohhai.com, [8891]. Großes Resort mit vielen unterschiedlichen Zimmern und Bungalows in gepflegter Gartenanlage. Geschmackvolle Einrichtung. Pool, Spa, Bars, Internet, Reisebüro, Souvenirshop, Tauchbasis Rainbow Divers (s. u.). ❺–❽

Koh Ngai Cliff Beach ①, ✆ Büro Trang 075-215 923, Büro Bangkok 02-316 3577, 🖥 www.kohngaicliffbeach.com, [8890]. Am nördlichen Ende des Oststrandes krallt sich dieser recht neue Hotelkomplex am Fels fest – nichts für Besucher, die keine Treppen mögen. Die Zimmer sind bequem ausgestattet und bieten einen tollen Blick von den kleinen Balkonen. Bäder mit Tageslicht. Der Pool ganz oben (super Aussicht) war leider bei unserem letzten Besuch auffallend grün und trüb. ❻–❽

Koh Ngai Seafood ④, ✆ 085-043 4099, 081-367 8497, ✉ kob_1829@hotmail.com, [8892]. 8 große Mattenbungalows unter Palmen mit Ventilator und Moskitonetz. Alle bieten Meerblick. Im Restaurant, auch mit Tischen direkt am Strand, gibt es neben den üblichen Verdächtigen zudem Popcorn (gesalzen), Schnitzel mit Bratkartoffeln (das Rezept hat ein deutscher Koch hinterlassen) und „Playboy Salat" (mit Seafood und Cashewnüssen). ❹–❺

Koh Ngai Thanya Resort ⑧, ✆ 086-950 7355, Trang Büro 075-206 967, 🖥 www.kohngaithanyaresort.com, [8893]. Geschmackvolle Villen in dunklem Holz eingerichtet, Panoramafenster, Bad und zusätzliches Außenbad, Minibar. Pool mit Meerblick, Jacuzzi und Kinderpool. ❻–❽

Koh Ngai Villa ⑤, ✆ 085-224 8702, Trang Büro 075-210 496, 🖥 www.kohngaivillathai.com, [8895]. Einfache Mattenbungalows mit Ventilator, Moskitonetz und Minibad ohne Waschbecken sowie Stein-Bungalows mit AC; zudem schlichte Zimmer im hinten liegenden Gästehaus. Winzige Strandbar, vom quirligen Franzosen Michel betrieben: guter Treffpunkt für einen Sundowner. ❸–❺

KO HAI (KO NGAI)

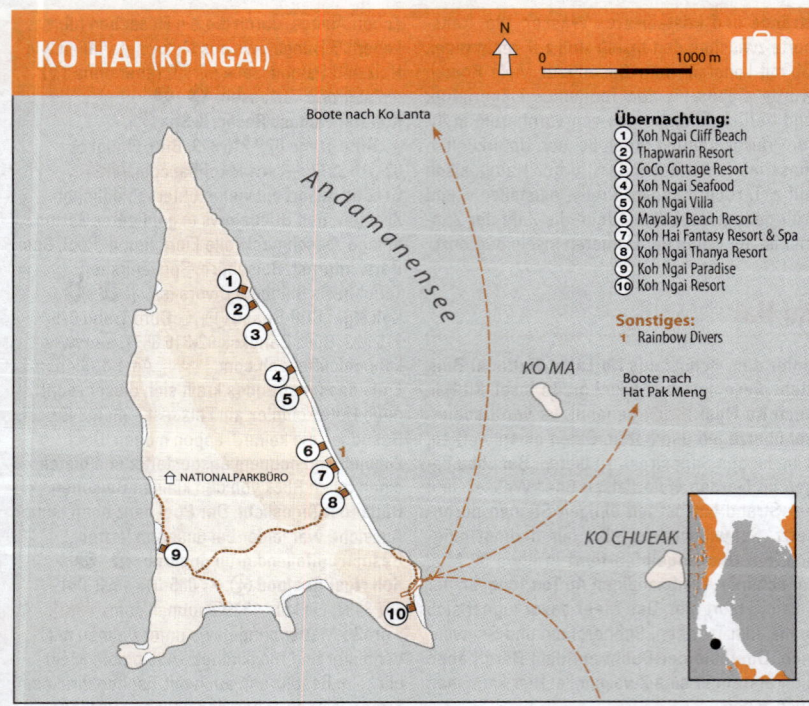

N

0   1000 m

Boote nach Ko Lanta

Andamanensee

Übernachtung:
1. Koh Ngai Cliff Beach
2. Thapwarin Resort
3. CoCo Cottage Resort
4. Koh Ngai Seafood
5. Koh Ngai Villa
6. Mayalay Beach Resort
7. Koh Hai Fantasy Resort & Spa
8. Koh Ngai Thanya Resort
9. Koh Ngai Paradise
10. Koh Ngai Resort

Sonstiges:
1. Rainbow Divers

KO MA

Boote nach
Hat Pak Meng

⌂ NATIONALPARKBÜRO

KO CHUEAK

Mayalay Beach Resort ⑥, ✆ 081-894 3585, 083-590 7523, 🖥 www.mayalaybeachresort.com, [8897]. Großzügige Anlage mit mehreren großen, einfachen Holzbungalows mit Palmblätterdach und großen Fenstern. Alle Bungalows liegen im hinteren Bereich. Auffällig sind die 3 hübschen, pagodenartigen Massageplätze in der Mitte. Hübsche Strandbar. ❺–❽
Thapwarin Resort ②, ✆ 081-894 3585, 086-479 6556, Trang Büro 075-218 261, 🖥 www.thap warin.com, [8898]. Große Holzbungalows mit AC oder Ventilator, alle mit Warmwasser, Bambusdach und Panoramafenstern, teils mit Meerblick unter Kokospalmen. Hübsche Strandbar. Generatorstrom von 9–21 Uhr. ❺–❽

Andere Strände

Koh Ngai Paradise ⑨, an der Südwestseite, ✆ 089-646 5731 (Marlen), Trang Büro 075-218 535, 🖥 www.kohhaiparadise.com, [8805]. An der unverbauten Ao Ton Tong stehen im weitläufigen Palmengarten ältere Holzbungalows, teils verwohnt, teils gut in Schuss. Immer einfache Ausstattung. Restaurant am Strand. Angenehme Atmosphäre für Backpacker ohne Ansprüche. Strom in den Bungalows 18–24 Uhr. Kostenlose Abholung vom Pier mit dem Longtail-Boot, für alle, die sich anmelden. Der Fußweg durch den Dschungel ist mit Gepäck kein Vergnügen. ❷–❹
Koh Ngai Resort ⑨, ✆ 075-206 924, 206 951, 081-089 1221, 🖥 www.kohngairesort.com, [8806]. Südlich des Oststrandes liegt dieses große Resort, welches besonders am Wochenende von asiatischen Reisegruppen besucht wird. Es gibt zahlreiche Zimmerkategorien, mal im Bungalow am Strand oder im Hang, mal im doppelstöckigen Reihenhaus (hier auch nur mit Ventilator). Großes Restaurant am Meer. Pool. WLAN. ❹–❼

Schnorchelausflüge

Alle Resorts bieten Ausflüge in die Umgebung (teils mit Schnorchelausflug) an. Angefahren werden wahlweise **3–4 Inseln**: Ko Muk (S. 697) mit Besichtigung der Emerald Cave, Ko Kradan (S. 700) und/oder die vor Ko Hai gelegenen kleinen Inseln Ko Ma und Ko Chueak. Kosten: 400–500 Baht, eine Tour wird ab 4 Pers. durchgeführt. Wer nach **Ko Rok** (S. 702) auf einen Schnorcheltrip fahren will, zahlt 1200 Baht inkl. Nationalparkgebühr; die Tour wird ab einer Mitfahrerzahl von 12 Pers. durchgeführt.

Tauchen

Rainbow Divers, ✆ 075-206 962, 🖥 www. rainbow-diver.com. Basis im Koh Hai Fantasy Resort, geöffnet vom 1. Nov.–7. April. Führt Tauchausflüge durch, u. a. zu den attraktiven Tauchplätzen bei Ko Rok, Ko Hai, Hin Daeng und Hin Muang (S. 676). Ebenfalls im Angebot: Nitrox-, Nacht- und Sunset-Tauchen. Für Tauch-Unerfahrene gibt es neben Anfängerkursen auch die Möglichkeit, mit einem Unterwasserscooter loszudüsen – natürlich in Begleitung eines Instructors. Lothar, der deutsche Betreiber der Tauchbasis, weilt schon seit den 1990er-Jahren auf der Insel und betreibt die Website 🖥 www.visit-koh-hai.com.

Speedboote verbinden Ko Hai mit den Inseln in der näheren und weiteren Umgebung, s. Fahrplan S. 675. Nach KO BULON LEH 1050 Baht, nach KO KRADAN 400 Baht, nach KO LANTA 650 Baht, nach KO LIPE 1600 Baht, nach KO MUK 350 Baht.
Longtail-Boote können für Ausflüge z. B. nach KO MUK (Emerald Cave) oder KO KRADAN gechartert werden; die Preise liegen bei rund 1500 Baht (einfache Fahrt).

Ko Muk

Ko Mook [8807], wie diese Insel auch geschrieben wird, ist die drittgrößte Insel der Region. Sie gehört zum **Chao Mai National Park** und ist wegen der Nähe zum Festland schnell zu erreichen.

Vor der Küste wächst Seegras, sodass es hier noch Dugongs (Kasten S. 703) gibt, die man allerdings nicht so leicht zu Gesicht bekommt. Doch dank der vielen Felsen und Riffe gibt es zahlreiche Fische zu bestaunen, wie Clownfische, die hier meist Nemo genannt werden.

2013 war diese Insel der Hotspot der Region. Viele Traveller und Reisende besuchten die Insel, und die Anlagen waren auch nach der Hauptsaison noch vielfach für lange Zeit ausgebucht (vor allem am Hat Farang). Das Publikum ist gemischt: Traveller mit viel Reiseerfahrung, die die Insel seit Jahrzehnten besuchen, und junge Reisende auf ihrem ersten Thailand-Trip, Familien und Pauschalreisende ... Noch ist nicht abzusehen, wie sich die Insel entwickeln wird – noch werden Baugenehmigungen oft verweigert (da weite Teile des Eilandes als Nationalpark geschützt sind). Viele Tagesausflügler kommen aus Lanta und den umliegenden Inseln für einen kurzen Besuch in die eindrucksvolle Tham Morakot.

Tham Morakot

An der Westseite der Insel befindet sich die sehenswerte, etwa 50 m lange Höhle **Tham Morakot (Emerald Cave)** [8809]. Der Höhlentunnel kann entweder mit dem Kajak oder schwimmend durchquert werden. Nachdem es kurz stockfinster ist (eine starke wasserdichte Taschenlampe macht Sinn, wenn man allein unterwegs ist), öffnet sich der Blick auf eine kleine, von Felsen umschlossene Sandbucht. Einst wurde die Bucht von Piraten genutzt, die hier ihr Raubgut versteckten. Heute ist das Gebiet als Nationalpark geschützt und auf jeden Fall einen Besuch wert. Die ruhigste Zeit, um Tham Morakot selbst zu erkunden, ist der spätere Nachmittag. Das beste Licht allerdings bietet sich zur Mittagszeit; dann reflektiert das Meer die einfallende Sonne und wirft funkelnde Lichtreflexe an die Felswände – daher hat die Höhle auch ihren Namen „Smaragd"-Höhle.

Die Höhle ist mit dem Longtail-Boot (ab Hat Farang in 5 Min., ab Ostküste in etwa 15 Min.) oder dem Kajak (15 Min. ab Hat Farang, 1 1/2 Std. ab Ostküste) aus zu erreichen. Von Ko Kradan, Ko Hai oder Ko Lanta fahren Touristenboote direkt zur Höhle. Da alle diese Ausflügler zwischen 9.30 und etwa 14 Uhr die Höhle besuchen, wird es zu dieser Zeit sehr voll. Dann darf kein Kajak durch die Höhle fahren, damit niemand verletzt wird. Bei hoher Flut ist die Höhle nicht passierbar.

Die Strände

Das mit Kautschuk-, Kokosnussplantagen und über weite Teile mit Dschungel bewachsene Eiland besitzt drei Strände. Im Westen liegt der bekannteste Strand **Hat Yao**, die große Bucht. Sie wird meist Hat Farang oder Charlies Beach genannt. Der breite Strand mit feinem weißen Sand ist zwar teils mit Steinen durchsetzt (was Schnorchler erfreut), eignet sich aber dennoch zum Schwimmen. Direkt am Ufer ist das Wasser sehr flach, sodass sich hier auch Kinder wohlfühlen. Tagsüber ankern hier oft Longtail-Boote mit Tagesgästen. Die Strände der **Ostküste** sind Ao Hua Non und Ao Ma Kham. **Ao Hua Non** ist weitläufig, hat pudrig weißen weichen Sand und ist vor allem am Kap eine Idylle. Etwas rauer ist es am **Ao Ma Kham**. Hier ist der Sand etwas grobkörniger und mit Muscheln und Steinen durchsetzt. Schwimmen ist an beiden Stränden der Ostküste möglich.

Fast alle Übernachtungsmöglichkeiten können von Trang aus vorgebucht werden, was in der Hauptsaison ratsam ist. Es gibt auf Ko Muk nicht sehr viel Süßwasser, und vor allem die kleinen Anlagen haben oftmals kein Wasser.

Hat Yao/Farang Beach

Had Farang Bungalow ⑧, ✆ 087-884 4785, 🖥 www.kohmookhadfarang.com, [8814]. Hinter dem Sawaddee Resort liegt diese weitläufige Anlage mit Steinbungalows in gepflegter Gartenanlage. Zudem einige Mattenhütten und 4 dicht beieinander stehende Zelte. Gutes Preis-Leistungs-Verhältnis. Etwa 2–5 Min. zum Strand. WLAN. ❶–❸

Koh Mook Charlie Beach Resort ⑪, ✆ 075-203 281, 🖥 www.kohmook.com, [8816]. Zahlreiche saubere gepflegte Mattenbungalows mit Ventilator und weiße AC-Steinhäuser. Pool (Nichtgäste zahlen 200 Baht, Kinder 100 Baht pro Tag). Inkl. Frühstück. Restaurant, Internet, Minimarkt, Tauchschule. ❹–❻

Mookies ⑦, ✆ 087-275 6533, ✉ mookiebrian@yahoo.com, [8817]. Im wilden Dschungel stehen 5 ältere Zelte und ebenso bejahrte Mattenbungalows. Alle mit Gemeinschaftsbad. Unklar ist, wie lange die Anlage noch betrieben wird. ❶

Rubber Tree Bungalows ⑩, ✆ 075-215 972, 084-881 4059, 🖥 www.mookrubbertree.com, [8818]. Am Hang hinter dem Koh Mook Charlie Beach Resort. Gepflegt gefliesste Steinbungalows. AC oder Ventilator (etwas kleiner). Restaurant. Inkl. Frühstück. ❹–❺

Sawaddee Resort ⑨, ✆ 081-508 0432, 🖥 www.kohmook-sawaddeeresort.com, [8819]. Am Ende der Bucht stehen in einer Reihe mit Meerblick in die Jahre gekommene Bungalows auf Stelzen. Die Toiletten sind wenig einladend, die Matratzen waren 2013 recht neu. Empfehlenswert sind 2 Steinhäuser für Familien. Nette Leute. In der Saison abends BBQ. Kajakverleih. ❸

Ostküste

€ **CoCo Lodge** ③, rechter Hand des Piers im Dorf, ✆ 081-911 5623, 089-978 3261, 🖥 www.kohmook-cocolodge.com, [8820]. Geschmackvolle Bambushütten im Palmengarten. Klein, einfach, sauber. Schöne Bäder. Zudem Zimmer im Langhaus und in Steinbungalows und 3 kleine Zelte. Freundliche Betreiberin. Restaurant. WLAN. ❶–❸

Garden Beach Resort ②, Ao Ma Kham, ✆ 081-748 3849, [8821]. Einfache Mattenbungalows im Garten hinter der kleinen Bucht. Die Bäder bedürfen dringend einer Renovierung. Neuere Zimmer in 2 Doppelbungalows. Familienzimmer. Kostenlos Kajaks und Fahrräder. Sehr nette Leute. Beliebtes Restaurant. ❷–❹

Koh Mook Nature Beach Resort ⑥, Ao Hua Non, ✆ 075-207 934, 081-894 6936, 🖥 www.trangsea.com, [8822]. Große Steinbungalows in 2 Reihen mit AC, TV und meist Meerblick. Keine Naturmaterialien. Großes Restaurant. Schöner Strand. ❻–❼

Koh Mook Resort ①, Ao Ma Kham, ✆ 075-203 303, 🖥 www.kohmookresort.com. [8823]. Hier bieten viele Zimmer Meerblick, denn die Bungalows liegen am Hang. Holz-Stein-Bungalows mit Ventilator, Steinbungalows mit AC. Alle mit TV, Kühlschrank und inkl. Frühstücksbuffet. Großer Pool. ❺–❻

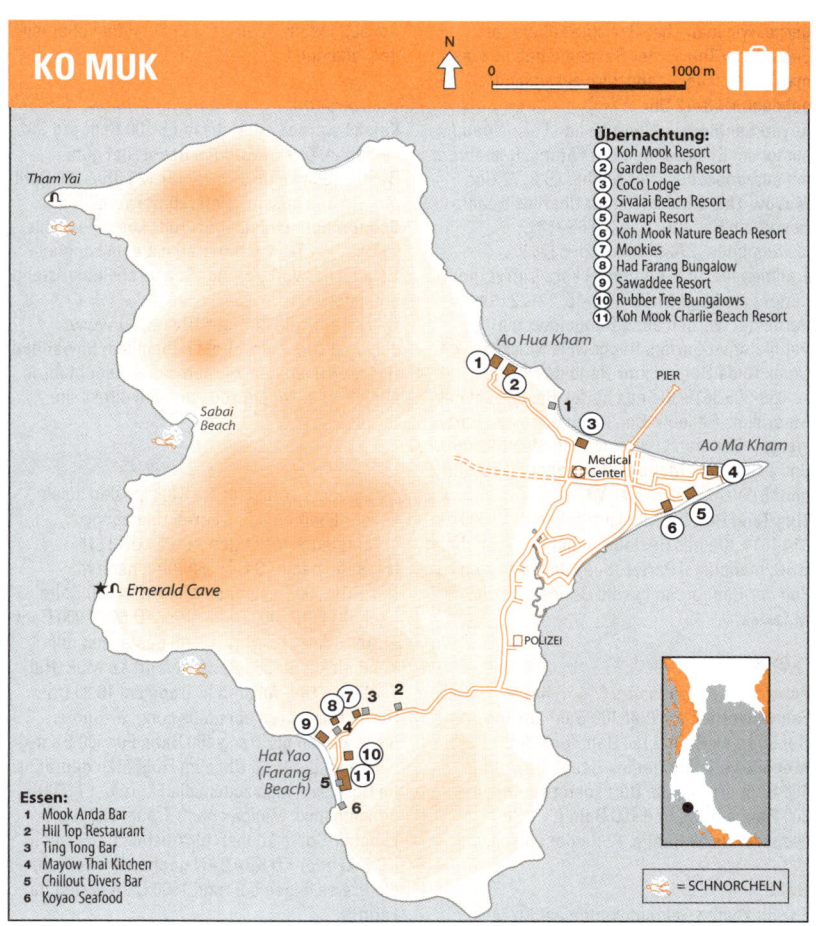

KO MUK

N
0   1000 m

Übernachtung:
1. Koh Mook Resort
2. Garden Beach Resort
3. CoCo Lodge
4. Sivalai Beach Resort
5. Pawapi Resort
6. Koh Mook Nature Beach Resort
7. Mookies
8. Had Farang Bungalow
9. Sawaddee Resort
10. Rubber Tree Bungalows
11. Koh Mook Charlie Beach Resort

Tham Yai

Ao Hua Kham

PIER

Sabai
Beach

Ao Ma Kham

Medical
Center

★ Emerald Cave

POLIZEI

Hat Yao
(Farang
Beach)

Essen:
1. Mook Anda Bar
2. Hill Top Restaurant
3. Ting Tong Bar
4. Mayow Thai Kitchen
5. Chillout Divers Bar
6. Koyao Seafood

= SCHNORCHELN

Pawapi Resort ⑤, Ao Hua Non, ✆ 086-444
7543, 🖥 www.pawapi.com, [8824]. Am Strand
ansprechende Holzbungalows mit liebevoll gestalteten Räumen und Bädern. Steinbungalows
mit AC. Restaurant mit Dachterrasse. ⑤–⑧
Sivalai Beach Resort ④, Ao Hua Non, ✆ 089-
723 3355, 🖥 www.komooksivalai.com, [8825].
Luxusanlage auf der malerischen Landzunge.
Neben den Luxusbungalows beeindruckt vor
allem der feine weiße Sand. Pool mit separatem
Kinderbecken. WLAN. Frühstücksbuffet. ⑥–⑧

Im Dorf und auf dem Weg dorthin finden sich
ein paar kleine Restaurants mit einfacher und
recht günstiger Thai-Küche.
Chillout Divers Bar, direkt am Hat Farang.
Besonders zum Sonnenuntergang beliebte Bar.
Hier locken Sitzkissen und Longdrinks, Shakes
und ein kühles Bier.
Hill Top Restaurant, 5 Min. Fußweg vom Hat Yao
Richtung Ostküste. Restaurant mit hervor-
ragender Thai-Küche. Die Besitzerin zeigt auch

gerne, wie man Thai-Gerichte zubereitet. Einfach am Tag vorher Bescheid geben, was man gerne mag – dann wird zusammen gekocht. ⏲ 8–22 Uhr.

Koyao Seafood, im Hang an den Felsen gebaut, mit tollem Blick auf den Hat Farang. Restaurant mit authentischer Thai-Küche. ⏲ 8–22 Uhr.

Mayow Thai Kitchen, hinter Charlies Beach Resort am Hat Yao, ☎ 087-885 7582, ✉ Somboon_27@hotmail.com, [8825]. Traditionelle Thai-Küche, leckere Currys, von netter Familie geleitet. ⏲ 8–15, 17–22 Uhr. Vermietet werden auch Bungalows mit Ventilator im Garten. Recht viele Moskitos. ➋

Mook Anda Bar, rechter Hand des Piers, ☎ 088-505 3615. Kleines nettes Restaurant mit Meerblick. Beliebte Bar, in der auch mal Partys steigen. Vermietet werden auch Steinhäuser und einfachste Mattenhütten, aber diese sind eher 3. Wahl, [8829]. ➋ – ➌

Ting Tong Bar, bei Mookies gelegen, ☎ 089-014 1614. Kleines Restaurant mit Bar, manchmal BBQ, manchmal Partys. Sue kümmerte sich zur Zeit der Recherche um die Bungalows von Mookies.

SONSTIGES

Fahrräder, Mopeds und Mopedtaxis

Fahrradverleih am Pier 100 Baht pro Tag. Bei Charlies Beach 100 Baht für 3 Std.

Mopeds verleiht Charlies Beach Resort für 400 Baht pro Tag. Im Dorf kostet ein Moped 300 Baht am Tag und 100 Baht für 1 Std.

Mopedtaxis 50 Baht p. P., Kinder umsonst.

Geld

Es gibt keinen Geldautomaten auf Ko Muk. Koh Mook Charlie Beach zahlt auf Visa und MasterCard Geld aus (6 % Kommission).

Touren

Mit dem **Longtail-Boot** werden verschiedene Touren angeboten, u. a. zur Emerald Cave (600 Baht für 2 Pers., 800 Baht für 4 Pers.), Emerald Cave und Ko Kradan 1200 Baht. Inselumrundung 1200 Baht. Wer plant, auf Ko Kradan zu nächtigen, kann auch mit Gepäck die Höhle besuchen und sich dann auf Ko Kradan absetzen lassen (1000–1500 Baht).

Am schönsten ist die Tour in die Höhle aber mit dem eigenen Kajak.

Wassersport

Kajaks werden am Hat Yao ab 100 Baht pro Std. verliehen. Das Sawaddee Resort hat gute Boote, auch einen 3-Sitzer für 120 bzw. 180 Baht pro Std. Die meisten Unterkünfte verleihen **Schnorchelausrüstungen** (teils kostenlos, teils 50 Baht am Tag). Bei Touren mit dem Longtail-Boot ist der Verleih einer Schnorchelausrüstung enthalten.

Beliebt sind die **Chillout-Divers**, 🖥 www. chilloutdivers.com, direkt neben dem Sawaddee Resort. Angeboten werden neben Tauchtouren auch Kurse. Zudem Yogastunden direkt am Strand.

TRANSPORT

Speedboote verbinden Ko Muk mit den Inseln in der näheren und weiteren Umgebung, s. Fahrplan S. 675. Nach KO BULON LEH 900 Baht, nach KO HAI 350 Baht, nach KO KRADAN 300 Baht, nach KO LANTA 900 Baht, nach KO LIPE 1400 Baht, nach KO MUK 900 Baht. TRANG, An- und Abreise am besten mit dem Kombiticket für 350 Baht: Abfahrt Ko Muk (Hat Yao) um 9 Uhr, Ankunft in Trang um 10.30 Uhr. Um 14 Uhr fahren ebenfalls Longtail-Boote, diese kosten bis Trang 400 Baht. Für 500 Baht wird man bis 15.30 Uhr zum Flughafen gebracht. Im Dorf kann man zudem die Fähre um 7.30 Uhr nehmen (inkl. Minibus nach Trang) 250 Baht. Longtail-Boote können für Ausflüge z. B. nach KO HAI oder KO KRADAN gechartert werden; die Preise liegen bei rund 1500 Baht (einfache Fahrt).

Ko Kradan

Diese Insel zeichnet sich neben dem traumhaften Oststrand vor allem durch Wald, Kokosplantagen und Kautschukbäume aus. Zum größten Teil gehört Ko Kradan zum **Chao Mai National Park**, ein kleinerer Teil ist in Privatbesitz. Die Nationalparkgebühr von 400 Baht wird nicht eingezogen, wäre aber erwünscht, wie ein Schild am Nationalparkhäuschen wissen lässt.

Der Oststrand von Ko Kradan [8836] gehört zum Standardprogramm einer jeden Tour in der Region, und er ist in der Tat sehenswert. Laut TAT ist es der schönste Strand der Region, und diesem Ruf wird er mit seinem goldgelb glänzenden Sand und dem türkisschimmernden Wasser auch gerecht. Wenn dann bunte Korallenfische und Seesterne dem Schwimmer Gesellschaft leisten und sich die Palmen im Wind wiegen, ist das Paradies perfekt. Bei Flut ist der Strand im nördlichen Bereich weitgehend überspült. Morgens bis mittags ankern zahlreiche Ausflugsboote, ob Longtail-, Speedboote oder Fähre im südlichen Bereich. Ruhiger wird es wieder ab 14 Uhr, wenn alle Boote verschwunden sind. Hier, nahe beim Nationalpark-Quartier, ist der Strand sehr breit, sodass man bei Ebbe oder Flut herrlich baden kann. Gut erhaltene Korallenriffe im Nordosten und im Süden sowie ein glitzerndes Meer laden Schnorchler zum Blick unter die Wasseroberfläche. Vor allem die südlichen **Unterwassergärten** sind einen Schnorchelausflug wert.

Der **Sunset Beach** im Westen wird vor allem gegen Abend interessant: Rote Felsen umrahmen die Bucht, und von einem Aussichtspunkt lässt sich die untergehende Sonne beobachten (hier gibt es eine kleine Bank, und Eingeweihte sitzen hier gerne mit einem kühlen Getränk und genießen die Aussicht). Der Sunset Beach wird nicht gesäubert, und so findet sich hier viel Strandgut. Die Schnorchelgebiete davor lohnen auch tagsüber den Besuch.

Auf Kradan gibt es keinen Geldautomaten, wer nicht in den teuren Resorts unterkommt, sollte daher an genug Bargeld denken.

ÜBERNACHTUNG UND ESSEN

Alle Bungalowanlagen und Resorts haben ein Restaurant. Die Preise für Verpflegung sind recht hoch. Es gibt nur einen kleinen Minimarkt (im Kradan Beach Resort) mit wenigen Produkten, wie Moskitospray und Chips. Beim Eingang zum Pfad ins Paradise Lost eröffnete Anfang 2013 die freundliche, lustige Took ein improvisiertes Restaurant. Hier gibt es leckeres Pat Thai, scharfen Som Tam und andere einfache Thai-Gerichte.

Coral Garden Resort, nördlicher Strandabschnitt, ☎ 090-702 7758, 🖥 www.

coralgardenresort.com, [8838]. Unter Bäumen 5 Holzbungalows mit ansprechender Ausstattung, AC, TV und großem Bett. Italienische Leitung. ❼

Kalume Village, nördlicher Strandbereich, ☎ 080-522 8220, 🖥 www.kalumekradan.com, [8839]. Am Strand dicht beieinander stehende Bambushütten, nur mit Matratze ausgestattet. Größere Holzbungalows im Garten. Ein Steinhaus für Familien. Alle Ventilator. Angenehmes Restaurant. Ruhige Lage. Italienische Leitung. ❹–❺

Kradan Beach Resort, zentraler Strandabschnitt, ☎ 075-211 391, 🖥 www. kradanbeachresort.com, [8840]. Im Langhaus gibt es günstige einfache Zimmer. Besser wohnt es sich in einem der Steinbungalows, mit und ohne AC. Besonders einladend sind die AC-Holzbungalows am Strand. Inkl. Frühstück, Kajaks und Schnorchelausrüstung kostenlos. Unfreundliche Leute. ❹–❼

Kradan Island Resort, ganz im Norden des Strandes, ☎ 088-821 3732, 087-382 3058, 🖥 www.kohkradanislandresort.com, [8842]. Direkt am Strand stehen teils sehr große Bambushäuser, die vom Amerikaner Bill und seiner Frau Noo vermietet werden. In der ersten Reihe 1-stöckig, dahinter mit einem Bett in der 2. Ebene für Familien bis zu 6 Pers. (für 2000–2300 Baht). Ganzjährig geöffnet. ❹

Nationalpark-Bungalows, am südlichen Ende des Oststrandes (Nationalpark-Büro), [8844]. Zelte für bis zu 4 Pers. und Bungalows mit

Heiraten unter Wasser

Eine besondere Attraktion der Insel ist die Unterwasserhochzeit am Valentinstag. Bei dieser Underwater Wedding Ceremony lassen sich im Februar zahlreiche Heiratswillige unter Wasser vermählen. Wer im privaten Rahmen tauchend heiraten möchte, kann an buddhistischen Feiertagen getraut werden. Ansprechpartner sind die Reisebüros in Trang.

Das Ganze kostet 25 000 Baht pro Hochzeitspaar am Valentinstag und 7500 Baht pro Gast. Mehr Informationen unter 🖥 www. underwaterwedding.com.

3 Betten. Hier ist nicht viel los, sodass man meist ohne Vorbuchung einen Schlafplatz findet. Ausnahme ist das Wochenende – da kann es voll werden. ❶–❷

🏠 **Paradise Lost**, 📞 089-587 2409, 081-767 6391, ✉ kohkradan@yahoo.com, [8843]. Das kleine Paradies mitten im Dschungel liegt auf halber Strecke zwischen Ostküste und Sunset Beach. Am Rande einer Kokosplantage stehen gepflegte Holzhütten, 3 davon noch mit Gemeinschaftsbad. Familienbungalow mit 2 Zimmern. 24 Std. Generatorstrom (es brummt daher die ganze Zeit). Gute Küche, große Portionen. ❷–❹

The Sevenseas Resort, zentraler Strandabschnitt, 📞 075-203 389, 082-490 2442, 🖥 www.sevenseasresorts.com, [8845]. Luxusanlage mit 24 raffiniert nobel, aber schlicht gestalteten Villen. Zu 3 Seiten Panoramafenster. Große Terrassen. TV, DVD, Minibar, WLAN. Kühl gestalteter Poolbereich in Grau- und Holztönen. Promotion-Angebote. ❽

TRANSPORT

Speedboote verbinden Ko Kradan mit den Inseln in der näheren und weiteren Umgebung, s. Fahrplan S. 675. Nach KO BULON LEH 900 Baht, KO HAI 400 Baht, KO LANTA 1150 Baht, KO LIPE 1400 Baht, KO MUK 300 Baht. Longtail-Boote nach KO MUK oder KO HAI per Privat-Charter um die 1500 Baht (eine Richtung). TRANG, mit dem Kombiticket Longtail-Boot und Minibus um 9 Uhr für 450 Baht. Um 13.30 Uhr für 500 Baht. Zum Flughafen 600 Baht (Ankunft 15.30 Uhr).

Ko Rok

Ko Rok gehört zum **Ko Lanta National Park** und befindet sich mitten in der Andamanensee, 40 km von der Küste entfernt. Die Natur ist hier scheinbar noch vollständig intakt – sowohl über als auch unter Wasser. Eine Attraktion sind die riesigen **Bindenwarane**, die an Touristen und Besucher gewöhnt sind und sich problemlos beobachten lassen. Doch nicht jeder, der hierher kommt, ist begeistert darüber, wie die Ranger die Tiere anfüttern. Artgerechtes Verhalten

zeigen die Warane daher nicht unbedingt. Nationalparkgebühr 400 Baht.

Ko Rok besteht aus zwei Inseln: Ko Rok Nok und Ko Rok Nai. An den Stränden von **Ko Rok Nok** kann man herrlich schwimmen. Ein tolles Korallenriff gibt's im Süden der Insel. **Ko Rok Nai**, östlich von Ko Rok Nok gelegen, bietet nur einen Strand. Zwischen den beiden Inseln bildet ein Korallenriff einen Kanal – eine schöne Tauchstelle mit vielen Fischen. Das Meer um die Insel herum ist oft rau und hat schon viele Fischer das Leben gekostet. Der am Strand stehende Schrein **Chao Mae Thapthim** wurde von den überlebenden Fischern gebaut, um die Geister versöhnlich zu stimmen. Auf dem Kap Laem Siam im Süden der Insel steht eine alte Stadtsäule, die zu Zeiten Ramas V. erbaut wurde und die damalige Grenze Thailands markierte.

ÜBERNACHTUNG UND TRANSPORT

Man erreicht Ko Rok mit einem privat gemieteten Boot vom Hat Pak Meng oder vom Ban Saladan Pier auf Ko Lanta. Die Bootsfahrer nehmen recht hohe Preise, sodass die meisten Touristen direkt mit einer gebuchten Tour kommen. Touren gibt es ab Trang, Krabi und Phuket. Ab Ko Lanta Touren mit Freedom Adventures, 🖥 www.freedom-adventures.net.

Nationalpark-Bungalows stehen auf Ko Rok Nok, sie kosten ab 2000 Baht. Buchungen und Informationen unter 🖥 www.dnp.go.th oder bei den Reisebüros in Trang, Ko Muk, Ko Lanta usw. Auch eine Übernachtung in guten Zelten ist möglich. Leider war es rund um das Restaurant zur Zeit der Recherche sehr vermüllt.

Ko Libong

Die größte Insel vor Trang liegt nur wenige Kilometer vom Festland entfernt. Sie ist hauptsächlich von **Dschungel** überzogen. Bekannt ist sie vor allem wegen den Vorkommen der Dugongs (Kasten, S. 703). Doch auch Vogelkundler werden hier glücklich: An einigen der verlassenen Strände (Joo Hoy Cap und am Toob-Strand) brüten und leben viele seltene Vögel. Ansonsten herrscht hier Ruhe, weshalb auch nur Ruhesuchende den Weg nach Ko Libong auf sich nehmen sollten.

Die Kühe der Meere

Im Roten Meer und im Indischen Ozean sind diese Säugetiere keine Seltenheit, wohl aber in Asien und vor allem in Thailand. Nur noch sehr wenige Dugongs, die in Thailand *Pla Payun* genannt werden, haben hier überlebt. Ihnen gilt auch ein Großteil des Schutzprogramms des Chao Mai National Park. Seit Gründung des Parks darf hier nicht mehr mit Dynamit gefischt werden. Auch herkömmliche Fischerei macht den Tieren zu schaffen. Zum einen verfangen sie sich in den Netzen und können nicht mehr zum Atmen an die Oberfläche gelangen. Zum anderen verletzen sie sich an den Motoren der Longtail-Boote.

Das Familienleben der Dugongs

Dugongs haben den Körper einer Robbe. Ihre Vorderflossen sind recht lang. Hinten hilft ihnen die quergestellte Schwanzflosse beim Navigieren. Der Blick der Meereeskühe hat etwas Melancholisches, und obwohl sie in den letzten Jahren weniger Grund zum Weinen haben als zuvor, bleibt ihr Blick doch traurig und erinnert uns daran, dass ihre Art durch Menschenhand arg dezimiert wurde. Ein Weibchen ist ein ganzes Jahr schwanger. Das kleine Dugong wird gesäugt und braucht 13–14 Jahre, bis es ausgewachsen ist. Dann ändert sich auch die Farbe von kindlichem Weiß in das gräuliche Braun der erwachsenen Tiere. Ausgewachsene wohlgenährte Dugongs werden 3 m lang und bis zu 300 kg schwer.

Die Kühe der Meere leben in Familienverbänden und haben ein hoch entwickeltes Sozialverhalten. Feinde bekämpfen sie nicht selten gemeinsam, und oft treffen sich die verschiedenen Clans, um gemeinsam zu grasen – im Idealfall essen sie unentwegt. Ihre Nahrung besteht aus Seegras, einer nur in der Umgebung von Trang wachsenden Grasart, die am Meeresboden in feinem, etwas schlickigem Sand gedeiht. Während des Essens tauchen die Tiere zum Atmen alle 40–400 Sekunden an die Oberfläche und strecken ihre Nase an die Luft.

Menschen zu Besuch

Einige Agenturen auf den Inseln rund um Trang bieten Ausflüge zu diesen seltenen Tieren an. Wer sich einer solchen Tour anschließt, sollte zum Schutz der Tiere Abstand wahren. Dugongs sind sehr scheu; wer zu laut angerast kommt, wird sie nicht sehen. Vielmehr muss man ruhig sein und auf die Neugier der Tiere hoffen. Taucher berichten, dass sie regelrecht mit den Seekühen spielen konnten. Doch vielleicht sollte man die Dugongs in Thailand besser zufrieden grasen lassen. Unter Umständen bleibt dann der Bestand ihrer Art in der Andamanensee noch lange erhalten.

Insgesamt gibt es auf der Insel drei Dörfer: zwei an den Häfen der Nord- und Südküste sowie das kleine Fischerdorf **Ban Lang Kao** am Weststrand, wo auch die wenigen Resorts der Insel liegen. Der Strand eignet sich während der Flut zum Schwimmen und vor allem zum Schnorcheln. Bei Ebbe zieht sich das Meer weit zurück, und der Strand wird von Steinen dominiert.

Die überwiegend moslemische Bevölkerung lebt vom Fischfang oder dem Kautschukanbau. Es gibt ein paar Autos auf der Insel, der Transport erfolgt aber primär mit Mopeds. Eine teils asphaltierte und teils gepflasterte Straße führt vom Pier bis zum Weststrand, sodass Besucher bequem mit einem Mopedtaxi zu den Resorts gelangen.

ÜBERNACHTUNG UND ESSEN

Die empfehlenswerten Resorts liegen am westlichen Ende des Weststrandes. Wer nicht im Resort essen will, findet geschmackvolle Thai-Küche im Fisherman's Restaurant im nahe gelegenen Dorf.

Le Dugong, Libong Resort & Diving Center, ☎ 087-475 8310, [8854]. In einer Reihe stehen 7 schöne Holzbungalows mit Ventilator und Meerblick. Recht große Veranden. Taucher müssen vorzeitig anfragen, wenn sie unter Wasser gehen wollen. Aufs Tagesgeschäft ist man nicht eingestellt. Ausbildungen werden nicht durchgeführt. ❸

Libong Beach Resort, ☎ 084-849 0899, 🖥 www.libongbeachresort.com, [8855]. 5 sehr

ansprechende Holzbungalows im Palmengarten. Alle mit Meerblick und Ventilator. Offene
Bäder, große Veranden. Weiter hinten auf dem
Gelände liegen 10 kleinere, weitaus weniger
ansprechende Hütten mit AC oder Ventilator.
Auch die großen AC-Bungalows linker Hand
des Restaurants sind weniger gelungen. Hier
finden allerdings Familien Platz, die ein großes
und ein kleines Bett wünschen. ❸ – ❺

Aktivitäten

Jolly Roger Tauchbasis, auf dem Gelände des
Libong Beach Resorts. Tauchausflug in die
Umgebung nach Absprache.
Von den Resorts werden **Schnorcheltrips**
organisiert, z. B. nach Ko Muk und Ko Kradan
(800 Baht bei 4 Pers.), nach Ko Rok (1000 Baht
bei 5 Pers.) oder rund um die Inseln zur Dugong-
und Vogelbeobachtung (400 Baht bei 4 Pers.).
Die Dugong-Beobachtungstouren sind wenig
spektakulär, da man die Tiere nur mit Glück
und nur von Ferne sieht (was zu deren Schutz
natürlich sehr gut ist !). Ansonsten dümpelt man
ggf. lange in einem Longtail-Boot an der Küste
herum.
Beide Resorts vermieten zudem **Kajaks**
(200 Baht), **Schnorchelausrüstung** (50 Baht) und
Mopeds 300 Baht).

Geld

Es gibt keinen Geldautomaten und keine Bank.

Internet

Selbst wenn WLAN angepriesen wird, ist der
Empfang zu schwach für Handy und Co. Auch in
den Internetshops der Resorts gibt es selten
stabile Verbindungen.

Vom und zum Anleger im Norden der Insel mit
dem Mopedtaxi für 100 Baht p. P. Es gibt auch
Mopedtaxis mit Sidecar für alle mit mehr
Gepäck (z. B. Mr. Si, ✆ 080-529 4753).
TRANG, mit dem Taxiboot für 50 Baht in 30 Min.
zum Dorf Chao Mai auf dem Festland. Von hier
fahren Minibusse in 1 Std. für 70 Baht nach
Trang. Das Taxiboot fährt in beide Richtungen
erst ab einer Gesamtsumme von 500 Baht, also

muss man sich auf Wartezeiten einstellen oder
die Differenz bezahlen.
KO KRADAN, KO SUKORN, KO MUK, KO LAO
LIANG, mit einem Charterboot (bei den Resorts
buchbar). Nach Kradan für 1200 Baht, Ko
Sukorn 2300 Baht, Ko Muk 1300 Baht, Ko Lao
Liang 1500 Baht.

Ko Lao Liang

Ko Lao Liang ist wegen der hohen Kalksteinfelsen direkt am Meer vor allem bei geübten
Kletterern beliebt. Sie besteht aus zwei massiven Steinfelsen. Die Südinsel wird von Fischern
bewohnt. Hier findet sich ein wunderschöner
Strand. Die Küste kann man mit dem **Kajak** erkunden, unter Kalksteinfelsen hindurchpaddeln
und an den blütenweißen Stränden anlanden.
Beide Inseln haben an der Nord- und Ostküste
herrliche Strände mit sauberem Sand.

Auf der Nordinsel steht ein modernes **Zelt-
Resort**, buchbar beispielsweise über 🖳 www.
andamanadventures.com. Kletterer wenden
sich vielfach an das Basecamp am **Ao Ton Sai**
(S. 637). Die Zelte sind geschmackvoll und mit
Matratzen und Ventilator ausgestattet und liegen am herrlichen, 200 m langen Strand. Mit
Vollverpflegung 1500 Baht p. P. und Nacht. Meist
dauern organisierte Touren hierher zwei Tage
und schließen Schnorcheln und Kajaktouren
ebenso wie einen Besuch bei den Schwalbennestern. Die Saison auf Ko Lao Liang beginnt
Mitte Oktober und endet im Mai.

Ko Lao Liang ist von Ko Sukorn mit dem Longtail-Boot in 15 Min. oder mit dem Boot vom Hat
Yao erreichbar.

Ko Sukorn

Vor der Küste des Ortes Palian liegt die Insel Ko
Sukorn (auch Koh Sukon). An der Südküste und
Nordwestspitze erheben sich zwei dschungelbe-
wachsene Hügel, sonst ist die Insel mit den drei
Dörfern flach. Große Teile der bewirtschafteten
Fläche sind mit Kautschukbäumen bepflanzt.

Im Norden liegt das größte Dorf der Insel,
Siammai, wo auch die Boote zum Festland ab-

fahren. Hier gibt es ein paar Läden, Schulen und Moscheen. Auf den ausgebauten Straßen fahren nur wenige Autos. Wenn man überhaupt von Verkehr sprechen kann, dann wird dieser von Mopeds verursacht.

Es gibt zwei Strände mit Übernachtungsmöglichkeiten (wer mag, kann auch im Dorf wohnen). Beide Strände haben eine graubraune Farbe, weichen Sand und sind mit vielen Muscheln durchsetzt. Der etwa 500 m lange **Hat Lo Yai** liegt an der Westküste. Die Abschnitte zwischen den Resorts sind naturbelassen und daher oftmals mit Treibgut bestückt. An der Nordwestseite liegt der weite **Hat Lodalam**. Bei Ebbe kann man über Steine vom Hat Lo Yai bis zum Hat Lodalam laufen.

Alle Anlagen bieten ein Restaurant. Beliebte Restaurants haben das Sukorn Andaman und Sukorn Beach Bungalows. Bei fast allen Anlagen ist das Frühstück inkl. Und besteht meist aus Kaffee/Tee, Toast mit Ei, mit etwas Glück bekommt man auch einen Fruchtsalat oder eine Reissuppe.

Koh Sukorn Paradise ①, Hat Lodalam, ☏ 089-898 9308, 083-691 2588, 🖥 www.kohsukorn paradiseresort.com, [8857]. Etwas in die Jahre gekommene Anlage am ansonsten unbebauten Strand. Die Lage ist einmalig, doch die Bungalows bedürfen alsbald einer Renovierung. Mit Glück erwischt man ein wahres Schätzchen, mit Pech schläft man auf einer knüppelharten schimmeligen Matratze. Einige Bungalows bieten AC, Strom gibt es allerdings nur von 18–6 Uhr. Kein Warmwasser. ❺

Koh Sukorn Resort ④, Hat Lo Yai, ☏ 075-207 692, [8858]. Große Anlage mit Steinbungalows im von großen Bäumen bestandenen Garten. Wurde zum Zeitpunkt der Recherche renoviert. ❹–❺

Sukorn Andaman Resort ⑥, Hat Lo Yai, ☏ 075-218 990, 081-416 2526, 🖥 www. sukornandaman.com, [8859]. Anlage mit angenehmer Stimmung. Geleitet von Santi, von allen Sam genannt. Recht große Zimmer in den Doppelhäusern und etwas verwohnten Steinbungalows. Teils mit AC und Warmwasser. Kostenlose Kajaks. ❸–❹

Sukorn Beach Bungalows ⑤, Hat Lo Yai, ☏ 075-207 707, 089-647 5550, 🖥 www. sukorn-island-trang.com, [8860]. Ganzjährig geöffnetes Resort mit 20 recht eng beieinander liegenden Bungalows aus Holz und Stein in einem gepflegten Garten. Die 3 schönsten Bungalows direkt am Strand. Ventilator oder AC. Niederländische Leitung. Viele Stammgäste, älteres Publikum. ❹–❻

Sukorn Cabana Resort ③, nördlich der Hat Lo Yai, ☏ 089-724 2326, 🖥 www.sukorncabana. com, [8861]. Das Resort liegt abgeschieden in einer kleinen Bucht neben Hat Lo Yai. Im Garten stehen Holzbungalows mit 2 Betten, AC, Kühlschrank, Tisch und Veranda mit Meerblick. Am Hang große, überteuerte, bunt bemalte Steinhäuser. ❹–❺

Village Bungalows ②, im Dorf Siammai, ✉ alexander.herrmann@aiengine.org, [8899]. Ein paar wenige einfachste Bambushütten ohne eigenes Badezimmer mit Matratze auf dem Boden, sowie ein „Deluxe"-Bungalow mit Badezimmer. ❶–❷

Tomyam Restaurant, an der Straße Richtung Ban Siammai, [8901]. Kleines Restaurant ohne englisches Schild, aber mit englischer Speisekarte. Die Spezialität ist Tom Yam. Genossen in einem großen traditionellen Topf, kostet sie zwar stattliche 350 Baht, ist ihren Preis aber wert. Auch andere Thai-Küche steht zur Wahl. Vermietet werden auch einfache Bambushütten mit Bad. ❷

Aktivitäten und Touren

Fast alle Resorts organisieren **Schnorchelausflüge** zu den vorgelagerten Inseln, z. B. nach Ko Lao Liang für ca. 750 Bahnt. Oft ist jedoch schlechte Sicht, sodass etwas Zeit mitbringen sollte, wer diese Tour plant.

Eine **Fahrradtour** (alternativ mit dem Moped) über die Insel ist sehr lohnenswert. Man radelt auf meist ebener asphaltierter Straße, vorbei an grasenden Ochsen und durch stimmungsvolle Kautschukplantagen und bekommt so einen Einblick in das ländliche Leben der Bauern.

DIE SÜDLICHE ANDAMANENKÜSTE

N

0   1000 m

Übernachtung:
1. Koh Sukorn Paradise
2. Village Bungalows
3. Sukorn Cabana Resort
4. Koh Sukorn Resort
5. Sukorn Beach Bungalows
6. Sukorn Andaman Resort

Essen:
1. Tomyam Restaurant

Transport:
1. Motorradtaxis

Fähre nach Trang

Ao Lodalam

Pier

Ban Siammai

TOWN HALL

Hat Lo Yai

Ban Tung

A n d a m a n e n s e e

Ban Laem   PIER

Geld

Es gibt keinen Geldautomaten und keine Bank. Bei Sukorn Beach Bungalows kann man mit VISA und MasterCard bezahlen, Travellers Cheques einlösen und Geld wechseln.

Internet

Die Anlagen bieten alle WLAN, was mehr oder minder funktioniert. Meist gibt es nur im Restaurant Empfang, und dies auch nur mit mäßigem Datenvolumen.

Kanu-, Moped-, Fahrradverleih

Die Anlagen am Strand haben alle Kanus. Oft ist die Ausleihe kostenlos. Mopeds kosten für einen Tag (morgens bis abends) 300 Baht, 4 Std. 200 Baht (die Zeit reicht i.d.R. für einen Ausflug um die Insel), Fahrräder 100 Baht.

TRANSPORT

TRANG, am einfachsten ist es, man lässt sich die Fahrt nach Trang organisieren. Dann kostet der Transfer vom Resort zum Anleger (etwa 5 Min.), weiter mit dem Boot zum Festland (15 Min.) und mit dem Minibus (45 Min.) nach Trang 250 Baht p. P. Die Abfahrt ist allerdings sehr früh am Morgen, denn es geht um 7.10 Uhr los. Auf eigene Faust: Taximoped zum Hafen 50 Baht p. P., Boot um 7.30 Uhr zum Laem Ta Se Pier (50 Baht). Meist fährt auch um 11 Uhr ein Boot. Charterboote jederzeit für 300 Baht. Ab dem Pier am Festland geht es (zu Zeiten der oben genannten Boote) weiter mit dem öffentlichen Songthaew für 30 Baht nach YAN THA KHAO, weiter nach Trang mit dem Minibus für 40 Baht (fährt nicht immer). Ein Taxi kostet 200 Baht. Um 12 Uhr gibt es oft (aber nicht sicher) einen Minibus vom Hafen direkt nach Trang für 70 Baht.

KO HAI, morgens mit dem Longtail-Boot für 3200 Baht.

KO LAO LIANG, mit dem Longtail-Boot morgens für 1750 Baht (max. 4 Pers.).

KO LIBONG, KO BULON LEH, mit dem Longtail-Boot morgens für etwa 2700 Baht (max. 4 Pers.).

KO MUK, KO KRADAN, morgens mit dem Longtail-Boot für etwa 3000 Baht (max. 4 Pers.).

Ko Petra National Park

Ko Petra ist die Hauptinsel des Ko Petra National Park und liegt in der Straße von Malakka. Das Gebiet umfasst 22 Inseln und ist seit 1984 Thailands 14. Meeresnationalpark. Etwa 500 km² gehören zum Park; dazu zählen auch noch Strände vor Satun (am Südende Thailands), etwa der **Hat Rawai**. Bekannt ist der Ko Petra National Park vor allem wegen seiner vom Aussterben bedrohten **Meeresschildkröten**, die hier jedes Jahr zur Eiablage kommen.

Die Insel Petra hat aus der Luft betrachtet die Form eines Schiffes. Sie ist mit viel Grün gesegnet, hat zerklüftete Kalksteinberge und im Osten einen schönen weißen Strand. Korallenriffe sind tolle Schnorchelreviere. Das Nationalpark-Büro des Ko Petra National Park befindet sich in der **Ao Nun**, 3 km vom Pier in Pakbara entfernt, Eintritt 200 Baht.

Ko Petra wird zwischen dem 1. Mai und dem 31. Oktober nicht angefahren.

Ko Bulon Leh

Die hügelige kleine Insel Bulon Leh (auch Bulon Lae) **[8720]** ist Teil des **Petra-Archipels** und ein Refugium für Ruhesuchende. Hier finden sich alle Altersklassen mit und ohne Kinder, um ein paar Tage auszuspannen. Manche bleiben länger als geplant: Der Grund ist neben relativ günstigen Unterkünften der lange weiße Sandstrand im Osten, von Muschel-, Korallenresten und ausgebleichten Holzstämmen durchsetzt, umsäumt von Palmen und Kasuarinen, und ein intaktes Korallenriff direkt davor. Vor dem Pan-

sand Resort etwa kann man im Riff Feuerfische und andere Meerestiere sehen. Ein Nachteil der Idylle ist die oftmals auftretende große Population von Sandflöhen (vor allem in den noch feuchten Monaten Nov–Jan). Und: Der Strand vor dem Bulone Resort wird jedes Jahr weiter abgetragen. Die Betonpfeiler und andere Reste der vom Meer verschlungenen Hütten sollen aber Ende 2013 abgetragen und verschwunden sein. Der als Schulstraß bekannte Abschnitt ums Kap herum ist von diesen Widrigkeiten der Natur bisher nicht betroffen.

Neben dem schönen Oststrand bietet sich die **Mango-Bucht** für einen kurzen Ausflug an. Es dauert etwa 20 Min., um durchs Inland, vorbei an kleinen Anlagen und einer Kautschukplantage, zu dem kleinen Fischerdorf in der Mango-Bucht zu wandern. Hier werden Boote entladen, Netze geflickt und den alltäglichen Arbeiten eines Fischers nachgegangen. Es bietet sich nicht an, hier ein Sonnenbad zu nehmen. Passionierte Schnorchler wagen einen Blick auf das vorgelagerte Riff.

Wer gegen Abend unterwegs ist, kann an den Obstbäumen entlang der Wege **Flughunde** bei der Nahrungssuche beobachten. Bereits tagsüber kreuzt sicherlich der ein oder andere Waran den Weg, und auch Schlangen sonnen sich gerne auf der warmen Straße. Auf den Wegen zwischen Strand und Dorf nachts unbedingt feste Schuhe anziehen: Schlangenbisse sind im besten Fall unangenehm, zum Glück jedoch bei den hier vorkommenden Arten nicht tödlich.

Wenig schön sind die Buchten **Panka Noi** und **Panka Yai**. Hier befindet sich auch das Inseldörfchen, welches von Chao Le bewohnt wird, mit der lautstarken Moschee. Wer hierher kommt, sollte sich auf jeden Fall angemessen kleiden (Rock, Hose und T-Shirt).

Die Resorts haben i.d.R. von November bis Mai geöffnet. Lediglich im Pansand und im Bulone wird man während der anderen Monate unterkommen (was sich allerdings meist nur für Leiderpobte lohnt, paradiesisch ist es während des Monsuns nicht mehr).

ÜBERNACHTUNG

In der Hauptsaison (Dez–Feb) kann es vorkommen, dass die Insel komplett ausgebucht ist. Dann kommen Spontanbesucher nur noch in einer Hängematte oder im Zelt unter. Sofern wir erfahren konnten, wann die Betreiber am liebsten Buchungen entgegennehmen, haben wir dies vermerkt. Alle Anlagen versorgen sich eigens mit Strom, sodass ab 18 Uhr die Generatoren brummen. Meist verstummen sie gegen 24 Uhr. Taschenlampen sind also Pflicht.

Untere Preisklasse

Ban Sulaida, zwischen Dorf und Strand, ☎ 084-407 6978, [8790]. Eine Handvoll Holz- und Mattenbungalows. Ventilator und eigenes Bad. Beliebtes Restaurant. Viele bleiben hier länger, es ist schwierig bis unmöglich, einen Bungalow zu reservieren. ❷

Chaolae Food and Homestay, ☎ 086-290 2519, 086-967 0716, [8791]. Oberhalb der Panka Yai. Im Garten stehen 8 gepflegte Holzbungalows mit Ventilator. Die Bäder haben noch Hocktoiletten. Moskitonetze aus Baumwolle. Zudem kleine Zelte für 2 Pers. für 50 Baht. Strom von 18–24 Uhr. Restaurant mit großen Portionen. Tgl. grüßt der Muezzin. Vorbucher: 1 Woche vorher anrufen. ❷

Jungle Hut, [8793], in einer Gummibaumplantage auf dem Weg zur Mango-Bucht. Besonders die älteren Backpacker treffen sich hier. Günstige Hütten und recht große Zelte (nur mit einer dünnen Matte ausgestattet). Günstiges Restaurant. ❶

Sawleena Resort, ☎ 083-170 4148, [8794]. Auf dem Weg zur Mango-Bucht nahe der Kautschukplantage vermieten Reyba und Naam 6 einfache Bambusmattenbungalows in einem kleinen, lang gestreckten Garten. Hocktoilette, Moskitonetz. Kleiner authentischer Minimarkt, in dem neben Moskitoschutzmittel (sehr nötig) auch Obst und Knabbereien verkauft werden. ❶

School Bungalows, [8795], direkt neben der Schule am Fußballfeld, nur ohne telefonische Voranmeldung. Viele bleiben hier länger. 6 Mattenbungalows mit Ventilator und Moskitonetz. Vermietet werden auf Wunsch auch Zelte, die unter den Kasuarinen am nahegelegenen Laem Son Kap aufgestellt werden können. Kein Restaurant. ❷

Viewpoint Resort, Ao Panka Noi, ☎ 085-080 4860 (Mrs. Siajai), 089-657 4560 (Mr. Kee), [8796]. Vorne am Strand und den Hang hinauf einfache Bungalows, teils sehr verwohnt. Die Steinbungalows am Meer sind etwas besser in Schuss. Nette Leute. ❷ – ❹

Mittlere Preisklasse

Bulone Resort, am White Sand Beach, ☎ 081-897 9084, 086-960 0468, 🖥 www.bulone-resort.com, [8797]. Zahlreiche Bungalows unterschiedlicher Größe mit Ventilator. Sehr beliebt und schön am Meer gelegen. Kostenpflichtiges Internet (auch WLAN), Minimarkt, Kanu-Verleih (150 Baht pro Std.) und Schnorchelausrüstung (160 Baht). Strom 18–6 Uhr. Kein Restaurantbetrieb zwischen 15 und 18 Uhr. Beliebt und weit im Voraus ausgebucht. ❹ – ❺

Bulonhill Resort, im Hang hinter dem Bulone Resort, ☎ 080-709 8453 (Chen), 086-960 3890 (Katja, spricht deutsch), [8722]. Saubere, einfache Holzbungalows mit Moskitonetzen in einem verwilderten Garten. Ein Familienbungalow und ein Steinhaus. Gute Küche, freundliches Thai-deutsches Management. Buchungen am besten einen Tag vor Ankunft. ❷ – ❺

Marina Resort, ☎ 081-598 2420, 085-078 1552, [8723]. Am Hang hinter dem Schulstrand stehen geräumige, außergewöhnlich ansprechend gestaltete Holzbungalows mit geschwungenen Palmblattdächern und großen Veranden. Innen Moskitonetze. Kleiner Minimarkt. Gemütliches Restaurant. Oft ausgebucht, daher entweder einen Tag vorher anrufen oder bereits etwa 1 Monat im Vorfeld buchen. ❹

Panka Bay Resort, an der gleichnamigen Bucht, ☎ 081-990 5878, [8798]. Am Meer stehen kleine Steinhäuser sehr beengt, ungepflegt. Das Plus ist der direkte Meerblick. Lockender sind die im Hang liegenden größeren Holzbungalows. Teils mit großer Fensterfront und guten Betten, teils verwohnt. ❷ – ❸

Pansand Resort, ☎ 081-693 3667, 🖥 www.pansand-resort.com, [8800]. Anlage mit 27 geräumigen Holzbungalows am Nordende des Strandes in einer Gartenanlage, einige direkt mit Strandblick. Bei Ebbe kann man hier nicht gut ins Meer, da der Strand von Felsen durchsetzt ist. Restaurant, Internet, Verleih von Schnorchelequipment. Inkl. Frühstück. Strom 18–6 und 12–16 Uhr. ❺

ESSEN UND UNTERHALTUNG

In einem kleinen **Foodstall** ohne Namen oder Sitzgelegenheit, auf dem Weg zur Panka Noi, gibt es leckeren Klebreis mit Huhn. In dem Supermarkt des **Jiab Resort**, ☎ 085-077 2769, auf dem Weg zur Mango-Bucht, [6792], gibt es neben Zahnpasta u. Ä. leckere Früchte und kühle Getränke. Vermieten auch Bungalows. ❷ **Coconut Bar**, auf dem Weg vom Dorf zum Strand auf dem Hügel gelegene Bar aus Schwemmholz. Sehr gelungen gestaltet. Cocktails, Bier und nette Musik. Hier lässt es sich aushalten. Die **Rockbar** ist bereits länger im Geschäft und bietet Meerblick an der Ao Panka Noi.
Mimi's Rotishop an der kleine Kreuzung. Sehr leckere günstige Roti (dünne Pancakes) mit Banane, Schokolade oder auch Curry (Letzteres ist selten vorrätig und sollte bestellt werden, da das Curry aus eigener Herstellung kommt). Keine Getränke. ⏰ morgens und von nachmittags bis abends.
Pin & Mooda Restaurant, kleines Restaurant an der Panka Noi mit guter Thai-Küche. Riesiger Fruchtsalat.
Sulaida Restaurant, das Restaurant ist bekannter als das Resort selbst. Besonders abends zeigt sich die Beliebtheit, denn dann sind oft alle Tische besetzt. Dann kann eine Bestellung länger dauern. Beliebt ist der gegrillte Fisch, die Currys und auch die Tom Yam.
Su's Bakery, an der kleinen Kreuzung gelegenes Restaurant mit Tischen unter schattigen Bäumen. Guter Kuchen – meist tgl. frisch gebacken. Guter Kaffee.
Viewpoint Restaurant, hier sitzt man direkt am Meer mit Blick auf die umliegenden Inseln. Gute Küche zu fairen Preisen. Nette Leute.

AKTIVITÄTEN

Schnorcheltrips auf eigene Faust kann man z. B. am Riff südöstlich des Pansand Resorts unternehmen. Zu sehen sind Feuerfische, die man nicht nur zum Schutz der Tiere, sondern vor allem aus Eigennutz nicht berühren sollte, unter guten Bedingungen auch Muränen und manchmal kleine Riffhaie.
Mr. Mooda vom Pin & Mooda Restaurant (falls geschl. über Viewpoint Resort) fährt mit dem Longtail-Boot zu verschiedenen Plätzen und umliegenden Inseln, je nach Absprache: ein- oder mehrtägige Schnorchelausflüge (auch mit Angeln und nachfolgendem Verzehr der Beute) zu den Inseln Ko Bulon Don, Ko Bulon Mai Phai, Ko Bulon Rang, Ko Petra (S. 707), Ko Tarutao (S. 710), Ko Adang (S. 710) oder Ko Lao Liang (S. 704) und Ko Sukorn (S. 704). Die Insel Ko Bulon Don ist von Seenomaden bewohnt. Dort kann gezeltet werden. Ko Bulon Mai Phai ist unbewohnt, aber ebenfalls zum Zelten geeignet. Ausflüge vermitteln auch Chen und Katja vom Bulonhill Resort.
Das Bulone Resort vermietet **Kajaks**. In 1 Std. kann man die Insel umrunden und auch die Höhlen auf der Nordseite erkunden.

TRANSPORT

Speedboote verbinden Ko Bulon Leh mit den Inseln in der näheren und weiteren Umgebung, s. Fahrplan S. 675. Nach KO HAI 1050 Baht, KO LANTA 1900 Baht, KO LIPE 600 Baht, KO KRADAN und KO MUK 900 Baht. Longtail-Boote von Strand zu Strand und zu den Speedbooten für 50 Baht. Diese 50 Baht muss man auch zahlen, wenn man mit dem Speedboot ankommt und von einem Fischer in seinem Longtail-Boot aufgepickt wird. Abfahrt ab Strand etwa 30 Min. vor Abfahrt der Speedboote.
PAKBARA, mit dem Schnellboot um 9.30 Uhr für 400 Baht in 30 Min. Bei hohem Wellengang nicht zu empfehlen.

Tarutao National Park

Dieser Nationalpark war das erste geschützte Gebiet Thailands (1974). Seit Beginn der 1980er-Jahre gehört der Park zu den Asean Heritage Parks, und seit dieser Zeit ist er auch durch die Unesco besonders geschützt. Der Name stammt vom malayischen *Tarotraw*, was ins Deutsche übersetzt soviel heißt wie „dort gibt es viele In-

DIE SÜDLICHE ANDAMANENKÜSTE

seln". Der Meerespark liegt im Südwesten Thailands und umfasst fast 1500 km² der Andamanensee, darunter 51 meist unbewohnte Inseln. Die größten Eilande sind Ko Tarutao, Ko Adang und Ko Rawi. Auf einigen Inseln wohnen Menschen, und auch Touristen können hier unterkommen, etwa auf **Ko Adang (S. 710)** und **Ko Tarutao (S. 710)** . Im Gebiet des Meeresnationalparks liegt auch die bekannte Insel **Ko Lipe** (S. 711). Sie wurde jedoch an die Seenomaden abgegeben und gehört daher nicht mehr zum Nationalpark. Eine Tour durch den Meeresnationalpark verspricht einsame Buchten, magische Tropfsteinhöhlen und vor allem Ruhe.

Hauptsaison ist zwischen November und April. Von Mai bis Oktober haben nur wenige Resorts auf Ko Lipe geöffnet; die Schnellboote und Fähren fahren in dieser Zeit zwar regelmäßig, sind aber abhängig von der Wetterlage.

Informationen und Reservierungen für **Unterkünfte** der Nationalpark-Verwaltung auf den Inseln Ko Adang und Ko Tarutao unter ✆ 074-783 485. Der Eintritt für den Nationalpark beträgt 200 Baht pauschal, unabhängig von der Aufenthaltsdauer.

Ko Tarutao

Ganz nahe an Malaysia (etwa 8 km) liegt mit gut 150 km² (maximal 11 km lang und 26 km breit) die größte Insel des Nationalparks. Ein Großteil der Insel besteht aus Bergen. Das Nationalpark-Büro befindet sich im Nordwesten in der **Ao Pante Malaka**. Von hier führt ein 12 km langer Wanderweg bis zur östlich gelegenen **Ao Talu Wao**. Es geht vorbei an wunderschönen riesigen Bäumen, und manch ein Wandersmann hat schon einen Hornbill (Nashornvogel) zu Gesicht bekommen.

Im Süden erhebt sich der höchste Berg Ko Tarutaos, der 713 m hoch sein soll. Der **Ludu**- und der **Lopo-Wasserfall** ziehen Kletterer magisch an; und wer den Aussichtspunkt des Taobu Cliffs erreicht, wird mit einer fantastischen Sicht auf die umliegenden Inseln belohnt und kann einen unglaublichen Sonnenuntergang erleben (damit man gesund zurückkommt, vorher gut informieren und ggf. mit einem Guide gehen).

Vor der Küste schwimmen noch seltene Tiere, wie **Meeresschildkröten**, **Delphine** und **Dugongs** (Kasten S. 703). Eine Fahrt mit dem Longtail-Boot rund um die Insel verspricht unglaubliche Momente, angelandet wird an den weißen Stränden des **Hat Mao** und den steinigen der **Ao Son**. Hier legen Schildkröten ihre Eier ab. Besucher können sich in den während der Saison geöffneten Imbissständen tagsüber verköstigen. Mehr Informationen beim Nationalpark-Büro, ✆ 074-729 002.

Direkt am Anlegepier werden die 200 Baht Eintritt für den Nationalpark kassiert und die Schlüssel für Bungalows ausgehändigt.

Es gibt auf Ko Tarutao verschiedene Übernachtungsmöglichkeiten an der Nordwestküste der Insel, die vom Nationalpark-Büro verwaltet werden. Hier finden sich auch Restaurants und kleine Shops. Freunde der Zeltkultur können es sich im **Minizelt** für 230 Baht zzgl. 30 Baht Zeltmiete gemütlich machen. Etwas gediegener wohnt es sich in den Anlagen **Ta Boon** bzw. **Ta Baeg**: Hier gibt es ein Langhaus und einfache Holzbungalows mit Bad und großer Terrasse. Beide ❸
Eine weitere Anlage ist **Mo Lae**, sie befindet sich ca. 4 km vom Pier entfernt. Schöne Holzbungalows mit Bad und großen Fenstern in einer Gartenanlage unter Bäumen. Transport für 50 Baht mit dem Zubringer vom Pier. ❸
Strom gibt es auf der Insel zwischen 18.30 und 24 Uhr. Da die wenigen Restaurants nahe der Unterkünfte nur zu den Essenszeiten öffnen, sollte man sich mit Trinkwasser eindecken.

Bei Bedarf halten die Speedboote, die von KO LIPE über KO BULON LEH nach Norden Richtung KO LANTA fahren. Fahrplan S. 675. Die Preise sind ähnlich wie die von Ko Lipe aus.

Ko Adang

Wild bewachsene hohe Berge machen den Reiz dieser 30 km² kleinen Insel aus. Sie befindet sich 40 km westlich von Ko Tarutao. Der Name entstammt dem malaiischen Wort für „Garnelen", denn es gibt rund um die Insel viele dieser Meerestierchen.

Wer gut zu Fuß ist und ursprüngliche Natur erleben will, macht sich (am besten mit Füh-

Wer 1938 nach Tarutao kam und hier wohnte, tat dies nicht freiwillig. Die Insel diente als Gefängnis, und aus den Gefangenen gingen die späteren Piraten hervor, die die Gegend unsicher machten. Spätestens während des Zweiten Weltkriegs raubten sie zahlreiche Frachtschiffe – und zwar nicht nur die Gefangenen, sondern auch deren Bewacher. Die britischen Besatzer, die in Malaysia regierten, bereiteten dem Treiben mit siamesischer Erlaubnis ein Ende. Die folgenden 26 Jahre blieb die Insel unbewohnt. Das Gefängnis dient heute als Ausflugsziel: Zur etwa 12 km von den Unterkünften entfernten Ao Talu Wao kann man mit einem Pick-up für 600 Baht (max. 20 Pers.) fahren. Dieser kann bei den Ranger gebucht werden. Zur Besichtigung braucht man etwa 2 Std. Mit dem Fahrrad ist die Strecke beschwerlich und nur Geübten zu empfehlen.

rer) auf den Weg zu den **Wasserfällen**, die auf Ko Adang das ganze Jahr über sehenswert sind. Man kann zwar nicht darin schwimmen, aber für eine Abkühlung sind die Pools zu Füßen der Fälle allemal gut.

Vom **Aussichtspunkt**, der heute den Namen „Chadeau Cliff" trägt, hatten einst schon die Piraten einen guten Blick auf das Meer. Heute genießen die Besucher ganz friedlich herrliche Sonnenuntergänge. Auch die Strände und die davor liegenden Korallenriffe harren der Erkundung.

Wer auch noch ein nächtliches Naturerlebnis anschließen will, mit Geräuschen, die man wahrscheinlich selten zuvor jemals gehört hat, der kann auf Ko Adang entweder im **Zelt** für 300 Baht übernachten oder in eines der Zimmer der **Ko Adang Bungalowanlage** einziehen. Hier gibt es am Strand hübsche Holzbungalows mit Ventilator und angeschlossenem Restaurant. Die Anlage liegt im Süden der Insel, und aus manchen Zimmern hat man einen schönen Blick auf Ko Lipe. Strom 18–24 Uhr. ❸ – ❹

Das **Restaurant** hat von 7.30–15 und von 17.30–21 Uhr geöffnet.

KO LIPE, mit dem Longtail-Boot für ca. 100 Baht.

Weitere Inseln

Ganz nahe bei Ko Adang liegt die drittgrößte Insel, **Ko Rawi**, mit einer Fläche von 29 km². Neben totaler Einsamkeit gibt es hier tolle weiße Sandstrände und Korallenriffe. In der Hauptsaison wird zur Unterhaltung und Verköstigung auch eine Strandbar betrieben. Zudem kann man dann auch hier die Nacht verbringen: Eine **Übernachtung** im vier Personen fassenden Langhaus kostet 400 Baht. Auch Zelten ist möglich. Während des 13.–15. Tages des sechsten und des zwölften Mondmonats feiern die Seenomaden ein **Bootsfest**. Tauchen und schnorcheln ist derzeit verboten.

Ko Yang ist ein perfektes Tauch- und Schnorchelrevier. Hierher kommen auch die organisierten Tauchboote, um die Hart- und Weichkorallen zu besuchen.

Ko Jabang bietet an einer Pinnacle (Felsnadel), die bis in 16 m Tiefe reicht, schöne Weichkorallen bis an die Oberfläche.

Man erreicht die Inseln von Ko Adang aus mit dem Longtail-Boot oder im Rahmen einer gebuchten Tour. Seit 2011 ist **Ko Hin Ngam** für Tauchbesucher gesperrt. Die Unterwasserwelt der kleinen Insel ohne Strand, die aus Tausenden rundgeschliffenen Steinen besteht, soll sich erholen. Mehr denn je gilt die Warnung auf dem Schild, das hier aufgestellt wurde: Wer einen Stein von dieser Insel mitnimmt, dem wird Unglück zustoßen.

Ko Lipe

Die hügelige kleine Insel Ko Lipe [5761] wurde bis vor wenigen Jahren nur von einigen abenteuerlustigen Individualreisenden besucht, denen die Ruhe, die pudrigen, feinen, weißen Strände und das klare Wasser mit den Korallenriffen gefielen. Doch seit etwa fünf Jahren wird der Ansturm stetig größer. Mittlerweile kommen Touristen aller Altersklassen, auch Familien, für

DIE SÜDLICHE ANDAMANENKÜSTE

ein paar Tage vorbei, und die Anzahl der Bungalowanlagen (jeglicher Preisklasse) und der Strandbars schnellen in die Höhe. Es gibt Strom rund um die Uhr, 2010 wurde die erste Betonpiste gebaut, und im Inland wird das Land abgesteckt. In der Hauptsaison von November bis März platzt die Insel aus allen Nähten – wer die Ruhe von einst und die Einfachheit sucht, sollte also nicht mehr hierher fahren. Doch für alle anderen, vor allem jene, die die Insel noch nicht kennen, hat ein Besuch durchaus seinen Reiz.

Die Insel gehörte lange Zeit zum Tarutao National Park. Heute muss hier allerdings kein Eintritt gezahlt werden. Denn um die Seenomaden Chao Leh sesshaft werden zu lassen, wurde ihnen die Insel vor vielen Jahren zugesprochen. Die Familien erhielten Land und siedelten sich an. Doch das Glück als Landbesitzer währte für viele nicht lange. Scheinbar günstige Pacht- und Kaufangebote meist chinesischer Thais köderten viele der seit Generationen landlosen Seefahrer. Die Spekulanten erkannten den Trend zum Touristenmekka Lipe – und trieben ihn auf die Spitze. Heute sind nur noch wenige Bungalowanlagen im Besitz der Seenomaden, keines der teuren Resorts gehört ihnen. Etwa 500 Chao Leh leben heute in einem kleinen Dorf im Inselinneren, das zwischen den Stränden nahe dem Krankenhaus liegt.

Traditionell sind die Chao Leh Seefahrer und Fischer. Und so verdienen viele von ihnen mittlerweile vor allem mit Ausflügen und als Taxifahrer mit ihren Longtail-Booten ihr karges Einkommen.

Ko Lipe liegt gegenüber von Ko Adang (S. 710) und misst an ihrer breitesten Stelle gerade mal 3 km, an ihrer schmalsten gar nur 400 m. Wer gut zu Fuß ist und die nicht erschlossene Westküste links liegen lässt, schafft in einem längeren Spaziergang von 3–4 Std. eine Inselumrundung.

Die Strände

Die meisten Boote kommen an den im Meer verankerten Plattformen vor dem **Pattaya Beach** [6442] an. Diese lange Bucht besticht durch ihren feinen weißen Sand. Zahlreiche Longtail-Boote ankern malerisch am Strand und in der Bucht – Schwimmen ist daher nur bedingt ein

Vergnügen und auch nur bei Flut möglich. Bei Ebbe kommen viele Korallen zum Vorschein, und der Strand wird dann zum Teil steiniger. Am etwas schmaleren **Sunrise Beach** [6443] ist der Sand ebenfalls fein und strahlend weiß. Auch hier kommen bei Niedrigwasser Korallen und Muscheln zum Vorschein. Ein Vorteil beider Strände: Schnorchler finden direkt vorgelagerte Korallenriffe vor. Ruhiger ist es am **Hat Porn** (Sunset Beach) [6444] im Norden der Insel. Der Sand ist etwas grober, aber die gesamte Szenerie malerisch. Alle Strände sind über Fußwege miteinander verbunden und dank kurzer Entfernungen leicht zu erreichen.

ÜBERNACHTUNG

Die Insel zieht immer mehr Touristen an, daher ist eine Reservierung bei einer Reise in der Hauptsaison unbedingt empfehlenswert. Während der Nebensaison sind nur wenige Anlagen geöffnet; dazu zählen u. a. das Bundhaya Resort, das Mountain Resort und das Castaway Resort. Die meisten Bungalows schließen ab Mai (je nach Wetterlage) und öffnen im Okt/Nov. Ab März werden die Bungalows etwa 200 Baht günstiger. Leider ändern sich, gerade in den günstigen Anlagen, ständig die Telefonnummern. Sofern kein Anschluss mehr besteht, können die Reisebüros in Trang weiterhelfen. Andernfalls bleibt nur die Hoffnung auf das Glück eines freien Bungalows. Die Anlagen haben in der Regel mittlerweile 24-Std.-Generatorstrom.

Pattaya Beach

Blue Tribes ㉔, ☏ 083-654 0316, 090-073 1972, 🖥 www.bluetribeslipe.com, [6456]. Diese Anlage hat schöne geräumige Bungalows, teils 2-stöckig und mit komplett zum Strand zu öffnender Front im Obergeschoss, alle mit Ventilator. Von den Einnahmen lebt eine etwa 30-köpfige Chao Leh-Familie. ❺

Bundhaya Resort & Restaurant ㉕, ☏ 074-750 249, 🖥 www.bundhayaresort.com, [6446]. Unterschiedliche Villen, Bungalows und Zimmer mit Ventilator oder AC in einer Gartenanlage im Westen der Bucht. Internet, Minimarkt, Souvenirshop, sehr gepflegt mit aufmerksamem Personal. ❺ – ❽

Daya Resort & Restaurant ⑰, ☎ 081-479 0682, [6450]. 7 Holzbungalows direkt am Strand. Günstiger sind jene im Garten. Noch günstiger sind die Reihenhauszimmer mit Veranden, außen hübsch bunt gestrichen, innen gefliestte Böden. Die Einrichtung besteht nur aus einem Bett. Beliebtes Restaurant mit BBQ am Strand, tgl. frischer Fisch. ❸–❹

Green View Beach Resort ㉑, ☎ 082-830 3843, 🖵 www.greenviewkohlipe.com, [6451]. In einem schönen Garten und nah am Strand stehen geräumige Bambusbungalows. Einfache Ausstattung, nettes Restaurant. Schatten am Strand. ❹–❺

Moonlight Bungalow ㉒, ☎ 087-392 2518, [6453]. Lang gestreckte Anlage mit großen Mattenbungalows vertikal zum Strand in einer langen Reihe. Hochgelegenes Restaurant. ❸

Paradise Cottage Resort ⑱, ☎ 080-547 9475, [6454]. Ansprechende, geräumige Mattenbungalows mit Ventilator am Strand und im nett begrünten Garten. WLAN im italienischen Restaurant. ❺

Seaside Resort ⑳, ☎ 084-033 8332. Hinter dem Restaurant 12 einfache Mattenbungalows mit Bad, aber ohne Waschbecken, sauber. Oft voll. ❸

Varin Resort ㉓, ☎ 081-543 0505, 🖵 www.varinbeachresort.com, [6455]. Riesige Anlage mit über 100 Bungalows in Reihen im Garten hinter dem Restaurant; einige aus Stein, einige aus Bambus. Mit Ventilator oder AC (TV). Restaurant, TV, Minimarkt und WLAN, Geldwechsel. Inkl. Frühstück. ❸–❽

Sunrise Beach
Untere Preisklasse

Andaman Resort ⑤, ☎ 074-711 313, [6459]. Auf einem riesigen Gelände stehen zahlreiche ältere und einfache Mattenbungalows, einige mit Meerblick hinter hohen Kasuarinen, andere direkt am Strand. Nahe des Restaurants Zimmer in Steinbungalows (nur mit Ventilator keine gute Wahl), außerdem große neue mit AC und teils TV. Toller Strandabschnitt, sofern das Meer gerade keinen Müll anschwemmt, was aufgrund starker Strömung in einigen Monaten der Fall sein kann. ❸

Coco Bungalow ⑫, [6460]. Hinter dem Restaurant liegen große Bambusbungalows, gefolgt von vertikal in Reihe stehenden kleineren Bambushütten. Gegenüber liegen die üblichen Steinbungalows. Alle Zimmer mit Ventilator. ❸–❹

Gipsy Resort ⑨, ☎ 089-739 8201, 🖵 www.gipsyresort.com, [6461]. Einfache kleine Bambusbungalows vertikal zum Strand angeordnet. Außerdem viele Betonhäuschen, ebenfalls in Reihe. Alle mit Ventilator. ❸–❹

Varin 2 ⑧, [6462] keine Voranmeldung möglich. Über 50 einfache geräumige Bambusbungalows in 5 Reihen versetzt, parallel zum Strand, direkt am Meer. Weitläufige Anlage auf einem kargen Gelände ohne Schatten. Kein Restaurant. Preis je nach Nähe zum Strand. ❸–❹

Mittlere Preisklasse

Castaway Resort ⑪, ☎ 083-138 7472, 🖵 www.castaway-resorts.com, [6463]. Sehr ansprechende Holzbungalows auf 2 Grundstücken, teilweise auf 2 Etagen mit langen Fenstern auch im Bad, großartigen 2-stufigen Holzterrassen, Hängematten. Großes Restaurant. Angeschlossene Tauchschule. Yoga in der Saison um 8 und 16.30 Uhr für 400 Baht pro Std. WLAN. ❻–❼

Paradies für Taucher

Das **Forra Dive Resort** ⑩, ist für Taucher eine gute Wahl, denn sie erhalten hier Rabatt. Es gibt sowohl am Pattaya Beach als auch am Sunrise Beach ein solches Resort, Pattaya Beach , ☎ 080-545 5012, [6457], Sunrise Beach (Hauptbasis) , ☎ 084-407 5691, [6458] 🖵 www.forradiving.com. Geräumige ansprechende Bungalows aus Bambus. 2 Bungalows für 4 Pers. (1500 Baht) mit abenteuerlich hohen Bambusstockbetten. Am Sunrise Beach stehen die ebenso schönen Bungalows abgeschirmt voneinander und vereinzelt in einem mit Bambus bewachsenen Garten. Hier WLAN. Taucher, die bei Forra einchecken, bekommen 25 % Rabatt auf die Bungalows und werden bei der Buchung, am besten übers Internet, immer bevorzugt. Die Anlagen schließen je nach Wetterlage von Mai–Nov. ❹

DIE SÜDLICHE ANDAMANENKÜSTE

Ko Lipe

Übernachtung:
HAT PORN (SUNSET BEACH)
1 Porn Resort & Restaurant
2 Fishery Departement
3 Jack's Jungle Resort

SUNRISE BEACH
4 Mountain Resort
5 Andaman Resort
6 Lipe Beach Resort
7 Varin 2
8 Gipsy Resort
9 Castaway Resort
10 Forra Dive Resort (Sunrise Beach)
11 Coco Bungalow
12 Anda Resort
13 Idyllic Concept Resort
14 Serendipity Beach Resort

Übernachtung:
PATTAYA BEACH
15 Daya Resort & Restaurant
16 Paradise Cottage Resort
17 Forra Dive Resort (Pattaya Beach)
18 Seaside Resort
19 Green View Beach Resort
20 Moonlight Bungalow
21 Varin Resort
22 Blue Tribes
23 Bundhaya Resort & Restaurant

Übernachtung:
IM INSELINNEREN
24 Baan Kasarin 1
25 Bonus Resort
26 Baan Kasarin 2
27 N.T. House
28 Pooh's Bar & Restaurant

KO KRA

TAUCHEN

Sunrise Beach

SCHNORCHELN/
TAUCHEN

KO USEN

TAUCHEN

Chao Leh
Village
SCHULE

Princess
Residence

SCHNORCHELN

Hat Porn
(Sunset Beach)

Andamanensee

Hat Pattaya

Makorn

SCHNORCHELN

Ko Bulon Leh, Ko Tarutao
Pakbara, P. Langkawi

SCHNORCHELN

TAUCHEN

Essen:
1 Boon Boon Bar
2 Jack's Jungle Bar
3 Sunrise Beach Restaurant
4 Pizza Italia
5 Coconut Kitchen
6 Love & Peace
7 Hawaiean
8 Reggae Bar
9 Pooh's Bar & Restaurant

Sonstiges:
1 Sabye Divers
2 Adang Seadivers
3 Forra Dive
4 Castaways Divers
5 Forra Dive
6 Ocean Pro Divers
7 Ko Lipe Travelshop
8 Immigration
9 Lotus Divers

Transport:
1 Anlegepiers Longtail-Boote
zu den Stränden

N

0   1000 m

714   KO LIPE

www.stefan-loose.de/thailand

Lipe Beach Resort ⑥, ☏ 084-862 0326, 🖳 www.lipebeachresort.com, [6464]. Niedliche Bambushütten in vertikalen Reihen direkt am Strand. Hübsche Details, aber sehr einfache Ausstattung. Hinten Zimmer mit AC für bis zu 4 Pers. Restaurant. Tattoo-Shop. Gute Atmosphäre. Auch Monatsmieten möglich. ❹–❺

Mountain Resort ④, ☏ 081-540 4163, 🖳 www. mountainresortkohline.com, [6449]. Große Anlage im Hang mit einem riesigen Restaurant. Von vielen Bungalows ergibt sich ein fantastischer Blick aufs Meer und auf den Sunrise Beach. Viele Stufen vom Strand. Zur Wahl stehen einfache Mattenhütten, bessere Holzbungalows mit AC, und noch bessere bieten sogar TV. Alle AC-Zimmer haben einen Safe. 5 Luxus-Bungalows direkt am Strand. Inkl. Frühstück. ❹–❻

Obere Preisklasse

Anda Resort ⑬, ☏ 082-439 1821, 🖳 www. andaresort.com, [6465]. Im Süden des Strandes stehen ein paar wenige sehr schön gestaltete Holzbungalows mit großen Terrassen, schöner Innenausstattung und riesigen Bädern. Alle mit AC und Flachbild-TV, Minibar und Safe. Liegen am Strand. Für alle, die das nötige Kleingeld haben, eine schöne Wohnidee. ❼–❽

Idyllic Concept Resort ⑭, ☏ 088-227 5389, 🖳 www.idyllicresort.com, [6448]. Am Südende des Strands gelegene hochwertige Anlage mit komfortablen, im modern-minimalistischen Design ausgestatteten Bungalows. Mit allem Komfort, auch mit Safe. Pool am Strand mit Poolbar. WLAN. ❽

Serendipity Beach Resort ⑮, ☏ 088-395 5158, 🖳 www.serendipityresort-kohline.com, [8871]. Sehr ansprechende Bungalows am Hang. Einige mit AC, ansonsten große Deckenventilatoren. Kühlschrank, meist 2 Betten (also gut für Familien geeignet). Kleiner Privatstrand. WLAN im Restaurant. ❽

Im Inselinneren (an der Walking Street)

Baan Kasarin 1+2 ㉖, ㉘, ☏ 074-750 405. Reihenhäuschen aus Stein mit einfachen sauberen Zimmern, teils mit Ventilator, teils mit AC und TV. ❸–❹

Bonus Resort ㉗, [6468]. Kleine Anlage unter schattigen Bäumen, etwas oberhalb der Walking Street. 25 einfache schöne Bambusbungalows. Kleine Bar. ❸

N.T. House ㉙, zentral an der Walking Street hinter dem kleinen Minimarkt. Kleine, eng stehende Bambushütten, günstigste Adresse auf Lipe. ❷

Pooh's Bar & Restaurant ㉚, ☏ 074-750 345, 🖳 www.www.poohlipe.com. 8 recht große Bungalows mit Ventilator oder AC, teils mit TV. Beliebtes großes Restaurant (s. u.), Tauchschule Lotus Divers, Internet. ❹–❺

Hat Porn (Sunset Beach)

In dieser kleinen Bucht, die zur Hälfte von Porns Resort und zur anderen vom **Fishery Department** eingenommen wird, ist sehr einsam und noch recht idyllisch – wenngleich auch nicht so spektakulär schön wie die anderen Strände. Am Kap steht ein schönes neues Holzhaus: die Princess Residence.

Jack's Jungle Resort ③, auf dem Weg zum Hat Porn, ☏ 089-655 565, 🖳 www.jacksjungle.com. Idyllischer Ort im Dschungel. 8 Bungalows mit Ventilator, weitläufig im Grün versteckt. Offenes Bad mit Pflanzen, Duschen mit Bambusrohr. Restaurant, Bar und Billard. Inkl. Frühstück. Wer Frösche nicht mag, sollte woanders wohnen, denn Baumfrösche sorgen hier für moskitofreie Zonen. ❹–❺

Porn Resort & Restaurant ①, ☏ 084-691 8743, [6475]. Nimmt die gesamte südliche Bucht ein. Holz-Bambus-Bungalows mit Ventilator, am Hang mit Meerblick zwischen den Bäumen. 10 Bungalows am schmalen Strand, senkrecht dazu angeordnet. Die Matratzen sind schon arg durchgelegen, aber es ist hier idyllisch, ruhig und beschaulich. Hinten auch Familienbungalows mit einem großen und einem kleinen Bett. Zelten am Strand 200 Baht, mit eigenem Zelt 100 Baht. Im Restaurant trotz der Abgeschiedenheit faire Preise. Nette Leute. Nebenan lockt zum Sundowner die urige **Boon Boon Bar**. ❹

An der **Walking Street** zwischen Pattaya Beach und Sunrise Beach finden sich zahlreiche einfache Restaurants. Einige bieten die üblichen Gerichte wie Pad Thai, Pizza und Pasta, andere frischen Fisch. Zudem locken immer mehr Pancake-Shops, die recht günstige Shakes (ab 50 Baht), diverse Kaffees und Pancakes anbieten.

Coconut Kitchen, am Pattaya Beach neben Forra Bamboo. Bemerkenswert gute Thai-Küche zu fairen Preisen.

Jack's Jungle Bar, Leser loben das Frühstück mit „Vollkornbrot".

Pizza Italia, Pattaya Beach beim Paradise Cottage Resort. Lockt mit frischer Pizza aus dem Holzofen.

Pooh's Bar & Restaurant, großes Open-Air-Restaurant an der Walking Street mit allen Speisen, die der Reisende sich wünscht. Fußballübertragungen relevanter Spiele und immer wieder TV-Abende (ab 17.30 Uhr) in einem separaten Bereich mit Liegeflächen zum Abhängen.

Sunrise Beach Restaurant ist am gleichnamigen Strand eine gute Adresse. Hier gibt es gute Thai-Küche zu fairen Preisen. Leckere Shakes und eine große Frühstücksauswahl. ⏰ 8–11 Uhr.

UNTERHALTUNG

Am Pattaya Beach liegen mehrere Strandbars, z. B. das **Love & Peace** und das **Hawaieant**. Beide wurden urig mit viel Schwemmgut wie Holz oder Muscheln gebaut. Im Letzteren treffen Neo-Che Guevaras auf verfilzte Rastafaris – daneben sitzen (junge) Mütter mit Kindern aus Schweden oder Deutschland. Der In-Treffpunkt der Insel am Pattaya Beach ist seit Jahren die **Reggae Bar**, ebenfalls mit viel Treibgut dekoriert. Sobald Partys steigen, was oftmals in Voll- oder Halbmondnächten der Fall ist, werden Flyer verteilt.

AKTIVITÄTEN UND TOUREN

Schnorcheln

Schnorcheln kann man bei Ausflügen mit dem Longtail-Boot und auf eigene Faust vor der Insel (beispielsweise vor dem Pattaya und dem Sunrise Beach). Masken und Flossen gibt es entweder in den Resorts kostenlos oder gegen eine geringe Gebühr.

Gerne fahren Schnorchler auch mit dem Kajak zu den Riffen.

Tauchen

Es gibt einige Tauchbasen auf Ko Lipe, die ungefähr das gleiche Angebot zu gleichen Preisen haben:

Adang Seadivers, 🖥 www.adangseadivers. com. Tgl. wechselnde Tauchtouren mit Zielen je nach Nachfrage; Speedboot. Die Macher betreiben auch ein kleines Resort mit Zimmern in einem Steinreihenhaus. Sie setzen auf Umweltschutz, trennen Müll und filtern ihr Wasser. Ab 3 Tagen Rabatt. ❹

Castaways Divers, im gleichnamigen Resort am Sunrise Beach, ✆ 087-478 1516, 🖥 www. kohlipedivers.com. Kurse auch für Kinder ab 12 Jahren.

Forra Dive (Basen in der Walking Street, am Pattaya Beach und am Sunrise Beach), ✆ 080-545 5012, 🖥 www.forradiving.com. Tauchkurse, Wracktauchen, Orientierungs-tauchen etc. sowie *Liveaboards*. Wer mit dieser Schule abtaucht, bekommt 25 % Rabatt in den hauseigenen Resorts, S. 713.

Lotus Divers, ✆ 083-642 4821, 🖥 www.lotus dive.com. Große Basis im Zentrum des Walkway.

Ocean Pro Divers, direkt am Pattaya Beach am Beginn der Walking Street, ✆ 089-733 8068, 🖥 www.oceanprodivers.net. Großes Tauch-boot.

Sabye Divers, am Hat Porn, 🖥 www. sabyesports.com. Kleine Tauchschule, abgelegen am einsamen Hat Porn.

Touren

Zu den umliegenden Inseln werden von fast jedem Resort Touren angeboten: So geht es beispielsweise zu den Inseln des Tarutao National Park (S. 709), wie Ko Hin Ngam, Ko Jabang, Ko Rawi, Ko Butang und Ko Yang.

Pauschaltouren kosten ab 550 Baht; wer Besonderes erleben will, zahlt mehr.

SONSTIGES

Einkaufen

Auf der Walking Street zwischen Pattaya Beach und Sunrise Beach gibt es fast alles, was der

Es gibt weder Banken noch Geldautomaten auf Ko Lipe! Bargeld wechseln fast alle teureren Hotels, wie Bundhaya, Varin, Mountain oder Porn Resort. In **Pooh's Bungalows & Restaurant** gibt es Bargeld auf Kreditkarten oder Travellers Cheques gegen 5 % Gebühr.

Reisende so braucht: Reisebüros, Internet, Souvenirs, Bekleidung, Lebensmittel, Früchte, Secondhandbücher (auch zum Tausch), Toilettenartikel, Friseure, Massagen oder Tattoos.

Immigration
Direkt neben bzw. zum Bundhaya Resort gehörend. Hier wird vor der Abfahrt mit dem Schnellboot nach Malaysia das Thai-Visum ausgestempelt bzw. bei Ankunft aus Malaysia ein 14-Tagesvisum eingestempelt. Um die Passformalitäten zu erledigen, muss man um 13.30 Uhr am Immigrationschalter des Bundhaya Resorts sein.

Internet und Telefon
An der Walking Street und in einigen Resorts gibt es Internet für 3 Baht pro Min. Es gibt zudem einige WLAN-Hotspots. Telefonkarten bekommt man in ein paar wenigen Minimärkten.

Medizinische Hilfe
Das **Krankenhaus** befindet sich im Dorf am Strand am nördlichen Ende des Sunrise Beach.

NAHVERKEHR
Es gibt derzeit noch keine Autos auf der Insel, aber es werden immer mehr Mopeds, die auf den wenige Wegen herumknattern. Bisher gibt es aber noch keine Leihmopeds. Entweder man geht die kurzen Wege zu Fuß oder nutzt eines der Longtail-Boote (50 Baht). Motorradtaxis mit Transportbeiwagen kosten um 100 Baht vom Hotel zum Strand.

TRANSPORT
Speedboote verbinden Ko Lipe mit den Inseln in der näheren und weiteren Umgebung,

s. Fahrplan S. 675. Nach KO BULON LEH 600 Baht, KO HAI 1600 Baht, KO LANTA 1900 Baht, KO KRADAN und KO MUK 1400 Baht. Die Schnellboote halten in der Bucht vor Pattaya Beach an Plattformen. Die kleinen Schnellboote haben oft Ausflügler an Bord und halten länger (etwa 20 Min.) an den angesteuerten Inseln (Ko Tarutao u. a.).

Zu den Stränden fahren dann Longtail-Boote zum Preis von 50 Baht.

Tickets gibt es in den zahlreichen Reisebüros der Insel. Empfehlenswert und gut frequentiert ist der **Travel Shop**, Walking Street, ☎ 089-464 5854, 🖥 www.kohlipethailand.com. Hier kann man Ausflüge ebenso buchen wie Tickets zu den umliegenden Inseln, Bahntickets bis Bangkok oder auch Flüge. Auf der Website werden auch die aktuellen Fahrpläne der Boote zu den umliegenden Inseln gelistet.

KO ADANG, mit dem Longtail-Boot nach Absprache für 100 Baht.

KO TARUTAO, mit dem Schnellboot vormittags/mittags für 400 Baht in 1 Std. Mit der Fähre um 9.30 Uhr.

LANGKAWI (Malaysia), mit dem Schnellboot für 1200 Baht in 1 1/2 Std., s. Fahrplan S. 675.

PAKBARA, mit dem Schnellboot um 9, 10 und 13.30 Uhr für 400–650 Baht in 2–3 Std.

TRANG, entweder zum Pakbara Pier und weiter mit dem Minibus (oder mit Tigerline nach Hat Yai nahe Trang) in 3 Std. für 800 Baht, über KO LAO LIANG (700 Baht) um 9.30 Uhr. Das Boot fährt dann weiter über KO MUK, KO KRADANG, KO NGAI, KO LANTA (in 6 Std. für 1900 Baht) nach KO PHI PHI (Ankunft etwa 17 Uhr für über 2200 Baht).

Auf dem Festland: von Trang bis Satun

Während viele Traveller inzwischen die Speedboote entlang der Küste zwecks Transport von einer Insel zur anderen nehmen und zwischen Phuket und Malaysia gar keinen Fuß mehr auf das Festland setzen, benutzen andere weiter die „klassischen" Wege, die von den Provinzhauptstädten über einen nahegelegenen Anleger auf die vorgelagerten Inseln führen. Interessant sind die Orte auf dem Festland auch für alle, die ein Stück authentisches Thailand erleben und sich nicht nur mit den für die Touristen gebauten Anlagen und Restaurants begnügen wollen.

Trang

Trang [5753] ist eine kleine angenehme Provinzstadt. Wer auf die vorgelagerten Inseln weiterfahren will, ist hier gut aufgehoben – viele übernachten hier, denn der große überdachte Markt in der Nähe des Bahnhofs sowie der **Nachtmarkt** sind wirklich einen Besuch wert. Dort kann man sich unters Volk mischen und das tägliche Leben dieser Stadt, in die sich nur wenige Touristen verirren, ganz hautnah erleben.

Trang hat 27 000 Einwohner, viele davon sind chinesischer Abstammung. Deren Einfluss ist deutlich spürbar; es gibt zahlreiche chinesische Läden und Restaurants. Wer sich in Trang genauer umschaut, sieht zwischen den neueren Häusern die vielen noch erhaltenen, alten **Holzhäuser**, die die Eleganz und den morbiden Charme des 19. Jhs. ausstrahlen. Die Stadt selbst ist noch weitaus älter, früher lag sie allerdings fast 2000 Jahre lang am Meer. Wegen der vielen Überflutungen wurde sie dann weiter ins Landesinnere verlegt. Ihre Bedeutung als Handelsstadt hat sie bis heute erhalten.

In Familienbetrieben wird hauptsächlich Kautschuk gewonnen und (recht guter, s. u.) Kaffee angebaut – ein einträgliches Geschäft, sodass die Stadt derzeit recht wohlhabend ist. Nicht zuletzt war es auch dem Einfluss des Politikers Chuan Leekpai zu verdanken, der, als er 1992 Premierminister wurde, seiner Geburtsstadt Gelder zufließen ließ.

ÜBERNACHTUNG

Baan Aothong ⑦, 25/28-31 Sathani Rd., ✆ 075-225 611, [6471]. Neuere Version des beliebten Friend Guesthouse. Kleine, aber saubere und nett ausgestattete Zimmer mit Kühlschrank und TV. Mit Fenster ein paar Baht teurer. ❹
My Friend Gh. ⑧, 25/17-20 Sathani Rd., ✆ 075-225 447, [6470]. Schön gelegenes beliebtes Haus

nahe dem Bahnhof. Große, nett gestaltete saubere AC-Zimmer mit TV. Zimmer mit oder ohne Fenster zum gleichen Preis. ❸
PJ Guesthouse ⑥, 25/12 Sathani Rd., ✆ 081-374 6769, [8786]. 8 Zimmer mit Ventilator im 1. und 2. Stock mit Gemeinschaftsbad und WC nahe des Bahnhofs. Die äußeren haben Fenster und sind minimal teurer. Dachterrasse. Sauber und sehr familiär. Mrs. Joy spricht sehr gutes Englisch und vermittelt souverän Touren, Tickets, Mietwagen, Fahrräder etc. ❶
Queens Trang Hotel ②, 85 Wisetkul Rd., ✆ 075-218 229, 🖥 www.queen-trang-hotel. com, [8787]. Großes Haus mit 100 Zimmern. Durch lange Flure erreicht man die recht großen Zimmer. Einfache, aber ausreichende Ausstattung, alle TV. Die Zimmer mit Ventilator sind geräumig, haben aber leider wenig Moskitoschutz (teils nicht schließbare Fenster), und ein nach oben hin offenes Badezimmer. ❷
Sri-Trang Hotel ⑤, 22-26 Sathani Rd., ✆ 075-218 122, 🖥 www.stritranghotel.com, [6472]. Große, meist geflieste, recht gemütliche Zimmer mit Ventilator oder AC, TV und Kühlschrank. Teils ohne Fenster, teils sogar mit Balkon. Auch 3-Bettzimmer. Schöne Lobby mit nettem Café. WLAN. ❸
Thumrin Hotel ④, 99 Sathani Rd., ✆ 075-211 011, 🖥 www.thumrin.com, [8788]. Großes Hotel mit über hundert Zimmern. Gutes Preis-Leistungs-Verhältnis. Alle mit TV, Badewanne (im recht engen Badezimmer) und der üblichen Hotelausstattung. Gäste können den Pool des Schwesterhotels Thumrin Thana kostenlos nutzen. ❸
Thumrin Thana Hotel ①, 69/8 Huayyod Rd., ✆ 075-211 211, 🖥 www.thumrin-thana.com, [8789]. Gutes großes Hotel mit mehr als 300 gut ausgestatteten Zimmern. Großer Pool, Fitnesscenter und Sauna im 5. Stock. In der Lobby Coffeeshop, Juwelierladen, Restaurants. Viele Reisegruppen kommen hier unter. WLAN. ❺–❼
Yamawa Gh. ③, 94 Visetkul Rd., ✆ 075-216 617, 🖥 www.yamawaguesthouse.com, [6473]. Kleines Gästehaus mit einfachen sauberen Zimmern, teils recht klein. Ausgestattet mit Ventilator oder AC, alle TV. Einige mit Fenster

Trang

N

0 — 500 m

Wat Kuttiyaram

Krabi, Nakhon Si Thammarat

Ploenpitak Rd.

Kuansiri Rd.

Huai Yod Rd.

Wisetkun Rd.

Jermpanya Rd.

Phattalung, Hat Yai, Songkhla

Namput Tai Rd.

Sikao, Krabi, Hat Pak Meng, Chao Mai-Tropfsteinhöhle

4046

Ratchdamnoen Rd.

Safari Rd.

MARKT

KINO

R.G. General Hospital

Phattalung

NACHTMARKT "CENTER POINT"

RATHAUS

POLIZEI

MARKT

KBank

Praram 6 · UHRTURM

Wisetkun Soi 1

Bkk. Bank

Bahnhof

Buddha-Statue

Soi Trok Pla

Wat Kwan Wiset

Wisetkun Soi 2

Ratsada Rd.

404

STADION

Flugplatz, Satun

Watanaphait Hospital

DIE SÜDLICHE ANDAMANENKÜSTE

Übernachtung:
1. Thumrin Thana Hotel
2. Queens Trang Hotel
3. Yamawa Gh.
4. Thumrin Hotel
5. Sri-Trang Gh.
6. PJ Gh.
7. Baan Aothong
8. My Friend Gh.

Essen:
1. Siriban Shopping Center (KFC, The Pizza Company, Swensen´s, Dunkin Donuts)
2. Essenmarkt
3. Kantonese Noodlesoup
4. Meeting Point
5. Sea Breeze Restaurant
6. Khao Tom Pui Restaurant
7. Restaurant 1952
8. Muslim Restaurant
9. Wunderbar Restaurant & Tour
10. Sin Ocha Bakery

Sonstiges:
1. Siriban Shopping Center
2. Tourbüros
3. Trang Island Hopping Tour

Transport:
1. Minibus→Hat Yai
2. neuer Busbahnhof
3. Minibus→Hat Pak Meng, Hat Yao und Surat Thani

oder gar Balkon. Kleine Bäder. In der Lobby kostenloses Internet. Sehr freundliche Leute. ❷

ESSEN UND UNTERHALTUNG

Der **Nachtmarkt** Center Point ist ein kleines Highlight von Trang. Geboten wird ein großes Angebot an allem, was essbar ist: Fleisch, Innereien, Fisch, Muscheln, Tintenfisch, Süßes, Obst. Eine Spezialität Trangs ist die Thai-Variante des Spanferkels: Das Fleisch wird allerdings im Gegensatz zur uns bekannten Präsentationsart ganz klein geschnitten und auf Reis gegessen. Leider gibt es keine Sitzmöglichkeiten, da die Besucher das Essen mit nach Hause nehmen.

Kantonese Noodlesoup, Ratchadamnoen Rd. Beliebter Nudelsuppenshop ohne englisches Schild. Leckere Suppe auf Fisch- oder Schweinefleischbasis. Es gibt auch andere Reisgerichte, u. a. eine gute Reissuppe.

Khao Tom Pui, schräg gegenüber dem 7-Eleven. Offenes Ecklokal ohne englisches Schild. Auf der Speisekarte, die aber auch auf Englisch informiert, finden sich die üblichen Thai-Gerichte. Sehr beliebt bei Trats Einwohnern. ⏲ 16–21 Uhr.

Meeting Point und das gegenüberliegende **Sea Breeze Restaurant**, am Bahnhof, sind beides beliebte Touristenrestaurants mit Thai- und westlicher Küche. Morgens eignet sich der Meeting Point für einen guten Kaffee. Beide Restaurants bieten große Portionen und sind günstig.

Im **Muslim Restaurant** gegenüber dem Bahnhof gibt es Nudelsuppe und kleine Thai-Portionen, dazu traditionell Chai (Tee); günstig und beliebt bei der moslemischen Bevölkerung. Die Suppe ist meist vor 10 Uhr ausverkauft.

Wunderbar Restaurant & Tour, 🖥 www. wunderbar-trang.com. Thailändische und europäische Küche (deutsch und englisch). Viel Auswahl zum Frühstück, diverse Kaffee-varianten. WLAN. Gelobt wird das Reisebüro. ⏲ 7.30–22 Uhr.

Im **Siriban Shopping Center** gibt es für alle, die westlich genormtes Essen wollen, KFC, The Pizza Company, Swensen's-Eis und Dunkin Donuts.

Cafés

Trang ist bekannt für gute Kaffee- und Kuchen-spezialitäten, die es in Coffeeshops überall in der Stadt gibt. Statt *kafae* (meist Nescafé) wird dieser Kaffee *kopi* genannt.

Einige **Coffeeshops** öffnen gegen Abend entlang der Ratsada Rd. und haben bei Betrieb bis tief in die Nacht geöffnet.

Das **1952 Restaurant** gehört zum Sri-Trang und lockt mit Kaffee und kleinen Leckereien. ⏲ 9–20 Uhr, manchmal auch länger. Auch das kleine danebenliegende Café bietet guten Kaffee in nettem Ambiente.

Direkt am Bahnhof lockt die **Sin Ocha Bakery** mit dem aus der Gegend angebauten Kaffee; offenes Café, wo sich Einheimische und Touristen treffen.

SONSTIGES

Feste

Dank der chinesischen Bevölkerung wird auch in Trang ein lautes und buntes **Vegetarian Festival** (S. 571, Phuket) gefeiert. Jedes Jahr im Sep/Okt steht die Stadt für etwa 10 Tage Kopf. Auch das chinesische Neujahrsfest wird lautstark begangen.

Medizinische Hilfe

Im Zentrum, in der Sai Ngam Rd., befindet sich das staatliche **R.G. General Hospital** mit einem 24-Std.-Notdienst. ☎ 075-223 500-9, zudem im Osten der Stadt das **Watanaphait Hospital**, Ratchadamnoen Rd.

Motorrad-, Auto-, Fahrradverleih

Selbstfahrer finden Angebote in den meisten Hotels, die fast immer Mopeds, oft Autos und z. T. Fahrräder vermieten. Auch die Reisebüros am Bahnhof haben ein entsprechendes Angebot: Mopeds kosten rund 250 Baht und ein Auto 1500 Baht pro Tag.

Post

Die Post liegt gegenüber dem Thumrin Hotel an der Praram 6 Rd. ⏲ Mo–Fr 8.30–16.30, Sa 9–12 Uhr.

AKTIVITÄTEN UND TOUREN

Tauchen

Reisebüros und Touranbieter haben 2- bis 4-tägige Tauchtrips im Angebot. Ziele sind die vor Trang liegenden Inseln. Dazu zählen vor allem **Ko Ha Yai**, **Ko Muk** und **Ko Rok**. Auch die Felsen unter Wasser, Hin Muang und Hin Daeng, werden angesteuert.

Touren

Die meisten Touranbieter befinden sich direkt am Bahnhof. Viele bieten Tagestouren zu den Inseln und vermitteln auch den Transport per Minibus und Boot auf die Eilande für alle, die länger bleiben wollen. Ein Resort kann man gleich mitbuchen, oft wird man dann auf der Insel aufgepickt. Empfehlenswert ist die Buchung bei Mrs. Joy im **PJ Guesthouse.** Beliebte Anbieter sind zudem **Wunderbar Tours**, ☏ 876-248 728, 🖥 www.wunderbar-trang.com, und **Trang Island Hopping Tour**, ☏ 087-632 1193, 🖥 www.trang-island-hopping.com.

TRANSPORT

Innerhalb der Stadt fahren **Motorradtaxis** oder **Tuk Tuks**. Vom Bahnhof zum neuen Busbahnhof etwa 100 Baht.

Taxis und Busse

Abfahrt der großen Busse vom Busterminal, Abfahrt der Minibusse s. Stadtplan.
BANGKOK, zwischen 8 und 18.30 Uhr verschiedene Busse zwischen 580 und 1050 Baht. Fahrzeit 12 Std.
BUTTERWORTH (Malaysia), mit AC-Bus nach HAT YAI und weiter mit dem VIP-Bus für 450 Baht.
HAT CHAO MAI, stdl. mit Minibus zwischen 7 und 17 Uhr für 70 Baht in 1 Std.
HAT PAK MENG, Minibusse stdl. zwischen 7 und 17 Uhr für 60 Baht.
HAT YAI, Minibusse stdl. von 7.50–17 Uhr für 110 Baht. Mit dem großen Non-AC-Bus zwischen 6 und 16.30 Uhr alle 30 Min. für 100 Baht.
HAT YAO, mit den Minibussen Richtung Hat Chao Mai für 70 Baht in etwa 1 Std. Nach Ansage wird man am Hat Yao abgesetzt.
HAT YONG LING und HAT SAN, mit den Minibussen Richtung Hat Chao Mai für 70 Baht.
KRABI, PHANG NGA, PHUKET, mit Bus stdl. von 5.30–18.30 Uhr nach Krabi für 120 Baht in 2 Std., nach Phang Nga für 190 Baht in 3 Std. und Phuket für 260 Baht in 5 Std. Nach Krabi mit dem Minibus, ab 6 Pers. für je 120 Baht.
PAKBARA (über La-Ngu), 13.30, 15.30, 17.30 Uhr für 100 Baht in 2 Std.; von La-Ngu mit dem Songthaew nach Pakbara.
PATTHALUNG, alle 30 Min. für 70 Baht in 1 1/2 Std.
SATUN, mit AC-Bus um 13.30, 15.30 und 17.30 Uhr für 140 Baht in 2 Std.
SURAT THANI, Minibusse stdl. von 7–17 Uhr für 180 Baht.

Minibusse und Speedboote/Fähren (auch Kombitickets)

Die Preise gelten, sofern nicht anders vermerkt, für Kombitickets mit Minibus (entweder 1 1/2 Std. bis Pakbara Pier oder etwa 1 Std. bis zu den Pieren nach Ko Libong und Ko Muk) und Speed-/Longtail-Boot/Fähre. Für die Boote zahlen Kinder i.d.R. nicht. Ein Platz im Minibus (empfehlenswert) kostet 150/200 Baht pro Strecke. Wer Hin- und Rückreise bucht, spart ein paar Baht. Zudem können Tickets gesplittet werden. Das heißt, man kann auf dem Weg einen Halt einplanen (beispielsweise in Tarutao auf dem Weg nach Ko Lipe), das Ticket ist dann billiger als separat gebuchte Fahrten.
KO BULON LEH, um 9.30 Uhr (Ankunft 13 Uhr) für 700 Baht.
KO HAI, um 9.30 Uhr (Ankunft 11.30 Uhr) für 500 Baht.
KO KRADAN, um 11 Uhr (Ankunft 13.30 Uhr) für 450 Baht.
KO LANTA, stdl. von 9.30–16.30 Uhr für 250 Baht.
KO LIBONG, mit Minibus für 70 Baht zum Hat Yao Pier. Von dort fährt ab einer Passagierzahl von etwa 10 Leuten ein Longtail-Boot in etwa 15 Min. für 50 Baht p. P. nach Ko Libong. Kinder zahlen nicht.
KO LIPE, Abfahrt 9 Uhr für 750 Baht mit Tigerline ab Hat Yao (Kinder zahlen voll), mit Minibus und Speedboot ab Pakbara für 800 Baht (Returnticket 1400 Baht) in etwa 3 Std.
KO MUK, Abfahrt zum Hafen Kuan Tung Ku um 11 Uhr, Ankunft auf Ko Muk 13.30 Uhr, für 350 Baht mit dem Longtail-Boot direkt am Oststrand. Mit der Fähre Minibuszubringer um 11.30 Uhr für 250 Baht.
KO SUKORN, mit Abholung am Guesthouse/ Hotel bis zur Anlage auf Ko Sukorn für 250 Baht.
MALAYSIA, Minibusse nach KUALA LUMPUR um 6 Uhr (Ankunft 20 Uhr) und 13 Uhr (Ankunft 5 Uhr) für 800 Baht; PENANG um 8 Uhr (Ankunft 16 Uhr) und 11 Uhr (Ankunft 19 Uhr) für 650 Baht.
LANGKAWI, Minibus/Boot 9.30 Uhr (Ankunft 14.30 Uhr) für 750 Baht.
SINGAPORE, um 13 Uhr (Ankunft 8 Uhr) für 1200 Baht.

DIE SÜDLICHE ANDAMANENKÜSTE

Eisenbahn

BANGKOK, s. Fahrplan S. 812/813. Eine gute Nacht versprechen der Zug um 13.20 Uhr (Ankunft 5.15 Uhr), und der Zug um 17.20 Uhr (Ankunft 8.25 Uhr). Sleeper 1. Klasse kostet 1280–1480 Baht; 2. Klasse 570–870 Baht, 3. Klasse 250–290 Baht.

Flüge

Der Flugplatz liegt etwa 5 km außerhalb. **Nok Air** fliegt 2x tgl. nach BANGKOK. **Air Asia** fliegt diese Strecke 3x tgl. Flugdauer etwa 1 Std. 20 Min., Tickets ab 2000 Baht.

Umgebung von Trang

Die Provinz Trang mit ihrer kleinen namensgleichen Provinzhauptstadt ist für viele Reisende der Ausgangspunkt, um zu den zahlreichen vorgelagerten Inseln und den angrenzenden schönen Stränden zu gelangen.

Die **Strände** Trangs (S. 722), aber vor allem die vorgelagerten **Inseln** (ab S. 694) sind wirklich eine Reise wert: Einsamkeit, bizarre Kalksteinklippen und weißer Sand, so weit das Auge reicht, nahezu unberührte Unterwasserwelten und faszinierende Höhlen. Ab Trang sind fast alle diese Inseln erreichbar, auch wenn sie eigentlich zu den angrenzenden Provinzen gehören, z. B. gehört Ko Hai zur nördlich gelegenen Provinz Krabi, die inzwischen gut für den Tourismus erschlossene Ko Lipe im Tarutao National Park zur Provinz Satun. Weitaus weniger westliche Reisende als auf Ko Lipe trifft man auf den anderen Eilanden. Ko Libong z. B. „gehört" noch seiner ursprünglichen Bevölkerung aus Fischern und Farmern. Inseln wie Ko Kradan und Ko Hai hingegen sind fast nur von Touristen (und deren Dienstleistern) bewohnt; dort gibt es keine gewachsenen einheimischen Dörfer. Wer ganz weit weg von der Zivilisation will, unternimmt Tagesausflüge nach Ko Petra oder Ko Rok.

Die meisten Naturschönheiten der Provinz Trang gehören zum **Chao Mai National Park** (und kosten daher vielfach 200 Baht Eintritt am Tag). Der Park erstreckt sich über 120 km entlang der Küste und umfasst neun der insgesamt 47 vorgelagerten Inseln.

Nicht nur die Inselwelt der Andamanensee zieht Besucher an – auch zu Lande gibt es in der Provinz Trang einiges zu sehen. Naturfreunde finden im **Landesinneren** neben zahlreichen **Wasserfällen** natürliche und ausgebaute **Höhlensysteme** in den Karstfelsen. Vogelfreunde kommen ebenfalls in dieser Gegend auf ihre Kosten.

Die beste **Reisezeit** auf den Inseln liegt zwischen Dezember und April. Wer die Natur um die Stadt Trang besuchen will, z. B. Wasserfälle, sollte in der Regenzeit oder kurz danach kommen, denn dann strömen die Fälle besonders eindrucksvoll.

Strände bei Trang

Die Festlandstrände vor Trang werden von westlichen Touristen recht selten besucht. Minibusse verkehren ab Trang, S. 721.

Hat Pak Meng

Der bekannteste und meistbesuchte Strand Trangs ist Hat Pak Meng, 40 km von der Stadt entfernt. Vor allem Thais kommen hierher, und sie sagen: Wer nicht hier war, hat Trang nicht gesehen. Dass sich der flache, 5 km lange Sandstrand nicht zum Schwimmen eignet, stört niemanden. Während der Ebbe wird gejoggt, Frisbee gespielt oder wattgewandert. Man lässt Drachen steigen oder picknickt unter den schattigen Pinien. Leider sammeln nicht alle ihren Müll auf, sodass der Strand vor allem nach einem besucherstarken Wochenende ziemlich vermüllt ist.

Der Strand gehört zum **Chai Mai National Park**, doch es wird kein Eintritt erhoben. Wer Anfang November hierher reist, kann am Tag der niedrigsten Ebbe gemeinsam mit Tausenden Besuchern Muscheln aus dem Watt graben.

ÜBERNACHTUNG UND ESSEN

Zahlreiche Restaurants, die ihre Stühle am Strand unter den Kasuarinen aufstellen, haben sich entlang der Straße angesiedelt. Es gibt viele Straßenstände mit frittiertem Fisch, Tintenfisch oder Krabben, allerdings keine Bungalows direkt auf dem Strand, denn zwischen Unterkünften und Meer verläuft eine Straße.

Laytrang Resort & Travel, ☎ 075-274 027, 🖥 www.laytrang.com. Am Pier gelegene Gartenanlage. Große Steinbungalows unter Bäumen. Die Zimmer sind recht gut eingerichtet, teils mit Himmelbett und riesigen Bädern. Etwas kühl und mit wenig Flair. Vorwiegend Thai-Gäste. Zelte stehen zur Verfügung (200 Baht). ❹

Makmai Resort, ☎ 075-274 234. Am Ende der Restaurantzeile gelegene Anlage mit grünen Reihen-Steinbungalows. Kühles Design fürs Thai-Publikum. ❸

Pak Meng Resort, 60/1 Moo 4, ☎ 075-274 112, 🖥 www.pakmengresort.com. Das Resort liegt etwa 2 1/2 km südlich der Promenade. Betonbungalows mit Holz- und Rattanmöbeln, TV, Ventilator oder AC. Großer Garten und Zimmer in 2 Häusern am Klong. Gutes Restaurant. Motorrad- und Kanuverleih (400 Baht pro Tag). ❹

Wer am Hat Pak Meng selbst ein Boot chartert, um zu den vorgelagerten Inseln zu gelangen, zahlt meist mehr als mit den Kombitickets ab Trang. Nach KO HAI kostet das Longtail-Boot ab 300 Baht p. P. Ein Speedboot 500 Baht. Taxis/Songthaew nach TRANG 60 Baht.

Hat Chang Lang

Nahe Hat Pak Meng liegt der Hat Chang Lang. Am Büro des Chao Mai National Park zahlen ausländische Besucher 200 Baht Eintritt.

Hat Chang Lang ähnelt Hat Pak Meng. Er ist nur einige Kilometer lang und eine Freude für Muschelsammler. Die eingerichteten Picknickplätze locken vor allem Thais zu einer Rast. Schwimmen kann man nicht. Zelten hingegen ist möglich; es gibt am südlichen Ende des Strandes eine kleine Dusche und ein WC.

Anantara Si Kao Resort, 188/199 Moo 5, Changlan Rd., ☎ 075-205 888, 🖥 www.sikao. anantara.com. Mehrgeschossige Anlage direkt am Strand mit mehreren Pools und Restaurants. Fast 140 edel eingerichtete Zimmer mit allem

Komfort. Zimmer mit Stockbetten für Familien. Hier befindet sich auch eine Tauchbasis: Sea Bees, 🖥 www.sea-bees.com. ❽

Chang Lang Resort, ☎ 075-291 008, an der Straße und 5 Min. Fußweg vom Strand entfernt. Steinbungalows mit je 4 Zimmern in einer Gartenanlage. Einfache Einrichtung. Familien bis zu 8 Pers. können ein Haus mit 3 Zimmern mieten (1600 Baht). ❸–❹

Hat Yong Ling und Hat San

Etwa 5 km vom Dorf Chao Mai entfernt befinden sich diese beiden Strände, die vom Berg Yong Ling getrennt werden. Hat Yong Ling ist 2 km lang, von Pinien bestanden und beeindruckt vor allem durch seine Karstfelsen. Durch einen Tunnel und eine Höhle durch den Berg erreicht man bei Ebbe den 1 km langen Hat San. Hier geht es noch ruhiger zu. Von den Stränden hat man einen schönen Blick auf die vorgelagerte Ko Muk.

Hat Yao

Der 4 km lange Naturstrand mit pudrigem weißen Sand gehört ebenfalls zum Chao Mai National Park. In der Woche ist Hat Yao menschenleer. Das Wasser ist zwar am Ufer flach, eignet sich aber trotzdem gut zum Schwimmen. Ein kleines Restaurant ist vorhanden. Im Meer sieht man bei gutem Wetter Ko Libong. Der Strand wird im Süden von einem hohen Felsen begrenzt, der an die Strände bei Krabi erinnert. Hinter diesem Felsen liegt eine Bungalowanlage (nur von der Straße aus erreichbar, direkt hinter dem Felsen rechts). Die Bungalows des **Sinchai Chaomai Resort**, ☎ 075-203 034, sehen zwar nicht sehr ansprechend aus, Besucher sind dennoch oft zufrieden. ❸

Hat Chao Mai

Nur etwa 500 m neben dem Hat Yao befindet sich das kleine Fischerdorf Ban Chao Mai. Besucher können hier das Leben der lokalen Fischer beobachten oder mit dem Kanu die sehenswerte **Chao Mai-Tropfsteinhöhle** besuchen. Der etwa 2 1/2-stündige Ausflug kostet 200 Baht.

An- und Weiterfahrt: Die Songthaew aus Kantang und die Minibusse aus Trang halten hier.

Pakbara

Für Reisende ist Pakbara ein wichtiger Umsteigeplatz in die Boote zu den Inseln Ko Lipe, Ko Bulon Leh oder Ko Tarutao bzw. um Richtung Malaysia oder in den Norden Thailands zu fahren. Der große Pier dominiert die Stadt. Hier haben sich zahlreiche Reisebüros angesiedelt, es gibt Restaurants und für Selbstfahrer jede Menge bewachte Parkplätze. Ansonsten bietet Pakbara neben dem alltäglichen Leben abseits jeglicher Touristenpfade einen Strand (der sich allerdings nicht zum Schwimmen eignet). Am Wochenende kommen viele lokale Touristen, die die Bars und Restaurants am Meer bevölkern.

ÜBERNACHTUNG UND ESSEN

Die Unterkünfte liegen an der Hauptstraße und sind alle fußläufig zu erreichen.

Best House Resort, ☎ 081-189 6906, 🖥 www.besthouseresort.com, [8834]. Etwa 200 m vom Pier entfernt stehen dicht an dicht Reihenbungalows auf einem kleinen Grundstück. Einfach und relativ sauber, AC. WLAN im Restaurant und den vorderen Bungalows. Auch Familienzimmer. ❸

Diamond Beach Bungalow, ☎ 086-964 4667, [8835]. Etwa 500 m vom Hafen entfernt am Meer. Verwohnte einfache Bungalows mit Ventilator oder etwas bessere AC-Zimmer. Restaurant am Strand. Beliebter Platz für Thai-Gäste am Wochenende. ❷–❸

Am Pier gibt es mehrere **Restaurants** (z. T. mit englischer Speisekarte), die oft schließen, wenn das letzte Boot gefahren ist.

1 km vom Hafen entfernt auf der rechten Seite mit Strandblick liegen zahlreiche **Seafood-Restaurants**.

SONSTIGES

Geld
Zahlreiche Geldautomaten befinden sich am Pakbara Pier.

Tarutao Nationalpark-Büro
Vor dem Pier liegt das **Tarutao National Park Office**, ☎ 074-783 485. Hier kann man Informationen und Reservierungen für die Inseln Ko Tarutao, Ko Adang und Ko Rawi bekommen sowie die Nationalpark-Gebühr von 200 Baht entrichten. Auch Verkauf von Bootstickets.

TRANSPORT

Busse ab La-Ngu
Die Überlandbusse starten ab **La-Ngu**, einer kleinen Stadt mit einem großen, teils überdachten Markt, 10 km von Pakbara entfernt. In Pakbara gibt es keine Bushaltestelle. Bis La-Ngu fährt man mit dem **Songthaew** für 20 Baht.

TRANG, KRABI, PHANG NGA, PHUKET, von der Hauptstraße auf der linken Seite hinter der großen Abzweigung um 9, 11 und 13 Uhr. Nach Trang für 90 Baht in 1 1/2 Std., Krabi für 200 Baht in 4 Std., Phang Nga für 260 Baht in 5 Std., Phuket für 350 Baht in 7 Std.

HAT YAI, SATUN, Minibusse starten etwa stdl. nahe dem 7-Eleven auf der Hauptstraße; um die 100 Baht.

Ab Pakbara Pier
Am Platz vor dem Pier gibt es einige Reisebüros, die den Transport bis hinaus nach Bangkok und hinunter nach Kuala Lumpur organisieren. Minibusse von Gesellschaften wie **Pakbara Travel**, ☎ 01-776 1271, 06-779 9381, 🖥 www.pakbaratravel.com, fahren nach Ankunft der Boote aus Ko Lipe. Die Langstrecken werden auch hier von den öffentlichen Bussen übernommen, sodass die Reisenden entweder mit dem Minibus nach La-Ngu oder Trang transportiert werden und dort in einen großen Bus umsteigen.

BANGKOK, mit dem Songthaew bis La-Ngu und dann mit dem Bus für 800 Baht in 14 Std.

HAT YAI, um 8.45, 9.45, 10.45, 11.45 und 12.45 Uhr für 150 Baht in 2 Std.

KO LANTA, mit Minibus und Boot für 450 Baht.

KRABI, mit Minibus für 450 Baht in 3 1/2 Std.

KUALA LUMPUR, mit Minibus und Bus für 750 Baht.

PENANG, mit Minibus und Bus für 600 Baht.

PHANG NGA ,mit Minibus und Bus für 500 Baht in 4 1/2 Std.

PHUKET, mit Minibus und Überlandbus für 600 Baht in 5–6 Std.

SATUN, mit Minibus für 160 Baht in 1 Std.

DIE SÜDLICHE ANDAMANENKÜSTE

SURAT THANI, mit Minibus und Bus für
500 Baht.
TAMMALANG PIER (zur Fähre nach
LANGKAWI), mit Minibus für 300 Baht in 1 Std.
Mit dem Taxi oft schneller für 800 Baht.
TRANG, um 8.45, 10.45, 12.45 und 14.45 Uhr
für 200 Baht in 2 Std.
WANGPRACHAN (Visa Run), mit Minibus
für 300 Baht. Mit dem Taxi für 800 Baht.

Boote

Schnellboote und Fähren verschiedener
Gesellschaften fahren vormittags bis
mittags ab.
KO BULON LEH, um 13 Uhr mit der Fähre
für 350 Baht in 1/2 Std.
KO LANTA, um 9 Uhr für 1600 Baht in 3 1/2 Std.
KO LIPE, mit der Fähre *Adang Sea Tour* um
10.30 und 13.30 Uhr für 750 Baht in 3 Std. Speedboot *Andman Express*, ⌨ www.lipeferry.com,
um 11.45 Uhr für 1000 Baht in 1 3/4 Std.
KO TARUTAO, mit dem Schnellboot um
11.30 und 13.30 Uhr (Richtung Ko Lipe) für
350 Baht in 1/2 Std. Mit der Fähre wie nach
Ko Lipe um 10.30 und 13.30 Uhr für 250 Baht in
1 1/2 Std.

Satun

Bis 1929 gehörte Satun nicht zu Thailand, sondern fiel unter das Protektorat von Kedah und
gehörte damit zu Malaysia. Erst dank eines Pak-
tes mit den Briten wurde Satun unter siamesische Verwaltung gestellt. Heute ist Satun Provinzhauptstadt.

Satun liegt 973 km von Bangkok entfernt. Touristen erleben die kleine Stadt meist nur auf der
Durchreise, wenn sie auf ihrer Reise nach Langkawi (Malaysia) am Pier einige Kilometer weiter
südlich vom Bus ins Boot umsteigen.

Wer hierher kommt und bleibt, wird mangels
Sehenswürdigkeiten selbst zu einer Attraktion:
Die 28 000 Einwohner, vorwiegend moslemisch,
wundern sich augenscheinlich, was ein Tourist
hier sucht.

Zu sehen gibt es immerhin die **Mambang
Matsayid-Moschee** mitten in Satun. Der Bau ist
Treffpunkt und Mittelpunkt der Stadt, nicht wirk-

Übernachtung:
① Pinnacle Satun Wangmai Hotel
② On's Gh.
③ Udom Suk Hotel
④ Sinkiat Thani Hotel
⑤ Rian Thong Hotel

Essen:
1 Time Restaurant
2 On's The Living Room
3 Nudelsuppen-Restaurant

Transport:
① Satun Travel & Ferry Service
② Minibus Hat Yai
③ Bus Bangkok
④ Boote Kuala Perlis
⑤ Taxi Wangprachan, Thale Ban
⑥ Taxi Trang, Hat Yai
⑦ Pick-up Tamalang Pier
⑧ Boote Langkawi
⑨ Busbahnhof

Ein Haus mit Geschichte

Über die Region kundig machen kann man sich im **Nationalmuseum**, ✆ 074-723 140, von Satun, auch als Kuden Mansion bekannt und als Guden Castle ausgeschildert. In einem Gebäude im Kolonialstil werden Gegenstände aus der Kultur und Geschichte der Region gezeigt. Zudem gewährt ein Besuch hier interessante Einblicke in die Geschichte des Tarutao National Park, als die Hauptinsel noch ein Gefängnis war. Das Haus, in dem sich das Museum befindet, wurde in den Jahren 1940–43 von den Japanern besetzt. Es heißt, hier haben sich führende Köpfe zur Planung des Anschlags auf Pearl Harbor versammelt. ⏲ tgl. außer Mo und Di 9–16 Uhr, Eintritt 30 Baht.

lich etwas Besonderes, doch wer sie aufsucht, findet Kontakt zur moslemischen Bevölkerung Thailands abseits aller Touristenpfade und ohne die Gefahren, die derzeit den tiefen Süden nahezu unbereisbar machen (Kasten S. 727).

Neben Moslems wohnen in Satun Thais und Chinesischstämmige. Es gibt neben der Moschee auch einen chinesischen und natürlich auch einen buddhistischen Tempel, das 200 Jahre alte **Wat Chanathip Chaloem**. Dämonen bewachen die Eingänge, innen befindet sich ein Bronzebuddha.

Die Provinz Satun beansprucht als touristisches Highlight die Inseln des **Tarutao National Park** (S. 709) für sich, doch die touristische Route bringt es mit sich, dass die meisten Reisenden von Trang aus die Inseln ansteuern. Insgesamt liegen vor der Küste Satuns 145 km Strand. Das **Tan Yong Cap** und der **Long Beach** sind Ziele in der Umgebung. Statt Strandleben im Bikini gibt es hier einen intensiven Einblick ins traditionelle Leben der Fischer. Nahebei befindet sich auch der **Thale Ban National Park** (mehr dazu s. eXTra [5759]) und die **Phuphaphet-Höhle** („Diamanthöhle", mehr dazu s. eXTra [5760]).

ÜBERNACHTUNG

In Satun nächtigt man am besten in einem der Hotels. Diese haben oft TV und Fenster und sind etwas besser ausgestattet als die Gästehäuser. Generell ist der Standard eher niedrig.

On's Gh. ②, 49 Kuhaprawed Rd., ✆ 081-097 9783, ✉ onmarch13@hotmail.com. Ruhiges Guesthouse mit einfachen, sauberen Zimmern und familiärer Atmosphäre. In einer Seitengasse nahe dem Flussufer, Kontakt über On's The Living Room, S. . ❷

Pinnacle Satun Wangmai Hotel ①, 43 Satun Thane Rd., ✆ 074-711 607, 🖵 www.pinnaclehotels.com. 108 Zimmer mit Ventilator oder AC, recht sauber, einfache Ausstattung. Vor allem Malayen, die meisten davon geschäftlich unterwegs, steigen hier ab. Minibar, TV, manche Zimmer mit Badewanne. ❸–❺

Rian Thong Hotel ⑤, 4–6 Samanta Pradit Rd., ✆ 074-711 036. Gegenüber der Bootsanlegestelle. Große Zimmer, relativ sauber. ❷

Sinkiat Thani Hotel ④, 50 Burivanit Rd., ✆ 074-721 055. Mittelklassehotel mit großen Zimmern, einige mit Badewanne, alle mit Minibar und TV. Obwohl nicht mehr neu, gut in Schuss gehalten und sauber. Mit Blick auf die Berge wohnt man in den Zimmern der oberen Stockwerke. ❹

Udom Suk Hotel ③, 201 Hattagam Suksa Rd., ✆ 074-711 006. Im Zentrum und dennoch recht ruhig in einer Nebenstraße gelegen, bietet dieses Haus saubere Zimmer und einen kleinen Garten. ❷–❸

ESSEN

Einen Versuch wert sind die Gerichte auf dem **Nachtmarkt**. Man sollte es nicht versäumen, etwas Moslemisches zu probieren. Für das gute Masaman-Curry wurde die Provinz sogar ausgezeichnet und darf das Curry als OTOP verkaufen.

Ein **chinesisches Nudelsuppen-Restaurant** mit einer kräftigen(den) dunklen Suppe liegt an der Satun Thanee, Ecke Samanta Pradit Rd. Schließt schon mittags. Wer Kurzgebratenes aus dem Wok bevorzugt, wird nebenan fündig.

On's The Living Room, tischt westliche Küche auf. Wer Pizza braucht oder Nudeln, findet hier etwas, es gibt auch Bier und Mixgetränke.

Time Restaurant, etwas gehobeneres Niveau und entsprechend etwas teurer. Hier macht

Die drei südlichen Provinzen **Pattani**, **Yala** und **Narathiwat** sowie Teile der Provinz **Songkhla** sind seit Jahren Schauplätze eines erbitterten Kampfes zwischen den Volksgruppen der buddhistischen Thais und der moslemischen Malaien; dabei fließt fast täglich Blut.

Das alte malaiische Sultanat Pattani wurde zu Beginn des 20. Jhs. in den entstehenden Thai-Staat integriert. Bis dahin stand es formal unter der Herrschaft Siams, ähnlich wie die malaiischen Sultanate Kedah, Perlis, Kelantan und Terengganu. Es folgte eine Periode der Zwangsassimilierung, die in vielerlei Hinsicht bis heute anhält. Das Verhältnis zwischen den eingewanderten Thais und den ansässigen Malaien war von Anfang an durch Unverständnis, Thai-Chauvinismus und brutale **Unterdrückung** geprägt. Thai-Beamte, die in den Süden versetzt wurden, empfanden ihre neue Arbeitsstelle als Verbannung. Bereits mit Beginn der Annexion gab es eine Widerstandsbewegung, die nach dem Zweiten Weltkrieg erstarkte. Im Jahr 2004 erreichte sie neue Dimensionen, nachdem bei einem Massaker der Polizei und des Militärs in Tak Bai 78 Moslems umgekommen waren. Nach einer Anschlagsserie in der Stadt Yala im Sommer 2005 rief die damalige Thaksin-Regierung den Notstand in den drei südlichen Provinzen aus. Mittlerweile erschießen radikale malaiische Moslems Mönche während ihrer morgendlichen Almosensammlung und Lehrer auf dem Weg in die Schule. Bomben explodieren auf öffentlichen Plätzen, und Minibusse werden unter Feuer genommen. Bis Ende 2012 sind seit der Eskalation des Konfliktes etwa 3400 Menschen umgekommen, darunter 2300 Zivilisten. Von Besuchen in dieser Region raten wir dringend ab. Zwar sind bisher noch keine **Touristen** Opfer von Mordanschlägen geworden, aber wer will schon als Kollateralschaden enden? Ein Anschlag auf ein auch von Ausländern bewohntes Hotel in Hat Yai mit Toten und Verletzten belegt, dass hier keinerlei Rücksicht genommen wird.

Im Frühsommer 2013 wurden in Kuala Lumpur Friedensgespräche begonnen zwischen Vertretern der Thai-Regierung und Abgeordneten der Barisan Revolusi Nasional (BRN), einer der ältesten im Süden Thailands aktiven Rebellengruppe. Wohin diese führen, und wie sich eventuell andere Rebellengruppen an den Ergebnissen orientieren, ist völlig offen. Jedenfalls wurden auch während der Gespräche weiter Anschläge verübt, bei denen u. a. ein dreijähriges Kind erschossen wurde.

Aktuelle Berichte über die Situation in den Südprovinzen findet man täglich in den beiden englischsprachigen Tageszeitungen *The Nation* und *Bangkok Post*. Weitere Informationen über die Entstehung und den Verlauf des Aufstandes unter 🖥 www.en.wikipedia.org/wiki/South_Thailand_insurgency.

Die **Grenzübergänge** nach Malaysia in Betong und Tak Bai sind somit keine Optionen mehr. Der Grenzübergang **Wangprachan** ist in letzter Zeit populär geworden. Der Ort ist inzwischen das Ziel organisierter Visa Runs sogar aus Krabi oder von Ko Samui. Von Satun kostet eines der häufig verkehrenden Pick-ups 40–50 Baht einfach, ein Taxi 500–600 Baht hin und zurück. ⏰ Grenzübergang 7–18 Uhr. Von Hat Yai aus erreichbar sind Padang Besar mit dem Zug, Grenzübergang ⏰ 7–21 Uhr, und Sadao mit dem Minibus für 50 Baht oder Taxi für 600–900 Baht hin und zurück, Grenzübergang ⏰ 7–18 Uhr. Nach Sungai Golok fährt von Hat Yai aus ebenfalls ein Zug. Touristen haben aber bereits wegen erhöhter Gefahr dafür keine Tickets bekommen. Auch mit dem Minibus ist Sungai Golok zu erreichen. Der Weg führt jedoch quer durch die Unruheprovinzen.

eine riesige Speisekarte die Auswahl nicht gerade leicht. Zum Essen kann man sich ein kühles Bierchen gönnen.

Immigration

Die Immigration hat ihr Hauptbüro in der Stadt, ⏰ Mo–Fr 8.30–16 Uhr. Ein Besuch ist kaum nötig: Wer über die Grenze nach Malaysia (Wangprachan) geht, bekommt seine Stempel am Tammalang Pier. ⏰ Grenze 6–17 Uhr.

Medizinische Hilfe

Das **Krankenhaus** der Stadt befindet sich etwas nördlich vom Zentrum nahe der **Polizeistation** an der Satun Thane Rd.

Post

Das Postamt liegt in der Samanta Pradit Rd. 🕐 Mo–Fr 8.30–16.30, Sa, So und feiertags 9–14 Uhr.

Reisebüros

Satun Travel & Ferry Service, 45/16 Satun Thane Rd., 📞 074-711 453. Tickets zu den Inseln Ko Lipe, Ko Tarutao und Ko Adang und auch Fährtickets nach Langkawi. Minibusse. Weitere Reisebüros am **Tammalang Pier**; wer dort ankommt, kann direkt die Weiterfahrt buchen; alle größeren Ziele bis nach Bangkok werden angeboten.

TRANSPORT

Busse

Der **Busbahnhof** befindet sich etwas außerhalb, südlich der Stadt. Man kann aber auch in der Stadt in der Bureevanitch Rd. zusteigen.
BANGKOK, AC-Bus um 7.30, 14.30, 15 und 16.30 Uhr für 720 Baht, VIP-Bus um 16.30 Uhr für 1150 Baht in 15 Std.
HAT YAI, stdl. mit dem blauen Bus Nr. 7 für 60 Baht in 1 1/2 Std.; Bus kann an der Satun Thane Rd. herangewunken werden.
KRABI, mit dem Phuket-Bus für 230 Baht in 5 Std.
LA-NGU, die Busse nach Phuket halten hier nach etwa 1 Std. Fahrzeit (40 Baht). Nach PAKBARA geht es von hier mit dem Pick-up weiter.
PHUKET, um 8.15, 10.15, 12.15 und 20 Uhr für 370 Baht in 8 Std.
TRANG, stdl. zwischen 6 und 16.30 Uhr für 90 Baht in 2 Std. Der AC-Bus nach Phuket hält auch in Trang (130 Baht).

Minibusse, Sammeltaxis und Songthaew

Je nach Saison und Reiseziel ändern sich die Abfahrtszeiten und -orte öfters; vorsichtshalber vor Ort überprüfen.

HAT YAI, stdl. Minibusse an der Satun Thane Rd. zwischen 6 und 17 Uhr für 100 Baht; außerdem Taxis gegenüber der Immigration (S. 727).
KRABI, mit Minibus (Satun Travel) um 11 und 16.30 Uhr für 450 Baht in 4 1/2 Std.
PAKBARA, mit Sammeltaxi für 300 Baht.
THALE BAN NATIONAL PARK, unregelmäßig mit dem Sammeltaxi für 50 Baht.
TRANG, mit Minibus (Satun Travel) um 11 und 16.30 Uhr für 250 Baht in 2 1/2 Std.
WANGPRACHAN (Grenze nach Malaysia), um 7 und 9 Uhr für 40 Baht bei genügend Mitfahrern; Abfahrt gegenüber dem Rian Thong Hotel. Mopedtaxis kosten für einen Weg 250 Baht. Wer also einen Visa Run macht, zahlt für die Hin- und Rückfahrt 400–500 Baht.

Boote

Die Boote nach Ko Lipe, Ko Adang, Ko Tarutao und Langkawi halten, starten und landen alle am **Tammalang Pier**, 9 km südlich von Satun. Mit dem Pick-up in 15 Min. für 20 Baht; Mopedtaxi 50 Baht. Am Hafen gibt es eine **Immigration**, die das Visum für Thailand ein- bzw. ausstempelt. Etwa 1 Std. vor Abfahrt der Fähre nach Langkawi fährt von Satun Travel ein Taxi für 30 Baht von Satun zum Pier.
KO ADANG und KO BULON LEH, 350 Baht.
KO LIPE (über KO TARUTAO und KO ADANG), um 12.30 Uhr für 700 Baht.
KUALA PERLIS, in der Saison mit dem Longtail-Boot für 150 Baht in 1 Std.; Abfahrt, wenn das Boot voll ist. Charterboot 1500 Baht. Bei genügend Wasser startet das Boot manchmal am Pier in der Stadt und fährt zur Immigration, bevor es auf die anstrengende Fahrt nach Kuala Perlis geht.
LANGKAWI, mit der Fähre um 9.30, 13.30 und 16 Uhr für 300 Baht (Kinder 230 Baht) in gut 1 Std. Ein Schnellboot geht um 8 Uhr und kostet 600 Baht.

Kota
Bharu

Penang

Nord-Malaysia

Stefan Loose Traveltipps

Pulau Langkawi Mit der Seilbahn in luftige Höhen und beim Sundowner am Strand den Sonnenuntergang genießen. S. 731

14 **George Town** Ein Spaziergang durch das Stadtzentrum, das von britischen Kolonialherren, chinesischen Kaufleuten und Einwanderern aus Indien geprägt ist. S. 747

Kota Bharu Das Kulturzentrum Gelanggang Seni pflegt traditionelle malaiische Kultur. S. 776

15 **Pulau Perhentian** Die zwei Inseln mit weißen Sandstränden sind ideal zum Schnorcheln oder Tauchen. S. 783

Bei einem Abstecher nach Malaysia bekommt man einen Eindruck vom malaiisch-chinesisch-indischen Vielvölkerstaat mit seinen Relikten aus der britischen Kolonialzeit. Wie ein Malaysia im Miniaturformat wirkt die Urlauberinsel Langkawi an der Westküste, die trotz der Besuchermassen noch immer ländliche Ruhe ausstrahlt. Traveller zieht es an die Ostküste nach Pulau Perhentian, wo sich gute Tauchmöglichkeiten bieten. Ein Muss ist die Insel Penang wegen der chinesisch geprägten Stadt George Town mit ihren historischen Bauten, dem hervorragenden Museum und der kulinarischen Genüsse.

Westliches Grenzgebiet

Wang Kelian (Wang Prachan)

Zwischen Wang Prachan (32 km von Satun) und Wang Kelian (40 km von Kangar entfernt) liegen etwa 100 m Fußweg. Die Straße von der Grenze führt ins südliche Kaki Bukit. ⊕ 5–18 Uhr Thai-Zeit bzw. 6–19 Uhr Malaysia-Zeit.

Padang Besar (Pekan Siam)

Im Grenzort, 57 km südwestlich von Hat Yai bzw. 35 km nordöstlich von Kangar, geht man hinter dem thailändischen Kontrollpunkt zehn Minuten durch Niemandsland zum malaysischen Kontrollpunkt. Motorradtaxi 3 RM. Eine Alternative ist der Transfer mit einem Motorrad oder Minibus durch den Drive-through-Checkpoint. Bahnreisende erledigen alle Einreiseformalitäten im Bahnhof von Padang Besar. Der Bahnhof auf Thai-Seite fungiert nicht als Grenzübergang. ⊕ 5–21 Uhr Thai-Zeit bzw. 6–22 Uhr Malaysia-Zeit.

Bukit Kayu Hitam (Sadao)

Zwischen der Immigration und Grenze liegen gut 800 m, die am einfachsten mit dem (Motorrad)-Taxi zu überwinden sind. Durch **Bukit Kayu Hitam**, den Ort jenseits der Thai-Stadt Sadao (Danok), 1 km hinter der Grenze, brausen die meisten Busse ohne Halt. Von der Grenze verläuft eine 25 km lange, vierspurige Straße zur Nord-Süd-Autobahn. Vorbei am 8 km entfernten **Changlun** fahren Busse nach Singapore, Kuala Lumpur und Penang und stoppen entweder an

einem der Duty-free-Shops an der Straße oder im Ort für eine Essenspause, bei der Zeit zum Geldwechseln ist. ⊕ 5–23 Uhr Thai-Zeit bzw. 6–24 Uhr Malaysia-Zeit.

Busse

Ab Padang Besar via Kaki Bukit 4x tgl. lokale Busse für 5 RM nach KANGAR. Von dort nach Kuala Lumpur und Penang. Auf der Thai-Seite fahren Busse und Minibusse nach HAT YAI. Von Changlun u. a. nach KOTA BHARU um 9 und 21 Uhr für 13 RM in 7–8 Std.
KUALA LUMPUR, zahlreiche Busse von Konsortium und Transnasional ab Changlun oder Ekspres Bandar ab **Bukit Kayu Hitam** von 11–14 Uhr für 36–43 RM in 5–6 Std.
Nahverkehrsbusse nach ALOR SETAR für 4 RM (hier umsteigen nach Kuala Kedah, dem Fährhafen nach Langkawi mit Bus 772 von 6–19.20 Uhr für 1,70 RM).
In Sadao (Danok) auf der Thai-Seite fahren lokale Busse zu Zielen in Thailand.

Überlandtaxis

Von **Padang Besar** nach ALOR SETAR 70 RM, HAT YAI 100 RM.
In Bukit Kayu Hitam stehen neben dem Tourist Office Überlandtaxis. Sie kosten nach ALOR SETAR 50 RM, BUTTERWORTH 180 RM, CHANGLUN 15 RM, KUALA PERLIS 50 RM und KUALA KEDAH 60 RM.
In Changlun stoppen die malaysischen Überlandtaxis zum Umsteigen. An den Raststätten warten Thai-Taxis, die nach SADAO (Danok) oder HAT YAI fahren.

Eisenbahn

Züge haben etwa 30 Min. Aufenthalt in **Padang Besar**, wo am Bahnhof, ✆ 04-949 0231, die Grenzformalitäten erledigt werden. Der International Express ab Bangkok (14.45 Uhr) fährt um 7.55 Uhr weiter nach BUTTERWORTH, Penang.
Mit dem Senandung Langkawi (Langkawi Express) um 16.50 Uhr via ALOR SETAR (13 RM, weiter nach Kuala Kedah) nach KUALA LUMPUR für 36 RM in 10–11 Std.; nach HAT YAI um 8.30 Uhr für 5 RM.

NORD-MALAYSIA

Pulau Langkawi

Ein Malaysia im Miniaturformat, mit tropischen Wäldern, imposanten Bergrücken, schroffen Felsen, Wasserfällen, Gummiplantagen, Reisfeldern, Sandstränden und verschlafenen Kampungs – es fehlen nur die Ölpalmen und kolonialen Überbleibsel. Pulau Langkawi ist die größte der 99 Inseln im Archipel. Auf den anderen, kleinen Inseln gibt es überwiegend weder Straßen noch nennenswerte Siedlungen, mit Ausnahme weniger Fischerdörfer und Luxusresorts.

Die touristische Entwicklung hat dieses traumhaft schöne Fleckchen Erde stark verändert. Zu Beginn der 1980er-Jahre hatte es den Anschein, als sollte die Inselgruppe das Schicksal des nahe gelegenen Phuket teilen. Doch der Langkawi-Archipel mit seinen 64 000 überwiegend malaiischen Einwohnern bleibt nach wie vor eine gute Adresse an der Westküste für alle, die Ruhe und Erholung von der Hektik lärmender Großstädte oder eine sonnige Zuflucht während dunkler Wintermonate suchen. 1987 wurde Langkawi zur zollfreien Zone erklärt. Seitdem kauft man in vielen Duty-free-Läden billiger ein als im nahen Thailand.

Den einzigartigen, bis zu 550 Mio. Jahre alten Landschaften im Nordwesten und Osten der Hauptinsel sowie auf den Inseln Dayang Bunting, Tuba und Lima wurde 2007 der Titel „Geopark im von der Unesco unterstützten Weltnetz" verliehen. Gewürdigt wurden vor allem die geologische Vielfalt und die an Flora und Fauna reichhaltigen Formationen, die auch Besuchern der Insel näher gebracht werden, so auf Bootstouren (S. 731), einer Fahrt mit der Seilbahn vom Oriental Village (S. 743) oder im Geopark Museum (S. 743).

Abseilen

Langkawi Canopy Adventures, ☎ 012-466 8027, 012-470 2442, 🖥 www.langkawi.travel, am Fuß des Gunung Raya. Wer den Dschungel einmal aus einer ganz anderen Perspektive erleben möchte, kann mithilfe von Stahlseilen Schluchten überwinden, sich von steilen Granitwänden abseilen sowie über tiefe

Fütterung mit Folgen

Manche Touren beinhalten eine Fütterung der Adler, die jedoch verhängnisvoll ist. Die Adler geben aufgrund der regelmäßigen „Buffets" die Jagd auf. Auch führen die in Industriehühnchen enthaltenen Antibiotika oft zu einer allzu dünnen Schalenbildung an den Adlereiern – der Nachwuchs wird also gefährdet.

Täler von Baum zu Baum schwingen. Die von Ashraff geleiteten Langkawi Canopy Adventures sind nur durch ein ausgeklügeltes System von Plattformen, Stahlkabeln und Kletterseilen möglich. Die 3-stündige Tour beginnt um 9 Uhr und kostet 180–220 RM inkl. Transport ab Hotel und Ausrüstung.

Bootstouren

Boote zu den benachbarten Inseln, wo man schnorcheln bzw. im Süßwassersee baden kann, werden von verschiedenen Veranstaltern in fast allen Hotels an den Stränden und in Reisebüros angeboten. Viele fahren ab Teluk Baru, ab der Jetty in Kuah nur um 9.15 Uhr. Ein 4-stündiger Standardtrip mit Schnellbooten, die zwischen den Inseln Pulau Dayang Bunting, Pulau Singa Besar und Pulau Beras Basah pendeln, kostet 45–50 RM p. P., ein Boot zu chartern 150–200 RM/Std., ein Tagesausflug per Boot rund um die Insel Langkawi 110 RM p. P., nach Pulau Payar 160–240 RM p. P. Lunchpakete sind in den Touren immer inbegriffen. Wer dem Massenbetrieb entgehen möchte, weicht auf die Angebote der Segler aus (S. 733).

Bootstouren durch die Mangroven im Geopark starten in Tanjung Rhu oder im Mangroven-Schutzgebiet Hutan Paya Bakau Kilim (S. 745). Zum kurzen Standardprogramm gehören der Besuch der Höhlen und die Fütterung von Adlern (Kasten S. 731) für 100–160 RM p. P., Charter 170–200 RM für 1 Std., 300 RM für 2 Std. und 400 RM für 3 Std. Ein Englisch sprechender Bootsmann in Kilim ist Din, ☎ 012-403 7175.

Fahrradtouren

So lange es nicht zu heiß ist, kann man auch außerhalb des stark befahrenen Kuah auf

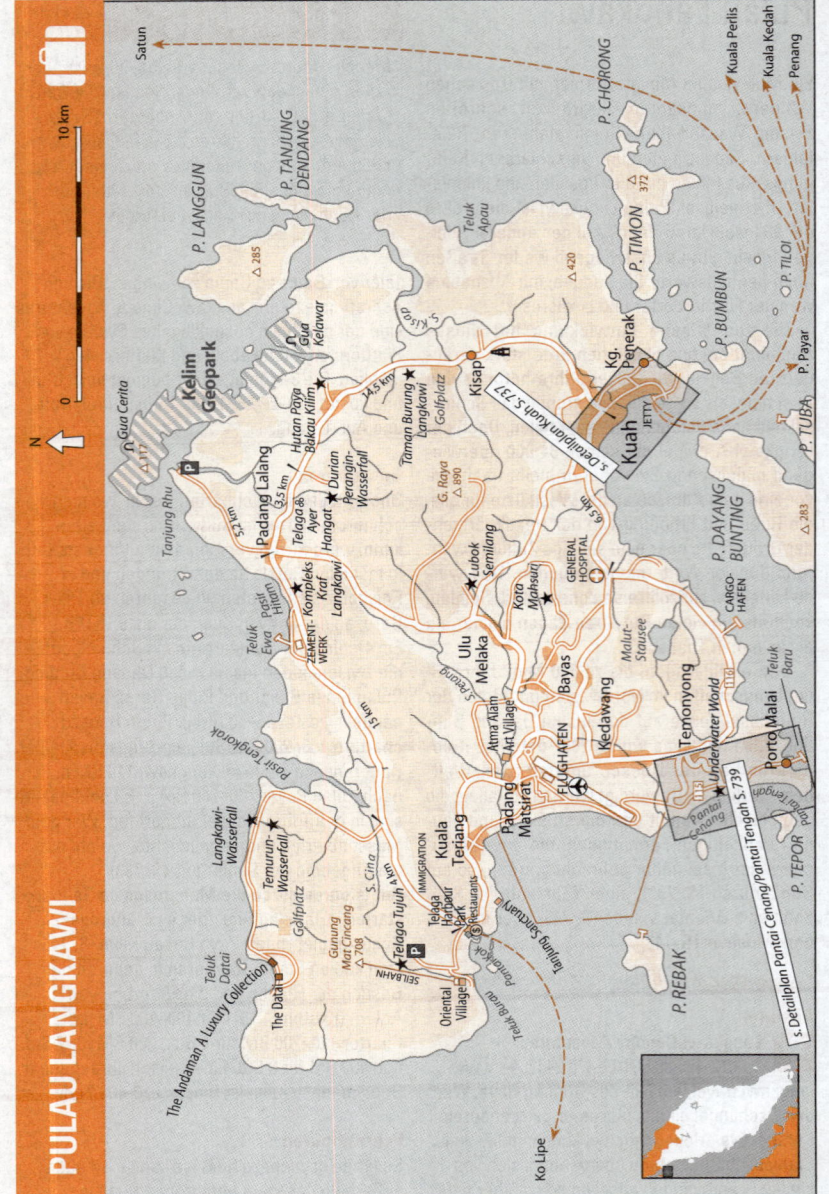

PULAU LANGKAWI

Satun

10 km

0

N

P. LANGGUN

P. TANJUNG DENDANG

Teluk Apau

P. CHORONG

△ 372

P. TIMON

Kuala Perlis
Kuala Kedah
Penang

P. BUMBUN

○ P. TILOI

P. Payar

△ 285

Gua Centa

Kelim Geopark

Gua Centa

Gua Kelawar

S. Kisap

△ 420

Tanjung Rhu

Padang Lalang

Hutan Bakau Kilim

Kisap

Kg. Penerak

Kuah

JETTY

Taman Burung Langkawi

Golfplatz

△ 117

3,5 km

Telaga 6 Ayer Hangat

Durian Perangin-Wasserfall

s. Detailplan Kuah S. 737

P. TUBA

△ 52

Pasir Hitam

14,5 km

G. Raya

△ 890

5,2 km

ZEMENT-Kompleks WERK Kraf Langkawi

Teluk Ewa

Lubok Semilang

P. DAYANG BUNTING

65 km

△ 283

Pantai Kok

Ulu Melaka

Kota Mahsuri

GENERAL HOSPITAL

CARGO-HAFEN

Pasir Tengkorak

Bayas

Malut-Stausee

Teluk Baru

Langkawi-Wasserfall

Temurun-Wasserfall

S. Cina

Kedawang

Temonyong

Porto Malai

Golfplatz

Atma Alam Art Village

Underwater World

Gunung Mat Cincang
△ 708

Telaga Tujuh △ km

IMMIGRATION

Telaga Harbour Park

Restaurants

Kuala Teriang

Padang Matsirat

FLUGHAFEN

Pantai Cenang

P. Tengah

P. TEPOR

Teluk Datai

The Andaman A Luxury Collection

The Datai

Oriental Village

SEILBAHN

Tasik Dayang Bunting

Teluk Burau

Teluk Bunting

s. Detailplan Pantai Cenang/Pantai Tengah S. 739

P. REBAK

Ko Lipe

Empfehlenswerte Dschungel- und Mangroventouren

Dev's Adventure Tours, ✆ 04-955 4892, 🖥 www.angkawi-nature.com. Gute geführte Mangroven-Trek-king- und Kajaktouren unterschiedlicher Schwierigkeitsgrade mit dem erfahrenen Natur-Guide und Ornithologen Dev, die einen spannenden Einblick in das vielfältige Ökosystem ermöglichen. Interessant sind die 1–1 1/2-stündigen Wanderungen zum Sonnenauf- und Sonnenuntergang. 3-stündige Dschun-geltreks ab 2 Pers. kosten 120 RM, die 4–5-stündige Mangroven-Bootstour 180 RM und die 5-stündige Tour mit dem Kajak 220 RM. Auch mehrtägige Touren nach Belum am East-West-Highway (S. 775).

Jungle Walla, ✆ 019-225 2300, 🖥 www.junglewalla.com. Irshad Mobarak und seine Kollegen ken-nen die Natur der Insel wie ihre Westentasche. 4-stündige Mangroventouren kosten 180 RM p. P., Kinder 90 RM, Kayaktouren 250 RM p. P., Kinder 150 RM. Dschungeltrekking 180 RM p. P., einfachere Varianten für Familien 300 RM pro Familie. Auch Sonnenuntergangs- und Nachtwanderungen von 17–21 Uhr für 200 RM p. P. sowie Touren speziell für Fotografen für 450 RM p. P.

Peter Höfinger, ✆ 012-456 4750, ✉ pemaria@tm.net.my. Der seit 1989 auf der Insel lebende Öster-reicher leitet hervorragende, informative Touren in deutscher Sprache. Die 6-stündigen Dschungel-touren durch den ursprünglichen Regenwald kosten inkl. Abholung ab 4 Pers. 195 RM p. P., ebenso wie die Halbtagstouren mit dem Boot durch die Mangrove. Zudem Tagestouren mit dem Kajak durch den Mangrovenwald ab 4 Pers. 255 RM inkl. Mittagessen.

guten Straßen in einem überwiegend hüge-ligen Gelände radeln. Am Pantai Cenang werden Räder für 10–25 RM pro Tag vermietet, z. B. im **T-Shop**.

Dev's Adventure Tours, ✆ 04-955 4892, 🖥 www.langkawi-nature.com. Geführte 3–4-stündige Fahrradtouren über 25 km durch das ländliche Langkawi für 120 RM p. P.

Segeln

Mehrere Veranstalter bieten Segeltörns in den Gewässern um Langkawi vom Royal Langkawi Yacht Club in Kuah oder von der Marina in Teluk Baru an.

Blue Water, ✆ 013-407 3166, 🖥 www. bluewaterstarsailing.com. Unter Leitung von Eva und Gerd Zimmermann wird ein zu einem komfortablen Schiff umgebautes *Pinisi*-Schiff aus Süd-Sulawesi mit 2 Kabinen vermietet. Preise auf der Website.

Crystal Yacht Holidays, ✆ 04-955 6545, 012-408 7866, 🖥 www. crystalyacht.com. Jamie und Ryoko Scott offerieren exklusive Tagestörns von 10–16 Uhr für 310 RM p. P. Auch mehrtägige Touren nach Phuket, Krabi oder Ko Phi Phi in Thailand. Die 3-stündige Sunset Dinner Cruise findet Mo–Sa von 17–20 Uhr inkl. unlimitierter Getränke statt und kostet 250 RM p. P.

East Marine Holidays, Royal Langkawi Yacht Club, ✆ 04-966 3966, 🖥 www.eastmarine. my. Tagesausflüge von 9.30–16 Uhr in den Pulau Payar Marine Park mit der Möglichkeit zu schnorcheln oder zu tauchen. Mit Schnorcheln 250 RM, Tauchen inkl. 2 Tauchgänge 350 RM, Transfer inkl.

Rampant Sailing, ✆ 012-591 5836, 🖥 www.rampantsailing.com. Die Schweizerin Bea und ihr Mann Carl aus Süd-afrika leben auf einem wunderschönen großen Segel-Katamaran, mit dem sie Tagestörns fast ausschließlich ohne Motor für max. 12 Pers. von 10–16.30 Uhr für 299 RM p. P. veranstalten.

EINKAUFEN

Einkaufszentren

Der ehemalige Fischerort Kuah wird mit Geschäften und Einkaufszentren vollgebaut. Die größten Einkaufszentren sind die **Langkawi Fair Shopping Mall** mit einem großen Supermarkt, **Plaza Langkawi** und **Langkawi Parade** am Ortsausgang. Unmittelbar vor dem Eingang des Markts **Pekan Rabu** ist auch das Tourist Office eingezogen.

Kunsthandwerk

Viele Souvenirgeschäfte konzentrieren sich vor den Ausflugszielen, v. a. im **Oriental Village** am

Zugang zur Seilbahn. Im Norden hält der **Kompleks Kraf Langkawi** ein riesiges Sortiment bereit (S. 745).

Nachtmärkte
Die Wochenmärkte eignen sich mehr zum Schauen und Essen als zum Shoppen. An jedem Abend der Woche bauen die Händler in einem anderen Ort ihre Stände auf, in Kuah ist der Markt am Pekan Rabu am größten: Ulu Melaka und Kuah (Mo), Kedawang (Di), Kuah (Mi), Bohor Tempoyak (Do), Air Hangat (Fr), Kuah (Sa) und Padang Matsirat (So). ⊕ 19–23 Uhr.

Zollfreie Waren
Für Touristen von Interesse sind das große Weinangebot, Zigaretten, Kunsthandwerk und (belgische wie Schweizer) Schokolade. Günstige Duty-free-Waren in der Langkawi Fair in Kuah sowie im großen Supermarkt von Pantai Cenang neben der Underwater World. Die Ausfuhr zum Festland ist auf 200 Zigaretten und 1 l alkoholische Getränke p. P. begrenzt und wird kontrolliert. Wer einen Aufenthalt von mindestens 48 Std. nachweisen kann, darf Duty-free-Waren bis zu 500 RM zurück aufs Festland bringen, also besser das Hinfahrt- oder Flugticket aufbewahren.

SONSTIGES
Autovermietungen
Autos werden von Reisebüros und Hotels für unter 100 RM pro Tag, in der Hochsaison bis 120 RM, organisiert. Billige sind oft illegal und nicht versichert. Ein Kancil kostet 40–60 RM, ein Myvi 80–100 RM und ein Toyota Innova/Avanza für bis zu 6 Pers. 120–200 RM pro Tag.
Kasina Rent A Car, ☎ 04-955 3355, 💻 www.kasina.com.my. Filialen im Andaman, Four Seasons, am Flughafen und am nördlichen Pantai Tengah in der Sun Mall, ☎ 04-955 5999. Etwas teurer, dafür aber mit Versicherung.

Immigration
Office am Airport, ☎ 04-969 9002, ⊕ 8–17, Do bis 15.30 Uhr, Fr und Sa geschl. Visa-Verlängerungen sind nur im Office am Telaga Harbour möglich, ☎ 04-956 1400.

Informationen
Tourism Malaysia Information Center, in Kuah an der Durchgangsstraße und am Pier neben KFC, ☎ 04-966 0494, ✉ mtpblgk@tourism.gov.my. ⊕ Mo–Fr 8–13 und 14–17 Uhr. Ein weiteres Informationsbüro im Flughafengebäude, ⊕ 9–23 Uhr.

Romantische Segeltörns sind die beste Variante, um die Inselwelt vor Pulau Langkawi zu erkunden.

© RENATE LOOSE

NORD-MALAYSIA

Im Fährterminal sind zahlreiche „Informations-
büros" – Reiseagenturen, die von der Vermittlung von Touren und Unterkünften leben.
Informationen im Internet finden sich unter
🖳 www.langkawigeopark.com.my, auf Deutsch
unter 🖳 www.emmes.net, Neuigkeiten für die
überaus zahlreiche Expat Community und Aktivitäten unter 🖳 www.langkawi-gazette.com.

Medizinische Hilfe

General Hospital, ✆ 04-966 3333. Das moderne
Krankenhaus liegt 10 km westlich von Kuah.
Mit ernsthaften Erkrankungen sollte man nach
Penang oder KL fahren, wo die Ärzte besser
qualifiziert sind.

Motorradverleih

Motorräder (125 und 150 ccm Automatik)
sind von nahezu jeder Bungalowanlage und
zahlreichen Läden für 25–30 RM am Tag zu
mieten. Die Vermieter an der Fähre verlangen
den internationalen Führerschein, andere nicht.

Polizei

Verkehrspolizei in Kuah Richtung Jetty,
✆ 04-966 6222, Notruf ✆ 999.

Post

Im Kompleks LADA, Block 1, zwischen dem Pier
und Kuah. ⏰ So–Mi 8–17, Do bis 15.30 Uhr,
Fr und Sa geschl.

Reisezeit

Der meiste Regen fällt von Sep–Dez, das
Maximum im Oktober. Im regenreichen Nordwesten der Insel wurden bis zu 3900 mm
Niederschlag im Jahr gemessen. Hochsaison
ist von Okt–April. Während des Ramadan oder
von Mai–Sep ist auf der Insel manchmal nicht
viel los. Lediglich während der LIMA-Show sind
alle Hotelbetten belegt.

Da Autos auf der Insel steuerfrei sind, verkehren zahlreiche **PKW- und Minibus-Taxis**. Sie
warten vor allem um den Taxi Counter gegenüber dem Jetty Point Terminal, ✆ 04-968 1163,
und im Zentrum Kuahs. Preisbeispiele von der
Jetty:

Taxi nach BURAU BAY 40 RM, DATAI 60 RM,
KUAH 6 RM, PANTAI CENANG, PANTAI
TENGAH 24 RM, TANJUNG RHU 30 RM, für
4 Std. 100 RM, jede weitere 25 RM. Spät abends
werden doppelte Preise verlangt.
Am Flughafen bezahlt man Festpreise am
Taxi-Counter, ✆ 04-955 1800, z. B. nach
DATAI 60 RM, KUAH 24 RM, PANTAI
CENANG 18 RM, PANTAI KOK und TANJUNG
RHU 30 RM.

Flüge

Der **Langkawi International Airport** liegt nahe
Padang Matsirat, 20 km westlich von Kuah,
✆ 04-955 1311. Im Ankunftsbereich Wechselstuben und Geldautomaten. Zudem sind einige
Hotels, Tourveranstalter und das Tourist Office
vertreten. Flugzeit nach Penang 45 Min., nach
Kuala Lumpur 1 Std. und nach Singapore
1 1/2 Std.
Air Asia, am Flughafen, ✆ 04-955 7750,
🖳 www.airasia.com, ⏰ 7.30–21 Uhr. bis zu
10x tgl. nach KUALA LUMPUR (LCCT) sowie
1x tgl. nach PENANG und SINGAPORE.
Firefly, am Flughafen, ✆ 04-955 9622, 🖳 www.
firefly.com.my, ⏰ 9–17 Uhr. Günstige Flüge
1–2x tgl. nach PENANG und KUALA LUMPUR
(Subang).
MAS, am Flughafen, ✆ 04-955 6332. 🖳 www.
mas.com.my. 6–7x tgl. nach KUALA LUMPUR
(KLIA und Subang), sowie 2–3x tgl. nach
PENANG.

Fähren

Am **Jetty Point Terminal** in Kuah legen die
Fähren ab. Hier gibt es Geldautomaten, viele
Shops, Fastfood-Restaurants, eine Gepäckaufbewahrung und Coupon-Taxis. An Wochenenden und während der Ferien sollte man sich
für die frühen Boote einen Tag im Voraus ein
Ticket besorgen, da sie schnell ausgebucht
sind. Fahrpläne auf den Websites der
Gesellschaften:
Langkawi Ferry Services (LFS), ✆ 04-966 1125,
🖳 www.langkawi-ferry.com.
Ferry Line Ventures, am Jetty Point Terminal,
✆ 04-966 3988 (Infos), 966 5889 (Tickets),
🖳 www.ferrylineventures.com.

NORD-MALAYSIA

Zum Festland in Malaysia

Nach KUALA KEDAH (günstig Richtung Süden) 9x tgl., an Wochenenden 11x tgl. von 7.30–18.30 Uhr für 23 RM, Kinder 17 RM, in 1 1/2 Std. Nach KUALA PERLIS (günstig Richtung Norden) von 7.30–19 Uhr für 18 RM, Kinder 13 RM, in 1 Std.

Nach Penang

Mit LFS um 14.30 (über Pulau Payar) und 17.15 Uhr. Ab Penang um 8.15 (über Pulau Payar) und 8.30 Uhr in 2 3/4 Std. für 60 RM einfach, Kinder 45 RM, 115 /85 RM hin und zurück. Das Rückfahrtticket ist nur für die jeweils gebuchte Fähre gültig.

Nach Thailand

Reisebüros auf Langkawi verkaufen Tickets für die Überfahrt inkl. Hoteltransfer plus Weiterfahrt zu anderen Zielen. Die Grenzformalitäten werden vor dem Einchecken am Hafen erledigt. Nach SATUN große Fähre von LFS ab Jetty Point Terminal in Kuah (Vorbuchung nicht möglich) um 9, 9.45, 13 und 16.30 Uhr in 1 1/2 Std. für 30 RM, Kinder 23 RM. Zurück um 9.45, 10.30, 14.30 und 17 Uhr (Malaysia-Zeit = Thai-Zeit plus 1 Std.), Infos in Satun ℘ +66-74-725 294.

Nach KO LIPE, 42 km, ab Telaga Harbour Park am Pantai Kok von Nov–Mitte Mai um 9, 9.30, 13.30 und 14.30 Uhr, zurück um 10.30, 11.30 und 16.30 Uhr (Thai-Zeit) für 118–128 RM, Kinder 98–108 RM in 1 Std. Mitte Mai–Okt nur vormittags. Auch Boote um 9.15 Uhr ab Kuah Jetty, zurück um 10.30 Uhr, und Teluk Baru um 9.30 Uhr.

Das Boot fasst 14 Pers., mind. 2 Std. vor der Abfahrt sollte man da sein. Buchungen über Telaga Harbour, ℘ 04-959 2208, 012-297 9195, ⏱ 8–18 Uhr, in Thailand ℘ +66-81-092 8800, 🖥 www.telaga-terminal.com.

Kuah

In Kuah, dem Hauptort auf Langkawi, kommt die Fähre an, von hier starten viele Bootstouren. Über 4 km erstrecken sich locker verteilte Wohnhäuser und Geschäfte beiderseits der Hauptstraße. Umfangreiche Bautätigkeit hat den Ort gründlich verändert. Es entstand ein modernes Zentrum, und die Küstenlinie wurde 1 km ins Meer hinaus verlagert. Auf dem gewonnenen Land entstanden Shopping-Arkaden, ein Park und ein großes Hotel.

In der Nähe der Jetty wurden eine Strandpromenade und der **Eagle Square** angelegt, der von einem überdimensionierten Seeadler-Denkmal überragt wird. Der **Taman Lagenda Park** auf aufgeschüttetem Land erweckt auf 50 ha die Geschichte Malaysias und die zahlreichen Legenden Langkawis mit großen, recht kitschigen Figuren in riesigen Hallen und auf einer Videoleinwand zum Leben, ⏱ 9–19 Uhr.

Weiter stadteinwärts erhebt sich die alte **Al-Hana-Moschee**. Mehrere neue Moscheen sind in den letzten Jahren hinzugekommen. Bei Sonnenuntergang, wenn die Obst- und Essenstände öffnen, lohnt ein Stadtbummel. Von frühmorgens bis gegen 10 Uhr herrscht auf dem Fischmarkt Pasar Awam in einem modernen Gebäude an der Jl. Padang Matsirat viel Betrieb.

Hotel Bahagia ②, 68–78 Persiaran Bunga Raya, ℘ 04-969 8899, 🖥 www.hotel-bahagia.com. Mittelklassehotel mit 130 kleinen, modernen, mitunter fensterlosen Zimmern, die mit komfortablen Betten, LCD-TV, Föhn, Du/WC, Wasserkocher und WLAN ausgestattet sind. Freundliche Mitarbeiter, Reisebüro. Frühstück inkl. ❸–❺

Bayview Hotel ①, Jl. Pandak Mayah, ℘ 04-966 1818, 🖥 www.bayviewhotels.com/langkawi. Der 4-Sterne-Hotelblock bietet 282 komfortable, gefliese Zimmer mit guten Matratzen und LCD-TV, ideal für Shopping-Touren, weniger geeignet für Erholungssuchende. Fitnesscenter und Pool im 4., Restaurant im 1. Stock. Viele asiatische Gäste. ❺–❼

Grand Continental ③, MK Kuah Kelibang, ℘ 04-966 0333, 🖥 www.ghihotels.com.my. Größerer 3-Sterne-Hotelblock mit 195 sauberen Zimmern mit Teppichboden, Bad oder Du/WC. Einige der recht gepflegten Zimmer haben Meerblick. Pool, Restaurant, Frühstück und WLAN inkl. Überwiegend einheimische Gäste. ❺–❼

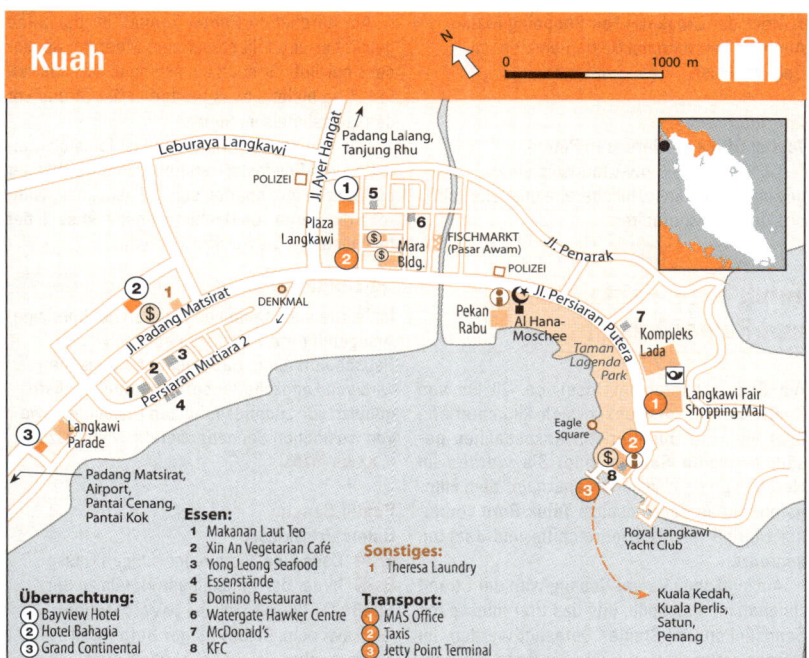

Kuah

N

0   1000 m

Leburaya Langkawi   Jl. Ayer Hangat   Padang Laiang, Tanjung Rhu

POLIZEI   **①**

Plaza Langkawi   **5**

6

② $ Mara Bldg.   FISCHMARKT (Pasar Awam)

Jl. Penarak

POLIZEI

Jl. Persiaran Putera

② **1**   Jl. Padang Matsirat

DENKMAL

Pekan Rabu   Al Hana-Moschee

7   Kompleks Lada

2 3   Persiaran Mutiara 2

1   **4**

Taman Lagenda Park

①   Langkawi Fair Shopping Mall

③   Langkawi Parade

Eagle Square

$ **②**

③   **8**

Padang Matsirat, Airport, Pantai Cenang, Pantai Kok

Royal Langkawi Yacht Club

Kuala Kedah, Kuala Perlis, Satun, Penang

Essen:
1 Makanan Laut Teo
2 Xin An Vegetarian Café
3 Yong Leong Seafood
4 Essenstände
5 Domino Restaurant
6 Watergate Hawker Centre
7 McDonald's
8 KFC

Sonstiges:
1 Theresa Laundry

Übernachtung:
① Bayview Hotel
② Hotel Bahagia
③ Grand Continental

Transport:
① MAS Office
② Taxis
③ Jetty Point Terminal

NORD-MALAYSIA

ESSEN

Malaiische **Essenstände** konkurrieren am Persiaran Mutiara 2 mit den nahe gelegenen Restaurants in den Neubaublocks.

Für einen Sundowner im **Royal Langkawi Yacht Club**, 💻 www.langkawiyachtclub.com, empfiehlt sich die Terrasse von Charlie's Place, während das Restaurant Captain's Deck zu einem Abendessen in gepflegter Atmosphäre einlädt. ⏲ 9–22.30 Uhr, Mittagsmenü bis 17 Uhr.

Domino, 10 Pandak Maya 6, 📞 04-966 7214. Hier serviert man deutsche Gerichte für 20–30 RM, z. B. Currywurst oder Käseplatte sowie Bier vom Fass. Auch einige deutsche Bücher. ⏲ außer Fr 10.30–15.30 und 17.30–22 Uhr.

Makanan Laut Teo, nahe dem Tiara Hotel, ist bei Einheimischen für seine große Auswahl an chinesischen Gerichten zu günstigen Preisen beliebt. Bei der Zusammenstellung der Menüs sind die Mitarbeiter gerne behilflich. Nur abends geöffnet.

Watergate Hawker Centre, Pandak Maya 6. Chinesischer Coffeeshop mit verschiedenen Essenständen; preiswerter Chicken und Pork Rice sowie Seafood.

Xin An Vegetarian Café, 📞 04-966 8133. Das kleine Restaurant nahe dem Tiara Hotel ist eine gute Alternative für chinesisch-vegetarisches Essen. ⏲ 11–15 und 18.30–21.30 Uhr.

Yong Leong Seafood, 36 Pusat Dagangan Kelana Mas, Persiaran Mutiara, 📞 04-966 8495. Dieser chinesische Familienbetrieb ist ganztags geöffnet. Das relativ preiswerte Essen (10–30 RM) wird frisch zubereitet. Die Favoriten sind z. B. Garnelen, Krebse oder Schweinefleisch und Tofu. Englische Speisekarte.

SONSTIGES

Geld

Banken mit Geldautomaten am Plaza Langkawi, ⏲ Mo–Fr 9.30–16, Sa bis 11.30 Uhr. Zwei Geldwechsler neben dem MARA Building und im

1. Stock der **Langkawi Fair Shopping Mall**. Auch am Fährterminal Geldautomaten und Geldwechsler.

Informationen

Tourist Office, Jl. Persiaran Putera, ☎ 04-966 7789, 🖥 www.tourismmalaysia. gov.my. Freundliche, hilfsbereite und teils sehr ortskundige Mitarbeiter.

Teluk Baru, Pantai Cenang und Pantai Tengah

Am Südwestzipfel der Insel, ca. 20 km von Kuah entfernt, erstrecken sich kilometerlang über mehrere Buchten von Kokospalmen gesäumte weiße Sandstrände. Sie werden im Norden von den Wellenbrechern vor dem Flughafen und an der Südspitze **Teluk Baru** von einer Marina für Kreuzfahrtschiffe und Jachten begrenzt.

Am südlichen **Pantai Cenang** wird der Strand zunehmend abgespült, und das Ufer musste mit Sandsäcken und Steinen befestigt werden. Im Norden erstreckt sich ein weiter, sanft abfallender, heller Sandstrand. Es wird viel gebaut, um noch mehr Massenquartiere und ein Einkaufszentrum zu schaffen. Die Verschönerungsmaßnahmen sind bislang wenig überzeugend.

Das **Reismuseum** *(Laman Padi)* liegt jenseits der Straße am nördlichen Pantai Cenang. Eine Ausstellung in der etwas verwahrlosten Anlage informiert über *das* Grundnahrungsmittel Südostasiens. Schaufelder zeigen die verschiedenen Arten und Stadien des Reisanbaus. Zudem gibt es einen Heilkräutergarten. ⏱ 9–18 Uhr, Eintritt frei, ☎ 04-955 4312. Ein Café und Spa beleben das Gelände.

In der **Underwater World** sind neben der einheimischen Tier- und Pflanzenwelt mit Korallen-, Koi- und Reptilienbecken auch der südafrikanische Regenwald und die antarktische Fauna, besonders Pinguine und Seelöwe, vertreten. Fütterung der Pinguine um 11, 11.15, 14.45 und 15 Uhr, der Otter um 11.45 und 15.45 Uhr und der Seelöwen um 14.30 Uhr. ☎ 04-955 6100, 🖥 www.underwaterworldlangkawi.com.my.

Am nördlichen **Pantai Tengah** ist der Sand gelblicher und fällt steiler zum Meer hin ab, sodass bei Flut nur noch ein schmaler Strandstreifen übrig bleibt. Etwas breiter ist der Strand vor den Luxushotels im Süden.

Das unmittelbare Hinterland ist ländlich – inmitten von Reisfeldern stehen kleine Holzhäuser auf Stelzen im Schatten von Kokospalmen, während die Berge von Dschungel bedeckt sind, der teilweise fast bis zur Straße reicht.

ÜBERNACHTUNG

Im Norden und Süden dominieren hochpreisige Anlagen für Individualisten ebenso wie für Pauschalurlauber. Das Angebot dazwischen wird von Langzeiturlaubern und Backpackern genutzt, von züchtig verhüllten Malaiinnen wie von westlichen Sonnenanbetern. Mehr dazu s. **eXTra [5103]**.

Pantai Cenang
Untere Preisklasse

🛍 **Casa Fina** ⑩, in einer ruhigen Gasse hinter den landseitigen Hotels an der Straße, ☎ 04-953 3555, 🖥 www.casafina langkawi.com. Relativ junger Betrieb mit quadratischen, leicht hellhörigen Bungalows in einer kleinen, palmenbestandenen Anlage. Die 31 modernen, sauberen Zimmer mit teils blauer Beleuchtung haben sehr gute Matratzen, dunkel gekachelte Du/WC mit Schiebetür sowie LCD-TV und Wasserkocher. WLAN. Gutes Preis-Leistungs-Verhältnis. ❸–❹

Cenang Rest House ⑥, ☎ 04-955 9928, 🖥 www.cenangresthouse.com. Die 30 Zimmer in einem 1-stöckigen Reihenhaus und einem neuen Steinhaus am Strand haben zum Teil hübsche Kaltwasser-Du/WC, sind ansonsten schlicht und zweckmäßig mit AC und LCD-TV ausgestattet und bieten minimalen Strandblick. Auch einfache Bungalows mit Holzaufbau. Restaurant, Wassersportangebote, Bootsverleih und WLAN inkl. ❷

Gecko Gh. ③, 150 m vom Strand, ☎ 019-428 3801, ✉ rebeccafiott@hotmail.com. Von der Engländerin Rebecca geleitete Anlage im Backpacker-Stil. Kleine, ältliche Holzbungalows und Reihenhäuser, sehr einfache Zimmer teilweise mit alter AC und Du/WC, die meisten aber mit

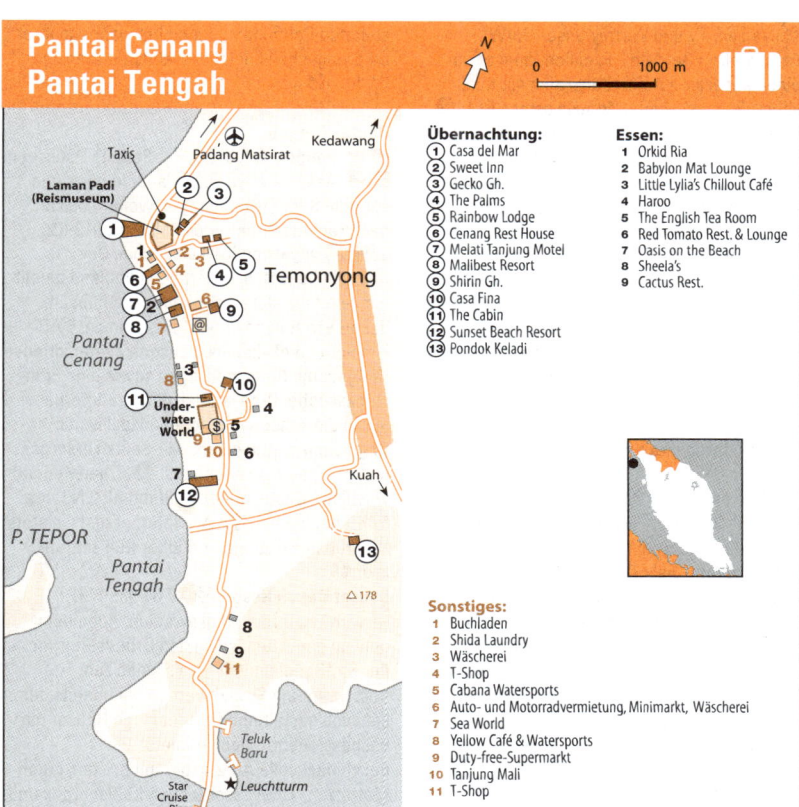

Pantai Cenang
Pantai Tengah

N

0   1000 m

Übernachtung:
1. Casa del Mar
2. Sweet Inn
3. Gecko Gh.
4. The Palms
5. Rainbow Lodge
6. Cenang Rest House
7. Melati Tanjung Motel
8. Malibest Resort
9. Shirin Gh.
10. Casa Fina
11. The Cabin
12. Sunset Beach Resort
13. Pondok Keladi

Essen:
1. Orkid Ria
2. Babylon Mat Lounge
3. Little Lylia's Chillout Café
4. Haroo
5. The English Tea Room
6. Red Tomato Rest. & Lounge
7. Oasis on the Beach
8. Sheela's
9. Cactus Rest.

Sonstiges:
1. Buchladen
2. Shida Laundry
3. Wäscherei
4. T-Shop
5. Cabana Watersports
6. Auto- und Motorradvermietung, Minimarkt, Wäscherei
7. Sea World
8. Yellow Café & Watersports
9. Duty-free-Supermarkt
10. Tanjung Mali
11. T-Shop

Taxis
Padang Matsirat
Kedawang
Laman Padi (Reismuseum)
Temonyong
Pantai Cenang
Under-water World
Kuah
P. TEPOR
Pantai Tengah
△ 178
Teluk Baru
Star Cruise Pier
Leuchtturm

Gemeinschafts-Du/WC. Türschlösser und Elektrik zeigen Alterserscheinungen. Auch 1 Familienzimmer und Schlafsaalbetten à 15 RM. Abends laute Musik. Buch- und Motorradausleihe, DVDs, TV. WLAN in der Bar inkl. **②**
Melati Tanjung Motel ⑦, ✆ 04-955 1099, ⌨ www.melatitanjung.com. 30 relativ kleine, gefliese, funktionale Zimmer in je zwei 3- und 2-stöckigen Häusern mit Terrasse bzw. Balkon und kleinem LCD-TV. Außerdem einfache Chalets mit teils großen Betten, in denen eine ganze Familie Platz findet. Von Rasenah und Ahmad sehr entspannt gemanagt. **③ – ④**
Rainbow Lodge ⑤, 4 Lorong Surau, ✆ 012-513 6103, ⌨ www.rainbowlangkawi.com. In einer

ruhigen Seitenstraße stehen 1-stöckige Reihenhäuser aus Stein mit 15 Zimmern U-förmig um den spärlich bepflanzten Kieselplatz. Großzügige, teils etwas dunkle, aber saubere Zimmer mit weichen Matratzen, Du/WC und Terrasse, die etwas teureren sind größer und haben Warmwasser sowie TV und DVD-Player. Schlafsaal mit 25 Betten à 18 RM. Der nette Besitzer Addy Guna kümmert sich um seine Gäste. Billard im oft belebten Café. **② – ③**
Shirin Restaurant & Gh. ⑨, ✆ 04-955 5991. Unter der Leitung des Persers Ibrahim und seiner japanischen Frau Hiroko werden 19 bunte, kleine Hütten mit AC, weichen

Matratzen, TV und Warmwasser-Du/WC vermietet. Außerdem 3 Familien-Zimmer um einen separaten Aufenthaltsraum mit Kühlschrank und Veranda. WLAN kostet 4 RM. ❷

Sweet Inn ②, ☎ 04-955 8864, 🖥 www.sweetinns.net. In einem ruhig gelegenen, neueren Haus kann man 20 saubere, teils mit AC ausgestattete Zimmer mieten. Nettes Management. Frühstück inkl. ❸ – ❹

The Palms ④, ☎ 017-631 0121, ✉ palmslangkawi@gmail.com. Kleine Anlage an einer ruhigen Straße mit 8 sauberen, gefliesten Zimmern für Leute, die Anschluss suchen. Einige mit AC, alle mit Warmwasser, gefliesten Böden, soliden Matratzen und durchgehender Veranda mit Stühlen. Die netten Besitzer Sue und Dave aus England wohnen nebenan und stellen Gästen ihre Küche zur Verfügung. ❸

Mittlere und obere Preisklasse

Casa del Mar ①, ☎ 04-955 2388, 🖥 www.casadelmar-langkawi.com. Modern im mediterranen Stil gestaltete, viel gelobte Anlage für einen individuellen Luxusurlaub. 34 Zimmer mit Meerblick, Safe, schweren Polstermöbeln, frischem Kaffee, Astro-TV und DVD-Player mit kostenloser Filmausleihe. Auch große Suiten. Schöne Gartenanlage mit Pool, hier und am Strand ausreichend Liegen. Ausgezeichnetes Restaurant, das westliche Gerichte mit asiatischem Touch bietet. Sehr freundlicher Service. ❽

Malibest Resort ⑧, ☎ 04-955 8222, 🖥 www.malibestresort.com. Eine der ersten indisch geführten Anlagen an einem schönen Strandabschnitt. 94 alte, aber annehmbare, gefliese Zimmer von unterschiedlicher Ausstattung mit ältlichen Du/WC und Kühlschrank für bis zu 4 Pers. Auch geräumige Doppelbungalows aus Holz oder Stein, einfache steinerne Reihenhäuser sowie 5 interessante, hoch auf Stelzen gesetzte Baumhäuser direkt am Strand mit Meerblick. Träger, aber freundlicher Service. Frühstück inkl. ❹ – ❻

🏨 **The Cabin** ⑪, ☎ 012-417 8499, 🖥 www.thecabin.com.my. In einem kleinen, gepflegten Garten liegen die 20 ansprechend eingerichteten, sehr sauberen Zimmer mit kleinen Terrassen, Laminatboden, großem LCD-TV und Wasserkocher in fantasievoll umge-

stalteten Containern, die nichts mehr von ihrer ursprünglichen Funktion erahnen lassen. WLAN. ❹

Pantai Tengah

🏨 **Pondok Keladi** ⑬, Kg. Padang Putih, vom Aseania etwa 500 m landeinwärts und vor dem Surau (Gebetsraum) weitere 500 m nach rechts fahren, ☎ 04-955 1648, 012-536 9216, 🖥 www.pondok-keladi.com. Der freundliche Rosidi, der lange in England gelebt hat, leitet die kleine, gepflegte und hübsch dekorierte Anlage unter Kokospalmen. 6 AC-Zimmer und ein liebevoll ausgestalteter, offener Hangout mit Sofa und Liegen sowie eine Frühstücksküche. Der Nachteil der Strandferne wird durch die schöne Aussicht und idyllische Umgebung wettgemacht. Für Selbstversorger und Familien ein Ferienhaus, ❺. Überwiegend westliche Gäste. Mindestaufenthalt 3 Nächte, frühzeitig buchen. WLAN, Internet und ein stets mit Frühstückszutaten gefüllter Kühlschrank inkl. ❹

Sunset Beach Resort ⑫, W 04-955 1751, 🖥 www.sungrouplangkawi.com. Auf einem optimal genutzten, schmalen Grundstück von der Straßeneinmündung bis hinab zum Restaurant am Strand werden beiderseits der liebevoll gestalteten Gartenanlage Häuser mit balinesischem Touch vermietet. 28 geschmackvolle AC-Zimmer mit breiten, guten Matratzen, TV, Wasserkocher, Kühlschrank und schicker Du/WC. Der einzige Nachteil ist die fehlende oder zu kleine Terrasse. Dafür entschädigt das große Strandrestaurant. Sehr freundlicher Service. Liegen am Strand. WLAN um die Rezeption und Frühstück inkl. ❺ – ❼

ESSEN UND UNTERHALTUNG

Pantai Cenang

Babylon Mat Lounge am Pantai Cenang neben dem Melati Tanjung Motel direkt am Strand. Beliebte Reggae-Bar zum Chillen mit guter Musik. Abends meist Bands, an die keine hohen Erwartungen gestellt werden sollten. Auch Liegestühle zu mieten.

Beach Garden Resort, ☎ 04-955 1363. Direkt am Sandstrand liegt das angenehme, beliebte offene Restaurant. Hier serviert der Küchenchef aus der Schweiz leckere westliche und einheimische Gerichte. Wechselnde Abendkarte. Große Auswahl an Weinen, Cocktails und anderen Alkoholika, auch Paulaner Bier. In der Hauptsaison Reservierung empfehlenswert. Happy Hour von 16–18 Uhr.

Haroo, einem kleinen Weg landeinwärts gegenüber der Underwater World folgend. Das mit bunten Wandmalereien verzierte Restaurant serviert koreanische Küche wie Bulgogi oder Bibimbap ab 25 RM. Außerdem Steaks und Western Food. Freundliche Betreiber. Kleines Alkoholsortiment. ⏲ 11–22 Uhr.

Little Lylia's Chillout Café. In der luftigen Strandbar mit einigen Tischen und Holzstühlen unter Sonnenschirmen und Palmen gibt es Kaffee, Lassi und Säfte. Mittags und abends Salate und Pasta sowie Livemusik. ⏲ 9–2 Uhr.

Orkid Ria, ✆ 04-955 4128, ✉ csloh.orkidria@gmail.com. Abends ab 18 Uhr werden Auslagen mit frischen Fischen, Krebsen, Garnelen und Hummer aufgefüllt. Wahrscheinlich der beste Platz für Seafood im einheimischen Stil. Die Preise sind im Verhältnis reell. Zum Abendessen kann es voll werden, Reservierung empfehlenswert. ⏲ 11–15 und 18–23 Uhr.

📖 **Red Tomato Restaurant & Lounge**, schräg gegenüber der Underwater World, ✆ 04-955 4055, 🖥 www.redtomatolangkawi.com. Nett mit vielen Grünpflanzen eingerichtetes Restaurant mit Lounge im oberen Stockwerk, jazziger Musik, dunklem Holzinterieur, Steintheke und bequemen Stühlen. Tanja aus Deutschland organisiert die Küche und genießt es, mit ihren Gästen zu plaudern. Es gibt Salate, Pizza und Pasta, Steaks oder Geschnetzeltes, auch glutenfreie Gerichte, aber immer mit Tomaten. Morgens sehr leckeres Frühstück mit selbst gebackenen Brötchen und fantastischem Müsli sowie gutem Kaffee und frischen Säften. Gute Lassi-Shakes und Eiskaffees. Gerichte ab 20 RM, Fleischgerichte ab 30 RM. WLAN inkl. ⏲ 9–23 Uhr.

The English Tea Room, vor dem Landcons Hotel gegenüber der Underwater World, ✆ 017-556 1573. Die Engländerin Annette leitet dieses helle, kleine, einladende Café mit italienischem Kaffee, verschiedenen Teesorten, hausgemachten Kuchen und Scones sowie

dezentem schwarz-weißem Interieur. Tee-und Kuchenkränzchen für 15–30 RM. ⏲ 8–20 Uhr.

Pantai Tengah

Die Restaurants am Pantai Tengah werden überwiegend von Pauschalurlaubern aus den benachbarten Hotels frequentiert. In den großen Hotelanlagen isst man auch nicht schlecht. Bis auf wenige Ausnahmen ist alles etwas teurer als am Pantai Cenang.

Cactus Restaurant, Western Food und Seafood, außerdem großes Pancake-Angebot, italienischer Kaffee und mäßige Burger. Tagsüber Currys, Entengerichte und Thai-Speisen. Gerichte schon für unter 20 RM. ⏲ ab 8 Uhr.

Oasis on the Beach. In dem großen, luftigen Restaurant mit einfachen Plastiktischen und jungem Personal gibt es Currys, westliche und einheimische Gerichte wie auch Mocktails und ungetrübten Meerblick. Snacks und Leichtes ab 15 RM, Hauptgerichte ab 25 RM. Die Küche ist eher mittelmäßig. Ein Billardtisch sowie Tische und Stühle am Strand tragen zu einer entspannten Atmosphäre bei.

Sheela's, ✆ 04-955 2308. Offenes Restaurant in einem gepflegten, weitläufigen Garten, das von der netten Sheela und ihrem deutschen Mann Willi gemanagt wird. Neben malaiischen Speisen (empfehlenswert ist Sate) und Seafood finden sich auf der Karte auch sehr leckere mitteleuropäische Gerichte. Auf Anfrage auch Bier, Wein und Cocktails. Gute Stimmung und prima Service. ⏲ außer Mo ab 18 Uhr.

SONSTIGES

Bücher

Secondhand-Buchläden sind entlang der Strandpromenade verteilt; der am Orkid Ria hat auch deutschsprachige Werke.

Einkaufen

Minimärkte an den Stränden offerieren Snacks, Getränke und Souvenirs sowie Internetzugang und verleihen auch Schnorchelausrüstung, Fahr- und Motorräder, z. B. im **T-Shop** gegenüber der Holiday Villa.

Taschen, Koffer und Rucksäcke bietet **Tanjung Mali**, strategisch günstig unweit des Duty-free-

Supermarkts neben der Underwater World gelegen, ⊙ 9–22 Uhr.

Fahrradverleih
Fahrräder für 25 RM pro Tag gibt es in vielen Bungalowalagen und im T-Shop zu mieten.

Geld
Am Pantai Cenang gibt es einen Geldautomaten am Aquarium, zudem viele Wechselstuben, z. T. auch bei den Mopedverleihern und in den Resorts (nicht die besten Kurse). Bankschalter und weitere Geldautomaten am Flughafen.

Internet
Zugang zum Web bieten **T-Shops** am Pantai Cenang und das **SBR Internet** im D'Kedai neben dem Sandy Beach Resort.

Sonnenschirme und Liegen
Sie stehen in großen Abständen am Strand verteilt. Sofern sie nicht zum Resort gehören, kosten sie meist 10 RM pro Tag.

Wäschereien
Mehrere Dobis am Pantai Cenang waschen wesentlich günstiger als die Hotelwäschereien, zum Beispiel **Shida Laundry** hinter dem Rasa Restaurant (Fr geschlossen), weitere 100 m landeinwärts auf der rechten Wegseite sowie in der Nähe von Malibest und an der Straße nach Temonyong.

Wassersport
Außerhalb der großen Hotelanlagen sind auch lokale Anbieter am Pantai Cenang zu finden, z. B. das **Yellow Café & Watersports** oder **Sea World**, ✆ 019-998 2606. Die Preise variieren je nach Saison. Geboten werden u. a. Segelkatamarane für ca. 90 RM pro Std., Wasserski und Jetski (Mindestabstand von 300 m zum Strand einhalten) für 120–180 RM pro 30 Min., Kajaks für 35 RM pro Std., Parasailing 120 RM auf 4 km, zudem Surfbretter für 60 RM pro Std. und Wakeboarding für 160 RM pro 30 Min.

TRANSPORT
Etliche **Taxis** fahren die Straße am Strand entlang. Ganz sicher findet man immer einige

vor dem Pelangi Beach Resort. Auch die Restaurants bestellen gegen einen Aufpreis von 2–10 RM einen Wagen. Taxi nach KUAH JETTY für 24 RM, AIRPORT 18 RM, ORIENTAL VILLAGE (Seilbahn) 26 RM. Spätabends doppelte Preise.

Telaga Harbour und Teluk Burau

Durch Reisfelder und über das Fischerdorf an der Flussmündung Kuala Teriang führt eine kurvenreiche Straße weiter durch dichten Dschungel vorbei am Sheraton Langkawi und der Tanjung Sanctuary zum **Pantai Kok**, einem einst idyllischen Plätzchen, das komplett umgestaltet wurde. Die künstliche Lagune mit dem **Telaga Harbour Park,** 🖳 www.telagaharbour.com, wird von einer palmenbestandenen Halbinsel geschützt, auf der ein Leuchtturm steht. Zu dessen Füßen erstreckt sich eine kleine Bucht mit einem öffentlichen Badestrand. Dahinter verläuft zwischen Straße und Küste eine 600 m lange Strandpromenade, die Restaurants, Läden, eine Tankstelle, die Maybank (mit Geldautomat), eine Wäscherei, ein Internetcafé und den Hafen mit Jachten und Fischerbooten miteinander verbindet. Der künstliche öffentliche Strand am ruhigen Wasser hat wenig Schatten und ist nicht attraktiv.

Oriental Village
Nach weiteren 2,5 km endet die Straße an der **Teluk Burau**, einem kleinen felsendurchsetzten Strand mit feinem Sand. Das **Oriental Village**, ✆ 04-959 1606, 🖳 www.orientalvillage.my, wurde geplant als Einkaufsparadies für asiatische Touristen, mit künstlichen Teichen, Elefantenreiten, Spa und Souvenirgeschäften. Der Besuchermagnet ist die tolle Seilbahn, deren Eingang im Village liegt (Kasten, S. 743). Ein Tigergehege wird von einer Ausstellung über die auf der Halbinsel bedrohte Spezies begleitet, 🖳 www.zanah.com, Eintritt frei. Restaurants und Essensstände mit unterschiedlichen Küchen, das Art Café sowie das Geopark Hotel und Geopark Dormitory ergänzen das Angebot. ⊙ 10–22 Uhr.

Im Oriental Village startet die **Seilbahn** mit 2158 m Kabellänge hinauf über die dschungelbedeckten Berge. Auf der relativ kurzen Strecke schwebt man über 680 Höhenmeter, mehrere Vegetationszonen und den dichten Bergwald hinweg, der die zerklüfteten, bis zu 550 Mio. Jahre alten Kalkberge bedeckt. Die 15-minütige Fahrt auf den mit 708 m zweithöchsten Gipfel der Insel, den **Gunung Mat Cincang**, mit Zwischenstation auf 650 m Höhe lohnt wegen der tollen Ausblicke. Oben führt eine aufregende, von einem 82 m hohen Pylon getragene gewundene Stahlbrücke von einer Aussichtsplattform zur anderen. An klaren Tagen kann man sogar die benachbarten thailändischen Inseln sichten. Die Seilbahn wird zweimal jährlich für mehrtägige Wartungsarbeiten stillgelegt, ✆ 04-956 4225, 🖥 www.panoramalangkawi.com, 🕐 Mo, Di und Do 10–18, Mi 12–18, Fr, Sa und So 9.30–19 Uhr. Tickets 30 RM hin und zurück, Kinder 20 RM.

Im kleinen **Geopark Info Centre** erhalten Besucher eine Einführung in die geologische Entwicklung der Inselgruppe. Es werden zudem interessante Landschaftsformen und ungewöhnliche Gesteinsproben vorgestellt. 🕐 10–17 Uhr, Eintritt frei.

Telaga Tujuh

Einen Kilometer weiter nördlich endet die Straße an einem Parkplatz, dem Beginn des Wanderwegs zu den „sieben Brunnen" und dem Wasserfall Telaga Tujuh. Das letzte steile Stück durch den Wald muss man über Stufen zu Fuß zurücklegen. Nach einigen Minuten Fußmarsch zweigt links ein Weg zum Wasserfall ab.

Steigt man auf dem Hauptweg die Betontreppen insgesamt 638 Stufen weiter bergauf, gelangt man 480 m über dem Parkplatz zu den Pools. Ein erfrischendes Bad bei herrlicher Aussicht in einem der sieben natürlichen Becken belohnt die Anstrengung, allerdings wird das Vergnügen manchmal von Algen getrübt.

Vorsicht: Hinter der Absperrung wird es gefährlich steil und glatt! Wer den Weg noch weiter bergauf geht, findet am rechten der beiden Bäche eine zweite schöne Bademöglichkeit. Flussaufwärts im Dschungel kann man auf zwei markierten Trails spazieren gehen, ohne dass die Gefahr besteht, sich zu verlaufen. Nach lang anhaltenden Trockenperioden verkümmert der Wasserfall zu einem Rinnsal. Nach heftigen Regenfällen wird er dagegen zu einem erfrischenden Erlebnis.

🏠 **Tanjung Sanctuary**, ✆ 04-952 0222, 🖥 www.tanjungsanctuary.com.my. Das bewaldete, hügelige Kap an der felsigen Küste mit einem kleinen Strand ist nur mit Elektrowagen zugänglich. Da das Naturerlebnis im Mittelpunkt steht, liegen die 16 großzügigen Doppelbungalows mitten im Wald am Hang. Sie bieten Platz für 4 Pers., ein Bad im japanischen Stil und große, luftige Terrassen mit teils wunderbarem Meerblick, einige sind behindertenfreundlich. Frühstücksbuffet inkl., abends vortreffliche mediterrane und asiatische Gerichte des belgischen Küchenchefs um 100 RM. Kleiner, hübscher Pool mit Liegen, Strandbar und Fitnesscenter mit toller Aussicht. ❽

Taxis von den Hotels kosten zur KUAH JETTY 32 RM, zum AIRPORT 24 RM, NACH PANTAI CENANG 26 RM und nach DATAI 40 RM.

Datai

Von der Straße zum Pantai Kok zweigt eine wenig befahrene Straße nach Norden ab. Nach 4 km führt hinter einer Kautschukplantage eine Straße nach links am Fuße der dschungelbedeckten Berge entlang nach Datai (43 km ab Kuah) im äußersten Nordwesten. Auf ihr erreicht man nach 6,7 km die kleine, von Felsen umrahmte Badebucht **Pasir Tengkorak** mit weißem Sandstand und zwei Pavillons unter Bäumen. Hier kann gezeltet werden.

NORD-MALAYSIA

Nach weiteren 2,4 km ist eine künstliche Felsenbrücke mit dem ebenso künstlichen Langkawi-Wasserfall und einem Café erreicht. Zum echten **Temurun-Wasserfall** führt ein schmaler Pfad an der Straße am Bach entlang nach oben. Das Wasser stürzt recht imposant eine steile Felswand hinab und sammelt sich in einem kleinen Badepool. Makaken können hier lästig werden.

ÜBERNACHTUNG

The Datai, ✆ 04-959 2500, 🖥 www.dataihotels.com/home. Aufgrund der Abgeschiedenheit bei Golfern und First-Class-Touristen sehr beliebt. 64 sehr großzügig geschnittene Luxus-Zimmer und 45 Villen, die mit allem Komfort und neuester Technik ausgestattet sind. Restaurant mit nordindischer und malaiischer Küche. Strandrestaurant mit Mittagsküche. Das Spa gilt als eines der besten des Landes. ❽
The Andaman A Luxury Collection, am Ende einer schmalen, steilen Zufahrtsstraße am Hang über einer Bucht mit Sandstrand, ✆ 04-959 1088, 🖥 www.theandaman.com. In den 187 Zimmern des 5-Sterne-Resorts mit überdimensionierter Lobby und viel Holzinterieur finden Familien die nötige Entspannung. Große Pool-Landschaft und ein breites Freizeitangebot. Mehrere Restaurants. In der schön in die Vegetation integrierten Anlage tanzen buchstäblich Affen auf dem Dach. Vielseitige Freizeitangebote. ❽

TRANSPORT

Taxi zum AIRPORT 60 RM, zur KUAH JETTY für 60 RM, zum PANTAI CENANG 58 RM und zum PANTAI KOK 40 RM.

Nordöstlich von Pantai Cenang

Die Rundfahrt von mindestens 70 km ist durchaus an einem Tag zu schaffen, wer sich etwas Zeit nimmt, kann aber auch zwei oder drei schöne Touren daraus machen.

Ulu Melaka

Das Grab der Prinzessin Mahsuri, **Makam Mahsuri,** liegt westlich von Kuah in Kota Mahsuri. Hinter dem Hospital nimmt man, von Kuah kommend, die kleinere Straße nach rechts. Über einen ausgeschilderten Weg erreicht man die vielbesuchte Pilgerstätte.

An dem Grab mit dem flachen, geschwungenen Grabstein ist der verhängnisvolle Fluch nachzulesen, der lange über der Insel lag. Zudem wird die Geschichte von Mahsuri dargestellt. Händler verkaufen traditionelle Medizin, Souvenirs und Snacks. Außerdem kann man ein traditionelles Kampung-Haus, das **Rumah Kedah,** besichtigen. Darin eine Ausstellung über die Geologie und Geschichte sowie über traditionelle Kuchenherstellung, Spiele und Theateraufführungen. ⏰ 8–18.30 Uhr, Eintritt 10 RM, Kinder 5 RM.

Gunung Raya

Lubok Semilang, ein Erholungspark an einem Bach hinter Ulu Melaka am Fuß des Gunung Raya mit Picknickplätzen und Dschungelwegen, wird am Wochenende gern von Einheimischen besucht. Im hinteren Bereich des Parks können Ambitionierte auf dem 3,1 km langen Tangga Seribu Kenangan in 4287 Stufen fast bis zum Gipfel hinaufwandern. Ansonsten geht es auch mit dem Auto über die 13 km lange, kurvenreiche Zufahrtsstraße etwas weiter nördlich Richtung Osten durch einen Wald auf den 890 m hohen Berg. Entlang der interessanten Strecke

Prinzessin Mahsuri

Sie war die Frau eines reichen Geschäftsmannes in Ulu Melaka und ihre Schönheit war sprichwörtlich. Sterben musste sie, weil man ihr eine Affäre mit einem malaiischen Reisenden anhängte – zu Unrecht, wie sich bei ihrer Hinrichtung herausstellte, denn das Blut, das aus ihrem Körper strömte, war weiß wie Schnee. Sieben Generationen hindurch, so der Fluch der sterbenden Prinzessin, solle Langkawi auf keinen grünen Zweig kommen, und tatsächlich folgte eine Periode der Missernten, Pleiten und Überfälle durch die benachbarten Thais. Inzwischen sind die sieben Generationen vorüber und die Inseln des Langkawi-Archipels erwachen langsam aus ihrem nahezu ungestörten Dornröschenschlaf.

sind mit etwas Glück Makaken, die seltenen Brillenlanguren und Nashornvögel in den Baumwipfeln zu beobachten. Vom Gipfelbereich mit **Aussichtsturm** hat man tolle Sicht über Langkawi und die zahlreichen Inseln. Taxi ab Pantai Tengah 60 RM.

Kompleks Kraf Langkawi

Lohnend ist ein Stopp im Kompleks Kraf Langkawi, 2,5 km vom Kreisverkehr Richtung Westen, ✆ 04-959 1913, 🖳 www.kraftangan.gov.my. In mehreren großen Ausstellungs- und Verkaufsräumen wird die komplette Palette malaiischen Kunsthandwerks präsentiert. Täglich außer freitags finden Vorführungen von Songket-Weben, Korbflechten, und Videoshows statt. Im hinteren Bereich kann man Batikmalern und in der Kristallglasbläserei Faizy Crystal, ✆ 04-959 4885, 🖳 www.faizycrystal.blogspot.de, den Glasbläsern über die Schulter schauen.

Zwei Museen sind in die Anlage integriert, eines mit Hochzeitsbräuchen aller malaysischen Nationalitäten mit lebensgroßen, aufwendig gekleideten Puppen, das andere mit traditionellen Alltagsgegenständen: Werkzeug der Bootsbauer und Holzschnitzer, alte Boote, Fallen, Spielzeug, Musikinstrumente und Wayang-Kulit-Theaterfiguren. Eine Kantine verkauft Erfrischungen. ◷ tgl. außer Fr 10–18 Uhr, Eintritt frei.

Tanjung Rhu

Ganz im Norden erstreckt sich der breite, weiße Sandstrand von Tanjung Rhu. Die Bucht ist eine der schönsten der ganzen Insel. Den größten Strandabschnitt haben zwei Luxusresorts in Beschlag genommen. Am öffentlich zugänglichen Strand am Ende der Bucht stehen unter Kasuarinen etliche Souvenirbuden und einfache Restaurants. Bei Ebbe laden die weiten, frei liegenden Sandbänke vor Tanjung Rhu zum Spazierengehen und Muschelsammeln ein. Beim Baden ist wegen gefährlicher Unterströmungen Vorsicht geboten, denn es ist hier schon zu tödlichen Badeunfällen gekommen. Abends kommen bei Flut oft hohe Wellen auf.

Hutan Paya Bakau Kilim

Im 100 km² großen Mangroven-Schutzgebiet Hutan Paya Bakau Kilim kann man 700 m von der Hauptstraße entfernt von einem Plankenweg am Flussufer das Leben in den **Mangroven** beobachten. Am Pier am Ende der Straße legen Boote für die Mangroventouren ab.

Eine Attraktion ist der **Taman Burung Langkawi** (Langkawi Bird Paradise Wildlife Park), ein Vogelpark mit 150 Vogelarten, Schlangen und einem Streichelzoo sowie einer Gesteins- und Mineraliengalerie in Kampung Belanga Pecah, Air Hangat, ✆ 04-966 5855. Tiershows um 11 und 15 Uhr, Fütterung der riesigen Arapaima-Fische um 10.30 Uhr, der Krokodile am Di und Sa um 11.30 Uhr. ◷ 8.30–18 Uhr, Eintritt 15 RM.

Fährhäfen für Pulau Langkawi auf dem Festland

Kuala Perlis

In diesem Fischerort nahe der thailändischen Grenze stellt der Fischfang immer noch die Haupterwerbsquelle dar – kein Wunder, dass es im Ort mehrere Seafood-Restaurants gibt. Auf einem kleinen **Markt** kann man vor der Weiterfahrt frisches Obst erstehen. Dienstags findet abends ein **Nachtmarkt** statt.

ÜBERNACHTUNG

T-Hotel, 45 Persiaran Putra Timur 1, ✆ 04-985 3888, 🖳 www.thotel.com.my. In dem modern gestalteten, freundlichen Hotel dominieren klare Linien und Farben. Die Zimmer im Obergeschoss der Ladenzeile sind klein, aber komfortabel mit TV, Wasserkocher, Du/WC und WLAN ausgestattet. Frühstück inkl. ❸

TRANSPORT

Busse
Vom Busbahnhof nahe der Fähranlegestelle nach BUTTERWORTH (Fähre nach Penang) von 9.30–21 Uhr für 12 RM in 2 1/2 Std. KOTA BHARU um 8.30 und 20.30 Uhr für 39 RM. KUALA LUMPUR 6x tgl. von 9–22.15 Uhr über Kangar für 43 RM in 7 1/2 Std. PENANG (Sungai Nibong) um 9.30, 15 und 19.30 Uhr für 16 RM in 2 3/4 Std.

SINGAPORE um 18 und 19.30 Uhr für 75 RM in 12 Std.

Überlandtaxis

Zur Grenze nach PADANG BESAR oder KAKI BUKIT 40 RM, BUTTERWORTH 160 RM und HAT YAI 150 RM.

Fähren

Der große Abfertigungsterminal, die Piers und Hotels liegen 1 km östlich des Zentrums.

Nach Langkawi

Nach KUAH alle 30–60 Min. von 7–19 Uhr für 18 RM, Kinder 13 RM. Die genauen Abfahrtzeiten variieren. Die klimatisierten Schnellboote mit nummerierten Sitzen sind komfortabel und benötigen etwa 75 Min. An Wochenenden und während der Ferien sind frühe und die letzten Boote häufig ausgebucht.

Nach Thailand

Wer eine ungewöhnliche Route nach SATUN in Thailand ausprobieren möchte und keinen Anspruch an Komfort hat, nimmt eines der großen Longtail-Boote, die vom Fischereihafen nach Bedarf ablegen. Sie warten, bis sich 10 Passagiere eingefunden haben. Die Überfahrt dauert 1 Std. und kostet 15 RM p. P. Ankunft ist am Tammalang-Pier, von dort aus geht es nach den Einreiseformalitäten mit dem Pickup weiter nach Satun (3 km), wo Busse und Überlandtaxis nach HAT YAI bzw. TRANG weiterfahren. Wer aus Thailand kommt, erhält an der Anlegestelle am Fischereihafen in Kuala Perlis den Einreisestempel. Nicht vergessen, da es sonst Probleme bei der Ausreise gibt!

Kuala Kedah

Der Hafen an der Mündung des Kedah-Flusses war schon vor über tausend Jahren von Bedeutung für den Handel mit Indien. 2,5 km von der Fähre entfernt erhebt sich am jenseitigen Ufer an der Mündung des Sungai Kedah ein kleiner **Leuchtturm** aus dem 19. Jh. Dahinter liegen das Eingangstor und die Grundmauern eines alten **Forts**. Überall im Ort werden freie Flächen

als Parkplätze vermietet (10–15 RM pro Nacht je nach Entfernung vom Terminal). Bereits an der Anlegestelle werden Mietwagen, Unterkünfte und Touren auf Langkawi vermittelt. Geldautomaten befinden sich links vom Terminal.

Busse

ALOR SETAR, 12 km, laufend von der Bushaltestelle an der Hauptstraße mit Bus 772 für 1,70 RM.

Überlandtaxis

Sie warten an der Anlegestelle. Nach ALOR SETAR 20 RM, zur Thai-Grenze nach BUKIT KAYU HITAM 70 RM oder CHANGLUN 60 RM, PADANG BESAR 120 RM, BUTTERWORTH (Penang) 120 RM, GEORGE TOWN (Penang) 200 RM.

Fähren

Mehrere Fährgesellschaften fahren von der Anlegestelle an der Flussmündung mit unterschiedlichen Booten zur Insel und verkaufen an verschiedenen Schaltern Tickets zum Einheitspreis von 23 RM. Die Fähren verkehren von 8–18 Uhr alle 30–90 Min. in 1 1/2 Std.

Penang

Penang ist ein „Muss", und das, obwohl es nicht einmal zu den atemberaubendsten Landstrichen Malaysias gehört. Gewiss – eine schöne Insel mit waldigen Bergrücken, grünen Plantagen, verschlafenen Dörfchen und reizvollen Buchten, aber für einen Badeurlaub gibt es schönere Strände, zumal die Wasserqualität wegen der Häfen und Industrieanlagen nicht die beste ist. Doch wer nach Penang fährt, sollte sich für die Stadt **George Town** begeistern, die 2008 in die Weltkulturerbe-Liste der Unesco aufgenommen wurde. In **Tanjung Bungah**, **Batu Ferringhi** und **Teluk Bahang**, wo die Küste am schönsten ist, wurden große Hotelanlagen geschaffen.

George Town

„Perle des Orients" steht auf dem Hochglanz-prospekt aus dem Tourist Office. Da mag jeder seine eigene Vorstellung haben, einmalig ist Penang, vor allem George Town, das alte koloniale Zentrum aber mit Sicherheit. Noch immer leben Moslems, Christen, Hindus und Buddhisten Tür an Tür, brennen Chinesen abends Räucherstäbchen in den Ahnentempeln ab, während ein paar Straßen weiter der Muezzin zum Gebet ruft. Hier stehen sie noch, die kolonialen, herrschaftlichen Paläste der englischen Machthaber, die Kirchen, Gerichts- und Verwaltungsgebäude und die protzigen Vorstadtvillen der meist chinesischstämmigen Geschäftsleute. In den notorisch verstopften Straßen von Chinatown herrscht ein Gewühl von Verkehrsmitteln aller Art, wird in offenen Garküchen gebrutzelt und gekocht. Kaum ein Produkt oder ein Bedürfnis, für das es nicht einen Laden oder eine schummrige Werkstatt gäbe. Mehr s. eXTra [5083].

Geschichte

Zu Beginn des 19. Jhs. schrieb der englische Gouverneur Sir George Leith über Penang:

Es gibt wohl kaum in irgendeinem Gebiet der Welt einen so kleinen Ort, in dem viele verschiedene Menschen unterschiedlichster Nationalität leben und in dem eine solche Vielzahl verschiedenster Sprachen gesprochen wird.

Es war gerade ein Vierteljahrhundert her, dass die Engländer dem Sultan von Kedah die fast unbewohnte Insel als Gegenleistung für Protektion und militärischen Schutz abgenommen und den Union Jack aufgezogen hatten, um so einen Stützpunkt für die Schiffe der East India Company zu schaffen. In Malacca saßen die Holländer, Singapore gab es auf der Landkarte Südostasiens noch nicht.

„George Town", wie es Gründungsvater Francis Light 1786 zu Ehren George IV., des damaligen Prince of Wales, nannte, entwickelte sich, von Light durch großzügige Landvergabe und Zollfreiheit nach Kräften gefördert, schnell zu einem bedeutenden Hafen, nicht zuletzt wegen der nahe gelegenen Zinnminen. Um 1800 zählte man bereits 10 000 Einwohner. Es waren Siedler und Abenteurer aus Malaya wie aus Niederländisch-Ostindien, aus Siam, Burma, China, Indien, dem Mittleren Osten, Armenien, Iran, Japan und Europa.

1803 umfasste die Stadtfläche schon das Gebiet zwischen der heutigen Jl. Penang und Lebuh Pantai bis hinunter zur Flussmündung. Chinesische Zinnbarone und Plantagenbesitzer, die im Hafen ihre Waren umschlugen, siedelten vor allem in den noch heute vornehmen Villengegenden im Norden. Mit der Gründung Singapores 1819 verlagerte sich der Handelsschwerpunkt. Beide Städte wurden später zusammen mit Malacca zu den wichtigen Straits Settlements, mit denen die Engländer sich die Vormachtstellung im Südostasienhandel sicherten.

Das Stadtbild im Zentrum wird noch immer von zweistöckigen Wohn- und Geschäftshäusern der chinesischen Bevölkerungsmehrheit beherrscht. Die ältesten stammen aus der Zeit ab 1800, besonders schön sind die Fassaden der zwischen 1890 und 1960 errichteten Geschäftshäuser im Stil des Straits-Eklektizismus und Art déco.

Eine sehr gute Einführung sind Spaziergänge auf dem **Heritage Trail** zu bekannten und weniger bekannten Sehenswürdigkeiten der Innenstadt. An jedem Gebäude informiert eine Tafel ausführlich über das Bauwerk und weist den

Unesco-Weltkulturerbe

Am 7.7.2008 wurde George Town zum Weltkulturerbe erklärt. Gewürdigt wurde seine religiöse Vielfalt, die Architektur der alten Straßenzüge und Geschäftshäuser sowie die multikulturellen lebendigen Traditionen, die unter europäischen und asiatischen Einflüssen eine einmalige Kultur hervorgebracht haben. Im **Penang Heritage Centre**, 116 & 118 Lebuh Aceh, ✆ 04-261 6606, 🖥 www.gtwhi.com.my, gibt es mehr Informationen und eine Ausstellung über die Architektur der alten chinesischen Geschäftshäuser. ⏰ 8–17 Uhr.

Weg zum folgenden Highlight. Er verläuft zum Fort Cornwallis, City Hall und Khoo Kongsi sowie zu der weniger bekannten Villa von Sun Yat Sen oder dem Haus des wohlhabenden Händlers Syed Al-Attas aus Aceh. Am Trail liegen außerdem das Museum, der christliche Friedhof und das Cheong Fatt Tze Mansion.

Koloniales Viertel

Der Rundgang durch die City beginnt am 18 m hohen **Uhrturm** (Clock Tower) in der Nähe des Hafens, den der einheimische Millionär Cheah Chen Eok 1897 Queen Victoria zum 60-jährigen Krönungsjubiläum errichten ließ – daher seine Höhe von 60 Fuß. Hier liegt das Viertel der prächtigen kolonialen Bank- und Verwaltungsgebäude.

Am **Fort Cornwallis** war der Gründungsvater George Towns 1786 an Land gegangen. Ihre Wehrhaftigkeit brauchte die von Strafgefangenen zu Beginn des 19. Jhs. anstelle von Sir Francis Lights altem, hölzernen Fort errichtete Festung glücklicherweise nie unter Beweis zu stellen, denn eigentlich sind die Wälle viel zu niedrig, und die ganze Anlage war schon immer viel zu klein für eine wirksame Verteidigung. Eine **Statue von Sir Francis Light** begrüßt hinter dem Eingang die Besucher. Die Kanonen, die auf der Mauer stehen, erhielten die Briten seinerzeit von Piraten, die sie wiederum dem Sultan von Johor abgenommen hatten.

Die fast 400 Jahre alte *Sri Rambai* wird von vielen Frauen als Fruchtbarkeitssymbol verehrt. Das benachbarte Pulvermagazin stammt von 1814. Zudem sind die Gemäuer der ersten Kapelle von Penang und alte Lagerräume zugänglich. In den Lagerräumen informiert eine Ausstellung über die Geschichte von Penang, der britischen East India Company, Sir Francis Light und seiner Familie. Außerdem gibt es ein kleines Café und eine Freilichtbühne. Wer möchte, kann sich für 5 RM in historischen Uniformen fotografieren lassen. ⏰ außer So 9–18 Uhr, Eintritt 3 RM, Kinder 2 RM.

Der angrenzende **Leuchtturm** von 1880 bietet die beste Aussicht, ist aber nur manchmal über einen separaten Eingang zugänglich. Der Fahnenmast diente dazu, die Ankunft der Postschiffe oder des Gouverneurs vom Penang Hill

bekanntzugeben. ⏰ 9–17 Uhr. Im **Sri Muniswaran-Tempel**, einem kleinen hinduistischen Shiva-Schrein gegenüber dem Fort am Meer, erklärt der Englisch sprechende Tempelwächter gern die Bedeutung der Statuen.

In der Lebuh Light, Ecke Lebuh Pantai (Beach St.), finden sich mehrere viktorianische Verwaltungsgebäude, so das Immigration Office, der Mariner's Club und die Polizei, vor deren Gebäude eine historische Karte von 1798 einen Eindruck von den Anfängen der Stadt vermittelt. Der nördliche Abschnitt der Lebuh Pantai ist das Finanzzentrum der lebendigen Handelsstadt. Bereits 1875 eröffnete die **Standard Chartered Bank** hier eine Filiale. Das heutige repräsentative weiße Bankgebäude stammt aus den 1930er-Jahren. Weitere Banken und Handelshäuser säumen die Straße.

Das neoklassizistische **Malayan Railway Building**, Pengkalan Weld, mit seinem weißen Uhrturm, war bei seiner Errichtung Anfang des 20. Jhs. das höchste Gebäude der Stadt. Es ist das einzige Bahnhofsgebäude ohne Gleisanschluss. Dafür belebten zu jener Zeit Reisende den kürzlich renovierten **Church Street Pier**, der nun in den Jachthafen **Tanjung City Marina** integriert wurde. Am **Weld Quay** (Pengkalan Weld) hatten Ende des 19. Jhs. mehrere große Handelshäuser wie Boustead & Co., Behn, Meyer & Co. und Paterson, Simons & Co. ihre Niederlassungen, die Erstgenannten sind bis heute noch zu sehen.

In einer Seitenstraße, der 29 Lebuh Gereja (Church Street), kann das **Pinang Peranakan Mansion**, ☎ 04-264 2929, 🖥 www.pinang peranakanmansion.com.my, besichtigt werden, ein Ende des 19. Jhs. erbautes, repräsentatives chinesisches Stadthaus, das mit privaten Mitteln zu einem Museum umgebaut wurde. In dem zweistöckigen Haus mit dem großen Innenhof sind über tausend Antiquitäten ausgestellt, von denen aber nicht alle wirklich interessant oder alt sind. Zudem fehlen Erläuterungen, sodass man in 20 Min. alles gesehen hat. ⏰ 9.30–17 Uhr, Eintritt 10 RM, Kinder 5 RM, Touren um 11.30 und 15.30 Uhr.

Auch das repräsentative, 130 Jahre alte **Haus von Yeap Chor Ee**, 4 Lebuh Penang, ☎ 04-264 5088, 🖥 www.houseyce.com, einem erfolg-

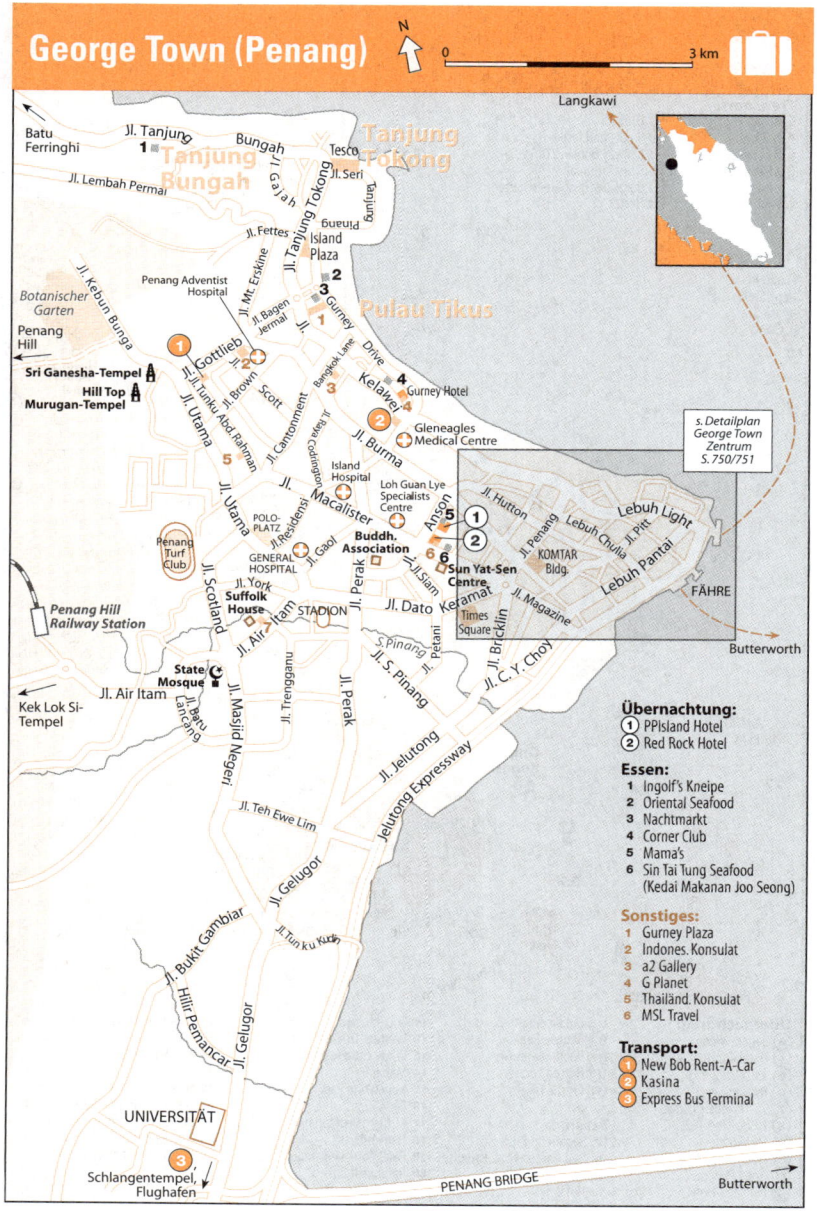

George Town (Penang)

N

0   3 km

Langkawi

Batu
Ferringhi

Jl. Tanjung
Bungah

**Tanjung
Bungah**

Jl. Lembah Permai

**Tanjung
Tokong**

Tesco

Jl. Seri

Island
Plaza

Pulau Tikus

Jl. Fettes

Jl. Mt. Erskine

Jl. Bagan Jermal

Jl. Tanjung Tokong

Jl. Ir. Gajah

Gurney Drive

Bangkok Lane

Codrington Avenue

Jl. Cedenz II

*Botanischer
Garten*

Penang
Hill

Sri Ganesha-Tempel

**Hill Top
Murugan-Tempel**

Penang Adventist
Hospital

Gottlieb

Jl. Tunku Abd. Rahman

Jl. Brown

Scott

Jl. Cantonment

Jl. Utama

Kelawei

4
Gurney Hotel

Jl. Burma

2

Gleneagles
Medical Centre

Island
Hospital

Loh Guan Lye
Specialists
Centre

Jl. Utama

Jl.
Macalister

Jl. Residensi

Jl. Gaol

Jl. Perak

Anson

5

Jl. Hutton

1

2

Jl. Penang

Lebuh Chulia

Lebuh Light

Jl. Pitt

s. Detailplan
George Town
Zentrum
S. 750/751

POLO-
PLATZ

Penang
Turf
Club

**GENERAL
HOSPITAL**

**Buddh.
Association**

Jl. Siam

6

**Sun Yat-Sen
Centre**

KOMTAR
Bldg.

Lebuh Pantai

FÄHRE

Butterworth

**Penang Hill
Railway Station**

Jl. Scotland

**Suffolk
House**

STADION

Jl. Air Itam

Jl. York

Jl. Dato Keramat

Times
Square

Jl. Magazine

Jl. Bricklin

**State
Mosque**

Kek Lok Si-
Tempel

Jl. Air Itam

Baru Lancang

Jl. Masjid Negeri

Jl. Trengganu

Jl. Perak

S. Pinang

Jl. S. Pinang

Petani

Jl. C. Y. Choy

Jl. Jelutong

Jelutong Expressway

Jl. Teh Ewe Lim

Jl. Gelugor

Jl. Tun ku Kudin

Jl. Bukit Gambiar

Hilir Pemancar

Jl. Gelugor

UNIVERSITÄT

3

Schlangentempel,
Flughafen

PENANG BRIDGE

Butterworth

Übernachtung:
1. PPIsland Hotel
2. Red Rock Hotel

Essen:
1. Ingolf's Kneipe
2. Oriental Seafood
3. Nachtmarkt
4. Corner Club
5. Mama's
6. Sin Tai Tung Seafood
   (Kedai Makanan Joo Seong)

Sonstiges:
1. Gurney Plaza
2. Indones. Konsulat
3. a2 Gallery
4. G Planet
5. Thailänd. Konsulat
6. MSL Travel

Transport:
1. New Bob Rent-A-Car
2. Kasina
3. Express Bus Terminal

NORD-MALAYSIA

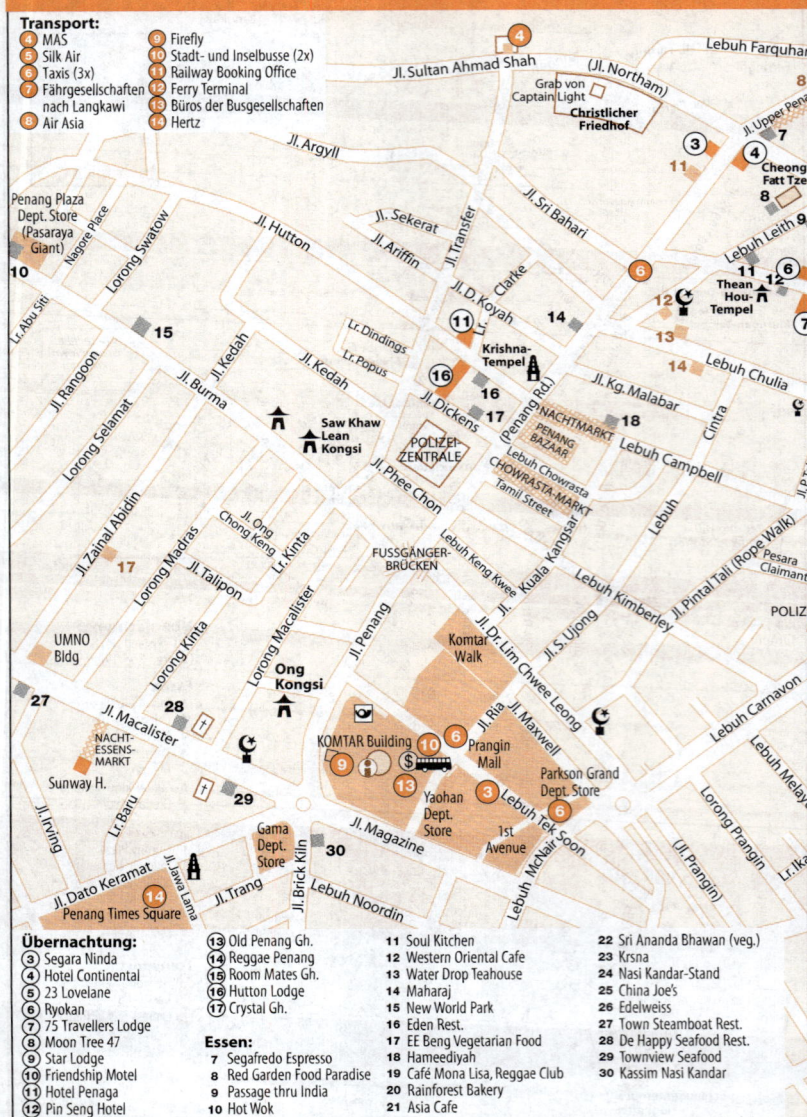

Transport:
4 MAS
5 Silk Air
6 Taxis (3x)
7 Fährgesellschaften nach Langkawi
8 Air Asia
9 Firefly
10 Stadt- und Inselbusse (2x)
11 Railway Booking Office
12 Ferry Terminal
13 Büros der Busgesellschaften
14 Hertz

Übernachtung:
3 Segara Ninda
4 Hotel Continental
5 23 Lovelane
6 Ryokan
7 75 Travellers Lodge
8 Moon Tree 47
9 Star Lodge
10 Friendship Motel
11 Hotel Penaga
12 Pin Seng Hotel
13 Old Penang Gh.
14 Reggae Penang
15 Room Mates Gh.
16 Hutton Lodge
17 Crystal Gh.

Essen:
7 Segafredo Espresso
8 Red Garden Food Paradise
9 Passage thru India
10 Hot Wok
11 Soul Kitchen
12 Western Oriental Cafe
13 Water Drop Teahouse
14 Maharaj
15 New World Park
16 Eden Rest.
17 EE Beng Vegetarian Food
18 Hameediyah
19 Café Mona Lisa, Reggae Club
20 Rainforest Bakery
21 Asia Cafe
22 Sri Ananda Bhawan (veg.)
23 Krsna
24 Nasi Kandar-Stand
25 China Joe's
26 Edelweiss
27 Town Steamboat Rest.
28 De Happy Seafood Rest.
29 Townview Seafood
30 Kassim Nasi Kandar

NORD-MALAYSIA

N

0   300 m

E&O Hotel

Garage
Penang

Little Penang
Street Market

5
L. Farquhar **10**

Equator
Academy
of Art

St. Xavier's
Convent

Gat. Lebuh Leith

Green Hall

JI.Tun Syed Sheh Barakbah   ESPLANADE

City Hall

Penang
Library

Town Hall

Sri-Muniswaran-
Tempel

Leuchtturm

Eingang

JI. Padang Kota

Lebuh Light

**Fort
Cornwallis**

JI. T.S.S. Barakbah

Tourism
Malaysia
PPC/BLDG.

7

**Convent of the
Holy Infant Jesus**

**Supreme
Court**

Lebuh Farquhar

**Penang
Museum**

Lr. Argus
Love Lane

**St.
George's
Church**

8 **9**

Lebuh Muntri
J. Masjid

5

8   **12**

15
19

16

Lorong Stewart

13

14 **15**

20

17

Lorong Chulia

Lorong Pasar

Lr. Muda

Lebuh Pitt

**Goddess of
Mercy-Tempel**

Nin Yong-
Tempel

21

Lebuh Queen

23

Lebuh King

Lebuh Bishop

Lebuh China

**Haus von
Yeap Chor Ee**

13

10

Lebuh Penang

Lebuh Union

**IMMIGRATION
POLIZEI**

Uhrturm

Bank
Bumiputra

**Standard
Chartered
Bank**

Penang
Heritage
Trust

Gereja

22

**Pinang
Peranakan
Mansion**

Lebuh Pantai

Lebuh Downing

Swettenham
Pier →
Langkawi

Pejabat
Pos
Besar

Lebuh Carnavon

**Kapitan
Keling-
Moschee**

24

JI. Buckingham

FISCH-
MARKT

JI. Kg.
Kaka

JI. Kg.

**Sun
Yat
Sen-Kolam
Haus**

18   **19**

**Penang
Islamic
Museum**

25   **20**

21   **22**

Lr. Lumut

Lr. Carnavon

Lr. Toh Aka

**Sri
Mariamman-
Tempel**

JI. Masjid Kapitan Keling

Lebuh

Ah Quee

**Hock Teik Cheng
Sin-Tempel**

Lebuh Armenian

**Yap
Kongsi**

**Masjid
Melayu**

Lebuh Aceh

**Khoo
Kongsi**

**Nagore
Durgha-
Moschee**

Lebuh Pasar

26

Yeoh Kongsi

Gat. L. Victoria

Gat. L. Armenian

Gat. Lebuh Pasar

Gat. Lebuh China

Gat. Lebuh Chulia

Gat. Lebuh Gereja

Pengkalan Weld

**Malayan
Railway
Building**

Church Street
Pier + Tanjung
City Marina

10

6   **11**

23

JETTY

12

Butterworth

Gat. L. Aceh

Lebuh Pantai

Gat. L. Melayu

Pengkalan Weld

Clan-Siedlung

NORD-MALAYSIA

Sonstiges:

8 Slippery Senoritas
9 Mois
10 Carmen Club
11 Soho Free House
12 Wäscherei
13 Saleemul Enterprise
14 H.S. Sam Book Store
15 Hongkong Bar
16 Banana Gh.

17 Wäscherei
18 Penang Heritage Centre
19 Galeri Seni Mutiara
20 No. 88 Armenian Street
21 Areca Books
22 Penang Tourist Guides
    Association
23 Metro Bike

reichen chinesischen Einwanderer, wurde liebevoll restauriert. Der Zuckermagnat gründete auf dem Höhepunkt seines Reichtums als erster auf der Halbinsel aus eigenen Mitteln eine Bank. Das Haus beherbergt neben einer Ausstellung zum Leben chinesischer Immigranten auch das Museumsrestaurant The Sire, Hintereingang über Lebuh King, ⏱ Di–So 10–18 Uhr, Eintritt 8 RM, Audioguide 10 RM.

Nahe dem Meer wurden 1903 zwei repräsentative Gebäude im typischen britischen Kolonialstil errichtet. In der **City Hall** von 1903, dem Rathaus, tagt noch heute der Stadtrat. Die **Town Hall** von 1880, in der ursprünglich der europäische Club und die Bibliothek untergebracht waren, bietet Platz für wechselnde Ausstellungen. Die große Rasenfläche davor, der Padang, der heute als Fußballplatz genutzt wird, und die angrenzende Strandpromenade, die **Esplanade**, sind umgebaut und verschönert worden.

Weitere britische Gebäude stehen in der Lebuh Farquhar: Der **Supreme Court** (das Oberste Gericht, Mahkamah Tinggi) von 1809 ist komplett restauriert worden. Die 1817 errichtete **St. George's Church** war die erste anglikanische Kirche Südostasiens. Der **Convent of the Holy Infant Jesus** mit dem angeschlossenen Kindergarten war ein Waisenhaus und die erste Mädchenschule des Landes. Er beherbergt immer noch eine begehrte Bildungsinstitution.

Im Schulhof ist noch der erste Brunnen der Insel zu sehen, den Captain Light hatte graben lassen.

Das **Penang Museum**, 🖥 www.penang museum.gov.my, ist eine Fundgrube für alle, die sich für die Geschichte dieses Vielvölkerstaates interessieren. In dem Gebäude befand sich früher die erste englischsprachige staatliche Schule östlich von Suez, die bereits 1816 eröffnet wurde. Nun berichtet eine Ausstellung über die bunte Völkervielfalt auf der Insel, über die burmesischen Plantagenarbeiter ebenso wie die arabischen Händler und siamesischen Flüchtlinge. Ein großer Teil der Räumlichkeiten ist den größten Bevölkerungsgruppen gewidmet, ihrem Alltag und ihren Festen. Der erste Stock ermöglicht einen Rückblick auf die Geschichte einzelner Straßen, Berufszweige und Technologien (Transportmittel, Wasserversorgung). Auch die europäischen Einflüsse werden abgehandelt, und im letzten Raum sind einige schöne alte Stiche und Gemälde von der Insel zu sehen. ⏱ 9–17 Uhr, Fr geschlossen, Eintritt 1 RM.

Der 1866 erbaute, restaurierte **Thean Hou-Tempel**, 93 Lebuh Muntri, war der Treffpunkt der hainanesischen Migranten, die mehrheitlich als Köche und Seeleute Arbeit fanden. Entsprechend ehrt man hinter dem reich geschmückten Eingangstor vor allem die Meeresgöttin Mazu, zu deren Geburtstag im April ein großer Umzug stattfindet.

Stadtspaziergänge durch das Unesco-Weltkulturerbe

Von 9–12.30 Uhr werden drei informative geführte Stadtspaziergänge für je 60 RM p. P. angeboten:

- Durch Little India und das Pinang Peranakan Mansion.
- Zu den religiösen Stätten entlang der Street of Harmony und durch den Khoo Kongsi.
- Auf dem Heritage Trail und durch das Cheong Fatt Tze Mansion inkl. Eintritt.

Jeden letzten Sonntag im Monat ab 14 Uhr werden Besucher nach Voranmeldung kostenlos über den protestantischen Friedhof an den Gräbern von Stadtvätern wie Francis Light und anderen illustren Kolonialgestalten vorbei geführt.
Broschüren und Informationen beim **Penang Heritage Trust**, 26 Lebuh Gereja, 📞 04-264 2631, 🖥 www.pht.org.my, der auch Guides vermittelt.
Individuell gestaltete Touren für bis 3 Pers. für 180 RM, jede weitere 60 RM, werden von der Architekturspezialistin Joann Khaw, 📞 016-440 6823, ✉ jsk_27@hotmail.com, und mit historischem Schwerpunkt von Theresa Pereira Capol vom Edelweiss Cafe, 📞 012-485 6908, durchgeführt.

Das prächtige, strahlend blau gestrichene Anwesen, das etwas zurückversetzt in der 14 Lebuh Leith steht, ist das **Cheong Fatt Tze Mansion**, ℆ 04-262 0006, 🖵 www.cheongfatttze mansion.com, eine chinesische Familienresidenz aus der zweiten Hälfte des 19. Jhs. Man nimmt an, dass es außerhalb Chinas nur in Manila und Jakarta zwei ähnliche Gebäude gibt. Es war nur eines von mehreren Wohn- und Geschäftshäusern des Kaufmanns und chinesischen Vizekonsuls Cheong Fatt Tze, der Handel mit Java, Sumatra, Hongkong und China betrieb und als „one of China's last Mandarins and first Capitalists" bezeichnet wurde. Da beim Bau des zweistöckigen Hauses die so bedeutsamen Feng Shui-Prinzipien in geradezu idealer Weise umgesetzt werden konnten, soll es sein bevorzugtes Domizil gewesen sein, und so wuchsen hier auch seine acht Kinder auf.

Traditionelle chinesische Gestaltungselemente wie *cut-and-paste*-Mosaiken und die Anordnung der 38 Zimmer um einen Innenhof wurden in einzigartiger Weise mit europäischen Stilelementen wie den gotischen Fensterbögen oder Jugendstil-Glasarbeiten kombiniert. Seit 1998 steht das Cheong Fatt Tze Mansion Besuchern im Rahmen einer einstündigen, äußerst informativen Führung offen, ⏱ 11, 13.30 und 15 Uhr, 12 RM, siehe auch eXTra **[5084]**.

Das herausgeputzte **Eastern & Oriental Hotel** (kurz E&O) wurde vollständig im historischen Stil der 1920er-Jahre restauriert. Man mag es ihm auf den ersten Blick nicht ansehen, aber es gehört zu den Hotel-Legenden des Fernen Ostens. Mehr s. eXTra **[5032]**.

Dort, wo die Lebuh Farquhar in die Jl. Sultan Ahmad Shah einmündet, erstreckt sich der älteste **christliche Friedhof** der Stadt, auf dem auch 1789 Sir Francis Light begraben wurde. Zudem haben hier alle späteren Gouverneure und weitere bekannte Persönlichkeiten ihre letzte Ruhestätte.

Zentrum und Street of Harmony

Chinesische Geschäftshäuser säumen die Straßen im Zentrum, dennoch leben hier sowohl Hindus als auch Moslems, und in wenigen Metern Entfernung stehen religiöse Stätten aller großen Weltreligionen. Die Jl. Masjid Kapitan Keling, die ehemalige Lebuh Pitt, verläuft mitten durch den historischen Kernbereich. Hier entstand schon 1801 der **Goddess of Mercy-Tempel** *(Kuan Yin)*, erkennbar an dem Dach mit den Feuer speienden Drachen. Er ist der älteste und wohl auch belebteste chinesische Tempel. Den ganzen Tag über, vor allem am 1. und 15. Tag des chinesischen Kalenders, kann man das rege Tempelleben beobachten. Während der großen Festtage werden auf dem Hof Bühnen für chinesische Opern- und Puppenspiel-Aufführungen aufgebaut. Der Duft der abgebrannten Räucherstäbchen, die permanent vor den Altären glimmen, weht bis auf die Straße hinaus. ⏱ 9–18 Uhr.

Nur wenige Schritte entfernt, jenseits der Straße, steht der farbenprächtige hinduistische **Sri Mariamman-Tempel** aus dem Jahr 1833, dessen charakteristischer Eingangsturm mit zahlreichen Götterstatuen, der Gopuram, in der Lebuh Queen liegt. Besonders verehrt wird die mit Gold und Edelsteinen dekorierte Statue von Subramaniam, die alljährlich während des Thaipusam-Festes in einer Prozession durch die Straßen der Stadt zum Nattukkotai Chettiar-Tempel nahe dem Botanischen Garten gefahren wird. Die 38 Statuen im Tempel sind mit kleinen Schildern mit den Namen der Gottheiten versehen. ⏱ 8–12 und 16–21 Uhr.

In der gleichen Straße treffen sich indische Moslems in der **Kapitan Keling-Moschee** zum Gebet. Schon zu Beginn des 19. Jhs. begann man mit dem Bau, der von einem Kaufmann aus Südindien finanziert wurde. Gegen eine Spende werden Besucher durch das restaurierte Gebäude geführt. Frauen dürfen die Moschee betreten, sofern sie ihre Beine und Schultern bedeckt halten. ⏱ 9–17.30 Uhr.

Beiderseits der **Lebuh Pasar**, der zentralen Einkaufsstraße, zeigt Penang sein indisches Gesicht. Rhythmische Musik ertönt aus den Geschäften und in der Luft mischt sich der Duft von Currys und Räucherstäbchen. Von Waren überquellende Läden verkaufen indische Filme und Musik, bunte Stoffe, Goldschmuck und Haushaltswaren. In winzigen Verkaufsbuden sitzen die Verkäufer im Schneidersitz in Reichweite von Getränkedosen, Süßigkeiten, Zeitungen, Zigaretten (die auch stückweise verkauft werden), Obst, Seife und Betelnüssen. Etwas weiter nördlich in der Lorong Pasar wird in einem Laden sogar Tuak oder indisch *toddy*, der traditionelle Schnaps aus der Zucker- oder Kokospalme verkauft.

An der Lebuh Aceh, wo sich früher die Pilger nach Mekka trafen, steht etwas versteckt eine der ältesten Moscheen von Penang, die **Masjid Melayu**. 1808 wurde sie von dem aus Aceh stammenden arabischen Händler Syed Hussain Al-Idid errichtet, dessen überdachtes Grab auf dem Gelände liegt. Das runde Fenster auf halber Höhe im Minarett soll das Einschussloch einer Kanonenkugel gewesen sein, die sich 1867 bei einem Krieg zwischen zwei chinesischen Geheimgesellschaften hierher verirrte.

In der 120 Lebuh Armenian hatte **Dr. Sun Yat Sen**, der Gründervater der Republik China, seine Wohnstatt und Basis für seine politischen Aktivitäten zum Sturz des chinesischen Kaisers, S. 755. Das restaurierte Haus kann besichtigt werden. ☎ 04-262 0123, 🖳 www.lestariheritage. net, ⏰ Mo–Sa 10–17 Uhr, Eintritt 3 RM.

Der etwas versteckte, hübsche **Hock Teik Cheng Sin-Tempel**, Lebuh Armenian, ☎ 04-261 3837, wurde bereits 1850 gegründet. Dieser taoistische Tempel ist das Zentrum der mächtigen Hokkien-Clans. Er hält viele Informationen über die Bedeutung der Clanhäuser bereit

und ist Ausgangspunkt der alljährlichen Chingay-Prozession mit riesigen Fahnen. ⏰ Mo–Sa 9–17 Uhr.

Eines der schönsten Bauwerke Penangs, der **Khoo Kongsi**, liegt etwas versteckt zwischen Jl. Masjid Kapitan Keling und Lebuh Pantai, ☎ 04-261 4609, 🖳 www.khookongsi.com.my. Auf dem Weg hierher kommt man an schönen, restaurierten Häuserzeilen vorbei. Mit dem Bau des Versammlungshauses des Khoo-Clans wurde 1894 begonnen, und erst acht Jahre später war es fertiggestellt. Die Drachenberg-Halle (Leong San Tong) fiel so opulent aus, dass man zeitweilig befürchtete, der Kaiser von China könne sich ob solcher Pracht kompromittiert fühlen. Das modern gestaltete Museum im Erdgeschoss bietet einen Einblick in die Geschichte der chinesischen Einwanderer, in ihre Tradition der Ahnenverehrung und vermittelt zugleich einen guten Eindruck von der Macht des Khoo-Clans. ⏰ 9–17 Uhr, Eintritt 5 RM. Mehr über die Kongsi s. **eXTra [5034]**.

Hauptgeschäftsstraße ist die laute und baulich wenig attraktive **Jalan Penang** (Penang Road – nicht zu verwechseln mit der wesentlich ruhigeren Lebuh Penang, der Penang Street). Sie endet am 65-stöckigen **KOMTAR Building**, einem etwas überdimensionierten Geschäfts- und Verwaltungszentrum, das wie ein Fremd-

Dschungeltrekking auf Penang

Nur wenige Kilometer von den Hochhaussiedlungen entfernt erstreckt sich im bergigen Nordosten der Insel ein ausgedehntes Dschungelgebiet. Wen das heiße tropische Klima nicht schreckt, kann auf markierten Pfaden mit und ohne Guide trekken gehen und dabei feststellen, dass es im Dschungel wesentlich kühler ist als in der Stadt.

Ohne Guide sollte man nur in einer Gruppe gehen und auf den markierten Wegen bleiben.

Im **Penang National Park** hinter Teluk Bahang können relativ einfache Trekkingtouren entlang der Küste auch mit Guides unternommen werden.

Schon seit vielen Jahren gibt es den 6 km langen Trek **vom Botanischen Garten zum Penang Hill**: Am Moon Gate, 300 m vor dem Eingang zum Botanischen Garten, beginnt der asphaltierte Pfad zum Penang Hill (Bukit Bendera) hinauf. Der Aufstieg dauert etwa 1 1/2 Std. bis zum Tea Kiosk 84, wo der Wanderweg auf den 5 km langen Jeep Track trifft, der direkt vom Botanischen Garten hinaufführt. Weiter geht es dann auf dem Jeep Track vorbei an den Bungalows Grace Dieu und Edgecumbe und dahinter einen Pfad und steile Treppen geradeaus hinauf zur Bergstation.

Am **Teluk Bahang Forest Park** beginnen markierte Trails, die sich für einen kleinen Spaziergang ebenso eignen wie für eine Trekkingtour.

Eine wirkliche Herausforderung ist der **Penang Hill Forest Challenge Trail**, S. 757.

In George Town trifft Tradition auf Moderne.

körper im alten Penang wirkt und Fastfood-Restaurants, viele Läden und die Staats- und Stadtverwaltung beherbergt. Man kann für 5 RM nach oben in die 60. Etage fahren und die Aussicht genießen. Eingang neben der Maybank-Filiale.

Im **Sun Yat-Sen Centre**, 65 Jl. Macalister, ☎ 04-228 5119, ehrt man den Revolutionär und Vater des modernen China, der von 1866–1925 lebte. Seine Statue und die seiner beiden einheimischen Freunde zieren den Garten vor dem alten Haus der Penang Philomathic Union. Der zur Unterstützung der Revolution in China gegründete Millionärsclub beherbergte Sun Yat Sen während seiner Aufenthalte in der Stadt zwischen 1905 und 1911. Die modern gestaltete Ausstellung über sein Leben, eine Bibliothek sowie ein Kulturzentrum für traditionelle Kaligrafie und Malerei, Musik, Tanz und Selbstverteidigung lohnen für historisch Interessierte. ⏲ Mo–Sa 10–17 Uhr, Eintritt 5 RM.

Rings um den Botanischen Garten

Der Rapid-Bus 10 (2 RM) fährt zum **Botanischen Garten** in einem von dschungelbedeckten Hügeln umgebenen Tal, ein beliebter Ausflugsort

der Bevölkerung. Die meisten Pflanzen blühen im März und April.

Einige der etwa 4000 **Javaneraffen** aus den nahen Wäldern haben sich daran gewöhnt, von Passanten mit Erdnüssen gefüttert zu werden. Das hat dazu geführt, dass sich die Affen zur Plage entwickelt haben. Zum Schutz der Passanten und Gewächse ist das Füttern der Tiere verboten.

Für Tropenneulinge ist ein Gang zum Lily Pond durch das kleine Areal Primärdschungel im vorderen, östlichen Teil des Parks interessant. Wer im Hochland bereits die Baumfarne bewundert hat, kann sich im Farnhaus von der Vielfalt dieser Pflanzenart beeindrucken lassen. Auch der Kräutergarten (Herbal Garden) lohnt einen näheren Blick. Im Orchideenhaus wachsen neben einheimischen Orchideenarten auch Kannenpflanzen. Am Eingang gibt es ein Restaurant und Foodstalls. ⏲ 5–20 Uhr, Eintritt frei.

Etwa 1 km vor dem Botanischen Garten, an der Jalan Kebun Bunga (Jalan Waterfall), Ecke Jalan Gottlieb, geht es hinter dem Sri Ganesha-Tempel über 500 Stufen zum gigantischen **Hill Top Murugan-Tempel** (Arulmigu Balathandayuthapani Temple) hinauf, dem größten und berühmtesten Hindutempel der Insel. Hier wird das Thaipusam-Fest Ende Januar/Anfang Februar besonders prächtig gefeiert.

Air Itam

Etwas zurückversetzt von der Jl. Air Itam liegt 5 Gehminuten entfernt hinter der Methodist Boy School das **Suffolk House**, 🖥 www.suffolk house.com.my, ein repräsentativer zweistöckiger, kleiner Palast im indischen Kolonialstil, der 1792/93 von Captain Francis Light bewohnt wurde. Eine wundervolle, weitläufige Parkanlage umgibt die Residenz mit 12 Zimmern, die rings um einen Ballsaal angeordnet sind. Von der riesigen Terrasse im 1. Stock, wo sich auch das Schlafzimmer seiner Geliebten befand, bietet sich ein schöner Ausblick.

Das Haus wurde nach Lights Tod von den ersten Gouverneuren Penangs bewohnt, verfiel und wurde kürzlich liebevoll restauriert und mit alten Möbeln ausgestattet. ⏱ 10–18, Einlass bis 17.30 Uhr, Eintritt 10 RM, Touren für 15 RM, drinnen Fotografierverbot. Ein elegantes Restaurant, ✆ 04-228-3930, mit Pondoks im Garten und großer Bar im überdachten Hof, serviert zu stimmungsvoller Musik überwiegend westliche Gerichte mit Fusion-Touch zu gehobenen Preisen. Große Tee-Auswahl. ⏱ 12–15 Uhr Mittagessen, 15–18 Uhr High Tea und ab 19 Uhr Dinner.

An der Jl. Air Itam, Ecke Green Lane, erhebt sich die moderne **State Mosque**, die Moschee des Staates Penang, die 1980 fertig gestellt wurde. Vor allem zum Freitagsgebet und an hohen islamischen Feiertagen finden sich hier viele Gläubige ein. Bis zu 5000 Menschen haben im Inneren Platz, 57 m hoch ist das Minarett.

Die Busse halten am Markt **Pasar Air Itam**, wo man vormittags über den Markt bummeln und sich mit einer Laksa stärken kann. Die beste Assam Laksa gibt es am Stand neben dem Markt an der Abzweigung der Straße zum Tempel unter dem Hinweisschild. Die Rapid-Busse 201 und 204 fahren für 1,40 RM ab George Town Jetty über die Lebuh Chulia und KOMTAR Bldg. nach Air Itam.

Kek Lok Si-Tempel

Dieser buddhistische Tempel ist der größte Malaysias. Bunt geschmückte Bauten, Gärten und Teiche wurden in Terrassen angelegt und durch zahllose Treppen miteinander verbunden. Der nicht abreißende Pilgerstrom schuf eine solide finanzielle Grundlage, die den Ausbau ermöglichte.

Zur Anlage gehört außer religiösen Bauten auch ein großes vegetarisches Restaurant im unteren Bereich der auf mehreren Ebenen angeordneten Anlage. In einem umbauten **Teich** recken Schildkröten ihre Hälse nach oben. Bei Chinesen gelten die Tiere als ein Symbol für langes Leben. Dahinter gelangt man zu einem der wenigen freien Plätze, die einen Blick auf die beiden Hügel ermöglichen. Große **Granitsteine**, die mit religiösen Inschriften versehen sind, erfahren besondere Verehrung. Links führt eine Treppe hinauf und durch ein rundes **Mondtor** zu einer kleinen **Pagode**, die von über 100 Buddhas in der gleichen Haltung umgeben ist.

In der prunkvollen **Gebetshalle** mit Marmorboden, deren Front mit figürlichen Steinmetzarbeiten aus grauem Granit bedeckt ist, stehen vor einer vergoldeten Wand drei Buddhastatuen. Am Ende der Bahn, im höchsten Bereich der Anlage steht unter einem riesigen Pavillon die über 30 m hohe **Bronzestatue der Göttin der Barmherzigkeit** (Kuan Yin). Steinstatuen chinesischer Tierkreiszeichen säumen den Vorplatz.

Überragt wird die Anlage von der 30 m hohen **Ban Hood-Pagode**, auch „Pagode der zehntausend Buddhas" genannt. Allerdings sind die meisten dieser Buddhas nur Abbildungen auf Wandfliesen, die alle Räume und Treppenwände bedecken. Sie ist in drei Stilrichtungen erbaut, die untere nach chinesischen Bauplänen, der Mittelteil thai-buddhistisch, und die spiralförmige Spitze nach burmesischen Vorlagen. Im obersten Teil, der Besuchern nicht zugänglich ist, befinden sich einige Schätze, darunter eine Reliquie Buddhas.

Von der Endstation der Busse nach Air Itam führt ein Fußweg hinauf zum weithin sichtbaren Tempel. Der schmale, überdachte Weg ist etwa 500 m lang, ziemlich steil und von Souvenirständen gesäumt. Es ist allerdings möglich, sich den Aufstieg durch den schmalen, stickigen Gang zu ersparen und die längere, steile Straße rechts vom Tor entlangzugehen, die hinauf bis zur oberen Ebene mit Parkplatz verläuft. Ein Devotionalien-Supermarkt unter dem Haupttempel bietet u. a. eine Riesenauswahl herrlich kitschiger dickbäuchiger Buddhafiguren in allen Größenordnungen. Der Verkaufserlös dient der Instandhaltung der Tempelanlage.

⊙ 9–18 Uhr, die Läden schließen früher. Eine Bergbahn verkehrt bis 17.30 Uhr für 2 RM einfach, 4 RM hin und zurück weiter hinauf zur oberen Ebene. Mittlerweile reicht die Zufahrtsstraße auch bis zum Parkplatz auf der oberen Ebene.

Penang Hill (Bukit Bendera)

Allein die fünf bis sechs Grad Temperaturunterschied rechtfertigen den erfrischenden Ausflug auf das 830 m hohen Penang Hill, eigentlich ein Hochland mit mehreren Gipfeln. Die herrliche Aussicht tut ihr Übriges. Schon im Jahr 1923 wurde die **Penang Hill Railway** in Betrieb genommen. Nach 82 Jahren hatte sie ihr Werk vollendet und wurde eingemottet. 25 Minuten brauchte die alte Bergbahn für die 2 km bis zu der auf 735 m gelegenen, oberen Station, sodass sich häufig lange Warteschlangen bildeten. Die neue, klimatisierte Bahn kann bis zu 80 Personen in sechs Minuten hinauf transportieren. Während der Fahrt können die Passagiere das Panorama genießen. ⊙ Mo–Fr 6–22, Sa und So bis 23 Uhr, einfache Fahrt 17 RM, hin und zurück 30 RM.

Eine Straße führt hinauf zum **Bellevue Hotel**. Das ehemalige Landhaus eines englischen Kolonialbeamten stand früher zwischen Erdbeerfeldern, die schon Sir Francis Light hatte anlegen lassen, und die der Gegend um die Bergstation den Namen **Strawberry Hill** gaben. Hinter der Bergstation befinden sich Souvenirstände, Foodstalls, eine Polizeistation, ein Postamt und auf dem Hügel das edle **David Brown's Restaurant**, in dem gepflegte englische Küche in entsprechender Umgebung aufgetragen wird, auch Devonshire Cream Teas, 🖳 www.penanghillco.com.my.

Dahinter gelangt man zu einem Hindutempel, einer Moschee und zum Guard House, hinter dem der Bungalow des Gouverneurs, **Bel Retiro**, liegt. 1,2 km sind es bis zu einem **Aussichtspunkt**.

Neben den Spazierwegen sind einige **Wanderwege** für erfahrene Trekker angelegt worden, S. 754. Auf einer 5 km langen, befestigten Straße,

die zwischen dem Postamt und der Polizeistation beginnt, kann man zum Botanischen Garten hinab wandern. Eine Herausforderung ist der **Penang Hill Forest Challenge Trail** von der Bergstation auf dem Penang Hill auf dem 4,7 km langen Jeep Track zum Beginn des Wanderwegs (Station 1) zwischen dem Tiger und Western Hill und auf einem markierten Dschungelpfad 200 m zum Aussichtspunkt **Eagle Point** und 6,4 km über 700 Höhenmeter hinab durch den Wald bis zum Telok Bahang Forest Park. Auf diesem Ganztagstrek sollte man genügend Wasser und Essen mitnehmen und keinesfalls alleine gehen.

Bus 101 fährt alle 10–20 Min. von der Jetty und KOMTAR nach Teluk Bahang. Der Rapid-Bus 204 für 2 RM hält an der unteren Bahnstation (Lower Station).

Wer in den Sommermonaten spät abends ankommt, kann trotz der zahllosen Unterkünfte Schwierigkeiten haben, ein günstiges Zimmer zu ergattern. Mehr s. **eXTra [5031]**.

Untere Preisklasse

Preiswerte Traveller-Unterkünfte konzentrieren sich in der Lebuh Chulia (Chulia Street) und ihren Seitenstraßen. Hier hat sich auch die Gastronomie auf Traveller eingestellt.

75 Travellers Lodge ⑦, 75 Lebuh Muntri, 📞 04-262 3378. Das gut besuchte Schwester-Gh. der Star Lodge (s. u.) hat saubere Zimmer mit Gemeinschafts-Du/WC mit Warmwasser, zum Teil auch mit Fenster, Waschbecken, kleiner Du/WC und AC sowie Schlafsäle mit 10 Betten à 15 RM. Im OG ein teils überdachter Balkon, Café, Wäscheservice. Tickets für Minibusse und Busse. Freundliche, hilfsbereite Mitarbeiter. WLAN inkl. ❷

Crystal Gh. ⑰, 294 Lebuh Chulia, 📞 04-263 8068, 🖳 www.crystalguesthouse.blogspot.com. Sauberes Haus mit 36 kleinen Zimmern mit AC, im EG dunkel, im 1. und 2. Stock mit Gemeinschafts-Du/WC und AC, teils ohne Fenster, günstiger mit Ventilator. Schlafsaalbetten kosten 15 RM. Tickets und Massagen im Angebot. ❷

€ **Friendship Motel** ⑩, 18-20 Lebuh Penang, 📞 04-261 8909, 🖳 www.friendship-motel.com.my. Die 50 einfachen, saruberen Zimmer des älteren chinesischen Kleinhotels punkten v. a. durch ein sehr gutes Preis-Leistungs-Verhältnis. Die günstigsten der schmucklosen Zimmer haben keine Fenster, Gemeinschafts-Du/WC und sehr harte Betten, die teureren deutlich weichere, bessere Matratzen. Internet am PC in der Lobby, Aufenthaltsraum mit TV. ❷–❸

Hutton Lodge ⑯, 17 Jl. Hutton, ✆ 04-263 6003, 🖥 www.huttonlodge.com. 25 Zimmer in einem über 100 Jahre alten ehemaligen Wohnhaus, das in den 1950er-Jahren abbrannte und wieder aufgebaut wurde. Kleine, günstige Zimmer mit AC, Teppichboden, Schaumstoffmatratzen, sauberer Gemeinschafts-Du/WC, größere Familien-Zimmer, einige ohne Fenster. Schlafsaal mit 4 und 6 Betten à 30 RM. Nette Aufenthaltsräume und kleiner Vorgarten. WLAN und einfaches Frühstück inkl. ❸

Old Penang Gh. ⑬, 53 Love Lane, ✆ 04-263 8805, 🖥 www.oldpenang.com. In einem alten, restaurierten Gebäude liegen die freundlich gestalteten, sehr sauberen Zimmer mit dicken Matratzen, teils mit Du/WC und Fenster. Auch Schlafsaal ab 23 RM, einer nur für Frauen für 25 RM. Innenhof und Aufenthaltsraum mit TV und DVD-Player. Überall sorgen Lampen im alten Stil für Atmosphäre. Günstige Getränke. Handtücher, WLAN und kleines Frühstück inkl. ❷–❸

Pin Seng Hotel ⑫, 82 Love Lane, ✆ 04-261 9004. Einfaches, etwas zurückversetztes klassisches Chinesenhotel mit einem alten und einem neueren Flügel. 24 Ventilator-Zimmer, teils mit Dusche, WC außerhalb. WLAN. ❶

Reggae Penang ⑭, 57 Love Lane, ✆ 04-262 6772, 🖥 www.reggaehostelsmalaysia.com. Saubere Schlafsäle mit 4–12 Betten für 28–30 RM an. Die Matratzen sind dick und bequem und ein Vorhang schafft etwas Privatsphäre, aber viel schlafen wird man hier nicht können, ist das Hostel doch als Partylocation bekannt und zieht ein junges, trinkwütiges Publikum an. Im modernen Eingangsbereich zeugen der Billardtisch und ein DJ-Pult von der Ausrichtung. Auch Gerichte für 8–15 RM und Cocktails um 20 RM. Frühstück und WLAN inkl.

Room Mates Gh. ⑮, 17 B Lorong Chulia, ✆ 04-261 1567, 🖥 www.roommatespenang.

com. Modernes, gemütliches, etwas beengtes Haus mit hellhörigen neuen Dorms. Die Betten für 25–30 RM sind durch Vorhänge voneinander abgetrennt. Gute Matratzen und Kissen, AC in der Nacht. Vorn ein kleines Café mit Sitzgelegenheiten, Frühstück und WLAN inkl.

Star Lodge ⑨, 39 Lebuh Muntri, ✆ 04-262 6378. 2-stöckiger Neubau im Stil der alten Nachbarhäuser mit 30 sehr sauberen und gepflegten, zweckmäßig eingerichteten, kleinen EZ und größeren DZ mit harten und dicken Schaumstoffmatratzen, gefliesten Böden, Fenster und kleiner Warmwasser-Du/WC sowie recht dünnen Türen. Etwas teurere mit Balkon, besonders ruhig die im 1. Stock nach hinten. AC kostet 10 RM extra. Aufenthaltsraum im OG und Dachterrasse. Hilfsbereiter Besitzer. Wäscheservice, Ticketverkauf. WLAN inkl. ❷–❸

Mittlere Preisklasse

Hotel Continental ④, 5 Jl. Penang, ✆ 04-263 6388, 🖥 www.hotelcontinental.com.my. Businesshotel mit 230 hellen, komfortablen Zimmern mit LCD-TV, Wasserkocher, Bad/WC sowie Meer- oder Stadtblick, teils im 19-stöckigen Neubau. Pool im 6. Stock. Einfaches Frühstücksbuffet inkl., WLAN 15 RM pro Tag. ❸–❹

Moon Tree 47 ⑧, 47 Lebuh Muntri, ✆ 04-264 4021. In freundlicher, familiärer Atmosphäre unter der Leitung junger Designer kann man sich auf eine Zeitreise ins alte Penang begeben. Die einfachen, aber authentisch eingerichteten Zimmer mit Ventilator haben sehr gute dicke Matratzen und teils auch einen kleinen Balkon, die AC-Zimmer sind sehr klein. Im Erdgeschoss ein sehr kreativ und individuell mit vielen Antiquitäten eingerichtetes, gemütliches Café, das guten Kaffee und eine kleine Auswahl an einfachen, aber leckeren Gerichten hat. Etwas Besonderes. ❸–❹

PPIsland Hotel ①, 33 A Lorong Abu Siti, ✆ 04-229 9071, 🖥 www.ppislandhotel.com. In schlichtem, funktionalem Stil sind die 60 Zimmer mit AC, LCD-TV, guten Matratzen und Du/WC gehalten. Junge, freundliche Mitarbeiter. Weniger abgewohnt als das nahe Red Rock. WLAN inkl. ❸–❺

Red Rock Hotel ②, 202 A Jl. Macalister, 📞 04-226 6060, 🖥 www.redrockhotel-pg.com. 10-stöckiger Hotelblock mit sauberen Mittelklasse-Zimmern mit Teppichboden, Wasserkocher und Fön. Von den oberen Stockwerken tolle Aussicht. Freundliches Personal und Parkplatz vor dem Haus. WLAN und einfaches Frühstücksbuffet inkl. ❺

Ryokan ⑥, 62 Lebuh Muntri, 📞 04-250 0287, 🖥 www.myryokan.com. Schicke, ruhig gelegene Flashpacker-Unterkunft im minimalistischen japanisch angehauchten Boutiquestil mit viel Beton und monochromen Farben sowie dezenten, stylischen Wanddesigns. 3 Zimmer mit harten, breiten Matratzen, LCD-TV, AC und sauberer Du/WC. Dazu mehrere Dorms mit 4 oder 6 Betten für 33–40 RM p. P. Die jungen, freundlichen Angestellten sind bei Fragen gern behilflich. Frühstück und WLAN inkl. ❹

Segara Ninda ③, 20 Jl. Penang, 📞 04-262 8748, 🖥 www.segaraninda.com. In der einstigen Residenz des Kedah-Malaien Ku Din Ku Meh, einem restaurierten, heute im Besitz der Gouverneursfamilie befindlichen Kolonialgebäude, liegen 16 freundlich eingerichtete Zimmer mit LCD-TV, teils auch Du/WC, die teureren mit Balkon und Federkernmatratzen. Wegen der vielen Bars in der Umgebung ideal für Nachtschwärmer. Sehr freundliche Betreiber. WLAN inkl. ❸–❹

Obere Preisklasse

23 Lovelane ⑤, 23 Love Lane, 📞 04-262 1323, 🖥 www.23lovelane.com. In einer hübschen 2-stöckigen Villa, die mit viel Liebe zum Detail aufwendig und stilvoll restauriert wurde, befinden sich 10 individuell gestaltete Zimmer, die mit einem perfekten Mix aus Luxus und Flair punkten können. Die Kombination aus modernen Gemälden einheimischer Künstler, 1930er-Jahre-Möbeln, Antiquitäten und zeitgemäß komfortabler Ausstattung schafft ein spezielles Ambiente, das besonders Kunstliebhaber ansprechen wird. Wie in allen älteren Häusern sind auch hier die Zimmer im Erdgeschoss deutlich feuchter als im oberen Stockwerk. Auch 2 Maisonette-Familien-Zi, Bibliothek und

schöne Gemeinschaftsräume. Sehr zuvorkommender, professioneller, dennoch persönlicher Service. Frühstück und WLAN inkl. ❼–❽

Hotel Penaga ⑪, Jl. Hutton, Ecke Lebuh Clarke, 📞 04-261 1891, 🖥 www.hotelpenaga.com. Das in 15 restaurierten Ladenhäusern untergebrachte, 2011 eröffnete Boutiquehotel vermietet 32 schicke, hohe und geräumige Zimmer, 8 Suiten und 5 Terrassenhäuschen. Das Interieur der individuell gestalteten Zimmer gefällt mit dunklen Möbeln im Antik-Look und dezentem Einsatz bunter Farben. Alle Zimmer mit luftiger Jaccuzi-Du- oder Bad/WC, TV, DVD-Player und Safe. Im Haus logieren und arbeiten wechselnde Künstler, die ihre Werke vor Ort ausstellen. Restaurant, Pool und Spa. Freundlicher Service. WLAN und Frühstück inkl. ❻–❽

ESSEN

Ein Penang-Besuch lässt sich zu einer wunderbaren kulinarischen Reise ausgestalten, denn hier sind einige der besten Küchen Asiens auf engstem Raum versammelt. Malaiisch, indonesisch, chinesisch, Nyonya, nord- und südindisch, Thai, japanisch und natürlich auch europäisch lässt es sich allabendlich vorzüglich speisen, auch ohne die Reisekasse zu strapazieren. Mehr s. eXTra [5060].

Cafés und Bäckereien

China Joe's, 86 Lebuh Armenian, 📞 04-262 7299, 🖥 www.straitscollection.com.my. Ein Teesalon in einem kleinen, stilvoll dekorierten Laden nahe dem Khoo Kongsi. Er liegt etwas versteckt und ist weniger populär als der Schwesterladen Kopi Chine. Außer Tee gibt es Kaffee, Säfte und Eiscreme. ⏰ 10–19 Uhr.

Rainforest Bakery, 302 Lebuh Chulia, 📞 04-261 4641. Bäckerei mit sehr gutem hausgemachtem Brot nach deutschem Geschmack und Kuchen (Muffins, Carrot Cake), leckeren Sandwiches, Baguettes oder Ciabatta. ⏰ außer So 10–22 Uhr.

Segafredo Espresso, 3 Jl. Upper Penang, nahe E&O Hotel, 📞 04-262 2611. In dem schicken, kleinen Café gibt es kräftigen Espresso wie in Italien. Mittagsmenü sowie morgens und

Nasi Kandar

Das Gericht besteht aus einer Portion Reis, der zusammen mit Gemüse- und Fleisch-Currys sowie anderen Zutaten vom Bananenblatt mit den Fingern gegessen wird. Ursprünglich war es ein Gericht indischer Moslems, das Straßenhändler anboten, die es in großen Bastkörben an langen Bambusstäben durch die Straßen trugen.

Der **Nasi Kandar-Stand** neben der Kapitan Keling-Moschee ist seit Generationen bei Nachtarbeitern und Nachtschwärmern beliebt und unübertroffen gut. Gegen Mittag sind die besten Gerichte ausverkauft, sodass es sich lohnt, früh aufzustehen. ⏱ ab 2.30 Uhr.

Die meisten anderen Nasi Kandar-Restaurants sind rund um die Uhr geöffnet, z. B.

Kassim Nasi Kandar, 2-I Jl. Brick Kiln, nahe KOMTAR Bldg. Große Hähnchenauswahl und freundlicher Service. ⏱ 7.30–23 Uhr.

abends westliche Gerichte. Abends Bar mit Sitzplätzen im Freien. ⏱ 10.30–1.30, Fr–So bis 2.30 Uhr, Happy Hour 17–21 Uhr.

Chinesisch

Corner Club, 55 Gurney Drive, etwas außerhalb an der Restaurantmeile nahe dem Nachtmarkt, ✆ 04-228 2888. Von 7.30–15 Uhr wird in dem kantonesischen Restaurant Dim Sum serviert, von 18–22 Uhr lohnen die leckeren Softshell Crabs, Krebse, die in ihrer weichen Schale knusprig gebacken werden. ⏱ 7–15 und 18–22.30 Uhr.

Sin Tai Tung Seafood (Kedai Makanan Joo Seong), 130 Jl. Macalister. In dem offenen, einfachen Restaurant wird fantastisches, frisches Essen zu günstigen Preisen zubereitet. Unbedingt den süßsauren Garupa und die knusprigen Hähnchen probieren, auch leckere vegetarische Gerichte. ⏱ Mo, Mi–Sa 17–22, So 13–22 Uhr.

Town Steamboat Restaurant, Jl. Macalister, gegenüber dem UMNO Bldg. Großes, offenes Restaurant, in dem man sich von einem reichhaltigen Buffet die Zutaten aussuchen und am Tisch selbst garen kann. Auch Dim Sum. Buffet für ca. 20 RM p. P., während der Woche günstiger.

Essensstände

Einfache Garküchen servieren überall im Stadtgebiet erstaunlich gute Mahlzeiten. Schließlich waren die ersten Siedler überwiegend Männer, die in Ermanglung einer Familie außer Haus aßen – zumeist an Straßenständen – eine Tradition, die sich bis heute fortsetzt.

Ein **Nachtmarkt** findet jeden Abend in der Fußgängerzone der Lebuh Campbell statt. Noch größer ist der **Nachtessensmarkt** in der New Road einer Seitenstraße zum Sunway Hotel, abgehend von der Jl. Macalister.

Asia Cafe, Lorong Pasar, Ecke Jl. Masjid Kapitan Keling. Der unscheinbare Laden mit vegetarischen Gerichten ist der älteste Coffeeshop der Stadt.

New World Park, 102 Jl. Burma, 🖳 www.newworldpark.com.my. Im modernen Ambiente werden in diesem „Boutique-Straßenmarkt" mit Großbildschirm an Essenständen lokale Spezialitäten zubereitet, auch kleine Restaurants, z. B. das indische **Passions of Kerala**, ⏱ 11–15 und 18–23 Uhr.

Red Garden Food Paradise, 20 Lebuh Leith. Beliebter, großer Essensmarkt im großen Hof einer alten Villa. Zahlreiche Essenstände mit lokalen Snacks, japanischen Gerichten und Seafood. ⏱ 17–1 Uhr.

Indisch

Hameediyah, 164 A Lebuh Campbell, ✆ 04-261 1095. Im offenen Erdgeschoss und klimatisierten ersten Stock des einfachen, aber sehr beliebten indisch-moslemischen Restaurants serviert man schon seit über 100 Jahren Biryani, Murtabak und Currys. ⏱ 12–23 Uhr.

€ **Krsna**, Lebuh Pasar. Saubres, preiswertes, blau gefliestes Banana-leaf-Restaurant. Morgens von 7–12 und von 15.30–22 Uhr auch frische Dosai und Puri, mittags nur Currys für 3–6 RM. Viele Süßigkeiten, gute Laddu. ⏱ 7–22 Uhr.

Maharaj, 132-134 Jl. Penang, neben dem Kino, ✆ 04-262 0263. Ein größeres, farbenfrohes nordindisches Restaurant mit etwas höheren Preisen (Hauptgerichte 12–20 RM) und sehr gutem Essen (außer den Roti). Westler können beim Chicken Tikka Butter Masala nichts falsch machen. AC nur im Erdgeschoss. ⏲ 11–14.30 und 18.30–22.30 Uhr.

Passage thru India, Lot 1 Lebuh Leith, ☏ 04-262 4644, 🖥 www.passagethruindia.com. Angenehm eingerichtetes, beliebtes Restaurant mit freundlichem Service. ⏲ Mo–Sa 11–15 und 18–23, So 18.30–23 Uhr.

Sri Ananda Bhawan, Lebuh Penang, Ecke Lebuh China, 🖥 www.srianandabahwan.com. Hier wird auch Fleisch serviert, während die Filiale in der 25 Lebuh Penang nur vegetarisch kocht. Günstige Auswahl an authentischen Gerichten, u. a. leckere Dosais. ⏲ 7–23 Uhr.

Nyonya

Eine fantastische Mischung aus malaiischer und chinesischer Küche haben die in Malaysia lebenden Peranakan-Chinesinnen, die Nyonya, entwickelt.

Hot Wok, 124-E & F Jl. Burma, neben dem Giant Supermarket, ☏ 04-227 3368. Großes, mit Antiquitäten eingerichtetes Restaurant mit hervorragenden authentischen Nyonya-Gerichten. ⏲ 11–15 und 18–23 Uhr.

Mama's, Lorong Abu Siti 31 D, neben dem PPIsland Hotel, ☏ 04-229 1318. Alteingesessenes, bei Einheimischen ebenso wie Expats beliebtes Restaurant mit exzellentem Essen, welches das gesamte Geschmacksspektrum der Peranakan-Küche abbildet. Wer die Standards durchprobiert hat, findet auch Spezialitäten wie Suppe mit fermentiertem Fischmagen. Flotter Service. ⏲ 11.30–14.30 und 18.30–22 Uhr.

Seafood

Der hohe Fischpreis aufgrund der leer gefischten Gewässer verdirbt vielen Chinesen nicht den Appetit auf Seafood. Auf Speisekarten und Auslagen werden immer Preise für 100 g angegeben. Da es schon viele Missverständnisse gegeben hat, sollte man sich gleich nach der Bestellung den Preis für das Seafood nennen lassen.

Eden, 15 Jl. Hutton, in einer Seitenstraße der Jl. Penang, ☏ 04-263 9262, 🖥 www.edenfood. com.my. Exzellente Seafood-Spezialitäten, aber auch gute Steaks und andere Gerichte werden in dem seit 1964 etablierten Restaurant auf-

getischt. Mittagsmenüs sind noch günstig, ansonsten ausreichend Geld bzw. Kreditkarte einstecken! ⏲ 12–15 und 18–22 Uhr.

De Happy Seafood Restaurant, 62 Jl. Macalister, ☏ 04-227 7809. Im Vorhof dieses alten Hauses haben sich mehrere Essenstände angesiedelt, darunter ein etabliertes Seafood-Restaurant, das leckere Gerichte, frische Fische sowie Meeresfrüchte anbietet. Die Portionen kosten allerdings 20–50 RM. ⏲ 17.30–24 Uhr.

Oriental Seafood, 42 Gurney Drive. Großes Freiluftrestaurant mit Becken mit lebenden Fischen und anderen Meerestieren, die auf verschiedene Art zubereitet werden. ⏲ 11–23.30 Uhr.

Townview Seafood, 11 Jl. Macalister, nahe KOMTAR Bldg., ☏ 04-228 3645. Unter dem hohen Dach wird frisches Seafood, teils aus Tanks, schmackhaft zubereitet. Leckere Krebse. Etwas günstiger als die Konkurrenz schräg gegenüber. ⏲ 17–24 Uhr.

Vegetarisch

EE Beng Vegetarian Food, 20 Jl. Dickens, gegenüber der Polizei. Hier kommen Vegetarier auf ihre Kosten. Es wird überwiegend von der arbeitenden Bevölkerung zum Frühstücken und Mittagessen besucht. Letzteres lohnt sich allein schon wegen der gut 50 Gerichte umfassenden Auswahl am Buffet. ⏲ Mo–Sa 8–20.30 Uhr.

Sri Ananda Bhawan, 25 Lebuh Penang, ☏ 04-263 3841, 🖥 www.srianandabahwan.com. 2-stöckiges, beliebtes Restaurant, oben mit AC. Auch wenn es in den Auslagen wie Fisch und Lamm aussieht, ist doch alles vegetarisch. Essen am Buffet oder à la carte. Mittags süd- und nordindische Meals ab 4 RM. Von 7–11 und 15–23 Uhr Dosai, Uttapam und Paratha für 2–3 RM. Lieferservice.

Water Drop Teahouse, 16 Lebuh Penang, ☏ 04-263 6300. Buddhistisches, klimatisiertes, modern eingerichtetes Restaurant mit chinesisch-vegetarischen Gerichten. Ruhige Atmosphäre. ⏲ Di–Fr 9–16, Sa und So bis 15 Uhr.

Westlich

Zahlreiche Backpacker-Restaurants konzentrieren sich in der Lebuh Chulia (Chulia

Street). Die meisten verkaufen neben günstigem Essen und Getränken auch Tickets, z. B. **Café Mona Lisa**, wo ganze 12 Biersorten ausgeschenkt werden. ☉ 12–1 Uhr. Eine Alternative ist der **Reggae Club**.

Edelweiss, 38 Lebuh Armenian, ✆ 04-261 8935, 🖥 www.edelweisscafe.com. Schweizer Restaurant von Theresa und Urs in einem alten, mit Antiquitäten eingerichteten Geschäftshaus mit großem Tresen und einem kleinem Innenhof. Schweizer und internationale Gerichte, darunter Wurst, Rösti, Kuchen und Mövenpick Eiscreme. Im 1. Stock hat Theresa ein kleines Heimatmuseum mit vielen historischen Fotos und Alltagsgegenständen eingerichtet. Sie kann viele Tipps geben und leitet hervorragende Touren, Kasten S. 752. ☉ Di–Fr 12–15 und 18.30–22, Sa 12–22, So 12–19 Uhr.

Ingolf's Kneipe, 1F Jl. Sungai Kelian, gegenüber dem Copthorne Orchid Hotel, am Hang in Tanjung Bungah, ✆ 04-899 5796, 🖥 www.ingolfskneipe.com. Die gemütliche Kneipe ist seit 1998 der Treffpunkt der in Penang lebenden Deutschsprachigen. Auch Einheimische genießen die schmackhaften Bratwürste, Schnitzel und anderen deutschen Gerichte in ordentlichen Portionen für 20–30 RM. Paulaner und andere Importbiere. ☉ Mo und Di 15–24, Mi–Sa 12–24 Uhr, So geschlossen.

Soul Kitchen, 102 Lebuh Muntri, Ecke Lebuh Leith, ✆ 04-261 3118, 🖥 www.soulkitchen penang.com. Michelle Yim und Tonio Neuhaus leiten die sehr beliebte, mit leichtem Retro-Touch versehene Trattoria. In der kleinen Küche wird italienisch gekocht: Hauptgerichte unter 20 RM, Pizza und sehr leckeres Tiramisu. Auch Frühstück und schmackhafte gegrillte Sandwiches. Dazu gibt´s frische Säfte und gute Musik in entspannter, freundlicher Atmosphäre. ☉ Mi–So 10.30–14 und 18.30–21, am Wochenende bis 21.30 Uhr.

Western Oriental Cafe, vor dem Oriental Gh., 81 Lebuh Muntri. Gutes, aber nicht billiges Café in einem ehemaligen chinesischen Geschäftshaus mit hübschen alten Fliesen, das sich gut zum Frühstücken eignet. Auch Salate, Sandwiches und Spaghetti. WLAN inkl. ☉ 7–22, So bis 12 Uhr.

In den Kneipen rund um die Lebuh Chulia geht es sehr „westlich" zu. Clubs und Bars konzentrieren sich nahe dem E&O Hotel in der Jl. Upper Penang und Umgebung. Eine gute Quelle für aktuelle Informationen zu Veranstaltungen ist das Magazin *Time Out Penang*, 🖥 www.timeoutpenang.com.

Bars und Pubs

Hongkong Bar, 371 Lebuh Chulia. Eine alte Bar, in der sich ab den 1920er-Jahren die Soldaten der Commonwealth-Luftwaffe aus Butterworth austobten und die sich immer noch im Besitz derselben Familie befindet. Die alte Inneneinrichtung ist einem Brand zum Opfer gefallen, worunter die Atmosphäre etwas gelitten hat, doch der mittlerweile wieder angesammelte Klimbim sorgt ebenfalls für urige Atmosphäre. ☉ ab 12 Uhr bis der letzte Gast geht.

Soho Free House, im Peking Hotel, 50 Jl. Penang, ✆ 04-263 3331, 🖥 www.soho penang.com. Ein rustikales Pub, in dem ein halbes Dutzend Biersorten vom Fass ausgeschenkt werden. Wenn auf den vielen Bildschirmen wichtige Sportereignisse laufen, ist der Laden brechend voll. Als Stärkung serviert man englisches Pub Food wie Hamburger und Pies. Kicker und Billardtisch. ☉ 12–3 Uhr.

Discos und Clubs

Eine Reihe von Bars und Pubs liegen gegenüber dem E&O. Am Wochenende sind ca. 20 RM Cover Charge zu entrichten.

Carmen Club, im Bayview Hotel, 25 Lebuh Farquhar. Vor allem am Wochenende brechend voll. Livemusik einer 7-köpfigen Band und Disco, die v. a. ein junges Publikum begeistert. ☉ Mo–Sa 19–3 Uhr, Livemusik ab 21.30 Uhr.

G Planet, im The Gurney, 18 Gurney Drive, ✆ 04-226 2777. Auf 3 psychedelisch-futuristisch designten Stockwerken finden Gäste jeder Altersgruppe das Passende. Die Musik ist eine Mischung aus Pop, Rock und House mit Schwerpunkt auf den 1980er-Jahren. Sa Livemusik. ☉ 17.30–2.30 Uhr.

Mois, 1 Jl. Upper Penang im Wisma Boon Siew, 🖥 www.moisclub.com. Der schicke, extravagant gestaltete und in Neonfarben ausgeleuchtete Club ist der angesagte Treffpunkt der einheimischen Schickeria. Die DJs legen überwiegend R&B und Hip-Hop auf. **Slippery Senoritas**, Jl. Upper Penang, im Unterhaltungskomplex Garage Penang, ℡ 04-263 6868, 🖳 www.slipperysenoritas.com. In diesem Club mit bunt gemischtem Publikum sorgt eine gute philippinische Hausband für Stimmung auf der Tanzfläche. Der DJ bevorzugt R&B, House und Latin Fusion Music. Samstags jonglieren die Barkeeper nicht nur mit Gläsern und Flaschen, sondern auch mit dem Feuer. Ansonsten mixen sie gute Cocktails. In dem angrenzenden Restaurant gibt es Snacks und Grillgerichte. ⏰ 17–3 Uhr.

In den übervollen, kleinen offenen Läden der **Chinatown** entlang der Lebuh Kimberley, Lebuh Chulia, Lebuh Campbell und ihrer Seitenstraßen lässt es sich wunderbar stöbern, vor allem bei den Antiquitätenhändlern (Rope Walk, Lebuh Cintra), aber auch beim Tempelzubehör (Lebuh Kimberley, Rope Walk). Kleine Boutiquen haben sich in der Lebuh Campbell, Lebuh Cintra und anderen Straßen der Altstadt niedergelassen.

Die zentralen Straßen des **indisches Viertels** sind teilweise Fußgängerzonen. Rings um die Lorong Pasar und Lebuh Penang gibt es Bollywood-Filme und Räucherstäbchen, Kupfer- und Weißblechwaren. Bunte Sari-Stoffe und exotische Gewürze stapeln sich in engen Läden. In der **Lebuh Armenian** konzentrieren sich schicke Kunstgalerien und Studios.

Bücher

In der Lebuh Chulia und Jl. Macalister handeln kleine Buchläden mit Secondhandbüchern, z. B. **Saleemul Enterprise**, 440B Lebuh Chulia. Ein großer **MPH Bookshop** im Gurney Plaza und ein großer **Borders** in der Queensbay Mall südlich von George Town.

Im Büro-Vorraum des **Penang Heritage Trust**, 26 Lebuh Gereja, Kasten S. 752, sind interessante Publikationen über Penangs und Malaysias Geschichte zum Durchblättern und Kaufen ausgestellt.

Areca Books, 70 Lebuh Acheh, ℡ 04-262 0123, 🖳 www.arecabooks.com. Der kleine, aber feine Buchladen vertreibt vorrangig historiografische Bücher aus und über Malaysia, Penang und einzelne Stadtteile George Towns sowie Biographien. Neben Fachliteratur auch Bildbände und Belletristik. Im Vorraum hat William Knox sein Antiquariat **Penang Bookshelf** mit einer ausgezeichneten Sammlung zu Malaysia und Asien eingerichtet. ⏰ 9–18 Uhr.
H.S. Sam Book Store, 473 Lebuh Chulia. Der Laden hat ein besonders sorgfältig sortiertes Secondhand-Sortiment, auch deutsche Buchtitel. Gepäckaufbewahrung und Internet. ⏰ Mo–Sa 9.30–20, So und feiertags 10–13 und 18–20 Uhr.

Einkaufszentren

Die meisten ⏰ 10–22 Uhr.
1st Avenue, Jl. Magazine, 🖳 www.1stavenue penang.com. 2010 eröffnetes Shoppingcentre neben der Prangin Mall mit vielen Modeboutiquen auf den 7 Stockwerken voller Läden. Im 8. Stock eine Aussichtsplattform.
Prangin Mall, neben dem KOMTAR Bldg., Jl. Dr. Lim Chwee Leong. Großes Einkaufszentrum im Zentrum, mit dem Parkson Grand und Giant Supermarket sowie vielen Elektronik-Geschäften.
Queensbay Mall, am Expressway bei Sungai Nibong, 🖳 www.queensbaymallmalaysia.com. Größtes Einkaufszentrum der Insel inmitten von Wohnblocks mit mehr als 400 Geschäften, Borders Buchladen im 1. Stock, Jusco Department Store, Restaurants und Dienstleistungsunternehmen, einem Cineplex und sogar einer Eisbahn. Rapid-Bus 307 ab Jetty und KOMTAR.

Kunstgalerien

a2 Gallery, 27 Lebuh Bangkok, ℡ 04-227 4985, 🖳 www.a2artgallery.com. Die von den Künstlern Alfred und Jeff begründete Galerie liegt etwas außerhalb in einem alten Haus im Kolonialstil und zeigt größtenteils zeitgenössische Kunst. Viele junge, unbekannte Künstler stellen hier aus.
Galeri Seni Mutiara, 118 Lebuh Armenian, ℡ 04-262 0167, 🖳 www.galerisenimutiara.com.

Neben Ausstellungen bekannter lokaler und internationaler Künstler und Fotografen werden in den Räumen direkt neben dem Sun Yat-Sen-Haus auch Kunstforen abgehalten.

No. 88 Armenian Street, 88 Lebuh Armenian. Das kleine Shophouse mitten in der Altstadt beherbergt auf jedem Stockwerk eine andere Kunstgalerie. Im Erdgeschoss die **Fuanwong Gallery**, ✆ 012-410 3882, ⌨ www.fuanwong. com, die bekannt für ihre edlen, bunten Glasmalereien und Mosaikarbeiten ist. Im 1. Stock **Jonathan Yun Sculptural Jewelry**, nicht nur Galerie, sondern auch Studio des namensstiftenden Künstlers, der hier verschnörkelte Schmuckstücke zaubert. Im 2. Stock stellt Tan Howard im **Studio Howard**, ⌨ www.studio howard.com, seine Fotografien aus. Neben Bildern der Sehenswürdigkeiten der Insel finden sich auch interessante Porträts und abstraktere Motive. ⊕ 10–18 Uhr.

Märkte

Der kleine **Fischmarkt** in der Lebuh Carnavon scheint aus einer anderen Zeit zu stammen. Vor allem Lebensmittel und Textilien werden auf dem **Chowrasta Markt**, Penang Rd., verkauft.

🌳 **Little Penang Street Market**, Jl. Upper Penang, ⌨ www.littlepenang.com.my. Jeden letzten So im Monat von 10–17 Uhr verkaufen seit 2006 Privatleute, Künstler, Umwelt- und gemeinnützige Organisationen an 70 Ständen Kunsthandwerk und informieren über Projekte. Zudem kulturelle Shows und Livemusik.

SONSTIGES

Autovermietungen

Es lohnt sich, die Preise zu vergleichen und dabei nach Sondertarifen zu fragen. Bei allen Firmen sind Rabatte möglich. Für eine Inselrundfahrt lohnt es sich, zu dritt oder viert einen Wagen zu mieten und die Kosten zu teilen, sofern man es sich zutraut, ein Auto durch das Getümmel der Stadt zu steuern. An Sonn- und Feiertagen sind nur die Büros am Airport geöffnet, und in den Stadtbüros können höchstens reservierte Autos abgeholt werden. **Avis**, am Airport, ✆ 04-643 9633, ⌨ www.avis. com.my.

Hawk, am Airport und in der Mutiara Arcade in Batu Ferringhi, ✆ 04-262 8661, ⌨ www.hawkrentacar.com.
Hertz, am Airport und im Penang Times Square, ✆ 04-643 0208, ⌨ www.hertz.com.
Kasina, Good Hope Inn, Jl. Kelawei, ✆ 04-228 2641, am Airport, ✆ 04-644 7893, ⌨ www. kasina.com.my. Auch Outlets in Kuala Lumpur und Langkawi.
Mayflower Car Rental, am Airport, ✆ 04-641 1191, ⌨ www.mayflowercarrental.com.my.
New Bob Rent-A-Car, 11 Jl. Gottlieb (11. Stock), ✆ 04-226 6111, und am Airport, ✆ 04-642 1111, ⌨ www.bobcar.com.my.

Fahrradverleih

Metro Bike, an der Jetty, ✆ 019-409 4663, ⌨ www.metrobike.com.my. Wer es sich in der nicht sehr fahrradfreundlichen Stadt zutraut, bekommt hier Räder inkl. Helm und Reflektorweste für 25 RM pro Tag. Di, Do, Sa und So von 8–11.30 Uhr geführte Halbtagstouren für 88 RM. ⊕ 9–17 Uhr.

Feste

Vor allem die chinesischen Feste werden in Penang prunkvoll gefeiert, z. B. im Jan/Feb nach hektischen Vorbereitungstagen das 15-tägige **Neujahrsfest** mit Tempelbesuchen, gutem Essen, Böllern und Löwentänzen. Außerdem begeht man in den großen Tempeln der Stadt spezielle **Tempelfeste** zu Ehren der Namensgeber. Auch während des indischen **Thaipusam-Festes** lohnt im Jan/Feb ein Besuch in Penang. Während des ganzen Monats Dezember läuft ein buntes Programm. Der Höhepunkt der **Pesta Pulau Pinang** sind die Drachenbootrennen am Gurney Drive in Pulau Tikus. Wer abends durch die Straßen geht, kann oft Zaungast prächtiger Familien- oder Tempelfeste werden, bei denen auch Chinesische Oper, Puppenspiele, Tänze und Musik die Gäste unterhalten. Die *Penang Tourist Newspaper* und *Penang Travel News* enthalten die aktuellen Termine.

Geld

Die meisten **Banken** residieren im alten Verwaltungsviertel rund um das Hauptpostamt,

alle mit Geldautomaten. ⊕ Mo–Fr 10–15,
Sa 9.30–11.30 Uhr. Der Wechselschalter der
Maybank im KOMTAR-Bldg. ist tgl. geöffnet.
Geldwechsler u. a. im Bankenviertel südlich
des Uhrturms, in der Lebuh Chulia, im KOMTAR
Bldg. und in der Jl. Masjid Kapitan Keling haben
tgl. geöffnet. der rechts neben dem Cititel Hotel,
Jl. Penang, sogar nachts.

Immigration
In der **Lebuh Pantai**, ✆ 04-250 3410, ⊕ Mo–Fr
7.30–13 und 14–17.30 Uhr.
Neubau am North South Highway auf dem
Festland in **Seberang Jaya**, Jl. Kelasah,
✆ 04-397 3011, eine Visaverlängerung dauert
Ewigkeiten. ⊕ 8–13, Mo–Fr auch 14–17.30 Uhr.

Informationen
Informativ ist das monatlich erscheinende
Penang Tourist Newspaper.
Tourism Malaysia, Jl. Tun Syed Sheh Barakbah,
gegenüber Fort Cornwallis, ✆ 04-262 2093. En-
gagierte Mitarbeiter, die viel über Penang wis-
sen, zudem Pläne und Broschüren von anderen
malaysischen Staaten. ⊕ Mo–Fr 8–17 Uhr,
Filiale am Airport, ✆ 04-642 6981, ⊕ 7–22 Uhr,
Headquarter im KOMTAR Bldg., ✆ 04-261 0058.
Tourism Penang (Penang Global Tourism), im
KOMTAR Bldg., 56. Stock, ✆ 04-262 0202,
🖳 www.tourismpenang.net.my (übersichtlich
und umfangreich). Im Verwaltungsgebäude
(Majlis-Eingang) untergebracht und nur nach
Abgabe des Passes an Counter C zugänglich.
⊕ Mo–Fr 8–16.30 Uhr. Ein weiteres Büro
befindet sich in der 8B Lebuh Pantai im 1. OG.
Penang Tourism Information Centre, im Penang
Heritage Centre, 116 und 118 Lebuh Aceh,
✆ 04-261 6606, 🖳 www.gtwhi.com.my. Neben
touristischen Informationen gibt es auch ein
dreidimensionales Modell der Innenstadt zu
bestaunen. ⊕ 8–17 Uhr.
Eine weitere offizielle Website über Penang
ist 🖳 www.visitpenang.gov.my. Eine sehr gute,
kontinuierlich aktualisierte, private Website von
Tim ist 🖳 www.penang-traveltips.com.

Internet
Die meisten Gästehäuser, viele Cafés und einige
Shops bieten Internetzugang ab 2 RM pro Std.

Konsulate
Deutsches Honorarkonsulat, c/o OE Design
Sdn. Bhd., Bayan Lepas Free Industrial Zone 3,
✆ 04-647 1288.
Indonesisches Konsulat, 467 Jl. Burma,
✆ 04-226 7412. Für eine Einreise über eine
Reihe von Visa on arrival-Orten benötigen
Deutsche, Österreicher und Schweizer für bis
zu 30 Tage kein vorher ausgestelltes Visum.
Für 60-Tage-Visa: 2 Passfotos mit rotem
Hintergrund und ein Return-Ticket. Die
Ausstellung des Visums ist unproblematisch
und dauert 1–2 Tage. Zu erreichen mit Rapid-
Bus 101. ⊕ Mo–Fr 9–12 und 14–15 Uhr.
Thailändisches Konsulat, 1 Jl. Tungku Abdul
Rahman, ✆ 04-226 8029. Das Konsulat liegt im
Nordwesten. Wer länger als 1 Monat bleiben
will, braucht ein Touristenvisum. Vorgelegt wer-
den müssen 2 Passfotos und ein Ticket aus
Thailand heraus (Details ändern sich laufend).
Die Bearbeitung dauert i. d. R. einen Tag. Da mit
langen Wartezeiten zu rechnen ist, empfiehlt es
sich, einen Visaservice in Anspruch zu nehmen,
der von zahlreichen Hostels angeboten wird:
60 Tage Visum für 140 RM bei 1 Tag Bearbeitung, 3 Monate für 260 RM bei 2 Tagen. ⊕ Mo–
Fr 9–12 Uhr. Rapid-Bus 102 bis Jl. Utama.

Kriminalität
In Penang werden häufig von vorbeifahrenden
Motorrädern aus Handtaschen gestohlen. Auch
allzu aufdringlichen Passanten auf der Lebuh
Chulia sollte man mit einer gesunden Portion
Misstrauen begegnen. Wer sich in der Nachbarschaft von Prostituierten und Transvestiten
unwohl fühlt, sollte abends die Love Lane und
die obere Penang Rd. meiden. Leser berichteten
über Betrügereien mit Falschgeld, Kartenspiel
oder beim Einkaufen. Gegenüber Fremden, die
sich gleich als Freunde anbieten, ist ein
gesundes Maß an Misstrauen angebracht.

Medizinische Hilfe
Ambulanz ✆ 999, Feuerwehr ✆ 994, Notruf
✆ 991.
General Hospital, Jl. Residensi (Jl. Western,
am Poloplatz westlich des Zentrums),
✆ 04-222 5333. Im Notfall wird man hierhin
gebracht.

NORD-MALAYSIA

Nachstehend eine Reihe privater Kliniken, in denen die Behandlung wesentlich teurer ist und die Räumlichkeiten (nicht unbedingt die medizinische Behandlung) einen höheren Standard haben. Ambulante Sprechstunden Mo–Fr 8/9–17 und Sa 8/9–13 Uhr.

Gleneagles Medical Centre, 1 Jl. Pangkor, ✆ 04-228 8222, 🖳 www.gleneagles-penang. com. Ein sehr gutes privates Krankenhaus.
Island Hospital, 308 Jl. Macalister, 24-Std.-Notdienst ✆ 04-228 8222, 🖳 www.island hospital.com.
Loh Guan Lye Specialists Centre, 19-21 Jl. Logan und 238 Jl. Macalister, ✆ 04-238 8888, 24-Std.-Notdienst ✆ 04-226 6911, 🖳 www.lohguanlye.com.

Motorradverleih

Das **Banana Gh.**, 355-359 Lebuh Chulia, ✆ 04-262 6171, vermietet Roller für 25–30 RM am Tag mit Versicherung mit 800 RM Selbstbeteiligung. Bei der Ausleihe ist ein internationaler Führerschein vorzulegen.

Polizei

Polizei ✆ 999.
Die **Tourist Police**, ✆ 04-222 1728, ist bei Problemen die erste Anlaufstelle. In Tanjung Bunga ✆ 04-899 3222.

Post

Pejabat Pos Besar (Hauptpostamt) in der Lebuh Downing, ✆ 04-261 9222, nahe Fort Cornwallis. ⏲ Mo–Sa 8.30–17 Uhr. Filiale im EG des KOMTAR Bldg.

Reisebüros

Bei Inselrundfahrten darauf achten, dass die Guides von der Penang Tourist Guides Association lizenziert sind.
MSL Travel, im Red Rock Hotel, Jl. Macalister, ✆ 04-227 2655, 🖳 www.msltravel.com. Das große Reisebüro gehört zu den verlässlichen und verkauft alle Arten von Tickets. ⏲ Mo–Fr 9–17.30 Uhr.

Wäschereien

In fast allen Gästehäusern kann Wäsche abgegeben werden. Zudem gibt es Wäschereien in der Jl. Zainal Abidin, Lebuh Chulia und eine um die Ecke in der Lebuh Leith noch vor der Moschee, die Wäsche günstig reinigen. ⏲ Mo–Sa 8.30–19 Uhr.

In der Innenstadt lässt sich alles gut zu Fuß erledigen. Inselbusse oder Taxis wird man nur für Fahrten in die Vororte oder zu weiter entfernten Zielen der Insel benötigen.

Stadt- und Inselbusse

CAT (Central Area Transit), Infoline ✆ 04-238 1313. Ein kostenloser Stadtbus verkehrt alle 20–30 Min. von 6–23.40 Uhr innerhalb der Innenstadt und der Unesco World Heritage Zone zwischen der Jetty und dem KOMTAR Bldg. und hält an 19 Stopps, darunter viele Sehenswürdigkeiten.
Die Busgesellschaft **Rapid Penang** betreibt ein dichtes Netz mit komfortablen, klimatisierten rot-blauen Bussen. Aktuelle Preise und Fahrpläne siehe 🖳 www.rapidpg.com.my. Die meisten Stadt- und Inselbusse starten an der Jetty nahe dem Fährterminal und halten auch unter dem KOMTAR Bldg.
Der Stadtbus T10 fährt etwa alle 30 Min. von der Fähre die Rundstrecke Lebuh Chulia, Lebuh Pantai, Lebuh Light und Jl. Penang zum KOMTAR und zurück über die Jl. Burma, Jl. Macalister, Jl. Penang, Jl. Dr. Lim Chwee Leong, Jl. Masjid Kapitan Keling, Lebuh Farquhar und Lebuh Downing. Eine Fahrt in der Stadt kostet 1,40 RM. Das Geld sollte passend bereitgehalten werden. Die wichtigsten Linien der Inselbusse von Rapid Penang fahren alle 20–30 Min.

An die Nordküste

BATU FERRINGHI Bus 101 und 102 für 2,70 RM.
BOTANISCHER GARTEN Bus 10 für 2 RM.
TANJUNG BUNGAH Bus 101, 103 und 104 für 2 RM.
TELUK BAHANG Bus 101 für 3,40 RM.

Richtung Westen

AIR ITAM Bus 201, 203 und 204 für 2 RM.
PENANG HILL RAILWAY TALSTATION Bus 204 für 2 RM.

Richtung Süden

AIRPORT Bus 102, 306 für 4 RM (oder langsam mit 401 und 401E für 2,70 RM).
BALIK PULAU Bus 403 für 4 RM. Von Balik Pulau fährt der Bus 501 stdl. für 2,70 RM nach TELUK BAHANG, sodass eine Inselumrundung mit Bussen möglich ist.
BATU MAUNG Bus 302, 305 und 307 für 3,40–4 RM.
BAYAN LEPAS (nahe Airport) Bus 302 für 3,40 RM.
EXPRESS BUS TERMINAL (Sungai Nibong) Busse 303 und 304 ab KOMTAR etwa alle 30 Min. für 2 RM.

Taxis

Sie sind teuer. Obwohl viele ein Taxameter haben, „funktioniert" dieses in der Regel nicht, daher sollte der Fahrpreis vorher abgeklärt werden. Kurze Strecken innerhalb des Zentrums müssten nicht mehr als 12 RM kosten. Zwischen Mitternacht und 6 Uhr morgens wird ein Nachtzuschlag von 50 % berechnet.
Vom Flugplatz aus fahren Coupon-Taxis in die Stadt für 55 RM, zum Flughafen kosten sie ab City 35 RM und ab Express Bus Terminal 25 RM. Batu Ferringhi kostet 75 RM, Tanjung Bunga 65 RM.
Von der City zum Bus Terminal 30 RM, zum Kek Lok Si-Tempel 25 RM, nach Batu Ferringhi 40 RM, zur Butterfly Farm 45 RM, nach Air Itam oder zum Botanischen Garten 18 RM, nach Pulau Tikus 15 RM, Balik Pulau 50 RM und Butterworth 60 RM. Für eine Inselrundfahrt werden ab 3 Std. 35 RM pro Std. verlangt, ein Minibus kostet 40 RM pro Std. Telefonisch sind Taxis unter ☎ 04-229 9467, 04-262 5721, 04-281 8766 oder 04-210 8211 zu bekommen.

Trishaws

Über 200 Fahrradrikschas sind im Citybereich ein beliebtes Transportmittel – man sitzt vor dem Fahrer und hat freie Sicht auf die Straße. Viele stehen vor dem Oriental Hotel. Preise aushandeln, denn der erste Preis ist meistens stark überhöht! Das Minimum ist 15 RM für eine kurze Fahrt und 30 RM pro Std.

Fähren

Seit die imposante, 13,5 km lange Brücke die Insel mit dem Festland verbindet (Gebühr für einen PKW vom Festland zur Insel 7 RM), ist es am Fährhafen wesentlich ruhiger geworden. Die großen Auto- und Personenfähren zwischen Penang und Butterworth verkehren ab Penang/Butterworth zwischen 5.30/6 und 1/0.30 Uhr etwa alle 20 Min. Die Fähre kostet 1,20 RM, die man an der automatischen Sperre passend in Kleingeld bereithalten sollte (Wechsler am Counter). Autos kosten 7,70 RM. Die Anlegestelle ist am Weld Quay (Pengkalan Weld). Fernbusse, Überlandtaxis und Züge fahren an der Anlegestelle in Butterworth ab.

TRANSPORT

Dreh- und Angelpunkt ist die Hafenstadt **Butterworth** auf dem Festland. Dort liegen Fähranleger, Bahnhof, Busbahnhof und Taxistand direkt nebeneinander. Auf der Insel fahren viele Busse ab dem neuen Express Bus Terminal in Sungai Nibong. Einfacher ist die An- und Weiterreise jedoch weiterhin über Butterworth.

Busse
Ab Penang

Vom alten Busbahnhof beim KOMTAR Bldg., ☎ 04-261 2427, verkehren nur noch Stadt- und Inselbusse sowie die Fernbusse von Konsortium. Shuttlebusse fahren von hier bis gegen Mitternacht etwa alle 30 Min. für 2 RM zum **Express Bus Terminal** in Sungai Nibong (Terminal Bas Ekspres Sungai Nibong), 11 km südlich von George Town, jenseits der Brücke, genaue Lage s. eXTra [5095].
Tickets ab Penang verkaufen Reisebüros und Gästehäuser mit teils erheblichem Aufschlag sowie die Gesellschaften selbst. Einige haben ihre Büros neben dem Busbahnhof am KOMTAR Bldg. VIP- und Super VIP-Busse mit 24 Sitzen sowie Busse privater Gesellschaften sind teils teurer als die Transnasional-Busse.
KOTA BHARU um 9 und mit Mutiara Ekspres, ☎ 04-324 3355, um 21 Uhr für 37/60 RM in 7 Std. (Rechtzeitig buchen!)
KUALA LUMPUR ständig für 35 RM in 5 Std., mit Nice-Bus 75 RM.

SINGAPORE um 9.30, 10, 20.30, 21.30, 22, 22.30 und 23 Uhr für 54–80 RM in 10 Std.

Ab Butterworth
Es lohnt für Ziele im Norden zuerst mit der Fähre Butterworth anzusteuern. Der Busbahnhof liegt nördlich der Fähranlegestelle. Auch private Gesellschaften fahren von hier.
ALOR SETAR Bus 516 von 6.45–22 Uhr alle 30 Min. für 10 RM in 2 Std. Zudem ab 9, 11.30, 17.30, 19 und 0.30 Uhr für 8 RM.
KOTA BHARU um 10, 22 und 23.30 Uhr für 35–40 RM in 6 Std.
KUALA LUMPUR stdl. von 7.30–1.30 Uhr für 31 RM in 6 Std., Super VIP von Super Nice, ℘ 04-333 3434, 8x tgl. von 8–23.45 Uhr.
KUALA PERLIS für 14/12 RM in 3–4 Std. Abfahrtszeiten wie Alor Setar.
SINGAPORE um 20, 21, 21.30, 22 und 0.30 Uhr für 56–65 RM in 10 Std.

Minibusse
In Gästehäusern werden Tickets für private Backpackerbusse (meist Banana) verkauft. Nach Pulau Perhentian via KUALA BESUT um 5 Uhr in 5 1/2 Std. inkl. Bootstransfer 150 RM, ohne 90 RM. Nach KUALA LUMPUR sind Minibusse für bis zu 10 Pers. für 600 RM zu chartern.
Nach Thailand: Minibusse, die fast alle nur eine Lizenz für Thailand haben und in Malaysia nicht versichert sind, werden von Gästehäusern und Reisebüros vermittelt. Keinesfalls sollte man schon vor der Einreise nach Thailand einen größeren Betrag in Baht eintauschen, denn mit ungünstigen Wechselkursen haben einige Anbieter einen lukrativen Nebenverdienst. Von den Gästehäusern in der Lebuh Chulia starten Tag für Tag 10–20 Minibusse nach HAT YAI, u. a. von K.S.T., ℘ 016-495 2345, gegen 5, 8.30, 12 und 16 Uhr für 35 RM in 4 Std. In Hat Yai wird man in andere, teils billigere Busse umgeladen. Dabei kann es zu einer längeren Wartezeit kommen. Wer sichergehen will, bucht nur bis Hat Yai und steigt dort am Busbahnhof in einen der großen staatlichen Busse um, die zuverlässig, sicher und bequem sind.
Kein durchgehendes Ticket auf die Inseln Ko Samui und Ko Pha Ngan kaufen, da dann mit langen Wartezeiten auf das Nachtboot zu

rechnen ist. Ebenfalls nicht zu empfehlen sind die 18-stündige Fahrt bis Bangkok und die Gesellschaft Chaw Wang Tours.

Überlandtaxis
Ab Penang fahren auch einige der normalen Taxis als Überlandtaxis, ℘ 04-331 6917. Sie stehen u. a. am KOMTAR und vor dem Malaysia Hotel sowie am Express Bus Terminal in Sungai Nibong. Man bucht sie am besten einen Tag im Voraus bei den Fahrern oder über die Unterkunft.
In Butterworth stehen Überlandtaxis nördlich der Fähranlegestelle, ℘ 04-331 6917. Sie sind v. a. für Ziele im Norden Malaysias günstiger, da sie nicht den Umweg über die Brücke oder die Fähre nehmen müssen.
Preise von der Taxistation in Butterworth (ab Penang + 10–50 RM, abends ebenfalls mehr): CHANGLUN (Grenzübergang Thailand) 180 RM, KOTA BHARU 400 RM in 4–5 Std., KUALA KEDAH 140 RM, KUALA LUMPUR 400 RM, KUALA PERLIS 180 RM.
Auf Penang zum KOMTAR Bldg. 60 RM, nach BATU FERRINGHI 80 RM.

Eisenbahn
Züge fahren ab **Butterworth Railway Station**, am Ferry Terminal in Butterworth, ℘ 04-331 2796, 328 7962, ✉ bwth@ktmb.com.my, Schalter ⏲ 6–8, 9.30–16.30 und 17.30–21 Uhr. Tickets gibt es auch auf der Insel beim **Railway Booking Office** am Fußweg zur Fähre, Pengkalan Weld, ℘ 04-261 0290, ⏲ 8.30–13 und 14–16 Uhr.

Nach Norden
International Express (Ekspres Antabarangsa) über HAT YAI (74/82 RM) und SURAT THANI (85/93 RM) nach BANGKOK (104/112 RM). Preise für oberes/unteres Bett.

Nach Süden
In der 2. Klasse: KUALA LUMPUR für 26 RM in 7 Std., SINGAPORE 54 RM in 16 Std.

Flüge
Der **Penang International Airport**, ℘ 04-643 0811, liegt 20 km südlich von

PENANG (PULAU PINANG)

N

0   5 km

Langkawi

LEUCHTTURM
Monkey Beach
Mukah Head
Meromictic Lake
Teluk Aling
Teluk Tukun
Pisang Bay Beach

s. Detailplan Batu Ferringhi S. 771

Batu Ferringhi

Pantai Kerachut

PENANG NATIONAL PARK

Teluk Bahang

Tropical Spice Garden

Tg. Bungah

Tg. Tokong

s. Detailplan George Town S. 749

Teluk Kampi

s. Detailplan Teluk Bahang S. 773

Butterfly Farm

Teluk Bahang Forest Park

Bagan Jermal

Botanischer Garten

Pulau Tikus

s. Detailplan George Town Zentrum S. 750/751

Penang Hill Forest Challenge Trail

Pantai Aceh

Tropical Fruit Farm

Western Hill 829△

Penang Hill

George Town

Penang

Immigration

Eagle Point

Titi Kerawang-Wasserfall

S. Pinang

Air Itam-Stausee

Penang Railway

Air Itam

Fähre

Bahnhof

Butterworth

Kuala S. Pinang

Kek Lok Si-Tempel

Paya Terubong

Balik Pulau Forest Reserve

Bukit Relan Forest Reserve

Gelugor

Penang Bridge

Kg. S. Dua

Sunny Point Complex
Terminal Bas Ekspres
Sungai Nibong

Pekan Genting

Balik Pulau

Relau

Sungai Nibong

P. BETUNG

S. Ara

Queensbay Mall

Pasir Panjang

Schlangentempel

Expressway

P. JEREJAK

Teluk Kumbar

Bayan Lepas

Penang International Airport

S. Batu

Kg. Seronok

Aquarium

Batu Maung

Sam Po-Tempel

Gertak Sanggul

Penang War Museum

NEUE BRÜCKE (IM BAU)

P. RIMAU

NORD-MALAYSIA

George Town und 39 km von Batu Ferringhi. Coupon-Taxi nach George Town 55 RM und Batu Ferringhi 75 RM. Bank im Airport ⏰ 7–23 Uhr, außerdem ein Tourist Office und Büros diverser Autovermieter.

Inlandflüge
MAS, Menara KWSP, 38 Jl. Sultan Ahmad Shah, 📞 04-217 6323, 🖥 www.malaysia-airlines.com.my, ⏰ Mo–Sa 8.30–17.30 Uhr, am Airport 📞 04-643 0811, Hotline 📞 1-300-883 000, verkehrt nach KUALA LUMPUR etwa alle 1–2 Std.
Air Asia, Lebuh Chulia, 📞 04-261 5642, 08-58888 (Call Center), 🖥 www.airasia.com, ⏰ Mo–Fr 9–19, Sa bis 17 Uhr. Die Budgetairline fliegt 8x tgl. nach KUALA LUMPUR, 1x tgl. nach LANGKAWI.
Firefly, A1-04-07, EG des KOMTAR Bldg., 📞 04-217 6321, 🖥 www.firefly.com.my, ⏰ Mo–Sa 9–18 Uhr. Flüge nach KUALA LUMPUR (Subang) 7x tgl., LANGKAWI 1x tgl., KOTA BHARU und MELAKA 3x wöchentl.

Internationale Flüge
Air Asia, s. o. Flüge nach BANGKOK, JAKARTA 2x tgl., MEDAN 3x tgl. und SINGAPORE 3x tgl.
Firefly, s.o., fliegt nach BANDA ACEH 3x wöchentl., PHUKET 4x wöchentl. und MEDAN 2x tgl.
Lion Air, 1. Stock am Flughafen (Departures), 📞 04-641 4144, 🖥 www.lionair.co.id, ⏰ 9–18 Uhr. Nach MEDAN 2x tgl.
Silk Air, Plaza MWE, 8 Lebuh Farquhar, 📞 04-263 3201, 🖥 www.silkair.com, ⏰ Mo–Fr 8.30–17.30 Uhr. Nach SINGAPORE 4x tgl.
Thai Airways, Burma Place, Jl. Burma, 📞 04-226 7000, 🖥 www.thaiair.com. Nach BANGKOK 1x tgl.

Schiffe
Büros im PPC Building, 1 King Edward Place, neben dem Uhrturm gegenüber dem Fort Cornwallis, verkaufen Tickets für die am **Swettenham Pier liegenden** Fähren von **Langkawi Ferry Services**, 📞 04-264 2088. Nach LANGKAWI um 8.15 (über Pulau Payar) und 8.30 Uhr (direkt), zurück um 14.30 Uhr

(über Pulau Payar) und 17.15 Uhr für 60 RM, Kinder 45 RM, hin und zurück 115 RM, Kinder 85 RM.

Der Norden der Insel

Jahrelang war die Nordküste von Penang das Reiseziel für alle, die bei einem Badeurlaub nicht auf ein komfortables Hotel verzichten wollten. Da es hier auch während der Wintermonate kaum regnete und durch die Nähe zur Stadt und zum Flughafen eine gute Infrastruktur gewährleistet war, entstanden in Batu Ferringhi bereits in den 1960er-Jahren Strandhotels für ausländische Touristen. Doch die Wasserverschmutzung in der Straße von Melaka macht auch vor dieser Küste nicht Halt. Das führt je nach Strömungs- und Windverhältnissen zum Auftreten von Quallen.

Man verlässt George Town Richtung Norden auf der Jl. Burma oder auf der Jl. Sultan Ahmad Shah, der späteren Jl. Kelawei und Jl. Tanjung Tokong. Parallel zur Küste geht es vorbei an Apartmentsiedlungen und Hochhäusern mit Zweit- und Ferienwohnungen nach **Tanjung Bungah** und weiter nach **Batu Ferringhi**.

Genaue Lage der Ausflugsziele s. **eXTra [5095]**.

Batu Ferringhi
Der kilometerlange Küstenstreifen mit Sandstränden und Badebuchten wird im Interesse des internationalen Publikums sauber gehalten. Vor allem im Winter sieht er durchaus idyllisch aus. Große internationale Hotels bestimmen das Bild, dazwischen liegen nach wie vor bescheidene Privathäuser.

Selbst der kleine Ortskern mit der Moschee ist noch auffindbar. Restaurants und Boutiquen säumen die Straße, aber die Atmosphäre ist friedlich und unaufdringlich, und so mancher Tourist, der an den Tischen im Freien seinen Kaffee schlürft, macht einen ausgesprochen entspannten Eindruck. Von dem markanten Felsen, der 3,3 km vor Teluk Bahang, nördlich des Strandes, aus dem Meer emporragt, erhielt Batu Ferringhi, übersetzt „der portugiesische Stein", seinen Namen. Als erste Europäer trieben die Portugiesen im Archipel Handel; ihr Bedarf nach Wasser brachte ih-

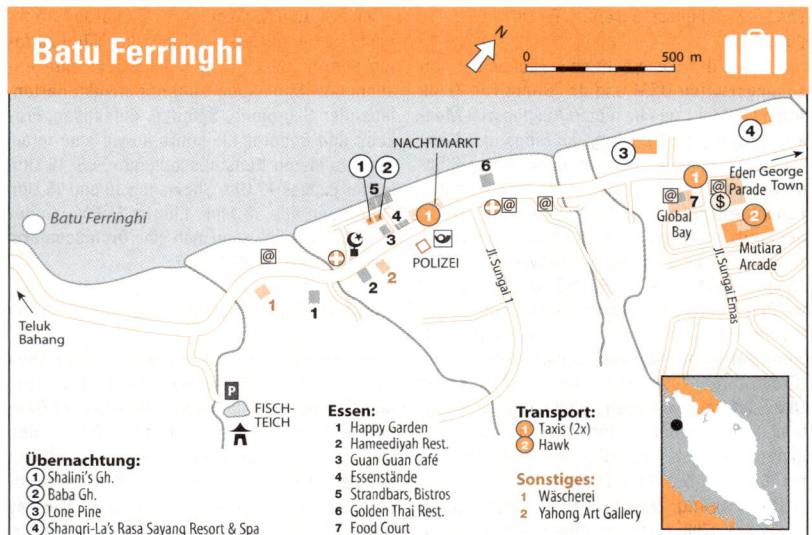

Batu Ferringhi

0   500 m

Übernachtung:
1. Shalini's Gh.
2. Baba Gh.
3. Lone Pine
4. Shangri-La's Rasa Sayang Resort & Spa

Essen:
1. Happy Garden
2. Hameediyah Rest.
3. Guan Guan Café
4. Essensstände
5. Strandbars, Bistros
6. Golden Thai Rest.
7. Food Court

Transport:
1. Taxis (2x)
2. Hawk

Sonstiges:
1. Wäscherei
2. Yahong Art Gallery

---

re Schiffe an die Küste Penangs. Das arabisch-stämmige Wort Ferringhi wurde mit der Zeit zum Synonym für alle Europäer.

Tropical Spice Garden

Interessant ist der Tropical Spice Garden an der Straße nach Teluk Bahang, ☏ 04-881 1797, 🖥 www.tropicalspicegarden.com. Auf Fußwegen gelangt man durch ein Dschungelgebiet und einen hübsch angelegten Garten mit über 500 teils seltenen tropischen Pflanzenarten, darunter Farne, Palmen, Orchideen und über 100 Gewürzpflanzen. Das Visitor Centre in der Lone Crag Villa, einem alten Ferienbungalow, beherbergt ein Museum. Es informiert über den Gewürzhandel und die Verarbeitung der Gewürze. Zudem werden Souvenirs und Gartenartikel verkauft. Im Café kann man Kaffee und Gewürztees sowie die herrliche Aussicht auf die Küste genießen. ⏱ 9–18 Uhr, Eintritt 15 RM, Kinder 10 RM, geführte Touren in Englisch von 9–17 Uhr für max. 30 Pers. 25 RM, Kinder 15 RM. Auch **Kochkurse** inkl. Mittagessen und Eintritt zum Spice Garden. Unterhalb des Eingangs zum Garten bekommt man an den Essensständen am kleinen **Pisang Bay Beach,** wo man auch gut baden kann, Snacks.

Penang National Park

Auf der bewaldeten Nordwestspitze der Insel wurden bereits 1928 1213 ha als Nationalpark ausgewiesen. Dieser umfasst Tief- und Hochland-Dipterocarpaceenwälder und Mangroven. An den Stränden der Mangrovenküste nisten immer mehr Suppenschildkröten, denn deren Lieblingsspeise, Quallen, gibt es vor der Küste in großen Mengen. Am Ende der Straße nahe der Küste erhebt sich das gewaltige Verwaltungsbüro des **Park Headquarters** über der Bucht. Am Fuß des Berges muss man sich am Informationsschalter anmelden, ⏱ 9–19 Uhr, Eintritt frei, letzter Einlass 18 Uhr.

Am Headquarter beginnt ein Fußweg entlang der teils steil abfallenden Küste. Einige Brücken führen über Bäche. Das erste Ziel ist die Bucht an der Mündung des **Sungai Teluk Tukun** mit einem kleinen Strand (20–30 Min., 1 km). Links erreicht man auf einem 1 km langen Pfad den Canopy Walkway, der über 250 m bis zu 15 m hoch durch die Baumwipfel führt, aber oft beschädigt und geschlossen ist, Eintritt 5 RM, Kinder 3 RM.

Entlang der Küste geht es vorbei an der **Forschungsstation USM** und der Bucht von **Teluk Aling** (20 Min.) zum beliebten Ausflugsziel **Monkey Beach** (Teluk Duyung, ab Eingang 3,4 km, 1 1/2 Std.). In einer weiteren guten halben Stunde kann man 1,3 km hinauf zum 1883 erbauten **Leuchtturm** auf dem 227 m hohen Mukah Head, der nordwestlichen Spitze der Insel, klettern.

Ein weiterer, 3,4 km langer Fußweg durch das Landesinnere endet am **Pantai Kerachut**, einem weißen Sandstrand in einer weiten Bucht an der Westküste. Hier wurde eine Schildkrötenaufzuchtstation eingerichtet. Suppenschildkröten (Green Turtle) kommen von April bis August und Oliv-Bastardschildkröten (Olive Ridley) von September bis Februar, um ihre Eier zum Ausbrüten in den Sand abzulegen. Das umzäunte Areal ist bis 16 Uhr für Besucher geöffnet.

Die **Penang Nature Guide Association**, ✆ 04-881 4788, bietet an einem Stand gegenüber dem Headquarter diverse Aktivitäten im Park an, z. B. Trekking bis zum Sungai Tukung (1–2 Pers. 70 RM, jede weitere Pers. 15 RM, 3 Std.), zum Tanjung Aling (auch Monkey Beach genannt, 2 Pers. 150 RM, hin zu Fuß, zurück per Boot, 4 Std.) oder zum Pantai Kerachut (2 Pers. 400 RM, jede weitere Pers. 15 RM, hin zu Fuß, zurück per Boot). Wanderer können durchaus auch alleine losziehen.

In der Schildkrötensaison werden nachmittags Touren zur Schildkrötenstation am **Pantai Kerachut** angeboten, bei denen man frisch geschlüpfte Schildkröten freilassen kann. Boote für 4–8 Personen kosten für einen zweistündigen Ausflug zum Monkey Beach 100 RM und zum Pantai Kerachut 200 RM. Wer in der Saison bei Sonnenuntergang Schildkröten freilassen möchte, kann im Dschungel in Strandnähe auch in Zelten übernachten, die für 15 RM ohne Ausstattung von der Nature Guide Association vermietet werden.

Butterfly Farm

Vom Kreisverkehr 800 m in Richtung Balik Pulau liegt die Butterfly Farm, ✆ 04-885 1253, 🖥 www.butterfly-insect.com, ein großes Freigehege, in dem 120 Schmetterlingsarten frei umherfliegen

– eine seltene Gelegenheit, die farbenprächtigsten Exemplare einmal aus der Nähe zu fotografieren. Außerdem beeindruckt eine ansehnliche Sammlung seltener Insektenarten, lebender Skorpione, Spinnen, Eidechsen, Frösche und anderer Kleintiere sowie eine interessante kleine Kunstausstellung. ⏰ 9–18 Uhr, letzter Einlass 17 Uhr, Shows um 10 und 15 Uhr, Führungen alle 30 Min., Eintritt 27 RM, Kinder 15 RM. Zusätzlich kann man eine **Orchideenfarm** besuchen, Eintritt 1 RM.

Teluk Bahang Forest Park (Taman Rimba)

1 km südlich von Teluk Bahang wurden etwa 100 ha Wald zum Naturschutzgebiet erklärt, weil hier besonders viele Arten einheimischer Bäume wachsen. Besucher können im Park in den kleinen Pools eines Baches baden und auf vier markierten Wegen oberhalb des Baches im Forest Park wandern. Der 880 m lange **Monkey Cup Trail** eignet sich für einen netten Spaziergang, während der 3 km lange, 3–4-stündige **Charcoal Kiln-Rundweg** oder gar der 4,3 km lange, 4–5-stündige **Ridge Top Trail** wegen einiger steiler Strecken eine gute Kondition erfordert. Den **Penang Hill Forest Challenge Trail** hinauf zum Penang Hill läuft man besser in anderer Richtung, S. 757. Immerhin sind fast 700 Höhenmeter zu überwinden.

Tropical Fruit Farm

Etwa 7 km südlich von Teluk Bahang, an der Straße nach Balik Pulau, wurde ein 10 ha großes Gelände für den Anbau von über 200 verschiedenen **tropischen Früchten** in steilen Terrassen angelegt. In diesem Privatprojekt werden nicht nur die üblichen Früchte des Landes, wie Papaya, Mangos oder Durian, angebaut, sondern auch neue Züchtungen sowie seltene Obstsorten aus Asien, Afrika und Lateinamerika. Für Liebhaber tropischer Früchte ein idealer Stopp auf der Inselrundfahrt, vor allem zur Haupt-Erntezeit von Juni bis August.

Mit dem Minibus wird man durch das Gelände der Farm den Berg hinauf gefahren und kann dann gemütlich in 45–60 Minuten wieder zurück laufen. Während der Tour informieren Mitarbeiter über die Früchte. Natürlich kann man

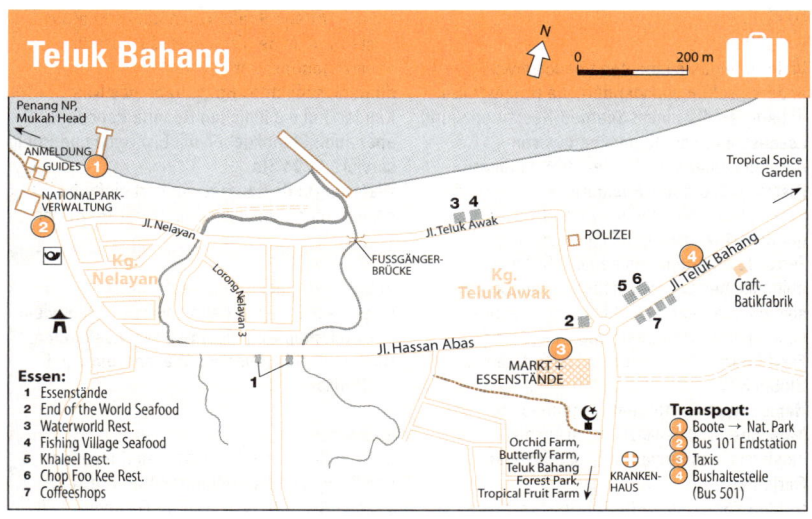

Teluk Bahang

0 — 200 m

N

Penang NP,
Mukah Head

ANMELDUNG
GUIDES ①

NATIONALPARK-
VERWALTUNG
②

Jl. Nelayan

Kg.
Nelayan

Lorong Nelayan 3

Jl. Teluk Awak

3 4

FUSSGÄNGER-
BRÜCKE

● POLIZEI

Kg.
Teluk Awak

5 6

4 Jl. Teluk Bahang

Craft-
Batikfabrik

2

Jl. Hassan Abas

3

7

Essen:
1 Essenstände
2 End of the World Seafood
3 Waterworld Rest.
4 Fishing Village Seafood
5 Khaleel Rest.
6 Chop Foo Kee Rest.
7 Coffeeshops

1

MARKT +
ESSENSTÄNDE

Orchid Farm,
Butterfly Farm,
Teluk Bahang
Forest Park,
Tropical Fruit Farm

KRANKEN-
HAUS

Transport:
① Boote → Nat. Park
② Bus 101 Endstation
③ Taxis
④ Bushaltestelle
(Bus 501)

---

sich auch einen Früchteteller oder einen erfrischenden, frisch gepressten Saft servieren lassen und die Aussicht auf die Berge und die Nordküste genießen. ✆ 012-497 1931, 🖥 www.tropicalfruitfarm.com.my, ⏰ 9–18 Uhr, eine Farmtour kostet 35 RM, Kinder 28 RM, letzte Tour um 17 Uhr. Transport mit dem Shuttlebus der Farm ab Batu Ferringhi 10 RM. Der Rapid-Bus 501 fährt an der Farm vorbei und weiter nach Süden.

ÜBERNACHTUNG

Batu Ferringhi

Baba Gh. ②, 52 Jl. Batu Ferringhi, ✆ 04-881 1686, ✉ babaguesthouse2000@yahoo.com. Freundlich, sauber und mit Veranda im 1. Stock. Sehr einfache Zimmer mit Schaumstoffmatratzen, teils auch Du/WC und AC. Professionell von einer freundlichen chinesischen Familie gemanagt. Motorradvermietung für 35–50 RM pro Tag. ②–③

🧳 **Lone Pine** ③, 97 Batu Ferringhi, ✆ 04-222 2000, 🖥 www.lonepinehotel.com. Das älteste Strandhotel wurde bereits 1948 erbaut und bis 1973 mehrfach erweitert, 2010 umfassend renoviert und zu einem schicken, modern-minimalistisch gestalteten

Resort im Boutiquestil umgebaut. Schlicht, aber luxuriös sind die luftige Lobby und die 90 komfortablen, geräumigen Zimmer und Suiten, teilweise Balkone mit Bad und Meerblick. Neben allen Annehmlichkeiten der Preisklasse und einladender Bar auch ein Infinity-Salzwasserpool. ⑧

Shalini's Gh. ①, 56 Jl. Batu Ferringhi, ✆ 04-881 1859, 🖥 www.shalinisguesthouse.blogspot.com. Die 15 recht komfortablen, sauberen Zimmer, teils mit Du/WC, AC und Kühlschrank, liegen in Strandnähe. Auf dem gemütlichen, überdachten Balkon kann man bei der freundlichen Betreiberin auch einen Regentag genießen. ③–④

Shangri-La's Rasa Sayang Resort & Spa ④, bereits 4 km vor Batu Ferringhi, ✆ 04-888 8888, 🖥 www.shangri-la.com. Das 5-Sterne-Resort am Ende der Bucht erstrahlt nach der Renovierung in neuem Glanz. Großzügige Anlage mit 304 Luxus-Zimmern, teils sogar mit Bädern auf dem Balkon ab 750 RM, Premier-Zimmer für alle, die gediegenen Luxus mögen, inkl. Frühstück, Champagner, Butler-Service und mehr. Im großen Garten ein hübscher Pool und ein Spa in 11 Villen sowie ein Yogastudio. ⑧

NORD-MALAYSIA

Batu Ferringhi

Viele Hotelgäste möchten abends etwas anderes sehen und wandern die Hauptstraße entlang, an der einige Seafood-Restaurants und **Essensstände** auf Kundschaft warten.

Auch tagsüber sind die kleinen **Strandbars**, **Bistros** und **offenen Restaurants** hinter dem Parkplatz am öffentlichen Strandzugang geöffnet. Man sitzt gemütlich auf einer Terrasse am Meer und genießt Seafood, chinesisches und westliches Essen, Crêpes sowie Pizza oder ein kühles Bier, besonders schön bei Sonnenuntergang. Ein günstiger **Food Court** befindet sich im Einkaufszentrum Global Bay.

Hameediyah Restaurant, gegenüber der Moschee, ☎ 016-4842909. Ein kleines, moslemisches Restaurant mit günstigen Gerichten.

Golden Thai. Das große Touristenrestaurant ist unübersehbar an der Durchgangsstraße positioniert. Abends gibt es annehmbares, aber überteuertes Seafood und Livemusik.

Guan Guan Café. Das kleine Restaurant-Café ist nicht ganz so fein wie die benachbarten Hotels, aber angenehm zum Sitzen und günstig. Guter Garnelensalat. ⏲ Di geschlossen.

Happy Garden, ☎ 04-881 1199, 🖥 www.happy garden2u.wordpress.com. Man sitzt ganz nett im kleinen Gartenrestaurant etwas abseits der Straße. Großes Frühstücksangebot, leckere internationale Gerichte, die relativ preiswert sind, und viele Säfte. ⏲ 9–22 Uhr.

Teluk Bahang

Billige **Essensstände** und **Coffeeshops** an der Bushaltestelle zwischen dem Hotel und Kreisverkehr sowie an der Abzweigung hinter der Brücke. Manchmal verirren sich Touristen aus den Resorts nach Teluk Bahang und erfreuen sich an der ursprünglichen Atmosphäre.

Chop Foo Kee, chinesisches Restaurant, das auch Seafood zubereitet.

End of the World Seafood, altes Seafood-Restaurant, das vom Ende der Bucht in die Nähe des Kreisverkehrs umgezogen ist.

Fishing Village Seafood, einfaches Seafood-Restaurant an der Strandstraße, das nur abends geöffnet hat.

Khaleel, schlichtes Restaurant, das Nasi Kandar und die üblichen Banana Pancakes, aber auch Pfannkuchen mit Eiscreme und Honig serviert. ⏲ 24 Std.

Waterworld Restaurant, serviert einfache malaysische Standardgerichte. ⏲ 15–23 Uhr.

In Batu Ferringhi ist alles auf Touristen eingestellt. Entsprechend finden sich hier viele **Souvenirshops**, ein **Postamt**, **Wechselstuben**, **Banken**, **Geldautomaten**, **Wäschereien** und die **Polizei**.

Einkaufen

Zahlreiche Geschäfte verkaufen Souvenirs und Strandtextilien zu überhöhten Preisen.

Yahong Art Gallery, 58 D Batu Ferringhi, ☎ 04-881 1251, 🖥 www.yahongart.com. Hier verkauft der international bekannte Künstler Chuah Thean Teng seine Batikbilder und denen, die es sich leisten können, Kunstdrucke, Antiquitäten und andere Souvenirs. ⏲ 9.30–18.30 Uhr.

Eden Parade und **Global Bay** sind Einkaufszentren.

Abends findet von 18–23 Uhr an der Straße westlich vom Holiday Inn ein **Nachtmarkt** statt.

Internet

In den beiden Einkaufszentren Eden Parade und Global Bay.

Wassersport

Angeboten werden Windsurfen, Kanufahren, Wasserski, Fallschirmsegeln sowie Bootstouren entlang der Küste. Die Preise schwanken je nach Saison und Hotel. Rechnen sollte man mit 55 RM für kurzes Jetski-Fahren oder Parasailing. Eine Banana-Boat-Tour kostet 20 RM p. P.

Inselbusse

Die Rapid-Busse 101 und 102 fahren für 3,40 RM alle 30 Min. bis gegen Mitternacht vom KOMTAR Bldg. in GEORGE TOWN über die Jl. Burma, Tanjung Tokong, Tanjung Bungah und

Batu Ferringhi nach TELUK BAHANG. Nach BALIK PULAU fährt der Bus 501 stdl. ab Teluk Bahang für 2,70 RM.

Taxis

Sie warten u. a. vor dem Park Royal, ✆ 04-881 4093, und Rasa Sayang, ✆ 04-881 3430, in Batu Ferringhi. Einige Hotels verlangen bei der Bestellung von Taxis eine Provision. Taxi von Batu Ferringhi zum Airport 60 RM, zur Fähre 30 RM, ins Stadtzentrum 40 RM, Penang Hill 35 RM, von Teluk Bahang bis Mutiara 10 RM, weiter 15 RM, ab 3 Std. 25 RM pro Std. Taxifahrer nutzen die Situation, dass nach Mitternacht kein Bus mehr fährt, schamlos aus und verlangen überhöhte Preise. Daher für späte Heimfahrten Taxis vorbuchen und mit einem Aufschlag von 50 % rechnen.

Von Butterworth an die Ostküste

Eine gut ausgebaute Strecke verläuft von Butterworth über Kulim und Melau und trifft bei Kuala Ketil auf den Highway 77 Richtung Osten und zur thailändischen Grenze. Reisfelder und Kampung, so weit das Auge reicht – eine ländliche, friedliche Region. Von Baling hinauf nach Pengkalan Hulu wurde der Highway durch die Berge ausgebaut. Jenseits des 7 km entfernten Grenzübergangs Bukit Berapit (Taxi 15 RM) führt eine Straße nach Yala. Oder aber man fährt von Pengkalan Hulu weiter nach Gerik, dem größten Ort mit einem Markt und zahlreichen Geschäften. 5 km nördlich von Gerik zweigt der East-West-Highway (Malaiisch: Lebuhraya Timur–Barat) nach Kota Bharu ab.

Die Ostküste

Östliches Grenzgebiet

Sungai Golok

Vom Bahnhof im thailändischen Sungai Golok sind es etwa 1 km und vom Zentrum etwa 1,5 km zum Grenzübergang. Motorrad-

taxis fahren für 20–30 Baht. Im Grenzort gibt es Zweigstellen aller thailändischen Banken. Die **Kasikorn Bank**, 1/6 Warakamintr Rd., hat einen Geldautomaten für Karten mit Maestro-Symbol.

Da weder malaysische Taxis noch Busse hinüber fahren, überquert man die Grenze zu Fuß, ⏰ 6–22 Uhr. 400 m rechts hinter der Grenze warten an einem Platz mit einigen Restaurants Busse und malaysische Überlandtaxis auf Passagiere aus Thailand. Angenehmer vertreibt man sich die Wartezeit im 400 m südlich gelegenen Ort **Rantau Panjang**, rund 40 km von Kota Bharu, mit **Postamt** und mehreren **Restaurants** sowie einem **Busbahnhof**. Dort werden zollfrei Lebensmittel und vielerlei Textilien verkauft. Malaysische Ringgit bekommt man an Geldautomaten im Zentrum nahe dem Busbahnhof.

Tak Bai (Pengkalan Kubor)

Im östlichsten Grenzort Tak Bai verkehren von 6–19 Uhr Personen- und Autofähren über den Grenzfluss Sungai Golok für 10 Baht/1 RM p. P. hinüber nach **Pengkalan Kubor**, einem kleinen Grenzort mit **einem Markt**. **Immigration Office** in Tak Bai, ✆ 09-721 1300.

Sungai Golok (Thailand)

Züge fahren vom Bahnhof, 1 km von der Grenze (Motorradtaxi 20 Baht), um 11.30 Uhr (Rapid) und 14.20 Uhr (Special Express) über Hat Yai und Surat Thani die 1159 km nach BANGKOK für 417–527 Baht in der 2. Kl., 3. Kl. für 290–370 Baht in 9–10 Std. Besser in der Schlafkabine mit Ventilator oder AC für 607–907 Baht, 1. Kl. für 1553/1753 Baht oben/unten. Weitere Züge bis YALA, HAT YAI oder SURAT THANI mit Anschluss an Züge nach Bangkok, 🖥 www.railway.co.th.
Minibusse vom Thanon Wongwiwat Terminal in Sungai Golok nach BANGKOK stdl. bis 16 Uhr in 12–14 Std., nach HAT YAI von einer Haltestelle nahe dem Bahnhof bis 17 Uhr für 400 Baht in 4 Std. Große, klimatisierte **Expressbusse** um 8, 11.30, 12 und 15 Uhr für 700–1400 Baht in 15 Std. Außerdem warten hinter der Grenze **Überlandtaxis** nach HAT YAI und SURAT THANI.

Rantau Panjang (Malaysia)

Nach KOTA BHARU mit Bus Nr. 29 bis gegen 18 Uhr für 5,10 RM über PASIR MAS (3 RM). Taxis kosten nach KOTA BHARU 40 RM, abends 50 RM, nach KUALA BESUT (Boote nach Pulau Perhentian) 80 RM, abends 100 RM.

Tak Bai/Pengkalan Kubor

Von Tak Bai fahren Busse nach NARATHIWAT. Von Pengkalan Kubor fahren Bus Nr. 27 oder 43 nach KOTA BHARU für 3,50 RM.

Kota Bharu

Die Hauptstadt von Kelantan lag vor 200 Jahren direkt am Meer und ist mit der Versandung der Flussmündung nach und nach 12 km ins Landesinnere „gerückt". Eigentlich war Kota Bharu immer ein unbedeutendes Nest. Bis 1909 stand Kelantan unter der Herrschaft der Thais, wurde dann ein britisches Protektorat und kam so als Teilstaat zum heutigen Malaysia. Noch heute sprechen die 1,5 Millionen Bewohner dieses Staates einen Dialekt, der in anderen Regionen kaum verstanden wird. Kein nennenswerter Kautschuk-Boom, kein rasanter Warenumschlag, kein hektischer Zinn-Rausch suchte das grenznahe Städtchen heim, und trotz seiner mittlerweile rund 600 000 Einwohner ist es ein nicht allzu aufregender Ort geblieben.

Auf den ersten Blick bietet das Stadtbild wenig Reize, dennoch darf Kota Bharu als Zentrum der malaiischen Kultur gelten. Veranstaltungen wie Wettkämpfe im Drachensteigen oder Vogelsing-Wettbewerbe finden regelmäßig statt, auch Werkstätten und Geschäfte für malaiisches Kunsthandwerk sind zahlreich. Ein Besuch im Tourist Information Centre (s. u.) hilft beim Auf- und Herausfinden. Alle Museen ⊕ außer Fr 8.30–16.45 Uhr, Eintritt 2–3 RM.

Zentrum

Der zentrale Platz hieß vor der Unabhängigkeit noch Padang Bank, und die Briten ließen hier 1915 den als Held verehrten Anführer antikolonialer Aufstände Tok Janggut öffentlich hängen. Am heute Unabhängigkeitsplatz (Padang Merdeka) genannten Grün stehen die wichtigen Bauten. So die unübersehbare **Istana Balai Besar**, der Sultanspalast von 1844. Heute ist die Residenz Sultans Mohammed II. unzugänglich und wird nur noch für repräsentative Zwecke, z. B. königliche Hochzeiten, genutzt. Fotografierverbot!

Die kleinere **Istana Jahar** (Royal Custom Museum) hat man hingegen in ein kleines Museum umgewandelt. Das 1887 errichtete Bauwerk ist ein großartiges Beispiel für die Holzbaukunst Kelantans. Eintritt für die Waffensammlung 1 RM extra. Hinter der Istana Jahar sind im **Royal Museum** (Istana Batu), ✆ 09-748 7737, einem ehemaligen Palastgebäude und Sultanswohnsitz aus dem Jahr 1939, Gegenstände aus dem Besitz der Sultansfamilie ausgestellt. Die Möbel, Kleidungsstücke, Haushaltsgegenstände und Fotos vermitteln einen Eindruck davon, wie die große Herrscherfamilie in Kelantan lebte. ⊕ Sa–Do 8.30–16.45 Uhr, Eintritt 2 RM.

Mit dem Bau der **Großen Moschee** wurde 1916 begonnen. Seither hat sie für die Islamisierung der Region eine wichtige Rolle gespielt. Ihre Minarette wurden mit prunkvollen neuen Messingkuppeln versehen. Die örtliche Koranschule besitzt nach wie vor landesweite Bedeutung.

Gleich daneben ist das **World War II Museum**, ✆ 09-748 2266, untergebracht, das sich u. a. mit der japanischen Invasion, der Rolle Thailands und dem malaiisch-britischen Widerstand beschäftigt. Das 1912 von der Mercantile Bank Group errichtete Gebäude war zugleich das erste massive Haus in ganz Kelantan. ⊕ Sa–Do 8.30–16.45 Uhr, Eintritt 2 RM.

Das **Islamic Museum**, ✆ 09-748 2266, neben der Großen Moschee informiert über die Geschichte des Islam an der Ostküste und in der malaiischen Welt insgesamt. Die Straße endet am Kelantan-Fluss, an dessen Ufern ein paar Hausboote liegen.

Von der Istana Balai Besar erreicht man über die Jl. Hulu Kota den großen Markt, den **Pasar Besar** (nicht mit der Markthalle weiter südlich zu verwechseln). Von außen ein unansehnlicher Betonklotz, ist das Innere des mehrstöckigen Gebäudes ein Ereignis für Augen, Nase und Ohren, v. a. das Erdgeschoss, wo Gemüse- und Obsthändlerinnen ihr reichhaltiges Angebot ausbrei-

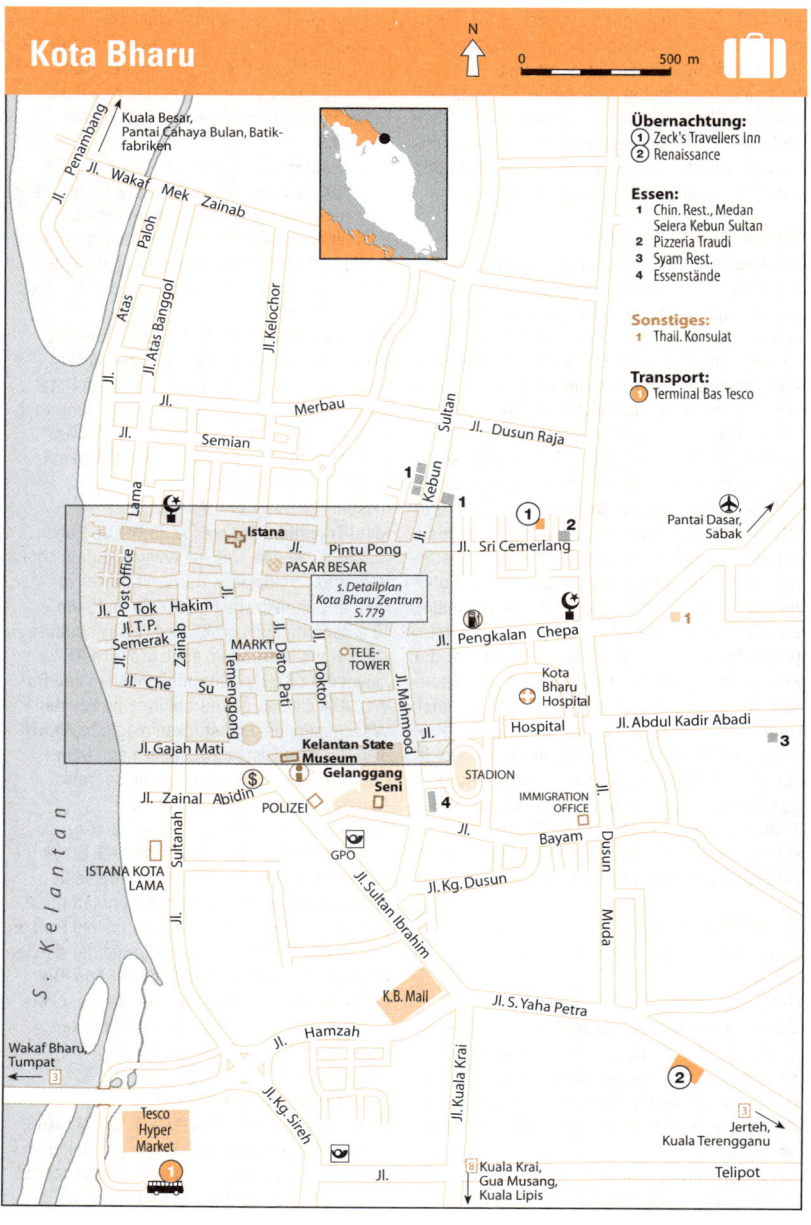

Kota Bharu

N
0   500 m

Kuala Besar,
Pantai Cahaya Bulan, Batikfabriken

Jl. Penambang
Jl. Wakaf Mek Zainab
Paloh
Atas
Jl. Atas Banggol
Jl. Kelochor
Jl.
Merbau
Semian
Lama
Post Office
Jl. Tok Hakim
Jl. T. P.
Semerak
Zainab
Jl. Che Su
Temenggong
Dato Pati
MARKT
Doktor
Istana
Pintu Pong
PASAR BESAR
s. Detailplan
Kota Bharu Zentrum
S. 779
TELE-
TOWER
Jl. Gajah Mati
Kelantan State
Museum
Gelanggang
Seni
Jl. Zainal Abidin
POLIZEI
Sultanah
ISTANA KOTA
LAMA
Jl.
GPO
S. Kelantan
Jl. Mahmood
Jl.
Kebun
Sultan
Jl. Dusun Raja
Jl. Sri Cemerlang
Jl. Pengkalan Chepa
Kota
Bharu
Hospital
Hospital
STADION
IMMIGRATION
OFFICE
Jl. Bayam
Jl. Kg. Dusun
Pantai Dasar,
Sabak
Jl. Abdul Kadir Abadi
Dusun
Muda
Wakaf Bharu,
Tumpat
Jl. Hamzah
Jl. Kg. Sireh
K.B. Mall
Jl. Kuala Krai
Jl. Sultan Ibrahim
Jl. S. Yaha Petra
Tesco
Hyper
Market
Jl.
Kuala Krai,
Gua Musang,
Kuala Lipis
Jerteh,
Kuala Terengganu
Telipot

Übernachtung:
1 Zeck's Travellers Inn
2 Renaissance

Essen:
1 Chin. Rest., Medan
Selera Kebun Sultan
2 Pizzeria Traudi
3 Syam Rest.
4 Essenstände

Sonstiges:
1 Thai. Konsulat

Transport:
1 Terminal Bas Tesco

NORD-MALAYSIA

ten. Im 1. Stock gibt es Essensstände, und in den oberen Stockwerken, wo Textilien und Haushaltswaren verkauft werden, findet man ein preiswertes und umfangreiches Angebot an Sarongs, Decken und Kleidung aus Baumwolle. Der Blick hinunter in den mit gelblichem Glas überdachten zentralen Teil bietet ein farbenprächtiges Bild und ist ein beliebtes Fotomotiv. ⏰ 7.30–18 Uhr.

Südlich vom Zentrum

Das **Kelantan State Museum**, Jl. Hospital, ☎ 09-748 2266, ist in den ehemaligen kolonialen Verwaltungsgebäuden zwischen dem Tourist Office und den Government Offices am großen Kreisverkehr untergebracht. Neben archäologischen Ausstellungsstücken enthält es Beispiele des malaiischen Kunsthandwerks wie Drachen, Musikinstrumente, Kreisel, Silberarbeiten und Gegenstände des alltäglichen Gebrauchs. Angeschlossen ist eine zeitgenössische Kunstgalerie.

Das Kulturzentrum **Gelanggang Seni** (Zufahrt von der Jl. Mahmood) lohnt einen Besuch, wenn traditionelle malaiische Kulturveranstaltungen stattfinden. Geboten werden u. a. *Rebana Ubi* (rhythmische Musik auf Riesentrommeln), *Membuat Wau* (Drachenherstellung), *Gasing Uri* (Kreiselspiel), *Silat* (eine malaiische Form der Selbstverteidigung), *Wayang Kulit* (Schattenspiel, jede erste und dritte Woche des Monats), traditionelle Tänze und Musik. Das aktuelle Programm ist im Tourist Information Centre erhältlich. Die Aufführungen finden (außer während des Ramadan und im Januar) Sa–Mi von 15.30–17.30, Sa und Mi auch von 21–23 Uhr im Freien statt – Insektenschutz nicht vergessen! ☎ 09-748 5534 (Tourist Information Centre), Eintritt frei.

ÜBERNACHTUNG
Mehr Übernachtungstipps s. eXTra [5128].

Untere Preisklasse
Viele **Gästehäuser** organisieren den Transfer nach Pulau Perhentian, reservieren Zimmer auf den Inseln und bewahren überflüssiges Gepäck kostenlos auf. **Hotels** bieten meist klimatisierte Zimmer mit Du/WC in zentraler Lage, sind aber häufig laut.

Hotel Harmoni ⑪, Lot 3761, ☎ 09-744 7558, ✉ hotelharmoni@gmail.com. Direkt am Uhrturm gelegenes Budgethotel mit 51 schmucklosen, aber sauberen Zimmern mit AC, TV und Du/WC, teils mit Fenster. Auch günstige Familien-Zimmer für bis zu 5 Pers. Gutes Preis-Leistungs-Verhältnis. WLAN inkl. ❷

Hotel Politan ⑧, Lot 1121, Jl. Doktor, ☎ 09-741 8887, 🖥 www.hotelpolitan.my. Etwas steril, aber mit gutem Preis-Leistungs-Verhältnis punktet das einfache Hotel im Stadtzentrum mit 38 gefliesten, hellen Zimmern mit harten Matratzen, kleinem TV, neuer AC, und Du/WC. WLAN inkl. ❸

KB Backpacker Inn ⑦, Jl. Padang Garong, gegenüber der HSBC Bank, ☎ 09-744 4944, im 3. Stock. Gehört zum angrenzenden Hotel Sabrina Court und wirkt schon älter, aber noch in Ordnung. Zimmer verschiedener Größe, Schlafsaalbetten in 4er-Zimmern 10 RM mit Gemeinschafts-Du/WC. Freundliche, hilfsbereite Betreiber. ❶–❷

Ideal Travellers' House ③, 3954-F Jl. Kebun Sultan, ☎ 09-744 2246, 🖥 www.ugoideal.com. Beliebtes, 2-stöckiges Haus mit Garten in ruhiger Seitenstraße hinter dem Juita Inn. 19 unterschiedlich große und relativ saubere Zimmer mit Holzböden, auch größere AC-Zimmer mit Balkon, Sitzmöglichkeiten und Du/WC. Alle Zimmer gut durchlüftet mit Fenster. Wäscheservice, Frühstücken möglich. WLAN inkl. Der chinesische Manager Kang Sam Chuan ist sehr freundlich und hilfsbereit. Angenehme Atmosphäre. ❶–❸

Pesona Inn ⑥, 2981 Jl. Padong Garong, ☎ 09-747 0085, 012-248 0960. Im 1.–3. Stock liegen 20 saubere, sehr günstige, geflieste Zimmer mit dünnen Matratzen, Ventilator und Gemeinschafts-Du/WC, einige auch mit Fenster, AC, TV und Du/WC. Leider aufgrund der dünnen, oben offenen Wände ziemlich hellhörig. Die sauberste Alternative unter den Backpacker-Quartieren in der Straße. Die hilfsbereiten Mitarbeiter halten Karten und Broschüren bereit. WLAN inkl. ❶–❷

Zeck's Travellers Inn ①, 7088-G Jl. Sri Cemerlang, ab Jl. Kebun Raja, ☎ 09-743 1613, 🖥 www.zecktravellers.blogspot.de. Ruhig und etwas abseits gelegener alter Backpacker mit redseligem, launischem Besitzer. Jeweils

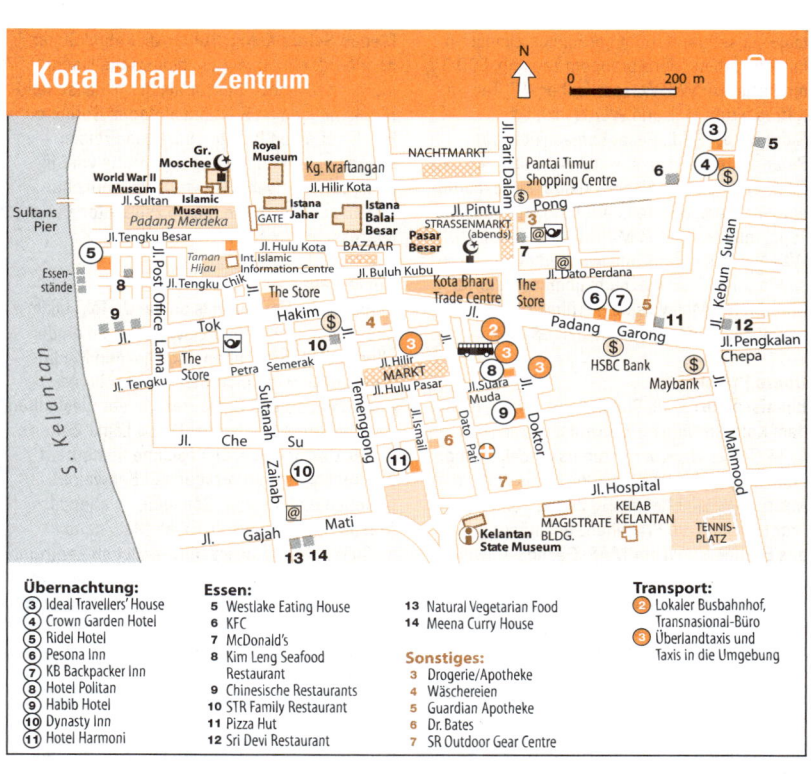

Kota Bharu Zentrum

N

0   200 m

Übernachtung:
③ Ideal Travellers' House
④ Crown Garden Hotel
⑤ Ridel Hotel
⑥ Pesona Inn
⑦ KB Backpacker Inn
⑧ Hotel Politan
⑨ Habib Hotel
⑩ Dynasty Inn
⑪ Hotel Harmoni

Essen:
5 Westlake Eating House
6 KFC
7 McDonald's
8 Kim Leng Seafood
  Restaurant
9 Chinesische Restaurants
10 STR Family Restaurant
11 Pizza Hut
12 Sri Devi Restaurant

13 Natural Vegetarian Food
14 Meena Curry House

Sonstiges:
3 Drogerie/Apotheke
4 Wäschereien
5 Guardian Apotheke
6 Dr. Bates
7 SR Outdoor Gear Centre

Transport:
② Lokaler Busbahnhof,
  Transnasional-Büro
③ Überlandtaxis und
  Taxis in die Umgebung

2 Zimmer mit Ventilator teilen sich eine winzige Warmwasser-Du/WC, auch AC-Zimmer mit eigener Du/WC. Bett im Schlafsaal 10 RM. Bettwäsche und Handtücher werden extra berechnet. TV, Wäscheservice, Internet und Fahrradvermietung für 15 RM, Motorräder für 30 RM pro Tag. Ein Weitertransport wird organisiert. Gegenüber finden am Freitagmorgen Vogelsingwettbewerbe statt. ❶–❸

Mittlere Preisklasse
Billig und ruhiger sind oft Zimmer ohne Fenster. **Crown Garden Hote**l ④, 302/303 Jl. Kebun Sultan, ✆ 09-743 2228, 🖳 www.crowngarden hotel.com. Der moderne, 2011 eröffnete Hotelblock dominiert die Umgebung. Alle 88 Zimmer sind mit guten Matratzen, TV, zentraler AC, Wasserkocher, Schreibtisch und Du/WC mit großem Duschkopf ausgestattet und bieten guten Mittelklassestandard, die günstigsten ohne Fenster. Freundlicher Service. WLAN und Frühstücksbuffet inkl. ❺

Dynasty Inn ⑩, 2865-D & E Jl. Sultanah Zainab, ✆ 09-747 3000, 🖳 www.dynasty inn-kotabharu.com. Sauberes Hotel mit 52 geschmackvoll eingerichteten kleinen Zimmern mit Laminatböden, soliden Matratzen, Wasserkocher, (teils LCD-)TV und Bügelzubehör. Beim Frühstücken auf der gepflegten, überdachten, nur morgens geöffneten Dachterrasse im 6. Stock kann man die Aussicht auf den Fluss genießen. Teurere Zimmer mit Flussblick. Parkplatz. Flughafentransfer 30 RM. ❹–❺
Habib Hotel ⑨, Lot 1159–1162 Jl. Maju, ✆ 09-747 4788, 🖳 www.habibhotel.com.my. Modernes Kleinhotel mit 3 Etagen in zentraler

Lage. 32 saubere, recht geräumige Zimmer in milden Farben mit rotbraunem Teppich, LCD-TV, moderner Du/WC, Wasserkocher, AC, Tee und Kaffee. Frühstück und WLAN inkl. ❹

Ridel Hotel ⑤, Jl. Pasar Lama, hinter der Pelangi Mall am Fluss, ✆ 09-747 7000, 🖳 www. ridelhotel.com.my. 85 sehr kleine, zweckmäßig eingerichtete, teils fensterlose Zimmer mit Teppichböden, guten Matratzen, kleinem TV, WLAN, Kühlschrank und Wasserkocher sowie Du/WC. Junge, nicht immer versierte Mitarbeiter. Malaysisches Frühstücksbuffet im neumodischen Restaurant inkl. ❸–❺

Obere Preisklasse

Renaissance ②, Jl. Sultan Yahya Petra, neben dem Kota Sri Mutiara-Einkaufszentrum, ✆ 09-746 2233, 🖳 www.renaissancekotabharu. com. Elegantes, erstklassiges Luxus-Hotel der Marriott-Hotelkette mit 298 Zimmer und Suiten. Hier trifft sich die Prominenz und nächtigt das Bordpersonal der MAS. Geschmackvoll eingerichtete, großzügige, Zimmer von internationalem Standard. Pool im 8. Stock mit Liegen, Fitnesscenter. Zu weit außerhalb, um zu Fuß zu gehen. ❼–❽

ESSEN

Essensstände

Der **Nachtmarkt** hat seine Attraktivität eingebüßt, seit er in eine Ecke nördlich vom Pasar Besar verbannt wurde. Nach Sonnenuntergang wird an Ständen gebrutzelt und gekocht. Die Gerichte können an Tischen verzehrt werden. Das Angebot reicht von Murtabak über Currys bis zu bunten Kuchen, Obst und Getränken (kein Alkohol). Weil mit der rechten Hand gegessen wird, stehen auf Tischen Krüge mit Wasser zum Händewaschen. Löffel und Gabeln sind an einigen Ständen vorhanden. Während der Gebetszeit schließen die Händler gegen 19.30 Uhr ihre Stände.

Zahlreiche **Essensstände** sind tagsüber im Markt geöffnet. Abends trifft man sich an den Essensständen am Flussufer und genießt die kühle Brise. Kleine **Freiluft-Restaurants** mit malaiischen Spezialitäten und guten Roti Canai an der Jl. Sultanah Zainab gegenüber der Großen Moschee.

Medan Selera Kebun Sultan, Jl. Kebun Sultan, der überdachte überaus chinesische Nachtmarkt ist fast noch besser als der malaiische. Hier kann man an Ständen einfache Gerichte, Fruchtsäfte und Bier zu günstigen Preisen bekommen. Auch entlang der Straße wird in riesigen Woks gebraten und in gigantischen Töpfen schmackhafte Suppe zubereitet – eine interessante Atmosphäre.

Restaurants

Chinesische Restaurants an der Jl. Tok Hakim neben dem Grand Riverview Hotel und an der oberen Jl. Kebun Sultan rings um den Medan Selera. Hier wird auch Bier ausgeschenkt.

Kim Leng Seafood Restaurant, in der westlichen Parallelstraße zur Jl. Post Office Lama, s. Karte S. 779. Das beliebte, chinesische Restaurant überrascht mit hervorragenden Schweinerippchen und frischen Beilagen. ☺ abends.

Meena Curry House, Jl. Gajah Mati, nahe Jl. Sultanah Zainab, im südwestlichen Zentrum. Ein hervorragendes, authentisches, indisches Banana Leaf-Restaurant. Preiswertes Curry mit Gemüse und Hühnchen oder Lamm. Sehr freundlicher, aufmerksamer und hilfsbereiter Besitzer.

Natural Vegetarian Food, 3377 Jl. Gajah Mati, Ecke Jl. Sultanah Zainab, ✆ 09-746 1902. Kleines chinesisch-vegetarisches Restaurant mit Buffet. ☺ 8–22 Uhr.

📖 **Pizzeria Traudi**, Jl. Dusun Raja auf Höhe der Jl. Kebun Raja, ✆ 012-752 9757, 09-747 7488. Urs und Ursula aus der Schweiz und ihre Mitarbeiter tischen hier hervorragende, hausgemachte Pizza aus dem holzbefeuerten Ofen ab 25 RM und Nudelgerichte ab 18 RM auf, unter der Woche auch günstige Mittagsmenüs ab 12 RM. Authentischer Geschmack und selbst ohne Schweinefleischsalami die wohl beste Pizzeria an der Ostküste. ☺ Mo–Sa 18.30–24, Mi–Sa auch 13–14.30 Uhr.

Sri Devi Restaurant, Jl. Kebun Sultan, preiswertes und gutes indisches Essen.

STR Family Restaurant, Jl. Temenggong, ein gutes chinesisches Restaurant mit einer weiteren Filiale gegenüber dem Busbahnhof Hamzah.

NORD-MALAYSIA

Syam, Lot 594 Jl. Hospital, ausgezeichnetes, klimatisiertes Thai-Restaurant, das zu Fuß einen etwa 1 km langen Spaziergang aus dem Zentrum erfordert. Besser ein Taxi nehmen.

Westlake Eating House, Jl. Kebun Sultan. Mittags wird in dem einfachen, offenen Restaurant ein riesiges chinesisches Buffet aufgebaut. Die vielfältigen Gemüse-, Fleisch- und Fischgerichte sind preiswert und gut, auch *roasted duck* nach Hong Kong-Art. Viele Schüler und Familien holen hier ihr Essen ab, und bis zum Abend ist alles verkauft. Die Qualität der Speisen steht allerdings in starkem Kontrast zur Küche, in der sie zubereitet werden, und der danebenliegenden Toilette, die von sensiblen Gemütern besser nicht besucht werden sollte.

EINKAUFEN

Der große Markt **Pasar Besar** bietet gute Foto-motive, aber wenige Souvenirs. Auch auf dem abendlichen **Straßenmarkt** in der Jl. Parit Dalam gibt es eine Menge billiger Massenwaren.

In der Jl. Sultanah Zainab, kurz hinter Jl. Zainal Abidin, verkaufen einige Läden Filigranarbeiten aus **Kelantan-Silber** – allerdings nicht billig – sowie traditionelles Kunsthandwerk.

Nur noch wenige **Batikfabriken**, zwei **Drachenbauer** und **Songket-Weber** haben ihre Werkstätten entlang der Straße, die über Kg. Penambang und Kg. Badang zum Pantai Cahaya Bulan hinausführt.

Viele Einkaufszentren sind in den letzten Jahren entstanden. Im Zentrum im **Kota Bharu Trade Centre** ein Giant-Supermarkt und Parkson Grand. Im südlichen Zentrum die riesige **K. B. Mall** mit großem Supermarkt, A & W, KFC und Pizza Hut. Im 2. Stock ein Buchladen und im 5. ein Food Court.

Der **Tesco Hyper Market** an der Brücke vor dem neuen Busbahnhof hat ein großes Angebot an westlichen Waren, auch Käse.

SR Outdoor Gear Centre, Kompleks MARA, ☎ 09-747 7048. Ein kleiner Laden, der Ruck-säcke, Kleidung und Kleinkram verkauft. Zudem organisieren sie Bergbesteigungen, Raftingtrips und andere Aktivitäten.

Der farbenprächtige Pasar Besar zählt zu den schönsten Fotomotiven in Kelantan.

© RENATE LOOSE

Aktivitäten und Touren
Roselan vom **Tourist Information Centre** bietet Tages- und Halbtagstouren in die Umgebung an, z. B. Besuch in einem Kunsthandwerksbetrieb für Wayang Kulit von 10–13 Uhr für 95 RM oder von 10–17 Uhr für 145 RM inkl. Mittagessen. Malaiisch kochen lernt man ebenfalls im Privathaus des Junggesellen Roselan von 17.30–20.30 Uhr für 90–115 RM ab 2 Teilnehmern, Essen inbegriffen. Auch Workshops ab 2 Pers., bei denen man sich von 10–17 Uhr in den traditionellen Künsten versuchen kann, z. B. Batikkurse für 90 RM (auf Seide) bzw. 80 RM (auf Baumwolle) p. P.
Zecsman Design, Kampung Kraftangan, Jl. Hilir Kota, ✆ 012-929 2822, 🖥 www.facebook.com/zecsman. Der Künstler veranstaltet ebenfalls Batikkurse bei denen die Teilnehmer ihrer Kreativität freien Lauf lassen können.

Autovermietungen
Hawk Rent a Car, Kota Bharu Airport, ✆ 09-773 3824, 🖥 www.hawkrentacar.com, 🕐 8–17 Uhr.

Geld
Wer nach Perhentian fährt, sollte sich mit ausreichend Bargeld eindecken. Außer Geldautomaten auch Banken mit Wechselschalter im Zentrum, meist 🕐 So–Do 9.15–16.30 Uhr.

Immigration
Wisma Persekutuan, Jl. Bayam, ✆ 09-748 2126, s. Karte S. 777.

Informationen
Tourist Information Centre am oberen Ende der Jl. Sultan Ibrahim, ✆ 09-748 5534, 🖥 www.tic.kelantan.gov.my. Die Mitarbeiter sind sehr hilfreich und halten ein reichhaltiges Angebot an Informationsmaterial bereit. Auch Kunsthandwerk aus der Region wird angeboten. Keine Zimmervermittlung. 🕐 8–13 und 14–17, Fr und Sa bis 15.30 Uhr.
International Islamic Information and Dakwah Centre im Taman Hijau, Jl. Sultanah Zainab, ✆ 09-747 7824, 🖥 www.iidac.tripod.com. Beratung und Informationen rund um Fragen zum

Für Neuankömmlinge: In den stärker moslemisch geprägten Staaten Kelantan und Terengganu ist Freitag der offizielle Ruhetag, der Donnerstag ist also so etwas wie ein „Samstag". Samstag und Sonntag sind hingegen normale Werktage. Während des Ramadan ruhen nicht nur weite Teile des öffentlichen Lebens, sondern auch die meisten kulturellen Aktivitäten.

Islam für Touristen. Auch Führungen durch die Kelantan State Mosque. 🕐 Sa–Do 10–18 Uhr.

Internet
Mehrere Internetcafés im Stadtzentrum, meist 2–3 RM pro Std.

Konsulate
Thailändisches Konsulat, 4426 Jl. Pengkalan Chepa, ✆ 09-748 2545. Wichtig für alle, die über Land nach Thailand einreisen und länger als 15 Tage dort bleiben wollen. Für ein Tourist Visa werden 3 Passfotos benötigt. 🕐 So–Do 9–12 und 14–15.30 Uhr. Grenzübergänge nach Thailand sind Rantau Panjang (S. 775), Sungai Golok (S. 775) und Kg. Pengkalan Kubor (Tak Bai, S. 775). Vor Einreise nach Thailand unbedingt über die Sicherheitslage im Süden informieren!

Medizinische Hilfe
Dr. Bates, Jl. Ismail, ist Arzt und spricht Englisch.
Kota Bharu Hospital, Jl. Hospital, ✆ 09-748 5533, 750 2020. Großes, sehr sauberes und gutes Krankenhaus.

Polizei
Polizei, Jl. Sultan Ibrahim, ✆ 09-745 5622.

Post
Hauptpostamt, Jl. Sultan Ibrahim. Eine weitere Post östlich vom Pasar Besar, dem großen Marktgebäude, 🕐 außer Fr 9–18 Uhr.

Taxistand in der Jl. Doktor. Ein **Taxi** kostet bei mind. 3 Std. Mietdauer 30–35 RM pro Std.; die

Fahrt zum neuen Busbahnhof und zum Terminal Bas Tesco 12 RM, Bahnhof Wakaf Bharu 25 RM und zum Flughafen ab Hotel 25 RM. Für kurze Strecken den Preis aushandeln. Illegale Taxis meiden – echte haben ein Schild auf dem Dach. Zum FLUGHAFEN auch mit **Bus** Nr. 9 vom lokalen Busbahnhof für 2 RM.

TRANSPORT

Busse

Vom **lokalen Busbahnhof** in der Jl. Hilir fahren rote Rapid-Busse im 30-Min.-Takt. Sie kosten je nach Entfernung 1,50–4 RM und fahren nach: KUALA BESUT (Fährhafen für Pulau Perhentian) mit Bus Nr. 639 für 6 RM, 1 Std. PENGKALAN KUBOR Nr. 43 für 3 RM. RANTAU PANJANG (Grenze zu Thailand) und PASIR MAS mit Bus Nr. 29 für 5,10 RM in 45 Min. Vom **zentralen Busbahnhof** in der Stadt fahren die Transnasional-Busse ab, am südwestlich gelegenen **Terminal Bas Tesco** ist lediglich ein Ticketschalter, ✆ 09-747 4330. Dort allerdings fahren andere Gesellschaften die Ziele insgesamt häufiger an. ALOR SETAR (von dort via Kuala Kedah nach Langkawi) um 9.30 und 22 Uhr für 36 RM in 7–8 Std. KUALA LUMPUR um 9, 10, 14, 21, 21.45 Uhr für 40–61 RM in 7 Std. PENANG via BUTTERWORTH (34 RM) um 9.30 und 22 Uhr für 38 RM in 7 Std. SINGAPORE über Johor Bahru um 20 Uhr für 79 RM in 10–12 Std.

Überlandtaxis

Überlandtaxis fahren vom Terminal Bas Tesco, von der Jl. Doktor, der Jl. Suara Muda sowie der Jl. Hilir Pasar nördlich vom Markt ab. Infos und Reservierungen unter ✆ 09-748 1386. Etwas billiger sind die Taxis vom zentralen Busbahnhof, Abholung vom Hotel kostet 10 RM extra. ALOR SETAR 380–450 RM, BUTTERWORTH 380–400 RM, KUALA BESUT 50–60 RM, KUALA LUMPUR 450–520 RM, PENANG 380–450 RM, RANTAU PANJANG (Grenze zu Thailand) 40 RM.

Eisenbahn

Der nächste Bahnhof befindet sich ca. 3 km westlich des Zentrums in **Wakaf Bharu**, ✆ 09-719 6986, Schalter ⏰ 8–18 Uhr. Zu erreichen mit Bus Nr. 19 und 43 für 3 RM oder Nr. 27 für 1,70 RM vom zentralen Busbahnhof. Taxi nach Kota Bharu 25 RM, nach Kuala Besut 65 RM. Preisbeispiele der 2. Klasse, Schlafwagen jeweils 20–30 RM Aufschlag: KUALA LUMPUR 34 RM, SINGAPORE 37 RM.

Flüge

Der **Sultan Ismail Petra Airport** liegt 8 km östlich in Pengkalan Chepa, Taxi 25 RM oder roter Bus Nr. 9 für 2 RM. Im Terminal Schalter der Fluggesellschaften, ein Geldautomat, eine Autovermietung und ein Schalter für Coupon-Taxis. Taxi nach KUALA BESUT 78 RM. Reisebüros versuchen, Taxis und Fährtickets sowie Unterkünfte auf den Perhentians zu verkaufen.
Air Asia, am Airport, ⏰ 6.30–22.30 Uhr, ✆ 09-746 1671, 🖥 www.airasia.com. Zum LCC-Terminal in KUALA LUMPUR 9x tgl.
Firefly, am Airport, ✆ 09-774 1377, 🖥 www.firefly.com.my, ⏰ 9–18 Uhr. Nach KUALA LUMPUR (Subang) 8–10x tgl. in 1 Std., nach PENANG 1x tgl. in 1 Std., nach SINGAPORE 4x wöchentl. in 2 1/2 Std.
MAS, im Airport, ✆ 09-771 4711, 🖥 www.malaysiaairlines.com. Nach KUALA LUMPUR 4–5x tgl. zum KLIA in 1 Std.

15 HIGHLIGHT

Pulau Perhentian

Zwei dschungelbewachsene Felsrücken heben sich etwa 25 km vor der Küste von Kuala Besut aus dem Meer, hier und da gesäumt von kleinen Stränden, manche einsam, manche mit kleinen Hütten unter Kokospalmen – ganz so, wie man sich ein tropisches Traum-Szenario vorstellt. An vielen Stellen ist das Wasser kristallklar, beim Schnorcheln und Tauchen entdeckt man hier und da noch stattliche Korallen und selbst Schildkröten. Ansonsten gibt es viel Sonne, Wind, das schrille Zirpen der Zikaden vom Dschungel her und das ein oder andere Boot, das auf dem Wasser seine Kreise zieht.

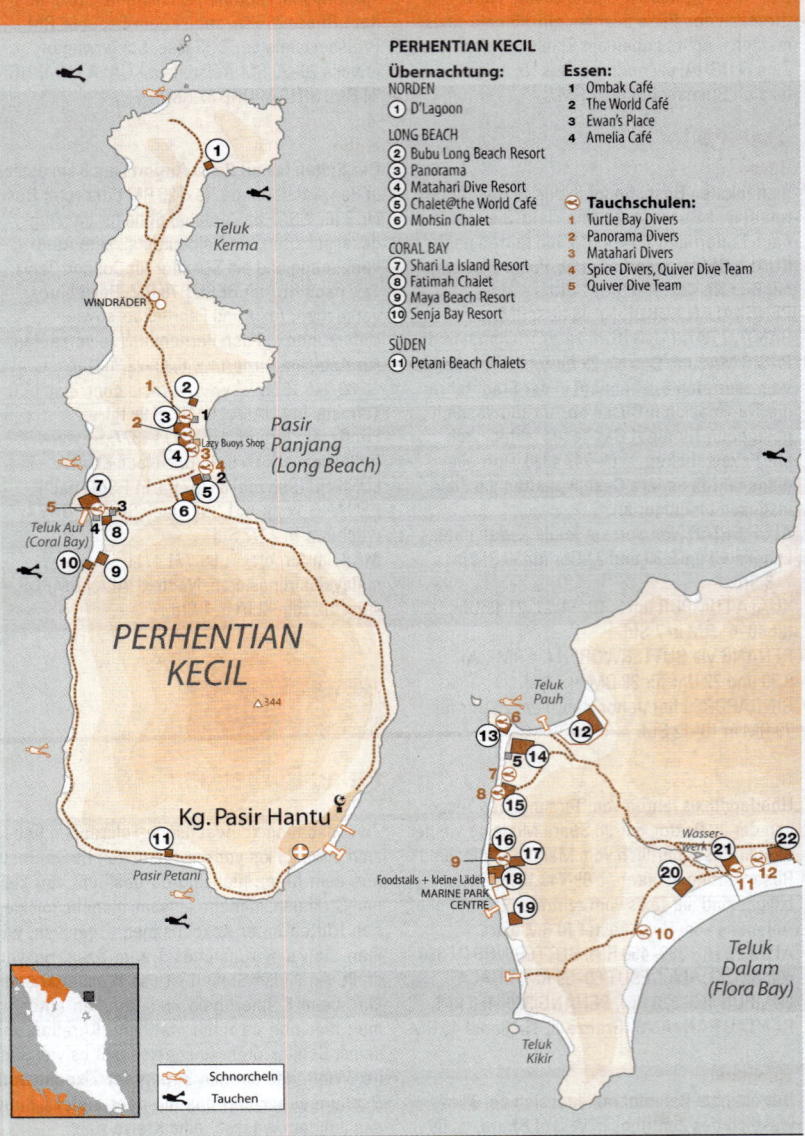

PERHENTIAN KECIL

Übernachtung:

NORDEN
1 D'Lagoon

LONG BEACH
2 Bubu Long Beach Resort
3 Panorama
4 Matahari Dive Resort
5 Chalet@the World Café
6 Mohsin Chalet

CORAL BAY
7 Shari La Island Resort
8 Fatimah Chalet
9 Maya Beach Resort
10 Senja Bay Resort

SÜDEN
11 Petani Beach Chalets

Essen:
1 Ombak Café
2 The World Café
3 Ewan's Place
4 Amelia Café

Tauchschulen:
1 Turtle Bay Divers
2 Panorama Divers
3 Matahari Divers
4 Spice Divers, Quiver Dive Team
5 Quiver Dive Team

Teluk Kerma

WINDRÄDER

Pasir Panjang (Long Beach)

Lazy Buoys Shop

Teluk Aur (Coral Bay)

PERHENTIAN KECIL

△344

Kg. Pasir Hantu

Pasir Petani

Teluk Pauh

Foodstalls + kleine Läden
MARINE PARK
CENTRE

Wasser-werk

Teluk Dalam (Flora Bay)

Teluk Kikir

Schnorcheln

Tauchen

NORD-MALAYSIA

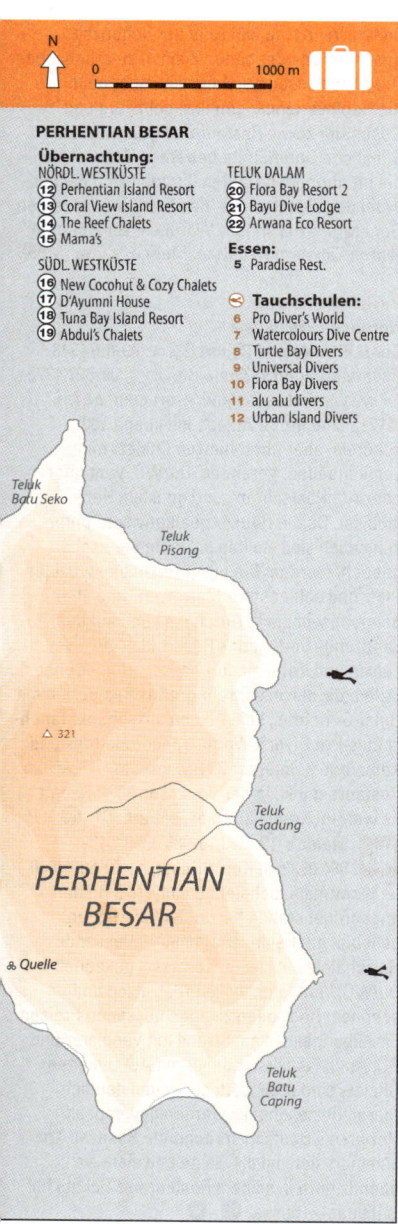

PERHENTIAN BESAR

Übernachtung:

NÖRDL. WESTKÜSTE
12 Perhentian Island Resort
13 Coral View Island Resort
14 The Reef Chalets
15 Mama's

SÜDL. WESTKÜSTE
16 New Cocohut & Cozy Chalets
17 D'Ayumni House
18 Tuna Bay Island Resort
19 Abdul's Chalets

TELUK DALAM
20 Flora Bay Resort 2
21 Bayu Dive Lodge
22 Arwana Eco Resort

Essen:
5 Paradise Rest.

Tauchschulen:
6 Pro Diver's World
7 Watercolours Dive Centre
8 Turtle Bay Divers
9 Universal Divers
10 Flora Bay Divers
11 alu alu divers
12 Urban Island Divers

Teluk Batu Seko

Teluk Pisang

△ 321

Teluk Gadung

PERHENTIAN BESAR

& Quelle

Teluk Batu Caping

Noch geht es auf den beiden Inseln **Perhentian Kecil** und **Perhentian Besar** beschaulich zu. Keine Disco, keine Bierkneipen, tagsüber des Öfteren nicht einmal Strom – vorerst jedenfalls. Ein Kraftwerk ist schon seit Jahren in Planung, aber noch rattern die Dieselgeneratoren. Eine 17,8 km lange Wasserleitung verbindet seit Neuestem das Festland mit Kampung Pasir Hantu und liefert Wasser in ein Reservoir. Trotzdem – die fertigen Windkraftgeneratoren stehen still, und die installierten Solaranlagen bleiben ungenutzt.

In den 1980er-Jahren war Pulau Perhentian ein weißer Fleck auf der touristischen Landkarte. Nun gibt es an Feiertagen, Wochenenden und in der Hauptsaison im Juli/August oft nicht genügend Unterkünfte. Bungalows und Resorts sind wie Pilze aus dem Boden geschossen und warten mit zunehmend besserer Ausstattung auf.

Perhentian Besar

Perhentian Besar ist die größere der beiden Inseln. Am **Teluk Pauh** gibt es den schönsten Strand mit feinem, weißem Sand und Wasser so klar wie in einem Swimmingpool. Südlich davon erstreckt sich ein langer, von Korallenschrott durchsetzter Strandstreifen, der an einigen Stellen durch Felsen unterbrochen ist. An diesem geschützten Hauptstrand, der sich an der Meerenge zwischen den beiden Inseln entlangzieht, ist das Wasser meist ruhig und türkisgrün. Hier befinden sich die meisten besser ausgestatteten Bungalowsiedlungen, und es ist am meisten los. Ein **Fußweg über die Landzunge** durch den Dschungel beginnt hinter Mama's und führt zumeist an der Pipeline entlang. Bei Ebbe kann man versuchen, durch das seichte Wasser an der Küste entlang zu laufen (nur mit Sandalen wegen des Korallenschrotts). Bequemer geht es mit dem Boot.

Das gewaltige **Marine Park Centre** am Hang steht leer. Weiter südlich schließt sich ein Campingplatz an, der von Einheimischen genutzt wird und sichtlich vermüllt ist. **Teluk Dalam** (Flora Bay), auf der anderen Seite, ist eine weit geschwungene Bucht mit einem schönen, weißen Strand und Schatten spendenden Kasuarinen sowie einigen Palmen. Allerdings ist das Wasser hier zum Schwimmen bei Ebbe zu flach, und die Korallen sind weitgehend zerstört. Die anderen Strände rund um Perhentian Besar sind unbewohnt und nur mit dem Boot zu erreichen.

Perhentian Kecil

Auf der kleineren Insel gibt es das einzige Dorf, **Kampung Pasir Hantu**, bestehend aus einer Ansammlung von Häusern, einem Pier, einer selten besetzten Polizeistation, einer Krankenstation mit nicht allzu qualifiziertem Personal und der Moschee. Über einen schmalen Fußweg (20 Min.) gelangt man vom südlichen Dorfrand an der steilen Küste entlang nach **Pasir Petani**, einem kleinen, von Kokospalmen gesäumten, gelblichen Sandstrand. Die hier liegenden Unterkünfte sind am besten mit dem Boot zu erreichen.

Einige Kilometer nördlich vom Dorf befindet sich der **Pasir Panjang (Long Beach)**, der längste und schönste Sandstrand der Insel. Er bietet wenig Schatten, doch man kann Sonnenschirme mieten. Die Dichte von Unterkünften zeugt von der Beliebtheit, die der Long Beach bei jungen Travellern genießt. Es herrscht eine entspannte Atmosphäre, und an gut besuchten Tagen können Feierlustige zu später Stunde in zwei Strandbars wilde Partys feiern.

Die Umwelt leidet erheblich unter der wachsenden Zahl von Bungalows und Touristen auf der Insel. Die Brunnen trocknen zeitweise fast völlig aus. Die Abwässer fließen ungeklärt ins Meer. Das ganze Jahr über kommt es vor, dass der Strand bei hohem Wellengang von den Fährbooten nicht angesteuert werden kann. Dann muss man einen gut ausgetretenen Pfad (15 Min.) von Teluk Aur (Coral Bay) hierher laufen – oder andersrum.

In der **Teluk Aur (Coral Bay)** ankern viele Boote, aber der Strand ist nicht so attraktiv wie auf der Ostseite. Auch hier wurden größere Anlagen erbaut. Im Vergleich zum Long Beach ist Coral Bay geruhsamer und zum Entspannen geeigneter. Am nördlichen Ende der Insel liegt **Teluk Kerma**, eine einsame Bucht. Das Wasser ist hier seichter, aber die Schnorchelmöglichkeiten sind prima.

ÜBERNACHTUNG

Während der Hauptsaison von Juli bis August und in den malaysischen Schulferien kann es schwierig werden, günstige Unterkünfte zu finden. Viele sind während der Regenzeit geschlossen oder bieten Zimmer zu erheblichen Preisnachlässen an. Dann sind aber auch die Bootsverbindungen unregelmäßig und Geschäfte sowie Restaurants geschlossen. Sämtliche Unterkünfte betreiben Generatoren, die oft nur abends laufen. Es zahlt sich bei der Wahl des Zimmers aus, den Standort des lauten Generators zu kennen! Warmwasser ist nur in teuren Zimmern zu haben. Mehr s. **eXTra [5169]**.

Perhentian Besar
Nördliche Westküste
Coral View Island Resort ⑬, ✆ 09-6974943, Reservierungen in Kuala Besut: ✆ 09-697 4276, 🖥 www.coralviewislandresort.com, **eXTra [5171]**. Eine große Anlage mit knapp 100 schönen, aber überteuerten Chalets mit Laminatböden, Veranden, Du/WC, Ventilator oder AC, Kühlschrank und dunklem Holzmobiliar. Da die Häuser qualitativ sehr unterschiedlich sind, sollten sie nicht unbesehen gebucht werden. Die billigeren haben weniger Platz und schlechtere Matratzen, sind aber dennoch wohnlich. Durch die Lage auf der Landzunge verfügt das Resort über zwei von Felsen und Korallen durchsetzte Sandstrände. Beliebtes, stilvolles, sehr großes Restaurant mit Halal-Gerichten, kein Alkoholausschank. Tauchschule Pro Diver's World, Schnorcheltrips und Kanuverleih. Internet 20 RM pro Std., WLAN im Restaurant inkl. In der Vorsaison 30 % Rabatt. Es werden Kreditkarten akzeptiert. ❹ – ❻

🛏 **Mama's** ⑮, ✆ 019-985 3359, 013-984 0232, in Kuala Besut: ✆ 09-690 4600, 🖥 www.mamaschalet.com.my. In 3 Reihen angeordnet stehen bei deutschen Gästen beliebte, gepflegte, 43 Zimmer umfassende Holzchalets mit kleiner Terrasse, gekachelter Du/WC, Ventilator, dicken Matratzen und schönem Holzboden zu angemessenen Preisen. Einzelbungalows am Strand mit Ventilator und AC. Auch Familien-Zimmer mit AC. Die alten Chalets sind preiswert, die neuen deutlich teurer. Reiseschecks werden gewechselt. Der etwas Deutsch sprechende Besitzer Aziz kümmert sich um die Gäste und sieht sie abends gern in seinem Restaurant. Tickets für Backpackerbusse. ❸ – ❹

Perhentian Island Resort ⑫, ☎ 09-691 1111, 03-2144 8530 (Kuala Lumpur), 🖳 www. perhentianislandresort.net, [5170]. Die größte Anlage auf Perhentian mit einem eigenen feinen Sandstrand. 106 gut eingerichtete, komfortable Zimmer mit Laminatböden, Wasserkocher und Bad/WC in gepflegten Chalets mit großen Veranden. Die teuren liegen in Strandnähe, dahinter die günstigeren nahe Pool und Dschungel. Schattiger Tennisplatz, Pool in beschaulicher Grünanlage und Restaurant, über das wir widersprüchliche Kommentare erhielten. WLAN im Restaurant inkl. ❼–❽

The Reef Chalets ⑭, ☎ 013-981 6762, 09-691 1762, ✉ thereefpp@hotmail.com. 12 halbkreisförmig um ein paar Bäume angeordnete, saubere, solide Bungalows mit Ventilator oder AC, Moskitonetz, guten Matratzen, älterer, aber sauberer Du/WC und großen Terrassen. Das Ganze ist unter australischer Leitung. Eine offene, einfache Gemeinschaftsküche mit Kühlschrank, Kochplatten und Grill kann genutzt werden. ⏲ Rezeption 8–18 Uhr. Schnorchel- und Kanutrips. ❹

Südliche Westküste

🛄 **Abdul's Chalets** ⑲, hinter dem Felsen und Marine Park Centre, ☎ 09-691 1610, 019-912 7303, 🖳 www.abdulchalet.com. An einen sauberen, ruhigen, sehr schönen Sandstrand mit Palmen grenzen 20 Zimmer in Einzel- und Reihenbungalows, davon 2 mit Ventilator. Auch 5 schöne, neuere Doppelbungalows mit verglaster Front. Gutes Preis-Leistungs-Verhältnis und so beliebt, dass es manchmal 2 Monate im Voraus ausgebucht ist. Wäscheservice, Moskitonetzverleih. Visa- und Mastercard werden akzeptiert. In der Nebensaison ist die Halbpension inkl. ❸–❺

D'Ayumni House ⑰, ☎ 09-691 1680, 019-436 4463, ✉ dayumnihouse@yahoo.com. Saubere, innen etwas dunkle Häuser mit weichen Schaumstoffmatratzen, kleinen Du/WC und neuen ACs auf großem Gelände etwas landeinwärts ohne Meerblick. 3 Doppelbungalows, 3 Einzelbungalows, außerdem Laundry für 8 RM/kg. Internet inkl. Nebenan Universal Divers. ❸–❺

New Cocohut & Cozy Chalets ⑯, ☎ 09-691 1811, 019-910 5019. An einem steilen Hang stehen dicht an dicht 50 hölzerne, geräumige, aber überteuerte AC-Doppelbungalows mit Veranda, Kühlschrank, Warmwasser und Strom rund um die Uhr. Unten um den gepflegten Strand gruppieren sich die schönen älteren Bungalows mit grünen und Einzelbungalows mit blauen Dächern mit Meerblick. Die Zimmer im Langhaus liegen z. T. neben dem Generator, sind etwas kleiner und haben Meerblick. Großes, beliebtes Restaurant mit Bierverkauf und allabendlichem Barbecue. Kreditkarten werden mit 3 % Aufschlag akzeptiert. Tauchzentrum Turtle Bay Divers. ❹–❺

Tuna Bay Island Resort ⑱, ☎ 09-690 2909, 🖳 www.tunabay.com.my. An einem sehr schönen Strand mit Palmen und Liegen stehen 57 Chalets mit AC und Ventilator, Du/WC und schönen Veranden, davon 12 neue und sehr geräumige mit guten Matratzen, Kühlschrank und dunklen Holzmöbeln. Generator läuft 24 Std. Visa- und Mastercard werden mit 3 % Aufschlag akzeptiert. Im überteuerten Restaurant gibt's westliche, malaiische und chinesische Küche, Frühstück inkl. In der Saison wird in der Bar Livemusik gespielt. Viele europäische Gäste. WLAN ist teuer. ❺–❽

Teluk Dalam (Flora Bay)

Arwana Eco Resort ㉒, ☎ 09-691 1888, 🖳 www.arwanaperhentian.com.my, [5173]. Zwischen Mangroven und Strand erstreckt sich diese riesige Anlage mit 180 muffigen, geräumigen und hoffnungslos überteuerten Zimmern mit TV. Restaurant und großer Swimmingpool, aber unprofessioneller Service, teures Essen, Frühstück inkl. Hinter der Anlage wurde das einzige Mangrovengebiet zugemauert. Durch den fehlenden Wasseraustausch hat sich eine stinkende Kloake gebildet, die als Müllkippe verwendet wird. Auf unsere Frage was „Eco" bedeutet, kam die großartige Antwort: „Economical". Auf erneute Nachfrage: „We have monkeys." ❺–❼

🛄 **Bayu Dive Lodge & alu alu divers** ㉑, ☎ 014-834 3851, 🖳 www.alualudivers. com. Der Tauchlehrer Johan aus Schweden und Ari Mohammed Ali, seine Frau aus KL, haben das Resort für Taucher aufgebaut. Diese werden bevorzugt und erhalten einen Rabatt

auf den Zimmerpreis. Die 24 dunklen, über-
teuerten Zimmer in Bungalows im malaiischen
Stil und einem Langhaus mit AC oder Ventilator
und weichen Matratzen sind ungewöhnlich
gestaltet. So lässt sich ein Teil der Wand zum
Schlafraum durch hohe Türen öffnen. Auch
das tiefer gelegte Bad hat einen besonderen
Charakter. Gutes Wasser aus eigener Quelle.
Im beliebten Restaurant am Strand im Schatten
ausladender Bäume gibt es leckere Pizza,
Pasta, Thai- und westliche Gerichte, selbst
Wein ist an einem separaten Stand erhältlich.
Frühstück inkl. ❸–❺

Flora Bay Resort 2 ⑳, ☎ 09-691 1666, 🖥 www.
florabayresort.com. Nur in der Hochsaison
geöffnet. Hat im Vergleich zum Flora Bay Resort
1 schickere Zimmer mit dunklen Laminatböden,
AC oder Ventilator, Kühlschrank und guten
Matratzen. ❸–❺

Perhentian Kecil
Norden und Süden
D'Lagoon ①, W 019-985 7089, 🖥 www.dlagoon.
my. Einsam an der Teluk Kerma gelegen und
schön in die Umgebung integriert sind die
2 A-Frame-Hütten mit Ventilator und Gemein-
schafts-Du/WC, 14 Standard-Bungalows mit
Ventilator am Hang, Ventilator-Zimmer im
Langhaus und Schlafsaalbetten für 15 RM. Auch
bessere Zimmer mit AC und eigener Du/WC.
Schöne Sonnenaufgänge, gut zum Schnorcheln.
Restaurant mit Alkoholausschank. ❷–❸

Die folgenden Unterkünfte liegen an
abgeschiedenen, kleinen Sandbuchten im
Süden, umgeben von der felsigen Küste,
und sind am besten mit dem Boot für 10 RM
ab Teluk Aur zu erreichen:

Petani Beach Chalets ⑪, W 09-691 1642,
691 1643, meist ausgebucht, Voranmeldung
erforderlich, 🖥 www.perhentian-beach.com.
Ganzjährig geöffnete, sympathische Anlage von
Debbie O'Sullivan aus Südafrika und ihrem
malaiischen Mann Hash Rahman an einem
gelben Sandstrand, wo Ruhesuchende unter
sich sind. 5 luftige, geräumige Holzhäuser mit
Moskitonetzen, Du/WC und Ventilator in
traditioneller Bauweise, eins davon für Familien.
Rustikales, nettes Restaurant mit lokalen und

westlichen Gerichten. Ein Boot steht für
Ausflüge zur Verfügung. ❸

Coral Bay (Teluk Aur)
Fatimah Chalet ⑧, ☎ 019-923 2730. 11 sehr
einfache Holzbungalows in verschiedener
Größe mit sehr weichen Matratzen, Ventilator
und Kaltwasser-Du/WC ohne Waschbecken.
Fatimah Mini Shop und Café nebenan wechselt
Bargeld zu schlechten Kursen und verkauft
Tickets für Boots- und Schnorchelausflüge. ❷

Maya Beach Resort ⑨, ☎ 019-970 4426. Relativ
weitläufige Anlage; 2 Doppelbungalows mit
Veranda und Meerblick und 8 zurückversetzte
Zimmer in Doppelbungalows mit Ventilator und
Du/WC. Kleines Sunset Café mit Bänken und
Tischen. Büchertausch. ❷–❸

Senja Bay Resort ⑩, ☎ 09-691 1799, 019-
280 0801, 🖥 www.senjabay.com. 52 teils
gefliese Zimmer mit AC und Du/WC, 3 günstigere A-Frames mit Ventilator am Meer. Eng
aneinanderstehende Doppelbungalows mit
Holzboden und wenig Einrichtung teilweise am
Meer oder auf Felsen (oben günstiger).
Restaurant mit lokalen und westlichen
Gerichten zu akzeptablen Preisen. Kein
Alkoholverkauf, WLAN im Restaurant inkl.,
Visa- und Mastercard werden akzeptiert,
cash advance für 10 %, Pauschalangebote.
❸–❺

🧳 **Shari La Island Resort** ⑦, ☎ 09-6911500,
🖥 www.shari-la.com. Verwirrend
weitläufige, schön in den Wald integrierte
Anlage am nördlichen Ende der Bucht hinter
der Jetty mit Restaurant. Mit Plastikfurnier und
Polstermöbeln dekorierte Bungalows für 2 Pers.
und Familien mit Laminatboden, komfortablen
Sitzecken und Veranden. Auch billige, saubere
Zimmer mit TV und kleinem Kühlschrank im
Neubau. In der Saison (April–Aug) teuer. 24 Std.
Strom. Kreditkarten werden akzeptiert. Gutes
Preis-Leistungs-Verhältnis. WLAN in der Lobby
inkl. Restaurant ⏰ 7–23 Uhr. ❹–❼

Long Beach
Bubu Long Beach Resort ②, ☎ 09-691 1333, in
Kuala Besut 09-697 8888, 🖥 www.buburesort.
com.my. Das 3-stöckige Haus erschlägt den
nördlichen Strandabschnitt. 38 überteuerte,

einfach eingerichtete Zimmer mit Laminat-boden, 2 großen Betten, guten Matratzen, kleiner Du/WC, Safe und kleinen Veranden mit Plastikstühlen. Auch schickere Honeymoon-Zi. 2 sehr teure, aber verhältnismäßig gute Restaurants, außerdem ein Spa. In der Neben-saison günstige Pauschalangebote. Viele chinesische Pauschaltouristen. Strandbar, Tauchbasis. **7**

Chalet@The World Cafe ⑤, ✆ 09-691 1999, in Kuala Besut 09-697 8888. Der Betreiber des Bubu Long Beach Resorts vermietet seit Kurzem auch am anderen Strandende diese schicken Chalets mit mittig stehenden, großen Betten in modernen, durchaus luxuriös zu nennenden Zimmern mit Open-Air-Du/WC und elegantem Raumtrenner sowie hohen Decken und Safe. Den Komfort lässt er sich was kosten: **6**–**8**

Matahari Dive Resort ④, ✆ 09-691 1742, 019-914 2883, 🖳 www.mataharichalet.com. Weitläufige, bei Travellern sehr beliebte Anlage, A-Frame-Hütten und Chalets mit Du/WC, Netz und Hängematte. Günstigere Zimmer im Langhaus mit Gemeinschafts-Du/WC. 2 teurere Zimmer im Neubau. Man ist auf Service bedacht: Video am Abend, Büchertausch, Schließfächer, Wäscheservice, Internet, Restaurant, Tauchschule. **2**–**3**

Mohsin Chalet ⑥, ✆ 09-691 1363, 013-220 7752, 🖳 www.facebook.com/mohsinchalet. Gepflegte, über viele Treppenstufen begehbare Anlage am Hang, 14 etwas abgewohnte Doppel-bungalows aus Holz und Bambusgeflecht mit sehr schönem Ausblick. 18 saubere, wenn-gleich etwas ältliche Zimmer mit auch im höchsten Bungalow noch strahlstarker Du/WC, breiten Matratzen und Ventilator. 6 Zimmer mit AC und sehr breiten Matratzen, ansonsten wenig Einrichtung. Auch Schlafsaal für 25 RM p. P. Reservierung empfohlen. Wäscheservice. Vom Restaurant mit großer überdachter Veranda, niedrigen Tischen und Sitzkissen aus lässt sich bei einem frisch gepressten Saft die gesamte Bucht überblicken. **3**

Panorama ③, ✆ 019-960 8630, 09-691 1590, 🖳 www.panoramaperhentianisland.com. Etwas zurückversetzt auf einem weitläufigen, schön gestalteten Gelände am Hang stehen

6 verschiedene Typen von Unterkünften. 30 nicht sehr saubere Zimmer in wenig einladenden Bungalows mit und ohne Du/WC, Moskitonetzen, Ventilator oder AC sowie durchgelegenen Matratzen. Die billigen A-Frame-Hütten mit Gemeinschafts-Du/WC. Restaurant mit internationalen Gerichten zu vernünftigen Preisen, Shisha-Bar. Minimarkt, DVD- und Buchausleihe, Tischtennis, 2 Billardtische, Internet, Tauchschule. **1**–**3**

ESSEN

Die Küche der einfachen Unterkünfte ist meist wenig abwechslungsreich und auf den Traveller-Einheitsgeschmack ausgerichtet. Viele der etwas besseren Anlagen veranstalten abends regelmäßig ein Barbecue, bei dem Fischliebhaber auf ihre Kosten kommen.

Perhentian Besar

Im **Perhentian Island Resort:** Das große Hotel-Restaurant lockt in der Saison abends mit einem Buffet, manchmal Barbecue, ansonsten Essen à la carte. Die Kellner verlieren leicht den Überblick.
Das **Coral View Restaurant** auf der Landzunge mit Sitzplätzen am Meer und unter freiem Himmel erfreut sich großer Beliebtheit. Die Preise auf der umfangreichen Speisekarte sind relativ hoch. Kein Alkohol.
Im Restaurant des **Paradise Island Resorts** am Strand unter Bäumen wird abends gegrillt. Außerdem gibt es etwas teure Tagesgerichte: Hähnchen, Lamm, Steak sowie Tintenfisch und Garnelen, thailändische, malaiische und europäische Gerichte. Bier ist erhältlich.
Bei **Mama's** kommen leckere, teils etwas fade Gerichte und abends frischer Fisch auf die Teller: Zum Barbecue unbedingt den Fisch in Kokossoße probieren!
Im **Cocohut** sind nicht nur die Pfannkuchen des Thai-Kochs zu empfehlen. Abends wird gegrillt, und man trifft sich bei etwas lautem Fernseher zum Bier.
Im **Abdul's** wird lecker gekocht, hingegen ist das Barbecue weniger gut. Das Preis-Leistungs-Verhältnis ist okay. Nur der immerzu laufende Fernseher stört das Ambiente.

An der Flora Bay lohnt das Restaurant der **Bayu Dive Lodge** eine längere Anreise, v. a. die Pizza und die anderen westlichen Gerichte.

Perhentian Kecil

Amelia Café an der Coral Bay ist die beste Adresse für preiswerte und gute einheimische Küche sowie Baguettes.

Am Beginn des Fußwegs zum Long Beach bietet das freundliche, kleine Restaurant **Ewan's Place** solide, einfache malaysische Gerichte und günstigen Fried Rice.

Das Restaurant im **Bintang View** lohnt eine längere Anreise. Die Salate und Wraps sind spitzenklasse, ebenso die Aussicht und Atmosphäre.

Das luftige **World Café**, s. Übernachtung, ist ein großer, palmblattgedeckter Pavillon und gut für Frühstück, Säfte und Cocktails in relaxter Atmosphäre; es werden auch gute Sandwich-Variationen, z. B. mit Räucherlachs und 2 Brotsorten serviert, zudem guter Kaffee, Wein und Bier. ◷ ab 10 Uhr.

Das Restaurant des **Matahari Dive Resorts** erfreut sich auf der Insel großer Beliebtheit, denn hier kommen sehr gute, sehr frische Tandooris, malaysische Gerichte und exzellente Pizza auf den Tisch. Auch die Lasagne ist nicht zu verachten, wenn auch für eine Person kaum zu schaffen. Und so warten an manchen Abenden schon mal Leute vor dem vollen Haus auf einen freien Tisch. Wer auf sein Essen länger warten muss, kann sich bei den abendlichen Filmvorführungen ablenken. Nebenan 2 Billardtische.

Das **Ombak Café** liegt zwischen Shari La Island Resort und Fatimah Chalet. Ein minimalistisch-modern gestalteter Hangout am Strand mit großer Bar, schicker Einrichtung und einigen westlichen Gerichten auf der Speisekarte. Lohnt eher für Drinks zum Sonnenuntergang bei entspannter Musik.

AKTIVITÄTEN

Schwimmer sollten sich umsichtig verhalten. Am Long Beach ist wegen starker Unterströmungen Vorsicht geboten. Sie können selbst Badende, die nur bis zum Oberschenkel im Wasser stehen, hinausziehen. Deshalb gibt es jedes Jahr mehrere Tote.

Schnorcheln

Überall werden 2–3-stündige Schnorchel-touren inkl. Ausrüstung angeboten, die entweder 4 bis 5 (40–50 RM p. P.) oder nur 3 (30 RM p. P.) meist küstennahe Schnorchel-Spots anfahren. Dazu gehören standardmäßig der wenig aufregende **Turtle Point** für alle, die noch nie eine Meeresschildkröte gesehen haben, der **Shark Point** und seine mit etwas Glück am Meeresgrund auszumachenden Riffhaie sowie ein nahe gelegenes, flaches Korallenriff an der Küste wie **Blue Lagoon** oder **KK Bay (Teluk Keke)**. Leider ist von Ausflüglern im Wasser entsorgter Müll inmitten von Korallenschrott kein seltener Anblick mehr, und die Korallenbleiche hat einst farbenfrohe Riffe stellenweise stark beeinträchtigt.

Tauchen

Rund 30 interessante Tauchgebiete erstrecken sich rings um die beiden Inseln, teilweise direkt an den **Felsküsten**, an **Schiffswracks**, weiter entfernt liegenden **Riffen** wie den kleinen Susu Dara-Inseln nordwestlich oder auf **offener See**. Dort liegt z. B. in 5–20 m Tiefe ein gut erreichbarer, im Jahr 2000 gesunkener, 50 m langer Zucker-Frachter.

Die inselnahen Riffe sind durch frühere Dynamitfischerei und das Korallensterben in jüngerer Zeit in Mitleidenschaft gezogen worden. **Suppenschildkröten** und **Riffhaie** sind regelmäßig zu sehen. Die max. Tauchtiefe beträgt 30–40 m. Viele **Tauchschulen** sind auf beiden Inseln vertreten. In den meisten ist Englisch Unterrichtssprache, häufig gibt es auch deutschsprachige Tauchlehrer. Es werden sowohl eintägige Schnupperkurse ab 180 RM (Tauchgänge in Begleitung, Vermittlung der wichtigsten Grundlagen) als auch komplette Tauchlehrgänge mit internationalen Zertifikaten (4-Tages-Kurse für ca. 1200 RM) angeboten. Auch Nachttauchen, Fortgeschrittenen- und Rettungskurse. Alle Tauchschulen sind von Ende Oktober bis Anfang Februar geschlossen; Tauchgänge im Februar, März und Oktober sind bei stürmischem Wetter nur in wenigen

Gebieten möglich. April bis September ist die beste Zeit. Da sich die Preise stark unterscheiden, lohnt ein Vergleich.

Mit Tauchschein sind diverse **Tauchtrips** möglich (2 Tauchgänge an verschiedenen Stellen ab 120 RM pro Tag inkl. Ausrüstung, mit eigener Ausrüstung gibt es Rabatt). Diese Fun Dives werden mit steigender Anzahl „billiger".

Perhentian Besar

alu alu divers, Flora Bay, ℘ 014-834 3851, 🖳 www.alualudivers.com.

Flora Bay Divers, Teluk Dalam, ℘ 09-691 1661, 🖳 www.florabaydivers.com.

Pro Diver's World, am Coral View Island Resort, ℘ 09-691 1705, 🖳 www.prodiversperhentian.com. Auch deutschsprachige Lehrer.

Turtle Bay Divers, am südlichen Ende des Hauptstrands bei Mama's, ℘ 019-913 6647, 🖳 www.turtlebaydivers.com. Birgit leitet seit Jahren deutschsprachige Kurse.

Universal Divers, ℘ 09-691 162, 🖳 www.universaldiver.net.

Urban Island Divers, am Samudra Beach Chalet, ℘ 09-691 1670, 🖳 www.urbanisland divers.com. Kurse für Kinder ab 8 Jahren.

Watercolours Dive Centre, im Paradise Resort, ℘ 012-908 2852, 019-982 1852, 🖳 www.water coloursworld.com. Auch deutschsprachige Tauchlehrer.

Perhentian Kecil

Matahari Divers, ℘ 09-691 1742, 🖳 www.diving.mataharichalet.com. Auch deutschsprachige Lehrer.

Panorama Divers, ℘ 09-691 1598, 🖳 www.panoramaperhentianisland.com. Open-Water-Package inkl. PADI-Kurs und Unterkunft für 4 Nächte ab 1050 RM p. P. Fun-Dive-Packages inkl. 5 Fun Dives und 3 Übernachtungen mit Vollpension ab 650 RM p. P.

Quiver Dive Team, ℘ 012-213 8885, 🖳 www.quiver-perhentian.com. Kurse für angehende Dive Master und Instructor.

Spice Divers, ℘ 09-691 1555, 🖳 www.spice divers.net. Nitroxtauchen und Spezialkurse.

Turtle Bay Divers, am Long Beach, ℘ 019-333 6647, 🖳 www.turtlebaydivers.com.

Bücher

Gebrauchte Bücher und viele Infos beim **Panorama** und **Matahari** am Long Beach und beim **Paradise** und **Flora Bay** auf Perhentian Besar.

Geld

Kreditkarten werden von fast allen Tauchveranstaltern und einigen Unterkünften akzeptiert. Allerdings werden meist 3 % Provision aufgeschlagen, und wenn Stromausfälle herrschen, funktionieren die Systeme nicht. Daher sollte man sich auf dem Festland mit ausreichend Geld eindecken. Der nächste **Geldautomat** befindet sich an der Hauptstraße von Kuala Besut.

Bei Mama's und im Senja Bay Resort können sich Gäste auf die Kreditkarte Bargeld auszahlen lassen.

Internet

In einigen Unterkünften für happige 15–20 RM pro Std.

Medizinische Hilfe

In Notfällen nach einem Arzt unter den anderen Touristen fahnden bzw. aufs Festland fahren. Das nächste Krankenhaus ist in Jerteh, unweit von Kuala Besut.

Von einem Strand zum anderen kommt man am bequemsten mit kleinen Booten mit Außenborder, die über die Bungalowsiedlungen oder direkt am Strand bestellt werden können:

Vom Paradise zum Dorf 5 RM p. P., zum Long Beach (Pasir Panjang) 10 RM, zur Flora Bay (Teluk Dalam) 15 RM, Coral Bay (Teluk Aur) 15 RM, D'Lagoon (Teluk Kerma) 15 RM, Mira Beach 12 RM und zu Abdul's 5 RM.

Von Flora Bay zum Dorf 10 RM p. P., zum Long Beach (Pasir Panjang) 25 RM, Mama's 15 RM, Coral Bay (Teluk Aur) 30 RM, D'Lagoon (Teluk Kerma) 30 RM, Mira Beach 25 RM, Turtle Beach 30 RM, Tuna Bay 12 RM und zu Abdul's 15 RM.

Nach 19 Uhr verdoppeln sich die Preise!

NORD-MALAYSIA

Boote zu den Inseln

Schnellboote verkehren je nach Bedarf,
Wasserstand und Wetter zwischen 6.45 und
17 Uhr ab der Jetty von KUALA BESUT nach
Pulau Perhentian. Die großen haben 45
Sitzplätze, die kleinen 10. Sie brauchen 30–
40 Min., kosten 40 RM bzw. 70 RM hin und
zurück, Charter 450 RM, 700 RM hin und zurück.
An der Jetty sind einmalig 5 RM Conservation
Fee an den Marine Park zu zahlen. Bei
Bedarf halten die Boote vor allen Stränden.
In Reichweite der flachen Inselstrände holen
Taxi-Boote die Passagiere für 2 RM ab. Größere
Resorts haben oft eigene Jettys, wo das
Fährboot direkt anlegen kann. Zum Long Beach
muss man bei hohen Wellen von der Coral Bay
laufen.

Zurück fahren Boote relativ pünktlich gegen 8,
12 und 16 Uhr ab, in der Regenzeit (wenn
überhaupt) nur um 8 und 12 Uhr. Das ggf.
zuvor gekaufte Rückfahrticket unbedingt
aufbewahren und dem Kapitän auf dem
Fährboot (nicht dem Taxiboot!) übergeben.
Abfahrtszeiten werden selten eingehalten. Bei
schlechtem Wetter und hohem Wellengang
sowie zur Regenzeit fahren keine oder nur
wenige Boote. Es ist nicht nötig, Tickets für die
Überfahrt bereits in den Gästehäusern von Kota
Bharu zu kaufen. Manchmal werden sie von
einigen Booten nicht akzeptiert.

Achtung: Die Boote fahren auch bei dem
naturgemäß stärkeren Wellengang am
Nachmittag sehr schnell! Mit Rückenproblemen
also besser nicht ganz vorn sitzen. Feucht
wird es dagegen auf den hinteren Plätzen.
Die meisten Fährbetreiber sind zuverlässig,
Beschwerden hinsichtlich Service und
Lizenzierung gab es zuletzt über M. D. Travellers
Enterprise.

Auf dem Festland

Busse

Nahverkehrsbusse halten am Busbahnhof nahe
der Jetty in **Kuala Besut**.
KOTA BHARU mit Bus Nr. 639 alle 2 Std.
für 7 RM.
KUALA LUMPUR um 9 und 20.30 Uhr für
40/43 RM.
SINGAPORE um 21.15 Uhr für 79 RM.
Weitere Ziele ab Kota Bharu S. 793.
Von **Jerteh**, ca. 6 km südwestlich von
Kuala Besut fahren Transnasional-Busse
zum gleichen Preis wie ab Kota Bharu.
Dorthin mit Bus Nr. 96 stdl. von 7–18 Uhr für
2 RM. Hier halten auch die Busse aus/nach
Singapore.

Minibusse

An der Jetty in Kuala Besut sowie in den
Resorts auf den Inseln werden Bustickets
für Backpackerbusse verkauft. Banana,
Han und NKS fahren gegen 10 Uhr die
Highlights der Halbinsel an: In die CAMERON
HIGHLANDS für 50 RM und nach KUALA TAHAN
(Taman Negara) für 70 RM. In Gua Musang
wird der Bus gewechselt. Direkte Busse
nach PENANG um 10 und 14 Uhr für 70 RM in
5–6 Std.
Der **Minibus-Express** fährt um 9, 13 und 17 Uhr
direkt nach KOTA BHARU für 20 RM, zum
Airport für 25 RM, zum Bahnhof in WAKAF
BHARU für 30 RM und zur Grenze in RANTAU
PANJANG für 35 RM.

Überlandtaxis

AC-Taxis, ☎ 09-697 4294, nach JERTEH 20 RM,
KOTA BHARU 50 RM (zum Airport 60 RM),
RANTAU PANJANG (Grenzübergang zu
Thailand) 90 RM, WAKAF BHARU (Bahnhof)
65 RM.

NORD-MALAYSIA

© VOLKER KLINKMÜLLER

Anhang

Sprachführer S. 794
Glossar S. 801
Reisemedizin zum Nachschlagen S. 804
Bücher und Filme S. 810
Bahnfahrpläne S. 817
Index S. 820
Danksagung S. 832
Bildnachweis S. 834
Impressum S. 835
Kartenverzeichnis S. 836

Sprachführer

Wenigstens ein paar Worte auf Thai sprechen zu können und das Bemühen zu zeigen, noch mehr lernen zu wollen – dies weckt spontane Sympathie und Neugier in den meisten Thais. Selbst mit einem Wörterbuch hat man große Schwierigkeiten, die Worte richtig auszusprechen. Neben den Tonhöhen, die Anfänger nie richtig treffen, muss man sich mit 44 unterschiedlichen Konsonanten und 32 Vokalen herumschlagen, die es zum großen Teil in unserer Sprache nicht gibt. Der folgende Grundwortschatz kann hierbei eine kleine Hilfestellung sein. Am besten lässt man sich die Wörter von einem Thai vorsprechen und versucht, sie nachzusingen.

Wer die Zahlen bis 1000 in Thai beherrscht, wird einen guten Eindruck machen – vor allem bei Taxifahrern und beim Handeln. Tonhöhen haben wir nicht angegeben. Die Aussprache-Umschrift der ausgewählten Worte basiert auf dem Deutschen.

Das Allerwichtigste

Jeder Satz erhält durch das Anhängen der obligatorischen Endung „khrap" (von Männern gesprochen) und „kha" (von Frauen gesprochen) einen höflichen Klang.

Willkommen! (Begrüßung)	sawadie khrap / kha	สวัสดีครับ/ค่ะ
Auf Wiedersehen	pop gan mai	แล้วพบกันใหม่
Tschüs	laa gon	ลาก่อน
Viel Glück!	dschok die	โชคดี
Wie geht es?	sabai die mai?	สบายดีไหม
Mir geht's gut	sabai die	สบายดี
Das macht nichts!	mai pen rai	ไม่เป็นไร
danke (Männer/Frauen)	kop khun khrap	ขอบคุณครับ/ค่ะ
bitte (fordernd)	prott	โปรด
bitte (einladend)	tschuhn	เชิญ
Wie heißt du?	dschüarai	เธอชื่ออะไร
Ich heiße …	dschüa	ฉันชื่อ_
Wie alt bist du?	ahju tao-rai	เธออายุเท่าไหร
Woher kommst du?	töh mah dschak tienai?	เธอมาจากไหน
Wo wohnst du?	ju tienai	เธออยู่ที่ไหน
Was machst du?	tham arai	ท่าอะไร
Sprichst du Thai?	phuht thai daai mai?	เธอพูดไทยได้ไหม
Ich spreche ein wenig Thai	phuht thai nitnoi	ฉันพูดไทยได้นิดหน่อย
Verstehen Sie?	kao dschai mai?	คุณเข้าใจไหม
Ich verstehe (nicht)	pom (mai) kaodschai	ฉันไม่เข้าใจ
Bitte sprechen Sie langsam!	prott put cha cha	โปรดพูดช้าๆ
Darf ich fotografieren?	tai ruhpdai mai?	ถ่ายรูปได้ไหม
Achtung!	rawang	ระวัง
Es tut mir leid	pom sia chai	ฉันเสียใจ
Entschuldigung	kao tott	ขอโทษ
müssen	tong	ต้อง

können	*dai*	ได้
brauchen	*dongka*	ต้องการ
haben	*mih…*	มี

ich (weiblich)	*ditchan / tchan*	ดิฉัน/ฉัน
ich (männlich)	*pom / kra pom*	ผม/กระผม
du, Sie, ihr	*töh / khun / puak töh*	เธอ/คุณ/พวกเธอ
er, sie, es	*khao*	เขา
wir	*rao*	เรา
Sie bzw. Herr…	*khun*	คุณ
Junge	*dek phudschai*	เด็กผู้ชาย
Mädchen	*dek phujing*	เด็กผู้หญิง
Kind	*dek*	เด็ก
Freund	*püan*	เพื่อน
westl. Ausländer	*farang*	ฝรั่ง

Fragen

wann	*möerai*	เมื่อไหร่
warum	*tammai*	ทำไม
was	*arai*	อะไร
wer, wen, wem	*krei*	ใคร
wie	*jangrai*	อย่าไร
wie viel(e)	*tao-rai*	เท่าไหร่
wo, wohin, woher	*tienai*	ท ไหน

Antworten

ja	*dschai*	ใช่
nein	*mai, plao*	ไม่/ปล่าว
nicht	*mai*	ไม่
gut	*die*	ดี
sehr gut	*die mak*	ดีมาก
nicht gut	*mai die*	ไม่ดี
sehr	*mahk mahk*	มากๆ
vielleicht	*bangti*	บา ที
ein bisschen	*nitnoi*	นิดหน่อย

Eigenschaften

allein	*kon dijo*	คนเดียว
billig	*mai päng*	ไม่แพ
gesund	*sabai*	สบาย
groß	*yai*	ใหญ่
gut, clever	*gäng*	เก่
kaputt	*pang*	พั
klein	*leck*	เล็ก

krank	*mai sabai*	ไม่สบาย
kurz	*san*	สั้น
lang	*yao*	ยาว
mit	*gap*	กับ
müde	*nguang non*	ง่วงนอน
ohne	*mai mi*	ไม่มี
(zu) teuer	*päng (pai)*	แพงไป
viel	*yer*	เยอะ
wenig	*noy*	น้อย

Orientierung und Transport

geradeaus	*trong pai*	ตรงไป
(nach) links	*(liao) sai*	(เลี้ยว) ซ้าย
(nach) rechts	*(liao) khwa*	(เลี้ยว) ขวา
Stopp!	*jut*	หยุด
Welche Straße ist das?	*thanon nih arai?*	ถนนนี้ ชื่ออะไร
Welche Stadt ist das?	*müang nih arai?*	เมืองนี้ ชื่ออะไร
Wohin gehst du?	*pai nai?*	เธอจะไปไหน
Ich gehe nach…	*pai…*	ฉันจะไป_
Nein, ich will nicht gehen	*pom mai pai*	ฉันไม่ไป
Ich gehe schwimmen	*pai wainahm*	ฉันไปว่ายน้ำ
Bus	*rot meh*	รถเมล์
Busbahnhof	*sathani rot meh*	สถานีรถเมล์
Eisenbahn	*rot fai*	รถไฟ
Bahnhof	*sathani rot fai*	สถานีรถไฟ
Flugzeug	*krüang bin*	เครื่องบิน
Flugplatz	*sahnam bin*	สนามบิน
Boot	*rüha*	เรือ
Hafen	*tah rüha*	ท่าเรือ
Taxi	*teksi*	แท็กซี่
Auto	*rot jon*	รถยนต์
Motorrad	*mohtöhsai*	มอร์เตอร์ไซค์
Fahrrad	*dschakrajahn*	รถจักรยาน
mieten	*tschau*	เช่า
Benzin	*bensin*	เบนซิน
Normalbenzin	*tammadah*	ธรรมดา
Super	*supähr*	ซุปเปอร์

Umwelt

Stadt	*müang*	เมือง
Großstadt	*nakhon / müang yai*	นคร/เมือง ใหญ่
Dorf	*mu bahn*	หมู่บ้าน
Berg	*doi*	ภูเขา/เขา
Kanal	*klong*	คลอง

ANHANG

Fluss	*mä nahm*	แม่น ำ
Insel	*ko*	เกาะ
Strand	*haht*	ชายหาด/หาด
Bucht	*ao*	อ่าว
Wasserfall	*nahm tok*	น ำตก
Höhle	*tam*	ถ ำ
Straße	*thanom*	ถนน
Gasse	*soi*	ซอย
Wald	*pah*	ป่า
Übernachten		
Hotel	*rong rähm*	โร แรม
Wo gibt es ein Hotel?	*rong rähm ju tienai?*	โร แรมอยู่ท ไหน
Zimmer	*hong*	ห้อ
Bett	*tiang*	เตีย
Schlüssel	*gun tschä*	กุญแจ
Moskito	*jung*	ยุ
Moskitonetz	*mung*	มุ้
Moskito-Coils	*ja gan jung*	ยากันยุ
Badezimmer	*hong nahm*	ห้อ น ำ
Toilette	*hong suam*	ห้อ ส้วม
Wo ist die Toilette?	*hong nahm ju tienai*	ห้อ น ำอยู่ท ไหน
Toilettenpapier	*gadad schamla*	กระดาษช ำระ
Seife	*sabu*	สะบู่
Handtuch	*pa set dua*	ผ้าเช็ดตัว
Essen und Trinken s. S. 43		
Einkaufen		
Wie viel kostet es?	*raka tao-rai?*	ราคาเท่าไร
Wie viel Baht?	*kih baht?*	ก บาท
Wie viel möchten Sie?	*khun tong kahn tao-rai?*	คุณต้อ การเท่าไร
kaufen	*süh*	ซ อ
verkaufen	*khai*	ขาย
Es gibt…	*mie…*	มี
Es gibt nicht	*mai mie*	ไม่มี
Gesundheit		
Apotheke	*ran khai jah*	ร้านขายยา
Arzt	*mo*	หมอ
Durchfall	*tong ruang*	ท้อ ร่ว
Erbrechen	*adschian*	อาเจียร
Fieber	*kai*	ไข้
Krankenhaus	*rong payabahn*	โร พยาบาล
Medizin	*jah*	ยา
wehtun	*dschep*	เจ็บ

Zeit

Morgen	*tschao*	เช้า
Mittag	*tiang*	เทียง
Abend	*jen*	เย็น
Nacht	*klang khühn*	กลางคืน
heute	*wan-nie*	วันนี้
morgen	*prung-nie*	พรุ่งนี้
gestern	*müa wan-nie*	เมื่อวานนี้
Minute	*natie*	นาที
Stunde	*tschua mohng*	ชั่วโมง
Tag	*wan*	วัน
Woche	*sapda / noeng athit*	อาทิตย์
Monat	*düan*	เดือน
Jahr	*bi*	ปี
jetzt	*däo-nie*	เดี๋ยวนี้
später	*tie-lang*	ทีหลัง
noch nicht	*yang*	ยัง
schon / fertig	*läou*	แล้ว

Zahlen

1	*nöng*	1
2	*sohng*	2
3	*sahm*	3
4	*sie*	4
5	*hah*	5
6	*hock*	6
7	*dschet*	7
8	*bät*	8
9	*gao*	9
10	*sip*	10
11	*sip et*	11
20	*jie sip*	20
21	*jie sip et*	21
25	*jie sip hah*	25
30	*sahm sip*	30
40	*sie sip*	40
100	*nöng roy*	100
200	*sohng roy*	200
1000	*nöng pan*	1000
10 000	*nöng müün*	10000
100 000	*nöng sähn*	100000
1 000 000	*nöng laan*	1000000

Ang Sila	อ่างศิลา
Ang Thong Marine National Park	หมู่เกาะอ่างทอง
Ayutthaya	อยุธยา
Ban Mae Hat	บ้านแม่หาด
Bang Pa In – Der Sommerpalast	พระราชวังบางปะอิน
Ban Phe	บ้านเพ
Bang Saen	บางแสน
Bang Sai	บางไทร
Bang Saphan	บางสะพาน
Bangkok	กรุงเทพฯ
Cha-Am	ชะอำ
Chaiya	ไชยา
Chantaburi	จันทบุรี
Chonburi	ชลบุรี
Chumphon	ชุมพร
Damnoen Saduak	ดำเนินสะดวก
Hat Yai	หาดใหญ่
Hua Hin	หัวหิน
Kaeng Krachan National Park	สวนอุทยานแก่งกระจาน
Kamphaeng Phet	กำแพงเพชร
Kanchanaburi	กาญจนบุรี
Khanom	ขนอม
Khao Lak	เขาหลัก
Khao Sam Roi Yot National Park	สวนอุทยานเขาสามร้อยยอด
Khao Sok National Park	สวนอุทยานเขาสก
Khung Wiman	กุงวิมาน
Ko Bulon Lae	เกาะบูลอนเล
Ko Chang	เกาะช้าง
Ko Hai	เกาะไห
Ko Kradan	เกาะกระดาน
Ko Lanta	เกาะลันตา
Ko Libong	เกาะลิบง
Ko Mak	เกาะหมาก
Ko Mook/Ko Muk	เกาะมุก
Ko Nang Yuan	เกาะนางยวน
Ko Pha Ngan	เกาะพะงัน
Ko Phayam	เกาะพะยาม
Ko Phi Phi	เกาะพีพี
Ko Rok	เกาะรอก
Ko Samet	เกาะเสม็ด

Ko Samui	เกาะสมุย
Ko Sukon	เกาะสุกร
Ko Tao	เกาะเต่า
Ko Wai	เกาะหวาย
Krabi	กระบี่
Laem Mae Phim	แหลมแม่พิมพ์
Laem Ngop	แหลม งอบ
Laem Sadet	แหลมเสด็จ
Laem Son National Park	สวนอุทยานแหลมสน
Nakhon Sawan	นครสวรรค์
Nakhon Si Thammarat	นครศรีธรรมราช
Nathon	หน้าทอน
Padang Besar	ปาดัง เบซา
Pakbara	ปากบารา
Pattani	ปัตตานี
Pattaya	พัทยา
Phang Nga	พั งา
Phattalung	พัทลุง
Phetchaburi	เพชรบุรี
Phuket	ภูเก็ต
Prachuap Khiri Khan	ประจวบคีรีขันธ์
Ranong	ระนอง
Ratchaburi	ราชบุรี
Rayong	ระยอง
Samphran	สามพราน
Samut Prakan	สมุทรปราการ
Satun	สตูล
Si Racha	ศรีราชา
Sichon	สิชล
Similan-Inseln	หมู่เกาะสิมิลัน
Songkhla	ส งขลา
Sungai Golok	สุไห โกลก
Surat Thani	สุราษฎร์ธานี
Surin-Inseln	หมู่เกาะสุรินทร์
Takua Pa	ตะกั่วป่า
Tarutao National Park	สวนอุทยานเกาะตะรุเตา
Thong Sala	ท้อ ศาลา
Trang	ตรั
Trat	ตราด
Wangprachan	วั ปราจัน
Wat Khao Sukim	วัดเขาสุกิม
Wat Suan Moke	วัดสวนโมกข์

ANHANG

Glossar

Viele Begriffe stammen aus den altindischen Sprachen Pali oder Sanskrit (Skt.). Bei der phonetischen Umschrift wurde auf die diakritischen Zeichen (z. B. für lange Vokale oder Nasalierungen) verzichtet.

Ao Bucht, auch Teil einer Ortsbezeichnung, z. B. Ao Nang

Apsara himmlische Tänzerin in der buddhistischen Tradition; auch bekannt in der hinduistischen Mythologie

Asana Körperhaltung in der buddhistischen Ikonografie

Asean (Association of Southeast Asian Nations) politischer und wirtschaftlicher Verband südostasiatischer Staaten

Asura Dämon aus dem Ramayana

Avalokiteshvara (Skt.) „Herr, der die Welt betrachtet"; Bodhisattva des Mitgefühls

Ban, Bang Dorf; tritt auch in vielen Ortsbezeichnungen auf, wie z. B. in Bangkok oder Ban Chiang

Basrelief Flachrelief, bei dem die aus dem Stein gemeißelten Figuren oder Gegenstände nur ein wenig aus der als Hintergrund dienenden Fläche herausragen

Bodhi-Baum *Ficus religiosa,* heiliger Baum, unter dem Buddha zur Erleuchtung gelangte

Bodhisattva im Buddhismus ein Wesen, das die vollständige Erleuchtung erlangt hat, jedoch auf den Einzug ins Nirwana verzichtet, um den Menschen ebenfalls auf diese hohe Stufe zu verhelfen

Bot Pali *sima* = Ordinationshalle; das wichtigste Gebäude eines buddhistischen Klosters mit Heiligtum, in dem die Mönche auch ordiniert werden

Brahma Schöpfergott, eine der drei zentralen Gottheiten des Hinduismus

Brahmane Angehöriger der höchsten Kaste des Hinduismus, hinduistischer Priester

Buddha „Der Erwachte"; einer, der zur vollkommenen Erleuchtung gelangt ist

Busabok Holzthron mit gestaffeltem Dach; Sitzplatz eines Königs oder einer hl. Statue

Chakra (Skt.) Rad; Symbol für die buddhistische Lehre und eines der Attribute von Vishnu

Chao fa Herrscherbezeichnung der Lue, Shan und Khuen

Chedi von Sanskrit *caitya* = Heiligtum; in Myanmar und Thailand Synonym für Stupa

Dharma Sanskrit-Bezeichnung für die buddhistischen Lehren; entspricht dem Pali-Wort *dhamma*

Doi Gipfel, der höchste des Landes ist der Doi Inthanon

Dvaravati Kunststil der Mon, die ab dem 6. Jh. in Thailand und Burma siedelten

Erawan dreiköpfiger weißer Elefant; Reittier von Indra; Symbol der königlichen Macht, Sanskrit *airavata*

Farang westlicher Ausländer

Frangipani *Plumeria rubra;* auch: Tempel- oder Pagodenbaum

Ganesha elefantenköpfiger Gott der Weisheit; Sohn von Shiva und Parvati

Garuda mythisches Wesen, halb Mensch, halb Vogel; das Tragtier von Vishnu

Hat Strand, z. B. Hat Sai Kao (White Sand Beach)

Headquarter Büro der Nationalparkverwaltung, in dem manchmal auch Touren gebucht werden können und Informationen erhältlich sind

Howdah Sitz auf dem Rücken des Elefanten

Indochina Kambodscha, Laos und Vietnam

Indra (Skt.) König der Götter und Beschützer des Ostens

Isarn Der Nordosten Thailands; auch: Isan, I-san, Isaan, E-sarn

Jataka ein Kanon von 550 Erzählungen aus den früheren Leben und Existenzen des Buddha; häufig in Tempeln bildlich dargestellt

Kala Gott der Zeit und somit des Todes und Verfalls, meist mit vorstehenden Augen und Klauen sowie ohne Unterkiefer dargestellt

Kali Die schwarze Göttin des Hinduismus mit einer Kette aus Schädeln, Verkörperung der dunklen Seite der Macht. Ihr werden in Teilen Indiens immer noch Blutopfer dargebracht

Kapokbaum „Baumwollbaum" (liefert Polstermaterial u. a. für harte Matratzen)

Karma Sanskrit-Bezeichnung für das Verhältnis von Ursache und Wirkung; entspricht dem Pali-Wort *kamma*

Khao Berg, Hügel

Khmer die einheimische Bevölkerung Kambodschas (austauschbar mit „Kambodschaner") und zugleich Name ihrer Sprache

Kinnara (m), Kinniri 🖳 (Skt.) im Himmel lebende, halb menschliche, halb vogelartige Musikanten und Sänger

Klong Kanal

Ko(h) Insel

Krishna achte Inkarnation des Hindugottes Vishnu, seine menschliche Form

Kuti Mönchsunterkunft

Lak Muang Tempel für den Schutzgeist eines Ortes; Stadtsäule

Laterit rotbraunes Gestein, das in der Sonne härtet und zu widerstandsfähigem Baumaterial wird

Lingam phallisch geformte Steinsäule; Symbol für den Hindugott Shiva

Lokesvara Avalokitesvara; Bodhisattva des Mitgefühls und Erbarmens

Mae Chi „weiße Mutter", buddhistische Nonne

Mae Nam Fluss, die „Mutter des Wassers"

Mahabharata eines der beiden bedeutendsten altindischen Epen (das zweite: *Ramayana*); wichtige Quelle des Hinduismus; erzählt von den Auseinandersetzungen der Familienklane Kaurava und Pandava um die Macht im Norden Indiens

Mahout Elefantenführer

Mandapa (Skt.) zum Sanktuarium führende Vorhalle, manchmal separat stehend

Mekong Großer Fluss und Thai-Whisky, aus Reis gebrannt

Meru goldener Berg als Heimat der Götter, Zentrum des Universums in der hinduistisch-buddhistischen Kosmologie

Mitwhrapap Freundschaft

Mondhop Klosterbibliothek mit quadratischem Grundriss

Muang befestigte Siedlung, Stadt

Mudra Hand- und Fingerhaltung in der buddhistischen Ikonografie

Mukhalingam Lingam mit ein oder mehreren Gesichtern

Naga mythische, oft vielköpfige Schlange, ein Schutz gewährendes Symbol

Nakhon Große Stadt

Nam Tok Wasserfall, manchmal auch Namtok

Nandi (Skt.) Tragtier Shivas, ein Stier

NGO (Non-governmental Organization) Nichtregierungsorganisation

Nirvana Sanskrit-Bezeichnung für das oberste Ziel im Buddhismus, Zustand der Loslösung von Begierden und Befreiung aus der Abfolge der Wiedergeburten; entspricht dem Pali-Wort *nibbana*

OTOP (One Tambon, One Product) Regierungsinitiative, die Produktion und Vertrieb einer regionalen Spezialität in ländlichen Regionen fördert

Pali Sprache, in der die buddhistischen Texte niedergeschrieben wurden; sozusagen „das Latein" des Theravada-Buddhismus

Parvati (Skt.) „Tochter des Himalaja"; Gemahlin von Shiva

Phra Sanskrit *brah* = heilig; wird als Ehrentitel von wichtigen Buddhastatuen, Tempeln und Personen verwendet

Prang Typ der thailändischen Stupa, entwickelt aus dem Tempelturm der Khmer

Prasat Sanskrit *prasada;* Turmheiligtum, Befestigung der Khmer

Puang Ma Lai Girlanden aus Jasmin, Orchideen und anderen Blumen, dienen als Opfergabe.

Rahu Dämonisches Ungeheuer mit Monsterkopf ohne Leib, das Sonne und Mond verschlingt

Raksasa böser Geist, riesenhafter Dämon

Rama siebte Inkarnation des Hindugottes Vishnu und Held des Ramayana

Ramakien thailändische Version des altindischen Ramayana-Epos

Ramayana eines der beiden bedeutendsten altindischen Epen (das zweite: *Mahabharata*), das etwa um 300 v. Chr. verfasst wurde. Es erzählt die Geschichte von König Rama, einer Inkarnation des Gottes Vishnu, und seiner Gemahlin Sita

Sala Versammlungs- und Übernachtungshalle in einem Kloster

Samlor dreirädrige Fahrradrikschas mit überdachter Sitzbank

Sangha der theravada-buddhistische Mönchsorden

Sanskrit alte indische Literatursprache

Shiva gleichzeitig Zerstörer und Erneuerer; eine der drei zentralen Gottheiten des Hinduismus

Singha Sanskrit: Löwe, der die Tempeleingänge bewacht (vor allem in Nord-Thailand); auch Name für ein Thai-Bier

Sita Gemahlin des Rama im Ramayana, die nach Lanka entführt und wieder befreit wurde

Skanda hinduistischer Kriegsgott

Soi Gasse

Songkran thailändisches Neujahrsfest vom 13.–15. April

Songthaew gesprochen „song-täo", privat betriebener Kleinlaster zur Personenbeförderung

Stele senkrecht stehender Stein mit Inschrift

Stuck gut formbare und schnell härtende Masse aus Gips, Kalk, Sand und (Leim-)Wasser, die für Dekorationen an Ziegelbauwerken verwendet wird

Stupa (Skt.) ursprünglich Grabhügel. Monument zur Aufbewahrung von hoch verehrten buddhistischen Reliquien; ist auch Symbol für Buddha selbst; Synonym für That

Suvarnabhumi (Skt.) „Goldenes Land". Wird in Chroniken der Mon und Birmanen mit dem Mon-Reich in Verbindung gebracht, Name des Flughafens in Bangkok

Talat Markt

TAT (Tourism Authority of Thailand) Thailändisches Fremdenverkehrsamt, die Abkürzung wird auch von privaten Reisebüros missbraucht

Tham Höhle

Thanon Straße

That von *dhatu* (Skt.), „Reliquien", heute die Bezeichnung eines verehrten Stupas

Tipitaka (Pali) „drei Körbe"; die klassischen buddhistischen Schriften über *vinaya* (Ordensregeln), *sutta* (Lehrreden Buddhas) und *abhidhamma* (philosophische Erweiterung der Lehrreden)

Trimurti hinduistische Göttertrinität: Shiva, Vishnu und Brahma

Trishaw Fahrradriksha, ein aussterbendes Nahverkehrsmittel

Tuk Tuk Nahverkehrsmittel: dreirädriger Motorroller mit überdachter Sitzbank

Unesco Organisation der Vereinten Nationen für Erziehung, Wissenschaft und Kultur. Auf ihrer Liste des Welterbes stehen auch einige Ziele in Thailand

Vihara (Pali und Skt.) wichtiger Sakralbau neben dem Bot

Vipassana Einsichtsmeditation; Geist und Körper im gegenwärtigen Zeitpunkt klar sehen

Vishnu der Welterhalter; eine der drei zentralen Gottheiten des Hinduismus

Wai traditionelle Begrüßung mit vor dem Oberkörper gefalteten Händen

Wat buddhistische Klöster und angeschlossene religiöse Bauwerke

Yaksha männl. Waldgottheiten, die Naturkräfte symbolisieren; der Ikonografie dienen sie als Tempelwächter, dargestellt mit vorquellenden Augen, Fangzähnen und grimmigem Blick

Yama Herrscher über die Unterwelt, Todesgott

ANHANG

Reisemedizin zum Nachschlagen

Bilharziose (Schistosomiasis)

Bilharziose ist eine Wurmerkrankung, die man sich im Uferbereich stehender oder langsam fließender Gewässer (Süßwasser) zuziehen kann. Der erste Wirt des Parasiten ist eine Wasserschnecke. In ihr entwickeln sich die Eier zu kleinen Larven, den sog. Zerkarien, die anschließend ins Wasser abgegeben werden. Dort machen sie sich auf die Suche nach ihrem zweiten Wirt.

Zerkarien gelangen in den menschlichen Organismus, indem sie sich durch die Haut, bevorzugt an den Fußsohlen, bohren. Von dort bahnen sie sich den Weg in den Darm oder die Blase, wo sie heranwachsen und neue Eier produzieren.

Manchmal tritt um die Stelle, an der die Larven in den Körper eingedrungen sind, eine leichte juckende Rötung auf. Deutlichere Symptome machen sich jedoch in der Regel erst auf sechs bis zehn Wochen bemerkbar. Dann kann es zu Fieber, Durchfall und einem allgemeinen Krankheitsgefühl kommen. Im schlimmsten Fall treten nach einigen Monaten Unterleibsschmerzen und Blut im Stuhl oder Urin auf.

Cholera

Die Cholera trat in den vergangenen Jahren mehrfach bei Flüchtlingen aus Myanmar in Mae Sot, im Nordosten sowie im Norden von Phuket auf. Sie wird vom Bakterium *Vibrio cholerae* verursacht und durch direkten Kontakt mit infizierten Personen, deren Ausscheidungen oder durch verunreinigte Nahrungsmittel übertragen. Die Symptome – wässrige Durchfälle und Erbrechen – treten nach ein bis fünf Tagen auf und können schnell zur Dehydrierung führen. Wer erkrankt, muss sofort zum Arzt und die verlorene Flüssigkeit ersetzen.

Wer auf eine saubere Umgebung und hygienische Nahrungsmittel achtet und nicht ge-

schwächt ist, wird kaum gefährdet sein. Bei Aufenthalten über vier Wochen ist eine orale Impfung möglich (Dukoral) und sollte mit dem Reisearzt abgesprochen werden.

Dengue-Fieber

Diese Viruskrankheit ist auf dem Vormarsch und tritt überall epidemieartig auf, am ehesten während der Regenzeit. 2012 wurden über 66 000 Fälle vor allem im Süden und in Zentral-Thailand gemeldet, von denen 0,1 % tödlich verliefen.

Das Virus wird durch die tagaktive Tigermücke *(Stegomyia aegypti)* übertragen, die an ihren schwarz-weiß gebänderten Beinen zu erkennen ist. Nach der Inkubationszeit von bis zu 14 Tagen kommt es zu plötzlichen Fieberanfällen, Kopf- und Muskelschmerzen. Nach drei bis fünf Tagen kann ein Hautausschlag am ganzen Körper auftreten. Bei dieser Erstinfektion klingen die Krankheitssymptome in der Regel nach ein bis zwei Wochen ab. Gefährlich wird die Krankheit bei einer Zweitinfektion. Dann kann es zu inneren und äußeren Blutungen kommen.

Wie bei der Malaria, ist der Schutz vor Mückenstichen die beste Vorsorge. Es gibt keine Impfung oder spezielle Behandlung. Schmerztabletten, fiebersenkende Mittel und kalte Wadenwickel lindern die Symptome. Keinesfalls sollten ASS, Aspirin oder andere acetylsalicylsäurehaltige Medikamente genommen werden, da diese einen lebensgefährlichen hämorrhagischen Verlauf begünstigen können.

Wer befürchtet, an Dengue erkrankt zu sein, sollte auf jeden Fall zum Arzt, besser noch ins Krankenhaus gehen. Die Erreger sind nicht immer sofort nachweisbar. Um andere nicht zu gefährden, sollte man sich isolieren (z. B. im Krankenhaus oder unter dem Moskitonetz), um die weitere Übertragung durch Mücken zu verhindern.

Durchfälle und Verstopfungen

Verdorbene Lebensmittel, nicht kontinuierlich gekühlter Fisch, zu kurz gegartes Rindfleisch, ungeschältes, schon länger liegendes, aufgeschnittenes Obst (z. B. Wassermelonen), Salate, kalte Getränke oder schlecht gekühlte Eiscreme sind häufig die Verursacher von Durchfällen. Da auch Mikroorganismen im Wasser durchschlagende Wirkung zeigen können, sollte man nur abgefülltes Wasser aus Flaschen oder Wasserspendern trinken. Eis ist normalerweise hygienisch einwandfrei, solange es sich nicht um zerstoßenes Stangeneis handelt, das eigentlich nur zum Kühlen dient.

Eine **Elektrolyt-Lösung** (Elotrans, für Kinder Oralpädon), die die verlorene Flüssigkeit und Salze ergänzt, reicht bei harmlosen Durchfällen völlig aus und wird auch in Thailand verkauft. Wer selbst eine Lösung herstellen möchte, nimmt 4 Teelöffel Zucker oder Honig, 1/2 Teelöffel Salz und 1 l Orangensaft oder abgekochtes Wasser. Zur Not, etwa vor langen Fahrten, kann auf Imodium, das die Darmtätigkeit ruhiglegt, zurückgegriffen werden. Außerdem hilft eine Bananen- oder Reis-und-Tee-Diät sowie Cola in Maßen. Bei längeren Erkrankungen einen Arzt aufsuchen – es könnte sich auch um eine **Ruhr** oder eine Cholera handeln.

Verstopfungen können durch eine große Portion geschälter Früchte, darunter Ananas oder Papaya (mit Kernen essen), verhindert werden.

Geschlechtskrankheiten (Venereal Diseases)

Gonorrhoe und die gefährlichere **Syphilis** sind in Asien weitverbreitete Infektionskrankheiten, vor allem bei Prostituierten. Bei den ersten Anzeichen einer Erkrankung (Ausfluss/Geschwüre) unbedingt ein Krankenhaus aufsuchen.

Hauterkrankungen

Bereits vom Schwitzen kann man sich Hautpilze holen. Für andere Erkrankungen sind häufig Kopf-, Kleider-, Filzläuse, Flöhe, Milben oder Wanzen verantwortlich, S. 59. Nicht selten treten an Stellen, an denen die Kleidung eng aufliegt, Hitzepickel auf, die man mit Prickly Heat Powder behandeln kann. Gegen Kopfläuse hilft Organoderm, oder, zurück in Deutschland, Nyda L.

Hepatitis

Hepatitis ist eine Infektion der Leber, die von verschiedenen Virus-Typen verursacht wird (inzwischen sind die Typen A–G bekannt). Für Reisende spielen nur die ersten beiden eine Rolle:

Hepatitis A, auch Reisegelbsucht genannt, wird oral durch infiziertes Wasser und Lebensmittel übertragen. Die Symptome ähneln am Anfang denen einer Grippe: Übelkeit, Erbrechen, gelegentliche Durchfälle und allgemeine Abgeschlagenheit. Später kommt es zu einer Gelbfärbung der Haut, der Stuhl wird heller und der Urin dunkler. Einen guten Schutz bieten die Impfstoffe Havrix und Vaqta. Reisemediziner raten in der Regel dazu, sich vor einer Reise gegen Hepatitis A oder kombiniert gegen Hepatitis A und Typhus (ViATIM oder Hepatyrix) impfen zu lassen.

Hepatitis B wird genau wie HIV vor allem durch Intimkontakte oder Blut übertragen (unsaubere Injektionsnadeln, Transfusionen etc.). Die Symptome ähneln denen einer Hepatitis A, jedoch kann eine Hepatitis B chronisch werden. Im schlimmsten Fall führt sie nach einigen Jahren zu einer Leberzirrhose und zum Tod. Eine Impfung, etwa mit Gen H-B-Vax, Engerix oder Twinrix (Kombi-Impfung gegen Hepatitis A und B), ist bei langen Aufenthalten zu erwägen.

HIV / Aids

Die Übertragungswege von HIV *(Human Immunodeficiency Virus)* sind jedem bekannt: ungeschützter Geschlechtsverkehr, verschmutzte Injektionsnadeln, Bluttransfusionen – kurz gesagt alle Wege, auf denen infiziertes Blut oder andere Körperflüssigkeiten in den eigenen Blutkreislauf gelangen können.

In Thailand sind etwa 1,3 % der Bevölkerung mit dem HIV-Virus infiziert. Jährlich sterben über 60 000 Menschen an Aids, v. a. in den Nordprovinzen. Stichproben ergaben, dass bis zu 90 % al-

ANHANG

ler Prostituierten HIV positiv waren. Viele thailändische Männer machen ihre ersten sexuellen Erfahrungen mit Prostituierten. Deshalb wurde von der Regierung ein National Aids Comittee eingesetzt und die *100 %-Condom Campaign* propagiert, die Prostituierte verpflichtet, Kondome zu benutzen. Es bleibt fraglich, wie weit sie das ihren alkoholisierten Kunden klarmachen können. Unvorsichtigkeit ist schlimm genug, aber wer auch noch an „Sauberkeitsbescheinigungen" oder -beteuerungen glaubt, ist naiv.

Insektenstiche und -bisse

Insekten und Fliegen sind allgegenwärtig und manchmal eine wahre Plage. Auch in der heißen Jahreszeit lassen sie sich in Scharen von Lichtquellen und Wärme anlocken, doch die meisten sind eher lästig als gefährlich. Vorsicht ist vor Moskitos geboten, da sie gewisse Arten Dengue-Fieber und Malaria übertragen.

An einigen Sandstränden treten **Sandfliegen** auf, deren gemeine Bisse sich erst einige Stunden später durch juckende, extreme Hautrötungen bemerkbar machen. Kratzen erhöht die Gefahr einer Entzündung, die mitunter erst nach einem Monat abklingt und Narben hinterlässt. Da sich die kleinen Plagegeister nur in begrenzten Bereichen aufhalten, sollte man sich von diesen Stränden fernhalten. Zudem hilft Skin-So-Soft von Avon.

Flöhe und **Bettwanzen**, deren Bisse fürchterlich jucken können, verstecken sich bevorzugt in schmutzigem Bettzeug. Wanzenbisse bilden gewöhnlich eine säuberliche Linie. Nicht kratzen, sondern ein Antihistaminikum (Salbe) gegen Entzündungen auftragen. Besonders in Billig-Unterkünften sind immer wieder Traveller von Bettwanzen überfallen worden. Mehr dazu auf S. 71.

Auf dem Land sind viele Tiere von **Zecken** befallen, die sich in gesättigtem Zustand von ihrem Wirt fallen lassen und auf das nächste Opfer warten, dem sie ihre mit Haken besetzten Köpfe ins Fleisch bohren können, um Blut zu saugen. Es ist wichtig, sie vorsichtig zu entfernen, damit keine Haken stecken bleiben.

Blutegel sind vor allem zur Regenzeit im Dschungel eine Plage, übertragen aber keine Krankheiten. Mehr im Kasten auf S. 71.

Japanische Enzephalitis

Diese Virusinfektion, die zu einer schweren Hirnhautentzündung führen kann, wird durch nachtaktive Moskitos übertragen und kann in ländlichen Regionen, vor allem während der Regenzeit, vorkommen. Die Symptome entwickeln sich nach vier bis zehn Tagen und umfassen Fieber, Kopfschmerzen, Nackensteife und Erbrechen. Die Vermeidung von Mückenstichen ist die beste Vorbeugung.

In Deutschland gibt es jetzt einen zugelassenen Impfstoff gegen die Japanische Enzephalitis. Der Impfstoff Ixiaro ist ab einem Lebensalter von 16 Jahren zugelassen und wird zweimal im Abstand von vier Wochen gespritzt. Eine Impfung ist für Reisende zu erwägen, die einen langen Aufenthalt in gefährdeten Regionen oder Endemie-Gebieten planen.

Malaria

Bis 2007 ging die Zahl der Malaria-Fälle zurück, seither nehmen sie wieder zu. Die letzten Erkrankungen traten an der Grenze zu Myanmar (Mae Sot, Ko Chang, Trang) und Kambodscha (Trat, Ko Chang) sowie im Khao Sok National Park auf. Dennoch besteht für Touristen, die sich auf eingefahrenen Routen bewegen, ein sehr geringes Risiko.

Die häufigste Form der Malaria in Thailand ist die *Malaria tropica,* die unbehandelt zum Tod führen kann. Die weibliche *Anopheles*-Mücke, die den Erreger *Plasmodium falciparum* überträgt, sticht zwischen Beginn der Dämmerung und Sonnenaufgang. Die Frage, welche vorbeugenden Maßnahmen die richtigen sind, sollte mit Hilfe eines Reisemediziners auf Reiseart, -dauer und gesundheitliche Verfassung abgestimmt werden.

Es ist schon viel gewonnen, wenn man möglichst wenig gestochen wird (**Expositionspro-

phylaxe): Am Abend schützen helle Kleidung, lange Hosen, langärmlige Hemden, engmaschige lange Socken und ein Mücken abweisendes Mittel auf der Basis von DEET, das auf die Haut aufgetragen wird und die Geschmacksnerven stechender Insekten lähmt. Bewährt hat sich der Wirkstoff Permethrin, mit dem Kleidung und Moskitonetz eingesprüht werden. Er geht eine Verbindung mit dem Gewebe ein und bleibt wochenlang wirksam. Als gutes Mückenmittel auf dem deutschen Markt gilt das österreichische No Bite. Einige Apotheken und Bioläden bieten sanftere Mittel an, die auf Zitronella- und Nelkenöl basieren.

Viele Hotelzimmer haben Mückengitter an Fenstern und Türen oder ein Moskitonetz über dem Bett. Wer ganz sichergehen will, bringt ein eigenes Netz mit. Löcher verschließt man am besten mit Klebeband. In klimatisierten Räumen sind Mücken weniger aktiv, aber keineswegs ungefährlich.

Über die beste **medikamentöse Prophylaxe** ist immer wieder heftig debattiert worden. Allen Mitteln gemein ist, dass sie unangenehme Nebenwirkungen hervorrufen können. Zu den am häufigsten verschriebenen Präparaten gehören Lariam (Wirkstoff Melfloquin) und Malarone (Wirkstoff Atovaquon/Proguanil).

Wer sich in einem Gebiet ohne ärztliche Versorgung infiziert hat, kann zur Überbrückung mit einer Standby-Therapie mit Lariam, Malarone oder Riamet (Wirkstoff Artemether/Lamefantrin) beginnen. Wer aus Thailand zurückkehrt und an einer nicht geklärten fieberhaften Erkrankung leidet, auch wenn es sich nur um leichtes Fieber und Kopfschmerzen handelt und erst Monate nach der Rückkehr auftritt, sollte dem Arzt unbedingt vom Tropenaufenthalt berichten. Die ersten Symptome einer Malaria können denen eines banalen grippalen Infektes ähneln.

Pilzinfektionen

Frauen leiden im tropischen Klima häufiger unter Pilzinfektionen im Genitalbereich. Vor der Reise sollten sie sich entsprechende Medikamente verschreiben lassen. Eine Creme oder Kapseln sind besser als Zäpfchen, die bei der Hitze schmelzen. Unsaubere Pools sind Brutstätten für Pilze aller Art.

Poliomyelitis (Kinderlähmung)

Der Name ist irreführend, denn auch Erwachsene können an Kinderlähmung erkranken. Die Ansteckung mit dem Virus geschieht oral über infiziertes Essen und Wasser. Die Krankheit kann bleibende Lähmungen verursachen.

Die Grundimmunisierung gehört in Deutschland zu den Standard-Impfempfehlungen für Kinder und sollte – auch unabhängig von einer Thailand-Reise – alle zehn Jahre aufgefrischt werden.

Schlangen- und Skorpionbisse, giftige Meerestiere

In Thailand leben einige giftige **Schlagen**, darunter Bambusotter und Kobra, aber die weitverbreitete Angst vor einem Biss steht in keinem Verhältnis zum Risiko. Gefährlich ist eventuell die Zeit nach Sonnenuntergang, vor allem bei Regen. Giftschlangen greifen nur an, wenn sie selbst attackiert werden. Da Schlangen im Gelände relativ leicht zu übersehen sind, sollten beim Wandern knöchelhohe Schuhe und lange Hosen getragen werden. Auch ein Stock hilft dabei, die Schlangen zu vertreiben. Einige Schlangen töten durch ein Blutgift, in diesem Fall benötigt man sofort ein Serum, andere töten durch ein Nervengift, dann ist außerdem eine künstliche Beatmung wichtig. Das Provinzkrankenhaus, in das der Betroffene schnellstens gelangen sollte, muss zudem sofort informiert werden, damit ein Arzt und das Serum beim Eintreffen bereitstehen. Ein Foto der Schlange hilft bei der Bestimmung der Art.

Skorpionstiche sind in dieser Region generell nicht tödlich. Kräutertabletten und Ruhigstellen des Körperteils lindern den Schmerz, Wasserkontakt meiden. Normalerweise lassen die anfangs starken Schmerzen nach ein bis zwei Tagen nach. Auch die großen **Geckos** *(tokeh)* beißen, wenn sie sich bedroht fühlen. Die kleinen sind hingegen harmlos.

Durchaus real ist in den Tropen die Gefahr, mit nesselnden und giftigen Meerestieren in Kontakt zu kommen. Nur zwei Arten von Fischen können gefährlich werden: zum einen **Stachelrochen**, deren Gift fürchterliche Schmerzen verursacht, zum anderen **Steinfische**, die sehr giftige Rückenstacheln besitzen. Beide sind nur schwer vom Meeresboden zu unterscheiden. Beim Schnorcheln führt die Berührung von **Feuerkorallen** zu stark brennenden Hautreizungen, während giftige Muränen, Rotfeuerfische und Seeschlangen nur ganz selten gefährlich werden. **Seeigel** sind zwar nicht giftig, ein eingetretener Stachel ist aber sehr schmerzhaft und verursacht lang eiternde Wunden.

Wie überall auf der Welt breiten sich auch im Südchinesischen Meer und im Golf von Thailand vermehrt **Quallen** aus, sodass Badende immer häufiger ihre giftigen Tentakeln streifen. Gehen die schmerzhaften Bläschen nach der Behandlung mit hochprozentigem Essig, Cortisonspray oder säurehaltigem Pflanzenbrei nicht innerhalb einer Stunde zurück, muss ein Arzt aufgesucht werden. Menschen, die unter einer Allergie leiden, sind besonders gefährdet.

Sonnenbrand und Hitzschlag

Selbst bei bedecktem Himmel ist die Sonneneinstrahlung intensiv. Viele Reisende treffen nur am Strand Vorkehrungen gegen Sonnenbrand und Hitzschlag, doch dies ist auch bei Touren durch das Hinterland unbedingt notwendig. Als wichtigste Schutzmaßnahmen empfiehlt es sich, regelmäßig Mittel mit hohem Sonnenschutzfaktor auf die Haut aufzutragen, Hut und Sonnenbrille zu tragen und tagsüber viel zu trinken.

Erschöpfungszustände bei Hitze äußern sich durch Kopfschmerzen, Übelkeit, Benommenheit und erhöhte Temperatur. Um die Symptome zu lindern, sollte man unbedingt schattige Bereiche aufsuchen und genügend Flüssigkeit zu sich nehmen. Erbrechen und Orientierungslosigkeit können auf einen Hitzschlag hinweisen,

der potenziell lebensbedrohlich ist – deshalb muss man sich sofort in medizinische Behandlung begeben.

Tetanus

Verletzungen sind nie ausschließen, und Wundstarrkrampf-Erreger finden sich überall auf der Erde. Die Grundimmunisierung erfolgt über zwei Impfungen im Abstand von vier Wochen, die nach einem Jahr aufgefrischt werden müssen. Danach genügt eine Impfung alle zehn Jahre. Gut ist die Impfung mit dem Tetanus-Diphterie-Pertussis-Impfstoff (für Personen ab fünf Jahre). So erhält man gleichzeitig einen Schutz vor Diphtherie und Keuchhusten.

Thrombose

Durch das stundenlange Sitzen auf Langstreckenflügen verringert sich der Blutfluss, vor allem in den Beinen. Dadurch kann es zur Bildung von Blutgerinnseln kommen, die, wenn sie sich von der Gefäßwand lösen und durch den Körper wandern, eine akute Gefahr darstellen (Lungenembolie). Zur Risikogruppe gehören Ältere, Schwangere, starke Raucher, Menschen mit Venenleiden und Frauen, die die Pille nehmen.

Die beste Vorbeugung ist, sich während des Fluges viel zu bewegen (mind. einmal stündlich. aufstehen) und viel zu trinken (Kaffee, Tee und Alkohol zählen nicht). Wer ganz sichergehen will, kann zudem medizinische Stützstrümpfe tragen, Risikopatienten sollten ihren Arzt zurate ziehen.

Tollwut

Theoretisch können alle Säugetiere mit dem Tollwut-Virus infiziert sein. Das Virus wird meist durch einen Biss mit dem Speichel übertragen, aber auch Kratzen kann reichen. Wer von einem streunenden Hund, einer Katze oder einem Affen gekratzt oder gebissen wurde, muss sich sofort immunisieren lassen, da eine Infektion mit Tollwut tödlich endet. Eine vorbeugende

Impfung ist nur bei längerem Aufenthalt in ländlichen Gegenden oder bei vorhersehbarem Umgang mit Tieren sinnvoll. Die effektiven, in Deutschland angebotenen Impfungen schützen drei bis fünf Jahre.

Typhus

Typhus ist nach Hepatitis A die häufigste Tropenkrankheit. Es wird vom Bakterium *Salmonella typhi* verursacht und oral übertragen. Typische Symptome sind ansteigendes Fieber, einhergehend mit einem eher langsamen Puls und Benommenheit. Später folgen eventuell Hautausschlag, Verstopfung oder Durchfall und Bauchschmerzen.

Empfehlenswert für Reisende ist die gut verträgliche Schluckimpfung mit Typhoral L. Drei Jahre lang schützt eine Injektion der neuen Typhus-Impfstoffe Typhim VI oder Typherix.

Vogelgrippe

Die Vogelgrippe ist eine Viruserkrankung, von der normalerweise nur Vögel, seltener auch Schweine betroffen sind. Das Virus kann sich aber durch engen Kontakt mit infiziertem Geflügel auch auf den Menschen übertragen. Nach zwei kleineren Ausbrüchen 2004 und 2005 kam es im Februar 2007 zu einer weiteren H5N1-Welle, bei der auch zwei Menschen starben. Beide hatten zuvor direkten Kontakt mit erkrankten Vögeln. 2008, 2009 und 2010 gab es weitere kleine Ausbrüche.

Reisen in betroffene Gebiete sind aber nach wie vor nur mit einem geringen Risiko behaftet. Als Vorsichtsmaßnahmen sollten aber der Kontakt mit Geflügel und Schweinen vermieden, auf Besuche von Tiermärkten verzichtet sowie Geflügelfleisch und Eier nur gut durchgegart verzehrt werden. Ebenfalls ratsam ist es, sich häufiger die Hände zu waschen, insbesondere vor dem Essen. Wer grippeähnliche Symptome (Fieber, Husten, einen rauen Hals und schmerzende Muskeln) oder Atemwegsprobleme bei sich bemerkt, sollte möglichst rasch einen Arzt aufsuchen. Da sich die Situation schnell ändern kann, sollte die aktuelle Lage vor Reiseantritt mit einem Arzt erörtert werden. Neueste Informationen gibt es unter 🖳 www.who.int/csr/disease/avian_influenza/en.

Wundinfektionen

Unter unhygienischen Bedingungen können sich schon aufgekratzte Moskitostiche zu beträchtlichen Infektionen auswachsen. Wichtig ist, dass jede noch so kleine Wunde desinfiziert, sauber gehalten und eventuell mit einem Pflaster geschützt wird. Antibiotika-Salben, im feuchtwarmem Klima noch besser Antibiotika-Puder, unterstützen den Heilungsprozess. In Thailand ist die entzündungshemmende Tinktur Calmine-D hilfreich, die überall erhältlich ist.

Wurmerkrankungen

Würmer können überall lauern: in rohem oder halbgarem Fleisch und Fisch, verunreinigtem Wasser oder auf Gemüse. Sie setzen sich an verschiedenen Organen fest und sind oft erst Wochen nach der Rückkehr festzustellen. Die meisten sind harmlos und durch eine einmalige Wurmkur zu vernichten. Nach einer Reise in abgelegene Gebiete ist es sinnvoll, den Stuhl auf Würmer untersuchen zu lassen. Das wird auch dann notwendig, wenn man über einen längeren Zeitraum auch nur leichte Durchfälle hat.

An durch Hunde- oder Katzenkot verunreinigten Stränden können Infektionen mit **Hakenwürmern** auftreten. Die Parasiten dringen durch die Fußsohlen ein und graben sich von außen sichtbare Gänge. Zur Behandlung empfiehlt es sich, einen Facharzt aufzusuchen.

Eine unangenehme Erscheinung sind **Lungen- und Leberegel**, die in rohem Süßwasserfisch, fermentierter Fischsoße und Schalentieren vorkommen können. Die Symptome hängen von der Schwere des Befalls ab. Bei Leberegeln kann es zu Fieber und Gelbsucht kommen, Lungenegel verursachen Husten (z. T. mit rötlichem Auswurf), Fieber und Brustschmerzen. Die Diagnose erfolgt anhand einer Stuhlprobe. Die beste Prävention ist, auf rohe oder halbgare Süßwassertiere zu verzichten.

Bücher und Filme

Nicht jede Buchhandlung hat folgende Bücher im Programm. Dafür erscheinen immer mehr als E-Book oder sind über das Internet, z. B. über DCO, 🖳 www.dco.co.th, oder Amazon sowie gebraucht bei Internet-Antiquariaten zu bekommen. Buchhandlungen in Thailand, die Secondhand- und englischsprachige Bücher verkaufen, sind im Regionalteil gelistet. Eine der größten, Asia Books, ist auch im Netz vertreten: 🖳 www.asiabooks.com. Eine weitere Quelle, die zudem nichts kostet, ist die Bibliothek des Goethe-Instituts in Bangkok. Die **Schriftenreihe der Deutsch-Thailändischen Gesellschaft**, 🖳 www.dtg.eu, publiziert auch zu Themen, die über die Tagesereignisse hinaus von fachspezifischem Interesse sind. Mehr Bücher zu Thailand werden auf 🖳 www.siam heute.de/Asiatische_Literatur_Thailand.html vorgestellt.

Romane und Erzählungen

Paul Adirex, *The Pirates of Tarutao* (Aries Books, Bangkok 1996). Historischer Roman über das Schicksal der Gefangenen auf der südthailändischen Insel Tarutao im Zweiten Weltkrieg. Interessant geschrieben, gut zu lesen. (Vergriffen.)

Paolo Bacigalupi, *Biokrieg* (Heyne, München 2011, engl.: The Windup Girl). Science Fiction-Politdrama eines amerikanischen Autors, das sich in einer von der Gentechnik zerstörten Welt in Bangkok mit beeindruckenden Ideen entfaltet.

Mischa Berlinski, *Fieldwork* (Picador, New York, 2008 – auch als E-Book). Der Selbstmord einer amerikanischen Anthropologin in einem thailändischen Gefängnis führt den Journalisten Mischa Berlinski zu den Lisu in den thailändischen Bergen.

Detlef Blettenberg, *Siamesische Hunde* (Pendragon Verlag, Bielefeld, 2009 – auch als E-Book). Als Landeskenner hat der deutsche Entwicklungshelfer diesen spannenden Thriller mit vielen Fakten über das Leben in Thailand gespickt. Der Handlung liegen die geheimdienstlichen Aktivitäten von Jim Thompson zugrunde. Vom selben Autor ist außerdem der Roman *Farang* (2004) erschienen, der mit dem Deutschen Krimi-Preis ausgezeichnet wurde.

John Burdett, *Der Jadereiter, Bangkok Tattoo, Der buddhistische Mönch, Vulture Peak* (Piper, München 2007 / 2008 / 2010 – bislang nur engl. als E-Book / 2012 – bislang nur engl.). Deftige, mit viel Insider-Wissen gespickte, spannende Krimis, in denen der buddhistische Polizist Sonchai im Drogen- und Rotlichtmilieu von Bangkok ermittelt. Ein Muss!

Caron Eastgate James, *Das Erbe der Schwestern* (Knaur, München 2005). Die junge neuseeländische Autorin beleuchtet in ihrem unterhaltsamen Familienroman das Schicksal einer englisch-siamesischen Familie in Thailand über drei Generationen, das eng mit der Geschichte des Landes verwoben ist.

Alex Garland, *Der Strand* (Goldmann, München 1999 – bislang nur engl. als E-Book). Der britische Autor beschreibt in seinem viel beachteten Erstlingswerk die Traveller-Szene in der Khaosan Road und auf Ko Samui, ihr Leben und ihre Träume.

Uthis Haemamool, *The Brotherhood of Kaeng Khoi* (Amarin Publishing, Bangkok 2012). In diesem großartigen, preisgekrönten und hervorragenden, ins Englische übersetzten Roman des jungen thailändischen Schriftstellers über den in einem Dorf heranwachsenden Lap Lae erfährt man mehr über Thailand als in jedem Kulturführer.

Timothy Hallinan, *A Nail Through the Heart, The Fourth Watcher, Breathing Water, The Queen of Patpong* (HarperCollins, New York 2007 / 2008 / 2009 / 2010 – auch als E-Book). Wieder ein Krimiautor, der beweist, dass sich Bangkok bestens als Handlungsort für dieses Genre eignet.

Margaret Landon, *Der König und ich* (Unionsverlag, Zürich 2012). Neuauflage des unter dem Titel *Anna und der König* verfilmten Klassikers (s. u.).

Rattawut Lapcharoensap, *Sightseeing* (Kiepenheuer & Witsch, Köln 2006 – bislang nur engl. als E-Book). Sieben facettenreiche Kurzgeschichten eines jungen thailändischen Autors über das moderne Alltagsleben jenseits der Sandstrände, humorvoll, präzise, tiefgründig und mit thailändischer Leichtigkeit beschrieben.

Bernt Möhrle, *Ao Sane Thailand* (Books on Demand 2008). Auf Tatsachen basierender Ro-

ANHANG

man, in dem versucht wird, auf einer Segeljacht von Phuket aus Haschisch nach Australien zu schmuggeln.

Christopher G. Moore, *Haus der Geister* (Unionsverlag, Zürich 2000 – bislang nur engl. als E-Book). Ein Thriller von dem in Thailand lebenden und dort bereits viel beachteten englischsprachigen Schriftsteller um den Privatdetektiv Vincent Calvino, Drogen und das große Geld. Auch der im Bangkoker Nachtclub-Milieu spielende Roman *Nana Plaza* wurde 2001 übersetzt. *Stunde null in Phnom Penh* erhielt 2004 sogar den Deutschen Krimipreis. Im jüngst übersetzten Werk *Der Untreue-Index* (Zürich 2011) ermittelt Calvino während der Zeit der politischen Unruhen in Bangkok wegen eines Falls von Medikamenten-Piraterie. Weitere Krimis und Romane des Autors auf Englisch. Einen Eindruck vom Autor vermittelt 🖥 www.cgmoore.com.

Allen Neville, *Cyber Freundin* (Bangkok Books, Bangkok 2008 – auch als E-Book). In Thailand erschienene deutsche Übersetzung eines Romans, der im Rotlichtmilieu spielt und das beliebte Thema „Thai-Mädchen trifft Falang-Männer" aufgreift. Allerdings ist es in diesem Krimi durchaus spannend und informativ dargestellt.

Kirsten Ritscher und Heike Werner, *Reise nach Thailand: Geschichten fürs Handgepäck* (Unionsverlag, Zürich 2007). Eine Sammlung von Texten zeitgenössischer thailändischer Autoren auf Deutsch.

Karel G. van Loon, *Die Unsichtbaren* (Aufbau Verlag, Berlin 2006). Ein erschütternder, einfühlsamer Roman über das Schicksal der Flüchtlinge aus Myanmar, basierend auf Interviews, die der holländische Bestsellerautor in den Lagern im thailändischen Grenzgebiet geführt hat.

Christian Velder (Hrsg.), *Muschelprinz und Duftende Blüte* (Manesse Verlag, Stuttgart 1997). Volkstümliche Liebesgeschichten aus Thailand, die zwischen dem 15. und 17. Jh. in der Region Chiang Mai entstanden sind.

Reise- und Erlebnisberichte

Der Preis der Leichtigkeit. Eine Reise durch Thailand, Kambodscha und Vietnam, Andreas Altmann (Frederking & Thaler, München 2008 –

auch als E-Book). Ein Schweizer reist mit leichtem Gepäck durch Südostasien und folgt seiner Intuition. Er beobachtet genau und berichtet auch in kleinen Details von Menschen, denen er begegnet.

Geister der Gelben Blätter, M. G. Schoeneberg (King of Fools, München 2007 – auch als E-Book). Der ehemalige Musiker von Ton Steine Scherben studiert Südostasienwissenschaften und begibt sich dann auf eine Reise durch Lanna und Laos, die bei den Mlabri, den Waldnomaden, endet. Mehr auf seiner Website 🖥 www. mg-schoeneberg.de.

Geschichten aus Thailand, Günther Ruffert (Heller Verlag, Taufkirchen 2006 – auch als Audio- und E-Book). Amüsante Erfahrungsberichte und Anekdoten aus dem thailändischen Alltag. Vom gleichen Autor erschien 2007 **Farang in Thailand**. Weitere Anekdoten aus dem thailändischen Alltag.

In Buddhas Gärten. Eine Reise durch Vietnam, Kambodscha, Thailand und Birma, Tor Farovik (Frederking & Thaler, München 2009). Der sozial engagierte Norweger ermöglicht auch einen Blick auf die politischen Zustände in der Region.

In Thailand leben. Geschichten und Artikel über das Leben in Thailand, Gad Labudda (Thailandbuch Verlag 2006). Erheiternde und aufmunternde, nachdenklich und mitunter auch ein bisschen traurig stimmende Geschichten über Einwanderer.

People of Esarn, Pira Sudham (Bangkok 2007). Erzählungen über das Leben in Nordost-Thailand. Vom gleichen Autor erschien 1989 **Monsoon Country**, das 2002 wieder neu aufgelegt wurde. (Nur in Thailand erhältlich.)

Phi Phi Island. Ein Bericht, Josef Haslinger (Fischer Taschenbücher, Frankfurt 2008). Der Autor, Schriftsteller und Professor für literarische Ästhetik überlebte mit seiner Familie den Tsunami auf Ko Phi Phi.

Geschichte und Gesellschaft

A History of Thailand, Chris Baker und Pasuk Phongpaichit (Yale University Press, Cambridge 2009). Die erste neue Geschichte Thailands seit vielen Jahren.

ANHANG

Das siamesische Lächeln. Literatur und Revolte in Thailand, Hella Kothmann (Neuer Isp Verlag, Karlsruhe 1994). Gedichte und Informationen zur Politik und Zeitgeschichte der 1970er- und 80er-Jahre.

Hilltribes of Thailand, Michael Freeman (Bangkok 1989). Ein dünnes, großformatiges Buch mit hervorragenden Farbfotos. Die kurzen englischen Textpassagen gehen einfühlsam auf das Leben der Bergvölker ein. (In Thailand erhältlich.)

Panorama. Thailands Bergvölker und Seenomaden. Unterwegs zu den Minderheiten Thailands, Aroon Thaewchatturat und Tom Vater (Reise Know-How, Bielefeld 2006). Eine bebilderte Beschreibung der ethnischen Minderheiten in Thailand. Auch in der Reihe KulturSchock als Taschenbuch erhältlich.

Sympathie Magazine des Studienkreises für Tourismus, ⌨ www.sympathiemagazin.de, gibt es u. a. zu Thailand und auch zum Buddhismus.

Thai Culture in Transition, William J. Klausner (Bangkok 2002). Die ausgezeichnete kritische Einführung beschreibt den Wandel der sozialen Strukturen und der Mentalität des modernen Thailands. (In Thailand erhältlich.)

Thailand – a Short History, David Wyatt (New Haven 2003). Ausgezeichnete Einführung in die Geschichte von der Vorzeit bis zur Jahrtausendwende. Auf Englisch, aber gut verständlich geschrieben.

Thaksin: The Business of Politics in Thailand, Chris Baker und Pasuk Phongpaichit (Silkworm Press, 2. erweiterte Auflage, Bangkok 2010). Eine kritische Auseinandersetzung mit dem reichsten Mann Thailands, seiner Biografie und seinem politischen Einfluss.

The King Never Smiles: A Biography of Thailand's Bhumibol Adulyadej, Paul Handley (Yale 2006 – auch als E-Book). Die nicht autorisierte Biografie des amerikanischen Autors wirft auch einen kritischen Blick auf das Leben des Königs und ist deshalb in Thailand verboten.

Völker im Goldenen Dreieck, Paul und Elaine Lewis (Stuttgart 1984, engl.: Peoples of the Golden Triangle). Umfangreiche, illustrierte Darstellung der Lebensbedingungen verschiedener Bergvölker, recht teuer und schwer. (Vergriffen, in Thailand auf Englisch erhältlich.)

Kunst und Kultur

Gebrauchsanweisung für Thailand, Martin Schacht (Piper, München 2011). Ein sehr unterhaltsamer Blick auf die thailändische Alltagskultur.

Inside Thai Society: Religion, Everyday Life, Change, Niels Mulder (Silkworm Press, Bangkok 2001). Informative, persönliche Studie eines Anthropologen für alle, die sich intensiver mit der Thai-Kultur auseinandersetzen möchten. (Vergriffen.)

Kulturschock Thailand, Rainer Krack (Reise Know-How, Bielefeld 2004 – auch als Audio- und E-Book). Informationen über Kultur und Gesellschaft der Thais.

Reisegast in Thailand, Alice Aarau und Robert & Nanthapa Cooper (Iwanowski Verlag, Dormagen 2009). Amüsant und locker geschrieben, ist dieses Buch eine Hilfestellung, um die Verhaltensweisen der Thais zu verstehen und sich als Ausländer entsprechend zu verhalten. Titel der englischen Originalversion: *Culture Shock! Thailand*.

Thai-Ramayana, Übersetzung der Fassung von König Rama I. durch M. L. Manich Jumsai (Deutsch, Englisch). Es gibt verschiedene Fassungen dieses Epos, das im gesamten süd- und südostasiatischen Raum bekannt ist. In die Thai-Version (auch: Ramakien) sind zahlreiche Märchen und Sagen Siams eingearbeitet worden. Eine umfangreiche deutsche Übersetzung der indischen Ramayana-Version ist bei Diederichs, Köln 2004, erschienen. **The Ramayana Through Western Eyes,** eine besonders schöne englische Nacherzählung mit Bezug auf die Artus-Legende und Abbildungen der Wandmalereien im Wat Phra Kaeo, hat J. C. Shaw 1988 bei D.K. in Bangkok veröffentlicht.

Thai Ways und **More Thai Ways**, Denis Segaller (Washington 2006). Der seit Jahrzehnten in Thailand lebende US-amerikanische Dokumentarfilmer schreibt humorvoll und doch respektvoll über Sitten und Lebensweisen der Thai. (Englisch, in Thailand erhältlich.)

Traditionelle Thai-Massage. NUAD – für Gesundheit und Entspannung, Rudolf Theelen (Goldmann, München 2006). Wer die Thai-Massage genossen hat und sich etwas näher mit den Techniken und der Wirkungsweise auseinandersetzen oder gar einzelne Handgriffe lernen möchte, findet in diesem Buch viele Anregungen. (Vergriffen.)

Natur

A Field Guide to the Flowering Plants of Thailand, Patrick D. McMakin (Bangkok 2000). Beschreibung von 502 Blütenpflanzen mit Fotos. (Englisch, in Thailand erhältlich.)

A Field Guide to the Wild Orchids of Thailand, Nantiya Vaddhanaphuti (Chiang Mai 2005). Beschreibung von 90 Orchideen mit Fotos. (Englisch, in Thailand erhältlich.)

Birds of Thailand, Craig Robson (Princeton 2002). Ein Vogelbestimmungsbuch mit 128 Bildtafeln und 950 Verbreitungskarten. (Englisch, in Thailand erhältlich.)

Der unersetzbare Dschungel, Josef H. Reichholf (BLV München, 1991). Verständlich geschrieben, auch für Neulinge in der Regenwald-Problematik geeignet. (Vergriffen.)

Fischführer Indischer Ozean. Rotes Meer bis Thailand, Helmut Debelius (Tetra Verlag, Berlin-Velten 2001). Ein deutschsprachiges Fischbestimmungsbuch für Taucher und andere Interessierte.

Tauchreiseführer Thailand, Frank Schneider (Kosmos Verlag, Stuttgart 2011). Deutschsprachiger Tauchführer aus der Kosmos-Reihe, in dem auf 200 Seiten die besten Tauchgebiete in Thailand – von den Similans bis Krabi – präsentiert werden.

Historische Beschreibungen

Viele historische Titel sind als Reprints bei White Lotus Press in Bangkok erschienen, 🖳 www.whitelotusbooks.com, und in Buchhandlungen in Thailand zu bekommen.

A Narrative of a Residence in Siam, Frederick Arthur Neale (London 1852; Reprint White Lotus, Bangkok 1986 – auch auf 🖳 digital.staatsbibliothek-berlin.de). Bericht eines Briten von seiner Reise nach Siam und seine Beobachtungen über die Kultur, Traditionen und das Rechtssystem des Königreichs.

Letters from Thailand, Botan (Seattle 2002). Die Geschichte eines Einwanderers aus China in den späten 1940er-Jahren. Empfehlenswert. (Englisch, in Thailand erhältlich.)

Siam on the Meinam from the Gulf to Ayuthia, Maxwell Sommerville (London 1897; Reprint Bangkok 1985 – auch auf 🖳 digital.staatsbibliothek-berlin.de). Reiseaufzeichnungen eines US-amerikanischen Professors, der Bangkok und den Menam Chao Phraya über Ayutthaya bis Zentral-Thailand bereiste.

1688 Revolution in Siam, E. W. Hutchinson (Bangkok 1990). Memoiren von Pater de Bèze, einem Jesuitenpriester. Er beschreibt die ersten europäischen Versuche, das Königreich zu durchdringen.

The Kingdom and the People of Siam, Sir John Bowring (Reprint New York 1969). Zweibändiges, umfangreiches Werk, 1855 von einem englischen Diplomaten verfasst, der das Land bereiste.

Bildbände

Classic Thai. Design. Interiors. Architecture, Luca Invernizzi Tettoni unter anderem (Periplus Edition, North Clarendon 2007 – auch als E-Book). Der hervorragende Fotograf beeindruckt auch in diesem Band mit seinen Bildern zu Themen wie dem klassischen Thai-Haus, der religiösen Architektur und dem Thai-Kunsthandwerk und Design.

Panorama Thailand, Stefan Nink (Flechsig Verlag, Würzburg 2009). Neuer Bildband im Breitformat mit Bildern zum Träumen.

Thai Style, Luca Invernizzi Tettoni unter anderem (Bangkok 2012). Dieser hervorragend fotografierte Bildband stellt herausragende Beispiele der Thai-Architektur, von der traditionellen Formgebung bis zum westlich beeinflussten Tropenhaus, dar.

Thailand. Land der Freien, Paul Trummer (NZ Visitor Publications, Frankfurt 2009). Gewichtiger Bildband mit wunderschönen Bildern von Tempeln und anderen Kulturgütern. (Vergriffen.)

The Arts of Thailand, Steve Van Beek und Luca Invernizzi Tettoni (Periplus Edition, North Clarendon 1999 – auch als E-Book). Großformatiger Bildband mit fantastischen Bildern.

Very Thai. Everyday Popular Culture, Philip Cornwel-Smith (River Books, 2. erweiterte Auflage, Bangkok 2013). Bildband über die farbenfrohe Alltagskultur der Thai von einem Landeskenner zusammengetragen.

Sprachführer und Wörterbücher

In Bangkoks Buchläden und in der Khaosan Road wird ein breites Sortiment an preiswerten Sprach- und Wörterbüchern verkauft. Außerdem gibt es:

Lonely Planet Sprachführer Thai (MairDumont, Stuttgart 2009) und **Hill Tribes Phrasebook of Southeast Asia**, David Bradley (Melbourne 2008). Sehr gute Sprachführer mit Lautschrift und Thai-Schrift. Sie ermöglichen auch in ländlichen Gebieten eine (Lese- und Zeige-) Konversation und fordern die Gesprächspartner dazu heraus, Sprachlehrer zu spielen. Den Lonely Planet Sprachführer Thai gibt es in deutscher Übersetzung, das Hill Tribe Phrasebook nur auf Englisch.

Thai, Rough Guides Phrasebook (Lexus, Rough Guides, London 2011) Sprachführer inkl. Audiodateien mit Aussprachebeispielen zum Downloaden. Nur auf Englisch.

Thai, Wort für Wort. Kauderwelsch, Martin Lutterjohann (Reise Know-How, Bielefeld 2008). Zum Buch gibt es auch Aussprachebeispiele zum Downloaden.

Kochbücher

Jahr für Jahr erscheinen neue Kochbücher auf dem Markt mit neuen oder umgeschriebenen Rezepten.

Thai Food, David Thompson (Collection Rolf Heyne, 3. Auflage, München 2013). Eine Liebeserklärung an die Küche Siams vom australischen Koch David Thompson, einem glühen-

den Verehrer der thailändischen Kochkunst. Vom selben Autor das ebenso ansprechende **Thai Street Food** (2010 – nur auf Englisch).

Thai-Küche, Judy Bastyra und Becky Johnson (Kaleidoskop im Christian Verlag, München 2008). Umfangreiches Werk mit einer Warenkunde, Informationen über Essen in Thailand und natürlich vielen Rezepten.

Thailand. Kochen und genießen mit Originalrezepten, Margit Proebst und Dara Spirgatis (Gräfe und Unzer, München 2004). Die Kochbuchautorin Margit Proebst hat zusammen mit Dara Spirgatis 90 Originalrezepte zusammengetragen.

Thailändisch Kochen, Oi Cheepchaiissara (Umschau Buchverlag, München 2006). Deutsche Übersetzung des englischen Kochbuchs *Fresh Thai* mit 80 Rezepten für gesundes Essen.

Thai Street Food. Thailändische Garküche und ihre besten Rezepte, Vatcharin Bhumichitr (Hädecke 2003). Eine kulinarische Reise durch die Garküchen Thailands. Gerichte für den Anfänger sowie Anregungen für jeden, der sich bereits in der asiatischen Küche auskennt, mit Zutaten, die auch in einer deutschen Kleinstadt zu bekommen sind. (Vergriffen.)

Reiseführer

Eine große Zahl von Reiseführern beschäftigt sich mit Thailand. Zudem gibt es eine Reihe an Büchern für Auswanderer. Aus dem Angebot haben wir einige ausgewählt, die dieses Buch ergänzen können.

Bangkok Inside Out, Daniel Ziv und Guy Sharett (Asiascapes Publishing, 2005). Die überaus ironische Betrachtungsweise der Hauptstadt ist in Thailand nicht richtig verstanden worden, weshalb das Buch verboten wurde. Die amüsante Lektüre ist dennoch auf dem Chatuchak-Wochenendmarkt und auch im Internet zu bekommen.

Kosmos NaturReiseführer Thailand, Andrea Kath, und Jörg und Annette Braun-Lüllemann (Kosmos Verlag, Stuttgart 2001). Auf 286 Seiten wird der Naturraum Thailands ausführlich dargestellt und mit farbigen Fotos und Karten illustriert. (Vergriffen.)

National Parks and other Wild Places of Thailand, Stephen Elliott und Gerald Cubitt (New Holland Publishers, Australien 2006). Ausführliche Beschreibung aller Nationalparks, fantastische Fotos, viele praktische Tipps. Aufgrund des Formats als praktischer Wanderführer wenig geeignet.

Polyglott APA Guide Thailand, Andrew Forbes u. a. (Polyglott Verlag, München 2010). Ein Reiseführer mit schönen Bildern und ausführlichen Routenbeschreibungen in Deutsch und Englisch. Wenig praktische Tipps!

Richtig Reisen Thailand, Renate Loose (DuMont Reiseverlag, Stuttgart 2014). Hintergrundinformationen über das buddhistische Land. Außerdem zahlreiche Fotos und Routentipps über die wichtigsten Reiseziele in Thailand.

E-Books

Eine stetig wachsende Zahl von Publikationen ist auch in digitaler Form erhältlich. Bei online verfügbaren Titeln haben wir dies in unserer Bücherliste vermerkt. Hinzu kommen eine Reihe von Krimis, Auswandererratgebern und mehr oder weniger autobiografischen Erstlingswerken, die sich mit den Frohlockungen, Tücken und Folgen der (oft käuflichen) Liebe beschäftigen.

Aber auch viele wissenschaftliche Arbeiten und liebevoll geschriebene Reiseberichte finden sich im Netz.

Menschen in Thailand – Auf der Suche nach Glück. Ursula Spraul-Doring (Kindle Edition 2012). Sehr positives Buch mit gefühlvollen Porträts grundverschiedener Menschen und ihrem ganz eigenen Weg zum Glück. Vielseitig und mit viel Hintergrundwissen gewürzt.

Landkarten und Pläne

… über Thailand

Nelles Map Thailand 1 : 1 500 000 (Nelles Verlag, München). Sehenswürdigkeiten sind markiert, Grundlage ist eine topografische Karte mit angenehmem Maßstab. 9 Stadtpläne und Detailkarten.

Thailand Highway Map 1 : 1 100 000 (Roads Association of Thailand, Hrsg.; PN Map Center, Bangkok). Der zurzeit umfangreichste Straßenatlas von Thailand in Thai und Englisch, brauchbar für Haupt- und Nebenrouten. Viele Stadtpläne. Leider ist der Ortsindex nur in Thai. Erscheint jährlich neu und ist nur in Thailand erhältlich.

thinknet Bilingual Map Of … (ThinkNet Co.; Bangkok). Hervorragend recherchierte Serie von Atlanten und Karten (auch digital) über Thailand und einzelne Regionen. Zweisprachig (Englisch/Thai) sind u. a. Karten zum Norden, Nordosten, Zentrum, Süden, zur Ostküste, Bangkok, Phuket und eine Walk Map of Bangkok sowie diverse Mini Maps und digitale Karten erschienen. 🖵 www.thinknet.co.th.

… über Bangkok

Bangkok & Vicinity A to Z Atlas (PN Map Center, Bangkok). 120-seitiger Stadtatlas, sehr detailliert und präzise, aber nur mit Thai-Straßenindex.

Map of Bangkok (Nancy Chandler Graphics 2013). Grafisch hübsch gestaltete, handgezeichnete Karten von den interessantesten Märkten und Einkaufsvierteln mit eingezeichneten Geschäften, Restaurants, Sehenswürdigkeiten. Es gibt auch eine Khao San-Karte.

thinknet Bangkok Bus Guide. Brauchbarer Bangkok-Stadtplan mit eingezeichneten Busrouten, den es in einigen Gästehäusern und Buchläden in Bangkok zu kaufen gibt.

Filme

Anna und der König (1999)

In dem in Thailand wegen Majestätsbeleidigung verbotenen Remake spielt Jodie Foster die Rolle der englischen Lehrerin Anna Leonowens am Hof von König Mongkut. Die Romanvorlage wurde bereits 1951 als Musical mit Yul Brynner und Deborah Kerr verfilmt. Das Beeindruckendste am Remake sind die Kostüme.

Bangkok Dangerous (2009)

Klischeebehaftetes, aber unterhaltsames Hollywood-Remake eines erfolgreichen thailändischen Films mit Nicolas Cage in der Hauptrolle. Der Auftragskiller Joe wird von der Thai-Mafia in Bangkok angeheuert. Als er einen Politiker umbringen soll, beginnt er zu zweifeln.

Die Brücke am Kwai (1957)
Mit sieben Oscars prämierter, von David Lean verfilmter Klassiker über das Leben im Kriegsgefangenenlager und den Bau der Brücke über den River Kwai während des Zweiten Weltkriegs. Mit Alec Guinness in der Rolle des Colonel Nicholson.

Hangover 2 (2011)
In dieser US-amerikanischen Komödie von Todd Phillips reist Stu mit seinen Freunden nach Thailand, um in Krabi seine Hochzeit mit Lauren zu feiern. Nach einem Trinkgelage wachen sie mit einem Blackout in einem schmutzigen Hotel in Bangkok auf. Die folgenden chaotischen Ereignisse sind weitgehend an den erfolgreichen ersten Teil angelehnt.

Ong-bak (2003)
In einem der erfolgreichsten Thai-Filme versucht ein junger Mann vom Land einen geraubten Buddhakopf in Bangkok wiederzufinden. Dort gerät er in eine Szene, die illegale Wettkämpfe und Wetten organisiert und wo er seine Fähigkeiten als Thai-Boxer unter Beweis stellt. Die beiden Fortsetzungen sind leider nicht annähernd so unterhaltsam.

The Beach (2001)
Der Traveller-Roman des britischen Autors Alex Garland wurde auf Ko Phi Phi Le und im Khao Yai-Nationalpark mit Leonardo di Caprio in der Hauptrolle verfilmt.

ANHANG

Zugnummer	EXP SP DRC 43	DRC 261	RAP 171	EXP SP 35	EXP SP 37	RAP 169	EXP 83	RAP 173	RAP 167	EXP 85	EXP SP DRC 39-41	EL 7	ORD 257	ORD 259
Klasse	2	3	2-3	1-2	1-2-3	2-3	1-2-3	2-3	2-3	1-2-3	2	2	3	3
Bangkok	08.05	09.20	13.00	14.45	15.10	15.35	17.05	17.35	18.30	19.30	22.50	.	.	.
Thonburi	.	.	.	.	.	.	.	.	.	.	.	.	07.50	13.55
N. Pathom	09.21	11.01	14.36	16.09	16.36	17.13	18.31	19.10	19.56	20.57	00.08	.	09.02	15.03
Kanchanaburi	.	.	.	.	.	.	.	.	.	.	.	.	10.35	16.26
Nam Tok	.	.	.	.	.	.	.	.	.	.	.	.	12.35	18.30
Ratchaburi	10.03	11.57	15.25	17.00	17.29	18.19	19.23	20.06	20.49	21.49	00.51	.	.	.
Phetchaburi	10.40	12.47	16.10	17.46	18.14	19.08	20.10	20.53	21.35	22.35	01.28	.	.	.
Hua Hin	11.26	13.50	17.14	18.42	19.10	20.07	21.07	21.51	22.31	23.33	02.20	.	.	.
Prachuap K.K.	12.28	.	18.35	.	20.35	21.34	.	23.16	23.55	01.01	03.29	.	.	.
Ban Krut	13.07	.	19.28	.	.	22.29	.	00.24	00.53	.	04.14	.	.	.
Chumphon	14.36	.	21.12	22.34	23.15	00.42	01.16	02.48	03.18	04.13	05.49	.	.	.
Lang Suan	15.29	.	22.23	.	.	02.12	.	04.01	04.33	05.25	06.48	.	.	.
Surat Thani	16.45	.	00.22	01.23	02.00	03.45	04.24	05.48	06.23	07.06	08.05	.	.	.
Thung Song	.	.	02.29	03.14	03.50	05.46	06.25	08.22	08.45	09.27	09.49	.	.	.
Trang	.	.	.	.	.	.	08.05	.	10.31	10.55	.	.	.	.
Nakhon Si Thammarat	.	.	.	.	.	.	.	09.55	.	.	.	.	.	.
Hat Yai	.	.	05.52	06.35	07.20	09.15	.	.	.	.	12.34	16.00	.	.
Yala	.	.	08.46	.	09.26	11.20	.	.	.	.	14.30	.	.	.
Sungai Golok	.	.	10.45	.	11.20	.	.	.	.	.	.	.	.	.
Padang Besar	.	.	.	07.55	.	.	.	.	.	.	.	16.50	.	.
Butterworth	.	.	.	12.55	.	.	.	.	.	.	.	20.55	.	.

Fortsetzung auf S. 818

ANHANG

Fortsetzung von S. 817

Zugnummer	RAP 174	EXP 168	SP EXP DRC 42+44	RAP 86	RAP 170	EXP 84	RAF 172	EXP SP 36	EXP SP 38	DRC 262	EXP SP DRC 40	ORD 260	ORD 258
Klasse	2-3	1-2-3	2	2-3	2-3	1-2-3	2-3	1-2-3	1-2	3	2	3	3
Butterworth													
Padang Besar								13.15					
Sungai Golok							11.30	17.40	14.20				
Yala			14.55		12.35		13.26		16.09				
Hat Yai			16.23		14.45		15.39	18.45	18.10				
Nakhon Si T.	13.00			15.00									
Trang		13.29				17.25							
Thung Song	14.24	15.17	19.03	16.20	18.13	19.12	19.27	22.07	21.38				
Surat Thani	16.47	17.38	20.41	18.37	20.14	21.04	21.26	23.57	23.28		10.40		
Lang Suan	18.27	19.20	21.52	20.11	22.05		23.09				11.54		
Chumphon	19.36	20.31	22.49	21.22	23.23	23.59	00.44	02.34	02.06		12.46		
Ban Krut	21.50	22.34		00.15							14.20		
Prachuap K.K.	22.58	23.36	01.17	01.47	02.26		03.31		04.43		14.59		
Hua Hin	00.45	01.16	02.22	02.58	04.06	04.15	04.56	06.29	06.05	14.10	16.01		
Phetchaburi	01.53	02.17	03.10	04.04	05.32	05.17	05.58	07.27	07.03	15.23	16.47		
Ratchaburi	02.44	03.06	03.50		06.25	06.08	06.49	08.13	07.49	16.30	17.41		
Nam Tok												05.20	12.55
Kanchanaburi												07.19	14.48
N. Pathom	03.38	04.03	04.36	05.00	07.24	07.02	07.43	09.01	08.40	17.52	18.24	09.19	16.30
Thonburi												10.25	17.40
Bangkok	05.10	05.35	05.55	06.30	09.00	08.35	09.15	10.30	10.10	19.25	19.45		

www.stefan-loose.de/thailand

Zugnummer	ORD 275	ORD 283*	ORD 281	DRC 279	DRC 277
Bangkok	05.55	06.55	08.00	13.05	15.25
Chachoeng	07.40	08.59	09.32	14.21	16.44
Prachinburi	08.58	.	10.46	15.22	17.41
Kabinburi	09.48	.	11.35	16.12	18.20
Aranyaprat	11.35	.	.	17.35	.
Chonburi	.	09.49	.	.	.
Pattaya	.	10.35	.	.	.

Zugnummer	ORD 278	DRC 280	DRC 282	ORD 276	ORD 284*
Pattaya	.	.	.	.	14.21
Chonburi	.	.	.	.	15.21
Aranyaprat	.	06.40	.	13.55	.
Kabinburi	06.30	08.23	13.25	15.39	.
Prachinburi	07.19	09.21	14.16	16.30	.
Chachoeng	08.31	10.22	15.34	18.00	16.20
Bangkok	10.15	12.05	17.15	19.55	18.25

Alle Züge 3. Klasse, * verkehrt Mo–Fr

ANHANG

Index

A

Abhisit 113
Aids 803
Aktivitäten 69
Alkohol 50
Alphabetisierungsrate 105
Ameisen 88
Amphawa 230
Amphibien 101
Anand Panyarachun 112
Ang Thong-Archipel 380
Ang Thong Marine National Park 484
Anreise 38
Antiquitäten 43
Ao Bang Charu 409
Ao Bang Kao 479
Ao Bang Tao 602
Ao Chalok Ban Kao 395
Ao Chalong 577
Ao Hat Thong 461
Ao Hin Lor 439
Ao Hin Wong 400
Ao Jansom 394
Ao June Juea 395
Ao Khao Kwai 530
Ao Klong Jak 692
Ao Kratueng 323
Ao Kwang Peeb 530
Ao Lamai 472
Ao La Nah 670
Ao Lang Khaai 398
Ao Leuk 397
Ao Mae Hat 386, 423
Ao Mai Pai 693
Ao Makham 576
Ao Mamuang 400
Ao Nai Wok 414
Ao Nam Mao 632
Ao Nui 670
Ao Nun 707
Ao Pai Plong 633
Ao Pangka 479
Ao Phrao 287
Ao Ran Ti 670
Ao Sai Daeng 397

Ao Siad 524
Ao Ta Daeng 523
Ao Tanote 398
Ao Tha Len 649
Ao Thian 397
Ao Thong Nai Pan 428
Ao Thong Ta Khien 472
Ao Thong Yi 493
Ao Ton Sai 639
Ao Yai (Ko Chang) 520
Ao Yai (Ko Phayam) 526
Asana 127
Asanha Bucha 53
Asienkrise 116
Auslandsreise-Kranken-
  versicherung 92
Ausrüstung 56
Außenpolitik 115
Ayutthaya 108, 125, 257
  Chandra Kasem-Palast 261
  Chao Sam Phraya National
    Museum 257
  Chedi Phu Khao Thong 262
  Essen 265
  Informationen 267
  Japanisches Dorf 262
  Transport 268
  Übernachtung 263
  Unterhaltung 266
  Viharn Phra Mongkol
    Bophit 260
  Wat Chai Wattanaram 260
  Wat Mahathat 259
  Wat Na Phra Meru 262
  Wat Phanan Choeng 262
  Wat Phra Ram 259
  Wat Phra Si San Phet 260
  Wat Phutthai Sawan 261
  Wat Ratburana 259
  Wat Senatsanaram 261
  Wat Yai Chai Mongkol 262

B

Bäckereien 44
Backpackerbusse 81, 219
Bailan Beach 314
Bamboo Bay (Ko Lanta) 693
Ban Ao Noi 360
Ban Chaloklum 424

Bang Bao Beach 314, 316
Bangkok 105, 115, 117, 126
  Abhisek Dusit Thron-
    halle 143
  Aktivitäten 209
  Amarindra Winitchai-
    Thronhalle 135
  Amulettmarkt 139, 205
  Ananta Samakhom-
    Thronhalle 142
  Antiquitäten 206
  Backpackerbusse 219
  Baiyoke II Tower 154
  Bang Bua Thong 169
  Banglampoo 139
  Bars und Pubs 192
  BRT (Expresslinie für
    Busse) 217
  BTS (Skytrain) 216
  Bücher 207
  Busse 220
  Chakri Maha Prasat-
    Palast 135
  Children's Discovery
    Museum 169
  Chinatown 148
  Clubs und Discos 196
  Demokratie-Denkmal 146
  Dusit 141
  Dusit-Zoo 143
  Einkaufen 202
  Eisenbahn 221
  Erawan-Schrein 153
  Essen 182
  Expressboote 218
  Fähren 218
  Fahrräder 212
  Feste und Festivals 212
  Flüge 222
  Freiluftbars 195
  Gerichtsmedizinisches
    Institut 144
  Golden Mount 147
  Hauptpostamt 150
  Hua Lamphong 150
  Immigration 213
  Informationen 213
  Jim Thompson-Haus 152
  Kamthieng House 155

Khaosan Road 140
Kino 198
Klong Bang Luang 145
Kochkurse 209
Ko Kret Ban 169
Königspalast 133
Kuan-Im-Palast 169
Kunstausstellungen 200
Kunsthandwerk 207
Kunst und Kultur 199
Lak Muang-Schrein 139
Lieferservice 183
Linienboote 219
Little India 148
Livemusik 194
Loha Prasat 146
Lumphini Park 151
Madame Tussaud's
   Bangkok 153
Märkte 205
Massagen 214
Massageschule 137

MBK (Mah Boon Krong
   Center) 203
Meditationszentrum 139
Medizinische Hilfe 214
Minibusse 220
Motorradtaxis 218
MRT (U-Bahn) 216
Museum of Siam 137
Nachtleben 192
Nationalgalerie 138
Nationalmuseum 137
Nationaltheater 138
Neilson Hays Library 151
Oriental Hotel 150
Orientierung 132
Or Tor Kor 206
Pahurat-Markt 206
Pak Klong Talat 145, 206
Party 197
Patpong 151, 193
Phra Sumen Fort 141
Polizei 215

Post 215
Pratunam 152, 154, 203, 206
Queen's Park 155
Radtouren 211
Rare Stone Museum 169
Ratchdamnoen Road 146
Rattanakosin Exhibition
   Hall 146
Restaurantboote 185
Riesenschaukel 147
Rosenkranzkirche 150
Royal City Avenue
   (RCA) 196
Royal Elephant National
   Museum 142
Sampeng Lane 148
Sanam Luang 138
Santa Cruz-Kirche 145
Sathorn 150
Schlangenfarm 152
Schmuck 208
Schneider 208

ANHANG

Seide 208
Shoppingcenter 202
Siam 152
Siam Ocean World 153
Siam Paragon 153, 188, 203
Silom 150
Silpakorn-Universität 138
Siriraj Medical
   Museum 144
Smaragd-Buddha 135
Southeast Asian Creamics
   Museum 169
Sri Mariamman-Tempel 151
Stadtbusse 217
Straßenküchen 182
Suan Chatuchak Weekend
   Market 155
Suan Pakkad-Palast 154
Sukhumvit 154
Surfen 210
Suvarnabhumi Airport 222
Tanzaufführungen 202
Taxis 217
Textilien 208
Thai-Boxen 199, 210
Thammasat-Universität 138
Theater 201
Thewet-Blumenmarkt 206
Thonburi 143
Thong Lo/Ekkamai 196
Touren 210, 244
Transport (Weiterreise) 219
Travestieshow 199
Tuk Tuks 218
Übernachtung 169
Unterhaltung 198
Vimanmek Mansion 141
Visa 215
Wat Arun 145
Wat Benchamabophit 143
Wat Bowonniwet 139
Wat Indraviharn 141
Wat Kanlayanimit 145
Wat Mahathat 139
Wat Pho 136
Wat Phra Keo 134
Wat Ratchabophit 147
Wat Ratchanaddaram 146
Wat Saket 147

Wat Suthat 147
Wat Traimit 149
Bang Nok Kwaek 231
Bang Pa In 256
Bang Sai 255
Bang Saphan 368
Bang Tao 602
Banharn Silpa-Archa 112
Ban Kai 439
Ban Kamala 598
Ban Kao 250
Banken 55
Ban Khok Wua 505
Bankkarten 55
Ban Ko Lanta 693
Ban Krong 338
Ban Mae Hat 386
Ban Saladan 680
Ban Sang-Ga-U 694
Ban Sri Thanu 415
Ban Tai 439
Ban Tha Kha 229
Ban Thong Nai Pan 428
Batu Ferringhi 770
Benzin 36, 82
Bergvölker 104, 106
Betrügereien 68
Betteln 89
Bettwanzen 88, 804
Bevölkerung 105
Bhumipol, König 111, 114
Bilharziose 802
BIP 116
Birma 108
Blutegel 71, 804
Bodyslam 130
Boote 81
Bootstouren 69
Bo Rai 300
Bot 126
Botschaften 40
Brandrodung 104
Briefe 66
Brücke am Kwae 239
Bücher 43, 808
Buddhastatuen 126
Buddhismus 119
Buraphachollathit Road 291
Burau Bay 742

Busse 79
Butterfly Farm 772

C
Cafés 44
Carabao 130
Chaek Bae 317
Chaiya 486
Chakri-Dynastie 109
Chalong 577
Chamlong Srimuang 112
Chantaburi 291
Chao Lao 290
Chao Mai National Park 722
Chao Thi 128
Chatichai Choonhavan 111
Chavalit Yongchaiyudh 112
Chedi 126
Chiang Mai 108
Chiew Lan-See 542
Cholera 802
Chompon-Höhle 236
Chonburi 273
Chuan Leekpai 112
Chulalongkorn 141
Chulalongkorn, König
   (reg. 1868–1910) 109
Chumphon 373
Clash 130
Coffeeshops 44
Coral Cape 554
Coral Cove 472
Coral Island 612
Crystal Bay (Patong) 590

D
Damnoen Saduak 229
Dan Kao 316
Dan Mai 316
Datai 743
Demokratische
   Erneuerung 111
Dengue-Fieber 802
Deutsche Welle 65
Diebstahl 68
Drachenwettkämpfe 138
Drogen 89
Durchfall 803
Dürre 104

E

Edelsteine 42
Edler Achtfältiger Pfad 120
Einbruch 68
Einkaufen 42
Einreiseformalitäten 94
Einwohnerzahl 105
Eisenbahn 78
Eisenbahn des Todes 238, 248
Elefanten 27, 101, 244, 267, 319
Elektrizität 64
E-Mail 61
Erawan 127
Erawan National Park 253
Erosion 104
Essen 43, 59
Essensstände 44

F

Fahrräder 84
Fauna 99
Feiertage 52

Fernsehen 64
Feste 27, 52
Figuren, mythologische 127
Filme 814
Fisherman's Village 457
Fläche 98
Flora 99
Flüge 38
  Flüge online buchen 38
  international 38
  national 77
Food Center 44
Frauen 53
Freedom Beach (Patong) 590
Fremdenverkehrsämter 61
Früchte 46

G

Garuda 127
Geisterglaube 121
Geisterhäuschen 127
Geld 54

Geografie 98
George Town (Penang) 746
  Air Itam 756
  Kek Lok Si-Tempel 756
  Koloniales Viertel 748
  Penang Hill 757
  Street of Harmony 753
  Zentrum 753
Gepäck 56
Geschichte 107
Geschlechtskrankheiten 803
Gesundheit 58
Getränke 49
Gewürze 45
Goethe-Institut (Bangkok) 200
Golf 345
Gonorrhoe 803
GPS 83
Grenzübergänge 38
  Kambodscha 332
  Malaysia 38
  Myanmar 360

ANHANG

Gummibaum 99
Gunung Mat Cincang 743
Gunung Raya 744

H

Had Sirinath Marine National
    Park 606, 608
Handeln 89
Handys 74, 76
Hat Bang Burd 371
Hat Bang Niang 550
Hat Chang Lang 723
Hat Chao Mai 723
Hat Chao Pao 416
Hat Chaweng 463
Hat Choeng Mon 461
Hat Hin Kong 415
Hat Kai Bae 310
Hat Kai Mook 307
Hat Kantiang 691
Hat Karon 588
Hat Kata 583
Hat Kaw Kwang 682
Hat Khom 426
Hat Klong Dao 682
Hat Klong Khong 687
Hat Klong Nin 689
Hat Klong Prao 308
Hat Laem Niad 415
Hat Laem Sala 358
Hat Laem Sing 598
Hat Laem Thong 670
Hat Layan 604
Hat Lek 300, 556
Hat Mae Nam 452
Hat Mai Khao 608
Hat Mittrapab 577
Hat Nacha 597
Hat Na Dan 493
Hat Nai Thon 604
Hat Nai Yang 605
Hat Namtok 432
Hat Nang Thong 547
Hat Noppharat Thara 646
Hat Noppharat Thara Mu Ko
    Phi Phi Marine National
    Park 671
Hat Nui 581
Hat Pak Meng 722

Hat Pansea 600
Hat Paradonpab 377
Hat Patong 590
Hat Phra Ae 683
Hat Plaaylam 414
Hat Rin 434
Hat Sai Kaew 287
Hat Sai Kao 303
Hat Sai Keaw 608
Hat Sai Nuan 394
Hat Sai Ri 377, 390
Hat Salad 420
Hat Sam Roi Yot 356
Hat San 723
Hat Santi 482
Hat Sirinath Marine
    National Park 604
Hat Son 418
Hat Sri Thanu 415
Hat Suan Son 354
Hat Surin 600
Hat Thien 432
Hat Thung Wua Laen 377
Hat Tub Kaek 649
Hat Wai Nam 432
Hat Wok Tum 415
Hat Yai 508
Hat Yang 432
Hat Yanui 581
Hat Yao 669, 698, 723
Hat Yao (East) 432
Hat Yao (West) 418
Hat Yong Ling 723
Hat Yuan 432
Hauterkrankungen 803
Hellfire Pass 253
Helmpflicht 83
Hepatitis 803
Hitzschlag 806
HIV 803
Höhlen 28, 102
Holzschnitzereien 129
Hongs 102
Hua Hin 344
Hua Thanon 479
Huay Mongkul-Tempel
    355
Hutan Paya Bakau Kilim
    745

I

Illegale Immigranten 106
Immergrüne Regenwälder 99
Inflation 116
Informationen 61
Innenpolitik 115
Insekten 101
Insektenstiche 804
Inseln 25, 380
Internet 61
Islam 106, 107, 122
Isthmus von Kra 519

J

Japanische Encephalitis 804
JEAHT-Kriegsmuseum 239

K

Kaeng Krachan
    National Park 339
Kakerlaken 88
Kalender 95
Kalim 592
Kamala 597
Kanchanaburi 239
    Essen 243
    Immigration 246
    Informationen 246
    Touren 245
    Transport 247
    Übernachtung 239
Kanchandit 488
Karstfelsen 102
Kata-Karon 583
Kata Noi 583
Kata Yai 583
Kautschuk 116
Khanom 493
Khao Binn-Höhle 235
Khao Chamao/Khao Wong
    National Park 285
Khao Laem Ya Samet Marine
    National Park 287
Khao Lak 545
Khao Lak-Lamru National
    Park 556
Khao Ngu-Berge 235
Khao Phanom Bencha
    National Park 618

Khao Phra Taeo Wildlife
  Park 609
Khao Pun-Höhle 249
Khao Salak Phet 301
Khao Sam Roi Yot
  National Park 357
Khao Soi Dao Wildlife
  Sanctuary 295
Khao Tao 354
Khitchakut National Park 295
Khlong Yai 300
Khuk Khak 554
Khung Wiman 290
Khura Buri 534
Kinder 62
Kinderlähmung 805
Kleidung 56, 90
Klettern 319
Klima 60
Klong Son 303
Ko Adang 710
Ko Bangu 558
Ko Bon 558

Ko Bubu 694
Ko Bulon Lae 707
Ko Chang
  (Andamanensee) 520
Ko Chang
  (Golf von Thailand) 301
Ko Chang Marine
  National Park 301
Kochbücher 812
Kochkurse 23, 69, 245, 319,
  571, 626, 638
Ko Chula 296
Ko Ha 505, 558
Ko Hin Ngam 711
Ko Hin Pousar 558
Ko Hong-Archipel 618
Ko Huyong 558
Ko Jabang 711
Ko Jum 657
Ko Kham 326
Ko Kho Khao 545
Ko Klang 629
Ko Kood 327

Ko Kradaat 331
Ko Kradan 700
Ko Lanta Marine
  National Park 677
Ko Lanta National Park 695
Ko Lao Liang 704
Ko Lao Ya 332
Ko Lao Ya Klang 332
Ko Lao Ya Nok 332
Ko Libong 702
Ko Lipe 711
Ko Lone 577, 611
Ko Loy 274
Ko Maa Chuu 616
Ko Mae 484
Ko Mai Thon 616
Ko Mak 323
Ko Maphrao 377
Ko Mat Sum 480
Ko Mattra 378
Ko Meang 557
Ko Mook 697
Ko Muk 697

ANHANG

Ko Naka Noi 611
Ko Naka Yai 611
Ko Nang Yuan 400
Ko Ngai 695
Ko Ngam Noi 378
Ko Ngam Yai 378
Königsfamilie 114
Königshaus 90
Ko Nom Sao 296
Konstitutionelle
    Monarchie 110
Konsulate 40
Ko Panyi 616
Ko Payan 558
Ko Payu 558
Ko Petra National Park 707
Ko Pha Ngan 401
Ko Phi Phi 662
Ko Phrao Nai 331
Ko Phrao Nok 331
Ko Pu 583, 657
Ko Rab 480
Ko Racha Noi 612
Ko Racha Yai 612
Korallenriffe 103
Ko Rang 332
Ko Rawi 711
Ko Rayang 326
Ko Rayang Nai 327
Ko Rok 702
Körpersprache 91
Korruption 91
Ko Samui 443
Ko Si 505
Ko Similan 558
Ko Siray 566
Ko Sire 566
Ko Sukon 704
Ko Surin National Park 533
Kota Bharu 776
Ko Tachai 558
Ko Taen 480
Ko Tao 385
Ko Tarutao 710
Ko Thalu 371, 378
Ko Thong Lang 378
Ko Thung Nang Dam 535
Ko Wai 322
Ko Yang 711

Ko Yao Yai 655
Kreditkarten 55
Kriangsak 111, 115
Kruang Sai 129
Kuah 736
Kuala Perlis 745
Küche, thailändische 45
Kui Buri National Park 358
Kunstepochen 124
Kunsthandwerk 128
Küsten 103

L

Laem Ka 577
Laem Mae Phim 290
Laem Ngop 300
Laem Sing 296
Laem Son National Park 532
Laem Thian 400
Lak Muang 127
Lam Pan 505
Landkarten 813
Landwirtschaft 116
Langkawi 731
    Aktivitäten 731
    Informationen 734
    Nahverkehr 735
    Reisezeit 735
    Transport 735
Langzeitaufenthalte 94
Lärm 91
Lebenserwartung 105
Leekpai 106
Lesben 67, 215
Literatur 808
Lohnniveau 117
Loi Krathong 27, 53
Lonely Beach (Ko Chang) 312
Long Beach (Ko Lanta) 683
Long Beach (Ko Phi Phi) 669
Luangta Bua Yannasampanno
    Forest Monastery 250

M

Mae Klong 230
Mahabharata 129
Maha Vajrakingkorn 114
Mahori 129
Mahsuri, Prinzessin 744

Mai Khao 608
Mai pen rai 90
Makam Mahsuri 744
Makha Bucha 27, 52
Malaria 804
Mango Bay 400
Mangrovenwälder 100
Maße 64
Medien 64
Meditieren 69
    Buddhistische Zentren
        in Bangkok 200
    Meditationsklöster 122
Medizinische Versorgung 60
Medizintourismus 60
Meerestiere 805
Menam Chao Phraya 98
Mengrai 108
Mietwagen 82
Minderheiten, ethnische 106
Minibusse 80
Mlabri 107
Mobilfunk 74
Mondhop 126
Mongkut 141
Mongkut, König (reg.
    1851–68) 109
Monkey Training Center, Surat
    Thani 488
Monsun 33
Monsunwälder 100
Moskitos 89
Motorräder 83
Motorradtaxis 85
Mountainbikes 84
Muang Boran 272
Muang Sing 250
Muay Thai 69, 478, 579, 687
Mudra 127
Mu Ko Chumphon
    National Park 378
Musik 129

N

Nachtmärkte 42
Nagas 127
Nahverkehr 85
Nai Harn 580
Na Khai Cove 479

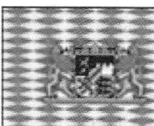

ANHANG

Nakhon Pathom 236
Nakhon Si Thammarat 497
Nam Tok 251
Nam Tok Khlong Khaew
    National Park 300
Naresuan 108
Nathon 445
Nationalparks 28
**Nationalparks und
    Reservate** 65
    Ang Thong Marine National
        Park 484
    Chao Mai National
        Park 722
    Erawan National Park 253
    Had Sirinath Marine
        National Park 606
    Hat Sirinath Marine
        National Park 604
    Kaeng Krachan National
        Park 339
    Khao Chamao/Khao Wong
        National Park 285
    Khao Laem Ya Samet Ma-
        rine National Park 287
    Khao Lak-Lamru
        National Park 556
    Khao Phanom Bencha
        National Park 618
    Khao Sam Roi Yot
        National Park 357
    Khao Soi Dao Wildlife
        Sanctuary 295
    Khao Sok
        National Park 537
    Khitchakut
        National Park 295
    Ko Chang Marine
        National Park 301
    Ko Lanta Marine
        National Park 677
    Ko Petra National Park 707
    Ko Similan
        National Park 557
    Ko Surin National Park 533
    Kui Buri National Park 358
    Laem Son National Park 532
    Mu Ko Chumphon
        National Park 378

Mu Ko Ra Ò Ko Phra Thong
    National Park 535
Nam Tok Khlong Khaew
    National Park 300
Phlio National Park 296
Pranburi Forest Park 354
Sri Phang Nga
    National Park 535
Tarutao National Park
    709
Thale Noi-Wasserschutz-
    park 504
Than Boke Khorani
    National Park 618
National Peace Keeping
    Council 112
Naturattraktionen 28
Naturführer 811
Naturschutz 104
Neujahr
    chinesisches 27, 52
    thailändisches 52
Nirvana 120
Notrufnummern 56, 75

O
Öffnungszeiten 66
Orient Express 345
OTOP 43

P
Paddeln 70
Pakbara 724
Pak Nam Pran 354
Pala U-Wasserfall 355
Pantai Cenang 738
Pantai Kok 742
Pantai Tengah 738
Panwa-Halbinsel 576
Paradise Beach
    (Ko Samet) 287
Paradise Beach (Patong) 590
Pasir Tengkorak 743
Pattaya 274
Pearl Beach (Ko Chang) 307
Penang National Park 771
Perhentian Besar 785
Perhentian Kecil 786
Phang Nga-Bucht 560

Phang Nga-Stadt 619
Phattalung 502
Phetchaburi 334
    Grotten und Höhlen 337,
        338
    Phra Nakhon
        Khiri-Palast 336
    Phra Ram Ratchaniwet
        337
    Übernachtung 338
    Wats 335
Phlio National Park 295
Phuket FantaSea 601
Phuket-Stadt
    Aktivitäten 570
    Altstadt 563
    Außerhalb der Innen-
        stadt 566
    Einkaufen 569
    Essen 568
    Informationen 572
    Nahverkehr 573
    Touristenpolizei 573
    Transport 574
    Übernachtung 566
    Unterhaltung 569
Phuket, Strände 576
Pibul Songgram 110
Pilzinfektionen 805
Pi Phat 129
Poliomyelitis 805
Politik 114
Pop-Musik 129
Porto 66
Poseidon Beach
    (Khao Lak) 556
Post 66
Postkarten 66
Prachuap Khiri Khan
    359
Praruesee-Hàhle 519
Preiskategorien 86
Preisniveau 36
Prem Tinsulanond 111
Presse 65
Pridi Phanomyong 110
Provinzen 114
Pulau Langkawi 731
Pulau Perhentian 783

ANHANG

ANHANG

R

Rafting 70
Rajjaprabha-Damm 542
Ramakien 129
Ramkhamhaeng 108, 120, 125
Ranong 514
Ratchaburi 232
Rauchen 91
Rawai 579
Rayong 285
Regenzeit 33
Regierung 114
Reis 45, 118
Reiseführer 812, 813
Reisegepäckversicherung 93
Reisemedizin 802
Reisende mit
  Behinderungen 67
Reiserouten 29
Reiserücktrittskosten-
  versicherung 93
Reiseschecks 56
Reisezeiten 34
Religion 91
Reptilien 101
Restaurants 43
River Kwai Bridge 239
Roaming 76
Romane 808
Routenvorschläge 29

S

Sai Yok Noi-Wasserfall 251
Sala 126
Salakhok 316
Salakphet 317
Samak Sundaravej 113
Samlor 85
Sammeltaxis 80, 81
Sa Morakot 632
Sam Phran 229
Samut Prakan 271
Samut Sakhon 230
Samut Songkhram 230
Sanam Chandra-Palast 236
Sangha 121
Sanya Dharmasakti 111
Sarit 111
Satun 725

Säugetiere 100
Schlafwagen 79
Schlangen 71, 101, 805
Schlepper 42
Schnorcheln 23, 71
  Khao Lak 552
  Ko Bulon Lae 709
  Ko Chang 320
  Ko Hai 697
  Ko Lanta 676
  Ko Pha Ngan 406
  Phuket 561
  Pulau Perhentian 790
Schwimmende Märkte 229,
  231
Schwule 67, 215
Seidenweberei 128
Shark Bay 397
Shopping 23, 42
Shrimp-Farmen 102
Sicherheit 68, 88
Sichon 493
Siddhartha Gautama 119
Singha 127
Si Phang Nga
  National Park 535
Si Racha 273
Sirinat Bajini Mangrove
  Ecosystem Learning
  Center 355
Sirindhorn, Prinzessin 114
Skorpione 71, 805
Slot Machine 130
Somchai Wongsawat 113
Songkran 52
Songthaew 85
Sonnenbrand 806
Sonthi Boonyaratkalin 113
Speisekarte 45
Sport 69
Sprachkurse 73
Stadtbusse 85
Steinzeit 124
Strände 25
Stromspannung 64
Suchinda Kraprayoon 112
Sukhothai 108
Sungai Golok 775
Sunset Beach (Khao Lak) 556

Suphanburi 254
Surat Thani 488
Susan Hoi 632
Syphilis 803

T

Tai Chi 69
Takraw 71
Taksin 109
Taling Ngam 482
Taman Rimba 772
Tanjung Rhu 745
Tanz 129
Tarutao National Park 709
Tauchen 23, 24, 71, 404
  Ang Thong Marine
    National Park 484
  Khao Lak 552
  Ko Chang 320
  Ko Hai 697
  Ko Kood 326, 328, 330, 331
  Ko Lanta 676
  Ko Lipe 716
  Ko Phan Ngan 418, 431,
    439, 470
  Ko Phayam 529
  Ko Phi Phi 667, 672
  Ko Samui 456
  Ko Tao 388
  Krabi 638
  Phuket 561, 579, 587, 596,
    600
  Pulau Perhentian 790
  Trang 720
  Umgebung Chumphon 378
Tausendfüßler 71
Taxis 85
Telaga Harbour 742
Telaga Tujuh 743
Telefon 74
Teluk Bahang Forest Park 772
Teluk Baru 738
Teluk Burau 742
Tetanus 806
Tha Chang 488
Thai-Boxen 199, 210
Thai-Chinesen 106
Thai Rak Thai 112
Thais 105

Thaitanium 130
Thaksin 112
Thaksin Shinawatra 112
Thalang 610
Thale Noi-Wasser-
  schutzpark 504
Thale Sap 505
Tha Maphrao 609
Tham Khao Khan Kradai
  360
Tham Krasae 251
Than Boke Khorani
  National Park 618
Thanom Kittikachorn 111
Than Sadet 431
Tha Rua 611
Theater 129
Theravada-Buddhismus
  120
Thompson, Jim 152
Thong Krut 479
Thong Sala 409
Thot Kathin 53
Thrombose 806
Tiere 100
Tigertempel 250
Toiletten 77, 87
Tollwut 806
Tourismus 117
Trailok 108
Trang 718
Transport 77
Trat 296
Trekking 72, 321
Tricks 68, 134, 207
Trinken 43
Trinkgeld 44
Trockenzeit 33
Tropenmedizinische
  Institute 58
Tropical Fruit Farm 772
Tropical Spice Garden 771
Tsunami 561
Tuk Tuks 85
Typhus 807

U
Übernachtung 85
Überschwemmungen 104
Ulu Melaka 744
Umwelt 103
Umweltprobleme 104
U-Thong 125

V
Vegetarier 46
Verfassung 114
Verhaltenstipps 89
Verkehrsregeln 82
Versicherungen 92
Viharn 126
Visa 94
Visakha Bucha 53
Visaverlängerung 95
Vögel 102
Vogelgrippe 807
Vorsichtsmaßnahmen 84
Vorwahlen 75

W
Wai (Begrüßung) 92
Wälder 99
Wang Kaeo 290
Wang Po-Viadukt 251
Wasserfälle 28, 102
  Ko Phan Ngan 405
  Ko Samui 444
  Punyaban-Wasserfall
    (Umgebung Ranong) 519
  Sai Yok Noi 251
  Umgebung Hua Hin 355
  Umgebung Trat 300
Wassermangel 103
Wassersport 72
Wassertemperatur 72
Wat 126
Wat Ban Tham 249
Wat Chalong 577
Wat Khanon 235
Wat Khao Chong Phran 236
Wat Khao Sukim 294

Wat Klong Thom Museum
  632
Wat Mungkorn
  Bupparam 295
Wat Nong Hoi 235
Wat Phailom 255
Wat Phra Keo 126
Wat Tham Kao Noi 249
Wat Tham Khao Pun 248
Wat Tham Khwan Muang 373
Wat Tham Mongkorn
  Thong 249
Wat Tham Sua 249
Wat Tham Sua
  (Tigerhöhle) 632
Websites
  Allgemeine Infos 61
  Behinderten-
    organisationen 67
  Kreditinstitute 56
  Medien 65
  Reisemedizin 60
  Sprachkurse 73
Wellness 72
Wespen 71
White Beach (Khao Lak) 554
White Sand Beach
  (Ko Chang) 303
Wirtschaft 116
Wörterbücher 812
Wua Talap 484
Wundinfektionen 807
Wundstarrkrampf 806
Wurmerkrankungen 807

Y
Yaksha 127
Yingluck Shinawatra 113

Z
Zeit 95
Zeitungen 65
Zeitverschiebung 95
Zoll 96
Zugkategorien 79

ANHANG

Danksagung

Volker Klinkmüller

Für die Aktualisierung von Pattaya lag es auf der Hand, mal bei **Björn Jahner** nachzufragen, denn als Chefredakteur des dort nun schon seit 20 Jahren erscheinenden Magazins *Der Farang* ist er natürlich stets auf dem neuesten Stand der Dinge – und darüber hinaus ein leidenschaftlicher Szenegänger (s. Exkurs „Partymachen in Pattaya") in diesem quirligen Seebad.

Für engagierte Recherchehilfe in Chantaburi und Umgebung ist Tourismus-Pionier **Thomas Ruprecht** (Mr. Tom) zu danken, der es westlichen Besuchern mit seiner Reise-Agentur Travel & Fun ermöglicht, die Reize dieser erst wenig besuchten Region zu erkunden – wie auch **Tanongsak Sangwong** (Mr. Tam) mit seinen sorgsam ausgetüftelten Fahrradtouren.

Mit ihrem Insiderwissen einmal mehr entscheidend um den Gehalt der Seiten über Ko Chang verdient gemacht haben sich passionierte Insel-Insider – wie **James Brunner** vom Plaloma Cliff Resort, **Micha(el) Winfried Weber** vom Top Resort, **Carsten Wiegand** vom Restaurant Meals & More sowie Peter Gaudier als Eigner der Kreuzfahrt-Yacht Thai Fun.

Zur besonders treffenden Darstellung von Ko Mak hat **Yodying Sudhidhanakul** beigetragen, der – als Nachkomme zu den fünf originären Familien-Clans zählend – stets mit spannenden Hintergrundinfos aufwarten kann. Besonderer Dank richtet sich an **Michael (Mike) Misic**, der den unwiderstehlichen Reiz von Ko Kood schon vor vielen Jahren erkannt hat auf der Insel als Guesthouse-Betreiber Trekkingführer, Tauchlehrer und nichtzuletzt eben auch als Recherchehelfer fungiert.

Einmal mehr unverzichtbar für die Qualität des Ostküsten-Kapitels war die Mitarbeit von **Nipaporn Yanklang**, die diesem Reiseführer als Einheimische in vielerlei Beziehung eine besondere Note verliehen hat.

A. und M. Markand

An erster Stelle sei allen Rezeptionisten, Managern, Putzfrauen und sonstigen Ansprechpartnern gedankt, die uns einen Blick in die Zimmer und Bungalows ihrer Hotels und Anlagen werfen ließen. Auch wenn sie dann meist nicht verstanden, warum wir dann doch nicht einzogen, obwohl es uns gefiel, blieben sie meist sehr freundlich. Das gilt selbstverständlich auch für alle Ticketverkäufer und Reisebüromitarbeiter, denen wir viele Informationen entlockten.

Wir danken zudem unsere erfahrenen **Rechercheurinnen** Marion Meyers und Nicole „Niki" Sonderer, die uns nun schon zum dritten Mal hilfreich zur Seite standen. Dank an dieser Stelle auch an Kulturkenner Thomas aus Petchaburi, Tauchmeister Michael aus Chaloklum und den guten Werner aus Cumphon für ihr Insiderwissen und die hilfreichen Tipps. Natürlich sei auch all den Reisenden gedankt, die wir unterwegs trafen und die uns an ihren Erlebnissen teilhaben ließen. Besonders erwähnt (und gegrüßt) seien hier Heinz, Barbara und ihre Kids.

Ein ganz spezieller Dank geht an Frau Wildraut, Frau Koller und Frau Krell, ohne deren Verständnis unser Großer uns nicht hätte begleiten und unterstützen können.

Ein großes Dankeschön gebührt auch in diesem Jahr wieder den **Bintangs**, speziell unseren Lektoren Gudrun und Jessika. Auch Gritta, die das Layout betreut und selbst kurz vor Drucklegung noch so vieles möglich macht, möchten wir an dieser Stelle ganz herzlich für ihre tolle Arbeit danken.

Mischa Loose

Ganz besonders möchte ich meiner thailändischen Familie in Bang Yai für ihre Hilfe und Gastfreundschaft danken. Es ist jedes Mal eine große Freude mit meinen Schwestern Paeng, Phu und Pla, Pip und dem kleinen Pokpong Zeit zu verbringen. Zudem gilt Aom Promchuay ein großes Dankeschön für ihre Hilfe bei der Recherche und die tolle gemeinsame Zeit in der thailändischen

Hauptstadt und Ayutthaya und meinem Kollegen und Freund Moritz Jacobi für die sehr gute und erfolgreiche, aber dennoch spaßige Zusammenarbeit.

Weiterhin danke ich Lino Feller in Ayutthaya und Apple und Noi in Kanchanaburi für ihre Gastfreundschaft und Unterstützung bei der Recherche.

Auch Apple vom TAT Kanchanaburi, Chadarat Duangmee vom Ayutthaya Tourism Center, den Mitarbeitern der Bangkok Tourism Division, Tim, Kai, Gai, Nan, Ratchi, Jen, Jasmine, Moo und den vielen Taxi- und Motorradtaxifahrern in Bangkoks Straßen, die mich immer sicher an mein Ziel gebracht haben, gilt mein Dank für eine schöne, ereignisreiche und erfolgreiche Zeit in Thailand.

Nicht zuletzt und daher auch ganz besonders gedankt sei allen **Leserbriefschreibern, Update-Einstellern und Forenteilnehmern**, die nicht nur für uns eine wertvolle Informations- und Inspirationsquelle sind, sondern auch alle anderen Reisenden mit hilfreichen Tipps und Hinweisen unter die Ar me greifen. Und ein besonderer Dank an alle aus der Loose-Travel-Community, die im Online-Club unter (W) http://www.stefan-loose.de/thailand-club unsere empfohlenen Anlagen und Resorts bewerten und allen Loosefans damit ein Feedback geben. Wir freuen uns auf viele weitere Kommentare, Ergänzungen und Anregungen von Euch allen – und wünschen eine wunderbare Reise mit ebensovielen tollen Erlebnissen und Begegnungen, wie wir sie hatten:

Aaron1404, Adrian Pablo Halter, Alena & Florian, Alena Fraaß, Andreas, Andreas K., Andree Z., andy_s, Anett & Hellmut, annetinka, Andre Hostell, Angelika Rothmaier, Andrea Wimmer, Andree Zeipert, Anna Wachsmuth, Axel Sin, Bettine L., bimue, Birgit B., Claudia K., cokru, Daniela G., Daniela P., Dietlind B., Dominik T., Dragongirl, Bernhard Thieme, Bianca Buckenberger, Birgitta Bauer, Carolin von Schaper , Carsten Stark, Christian Mimberg, Christian Mimberg, Christina Ketterl, Christoph Mann, Corrina Bauer, Daniel Flechner, Daniela Peters, Dejana Halilovic, Dietlind Bruns, dscheck, Elfriede Schindler, Elmar Sänger, Eva H., Eva-Maria D., Ever, Felix Hölzl, Fiederle, Frank & Grit J., Frank und Grit Jacob, Frath, Friederike Späth, Gabi & Marius, Gaby, goblek, Gunter, Hanna Volpert, Hanna Volpert, Hans Christian Biersack, Hans-Peter Lehmann, Hardy Hüttemann, Heidi, Heike, Helmut Settari, Ingrid Mirbeth, Iñigo Schmitt-Reinholtz, Irene Geithoff , Irmi, Ivonne Peupelmann , Jan-Hinnerk Schünemann, Jani, Jennifer P., Jenny & Dirk, Jens W., Jens Wernscheid, Joerg Mucke, Johanna Schmölzer, Johannes Kebach, Jörg Dunsbach, Jörg M., Josef Zach, Judina D., Judina Dannhäuser, Judith Verbeek, Julia & Sarah V., Julia Förster, Jürgen U., karow, Katharina, Katharina M., Katharina Mayer, Katharina Müller, Katja N., Kay Eppinger, kib-mu, Kilian, Kim Kaiser, Kimkim, Klaus Teubert, Lena & Dani, Lena Augur , Levent, Lichtschutzfaktor, Lili, lissy p., Louisa Schnaben, Lupus96, Manfred Meier, Marc Baumann, Marc H., Marco Holland, Marco Vis, Mareike F., Marion & Michael, Marit, Marlies O., Marlies Steyrer , Martin Burger, Martin K., Martin Steiner, Martina Ohlhauser, Martina und Dieter Ohlhauser, Max Denk, Max Denk, Max Denk, meile, Melanie Hastreiter, Melanie S., Melanie Sch., Melanie Sippel, Mem, Michael Huschens, Michael L., Michael Leidig, Michèle Büschi, miriam p., Monika J.& Nick T., mvorlaender, Nadine Schaake, Nadja Gebhardt, Natalie R., Nico W., Nicole Seiter, Nina Kaulmann, norbert d., Ole S., Oliver F., Olivera D., oliviak, Otane, Patrik K., peiperin 1, Peter Bennewirtz, Peter F., Petra Höfer, Petra Horst, Petra und Torsten Schwarz, Rainer Schmid, Ralf S., Reinhard Kuelechner, Reise Maus, reiselustig, renate h., Rike Ketterer, rita k., Rolf S., Ronny M., rositha, rudk., Sabine Seuß, Sabine Wiegelmann, Sarah Trost, Sascha, Sascha Malhotra, Saskia Kubis, Schokolade55, Sebastian, Sebastian Leinhos, Sergio Daniels, Simone L., Simone Lorbacher, Simone Lorbacher, Sina, Stefan M., Stefan Rupp, Stefan Zier, Stefanie D., Stefanie Deutsch, Stephanie Rebonati, Susan Elmer, Susann Hutter, Susanne Friedli, Susi, Svetlana & Andy, Sylvia Penski, Tamarind, Tanja W., Tanja Weinbender, Tanja Weinbender, Tanka W., Tavelmax, Theresa N., Thewanderer, Thomas P., Tilo S., Tilo Settmacher, tilosettmacher, timo m., Tobi S., tsayka, Ulrich T., Uod Bischoff, Ute Amberger, Uwe Faulborn, Verena L., Verena Müller , Walter, Walter Faehndrich , Wolfgang, Wolfgang P., Wood, Zegge, Zipper.

Bildnachweis

ANHANG

Impressum

Thailand Der Süden
Stefan Loose Travel Handbücher
3., vollständig überarbeitete Auflage **2014**
© DuMont Reiseverlag, Ostfildern

ANHANG

Gesamtredaktion und -herstellung
Bintang Buchservice GmbH
Zossener Str. 55/2, 10961 Berlin
www.bintang-berlin.de
Redaktion: Gudrun Raether-Klünker, Jessika Zollickhofer
Karten: Mischa Loose, Klaus Schindler
Grafisches Konzept: Groschwitz, Hamburg
Layout und Herstellung: Gritta Deutschmann
Farbseitengestaltung: Anja Linda Dicke
Umschlaggestaltung: Anja Linda Dicke

Printed in China

Kartenverzeichnis

Reiserouten
Backpacker unterwegs 29
Entlang der Golfküste 31
Entlang der Ostküste 30
Phang Nga-Bucht und Inseln
    im Süden 30
Zwischen Golf und
    Andamanensee 31

Regionalteil
Ayutthaya 258/259
Bang Saphan 369
    Umgebung 371
Bangkok 156/157
    Banglampoo 166/167
    Historisches Zent-
        rum 158/159
    Sathorn und Silom 160/161
    Siam und Pratunam 162/163
    Sukhumvit 164/165
    Thewet 168
    Umgebung 228
Ban Krut 365
Bucht von Phang Nga, Krabi
    und Ko Phi Phi 617
Cha-Am 341
Chantaburi 293
Chumphon 375
    Umgebung 377
George Town (Penang,
    Malaysia) 749
    Zentrum 750/751
Hat Yai 511
Hua Hin 346/347
    Umgebung 355
Inseln im Golf 381
Kanchanaburi 241
Khanom und Umgebung 494
Khao Lak 546/547
    Hat Bang Niang/Hat Nang
        Thong 551
Khao Sok National Park 539
Ko Chang 302/303
    Klong Prao/Kai Bae
        Beach 311
    Lonely Beach/Bailan
        Beach 315

White Sand/
    Pearl Beach 305
Ko Chang (Nördliche
    Andamanenküste) 521
Ko Hai (Ko Ngai) 696
Ko Jum/Ko Pu 659
Ko Kood 329
Ko Lanta 679
    Hat Klong Nin 691
    Klong Dao/Long Beach 685
Ko Lipe 714
Ko Mak 325
Ko Muk 699
Ko Pha Ngan 402/403
    Ban Tai/Ban Kai 441
    Chao Pao und Sri Thanu 417
    Hat Rin 435
    Nordwesten 422
    Thong Nai Pan 429
    Thong Sala 408
Ko Phayam 527
Ko Phi Phi Don 664
    Ban Laem Trong 665
Ko Racha Yai 613
Ko Samet 289
Ko Samui 447
    Bo Phut/Big Buddha 459
    Chaweng 466/467
    Choeng Mon 462
    Lamai 475
    Mae Nam 453
    Nathon 449
    Südküste und
        Westküste 481
Ko Similan National Park
    558
Ko Sukorn 706
Ko Surin National Park 533
Ko Tao 384/385
    Mae Hat/Sai Ri 393
Ko Yao Noi 653
Ko Yao Yai 655
Kota Bharu (Malaysia) 777
    Zentrum 779
Krabi 623
    Ao Nang 643
    Noppharat Thara 647

Rai Leh/Ao Ton Sai 635
Umgebung 630/631
Langkawi
    (Malaysia) 732
    Kuah 737
    Pantai Cenang/
        Pantai Tangah 739
Nakhon Pathom 237
Nakhon Si Thammarat
    499
Nördliche Andamanen-
    küste 515
Nördliche Golfküste 334
Ostküste 270/271
Pattaya 276
    Zentrum 278
Penang (Malaysia) 769
    Batu Ferringhi 771
    George Town 749
    Teluk Bahang 773
Phang Nga 621
Phattalung 503
Phetchaburi 335
    Umgebung 339
Phuket 562/563
    Hat Nai Yang 607
    Kamala 599
    Kata-Karon 585
    Nai Harn und Rawai 582
    Patong 591
    Phuket-Stadt 564/565
Prachuap Khiri Khan 361
    Umgebung 363
Pulau Perhentian
    (Malaysia) 784l785
Ranong 517
Ratchaburi 233
Satun 725
Songkhla 507
Südliche Andamanen-
    küste 677
Südliche Golfküste 487
Surat Thani 490
Trang 719
Trat 299

ANHANG

Legende

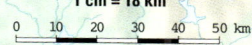

1 : 1.800.000

1 cm = 18 km

0   10   20   30   40   50 km

🛣️ 101	Autobahn mit Straßennummer	🛫 Flughafen, international
	Schnellstraße	✈ Flughafen, national
	Fernverkehrsstraße	⊖ Grenzübergang
	Hauptstraße	★ Sehenswürdigkeit
	Nebenstraße	⛩ Tempel
	Hauptstraße, unbefestigt	∴ Archäologische Stätte
	Nebenstraße, unbefestigt	Ⓜ Museum
	Fahrweg, Piste	🌊 Wasserfall
	Fußweg, Pfad	∩ Höhle
	Eisenbahn	🌿 Aussichtspunkt
	Bebaute Fläche	⚒ Bergbau
	Nationalpark, Naturpark	🏔 Empfehlenswerter Badestrand
	Marine Nationalpark	🐟 Sporttauchen
	Gewässer	🤿 Gute Schnorchelmöglichkeit
Doi Tung ▲ 1420 m	Berggipfel	🎣 Hochseefischen
1462 m ·	Höhenpunkt	**S. 845** Seitenverweis

Thanbyuzayat
Setse
Sakangyi
Natchaung
Kasat
Khao Mamuang 1732 m
Nu Pho
Ti Lo Su
Klong Mai
Umphang
Mae Wong National Park

Danon
Kui Lor Thor 1085 m
Palatha
Zepala
Khao Mokochu 1960 m
Tha Sai
Taling Sung
Mae Wong Reservoir
Mae W

MYANMAR (BURMA)

Winkana
Peinnedaw
Taminseik
Kawdwaut
Kanin-kamaw
Lamaing
Taungbyin
Mezali
Phadaw 1298 m
Ahta Taung 814 m
1052 m
827 m
Kyondaw
Pueng Kueng
E-Karaja
Yu Nai
Mae Chan Tha
Kha Ngae Ki
1158 m
1156 m
Zepala
Ti Lo Le
Thap Salao Reservoir
Klong Pho Reservoir

Nyigarok
YE (YAI)
Yethanok
Sonmarha
Payathonzu
Megathat Chaung
1811 m
1253 m
Khao Yai 1554 m
Esa
Hin Lat 1530 m
Sai Poe

Wa Kyun
Kyung Gyi I.
Yindein
Kumai
992 m
Three Pagodas Pass
Ban Chedi
Wang Kha
Sangkhlaburi
1755 m
3011

Tayoktauk
Meiktulagale
Debyu 1290 m
Khao Laem
Sukho
Khao Tukala Pokana 1010 m
Srinagarind
Huai Kha Khaeng
Na
Huai Tapho

Taungzun
Yapu
Natkyizin
Paungsan Taung 522 m
Khao Laem Reservoir
Daichong Thong National Park
Khao Laem Dam
323
Thi Kai
1072 m
Srinagarind Reservoir
Ban Klang
3480
Than

Migyaunglaung
Thong Pha Phum National Park
Kaleinaung
Eindayaza
Kanbauk
Pilok
Khao Dang 1209 m
Thong Pha Phum
Hot Springs
National
Huay Khamin
Park
Khao Krabung 1024 m
Si Sawat
Khao Kamplaong 1057 m
Tham Than Lo National Park
Khao Huai 1177 m

Tokkyachaung
Heinze I.
Zadi
Pachaung
Kyauksat
Taling Daeng
3272
Prang Kasi
Daowadung Sai Yok National Park
Sai Yok
Hellfire Pass
Lin Tin
323
Phra That
3199
Tha Kradan
1013 m
Erawan National Park
Tha Thung Na Reservoir
Bo

Middle Moscos Islands
Paungchon Taung 1174 m
1209 m
Dauklauk
Kalonta
Hermyingi
Bilauktaung Range
1104 m
1125 m
Lawa
Khao Phang
Nam Tok
813 m
3457
Kra
3199

Nabule
Yebyu
Maungmagan I.
358 m
Maungmagan
Thabawseik
Pagaye
DAWEI (TAVOY)
Nyaungzin
Taungthonlon
Myitta
Myat Taung 1033 m
Bong Ti
Bong Ti Pass
Sai Yok
Wang Po-Viadukt
Muang Sing
Sai Yok
323
River K
3445
Br
Kanchan
Ban Ka

Launglon
Thayetchaung
Peinnedaw
Taungzin
Pawut
1564 m
Chorakhe Phuak
Dan Makham Tia
3512
3228

Laung Lon Islands
Thagyat Daw
Pyinbyugyi
Chaungwabyin
Taninthayi (Tenasserim)
849 m
Muang Takua Pit Thong
3209

Zalut
Yange
Kadwe
1128 m
Chima
Myinmoletkat Taung 2074 m
Munsali Taung 1158 m
Muang Ton Mamuang
Suan Phung
3087

Dawei (Tavoy) Point
Pe
Aw
Min-ngaw
Kunzon Taung 928 m
Ban Kha
Khao Yai 1050 m

Andamanen-see
Zinchaung
Palauk
Aungthawara
1143 m

838
S. 842

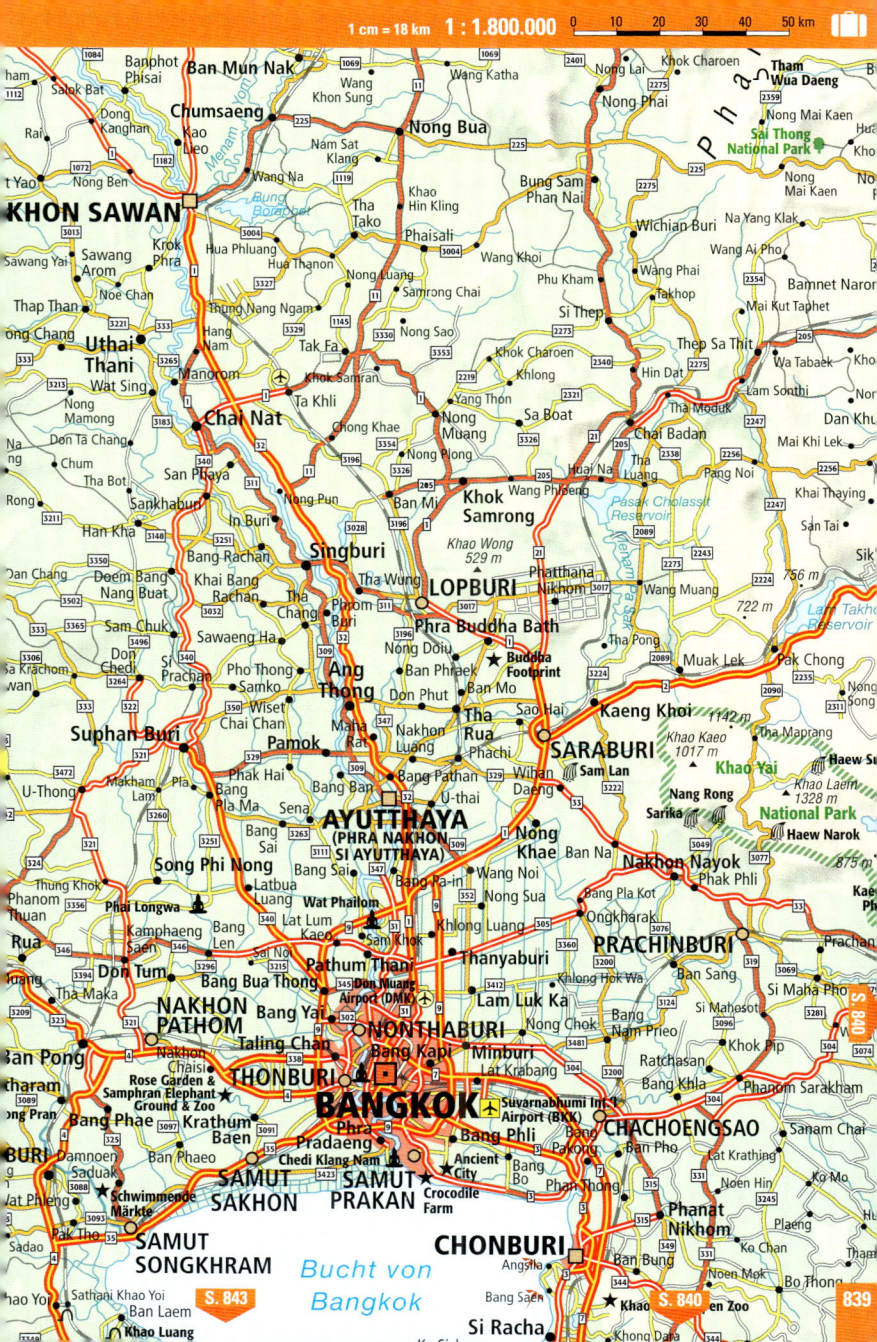

AYUTTHAYA
(PHRA NAKHON
SI AYUTTHAYA)
Nong Khae
Ban Na
Sarika
National Park
Haew Narok
875 m
Thap Lan
National Pa
Wat Phailom
Wang Noi
Nakhon Nayok
Phak Phli
Phu Sam Ngam
Khao Yai
849 m
Pang Sida
National Pa
Bang Sai
Bang Pa-in
Wang Noi
Nong Sua
Bang Pla Kot
Kaen Hin
Phoeng
949 m
Huai Nam Yen
Khlong Luang
Ongkharak
Prachantakham
Sam Khok
PRACHINBURI
Khom
Pathum Thani
Don Muang
Airport (DMK)
Thanyaburi
Khlong Hok Wa
Ban Sang
Si Maha Phot
Kabin Buri
Khlong Phak
Lam Luk Ka
Nong Chok
Bang
Nam Prieo
Si Mahosot
Phon
Nong Hin
Sa Kaeo
NONTHABURI
Minburi
Lat Krabang
Khok Pip
Wang Thalu
Khao Duan
Watthana Nakhor
Bang Kapi
Ratchasan
Nong Talat
Sai Yoi
Khao
Chakan
BANGKOK
Suvarnabhumi Int'l
Airport (BKK)
CHACHOENGSAO
Bang Khla
Phanom Sarakham
Sai Dieo
Bang Phli
Ancient
City
Ban Pho
Lat Krathing
Sanam Chai
Hin Rae
Mai Sai Thong
Wang Nam Yen
SAMUT
PRAKAN
Crocodile
Farm
Phan Thong
Noen Hin
Ko Mo
Huai Khrop
Wang Mai
Wang
Sombun
Khlong K
Phanat
Nikhom
Plaeng
Thammarat Nai
612 m
CHONBURI
Ban Bung
Ko Chan
Noen Mok
Bo Thong
Khao Deang
Khao T
Angsila
Bucht von
Bangkok
Khao Khieo Open Zoo
Khao Yai
777 m
Lum Bo Rae
Khao Soi Dao
National Park
Soi Dao
Si Racha
Khong Dan
Nong Yai
632 m
Khao Sai
Dao Nua
1556 m
Ta
Mun
Ko Sichang
Ao Udom
Tha Chan
Bung Sam Ngam
Khao Chamao
National Park
Khlong
Kha
Khao I
Nation
Bang Lamung
Bo Win
Map
Lang
Khao Chamao
1024 m
Nam Khun
Pong Nam
Nong Nooch Village
Pattaya
Naklua
Ko Lan
Pluak Daeng
Wang Chang
Khao
Chamao
Tham Lakhon
Wat
Khao Sukim
Ban Talat
Jomtien
Ao Bang Sare
Chak
Ngaeo
Nikhom
Phattana
Khao Loi
Klaeng
Sai Rang
Taphong
Wang Saen
Ko Khram
Tao Than
Ban Chang
Ban Khai
RAYONG
Klong
Thurian
Pak Nam
3522
Khao S
Nationa
Sattahip
U-Tapao
Nam
Tok
Ta Put
Phrak
Khlong
Kon Ao
Ban Phe
Na Dan
Ko Thalu
Chak Manao
Khung
Wiman
Tha Mai
CHANTABURI
Chak
Ko Samet
Takuan
Beach
Ko Samaesan
Ko Chuang
Phlu
Khlo
Khao Laem Ya -
- Ko Samet
Marine National Park
Laem Sing
Ko Proet
Tha
Bang Kradan
Laer
Klong Son
Ko Chang
Hat Sai Kao
Klong Prao
Ko Chang
Marine National Park
Ko Chang
Bar
Ko Kh

Golf von

Thailand

S. 839

S. 839

S. 843

T h i u

Bara Nae
Banteay Chhmar
Protected
Landscape
Ampil
Phum
Samraong
Kouk Mon
Banteay Chhmar
Banteay Chhmar

Sa-ngae
Ta Phraya
Na Ngam
Treas
Svay Chek
Soengh
Sarongk
Chob Veari
Tean Kam
Preah Netr
Preah

K A M B O D S C H A

Phâang
402 m
Trâpeang Tau
Kouk
Bak Anlung

Khtom
Anlong
Veaeng

Rumcheck
Kulen Prum Tep

Ta Pên
Char
104 m
Wildlife Sanctuary

Thnong Khang
Cheung
Chong Kal

Moung
Srah Chik
Chac Chhuk
Kouk Doung
Sre Noy

Svay Sa
Prasat
Phnum Kulen

orathet
oipet
Nimit
Sai
Samraong
Ou
Ambel
Sisophon
Koy Maeng
Mongkol Borei

Changha
Chob Veari

Kralanh
Svay
Chek
Banteay Srei
Phnum Kulen
309 m
Kbel
Spean
Ta Siem
Svay Leu
Prasat
Trapeang
Noem

Leang
Dal
Tbaeng
Boeng Mealea

Ta Kong
Krau
Ou Prasat
Lang Phnum Touch
Boeng Pring
Sasa Sdam
Kampream
Puok
Trach
Damrei Koun

Lôvêa
Chrouy Sdau
Ta Pung
Pou Treay
SIEM REAP
Angkor
Wat
Rolous
Popel
Prey Chhkar

Bavel
Rung
Chrey
Preaek
Norint
Wat Aek
Phnum Kraom
Wat
Bakong
Dam Daek

Ta Haen
Kâmpâng Lei
Kamping
Puoy
BATTAMBANG
Ou Dambang Pir
Kampong Phluk
Sangvaeuy
Kouk Thlok Kraom

Snoeng
Samraong Kaong
Tbal Thnal
Reang
Kesei
Prey Touch
Kampong Khleang
Chi Kraeng
Kampong
Kdei
Ta Ong

Kantueu
Pir
Doun Tri
Boeng

Pailin
Chrâng
Trêng
Pang Rôloêm
Bœng
Khtum
Koas
Thipadei
Moung Ruessei
Tonle Sab

ntok Klong Kaeo
onal Park
Srê
Andong
Ta Sanh
Svay Doung Kaev
Srah
Mkak
Chambak
Meas
Srae
Sdok

Rai
Dan
Chumphon
Phnum Kran
1563 m
Prasat
Trapeang Chong
Ta Lou
Svay Luong
Pousat
Kanhchor
Kampong Luong
Krakor
Kampong Luong
Chh

ming
Noen
Sung
Sre Peang
Peam Prus
Veal
Angkrong
Thmei
546
Svay So
Chheu Tom
Thkoul Touch
Ponley
Pech Changvar

Muang
Laem Klat
Chamrung
Saphan Hin
Phnum Samkoh
Phnum Krachau
1618 m
Phnum Samkoh
1717 m
Wildlife Sanctuary
Phnum Kravanh
Kdol
Mul
Chor
Kraeng
Skear
Phum Ta Sam

Sok
Klong Phang
997 m
Anlung Tnaot
Chieb

am Beach
Mai Rut
Ban Chuen Beach
Aoral
Wildlife Sanctuary
Kbal Tuek

Ao Salat
ng Chao
Ao Yai
Khlong Yai
Hat Lek
Neang Kok
Puoch
Samraong
Triet
Phum Roleak
Kang Cheung
Phum
Choam
Snuol
Sangkea
Satob
Ta Sal
Trapeang
Trapok
Kraviek

Koh Kong
Peam Krasoap
Wildlife Sanctuary
Peam Krasoap

841

S. 838

A n d a m a n e n - see

Myinmoletkat Taung
2074 m

Munsali Taung 1158 m
Suan Phu

Kadwe

Pe

Min-ngaw

Kunzon Taung 928 m

Aw

Zinchaung

Palauk

Aungthawara

Khao 1050

1289 m

Kanti

1173 m

Kaeng

Migyaungthaik

Badu Taung 997 m

Kra

Mali Kyun (Tavoy I.)

Palaw

Kyaukpya

N

Paine I.

Tapo

1513 m

Kabosa I.

Ti-ywa

Khao

Investigator Passage

Kawsaing

Tatmu

Thamihla I.

Kadan Kyun

Kangyi

Tamok

Kyauk-pyu

Pawut

Maingyi Kyun

Kyataw

Lutlut

Taubye

705 m

Kawmapyin

Tanintharii (Tenasserim) Kyun

Mayanchaung

Kala Kyun

MYEIK (MERGUI)

Kywegu

Dewata Tau.

720 m

Blundell I.

Kapa

Ma-aing Kyun

Elphinstone I.

Banpyi

Grants I.

Tonbyawggi

Tagu

569 m

St. Charles Metcalfe I.

Tatagyi I.

MYANMAR

Daung Kyun (Ross I.)

Mergui I.

Bailey I.

Auckland Bay

Taninthayi (Tenasserim)

Prinser (Sargent) I.

366 m

Saganthit Kyun (Sellor I.)

810

Lloyds I.

Kyaukmigyaung

Kunthi Kyun (Hayes I.)

Courts I.

Parker I.

(BURMA)

Yndo

Nerchus Passage

Sabi I.

326 m

Julian I.

Tucker I.

736 m

Theinkun

810

Great Western Torres I.

Money I.

Medaw

Tongpru

Pyinzabu Kyun (Bentinck I.)

538 m

Kanmaw Kyun (Ketthayin I.)

357 m

Whale Bay

Manoron

Theinku

Letsok-aw Kyun

Awebindat

Manoron

875 m

Pawe-gyi Kyun

Taungkup

Ngawun Chaung

Nyiahma Ngarbaw I.

Maria I.

Pisandaung-Saung

Lenya

Namkyo

Ban Mon S

Pearl I.

Ale-Man Kyun

Bokpyin

Khao Htongdon 668 m

Nanka Hprao

Koh Sai Khu

472 m

Owen I.

816 m

483 m

Khao Thw

992 m

Lanbi Kyun (Sullivan I.)

High I.

Hangapru

Ke Taung

Sam Yaek Huai

Kau-ye Kyun

Karathuri

758 m

745 m

Kapoh National Park

Clara I.

534 m

465 m

Sir Robert Campbell I.

692 m

Wang Sai

Mai Sombun

Taung

Ta Hong

S. 844

Meergui - Archipel

Forest Str

842

MYANMAR
(BURMA)

Investigator
Channel

St. Andrews Group

Burma Banks

Zadetkale Kyun
(St. Lucas I.)

Zadetkyi Kyun
(St. Matthew's I.)

Western Rocky I.
Than Kyun
(Davis I.)

Aladdin Islands

Andamanen-

see

Ko Surin
Marine National Park
Ko Surin Nua
Ko Glang
Ko Surin Tai
Richelieu
Rock

Mu Ko Ra - Ko Phra Tong
National Park
Ko Ra
Hin Kong
Ko Phra Thong

Ko Tachai

Ko Bon

Ko Ba-Ngu
244 m
Ko Payu
Ko Miang
Ko Payang

Ko Similan
Marine National Park

Ko Similan

Pulo
850 m

S. 842
439 m

Lord Loughborough I.

Kyun Pila
(Great Swindon I.)

Cavern I.

Pine
Tree I.

Parsons I.

Macleod I.
Hastings I.

Christie I.

Dunkin I.

Bruer I.

Auriol I.

Mu Ko
Kam Yai

Ko Ra
Ngan
Yong

Ko Kho Khao

Sungai Bati
Nalingchan
Marang

Kampong
Talok

Kaw Thaung
Victoria Pt.
Ko Sin-hai

Tha Mai

Ko Chang

Ko Phayam

Na Kha

Mu Ko
Kam Yai

Bang Kluai Nok
Suk Samten

Hin Lad
Khura Buri

Thung
Ong

Tam
Nang

Khlong
Chang

Talad Takua Pa
Bang Sak

Bang Niang Beach
Bang Niang
Khao Lak
Khao Lak Beach
Hat Lek
Thap Lamu
Thung Maphrao

Takua Pa

739 m

755 m

Hat Tun

Chum Saeng
Na Nu

Bok Krai

Nong
Phak Bang
Kraburi

Tham Nam
Lod Noi
Thap
Chak
Khao Faci

La-un

Ranong
Punyaban
Hot Springs

Tham Rab Ro
Khua

Na On

Chump

Bo Kha
Mu
Nati
Sai Ri

Sawi

Arunotha

Lang Suan

Na Bun

Tawan Cho

Lamae

Khan Thuli

Don Thup
Tha Krach

Tha Chana
Te

Pak Kiu

Chaiya

SU
TH

Tha Chan

Phato

Idon Phet

Raichakrut

Ngao
National Park

Ngao

Khlong Khong
Bang Baen

Laem Son
National Park
Bang Baen Beach
Kapoe

Bang Hin

Bang Hin

Thung Na Kha
National Park

1395 m

Khao Lang Kha Tuk
718 m

Sri Phang Nga
National Park

Bang
Daeng

Rat Tanikhom

Khiri

Na Dong

Khao Sok
National Park
Bang Thong

Tam Nang

Song
Phi Nong

Ta Khun

Na Rai

Phanom

Khlong Phanom
National Park

Pak Klong Plai Wa

Bencha

550 m

245 m

Bang Hoi

Ko Noi

Phunphin

Phras

Bang
Phai

Wang Hin

Thung Ya

Khok Han

Sai Ra

Lam Liang

Khao Thalu

Pak Nam Tako

Thung Tako

Thung
Kha Tok

von Kra

Isthmus

Klong Prao
National Park

Hat
Yai

Pak Nam Lang

Khao
Chok

Champun

Khao
Te

Khao Plai
Khlong Klang

Khao Yai Mon
805 m

706 m

Huai Pho

Kaeng Krung
National Park

Klong Saeng
Wildlife Sanctuary

Chiew Lan
Reservoir 838 m

Pak Mak

Mo Thai

Wat Suan Mokkh
(Wat Suan Mokee)

Vibhavadi

The Se

S. 846

1050 m

296 m

Thap
Put

Ta Saeng
Na

Ko Kut

Plai
Phraya

Chai Buri

Nam
Dam

Khian Sa

Iepha

Tham Phet

Than Boke Khorani
National Park

Khao Phanom Bencha
National Park

Khao
Phanom

Thon Nua

Phuket Int'l Airport

Ko Phuket

PHUKET TOWN

Thale Phuket

Ko Phi Phi

Laem
Phan Wa

Laem Prom Thep Rawai

Patong

Karon

Kata

Kathu

Thalang

Ao Bo Le

Bang Rong
Khlong
Bon

Ko Yao
Yai

Ko Yao
Noi

Chong
Phli

Ko Tai

Talad Kao

Tham Sua

Krabi Int'l Airport
Nua Klong
Phe La Tai
Lam Thap

Krabi Town

Ao Luk

Phang Nga

Tham Lod

Nong Lum Pho

Ban
Yuan

Khlong
Bang Ban

Ko Luat

Khao
Lam Pi-Had
Thai Muang
Nat. Park

Thai Muang

Khok Kloi

Tha Chat Chai

Khao Lak-Lamru
National Park

Ao Phang Nga
Marine
National Park

Tha Thong Len

Ban
Noi

Ao Nang

Khao Phra
Taeo Nat. Park

Sirinath Marine
Nat. Park

Ko Ya
Khun

Tham
Lod

Ao Tu

Tham
Pung
Chang

Takua
Thung

Lam Pi

Khao
Thap Sai

Tham
Lod

Pakchan River

Klong Yan

Menam Ta Pi

Ko Siboya

Noppara Thara-Ko Phi Phi
Marine
National Park

Ko Jum
(Ko Pu)

Bon Khuan

Thung No

Klong Thom

Huai Sai Khao

Klong Pring

Sai Tha

Laem
Kruat

Ko
Hang

844

G o l f   v o n

T h a i l a n d

Ko Nang Yuan
Mae Hat
Sai Ri Beach
Ko Tao

Sails Rock

Chalok Lam
Ko Wae Yai
627 m
Ko Pha Ngan
Thong Sala Tai
Hat Rin Beach
Big Buddha Beach
Choeng Mon Beach
Ko Sam Sao
Bo Phut
Ko Samui
Ko Samui Int.'l Airport
Nathon
635 m
Chaweng Beach
Taling Ngam
Hua Thanon
Lamai Beach
Chong Samui
Ko Tan

Ko Tan

onsak Kbao Noi
4142 Bang Khu
4142 Khanom
adit
4014 4232 **Nai Plao Beach**
Thong Yi
Hat Khanom National Park
Khao Phra **Sichon**
4215
Khao Yai
4105 **Hin Ngam Beach**
Tepha
Ton Liang
401
Nam Cha Khlong Hin

Khao Nan National Park
4186
Khlong Lung
Na Reng 4140 Tha Sala
hao Luang
Saphan Rang 4141 Na Thap
1835 m 4016 Phrom
Phrom Lok Khiri ▲ **Wat Suthep Tharam**
National Park 4103 4012 4231
ng 4102
ng 🛩 **Karom** **NAKHON SI THAMMARAT**
Lan Sakai Sala Mi Chai **Pak Phanang**
4015 4238
Wat 403 408 4013
Ja Bon Ko Thang
Nong Chian 4094
Pu Kan Yai
Ron Phibun **Ban Pak Phraek**
Chang Don Tro Khot Thammarat
4013
Phru Prap Bo Lo Bang Khoei
41 Thung 4151 Hua **Hua Sai**
Kapang Lan Khai
4151 Cha-uat Pak Khlong
atsada Laem
4150
Khao Pu 4018 Talat Nang 408
Nong Pru Long Hua Sai Sala Luang
Mai Siap *Thale* 4163
Pa Phayom *Noi*
Khao U Khuan **Thale Noi Bird San.** S. 847
Sibañ Chai Khenun Ranot **Wat Pra Kho**
Klong

Khao
Lam Pi-Hat
Thai Muang
Nat. Park
Thai Muang

Tham Pung
Chang
Lam Pi
Takua Thung
Yuan
Kok Luat
Phang Nga
Ao Luk
S. 844
Tham Phet
Phraya
Dum
Phai
Khok Sato
Chawang
Phinom Lok National Park
Karom
Lan Saka
4103
4194

Boke Khorani National Park
Thon Nua
Wang Hin
Nam Rop
Chang Klang
Thung Wat
Na Bon
Nong Pu Kan
Chang
Ron Phibun
4228
4110
4252
4195
4015
4238

Khao Klong
Tha Chat Chai
Tha Yu
Tham Lod
578 m.

Ao Phang Nga Marine National Park
Nong Lum Pho
Khao Phanom Bencha National Park
Thung
Khao Phanom
Khok Han
4037
4156
4110
4214
41
4110

Nua Pu Kan
Chang
Phru Prap
Cha-uat
4116
4151

Sirinath Marine Nat. Park
Phuket Int'l Airport
Khao Phra Taeo Nat. Park
Bang Rong
Ban Yai
Ko Yao Noi
Chong Phli
Talad Kao
Krabi Int'l Airport
Tham Sua
Krabi Town
Bon Khuan
Phe La Tai
Lam Thap
Saiyat
Ratsade
Mai Siap
4269
4151
Pa Phayom

Thalang
Ko Yao Yai
Khlong Bon
Ao Nang
4036
4038
Klong Thom
Thung Noi
650 m
Huai Nang
Khao Pu
Nong Pru
Chan
4236
4403
4236

PHUKET TOWN
Kathu
Patong
Karon
Kata
Laem Phan Wa
Thale Phuket
Noppara Thara Ko Phi Phi Marine National Park
Ko Siboya
Laem Kruat
Huai Sai Khao
Klong Phon
Sai Khao
Sai Yao
Huai Yot
Khao Yai
Siban Phot
Nam Phut
Suan
4163
4164

Ko Phi Phi
Ko Jum (Ko Pu)
Klong Pring
Na
Bo Muang
Wang Wiset
Lang Khao
Tham Khao Pina National Park
4159
4158
4046
4123
4853

Ko Phi Phi Leh
Bang Suat
Saladan
Ao Phra-ae Beach
Ko Lanta Noi
Sikao
Ton Chot
Khlong
TRANG
Khao Chong National Park
4046
4419

Ko Racha Yai
Ko Racha Noi
Ko Lanta
Ko Lanta Yai
Ko Lanta Marine National Park
Ko Naar (Ko Hai)
Pak Meng Beach
Chang Lang
Phru Chot
Hua Thanon
Kantang
Yan Ta Khao
Sairung
Kongra
Prai Wa
4245
4162
4124
4261
4264
4122

Andamanen-see

Had Chao Mai National Park
Ko Muk
Ko Kradan
Chao Mai
Nong Khan
Toneteh
4235
4125

Ko Rok Nai
Ko Rok Nok
Ko Libong
Hat Yao Beach
Hat Samran
Sam Yaek
Palian
Tung Yao
404

Hat Samran Beach
Ko Liang
Ko Sukon
Yong Sala
Thung Wa
416

Ko Petra
Thung Sa Bo
Nong Ho Khong

see

Ko Petra Marine National Park
Ko Bulon Lae
Ban Pakbara
Thung Samet
La-Ngu
Khuan Tho
Tha Phae
4052
416
4137

Ko Bulon
Ao Pante

Tarutao Marine National Park
Ko Tarutao
713 m
Che Bilang
S

yer Hitam
Anak Bukit
Jitra
Kuala Tekai
Pokok Sena
Kuala Nerang
Naka
S. 847
Gula
1110 m
Ko Rawi
Ko Butang
Ko Adang
Ko Ta-Nga
Ko Lipe

ALOR SETAR
Kuala Kedah
Tokai
Tanah Merah
Nami
Pendang
Kubang Chenok
Chong
MALAYSIA
Kedah
Padang Masirat
Pulau Langkawi
Kuah

Kuala Kangkong
Kota Sarang Semut
Sungai Limau
Yan
Guar Chempedak
Gurun
Sik
Tanjang Pari
G. Lang
410
Langkawi Sound
Pulau Masirat

G. Jerai
1217 m
Bedong
S. Lalang
Jeniang
Asam Jawa
Pengkalan Hulu
Betong
1145 m
Underwater World

Singkit Darat
Bagan Ulu
Kuala Sungai Muda
Sungai Petani
Bukit Selambau
Pulai
Baling
Kuala Ketil
Kupang
Lalang
Pulau Singa Besar
Pulau Da Bunting

Batu Ferringhi
GEORGE TOWN
Ayer Itam
Butterworth
Padang Serai
Titi Karangan
Labu Besar
Karangan
Sidim
Pahat
Batu Dua
Gerik
Kenayat Besar
77
76
Straße von Malac

Teluk Bahang
Pulau Penang
Sungai Nibong
Batu Kawan
Bukit Mertajam
Kulim
Terap
Val d'Or
Mahang
Lawin
Serdang
Sungai Acheh
Bandar Baharu
Selama
Lubok Buaya
Ayer Kala
Sumpitan
Redang Panjang
Tasik Kenering

NAKHON SI THAMMARAT

K Phanang

S. 845

Ko Thang

Pak Phraek

Thammarat
4013

Bang Khoei
Hua Sai

Pak Khlong

Sala Luang
408

Noi Bird Sanctuary

hot **Wat Pra Kho**
Hua Yang

g

Kra Sae Sin
Phang Mai Phai

Khu Khut
Waterbird Sanctuary

Ko Si
Ha Ko Mak
Ko Nu Mai

Springs Sathing Phra

t Khiam Bang Kaeo

ak Pak
Phayun
408
181

Mamuang Ngam
Bo So Ko Meo
Ko Nu

Samila Beach
4222

Thale Sap
Songkhla

406 Khuan Ko Yo
Niang

SONGKHLA

ha Bang 414
45 Klam
4242
407 408 Hua Thanon

Hu Rae Na Mom 43
4135 Tha Saba

HAT YAI

Hat Yai
Int'l Airport

ong Khlong
Ngae
4145
t 52 Nam
Khao
Park To Non Nathawi

Tha Khoi 408
4054
Sadao Lam
4243 Pao Tai
dang 4113
esar Dan Nok Sathon Saba Yoi
4 4095

Khao Nam Khang
National Park
788 m

Bukit Kaya Prakon
gar Hitam

Changlun **Khao Plai Than**
642 m

Jitra
Padang
Sanai
Kuala
Nerang Kuala Tekat

naki Bukit
SETAR

h
MALAYSIA
okok Tanah Merah Nami Gula
gkong

ang Semut Pendang Kubang Chenok

ng Limau **Kedah** Guar
Chempedak

Yan Gurun
G. Jerai
1217 m Bedong
it Darat S. Lalang

Sungai

S. 847

Si Sakhon **Tak Bai** Tumpat Pantai Cinta Berahi
Cho Ai Rong Bo Kho **KOTA BHARU**

Chanae Sungai Padi Chabang Balai
4055 4115 4193 Empat Perupok

Sungai Golok Rantau **Pasir Mas** **Peringat** Kuala Melawi
4241 Panjang Gunong
Sukhirin Kadok Melor
4115 4357 Batu Cekok
Waeng Karang Joh Selising **Pasir** Dalam Ru
4062 Kampung Kenanga **Puteh** Kuala Besut
4207 Nibong Banggol Gong Raja
To Mo 4062 Tanah Tapang 84
Merah Machang Jertih Setiu Lama
Batu Melintang Pekan Karoh Jabi Payang
Jeli Temangan Bintang Penarek
Kampung Lawar Pasir Dusan Kuala Krai Pasir Akar Buluh Tela
66 Pap
Tasik Kubor Datu Gobek Rahmat
Temengor La Keruak

Gunung Noring **MALAYSIA** Dabong
1889 m Jelawang Laluk
Kemubu Tembeling

G o l f   v o n

T h a i l a n d

Pak Bang Sakom
Beach
Ratchadapisek **Thachi Beach**
Beach **PATTANI** Yaring **Dalgapo Beach**
Khlong Nong Pa Na Re
Pradu **Chik** Yarang 4157
Chana 42 Nam Bo
Thepha 4085 **Chiang** 4061 Mayo **Sai Buri**
Hai 410 4071
Khok Pho Mo Ma Wi Thung 4092
4072 Yang Daeng Mai Kaen
Sai Khao 409 4082 Kapho **Wasukri Beach**
Waterfall 4071 Bacho 4136 **Narathiwat**
National Park Yaha Wat **YALA** 4060 **National Park**
4085 4066 Raman Yin-Go **NARATHIWAT**
Kuhapimook 4067 Ruso 4058 **Taksin**
Kabang Kota Baru Ba Ngo **Rachaniwet**
4070 Pa Tae Bu Lo 4107 **Palace**
Bala 410 **Rangae** Manang Ka Yi
Bannang Sata 4077 4055 Sai Khao
Cho Ai Rong 4084
Than To Si Sakhon 4056 **Tak Bai**
1110 m **Bang Lang** Chanae Bo Kho Cha
Reservoir Sungai Padi Em 4057
Sungai Golok Rantau Pa
4055 4115 4193 Panjang
Sukhirin Waeng Batu
4241 4062 Karang Cek
La Ong Rung Bu Ke Ta 4357
Chong 4062 4207 Kampung
Tanjang Komo G. Ulu Titi Basah To Mo Nibong
Pari Sip Paet 1533 m Perek 4062 Mr
G. Lang
Jeniang 410 Batu Melintang
1145 m 4062 Jeli
Asam Pengkalan Kampung Lawar Pasir Dusan
Jawa Hulu **Betong**
Bukit Pulai Baling
Selambau 4
Kuala Ketil

847

Uttaradit

Udon Thani

Sukhothai

Phitsanulok

Mae Sot

MYANMAR
(BURMA)

Khon Kaen

Roi Et

838 / 839

Nakhon Sawan

Lopburi

Nakhon Ratchasima
(Korat)

Nam Tok

Ayutthaya

Kanchanaburi

Bangkok

840 / 841

842 / 843

Ratchaburi

Chonburi

Phetchaburi

Pattaya

KAMBODSCHA

Cha-am

Chantaburi

Hua Hin

Ko Samet

Trat

Prachuap
Khiri Khan

Ko Chang

Ko Kut

Golf von

Chumphon

844 / 845

Ko Tao

Thailand

Ranong

Ko Pha Ngan

Ko Surin

Ko Samui

VIETNAM

Takua Pa

Surat Thani

Khao Lak

Ko Similan

Phang-Nga

Phuket

Krabi

Nakhon Si
Thammarat

Ko Lanta

Andamanen-

Songhkla

see

Hat Yai

Pattani

Ko Tarutao

Satun

Pulau Langkawi

Narathiwat

846 / 847

Alor Setar

Kota
Bharu

847

Georgetown

*Pulau
Perhentian*

MALAYSIA

Pulau Penang

846

848